Große Weine brauchen große Gläser.
QUATROPHIL Extravaganz für große Momente

Stölzle Lausitz zählt zu den führenden Herstellern für Trinkgläser. Die bleifreien Kristallgläser bestechen durch hohe Brillanz, klaren Klang, eine hohe Bruch- und Spülmaschinenbeständigkeit.
Auf vier Produktionslinien werden Gläser produziert, die durch Geradlinigkeit, professionellem Design und Funktionalität überzeugen. Durch das Ziehverfahren oder dem Verschweißen entstehen elegante und filigrane Gläser, die durch ihren ansatzlosen, fließenden Übergang von Stiel zu Kelch und einer hervorragenden Glasverteilung Mundblasgläsern sehr nahe kommen.
Bis zu 40 Millionen Gläser werden jährlich bei Stölzle Lausitz hergestellt und in die ganze Welt verkauft. Neben den Handelskanälen in Richtung Endverbraucher, sowie der Hotellerie, Gastronomie und der Getränkeindustrie werden auch verschiedene Fluglinien beliefert.

Stölzle Lausitz GmbH · Berliner Str. 22-32 · D-02943 Weißwasser
Tel.: +49 (0) 3576 - 268 0 · Fax: +49 (0) 3576 - 268 249
www.stoelzle-lausitz.com · office@stoelzle-lausitz.de

A Worldwide Passion

VINITALY 49th EDITION | VERONA MARCH 22-25

organized by   together with

FOLLOW ON   **VINITALY.COM**   FOR INFORMATION info.vinitaly@veronafiere.it

Visitenkarten des guten Geschmacks

  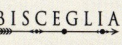  
     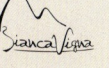 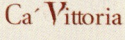
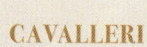  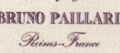 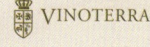

Fischer + Trezza Import GmbH

Ulmer Straße 150 · 70188 Stuttgart
Tel 0711 - 46 06 700 · Fax 0711 - 46 06 900
www.fischer-trezza.de · info@fischer-trezza.de

WIR SIND ITALIEN!

Numero 1

Deutschlands größter Importeur italienischer Weine & Lebensmittel!

1.350 Weine & 6.000 Spezialitäten
Groß- und Einzelhandel
8 Filialen in ganz Deutschland
Online-Shop mit immer
größerer Auswahl

Grande Mercato
ANDRONACO

Deutschlands Supermarkt für italienische Lebensmittel und Weine

www.andronaco.de
www.andronaco-shop.de

Weine Italiens 2015

VINI D'ITALIA 2015
GAMBERO ROSSO®

Gambero Rosso Holding S.p.A.
via Enrico Fermi, 161 - 00146 ROMA
tel. +39 06551121 - fax +39 0655112260
www.gamberorosso.it
email: gambero@gamberorosso.it

Redaktionsleitung
Gianni Fabrizio
Eleonora Guerini
Marco Sabellico

Stellvertretender Redaktionsleiter
Giuseppe Carrus

Fachkundliche Mitarbeiter
Antonio Boco
Paolo De Cristofaro
Lorenzo Ruggeri
Paolo Zaccaria

Regionale Experten
Nino Aiello
Alessandro Bocchetti
Nicola Frasson
Massimo Lanza
Giorgio Melandri
Gianni Ottogalli
Nereo Pederzolli
Pierpaolo Rastelli

Redaktion
Stefania Annese
Francesco Beghi
Sergio Bonanno
Michele Bressan
Pasquale Buffa
Dionislo Castello
Francesca Ciancio
Vittorio Manganelli
Enrico Melis
Giacomo Mojoli
Franco Pallini
William Pregentelli
Leonardo Romanelli
Giulia Sampognaro
Herbert Taschler
Cinzia Tosetti

Weitere Mitarbeiter
Filippo Apollinari
Elena Bardelli
Enrico Battistella
Camilla Bianchin
Alexandre Bronzatto
Rossella Casula
Sergio Ceccarelli
Michele Cesarini
Claudia Cherchi
Lucio Chiesa
Palmiro Ciccarelli
Mario Demattè
Pierluigi Fais
Matteo Farini
Maurizio Fava
Pierluigi Giuliani
Andrea Marchetti
Leonardo Marco
Michele Muraro
Renato Orlando
Michele Palermo
Nicola Piccinini
Alessio Pietrobattista
Augusto Piras
Massimo Ponzanelli
Walter Pugliese
Carlo Ravanello
Maurizio Rossi
Ferruccio Sabiucciu
Cristina Sacchetti
Renato Sechi
Simona Silvestri
Andrea Sponsilli
Paolo Trimani
Vincenzo Verrastro
Stefano Zaghini

Sekretariat
Giulia Sciortino

Technische Koordination und Satz
Marina Proietti

Leitung Bucheditionen
Laura Mantovano

Grafische Leitung
Chiara Buosi

Kaufmännische Leitung
Francesco Dammicco

Vertriebsleiter der Bucheditionen
Gianpiero Ciorra

Herstellung
Angelica Sorbara

Vertrieb
Eugenia Durando

Deutsche Übersetzung
Studio INTRA - Inge Rabensteiner, Claudia Preti,
Erika Petter, Petra Haag, Kirsten Schneidereit

Werbebüro
Verantwortliche Leitung Paola Persi
Mail: ufficio.pubblicita@gamberorosso.it
Tel. +39 06 551121 - +39 06 5511206

Anzeigenmarketing Deutschland
Angelika Priewe, München
Tel.: +49(0)89/71056770
E-Mail: priewea@gmx.de

Vini d'Italia
Gerichtliche Eintragung in Rom,
Sekt. Presse und Information, Nr. 520 vom
24.10.1995
Verantwortlicher Leiter Emanuele Bevilacqua

Copyright © 2014
Gambero Rosso Holding S.p.A.
Alle Rechte für Übersetzung, Nachdruck,
elektronische Speicherung und völlige oder teilweise
Adaptierung mit jeglichem Hilfsmittel (einschließlich
Mikrofilm oder Fotokopie) in allen Ländern
vorbehalten.

Redaktionsschluss der Ausgabe: 10. September 2014

ISBN 9788866410621

Druck für Gambero Rosso Holding S.p.A.
im Dezember 2014 durch
OMNIMEDIA S.r.l.
Piazza della Ferriera 1
00015 Monterotondo Scalo (Rom)

Exklusivvetrieb Deutschland,
Österreich und deutsche Schweiz:

PiBoox & Paulsen Buchimport d.i.v.a.
Friedrichstrasse 13   79585 Höllstein
www.piboox.de   fon (+)49 762 75 888 380

INHALT

VORWORT	4
DIE DREI GLÄSER WEINE 2014	8
DIE SUPERLATIVE DES JAHRES	16
DIE DREI GRÜNEN GLÄSER	19
DIE RANGLISTE DER JAHRGÄNGE	21
DIE STERNE	22
HINWEISE FÜR DIE BENUTZUNG DES FÜHRERS	24

DIE REGIONEN

AOSTATAL	25
PIEMONT	33
LIGURIEN	195
LOMBARDEI	213
TRENTINO	271
SÜDTIROL	291
VENETIEN	327
FRIAUL JULISCH VENETIEN	411
EMILIA ROMAGNA	491
TOSKANA	529
MARKEN	695
UMBRIEN	735
LATIUM	761
ABRUZZEN	777
MOLISE	799
KAMPANIEN	803
BASILIKATA	841
APULIEN	851
KALABRIEN	875
SIZILIEN	885
SARDINIEN	919

ANHANG

ALPHABETISCHES VERZEICHNIS DER PRODUZENTEN	944
REGIONALES VERZEICHNIS DER PRODUZENTEN	961

VORWORT

Pünktlich wie immer seit 28 Weinlesen, ziehen wir Bilanz für die neue Edition von Vini d'Italia. Was Sie in Händen halten, ist ein überaus vollständiger und maßgeblicher Führer durch die vielschichtige italienische Weinlandschaft. Von der ersten Ausgabe des Jahres 1988 wurde ein langer Weg zurückgelegt. Von den Jahren der Wiedergeburt der italienischen Weinwirtschaft sind wir nach technischer Entwicklung und Umstrukturierung mittlerweile bei der Wiederentdeckung der Bedeutung des Weinbergs, ökologischer Nachhaltigkeit und größerer Naturnähe statt hochentwickelter Technik in Weinberg und Keller angelangt. Die klassischen Anbaugebiete und traditionsreichen Rebsorten gehen ungemein stark aus dieser Momentaufnahme hervor: auch dank einiger ausgezeichneter Lesen wie 2010 im Piemont und 2010 und 2011 in der Toskana, bescheren sie uns eine reiche Ernte von 423 Drei Gläsern. Unser Team von über sechzig erfahrenen Verkostern bereiste monatelang Weinberge und Keller, wo nicht weniger als rund 45.000 Weine aus allen Regionen rigoros blind verkostet wurden, mit abgedeckten Flaschen, organisiert in Proben je nach Gebiet, Typologie und Jahrgang. Die besten Weine aus jedem Gebiet kamen in die Finalrunden, die in Città del Gusto in Rom abgehalten wurden. Es ist dies die Elite aus unseren Kellern, tausendfünfhundert Etiketten in etwa, die mit zwei farbigen Gläsern in unserem Führer gekennzeichnet sind. An den Finalrunden haben stets alle Redakteure und die Verantwortlichen der jeweiligen Anbaugebiete teilgenommen. Diesmal konnten wir uns außerdem über einen besonderen Gast freuen: Barbara Philip MW, von Liquor Distribution Branch of British Columbia, die eine wertvolle Bereicherung für unsere Kommission war. Aber auch eine Bestätigung für die Internationalisierung unseres Weinführers, der schon seit Jahren auch in Deutsch, Englisch, Chinesisch, und seit dem letzten Jahr auch in Japanisch erscheint und sich weltweit als meist verbreitete Publikation über italienische Weine etablieren konnte. Mit dem Ansehen, das sich Gambero Rosso in den fast drei Jahrzehnten der Tätigkeit erworben hat, organisiert man jährlich mehr als dreißig überaus erfolgreiche Veranstaltungen in allen Kontinenten, die sich als unschätzbares Instrument zur Förderung unseres Weinexports erwiesen haben, ideale Gelegenheit für beruflich Interessierte und Weinliebhaber, Meinungen auszutauschen und Kenntnisse zu erweitern, aber auch ein unersetzliches Schaufenster für Qualitätsbetriebe, die sich am internationalen Markt profilieren wollen. Vini d'Italia wird in aller Welt geschätzt, da seit dem Debüt ein klarer Stil angewendet wird, der für Fachleute und Weinfreunde gleichermaßen verständlich ist und emblematisch in einer bereits klassischen, allseits bekannten Wertung zusammengefasst wird: ein Glas für gute Weine, die wir empfehlen, zwei Gläser für einen besten Ausdruck ihres Anbaugebietes und Drei Gläser - bereits ein internationales Gütezeichen - für Spitzenweine. Neben dieser Wertung gibt es auch zahlreiche Informationen zum Betrieb: vom Preis der Weine bis zu den Produktionszahlen, von der Größe der Rebflächen in ha, bis zur Anbaumethode, sowie Hinweise zur Geschichte und zum Stil der Produzenten und ihrer Territorien. So konnten wir nach Abschluss unserer Arbeit 2402 Qualitätsbetriebe - von der Weinboutique bis zum Produzenten von internationalem Format - und 20.000 Weine auswählen, ein authentischer Streifzug durch Italiens beste Etiketten, die es sich zu verkosten lohnt, um Anbaugebiete und Weinberge besser kennen zu lernen. Und das völlig unparteiisch und absolut unvoreingenommen: in diesem Führer, der sich durch völlige Unabhängigkeit auszeichnet, stehen biodynamische Weine und maischevergorene, orange Weine neben Erzeugnissen modernster Kellertechnik und den großen weißen und roten Klassikern unserer zweitausendjährigen Weingeschichte. Auf diesen Seiten prämieren wir die großen Brunello di Montalcino '09, die Barolo von 2010, die Chianti Classico Gran Selezione des gleichen Jahrgangs, aber auch die Lambrusco der verschiedenen Denominationen, ohne auf die kostbaren, kleineren Kellereien und Denominationen wie Aostatal, Ligurien, Basilikata und andere zu vergessen, die bei der breiten Öffentlichkeit noch unbekannt sind. Die Spezialpreise, die wir jährlich vergeben, fassen all das zusammen, und so finden wir in dieser Edition einen großartigen Barolo Riserva '07, den Villero von Vietti, ganz oben auf dem Treppchen, neben dem Weißwein des Jahres, dem Trebbiano d'Abruzzo Vigne di Capestrano '12 von Valle Reale, dem prächtigen Brut Nature von Monsupello, Schaumwein des Jahres, und einem Klassiker der klassischen Dessertweine, dem Vin Santo di Carmignano Riserva '07 von Capezzana. Kellerei des Jahres ist Sette Ponti von Antonio Moretti, Patron auch der prämierten Orma im Bolgheri und Feudo Maccari in Sizilien. Aufsteiger des Jahres ist das Friauler Weingut Tiare von Roberto Snidarcig, während der Lorbeer für den preisgünstigsten Wein an den vorzüglichen Custoza Superiore Ca' del Magro '12 von Monte del Frà der Familie Bonomo geht. Winzer des Jahres ist Giuseppe Gabbas in Nuoro und der Preis für nachhaltigen Weinbau geht diesmal an Barone Pizzini in der Franciacorta. Das Thema Nachhaltigkeit beschäftigt uns schon seit geraumer Zeit an vorderster Front. So wird es in der nächsten Ausgabe zusätzliche Hinweise geben, die derzeit im Rahmen des Italienischen Forums für nachhaltigen Weinbau erarbeitet werden und an dessen Gründung wir mitgewirkt haben. Und schließlich enthält der Führer das Verzeichnis der Drei Grünen Gläser, 80 sind es, die aus Kellereien mit biologischem oder biodynamischem Weinbau kommen, sowie über 100 prämierte Weine, die in Vinotheken um weniger als 15 Euro zu finden sind.

Danken möchten wir den Handelskammern von Bozen EOS, Cagliari, Trient und Perugia, der Koordinierungsstelle der umbrischen Wein- und Olivenölstraße, der Weinstraße von Arezzo, dem Istituto Marchigiano di Tutela Vini di Jesi (IMT), VINEA di Offida, Picenos – Consorzio Vini Piceni, Ersa von Friaul Julisch Venetien, dem Istituto Agronomico Mediterraneo di Valenzano, Ente Vini Bresciani, der Gemeinde von Carcare (SV), dem Komitee Grandi Cru della Costa Toscana und schließlich folgenden Schutzkonsortien: des Gavi, Barolo, Barbaresco, Alba, Langhe und Roero, der Weine der Colli Tortonesi, der Nebbioli dell'Alto Piemonte, der Franciacorta, des Oltrepò Pavese, der Valtellina, der Valpolicella, von Conegliano Valdobbiadene, des Chianti Classico, Brunello di Montalcino, Bolgheri, Vino Nobile di Montepulciano, der Vernaccia di San Gimignano, des Chianti Rufina, der Colli Fiorentini und von Cortona, des Morellino di Scansano, Montecucco und Monteregio di Massa Marittima, Orvieto und Montefalco.

Weiters danken wir den regionalen Vinotheken des Roero, von Nizza Monferrato, Canelli und dell'Astesana, der Weine der Provinz Turin, der Enoteca Regionale der Basilicata di Venosa. Und außerdem, der Cantina Comunale del Vino "I Söri" di Diano d'Alba, der Bottega del Vino von Dogliani, der Universität Bologna - Terre Naldi Tebano. Unter den Privatunternehmen, Città del Gusto von Catania und Neapel, der Réserve di Caramanico, Calidarium di Venturina, dem Restaurant Carpe Diem in Montaione, Le Due Sorelle in Messina, der Vinothek Millésimes di Collegno, Caneva di Mogliano Veneto, Palazzo Boccella in San Gennaro di Lucca.

Schließlich möchten wir dem ganzen Team danken, das uns bei der Durchführung der Degustationen, der Einträge und Texte unterstützt hat, unter besonderer Erwähnung von Giuseppe Carrus, unersetzlicher Vizeredakteur von Vini d'Italia.
Ganz besonders möchten wir des kürzlich verstorbenen Stefano Bonilli gedenken, des Gründers von Gambero Rosso.

Gianni Fabrizio, Eleonora Guerini, Marco Sabellico

DEGUSTATION MIT GAMBERO ROSSO

IIn meiner Tätigkeit als Portefeuille-Manager bin ich verantwortlich für das Sortiment italienischer Weine in der Provinz British Columbia und habe mich bei meiner Suche nach den interessantesten Weinen immer auf "Vini d'Italia" verlassen. Als ich daher eingeladen wurde, an den Finalrunden zur Vergabe der Drei-Gläser-Preise in Rom, in der "Città del Gusto" von Gambero Rosso, teilzunehmen, fühlte ich mich wirklich geehrt. Einerseits wusste ich, dass diese Teilnahme für meine berufliche Tätigkeit, die besten Weine auszuwählen, einen großen Gewinn bedeuten würde, aber es war die Weinenthusiastin in mir, die mit Begeisterung die Chance wahrnahm, fünf Tage lang die besten Weine Italiens zu verkosten. Und nachdem ich dem Entscheidungsprozess aus der Nähe beiwohnen durfte, ist mein Vertrauen in diesen Führer noch größer geworden und ich verstehe, warum er für alle so maßgeblich ist. Die Verkostung unter der Führung einer Expertenkommission, die über gründliche Kenntnisse und Erfahrung verfügt, verlangte aber auch große Anstrengung. Die vorgelegten Weine waren aus einer kompetenten, gebietsbezogenen Vorauswahl hervorgegangen. In Italien werden so viele Weine produziert, dass der regionale Zusammenhang wichtig ist, um die besten Erzeugnisse auszuwählen, da es stilistisch viele Unterschiede zwischen den Produzenten gibt und die Zahl der Rebsorten ins Unermessliche geht. Die Spezialisten der einzelnen Regionen unterstützten die Kommission in der Bewertung der Weine durch wertvolle Beiträge aus einer territorialen Sicht. Dank ihrer Kommentare konnte jede Denomination ihrer Eigenart entsprechend gewürdigt werden, sodass nicht verschiedene Weine unter den gleichen Voraussetzungen verglichen wurden. Obgleich viele der Diskussionen in Italienisch geführt wurden, war es für mich überraschend festzustellen, wie sehr die Weinsprache eine universelle ist und wie einfach es für mich war, die Beschreibungen und Kommentare der Weine in den einzelnen Batterien zu verstehen. Der Meinungsaustausch war zwar lebhaft und dokumentiert, aber am Ende wurde die Punktewertung für den Führer stets nach dem Durchschnitt der von den Juroren vergebenen Noten bestimmt. Ich bin Gambero Rosso wirklich dankbar, mich zu den abschließenden Verkostungen zur Vergabe der Drei Gläser 2015 eingeladen zu haben. Für meine berufliche Tätigkeit war es eine ungemein wertvolle Erfahrung, da ich auch viele Produzenten kennenlernen konnte, die in meinem Land noch unbekannt sind. Als Wine Lover war es ein besonderes Erlebnis, meine Kenntnisse über die italienische Weinlandschaft erweitern zu können. Es ist nun mein Ziel, diese Erfahrung in der Auswahl und Förderung dieser Weine auch in Kanada zu verbreiten. Wie zahllose Konsumenten und Vertreter der Fachwelt in aller Welt, werde auch ich immer mehr bei meinen Entscheidungen auf Vini d'Italia zurückgreifen.

Barbara Philip, MW
Portfolio Manager, Wines of Europe - British Columbia Liquor Distribution Branch, Canada

TRE BICCHIERI 2015

Aostatal

Valle d'Aosta Chambave Moscato Passito Prieuré '12	La Crotta di Vegneron	27
Valle d'Aosta Chambave Muscat '12	La Vrille	31
Valle d'Aosta Fumin '12	Elio Ottin	30
Valle d'Aosta Petite Arvine '13	Les Crêtes	27
Valle d'Aosta Pinot Gris '13	Lo Triolet	29

Piemont

Alta Langa Brut Zero Sboccatura Tardiva Cantina Maestra '08	Enrico Serafino	164
Barbaresco Crichët Pajé '05	I Paglieri - Roagna	136
Barbaresco Currà '10	Sottimano	167
Barbaresco Gallina '11	La Spinetta	168
Barbaresco Ovello Ris. '09	Produttori del Barbaresco	147
Barbaresco Ovello V. Loreto '11	Albino Rocca	152
Barbaresco Pora '10	Ca' del Baio	62
Barbaresco Rabajà '11	Giuseppe Cortese	93
Barbaresco Rabajà '11	Bruno Rocca	152
Barbaresco Rombone '10	Fiorenzo Nada	131
Barbaresco S. Stunet '11	Piero Busso	61
Barbaresco Serraboella '10	F.lli Cigliuti	84
Barbera d'Alba Bric du Luv '12	Ca' Viola	64
Barbera d'Alba Vittoria '11	Gianfranco Alessandria	37
Barbera d'Asti Bricco dell'Uccellone '12	Braida	54
Barbera d'Asti Pomorosso '11	Coppo	90
Barbera d'Asti Sup. Nizza '11	Tenuta Olim Bauda	135
Barbera d'Asti Sup. Nizza Acsé '11	Scrimaglio	162
Barbera d'Asti Sup. Nizza Le Nicchie '11	La Gironda	108
Barbera d'Asti Sup. Nizza V. dell'Angelo '11	Cascina La Barbatella	73
Barbera d'Asti Sup. V. La Mandorla '12	Luigi Spertino	167
Barbera del M.to Sup. Barabba '10	Iuli	114
Barbera del M.to Sup. Bricco Battista '11	Giulio Accornero e Figli	35
Barolo '10	Cascina Fontana	71
Barolo '10	Bartolo Mascarello	123
Barolo Arborina '10	Mauro Veglio	173
Barolo Brea V. Ca' Mia '10	Brovia	60
Barolo Bricco delle Viole '10	G. D. Vajra	172
Barolo Bricco Manzoni '10	Silvio Grasso	110
Barolo Bricco Pernice '09	Elvio Cogno	85
Barolo Broglio Ris. '08	Schiavenza	162
Barolo Brunate '10	Damilano	95
Barolo Bussia Romirasco '10	Aldo Conterno	87
Barolo Bussia V. Mondoca Ris. '08	Poderi e Cantine Oddero	134
Barolo Cannubi '10	Poderi Luigi Einaudi	97
Barolo Cannubi '10	Marchesi di Barolo	120
Barolo Cannubi '10	E. Pira & Figli - Chiara Boschis	142
Barolo Cannubi Boschis '10	Luciano Sandrone	158
Barolo Cerequio '10	Michele Chiarlo	82
Barolo Francia '10	Giacomo Conterno	88

TRE BICCHIERI 2015

Barolo Ginestra '10	Paolo Conterno	89
Barolo Gramolere '10	F.lli Alessandria	37
Barolo Lazzarito Ris. '08	Ettore Germano	104
Barolo Le Rocche del Falletto Ris. '08	Bruno Giacosa	106
Barolo Monprivato '09	Giuseppe Mascarello e Figlio	123
Barolo Monvigliero '09	Bel Colle	47
Barolo Monvigliero '10	G. B. Burlotto	60
Barolo Ornato '10	Pio Cesare	141
Barolo Resa 56 '10	Brandini	55
Barolo Rocche dell'Annunziata '10	Renato Corino	91
Barolo Rocche dell'Annunziata Ris. '08	Paolo Scavino	161
Barolo Serra '10	Giovanni Rosso	155
Barolo Sorì Ginestra '10	Conterno Fantino	89
Barolo V. Rionda Ris. '08	Massolino	124
Barolo Villero Ris. '07	Vietti	174
Boca '10	Le Piane	141
Bramaterra '10	Odilio Antoniotti	41
Carema Et. Nera '09	Ferrando	99
Colli Tortonesi Barbera Elisa '11	La Colombera	87
Colli Tortonesi Timorasso Fausto '12	Vigne Marina Coppi	90
Colli Tortonesi Timorasso Martin '12	Franco M. Martinetti	122
Colli Tortonesi Timorasso Pitasso '12	Claudio Mariotto	121
Costa del Vento '12	Vigneti Massa	175
Dogliani Papà Celso '13	Abbona	34
Dogliani Sup. San Bernardo '11	Anna Maria Abbona	34
Dolcetto di Ovada Sup. Du Riva '11	Luigi Tacchino	169
Erbaluce di Caluso La Rustìa '13	Orsolani	136
Erbaluce di Caluso Le Chiusure '13	Favaro	98
Gattinara Osso S. Grato '10	Antoniolo	40
Gavi del Comune di Gavi Monterotondo '12	Villa Sparina	176
Gavi del Comune di Gavi Bruno Broglia '12	Vitivinicola Broglia	59
Ghemme '10	Torraccia del Piantavigna	171
Langhe Larigi '12	Elio Altare	39
Langhe Nebbiolo Sorì Tildìn '11	Gaja	103
Nebbiolo d'Alba Cumot '11	Bricco Maiolica	58
Roero Gepin '10	Stefanino Costa	94
Roero Giovanni Almondo Ris. '11	Giovanni Almondo	38
Roero Mombeltramo Ris. '10	Malvirà	117
Roero Printi Ris. '10	Monchiero Carbone	126

Ligurien

Cinque Terre '13	Samuele Heydi Bonanini	199
Colli di Luni Vermentino Et. Nera '13	Cantine Lunae Bosoni	203
Colli di Luni Vermentino Il Maggiore '13	Ottaviano Lambruschi	203
Dolceacqua Bricco Arcagna '12	Terre Bianche	207
Dolceacqua Galeae '13	Ka' Manciné	202
Riviera Ligure di Ponente Pigato Cycnus '13	Poggio dei Gorleri	207
Riviera Ligure di Ponente Pigato U Baccan '12	Bruna	200

Lombardei

Brut 'More '10	Castello di Cigognola	228
Brut Cl. Nature	Monsupello	241
Franciacorta Brut Cuvée Alma	Bellavista	218
Franciacorta Brut Nature '10	Barone Pizzini	217
Franciacorta Collezione Grandi Cru '08	Cavalleri	229
Franciacorta Extra Brut '08	Lo Sparviere	251
Franciacorta Extra Brut Cuvée Annamaria Clementi Rosé Ris. '06	Ca' del Bosco	223
Franciacorta Extra Brut EBB '09	Il Mosnel	243
Franciacorta Extra Brut Lucrezia Et. Nera '04	Castello Bonomi	228
Franciacorta Pas Dosé 33 Ris. '07	Ferghettina	234
Franciacorta Satèn Palazzo Lana '06	Guido Berlucchi & C.	219
Lugana Brolettino '12	Ca' dei Frati	223
Lugana Molin '13	Provenza - Cà Maiol	247
OP Cruasé Oltrenero	Tenuta Il Bosco	221
OP Pinot Nero Brut Cl. 1870 '10	F.lli Giorgi	237
OP Pinot Nero Brut Cl. Conti Vistarino 1865 '08	Conte Vistarino	231
OP Pinot Nero Giorgio Odero '11	Frecciarossa	235
OP Rosso Cavariola Ris. '10	Bruno Verdi	254
Valtellina Sforzato Ronco del Picchio '10	Sandro Fay	233
Valtellina Sfursat C. Negri '11	Nino Negri	244
Valtellina Sfursat Fruttaio Ca' Rizzieri '10	Aldo Rainoldi	249
Valtellina Sup. Dirupi Ris. '11	Dirupi	233
Valtellina Sup. Sassella Stella Retica Ris. '10	Ar.Pe.Pe.	216

Trentino

San Leonardo '08	Tenuta San Leonardo	285
Teroldego Rotaliano Vigilius '12	De Vescovi Ulzbach	276
Trentino Müller Thurgau V. delle Forche '13	La Vis/Valle di Cembra	280
Trento Brut Giulio Ferrari Riserva del Fondatore '04	Ferrari	278
Trento Brut Letrari Ris. '09	Letrari	280
Trento Brut Methius Ris. '08	F.lli Dorigati	277
Trento Domìni Nero '09	Abate Nero	272
Trento Mach Riserva del Fondatore '09	Istituto Agrario Provinciale San Michele all'Adige	285
Trento Pas Dosé Balter Ris. '09	Nicola Balter	273
Trento Rotari Flavio Ris. '07	MezzaCorona	281

Südtirol

A. A. Cabernet Löwengang '10	Alois Lageder + Tenutae Lageder	306
A. A. Cabernet Sauvignon Lafòa '11	Cantina Produttori Colterenzio	296
A. A. Gewürztraminer Auratus Crescendo '13	Tenuta Ritterhof	313
A. A. Gewürztraminer Kastelaz '13	Elena Walch	322
A. A. Gewürztraminer Nussbaumer '13	Cantina Tramin	319
A. A. Lago di Caldaro Scelto Cl. Sup. Pfarrhof '13	Cantina di Caldaro	294
A. A. Lagrein Abtei Muri Ris. '11	Cantina Convento Muri-Gries	309
A. A. Lagrein Ris. '11	Erbhof Untergantzner Josephus Mayr	298
A. A. Lagrein Taber Ris. '12	Cantina Bolzano	293

TRE BICCHIERI 2015

A. A. Moscato Rosa '12	Franz Haas	302
A. A. Müller Thurgau Feldmarschall von Fenner zu Fennberg '12	Tiefenbrunner	319
A. A. Pinot Bianco Sirmian '13	Cantina Nals Margreid	310
A. A. Pinot Nero Trattmann Mazzon Ris. '11	Cantina Girlan	300
A. A. Santa Maddalena Cl. Antheos '13	Tenuta Waldgries	322
A. A. Sauvignon Praesulis '13	Gumphof - Markus Prackwieser	302
A. A. Sauvignon St. Valentin '13	Cantina Produttori San Michele Appiano	315
A. A. Terlano Nova Domus Ris. '11	Cantina Terlano	318
A. A. Terlano Pinot Bianco Eichhorn '13	Manincor	308
A. A. Terlano Pinot Bianco Vorberg Ris. '11	Cantina Terlano	318
A. A. Valle Venosta Pinot Bianco Sonnenberg '13	Cantina Meran Burggräfler	309
A. A. Valle Venosta Riesling '13	Falkenstein - Franz Pratzner	299
A. A. Valle Isarco Pinot Grigio '13	Köfererhof Günther Kershbaumer	304
A. A. Valle Isarco Sylvaner '13	Kuenhof - Peter Pliger	306
A. A. Valle Isarco Sylvaner '13	Pacherhof - Andreas Huber	312
A. A. Valle Isarco Veltliner Praepositus '12	Abbazia di Novacella	292
A. A. Valle Venosta Pinot Bianco '13	Stachlburg - Baron von Kripp	316
A. A. Valle Venosta Pinot Bianco Castel Juval '13	Tenuta Unterortl - Castel Juval	320
Anthos Bianco Passito '10	Erste+Neue	298

Venetien

Amarone della Valpolicella '10	Corte Sant'Alda	354
Amarone della Valpolicella Campo dei Gigli '10	Tenuta Sant'Antonio	384
Amarone della Valpolicella Cl. '10	Allegrini	329
Amarone della Valpolicella Cl. '10	Brigaldara	338
Amarone della Valpolicella Cl. Caloetto '06	Le Ragose	379
Amarone della Valpolicella Cl. Casa dei Bepi '09	Viviani	400
Amarone della Valpolicella Cl. Costasera Ris. '09	Masi	365
Amarone della Valpolicella Cl. La Mattonara Ris. '03	Zymē	402
Amarone della Valpolicella Cl. S. Rocco Domini Veneti '08	Cantina Valpolicella Negrar	394
Amarone della Valpolicella Cl. Vign. Monte Ca' Bianca '09	Lorenzo Begali	332
Bardolino Cl. Brol Grande '12	Le Fraghe	359
Brut Grave di Stecca '11	Nino Franco	375
Cartizze V. La Rivetta	Villa Sandi	399
Colli Euganei Cabernet Borgo delle Casette Ris. '10	Il Filò delle Vigne	357
Colli Euganei Rosso Gemola '08	Vignalta	397
Colli Euganei Rosso Serro '11	Il Mottolo	373
Cristina V. T. '11	Roeno	381
Custoza Mael '13	Corte Gardoni	352
Custoza Sup. Amedeo '12	Cavalchina	348
Custoza Sup. Ca' del Magro '12	Monte del Frà	368
Lugana Molceo Ris. '12	Ottella	376
Montello e Colli Asolani Il Rosso dell'Abazia '11	Serafini & Vidotto	387
Recioto della Valpolicella Cl. Uva Passa '11	Villa Bellini	398
Soave Cl. Campo Vulcano '13	I Campi	343

Soave Cl. La Rocca '12	Leonildo Pieropan	377
Soave Cl. Monte Carbonare '12	Suavia	389
Soave Cl. Monte Fiorentine '13	Ca' Rugate	342
Soave Sup. Il Casale '13	Agostino Vicentini	395
Valdobbiadene Brut Particella 68 '13	Sorelle Bronca	339
Valdobbiadene Brut Rive di Col San Martino Cuvée del Fondatore Graziano Merotto '13	Merotto	367
Valdobbiadene Brut Vecchie Viti '13	Ruggeri & C.	382
Valdobbiadene Rive di Farra di Soligo Brut Col Credas '13	Adami	328
Valpolicella Cl. Sup. Camporenzo '11	Monte dall'Ora	368
Valpolicella Sup. '10	Marion	364
Valpolicella Sup. '12	Musella	373
Valpolicella Sup. '11	Roccolo Grassi	380

Friaul Julisch Venetien

Carso Vitovska V. Collezione '09	Zidarich	480
COF Ellegri '13	Ronchi di Manzano	457
COF Pinot Grigio '13	Torre Rosazza	470
COF Rosso Sacrisassi '12	Le Due Terre	432
COF Sauvignon Zuc di Volpe '13	Volpe Pasini	479
Collio '13	Ronco Blanchis	458
Collio Bianco Broy '13	Eugenio Collavini	425
Collio Chardonnay Gmajne '11	Primosic	451
Collio Friulano '13	Schiopetto	463
Collio Friulano Manditocai '12	Livon	441
Collio Malvasia '13	Doro Princic	451
Collio Malvasia '13	Ronco dei Tassi	459
Collio Pinot Bianco '13	Castello di Spessa	423
Collio Pinot Bianco '13	Roberto Picéch	448
Collio Pinot Bianco '13	Franco Toros	470
Collio Sauvignon '13	Tiare - Roberto Snidarcig	469
Collio Sauvignon Ronco delle Mele '13	Venica & Venica	472
Friuli Grave Pinot Bianco '13	Le Monde	440
Friuli Isonzo Friulano Dolée '12	Vie di Romans	474
Friuli Isonzo Pinot Grigio Gris '12	Lis Neris	441
Malvasia '10	Damijan Podversic	450
Noans '12	La Tunella	471
Ograde '12	Skerk	465
Rosazzo Bianco Terre Alte '12	Livio Felluga	434
Severo Bianco '12	Ronco Severo	460
Vintage Tunina '12	Jermann	438
W.... Dreams.... '12	Jermann	438

Emilia Romagna

Lambrusco di Sorbara Radice '13	Gianfranco Paltrinieri	512
Lambrusco di Sorbara Rimosso '13	Cantina della Volta	496
Lambrusco di Sorbara Secco Omaggio a Gino Friedmann '13	Cantina Sociale di Carpi e Sorbara	497
Lambrusco di Sorbara V. del Cristo '13	Cavicchioli U. & Figli	498

TRE BICCHIERI 2015

Lambrusco di Sorbara Vecchia Modena Premium '13	Chiarli 1860	499
Poggio Tura '10	Vigne dei Boschi	519
Reggiano Lambrusco Concerto '13	Ermete Medici & Figli	509
Sangiovese di Romagna I Probi di Papiano Ris. '11	Villa Papiano	521
Sangiovese di Romagna Predappio di Predappio V. del Generale '11	Fattoria Nicolucci	511
Sangiovese di Romagna San Vicinio Monte Sasso '12	Braschi	495
Sangiovese di Romagna Sup. Pietramora Ris. '11	Fattoria Zerbina	523
Sangiovese di Romagna V. 1922 Ris. '11	Torre San Martino	518

Toskana

1465 MCDLXV '10	Podere Fortuna	590
Baffo Nero '12	Rocca di Frassinello	636
Bolgheri Rosso Sup. '11	Podere Sapaio	645
Bolgheri Rosso Sup. Millepassi '11	Donna Olimpia 1898	583
Bolgheri Sassicaia '11	Tenuta San Guido	642
Bolgheri Sup. '11	Tenuta Argentiera	535
Bolgheri Sup. L'Alberello '11	Podere Grattamacco	594
Bolgheri Sup. Sondraia '11	Poggio al Tesoro	625
Brunello di Montalcino '09	Baricci	541
Brunello di Montalcino '09	Biondi Santi - Tenuta Il Greppo	544
Brunello di Montalcino '09	Casanova di Neri	557
Brunello di Montalcino '09	La Cerbaiola	570
Brunello di Montalcino '09	Donna Olga	583
Brunello di Montalcino '09	Pietroso	623
Brunello di Montalcino Altero '09	Poggio Antico	625
Brunello di Montalcino Ris. '08	Caprili	555
Brunello di Montalcino V. Loreto '09	Mastrojanni	606
Brunello di Montalcino V. Manapetra '09	La Lecciaia	600
Carmignano Ris. '11	Piaggia	620
Chianti Cl. '12	Badia a Coltibuono	537
Chianti Cl. '12	Bandini - Villa Pomona	539
Chianti Cl. '11	Val delle Corti	660
Chianti Cl. Ama '11	Castello di Ama	561
Chianti Cl. Baron'Ugo Ris. '10	Monteraponi	609
Chianti Cl. Castello di Radda Ris. '11	Castello di Radda	565
Chianti Cl. Colledilà Gran Sel. '11	Barone Ricasoli	541
Chianti Cl. Il Grigio da San Felice Gran Sel. '10	San Felice	640
Chianti Cl. Il Solatio Gran Sel. '10	Castello d'Albola	559
Chianti Cl. Ris. '11	Brancaia	546
Chianti Cl. Ris. '11	Castello di Monsanto	564
Chianti Cl. Ris. '11	Fattoria Nittardi	614
Chianti Cl. Ris. Gran Sel. '10	Tenuta di Lilliano	601
Chianti Cl. V. Casi Ris. '11	Castello di Meleto	563
Chianti Cl. Vign. di Campolungo Gran Sel. '10	Lamole di Lamole	598
Chianti Cl. Vigna La Prima Gran Sel. '10	Castello di Vicchiomaggio	567
Chianti Rufina V. V. Ris. '11	Marchesi de' Frescobaldi	591
Coevo '11	Famiglia Cecchi	569
Colline Lucchesi Tenuta di Valgiano '11	Tenuta di Valgiano	662
Cortona Syrah '11	Stefano Amerighi	533

Cortona Syrah Il Castagno '11	Fabrizio Dionisio	582
Do ut des '11	Fattoria Carpineta Fontalpino	555
Galatrona '11	Fattoria Petrolo	619
I Sodi di S. Niccolò '10	Castellare di Castellina	558
Il Brecciolino '11	Castelvecchio	568
La Querce '11	La Querce	632
Le Pergole Torte '11	Montevertine	610
Lupicaia '10	Castello del Terriccio	560
Masseto '11	Tenuta dell'Ornellaia	616
Montecucco Sangiovese Lombrone Ris. '10	Colle Massari	575
Morellino di Scansano '12	Poggio Trevvalle	628
Morellino di Scansano Calestaia Ris. '10	Roccapesta	637
Morellino di Scansano Madrechiesa Ris. '11	Terenzi	653
Nobile di Montepulciano '11	Podere Le Berne	543
Nobile di Montepulciano '11	Tenute del Cerro	653
Nobile di Montepulciano Asinone '11	Poliziano	630
Nobile di Montepulciano Nocio dei Boscarelli '10	Poderi Boscarelli	546
Nobile di Montepulciano Salco '10	Salcheto	638
Oreno '11	Tenuta Sette Ponti	649
Orma '11	Podere Orma	615
Paleo Rosso '11	Le Macchiole	604
Petra Rosso '11	Petra	618
Picconero '10	Tolaini	656
Poggiassai '11	Poggio Bonelli	626
Poggio ai Chiari '07	Colle Santa Mustiola	576
Poggio alle Nane '11	Tenuta Le Mortelle	612
Rocca di Frassinello '12	Rocca di Frassinello	636
Rosso di Montalcino '10	Stella di Campalto Podere San Giuseppe	651
Rossole '12	Borgo Salcetino	545
Siepi '11	Castello di Fonterutoli	562
Vernaccia di S. Gimignano Albereta Ris. '11	Il Colombaio di Santa Chiara	577
Vernaccia di S. Gimignano Tradizionale '12	Montenidoli	609
Vin Santo di Carmignano Ris. '07	Tenuta di Capezzana	554

Marken

Castelli di Jesi Verdicchio Cl. Crisio Ris. '12	CasalFarneto	701
Castelli di Jesi Verdicchio Cl. Il Cantico della Figura Ris. '11	Andrea Felici	709
Castelli di Jesi Verdicchio Cl. Villa Bucci Ris. '12	Bucci	698
Il Pollenza '11	Il Pollenza	720
Offida Pecorino Artemisia '13	Tenuta Spinelli	724
Offida Rosso Barricadiero '11	Aurora	696
Offida Rosso Grifola '11	Poderi San Lazzaro	721
Piceno Morellone '08	Le Caniette	699
Rosso Piceno Sup. Roggio del Filare '11	Velenosi	727
Verdicchio dei Castelli di Jesi Cl. Sup. Capovolto '13	La Marca di San Michele	714
Verdicchio dei Castelli di Jesi Cl. Sup. Vecchie Vigne '12	Umani Ronchi	726
Verdicchio dei Castelli di Jesi Cl. Sup. Il Priore '12	Sparapani - Frati Bianchi	723

TRE BICCHIERI 2015

Verdicchio dei Castelli di Jesi Cl. Sup. Misco '13	Tenuta di Tavignano	724
Verdicchio dei Castelli di Jesi Cl. Sup. Podium '12	Gioacchino Garofoli	711
Verdicchio di Matelica Collestefano '13	Collestefano	703
Verdicchio di Matelica Jera Ris. '10	Borgo Paglianetto	697
Verdicchio di Matelica Mirum Ris. '12	La Monacesca	716

Umbrien

Cervaro della Sala '12	Castello della Sala	741
Colle Ozio Grechetto '12	Leonardo Bussoletti	739
Montefalco Sagrantino '09	Antonelli - San Marco	736
Montefalco Sagrantino '10	Perticaia	750
Montefalco Sagrantino '10	Romanelli	752
Montefalco Sagrantino 25 Anni '10	Arnaldo Caprai	739
Montefalco Sagrantino Campo alla Cerqua '10	Giampaolo Tabarrini	754
Montefalco Sagrantino Collenottolo '10	Tenuta Bellafonte	737
Montefalco Sagrantino Della Cima '10	Villa Mongalli	756
Orvieto Cl. Sup. Luigi e Giovanna Villa Monticelli '11	Barberani	737
Torgiano Rosso V. Monticchio Ris. '09	Lungarotti	747

Latium

Biancolella Faro della Guardia '13	Casale del Giglio	762
Cesanese del Piglio Sup. Hernicus '12	Antonello Coletti Conti	764
Fiorano Bianco '12	Tenuta di Fiorano	769
Frascati Sup. Epos '13	Poggio Le Volpi	768
Frascati Sup. Poggio Verde '13	Principe Pallavicini	767
Grechetto Latour a Civitella '11	Sergio Mottura	767
Montiano '12	Falesco	765

Abruzzen

Abruzzo Pecorino '13	Tenuta I Fauri	785
Abruzzo Pecorino Nativae '13	Tenuta Ulisse	793
Montepulciano d'Abruzzo Amorino '10	Castorani	780
Montepulciano d'Abruzzo Cocciapazza '11	Torre dei Beati	792
Montepulciano d'Abruzzo Colline Teramane Zanna Ris. '10	Dino Illuminati	787
Montepulciano d'Abruzzo Malandrino '12	Luigi Cataldi Madonna	781
Montepulciano d'Abruzzo Marina Cvetic '11	Masciarelli	787
Montepulciano d'Abruzzo Prologo '12	Nicoletta De Fermo	784
Montepulciano d'Abruzzo Rosso del Duca '12	Villa Medoro	795
Montepulciano d'Abruzzo S. Clemente Ris. '11	Ciccio Zaccagnini	795
Montepulciano d'Abruzzo Spelt Ris. '10	La Valentina	793
Pecorino '13	Tiberio	791
Trebbiano d'Abruzzo '10	Valentini	794
Trebbiano d'Abruzzo C'Incanta '11	Cantina Tollo	792
Trebbiano d'Abruzzo V. di Capestrano '12	Valle Reale	794

Molise

Aglianico '10	Borgo di Colloredo	800
Molise Rosso Don Luigi Ris. '11	Di Majo Norante	800

Kampanien

Campi Flegrei Falanghina '13	La Sibilla	826
Cilento Fiano Pietraincatenata '12	Luigi Maffini	816
Costa d'Amalfi Bianco Puntacroce '13	Raffaele Palma	819
Fiano di Avellino '13	Colli di Lapio	808
Fiano di Avellino '13	Pietracupa	821
Fiano di Avellino '12	Rocca del Principe	823
Fiano di Avellino Béchar '13	Antonio Caggiano	805
Fiano di Avellino Pietramara '13	I Favati	813
Greco di Tufo Claudio Quarta '12	Sanpaolo - Magistravini	825
Greco di Tufo V. Cicogna '13	Benito Ferrara	814
Grecomusc' '12	Contrade di Taurasi	810
Montevetrano '12	Montevetrano	818
Pian di Stio '13	San Salvatore	824
Sabbie di Sopra il Bosco '12	Nanni Copè	819
Sannio Falanghina Fois '13	Cautiero	807
Sannio Falanghina Janare '13	La Guardiense	815
Sannio Falanghina Svelato '13	Terre Stregate	827
Taburno Falanghina '13	Fontanavecchia	815
Taurasi '10	Urciuolo	828
Taurasi Ris. '06	Perillo	820

Apulien

Castel del Monte Rosso Bolonero '12	Torrevento	865
Castel del Monte Rosso Trentangeli '11	Tormaresca	864
Gioia del Colle Primitivo 17 Vign. Montevella '11	Polvanera	861
Gioia del Colle Primitivo Et. Nera C.da San Pietro '12	Plantamura	861
Gioia del Colle Primitivo Marpione Ris. '10	Tenuta Viglione	867
Gioia del Colle Primitivo Muro Sant'Angelo Contrada Barbatto '11	Chiaromonte	856
Negroamaro '11	Carvinea	855
Primitivo di Manduria Es '12	Gianfranco Fino	857
Primitivo di Manduria Giravolta '12	Racemi	862
Salice Salentino Rosso Per Lui Ris. '12	Leone de Castris	858
Salice Salentino Rosso Selvarossa Ris. '11	Cantine Due Palme	856
Torre Testa '12	Tenute Rubino	863

Basilikata

Aglianico del Vulture Il Repertorio '12	Cantine del Notaio	842
Aglianico del Vulture Re Manfredi '11	Terre degli Svevi	846
Aglianico del Vulture Rotondo '11	Paternoster	845
Aglianico del Vulture Titolo '12	Elena Fucci	844

Kalabrien

Grisara '13	Roberto Ceraudo	876
Magno Megonio '12	Librandi	878
Masino '12	iGreco	877
Moscato Passito '13	Luigi Viola	881

Sizilien

Alcamo Beleda '13	Rallo	902
Cerasuolo di Vittoria Cl. Dorilli '12	Planeta	901
Contea di Sclafani Rosso del Conte '10	Tasca d'Almerita	906
Deliella '12	Feudo Principi di Butera	895
Etna Bianco A' Puddara '12	Tenuta di Fessina	894
Etna Rosso '11	Cottanera	891
Etna Rosso 'A Rina '12	Girolamo Russo	903
Etna Rosso Arcurìa '12	Graci	896
Etna Rosso Santo Spirito '12	Tenuta delle Terre Nere	906
Etna Rosso V. Barbagalli '11	Pietradolce	900
Faro Palari '11	Palari	899
Il Frappato '12	Occhipinti	898
Malvasia delle Lipari Ris. '11	Hauner	897
Moscato dello Zucco '10	Cusumano	891
Nero d'Avola Versace '12	Feudi del Pisciotto	894
Passito di Pantelleria Ben Ryé '12	Donnafugata	892
Sàgana '12	Cusumano	891
Saia '12	Feudo Maccari	895
Santagostino Rosso Baglio Sorìa '12	Firriato	896

Sardinien

Alghero Marchese di Villamarina '09	Tenute Sella & Mosca	933
Barrile '11	Attilio Contini	923
Cannonau di Sardegna Barrosu Franzisca Ris. '11	Giovanni Montisci	929
Cannonau di Sardegna Cl. Dule '11	Giuseppe Gabbas	926
Cannonau di Sardegna Ris. '12	Pala	930
Capichera '12	Capichera	922
Carignano del Sulcis '10	6Mura - Cantina Giba	920
Carignano del Sulcis Sup. Arruga '09	Sardus Pater	932
Carignano del Sulcis Sup. Terre Brune '10	Cantina di Santadi	932
Mandrolisai Sup. Antiogu '11	Fradiles	925
Turriga '10	Argiolas	920
Vermentino di Gallura Sup. Sciala '13	Vigne Surrau	935
Vermentino di Gallura Sup. Sienda '13	Mura	930

DIE SUPERLATIVE DES JAHRES

ROTWEIN DES JAHRES
BAROLO VILLERO RIS. '07 – VIETTI

WEISSWEIN DES JAHRES
TREBBIANO D'ABRUZZO V. DI CAPESTRANO '12 – VALLE REALE

SCHAUMWEIN DES JAHRES
BRUT CL. NATURE – MONSUPELLO

DESSERTWEIN DES JAHRES
VIN SANTO DI CARMIGNANO RIS. '07 – TENUTA DI CAPEZZANA

KELLEREI DES JAHRES
TENUTA SETTE PONTI

DER PREISKNÜLLER
CUSTOZA SUP. CA' DEL MAGRO '12 - MONTE DEL FRÀ

WINZER DES JAHRES
GIUSEPPE GABBAS

DER SENKRECHTSTARTER
TIARE - ROBERTO SNIDARCIG

PREIS FÜR NACHHALTIGEN WEINBAU
BARONE PIZZINI

DIE DREI GRÜNEN GLÄSER

Mit den Drei Grünen Gläsern kennzeichnen wir die Weine aus Kellereien, die nach biologischen oder biodynamischen Regeln arbeiten und die Zertifizierung durch autorisierte Prüfanstalten erhalten haben. In diesem Jahr sind es nicht weniger als 80, das sind fast 20 % aller Drei-Gläser-Weine. Diese bedeutsame Zahl beweist, dass Umweltbewusstsein in Italiens besten Weingütern ein irreversibler Prozess ist. Die Sache ist jedoch komplizierter, da zahlreiche Betriebe nach ähnlichen Grundsätzen arbeiten, aber keine Zertifizierung betreiben und eigene Protokolle für ökologische Nachhaltigkeit unter italienischen Produzenten immer stärker verbreitet sind. Mit dem von uns betriebenen Italienischen Forum für ökologische Nachhaltigkeit in der Weinwirtschaft, haben wir die wichtige Arbeit der Überwachung der Weinberge und Keller in Italien und die Vereinheitlichung der Messverfahren auf den Weg gebracht.

Wein	Erzeuger	Region
A. A. Cabernet Löwengang '10	Alois Lageder + Tenute Lageder	Südtirol
A. A. Terlano Pinot Bianco Eichhorn '13	Manincor	Südtirol
A. A. Valle Venosta Pinot Bianco '13	Stachlburg - Baron von Kripp	Südtirol
Aglianico del Vulture Il Repertorio '12	Cantine del Notaio	Basilikata
Aglianico del Vulture Rotondo '11	Paternoster	Basilikata
Alcamo Beleda '13	Rallo	Sizilien
Amarone della Valpolicella '10	Corte Sant'Alda	Venetien
Barbera d'Asti Sup. Nizza Acsé '11	Scrimaglio	Piemont
Barbera del M.to Sup. Barabba '10	Iuli	Piemont
Bardolino Cl. Brol Grande '12	Le Fraghe	Venetien
Barolo Brea V. Ca' Mia '10	Brovia	Piemont
Barolo Bricco Pernice '09	Elvio Cogno	Piemont
Barolo Bussia V. Mondoca Ris. '08	Poderi e Cantine Oddero	Piemont
Barolo Cannubi '10	E. Pira & Figli - Chiara Boschis	Piemont
Barolo Resa 56 '10	Brandini	Piemont
Barolo Sorì Ginestra '10	Conterno Fantino	Piemont
Bolgheri Sup. L'Alberello '11	Podere Grattamacco	Toskana
Castel del Monte Rosso Bolonero '12	Torrevento	Apuien
Castelli di Jesi Verdicchio Cl. Il Cantico della Figura Ris. '11	Andrea Felici	Marken
Castelli di Jesi Verdicchio Cl. Villa Bucci Ris. '12	Bucci	Marken
Chianti Cl. '12	Badia a Coltibuono	Toskana
Chianti Cl. '12	Bandini - Villa Pomona	Toskana
Chianti Cl. '11	Val delle Corti	Toskana
Chianti Cl. Baron'Ugo Ris. '10	Monteraponi	Toskana
Cilento Fiano Pietraincatenata '12	Luigi Maffini	Kampanien
Colle Ozio Grechetto '12	Leonardo Bussoletti	Umbrien
Colline Lucchesi Tenuta di Valgiano '11	Tenuta di Valgiano	Toskana
Cortona Syrah '11	Stefano Amerighi	Toskana
Costa d'Amalfi Bianco Puntacroce '13	Raffaele Palma	Kampanien
Do ut des '11	Fattoria Carpineta Fontalpino	Toskana
Etna Rosso 'A Rina '12	Girolamo Russo	Sizilien
Etna Rosso Arcurìa '12	Graci	Sizilien
Etna Rosso Santo Spirito '12	Tenuta delle Terre Nere	Sizilien
Fiano di Avellino '13	Colli di Lapio	Kampanien
Franciacorta Brut Nature '10	Barone Pizzini	Lombardei
Franciacorta Collezione Grandi Cru '08	Cavalleri	Lombardei
Gioia del Colle Primitivo 17 Vign. Montevella '11	Polvanera	Apuien
Gioia del Colle Primitivo Et. Nera C.da San Pietro '12	Plantamura	Apuien
Gioia del Colle Primitivo Marpione Ris. '10	Tenuta Viglione	Apuien
Gioia del Colle Primitivo Muro Sant'Angelo Contrada Barbatto '11	Chiaromonte	Apuien

DIE DREI GRÜNEN GLÄSER

Wein	Erzeuger	Region
Grechetto Latour a Civitella '11	Sergio Mottura	Latium
Grecomusc' '12	Contrade di Taurasi	Kampanien
Grisara '13	Roberto Ceraudo	Kalabrien
Il Frappato '12	Occhipinti	Sizilien
Malvasia '10	Damijan Podversic	Friaul Julish Venetien
Masino '12	iGreco	Kalabrien
Molise Rosso Don Luigi Ris. '11	Di Majo Norante	Molise
Montecucco Sangiovese Lombrone Ris. '10	Colle Massari	Toskana
Montepulciano d'Abruzzo Cocciapazza '11	Torre dei Beati	Abruzzen
Montepulciano d'Abruzzo Prologo '12	Nicoletta De Fermo	Abruzzen
Morellino di Scansano '12	Poggio Trevvalle	Toskana
Moscato Passito '13	Luigi Viola	Kalabrien
Negroamaro '11	Carvinea	Apulien
Nobile di Montepulciano Salco '10	Salcheto	Toskana
Offida Rosso Barricadiero '11	Aurora	Marken
Offida Rosso Grifola '11	Poderi San Lazzaro	Marken
Ograde '12	Skerk	Friaul Julish Venetien
Orvieto Cl. Sup. Luigi e Giovanna Villa Monticelli '11	Barberani	Umbrien
Pian di Stio '13	San Salvatore	Kampanien
Picconero '10	Tolaini	Toskana
Piceno Morellone '08	Le Caniette	Marken
Poggio Tura '10	Vigne dei Boschi	Emilia Romagna
Recioto della Valpolicella Cl. Uva Passa '11	Villa Bellini	Venetien
Rosso di Montalcino '10	Stella di Campalto Podere San Giuseppe	Toskana
Salice Salentino Rosso Selvarossa Ris. '11	Cantine Due Palme	Apulien
Sannio Falanghina Fois '13	Cautiero	Kampanien
Sannio Falanghina Svelato '13	Terre Stregate	Kampanien
Severo Bianco '12	Ronco Severo	Friaul Julish Venetien
Soave Cl. La Rocca '12	Leonildo Pieropan	Venetien
Torgiano Rosso V. Monticchio Ris. '09	Lungarotti	Umbrien
Trebbiano d'Abruzzo V. di Capestrano '12	Valle Reale	Abruzzen
Trento Mach Riserva del Fondatore '09	Istituto Agrario Provinciale San Michele all'Adige	Trentino
Valdobbiadene Brut Particella 68 '13	Sorelle Bronca	Venetien
Valpolicella Cl. Sup. Camporenzo '11	Monte dall'Ora	Venetien
Valpolicella Sup. '12	Musella	Venetien
Verdicchio dei Castelli di Jesi Cl. Sup. Capovolto '13	La Marca di San Michele	Marken
Verdicchio di Matelica Collestefano '13	Collestefano	Marken
Verdicchio di Matelica Jera Ris. '10	Borgo Paglianetto	Marken
Vernaccia di S. Gimignano Albereta Ris. '11	Il Colombaio di Santa Chiara	Toskana
Vernaccia di S. Gimignano Tradizionale '12	Montenidoli	Toskana

RANGLISTE DER JAHRGÄNGE VON 1990 BIS 2013

	BARBARESCO BAROLO	AMARONE	CHIANTI CLASSICO	BRUNELLO DI MONTALCINO	BOLGHERI	TAURASI	MONTEPULCIANO D'ABRUZZO
1990	4	5	4	5	5	5	4
1995	3	5	4	4	4	4	5
1996	5	3	4	3	4	5	3
1997	4	5	4	5	5	4	4
1998	4	3	4	3	4	4	4
1999	5	4	5	5	5	4	4
2000	4	4	3	3	5	3	3
2001	5	5	5	5	5	5	4
2003	3	4	4	4	4	4	4
2004	5	5	4	5	5	4	4
2005	4	4	4	4	4	3	4
2006	5	4	4	5	5	4	4
2007	4	5	5	5	5	5	4
2008	5	4	4	5	4	4	3
2009	3	4	4	4	4	3	3
2010	5	4	4	4	4	4	4
2011	3		3		3		3
2012			3				2

	ALTO ADIGE BIANCO	LUGANA SOAVE	FRIULI BIANCO	VERDICCHIO DEI CASTELLI DI JESI	FIANO DI AVELLINO	GRECO DI TUFO
2002	4	4	4	4	4	3
2004	4	4	4	4	4	3
2005	4	3	3	3	3	3
2006	3	3	3	3	3	4
2007	3	3	3	3	3	4
2008	3	3	3	3	3	4
2009	3	3	3	3	3	4
2010	4	3	2	3	3	4
2011		3	3	3	3	3
2012	4	3	4	4	3	4
2013	4	4	4	4	4	4

DIE STERNE

Ein Stern geht an Kellereien, die mindestens zehnmal die Drei Gläser erhalten haben. Das sind bis heute nicht weniger als 197 Betriebe in den 28 Jahren unseres Weinführers. Es ist die Elite der italienischen Weinwelt, angeführt von Angelo Gaja, der bisher 52 Drei-Gläser gesammelt hat, mit dem beachtlichen Durchschnitt von fast zwei Höchstpreisen in jeder Ausgabe. In einem gewissen Abstand folgen Ca' del Bosco (39) und La Spinetta (38), dann Elio Altare (33) und ebenfalls noch mit drei Sternen, Allegrini, Castello di Fonterutoli und Valentini. In diesem Jahr können wir 17 neue Mitglieder im Club der Sterne begrüßen: Fratelli Alessandria, Poderi Boscarelli, Brigaldara, Elvio Cogno, F.lli Dorigati, Ferghettina, Leone de Castris, Marchesi di Barolo, Sergio Mottura, Piaggia, Poggio Antico, Aldo Rainoldi, G. D. Vajra, Tenuta di Valgiano, Valle Reale, Vigneti Massa, Villa Medoro.

★★★★★
52
Gaja (Piemont)

★★★
39
Ca' del Bosco (Lombardei)
38
La Spinetta (Piemont)
33
Elio Altare (Piemont)
30
Allegrini (Venetien)
Castello di Fonterutoli (Toskana)
Valentini (Abruzzen)

★★
28
Fattoria di Felsina (Toskana)
26
Giacomo Conterno (Piemont)
Jermann (Friaul Julisch Venetien)
Masciarelli (Abruzzen)
Tenuta San Guido (Toskana)
Cantina Produttori San Michele Appiano (Südtirol)
25
Bellavista (Lombardei)
Castello della Sala (Umbrien)
Ferrari (Trentino)
Planeta (Sizilien)
24
Marchesi Antinori (Toskana)
Castello di Ama (Toskana)
Feudi di San Gregorio (Kampanien)
Poliziano (Toskana)
Tasca d'Almerita (Sizilien)
Cantina Tramin (Südtirol)
Vie di Romans (Friaul Julisch Venetien)
23
Livio Felluga (Friaul Julisch Venetien)
22
Domenico Clerico (Piemont)
Bruno Giacosa (Piemont)
Gravner (Friaul Julisch Venetien)
Tenuta dell'Ornellaia (Toskana)
Leonildo Pieropan (Venetien)
Villa Russiz (Friaul Julisch Venetien)

21
Argiolas (Sardinien)
Fontodi (Toskana)
Paolo Scavino (Piemont)
20
Cantina Bolzano (Südtirol)
Arnaldo Caprai (Umbrien)
Cascina La Barbatella (Piemont)
Dorigo (Friaul Julisch Venetien)
Nino Negri (Lombardei)
Schiopetto (Friaul Julisch Venetien)

★
19
Barone Ricasoli (Toskana)
Michele Chiarlo (Piemont)
Falesco (Umbrien)
Isole e Olena (Toskana)
Montevetrano (Kampanien)
Tenute Sella & Mosca (Sardinien)
Cantina Terlano (Südtirol)
Venica & Venica (Friaul Julisch Venetien)
Elena Walch (Südtirol)
18
Ca' Viola (Piemont)
Cantina di Caldaro (Südtirol)
Castello Banfi (Toskana)
Castello del Terriccio (Toskana)
Cantina Produttori Colterenzio (Südtirol)
Matteo Correggia (Piemont)
Elio Grasso (Piemont)
Mastroberardino (Kampanien)
Ruffino (Toskana)
Tenuta San Leonardo (Trentino)
Vietti (Piemont)
17
Casanova di Neri (Toskana)
Conterno Fantino (Piemont)
Les Crêtes (Aostatal)
Cusumano (Sizilien)
Gioacchino Garofoli (Marken)
Querciabella (Toskana)
Luciano Sandrone (Piemont)
Serafini & Vidotto (Venetien)
Franco Toros (Friaul Julisch Venetien)
Le Vigne di Zamò (Friaul Julisch Venetien)
Volpe Pasini (Friaul Julisch Venetien)
Fattoria Zerbina (Emilia Romagna)

DIE STERNE

16
Abbazia di Novacella (Südtirol)
Ca' Rugate (Venetien)
Castellare di Castellina (Toskana)
Aldo Conterno (Piemont)
Romano Dal Forno (Venetien)
Lis Neris (Friaul Julisch Venetien)
Le Macchiole (Toskana)
Miani (Friaul Julisch Venetien)
Montevertine (Toskana)
Palari (Sizilien)
Giuseppe Quintarelli (Venetien)

15
Roberto Anselmi (Venetien)
Brancaia (Toskana)
Luigi Cataldi Madonna (Abruzzen)
Donnafugata (Sizilien)
Massolino (Piemont)
Cantina Convento Muri-Gries (Südtirol)
Fiorenzo Nada (Piemont)
Albino Rocca (Piemont)
Bruno Rocca (Piemont)
Cantina di Santadi (Sardinien)
Sottimano (Piemont)
Roberto Voerzio (Piemont)

14
Antoniolo (Piemont)
Bricco Rocche - Bricco Asili (Piemont)
Firriato (Sizilien)
Kuenhof - Peter Pliger (Südtirol)
Livon (Friaul Julisch Venetien)
Masi (Venetien)
Fattoria Petrolo (Toskana)
Produttori del Barbaresco (Piemont)
Ronco dei Tassi (Friaul Julisch Venetien)
Ronco del Gelso (Friaul Julisch Venetien)
San Patrignano (Emilia Romagna)
Uberti (Lombardei)
Umani Ronchi (Marken)

13
Avignonesi (Toskana)
Lorenzo Begali (Venetien)
Bucci (Marken)
Cavalleri (Lombardei)
Coppo (Piemont)
Foradori (Trentino)
Edi Keber (Friaul Julisch Venetien)
Maculan (Venetien)
Franco M. Martinetti (Piemont)
La Monacesca (Marken)
Pecchenino (Piemont)
Doro Princic (Friaul Julisch Venetien)
Suavia (Venetien)
Tua Rita (Toskana)
Velenosi (Marken)

12
Cav. G. B. Bertani (Venetien)
Biondi Santi - Tenuta Il Greppo (Toskana)
Braida (Piemont)
Castello dei Rampolla (Toskana)
Cavit (Trentino)
Tenute Cisa Asinari dei Marchesi di Grésy (Piemont)
Tenuta Col d'Orcia (Toskana)
Còlpetrone (Umbrien)
Le Due Terre (Friaul Julisch Venetien)
Poderi Luigi Einaudi (Piemont)
Falkenstein - Franz Pratzner (Südtirol)
Tenute Ambrogio e Giovanni Folonari (Toskana)
Tenuta di Ghizzano (Toskana)
Gini (Venetien)
Librandi (Kalabrien)
Malvirà (Piemont)
Bartolo Mascarello (Piemont)
Oasi degli Angeli (Marken)
Dario Raccaro (Friaul Julisch Venetien)
Podere Rocche dei Manzoni (Piemont)
Tenuta Sant'Antonio (Venetien)
Viticoltori Speri (Venetien)
Tormaresca (Apulien)
Tenuta Unterortl - Castel Juval (Südtirol)
Vignalta (Venetien)
Viviani (Venetien)

11
Abbona (Piemont)
Gianfranco Alessandria (Piemont)
Benanti (Sizilien)
Borgo San Daniele (Friaul Julisch Venetien)
Piero Busso (Piemont)
La Cerbaiola (Toskana)
Di Majo Norante (Molise)
Marchesi de' Frescobaldi (Toskana)
Galardi (Kampanien)
Podere Grattamacco (Toskana)
Dino Illuminati (Abruzzen)
Lungarotti (Umbrien)
La Massa (Toskana)
Monsupello (Lombardei)
Pietracupa (Kampanien)
Graziano Prà (Venetien)
Prunotto (Piemont)
Fattoria Le Pupille (Toskana)
Rocca di Frassinello (Toskana)
San Felice (Toskana)
Villa Sparina (Piemont)

10
F.lli Alessandria (Piemont)
Azelia (Piemont)
Poderi Boscarelli (Toskana)
Brigaldara (Venetien)
Elvio Cogno (Piemont)
F.lli Dorigati (Trentino)
Ferghettina (Lombardei)
Hilberg - Pasquero (Piemont)
Tenuta J. Hofstätter (Südtirol)
Leone de Castris (Apulien)
Marchesi di Barolo (Piemont)
Monte Rossa (Lombardei)
Sergio Mottura (Latium)
Piaggia (Toskana)
Poggio Antico (Toskana)
Aldo Rainoldi (Lombardei)
Russiz Superiore (Friaul Julisch Venetien)
G. D. Vajra (Piemont)
Tenuta di Valgiano (Toskana)
Valle Reale (Abruzzen)
Vigneti Massa (Piemont)
Villa Matilde (Kampanien)
Villa Medoro (Abruzzen)
Conti Zecca (Apulien)
Zenato (Venetien)

HINWEISE FÜR DIE BENUTZUNG DES FÜHRERS

DATEN DER BETRIEBE
JAHRESPRODUKTION
REBFLÄCHE
ANBAU

SYMBOLE
○ WEISSWEIN
☉ ROSÉWEIN
● ROTWEIN

BEWERTUNG DER WEINE
- 🍷 GUTE WEINE IN IHRER KATEGORIE
- 🍷🍷 SEHR GUTE BIS AUSGEZEICHNETE WEINE IN IHRER KATEGORIE
- 🍷🍷 SEHR GUTE BIS AUSGEZEICHNETE WEINE, DIE UNSERE FINALRUNDE ERREICHT HABEN
- 🍷🍷🍷 SPITZENWEINE IN IHRER KATEGORIE

IN FRÜHEREN AUSGABEN UNSERES FÜHRERS BESPROCHENE WEINE SIND MIT WEISSEN GLÄSERN GEKENNZEICHNET (♢, ♢♢, ♢♢♢).

STERN ★
PRO ZEHN DREI-GLÄSER-AUSZEICHNUNGEN GIBT ES EINEN STERN FÜR DIE HERSTELLER

PREISKATEGORIEN

1 bis € 5	2 von € 5,01 bis € 10,00
3 von € 10,01 bis € 15,00	4 von € 15,01 bis € 20,00
5 von € 20,01 bis € 30,00	6 von € 30,01 bis € 40,00
7 von € 40,01 bis € 50,00	8 über € 50,01

DIE ANGEGEBENEN PREISE SIND DURCHSCHNITTSPREISE IN ITALIENISCHEN VINOTHEKEN.

STERNCHEN *
KENNZEICHNET WEINE MIT BESONDERS GÜNSTIGEM PREIS-/LEISTUNGSVERHÄLTNIS

ABKÜRZUNGEN

A. A.	Alto Adige (Südtirol)		M.to	Monferrato
C.	Colli (Hügel)		OP	Oltrepò Pavese
Cl.	Klassisch		P.R.	Peduncolo Rosso
C.S.	Cantina Sociale (Genossenschaftskellerei)		P.	Prosecco
			Rif. Agr.	Riforma Agraria (Agrarreform)
CEV	Colli Etruschi Viterbesi		Ris.	Riserva
COF	Colli Orientali del Friuli		Sel.	Selezione (Auslese)
Cons.	Consorzio (Konsortium)		Sup.	Superiore
Coop.Agr.	Cooperativa Agricola (Landwirtschaftliche Genossenschaft)		TdF	Terre di Franciacorta
			V.	Vigna (Weinberg)
C. B.	Colli Bolognesi		Vign.	Vigneto (Weinberg)
C. P.	Colli Piacentini		V. T.	Vendemmia Tardiva (Spätlese)
Et.	Etichetta (Etikett)		V. V.	Vecchia Vigna/Vecchie Vigne (Alter Weinberg/Alte Weinberge)
M.	Metodo (Methode)			

Personalausweis

Name
FRIULANO
Ex-Tocai

Geburtsort
Friaul Julisch Venetien - Italien

Geburtsjahr
2008 ändert der Tocai seinen Namen und heißt nun "Friulano"

Besondere Kennzeichen
Delikater, feiner Weißwein, elegant und ausgewogen mit sehr guter Struktur

Friaul Julisch Venetien
in kleinen Schlucken

Mit Unterstützung von:

Wo aus Leidenschaft Wein wird

Jede Flasche unseres Weines enthält das warme und nachhaltige Aroma des Cannonau, den charakterstarken würzigen Geschmack der Monicatraube sowie die fruchtige anhaltende Note des Vermentino und die delikate Frische de Nuragus.
In unserem Wein, das best Sardiniens

www.cantinatrexenta.it

AOSTATAL

Ein so besonderes Land muss einfach besondere Weine hervorbringen, die es nicht verdienen, als einfache Produkte für den Massenkonsum abgetan zu werden, obzwar das leider das Schicksal vieler wunderbarer Tropfen ist, die hier produziert werden. In einer Region, die mengenmäßig nicht mit der Konkurrenz mithalten kann, sind es noch zu viele Flaschen, die nicht den Ehrgeiz haben, zumindest gut zu sein. Obwohl also diese Region nur teilweise ihr enormes qualitatives Potenzial ausschöpft und die starke Persönlichkeit ihrer Anbaugebiete herabmindert, gibt es auch positive Aspekte zu vermelden. Als eine positive Folge der leichten Verkäuflichkeit der Weine ist zu werten, dass zahlreiche neue Mitbewerber angelockt wurden. Die Entstehung neuer Betriebe - wenngleich es angesichts der Ausdehnung des Weingartens Aostatal noch nicht viele sind - mit zum Teil potenten Investoren, hat einen frischen Wind und, warum auch nicht, neue Ambitionen gebracht. Andererseits begünstigt die eher geringe Größe der Betriebe auch eine ökologisch nachhaltige Bearbeitung der Weinberge, sodass zahlreiche Winzer sich erst jetzt bewusst werden, immer schon biologische Methoden angewendet zu haben. Anerkennenswert ist auch, dass zahlreiche, bodenständige Produzenten sich um eine Wiederentdeckung der vielen heimischen Rebsorten bemühen, allen voran der roten. Auch wenn die zahlreichen Neuanlagen von Fumin, Mayolet, Vuillermin und Cornalin nicht immer zu absoluten Spitzenweinen führen werden - nicht alle haben die Gene für international interessante Weine - kann zumindest die Biodiversität erhalten bleiben. Vermutlich wären durch gründliche Studien der Einheit Rebe/Terroir die Erzeugnisse noch verbesserungsfähig. Nicht nur bei den geringeren Sorten, sondern auch bei den am stärksten verbreiteten, wo eine bessere Kenntnis der Einflüsse von Boden und Klima auf die Reben ein qualitatives Wachstum fördern könnte. So hat man bei der Verkostung auch der am besten gefertigten Weine den Eindruck, dass bestimmte Sorten ein noch unbekanntes Potenzial besitzen. Beispielsweise könnte aus der Petite Arvine sicherlich ein Wein gekeltert werden, der auch am internationalen Markt gut ankommt. Für ein vernünftiges Wachstum müssten die Winzer im Aostatal die Eigenart ihres Territoriums stärker unterstützen und die natürliche Frische zur Geltung bringen, die das kühle Klima vor allem in den höheren Lagen bescheren kann.

AOSTATAL

Anselmet
Fraz. Vereytaz, 30
11018 Villeneuve [AO]
Tel. +39 3484127121
www.maisonanselmet.vievini.it

DIREKTVERKAUF
BESUCH NACH VORANMELDUNG
JAHRESPRODUKTION 70.000 Flaschen
REBFLÄCHE 8 Hektar

Dieses Weingut, zweifellos einer der interessantesten Winzerbetriebe des Tals, liefert mit seinen Weinbergen in Villeneuve eine der höchsten Ausdrucksformen des regionalen Weinbaus. Giorgio Anselmet konzentriert sich nun schon seit einigen Jahren auf autochthone Rebsorten, ohne jedoch auf Innovation und Experimente zu verzichten. Die neu gestaltete Kellerei erlaubt nun auch angenehme Besichtigungen, begleitet durch den aufmerksamen Blick und feinen Gaumen von Giorgio und dessen Vater Renato. Zwar ist und bleibt der Chardonnay Elevé en Fût de Chêne mit seinen geschmeidigen Fruchtnoten das Spitzenerzeugnis des Hauses, doch in diesem Jahr hat uns der aus überreifen Trauben gekelterte Arline besonders zugesagt. Er vereint elegante fruchtige Düfte nach Trockenaprikosen mit der Süße der Crema Catalana; die geschmackliche Balance ist optimal. Sehr gut auch der Chardonnay '13, intensiv an Nase und Gaumen, mit schönen Nuancen von Akazienblüten, reifen Äpfeln und Honig. Zu erwähnen zudem Torrette Superiore, Pinot Nero und Fumin.

○ Arline	🍷🍷 4
○ Valle d'Aosta Chardonnay Élevé en Fût de Chêne '13	🍷🍷 5
● Valle d'Aosta Pinot Noir '13	🍷🍷 4
○ Valle d'Aosta Chardonnay '13	🍷🍷 3
● Valle d'Aosta Fumin Élevé en Fût de Chêne '12	🍷🍷 4
○ Valle d'Aosta Petite Arvine '13	🍷🍷 3
● Valle d'Aosta Pinot Noir '12	🍷🍷 4
● Valle d'Aosta Torrette Sup. '12	🍷🍷 4
○ Valle d'Aosta Chardonnay Élevé en Fût de Chêne '11	🍷🍷🍷 5
○ Valle d'Aosta Chardonnay Élevé en Fût de Chêne '10	🍷🍷🍷 5
○ Valle d'Aosta Chardonnay Élevé en Fût de Chêne '09	🍷🍷🍷 5
○ Valle d'Aosta Chardonnay Élevé en Fût de Chêne '08	🍷🍷🍷 5

Château Feuillet
Loc. Château Feuillet, 12
11010 Saint Pierre
Tel. +39 3287673880
www.chateaufeuillet.vievini.it

DIREKTVERKAUF
UNTERKUNFT UND GASTRONOMIE
JAHRESPRODUKTION 30.000 Flaschen
REBFLÄCHE 5 Hektar

Die rein physische Präsenz von Maurizio Fiorano mit dem Château Feuillet im Weinpanorama des Aostatals ist von Zurückhaltung geprägt. Die Qualität seiner Weine dagegen ist überwältigend. Maurizios Charakter wird in seinen stets typischen, traditionsbewussten Produkten so auch perfekt widergespiegelt. Saint-Pierre ist dabei eine der prädestinierten Weinlagen der Region, deren Potenzial der Winzer voll ausschöpft. Denn sein Weingut ist zwar jung, legt jedoch seit jeher besonders hohe Qualitätsstandards zugrunde. Die Perle des Château, der Petite Arvine, überzeugt durch fruchtige Duftnoten mit pflanzlichen und würzigen Nuancen. Verblüffend der Chardonnay mit akazienähnlichen, blumigen Tönen, fruchtig und schön ausgewogen am Gaumen. Nicht minder gut der Torrette Supérieur, dessen Nase an rote Früchte erinnert und auf eleganten Gewürznoten ausklingt, harmonisch und ausgeglichen im Geschmack. Der dunkel, unergründlich rubinrote Fumin ist im Mund dicht und intensiv, von explosiver Fruchtigkeit, mit Gewürzen und Kakaonoten. Zu erwähnen der Pinot Nero.

○ Valle d'Aosta Chardonnay '13	🍷🍷 3*
○ Valle d'Aosta Petite Arvine '13	🍷🍷 3*
● Valle d'Aosta Torrette Sup. '12	🍷🍷 3*
○ Valle d'Aosta Fumin '12	🍷🍷 4
● Valle d'Aosta Pinot Nero '13	🍷🍷 3
○ Valle d'Aosta Petite Arvine '12	🍷🍷🍷 3*
○ Valle d'Aosta Petite Arvine '11	🍷🍷🍷 3*
○ Valle d'Aosta Petite Arvine '10	🍷🍷🍷 3*
● Valle d'Aosta Fumin '12	🍷🍷 3*
● Valle d'Aosta Fumin '09	🍷🍷 4
● Valle d'Aosta Torrette Sup. '10	🍷🍷 3*

AOSTATAL

★ Les Crêtes
LOC. VILLETOS, 50
11010 AYMAVILLES [AO]
TEL. +39 0165902274
www.lescretes.it

DIREKTVERKAUF
BESUCH NACH VORANMELDUNG
JAHRESPRODUKTION 200.000 Flaschen
REBFLÄCHE 20 Hektar

Die am Fuß des Montblanc entspringende Dora Baltea schlängelt sich durch das ganze Tal. Ihre Ufer sind bedeckt mit Weinbergen, die in den warmen, vom Fluss reflektierten Sonnenstrahlen baden. Im Norden, kurz vor Aosta, liegt das Dörfchen Aymavilles, das im Weinbau eine seiner bedeutendsten Einnahmequellen gefunden hat. Hier befindet sich Les Crêtes, ein historisches Weingut des Aostatals, in dem – bei aller Liebe zu einheimischen Traditionen – der Chardonnay zum Glanzlicht ausgebaut wurde. Stets erfreulich der Cuvée Bois mit seiner zarten Würze und geschmacklichen Komplexität. Diesmal hat uns jedoch der Petite Arvine '13 besonders gefallen: Mit köstlichen Weißfrucht- und Zitrusnoten an der Nase, fein und ausgewogen im Mund, sichert er sich die Drei Gläser. Sehr gut der Fumin mit an Chinarinde und Tabak erinnerndem Bouquet, das schwarzbeerig abklingt, harmonisch und ausgewogen. Schön die Interpretation des Syrah Côteau La Tour '12, würzig an der Nase, mit klaren Pfeffernoten, streng und kraftvoll im Mund. Zu erwähnen auch der sehr gefällige Chardonnay '13 und der Brut Neblù.

○ Valle d'Aosta Petite Arvine '13	▼▼▼ 3*
○ Valle d'Aosta Chardonnay Cuvée Bois '12	▼▼ 6
● Valle d'Aosta Fumin '11	▼▼ 4
● Valle d'Aosta Syrah Côteau La Tour '12	▼▼ 4
○ Neblù M. Cl. Brut	▼▼ 5
○ Valle d'Aosta Chardonnay '13	▼ 3
○ Valle d'Aosta Chardonnay Cuvée Bois '10	▼▼▼ 6
○ Valle d'Aosta Chardonnay Cuvée Bois '09	▼▼▼ 6
○ Valle d'Aosta Chardonnay Cuvée Bois '08	▼▼▼ 6
○ Valle d'Aosta Chardonnay Cuvée Bois '07	▼▼▼ 6
○ Valle d'Aosta Chardonnay Cuvée Bois '06	▼▼▼ 6

La Crotta di Vegneron
P.ZZA RONCAS, 2
11023 CHAMBAVE [AO]
TEL. +39 016646670
www.lacrotta.it

DIREKTVERKAUF
BESUCH NACH VORANMELDUNG
GASTRONOMIE
JAHRESPRODUKTION 220.000 Flaschen
REBFLÄCHE 34 Hektar

La Crotta di Vegneron ist die Anlaufstelle für über einhundert kleine Weinbauern aus einem Gebiet südlich von Aosta, bestehend aus den Dörfern Nus und Chambave. Die Winzergenossenschaft, die in den 1970er Jahren als eine der ersten im Aostatal ihre Tätigkeit aufnahm, ist seit jeher für ihren umsichtigen Umgang mit den hiesigen Traditionen bekannt. Dies ist die Heimat des Chambave Muscat, doch die Angebotspalette ist um einiges größer und lässt autochthonen Rebsorten viel Spielraum. Auch in diesem Jahr erobert der Spitzenwein des Betriebs, der Moscato Passito Prieuré, die Drei Gläser: ein süßer, höchst eleganter Weißwein, harmonisch und ausgeglichen, intensiv und berauschend im Duft, frisch und samtig im Mund. Hervorragend auch der Quatre Vignobles, ein Chambave Rosso Superiore, dessen Nase an Waldfrüchte erinnert, mit feiner, eleganter Würze, die den Gaumen auf den vollmundigen, ausgewogenen Wein vorbereitet. Ebenso gut der Nus Superiore Crème, intensiv und elegant. Faszinierend, gefällig der Fumin. Zu erwähnen die trockene Version des Chambave Muscat.

○ Valle d'Aosta Chambave Moscato Passito Prieuré '12	▼▼▼ 5
● Valle d'Aosta Chambave Sup. Quatre Vignobles '12	▼▼ 4
● Valle d'Aosta Fumin Esprit Follet '12	▼▼ 5
● Valle d'Aosta Nus Sup. Crème '12	▼▼ 4
○ Valle d'Aosta Chambave Muscat '13	▼ 3
○ Valle d'Aosta Nus Malvoisie '13	▼ 3
○ Valle d'Aosta Chambave Moscato Passito Prieuré '11	▼▼▼ 5
○ Valle d'Aosta Chambave Moscato Passito Prieuré '08	▼▼▼ 5
● Valle d'Aosta Fumin Esprit Follet '09	▼▼▼ 3
● Valle d'Aosta Fumin Esprit Follet '07	▼▼▼ 3*

AOSTATAL

Di Barrò
LOC. CHÂTEAU FEUILLET, 8
11010 SAINT PIERRE
TEL. +39 0165903671
www.vievini.it

DIREKTVERKAUF
BESUCH NACH VORANMELDUNG
JAHRESPRODUKTION 20.000 Flaschen
REBFLÄCHE 2,5 Hektar

An der orographisch linken Seite der Dora, kurz bevor sie die Regionshauptstadt erreicht, finden wir mit Saint-Pierre einen auserlesenen Abschnitt des Torrette-Anbaugebiets. Hier führen Elvira Rini und Andrea Barmaz die Kellerei Di Barrò, wobei „Barrò" die auf ihren Weinetiketten abgebildeten Fässer bezeichnet. Aus den Trauben der Rebsorte Petit Rouge kreieren sie Jahr für Jahr bemerkenswerte Versionen des Torrette, der weitläufigsten Denomination der Region, die in elf Gemeinden rund um Aosta erzeugt wird. Der Clos de Château Feuillet '11 ist ein Torrette Superiore von leuchtend rubinroter Farbe, dessen an reife Waldfrüchte erinnernder Duft die feinen Tabak- und Gewürznoten harmonisch ergänzt. Er verfügt über einen vollen Körper und samtige Tannine, entfaltet sich elegant, klar und ausgewogen. Erfreulich der aus überreifen weißen Trauben erzeugte Lo Flapì. Besondere Erwähnung gebührt auch dem Syrah Vigne de Conze und dem Chardonnay, die das Programm der Kellerei vervollständigen.

● Valle d'Aosta Torrette Sup. Clos de Château Feuillet '11	♛♛ 3*
○ Lo Flapì	♛ 5
○ Valle d'Aosta Chardonnay '13	♛ 3
● Valle d'Aosta Syrah V. de Conze '11	♛ 3
○ Valle d'Aosta Chardonnay '12	♛♛♛ 3*
● Valle d'Aosta Torrette Sup. V. de Torrette '06	♛♛♛ 6
● Valle d'Aosta Fumin '10	♛♛ 4
● Valle d'Aosta Fumin '09	♛♛ 4
● Valle d'Aosta Syrah V. de Conze '10	♛♛ 3
● Valle d'Aosta Syrah V. de Conze '09	♛♛ 3
● Valle d'Aosta Torrette Sup. Clos de Château Feuillet '10	♛♛ 3
● Valle d'Aosta Torrette Sup. Clos de Château Feuillet '09	♛♛ 3
● Valle d'Aosta Torrette Sup. V. de Torrette '07	♛♛ 6

Caves Cooperatives de Donnas
VIA ROMA, 97
11020 DONNAS [AO]
TEL. +39 0125807096
www.donnasvini.it

DIREKTVERKAUF
BESUCH NACH VORANMELDUNG
JAHRESPRODUKTION 150.000 Flaschen
REBFLÄCHE 26 Hektar

Mit einer bis in die Römerzeit zurückreichenden Dorfgeschichte sind die antiken Weinbautraditionen von Donnas eher im nahen Piemont als im Aostatal verwurzelt, so dass der Nebbiolo hier die am weitesten verbreitete Rebsorte ist. Dank des milden Klimas gedeihen in Donnas nicht nur mediterrane Gewächse wie Oliven- und Zitronenbäume, Palmen und Mimosen, sondern auch Weinreben. Die Winzerbetriebe sind eher klein mit gestückelten Weinbergen. Die Bearbeitung erfolgt von Hand und ein Großteil der Trauben geht an die Winzergenossenschaft Caves Coopératives. Die interessantesten Tropfen der Caves sind die Nebbiolo-basierten Rotweine. Unser Favorit des Jahres ist der Napoléon '11, ein Wein von recht intensiver, granatroter Farbe mit facettenreichem Duft nach reifen, roten Früchten. Reizvoll der Donnas '10, dessen Bouquet an Himbeerkonfitüre und in Alkohol eingelegte rote Früchte erinnert. Ansprechend der Vieilles Vignes '10 mit Anklängen an Himbeeren und weitere Waldfrüchte. Er verfügt über Struktur und Anmut mit trockenem, langem und ausgewogenem Abgang.

● Valle d'Aosta Donnas Napoléon '11	♛♛ 3
● Valle d'Aosta Donnas '10	♛ 2
● Valle d'Aosta Donnas Sup. V. V. '10	♛ 4
● Valle d'Aosta Donnas Napoléon '10	♛♛ 3
● Valle d'Aosta Donnas Napoléon '07	♛♛ 3
● Valle d'Aosta Donnas Napoléon '06	♛♛ 3
● Valle d'Aosta Donnas Sup. V. V. '07	♛♛ 4
● Valle d'Aosta Donnas Sup. V. V. Cavour '06	♛♛ 5
● Valle d'Aosta Donnas V. V. '09	♛♛ 4

AOSTATAL

Feudo di San Maurizio
FRAZ. MAILLOD, 44
11010 SARRE [AO]
TEL. +39 3383186831
www.feudo.vievini.it

DIREKTVERKAUF
BESUCH NACH VORANMELDUNG
JAHRESPRODUKTION 40.000 Flaschen
REBFLÄCHE 7 Hektar

Vor den Toren von Aosta, in Sarre, finden wir den Betrieb Feudo di San Maurizio von Michel Vallet, eines der jungen Vertreter der Weinbaulandschaft des Aostatals. Als traditionsbewusster Winzer nutzt Michel hingebungsvoll alles, was diese bergige, raue Region zu geben vermag. Feudo di San Maurizio bringt so ein umfangreiches Programm hervor, dessen Höchstleistung jedoch die aus autochthonen Sorten erzeugten Weine sind. Michel widmet sich zudem der Aufwertung und Wiederbelebung der auf seinen Lagen verstreuten alten Rebstöcke. Aus Fumin und Petit Rouge erzeugt Michel den Pierrots, einen eleganten roten Passito, der an der Nase an Schokolade mit gefälligen Brombeernuancen erinnert. Im Mund ist er üppig mit samtigen Tanninen, lang und harmonisch. Typisch für dieses Gebiet ist der Petite Arvine, den Michel meisterlich zu interpretieren weiß. Seine Version hat eine zitrusartig verhallende, blumig fruchtige Nase und eine gute geschmackliche Balance. Typisch ist auch der Torrette, erfreulich fruchtig mit frischer Trinkreife. Nennenswert der Vuillermin, eine weitere ortstypische autochthone Rebe.

● Pierrots	🍷🍷🍷 5
○ Valle d'Aosta Petite Arvine '13	🍷🍷 3
● Valle d'Aosta Torrette '13	🍷🍷 3
● Valle d'Aosta Vuillermin '13	🍷🍷🍷 5
● Saro Djablo '10	🍷🍷 3
○ Valle d'Aosta Chardonnay '10	🍷🍷 3
● Valle d'Aosta Cornalin '10	🍷🍷 4
● Valle d'Aosta Fumin '10	🍷🍷 4
○ Valle d'Aosta Gewürztraminer '10	🍷🍷 3
○ Valle d'Aosta Petite Arvine '11	🍷🍷 3*
○ Valle d'Aosta Petite Arvine '10	🍷🍷 3
● Valle d'Aosta Torrette Sup. '11	🍷🍷 4
● Valle d'Aosta Torrette Sup. '09	🍷🍷 4

Lo Triolet
LOC. JUNOD, 7
11010 INTROD [AO]
TEL. +39 016595437
www.lotriolet.vievini.it

DIREKTVERKAUF
BESUCH NACH VORANMELDUNG
JAHRESPRODUKTION 50.000 Flaschen
REBFLÄCHE 5 Hektar

Das nördlich von Aosta gelegene Introd hat es als päpstliche Sommerresidenz zu einigem Ruhm gebracht. Doch hier ist auch einer der fähigsten Pinot Gris-Kenner tätig: Marco Martin von Lo Triolet, der neben der Kellerei in einem Gebäude aus dem 17. Jahrhundert auch einen wunderschönen Agriturismo führt. Die Weine von Lo Triolet lassen mit der Zeit auf jugendliche Strenge große Harmonie folgen. Bester Ausdruck einer Gebirgslandschaft, die Kraft und Charakter verströmt. Auch in diesem Jahr verdient die Basisversion des Pinot Gris die Drei Gläser: ein charaktervoller Wein mit eleganten Bergkräuternoten, die mit einer an reife Birnen erinnernden Fruchtigkeit verschmelzen. Sehr gut, wenngleich weniger reizvoll, die Barrique-Version. Vorzüglich der Syrah Coteau Barrage '12 mit erfreulichen blumigen, veilchenbetonten Anklängen. Am Gaumen Schwarzbeeren und die charakteristischen Gewürznoten mit weißem Pfeffer für ein langes, ausgewogenes Finale. Der Duft des Fumin bietet Brombeer- und Cassis-Noten, die kakaoähnlich abklingen, während der Mund strukturiert und elegant ist.

○ Valle d'Aosta Pinot Gris '13	🍷🍷🍷 3*
○ Valle d'Aosta Pinot Gris Élevé en Barriques '12	🍷🍷 5
● Valle d'Aosta Rouge Coteau Barrage '12	🍷🍷 5
● Valle d'Aosta Fumin '12	🍷🍷 5
○ Valle d'Aosta Pinot Gris '12	🍷🍷🍷 3*
○ Valle d'Aosta Pinot Gris '09	🍷🍷🍷 3
○ Valle d'Aosta Pinot Gris '08	🍷🍷🍷 3*
○ Valle d'Aosta Pinot Gris '05	🍷🍷🍷 3*
○ Valle d'Aosta Pinot Gris Élevé en Barriques '10	🍷🍷🍷 5

AOSTATAL

Elio Ottin
FRAZ. POROSSAN NEYVES, 209

11100 AOSTA
TEL. +39 3474071331
www.ottinvini.it

DIREKTVERKAUF
BESUCH NACH VORANMELDUNG
JAHRESPRODUKTION 30.000 Flaschen
REBFLÄCHE 4,5 Hektar

Elio Ottin ist ein begeisterter Winzer, der seine vier Hektar Rebfläche im Ortsteil Porossan unweit von Aosta höchstpersönlich bearbeitet. Mit dem aus der Nachbarregion Piemont stammenden Luca Caramellino steht ihm seit Jahren ein feinfühliger Önologe zur Seite. Dieser erfolgreichen Zusammenarbeit entspringt eine Palette territorial geprägter Weine, deren qualitative und wesenseigene Vorzüge in der Region ungeachtet der Zahlen ihresgleichen suchen. In diesem Jahr gebühren die Drei Gläser dem Fumin '12. Üppig an Farbe und Düften bietet er ein köstliches blumiges Bouquet mit intensiven Anklängen an rote und schwarze Früchte, die elegant in Lakritz übergehen. Im Mund zeigt er Kraft, Balance und feinste Tannine. Hervorragend auch der Petite Arvine '13 mit floralen Noten und fruchtigen, zitrusartigen Beiklängen. Am Gaumen zeigt er sich würzig und ausgewogen. Bemerkenswert auch die Barrique-Version dieses Weins, der Nuances. Sehr gut der Torrette Supérieur und der Pinot Noir.

● Valle d'Aosta Fumin '12	▼▼▼	3*
○ Valle d'Aosta Petite Arvine '13	▼▼	3*
● Valle d'Aosta Pinot Noir '12	▼▼	3
● Valle d'Aosta Torrette Sup. '12	▼▼	4
○ Valle d'Aosta Petite Arvine Nuances '12	▼	5
○ Valle d'Aosta Petite Arvine '12	▽▽▽	3*
○ Valle d'Aosta Petite Arvine '11	▽▽▽	3*
○ Valle d'Aosta Petite Arvine '10	▽▽▽	3*

Ermes Pavese
S.DA PINETA, 26
11017 MORGEX [AO]
TEL. +39 0165800053
www.vievini.it

DIREKTVERKAUF
BESUCH NACH VORANMELDUNG
JAHRESPRODUKTION 30.000 Flaschen
REBFLÄCHE 4 Hektar

Die Prié Blanc ist eine schwierige einheimische Sorte, die – häufig wurzelecht – nur im Raum Morgex angebaut wird, doch dank seiner Erfahrung gelingt es Winzer Ermes, auch diese Rebe tadellos zu meistern. Seine von der ganzen Familie bestellten Weinberge befinden sich einem kalten, rauen Umfeld in 900 bis 1200 Metern Höhe. Ein Weißwein wie der von Morgex verdient es wirklich, Bekanntheit zu erlangen. Die Rebstöcke sind sehr alt – einige zählen über achtzig Jahre – und werden zum Schutz gegen die kältesten Winde in Form der niedrigen Aosta-Pergola erzogen. Die diesjährigen Verkostungen werden ihm gerecht, denn sein Blanc de Morgex hat sich als beachtlich erwiesen, vor allem der im Holz gereifte, (nach einem seiner Söhne benannte) Nathan: ein großer Wein mit gefälligen Fruchtanklängen, die harmonisch mit den würzigen Noten des Barrique verschmelzen, lang und vollmundig am Gaumen. Zu erwähnen auch der Basis-Morgex, ein Wein mit großer Persönlichkeit, dessen mineralische Düfte an Gebirgskräuter erinnern. Interessant der Spumante nach traditioneller Flaschengärung.

○ Valle d'Aosta Vin Blanc de Morgex et La Salle '13	▼▼	2*
○ Valle d'Aosta Vin Blanc de Morgex et La Salle Nathan '12	▼▼	2*
○ Valle d'Aosta Vin Blanc de Morgex et La Salle Pavese Pas Dosé	▼	3
○ Valle d'Aosta Vin Blanc de Morgex et La Salle '12	▽▽	2*
○ Valle d'Aosta Vin Blanc de Morgex et La Salle Le Sette Scalinate Carlo Pavese Ris. '11	▽▽	6
○ Valle d'Aosta Vin Blanc de Morgex et La Salle Le Sette Scalinate Carlo Pavese Ris. '10	▽▽	3*

AOSTATAL

Cave du Vin Blanc de Morgex et de La Salle

Fraz. La Ruine
chemin des Îles, 19
11017 Morgex [AO]
Tel. +39 0165800331
www.caveduvinblanc.com

DIREKTVERKAUF
BESUCH NACH VORANMELDUNG
JAHRESPRODUKTION 150.000 Flaschen
REBFLÄCHE 19 Hektar

Der Weinbau am Fuß des Montblanc in über tausend Metern Höhe, wo der Schnee niemals schmilzt und der Sommer wenige Wochen währt, hat etwas Heroisches. Und doch gibt es hier viele Kleinsterzeuger mit vorgartengroßen Weinbergen, auf denen noch wurzelechte Reben mit sehr niedriger Pergola (max. ein Meter) erzogen werden, damit die Trauben dank der nächtlichen Bodenwärme besser reifen. Da Stärke aus Gemeinsamkeit erwächst, entstand eine Genossenschaft, die inzwischen ein Symbol der Region ist. Eine umsichtige Auswahl der Trauben ergab hier einen äußerst interessanten Wein: Der Rayon ist ein Weißwein mit erlesenen Kräuteranklängen auf einer mandelfeinen Grundnote, die sich am Gaumen in einen langen, zartherben Abgang wandelt. Vorzüglich auch die Auslese Vini Estremi mit angenehmen Weißfruchtdüften samt Chlorophyll- und Farnnoten und schöner geschmacklicher Ausgewogenheit. Für den Chaudelune werden die besten Trauben lange am Rebstock belassen, um eine Art Eiswein mit fruchtigen, honigsüßen Düften zu erzielen. Stets frisch und erfreulich sommerlich der Basis-Morgex.

○ Valle d'Aosta Blanc de Morgex et de La Salle Rayon '13	▼▼ 5
○ Valle d'Aosta Blanc de Morgex et de La Salle V. T. Chaudelune '11	▼▼ 5
○ Valle d'Aosta Blanc de Morgex et de La Salle Vini Estremi '13	▼▼ 5
○ Valle d'Aosta Blanc de Morgex et de La Salle '13	▼ 5
○ Valle d'Aosta Blanc de Morgex et de La Salle '11	▽▽ 2*
○ Valle d'Aosta Blanc de Morgex et de La Salle Brut M. Cl. '10	▽▽ 4
○ Valle d'Aosta Blanc de Morgex et de La Salle Rayon '12	▽▽ 2*

La Vrille

loc. Grangeon, 1
11020 Verrayes [AO]
Tel. +39 0166543018
www.lavrille.it

DIREKTVERKAUF
BESUCH NACH VORANMELDUNG
UNTERKUNFT UND GASTRONOMIE
JAHRESPRODUKTION 17.000 Flaschen
REBFLÄCHE 2 Hektar

Am Anfang stand der Zufall… als Hervé Deguilllame, in Frankreich geborener Seemann aus dem Aostatal, bei seiner Rückkehr beschloss, die alten, von den Großeltern verlassenen Weinberge wieder instand zu setzen: zweitausend Quadratmeter Rebfläche, bestockt mit Moscato Bianco. Zur gleichen Zeit lernte er auch Luciana kennen und so begann ihr gemeinsames Projekt, die Schaffung eines Agriturismo-Betriebs, der nur heimische Erzeugnisse verwendet, gewonnen aus natürlicher, umweltfreundlicher Landwirtschaft. Ihre Weine sind exzellent und der aus den Moscato-Trauben erzeugte Passito ist wie immer der beste der Region. Er ist ein kleines Meisterwerk der Harmonie, mit an Rosinen und Honig erinnernden Duftnoten und samtigem, frischem Geschmack. In diesem Jahr haben wir jedoch beschlossen, den Chambave Muscat '12 mit den Drei Gläsern auszuzeichnen, einen trockenen Moscato Bianco mit eleganten blumigen und fruchtigen Aromen und großer geschmacklicher Balance. Nicht zu versäumen der Fumin '09 mit köstlichen Gewürzdüften auf schwarzbeeriger Grundnote. Interessant der Cornalin '13.

○ Valle d'Aosta Chambave Muscat '12	▼▼▼ 4*
○ Valle d'Aosta Chambave Muscat Flétri '12	▼▼ 7
● Valle d'Aosta Cornalin '13	▼▼ 4
● Valle d'Aosta Fumin '09	▼▼ 5
○ Valle d'Aosta Chambave Muscat Flétri '11	▽▽▽ 6
○ Valle d'Aosta Chambave Muscat Flétri '10	▽▽▽ 5
○ Valle d'Aosta Chambave Muscat Flétri '07	▽▽▽ 4*
○ Valle d'Aosta Chambave Muscat '11	▽▽ 4
○ Valle d'Aosta Chambave Muscat Flétri '09	▽▽ 5
● Valle d'Aosta Fumin '10	▽▽ 5

WEITERE KELLEREIEN

Coopérative de l'Enfer
via Corrado Gex, 65
11011 Arvier [AO]
Tel. +39 016599238
www.coenfer.it

DIREKTVERKAUF
BESUCH NACH VORANMELDUNG
JAHRESPRODUKTION 50.000 Flaschen

- Valle d'Aosta Enfer d'Arvier Sup.
  Clos de L'Enfer '12 — 🍷🍷 5
- Valle d'Aosta Enfer d'Arvier Bio
  Et. Verde '13 — 🍷🍷 5

Les Granges
fraz. Les Granges, 8
11020 Nus [AO]
Tel. +39 0165767229
www.lesgrangesvini.com

DIREKTVERKAUF
BESUCH NACH VORANMELDUNG
JAHRESPRODUKTION 15.000 Flaschen
REBFLÄCHE 3 Hektar
WEINBAU Biologisch anerkannt

- ○ Valle d'Aosta Nus Malvoisie '13 — 🍷🍷 4
- ● Valle d'Aosta Cornalin '13 — 🍷🍷 4
- ● Valle d'Aosta Fumin '12 — 🍷🍷 5

F.lli Grosjean
villaggio Ollignan, 1
11020 Quart [AO]
Tel. +39 0165775791
www.grosjean.vievini.it

DIREKTVERKAUF
BESUCH NACH VORANMELDUNG
JAHRESPRODUKTION 90.000 Flaschen
REBFLÄCHE 10 Hektar
WEINBAU Biologisch anerkannt

- ● Valle d'Aosta Pinot Noir '13 — 🍷🍷 4

Institut Agricole Régional
loc. Région La Rochère, 1A
11100 Aosta
Tel. +39 0165215811
www.iaraosta.it

DIREKTVERKAUF
BESUCH NACH VORANMELDUNG
JAHRESPRODUKTION 50.000 Flaschen
REBFLÄCHE 7 Hektar

- ○ Valle d'Aosta Nus Malvoisie '13 — 🍷🍷 3
- ○ Valle d'Aosta Petite Arvine '13 — 🍷🍷 3
- ● Valle d'Aosta Syrah '12 — 🍷🍷 5
- ● Valle d'Aosta Cornalin '13 — 🍷 3

Vigneti Rosset
loc. Torrent de Mailloud, 4
11020 Quart [AO]
Tel. +39 0165774111
www.rosseterroir.com

DIREKTVERKAUF
BESUCH NACH VORANMELDUNG
JAHRESPRODUKTION 15.000 Flaschen
REBFLÄCHE 3 Hektar

- ○ Valle d'Aosta Chardonnay '12 — 🍷🍷 4
- ● Valle d'Aosta Syrah '12 — 🍷🍷 4
- ● Valle d'Aosta Cornalin '12 — 🍷 4

Maison Albert Vevey
fraz. Villair
s.da del Villair, 67
11017 Morgex [AO]
Tel. +39 0165808930
www.vievini.it

DIREKTVERKAUF
BESUCH NACH VORANMELDUNG
JAHRESPRODUKTION 7.000 Flaschen
REBFLÄCHE 1,5 Hektar

- ○ Valle d'Aosta
  Blanc de Morgex et de La Salle '13 — 🍷🍷 4
- ○ Valle d'Aosta Blanc Flapi — 🍷 5

PIEMONT

Zu Beginn der Einführung zu den regionalen Einträgen möchten wir unbedingt auf den Gewinn eines begehrten Preises hinweisen: die Auszeichnung als bester Rotwein des Jahres, also ein Juwel unter Juwelen, die nach dem Ergebnis unserer Degustationsrunden dem Barolo Villero Riserva 2007 von Vietti verliehen wurde. Ein Wein und ein Betrieb, die in Italien und vielen anderen Ländern die Qualität und das Prestige italienischer Weinkultur vorbildhaft vertreten. Aber nicht nur großartige Rotweine im Ranking der in diesem Jahr dem Piemont verliehenen Drei-Gläser-Preise, denn - wie schon in jüngerer Vergangenheit - gelingt dieser Region absolute Qualität auch bei den Weißen; so nehmen die drei autochthonen Timorasso, Gavi (aus Cortese-Trauben) und Erbaluce mit sehr schlanken, vibrierenden, frischen und gleichzeitig vielschichtigen Weinen verdientermaßen einen immer klarer definierten Platz in der komplexen italienischen Weinlandschaft ein. Bei den Roten können wir die hervorragende Gesamtleistung der wichtigsten Denominationen der Barbera-Rebe anmerken, die eine beachtliche Zahl von Preisen einheimsen konnte, was einem neuen Elan zu verdanken ist, der diese relevante Piemonteser Rebsorte wieder zu größerem Glanz und mehr Beachtung geführt hat. Der Dolcetto kann sich mit einigen sehr sortentypischen und originellen Interpretationen sein hochklassiges Niveau erhalten. Zu guter Letzt der Nebbiolo in all seinen prachtvollen, vielschichtigen Facetten und Denominationen; der nördliche Piemont mit einer langen Tradition in tiefgründigen, langlebigen Weinen, aber zu lange vernachlässigt und nicht genügend beachtet, kann wieder mit einer kompakten Zahl von Preisen aufwarten, die sich auf unterschiedliche, aber sich gegenseitig ergänzende Erzeugnisse beziehen und die Weinkultur verstehen lassen, die diesen einzigartigen und so begnadeten Winkel von Italien beseelt; das Roero-Land mit seinen meist sandigeren Böden bescheren dieser Edelrebe einen leichteren, subtileren Charakter. So entstehen rechts des Tanaro Etiketten von Barbaresco und Barolo, die dem Cru-Prinzip folgend eine ideale, sensorische Karte dieses einzigartigen, unwiederholbaren Territoriums zeichnen. Zahlreich wie schon so oft die Preise für diese beiden Super-Denominationen und die Schwierigkeit, eine Rangordnung mit absoluten Werten aufzustellen, da alle mit dem Höchstpreis ausgezeichneten Produzenten häufig ähnlichen aber nicht gleichen bzw. unterschiedlichen Stilen oder Terroirs angehören und ein Vergleich nicht einfach ist. Kurzum, wunderbare charakteristische Züge, die einer so begnadeten Region eine Einzigartigkeit verleihen, die sie unter die weltweit interessantesten Weinbaugebiete einreiht.

PIEMONT

★ Abbona
LOC. SAN LUIGI
BORGATA SAN LUIGI, 40
12063 DOGLIANI [CN]
TEL. +39 0173721317
www.abbona.com

DIREKTVERKAUF
BESUCH NACH VORANMELDUNG
JAHRESPRODUKTION 250.000 Flaschen
REBFLÄCHE 45 Hektar

Der herrliche Weinkeller von Marziano Abbona feiert dieses Jahr sein 45-jähriges Bestehen. Er hat sich stets durch seine Gebietsverbundenheit ausgezeichnet und die Weinauswahl progressiv erweitert, auch dank beinahe 50 Hektar Rebfläche, die eine gute produktive Diversifizierung zulässt. Alle Etiketten sind von hoher Qualität, von den einfachsten bis hin zu den auf internationaler Ebene ausgezeichneten, vom genüsslichen Weißen Cinerino (auf Viognier-Basis), über die klassischen Barolos bis hin zum unvergänglichen Dogliani-Docg-Angebot, allen voran der exquisite Papà Celso. Auch wenn der Betrieb des dynamischen und unermüdlichen Marziano Abbona insgesamt gesehen immer mehr dem Barolo verschrieben ist, erobert er die Drei Gläser mit einer ausgezeichneten Version seines hochberühmten Dogliani Papà Celso, der sich einmal mehr als sicherer Bezugspunkt in der Welt des qualitativ hochwertigen Dolcetto bestätigt. Unter den drei Barolos geht ein Sonderapplaus an den Pressenda, der eine präzise und typische stilistische Definition wiedergefunden hat.

● Dogliani Papà Celso '13	🍷🍷🍷	4*
● Barolo Cerviano '09	🍷🍷	7
● Barolo Pressenda '10	🍷🍷	7
● Barolo Terlo Ravera '10	🍷🍷	7
● Dogliani Papà Celso '12	🍷🍷	4
● Barbera d'Alba Rinaldi '12	🍷🍷	4
● Dogliani San Luigi '13	🍷🍷	3
○ Langhe Bianco Cinerino '13	🍷🍷	4
● Langhe Nebbiolo '12	🍷🍷	4
● Barolo Terlo Ravera '08	🍷🍷🍷	6
● Dogliani Papà Celso '11	🍷🍷🍷	3*
● Dogliani Papà Celso '09	🍷🍷🍷	3
● Dogliani Papà Celso '07	🍷🍷🍷	3
● Dogliani Papà Celso '06	🍷🍷🍷	3

Anna Maria Abbona
FRAZ. MONCUCCO, 21
12060 FARIGLIANO [CN]
TEL. +39 0173797228
www.annamariaabbona.it

DIREKTVERKAUF
BESUCH NACH VORANMELDUNG
JAHRESPRODUKTION 75.000 Flaschen
REBFLÄCHE 12 Hektar

Der Weinberg Maioli ist 1936 von Angelo Abbona, dem Großvater von Anna Maria, bestockt worden. Seit 1989 leitet sie zusammen mit Mann Franco Schellino den Betrieb. Im Mittelpunkt steht weiterhin die Dolcetto-Traube, aus der verschiedene kostbare Dogliani-Selektionen gewonnen werden. Ebenso eine Kostprobe wert sind der Barolo, die letzte Etikette des Hauses, und der aromatische Netta mit dem Prädikat Doc Langhe Nascetta. Der Stil der Weine ist an maximalen Respekt für Traube und Gebiet gebunden. Der Keller empfängt Sie als Freunde und ist eine Besichtigung wert. Das durchschnittliche Niveau der verkosteten Weinauswahl ist ausgezeichnet. Der vielschichtige, tiefe und saftige Dogliani San Bernardo mit seiner sehr gut integrierten Tanninstruktur bringt die typischen Merkmale eines exzellenten Dolcetto bestens zum Ausdruck und erobert somit erstmalig die höchste Anerkennung. Er besiegelt damit mehr als nur verdient die konstante Arbeit dieser letzten Jahre.

● Dogliani Sup. San Bernardo '11	🍷🍷🍷	4*
● Barolo '10	🍷🍷	6
● Barbera d'Alba '12	🍷🍷	3
● Dogliani Sorì dij But '13	🍷🍷	2*
● Dogliani Sup. Maioli '12	🍷🍷	3
○ Langhe Nascetta Netta '13	🍷🍷	3
● Langhe Rosso Cadò '10	🍷🍷	4
⊙ Rosà '13	🍷🍷	2*
● Langhe Dolcetto '13	🍷	2
● Langhe Nebbiolo '11	🍷	3
○ Langhe Riesling L'Alman '12	🍷	3
● Dogliani Sorì dij But '12	🍷🍷	2*
● Dogliani Sup. Maioli '11	🍷🍷	3
● Dogliani Sup. San Bernardo '10	🍷🍷	4
● Langhe Nebbiolo '10	🍷🍷	3

PIEMONT

Orlando Abrigo
via Cappelletto, 5
12050 Treiso [CN]
Tel. +39 0173630232
www.orlandoabrigo.it

DIREKTVERKAUF
BESUCH NACH VORANMELDUNG
UNTERKUNFT UND GASTRONOMIE
JAHRESPRODUKTION 80.000 Flaschen
REBFLÄCHE 21 Hektar

Giovanni Abrigo, Sohn von Orlando, hat diesen Namen ins Rampenlicht des Barbaresco gerückt und seine Experimentierfreude in den Betrieb eingebracht. Und so haben neben den traditionellen slawonischen Eichenfässern kleine französische Fässer ihren Einzug in den Keller gehalten und im Weinberg wird mit französischen Rebsorten experimentiert, insbesondere mit Merlot und Sauvignon. Die Stärke des Betriebs liegt in der konstanten Qualität und den gefälligen Preisen. Den Besuchern steht das elegante Gästehaus Foresteria Settevie offen. Der Barbaresco Meruzzano 2011 erweist sich mit balsamischen und würzigen Noten und einer gut vollendeten Tanninstruktur und einem befriedigenden, anhaltenden Abgang gut definiert. Der Rongalio zeigt sich kraftvoller und dunkler. Der Dolcetto d'Alba dell'Erto 2013 resultiert mit seinen Rotfruchtnuancen ausdrucksvoll und prägnant sowie frisch und angenehm trinkbar. Im Durchschnitt gut und zuverlässig auch alle anderen verkosteten Etiketten.

● Barbaresco Meruzzano '11	🍷🍷 5
● Barbaresco Rongalio Ris. '06	🍷🍷 6
● Barbera d'Alba Roreto '12	🍷🍷 2*
● Langhe Nebbiolo Settevie '12	🍷🍷 3
● Langhe Rosso Livraie '11	🍷🍷 4
● Dolcetto d'Alba Dell'Erto '13	🍷 2
○ Langhe Bianco D'Amblè '13	🍷 2
○ Langhe Trés Plus '12	🍷 3
● Barbaresco Montersino '09	🍷🍷 6
● Barbaresco Rocche Meruzzano '10	🍷🍷 5
● Barbaresco Rocche Meruzzano '09	🍷🍷 5
● Barbera d'Alba Mervisano '10	🍷🍷 2*
● Barbera d'Alba V. Roreto '11	🍷🍷 2*
● Langhe Nebbiolo Settevie '11	🍷🍷 3
● Nebbiolo d'Alba Valmaggiore '10	🍷🍷 5

Giulio Accornero e Figli
Cascina Ca' Cima, 1
15049 Vignale Monferrato [AL]
Tel. +39 0142933317
www.accornerovini.it

DIREKTVERKAUF
BESUCH NACH VORANMELDUNG
UNTERKUNFT
JAHRESPRODUKTION 100.000 Flaschen
REBFLÄCHE 22 Hektar

Von der Familie Accornero und ihrer allumfassenden Leidenschaft haben wir schon oft gesprochen. Dieses Mal möchten wir aber das Engagement der Familie für den gemeinnützigen Verband Massimo Accornero ansprechen. Zehn Jahre nach dem Ableben von Massimo am 1. Juni 2004 kann der ihm gewidmete Verband eine große Zahl an Kindern dedizierten Projekten vorweisen (www.massimoaccornero.org). Die Welt des Weins – Winzer, Freunde und Unterstützer – standen der Familie nahe und unterstützten die vorgeschlagenen Projekte mit bedeutsamen Initiativen. Auch das ist die Welt des Weins, lasst uns die Gläser anheben. In dieser Ausgabe des Führers erobert eine großartige, geruchsintensive und feine Version des Bricco Battista mit einem explosiven, kraftvollen und aromatisch persistenten Gaumen die Drei Gläser. Im Finale weitere drei Weine. Die beiden Grignolino-Versionen: der Jahrgangs-Grignolino, der intrigante Vigne Vecchie und der Girotondo, ein sortenreiner, selten eleganter Nebbiolo.

● Barbera del M.to Sup. Bricco Battista '11	🍷🍷🍷 5
● Grignolino del M.to Casalese Bricco del Bosco '13	🍷🍷 2*
● Grignolino del M.to Casalese Bricco del Bosco V. Vecchie '09	🍷🍷 6
● M.to Girotondo '11	🍷🍷 4
● Barbera del M.to Giulin '12	🍷🍷 3
○ Fonsina '13	🍷🍷 2*
● M.to Freisa La Bernardina '13	🍷🍷 2*
● M.to Rosso Centenario '10	🍷🍷 5
● Barbera del M.to Sup. Bricco Battista '09	🍷🍷🍷 5
● Barbera del M.to Sup. Bricco Battista '07	🍷🍷🍷 5
● Barbera del M.to Sup. Cima '07	🍷🍷🍷 8

PIEMONT

Marco e Vittorio Adriano
Fraz. San Rocco Seno d'Elvio, 13a
12051 Alba [CN]
Tel. +39 0173362294
www.adrianovini.it

DIREKTVERKAUF
BESUCH NACH VORANMELDUNG
JAHRESPRODUKTION 120.000 Flaschen
REBFLÄCHE 22 Hektar

Ein umfassendes Panorama der im Preis-/Leistungsverhältnis besten italienischen Weine wäre ohne einen Halt bei den Winzer-Brüdern Marco und Vittorio Adriano undenkbar. Ihr Keller liegt in San Rocco Seno d'Elvio, Vorort der Gemeinde Alba, wo vom Niveau und Preisvorteil her unschlagbare Barbarescos entstehen und stolz die Merkmale der Lagen Bricco und Frati (für den Sanadaive) und Basarin di Neive wiedergeben, aus denen die besten Jahrgänge und auch der Riserva erzeugt werden. In slawonischen 35- und 50-hl-Eichenfässern ausgebaut gesellen sie sich zu einer schönen Etikettenserie auf Basis von Moscato, Sauvignon, Dolcetto, Barbera und Freisa. Der Barbaresco Sanadaive 2011 mit seinen Rotbeeren-, süßen Tabak- und Mentholnuancen resultiert ausgewogen und reich an Persönlichkeit. Der sich durch beherrschte und vielschichtige Entwicklungsnuancen auszeichnende Barbaresco Basarin Riserva 2009 mit seiner gut balancierten Tanninstruktur und sehr befriedigenden Trinkreife steht für die ausgezeichnete Qualität dieses Weinkellers.

- Barbaresco Basarin '11 — ▼▼ 4
- Barbaresco Basarin Ris. '09 — ▼▼ 5
- Barbaresco Sanadaive '11 — ▼▼ 4
- Dolcetto d'Alba '13 — ▼▼ 2*
- Langhe Nebbiolo '12 — ▼▼ 3
- ○ Langhe Sauvignon Basaricò '13 — ▼▼ 2*
- ○ Moscato d'Asti '13 — ▼▼ 2*
- Barbera d'Alba '13 — ▼ 2
- Barbera d'Alba Sup. '12 — ▼ 2
- Langhe Freisa '13 — ▼ 2
- Barbaresco Basarin '10 — ♀♀ 4
- Barbaresco Basarin '08 — ♀♀ 4
- Barbaresco Basarin Ris. '06 — ♀♀ 5

Claudio Alario
via Santa Croce, 23
12055 Diano d'Alba [CN]
Tel. +39 0173231808
www.alarioclaudio.it

DIREKTVERKAUF
BESUCH NACH VORANMELDUNG
JAHRESPRODUKTION 46.000 Flaschen
REBFLÄCHE 10 Hektar

Der Landwirtschaftsbetrieb ist schon ein Jahrhundert alt, die ersten Etiketten gehen aber erst auf 1988 zurück, als Claudio Alario beschloss, die in der Schule gelernten Weinbaukonzepte umzusetzen. Im ersten Jahrzehnt widmete man sich beinahe ausschließlich dem Dolcetto di Diano und erntete sowohl vom Markt als auch von der Kritik große Befriedigungen, woraufhin man einen Schritt weiter in Richtung Barolo ging. Dieser kommt von zwei unterschiedlichen, aber guten Lagen: strukturierter und anspruchsvoller der Sorano (Serralunga d'Alba), abgerundeter und frischer der Riva Rocca (Verduno). Der Barolo Sorano, oft die Diamantspitze der Weinauswahl, wird in diesem Jahr vom ausgezeichneten Barolo Riva Rocca 2010 mit seinem von Heilkräutern bis zum Eukalyptus reichenden aromatischen Fächer, und einer vollmundigen und anhaltenden Trinkreife übertroffen. Sehr interessant die drei Dolcetto-Versionen, wobei wir die nervige Frische des Sorì Costa Fiore 2013 etwas vorziehen.

- Barolo Riva Rocca '10 — ▼▼ 6
- Dolcetto di Diano d'Alba Sorì Costa Fiore '13 — ▼▼ 2*
- Barolo Sorano '10 — ▼▼ 6
- Dolcetto di Diano d'Alba Sorì Montagrillo '13 — ▼▼ 2*
- Dolcetto di Diano d'Alba Sup. Sorì Pradurent '12 — ▼▼ 3
- Nebbiolo d'Alba Cascinotto '12 — ▼▼ 4
- Barbera d'Alba Valletta '12 — ▼ 4
- Barolo Sorano '05 — ♀♀♀ 7
- Barbera d'Alba Valletta '11 — ♀♀ 4
- Dolcetto di Diano d'Alba Costa Fiore '12 — ♀♀ 2*
- Dolcetto di Diano d'Alba Montagrillo '12 — ♀♀ 2*
- Nebbiolo d'Alba Cascinotto '11 — ♀♀ 4

PIEMONT

★F.lli Alessandria
VIA B. VALFRÉ, 59
12060 VERDUNO [CN]
TEL. +39 0172470113
www.fratellialessandria.it

DIREKTVERKAUF
BESUCH NACH VORANMELDUNG
JAHRESPRODUKTION 80.000 Flaschen
REBFLÄCHE 14 Hektar

Einmal jährlich sollte eine Verkostung der Nebbiolos, und nicht nur, der Brüder Alessandro und Gian Battista Alessandria in Verduno eingeplant werden. Vielleicht sogar in Begleitung seines Sohnes, dem jungen, sehr fähigen Vittore, der den Stil der verschiedenen Rebstöcke und Jahrgänge bestens einordnet. Monvigliero und San Lorenzo (in der Gemeinde Verduno) sowie Gramolere (in Monforte d'Alba) sind nach einem Ausbau in 20- und 30-hl-Tonneaus aus Eiche separat abgefüllte Barolo-Lagen. Ihr zeitgenössisches, stets gespanntes Profil mit üppiger Frucht ist beinahe ein roter Faden, den wir auch in anderen Etiketten auf Basis von Favorita, Dolcetto, Barbera und Pelaverga finden. Der Barolo Gramolere 2010 erhält die höchste Anerkennung. Schon seit einigen Jahren machen wir auf die außerordentliche qualitative Konstanz dieses Betriebs aufmerksam, und wieder überrascht der extrem ausdrucksstarke und aufrichtige Charakter aller Weine. Der Barolo Gramolere besticht mit dunklen Unterholz-, Leder-, Veilchen- und Mentholnuancen sowie präzisen und sanften Gerbstoffen. Wahrhaft ein großartiger Wein.

● Barolo Gramolere '10	♛♛♛ 6
● Barolo Monvigliero '10	♛♛ 6
● Barbera d'Alba Sup. La Priòra '12	♛♛ 4
● Barolo '10	♛♛ 5
● Langhe Nebbiolo Prinsiot '12	♛♛ 3
● Verduno Pelaverga Speziale '13	♛♛ 3
● Barbera d'Alba '13	♛ 2
● Barolo Gramolere '05	♛♛♛ 6
● Barolo Monvigliero '09	♛♛♛ 6
● Barolo Monvigliero '06	♛♛♛ 6
● Barolo S. Lorenzo '08	♛♛♛ 6
● Barolo S. Lorenzo '04	♛♛♛ 6

★Gianfranco Alessandria
LOC. MANZONI, 13
12065 MONFORTE D'ALBA [CN]
TEL. +39 017378576
www.gianfrancoalessandria.com

DIREKTVERKAUF
BESUCH NACH VORANMELDUNG
JAHRESPRODUKTION 45.000 Flaschen
REBFLÄCHE 7 Hektar

Gianfranco Alessandria ist einer jener jungen Winzer, die in den 80er Jahren des letzten Jahrhunderts beschlossen, ihrem Barolo ein moderneres und internationales Image zu verleihen. In seinen nunmehr 30 Lesen hat er ganz wenige Veränderungen vorgenommen, und wenn, nur um die eigenen Weine natürlicher zu gestalten. Der Stil bleibt somit an die Suche nach Eleganz, an präzise Fruchtigkeit und an funktionelle und einfache Kellertechniken gebunden. Für den Ausbau herrscht französisches Holz vor. Wenige Hektar Eigentum und wenige angebotene Etiketten, alle strikt an die Ausdrucksweise des Terroirs Monforte gebunden. Die Weine in dieser Ausgabe des Führers spiegeln deutlich die ausgezeichnete Kondition dieses Betriebs wider. Es freut uns, dass der Barbera d'Alba Vittoria 2011 mit seiner ausgezeichneten Leistung die höchste Auszeichnung erhalten und zu seinen früheren Glanzleistungen zurückgefunden hat. Perfekt ausgewogen in Nase und Mund mit Rotbeeren- und Gewürznoten und durch eine erfrischende Säure verführerisch und anhaltend trinkreif. Erlesen der Barolo San Giovanni 2010.

● Barbera d'Alba Vittoria '11	♛♛♛ 5
● Barolo S. Giovanni '10	♛♛ 7
● Barolo '10	♛♛ 6
● Langhe Nebbiolo '12	♛♛ 3
● Barbera d'Alba '13	♛ 3
● Dolcetto d'Alba '13	♛ 2
● Barolo S. Giovanni '04	♛♛♛ 7
● Barolo S. Giovanni '01	♛♛♛ 7
● Barolo S. Giovanni '00	♛♛♛ 7
● Barolo S. Giovanni '99	♛♛♛ 8

PIEMONT

Marchesi Alfieri
P.ZZA ALFIERI, 28
14010 SAN MARTINO ALFIERI [AT]
TEL. +39 0141976015
www.marchesialfieri.it

DIREKTVERKAUF
BESUCH NACH VORANMELDUNG
UNTERKUNFT
JAHRESPRODUKTION 100.000 Flaschen
REBFLÄCHE 21 Hektar

Aus schriftlichen Nachweisen ist ersichtlich, dass der im Familienschloss ansässige Betrieb der Schwestern San Martino di San Germano schon seit min. 8 Jahrhunderten Weinstöcke anbaut. Bezugsrebsorte ist mit 75 % der betrieblichen Rebflächen zweifelsohne die Barbera, aus der der Spitzenwein des Betriebs gemacht wird, der Barbera d'Asti Superiore Alfiera. Er kommt aus der historischen Lage, dem Hügel Quaglia, mit 1937 eingesetzten Rebstöcken. Weitere Rebsorten sind Grignolino, Nebbiolo und Pinot Nero für eine rein rote Weinerzeugung. Die angebotenen Weine sind modern, fruchtreich, vielschichtig und ansprechend zugleich. Im Triumphzug dieses Jahr der Barbera d'Asti La Tota '12, voll und würzig, mit nicht sehr typischen Pflanzennoten, jedoch frisch und elegant. Der Barbera d'Asti Superiore Alfiera '11 ist fruchtig und mächtig, im Finale jedoch ein wenig trocknend in den Gerbstoffen, der Piemonte Pinot Nero San Germano '11 hingegen ist diskret mit viel Rotfrucht und viel saurer Frische.

- Barbera d'Asti La Tota '12   ♛♛ 3*
- Barbera d'Asti Sup. Alfiera '11   ♛♛ 5
- Piemonte Pinot Nero San Germano '11   ♛♛ 4
- M.to Rosso Sostegno '12   ♛ 2
- Piemonte Grignolino Sansoero '13   ♛ 2
- Terre Alfieri Nebbiolo Costa Quaglia '11   ♛ 4
- Barbera d'Asti Sup. Alfiera '07   ♛♛♛ 5
- Barbera d'Asti Sup. Alfiera '05   ♛♛♛ 5
- Barbera d'Asti Sup. Alfiera '01   ♛♛♛ 5

Giovanni Almondo
VIA SAN ROCCO, 26
12046 MONTÀ [CN]
TEL. +39 0173975256
www.giovannialmondo.com

DIREKTVERKAUF
BESUCH NACH VORANMELDUNG
JAHRESPRODUKTION 100.000 Flaschen
REBFLÄCHE 16 Hektar

Der Betrieb der Familie Almondo ist nun schon seit vielen Jahren Aushängeschild für Qualitätsweine im Roero-Gebiet. Keller und Weinberge liegen in der Gemeinde Montà d'Alba. Die mit Arneis bestockten Flächen (über 60 %, darunter die Lage Bricco delle Ciliegie) sind sandig, die den roten Trauben (Nebbiolo, Barbera und Brachetto) vorbehaltenen eher kalk- und tonhaltig. Diesem Terroir entspringen vielschichtige, elegante, charaktervolle und moderne Weine mit gekonnt vereinter Struktur und Trinkbarkeit. Ein außerordentlicher Jahrgang für den Betrieb der Familie Almondo, mit sogar 4 Weinen im Finale. Die Serie der Drei Gläser geht mit dem fruchtigen und balsamischen, wuchtigen, würzigen, sehr frischen und persistenten Roero Giovanni Almondo Riserva '11 weiter. Der Barbera d'Alba Valbianchèra '12 mit seinen Pflaumen-, Feuchterde- und Schokoladenuancen ist füllig und dicht, der Roero '12 verfügt über Spannung und Finesse, der Roero Bric Valdiana '12 hingegen über eine schöne Struktur und Länge.

- Roero Giovanni Almondo Ris. '11   ♛♛♛ 5
- Barbera d'Alba Valbianchèra '12   ♛♛ 3*
- Roero '12   ♛♛ 3*
- Roero Bric Valdiana '12   ♛♛ 5
- ○ Roero Arneis Bricco delle Ciliegie '13   ♛♛ 3
- ○ Langhe Riesling Sassi e Sabbia '13   ♛ 3
- ○ Roero Arneis V. Sparse '13   ♛ 2
- Roero Bric Valdiana '11   ♛♛♛ 5
- Roero Bric Valdiana '07   ♛♛♛ 5
- Roero Giovanni Almondo Ris. '09   ♛♛♛ 5

PIEMONT

★★★ Elio Altare
Fraz. Annunziata, 51
12064 La Morra [CN]
Tel. +39 017350835
www.elioaltare.com

DIREKTVERKAUF
BESUCH NACH VORANMELDUNG
JAHRESPRODUKTION 60.000 Flaschen
REBFLÄCHE 11 Hektar

Der hochberühmte, von vielen jungen Winzern der Langa als Meister anerkannte Elio Altare ist bald 65 und hat 50 Weinlesen hinter sich. Damals wurden die Weinberge noch mit dem Pferd gepflügt. Der Betrieb zeichnet sich durch Folgendes aus: seine familiäre Dimension, die eine direkte Kontrolle der gesamten Arbeit im Weinberg und im Keller gewährleistet; absolute Umweltfreundlichkeit, denn chemische Dünger und Pestizide sind verpönt; stetige Suche nach Eleganz und Finesse in jeder Weinart und jeder Flasche. Zum jungen Lagenwein von Serralunga (Cerretta Vigna Bricco) gesellt sich bald eine kleine Barolo-Selektion aus dem Herzen von Cannubi. Der attraktive Langhe Larigi 2012 auf Barbera-Basis mit fruchtigen Brombeer- und Kirschnuancen, auf die ein vibrierender, progressiver und prägnanter Gaumen folgt, erobert die Drei Gläser. Die Fähigkeit, die terroirgebundene Essenz im Glas zum Ausdruck zu bringen, ist im Barolo Cerretta 2008, zu lesen, wo der Charakter von Serralunga eine solide und entschiedene Geschmacksdefinition hervorbringt. Ein neuer Name für den berühmten Langhe Arborina.

● Langhe Larigi '12	🍷🍷🍷 8
● Barolo Arborina '10	🍷🍷 8
● Barolo Cerretta V. Bricco '08	🍷🍷 8
● Langhe Giàrborina '12	🍷🍷 8
● Barolo '10	🍷🍷 8
● Langhe La Villa '12	🍷🍷 8
● Barolo Arborina '09	🍷🍷🍷 8
● Barolo Cerretta V. Bricco '06	🍷🍷🍷 8
● Barolo Cerretta V. Bricco '05	🍷🍷🍷 8
● Langhe Arborina '08	🍷🍷🍷 8
● Langhe La Villa '06	🍷🍷🍷 8
● Langhe Larigi '07	🍷🍷🍷 7
● Langhe Larigi '04	🍷🍷🍷 7

Antichi Vigneti di Cantalupo
Via Michelangelo Buonarroti, 5
28074 Ghemme [NO]
Tel. +39 0163840041
www.cantalupo.net

DIREKTVERKAUF
BESUCH NACH VORANMELDUNG
JAHRESPRODUKTION 200.000 Flaschen
REBFLÄCHE 35 Hektar

Die Familie Arlunno kann auf einige der prestigevollsten Lagen in den Colline Novaresi zählen. Breclema, Carella, Livelli, Baraggiola: für den Nebbiolo bzw. Spanna sind das sehr wichtige Namen, die ca. 35 ha der betrieblichen Rebflächen einnehmen. Der Rest ist mit Vespolina, Uva Rara, Erbaluce, Arneis und Chardonnay bestockt. Im Mittelpunkt der vielfältigen Auswahl gibt es vier Ghemme, einen Basiswein und drei Parzellenauslesen, die auf keinen eindeutigen Stil zurückzuführen sind, sondern je nach Jahrgang mit großen und kleinen Hölzern moduliert werden. Diese Weine benötigen normalerweise Zeit, um Dumpfheiten und jugendliches Toasting abzuschütteln. Eine großartige Version für den Collis Carellae '08, Ghemme, unverkennbar mit seinen er seriösen, jedoch nie unnötig aggressiven Gaumen immer wieder erwachenden Rhabarber- und Enziannuancen. Zerebraler und aristokratischer der Signore di Bayard '06: Rohes Fleisch und Lakritz geben den Rhythmus in einem Schluck großer Klasse vor.

● Ghemme Collis Carellae '08	🍷🍷 6
● Ghemme Signore di Bayard '06	🍷🍷 6
● Colline Novaresi Agamium '09	🍷🍷 3
● Colline Novaresi Primigenia '11	🍷🍷 2*
● Ghemme Cantalupo Anno Primo '08	🍷🍷 5
● Ghemme Collis Breclemae '07	🍷🍷 6
○ Carolus	🍷 2
☉ Colline Novaresi Nebbiolo Il Mimo '13	🍷 2
● Ghemme '05	🍷🍷🍷 4
● Ghemme Collis Breclemae '00	🍷🍷🍷 6
● Colline Novaresi Primigenia '10	🍷🍷 2*
● Ghemme Cantalupo Anno Primo '07	🍷🍷 5
● Ghemme Collis Breclemae '05	🍷🍷 6

PIEMONT

Antico Borgo dei Cavalli
via Dante, 54
28010 Cavallirio [NO]
Tel. +39 016380115
www.vinibarbaglia.it

DIREKTVERKAUF
BESUCH NACH VORANMELDUNG
JAHRESPRODUKTION 25.000 Flaschen
REBFLÄCHE 3 Hektar

Es ist eine langsame, aber unaufhaltbare stilistische Ummodelierung, die die Weine des Antico Borgo dei Cavalli in die höheren Etagen des Novara-Gebiets gebracht hat. Der kleine, 1946 von Mario Barbaglia gegründete Betrieb von Cavallirio sieht heute den Sohn Sergio und die Enkelin Silvia engagiert: Ein eingespieltes und sich ergänzendes Tandem, das die verschiedenen generationalen Inspirationen in einem vom Ausdruck her nicht etikettierbaren Angebot hervorbringt. Also weder modern noch traditionell, sondern solide und erkennbare Interpretationen von Nebbiolo, Uva Rara, Croatina, Vespolina und Erbaluce. Gebietstypische Rebsorten, die auch für die Spumantes der beliebten Linie Curticella herangezogen werden. Es bestätigt sich das Feeling zwischen der Familie Barbaglia und der im Lucino '13 fleischig interpretierten Rebsorte Erbaluce. Der Boca '10 entfaltet sich üppig und geschmackvoll mit erlesenen Jod-, Kina- und reifen Fruchtnoten. Zwar noch ein wenig verspannt im Finale, lässt sein Stoff auf eine glückliche Entwicklung schließen.

● Boca '10	🍷🍷 5
○ Colline Novaresi Bianco Lucino '13	🍷🍷 3
● Colline Novaresi Nebbiolo Il Silente '10	🍷 3
● Colline Novaresi Uva Rara Lea '13	🍷 2
● Boca '09	🍷🍷 5
● Boca '08	🍷🍷 5
○ Colline Novaresi Bianco Lucino '11	🍷🍷 3
● Colline Novaresi Nebbiolo Il Silente '09	🍷🍷 3
○ Curticella Caballi Regis Brut M. Cl.	🍷🍷 5
○ Curticella Caballi Regis Dosaggio Zero M. Cl.	🍷🍷 5
● Passiolò	🍷🍷 5

★Antoniolo
c.so Valsesia, 277
13045 Gattinara [VC]
Tel. +39 0163833612
antoniolovini@bmm.it

DIREKTVERKAUF
BESUCH NACH VORANMELDUNG
JAHRESPRODUKTION 60.000 Flaschen
REBFLÄCHE 12 Hektar

Von „Neuentdeckung" eines Kellers zu sprechen, der, die Geschichte des großen piemontesischen Weins geschrieben hat, wäre paradox. Es ist aber nicht zu leugnen, dass dem Nebbiolo von Familie Antoniolo noch nie so viel Aufmerksamkeit beigemessen wurde. Ihr wurde immer hoch angeschrieben, sich auf entscheidende Weise für den Gattinara, oder zumindest sein pures, bloßes und energisches Wesen eingesetzt zu haben. Allen voran Frau Rosanna, gefolgt von den Kindern Alberto und Lorella: Es ist ihr Verdienst, wenn Lagen wie San Francesco, Osso San Grato, Castelle und Borelle vielen Weinbegeisterten familiär sind und wenn sie im Vergleich mehr gelten als Informationen über Vinifizierung, Ausbau und Holzarten. Ein wahrer Kampf zwischen Titanen, das können wir Ihnen über die Gattinaras von Antoniolo erzählen. Dieses Mal siegt der Osso San Grato '10: Er geht herrlich in Enzian und Heidelbeere auf, wechselt am Gaumen dank der üppigen, aber einfachen Tanninstruktur. Ganz nahe am Ziel auch der San Francesco, anmutig und rund.

● Gattinara Osso S. Grato '10	🍷🍷🍷 8
● Gattinara '10	🍷🍷 5
● Gattinara S. Francesco '10	🍷🍷 8
⊙ Bricco Lorella '13	🍷🍷 3
● Coste della Sesia Nebbiolo Juvenia '12	🍷🍷 4
○ Erbaluce di Caluso '13	🍷 3
● Gattinara Osso S. Grato '09	🍷🍷🍷 8
● Gattinara S. Francesco '07	🍷🍷🍷 6
● Gattinara Vign. Osso S. Grato '06	🍷🍷🍷 6
● Gattinara Vign. Osso S. Grato '05	🍷🍷🍷 6
● Gattinara Vign. Osso S. Grato '04	🍷🍷🍷 6
● Gattinara Vign. S. Francesco '06	🍷🍷🍷 5
● Gattinara Vign. S. Francesco '05	🍷🍷🍷 6

PIEMONT

Odilio Antoniotti
V.LO ANTONIOTTI, 9
13868 SOSTEGNO [BI]
TEL. +39 0163860309
www.antoniotti.it

DIREKTVERKAUF
BESUCH NACH VORANMELDUNG
JAHRESPRODUKTION 10.500 Flaschen
REBFLÄCHE 4,5 Hektar

Das Schicksal der Familie Antoniotti zwinkert oft der Geschichte zu, zuerst der Geschichte im wahren Sinn des Wortes und dann der weniger pompösen des italienischen Weins. Tatsächlich erwirbt Lorenzo Antoniotti die ersten Rebzeilen in Casa del Bosco, in der Provinz Biella, 1861, dem offiziellen Jahr der Entstehung unseres Landes. Die ersten Erfolge mit ihren Weinen ernten die Antoniottis im ersten Viertel des 20. Jh. Heute leiten den Betrieb Odilio und Sohn Mattia. Gerade mal 5 Hektar Porphyrboden von großartigem Charakter und viel Arbeit im Weinberg und im Keller mit viel Hausverstand und wenig Firlefanz sind das Geheimnis der Qualitätsweine des Hauses. Dieses Jahr nur ein verkosteter Wein, aber zum ersten Mal die verdienten Drei Gläser. Im großartigen Jahrgang 2010 entspringt dem Weinberg in der Zone Martinazzi der Bramaterra mit klassischem Verschnitt: 70% Nebbiolo, 20% Croatina, der Rest Vespolina und Uva Rara. Das Ergebnis ist ein einzigartig tiefer und wunderbar persistenter Wein mit langem, würzigem Abgang.

● Bramaterra '10	🍷🍷🍷 3*
● Bramaterra '09	🍷🍷 3*
● Bramaterra '08	🍷🍷 3*
● Bramaterra '07	🍷🍷 3*

Tenuta dell'Arbiola
LOC. ARBIOLA
REG. SALINE, 67
14050 SAN MARZANO OLIVETO [AT]
TEL. +39 0141856194
www.saiagricola.it

DIREKTVERKAUF
BESUCH NACH VORANMELDUNG
GASTRONOMIE
JAHRESPRODUKTION 100.000 Flaschen
REBFLÄCHE 20 Hektar

Der seit längerem Saiagricola anvertraute Betrieb La Tenuta dell'Arbiola ist in diesem Jahr wieder vollständig an die Familie Terzano zurückgekehrt. Die Weinberge auf Kalksandböden sind zu 60 % der Rebfläche mit auch über 60 Jahre alten Barbera-Stöcken bepflanzt. Daneben werden Moscato, Cabernet Sauvignon, Merlot, Pinot Nero, Chardonnay und Sauvignon angebaut. Die angebotenen Etiketten sind modern und gebietstypisch. Unter den besten der Weindenomination der Barbera d'Asti Superiore Nizza Romilda XVI '11 mit intensiven und raffinierten Pflaumen-, Kirschkonfitür-, Kakao- und Kina-Aromen sowie körperreichem und harmonischem, säuregestütztem Gaumen und langem und würzigem Abgang. Erfreulich der Barbera d'Asti Carlotta '12 mit balsamisch nuancierten Rotfruchttönen. Alle anderen angebotenen Weine korrekt.

● Barbera d'Asti Sup. Nizza Romilda XVI '11	🍷🍷🍷 5
● Barbera d'Asti Carlotta '12	🍷🍷 2*
● Barbera d'Asti '13	🍷 2
○ Moscato d'Asti '13	🍷 2
● Barbera d'Asti Sup. Nizza Romilda XIV '09	🍷🍷 5
● Barbera d'Asti Carlotta '11	🍷🍷 2*
● Barbera d'Asti Carlotta '09	🍷🍷 2*
● Barbera d'Asti Sup. Nizza Romilda XII '07	🍷🍷 5
● Barbera d'Asti Sup. Nizza Romilda XIII '08	🍷🍷 4
● Barbera d'Asti Sup. Nizza Romilda XV '10	🍷🍷 5
⊙ Nysus Brut M. Cl. '10	🍷🍷 5

PIEMONT

L'Armangia
FRAZ. SAN GIOVANNI, 122
14053 CANELLI [AT]
TEL. +39 0141824947
www.armangia.it

DIREKTVERKAUF
BESUCH NACH VORANMELDUNG
JAHRESPRODUKTION 95.000 Flaschen
REBFLÄCHE 10,5 Hektar

Auch wenn der Familienbetrieb Giovine 1993 mit zwei Weißweinen debütiert hat, erzeugt er nun schon seit mehreren Jahren auch gebietsklassische Rotweine, angefangen beim Barbera. Die Weinberge der weißen Trauben befinden sich in Canelli, auf dem Hügel Sant'Antonio, auf mittelfesten Kalkböden, und die für die roten Trauben in Moasca, San Marzano Oliveto und Castel Boglione, auf generell schwereren und kompakteren Böden. Die angebotenen Weine sind modern geprägt und verfügen über sehr gut gepflegte Sorten- und Gebietsmerkmale. Unter den besten der Weinart der Barbera d'Asti Superiore Nizza Titon '11 mit noch nicht sehr ausdrucksvoller und vom Holz gezeichneter Nase, jedoch mit lang anhaltendem und überzeugendem fruchtigem Gaumen. Erwähnenswert sind der fruchtige, blumige und harmonische Piemonte Chardonnay Pratorotondo '12 mit frischer Säure sowie der Monferrato Bianco EnneEnne '12 aus Sauvignon-Trauben mit leichten pflanzlichen Noten, guter Fülle und Charakter.

● Barbera d'Asti Sup. Nizza Titon '11	🍷🍷 3*
● Barbera d'Asti Sopra Berruti '13	🍷🍷 2*
○ M.to Bianco EnneEnne '12	🍷🍷 2*
○ Piemonte Chardonnay Pratorotondo '12	🍷🍷 2*
○ Lorenzomariasole Extra Brut M. Cl.	🍷 4
○ Moscato d'Asti Canelli '13	🍷 2
● Barbera d'Asti Sopra Berruti '12	🍷🍷 2*
● Barbera d'Asti Sopra Berruti '11	🍷🍷 2*
● Barbera d'Asti Sup. Nizza Titon '10	🍷🍷 3*
● Barbera d'Asti Sup. Nizza Titon '09	🍷🍷 3
● Barbera d'Asti Sup. Nizza Vignali '07	🍷🍷 5
● Barbera d'Asti Sup. Nizza Vignali '06	🍷🍷 5
● M.to Rosso Pacifico '09	🍷🍷 3
○ Moscato d'Asti Canelli '12	🍷🍷 2*
○ Piemonte Chardonnay Robi & Robi '11	🍷🍷 3

Ascheri
VIA PIUMATI, 23
12042 BRA [CN]
TEL. +39 0172412394
www.ascherivini.it

DIREKTVERKAUF
BESUCH NACH VORANMELDUNG
UNTERKUNFT UND GASTRONOMIE
JAHRESPRODUKTION 240.000 Flaschen
REBFLÄCHE 40 Hektar

Der eindrucksvolle Sitz des Kellers (mit zugehörigem eleganten Hotel und Gasthaus) liegt in Bra, aber die Trauben kommen hauptsächlich von großen, eigenen Weinbergen in Verduno, Serralunga d'Alba und La Morra. Und von dort, La Morra, kommt auch die wichtigste Neuheit: Aus dem Jahrgang 2010 wird eine Selektion (offiziell geografische Zusatzangabe genannt), die den Namen der Familie Ascheri trägt. Alle vier Barolos sind ziemlich traditionell eingestellt. Der innovative Aspekt kommt vom Langhe Rosso (auf Syrah-Basis) und vom Langhe Bianco (Viognier), beide aus dem Weinberg Montalupa auf dem Hügel von Bra. Die vielen verkosteten Weinen offenbaren eine zuverlässige Qualität, wobei die verschiedenen Barolo-Versionen die Professionalität dieses Winzers bestens zum Ausdruck bringen. Der Barolo Coste & Bricco 2010 resultiert für den Jahrgang sehr typisch, klassisch und ausgewogen, mit Veilchen-, Gewürz- und Eukalyptusnoten. Der sehr vielversprechende Barolo Sorano 2010 ist noch ein wenig introvertiert, aber sicher zuverlässig.

● Barolo Coste & Bricco '10	🍷🍷 6
● Barolo Sorano '10	🍷🍷 5
● Barolo Ascheri '10	🍷🍷 5
● Barolo Pisapola '10	🍷🍷 5
● Dolcetto d'Alba Nirane '13	🍷🍷 2*
○ Langhe Montalupa Bianco Viognier '10	🍷🍷 4
● Langhe Rosso Montalupa Syrah '08	🍷🍷 4
● Nebbiolo d'Alba Bricco S. Giacomo '12	🍷🍷 3
● Barbera d'Alba Fontanelle '12	🍷 3
● Dolcetto d'Alba S. Rocco '13	🍷 2
● Barolo Sorano '00	🍷🍷🍷 5
● Barolo Sorano Coste & Bricco '06	🍷🍷🍷 5
● Barolo Pisapola '08	🍷🍷 5
● Barolo Sorano '09	🍷🍷 5

PIEMONT

Paolo Avezza
REGIONE MONFORTE, 62
14053 CANELLI [AT]
TEL. +39 0141822296
www.paoloavezza.com

DIREKTVERKAUF
BESUCH NACH VORANMELDUNG
JAHRESPRODUKTION 25.000 Flaschen
REBFLÄCHE 7 Hektar

Seit beinahe sechzig Jahren ist Familie Avezza Eigentümerin dieses schönen, von Weinbergen umgebenen Gutshauses. Paolo führt den Betrieb seit 2001 und in diesen Jahren hat er sein Angebot mit Weinen verfeinert, die vor allem mit Eleganz und Aromapräzision spielen und trotzdem traditionell und gebietstypisch auftreten. Es werden Barbera, Dolcetto, Nebbiolo, Pinot Nero, Chardonnay und Moscato angebaut. Die stillen Weine haben ihren Ursprung in den Weinbergen von Nizza Monferrato, die prickelnden Weine hingegen in den Weinbergen von Canelli. Der Barbera d'Asti Superiore Nizza Sotto La Muda bestätigt sich auch in der Version 2011 als Spitzenwein des Betriebs. Intensiv und fein, mit Charakter und Struktur sowie Gewürz- und Rotfruchtnoten auf erdigem und mineralischem Hintergrund, lang, mit schöner Progression und Tanninstruktur. Gut gemacht sowohl der Moscato d'Asti Canelli La Commenda '13, angenehm und zitrusfruchtig, als auch der Barbera d'Asti '13 mit typisch erdigen Tönen und Kinanoten.

- Barbera d'Asti Sup. Nizza Sotto la Muda '11 — 🍷🍷 4
- Barbera d'Asti '13 — 🍷🍷 2*
- ○ Moscato d'Asti Canelli La Commenda '13 — 🍷🍷 2*
- ○ Alta Langa Brut '11 — 🍷 4
- Barbera d'Asti Sup. Nizza Sotto la Muda '10 — 🍷🍷🍷 4*
- Barbera d'Asti Sup. Nizza Sotto la Muda '07 — 🍷🍷🍷 3*
- ○ Alta Langa Brut '10 — 🍷🍷 4
- Barbera d'Asti '12 — 🍷🍷 2*
- Barbera d'Asti '11 — 🍷🍷 2*
- ○ Moscato d'Asti La Commenda '12 — 🍷🍷 2*

★ Azelia
FRAZ. GARBELLETTO
VIA ALBA-BAROLO, 53
12060 CASTIGLIONE FALLETTO [CN]
TEL. +39 017362859
www.azelia.it

DIREKTVERKAUF
BESUCH NACH VORANMELDUNG
JAHRESPRODUKTION 80.000 Flaschen
REBFLÄCHE 16 Hektar

Die Familie Scavino (Luigi, Lorella und Sohn Lorenzo) besitzt kostbare Nebbiolo-Weinberge in Castiglione Falletto und Serralunga d'Alba mit einer kleinen Realität in der Gemeinde Montelupo Albese für den Dolcetto d'Alba. Für die Stilistik sucht man nach Eleganz, auch durch Verwendung verschieden großer französischer Hölzer. Sämtliche Barolo-Etiketten (einschließlich die des Basisweins, und das ist Prestige) sind aufgrund von alten Nebbiolo-Pflanzen und des strengen Ausdünnens der Trauben im Sommer nie aggressiv, aber bedeutsam strukturiert und daher für jahrzehntelanges Ausbauen in der Flasche geeignet. Auch dieses Jahr machen wir auf die von diesem Betrieb in den letzten Jahren erreichte beruhigende Fahrtgeschwindigkeit aufmerksam. Der Barolo San Rocco 2010 verfehlt mit der erreichten stilistischen Definition und präzisen Interpretation nur knapp die höchste Anerkennung. Frische balsamische und intrigante Noten, eine integrierte Tanninstruktur, ein langer und würziger Abgang mit dem Versprechen einer außerordentlichen Langlebigkeit.

- Barolo Bricco Fiasco '10 — 🍷🍷 8
- Barolo Margheria '10 — 🍷🍷 8
- Barolo S. Rocco '10 — 🍷🍷 8
- Barbera d'Alba Punta '12 — 🍷🍷 5
- Barolo '10 — 🍷🍷 6
- Dolcetto d'Alba Bricco dell'Oriolo '13 — 🍷🍷 3
- Langhe Nebbiolo '13 — 🍷 4
- Barolo Bricco Fiasco '09 — 🍷🍷🍷 8
- Barolo Bricco Fiasco '01 — 🍷🍷🍷 7
- Barolo Margheria '06 — 🍷🍷🍷 7
- Barolo S. Rocco '08 — 🍷🍷🍷 7
- Barolo S. Rocco '99 — 🍷🍷🍷 7
- Barolo Voghera Brea Ris. '01 — 🍷🍷🍷 8

PIEMONT

Banfi - Vigne Regali
Via Vittorio Veneto, 76
15019 Strevi [AL]
Tel. +39 0144362600
www.castellobanfi.it

BESUCH NACH VORANMELDUNG
JAHRESPRODUKTION 2.000.000 Flaschen
REBFLÄCHE 76 Hektar

Banfi Piemonte alias Vigne Regali ist das Ergebnis eines Ende der 70er Jahre in den USA entstandenen Projekts. John und Harry Mariani, italoamerikanische Unternehmer mit ehrgeizigen Projekten für die Erzeugung von Qualitätsweinen beschließen damals, im Piemont und in der Toskana zu investieren. Heute gibt es neben dem Keller Cantina di Acqui bedeutsame Strukturen in Montalcino, Bolgheri und im Chianti-Classico-Gebiet. Vigne Regali erzeugt hauptsächlich Spumantes und einige andere piemontesische Denominationen (aus dem Alessandria-Gebiet) wie Gavi und Dolcetto d'Acqui. Die Weinauswahl wird mit ansprechenden Versionen des Metodo Classico und der Alta Langa Cuvée Aurora von Schaumweinperlen eingeleitet. Übermütig und charaktervoll der Albarossa LaLus, der süßen Gewürz- und Tabakaromen eine anhaltende und alkoholische Geschmacksphase entgegensetzt. Der Gavi Principessa Gavia gewinnt mit einer guten Geschmacks- und Geruchsbalance die Zwei Gläser. Erwähnenswert die Weine aus Brachetto- und Moscato-Trauben.

○ Banfi Brut M. Cl.	🍷🍷 3
○ Alta Langa Cuvée Aurora '08	🍷🍷 5
○ Alta Langa Cuvée Aurora Rosé '10	🍷🍷 5
○ Gavi Principessa Gavia '13	🍷🍷 3
● Piemonte Albarossa La Lus '11	🍷🍷 5
○ Tener Brut	🍷 3
● Brachetto d'Acqui Rosa Regale '13	🍷 4
● Dolcetto d'Acqui L'Ardì '13	🍷 3
○ Moscato d'Asti Sciandor '13	🍷 3
○ Alta Langa Cuvée Aurora '07	🍷🍷 5
● Dolcetto d'Acqui L'Ardì '12	🍷🍷 3
● Dolcetto d'Acqui L'Ardì '11	🍷🍷 2*
○ Gavi Principessa Gavia '12	🍷🍷 3
● Piemonte Albarossa La Lus '10	🍷🍷 5

Osvaldo Barberis
B.ta Valdibà, 42
12063 Dogliani [CN]
Tel. +39 017370054
www.osvaldobarberis.com

DIREKTVERKAUF
BESUCH NACH VORANMELDUNG
JAHRESPRODUKTION 20.000 Flaschen
REBFLÄCHE 8 Hektar
WEINBAU Biologisch anerkannt

Eine ebenso kleine wie Interessante Realität: Osvaldo Barberis führt seinen Betrieb seit 15 Jahren biologisch und bietet kleine Mengen Wein von konstant gutem Niveau. Tatsächlich wird noch nicht die gesamte Produktion abgefüllt. Der wichtigste Teil der Weinberge liegt in der Gemeinde Dogliani, wo Dolcetto wächst, Nebbiolo und Barbera hingegen werden im nahen Monforte d'Alba angebaut. Nicht zu vernachlässigen die wahrhaft gefälligen Preise. Der Dolcetto in verschiedenen, ausgezeichneten Interpretationen ist die tragende Achse der Weinauswahl dieses Winzers: Der Dogliani Valdibà 2013 zeigt sich rein im Geruch, mit ansprechenden reifen Pflaumennoten und einer schlagkräftigen Trinkbarkeit. Der Barbera d'Alba Castella 2012, mit unserer besten Verköstigungsnote, präsentiert sich gut ausgewogen zwischen Frische und Struktur, mit Fruchtnoten und leichten Gewürznuancen.

● Barbera d'Alba Castella '12	🍷🍷 3*
● Dogliani Sup. Puncin '12	🍷🍷 3
● Dogliani Valdibà '13	🍷🍷 2*
● Nebbiolo d'Alba Muntajà '12	🍷🍷 3
● Piemonte Barbera Brichat '13	🍷🍷 2*
● Dogliani Avrì '12	🍷🍷 3
● Dogliani Puncin '10	🍷🍷 2*
● Dogliani Sup. Puncin '11	🍷🍷 3*
● Dogliani Valdibà '12	🍷🍷 2*
● Dogliani Valdibà '11	🍷🍷 2*
● Nebbiolo d'Alba Muntajà '11	🍷🍷 3*
● Piemonte Barbera Brichat '11	🍷🍷 2*

PIEMONT

Batasiolo
FRAZ. ANNUNZIATA, 87
12064 LA MORRA [CN]
TEL. +39 017350130
www.batasiolo.com

BESUCH NACH VORANMELDUNG
JAHRESPRODUKTION 2.500.000 Flaschen
REBFLÄCHE 107 Hektar

Die Familie Dogliani ist gut voran gekommen, seit sie beschlossen hat, den historischen Keller Kiola zu erwerben und die erworbenen Anlagen mit den Grundstücken des Betriebsvermögens zusammenzulegen. Cerequio und Brunate in La Morra, Boscareto und Briccolina in Serralunga, Bricco di Vergne in Barolo, Bussia Bofani in Monforte: nur um einige der Gutshäuser zu nennen, gefolgt von Batasiolo im Barolo-Gebiet, das mit einem Basis- und fünf Lagenweinen Protagonist ist. Über hundert Hektar eigener Grund sind die Grundlage für eine sehr breite, artikulierte Weinauswahl mit hauptsächlich für Langa traditionellen Weinarten und einigen Zugeständnissen an internationale Rebsorten, ohne deshalb Spumantes und Passiti zu vergessen. Dem zu verkostenden bedeutsamen und vielfältigen Weinsortiment fehlen zwar Solos, generell gesehen ist es aber ausgezeichnet. Der Barolo Briccolina 2010, die historische Diamantspitze, hat eine brillante Farbe und geht von Tabak-, Gewürz- und Veilchennoten auf eine tiefe, hochinteressante Geschmackstiefe über. Der Barolo Bussia Vigneto Bofani 2010 ist typisch, wenn auch noch nicht ganz entfaltet.

● Barolo Briccolina '10	🍷🍷 8
● Barolo Brunate '10	🍷🍷 7
● Barolo Bussia Vign. Bofani '10	🍷🍷 7
● Barolo Ris. '08	🍷🍷 6
● Barbaresco '11	🍷🍷 5
● Barolo Boscareto '10	🍷🍷 7
● Barolo Cerequio '10	🍷🍷 7
○ Gavi del Comune di Gavi Granée '13	🍷🍷 3
● Barolo '10	🍷 5
○ Langhe Chardonnay Morino '12	🍷 5
○ Moscato d'Asti Bosc dla Rei '13	🍷 3
○ Roero Arneis '13	🍷 3
● Barolo Boscareto '05	🍷🍷🍷 7

Fabrizio Battaglino
LOC. BORGONUOVO
VIA MONTALDO ROERO, 44
12040 VEZZA D'ALBA [CN]
TEL. +39 0173658156
www.battaglino.com

DIREKTVERKAUF
BESUCH NACH VORANMELDUNG
JAHRESPRODUKTION 25.000 Flaschen
REBFLÄCHE 5 Hektar

Fabrizio Battaglino führt einen kleinen Betrieb im Roero-Gebiet, der ausgewogene, gut fruchtige Weine aus gebietsklassischen, autochthonen Rebsorten erzeugt und dabei auf gute Trinkbarkeit achtet. Der Keller und die Weinberge für Arneis und Nebbiolo liegen in Vezza d'Alba auf dem Hügel Colla (in 350 Meter Höhe), die Weinberge für Barbera hingegen auf dem Hügel Montebello in Guarene. Es werden gebietstypische Weine erzeugt: Roero Arneis, Roero, Nebbiolo d'Alba, Barbera d'Alba, Langhe Rosso. Dieses Jahr mundeten uns besonders der Barbera d'Alba Munbèl '12 mit Schwarzkirschnoten und erdigen und würzigen Nuancen, einem reichen, schmackhaften und vollmundigen Gaumen und der vielschichtige und charaktervolle Nebbiolo d'Alba Colla '12 mit üppigem Tanningefüge. Gut gemacht der Bric Bastia, ein süßer Arneis aus überreifen Trauben mit Honig- und Pfefferkuchentönen, der diskret fruchtige Roero Sergentin '11 mit Gewürznoten und der etwas einfache, aber angenehme und blumige Nebbiolo d'Alba '12.

● Barbera d'Alba Munbèl '12	🍷🍷 3*
● Nebbiolo d'Alba Colla '12	🍷🍷 4
○ Bric Bastia	🍷🍷 4
● Nebbiolo d'Alba '12	🍷🍷 3
● Roero Sergentin '11	🍷🍷 4
○ Roero Arneis '13	🍷 2
● Nebbiolo d'Alba V. Colla '07	🍷🍷🍷 3*
● Barbera d'Alba V. Munbèl '11	🍷🍷 3*
● Nebbiolo d'Alba '11	🍷🍷 3
● Nebbiolo d'Alba V. Colla '11	🍷🍷 4
○ Roero Arneis '12	🍷🍷 2*
● Roero Sergentin '10	🍷🍷 4

PIEMONT

Battaglio
LOC. BORBORE
VIA SALERIO, 15
12040 VEZZA D'ALBA [CN]
TEL. +39 017365423
www.battaglio.com

DIREKTVERKAUF
BESUCH NACH VORANMELDUNG
JAHRESPRODUKTION 40.000 Flaschen
REBFLÄCHE 5 Hektar

Die Familie Battaglio erzeugt und vermarktet seit drei Generationen Wein in Vezza d'Alba. Der Betrieb verfügt im kleinen Vorort Vezza d'Alba d'la Funtana und in der Ortschaft Serragrilli in Neive über Rebstöcke auf südlich ausgerichteten Hängen. Bei den angebauten Rebsorten handelt es sich um die gebietsspezifischen, von der Nebbiolo zur Barbera, von der Dolcetto zur Arneis. Die angebotenen, modernen und technisch gut gemachten Weine sind bestrebt, die verschiedenen Herkunftsgebietsmerkmale bestens zum Ausdruck zu bringen. Dank einer Serie ausgezeichneter Etiketten, angefangen beim körper- und spannungsreichen und entschlossenen Nebbiolo d'Alba Valmaggiore '11 mit intensiven Schwarzfruchtnoten, geht der Kampf im Hauptteil des Führers weiter. Unter den anderen angebotenen Weinen erwähnenswert der feine, fruchtreiche, lange, ausgewogene und harmonische Barbaresco Serragrilli '11 und der saftige, im Gaumen fleischige Barbera d'Alba Madunina '11 mit typischen Kirsch- und Feuchterdenoten und richtiger Säure.

Bava
S.DA MONFERRATO, 2
14023 COCCONATO [AT]
TEL. +39 0141907083
www.bava.com

DIREKTVERKAUF
BESUCH NACH VORANMELDUNG
UNTERKUNFT
JAHRESPRODUKTION 500.000 Flaschen
REBFLÄCHE 55 Hektar

Die Weinbaugeschichte der Familie Bava geht auf das 17. Jh. zurück und sieht die ersten Vinifizierungen zu Beginn des 20. Jh. Seither hat sich der Betrieb sehr verändert und, vor allem in den letzten 30 Jahren, bedeutsame Zukäufe getätigt. Heute sind die Weinberge zwischen Cocconato, Cioccaro und Agliano Terme im Monferrato verteilt, wo die Barbera das Wort führt, und in Castiglione Falletto in den Langhe, wo hingegen Nebbiolo und Dolcetto dominieren. Hier werden stille, moderne Weine erzeugt, zu denen sich die Spumantes der historischen Marke Giulio Cocchi gesellen. Dieses Jahr eine gute Leistung ohne herausragende Spitzenprodukte. Der Barolo Scarrone '10 ist strukturiert, gut intensiv und üppig, aber mit süßer, die Frucht abdeckender Holzwürze. Interessant hingegen, jedoch mit mehr Kraft als Finesse, der in seinen Hefe- und Weißfrucht-, Tabak- und Zitrusfruchtnoten vielschichtige und lange Alta Langa Toto Corde Brut '09. Erfreulich und gerade recht süß der Moscato d'Asti Bass Tuba '13.

● Nebbiolo d'Alba Valmaggiore '11	🏆🏆	3*
● Barbaresco '11	🏆🏆	6
● Barbaresco Serragrilli '11	🏆🏆	6
● Barbera d'Alba Madunina '11	🏆🏆	3
● Nebbiolo d'Alba Valmaggiore Sup. '11	🏆🏆	5
○ Roero Arneis Piasì '13	🏆	3
○ Amus	🏆🏆	4
● Barbaresco '10	🏆🏆	6
● Barbera d'Alba Madunina '09	🏆🏆	3
● Nebbiolo d'Alba Valmaggiore '10	🏆🏆	3
● Nebbiolo d'Alba Valmaggiore '08	🏆🏆	3

○ Alta Langa Brut Bianc 'd Bianc Giulio Cocchi '08	🏆🏆	5
○ Alta Langa Brut Toto Corde Giulio Cocchi '09	🏆🏆	4
● Barolo Scarrone '10	🏆🏆	7
○ Moscato d'Asti Bass Tuba '13	🏆🏆	3
● Barbera d'Asti Libera '12	🏆	3
○ M.to Bianco Thou Bianc '13	🏆	3
● Malvasia di Castelnuovo Don Bosco Rosetta '13	🏆	3
● Barbera d'Asti Libera '11	🏆🏆	3
● Barbera d'Asti Libera '09	🏆🏆	2
● Barbera d'Asti Sup. Nizza Piano Alto '10	🏆🏆	4
● Barbera d'Asti Sup. Nizza Piano Alto '09	🏆🏆	4
● Barbera d'Asti Sup. Stradivario '07	🏆🏆	6
● Barolo Scarrone '08	🏆🏆	7
● Barolo Scarrone '06	🏆🏆	6

PIEMONT

Bel Colle
FRAZ. CASTAGNI, 56
12060 VERDUNO [CN]
TEL. +39 0172470196
www.belcolle.it

DIREKTVERKAUF
BESUCH NACH VORANMELDUNG
JAHRESPRODUKTION 180.000 Flaschen
REBFLÄCHE 10 Hektar

Der mit Sensibilität und technischer Präzision von den Brüdern Pontiglione und Giuseppe Priola geführte Betrieb wird 40. Von Anfang an sollten die lokalen historischen Weine, also Barolo und Verduno Pelaverga, valorisiert werden, ohne es deshalb zu versäumen, durch den Ankauf von Trauben von ausgewählten Zubringern eine für das gesamte Gebiet repräsentative Weinauswahl zu bieten. Insbesondere haben Barolo und Barbaresco eine stetige, erlesene und zuverlässige Qualität. Der zu oft zu wenig valorisierten Lage Monvigliero di Verduno gelingt es, dank der Bravur dieses ausgezeichneten Weinbaubetriebs, uns einen wahrhaft gut gemachten Barolo zu schenken, der ohne Schwierigkeiten die höchste Anerkennung erreicht. Nach dem Motto „weniger ist mehr" kann er zu den großen Klassikern der Weindenomination gezählt werden und ist in den letzten Jahren noch besser geworden.

● Barolo Monvigliero '09	🍷🍷🍷 5
● Barbaresco Roncaglie '09	🍷🍷 5
● Barolo '10	🍷🍷 5
● Barbera d'Alba Sup. Le Masche '11	🍷🍷 3
● Barolo Boscato '09	🍷🍷 5
● Roero Monvijé '12	🍷🍷 5
● Verduno Pelaverga '13	🍷🍷 3
● Dolcetto d'Alba '13	🍷 2
○ Langhe Chardonnay Le Masche '13	🍷 3
○ Roero Arneis '13	🍷 6
● Barbaresco Roncaglie Ris. '08	🍷🍷🍷 5
● Barolo Monvigliero '07	🍷🍷🍷 5
● Barolo Monvigliero '06	🍷🍷🍷 5

Bera
VIA CASTELLERO, 12
12050 NEVIGLIE [CN]
TEL. +39 0173630194
www.bera.it

DIREKTVERKAUF
BESUCH NACH VORANMELDUNG
JAHRESPRODUKTION 140.000 Flaschen
REBFLÄCHE 22 Hektar

Der Familienbetrieb Bera ist bekannt für den Moscato d'Asti, erzeugt aber auch Alta Langa und andere gebietstypische stille Weine, hauptsächlich auf Grundlage von Barbera, Dolcetto und Nebbiolo. Die im Schnitt ca. vierzig Jahre alten Rebstöcke liegen hauptsächlich in Neviglie auf einem typisch tonhaltigen, hügeligen Tuffboden in einer Höhe zwischen 320 und 380 Meter und mit süd-südwestlicher Ausrichtung. Die erzeugten Weine suchen mehr nach Balance und Finesse als Opulenz. Dieses Jahr präsentiert sich der Moscato d'Asti Su Reimond '13 mit Salbei- und Harzaroma in einer sehr feinen und vielschichtigen Nase und mit viel Frucht und einem langen, von Säure dominierten Finale im Gaumen unter den besten seiner Weinart. Von guter Spannung und gut gemacht der Barbaresco '10 und der Barbaresco Riserva '09, während sowohl der vollmundigere Barbera d'Alba Superiore La Lena '11 als auch der frischere Barbera d'Asti Superiore '11 die klassischen Unterholz- und Schwarzfruchtnoten zum Ausdruck bringen.

● Barbaresco Ris. '09	🍷🍷 5
○ Moscato d'Asti Su Reimond '13	🍷🍷 2*
● Barbaresco '10	🍷🍷 5
● Barbera d'Alba Sup. La Lena '11	🍷🍷 3
● Barbera d'Asti Sup. '11	🍷🍷 2*
○ Asti '13	🍷 2
● Barbaresco '07	🍷🍷 5
● Barbera d'Asti Sup. '09	🍷🍷 2*
○ Moscato d'Asti Su Reimond '12	🍷🍷 2*
○ Moscato d'Asti Su Reimond '11	🍷🍷 2*
○ Moscato d'Asti Su Reimond '09	🍷🍷 2*

PIEMONT

Cinzia Bergaglio
VIA GAVI, 29
15060 TASSAROLO [AL]
TEL. +39 01433422203
www.vinicinziabergaglio.it

DIREKTVERKAUF
BESUCH NACH VORANMELDUNG
JAHRESPRODUKTION 30.000 Flaschen
REBFLÄCHE 9 Hektar

Cinzia Bergaglio kümmert sich mit außerordentlicher Entschlossenheit um ein beinahe 5 ha großes Rebvermögen, das zur Gänze der Cortese verschrieben ist. Der Pulein ist der Metodo Classico, während zwei andere Etiketten zu stillen und trockenen Versionen berufen sind. Der nach einer kurzen Kaltmazeration im Stahl ausgebaute Grifone delle Roveri wird auf den Gavi-Hügeln erzeugt. Der langsam, ohne Schalen gegärte La Fornace hingegen kommt aus der tuff- und eisenhaltigeren Zone von Tassarolo. Wenn auch stilistisch und gebietlich unterschiedlich, teilen die beiden Lagenweine denselben frischen und delikaten Akzent. Die innerbetriebliche Herausforderung zwischen den zwei Gavis 2013 gewinnt der La Fornace: Er geht auf frische Birnen- und Grasempfindungen auf, ist glyzerinhaltiger und alkoholischer am Gaumen, ohne an Dynamismus und Spannung einzubüßen. Reifer und würziger, jedoch gut gestützt im Gefüge der Grifone delle Roveri.

○ Gavi La Fornace '13	🍷🍷 2*
○ Gavi del Comune di Gavi Grifone delle Roveri '13	🍷🍷 2*
○ Gavi del Comune di Gavi Grifone delle Roveri '12	🍷🍷 2*
○ Gavi del Comune di Gavi Grifone delle Roveri '11	🍷🍷 2*
○ Gavi del Comune di Gavi Grifone delle Roveri '09	🍷🍷 2*
○ Gavi del Comune di Gavi Grifone delle Roveri '08	🍷🍷 2*
○ Gavi La Fornace '12	🍷🍷 2*
○ Gavi La Fornace '10	🍷🍷 2*
○ Gavi La Fornace '09	🍷🍷 2*
○ Gavi La Fornace '08	🍷🍷 2*

Nicola Bergaglio
FRAZ. ROVERETO
LOC. PEDAGGERI, 59
15066 GAVI [AL]
TEL. +39 0143682195
nicolabergaglio@alice.it

DIREKTVERKAUF
BESUCH NACH VORANMELDUNG
JAHRESPRODUKTION 140.000 Flaschen
REBFLÄCHE 17 Hektar

Sollte noch jemand Zweifel an der potenzialen Langlebigkeit des Cortese di Gavi hegen, wende er sich an die Familie Bergaglio, deren alten Jahrgangsweine sicher auch die Skeptischsten überzeugen werden. In der essentiellen Palette des Betriebs kommt die Rolle des alterungsfähigen Weißen vor allem dem Minaia zu, eine in Stahl ausgebaute Selektion vom Hügel Rovereto, zweifelsohne eine der besten Unterzonen der Denomination. Es sind sich langsam entwickelnde Weine, bisweilen sehr verschlossen und vertikal in der Jugend, aber in der Perspektive sicher vertrauenswürdig. Die von Gianluigi Bergaglio und Sohn Diego sehr gepflegte, kleine Palette umfasst auch einen in Stahl ausgebauten Gavi di Gavi „base". Dieses neu hinzugekommene Etikett lässt sofort auf den schönen Jahrgang für die Gavis von Nicola Bergaglio schließen: Integrität, Struktur und Würze in einem Wein der in Perspektive zu sehen ist. Verstärkte Empfindungen im Minaia '13 mit bemerkenswerter balsamischer Frische und kohärenter mineralischer Kraft.

○ Gavi del Comune di Gavi '13	🍷🍷 2*
○ Gavi del Comune di Gavi Minaia '13	🍷🍷 4
○ Gavi del Comune di Gavi Minaia '11	🍷🍷🍷 4*
○ Gavi del Comune di Gavi Minaia '10	🍷🍷🍷 4
○ Gavi del Comune di Gavi Minaia '09	🍷🍷🍷 4
○ Gavi del Comune di Gavi Minaia '12	🍷🍷 3*

Tre Bicchieri
2015

LAGREIN RISERVA TABER 2012
CANTINA BOLZANO

PALAZZO LANA
FRANCIACORTA SATÈN 2006
GUIDO BERLUCCHI

AMARONE CLASSICO 2010
ALLEGRINI

SOAVE MONTE CARBONARE 2012
SUAVIA

CONCERTO LAMBRUSCO REGGIANO SEC.
MEDICI ERMETE

BRUNELLO DI MONTALCINO 2009
BIONDI SANTI TENUTA IL GREPPO

SONDRAIA BOLGHERI SUPERIORE 2012
POGGIO AL TESORO

MONTIANO LAZIO 2012
FALESCO

MONTEFALCO SAGRANTINO 25 ANNI 2010
ARNALDO CAPRAI

PODIUM VERDICCHIO CL. SUPERIORE 2012
GAROFOLI

C'INCANTA TREBBIANO D'ABRUZZO 2011
CANTINA TOLLO

DOM LUIGI MOLISE RISERVA 2011
DI MAJO NORANTE

BOLONERO CASTEL DEL MONTE 2012
TORREVENTO

MAGNO MEGONIO ROSSO 2012
LIBRANDI

BEN RYÉ PASSITO 2011
DONNAFUGATA

BARRILE ISOLA DEI NURAGHI 2011
CONTINI

Bezugsquellen nennt:

GES Sorrentino GmbH & Co. KG

Annenheider Allee 97
27751 Delmenhorst
Tel. +49 4221 916450 | Fax. +49 4221 9164543

info@ges-sorrentino.de
www.ges-sorrentino.de

Ein Essen ohne Wein ist wie ein Tag ohne SmartphoneS

...S und der App Vini d'Italia
von **Gambero Rosso**

www.gamberorosso.it/appvini

Azienda Agricola
Roberto Ferraris

Fraz. Dogliano, 33 - 14041 Agliano Terme
Asti - Piemonte - Italy
Tel./Fax 0141 95.42.34
www.robertoferraris.com
e-mail: az.ferraris@virgilio.it

PIEMONT

Bersano

P.zza Dante, 21
14049 Nizza Monferrato [AT]
Tel. +39 0141720211
www.bersano.it

DIREKTVERKAUF
BESUCH NACH VORANMELDUNG
JAHRESPRODUKTION 1.800.000 Flaschen
REBFLÄCHE 230 Hektar

Die Anwesen des Betriebs Bersano liegen hauptsächlich im Asti- und Monferrato-Gebiet, ohne das Gutshaus Badarina in Serralunga d'Alba zu vergessen. Der Betrieb bietet hauptsächlich auf Basis autochthoner Rebsorten technisch gut gemachte Weine, die es verstehen, Quantität und Qualität zu vereinen, wobei einige Selektionen auch eine bemerkenswerte gebietliche Berufung zum Ausdruck bringen. Die Etikettenpalette ist sehr breit und umfasst dank aus verschiedenen, prestigevollen piemontesischen Gebieten zugekauften Trauben auch Metodo Classicos aus Pinot Nero und Chardonnay. Eine schöne Bestätigung für Bersano, angefangen bei den Barberas d'Asti Superiore, dem Nizza Generala '11, fruchtig und mit der für die Rebsorte typischen Saure und dem vielschichtigen und eleganten Cremosina '12 mit Rotbeer-, Tabak- und Erdtönen, lang und würzig. Ebenfalls erwähnenswert der cremige Arturo Bersano Brut Metodo Classico '10 mit Hefe-, Zitrusfrucht- und Weißfruchtaromen und der Barolo Nirvasco '10, gespannt und mit guter Fruchtigkeit.

● Barbera d'Asti Sup. Cremosina '12	♛♛ 3*
● Barbera d'Asti Sup. Nizza Generala '11	♛♛ 5
○ Arturo Bersano Brut M. Cl. '10	♛♛♛ 4
● Barbera d'Asti Costalunga '13	♛♛ 2*
● Barolo Badarina '09	♛♛ 7
● Barolo Nirvasco '10	♛♛ 6
⊙ Arturosè Brut Rosé M. Cl.	♛ 4
○ Gavi del Comune di Gavi '13	♛ 3
○ Moscato d'Asti Monteolivo '13	♛ 3
● Ruché di Castagnole Monferrato S. Pietro '13	♛ 3
● Barolo Badarina '08	♛♛ 6
● Barolo Nirvasco '09	♛♛ 6
● Barolo Ris. '07	♛♛ 7

Guido Berta

Loc. Saline, 53
14050 San Marzano Oliveto [AT]
Tel. +39 0141856193
www.guidoberta.com

DIREKTVERKAUF
BESUCH NACH VORANMELDUNG
JAHRESPRODUKTION 25.000 Flaschen
REBFLÄCHE 10 Hektar

Guido Berta ist ein kleiner Betrieb mit hauptsächlich in San Marzano Oliveto liegenden und größtenteils mit Barbera bestockten Weinbergen (zu dieser gesellen sich in kleineren Anteilen Moscato, Chardonnay und Nebbiolo). Die Böden sind kalk- und tonhaltig und mit von 25 bis über 50 Jahre alten Rebstöcken bepflanzt. Die erzeugten Weine zeichnen sich zwar einerseits durch eine moderne und persönliche Einstellung aus, versuchen jedoch auch eine gebietsauthentische Interpretation zu bieten. Eine gute Gesamtleistung der Weine von Guido Berta, angefangen beim Barbera d'Asti Superiore Nizza Canto di Luna '11 mit Rotfrucht- und Feuchterdearomen, noch ein wenig vom Holz verdeckt, aber von großer Extraktion und Kompaktheit. Der Barbera d'Asti Superiore '12 präsentiert würzigere Töne mit Schwarzfruchtnoten und einem fruchtigen, aber vom Tanningefüge her einfachen Gaumen, während der Moscato d'Asti '13 mit reifen Weißfruchtnoten säuregestützt, vielschichtig und gleichzeitig angenehm ist.

● Barbera d'Asti Sup. '12	♛♛ 4
● Barbera d'Asti Sup. Nizza Canto di Luna '11	♛♛ 5
○ Moscato d'Asti '13	♛♛ 3
● Barbera d'Asti Le Rondini '13	♛ 3
● Barbera d'Asti Sup. '11	♛♛ 4
● Barbera d'Asti Sup. '09	♛♛ 4
● Barbera d'Asti Sup. '08	♛♛ 3
● Barbera d'Asti Sup. Nizza Canto di Luna '10	♛♛ 5
● Barbera d'Asti Sup. Nizza Canto di Luna '09	♛♛ 5
● Barbera d'Asti Sup. Nizza Canto di Luna '08	♛♛ 4
● Barbera d'Asti Sup. Nizza Canto di Luna '07	♛♛ 4

PIEMONT

Enzo Boglietti
VIA FONTANE, 18A
12064 LA MORRA [CN]
TEL. +39 017350330
www.enzoboglietti.com

DIREKTVERKAUF
BESUCH NACH VORANMELDUNG
UNTERKUNFT
JAHRESPRODUKTION 100.000 Flaschen
REBFLÄCHE 22,5 Hektar

Enzo Boglietti, ein Innovator von der Pflanzendichte je Hektar bis zur Wahl französischer Hölzer für den Ausbau, bietet, ohne auf Moden zu achten, unbeirrt auch weiterhin einen Barolo an, der in den ersten Jahren in der Flasche noch ein wenig von der Holzwürze gezeichnet ist und erst nach einer Ruhezeit im Keller das Beste von sich gibt. Wir empfehlen den Liebhabern daher, es nicht eilig zu haben, denn die Geduldigen werden Grund zur Befriedigung haben. Der Großteil der Etiketten kommt aus den sehr guten Lagen in La Morra, ebenso erlesen sind jedoch auch die wenigen tausenden Flaschen Barolo des Weinbergs Arione di Serralunga d'Alba. Zwischenprobe für die im Durchschnitt sehr guten Weine des Hauses Boglietti, welche sich schwer tun, die richtige aussagekräftige Definition zu finden. Der solide und typische Barolo Fossati 2010 wird sich noch mit einem weiteren Flaschenausbau sicher gut entwickeln. Überschwänglich, fleischig und vollmundig der Barbera d'Alba Vigna dei Romani 2010. Vielversprechend der Langhe Buio 2011, seit langem einer der interessantesten Langhe Rosso.

● Barolo Brunate '10	8
● Barolo Case Nere '10	8
● Barolo Fossati '10	8
● Barbera d'Alba '12	3
● Barbera d'Alba Roscaleto '11	5
● Barbera d'Alba V. dei Romani '10	6
● Barolo Arione '10	8
● Barolo Boiolo '10	6
● Langhe Buio '11	5
● Langhe Nebbiolo '12	3
● Barolo Arione '06	8
● Barolo Arione '05	8
● Barolo V. Arione '07	8

Bondi - Cascina Banaia
S.DA CAPPELLETTE, 73
15076 OVADA [AL]
TEL. +39 0131299186
www.bondivini.it

DIREKTVERKAUF
BESUCH NACH VORANMELDUNG
JAHRESPRODUKTION 20.000 Flaschen
REBFLÄCHE 5 Hektar

Der Familienbetrieb Bondi ist seit 2000 aktiv und nimmt einen wichtigen Platz im lokalen Winzerpanorama ein. Das Gebiet um Ovada ist in den letzten Jahren gerade durch Betriebe wie diesem, die sich ausschließlich der Qualität verschrieben haben, qualitativ exponentiell gewachsen. Hier, am Colle della Banaia, im Zentrum der Terre-Bianche des Dolcetto di Ovada, werden nur Rotweine aus Barbera und Dolcetto realisiert. Im Weinkeller tragen modernste Ausrüstungen dazu bei, organoleptisch nur das Beste aus den stark gebietsspezifischen Weinen herauszuholen. Die Bondis haben uns schon seit langem an die Präsenz von Finalweinen unter ihren Produkten gewöhnt. Dieses Jahr heißt uns der Dolcetto di Ovada D'Uien willkommen. Von beinahe undurchsichtiger, sehr intensiver Farbe präsentiert er sich mit Schwarzbeer- und Kakaoaromen, die in einer noch jungen, aber kraftvollen, sehr persistenten Geschmacksphase zusammentreffen. Ihm folgt der Nani, ebenfalls ein Dolcetto di Ovada, aber an frischere und jugendlichere Noten gebunden und trinkreifer als der D'Uien.

● Nani	3*
● Ovada D'Uien '11	4
● Banaiotta	4
● Barbera del M.to Banaiotta '10	2*
● Dolcetto di Ovada Nani '11	2*
● Dolcetto di Ovada Nani '09	2*
● M.to Barbera Banaiotta '09	4
● M.to Barbera Ruvrin Sup. '07	4
● Ovada D'Uien '09	3

PIEMONT

Bongiovanni

LOC. UCCELLACCIO
VIA ALBA BAROLO, 3
12060 CASTIGLIONE FALLETTO [CN]
TEL. +39 0173262184
www.cascinabongiovanni.it

DIREKTVERKAUF
BESUCH NACH VORANMELDUNG
JAHRESPRODUKTION 40.000 Flaschen
REBFLÄCHE 7 Hektar

Davide Mozzone ist ein wahrer Weinkünstler, der sich auch dank seiner Weinbaustudien sowohl um den Keller als auch den Weinberg persönlich kümmert. Im Betrieb keine Gedankensprünge, keine abstrusen Technologien, keine Superberater, sondern nur zweckmäßige Ausstattungen und größte Aufmerksamkeit für alle Details im langen Übergang von Trauben in Wein. Die angebauten Trauben sind beinahe nur rot und umfassen Nebbiolo, Barbera und Dolcetto, mit einem kleinen Zugeständnis an die weiße Arneis. Der Barolo Pernanno 2010 zeichnet sich durch eine solide Struktur mit mächtigen Gerbstoffen aus, die, wie bei früheren Versionen dieses Lageweins, noch mehr Ruhe bedürfen, um das Beste ihres Potenzials zum Ausdruck bringen zu können. Gute, saftige und einladende Trinkbarkeit für den Langhe Rosso Faletto 2012. Etwas einfach, aber korrekt im Geschmacksprofil der Barolo 2010.

- Barolo Pernanno '10 — 6
- Barolo '10 — 5
- Dolcetto di Diano d'Alba '13 — 2*
- Langhe Rosso Faletto '12 — 4
- Barbera d'Alba '12 — 3
- Dolcetto d'Alba '13 — 2
- ○ Langhe Arneis '13 — 2
- Barolo Pernanno '01 — 6
- Barolo '07 — 5
- Barolo '06 — 5*
- Barolo Pernanno '05 — 6

Borgo Maragliano

VIA SAN SEBASTIANO, 2
14051 LOAZZOLO [AT]
TEL. +39 014487132
www.borgomaragliano.com

DIREKTVERKAUF
BESUCH NACH VORANMELDUNG
JAHRESPRODUKTION 310.000 Flaschen
REBFLÄCHE 25 Hektar

Die Familie Galliano kultiviert schon seit Mitte des 19. Jh. den Weinberg in Loazzolo im Langa Asti-Gebiet an der Grenze zum Val Bormida. Der Betrieb liegt in 450 m Höhe in einer mergel- und sandsteinreichen Zone, die vom Marin, dem vom Ligurischen Meer kommenden Wind, gekühlt wird. Die Bezugstraube ist die klassische, in verschiedene Versionen abgewandelte Moscato di Canelli, der der Loazzolo entspringt, dazu gesellen sich Chardonnay und Pinot Nero für stille Weine und Spumantes, hauptsächlich Metodo Classico, und die in Bistagno im Alessandria-Gebiet angebaute Brachetto. Die angebotenen Produkte sind vielschichtig, fein und aromareich. Dieses Jahr hat uns der elegante und vielschichtige Loazzolo Tardiva '10 fasziniert, mit kandierten Zitronentönen und einem großartig strukturierten Gaumen, Säure und Süße ausgewogen, langes und aristokratisches Finale. Ebenfalls erwähnenswert der El Caliè '13 mit Salbei- und Cedrattönen, süß, aber nicht widerlich, und der Giuseppe Galliano Brut Metodo Classico '10, frisch und harmonisch.

- ○ Loazzolo V. T. '10 — 5
- ○ El Calié '13 — 2*
- ○ Giovanni Galliano Brut Rosé M. Cl. '10 — 4
- ○ Giuseppe Galliano Brut M. Cl. '10 — 4
- ○ Chardonnay Brut — 2
- ○ Francesco Galliano Blanc de Blancs M. Cl. '11 — 4
- ○ Moscato d'Asti La Caliera '13 — 2
- ○ Piemonte Chardonnay Crevoglio '13 — 2
- ○ Giuseppe Galliano Ris. Brut M. Cl. '01 — 4*
- ○ Giuseppe Galliano Brut M. Cl. '09 — 4
- ○ Giuseppe Galliano Ris. Brut M. Cl. '06 — 5

PIEMONT

Giacomo Borgogno & Figli
VIA GIOBERTI, 1
12060 BAROLO [CN]
TEL. +39 017356108
www.borgogno.com

DIREKTVERKAUF
BESUCH NACH VORANMELDUNG
JAHRESPRODUKTION 110.000 Flaschen
REBFLÄCHE 16 Hektar

Es ist einfach unmöglich, die über hundertjährige Geschichte der Marke Borgogno in wenigen Zeilen zusammenfassen. Sie wurde 2008 von Familie Farinetti erworben und zum Symbol des Abenteuers von „Mister Eataly" in der Welt des Weins. In der vielfältigen Palette finden sich neben den klassischen Etiketten in der Tat Experimente und wahre Provokationen (No Name, Le Teorie, I Colori del Barolo, Resistenza): eine doppelte Schiene, die sich auch im stilistischen, nicht zu traditionellen Stil zeigt. Grundlage von allem sind 16 Hektar eigene Rebflächen in Orten wie Cannubi, Cannubi San Lorenzo, Fossati, Liste, San Pietro delle Viole, wobei über die Hälfte der Nebbiolo gewidmet sind. Der Barolo Cannubi 2009 entpuppt sich rein und vielschichtig mit einem Trockenblumenbukett und Gewürz- und Mentholtönen; im Mund prägnante, nicht aufdringliche Gerbstoffe, lang und befriedigend im Abgang. Reine Aromen und noch etwas prägnante Gerbstoffe im guten Barolo Fossati 2009. Noch in Konsolidierungsphase der besserungsfähige Barolo Riserva 2007.

● Barolo Cannubi '09	🍷🍷 8
● Barolo Fossati '09	🍷🍷 8
● Barolo Liste '09	🍷🍷 7
● Barbera d'Alba '12	🍷🍷 3
● Barolo '09	🍷🍷 7
● Barolo Ris. '07	🍷🍷 8
● Langhe Freisa '12	🍷🍷 3
● Langhe Nebbiolo '12	🍷🍷 5
● Dolcetto d'Alba '13	🍷 3
○ Langhe Bianco Era Ora '12	🍷 5
● Barolo Liste '08	🍷🍷🍷 8
● Barolo Liste '07	🍷🍷🍷 7
● Barolo Liste '05	🍷🍷🍷 7
● Barolo V. Liste '06	🍷🍷🍷 7

Francesco Boschis
FRAZ. SAN MARTINO DI PIANEZZO, 57
12063 DOGLIANI [CN]
TEL. +39 017370574
www.marcdegrazia.com

DIREKTVERKAUF
BESUCH NACH VORANMELDUNG
JAHRESPRODUKTION 40.000 Flaschen
REBFLÄCHE 11 Hektar

Nicht nur umweltfreundlich, sondern, und das ist mittlerweile eine Rarität im Langa-Gebiet, eine Winzerfamilie, die nicht nur Wein anbaut, sondern auch ein paar Kälber züchtet und uns stolz ihre Bienenstöcke zeigt. Also keine Chemie auf der Traube und selbst erzeugter Dünger. Den Weinen bekommt diese handwerkliche Einstellung. Sie sind hauptsächlich aus Dolcetto, der 4 verschiedene Etiketten Dogliani Docg entspringen. Die zur Gänze korrekte Palette wird von kleinen mit anderen Rebsorten hergestellten Partien abgerundet, darunter ein schmackhafter und frischer Langhe Sauvignon. Exzellenter Dolcetto, aber nicht nur. Das könnte in Kürze die Weinerzeugung des Betriebs beschreiben, der auch in diesem Jahr positive und überzeugende Empfindungen vermittelt. Der Dogliani Sorì San Martino 2012 ist ohne Übertreibungen saftig trinkreif, dicht und fleischig. Auch wenn er uns wie immer positiv überrascht, ist der Langhe Sauvignon Vigna dei Garisin 2013 im Vergleich zu anderen Jahrgängen etwas weniger spritzig und definiert.

● Dogliani Sup. Sorì San Martino '12	🍷🍷 3*
● Dogliani Pianezzo '13	🍷🍷 2*
● Dogliani Sup. V. dei Prey '12	🍷🍷 3
○ Langhe Sauvignon V. dei Garisin '13	🍷🍷 3
● Dogliani Sup. V. del Ciliegio '11	🍷 3
● Langhe Rosso nei Sorì '11	🍷 4
● Dogliani Pianezzo '12	🍷🍷 2*
● Dogliani Sorì San Martino '10	🍷🍷 2*
● Dogliani Sup. Sorì San Martino '11	🍷🍷 3
● Dogliani Sup. V. dei Prey '11	🍷🍷 3*
● Langhe Rosso nei Sorì '10	🍷🍷 4
○ Langhe Sauvignon V. dei Garisin '12	🍷🍷 3*

PIEMONT

Agostino Bosco
VIA FONTANE, 24
12064 LA MORRA [CN]
TEL. +39 0173509466
www.barolobosco.com

DIREKTVERKAUF
BESUCH NACH VORANMELDUNG
JAHRESPRODUKTION 22.000 Flaschen
REBFLÄCHE 5 Hektar

Dieser, seit 35 Jahren tätige, kleine Betrieb in La Morra setzt sich immer mehr für gute Qualität ein und die Ergebnisse sind immer interessanter. Agostino, Frau Carla und Sohn Andrea, mit Schulabschluss an der Weinbauschule von Alba, widmen sich ausschließlich der klassischsten Rottraubenproduktion der Zone: allen voran Nebbiolo und dann Barbera und Dolcetto. Hieraus entstehen 5 Etiketten, angefangen bei den überzeugend reinen und essentiellen Barolos La Serra und Neirane, die nicht mit der Fruchtkonzentration überzeugen sollen, sondern mit sehr guter Trinkbarkeit. Unsere Verkostungen bestätigen das über diesen Winzer jüngst geschriebene Gute. Eine lobenswerte Durchschnittsqualität und präzise Stildiversität für alle vorgestellten Weine. Der Barolo Neirane 2010 mit Tabak-, Veilchen- und Erdnoten zeigt sich überschwänglich und vibrierend trinkreif. Der Dolcetto d'Alba Vantrin 2013, typisch und saftig, ist wahrhaft angenehm und befriedigend zu trinken.

● Barolo Neirane '10	🍷🍷 5
● Barolo La Serra '10	🍷🍷 6
● Dolcetto d'Alba Vantrin '13	🍷🍷 2*
● Langhe Nebbiolo Rurem '12	🍷🍷 3
● Barolo La Serra '09	🍷🍷 6
● Barolo Neirane '09	🍷🍷 5
● Barolo Neirane '08	🍷🍷 5

Luigi Boveri
LOC. MONTALE CELLI
VIA XX SETTEMBRE, 6
15050 COSTA VESCOVATO [AL]
TEL. +39 0131838165
www.boveriluigi.com

DIREKTVERKAUF
BESUCH NACH VORANMELDUNG
JAHRESPRODUKTION 80.000 Flaschen
REBFLÄCHE 15 Hektar

In einem sehr fragmentierten Weinbaupanorama wie es das der Provinz Alessandria ist, mit einer großen Anzahl kleiner Betriebe können wir den Betrieb Luigis schon fast als mittelgroß betrachten. Mit Familienführung, was bedeutet, sich von der letzten Traube bis zum Traktor, von der Grafik der Internetsite bis zur Bürokratie um alles zu kümmern: Und ist das alles gemacht, bleiben dir nur noch fünfzehn Hektar Weinberg zu bearbeiten und ein Keller mit ca. zehn Weinen zu verwalten. Leidenschaft oder Wahnsinn? Die Antwort ist hier zu lesen, eine umwerfende Weinauswahl. Mit einem Timorasso und einem Barbera, um zu zeigen, dass man es auch mit den Roten versteht. Der Filari di Timorasso empfängt uns mit einem außerordentlichen Bukett an Kohlenwasserstoff- und Safranaromen auf Weißfruchtnoten und leitet einen harmonischen Gaumen ein, der in ein erstklassiges Finale übergeht. Der Poggio delle Amarene ist seit Langem einer der beliebtesten Barberas im Tortona-Gebiet und heute endlich eine Anerkennung für einen großen, nicht in Holz ausgebauten Klassiker.

● Colli Tortonesi Barbera Poggio delle Amarene '12	🍷🍷 4
○ Colli Tortonesi Timorasso Filari di Timorasso '11	🍷🍷 5
● Colli Tortonesi Barbera Boccanera '13	🍷🍷 2*
● Colli Tortonesi Barbera Vignalunga '11	🍷🍷 5
○ Colli Tortonesi Cortese Terre del Prete '13	🍷🍷 2*
○ Colli Tortonesi Timorasso Derthona '12	🍷🍷 4
○ Ramasco	🍷 2
● Colli Tortonesi Croatina Sensazioni '11	🍷 4
○ Colli Tortonesi Timorasso Derthona '11	🍷🍷🍷 4*
○ Colli Tortonesi Timorasso Filari di Timorasso '07	🍷🍷🍷 3
● Colli Tortonesi Barbera Poggio delle Amarene '10	🍷🍷 3*
● Colli Tortonesi Barbera Vignalunga '10	🍷🍷 5
○ Colli Tortonesi Timorasso Derthona '10	🍷🍷 3*

PIEMONT

Gianfranco Bovio
FRAZ. ANNUNZIATA
B.TA CIOTTO, 63
12064 LA MORRA [CN]
TEL. +39 017350667
www.boviogianfranco.com

DIREKTVERKAUF
BESUCH NACH VORANMELDUNG
JAHRESPRODUKTION 75.000 Flaschen
REBFLÄCHE 10 Hektar

Gianfranco Bovio ist der lebendige Beweis dafür, wie eine Leidenschaft ein gelungener Beruf werden kann. Er ist verliebt in die Langhe und ihre Landwirtschaftsprodukte, hat jahrzehntelang zuerst in seinem großen Restaurant Belvedere und heute im Lokal, das seinen Namen trägt, Scharen an Feinschmeckern befriedigt. Gianfranco wollte aber auch die Exzellenz im Wein erreichen und eröffnete vor 40 Jahren einen Keller mit kaum 3 Hektar Rebfläche. Mittlerweile sind es 20, in den Gemeinden La Morra und Castiglione Falletto. Nur rote Trauben für diese Weine, angeführt von 3 Barolo-Selektionen mit tröstlicher Kontinuität. Und wieder bringen wir unsere Wertschätzung für die sich abhebende Persönlichkeit der Weine dieses Betriebs zum Ausdruck, und auch wenn die höchste Anerkennung nicht erreicht wurde, unterstreichen wir die exzellente Leistung der drei verkosteten Etiketten. Kina, Heilkräuter und süßer Tabak, begleitet von leichten Mentholnuancen im Barolo Rocchettevino 2010, seidige Gerbstoffe, erfrischend saftige und würzige Trinkreife hingegen im Barolo Arborina 2010.

● Barolo Arborina '10	♀♀ 6
● Barolo Rocchettevino '10	♀♀ 5
● Barolo Gattera '10	♀♀ 6
● Barolo Bricco Parussi Ris. '01	♀♀♀ 6
● Barolo Rocchettevino '06	♀♀♀ 5*
● Barolo V. Arborina '90	♀♀♀ 6
● Barolo Arborina '07	♀♀ 6
● Barolo Bricco Parussi Ris. '04	♀♀ 7
● Barolo Rocchettevino '09	♀♀ 5
● Barolo Rocchettevino '07	♀♀ 5*

★Braida
S.DA PROVINCIALE, 9
14030 ROCCHETTA TANARO [AT]
TEL. +39 0141644113
www.braida.it

DIREKTVERKAUF
BESUCH NACH VORANMELDUNG
UNTERKUNFT UND GASTRONOMIE
JAHRESPRODUKTION 600.000 Flaschen
REBFLÄCHE 53 Hektar

Raffaella und Giuseppe, die dritte Generation der Familie Bologna, leiten mit sicherer Hand diesen Symbolbetrieb und sind Beispiel für das großartige Potential der Barbera. Die eigenen Weinberge liegen in verschiedenen Gemeinden, von Rocchetta Tanaro (von wo die Barbera für die Lagenweine kommt) bis Costigliole d'Asti, von Castelnuovo Calcea bis Mango (wo Moscato angebaut wird) bis Trezzo Tinella (wo die Weißweine der Linie Serra dei Fiori ihren Ursprung haben). Die prestigevollsten Barbera-Etiketten werden jedoch im Hinblick auf Wuchtigkeit, Vielschichtigkeit und Tiefe als der vollkommenste Ausdruck der modernen Interpretation dieser Rebsorte angesehen. Der Barbera d'Asti Superiore Bricco dell'Uccellone '12 kehrt zu den Drei Gläsern zurück. Vielschichtig, fein, mit Schwarzfrucht- und Gewürznoten, tief, üppig, von großartigem Charakter im langen, frischen und satten Finale. Herrlich auch der Ai Suma '12 mit typischen Feuchterde- und Frischfruchttönen und der reifere und vollmundigere Montebruna '12. Brillant wie immer der Rest der Produktion.

● Barbera d'Asti Bricco dell'Uccellone '12	♀♀♀ 7
● Barbera d'Asti Ai Suma '12	♀♀ 7
● Barbera d'Asti Montebruna '12	♀♀ 3*
● Grignolino d'Asti '13	♀♀ 2*
○ Langhe Bianco Il Fiore '13	♀♀ 3
○ Langhe Nascetta La Regina '13	♀♀ 3
○ Langhe Riesling Re di Fiori '13	♀♀ 3
● M.to Rosso Il Bacialé '12	♀♀ 3
○ Moscato d'Asti V. Senza Nome '13	♀♀ 3
● Barbera d'Asti Bricco dell'Uccellone '09	♀♀♀ 6
● Barbera d'Asti Bricco della Bigotta '07	♀♀♀ 6
● Barbera d'Asti Bricco della Bigotta '06	♀♀♀ 6
● Barbera d'Asti Montebruna '11	♀♀♀ 3*

PIEMONT

Brandini
FRAZ. BRANDINI, 16
12064 LA MORRA [CN]
TEL. +39 017350266
www.agricolabrandini.it

DIREKTVERKAUF
BESUCH NACH VORANMELDUNG
JAHRESPRODUKTION 80.000 Flaschen
REBFLÄCHE 14 Hektar
WEINBAU Biologisch anerkannt

Der Landwirtschaftsbetrieb Brandini setzt seinen Weg unbeirrt fort. Mit der Fertigstellung der Renovierung des herrlichen Gutshauses materialisiert sich eine Langa-Realität, die sich in erster Linie mit qualitativ hochwertigem und umweltfreundlichem Weinbau auseinandersetzt und daneben ein ebenso wertvolles Beherbergungs- und Gaststättengewerbe betreibt. Ein wahrer kleiner Wohlfühlpool auf einem Hügel, von dem ein herrlicher und nur schwer zu vergessender Ausblick zu genießen ist. Alle angebotenen Etiketten zeigen sich gut definiert und zuverlässig. Der Barolo Resa 56 2010 ist unter den verliehenen höchsten Anerkennungen eine der überzeugendsten Überraschungen dieser Ausgabe des Führers. Es ist ein unauffälliger, wesentlicher, delikater und raffinierter Barolo, wie es nur große Nebbiolos sein können. Komplementär und ebenso interessant der Barolo 2010, würzig mit Eukalyptus- und Kinanuancen. Eine weitere kuriose und gelungene Neuheit ist der Langhe Bianco Le Coccinelle 2013, auf Arneis-Basis.

● Barolo Resa 56 '10	🍷🍷🍷 7
● Barolo '10	🍷🍷 5
● Dolcetto d'Alba Filari Lunghi '13	🍷🍷 3
○ Langhe Bianco Le Coccinelle '13	🍷🍷 4
● Langhe Nebbiolo Filari Corti '12	🍷🍷 3
● Barbera d'Alba Sup. Rocche del Santo '10	🍷 3*
● Barolo Brandini '09	🍷 6
● Barolo Brandini '08	🍷 6

Brangero
VIA PROVINCIALE, 26
12055 DIANO D'ALBA [CN]
TEL. +39 017369423
www.brangero.com

BESUCH NACH VORANMELDUNG
JAHRESPRODUKTION 50.000 Flaschen
REBFLÄCHE 9 Hektar

Dieser lebhafte und wandlungsfähige Betrieb wird seit 1999 von Marco Brangero geführt und ist zielstrebig darauf bedacht, bedeutsame Ergebnisse zu erzielen. Bei den Rebsorten handelt es sich mit minimalen Zugeständnissen an die internationalen um die gebietstypischen, also Dolcetto, Barbera, Nebbiolo und Arneis. Der Barolo kommt von der prestigevollen Lage Monvigliero di La Morra, während die anderen Weine den den Keller umgebenden Weinbergen von Diano entspringen. Gute Behauptung der verkosteten Weinauswahl mit dem Barolo Monvigliero 2010, der, wie es diese schöne Lage von Verduno will, mehr mit seiner Eleganz überzeugt, als mit seiner Tanninkraft. Ebenso fein der Verschnitt Langhe Rosso Tre Marzo, hauptsächlich auf Nebbiolo-Basis. Alles andere ist einfach der Arneis mit schönem Fruchtfleisch, das eine konsistente Trinkbarkeit verleiht. Ebenfalls von gutem Niveau der Dolcetto von Diano Sorirabinosoprano und der Barbera d'Alba La Soprana.

● Barbera d'Alba La Soprana '11	🍷🍷 3
● Barolo Monvigliero '10	🍷🍷 6
● Dolcetto di Diano d'Alba Sörì Rabino Soprano '13	🍷🍷 2*
○ Langhe Arneis Centofile '13	🍷🍷 3
● Langhe Rosso Tremarzo '11	🍷🍷 4
● Nebbiolo d'Alba Bricco Bertone '11	🍷 4
● Barolo Monvigliero '09	🍷 6
● Dolcetto di Diano d'Alba Sörì Rabino Soprano '12	🍷 2*
● Dolcetto di Diano d'Alba Sörì Rabino Soprano '11	🍷 2*
● Langhe TreMarzo '10	🍷 4
● Nebbiolo d'Alba Bricco Bertone '10	🍷 4

PIEMONT

Brema
VIA POZZOMAGNA, 9
14050 INCISA SCAPACCINO [AT]
TEL. +39 014174019
vinibrema@inwind.it

DIREKTVERKAUF
BESUCH NACH VORANMELDUNG
JAHRESPRODUKTION 150.000 Flaschen
REBFLÄCHE 25 Hektar

Seit mehreren Jahrzehnten ist der Winzerbetrieb der Familie Brema einer der Bezugsnamen für die Produktion des Barbera d'Asti. Die Weinberge liegen in verschiedenen Gemeinden des Asti-Gebiets - Incisa Scapaccino, Nizza Monferrato, Mombaruzzo und Fontanile d'Asti – wo neben der Barbera auch andere Rebsorten anzutreffen sind (Dolcetto, Grignolino, Brachetto, Moscato und Cabernet Sauvignon). Die angebotenen Weine haben einen traditionellen Stil und sind sehr eigentümlich, einige sind unmittelbarer und angenehm, andere komplexer und alterungsfähig. Wieder im Vordergrund der Barbera d'Asti Superiore Nizza Dedicata a Luigi Veronelli '11 mit beschwipsten Rotfruchtnoten, Schokolade und Kina, gut strukturiertem Gaumen und ausgeprägten Kräuternoten im langen Finale. Gut gemacht auch der Barbera d'Asti Ai Cruss '12, typisch mit seinen Feuchterde- und Kirschtönen, wuchtig und schmackhaft, mit bemerkenswerter Struktur und Länge, etwas streng, aber vielversprechend.

● Barbera d'Asti Sup. Nizza A Luigi Veronelli '11	♟♟ 6
● Barbera d'Asti Ai Cruss '12	♟♟ 2*
● Barbera del M.to Frizzante Castagnei '13	♟♟ 2*
● M.to Rosso Umberto '11	♟ 4
● Barbera d'Asti Ai Cruss '11	♟♟ 2*
● Barbera d'Asti Ai Cruss '10	♟♟ 2*
● Barbera d'Asti Ai Cruss '09	♟♟ 2
● Barbera d'Asti Sup. Bricco della Volpettona '09	♟♟ 5
● Barbera d'Asti Sup. Nizza A Luigi Veronelli '09	♟♟ 6
● Barbera d'Asti Sup. Volpettona '11	♟♟ 5
● Barbera d'Asti Sup. Volpettona '10	♟♟ 5
● Grignolino d'Asti Bricleroche '11	♟♟ 3*
○ Moscato d'Asti Mariasole '12	♟♟ 2*

Giacomo Brezza & Figli
VIA LOMONDO, 4
12060 BAROLO [CN]
TEL. +39 0173560921
www.brezza.it

DIREKTVERKAUF
BESUCH NACH VORANMELDUNG
UNTERKUNFT UND GASTRONOMIE
JAHRESPRODUKTION 80.000 Flaschen
REBFLÄCHE 16,5 Hektar
WEINBAU Biologisch anerkannt

Mit über hundertdreißig Jahren Geschichte ist der Keller der Familie Brezza eine wahre Institution im kleinen Ort Barolo. Im Gasthof und Hotel der Familie verkehren auch weiterhin Liebhaber von klassischen Nebbiolos im edelsten Sinne des Wortes. Die Barolo-Lagenweine sind das Ergebnis langer Mazerationen und eines jahrelangen Ausbaus in mittelgroßen Fässern. Sie haben ihren Ursprung in Cannubi (in dem nach Osten ausgerichteten Teil), in Castellero und in Sarmassa, aus dessen höheren Bereichen die besten Jahrgänge des Bricco Sarmassa kommen. Es sind Weine mit langem Abgang, aber fähig, mit ihrer raren Konstanz auch weniger Geduldige zu befriedigen. Weinauswahl von gutem Niveau ohne ein akutes Solo. So könnte die diesjährige Leistung der Weine von Haus Brezza zusammengefasst werden. Sehr klassischer Aromafächer von Rotbeeren bis Goudron im Barolo Castellero 2010 mit einer entschlossenen und tiefen Trinkreife. Der Barolo Sarmassa 2010 hat noch einige Jugendprobleme, die ein längerer Flaschenausbau sicher lösen wird.

● Barolo Cannubi '10	♟♟ 6
● Barolo Castellero '10	♟♟ 6
● Barolo Sarmassa '10	♟♟ 6
● Barolo '10	♟♟ 5
○ Langhe Chardonnay '13	♟♟ 3
● Nebbiolo d'Alba V. Santa Rosalia '12	♟♟ 3
● Langhe Freisa '13	♟ 3
● Langhe Nebbiolo '13	♟ 3
● Barolo Bricco Sarmassa '07	♟♟♟ 7
● Barolo Cannubi '01	♟♟♟ 6
● Barolo Sarmassa '05	♟♟♟ 6
● Barolo Sarmassa '04	♟♟♟ 6
● Barolo Sarmassa '03	♟♟♟ 6

PIEMONT

Bric Cenciurio
Via Roma, 24
12060 Barolo [CN]
Tel. +39 017356317
www.briccenciurio.com

DIREKTVERKAUF
BESUCH NACH VORANMELDUNG
JAHRESPRODUKTION 50.000 Flaschen
REBFLÄCHE 15 Hektar

Der Keller liegt im Zentrum Barolos, aber die eigenen Weinberge umfassen Grundstücke nicht nur in den Langhe, sondern auch im Roero-Gebiet (in den Gemeinden Castellinaldo und Magliano Alfieri), wo die weißen Trauben für den Roero Arneis Docg dominieren. Gerade der Arneis Sito dei Fossili zeichnet sich seit 1999, dem ersten Produktionsjahr, durch seine Vielschichtigkeit aus, die von der Permanenz auf edlem Bodensatz und einer kurzen Belegung in Holz noch unterstrichen wird. Die Barolos haben eine beruhigend klassische Einstellung. Unter den zwei Barolos des Betriebs gilt unsere Vorliebe derzeit dem sich sofort harmonisch und genussvoll gebenden Basiswein 2010. In der Nase Heilkräuter und Lakritz, aber auch Verweise an Gewürze; die reine Frucht ist wahrzunehmen, ohne zu dominieren. Im Mund gefügig und geschliffen mit nicht sehr bissigen Gerbstoffen, ohne übermäßige Süße und mit langem, brillantem Abgang. Der Costa di Rose spielt ebenso mit der Eleganz, bleibt aber noch von der Eiche eingekesselt.

● Barolo '10	🍷🍷 5
● Barbera d'Alba '12	🍷🍷 2*
● Barbera d'Alba Sup. Naunda '11	🍷🍷 4
● Barolo Costa di Rose '10	🍷🍷 6
○ Roero Arneis Sito dei Fossili '12	🍷🍷 3
○ Sito dei Fossili V.T.	🍷 5
● Langhe Nebbiolo '12	🍷 4
○ Roero Arneis '13	🍷 2
● Barolo '09	🍷🍷 5
● Barolo Costa di Rose '09	🍷🍷 6
● Barolo Costa di Rose '08	🍷🍷 6
● Barolo Coste di Rose '07	🍷🍷 6
● Barolo Monrobiolo di Bussia '09	🍷🍷 5
● Langhe Nebbiolo '10	🍷🍷 4

Bricco del Cucù
Loc. Bricco, 10
12060 Bastia Mondovì [CN]
Tel. +39 017460153
www.briccocucu.com

DIREKTVERKAUF
BESUCH NACH VORANMELDUNG
JAHRESPRODUKTION 50.000 Flaschen
REBFLÄCHE 10 Hektar

Der von Dario Sciolla ist rundum ein in den Jahren qualitativ stetig besser werdender Familienbetrieb, der sich eine wahre Identität zulegen konnte. Er liegt in einer der beeindruckendsten und unbekanntesten Ecken der Langa, etwas abgelegen von den bekannten Routen. Das stilistische Profil der Weine zieht ein wenig zusätzlichen Flaschenausbau vor, da das jugendliche Temperament progressiv gezähmt werden muss, um seinen vollen Geschmack zu entfalten. Die Preise sind sehr konkurrenzfähig und schon alleine einen Besuch im Keller wert. Die Weine von Dario Sciolla sind charakterreich und verlangen oft nach einem langen Ausbau, um richtig verstanden zu werden. Der Dogliani 2013 mit vielen konfitürigen Rotfrucht- und Ledernoten, solide und saftig im Mund, repräsentiert gut die Essenz eines stoffigen Dolcetto. In dieser Phase weniger lesbar der Bricco S. Bernardo 2011, der, wenn auch schon in evolutiver Progression, noch nach vollendeter Harmonie sucht.

● Dogliani '13	🍷🍷 2*
● Dogliani Sup. Bricco S. Bernardo '11	🍷🍷 2*
○ Langhe Bianco Livor '13	🍷🍷 2*
● Langhe Dolcetto '13	🍷🍷 2*
● Langhe Rosso Diavolisanti '11	🍷🍷 2*
● Langhe Rosso Superboum '11	🍷 2
● Dogliani Sup. Bricco S. Bernardo '09	🍷🍷🍷 2*
● Dogliani '12	🍷🍷 2*
○ Langhe Bianco Livor '12	🍷🍷 2*
● Langhe Dolcetto '12	🍷🍷 2*

PIEMONT

Bricco Maiolica
Fraz. Ricca
Via Bolangino, 7
12055 Diano d'Alba [CN]
Tel. +39 0173612049
www.briccomaiolica.it

DIREKTVERKAUF
BESUCH NACH VORANMELDUNG
JAHRESPRODUKTION 110.000 Flaschen
REBFLÄCHE 24 Hektar

Beppe Accomo, Klasse 1963, führt einen Betrieb mit einem so spektakulären Rebvermögen, dass das für Liebhaber schon allein einen Besuch wert ist (wer nicht persönlich vorbeischauen kann, sollte sich im Internet umsehen). Wir befinden uns in einer der für den Dolcetto d'Alba berufenen Zone, das heißt aber nicht, dass hier nicht auch großartige Barberas und Nebbiolos d'Alba entspringen können. Dank der verschiedenen Lagen in diesem großen Rebflächenbesitz gibt es eine relativ artikulierte Weinauswahl, zu der sich auch kleine Anteile an internationalen Rebsorten gesellen. Es ist uns eine große Befriedigung, den Nebbiolo d'Alba Cumot 2011 zu prämieren, da wir in diesem Wein die einfachste und gleichzeitig faszinierendste Seele dieser außerordentlichen Rebsorte erkennen. Brillante Farbe, facettenreich in der Nase mit Heilkräuter-, Gewürz-, Tabak- und Rotbeerennoten; im Mund überschwänglich und beneidenswert frisch. Die übrigen, alles sehr gut interpretierte Weine, runden das positive Bild noch ab.

● Nebbiolo d'Alba Cumot '11	豐豐豐 5
● Barbera d'Alba Sup. V. Vigia '11	豐豐 5
● Dolcetto di Diano d'Alba '13	豐豐 3*
● Barbera d'Alba '12	豐豐 3
○ Langhe Bianco Pensiero Infinito '10	豐豐 6
○ Langhe Bianco Rolando '12	豐豐 3
● Langhe Merlot Filius '11	豐豐 5
● Langhe Nebbiolo '12	豐豐 3
○ Langhe Sauvignon Castella '13	豐豐 3
● Langhe Pinot Nero Perlei '11	豐 5
● Langhe Rosso Tris '12	豐 3
● Diano d'Alba Sup. Sörì Bricco Maiolica '07	豐豐豐 3*
● Nebbiolo d'Alba Cumot '10	豐豐豐 4*
● Nebbiolo d'Alba Cumot '09	豐豐豐 4*

Bricco Mondalino
Reg. Mondalino, 5
15049 Vignale Monferrato [AL]
Tel. +39 0142933204
www.briccomondalino.it

DIREKTVERKAUF
BESUCH NACH VORANMELDUNG
JAHRESPRODUKTION 80.000 Flaschen
REBFLÄCHE 14 Hektar

Ein seit mehreren Jahrzehnten tätiger Familienbetrieb in Vignale Monferrato. Die Produktion erstreckt sich über ca. 18 Hektar auf Hügeln mit über 300 m Höhe und mit für die Zucht der Traube strategischen Ausrichtungen. Ein dynamischer Betrieb, dessen traditionelle und elegante Produktion das Image des Unternehmensbrands ausmacht. Ein historischer Keller, der von Personen geleitet wird, die das Beste ihrer Erfahrungen in einen modernen Kontext einbringen. Ein Malvasia di Casorzo auf der Jagd nach den Drei Gläsern ist entschieden eine Neuheit, aber diese so intensive und raffinierte Version 2013 hat uns überrascht. Ausgezeichnet die geschmackliche Ausgewogenheit mit perfekt säurebalanciertem Restzucker. Eine gute Leistung auch für die beiden Barberas d'Asti, mit dem Bergantino, der eine konsistentere Struktur zur Geltung bringt. Neu in der Weinauswahl ein Metodo Classico aus sortenreiner Grignolino, der Margot.

● Malvasia di Casorzo Dolce Stil Novo '13	豐豐 2*
● Barbera d'Asti Il Bergantino '10	豐豐 3
⊙ Margot Brut Rosè M. Cl.	豐 4
● Barbera d'Asti Zerolegno '12	豐 4
● Grignolino del M.to Casalese '13	豐 2
● Barbera del M.to Sup. '09	豐豐 2
● Barbera del M.to Zerolegno '09	豐豐 2*
● Grignolino del M.to Casalese '12	豐豐 2*
● Grignolino del M.to Casalese Bricco Mondalino '11	豐豐 2*
● Grignolino del M.to Casalese Bricco Mondalino '10	豐豐 2
● Malvasia di Casorzo Dolce Stil Novo '12	豐豐 2*
● Malvasia di Casorzo Dolce Stil Novo '11	豐豐 2*

PIEMONT

Francesco Brigatti
VIA OLMI, 31
28019 SUNO [NO]
TEL. +39 032285037
www.vinibrigatti.it

DIREKTVERKAUF
BESUCH NACH VORANMELDUNG
JAHRESPRODUKTION 25.000 Flaschen
REBFLÄCHE 6,5 Hektar

Drei verschiedene Hügel in der Zone von Suno im Novara-Gebiet geben in der immer überzeugenderen Produktion den Ton an. Darum kümmert sich Francesco Brigatti, Kellermeister und Landwirt, der seit 1995 das Familienunternehmen führt. Die Weinberge von Ziflon sind auf tonhaltigem Boden und südwestlich ausgerichtet. Mötfrei hat rote lehmige Böden und schaut nach Süden: Hier entstehen die zwei Spitzenroten auf Nebbiolo-Basis, die sich schon im Keller unterscheiden (30-hl-Fässer aus slawonischer Eiche für den MötZiflon, Tonneau von Allier für Mötfrei). Die nach Westen ausgerichtete Parzelle Campazzi mit mehr Sandanteil ist hingegen der Barbera vorbehalten und rundet mit Uva Rara, Vespolina und Erbaluce die Weinauswahl ab. Unter vielen, gelinde gesagt, gut gelungenen Weinen hebt sich der Nebbiolo Mötfrei '11 ab. Weitgefächert und facettenreich mit Trockenkräutern, Tabak, Lakritz stützt ihn eine leicht raue, aber dichte und fruchtdefinierte Geschmacksstruktur. Ebenfalls auf dieser Linie der Ghemme Oltre il Bosco '10, der nur noch den Eichenanteil abbauen muss.

- Colline Novaresi Nebbiolo Mötfrei '11   3*
- Ghemme Oltre il Bosco '10   4
- Colline Novaresi Barbera Campazzi '13   3
- Colline Novaresi Nebbiolo MötZiflon '11   3
- Colline Novaresi Uva Rara Selvalunga '13   2*
- Colline Novaresi Vespolina Maria '13   2*
- ○ Colline Novaresi Bianco Mottobello '13   2
- Colline Novaresi Barbera Campazzi '12   3
- Colline Novaresi Nebbiolo Möt Ziflon '09   3
- Colline Novaresi Vespolina '12   2*
- Ghemme Oltre il Bosco '09   4

Vitivinicola Broglia
LOC. LOMELLINA, 22
15066 GAVI [AL]
TEL. +39 0143642998
www.broglia.it

DIREKTVERKAUF
BESUCH NACH VORANMELDUNG
REBFLÄCHE 64,5 Hektar

La Meirana ist der Name des von Bruno gegründeten Weinbaubetriebs der Familie Broglia. Heute wird er von seinen Söhnen Gian Piero und Paolo weitergeführt. Über die Hälfte der ca. hundert Hektar Grund ist der rigoros in Stahl vinifizierten Cortese gewidmet, Protagonist von sage und schreibe vier Etiketten. Il Doge und La Meirana werden schon einige Monate nach der Weinlese angeboten und haben einen agilen und schlanken Stil. Die Selektion Bruno Broglia mit Sur-Lie-Ausbau braucht generell länger. Die beiden im Charmat-Verfahren hergestellten Roverello Spumantes, weiß und rosé, und der Rote Le Pernici aus Dolcetto und Barbera runden das Bild ab. Es sind mindestens zwei Etiketten, die sich von der üblichen angesehenen Auswahl von Broglia abheben. Der Gavi Il Doge '13 mit seinem brillanten und lebendigen Profil, das mehr mit Weißfrucht- und Chlorophyllaromen spielt, als mit dem Geschmacksdruck; kraftvoller und ungeduldiger, wenn auch noch etwas schüchtern im Geruch, der Bruno Broglia '12, ein Erfolg versprechender Drei-Gläser-Wein.

- ○ Gavi del Comune di Gavi Bruno Broglia '12   5
- ○ Gavi Il Doge '13   2*
- ○ Broglia Brut M. Cl.   5
- ○ Gavi del Comune di Gavi La Meirana '13   3
- ⊙ Roverello Brut Rosé   3
- ○ Gavi del Comune di Gavi Roverello Brut '12   3
- ○ Gavi del Comune di Gavi Bruno Broglia '08   5
- ○ Gavi del Comune di Gavi Bruno Broglia '07   5
- ○ Gavi del Comune di Gavi Bruno Broglia '11   5
- ○ Gavi del Comune di Gavi Bruno Broglia '10   5

PIEMONT

Brovia
VIA ALBA-BAROLO, 54
12060 CASTIGLIONE FALLETTO [CN]
TEL. +39 017362852
www.brovia.net

DIREKTVERKAUF
BESUCH NACH VORANMELDUNG
JAHRESPRODUKTION 60.000 Flaschen
REBFLÄCHE 17 Hektar
WEINBAU Biologisch anerkannt

In erster Linie ist es der originelle erkennbare Stil, der die Brovia-Weine stetig in den Olymp der Langa-Weine projiziert. Ein historischer Betrieb, den heute die Schwestern Cristina und Elena mit Alejandro Sanchez Solana leiten und der auf ca. 18 ha zählen kann, größtenteils Weinberge wie Villero, Rocche, Garblèt Sué (in Castiglione Falletto) und Cà Mia (in Serralunga). Mythische Lagenweine, leicht und beinahe weiblich abgewandelt, die 15 - 20 Tage in Beton gären und ca. 3 Jahre in großen Fässern reifen. Unverkennbare Barolos, von all jenen bedingungslos geliebt, die Aromareinheit suchen und dafür gern auf Stütze und Stoff verzichten. Die Verkostung der Weine von Brovia schenkt stets unvorhersehbare Emotionen und jeder Jahrgangswein wird so interpretiert, dass die an den Jahrgang gebundenen Sinnesnuancen aufrecht erhalten und nicht verzerrt werden. Der Barolo Brea Vigna Ca' Mia 2010 mit dunklen Goudron-, Kina- und Veilchentönen erreicht die höchste Anerkennung und überbietet um ein Haar die Leistung des ausgezeichneten Barolo Rocche di Castiglione 2010, noch ein wenig verschlossen, aber sehr vielversprechend.

● Barolo Brea V. Ca' Mia '10	▼▼▼ 8
● Barolo Rocche di Castiglione '10	▼▼ 8
● Barolo Villero '10	▼▼ 8
● Barbera d'Alba Ciabot del Fi '11	▼▼ 4
● Barbera d'Alba Sorì del Drago '12	▼▼ 4
● Barolo '10	▼▼ 6
● Barolo Garblèt Sué '10	▼▼ 8
● Dolcetto d'Alba Vignavillej '12	▼ 3
● Barolo Ca' Mia '09	♕♕♕ 8
● Barolo Ca' Mia '00	♕♕♕ 8
● Barolo Rocche dei Brovia '06	♕♕♕ 7
● Barolo Villero '08	♕♕♕ 7
● Barolo Villero '06	♕♕♕ 7

G. B. Burlotto
VIA VITTORIO EMANUELE, 28
12060 VERDUNO [CN]
TEL. +39 0172470122
www.burlotto.com

DIREKTVERKAUF
BESUCH NACH VORANMELDUNG
UNTERKUNFT
JAHRESPRODUKTION 60.000 Flaschen
REBFLÄCHE 15 Hektar

Der Betrieb von Marina Burlotto und Giuseppe Alessandria ist mittlerweile ein großer Stern am Firmaromen des Langa-Gebiets. Mit Unterstützung von Sohn Fabio, Kellermeister und großer Weinliebhaber, halten sie dem Namen des Commendators Giovanni Battista, Gründer des Weinkellers in der 2. Hälfte des 19. Jh., hoch und bearbeiten ca. 15 Hektar, von denen die Hälfte dem Nebbiolo gewidmet ist (Monvigliero, Neirane, Breri, Rocche dell'Olmo in Verduno, Cannubi in Barolo). Der Rest teilt sich in Barbera, Dolcetto, Pelaverga, Sauvignon und Freisa auf, alles Protagonisten einer zweifelsohne traditionellen Weinauswahl, in der Barolo in 35- bis 50-hl-Eichenfässern ausgebaut wird. In einer absolut verblüffenden Weinauswahl glänzt der Monvigliero mit eigenem Licht. Die Vinifizierung mit Traubenkämmen hat dem Jahrgang 2010 und den typischen Himbeeraromen eine frische pflanzliche Note hinzugefügt und der üppigen Tanninstruktur eine besondere Würze verliehen: ein begeisternder Drei-Gläser-Wein. Wie immer ist der Acclivi generell harmonisch. Unter den anderen Weinen nicht zu versäumen der Dives, ein Sauvignon mit Bordeaux-Geschmack, und der Barbera Aves.

● Barolo Monvigliero '10	▼▼▼ 7
● Barbera d'Alba Aves '12	▼▼ 4
● Barolo Acclivi '10	▼▼ 6
○ Langhe Bianco Dives '12	▼▼ 3*
● Barolo Cannubi '10	▼▼ 7
● Langhe Nebbiolo '12	▼▼ 3
○ Langhe Sauvignon Viridis '13	▼▼ 3
● Verduno Pelaverga '13	▼▼ 3
● Barolo Acclivi '07	♕♕♕ 6
● Barolo Acclivi '09	♕♕ 6
● Barolo Acclivi '08	♕♕ 6
● Barolo Acclivi '06	♕♕ 6
● Barolo Vign. Monvigliero '08	♕♕ 6
● Barolo Vign. Monvigliero '04	♕♕ 6

PIEMONT

★Piero Busso

Via Albesani, 8
12052 Neive [CN]
Tel. +39 017367156
www.bussopiero.com

DIREKTVERKAUF
BESUCH NACH VORANMELDUNG
JAHRESPRODUKTION 45.000 Flaschen
REBFLÄCHE 10 Hektar

Zumindest wenn man mit alten Schemen argumentiert, ist Piero Busso weder Traditionalist noch Modernist, sondern ein fähiger Winzer, dem es mit Hilfe von Frau Lucia und Kindern Emanuela und Pierguido gelungen ist, einen der zuverlässigsten Keller im Langa-Gebiet aufzubauen. Die zehn Hektar Grund sind in der Zone Neive und Treiso konzentriert, die Lagen Barbaresco Albesani, Mondino (von Balluri), Gallina und San Stunet werden getrennt vinifiziert. Sie sind die Diamantspitzen einer stilistisch ausgesprochen kohärenten Weinpalette, bei der Fruchtreinheit und solide Struktur groß geschrieben wird, wie bei den anderen Roten auf Barbera- und Dolcetto-Basis. Die Weine von Piero Busso haben uns oft mit ausgezeichneten Leistungen verwöhnt, aber eine qualitativ erstklassige Kompaktheit wie in diesem Jahr haben unsere Verkostungen noch nie aufgezeigt. Der Barbaresco San Stunet 2011 ist mit seinen Gewürz-, Eukalyptus- und süßen Tabaknoten typisch und vielschichtig und von prägnanten, aber gut amalgamierten Gerbstoffen gestützt. Drei Gläser im Schwung. Unter den anderen Weinen verweisen wir auf den delikaten, eleganten und sicher sehr langlebigen Barbaresco Gallina 2010.

● Barbaresco S. Stunet '11	▼▼▼ 7
● Barbaresco Albesani Borgese '11	▼▼ 6
● Barbaresco Gallina '10	▼▼ 8
● Barbaresco Mondino '11	▼▼ 5
● Barbera d'Alba Majano '12	▼ 3
● Langhe Nebbiolo '12	▼▼ 4
● Barbera d'Alba S. Stefanetto '11	▼ 5
● Barbaresco Borgese '09	▽▽▽ 6
● Barbaresco Borgese '08	▽▽▽ 6
● Barbaresco Gallina '09	▽▽▽ 8
● Barbaresco Gallina '05	▽▽▽ 7
● Barbaresco S. Stefanetto '07	▽▽▽ 7
● Barbaresco S. Stefanetto '04	▽▽▽ 7

Ca' Bianca

Reg. Spagna, 58
15010 Alice Bel Colle [AL]
Tel. +39 0144745420
www.cantinacabianca.it

DIREKTVERKAUF
BESUCH NACH VORANMELDUNG
JAHRESPRODUKTION 650.000 Flaschen
REBFLÄCHE 39 Hektar

Ca' Bianca ist um 1950 in einem dem Weinbau sehr wohlwollenden Gebiet entstanden. Umgeben von seinen Weinbergen inmitten der Hügel des Hochmontferrats zwischen Nizza und Acqui Terme ist der Betrieb eine gefestigte und gleichzeitig moderne Realität mit innovativen Technologien, die das Aroma und den Geschmack der hier erzeugten Weine valorisieren. Dieser Mix an Gebiet und Weinbautechnik hat eine Auswahl niveauvoller, autochthoner piemontesischer Weine hervorgebracht: Barolo, Barbera und Langhe Nebbiolo für die Roten; Arneis, Gavi und Moscato für die Weißen. Die präsentierte Weinauswahl pointiert den Jahrgang 2013, der zögert, mit trinkfertigen Weinen aufzuwarten. Wir werden noch ein paar Jahre warten müssen, um die Effekte auf die alterungsfähigen Weine zu sehen. Der Fahnenträger ist der Barbera Superiore Antè. Ein intensiv rubinroter Wein mit Rotfruchtaromen und Gewürznoten, die die Geschmacksphase einleiten: ausgewogen und anhaltend, während der Teis jugendlichere und frischere Merkmale hat.

● Barbera d'Asti Sup. Antè '12	▼▼ 3
● Barbera d'Asti Teis '13	▼▼ 2*
● Dolcetto d'Acqui '13	▼ 3
○ Gavi '13	▼ 3
○ Roero Arneis '13	▼ 3
● Barbera d'Asti Sup. Antè '11	▽▽ 3
● Barbera d'Asti Sup. Antè '10	▽▽ 3
● Barbera d'Asti Sup. Chersì '11	▽▽ 5
● Barbera d'Asti Sup. Chersì '10	▽▽ 5
● Barbera d'Asti Teis '11	▽▽ 3
● Dolcetto d'Acqui '12	▽▽ 3
○ Gavi '12	▽▽ 3
○ Gavi '11	▽▽ 3

PIEMONT

Ca' d'Gal

FRAZ. VALDIVILLA
S.DA VECCHIA DI VALDIVILLA, 1
12058 SANTO STEFANO BELBO [CN]
TEL. +39 0141847103
www.cadgal.it

DIREKTVERKAUF
BESUCH NACH VORANMELDUNG
UNTERKUNFT UND GASTRONOMIE
JAHRESPRODUKTION 95.000 Flaschen
REBFLÄCHE 12 Hektar

Moscato ist der absolute Protagonist in diesem vor 150 Jahren gegründeten und heute von Alessandro Boido geführten Betrieb. Die Weinberge liegen auf den Hügeln Santo Stefano Belbo mit sandigen sowie ton- und kalkhaltigen Böden und bilden beinahe einen einzigen Körper, die den Keller umgeben. Erwähnungswert die Alterungsfähigkeit der von diesem Betrieb erzeugten Moscatos und eine Selektion Vigne Vecchie, die nach fünf Jahren Flaschenausbau auf den Markt kommt. Generell zeichnen sich die Weine durch ihre aromatische Vielschichtigkeit aus. Eine schöne Bestätigung vom vielschichtigen Moscato d'Asti Vigna Vecchia '08 mit intensiven Zitrusfruchtaromen vor Honig- und Bienenwachsnuancen, im Gaumen frisch, mit langem, harmonischem und charaktervollem Abgang. Sehr gut auch der Moscato d'Asti Vigna Vecchia '13 mit typischen Salbei- und Pfirsichtönen und schöner Balance zwischen Säure und süßen Noten. Gelungen, frisch und mit knackiger Frucht der Moscato d'Asti Lumine '13.

○ Moscato d'Asti V. Vecchia '13	🍷🍷 4
○ Moscato d'Asti V. Vecchia '08	🍷🍷 3*
○ Moscato d'Asti Lumine '13	🍷🍷 3
○ Asti '13	🍷 3
● Barbera d'Asti '11	🍷 3
○ Moscato d'Asti V. V. '11	🍷🍷🍷 3*
○ Asti '11	🍷🍷 2*
○ Asti Dolce '10	🍷🍷 2*
○ Moscato d'Asti Lumine '11	🍷🍷 3
○ Moscato d'Asti V. V. '12	🍷🍷 4
○ Moscato d'Asti V. V. '09	🍷🍷 3
○ Moscato d'Asti V. V. '07	🍷🍷 3*

Ca' del Baio

VIA FERRERE, 33
12050 TREISO [CN]
TEL. +39 0173638219
www.cadelbaio.com

DIREKTVERKAUF
BESUCH NACH VORANMELDUNG
JAHRESPRODUKTION 100.000 Flaschen
REBFLÄCHE 25 Hektar

Die letzte Neuheit im Hause Grasso ist ein der Reifung der Jahrgangslagenweine gewidmeter Caveau. Das Lokal verleiht den Verkostungen absolute Faszination. Ein Ort des Genusses, der schon allein eine Besichtigung wert wäre, aber Cà del Baio verdient auf jeden Fall einen Besuch, wenn man den Wert einer wahren, der Exzellenz verschriebenen Weinbaurealität verstehen möchte. Das Angebot aus den betriebseigenen Weinbergen reicht von Weißen, über die großartigen Roten des Terroirs bis hin zu einem Spitzen-Moscato. Alles ganz ohne Unsicherheiten und mit einem wahrhaft einzigartigen Preis-/Leistungsverhältnis. Außerordentlich kompakte Qualität mit exzellenten Geschmacksnoten, von den großartigen Roten auf Nebbiolo-Basis bis hin zum einzigartigen und einladenden Riesling und einem der besten Moscato überhaupt. Und über allen der Barbaresco Pora 2010, meisterhaft in der Balance zwischen frischen Veilchen-Noten, Eukalyptus, Lakritz und einem einfachen und tiefen Mund mit starken Gerbstoffen und langer, würziger Persistenz.

● Barbaresco Pora '10	🍷🍷🍷 6
● Barbaresco Asili '11	🍷🍷 6
● Barbaresco Vallegrande '11	🍷🍷 5
○ Langhe Riesling '12	🍷🍷 3*
● Barbaresco Marcarini '11	🍷🍷 5
● Dolcetto d'Alba Lodoli '13	🍷🍷 2*
● Langhe Nebbiolo Bric del Baio '12	🍷🍷 3
○ Moscato d'Asti 101 '13	🍷🍷 2*
● Barbaresco Asili '10	🍷🍷🍷 6
● Barbaresco Asili '09	🍷🍷🍷 5
● Barbaresco Asili '06	🍷🍷🍷 5
● Barbaresco Pora '06	🍷🍷🍷 6
● Barbaresco Pora '04	🍷🍷🍷 6
● Barbaresco Valgrande '08	🍷🍷🍷 5

PIEMONT

Ca' Nova
VIA SAN ISIDORO, 1
28010 BOGOGNO [NO]
TEL. +39 0322863406
www.cascinacanova.it

DIREKTVERKAUF
BESUCH NACH VORANMELDUNG
UNTERKUNFT
JAHRESPRODUKTION 40.000 Flaschen
REBFLÄCHE 10 Hektar

Ausnahmsweise ist der Ausdruck „herrlicher Rahmen" nicht übertrieben, um die Schönheit der Orte zu beschreiben, an denen 1996 das Abenteuer von Giada Codecasa begann. Ein Teil der Rebstöcke, das Relais Ca' Nova und ein Fotovoltaikglashaus für die Erzeugung von biologischem Gemüse und sauberer Energie befinden sich im Golf Club di Bogogno. Nicht weit entfernt der Weinberg San Quirico, eine historische Lage für Nebbiolo, der neben dem Ghemme die Spitzenetikette ist. In der Palette auch zwei Metodos Classico der Linie Jad'Or, der Rosé aus Nebbiolo und der Brut aus Erbaluce, die auch für den stillen und trockenen Weißen Rugiada verwendet wird. Auch dieses Mal hinterlassen die Roten die besten Eindrücke. Es beeindruckt die harmonische Integrität des Nebbiolo Vigna San Quirico '07, in Kraft und Vielschichtigkeit übertroffen vom Ghemme '07: frische Kirsche, schwarzer Pfeffer und Zigarre, vereint die Dichte in der Mundmitte mit sauren und tanninhaltigen Kontrapunkten, einfacher und perspektivischer Abgang.

● Ghemme '08	💯 4
● Colline Novaresi Nebbiolo V. San Quirico '07	💯 4
○ Colline Novaresi Bianco Rugiada '13	🍷 2
⊙ Colline Novaresi Nebbiolo Aurora '13	🍷 2
● Colline Novaresi Nebbiolo Melchiòr '07	💯 3
○ Extra Brut M. Cl. Jad'Or	💯 3
⊙ Extra Brut Rosé M. Cl. Jad'Or	💯 4
● Ghemme '07	💯 4
● Ghemme '06	💯 4

Ca' Rome'
S.DA RABAJÀ, 86/88
12050 BARBARESCO [CN]
TEL. +39 0173635126
www.carome.com

DIREKTVERKAUF
BESUCH NACH VORANMELDUNG
JAHRESPRODUKTION 30.000 Flaschen
REBFLÄCHE 5 Hektar

Romano Marengo ist seit 35 Jahren Winzer und heute unterstützen ihn tatkräftig Tochter Paola, die sich um die kommerziellen Aspekte kümmert, und Sohn Giuseppe, der einen Abschluss in Kellerwirtschaft hat. Romano widmet sich seit jeher sowohl für die Barbaresco- als auch die Barolo-Version hauptsächlich um die Traube Nebbiolo, und beschränkt sich darauf, das Angebot mit ein wenig Barbera abzurunden. Von allerhöchstem Niveau sind die Lagen des Betriebs, Rio Sordo in Barbaresco und Cerretta in Serralunga d'Alba, und der entschieden klassische Stil der stets eleganten und strukturierten Weine, die niemals Modetendenzen folgen. Ausgesprochen positive Empfindungen kommen von allen Etiketten dieses Winzers, der seit einigen Jahren wahrhaft begeisternde Leistungen schenkt. Der Barbaresco Maria di Brun 2010 mit aromatischen Erinnerungen an Grafit, Gewürze und balsamischen Nuancen, verfehlt knapp unsere höchste Auszeichnung. Süße Tabaknoten, Rotbeeren und Veilchen für den Barolo Cerretta 2010. Sehr wuchtig und genussreich der Barbaresco Rio Sordo 2011.

● Barbaresco Chiaramanti '11	💯 6
● Barbaresco Maria di Brun '10	💯 7
● Barbaresco Rio Sordo '11	💯 6
● Barolo Cerretta.'10	💯 7
● Barolo Rapet '10	💯 7
● Barolo Rapet '08	💯💯 7
● Barolo V. Cerretta '09	💯💯 7
● Barbaresco Chiaramanti '09	💯 6
● Barbaresco Maria di Brun '08	💯 7
● Barbaresco Sorì Rio Sordo '10	💯 6
● Barbaresco Sorì Rio Sordo '08	💯 6
● Barolo Rapet '09	💯 7
● Barolo Rapet '07	💯 7

PIEMONT

★ Ca' Viola
B.TA SAN LUIGI, 11
12063 DOGLIANI [CN]
TEL. +39 017370547
www.caviola.com

DIREKTVERKAUF
BESUCH NACH VORANMELDUNG
UNTERKUNFT UND GASTRONOMIE
JAHRESPRODUKTION 60.000 Flaschen
REBFLÄCHE 12 Hektar

Die Entwicklung des kleinen Winzerbetriebs von Beppe Caviola, einer der geschätzesten und berühmtesten Önologen Italiens, geht Jahr für Jahr unbeirrt weiter und verleiht allen angebotenen Etiketten immer mehr Persönlichkeit und Charakter. Zu Beginn ging es vor allem um Dolcetto, aber nun umfasst die Weinauswahl auch Barbera, Nebbiolo und Barolo, also die prestigevollsten Rebsorten des Gebiets. Um die qualitative Exzellenz der Produktion besser zu verstehen, genügt ein Besuch in den Weinbergen, die mit einer seltenen Expertise und Strenge geführt werden, die sich sodann pünktlich in den Gläsern der verschiedenen Weine wiederfinden. Auch jene, die es gewohnt sind, beeindruckt es, eine Serie an alles absoluten Weinen zu finden, die zu den besten der jeweiligen Kategorien zählen. Wieder im Rampenlicht der Barbera Bric du Luv, der aus der Weinlese 2012 die verstecktesten Qualitätsmerkmale der Rebsorte hervorholt: aristokratische Eleganz und aromatische Tiefe. Die beiden Weine auf Nebbiolo-Basis haben raffinierte Gerbstoffe und elegante Aromen gemein, auch wenn der Barolo noch jugendlich ungeduldig ist.

● Barbera d'Alba Bric du Luv '12	▼▼▼ 5
● Barolo Sottocastello di Novello '09	▼▼ 7
● Dolcetto d'Alba Barturot '12	▼▼ 4
● Langhe Nebbiolo '12	▼▼ 5
● Barbera d'Alba Brichet '12	▼▼ 4
● Dolcetto d'Alba Vilot '13	▼▼ 3
● Barbera d'Alba Bric du Luv '10	♀♀♀ 5
● Barbera d'Alba Bric du Luv '07	♀♀♀ 5
● Barolo Sottocastello '06	♀♀♀ 7
● Barolo Sottocastello di Novello '08	♀♀♀ 7
● Dolcetto d'Alba Barturot '07	♀♀♀ 3
● Langhe Nebbiolo '08	♀♀♀ 5
● Langhe Rosso Bric du Luv '05	♀♀♀ 5

Cantina del Glicine
VIA GIULIO CESARE, 1
12052 NEIVE [CN]
TEL. +39 017367215
www.cantinadelglicine.it

DIREKTVERKAUF
BESUCH NACH VORANMELDUNG
JAHRESPRODUKTION 37.000 Flaschen
REBFLÄCHE 5 Hektar

Der kleine Keller von Adriana Marzi und Roberto Bruno ist definitiv zum Ziel vieler Barbaresco-Liebhaber auf der Jagd nach entschieden günstigen und gebietsgebundenen Barbarescos geworden. Der aus Ziegeln und Steinen gebaute Fasskeller aus dem 17. Jh., in dem die Nebbiolos aus Currà und Marcorino – zweifelsohne die Diamantspitzen von Cantina del Glicine – heranreifen, macht jeden Besuch noch fesselnder. Dabei sind aber die beiden Barbera-d'Alba-Selektionen, La Sconsolata und La Dormiosa, nicht zu vergessen, die es aufgrund ihres maßvollen und korrekten, diskreten und einladenden Auftretens mit den besten Interpretationen der Rebsorte aufnehmen können. Unsere diesjährigen Verkostungsnotizen registrieren ein weniger glänzendes Profil als im Vorjahr, vielleicht aufgrund eines heißeren Jahrgangs, der nicht dazu beigetragen hat, die dynamische Ausdrucksweise dieses Weinkellers voll zu entfalten. Der Barbaresco Currà 2011 präsentiert sich ein wenig verspannt und introvertiert, mit Unterholz- und Tabaknoten und einer noch aufzulösenden Tanninstruktur. Sehr interessant die Trinkbarkeit des Barbera d'Alba La Sconsolata 2012.

● Barbaresco Currà '11	▼▼ 5
● Barbaresco Marcorino '11	▼▼ 5
● Barbaresco Vigne Sparse '11	▼▼ 5
● Barbera d'Alba Sup. La Dormiosa '11	▼▼ 3
● Barbera d'Alba Sup. La Sconsolata '12	▼▼ 2*
● Nebbiolo d'Alba Calcabrume '12	▼▼ 3
● Dolcetto d'Alba Olmiolo '13	▼ 2
○ Moscato d'Asti Nettare di Stelle '13	▼ 2
○ Roero Arneis Il Mandolo '13	▼ 2
● Barbaresco Currà '10	♀♀♀ 4*
● Barbaresco Currà '09	♀♀ 4
● Barbaresco Marcorino '10	♀♀ 5
● Barbera d'Alba Sup. La Sconsolata '11	♀♀ 2*

PIEMONT

Cantina del Nebbiolo
VIA TORINO, 17
12040 VEZZA D'ALBA [CN]
TEL. +39 017365040
www.cantinadelnebbiolo.com

DIREKTVERKAUF
BESUCH NACH VORANMELDUNG
JAHRESPRODUKTION 300.000 Flaschen
REBFLÄCHE 280 Hektar

Der 1959 mit diesem Namen gebaute Nebbiolo-Keller ist 1901 als Genossenschaft Cantina Sociale Parrocchiale di Vezza d'Alba entstanden. Heute hat er 170 Zubringer mit Weinbergen in 18 Gemeinden des Roero- und Langhe-Gebiets. Neben Nebbiolo sind in den betrieblichen Etiketten Barbera, Bonarda, Dolcetto, Freisa, Brachetto, Arneis und Favorita Protagonisten. Die realisierten Weine sind traditionell eingestellt und möchten die Gebietsmerkmale treu zum Ausdruck bringen. Ein gutes Gesamtergebnis mit im Vordergrund die wichtigsten Zonen und Denominationen, angefangen beim Barolo Cannubi Boschis '10 mit seinen balsamischen und körperreichen und saftigen Noten, trotz der etwas aufdringlichen Holznuancen. Gut gemacht auch der kompakte Barolo '10 mit zitrusfruchtigen Tönen, der Nebbiolo d'Alba Valmaggiore '11 mit Kirschtönen und tanninhaltigem Gaumen und Rückgrat sowie der schön harmonische, anhaltende und dank besonders weicher Gerbstoffe trinkfreundliche Barbaresco '11.

● Barbaresco '11	♛♛ 4
● Barolo '10	♛♛ 5
● Barolo Cannubi Boschis '10	♛♛ 7
● Nebbiolo d'Alba Valmaggiore '11	♛♛ 2*
● Barbaresco Ris. '11	♛ 5
● Barbera D'Alba Sup. '11	♛ 2
● Barolo del Comune di Serralunga d'Alba '10	♛ 6
● Nebbiolo d'Alba '12	♛ 2
○ Roero Arneis Arenarium '13	♛ 2
● Barbaresco '10	♛♛ 4
● Barbaresco Meruzzano '10	♛♛ 4*
● Barbera d'Alba '11	♛♛ 2*
● Langhe La Pranda '11	♛♛ 2*

Cantina del Pino
S.DA OVELLO, 31
12050 BARBARESCO [CN]
TEL. +39 0173635147
www.cantinadelpino.com

JAHRESPRODUKTION 35.000 Flaschen
REBFLÄCHE 7 Hektar

Die Barbarescos von Adriano und Renato Vacca werden oft zu den modernen Interpretationen der Weindenomination gezählt. Beim genaueren Hinblicken ist das aber eine etwas unzulässige Definition. Wenn einerseits der fruchtige Charakter und die Verwendung von kleinem Holz im Ausbau dieser Beschreibung Recht geben, ist andererseits die auf den Weinberg verwandte Umsicht, der gewählte Augenblick der Lese und die Verwaltung der Gärzeiten das Ergebnis eines tief verwurzelten und historischen, auch auf die Zeiten der Zusammenarbeit mit den Produttori del Barbaresco zurückzuführenden Bewusstseins. Der Ausdruck von Lagen wie Ovello und Albesani ist viel stärker als jede technische Betrachtung des Cantina del Pino. Der Jahrgang 2010 hat, wenn auch ohne absolutes Spitzenprodukt, gute Verkostungsergebnisse für die gesamte Weinauswahl hervorgebracht. Der Barbaresco Albesani 2010 ist durch einen Fächer an konfitürigen dunklen Früchten, Gewürzen und Lakritz aromatisch gut definiert. Der Barbaresco Ovello 2010 profiliert sich elegant, saftig und durch eine bedeutsame, aber nicht sanfte Tanninader charakterisiert. Frisch und spritzig der Langhe Nebbiolo 2013.

● Barbaresco Albesani '10	♛♛ 6
● Barbaresco Ovello '10	♛♛ 6
● Barbera d'Alba '12	♛♛ 4
● Langhe Nebbiolo '13	♛♛ 3
● Dolcetto d'Alba '13	♛ 3
● Barbaresco '04	♛♛♛ 5*
● Barbaresco '03	♛♛♛ 4*
● Barbaresco Albesani '05	♛♛♛ 6
● Barbaresco Ovello '07	♛♛♛ 6
● Barbaresco Ovello '99	♛♛♛ 5

PIEMONT

La Caplana
VIA CIRCONVALLAZIONE, 4
15060 BOSIO [AL]
TEL. +39 0143684182
lacaplana@libero.it

DIREKTVERKAUF
BESUCH NACH VORANMELDUNG
JAHRESPRODUKTION 100.000 Flaschen
REBFLÄCHE 5 Hektar

La Caplana, ein kleiner familiengeführter Winzerbetrieb im Gebiet von Bosio, ist auch und vor allem als „Natalino Guido" bekannt. Es ist ein kulturelles und produktives Grenzgebiet zwischen der Provinz Alessandria und dem nördlichen Ligurischen Appenin, links vom Wildbach Ardana. Eine Duplizität, die sich in der einerseits auf die Weißen von Gavi und andererseits auf die Dolcettos d'Ovada und andere Typologien des Asti-Gebiets fokussierten Palette widerspiegelt. Es gibt keinen Spitzenwein in sich, aber die gesamte Weinauswahl ist unter den interessantesten des Bezirks, auch was die Preise betrifft. Dieses Mal führt der Dolcetto di Ovada Il Narciso die Gruppe an: Die Version 2011 präsentiert sich mit raffinierten Tabak- und Kinanuancen, vertieft durch Brombeer- und Goudronnoten. Trotz der etwas rauen Gerbstoffe resultiert er im Mund lang und schmackhaft und hinterlässt eine extrem charakterliche Erdspur. Sehr gut auch der Barbera d'Asti Rubis '10 und der Gavi '13.

● Barbera d'Asti Rubis '10	🍷🍷 3
○ Gavi del Comune di Gavi '13	🍷🍷 2*
○ Gavi Villavecchia '13	🍷🍷 2*
● Caplana Brut	🍷 3
● Barbera d'Asti '12	🍷 2
● Dolcetto di Ovada '13	🍷 2
○ Gavi '13	🍷 2
○ Piemonte Chardonnay '13	🍷 2
● Barbera d'Asti Sup. '11	🍶🍶 2*
● Barbera d'Asti Sup. Rubis '09	🍶🍶 2*
● Dolcetto di Ovada Narciso '11	🍶🍶 2*
● Dolcetto di Ovada Narciso '10	🍶🍶 2*
○ Gavi Antico Podere di Vignavecchia '12	🍶🍶 2*
○ Gavi del Comune di Gavi '12	🍶🍶 2*

Tenuta Carretta
LOC. CARRETTA, 2
12040 PIOBESI D'ALBA [CN]
TEL. +39 0173619119
www.tenutacarretta.it

DIREKTVERKAUF
BESUCH NACH VORANMELDUNG
UNTERKUNFT UND GASTRONOMIE
JAHRESPRODUKTION 480.000 Flaschen
REBFLÄCHE 70 Hektar

Tenuta Carretta ist seit 1985 im Besitz der Familie Miroglio, bekannte Textilunternehmer, und zählt auf verschiedene Weinberge in verschiedenen Gemeinden des Roero- und Langhe-Gebiets. Neben den 35 Hektar mit Arneis, Barbera, Chardonnay, Favorita und Nebbiolo direkt beim Betriebsstandort gibt es 2,5 Hektar in Barolo, Cannubi und andere Weinberge in Treiso – beide Anwesen mit Nebbiolo bebaut, in San Rocco Seno d'Elvio (Nebbiolo und Dolcetto) und im Vorort von Alba Madonna di Como (Dolcetto), für eine Produktion von über 20 Etiketten. Der neuerliche Einzug in den Hauptteil des Führers kommt dank einer herrlichen Gesamtleistung, insbesondere jedoch des in der Nase intensiven und würzigen Roero Bric Paradiso '10 mit schönen Tabak- und Lakritznoten, die die Frucht abrunden, großartige Struktur am Gaumen, lang und vollmundig zum Ausdruck. Erwähnenswert die beiden Roero Arneis '13, der vollmundige und fleischige Canorei und der feinere und mineralischere Cayega, sowie der elegante und ausgewogene Barolo Cascina Ferrero '10.

● Barolo Cannubi '10	🍷🍷 8
● Roero Bric Paradiso '10	🍷🍷 4
● Barbaresco Cascina Bordino '11	🍷🍷 6
● Barbera d'Alba Sup. Bric Quercia '12	🍷🍷 3
● Barolo Cascina Ferrero '10	🍷🍷 5
○ Roero Arneis Canorei '13	🍷🍷 3
○ Roero Arneis Cayega '13	🍷🍷 3
● Nebbiolo d'Alba V. Tavoleto '12	🍷 4
● Barolo Vign. in Cannubi '00	🍶🍶🍶 7
● Barbera d'Alba Sup. Bric Quercia '11	🍶🍶 3
● Barolo Vigneti in Cannubi '09	🍶🍶 8
○ Roero Arneis Canorei '12	🍶🍶 3
○ Roero Arneis Cayega '12	🍶🍶 3

PIEMONT

La Casaccia
VIA D. BARBANO, 10
15034 CELLA MONTE [AL]
TEL. +39 0142489986
www.lacasaccia.biz

DIREKTVERKAUF
BESUCH NACH VORANMELDUNG
JAHRESPRODUKTION 25.000 Flaschen
REBFLÄCHE 7 Hektar
WEINBAU Biologisch anerkannt

Wir haben schon mehrmals die Besonderheit des Baumaterials „pietra da cantoni" und der damit in Cella Monte realisierten „Infernot" (kleine in den „pietra da cantoni" gegrabene unterirdische Räume) erwähnt. Dass die „Infernot" des Basso Monferrato nun aber Teil des UNESCO-Weltkulturerbes sind, ist aber ganz was anderes. Sie haben nun eine einzigartige Kollokation in der Welt, in einem außerordentlichen Gebiet, das noch viel geben kann und ist sicher ein großartiges Assist für all jene Winzer, die diese großartige Gelegenheit zu nutzen wissen. Die Ravas sind schon aktiv geworden und eröffnen in diesen Monaten im Betrieb ein B&B mit Verkostungssaal. Geringfügige Produktion für den Metodo Classico aus Pinot Nero und Chardonnay, der uns bei der Verkostung mit einer feinen Perlage und vielschichtigen Aromen überrascht hat, am Gaumen wuchtig und vollmundig mit langem, cremigem Abgang. Es folgen zwei Barbera-Versionen aus Monferrato: der Calichè mit Frucht- und Gewürznoten und der fruchtkonzentriertere Bricco dei Boschi. Der Grignolino Poggeto unterstreicht pflanzliche Aromen auf vielschichtigen Gewürznoten.

○ La Casaccia Brut M.Cl. '10	4
● Barbera del M.to Bricco dei Boschi '11	3
● Barbera del M.to Calichè '10	3
● Grignolino del M.to Casalese Poggeto '13	2*
● Barbera d'Asti Sup. Calichè '09	3
● Barbera del M.to Giuanìn '12	2*
● Barbera del M.to Giuanìn '10	2*
● Grignolino del M.to Casalese Poggeto '12	2*
● Grignolino del M.to Casalese Poggeto '10	2
● M.to Freisa Monfiorenza '12	2*

Casalone
VIA MARCONI, 100
15040 LU [AL]
TEL. +39 0131741280
www.casalone.it

DIREKTVERKAUF
BESUCH NACH VORANMELDUNG
JAHRESPRODUKTION 50.000 Flaschen
REBFLÄCHE 10 Hektar

Die Familie Casalone ist eine der historischen Winzerfamilien im Monferrato. Der Keller war schon 1734 im Kataster Napoleons erfasst. Geschichte und Traditionen, die wir in ihrer derzeitigen Produktion wiederfinden können, beispielsweise in der Verwendung der im Gebiet beinahe verschwundenen und von den Casalones in den 70er Jahren des 20. Jh. neu entdeckten griechischen Malvasia. Die Produktion umfasst typische Produkte des Monferrato-Gebiets wie Barbera und Grignolino und einige internationale Rebsorten wie Merlot und Pinot Nero. Die zu verkostende Weinauswahl zeigt die mit der aromatischen Rebsorte Monemvasia (griechische Malvasia) ausgezeichnet gemachte Arbeit auf. Der Brut Metodo Classico ist ein ausgesprochen harmonischer und vielschichtiger Wein, der Passito hat ausgezeichnete organoleptische Eigenschaften und der stille Weiße verteidigt sich mit intensiven Blumenaromen auf aromatischen Kräuternoten. Im Finale auch der intensive und elegante Rubermillo mit noch gegebener und gut holzdosierter Frucht. Sehr anhaltend im Gaumen.

○ Monemvasia Brut M. Cl.	4
● Barbera d'Asti Rubermillo '11	3*
○ Monemvasia	2
● M.to Rosso Fandamat '10	3
○ Monemvasia Passito '10	3
● M.to Rosso Rus '11	3
● Barbera del M.to Sup. Bricco Morlantino '10	2*
● Barbera del M.to Sup. Bricco Morlantino '09	2*
● Barbera del M.to Sup. Bricco Morlantino '08	2*
● M.to Rosso Rus '10	3
● M.to Rosso Rus '08	3
○ Monemvasia Passito '09	3
● Piemonte Grignolino La Capletta '10	2*

PIEMONT

Cascina Barisél
REG. SAN GIOVANNI, 30
14053 CANELLI [AT]
TEL. +39 0141824848
www.barisel.it

DIREKTVERKAUF
BESUCH NACH VORANMELDUNG
JAHRESPRODUKTION 35.000 Flaschen
REBFLÄCHE 4,5 Hektar

Dieser sich seit beinahe einem halben Jahrhundert im Besitz der Familie Penna befindliche Kleinbetrieb ist seit Jahren einer der zuverlässigsten und konstantesten im Asti-Gebiet. Die das Gutshaus auf stark kalkhaltigen Böden umgebenden Dolcetto- und Moscato-Rebstöcke sowie die in einigen Fällen über 70 Jahre alten Barbera-Rebstöcke sind gegen Süden ausgerichtet. Die eigenen Weinberge umfassen auch etwas mehr als eineinhalb Hektar mit Favorita in San Marzano Oliveto. Die Weine sind bemerkenswert gebietstypisch. Der Barbera d'Asti Superiore La Cappelletta bestätigt sich auch in der Version 2011 als eine der besten Etiketten der Weinart. Auf die reifen Schwarzfrucht- und Kakaoaromen folgt ein kraftvoller und wuchtiger, samtiger und saftiger Gaumen mit langem, straff säuregespanntem Abgang. Gut gelungen auch der etwas einfache, frische und harmonische Moscato d'Asti Canelli '13 mit typischen Salbeinoten und der ausgewogene und gut fruchtige Barbera d'Asti Superiore Listoria '12.

● Barbera d'Asti Sup. La Cappelletta '11	♥♥ 4
● Barbera d'Asti Sup. Listoria '12	♥♥ 2*
○ Moscato d'Asti Canelli '13	♥♥ 2*
● Barbera d'Asti '13	♥ 2
● Barbera d'Asti '12	♀♀ 2*
● Barbera d'Asti Sup. La Cappelletta '10	♀♀ 4
● Barbera d'Asti Sup. La Cappelletta '09	♀♀ 4
● Barbera d'Asti Sup. Listoria '11	♀♀ 2*
○ Moscato d'Asti Canelli '12	♀♀ 2*
○ Moscato d'Asti Canelli '11	♀♀ 2*

Cascina Ca' Rossa
LOC. CASCINA CA' ROSSA, 56
12043 CANALE [CN]
TEL. +39 017398348
www.cascinacarossa.com

DIREKTVERKAUF
BESUCH NACH VORANMELDUNG
JAHRESPRODUKTION 80.000 Flaschen
REBFLÄCHE 13 Hektar
WEINBAU Biologisch anerkannt

Mompissano, Audinaggio und Mulassa (zwischen Vezza d'Alba und Canale) sind zweifelsohne die bekanntesten und für den Betrieb von Angelo Ferrio bedeutsamsten Lagen. Der leidenschaftliche Winzer im Roero-Gebiet wird seit ein paar Jahren von Sohn Stefano bei der Kellerarbeit unterstützt. Mit einem (logischen und dynamischen) Bio-Ansatz, konstanter Qualität und der Verwendung gebietstypischer Trauben – Arneis, Nebbiolo und Barbera – gelingt es der Cascina Ca' Rossa, Weine mit großartigem Charakter und Finesse anzubieten, die die Terroirmerkmale bestens interpretieren. Die von Angelo Ferrio präsentierte Weinauswahl ist beachtlich. Der Roero Audinaggio '12 bestätigt sich großartig elegant, rein und frisch, mit einem köstlichen roten Waldbeerabgang. Der Roero Mompissano Riserva '11 mit Gewürz- und Lakriztnoten vor Jod- und Fruchttönen ist traditionsgemäß kraftvoller. Unter den besten der Weinart schließlich der Barbera d'Alba Mulassa '12, etwas einfach, aber frisch und gut fruchtig.

● Barbera d'Alba Mulassa '12	♥♥ 5
● Roero Audinaggio '12	♥♥ 5
● Roero Mompissano Ris. '11	♥♥ 5
● Langhe Nebbiolo '12	♥♥ 3
○ Roero Arneis Merica '13	♥ 3
● Barbera d'Alba Mulassa '04	♀♀♀ 4*
● Roero Audinaggio '07	♀♀♀ 5
● Roero Audinaggio '06	♀♀♀ 5
● Roero Audinaggio '01	♀♀♀ 5
● Roero Mompissano Ris. '10	♀♀♀ 5
● Roero Mompissano Ris. '07	♀♀♀ 6

PIEMONT

Cascina Chicco

VIA VALENTINO, 144
12043 CANALE [CN]
TEL. +39 0173979411
www.cascinachicco.com

DIREKTVERKAUF
BESUCH NACH VORANMELDUNG
JAHRESPRODUKTION 320.000 Flaschen
REBFLÄCHE 40 Hektar

Eine große Rebfläche mit Herz im Roero-Gebiet (von Canale, in der Lage Mompissano, über Vezza d'Alba, in der Lage Valmaggiore, und Castellinaldo bis Castagnito) und eine Dependance in Langa (in Monforte): So hat sich in diesen Jahren der Betrieb der Brüder Enrico und Marco Faccenda entwickelt, die gewöhnlich technisch ausgereifte, fruchtreiche und ziemlich stoffige Weine erzeugen. Eine große Etikettenauswahl mit hauptsächlich autochthonen Rebsorten: Nebbiolo, Barbera und Arneis. Cascina Chicco bleibt einer der besten Betriebe des Roero-Gebiets, wie die diesjährigen Resultate mit drei in unseren Finalrunden gelandeten Etiketten zeigen. Der Cuvée Zero Extra Brut Metodo Classico aus Nebbiolo-Trauben mit vielschichtigen Hefe- und Weißfruchtnoten, langem und feinem Abgang, ist intensiv und wesentlich. Der Roero Montespinato '12 verfügt über Gewürz- und Tabaktöne und eine üppige Tanninstruktur, während der Roero Valmaggiore Riserva '11 sich mehr mit fruchtigen Tönen und einem einfachen, aber gut fruchtfleischigen Gaumen ausdrückt.

○ Cuvée Zero Extra Brut M. Cl.	🍷🍷 3*
● Roero Montespinato '12	🍷🍷 3*
● Roero Valmaggiore Ris. '11	🍷🍷 4
● Barbera d'Alba Bric Loira '12	🍷🍷 4
● Barbera d'Alba Granera Alta '13	🍷🍷 2*
● Nebbiolo d'Alba Mompissano '12	🍷🍷 3
○ Roero Arneis Anterisio '13	🍷🍷 2*
● Barbera d'Alba Bric Loira '98	🍷🍷🍷 4*
● Barbera d'Alba Bric Loira '97	🍷🍷🍷 4*
● Nebbiolo d'Alba Mompissano '99	🍷🍷🍷 3*
● Nebbiolo d'Alba Mompissano '11	🍷🍷 3

Cascina Corte

FRAZ. SAN LUIGI
B.TA VALDIBERTI, 33
12063 DOGLIANI [CN]
TEL. +39 0173743539
www.cascinacorte.it

DIREKTVERKAUF
BESUCH NACH VORANMELDUNG
UNTERKUNFT
JAHRESPRODUKTION 30.000 Flaschen
REBFLÄCHE 5 Hektar
WEINBAU Biologisch anerkannt

Der kleine Betrieb entsteht aus der Liebe zweier junger Eheleute, Sandro Barosi und Amalia Battaglia, für das Land und ihrem Entschluss heraus, kurz vor der Jahrtausendwende Winzer zu werden. Seither folgte auf der Suche nach höchster Natürlichkeit und der präzisen Persönlichkeit jeder Rebsorte in jedem Jahrgang eine neue Lebenserfahrung der anderen. Das Hauptinteresse gilt dem Dogliani, insbesondere dem exquisiten Pirochetta Vecchie Vigne, aber alle Etiketten sind faszinierend und gut trinkbar. Der Dogliani Superiore Pirochetta Vecchie Vigne '12 hält in unsere Finalrunden Einzug. Er entfaltet Rotbeer-, Kakao- und Cedratholzempfindungen; im Mund dicht, aber gleichzeitig agil und saftig, mit einem langen und gut ausgewogenen Abgang. Gut auch der Jahrgangs-Dogliani, bei dem sich Rotfruchtempfindungen mit einer frischen zitrusfruchtigen Ader abwechseln. Im Mund maßvoll mit einer gut integrierten Tanninstruktur und einem starken Abgang.

● Dogliani Sup. Pirochetta V. V. '12	🍷🍷 3*
● Dogliani '13	🍷🍷 3
⊙ Matilde Rosato	🍷 2
● Langhe Barbera '12	🍷 3
● Dogliani Vecchie V. Pirochetta '08	🍷🍷🍷 3*
● Barnedòl	🍷🍷 4
● Dogliani Pirochetta V. V. '10	🍷🍷 3
● Dogliani Sup. Pirochetta V. V. '11	🍷🍷 3*
● Langhe Barbera '11	🍷🍷 3
● Langhe Nebbiolo '11	🍷🍷 3

PIEMONT

Cascina Cucco

LOC. CUCCO
VIA MAZZINI, 10
12050 SERRALUNGA D'ALBA [CN]
TEL. +39 0173613003
www.cascinacucco.com

DIREKTVERKAUF
BESUCH NACH VORANMELDUNG
JAHRESPRODUKTION 70.000 Flaschen
REBFLÄCHE 12 Hektar

Von der Familie Stroppiana vor beinahe 20 Jahren zu neuem Leben erweckt präsentiert sich Cascina Cucco als schöne Schatztruhe, in der kostbare Fässer verwahrt und große Lokale der Vinifizierung und den Besuchern gewidmet sind. Die insgesamt 12 Hektar Rebfläche befinden sich beinahe alle in der Gemeinde Serralunga d'Alba, in der Lage, die dem Betrieb seinen Namen gibt und im anderen renommierten Weinberg Cerrati und einem kleinen mit Barbera bestockten Anhang in Roddi d'Alba. Der Weinstil ist willentlich klassisch, mit nie zu strukturierten, aber in erster Linie fruchtigen Weinen. Die Weinauswahl von Cascina Cucco nähert sich der höchsten Anerkennung mit dem Barolo Cerrati Vigna Cucco 2010: elegant und vielschichtig bewegt er sich zwischen Heilkräuter-, süßen Tabak-, Veilchen- und Goudrontönen mit abgerundetem Tannin und einem würzigen und anhaltenden Abgang. Sehr interessant der Barbera d'Alba Superiore 2012, dicht und facettenreich, mit originellen Rotfruchtkonfitüre- und Ledertönen. Noch ein wenig introvertiert der Barolo Cerrati 2010.

● Barbera d'Alba Sup. '12	🍷🍷 4
● Barolo Cerrati '10	🍷🍷 6
● Barolo Cerrati V. Cucco '10	🍷🍷 7
● Barolo del Comune di Serralunga d'Alba '10	🍷🍷 5
● Langhe Rosso Mondo '12	🍷🍷 4
● Barbera d'Alba '13	🍷 2
● Dolcetto d'Alba '13	🍷 2
○ Langhe Chardonnay '13	🍷 3
● Langhe Nebbiolo '13	🍷 3
● Barbera d'Alba Sup. '09	🍷🍷 4
● Barolo Cerrati '09	🍷🍷 6
● Barolo Cerrati '08	🍷🍷 6
● Barolo Cerrati V. Cucco '09	🍷🍷 7
● Barolo Cerrati V. Cucco '07	🍷🍷 6
● Barolo di Serralunga '07	🍷🍷 5

Cascina del Monastero

FRAZ. ANNUNZIATA
CASCINA LUCIANI, 112A
12064 LA MORRA [CN]
TEL. +39 0173509245
www.cascinadelmonastero.it

DIREKTVERKAUF
UNTERKUNFT
JAHRESPRODUKTION 40.000 Flaschen
WEINBAU Biologisch anerkannt

Auch wenn Cascina del Monastero erst 1990 entsteht, als Giuseppe und Federico Grasso den Betrieb des Vaters Silvio teilen und jeder seinen eigenen Weg geht, bauten die Benediktiner in diesem Winkel der Annunziata schon vor den napoleonischen Eroberungen Nebbiolo an. Mit Unterstützung seiner Frau Velda kultiviert Giuseppe ca. 12 Hektar Rebfläche: 7 an einem Stück in Perno di Monforte und 5 in La Morra (Bricco Luciani und Bricco Rocca für den Riund). Die Ausbaumethoden mit slawonischen Eichenfässern, Barriquen und Tonneaus ermöglichen es nicht, die Weine in einen vorbestimmten Stil zu zwängen. Verdient in den Drei-Gläser-Finalrunden der raffinierte und elegante Bricco Luciani mit seiner majestätischen Nase, in der Veilchen- und Walderdbeeraromen und eine üppige und ausgewogene Tanninstruktur wahrgenommen werden. Ihm in sicher nichts nachstehend der Riserva Riund 2008 mit großartiger Finesse und genussreicher Süße der Barolos dell'Annunziata.

● Barolo Bricco Luciani '10	🍷🍷 6
● Barolo Riund Ris. '08	🍷🍷 7
● Barbera d'Alba Leprié '10	🍷🍷 2*
● Barolo Perno '10	🍷🍷 5
● Langhe Rosso Sarset '10	🍷 3
● Barbera d'Alba Parroco '10	🍷🍷 3
● Barolo Bricco Luciani '09	🍷🍷 5
● Barolo Perno '09	🍷🍷 5
● Barolo Riund Ris. '07	🍷🍷 7

PIEMONT

Cascina Fonda
LOC. CASCINA FONDA, 45
12056 MANGO [CN]
TEL. +39 0173677877
www.cascinafonda.com

DIREKTVERKAUF
BESUCH NACH VORANMELDUNG
UNTERKUNFT
JAHRESPRODUKTION 110.000 Flaschen
REBFLÄCHE 10 Hektar

Der 1988 gegründete Winzerbetrieb der Brüder Marco und Massimo Barbero verfügt über 10 Hektar eigene Rebfläche, die hauptsächlich mit Moscato bebaut ist, zu der sich andere autochthone Weinreben gesellen. Die Weinberge liegen in den Gemeinden Mango und Neive in ca. 450 Meter Höhe und umfassen zwischen 35 und 60 Jahre alte Pflanzen. Die erzeugten Weine zeichnen sich durch große Frische aus und spielen mehr mit Eleganz als mit Opulenz. Sie zielen auf Annehmlichkeit und Trinkbarkeit ab. Wahrhaft gelungen der Moscato Spumante Tardivo '12 mit Zitrusfrucht- und Pfirsichnoten, in der Nase mit Moos nuanciert und am Gaumen süß, aber ausgewogen, gut säuregestützt mit langem und aromatisch angenehmem Finale. Gut gemacht auch der aromatisch frische Asti Spumante Bel Piasì '13 mit Aromakräuter- und Weißfruchttönen, der harmonische Moscato d'Asti Bel Piano '13 mit Tropenfruchtaromen und der Barbaresco Bertola '10 mit guter Struktur und Spannung.

○ Moscato Spumante Tardivo '12	🍷🍷 3*
○ Asti Spumante Bel Piasì '13	🍷🍷 2*
● Barbaresco Bertola '10	🍷🍷 5
○ Moscato d'Asti Bel Piano '13	🍷🍷 2*
⊙ Giò Rosé '13	🍷 2
○ La Tardja '12	🍷 3
● Piemonte Brachetto Bel Roseto '13	🍷 3
○ Asti Bel Piasì '11	🍷🍷 2*
○ Asti Spumante Bel Piasì '12	🍷🍷 2*
○ Moscato d'Asti Bel Piano '12	🍷🍷 2*
○ Moscato Spumante Tardivo '11	🍷🍷 3
○ Moscato Spumante Tardivo '10	🍷🍷 3

Cascina Fontana
LOC. PERNO
VIA DELLA CHIESA, 2
12065 MONFORTE D'ALBA [CN]
TEL. +39 0173789005
www.cascinafontana.com

DIREKTVERKAUF
BESUCH NACH VORANMELDUNG
JAHRESPRODUKTION 20.000 Flaschen
REBFLÄCHE 5 Hektar

Mario Fontana ist es gewohnt, ohne viel Firlefanz oder revolutionäre Ambitionen auf das Wesentliche zu achten. Seine Flaschen müssen die im Weinberg getätigte Arbeit präzise zum Ausdruck bringen, im Keller muss die Lese ohne irgendwelche Umwälzungen nur in Wein verwandelt werden. Also nur Stahl und slawonische Eiche. Und auch die Trauben müssen der lokalen Tradition entsprechen, daher ausschließlich Nebbiolo, Barbera und Dolcetto. Hieraus ergeben sich 4 genussreiche Etiketten, die direkter Ausdruck der Traube sind.
Blindverkostungen sind frei von Vorurteilen und Beeinflussungen. Und deshalb ist die Begeisterung umso größer, wenn ein neuer und kaum bekannter Betrieb überrascht. Der Barolo 2010 von Cascina Fontana ist reine Harmonie mit typischen Veilchen-, Minze- und Goudronaromen und einer vollmundigen Trinkreife, wo prägnante, aber verführerische Gerbstoffe mit einer spritzigen und würzigen Säure verschmelzen. Mehr als nur interessant auch der Barolo 2009.

● Barolo '10	🍷🍷🍷 7
● Barolo '09	🍷🍷 7
● Barbera d'Alba '12	🍷🍷 5
● Barbera d'Alba '11	🍷🍷 5
● Dolcetto d'Alba '13	🍷 3
● Langhe Nebbiolo '12	🍷 5
● Langhe Nebbiolo '11	🍷 5
● Barolo '08	🍷🍷 7
● Dolcetto d'Alba '11	🍷🍷 3
● Langhe Nebbiolo '10	🍷🍷 4

PIEMONT

Cascina Gilli
via Nevissano, 36
14022 Castelnuovo Don Bosco [AT]
Tel. +39 0119876984
www.cascinagilli.it

DIREKTVERKAUF
BESUCH NACH VORANMELDUNG
JAHRESPRODUKTION 120.000 Flaschen
REBFLÄCHE 17 Hektar

Gianni Vergnano ist zweifelsohne einer der überzeugtesten und leidenschaftlichsten Interpreten der gebietstypischen, aber beinahe vergessenen Freisa und Malvasia von Castelnuovo. Die realisierten Weine sind ein Prüfstein für die Definition der beiden Typologien und interpretieren das Gebiet authentisch. Neben diesen beiden Trauben sehen die Weinberge zwischen den Gemeinden Castelnuovo Don Bosco und Passerano Marmorito die Präsenz von Barbera, Bonarda und Chardonnay (einziges Zugeständnis an internationale Rebsorten). Gut gemacht alle vorgestellten Weine. Sehr typisch der Freisa d'Asti Il Forno '13 mit Pfeffer- und Blumennoten gefolgt von Granatapfelnuancen und gespanntem und etwas strengem Gaumen. Dieselben aromatischen Töne hat der Freisa d'Asti Frizzante Luna di Maggio '13, jedoch mit einem harmonischen Gaumen und fertiger Trinkreife. Erwähnenswert auch der Malvasia di Castelnuovo Don Bosco '13, fruchtig und richtig süß.

● Barbera d'Asti Le More '12	🏆 2*
● Freisa d'Asti Frizzante Luna di Maggio '13	🏆 2*
● Freisa d'Asti Il Forno '13	🏆 2*
● Malvasia di Castelnuovo Don Bosco '13	🏆 2*
● Piemonte Bonarda Sernù '11	🏆 2*
● Barbera d'Asti Le More '11	🏅 2*
● Freisa d'Asti Arvelé '10	🏅 3
● Freisa d'Asti Frizzante Luna di Maggio '12	🏅 2*
● Freisa d'Asti Il Forno '11	🏅 2*

Cascina Giovinale
s.da San Nicolao, 102
14049 Nizza Monferrato [AT]
Tel. +39 0141793005
www.cascinagiovinale.com

DIREKTVERKAUF
BESUCH NACH VORANMELDUNG
JAHRESPRODUKTION 25.000 Flaschen
REBFLÄCHE 7 Hektar

Der Betrieb von Bruno Ciocca und Anna Maria Solaini ist eine kleine und solide Realität im Asti-Gebiet. Sämtliche Weinberge liegen im Nizza-Gebiet auf dem Hügel San Nicolao, wo auch der Keller steht, und sind hauptsächlich mit Barbera bestockt, dazu gesellen sich kleine Mengen Dolcetto, Cabernet Sauvignon, Cortese und Moscato. Die Weinberge liegen auf kalkhaltigen, sandigen Böden und sind nach Südsüdwesten ausgerichtet. Die angebotenen Weine sind von bemerkenswerter Aromapräzision und streben nach Eleganz und reicher Frucht. Dieses Jahr mundete uns insbesondere der Barbera d'Asti Superiore '10 mit seinem breiten und intensiven Bukett und im Vordergrund schönen Kina- und Feuchterdenoten, gefolgt von herrlicher Frucht, großartig strukturiertem Gaumen, feinen Gerbstoffen, ausgewogen und saftig. Interessant auch der Barbera d'Asti Superiore Nizza Anssèma '11 mit in der Nase Brombeer-, Kina- und Kakaonoten, aber auch viel Holz, im Gaumen sehr tanninhaltig und an der Grenze der Überextrahierung.

● Barbera d'Asti Sup. '10	🏆 2*
● Barbera d'Asti Sup. Nizza Anssèma '11	🏆 3
● Barbera d'Asti Sup. '09	🏅 2*
● Barbera d'Asti Sup. Nizza Anssèma '10	🏅 3*
● Barbera d'Asti Sup. Nizza Anssèma '09	🏅 3*
● Barbera d'Asti Sup. Nizza Anssèma '08	🏅 4
● Barbera d'Asti Sup. Nizza Anssèma '07	🏅 4
● Barbera d'Asti Sup. Nizza Anssèma '06	🏅 4*
● Barbera d'Asti Sup. Nizza Anssèma '05	🏅 4
● Barbera d'Asti Sup. Nizza Anssèma '04	🏅 4

La caplana

Tatsächlich beschäftigt sich die Familie Guido schon seit dem letzen Jahrhundert mit dem Weinanbau und der Weinerzeugung. Dank der Stockveredelungstechnik retteten im Jahre 1925 unsere Großväter die Weinberge des antikes Landgutes Vignavecchia vor der schrecklichen Rebenkrankhei "Filossera vastatrix". Trotz der Verlockungen der Industrie und der zunehmenden
Landflucht in den 60-er Jahren setzte unser Großvater unbeirrt seine landwirtschaftliche Arbeit und den Weinanbau fort.
Unsere Weinberge, auf den höchsten Hügeln liegend und zur Erzeugung von "Gavi" und "Dolcetto d'Ovada" genutzt, sind wegen des starken Geländegefälles äußerst schwer zu bebauen Doch dank dieser besonderen Beschaffenheit des Gebietes, dem vorhandenen Lehmboden und den über dreiBig Jahre alten Weinbergen haben unsere Weine eine eigene Charakteristik von Fülle und aromatischer Würze Heute führen die Söhne mit Ackerbau und Weinanbaukundestudium die Familientradition fort. Sie verbinden Erfahrunge mit modernen Techniken (Kelterung, Kühlung, sterilisierte Flaschenabfüllung) und haben damit zwei neue Weinsorten geschaffen:

La caplana e *Antico Podere di* **VIGNAVECCHIA**

LA CAPLANA di Guido Natalino s.a.s. & C.
Via Circonvallazione 4 - 15060 Bosio (AL) - Italia
Tel. 0143/684182 - Fax 0143/684571
lacaplana@libero.it

PIEMONT

★★ Cascina La Barbatella

S.DA ANNUNZIATA, 55
14049 NIZZA MONFERRATO [AT]
TEL. +39 0141701434
www.labarbatella.com

DIREKTVERKAUF
BESUCH NACH VORANMELDUNG
JAHRESPRODUKTION 22.000 Flaschen
REBFLÄCHE 4 Hektar

Der Familie Perego ist es in diesen Jahren gelungen, die historische Arbeit von Angelo Sonvico weiterzuführen und dem Betrieb zugleich ein eigenes Gesicht zu geben. Die Weinberge sind in einem natürlichen Amphitheater rund um den Betriebsstandort auf sand- und kalkhaltigen Böden angeordnet und hauptsächlich mit Barbera, aber auch Cabernet Sauvignon, Pinot Nero, Cortese und Sauvignon bestockt. Die stilistisch modernen Spitzenweine des Betriebs sind unter den besten Interpretationen der Barbera und der Union dieser mit internationalen Rebsorten. Mit der Weinlese 2011 gehen wieder Drei Gläser an den Barbera d'Asti Superiore Nizza La Vigna dell'Angelo. Elegant, mit reifen Rotfrucht-, Tabak-, Trockenkräuter- und Lakritztönen, einem samtigen Gaumen, saftig, weich, ohne Zusprüche an süße Töne, aber bemerkenswert säurefrisch für einen sehr angenehmen Abgang. Der Monferrato Rosso Ruanera '11 ist ein Blend aus Barbera, Cabernet Sauvignon und Pinot Nero, mit langem, fleischigem Abgang und ausgeprägten Ribiselnoten.

● Barbera d'Asti Sup. Nizza V. dell'Angelo '11	♛♛♛ 5
● M.to Rosso Ruanera '11	♛♛ 2*
● Barbera d'Asti La Barbatella '12	♛♛ 3
○ M.to Bianco Noè '12	♛♛ 3
● Barbera d'Asti Sup. Nizza V. dell'Angelo '07	♛♛♛ 5
● M.to Rosso Sonvico '09	♛♛♛ 6
● M.to Rosso Sonvico '06	♛♛♛ 5
● M.to Rosso Sonvico '04	♛♛♛ 5
● M.to Rosso Sonvico '03	♛♛♛ 5

Cascina La Maddalena

FRAZ. SAN GIACOMO
LOC. PIANI DEL PADRONE, 257
15078 ROCCA GRIMALDA [AL]
TEL. +39 0143876074
www.cascina-maddalena.com

DIREKTVERKAUF
BESUCH NACH VORANMELDUNG
UNTERKUNFT
JAHRESPRODUKTION 25.000 Flaschen
REBFLÄCHE 4 Hektar

Cascina La Maddalena ist dank ihrer Produkte, die Ausdruck der im Weinberg und im Keller gesammelten Erfahrung sind, seit Langem eine konsolidierte Realität von Ovada. Im Mittelpunkt stehen die roten Trauben Barbera, Dolcetto und Merlot. Die drei Rebsorten werden sortenrein und assembliert als Decima Vendemmia angeboten. Die gesamte Produktionskette geniest größte Aufmerksamkeit. Das Ausdünnen, Handlesen und Aussortieren der Trauben machen es möglich, dass in den Keller nur perfekte Trauben eingebracht werden. Moderne Weinbaugeräte und die Verwendung von Barriquen für den Ausbau runden die Persönlichkeit dieser gebietsverbundenen, modernen Produkte ab. Zwei Dolcettos di Ovada und ein Barbera kämpfen um den ersten Platz in der Weinauswahl. Der Bricco del Bagatto präsentiert sich mit intensiven Fruchtaromen, die schnell in Kina- und Kakaonoten umschlagen, am Gaumen kraftvoll und wuchtig, verlangt aber noch nach Flaschenausbau. Unmittelbarer der Dolcetto Base mit überschwänglicher Frucht, während der Rossa d'Ocra ein großartig konsistenter Barbera mit leicht rustikalen, aber charaktervollen Merkmalen ist.

● Rossa d'Ocra	♛♛ 2*
● Dolcetto di Ovada '13	♛♛ 2*
● Dolcetto di Ovada Bricco del Bagatto '13	♛♛ 2*
● Bricco della Maddalena	♛ 4
● Pian del Merlo	♛ 2
● Barbera del M.to Rossa d'Ocra '11	♛♛ 2*
● Dolcetto di Ovada '12	♛♛ 2*
● Dolcetto di Ovada '11	♛♛ 2
● Dolcetto di Ovada '10	♛♛ 2*
● Dolcetto di Ovada Bricco del Bagatto '12	♛♛ 3
● Dolcetto di Ovada Bricco del Bagatto '11	♛♛ 3
● Dolcetto di Ovada Bricco del Bagatto '09	♛♛ 2*
● Dolcetto di Ovada Migulle '09	♛♛ 4
● M.to Rosso Pian del Merlo '10	♛♛ 3

PIEMONT

Cascina Montagnola
S.DA MONTAGNOLA, 1
15058 VIGUZZOLO [AL]
TEL. +39 3480742701
www.cascinamontagnola.com

DIREKTVERKAUF
BESUCH NACH VORANMELDUNG
JAHRESPRODUKTION 30.000 Flaschen
REBFLÄCHE 10 Hektar

Cascina Montagnola befindet sich in Viguzzolo, östlich von Tortona, wo die Hügel sanfter abfallen, bevor sie in Richtung Oltrepò Pavese wieder ansteigen. 10 Hektar Rebfläche auf kalk- und tonhaltigem Boden mit Südwestausrichtung. Verwendete Rebsorten: Timorasso, Cortese, Chardonnay und Sauvignon Blanc für die Weißweine, Barbera, Croatina und Merlot für die Rotweine. Die Produktion zählt bis heute ca. 10 Etiketten, die sich je nach Jahrgang und Ausbauzeiten bei der Verkostung abwechseln. Morasso strebt mit einem ausgezeichneten Jahrgang 2012, der die Jugend und Virilität dieses Timorasso hervorhebt, auch in diesem Jahr die Drei Gläser an. Von strohgelber Farbe mit grünlichen Reflexen, in der Nase Limetten- und frische Kräuteraromen, die sich über die mineralischen Noten und einen intensiven Gaumen legen, der im Finale der Säurefrische Platz lässt. Gut gemacht und korrekt alle Weine der Weinauswahl.

○ Colli Tortonesi Timorasso Morasso '12	4
● Margherita	3
● Colli Tortonesi Barbera Trelustri '11	4
○ Colli Tortonesi Cortese Dunin '13	2
● Colli Tortonesi Barbera Amaranto '11	2*
● Colli Tortonesi Barbera Rodeo '10	5
● Colli Tortonesi Barbera Rodeo '09	5
○ Colli Tortonesi Cortese Dunin '12	2*
● Colli Tortonesi Croatina Donaldo '11	3
○ Colli Tortonesi Timorasso Derthona '10	3*
○ Colli Tortonesi Timorasso Morasso '11	4
○ Colli Tortonesi Timorasso Morasso '09	4

Cascina Morassino
S.DA BERNINO, 10
12050 BARBARESCO [CN]
TEL. +39 0173635149
morassino@gmail.com

DIREKTVERKAUF
BESUCH NACH VORANMELDUNG
JAHRESPRODUKTION 20.000 Flaschen
REBFLÄCHE 4,5 Hektar

Mario und Roberto Bianco führen mit sicherer Hand diesen kleinen Familienbetrieb, der Jahr um Jahr seine unzweifelhafte konstante Qualität bestätigt. Die Lage Ovello, eine der prestigevollsten und berufensten des gesamten Barbaresco-Gebiets, trägt zur Exzellenz dieses Winzers bei, der mit den angebotenen Etiketten eine ausgesprochen schätzenswerte stilistische Kohärenz zeigt. Die Preispolitik ist sehr vernünftig und das ist ein weiteres Plus, warum dieser Keller zu den zuverlässigsten des Gebiets zählt. Der Barbaresco Ovello 2011 zeigt sich überschwänglich und facettenreich im Geruch, mit Gewürz-, Rotbeeren- und Mentholnuancen; im Mund noch ein wenig streng, mit entschlossenen, jedoch beherrschten Gerbstoffen, die der Länge des Abgangs nichts anhaben. Der unmittelbarere Barbaresco Morassino 2011 ist typisch und aromatisch gut definiert, mit unbeständiger und integrierter Tanninstruktur.

● Barbaresco Ovello '11	6
● Barbaresco Morassino '11	5
● Barbaresco Morassino '09	5
● Barbaresco Morassino '05	5
● Barbaresco Ovello '10	6
● Barbaresco Ovello '09	6
● Barbaresco Ovello '08	6
● Barbaresco Ovello '07	6
● Barbaresco Ovello '06	6
● Barbera d'Alba Vignot '07	4*

PIEMONT

Cascina Pellerino
LOC. SANT'ANNA, 93
12043 MONTEU ROERO [CN]
TEL. +39 0173978171
www.cascinapellerino.com

DIREKTVERKAUF
BESUCH NACH VORANMELDUNG
JAHRESPRODUKTION 50.000 Flaschen
REBFLÄCHE 7 Hektar

Der von Familie Bono gegründete Betrieb wird heute vom Sohn Cristiano und dem Gesellschafter Roberto Ghione geleitet und ist seit Jahren Bezugspunkt im Roero-Gebiet. Die beiden Gesellschafter produzieren ausgeprägt moderne Weine, die sich durch eine präzise Technik und Trinkbarkeit auszeichnen. Die in verschiedenen Gemeinden – Monteu Roero, Canale, Santo Stefano Roero, Vezza d'Alba – liegenden Weinberge sehen die Präsenz autochthoner Rebsorten – Arneis, Favorita, Barbera und Nebbiolo – und einiger internationaler Rebsorten wie Cabernet Franc für den Langhe Rosso, oder Chardonnay und Pinot Nero für den Spumante Metodo Classico. Dieses Jahr hat uns der balsamisch und fruchtig nuancierte Roero Vigna del Padre Riserva '11 mit Kina- und Tabaknoten besonders gut gemundet; am Gaumen gut saftig und stoffig, würzig, satt und noch jung, abzuwarten. Gut gemacht der Rest der präsentierten Auswahl, erwähnenswert der Barbera d'Alba Gran Madre '12, mit Unterholzaromen und einem etwas rauen, aber frischen und fruchtigen Gaumen.

- Roero Vigna del Padre Ris. '11 — 5
- Poch ma Bon Passito — 6
- Barbera d'Alba Gran Madre '12 — 4
- Roero Arneis Boneur '13 — 3
- Brut M. Cl. — 4
- Langhe Nebbiolo Giacomo '13 — 3
- Roero Arneis Atipico '13 — 3
- Barbera d'Alba Diletta '11 — 3
- Barbera d'Alba Sup. Gran Madre '11 — 5
- Langhe Favorita Lorena '10 — 2*
- Roero André '10 — 3
- Roero V. del Padre Ris. '10 — 5
- Roero Vicot '11 — 4
- Roero Vigna del Padre '09 — 5

Cascina Salicetti
VIA CASCINA SALICETTI, 2
15050 MONTEGIOCO [AL]
TEL. +39 0131875192
www.cascinasalicetti.it

DIREKTVERKAUF
BESUCH NACH VORANMELDUNG
JAHRESPRODUKTION 25.000 Flaschen
REBFLÄCHE 16 Hektar

Anselmo Franzosi, Kellermeister, ist Erbe einer Landwirtschaftsgeschichte mit mehreren Generationen. Heute leitet er die 42 betrieblichen Hektar, 16 davon eigene Rebfläche, mit Professionalität und Kompetenz. Die Rebsorten sind Timorasso und Cortese für Weißweine und Barbera, Dolcetto und Bonarda Piemontese für Rotweine. Der Betrieb ist auch Teil der Genossenschaft Consorzio Piemonte Obertengo, die sich seit 1999 für das Wachstum der Betriebe in den Tälern Curone, Grue und Ossona einsetzt. Hochwertige Weinauswahl der Cascina Salicetti, die sich mit einer ziemlich intriganten Version des Ombra di Luna präsentiert. Intensiv strohfarben, in der Nase mit frischen Kräuteraromen und Mineralnoten, in der Geschmacksphase hingegen Körper und Persistenz. Der Morganti, kraftvoll und wuchtig wie immer, bringt ein schönes Kirscharoma auf süßen Kräutern zur Geltung, am Gaumen gut strukturiert mit einem an die Säure und den Holzausbau gebundenen Finale. Der Croatina Risulò verfügt über gute Sortenmerkmale.

- Colli Tortonesi Barbera Morganti '12 — 4
- Colli Tortonesi Croatina Risulò '12 — 4
- Colli Tortonesi Timorasso Ombra di Luna '12 — 4
- Colli Tortonesi Cortese Montarlino '13 — 4
- Colli Tortonesi Barbera Morganti '10 — 2*
- Colli Tortonesi Barbera Punta del Sole '07 — 4
- Colli Tortonesi Cortese Montarlino '12 — 2*
- Colli Tortonesi Timorasso Derthona '07 — 3*
- Colli Tortonesi Timorasso Ombra di Luna '11 — 3*
- Colli Tortonesi Timorasso Ombra di Luna '10 — 3
- Colli Tortonesi Timorasso Ombra di Luna '08 — 4
- Colli Tortonesi Timorasso Principio '10 — 3

PIEMONT

Cascina Val del Prete

S.DA SANTUARIO, 2
12040 PRIOCCA [CN]
TEL. +39 0173616534
www.valdelprete.com

DIREKTVERKAUF
BESUCH NACH VORANMELDUNG
JAHRESPRODUKTION 55.000 Flaschen
REBFLÄCHE 13 Hektar
WEINBAU Biologisch anerkannt

Seit 1995 wird Cascina Val del Prete von Mario Roagna geführt, der ab 2005 sowohl den Weinberg als auch den Keller nach biodynamischen Grundsätzen führt. Der Keller ist von einem herrlichen natürlichen Amphitheater mit Weinbergen in ca. 200 Meter Höhe umgeben, wo die für das Roero-Gebiet typischen Rebsorten angebaut sind: Arneis, Barbera und Nebbiolo. Die erzeugten Weine versuchen durch Fruchtfülle und bemerkenswerte Struktur eine treue Gebietsinterpretation zu vermitteln, vor allem was die Roten auf Nebbiolo-Basis betrifft. Eine Bestätigung kommt vom Nebbiolo d'Alba Vigna di Lino '11, der trotz einer gewissen, auf die Holzbelegung zurückzuführenden würzigen Süße intensiv und fein in der Nase und am Gaumen gut strukturiert, saftig und fruchtreich ist, und vom Roero '10, bei dem auf Rotfruchtnoten ein schmackhafter und bemerkenswert langer Gaumen folgt und der uns im Vergleich zum titulierteren, aber weniger rassigen Bricco Medica '11 besser gemundet hat. Gut gemacht die beiden präsentierten Barberas d'Alba.

● Nebbiolo d'Alba V. di Lino '11	🍷🍷 4
● Roero '10	🍷🍷 6
● Barbera d'Alba Serra de' Gatti '13	🍷🍷 3
● Barbera d'Alba Sup. Carolina '12	🍷🍷 5
● Roero Bricco Medica '11	🍷🍷 5
○ Roero Arneis Luèt '13	🍷 2
● Roero '04	🍷🍷🍷 6
● Roero '03	🍷🍷🍷 6
● Roero '01	🍷🍷🍷 6
● Roero '00	🍷🍷🍷 6
● Roero '09	🍷🍷 6
● Roero '08	🍷🍷 6
● Roero '07	🍷🍷 6
● Roero Bricco Medica '09	🍷🍷 5

Francesca Castaldi

VIA NOVEMBRE, 6
28072 BRIONA [NO]
TEL. +39 0321826045
www.cantinacastaldi.it

DIREKTVERKAUF
BESUCH NACH VORANMELDUNG
JAHRESPRODUKTION 10.000 Flaschen
REBFLÄCHE 6 Hektar

Das kleine Dorf Briona ist der letzte südliche Ausläufer des berühmten Moränehügels im Novara-Gebiet, dort wo die Hochebene zu den ersten Reisfeldern abfällt. Und hier liegt das Hauptquartier der Geschwister Francesca und Giuseppe Castaldi, die 1997 beschlossen, ihre Weinberge von Pianazze, Val Ceresole und Belvedere in Ordnung zu bringen, um die Früchte schließlich in Faschen abzufüllen. Es sind ca. 6 mit Nebbiolo, Vespolina, Barbera und Erbaluce umweltfreundlich bebaute Hektar für eine kleine, aber kohärente Palette, die insbesondere von Liebhabern gebietsgebundener, luftiger und grundsätzlicher Weine geschätzt wird. Den Kunden von Francesca Castaldi wird zwar immer mehr Auswahl geboten, die Diamantspitze bleibt jedoch der Fara. In der Version 2010 entdecken wir eine in gewisser Hinsicht unbekannte Seite mit tertiären Kina- und kandierten Zitrusfruchtempfindungen, die auf eine schlanke und vollendete Silhouette hinweisen und sich eher auf Geschmack als Restextraktvolumen stützt.

● Fara '10	🍷🍷 5
● Crepuscolo	🍷🍷 4
● Colline Novaresi Vespolina Nina '13	🍷🍷 3
● Pianazze	🍷 3
○ Colline Novaresi Bianco Lucia '13	🍷 3
⊙ Colline Novaresi Rosato Rosa Alba '13	🍷 3
● Colline Novaresi Barbera Martina '10	🍷🍷 2*
○ Colline Novaresi Bianco Lucia '11	🍷🍷 2*
● Colline Novaresi Nebbiolo Bigin '11	🍷🍷 3
● Colline Novaresi Uva Rara Valceresole '12	🍷🍷 3
● Colline Novaresi Vespolina Nina '12	🍷🍷 3
● Fara '09	🍷🍷 5
● Fara '08	🍷🍷 3*

PIEMONT

Castellari Bergaglio
Fraz. Rovereto, 136
15066 Gavi [AL]
Tel. +39 0143644000
www.castellaribergaglio.it

DIREKTVERKAUF
BESUCH NACH VORANMELDUNG
JAHRESPRODUKTION 90.000 Flaschen
REBFLÄCHE 12 Hektar

Mario Bergaglio (vor allem im Weinberg tätig) und Sohn Marco (für Keller und kommerziellen Bereich zuständig) repräsentieren die letzten Generationen in Castellari Bergaglio, einem historischen Bezugsbetrieb für Weiße auf Grundlage der Cortese di Gavi. Dieser Rebsorte sind ganze sieben Etiketten gewidmet: Der Salluvii ist in vielerlei Hinsicht der „Basiswein", Fornaci und Rolona bringen die unterschiedlichen Böden und Ausrichtungen der Standorte Tassarolo und Gavi zum Ausdruck, der Roverto spielt mit der Kaltvergärung und die älteste Rebsorte, der Pilin, reift nach einer verzögerten Lese in Holz. Nicht zu vergessen der Metodo Classico Ardé und der Passito Gavium. Wie immer haben wir die Qual der Wahl in einer entschieden guten Aufstellung. Unsere Vorliebe gilt dem nur noch von einigen spritzigen Spuren in seiner geräucherten und tropischen Entwicklung gehemmten Gavi Rolona '13, aber vor allem dem runderen und horizontaleren, lebhaften und persistenten Gavi Roverto.

○ Gavi del Comune di Gavi Rolona '13	♛♛ 3*
○ Gavi del Comune di Gavi Roverto Vignavecchia '12	♛♛ 3*
○ Gavi Fornaci '13	♛♛ 2*
○ Gavi Pilin '12	♛♛ 5
○ Gavi Salluvii '13	♛♛ 2*
○ Gavi del Comune di Gavi Rolona '12	♛ 3
○ Gavi del Comune di Gavi Rolona '11	♛ 3*
○ Gavi del Comune di Gavi Roverto Vignavecchia '10	♛ 3
○ Gavi del Comune di Tassarolo Fornaci '10	♛ 2
○ Gavi Pilin '11	♛ 5
○ Gavi Salluvii '12	♛ 2*

Castello di Gabiano
via Defendente, 2
15020 Gabiano [AL]
Tel. +39 0142945004
www.castellodigabiano.com

DIREKTVERKAUF
BESUCH NACH VORANMELDUNG
UNTERKUNFT UND GASTRONOMIE
JAHRESPRODUKTION 100.000 Flaschen
REBFLÄCHE 20 Hektar

Das herrliche Schloss Castello di Gabiano ist unter anderem auch das Wahrzeichen einer der kleinsten Denominationen Italiens. Die Denomination DOC Gabiano erstreckt sich am äußersten Rand der Provinz Alessandria, an der Grenze zu den Provinzen Turin und Vercelli und umfasst nur die Gemeinden Gabiano und Moncestino. Die Produktspezifikation sieht Barbera mit höchstens 5 bzw. 10 % Grignolino oder Freisa oder beider vor. Dieselbe Produktspezifikation sieht auch die Denomination Gabiano Riserva mit mindestens 2 Jahre Ausbau ab 1. Januar nach der Lese vor. Zwei Weine sind hinter den Drei Gläsern her: eine großartige Version des eleganten und vielschichtigen Adornes mit raffinierter und kraftvoller Geschmacksphase und der Ruvo, ein in der Nase würziger und wuchtiger Grignolino, am Gaumen mit großer Balance und mit intensivem und anhaltendem Abgang. Ihnen folgt der Gabiano Riserva in dieser noch etwas vom Holz dominierten Entwicklungsphase.

● Barbera d'Asti Sup. Adornes '10	♛♛ 5
● Grignolino del M.to Casalese Il Ruvo '13	♛♛ 2*
● Gabiano Matilde Giustiniani Ris. '09	♛♛ 6
● M.to Rosso Gavius '11	♛♛ 3
● Rubino di Cantavenna '12	♛♛ 3
● M.to Bianco Corte '13	♛ 3
⊙ M.to Chiaretto Castelvere '13	♛ 2
● Barbera d'Asti Sup. Adornes '09	♛ 5
● Barbera d'Asti Sup. Adornes '08	♛ 5
● Gabiano Matilde Giustiniani Ris. '08	♛ 6
● Gabiano Matilde Giustiniani Ris. '07	♛ 6
● Grignolino del M.to Casalese Il Ruvo '12	♛ 2*
● Grignolino del M.to Casalese Il Ruvo '10	♛ 2*

PIEMONT

Castello di Neive
VIA CASTELBORGO, 1
12052 NEIVE [CN]
TEL. +39 017367171
www.castellodineive.it

BESUCH NACH VORANMELDUNG
JAHRESPRODUKTION 15.000 Flaschen
REBFLÄCHE 27 Hektar

Schon der Name allein macht die tiefe Bindung zwischen der Familie Stupino und dem Dorf Neive deutlich. Die 60 Hektar Betriebsfläche liegen alle innerhalb seiner Grenzen und ungefähr die Hälfte davon sind bekannte Weinberge wie Basarin, Cortini, Gallina, Marcorino, Messoirano-Montebertotto, Valtorta und vor allem Santo Stefano. Ebenfalls in Neive befindet sich das Schloss, in dem sich die Ausbaufässer befinden und zu dem 2012 ein zweiter großer Keller gekommen ist, ideal zum Vinifizieren der Nebbiolos, ohne dabei aber die Barberas und Dolcettos, aber auch Pinot Neros, Grignolinos und Rieslings zu vergessen. Auch wenn dieser Keller die höchste Anerkennung wieder nicht erreicht, bleibt er an der Spitze der Weindenomination. Der elegante Barbaresco Albesani Santo Stefano 2011 präsentiert sich noch mit kompakten Aromen und spielt am Gaumen mehr mit Finesse und Harmonie als mit Kraft. Dasselbe gilt für den etwas anmutigeren Gallina. Der Riserva 2009 zeigt sich mit dunklen Goudron-, Lakritz- und Ledernoten und noch leicht strengen Gerbstoffen aussagekräftig. Wir applaudieren dem Barbaresco Basiswein 2011.

- Barbaresco Albesani S. Stefano '11 ♛♛ 6
- Barbaresco Gallina '11 ♛♛ 5
- Barbaresco '11 ♛♛ 5
- Barbaresco Albesani S. Stefano Ris. '09 ♛♛ 8
- Barbera d'Alba S. Stefano '11 ♛♛ 3
- Barbera d'Alba Sup. '12 ♛♛ 4
- Langhe Pinot Nero I Cortini '12 ♛♛ 4
- Piemonte Pinot Nero M. Cl. '10 ♛♛ 5
- Dolcetto d'Alba Basarin '12 ♛ 3
- Langhe Arneis Montebertotto '13 ♛ 3
- Barbaresco S. Stefano Ris. '01 ♛♛♛ 7
- Barbaresco S. Stefano Ris. '99 ♛♛♛ 7

Tenuta Castello di Razzano
FRAZ. CASARELLO
VIA SAN CARLO, 2
15021 ALFIANO NATTA [AL]
TEL. +39 0141922124
www.castellodirazzano.it

DIREKTVERKAUF
BESUCH NACH VORANMELDUNG
UNTERKUNFT
JAHRESPRODUKTION 150.000 Flaschen
REBFLÄCHE 30 Hektar

Tenuta Castello di Razzano ist heute einer der interessantesten Wein- und Tourismusbetriebe im Piemont. In Alfiano Natta treffen in dem von Familie Olearo in diesem Gebiet realisierten Projekt Geschichte, Eleganz und Technik zusammen. Das Gebäude, in dem das Relais seinen Sitz hat, ist sehr schön und fachmännisch restauriert worden und strahlt nun Geschichte und Eleganz aus. Und abschließend die ausgezeichneten technischen Fähigen im Weinbau von Augusto und Sohn Federico, die beide die Weinbauschule in Alba besucht haben. Der Eugenea und der Il Beneficio haben sich in den Finalrunden für die Drei Gläser mehrmals abgewechselt. Dieses Jahr ist der Eugenea im Finale, mit einer großartigen Leistung: intensiv in der Nase mit Kaffee- und Kakaoaromen, die der Frucht und einem kraftvollen und wuchtigen Gaumen Platz lassen, sehr harmonisches Finale. Der Il Beneficio steht dem aber um nichts nach, vollmundig und wuchtig, mit einer Progression, die in eine sehr lange aromatische Persistenz übergeht, den Unterschied macht ein noch nicht metabolisierter Holzausbau.

- Barbera d'Asti Sup. Eugenea '11 ♛♛ 4
- Barbera d'Asti Sup. Il Beneficio '11 ♛♛ 3
- Grignolino del M.to Casalese Pianaccio '13 ♛♛ 2*
- Barbera d'Asti La Leona '13 ♛ 2
- Piemonte Chardonnay Costa al Sole '12 ♛ 2
- Barbera d'Asti La Leona '11 ♛♛ 2*
- Barbera d'Asti Sup. Campasso '09 ♛♛ 2*
- Barbera d'Asti Sup. Del Beneficio '10 ♛♛ 4
- Barbera d'Asti Sup. Del Beneficio '09 ♛♛ 4
- Barbera d'Asti Sup. Eugenea '09 ♛♛ 4
- Barbera d'Asti Sup. Valentino Caligaris '10 ♛♛ 5
- Grignolino del M.to Casalese Pianaccio '12 ♛♛ 2*

PIEMONT

Castello di Tassarolo

CASCINA ALBORINA, 1
15060 TASSAROLO [AL]
TEL. +39 0143342248
www.castelloditassarolo.it

DIREKTVERKAUF
BESUCH NACH VORANMELDUNG
JAHRESPRODUKTION 130.000 Flaschen
REBFLÄCHE 20 Hektar
WEINBAU Biologisch anerkannt

Die Marchesen Massimiliana und Bonifacio Spinola sind die letzten Abkömmlinge der Familie, der seit 1300 das Castello di Tassarolo gehört, und zählen zu den originellsten Interpreten des Cortese di Gavi. Mit Henry Finzi-Constantine und Vincenzo Munì haben sie schon vor einigen Saisonen die philosophische und weinbautechnische Einstellung revolutioniert und bestellen nun die 20 ha Land biologisch und biodynamisch. Zur klassischen Palette haben sich einige experimentelle Etiketten ohne Sulfitzugabe gesellt, darunter der Monferrato Rosso aus Barbera und Cabernet Sauvignon sowie der Barbera Titouan. Die besten Eindrücke hinterlässt auch in dieser Edition die traditionelle Linie, angefangen beim sonnigen Gavi Spinola '13 mit seinen schönen Kamille- und Golden-Delicious-Noten. Mehr Tiefe im Gavi Il Castello '13, der sich mit harzigen Schlieren ankündigt und von wuchtiger Frucht gestützt wird. Ausgezeichnet auch die Gavi Titouan und Alborina '13.

○ Gavi del Comune di Tassarolo Il Castello '13	🍷🍷 2*
○ Gavi del Comune di Tassarolo Alborina '13	🍷🍷 3
○ Gavi del Comune di Tassarolo Spinola '13	🍷🍷 2*
○ Gavi del Comune di Tassarolo Titouan '13	🍷🍷 3
○ Gavi del Comune di Tassarolo Frizzante Sparkling Spinola No Solfiti '13	🍷 2
● M.to Rosso Cuvée '13	🍷 2
● Piemonte Barbera Titouan '13	🍷 3
○ Gavi del Comune di Tassarolo Alborina '12	🍷🍷 3*
○ Gavi del Comune di Tassarolo Il Castello '12	🍷🍷 2*
○ Gavi del Comune di Tassarolo Il Castello '11	🍷🍷 2*
○ Gavi del Comune di Tassarolo Spinola '12	🍷🍷 2*

Castello di Uviglie

VIA CASTELLO DI UVIGLIE, 73
15030 ROSIGNANO MONFERRATO [AL]
TEL. +39 0142488132
www.castellodiuviglie.com

DIREKTVERKAUF
BESUCH NACH VORANMELDUNG
JAHRESPRODUKTION 90.000 Flaschen
REBFLÄCHE 25 Hektar

Der Unternehmenssitz geht auf das 14. Jh. zurück. Sein ausgezeichneter Zustand macht aus ihm die ideale Location für entschieden faszinationsreiche Unternehmens- und Privatevents. Die Struktur bietet auch Miniappartements für Touristen. Ein raffinierter Kontext für Weintouristen auf der Suche nach neuen Dimensionen, in dem sich der Wohnsitz, der Park mit jahrhundertealten Pflanzen und die Produktion von Qualitätsweinen ergänzen. Die Weinauswahl bietet wahrhaft einen bemerkenswerten Blickfang. Drei Weine im Finale: ein Le Cave Extra Brut, der sich mit einer feinen und anhaltenden Perlage präsentiert, in der Nase intensiv und artikuliert und im Mund körperreich und sehr persistent. Der San Bastiano gibt nicht auf und versucht es weiter, die Mauer der Drei Gläser für den Grignolino zu durchbrechen. Von sehr jugendlicher Farbe drückt sich der Pico Gonzaga mit Schwarzbeer- und Gewürznoten aus, die einen ausgewogenen und harmonischen Gaumen einleiten.

● Barbera del M.to Sup. Pico Gonzaga '11	🍷🍷 5
● Grignolino del M.to Casalese San Bastiano '13	🍷🍷 2*
○ Le Cave Extra Brut M. Cl. '10	🍷🍷 5
● Barbera del M.to Bricco del Conte '13	🍷🍷 2*
● Barbera del M.to Sup. Le Cave '12	🍷🍷 3
○ Piemonte Chardonnay Ninfea '13	🍷🍷 2*
● M.to Rosso 1491 '11	🍷 5
● Barbera del M.to Sup. Le Cave '11	🍷🍷 3*
● Barbera del M.to Sup. Le Cave '10	🍷🍷 3*
● Barbera del M.to Sup. Pico Gonzaga '09	🍷🍷 5
● Grignolino del M.to Casalese San Bastiano '12	🍷🍷 2*
○ Le Cave Extra Brut '09	🍷🍷 5
● M.to Rosso 1491 '10	🍷🍷 5

PIEMONT

Castello di Verduno
VIA UMBERTO I, 9
12060 VERDUNO [CN]
TEL. +39 0172470284
www.castellodiverduno.com

DIREKTVERKAUF
BESUCH NACH VORANMELDUNG
UNTERKUNFT UND GASTRONOMIE
JAHRESPRODUKTION 60.000 Flaschen
REBFLÄCHE 10 Hektar

Es ist gar nicht so einfach, Betriebe im Langa-Gebiet zu finden, die konstant sowohl Barolos als auch Barbarescos auf höchstem Niveau hervorbringen. Unter diesen verdient Castello di Verduno aber sicher eine Sondererwähnung. Diese historische Realität wird von den Eheleuten Gabriella Burlotto und Franco Bianco geleitet. Ihre Weine sind nicht nur supergut, sondern an ihrem aristokratischen, hingebungsvollen Wesen erkennbar. Alle werden in großen Fässern ausgebaut. Die Barolo-Lagen sind Massara und Monvigliero (in Verduno), die des Barbaresco hingegen Faset und Rabajà. Für vollkommenen Genuss ist eine lange Oxygenierung empfehlenswert, aber am besten schmecken sie nach einer weiteren Ruhezeit in der Flasche. Der Barolo Monvigliero Riserva 2008 aus den herrlichen Lagen von Verduno hat ein sehr klassisches Aroma- und Geschmacksprofil, das sich durch einfache Heilkräuter-, Gewürz und Unterholznoten und gut amalgamierte Gerbstoffe auszeichnet. Der Barbaresco Rabajà 2010 zeigt sich überschwänglich und spritzig, mit frischen Eukalyptus- und Veilchennoten sowie prägnanten Gerbstoffen.

● Barbaresco Rabajà '10	♛♛ 6
● Barolo Monvigliero Ris. '08	♛♛ 7
● Barbaresco '11	♛♛ 5
● Barbera d'Alba Bricco del Cuculo '12	♛♛ 4
● Barolo Massara '09	♛♛ 6
● Dolcetto d'Alba Campot '13	♛♛ 2*
● Langhe Barbera '13	♛♛ 3
● Langhe Nebbiolo '13	♛♛ 3
● Verduno Basadone '13	♛♛ 3
○ Bellis Perennis '13	♛ 2
● Barbaresco Rabajà '04	♛♛♛ 6
● Barolo Massara '08	♛♛♛ 6
● Barolo Massara '01	♛♛♛ 6
● Barolo Monvigliero Ris. '04	♛♛♛ 7

La Caudrina
S.DA BROSIA, 21
12053 CASTIGLIONE TINELLA [CN]
TEL. +39 0141855126
www.caudrina.it

DIREKTVERKAUF
BESUCH NACH VORANMELDUNG
JAHRESPRODUKTION 200.000 Flaschen
REBFLÄCHE 24 Hektar

Moscato ist eine der wichtigsten Rebsorten des Winzerbetriebs von Romano Dogliotti und wird in verschiedene Etiketten abgewandelt, praktisch in alle von den Produktspezifikationen der Denominationen vorgesehene Weinarten. Der Moscato kommt aus den Weinbergen von Castiglione Tinella, während in Nizza Monferrato Barbera erzeugt wird. Die Böden sind generell mergel- und kalkhaltig und die Pflanzen sind zwischen 30 und 50 Jahre alt. Die angebotenen Etiketten sind vor allem bestrebt, sortenechten Charakter und Aromapräzision zu vereinen. Eine schöne Bestätigung für den Basiswein Moscato d'Asti, auch in diesem Jahr unter den besten der Weindenomination. Intensiv in der Nase mit Salbei-, Zitrusfrucht- und Heilkräuternoten, fein und gut ausgewogen zwischen Süße und Säure. Aber es zeigt sich die gesamte Produktion von gutem Niveau, wie der Piemonte Moscato Passito Redento '11, delikat und harmonisch, der Asti La Selvatica, angenehm und fruchtig, oder der Barbera d'Asti La Solista '12, vibrierend und fruchtreich, zeigen.

○ Moscato d'Asti '13	♛♛ 3*
○ Piemonte Moscato Passito Redento '11	♛♛ 4
○ Asti La Selvatica	♛♛ 3
● Barbera d'Asti La Solista '12	♛♛ 2*
○ Moscato d'Asti La Galeisa '13	♛♛ 3
● M.to Rosso Sfacciato "Facia d'Tola" '10	♛ 3
● Barbera d'Asti La Solista '09	♛♛ 3*
○ Moscato d'Asti La Caudrina '12	♛♛ 3*
○ Moscato d'Asti La Caudrina '09	♛♛ 2*
○ Moscato d'Asti La Caudrina '07	♛♛ 2*
○ Moscato d'Asti La Galeisa '11	♛♛ 3*
○ Piemonte Moscato Passito Redento '04	♛♛ 4

PIEMONT

F.lli Cavallotto
Tenuta Bricco Boschis

Loc. Bricco Boschis
S.da Alba-Monforte
12060 Castiglione Falletto [CN]
Tel. +39 017362814
www.cavallotto.com

DIREKTVERKAUF
BESUCH NACH VORANMELDUNG
JAHRESPRODUKTION 110.000 Flaschen
REBFLÄCHE 25 Hektar

Es ist wirklich eine Monopollage, die die Arbeit der Geschwister Alfio, Giuseppe und Laura Cavallotto im Weinbaubetrieb Tenuta Bricco Boschis von Castiglione Falletto umrahmt. Ein einziger, ca. 25 Hektar großer Körper liegt an der geologischen Grenze zwischen dem weißen und gelben Mergel von Diano d'Alba und dem blauen von La Morra. Angebaut werden Barbera, Dolcetto, Freisa, Grignolino, Pinot Nero und Chardonnay, hauptsächlich aber Nebbiolo. Die Weine werden im Rototank vinifiziert und in großen Holzfässern ausgebaut. Die Parzellen von San Giuseppe und Vignolo werden in den besten Jahrgängen auch für den Riserva verwendet. Wir finden nicht mehr ganz die aussagekräftige Essenz der Weine, die diesen guten Weinkeller viele Jahrgänge lang ausgezeichnet hat, und sind der Meinung, dass die Potenzialitäten von Cavallotto nicht ausgeschöpft sind. Der Barolo Bricco Boschis 2010 präsentiert sich rein, mit Gewürz-, süßen Tabak- und verwelkten Veilchentönen, geschliffenen Gerbstoffen und anhaltender Trinkreife. Der Barolo Vignolo Riserva 2008 hat eine frische und vielschichtige Stilebene.

● Barolo Bricco Boschis '10	▼▼ 7
● Barolo Bricco Boschis V. S. Giuseppe Ris. '08	▼▼ 8
● Barolo Vignolo Ris. '08	▼▼ 8
● Barbera d'Alba Sup. V. del Cuculo '11	▼▼ 5
● Dolcetto d'Alba V. Scot '13	▼ 3
● Langhe Freisa '12	▼ 3
● Barolo Bricco Boschis '05	▼▼▼ 6
● Barolo Bricco Boschis '04	▼▼▼ 7
● Barolo Bricco Boschis V. S. Giuseppe Ris. '05	▼▼▼ 7
● Barolo Bricco Boschis V. S. Giuseppe Ris. '01	▼▼▼ 7
● Barolo Vignolo Ris. '06	▼▼▼ 8
● Barolo Vignolo Ris. '04	▼▼▼ 8

Ceretto

Loc. San Cassiano, 34
12051 Alba [CN]
Tel. +39 0173282582
www.ceretto.com

DIREKTVERKAUF
BESUCH NACH VORANMELDUNG
GASTRONOMIE
JAHRESPRODUKTION 900.000 Flaschen
REBFLÄCHE 105 Hektar
WEINBAU Biologisch anerkannt

Die Unternehmensvision der Familie Ceretto kommt in einem komplexen Netz an Projekten zum Ausdruck und nicht nur in Weinbauprojekten. Der historische Standort von Alba ist nur eines der zahlreichen Betriebszentren. Dazu gesellten sich der Weinbaubetrieb I Vignaioli von Santo Stefano, das Sterne-Hotel Piazza Duomo und das Bistrot La Piola, Import- und Handelstätigkeiten, und vieles anderes mehr. Im Mittelpunkt all dessen steht jedoch nach wie vor die Arbeit in den Anwesen von Bricco Rocche in Castiglione Falletto und Bricco Asili in Barbaresco mit einer reichhaltigen und vielseitigen Palette aus traditionellen Sorten wie Arneis, Nebbiolo, Dolcetto und Barbera neben weniger konventionellen Sorten wie Riesling, Merlot und Syrah. Tief und raffiniert ist der Barolo Prapò 2010, kraftvoll und reich an Frucht, mit Lakritz- und Rotfruchtaromen unter einem Hauch Toasting. Der Bernardot entfaltet sich auf dunklen Unterholz-, Goudron- und Eukalyptustönen; der Mund ist kompakt mit gut integrierten Gerbstoffen. Der Barbaresco Asili 2010 ist bemerkenswert, wenn auch noch aromatisch leicht introvertiert.

● Barbaresco Asili '11	▼▼ 8
● Barbaresco Bernardot '11	▼▼ 7
● Barolo Bricco Rocche '10	▼▼ 8
● Barolo Prapò '10	▼▼ 8
● Barolo '10	▼▼ 5
● Barolo Brunate '10	▼▼ 8
● Langhe Rosso Monsordo '12	▼▼ 4
● Barbaresco '11	▼ 5
● Barbera d'Alba Piana '13	▼ 5
● Dolcetto d'Alba Rossana '13	▼ 4
○ Langhe Arneis Blangé '13	▼ 5
● Nebbiolo d'Alba Bernardina '12	▼ 5
● Barbaresco Asij '97	▼▼▼ 5
● Barolo Bricco Rocche '09	▼▼▼ 8
● Barolo Prapò '05	▼▼▼ 8

PIEMONT

Erede di Armando Chiappone
S.DA SAN MICHELE, 51
14049 NIZZA MONFERRATO [AT]
TEL. +39 0141721424
www.eredechiappone.com

DIREKTVERKAUF
BESUCH NACH VORANMELDUNG
GASTRONOMIE
JAHRESPRODUKTION 35.000 Flaschen
REBFLÄCHE 10 Hektar

Auf dem Hügel von San Michele, in der Gemeinde Nizza Monferrato, einer besonders zur Barbera berufenen Gegend, liegt der Winzerbetrieb der Familie Chiappone. Und gerade die in verschiedene Versionen, vom Jahrgangswein zum Passito und Nizza, abgewandelte Barbera ist für diese Realität die wichtigste Rebsorte. Neben der Barbera sind auch andere autochthone Weinreben gegeben: Dolcetto, Cortese, Favorita und Freisa. Die Weinberge liegen in einer Höhe zwischen 250 und 300 Meter auf kalk-, mergel- und tonhaltigen Böden. Die angebotenen Weine haben einen traditionellen Stil. Der Barbera d'Asti Superiore Nizza Ru '10 präsentiert sich in der Nase mit reifen Schwarzfrucht- und Gewürznoten, gefolgt von Kina- und Kakaotönen, die wir dann am kraftvollen und ausgewogenen Gaumen wiederfinden, der Abgang ist lang und noch etwas vom Holz gezeichnet. Korrekt und von guter Struktur der Barbera d'Asti Brentura '12, jedoch noch sehr jung und nicht eindeutig.

● Barbera d'Asti Sup. Nizza Ru '10	🍷🍷 4
● Barbera d'Asti Brentura '12	🍷 2
● Barbera d'Asti Brentura '11	🍷🍷 2*
● Barbera d'Asti Brentura '10	🍷🍷 2*
● Barbera d'Asti Brentura '09	🍷🍷 2
● Barbera d'Asti Brentura '08	🍷🍷 2*
● Barbera d'Asti Sup. Nizza Ru '09	🍷🍷 4
● Barbera d'Asti Sup. Nizza Ru '06	🍷🍷 4

★Michele Chiarlo
S.DA NIZZA-CANELLI, 99
14042 CALAMANDRANA [AT]
TEL. +39 0141769030
www.chiarlo.it

DIREKTVERKAUF
BESUCH NACH VORANMELDUNG
UNTERKUNFT
JAHRESPRODUKTION 1.100.000 Flaschen
REBFLÄCHE 120 Hektar

Michele Chiarlo hat mit seinen Söhnen Alberto und Stefano dank einer Serie an wuchtigen und eleganten Weinen aus diesem Familienbetrieb eine der weltweit bekanntesten piemontesischen Keller gemacht. Trotz der modernen Einstellung der Weine, haben sie nichts an ihrer Fähigkeit eingebüßt, ihr Herkunftsterroir auszudrücken. Heute zählt der Betrieb auf eine Serie an Weinberge in einigen der bedeutsamsten Denominationen des Piemonts, von Barolo bis Barbaresco, von Nizza bis Gavi, für eine Etikettenpalette von ausgezeichnetem Niveau. Drei Gläser gehen an den fruchtreichen Barolo Cerequio '10 mit Kina- und Tabaknoten, von guter Struktur, aber auch frisch, vibrierend und schmackhaft. Von hohem Niveau der feine und vielschichtige Barbera d'Asti Superiore Nizza La Court '11 mit Johannisbeer- und Gewürztönen; der volle und harmonische Barolo Cannubi '10 mit roten Orangentönen. Großartiges Ergebnis für die neue Selektion La Court. Gut gemacht der Rest der Auswahl, besonders erwähnenswert der angenehme Moscato d'Asti Nivole '13.

● Barolo Cerequio '10	🍷🍷🍷 7
● Barbera d'Asti Sup. Nizza La Court '11	🍷🍷 5
● Barbera d'Asti Sup. Nizza La Court V. Veja '10	🍷🍷 5
● Barolo Cannubi '10	🍷🍷 7
● Barbaresco Asili '11	🍷🍷 6
● Barbaresco Reyna '11	🍷🍷 5
● Barbera d'Asti Sup. Cipressi della Court '12	🍷🍷 3
● Barolo Tortoniano '10	🍷🍷 5
○ Gavi del Comune di Gavi Roverveto '13	🍷🍷 3
○ Moscato d'Asti Nivole '13	🍷🍷 2*
● Barbera d'Asti Sup. Nizza La Court '09	🍷🍷🍷 5
● Barolo Cerequio '09	🍷🍷🍷 7

PIEMONT

Quinto Chionetti

B.TA VALDIBERTI, 44
12063 DOGLIANI [CN]
TEL. +39 017371179
www.chionettiquinto.com

DIREKTVERKAUF
BESUCH NACH VORANMELDUNG
JAHRESPRODUKTION 84.000 Flaschen
REBFLÄCHE 16 Hektar
WEINBAU Biologisch anerkannt

Der Patriarch des Dolcetto di Dogliani hat der Welt gezeigt, wie angenehm es sein kann, zu vielen Gerichten einen nur in Stahl ausgebauten fruchtreichen Wein zu genießen. Ganz ohne den Beitrag von Holz oder anderen sophistizierten Kellerausstattungen, auch wenn es sich um beachtliche Volumen handelt. Um seine Naturverbundenheit und den sich hieraus ergebenden, tiefen Respekt zu zeigen, hat Quinto schon lange beschlossen, alle chemischen Eingriffe aus seinen Weinbergen zu verbannen. Die Weine des nicht unterzukriegenden Quinto sind stets sehr kohärent mit dem vor vielen Jahren geprägten Stil und haben diesem Winzer schon viel Freude gemacht. Die Rebsorte Dolcetto ist klassisch interpretiert und zeichnet sich durch konfitürige Pflaumen- und Kirschnoten aus, spritzig und agil. Der Langhe Nebbiolo schenkt Rotbeeren- und süße Tabakempfindungen, frisch und sehr trinkreif.

● Dogliani Briccolero '13	♟♟	3
● Dogliani San Luigi '13	♟♟	3
● Langhe Nebbiolo '13	♟♟	3
● Dolcetto di Dogliani Briccolero '07	♟♟♟	3*
● Dolcetto di Dogliani Briccolero '04	♟♟♟	3*
● Dogliani Briccolero '12	♟♟	3*
● Dogliani Briccolero '11	♟♟	3*
● Dogliani S. Luigi '12	♟♟	3
● Dogliani S. Luigi '11	♟♟	3
● Dolcetto di Dogliani Briccolero '10	♟♟	3
● Langhe Nebbiolo '12	♟♟	3
● Langhe Nebbiolo '10	♟♟	3

Cieck

FRAZ. SAN GRATO
CASCINA CASTAGNOLA, 2
10090 SAN GIORGIO CANAVESE [TO]
TEL. +39 0120330522
www.cieck.it

DIREKTVERKAUF
BESUCH NACH VORANMELDUNG
JAHRESPRODUKTION 100.000 Flaschen
REBFLÄCHE 13 Hektar

Cieck hat beinahe dreißig Lesen hinter sich und ist eine der Bezugsmarken des Canavese-Gebiets. Ihr Name geht auf das gleichnamige Gutshaus im Vorort von San Grato di Aglié zurück. Der Betrieb wird heute von Remo Falconieri und Domenico Caretto geleitet und die gesamte Produktion dreht sich um Erbaluce. Die Rebsorte von Caluso wird hier in stillen Wein, Spumante und Passito verwandelt und für den Basiswein und den Misobolo in Stahl und für die T-Selektion in großen Fässern ausgebaut. Der Calliope und der San Giorgio lagern 36 Monate auf Hefen und in den letzten Jahren ist ein mit Neretto von San Giorgio erzeugter Rosé Brut dazugekommen. Nebbiolo, Freisa und Barbera runden die ampelografische Palette ab. Sollten noch Zweifel an den Potenzialitäten der Spumantes aus Erbaluce bestehen, so räumt sie der San Giorgio Brut '09 alle aus: Getoastetes Brot, Zitrone, Pflaume, er entwickelt sich zärtlich und befriedigend. Ihm leistet der Misobolo '13 Gesellschaft, eine dünne, aber stärkende Interpretation der Rebsorte mit Kräuter- und frischer Mandelnuance.

○ Erbaluce di Caluso Misobolo '13	♟♟	2*
○ Erbaluce di Caluso Passito Alladium Ris. '04	♟♟	5
○ Erbaluce di Caluso S. Giorgio Brut '09	♟♟	4
● Canavese Nebbiolo '11	♟♟	3
○ Erbaluce di Caluso T '12	♟♟	3
● Canavese Rosso Cieck '12	♟	2
● Canavese Rosso Neretto Cieck '13	♟	3
○ Erbaluce di Caluso '13	♟	2
○ Erbaluce di Caluso Brut Calliope '09	♟	4
○ Erbaluce di Caluso Passito Alladium '06	♟♟♟	5
○ Erbaluce di Caluso Misobolo '12	♟♟	2*
○ Erbaluce di Caluso T '11	♟♟	3

PIEMONT

F.lli Cigliuti
VIA SERRABOELLA, 17
12052 NEIVE [CN]
TEL. +39 0173677185
www.cigliuti.it

DIREKTVERKAUF
BESUCH NACH VORANMELDUNG
JAHRESPRODUKTION 30.000 Flaschen
REBFLÄCHE 8 Hektar

Unter vielen stets gleichen Websites verdient die der Fratelli Cigliuti sicher besondere Beachtung. Der Betrieb in Neive feiert dieses Jahr 50 in Flaschen abgefüllte Lesen. Herr Renato erzählt sich und seine ersten Schritte im Weinberg als Junge, aber vor allem die schöne Überraschung, sich in einer strikt männlich angesehenen Tätigkeit mit Frau Dina und den Töchtern Claudia und Silvia wiederzufinden. Spontaneität im Ausdruck hilft ohne viele technische Details, das echte und entspannte Wesen ihrer traditionellen Langa-Weine aus den Lagen Serraboella (Barbaresco, Dolcetto und Barbera) und dem Bricco di Neive (Barbaresco Vie Erte und Langhe Nebbiolo) einzufangen. Eine der besten Interpretationen überhaupt des Barbaresco Serraboella 2010 erobert die Drei Gläser. Ausgesprochen elegant und geruchsrein mit balsamischen Nuancen, die dunklere Lakritz- und Grafittöne kontrastieren; fruchttüppiger Mund mit ausgewogenen und sanften Gerbstoffen. Der Barbaresco Vie Erte 2010 ist aromatisch etwas weniger abgerundet, resultiert aber ebenso gut gezeichnet.

● Barbaresco Serraboella '10	♛♛♛ 7
● Barbaresco Vie Erte '10	♛♛ 5
● Barbaresco '83	♛♛♛ 6
● Barbaresco Serraboella '09	♛♛♛ 6
● Barbaresco Serraboella '01	♛♛♛ 6
● Barbaresco Serraboella '00	♛♛♛ 6
● Barbaresco Serraboella '97	♛♛♛ 6
● Barbaresco Serraboella '96	♛♛♛ 7
● Barbaresco Serraboella '90	♛♛♛ 6
● Barbaresco V. Erte '04	♛♛♛ 6

★Tenute Cisa Asinari dei Marchesi di Grésy
S.DA DELLA STAZIONE, 21
12050 BARBARESCO [CN]
TEL. +39 0173635222
www.marchesidigresy.com

DIREKTVERKAUF
BESUCH NACH VORANMELDUNG
JAHRESPRODUKTION 200.000 Flaschen
REBFLÄCHE 35 Hektar

Die ab den 70er Jahren von Alberto de Grésy mit der Marke Tenute Cisa Asinari angebotene Weinauswahl umfasst vier Anwesen. In Cassine, im Monferrato, gibt es Moscatos, Barberas und Merlots der Anwesen La Serra und Monte Colombo, in Monte Aribaldo (Treiso) werden Dolcetto, Chardonnay und Sauvignon angebaut. Aber das Aushängeschild bleibt der Hügel Martinenga in Barbaresco mit Keller und beinahe 12 Hektar an einem Stück, denen der Camp Gros und der Gaiun entspringen. Moderne Nebbiolos, mehr von der Form her als in Substanz (relativ kurze Gärungszeiten, Ausbau zumindest teilweise in Barrique), die immer wieder mit Eleganz und zeitlichen Beständigkeit beeindrucken. Die beiden verkosteten Barbarescos haben zwei verschiedene Stile: Der strenge Gaiun 2010 ist entschlossener und strukturierter, der sehr genussreiche und fruchtige Martinenga 2011 abgerundeter und einnehmender. Während wir auf den Barbaresco Camp Gros 2010 (der in einem Jahr als Riserva erscheint) warten, applaudieren wir dem bezaubernden Langhe Villa Martis 2011 und dem vielschichtigen Barbera d'Asti Monte Colombo 2010.

● Barbaresco Gaiun Martinenga '10	♛♛ 8
● Barbaresco Martinenga '11	♛♛ 7
● Barbera d'Asti Monte Colombo '10	♛♛ 5
● Langhe Rosso Villa Martis '11	♛♛ 3*
○ Langhe Bianco Villa Giulia '13	♛♛ 3
○ Langhe Chardonnay Grésy '11	♛♛ 5
● Langhe Rosso Virtus '08	♛♛ 6
○ Langhe Sauvignon '13	♛♛ 3
○ Piemonte Moscato Passito L'Altro Moscato '09	♛♛ 5
● Barbaresco Camp Gros '06	♛♛♛ 8
● Barbaresco Camp Gros '05	♛♛♛ 8
● Barbaresco Camp Gros Martinenga '09	♛♛♛ 8
● Barbaresco Camp Gros Martinenga '08	♛♛♛ 8

PIEMONT

★★ Domenico Clerico
LOC. MANZONI, 67
12065 MONFORTE D'ALBA [CN]
TEL. +39 017378171
info@domenicoclerico.com

BESUCH NACH VORANMELDUNG
JAHRESPRODUKTION 110.000 Flaschen
REBFLÄCHE 21 Hektar

Er ist in vielerlei Hinsicht der beliebteste „Modernist" unter den „Traditionalisten", um mit den alten Zweiteilungen der Langa zu spielen. Barrique oder nicht Barrique, Domenico Clerico wird universell ein enormer Wert als Winzer, aber vor allem ansteckender Großmut, Enthusiasmus und die Fähigkeit, andere mitzureißen zugeschrieben. Nach beinahe vierzig Lesen und nach Fertigstellung des neuen, lange erträumten Kellers, umfasst seine Produktion 100.000 Flaschen jährlich, wobei sage und schreibe 5 Barolos die Gruppe anführen: Ciabot Mentin und Pajana (aus der Lage Ginestra di Monforte), Percristina (aus Mosconi), Briccotto und Aeroplanservaj (aus Serralunga). Die bedeutsame Weinauswahl Domenicos ist in ausgezeichneter Form. Absolute Spitze der facettenreiche Barolo Ciabot Mentin 2010 auf lebendigen Rotbeer-, süßen Lakritztönen und mit Mentholader; geschmacklich erweist sich die Gerbstoffmasse solide und stilistisch gut. Der Barolo Briccotto 2010 ist gut stoffig, mit körperreicher, aber nicht schwerer Trinkreife, benötigt aber noch ein wenig Ruhe in der Flasche.

● Barolo Ciabot Mentin '10	♛♛ 8
● Barolo Briccotto '10	♛♛ 7
● Barolo Pajana '10	♛♛ 8
● Barolo Ciabot Mentin '08	♛♛♛ 8
● Barolo Ciabot Mentin Ginestra '05	♛♛♛ 8
● Barolo Ciabot Mentin Ginestra '04	♛♛♛ 8
● Barolo Ciabot Mentin Ginestra '01	♛♛♛ 7
● Barolo Percristina '01	♛♛♛ 8
● Barolo Percristina '99	♛♛♛ 8
● Barolo Percristina '97	♛♛♛ 8

★ Elvio Cogno
VIA RAVERA, 2
12060 NOVELLO [CN]
TEL. +39 0173744006
www.elviocogno.com

DIREKTVERKAUF
BESUCH NACH VORANMELDUNG
JAHRESPRODUKTION 70.000 Flaschen
REBFLÄCHE 13 Hektar
WEINBAU Biologisch anerkannt

Nadia Cogno führt mit Mann Valter Fissore das vom Vater Elvio in Novello begonnene Abenteuer weiter. Letzterer machte aus diesem kleinen Betrieb eine der prestigevollsten Marken der Langa. Nebbiolo, Barbera, Dolcetto und Nascetta werden im den Hügel von Bricco Ravera dominierenden Keller verarbeitet, wo auch zwei der vier angebotenen Barolos entstehen, Vigna Elena und Ravera, zu denen sich Bricco Pernice und Cascina Nuova gesellen. Für jede Lage ist eine andere Vinifizierung und ein anderer Ausbau vorgesehen, der auch je nach Jahrgang moduliert werden kann. Der Barolo Bricco Pernice 2009 erreicht mit einer tadellosen, sonnigen und für ein langes Leben bestimmten Version die begehrteste Auszeichnung. Im Geruch entfalten sich Empfindungen verwelkter Veilchen, Heilkräuter und Minze, die durch eine dichte und gleichzeitig fluide und spritzige Trinkreife ausgewogen werden. Der Barolo Ravera 2010 ist noch leicht introvertiert, mit einem noch zu definierenden Sinnesspektrum. Einladende Trinkbarkeit für den saftigen Barbera d'Alba Bricco dei Merli 2012.

● Barolo Bricco Pernice '09	♛♛♛ 8
● Barolo Ravera '10	♛♛ 7
● Barbaresco Bordini '11	♛♛ 5
● Barbera d'Alba Bricco dei Merli '12	♛♛ 4
● Barolo Cascina Nuova '10	♛♛ 6
○ Langhe Nascetta di Novello Anas-cëtta '13	♛♛ 3
● Langhe Nebbiolo Montegrilli '13	♛♛ 5
● Dolcetto d'Alba Mandorlo '13	♛ 3
● Barolo Bricco Pernice '08	♛♛♛ 8
● Barolo Bricco Pernice '05	♛♛♛ 8
● Barolo Ravera '07	♛♛♛ 7
● Barolo V. Elena '04	♛♛♛ 8
● Barolo V. Elena Ris. '06	♛♛♛ 8

PIEMONT

Poderi Colla
loc. San Rocco Seno d'Elvio, 82
12051 Alba [CN]
Tel. +39 0173290148
www.podericolla.it

DIREKTVERKAUF
BESUCH NACH VORANMELDUNG
JAHRESPRODUKTION 150.000 Flaschen
REBFLÄCHE 26 Hektar

Und hier noch eine historische Langa-Realität, die scheint, in den letzten Jahren neue Positionen errungen zu haben. Der Verdienst ist von Beppe und Tino Colla mit ihren Kindern Federica und Pietro, denen es gelungen ist, ihren leuchtenden Roten auf Nebbiolo-Basis mehr Definition und Harmonie zu verleihen. Es ist sicher einfacher, wenn man auf so prestigevolle Parzellen zählen kann, wie die von Cascina Drago (12 Hektar beim Keller), Roncaglie (in Barbaresco) oder Dardi Le Rose in Bussia (in Monforte d'Alba). Aber heute ist die klassische Einstellung mit ca. 15 Tagen Mazeration und langem Ausbau in slawonischen Eichenfässern noch erkennbarer. Beruhigende, klassische Weine, deren Etiketten ausnahmslos nie enttäuschen. Angefangen bei den beiden Spitzenprodukten, dem Barolo Bussia Dardi Le Rose 2010 und dem Barbaresco Roncaglie 2011. Kraftvoll, aber schon jetzt bemerkenswert harmonisch der erste, noch ein wenig spitze Gerbstoffe der zweite. Beide ein reiner und einfacher Ausdruck ihrer Weinart.

- Barbaresco Roncaglie '11 — 🍷🍷 6
- Barolo Bussia Dardi Le Rose '10 — 🍷🍷 6
- Barbera d'Alba Costa Bruna '12 — 🍷🍷 3
- Langhe Pinot Nero Campo Romano '12 — 🍷🍷 4
- ○ Langhe Riesling '13 — 🍷🍷 3
- Nebbiolo d'Alba '12 — 🍷🍷 3
- Barolo Bussia Dardi Le Rose '09 — 🍷🍷🍷 6
- Barolo Bussia Dardi Le Rose '99 — 🍷🍷🍷 6
- Barbaresco Roncaglie '10 — 🍷🍷 6
- Barbaresco Roncaglie '09 — 🍷🍷 6
- Barbera d'Alba Costa Bruna '09 — 🍷🍷 3*
- Langhe Bricco del Drago '09 — 🍷🍷 4
- Langhe Bricco del Drago '07 — 🍷🍷 4
- ○ Langhe Riesling '11 — 🍷🍷 3*
- Nebbiolo d'Alba '10 — 🍷🍷 3*

Colle Manora
s.da Bozzola, 5
15044 Quargnento [AL]
Tel. +39 0131219252
www.collemanora.it

DIREKTVERKAUF
BESUCH NACH VORANMELDUNG
UNTERKUNFT
JAHRESPRODUKTION 90.000 Flaschen
REBFLÄCHE 20 Hektar

Colle Manora ist ein sich entwickelnder Betrieb, der in den 80er Jahren des 20. Jh. entstanden und seit über 10 Jahren in die Optik von Giorgio Schön eingetreten ist. Damals startet ein ehrgeiziges Projekt, der den Keller in einen Behälter für Geschichte und Kultur verwandelt und die Weinwelt an die Mode, die Information, die Leidenschaft für Motoren bindet, alles rigoros Made in Italy. Und alles in einem faszinierenden Kontext auf den Hügeln des Monferrato Casalese zwischen Quargnento und Fubine, in der Provinz Alessandria, in einem natürlichen Amphitheater, das Weinberge, Wälder, Saatflächen umfasst. Sehr regelmäßig im Schritt ist die Weinauswahl Colle Manora. Der Ray ist einer der besten verkosteten sortenreinen Albarossa-Weine dieses Jahrgangs. Der Manora ist noch in einer Phase, in der der Holzausbau wahrnehmbar ist, aber im Wachsen. Der Pais ist ein schöner Jahrgangs-Barbera, schön fruchtig im Mund und angenehm frisch und anhaltend. Es folgen der Mila aus Chardonnay und Viognier und der Mimosa aus Sauvignon-Trauben.

- Barbera d'Asti Sup. Manora '12 — 🍷🍷 3
- Barbera del M.to Pais '13 — 🍷🍷 2*
- ○ M.to Bianco Mila '12 — 🍷🍷 4
- ○ M.to Bianco Mimosa '13 — 🍷🍷 2*
- M.to Rosso Ray '12 — 🍷🍷 3
- Barbera d'Asti Sup. Manora '11 — 🍷🍷 3
- Barbera d'Asti Sup. Manora '09 — 🍷🍷 3
- Barbera del M.to Pais '11 — 🍷🍷 2*
- M.to Rosso Ray '10 — 🍷🍷 3

PIEMONT

La Colombera
S.DA COMUNALE VHO, 7
15057 TORTONA [AL]
TEL. +39 0131867795
www.lacolomberavini.it

DIREKTVERKAUF
BESUCH NACH VORANMELDUNG
JAHRESPRODUKTION 70.000 Flaschen
REBFLÄCHE 20 Hektar

Die Landwirtschaft ist seit mehreren Generationen im DNA der Familie Semino, aber der Weinbau bleibt bis Anfang der 70er Jahre marginal. Zu jener Zeit wurde beschlossen, die Trauben nicht mehr zu verkaufen, sondern selbst zu vinifizieren. Ende der 90er Jahre kam dann die Wende mit einem Projekt, Investitionen und einer guten Dosis Erfahrung. Heute werden acht Etiketten aus Trauben von lokalen Weinbergen erzeugt: Timorasso, Nibiò (Dolcetto) und Croatina, zusammen mit zwei Klassikern der Provinz Alessandria: Barbera und Cortese. Der Barbera Elisa 2011 kassiert im Schwung die Drei Gläser, einfach umwerfend. Raffinierte Schwarzbeeraromen mit feuchterdigen Empfindungen im Geruch, im Mund hingegen bemerkenswert und aristokratisch streng, mit einem körperreichen Finale. Der Montino 2012 glänzt mit Finesse und Persönlichkeit, vielschichtigen Aromen und frischem anhaltendem Mund. Kaum einfacher der Derthona, stets aromatisch und elegant.

● Colli Tortonesi Barbera Elisa '11	ŸŸŸ	3*
○ Colli Tortonesi Timorasso Derthona '12	ŸŸ	4
○ Colli Tortonesi Timorasso Il Montino '12	ŸŸ	5
● Colli Tortonesi Croatina Arché '11	ŸŸ	4
● Colli Tortonesi Croatina La Romba '12	ŸŸ	3
● Colli Tortonesi Rosso Suciaja '12	ŸŸ	3
● Colli Tortonesi Rosso Vegia Rampana '13	ŸŸ	4
○ Colli Tortonesi Cortese Bricco Bartolomeo '13	Ÿ	2
○ Colli Tortonesi Timorasso Il Montino '09	ŸŸŸ	5
○ Colli Tortonesi Timorasso Il Montino '06	ŸŸŸ	4

★Aldo Conterno
LOC. BUSSIA, 48
12065 MONFORTE D'ALBA [CN]
TEL. +39 017378150
www.poderialdoconterno.com

JAHRESPRODUKTION 120.000 Flaschen
REBFLÄCHE 25 Hektar

Wir müssen nicht daran erinnern, was der 1969 vom jüngst verstorbenen Aldo Conterno gegründete Betrieb für den italienischen Wein repräsentiert hat und noch repräsentiert. Heute wird er von den Kindern Franco und Stefano geleitet. Die familieneigenen Weinberge in Bussia, also die Lagen Romirasco, Cicala und Colonnello, haben uns einige der klassischsten und langlebigsten Nebbiolos der Geschichte geschenkt. Angefangen beim Spitzenwein Granbussia Riserva. Heute haben die Spitzenetiketten einen leicht wuchtigeren und moderneren Charakter und trotz des Ausbaus im großen Holzfass in den ersten Monaten einen gewissen Beitrag an Eiche. Die in der Jugend erkennbaren Weine dieses berühmten Hauses in der Langa bedürfen eines langen Flaschenausbaus, um voll verstanden zu werden. Der Barolo Bussia Romirasco zeigt sich schon relativ offen, mit eleganten Trockenblumen-, Lakritz- und Goudronnoten, im Mund lang und gut profiliert. Er verdient die Drei Gläser. Der Barolo Bussia Gran Bussia Riserva 2006 ist solide und tief, dunkel und kompakt in seiner vielschichtigen Aromastruktur.

● Barolo Bussia Romirasco '10	ŸŸŸ	8
● Barbera d'Alba Conca Tre Pile '11	ŸŸ	5
● Barolo Bussia '10	ŸŸ	8
● Barolo Bussia Gran Bussia Ris. '06	ŸŸ	8
● Barolo Bussia Cicala '10	ŸŸ	8
● Barolo Bussia Colonnello '10	ŸŸ	8
○ Langhe Bussiador '11	ŸŸ	5
● Langhe Nebbiolo Il Favot '11	ŸŸ	6
● Barolo Gran Bussia Ris. '05	ŸŸŸ	8
● Barolo Gran Bussia Ris. '01	ŸŸŸ	8
● Barolo Romirasco '04	ŸŸŸ	8

PIEMONT

Diego Conterno
via Montà, 27
12065 Monforte d'Alba [CN]
Tel. +39 0173789265
www.diegoconterno.it

DIREKTVERKAUF
BESUCH NACH VORANMELDUNG
JAHRESPRODUKTION 40.000 Flaschen
REBFLÄCHE 8 Hektar

Die zwischen 2000 und 2003 in Monforte d'Alba von Diego Conterno gegründete Realität ist nur meldeamtlich jung, denn Diego war schon die 20 Jahre davor mit den Vettern Claudio Conterno und Guido Fantino aktiv. Heute wird er von Sohn Stefano unterstützt. Nebbiolo, Barbera, Dolcetto und Nascetta teilen sich die ca. 7 Hektar betriebseigenen Grund, die besten Ausrichtungen sind jedoch den Trauben für die beiden Barolo-Lagenweine, Le Coste und Ginestra di Monforte vorbehalten. Ihre solide und üppige Struktur steht über technischen Prüfungen, auch weil im Keller verschiedene Vinifizierungsinstrumente verwendet werden, darunter Beton, Stahl Tonneau und größere Fässer. Der frische und knusprige Barolo Ginestra 2010 mit balsamischen Noten, die sich mit süßen Lakritz- und Tabaknuancen abwechseln, und soliden, aber seidigen Gerbstoffen hat unsere Finalrunden erreicht. Der Barolo Le Coste di Monforte ist ein wenig rau, verfügt über einen würzigen und fruchtigen aromatischen Fächer und eine Trinkreife, die sich durch eine noch invasive Tanninstruktur auszeichnet. Trinkbar und fleischig der Barbera d'Alba Ferrione 2012.

● Barolo Ginestra '10	🍷🍷 6
● Barbera d'Alba Ferrione '12	🍷🍷 3
● Barolo '10	🍷🍷 6
● Barolo Le Coste di Monforte '10	🍷🍷 6
● Nebbiolo d'Alba Baluma '12	🍷🍷 3
○ Langhe Nascetta '13	🍷 4
● Barolo Le Coste '09	🍷🍷🍷 6
● Barbera d'Alba Ferrione '11	🍷🍷 3
● Barbera d'Alba Ferrione '10	🍷🍷 3
● Barolo '09	🍷🍷 6
● Barolo '07	🍷🍷 6
● Barolo Le Coste '08	🍷🍷 6
● Barolo Le Coste '07	🍷🍷 6
● Nebbiolo d'Alba Baluma '10	🍷🍷 3

★★ Giacomo Conterno
loc. Ornati, 2
12065 Monforte d'Alba [CN]
Tel. +39 017378221
conterno@conterno.it

BESUCH NACH VORANMELDUNG
JAHRESPRODUKTION 60.000 Flaschen
REBFLÄCHE 17 Hektar

Roberto Conterno ist das nicht leichte Unterfangen gelungen, den historischen Familienbetrieb in der Produktionszone Langa noch zentraler zu machen, und dem nicht genug. Seine Weine werden in jeder Hinsicht als absolut wertvoll anerkannt und der Barolo Monfortino Riserva wird wegen seiner Konstanz, Maßgeblichkeit, Ausdrucksfähigkeit und Langlebigkeit oft als die beste italienische Etikette bezeichnet. Diese Resultate sind auf eine beinahe manische Arbeitskultur zurückzuführen, und auf ein gelinde gesagt seltenes Identitätsbewusstsein, das sich um die Lagen Francia und Cerretta dreht (beide in Serralunga, mit Nebbiolo und Barbera) und alle Überlegungen über Reifung und Ausbau müßig machen. Ausgabe ohne Monfortino und mit dem historischen Barolo Cascina Francia, der aus Rechtsgründen zwar den Begriff Cascina verliert, aber im Hinblick auf das Resultat mit seiner x-ten außerordentlichen Leistung prämiert wird. Der Barolo Francia 2010 ist vielschichtig und komplex im Geruch, mit Heilkräuter-, Eukalyptus- und Tabaknuancen; im Mund kompakt und raffiniert: Er hat ein langes Leben vor sich.

● Barolo Francia '10	🍷🍷🍷 8
● Barolo Ceretta '10	🍷🍷 8
● Barbera d'Alba Francia '12	🍷🍷 5
● Barolo Cascina Francia '06	🍷🍷🍷 8
● Barolo Cascina Francia '05	🍷🍷🍷 8
● Barolo Cascina Francia '04	🍷🍷🍷 8
● Barolo Monfortino Ris. '06	🍷🍷🍷 8
● Barolo Monfortino Ris. '05	🍷🍷🍷 8
● Barolo Monfortino Ris. '04	🍷🍷🍷 8
● Barolo Monfortino Ris. '02	🍷🍷🍷 8
● Barolo Monfortino Ris. '01	🍷🍷🍷 8
● Barolo Monfortino Ris. '00	🍷🍷🍷 8

PIEMONT

Paolo Conterno
VIA GINESTRA, 34
12065 MONFORTE D'ALBA [CN]
TEL. +39 017378415
www.paoloconterno.com

DIREKTVERKAUF
BESUCH NACH VORANMELDUNG
UNTERKUNFT UND GASTRONOMIE
JAHRESPRODUKTION 70.000 Flaschen
REBFLÄCHE 14 Hektar

Man schreibe Paolo Conterno, man lese Ginestra. Tatsächlich ist es die herrliche Lage in Monforte d'Alba, um die sich das Werk einer Realität mit über hundert Jahren Geschichte dreht, und um die sich heute Giorgio und Marisa mit den letzten Generationen kümmern. Die Conternos besitzen in der Tat einige der berufensten, mit Nebbiolo, Dolcetto und Barbera bestockten Parzellen mit Südsüdostausrichtung zwischen 300 und 350 Meter Höhe und mit beinahe 40 % Gefälle. Gebietsvoraussetzungen, die im Keller mit einer aufs Wesentliche beschränkten Arbeit respektiert werden; Vinifizierung in vertikalen Behältern und Ausbau zumeist in französischen 35-hl-Eichenfässern. Eine gute und interessante Weinauswahl, angeführt vom Barolo Ginestra 2010, ein großer Wein, der die Drei Gläser verdient: vielschichtig mit aromatischen Tabak-, Leder- und Lakritznoten, gut gestützt von geschliffenen Gerbstoffen. Der Barolo Riva del Bric 2010 ist elegant und verfügt über eine dynamische und anhaltende Trinkbarkeit. Noch ziemlich verschlossen der Barolo Ginestra Riserva 2007.

● Barolo Ginestra '10	♛♛♛ 8
● Barbera d'Alba Ginestra '12	♛♛ 3*
● Barolo Riva del Bric '10	♛♛ 6
● Barbera d'Alba Bricco '13	♛♛ 3
● Barolo Ginestra Ris. '07	♛♛ 8
● Langhe Nebbiolo A Mont '12	♛♛ 4
● Dolcetto d'Alba L'Alto '13	♛ 2
● Barolo Ginestra '06	♛♛♛ 8
● Barolo Ginestra '05	♛♛♛ 8
● Barolo Ginestra Ris. '06	♛♛♛ 8
● Barolo Ginestra Ris. '05	♛♛♛ 8
● Barolo Ginestra Ris. '01	♛♛♛ 8

★Conterno Fantino
VIA GINESTRA, 1
12065 MONFORTE D'ALBA [CN]
TEL. +39 017378204
www.conternofantino.it

BESUCH NACH VORANMELDUNG
JAHRESPRODUKTION 150.000 Flaschen
REBFLÄCHE 27 Hektar
WEINBAU Biologisch anerkannt

Die Realität von Claudio Conterno und Guido Fantino ist eine der langlebigsten und reputiertesten im Langa-Gebiet. Trotz einer in den 90er Jahren begonnenen stilistischen Ummodulierung stehen ihre Barolos weiterhin an der Spitze der Hit-Parade von Monforte d'Alba, wo die Parzellen für den Sorì Ginestra, den Vigna del Gris und den Mosconi liegen. Der Keller ist jüngst im Hinblick auf Energieeinsparung und Nutzung erneuerbarer Quellen umgebaut worden. Die aussagekräftige Einstellung der vielfältigen, wuchtigen und fruchtigen Weinauswahl, bisweilen mit Boisé-Spuren, bleibt unverändert. Ausgezeichnete Interpretation des Barolo Sorì Ginestra 2010, der unsere höchste Anerkennung erobert. Die Essenz der außerordentlichen Lage Ginestra kommt in mit Veilchennoten und Heidelbeerkonfitüre kontrastierenden klassischen und faszinierenden Mentholnuancen zum Ausdruck. Der Barolo Vigna del Gris 2010 ist entschieden elegant, hat dunkle Goudron- und Tabaknoten und eine durch stärkende Säure ausgewogene Tanninader.

● Barolo Sorì Ginestra '10	♛♛♛ 8
● Barolo Mosconi '10	♛♛ 8
● Barolo V. del Gris '10	♛♛ 8
● Barbera d'Alba Vignota '12	♛♛ 3
● Langhe Rosso Monprà '11	♛♛ 5
● Dolcetto d'Alba Bricco Bastia '13	♛ 2
○ Langhe Chardonnay Bastia '12	♛ 5
○ Langhe Chardonnay Prinsipi '13	♛ 2
● Langhe Nebbiolo Ginestrino '12	♛ 4
● Barolo Sorì Ginestra '07	♛♛♛ 8
● Barolo Sorì Ginestra '00	♛♛♛ 7
● Barolo V. del Gris '09	♛♛♛ 8
● Barolo V. del Gris '04	♛♛♛ 8
● Barolo V. del Gris '01	♛♛♛ 8

PIEMONT

Vigne Marina Coppi
VIA SANT'ANDREA, 5
15051 CASTELLANIA [AL]
TEL. +39 0131837089
www.vignemarinacoppi.com

DIREKTVERKAUF
BESUCH NACH VORANMELDUNG
JAHRESPRODUKTION 25.000 Flaschen
REBFLÄCHE 4 Hektar

In einem Jahr mit einem anderen Italiener an der Spitze der Tour de France sind Vergleiche mit der Familie Coppi selbstverständlich. Der dem Großvater Coppi gewidmete Wein, der Fausto, erinnert uns an gewisse Radsportsituationen der großen Unterfangen. Die Trauben kommen von den „a Ritocchino" bepflanzten Weinbergen Gabetto und Montagnina. Dieses System mit senkrecht zum Hang gepflanzten Rebzeilen ist für Hänge mit einem Gefälle von über 30% geeignet, auch der Fausto hat also ein paar große Bergpreise gewonnen. Es gehen wieder Drei Gläser an den Fausto, der mit einer großartigen Leistung seine Bekanntheit festigt. Strohgelb mit grünlichen Reflexen, überrascht er in der Nase durch Intensivität und Eleganz, Fruchtaromen breiten sich auf Feuerstein- und Kohlenwasserstoffnoten aus, um in einer starken, fleischigen und anhaltenden Geschmacksphase zusammenzulaufen. Im Finale auch eine schöne Version des I Grop. Hier stützen Tabak und Gewürze eine herrliche Fruchtnote, die in einen vollmundigen Gaumen übergeht.

○ Colli Tortonesi Timorasso Fausto '12	🍷🍷🍷	6
● Colli Tortonesi Barbera Sup. I Grop '10	🍷🍷	5
● Colli Tortonesi Barbera Castellania '11	🍷🍷	4
● Colli Tortonesi Rosso Lindin '11	🍷🍷	5
○ Colli Tortonesi Favorita Marine '12	🍷	5
○ Colli Tortonesi Timorasso Fausto '11	🍷🍷🍷	6
○ Colli Tortonesi Timorasso Fausto '10	🍷🍷🍷	6
○ Colli Tortonesi Timorasso Fausto '09	🍷🍷🍷	6
● Colli Tortonesi Barbera Castellania '10	🍷🍷	4
○ Colli Tortonesi Favorita Marine '11	🍷🍷	5

★Coppo
VIA ALBA, 68
14053 CANELLI [AT]
TEL. +39 0141823146
www.coppo.it

DIREKTVERKAUF
BESUCH NACH VORANMELDUNG
JAHRESPRODUKTION 400.000 Flaschen
REBFLÄCHE 22 Hektar

Ganze vier Generationen der Familie Coppo haben sich an der Führung des 1892 gegründeten Betriebs abgewechselt. Die Weinberge befinden sich hauptsächlich auf den Hügeln von Canelli, wo zwischen Barbera und Moscato die Präsenz von Chardonnay und Pinot Nero hervorsticht, aber der Betrieb kann auch auf Grundstücke mit Nebbiolo und Cortese im Langa- und Alessandria-Gebiet zählen. Die große erzeugte Weinauswahl geht von klassischen, piemontesischen Denominationen über lang gereifte Weißweine bis hin zum Metodo Classico. Insgesamt gut gelungen die Weine von Coppo und Drei Gläser für den Barbera d'Asti Superiore Pomorosso '11 mit intensiven und brillanten Gewürz- und Pflaumenaromen und einem außerordentlich dichten Gaumen, lang und füllig. Von hohem Niveau auch die beiden Piemonte Chardonnay, der klassische Monteriolo '10, fein und vielschichtig, mit wuchtigem und üppigem Gaumen, aber ohne Zugeständnisse an die Süße, nur abzuwarten, und der in der Nase blumige Costebianco '12 mit großartiger Spannung und Säurestütze.

● Barbera d'Asti Pomorosso '11	🍷🍷🍷	7
○ Piemonte Chardonnay Costebianche '12	🍷🍷	3*
○ Piemonte Chardonnay Monteriolo '10	🍷🍷	6
○ Luigi Coppo Brut M. Cl.	🍷🍷	4
● Barbera d'Asti Camp du Rouss '11	🍷🍷	3
● Barbera d'Asti L'Avvocata '13	🍷🍷	2*
○ Gavi La Rocca '13	🍷🍷	3
○ Moscato d'Asti Moncalvina '13	🍷🍷	3
● Barbera d'Asti Pomorosso '10	🍷🍷🍷	7
● Barbera d'Asti Pomorosso '08	🍷🍷🍷	6
● Barbera d'Asti Pomorosso '07	🍷🍷🍷	6
○ Piemonte Chardonnay Monteriolo '08	🍷🍷🍷	5
○ Piemonte Chardonnay Monteriolo '06	🍷🍷🍷	5

PIEMONT

Giovanni Corino
Fraz. Annunziata, 24b
12064 La Morra [CN]
Tel. +39 0173509452
www.corino.it

DIREKTVERKAUF
BESUCH NACH VORANMELDUNG
JAHRESPRODUKTION 45.000 Flaschen
REBFLÄCHE 8 Hektar

Nach einer Vergangenheit als Halbpächter sind die Corinos als Pächter schnell wesentlicher Bestandteil des Hügels Annunziata di La Morra geworden. Giovanni hat den Betrieb in den 50er Jahren gegründet und die Söhne Renato und Giuliano haben ihn in die Langa-Elite geführt, bevor sie 2005 zwei getrennte Realitäten ins Leben gerufen haben. Insgesamt sind es 8 ha Rebfläche, 5 davon mit Nebbiolo bepflanzt, den Rest teilen sich Barbera und Dolcetto. Die Barolo-Lagenweine sind der Giachini, der Arborina und der Vecchie Vigne, die zumeist in kleinem und neuem Holz ausgebaut werden. Die Spitzen-Etiketten wechseln sich oft ab und mit ihrer wuchtigen und getoasteten Einstellung können sie keinesfalls als modernistische Stereotypen abgestempelt werden. Den Barolo Arborina 2010 zeichnet eine saftige Materie aus, vielseitig mit Unterholz- und Tabaknoten und Heilkräuternuancen. Der Barolo Giachini 2010 bietet balsamische und Grafitempfindungen, mit ausgewogenem und unbeständigem Mund. Noch zeichnet die Tanninstrenge den Barolo Vecchie Vigne 2009 aus und verhindert so das vollständige Lesen des Sinnesprofils. Ausgewogen und tonisch trinkbar der Barolo 2010.

● Barolo Arborina '10	🍷🍷 7
● Barolo Giachini '10	🍷🍷 7
● Barolo '10	🍷🍷 6
● Barolo V. V. '09	🍷🍷 8
● Barolo Rocche '01	🍷🍷🍷 7
● Barolo V. V. '99	🍷🍷🍷 8
● Barolo '09	🍷🍷 6
● Barolo '08	🍷🍷 6
● Barolo V. Giachini '09	🍷🍷 7
● Barolo V. Giachini '08	🍷🍷 7
● Barolo V. V. '08	🍷🍷 8
● Barolo V. V. '07	🍷🍷 8

Renato Corino
Fraz. Annunziata - b.ta Pozzo, 49a
12064 La Morra [CN]
Tel. +39 0173500349
www.renatocorino.it

DIREKTVERKAUF
BESUCH NACH VORANMELDUNG
JAHRESPRODUKTION 50.000 Flaschen
REBFLÄCHE 7 Hektar

Der Keller von Renato Corino wird gerade Mal 10 Jahre alt, kann aber auf in weiteren zwei Jahrzehnten intensiver Winzer- und Kellermeisterarbeit im Familienbetrieb gesammelte Erfahrung zählen. Wie es die „Tradition" der in den 80er Jahren auf der Szene erschienenen Winzer von La Morra will, sind die Weine schon in den ersten Jahren in der Flasche extrem elegant, voll fruchtig und von befriedigender Trinkbarkeit. Renato übernimmt ein in den Langhe wenig imitiertes französisches Modell und bietet auch einen ausgesprochen raffinierten Barolo Vecchie Vigne aus über 50 Jahre alten Pflanzen an. Kraft und Raffinesse, das ist der superlative Barolo Rocche dell'Annunziata 2010, der mit seiner perfekten aromatischen Balance und lobenswerten Trinkbarkeit die Drei Gläser erreicht. Kaum weniger ausdrucksvoll der Barolo Arborina 2010 mit einer noch zu integrierenden Gerbstoffader.

● Barolo Rocche dell'Annunziata '10	🍷🍷🍷 7
● Barolo '10	🍷🍷 5
● Barolo Arborina '10	🍷🍷 7
● Barolo Rocche dell'Annunziata '09	🍷🍷🍷 7
● Barolo Vign. Rocche '06	🍷🍷🍷 7
● Barolo Vign. Rocche '04	🍷🍷🍷 8
● Barolo Vign. Rocche '03	🍷🍷🍷 8
● Barbera d'Alba V. Pozzo '10	🍷🍷 5
● Barbera d'Alba V. Pozzo '09	🍷🍷 5
● Barolo '09	🍷🍷 5
● Barolo Arborina '09	🍷🍷 7
● Barolo Ris. '07	🍷🍷 8

PIEMONT

Cornarea
VIA VALENTINO, 150
12043 CANALE [CN]
TEL. +39 017365636
www.cornarea.com

DIREKTVERKAUF
BESUCH NACH VORANMELDUNG
UNTERKUNFT
JAHRESPRODUKTION 90.000 Flaschen
REBFLÄCHE 14 Hektar

In einer wahrhaft faszinierenden Position auf dem gleichnamigen Hügel vor Canale erzeugt der Familienbetrieb Bovone Weine, die das Roero-Gebiet authentisch interpretieren, und setzen dabei hauptsächlich auf die gebietstypischste weiße Rebsorte, die Arneis. Die kalk- und tonhaltigen Böden mit viel Magnesium sehen neben der Arneis – die zwei Drittel der Weinberge einnimmt – auch die Präsenz von Nebbiolo. Die erzeugten Weine sind traditionell geprägt und den Terroir-Merkmalen treu. Wie immer von hohem Niveau der Vorzeigewein Tarasco Passito '10 aus Arneis-Trauben, intensiv und sehr vielschichtig in der Nase, mit oxidativer Ader, die Kaffee-, Mandel-, grüne Nussschalennuancen mit sich führt, und einem feinen und langen Gaumen, in dem die süße Note gut mit salzigen und bitteren Komponenten harmoniert. Ausgezeichnet auch der fruchtige und saftige Roero '11 mit Lakritz- und Tabaknuancen, von großartiger Struktur und Fülle, mit einem sehr langen und facettenreichen Finale.

● Roero '11	🍷🍷 4
○ Tarasco Passito '10	🍷🍷 5
○ Roero Arneis '13	🍷🍷 3
○ Mapoi Brut	🍷 4
● Nebbiolo d'Alba '12	🍷 3
○ Roero Arneis En Ritard '11	🍷 3
● Nebbiolo d'Alba '11	🍷🍷 3
● Nebbiolo d'Alba '10	🍷🍷 3
● Roero '09	🍷🍷 4
● Roero '08	🍷🍷 4
○ Roero Arneis '10	🍷🍷 3*
○ Tarasco Passito '09	🍷🍷 5
○ Tarasco Passito '08	🍷🍷 5

★Matteo Correggia
LOC. GARBINETTO
VIA SANTO STEFANO ROERO, 124
12043 CANALE [CN]
TEL. +39 0173978009
www.matteocorreggia.com

DIREKTVERKAUF
BESUCH NACH VORANMELDUNG
JAHRESPRODUKTION 130.000 Flaschen
REBFLÄCHE 20 Hektar

Der vom verstorbenen Matteo Correggia in den 80er Jahren gegründete und jetzt von Ornella Costa Correggia und Sohn Giovanni geleitete Betrieb ist einer der berühmtesten Namen im Roero-Weinbaugebiet. Die Qualität ist nach wie vor der Leitfaden einer bemerkenswert präzisen und modernen Produktion. Die Weinberge liegen auf typischen, losen, sandigen, ton- und schlickarmen, dafür aber fossilien- und steinsalzreichen Böden des Roero-Gebiets zwischen Canale und Santo Stefano Roero. Die bedeutsamste Lage ist Ròche d'Ampsèj, wo der gleichnamige Roero-Wein erzeugt wird, der Spitzenwein des Betriebs. Wenn sie auch nicht die höchste Anerkennung erreicht haben, stehen die von Ornella Costa Correggia präsentierten Weine an der Spitze der gebietlichen Produktion. Der Roero Ròche d'Ampsèj Riserva '10 bietet Rotfrucht- und Tabaktöne und einen stoffigen Gaumen, dem jedoch ein wenig die Tiefe anderer Versionen fehlt. Ausgezeichnet auch der saftige und großartig frische Roero '12 mit Himbeertönen, und der volle und würzige Barbera d'Alba Superiore Marun '12.

● Barbera d'Alba Sup. Marun '12	🍷🍷 5
● Roero '12	🍷🍷 3*
● Roero Ròche d'Ampsèj Ris. '10	🍷🍷 6
● Anthos	🍷🍷 2*
● Barbera d'Alba '12	🍷🍷 3
○ Roero Arneis '13	🍷🍷 3
● Roero La Val dei Preti '12	🍷🍷 5
○ Langhe Sauvignon Matteo Correggia '12	🍷 5
● Roero Ròche d'Ampsèj '04	🍷🍷 6
● Roero Ròche d'Ampsèj Ris. '09	🍷🍷 6
● Roero Ròche d'Ampsèj Ris. '07	🍷🍷 6
● Roero Ròche d'Ampsèj Ris. '06	🍷🍷 6

PIEMONT

La Corte - Cusmano
REG. QUARTINO, 7
14042 CALAMANDRANA [AT]
TEL. +39 0141769091
www.cusmano.it

DIREKTVERKAUF
BESUCH NACH VORANMELDUNG
REBFLÄCHE 50 Hektar

Der Betrieb von Raimondo Cusmano kann neben seinen, das herrliche Relais von Calamandrana – ein Agritourismus – umgebenden Weinberge eine Serie an Anwesen sein Eigen nennen, die alle zwischen 320 und 400 Meter Höhe in den Gemeinden Castel Boglione, Canelli, Cassinasco, Momperone und Nizza Monferrato liegen, vorwiegend auf kalkhaltigen Mergelböden. Die erzeugten Weine sind modern geprägt und bestrebt, die Merkmale der verschiedenen Ursprungsterroirs zum Ausdruck zu bringen, wie auch die die einzelnen Weinberge darstellenden Etiketten bezeugen. Schöne Bestätigung für den Barbera d'Asti Superiore Nizza Archincà '11, konzentriert und einfach in seinen Goudron-, Gewürz- und Schwarzfruchttönen, von großartiger Substanz und Fülle, abzuwarten. Sodann haben wir den Barbera d'Asti Superiore La Grissa '11 wieder verkostet. Er zeigte sich ausgewogener und ausgereifter als im letzten Jahr. Korrekt der Monferrato Bianco Lunatico '13 nur aus Chardonnay-Trauben.

● Barbera d'Asti Sup. Nizza Archincà '11	♛♛ 4
○ M.to bianco Lunatico '13	♛ 2
● Barbera d'Asti La Birba '11	♛♛ 2*
● Barbera d'Asti Sup. Historical '08	♛♛ 5
● Barbera d'Asti Sup. Historical '07	♛♛ 5
● Barbera d'Asti Sup. La Grissa '11	♛♛ 3
● Barbera d'Asti Sup. Nizza Archincà '10	♛♛ 4
● Barbera d'Asti Sup. Nizza Archincà '09	♛♛ 4
● Barbera d'Asti Sup. Nizza Archincà '08	♛♛ 4

Giuseppe Cortese
S.DA RABAJÀ, 80
12050 BARBARESCO [CN]
TEL. +39 0173635131
www.cortesegiuseppe.it

DIREKTVERKAUF
BESUCH NACH VORANMELDUNG
UNTERKUNFT
JAHRESPRODUKTION 50.000 Flaschen
REBFLÄCHE 8 Hektar

Der mit viel Arbeit und wenig Reden von Giuseppe Cortese mit Sohn Piercarlo und Frau Rossella aufgebaute Betrieb fliegt endlich hoch. Ihre Weinauswahl an Nebbiolos, Dolcettos und Barberas ist eine der besten im Langa-Gebiet, aber in diesen letzten Jahren hat der authentische großartige Lagenwein Rabajà di Barbaresco einen Qualitätssprung gemacht. Die 8 betriebseigenen Hektar befinden sich hier und am angrenzenden Hang des Trifolera. Es beeindruckt der unvermutet weibliche und luftige Hauch, alles ist leicht, was durch den Ausbau in großen und mittelgroßen Fässern aus französischer und slawonischer Eiche erreicht wird. Der Barbaresco Rabajà 2011, vielleicht im Hinblick auf den Jahrgang überschwänglich und großzügig, entfaltet in der Nase verwelkte Veilchen-, dunkle Tabak- und Gewürztöne, einfach im Mund mit gut wahrzunehmenden Gerbstoffen. Der Barbera d'Alba Morassina 2012 unterscheidet sich durch seine dünne Rotfruchtstruktur und die agile und saftige Trinkbarkeit.

● Barbaresco Rabajà '11	♛♛♛ 5
● Barbera d'Alba Morassina '12	♛♛ 3
○ Langhe Chardonnay Scapulin '13	♛♛ 3
● Langhe Nebbiolo '12	♛♛ 3
● Barbera d'Alba '13	♛ 3
● Dolcetto d'Alba '13	♛ 2
○ Langhe Chardonnay '13	♛ 2
● Barbaresco Rabajà '10	♛♛♛ 5
● Barbaresco Rabajà Ris. '96	♛♛♛ 8
● Barbaresco Rabajà '09	♛♛ 5
● Barbaresco Rabajà Ris. '06	♛♛ 8
● Barbera d'Alba Morassina '11	♛♛ 3
● Langhe Nebbiolo '10	♛♛ 3

PIEMONT

Clemente Cossetti

VIA GUARDIE, 1
14043 CASTELNUOVO BELBO [AT]
TEL. +39 0141799803
www.cossetti.it

DIREKTVERKAUF
BESUCH NACH VORANMELDUNG
UNTERKUNFT UND GASTRONOMIE
JAHRESPRODUKTION 700.000 Flaschen
REBFLÄCHE 22 Hektar

Familie Cossetti glaubt stark in den Monferrato und dessen Potenzialitäten, was auch die Investitionen in das Gebiet deutlich machen, wie der Umbau des Herrenhauses im Herzen des Weinbaubetriebs San Colombano in ein herrliches Relais. Die Weinberge von Castelnuovo Belbo auf mittelfesten und mineralreichen Böden mit durchschnittlich über 30 Jahre alten Pflanzen sind vorwiegend mit Barbera und kleinen Mengen Chardonnay, Cortese und Dolcetto bepflanzt. Zur eigenen Produktion kommt die Vinifizierung von zugekauften Trauben aus verschiedenen Gebieten des Piemonts, wie Langhe, Gavi und Roero, für vor allem trinkbare, fruchtige und annehmliche Weine. Dieses Jahr wurden uns solide, gutgemachte und typische Weine präsentiert. Wie der Ruchè di Castagnole Monferrato '13 mit Rosen- und Rotbeertönen und einer bemerkenswerte Struktur oder die Barberas d'Asti: der frische und fruchtige Nizza '11, der saftige und harmonische La Vigna Vecchia '12, der trinkreife und knackig fruchtige Venti di Marzo '13.

● Barbera d'Asti La Vigna Vecchia '12	▼▼	2*
● Barbera d'Asti Sup. Nizza '11	▼▼	4
● Barbera d'Asti Venti di Marzo '13	▼▼	3
● Ruchè di Castagnole Monferrato '13	▼▼	3
● Barbera d'Asti La Vigna Vecchia '11	▽▽	2*
● Barbera d'Asti Sup. Nizza '10	▽▽	4
● Barbera d'Asti Sup. Nizza '09	▽▽	4
● Barbera d'Asti Sup. Nizza '08	▽▽	4
● Barbera d'Asti Venti di Marzo '10	▽▽	3
● Grignolino d'Asti '12	▽▽	2*
● Piemonte Albarossa Amartè '10	▽▽	3

Stefanino Costa

B.TA BENNA, 5
12046 MONTÀ [CN]
TEL. +39 0173976336
ninocostawine@gmail.com

DIREKTVERKAUF
BESUCH NACH VORANMELDUNG
JAHRESPRODUKTION 50.000 Flaschen
REBFLÄCHE 10 Hektar

Stefanino Costa leitet kompetent und leidenschaftlich diese interessante Weinbaurealität im Roero-Gebiet. Die betriebseigenen Weinberge liegen zwischen Canale, Montà (auch Betriebsstandort) und Santo Stefano Roero, zwischen 350 und 400 Meter Höhe auf zumeist sandigen Böden. Die Trauben sind hauptsächlich die der lokalen Tradition – Arneis, Barbera, Brachetto, Nebbiolo – und ergeben traditionelle, reine und ausgewogene Weine, die versuchen, das Beste der Gebietsmerkmale zum Ausdruck zu bringen. Dank eines herrlichen Roero Gepin '10, breit und facettenreich in der Nase, mit Tabak- und Lakriznoten für eine vielschichtige und charaktervolle Rotfrucht und einem vollmundigem Gaumen mit langem Abgang sowie üppigen, eleganten Gerbstoffen, gehen die ersten Drei Gläser an den Betrieb von Stefanino Costa. Unter den besten dieser Weinart dieses Jahr auch der Roero Arneis Sarun '13 mit Aromakräuter- und Weißfruchtnoten, harmonisch und ausgewogen, mit einem sehr persistenten Finale.

● Roero Gepin '10	▼▼▼	4*
○ Roero Arneis Sarun '13	▼▼	3*
● Barbera d'Alba Cichin '12	▼▼	2*
○ Langhe Bianco Ricordi '13	▼▼	3
● Langhe Nebbiolo '13	▼	2
● Roero Medic '11	▼	3
● Barbera d'Alba '11	▽▽	3
● Roero Bric del Medic '09	▽▽	3*
● Roero Medic '10	▽▽	3*
● Roero V. V. '09	▽▽	4
● Roero V. V. '08	▽▽	4

PIEMONT

Daniele Coutandin
B.TA CIABOT, 12
10063 PEROSA ARGENTINA [TO]
TEL. +39 0121803473
ramie.coutandin@alpimedia.it

DIREKTVERKAUF
BESUCH NACH VORANMELDUNG
JAHRESPRODUKTION 2.500 Flaschen
REBFLÄCHE 1 Hektar

Daniele wird immer noch stark von der Familie unterstützt und macht Wein nicht nur als Hobby, ganz im Gegenteil ist er von seinem Beschluss, kleine, über das Gebiet von Pomaretto und Perosa Argentina verstreute Rebflächen zu erwerben, wirklich überzeugt. Und wir teilen diese Überzeugung, da wir in den Weinen aus diesen raren Rebsorten (Avanà, Avarengo, Becouet, Chatus …), die zwischen 700 und 800 Meter dieser Bergkette in der Provinz Turin gezüchtet werden, nicht nur große Persönlichkeit, sondern auch genussreiche Trinkbarkeit in der Frucht finden. Für diese Ausgabe haben wir 2 Weine verkostet: den Pinerolese Ramìe 2012 und den Barbichè des Jahrgangs 2010, auch wenn er nicht in der Etikette stehen darf. Beide sind aus in Vergessenheit geratenen lokalen Rebsorten wie Avanà, Avarengo, Chatus oder Bequet, und in Stahl vinifiziert und ausgebaut. Der Ramìe präsentiert einen entschlossenen Körper mit schöner Geruchs- und Geschmacksfinesse, während der Barbichè, das Ergebnis des Abstiegs des ersteren, nicht seinen montanen Charakter verbirgt.

● Barbichè	4
● Pinerolese Ramìe '12	5
● Barbichè '05	3*
● Pinerolese Ramìe '11	4
● Pinerolese Ramìe '09	4
● Pinerolese Ramìe '08	4
● Pinerolese Ramìe '07	4

Damilano
VIA ROMA, 31
12060 BAROLO [CN]
TEL. +39 017356105
www.cantinedamilano.it

DIREKTVERKAUF
BESUCH NACH VORANMELDUNG
JAHRESPRODUKTION 322.000 Flaschen
REBFLÄCHE 53 Hektar

Paolo Damilano lässt sich weder durch sein neues prestigevolles Kulturamt (Präsident der Film Commission Torino Piemonte) noch durch andere an seine vielen Tätigkeiten gebundenen Verpflichtungen ablenken. Er macht zielstrebig mit dem Ausbau der produktiven Basis des Kellers weiter und kauft neue prestigevolle Weinberge zu, die es dem Betrieb Damilano ermöglichen, sich einer halben Million Flaschen jährlich zu nähern. Herrlich und zu Recht berühmt die mit Nebbiolo für Barolo bestockten Lagen: Cannubi (vor allem), Brunate, Cerequio und Liste. Eine zweifelsohne hochwertige Weinauswahl, die nach langem wieder zur höchsten Anerkennung führt: eine großartige Version des Barolo Brunate erobert im Schwung die Drei Gläser. Der Barolo Lecinquevigne 2010 verfügt über eine befriedigende Trinkbarkeit. Der Barolo Liste 2009 ist noch ein wenig introvertiert, entfaltet aber faszinierende Lakritz-, Heilkräuter- und Veilchentöne, gefolgt von kraftvollen und satten Gerbstoffen.

● Barolo Brunate '10	7
● Barolo Cerequio '10	7
● Barolo Liste '09	7
● Barbera d'Alba La Blu '12	4
● Barolo Cannubi '10	8
● Barolo Lecinquevigne '10	6
● Dolcetto d'Alba '13	3
● Langhe Nebbiolo Marghe '12	3
○ Langhe Arneis '13	3
○ Moscato d'Asti '13	3
● Barolo Cannubi '04	8
● Barolo Cannubi '01	6
● Barolo Cannubi '00	6

PIEMONT

Deltetto

C.SO ALBA, 43
12043 CANALE [CN]
TEL. +39 0173979383
www.deltetto.com

DIREKTVERKAUF
BESUCH NACH VORANMELDUNG
JAHRESPRODUKTION 170.000 Flaschen
REBFLÄCHE 21 Hektar

Seit 1977 wird der Familienbetrieb Deltetto von Antonio geleitet, der in den letzten Jahrzehnten stark an der Erneuerung und dem Wachstum dieser schönen Realität gearbeitet hat. Neben den traditionellen Roero-Weinen aus autochthonen Rebsorten – Arneis, Nebbiolo, Barbera – hat der Betrieb eine bedeutsame Spumante-Produktion, die auf Chardonnay, Pinot Nero und Nebbiolo beruht und zu der sich einige Langa-Weine gesellen (insbesondere Dolcetto d'Alba und Barolo). Trinkbarkeit und Fruchtreichtum zeichnen den Großteil der Etiketten aus. Die Verkostungen haben die Qualität der Produktion in den verschiedenen Weinarten bestätigt. Wahrlich gut der Deltetto Rosé Brut Metodo Classico, ein im gleichen Verhältnis mit Nebbiolo und Pino Nero gemachter Blend mit Rotbeer- und Hefearomen, fein, vielschichtig, mit langem, harmonischem und frischem Abgang. Der Barbera d'Alba Superiore Rocca delle Marasche '11 ist von guter Struktur und setzt alles auf fruchtige Noten, während der Roero Arneis Daivej '13 auf Macchie- und Weißfruchttöne einen schlanken und frischen Gaumen folgen lässt.

⊙ Deltetto Rosé Brut M. Cl.	🍷🍷 5
● Barbera d'Alba Sup. Rocca delle Marasche '11	🍷🍷 5
○ Roero Arneis Daivej '13	🍷🍷 2*
⊙ Deltetto Brut M. Cl.	🍷🍷 5
● Barbera d'Alba Sup. Bramé '12	🍷🍷 3
○ Roero Arneis S. Michele '13	🍷🍷 3
● Roero Braja Ris. '11	🍷🍷 4
● Barolo Sistaglia '09	🍷 5
● Langhe Nebbiolo '12	🍷 3
● Barbera d'Alba Sup. Rocca delle Marasche '04	🍷🍷🍷 5
● Roero Braja Ris. '09	🍷🍷🍷 4*
● Roero Braja Ris. '08	🍷🍷🍷 4
● Roero Braja Ris. '07	🍷🍷🍷 4

Destefanis

VIA MORTIZZO, 8
12050 MONTELUPO ALBESE [CN]
TEL. +39 0173617189
www.marcodestefanis.it

DIREKTVERKAUF
BESUCH NACH VORANMELDUNG
JAHRESPRODUKTION 60.000 Flaschen
REBFLÄCHE 12 Hektar

All jenen, die den Dolcetto d'Alba noch nicht gut genug kennen, empfehlen wir, den Monia Bassa di Marco Destefanis zu kosten. Ein überraschend einfacher und unmittelbarer Wein, mit einem so reichen Rotfruchtaroma, dass man mit der Verkostung weiter machen will. Ebenfalls sehr befriedigend am Gaumen, da die Tanninstruktur ziemlich wichtig ist, wenn auch nie bitter oder aggressiv. Zwischen Montelupo und Alba baut der Keller auch kleine Parzellen mit Nebbiolo, Barbera und Chardonnay an, die alle mit derselben Philosophie vinifiziert werden: Nur das Beste der Traube auszudrücken. Der Dolcetto d'Alba Monia Bassa 2013 bestätigt sich wieder als sicherer Qualitätsbezug der Weinart. Es handelt sich um einen soliden und saftigen Dolcetto mit einem knusprigen und würzigen Mund und einladender Trinkbarkeit. Der Barbera d'Alba 2013 ist frisch und fleischig und zeichnet sich durch eine fruchtige Ader aus, aus der sich Agilität und geschmackliche Spritzigkeit ergibt. Einfach und unmittelbar der Dolcetto d'Alba Bricco Galluccio 2013.

● Dolcetto d'Alba Monia Bassa '13	🍷🍷 3*
● Barbera d'Alba '13	🍷🍷 2*
● Dolcetto d'Alba Bricco Galluccio '13	🍷🍷 2*
○ Langhe Arneis '13	🍷 2
○ Langhe Chardonnay '13	🍷 2
● Barbera d'Alba '12	🍷🍷 2*
● Dolcetto d'Alba Bricco Galluccio '12	🍷🍷 2*
● Dolcetto d'Alba V. Monia Bassa '12	🍷🍷 3*
● Dolcetto d'Alba V. Monia Bassa '11	🍷🍷 3*
● Nebbiolo d'Alba '11	🍷🍷 3

PIEMONT

Gianni Doglia
VIA ANNUNZIATA, 56
14054 CASTAGNOLE DELLE LANZE [AT]
TEL. +39 0141878359
www.giannidoglia.it

DIREKTVERKAUF
BESUCH NACH VORANMELDUNG
JAHRESPRODUKTION 70.000 Flaschen
REBFLÄCHE 8 Hektar

An der Grenze zwischen Langhe und Monferrato hat Gianni Doglia in weniger als zehn Jahren einen Betrieb geschaffen, der sowohl im Moscato- als auch Barbera-Panorama (und der Roten im Allgemeinen) eine Serie von Weinen von höchstem Niveau hervorgebracht hat. Die Weinberge liegen hauptsächlich um den Keller zwischen 300 und 350 Meter Höhe auf Kalkböden und sind zu zwei Dritteln dem Moscato gewidmet. Die Weine bringen die Gebietsmerkmale bestens zum Ausdruck und spielen mehr mit Finesse und Trinkbarkeit als mit Konzentration. Der Moscato d'Asti Casa di Bianca '13 präsentiert intensive und feine Salbei-, Melonen- und Tomatenblattaromen, am Gaumen wuchtig und gleichzeitig sauer und frisch. Ausgezeichnet auch der Barbera d'Asti Superiore Genio '11 mit konfitürigen Kirsch-, Pflaumen- und Gewürznoten und einem kraftvollen, anhaltenden Gaumen. Gut gemacht die anderen Weine, insbesondere der angenehme und saftige Barbera d'Asti Boscodonne '13, und der vielschichtige und vollmundige Merlot Monferrato Rosso l' '11.

● Barbera d'Asti Sup. Genio '11	🍷🍷🍷 4
○ Moscato d'Asti Casa di Bianca '13	🍷🍷🍷 3*
● Barbera d'Asti Boscodonne '13	🍷🍷 2*
● M.to Rosso ! '11	🍷🍷 5
○ Moscato d'Asti '13	🍷🍷 2*
● Barbera d'Asti Boscodonne '12	🍷🍷 2*
● Barbera d'Asti Sup. '10	🍷🍷 3*
● Barbera d'Asti Sup. '09	🍷🍷 3
● Barbera d'Asti Sup. '07	🍷🍷 3
○ Moscato d'Asti Casa di Bianca '12	🍷🍷 3*

★Poderi Luigi Einaudi
B.TA GOMBE, 31/32
12063 DOGLIANI [CN]
TEL. +39 017370191
www.poderieinaudi.com

DIREKTVERKAUF
BESUCH NACH VORANMELDUNG
UNTERKUNFT
JAHRESPRODUKTION 250.000 Flaschen
REBFLÄCHE 52 Hektar

Das Weinangebot dieses historischen Kellers ist heute in 12 Etiketten artikuliert (9 Rote und 4 Weiße), die vom Dogliani und vom Barolo angeführt werden, beide gibt es in 3 verschiedenen Typologien. Die besondere Faszination des Betriebs liegt nicht nur in der Qualität der Weine, sondern auch in seiner Geschichte, da er von Luigi Einaudi gegründet worden ist, der Anfang des 20. Jh. Präsident der Republik geworden ist. Den Gästen steht ein herrlicher Agriturismo, Il Relais, zur Verfügung. Der Dogliani Vigna Tecc präsentiert sonst selten in einem Dolcetto anzutreffende Aromen und verhaltene, erlesene Gerbstoffe. Der wahre Spitzenwein dieses Jahr ist der Barolo Cannubi 2010, der eine feine und vielschichtige Nase mit einer erstklassigen und persistenten Geschmacksphase vereint: Die Drei Gläser sind mehr als nur verdient. Der Dogliani 2013 und der Barolo Terlo Vigna Costa Grimaldi 2010 tragen dazu bei, den Namen des Betriebs hoch zu halten.

● Barolo Cannubi '10	🍷🍷🍷 8
● Dogliani Sup. V. Tecc '12	🍷🍷🍷 3*
● Barolo Terlo V. Costa Grimaldi '10	🍷🍷🍷 6
● Dogliani '13	🍷🍷🍷 3
● Langhe Nebbiolo '12	🍷🍷🍷 3
● Piemonte Barbera '12	🍷 3
● Barolo Costa Grimaldi '05	🍷🍷🍷 8
● Barolo Costa Grimaldi '01	🍷🍷🍷 7
● Barolo nei Cannubi '00	🍷🍷🍷 8
● Dogliani Sup. V. Tecc '10	🍷🍷🍷 3*
● Dogliani V. Tecc '06	🍷🍷🍷 4
● Langhe Rosso Luigi Einaudi '04	🍷🍷🍷 5

PIEMONT

Tenuta Il Falchetto
Fraz. Ciombi
Via Valle Tinella, 16
12058 Santo Stefano Belbo [CN]
Tel. +39 0141840344
www.ilfalchetto.com

DIREKTVERKAUF
BESUCH NACH VORANMELDUNG
JAHRESPRODUKTION 280.000 Flaschen
REBFLÄCHE 41 Hektar

Dem Betrieb der Brüder Forno – vierte Familiengeneration, die die Tenuta Il Falchetto leitet – ist es in diesen letzten Jahren gelungen, eine Serie an hochinteressanten Weinen der verschiedenen Weinarten anzubieten. Der ursprüngliche Betriebskern ist dem Moscato gewidmet und liegt auf den Hügeln von Santo Stefano Belbo, aber zwischen Alba und Agliano Terme haben sie weitere neun Anwesen, von denen elf sowohl autochthone als auch internationale Rebsorten kommen. Aufgrund ihrer Eigentümlichkeit und Qualität erwähnenswert die verschiedenen Moscato- und Barbera-Versionen. Dieses Jahr finden wir an der Spitze der jeweiligen Weinarten den Barbera d'Asti Superiore Lurëi '12 mit feinen und vielschichtigen Rotfrucht-, Gewürz-, Tabak- und Feuchterdenoten, einem schön sauren und fleischigen Gaumen und einem sehr langen und rassigen Abgang sowie den Moscato d'Asti Ciombo '13 mit eleganten Limetten- und Salbeitönen, einer großartigen Fülle, Charakter und Safrannoten im Finale. Von erstklassigem Niveau auch der Rest der Produktion.

● Barbera d'Asti Sup. Lurëi '12	♀♀ 3*
○ Moscato d'Asti Ciombo '13	♀♀ 2*
● Piemonte Pinot Nero Solo '11	♀♀ 3*
● Barbera d'Alba Sup. La Rossa '11	♀♀ 3
● Barbera d'Asti Pian Scorrone '12	♀♀ 3
○ Moscato d'Asti Tenuta del Fant '13	♀♀ 2*
○ Langhe Chardonnay '13	♀ 2
○ Moscato d'Asti Tenuta del Fant '11	♀♀♀ 2*
○ Moscato d'Asti Tenuta del Fant '09	♀♀♀ 2*

Favaro
S.da Chiusure, 1bis
10010 Piverone [TO]
Tel. +39 012572606
www.cantinafavaro.it

DIREKTVERKAUF
BESUCH NACH VORANMELDUNG
JAHRESPRODUKTION 18.000 Flaschen
REBFLÄCHE 3 Hektar

Die von Benito Favaro und seinem Sohn in Le Chiusure angebotenen Weine nehmen im herrlichen Szenarium der Serra, zwischen den Mergelhügeln und dem See Piverone Gestalt an. Drei eigene Hektar, zwei davon der Erbaluce gewidmet: Der Basiswein wird in Stahl verarbeitet und ist seit langem aufgrund der dünnen und vertikalen Ausdrucksfähigkeit einer der erkennbarsten der Denomination. Der 13 Mesi wird in Holz ausgebaut und mindestens ein Jahr nach der Lese vermarktet. Kleine Mengen an Syrah, Freisa und Barbera werden für die Roten verwendet, die besondere Namen und Etiketten wie F2, Basy, Rossomeraviglia mit der Klassifizierung Tafelwein tragen. Beim Erkunden des originellen Angebots der Familie Favaro hat man immer seinen Spaß, aber der Spitzenwein des Hauses ist und bleibt der Erbaluce Le Chiusure. In der Version 2013 gibt er sich brillant und vollendet, mit einer auf Bienenwachs- und Kamillennuancen zurückgehenden Amplitude, die sich kraftvoll und spannungsreich im Mund entfaltet.

○ Erbaluce di Caluso Le Chiusure '13	♀♀♀ 2*
○ Erbaluce di Caluso 13 Mesi '12	♀♀ 3
● F2 '12	♀♀ 2*
● Ros '12	♀♀ 4
● Rossomeraviglia '12	♀♀ 5
● Basy '12	♀ 3
⊙ Rosacherosanonsei '13	♀ 3
○ Erbaluce di Caluso Le Chiusure '12	♀♀♀ 2*
○ Erbaluce di Caluso Le Chiusure '11	♀♀♀ 2*
○ Erbaluce di Caluso Le Chiusure '10	♀♀♀ 2*

Giacomo Fenocchio
LOC. BUSSIA, 72
78675 MONFORTE D'ALBA [CN]
TEL. +39 017378675
www.giacomofenocchio.com

DIREKTVERKAUF
BESUCH NACH VORANMELDUNG
JAHRESPRODUKTION 80.000 Flaschen
REBFLÄCHE 14 Hektar

Den Nebbiolos der Brüder Fenocchio ist die Kategorie des guten Preis-/Leistungsverhältnis schon seit einiger Zeit zu eng geworden. Ihr Betrieb ist eine historische Langa-Realität, die in den letzten Jahren in Sachen Konstanz, Gebietskohärenz und Exzellenz sehr stark gewachsen ist, auch weil er die Potentialitäten mythischer Lagen wie Bussia di Monforte, Villero di Castiglione Falletto und Cannubi di Barolo bestens nutzt. Lange Mazerationen (bis zu 100 Tagen für einige Etiketten in den besten Jahrgängen) und ein geduldiger Ausbau in slawonischer Eiche gilt für beispielhaft klassische und gleichzeitig perspektivische, einladende Barolos, die auch unmittelbar nach der Ausgabe lesbar sind. Der Barolo Villero 2010 ist raffiniert und hat strenge Gewürz-, Trockenblumen- und dunkle Tabaktöne; in Sachen Trinkreife präsentiert er sich gespannt und herb, mit leicht unordentlichen Gerbstoffen, die heute die vollkommene Gelungenheit bremsen. Der Barolo Cannubi 2010 ist elegant mit verwelkten Veilchen- und Chlorophyllempfindungen, im Mund von einer üppigen Tanninstruktur gestützt und mit einer beinahe jodierten Ader für eine frischere Trinkreife.

- Barolo Bussia '10 ▼▼▼ 6
- Barolo Bussia Ris. '08 ▼▼▼ 7
- Barolo Cannubi '10 ▼▼▼ 6
- Barolo Villero '10 ▼▼▼ 6
- Barbera d'Alba Sup. '12 ▼▼ 3
- Langhe Nebbiolo '12 ▼▼ 3
- Roero Arneis '13 ▼ 3
- Barolo Bussia '09 ♀♀♀ 6
- Barolo Cannubi '09 ♀♀ 6
- Barolo Villero '09 ♀♀ 6
- Langhe Freisa '11 ♀♀ 3
- Langhe Nebbiolo '11 ♀♀ 3

Ferrando
VIA TORINO, 599A
10015 IVREA [TO]
TEL. +39 0125633550
www.ferrandovini.it

DIREKTVERKAUF
BESUCH NACH VORANMELDUNG
JAHRESPRODUKTION 50.000 Flaschen
REBFLÄCHE 5 Hektar

Seit über einem Jahrhundert ist der Name Ferrando an die unnachahmbaren Berg-Nebbiolos der Enklave von Carema gebunden, ein kleiner Ort an der Grenze zwischen Valle d'Aosta und Piemont. Der winzigen Weindenomination sind zwei Selektionen vorbehalten, wobei die Ausgabe des Etichetta Nera, der nur im Falle von großartigen Lesen erzeugt wird, gewöhnlich auf die des Etichetta Bianca folgt. Der historische Keller, etwas außerhalb der Altstadt von Ivrea, wird heute von Roberto geleitet. Er hat in diesen Jahren einer Palette Schwung verliehen, die die Erbaluce von Caluso mit zwei stillen Versionen (La Torrazza und Cariola), einer Spumante-Version und zwei süßen Versionen (Vigneto Cariola und Solativo) gut valorisiert hat. Die Caremas von Ferrando haben dank herrlicher Jahrgänge wie 2009 für den Etichetta Nera die Geschichte der kleinen Weindenomination geschrieben. Die im langen Schluck buchstäblich explodierende bezaubernde Symphonie an Tabak-, Ginseng- und Rotbeerennoten wird nur von einigen Gewürz- und Toastingspuren gebremst.

- Carema Et. Nera '09 ▼▼▼ 6
- Carema Et. Bianca '10 ▼▼▼ 5
- Caluso Passito '07 ▼▼▼ 5
- Canavese Rosso La Torrazza '12 ▼▼ 2*
- Erbaluce di Caluso Cariola '13 ▼ 3
- Erbaluce di Caluso La Torrazza '13 ▼ 2
- Carema Et. Nera '08 ♀♀♀ 6
- Carema Et. Nera '07 ♀♀♀ 6
- Carema Et. Nera '06 ♀♀♀ 6
- Carema Et. Nera '05 ♀♀♀ 6

PIEMONT

Roberto Ferraris
FRAZ. DOGLIANO, 33
14041 AGLIANO TERME [AT]
TEL. +39 0141954234
www.robertoferraris.com

DIREKTVERKAUF
BESUCH NACH VORANMELDUNG
JAHRESPRODUKTION 50.000 Flaschen
REBFLÄCHE 9 Hektar
WEINBAU Biologisch anerkannt

Dieser 1923 von Stefano Ferraris gegründete und heute leidenschaftlich von Roberto geführte kleine Betrieb ist beinahe ausschließlich der Barbera verschrieben. Die Weinberge um den Keller auf weißen und kalkhaltigen Böden mit hohem Schlick- und geringem Tongehalt sind – mit Ausnahme einiger Hundert Quadratmeter Nebbiolo – mit über 80 Jahre alten Barbera-Rebstöcken bepflanzt, einige davon noch auf Vitis Rupestris. Die erzeugten Weine sind bestrebt, eine traditionelle, gebietsverbundene Struktur mit moderner Aromareinheit zu vereinen. Herrlich die beiden Barberas d'Asti Superiore '11: der am Gaumen mit Wucht und Fruchtsaft verspielte La Cricca mit Aromakräutertönen, würzig und gut säuregestützt, und der in der Nase mit Pflaumen- Kakao-, Feuchterde- und süßen Gewürznoten großartig vielschichtige Bisavolo, sehr üppig am Gaumen, dicht und, für die Weinart, tanninhaltig. Gut gemacht der Rest der Auswahl.

● Barbera d'Asti Sup. Bisavolo '11	🍷🍷 3*
● Barbera d'Asti Sup. La Cricca '11	🍷🍷 3*
● Barbera d'Asti '12	🍷🍷 2*
● Barbera d'Asti Nobbio '12	🍷🍷 2*
● M.to Rosso Grixa '11	🍷🍷 3
● Barbera d'Asti '09	🍷🍷 2*
● Barbera d'Asti Nobbio '11	🍷🍷 3*
● Barbera d'Asti Nobbio '09	🍷🍷 3*
● Barbera d'Asti Sup. La Cricca '07	🍷🍷 3*
● Barbera d'Asti Sup. Riserva del Bisavolo '10	🍷🍷 3*
● Barbera d'Asti Sup. Riserva del Bisavolo '09	🍷🍷 3
● Barbera d'Asti Sup. Riserva del Bisavolo '08	🍷🍷 3*

Carlo Ferro
REG. SALERE 41
14041 AGLIANO TERME [AT]
TEL. +39 0141954000
www.ferrovini.com

DIREKTVERKAUF
BESUCH NACH VORANMELDUNG
JAHRESPRODUKTION 25.000 Flaschen
REBFLÄCHE 12 Hektar

Den Betrieb der Familie Ferro in Agliano Terme gibt es seit Anfang des letzten Jahrhunderts, er füllt aber erst seit zwei Jahrzehnten Flaschen ab. Die Aufmerksamkeit konzentriert sich auf die Barbera, zu der sich autochthone und andere Rebsorten gesellen (Dolcetto, Nebbiolo, Grignolino und Cabernet Sauvignon). Die Weinberge mit 4-5000 Pflanzen je Hektar und Guyot-Reberziehung sind gegen Süden ausgerichtet. Bei der Erzeugung der traditionellen und ausgesprochen trinkfreundlichen Weine wird mehr Wert auf Finesse als auf Stärke gelegt. Wirklich gut der Barbera d'Asti Superiore Notturno '11, fein mit frischen Schwarzfrucht-, Gewürz- und Kinaaromen, am Gaumen harmonisch und samtig, nicht zu konzentriert und mit einem langen, genussreichen Finale. Gut gelungen auch der Barbera d'Asti '13, klassischer Jahrgangs-Barbera, der alles auf Frucht, Frische und angenehme Trinkreife setzt, der weichere und extraktreichere Barbera d'Asti Superiore Roche '11 sowie der Monferrato Rosso Paolo '09, ein vollmundiger und körperreicher Blend aus Barbera, Nebbiolo und Cabernet Sauvignon.

● Barbera d'Asti Sup. Notturno '11	🍷🍷 2*
● Barbera d'Asti '13	🍷🍷 1*
● Barbera d'Asti Sup. Roche '11	🍷🍷 3
● M.to Rosso Paolo '09	🍷🍷 3
● Barbera d'Asti Giulia '12	🍷 2
● Barbera d'Asti Giulia '11	🍷🍷 2*
● Barbera d'Asti Giulia '10	🍷🍷 2*
● Barbera d'Asti Giulia '09	🍷🍷 2*
● Barbera d'Asti Superiore Notturno '10	🍷🍷 2*
● Barbera d'Asti Superiore Notturno '09	🍷🍷 2*
● Barbera d'Asti Superiore Notturno '07	🍷🍷 2*

PIEMONT

Fontanabianca
VIA BORDINI, 15
12057 NEIVE [CN]
TEL. +39 017367195
www.fontanabianca.it

DIREKTVERKAUF
BESUCH NACH VORANMELDUNG
JAHRESPRODUKTION 60.000 Flaschen
REBFLÄCHE 14 Hektar

Aldo Pola und Bruno Ferro stehen 5 Nebbiolo-Weinberge für Barbaresco zur Verfügung, aus denen sie zwei Selektionen gewinnen, Bordini und Serraboella, sowie eine stets überzeugende Basisweinversion. Die beiden Lagen sind stilistisch leicht verschieden eingestellt: würziger und abgerundeter der Bordini, klassischer und tanninhaltiger der nur in slawonischer Eiche ausgebaute Serraboella. Zum Barbaresco, tragender Balken des Betriebs, gesellen sich kleine Produktionen an Dolcetto und Barbera d'Alba, Langhe Nebbiolo und ein einziger Weißer, Arneis. Der Barbaresco Serraboella 2011 resultiert etwas verspannt in den noch nicht sehr ausdrucksreichen Aromen, um sich dann geschmacklich strukturiert zu entspannen, von guter Persistenz. In dieser Phase überzeugender der Barbaresco 2011 mit einem delikaten Fächer an balsamischen und fruchtigen Noten, vibrierend und sehr trinkreif im Mund. Etwas einfacher, aber ausgewogen und korrekt der Barbaresco Bordini 2011.

- Barbaresco '11 — ♟♟ 5
- Barbaresco Bordini '11 — ♟♟ 6
- Barbaresco Serraboella '11 — ♟♟ 5
- Barbera d'Alba Sup. '12 — ♟ 3
- Dolcetto d'Alba '13 — ♟ 2
- ○ Langhe Arneis '13 — ♟ 2
- Langhe Nebbiolo '12 — ♟ 3
- Barbaresco Serraboella '06 — ♟♟♟ 6
- Barbaresco Sorì Burdin '05 — ♟♟♟ 6
- Barbaresco Sorì Burdin '04 — ♟♟♟ 6
- Barbaresco Sorì Burdin '01 — ♟♟♟ 6

Fontanafredda
VIA ALBA, 15
12050 SERRALUNGA D'ALBA [CN]
TEL. +39 0173626111
www.fontanafredda.it

DIREKTVERKAUF
BESUCH NACH VORANMELDUNG
UNTERKUNFT UND GASTRONOMIE
JAHRESPRODUKTION 7.500.000 Flaschen
REBFLÄCHE 85 Hektar

Dieser historische Koloss mit acht Millionen Flaschen achtet sehr auf den alltäglichen Verbrauch und die aktuellen Weinbautendenzen, von den „natürlichen" Protokollen bis zur Energieeinsparung. Viele Seelen des Brands Fontanafredda leben harmonisch zusammen. Ein kohärentes Projekt, das die neue Gesellschaftsstruktur mit Luca Baffigo, Oscar Farinetti und die Galaxis Eataly neu festigt und das sich in erster Linie um eine komplette Palette an piemontesischen Weinen dreht. Die Diamantspitzen sind die Nebbiolo-Selektionen Casa E. di Mirafiore, die den mit einem rigorosen und zeitgenössischen Stil interpretierten, prestigevollen Lagen wie Vigna La Rosa, Lazzarito, Vigna La Villa gewidmet sind. Ausgezeichnetes Gesamtergebnis für die Weinauswahl der großartigen Nebbiolos, allen voran der ohne stilistische Überfülle gut ausgewogen interpretierte Barolo Paiagallo Mirafiore 2010. Sehr interessant auch der saftige und knusprige Barbera d'Alba Superiore Mirafiore 2011 mit mineralischer Säure im Hintergrund.

- Barbera d'Alba Sup. Mirafiore '11 — ♟♟ 4
- Barolo Mirafiore '10 — ♟♟ 6
- Barolo Paiagallo Mirafiore '10 — ♟♟ 6
- Alta Langa Brut Nature V. Gatinera '05 — ♟ 5
- Barbaresco Coste Rubìn '10 — ♟ 5
- Barolo del Comune di Serralunga d'Alba '10 — ♟♟ 6
- Barolo Fontanafredda V. La Rosa '10 — ♟♟ 7
- ○ Langhe Bianco Marin '11 — ♟♟ 4
- Asti '13 — ♟ 2
- ○ Langhe Bianco Niveto '12 — ♟ 3
- ○ Roero Arneis Pradalupo '13 — ♟ 2
- Barolo Casa E. di Mirafiore Ris. '04 — ♟♟♟ 8
- Barolo Fontanafredda V. La Rosa '07 — ♟♟♟ 7
- Barolo Lazzarito V. La Delizia '04 — ♟♟♟ 8
- Barolo V. La Rosa '04 — ♟♟♟ 7

PIEMONT

Gabutti - Franco Boasso
B.TA GABUTTI, 3A
12050 SERRALUNGA D'ALBA [CN]
TEL. +39 0173613165
www.gabuttiboasso.com

DIREKTVERKAUF
BESUCH NACH VORANMELDUNG
UNTERKUNFT
JAHRESPRODUKTION 30.000 Flaschen
REBFLÄCHE 6 Hektar

Familie Boasso ist seit den 70er Jahren Protagonist im Langa-Gebiet und verdankt einen Teil ihres Erfolgs der Berufung der Gegend von Serralunga d'Alba. Die vier Hektar Rebfläche mit den wichtigsten Rebsorten der Zone sind nämlich dort konzentriert und ergeben die Lagenweine Gabutti, Meriame und Margheria. Es sind in mittelgroßen Fässern ausgebaute Barolos im besten Sinne des Wortes, mit letzthin immer besserer Finesse und Trinkbarkeit. Die Palette runden Barberas und Dolcettos sowie Moscatos, Arneis und Langhe Rossos der Linie Grappoli ab. Grappoli heißt auch der Agriturismo der Familie. Facettenreiches und intrigantes Geruchsspektrum für den Barolo Gabutti 2010 mit dunklen Goudron-, Tabak- und Unterholznoten, soliden und schon ziemlich vollendeten Gerbstoffen und einer reinen und anhaltenden Trinkreife. In dieser Phase weniger verständlich der Barolo Margheria, der sich an die typischen Eigenschaften der Lage hält, mit einer großartigen Struktur, aber nicht sehr lebhaften Aromen.

- Barolo Gabutti '10 — 5
- Barbera d'Alba '11 — 2*
- Barolo del Comune di Serralunga d'Alba '10 — 5
- Barolo Margheria '10 — 5
- Dolcetto d'Alba '13 — 2*
- Moscato d'Asti I Grappoli '13 — 2
- Roero Arneis I Grappoli '13 — 2
- Barolo Margheria '05 — 5*
- Barolo Gabutti '09 — 5
- Barolo Gabutti '05 — 5
- Barolo Margheria '09 — 5
- Barolo Margheria '08 — 5
- Barolo Margheria '06 — 5

Gaggino
S.DA SANT'EVASIO, 29
15076 OVADA [AL]
TEL. +39 0143822345
www.gaggino.it

DIREKTVERKAUF
BESUCH NACH VORANMELDUNG
JAHRESPRODUKTION 150.000 Flaschen
REBFLÄCHE 20 Hektar

Die Rebe ist seit den 1920ern Teil der Familie Gaggino: Heute kümmert sich Gabriele mit Frau Tiziana und den beiden für das Marketing zuständigen Gesellschaftern Massimo und Franco um den Betrieb. Für diese Ausgabe des Führers sind einige Weine nicht verkostet worden: die Barberas Ticco und Lazzarina, die ein Jahr aussetzen, und der Dolcetto di Ovada Convivio, der das Docg-Prädikat erhalten hat und eines längeren Ausbaus bedarf. Trotzdem gibt es genug interessante Etiketten, wie den Dolcetto di Ovada Sant'Evasio und den Curteisa, ein Spumante aus Cortese mit ausgezeichnetem Preis-/Leistungsverhältnis. Alle Weine aus Chardonnay und Sauvignon Blanc sind ausgezeichnet trinkbar. Fahnenträger in dieser Ausgabe des Führers, der Convivio, ein intensiver, wuchtiger und anhaltender Dolcetto di Ovada mit umwerfendem Preis-/Leistungsverhältnis. Reife und konfitüre Fruchtaromen zeichnen den Ticco aus, der Sant'Evasio hingegen ist ein reicher und intensiver Dolcetto di Ovada. Der Spumante Brut Courteisa mit weißen Pfirsicharomen ist fein und intensiv in der Nase und harmonisch und ausgewogen am Gaumen.

- Barbera del M.to Sup. Il Ticco '10 — 3*
- Ovada Il Convivio '12 — 2*
- Courteisa Brut — 2
- Ovada S. Evasio '10 — 2*
- Cortese dell'Alto M.to '13 — 4
- Barbera del M.to La Lazzarina '10 — 2
- Barbera del M.to Sup. Il Ticco '09 — 3*
- Cortese dell'Alto M.to Madonna della Villa '10 — 4
- Dolcetto di Ovada Il Convivio '10 — 2*
- Dolcetto di Ovada Il Convivio '09 — 2
- Dolcetto di Ovada Sup. Sant' Evasio '09 — 3*
- Dolcetto di Ovada Un Rosso '10 — 2*
- M.to Rosso La Mora '11 — 1*

PIEMONT

★★★★★ Gaja
Via Torino, 18
12050 Barbaresco [CN]
Tel. +39 0173635158
www.gaja.com

JAHRESPRODUKTION 350.000 Flaschen
REBFLÄCHE 92 Hektar

Die von Angelo Gaja mit Frau Lucia und Kindern Gaia, Rosanna und Giovanni geführte Marke ist vermutlich die weltweit bekannteste Weinmarke überhaupt. Ein Erfolg der von weit her kommt und auf eine vom Vater Giovanni und Großvater Angelo signierte und auch heute außerordentliche lange Serie Barbarescos zurückgeht. Ein modern durch Ummodulierung von Wein und Stil weitergeführtes Erbe. Sauvignon, Chardonnay und Cabernet sind in die Sortenpalette eingetreten, Top-Weine wie Costa Russi, Conteisa, Sperss, Sorì San Lorenzo und Sorì Tildin sind Langhe Nebbiolos geworden und sind erklärt wuchtig und stoffig. Und eben der rote Sorì Tildin hat uns bei der Verkostung überzeugt. Die Lage Barbaresco bietet Kleinobstaromen und Eukalyptus- und Harzempfindungen. Im Mund wuchtig mit üppiger Tanninstruktur, aber mit einem abgerundeten und verführerischen Körper, der Balance und Harmonie verleiht. Ein Drei-Gläser-Spitzenwein. Großartige Versionen auch für den Barbaresco und den Sperss.

● Langhe Nebbiolo Sorì Tildin '11	🍷🍷🍷	8
● Barbaresco '11	🍷🍷	8
● Langhe Nebbiolo Sperss '10	🍷🍷	8
● Langhe Nebbiolo Conteisa '10	🍷🍷	8
● Langhe Nebbiolo Costa Russi '11	🍷🍷	8
● Langhe Nebbiolo Sorì S. Lorenzo '11	🍷🍷	8
● Barbaresco '09	🍷🍷🍷	8
● Barbaresco '08	🍷🍷🍷	8
● Langhe Nebbiolo Costa Russi '10	🍷🍷🍷	8
● Langhe Nebbiolo Costa Russi '08	🍷🍷🍷	8
● Langhe Nebbiolo Costa Russi '07	🍷🍷🍷	8
● Langhe Nebbiolo Costa Russi '05	🍷🍷🍷	8
● Langhe Nebbiolo Sorì S. Lorenzo '06	🍷🍷🍷	8
● Langhe Nebbiolo Sorì Tildin '07	🍷🍷🍷	8
● Langhe Nebbiolo Sorì Tildin '06	🍷🍷🍷	8
● Langhe Nebbiolo Sperss '04	🍷🍷🍷	8

Filippo Gallino
Fraz. Madonna Loreto
Valle del Pozzo, 63
12043 Canale [CN]
Tel. +39 017398112
www.filippogallino.com

DIREKTVERKAUF
BESUCH NACH VORANMELDUNG
JAHRESPRODUKTION 100.000 Flaschen
REBFLÄCHE 15 Hektar

Der Betrieb der Familie Gallino ist 1961 gegründet worden und erzeugt seit vielen Jahrzehnten Qualitätsweine mit bestmöglichen Gebietsmerkmalen aus autochthonen Trauben (Arneis, Nebbiolo, Barbera). Die ca. 15 Hektar Weinberge liegen in der Gemeinde Canale, auf den Hügeln Briccola, Renesio und Mompissano auf zumeist ton- und sandhaltigen Böden. Die erzielten Weine sind großartig fruchtreich und das Ergebnis des originellen Zusammentreffens von Tradition und modernem Stil. Eine schöne Bestätigung für den Barbera d'Alba Superiore Bonora '10, breit und vielschichtig in der Nase, mit Pflaumen-, Kina- und Kakaonoten auf erdigem Hintergrund, samtig am Gaumen, stoffig, mit anhaltendem und charaktervollem Finale, zu ihm gesellt sich der Roero Sorano Riserva '10 mit Unterholz- und Lakritztönen, einem einfachen, aber wuchtigen Gaumen und mineralischem und rassigem Finale. Erwähnenswert der Seventy Brut, Metodo Classico aus Arneis-Trauben, würzig und angenehm.

● Barbera d'Alba Sup. Bonora '10	🍷🍷	4
● Roero Sorano Ris. '10	🍷🍷	3*
○ Seventy Brut M. Cl.	🍷🍷	3
● Barbera d'Alba '13	🍷🍷	2*
● Langhe Nebbiolo '13	🍷🍷	2
○ Roero Arneis '13	🍷	2
● Barbera d'Alba Sup. '05	🍷🍷🍷	4*
● Barbera d'Alba Sup. '04	🍷🍷🍷	4*
● Roero '06	🍷🍷🍷	4*
● Roero Sup. '03	🍷🍷🍷	3
● Roero Sup. '01	🍷🍷🍷	5
● Roero Sup. '99	🍷🍷🍷	5

PIEMONT

Tenuta Garetto
S.DA ASTI MARE, 30
14041 AGLIANO TERME [AT]
TEL. +39 0141954068
www.garetto.it

DIREKTVERKAUF
BESUCH NACH VORANMELDUNG
JAHRESPRODUKTION 110.000 Flaschen
REBFLÄCHE 18 Hektar

Auf den Hügeln um Agliano erstreckt sich der Betrieb von Alessandro Garetto in der Mitte des sogenannten goldenen Dreiecks der Barbera, zwischen Tanaro und dem Belbo. Die Weinberge auf kalk- und mergelhaltigen Tonböden liegen größtenteils auf dem Hügel hinter dem Keller und sind beinahe nur dieser Rebsorte verschrieben, die 80 % der Rebfläche einnimmt. Die restlichen 20 % teilen sich Dolcetto, Grignolino und Chardonnay. Die Weine sind zwar modern, haben aber eine bemerkenswerte Eigentümlichkeit. Stets an der Spitze der Weindenomination der Barbera d'Asti Superiore Nizza Favà '11 mit Schwarzbeer- und Kinaaromen, blumigen Nuancen und einem kompakten, gut fruchtigen Gaumen. Gut gemacht auch die beiden anderen präsentierten Barberas d'Asti, der Tra Neuit und der Dì '13 mit Unterholz- und Schwarzfruchttönen sowie der Superiore In Pectore '12, angenehm und würzig. Gut gelungen auch der Monferrato Bianco Il Biondo '13, würziger und ausgewogener Chardonnay.

● Barbera d'Asti Sup. Nizza Favà '11	🍷🍷🍷 4
● Barbera d'Asti Sup. In Pectore '12	🍷🍷 5
● Barbera d'Asti Sup. Tra Neuit e Dì '13	🍷🍷 2*
○ M.to Bianco Il Biondo '13	🍷🍷 3
● Grignolino d'Asti 'I Giget '13	🍷 2
● Barbera d'Asti Sup. Nizza Favà '04	🍷🍷🍷 4
● Barbera d'Asti Sup. In Pectore '11	🍷🍷 8
● Barbera d'Asti Sup. In Pectore '10	🍷🍷 8
● Barbera d'Asti Sup. In Pectore '09	🍷🍷 3
● Barbera d'Asti Sup. Nizza Favà '10	🍷🍷 4
● Barbera d'Asti Sup. Nizza Favà '09	🍷🍷 5
● Barbera d'Asti Sup. Nizza Favà '08	🍷🍷 4
● Barbera d'Asti Sup. Nizza Favà '07	🍷🍷 4
● Barbera d'Asti Tra Neuit e Dì '12	🍷🍷 2*
● Barbera d'Asti Tra Neuit e Dì '10	🍷🍷 2*

Ettore Germano
LOC. CERRETTA, 1
12050 SERRALUNGA D'ALBA [CN]
TEL. +39 0173613528
www.germanoettore.com

DIREKTVERKAUF
BESUCH NACH VORANMELDUNG
UNTERKUNFT
JAHRESPRODUKTION 90.000 Flaschen
REBFLÄCHE 16 Hektar

Es kommen uns nicht viele Namen der Langa in den Sinn, die der Palette von Sergio Germano in Sachen Transversalität die Stirn bieten können. Seit einigen Jahren gelingt es diesem schönen Keller von Serralunga nämlich, sowohl mit seinen Barolos (Prapò, Cerretta, Lazzarito, auch in Version Riserva) als auch mit den Weißen und den Bläschen aus Riesling, Sauvignon, Chardonnay und Pinot Nero des Weinbaubetriebs von Aglié in Alta Langa exzellent und maßgeblich zu glänzen. Ein Qualitätssprung der mit lobenswerter Aufopferung und der Fähigkeit erreicht wurde, sich in Frage zu stellen, vor allem was die Kellerarbeit, die Extraktionsqualität und das Zartgefühl beim Ausbau der Haus-Nebbiolos betrifft. Der Sergio Germano geht den eingeschlagenen Qualitätspfad sicher weiter und legt dabei auch dieses Jahr eine beneidenswerte Geschwindigkeit an den Tag. Der Barolo Lazzarito Riserva 2008 erreicht mit einer ausgewogenen und raffinierten Interpretation anhand von einfachen und edlen Geschmackstönen die höchste Stufe des Siegerpodiums. Ein Applaus dem überzeugenden Riesling Hérzu, herb und mineralisch, mit einer nervigen und erfrischenden Trinkreife.

● Barolo Lazzarito Ris. '08	🍷🍷🍷 8
● Barolo Cerretta '10	🍷🍷 7
● Barolo Prapò '10	🍷🍷 7
○ Langhe Riesling Hérzu '12	🍷🍷 4
● Barolo del Comune di Serralunga '10	🍷🍷 6
○ Langhe Bianco Binel '12	🍷🍷 3
○ Langhe Chardonnay '13	🍷🍷 3
● Langhe Merlot Balàu '11	🍷🍷 4
○ Langhe Nascetta '12	🍷🍷 3
● Langhe Nebbiolo '13	🍷🍷 3
● Dolcetto d'Alba Lorenzino '13	🍷 2
○ Langhe Bianco Hérzu '11	🍷🍷🍷 4*
○ Langhe Bianco Hérzu '10	🍷🍷🍷 4*
○ Langhe Bianco Hérzu '09	🍷🍷🍷 5
○ Langhe Bianco Hérzu '08	🍷🍷🍷 5

PIEMONT

La Ghibellina
Fraz. Monterotondo, 61
15066 Gavi [AL]
Tel. +39 0143686257
www.laghibellina.it

DIREKTVERKAUF
BESUCH NACH VORANMELDUNG
GASTRONOMIE
JAHRESPRODUKTION 60.000 Flaschen
REBFLÄCHE 8 Hektar

Monterodondo di Gavi ist aufgrund ihrer Berufung und Erkennbarkeit der der Cortese verschriebenen Denomination allgemein als die Lage schlechthin anerkannt. Und hier wollten Alberto und Maria Ghibellina 2000 ihren 20 Hektar großen Betrieb, 7 davon Weinberg, gründen. Die weißen Trauben werden für den Metodo Classico, den Gavi Mainìn (Stahlausbau) und die teils in Barriquen ausgebaute Selektion Altius verwendet. Der sortenreine Barbera im Chiaretto Sandrino, im Monferrato Rosso Nero del Montone und im Verschnitt mit dem Merlot im Pituj runden das Bild ab. Eine schöne Version für die internationalste der roten Rebsorten La Ghibellina: Der Pituj '12 ist intensiv und facettenreich mit Rotbeerenanspielungen und einem pflanzlichen Hintergrund, der die dichte, abschließend getrocknete Frucht belebt. Noch besser der Gavi Mainìn '13, der mit Persönlichkeit und Spannung das etwas schmale Finale mit Mandelgeschmack kompensiert.

○ Gavi del Comune di Gavi Mainìn '13	🍷🍷 3*
○ Gavi del Comune di Gavi Brut M. Cl. '11	🍷🍷 4
● M.to Rosso Pituj '12	🍷🍷 3
● M.to Rosso Nero del Montone '11	🍷 4
○ Gavi del Comune di Gavi Altius '11	🍷🍷 3*
○ Gavi del Comune di Gavi Brut '08	🍷🍷 4
○ Gavi del Comune di Gavi M. Cl. Cuvée Marina	🍷🍷 5
○ Gavi del Comune di Gavi Mainìn '12	🍷🍷 3
● M.to Rosso Nero del Montone '10	🍷🍷 4
● M.to Rosso Nero del Montone '08	🍷🍷 3
● M.to Rosso Pituj '10	🍷🍷 3
● M.to Rosso Pituj '09	🍷🍷 3

Attilio Ghisolfi
Loc. Bussia, 27
12065 Monforte d'Alba [CN]
Tel. +39 017378345
www.ghisolfi.com

DIREKTVERKAUF
BESUCH NACH VORANMELDUNG
JAHRESPRODUKTION 45.000 Flaschen
REBFLÄCHE 6,5 Hektar

Gianmarco Ghisolfi liebt es nicht, im Rampenlicht zu stehen. Er zieht es vor, die eigenen Weinberge und Weine mit jener Ruhe zu bearbeiten, die ihm die großartigen Barolos ab verlangen. Die Weinberge liegen alle in einer historischen und rechtens berühmten Lage der Weindenomination: Bussia di Monforte d'Alba. Hier findet man auch den Bricco Visette, jenen Barolo, der diesem konstant zuverlässigen Keller am meisten Glanz verliehen hat. Kleine Partien auf der Grundlage von Pinot Nero und Barbera runden das überzeugende Angebot ab. Ein Finalwein der Barolo Bricco Visette '10. Er bietet ein intensives Geruchsprofil mit Kinatönen und würzigem Eindruck; der noch rigorosen und strengen Tanninstruktur gelingt es, sich zu entspannen und schenkt einen langen Abgang. Der beinahe undurchsichtige Barolo Fantini Riserva '08 verfügt über knusprige Frucht und einen kraftvollen Gaumen, der kaum vom noch zu harmonisierenden Holz gebremst wird. Gut der Extra Brut '12 zwischen erdigen Empfindungen und wohlriechenden Honig- und Hefeanspielungen.

● Barolo Bricco Visette '10	🍷🍷 6
● Barolo Bussia '10	🍷🍷 5
● Barolo Fantini Ris. '08	🍷🍷 5
○ Extra Brut M. Cl. '12	🍷🍷 5
● Langhe Nebbiolo '12	🍷 3
● Barolo Bricco Visette '05	🍷🍷🍷 6
● Barolo Bricco Visette '01	🍷🍷🍷 6
● Barolo Bussia Bricco Visette '09	🍷🍷🍷 6
● Barolo Fantini Ris. '01	🍷🍷🍷 7
● Langhe Rosso Alta Bussia '01	🍷🍷🍷 5
● Barolo Bricco Visette '99	🍷🍷 6

PIEMONT

★★ Bruno Giacosa
VIA XX SETTEMBRE, 52
12057 NEIVE [CN]
TEL. +39 017367027
www.brunogiacosa.it

JAHRESPRODUKTION 400.000 Flaschen
REBFLÄCHE 18 Hektar

Hier einer der seltenen Fälle, in denen man ohne rhetorische Bedenken das Wort Mythus verwenden kann, um den produktiven und menschlichen Wert einer Person wie Bruno Giacosa zu beschreiben. Zumindest in Italien ist es keinem anderen wie ihm gelungen, die Figur Négociant auf höchstem Niveau zu verkörpern, kein anderer hat mit den Barolos und Barbarescos seinen stellaren Standard erreicht. Schon lange an seiner Seite Tochter Bruna und, nach einer kurzen Unterbrechung, der Kellermeister Dante Scaglione. Die Unternehmenspalette unterscheidet Weine aus betriebseigenen Rebstöcken mit dem Schriftzug Azienda Agricola Falletto und Weine aus angekauften Trauben mit der Marke Bruno Giacosa. Der Barolo Le Rocche del Falletto Riserva 2008 erobert mit seinem Geschmacksprofil zu Recht die höchste Prämie. Trotz seiner beeindruckenden potenzialen Langlebigkeit ist er vor allem wegen seines aromatischen Facettenreichtums schon jetzt schätzenswert. Man geht von Grafit-, Gewürz-, Unterholz- und dunklen Tabaktönen auf einen tiefen, vibrierenden und tannischen Mund mit einzigartiger Persistenz über.

- Barolo Le Rocche del Falletto Ris. '08 ▼▼▼ 8
- Barbaresco Albesani
  V. Santo Stefano '11 ▼▼ 8
- Barbera d'Alba '12 ▼▼ 5
- ○ Roero Arneis '13 ▼▼ 4
- Barbaresco Asili '05 ▼▼▼ 8
- Barbaresco Asili Ris. '07 ▼▼▼ 8
- Barbaresco Asili Ris. '04 ▼▼▼ 8
- Barolo Falletto '07 ▼▼▼ 8
- Barolo Falletto '04 ▼▼▼ 8
- Barolo Le Rocche del Falletto '05 ▼▼▼ 8
- Barolo Le Rocche del Falletto '04 ▼▼▼ 8
- Barolo Le Rocche del Falletto Ris. '07 ▼▼▼ 8

Carlo Giacosa
S.DA OVELLO, 9
12050 BARBARESCO [CN]
TEL. +39 0173635116
www.carlogiacosa.it

DIREKTVERKAUF
BESUCH NACH VORANMELDUNG
JAHRESPRODUKTION 40.000 Flaschen
REBFLÄCHE 5 Hektar

Mit dem Eintritt in den Betrieb des jungen Lucas ist man bei der vierten Generation angelangt. Der Keller wurde vom Urgroßvater Donato gegründet und verdankt seine derzeitige Konfiguration der niemals müden Mama Carla Giacosa. Kleine Dimensionen, klassisch präzise und ausgesprochen saubere Weine, die alle auf lokalen Trauben basieren: Nebbiolo, Barbera und Dolcetto für die Roten, ein wenig Arneis für den erst seit zwei Jahren erzeugten Weißen. Ausgezeichnete Weinberge, die traditionsreiche Namen wie Ovello, Asili und Montefico umfassen. Rhabarber, süßer Tabak und verwelkte Veilchennuancen zeichnen den Barbaresco Narin 2011 aus, der aufgrund eines guten Geruchspotenzials und einem sich noch in kompletter Harmonisierung befindlichen Munds die Finalrunden erreicht. Der Barbaresco Montefico 2011 zeigt sich durch Kina-, Lakriznoten und balsamische Töne mit einer gut modellierten Tanninstruktur. Der Barbaresco Luca Riserva 2009 ist leicht introvertiert, mit einer gestreckten und kompakten Trinkreife.

- Barbaresco Narin '11 ▼▼ 5
- Barbaresco Luca Ris. '09 ▼▼ 6
- Barbaresco Montefico '11 ▼▼ 5
- Barbera d'Alba Lina '12 ▼▼ 3
- Barbera d'Alba Mucin '13 ▼ 3
- Dolcetto d'Alba Cuchet '13 ▼ 2
- ○ Langhe Arneis Sara '13 ▼ 3
- Barbaresco Montefico '08 ▼▼▼ 5*
- Barbaresco Luca Ris. '08 ▼▼ 6
- Barbaresco Montefico '10 ▼▼ 5
- Barbaresco Narin '10 ▼▼ 5
- Langhe Nebbiolo Maria Grazia '12 ▼▼ 3

PIEMONT

F.lli Giacosa
Via XX Settembre, 64
12057 Neive [CN]
Tel. +39 017367013
www.giacosa.it

DIREKTVERKAUF
BESUCH NACH VORANMELDUNG
JAHRESPRODUKTION 500.000 Flaschen
REBFLÄCHE 50 Hektar

In den wichtigsten Weinarten der Langa, stellen die Brüder Giacosa einer Basiswein-Version einige Selektionen mit dem Namen jenes Weinbergs zur Seite, aus dem die Trauben kommen. So entstehen der Barolo Bussia und der Barolo Scarrone Vigna Mandorlo, die Barbarescos in Version Basarin und Vigna Gianmaté, die Dolcettos d'Alba San Rocco und Madonna di Como, die Barberas d'Alba Bussia, Madonna di Como und Gioana. In die Geschichte des Betriebs eingegangen sind der Barolo Vigna Mandorlo und der Barbera Gioana, die die prestigevollsten Ergebnisse erzielt haben, aber eine Kellerbesichtigung macht sofort deutlich, wie jede einzelne Etikette mit größter Sorgfalt realisiert worden ist. Der solide und geruchlich vielschichtige Barbera d'Alba Maria Gioana 2011 bestätigt sich als Bezug für die Weinart und entfaltet sich mit einem Trockenblumenbukett, Rotfrüchten und Tintennuancen; im Mund knusprig frisch säuregestützt. Der Barbaresco Basarin Vigna Gianmaté 2011 zeichnet sich durch konfitürige Waldbeeraromen aus, die sich mit Mentholerinnerungen abwechseln; im Mund solide und gut kalibriert.

- Barbaresco Basarin V. Gianmaté '11 — 6
- Barbera d'Alba Maria Gioana '11 — 4
- Barolo Bussia '10 — 6
- Barolo V. Mandorlo '09 — 7
- Langhe Chardonnay Rorea '13 — 3
- Roero Arneis '13 — 3
- Barbaresco Basarin V. Gianmaté '10 — 6
- Barbera d'Alba Maria Gioana '10 — 4
- Barolo Bussia '09 — 6
- Barolo V. Mandorlo '08 — 7
- Langhe Chardonnay Rorea '12 — 3
- Langhe Chardonnay Rorea '11 — 3

Giovanni Battista Gillardi
Cascina Corsaletto, 69
12060 Farigliano [CN]
Tel. +39 017376306
www.gillardi.it

DIREKTVERKAUF
BESUCH NACH VORANMELDUNG
JAHRESPRODUKTION 35.000 Flaschen
REBFLÄCHE 7 Hektar

Seit der ersten Etikette des Familienbetriebs Gillardi sind 35 Jahre vergangen, aber der Weinbau im Gutshaus Corsaletto hat schon ein halbes Jahrhundert davor begonnen. Das Herz des Kellers schlägt seit jeher für den Dolcetto di Dogliani, der hier regelmäßig auf allerhöchstem Niveau angeboten wird, aber Giacolino stellt ihm schon seit einiger Zeit kleine Produktionen auf Basis von Syrah und Merlot zur Seite. In naher Zukunft kommt die erste Barolo-Produktion mit Jahrgang 2011 heraus. 2013 war ein schwieriger Jahrgang mit verheerendem Hagelschlag zu Saisonbeginn, der die Lese halbiert hat. Trotzdem schenkt er Dolcetto-Liebhabern strukturierte, elegante Rote, wie den noch jungen kraftvollen Cursalet. Auch der weniger strukturierte Maestra mit mehr Trinkreife ist erwähnenswert. Unter den aus internationalen Trauben erzeugten Weinen bestätigt der Harys seine mit facettenreichen Aromen (Pfeffer, Veilchen und Vanille) und harmonischen und samtigen Gerbstoffen verdiente Berühmtheit.

- Dogliani Cursalet '13 — 3*
- Langhe Rosso Harys '12 — 6
- Dogliani Maestra '13 — 2*
- Granè '11 — 5
- Langhe Fiore di Harys '12 — 4
- Langhe Ilmerlò '12 — 6
- Dogliani Cursalet '11 — 3*
- Harys '00 — 6
- Dogliani Cursalet '12 — 3*
- Langhe Harys '10 — 6
- Langhe Harys '09 — 6
- Langhe Merlò '09 — 6
- Langhe Rosso Harys '11 — 6

PIEMONT

La Giribaldina
REG. SAN VITO, 39
14042 CALAMANDRANA [AT]
TEL. +39 0141718043
www.giribaldina.com

DIREKTVERKAUF
BESUCH NACH VORANMELDUNG
UNTERKUNFT
JAHRESPRODUKTION 70.000 Flaschen
REBFLÄCHE 11 Hektar

Der Familienbetrieb Colombo entsteht 1995 mit dem Umbau des Gutshauses Giribaldi aus dem 19. Jh., das heute auch Agriturismo ist. Die betriebseigenen Weinberge unterteilen sich in die von Calamandrana, die den Keller umgeben, die von Vaglio Serra, aus denen die Lage Bricco Castellaro hervorsticht, und die drei Hektar im Naturschutzgebiet Val Sarmassa in der Zone Monte del Mare. Die Bezugsrebsorte ist mit 70 % der angebauten Trauben die Barbera, die restlichen 30 % teilen sich Moscato und Sauvignon. Die Weine sind modern interpretiert, mit besonderer Aufmerksamkeit auf Gebietsausdruck und Gebietsmerkmale. Das zeigt der ausgezeichnete Barbera d'Asti Superiore Nizza Cala delle Mandrie '11 mit vielschichtigen Schwarzfrucht-, Kina- und Tabaknoten und frischem elegantem Gaumen oder der Barbera d'Asti Superiore Vigneti della Val Sarmassa '12 mit durchschnittlicher Struktur, aber wuchtig charaktervoll und sehr eigentümlich.

● Barbera d'Asti Sup. Nizza Cala delle Mandrie '11	🍷🍷 4
● Barbera d'Asti Sup. Vign. della Val Sarmassa '12	🍷🍷 3
● Barbera d'Asti Monte del Mare '13	🍷 2
○ Piemonte Moscato Passito '10	🍷 3
● Barbera d'Asti Sup. Nizza Cala delle Mandrie '10	🍷🍷 4
● Barbera d'Asti Sup. Vign. della Val Sarmassa '11	🍷🍷 3*
● Barbera d'Asti Sup. Vign. della Val Sarmassa '10	🍷🍷 3
● Grignolino d'Asti Quercino '11	🍷🍷 2*
○ M.to Bianco Ferro di Cavallo '11	🍷🍷 3
○ Moscato d'Asti '12	🍷🍷 2*

La Gironda
S.DA BRICCO, 12
14049 NIZZA MONFERRATO [AT]
TEL. +39 0141701013
www.lagironda.com

DIREKTVERKAUF
BESUCH NACH VORANMELDUNG
JAHRESPRODUKTION 45.000 Flaschen
REBFLÄCHE 8 Hektar

Es sind nun schon beinahe 15 Jahre her seit Agostino Galandrino zusammen mit Tochter Susanna und ihrem Mann Alberto Adamo beschlossen hat, sich hauptamtlich um den Weinbau zu kümmern und die Ergebnisse sind wahrhaft überzeugend. Der Betrieb liegt auf dem Bricco Cremosina, einer der reputiertesten Lagen von Nizza Monferrato, und bietet eine Reihe moderner Weine mit Frische, Annehmlichkeit und Fruchtreichtum. Unbestrittener Protagonist ist die Barbera mit über 50 Jahre alten Rebstöcken, aber es gibt auch andere, gebietstypische Rebsorten wie Moscato, Cortese, Dolcetto und Nebbiolo und eine kleine Präsenz internationaler Trauben. Der erste Drei-Gläser-Wein ist da, dank eines herrlichen Barbera d'Asti Superiore Nizza Le Nicchie '11 mit Pflaumen und Gewürzaromen, begleitet von Kina- und Kakaotönen, am Gaumen üppig, saftig und bemerkenswert tief, mit langem und sattem Abgang. Ausgezeichnet auch der Barbera d'Asti La Gena '12, vielschichtig und elegant mit seinen Erd- und Aromakräutertönen, anhaltend und charaktervoll.

● Barbera d'Asti Sup. Nizza Le Nicchie '11	🍷🍷🍷 5
● Barbera d'Asti La Gena '12	🍷🍷 3*
○ Moscato d'Asti '13	🍷🍷 2*
● Barbera d'Asti La Lippa '13	🍷 2
● M.to Rosso Soul '10	🍷 5
● Barbera d'Asti La Gena '11	🍷🍷 3
● Barbera d'Asti La Lippa '12	🍷🍷 2*
● Barbera d'Asti Sup. Nizza Le Nicchie '10	🍷🍷 5
● Barbera d'Asti Sup. Nizza Le Nicchie '09	🍷🍷 4
● M.to Rosso Soul '09	🍷🍷 5

PIEMONT

La Giustiniana
Fraz. Rovereto, 5
15066 Gavi [AL]
Tel. +39 0143682132
www.lagiustiniana.it

DIREKTVERKAUF
BESUCH NACH VORANMELDUNG
JAHRESPRODUKTION 200.000 Flaschen
REBFLÄCHE 39 Hektar

Es verlieren sich in grauer Vorzeit die Ursprünge dieser herrlichen Villa mit Anwesen, die seit dem 17. Jh. als La Giustiniana bekannt und an die Launen von Rovereto di Gavi gebunden ist, eine der berufensten Zonen für den Cortese. Heute gehört sie der Familie Lombardini, die zusammen mit Enrico Tomalino 40 Hektar Rebvermögen zwischen 300 und 500 Meter Höhe ganz ohne chemische Unkrautbekämpfungs- oder Antibatrytismittel verwaltet. Es war einer der ersten Betriebe im Gebiet, der seine ausschließlich in Stahl vinifizierten Lagenweine separat abfüllte und so den grauen Mergel des Weinbergs Lugarara von den roten Böden des Weinbergs Montessora unterschied. Zweifelsohne eine der besten Leistungen überhaupt der La Giustiniana für die Weißen auf Cortese-Basis. Es ist der jodierte Nachhall, der das junge Aromagewand des Gavi Lugarara '13 erhellt, dort wo der Gavi Montessora desselben Jahrgangs den Schwerpunkt auf die würzige Fettheit setzt. Natürlich ist im Il Nostro Gavi '10 mehr tertiäre Vielschichtigkeit.

○ Gavi del Comune di Gavi Il Nostro Gavi '10	🍷 4
○ Gavi del Comune di Gavi Lugarara '13	🍷🍷 3*
○ Gavi del Comune di Gavi Montessora '13	🍷🍷 4
○ Giustiniana Brut M. Cl.	🍷🍷 4
○ Gavi del Comune di Gavi I I Nostro Gavi '07	🍷🍷🍷 4
○ Gavi del Comune di Gavi Il Nostro Gavi '09	🍷🍷 5
○ Gavi del Comune di Gavi Il Nostro Gavi '08	🍷🍷 4
○ Gavi del Comune di Gavi Lugarara '12	🍷🍷 3*
○ Gavi del Comune di Gavi Lugarara '11	🍷🍷 3
○ Gavi del Comune di Gavi Montessora '12	🍷🍷 4
○ Gavi del Comune di Gavi Montessora '11	🍷🍷 4
○ Gavi del Comune di Gavi Montessora '10	🍷🍷 3
○ Gavi del Comune di Gavi Montessora '09	🍷🍷 3

★Elio Grasso
Loc. Ginestra, 40
12065 Monforte d'Alba [CN]
Tel. +39 017378491
www.eliograsso.it

BESUCH NACH VORANMELDUNG
JAHRESPRODUKTION 90.000 Flaschen
REBFLÄCHE 18 Hektar

Mit Frau Marina und Sohn Gianluca ist es Elio Grasso gelungen, Jahr um Jahr einen der maßgebendsten Langa-Betriebe aufzubauen und zu festigen. Seine Nebbiolos wurden schon von allen wegen ihrer Fähigkeit geschätzt, Konstanz und Charakter, Solidität und Gebiet zu vereinen, ohne sich nie einer dogmatischen Stilschule zu verschreiben. Jede der prestigevollen Lagen von Monforte der Familie wird mit einem spezifischen Verfahren interpretiert: im Prinzip werden die Barolos Vigna Casa Matè und Gavarini Vigna Chiniera in slawonischen 25-hl-Eichenfässern ausgebaut, der Runcot Riserva reift in Barriquen. Noch entschieden jung der Barolo Ginestra Casa Maté 2010 mit schöner Finesse und facettenreichen Lakritz- und Anisaromen, die frische fruchtige Noten umrahmen; im Mund strenge, aber nicht trocknende, bemerkenswerte Struktur: er wird lange heranreifen. Schöne Würze im Barolo Gavarini Chiniera 2010, reich an Stoff und Gerbstoffen. Komplex und weich der verführerische und reine Barbera d'Alba Vigna Martina 2011.

● Barbera d'Alba V. Martina '11	🍷🍷 4
● Barolo Gavarini Chiniera '10	🍷🍷 8
● Barolo Ginestra Casa Maté '10	🍷🍷 8
● Dolcetto d'Alba dei Grassi '13	🍷🍷 3
○ Langhe Chardonnay Educato '13	🍷🍷 3
● Langhe Nebbiolo Gavarini '13	🍷🍷 3
● Barolo Gavarini Chiniera '09	🍷🍷🍷 8
● Barolo Gavarini V. Chiniera '06	🍷🍷🍷 8
● Barolo Ginestra Casa Maté '07	🍷🍷🍷 8
● Barolo Ginestra V. Casa Maté '05	🍷🍷🍷 8
● Barolo Ginestra V. Casa Maté '04	🍷🍷🍷 8

PIEMONT

Silvio Grasso
Fraz. Annunziata, 112
12064 La Morra [CN]
Tel. +39 017350322
www.silviograsso.com

DIREKTVERKAUF
BESUCH NACH VORANMELDUNG
JAHRESPRODUKTION 90.000 Flaschen
REBFLÄCHE 14 Hektar

Der zuverlässige Weinkeller von Annunziata hat ganze 6 Barolo-Etiketten im Angebot. Federico Grasso ist daran gelegen, die zwischen den verschiedenen Grundstücken bestehenden Unterschiede präzise zu respektieren und vereint nur im Pì Vigne Trauben unterschiedlicher Herkunft. Der Stil des Hauses ist entschieden elegant und rein, nie aggressiv, was durch kurzes Gären und Verwendung kleiner französischer Hölzer erreicht wird. Eine Ausnahme ist der Barolo Turné, der sich an Liebhaber der traditionelleren Klassizität wendet. Das Angebot wird von einigen Etiketten auf Grundlage lokaler Trauben abgerundet, darunter der erlesene Barbera d'Alba Fontanile. Der Barolo Bricco Manzoni 2010 ist lebendig, intensiv und raffiniert, mit Kina- und Trockengräsernoten, auf die Tabak und Lakritz folgen; harmonischer Mund mit erlesener Tanninprogression und langem charaktervollem Abgang, äußerst angenehm: Drei Gläser an bemerkenswerter Balance. Gefällige Würze und etwas weniger Struktur im runden Barolo Bricco Luciani 2010. Offener und raffinierter der klassische Barolo Turné 2010, etwas zu wenig frisch.

● Barolo Bricco Manzoni '10	🍷🍷🍷 7
● Barolo Bricco Luciani '10	🍷🍷 7
● Barolo Giachini '10	🍷🍷 6
● Barolo Turné '10	🍷🍷 7
● Barolo Bricco Luciani '04	🍷🍷🍷 7
● Barolo Bricco Luciani '01	🍷🍷🍷 6
● Barbera d'Alba Fontanile '10	🍷🍷 5
● Barolo Annunziata V. Plicotti '09	🍷🍷 7
● Barolo Bricco Luciani '09	🍷🍷 7
● Barolo Ciabot Manzoni '09	🍷🍷 8
● Barolo Giachini '09	🍷🍷 6

Bruna Grimaldi
via Roddino
12050 Serralunga d'Alba [CN]
Tel. +39 0173262094
www.grimaldibruna.it

DIREKTVERKAUF
BESUCH NACH VORANMELDUNG
JAHRESPRODUKTION 80.160 Flaschen
REBFLÄCHE 11 Hektar

Die Etiketten von Bruna Grimaldi, die zusammen mit ihrem Mann Franco Fiorino den Keller leitet, sind gerade mal 15 Jahre alt. Die beiden erfahrenen Kellermeister vinifizieren die eigenen Trauben aus den Grundstücken in Serralunga d'Alba, Grinzane Cavour und Roddi. Und gerade der Barolo Bricco Ambrogio di Roddi tritt als neue Spitzen-Lage ins Rampenlicht, von der auch andere wichtige Keller im Gebiet schöpfen. Bei den verwendeten Trauben handelt es sich ausschließlich um die der Langa-Tradition, was konstant interessante Ergebnisse mit dem Barolo, Dolcetto d'Alba San Martino und Nebbiolo d'Alba Briccola mit sich führt. Qualitativ hochwertige Weine zu verhaltenen Preisen. Weite und frische Aromen im schönen Barolo Bricco Ambrogio 2010 aus einem guten und noch wenig bekannten Weinberg in der Gemeinde Roddi; der Mund ist kraftvoll, aber nicht aggressiv, von gefälliger Säure belebt. Etwas pflanzlichere Aromen im delikaten und gefälligen Barolo Camilla 2010. Noch ziemlich viel Eiche und etwas trocknende Gerbstoffe im wuchtigen Barolo Badarina 2010.

● Barolo Badarina '10	🍷🍷 6
● Barolo Bricco Ambrogio '10	🍷🍷 5
● Barbera d'Alba Sup. Scassa '11	🍷🍷 3
● Barolo Camilla '10	🍷🍷 5
● Nebbiolo d'Alba Briccola '12	🍷🍷 3
● Dolcetto d'Alba S. Martino '12	🍷 2
○ Langhe Arneis Paolina '13	🍷 2
● Barolo Badarina '09	🍷🍷 6
● Barolo Bricco Ambrogio '09	🍷🍷 5
● Barolo Bricco Ambrogio '08	🍷🍷 5
● Dolcetto d'Alba S. Martino '11	🍷🍷 2*
● Nebbiolo d'Alba Briccola '10	🍷 3

PIEMONT

Giacomo Grimaldi
VIA LUIGI EINAUDI, 8
12060 BAROLO [CN]
TEL. +39 0173560536
www.giacomogrimaldi.com

DIREKTVERKAUF
BESUCH NACH VORANMELDUNG
JAHRESPRODUKTION 50.000 Flaschen
REBFLÄCHE 13 Hektar

Ferruccio Grimaldi, Sohn von Giacomo, bietet Jahr um Jahr eine erlesene Qualitätskonstanz, die auf immer saubereren Weinen mit einer schon in den ersten Jahren in der Flasche nicht zu anspruchsvollen Struktur basiert. Den Löwenteil übernimmt dabei die Nebbiolo, ganz so wie es sich für einen Keller mit den wichtigsten Weinbergen in Barolo (Lagen Terlo und Le Coste), in Novello (Ravera und Sottocastello) und Vezza d'Alba (Valmaggiore), am linken Ufer des Tanaros, im Roero-Gebiet geziemt. Modern und raffiniert der Barolo Le Coste 2010, ausgesprochen genussvoll dank eines dichten Gaumens, in dem der vibrierende Schub der Säure einen schönen Gesamteindruck vermittelt. Bemerkenswertes Resultat des fruchtigen Barbera d'Alba Fornaci 2012 mit einem beeindruckenden und sehr genussvollen Gaumen. Noch in Eiche gehüllt der kraftvolle Barolo Sotto Castello di Novello 2010 und erlesene Harmonie im Barolo-Basiswein 2010.

● Barbera d'Alba Fornaci '12	4
● Barolo Le Coste '10	6
● Barolo Sotto Castello di Novello '10	6
● Barbera d'Alba Pistin '13	3
● Barolo '10	5
● Dolcetto d'Alba '13	2
● Nebbiolo d'Alba Valmaggiore '12	3
● Barolo Sotto Castello di Novello '05	6
● Barolo '09	5
● Barolo Le Coste '09	6
● Barolo Sotto Castello di Novello '09	6
● Nebbiolo d'Alba Valmaggiore '11	3

Sergio Grimaldi
Ca' du Sindic
LOC. SAN GRATO, 15
12058 SANTO STEFANO BELBO [CN]
TEL. +39 0141840341
www.cadusindic.it

DIREKTVERKAUF
BESUCH NACH VORANMELDUNG
JAHRESPRODUKTION 100.000 Flaschen
REBFLÄCHE 14,5 Hektar

Der Weinbaubetrieb der Familie Grimaldi ist dank der umsichtigen Verwaltung einer Reihe an zwischen 50 und 70 Jahre alten Weinbergen in einer der berufensten Zonen, das Belbo-Tal, seit Jahrzehnten eine Bezugsrealität im Moscato-Panorama. Neben Moscato werden auch Dolcetto, Barbera, Cortese, Brachetto, Favorita, Pinot Nero und Chardonnay für Spumantes und stille Weine angebaut. Generell zielen die angebotenen Etiketten darauf ab, Vielschichtigkeit und Fruchtreichtum mit angenehmer Trinkreife zu vereinen. Wie immer von gutem Niveau die beiden Moscatos d'Asti '13, auch wenn sie unter dem für die Weinart ungünstigen Jahrgang leiden. Der Capsula Oro ist aromatisch und von guter Frucht, weniger vielschichtig als andere Versionen, jedoch frisch und gefällig. Der Capsula Argento spielt mehr mit Chlorophyll- und Salbeinoten und hat ein Finale, aus dem weiße Pfirsichtöne hervorgehen. Gut gemacht auch die Barberas d'Asti '12, sowohl der mit seinen erdigen Tönen klassische Basiswein als auch der vielschichtigere und einfachere SanGrato.

● Barbera d'Asti '12	2*
● Barbera d'Asti SanGrato '12	2*
○ Moscato d'Asti Capsula Argento '13	2*
○ Moscato d'Asti Capsula Oro '13	3
○ Ventuno Brut Mill. '12	3
○ Ventuno Brut Rosé	3
○ Moscato d'Asti Capsula Argento '12	2*
○ Moscato d'Asti Capsula Oro '11	2*
○ Moscato d'Asti Capsula Oro '09	2*
○ Moscato d'Asti Capsula Oro '08	2*

PIEMONT

Clemente Guasti
C.SO IV NOVEMBRE, 80
14049 NIZZA MONFERRATO [AT]
TEL. +39 0141721350
www.guasti.it

DIREKTVERKAUF
BESUCH NACH VORANMELDUNG
JAHRESPRODUKTION 120.000 Flaschen
REBFLÄCHE 27 Hektar

Dieser 1946 von Clemente Guasti gegründete historische Weinbaubetrieb führt eine an Trauben und Wein gebundene Familientradition weiter und wird heute von den Söhnen Andrea und Alessandro geführt. Seit vielen Jahren ist er ein Barbera-Bezugsbetrieb (aber es werden auch andere wichtige piemontesische Weine erzeugt, vom Barolo zum Gavi). Die Weinberge sind in vier Gutshäuser artikuliert: Boschetto Vecchio, Fonda San Nicolao, Santa Teresa und Gessara - San Vitale. Der Produktionsstil ist traditionell und auf einfache, tiefe und reifungsfähige Weine ausgerichtet. Das zeigt der in der Nase intensive und vielschichtige Barbera d'Asti Superiore Nizza Barcarato '09 mit Kina-, reifen Schwarzfrucht- und Tabaknoten, mit wuchtigem und vollmundigem Gaumen, großartigem Fruchtfleisch und üppigem Tannin, gut säuregestützt, ein noch junger aber voraussichtlich sehr langlebiger Wein. Gut gelungen der Moscato d'Asti Santa Teresa '13, klassisch mit seinen Heilkräuter- und Salbeiaromen, frisch und gerade richtig süß.

● Barbera d'Asti Sup. Nizza Barcarato '09	🍷🍷 5
○ Moscato d'Asti Santa Teresa '13	🍷🍷 3
● Barbera d'Asti Desideria '11	🍷 3
● Barbera d'Asti Sup. Severa '09	🍷 3
● Barbera d'Asti Desideria '09	🍷🍷 2*
● Barbera d'Asti Sup. Boschetto Vecchio '09	🍷🍷 4
● Barbera d'Asti Sup. Classica '07	🍷🍷 3*
● Barbera d'Asti Sup. Fonda San Nicolao '09	🍷🍷 4
○ Moscato d'Asti Santa Teresa '12	🍷🍷 3

★Hilberg - Pasquero
VIA BRICCO GATTI, 16
12040 PRIOCCA [CN]
TEL. +39 0173616197
www.hilberg-pasquero.com

DIREKTVERKAUF
BESUCH NACH VORANMELDUNG
JAHRESPRODUKTION 24.000 Flaschen
REBFLÄCHE 6,5 Hektar
WEINBAU Biologisch anerkannt

Miclo Pasquero und Annette Hilberg leiten seit 20 Jahren den seit Anfang des letzten Jahrhunderts in Bricco Gatti tätigen Familienbetrieb. Die betriebseigenen Weinberge auf lehmigem Mergelboden umgeben den Keller und sind nur mit den für Roero typischen Rebsorten bestockt: Barbera, Brachetto und Nebbiolo. Die angebotenen Weine sind so realisiert, dass ihre Gebietsmerkmale bestmöglich zum Ausdruck kommen. An der Spitze der Unternehmensproduktion finden wir den Nebbiolo d'Alba '12 mit balsamischen und Waldfruchtnoten, intensivem, vollmundigem und fruchtfleischreichem Gaumen sowie großer Spannung und Länge. Gut gemacht der Rest der Auswahl, angefangen bei den beiden Barberas d'Alba, dem feinen und blumigen 2013er mit Macchie-Tönen, dem fruchtreicheren, aber weniger brillanten Superiore '12, über den feinen und vielschichtigen Langhe Nebbiolo '12 bis hin zum duftenden Blend aus Brachetto und Nebbiolo Vareij '13 mit für die Weinart schöner Fülle.

● Nebbiolo d'Alba '12	🍷🍷 5
● Barbera d'Alba '13	🍷 3
● Barbera d'Alba Sup. '12	🍷🍷 5
● Langhe Nebbiolo '12	🍷🍷 4
● Vareij '13	🍷 3
● Barbera d'Alba Sup. '09	🍷🍷🍷 5
● Nebbiolo d'Alba '06	🍷🍷🍷 5
● Nebbiolo d'Alba '05	🍷🍷🍷 5
● Nebbiolo d'Alba '04	🍷🍷🍷 5
● Nebbiolo d'Alba '01	🍷🍷🍷 5
● Nebbiolo d'Alba '00	🍷🍷🍷 4

PIEMONT

Icardi

LOC. SAN LAZZARO
S.DA COMUNALE BALBI, 30
12053 CASTIGLIONE TINELLA [CN]
TEL. +39 0141855159
www.icardivini.it

DIREKTVERKAUF
BESUCH NACH VORANMELDUNG
JAHRESPRODUKTION 360.000 Flaschen
REBFLÄCHE 75 Hektar
WEINBAU Biodynamisch anerkannt

Der von Maria Grazia und Claudio Icardi geführte hundertjährige Weinbaubetrieb liegt in Castiglione Tinella, aber die betriebseigenen Weinberge berühren alle prestigevollsten Weinbaugebiete von Monferrato und Langa. Die biodynamisch geführten Weinberge verfügen über 5-6000 nach Guyot erzogene Weinstöcke je Hektar. Im Keller kommen mit fortschrittlichen, jedoch nie invasiven Techniken dieselben natürlichen Ansätze wie auf dem Land zum Einsatz. Den erzeugten Weinen gelingt es, Struktur und Vielschichtigkeit mit Finesse und Annehmlichkeit zu vereinen. Von erlesener Finesse der Barbaresco Montubert 2011 mit reiner und purer Frucht, unmittelbar und genussreich, einem fleischigen und runden Gaumen und von begeisternder Einfachheit. Angenehmes Pfirsichkernaroma im wuchtigen und etwas holzigen Barbera d'Asti Nuj Suj 2012. Noch leicht von Gerbstoffen gezeichnet der vielschichtige Barolo Parej 2010. Insgesamt ein ausgezeichnetes Ergebnis.

● Barbaresco Montubert '11	🍷🍷 5
● Barbera d'Alba Surì di Mù '12	🍷🍷 5
● Barbera d'Asti Nuj Suj '12	🍷🍷 5
● Barolo Parej '10	🍷🍷 8
● Langhe Rosso Dadelio Cascina San Lazzaro '11	🍷🍷 5
● Langhe Rosso Pafoj '11	🍷🍷 6
○ Piemonte Bianco Pafoj '13	🍷🍷 4
○ Dadelio Bianco Cascina San Lazzaro '13	🍷 5
○ Moscato d'Asti La Rosa Selvatica '13	🍷 2
● Barbera d'Asti Tabaren '12	🍷🍷 2*
● Langhe Rosso Pafoj '10	🍷🍷 6
○ M.to Bianco Pafoj '12	🍷🍷 4

Ioppa

FRAZ. MAULETTA
VIA DELLE PALLOTTE, 10
28078 ROMAGNANO SESIA [NO]
TEL. +39 0163833079
www.viniioppa.it

DIREKTVERKAUF
BESUCH NACH VORANMELDUNG
JAHRESPRODUKTION 140.000 Flaschen
REBFLÄCHE 20,5 Hektar

Der Keller der Brüder Giampiero und Giorgio Ioppa, die immer stärker von den Söhnen Marco und Andrea unterstützt werden, ist klein, hat aber eine lange Tradition und verfügt über 16 Hektar. Diese sind zwischen Romagnano Sesia und Ghemme konzentriert. Die verschiedenen Anlagen sind vor allem mit Nebbiolo bestockt, ohne jedoch traditionelle Rebsorten wie Erbaluce, Uva Rara, Vespolina (in Passita-Version im Stransi) zu vernachlässigen. Die Spitzenetiketten bleiben jedenfalls die des in drei Versionen mit den Lagen Bricco Balsina und Santa Fé erzeugten Ghemme und der Jahrgangs-Cuvée. Es sind robuste und stoffige Interpretationen, die nach Zeit verlangen, um sich im entschlossenen Extrakt- und Räucherumfeld zu integrieren. Unter vielen mindestens ausgezeichneten Weinen verdient der Vespolina Coda Rossa '11 sicher, gekostet zu werden. Er verzichtet auf etwas fruchtige Intensität für mehr Balance und Entspannung. Der Ghemme Santa Fé '07 ist dunkler im Brombeer- und süßen Gewürzaroma, und sogar übermütig in der taktilen Dimension.

● Ghemme Santa Fè '07	🍷🍷 6
● Stransì	🍷🍷 5
● Colline Novaresi Nebbiolo '11	🍷🍷 2*
⊙ Colline Novaresi Nebbiolo Rusin '13	🍷🍷 2*
○ San Grato Bianco	🍷 2
● Colline Novaresi Vespolina Coda Rossa '11	🍷 2
● Colline Novaresi Nebbiolo '09	🍷🍷 2*
● Colline Novaresi Vespolina '07	🍷🍷 3
● Ghemme '07	🍷🍷 4
● Ghemme Bricco Balsina '07	🍷🍷 4
● Ghemme Santa Fè '06	🍷🍷 6

PIEMONT

Borgo Isolabella
REG. CAFFI, 3
14051 LOAZZOLO [AT]
TEL. +39 014487166
www.isolabelladellacroce.it

DIREKTVERKAUF
BESUCH NACH VORANMELDUNG
JAHRESPRODUKTION 90.000 Flaschen
REBFLÄCHE 15 Hektar

Der 2001 gegründete Betrieb der Familie Isolabella della Croce liegt in ca. 500 Meter Höhe in Valdiserre, einem natürlichen, in Wälder eingetauchten Amphiteater, wo er eine ziemlich breite Weinpalette erzeugt, in der nicht nur Moscato und Barbera Protagonisten sind, sondern auch internationale Rebsorten (insbesondere der Pinot Nero, mit einem 2007 mit 11.000 Weinstöcke je Hektar bepflanzten Weinberg). Zu diesen Weinbergen kommen drei mit Barbera bepflanzte Hektar in Calamandrana für einen Nizza dazu. Die modernen Weine sind Gebietsinterpretationen mit bemerkenswerter Persönlichkeit und Charakter. Der Barbera d'Asti Superiore Serena '11 ist erdig in der Nase, mit fruchtigen Tönen und Aromakräuternuancen, am Gaumen gut saftig, angenehm und gut säuregestützt. Der Piemonte Pinot Nero Bricco del Falco '10 präsentiert Sortenmerkmale mit Waldbeeren und ausgeprägte Würze, der Piemonte Sauvignon Blanc '13 hingegen ist lang und frisch und hat ein leicht bitteres Finale.

● Barbera d'Asti Sup. Serena '11	♛♛ 4
● Piemonte Pinot Nero Bricco del Falco '10	♛♛ 5
○ Piemonte Sauvignon Blanc '13	♛♛ 3
○ Moscato d'Asti Valdiserre '13	♛ 3
● Barbera d'Asti Sup. Nizza Augusta '09	♛♛ 4
● Barbera d'Asti Sup. Nizza Augusta '08	♛♛ 4
● Barbera d'Asti Sup. Serena '10	♛♛ 4
○ Loazzolo V. T. Solio '06	♛♛ 5
● M.to Rosso Bricco del Falco '09	♛♛ 5
○ Moscato d'Asti Valdiserre '12	♛♛ 3

Iuli
FRAZ. MONTALDO
VIA CENTRALE, 27
15020 CERRINA MONFERRATO [AL]
TEL. +39 0142946657
www.iuli.it

DIREKTVERKAUF
BESUCH NACH VORANMELDUNG
UNTERKUNFT
JAHRESPRODUKTION 45.000 Flaschen
REBFLÄCHE 9 Hektar
WEINBAU Biologisch anerkannt

Der 1998 gegründete Keller Cantina Viticoltori del Monferrato ist hauptsächlich dem Qualitätsweinbau verschrieben. Alte Rebstöcke und vorwiegend ton- und kalkhaltige Böden verleihen den Trauben Aromen mit Finesse und Eleganz. Sie tragen auch zu einer reichen Geschmacksphase mit sehr bedeutender Säure für langlebige Produkte bei. Das sind mittlerweile sichere Daten, mit denen uns Fabrizio Iuli seit mehreren Jahren vor wahre Monumente der Barbera gestellt hat, seinem Spitzenprodukt. Der Barabba setzt sich entschieden an die Spitze der Barberas del Monferrato, dieser Jahrgang 2010 ist ein wahres Meisterwerk. Von dichter rubinroter Farbe präsentiert er sich mit großer Finesse und Vielschichtigkeit: Kirsche, Tabak und Lakritz sind nur eine Einleitung auf eine überraschend ausgewogene und harmonische Geschmacksphase. Der Malidea aus sortenreinem Nebbiolo ist intensiv und facettenreich, mit einem gut strukturierten und persistenten Gaumen. Der Nino (Pinot Nero) verfügt über intensive Sortenmerkmale und eine gute Geschmackspersistenz.

● Barbera del M.to Sup. Barabba '10	♛♛♛ 6
● M.to Rosso Malidea '10	♛♛ 5
● M.to Rosso Nino '12	♛♛ 5
● Barbera del M.to Sup. Barabba '04	♛♛♛ 5
● Barbera del M.to Sup. Barabba '07	♛♛ 5
● Barbera del M.to Sup. Barabba Magnum '04	♛♛ 5
● Barbera del M.to Sup. Rossore '10	♛♛ 3*
● Barbera del M.to Sup. Rossore '09	♛♛ 3*
● Barbera del M.to Sup. Rossore '07	♛♛ 3*
● M.to Rosso Nino '10	♛♛ 5

PIEMONT

Tenuta Langasco
FRAZ. MADONNA DI COMO, 10
12051 ALBA [CN]
TEL. +39 0173286972
www.tenutalangasco.it

DIREKTVERKAUF
BESUCH NACH VORANMELDUNG
JAHRESPRODUKTION 60.000 Flaschen
REBFLÄCHE 22 Hektar

Die Familie Sacco aus Mango, wo sie über Generationen hinweg Trauben angebaut hat, hat 1979 das herrliche Anwesen Tenuta Langasco erworben. Nach den ersten, dem Umbau von Weinbergen und Keller gewidmeten Jahren, präsentiert sich dieser Betrieb nun mit 20 Hektar Rebfläche in einem Körper auf den Hügeln von Madonna di Como, ein für seinen Dolcetto berühmter Vorort von Alba. Für Claudio, der das Anwesen mit Unterstützung der Eltern führt, ist es für die in Flaschen abgefüllten Weine wichtig, dass sie das Gebiet respektieren, für einen nicht zu anspruchsvollen Konsum geeignet sind und ein gutes Preis-/Leistungsverhältnis haben. Auch in diesem Jahr präsentiert sich das Angebot in ausgezeichnetem Zustand mit an der Spitze die vielversprechendste Rebsorte: die Dolcetto. Der Vigna Miclet 2013 präsentiert sich mit noch sehr jungen Schwarzbeer- und Schokoladearomen. Der Gaumen ist dicht und besonders fein strukturiert: Ein befriedigender Roter. Es folgen ein frischer und ausgewogener Barbera und ein vielversprechender, noch etwas holziger Nebbiolo.

● Dolcetto d'Alba V. Miclet '13	❦❦❦ 3*
● Barbera d'Alba V. Madonna di Como '12	❦❦ 2*
● Nebbiolo d'Alba Sorì Coppa '12	❦❦❦ 4
⊙ Gredo Brut Rosé M. Cl.	❦ 4
● Barbera d'Alba Sorì '12	❦ 3
● Barbera d'Alba Madonna di Como '11	❦❦ 2*
● Dolcetto d'Alba Madonna di Como V. Miclet '12	❦❦ 2*
● Dolcetto d'Alba Madonna di Como V. Miclet '11	❦❦ 2*
● Nebbiolo d'Alba Sorì Coppa '11	❦❦ 4
● Nebbiolo d'Alba Sorì Coppa '10	❦❦ 3

Ugo Lequio
VIA DEL MOLINO, 10
12057 NEIVE [CN]
TEL. +39 0173677224
www.ugolequio.it

DIREKTVERKAUF
BESUCH NACH VORANMELDUNG
JAHRESPRODUKTION 30.000 Flaschen

Ugo Lequio ist nicht nur einer der besten Winzer der Langa, sondern auch einer der offensten und sonnigsten. Diese Charakterzüge spiegeln auch seine Barbarescos wider, die mit von Familie Marcorino – eine wahre Institution in dieser großartigen Lage von Neive, dem Weinberg Gallina – erworbenen Trauben realisiert werden. Sein interpretatives Talent konkretisiert sich im Nebbiolo mit kontemporärem Ausdruck, das Ergebnis von ca. 2 Wochen Mazeration und Ausbau in zumeist französischen 25-hl-Eichenfässern. Barbera, Dolcetto und Arneis runden das Bild ab und haben denselben jovialen und entspannenden Hauch, der seit über dreißig Jahren das Gutshaus zu einem der sichersten Anlaufstellen machen. Große Klassizität im Barbaresco Gallina 2011, Ergebnis einer hochwertigen Lage von Neive: Die Nase geht fein und annehmlich von Himbeere auf Trockengräser und Lakritz über; der Mund ist ausgesprochen frisch und saftig, mit einfacher und schmackhafter Trinkbarkeit. Unmittelbar und sauber der runde Barbera d'Alba Superiore 2011.

● Barbaresco Gallina '11	❦❦ 5
● Barbera d'Alba Sup. '11	❦❦❦ 4
○ Langhe Arneis '13	❦❦ 3
● Barbaresco Gallina '10	❦❦ 5
● Barbaresco Gallina '09	❦❦ 5
● Barbaresco Gallina '08	❦❦ 5
● Barbaresco Gallina Ris. '07	❦❦ 6
● Barbera d'Alba Sup. Gallina '10	❦❦ 4
● Barbera d'Alba Sup. Gallina '09	❦❦ 3
○ Langhe Arneis '12	❦❦ 3
● Langhe Nebbiolo '09	❦❦ 3

PIEMONT

Podere Macellio
VIA ROMA, 18
10014 CALUSO [TO]
TEL. +39 0119833511
www.erbaluce-bianco.it

DIREKTVERKAUF
BESUCH NACH VORANMELDUNG
JAHRESPRODUKTION 20.000 Flaschen
REBFLÄCHE 2,5 Hektar

Nicht weit vom Hauptplatz von Caluso entfernt befindet sich das Haus mit Keller der Familie Bianco, die seit Mitte des 18. Jh. Weinbau betreibt. Die erste Flaschenabfüllung geht auf die 70er-Jahre zurück und sieht Herrn Renato und später seinen Sohn Daniele Protagonist. Die zweieinhalb Hektar eigene Rebfläche ist in vier Parzellen aufgeteilt und liegt in Zone Macellio auf dem Hügel Caluso. Es werden nur 20.000 Flaschen erzeugt: ein trockener, stiller Weißer, ein Spumante und ein mindestens 4 - 5 Jahre in Eiche gereifter Passito. Es sind traditionelle Erbaluce-Weine in bester Form: kein Firlefanz oder hefige Anspielungen, reines Gefüge, mit langem Abgang. Auch die letzten Verkostungen bestätigen eine stolz klassische Einstellung. Der Pas Dosé vermittelt ein paar Hefe- und unreife Töne in der Nase, findet aber Anmut und Halt in der Trinkreife. Limetten, Chlorophyll, Basilikum, es ist schwierig, dem balsamischen Glanz des Erbaluce di Caluso '13 zu widerstehen, amplifizierter Abgang im Mund.

○ Erbaluce di Caluso '13	▼▼ 2*
○ Erbaluce di Caluso Pas Dosé M. Cl.	▼▼ 3
○ Caluso Passito '08	▼▼ 5
○ Caluso Passito '07	▼▼ 5
○ Caluso Passito '06	▼▼ 5
○ Erbaluce di Caluso '12	▼▼ 2*
○ Erbaluce di Caluso '11	▼▼ 2*
○ Erbaluce di Caluso '10	▼▼ 2*
○ Erbaluce di Caluso Brut M. Cl.	▼▼ 3
○ Erbaluce di Caluso Brut M. Cl.	▼▼ 3

Malabaila di Canale
FRAZ. MADONNA DEI CAVALLI, 19
12043 CANALE [CN]
TEL. +39 017398381
www.malabaila.com

DIREKTVERKAUF
BESUCH NACH VORANMELDUNG
JAHRESPRODUKTION 100.000 Flaschen
REBFLÄCHE 22 Hektar

Die 22 Hektar Weinberg des Betriebs Malabaila di Canale liegen innerhalb eines 90 Hektar großen Anwesens auf losen, leicht erodierenden und wasserarmen Böden mit starkem Gefälle (auch über 50%): Eine für dieses Gebiet ziemlich typische Situation. Die Rebstöcke sind nach Guyot erzogen und der Betrieb neigt dazu, sich immer mehr am umweltfreundlichen Weinbau zu orientieren. Das Ergebnis sind frische und fruchtreiche Weine, die versuchen, treuer Gebietsausdruck zu sein. Der Roero Castelletto Riserva bestätigt sich auch mit dem Jahrgang 2010 unter den besten der Weindenomination: intensiv und vielschichtig in der Nase, mit trockenen Aromakräuter- und Lakritznoten und reifen Schwarzfruchttönen, einem bemerkenswert strukturierten Gaumen, sehr üppigen Gerbstoffen aber auch gut fruchtsäuregestützt. Gut gemacht und sehr eigentümlich die anderen präsentierten Weine.

● Roero Castelletto Ris. '10	▼▼ 5
● Barbera d'Alba Mezzavilla '11	▼▼ 3
● Roero Bric Volta '11	▼▼ 3
○ Roero Arneis '13	▼ 2
○ Roero Arneis Pradvaj '13	▼ 3
● Barbera d'Alba Mezzavilla '10	▼▼ 3*
● Nebbiolo d'Alba Bric Merli '11	▼▼ 3
○ Roero Arneis '11	▼▼ 2*
○ Roero Arneis Pradvaj '11	▼▼ 3
● Roero Castelletto Ris. '09	▼▼ 4

PIEMONT

★Malvirà
LOC. CANOVA
VIA CASE SPARSE, 144
12043 CANALE [CN]
TEL. +39 0173978145
www.malvira.com

DIREKTVERKAUF
BESUCH NACH VORANMELDUNG
UNTERKUNFT UND GASTRONOMIE
JAHRESPRODUKTION 300.000 Flaschen
REBFLÄCHE 42 Hektar

Der Betrieb von Massimo und Roberto Damonte, seit vielen Jahren an der Spitze der Roero-Produktion, ist ein Beispiel für den Einsatz in der Gebietsvalorisierung, auch dank eines exzellenten Gastbetriebs in Villa Tiboldi. Die vorwiegend in der Gemeinde von Canale liegenden Weinberge – mit hervorragenden Lagen wie Mombeltramo, Renesio und Trinità – haben als Protagonisten autochthone Trauben wie Arneis, Barbera und allen voran Nebbiolo mit bis zu 80 Jahre alten Pflanzen, für Weine, deren technische Präzision mit authentischem Gebietscharakter verschmelzen. Malvirà erobert, dank des Roero Mombeltramo Riserva '10, einem in seinen Frucht- und Gewürznoten klassischen Wein, kraftvoll und wuchtig, mit üppigen und eleganten Gerbstoffen tief und charaktervoll, wieder die Drei Gläser zurück. An der Spitze der verschiedenen Denominationen auch der Roero Renesio Riserva '10, saftig, mit Tabak-, Rotfruchtnoten sowie Orangennuancen, mit langem und aristokratischem Abgang und der Roero Arneis Trinità '13, frisch, blumig und zitrusfruchtig.

● Roero Mombeltramo Ris. '10	🍷🍷🍷 5
○ Roero Arneis Trinità '13	🍷🍷 3*
● Roero Renesio Ris. '10	🍷🍷 5
● Barbera d'Alba S. Michele '11	🍷🍷 3
○ Langhe Sauvignon '12	🍷🍷 3
● Roero '11	🍷🍷 3
● Roero Trinità Ris. '10	🍷🍷 5
● Barolo '10	🍷 7
○ Langhe Bianco Treuve '12	🍷 3
○ Roero Arneis '13	🍷 2
○ Roero Arneis Renesio '13	🍷 3
● Roero Mombeltramo Ris. '05	🍷🍷🍷 5
● Roero Renesio Ris. '05	🍷🍷🍷 5
● Roero Trinità Ris. '07	🍷🍷🍷 5

Giovanni Manzone
VIA CASTELLETTO, 9
12065 MONFORTE D'ALBA [CN]
TEL. +39 017378114
www.manzonegiovanni.com

DIREKTVERKAUF
BESUCH NACH VORANMELDUNG
JAHRESPRODUKTION 40.000 Flaschen
REBFLÄCHE 8 Hektar

Liebhaber, die das Castelletto di Monforte d'Alba erklimmen, um Giovanni Manzone zu besuchen, erwarten nicht nur großartige Weine, sondern auch Freundlichkeit und ihnen gewidmete Zeit. Giovanni wird in den letzten Jahren von Sohn Mauro unterstützt und seine Barolos werden immer mehr von jenen geschätzt, die nach einer rigorosen, beinahe stillen Lesbarkeit von wichtigen Weinbergen wie Gramolere, Castelletto, Bricat suchen. Faserreiche und konkrete Nebbiolos mit langem Abgang, die einen weiteren Qualitätssprung in Sachen Finesse und Integration der meist mittelgroßen Eichenfässer gemacht haben. Ein greifbares Wachstum der gesamten Palette, in der auch eine kleine Produktion an Rossese Bianco Platz findet. Komplexe Lakritz- und verwelkte Rosennoten auf einem schönen Himbeerhintergrund präsentieren den raffinierten Barolo Bricat 2010; im Mund ohne überschwängliches Volumen, aber sehr lang. Großartiger Charakter und Reine im Barolo Castelletto 2010. Vollmundige Struktur im runden Barolo Gramolere Riserva 2007.

● Barolo Bricat '10	🍷🍷 6
● Barolo Castelletto '10	🍷🍷 5
● Barolo Gramolere Ris. '07	🍷🍷 7
● Barbera d'Alba Le Ciliegie '12	🍷🍷 3
● Barolo Gramolere '10	🍷🍷 6
● Barbera d'Alba Sup. La Marchesa '11	🍷 3
○ Langhe Bianco Rosserto '12	🍷 3
● Barolo Bricat '05	🍷🍷🍷 6
● Barolo Castelletto '09	🍷🍷🍷 5
● Barolo Gramolere Ris. '05	🍷🍷🍷 7
● Barolo Le Gramolere '04	🍷🍷🍷 6

PIEMONT

Paolo Manzone
LOC. MERIAME, 1
12050 SERRALUNGA D'ALBA [CN]
TEL. +39 0173613113
www.barolomeriame.com

DIREKTVERKAUF
BESUCH NACH VORANMELDUNG
UNTERKUNFT
JAHRESPRODUKTION 85.000 Flaschen
REBFLÄCHE 10 Hektar

Die Lage Meriame von Serralunga d'Alba ist aufgrund ihrer kleinen Abmessungen und ihrer eingekeilten Position zwischen den berühmteren Lazzarito und Baudana nicht sehr bekannt. Aber die Nebbiolo-Trauben, die hier wachsen sind von absolutem Niveau, wie die Weine des von Paolo und Frau Luisella geführten Gutshauses Cascina Meriame zeigen. In der kleinen Liste des betrieblichen Angebots ist auch ein kurioser Verschnitt mit Nebbiolo und Dolcetto, der stets interessante Langhe Luvì. Für die Besucher besteht die Möglichkeit, den schönen Agriturismo in bezaubernder, hügeliger Position zwischen Wäldern und Rebstöcken in Anspruch zu nehmen. Der Barolo Meriame 2010 hat die geschmackliche Erhabenheit der besten Terroirs von Serralunga, in der Nase muss er aber noch die Balance zwischen fruchtigen und pflanzlichen Elementen finden: er verspricht ein großartiges Wachstum in der Flasche. Kaum weniger kraftvoll im Mund und Aromen, die von Frischfrucht bis zu sonnigen Kräutern reichen, im gelungenen Barolo del Comune di Serralunga d'Alba 2010.

● Barolo del Comune di Serralunga d'Alba '10	🍷🍷 3*
● Barolo Meriame '10	🍷🍷 7
● Langhe Rosso Luvì '12	🍷🍷 3
● Nebbiolo d'Alba Miriné '12	🍷🍷 3
● Barbera d'Alba Fiorenza '12	🍷 3
● Dolcetto d'Alba Magna '13	🍷 2
● Barbera d'Alba Fiorenza '10	🍷🍷 3
● Barolo Meriame '09	🍷🍷 7
● Barolo Meriame '08	🍷🍷 7
● Barolo Serralunga '09	🍷🍷 6
● Barolo Serralunga '08	🍷🍷 6
● Dolcetto d'Alba Magna '12	🍷🍷 2*
● Langhe Rosso Ardì '11	🍷🍷 2*
● Nebbiolo d'Alba Miriné '10	🍷🍷 4

Marcalberto
VIA PORTA SOTTANA, 9
12058 SANTO STEFANO BELBO [CN]
TEL. +39 0141844022
www.marcalberto.it

DIREKTVERKAUF
BESUCH NACH VORANMELDUNG
JAHRESPRODUKTION 30.000 Flaschen
REBFLÄCHE 5 Hektar

Marco und Alberto Cane bauen unter der Aufsicht des Vaters in ihrem piemontesischen Betrieb zwischen den Gemeinden Santo Stefano Belbo und Calosso nur Pinot Nero und Chardonnay an. Tatsächlich erzeugt Marcalberto ausschließlich Spumantes Metodo Classico in vier Versionen: ohne Jahrgangsangabe, natur, rosé und mit Jahrgangsangabe. Alle Produkte sind sehr delikat dosiert, um die Gebietsmerkmale bestens zum Ausdruck zu bringen und zu valorisieren. Die übliche schöne Auswahl an Spumantes Metodo Classico, von der sich der Sansannée Brut, intensiv in der Nase mit seinen Brotkruste- und Pflaumennoten, mit vielschichtig nuancierten Hefetönen, mächtig und wuchtig am Gaumen, bemerkenswert cremig, aber frisch säuregestützt, abhebt. Gut gemacht der Rosé Brut, würzig und fruchtig, der Nature Senza Aggiunta di Solfiti, breit und mit oxidativem Charakter und der Millesimo 2mila9 Brut '09, bemerkenswert stoffig, aber noch zu jung und aggressiv.

○ Marcalberto Sansannée Brut M. Cl.	🍷🍷 4
○ Marcalberto Brut Rosé M. Cl.	🍷🍷 4
○ Marcalberto Nature Senza Aggiunta di Solfiti M. Cl.	🍷🍷 6
○ Marcalberto Millesimo 2mila9 Brut M. Cl. '09	🍷🍷 5
○ Marcalberto Brut M. Cl. '08	🍷🍷 5
○ Marcalberto Brut M. Cl. '07	🍷🍷 5
○ Marcalberto Brut M. Cl. '06	🍷🍷 5
○ Marcalberto Brut M. Cl. '05	🍷🍷 5

PIEMONT

Poderi Marcarini

P.ZZA MARTIRI, 2
12064 LA MORRA [CN]
TEL. +39 017350222
www.marcarini.it

DIREKTVERKAUF
BESUCH NACH VORANMELDUNG
UNTERKUNFT
JAHRESPRODUKTION 125.000 Flaschen
REBFLÄCHE 18 Hektar

Es sind durch und durch klassische Nebbiolos in den mit Marcarini signierten Flaschen. Marcarini ist eine ruhmreiche Langa-Weinmarke von Anna Marcarini Bava, die von Tochter Luisa und Schwiegersohn Manuel Marchetti unterstützt wird. Eine Geschichte, die vor allem im Wert von Lagen wie Brunate und La Serra di La Morra zu suchen ist. Sie liegen zwar geografisch sehr nahe, haben aber einen sehr unterschiedlichen Ausdruck, der von der sorgfältigen und essentiellen Kellerarbeit mit langer Mazeration und Ausbau in 20- und 40-hl-Fässern chirurgisch wiedergegeben wird. Extrem langlebige Barolos, zu denen sich die Dolcettos, der Barbera, der Arneis (von Montaldo im Roero-Gebiet) und der Moscato (aus der Gemeinde Neviglie) gesellen. Der Barbera d'Alba Ciabot Camerano 2012, unter den besten des Jahrgangs, setzt sich dank raffinierter Fruchtnoten, darunter Pflaume, entschieden ins Licht; dank einer dünnen und säuerlichen Ader, die eine genüssliche Trinkbarkeit schenkt, gut ausgewogen im Mund. Im Barolo Brunate 2010 frische Rotfruchtaromen, im Mund leicht bitter. Verhaltene Struktur und schöne Balance im feinen Barolo La Serra 2010.

● Barbera d'Alba Ciabot Camerano '12	♛♛ 3*
● Barolo La Serra '10	♛♛ 6
● Barolo Brunate '10	♛♛ 6
● Langhe Nebbiolo Lasarin '13	♛ 3
○ Roero Arneis '13	♛ 2
● Barolo Brunate '05	♛♛♛ 6
● Barolo Brunate '03	♛♛♛ 6
● Barolo Brunate '01	♛♛♛ 6
● Barolo Brunate '99	♛♛♛ 6

Marchese Luca Spinola

FRAZ. ROVERETO DI GAVI
LOC. CASCINA MASSIMILIANA, 97
15066 GAVI [AL]
TEL. +39 0143682514
www.marcheselucaspinola.it

DIREKTVERKAUF
BESUCH NACH VORANMELDUNG
JAHRESPRODUKTION 20.000 Flaschen
REBFLÄCHE 14 Hektar

Die zwölf Hektar Weinberge, die sich seit Langem im Besitz des Marchese Luca Spinola und seiner Familie befinden, teilen sich in beinahe gleich große, mit Cortese bebaute Blöcke. Eine Hälfte befindet sich in der Gemeinde Tassarola und die andere in Rovereto di Gavi, beides typische historische Zonen der Weindenomination von Alessandria. Die Palette umfasst drei Etiketten, die im Hinblick auf Gebietsherkunft und Vinifizierungstechniken entworfen worden sind. Der Großteil der Trauben wird in den Gavi di Gavi eingebracht, vom Gavi del Comune di Tassarolo gibt es gerade mal 3000 Flaschen und nur wenige mehr vom Tenuta Massimiliana, der bei niedrigeren Temperaturen und langsamer gärt. Das Ergebnis von Marchese Luca Spinola ist ein Crescendo. Der Gavi del Comune di Gavi '13 ist einfach, aber sicher nicht banal, der Tenuta Massimilana '13 hat eine noch getroffenere Balance. Die besten Potentialitäten nehmen wir aber trotz der aromatischen Langwierigkeit im Gavi del Comune di Tassarolo '13 wahr, einfach und eisenhaltig.

○ Gavi del Comune di Tassarolo '13	♛♛ 2*
○ Gavi del Comune di Gavi Tenuta Massimiliana '13	♛♛ 3
○ Gavi del Comune di Gavi '13	♛ 2
○ Gavi del Comune di Gavi '12	♛♛ 2*
○ Gavi del Comune di Gavi '11	♛♛ 2*
○ Gavi del Comune di Gavi '10	♛♛ 2
○ Gavi del Comune di Gavi '09	♛♛ 2
○ Gavi del Comune di Gavi Tenuta Massimiliana '12	♛♛ 3
○ Gavi del Comune di Gavi Tenuta Massimiliana '10	♛♛ 2
○ Gavi del Comune di Tassarolo '10	♛♛ 2*
○ Gavi del Comune di Tassarolo '09	♛♛ 2*

PIEMONT

★ Marchesi di Barolo
Via Roma, 1
12060 Barolo [CN]
Tel. +39 0173564400
www.marchesibarolo.com

DIREKTVERKAUF
BESUCH NACH VORANMELDUNG
GASTRONOMIE
JAHRESPRODUKTION 1.500.000 Flaschen
REBFLÄCHE 205 Hektar

Wer die fernen Wurzeln des Langa-Weins finden will, muss unbedingt in Barolo im Palazzo mit Blick auf das Castello dei Marchesi Falletti Halt machen, Sitz der antiken Keller der Marchesen von Barolo. Hier ist dank der Intuitionen von Juliette Colbert irgendwie der „König der Weine" entstanden, hier hat die Familie Abbona nach dem Erwerb der Agenzia della Tenuta Opera Pia Barolo ihr Hauptquartier eingerichtet. Die fünfte Generation repräsentieren heute Anna und Ernesto, die diese ruhmreiche Geschichte in ein modernes Unternehmensprojekt eingebracht haben, das eine komplette Palette mit typischen Langa-, Roero- und Monferrato-Weinen hervorgebracht hat. Der Barolo Cannubi 2009 verdient die Drei Gläser wegen unbefangener Fruchtnoten und der feinen und delikaten Würzung; bezaubernde Geschmacksstruktur, nie zu rau und im Gegenteil raffiniert in der Gerbstoffentwicklung, mit langem Abgang von großer Persönlichkeit. Alle verkosteten Weine sind ausnahmslos von gutem Niveau, besonders angenehm der verdienstvolle Barolo Basiswein 2009.

● Barolo Cannubi '10	🍷🍷🍷 8
● Barolo '09	🍷🍷 5
● Barbaresco '11	🍷🍷 5
● Barbaresco Serragrilli '11	🍷🍷 6
● Barbera d'Alba Peiragal '12	🍷🍷 4
● Barbera d'Alba Ruvei '12	🍷🍷 3
● Barolo Coste di Rose '10	🍷🍷 6
● Barolo del Comune di Barolo '10	🍷🍷 7
● Barolo Sarmassa '10	🍷🍷 8
● Barolo Sarmassa '09	🍷🍷🍷 8
● Barolo Sarmassa '08	🍷🍷🍷 7
● Barolo Sarmassa '07	🍷🍷🍷 7
● Barolo Sarmassa '06	🍷🍷🍷 7
● Barolo Sarmassa '05	🍷🍷🍷 7

Marchesi Incisa della Rocchetta
Via Roma, 66
14030 Rocchetta Tanaro [AT]
Tel. +39 0141644647
www.marchesiincisawines.com

DIREKTVERKAUF
BESUCH NACH VORANMELDUNG
UNTERKUNFT UND GASTRONOMIE
JAHRESPRODUKTION 50.000 Flaschen
REBFLÄCHE 17 Hektar

Schon im 19. Jh. war Marchesi Incisa della Rocchetta eine im Monferrato bewährte Weinbaurealität. Heute wird sie kompetent und leidenschaftlich von Barbara Incisa della Rocchetta und Sohn Filiberto Massone geleitet. Die 17 Hektar Rebfläche, einige davon im Naturschutzpark Rocchetta Tanaro, auf sandigen und tonhaltigen Böden sind vorwiegend mit Barbera bestockt und weniger mit Grignolino, Pinot Nero und Merlot. Die Weine zeichnen sich durch einen modernen Stil und Aromareinheit aus. Der Barbera d'Asti Superiore Sant'Emiliano '11 ist mit seinem warmen, für einen Jahrgang wie 2011 typisch fruchtigen Ausdruck intensiv und faszinierend in der Nase, mit Pflaumen und trockenen Aromakräutern, aber auch salzig und feuchterdig und am Gaumen würzig und dicht, mit viel Fruchtfleisch und einem langen und harmonischen Abgang. Gut gemacht die anderen präsentierten Weine, insbesondere der Barbera d'Asti Valmorena '13, rein, würzig und frisch, und der Grignolino d'Asti '13, typisch und süffig.

● Barbera d'Asti Sup. Sant'Emiliano '11	🍷🍷 4
● Barbera d'Asti Valmorena '13	🍷🍷 3
● Grignolino d'Asti '13	🍷🍷 3
● M.to Rosso Colpo d'Ala '11	🍷 6
● Barbera d'Asti Sup. Sant'Emiliano '10	♀♀ 4
● Barbera d'Asti Sup. Sant'Emiliano '09	♀♀ 4
● Barbera d'Asti Sup. Sant'Emiliano '08	♀♀ 4
● Barbera d'Asti Sup. Sant'Emiliano '07	♀♀ 4
● Barbera d'Asti Valmorena '11	♀♀ 3
● M.to Rosso Rollone '12	♀♀ 3
● M.to Rosso Rollone '11	♀♀ 3

PIEMONT

Mario Marengo
VIA XX SETTEMBRE, 34
12064 LA MORRA [CN]
TEL. +39 017350115
marengo1964@libero.it

DIREKTVERKAUF
BESUCH NACH VORANMELDUNG
JAHRESPRODUKTION 35.000 Flaschen
REBFLÄCHE 7 Hektar

Dieser seit 1899 aktive historische Keller von La Morra wird von Marco Marengo geleitet. Es ist eine dem besten Barolo verschriebene Realität, die 80 % ihrer Weine erfolgreich auf internationalen Märkten verkauft. Die, wenn auch leicht ansteigenden Zahlen bleiben die einer Boutique Winery: Wir sprechen von jährlich ca. 35.000 Flaschen. Der Stil ist gelassen modern, mit maßvollen Extraktionen für reinfruchtige Weine, die auch schon wenige Jahre nach der Lese Befriedigung schenken. Die Klasse der großartigen Lage kommt in dieser Version Barolo Brunate 2010 gut zum Ausdruck. Beispielhaft vor allem seine Geschmackskomponente, in der Kraft, frische Säure und ein erlesener Gerbstoffgehalt vereint sind. Ebenso gut der Barolo Basiswein mit frischem Himbeeraroma und vollmundigem, nie aggressivem Mund. Der Barolo Bricco delle Viole 2010 vereint balsamische Akzente mit Anspielungen auf süßen Tabak und präsentiert einen einfachen, nicht störrischen Mund, schön harmonisch.

● Barolo '10	5
● Barolo Bricco delle Viole '10	6
● Barolo Brunate '10	6
● Barbera d'Alba Vign. Pugnane '12	3
● Nebbiolo d'Alba Valmaggiore '12	3
● Barolo Brunate '09	6
● Barolo Brunate '07	6
● Barolo Brunate '06	6
● Barolo Brunate '05	6
● Barolo Brunate '04	6

Claudio Mariotto
S.DA PER SAREZZANO, 29
15057 TORTONA [AL]
TEL. +39 0131868500
www.claudiomariotto.it

DIREKTVERKAUF
BESUCH NACH VORANMELDUNG
JAHRESPRODUKTION 100.000 Flaschen
REBFLÄCHE 32 Hektar

Vier Generationen Winzer haben diese historische, technische und landwirtschaftliche Grundlage geschaffen, auf der das Abenteuer von Claudio und Bruder Mauro aufbaut. In den 90er Jahren beginnt auf diesen von der Sommersonne beschienenen Hügeln die Tätigkeit, aber vor allem setzt man auf den Timorasso, eine wiedergefundene Rebsorte mit großen, noch auszubauenden Potenzialitäten. Seither erzählen uns die Lesen eine schnell besser werdende Qualität und Finesse der Produkte, die den Betrieb an die Spitze des Weinbaus in der Provinz Alessandria projiziert haben. In der Weinauswahl drei herrliche Versionen an Timorasso: Nur um eine Nasenlänge voraus der intensive und artikulierte Pitasso mit Aromakräuter- und Weißfruchtaromen, die in mineralische Noten übergehen, am Gaumen großartige Struktur und Eleganz mit enormem Finale. Weitere zwei herrliche Rasseexemplare: der Cavallina und der Derthona, vereint in Eleganz und Finesse der Aromen, geschmacklich offenbart der Cavallina noch Entwicklungspotenzialen. Der Derthona ist unmittelbarer, aber weniger strukturiert.

○ Colli Tortonesi Timorasso Pitasso '12	6
○ Colli Tortonesi Timorasso Cavallina '12	5
○ Colli Tortonesi Timorasso Derthona '12	5
○ Colli Tortonesi Vho '12	5
● Colli Tortonesi Croatina Montemirano '12	4
○ Colli Tortonesi Bianco Pitasso '06	5
○ Colli Tortonesi Bianco Pitasso '05	4
○ Colli Tortonesi Bianco Pitasso '04	4
○ Colli Tortonesi Timorasso Pitasso '08	5

PIEMONT

Marsaglia
via Madama Mussone, 2
12050 Castellinaldo [CN]
Tel. +39 0173213048
www.cantinamarsaglia.it

DIREKTVERKAUF
BESUCH NACH VORANMELDUNG
JAHRESPRODUKTION 70.000 Flaschen
REBFLÄCHE 15 Hektar

Emilio und Marina Marsaglia leiten mit Hilfe ihrer Kinder, Enrico und Monica, und mit großer Leidenschaft diesen Winzerbetrieb in der Gemeinde Castellinaldo mit 15 ha eigener Rebfläche auf Sandböden bei Canale und kompakteren Böden in der Zone um Castagnito. Die bekannteste Lage ist der Brich d'America. Die Weine sind traditionell geprägt und aus gebietstypischen Trauben – Arneis, Nebbiolo, Barbera und Brachetto – und einem kleinen Prozentanteil Syrah. Der Roero Brich d'America bestätigt sich auch mit dem Jahrgang 2010 als der Spitzenwein des Betriebs. Mit Schwarzfrucht- und Lakritzaromen, Tabak- und Gewürznuancen vor einem vielschichtigen, saftigen und bemerkenswert fülligen Gaumen und einem langen Finale, aus dem bedeutsame, aber nicht trocknende Gerbstoffe hervorgehen. Gut die beiden Barberas d'Alba, der Castellinaldo '10, gestreckt und ausgewogen, und der San Cristoforo '12, frisch und entschlossen, sowie der Nebbiolo d'Alba San Pietro '11, einfach und abzuwarten.

● Roero Brich d'America '10	🍷🍷 4
● Barbera d'Alba Castellinaldo '10	🍷🍷 4
● Barbera d'Alba S. Cristoforo '12	🍷🍷 3
● Nebbiolo d'Alba San Pietro '11	🍷🍷 3
○ Roero Arneis Serramiana '13	🍷🍷 3
● Langhe Rosso Complotto '11	🍷 4
● Barbera d'Alba S. Cristoforo '11	🍷🍷 3*
● Barbera d'Alba S. Cristoforo '10	🍷🍷 3
● Nebbiolo d'Alba San Pietro '10	🍷🍷 3
● Roero Brich d'America '09	🍷🍷 4
● Roero Brich d'America '08	🍷🍷 4

★Franco M. Martinetti
via San Francesco da Paola, 18
10123 Torino
Tel. +39 0118395937
www.francomartinetti.it

BESUCH NACH VORANMELDUNG
JAHRESPRODUKTION 140.000 Flaschen
REBFLÄCHE 5 Hektar

Franco Martinetti ist in Frankreich und Italien gleichermaßen bekannt und auf internationaler Ebene ein Kenner von Gastronomie und Weinen (er selbst bezeichnet sich gern als „vinicultore" - Weinliebhaber). Seine Leidenschaft für seine Heimat, das Piemont, hat ihn vor über 30 Jahren dazu gebracht, mit einer sorgfältigen Auswahl von Weinbergen und Winzern in den wichtigsten südlichen Gebieten dieser Region zu beginnen. Hieraus ergeben sich seine Etiketten (7 Weiße und 7 Rote), alle der Balance und der Eleganz verschrieben, die über den Barbera d'Asti, der ihn als erster berühmt gemacht hat, vom ausgezeichneten Gavi zum Barolo reichen. Eine tadellose Interpretation des Timorasso bringt die Drei Gläser ins Haus Martinetti: Der Martin 2012 ist frisch, fruchtig, delikat harzig, mit schönen süßen Gewürznoten für Vielschichtigkeit; im Mund vollmundig und wuchtig, aber perfekt säureausgewogen. Schwarz- und Rotfrucht mit Kakao in den Aromen des Monferrato Rosso Sul Bric 2011, perfekt ausgewogen und lebendig im Mund. Beispielhaft am Gaumen der vielschichtige Barbera Montruc 2011.

○ Colli Tortonesi Timorasso Martin '12	🍷🍷🍷 6
● Barolo Marasco '10	🍷🍷 7
● M.to Rosso Sul Bric '11	🍷🍷 6
● Barbera d'Asti Sup. Montruc '11	🍷🍷 5
○ Gavi Minaia '13	🍷🍷 5
○ Gavi del Comune di Gavi '13	🍷 3
● Barbera d'Asti Sup. Montruc '06	🍷🍷🍷 5
● Barbera d'Asti Sup. Montruc '01	🍷🍷🍷 5
● Barolo Marasco '01	🍷🍷🍷 7
● Barolo Marasco '00	🍷🍷🍷 7
● M.to Rosso Sul Bric '10	🍷🍷🍷 6
● M.to Rosso Sul Bric '09	🍷🍷🍷 6
● M.to Rosso Sul Bric '00	🍷🍷🍷 5

PIEMONT

★Bartolo Mascarello
Via Roma, 15
12060 Barolo [CN]
Tel. +39 017356125

DIREKTVERKAUF
BESUCH NACH VORANMELDUNG
JAHRESPRODUKTION 30.000 Flaschen
REBFLÄCHE 5 Hektar

Maria Teresa Mascarello ist die schwierige Aufgabe gelungen, die vom Vater Bartolo in der Langa eroberte Position zu verteidigen. Sie hat ein vor allem historisches und kulturelles Erbe übernommen, ohne nie in Untätigkeit zu verfallen, ganz im Gegenteil. Ihre lange in großen Fässern reifenden Nebbiolos sind ein Lobgesang auf die Familientradition. Aber die gesamte Weinauswahl ist rein und harmonisch. Alles dreht sich um wichtige, eigene Weinberge wie Canubbi, San Lorenzo, Rué (mit Barolo), Rocche (mit La Morra), wo auch Dolcetto, Barbera und Freisa Platz finden. Sehr klassisch und raffiniert die Version des Barolo 2010 von Maria Teresa Mascarello. Noch nicht vollkommen entfaltet die Aromen, anfangs mit frischen Rotfrüchten und süßem Tabak, dann mit Kinanoten; im Mund mächtig und üppig, mit eleganten und entschlossenen Gerbstoffe und sehr langem und erstklassigem Finale: Drei Gläser.

● Barolo '10	▼▼▼	8
● Barolo '09	♀♀♀	8
● Barolo '07	♀♀♀	8
● Barolo '06	♀♀♀	8
● Barolo '05	♀♀♀	8
● Barolo '01	♀♀♀	8
● Barolo '99	♀♀♀	8

Giuseppe Mascarello e Figlio
Via Borgonuovo, 108
12060 Monchiero [CN]
Tel. +39 0173792126
www.mascarello1881.com

DIREKTVERKAUF
BESUCH NACH VORANMELDUNG
JAHRESPRODUKTION 60.000 Flaschen
REBFLÄCHE 14 Hektar

Wörter wie Klassizität und Tradition sind in der Welt des Weins oft überbeansprucht, aber es gibt Geschichten, die sie beinahe unumgänglich machen. Zum Beispiel die des Kellers von Mauro und Giuseppe Mascarello, der seit Jahren mit seinen Weinen eine in vieler Hinsicht aus vergangenen Zeiten kommende Vision beleuchtet, zuweilen mit ergreifenden Ergebnissen. Barbera, Dolcetto, Freisa, Nebbiolo sind alles Hausetiketten, die an das Gemüt der dedizierten Lagen gebunden sind, mit Weinbergen vom Schlag wie Santo Stefano di Monforte, Villero und Monprivato di Castiglione Falletto für Barolos, die nicht nur chromatisch transparent sind. Der Barolo Monprivato 2009 ist vielschichtig mit Tabak- und Himbeeraromen, zu denen sich Trockenblumen gesellen; sehr kraftvoll im Mund mit Fruchtfleisch, Charakter und unglaublich vollendeten Gerbstoffen, langes und ausgewogenes Finale. Der Barolo Villero 2009 eröffnet mit Gewürzen und Erdbeere, darauf folgen Wildgemüse und einige pflanzliche Anspielungen; nicht enorm, jedoch harmonisch und raffiniert im Mund mit einer langsamen und delikaten Progression.

● Barolo Monprivato '09	▼▼▼	8
● Barolo Villero '09	▼▼	8
● Barbera d'Alba Sup. S. Stefano di Perno '09	▼▼	5
● Barolo dai Vigneti di Proprietà '09	▼▼	7
● Barolo S. Stefano di Perno '09	▼▼	8
● Barolo Monprivato '08	♀♀♀	8
● Barolo Monprivato '01	♀♀♀	8
● Barolo Monprivato '85	♀♀♀	8
● Barolo S. Stefano di Perno '98	♀♀♀	8
● Barolo Villero '96	♀♀♀	8

PIEMONT

★Massolino
p.zza Cappellaro, 8
12050 Serralunga d'Alba [CN]
Tel. +39 0173613138
www.massolino.it

DIREKTVERKAUF
BESUCH NACH VORANMELDUNG
JAHRESPRODUKTION 120.000 Flaschen
REBFLÄCHE 23 Hektar

Für Franco und Roberto Massolino ist die Tradition in erster Linie ein dynamisches Konzept. Trotz einer langen und dokumentierten Winzergeschichte signalisiert ihre maßgebende Palette mit den wichtigsten Langa-Weinarten eine kontinuierliche Suche nach Stil. Ziel ist es, die charakterlichen Unterschiede einiger der bekanntesten Barolo-Lagen des Westhangs von Serralunga (Parafada, Margheria, Vigna Rionda) zu erzählen, zu denen sich seit Lese 2007 auch der Weinberg Parussi di Castiglione Falletto gesellt hat. Die in mittelgroßen und großen Eichenfässern ausgebauten Weine sind gelinde gesagt stark, in der Jugend sogar streng, und finden gewöhnlich in der Zeit einen kostbaren Alliierten. Der farblich reife Barolo Vigna Rionda Riserva 2008 mit Tabak-, Anis- und Lakritznoten auf Himbeerhintergrund ist intensiv und facettenreich; sehr lang, harmonisch und fein im Mund mit entschlossenen Gerbstoffen und herrlich fruchtig. Der Barolo Serralunga d'Alba 2010 verdient ehrliche Komplimente.

● Barolo V. Rionda Ris. '08	▼▼▼	8
● Barolo Parafada '10	▼▼	7
● Barolo Parussi '10	▼▼	8
● Barolo Serralunga d'Alba '10	▼▼	7
● Barolo Margheria '10	▼▼	8
● Barolo Margheria '05	▽▽▽	7
● Barolo Parafada '04	▽▽▽	7
● Barolo V. Rionda Ris. '06	▽▽▽	8
● Barolo Vigna Rionda Ris. '05	▽▽▽	8
● Barolo Vigna Rionda Ris. '04	▽▽▽	8
● Barolo Vigna Rionda Ris. '01	▽▽▽	8
● Barolo Vigna Rionda Ris. '99	▽▽▽	7

Mazzoni
via Roma, 73
28010 Cavaglio d'Agogna [NO]
Tel. +39 0322806612
www.vinimazzoni.it

DIREKTVERKAUF
BESUCH NACH VORANMELDUNG
JAHRESPRODUKTION 20.000 Flaschen
REBFLÄCHE 4,5 Hektar

Die Geschichte der Familie Mazzoni in Cavaglio d'Agogna ist seit dem fernen 14. Jh. dokumentiert und der betriebene Weinbau seit Anfang des 17. Jh. Und trotzdem kam es, wie für so viele Betriebe der Zone, nach dem 2. Weltkrieg zu einem Abstieg und sogar zur Schließung um 1980. Erst der Wille von Tiziano und Frau Rita, heute unterstützt von Sohn Gilles, hat dazu geführt, dass man 1999 beinahe ganz neu anfing. Die Weine sind traditionell, mit langer Mazeration und Ausbau in Fässern bzw. in Tonneaus. In einer Weinauswahl, die dem Weinbau der Zone Ehre macht, hebt sich der Ghemme Ai Livelli 2010 ab. Aus über 30 Jahre alten Rebstöcken und nach zwei Jahren Ausbau in großen und normalen Holzfässern ist er der Symbolwein des Kellers. In der Nase bietet er Tabak- und Pfefferaromen mit würzigen und fruchtigen Anspielungen, im Mund eine großartige Gerbstoffstruktur, die in ein angenehm raues Finale übergeht. Bemerkenswert der herrlich wuchtige Vespolina, reich an Frucht- und Pfefferaromen.

● Ghemme Ai Livelli '10	▼▼	6
● Colline Novaresi Vespolina Al Ricetto '13	▼▼	2*
● Ghemme dei Mazzoni '11	▼▼	5
● Ghemme dei Mazzoni '10	▼▼	5
● Colline Novaresi Nebbiolo del Monteregio '12	▼	3
● Ghemme Ai Livelli '09	▽▽	6
● Ghemme Ai Livelli '08	▽▽	6
● Ghemme Ai Livelli '07	▽▽	6
● Ghemme dei Mazzoni '09	▽▽	5
● Ghemme dei Mazzoni '08	▽▽	5
● Ghemme dei Mazzoni '07	▽▽	5

PIEMONT

Moccagatta
S.DA RABAJÀ, 46
12050 BARBARESCO [CN]
TEL. +39 0173635228
www.moccagatta.eu

DIREKTVERKAUF
BESUCH NACH VORANMELDUNG
JAHRESPRODUKTION 65.000 Flaschen
REBFLÄCHE 12 Hektar

Martina, promoviert in Weinbau und Kellerwirtschaft, engagiert sich immer mehr im Betrieb von Onkel Franco und Papa Sergio Minuto, beide erfahrene Winzer. Der Keller verwendet kleine französische Hölzer, die in den ersten Jahren in der Flasche einen entschiedenen aromatischen Beitrag leisten und dem Unternehmensstil, der sich an die Modernität und Internationalität richtet, gerecht werden. Zu den historischen drei Barbaresco-Lagenweinen (Bric Balin, Cole und Basarin) gesellen sich begrenzte Langhe-Produktionen an Nebbiolo, Dolcetto und Barbera d'Alba und zwei konsolidierte Chardonnays: einer frisch und unmittelbar, der andere in Holz ausgebaut. Der heiße Jahrgang 2011 hat die Brüder Minuto nicht daran gehindert, einen ausgezeichneten Barbaresco Cole reich an Rotfrucht und Gewürzen zu machen; im Mund vollmundig, mit spitzenmäßigem Fruchtfleisch und einem von feinen Gerbstoffen gestützten langen Finale. Vom Holz verdeckter, aber dennoch ausgewogen der Bric Balin. Pflanzlichere Töne, bemerkenswert stoffig im Mund und noch ein wenig rau der Basarin 2011.

- Barbaresco Bric Balin '11   ▼▼ 6
- Barbaresco Cole '11   ▼▼ 6
- Barbaresco Basarin '11   ▼▼ 6
- Barbaresco Bric Balin '05   ▼▼▼ 6
- Barbaresco Bric Balin '04   ▼▼▼ 6
- Barbaresco Bric Balin '01   ▼▼▼ 6
- Barbaresco Bric Balin '10   ▼ 6
- Barbaresco Bric Balin '08   ▼ 6
- Barbaresco Bric Balin '07   ▼ 6
- Barbaresco Bric Balin '06   ▼ 6
- Barbaresco Cole '08   ▼ 6

Mauro Molino
FRAZ. ANNUNZIATA
FRAZ. ANNUNZIATA GANCIA, 111 A
12064 LA MORRA [CN]
TEL. +39 017350814
www.mauromolino.com

DIREKTVERKAUF
BESUCH NACH VORANMELDUNG
JAHRESPRODUKTION 95.000 Flaschen
REBFLÄCHE 13 Hektar

Vater Mauro, der den Betrieb vor über dreißig Jahren gegründet hat, wird immer tatkräftiger von den Kindern Matteo und Marina unterstützt, auch sie mit Abschluss an der Weinbauschule in Alba. Im Mittelpunkt der betrieblichen Tätigkeit stehen natürlich die Barolo-Selektionen von ausgezeichneten Lagen in der Zone von Annunziata di La Morra, aber auch der aromatische und elegante Barbera d'Alba Le Gattere hat im Laufe der Jahre viele Anerkennungen erhalten. Von allerhöchstem Niveau der Barolo Conca 2010, tief und raffiniert mit seinen Tabak- und Sonnenkräuternoten; üppig und dicht im Mund mit schöner Säure und kaum wahrgenommenen Gerbstoffen. Außerordentlich die Version des Barolo Basiswein 2010: intensive Nase mit herrlicher Rotfrucht, Gewürzen, Trockenblumen und Lakritz; kraftvoll und dicht im Mund mit üppigen, noch etwas rauen Gerbstoffen, aber mit sehr langem und fleischigem Abgang: sehr gut entwicklungsfähig. Wie immer elegant und persistent die Barolos Bricco Luciani und Gallinotto, sowie der neue La Serra

- Barolo '10   ▼▼ 5
- Barolo Bricco Luciani '10   ▼▼ 6
- Barolo Conca '10   ▼▼ 7
- Barolo Gallinotto '10   ▼▼ 6
- Barolo La Serra '10   ▼▼ 7
- Barbera d'Alba V. Gattere '00   ▼▼▼ 5
- Barolo Gallinotto '03   ▼▼▼ 6
- Barolo Gallinotto '01   ▼▼▼ 6
- Barolo V. Conca '00   ▼▼▼ 7
- Barolo Gallinotto '09   ▼▼ 6
- Barolo Gallinotto '08   ▼▼ 6
- Barolo V. Conca '08   ▼▼ 7
- Barolo V. Conca '07   ▼▼ 8
- Barolo V. Gallinotto '07   ▼▼ 6
- Barolo V. Gancia '09   ▼▼ 6

PIEMONT

Monchiero Carbone
VIA SANTO STEFANO ROERO, 2
12043 CANALE [CN]
TEL. +39 017395568
www.monchierocarbone.com

DIREKTVERKAUF
BESUCH NACH VORANMELDUNG
JAHRESPRODUKTION 180.000 Flaschen
REBFLÄCHE 25 Hektar

Francesco Monchiero kommt nie zur Ruhe. Sein Wille, das Gebiet zu valorisieren und den Familienbetrieb auszubauen wird von einer ausgesprochen zuverlässigen Produktion mit konstanter Qualität bezeugt, die stets an der Spitze der Region steht. Der Großteil der Weinberge liegt in Canale – einschließlich einiger der schönsten Roero-Lagen, wie Printi, Monbirone oder Renesio –, aber seit einigen Jahren kann der Betrieb auch auf Weinberge in Vezza d'Alba und Priocca zählen. Die erzeugten Weine haben einen modernen Stil, der auf eine großartige Aromareinheit und Balance zwischen Tiefe, Frucht und Frische abzielt. Drei Gläser für den Roero Printi Riserva. Die Version 2010 präsentiert sich in der Nase mit Gewürz- und Aromakräuternoten und viel Rotfrucht, gefolgt von einem frischen und rassigen Gaumen, üppige und elegante Gerbstoffe, großartige Länge. Der Roero Arneis Cecu d'la Biunda '13 ist fein, mineralisch und zitrusfruchtig, der Barbera d'Alba Monbirone '12 trinkreif und fruchtreich mit viel stützender Säure und der Roero Srü '11 mit Macchie-Tönen.

● Roero Printi Ris. '10	🍷🍷🍷 5
● Barbera d'Alba MonBirone '12	🍷🍷 5
○ Roero Arneis Cecu d'la Biunda '13	🍷🍷 3*
● Roero Srü '11	🍷 4
● Barbera d'Alba Pelisa '12	🍷🍷 2*
○ Roero Arneis Re cit '13	🍷🍷 2*
● Langhe Nebbiolo Regret '12	🍷 2
● Barbera d'Alba MonBirone '10	🍷🍷🍷 4*
● Roero Printi '04	🍷🍷🍷 5
● Roero Printi Ris. '09	🍷🍷🍷 5
● Roero Printi Ris. '07	🍷🍷🍷 5
● Roero Printi Ris. '06	🍷🍷🍷 5
● Roero Srü '06	🍷🍷🍷 3

Monfalletto
Cordero di Montezemolo
FRAZ. ANNUNZIATA, 67
12064 LA MORRA [CN]
TEL. +39 017350344
www.corderodimontezemolo.com

DIREKTVERKAUF
BESUCH NACH VORANMELDUNG
JAHRESPRODUKTION 240.000 Flaschen
REBFLÄCHE 35 Hektar

Die hundertjährige Zeder, die das historische Anwesen der Familie Cordero di Montezemolo dominiert, ist mittlerweile ein wahres Emblem des Langa-Landschaftsbilds. Sie scheint die ca. 30 in Parzellen unterteilten Hektar des Gutshauses Monfalletto di La Morra zu bewachen, wobei die Parzellen unterschiedlichen Rebsorten gewidmet sind, allen voran Nebbiolo und Dolcetto, gefolgt von Barbera, Chardonnay und Arneis. Hier entstehen die Barolos Monfalletto, Bricco Gattera und Gorette, zu denen sich der Enrico VI (aus den Lagen Villero di Castiglione Falletto) gesellt. Weine mit zumeist kurzen Gärzeiten und Ausbau in kleinen französischen Eichenfässern für einen mäßig modernen Stil. Der Barolo Gattera 2010 präsentiert sich elegant und vielschichtig im Aromafächer, aus dem balsamische und Rotbeerennoten hervorgehen, im Hintergrund Lakritz- und Tabaknuancen. Der Mund ist kompakt und dicht, mit einer robusten Tanninstruktur, die die Trinkreife ausmacht. Der Barolo Enrico VI 2010 ist noch leicht aromaverschlossen, offenbart jedoch schon jetzt ein bedeutsames Potenzial.

● Barolo Bricco Gattera '10	🍷🍷 8
● Barolo Enrico VI '10	🍷🍷 8
● Barbera d'Alba '13	🍷🍷 3
● Barbera d'Alba Sup. Funtanì '11	🍷🍷 5
● Barolo Monfalletto '10	🍷🍷 6
● Dolcetto d'Alba '13	🍷🍷 3
○ Langhe Chardonnay Elioro '12	🍷🍷 5
○ Langhe Arneis '13	🍷 2
● Langhe Nebbiolo '13	🍷 3
● Barolo Enrico VI '04	🍷🍷🍷 7
● Barolo Enrico VI '03	🍷🍷🍷 7
● Barolo V. Bricco Gattera '99	🍷🍷🍷 8
● Barolo V. Enrico VI '00	🍷🍷🍷 7

PIEMONT

Il Mongetto
VIA PIAVE, 2
15049 VIGNALE MONFERRATO [AL]
TEL. +39 0142933442
www.mongetto.it

DIREKTVERKAUF
BESUCH NACH VORANMELDUNG
JAHRESPRODUKTION 40.000 Flaschen
REBFLÄCHE 13 Hektar

Sechzehn Hektar Rebfläche mit ausgezeichneten Ausrichtungen auf den Hügeln von Vignale Monferrato sind die Visitenkarte von Il Mongetto. Der Betrieb ist mit wirklich bemerkenswerten Resultaten kontinuierlich im Führer vertreten. Dem aber nicht genug, Carlo Santopietro erzeugt renommierte gebietsgebundene Gastronomieprodukte und führt Drè Castè (hinter dem Schloss), einen Agriturismo-Betrieb, dessen Zimmer den Namen der betriebseigenen Weinberge tragen. Unzweifelhaft ein schönes Umfeld für önogastronomische Erlebnisse. Weinauswahl ohne den Barbera d'Asti Guera, der wegen längerem Ausbau eine Runde aussetzt. Den Betrieb repräsentiert eine schöne Version des intensiv reifen und alkoholischen Barbera Superiore. Der Telegro Monferrato Rosso aus Merlot, Cabernet und Barbera hat eine schöne Persönlichkeit, ist aber noch sehr jugendlich: sowohl in der Farbe als auch in den Aromen. Wir enden mit dem kraftvollen und wuchtigen Jahrgangswein Grignolino del Monferrato Casalese.

● Barbera del M.to Sup. '11	♀♀ 4
● Grignolino del M.to Casalese '13	♀♀ 3
● M.to Rosso Telegro '11	♀♀ 4
● Barbera d'Asti V. Guera '09	♀♀ 4
● Barbera d'Asti V. Guera '08	♀♀ 4
● Barbera d'Asti Vign. Guera '10	♀♀ 4
● Barbera del M.to Sup. V. Mongetto '09	♀♀ 2*
● Barbera del M.to Sup. V. Mongetto '08	♀♀ 2
● Barbera del M.to Sup. Vign. Mongetto '10	♀♀ 4
● Grignolino del M.to Casalese '12	♀♀ 3
● Grignolino del M.to Casalese V. Solin '10	♀♀ 2

Montalbera
VIA MONTALBERA, 1
14030 CASTAGNOLE MONFERRATO [AT]
TEL. +39 0119433311
www.montalbera.it

DIREKTVERKAUF
BESUCH NACH VORANMELDUNG
JAHRESPRODUKTION 400.000 Flaschen
REBFLÄCHE 155 Hektar

Der Wachstum des Betriebs der Familie Morando geht mit dem Ziel weiter, die autochthonen Rebsorten bestmöglich zu valorisieren, insbesondere zwei weniger bekannte Trauben, wie Ruché und Grignolino. Tatsächlich sind nun 130 ha Rebfläche in einem einzigen Anwesen in Castagnole Monferrato vorwiegend mit Ruché, aber auch Grignolino und Barbera, bestockt. Es kann behauptet werden, dass über 50 % des Ruché di Castagnole Monferrato (und über 10 % Grignolino) von Montalbera erzeugt wird. Der Betrieb hat auch einen zweiten Keller in Castiglione Tinella, in dem nur Moscato erzeugt wird. An der Spitze der Weinart der intensive und feine Ruché di Castagnole Monferrato Laccento '13 mit Rosen- und Waldbeerenaromen und einem trockenen und frischen Gaumen. Ausgezeichnet auch der fruchtige, elegante und bemerkenswert persistente Grignolino d'Asti Grignè '13. Gut gemacht der typische und angenehme Ruché di Castagnole Monferrato La Tradizione '13, sowie der erdige und strukturierte Barbera d'Asti Lequilibrio '12.

● Grignolino d'Asti Grignè '13	♀♀ 2*
● Ruché di Castagnole M.to Laccento '13	♀♀ 3*
● Barbera d'Asti Lequilibrio '12	♀♀ 3
● Ruché di Castagnole M.to La Tradizione '13	♀♀ 3
● L'Accento Passito '12	♀ 4
○ Moscato d'Asti Vign. San Carlo '13	♀ 2
● Ruché di Castagnole M.to 2.0 '13	♀ 5
● Barbera d'Asti La Ribelle '12	♀♀ 2*
● Grignolino d'Asti Grignè '12	♀♀ 2*
● Ruché di Castagnole M.to La Tradizione '12	♀♀ 3
● Ruché di Castagnole M.to Laccento '12	♀♀ 3*

PIEMONT

Montaribaldi
FRAZ. TRE STELLE
S.DA NICOLINI ALTO, 12
12050 BARBARESCO [CN]
TEL. +39 0173638220
www.montaribaldi.com

DIREKTVERKAUF
BESUCH NACH VORANMELDUNG
JAHRESPRODUKTION 100.000 Flaschen
REBFLÄCHE 23 Hektar

Der Betrieb von Luciano und Roberto Taliano mit beachtlichen Abmessungen im Hinblick auf das Zugehörigkeitsgebiet hat mit den Jahren im Panorama der Weinbauexzellenzen der Langa eine Ehrenposition eingenommen. Die Anzahl der angebotenen Etiketten ist bemerkenswert und repräsentiert gut die wichtigsten Denominationen des Gebiets. Dabei sind sowohl Weißweine, Rotweine und Moscatos vertreten, die sich alle durch eine über Jahre hinweg anhaltende konstante Qualität auszeichnen. Die Preise sind sehr vernünftig, was die Weine dieses Betriebs noch interessanter macht. Der Barbaresco Ricü 2009 ist intensiv und lebendig granatfarben; die Nase entfaltet sich mit Holznoten und Lederanspielungen, zu denen sich balsamische und süße Tabaknoten gesellen; großartig strukturiert im Mund mit gutem Fruchtfleisch, präzise Gerbstoffentwicklung und langer, charaktervoller, etwas bitterer Abgang. Einfacher, wenn auch gut würzig, der Palazzina 2011.

● Barbaresco Ricü '09	▼▼ 6
● Barbaresco Palazzina '11	▼▼ 5
● Barbaresco Sori Montaribaldi '11	▼▼ 5
● Barbera d'Alba dü Gir '12	▼▼ 2*
● Barolo Borzoni '09	▼▼ 6
● Langhe Rosso Nicülin '11	▼ 2
● Barbaresco Palazzina '09	♀♀ 4
● Barbaresco Palazzina '07	♀♀ 4*
● Barbaresco Ricü '08	♀♀ 6
● Barbaresco Ricü '04	♀♀ 6
● Barbaresco Sorì Montaribaldi '09	♀♀ 5
● Barbera d'Alba dü Gir '07	♀♀ 4

Tenuta Montemagno
VIA CASCINA VALFOSSATO, 9
14030 MONTEMAGNO [AT]
TEL. +39 014163624
www.tenutamontemagno.it

DIREKTVERKAUF
BESUCH NACH VORANMELDUNG
UNTERKUNFT UND GASTRONOMIE
JAHRESPRODUKTION 96.000 Flaschen
REBFLÄCHE 15 Hektar

Die Weinproduktion ist Schwerpunkt dieses Betriebs. Aber auch das Engagement, um Firmenmeetings und Weintouristen aufnehmen zu können, ist wirklich bemerkenswert. Die eleganten Lokale des Casale und die entspannte Atmosphäre sind ideal zur Verkostung der betriebseigenen Produkte. Die Kellerarbeit wird vom Kellermeister Gianfranco Cordero koordiniert, der sich mit den gebietstypischen Roten misst: Barbera, Grignolino, Ruchè und Malvasia di Casorzo. Die Weißen hingegen sind aus Sauvignon und Timorasso. Die Entwicklung des blassrosafarbenen Bruts Metodo Classico aus Barbera geht weiter, in der Nase eher fruchtorientiert und in der Geschmacksphase charaktervoll und persistent. Der Grignolino Ruber zeigt eine ziemlich entwickelte Farbe auf intensiven Aromen und einem soliden Gaumen mit Gerbstoffen, die das Finale dominieren. Der Ninphae aus Sauvignon und Timorasso verfügt über gute Sortenmerkmale und einen noch wahrnehmbaren Holzausbau. Erwähnenswert der Malvasia di Casorzo Spumante.

● Barbera d'Asti Sup. Mysterium '11	▼▼ 4
● Grignolino d'Asti Ruber '12	▼▼ 2*
● Malvasia di Casorzo Spumante Dolce Rosatum	▼▼ 3
○ M.to Bianco Nymphae '12	▼▼ 2*
● M.to Rosso Violae '11	▼▼ 2*
○ TM Brut M. Cl.	▼▼ 5
● Ruchè di Castagnole M.to '13	▼ 3
● Barbera d'Asti Austerum '10	♀♀ 2*
● Barbera d'Asti Austerum '09	♀♀ 2*
● Barbera d'Asti Sup. Mysterium '10	♀♀ 4
● Barbera d'Asti Sup. Mysterium '09	♀♀ 4
● Grignolino d'Asti Ruber '11	♀♀ 2*
○ M.to Bianco Nymphae '11	♀♀ 2*
● M.to Rosso Violae '10	♀♀ 2*

PIEMONT

Monti
LOC. SAN SEBASTIANO
FRAZ. CAMIE, 39
12065 MONFORTE D'ALBA [CN]
TEL. +39 017378391
www.paolomonti.com

DIREKTVERKAUF
BESUCH NACH VORANMELDUNG
JAHRESPRODUKTION 50.000 Flaschen
REBFLÄCHE 16 Hektar

20 Jahre nach seiner Entstehung, einer gemessen an der Geschichte eines in der Barolo-Zone qualitätsberufenen Winzers relativ kurzen Zeit, macht der Betrieb von Pier Paolo Monti mit technischer Unterstützung von Roberto Gerbino kohärent mit seiner Winzertätigkeit weiter. Die erzeugten Etiketten haben eine präzise Identität und sind charakterlich erkennbar. Die verfügbaren Terroirweine sind erstklassig, vor allem wenn wir an die von Bussia und Le Coste denken; in der Jugend sind sie manchmal etwas introvertiert, aber mit der richtigen Alterung können sie wirklich interessante Geschmacksemotionen schenken. Der Barolo del Comune di Monforte d'Alba 2010 präsentiert sich in einem herrlich üppigen und brillanten, jugendlichen Rubinrot; in der Nase intensiv und vielschichtig, mit Toastingnoten, die die frische Frucht bereichern, gefolgt von süßem Tabak; am Gaumen großartige Struktur und progressiver und voller Stoff, der bis zum langen, kaum von der Eiche gezeichneten Finale sehr gefällig und harmonisch resultiert.

● Barolo del Comune di Monforte d'Alba '10	♛♛ 7
● Barbera d'Alba '11	♛♛ 5
● Nebbiolo d'Alba '11	♛♛ 4
○ Langhe Bianco L'Aura '10	♛ 4
● Barbera d'Alba '09	♛♛ 5
● Barbera d'Alba '08	♛♛ 5
● Barolo '09	♛♛ 7
● Barolo '08	♛♛ 7
● Barolo '07	♛♛ 7
● Barolo Bussia '09	♛♛ 8
● Langhe Dossi Rossi '09	♛♛ 5
● Nebbiolo d'Alba '10	♛♛ 4
● Nebbiolo d'Alba '09	♛♛ 4
● Nebbiolo d'Alba '08	♛♛ 4

Stefanino Morra
VIA CASTAGNITO, 50
12050 CASTELLINALDO [CN]
TEL. +39 0173213489
www.morravini.it

DIREKTVERKAUF
BESUCH NACH VORANMELDUNG
JAHRESPRODUKTION 65.000 Flaschen
REBFLÄCHE 10 Hektar

Der von Stefanino Morra und Familie geleitete und 1925 gegründete Betrieb verfügt über 10 ha Rebfläche, die in 3 Gemeinden – Canale, Castellinaldo und Vezza d'Alba – liegen, aber über ähnliche, für diese Zone typisch sand- und kalkhaltige Böden verfügen. Die Trauben sind die für Roero typischen (Arneis, Nebbiolo, Barbera und Favorita) und ergeben eine kleine Palette an Weinen mit bemerkenswertem Charakter, Struktur und Fruchtreichtum, vor allem was die wichtigsten Produkte betrifft, vom Roero Srai zum Barbera Castellinaldo. Großartige Gesamtleistung der Weine der Familie Morra, über allen der Roero '11, klassisch in der Nase mit seinen Tabak- und Rotbeernoten, vollmundig und mit bemerkenswerter Struktur am Gaumen, langes und einfaches Finale. Fruchtreich, aber sehr tanninhaltig für die Weinart der Barbera d'Alba Castellinaldo '11, einfacher und fruchtiger der Barbera d'Alba '11, blumig und ausgewogen der Roero Arneis '13.

● Roero '11	♛♛ 4
● Barbera d'Alba '11	♛♛ 3
● Barbera d'Alba Castellinaldo '11	♛♛ 4
○ Roero Arneis '13	♛♛ 3
● Barbera d'Alba '09	♛♛ 3*
● Barbera d'Alba Castellinaldo '09	♛♛ 4
● Barbera d'Alba Castlè '09	♛♛ 5
● Roero '10	♛♛ 4
● Roero '09	♛♛ 4
○ Roero Arneis M. Cl. Elena '10	♛♛ 4
● Roero Srai Ris. '09	♛♛ 5

PIEMONT

F.lli Mossio

FRAZ. CASCINA CARAMELLI
VIA MONTÀ, 12
12050 RODELLO [CN]
TEL. +39 0173617149
www.mossio.com

DIREKTVERKAUF
BESUCH NACH VORANMELDUNG
JAHRESPRODUKTION 50.000 Flaschen
REBFLÄCHE 10 Hektar

Für Weine auf Grundlage der Traube Dolcetto gab es schwierige Zeiten, vielleicht weil dieser Name fälschlicherweise Restzucker im Wein vermuten lässt, oder weil die Weltberühmtheit der Langhe auf dem Nebbiolo aufgebaut ist. Aber die Familie Mossio hat sich nie geschlagen gegeben. Sie nimmt an Messen und Events in Italien und Europa teil, empfängt ihre Besucher herzlich im Keller, übertreibt es nie mit den Preisen und hat spektakulär reine Weine, die für das progressive und glückliche Wachstum des Betriebs zeichnen. Aushängeschild des Betriebs ist der Dolcetto d'Alba Bricco Caramelli (aus einem besonders panoramischen Weinberg, der günstige Piano delli Perdoni steht diesem aber oft in nichts nach. Bedeutsam und strukturiert der Dolcetto d'Alba Superiore Gamus 2012 mit dichten und reifen Pflaumen- und Kirscharomen. Rein und einnehmend der Bricco Caramelli 2013 mit einer unmittelbareren Trinkbarkeit und intensivem Fruchtfleisch. Frisch und sauber der Barbera d'Alba 2012, raffiniert und noch vom Holz gefangen der Langhe Nebbiolo 2010.

● Dolcetto d'Alba Bricco Caramelli '13	♥♥ 3*
● Dolcetto d'Alba Sup. Gamvs '12	♥♥ 4
● Barbera d'Alba '12	♥♥ 4
● Dolcetto d'Alba Piano delli Perdoni '13	♥♥ 2*
● Dolcetto d'Alba Bricco Caramelli '00	♥♥♥ 3*
● Dolcetto d'Alba Bricco Caramelli '12	♀♀ 3
● Dolcetto d'Alba Bricco Caramelli '11	♀♀ 3*
● Dolcetto d'Alba Piano delli Perdoni '12	♀♀ 2*
● Dolcetto d'Alba Sup. Gamvs '11	♀♀ 4
● Langhe Nebbiolo '09	♀♀ 4

Mutti

LOC. SAN RUFFINO, 49
15050 SAREZZANO [AL]
TEL. +39 0131884119
aziendagricola.mutti@libero.it

DIREKTVERKAUF
JAHRESPRODUKTION 55.000 Flaschen
REBFLÄCHE 3 Hektar

Andrea Mutti, Weinbautechniker ist eine der Stützen der Neuentdeckung des Timorasso und einer der ersten, der ihn ab den 90er Jahren mit moderneren Techniken erzeugt. Er ist also Vorläufer der Entwicklung eines wenig bekannten Gebiets, hat eine Vision der Produktionskette, von der er nie abgewichen ist und erzeugt so echte, aufrichtige und einfache Weine. In der Produktion autochthone und internationale Weinsorten: Timorasso, Cortese, Barbera, Dolcetto, Sauvignon Blanc und Cabernet Sauvignon. Andrea hat die gesamte Produktion gut im Griff, der Castagnoli präsentiert sich mit einer kräftigen Strohfarbe die zu Gold neigt, in der Nase Aromakräuter auf Pfirsich- und Mineraliennoten, im Mund frisch und persistent mit alkoholischem Finale. Schöne Version des Cabernet Sauvignon, Rivadestra, mit Ribiselaromen auf pflanzlichen Noten und einem strukturierten Gaumen. Sehr interessant der Sull'Aia, ein in der Nase intensiver und sortenreiner Sauvignon, der ein extrem anhaltendes Finale entwickelt.

○ Colli Tortonesi Bianco Castagnoli '12	♥♥ 5
○ Noceto '13	♥♥ 3
● Rivadestra '09	♥♥ 4
○ Sull'Aia '13	♥♥ 4
● BoscoBarona '12	♀♀ 2*
● Colli Tortonesi Rosso Zerba Soprana '10	♀♀ 2*
○ Colli Tortonesi Timorasso Castagnoli '10	♀♀ 3*
○ Colli Tortonesi Timorasso Derthona Castagnoli '11	♀♀ 3
● San Ruffino '09	♀♀ 3*

PIEMONT

Ada Nada
Loc. Rombone
via Ausario, 12
12050 Treiso [CN]
Tel. +39 0173638127
www.adanada.it

★Fiorenzo Nada
via Ausario, 12c
12050 Treiso [CN]
Tel. +39 0173638254
www.nada.it

DIREKTVERKAUF
BESUCH NACH VORANMELDUNG
UNTERKUNFT UND GASTRONOMIE
JAHRESPRODUKTION 40.000 Flaschen
REBFLÄCHE 9 Hektar

DIREKTVERKAUF
BESUCH NACH VORANMELDUNG
JAHRESPRODUKTION 40.000 Flaschen
REBFLÄCHE 8 Hektar

Elvio führt mit der wertvollen Unterstützung seiner Frau Anna Lisa diesen familiären Weinbaubetrieb mit einer bewährten Agriturismo-Struktur. Die Position des Betriebs ist faszinierend und ermöglicht es, die wahre Essenz der Schönheit des Barbaresco-Betriebs wahrzunehmen. Das stilistische Profil der Weine ist gut ausgewogen und mit der Zeit kohärent, mit überschwänglichem und introvertiertem Geschmack in der Jugend, der nach einem korrekten Ausbau überzeugenden Sinnesüberraschungen Platz lässt. Die Preispolitik ist ausgesprochen korrekt und ein weiterer Pluspunkt. Solide Leistung auch in dieser Ausgabe. Im Finale der in seinen Fruchttönen auf feinem Gewürzhintergrund intensive Barbaresco Valeirano '11; im Mund wuchtig und kraftvoll, mit einer üppigen aber gut körnigen Tanninstruktur und einem langen, kontinuierlichen Abgang. Gut vielschichtig auch der Barbaresco Elisa '11, der eine gekonnte Holz-/Fruchtintegration und bis zum Schluss eine elegante und gestützte Entwicklung zeigt.

Bruno Nada wird tatkräftig und gut von den Kindern Danilo und Monica unterstützt und geht seinen Weg als rigoroser Weinbauer, der Moden und Tendenzen keine Beachtung schenkt, weiter. Mit ihm über seine Ansicht über Wein zu sprechen ist ausgesprochen lehrreich und faszinierend, weil sich seine Worte oft im Geist und der Vision wiederfinden, die wir im Glas eines seiner ausgezeichneten Weine der letzten dreißig Jahre wiederfinden. In der Jugend läuft man zuweilen Gefahr, die einzigartige und tiefe Persönlichkeit seiner Weine nicht zu verstehen, aber mit der richtigen Alterung gelingt es einem dann, die ganze Intensität eines so gut ausgestatteten und originellen Gebiets zu finden. Fein und vielschichtig der Barbaresco Rombone 2010, mit sich am Anis und am süßen Tabak inspirierenden Noten; gefolgt von einem bedeutsamen Gaumen mit Gerbstoffen und Säure, die ein konsistentes und angenehmes Fruchtfleisch bereichern: Drei Gläser von großartiger Struktur. Kaum etwas strenger, aber deshalb nicht weniger faszinierend der Manzola, lang anhaltend mit seinen Kina- und Schwarzfruchtnoten.

● Barbaresco Valeirano '11	♙♙ 5
● Barbaresco Elisa '11	♙♙ 5
● Langhe Rosso La Bisbetica '12	♙♙ 4
● Barbera d'Alba Sup. Salgà '12	♙ 3
● Dolcetto d'Alba Autinot '13	♙ 2
● Langhe Nebbiolo Serena '13	♙ 3
● Barbaresco Cichin '09	♙♙ 6
● Barbaresco Cichin '08	♙♙ 6
● Barbaresco Elisa '09	♙♙ 5
● Barbaresco Elisa '08	♙♙ 6
● Barbaresco Elisa '07	♙♙ 6
● Barbaresco Valeirano '09	♙♙ 6
● Barbaresco Valeirano '08	♙♙ 5

● Barbaresco Rombone '10	♙♙♙ 7
● Barbaresco Manzola '10	♙♙ 6
★ Barbera d'Alba '12	♙ 3
● Dolcetto d'Alba '13	♙♙ 2*
● Langhe Nebbiolo '12	♙ 3
● Langhe Rosso Seifile '10	♙♙ 7
● Barbaresco Manzola '08	♙♙♙ 6
● Barbaresco Manzola '06	♙♙♙ 6
● Barbaresco Rombone '09	♙♙♙ 7
● Barbaresco Rombone '07	♙♙♙ 7
● Barbaresco Rombone '06	♙♙♙ 7
● Barbaresco Rombone '05	♙♙♙ 7
● Barbaresco Rombone '04	♙♙♙ 7

PIEMONT

Cantina dei Produttori Nebbiolo di Carema
VIA NAZIONALE, 32
10010 CAREMA [TO]
TEL. +39 0125811160
www.caremadoc.it

DIREKTVERKAUF
BESUCH NACH VORANMELDUNG
JAHRESPRODUKTION 65.000 Flaschen

Kann man Mehrheitsaktionär einer Weinedenomination mit gerade mal 17 Hektar sein? Ja, wenn es sich um den Bezirk Carema handelt, der kleinste und extremste des Alto Piemonte was die Produktionsbedingungen, die vermarkteten Mengen und die Wachstumsprospektiven betrifft. Diese Schwierigkeiten wurden teils auch dank der in diesen Jahren von der Cantina Produttori Nebbiolo geleisteten Arbeit überwunden. Sie hält heute 81 Zubringer und eine Palette aus dem Berg abgerungenen Bodenflecken mit Pergolaerziehung zusammen. Die Farbe der Etikette unterscheidet den Jahrgangs-Carema (schwarz) vom Riserva (weiß), beide reifen von 24 bis 36 Monaten in einem großen Fass. Wie immer ein großartiges Paar die Caremas der Produttori. Der Etichetta Nera '11 gibt sich mit tertiären Leder- und Lakriznoten und beschleunigt ohne zu übertreiben am Gaumen. Im Carema Etichetta Bianca Riserva '10 macht vor allem die tanninhaltige Präzision im großartigen gebietsspezifischen Kontext den Unterschied.

● Carema Et. Bianca Ris. '10	🍷🍷 3*
● Carema Et. Nera '11	🍷🍷 2*
● Canavese Nebbiolo Parè '12	🍷 2
● Carema Et. Bianca '07	🍷🍷🍷 3*
● Carema Et. Bianca Ris. '09	🍷🍷🍷 3*
● Carema Et. Bianca Ris. '08	🍷🍷🍷 3*
● Carema '05	🍷🍷 2
● Carema '04	🍷🍷 2
● Carema Et. Nera '10	🍷🍷 2*
● Carema Et. Nera '08	🍷🍷 2*
● Carema Et. Nera '06	🍷🍷 2*
● Carema Ris. '04	🍷🍷 3*
● Carema Ris. '02	🍷🍷 3

Lorenzo Negro
FRAZ. SANT'ANNA, 55
12040 MONTEU ROERO [CN]
TEL. +39 017390645
www.negrolorenzo.com

DIREKTVERKAUF
BESUCH NACH VORANMELDUNG
JAHRESPRODUKTION 30.000 Flaschen
REBFLÄCHE 8 Hektar

Der Betrieb von Lorenzo Negro entsteht mit der Flaschenabfüllung des Jahrgangsweins 2006, auch wenn die Familie schon über Generationen hinweg in der Weinwelt tätig ist. Der Großteil der betrieblichen Weinberge befindet sich in Monteu Roero und umgibt den Keller in der Zone Serra Lupini in ca. 300 Meter Höhe auf klassischen Roero-Böden mit Sand, Schlick und Ton. Die angebauten Trauben sind gebietstypisch und umfassen Arneis, Nebbiolo und Barbera sowie wenige Rebzeilen Bonarda, Dolcetto und Albarossa. Gute Gesamtleistung der Weine von Lorenzo Negro. Der Roero San Francesco Riserva '10 präsentiert reife Rotfrucht- und Aromakräuternoten, eine kraftvolle und bemerkenswerte Struktur, ein gutes Alterungspotenzial und trotz etwas aufdringlicher Gerbstoffe eine gute Länge. Der Barbera d'Alba Superiore La Nanda '09 hat balsamische und würzige Töne, begleitet von Schwarzfruchtnoten, der Barbera d'Alba '12 ist gefällig und saftig und der Langhe Nebbiolo '12 mit Blumen- und Gewürznoten rein und frisch.

● Barbera d'Alba '12	🍷🍷 2*
● Barbera d'Alba Sup. La Nanda '09	🍷🍷 3
● Langhe Nebbiolo '12	🍷🍷 2*
● Roero San Francesco Ris. '10	🍷🍷 3*
● Langhe Rosso Arbesca '11	🍷 3
○ Roero Arneis '13	🍷 2
● Barbera d'Alba '11	🍷🍷 2*
● Barbera d'Alba Sup. La Nanda '07	🍷🍷 3
○ Roero Arneis '12	🍷🍷 2*
○ Roero Arneis '11	🍷🍷 2*
● Roero San Francesco Ris. '09	🍷🍷 3
● Roero San Francesco Ris. '08	🍷🍷 3*

PIEMONT

Negro Angelo e Figli
FRAZ. SANT'ANNA, 1
12040 MONTEU ROERO [CN]
TEL. +39 017390252
www.negroangelo.it

DIREKTVERKAUF
BESUCH NACH VORANMELDUNG
JAHRESPRODUKTION 350.000 Flaschen
REBFLÄCHE 60 Hektar

Der Betrieb der Familie Negro ist seit drei Generationen unter den Protagonisten des Weinbaus im Roero-Gebiet. Alle Weine sind aus traditionellen gebietstypischen Trauben – Arneis, Favorita, Nebbiolo, Barbera, Brachetto – einschließlich die Spumantes (auf Grundlage von Arneis und Nebbiolo). Der Betrieb hat eine Serie an Weinbergen in Monteu Roero, Santo Stefano Roero und Canale, zu denen sich ein Anwesen mit Barbaresco und Dolcetto d'Alba in Neive gesellt. Die verschiedenen Weine haben einen modernen Stil, technische Präzision und Gebietsbindung gemeinsam. Es reicht zwar nicht zur höchsten Anerkennung, aber die Weine der Familie Negro bestätigen sich an der Spitze der Roero-Produktion und nicht nur. Der Roero Sudisfà Riserva '11 ist würzig und rassig, an der Grenze der Strenge, der Roero Prachiosso '12 hat fruchtigere Töne, begleitet von Gewürznoten und üppigen Gerbstoffen, der Barbaresco Riserva Basarin '09 hat eine schöne, fleischige und charaktervolle Struktur und der Roero Arneis Perdaudin 30° Anniversary '13 ist frisch mit Zitrus- und Weißfruchtnoten.

● Barbaresco Basarin Ris. '09	🍷🍷 7
○ Roero Arneis Perdaudin 30° Anniversary '13	🍷🍷 2*
● Roero Prachiosso '12	🍷🍷 4
● Roero Sudisfà Ris. '11	🍷🍷 6
● Barbaresco Cascinotta '10	🍷🍷 5
● Barbera d'Alba Bertu '12	🍷🍷 4
● Barbera d'Alba Nicolon '12	🍷🍷 3
○ Roero Arneis Serra Lupini '13	🍷🍷 2*
● Roero San Bernardo '11	🍷🍷 5
○ Perdaudin Passito '10	🍷 5
○ Roero Arneis Gianat '11	🍷 4
● Roero Sudisfà '04	🍷🍷🍷 5
● Roero Sudisfà '10	🍷🍷🍷 6
● Roero Sudisfà Ris. '09	🍷🍷🍷 5
● Roero Sudisfà Ris. '08	🍷🍷🍷 5

Cantina Sociale di Nizza
VIA ALESSANDRIA, 57
14049 NIZZA MONFERRATO [AT]
TEL. +39 0141721348
www.nizza.it

DIREKTVERKAUF
BESUCH NACH VORANMELDUNG
JAHRESPRODUKTION 100.000 Flaschen
REBFLÄCHE 605 Hektar

Die Genossenschaft Cantina di Nizza entsteht im Oktober 1955 mit der Absicht, ein produktives Gewebe in Schwierigkeiten zu schützen und die Arbeitsbedingungen der Winzer der Zone zu verbessern. Heute zählt sie 250 Zubringer mit über 550 ha Rebfläche. Jüngst hat Cantina di Nizza mit Scrimaglio Abkommen getroffen und LandLords geschaffen, das nicht nur den kaufmännischen Aspekt betrifft, sondern sich auch um die dem Produkt gewidmete Pflege und Aufmerksamkeit kümmert und eine Serie an Protokollen für biologischen Anbau hervorgebracht hat, wie das Projekt In Origine bezeugt. Der Weinkeller von Nizza erobert den Hauptteil des Führers dank einer Serie ausgezeichneter Barberas. Der Nizza Ceppi Vecchi '11 hat reife Schwarzfrucht- und Kinanoten und zeigt am Gaumen üppige Gerbstoffe und einen langen Abgang. Frischer und würziger der 50 Vendemmie '11, besonders interessant der Piemonte Barbera Progetto in Origine '13 aus biologischen Trauben mit Stahlausbau, knackiger reiner Frucht und gespanntem, präzisem Gaumen.

● Barbera d'Asti Sup. 50 Vendemmie '11	🍷🍷 2*
● Barbera d'Asti Sup. Magister '11	🍷🍷 2*
● Barbera d'Asti Sup. Nizza Ceppi Vecchi '11	🍷🍷 3
● Piemonte Barbera Progetto in Origine '13	🍷🍷 3
● Barbera d'Asti Le Pole '10	🍷🍷 2*
● Barbera d'Asti Sup. 50 Vendemmie '09	🍷🍷 2*
● Barbera d'Asti Sup. 50 Vendemmie '07	🍷🍷 2*
● Barbera d'Asti Sup. Ceppi Vecchi '09	🍷🍷 3*
● Barbera d'Asti Sup. Magister '09	🍷🍷 2*
● Barbera d'Asti Sup. Nizza Ceppi Vecchi '07	🍷🍷 3

PIEMONT

Andrea Oberto
B.TA SIMANE, 11
12064 LA MORRA [CN]
TEL. +39 017350104
www.andreaoberto.com

DIREKTVERKAUF
BESUCH NACH VORANMELDUNG
JAHRESPRODUKTION 100.000 Flaschen
REBFLÄCHE 16 Hektar

Das Landwirtschaftsvermögen des Betriebs Oberto ermöglicht die Erzeugung eines Fächers an Weinen, die bestens die Exzellenz der Langa darstellen. Die Erfahrung von Andrea Oberto auf dem Land und die Kreativität von Sohn Fabio in der operativen und geschäftlichen Führung machen aus dieser Familienrealität eine sichere Adresse für alle Liebhaber der Qualität. In den Jahren hat die Anzahl der Flaschen im Vergleich zum Zugehörigkeitsgebiet beachtliche Ausmaße angenommen und der Vertrieb auf internationaler Ebene hat dem Betrieb im Panorama des Langa-Qualitätsweinbaus mehr Sichtbarkeit und Erkennbarkeit verliehen. Sehr reich an Persönlichkeit der Barolo Rocche dell'Annunziata 2010 mit relativ frischen Geruchsnoten und knuspigem Fruchtfleisch, lebendig am Gaumen, nicht ohne auf die Eiche zurückzuführenden Toastinghintergrund, ein wenig das Markenzeichen des Kellers. Balsamisch und relativ tanninhaltig am Gaumen der Brunate 2010. Schon ziemlich entfaltet und raffiniert der Albarella 2010.

● Barolo Rocche dell'Annunziata '10	🍷🍷 7
● Barbera d'Alba Giada '11	🍷🍷 5
● Barolo '10	🍷🍷 6
● Barolo Albarella '10	🍷🍷 7
● Barolo Brunate '10	🍷🍷 6
● Dolcetto d'Alba '13	🍷🍷 2*
● Langhe Rosso Fabio '09	🍷🍷 7
● Barbera d'Alba San Giuseppe '12	🍷 3
● Barolo Vign. Albarella '01	🍷🍷🍷 7
● Barolo Vign. Brunate '05	🍷🍷🍷 8
● Barolo Vign. Rocche dell'Annunziata '96	🍷🍷🍷 8

Poderi e Cantine Oddero
FRAZ. SANTA MARIA
VIA TETTI, 28
12064 LA MORRA [CN]
TEL. +39 017350618
www.oddero.com

DIREKTVERKAUF
BESUCH NACH VORANMELDUNG
JAHRESPRODUKTION 150.000 Flaschen
REBFLÄCHE 35 Hektar
WEINBAU Biologisch anerkannt

Villero und Rocche in Castiglione Falletto, Brunate in La Morra, Mondoca di Bussia Soprana in Monforte, Vigna Rionda in Serralunga, Gallina in Barbaresco: Es ist ein wahres Dream-Team an großartigen Lagenweinen, das jährlich von Mariacristina und Mariavittoria Oddero aufgestellt wird. Ihnen ist es vorbehalten, den Namen einer der antiksten Realitäten im Langa-Gebiet hoch zu halten, die lange von Vater Giacomo und Onkel Luigi geführt wurde. Letzterer ist seit 2006 in seinem neuen Betrieb tätig. Ihnen bleibt die Aufgabe, den Mythos Barolo und Barbaresco lebendig zu halten, die von allen aufgrund ihres raffinierten und trockenen Touch geschätzt werden, das Ergebnis eines gekonnten Mix von großen und kleineren Hölzern. Beeindruckende Geschmacksstruktur im Barolo Bussia Vigna Mondoca Riserva 2008 mit sauberen schwarzen Kleinfrucht- und Lakritzaromen und einem eleganten Beitrag der Eiche. Frisch, mit angenehmen balsamischen Anspielungen die Aromen des Villero 2010, entschieden jung und daher noch von ungestümen Gerbstoffen charakterisiert.

● Barolo Bussia V. Mondoca Ris. '08	🍷🍷🍷 8
● Barolo Rocche di Castiglione '10	🍷🍷 8
● Barolo Villero '10	🍷🍷 8
● Barbaresco Gallina '11	🍷🍷 6
● Barbera d'Asti Sup. Vinchio '11	🍷🍷 4
● Barolo '10	🍷🍷 6
● Barolo Brunate '09	🍷🍷 8
● Barbaresco Gallina '04	🍷🍷🍷 6
● Barolo Mondoca di Bussia Soprana '04	🍷🍷🍷 7
● Barolo Rocche di Castiglione '09	🍷🍷🍷 7
● Barolo V. Rionda '00	🍷🍷🍷 8
● Barolo Vigna Rionda '01	🍷🍷🍷 8

/ PIEMONT

Vigneti Luigi Oddero
Fraz. S. Maria
B.ta Bettolotti, 95
12604 La Morra [CN]
Tel. +39 0173500386
www.vignetiluigioddero.it

DIREKTVERKAUF
BESUCH NACH VORANMELDUNG
JAHRESPRODUKTION 110.000 Flaschen
REBFLÄCHE 35 Hektar

Luigi Oddero wird als einer der Patriarchen des Langa-Weins angesehen und hat 2006 einen eigenen Keller gegründet, nachdem er beinahe 50 Jahre zusammen mit Bruder Giacomo den gleichnamigen Poderi e Cantine geleitet hat. Unterstützt von seiner Frau Lena und den Kindern kann er auf einen entschieden bedeutsamen Weinbergpark vertrauen, darunter sind historische Lagen wie Rive-Parà, Plaustra und Bettolotti in La Morra, Rocche dei Rivera in Castiglione Falletto, Vigna Rionda und Baudana in Serralunga d'Alba erwähnenswert. Der Moscato von Cascina Fiori, in Trezzo Tinella rundet die schöne Palette auf Grundlage von Barbera, Dolcetto und Freisa ab, die aber vor allem für die stolz traditionellen Nebbiolos bekannt ist. Von Castiglione Falletto der Barolo Rocche Rivera 2008, ein Juwel mit reichen und frischen Aromen, die sich bis zur Anis vorwagen; der kraftvolle Mund bietet schon elegante, dichte, aber weiche Gerbstoffe, die an einer raffinierten Strenge teilhaben. Veilchen und Lakritz im massiven Barolo Vigna Rionda 2008.

● Barbaresco '10	🍷🍷 5
● Barolo Rocche Rivera '08	🍷🍷 8
● Barolo V. Rionda '08	🍷🍷 8
● Barbera d'Alba '11	🍷 3
● Barolo '10	🍷 6
● Barbaresco '08	🍷🍷 5
● Barolo '09	🍷🍷 6
● Barolo '08	🍷🍷 7
● Barolo Vigna Rionda '07	🍷🍷 8
● Langhe Nebbiolo '10	🍷🍷 3

Tenuta Olim Bauda
via Prata, 50
14045 Incisa Scapaccino [AT]
Tel. +39 0141702171
www.tenutaolimbauda.it

DIREKTVERKAUF
BESUCH NACH VORANMELDUNG
JAHRESPRODUKTION 183.000 Flaschen
REBFLÄCHE 30 Hektar

Der Betrieb der Familie Bertolino wird heute von der vierten Generation geleitet und ist seit mehreren Jahren einer der repräsentativsten und aktivsten im Nizza-Gebiet. Die betriebseigenen Anwesen befinden sich in den Gemeinden Nizza Monferrato, Isola d'Asti, Fontanile und Castelnuovo Calcea zwischen 160 und 350 Meter Höhe und zeichnen sich durch unterschiedliche von tonhaltigen bis sandigen Böden aus. Die Weinberge sind bis zu 60 Jahre alt. Neben Barbera, aus der die wichtigsten und bedeutsamsten Weine gemacht werden, werden auch Moscato, Cortese und Chardonnay angebaut. Der Barbera d'Asti Superiore Nizza erobert mit der Version 2011 erneut die Drei Gläser. Intensiv mit einer herrlich reinen und frischen Frucht von großer Finesse und mit einer leichten Gewürznote in der Nase, einem spitzenmäßigen Gaumen, lang und saftig, mit einer sehr lebendigen Säure, die die großartige Struktur ausgleicht. Ausgezeichnet auch der Barbera d'Asti Superiore Le Rocchette '12 mit reifen Schwarzfrucht- und Feuchterdetönen, feinen Gerbstoffen und einem langen Abgang.

● Barbera d'Asti Sup. Nizza '11	🍷🍷🍷 5
● Barbera d'Asti Sup. Le Rocchette '12	🍷🍷 4
● Barbera d'Asti La Villa '13	🍷 2*
○ Gavi del Comune di Gavi '13	🍷🍷 2*
○ Moscato d'Asti Centive '13	🍷🍷 2*
● Barbera d'Asti Sup. Nizza '08	🍷🍷🍷 5
● Barbera d'Asti Sup. Nizza '07	🍷🍷🍷 5
● Barbera d'Asti Sup. Nizza '06	🍷🍷🍷 5
● Barbera d'Asti Sup. Le Rocchette '11	🍷🍷 4
● Barbera d'Asti Sup. Le Rocchette '09	🍷🍷 4
● Barbera d'Asti Sup. Le Rocchette '07	🍷🍷 4
● Barbera d'Asti Sup. Nizza '10	🍷🍷 5
● Barbera d'Asti Sup. Nizza '09	🍷🍷 5

PIEMONT

Orsolani
Via Michele Chiesa, 12
10090 San Giorgio Canavese [TO]
Tel. +39 012432386
www.orsolani.it

DIREKTVERKAUF
BESUCH NACH VORANMELDUNG
JAHRESPRODUKTION 135.000 Flaschen
REBFLÄCHE 19 Hektar

Das Weinabenteuer der Familie Orsolani begann 1894 mit einer Gastwirtschaft. Heute ist Gian Luigi am Steuer und wird von Vater Gian Francesco unterstützt, der rechtens als einer der Väter der Erbaluce angesehen wird. Er wollte in den 60er Jahren den ersten Spumante von Caluso, er war es, der die ersten Lagen-Selektionen (Vignot S. Antonio und La Rustia) anbot und somit die Rebsorte vom Stereotyp des leichten, trinkreifen Weins befreite. Die Betriebsfläche umfasst heute 20 ha und liegt zwischen Caluso, Mazzè und San Giorgio. Der Großteil davon ist der Erbaluce vorbehalten, der Rest ist mit Barbera und Neretto belegt. Nicht zu vergessen auch die Negocé-Tätigkeit auf Grundlage des Carema Le Tabbie. Es sind stets die Weine aus Erbaluce, die die schöne Weinauswahl von Orsolani anführen. Der Cuvée Tradizione Brut '10 kompensiert eine gewisse Geschmacksstrenge mit der Definition der Zitrusfrüchte; noch vollkommener der Erbaluce La Rustia '13, kraftvoll, aber reich an Blumenkontrasten und fein grasig.

○ Erbaluce di Caluso La Rustia '13	▼▼▼	3*
○ Caluso Brut Cuvée Tradizione '10	▼▼	4
○ Caluso Passito Sulé '07	▼▼	5
● Carema Le Tabbie '10	▼▼	4
○ Erbaluce di Caluso '13	▼▼	2*
○ Caluso Passito Sulé '04	▽▽▽	5
○ Erbaluce di Caluso La Rustia '12	▽▽▽	3*
○ Erbaluce di Caluso La Rustia '11	▽▽▽	3*
○ Erbaluce di Caluso La Rustia '10	▽▽▽	2*
○ Erbaluce di Caluso La Rustia '09	▽▽▽	2*

I Paglieri - Roagna
Loc. Pajé
S.da Paglieri, 7
12050 Barbaresco [CN]
Tel. +39 0173635109
www.roagna.com

DIREKTVERKAUF
BESUCH NACH VORANMELDUNG
JAHRESPRODUKTION 50.000 Flaschen
REBFLÄCHE 15 Hektar

Der junge und entschlossene Luca Roagna hatte den Verdienst, die Nebbiolos, und nicht nur, des historischen Familienbetriebs wieder in den Mittelpunkt zu stellen. Weine, die nicht nur dem Charakter prestigevoller Lagen wie Pajé, Montefico, Asili (in Barbaresco), Pira (in Castiglione Falletto), Vigna Rionda (in Serralunga) treu sind, sondern vor allem einer traditionellen produktiven Philosophie. Im Mittelpunkt der Arbeit im Weinberg steht das Konzept Forst, das bedeutet, der Schutz des natürlichen Habitats und der Respekt für den Boden, was im Keller durch spontanes Gären, langer Mazeration (bis zu 100 Tagen, wenn es die Lese zulässt) und geduldigem Ausbau in großen Fässern abgerundet wird. Einer der prestigevollsten Weine des Jahrgangs 2005 in den Langhe, der Barbaresco Crichët Pajé, überreicht dem Haus Roagna die Drei Gläser. Ein reiner und unbefangener Wein mit schon sehr ausdrucksvollen Sommerkräuter- und Lakritzaromen, wuchtig im Mund und gleichzeitig delikat wegen der herrlich samtigen Gerbstoffe. Unter den Selektionen an Vecchie Vigne ragt der vielschichtige und raffinierte Montefico 2009 hervor, ebenso gut wie der aggressivere Barolo Pira 2009.

● Barbaresco Crichët Pajé '05	▼▼▼	8
● Barbaresco Montefico V. V. '09	▼▼	8
● Barolo Pira '09	▼▼	8
● Barbaresco Asili V. V. '09	▼▼	8
● Barbaresco Pajè '09	▼▼	6
● Barbaresco Pajè V. V. '09	▼▼	8
○ Langhe Solea '10	▼▼	3
● Barolo Pira V. V. '09	▼	8
● Dolcetto d'Alba '13	▼	4
● Barbaresco Asili V. V. '07	▽▽▽	8
● Barbaresco Crichët Pajé '04	▽▽▽	8

PIEMONT

Paitin
LOC. BRICCO
VIA SERRA BOELLA, 20
12052 NEIVE [CN]
TEL. +39 017367343
www.paitin.it

DIREKTVERKAUF
BESUCH NACH VORANMELDUNG
UNTERKUNFT
JAHRESPRODUKTION 80.000 Flaschen
REBFLÄCHE 17 Hektar

Dieser bedeutsame Betrieb der Familie Pasquero-Elia in der Gemeinde Neive besitzt historische Wurzeln wie wenige andere im Piemont und hat sich mit gekonnter Balance und Vernunft zu erneuern gewusst, ohne dabei nie vorübergehenden Moden zu verfallen und durch kohärente Aufrechterhaltung des stilistischen Profils seiner Weine. Der Ausbau trägt bemerkenswert zum Lesen des wahren Stoffes bei, vor allem was den Sorì Paitin betrifft, der von einem wichtigen Teil der Lage Serraboella kommt, die mit der Zeit oftmals Details und Nuancen hervorbringt, die in der Jugend riskieren, unverstanden zu bleiben. Wie immer breit und gut gepflegt die gebotene Auswahl an Barbarescos. Finalreif der Sorì Paitin '11, fein mit seinen Rotfruchtzügen und dem würzigen Gepräge, dem Fruchtfleisch, lebhaften Gerbstoffen und dem langen und charaktervollen Abgang. Eine gute Leistung auch für den Serra '11, typisch mit seinen Aromakräuterprofilen, Trockenblumen und Lakritz, im Schluck harmonisch, agil und linear. Runder und reifer der Sorì Paitin Vecchie Vigne Riserva '09.

- Barbaresco Sorì Paitin '11　🍷🍷 6
- Barbaresco Serra '11　🍷🍷 5
- Barbaresco Sorì Paitin V. V. Ris. '09　🍷🍷 5
- Barbera d'Alba Serra '12　🍷🍷 4
- Barbera d'Alba Sup. Campolive '11　🍷 4
- Barbaresco Sorì Paitin '07　🍷🍷🍷 5
- Barbaresco Sorì Paitin '04　🍷🍷🍷 5
- Barbaresco Sorì Paitin V. V. '04　🍷🍷🍷 7
- Barbaresco Serra '10　🍷🍷 5
- Barbaresco Sorì Paitin '10　🍷🍷 6
- Nebbiolo d'Alba Ca Veja '11　🍷🍷 4

Palladino
P.ZZA CAPPELANO, 9
12050 SERRALUNGA D'ALBA [CN]
TEL. +39 0173613108
www.palladinovini.com

DIREKTVERKAUF
UNTERKUNFT
JAHRESPRODUKTION 230.000 Flaschen
REBFLÄCHE 11 Hektar

Die Keller Palladino in einem historischen Palast in der Altstadt von Serralunga d'Alba verdienen eine Besichtigung. Teil ihrer Faszination hängt vermutlich davon ab, dass man hier schon seit 1870 Barolo vinifiziert. Als die Vettern Maurilio und Mauro Palladino 1974 den Betrieb erwerben, beginnen sie sofort mit der Erzeugung von Barolo und zahlreicher piemontesischer Weine, teils aus eigenen Weinbergen (ca. 11 ha) und teils aus gepachteten Weinbergen oder eingebrachten Trauben. Dieser auf inländischen Märkten nicht sehr bekannte Betrieb kann auf ausgezeichnete Lagen zählen (Ornato, Parafada, Broglio und San Bernardo). Gute Nachrichten aus Serralunga d'Alba. Die gesamte Weinauswahl von Palladino erreicht sehr hohe Punktzahlen, über allen der herrliche Barolo Ornato '10. Hell in der Farbe, geht er von Goudron- bis knackigen Rotfruchttönen; im Mund dynamisch, würzig und mit einem sauer vibrierenden Rückgrat. Sehr, sehr langes Finale. Die gleichen Punktzahlen erreicht der einfache Parafada 2010, der vielleicht auf eine jüngere Frucht zählen kann.

- Barolo Ornato '10　🍷🍷 6
- Barolo Parafada '10　🍷🍷 6
- Barbera d'Alba Sup.
  Bricco delle Olive '10　🍷🍷 2*
- Barolo del Comune
  di Serralunga d'Alba '10　🍷🍷 5
- Barolo San Bernardo Ris. '08　🍷🍷 6

PIEMONT

Armando Parusso
LOC. BUSSIA, 55
12065 MONFORTE D'ALBA [CN]
TEL. +39 017378257
www.parusso.com

DIREKTVERKAUF
BESUCH NACH VORANMELDUNG
JAHRESPRODUKTION 120.000 Flaschen
REBFLÄCHE 23 Hektar

Marco Parusso führt zusammen mit Schwester Tiziana diesen Keller, der mit seinem Dynamismus, seiner Experimentierfreude und der Originalität der Angebote erstaunt und einen präzisen und erkennbaren Platz im überlaufenen Langa-Panorama eingenommen hat. Die Suche und manchmal der Extremismus gewisser Weine wird erst verständlich, wenn man den Geist kennt, der die Arbeit des ehrgeizigen Marcos leitet. Er ist nie ganz mit seinen Resultaten zufrieden und sucht stetig nach der Essenz der Rebsorte und ihrem maximalen Ausdruck. Die Alterung der Barolo-Lagenweine Riserva birgt oft sehr positive Überraschungen in sich und trägt dazu bei, die Güte der betrieblichen Wahlen zu bestätigen. Die Produktionslinie von Marco Parusso umfasst stets Weine, die sich durch sehr reife Fruchttöne in der Nase und energischen Gerbstoffen am Gaumen unterscheiden. Zitrusfrüchte und Kakao im Zentrum des Aromagefüges des Barolo Mariondino 2010 mit Anspielung auf das Holztoasting, das auch noch im Mundfinale wahrzunehmen ist; der Gaumen ausgesprochen kraftvoll und wuchtig, überschwänglich und kaum trocknend.

● Barolo Mariondino '10	🍷🍷🍷 7
● Barolo Bussia Ris. Oro '04	🍷🍷🍷 8
● Barbera d'Alba Sup. '12	🍷 5
● Barolo Bussia '10	🍷 8
● Barbera d'Alba Sup. '00	🍷🍷🍷 5
● Barolo Bussia V. Munie '99	🍷🍷🍷 8
● Barolo Le Coste Mosconi '03	🍷🍷🍷 7
● Barolo V. V. in Mariondino Ris. '99	🍷🍷🍷 8
● Barolo '09	🍷🍷 6
● Barolo Le Coste Mosconi '09	🍷🍷 8
○ Langhe Bianco '12	🍷🍷 3
○ Langhe Bianco Bricco Rovella '11	🍷🍷 5

Massimo Pastura
Cascina La Ghersa
VIA CHIARINA, 2
14050 MOASCA [AT]
TEL. +39 0141856012
www.laghersa.it

DIREKTVERKAUF
BESUCH NACH VORANMELDUNG
JAHRESPRODUKTION 160.000 Flaschen

Der Weinbaubetrieb von Massimo Pastura erzeugt eine breite Auswahl an Etiketten, die sich in drei Produktionslinien artikulieren: Vigneti Unici, I Classici und Piagè. Dominierende Rebsorte in allen Linien ist die Barbera, die in verschiedene Weinarten abgewandelt wird (vom Rosé zum Nizza), dazu gesellen sich Moscato, Cortese und Timorasso. Trotz bedeutsamer Zukäufe von verschiedenen berufenen Lagen des Piemonts bleibt der Betriebskern in Moasca. Die angebotenen Weine haben einen persönlichen Stil, sind technisch präzise und eigentümlich. Eine gute Leistung für den Betrieb von Massimo Pastura, aber ohne wirkliche Diamantspitzen. Unter den verschiedenen Barberas d'Asti Superiore hebt sich der Vignassa '11 mit Schwarzfrucht- und Kinatönen ab, fruchtreich und bemerkenswert lang und vielschichtig, sowie der Camparò '12, frischer und süffiger, gut säuregestützt. Angenehm schließlich mit seinen Zitronen- und Salbeinoten der Moscato d'Asti Giorgia '13, fein und ausgewogen, mit langem Abgang und von schöner Persönlichkeit.

● Barbera d'Asti Sup. Muaschae '11	🍷🍷 6
● Barbera d'Asti Sup. Vignassa '11	🍷🍷 5
● Barbera d'Asti Piagé '13	🍷🍷 2*
● Barbera d'Asti Sup. Camparò '12	🍷🍷 2*
○ Colli Tortonesi Timorasso Sivoy '12	🍷🍷 4
○ Colli Tortonesi Timorasso Timian '11	🍷🍷 4
○ Moscato d'Asti Giorgia '13	🍷🍷 2*
● Barbera d'Asti Sup. Le Cave '11	🍷 3
○ Gavi Il Poggio '13	🍷 3
● M.to Rosso La Ghersa '07	🍷 4
● Barbera d'Asti Sup. Muaschae '10	🍷🍷 6
● Barbera d'Asti Sup. Vignassa '10	🍷🍷 5

PIEMONT

★Pecchenino
B.TA VALDIBERTI, 59
12063 DOGLIANI [CN]
TEL. +39 017370686
www.pecchenino.com

DIREKTVERKAUF
BESUCH NACH VORANMELDUNG
UNTERKUNFT
JAHRESPRODUKTION 130.000 Flaschen
REBFLÄCHE 30 Hektar

Das Werk von Orlando und Attilio Pecchenino wurde progressiv von Anerkennungen der Kritik und des Markts belohnt und ist das Ergebnis einer wahrhaft emblematischen Ernsthaftigkeit, Zuverlässigkeit und Professionalität. Nach dem Vorgeben der Leitlinien zur Rebsorte Dolcetto haben sie die schwierige Herausforderung des Barolo angenommen und es ist ihnen sofort das wahrhaft mühsame Unterfangen gelungen, sich auf der internationalen Bühne der Qualitätswinzer durchzusetzen. Die Weine sind alle gut kalibriert und ohne Überfülle oder erzwungene Interpretationen der Eleganz verschrieben. Jugendlicher und fruchtiger der harmonische Barolo San Giuseppe, kaum würziger und offen der ebenso gute Le Coste, beide des guten Jahrgangs 2010. Gut reife Rotfrucht, gestützt von einer wuchtigen alkoholischen Komponente im abgerundeten Dogliani Superiore Bricco Botti 2011, dessen Holzausbau mehr Vielschichtigkeit verleiht, ohne zu dominieren.

● Barolo Le Coste '10	♛♛ 7
● Barolo San Giuseppe '10	♛♛ 6
● Dogliani Sup. Bricco Botti '11	♛♛ 4
● Barbera d'Alba Quass '12	♛♛ 4
● Dogliani Sup. Sirì d'Jermu '12	♛♛ 4
● Langhe Nebbiolo Botti '13	♛♛ 3
● Dogliani San Luigi '13	♛ 3
○ Langhe Maestro '13	♛ 3
● Dogliani Bricco Botti '07	♛♛♛ 4
● Dogliani Sirì d'Jermu '09	♛♛♛ 3*
● Dogliani Sirì d'Jermu '06	♛♛♛ 4
● Dogliani Sup. Bricco Botti '10	♛♛♛ 4*

Pelissero
VIA FERRERE, 10
12050 TREISO [CN]
TEL. +39 0173638430
www.pelissero.com

DIREKTVERKAUF
BESUCH NACH VORANMELDUNG
JAHRESPRODUKTION 250.000 Flaschen
REBFLÄCHE 40 Hektar

Dem vom dynamischen und entschlossenen Giorgio Pelissero geleiteten Keller ist es mit den Jahren gelungen, einen wahrhaft bedeutsamen Platz unter den Barbaresco-Marken und im Langa-Gebiet einzunehmen. Die Größe des Landwirtschaftsvermögens und die sich hieraus ergebende beachtliche Anzahl an erzeugten Flaschen ermöglichen es diesem Betrieb, auf vielen wichtigen Märkten gut sichtbar zu sein. Das stilistische Profil der Weine ist in den Jahren kohärent geblieben und findet in den verschiedenen Barbaresco-Versionen seinen maximalen Ausdruck und seine Identität. Herrlich wie immer der Barbera d'Alba Piani 2012, immer wieder an der Spitze der Weinart. Ein entschieden modernes Gefüge im Barbaresco Vanotu 2011, reich an Holz und Rotfrucht in der Nase und mit einem noch etwas von den Gerbstoffen getrockneten Gaumen. Konstant gefällig auch der Dolcetto d'Alba Augenta 2013.

● Barbaresco Vanotu '11	♛♛ 8
● Barbera d'Alba Piani '12	♛♛ 3*
● Barbaresco Nubiola '11	♛♛ 5
● Barbaresco Tulin '11	♛♛ 7
● Barbera d'Alba Tulin '12	♛♛ 5
● Dolcetto d'Alba Augenta '13	♛♛ 3
● Dolcetto d'Alba Munfrina '13	♛ 2
● Langhe Long Now '11	♛ 5
● Barbaresco Vanotu '08	♛♛♛ 8
● Barbaresco Vanotu '07	♛♛♛ 8
● Barbaresco Vanotu '06	♛♛♛ 8
● Barbaresco Vanotu '01	♛♛♛ 7
● Barbaresco Vanotu '99	♛♛♛ 7

PIEMONT

Elio Perrone
S.da San Martino, 3bis
12053 Castiglione Tinella [CN]
Tel. +39 0141855803
www.elioperrone.it

DIREKTVERKAUF
BESUCH NACH VORANMELDUNG
JAHRESPRODUKTION 200.000 Flaschen
REBFLÄCHE 14 Hektar

Stefano Perrone leitet seit 1989 diesen familiären Betrieb im Langa-Gebiet der Region Asti, das seit Jahren als eines der wichtigsten im Moscato-Panorama angesehen wird. Die Weinberge liegen teils in Castiglione Tinella, wo der Moscato kultiviert wird, und teils in Isola d'Asti, wo hingegen hauptsächlich Barbera mit auch bis zu 80 Jahre alten Pflanzen zu finden ist. Neben diesen beiden Rebsorten werden auch Chardonnay und Brachetto angebaut. Bei der Erzeugung dieser traditionellen Weine wird sehr auf die Annehmlichkeit und Gebietsverbundenheit geachtet. Sehr gut der Moscato d'Asti Sourgal '13 mit Aromakräuter- und Weißfruchtnoten, harmonisch, bemerkenswert lang und frisch. Wirklich gut realisiert die beiden Barberas d'Asti, der Tasmorcan '13, würzig, süffig und fruchtig, und der Superiore Mongovone '12 mit guter Struktur, aber noch etwas vom Holz blockiert. Schöne Version des Gi '13, Blend aus Chardonnay (80 %) und Moscato, angenehm aromatisch, würzig, satt und zitrusfruchtig.

○ Moscato d'Asti Sourgal '13		🍷🍷 2*
● Barbera d'Asti Sup. Mongovone '12		🍷🍷 5
● Barbera d'Asti Tasmorcan '13		🍷🍷 2*
○ Gi '13		🍷🍷 2*
● Barbera d'Asti Sup. Mongovone '11		🍷🍷 5
● Barbera d'Asti Tasmorcan '10		🍷🍷 2*
○ Moscato d'Asti Clarté '11		🍷🍷 3
○ Moscato d'Asti Sourgal '12		🍷🍷 2*
○ Moscato d'Asti Sourgal '11		🍷🍷 2*
○ Moscato d'Asti Sourgal '10		🍷🍷 2*
○ Moscato d'Asti Sourgal '09		🍷🍷 2*

Cantina Pertinace
Loc. Pertinace, 2
12050 Treiso [CN]
Tel. +39 0173442238
www.pertinace.it

DIREKTVERKAUF
BESUCH NACH VORANMELDUNG
JAHRESPRODUKTION 200.000 Flaschen
REBFLÄCHE 60 Hektar

Vignaioli Elcio Pertinace entstand 1973 nach dem Willen von Mario Barbero mit einer Genossenschaftssatzung, ihm als ersten Präsidenten und 11 weiteren Mitgliedern. Heute sind es 15 Mitglieder und Präsident ist Bruno Flori. Direktor und Kellermeister hingegen ist Cesare Barbera, der Sohn des Gründers. Die derzeitige Pertinace kann auf ca. 85 Hektar Rebfläche zählen und somit auf eine Produktion von etwas über 500.000 Flaschen. Die Weinberge befinden sich vor allem in Treiso und zweitrangig zwischen Alba, Barbaresco, Neviglie und Magliano Alfieri und sind vorwiegend mit Nebbiolo für Barbaresco und Dolcetto bestockt, Rebsorten, in denen sich der Keller auszeichnet. Die Qualität der gesamten Weinauswahl dieser kleinen Genossenschaftskellerei wird stetig besser. Ihr Aushängeschild ist der Barbaresco 2011 des Weinbergs Castellizzano, verführerisch in den fruchtigen Aromen und mächtig am Gaumen, mit noch leicht pointierten Gerbstoffen. Positiv auch die anderen Barbaresco-Angebote, zu denen sich zwei ausgezeichnet zu trinkende Dolcettos gesellen.

● Barbaresco Vign. Castellizzano '11		🍷🍷 5
● Barbaresco Vign. Nervo '11		🍷🍷 5
● Barbaresco '11		🍷🍷 5
● Barbaresco Marcarini '11		🍷🍷 5
● Barbera d'Alba '12		🍷🍷 2*
● Dolcetto d'Alba Vign. Castellizzano '13		🍷🍷 3
● Dolcetto d'Alba Vign. Nervo '13		🍷🍷 2*
● Dolcetto d'Alba '13		🍷 2
○ Langhe Chardonnay '13		🍷 2
● Langhe Nebbiolo '12		🍷 3
● Barbaresco '08		🍷🍷 5
● Barbaresco Vign. Castellizzano '08		🍷🍷 5
● Langhe Nebbiolo '09		🍷🍷 2*

PIEMONT

Le Piane
via Cerri, 10
28010 Boca [NO]
Tel. +39 3483354185
www.bocapiane.com

DIREKTVERKAUF
BESUCH NACH VORANMELDUNG
JAHRESPRODUKTION 45.000 Flaschen
REBFLÄCHE 8 Hektar

Wenn der Name Boca noch nicht ganz aus den Karten der großen piemontesischen und italienischen Weine verschwunden ist, dann ist es zweifelsohne Christoph Künzli zu verdanken. Seine Entscheidung, den Betrieb des alten Winzers Antonio Cerri zu erwerben, in das Novara-Gebiet zu ziehen und die Winzertätigkeit mit der Importtätigkeit zusammenzulegen, hat die Aufmerksamkeit wieder auf eine Zone gelenkt, die bis vor einigen Jahrzehnten eine der am dichtesten mit Rebstöcken bepflanzten der Region galt. Einige der alten mit Nebbiolo, Croatina und Vespolina bebauten Parzellen sind immer noch mit dem traditionellen Maggiorina-Zuchtsystem bestockt, das auch einer der drei Betriebsetiketten seinen Namen gibt. Die Finalisten beginnen beim Mimmo '11, eine schöne Einführung in den porphyrischen Nebbiolo, elegant und ziseliert, der im Piane desselben Jahrgangs kraftvoller und grafischer wird. Die Quadratur des Kreises jedoch repräsentiert wieder einmal der Boca, anmutig und anhaltend würzig in der Version 2010.

● Boca '10	🍷🍷🍷 7
● Mimmo '11	🍷🍷 5
● Piane '11	🍷🍷 5
● Boca '08	🍷🍷🍷 7
● Boca '06	🍷🍷🍷 6
● Boca '05	🍷🍷🍷 6
● Boca '04	🍷🍷🍷 6
● Boca '03	🍷🍷🍷 6

Pio Cesare
via Cesare Balbo, 6
12051 Alba [CN]
Tel. +39 0173440386
www.piocesare.it

JAHRESPRODUKTION 400.000 Flaschen
REBFLÄCHE 70 Hektar

1881 gründete Cesare Pio eine der historischen Marken des piemontesischen Weins, eine der wenigen, die heute die gebietliche Produktionskette, internationale Berufung und große Volumen zusammenhält. Die letzten Generationen am Werk sind Pio Boffa und Cesare Benvenuto, während die Weinplattform ca. 50 Hektar umfasst, die sowohl in der Zone des Barolo (Cascine Ornato, Colombaro, Gustava, Roncaglie, Ravera) als auch in der des Barbaresco (Il Bricco und San Stefanetto) liegen, dazu kommen Zukäufe von konsolidierten Lieferanten. Einige stilistische Ummodulierungen machen die Nebbiolos des Hauses moderner als vorgesehen, aber das Niveau der Palette bleibt mit der Zeit konstant. Die Trauben für diesen herrlichen, sehr elegant vinifizierten Drei-Gläser-Wein 2010 kommen aus der Lage Ornato di Serralunga d'Alba. Delikate Toasting-, Gewürz- und Kakaotöne sind der Hintergrund reiner Rotfruchtempfindungen, auf die ein perfekt ausgewogener und harmonischer Mund folgt. Ein ausgezeichnetes Gesamtangebot, aus dem sich ein Chardonnay Piodilei 2012 abhebt, einer der besten Weißweine der Langhe.

● Barolo Ornato '10	🍷🍷🍷 8
● Barbaresco Bricco di Treiso '10	🍷🍷 8
○ Langhe Chardonnay Piodilei '12	🍷🍷 6
● Barbaresco '10	🍷🍷 8
● Barbera d'Alba Fides '12	🍷🍷 5
● Barolo '10	🍷🍷 8
● Barbaresco Il Bricco '97	🍷🍷🍷 8
● Barolo Ornato '09	🍷🍷🍷 8
● Barolo Ornato '08	🍷🍷🍷 8
● Barolo Ornato '06	🍷🍷🍷 8
● Barolo Ornato '05	🍷🍷🍷 8

PIEMONT

Luigi Pira
VIA XX SETTEMBRE, 9
12050 SERRALUNGA D'ALBA [CN]
TEL. +39 0173613106
pira.luigi@alice.it

DIREKTVERKAUF
BESUCH NACH VORANMELDUNG
JAHRESPRODUKTION 50.000 Flaschen
REBFLÄCHE 12 Hektar

Die Weinberge von Familie Pira, die seit den 50er Jahren im Langa-Bezirk tätig ist, sind alle auf den Hügeln von Serralunga konzentriert. Luigi gründete den Betrieb, aber es wird erst seit 20 Jahren mit der eigenen Marke in Flaschen abgefüllt. Heute teilen sich Gianpaolo und Romolo die in Sachen Konstanz und Erkennbarkeit immer besser werdende Arbeit, deren Stil in den letzten Lesen teilweise unbeschwerter geworden ist. Der klassische Barolo und der Lagenwein Margheria werden ca. 2 Jahre in mittelgroßen Eichenfässern ausgebaut, der Marenca und der Vigna Rionda hingegen reifen ein Jahr in Barriquen und Tonneaus und weitere 12 Monate in 25-hl-Fässern. Der Marenca 2010 ist ein kraftvoller, nicht aggressiver Barolo mit bemerkenswert harmonischem und langem Gaumen nach intensiven Aromen, in denen die Himbeere Lebhaftigkeit und Frische verleiht. Kaum weniger strukturiert der harmonische und jugendliche Vigna Rionda 2010, gefolgt von einem Barolo del Comune di Serralunga und einem Margheria, in denen der Alkohol Gerbstoffe und Säure warm umhüllt.

● Barolo Marenca '10	🍷🍷 7
● Barolo V. Rionda '10	🍷🍷 8
● Barbera d'Alba '12	🍷🍷 3
● Barolo del Comune di Serralunga d'Alba '10	🍷🍷 5
● Barolo Margheria '10	🍷🍷 6
● Langhe Nebbiolo '12	🍷🍷 3
● Barolo Marenca '09	🍷🍷🍷 7
● Barolo Marenca '08	🍷🍷🍷 7
● Barolo V. Marenca '01	🍷🍷🍷 7
● Barolo V. Rionda '06	🍷🍷🍷 8
● Barolo V. Rionda '04	🍷🍷🍷 8
● Barolo V. Rionda '00	🍷🍷🍷 8

E. Pira & Figli
Chiara Boschis
VIA VITTORIO VENETO, 1
12060 BAROLO [CN]
TEL. +39 017356247
www.pira-chiaraboschis.com

DIREKTVERKAUF
BESUCH NACH VORANMELDUNG
JAHRESPRODUKTION 35.000 Flaschen
REBFLÄCHE 8,5 Hektar
WEINBAU Biologisch anerkannt

Man schreibt immer gern über Chiara Boschis, die nicht nur sehr sympathisch und freundlich ist, sondern auch ein ausgezeichnetes Beispiel an weiblicher Entschlossenheit und Verbissenheit darstellt. Ihre positive Beharrlichkeit hat zur tiefgreifenden Erneuerung dieses historischen Betriebs geführt und zu einem Wachstum, durch das er ein wahrer Bezug unter den Exzellenzen der önologischen Langa geworden ist. Der Fächer der angebotenen Weine ist mit der Zeit immer breiter geworden und die verschiedenen Barolo-Terroirweine, die heute den größten Teil der Weinauswahl ausmachen, zeigen die ausgezeichnete Qualität der getätigten Arbeit auf. Es freut uns außerordentlich, dass dieser Betrieb mit den zuverlässigen qualitativen Wurzeln zur höchsten Anerkennung zurückgefunden hat. Der Barolo Cannubi 2010 von Chiara Boschis, in einer der besten Interpretationen überhaupt, bewegt sich vielschichtig und ausgewogen zwischen frischen Eukalyptus- und Unterholznoten und einer vollendeten und verführerischen Tanninstruktur. Der neue Barolo Mosconi und der Barolo Via Nuova, beide gut definiert und charakterisiert, runden eine ausgezeichnete Leistung ab.

● Barolo Cannubi '10	🍷🍷🍷 8
● Barolo Mosconi '10	🍷🍷 8
● Barolo Via Nuova '10	🍷🍷 8
● Barolo Cannubi '05	🍷🍷🍷 8
● Barolo Cannubi '00	🍷🍷🍷 8
● Barolo Cannubi '97	🍷🍷🍷 8
● Barolo Cannubi '96	🍷🍷🍷 8

PIEMONT

Paolo Giuseppe Poggio
Via Roma, 67
15050 Brignano Frascata [AL]
Tel. +39 0131784929
www.cantinapoggio.com

DIREKTVERKAUF
BESUCH NACH VORANMELDUNG
JAHRESPRODUKTION 18.000 Flaschen
REBFLÄCHE 4 Hektar

Die Familie von Paolo ist seit Generationen an die Landwirtschaft gebunden und war eine der ersten der Zone, die eigene Trauben vinifizierte. Die heutige Tätigkeit teilt sich zwischen Wein- und Obstbau, vor allem verschiedener Apfelsorten. Im Weinberg werden für die weißen Trauben Timorasso, Cortese und Moscato und für die roten Barbera, Croatina, Bonarda und Freisa gezüchtet. Die Spitzenprodukte sind der Timorasso Ronchetto und der Barbera Derio, deren Trauben aus einem über 50 Jahre alten Weinberg kommen. Eine ausgewogene Weinauswahl für Paolo Poggio, der eine schöne Version des Timorasso Ronchetto präsentiert. Mandel und Marzipan mit Aprikosennoten begleiten die Geruchsphase, kraftvoll, aber ausgewogen mit einem aromatisch langanhaltenden Finale. Ein beinah purpurrotes Rubinrot und eine fleischige und intensive Schwarzfrucht zeichnen den Barbera Campo La Bà aus. Die Frucht findet sich auch in der Geschmacksphase wieder und endet mit einem vibrierenden Finale. Erwähnenswert der Croatina Prosone und der Cortese Campogallo.

- ● Colli Tortonesi Barbera Campo La Bà '12   ♛♛ 2*
- ○ Colli Tortonesi Timorasso Ronchetto '12   ♛♛ 2*
- ○ Colli Tortonesi Cortese Campogallo '13   ♛ 1*
- ● Colli Tortonesi Croatina Prosone '11   ♛ 2
- ● Colli Tortonesi Barbera Campo La Bà '11   ♛♛ 2*
- ● Colli Tortonesi Barbera Derio '09   ♛♛ 3
- ○ Colli Tortonesi Cortese Campogallo '12   ♛♛ 1*
- ● Colli Tortonesi Croatina Prosone '10   ♛♛ 2*
- ○ Colli Tortonesi Timorasso Ronchetto '11   ♛♛ 3

Pomodolce
Via IV Novembre, 7
15050 Montemarzino [AL]
Tel. +39 0131878135
www.pomodolce.it

DIREKTVERKAUF
BESUCH NACH VORANMELDUNG
GASTRONOMIE
JAHRESPRODUKTION 14.000 Flaschen
REBFLÄCHE 4 Hektar
WEINBAU Biologisch anerkannt

Die Davicos sind eine jener Familien, die in diesen Hügeln Geschichte geschrieben haben. Sie sind seit Generationen auf diesem Gebiet ansässig und haben immer selbst vinifiziert. In der Tat sind im seit über vierzig Jahren geführten Familienrestaurant in Montemarzino immer Weine aus dem eigenen Keller serviert worden. In der Produktion sind sechs Etiketten aus Timorasso, Barbera, Croatina und Nebbiolo. Die Weine sind traditionell geprägt. Marsèn und Niall werden ca. 24 Monate in Barriquen ausgebaut, der Fontanino nur 12 Monate. Anführer der präsentierten Weinauswahl ist der Barbera Marsèn mit seiner erstklassigen Leistung, die ihn in das Finale katapultiert. Der Timorasso mit dem Grue 2012 steht etwas im Schatten, da er infolge von Hagel nicht erzeugt worden ist. Der Diletto tut sich trotz ausgezeichneter Machart schwer, die Merkmale des für den Timorasso sehr guten Jahrgangs 2012 zu entfalten.

- ● Colli Tortonesi Monleale Marsen '11   ♛♛ 4
- ● Colli Tortonesi Barbera Cherubino '11   ♛♛ 2*
- ○ Colli Tortonesi Timorasso Diletto '12   ♛♛ 3
- ○ Petit Derthona '12   ♛♛ 4
- ● Colli Tortonesi Croatina Fontanino '11   ♛♛ 3
- ● Colli Tortonesi Rosso Niall '11   ♛ 4
- ○ Colli Tortonesi Timorasso Derthona Grue '07   ♛♛♛ 4
- ● Colli Tortonesi Barbera Marsèn '10   ♛♛ 4
- ● Colli Tortonesi Croatina Fontanino '10   ♛♛ 3
- ○ Colli Tortonesi Timorasso Diletto '11   ♛♛ 3
- ○ Colli Tortonesi Timorasso Grue '11   ♛♛ 5

PIEMONT

Marco Porello
C.SO ALBA, 71
12043 CANALE [CN]
TEL. +39 0173979324
www.porellovini.it

DIREKTVERKAUF
BESUCH NACH VORANMELDUNG
JAHRESPRODUKTION 130.000 Flaschen
REBFLÄCHE 15 Hektar

Marco Porello leitet eine historische Realität und seine Arbeit beruht seit jeher immer auf der Valorisierung der gebietstypischen Rebsorten: Arneis, Barbera, Brachetto, Favorita, Nebbiolo. Die Weinberge befinden sich in den Gemeinden Canale und Vezza d'Alba auf vorwiegend sandigen und steinsalzhaltigen Böden (ausgenommen jene mit Barbera bestockten, kalk- und tonhaltigen Böden). Die Weine, insbesondere die von den verschiedenen Lagen (Camestrì, Mommiano, Torretta) zeichnen sich durch ihre Balance zwischen Vielschichtigkeit und Trinkbarkeit aus. Der Bezugswein für den Betrieb bleibt der Roero Torretta. Die Version 2011 präsentiert frische Schwarzfrucht-, Kina- und Gewürznoten, am Gaumen kohärent, schmackhaft und mit relativ langem und angenehmem Finale. Gut gemacht auch die beiden Barberas d'Alba, der Mommiano '13, ausgewogen, frisch und einfach zu trinken, und der Filatura '12 mit reifer Frucht in der Nase und einfachem, aber gut säuregestütztem Gaumen.

● Roero Torretta '11	♛♛ 3*
● Barbera d'Alba Filatura '12	♛♛ 3
● Barbera d'Alba Mommiano '13	♛♛ 2*
● Nebbiolo d'Alba '12	♛ 3
○ Roero Arneis '13	♛ 2
○ Roero Arneis Camestrì '13	♛ 3
● Roero Torretta '06	♛♛♛ 3*
● Roero Torretta '04	♛♛♛ 3*
● Barbera d'Alba Filatura '07	♛♛ 4
○ Roero Arneis Camestrì '10	♛♛ 2*
● Roero Torretta '10	♛♛ 3*
● Roero Torretta '09	♛♛ 3*
● Roero Torretta '07	♛♛ 4

Guido Porro
VIA ALBA, 1
12050 SERRALUNGA D'ALBA [CN]
TEL. +39 0173613306
www.guidoporro.com

DIREKTVERKAUF
BESUCH NACH VORANMELDUNG
UNTERKUNFT
JAHRESPRODUKTION 35.000 Flaschen
REBFLÄCHE 8 Hektar

Guido Porro bietet schon seit vielen Jahren eine maßgebende Palette an traditionellen Langa-Weinarten an, aber für viele Liebhaber ist er eine relativ junge Entdeckung. Seine stille und leidenschaftliche Arbeit gipfelt in Nebbiolos mit mildem Wesen, die ein in gewisser Hinsicht für das Gebiet von Serralunga unbekanntes Gesicht zeigen. Die ca. 7 Hektar Grund sind in der Nähe des Kellers und bestehen aus zwei angrenzenden Parzellen Lazzairasco und Santa Caterina, die zwei charakterlich sehr unterschiedlichen Barolos vorbehalten sind. Robuster der erste, „weiblicher" der zweite, werden beide vor dem Ausbau in 25-hl-Eichenfässern aus Slawonien in Stahl und Beton vinifiziert. Die Aromen des Barolo Vigna S. Caterina 2010 sind von erlesener Klassizität und reichen von Himbeere bis Walderdbeeren, vom verwelkten Veilchen bis zur Lakritz; der Gaumen ist von ausgezeichneter Fülle, ohne schwere Tannine, mit einem leicht würzigen Finale. Beschwipste Frucht und Tabak pointieren den noch kraftvolleren Vigna Lazzairasco in einem für eine lange Entwicklung bestimmten Mund.

● Barolo V. Lazzairasco '10	♛♛ 5
● Barolo V. Santa Caterina '10	♛♛ 5
● Dolcetto d'Alba '13	♛ 3
● Lange Nebbiolo Camilu '13	♛ 4
● Barolo V. Lazzairasco '09	♛♛♛ 5
● Barolo V. Lazzairasco '07	♛♛♛ 5
● Barbera d'Alba Santa Caterina '11	♛♛ 3
● Barbera d'Alba V. Santa Caterina '12	♛♛ 3
● Barolo Santa Caterina '09	♛♛ 5
● Barolo V. Lazzairasco '08	♛♛ 5
● Barolo V. Santa Caterina '08	♛♛ 5*
● Lange Nebbiolo Camilu '11	♛♛ 4

Post dal Vin
Terre del Barbera
Fraz. Possavina
via Salie, 19
14030 Rocchetta Tanaro [AT]
Tel. +39 0141644143
www.postdalvin.com

DIREKTVERKAUF
BESUCH NACH VORANMELDUNG
JAHRESPRODUKTION 80.000 Flaschen
REBFLÄCHE 100 Hektar

Post dal Vin - Terre del Barbera ist eine 1959 entstandene Winzergenossenschaft, die heute ca. 100 Zubringer hat, deren Weinberge hauptsächlich in den Gemeinden Rocchetta Tanaro, Cortiglione und Masio liegen. Die Produktion konzentriert sich hauptsächlich auf die Barbera, aus der alle möglichen Weinarten erzeugt werden, vom trinkfreundlichen Jahrgangswein bis hin zu bedeutsameren und strukturierteren Selektionen für traditionell realisierte Weine, um das Beste der Gebietsmerkmale zum Ausdruck zu bringen. Weitere angebaute Rebsorten sind Grignolino, Dolcetto, Freisa und Moscato. Insgesamt ein gutes Ergebnis, ausgehend vom Barbera d'Asti Superiore Castagnassa '12 mit Rotbeeren- und Kinatönen, Unterholznuancen und einem erfreulichen Gaumen von mittlerem Körper, einfach zu trinken. Gut gemacht auch der Grignolino d'Asti '13, einnehmend mit seinen frischen Blumen- und Pfefferaromen, ausgewogen und mit runden Gerbstoffen, für einen ziemlich konsensuellen Grignolino.

- Barbera d'Asti Sup. BriccoFiore '12 — 🍷🍷 2*
- Barbera d'Asti Sup. Castagnassa '12 — 🍷🍷 2*
- Grignolino d'Asti '13 — 🍷🍷 1*
- Barbera d'Asti Maricca '13 — 🍷 2
- Barbera d'Asti Maricca '10 — 🍷 2
- Barbera d'Asti Sup. BriccoFiore '11 — 🍷🍷 2*
- Barbera d'Asti Sup. BriccoFiore '09 — 🍷🍷 2*
- Barbera d'Asti Sup. BriccoFiore '08 — 🍷🍷 2*
- Barbera d'Asti Sup. Castagnassa '11 — 🍷🍷 2*
- Barbera d'Asti Sup. Castagnassa '10 — 🍷🍷 2*
- Barbera d'Asti Sup. Castagnassa '09 — 🍷🍷 2

Giovanni Prandi
Fraz. Cascina Colombè
via Farinetti, 5
12055 Diano d'Alba [CN]
Tel. +39 017369248
www.prandigiovanni.it

DIREKTVERKAUF
BESUCH NACH VORANMELDUNG
JAHRESPRODUKTION 20.000 Flaschen
REBFLÄCHE 5 Hektar

Eine kleine, sehr interessante Familienrealität; diese Beschreibung passt ausgezeichnet auf den Betrieb von Alessandro Prandi, dem es im herrlichen und nicht sehr valorisierten Gebiet von Diano gelingt, eine sehr überzeugende Weinauswahl mit einigen den Dolcetto-Selektionen gewidmeten absoluten Spitzenprodukten zu erzeugen. Das Preis-/Leistungsverhältnis ist wahrhaft lobenswert und trägt dazu bei, die Resultate der Arbeit dieses Kellers noch verdienstvoller zu machen. Alle Etiketten sind zuverlässig und Jahr um Jahr sind sie immer besser definiert und bekommen eine immer bessere Persönlichkeit. Ein herrlicher Ausdruck an reifer Frucht in der Nase und geschmackvolle Trinkbarkeit am Gaumen für den fesselnden Nebbiolo d'Alba Colombè 2012. Rein, pur und schon angenehm der Dolcetto di Diano d'Alba Sörì Cristina 2013, der mitreißenden Schwarzbeertönen einen raffinierten Hauch an Bittermandel hinzufügt. Etwas gerbstoffreicher und prägnanter der jugendliche Dolcetto di Diano d'Alba Sörì Colombè 2013.

- Dolcetto di Diano d'Alba Sörì Cristina '13 — 🍷🍷 2*
- Nebbiolo d'Alba Colombè '12 — 🍷🍷 3*
- Dolcetto di Diano Sörì Colombè '13 — 🍷🍷 2*
- Barbera d'Alba Santa Eurosia '13 — 🍷 2
- ○ Langhe Arneis '13 — 🍷 2
- Barbera d'Alba Santa Eurosia '12 — 🍷🍷 2*
- Dolcetto di Diano d'Alba Sörì Cristina '12 — 🍷🍷 2*
- Dolcetto di Diano Sörì Colombè '12 — 🍷🍷 2*
- Dolcetto di Diano Sörì Colombè '11 — 🍷🍷 2*
- Dolcetto di Diano Sörì Colombè '10 — 🍷🍷 2*
- Dolcetto di Diano Sörì Cristina '10 — 🍷🍷 2*
- Nebbiolo d'Alba Colombè '10 — 🍷🍷 3

PIEMONT

La Prevostura
Cascina Prevostura, 1
13853 Lessona [BI]
Tel. +39 0158853188
www.laprevostura.it

DIREKTVERKAUF
BESUCH NACH VORANMELDUNG
GASTRONOMIE
JAHRESPRODUKTION 15.000 Flaschen
REBFLÄCHE 4 Hektar

Unter den savoyischen Weinbaugebieten ist der Alto Piemonte das absolut spritzigste und lebhafteste Gebiet. Viele Jugendliche beginnen wieder Rebzeilen zu pflanzen und Wein zu erzeugen, vor allem in den Gebieten des Lessona und des Boca. Die Brüder Bellini sind Teil dieser letzten Welle an Landliebhabern. Der jüngst gegründete Betrieb hat erst 2009 seinen ersten Lessona erzeugt. Die Projekte sind zahlreich und ziemlich interessant – der neue Keller wird es ermöglichen, die kleinen Hölzer durch die ersten großen Fässer zu ersetzen – und man wird sicher noch von den Brüdern Bellini reden hören. Leider hat sich in dieser Ausgabe der fulminante Start des letzten Jahres nicht wiederholt. Die Weine kehren in die Reihe zurück. Vermutlich hat die fehlende Erfahrung es nicht erlaubt, diesen zweiten Test auf beste Art und Weise zu verwalten und der Lessona 2010 ist weniger lebhaft als der 2009er; er erinnert an Enzian und Heilkräuter, die Frucht ist aber weniger brillant als letztes Jahr.

● Lessona '10	🍷🍷 4
⊙ Coste della Sesia Rosato Corinna '13	🍷 3
● Coste della Sesia Muntacc '10	🍷🍷 4
● Lessona '09	🍷🍷 4

Ferdinando Principiano
via Alba, 47
12065 Monforte d'Alba [CN]
Tel. +39 0173787158
www.ferdinandoprincipiano.it

DIREKTVERKAUF
BESUCH NACH VORANMELDUNG
JAHRESPRODUKTION 90.000 Flaschen
REBFLÄCHE 18 Hektar

Ferdinando Principiano ist einer der ersten Namen, die einem einfallen, wenn man die „Nouvelle Vague" der Langa-Weine durchkämmen will. Trotz eines Jahrhunderts Geschichte hat Ferdinando die produktive Philosophie des Familienunternehmens in diesen letzten Jahren revolutioniert und im Weinberg „natürliche" Protokolle angewandt, mit denen er auf spontane Gärung setzt und möglichst auf die Verwendung von Schwefeldioxid verzichtet. Nützliche Informationen, um das stolz handwerkliche Durchhaltevermögen seiner Barolos (Ravera, Boscareto und der „village" aus Serralunga) zu verstehen, die bisweilen von kapriziösen Aromaprofilen gezeichnet sind, aber auch von einem energischen und extrem fesselnden Schluck. Üppige und noch etwas strenge Gerbstoffe im fleischigen und fruchtigen Barolo Ravera di Monforte 2010. Raffinierte Nase und mächtiger Mund im Barolo del Comune di Serralunga d'Alba 2010. Natürlichkeit und Struktur im würzigen Barolo Boscareto 2008.

● Barolo Ravera di Monforte '10	🍷🍷 7
● Barolo Serralunga '10	🍷🍷 5
● Barolo Boscareto '08	🍷 8
● Barolo Ravera '07	🍷🍷🍷 7
● Barbera d'Alba La Romualda '10	🍷🍷 6
● Barbera d'Alba Laura '12	🍷🍷 2*
● Barolo Boscareto '07	🍷🍷 8
● Barolo Boscareto '06	🍷🍷 8
● Barolo Ravera '09	🍷🍷 7
● Barolo Ravera '08	🍷🍷 7
● Barolo Serralunga '09	🍷🍷 5

★Produttori del Barbaresco

via Torino, 54
12050 Barbaresco [CN]
Tel. +39 0173635139
www.produttoridelbarbaresco.com

DIREKTVERKAUF
BESUCH NACH VORANMELDUNG
UNTERKUNFT
JAHRESPRODUKTION 450.000 Flaschen
REBFLÄCHE 100 Hektar

Es ist nicht nur eine der besten Genossenschaften Europas, sondern auch eine der aufgeklärtesten in Sachen Preispolitik. Produttori del Barbaresco ist für uns aufgrund ihrer konstanten Palette und exzellenter Spitzenprodukte einer der Top-Betriebe in der Langa. Sie valorisiert bestens ca. 100 Hektar Rebfläche von über 50 Mitgliedern, alle auf Nebbiolo ausgerichtet, also beinahe ein Fünftel der für die Barbaresco-Denomination gemeldeten Gesamtfläche. Unter der Leitung von Gianni Testa hält man die traditionelle Einstellung der Palette bei, die sich in den besten Jahrgängen um neue prestigevolle Lagenweine der Linie Riserva bereichert. Die x-te prestigevolle Leistung des Kellers Produttori del Barbaresco, dem es trotz des heißen Jahrgangs 2009 gelungen ist, lebhafte und frische, am Gaumen ausgewogene Selektionen mit viel Persönlichkeit anzubieten. Unter den generell guten Riserve-Weinen heben sich der Rabajà, Montefico und der Pora ab. Der Ovello erobert dank der feinen Lakritzaromen und dem mächtigen Gaumen mit langem Abgang die Drei Gläser.

- Barbaresco Ovello Ris. '09 ỸỸỸ 6
- Barbaresco Montefico Ris. '09 ỸỸ 6
- Barbaresco Pora Ris. '09 Ỹ 6
- Barbaresco Rabajà Ris. '09 Ỹ 6
- Barbaresco Asili Ris. '09 ỸỸ 6
- Barbaresco Montestefano Ris. '09 ỸỸ 6
- Barbaresco Muncagota Ris. '09 ỸỸ 6
- Barbaresco Pajé Ris. '09 ỸỸ 6
- Barbaresco '10 Ỹ 5
- Barbaresco Vign. in Montefico Ris. '00 ỸỸỸ 5*
- Barbaresco Vign. in Ovello Ris. '08 ỸỸỸ 6
- Barbaresco Vign. in Pajé Ris. '01 ỸỸỸ 5*
- Barbaresco Vign. in Pora Ris. '07 ỸỸỸ 6

Cantina Produttori del Gavi

via Cavalieri di Vittorio Veneto, 45
15066 Gavi [AL]
Tel. +39 0143642786
www.cantinaproduttoridelgavi.it

DIREKTVERKAUF
BESUCH NACH VORANMELDUNG
JAHRESPRODUKTION 200.000 Flaschen
REBFLÄCHE 220 Hektar

Der 1951 gegründete und 1974 auf Cantina Produttori del Gavi umgetaufte Betrieb mit über 100 Zubringern und über 200 ha Rebfläche ist sicher eine der bedeutsamsten Genossenschaften des Gebiets von Alessandria. Das Ergebnis ist eine gemischte Weinauswahl mit entschieden tragbaren Preisen, die für die Zone bedeutsame Volumen mit einer gewissen stilistischen Persönlichkeit zusammenhält. Es sind sogar acht Gavis darunter, alle nicht malolaktisch in Stahl vergärt und ausgebaut, mit Ausnahme eines Teils der Selektion Aureliana, die in Barriquen reift. Wirklich keinen Treffer verfehlt die üblich zuverlässige Produktion des Kellers Cantina Produttori del Gavi. Mit sogar zwei Tüpfchen auf dem I: dem Gavi del Comune di Gavi GG '13, ein klassischer „als einfach verkleideter" Cortese mit guter und reiner Fruchtigkeit, und dem Gavi G, der denselben Jahrgang bei gleichbleibendem Aromarahmen intensiver und kraftvoller interpretiert. Nicht weit davon entfernt der Gavi Maddalena und der Etichetta Nera '13.

- Gavi del Comune di Gavi GG '13 ỸỸ 3*
- Gavi G '13 ỸỸ 2*
- Gavi del Comune di Gavi Et. Nera '13 ỸỸ 2*
- Gavi La Maddalena '13 ỸỸ 2*
- Gavi Il Forte '13 Ỹ 2
- Gavi Primi Grappoli '13 Ỹ 2
- Gavi del Comune di Gavi Et. Nera '12 ỸỸ 2*
- Gavi del Comune di Gavi Et. Nera '11 ỸỸ 1*
- Gavi del Comune di Gavi G '11 ỸỸ 2*
- Gavi del Comune di Gavi GG '12 ỸỸ 3*
- Gavi del Comune di Gavi GG '11 ỸỸ 2*
- Gavi del Comune di Gavi La Maddalena '12 ỸỸ 2*
- Gavi G '12 ỸỸ 3
- Gavi Primi Grappoli '12 ỸỸ 2*
- Gavi Primi Grappoli '11 ỸỸ 1*

PIEMONT

★Prunotto
C.SO BAROLO, 14
12051 ALBA [CN]
TEL. +39 0173280017
www.prunotto.it

Renato Ratti
FRAZ. ANNUNZIATA, 7
12064 LA MORRA [CN]
TEL. +39 017350185
www.renatoratti.com

BESUCH NACH VORANMELDUNG
JAHRESPRODUKTION 900.000 Flaschen
REBFLÄCHE 55 Hektar

DIREKTVERKAUF
BESUCH NACH VORANMELDUNG
JAHRESPRODUKTION 300.000 Flaschen
REBFLÄCHE 40 Hektar

Es ist eine Geschichte von menschlichen und produktiven Umstellungen, die sich in einer der weltweit bekanntesten piemontesischen Weinmarken kondensiert. Alles beginnt mit Alfredo Prunotto, der in der ersten Nachkriegszeit die Cantina Sociale Ai Vini delle Langhe erwirbt und ihr seinen Namen gibt, bevor er sie 1956 an Beppe und Tino Colla abtritt. Am Ende der 80er Jahre tritt die Familie Antinori ein, die die Grundstücke ausbaut (heute 50 Hektar mit wichtigen Anwesen in Bussia, Bric Turot, Costamiole) und den Keller modernisiert, indem sie die 100-hl-Fässer durch mittelgroße Eichen-Barriquen ersetzt und Stahl anstelle von Beton für die Vinifizierung einführt. Raffiniert granatrot der Barolo Bussia Vigna Colonnello Riserva 2008 mit erlesenen Aromafacetten, wo frische Himbeernoten deutliche Sonnenkräuter beleben; herrliche Tanninstruktur am Gaumen. Kaum kraftvoller der mehr als gute Bussia 2010. Von allerhöchstem Niveau beide Barbera-Selektionen, d'Alba und d'Asti.

Renato Ratti hat drei große Verdienste. Er ist der erste, der eine Klassifizierung der Barolo-Lagen realisiert und eine Weinbergkarte ausgearbeitet hat, die auch heute noch ein wertvoller Qualitätsbezug ist. Der zweite Verdienst war jener, die Rolle des Jahrgangs hervorzuheben und jeder Barolo-Lese eine Bewertung zuzuordnen, die für die Festsetzung des Weinpreises auf den Märkten unabkömmlich ist. Der dritte war es, allen durch zahlreiche Veröffentlichungen sein enzyklopädisches Wissen über Wein und Verkostung zur Verfügung zu stellen. Diesen Faktoren ist die verdiente Bekanntheit des Kellers Renato Ratti entsprungen. Schon die intensiv rubinrote Farbe lässt auf die entschiedene Jugend des Barolo Rocche dell'Annunziata 2010 schließen, modern und überschwänglich, lang und ausgewogen. Reife Frucht, Holz und Gewürze zeichnen den im Geschmack bemerkenswert langen Marcenasco aus. Kakao und Toasting pointieren in den Aromen des Barolo Conca 2010, von guter Struktur im Mund.

● Barbera d'Asti Sup. Nizza Costamiòle '10	▼ 5
● Barolo Bussia '10	▼▼ 8
● Barolo Bussia V. Colonnello Ris. '08	▼▼ 8
● Barbaresco Bric Turot '10	▼▼ 6
● Barbera d'Alba Pian Romualdo '11	▼▼ 4
● Barolo '10	▼▼ 6
● M.to Mompertone '11	▼▼ 3
● Barbaresco '11	▼ 5
● Nebbiolo d'Alba Occhetti '11	▼▼ 4
● Barbera d'Asti Costamiòle '99	▽▽▽ 4*
● Barolo Bussia '01	▽▽▽ 8
● Barolo Bussia '99	▽▽▽ 8
● Barolo Bussia '98	▽▽▽ 8

● Barolo Rocche dell'Annunziata '10	▼▼ 8
● Barolo Conca '10	▼▼ 8
● Barolo Marcenasco '10	▼▼ 6
● Dolcetto d'Alba Colombè '13	▼ 2
● Barolo Conca '07	▽▽ 6
● Barolo Marcenasco '09	▽▽ 6
● Barolo Marcenasco '08	▽▽ 6
● Barolo Marcenasco '07	▽▽ 6
● Barolo Marcenasco '06	▽▽ 6
● Barolo Rocche '09	▽▽ 8
● Barolo Rocche '08	▽▽ 8
● Barolo Rocche '07	▽▽ 8

PIEMONT

Ressia
VIA CANOVA, 28
12052 NEIVE [CN]
TEL. +39 0173677305
www.ressia.com

DIREKTVERKAUF
BESUCH NACH VORANMELDUNG
JAHRESPRODUKTION 25.000 Flaschen
REBFLÄCHE 6 Hektar

Diese Familienrealität hat seit Jahrzehnten mit Wein zu tun, aber erst 1997 hat mit Fabrizio Rezzia, ein leidenschaftlicher Weinerzeuger, wie er sich gern selbst beschreibt, eine wahre Erneuerung begonnen. Er hat einen Weg eingeschlagen, der es diesem kleinen Betrieb in für Qualitätswein außerordentlich kurzer Zeit ermöglicht hat, sowohl in Italien als auch im Ausland wichtige Erfolge und viele Anerkennungen zu erzielen. Die Weinauswahl ist in allen angebotenen Etiketten zuverlässig und charaktervoll und ziemlich artikuliert, vor allem wenn man an das zur Verfügung stehende Rebstockvermögen denkt. Der Barbaresco Canova 2011 stand in dieser Ausgabe nicht zur Verkostung, da seine Herausgabe um ein Jahr verschoben wurde. Wir haben uns daher nur teils mit dem Riserva Oro 2009 derselben Lage getröstet. Der Wein besitzt eine schöne Struktur, aber das kleine Holz ist sowohl in der Nase als auch am Gaumen wahrzunehmen. Wie immer gut der einfache Nebbiolo Gepù und der exotische Evien 2013, ein gutes Beispiel an trockenem Moscato.

● Barbaresco Canova Ris. Oro '09	6
○ Evien '13	2*
● Langhe Nebbiolo Gepù '11	3
● Dolcetto d'Alba Canova '13	2
○ Langhe Favorita La Miranda '13	2
● Langhe Resiot '11	3
● Barbaresco Canova '06	5*
● Barbaresco Canova '10	5
● Barbaresco Canova '09	5
● Barbaresco Canova '08	5*
● Barbera d'Alba Sup. Canova '11	3
● Barbera d'Alba Sup. Canova '10	3

F.lli Revello
FRAZ. ANNUNZIATA, 103
12064 LA MORRA [CN]
TEL. +39 017350276
www.revellofratelli.it

DIREKTVERKAUF
BESUCH NACH VORANMELDUNG
JAHRESPRODUKTION 75.000 Flaschen
REBFLÄCHE 17 Hektar

Carlo und Enzo Revello haben zwanzig Jahre Weinerzeugung mit konstant positiven Resultaten hinter sich, was Grund für ihre verdienstvolle Bekanntheit in Italien und im Ausland ist. Der Betriebsstil ist streng an die Generation der Barolo Boys gebunden, als alte Fässer und lange Gärzeiten als völlig überholt angesehen wurden. Und so sind im Keller die Rototanks und die kleinen französischen Fässer erschienen. Die verschiedenen Barolo-Selektionen sind immer sehr fein und elegant, aber nie zu körperreich oder besonders tanninhaltig, für eine angenehme Trinkbarkeit schon in den ersten Tagen in der Flasche. Ausgesprochen elegante und vielfältige Aromen, die vom Balsamischen zur Himbeere reichen, leiten angemessen einen maßvollen und harmonischen Gaumen mit süßen und sanften Gerbstoffen ein: Die Drei Gläser um ein Haar verfehlt hat der Barolo Rocche dell'Annunziata 2010. Kaum weniger ausdrucksvoll der noch ein wenig in Holz gehüllte Conca, während der Barolo-Basiswein desselben Jahrgangs ein wahrer Meister in Balance und Trinkbarkeit ist.

● Barolo '10	5
● Barolo Conca '10	7
● Barolo Rocche dell'Annunziata '10	8
● Barbera d'Alba Ciabot du Re '12	5
● Barolo Gattera '10	5
● Barolo Giachini '10	7
● Dolcetto d'Alba '13	2*
● Barbera d'Alba Ciabot du Re '05	5
● Barbera d'Alba Ciabot du Re '00	5
● Barolo Rocche dell'Annunziata '01	8
● Barolo Rocche dell'Annunziata '00	8
● Barolo V. Conca '99	7

PIEMONT

Michele Reverdito
Fraz. Rivalta
b.ta Garassini, 74b
12064 La Morra [CN]
Tel. +39 017350336
www.reverdito.it

DIREKTVERKAUF
BESUCH NACH VORANMELDUNG
JAHRESPRODUKTION 70.000 Flaschen
REBFLÄCHE 16 Hektar

Spricht man vom Gebiet La Morra so muss man unter den sicheren Exzellenzen auch den Keller von Michele Reverdito berücksichtigen. Dem seit ca. 15 Jahren tätigen Betrieb ist in kurzer Zeit ein qualitativer Höhenflug von unzweifelhaftem Wert gelungen und hat bedeutsame Anerkennungen erobert. Der Fächer der angebotenen Weine ist breit und findet in verschiedenen Barolo-Versionen seinen Höhepunkt, mit einigen sehr überzeugenden Aussageformen von großartiger Persönlichkeit, die dieser jungen Realität einen präzisen Platz einräumen. Der schmackhaft trinkbare Barolo Riva Rocca 2010 spielt nicht sehr mit Finesse und Eleganz als vielmehr mit einer Nuancenvielfalt und Harmonie. Interessant die Idee, eine 10 Jahre im Keller gereifte Selektion herauszubringen: ein Barolo Riserva mit bemerkenswerter Kraft im Mund und vielen Sonnenkräutern in der Nase. Noch tanninhaltig und jugendlich der strukturierte Barolo Cogni Riserva 2008, der ein langes und glückliches Leben in der Flasche haben wird.

● Barolo Bricco Cogni Ris. '08	🍷🍷 6
● Barolo Riva Rocca '10	🍷🍷 5
● Barbera d'Alba Delia '11	🍷 3
● Barolo 10 Anni Ris. '04	🍷🍷 8
● Barolo Ascheri '10	🍷🍷 5
● Barolo Badarina '10	🍷🍷 5
● Barolo Castagni '10	🍷🍷 5
● Langhe Nascetta '13	🍷🍷 2*
● Verduno Pelaverga '13	🍷 2
● Barolo Bricco Cogni '04	🍷🍷🍷 6
● Barolo Moncucco '07	🍷🍷 5
● Barolo Riva Rocca Ris. '05	🍷🍷 6
● Barolo San Giacomo '04	🍷🍷 7

Giuseppe Rinaldi
via Monforte, 5
12060 Barolo [CN]
Tel. +39 017356156
carlotta.rinaldi@me.com

DIREKTVERKAUF
BESUCH NACH VORANMELDUNG
JAHRESPRODUKTION 35.000 Flaschen
REBFLÄCHE 6,5 Hektar

Seit Beppe Citrico Rinaldi auf Hochtouren von den jungen Töchtern Marta und Carlotta unterstützt wird, ist ein Besuch bei ihm noch interessanter und unterhaltsamer. Ein generationaler Übergang, der diese, von den Familienlagen erzählte spezielle Kreuzung von Strenge und Fantasie zu radikalisieren scheint, seit 2010 an den Brunate-Le Coste und den Tre Tine gebunden. Von allen, die der technischen Besessenheit entfliehen wollen und keine reduktivere oder bissige Phase fürchten, die generell durch die großartige Langlebigkeit, aber vor allem durch eine unverwechselbare natürliche Ausdrucksfähigkeit aufgewogen wird, innig geliebte Barolos, durch und durch klassisch. Das Inkrafttreten der zusätzlichen Lagenbezeichnungen hat zu einer Änderung der Etiketten des Hauses Rinaldi geführt, weshalb wir heute einen Barolo Brunate (anstelle des Brunate-Le Coste) und einen neuen Barolo Tre Tine (mit Trauben der Lagen Ravera, Cannubi San Lorenzo und Le Coste) haben. Große Klassizität ohne übermäßige Eleganz in beiden Angeboten, mit einer Sondererwähnung für den neuen, gelungenen und erlesenen Tre Tine 2010.

● Barolo Brunate '10	🍷🍷 7
● Barolo Tre Tine '10	🍷🍷 7
● Barolo Brunate-Le Coste '07	🍷🍷🍷 7
● Barolo Brunate-Le Coste '06	🍷🍷🍷 7
● Barolo Brunate-Le Coste '01	🍷🍷🍷 6
● Barolo Brunate-Le Coste '00	🍷🍷🍷 6
● Barolo Cannubi S. Lorenzo-Ravera '04	🍷🍷🍷 6
● Barolo Brunate-Le Coste '09	🍷🍷 7
● Barolo Brunate-Le Coste '08	🍷🍷 7
● Barolo Cannubi S. Lorenzo-Ravera '09	🍷🍷 7
● Barolo Cannubi S. Lorenzo-Ravera '08	🍷🍷 7

PIEMONT

Pietro Rinaldi
FRAZ. MADONNA DI COMO
12051 ALBA [CN]
TEL. +39 0173360090
www.pietrorinaldi.com

DIREKTVERKAUF
BESUCH NACH VORANMELDUNG
UNTERKUNFT
JAHRESPRODUKTION 70.000 Flaschen
REBFLÄCHE 10 Hektar

Eine artikulierte Weinauswahl und ausgezeichnete Qualität für alle angebotenen Weine. Der Betrieb von Monica Rinaldi und Paolo Tenino zeigt Jahr um Jahr, dass sie den richtigen Weg eingeschlagen haben und beeindruckt mit der präzisen und erkennbaren stilistischen Definition und einer sicheren qualitativen Progression. Die Lage Monvigliero, ein außerordentliches Terroir in der Gemeinde Verduno, zu Unrecht bisweilen abgesondert und unterschätzt, ist die Visitenkarte der Exzellenz dieses Kellers. Die Preise sind korrekt und machen die Arbeit dieses Winzers noch schätzenswerter. Relativ reife Frucht und Sonnenkräuter in den Aromen des Barolo Monvigliero 2009, der diesen heißen Jahrgang auch mit einem Mund zum Ausdruck bringt, in dem der Alkohol einer gefälligen Geschmacksphase als Hintergrund dient. Erlesene Harmonie zwischen einfachen, dunklen Tabaknoten, weichen Rotfruchtnoten und erfrischender Erdbeere im Barbaresco San Cristoforo 2011 mit sicherer Zukunft.

- Barbaresco San Cristoforo '11 — 5
- Barolo Monvigliero '09 — 6
- Barbera d'Alba Monpiano '12 — 3
- Barolo '10 — 6
- Langhe Nebbiolo Argante '11 — 4
- Barbaresco San Cristoforo '08 — 5
- Barbaresco San Cristoforo '07 — 5
- Barbera d'Alba Bricco Cichetta '09 — 3
- Barolo '08 — 5
- Barolo Monvigliero '08 — 6
- Barolo Monvigliero '07 — 6
- Barolo Monvigliero '06 — 6

Rizzi
VIA RIZZI, 15
12050 TREISO [CN]
TEL. +39 0173638161
www.cantinarizzi.it

DIREKTVERKAUF
BESUCH NACH VORANMELDUNG
UNTERKUNFT
JAHRESPRODUKTION 50.000 Flaschen
REBFLÄCHE 35 Hektar

Viele Weinliebhaber haben die Weine der Familie Dellapiana auf der Suche nach gebietlich guten und tragbaren Optionen gefunden, um dann zu entdecken, dass es sich dabei um eine Realität von absolutem Niveau handelt, die stetig in den höheren Gefilden des Barbaresco-Gebiets verweilt. Der Betriebsname geht auf den Ortsnamen Treiso zurück, wo sich der Keller befindet, zu dem sich für insgesamt ca. 30 ha Grundstücke die Parzellen Pajoré gesellen. Die Einstellung ist mit beinahe nur großen slawonischen Eichenfässern und getrennter Vinifizierung der unterschiedlichen Nebbiolo-Lagen klassisch. In der Weinpalette spielen auch Barbera und Dolcetta eine bedeutsame Rolle, die in diesem Gebiet mit großer Persönlichkeit zum Ausdruck kommt. Der Pajoré des neuen Jahrgangs ist noch nicht im Handel, uns hilft aber ein großartiger Nervo 2011 mit schmackhafter Vitalität und Jugend über die Wartezeit hinweg. Der bedeutsame Stoff und die spürbaren Gerbstoffe schaffen eine vielschichtige, sehr angenehme Empfindung, auch dank reiner Kräuter-, Gewürz- und Rotfruchtaromen. Sicher gut auch die Selektion Rizzi 2010 und der Riserva Boito 2009.

- Barbaresco Nervo '11 — 5
- Barbaresco Boito Ris. '09 — 6
- Barbaresco Rizzi '10 — 5
- Barbaresco Nervo Fondetta '09 — 5
- Barbaresco Nervo Fondetta '06 — 5
- Barbaresco Nervo Fondetta '05 — 5
- Barbaresco Pajoré '10 — 6
- Barbaresco Pajorè '06 — 5
- Barbaresco Rizzi Boito '08 — 5
- Barbaresco Rizzi Boito '07 — 5
- Barbaresco Rizzi Boito '06 — 5

PIEMONT

★Albino Rocca
S.da Ronchi, 18
12050 Barbaresco [CN]
Tel. +39 0173635145
www.albinorocca.com

DIREKTVERKAUF
BESUCH NACH VORANMELDUNG
JAHRESPRODUKTION 130.000 Flaschen
REBFLÄCHE 18 Hektar

Paola, Monica und Daniela Rocca haben ohne zu zögern, das produktive und moralische Erbe des 2012 frühzeitig verstorbenen Vaters übernommen. Es folgt eine Geschichte, die vor allem wegen der Kohärenz zwischen der angenehmen Freundlichkeit im Gutshaus Ronchi und dem einladenden und maßvollen Charakter der Barbarescos des Hauses viele Weinliebhaber erobert hat. Mit Unterstützung von Carlo Castellengo bearbeiten die Schwestern Rocca ca. 20 Hektar und erzeugen eine sehr zuverlässige Weinpalette mit Ausbau in deutschen und österreichischen 20-hl-Eichenfässern für die Nebbiolos und in Barriquen für den Barbera Gepin und den Cortese La Rocca. Der Barbaresco Ovello 2011 mit einem großartigen, langsam entfaltenden Körper ist ein Beispiel an Geschmacksharmonie und lässt im Finale des Mundes frische und reizende Lakritz- und Tabakaromen: ein Drei-Gläser-Wein im Zeichen der raffinierten Balance. Ähnlich der vielschichtige Barbaresco Ronchi 2011, kaum reifer in den Himbeer- und Tabaknoten. Als einer der besten Weißen des Piemonts bestätigt sich der Cortese La Rocca 2013.

- Barbaresco Ovello V. Loreto '11 — 🍷🍷🍷 6
- Barbaresco Duemilaundici '11 — 🍷🍷 5
- Barbaresco Ronchi '11 — 🍷🍷 6
- Piemonte Cortese La Rocca '12 — 🍷🍷 4
- Barbera d'Alba Gepin '12 — 🍷🍷 5
- Dolcetto d'Alba '13 — 🍷🍷 2*
- Nebbiolo d'Alba '12 — 🍷🍷 3
- ○ Langhe Chardonnay da Bertü '13 — 🍷 3
- Barbaresco Ovello V. Loreto '09 — 🍷🍷🍷 6
- Barbaresco Ovello V. Loreto '07 — 🍷🍷🍷 6
- Barbaresco Ronchi '10 — 🍷🍷🍷 6
- Barbaresco Vign. Brich Ronchi '05 — 🍷🍷🍷 6
- Barbaresco Vign. Brich Ronchi Ris. '06 — 🍷🍷🍷 8
- Barbaresco Vign. Brich Ronchi Ris. '04 — 🍷🍷🍷 8

★Bruno Rocca
via Rabajà, 60
12050 Barbaresco [CN]
Tel. +39 0173635112
www.brunorocca.it

DIREKTVERKAUF
BESUCH NACH VORANMELDUNG
JAHRESPRODUKTION 60.000 Flaschen
REBFLÄCHE 15 Hektar

Der Landwirtschaftsbetrieb hat seinen Namen von der berühmten Barbaresco-Lage Rabajà, aber alle beziehen sich auf diese Weine wie auf die von Bruno Rocca. Önologisch und agronomisch von Sohn Francesco und kaufmännisch und verwaltungsspezifisch von Tochter Luisa unterstützt, kümmert er sich um die ca. 15 ha, die auch Rebstöcke von Treiso, Neive (Zone Currà) und Vaglio Serra umfassen, wo der Barbera d'Asti erzeugt wird. In der Palette auch Dolcetto, Cabernet Sauvignon und Chardonnay, die Bezugsetiketten sind jedoch die auf Grundlage von Nebbiolo, die hauptsächlich in Barriquen ausgebaut werden und an einem gewissen Extraktreichtum erkennbar sind, extrem zuverlässig in der Alterung. Der Rabajà 2011 ist ein superlativer Barbaresco, der ohne Eile zu genießen ist, da er in den nächsten Jahren in der Flasche seine jetzt schon für die faszinierende Persönlichkeit verantwortlichen fruchtigen, getoasteten und würzigen Komponenten voll zur Entfaltung bringen wird. Der konzentrierte, kraftvolle und saftige Barbaresco Maria Adelaide ist ein Jahrgang 2009 und wie immer modern und elegant. Ein herrliches Angebot.

- Barbaresco Rabajà '11 — 🍷🍷🍷 8
- Barbaresco '11 — 🍷🍷 6
- Barbaresco Coparossa '11 — 🍷🍷 8
- Barbaresco Maria Adelaide '09 — 🍷🍷 8
- Barbera d'Alba '12 — 🍷🍷 4
- Barbera d'Asti '12 — 🍷🍷 4
- Langhe Nebbiolo Fralù '12 — 🍷🍷 4
- Langhe Rosso Rabajolo '12 — 🍷🍷🍷 5
- Barbaresco Coparossa '04 — 🍷🍷🍷 8
- Barbaresco Maria Adelaide '07 — 🍷🍷🍷 8
- Barbaresco Maria Adelaide '03 — 🍷🍷🍷 8
- Barbaresco Maria Adelaide '01 — 🍷🍷🍷 8
- Barbaresco Rabajà '10 — 🍷🍷🍷 8
- Barbaresco Rabajà '09 — 🍷🍷🍷 8
- Barbaresco Rabajà '01 — 🍷🍷🍷 8

PIEMONT

Rocche Costamagna
VIA VITTORIO EMANUELE, 8
12064 LA MORRA [CN]
TEL. +39 0173509225
www.rocchecostamagna.it

DIREKTVERKAUF
BESUCH NACH VORANMELDUNG
UNTERKUNFT
JAHRESPRODUKTION 95.000 Flaschen
REBFLÄCHE 14 Hektar

Der faszinationsreiche und eindrucksvolle Betriebssitz in der Gemeinde La Morra ist schon allein eine Reise und eine Besichtigung wert. Dazu kommt aber auch die von Alessandro Locatelli, Sohn von Claudia Ferraresi, einer bekannten Künstlerin und Landwirtschaftsunternehmerin, vor allem in den letzten Jahren geleistete gute Arbeit, durch die den angebotenen Weinen eine auf vielen Märkten immer besser ankommende charakterliche Identität verliehen wurde. Wie viele gute Winzer von Langa mehr im Ausland als in Italien präsent, geht dieser Betrieb den eingeschlagenen Weg mit einer qualitativen Behauptung und einer korrekten Preispolitik ungestört weiter. Erlesen der schon bemerkenswert auf frische Lakritz- und typische Fruchtnoten dieses edlen Lagenweins von La Morra aufgegangene Barolo Rocche dell'Annunziata 2010. Wegen seiner unmittelbaren Trinkbarkeit bezaubernd der Barbera d'Alba Superiore Rocche delle Rocche 2011, ein wuchtiger, facettenreicher und anregender Wein.

● Barbera d'Alba Sup. Rocche delle Rocche '11	🍷🍷 4
● Barolo Rocche dell'Annunziata '10	🍷🍷 5
● Barbera d'Alba '12	🍷 3
● Barolo Rocche dell'Annunziata '04	🍷🍷🍷 5
● Barbera d'Alba Sup. Rocche delle Rocche '07	🍷🍷 3
● Barolo Bricco Francesco Rocche dell'Annunziata '06	🍷🍷 6
● Barolo Bricco Francesco Rocche dell'Annunziata '04	🍷🍷 6
● Barolo Rocche dell'Annunziata '09	🍷🍷 5
● Barolo Rocche dell'Annunziata '07	🍷🍷 5
● Barolo Rocche dell'Annunziata '05	🍷🍷 5
● Barolo Rocche dell'Annunziata Bricco Francesco Ris. '07	🍷🍷 6

★Podere Rocche dei Manzoni
LOC. MANZONI SOPRANI, 3
12065 MONFORTE D'ALBA [CN]
TEL. +39 017378421
www.rocchedeimanzoni.it

DIREKTVERKAUF
BESUCH NACH VORANMELDUNG
JAHRESPRODUKTION 250.000 Flaschen
REBFLÄCHE 40 Hektar

Der Betrieb Rocche dei Manzoni geht seinen önologischen Weg kohärent und konstant weiter. Er wurde vom großen Valentino Migliorini gegründet – an den wir uns lebhaft erinnern und den wir nicht vergessen dürfen, da Schöpfer und Zeuge der derzeitigen planetarischen Erkennbarkeit der Langa. Heute wird er mit sicherer Hand von seinem Sohn Rodolfo geleitet, der das Erbe mit großer Verantwortung und Professionalität übernommen hat. Das stilistische Profil der Weine ist sehr persönlich und somit erkennbar und trägt dazu bei, einen schwer verwechselbaren charakterlichen und kennzeichnenden Zug hervorzuheben. Es überrascht und verführt die jugendliche und unbefangene Persönlichkeit des Barolo La Villa Vigna Madonna Assunta, der nach 10 Jahren seines Jahrgangs in den Handel kommt und sich schon mit einer ziemlich intensiven Farbe kompakt und solide gibt; mit raffiniertem Beitrag des noch ziemlich deutlichen Holzes. Gleiche Einstellung für den Big 'd Big 2010, besonders wuchtig und strukturiert, dazu bestimmt, sich in den nächsten Jahren in der Flasche zu harmonisieren.

● Barolo Big 'd Big '10	🍷🍷 8
● Barolo La Villa V. Madonna Assunta Ris. 10 anni '04	🍷🍷 8
● Barbera d'Alba Sup. Sorito Mosconi '09	🍷🍷 6
● Barolo '10	🍷🍷 8
● Barolo Perno V. Cappella di S. Stefano '10	🍷🍷 8
● Barolo San Pietro V. d'la Roul '10	🍷🍷 8
● Barolo V. Big 'd Big '99	🍷🍷🍷 8
● Barolo V. Cappella di S. Stefano '01	🍷🍷🍷 8
● Barolo V. d'la Roul '07	🍷🍷🍷 8
○ Valentino Brut Zero Ris. '98	🍷🍷🍷 5

PIEMONT

Roccolo di Mezzomerico
Cascina Roccolo Bellini, 4
28040 Mezzomerico [NO]
Tel. +39 0321920407
www.ilroccolovini.it

DIREKTVERKAUF
BESUCH NACH VORANMELDUNG
JAHRESPRODUKTION 30.000 Flaschen
REBFLÄCHE 7 Hektar

Seit Pietro Gelmini mit Frau Margherita und Töchtern Valentina und Francesca zu den Ursprüngen zurückgekehrt ist, widmet er sich leidenschaftlich der Winzerarbeit. 1990, dem Entstehungsjahr der Weine von Roccolo di Mezzomerico, wurde die Bindung zum Urgroßvater wieder hergestellt, der im fernen 1891 unter den Gründern der ältesten Genossenschaftsstruktur Italiens war, der Cantina Sociale di Oleggio. Heute hat er sich, auch dank der Beratung von Claudio introini, einem guten Kellermeister von Veltlin, den Weinstil dieser Region zu Eigen gemacht, was mit Überreife, Welken, Weichheit und Süße gleichzusetzen ist. Wenn auch ohne die Resultate des Vorjahrs bleibt der Roccolo eine der großen Bezugsbetriebe im Osten der Provinz Novara, vor allem für jene, die mit Zuneigung zum Valtellina und Valpolicella blicken. Die Version 2010 des Valentina Vendemmia Tardiva erscheint extrem mit kraftvollem Restextrakt und Geruch und großzügig verwendetem Holz. Der Siduri, ein Passito aus Erbaluce und Chardonnay zeigt eine überzeugende süßsaure Balance.

○ Siduri Francesca Vign. Il Ponticello	🏆🏆 4
○ Colline Novaresi Bianco Francesca '13	🏆🏆 2*
● Colline Novaresi Nebbiolo Valentina V.T. Et. Oro '10	🏆🏆 4
○ Il Mataccio V. T.	🏆 2
● Colline Novaresi Nebbiolo Valentina '09	🏆 3
● Colline Novaresi Nebbiolo La Cascinetta '09	🍷🍷 2*
● Colline Novaresi Nebbiolo Valentina '08	🍷🍷 3
● Colline Novaresi Nebbiolo Valentina '07	🍷🍷 3*
● Colline Novaresi Nebbiolo Valentina '06	🍷🍷 3*
● Colline Novaresi Nebbiolo Valentina V.T. '07	🍷🍷 4
● Colline Novaresi Nebbiolo Valentina V.T. Et. Oro '09	🍷🍷 4

Flavio Roddolo
Fraz. Bricco Appiani
Loc. Sant'Anna, 5
12065 Monforte d'Alba [CN]
Tel. +39 017378535

DIREKTVERKAUF
BESUCH NACH VORANMELDUNG
JAHRESPRODUKTION 25.000 Flaschen
REBFLÄCHE 6 Hektar

Flavio Roddolo verkörpert perfekt den Winzer der Langa. Dem Rampenlicht zieht er die geduldige und stille Arbeit in seinem Gutshaus von Bricco Appiani vor, das geografisch außerhalb der Weindenomination liegt und erster Vorposten des Alta-Langa-Gebiets ist. Überzeugter Verfechter des natürlichen Weinbaus, im Weinberg und im Keller, erzeugt er nur einen Barolo aus der Lage und vermarktet ihn ohne Eile nach langem Ausbau in meist erschöpften, kleinen und mittleren Hölzern. Die Palette runden zwei Dolcettos d'Alba, darunter eine Version Superiore, ein Barbera, der Nebbiolo und der Bricco Appiani, ein sortenreiner, stark gebietsverbundener Cabernet, ab. Flavio hat beschlossen, die Flaschenabfüllung des Barolo, des Langhe Rosso und des Barbera d'Alba hinauszuzögern, daher sind sie nur durch die beiden nachstehend genannten Etiketten und den Dolcetto d'Alba 2012 vertreten. Rein und sehr genüsslich der Dolcetto d'Alba Superiore 2011 und vielschichtig der rustikale Nebbiolo d'Alba, oft an der Spitze der Weindenomination.

● Dolcetto d'Alba Sup. '11	🏆🏆 3*
● Nebbiolo d'Alba '09	🏆🏆 4
● Barolo Ravera '08	🍷🍷🍷 5
● Barolo Ravera '07	🍷🍷🍷 5
● Barolo Ravera '04	🍷🍷🍷 5
● Barolo Ravera '01	🍷🍷🍷 5
● Barolo Ravera '97	🍷🍷🍷 5
● Bricco Appiani '99	🍷🍷🍷 5
● Dolcetto d'Alba Sup. '10	🍷🍷 3*
● Dolcetto d'Alba Sup. '09	🍷🍷 3*
● Nebbiolo d'Alba '08	🍷🍷 4
● Nebbiolo d'Alba '07	🍷🍷 4

PIEMONT

Ronchi

S.DA RONCHI, 23
12050 BARBARESCO [CN]
TEL. +39 0173635156
info@aziendaagricolaronchi.it

DIREKTVERKAUF
BESUCH NACH VORANMELDUNG
JAHRESPRODUKTION 30.000 Flaschen
REBFLÄCHE 7 Hektar

Als kleiner, aber ausgezeichneter Winzer ist Giancarlo Rocca eine sichere Adresse unter den Exzellenzen im Barbaresco-Gebiet. Das umsichtig und streng geführte Landwirtschaftsvermögen befindet sich beinahe zur Gänze in der geografischen Zusatzangabe Ronchi. Balance und Eleganz der erzeugten Weine sind auch Ergebnis der gekonnten Kellerarbeit, wo die richtige Meditation in großen slawonischen Fässern und kleinen Hölzern dazu beiträgt, Kraft und Raffinesse bestmöglich zu dosieren. Und schließlich ein Applaus der auf alle Weine angewandten korrekten Preispolitik. Endlich kein Fehlerrisiko mehr: Der Name der Lage ist aus der Etikette ersichtlich. Aber nie wie in dieser Situation macht es Sinn von Basiswein zu sprechen, denn wie es bisweilen in der Jugend vorkommt, ist er qualitäts- und balancemäßig besser als der Ronchi, noch ein wenig vom Holz und der Strenge gezeichnet. Giancarlo Rocca bestätigt wieder sein Können in der Herstellung von holzausgebauten, fetten und harmonischen Weißen.

● Barbaresco '10	🍷🍷 5
○ Langhe Chardonnay Ronchi '12	🍷🍷 3*
● Barbaresco Ronchi '10	🍷🍷 5
● Barbera d'Alba Terlé '12	🍷🍷 3
● Dolcetto d'Alba '13	🍷 2
● Barbaresco Ronchi '04	🍷🍷🍷 6
● Barbaresco '09	🍷🍷 5
● Barbaresco Et. Blu '08	🍷🍷 5
● Barbaresco Et. Rossa '08	🍷🍷 5
● Barbera d'Alba Terlé '11	🍷🍷 3
● Dolcetto d'Alba '12	🍷🍷 2*
○ Langhe Chardonnay '10	🍷🍷 3

Giovanni Rosso

LOC. BAUDANA, 6
12050 SERRALUNGA D'ALBA [CN]
TEL. +39 0173613340
www.giovannirosso.com

DIREKTVERKAUF
BESUCH NACH VORANMELDUNG
JAHRESPRODUKTION 55.000 Flaschen
REBFLÄCHE 10 Hektar

Ein unternehmensfreudiger und ehrgeiziger Betrieb, entschlossen, ein präziser Bezugspunkt in der Welt des Barolo zu werden. Das ist das Projekt des jungen Davide Rosso, der sich der Potenzialitäten seiner Weinberge genau bewusst ist. Und in der Tat sind die schönen Positionen in Serralunga mit einem kleinen Ausläufer im Gebiet von Roddino der wichtigste Wert eines Kellers mit 6 mit Nebbiolo für Barolo bestockten Weinbergen. La Serra und Cerretta sind die reputiertesten Lagenweine, zu denen sich eine limitierte Produktion an Vigna Rionda gesellt, einer der meistgefeierten Weinberge der Weindenomination. Ein fantastischer Barolo Serra 2010 bringt die Drei Gläser ins Haus Rosso: ein mächtiger, nicht aggressiver und geruchlich schon gut entfalteter Wein, in dem sich Rotbeeren mit Heilkräutern und Tabak vereinen. Entschieden gelungen und kaum weniger frisch der Barolo der Lage Cerretta, auch er mit einer auf die guten Böden von Serralunga d'Alba zurückzuführenden Intensität. Herrlich trinkreif der Barolo del Comune di Serralunga d'Alba 2010.

● Barolo Serra '10	🍷🍷🍷 7
● Barolo Cerretta '10	🍷🍷 7
● Barolo del Comune di Serralunga d'Alba '10	🍷🍷 5
● Barbera d'Alba Donna Margherita '13	🍷 3
● Langhe Nebbiolo '12	🍷 4
● Barolo Cerretta '06	🍷🍷🍷 7
● Barolo La Serra '09	🍷🍷🍷 7
● Barolo La Serra '08	🍷🍷🍷 7
● Barbera d'Alba Donna Margherita '10	🍷🍷 3*
● Barolo Cerretta '09	🍷🍷 7
● Barolo Cerretta '07	🍷🍷 7
● Barolo di Serralunga '08	🍷🍷 5
● Barolo La Serra '07	🍷🍷 7
● Barolo V. Rionda Tommaso Canale '09	🍷🍷 8
● Barolo V. Rionda Tommaso Canale '08	🍷🍷 8

PIEMONT

Rovellotti
Interno Castello, 22
28074 Ghemme [NO]
Tel. +39 0163841781
www.rovellotti.it

DIREKTVERKAUF
JAHRESPRODUKTION 50.000 Flaschen
REBFLÄCHE 17 Hektar

Die Welt des Weins von Novara wäre vermutlich ohne den in der Altstadt von Ghemme beinahe versteckt gelegenen Keller von Antonello und Paolo Rovellotti, auch als Ricetto bekannt, nicht dieselbe. Hier nimmt eine Palette Form an, die nur schwer einem strengen Schema Tradition-Modernität zuzuordnen ist und in der Nebbiolo und Vespolina mit allochthonen Rebsorten wie Cabernet, Merlot und Pinot Nero zusammenleben, klassische Interpretationen mit jüngst entworfenen Etiketten. Trotz der an die engen Lokale gebundenen Schwierigkeiten, werden die Roten erst nach langem Ausbau in Eiche angeboten und signalisieren stets etwas Klassizität und Solidität im Restextrakt. Die Brüder Rovellotti platzieren mit ihren Ghemmes zwei finalreife Weine. Der Chioso dei Pomi '08 spielt mit schwarzem Pfeffer und Veilchen, Tabak und Himbeere, mit frischem und maßvollem Abgang. „Südlicher" im Tanningehalt der Costa del Salmino Riserva '07, und trotzdem blumig entspannt.

● Ghemme Costa del Salmino Ris. '07	🍷🍷 5
⊙ Colline Novaresi Nebbiolo Rosato Valplazza '13	🍷 2*
● Ghemme Chioso dei Pomi '08	🍷🍷 4
○ Colline Novaresi Bianco Vitigno Innominabile Il Criccone '13	🍷 2
● Ghemme Chioso dei Pomi '07	🍷🍷🍷 4*
○ Colline Novaresi Bianco Vitigno Innominabile Il Criccone '11	🍷🍷 2*
● Colline Novaresi Nebbiolo Valplazza '10	🍷🍷 2*
● Colline Novaresi Vespolina Ronco al Maso '11	🍷🍷 2*
● Ghemme Chioso dei Pomi '06	🍷🍷 5

Podere Ruggeri Corsini
loc. Bussia Corsini, 106
12065 Monforte d'Alba [CN]
Tel. +39 017378625
www.ruggericorsini.com

DIREKTVERKAUF
BESUCH NACH VORANMELDUNG
JAHRESPRODUKTION 75.000 Flaschen
REBFLÄCHE 10 Hektar

Loredana Addari und Nicola Argamante führen nun schon seit beinahe 20 Jahren diese kleine und bedeutsame Weinbaurealität in der Gemeinde Monforte und auch wenn sie in Italien nur wenig präsent und sichtbar sind, ist es ihnen gelungen, in vielen Bezugsländern bedeutsame Positionen zu erobern, allen voran in den Vereinigten Staaten. Der stilistische Zug der erzeugten Weine repräsentiert die besten Weinarten des Gebiets und zieht eine moderne Interpretation vor, das bedeutet strenge Auslese im Weinberg und eine Vinifizierung, die die Essenz der verfügbaren Frucht mit guter Balance zwischen Kraft und Eleganz extrahiert. Der Barolo Bricco San Pietro 2010 bietet sich mit weicher Vielschichtigkeit an, ohne viele Muskeln zu zeigen, mit schon gut in das Fruchtfleisch eingefügten delikaten Tanninen und Säure. Strukturierter der Bussia Corsini 2010 mit relativ offenen Aromen von Kina bis hin zu kleinen Schwarzfrüchten. Eine verdiente Anmerkung für den lebendigen und schmackhaften Langhe Rosso Autenzio 2011 aus sortenreinen Albarossa-Trauben.

● Barolo Bricco San Pietro '10	🍷🍷 5
● Barolo Bussia Corsini '10	🍷🍷 5
● Langhe Rosso Autenzio '11	🍷🍷 4
○ Langhe Bianco '13	🍷 2
● Langhe Pinot Nero Argamakow '12	🍷 4
● Barbera d'Alba Sup. Armujan '11	🍷🍷 3
● Barolo Bussia Corsini '09	🍷🍷 5
● Barolo Bussia Corsini '08	🍷🍷 5
● Barolo San Pietro '09	🍷🍷 5
● Barolo San Pietro '08	🍷🍷 5
● Dolcetto d'Alba '12	🍷🍷 2*
● Langhe Rosso Argamakow '11	🍷🍷 4

PIEMONT

Josetta Saffirio
LOC. CASTELLETTO, 39
12065 MONFORTE D'ALBA [CN]
TEL. +39 0173787278
www.josettasaffirio.com

DIREKTVERKAUF
BESUCH NACH VORANMELDUNG
JAHRESPRODUKTION 25.000 Flaschen
REBFLÄCHE 6 Hektar

Sara Vezza zählt auf die bedeutsame Erfahrung ihrer Mutter, Josetta Saffirio, die viele Jahre an der Weinbauschule in Alba unterrichtet hat, und ihres Vaters Roberto, Önologe in einem großen Keller des Gebiets. Im Bewusstsein dieses Imprintings geht Sara ihren Weg in den Fußstapfen weiter, die den Betrieb Ende der 80er Jahre des letzten Jahrhunderts mit den ersten Selektionen an Barolo und Barbera d'Alba berühmt gemacht haben. Entschieden moderne, fruchtige und aromaraffinierte Weine mit einer nie aggressiven Struktur, ganz so, wie es der Boden von Monforte will. Erlesene Raffinesse in beiden Etiketten Barolo 2010, wobei die Basisversion dank einer eleganten Modernität, in der die Toastingnoten des Holzes der sehr fruchtigen Komponente als Hintergrund dienen, verdiente Komplimente erhält. Kaum etwas prägnanter der dichte Barolo Persiera, wegen seiner lebendigen Persönlichkeit schätzenswert.

- Barolo '10 — 5
- Barolo Millenovecento48 Ris. '08 — 7
- Barolo Persiera '10 — 7
- Langhe Nebbiolo '12 — 3
- Barbera d'Alba '12 — 3
- Langhe Merlot Alna Rosso '12 — 3
- Barbera d'Alba '11 — 3*
- Barolo '09 — 5
- Barolo Millenovecento48 Ris. '07 — 7
- Barolo Persiera '09 — 7
- Langhe Alna Rosso '10 — 3
- ○ Langhe Bianco '10 — 3
- Langhe Nebbiolo '11 — 3
- Langhe Nebbiolo '10 — 3

San Bartolomeo
LOC. VALLEGGE
CASCINA SAN BARTOLOMEO, 26
15066 GAVI [AL]
TEL. +39 0143643180
www.sanbartolomeo-gavi.com

DIREKTVERKAUF
BESUCH NACH VORANMELDUNG
JAHRESPRODUKTION 50.000 Flaschen
REBFLÄCHE 21 Hektar

San Bartolomeo hat seinen Ursprung in einem antiken Kloster, das nach seiner Entweihung in einen Gutshof verwandelt wurde. Mit der Zeit wechselten sich verschiedene Eigentümer und Umbauten ab, bis der Urgroßvater von Fulvio, Giuseppe, 1916 das Gutshaus vom Marchese Orso Serra erwarb. Aber die Geschichte ist noch nicht zu Ende, denn die Familie Bergaglio lebte und lebt diese Weinberge mit derselben Hingabe wie immer aus, sie modernisiert die Technik, vergisst dabei aber nie die Vergangenheit. In der Produktion nur Cortese-Trauben, die qualitativ erstklassige Weine zum Leben erwecken. Quinto und Pelöia sind unterschiedliche Zwillinge: Der großartig elegante Quinto, mit feinen und artikulierten Aromen resultiert schon trinkreif. Unmittelbarer der Pelöia, der verschlossener ist, aber unverwechselbare Signale einer einzigartigen Eleganz und Vielschichtigkeit aussendet. Wir werden nicht mehr lange auf ihn warten müssen.

- ○ Gavi del Comune di Gavi Pelöia '13 — 3*
- ○ Gavi Quinto '13 — 3*
- ○ Gavi del Comune di Gavi Pelöia '12 — 3
- ○ Gavi del Comune di Gavi Pelöia '11 — 3*
- ○ Gavi Quinto '12 — 2*
- ○ Gavi Quinto '11 — 2*
- ○ Gavi Quinto '10 — 2*

PIEMONT

Tenuta San Sebastiano

Cascina San Sebastiano, 41
15040 Lu [AL]
Tel. +39 0131741353
www.dealessi.it

DIREKTVERKAUF
BESUCH NACH VORANMELDUNG
JAHRESPRODUKTION 70.000 Flaschen
REBFLÄCHE 9 Hektar

Die im Betrieb wahrzunehmende unbeschwerte und entspannte Atmosphäre versetzt den Besucher in die beste Lage, um die intensiven und körperreichen Weine dieses Gebiets zu verkosten. Natürlich ist die Familie De Alessi daran nicht unbeteiligt. Mit dem überschwänglichen Charakter von Roberto und dem besonneneren und ausgesprochen freundlichen Wesen von Frau Noemi. Ohne dabei Fabio zu vernachlässigen, der auf denselben Wegen zwischen Weinberg und Keller hin- und herläuft, die schon sein Vater als Junge zurückgelegt hat. Also ein Bild, das ausgekostet werden will. Das Spitzenprodukt Robertos, der Barbera Mepari Jahrgang 2011 befindet sich noch im Ausbau und wird daher für die nächste Ausgabe des Führers verkostet. Wir sind jedoch nicht enttäuscht, denn alle präsentierten Weine haben ausgezeichnete organoleptische Merkmale. Der Barbera, der Grignolino, der Passito aus Moscato und Gewürztraminer, der Brut aus Pinot Nero und der Monferrato Bianco aus Cortese und Sauvignon.

Wein	Bewertung
● Barbera del M.to '12	2*
⊙ Brut Rosè M. Cl. '10	3
○ LV Quinquagesimaquinta Mansio Passito '12	4
○ M.to Bianco '13	2
● Barbera del M.to '11	2*
● Barbera del M.to Sup. Mepari '10	4
● Barbera del M.to Sup. Mepari '09	4
● M.to Rosso Dalera '08	3
● M.to Rosso Sol-Do '09	3
● Piemonte Grignolino '13	2*
● Piemonte Grignolino '12	2*

★Luciano Sandrone

via Pugnane, 4
12060 Barolo [CN]
Tel. +39 0173560023
www.sandroneluciano.com

BESUCH NACH VORANMELDUNG
JAHRESPRODUKTION 100.000 Flaschen
REBFLÄCHE 27 Hektar

Luciano Sandrone hat es weit gebracht seit die ersten Flaschen seines Barolo, Lese 1978 (ca. 1.500 St.), in die Szene einfielen. Sie sind sofort als Kultreferenzen aufgenommen worden, vor allem im Ausland. Ihr Erfolg bildete die Grundlage für ein graduelles Wachstum der Weinbauplattform, die sich heute über 27 Hektar artikuliert und verschiedene strategische Punkte für den Anbau von Nebbiolo und Barbera umfasst. Unterstützt von Tochter Barbara und Bruder Luca bleiben das Aushängeschild ihrer Produktion die 24 Monate in Tonneau ausgebauten Barolos Cannubi Boschi und die Le Vigne. Es sind Weine von großartig fruchtigem Stoff, die mit der Zeit einige Boisé-Spuren verlieren. Herrlicher Jahrgang für den intensiven und eleganten Barolo Cannubi Boschis 2010, ganz so wie es die Winzerphilosophie von Luciano Sandrone will. Ein Drei-Gläser-Wein, der in der Nase von raffinierten roten und schwarzen Früchten erzählt und im Mund Tannine und großartiges Fruchtfleisch vereint. Kaum direkter und unmittelbarer der Barolo Le Vigne. Herrlich der Barbera d'Alba 2012 mit fesselnder Trinkbarkeit und belebender Frische.

Wein	Bewertung
● Barolo Cannubi Boschis '10	8
● Barbera d'Alba '12	5
● Barolo Le Vigne '10	8
● Barolo Cannubi Boschis '08	8
● Barolo Cannubi Boschis '07	8
● Barolo Cannubi Boschis '06	8
● Barolo Cannubi Boschis '05	8
● Barolo Cannubi Boschis '04	8
● Barolo Cannubi Boschis '03	8
● Barolo Cannubi Boschis '01	8

PIEMONT

Cantine Sant'Agata
REG. MEZZENA, 19
14030 SCURZOLENGO [AT]
TEL. +39 0141203186
www.santagata.com

DIREKTVERKAUF
BESUCH NACH VORANMELDUNG
GASTRONOMIE
JAHRESPRODUKTION 150.000 Flaschen
REBFLÄCHE 12 Hektar

Die Brüder Cavallero leiten den hundertjährigen Familienbetrieb mit einer in vier Linien artikulierten Produktion. Von den 20 erzeugten Etiketten sind vier auf Grundlage von Ruché, der für den Keller bedeutsamsten Rebsorte, die in verschiedene Versionen abgewandelt wird. Die Weinberge liegen zwischen Scurzolengo, Canelli und Monforte d'Alba, wo die wichtigsten Rebsorten Ruché, Moscato und Nebbiolo sind, daneben findet man aber auch geringere Prozentanteile an Barbera, Grignolino, Cortese, Chardonnay und Pinot Nero. Gute vielschichtige Leistung für den Sant'Agata. Unter den Ruché di Castagnole Monferrato heben sich der in seinen Rosen- und Lakriznoten typische, strukturierte und ausgewogene 'Na Vota '13 und der strengere Genesi '09 mit Gewürztönen und wenigen Zugeständnissen an den aromatischen Charakter der Rebsorte ab. Bemerkenswert säurefrisch der Barbera d'Asti Superiore Altea '12 mit reifen Frucht-, Zitrusfrucht- und Tabakaromen. Der Barolo Bussia '09 hingegen ist vielschichtig und strukturiert.

- Barbera d'Asti Sup. Altea '12 — 🍷🍷 3
- Barbera d'Asti Sup. Cavalé '11 — 🍷🍷 4
- Barolo Bussia '09 — 🍷🍷 7
- Ruché di Castagnole M.to 'Na Vota '13 — 🍷🍷 3
- Ruché di Castagnole M.to Genesi '09 — 🍷🍷 6
- Barbera d'Asti Baby '13 — 🍷 2
- Grignolino d'Asti Miravalle '12 — 🍷 3
- Ruché di Castagnole M.to 9.99 '13 — 🍷 3
- Ruché di Castagnole M.to Il Cavaliere '12 — 🍷 2
- Barbaresco La Fenice '10 — 🍷🍷 4
- Barolo Bussia '08 — 🍷🍷 5
- Ruché di Castagnole M.to 'Na Vota '11 — 🍷🍷 3
- Ruché di Castagnole M.to Pro Nobis '11 — 🍷🍷 3

Paolo Saracco
VIA CIRCONVALLAZIONE, 6
12053 CASTIGLIONE TINELLA [CN]
TEL. +39 0141855113
www.paolosaracco.it

DIREKTVERKAUF
BESUCH NACH VORANMELDUNG
JAHRESPRODUKTION 600.000 Flaschen
REBFLÄCHE 45 Hektar

Paolo Saracco ist einer der Protagonisten im Moscato-Panorama. Die von ihm in diesen letzten Jahren getätigten Zukäufe haben dazu geführt, dass der Betrieb auf 14 unterschiedlich ausgerichtete Grundstücke zählen kann, die sich hauptsächlich aus Sand-, Schlick- und Kalkböden zusammensetzen und in Höhen zwischen 300 bis 460 Meter liegen. Seine Moscatos spielen mehr mit Eleganz und Aromaausdruck als mit Fruchtsüße und werden mittlerweile als Bezug für die Weinart angesehen. Im Weinbergen finden auch kleine Menge Pinot Nero, Riesling, Traminer und Chardonnay Platz. Stets im Vordergrund der Piemonte Moscato d'Autunno. Die Version 2013 ist großartig frisch, spielt hauptsächlich mit pflanzlichen Tönen, ist angenehm und einfach zu trinken. Wirklich gut gemacht auch der Piemonte Pinot Nero '11, intensiv und harmonisch in seinen Blumen-, Veilchen-, und Rotfruchtnoten, gute Dichte und Persistenz trotz noch deutlicher Holznoten. Einfach, aber angenehm und aromatisch der Moscato d'Asti '13.

- ○ Piemonte Moscato d'Autunno '13 — 🍷🍷 3*
- ○ Moscato d'Asti '13 — 🍷🍷 3
- ● Piemonte Pinot Nero '11 — 🍷🍷 5
- ○ Langhe Chardonnay Prasuè '13 — 🍷 3
- ○ Piemonte Moscato d'Autunno '09 — 🍷🍷🍷 3*
- ○ Moscato d'Asti '12 — 🍷🍷 3
- ○ Moscato d'Asti '11 — 🍷🍷 3
- ○ Moscato d'Asti '09 — 🍷🍷 3*
- ○ Piemonte Moscato d'Autunno '12 — 🍷🍷 3*
- ○ Piemonte Moscato d'Autunno '11 — 🍷🍷 3*
- ○ Piemonte Moscato d'Autunno '10 — 🍷🍷 3
- ● Piemonte Pinot Nero '09 — 🍷🍷 5

PIEMONT

Roberto Sarotto
Via Ronconuovo, 13
12050 Neviglie [CN]
Tel. +39 0173630228
www.robertosarotto.com

DIREKTVERKAUF
BESUCH NACH VORANMELDUNG
JAHRESPRODUKTION 700.000 Flaschen
REBFLÄCHE 84 Hektar

Roberto Sarotto, die Seele der Verwaltung dieser artikulierten piemontesischen Realität besitzt ein beachtliches Weinbauvermögen und die Flächen in verschiedenen wichtigen Denominationen ermöglichen es ihm, eine wahrhaft bedeutsame Weinauswahl hervorzubringen, die viele Etiketten aus einigen der prestigevollsten Gebiete der Region umfasst. Die Preispolitik ist weiterhin sehr vernünftig und bildet zusammen mit der konstanten qualitativen Zuverlässigkeit ein weiteres Argument, um den Erfolg dieses Betriebs zu verstehen. Wie in jeder Ausgabe des Führers präsentiert Roberto Sarotto eine Weinauswahl für jeden Geschmack mit vielen neuen und verschiedenen Etiketten. Unter den Kandidaten für die Siegespalme der stets in der ersten Reihe anzutreffende Barbera Elena mit Pflaumen- und Kakaoaromen und mächtigem, frischem Mund. Ebenfalls in den Finalrunden der Currà Riserva 2009, ein traditionsgerechter Barbaresco. Bemerkenswert auch die beiden neuen Chardonnays: der frische und vibrierende Impuro mit Sauvignonzugabe, und der Puro für Boisé-Liebhaber.

● Barbaresco Currà Ris. '09	🍷🍷 5
● Barbera d'Alba Elena '12	🍷🍷 5
● Barbaresco Gaia Principe '11	🍷🍷 6
● Barolo Audace '10	🍷🍷 6
● Barolo Briccobergera '10	🍷🍷 5
○ Gavi del Comune di Gavi Bric Sassi Tenuta Manenti '13	🍷🍷 2*
○ Langhe Arneis Runcneuv '13	🍷🍷 2*
● Langhe Rosso Enrico I '12	🍷🍷 5
○ Piemonte Chardonnay Impuro '13	🍷 3
● Barbera d'Alba Bricco '13	🍷 2
○ Gavi Aurora '13	🍷 2
○ Moscato d'Asti Solatio '13	🍷 2
○ Piemonte Chardonnay Puro '13	🍷 3
● Barbaresco Gaia Principe '10	🍷🍷 6

Scagliola
Via San Siro, 42
14052 Calosso [AT]
Tel. +39 0141853183
www.scagliolavini.com

DIREKTVERKAUF
BESUCH NACH VORANMELDUNG
JAHRESPRODUKTION 150.000 Flaschen
REBFLÄCHE 37 Hektar

Die Familie Scagliola bearbeitet seit vier Generationen die Weinberge in Calosso. Heute kann der Betrieb über die um den Keller liegenden Weinberge mit mittelfesten Ton- und Kalkböden verfügen, die hauptsächlich mit Barbera bestockt sind, und über die in Canelli mit Mergel- und Sandböden, wo hauptsächlich Moscato angebaut ist. Neben diesen beiden Rebsorten gibt es auch kleine Mengen Dolcetto, Cortese, Chardonnay, Grignolino, Brachetto und Pinot Nero. Die angebotenen Weine sind modern eingestellt, ohne auf die bestens zum Ausdruck gebrachten Gebietsmerkmale zu verzichten. Intensiv und elegant der Moscato d'Asti Volo di Farfalla '13, frisch mit seinen Chlorophyll- und Limettennoten, von großer Harmonie und Annehmlichkeit, stets von gutem Niveau, aber vielleicht etwas weniger brillant als andere Versionen schienen uns die beiden Barbera d'Asti Superiore SanSì. Der 2012er ist von bemerkenswerter Struktur, aber mit vom noch sehr präsenten Holz verdeckter Frucht, der Selezione '11 ist sehr reif, aber ohne richtig rassiger Stütze.

○ Moscato d'Asti Volo di Farfalla '13	🍷🍷 3*
● Barbera d'Asti Sup. SanSì '12	🍷🍷 6
● Barbera d'Asti Sup. SanSì Sel. '11	🍷🍷 7
● Barbera d'Asti Frem '13	🍷 3
● M.to Rosso Azörd '12	🍷 5
● Barbera d'Asti Frem '12	🍷🍷 3
● Barbera d'Asti Sup. SanSì '11	🍷🍷 6
● Barbera d'Asti Sup. SanSì Sel. '10	🍷🍷 7
● Barbera d'Asti Sup. SanSì Sel. '09	🍷🍷 7
● M.to Rosso Azörd '11	🍷🍷 5
○ Moscato d'Asti Volo di Farfalla '11	🍷🍷 3*

PIEMONT

Giorgio Scarzello e Figli
VIA ALBA, 29
12060 BAROLO [CN]
TEL. +39 017356170
www.barolodibarolo.com

DIREKTVERKAUF
BESUCH NACH VORANMELDUNG
JAHRESPRODUKTION 25.000 Flaschen
REBFLÄCHE 6 Hektar

Wenige Weinbauzonen und wenige Keller Italiens können mit solcher Nonchalance eine Flasche Wein – in diesem Fall einen Barolo – von vor 1920 entkorken. Scarzello schon. Diese Anekdote macht verständlich, wie Federico Scarzello natürlich die Zügel von seinem Vater Giuseppe übernommen hat. Wenige Rebsorten, wenige Weine und wenig Firlefanz, das könnte das Motto dieses stark traditionellen Kellers sein, in dem Nebbiolo und Barbera sowie große slawonische Eichenfässer zu Hause sind. Die von Scarzello signierten Weine werden lange im Keller ausgebaut, abgefüllt und spät präsentiert, um die Zeiten der großen Weine der Langa zu respektieren. In dieser Ausgabe fehlen der Barbera Superiore und der Barolo del Comune di Barolo; die einzigen beiden zu verkostenden Weine sind Söhne des Nebbiolo: der Barolo Sarmassa und der Langhe Nebbiolo. Der erste ist breit und vielschichtig, stark an Kina- und Teerempfindungen, einfach am Gaumen. Der zweite ähnelt dem ersten, nur räumt die Nase fruchtigen Aromen und Lakritz mehr Platz ein.

- Barolo Sarmassa V. Merenda '08 ♛♛ 6
- Langhe Nebbiolo '12 ♛♛♛ 3
- Barolo V. Merenda '99 ♛♛♛ 5
- Barbera d'Alba Sup. '10 ♛♛ 4
- Barbera d'Alba Sup. '08 ♛♛ 4
- Barolo '07 ♛♛ 5
- Barolo del Comune di Barolo '08 ♛♛ 5
- Barolo Sarmassa V. Merenda '06 ♛♛ 6
- Langhe Nebbiolo '10 ♛♛ 3

★★Paolo Scavino
FRAZ. GARBELLETTO
VIA ALBA-BAROLO, 59
12060 CASTIGLIONE FALLETTO [CN]
TEL. +39 017362850
www.paoloscavino.com

DIREKTVERKAUF
BESUCH NACH VORANMELDUNG
JAHRESPRODUKTION 120.000 Flaschen
REBFLÄCHE 23 Hektar

Der Betrieb von Enrico Scavino, eine der besten önologischen Marken in der Langa und ganz Italien, macht mit Begeisterung und Dynamik auf dem vor vielen Jahren eingeschlagenen Qualitätsweg weiter. Erst jüngst konnten wir einige Barolo-Lagenweine der 90er Jahre kosten und es wurde uns schlagartig bewusst, wie die Weine dieser wichtigen Realität rechtens auf konstante nationale und internationale Zustimmung stoßen. Der Keller ist faszinierend, einer der bedeutsamsten des gesamten Langa-Gebiets, und schon allein einen Besuch wert. Die erzeugten Etiketten sind zahlreich, aber im Schnitt mit zuverlässiger Qualität und Kohärenz. Der Rocche dell'Annunziata Riserva ist ein Meisterwerk, das den Reichtum der Nebbiolo-Traube mit der Raffinesse der Weinlese 2008 vereint: ein Drei-Gläser-Wein mit großem geschmacklichem Volumen und ein delikates Genusserlebnis. Einzigartig sind aber auch die Angebote von 2010, vom würzigen Cannubi zum kraftvollen Bric dël Fiasc über den lakritzigen Enrico Scavino.

- Barolo Rocche dell'Annunziata Ris. '08 ♛♛♛ 8
- Barolo Bric dël Fiasc '10 ♛♛ 8
- Barolo Cannubi '10 ♛♛ 8
- Barolo Enrico Scavino '10 ♛♛ 7
- Barolo Bricco Ambrogio '10 ♛♛ 8
- Barolo Carobric '10 ♛♛ 8
- Barolo Monvigliero '10 ♛♛ 8
- Langhe Nebbiolo '12 ♛♛ 4
- ○ Langhe Sorriso '13 ♛ 5
- Barolo Bric dël Fiasc '09 ♛♛♛ 8
- Barolo Monvigliero '08 ♛♛♛ 8
- Barolo Rocche dell'Annunziata Ris. '05 ♛♛♛ 8

PIEMONT

Schiavenza
via Mazzini, 4
12050 Serralunga d'Alba [CN]
Tel. +39 0173613115
www.schiavenza.com

DIREKTVERKAUF
BESUCH NACH VORANMELDUNG
GASTRONOMIE
JAHRESPRODUKTION 40.000 Flaschen
REBFLÄCHE 9 Hektar

Man kann nicht sagen, die Langhe zu kennen, ohne die Keller Schiavenza besichtigt zu haben, vielleicht vor einer Rast im familieneigenen Gasthaus, von dessen Terrasse man einen schönen Ausblick auf den östlichen Hang von Serralunga d'Alba genießt. Ein Ort authentischer Schönheit, ohne Flitter, der von den von Luciano Pira gepflegten strengen Barolos aus den vier großartigen Lagen Prapò, Bricco Cerretta, Broglio, Perno (a Monforte) zum Ausdruck gebracht wird. Trotz des langen Ausbaus in mittelgroßen Fässern ist beinahe immer ein weiterer Flaschenausbau empfehlenswert, bevor die einladendste und ausgesöhnteste Seite hervorkommt. Die großartige Weinlese 2008 des Kellers Schiavenza kommt in zwei Barolos Riserva mit großer Persönlichkeit zum Ausdruck. Der Broglio hat schon relativ offene Aromen, die vom Wildgemüse, über Lakritz bis zur unreifen Pflaume reichen, während der Mund ausgesprochen strukturiert und elegant ist: Ein Drei-Gläser-Wein mit präziser Faszination. Ebenfalls zum Einrahmen der Barolo di Serralunga d'Alba 2010, blumig und angenehm pflanzlich.

● Barolo Broglio Ris. '08	🍷🍷🍷	7
● Barolo del Comune di Serralunga d'Alba '10	🍷🍷	5
● Barolo Prapò Ris. '08	🍷🍷	7
● Barolo Prapò '10	🍷🍷	6
● Barolo Bricco Cerretta '10	🍷	6
● Barolo Broglio '05	🍷🍷🍷	5
● Barolo Broglio '04	🍷🍷🍷	5
● Barolo Broglio Ris. '04	🍷🍷🍷	5
● Barolo Prapò '08	🍷🍷🍷	6

Scrimaglio
s.da Alessandria, 67
14049 Nizza Monferrato [AT]
Tel. +39 0141721385
www.scrimaglio.it

DIREKTVERKAUF
BESUCH NACH VORANMELDUNG
JAHRESPRODUKTION 700.000 Flaschen
REBFLÄCHE 20 Hektar
WEINBAU Biologisch anerkannt

Unter den Kellern des Asti-Gebiets, die eigene Weine abfüllt, ist La Scrimaglio auch heute noch einer der dynamischsten und innovativsten Betriebe des Gebiets, was auch die dem biologischen Anbau entgegengebrachte Aufmerksamkeit und die Zusammenarbeit mit Cantina di Nizza zeigt. Das betriebliche Angebot ist in drei Linien aufgeteilt, die sich hauptsächlich um gebietstypische autochthone Rebsorten drehen, von denen sich in Zahl und Bedeutung die Barbera-Etiketten abheben. Die angebotenen Weine sind modern geprägt und respektieren die Erkennbarkeit des Gebiets. Mit seinem Barbera d'Asti Superiore Nizza Acsé '11, der dank reicher Fruchttöne, einer großartigen Struktur, Würze, Länge und Vielschichtigkeit die Drei Gläser erobert, bestätigt sich der Betrieb La Scrimaglio als ein Vorzeigebetrieb des Asti-Gebiets. Genau entgegengesetzt hingegen ist die Einstellung des Barbera d'Asti Superiore RoccaNivo '12, frisch und saftig, mit Macchie- und Aromakräuternoten, bemerkenswerter Säure und einem würzigen und rassigen Abgang.

● Barbera d'Asti Sup. Nizza Acsé '11	🍷🍷🍷	5
● Barbera d'Asti Sup. RoccaNivo '12	🍷🍷	2*
● Barbera d'Asti Sup. Il Sogno '11	🍷	3
● M.to Rosso Tantra '11	🍷	5
● Barbera d'Asti Sup. Nizza Acsé '10	🍷🍷🍷	5
● Barbera d'Asti Sup. Nizza Acsé '09	🍷🍷🍷	5
● Barbera d'Asti Sup. Nizza Acsé '08	🍷🍷🍷	5
● Barbera d'Asti Sup. Nizza Acsé '07	🍷🍷🍷	5

PIEMONT

Mauro Sebaste

FRAZ. GALLO
VIA GARIBALDI, 222BIS
12051 ALBA [CN]
TEL. +39 0173262148
www.maurosebaste.it

DIREKTVERKAUF
BESUCH NACH VORANMELDUNG
JAHRESPRODUKTION 120.000 Flaschen
REBFLÄCHE 22 Hektar

Mauro Sebaste hat die Liebe zum Wein von der charismatischen und unermüdlichen Winzerin und Mutter Sylla geerbt, die leider frühzeitig verstorben ist. Eine Leidenschaft, die ihn dazu gebracht hat, ganz neu anzufangen und einen eigenen Keller zu eröffnen, zu dem er für eine komplette Etikettenauswahl Weinberge in verschiedenen Gegenden der Zone erworben hat. Diese geht daher vom Gavi bis zum Moscato d'Asti, vom Freisa (nach Sylla benannt) zum exquisiten Barbera d'Alba Centobricchi. Aber am überzeugendsten sind die 4 angebotenen Barolos, die Bestätigung, dass die önologische Sensibilität von Mauro ihre volle Reife erreicht hat. In Abwesenheit der Barolos Prapò und Brunate haben wir den Ghè Riserva 2008 eines kleinen Weinbergs in Cerretta di Serralunga d'Alba und den Trèsüri 2010, ein Verschnitt aus 3 Lagen, verkostet. Unsere Vorliebe gilt dem Ghè Riserva, der reine Frucht mit klassischen pflanzlichen Erinnerungen des Jahrgangs 2008 vereint; Am Gaumen seidige und tiefe, gut ausgewogene Gerbstoffe, ohne die für Serralunga typische Härte.

● Barolo Ghé Ris. '08	8
● Barbera d'Alba Sup. Centobricchi '12	4
● Barolo Trèsüri '10	6
○ Langhe Bianco Centobricchi '13	3
● Barbera d'Alba Sup. Centobricchi '11	4
● Barbera d'Alba Sup. Centobricchi '10	4
● Barolo Prapò '09	7
● Barolo Prapò '08	7
● Nebbiolo d'Alba Parigi '11	4
● Nebbiolo d'Alba Parigi '09	4

F.lli Seghesio

LOC. CASTELLETTO, 19
12065 MONFORTE D'ALBA [CN]
TEL. +39 017378108
www.fratelliseghesio.it

DIREKTVERKAUF
BESUCH NACH VORANMELDUNG
JAHRESPRODUKTION 60.000 Flaschen
REBFLÄCHE 10 Hektar

Familiendimension, autochthone Rebsorten, Leidenschaft für die Winzerarbeit. Das sind die drei Eckpunkte, auf die die seit 50 Jahren mit verschiedenen Generationen aktiven Seghesios, einen soliden, stets zuverlässigen und auf internationaler Ebene geschätzten Namen aufgebaut haben. Der bedeutsamere produktive Bereich ist an den Barolo gebunden, der allein über die Hälfte der Flächen ausmacht, aber auch der Dolcetto und der Barbera d'Alba (in regelmäßigen Abständen unter den absolut besten) sind äußerst umsichtig realisiert. Im Keller kommen verschieden große französische Fässer zum Einsatz, aber Protagonist ist immer die Traube, nie das Holz. Die Lage La Villa di Monforte wirft immer gut frische Trauben mit bemerkenswert alkoholischem Potenzial ab. Hieraus hat die Familie Seghesio 2010 einen Barolo mit eleganten Lakritz- und eben gereifte Rotfruchtaromen erzeugt. Im Mund stark und voll, mit guter Wärme und vielschichtiger Harmonie, von reiner Persistenz. Beide Versionen des Barbera d'Alba genussreich.

● Barolo La Villa '10	7
● Barbera d'Alba '13	3
● Barbera d'Alba La Chiesa '12	4
● Langhe Nebbiolo '12	3
● Barolo Vign. La Villa '04	6
● Barolo Vign. La Villa '99	7
● Barbera d'Alba '12	3
● Barbera d'Alba Vign. della Chiesa '10	4
● Barolo La Villa '09	7
● Barolo Vign. La Villa '08	6

PIEMONT

Tenute Sella
VIA IV NOVEMBRE, 130
13060 LESSONA [BI]
TEL. +39 01599455
www.tenutesella.it

DIREKTVERKAUF
BESUCH NACH VORANMELDUNG
JAHRESPRODUKTION 95.000 Flaschen
REBFLÄCHE 21 Hektar

Zehn extrem fraktionierte Hektar in der Moränenmulde von Lessona, dreizehn Hektar an einem Stück in Bramaterra, die Weine der Familie Sella stellen sich jedes Jahr der leidenschaftlichen Herausforderung zwischen Sand und Porphyr von Biella, wo der Nebbiolo seine weiblichere und delikatere Seele mit einem stets leicht lesbaren Beitrag von Vespolina und Croatina offenbart. Im Fasskeller stehen 25-hl-Fässer aus Slawonien und nur teils neue Barriquen. Diese technischen Variablen sind für die Definition eines echt klassischen Stils, der auch nach einer Serie von Umstellungen in der önologischen Leitung beibehalten wird, relativ gewichtig. In einer Weinauswahl von hohem Niveau und aussagekräftiger Kohärenz fehlte einzig eine Spitze. Nach dem Motto weniger ist mehr ist der Lessona '09 zitrusfruchtig und blumig nuanciert, wo der Omaggio a Quintino Sella '08 wärmer und kraftvoller wahrzunehmen ist. Die leicht kreidige Tanninstruktur im Bramaterra I Porfidi '09 wird von der Vitalität heller Frucht kompensiert.

● Bramaterra I Porfidi '09	🍷🍷 5
● Lessona Omaggio a Quintino Sella '08	🍷🍷 7
○ Coste della Sesia Bianco Doranda '13	🍷 3
● Bramaterra I Porfidi '07	🍷🍷🍷 5
● Bramaterra I Porfidi '05	🍷🍷🍷 5
● Lessona Omaggio a Quintino Sella '06	🍷🍷🍷 7
● Lessona Omaggio a Quintino Sella '05	🍷🍷🍷 6
● Lessona S. Sebastiano allo Zoppo '04	🍷🍷🍷 5
○ Coste della Sesia Bianco Doranda '12	🍷🍷 3
● Coste della Sesia Orbello '12	🍷🍷 3
● Coste della Sesia Rosso Casteltorto '11	🍷🍷 4

Enrico Serafino
C.SO ASTI, 5
12043 CANALE [CN]
TEL. +39 0173979485
www.enricoserafino.it

DIREKTVERKAUF
BESUCH NACH VORANMELDUNG
JAHRESPRODUKTION 500.000 Flaschen
REBFLÄCHE 12 Hektar

Der Betrieb der Campari-Gruppe ist vor allem für seine ausgezeichnete Spumante-Produktion bekannt (seine Alta Langas sind mittlerweile ein Bezug für die Denomination) und bietet in den letzten Jahren auch ausgezeichnete stille Weine. Die Rebsorten sind die für das Roero-Gebiet klassischen: Nebbiolo, Barbera und Arneis neben Chardonnay und Pinot Nero für die Spumantes. Von den verschiedenen erzeugten Linien hebt sich Cantina Maestra mit gebietsverbundenen und trinkfreudigen Weinen ab. Ebenfalls erwähnenswert auch eine Serie an Etiketten, die aus den wichtigsten piemontesischen Weinzonen kommen. Der Alta Langa Brut Zero mit der Version Sboccatura Tardiva 2008 bleibt auch weiterhin unter den besten Schaumweinperlen Italiens. Mit großer, aromatischer Präzision vereint er Weiß- und Zitrusfruchtnoten mit angenehmen Jodtönen, für einen sehr langen und persistenten Gaumen. Unter den besten der Weindenomination der Roero Pasiunà '11, von großartigem Charakter und Balance, intensiv und fruchtig. Zu unterstreichen die Gesamtqualität der angebotenen Auswahl.

○ Alta Langa Brut Zero Sboccatura Tardiva Cantina Maestra '08	🍷🍷🍷 6
● Roero Pasiunà Cantina Maestra '11	🍷🍷 5
⊙ Alta Langa Brut Rosè Cantina Maestra '11	🍷🍷 5
● Barbera d'Alba Parduné Cantina Maestra '11	🍷🍷 4
● Nebbiolo d'Alba Diauleri Cantina Maestra '12	🍷🍷 3
○ Roero Arneis '13	🍷🍷 3
○ Roero Arneis Canteiò Cantina Maestra '13	🍷🍷 3
● Barbera d'Alba Bacajé Cantina Maestra '13	🍷 3
○ Alta Langa Brut Zero Cantina Maestra '07	🍷🍷🍷 6
○ Alta Langa Brut Zero Cantina Maestra '06	🍷🍷🍷 6

Aurelio Settimo

Fraz. Annunziata, 30
12064 La Morra [CN]
Tel. +39 017350803
www.aureliosettimo.com

DIREKTVERKAUF
BESUCH NACH VORANMELDUNG
JAHRESPRODUKTION 40.000 Flaschen
REBFLÄCHE 7 Hektar

Realität mit historischen Wurzeln, die sich von anderen Unternehmen des Gebiets ein wenig absetzt, jedoch in der Lage ist, mit konstanter Ernsthaftigkeit und Zuverlässigkeit zu arbeiten. Das stilistische Profil aller erzeugter Weine ist gut kalibriert, ohne Übertreibungen und Überfülle und ohne Tendenzen oder vorübergehende Modeerscheinungen zu verfolgen. Derzeit leitet Tochter Tiziana den Betrieb und die allgemeine Operativität. Die Preise der verschiedenen Weine sind korrekt und machen diesen Winzer noch interessanter. Wie es in einem reichen Jahrgang wie 2010 vorkommen kann, haben unsere Verkostungen ergeben, dass der Basis-Barolo harmonischer und ausgewogener ist, als der von der prestigevollen Lage Rocche dell'Annunziata di La Morra kommende. Ein vielschichtiger und ziemlich frischer Barolo mit delikaten balsamischen Noten neben Rotfrucht, mit dichten Gerbstoffen und bedeutsamem Fruchtfleisch, die eine genüssliche Trinkbarkeit schaffen.

● Barolo '10	🍷🍷 5
● Barolo Rocche dell' Annunziata '10	🍷🍷 6
● Dolcetto d'Alba '13	🍷🍷 2*
● Barolo '09	🍷🍷 5
● Barolo '08	🍷🍷 5
● Barolo '07	🍷🍷 5
● Barolo Rocche '06	🍷🍷 5
● Barolo Rocche dell' Annunziata '09	🍷🍷 6
● Barolo Rocche dell' Annunziata '08	🍷🍷 6
● Barolo Rocche dell' Annunziata '07	🍷🍷 5
● Barolo Rocche Ris. '04	🍷🍷 7
● Langhe Nebbiolo '08	🍷 3

Giovanni Silva

Cascine Rogge, 1b
10011 Agliè [TO]
Tel. +39 3473075648
www.silvavini.com

DIREKTVERKAUF
BESUCH NACH VORANMELDUNG
JAHRESPRODUKTION 50.000 Flaschen
REBFLÄCHE 12 Hektar

Die Familie Silva – heute folgen Giovanni und sein Neffe Stefano alle produktiven Phasen – ist seit Generationen in Agliè, südlich von Ivrea, in einer der Gemeinden des Canavese-Gebiets ansässig, wo man Erbaluce anbaut, aber der Verkauf der eigenen Weine in Flaschen hat erst vor 20 Jahren begonnen. Der Keller verwandelt die wichtigste Rebsorte des Gebiets in all ihre Formen. Die Weine haben einen für die Denomination ungewöhnlichen Körper und eine starke Persönlichkeit gemein. Neben den Weißen, die diese Ecke des nördlichen Piemonts berühmt gemacht haben, erzeugt der Keller auch Rote aus autochthonen Rebsorten. An der Spitze der beachtlichen Weinauswahl im Rahmen der Weine aus Erbaluce – die Roten haben dieses Jahr weniger überzeugt – finden wir den Passito Poetica 2004, der mit seinen durch gesteuerte Oxidation erreichten raffinierten Geruchsnoten (Kaffee und Nussschalen) reine lokale Tradition zum Ausdruck bringt: Ein wohlverdientes Finale. Es folgen ein frischer und vollmundiger Tre Ciochè 2013 und ein vibrierender Erbaluce Brut, beide strikt im Flaschengärungsverfahren hergestellt.

○ Erbaluce di Caluso Passito Poetica '04	🍷🍷 5
○ Erbaluce di Caluso Brut	🍷🍷 5
○ Erbaluce di Caluso Tre Ciochè '13	🍷🍷 2*
○ Erbaluce di Caluso Dry Ice '13	🍷 2
○ Caluso Passito Poetica '03	🍷🍷 5
● Canavese Nebbiolo '08	🍷🍷 2*
○ Erbaluce di Caluso Dry Silva '12	🍷🍷 2*
○ Erbaluce di Caluso Tre Ciochè '12	🍷🍷 2*
○ Erbaluce di Caluso Tre Ciochè '06	🍷🍷 2*

PIEMONT

La Smilla

VIA GARIBALDI, 7
15060 BOSIO [AL]
TEL. +39 0143684245
www.lasmilla.it

DIREKTVERKAUF
JAHRESPRODUKTION 100.000 Flaschen
REBFLÄCHE 5 Hektar

Das Abenteuer von La Similla beginnt an einem faszinierenden Ort des Austausches zwischen Kulturen und Produktionstraditionen. Es ist die südliche Ecke der Provinz Alessandria und des Gava-Gebiets, das sich mit dem des Dolcetto di Ovada überlagert, aber rein von der Umwelt her gesehen, gibt es mehrere Kontaktpunkte mit Ligurien. Das Meer ist nahe und hat spürbaren Einfluss auf die Weine aus den sechs Hektar, die zur Gänze den gebietseigenen Rebsorten (Barbera, Dolcetto und Cortese) gewidmet sind. Alle Etiketten sind in Stahl ausgebaut und essentiell vinifiziert. Eine Ausnahme hiervon ist die Gavi-Selektion I Bergi und der Barbera Calicanto, beide reifen in Barriquen. Der doppelten Gebiets- und Sortenseele von La Smilla wird in den letzten Ausgaben sehr gut Rechnung getragen. Da gibt es die füllige fruchtige Kraft des Gavi del Comune di Gavi '13 und die wilde, aber lebhafte Macht des Dolcetto di Ovada '12: beides stoffige Weine, vermutlich dazu bestimmt, in der Flasche zu wachsen.

● Dolcetto di Ovada '12	▼▼ 2*
○ Gavi del Comune di Gavi '13	▼▼ 2*
○ Gavi '13	▼▼ 2*
● Barbera del M.to '12	▼ 2
● M.to Rosso Calicanto '11	▼ 3
● Dolcetto di Ovada '10	▼▼ 2*
● Dolcetto di Ovada '09	▼▼ 2*
○ Gavi '11	▼▼ 2*
○ Gavi del Comune di Gavi '12	▼▼ 2*
○ Gavi del Comune di Gavi '11	▼▼ 2*
○ Gavi del Comune di Gavi '10	▼▼ 2*
○ Gavi del Comune di Gavi I Bergi '11	▼▼ 3
● M.to Rosso Calicanto '10	▼▼ 3

Socré

S.DA TERZOLO, 7
12050 BARBARESCO [CN]
TEL. +39 3487121685
www.socre.it

BESUCH NACH VORANMELDUNG
UNTERKUNFT
JAHRESPRODUKTION 30.000 Flaschen
REBFLÄCHE 6 Hektar

Marco Piacentino hat seit jeher zwei Leidenschaften: Die Architektur, sein offizieller Beruf, und das Land, wo er seit seiner Kindheit die ersten Erfahrungen als unerfahrener Winzer machte. Der geschmackvoll renovierte Keller verarbeitet hauptsächlich Trauben von der herrlichen Lage Roncaglie, zu denen sich die Früchte der in Cisterna d'Asti liegenden Besitztümer gesellen. Das Weinangebot baut also auf dem Barbaresco auf, zu dem kleine Partien Dolcetto und Barbera d'Alba, Croatina und bald ein Metodo Classico kommen, von dem man noch reden wird. Der schmackhafte Roncaglie 2011 ist ziemlich streng, reich an Gerbstoffen und hat eine bedeutsame Fruchtkomponente. Er wird nach ein paar Jahren in der Flasche sein Bestes geben. Rein und frisch der Barbaresco Basiswein, dank einer genießbaren Rundheit schon weicher am Gaumen. Eine dank sorgfältiger Arbeit im Weinberg und im Keller im Wachstum begriffene Realität. Besichtigungswert.

● Barbaresco Roncaglie '11	▼▼ 6
● Barbaresco '11	▼▼ 5
● Dolcetto d'Alba '13	▼ 2
● Barbaresco '10	▼▼ 5
● Barbaresco '08	▼▼ 5
● Barbaresco Roncaglie '10	▼▼ 7
● Barbaresco Roncaglie '09	▼▼ 7

PIEMONT

★Sottimano
Loc. Cottà, 21
12052 Neive [CN]
Tel. +39 0173635186
www.sottimano.it

Luigi Spertino
via Lea, 505
14047 Mombercelli [AT]
Tel. +39 0141959098
www.luigispertino.it

DIREKTVERKAUF
BESUCH NACH VORANMELDUNG
JAHRESPRODUKTION 85.000 Flaschen
REBFLÄCHE 18 Hektar

DIREKTVERKAUF
BESUCH NACH VORANMELDUNG
JAHRESPRODUKTION 40.000 Flaschen
REBFLÄCHE 9 Hektar

Es ist kein Zufall, wenn die Weine der Familie Sottimano Kritiker und Weinliebhaber mit unterschiedlicher Sensibilität selbst in den ideologisch polarisierten Jahren der Debatte über den Stil des Nebbiolos gleichermaßen befriedigt haben. Ordnet der Ausbau in kleinen Hölzern ihre Barbarescos den modernen Interpretationen zu, so sind die lange Mazeration, aber vor allem die manische Pflege prestigevoller Lagen wie Currà, Cottà, Fausoni und Pajorè dafür verantwortlich, dass der Betrieb von Neive der Langa-Tradition voll gerecht wird. Überschwänglicher Restextrakt und tanninhaltige Kompaktheit sind kennzeichnende Züge in der Jugend, die bei frühzeitiger Entkorkung zu berücksichtigen sind. Der Barbaresco Currà 2010 ist paradigmatisch, reich an in Lakritznuancen gehüllten Fruchtaromen; im Mund freudvoll und füllig frisch, mit für die Weinart akzentuierten, aber entschieden süffigen und süßen Gerbstoffen. Ein Drei-Gläser-Wein von großer Persönlichkeit, heute wie für viele kommende Jahre genießbar. Erlesen sowohl der kraftvolle Cottà als auch der elegantere Pajoré 2011, beide aus einem Keller mit sicheren Resultaten.

Der Betrieb der Familie Spertino ist seit über 35 Jahren ein Bezugspunkt für die Herstellung von Grignolino, jedoch ist sie in diesen letzten Jahren dank der Verbissenheit und Leidenschaft von Mauro auch einer der besten Interpreten von Barbera und nicht nur geworden. Die Entscheidung, die Trauben für die trockenen Weine der Linie La Mandorla welken zu lassen, so wie die, den einzigen Weißen auf Schalen zu vinifizieren, hat zu Weinen geführt, die das Gebiet sehr persönlich und mit großartigem Charakter interpretieren. Es kommen die Drei Gläser für den Barbera d'Asti Superiore Vigna La Mandorla '12 mit Rotbeeren in Konfitüre (Pflaume und Kirsche) und einem sehr fleischigen und füllig Gaumen, mit langem, ausgewogenem und gut säuregestütztem Finale. Faszinierend auch der feine und angenehme Grignolino d'Asti '13 mit seinen typischen Pfeffernoten und der fruchtige Barbera d'Asti '12 mit Unterholznoten und beachtenswerter Struktur.

Sottimano	
● Barbaresco Currà '10	🍷🍷🍷 8
● Barbaresco Cottà '11	🍷🍷 7
● Barbaresco Pajoré '11	🍷🍷 7
● Barbaresco Fausoni '11	🍷🍷 7
● Barbera d'Alba Sup. Pairolero '12	🍷🍷 4
● Langhe Nebbiolo '12	🍷 3
● Maté '13	🍷 3
● Barbaresco Cottà '05	🍷🍷🍷 7
● Barbaresco Currà '08	🍷🍷🍷 7
● Barbaresco Currà '04	🍷🍷🍷 6
● Barbaresco Pajoré '10	🍷🍷🍷 7
● Barbaresco Pajoré '08	🍷🍷🍷 7
● Barbaresco Ris. '05	🍷🍷🍷 8
● Barbaresco Ris. '04	🍷🍷🍷 8

Luigi Spertino	
● Barbera d'Asti Sup. V. La Mandorla '12	🍷🍷🍷 8
● Barbera d'Asti '12	🍷🍷 4
● Grignolino d'Asti '13	🍷🍷 3*
○ Piemonte Cortese '11	🍷🍷 7
● Barbera d'Asti Sup. La Mandorla '10	🍷🍷🍷 8
● Barbera d'Asti Sup. La Mandorla '09	🍷🍷🍷 8
● Barbera d'Asti Sup. La Mandorla '07	🍷🍷🍷 7
● M.to Rosso La Mandorla '09	🍷🍷🍷 7
● M.to Rosso La Mandorla '07	🍷🍷🍷 5

PIEMONT

★★★ La Spinetta
Via Annunziata, 17
14054 Castagnole delle Lanze [AT]
Tel. +39 0141877396
www.la-spinetta.com

DIREKTVERKAUF
BESUCH NACH VORANMELDUNG
JAHRESPRODUKTION 500.000 Flaschen
REBFLÄCHE 100 Hektar

Erreicht man den Vorort Annunziata di Castagnolo delle Lanze, diese kleine in der Stille und zwischen Hügeln liegende Langa–Ecke und historischer Standort des Betriebs La Spinetta, ist es nur schwer vorstellbar, dass alles hier begonnen hat. Ein planetarischer, ohne Unsicherheiten erreichter Erfolg mit einer Geschichte, die beim Qualitäts-Moscato beginnt und dazu geführt hat, dass sich die Familie Rivetti mit den großartigen Roten des Piemonts und seit einigen Jahren auch mit denen der Toskana auseinandersetzt. Ein Familienbetrieb, der dazu beigetragen hat, das Konzept Qualitätskellerwirtschaft zu verbreiten und der unermüdlich mit der Eroberung und der Präsenz in vielen wichtigen Weltmärkten fortfährt. Die Weine sind ganz im „Rivetti-Stil" gehalten und resultieren daher entschieden konzentriert, mächtig, reif, mit ausgeprägten Gerbstoffen und für eine lange Reifung in der Flasche geeignet. Besonders überzeugend der Barbaresco Gallina 2011, reich an Rotbeeren und Sonnenkräutern in der Nase, mit einem langen und strukturierten Gaumen und einer willkommenen Frische. Kaum mehr trocknend der Mund im prächtigen Barbaresco Valeirano 2011, der lange wachsen wird.

● Barbaresco Gallina '11	🍷🍷🍷 8
● Barbaresco Valeirano '11	🍷🍷 8
● Barolo Campè '10	🍷🍷 8
● Barolo Vign. Garretti '10	🍷🍷 7
● Barbaresco Vign. Bordini '10	🍷🍷 7
● Barbaresco Vign. Starderi '11	🍷🍷 8
● Barbera d'Alba Gallina '11	🍷🍷 6
● Barbera d'Asti Ca' di Pian '11	🍷🍷 4
○ Langhe Sauvignon '12	🍷🍷 6
● Monferrato Rosso Pin '11	🍷🍷 6
○ Piemonte Chardonnay Lidia '11	🍷🍷 6
● Barbaresco Vign. Starderi '07	🍷🍷🍷 8
● Barbera d'Asti Sup. Bionzo '09	🍷🍷🍷 6
● Barbera d'Asti Sup. Bionzo '07	🍷🍷🍷 6
● Barolo Campè '08	🍷🍷🍷 8

Sylla Sebaste
Via San Pietro, 4
12060 Barolo [CN]
Tel. +39 017356266
www.syllasebaste.com

DIREKTVERKAUF
BESUCH NACH VORANMELDUNG
GASTRONOMIE
JAHRESPRODUKTION 120.000 Flaschen
REBFLÄCHE 10 Hektar

Nach mehreren Widrigkeiten, die ihrem Image geschadet und zu nicht erinnerungswerten Weinen geführt haben, hat die Familie Merlo wieder das Zepter dieses Anfang der 80er Jahre berühmten Kellers in die Hand genommen. Die ersten Jahre der neuen Verwaltung haben Ordnung in die Weinberge gebracht und zu einem unterirdischen Keller geführt, der von Fabrizio Merlo mit Unterstützung des Kellermeisters Luca Caramellino geleitet wird. Der Betrieb präsentiert sich mit einer neuen Qualitätsader. Um die klassische Palette aus den eigenen Weinbergen, wo die Lage Bussia dominiert, auszubauen, hat Fabrizio beschlossen, Weinberge zu pachten und Trauben bei Vertrauenslieferanten im Roero-Gebiet zuzukaufen. Besonders kraftvoll der Barolo Bussia 2010 mit großartiger Tanninstruktur, dazu bestimmt, nach vielen Jahren in der Flasche besser zu werden. Unmittelbarer der Barolo-Basiswein desselben Jahrgangs, der eine ausgeprägte Geschmacksfrische und schon heute nicht schwierige Trinkbarkeit bietet. Abschließend ein aromatischer und harmonischer Nebbiolo d'Alba 2011 aus dem Roero-Gebiet.

● Barolo '10	🍷🍷 6
● Barolo Bussia '10	🍷🍷 6
● Nebbiolo d'Alba '11	🍷🍷 3
● Barbera d'Alba '12	🍷 3
○ Roero Arneis '13	🍷 3
● Barolo Bussia Ris. '84	🍷🍷🍷 6
● Barbera d'Alba '11	🍷🍷 3
● Barolo '09	🍷🍷 6
● Barolo '08	🍷🍷 6
● Barolo Bussia '09	🍷🍷 6
● Barolo Bussia '07	🍷🍷 7
● Barolo Bussia '06	🍷🍷 6

PIEMONT

Luigi Tacchino
VIA MARTIRI DELLA BENEDICTA, 26
15060 CASTELLETTO D'ORBA [AL]
TEL. +39 0143830115
www.luigitacchino.it

DIREKTVERKAUF
BESUCH NACH VORANMELDUNG
JAHRESPRODUKTION 12.000 Flaschen
REBFLÄCHE 12 Hektar

Der Spitzenbetrieb des Gebiets um Ovada setzt auch weiterhin auf eine strikte Familienführung. Romina kümmert sich auch um die Verkaufsförderung der Weine, sowohl in Italien als auch im Ausland, und stellt sich dabei auch schwierigen internationalen Märkten wie Japan mit ausgezeichneten Resultaten. Im Keller führt Alessio den Sohn von Romina Umberto in die Familientätigkeit ein und dieser beginnt, sich für die harte Winzerarbeit zu begeistern. Zurück in der Gegenwart erschüttert uns eine beachtliche Weinauswahl. Die beiden präsentierten Dolcettos di Ovada kommen mit zwei vielschichtigen und facettenreichen Versionen ins Finale, die sich durch mehr Trinkreife des Basisweins im Vergleich zu einem noch entwicklungsfähigen, aber schon die Drei Gläser verdienenden Du Riva unterscheiden. Was den Barbera betrifft, so lässt Albarola eine Runde aus, um den Flaschenausbau zu verlängern, während der Jahrgangswein frisch und intrigant resultiert. Erwähnenswert eine schöne Version des Gavi.

● Dolcetto di Ovada Sup. Du Riva '11	🍷🍷🍷	5
● Dolcetto di Ovada '12	🍷🍷	2*
● Barbera del M.to '13	🍷🍷	2*
○ Gavi del Comune di Gavi '13	🍷🍷	3
● M.to Rosso Di Fatto '11	🍷🍷	4
○ Cortese dell'Alto M.to Marsenca '13	🍷	2
● Dolcetto di Ovada Sup. Du Riva '10	🍷🍷🍷	4*
● Dolcetto di Ovada Sup. Du Riva '09	🍷🍷🍷	4*
● Dolcetto di Ovada Sup. Du Riva '08	🍷🍷🍷	4*
● Barbera del M.to Albarola '11	🍷🍷	5
● Barbera del M.to Albarola '09	🍷🍷	3*
● Dolcetto di Ovada '10	🍷🍷	2*

Michele Taliano
C.SO A. MANZONI, 24
12046 MONTÀ [CN]
TEL. +39 0173975658
www.talianomichele.com

DIREKTVERKAUF
BESUCH NACH VORANMELDUNG
JAHRESPRODUKTION 60.000 Flaschen
REBFLÄCHE 12 Hektar

Die Familie Taliano kann sowohl im Roero-Gebiet als auch in den Langhe auf Weinberge zählen. Der Betriebssitz befindet sich in Montà, am zentralen Nordhang wo alle Roero-Weinberge liegen (in den Zonen Bossola, Rolandi und Benna), die mit autochthonen Trauben wie Arneis, Barbera, Favorita und Nebbiolo bestockt sind. Der Weinbaubetrieb in der Langa hingegen liegt in der Weindenomination Barbaresco, in San Rocco Seno d'Elvio und sieht die Präsenz von Nebbiolo, Barbera, Dolcetto und Moscato. Der Roero Arneis Sernì '13 präsentiert Mandel- und Weißfruchtnoten, gefolgt von einem diskret strukturierten und harmonischen Gaumen. Gut gemacht auch die beiden Barberas d'Alba, der Laboriosa '11 mit Waldfrucht-, Unterholz- und Feuchterdenoten, ziemlich einfach, aber von guter Säure und Länge, sowie der A Bon Rendre '13 mit fruchtigen Noten, frisch und knackig. Der Barbaresco Ad Altiora '11 ist kraftvoll und würzig, während uns der Vorzeige-Roero des Betriebs, der nicht sehr reine und trocknende Ròche dra Bòssòra Riserva, etwas ratlos gelassen hat.

● Barbaresco Ad Altiora '11	🍷🍷	5
● Barbera d'Alba A Bon Rendre '13	🍷🍷	2*
● Barbera d'Alba Laboriosa '11	🍷🍷	3
○ Roero Arneis Sernì '13	🍷🍷	2*
● Nebbiolo d'Alba Blagheur '12	🍷	2
● Roero Ròche dra Bòssora Ris. '10	🍷	3
● Barbaresco Ad Altiora '10	🍷🍷	5
● Barbaresco Ad Altiora '09	🍷🍷	5
● Barbera d'Alba Laboriosa '10	🍷🍷	3
● Barbera d'Alba Laboriosa '09	🍷🍷	3*

PIEMONT

Tenuta La Tenaglia
S.DA SANTUARIO DI CREA, 5C
15020 SERRALUNGA DI CREA [AL]
TEL. +39 0142940252
www.latenaglia.com

DIREKTVERKAUF
BESUCH NACH VORANMELDUNG
UNTERKUNFT
JAHRESPRODUKTION 120.000 Flaschen
REBFLÄCHE 30 Hektar

Der historische Weinbaubetrieb Monferrina ist seit 2001 Eigentum der deutschen Familie Ehrmann und seit 2004 von der ältesten Tochter Sabine geleitet. Ein umsichtig verwaltetes Abenteuer, das bestrebt ist, das Ambiente und die Technologien zu verbessern und in einem außerordentlich schönen Gebiet den Weg der Tradition weiterzuführen. Bemerkenswert auch das kulturelle Engagement, das das Unternehmen in verschiedenen Kunstfächern in einem Ensemble zusammenfasst, in dem auch der Wein eine Rolle spielt. Reiche Weinauswahl, die die Rasseweine des Betriebs in den Vordergrund stellt. Der sehr jugendliche Barbera del Monferrato Superiore mit Kirscharomen auf Tabak- und Vanillenoten entfaltet sich in einem eleganten und sehr anhaltenden Gaumen. Der Grignolino bleibt wie ein Soldat in seiner Position und wartet darauf, den Kampf um die Drei Gläser zu gewinnen. Der leicht entfaltete Barbera d'Asti Giorgio Tenaglia zeigt Harmonie und Struktur auf einem alkoholischen Finale. Es folgt eine schöne Version des Chardonnay und sogar vier korrekte Barberas 2013 von guter Trinkreife.

● Barbera del M.to Sup. 1930 Una Buona Annata '10	▼▼ 5
● Grignolino del M.to Casalese '13	▼▼ 2*
● Barbera d'Asti Bricco '13	▼▼ 5
● Barbera d'Asti Giorgio Tenaglia '09	▼▼ 5
○ Piemonte Chardonnay '13	▼▼ 2*
● Barbera d'Asti Briccolino '13	▼ 2
● Barbera del M.to '13	▼ 2
● Barbera del M.to Cappella III '13	▼ 2
● M.to Bianco '13	▼ 2
● Barbera d'Asti Emozioni '99	▽▽▽ 4*
● Barbera del M.to Sup. 1930 Una Buona Annata '09	▽▽ 5
● Grignolino del M.to Casalese '12	▽▽ 2*
● Grignolino del M.to Casalese '11	▽▽ 2*

Terre da Vino
VIA BERGESIA, 6
12060 BAROLO [CN]
TEL. +39 0173564611
www.terredavino.it

DIREKTVERKAUF
BESUCH NACH VORANMELDUNG
JAHRESPRODUKTION 1.200.000 Flaschen
REBFLÄCHE 300 Hektar

Seit der Gründung dieser bedeutsamen piemontesischen Genossenschaft sind beinahe 35 Jahre vergangen. Sie ist mit dem Beitrag von über 300 Mitgliedern in der Lage, durch eine Serie sehr zuverlässiger Etiketten mit einem beneidenswerten Preis-/Leistungsverhältnis der Welt die Qualität des Piemonts nahe zu bringen. Die Konstanz und die gute Balance im Stil der gesamten Palette sind grundlegende Werte, um auch auf schwierigen Märkten eine gute Position zu halten und auszubauen. Der Barbera La Luna und die Falòs bleiben eine ausgezeichnete Visitenkarte des Betriebs und des Piemonts. Tabak und Schwarzfrucht leiten die Aromen des Barolo Paesi Tuoi 2010 ein, mit gefühlten Gerbstoffen und einer guten Säure. Ebenso intensiv und entschlossen der Barbaresco La Casa in Collina 2011, noch über viele Jahre hinweg besserungsfähig. Stets mehr als nur überzeugend der Barbera d'Asti Superiore La Luna e I Falò. Er führt eine Serie an stilistisch lobenswerten Etiketten an.

● Barbaresco La Casa in Collina '11	▼▼ 4
● Barolo Paesi Tuoi '10	▼▼ 5
● Barbera d'Asti Sup. La Luna e I Falò '12	▼▼ 3
● Barolo del Comune di Barolo Essenze '10	▼▼ 6
● Langhe Nebbiolo La Malora '12	▼▼ 4
○ Piemonte Sauvignon Chardonnay Tra Donne Sole '13	▼ 2
● Barbaresco La Casa in Collina '09	▽▽ 5
● Barbera d'Alba Sup. Croere '11	▽▽ 4
● Barbera d'Asti Sup. La Luna e I Falò '11	▽▽ 3*
● Barbera d'Asti Sup. La Luna e I Falò '10	▽▽ 3*
● Barbera d'Asti Sup. La Luna e I Falò '09	▽▽ 3*
● Barolo Essenze '09	▽▽ 6
● Barolo Essenze '08	▽▽ 6
● Barolo Essenze Ris. '01	▽▽ 8

PIEMONT

Terre del Barolo
VIA ALBA-BAROLO, 8
12060 CASTIGLIONE FALLETTO [CN]
TEL. +39 0173262053
www.terredelbarolo.com

DIREKTVERKAUF
BESUCH NACH VORANMELDUNG
JAHRESPRODUKTION 30.000.000 Flaschen
REBFLÄCHE 650 Hektar

Das exponentielle Wachstum der Barolo-Erzeuger der letzten 30 Jahre darf nicht vergessen lassen, wie wichtig in diesem glücklichen Gebiet seit jeher die Komponente Genossenschaft ist. Es gibt noch viele Winzer, die es vorziehen, ihre Trauben in diese Kellereigenossenschaft einzubringen anstatt selbst zu vinifizieren. Es sind über 400 mit insgesamt 650 Hektar Rebfläche, aus der beinahe 40.000 Hektoliter Wein gewonnen werden. Dabei ist der Barolo natürlich die Diamantspitze und wird in verschiedenen Selektionen realisiert. Er kommt aus den Gemeinden Grinzane Cavour, Barolo, Novello, Verduno und Castiglione Falletto. Die Winzerphilosophie, die die verschiedenen Barolo-Selektionen vereint, ist es, große fruchtige Fülle ohne schroffe Gerbstoffe zu bieten, sondern eine harmonische und angenehme Trinkbarkeit zu fördern. Und an dieser Einstellung inspirieren sich auch zwei Etiketten der Linie Vinum Vita Est, sie sind einen Versuch wert. Die Rebstöcke der Zubringer kommen aus zahlreichen Gemeinden des Langa-Gebiets und ermöglichen ein breites und überzeugendes Angebot.

- Barolo Cannubi '08 — 7
- Barolo Ravera '08 — 6
- Barbera d'Alba Sup. '12 — 2*
- Barolo Castello Ris. '07 — 6
- Barolo Monvigliero '08 — 6
- Barolo Vinum Vita Est '10 — 5
- Barolo Vinum Vita Est Ris. '08 — 7
- Dolcetto d'Alba Castello '13 — 2*
- Barolo Rocche di Castiglione Ris. '07 — 7
- Dolcetto d'Alba '13 — 2
- Barolo '06 — 7
- Barolo Cannubi '07 — 7
- Barolo Castello '06 — 6
- Barolo Rocche Ris. '04 — 5*

Torraccia del Piantavigna
VIA ROMAGNANO, 69A
28067 GHEMME [NO]
TEL. +39 0163840040
www.torracciadelpiantavigna.it

DIREKTVERKAUF
BESUCH NACH VORANMELDUNG
JAHRESPRODUKTION 90.000 Flaschen
REBFLÄCHE 40 Hektar

Mit über vierzig Hektar eigener Rebfläche in mindestens sechs verschiedenen Zonen der Provinz Novara und Vercelli, Torraccia del Piantavigna ist es eine der größten Landwirtschaftsbetriebe im Hohen Piemont. Ein exponentiell gewachsenes Projekt seit die Familie Francoli Anfang der 70er Jahre beschloss, die erste Nebbiolo-Anlage in der Ortschaft Torraccia di Ghemme zu realisieren, wo der Großvater mütterlicherseits mit dem Nachnamen Piantavigna (Rebstockpflanzer) sehr gut bekannt war. Beinahe eine produktive Mission, die in den letzten Jahren mit der Zusammenarbeit von Beppe Caviola verfolgt wurde und durch eine breite und vielfältige Palette mit einfachen und gehaltvollen, manchmal noch abzuwartenden Roten ausgebaut wurde. Ein Schema das sich mit den letzten Verkostungen in der robusten Faser des Gattinara '10 und des strengen Ghemme '10 wiederholt. Härten, die im Ghemme '10 mit seinen glänzenden Enzian- und Küchenkräutertönen sofort mehr Harmonie und Schwung finden, richtiger Restextrakt.

- Ghemme '10 — 5
- Gattinara '10 — 5
- Ghemme Ris. '09 — 6
- Colline Novaresi Nebbiolo Tre Confini '11 — 3
- Colline Novaresi Bianco Erbavoglio '13 — 3
- Colline Novaresi Nebbiolo Rosato Barlàn '13 — 3
- Colline Novaresi Vespolina La Mostella '12 — 3
- Gattinara '09 — 5
- Gattinara '06 — 5
- Gattinara '05 — 5
- Ghemme '07 — 5
- Ghemme Ris. '07 — 5
- Ghemme Ris. '07 — 5

PIEMONT

Giancarlo Travaglini
VIA DELLE VIGNE, 36
13045 GATTINARA [VC]
TEL. +39 0163833588
www.travaglinigattinara.it

DIREKTVERKAUF
BESUCH NACH VORANMELDUNG
JAHRESPRODUKTION 250.000 Flaschen
REBFLÄCHE 45 Hektar

Es gefällt uns der Gedanke, dass die von der Familie Travaglini verwendeten, besonderen asymmetrischen und konvexen Flaschen in erster Linie eine sichtbare Repräsentation der aussagekräftigen Originalität des Nebbiolos von Gattinara sind. Ein symbolischer Wert, der auf einer ziemlich konkreten Landwirtschaftsplattform aufbaut, wenn man bedenkt, dass der von Cinzia Travaglini zusammen mit Mann Massimo Collauto geleitete Betrieb mehr als die Hälfte der in der Denomination registrierten Weinberge besitzt. Gewöhnlich werden 3 Gattinaras angeboten: Ein Basiswein, eine Selektion (der Tre Vigne) und ein Riserva, zu dem ein Nebbiolo aus überreifen Trauben kommt (Il Sogno). Ein wie immer formidables Trio in Niveau und aussagekräftiger Varietät, das verschiedene Sensibilitäten zufriedenstellt. Der Gattinara '10 ist nicht nur der fruchtigste, sondern auch der schlankeste und vertikalste, während Volumen und Tiefe sowohl im tanninisch etwas aggressiveren Tre Vigne '09 als auch im Riserva '09 zunehmen, vielleicht sogar zu tertiär.

● Gattinara '10	🍷🍷 4
● Gattinara Ris. '09	🍷🍷 6
● Gattinara Tre Vigne '09	🍷🍷 5
● Coste della Sesia Nebbiolo '12	🍷 3
● Gattinara Ris. '04	🍷🍷🍷 5
● Gattinara Ris. '01	🍷🍷🍷 5
● Gattinara Tre Vigne '04	🍷🍷🍷 5
● Gattinara '09	🍷🍷 4
● Gattinara '08	🍷🍷 4
● Gattinara Tre Vigne '08	🍷🍷 5
● Il Sogno '09	🍷🍷 6

★ G. D. Vajra
LOC. VERGNE
VIA DELLE VIOLE, 25
12060 BAROLO [CN]
TEL. +39 017356257
www.gdvajra.it

DIREKTVERKAUF
BESUCH NACH VORANMELDUNG
JAHRESPRODUKTION 220.000 Flaschen
REBFLÄCHE 50 Hektar

Es ist ein wahrer Vergnügungspark an Sorten und Gebieten, den Aldo und Milena Vajra in den Jahren aufgebaut haben. Nur wenigen Betrieben im Langa-Gebiet ist es gelungen, erfolgreich mit hier nicht so üblichen Weinarten wie Riesling Renano, Pinot Nero, die Freisa selbst zu experimentieren und dabei eine bewundernswerte stilistische Kohärenz für die großen Klassiker beizubehalten. Die Nebbiolos von Vajra sind für ihre Eleganz renommiert, die in erster Linie an besondere Lagen wie Bricco delle Viole und Vergne in den höheren und späten Barolo-Zonen gebunden ist. Mit dem Zukauf des Betriebs Luigi Baudana sind seit ein paar Monaten auch die Parzellen Baudana und Cerretta di Serralunga Teil der Rose. Sonnenkräuter, Kina und Himbeere zeichnen einen großartigen Barolo Bricco delle Viole 2010 aus, ein im Gaumen von dichten Gerbstoffen gekennzeichneter Drei-Gläser-Wein mit klarem und langem Abgang. Ausgezeichnet auch die Resultate von den in der Gemeinde Serralunga zugekauften Weinbergen mit den Lageweinen Baudana und Cerretta, beide durch erlesene Kraft und Geschmacksintensität charakterisiert.

● Barolo Bricco delle Viole '10	🍷🍷🍷 8
● Barolo Baudana Luigi Baudana '10	🍷🍷 6
● Barolo Cerretta Luigi Baudana '10	🍷🍷 6
○ Langhe Riesling Pétracine '13	🍷🍷 5
● Barolo Albe '10	🍷🍷 6
● Barolo Ravera '10	🍷🍷 7
● Langhe Freisa Kyè '11	🍷🍷 5
● Langhe Nebbiolo '12	🍷🍷 3
○ Langhe Bianco Dragon Luigi Baudana '13	🍷 4
● Barolo Baudana Luigi Baudana '09	🍷🍷🍷 6
● Barolo Bricco delle Viole '05	🍷🍷🍷 8
● Barolo Bricco delle Viole '01	🍷🍷🍷 8
● Barolo Bricco delle Viole '00	🍷🍷🍷 8
● Barolo Cerretta Luigi Baudana '08	🍷🍷🍷 6

PIEMONT

Mauro Veglio
FRAZ. ANNUNZIATA
CASCINA NUOVA, 50
12064 LA MORRA [CN]
TEL. +39 0173509212
www.mauroveglio.com

DIREKTVERKAUF
BESUCH NACH VORANMELDUNG
JAHRESPRODUKTION 70.000 Flaschen
REBFLÄCHE 14 Hektar

Mauro Veglio teilt nicht nur den Eingangshof nahe dem Weinberg und dem Keller mit Elio Altare, sondern vor allem eine stilistische Vorstellung für Weine aus dem Gutshaus Annunziata. Unterstützt von Frau Daniela und Bruder Elio kümmert sich Mauro um ca. 12 Hektar Weinberge, die zwischen La Morra (wo die Barolo-Lagenweine Arborina, Rocche und Gattera entstehen) und Monforte d'Alba (Castelletto) liegen. Prestigevolle Parzellen, die mit kurzer Mazeration in Rototanks interpretiert werden, auf die ein Ausbau in kleinen französischen Eichenfässern folgt. Es sind maßvoll moderne Nebbiolos mit sonniger Ausdrucksfähigkeit. Zwei Barberas, ein Dolcetto und ein Langhe Nebbiolo runden die Weinauswahl noch ab. Ausgezeichnete Leistung der gesamten Serie an Barolos von Mauro Veglio des Jahrgangs 2010, in der sich wegen seiner Aromareinheit und des Geschmacksreichtums der Arborina durchsetzt, ein Drei-Gläser-Wein, der faszinierend vereint reife Rotfrucht, Veilchen und Tabak bietet; im Mund solide und selten elegant. Ein Sonderapplaus dem Barolo Basiswein, der einen Versuch wert ist.

● Barolo Arborina '10	▼▼▼ 6
● Barolo '10	▼▼ 5
● Barolo Castelletto '10	▼▼▼ 6
● Barolo Rocche dell'Annunziata '10	▼▼ 8
● Barbera d'Alba Cascina Nuova '12	▼▼ 5
● Barolo Gattera '10	▼▼ 6
● Langhe Rosso L'Insieme '12	▼▼ 6
● Dolcetto d'Alba '13	▼ 2
● Langhe Nebbiolo Angelo '12	▼ 3
● Barolo Vign. Arborina '01	▽▽▽ 6
● Barolo Vign. Arborina '00	▽▽▽ 6
● Barolo Vign. Gattera '05	▽▽▽ 6

Vicara
FRAZ. CASCINA MADONNA DELLE GRAZIE, 5
15030 ROSIGNANO MONFERRATO [AL]
TEL. +39 0142488054
www.vicara.it

DIREKTVERKAUF
BESUCH NACH VORANMELDUNG
JAHRESPRODUKTION 200.000 Flaschen
REBFLÄCHE 51 Hektar
WEINBAU Biodynamisch anerkannt

Dieser Betrieb ist sowohl qualitativ als auch zahlenmäßig bedeutsam im Monferrino–Panorama. Über die Qualität der Produkte Vicara ist nichts zu sagen, die gesamte Produktion ist von ausgezeichnetem Niveau. Auch die Basisweine, jene die bisweilen und zu Unrecht als weniger wichtig angesehen sind. Ferner zählt er in der Zone zu den besten Interpreten der Barbera und vor allem der Grignolino, diese schreckliche Erbschaft im Monferrato, der es nicht gelingt, den Kopf aus dem Piemont zu strecken. Wir sind jedoch überzeugt, dass diese Rebsorte eine Ressource für die Zukunft und die Vignaioli Monferrini sein kann, denn sie wissen, wie man sie bändigt. Eine schöne Version des Cantico della Crosia eröffnet eine Serie an ausgezeichneten Barberas, die einige besondere Merkmale gemein haben: Geruchsintensität, umsichtige Holzdosierung und ausgezeichnete Geschmacksbalance. Der Grignolino setzt all seine Potenzialitäten ins Licht, aber dieser Ausdrucksreichtum benötigt noch Zeit. Die Tradition will einen jung getrunkenen Grignolino und oft wird so eine Entwicklung unterbunden, die demselben bezaubernde Tertiäraromen schenkt.

● Barbera del M.to Sup. Vadmò '10	▼▼ 4
● Barbera del M.to Cascina Rocca '12	▼▼▼ 3
● Barbera del M.to Sup. Cantico della Crosia '10	▼▼ 4
● Grignolino del M.to Casalese '13	▼▼▼ 3
● M.to Rosso Rubello '10	▼▼ 4
○ M.to Airales '13	▼ 3
● Barbera del M.to La Rocca '10	▽▽ 3*
● Barbera del M.to Sup. Cantico della Crosia '09	▽▽ 4
● Barbera del M.to Sup. Vadmò '09	▽▽ 4
● Grignolino del M.to Casalese '12	▽▽ 3*
● M.to Rosso Rubello '09	▽▽ 4

PIEMONT

Giacomo Vico
VIA TORINO, 80/82
12043 CANALE [CN]
TEL. +39 0173979126
www.giacomovico.it

DIREKTVERKAUF
BESUCH NACH VORANMELDUNG
JAHRESPRODUKTION 108.500 Flaschen
REBFLÄCHE 18 Hektar

Der historische Keller der Familie Vico war seit Ende des 19. Jh. bis 1954 aktiv und hat vor ca. 20 Jahren die Tätigkeit wieder aufgenommen. Die betrieblichen Weinberge befinden sich vorwiegend in Vezza d'Alba und Canale auf dem für das Roero-Gebiet typischen losen Sandboden und sind mit gebietstypischen Trauben wie Arneis, Barbera, Brachetto, Favorita und Nebbiolo und einem kleinen Anteil Chardonnay bestockt. Die modern eingerichteten Weine möchten die Sortenmerkmale innerhalb einer gebietsspezifischen Interpretation ausdrücken. La Giacomo Vico hat eine Serie gut gelungener und überzeugender Weine präsentiert, angefangen beim Barolo '09, der in der Nase Kräuter- und Trockenblumentöne mit Lakriznuancen zeigt, gefolgt von gutem Fruchtfleisch und üppigen Gerbstoffen am Gaumen, aber auch ziemlich einfach. Der Roero '11 hat noch eine zu pointierte holzige Note, aber Saft und Struktur, während der Nebbiolo d'Alba Valmaggiore '10 über eine gute Frische und einen bemerkenswerten Fruchtreichtum verfügt.

● Barbera d'Alba '12	🍷🍷 3
● Barolo '09	🍷🍷 5
● Langhe Nebbiolo '12	🍷🍷 3
● Nebbiolo D'Alba Valmaggiore '10	🍷🍷 4
● Roero '11	🍷🍷 4
● Barbera d'Alba Sup. '11	🍷 4
○ Roero Arneis '13	🍷 3
● Barbera d'Alba '11	🍷🍷 2*
● Barbera d'Alba '10	🍷🍷 2*
● Barbera d'Alba Sup. '10	🍷🍷 4
● Roero '10	🍷🍷 4
○ Roero Arneis '12	🍷🍷 2*

★Vietti
P.ZZA VITTORIO VENETO, 5
12060 CASTIGLIONE FALLETTO [CN]
TEL. +39 017362825
www.vietti.com

DIREKTVERKAUF
BESUCH NACH VORANMELDUNG
JAHRESPRODUKTION 250.000 Flaschen
REBFLÄCHE 37 Hektar

Auch wenn er eine planetarische Bekanntheit wie nur wenige andere italienische Weinbaurealitäten erzielt hat, ist der Betrieb Vietti klar bestrebt und entschlossen, den Ausbau und die Konsolidierung weiterzuführen. Nach dem jüngsten Zukauft eines bedeutsamen Grundstücks in der Lage Brunate unterstreichen wir hier eine weitere strategische Annexion durch den Kauf einer Parzelle von Villero. Sie wird dazu beitragen, die betriebseigene Rebfläche mit diesem einzigartigen Terroir zu bereichern. Die in allen angebotenen Etiketten anzutreffende Exzellenz und qualitative Konstanz tragen dazu bei, die Größe dieses Kellers zu bestätigen. Unter den sechs Barolos, alle ausgezeichnet, hebt sich der Villero Riserva 2007 ab, sehr wuchtig und elegant in der Nase, mit üppiger und vollmundiger Geschmacksstruktur, charakterisiert durch üppige seidige Gerbstoffe und einer ausgewogenen Frische, womit er sich den Preis „Rosso dell'Anno" (Roter des Jahres) verdient.

● Barolo Villero Ris. '07	🍷🍷🍷 8
● Barbera d'Alba Scarrone V. Vecchia '12	🍷🍷 6
● Barbera d'Asti Sup. Nizza La Crena '11	🍷🍷 5
● Barolo Lazzarito '10	🍷🍷 8
● Barolo Ravera '10	🍷🍷 8
● Barolo Rocche di Castiglione '10	🍷🍷 8
● Barbaresco Masseria '10	🍷🍷 8
● Barbera d'Alba Tre Vigne '12	🍷🍷 3
● Barbera d'Alba V. Scarrone '12	🍷🍷 5
● Barolo Brunate '10	🍷🍷 8
● Barolo Castiglione '10	🍷🍷 7
● Langhe Nebbiolo Perbacco '11	🍷🍷 3
● Barbera d'Asti Tre Vigne '12	🍷 3
● Barolo Rocche '08	🍷🍷🍷 8
● Barolo Villero Ris. '06	🍷🍷🍷 8

PIEMONT

I Vignaioli di Santo Stefano
LOC. MARINI, 26
12058 SANTO STEFANO BELBO [CN]
TEL. +39 0141840419
www.ceretto.com

DIREKTVERKAUF
BESUCH NACH VORANMELDUNG
JAHRESPRODUKTION 335.000 Flaschen
REBFLÄCHE 35 Hektar

I Vignaioli di Santo Stefano ist ein 1976 von den Familien Ceretto, Santi und Scavino gegründeter Betrieb, der sich dem Anbau und der Verarbeitung einer einzigen Traubenart, der Moscato, widmet und sie in all ihre Weinarten abwandelt. Die Weinberge liegen vorwiegend in Santo Stefano Belbo auf den weißen Böden des Südhangs der Ortschaft Valdivilla und auf einem kleinen Grundstück in Calosso und Canelli, alle in ca. 320 und 450 Meter Höhe. Die Weine sind ein Beispiel an Klassizität und Eigentümlichkeit. Der Asti '13 präsentiert in der Nase Salbei- und Weißfruchtnoten, am Gaumen nicht sehr kraftvoll, aber harmonisch, mit süßen Nuancen in einem relativ anhaltenden Finale. Der Moscato d'Asti '13 „tappo raso" (mit niedergebundenem Korken) ist in seinen Salbei- und Chlorophyllnoten, gefolgt von kandierter Frucht klassisch, von gutem Körper und hat ein langes Finale und eine gute Süße-/Säure-Balance.

○ Asti '13	♀♀♀ 3
○ Moscato d'Asti '13	♀♀♀ 4
○ Asti '12	♀♀ 3
○ Asti '11	♀♀ 3
○ Asti '10	♀♀ 3
○ Moscato d'Asti '12	♀♀ 4
○ Moscato d'Asti '11	♀♀ 3
○ Moscato d'Asti '10	♀♀ 3
○ Moscato d'Asti '09	♀♀ 4
○ Moscato d'Asti '08	♀♀ 4
○ Moscato d'Asti '07	♀♀ 3

★Vigneti Massa
P.ZZA G. CAPSONI, 10
15059 MONLEALE [AL]
TEL. +39 013180302
vignetimassa@libero.it

DIREKTVERKAUF
BESUCH NACH VORANMELDUNG
JAHRESPRODUKTION 80.000 Flaschen
REBFLÄCHE 20 Hektar

Die Timorasso-Familie ist mit den Jahren immer größer geworden und kann heute auf zahlreiche Qualitätsbetriebe zählen. Die tragende Säule bleibt jedoch Walter Massa. Ein Rasse-Vigneron, der sich nie mit den erreichten Resultaten zufrieden gegeben hat, wie der Montecitorio, der vierte erzeugte Timorasso, zeigt. Die Weine von Walter sind tendenziell sehr wuchtig und strukturiert, sehr langlebig und reifen relativ spät. Der Montecitorio füllt diese Leere, er ist sofort fein und elegant und wartet auf seine breitschultrigen Brüder. Angeführt wird die Weinauswahl vom Timorasso-Trupp mit dem Montecitorio und dem Costa del Vento, die um einen Preis kämpfen. Beide zeigen eine große Geruchsvielfalt, während sie am Gaumen unterschiedliche Wege gehen. Dieses Jahr gehen die Drei Gläser an den mächtigen und muskulösen Costa del Vento, der den Gipfel später erreichen wird, aber bekannterweise sind die lang ersehnten Siege die schönsten. Der Montecitorio ist schon fertig, wuchtig, intensiv und sehr anhaltend.

○ Costa del Vento '12	♀♀♀ 6
○ Derthona '12	♀♀♀ 5
○ Montecitorio '12	♀♀♀ 6
○ Anarchia Costituzionale '13	♀♀♀ 3
● Monleale '10	♀♀♀ 6
○ Sterpi '12	♀♀♀ 6
● Pertichetta '10	♀ 4
● Pietra del Gallo '13	♀ 2
● Sentieri '13	♀ 4
○ Colli Tortonesi Bianco Costa del Vento '05	♀♀♀ 7
○ Colli Tortonesi Bianco Sterpi '04	♀♀♀ 6
○ Colli Tortonesi Timorasso Derthona '06	♀♀♀ 5
○ Derthona '09	♀♀♀ 5
○ Montecitorio '11	♀♀♀ 6

PIEMONT

Villa Giada
reg. Ceirole, 10
14053 Canelli [AT]
Tel. +39 0141831100
www.andreafaccio.it

DIREKTVERKAUF
BESUCH NACH VORANMELDUNG
UNTERKUNFT UND GASTRONOMIE
JAHRESPRODUKTION 180.000 Flaschen
REBFLÄCHE 25 Hektar

Der Betrieb von Andrea Faccio umfasst drei getrennte Körper: das Betriebszentrum in Ceirole mit Weinkeller und 7 Hektar Weinberge in Canelli, wo die Moscato wächst, Dani in Agliano Terme – 14 Hektar auf einem steinsalzreichen Boden mit gutem Sand-/Tonverhältnis – und weitere 4 Hektar beim Gutshaus Parroco a Calosso, beide vorwiegend der Barbera gewidmet. Nebbiolo, Dolcetto, Merlot, Chardonnay, Sauvignon, Cortese und Gamba di Pernice runden die Rebsortenpalette noch ab. Dieses Jahr hebt sich unter den verschiedenen Barbera-Versionen der üppige und fruchtreiche Barbera d'Asti Superiore La Quercia '12 ab, wenn auch mit noch etwas aufdringlichen Toasting- und Kakaonoten. Gut gemacht auch der noch vom Holz gezeichnete Barbera d'Asti Superiore Nizza Dedicato a …. '10 mit gutem Alterungspotenzial und der Barbera d'Asti Superiore Nizza Bricco Dani '11, würzig, mit gleichzeitig süßer und knuspriger Frucht. Erwähnenswert der Moscato d'Asti '13, harmonisch und ausgewogen.

● Barbera d'Asti Sup. La Quercia '12	♛♛ 3*
● Barbera d'Asti Sup. Nizza Bricco Dani '11	♛♛ 4
● Barbera d'Asti Sup. Nizza Dedicato a… '10	♛♛ 5
○ Moscato d'Asti '13	♛♛ 2*
● M.to Rosso Treponti '11	♛ 3
● Barbera d'Asti Ajan '10	♛♛ 2*
● Barbera d'Asti Sup. Nizza Bricco Dani '10	♛♛ 4
● Barbera d'Asti Sup. Nizza Bricco Dani '09	♛♛ 4
● Barbera d'Asti Sup. Nizza Bricco Dani '08	♛♛ 4
● Barbera d'Asti Sup. Nizza Dedicato a… '09	♛♛ 5
● Barbera d'Asti Sup. Nizza Dedicato a… '08	♛♛ 5
● M.to Rosso Treponti '10	♛♛ 3
● M.to Rosso Treponti '09	♛♛ 3
○ Moscato d'Asti Ceirole '10	♛♛ 2*

★Villa Sparina
fraz. Monterotondo, 56
15066 Gavi [AL]
Tel. +39 0143633835
www.villasparina.it

BESUCH NACH VORANMELDUNG
UNTERKUNFT UND GASTRONOMIE
JAHRESPRODUKTION 600.000 Flaschen
REBFLÄCHE 65 Hektar

Es ist ein wahres Sinnesspektakel, das man in Villa Sparina genießen kann. Das historische Anwesen ist seit den 70er Jahren im Besitz der Familie Moccagatta, die hier den Keller und das gleichnamige Resort mit Restaurant und angebundener Spa wollte. Wir sind in Monterotondo di Gavi, wo sich der Großteil der 60 ha, hauptsächlich mit Cortese bestockten Rebfläche befindet; zu diesen gesellen sich ca. 4 ha in Cassinelle, im Gebiet der Weindenomination des Dolcetto d'Ovada, und weitere mit Barbera bestockte 9 ha in Rivalta Bormida im Alto Monferrato. Das verbindende stilistische Element sind Weine mit Substanz und manchmal boisé, aber oft fähig, Trinkbarkeit und ausgezeichnete Alterungsfähigkeit zu vereinen. Eine gut gelungene Ausgabe nach der anderen für das Symbol-Etikett von Villa Sparina. Auch in der Version 2012 besticht der Gavi Monterotondo mit seiner vibrierenden, blumigen und würzigen Vielfalt, die auch im Schluck dicht und kräftig wahrzunehmen ist. Der Gavi Etichetta Gialla '13 ist in den reinen Chlorophyll-, Weißfrucht- und frischen Mandelerinnerungen extrovertiert.

○ Gavi del Comune di Gavi Monterotondo '12	♛♛♛ 6
● Barbera del M.to Sup. Rivalta '11	♛♛ 6
○ Gavi del Comune di Gavi '13	♛♛ 3*
○ Villa Sparina Brut M. Cl.	♛♛ 3
● Barbera del M.to '13	♛♛ 3
○ M.to Bianco Montej '13	♛♛ 2*
○ M.to Chiaretto Montej Rosé '13	♛ 2
○ Gavi del Comune di Gavi Monterotondo '11	♛♛♛ 6
○ Gavi del Comune di Gavi Monterotondo '10	♛♛♛ 6
○ Gavi del Comune di Gavi Monterotondo '09	♛♛♛ 6
○ Gavi del Comune di Gavi Monterotondo '08	♛♛♛ 6

PIEMONT

Cantina Sociale di Vinchio Vaglio Serra

Reg. San Pancrazio, 1
14040 Vinchio [AT]
Tel. +39 0141950903
www.vinchio.com

DIREKTVERKAUF
BESUCH NACH VORANMELDUNG
JAHRESPRODUKTION 1.640.000 Flaschen
REBFLÄCHE 420 Hektar

Beinahe 200 Zubringer machen aus dieser historischen Genossenschaftskellerei eine der bedeutsamsten Weinbaurealitäten im ganzen Piemont. Der große Weinbergpark der Mitglieder, der hauptsächlich längs der Hügel des Alto Monferrato liegt, zeichnet sich durch vorwiegend kalk- und sandhaltige Böden aus und sieht die Präsenz von über sechzig Jahre alten Rebstöcken. Die Produktion ist natürlich auf Barbera in seinen verschiedenen Weinarten konzentriert, zu denen sich Etiketten aus den bedeutsamsten Rebsorten der Region gesellen. Die Weine sind gut erkennbar und typisch. Dieses Jahr hat uns der frisch säuregestützte Barbera d'Asti Vigne Vecchie '12 mit seinen fruchtigen, frischen und angenehmen Noten, der schönen Erdigkeit und harmonischen Würze fasziniert. Tief und einfach, aber weniger elegant, der Barbera d'Asti Superiore Nizza Laudana '11; von großer Persönlichkeit, aber übermäßig tanninhaltig der Barbera d'Asti Superiore I Tre Vescovi '12.

Virna

Via Alba, 24
12060 Barolo [CN]
Tel. +39 017356120
www.virnabarolo.it

DIREKTVERKAUF
BESUCH NACH VORANMELDUNG
JAHRESPRODUKTION 60.000 Flaschen
REBFLÄCHE 12 Hektar

Virna Borgogno macht mit Hilfe von Schwester Ivana und Mann Giovanni Abrigo, Weinerzeuger im Barbaresco-Gebiet, mit seinem überzeugenden Weinbauabenteuer weiter und bietet gut kalibrierte, keinesfalls banale Weine an, insbesondere Barolo-Lagenweine aus einigen der berufensten Terroirs im ganzen Langa-Gebiet. Für all jene, die diesen interessanten jungen Keller kennen lernen wollen, ist der Betriebsstandort einfach zu erreichen und zu finden. Das ausgesprochen korrekte Preis-/Leistungsverhältnis macht ihn für alle Weinliebhaber interessant. Dieser sehr aromawürzige Barolo 2010, dicht am Gaumen, mit üppigen Gerbstoffen, die ihm einen strengen und kraftvollen Eindruck verleihen, bringt die erlesene Lage Sarmassa gut zum Ausdruck. Kaum weniger offen bis fruchtbetont der Cannubi Boschis, noch vom Eichenausbau gezeichnet. Erlesene geschmackliche Ausgewogenheit im Barolo-Basiswein, schon gut entwickelt in den Unterholz- und Tabakaromen.

● Barbera d'Asti Vigne Vecchie '12	3*
● Barbera d'Asti Sup. I Tre Vescovi '12	2*
● Barbera d'Asti Sup. Nizza Laudana '11	3
● Barbera d'Asti Sorì dei Mori '13	2
○ Moscato d'Asti Valamassa '13	2
● Barbera d'Asti Sup. Sei Vigne Insynthesis '01	6
● Barbera d'Asti Sup. Nizza Bricco Laudana '06	3
● Barbera d'Asti Sup. Nizza Laudana '09	3*
● Barbera d'Asti Sup. Sei Vigne Insynthesis '07	6
● Barbera d'Asti Sup. V. V. '08	4

● Barolo Cannubi Boschis '10	6
● Barolo Sarmassa '10	6
● Alba '11	3
● Barbera d'Alba San Giovanni '10	3
● Barolo '10	5
● Barolo del Comune di Barolo '10	6
○ Langhe Arneis Solouno '13	2
● Nebbiolo d'Alba '11	3
● Barolo Cannubi Boschi '04	5
● Barolo Cannubi Boschis '08	6
● Barolo Cannubi Boschis '07	5
● Barolo Cannubi Boschis '04	5
● Barolo Preda Sarmassa '09	6
● Barolo Preda Sarmassa '06	5

WEITERE KELLEREIEN

F.lli Abrigo
LOC. BERFI
VIA MOGLIA GERLOTTO, 2
12055 DIANO D'ALBA [CN]
TEL. +39 017369104
www.abrigofratelli.com

DIREKTVERKAUF
BESUCH NACH VORANMELDUNG
JAHRESPRODUKTION 100.000 Flaschen
REBFLÄCHE 25 Hektar

● Barbera d'Alba La Galùpa '12	🍷🍷 2*
● Diano d'Alba Sup. Pietrin '12	🍷🍷 3
● Nebbiolo d'Alba Tardiss '12	🍷🍷 3
● Diano d'Alba Sörì dei Berfi '13	🍷 2

Antica Cascina Conti di Roero
LOC. VAL RUBIAGNO, 2
12040 VEZZA D'ALBA [CN]
TEL. +39 017365459
www.oliveropietro.it

DIREKTVERKAUF
BESUCH NACH VORANMELDUNG
JAHRESPRODUKTION 100.000 Flaschen
REBFLÄCHE 14 Hektar

○ Roero '11	🍷🍷 3*
○ San Giovanni Extra Brut M. Cl. '10	🍷🍷 4
○ Roero Arneis '13	🍷 2

Anzivino
C.SO VALSESIA, 162
13045 GATTINARA [VC]
TEL. +39 0163827172
www.anzivino.it

DIREKTVERKAUF
BESUCH NACH VORANMELDUNG
UNTERKUNFT UND GASTRONOMIE
JAHRESPRODUKTION 40.000 Flaschen
REBFLÄCHE 9 Hektar

● Coste della Sesia Nebbiolo '10	🍷🍷 3
● Gattinara '09	🍷🍷 4
● Gattinara Ris. '09	🍷🍷 5

F.lli Barale
VIA ROMA, 6
12060 BAROLO [CN]
TEL. +39 017356127
www.baralefratelli.it

DIREKTVERKAUF
BESUCH NACH VORANMELDUNG
JAHRESPRODUKTION 100.000 Flaschen
REBFLÄCHE 20 Hektar

● Barolo Castellero '10	🍷🍷 7
● Barbaresco Serraboella '11	🍷🍷 7
● Barbera d'Alba Sup. Preda '11	🍷🍷 5
○ Langhe Chardonnay '13	🍷 3

Cantina Sociale Barbera dei Sei Castelli
VIA OPESSINA, 41
14040 CASTELNUOVO CALCEA [AT]
TEL. +39 0141957137
www.barberaseicastelli.it

● Barbera d'Asti 50 Anni di Barbera '12	🍷🍷 2*
● Barbera d'Asti '12	🍷🍷 2*
● Barbera d'Asti Sup. La Vignole '12	🍷🍷 2*
● Barbera d'Asti Sup. Nizza '11	🍷🍷 2*

Bel Sit
VIA PIANI, 30
14054 CASTAGNOLE DELLE LANZE [AT]
TEL. +39 0141875162
www.belsitvini.it

DIREKTVERKAUF
BESUCH NACH VORANMELDUNG
JAHRESPRODUKTION 50.000 Flaschen
REBFLÄCHE 7 Hektar

● Barbera d'Asti LaTurna '13	🍷🍷 2*
● Barbera d'Asti Sup. Sichivej '11	🍷🍷 5
○ Moscato d'Asti '13	🍷🍷 3

WEITERE KELLEREIEN

Antonio Bellicoso
FRAZ. MOLISSO, 5A
14048 MONTEGROSSO D'ASTI [AT]
TEL. +39 0141953233
antonio.bellicoso@alice.it

DIREKTVERKAUF
BESUCH NACH VORANMELDUNG
JAHRESPRODUKTION 10.000 Flaschen
REBFLÄCHE 4 Hektar

● Barbera d'Asti Amormio '13	🏆 2*
● Barbera d'Asti Merum '12	🏆 4

Marco Bonfante
S.DA VAGLIO SERRA, 72
14049 NIZZA MONFERRATO [AT]
TEL. +39 0141725012
www.marcobonfante.com

DIREKTVERKAUF
BESUCH NACH VORANMELDUNG
JAHRESPRODUKTION 270.000 Flaschen
REBFLÄCHE 20 Hektar

● Barbera d'Asti Sup. Bricco Bonfante '11	🏆 5
● Barbera d'Asti Sup. Menego '11	🏆 4
● Barbera d'Asti Sup. Stella Rossa '11	🏆 2*

Gilberto Boniperti
VIA VITTORIO EMANUELE, 43/45
28010 BARENGO [NO]
TEL. +39 0321997123
www.bonipertivignaioli.com

⊙ Rosadisera	🏆 3
● Colline Novaresi Nebbiolo Carlin '12	🏆 4
● Colline Novaresi Vespolina Favolalunga '12	🏆 3

Boroli
FRAZ. MADONNA DI COMO, 34
12051 ALBA [CN]
TEL. +39 0173365477
www.boroli.it

DIREKTVERKAUF
BESUCH NACH VORANMELDUNG
UNTERKUNFT UND GASTRONOMIE
JAHRESPRODUKTION 2.000.000 Flaschen
REBFLÄCHE 32 Hektar

● Barolo '10	🏆 6
● Barolo Villero '10	🏆 7
● Barbera d'Alba '12	🏆 2
● Barbera d'Alba Quattro Fratelli '12	🏆 3

Renato Buganza
LOC. CASCINA GARBINOTTO, 4
12040 PIOBESI D'ALBA [CN]
TEL. +39 0173619370
www.renatobuganza.it

DIREKTVERKAUF
BESUCH NACH VORANMELDUNG
JAHRESPRODUKTION 35.000 Flaschen
REBFLÄCHE 11 Hektar

● Barbera d'Alba Gerbole '11	🏆 3
○ Roero Arneis dla Trifula '13	🏆 2*
○ Claudette Brut M. Cl.	🏆 3

Bussia Soprana
LOC. BUSSIA, 88A
12065 MONFORTE D'ALBA [CN]
TEL. +39 039305182
www.bussiasoprana.it

DIREKTVERKAUF
BESUCH NACH VORANMELDUNG
JAHRESPRODUKTION 60.000 Flaschen
REBFLÄCHE 23 Hektar

● Barolo Mosconi '10	🏆 7
● Barolo V. Colonnello '10	🏆 7
● Langhe Nebbiolo '11	🏆 3

WEITERE KELLEREIEN

Marco Canato
FRAZ. FONS SALERA
LOC. CA' BALDEA, 18/2
15049 VIGNALE MONFERRATO [AL]
TEL. +39 0142933653
www.canatovini.it

DIREKTVERKAUF
BESUCH NACH VORANMELDUNG
JAHRESPRODUKTION 30.000 Flaschen
REBFLÄCHE 11 Hektar

● Barbera del M.to Sup. La Baldea '09	♛♛ 4
● Grignolino del M.to Casalese Celio '13	♛♛ 3
● M.to Freisa Milana '12	♛♛ 2*
● Barbera del M.to Gambaloita '13	♛ 3

Cantine Briamara
VIA TRENTO, 1
10014 CALUSO [TO]
TEL. +39 3358108781
www.cantinebriamara.it

DIREKTVERKAUF
JAHRESPRODUKTION 16.000 Flaschen
REBFLÄCHE 4 Hektar

○ Erbaluce di Caluso Biancamano '13	♛♛ 2*
○ Caluso Passito Pescarolo '09	♛ 4
○ Erbaluce di Caluso Spumante M. Cl. Berenice '11	♛ 3

Pierangelo Careglio
LOC. APRATO, 15
12040 BALDISSERO D'ALBA [CN]
TEL. +39 017240294
Andreacare41@yahoo.it

DIREKTVERKAUF
BESUCH NACH VORANMELDUNG
JAHRESPRODUKTION 20.000 Flaschen
REBFLÄCHE 6 Hektar

● Roero '11	♛♛ 2*
○ Roero Arneis '13	♛♛ 2*

Carussin
REG. MARIANO, 27
14050 SAN MARZANO OLIVETO [AT]
TEL. +39 0141831358
www.carussin.it

DIREKTVERKAUF
BESUCH NACH VORANMELDUNG
GASTRONOMIE
JAHRESPRODUKTION 90.000 Flaschen
REBFLÄCHE 22 Hektar

● Barbera d'Asti Lia Vi '13	♛♛ 2*
● Barbera d'Asti Asinoi '13	♛ 2

Casavecchia
VIA ROMA, 2
12055 DIANO D'ALBA [CN]
TEL. +39 017369321
/www.cantinacasavecchia.com

DIREKTVERKAUF
BESUCH NACH VORANMELDUNG
JAHRESPRODUKTION 40.000 Flaschen
REBFLÄCHE 8 Hektar

● Nebbiolo d'Alba Piadvenza '10	♛♛ 3*
● Barbera d'Alba San Quirico '11	♛♛ 2*
● Diano d'Alba Sörì Richin '12	♛♛ 2*
● Barolo Piantà '08	♛ 5

Cascina Adelaide
VIA AIE SOTTANE, 14
12060 BAROLO [CN]
TEL. +39 0173560503
www.cascinaadelaide.com

DIREKTVERKAUF
BESUCH NACH VORANMELDUNG
JAHRESPRODUKTION 50.000 Flaschen
REBFLÄCHE 10 Hektar

● Barolo Cannubi '10	♛♛ 8
● Barolo Pernanno '10	♛♛ 8
○ Langhe Nascetta del Comune di Novello Bricco Le Pernici '13	♛♛ 3

WEITERE KELLEREIEN

Cascina Castlet
s.da Castelletto, 6
14055 Costigliole d'Asti [AT]
Tel. +39 0141966651
www.cascinacastlet.com

DIREKTVERKAUF
BESUCH NACH VORANMELDUNG
JAHRESPRODUKTION 240.000 Flaschen
REBFLÄCHE 23 Hektar

- Barbera d'Asti Sup. Litina '11 — 3
- M.to Rosso Policalpo '11 — 4
- Barbera d'Asti '13 — 2
- Moscato d'Asti '13 — 2

Cascina Christiana
s.da San Michele, 24
14049 Nizza Monferrato [AT]
Tel. +39 0141725100
www.cascinachristiana.com

JAHRESPRODUKTION 30.000 Flaschen
REBFLÄCHE 5 Hektar

- Barbera d'Asti Reiss '13 — 2*
- Barbera d'Asti Sup. La Mòta '11 — 3
- M.to Rosso Balôss '11 — 3

Cascina Flino
via Abelloni, 7
12055 Diano d'Alba [CN]
Tel. +39 017369231
silvana.bona@uvetitn.it

DIREKTVERKAUF
BESUCH NACH VORANMELDUNG
UNTERKUNFT UND GASTRONOMIE
JAHRESPRODUKTION 10.000 Flaschen
REBFLÄCHE 4 Hektar

- Barbera d'Alba Sup. Flin '11 — 3*
- Barolo San Lorenzo '10 — 5
- Diano d'Alba '13 — 2*

Cascina Lana
c.so Acqui, 187
14049 Nizza Monferrato [AT]
Tel. +39 0141726734
www.cascinalana.com

DIREKTVERKAUF
BESUCH NACH VORANMELDUNG
JAHRESPRODUKTION 60.000 Flaschen
REBFLÄCHE 20 Hektar

- Barbera d'Asti Sup. Nizza '11 — 5
- Barbera d'Asti La Cirimela '13 — 3

Cascina Salerio
s.da Salerio, 16
14055 Costigliole d'Asti [AT]
Tel. +39 0141966294
casalerio@alice.it

DIREKTVERKAUF
BESUCH NACH VORANMELDUNG
JAHRESPRODUKTION 15.000 Flaschen
REBFLÄCHE 10 Hektar

- Barbera d'Asti Sup. Terra '12 — 3
- Barbera d'Asti Terra '13 — 2*
- M.to Rosso Aqua '12 — 2*

Cascina Tavijn
fraz. Monterovere, 7
14030 Scurzolengo [AT]
Tel. +39 0141203187
www.cascinatavijn.it

DIREKTVERKAUF
BESUCH NACH VORANMELDUNG
JAHRESPRODUKTION 20.000 Flaschen
REBFLÄCHE 6 Hektar
WEINBAU Biologisch anerkannt

- Barbera d'Asti '12 — 3
- Grignolino d'Asti '13 — 2*

WEITERE KELLEREIEN

Casina Bric 460
LOC. CASCINA BRICCO
FRAZ. VERGNE
VIA SORELLO, 1/A
12060 BAROLO [CN]
TEL. +39 335283468
www.casinabric-barolo.com

- Barolo Bricco delle Viole '10　🍷🍷 7
- Ansj '11　🍷🍷 4
- Barolo '10　🍷🍷 6

Renzo Castella
VIA ALBA, 15
12055 DIANO D'ALBA [CN]
TEL. +39 017369203
renzocastella@virgilio.it

DIREKTVERKAUF
BESUCH NACH VORANMELDUNG
JAHRESPRODUKTION 20.000 Flaschen
REBFLÄCHE 8 Hektar

- Barbera d'Alba Piadvenza '12　🍷🍷 2*
- Dolcetto di Diano d'Alba '13　🍷🍷 2*
- Dolcetto di Diano d'Alba Rivolia '13　🍷🍷 2*
- Langhe Nebbiolo '12　🍷 2

Castello del Poggio
LOC. POGGIO, 9
14100 PORTACOMARO [AT]
TEL. +39 0141202543
www.poggio.it

DIREKTVERKAUF
BESUCH NACH VORANMELDUNG
JAHRESPRODUKTION 800.000 Flaschen
REBFLÄCHE 158 Hektar

- Barbera d'Asti '12　🍷🍷 2*
- Grignolino d'Asti '13　🍷🍷 2*

Le Cecche
VIA MOGLIA GERLOTTO, 10
12055 DIANO D'ALBA [CN]
TEL. +39 017369323
www.lececche.com

DIREKTVERKAUF
BESUCH NACH VORANMELDUNG
REBFLÄCHE 5 Hektar

- Barolo Sorano '10　🍷🍷 5
- Diano d'Alba '13　🍷🍷 2*
- Roero Arneis '13　🍷🍷 3
- Langhe Rosso Fiammingo '12　🍷 3

Cerutti
VIA CANELLI, 205
14050 CASSINASCO [AT]
TEL. +39 0141851286
www.cascinacerutti.it

BESUCH NACH VORANMELDUNG
JAHRESPRODUKTION 20.000 Flaschen
REBFLÄCHE 6 Hektar

- Barbera d'Asti '13　🍷🍷 2*
- Moscato d'Asti Canelli Surì Sandrinet '13　🍷🍷 2*
- Piemonte Chardonnay Riva Granda '12　🍷🍷 3

Franco e Pierguido Ceste
C.SO ALFIERI, 1
12040 GOVONE [CN]
TEL. +39 017358635
www.cestevini.com

DIREKTVERKAUF
BESUCH NACH VORANMELDUNG
JAHRESPRODUKTION 180.000 Flaschen
REBFLÄCHE 20 Hektar

- Roero Palliano Ris. '11　🍷🍷 3*
- Barbaresco '10　🍷 3
- Barolo '09　🍷 6
- Roero Arneis '13　🍷 2

WEITERE KELLEREIEN

Il Chiosso
VIALE GUGLIELMO MARCONI 45-47A
13045 GATTINARA [VC]
TEL. +39 0163826739
www.ilchiosso.it

● Gattinara Galizja '09	🍷🍷 5
● Gattinara Ris. '08	🍷🍷 5

Ciabot Berton
FRAZ. SANTA MARIA, 1
12064 LA MORRA [CN]
TEL. +39 017350217
www.ciabotberton.it

DIREKTVERKAUF
BESUCH NACH VORANMELDUNG
JAHRESPRODUKTION 50.000 Flaschen
REBFLÄCHE 10 Hektar

● Barolo Roggeri '10	🍷🍷 6
● Barolo Rocchettevino '10	🍷🍷 6
● Barbera d'Alba Fisetta '12	🍷 2

Cantina Clavesana
FRAZ. MADONNA DELLA NEVE, 19
12060 CLAVESANA [CN]
TEL. +39 0173790451
www.inclavesana.it

DIREKTVERKAUF
BESUCH NACH VORANMELDUNG
JAHRESPRODUKTION 3.400.000 Flaschen
REBFLÄCHE 520 Hektar

● Barolo Olo '10	🍷🍷 5
● Dogliani '13	🍷🍷 2*
● Dogliani Sup. 587 '11	🍷🍷 3
● Dogliani Sup. Il Clou di Clavesana '12	🍷🍷 2*

Aldo Clerico
LOC. MANZONI, 69
12065 MONFORTE D'ALBA [CN]
TEL. +39 017378509
www.aldoclerico.com

DIREKTVERKAUF
BESUCH NACH VORANMELDUNG
JAHRESPRODUKTION 30.000 Flaschen
REBFLÄCHE 6 Hektar

● Barolo '10	🍷🍷 6
● Barbera d'Alba '12	🍷🍷 3
● Dolcetto d'Alba '13	🍷 2

Col dei Venti
VIA LA SERRA, 38
14049 VAGLIO SERRA [AT]
TEL. +39 0141793071
www.coldeiventi.com

BESUCH NACH VORANMELDUNG
JAHRESPRODUKTION 45.000 Flaschen
REBFLÄCHE 10 Hektar

● Barbaresco Tufoblu '11	🍷🍷 6
● Barbera d'Alba Sopralta '11	🍷🍷 3
● Barolo Debutto '10	🍷🍷 6
● Langhe Nebbiolo Lampio '11	🍷🍷 4

Collina Serragrilli
VIA SERRAGRILLI, 30
12057 NEIVE [CN]
TEL. +39 0173677010
www.serragrilli.it

DIREKTVERKAUF
BESUCH NACH VORANMELDUNG
JAHRESPRODUKTION 100.000 Flaschen
REBFLÄCHE 15 Hektar

● Barbaresco Serragrilli '11	🍷🍷 5
● Barbaresco Starderi '11	🍷🍷 5
● Barbera d'Alba Grillaia '11	🍷🍷 3
● Barbera d'Alba '12	🍷 2

WEITERE KELLEREIEN

Colombo
REG. CAFRA, 172/B
14051 BUBBIO [AT]
TEL. +39 0144852807
www.colombovino.it

DIREKTVERKAUF
BESUCH NACH VORANMELDUNG
JAHRESPRODUKTION 20.000 Flaschen
REBFLÄCHE 10 Hektar

● Piemonte Pinot Nero Apertura Maxima '11	🍷🍷 8
○ Piemonte Moscato Passito Pastù Tardì	🍷🍷 5
● Piemonte Pinot Nero Apertura '11	🍷 3

Il Colombo - Barone Riccati
VIA DEI SENT, 2
12084 MONDOVÌ [CN]
TEL. +39 017441607
www.ilcolombo.com

DIREKTVERKAUF
BESUCH NACH VORANMELDUNG
UNTERKUNFT UND GASTRONOMIE
JAHRESPRODUKTION 12.000 Flaschen
REBFLÄCHE 3 Hektar
WEINBAU Biologisch anerkannt

● Barolo Sarmassa '10	🍷🍷 6
● Dogliani Sup. Il Colombo '10	🍷🍷 2*
● Dogliani La Chiesetta '13	🍷 2

Dacapo
S.DA ASTI MARE, 4
14040 AGLIANO TERME [AT]
TEL. +39 0141964921
www.dacapo.it

DIREKTVERKAUF
BESUCH NACH VORANMELDUNG
JAHRESPRODUKTION 50.000 Flaschen
REBFLÄCHE 8 Hektar
WEINBAU Biologisch anerkannt

● Barbera d'Asti Sanbastiàn '12	🍷🍷 2*
● Grignolino d'Asti '13	🍷 3
● Piemonte Pinot Nero Cantacucco '11	🍷 5
● Ruché di Castagnole M.to Majoli '13	🍷 3

Giovanni Daglio
VIA MONTALE CELLI, 10
15050 COSTA VESCOVATO [AL]
TEL. +39 0131838262
www.vignetidaglio.com

DIREKTVERKAUF
JAHRESPRODUKTION 15.000 Flaschen
REBFLÄCHE 10 Hektar

○ Colli Tortonesi Timorasso Cantico '12	🍷🍷 4
● Colli Tortonesi Barbera Basinas '12	🍷🍷 4
● Colli Tortonesi Barbera Pias '13	🍷 2
● Colli Tortonesi Dolcetto Nibiò '12	🍷 3

Dosio
REG. SERRADENARI, 6
12064 LA MORRA [CN]
TEL. +39 017350677
www.dosiovigneti.com

DIREKTVERKAUF
BESUCH NACH VORANMELDUNG
JAHRESPRODUKTION 60.000 Flaschen
REBFLÄCHE 11 Hektar

● Barolo Fossati Ris. '08	🍷🍷 8
● Barolo '10	🍷🍷 5
● Barolo Fossati '09	🍷🍷 5
● Langhe Rosso Momenti '11	🍷🍷 5

Fabio Fidanza
VIA RODOTIGLIA, 55
14052 CALOSSO [AT]
TEL. +39 0141826921
castellodicalosso@tin.it

DIREKTVERKAUF
BESUCH NACH VORANMELDUNG
JAHRESPRODUKTION 20.000 Flaschen
REBFLÄCHE 10 Hektar

● Barbera d'Asti '12	🍷🍷 2*
● Barbera d'Asti Sup. Sterlino '11	🍷🍷 4
○ Moscato d'Asti '13	🍷 2

WEITERE KELLEREIEN

Forteto della Luja
REG. CANDELETTE, 4
14051 LOAZZOLO [AT]
TEL. +39 014487197
www.fortetodellaluja.it

DIREKTVERKAUF
BESUCH NACH VORANMELDUNG
JAHRESPRODUKTION 55.000 Flaschen
REBFLÄCHE 9 Hektar
WEINBAU Biologisch anerkannt

● Barbera d'Asti Mon Ross '13	♛♛ 2*
○ Loazzolo V. T. Piasa Rischei '10	♛ 6
○ Moscato d'Asti Piasa Sanmaurizio '13	♛ 3
● Piemonte Brachetto Pian dei Sogni '11	♛ 5

La Fusina
B.GO SANTA LUCIA, 33
12063 DOGLIANI [CN]
TEL. +39 017370488
www.lafusina.com

DIREKTVERKAUF
BESUCH NACH VORANMELDUNG
JAHRESPRODUKTION 80.000 Flaschen
REBFLÄCHE 18 Hektar

● Barolo '10	♛♛ 5
● Dogliani Sup. Cavagnè '12	♛♛ 3
● Barbera d'Alba '12	♛ 4

Gianni Gagliardo
B.TA SERRA DEI TURCHI, 88
12064 LA MORRA [CN]
TEL. +39 017350829
www.gagliardo.it

DIREKTVERKAUF
BESUCH NACH VORANMELDUNG
GASTRONOMIE
JAHRESPRODUKTION 180.000 Flaschen
REBFLÄCHE 25 Hektar

● Barolo '10	♛♛ 5
● Barolo Serre '10	♛♛ 8
● Langhe Nebbiolo Da Batiè '12	♛♛ 3
● Barolo Preve Ris. '06	♛ 8

Cantine Garrone
VIA SCAPACCANO, 36
28845 DOMODOSSOLA [VB]
TEL. +39 0324242990
www.cantinegarrone.it

DIREKTVERKAUF
BESUCH NACH VORANMELDUNG
JAHRESPRODUKTION 50.000 Flaschen

● Munaloss	♛♛ 3
● Valli Ossane Rosso Cà d'Maté '11	♛♛ 3
● Valli Ossolane Nebbiolo Sup. Prünent '11	♛♛ 4
● Valli Ossolane Rosso Tarlàp '12	♛♛ 2*

Generaj
BORGATA TUCCI, 4
12046 MONTÀ [CN]
TEL. +39 0173976142
www.generaj.it

DIREKTVERKAUF
BESUCH NACH VORANMELDUNG
JAHRESPRODUKTION 50.000 Flaschen
REBFLÄCHE 10,5 Hektar

○ Roero Arneis Quindicilune '12	♛♛ 3*
○ Generaj Brut M. Cl. '10	♛♛ 5
● Roero Bric Aut '11	♛♛ 3
● Roero Bric Aut Ris. '10	♛ 4

La Guardia
POD. LA GUARDIA, 74
15010 MORSASCO [AL]
TEL. +39 014473076
www.laguardiavilladelfini.it

DIREKTVERKAUF
BESUCH NACH VORANMELDUNG
JAHRESPRODUKTION 100.000 Flaschen
REBFLÄCHE 35 Hektar

● Barbera del M.to Sup. La V. di Dante '08	♛♛ 4
● M.to Rosso Innominato '09	♛♛ 4
● M.to Rosso Leone '08	♛♛ 4
● Ovada Vign. Bricco Riccardo '10	♛♛ 3

WEITERE KELLEREIEN

Incisiana
via Sant'Agata, 10/12
14045 Incisa Scapaccino [AT]
Tel. +39 0141747113
www.incisiana.com

DIREKTVERKAUF
BESUCH NACH VORANMELDUNG
UNTERKUNFT
JAHRESPRODUKTION 25.000 Flaschen
REBFLÄCHE 5 Hektar

● Barbera d'Asti Sup. Zerosso '10	♛♛ 5

Marenco
p.zza Vittorio Emanuele II, 10
15019 Strevi [AL]
Tel. +39 0144363133
www.marencovini.com

DIREKTVERKAUF
BESUCH NACH VORANMELDUNG
JAHRESPRODUKTION 300.000 Flaschen
REBFLÄCHE 80 Hektar

● Brachetto d'Acqui Pineto '13	♛♛ 4
○ Moscato d'Asti Scrapona '13	♛ 3
● Piemonte Albarossa Red Sunrise '10	♛ 4

Le Marie
via Sandefendente, 6
12032 Barge [CN]
Tel. +39 0175345159
www.lemarievini.eu

DIREKTVERKAUF
BESUCH NACH VORANMELDUNG
GASTRONOMIE
JAHRESPRODUKTION 24.000 Flaschen
REBFLÄCHE 8 Hektar

○ Blanc de Lissart	♛♛ 2*
⊙ Le Marie Pas Dosé Rosato M. Cl.	♛♛ 3
● Pinerolese Barbera Colombe '11	♛♛ 3
○ Sant'Agostino	♛ 3

La Masera
s.da San Pietro, 10
10010 Settimo Rottaro [TO]
Tel. +39 0113164161
www.lamasera.it

DIREKTVERKAUF
BESUCH NACH VORANMELDUNG
JAHRESPRODUKTION 18.000 Flaschen
REBFLÄCHE 4 Hektar

○ Erbaluce di Caluso Anima '13	♛♛ 2*
○ Erbaluce di Caluso Passito Venanzia '09	♛♛ 4
○ Erbaluce di Caluso Brut Masilé '11	♛ 4
○ Erbaluce di Caluso Macaria '12	♛ 2

Merenda con Corvi - Bea
s.da Santa Caterina, 8
10064 Pinerolo [TO]
Tel. +39 3356824880
www.merendaconcorvi.it

● Merlot '11	♛♛ 5
● Pinerolese Barbera Merenda con Corvi '10	♛♛ 4
● Pinerolese Barbera Foravia '13	♛ 3

Tenuta La Meridiana
via Tana Bassa, 5
14048 Montegrosso d'Asti [AT]
Tel. +39 0141956172
www.tenutalameridiana.com

DIREKTVERKAUF
BESUCH NACH VORANMELDUNG
JAHRESPRODUKTION 80.000 Flaschen
REBFLÄCHE 10 Hektar
WEINBAU Biologisch anerkannt

● Barbera d'Asti Sup. Tra La Terra e Il Cielo '10	♛♛ 4
● M.to Rosso Rivaia '09	♛♛ 4
● Barbera d'Asti Vitis '12	♛ 2

WEITERE KELLEREIEN

Cecilia Monte
VIA SERRACAPELLI, 17
12052 NEIVE [CN]
TEL. +39 017367454
cecilia.monte@libero.it

DIREKTVERKAUF
JAHRESPRODUKTION 15.000 Flaschen
REBFLÄCHE 5 Hektar

● Barbaresco Serracapelli '11	🍷 5
● Langhe Nebbiolo '12	🍷 3
● Dolcetto d'Alba Montubert '13	🍷 2

Negretti
FRAZ. SANTA MARIA, 53
12064 LA MORRA [CN]
TEL. +39 0173509850
www.negrettivini.com

DIREKTVERKAUF
BESUCH NACH VORANMELDUNG
JAHRESPRODUKTION 40.000 Flaschen
REBFLÄCHE 13 Hektar

● Barolo Bricco Ambrogio '09	🍷 6
● Barolo '09	🍷 6
● Barolo Mirau '09	🍷 6

Giuseppe Negro
VIA GALLINA, 22
12052 NEIVE [CN]
TEL. +39 0173677468
www.negrogiuseppe.com

DIREKTVERKAUF
BESUCH NACH VORANMELDUNG
JAHRESPRODUKTION 50.000 Flaschen
REBFLÄCHE 9 Hektar

● Barbaresco Gallina '11	🍷 6
● Barbaresco Pian Cavallo '11	🍷 6
● Barbera d'Alba Pulin '12	🍷 3
● Dolcetto d'Alba Pian Cavallo '13	🍷 2

Nervi
C.SO VERCELLI, 117
13045 GATTINARA [VC]
TEL. +39 0163833228
www.gattinara-nervi.it

DIREKTVERKAUF
BESUCH NACH VORANMELDUNG
JAHRESPRODUKTION 100.000 Flaschen
REBFLÄCHE 33 Hektar

● Gattinara Molsino '08	🍷 5
○ Erbaluce di Caluso Bianca '13	🍷 4
● Gattinara '08	🍷 4
⊙ Rosa '13	🍷 4

Silvano Nizza
FRAZ. BALLA LORA 29/A
12040 SANTO STEFANO ROERO [CN]
TEL. +39 017390516
nizza.silvano@tiscali.it

DIREKTVERKAUF
BESUCH NACH VORANMELDUNG
JAHRESPRODUKTION 30.000 Flaschen
REBFLÄCHE 5 Hektar

● Nebbiolo d'Alba '12	🍷 3
● Roero '11	🍷 5
○ Roero Arneis '13	🍷 3

Oltretorrente
VIA CINQUE MARTIRI
15050 PADERNA [AL]
TEL. +39 3398195360
www.oltretorrente.com

● Colli Tortonesi Rosso '12	🍷 2*
○ Colli Tortonesi Timorasso '12	🍷 4
● Colli Tortonesi Barbera Superiore '11	🍷 3
○ Colli Tortonesi Cortese '13	🍷 2

WEITERE KELLEREIEN

Pace
Fraz. Madonna di Loreto
Cascina Pace, 52
12043 Canale [CN]
Tel. +39 0173979544
aziendapace@infinito.it

DIREKTVERKAUF
BESUCH NACH VORANMELDUNG
JAHRESPRODUKTION 60.000 Flaschen
REBFLÄCHE 22 Hektar

● Barbera d'Alba '12	🍷🍷 2*
● Roero Ris. '10	🍷🍷 5
○ Roero Arneis '13	🍷 2

Pelassa
b.ta Tucci, 43
12046 Montà [CN]
Tel. +39 0173971312
www.pelassa.com

REBFLÄCHE 10 Hektar

● Barolo '10	🍷🍷 7
● Roero Antaniolo Ris. '10	🍷🍷 4
○ Roero Arneis San Vito '13	🍷🍷 2*
● Nebbiolo d'Alba Sot '11	🍷 3

Pasquale Pelissero
Cascina Crosa, 2
12052 Neive [CN]
Tel. +39 017367376
www.pasqualepelissero.com

DIREKTVERKAUF
BESUCH NACH VORANMELDUNG
JAHRESPRODUKTION 35.000 Flaschen
REBFLÄCHE 8 Hektar

● Barbaresco Bricco San Giuliano '11	🍷🍷 5
● Barbaresco Cascina Crosa '11	🍷 4

Pescaja
via San Matteo, 59
14010 Cisterna d'Asti [AT]
Tel. +39 0141979711
www.pescaja.com

BESUCH NACH VORANMELDUNG
REBFLÄCHE 19 Hektar

● Barbera d'Asti Soliter '11	🍷🍷 2*
● Barbera d'Asti Sup. Nizza Solneri '11	🍷🍷 4
● Monferrato Rosso Solis '11	🍷🍷 3
○ Terre Alfieri Arneis '13	🍷🍷 2*

Le Pianelle
s.da Forte, 24
13862 Brusnengo [BI]
Tel. +39 3478772726

● Bramaterra '11	🍷🍷 8
⊙ Coste della Sesia Rosato Al Posto dei Fiori '13	🍷🍷 3

Pianpolvere Soprano
loc. Bussia, 32
12065 Monforte d'Alba [CN]
Tel. +39 017378421
www.pianpolveresoprano.it

DIREKTVERKAUF
BESUCH NACH VORANMELDUNG
JAHRESPRODUKTION 10.000 Flaschen
REBFLÄCHE 7 Hektar

● Barolo Bussia Ris. '07	🍷🍷 8

WEITERE KELLEREIEN

Pier
VIA GIACOSA, 22
12050 TREISO [CN]
TEL. +39 0173638178
www.piervini.it

● Barbaresco Rio Sordo Ris. '09	♟♟ 6
● Barbaresco Rio Sordo '10	♟♟ 5
● Barbera d'Alba Sup. Pajun '10	♟♟ 3
● Langhe Nebbiolo Riva '12	♟♟ 3

Platinetti
VIA ROMA, 60
28074 GHEMME [NO]
TEL. +39 01119567820
platinettiguido@libero.it

DIREKTVERKAUF
BESUCH NACH VORANMELDUNG
JAHRESPRODUKTION 10.000 Flaschen
REBFLÄCHE 5 Hektar

● Colline Novaresi Barbera Pieleo '11	♟♟ 3
● Colline Novaresi Nebbiolo '11	♟♟ 3
● Colline Novaresi Vespolina '12	♟♟ 2*
● Ghemme V. Ronco Maso '09	♟ 4

I Pola
VIA ALBA, 6
15010 CREMOLINO [AL]
TEL. +39 3356133283
www.ipola.it

DIREKTVERKAUF
UNTERKUNFT
JAHRESPRODUKTION 60.000 Flaschen
REBFLÄCHE 18 Hektar
WEINBAU Biologisch anerkannt

● Barbaresco '10	♟♟ 5
● Barolo del Comune di Serralunga d'Alba '09	♟♟ 6
● Dolcetto di Ovada Orchestra '10	♟ 3

Prinsi
VIA GAIA, 5
12052 NEIVE [CN]
TEL. +39 017367192
www.prinsi.it

DIREKTVERKAUF
BESUCH NACH VORANMELDUNG
JAHRESPRODUKTION 60.000 Flaschen
REBFLÄCHE 14,5 Hektar

● Barbaresco Fausone Ris. '08	♟♟ 5
● Barbaresco Gallina '11	♟♟ 5
● Barbera d'Alba Sup. Il Bosco '11	♟♟ 3

Punset
VIA ZOCCO, 2
12052 NEIVE [CN]
TEL. +39 017367072
www.punset.com

DIREKTVERKAUF
BESUCH NACH VORANMELDUNG
UNTERKUNFT
JAHRESPRODUKTION 100.000 Flaschen
REBFLÄCHE 17 Hektar
WEINBAU Biologisch anerkannt

● Barbaresco '10	♟♟ 5
● Barbaresco Ris. '09	♟ 5

La Raia
S.DA MONTEROTONDO, 79
15067 NOVI LIGURE [AL]
TEL. +39 0143743685
www.la-raia.it

DIREKTVERKAUF
BESUCH NACH VORANMELDUNG
JAHRESPRODUKTION 110.000 Flaschen
REBFLÄCHE 42 Hektar
WEINBAU Biodynamisch anerkannt

○ Gavi Ris. '12	♟♟ 3*
○ Gavi '13	♟♟ 3
○ Gavi Pisè '12	♟♟ 4
● Piemonte Barbera Largé '10	♟♟ 5

WEITERE KELLEREIEN

F.lli Raineri
via Torino, 2
12060 Farigliano [CN]
Tel. +39 017376223
www.cantineraineri.it

● Dogliani Cornole '13	🍷 3*
● Barolo '10	🍷🍷 5
● Barolo Monserra '10	🍷🍷 6

Rattalino
s.da Giro del Mondo, 4
12050 Barbaresco [CN]
Tel. +39 3492155012
www.massimorattalino.it

JAHRESPRODUKTION 30.000 Flaschen
REBFLÄCHE 6 Hektar

● Barbaresco Ronchi Quarantacinque45 '10	🍷🍷 6
● Barolo Trentacinque35 '09	🍷🍷 5
● Barolo Trentaquattro34 '09	🍷🍷 5
● Nebbiolo d'Alba Ventisette27 '11	🍷 3

Carlo Daniele Ricci
via Montale Celli, 9
15050 Costa Vescovato [AL]
Tel. +39 0131838115
www.aziendaagricolaricci.com

DIREKTVERKAUF
BESUCH NACH VORANMELDUNG
UNTERKUNFT UND GASTRONOMIE
JAHRESPRODUKTION 30.000 Flaschen
REBFLÄCHE 8 Hektar

○ Colli Tortonesi Timorasso San Leto '10	🍷🍷 5
○ Colli Tortonesi Timorasso Terre del Timorasso '12	🍷🍷 3
○ Il Giallo di Costa '10	🍷 4

Francesco Rinaldi & Figli
via Crosia, 30
12051 Barolo [CN]
Tel. +39 0173440484
www.rinaldifrancesco.it

DIREKTVERKAUF
BESUCH NACH VORANMELDUNG
JAHRESPRODUKTION 70.000 Flaschen
REBFLÄCHE 11 Hektar

● Barbera d'Alba '12	🍷🍷 3
● Barolo '10	🍷🍷 6
● Barolo Brunate '10	🍷🍷 7
● Barolo Cannubi '10	🍷🍷 7

Massimo Rivetti
via Rivetti, 22
12052 Neive [CN]
Tel. +39 017367505
www.rivettimassimo.it

● Barbaresco Froi '11	🍷🍷 5
● Barbaresco Froi Ris. '09	🍷🍷 6
● Barbera d'Alba V. Serraboella '10	🍷🍷 4
● Barbaresco Serraboella Ris. '09	🍷 6

Tenuta Roletto
via Porta Pia, 69
10090 Cuceglio [TO]
Tel. +39 0124492293
www.tenutaroletto.it

DIREKTVERKAUF
BESUCH NACH VORANMELDUNG
GASTRONOMIE
JAHRESPRODUKTION 160.000 Flaschen
REBFLÄCHE 113 Hektar

○ Erbaluce di Caluso '13	🍷🍷 3
○ Erbaluce di Caluso Muliné '12	🍷🍷 5
○ Erbaluce di Caluso Passito '06	🍷🍷 6

WEITERE KELLEREIEN

Rossi Contini
S.DA SAN LORENZO, 20
15076 OVADA [AL]
TEL. +39 0143822530
www.rossicontini.com

DIREKTVERKAUF
BESUCH NACH VORANMELDUNG
JAHRESPRODUKTION 16.000 Flaschen
REBFLÄCHE 5 Hektar

● Dolcetto di Ovada Vign. Ninan '11	♛♛ 4
○ Cortese dell'Alto M.to Cortesia '13	♛ 2

Poderi Rosso
P.ZZA ROMA, 1
14041 AGLIANO TERME [AT]
TEL. +39 0141954006
www.poderirossogiovanni.it

DIREKTVERKAUF
BESUCH NACH VORANMELDUNG
JAHRESPRODUKTION 45.000 Flaschen
REBFLÄCHE 12 Hektar

● Barbera d'Asti San Bastian '13	♛♛ 2*
● Barbera d'Asti Sup. Cascina Perno '12	♛♛ 2*
● Barbera d'Asti Sup. V. Carlinet '12	♛♛ 3
● Barbera d'Asti Sup. Gioco dell'Oca '11	♛ 6

San Fereolo
LOC. SAN FEREOLO
B.TA VALDIBÀ, 59
12063 DOGLIANI [CN]
TEL. +39 0173742075
www.sanfereolo.com

BESUCH NACH VORANMELDUNG
JAHRESPRODUKTION 46.000 Flaschen
REBFLÄCHE 12 Hektar

● Dogliani Valdibà '13	♛♛ 3*
● Dogliani San Fereolo '08	♛♛ 2*
○ Langhe Bianco Coste di Riavolo '10	♛♛ 3
● Langhe Nebbiolo Il Provinciale '09	♛♛ 3

Tenuta San Pietro
LOC. SAN PIETRO, 2
15060 TASSAROLO [AL]
TEL. +39 0143342422
www.tenutasanpietro.it

DIREKTVERKAUF
BESUCH NACH VORANMELDUNG
JAHRESPRODUKTION 150.000 Flaschen
REBFLÄCHE 30 Hektar
WEINBAU Biologico Certificato

○ San Pietro Brut	♛♛ 4
○ Gavi del Comune di Tassarolo San Pietro '13	♛♛ 3
○ Gavi del Comune di Tassarolo Il Mandorlo '13	♛ 5

Giacomo Scagliola
REG. SANTA LIBERA, 20
14053 CANELLI [AT]
TEL. +39 0141831146
www.scagliola-canelli.it

DIREKTVERKAUF
JAHRESPRODUKTION 80.000 Flaschen
REBFLÄCHE 15 Hektar

● Barbera d'Asti Sup. La Faia '12	♛♛ 2*
○ Beatrice Scagliola Brut '07	♛♛ 5
● Barbera d'Asti '12	♛ 2
● M.to Rosso '10	♛ 4

Simone Scaletta
LOC. MANZONI, 61
12065 MONFORTE D'ALBA [CN]
TEL. +39 3484912733
www.viniscaletta.com

DIREKTVERKAUF
BESUCH NACH VORANMELDUNG
UNTERKUNFT
JAHRESPRODUKTION 20.000 Flaschen
REBFLÄCHE 5 Hektar

● Barolo Chirlet '10	♛♛ 6
● Dolcetto d'Alba Viglioni '13	♛♛ 2*
● Barbera d'Alba Sup. Sarsera '12	♛ 3
● Langhe Nebbiolo Autin 'd Madama '12	♛ 3

WEITERE KELLEREIEN

Segni di Langa
loc. Ravinali, 25
12060 Roddi [CN]
Tel. +39 3803945151
www.segnidilanga.it

● Langhe Pinot Nero '13	🍷🍷 3*
● Barbera d'Alba Sup. Greta '12	🍷🍷 3
● Langhe Pinot Nero '12	🍷🍷 3

Serradenari
V. Bricco del Dente 19
12064 La Morra [CN]
Tel. +39 017350119
www.serradenari.com

DIREKTVERKAUF
JAHRESPRODUKTION 40.000 Flaschen
REBFLÄCHE 6 Hektar

● Barolo Serradenari '10	🍷🍷 6

Poderi Sinaglio
fraz. Ricca
via Sinaglio, 5
12055 Diano d'Alba [CN]
Tel. +39 0173612209
www.poderisinaglio.it

DIREKTVERKAUF
BESUCH NACH VORANMELDUNG
UNTERKUNFT UND GASTRONOMIE
JAHRESPRODUKTION 44.000 Flaschen
REBFLÄCHE 13 Hektar

● Dolcetto di Diano d'Alba '13	🍷🍷 2*
● Dolcetto di Diano d'Alba Sorì Bricco Maiolica '13	🍷🍷 2*
● Nebbiolo d'Alba Giachét '12	🍷🍷 3

Sobrero Francesco e Figli
via Pugnane, 5
12060 Castiglione Falletto [CN]
Tel. +39 017362864
www.sobrerofrancesco.it

DIREKTVERKAUF
BESUCH NACH VORANMELDUNG
UNTERKUNFT
JAHRESPRODUKTION 90.000 Flaschen
REBFLÄCHE 16 Hektar

● Barolo Ciabot Tanasio '10	🍷🍷 6
● Barbera d'Alba Sup. La Pichetera '11	🍷🍷 3
● Langhe Nebbiolo '12	🍷🍷 3
● Barbera d'Alba Selectio '12	🍷 3

La Spinosa Alta
c.ne Spinosa Alta, 6
15038 Ottiglio [AL]
Tel. +39 0142921372
www.laspinosaalta.it

DIREKTVERKAUF
BESUCH NACH VORANMELDUNG
UNTERKUNFT
JAHRESPRODUKTION 12.000 Flaschen
REBFLÄCHE 2,5 Hektar

● Grignolino del M.to Casalese '11	🍷🍷 2*
● M.to Rosso Tenebroso '09	🍷🍷 2*
○ M.to Bianco Duetto '12	🍷 2

Giuseppe Stella
s.da Bossola, 8
14055 Costigliole d'Asti [AT]
Tel. +39 0141966142
stellavini@libero.it

DIREKTVERKAUF
BESUCH NACH VORANMELDUNG
JAHRESPRODUKTION 50.000 Flaschen
REBFLÄCHE 12 Hektar

● Barbera d'Asti Stravisan '13	🍷🍷 2*
● Barbera d'Asti Sup. Giaiet '11	🍷🍷 3
● Barbera d'Asti Il Maestro '11	🍷 4

WEITERE KELLEREIEN

Oreste Stroppiana
Fraz. Rivalta San Giacomo, 6
12064 La Morra [CN]
Tel. +39 0173509419
www.cantinastroppiana.com

DIREKTVERKAUF
BESUCH NACH VORANMELDUNG
JAHRESPRODUKTION 35.000 Flaschen
REBFLÄCHE 5 Hektar

● Barolo San Giacomo '10	🍷🍷 6
● Barolo Bussia '10	🍷🍷 6
● Langhe Nebbiolo '12	🍷🍷 3

Cantina Sociale Terre Astesane di Mombercelli
via Marconi, 2
14042 Mombercelli [AT]
Tel. +39 0141959155
www.terreastesane.it

DIREKTVERKAUF
BESUCH NACH VORANMELDUNG
REBFLÄCHE 230 Hektar

● Barbera d'Asti '13	🍷🍷 1*
● Barbera d'Asti AD Anno Domini '11	🍷🍷 3
● Barbera d'Asti Sup. '11	🍷🍷 2*

La Toledana
Loc. Sermoira, 5
15066 Gavi [AL]
Tel. +39 0141837287
www.latoledana.it

DIREKTVERKAUF
BESUCH NACH VORANMELDUNG
JAHRESPRODUKTION 145.000 Flaschen
REBFLÄCHE 28 Hektar

● Barolo '09	🍷🍷 6
● Barolo Ravera '09	🍷🍷 7
○ Gavi del Comune di Gavi La Toledana '13	🍷 4

Trediberri
borgata Torriglione, 4
12064 La Morra [CN]
Tel. +39 0173509302
www.trediberri.com

● Barolo '10	🍷🍷 5
● Barolo Rocche dell'Annunziata '10	🍷🍷 6
● Langhe Nebbiolo '13	🍷 3

Laura Valditerra
s.da Monterotondo, 75
15067 Novi Ligure [AL]
Tel. +39 0143321451
www.valditerra.it

DIREKTVERKAUF
BESUCH NACH VORANMELDUNG
UNTERKUNFT
JAHRESPRODUKTION 30.000 Flaschen
REBFLÄCHE 15 Hektar

○ Gavi '13	🍷🍷 2*
○ Gavi Tenuta Merlassino '13	🍷🍷 3

Valfaccenda
fraz. Madonna Loreto
Valfaccenda 43
12043 Canale [CN]
Tel. +39 3397303837
www.valfaccenda.it

DIREKTVERKAUF
JAHRESPRODUKTION 2.000 Flaschen
REBFLÄCHE 1 Hektar

● Roero '12	🍷🍷 3
○ Roero Arneis '13	🍷🍷 3

WEITERE KELLEREIEN

La Vecchia Posta
via Montebello, 2
15050 Avolasca [AL]
Tel. +39 0131876254
lavecchiaposta@virgilio.it

DIREKTVERKAUF
BESUCH NACH VORANMELDUNG
UNTERKUNFT UND GASTRONOMIE
JAHRESPRODUKTION 10.000 Flaschen
REBFLÄCHE 3 Hektar
WEINBAU Biologisch anerkannt

○ Colli Tortonesi Il Selvaggio '12	🍷 3
● Colli Tortonesi Rosso Rebelot '12	🍷 4

Alessandro Veglio
fraz. Annunziata, 53
12064 La Morra [CN]
Tel. +39 3385699102
www.risveglioinlanga.it

JAHRESPRODUKTION 10.000 Flaschen
REBFLÄCHE 3 Hektar

● Barolo '10	🍷 5
● Barolo Gattera '10	🍷 7
● Langhe Nebbiolo '12	🍷 3
● Dolcetto d'Alba '13	🍷 2

Eraldo Viberti
fraz. Santa Maria
b.ta Tetti, 53
12064 La Morra [CN]
Tel. +39 017350308
www.eraldoviberti.com

DIREKTVERKAUF
BESUCH NACH VORANMELDUNG
JAHRESPRODUKTION 27.000 Flaschen
REBFLÄCHE 5 Hektar

● Barolo Roncaglie '10	🍷 7
● Barolo '10	🍷 6
● Barolo Rocchettevino '10	🍷 7

Giovanni Viberti
via delle Viole 30
12060 Barolo [CN]
Tel. +39 017356192
www.viberti-barolo.com

DIREKTVERKAUF
BESUCH NACH VORANMELDUNG
GASTRONOMIE
JAHRESPRODUKTION 80.000 Flaschen
REBFLÄCHE 18 Hektar

● Barolo San Pietro Ris. '07	🍷 8
● Barolo Buon Padre '10	🍷 6
● Barolo La Volta Ris. '07	🍷 8
● Langhe Nebbiolo '12	🍷 3

Vigneti Valle Roncati
via Nazionale, 10a
28072 Briona [NO]
Tel. +39 3355732548
www.vignetivalleroncati.it

● Sizzano San Bartolomeo '11	🍷 3*
● Colline Novaresi Vespolina '12	🍷 2*
○ Colline Novaresi Bianco Particella 40 '13	🍷 3

Alberto Voerzio
fraz. Annunziata, 103/A
12064 La Morra [CN]
Tel. +39 3333927654
www.albertovoerzio.com

● Barolo '10	🍷 6
● Barolo La Serra '10	🍷 6

LIGURIEN

Ligurien legt weiter zu. In kleinen Schritten, ohne großes Aufsehen, fast unbemerkt, wenn man einen Vergleich mit den großen italienischen Weinregionen und Weinhäusern anstellt, aber dennoch. Nicht in den Mengen, aus offensichtlichen Gründen, aber in der Qualität. So bestätigt sich auch für die Lese 2013 eine allen gemeinsame Sorgfalt in der Produktion. Der Weinbau in Ligurien ist in jedem Fall schwierig; es gibt keine mehr oder weniger ausgedehnten Flächen, wo die Rebstöcke ohne stützende Trockenmauern auskommen können. Die Weinberge bestehen häufig aus kleinen Parzellen, die sich auf mehrere Gebiete aufteilen, oft noch dazu in verschiedenen Gemeinden. Die Arbeit ist mühselig, behutsam, mitunter akribisch, aber in den Weinen sind häufig alle Empfindungen des Mittelmeeres konzentriert. Von Osten nach Westen, vorbei an Genua, haben einige Winzer mit Pioniergeist eine Straße der Qualität vorgezeichnet und schon seit einigen Jahren gibt es auch schmucke Kleinbetriebe, die ihr folgen können. In diesem Jahr bestätigen sich 7 Weine ebenso vieler Kellereien am obersten Podest. Die besten Anbaugebiete sind bereits definiert. Im Osten die aromatische Wucht der Vermentino, eine der ganz großen italienischen Reben. Dem großzügig explosiven Duft folgt ein ungestümer, einprägsamer Körper. Besonders begünstigt das Hügelland in der unmittelbaren Umgebung von Castelnuovo Magra, in der Provinz von La Spezia, an der Grenze zur Toskana. Hier bestätigen sich einige Betriebe seit Jahren mit einer allgemein anerkannten Qualität. Im äußersten Westen von Ligurien, hart an der französischen Grenze, liegt das begnadete Gebiet des großartigen ligurischen Roten: der Dolceacqua. Eine Anzahl junger, tüchtiger Produzenten sind der Motor für einen allgemeinen Aufstieg, der sich Jahr für Jahr mit bereits bekannten und neuen Supertropfen bestätigt. Dolceacqua, San Biagio della Cima, Soldano, alle in der Provinz Imperia, sind nur einige der Orte, die dieser roten Edelrebe beste Bedingungen bieten. Dazwischen zwei Gebiete, die an einer noch größeren Anerkennung arbeiten. Im Westen bestätigt sich die noble Pigato mit einigen höchst akklamierten Star-Produzenten. Aber daneben gibt es einige neue, kleine Betriebe und auch einige bereits etablierte, die sich neuen Experimenten öffnen, wie beispielsweise einer Metodo-Classico-Vergärung. Wir sind sicher, dass wir in einigen Jahren große Überraschungen erleben werden. Im Osten strahlt unvermindert hell der Stern der gut gerüsteten Weine der Cinque Terre.

LIGURIEN

Massimo Alessandri
VIA COSTA PARROCCHIA, 42
18020 RANZO [IM]
TEL. +39 018253458
www.massimoalessandri.it

DIREKTVERKAUF
BESUCH NACH VORANMELDUNG
JAHRESPRODUKTION 35.000 Flaschen
REBFLÄCHE 7 Hektar

Der Betrieb von Massimo Alessandri erobert sich erneut einen Platz im Weinführer. Ihm ist im Laufe der Jahre ein bewundernswerter Qualitätssprung gelungen und zirka 400 m auf den Anhöhen der Gemeinde Ranzo liegenden Weinberge beinhalten jetzt auch einen halben Hektar neue Rebfläche mit Rossese-Trauben. Ein kleiner Anstieg bei den autochthonen Rebsorten Granaccia, Vermentino und Pigato, denen die nicht so häufigen und gebietsfremden Sorten Viognier, Roussanne und Syrah zur Seite stehen. Hinreißend der Pigato Costa de Vigne '13, leuchtend in der Farbe und reich an Aromen und Heuduft. Im Mund vermischt sich frische Orange mit der Fülle von Kaktusfeigen. Der rubinrote Ligustico '11 schenkt Noten von Pflaume, Wacholderbeeren und Kakao. Im Mund ist er einhüllend, harmonisch, mit guter Alkoholintensität. Klare mineralische Noten in einem gefälligen Körper, die auch im runden Nachgeschmack bewahrt bleiben, sind Vorzüge des Viorus '12.

○ Riviera Ligure di Ponente Pigato Costa de Vigne '13	🍷 3*
● Ligustico '11	🍷🍷 5
○ Viorus '12	🍷🍷 5
○ Riviera Ligure di Ponente Pigato Vigne Vegie '12	🍷 4
○ Riviera Ligure di Ponente Vermentino Costa de Vigne '13	🍷 3
⊙ Rosato '13	🍷 3
○ Riviera Ligure di Ponente Pigato Costa de Vigne '12	🍷🍷 3*
○ Riviera Ligure di Ponente Pigato Costa de Vigne '11	🍷🍷 3
○ Riviera Ligure di Ponente Pigato Costa de Vigne '10	🍷🍷 3
○ Riviera Ligure di Ponente Pigato Vigne Vëggie '12	🍷🍷 4

Laura Aschero
P.ZZA VITTORIO EMANUELE, 7
18027 PONTEDASSIO [IM]
TEL. +39 3477561709
www.lauraaschero.it

DIREKTVERKAUF
BESUCH NACH VORANMELDUNG
JAHRESPRODUKTION 60.000 Flaschen
REBFLÄCHE 3 Hektar

Der kleine angesehene Betrieb an der Riviera Ligure di Ponente setzt ausschließlich auf autochthone Rebsorten wie Pigato, Vermentino und Rossese. Marco Rizzo, der Sohn der Gründerin, pflegt die bei Monti und Posai auf zirka 150 m Höhe gelegenen Weinberge mit außergewöhnlicher Sorgfalt. Unterstützt wird er von seiner Frau Carla und Tochter Bianca, die ihm bei der unermüdlichen Suche nach Qualität zur Seite stehen. Im letzten Jahr fand die Weinlese gewollt früh statt, um einerseits den Alkoholgehalt zu mindern und andererseits, auch mithilfe der Kaltverarbeitung im Weinkeller, die Duftnoten zu bewahren. Der Pigato '13 von intensivem Strohgelb mit glänzenden Reflexen ist harmonisch und elegant, die Aromen von Rosmarin und Salz bereichern den raffinierten, aber unstrukturierten Gaumen. Noten von Melone und gelbem Pfirsich beim Vermentino '13, der frische, angenehme Geschmack steckt in einem zart prickelnden Körper.

○ Riviera Ligure di Ponente Pigato '13	🍷🍷 3*
○ Riviera Ligure di Ponente Vermentino '13	🍷 3
○ Riviera Ligure di Ponente Vermentino '10	🍷🍷🍷 3*
○ Riviera Ligure di Ponente Pigato '12	🍷🍷 3
○ Riviera Ligure di Ponente Pigato '11	🍷🍷 3
○ Riviera Ligure di Ponente Vermentino '12	🍷🍷 3*
○ Riviera Ligure di Ponente Vermentino '11	🍷🍷 3
○ Riviera Ligure di Ponente Vermentino '09	🍷🍷 3

LIGURIEN

La Baia del Sole

FRAZ. LUNI ANTICA
VIA FORLINO, 3
19034 ORTONOVO [SP]
TEL. +39 0187661821
www.cantinefederici.com

DIREKTVERKAUF
BESUCH NACH VORANMELDUNG
JAHRESPRODUKTION 150.000 Flaschen
REBFLÄCHE 24 Hektar

Kein Name könnte für diesen Betrieb und sein Anbaugebiet passender sein als La Baia del Sole. Er befindet sich in Ortonovo in der Nähe der Ruinen der antiken weißen Stadt Luni, wo Isa und Giulio Federici mithilfe der Söhne Andrea und Luca etwa 12 Hektar Rebfläche bewirtschaften (zu denen auch die Neuanlagen von Ortonovo und Castelnuovo Magra gehören). Eine im Aufschwung befindliche Kellerei, die durch die Unterstützung von zirka 60 Zulieferanten eine ansehnliche Produktion der autochthonen Trauben Vermentino, Albarola, Malvasia, Sangiovese, Canaiolo, Ciliegiolo vorweisen kann, die durch internationale Rebsorten, Merlot und Syrah, ergänzt werden. Der Solaris '13 präsentiert sich mit goldener strohgelber Farbe, im Mund klare Noten von Heu und Salzaromen. Ein Wein mit großem Charakter. Eindringliche Noten von Macchie begleiten den Oro d'Isèe '13, ein komplexer Wein mit langem und leicht bitterem Ausklang. Auch wenn seine gefällige Vielschichtigkeit wie immer hervorsticht, ist der Sarticola '13 noch auf der Suche nach dem optimalen Gleichgewicht.

○ Colli di Luni Vermentino Solaris '13	♛♛ 2*
○ Colli di Luni Vermentino Oro d'Isèe '13	♛♛ 3
○ Muri Grandi '13	♛♛ 2*
○ Colli di Luni Gladius '13	♛ 2
○ Colli di Luni Vermentino Sarticola '13	♛ 4
● Colli di Luni Eutichiano '12	♛♛ 3*
○ Colli di Luni Gladius '11	♛♛ 3
○ Colli di Luni Vermentino Oro d'Isèe '12	♛♛ 4
○ Colli di Luni Vermentino Oro d'Isèe '11	♛♛ 4
○ Colli di Luni Vermentino Sarticola '12	♛♛ 5
○ Colli di Luni Vermentino Solaris '12	♛♛ 3

Maria Donata Bianchi

VIA MEREA, 101
18013 DIANO ARENTINO [IM]
TEL. +39 0183498233
www.aziendaagricolabianchi.it

DIREKTVERKAUF
BESUCH NACH VORANMELDUNG
UNTERKUNFT
JAHRESPRODUKTION 30.000 Flaschen
REBFLÄCHE 4 Hektar

Das auf halber Höhe des Hügellands von Diano Arentino gelegene Weingut von Emanuele Trevia genießt voll das milde mediterrane Klima. Rund um das neue Produktionsgebäude und den nebenan liegenden Agriturismo erstrecken sich herrliche Weinberge, die mit den traditionellen ligurischen Rebsorten Vermentino und Pigato sowie internationalen Gewächsen wie Syrah und Grenache bepflanzt sind. Die natürliche Verarbeitung variiert je nach der von Rebberg zu Rebberg unterschiedlichen Bodenart. Entlang der Rebzeilen baut Emanuele Gerste und Bohnen an, um den Boden zu bereichern und ihn für die herbstliche Weinlese feucht zu halten. Der Geschmack von Gewürzkräutern und Rosmarin verwandelt sich beim Pigato '13 in komplexe, samtige Duftnoten mit Anklängen von Mineral und Jod und schenken dem maßvollen Körper Klasse und Harmonie. Weniger prägnant der Vermentino '13, fein und klassisch mit mediterranen Noten, voller Struktur und gefälliger Säure.

○ Riviera Ligure di Ponente Pigato '13	♛♛ 3*
○ Riviera Ligure di Ponente Vermentino '13	♛♛ 3
○ Riviera Ligure di Ponente Pigato '12	♛♛♛ 3*
○ Riviera Ligure di Ponente Vermentino '09	♛♛♛ 3
○ Antico Sfizio '12	♛♛ 4
○ Riviera Ligure di Ponente Pigato '11	♛♛ 4
○ Riviera Ligure di Ponente Pigato '09	♛♛ 3
○ Riviera Ligure di Ponente Vermentino '11	♛♛ 4
○ Riviera Ligure di Ponente Vermentino '10	♛♛ 3
○ Riviera Ligure di Ponente Vermentino '08	♛♛ 4

LIGURIEN

BioVio
Fraz. Bastia
via Crociata, 24
17031 Albenga [SV]
Tel. +39 018220776
www.biovio.it

DIREKTVERKAUF
BESUCH NACH VORANMELDUNG
JAHRESPRODUKTION 40.000 Flaschen
REBFLÄCHE 6 Hektar
WEINBAU Biologisch anerkannt

Der Betrieb im Ortskern von Bastia d'Albenga erzeugt Weine aus zertifiziertem biologischem Weinbau. Der Inhaber Aimone umsorgt seine Weinberge mit penibler Sorgfalt und wird dabei von vier wunderbaren Frauen unterstützt: Seiner Frau Chiara, Herz der Familie, und den drei Töchtern Caterina, Camilla und Carolina, die immer mehr in die Arbeit der Produktion, des Vertriebs und des Marketings hineinwachsen. Die Rebflächen sind traditionell mit Vermentino und Pigato bepflanzt (im nächsten Jahr wird ein neuer Weinberg mit Pigato-Trauben in Ponterotto di Ranzo in Betrieb genommen), zu denen sich zwei autochthone rote Rebsorten aus Ligurien, Rossese und Granaccia gesellen. Der intensive Bon in da Bon '13 mit Noten von Mandel und Trockenobst ist vielschichtig und ausgeglichen. Im Mund schöne Ausgewogenheit mit geschmeidigem Abgang. Leuchtend mit grünlichen Reflexen hingegen der Ma René '13 mit ausgeprägter aromatischer Identität. Der Aimone '13 besitzt einen mächtigen, herausragenden Charakter bei Duft und Fülle, der Abgang ist sehr lang und leicht bitter.

○ Riviera Ligure di Ponente Albenganese Pigato Bon in da Bon '13	🍷🍷 3*
○ Riviera Ligure di Ponente Pigato Albenganese Ma René '13	🍷🍷 2*
● Bacilò '13	🍷🍷 2*
○ Riviera Ligure di Ponente Albenganese Vermentino Aimone '13	🍷🍷 2*
● Granaccia Gigò '13	🍷 3
● Riviera Ligure di Ponente Albenganese Rossese Bastiò '13	🍷 2
○ Riviera Ligure di Ponente Vermentino Aimone '11	🍷🍷🍷 2*
○ Riviera Ligure di Ponente Pigato Ma René '12	🍷🍷 2*
○ Riviera Ligure di Ponente Pigato MaRenè '11	🍷🍷 2*
○ Riviera Ligure di Ponente Vermentino Aimone '12	🍷🍷 2*

Bisson
c.so Gianelli, 28
16043 Chiavari [GE]
Tel. +39 0185314462
www.bissonvini.it

DIREKTVERKAUF
BESUCH NACH VORANMELDUNG
JAHRESPRODUKTION 80.000 Flaschen
REBFLÄCHE 12 Hektar

Pierluigi Lugano ist einer der wenigen alteingesessenen Winzer des Anbaugebiets, dem die Anerkennung gebührt, bei der Produktion auf autochthone Rebsorten gesetzt zu haben. Neben den stillen Weinen erzeugt die Kellerei auch noch einen Spumante Metodo Classico, der in der Cala degli Abissi im Unterwasserpark von Portofino in Flaschen verfeinert wird, sowie einen Süßwein. In den Weinbergen von Trigoso in Sestri Levante und Campegli in Castiglione Chiavarese, beide in der Provinz Genua, werden die Rebsorten Vermentino, Bianchetta Genovese, Dolcetto, Barbera und Ciliegiolo angebaut, während die Trauben Bosco, Vermentino und Albarola von den Parzellen in Riomaggiore stammen. Noten von frischem Gras und Zitrone bereichern den Ü Pastine '13, ein direkter Wein mit angenehmer Frische und ziemlich langem und gefälligem Ausklang. Eindringlich und lebhaft mit zarten grünlichen Reflexen der Pigato '13 mit angenehmem Finale. Blumennoten öffnen den harmonischen und frischen Antico '13.

○ Portofino Bianchetta Genovese Ü Pastine '13	🍷🍷 2*
○ Portofino Cimixà L'Antico '13	🍷🍷 4
○ Pigato '13	🍷 2
○ Portofino Vermentino V. Intrigoso '13	🍷 3
● Braccorosso '09	🍷🍷 4
○ Golfo del Tigullio Bianchetta Genovese Ü Pastine '12	🍷🍷 2*
○ Golfo del Tigullio Vermentino V. Erta '11	🍷🍷 2*
○ Golfo del Tigullio Vermentino V. Erta '10	🍷🍷 2
○ Portofino Cimixà L'Antico '12	🍷🍷 4

LIGURIEN

Samuele Heydi Bonanini
VIA SAN ANTONIO, 72
19017 RIOMAGGIORE [SP]
TEL. +39 0187920959
www.possa.it

DIREKTVERKAUF
BESUCH NACH VORANMELDUNG
JAHRESPRODUKTION 7.000 Flaschen
REBFLÄCHE 1,5 Hektar

Es ist wirklich ein extremer Weinbau, dem der wagemutige Landwirt Samuele auf den Anhöhen von Cinque Terre nachgeht. Die großzügige Natur hat eine zauberhafte und weltweit einzigartige Landschaft erschaffen, die dem Menschen jedoch beim Kampf um jeden unwegsamen Streifen Land alles abverlangt. Wie dieses Jahr, als auf einem von Erdlawinen betroffenen Gebiet ein neuer Weinberg in 30 m Höhe angelegt und beim Wiederaufbau der Trockenmauern Halteseile eingesetzt wurden, um einen Sturz ins Meer zu verhindern. Der Jahrgang 2013 war wegen des anhaltenden feuchten Klimas äußerst schwierig, aber der Weiße Cinqueterre hat davon profitiert. Hohe und unbestrittene Qualität bei den Cinque Terre. Der Jahrgang 2013 ist intensiv und glänzend mit goldenen Reflexen, sehr elegant mit klaren Noten von Tabak, Lakritz und Senf. Ein wunderschönes leuchtendes Bernstein für den Sciachetrà '12, der mit Noten von Rhabarber und kandierter Orange seine edle Persönlichkeit unterstreicht. Im Mund voll aristokratischer Klasse und gefälliger Beständigkeit.

○ Cinque Terre '13	♙♙♙ 5
○ Cinque Terre Sciachetrà '12	♙♙ 8
○ Cinque Terre Sciachetrà Ris. '09	♙♙ 8
● Passito '10	♙♙ 8
● U Neigru '13	♙ 5
○ Cinque Terre '12	♙♙♙ 5
○ Cinque Terre '11	♙♙ 5
○ Cinque Terre Sciachetrà '11	♙♙ 8
○ Cinque Terre Sciachetrà '10	♙♙ 8
○ Cinque Terre Vetua '11	♙♙ 5
● Passito La Rinascita '11	♙♙ 8
○ Vin dei Vecci	♙♙ 2*

Cantina Bregante
VIA UNITÀ D'ITALIA, 47
16039 SESTRI LEVANTE [GE]
TEL. +39 018541388
www.cantinebregante.it

DIREKTVERKAUF
BESUCH NACH VORANMELDUNG
JAHRESPRODUKTION 100.000 Flaschen
REBFLÄCHE 1,5 Hektar

Der Betrieb liegt hinter der ligurischen Hauptstadt auf Anhöhen mit atemberaubender Landschaft und idealem, unvergleichbarem Mikroklima, die aber eine harte und geduldige Arbeit erforderlich machen. Sergio und Simona folgen der Familientradition und pflanzen auf unterschiedlichen Böden die heimischen Rebsorten Vermentino, Bianchetta Genovese, Ciliegiolo und Moscato. Zur Steigerung der Produktion trägt auch der neue Rebberg mit Bianchetta Genovese bei, der im Gebiet von San Bernardo auf den Hügeln von Sestri Levante immer mehr Früchte trägt. Seine Trauben sind zur Herstellung des neuen zukünftigen Metodo Classico bestimmt. Intensiv mit einer schönen Schaumkrone zeigt sich der Moscato '13, frische Noten von weißer Frucht machen ihn angenehm und leicht trinkbar. Der Rosso Ca' du Diau '13 bietet erfreuliche Blumen- und Gewürznoten, die weichen Tannine schenken angenehmen Trinkgenuss. Aromen von weißer Frucht und rosa Pfefferkörner begleiten den Bianchetta Genovese '13, der im Abgang Charakterstärke beweist.

○ Portofino Bianchetta Genovese Segesta Tigullorium '13	♙♙ 2*
● Portofino Ca' du Diau '13	♙♙ 2*
○ Portofino Moscato '13	♙♙ 3
○ Portofino Passito Sole della Costa '12	♙♙ 5
● Portofino Ciliegiolo '13	♙ 2
○ Portofino Vermentino '13	♙ 2
○ Golfo del Tigullio Bianchetta Genovese Segesta '10	♙♙ 2
○ Golfo del Tigullio Bianchetta Genovese Segesta Tigullorium '12	♙♙ 2*
○ Golfo del Tigullio Portofino Bianchetta Genovese Segesta Tigullorium '11	♙♙ 2*
○ Golfo del Tigullio Vermentino '10	♙♙ 2
○ Golfo del Tigullio Vermentino Segesta Tigullorium '12	♙♙ 2*
○ Portofino Moscato '12	♙♙ 3

LIGURIEN

Bruna

Fraz. Borgo
via Umberto I, 81
18020 Ranzo [IM]
Tel. +39 0183318082
www.brunapigato.it

DIREKTVERKAUF
BESUCH NACH VORANMELDUNG
JAHRESPRODUKTION 40.000 Flaschen
REBFLÄCHE 7,5 Hektar

Die in der kleinen Ortschaft von Ranzo gelegene Kellerei Bruna wird heute von Francesca und ihrem Mann Roberto geführt. Hand in Hand verarbeiten sie mit meisterhaftem Können alte Rebsorten wie die berühmte Pigatotraube. Der Schutz des Anbaugebiets wird dabei durch natürliche Bewirtschaftung ohne Syntheseprodukte gewährleistet. Sie helfen dem Boden und schützen ihn im Herbst durch die Aussaat von Gras, das im Frühjahr geschnitten wird und die alten Rebberge auf den Anhöhen zwischen Ranzo und Ortovero mit Feuchtigkeit und Humus anreichert. Die Umwandlung im Keller erfolgt im Einklang mit der unverfälschten Tradition mit natürlichen Methoden und hohem Qualitätsbewusstsein. Ein kräftiges, leuchtendes Strohgelb ist die Farbe des U Baccan '12, der erneut das Podium erobert. Die große Vielschichtigkeit wird durch Anklänge von weißer Frucht, Salz und Harz bereichert, die dem unendlich langen Abgang eine angenehme Ausgewogenheit schenken. Auch der Le Russeghine '13 mit schönen Harz- und Tabaknoten besticht durch Fülle und Harmonie.

○ Riviera Ligure di Ponente Pigato U Baccan '12	▼▼▼ 5
○ Riviera Ligure di Ponente Pigato Le Russeghine '13	▼ 3*
○ Riviera Ligure di Ponente Pigato Majé '13	▼ 3
● Riviera Ligure di Ponente Rossese '13	▼ 3
● Rosso Bansigu '13	▼ 2
● Rosso Pulin '12	▼ 4
○ Riviera Ligure di Ponente Pigato U Baccan '11	▼▼▼ 5
○ Riviera Ligure di Ponente Pigato U Baccan '07	▼▼▼ 5
○ Riviera Ligure di Ponente Pigato U Baccan '06	▼▼▼ 4
○ Riviera Ligure di Ponente Pigato U Baccan '05	▼▼▼ 4

Cheo

via Brigate Partigiane, 1
19018 Vernazza [SP]
Tel. +39 0187821189
bartolocheo@gmail.com

DIREKTVERKAUF
BESUCH NACH VORANMELDUNG
JAHRESPRODUKTION 7.500 Flaschen
REBFLÄCHE 1,5 Hektar

Cheo ist ein junger Betrieb, dem es in den letzten Jahren gelungen ist, sich einen wichtigen Platz im levantinischen und ligurischen Weinbau zu erobern. Er liegt in Vernazza, eines der kleinen Dörfer des 2011 von verheerenden Überschwemmungen heimgesuchten Cinque Terre. Die Inhaber konnten in mühsamer Arbeit 90 % der verlorenen Weinberge zurückgewinnen, auf denen heute vorallem die Rebsorten Bosco, Vermentino und ein wenig Piccabon wachsen. Unter den von Bartolomeo Lercari und Lise Bertram auf weniger als zwei Hektar Rebfläche angebauten Traubensorten stechen besonders die weißen hervor. Durch ihre meisterhafte Verarbeitung entsteht ein ausgezeichneter Cinqueterre, der die ständig steigende Qualität beweist. Glanzhelles Bernstein und komplexe Noten von Tropenfrucht und Rhabarer zeichnen den Sciacchetrà '11 aus, der mit Charakter und Persönlichkeit überrascht. Auch der Cheo '13 ist ein vielschichtiger Wein mit großartigem Duft und mit vollem rundem Geschmack, der nicht ausufert, sondern seine Frische bewahrt.

○ Cinque Terre Cheo '13	▼▼ 3*
○ Cinque Terre Sciacchetrà '11	▼▼ 8
○ Cinque Terre Perciò '13	▼▼ 4
○ Cinque Terre '12	▽▽ 4
○ Cinque Terre Cheo '11	▽▽ 3*
○ Cinque Terre Perciò '12	▽▽ 4
○ Cinque Terre Perciò '11	▽▽ 4
○ Cinque Terre Sciacchetrà '10	▽▽ 7
○ Cinque Terre Sciacchetrà '09	▽▽ 7
● Riviera di Levante '11	▽▽ 4

LIGURIEN

Cantina Cinque Terre

Fraz. Manarola
loc. Groppo
19010 Riomaggiore [SP]
Tel. +39 0187920435
www.cantinacinqueterre.com

BESUCH NACH VORANMELDUNG
JAHRESPRODUKTION 200.000 Flaschen
REBFLÄCHE 45 Hektar
WEINBAU Biologisch anerkannt

Noch nie war eine Winzergenossenschaft so wichtig für ein Anbaugebiet als jene der Cinque Terre. Die Rebflächen erstrecken sich über die auf schwindelerregende Weise zum Ligurischen Meer hin abfallenden steilen Höhen des Appenins, wo bei den verheerenden Überschwemmungen im Oktober 2011 viele Weinberge verlorengingen. Die harte Arbeit der letzten Jahre führte neben der Neuanlage der Weingärten auch zu 2 einzeilig bestockten Rebflächen. Aber zum Glück belohnt der Boden den Menschen: Die sonnige Lage und die sanften Meeresbrisen verleihen dem Wein einzigartige Merkmale, die die Kellerei meisterhaft aufzuwerten weiß. Ein kräftiges Bernstein ist Merkmal des Sciacchetrà '11, während delikate Noten von Salz und reifer Aprikose zu einem faszinierenden, süß-salzigen Kontrast am Gaumen führen. Lebhaft und glänzend ist der Costa da' Posa '13 mit pflanzlichen Anklängen und dem Geschmack von weißem Pfirsich. Der Cinque Terre '13 ist direkt, frisch und sehr gefällig.

○ Cinque Terre Sciacchetrà '11	🍷🍷 6
○ Cinque Terre '13	🍷🍷 2*
○ Cinque Terre Costa da' Posa '13	🍷🍷 3
○ Cinque Terre Pergole Sparse '13	🍷🍷 4
○ Cinque Terre Costa de Campu '13	🍷 3
○ Cinque Terre '10	🍷🍷 2*
○ Cinque Terre Costa da' Posa '11	🍷🍷 3
○ Cinque Terre Costa da' Posa di Volastra '10	🍷🍷 3
○ Cinque Terre Costa de Sèra '12	🍷🍷 3
○ Cinque Terre Costa du Campu '10	🍷🍷 3
○ Cinque Terre Sciacchetrà '09	🍷🍷 6

Azienda Agricola Durin

loc. Ortovero
via Roma, 202
17037 Ortovero [SV]
Tel. +39 0182547007
www.durin.it

DIREKTVERKAUF
BESUCH NACH VORANMELDUNG
UNTERKUNFT UND GASTRONOMIE
JAHRESPRODUKTION 130.000 Flaschen
REBFLÄCHE 15,5 Hektar

Ständig im Wachstum ist der Betrieb von Antonio und Laura Basso. Neben den traditionellen Weinen beliefern sie den Markt seit zwei Jahren auch mit einem in den nahen riesigen Grotten von Toirano verfeinerten Spumante Metodo Classico. In Ortovero, nicht weit vom Firmensitz entfernt, wurde hingegen ein Agriturismo eingeweiht, der köstliche Gerichte der einheimischen Küche und natürlich die Weine der Kellerei anbietet. Ideen und Qualität sind ihre Philosophie, Arbeit und Ausdauer ihre Stärke. Der beste vorgestellte Wein ist der Alicante '11 von kräftigem, glänzendem Rubinrot, reich an schwarzen Beerenfrüchten und Tabak. Lebendige Reflexe und mineralische Noten auf einem Untergrund aus mediterranen Kräutern, die schön im würzigen und sehr intensiven Abgang ausklingen, sind die Merkmale des Pigato '13. Nicht weit entfernt der vollmundige Granaccia '13 mit viel, vielleicht etwas üppigem Tannin.

● Alicante '11	🍷 3
○ Riviera Ligure di Ponente Pigato '13	🍷🍷 2*
○ A' Matetta '13	🍷 3
● Granaccia '13	🍷 3
○ Riviera Ligure di Ponente Pigato V. Braie '13	🍷 3
● Granaccia '11	🍷🍷 3
○ Riviera Ligure di Ponente Pigato '12	🍷🍷 2*
○ Riviera Ligure di Ponente Pigato V. Braie '12	🍷🍷 3
○ Riviera Ligure di Ponente Vermentino '12	🍷🍷 2*
○ Riviera Ligure di Ponente Vermentino Lunghèra '12	🍷🍷 3

LIGURIEN

Fontanacota

LOC. PONTI
FRAZ. PORNASSIO
VIA PROVINCIALE
18100 IMPERIA
TEL. +39 3339807442
www.fontanacota.it

DIREKTVERKAUF
BESUCH NACH VORANMELDUNG
JAHRESPRODUKTION 35.000 Flaschen
REBFLÄCHE 3 Hektar

Marina und Fabio Berta sind zwei junge Unternehmer, die nach Übernahme der Betriebsleitung auf eine Weinbereitung höchster Güte setzen. Der Firmensitz ist in Pornassio, wo auf einem zauberhaften Hügel in zirka 500 m Höhe die Weinberge der großen roten Rebsorte des Anbaugebiets, des Ormeasco, liegen. Die Weißweine Vermentino und Pigato stammen hingehen von den auf einer weitläufigen Rebfläche hinter der Gemeinde von Imperia angepflanzten Trauben. Die Weinbereitung erfolgt in einem kleinen, schmalen Keller, den Geschwistern gelingt es aber denoch mit großem Geschick, Weine von hoher Qualität zu erzeugen. Leuchtend und intensiv mit Noten von Rosmarin und mineralischen Anklängen ist der Pigato '13, füllig, intensiv, mit langem Ausklang. Der Pornassio '12 präsentiert einen vollen und fruchtigen Körper mit Noten von schwarzen Beeren und Bittermandel, die Tannine sind etwas sperrig. Rote Früchte und Mandel im nicht so vielschichtigen, aber gut zu trinkenden Pornassio '13.

○ Riviera Ligure di Ponente Pigato '13	▼▼▼	3*
● Pornassio Sup. '12	▼▼	3
● Pornassio '13	▼	3
⊙ Pornassio Sciac-Trà '13	▼	3
● Riviera Ligure di Ponente Rossese '13	▼	3
○ Riviera Ligure di Ponente Vermentino '13	▼	3
○ Riviera Ligure di Ponente Pigato '11	ΨΨΨ	3*
● Ormeasco di Pornassio Sup. '11	ΨΨ	3
● Ormeasco di Pornassio Sup. '10	ΨΨ	3
○ Riviera Ligure di Ponente Pigato '12	ΨΨ	3
○ Riviera Ligure di Ponente Pigato '10	ΨΨ	2*
○ Riviera Ligure di Ponente Vermentino '12	ΨΨ	3*

Ka' Manciné

FRAZ. SAN MARTINO
P.ZZA OTTO LUOGHI, 36
18036 SOLDANO [IM]
TEL. +39 0184289089
www.kamancine.it

DIREKTVERKAUF
BESUCH NACH VORANMELDUNG
JAHRESPRODUKTION 13.000 Flaschen
REBFLÄCHE 3 Hektar

Maurizio Anfosso bewirtschaftet in der Gemeinde von Soldano 3 Hektar eigenes Land. Auf dem historischen, nach Nordosten ausgerichteten Weinberg in Beragna mit kalk-, ton- und schieferhaltigem Boden wachsen Reben in Buscherziehung, die auf das Ende des 19. Jh. zurückgehen. Der zweite Rebberg Galeae mit Südostlage wurde 1998 in 400 m Höhe bepflanzt und 2009 vergrößert. Die Trauben dieses Weinbergs verarbeitet Maurizio zu zwei Weinen. Der erste wird für 3 oder 4 Monate nur in Stahl ausgebaut, während der zweite, ein Riserva, mehr Zeit bei der Vinifizierung benötigt und zuerst 8 Monate im Barrique und danach zirka ein Jahr in der Flasche reift. Ein erfreulicher Eindruck von roten Früchten, dann schwarzer Pfeffer und Tabak öffnen den Galeae '13. Ein komplexer, harmonischer Wein, der durch den samtigen, ausgewogenen Körper mit unauslöschbarem Nachgeschmack begeistert. Durch seine Harmonie und Gefälligkeit fast gleich gut ist der Riserva Galeae Angè '12, der die mächtige Struktur mit feinem Ausklang kombiniert. Fruchtig und würzig der Beragna '13, von guter Struktur und Beständigkeit.

● Dolceacqua Galeae '13	▼▼▼	3*
● Dolceacqua Galeae Angè Ris. '12	▼▼	3*
● Dolceacqua Beragna '13	▼▼	3
⊙ Sciakk '13	▼	3
● Rossese di Dolceacqua Beragna '12	ΨΨ	3
● Rossese di Dolceacqua Beragna '11	ΨΨ	3*
● Rossese di Dolceacqua Beragna '10	ΨΨ	3
● Rossese di Dolceacqua Beragna '09	ΨΨ	3
● Rossese di Dolceacqua Beragna '08	ΨΨ	3*
● Rossese di Dolceacqua Galeae '12	ΨΨ	3*

LIGURIEN

Ottaviano Lambruschi

VIA OLMARELLO, 28
19030 CASTELNUOVO MAGRA [SP]
TEL. +39 0187674261
www.ottavianolambruschi.com

DIREKTVERKAUF
BESUCH NACH VORANMELDUNG
JAHRESPRODUKTION 36.000 Flaschen
REBFLÄCHE 10 Hektar

Dieser kleine Betrieb ist am Wachsen! Eine zirka zwei Hektar große neue Parzelle in der Nähe des Firmensitzes wird Ottaviano noch mehr Arbeit im Rebberg bringen. Auf den Wein müssen wir wohl noch etwas warten, aber Sohn Fabio, der im Keller das Sagen hat, garantiert die gewohnt vorzügliche Qualität. Tatsache ist, wenn man vom Levante spricht, dann spricht man von seinen Weinen und wie sie mit der Zeit zu einem Ansporn und einem qualitativen Vorbild für viele andere Produzenten wurden. Drei Weißweine und nur ein Roter, die ein einziges Ziel anstreben: die gleichbleibende Qualität. Frisch, elegant, mit grasigen Nuancen auf mineralischen Noten erobert der Maggiore '13 dank Vielschichtigkeit, großer Struktur und unendlich langem Abgang die Spitze. Auch der Costa Marina '13 verführt mit dem Geschmack nach weißer Frucht auf mediterranen und salzigen Noten. Die Vollmundigkeit verliert sich in einem trockenen Finale. Rote Früchte, Chinarinde und gute Beständigkeit beim Maniero '13.

○ Colli di Luni Vermentino Il Maggiore '13	♛♛♛ 5
○ Colli di Luni Vermentino Costa Marina '13	♛♛ 4
● Maniero '13	♛ 3
○ Colli di Luni Vermentino Costa Marina '11	♛♛♛ 4*
○ Colli di Luni Vermentino Costa Marina '09	♛♛♛ 3
○ Colli di Luni Vermentino Il Maggiore '12	♛♛♛ 4*
○ Colli di Luni Vermentino Sarticola '08	♛♛♛ 3*
○ Colli di Luni Vermentino Costa Marina '12	♛♛ 4
○ Colli di Luni Vermentino Costa Marina '10	♛♛ 3
○ Colli di Luni Vermentino Il Maggiore '11	♛♛ 4
○ Colli di Luni Vermentino Sarticola '10	♛♛ 3

Cantine Lunae Bosoni

FRAZ. ISOLA DI ORTONOVO
VIA BOZZI, 63
19034 ORTONOVO [SP]
TEL. +39 0187669222
www.cantinelunae.com

DIREKTVERKAUF
BESUCH NACH VORANMELDUNG
UNTERKUNFT
JAHRESPRODUKTION 450.000 Flaschen
REBFLÄCHE 65 Hektar

Der Betrieb Lunae hat sich in der Mitte der 70er Jahre durch den Unternehmergeist von Paolo Bosoni verwandelt, der sein bäuerliches Fachwissen mit produktiven Fähigkeiten und Geschäftssinn kombiniert. Heute stehen Paolo seine Kinder Debora und Diego zur Seite und gemeinsam bewirtschaften sie etwa 50 Hektar eigene Rebfläche, die sich auf 16 Parzellen auf den Hügeln von Ortonovo und Castelnuovo Magra und zum Teil in der Ebene rund um die antike Ruinenstadt Luni verteilen. Außerdem arbeitet die Kellerei seit zirka 20 Jahren mit 150 einheimischen Traubenlieferanten zusammen. Zu den aktuellen Projekten zählen neue Anlagen und das Studium autochthoner Reben wie Albarola und Vermentino Nero. Auch dieses Jahr begeistert der Vermentino Etichetta Nera '13 durch den einzigartigen und harmonischen Charakter. Im Mund ein wahres Vergnügen, füllig, geschmeidig, lang anhaltend, unvergesslich. Noten von Ginster und weißer Frucht beim Etichetta Grigia '13, der Finesse mit Vielschichtigkeit vereint. Leuchtend und intensiv ist die neue Version des Fior di Luna '13, der wegen seiner Frische und Beständigkeit gefällt.

○ Colli di Luni Vermentino Et. Nera '13	♛♛♛ 4*
○ Colli di Luni Vermentino Et. Grigia '13	♛♛ 3*
○ Colli di Luni Bianco Fior di Luna '13	♛♛ 3
● Colli di Luni Rosso Niccolò V '10	♛♛ 4
○ Colli di Luni Albarola '13	♛ 4
● Colli di Luni Niccolò V Seicentenario '07	♛ 5
⊙ Mea Rosa '13	♛ 2
○ Colli di Luni Vermentino Et. Nera '12	♛♛♛ 4*
○ Colli di Luni Vermentino Et. Nera '11	♛♛♛ 4
○ Colli di Luni Vermentino Et. Nera '10	♛♛♛ 4
○ Colli di Luni Vermentino Lunae Et. Nera '09	♛♛♛ 4
○ Colli di Luni Vermentino Lunae Et. Nera '08	♛♛♛ 4*
○ Colli di Luni Albarola '12	♛♛ 4
○ Colli di Luni Vermentino Cavagino '12	♛♛ 5

LIGURIEN

Maccario Dringenberg
VIA TORRE, 3
18036 SAN BIAGIO DELLA CIMA [IM]
TEL. +39 0184289947
maccariodringenberg@yahoo.it

DIREKTVERKAUF
BESUCH NACH VORANMELDUNG
JAHRESPRODUKTION 23.000 Flaschen
REBFLÄCHE 4 Hektar

Giovanna und ihr Mann Götz haben in den letzten Jahren gemeinsam mit anderen Erzeugern ausschlaggebend zum klaren Wandel des Rossese di Dolceacqua beigetragen. In Ligurien seit jeher ein bedeutender Wein, hat er endlich die Grenzen überschritten und ist zum begehrten Objekt der wichtigsten Weltmärkte geworden. Nur eine kleine Elite kann sich jedoch diesen Wein leisten, nicht wegen des Preises, der sehr gemäßigt bleibt, sondern wegen der ebenfalls beschränkt bleibenden Menge von stets allerhöchster Qualität. Eindringlich mit klaren klassischen Noten der Posaù '12, der mit roten Beeren und Lorbeer auftrumpft. Im Mund regiert eine schöne, leicht strenge Struktur, der Gesamteindruck ist aber von großer Klasse. Klare Noten von mediterranen Aromen und Tabak, ein starker, aber noch etwas verschlossener Körper beim Dolceacqua '13, der sich auf eleganten Tanninen öffnet. Glanzhell, eindringlich und ungestüm der Luvaira '12.

- Dolceacqua Sup. '13   🍷🍷 3*
- Dolceacqua Sup. Vign. Luvaira '12   🍷🍷 4
- Dolceacqua Sup. Vign. Posaù '12   🍷🍷 3*
- Lady Dringenberg '13   🍷 3
- Rossese di Dolceacqua Sup. Vign. Luvaira '07   🍷🍷🍷 4*
- Rossese di Dolceacqua Sup. Vign. Posaù '10   🍷🍷🍷 3*
- Rossese di Dolceacqua Sup. Vign. Posaù '08   🍷🍷🍷 3*
- Rossese di Dolceacqua '12   🍷🍷 3*
- Rossese di Dolceacqua '11   🍷🍷 3*
- Rossese di Dolceacqua '10   🍷🍷 3
- Rossese di Dolceacqua Brae '12   🍷🍷 3
- Rossese di Dolceacqua Sup. Vign. Luvaira '10   🍷🍷 4

Il Monticello
VIA GROPPOLO, 7
19038 SARZANA [SP]
TEL. +39 0187621432
www.ilmonticello.it

DIREKTVERKAUF
BESUCH NACH VORANMELDUNG
UNTERKUNFT
JAHRESPRODUKTION 68.000 Flaschen
REBFLÄCHE 10 Hektar

Neuigkeiten im Hause Neri. Der Betrieb vergrößert sich durch den Erwerb eines neuen Weinbergs in der Ortschaft Falcinello der Gemeinde Sarzana mit zirka 2 Hektar durchgehender Rebfläche, die hauptsächlich mit Vermentino bepflanzt ist. Wie schon in dem ebenfalls bei Sarzana in der Ortschaft Nave liegenden Weinberg, der dieses Jahr seinen Betrieb aufnehmen wird, setzt man auch hier auf biodynamische Bewirtschaftung. Die Qualität kennen wir inzwischen: Seit Jahren stehen die Weine der Brüder Davide und Alessandro an der Spitze der begehrtesten Ranglisten der Branche. Der Poggio dei Magni '11 mit reifer roter Frucht in einem eleganten und gut strukturierten Körper mit gefälligen würzigen Anklängen ist fein und angenehm langanhaltend. Von schöner altgoldgelber Farbe ist der Passito dei Neri '12, geschmeidig mit ansprechenden Noten von Dörrobst. Warm und intensiv, mit Aromen von roter Frucht, die leicht zu Konfitüre tendieren, zeigt der Rosso Rupestro '13 nicht den gleichen Charakter im Geschmack.

- Colli di Luni Rosso Poggio dei Magni Ris. '11   🍷🍷 3
- Passito dei Neri '12   🍷🍷 4
- Colli di Luni Rosso Rupestro '13   🍷 2
- Serasuolo '13   🍷 2
- Colli di Luni Rosso Poggio dei Magni Ris. '07   🍷🍷 3
- Colli di Luni Rosso Rupestro '12   🍷🍷 2*
- Colli di Luni Vermentino '12   🍷🍷 3*
- Colli di Luni Vermentino Poggio Paterno '10   🍷🍷 3*
- Colli di Luni Vermentino Poggio Paterno '09   🍷🍷 3
- Colli di Luni Vermentino Poggio Paterno '08   🍷🍷 3
- Poggio Paterno Il Bocciato '11   🍷🍷 3*

LIGURIEN

Cascina Nirasca
Fraz. Nirasca
via Alpi, 3
18026 Pieve di Teco [IM]
Tel. +39 0183368067
www.cascinanirasca.com

DIREKTVERKAUF
BESUCH NACH VORANMELDUNG
JAHRESPRODUKTION 30.000 Flaschen
REBFLÄCHE 4 Hektar

Knapp über drei Hektar Rebfläche in 400 bis 500 Meter Höhe auf jenen sonnigen Hügeln des Arroscia-Tals, die von Albenga bis nach Pieve di Teco und bis zum Col di Nava aufsteigen, erlauben die Herstellung einiger der edelsten Weine Liguriens wie Pigato, Vermentino und Ormeasco di Pornassio. Die beiden jungen Winzer, Marco Temesio im Weinkeller und Gabriele Maglio im Rebberg, haben die traditionellen Kulturen mit den Sorten Syrah und Sangiovese ergänzt und steigern sich Jahr für Jahr mit Entschlossenheit und beständiger Qualität. Noten von Rosmarin und Mittelmeerkräutern begleiten den Vermentino '13. Im Mund reichhaltig, intensiv, geschmeidig, angenehm salzig und von beachtlicher Ausdauer. Der Pornassio Superiore '12 vereint würzige und fruchtige Aromen und viel Fruchtfleisch am Gaumen. Merkmal des Pigato '13 ist seine eindringliche Farbe, im Mund nimmt man reife Frucht mit Anklängen von Ananas und Melone wahr.

● Pornassio Sup. '12	▼▼ 3
○ Riviera Ligure di Ponente Vermentino '13	▼▼ 3
● Pornassio '13	▼ 3
○ Riviera Ligure di Ponente Pigato '13	▼ 3
● Senso '12	▼ 3
● Ormeasco di Pornassio '11	♀♀ 3
● Ormeasco di Pornassio '10	♀♀ 3
○ Riviera Ligure di Ponente Pigato '11	♀♀ 3
○ Riviera Ligure di Ponente Pigato '10	♀♀ 3
○ Riviera Ligure di Ponente Vermentino '12	♀♀ 3*

Conte Picedi Benettini
via Mazzini, 57
19038 Sarzana [SP]
Tel. +39 0187625147
www.picedibenettini.it

DIREKTVERKAUF
BESUCH NACH VORANMELDUNG
UNTERKUNFT
JAHRESPRODUKTION 30.000 Flaschen
REBFLÄCHE 7 Hektar

Ob es nun an der feinen Eleganz der Grafenfamilie Picedi Benettini oder an der Ausstrahlung des Winzers, dem Ingenieur Papirio Picedi Benettini, genannt Nino, liegt: Diese Kellerei trifft ins Herz. Der hügelige Grundbesitz umrahmt die Jahrhunderte alte Villa, die Leidenschaft des Grafen gilt jedoch den wenige Hektar großen und auf zwei Güter verteilten Weinbergen. Einer befindet sich in Baccano di Arcola, wo auch der Firmensitz liegt und wo vorallem Weißweine erzeugt werden, der zweite ist in Fivizzano, von dem eine unvergleichbare Ciliegiolo-Traube stammt. Die vielen autochthonen Rebsorten sind der Reichtum der önologischen Biodiversität Liguriens. Überraschend der Chioso '13, reichhaltig und fruchtig mit Nuancen von Salz, weißem Pfirsich, Melone und einer Grundnote Tabak. Komplex, von großer Struktur, elegant und mit unendlichem Wohlgeschmack. Um nichts geringer ist der Vermentino '13 mit Noten von weißer Frucht, harmonisch und mit großartigem Körper. Aromatische Noten und Frische zeichnen den Stemma '13 aus.

○ Colli di Luni Vermentino '13	▼▼ 2*
○ Colli di Luni Vermentino Il Chioso '13	▼▼ 2*
○ Colli di Luni Vermentino Stemma '13	▼▼ 3
○ Passito del Chioso '12	▼ 3
○ Colli di Luni Vermentino '12	♀♀ 2*
○ Colli di Luni Vermentino Il Chioso '12	♀♀ 2*
○ Colli di Luni Vermentino Il Chioso '11	♀♀ 2*
○ Colli di Luni Vermentino Stemma '12	♀♀ 3
○ Colli di Luni Vermentino Stemma '11	♀♀ 3*

LIGURIEN

La Pietra del Focolare
VIA ISOLA, 74
19034 ORTONOVO [SP]
TEL. +39 0187662129
www.lapietradelfocolare.it

DIREKTVERKAUF
BESUCH NACH VORANMELDUNG
JAHRESPRODUKTION 30.000 Flaschen
REBFLÄCHE 7 Hektar

Wir sind im Levante, in Ortonovo, dem letzten Zipfel Liguriens an der Grenze zur Toskana. Dieser junge, von Stefano Salvetti und Laura Angelini geführte Betrieb entstand 1997 und bewirtschaftet heute dreizehn Parzellen mit etwa 7 Hektar Rebfläche, die alle in den Gemeinden von Sarzana, Ortonovo und Castelnuovo Magra liegen. Vermentino, Albarola, Sangiovese, Canaiolo und Massareta sind die heimischen Gewächse, Merlot der internationale Vertreter. Der daraus entstehende und abgefüllte Wein kommt mit persönlichen Namen, jenen von antiken Anwesen oder mit poetischen Fantasiebezeichnungen auf den Markt. Vielschichtig und von starkem Charakter ist der Augusto '13, mit mediterranen Anklängen, die von Rosmarin bis zu reifer weißer Frucht reichen. Überzeugend und langanhaltend im Abgang. Große Feinheit mit Aromen von weißer Frucht und Birne besitzt der Solarancio '13, dessen gute Harmonie sich im Nachgeschmack verliert. Intensive Aromen beim La Merla dal Becco '12 mit temperamentvollem, aber noch in Evolution befindlichem Körper.

○ Colli di Luni Vermentino Sup. Augusto '13	🍷🍷 3*
● Colli di Luni Rosso La Merla dal Becco '12	🍷🍷 5
○ Solarancio '13	🍷🍷 3
● Colli di Luni Rosso Saltamasso '12	🍷 3
○ Colli di Luni Vermentino Sup. Villa Linda '13	🍷 4
○ Colli di Luni Vermentino Augusto '08	🍷🍷 2*
○ Colli di Luni Vermentino Solarancio '11	🍷🍷 5
○ Colli di Luni Vermentino Solarancio '10	🍷🍷 4
○ Colli di Luni Vermentino Solarancio '09	🍷🍷 5
○ Colli di Luni Vermentino Solarancio '08	🍷🍷 4
○ Colli di Luni Vermentino Solarancio '07	🍷🍷 4
○ Colli di Luni Vermentino Villa Linda '11	🍷🍷 3

Poggi dell'Elmo
C.SO VERBONE, 135
18036 SOLDANO [IM]
TEL. +39 0184289148
www.poggidellelmo.com

DIREKTVERKAUF
BESUCH NACH VORANMELDUNG
UNTERKUNFT UND GASTRONOMIE
JAHRESPRODUKTION 15.000 Flaschen
REBFLÄCHE 2 Hektar

Als „poggi" werden die dank vieler Trockenmauern errichteten Streifen bezeichnet, die Gianni Guglielmi zur Bewirtschaftung seiner extrem schwierig gelegenen Weinberge bewahren muss. Elmo ist eine Lobeshymne an den Vater, der diese harte, aber sehr befriedigende Tätigkeit begonnen hat. Heute trifft man zwischen den Rebzeilen, die alle in der Ortschaft Pini di Soldano liegen, auch hin und wieder Mamma Maria. Der Jahrgang 2013 war keine leichte Lese, zum Teil wegen der Wildschweine, die zirka 20 Zentner Trauben vernichtet haben, zum Teil wegen des Wetters, das zu einer späten Reife, aber zu keiner Qualitätsminderung geführt hat. Eindringlich und klassisch der Dolceacqua '13, mit Noten von Walderdbeeren und würzigen Nuancen. Harmonisch und elegant der Körper, der mit guter Beständigkeit ausklingt. Reifer der Pini Soldano '12, reichhaltig mit Geschmacknoten von Lorbeer, reifer roter Frucht und Gewürz. Die große Struktur wird von guter Säure getragen.

● Dolceacqua '13	🍷🍷 3*
● Dolceacqua Sup. Pini Soldano '12	🍷🍷 3*
● Dolceacqua Elmo Primo '11	🍷🍷 3
○ Riviera Ligure di Ponente Vermentino '13	🍷 3
● Rossese di Dolceacqua '11	🍷🍷 3
● Rossese di Dolceacqua '09	🍷🍷 3
● Rossese di Dolceacqua '07	🍷🍷 3
● Rossese di Dolceacqua Elmo '09	🍷🍷 3
● Rossese di Dolceacqua Sup. '10	🍷🍷 4
● Rossese di Dolceacqua Sup. Pini Soldano '11	🍷🍷 3*
● Rossese di Dolceacqua Vigneto dei Pini '09	🍷🍷 3

LIGURIEN

Poggio dei Gorleri

FRAZ. GORLERI
VIA SAN LEONARDO
18013 DIANO MARINA [IM]
TEL. +39 0183495207
www.poggiodeigorleri.com

DIREKTVERKAUF
BESUCH NACH VORANMELDUNG
UNTERKUNFT UND GASTRONOMIE
JAHRESPRODUKTION 69.000 Flaschen
REBFLÄCHE 6,5 Hektar

Diese Kellerei ist längst zu einem Synonym für gleichbleibende Qualität in der Weinbauregion Riviera Ligure di Ponente und anderswo geworden. Sie liegt in der Ortschaft Gorleri in der Gemeinde Diano Marina, wo die Straße das Meer verlässt und die steilen Hügel hinaufklettert. Der Ausblick auf die Weinbergterrassen und Olivenhaine ist atemberaubend und reicht bis zum Golf von Imperia. Die von den Weinbergen bei der Kellerei und von den Rebflächen in Andora und Albenga stammmenden weißen Trauben sind dieses Jahr spät gereift, wodurch die Lese vom Sommer auf den Herbst verschoben wurde. Das Ergebnis sind sehr raffinierte Weine mit ausgeprägter Säure und eleganten Duftnoten. Der Cycnus erreicht beim Jahrgang 2013 sein Ziel. Intensive Duftnoten von weißer Frucht und Heilkräutern, die sich zu jodigen Nuancen entfalten. Im Mund frisch, sauber, von guter alkoholischer Prägung. Ein großer Wein. Noch jung, aber sehr komplex ist auch der Vigna Sorì '13 mit mediterranen Noten, weißem Jasmin und Akazie, die sich in einen erfreulichen Geschmack nach weißer Frucht und einen Hauch Torf verwandeln. Ein Wein mit Zukunft der Albium '12.

- ○ Riviera Ligure di Ponente Pigato Cycnus '13 — 🍷🍷🍷 3*
- ● Riviera Ligure di Ponente Granaccia Shalok '12 — 🍷🍷 3*
- ○ Riviera Ligure di Ponente Pigato Albium '12 — 🍷🍷 5
- ○ Riviera Ligure di Ponente Vermentino V. Sorì '13 — 🍷🍷 3*
- ○ Riviera Ligure di Ponente Vermentino '13 — 🍷🍷 2*
- ○ Riviera Ligure di Ponente Pigato Albium '10 — 🍷🍷🍷 5
- ○ Riviera Ligure di Ponente Pigato Cycnus '12 — 🍷🍷🍷 3*
- ○ Riviera Ligure di Ponente Pigato Cycnus '10 — 🍷🍷🍷 3
- ○ Riviera Ligure di Ponente Pigato Cycnus '09 — 🍷🍷🍷 3*

Terre Bianche

LOC. ARCAGNA
18035 DOLCEACQUA [IM]
TEL. +39 018431426
www.terrebianche.com

DIREKTVERKAUF
BESUCH NACH VORANMELDUNG
UNTERKUNFT
JAHRESPRODUKTION 60.000 Flaschen
REBFLÄCHE 8,5 Hektar

Es ist schwer, einen Wein des Betriebs Terre Bianche auszuwählen, da die gesamte Auswahl von höchster Qualität ist. Wen wunderts, wir sind in Dolceacqua, der Heimat der großen ligurischen Weine, und die Kellerei verarbeitet ihre roten Trauben dermaßen gut, dass sie in regelmäßigen Abständen an die Spitze gelangt. Andererseits gibt es aber auch ein wunderbares Sortiment der Weißweine Vermentino und Pigato, die volle Aufmerksamkeit verdienen. Ein großes Lob gilt Filippo, dem Erben der Familie Rondelli, der uns durch großes Können auch dieses Jahr erlaubt, trotz der mäßigen Produktion unvergleichliche Weine zu verkosten. Eine großartige Rückkehr des Bricco Arcagna. Im Jahrgang 2012 finden wir seinen ganzen Charakter: große pflanzliche Aromen mit einer Explosion von reifen roten Früchten und gute alkoholische Prägung. Die klare Vanillenote überdeckt nicht die würzigen Noten von schwarzem Pfeffer im mächtigen Abgang. Blau- und Brombeere mit Anklängen von Gewürz und Tabak beim Dolceacqua '13. Angenehm und sehr ausgewogen der Vermentino '13.

- ● Dolceacqua Bricco Arcagna '12 — 🍷🍷🍷 5
- ○ Dolceacqua '13 — 🍷🍷 3*
- ○ Riviera Ligure di Ponente Pigato '13 — 🍷🍷 3
- ○ Riviera Ligure di Ponente Vermentino '13 — 🍷🍷 3
- ● Rossese di Dolceacqua '12 — 🍷🍷🍷 3*
- ● Rossese di Dolceacqua Bricco Arcagna '09 — 🍷🍷🍷 4
- ● Rossese di Dolceacqua Bricco Arcagna '08 — 🍷🍷🍷 5
- ○ Riviera Ligure di Ponente Arcana Bianco '10 — 🍷🍷 4
- ● Riviera Ligure di Ponente Arcana Rosso '08 — 🍷🍷 5
- ○ Riviera Ligure di Ponente Pigato '12 — 🍷🍷 3
- ○ Riviera Ligure di Ponente Vermentino '12 — 🍷🍷 3*

LIGURIEN

Il Torchio

VIA DELLE COLLINE, 24
19033 CASTELNUOVO MAGRA [SP]
TEL. +39 3318585633
gildamusetti@gmail.com

DIREKTVERKAUF
BESUCH NACH VORANMELDUNG
UNTERKUNFT
JAHRESPRODUKTION 60.000 Flaschen
REBFLÄCHE 12 Hektar

Rückkehr in den Weinführer dieses alteingesessenen Betriebs an der Riviera di Levante. Im Jahr 2012 hat Großvater Giorgio Tendola die Zügel an die Enkel Gilda und Edoardo und deren Onkel Claudio Musetti übergeben. Die Kellerei nutzt nach wie vor die 12 Hektar großen und ganz nach Süd/Südost ausgerichteten Weinberge in Castelnuovo Magra, erneuert ihr Image jedoch mit einem neuen Etikett, das vom bekannten italienischen Künstler Musante kreiiert wurde. Die anerkannte Qualität hat außerdem in kurzer Zeit eine stärkere Marktpräsenz ermöglicht und den Betrieb in Europa bis nach London und in Übersee bis nach Kalifornien und Florida geführt. Ein triumphaler Auftritt für den Vermentino Il Torchio '13 mit intensiv leuchtender Farbe und komplexem, fruchtreichem Körper, der von einer schönen salzigen Nuance gestützt wird. Der Rosso Il Torchio '13 hat einen dichten, vielleicht etwas reifen Körper, der sich zu einem erfreulichen Nachgeschmack zusammenfügt. Kräftige Noten von gelber Frucht und gute Würzigkeit bilden den Wohlgeschmack des Vermentino Il Bianco '13.

○ Colli di Luni Vermentino Il Torchio '13	♟♟ 3*
● Colli di Luni Rosso Il Torchio '13	♟♟ 4
○ Colli di Luni Vermentino Il Bianco '13	♟♟ 3
● Colli di Luni Il Nero Ris. '11	♟ 3
Il Nero '13	♟ 2
○ Colli di Luni Vermentino '07	♛♛ 3*
○ Colli di Luni Vermentino '06	♛♛ 3

Vis Amoris

LOC. CARAMAGNA
S.DA MOLINO JAVÈ, 23
18100 IMPERIA
TEL. +39 3483959569
www.visamoris.it

DIREKTVERKAUF
BESUCH NACH VORANMELDUNG
JAHRESPRODUKTION 26.000 Flaschen
REBFLÄCHE 3,5 Hektar

Das Abenteuer von Rossana Zappa und Roberto Tozzi begann 2004 und beruht auf einer klaren Entscheidung: In dem eher unüblichen, aber absolut geeigneten Gebiet entlang der Ufer des Wildbachs Caramagna am Stadtrand von Imperia ausschließlich Pigato-Trauben, die Königin der ligurischen Rebsorten, anzupflanzen. Knapp 4 Hektar Rebfläche werden fast zur Gänze biologisch bewirtschaftet. Die Weinlese 2013 endete mit einem niedrigen Ertrag pro Hektar von guter Qualität, wo der etwas gemäßigte Alkoholgehalt viel Platz für Säure lässt. Ein ausgezeichnetes Ergebnis für einen Betrieb, der seine traditionelle Produktion von stillen Weinen mit einem ansehnlichen Angebot von Schaumweinen Metodo Classico vervollständigt. Eine schöne Persönlichkeit beim Domé '13, mit komplexen frischen Aromen und klassischem Geschmack, der zitrusfruchtige Noten, reife Aprikose und ein langes Finale schenkt. Der Verum '13 mit kraftvollem Einzug überrascht mit Orangennoten und einem Nachgeschmack nach Mandel. Einladend der Sogno '12, mit Anklängen von weißer Feige und Birne, die in einem langen, lebhaften Finale ausklingen.

○ Riviera Ligure di Ponente Pigato Domé '13	♟♟ 3*
○ Riviera Ligure di Ponente Pigato Sogno '12	♟♟ 4
○ Riviera Ligure di Ponente Pigato Verum '13	♟♟ 3
○ Regis '11	♟ 5
○ Vis Amoris Brut M. Cl. '11	♟ 5
○ Dulcis in Fundo '11	♛♛ 5
○ Dulcis in Fundo '10	♛♛ 5
○ Riviera Ligure di Ponente Pigato Sogno '11	♛♛ 4
○ Riviera Ligure di Ponente Pigato Sogno '10	♛♛ 4
○ Riviera Ligure di Ponente Pigato Sogno '09	♛♛ 5
○ Vis Amoris Extra Brut M. Cl. '09	♛♛ 5

WEITERE KELLEREIEN

Carlo Alessandri
via Umberto I, 15
18020 Ranzo [IM]
Tel. +39 0183318114
az.alessandricarlo@libero.it

DIREKTVERKAUF
BESUCH NACH VORANMELDUNG
JAHRESPRODUKTION 19.100 Flaschen
REBFLÄCHE 2 Hektar

○ Pigato '13	🍷🍷 2*
○ Vermentino '13	🍷🍷 2*
● Ormeasco di Pornassio '13	🍷 2

Altavia
loc. Arcagna
18035 Dolceacqua [IM]
Tel. +39 018431539
www.altavia.im.it

DIREKTVERKAUF
BESUCH NACH VORANMELDUNG
UNTERKUNFT
JAHRESPRODUKTION 40.000 Flaschen
REBFLÄCHE 3 Hektar

● Dapprimo '11	🍷🍷 3
● Dolceacqua Sup. '11	🍷🍷 3
○ Noname '13	🍷 3

Anfossi
fraz. Bastia
via Paccini, 39
17031 Albenga [SV]
Tel. +39 018220024
www.aziendaagrariaanfossi.it

DIREKTVERKAUF
BESUCH NACH VORANMELDUNG
JAHRESPRODUKTION 48.000 Flaschen
REBFLÄCHE 4,5 Hektar

○ Riviera Ligure di Ponente Pigato '13	🍷 2
● Riviera Ligure di Ponente Rossese '13	🍷 2
○ Riviera Ligure di Ponente Vermentino '13	🍷 2

Tenuta Anfosso
c.so Verbone, 175
18036 Soldano [IM]
Tel. +39 0184289906
www.tenutaanfosso.it

DIREKTVERKAUF
UNTERKUNFT
JAHRESPRODUKTION 20.000 Flaschen
REBFLÄCHE 4 Hektar

● Dolceacqua Sup. Poggio Pini '12	🍷🍷 4
● Dolceacqua Sup. Luvaira '12	🍷 4

Riccardo Arrigoni Wine Family
loc. Migliarini
via Sarzana, 224
19126 La Spezia
Tel. +39 0187504060
www.awf2000.com

DIREKTVERKAUF
BESUCH NACH VORANMELDUNG
UNTERKUNFT UND GASTRONOMIE
JAHRESPRODUKTION 200.000 Flaschen
REBFLÄCHE 34 Hektar

● Ciliegiolo '12	🍷 2
○ Colli di Luni Vermentino La Cascina dei Peri '13	🍷 3

Enoteca Andrea Bruzzone
via Bolzaneto, 94/96/98
16162 Genova
Tel. +39 0107455157
www.andreabruzzonevini.it

DIREKTVERKAUF
BESUCH NACH VORANMELDUNG

● Pellandrun '13	🍷🍷 2*
○ Val Polcèvera Bianchetta Genovese Bunassa '13	🍷 2
○ Val Polcèvera Coronata La Superba '13	🍷 2

WEITERE KELLEREIEN

Buranco
via Buranco, 72
19016 Monterosso al Mare [SP]
Tel. +39 0187817677
www.burancocinqueterre.it

DIREKTVERKAUF
BESUCH NACH VORANMELDUNG
UNTERKUNFT
JAHRESPRODUKTION 25.400 Flaschen
REBFLÄCHE 2 Hektar

○ Cinque Terre '13	♛ 4
● Syrah - Cabernet Sauvignon '12	♛ 2

Luigi Calvini
via Solaro, 76-78a
18038 Sanremo [IM]
Tel. +39 0184660242
www.luigicalvini.com

DIREKTVERKAUF
BESUCH NACH VORANMELDUNG
JAHRESPRODUKTION 50.000 Flaschen
REBFLÄCHE 3 Hektar

○ Riviera Ligure di Ponente Pigato '13	♛♛ 3
○ Riviera Ligure di Ponente Vermentino '13	♛♛ 3

Altare Bonanni De Grazia Campogrande
via di Loca, 189
19017 Riomaggiore [SP]
Tel. +39 017350835
info@cinqueterre-campogrande.com

BESUCH NACH VORANMELDUNG
UNTERKUNFT
JAHRESPRODUKTION 6.700 Flaschen
REBFLÄCHE 2 Hektar

○ Telemaco '12	♛♛ 4
○ Dolce Telemaco '12	♛♛ 4

I Cerri
via Roma, 43
19012 Carro [SP]
Tel. +39 010396852
www.icerrivaldivara.it

● Fonte Dietro il Sole '13	♛♛ 3
○ Cian dei Seri '13	♛ 3

Deperi
fraz. Caneto, 2
18020 Ranzo [IM]
Tel. +39 0183318143
www.deperi.eu

BESUCH NACH VORANMELDUNG
JAHRESPRODUKTION 50.000 Flaschen
REBFLÄCHE 5 Hektar

○ Riviera Ligure di Ponente Pigato Sup. '12	♛♛ 2*
○ Deperi Brut M. Cl.	♛ 3
○ Riviera Ligure di Ponente Pigato '13	♛ 2

La Ginestraia
via Steria
18100 Cervo [IM]
Tel. +39 3272683692
www.laginestraia.com

JAHRESPRODUKTION 50.000 Flaschen
REBFLÄCHE 7 Hektar

○ Riviera Ligure di Ponente Pigato Biancodamare '11	♛♛ 3
○ Riviera Ligure di Ponente Pigato Via Maestra '12	♛♛ 3

WEITERE KELLEREIEN

Podere Grecale
loc. Bussana
via Duca d'Aosta, 52e
18038 Sanremo [IM]
Tel. +39 01841956107
www.poderegrecale.it/

DIREKTVERKAUF
BESUCH NACH VORANMELDUNG
JAHRESPRODUKTION 18.000 Flaschen
REBFLÄCHE 2,42 Hektar
WEINBAU Biologisch anerkannt

○ Riviera Ligure di Ponente Pigato '13	🍷 3
○ Riviera Ligure di Ponente Vermentino '13	🍷 3

Nicola Guglierame
via Castello, 10
18024 Pornassio [IM]
Tel. +39 018333037
www.ormeasco-guglierame.it

DIREKTVERKAUF
BESUCH NACH VORANMELDUNG
JAHRESPRODUKTION 20.000 Flaschen
REBFLÄCHE 2,5 Hektar

● Pornassio '12	🍷 3
● Pornassio Sup. '12	🍷 3

Viticoltori Ingauni
via Roma, 3
17037 Ortovero [SV]
Tel. +39 0182547127
info@viticoltoriingauni.it

JAHRESPRODUKTION 300.000 Flaschen

○ Piganò Brut	🍷 2
○ Riviera Ligure di Ponente Pigato '13	🍷 2
○ Riviera Ligure di Ponente Pigato Sup. Antigu '12	🍷 3

Tenuta La Ghiaia
via Falcinello, 127
19038 Sarzana [SP]
Tel. +39 0187627307
www.tenutalaghiaia.it

○ Colli di Luni Vermentino Atys '13	🍷 3
○ Ithaa '11	🍷 4
○ Colli di Luni Vermentino Almagesto '13	🍷 3
○ Colli di Luni Vermentino Atys '12	🍷 3

Podere Lavandaro
via Castiglione
54035 Fosdinovo [MS]
Tel. 018768202
www.poderelavandaro.it

DIREKTVERKAUF
BESUCH NACH VORANMELDUNG
JAHRESPRODUKTION 22.000 Flaschen
REBFLÄCHE 4 Hektar

● Colli di Luni Rosso '13	🍷 2*
○ Colli di Luni Vermentino '13	🍷 3
○ Maséro '12	🍷 4
○ Canizzo Passito '09	🍷 6

Tenuta Maffone
loc. Acquetico
via San Rocco 18
18026 Pieve di Teco [IM]
Tel. +39 3471245271
www.tenutamaffone.it

DIREKTVERKAUF
BESUCH NACH VORANMELDUNG
JAHRESPRODUKTION 12.000 Flaschen
REBFLÄCHE 2 Hektar

○ Riviera Ligure di Ponente Pigato '13	🍷 3
● Pornassio '12	🍷 3

WEITERE KELLEREIEN

Maixei
Regione Porto
18035 Dolceacqua [IM]
Tel. +39 0184205015
www.maixei.it

DIREKTVERKAUF
JAHRESPRODUKTION 35.000 Flaschen

● Dolceacqua Sup. '12	🍷🍷 4
● Dolceacqua '12	🍷🍷 3
● Dolceacqua Sup. Barbadirame '12	🍷🍷 4

Agostino Sommariva
via Mameli, 1
17031 Albenga [SV]
Tel. +39 0182559222
www.oliosommariva.it

DIREKTVERKAUF
BESUCH NACH VORANMELDUNG
JAHRESPRODUKTION 24.000 Flaschen
REBFLÄCHE 7 Hektar
WEINBAU Biologisch anerkannt

○ Riviera Ligure di Ponente Pigato Nin '13	🍷 3

Podere Terenzuola
via Vercalda, 14
54035 Fosdinovo [MS]
Tel. 0187670387
www.terenzuola.it

JAHRESPRODUKTION 130.000 Flaschen
REBFLÄCHE 18 Hektar

○ Colli di Luni Vermentino Sup. Fosso di Corsano '13	🍷🍷 3*
○ Cinque Terre '13	🍷🍷 4
○ Cinqueterre Sciacchetrà '09	🍷🍷 7

Valdiscalve
loc. Reggimonti
SP 42
19011 Bonassola [SP]
Tel. +39 0187818178
www.vermenting.com

DIREKTVERKAUF
JAHRESPRODUKTION 5.000 Flaschen
REBFLÄCHE 1 Hektar

○ Colline di Levanto Bianco Costa di Macinara '13	🍷 2
○ Colline di Levanto Bianco Terre di Reggimonti '13	🍷 3

La Vecchia Cantina
fraz. Salea
via Corta, 3
17031 Albenga [SV]
Tel. +39 0182559881
lavecchiacantina@yahoo.it

DIREKTVERKAUF
BESUCH NACH VORANMELDUNG
JAHRESPRODUKTION 18.000 Flaschen
REBFLÄCHE 4 Hektar

○ Riviera Ligure di Ponente Pigato '13	🍷🍷 2*
○ Riviera Ligure di Ponente Vermentino '13	🍷🍷 3
● Riviera Ligure di Ponente Rossese Scüea '13	🍷 3

Zangani
loc. Ponzano Superiore
via Gramsci, 46
19037 Santo Stefano di Magra [SP]
Tel. +39 0187632406
www.zangani.it

DIREKTVERKAUF
BESUCH NACH VORANMELDUNG
JAHRESPRODUKTION 27.100 Flaschen
REBFLÄCHE 3 Hektar

○ Colli di Luni Vermentino Il Mortedo '13	🍷🍷 3
○ Colli di Luni Vermentino La Boceda '13	🍷🍷 3
○ Marfi Bianco '13	🍷 2
● Marfi Rosso '13	🍷 2

LOMBARDEI

In unseren Verkostungen bestätigte sich die hervorragende Verfassung der lombardischen Weinwirtschaft. Der Erfolg kommt nicht von ungefähr. Viele Jahre der Investitionen, Experimente und zäher Arbeit im Studium der Territorien, liefern nun die erhofften Früchte. Nicht weniger als 23 Weine können diesmal den Höchstpreis einsacken und bestätigen das önologische Befinden der Region, die sich zu einer der wichtigsten in Italien hochgearbeitet hat. Eine Zahl springt sofort ins Auge: von diesen Drei Gläsern gehen nicht weniger als vierzehn an Schaumweine. Ein schon konsolidierter Rekord, der die Franciacorta mit neun Höchstpreisen am Treppchen sieht: ein Lohn für die Anstrengungen bereits berühmter Namen wie Ca' del Bosco, Bellavista und Berlucchi & C., Cavalleri, Ferghettina, Il Mosnel – erfreuliche Rückkehr – Barone Pizzini, Lo Sparviere und des Neuankömmlings Castello Bonomi. Der Oltrepò Pavese durchläuft eine Phase der dynamischen Kreativität, getragen von der Welle der Begeisterung um den Pinot Nero, nicht nur als Basis für einen noblen Rotwein sondern auch als Beitrag zu eleganten Cuvées Metodo Classico. Er kontert mit sieben Drei Gläsern, davon fünf an Cuvées Metodo Classico: die von Monsupello, Castello di Cigognola, Fratelli Giorgi, Conte Giorgi di Vistarino, und erstmals für einen Cruasé, und zwar den von Tenuta il Bosco. Begleitet werden sie von zwei Klassikern der Denomination: Pinot Nero '11 von Frecciarossa und Oltrepò Pavese Rosso Cavariola Riserva '10 von Verdi. Auf der Brescia-Seite des Lugana glänzen zwei wunderbare Weiße aus zwei klassischen Kellereien, Ca' dei Frati und Provenza, und schließlich kann das Veltlin mit fünf Drei Gläsern auftrumpfen. So kommen aus den sonnigen, abschüssigen Lagen der Berge von Sondrio gleich vier prachtvolle Sfursat, von Sandro Fay, von Dirupi, von Aldo Rainoldi und Nino Negri. Zum Abschluss gibt es einen herrlichen Sassella, den '10 di Ar.Pe.Pe., Abkürzung von Arturo Pelizzatti Perego. Ein insgesamt gewiss positives Bild, aus dem die klassischen Denominationen herausragen. Aber die Lombardei als Weinland ist damit noch nicht am Ende. Vom Valcamonica bis Mantua, von Botticino bis zum Mailänder Hügelland von San Colombano gibt es noch viel zu entdecken. Und es lohnt sich. Das gute Gesamtergebnis erhält durch zwei unserer Spezialpreise noch mehr Gewicht. Es ist der Schaumwein des Jahres, der verdienterweise an den Nature von Monsupello geht. Ein Preis nicht nur für den Wein, auch für die Familie Boatti und ihre hingebungsvolle Arbeit, im Oltrepò und für den Metodo Classico. Der Preis für nachhaltigen Weinbau geht an Barone Pizzini als Anerkennung für den engagierten Umweltschutz, den der Betrieb in seiner Arbeit stets unter Beweis stellt.

LOMBARDEI

Marchese Adorno
VIA GALLASSOLO, 30
27050 RETORBIDO [PV]
TEL. +39 0383374404
www.marcheseadorno-wines.it

DIREKTVERKAUF
BESUCH NACH VORANMELDUNG
JAHRESPRODUKTION 250.000 Flaschen
REBFLÄCHE 85 Hektar

Das große Weingut der Familie hat dank der Investitionen des Marchese Marcello Cattaneo Adorno großen Auftrieb erhalten (neue Kellerei, neue Anlagen, neue önologische Beratung)undmithilfe jener Personen, die seit Jahren mit Kompetenz und Hingabe den landwirtschaftlichen Bereich betreuen, eine qualitativ hochwertige Weinerzeugung in Angriff genommen. Heute besitzen die Weine von Francesco Cervetti eine schlüssige Eleganz und Reinheit, es fehlt nur noch ein letzter kleiner Schritt, um das ganze Potenzial freizusetzen und die höchste Güte zu erreichen. Der Rile Nero '11 kommt ins Finale, ein intensiver, typischer, eleganter Pinot Nero, der sich durch gut entwickelte Tannine, blumige Noten und einen Abgang ohne Einbrüche auszeichnet. Immer besser der Riesling Arcolaio '12, bei dem die Blumennoten langsam von Mineralien begleitet werden und dessen Stärke und Gefälligkeit im Mund eine glänzende Zukunft vorausahnen lassen.

● OP Pinot Nero Rile Nero '11	🍷🍷 5
○ OP Riesling Sup. Arcolaio '12	🍷🍷 3*
● OP Barbera V. del Re '11	🍷🍷 4
● OP Bonarda Costa del Sole '13	🍷🍷 2*
○ OP Pinot Grigio Dama D'Oro '13	🍷🍷 2*
● OP Barbera Poggio Marino '12	🍷 2
● OP Pinot Nero Brugherio '12	🍷 2
● Cliviano '10	🍷🍷 3*
● OP Barbera V. del Re '10	🍷🍷 4
● OP Bonarda Costa del Sole '11	🍷🍷 2*
● OP Pinot Nero Rile Nero '10	🍷🍷 5
● OP Pinot Nero Rile Nero '09	🍷🍷 5
○ OP Riesling Sup. Arcolaio '11	🍷🍷 3

F.lli Agnes
VIA CAMPO DEL MONTE, 1
27040 ROVESCALA [PV]
TEL. +39 038575206
www.fratelliagnes.it

DIREKTVERKAUF
BESUCH NACH VORANMELDUNG
JAHRESPRODUKTION 120.000 Flaschen
REBFLÄCHE 21 Hektar

Mit großer Hartnäckigkeit treiben Sergio und Cristiano Agnes ihre Mission voran: Den Bonarda in alle nur möglichen Varianten abzuwandeln. Rovescala ist schließlich die Heimat dieses Weins und damit der Croatina- und insbesondere der Pignola-Reben, deren Namen auf die kleine und kompakte Form der Trauben zurückzuführen. Und so präsentieren sie moussierende und stille Bonarda-Weine von bewundernswerter stilistischer Strenge, die sowohl für den sofortigen Genuss oder für die Alterung im Holz bestimmt sind und von einer halbsüßen Version begleitet werden. Der mächtige, strenge Millennium '10 hat sich ein Ruhejahr in der Flasche gegönnt, um die Tannine zu mildern und die richtige Balance zu finden: ein großartiger Winterwein. Der Poculum ist würziger, könnte aber ebenfalls etwas Verfeinerung in der Flasche vertragen, um voll zum Ausdruck zu kommen. Vielleicht eine der bisher besten Versionen eines stillen Bonarda ohne Holzausbau ist der Possessione del Console '13, fest, maßvoll und sehr gefällig. Tadellos wie immer die beiden moussierenden Bonarda und der lieblichere Loghetto.

● Loghetto '13	🍷🍷 3
● OP Bonarda Campo del Monte '13	🍷🍷 2*
● OP Bonarda Cresta del Ghiffi '13	🍷🍷 2*
● OP Bonarda Millenium '10	🍷🍷 4
● OP Possessione del Console '13	🍷🍷 3
● Poculum '12	🍷🍷 4
● OP Bonarda Campo del Monte '12	🍷🍷 2*
● OP Bonarda Cresta del Ghiffi '12	🍷🍷 2*
● Poculum '11	🍷🍷 4
● Poculum '10	🍷🍷 3*
● Vignazzo '10	🍷🍷 3

LOMBARDEI

Anteo
Loc. Chiesa
27040 Rocca de' Giorgi [PV]
Tel. +39 038599073
www.anteovini.it

DIREKTVERKAUF
BESUCH NACH VORANMELDUNG
JAHRESPRODUKTION 200.000 Flaschen
REBFLÄCHE 27 Hektar

Dieser Betrieb ist wirklich sehenswert: Er befindet sich in herrlicher Lage in Rocca de' Giorgi, wo die Wildbäche der gleichnamigen Täler Versa und Scuropasso entspringen und wo der für die Grundweine des Spumante erforderliche Pinot Nero auf zirka 400 Meter Höhe seit jeher die besten Böden findet. Die Cribellati, Kinder des Gründers Trento, erzeugen verschiedene typische Weine des Oltrepò, es ist aber klar, dass im großen Gewölbekeller mit den Flaschen auf den Pupitres und der ausschließlich von Hand durchgeführten Remuage die Schaumweine im Mittelpunkt stehen. Angesichts einer Neuorganisation der Jahrgänge und des Sortiments wurden diesmal nur zwei Metodo Classico vorgestellt: Der Cruasé mit natürlicher Kupferfarbe, elegant und nach Waldbeeren und aromatischen Kräutern duftend, und der Nature Ecru, der zwar noch nicht an die vergangene Pracht heranreicht, sich aber goldfarben, mit feiner Perlage und beachtlichem Fruchtfleisch präsentiert. In ihrer Kategorie einwandfrei der Bonarda Staffolo und der Moscato La Volpe e l'Uva.

○ OP Cruasé	♢♢ 4
● OP Bonarda Staffolo '13	♢♢ 2*
○ OP Moscato La Volpe e L'Uva '13	♢♢ 2*
○ OP Pinot Nero Nature Écru '09	♢♢ 5
○ OP Pinot Nero Brut Martinotti	♢ 2
○ OP Riesling Sup. Quadro di Mezzo '13	♢ 2
○ OP Pinot Nero Brut Cl. Nature Écru '03	♢♢♢ 4
● OP Bonarda Staffolo '12	♢♢ 2*
○ OP Moscato La Volpe e L'Uva '12	♢♢ 2*
○ OP Pinot Nero Brut Cl. Riserva del Poeta '05	♢♢ 6
○ OP Pinot Nero Brut Riserva del Poeta '06	♢♢ 6
○ OP Riesling Sup. Quadro di Mezzo '11	♢♢ 2*

Antica Fratta
via Fontana, 11
25040 Monticelli Brusati [BS]
Tel. +39 030652068
www.anticafratta.it

DIREKTVERKAUF
BESUCH NACH VORANMELDUNG
JAHRESPRODUKTION 300.000 Flaschen
REBFLÄCHE 4 Hektar

Diese schöne Maison in Monticelli Brusati ist Teil des Imperiums Guido Berlucchi, wird jedoch auf eigenständige Weise von Marcello Bruschetti geleitet, der neben den Trauben der eigenen Rebberge auch Traubengut aus den besten Lagen der Franciacorta verarbeitet. Die Kellerei Fratta ist in einer prächtigen, von Familie Ziliani perfekt renovierten Villa aus dem 19. Jh. untergebracht, in der Veranstaltungen und Empfänge stattfinden, und besitzt einen aus vier kreuzförmigen Flügeln gebildeten Gewölbekeller, der in der Gegend als „ il Cantinon" bekannt ist. Der Extra Brut Riserva Quintessence bestätigt sich als Spitzenwein der Kellerei. Diese Cuvée aus Chardonnay mit 15 % Pinot Nero reift vor dem Enthefen mehr als 70 Monate. Der 2007 ist elegant, gut strukturiert, dicht, schmackhaft und cremig und verführt mit komplexen Duftnoten und Mineralität. Der Essence Brut '08 besitzt eine überreiche Frische mit verführerischen Noten von Zitrusfrucht, besonders Orange und Mandarine. Erwähnenswert der hervorragende Brut ohne Jahrgangsbezeichnung mit Würze, Frische und langem Ausklang.

○ Franciacorta Extra Brut Quintessence Ris. '07	♢♢ 7
○ Franciacorta Brut	♢♢ 4
○ Franciacorta Brut Essence '08	♢♢ 5
○ Franciacorta Brut Essence Nature '09	♢♢ 5
○ Franciacorta Satèn Essence '10	♢♢ 5
○ Franciacorta Brut Essence '07	♢♢ 6
○ Franciacorta Extra Brut Quintessence '05	♢♢ 7
○ Franciacorta Extra Brut Quintessence Ris. '06	♢♢ 7
○ Franciacorta Rosé Essence '09	♢♢ 5
○ Franciacorta Rosé Essence '08	♢♢ 5
○ Franciacorta Satèn Essence '09	♢♢ 5
○ Franciacorta Satèn Essence '08	♢♢ 5

LOMBARDEI

Antica Tesa
loc. Mattina
via Merano, 28
25080 Botticino [BS]
Tel. +39 0302691500

DIREKTVERKAUF
BESUCH NACH VORANMELDUNG
JAHRESPRODUKTION 40.000 Flaschen
REBFLÄCHE 10 Hektar

Pierangelo Noventa und seine Familie machen dem Namen dieser kleinen, im Raum Brescia liegenden lombardischen Denomination seit Jahren alle Ehre. Eine Denomination, die aus einem kleinen Tal und dem hohen Hügelland am Fuße der Retischen Alpen besteht. Botticino (der Name ist fast ein Omen!) ist für seinen Marmor berühmt, aber in den schönen, nach Süden ausgerichteten und von Winden gestreichelten Rebbergen, die von Familie Noventa auf biologische Weise bewirtschaftet werden, wachsen Sangiovese-, Barbera-, Marzemino- und Schiava Gentile-Trauben, aus denen ein Roter mit außerordentlichem Charakter erzeugt wird. Der Jahrgang 2010 bietet uns drei schöne Versionen des wie immer als Einzellage ausgebauten Botticino. Die Endrunden erreicht der Vigna del Gobbio, der seinen Namen vom gleichnamigen Weinberg erhält. Er wird aus leicht in Kisten vertrockneten Trauben erzeugt, besitzt ein schönes dunkles Rubinrot mit granatfarbenen Reflexen und verführt die Nase mit Waldfrüchten, Gewürz und Schokolade. Die Struktur am Gaumen ist mächtig, aber ausgewogen. Hervorragend alle anderen Etiketten.

- Botticino V. del Gobbio '10 ▼▼ 5
- Botticino Pià della Tesa '10 ▼▼ 3
- Botticino Colle degli Ulivi '10 ▼ 2
- Botticino Colle degli Ulivi ▽▽ 2*
- Botticino Pià della Tesa '09 ▽▽ 3
- Botticino Pià della Tesa '08 ▽▽ 3*
- Botticino Pià della Tesa '07 ▽▽ 3*
- Botticino V. degli Ulivi '07 ▽▽ 2*
- Botticino V. del Gobbio '09 ▽▽ 5
- Botticino V. del Gobbio '08 ▽▽ 5
- Botticino Vigna del Gobbio '06 ▽▽ 5

Ar.Pe.Pe.
via del Buon Consiglio, 4
23100 Sondrio
Tel. +39 0342214120
www.arpepe.com

DIREKTVERKAUF
BESUCH NACH VORANMELDUNG
JAHRESPRODUKTION 50.000 Flaschen
REBFLÄCHE 13 Hektar

Die Arbeiten im Hause Ar.Pe.Pe. schreiten im Sturmschritt voran. Dank Isabella, Emanuele und Guido Pellizzati ist die Kellerei ein Bezugspunkt für diejenigen geworden, die feine, vibrierende Weine mit vielzähligen Geschmacksnoten und erfrischender Säure suchen: Das Erkennungszeichen der besten Tischbegleiter. Im Keller verwendet man ausschließlich Holzfässer und durch die lange Reifung im Faß und die Verfeinerung in der Flasche wird der Zeitfaktor voll ausgenutzt. In den letzten Jahren wurde bei der aromatischen Ausrichtung der Weine, die mehr dem Fels als der Erde verbunden sind, ein Schritt nach vorne gemacht. Bereits die Farbe des Sassella Stella Retica Riserva '10 ist beispielhaft und faszinierend, der facettenreiche Duft reicht von Felsgestein über Eisen bis zu warmblütigen Nuancen, im Hintergrund werden Fruchtaromen spürbar. Im Mund charaktervoll, elegant, harmonisch, mit langem salzigem Abgang. Sehr gut und von großer Raffinesse der Sassella Vigna Regina '05, mit klarem Duft nach Himbeeren, der sich optimal mit Trockenblumen, Tabak und einer engmaschigen Tanninstruktur verbindet.

- Valtellina Sup.
  Sassella Stella Retica Ris. '10 ▼▼▼ 5
- Valtellina Sup.
  Grumello Rocca de Piro Ris. '10 ▼▼ 5
- Valtellina Sup.
  Sassella V. Regina Ris. '05 ▼▼ 7
- Rosso di Valtellina '12 ▼▼ 3
- Valtellina Sup.
  Grumello Buon Consiglio Ris. '05 ▼▼ 6
- Valtellina Sup.
  Inferno Fiamme Antiche Ris. '10 ▼▼ 5
- Valtellina Sup.
  Sassella Stella Retica Ris. '06 ▽▽▽ 4*
- Valtellina Sup.
  Sassella Rocce Rosse Ris. '02 ▽▽ 6
- Valtellina Sup. Sassella Ultimi Raggi '06 ▽▽ 6

Oltrepò Pavese, Pinot noir hills of Lombardy

Oltrepò Pavese, the agricultural soul of Lombardy
What is Oltrepò Pavese? It is the extreme point of the region of Lombardy, in the Province of Pavia, lying south of the river Po. It is roughly triangular in shape, like a kind of compact grape bunch attached to a cane, represented by the great river. The 13,500 hectares of vineyards make Oltrepò Pavese one of the most Italy's largest appellation. In this infinite sea of vineyards there are several different varieties but the unquestioned prince is Pinot Noir: with a surface area of about 3,000 hectares it is the largest area in Italy dedicated to this variety.

Over a century of traditional method white wine making
Already at the start of the twentieth century in Oltrepò, Pinot Noir was being made into large quantities of sparkling white wine, the most common wine type in the world using the traditional method. The result was a product that stood out from the spectrum of bubblies for the backbone and austerity of the variety, much appreciated by connoisseurs and more or less intensely softened by the contribution of yeasts during the long years of lees contact (vintage wines).

Cruasé, the flagship brand of the region
The creation of the Oltrepò Pavese Metodo Clasicco DOCG led to a debate which identified rosé as a real strong point. This wine is emblematic of the region, the grape variety and the noblest sparkling wine making method, all at the same time. The decision to make a rosé united the very individual nature of this bubbly together with the value of naturalness (lightly crushing Pinot Noir naturally generated a pinkish-coloured must), therefore the Consorzio Tutela Vini Oltrepò Pavese decided to reinforce it by endowing it with an immediately recognisable brand for the consumer, 'Cruasé'. 'Cruasé', (from 'cru' and rosé) defines the traditional method rosé made from Pinot Noir grapes in Oltrepò Pavese and today this product distinguishes the area from other traditional method sparkling wine-making areas, both in Italy and abroad. It is made as 'Brut', 'Extrabrut' and 'Brut Nature' and rests on the lees for at least 18 months; ideal with all courses of a meal, excellent with appetisers and finger food or as an original and seductive aperitif.

Pinot Noir as a red, a noble but difficult choice
Optimising the fermentation of Pinot Noir on the skins, done by some wineries at the start of the 1950s, led to the creation of the 'Pinot nero dell'Oltrepò pavese' DOC in 2010, wholly dedicated to this still wine. Vinification of Pinot Noir with skin contact, as winemakers all over the world know well, is beset with tensions and often disappointment, but heralds the most amazing successes when all the elements of the suitability of the winemaking area are expressed. A difficult challenge that allows Oltrepò to compete with areas of the world where bottles epitomise the legend of the wine itself.

Vai alla mappa
e scopri come raggiungerci!

www.vinoltrepo.it / info@vinoltrepo.it
#expomilano2015

Fondo Europeo Agricolo per lo Sviluppo Rurale: l'Europa investe nelle zone rurali
PSR 2007-2013 Direzione Generale Agricoltura

LOMBARDEI

Ballabio
VIA SAN BIAGIO, 32
27045 CASTEGGIO [PV]
TEL. +39 0383805728
www.ballabio.net

DIREKTVERKAUF
BESUCH NACH VORANMELDUNG
JAHRESPRODUKTION 100.000 Flaschen
REBFLÄCHE 60 Hektar

Dieser alteingesessene Betrieb, der 1905 von Angelo Ballabio, dem Pionier des Qualitätsweinbaus im Oltrepò Pavese gegründet wurde, ist heute insbesondere im Hinblick auf die Spumantes mit den modernsten Kelleranlagen ausgerüstet. Er wird seit etlichen Jahren von Filippo Nevelli geleitet, der gemeinsam mit dem erfahrenen Önologen Francesco Cervetti beschloss, daraus eine beispielgebende Schaumweinerzeugung zu machen. Die Investitionen waren beachtlich und die Ergebnisse sind bereits äußerst lobenswert. Der seit mehr als 40 Monaten auf der Hefe liegende und aus über zwanzig Jahre alten Rebbergen stammende Brut Farfalla beginnt langsam zu zeigen, was die wahre Seele eines kompromisslosen Pinot Nero aus dem Oltrepò Pavese ausmacht: Eine Balance aus Struktur und Eleganz, Mineralität, Duftfülle, Würzigkeit und Reinheit. Für die höchste Anerkennung fehlte wirklich nur noch ein Hauch. Die Version als Rosé mit feinem Duft nach Zitrusfrucht und kleinen Früchten hat aufgrund der natürlichen Weinbereitung eine sehr blasse Farbe.

○ Brut Cl. Farfalla	♛♛ 4
⊙ Brut Rosé Farfalla	♛♛ 4
● OP Bonarda V. delle Cento Pertiche '13	♛♛ 3
○ Brut Cl. Farfalla	♛♛ 4
● OP Bonarda V. delle Cento Pertiche '11	♛♛ 2*
⊙ OP Pinot Nero Brut Cl. Cruasé	♛♛ 4

Barone Pizzini
VIA SAN CARLO, 14
25050 PROVAGLIO D'ISEO [BS]
TEL. +39 0309848311
www.baronepizzini.it

DIREKTVERKAUF
BESUCH NACH VORANMELDUNG
UNTERKUNFT
JAHRESPRODUKTION 380.000 Flaschen
REBFLÄCHE 47 Hektar
WEINBAU Biologisch anerkannt

Die Geschichte dieses Betriebs begann Anfang der 90er Jahre, als eine Gruppe von Unternehmern aus Brescia den Grundbesitz des Barons Pizzini erwarb und die Führung an Silvano Brescianini übertrug, der dem Weinhaus innerhalb weniger Jahre zu einem hochkarätigen Niveau verhalf. Besonders hervorzuheben ist, dass dabei stets auf aktiven Umweltschutz und eine nachhaltige Entwicklung geachtet wurde, was den Betrieb zu einem Vorbild der italienischen Weinbranche macht. Das Engagement wird beim Besuch der neuen, hochmodernen und nach dem Prinzip der Bioarchitektur errichteten Kellerei und der auf biologische und biodynamische Weise bewirtschafteten Rebberge sichtbar. Der Brut Nature wird langsam zum Klassiker des Weinbaus in der Franciacorta. Erneut Drei Gläser, diesmal mit dem Jahrgang 2010. Ein Brut voller Spannung, Frische und Mineralität, rein in seinen Noten von Apfel und Birne, die auf eleganten Nuancen von Heil- und Aromakräutern ausklingen. Der Geschmack ist dicht und harmonisch, der Abgang wirklich endlos. Vorzüglich auch der Bagnadore Riserva '08 mit vielschichtigen und tiefen Tönen.

○ Franciacorta Brut Nature '10	♛♛♛ 5
○ Franciacorta Brut Bagnadore Ris. '08	♛♛ 5
○ Franciacorta Animante Brut	♛♛ 5
○ Curtefranca Polzina Bianco '13	♛♛ 3
● San Carlo '11	♛♛ 5
● Curtefranca Rosso '12	♛ 3
⊙ Franciacorta Rosé Brut '10	♛ 5
○ Franciacorta Brut Nature '09	♛♛♛ 5
○ Franciacorta Brut Nature '08	♛♛♛ 5
○ Curtefranca Polzina Bianco '12	♛♛ 3
○ Franciacorta Brut	♛♛ 5
○ Franciacorta Extra Brut	♛♛ 5

LOMBARDEI

★★ Bellavista
via Bellavista, 5
25030 Erbusco [BS]
Tel. +39 0307762000
www.bellavistawine.it

DIREKTVERKAUF
BESUCH NACH VORANMELDUNG
JAHRESPRODUKTION 1.300.000 Flaschen
REBFLÄCHE 190 Hektar

Die im Eigentum der Familie Moretti befindliche Kellerei Bellavista steht an der Spitze einer Holding mit Landwirtschaftsbetrieben in der Lombardei und der Toskana, die der brillante Unternehmer Vittorio Moretti gegründet hat und heute gemeinsam mit Tochter Francesca leitet. Der Betrieb ist eine wahre Ikone des italienischen Weinbaus und besitzt über 180 Hektar Rebfläche mit umweltverträglicher Bewirtschaftung. Von den kostbaren Jahrgangsschaumweinen bis zu den Franciacorta ohne Jahresbezeichnung präsentiert der vom Önologen Mattia Vezzola erarbeitete Bellavista-Stil eine unverwechselbare Mischung aus Eleganz und Vielschichtigkeit. Nach einem sorgfältigen Restyling sind die Etiketten von Bellavista noch verführerischer. Die Drei Gläser gehen diesmal an den Franciacorta Alma Cuvée Brut ohne Jahrgangsbezeichnung. Er begeistert mit cremigem, elegantem Schaum, delikaten, beständigen Duftnoten von weißer Frucht und aromatischen Kräutern, die über Zitrusfrucht schweben, im Mund ist er frisch, reichhaltig, mineralisch und klar in den Fruchttönen. Der Franciacorta Rosé '09 ist einer der Besten der diesjährigen Verkostungen.

○ Franciacorta Brut Cuvée Alma	🍷🍷🍷 5
○ Curtefranca Convento SS. Annunciata '11	🍷🍷 6
○ Franciacorta Brut Rosé '09	🍷🍷 7
○ Franciacorta Satèn	🍷🍷 7
○ Curtefranca Alma Terra '13	🍷🍷 4
○ Franciacorta Brut '08	🍷🍷 6
○ Franciacorta Pas Operé '07	🍷🍷 7
○ Curtefranca Uccellanda '11	🍷 6
○ Franciacorta Extra Brut Vittorio Moretti Ris. '06	🍷🍷🍷 8
○ Franciacorta Gran Cuvée Pas Operé '06	🍷🍷🍷 8
○ Franciacorta Gran Cuvée Pas Operé '05	🍷🍷🍷 7

F.lli Berlucchi
loc. Borgonato
via Broletto, 2
25040 Corte Franca [BS]
Tel. +39 030984451
www.fratelliberlucchi.it

DIREKTVERKAUF
BESUCH NACH VORANMELDUNG
JAHRESPRODUKTION 400.000 Flaschen
REBFLÄCHE 70 Hektar

Die fünf, von der energiegeladenen Beriebsleiterin Pia Donata angeführten Geschwister Berlucchi verkörpern eine der ältesten Familien der Franciacorta. Die Maison verarbeitet nur die Trauben der eigenen, 70 Hektar großen Weinberge und macht daraus eine Auswahl von erstklassigen Cuvées und Weinen, die der Intuition von Pia Donata und ihrer Tochter Tilli Rizzo zu verdanken sind. Die Weinkeller befinden sich im Gebäudekomplex der Familienvilla „Casa delle Colonne" aus dem 16. Jh. in Borgonato. Auch dieses Jahr hat uns der Casa delle Colonne Zero '07 am stärksten beeindruckt und so die Finalrunden erreicht. Ein eleganter, wohlriechender Franciacorta, der ein reichhaltiges Bouquet aus Hefe, weißen Früchten und zarten Blumennoten bietet, das in einer Vanillenuance endet. Am Gaumen schmackhaft und tief, mit gutem Rückgrat und beachtlicher Harmonie. Sehr verführerisch der cremige, würzige Freccianera Brut '07, der auf Noten von kandierter Orange und Gewürz endet. Wirklich gut alle anderen Etiketten.

○ Franciacorta Casa delle Colonne Zero Ris. '07	🍷🍷🍷 8
○ Franciacorta Brut 25	🍷🍷 4
○ Franciacorta Brut '10	🍷🍷 5
○ Franciacorta Brut Casa delle Colonne '07	🍷🍷 7
○ Franciacorta Brut Freccianera '07	🍷🍷 5
○ Franciacorta Pas Dosé '10	🍷🍷 5
○ Franciacorta Brut Rosé '10	🍷 5
○ Franciacorta Satèn '10	🍷 5
○ Franciacorta Brut '09	🍷🍷 5
○ Franciacorta Casa delle Colonne Brut '06	🍷🍷 7
○ Franciacorta Casa delle Colonne Zero Ris. '06	🍷🍷 7
○ Franciacorta Pas Dosé '09	🍷🍷 5
○ Franciacorta Satèn '09	🍷🍷 5

LOMBARDEI

Guido Berlucchi & C.
LOC. BORGONATO
P.ZZA DURANTI, 4
25040 CORTE FRANCA [BS]
TEL. +39 030984381
www.berlucchi.it

DIREKTVERKAUF
BESUCH NACH VORANMELDUNG
UNTERKUNFT
JAHRESPRODUKTION 4.000.000 Flaschen
REBFLÄCHE 80 Hektar

Neben Franco Ziliani, der vor mehr als 50 Jahren (1961) den Grundstein für diese berühmte Kellerei und die junge Geschichte der Franciacorta gelegt hat, stehen heute seine Kinder Arturo, Önologe, Paolo und Cristina.Gemeinsam hat die Familie, die ihre Cuvées nach mehreren Jahren wieder ausschließlich aus Trauben der Franciacorta erzeugt, den Betrieb durch eine Jahresproduktion von ca. 5 Millionen Flaschen zum italienischen Marktführer bei den Schaumweinen gemacht und auf vielen ausländischen Märkten große Erfolge erzielt. Der Franciacorta Satèn Palazzo Lana Riserva '06 erobert die Drei Gläser. Ein Blanc de Blancs aus den Chardonnay-Trauben der Weinberge Castello, Arzelle und San Carlo in Borgonato, der mehr als sechs Jahre auf der Hefe reift. Im Ansatz cremig und weich, entwickelt er sich vielschichtig, tief, progressiv und befriedigend auf außerordentlich reinen Noten von weißer Frucht, Vanille und aromatischen Kräutern. Von höchster Güte sind auch der Vintage '08, wohlschmeckend, duftend, rein und lang, und der CellariusPasDosé '08 mit klaren Tönen von Aprikose und weißer Pflaume.

○ Franciacorta Satèn Palazzo Lana '06	▼▼▼	6
○ Franciacorta Cuvée Imperiale Vintage '08	▼▼	5
○ Franciacorta Pas Dosé Cellarius '08	▼▼	5
○ Franciacorta Brut Cuvée Imperiale	▼▼	5
○ Franciacorta Brut Rosé Cuvée 61	▼▼	5
○ Franciacorta Rosé Cuvée Imperiale Max	▼▼	5
○ Franciacorta Satèn Cuvée 61	▼▼	5
○ Franciacorta Rosé Cuvée 61	▼	5
○ Franciacorta Demi Sec Cuvée Imperiale	▼	5
○ Franciacorta Brut Cellarius '07	♢♢♢	5
○ Franciacorta Brut Extrême Palazzo Lana Ris. '06	♢♢♢	6
○ Franciacorta Cellarius Brut '08	♢♢♢	5

Bersi Serlini
VIA CERETO, 7
25050 PROVAGLIO D'ISEO [BS]
TEL. +39 0309823338
www.bersiserlini.it

DIREKTVERKAUF
BESUCH NACH VORANMELDUNG
JAHRESPRODUKTION 220.000 Flaschen
REBFLÄCHE 32 Hektar

1886 erwarb Familie Bersi Serlini dieses schöne Landgut am Ufer des Iseosees, das einst zum Besitz des nahen Benediktinerklosters San Pietro in Lamosa gehörte. Die sorgfältig restaurierte und mit einem neuen, ganz modernen Zubau und Weinkellern nach dem neuesten Stand der Technik erweiterte Maison besitzt mehr als 30 Hektar Rebfläche und wird mit Kompetenz und Leidenschaft von Maddalena Bersi Serlini und ihrer Schwester Chiara geleitet. Mit dem Extra Brut '10 liefert uns die Maison eine weitere vorzügliche Interpretation dieses Weintyps. In unseren Endverkostungen hat er sich als elegant und frisch erwiesen, mit zarten blumigen und agrumigen Noten in der Nase, schlank, engmaschig und fibrierend am Gaumen, mit feinem, cremigem Schaum und schöner Ausdauer. Ausgezeichnet auch der Brut Anniversario, schmackhaft und nervig, von schöner Anlage und mit gutem Ausklang auf weißen Früchten. Hochwertig wie immer die Cuvée n. 4 '10, erwähnenswert der Rosé Brut.

○ Franciacorta Brut Anniversario	▼▼	6
○ Franciacorta Extra Brut '10	▼▼	6
○ Franciacorta Brut Anteprima	▼▼	5
○ Franciacorta Brut Rosé Rosa Rosae	▼▼	6
○ Franciacorta Brut Cuvée n. 4 '10	▼▼	5
○ Franciacorta Satèn '10	▼▼	5
○ Franciacorta Demi Sec Nuvola	▼	4
○ Franciacorta Brut Cuvée n. 4 '08	♢♢	5
○ Franciacorta Brut Cuvée n. 4 '07	♢♢	5
○ Franciacorta Brut Cuvée n. 4 '06	♢♢	4*
○ Franciacorta Brut Vintage Ris. '06	♢♢	7
○ Franciacorta Brut Vintage Ris. '04	♢♢	7

LOMBARDEI

Bertagna
LOC. BANDE
VIA MADONNA DELLA PORTA, 14
46040 CAVRIANA [MN]
TEL. +39 037682211
www.cantinabertagna.it

DIREKTVERKAUF
BESUCH NACH VORANMELDUNG
JAHRESPRODUKTION 120.000 Flaschen
REBFLÄCHE 13 Hektar

Gianfranco Bertagna ist der Nachfolger von vier Winzergenerationen, die den Boden auf den Moränenhügel des Gardaseegebiets bearbeiten, und hat den von ihm geleiteten Betrieb zu einem der Besten in der Provinz von Mantua gemacht. Neben den Weinen mit der Bezeichnung Alto Mincio präsentiert die Kellerei diesmal auch einen Lugana, ein Wein von guter Struktur, elegant, mit Anklängen von Tropenfrucht in der Nase und großartigem Finale. Der Rosso del Barone '10 ist ein reichhaltiger Cabernet mit ausreichendem Sortencharakter, konsistent, vielschichtig und lang im Finale. Von gleicher Güte der Montevolpe Rosso '10, eine Bordeaux-Cuvée mit einem Schuss Corvina, der nach Waldbeerkonfitüre duftet und eine gute, bis zum Ausklang beibehaltene Nervigkeit besitzt. Der Rosso del Chino '11 ist ein Merlot mit milden pflanzlichen Anklängen, weich und gefällig. Bei den beiden Weißen ziehen wir die ungezwungene Einfachheit des Chardonnay '13 einem ebenfalls aus Chardonnay-Trauben gekelterten Montevolpe '12 vor, der ein wenig überladen scheint.

○ Lugana '13	🍷🍷 2*
● Montevolpe Rosso '10	🍷🍷 3
● Rosso del Barone '10	🍷🍷 3
○ Chardonnay '13	🍷 2
○ Montevolpe Bianco '12	🍷 3
● Rosso del Chino '11	🍷 2
● Rosso del Chino '10	🍷🍷 3
● Rosso del Chino '09	🍷🍷 3
● Rosso del Chino '08	🍷🍷 3

F.lli Bettini
LOC. SAN GIACOMO
VIA NAZIONALE, 4A
23036 TEGLIO [SO]
TEL. +39 0342786068
bettvini@tin.it

DIREKTVERKAUF
BESUCH NACH VORANMELDUNG
JAHRESPRODUKTION 200.000 Flaschen
REBFLÄCHE 15 Hektar

Die historische Kellerei von Teglio im Herzen der Unterzone Valgella im Veltlin bestätigt den in der letzten Ausgabe zuerkannten Eintrag im Hauptteil. Sie wurde 1881 gegründet und bewirtschaftet heute zirka 15 Hektar Rebfläche mit Chiavennasca-Trauben (Nebbiolo), die sich über das fruchtbare lombardische Anbaugebiet an der Schweizer Grenze verteilen. Das Weinangebot umfasst alle Unterzonen des Oberen Veltlins und endet beim Sforzato, der mit der klassischen Technik der teilweisen Vertrocknung der Trauben erzeugt wird, die nach dem Regelwerk bis zum 10. Dezember des Erntejahrs andauern muss. Sehr fein und klassisch in der Nase ist der Inferno Prodigio '09, eindringlich und komplex, mit Nuancen von Trockenblumen und Trüffel und klaren Noten von Lakritze. Am Gaumen eindrucksvoll, strukturiert, mit lang anhaltendem Finale. Typisch und reich an Anklängen von in Alkohol eingelegten Früchten ist der Sfursat '11, mit Noten, die von Schokolade bis Minze reichen. Der Geschmack ist reichhaltig und fruchtig, gut ausbalanciert und lang im Ausklang.

● Valtellina Sfursat '11	🍷🍷 5
● Valtellina Sup. Inferno Prodigio '09	🍷🍷 3
● Valtellina Sup. Sant'Andrea '10	🍷🍷 4
● Valtellina Sup. Sassella Reale '09	🍷🍷 3
● Valtellina Sfursat '10	🍷🍷 5
● Valtellina Sup. Inferno Prodigio '08	🍷🍷 3
● Valtellina Sup. Sant'Andrea '09	🍷🍷 4
● Valtellina Sup. Valgella V. La Cornella '09	🍷🍷 3

LOMBARDEI

Bisi

LOC. CASCINA SAN MICHELE
FRAZ. VILLA MARONE, 70
27040 SAN DAMIANO AL COLLE [PV]
TEL. +39 038575037
www.aziendagricolabisi.it

DIREKTVERKAUF
BESUCH NACH VORANMELDUNG
JAHRESPRODUKTION 90.000 Flaschen
REBFLÄCHE 30 Hektar

Hier wird der Betrieb zum Spiegelbild eines Mannes. Keine Allüren, keine Spezialeffekte, aber viel Substanz und Tiefe. Die Weine von Claudio Bisi sind gemacht, um nach und nach gehört, verstanden und geschätzt zu werden. Sie brauchen Zeit und Aufmerksamkeit. Nur so kann man voll und ganz die Essenz verstehen, die durch einen penibel bearbeiteten Boden, grüne Lesen und vorallem der Makellosigkeit der Trauben gewonnen wird, die es einem Wein auch ohne Zusätze wie Hefen oder Sulfite erlaubt, in aller Ruhe zu altern. Es gibt im gesamten Sortiment dieser Kellerei keine einzige banale oder vorhersehbare Etikette. Für einen Rotweinmacher wie Claudio muss es seltsam sein, an der Spitze der Auflistung einen Weißwein zu sehen, aber dieses Jahr ist der Riesling LaGrà '13 noch besser als sonst. Intensiv, duftend, harmonisch, reichhaltig und tief, schon jetzt eine wahre Köstlichkeit, aber wir wissen aus Erfahrung, dass er reichlich Spielraum zur Entfaltung besitzt. Auf den Roncolongo '10, den besten Barbera des Betriebs, muss man noch ein wenig warten: Er wird im Laufe der Jahre seine optimale Balance finden.

○ LaGrà '13	♛♛♛ 3*
● OP Bonarda Vivace La Peccatrice '13	♛♛ 2*
○ Bianco Passito Villa Marone '11	♛♛ 4
● Pezzabianca '12	♛♛ 3
● Pramattone '12	♛♛ 3
● Roncolongo '10	♛♛ 4
● Ultrapadum '12	♛♛ 3
● Calonga '11	♛ 5
○ Bianco Passito Villa Marone '10	♕♕ 4
● OP Bonarda Vivace La Peccatrice '11	♕♕ 2*
● Pramattone '11	♕♕ 3
● Primm '09	♕♕ 4
● Roncolongo '09	♕♕ 4
● Ultrapadum '11	♕♕ 3

Tenuta Il Bosco

LOC. IL BOSCO
27049 ZENEVREDO [PV]
TEL. +39 0385245326
www.ilbosco.com

DIREKTVERKAUF
BESUCH NACH VORANMELDUNG
JAHRESPRODUKTION 1.000.000 Flaschen
REBFLÄCHE 152 Hektar

Es hat sich viel verändert, seit Familie Zonin vor fast dreißig Jahren beschloss, in das Anbaugebiet Oltrepò Pavese zu investierenund dazu ein Weingut erwarb, das im Mittelalter zum Kloster Santa Maria Teodote gehörte. Seitdem hat sich die Rebfläche von 30 auf 152 Hektar vergrößert und es wurde ein wichtiger Versuch mit Pinot Nero Reben durchgeführt, indem man alle am Markt erhältlichen Klonen anpflanzte, die Trauben jahrelang verarbeitete und dann den Weinberg wieder aufließ, um nur noch jene zu bepflanzen, die die besten Ergebnisse geliefert hatten. Und das allen unter der aufmerksamen Leitung von Piernicola Olmo. Und hier also der Lohn der Arbeit: Drei Gläser für den Cruasé Oltrenero. Eine Auszeichnung für den Betrieb, den Önologen und, so hoffen wir, auch für diesen Gemeinschaftsnamen, die ein Ansporn für das gesamte Anbaugebiet sein soll. Er duftet nach Waldbeeren mit Noten von Mandarine, ist schmackhaft, reichhaltig und harmonisch, mit feiner Perlage und reinem, anhaltendem Ausklang. Sehr gut gemacht auch die weiße Variante, in der Töne von Akazienhonig und gelber Frucht vorherrschen.

○ OP Cruasé Oltrenero	♛♛♛ 5
○ OP Brut Oltrenero	♛♛ 5
● OP Bonarda '13	♛♛ 2*
○ OP Extra Dry Martinotti Rosé Philèo	♛ 3
○ OP Pinot Nero Brut Martinotti Philèo	♛ 3
○ OP Malvasia Vivace '13	♛ 2
● OP Bonarda Vivace '12	♕♕ 2*
○ OP Cruasé Oltrenero	♕♕ 5
○ OP Pinot Nero Brut Cl. Oltrenero	♕♕ 5
● OP Pinot Nero Poggio Pelato '11	♕♕ 3

LOMBARDEI

Bosio

LOC. TIMOLINE
VIA MARIO GATTI
25040 CORTE FRANCA [BS]
TEL. +39 030984398
www.bosiofranciacorta.it

DIREKTVERKAUF
BESUCH NACH VORANMELDUNG
JAHRESPRODUKTION 100.000 Flaschen
REBFLÄCHE 30 Hektar

Während Cesare als tüchtiger Agronom zahlreiche Betriebe des Anbaugebiets berät, kümmert sich seine Schwester Laura nach Abschluss ihres BWL-Studiums um die Betriebsorganisation und den Verkauf. Soweit das Erfolgsrezept dieser schönen Maison, die in den letzten Jahren zum aufstrebenden Betrieb des Anbaugebiets wurde. Die 30 Hektar großen Weinberge, teils Eigentum und teils gepachtet, liegen in bester Lage und werden gewissenhaft und umweltschonend bewirtschaftet. Erstklassig das Weinsortiment. Diese schöne, moderne Kellerei ist wirklich einen Besuch wert. Der Extra Brut Boschedòr '09, den wir im letzten Jahr vorab verkostet haben, ist jene Etikette, die uns am meisten beeindruckt hat und die daher ein würdiger Vertreter unserer Endrunden war. Die Cuvée besteht zu gleichen Teilen aus Pinot Nero und Chardonnay-Trauben der eigenen Rebberge und hat eine zarte Perlage und ein komplexes, reichhaltiges Bouquet, das auf Zitrusfrucht ausklingt. Am Gaumen zeigt sie Tiefe, Rückgrat und Frische und einen harmonischen Abgang auf der Frucht. Beachtlich der Nature '09 und der Girolamo Bosio Riserva '07.

○ Franciacorta Extra Brut Boschedòr '09	🍷🍷 5
○ Franciacorta Brut	🍷🍷 5
○ Franciacorta Nature '09	🍷🍷 5
○ Franciacorta Pas Dosé Girolamo Bosio Ris. '07	🍷🍷 5
○ Franciacorta Satèn	🍷 5
⊙ Franciacorta Brut Rosé '10	🍷 5
⊙ Franciacorta Brut Rosé '09	🍷🍷 5
⊙ Franciacorta Brut Rosé '08	🍷🍷 5
○ Franciacorta Extra Brut Boschedòr '09	🍷🍷 5
○ Franciacorta Extra Brut Boschedòr '08	🍷🍷 5
○ Franciacorta Pas Dosé Girolamo Bosio Ris. '06	🍷🍷 5
○ Franciacorta Pas Dosé Girolamo Bosio Ris. '05	🍷🍷 5

La Brugherata

FRAZ. ROSCIATE
VIA G. MEDOLAGO, 47
24020 SCANZOROSCIATE [BG]
TEL. +39 035655202
www.labrugherata.it

DIREKTVERKAUF
BESUCH NACH VORANMELDUNG
JAHRESPRODUKTION 40.000 Flaschen
REBFLÄCHE 7 Hektar

Der Tod von Paolo Bendinelli, einem der „Väter" des Moscato di Scanzo, mit nur 65 Jahren war ein schwerer Schlag für den Betrieb und für das ganze Anbaugebiet. Die Kellerei behauptet sich durch die hohe Qualität hinsichtlich Jahrgang, Zuverlässigkeit und stilistische Übereinstimmung stets als eine der besten im Raum von Bergamo und besitzt in einem Gebiet, wo viele interessante, aber langfristig noch zu unbeständige Produkte vorgestellt werden, alle für die Auszeichnung eines Weinhauses erforderlichen Vorzüge. Der Doge '11 wird seinem Ruf gerecht: Er ist würzig, warm und weich, ein tiefgründiger und duftender Moscato di Scanzo, der niemals enttäuscht. Der Valcalepio Rosso Vescovado '11 ist eine klassische Bordeaux-Cuvée, die zirka 18 Monaten in Fässern aus französischer Eiche verfeinert wird. Sie ist streng, zupackend und feurig, duftet nach Lakritze, trockenem Heu und Beerenkonfitüre und wird in der Flasche sicher noch besser. Der Priore '12 ist ein Cabernet mit Vanille- und Gewürznoten, der Merlot Rosso di Alberico '13 ist hingegen wohlriechend und direkt.

● Moscato di Scanzo Doge '11	🍷🍷 7
● Priore '12	🍷🍷 5
● Valcalepio Rosso Vescovado '11	🍷🍷 2*
● Rosso di Alberico '13	🍷 2
● Moscato di Scanzo Doge '10	🍷🍷 7
● Moscato di Scanzo Doge '09	🍷🍷 7
● Priore '09	🍷🍷 3
○ Valcalepio Bianco Vescovado del Feudo '11	🍷🍷 2*
● Valcalepio Rosso Doglio Ris. '10	🍷🍷 4
○ Vescovado del Feudo '12	🍷🍷 2*

LOMBARDEI

Ca' dei Frati
FRAZ. LUGANA
VIA FRATI, 22
25019 SIRMIONE [BS]
TEL. +39 030919468
www.cadeifrati.it

DIREKTVERKAUF
BESUCH NACH VORANMELDUNG
UNTERKUNFT UND GASTRONOMIE
JAHRESPRODUKTION 1.800.000 Flaschen
REBFLÄCHE 150 Hektar

Es gibt Neuigkeiten im Hause Dal Cero. Nach den der Aufwertung des Lugana und des Anbaugebiets des Gardaseeraums gewidmeten Jahren versuchen sich Igino, Gian Franco und Anna Maria auch am Valpolicella. In Wirklichkeit hat das Abenteuer schon vor einigen Jahren begonnen, wir verkosten jedoch zum ersten Mal den im Veroneser Anbaugebiet erzeugten Wein. Die Weinberge erstrecken sich auf 150 Hektar entlang der Moränenhügel, die den südlichen Teil des Gardasees umarmen, einige Parzellen liegen auch im östlichen Teil des Valpolicella-Gebiets in Pian di Castagnè. Der vorgestellte Stil strebt nach einer Balance zwischen Reichhaltigkeit und Eleganz. Der Amarone Pietro Dal Cero '08 verströmt einen intensiven Duft nach reifer roter Frucht und Gewürz und besitzt im Mund eine außergewöhnliche, von Tanninen und Säure getragene Reichhaltigkeit. Das Paradepferd der Kellerei ist jedoch erneut der Brolettino, in dem Anklänge von reifer weißer Frucht, mineralische Nuancen sowie Holz- und Vanillenoten vorherrschen, die von einem vibrierenden Säurerückgrad gestützt werden. Im Mund ist er kräftig, von großer Würzigkeit und unendlicher Länge.

- ○ Lugana Brolettino '12   🍷🍷🍷 3*
- ● Amarone della Valpolicella
  Pietro Dal Cero '08   🍷🍷 8
- ○ Lugana I Frati '13   🍷🍷 2*
- ○ Cuvée dei Frati Brut '10   🍷🍷 3
- ○ Pratto '12   🍷🍷 3
- ○ Tre Filer '10   🍷🍷 3
- ○ Lugana Brolettino '11   🍷🍷🍷 3*
- ○ Lugana Brolettino '10   🍷🍷🍷 3*
- ○ Lugana Brolettino '09   🍷🍷🍷 3*
- ⊙ Cuvée dei Frati Brut M. Cl. Rosé '10   🍷 4
- ○ Lugana Brolettino
  Affinato 5 anni in bottiglia '07   🍷 5
- ○ Lugana I Frati
  Affinato 5 anni in bottiglia '07   🍷 4

★★★ Ca' del Bosco
VIA ALBANO ZANELLA, 13
25030 ERBUSCO [BS]
TEL. +39 0307766111
www.cadelbosco.it

DIREKTVERKAUF
BESUCH NACH VORANMELDUNG
JAHRESPRODUKTION 1.470.000 Flaschen
REBFLÄCHE 160 Hektar

Der Gründer und Präsident Maurizio Zanella leitet die Kellerei Ca' del Bosco seit Anbeginn ihrer in den 70er Jahren begonnenen Geschichte. Mit visionärer Hingabe und unterstützt von seiner Mutter Annamaria Clementi gelang es ihm, seinen Traum von einer großen, international anerkannten Maison, die vom Potenzial des damals noch kaum bekannten Anbaugebiets der Franciacorta erzählen sollte, in die Tat umzusetzen. Seiner kürzlich verstorbenen Mutter ist seine wertvollste Cuvée gewidmet. Der Weinkeller, der voll von Werken zeitgenössischer Künstler ist, gehört zu den technologisch fortschrittlichsten Strukturen der Welt und ist absolut sehenswert. Der Annamaria Clementi Rosé Extra Brut '06 erringt die Drei Gläser, die neununddreißigste Auszeichnung in der einzigartigen Gewinnerliste der Ca' del Bosco, die im italienischen Weinpanorama ein Vorbild für absolute Spitzenqualität ist. Ein Rosé de saignée aus ausgewählten Pinot Nero-Trauben der alten Weinberge der Kellerei. Er ist streng, dicht und fleischig, besitzt eine große Würzigkeit und Tiefe und ein sehr langes und vielschichtiges Finale.

- ⊙ Franciacorta Extra Brut Cuvée
  Annamaria Clementi Rosé Ris. '06   🍷🍷🍷 8
- ⊙ Franciacorta Brut
  Vintage Collection '09   🍷🍷 6
- ⊙ Franciacorta Dosage Zéro
  Vintage Collection '09   🍷🍷 6
- ⊙ Franciacorta Satèn
  Vintage Collection '09   🍷🍷 6
- ⊙ Franciacorta Brut Cuvée Prestige   🍷🍷 5
- ⊙ Franciacorta Rosé Cuvée Prestige   🍷🍷 6
- ○ Curtefranca Bianco '13   🍷🍷 3
- ● Curtefranca Rosso '10   🍷🍷 3
- ● Maurizio Zanella '08   🍷🍷 8
- ⊙ Franciacorta
  Annamaria Clementi Ris. '05   🍷🍷🍷 8
- ⊙ Franciacorta Extra Brut Rosé Cuvée
  Annamaria Clementi '04   🍷🍷🍷 8
- ○ TdF Chardonnay '07   🍷🍷🍷 8

LOMBARDEI

Ca' del Gè
FRAZ. CA' DEL GÈ, 3
27040 MONTALTO PAVESE [PV]
TEL. +39 0383870179
www.cadelge.it

DIREKTVERKAUF
BESUCH NACH VORANMELDUNG
JAHRESPRODUKTION 180.000 Flaschen
REBFLÄCHE 40 Hektar

Die jungen Geschwister Stefania, Sara und Carlo Padroggi leiten mit Leidenschaft und Einsatzfreude den nach dem Tod von Vater Enzo vor einigen Jahren übernommenen Familienbetrieb. Die schönen, auf den Hügeln der Gemeinde Montalto Pavese liegendenWeinberge zeichnen sich durch gipshaltige Böden aus, die sich besonders für den Anbau weißer Rebsorten eignen und der Kellerei Ca' del Gè Trauben für eine große Weinauswahl mit optimalem Preis-Leistungs-Verhältnis liefern, wobei der Riesling eine Vorzugsstelle einnimmt. Der Pinot Nero Brut '09 hat eine strohgelbe Farbe mit goldenen Reflexen, der klassische Duft von Brotkruste wird durch Heilkräuter und balsamische Noten bereichert. Er hat eine schöne integre Frucht, eine beständige Perlage und ein Finale mit feiner Mandelnote. Gut gemacht, angenehm und fruchtig ist der Bonarda Vivace '13 mit typischen Anklängen von Veilchen. Genauso gefällig der Moscato Frizzante '13, zitrusfruchtig und wohlriechend. Etwas schwächer als sonst der Riesling Filagn Long '13, dessen Noten von Tropenfrucht fast etwas zu reif sind.

● OP Bonarda Vivace '13	♛♛ 2*
○ OP Moscato Frizzante '13	♛♛ 2*
○ OP Pinot Nero Brut '09	♛♛ 3
○ OP Riesling Italico Filagn Long '13	♛ 2
● OP Bonarda Vivace '12	♛♛ 2*
● OP Buttafuoco Fajro '10	♛♛ 4
○ OP Pinot Nero Brut '07	♛♛ 3
○ OP Pinot Nero Brut Cl. '02	♛♛ 3*
○ OP Riesling Italico Filagn Long '10	♛♛ 2*

Ca' di Frara
VIA CASA FERRARI, 1
27040 MORNICO LOSANA [PV]
TEL. +39 0383892299
www.cadifrara.com

DIREKTVERKAUF
BESUCH NACH VORANMELDUNG
JAHRESPRODUKTION 400.000 Flaschen
REBFLÄCHE 46 Hektar

Luca Bellani war einer der jungen Vertreter der neuen Winzergeneration des Oltrepò, die ganz auf eine Qualität ohne Kompromisse setzen wollten. Natürlich gab es auch schwierige Momente und Bedenken, die Weine haben sich aber bei vielen unseren Blindverkostungen immer auf mächtige Weise hervorgehoben und konnten ihre Qualität auch langfristig bewahren. Das Sortiment ist umfangreich und vielfältig, inklusive die bedeutende Investition in den Spumante Metodo Classico. Und genau der Cruasé Oltre il Classico erreicht unsere Endrunden dank einer Terroirverbundenheit, die bei der leuchtend kupferroten Farbe und dem unverwechselbaren Duft von Waldbeeren des Pinot Nero mit Anklängen von Zitrusfrucht und aromatischen Kräutern beginnt und bei der perfekt gelungenen feinen und beständigen Perlage, der Eleganz und Tiefe endet. Triumphale Rückkehr des Pinot Grigio Raccolta Tardiva '13, mit kupferfarbenen Reflexen und umwerfendem Duft.

⊙ OP Cruasé Oltre il Classico	♛♛ 4
⊙ OP Pinot Grigio Raccolta Tardiva '13	♛♛ 3
● OP Pinot Nero '12	♛♛ 3
⊙ OP Riesling Oliva '12	♛♛ 3
⊙ OP Riesling Renano Apogeo Raccolta Tardiva '12	♛♛ 3
⊙ OP Pinot Grigio Selezione dei 20 Anni '12	♛ 4
● OP Bonarda La Casetta '12	♛♛ 3
⊙ OP Brut Pinot Nero Rosé Oltre il Classico Ris. '07	♛♛ 6
⊙ OP Nature Cruasé Oltre il Classico '08	♛♛ 4
⊙ OP Pinot Nero Brut Oltre il Classico Rosé Ris. '06	♛♛ 5
⊙ OP Riesling Oliva '09	♛♛ 3*
● OP Rosso Il Frater Ris. '10	♛♛ 6

LOMBARDEI

Ca' Lojera
LOC. ROVIZZA
VIA 1886, 19
25019 SIRMIONE [BS]
TEL. +39 0457551901
www.calojera.com

DIREKTVERKAUF
BESUCH NACH VORANMELDUNG
GASTRONOMIE
JAHRESPRODUKTION 120.000 Flaschen
REBFLÄCHE 20 Hektar

Das südliche Becken des Gardasees besteht aus einer starken tonhaltigen Schicht, die zum See hin immer dicker und kompakter wird. Sanfte Hügel aus Moränengestein verschönern das Landschaftsbild und bieten interessante Anregungen für eine abwechslungsreiche Weinproduktion. Ambra und Franco Tiraboschi arbeiten in diesem Anbaugebiet und nutzen die tonhaltigsten Rebflächen für die Erzeugung des Lugana, wo die Turbiana-Traube das Sagen hat. Entlang der Hänge der sanften Hügel werden hingegen rote Rebsorten angepflanzt. Die daraus entstehenden Weine zeichnen sich durch Reinheit und Charakter aus. Der Lugana Riserva del Lupo ist einer der interessantesten der Denomination. Er besitzt eine starke aromatische Ausrichtung, in der sich Noten von gelber Frucht mit pflanzlichen Nuancen und einer unaufdringlichen Mineralität überkreuzen, die erst nach und nach zum Vorschein kommt. Der Geschmack ist füllig und fleischig und die traditionelle ausgeprägte Säure verleiht dem Wein Strenge und Spannung.

○ Lugana Riserva del Lupo '12	5
○ Lugana Sup. '12	3
○ Lugana '13	3
○ Lugana '10	2*
○ Lugana del Lupo '10	4
○ Lugana Riserva del Lupo '11	4
○ Lugana Sup. '11	3
○ Lugana Sup. '10	3
○ Lugana Sup. '09	3
● Merlot Monte della Guardia '09	2*
⊙ Rosato Monte della Guardia '10	2*

Ca' Tessitori
VIA MATTEOTTI, 15
27043 BRONI [PV]
TEL. +39 038551495
www.catessitori.it

DIREKTVERKAUF
BESUCH NACH VORANMELDUNG
JAHRESPRODUKTION 120.000 Flaschen
REBFLÄCHE 40 Hektar

Luigi Giorgi wird bei der Leitung des Betriebs von Sohn Francesco im kaufmännischen Bereich und Sohn Giovanni im Keller unterstützt und der dabei neu eingeschlagene Weg ist in keiner Weise enttäuschend. Der progressive Verzicht auf Holz zugunsten von Zementtanks, die auch die Baustruktur des Kellers und der darüber liegenden Wohnräume bilden, hat zu Weinen mit ausgeprägter Terroirverbundenheit und starker Persönlichkeit geführt, die niemals banal, sondern das unverfälschte Beispiel des jeweiligen Jahrgangs sind. Der Marona '12, der trotz der Abfüllung als Oltrepò Pavese Rosso ein Barbera bleibt, verführt mit außerordentlichem Sortencharakter: Er duftet nach Kirschen und Waldbeeren, ist rein, klar, vertikal und aufrichtig und macht den angenehmen Trinkgenuss zu seiner stärksten Waffe. Der Gnese '11, eine Cuvée aus Barbera und Cabernet Sauvignon, ist ein vielschichtiger und verführerischer Roter mit Anklängen von trockenem Heu. Gut der Brut, durch die Noten kleiner Früchte und die Angriffslust ein unverwechselbarer Pinot Nero.

○ Agòlo '13	2*
● Gnese '11	3
● OP Bonarda Avita '13	2*
● OP Bonarda Vivace '13	2*
○ OP Pinot Nero Brut '10	3
● OP Rosso Marona '12	4
⊙ OP Cruasé '10	3
● OP Rosso Borghesa '13	2
○ Agolo '12	2*
● Gnese '10	3
○ OP Pinot Nero Brut '09	4
○ OP Pinot Nero Brut '08	4
● OP Rosso Borghesa '12	2*

LOMBARDEI

Calatroni

Fraz. 27040
loc. Casa Grande
27040 Montecalvo Versiggia [PV]
Tel. +39 038599013
www.calatronivini.it

DIREKTVERKAUF
GASTRONOMIE
JAHRESPRODUKTION 80.000 Flaschen
REBFLÄCHE 15 Hektar

Die Geschichte der Kellerei Calatroni beginnt vor genau vor 50 Jahren, als Luigi Calatroni 1964 mit Ablauf seines Pachtvertrags beschließt, den Weinberg seines ehemaligen Arbeitgebers zu erwerben. In den nachfolgenden Jahren wird der Betrieb durch den Einsatz der neuen Generationen immer größer und heute sind die Ergebnisse unter der Leitung der vierten Generation in Gestalt von Christian und Stefano derart erfreulich, dass wir nur zwei Jahre nach dem Erstauftritt im Führer beschlossen haben, ihnen einen Eintrag im Hauptteil zu widmen. Besonders fasziniert hat uns der Riesling '07: Nachdem wir letztes Jahr den 2010 verkostet haben, der dann sofort in die Endrunden kam, gibt es diesmal eine noch größere Überraschung. Einen Riesling für alle Liebhaber dieser einzigartigen Rebsorte, reif und voll entwickelt, mineralisch, aber immer noch fruchtig, mit Noten von Terpenen, die mit Kamille spielen, und einer überwältigenden Frische. Sehr gut der elegante Brut 64 und der etwas opulentere Cruasé '10. Beispielhaft der Bonarda '13.

○ OP Riesling '07	🍷🍷 2*
○ Pinot Nero Brut 64	🍷🍷 4
● OP Bonarda Vivace Unico '13	🍷🍷 2*
○ OP Cruasé '10	🍷🍷 3
● OP Pinot Nero '12	🍷 2
● OP Rosso Perorossino '10	🍷 3
○ OP Riesling '10	🏆🏆 2*

Il Calepino

via Surripe, 1
24060 Castelli Calepio [BG]
Tel. +39 035847178
www.ilcalepino.it

DIREKTVERKAUF
BESUCH NACH VORANMELDUNG
JAHRESPRODUKTION 230.000 Flaschen
REBFLÄCHE 15 Hektar

Die Freunde aus Bergamo dürfen sich nicht ärgern, aber da das Aushängeschild des schönen Familienbetriebs Plebani die im Anbaugebiet Valcelepio nicht vorgesehenen Spumantes Metodo Classico sind, liegt das „Pech" der Kellerei Il Calepino darin, dass sie sich geografisch gesehen um etliche Kilometer zu weit im Westen befindet… andernfalls wäre ihr Bekanntheitsgrad sicherlich erheblich größer. Von dieser Randbemerkung abgesehen bestätigen wir Jahr für Jahr die Güte der Produktion, die auch stille Weine beinhaltet. Der Riserva Fra' Ambrogio, der wohltuend lang auf der Hefe ruhen konnte, ist durch seine Intensität, den Noten von süßem Backwerk und die an einen oxidativen Stil grenzende, aber immer noch ausgewogene Entfaltung äußerst anregend. Sehr gut der Rosé '08, mit Noten von reifen Beerenfrüchten in der Nase und Würzigkeit im Mund, ein Wein, der zu allen Speisen passt. Interessant der MAS (Merlot Annata Storica) '08.

○ Brut Cl. Fra' Ambrogio '07	🍷🍷 4
⊙ Brut Cl. Rosé '08	🍷🍷 3
● MAS '08	🍷🍷 5
○ Brut Cl. Fra' Ambrogio Ris. '06	🏆🏆 4
○ Brut Cl. Il Calepino	🏆🏆 3
○ Brut Cl. Non Dosato '07	🏆🏆 4
⊙ Brut Cl. Rosé	🏆🏆 3
○ Chardonnay Ergas	🏆🏆 5

LOMBARDEI

Cantrina

FRAZ. CANTRINA
VIA COLOMBERA, 7
25081 BEDIZZOLE [BS]
TEL. +39 0306871052
www.cantrina.it

DIREKTVERKAUF
BESUCH NACH VORANMELDUNG
JAHRESPRODUKTION 30.000 Flaschen
REBFLÄCHE 5,7 Hektar

Das Anbaugebiet Valtenesi liegt westlich des Gardaseebeckens zwischen Desenzano und Salò und bildet eine Art große Ebene in 200 m Höhe, die von den für den südlichen Teil des Sees typischen Hügeln aus Moränengestein umschlossen wird. Der Betrieb Cantrina hat seinen Sitz im Herzen dieser Denomination, ein paar Hektar, die mit Hingabe und Entschlossenheit von Cristina Inganni und Diego Lavo bewirtschaftet werden. Ihr Ziel ist es, Weine zu erzeugen, die nicht nur gut sind, sondern die auch von diesem Winkel der Lombardei erzählen können, der teils auf den Lehmböden des Sees, teils auf den Gletscherablagerungen liegt und historische und neu eingeführte Rebsorten vereint. Der Rinè '12 ist ein außergewöhnlicher Blend aus im Stahltank gereiftem Riesling und Manzoni Bianco und einem Teil Chardonnay, der hingegen im Barrieque vergoren und gereift wurde. In der Nase spürt man klare Noten von weißem Fruchtfleisch und Blumen, die durch eine zarte mineralische Nuance verschönt werden. Im Mund ist er schmackhaft und spannungsreich, mit langem Abgang und harmonischem Profil.

○ Rinè '12	▼▼ 3
⊙ Rosanoire '13	▼▼ 2*
● Valtenesi '13	▼▼ 3
● Zerdì '10	▼ 3
● Garda Cl. Groppello '12	♀♀ 2*
● Garda Cl. Groppello '10	♀♀ 2*
● Garda Cl. Groppello Libero Esercizio di Stile '11	♀♀ 2*
● Nepomuceno Esercizio 7 '07	♀♀ 5
○ Rinè '09	♀♀ 3
⊙ Rosanoire '11	♀♀ 2*
● Sole di Dario '09	♀♀ 5
● Zerdì '09	♀♀ 3
● Zerdì '08	♀♀ 3

CastelFaglia - Monogram

FRAZ. CALINO
LOC. BOSCHI, 3
25046 CAZZAGO SAN MARTINO [BS]
TEL. +39 0307751042
www.cavicchioli.it

DIREKTVERKAUF
BESUCH NACH VORANMELDUNG
JAHRESPRODUKTION 350.000 Flaschen
REBFLÄCHE 22 Hektar

Familie Cavicchioli hat Sektbläschen im Blut. Nachdem sie den auf die Erzeugung von Lambrusco spezialisierten Familienbetrieb in Modena an die Spitze geführt und dann an die Gruppe Italiano Vini verkauft hatten, erwarben die Cavicchioli zwei große Schaumweinmarken. Das Weingut CastelFaglia in Cazzago San Martino in der Franciacorta und die Kellerei Bellei in Bomporto im Raum von Modena. In Calino (ein Ortsteil von Cazzago) erzeugt Sandro Cavicchioli in zwei Linien die Franciacorta Cuvées CastelFaglia und Monogram, deren Trauben aus den 22 Hektar großen Weinbergen des Betriebs stammen. Es ist wirklich erstaunlich, welche Frische, Tiefe und Vielschichtigkeit dieser aus dem frisch erfolgten Enthefen eines alten Jahrgangs gewonnene Monogram Brut '02 auszudrücken weiß. Er hat eine feine Perlage, cremigen Schaum und eine lebhafte mineralische Würze, die die Langlebigkeit des Franciacorta der besten Weinberge bezeugt. Ebenbürtig der erstklassige Monogram Blanc de Blancs mit feinen Duft nach Maiglöckchen und Aprikose, der fleischig über aromatischen Kräutern schwebt.

○ Franciacorta Brut Monogram '02	▼▼ 7
○ Franciacorta Brut Blanc de Blancs Monogram	▼▼ 4
○ Franciacorta Satèn Monogram	▼▼ 5
○ Franciacorta Dosage Zéro '09	▼▼ 5
○ Franciacorta Rosé Monogram	▼ 5
○ Franciacorta Brut Monogram '07	♀♀ 5
○ Franciacorta Brut Monogram Cuvée Giunone '07	♀♀ 6
○ Franciacorta Satèn Monogram '07	♀♀ 5

LOMBARDEI

Castello Bonomi
Via San Pietro, 46
25030 Coccaglio [BS]
Tel. +39 0307721015
www.castellobonomi.it

DIREKTVERKAUF
BESUCH NACH VORANMELDUNG
JAHRESPRODUKTION 100.000 Flaschen
REBFLÄCHE 17 Hektar

Die Geschwister Paladin, erfolgreiche Weinerzeuger aus Venetien, haben hartnäckig an die Möglichkeiten des Terroirs von Coccaglio am Fuße des Monte Orfano in der Franciacorta geglaubt und daher vor einigen Jahren die historische Kellerei Castello Bonomi übernommen. Die 20 Hektar großen terrassenförmig angelegten Weinbergen, die auf den - geologisch betrachtet- ältesten Böden der Franciacorta liegen, liefern Trauben für Cuvées von außerordentlicher Langlebigkeit. Carlo, Lucia und Roberto besitzen in der Toscana im Chianti Classico auch das Weingut Borgo di Vescine in Radda. Die Drei Gläser werden der Cuvée Lucrezia Extra Brut Etichetta Nera zuerkannt und prämieren damit einen kürzlich degorgierten Franciacorta '04. Es handelt sich um einen Blanc de Noirs aus Trauben der ältesten Rebberge der Kellerei, der nur von den besten Jahrgängen erzeugt wird. Sein Bouquet ist vielschichtig, mit immer noch klar spürbaren roten Beerenfrüchten und Nuancen von Gewürz, Kaffee und Brotkruste. Am Gaumen zeigt er Struktur, Fülle und ein lebhaftes Säurerückgrad, das ihn im langen, von Gewürz und aromatischen Kräutern geprägtem Abgang stützt.

○ Franciacorta Extra Brut Lucrezia Et. Nera '04	🍷🍷🍷	8
○ Franciacorta Brut CruPerdü	🍷🍷	6
○ Franciacorta Rosé Brut	🍷🍷	7
○ Franciacorta Satèn	🍷🍷	7
● Curtefranca Rosso Cordelio '09	🍷🍷	7
○ Franciacorta Dosage Zero '08	🍷	8
● Curtefranca Rosso Cordelio '07	🍷🍷	5
○ Franciacorta Brut '06	🍷🍷	6
○ Franciacorta Rosé '05	🍷🍷	7
○ Franciacorta Dosage Zero '07	🍷🍷	8
○ Franciacorta Extra Brut Lucrezia '04	🍷🍷	8

Castello di Cigognola
P.zza Castello, 1
27040 Cigognola [PV]
Tel. +39 0385284828
www.castellodicigognola.com

DIREKTVERKAUF
BESUCH NACH VORANMELDUNG
JAHRESPRODUKTION 75.000 Flaschen
REBFLÄCHE 30 Hektar

Das im Jahr 1212 (daher auch der Name eines Weins) errichtete Castello di Cigognola beherrscht das Scuropasso-Tal und schenkt einen herrlichen Ausblick auf die gesamte Poebene. Heute ist das Schloss Eigentum von Gianmarco und Letizia Moratti, die daraus ein Landgut für die Erzeugung hochwertiger Weine gemacht haben. An erster Stelle steht die Barbera-Traube, gefolgt vom Pinot Nero als Basiswein für die Herstellung des Spumante Metodo Classico. Und genau einer von diesen, der Brut 'More '10, holt sich dieses Jahr die Drei Gläser. Ein leuchtender Schaumwein mit Duftnoten von roter Zitrusfrucht und Waldbeeren, fleischig und mit cremigem Schaum, von schöner Textur und einem lobenswerten Abgang. Sehr gut gemacht der Barbera La Maga '11, mit mehr Frucht als in den letzten Ausgaben, schwächeren Holznoten und mehr gefälligem Trinkgenuss, der nicht die starke Struktur und die einzigartige Reinheit schmälert. Gut auch der Barbera Dodicidodici '12, unvermittelt und angriffslustig. Der 'More Rosé '11 ist elegant und fein, mit Anklängen von Waldhimbeeren.

○ Brut 'More '10	🍷🍷🍷	4*
● OP Barbera La Maga '11	🍷🍷	4
○ Brut 'More Rosé '11	🍷🍷	4
● OP Barbera Dodicidodici '12	🍷🍷	3
● OP Barbera Scaleo '12	🍷	3
● OP Barbera Castello di Cigognola '07	🍷🍷	6
● OP Barbera Castello di Cigognola '06	🍷🍷	6
● OP Barbera Dodicidodici '11	🍷🍷	3*
● OP Barbera Poggio Della Maga '05	🍷🍷	7
○ OP Pinot Nero Brut 'More '08	🍷🍷	4*
○ Brut 'More Rosé '10	🍷🍷	4

LOMBARDEI

★Cavalleri
VIA PROVINCIALE, 96
25030 ERBUSCO [BS]
TEL. +39 0307760217
www.cavalleri.it

DIREKTVERKAUF
BESUCH NACH VORANMELDUNG
JAHRESPRODUKTION 250.000 Flaschen
REBFLÄCHE 44 Hektar
WEINBAU Biologisch anerkannt

Dank der 45 Hektar großen Rebfläche in den besten Lagen von Erbusco und einer Reihe von Etiketten mit tadelloser Güte hat sich die Kellerei längst einen Stammplatz in der überfüllten Weinszene der Denomination erobert. Cavalleri ist eine alteingesessene Familie der Franciacorta und gleichzeitig ein anerkannter Name des italienischen Weinbaus, und Giovanni Cavalleri, der Gründer der Maison, war eine der wichtigsten Persönlichkeiten dieser Denomination und ihres Konsortiums. Heute führen die Töchter Maria und Giulia und die Enkel Francesco und Diletta mithilfe eines hervorragenden Teams das Werk fort. Der Franciacorta Brut Collezioni Grandi Cru '08 ist eine reinsortige Chardonnay-Cuvée aus den besten Weinbergen und wird nur bei besonderen Jahrgängen erzeugt. Sie ist cremig und komplex, schenkt klare Noten von Aprikose und Kirsche, ist schmackhaft, stark und vollmundig und endet lang und harmonisch auf süßem Backwerk, Röstnoten und Vanille. Faszinierend auch der PasDosé '09, frisch und nervig mit Noten von Zitrusfrucht und weißem Obst, von erlesener Eleganz.

○ Franciacorta Collezione Grandi Cru '08	🏆🏆🏆	6
○ Franciacorta Pas Dosé '09	🏆🏆	5
○ Franciacorta Brut Blanc de Blancs	🏆🏆	5
○ Franciacorta Satèn	🏆🏆	5
● Curtefranca Rosso Tajardino '11	🏆🏆	5
○ Franciacorta Rosé '09	🏆	6
○ Franciacorta Brut Collezione '05	🏆🏆🏆	6
○ Franciacorta Brut Collezione Esclusiva Giovanni Cavalleri '05	🏆🏆🏆	8
○ Franciacorta Brut Collezione Esclusiva Giovanni Cavalleri '04	🏆🏆🏆	7
○ Franciacorta Pas Dosé '07	🏆🏆🏆	5
○ Franciacorta Pas Dosé R. D. '06	🏆🏆🏆	6

Civielle
VIA PERGOLA, 21
25080 MONIGA DEL GARDA [BS]
TEL. +39 0365502002
www.civielle.com

DIREKTVERKAUF
JAHRESPRODUKTION 500.000 Flaschen
REBFLÄCHE 72 Hektar
WEINBAU Biologisch anerkannt

Zirka fünfzig Mitglieder mit etwa 80 Hektar Rebfläche, die nach den Vorgaben der biologischen Landwirtschaft bewirtschaftet werden. Das ist Civielle. Eine Genossenschaftskellerei von geringer Größe, der das Anbaugebiet und die Nachhaltigkeit der ausgeführten Tätigkeiten besonders am Herzen liegen. Die ursprüngliche Kellerei in Moniga del Garda wurde vor etwa einem Jahrhundert von Nino Negri errichtet, angemessen modernisiert und beherbergt noch immer alle Verarbeitungen für die Erzeugung von Weinen, deren Hauptstärken im Wohlgeruch der Aromen und im ungezwungenen Trinkgenuss liegen. Bei den beiden Valtenesi Chiaretto bevorzugen wir den Selene, mit intensivem, leuchtendem Rosa, eleganten Duftnoten von kleinen roten Beerenfrüchten, weich, schmackhaft und lang am Gaumen. Der nur mit Trauben aus den biologisch bewirtschafteten Weinbergen Polone und Albarone erzeugte Lugana Biocora verströmt Töne von überreifer Frucht, ohne schwer zu wirken, und schenkt am Gaumen Spannung und Würze.

○ Lugana Biocòra '13	🏆🏆	2*
○ Lugana Pergola '13	🏆🏆	3
⊙ Valtenesi Chiaretto Selene '13	🏆🏆	2*
○ Garda Cl. Bianco Zublì '13	🏆	3
● Garda Cl. Groppello Mogrì '13	🏆	2
⊙ Valtenesi Chiaretto Pergola '13	🏆	4
● Garda Cl. Groppello Elianto '11	🏆🏆	3
● Garda Cl. Groppello Elianto '10	🏆🏆	3
● Garda Cl. Rosso Sup. Pergola '07	🏆🏆	4
⊙ Valtenesi Chiaretto Selene '11	🏆🏆	2*
● Valtenesi Eusebio '11	🏆🏆	2*
● Valtenesi Pergola '11	🏆🏆	4

LOMBARDEI

Battista Cola
via Indipendenza, 3
25030 Adro [BS]
Tel. +39 0307356195
www.colabattista.it

DIREKTVERKAUF
BESUCH NACH VORANMELDUNG
JAHRESPRODUKTION 50.000 Flaschen
REBFLÄCHE 10 Hektar

Es war Battista Cola, der sich dem Weinbau widmete, anfangs auf wenigen Hektar in günstiger Lage auf dem Monte Alto zwischen Adro und Cortefranca. 1985 wurde Cola dann zu einer richtigen Kellerei in der Franciacorta und mit dem Eintritt von Sohn Stefano erreichte die Rebfläche nach und nach eine Größe von 10 Hektar. Die Produktion von ausgezeichneter Güte beträgt fast 70 000 Flaschen. Aber es ist nach wie vor ein Familienbetrieb, der trotz Anpassung an den Fortschritt nicht auf Handarbeit im Rebberg und einen handwerklichen Zuschnitt verzichtet. Familie Cola achtet außerdem seit jeher auf höchste Nachhaltigkeit. In Sachen Reinheit und Korrektheit beispielhaft ist der Franciacorta Brut, mit schönem Säuregerüst, Würzigkeit und fleischigen Noten von gut gereifter weißer und gelber Frucht, die am Gaumen auf Nuancen von Bergminze und aromatischen Kräutern ausklingen. Der Satèn '09 schenkt schöne Vanille- und Fruchtnoten und endet auf Anklängen von weißer Schokolade und Zitrusfruchtschale.

○ Franciacorta Brut	♛♛ 4
○ Franciacorta Extra Brut	♛♛ 4
⊙ Franciacorta Rosé Brut Athena	♛♛ 5
○ Franciacorta Non Dosato '09	♛♛ 5
○ Franciacorta Satèn '09	♛♛ 5
○ Franciacorta Brut '07	♛♛ 5
○ Franciacorta Brut RD '06	♛♛ 5
○ Franciacorta Brut Ris. '07	♛♛ 5
○ Franciacorta Non Dosato '07	♛♛ 5
○ Franciacorta Satèn '08	♛♛ 5
○ Franciacorta Satèn '07	♛♛ 5

Contadi Castaldi
loc. Fornace Biasca
via Colzano, 32
25030 Adro [BS]
Tel. +39 3074501126
www.contadicastaldi.it

DIREKTVERKAUF
BESUCH NACH VORANMELDUNG
JAHRESPRODUKTION 900.000 Flaschen
REBFLÄCHE 130 Hektar

Die Contadi Castaldi in Adro ist Teil der Holding Terra Moretti, zu der auch Bellavista gehört. Als malerischer Firmensitz dienen die alten Gebäude der ehemaligen Brennerei von Adro, die in eine moderne Kellerei umgewandelt wurden. Ein bedeutendes Vermögen von eigenen, gepachteten und von Zulieferanten bewirtschafteten Weinbergen erlaubt dem Betrieb eine qualitativ hochwertige Produktion, die bald eine Million Flaschen erreichen wird. Die Kellerei wird mit Talent und Leidenschaft vom Önologen Gian Luca Uccelli geleitet, der lange für das Stammhaus tätig war. Erneut als Spitzenetikette des Betriebs behauptet sich der Zero, der beim Jahrgang 2010 mit raffinierter Eleganz und Frische auftrumpft und ein schönes Säurespiel, reine Noten von Frucht und Vanille und eine delikate Holznuance präsentiert. Verführerisch die balsamischen und würzigen Noten des Brut, während der Satèn Soul '07 etwas durch Holz getrübt wirkte.

○ Franciacorta Soul Satèn '07	♛♛ 6
○ Franciacorta Zero '10	♛♛ 5
○ Franciacorta Brut	♛♛ 4
○ Pinodisé	♛♛ 5
○ Franciacorta Rosé	♛ 5
○ Curtefranca Bianco '13	♛ 3
○ Franciacorta Satèn Soul '05	♛♛♛ 6
○ Franciacorta Soul Satèn '06	♛♛♛ 6
○ Franciacorta Zero '09	♛♛♛ 5

LOMBARDEI

Conte Vistarino

FRAZ. SCORZOLETTA, 82/84
27040 PIETRA DE' GIORGI [PV]
TEL. +39 038585117
www.contevistarino.it

DIREKTVERKAUF
BESUCH NACH VORANMELDUNG
JAHRESPRODUKTION 400.000 Flaschen
REBFLÄCHE 200 Hektar

Seit Jahrhunderten besitzt Familie Giorgi di Vistarino ein großes Landgut (derzeit sind es 828 Hektar, davon 200 Hektar Rebfläche) mit reichem Waldbestand im Scuropasso-Tal. Der Besitz liegt fast zur Gänze in der Gemeinde Rocca de' Giorgi, wo sich auch die Villa Fornace aus dem 17. Jh. mit dem englischen Garten befindet. Hier haben Graf Vistarino und Graf Gancia Mitte des 19. Jh. das ideale Anbaugebiet ausgewählt, um in Italien die ersten Klone des aus Frankreich importierten Pinot Nero anzupflanzen. Heute strebt die Kellerei mit der Unterstützung von Alberto Musatti nach absoluter Qualität. Der Brut 1865 erreicht den Olymp der Drei Gläser, eine Auszeichnung, die auch der Geschichte dieses für die hochwertige Schaumweinbereitung so wichtigen Tals gewidmet wird. Einige kupferfarbene Reflexe enthüllen den zugrunde liegenden Pinot Nero und auch der Duft von kleinen Früchten, der balsamische Anklang und die Kraft lassen diesbezüglich keinen Zweifel. Vorzüglich auch der Pernice '11, ein rassiger roter Pinot Nero.

○ OP Pinot Nero Brut Cl. Conti Vistarino 1865 '08	🍷🍷🍷 4*
● OP Pinot Nero Pernice '11	🍷 5
⊙ OP Cruasé Saignée della Rocca	🍷 5
● OP Sangue di Giuda Costiolo '13	🍷 2
○ Ries '13	🍷 3
● OP Pinot Nero Pernice '06	🍷🍷🍷 4*
○ Brut Cl. Cépage	🍷🍷 4
○ OP Pinot Nero Brut Conte Vistarino 1865 '06	🍷🍷 4
● OP Pinot Nero Costa del Nero '09	🍷🍷 2*
● OP Pinot Nero Pernice '10	🍷🍷 5
● OP Pinot Nero Pernice '08	🍷🍷 5
○ OP Riesling 7 Giugno '12	🍷🍷 3
○ OP Riesling 7 Giugno '09	🍷🍷 3

La Costa

FRAZ. COSTA
VIA CURONE, 15
23888 PEREGO [LC]
TEL. +39 0395312218
www.la-costa.it

DIREKTVERKAUF
BESUCH NACH VORANMELDUNG
UNTERKUNFT UND GASTRONOMIE
JAHRESPRODUKTION 40.000 Flaschen
REBFLÄCHE 12 Hektar
WEINBAU Biologisch anerkannt

Einer der interessantesten und lebendigsten Betriebe des regionalen Weinpanoramas. Wir sind in der Brianza, mitten im Naturpark Montevecchia im Curone-Tal, nicht weit vom Comer See entfernt. Hier ist es Familie Crippa gelungen, der Berufung dieser Moränenhügel für den Weinbau neuen Glanz zu verleihen. Man verarbeitet nur eigene Trauben, die auf 12 Hektar biologisch bewirtschafteten Rebflächen wachsen, mit besonderem Augenmerk auf die Sorten Rheinriesling, Merlot und Pinot Nero. Die Hausönologin Claudia Crippa erkennt auf meisterhafte Weise die Merkmale des Gebiets und verwandelt sie in gut nuancierte, feine Weine, Ebenbilder der kalkhaltigen, mineralreichen Böden. Der Solesta '12 gehört erneut zu den besten Weißen der Lombardei. Der reinsortig ausgebaute Rheinriesling entwickelt sich auf zarten, wohlriechenden Tönen und Feuerstein, der Geschmack ist essentiell, präzise und gespannt wie eine Violinensaite. Langer und wohlschmeckender Ausklang, noch sehr jung. Von gutem Niveau auch die beiden eingereichten Rotweine.

○ Solesta '12	🍷🍷 3*
● San Giobbe '12	🍷🍷 4
● Serìz '11	🍷🍷 3
○ Brigante Bianco '13	🍷 3
● Brigante Rosso '12	🍷 3
● San Giobbe '11	🍷🍷 4
● San Giobbe '10	🍷🍷 4
● Serìz '10	🍷🍷 3
● Serìz '09	🍷🍷 3
○ Solesta '11	🍷🍷 3*
○ Solesta '09	🍷🍷 3

LOMBARDEI

Costaripa
via Costa, 1a
25080 Moniga del Garda [BS]
Tel. +39 0365502010
www.costaripa.it

DIREKTVERKAUF
BESUCH NACH VORANMELDUNG
JAHRESPRODUKTION 400.000 Flaschen
REBFLÄCHE 40 Hektar

Mattia Vezzola leitet mit Hingabe seinen Betrieb im Valtenesi, dem Anbaugebiet, das von Desenzano del Garda über Hügel und Ebenen bis nach Salò führt, und dem die neue Denomination gewidmet ist. In den Weinbergen wachsen zum Großteil die typischen Trauben Groppello, Marzemino, Barbera und Sangiovese. Die Arbeit im Keller ist hauptsächlich auf die Aufwertung des Groppello bzw. des Chiaretto del Garda ausgerichtet, ein Wein, der im letzten Jahrzehnt neu angelegt wurde, um mehr Tiefe, Charakter und Langlebigkeit zu erlangen. Bei den diesjährigen Verkostungen standen die Roséweine im Mittelpunkt. Der Chiaretto Molmenti '11 beweist bei der Neuverkostung seine Lagerfähigkeit, der Rosamara '13 zeigt ein zartes Blassrosa, die schöne, würzige Struktur steht im Zeichen von Frucht und Holznoten. Elegant und lang anhaltend garantiert auch er gute Langlebigkeit. In Erwartung der neuen Jahrgänge der wichtigeren Weine durften ein sehr gefälliger Rosé Brut und ein erstklassiger Millesimato '08 nicht fehlen, die das Talent von Mattia für Schaumweine bestätigen.

⊙ Costaripa Brut Rosé	♀♀	4
○ Costaripa Brut '08	♀♀	5
⊙ Valtenesi Chiaretto Rosamara '13	♀♀	2*
● Valtènesi Le Castelline '12	♀♀	3
○ Costaripa Brut	♀	4
○ Costaripa Brut	♀♀	5
○ Garda Cl. Chiaretto Molmenti '11	♀♀	4
● Garda Cl. Groppello Maim '09	♀♀	4
○ Lugana Pievecroce '12	♀♀	2*
● Valtenesi Campostarne '11	♀♀	3
⊙ Valtenesi Chiaretto Rosamara '12	♀♀	2*

Derbusco Cives
via Provinciale, 83
25030 Erbusco [BS]
Tel. +39 3929283698
www.derbuscocives.com

DIREKTVERKAUF
BESUCH NACH VORANMELDUNG
GASTRONOMIE
JAHRESPRODUKTION 60.000 Flaschen
REBFLÄCHE 12 Hektar

Im Jahr 2004 fassten fünf stolze Freunde aus Erbusco unter der Führung von Giuseppe Vezzoli den Entschluss, einen neuen Betrieb zu gründen, den sie ganz einfach „Cittadini di Erbusco" nannten, um die Rolle dieser Gemeinde als Spitzenterroir der Denomination hervorzuheben.Nach zehn Jahren hat die Kellerei einen beachtlichen Ruf erworben und die Performance ihrer mit innovativen Techniken erzeugten Franciacorta macht sie zu einer der interessantesten Marken des Anbaugebiets. Das den Cuvées der Derbusco Cives zugrunde liegende Traubengut stammt aus den 12 Hektar großen eigenen Rebbergen, die mit umweltfreundlichen Techniken bewirtschaftet werden. Der Doppio Erre Dì (spätes Degorgieren-vor kurzem degorgiert) ist ein Brut ausChardonnay-Trauben, der nach einer langen Reifezeit auf der Hefe erst kurz vor dem Versand und den Kunden degorgiert wird. Er ist die Etikette, die uns diesmal am besten gemundet hat: Durch seine Frische, die klare Mineralität und die Finesse der Perlage hat er in unseren Endrunden eine sehr gute Figur gemacht.

○ Franciacorta Brut Doppio Erre Di	♀♀	5
○ Franciacorta Brut '08	♀♀	6
○ Franciacorta Extra Brut '09	♀♀	7
○ Franciacorta Extra Brut Rosé '09	♀♀	6
○ Franciacorta Brut '07	♀♀	6
○ Franciacorta Brut '05	♀♀	6
○ Franciacorta Brut Doppio Erre Di '05	♀♀	5
○ Franciacorta Extra Brut '08	♀♀	7
○ Franciacorta Extra Brut '07	♀♀	6
○ Franciacorta Extra Brut '06	♀♀	7

LOMBARDEI

Dirupi

loc. Madonna di Campagna
via Grumello, 1
23020 Montagna in Valtellina [SO]
Tel. +39 3472909779
www.dirupi.com

DIREKTVERKAUF
BESUCH NACH VORANMELDUNG
JAHRESPRODUKTION 15.000 Flaschen
REBFLÄCHE 4,5 Hektar

Man kann sich der hingebungsvollen Begeisterung von Davide Fasolini und Pierpaolo di Franco (Künstlername Birba) für den Wein nur schwer entziehen. Die beiden Dirupi Boys gehören zu den neuen und angesehensten Vertretern des Veltliner Weinbaus: Sie haben alte, auf Steilhängen gelegene Parzellen neu bepflanzt und eine wertvolle Untersuchung über die Biodiversität im Rebberg vorangetrieben. Die Produktionszahlen sind noch immer nicht der Rede wert, aber die Qualität, die der Betrieb in diesen wenigen Jahren (die Gründung erfolgte 2003) bewiesen hat, ist schlichtweg erstklassig. Der Stil der Weine wird vom starken Wohlgeruch der Frucht und vom vertikalen Geschmacksreichtum geprägt, der die Lage der Weinberge wiederspiegelt. Sehr vielversprechend ist der Riserva Dirupi '11, mit Duftnoten von frischem Obst und Unterholz und vielschichtigen Anklängen von kostbarem Gewürz. Am Gaumen reichhaltig, dicht, mit saftiger Säure und langem Ausklang. Von „önologischem Format" ist der Dirupi '11, eindringlich mit fruchtigen Duftnoten und Anklängen von feuchter Erde und Enzian. Der Geschmack ist bedeutend, mit harmonischen, von einer frischen Säure getragenen Tanninen.

- Valtellina Sup. Dirupi Ris. '11 — 6
- Valtellina Sup. Dirupi '12 — 4
- Olè '13 — 3
- Sforzato di Valtellina Vino Sbagliato '12 — 6
- Valtellina Sup. Dirupi Ris. '09 — 6
- Sforzato di Valtellina Dirupi '11 — 6
- Valtellina Sup. Dirupi '11 — 4
- Valtellina Sup. Dirupi '10 — 4
- Valtellina Sup. Dirupi '09 — 4
- Valtellina Sup. Dirupi Ris. '10 — 6
- Valtellina Sup. Ris. '07 — 5

Sandro Fay

loc. San Giacomo di Teglio
via Pila Caselli, 1
23030 Teglio [SO]
Tel. +39 0342786071
elefay@tin.it

DIREKTVERKAUF
BESUCH NACH VORANMELDUNG
JAHRESPRODUKTION 38.000 Flaschen
REBFLÄCHE 13 Hektar

Eine Verlegung der Traubenproduktion in die Höhe wird für viele Winzer, die Weine mit mehr Wohlgeruch und Säure suchen, zur üblichen Praxis. Familie Fay ist einer der Vorreiter zum Thema und leistet hinsichtlich der Untersuchung der Auswirkung der Höhenlage wertvolle Arbeit. Die von Sandro Fay gegründete Kellerei wird heute vom jungen Marco Fay geleitet, dem es mit glücklichen agronomischen Entscheidungen gelungen ist, das stilistische Erkennungszeichen abzuwandeln und immer feinere, komplexere Weine mit großer Gebietsbezogenheit zu erzeugen. Dieser Sforzato Ronco del Picchio '10 ist ohne Zweifel ein Spitzenwein, mit reichhaltigen Duftnoten, die zu weißer Trüffel, Minze, reifem Obst und Tabak tendieren. Der Geschmack ist dicht und ausgewogen, die reife Fruchtigkeit wird von frischer Säure getragen, das Finale ist straff und unendlich. Elegant und von starker Persönlichkeit ist der Valgella Carterìa '11, bei dem sich Orangenschale mit Tabak und Trockenblume mit Fruchtnoten mischen. Am Gaumen intensiv, gespannt und überzeugend, der Abgang ist lang und streng.

- Valtellina Sforzato Ronco del Picchio '10 — 6
- La Faya '11 — 4
- Valtellina Sup. Costa Bassa '11 — 3
- Valtellina Sup. Sassella Il Glicine '11 — 4
- Valtellina Sup. Valgella Ca' Morè '11 — 4
- Valtellina Sup. Valgella Carterìa '11 — 4
- Valtellina Sforzato Ronco del Picchio '09 — 6
- Valtellina Sforzato Ronco del Picchio '07 — 6
- Valtellina Sup. Costa Bassa '10 — 3*
- Valtellina Sup. Valgella Ca' Morè '09 — 4
- Valtellina Sup. Valgella Carterìa '10 — 4
- Valtellina Sup. Valgella Carterìa '09 — 4

LOMBARDEI

★Ferghettina
Via Saline, 11
25030 Adro [BS]
Tel. +39 0307451212
www.ferghettina.it

DIREKTVERKAUF
BESUCH NACH VORANMELDUNG
JAHRESPRODUKTION 400.000 Flaschen
REBFLÄCHE 160 Hektar

In zwanzig Jahren hat Familie Gatti eine der anerkanntesten Marken der Franciacorta erschaffen. Die Kellerei Freghettina begann mit einer Lagerhalle und einem kleinen gepachteten Weinberg, heute besitzt sie 160 Hektar Eigentum und einen wunderschönen Firmensitz mit modernen Kellerräumen am Ortsrand von Adro. Alles ein Verdienst von Roberto Gatti, der das Potenzial seiner Leidenschaft erkannte, aber auch seiner außergewöhnlichen Familie. Seine Frau Andreina stand ihm immer zur Seite und die Kinder Laura und Matteo arbeiten nach Abschluss des Weinbaustudiums bereits voll im Betrieb mit. Der Franciacorta Pas Dosé Riserva 33 des Jahrgangs 2007 verteidigt seinen Ruf als Spitzen-Cuvée der Kellerei. Er entsteht aus den besten eigenen Chardonnay-Trauben und durch das meisterhafte Mischen der Grundweine, und ruht dann vor dem Enthefen über 80 Montate auf der Hefe. Elegant, lebhaft, harmonisch in seinen blumigen und fruchtigen Noten, fleischig und tief am Gaumen und unendlich lang mit Nuancen von Kamille und Wiesenblumen im Ausklang. Im Finale auch der Rosé Eronero '09, mit Tönen von roten Beeren und Heilkräutern.

○ Franciacorta Pas Dosé 33 Ris. '07	♛♛♛	6
⊙ Franciacorta Brut Rosé Eronero '09	♛♛	6
○ Franciacorta Brut	♛♛	4
○ Franciacorta Brut Milledì '10	♛♛	5
○ Franciacorta Extra Brut '08	♛♛	5
⊙ Franciacorta Rosé Milledì '10	♛♛	5
○ Franciacorta Satèn '10	♛♛	5
○ Curtefranca Bianco '13	♛	2
● Curtefranca Rosso '12	♛	2
○ Franciacorta Extra Brut '06	♛♛♛	5
○ Franciacorta Extra Brut '05	♛♛♛	5
○ Franciacorta Extra Brut '04	♛♛♛	5
○ Franciacorta Pas Dosé 33 Ris. '06	♛♛♛	6

Fiamberti
Via Chiesa, 17
27044 Canneto Pavese [PV]
Tel. +39 038588019
www.fiambertivini.it

DIREKTVERKAUF
BESUCH NACH VORANMELDUNG
JAHRESPRODUKTION 140.000 Flaschen
REBFLÄCHE 18 Hektar

Der von Ambrogio Fiamberti und dessen Sohn Giulio geführte Betrieb ist irgendwie zweigeteilt. Auf der einen Seite gibt es die traditionellen Produkte des Oltrepò – Bonarda, Sangue di Giuda, Buttafuoco – die vom Vater mit sicherer Hand erzeugt werden, auf der anderen Seiten die Ambitionen des Sohnes, der mit schwierigeren Produkten wie Metodo Classico, Riesling und rot ausgebautem Pinot Nero Ergebnisse höchster Güte erreichen möchte. Das Potenzial ist vorhanden: Nun gilt es, diese beiden Seelen harmonisch miteinander zu verbinden. Der Brut Metodo Classico erreicht ein erfreuliches Ergebnis: Er ist nerviger als sonst, mit Anklängen von Limette und Zitrusfrucht und Noten von aromatischen Kräutern. Im Mund direkt und scharf, mit guter Fülle und feinem Schaum. Eindringlich und fleischig der Buttafuoco Storico Vigna Sacca Del Prete '08, der sich durch ein dichtes, aber gut entfaltetes Tanningefüge, einen vollen Körper und ein anhaltendes Finale auszeichnet. Gut der Riesling '13, mit Duft von Kräutern (besonders Basilikum) und Mineral, wohlschmeckend, angenehm und von guter Struktur. Ein sicherer Griff sind auch der Bonarda und der Sangue di Giuda.

○ OP Pinot Nero Brut Cl. Fiamberti	♛♛	4
● OP Bonarda Vivace Bricco della Sacca '13	♛♛	2*
● OP Buttafuoco V. Sacca del Prete '08	♛♛	4
○ OP Riesling Italico V. Croce Monteveneroso '13	♛♛	2*
● OP Sangue di Giuda V. Costa Paradiso '13	♛♛	2*
⊙ OP Cruasé	♛	4
● OP Bonarda Vivace Bricco della Sacca '11	♛♛	2*
● OP Bonarda Vivace La Briccona '11	♛♛	2*
● OP Buttafuoco Poderi Fiamberti '09	♛♛	3
○ OP Pinot Nero Brut Cl. Fiamberti	♛♛	4
● OP Sangue di Giuda V. Costa Paradiso '12	♛♛	2*
● OP Sangue di Giuda V. Costa Paradiso '11	♛♛	2*

LOMBARDEI

Le Fracce
Fraz. Mairano
via Castel del Lupo, 5
27045 Casteggio [PV]
Tel. +39 038382526
www.lefracce.com

DIREKTVERKAUF
BESUCH NACH VORANMELDUNG
JAHRESPRODUKTION 180.000 Flaschen
REBFLÄCHE 40 Hektar

Die oberhalb von Casteggio liegenden Hügel von Mairano gehören zu den ältesten und besten Weinbaugebieten des Oltrepò Pavese. Hier befindet sich dieses wunderschöne, seit langem im Besitz der Stiftung Bussolera-Branca befindliche Weingut, das schon alleine wegen des herrlichen Parks, der Oldtimer-Kollektion und der Kutschensammlung einen Besuch wert ist. Aber natürlich auch wegen der Weine, die bei der Suche nach Eleganz und Lagerfähigkeit vom piemontesischen Önologen Roberto Gerbino betreut werden. Der Bohemi ist ein bedeutender Rotwein und seit jeher das Aushängeschild des Betriebs: Die Version 2008 erreicht das Finale durch eine Konzentration, die nicht zulasten des Wohlgeruchs und der Trinkbarkeit geht. Er ist würzig, ausgewogen, mit Anklängen von Pflaumen- und Sauerkirschkonfitüre, der lange Abgang besitzt eine leichte Mandelnote. Wie immer zu den besten zählt der Oltrepò la Bonarda La Rubiosa '13, mit balsamischen Noten und gut eingebundenem Restzucker, frisch und süffig. Von großer Güte der Riesling Landò '13, reif mit bereits gut vorhandener Mineralität.

- OP Rosso Bohemi '08 ▼▼6
- OP Bonarda Vivace La Rubiosa '13 ▼▼3
- OP Riesling Landò '13 ▼▼3
- Garboso '12 ▼3
- OP Pinot Grigio Leveriere '13 ▼3
- OP Pinot Nero '09 ▼6
- OP Pinot Nero Extra Brut Martinotti Cuvée Bussolera '11 ▼3
- Garboso '11 ▽▽3
- OP Bonarda Vivace La Rubiosa '12 ▽▽3
- OP Pinot Grigio Leveriere '12 ▽▽3
- OP Riesling Landò '11 ▽▽2*
- OP Rosso Bohemi '06 ▽▽6

Frecciarossa
via Vigorelli, 141
27045 Casteggio [PV]
Tel. +39 0383804465
www.frecciarossa.com

DIREKTVERKAUF
BESUCH NACH VORANMELDUNG
JAHRESPRODUKTION 120.000 Flaschen
REBFLÄCHE 34 Hektar

Ein kleines Juwel der Weinbaukultur im Oltrepò: Der Park, die Villa Odero, aber vorallem die Weine. Wenige Etiketten (wenige für das Oltrepò Pavese natürlich), alle mit ausgeprägter Persönlichkeit und vom piemontesischen Önologen Gianluca Scaglione überwacht. Autochthone Rebsorten – die Kellerei ist eine der wenigen, die einen reinsortigen Uva Rara abfüllt – und Rebsorten, die seit langer Zeit im Oltrepò Pavese zu Hause sind wie der Pinot Nero und der Riesling, die hier eine außergewöhnliche Alterungsfähigkeit und Eleganz beweisen. Und wieder einmal holt sich der Pinot Nero Giorgio Odero '11 die Drei Gläser. Er ist fertiger als mancher seiner Vorgänger und beweist dank des reichen sortentypischen Bouquets von kleinen Früchten, Gewürz, Lakritze und einer faszinierenden Zitrusfruchtnote sofort eine großartige Anlage. Der Geschmack ist übereinstimmend und sehr ausgewogen. Durch sein großes Potenzial kann er jedoch im Laufe der Jahre noch besser werden. Exzellent auch der Riesling Gli Orti '12 aus reinsortig ausgebautem Rheinriesling, mineralisch, schmackhaft, reich an aromatischen Kräutern, voll und anhaltend.

- OP Pinot Nero Giorgio Odero '11 ▼▼▼5
- OP Riesling Renano Gli Orti '12 ▼▼2*
- OP Bonarda Vivace Dardo '13 ▼▼2*
- Uva Rara '13 ▼▼2*
- OP Pinot Nero Sillery '13 ▼3
- OP Pinot Nero Giorgio Odero '10 ▽▽▽5
- OP Pinot Nero Giorgio Odero '08 ▽▽▽5
- OP Pinot Nero Giorgio Odero '07 ▽▽▽5
- OP Pinot Nero Giorgio Odero '05 ▽▽▽5
- OP Bonarda Vivace Dardo '12 ▽▽2*
- OP Riesling Gli Orti '11 ▽▽2*

LOMBARDEI

Enrico Gatti
Via Metelli, 9
25030 Erbusco [BS]
Tel. +39 0307267999
www.enricogatti.it

DIREKTVERKAUF
BESUCH NACH VORANMELDUNG
JAHRESPRODUKTION 120.000 Flaschen
REBFLÄCHE 17 Hektar

Die von Enrico im Jahr 1975 gegründete Kellerei Gatti in Erbusco feiert dieses Jahr ihr 40-jähriges Jubiläum. Die Kinder Lorenzo und Paola (mit Ehemann Enzo Balzarini) haben daraus ein kleines Juwel gemacht, eine richtige Weinboutique, die nur die Trauben der eigenen 17 Hektar Rebfläche verarbeitet. Noch wichtiger ist aber der von Familie Gatti kreierte außergewöhnliche Stil, der aus üppiger Frucht, Struktur und Mineralität besteht, was typisch für die Cuvées aus Erbusco ist. Diese Merkmale schmälern jedoch nicht die Eleganz und Gefälligkeit ihrer Franciacorta. Der Brut Millesimo ist der Wein, der uns in dieser Ausgabe am meisten beeindruckt hat. Eine Cuvée aus zum Teil in Holz gereiftem Chardonnay, der mehr als 50 Monate auf der Hefe ruht. Der 2008 hat ein schlankes, dichtes Profil, bietet eine schöne fleischige Frucht und viel Mineralität und klingt lebhaft und lang auf eleganten Noten von Zitronat, Gewürz und aromatischen Kräutern aus. Verführerisch mit frischen Noten von Basilikum und Pfefferminze und Nuancen von Limette der Nature.

○ Franciacorta Nature	🍷🍷 5
○ Franciacorta Brut Millesimo '08	🍷🍷 6
○ Franciacorta Brut	🍷🍷 4
⊙ Franciacorta Rosé	🍷 5
○ Franciacorta Satèn '10	🍷 5
○ Franciacorta Brut '05	🍷🍷🍷 6
○ Franciacorta Nature '07	🍷🍷🍷 5
○ Franciacorta Satèn '05	🍷🍷🍷 5
○ Franciacorta Satèn '03	🍷🍷🍷 5
○ Franciacorta Satèn '02	🍷🍷🍷 4
○ Franciacorta Satèn '01	🍷🍷🍷 4
○ Franciacorta Satèn '00	🍷🍷🍷 5

I Gessi - Fabbio De Filippi
Fraz. Fossa, 8
27050 Oliva Gessi [PV]
Tel. +39 0383896606
www.cantinagessi.it

DIREKTVERKAUF
BESUCH NACH VORANMELDUNG
UNTERKUNFT
JAHRESPRODUKTION 120.000 Flaschen
REBFLÄCHE 45 Hektar
WEINBAU Biologisch anerkannt

Nach einer Reihe von Jahrgängen mit guten Resultaten und einer mehr als ansehnlichen Weinauswahl haben wir dieses Jahr beschlossen, den biologischen Landwirtschaftsbetrieb der Familie Fabbio De Filippi (kein Irrtum, der Name schreibt sich wirklich mit zwei b) in den Hauptteil aufzunehmen. Zirka 27 Hektar Rebfläche auf einer Höhe von 200 bis 300 Metern, mit Böden, die, wie der Name des Betriebs und der seiner Heimatgemeinde bereits andeuten, zum Großteil gipshaltig und damit ideal für den Anbau von weißen Trauben und jenen für die Schaumweinbereitung sind. Den Rest besorgt die technische Betreuung eines tüchtigen und erfahrenen Önologen wie Emilio De Filippi, der Bruder von Fabbio. Und hier also zwei sehr gut gemachte Metodo Classico aus Pinot Nero-Trauben: Der Brut Maria Cristina schmeckt nach Obst mit gelbem Fruchtfleisch und aromatischen Kräutern, hat eine feine Perlage, ausgeprägte Mineralität und ein sehr reines und energisches Finale. Ebenbürdig die Version Rosé, von blassrosa Farbe, nach Walderdbeeren duftend, elegant und frisch. Ausgezeichnet und sortentypisch der Riesling '13.

○ OP Cruasé Maria Cristina	🍷🍷 3
○ OP Pinot Nero Brut Maria Cristina	🍷🍷 3
○ OP Riesling '13	🍷🍷 1*
● OP Barbera '12	🍷 2
● OP Bonarda Vivace '13	🍷 1*
○ OP Pinot Grigio Crocetta '13	🍷 2
○ OP Pinot Nero Brut M. Cl. Maria Cristina '10	🍷🍷 3
○ OP Pinot Nero Brut M. Cl. Maria Cristina	🍷🍷 3
○ OP Riesling '12	🍷🍷 1*
○ OP Riesling '10	🍷🍷 1*
○ OP Riesling I Gessi '11	🍷🍷 1*

LOMBARDEI

F.lli Giorgi
FRAZ. CAMPONOCE, 39A
27044 CANNETO PAVESE [PV]
TEL. +39 0385262151
www.giorgi-wines.it

DIREKTVERKAUF
BESUCH NACH VORANMELDUNG
JAHRESPRODUKTION 1.600.000 Flaschen
REBFLÄCHE 30 Hektar

Die beachtlichen Zahlen der Brüder Giorgi – beachtlich für das Oltrepò Pavese versteht sich – dürfen nicht in die Irre führen. Obwohl sich der mitreißende Fabiano Giorgi immer etwas Neues einfallen lässt, um den Markt zu überraschen, und obwohl es wahr ist, dass der Pinot Frizzante nach wie vor das Rückgrat der Kellerei darstellt, so ist es doch der Ernsthaftigkeit von Alberto Musatti und der Hingabe an das Anbaugebiet zu verdanken, dass die Weine, ganz gleich ob Metodo Classico, Weiß- oder Rotweine, oft allerhöchste Güte besitzen. Der 1870 hat somit zum sechsten Mal in Folge die Drei Gläser errungen. Es handelt sich um einen Metodo Classico aus reifen Pinot Nero-Trauben, komplex, vielfältig, mit einem Duft, der von kleinen Waldbeeren über Blumennoten bis zu Heilkräutern reicht. Die Perlage ist fein und anhaltend, die beständige Frucht beeinträchtigt nicht die Eleganz und den langen Ausklang. Beachtlich auch der Gianfranco Giorgi '11, vertikal, mineralisch und nervig, und der Cruasé des gleichen Jahrgangs, fruchtig und verlockend.

○ OP Pinot Nero Brut Cl. 1870 '10	🍷🍷🍷 5
○ OP Pinot Nero Brut Cl. Gianfranco Giorgi '11	🍷🍷 5
⊙ Brut Martinotti Rosé Cuvée Eleonora Giorgi	🍷🍷 3
● OP Bonarda Vivace La Brughera '13	🍷🍷 3
● OP Buttafuoco Storico V. Casa del Corno '10	🍷🍷 3
⊙ OP Cruasé '11	🍷🍷 4
○ OP Riesling Il Bandito '13	🍷🍷 4
● OP Buttafuoco Clilele '12	🍷 3
○ OP Pinot Nero Brut Cl. 1870 '09	🍷🍷🍷 5
○ OP Pinot Nero Brut Cl. 1870 '08	🍷🍷🍷 5
○ OP Pinot Nero Brut Cl. 1870 '07	🍷🍷🍷 5
● OP Buttafuoco Storico V. Casa del Corno '09	🍷🍷 3
⊙ OP Cruasé '10	🍷🍷 4

Isimbarda
FRAZ. CASTELLO
CASCINA ISIMBARDA
27046 SANTA GIULETTA [PV]
TEL. +39 0383899256
www.tenutaisimbarda.it

DIREKTVERKAUF
BESUCH NACH VORANMELDUNG
JAHRESPRODUKTION 130.000 Flaschen
REBFLÄCHE 40 Hektar

Seit dem 17. Jh. haben die Marchesi Isimbardi, die der zurzeit im Besitz von Luigi Meroni befindlichen Kellerei ihren Namen geben, in diesem schönen Vorhügelland Wein erzeugt. Das Gebiet zeichnet sich wie das gesamte mittlere Oltrepò durch den ständigen Wechsel von lehm-, kalk- und gipshaltigen bzw. Tonmergelböden aus, wo der Riesling, durch das Alterungspotenzial eines der Spitzenprodukte des Betriebs, seinen idealen Standort findet. Das Weingut produziert aber seit etlichen Jahren neben den traditionellen Roten des Oltrepò Pavese auch Metodo Classico. Wie bereits gesagt, steht der Riesling Vigna Martina an der Spitze der Produktion. Die Version 2013 scheint bei der ersten Verkostung weniger überschwenglich als der ins Finale gelangte Jahrgang 2012, wir kennen jedoch diesen Wein und wissen, dass das nur eine Frage der Zeit ist. Jetzt überwiegen die Noten von Agrumen mit einem Hauch Tropenfrucht und die sich breitmachende Würzigkeit wird sich erst im Laufe der Jahre zu einer köstlichen Mineralität verwandeln. Sehr gut der Bonarda Vigna delle More '13.

⊙ OP Cruasé	🍷🍷 4
○ OP Pinot Nero Brut Cl.	🍷🍷 3
● OP Bonarda Vivace V. delle More '13	🍷🍷 2*
○ OP Riesling Renano V. Martina '13	🍷🍷 2*
○ Brut Martinotti Riserva degli Isimbardi	🍷 3
● OP Rosso Monplò '11	🍷 3
● OP Pinot Nero V. del Cardinale '11	🍷🍷 4
○ OP Riesling Renano V. Martina '12	🍷🍷 2*
○ OP Riesling Renano V. Martina '11	🍷🍷 2*
○ OP Riesling Renano V. Martina '10	🍷🍷 2*
● OP Rosso Monplò '10	🍷🍷 3

LOMBARDEI

Cantina Sociale La Versa
VIA F. CRISPI, 15
27047 SANTA MARIA DELLA VERSA [PV]
TEL. +39 0385798411
www.laversa.it

DIREKTVERKAUF
BESUCH NACH VORANMELDUNG
JAHRESPRODUKTION 5.000.000 Flaschen
REBFLÄCHE 1,300 Hektar

Es ist immer schwierig, von dieser am 21. Mai 1905 von Cesare Gustavo Faravelli und 22 Gesellschaftern gegründeten historischen Kellerei zu sprechen, die unzählige Wechselfälle erlebte und deren Geschichte vom Weitblick des Duca Antonio Giuseppe Denari in den 70er Jahren bis zu scheinbar entgültigen Wiedergeburt im Jahr 2000 unter der Präsidentschaft von Giancarlo Vitali und der technischen Leitung von Francesco Cervetti reicht, der die Schaumweine zum Ruhm vergangener Zeiten zurückführte. Jetzt befinden wir uns in der x-ten Übergangsphase und es schwer vorhersagbar, was in den nächsten Jahren geschehen wird. Obwohl noch nicht das Ziel der höchsten Güte erreicht wurde, bestätigt die Schaumweinproduktion dennoch einen hohen Qualitätsstandard, der den Pinot Nero-Trauben der besten Zonen des ganzen Oltrepò Pavesezu verdanken ist. Von der reichhaltigen Cuvée del Duca über die beiden Testarossa, Brut und Cruasé, bis hin zu dem für den Großhandel bestimmten Cartaoro handelt es sich stets um solide, zufriedenstellende Schaumweine mit gutem Preis-Leistungs-Verhältnis.

○ Brut Cl. Cartaoro	🍷🍷 3
○ Brut Cl. Cuvée del Duca	🍷🍷 4
○ Brut Cl. Testarossa	🍷🍷 4
○ OP Cruasé Testarossa	🍷🍷 4
● OP Barbera '12	🍷🍷 2*
○ OP Moscato di Volpara '13	🍷🍷 2*
○ Brut Cl. Eis	🍷 3
○ Brut Cl. Testarossa	🍷🍷 5
⊙ OP Cruasé Testarossa	🍷🍷 5
○ OP Cuvée del Duca	🍷🍷 4
○ OP Riesling '11	🍷🍷 2*

Lantieri de Paratico
LOC. COLZANO
VIA VIDETTI
25031 CAPRIOLO [BS]
TEL. +39 030736151
www.lantierideparatico.it

DIREKTVERKAUF
BESUCH NACH VORANMELDUNG
UNTERKUNFT UND GASTRONOMIE
JAHRESPRODUKTION 140.000 Flaschen
REBFLÄCHE 18 Hektar
WEINBAU Biologisch anerkannt

Die adelige Familie Lantieri de Paratico war bereits im 17. Jh. in ganz Europa für die Qualität ihrer aus der Franciacorta stammenden Weine bekannt. Nach Aufgabe seiner früheren Tätigkeiten setzt nun Fabio Lantieri mit Hingabe diese Tradition fort und erzeugt in seinem nicht weit vom Iseosee entfernt liegenden prächtigen Herrenhaus in Capriolo eine vollständige Auswahl von Weinen und Franciacorta, deren Trauben alle aus den zirka 20 Hektar großen eigenen Rebbergen stammen. Die Spitzenetikette der Kellerei ist der Arcadia, eine elegante Cuvéè aus Chardonnay mit 30 % Pinot Nero, die vor dem Enthefen vier Jahre auf der Hefe ruht. Der 2010 hat eine leuchtend strohgelbe bis zartgrüne Farbe, eine feine Perlage und ein vielschichtiges Bouquet, in dem fleischige Noten von reifem Obst elegant und klar auf einer Vanille- und Blumennuance ausklingen. Am Gaumen ist er cremig, weich und von vitaler Frische, im Abgang werden feine Brioche- und Röstnoten spürbar. Befriedigend der Rest des Sortiments.

○ Franciacorta Brut Arcadia '10	🍷🍷 5
○ Franciacorta Extra Brut	🍷🍷 4
○ Franciacorta Extra Brut Origines Ris. '08	🍷🍷 7
○ Franciacorta Brut	🍷 4
○ Franciacorta Brut Rosé	🍷 5
○ Franciacorta Satèn	🍷 5
○ Curtefranca Bianco '12	🍷🍷 2*
○ Franciacorta Brut Arcadia '09	🍷🍷 5
○ Franciacorta Brut Arcadia '08	🍷🍷 5
○ Franciacorta Brut Arcadia '07	🍷🍷 5

LOMBARDEI

Majolini
LOC. VALLE
VIA MANZONI, 3
25050 OME [BS]
TEL. +39 0306527378
www.majolini.it

DIREKTVERKAUF
BESUCH NACH VORANMELDUNG
JAHRESPRODUKTION 150.000 Flaschen
REBFLÄCHE 24 Hektar
WEINBAU Biologisch anerkannt

Der im östlichen Teil der Franciacorta liegende Ort Ome ist seit dem 15. Jh. die Heimat einer Industriellenfamilie, die stolz auf ihre bäuerlichen Wurzeln ist: Familie Majolini. 1981 entstand so ein schöner, auf die Erzeugung des Franciacorta spezialisierter Betrieb, der damals von Ezio und heute vom jungen, hoch motivierten Simone Majolini geleitet wird. Der Weingarten im Anbaugebiet von Ome hat eine Größe von 24 Hektar und ist teils in Terrassen angelegt, die technische Beratung liegt in den Händen des französischen Önologen Jean Pierre Valade. Der Brut Electo '06 aus Chardonnay und Pinot Nero war ein würdiger Kanditat unserer Endrunden. Das Bouquet besticht durch Noten von Tropenfrucht und Vanille, im Geschmack ist er geschmeidig und gesetzt, der Abgang ist schmackhaft und würzig. Sehr gut der Satèn '09, der Blanc de Noir Brut und der harmonische Brut.

○ Franciacorta Brut Electo '06	🍷🍷 5
○ Franciacorta Brut	🍷🍷 5
○ Franciacorta Brut Blanc de Noir	🍷🍷 5
○ Franciacorta Satèn '09	🍷🍷 5
○ Franciacorta Demi Sec Rosé	🍷 5
○ Franciacorta Brut Electo '00	🍷🍷🍷 6
○ Franciacorta Brut Electo '99	🍷🍷🍷 5
○ Franciacorta Brut Electo '97	🍷🍷🍷 5
○ Franciacorta Brut Blanc de Blancs Ris. '05	🍷🍷 8
○ Franciacorta Pas Dosé Aligi Sassu '06	🍷🍷 8
○ Franciacorta Satèn '08	🍷🍷 6
○ Franciacorta Satèn '07	🍷🍷 7
○ Franciacorta Satèn '06	🍷🍷 7

Le Marchesine
VIA VALLOSA, 31
25050 PASSIRANO [BS]
TEL. +39 030657005
www.lemarchesine.it

DIREKTVERKAUF
BESUCH NACH VORANMELDUNG
JAHRESPRODUKTION 450.000 Flaschen
REBFLÄCHE 44 Hektar

Familie Biatta ist bereits seit dem 12. Jh. tief mit der Weinbaukultur von Brescia verwurzelt, die Errichtung dieses wunderschönen Betriebs Mitte der 80er ist jedoch allein Giovanni zu verdanken. Heute wird die Kellerei Le Marchesine, die sich im Laufe der Jahre zu einer der besten Marken der Denomination entwickelt hat, mit Hingabe von Sohn Loris und seine Kinder Alice und Andrea geleitet. Le Marchesine verarbeitet nur Trauben aus den eigenen 47 Hektar großen Weinbergen und verwandelt dieses ausgezeichnete Rohmaterial dank der önologischen Beratung von Jean Pierre Valade in ein Weinsortiment von großer Güte. Gleich zwei Cuvées von Biatta haben sich in unseren Endverkostungen hervorgehoben: Und zwar der Riserva Secolo Novo Dosage Zero '07, ein eleganter und komplexer Wein mit feiner Perlage und einem Bouquet mit zarter Holznuance, und der Blanc de Noir Brut '10, wohlschmeckend und straff, mit gutem Säurerückgrad, eleganten Noten von roten Beeren und großer aromatischer Beständigkeit.

○ Franciacorta Brut Blanc de Noir '10	🍷🍷 5
○ Franciacorta Dosage Zero Secolo Novo Ris. '07	🍷🍷 7
○ Franciacorta Brut Rosé	🍷🍷 5
○ Franciacorta Extra Brut	🍷🍷 5
○ Franciacorta Brut Secolo Novo '08	🍷🍷 7
○ Franciacorta Satèn Mill. '10	🍷🍷 5
○ Franciacorta Brut	🍷 4
○ Franciacorta Brut '04	🍷🍷🍷 5
○ Franciacorta Brut Blanc de Noir '09	🍷🍷🍷 5
○ Franciacorta Brut Secolo Novo '05	🍷🍷🍷 7
○ Franciacorta Brut Nature Secolo Novo Giovanni Biatta '07	🍷🍷 5
○ Franciacorta Satèn '09	🍷🍷 5

LOMBARDEI

Tenuta Mazzolino
via Mazzolino, 26
27050 Corvino San Quirico [PV]
Tel. +39 0383876122
www.tenuta-mazzolino.com

DIREKTVERKAUF
BESUCH NACH VORANMELDUNG
JAHRESPRODUKTION 130.000 Flaschen
REBFLÄCHE 22 Hektar

Die größte Neuigkeit dieses schönen, seit mehr als 30 Jahren im Besitz von Sandra und Enrico Braggiotti befindlichen Weinguts ist die Rückkehr des aus dem Burgund stammenden Leiters und Önologen Jean-François Coquard nach 15 Jahren in die Heimat. Jetzt liegt das Geschick der Kellerei in den Händen von Claudio Giorgi, dem der in Griechenland geborene französische Önologe Kyriakos Kinigopoulos beratend zur Seite steht. Pinot Nero und Chardonnay sind die wichtigsten Trauben des Guts und werden zu alterungsfähigen Weinen, Trinkweinen und Spumantes Metodo Classico verarbeitet. Um ein Haar gelingt es dem Pinot Nero Noir '11 nicht, das Ergebnis der Jahrgänge 2010 und 2009 zu wiederholen und sich die höchste Auszeichnung zu erobern. Dennoch ein eleganter, vielschichtiger Wein mit balsamischen Noten und Waldbeere, lang und tief. Er braucht nur noch ein wenig Zeit in der Flasche, um zur Ruhe zu kommen und die gewohnte Befriedigung zu schenken. Der Blanc '12 hat den üppigen Duft von reifer tropischer Frucht eines Chardonnays erster Klasse. Im Mund ein leichter Einbruch, der durch ein langes Finale wieder wettgemacht wird.

● OP Pinot Nero Noir '11	♛♛ 5
○ Mazzolino Brut Blanc de Blancs	♛♛ 4
⊙ OP Cruasé Mazzolino	♛♛ 4
● OP Bonarda Mazzolino '13	♛♛ 2*
○ OP Chardonnay Blanc '12	♛ 3
○ Camarà '13	♛ 2
● Terrazze '13	♛ 2
● OP Pinot Nero Noir '10	♛♛♛ 5
● OP Pinot Nero Noir '09	♛♛♛ 5
● OP Pinot Nero Noir '08	♛♛♛ 5
● OP Pinot Nero Noir '07	♛♛♛ 5
● OP Pinot Nero Noir '06	♛♛♛ 5
○ OP Chardonnay Blanc '10	♛♛ 3*

Mirabella
via Cantarane, 2
25050 Rodengo Saiano [BS]
Tel. +39 030611197
www.mirabellavini.it

DIREKTVERKAUF
BESUCH NACH VORANMELDUNG
JAHRESPRODUKTION 450.000 Flaschen
REBFLÄCHE 28 Hektar

Die Kellerei entstand im Jahr 1979 auf Betreiben von Teresio Schiavi, der mit einer Gruppe befreundeter Weinbergbesitzer in der Franciacorta eine gemeinsame Marken erschuf, an die jeder seinen Besitz übertragen konnte. Der Betrieb nennt heute einen schönen Firmensitz und einen modernen Weinkeller sein Eigen und dank Alessandro Schiavi und Francesco Bracchi in ihrer Eigenschaft als Gesellschafter und Unternehmensleiter macht Mirabella glänzende Geschäfte. Das Produktionsniveau ist mit fast einer halben Million Flaschen hervorragend, wobei besonders auf Umweltverträglichkeit und gesunde Erzeugnisse geachtet wird. Mirabella kommt unseren höchsten Punktezahlen immer näher und bringt ihre klassischste Cuvée ins Finale: Es ist erneut der Dosaggio Zero Dom Jahrgang 2006, eine Cuvée aus Chardonnay, Pinot Bianco und Pinot Nero, die fünf Jahre auf der Hefe reift. Sie ist geschmeidig, komplex und fein, mit cremigen Tönen von weißer Frucht, Kiwi und Mandarine. Sehr interessant der aus Chardonnay-Trauben des Rebbergs Mirabelle ohne Sulfit erzeugte Extra Brut Élite, schmackhaft und harmonisch.

○ Franciacorta Dosaggio Zero Dom '06	♛♛ 6
○ Franciacorta Brut	♛♛ 4
● Franciacorta Brut Rosé	♛♛ 4
○ Franciacorta Extra Brut Élite	♛♛ 7
○ Franciacorta Satèn	♛♛ 5
○ Franciacorta Brut Cuvée Demetra	♛ 4
○ Franciacorta Dosaggio Zero Dom '04	♛♛ 6
● Nero d'Ombra '04	♛♛ 5
○ Passito Incanto '04	♛♛ 5

CORTEAURA
FRANCIACORTA

n großer Wein.
ser Ziel ist, einen rundum
alitativ hochstehenden Wein
zubieten. Dazu gehören die
isentation des Produkts, das
ckaging und ein einwandfreier
ndendienst.

er unserer Weine ist ein ganz
ezieller Wein: er spiegelt die
t r a d i t i o n e l l e n
arakatereigenschaften unseres
einbaugebiets dynamisch
erpretiert wider. Gleichzeitig soll
den Geschmack unserer Kunden
ffen und sich gerne trinken lassen.

s Weingut Corte Aura liegt in den
ften Moränenhügeln, die im
nciacorta Weingebiet ein
zinierendes Amphitheater der Natur
den.
sere Rebstöcke brauchen den Frost
auso wie die Sonne und den Atem der
t genauso wie die liebevolle Pflege, mit
en Hilfe die Trauben schlussendlich in
seren Weinkeller gelangen. Nur so kann
Wein zu, Poesie der Erde' werden.

EIN WEIN *braucht den Atem der Zeit*

... WEIL WORTE WIE WEIN SIND: SIE MÜSSEN ATMEN KÖNNEN UND BRAUCHEN IHRE ZEIT, DAMIT DIE STIMME SANFT IHRE RESONANZ ZUM AUSDRUCK BRINGEN KANN

(LUIS SEPÙLVEDA (1949)

CORTE AURA S.R.L., SOCIETÀ AGRICOLA
VIA COLZANO 13, 25030 ADRO (BS)
TEL. (+39) 030 7357281
WWW.CORTEAURA.IT
INFO@CORTEAURA.IT

CAMPAGNA FINANZIATA AI SEN
DEL REGOLAMENTO CE N. 123

CAMPAIGN FUNDED UNDER EC
REGULATION N. 1234/07

 PERLA DEL GARDA
www.perladelgarda.it

Agentur für Deutschland, Schweiz und Österreich:
Stoppervini Sagl | Via Losanna 1/a | CH - 6900 Lugano
Tel +41-91-9116970 | Fax +41-91-9116979 | info@stoppervini.com

LOMBARDEI

★Monsupello
VIA SAN LAZZARO, 5
27050 TORRICELLA VERZATE [PV]
TEL. +39 0383896043
www.monsupello.it

DIREKTVERKAUF
BESUCH NACH VORANMELDUNG
JAHRESPRODUKTION 260.000 Flaschen
REBFLÄCHE 50 Hektar

Nach dem Tod des großen Carlo Boatti vor vier Jahren war zu befürchten, dass diese nach wie vor streng als Familienbetrieb geführte Kellerei etwas die Orientierung verlieren könnte. Seiner Frau Carla, den Kindern Pierangelo und Laura und dem Önologen Marco Bertelegni ist es jedoch unter tausend Schwierigkeiten gelungen, das Ruder gerade zu halten, und die Ergebnisse können sich sehen lassen. Abgesehen von der allerhöchsten Güte des Metodo Classico, der die Kellerei zu einem der italienischen Betriebe im Gotha der Schaumweinerzeugung macht, gibt es nicht einen Wein, der keinen Beifall verdient. Die Drei Gläser kehren dieses Jahr zum Nature zurück, dem sinnbildlichsten Schaumwein der Kellerei. Das Preis-Leistungs-Verhältnis ist unschlagbar und nach dem letzten Dégorgement duftet er nach Blumen und Sternanis, ist trocken, klar und präzise, wohlschmeckend und reichhaltig und macht Lust auf mehr. Um nichts geringer der Ex-Classese, jetzt Millesimato '09, üppiger im Duft, mit Noten von Kastanienhonig und Brotkruste und einer beneidenswerten Balance. Höchste Punkteanzahl auch für den eleganten Rosé und den vielschichtigen Ca' del Tava.

○ Brut Cl. Nature	🍷🍷🍷	4*
⊙ Brut Cl. Rosé	🍷🍷	4
○ OP Cuvée Ca' Del Tava	🍷🍷	6
○ Brut Cl. '09	🍷🍷	5
○ OP Pinot Nero Brut Cl.	🍷🍷	4
● Monsupè '11	🍷🍷	2*
● OP Barbera I Gelsi '11	🍷🍷	3
● OP Bonarda Vivace Vaiolet '13	🍷🍷	2*
● OP Rosso Podere La Borla '10	🍷🍷	3
○ Riesling Renano '13	🍷🍷	2*
● Pinot Nero Junior '13	🍷	3
○ Brut Cl. '08	🍷🍷🍷	5
○ OP Brut Cl. Classese '06	🍷🍷🍷	5
○ OP Brut Cl. Classese '04	🍷🍷🍷	5
○ OP Pinot Nero Cl. Nature	🍷🍷🍷	4

Francesco Montagna
VIA CAIROLI, 67
27043 BRONI [PV]
TEL. +39 038551028
www.cantinemontagna.it

DIREKTVERKAUF
BESUCH NACH VORANMELDUNG
GASTRONOMIE
JAHRESPRODUKTION 800.000 Flaschen
REBFLÄCHE 18 Hektar

Durch die Gründung im Jahr 1895 hat der Betrieb eine lange Geschichte. 1974 wurde er von den derzeitigen Besitzern, den Familien Bertè und Cordini erworben. Natale Bertè ist es dann nach und nach gelungen, das reine Handelsunternehmen in einen Weinbaubetrieb umzuwandeln und eine Reihe von immer interessanteren Produkten mit gutem Preis-Leistungs-Verhältnis zu erzeugen. Sohn Matteo, ein frischgebackener Önologe, hat dann insbesondere bei der Schaumweinerzeugung zu einem weiteren Qualitätssprung beigetragen. Auch dieses Jahr erkennt man die gut gemachte Arbeit, obwohl jene Spitzenprodukte fehlen, die das höchste Ziel erreichen könnten. Wir sind aber sicher, dass diese nur noch Geduld brauchen. Das Sortiment der Schaumweine ist beachtlich, mit einer leichten Vorrangstellung der Cuvée Della Casa, reichhaltig und nervig zugleich, während die Cuvée Tradizione auf reiferen Fruchtnoten ausgelegt ist. Verbesserbar der Cruasé, dem es im Finale ein wenig an Schwung fehlt.

○ OP Pinot Nero Brut Bertè & Cordini	🍷🍷	4
○ OP Pinot Nero Brut Cl. Cuvée della Casa Bertè & Cordini	🍷🍷	5
○ OP Pinot Nero Brut Cl. Cuvée Tradizione Bertè & Cordini	🍷🍷	5
● OP Bonarda Sabion Bertè & Cordini '13	🍷🍷	2*
● OP Rosso Valmaga '10	🍷🍷	2*
● OP Sangue di Giuda Bertè & Cordini '13	🍷🍷	2*
⊙ OP Cruasé Bertè & Cordini	🍷	5
● OP Bonarda Sabion Bertè & Cordini '12	🍷🍷	2*
● OP Bonarda Sabion Bertè & Cordini '11	🍷🍷	2*
○ OP Pinot Nero Brut Cl. Cuvée della Casa Bertè & Cordini	🍷🍷	5
○ OP Pinot Nero Brut Cl. Cuvée Tradizione Bertè & Cordini	🍷🍷	5
● OP Sangue di Giuda '12	🍷🍷	2*

LOMBARDEI

★ Monte Rossa
FRAZ. BORNATO
VIA MONTE ROSSA, 1
25040 CAZZAGO SAN MARTINO [BS]
TEL. +39 030725066
www.monterossa.com

DIREKTVERKAUF
BESUCH NACH VORANMELDUNG
JAHRESPRODUKTION 500.000 Flaschen
REBFLÄCHE 70 Hektar

Monte Rosa ist von Rechts wegen eine der ältesten und angesehensten Kellereien der Franciacorta. Sie wurde in den frühen 70er Jahren vom Ehepaar Paolo und Paola Rabotti errichtet und hat sich seit damals stets durch die Eleganz und stilistische Reinheit ihrer Cuvées hervorgehoben. Heute führt Emanuele mit Hingabe, penibler Sorgfalt und Kreativität die Maison der Familie, auf deren über 70 Hektar Rebfläche jene Trauben wachsen, die jedes Jahr zu zirka 500 000 Tausend Flaschen von erstklassigem Niveau verarbeitet werden. Der Brut Cabochon ist das Schmuckstück der Familie, eine Cuvée, die alle typischen Vorzüge der Franciacorta Monte Rossa wie Extraktreichtum, Eleganz und mineralische Anklänge zur Geltung bringt. Der 2009 hat all das und schenkt außerdem schöne Fruchttöne, die an Aprikose erinnern und auf langen blumigen Noten ausklingen. Der Sansevè ist der Satèn im Monte Rossa-Stil: Gut strukturiert, vollmundig und schmackhaft, mit fleischigen Noten von weißer Frucht und Vanille.

○ Franciacorta Brut Cabochon '09	🍷🍷 7
○ Franciacorta Brut P. R.	🍷🍷 5
○ Franciacorta Non Dosato Coupé	🍷🍷 5
○ Franciacorta Satèn Sansevé	🍷🍷 5
○ Franciacorta Extra Brut Salvadek '09	🍷🍷 6
○ Franciacorta Brut Prima Cuvée	🍷 4
⊙ Franciacorta Brut Rosé P. R.	🍷 5
○ Franciacorta Brut Cabochon '05	🍷🍷🍷 6
○ Franciacorta Brut Cabochon '04	🍷🍷🍷 6
○ Franciacorta Brut Cabochon '03	🍷🍷🍷 6
○ Franciacorta Brut Cabochon '01	🍷🍷🍷 6
○ Franciacorta Brut Cabochon '99	🍷🍷🍷 7

Montenisa
FRAZ. CALINO
VIA PAOLO VI, 62
25046 CAZZAGO SAN MARTINO [BS]
TEL. +39 0307750838
www.montenisa.it

BESUCH NACH VORANMELDUNG
JAHRESPRODUKTION 300.000 Flaschen
REBFLÄCHE 60 Hektar

Die Florenzer Familie Antinori beschloss vor einigen Jahren, auf die Franciacorta zu setzen und traf dazu mit Familie Maggi eine Vereinbarung hinsichtlich der Leitung ihres Weinguts. Die Schwestern Albiera, Allegra und Alessia haben dann sofort mit der Modernisierung der um die herrliche Villa aus dem 16. Jh. liegenden Weinkeller und der Wiedereinsetzung der Rebberge begonnen. Es handelt sich dabei um mehr als sechzig Hektar im Ortsteil Calino, die ein qualitativ hochwertiges Traubengut für die Erzeugung einer vollständigen Auswahl von Franciacorta liefern. Der Gräfin Camilla Maggi ist die beste Cuvée der Kellerei gewidmet. Der Jahrgang 2006 erreicht unsere Finalrunden und erhält durch den cremigen Schaum, die umfassende harmonische Fülle und die eleganten Noten von reifem Obst, buttriger Hefe und Briochegebäck in der Entfaltung eine beachtliche Zustimmung. Aber sie ist nicht die einzige Perle. Vom Dizero Blanc de Blancs bis zum geschmeidigen Satèn fehlt es nicht an Alternativen.

○ Franciacorta Brut Contessa Maggi '06	🍷🍷 7
○ Franciacorta Brut Cuvée Speciale	🍷🍷 5
○ Franciacorta Dizero Blanc de Blancs	🍷🍷 5
○ Franciacorta Satèn '09	🍷🍷 6
○ Franciacorta Satèn '04	🍷🍷 6
⊙ Franciacorta Rosé	🍷 5
○ Franciacorta Brut Contessa Camilla Maggi '02	🍷🍷 7
○ Franciacorta Satèn '06	🍷🍷 6
○ Franciacorta Satèn '04	🍷🍷 6
○ Franciacorta Satèn '03	🍷🍷 6

LOMBARDEI

Monzio Compagnoni
VIA NIGOLINE, 98
25030 ADRO [BS]
TEL. +39 0307457803
www.monziocompagnoni.com

DIREKTVERKAUF
BESUCH NACH VORANMELDUNG
JAHRESPRODUKTION 230.000 Flaschen
REBFLÄCHE 25 Hektar

Marcello Monzio Compagnoni, Winzer aus Leidenschaft, erzeugt in der von ihm selbst entworfenen Kellerei in Adro eine gepflegte Auswahl von Franciacorta, deren Trauben aus den eigenen, 30 Hektar großen Weinbergen stammen. Dasselbe macht er auch in Scanzorosciate im Anbaugebiet Valcalepio, seiner ursprünglichen Heimat, wo er zu den anerkanntesten Interpreten der Denomination zählt. Zwei angrenzende, vom Fluss Oglio getrennte Terroirs, die er mit großer Sensibilität zu lesen weiß. Im reichhaltigen Angebot der beiden Betriebe stechen einige Etiketten hervor:Zuerst der Moscato di Scanzo Don Quijote '08, der kostbare rote Süßwein aus der gleichnamigenTraube, dem Marcello seit jeher viel Sorgfalt angedeihen lässt. Exzellent die Version 2008. Bei den Franciacorta verdienen dann der ausgezeichnete Brut '10, mit weichen Tönen von heller Konfitüre, Honig und Haselnuss sowie der Satèn desselben Jahrgangs, cremig und verlockend, eine Erwähnung.

○ Franciacorta Brut '10	♀♀ 4
○ Franciacorta Satèn '10	♀♀ 5
● Moscato di Scanzo Don Quijote '08	♀♀ 5
○ Tenuta delle Farfalle Brut	♀ 3
● Valcalepio Rosso Colle della Luna '10	♀ 2
○ Curtefranca Bianco Ronco della Seta '12	♀♀ 2*
○ Franciacorta Brut '09	♀♀ 4
○ Franciacorta Brut Rosé '09	♀♀ 5
○ Franciacorta Dosaggio Zero Monti della Corte Ris. '07	♀♀ 6
○ Franciacorta Extra Brut '09	♀♀ 5
○ Franciacorta Satèn '09	♀♀ 5
● Moscato di Scanzo Don Quijote '07	♀♀ 5
● Rosso di Nero '09	♀♀ 4

Il Mosnel
LOC. CAMIGNONE
VIA BARBOGLIO, 14
25040 PASSIRANO [BS]
TEL. +39 030653117
www.ilmosnel.com

DIREKTVERKAUF
BESUCH NACH VORANMELDUNG
GASTRONOMIE
JAHRESPRODUKTION 250.000 Flaschen
REBFLÄCHE 40 Hektar

Emanuela Barboglio, Erbin einer im Jahr 1836 in die Franciacorta übersiedelten Familie, hat bereits in den 60er Jahren begonnen, ihren Grundbesitz in einen Weinbaubetrieb umzuwandeln: Heute besitzt das Weingut Mosnel in Passirano vierzig Hektar durchgehende Rebfläche.In der Mitte liegt der Weiler aus dem 16. Jh., wo auch die modernen, gut ausgestatteten Weinkeller untergebracht sind und wo heute die fünfte Generation in Gestalt von Lucia und Giulio Barzanò die Besucher empfängt. Der Franciacorta Extra Brut EBB '09 erobert mit Leichtigkeit unsere höchste Anerkennung. Er ist in diesem Jahr einer der absolut besten verkosteten Franciacorta. Diese Chardonnay-Cuvée aus den besten Rebbergen der Kellerei wird vor der langen, über drei Jahre dauernden Schaumbildung im Holz vergoren.Sie ist vielschichtig und tief, rein und gut profiliert, im langen Abgang sind Töne von Zitrusfrucht, aromatischen Kräutern und Vanille spürbar. Ausgezeichnet auch der Brut Rosé.

○ Franciacorta Extra Brut EBB '09	♀♀♀ 5
○ Franciacorta Brut	♀♀ 4
⊙ Franciacorta Brut Rosé	♀♀ 5
○ Franciacorta Pas Dosé	♀♀ 4
⊙ Curtefranca Bianco Campolarga '13	♀♀ 2*
○ Franciacorta Pas Dosé QdE Ris. '07	♀♀ 6
○ Franciacorta Satèn '10	♀♀ 5
○ Passito Sulif '11	♀♀ 5
○ Franciacorta Pas Dosé QdE Ris. '04	♀♀♀ 6
○ Franciacorta Satèn '05	♀♀♀ 5

LOMBARDEI

Muratori - Villa Crespia

via Valli, 31
25030 Adro [BS]
Tel. +39 0307451051
www.arcipelagomuratori.it

DIREKTVERKAUF
BESUCH NACH VORANMELDUNG
JAHRESPRODUKTION 350.000 Flaschen
REBFLÄCHE 60 Hektar
WEINBAU Biologisch anerkannt

Villa Crespia ist das in der Franciacorta liegende Weingut der Brüder Muratori, Zentrum eines Projekts, das zur Schaffung eines wahren Imperiums führte. Zu den anderen Weingütern zählen Rubbia al Colle in der Maremma, Oppida Aminea bei Sannio und Giardini Arimei auf der Insel Ischia. Mit 60 Hektar Rebfläche und einer in Sachen Qualität und Menge eindrucksvollen Produktion gehört Villa Crespia zu den wichtigsten Kellereien der Franciacorta. Die technische Leitung im Keller obliegt dem Önologen Francesco Iacono, der für Villa Crespia eine Reihe von Franciacorta erzeugt, die die verschiedenen Terroirs Ausdruck bringen. Der Franciacorta Riserva Francesco Iacono, der erneut unsere Endrunden erreicht, ist ein Dosaggio Zero aus fast reinsortig ausgebautem Pinot Nero des Weinbergs Fornaci, der lange auf der Hefe ruht. Der Jahrgang 2005 hat ein glänzendes Goldgelb mit Kupferreflexen und reife, vielschichtige Duftnoten von Holz, roten Beerenfrüchten und Gewürz. Am Gaumen würdevoll und tief, im Ausklang blumige Noten von Heilkräutern und Kaffee. Cremig, mit balsamischen und würzigen Nuancen der Satèn Cesonato.

○ Franciacorta Dosaggio Zero Francesco Iacono Ris. '05	🍷🍷 7
○ Franciacorta Brut Miolo	🍷🍷 5
○ Franciacorta Brut Novalia	🍷🍷 4
○ Franciacorta Brut Simbiotico	🍷🍷 5
○ Franciacorta Dosaggio Zero Numerozero	🍷🍷 5
○ Franciacorta Satèn Cesonato	🍷🍷 5
⊙ Franciacorta Brolese Rosé Extra Brut	🍷 5
○ Franciacorta Dosaggio Zero Cisiolo	🍷🍷 5
○ Franciacorta Dosaggio Zero Francesco Iacono Ris. '04	🍷🍷🍷 7
○ Franciacorta Brut Riserva dei Consoli '05	🍷🍷 7
○ Franciacorta Dosaggio Zero Francesco Iacono Ris. '06	🍷🍷 5
○ Franciacorta Extra Brut Francesco Iacono Ris. '02	🍷🍷 7

★★Nino Negri

via Ghibellini
23030 Chiuro [SO]
Tel. +39 0342485211
www.ninonegri.it

DIREKTVERKAUF
BESUCH NACH VORANMELDUNG
UNTERKUNFT UND GASTRONOMIE
JAHRESPRODUKTION 800.000 Flaschen
REBFLÄCHE 36 Hektar

Nino Negri ist eine der dynamischsten Kellereien des italienischen Weinbaupanoramas. Sie wurde 1897 gegründet und besaß stets die außergewöhnliche Fähigkeit, sich auf die Ansprüche der Gegenwart einzustellen. Sie hielt dadurch nicht nur mit der Zeit Schritt, sondern diktierte selbst Stile und Tendenzen. Seit den 80er Jahren ist die Nino Negri Teil des Verbands Gruppo Italiano Vini und Juwel dieses Imperiums. Die Qualität der Weine blieb immer beständig und durch die 36 Hektar Rebfläche in den besten Lagen des Veltlins erscheint die Produktion noch mehr mit dem Anbaugebiet verbunden. Das Gesamtergebnis ist erneut von allerhöchster Güte. Diesmal erringt der Sfursat Carlo Negri '11 dank des strengen und eleganten Geschmacks, der zwischen Nuancen von Bergkräutern und dunkler, integrer und wohlriechender Frucht pendelt, die Drei Gläser. Das Finale ist sehr lang und beständig. Sensible Feinheit beim Sassella Le Tense '11, mit Noten von Trockengräsern und Gewürz und duftenden Himbeertönen. Im Mund straff, mit gutem Fruchtfleisch, der Abgang ist lang und schmackhaft.

● Valtellina Sfursat C. Negri '11	🍷🍷🍷 8
● Valtellina Sup. Sassella Le Tense '11	🍷🍷 5
● Valtellina Sup. Vign. Fracia '11	🍷🍷 7
● Ca' Brione '13	🍷🍷 6
● Valtellina Sup. Grumello V. Sassorosso '11	🍷🍷 5
● Valtellina Sup. Inferno C. Negri '11	🍷🍷 6
● Valtellina Sup. Mazer '11	🍷🍷 5
● Valtellina Sfursat '05	🍷🍷🍷 8
● Valtellina Sfursat '04	🍷🍷🍷 6
● Valtellina Sfursat 5 Stelle '10	🍷🍷🍷 7
● Valtellina Sfursat 5 Stelle '09	🍷🍷🍷 7
● Valtellina Sfursat 5 Stelle '07	🍷🍷🍷 7
● Valtellina Sfursat 5 Stelle '06	🍷🍷🍷 7
● Valtellina Sfursat 5 Stelle '01	🍷🍷🍷 8
● Valtellina Sup. Vign. Fracia '08	🍷🍷🍷 6
● Valtellina Sup. Inferno C. Negri '10	🍷🍷 5

LOMBARDEI

Pasini - San Giovanni
Fraz. Raffa
Via Videlle, 2
25080 Puegnago sul Garda [BS]
Tel. +39 0365651419
www.pasiniproduttori.it

DIREKTVERKAUF
BESUCH NACH VORANMELDUNG
GASTRONOMIE
JAHRESPRODUKTION 300.000 Flaschen
REBFLÄCHE 36 Hektar

Die Geschichte des Familienbetriebs Pasini begann vor mehr als einem halben Jahrhundert, wobei sich die Tätigkeit Schritt für Schritt, Generation auf Generation von Brescia bis nach Puegnago sul Garda verlagert hat, wo seit mehr als 15 Jahren endlich nur mehr eigene Trauben verarbeitet werden und immer mehr Augenmerk auf eine nachhaltige Landwirtschaft gelegt wird. Die mehr als 30 Hektar großen und biologisch bebauten Weinberge reichen von der Denomination Valtenesi bis ins Anbaugebiet des Lugana. In der Kellerei in der Via Videlle liefert eine große Fotovoltaikanlage Strom für alle Verarbeitungsphasen. Eine „Übergangsleistung" mit einigen Weinen, die noch auf der Suche nach einer genaueren Bestimmung sind. Gut der Ceppo 326, ein Brut aus Chardonnay- und Groppello-Trauben: Er ist ausgereift in seinen Anklängen von Tropenfrucht und Heilkräutern, besitzt gutes Fruchtfleisch und ein anhaltendes Finale.

○ Brut M. Cl. Ceppo 326	🍷🍷 5
⊙ Valtenesi Il Chiaretto Il Vino di una Notte '13	🍷🍷 3
○ Brut M. Cl. Rosé Ceppo 326	🍷 4
○ Il Lugana '13	🍷 2
● Valtenesi Rosso Cap del Priù '12	🍷 4
⊙ Brut M. Cl. Rosé Ceppo 326	🍷🍷 4
● Garda Cl. Groppello Vign. Arzane Ris. '09	🍷🍷 5
● Valtenesi Il Valtenesi '12	🍷🍷 2*
● Valtènesi Picedo '12	🍷🍷 2*

Andrea Picchioni
Fraz. Camponoce, 8
27044 Canneto Pavese [PV]
Tel. +39 0385262139
www.picchioniandrea.it

DIREKTVERKAUF
BESUCH NACH VORANMELDUNG
JAHRESPRODUKTION 70.000 Flaschen
REBFLÄCHE 10 Hektar

Obwohl Andrea Picchioni in dieser seit jeher für den Weinbau bestimmten Gegend geboren ist, ist er im Gegensatz zu vielen anderen Erzeugern seiner Generation in den Vierzigern oder Fünfzigern kein echter Winzersohn. Er war 1988 bei der Gründung seines kleinen Betriebs gerade 20 Jahre alt und ist seit damals Schritt für Schritt seinen rigorosen Entscheidungen gefolgt, wodurch er vorallem bei den Roten mit großem Alterungspotenzial beachtliche Ergebnisse erzielen konnte. Die Trauben dieser Weine wachsen auf den unwegsamen Berghängen des Solinga-Tals, wo die meisten der betriebseigenen Rebberge liegen. Von den zwei bedeutenden Rotweinen der Kellerei, die bei den Verkostungen beide sehr hohe Punktezahlen erhielten, hat diesmal der Buttafuoco Riva Bianca '10 unsere Gunst gewonnen. Ein vollmundiger, sehr charakteristischer Wein, der anfangs verschlossen ist und sich dann auf einem reichhaltigen Duftspektrum aus kleinen Beeren, Unterholz und balsamischen Noten öffnet. Er sollte in einigen Jahren getrunken werden, um ihm volle Entfaltung zu erlauben.

● OP Buttafuoco Bricco Riva Bianca '10	🍷🍷 4
● OP Bonarda Vivace Luogo dei Ronchi '13	🍷🍷 2*
● OP Buttafuoco Luogo della Cerasa '13	🍷🍷 2*
● OP Sangue di Giuda Fior del Vento '13	🍷🍷 2*
● Pinot Nero Arfena '12	🍷🍷 4
● Rosso d'Asia '10	🍷🍷 4
● OP Buttafuoco Bricco Riva Bianca '09	🍷🍷 4
● OP Buttafuoco Luogo della Cerasa '12	🍷🍷 2*
○ OP Profilo Brut Nature M. Cl. '00	🍷🍷 5
○ OP Profilo Brut Nature M. Cl. '96	🍷🍷 5
● Rosso d'Asia '09	🍷🍷 4

LOMBARDEI

Plozza
VIA CAPPUCCINI, 26
23037 TIRANO [SO]
TEL. +39 0342701297
www.plozza.com

DIREKTVERKAUF
BESUCH NACH VORANMELDUNG
JAHRESPRODUKTION 450.000 Flaschen
REBFLÄCHE 25 Hektar

Andrea Zanolari ist der Önologe und verantwortliche Leiter dieser alteingesessenen, 1919 von Pietro Plozza gegründeten Kellerei, die auch diesmal das in den letzten Jahren erworbene hohe Niveau bestätigt. Die Kelleranlagen sind in Tirano und im Schweizer Brusio angesiedelt, die Weinberge liegen hingegen auf einer Höhe von 400 bis 700 Metern in den wichtigsten Unterzonen des Veltlins: 15 Hektar Eigentum, 10 Hektar in Pacht. Der Kellereistil ist modern und immer auf der Suche nach Innovation und neuen Experimenten, ohne dabei den Kontakt zum Ursprungsgebietzu verlieren. Dieser Sassella La Scala '10," ist ein reinrassiger Nebbiolo, fast etwas „barolomäßig" im Duft, mit Noten, die in Richtung Goudron, Heilkräuter und kleine Beerenfrüchte gehen. Im Mund vibrierend und prägnant, sehr fein, unglaublich lang und überzeugend. Keinesfalls enttäuschend der Sforzato Vin da Ca' '10, mit Aromen von Tabak, Chinarinde und in Alkohol eingelegten Früchten. Am Gaumen mächtig, mit gutem Fruchtfleisch und dichtenTanninen, der Abgang ist lang und beständig.

● Valtellina Sforzato Vin da Ca' '10	🍷🍷 5
● Valtellina Sup. Sassella La Scala Ris. '10	🍷🍷 3*
● Valtellina Numero Uno '11	🍷🍷 7
● Valtellina Sup. Inferno Ris. '10	🍷🍷 3
● Passione Barrique '09	🍷🍷 6
● Valtellina Numero Uno '10	🍷🍷 7
● Valtellina Numero Uno '09	🍷🍷 7
● Valtellina Numero Uno '07	🍷🍷 7
● Valtellina Sforzato Vin da Ca' '09	🍷🍷 5
● Valtellina Sforzato Vin da Ca' '08	🍷🍷 5
● Valtellina Sforzato Vin da Ca' '07	🍷🍷 5
● Valtellina Sup. Inferno Ris. '09	🍷🍷 3
● Valtellina Sup. Sassella La Scala Ris. '09	🍷🍷 3

Mamete Prevostini
VIA LUCCHINETTI, 63
23020 MESE [SO]
TEL. +39 034341522
www.mameteprevostini.com

DIREKTVERKAUF
BESUCH NACH VORANMELDUNG
GASTRONOMIE
JAHRESPRODUKTION 160.000 Flaschen
REBFLÄCHE 18 Hektar

Das Engagement von Mamete Prevostini in der Rolle als Präsident des Konsortiums Vini di Valtellina erweist sich als immer wertvoller. Es ist ihm einerseits gelungen, den Zusammenhalt der vielen kleinen Erzeuger der Zone zu verfestigen, und hat sich andererseits mit viel Geschick den internationalen Herausforderungen gestellt. Seine im Jahr 1925 im Valchiavenna gegründete Kellerei ist ein Musterbeispiel für Umweltverträglichkeit (Gütesiegel Klimahaus Wine), die nicht nur auf Energieeffizienz sondern auch auf die Verwendung von Ressourcen während der Weinherstellung, von der Lese bis zum Transport, achtet. Erwähnenswert ist der elegante Auftritt des Sforzato Albareda '12, dessen „Plus" in der Bewahrung der Integrität der Rebsorte Nebbiolo liegt, die durch intensive Duftnoten von Gewürz, geröstetem Kaffee und roten Beeren betont wird. Am Gaumen reichhaltig, mit schönem Fruchtfleisch und großartiger säuerlicher Frische. Der Abgang ist straff und sehr lang.Komplex und fein ist der Sommarovina '12, mit harmonischem Duft nach Frucht und Gewürz, Nuancen von Trockenblumen. Der Geschmack ist gespannt, mit dichten Tanninen, der Abgang streng, lang und angenehm würzig.

● Valtellina Sforzato Albareda '12	🍷🍷 6
● Valtellina Sup. Sassella San Lorenzo '11	🍷🍷 5
● Valtellina Sup. Sassella Sommarovina '12	🍷🍷 4
● Valtellina Sup. Grumello '12	🍷🍷 3
● Valtellina Sup. Ris. '11	🍷🍷 5
● Valtellina Sup. Sassella San Lorenzo '12	🍷🍷 3
● Rosso di Valtellina Santarita '13	🍷 2
● Valtellina Sforzato Albareda '09	🍷🍷🍷 6
● Valtellina Sforzato Albareda '08	🍷🍷🍷 6
● Valtellina Sforzato Albareda '06	🍷🍷🍷 6
● Valtellina Sup. Ris. '09	🍷🍷🍷 5
● Valtellina Sup. Sassella San Lorenzo '10	🍷🍷🍷 5
● Valtellina Corte di Cama '11	🍷🍷 6
● Valtellina Sforzato Albareda '11	🍷🍷 6
● Valtellina Sup. Sassella Sommarovina '11	🍷🍷 4

LOMBARDEI

Provenza - Cà Maiol
via dei Colli Storici
25015 Desenzano del Garda [BS]
Tel. +39 0309910006
www.provenzacantine.it

DIREKTVERKAUF
BESUCH NACH VORANMELDUNG
JAHRESPRODUKTION 1.500.000 Flaschen
REBFLÄCHE 155 Hektar

Im Familienbetrieb Contato sind im letzten Jahrzehnt tiefgreifende Veränderungen erfolgt, indem die Rebfläche vergrößert und umweltverträglichere Weinbautechniken eingesetzt wurden, die auch im Keller zu einer qualitativ immer hochwertigeren Vinifizierung geführt haben. Und wenn auch im mehr als 150 Hektar großen Weinberg fast ausschließlich Turbiana-Trauben wachsen, so scheut man im Keller dennoch keine Mühe, um für jedes Traubengut jene Verarbeitung zu finden, die die von der Natur geschenkten Merkmale am Besten zum Vorschein bringt. Große Aufmerksamkeit wird auch der Denomination Valentesi und damit der Aufwertung des Groppello geschenkt. Fabio Contato hat die ausgezeichnete Weinlese 2013 perfekt interpretiert und einen Lugana Molin von allerhöchster Güte erzeugt. Der frische Ausdruck von weißer Frucht und Blumen macht ihn intensiv, im Mund erobert er durch die saftige, knackige Frucht, die Würzigkeit und die Länge des Geschmacks, der ein beachtliches Reifepotenzial verspricht. Der Fabio Contato überzeugt durch die Reife der gelben Frucht und die Eleganz der perfekten Verbindung mit dem Eichenholz.

○ Lugana Molin '13	🍷🍷🍷 3*
○ Lugana Brut M. Cl.	🍷🍷 4
○ Lugana Fabio Contato Ris. '12	🍷🍷 5
○ Lugana Brut M. Cl. Fabio Contato	🍷🍷 4
○ Garda Cl. Chiaretto '13	🍷🍷 2*
● Garda Cl. Groppello Joel '12	🍷🍷 3
○ Lugana Prestige '13	🍷🍷 3
⊙ Valtènesi Roseri '13	🍷🍷 3
● Garda Cl. Rosso Negresco '10	🍷 4
○ Lugana Molin '12	🍷🍷🍷 3*
○ Lugana Sup. Sel. Fabio Contato '11	🍷🍷🍷 5
○ Lugana Sup. Sel. Fabio Contato '10	🍷🍷🍷 5

Quadra
via Sant'Eusebio, 1
25033 Cologne [BS]
Tel. +39 0307157314
www.quadrafranciacorta.it

DIREKTVERKAUF
BESUCH NACH VORANMELDUNG
GASTRONOMIE
JAHRESPRODUKTION 150.000 Flaschen
REBFLÄCHE 22 Hektar

Quadra entstand im Jahr 2003: Eine Idee von Ugo Ghezzi, Unternehmer im Bereich der erneuerbaren Energien, der mit Unterstützung seiner Kindern Cristina und Marco eine kleine Kellerei erwarb und diese von Grund auf renovierte. Die Weinberge von Quadra haben eine Größe von 32 Hektar. Neben dem Chardonnay, wichtigste Rebsorte der Denomination, kümmert man sich auch um die Aufwertung des Pinot Bianco, für den drei sich untereinander stark ergänzende Rebflächen gefunden wurden, sowie um den Pinot Nero, der auf einigen Hügelparzellen mit Moränenböden gedeiht. Der mit der Leitung betraute Önologe Mario Falcetti blickt auch auf eine lange Karriere als Forscher zurück. Sehr interessant der Extra Brut Qzero '09: fein, vielschichtig, elegant mit Tönen von Mineral und Frucht, guter Abgang auf Gewürz und Holznoten. Hochwertig der zartrosa Qrosé, reich an Noten von roten Beeren, cremig und mineralisch am Gaumen, der Qsatèn '09 zeigt hingegen geschmeidige ausdrucksstarke Tiefe mit Tönen von aromatischen Kräutern und weißer Frucht. Sehr gut die anderen Cuvées.

○ Franciacorta Dosaggio Zero EretiQ	🍷🍷 6
○ Franciacorta QRosé	🍷🍷 5
○ Franciacorta Brut Q39 '08	🍷🍷 5
○ Franciacorta Extra Brut QZero '09	🍷🍷 5
○ Franciacorta QSatèn '09	🍷🍷 5
○ Franciacorta Brut QBlack	🍷 4
○ Franciacorta Brut '06	🍷🍷 4
○ Franciacorta Extra Brut Q Zero '08	🍷🍷 5
○ Franciacorta QSatèn '08	🍷🍷 5
○ Franciacorta Satèn '07	🍷🍷 5

LOMBARDEI

Francesco Quaquarini

LOC. MONTEVENEROSO
VIA CASA ZAMBIANCHI, 26
27044 CANNETO PAVESE [PV]
TEL. +39 038560152
www.quaquarinifrancesco.it

DIREKTVERKAUF
BESUCH NACH VORANMELDUNG
JAHRESPRODUKTION 650.000 Flaschen
REBFLÄCHE 60 Hektar
WEINBAU Biologisch anerkannt

Zuverlässigkeit ist das Wort, das den von Francesco Quaquarini gemeinsam mit Sohn Umberto als Önologen und Tochter Maria Teresa geleiteten Betrieb am besten beschreibt. Die erzeugte Menge ist für ein Anbaugebiet wie das Oltrepò Pavese mit seinen vorwiegend kleinen Betrieben beachtlich und das reichhaltige Sortiment der traditionellen regionalen Weine, vom Buttafuoco bis zum Sangue di Giuda und vom Bonarda bis zum Pinot Nero Metodo Classico, immer einwandfrei. Es fehlt nur noch ein "Geniestreich", um jene hohe Anerkennung zu erlangen, die für die Kellerei durchaus im Bereich des Möglichen liegt. Der Barbera Poggio Anna '11 bestätigt sich als eines der interessantesten Produkte: Er ist lebhaft, dynamisch, fleischig, und bietet gleichzeitig Struktur und Trinkbarkeit. Wie immer ein Triumph ist der Sangue di Giuda, sowohl in der Basisversion – fruchtig, harmonisch, sehr genussreich - als auch der Cru Vigna Acqua Calda, der etwas mehr Körper besitzt. Vorzüglich auch der Bonarda Vivace '13, saftig und balsamisch, mit verführerischer Farbe und reichem violettem Schaum.

- OP Barbera Poggio Anna '11 ♛♛ 3
- OP Bonarda Vivace '13 ♛♛ 2*
- OP Pinot Nero Blau '10 ♛♛ 3
- OP Sangue di Giuda '13 ♛♛ 2*
- OP Sangue di Giuda V. Acqua Calda '13 ♛♛ 3
- ○ OP Pinot Nero Brut Classese '07 ♛ 2
- OP Barbera Poggio Anna '10 ♛♛ 3
- OP Buttafuoco V. Pregana '07 ♛♛ 5
- OP Pinot Nero Blau '09 ♛♛ 3
- OP Sangue di Giuda V. Acqua Calda '12 ♛♛ 3
- OP Sangue di Giuda V. Acqua Calda '11 ♛♛ 3

Cantina Sociale Cooperativa di Quistello

VIA ROMA, 46
46026 QUISTELLO [MN]
TEL. +39 0376618118
www.cantinasocialequistello.it

DIREKTVERKAUF
BESUCH NACH VORANMELDUNG
JAHRESPRODUKTION 1.000.000 Flaschen
REBFLÄCHE 330 Hektar

Die 1928 gegründete Genossenschaftskellerei von Quistello ist für den Weinbau dieser in der Provinz Mantuain der Po-Ebene am Fluß Secchia liegenden Zone von besonderer Bedeutung. Wir sind in der Lombardei, abseits der in Sachen Lambruscoherstellung bekannteren emilianischen Anbaugebiete der Provinzen Parma und Reggio Emilia. 300 Mitglieder, 500 Tonnen Trauben, Verkauf von offenem Wein, aber auch Abfüllung von ausgewählten Spitzenweinen, die auf würdige Weise die typischen Speisen des Gebiets begleiten. Den Anfang macht der Gran Rosso Del Vicariato Di Quistello '13, ein klangvoller Name für den Lambrusco aus Ruberti und Ancellotta-Trauben mit Nachvergärung in der Flasche. Von undurchdringlicher Farbe, mit reinen und klaren Duftnoten von roten Waldbeeren, intensiv, wohlriechend und sehr langanhaltend. Gut auch der 80 Vendemmie Rosso '13 mit knackigen roten Beerenfrüchten, der ebenfalls bei geregelter Temperatur in der Flasche nachgärt. Erfreulich der Rossissimo '13, eine Cuvée aus mehreren Rebsorten.

- 80 Vendemmie '13 ♛♛ 2*
- Gran Rosso del Vicariato di Quistello '13 ♛♛ 2*
- ○ 80 Vendemmie '13 ♛ 2
- Lambrusco Mantovano Rossissimo '13 ♛ 2
- Gran Rosso del Vicariato di Quistello '12 ♛♛ 1*
- Lambrusco Mantovano Rossissimo '12 ♛♛ 2*

LOMBARDEI

★ Aldo Rainoldi
LOC. CASACCE DI CHIURO
VIA STELVIO, 128
23030 CHIURO [SO]
TEL. +39 0342482225
www.rainoldi.com

DIREKTVERKAUF
BESUCH NACH VORANMELDUNG
JAHRESPRODUKTION 180.000 Flaschen
REBFLÄCHE 9,6 Hektar

Aldo Rainoldi ist einer der Protagonisten des Veltlins, das größte im Bergland auf Terrassen liegende Anbaugebiet Italiens. Er hat die 1925 von Großvater Peppino gegründete Kellerei auf brillante Weise neu organisiert, indem er die Beziehungen zu den bewährten Traubenlieferanten überarbeitete und voller Überzeugung auf einige der besten Weinberge des gesamten Anbaugebiets setzte. Seit jeher auf ausländischen Märkten aktiv, hat er sein Wissen auch dem Konsortium Vini di Valtellina zur Verfügung gestellt. Die Weine von Rainoldi sind komplex, haben eine lange Reifezeit im Keller und eine überlange Lagerung in der Flasche hinter sich und besitzen ein enormes Alterungspotenzial. Eindeutig elegant und voller Persönlichkeit ist der Ca' Rizzieri '10, intensiv und klassisch im Duft mit Anklängen von Trüffel und Goudron, die klare Frucht schenkt Vielschichtigkeit. Im Mund stark, mit guter Balance zwischen Tannin und Säure und komplexer Frische, der Abgang ist sehr lang und reichhaltig. Überraschend facettenreich ist der Grumello Riserva '09, mit Noten von Tabak und Leder, die sich mit roten Beeren vermengen.

- Valtellina Sfursat Fruttaio Ca' Rizzieri '10 ▼▼▼ 6
- Valtellina Sup. Grumello Ris. '09 ▼▼ 6
- Valtellina Sup. Sassella Ris. '09 ▼▼ 5
- ⊙ Brut Rosé '10 ▼▼ 4
- ○ Ghibellino '13 ▼▼ 3
- Valtellina Sfurzat '10 ▼▼ 5
- Valtellina Sup. Crespino '09 ▼▼ 5
- Valtellina Sup. Inferno '10 ▼▼ 3
- Valtellina Sfursat '08 ▽▽▽ 5
- Valtellina Sfursat Fruttaio Ca' Rizzieri '09 ▽▽▽ 6
- Valtellina Sfursat Fruttaio Ca' Rizzieri '06 ▽▽▽ 6
- Valtellina Sfursat Fruttaio Ca' Rizzieri '02 ▽▽▽ 6
- Valtellina Sup. Sassella Ris. '06 ▽▽▽ 5
- Valtellina Sfursat '09 ▽▽ 5

Ricci Curbastro
VIA ADRO, 37
25031 CAPRIOLO [BS]
TEL. +39 030736094
www.riccicurbastro.it

DIREKTVERKAUF
BESUCH NACH VORANMELDUNG
UNTERKUNFT
JAHRESPRODUKTION 200.000 Flaschen
REBFLÄCHE 27 Hektar

Riccardo leitet seit Jahren den von Vater Gualberto im Jahr 1967 gegründeten Familienbetrieb. Neben seiner Arbeit als Agronom und Önologe ist Riccardo auch Präsident der italienischen FederDoc und Vorsitzender der EFOW, der Vereinigung der europäischen DOC-Anbaugebiete. Er hat dieser Maison, die heute 27 Hektar Rebfläche in den besten Lagen des Anbaugebiets ihr Eigen nennt, zu einem beachtlichen Aufschwung verholfen und exportiert seine Cuvées erfolgreich in die ganze Welt. Die Auswahl der Etiketten ist sehr umfangreich und umfasst alle Varianten des Franciacorta sowie die Weine der Denomination. Der Extra Brut '10 ist der Wein, der uns diesmal am stärksten beeindruckt hat. Die zu gleichen Teilen aus Pinot Nero und Chardonnay erzeugte Cuvée ruht vier Jahre auf der Hefe und hat eine hauchzarte Perlage und ein komplexes, blumiges, würziges und sehr feines Bouquet von roten Beeren. Am Gaumen gut strukturiert, wohlschmeckend, nervig und anhaltend. Beachtlich auch der Museum Release, ein spät degorgierter Satèn '06, der Eleganz, Frische und reichhaltige Fruchtnoten präsentiert, um dann lang auf Tönen von Honig und Zitrusfrucht auszuklingen.

- ○ Franciacorta Extra Brut '10 ▼▼ 5
- ○ Franciacorta Brut ▼▼ 4
- ○ Franciacorta Extra Brut M.R. '06 ▼▼ 5
- ○ Franciacorta Satèn '10 ▼▼ 4
- ○ Franciacorta Satèn M. R. '06 ▼▼ 5
- ⊙ Franciacorta Brut Rosé ▼▼ 4
- ○ Franciacorta Satèn ▼ 4
- ○ Curtefranca Bianco '13 ▼ 2
- ○ Curtefranca Bianco V. Bosco Alto '10 ▼ 3
- ○ Franciacorta Dosaggio Zero Gualberto '06 ▽▽▽ 6
- ○ Franciacorta Extra Brut '07 ▽▽▽ 5
- ○ Franciacorta Extra Brut '09 ▽▽ 5
- ○ Franciacorta Extra Brut M.R. '05 ▽▽ 5
- ○ Franciacorta Satèn Brut '09 ▽▽ 5

LOMBARDEI

Ronco Calino
LOC. QUATTRO CAMINI
FRAZ. TORBIATO
VIA FENICE, 45
25030 ADRO [BS]
TEL. +39 0307451073
www.roncocalino.it

DIREKTVERKAUF
BESUCH NACH VORANMELDUNG
JAHRESPRODUKTION 70.000 Flaschen
REBFLÄCHE 10 Hektar
WEINBAU Biologisch anerkannt

Vor einigen Jahren beschloss der Textilunternehmer Paolo Radici, das Landgut und die Villa in Torbiato di Adro zu erwerben, die einst dem berühmten Pianisten Arturo Benedetti Michelangeli gehört hatte. Rund um die Villa liegen in einem herrlichen Moränen-Amphitheater zehn Hektar Rebfläche und dank der Beratung durch Leonardo Valenti entsteht in der neuen, modernen Kellerei ein gepflegtes Sortiment von Franciacorta und Weinen des Anbaugebiets. Bei der Leitung des Betriebs wird Paulo von seiner Tochter Lara Imberti Radici unterstützt. Der dem Vater von Paolo, Gianni, gewidmete Rosé Radijan ist einer der besten diesjährigen Roséweine der Franciacorta. Er besteht aus reinsortig ausgebauten Pinot Nero-Trauben, hat eine schöne altrosa Farbe und einen eleganten Duft nach Waldbeeren. Der Schaum ist cremig und die Perlage fein, am Gaumen ist er schmackhaft und reichhaltig und endet auf intensiven, frischen Fruchtnoten. Sehr gut der Nature '09, rein und mineralisch, mit schönen Zitrusfruchtnoten, und der fleischig wohlschmeckende Brut mit verführerischen balsamischen Nuancen.

○ Franciacorta Brut		🍷🍷 4
⊙ Franciacorta Brut Rosé Radijan		🍷🍷 5
○ Franciacorta Satèn		🍷🍷 5
● Curtefranca Rosso Ponènt '10		🍷🍷 4
○ Franciacorta Nature '09		🍷🍷 5
● Pinot Nero L'Arturo '11		🍷🍷 5
○ Curtefranca Bianco Lèant '12		🍷 3
○ Curtefranca Bianco '10		🍷🍷 3
○ Curtefranca Bianco Lèant '11		🍷🍷 3
● Curtefranca Rosso '08		🍷🍷 4
● Curtefranca Rosso Ponènt '09		🍷🍷 4
○ Franciacorta Brut '08		🍷🍷 5
○ Franciacorta Brut Centoventi '01		🍷🍷 8
○ Franciacorta Nature '08		🍷🍷 5

Tenuta Roveglia
LOC. ROVEGLIA, 1
25010 POZZOLENGO [BS]
TEL. +39 030918663
www.tenutaroveglia.it

DIREKTVERKAUF
BESUCH NACH VORANMELDUNG
JAHRESPRODUKTION 250.000 Flaschen
REBFLÄCHE 70 Hektar

Das Weingut Roveglia zählt ganz sicherlich zu jenen Kellereien, die das Anbaugebiet der Lugana-Traube am besten vertreten. Der Familienbetrieb Zweifel Azzone erstreckt sich über viele Hektar im Hinterland des südlichen Gardaseegebiets, wo der einst vom See bedeckte Boden einen sehr hohen Tonanteil aufweist, der die Merkmale der alten Rebsorte Turbiana hervorragend zum Vorschein bringt. Seit Jahren liegt die Leitung in den Händen von Paolo Fabiani, der aus den Weinen der Kellerei Roveglia ein Vorbild für die Denomination gemacht hat. Im Panorama des Lugana gewinnt die Version aus der Spätlese sowohl bei den Erzeugern als auch bei den Liebhabern langsam immer mehr an Boden. Das Weingut Roveglia erzeugt mit dem Filo di Arianna bereits seit Jahren diesen Weintyp. Ein Weißer, der nach reifem gelbem Obst, Gewürz und Trockenblumen duftet und im Untergrund eine zarte Mineralnote erahnen lässt, die kurz vor der Explosion steht. Im Mund wird die Vollmundigkeit von einer schmackhaften Säure beherrscht.

○ Lugana V. T. Filo di Arianna '11		🍷🍷 3*
● Garda Merlot '11		🍷🍷 2*
○ Lugana Limne '13		🍷🍷 2*
○ Lugana Sup. Vigne di Catullo Ris. '11		🍷🍷 3
○ Lugana Brut		🍷 3
⊙ Garda Cl. Chiaretto '13		🍷 2
● Garda Cabernet Sauvignon Ca' d'Oro '06		🍷🍷 4
○ Lugana Limne '10		🍷🍷 2
○ Lugana Sup. Filo di Arianna '08		🍷🍷 3
○ Lugana Sup. Vigne di Catullo '08		🍷🍷 3

LOMBARDEI

Lo Sparviere
via Costa, 2
25040 Monticelli Brusati [BS]
Tel. +39 030652382
www.losparviere.com

DIREKTVERKAUF
BESUCH NACH VORANMELDUNG
JAHRESPRODUKTION 120.000 Flaschen
REBFLÄCHE 21,5 Hektar

Familie Gussalli Beretta ist eine der weltweit ältesten Industriellendynastien: Ihr Bestehen wird seit mindestens 1526 urkundlich erwähnt. Ugo Gussalli Beretta und seine Frau Monique hegen eine große Leidenschaft für den Wein und für das Land, was sie zur Gründung des Landwirtschaftskonzerns Gussalli Beretta veranlasste, zu dem neben dem Betrieb Lo Sparviere auch die Weingüter Castello di Radda im Chianti Classico-Gebiet, Orlandi ContucciPonno in den Abruzzen und der Bauernhof Pressenda in Castelletto di Monforte d'Alba gehören. Als Firmensitz dient eine schöne, perfekt restaurierte Villa mit Nebengebäuden aus dem 16. Jh. Der Franciacorta Extra Brut '08 sichert sich auch dieses Jahr unsere Drei Gläser. Er wird aus den Chardonnay-Trauben der Rebberge Bobani und Brolo erzeugt: Beide sind nach Süden ausgerichtet, der erste liegt in Provaglio d'Iseo, der zweite in Monticelli Brusati.Wenn wir für seine Beschreibung nur ein Adjektiv verwenden dürften, dann wäre das „harmonisch", wie seine elegante Erhabenheit. Im Finale auch der Dosaggio Zero Riserva '07, ein Wein von großartiger aromatischer Anlage, stilistisch tadellos.

○ Franciacorta Extra Brut '08	🍷🍷🍷	5
○ Franciacorta Dosaggio Zero Ris. '07	🍷🍷	6
○ Franciacorta Brut '09	🍷🍷	5
○ Franciacorta Brut Cuvée N. 7	🍷	4
○ Franciacorta Brut Rosé Monique	🍷	5
○ Franciacorta Extra Brut '07	🍷🍷	5
○ Curtefranca Bianco Il Dossello '11	🍷🍷	3
○ Franciacorta Brut '08	🍷🍷	5
○ Franciacorta Dosaggio Zero Ris. '06	🍷🍷	8
○ Franciacorta Extra Brut '06	🍷🍷	5

Terre d'Oltrepò
via Torino, 96
27045 Casteggio [PV]
Tel. +39 038551505
www.bronis.it

DIREKTVERKAUF
BESUCH NACH VORANMELDUNG
JAHRESPRODUKTION 4.000.000 Flaschen
REBFLÄCHE 4,500 Hektar

2008 leitete Livio Cagnoni die Fusion zwischen der Cantina Sociale von Broni (Gründungsjahr 1960) und der Kellerei von Casteggio (Gründungsjahr 1907) ein und rief dadurch eine der größten Genossenschaftskellereien der Lombardei ins Leben. 900 Mitglieder und über4500 Hektar Rebfläche in den besten Zonen des Oltrepò Pavese erlauben die Erzeugung aller Weinarten, von Perlweinen und stillen Weinen über Weiß- und Rotweine bis zu den Spumantes Metodo Classico. Wir sind überzeugt, dass man bei diesem Potenzial einfach zur höchsten Güte streben muss: AnTrumpfkarten besteht wirklich kein Mangel. Und die in diesem Jahr eingereichten Spitzenweine sind absolut zufriedenstellend. Den Anfang macht derCruasé, blumig, elegant und gut gemacht, dann kommen die Selektionsweine Bronis di Bonarda des Jahrgangs und der Barbera '09, der erste duftend und fruchtig, der zweite fest, mit gut eingebundenem Holz, integer, mit gutem Säurerückgrad, strukturiert und fleischig. Ansprechend auch die süßen Perlweine (Moscato und Sangue di Giuda) und der stille trockene Malvasia Bianca.

⊙ OP Cruasé	🍷🍷	2*
● OP Barbera Bronis '08	🍷🍷	2*
● OP Bonarda Bronis '13	🍷🍷	2*
○ OP Malvasia '13	🍷🍷	2*
● OP Sangue di Giuda '13	🍷🍷	2*
○ OP Moscato '13	🍷	2
● OP Bonarda Bronis '12	🍷🍷	2*
⊙ OP Cruasé	🍷🍷	2*

LOMBARDEI

Pietro Torti
FRAZ. CASTELROTTO, 9
27047 MONTECALVO VERSIGGIA [PV]
TEL. +39 038599763
www.pietrotorti.it

DIREKTVERKAUF
BESUCH NACH VORANMELDUNG
JAHRESPRODUKTION 30.000 Flaschen
REBFLÄCHE 12,5 Hektar

Sandro Torti, der (bis jetzt) letzte Erbe dieser alten Winzerfamilie, leitet den von Vater Pietro geerbten kleinen Betrieb praktisch im Alleingang und versucht dabei, laut Tradition des Oltrepò ein abwechslungsreiches und unverfälschtes Weinsortiment anzubieten. Bei einem Betrieb wie diesem sind einige Höhen und Tiefen ganz normal, wir finden es jedoch richtig, die harte Arbeit eines Mannes zu belohnen, der sich mit Eigensinn und Hingabe praktisch rund um die Uhr dem Weinberg und dem Keller widmet. Die Spumantes MetodoClassico benehmen sich gut: Der Brut '10 hat fast rauchige Anklänge, besitzt Noten von weißer Frucht, Struktur, Säure und Rückgrad, breit und mit viel Elan im langen Abgang. Gut der Cruasé '11, mit Aromen von kleinen roten Beeren und Agrumen, von verlockender Trinkbarkeit. Mit dem Bonarda geht man immer auf Nummer sicher. Der Jahrgang 2013 ist nicht so reichhaltig wie der 2012er, aber trotzdem gut gemacht, fruchtig, angenehm und ausgewogen mit spürbarem Restzucker. Bei den anderen Weinen heben wir besonders den Geruch von Tropenfrucht des Chardonnay Fagù '13 hervor.

● OP Barbera Campo Rivera '10	▼▼ 3
● OP Bonarda '13	▼▼ 2*
⊙ OP Cruasé '11	▼▼ 3
○ OP Pinot Nero Brut M. Cl. Torti '10	▼▼ 3
○ Fagù '13	▼ 2
● OP Bonarda Verzello '13	▼ 2
● OP Pinot Nero Mobi '10	▼ 4
○ OP Riesling Italico Moglialunga '13	▼ 2
● Castelrotto '09	▼▼ 5
○ Fagù '11	▼▼ 2*
● OP Bonarda Vivace '12	▼▼ 2*
○ OP Pinot Nero Brut M. Cl. Torti '09	▼▼ 3*

★ Uberti
LOC. SALEM
VIA E. FERMI, 2
25030 ERBUSCO [BS]
TEL. +39 0307267476
www.ubertivini.it

BESUCH NACH VORANMELDUNG
JAHRESPRODUKTION 180.000 Flaschen
REBFLÄCHE 25 Hektar

Mit der Gründung des derzeitigen Betriebs im Jahr 1980 setzen Agostino Uberti und seine Frau Eleonora eine Familientradition fort, die 1739 zwischen den Weinbergen im Raum Brescia ihren Anfang nahm. Die Franciacorta verdankt ihren außerordentlichen, in nur 50 Jahren erworbenen Ruf auch den Ubertis und ihren spitzenmäßigen Cuvées, deren Trauben aus den eigenen Weinbergen (heute 25 Hektar) in den besten Lagen von Erbusco stammen. Seit einigen Jahren sind auch die junge Önologin Silvia sowie Francesca, die sich um den Empfang der Besucher kümmert, mit von der Partie. Der Sublimis ist ein Dosaggio Zero aus Chardonnay-Trauben eines Rebbergs in Cazzago San Martino, der vor dem Enthefen mehr als sieben Jahre auf der Hefe reift. Der 2007 hat bei den Endverkostungen durch seine cremige, harmonische Konsistenz mit Noten von weißer Frucht, Butter und Blumen, die elegant auf Gewürz und Holz ausklingen, eine gute Figur gemacht. Der Comarì del Salem '08 ist reich an weicher Struktur und endet lang und vanilleartig.

○ Franciacorta Non Dosato Sublimis '07	▼▼ 6
○ Franciacorta Extra Brut Francesco I	▼▼ 5
● Rosso dei Frati Priori	▼▼ 5
○ Franciacorta Extra Brut Comarì del Salem '08	▼▼ 6
○ Franciacorta Brut Francesco I	▼ 5
⊙ Franciacorta Rosé Francesco I	▼ 5
○ Franciacorta Satèn Magnificentia	▼ 6
○ Franciacorta Brut Comarì del Salem '00	▼▼▼ 6
○ Franciacorta Extra Brut Comarì del Salem '03	▼▼▼ 6
○ Franciacorta Extra Brut Comarì del Salem '02	▼▼▼ 6
○ Franciacorta Extra Brut Comarì del Salem '01	▼▼▼ 6
○ Franciacorta Extra Brut Comarì del Salem '98	▼▼▼ 6
○ Franciacorta Satèn Magnificentia	▼▼▼ 6

LOMBARDEI

Vanzini
FRAZ. BARBALEONE, 7
27040 SAN DAMIANO AL COLLE [PV]
TEL. +39 038575019
www.vanzini-wine.com

DIREKTVERKAUF
BESUCH NACH VORANMELDUNG
JAHRESPRODUKTION 600.000 Flaschen
REBFLÄCHE 27 Hektar

Die Geschwister Vanzini haben keine Flausen im Kopf. Sie arbeiten hart, schreiben ansehnliche Zahlen und kennen alle Vorzüge der Trauben Croatina, Barbera und Pinot Nero, um daraus in Bezug auf Reinheit, Klarheit und Preis-Leistungs-Verhältnis beispielhafte Traditionsweine zu erzeugen. Bonarda, Sangue di Giuda, Schaumweine Metodo Martinotti heben sich bei unseren Blindverkostungen immer hervor, da sie im Gegensatz zu gleichartigen Produkten meistens das gewisse Etwas besitzen. Wenn Sie also lebhafte oder prickelnde Weine lieben, dann ist das genau Ihre Kellerei. Die Glanzleistung hat dieses Jahr der Extra Dry Martinotti Rosé hingelegt, ohne Zweifel einer der besten Italiens. Der im Autoklav nachgegärte Schaumwein von fruchtiger Gefälligkeit besitzt eine Balance und Trinkbarkeit von seltener Güte, eine verführerische Farbe und ist auch beim mäßigen Restzuckeranteil gut dosiert. Dasselbe gilt auch für die beiden anderen weißen Extra Dry, mit einer leichten Bevorzugung des Aedo mit fruchtiger, noch fleischigerer Frucht.

⊙ Pinot Nero Extra Dry Martinotti Rosé	♛♛ 3*
○ Pinot Nero Extra Dry Martinotti	♛♛ 3
○ Pinot Nero Extra Dry Martinotti Aedo	♛♛ 3
● OP Barbera Frizzante '13	♛♛ 2*
● OP Bonarda V. Guardia '13	♛♛ 3
● OP Sangue di Giuda '13	♛♛ 3
● OP Barbera Fermo '13	♛ 2
● OP Pinot Nero '13	♛ 3
○ Riesling Renano '13	♛ 2
● OP Bonarda Vivace '12	♛♛ 2*
● OP Bonarda Vivace '11	♛♛ 2*
● OP Sangue di Giuda '12	♛♛ 3

Vercesi del Castellazzo
VIA AURELIANO, 36
27040 MONTÙ BECCARIA [PV]
TEL. +39 0385262098
www.vercesidelcastellazzo.it

DIREKTVERKAUF
BESUCH NACH VORANMELDUNG
JAHRESPRODUKTION 80.000 Flaschen
REBFLÄCHE 13 Hektar

Verdienter Aufstieg in den Hauptteil des Weinführers dieses alteingesessenen Betriebs des Oltrepò, der als einer der ersten klar auf Qualität gesetzt hat. Die Kellerei Castellazzo beherrscht den Ortsteil Montù Beccaria, auch wenn die Verarbeitung der Trauben längst in den moderneren Gebäuden in der Talebene stattfindet. Ein Rotweinbetrieb par excellence, der sowohl Weine für den schnellen Trinkgenuss als auch Rote mit hervorragendem Alterungspotenzial anbietet. Der Pinot Nero Luogodei Monti '11 zeigt sich in alter Pracht. Der Stil ist einzigartig, erdig, dunkel, intensiv, ein Abbild dieses Terroirs und verkörpert im Vergleich zu den eleganten, blumigen Pinot Nero der Gebirgszonen eine andere Welt. Ausgezeichnet der Barbera Clà '11, kräftig und balsamisch, nervig, fleischig und verführerisch, ein reinrassiger Barbera. Der Pezzalunga '13 ist ein schlichterer, süffiger und ausgewogener Roter, ein herrlicher Wein für alle Tage. Gut auch der Gugiarolo, ein stiller, weiß ausgebauter Pinot Nero.

● OP Pinot Nero Luogo dei Monti '11	♛♛ 3*
● OP Barbera Clà '11	♛♛ 2*
● OP Bonarda Vivace Luogo della Milla '13	♛♛ 2*
○ OP Pinot Nero in Bianco Gugiarolo '13	♛♛ 2*
● OP Rosso Pezzalunga '13	♛♛ 2*
● Vespolino '13	♛ 2
● OP Barbera Clà '09	♛♛ 2
● OP Barbera Clà '09	♛♛ 2*
● OP Cruasé Donna Paola '08	♛♛ 4
○ OP Pinot Nero in Bianco Gugiarolo '12	♛♛ 2
○ OP Pinot Nero in Bianco Gugiarolo '11	♛♛ 2*
● Rosso del Castellazzo '05	♛♛ 4

LOMBARDEI

Bruno Verdi
VIA VERGOMBERRA, 5
27044 CANNETO PAVESE [PV]
TEL. +39 038588023
www.brunoverdi.it

DIREKTVERKAUF
BESUCH NACH VORANMELDUNG
JAHRESPRODUKTION 90.000 Flaschen
REBFLÄCHE 9 Hektar

Wir werden nie müde, die Hartnäckigkeit zu rühmen, mit der Paolo Verdi im Alter von 20 Jahren nach dem frühen Tod seines Vaters Bruno die Zügel des Familienbetriebs in die Hand genommen hat, um daraus in jahrelanger Arbeit und mit viel Geduld und Hingabe einen der interessantesten und vertrauenswürdigsten Betriebe des Oltrepò zu erschaffen, wobei er im Weinberg und im Keller praktisch alles alleine macht. Das Sortiment ist reichhaltig, wie es die Tradition des Oltrepò verlangt, aber alle Weine verdienen große Aufmerksamkeit. Sehr gut der Cavariola '10, der rote Spitzenwein der Kellerei, der seinen fruchtigen Körper gleichermaßen eindringlich und elegant abzuwandeln weiß. Er ist ausgewogen, faszinierend, mit Gewürz, balsamischen Noten und Nuancen von Waldbeeren, die Nase und Mund begeistern. Zwei Jahre in Folge erreicht der Cruasè das Finale, einer der besten seiner Art, gefällig, streng, wohlriechend, reichhaltig und intensiv. Wie immer ein großer Barbera ist der Campo del Marrone '11.

● OP Rosso Cavariola Ris. '10	♛♛♛ 5
● OP Barbera Campo del Marrone '11	♛♛ 3*
⊙ OP Cruasé Vergomberra '10	♛♛ 4
● OP Bonarda Vivace Possessione di Vergomberra '13	♛♛ 2*
○ OP Brut Nature Cl. Vergomberra '09	♛♛ 4
● OP Pinot Nero '10	♛♛ 3
○ OP Moscato Volpara '13	♛ 2
○ OP Riesling Renano V. Costa '12	♛ 2
● OP Sangue di Giuda Dolce Paradiso '13	♛ 2
● OP Rosso Cavariola Ris. '07	♕♕♕ 4
● OP Barbera Campo del Marrone '10	♕♕ 3
○ OP Riesling Renano V. Costa '11	♕♕ 2*
● OP Rosso Cavariola Ris. '09	♕♕ 5
○ OP Vergomberra Brut	♕♕ 4

Giuseppe Vezzoli
VIA COSTA SOPRA, 22
25030 ERBUSCO [BS]
TEL. +39 0307267579
www.vezzolivini.it

DIREKTVERKAUF
BESUCH NACH VORANMELDUNG
JAHRESPRODUKTION 130.000 Flaschen
REBFLÄCHE 60 Hektar

Giuseppe Vezzoli ist ein leidenschaftlicher Winzer und Experimentierer, der vor einigen Jahren seine damalige Arbeit aufgab, um sich voll und ganz dem Franciacorta zu widmen. Heute erzeugt seine Kellerei die ansehnliche Zahl von 130 000 Flaschen, wobei die Trauben aus den zirka 70 Hektar großen, von der Maison kontrollierten Weinbergen stammen, die fast alle in Erbusco liegen und teils Eigentum und teils gepachtet sind. Auch die Kinder Jessica und Dario haben die Begeisterung für den Wein geerbt und ihrerseits einen kleinen innovativen Betrieb mit dem Namen Sullali gegründet. In diesem Jahr haben wir vier Weine verkostet, alle mit exzellenten Ergebnissen. Unser Liebling ist der Brut '10, mit dynamischer Balance zwischen Zitrusfrucht und Würze, tief und lang anhaltend. Der Nefertiti Dizeta '08 ist ein Dosaggio Zero, der am Gaumen durch Sortencharakter, Struktur und Fruchtreichtum besticht, im langen Abgang feine Holz- und Vanillenoten. Bemerkenswerte stilistische Reinheit und Eigentümlichkeit beim Brut und beim Satèn ohne Jahrgangsbezeichnung.

○ Franciacorta Brut	♛♛ 4
○ Franciacorta Satèn	♛♛ 5
○ Franciacorta Brut '10	♛♛ 5
○ Franciacorta Extra Brut Nefertiti Dizeta '08	♛♛ 6
○ Franciacorta Brut '09	♕♕ 5
○ Franciacorta Brut '08	♕♕ 5
○ Franciacorta Extra Brut Nefertiti Dizeta '07	♕♕ 6
○ Franciacorta Extra Brut Nefertiti Dizeta '06	♕♕ 6
○ Franciacorta Extra Brut Nefertiti Dizeta '05	♕♕ 6

LOMBARDEI

Villa Franciacorta
Via Villa, 12
25040 Monticelli Brusati [BS]
Tel. +39 030652329
www.villafranciacorta.it

BESUCH NACH VORANMELDUNG
UNTERKUNFT UND GASTRONOMIE
JAHRESPRODUKTION 300.000 Flaschen
REBFLÄCHE 37 Hektar

Der erfolgreiche Unternehmer Alessandro Bianchi erwarb in den 60er Jahren den aus dem 16. Jh. stammenden Weiler Villa in Monticelli Brusati und verwandelte ihn nach einer sorgfältigen Restaurierung in ein prächtiges Herrenhaus mit angeschlossenem Landwirtschaftsbetrieb. Von den mehr als hundert Hektar Bodenfläche sind etwa 40 mit Weinreben bepflanzt, die oft auf stufenförmigen Terrassen am Fuße des Monte della Rosa wachsen. Hier entsteht unter der Aufsicht von Paolo Pizziol eine Auswahl von Franciacorta, die hinsichtlich stilistischer Strenge und Sortencharakter ihresgleichen sucht. Der PasDoséDiamant '07 besitzt ein blasses, leuchtendes Strohgelb, intensive Duftnoten von weißer Frucht, Agrumen und aromatischen Kräutern, die in anschmiegsamen Vanilletönen ausklingen. Im Mund trocken, frisch, cremig und perfekt ausgewogen.Der Rosé Boké '10 ist wirklich gut gelungen, schmackhaft, mit Tönen von roten Früchten und Granatapfel. Aber auch der ausgezeichnete Extra Blu '08, der nur durch eine etwas zu eindeutige Dosage gebremst wird, und das restliche Angebot sind von hoher Güte.

Wein	Bewertung
○ Franciacorta Pas Dosé Diamant '07	5
● Curtefranca Rosso Gradoni '09	4
○ Franciacorta Brut Sel. '05	6
○ Franciacorta Extra Brut Extra Blu '08	5
⊙ Franciacorta Rosé Brut Boké '10	5
○ Franciacorta Satèn '10	5
○ Campèi '12	2
○ Curtefranca Pian della Villa '11	3
○ Franciacorta Brut Emozione '09	5
○ Franciacorta Extra Brut '98	4*
○ Campèi '11	2*
○ Franciacorta Satèn '09	5

Chiara Ziliani
Via Franciacorta, 7
25050 Provaglio d'Iseo [BS]
Tel. +39 030981661
www.cantinazilianichiara.it

BESUCH NACH VORANMELDUNG
JAHRESPRODUKTION 230.000 Flaschen
REBFLÄCHE 17 Hektar

Die modern ausgestattete Kellerei von Chiara Ziliani liegt im Hügelgebiet von Provaglio d'Iseo und ist von 15 Hektar Weinbergen umgeben, die umweltschonend und mit hoher Stockdichte (über 7000 Stöcke pro Hektar) bewirtschaftet werden. Die begünstigte Lage mit Rebflächen auf 250 Meter Höhe mit Süd- und Südost-Ausrichtung und die sorgsame Kellertechnik haben dem reichhaltigen, in drei Linien aufgeteilten Sortiment einen exzellenten Ruf eingebracht. Mit ihrer Begeisterung und ihrem Schwung ist Chiara ein Musterbeispiel der neuen, ins Rampenlicht drängenden Winzergeneration der Franciacorta. In der immensen Auswahl der Kellerei verweisen wir diesmal auf den PasDosé Ziliani C '09, der verdientermaßen in die Endverkostungen kam.Vielschichtig und frisch, straff, lebhaft, fruchtig und lang verkörpert er genau den Stil des Betriebs. Faszinierend und tief ist der Satèn Riserva Maria Maddalena Cavalleri Brut '07, wie immer cremig und verlockend der Satèn Ziliani C.

Wein	Bewertung
○ Franciacorta Pas Dosé Ziliani C '09	4
○ Franciacorta Brut Conte di Provaglio	3
○ Franciacorta Brut Duca d'Iseo	5
○ Franciacorta Brut Ziliani C	3
○ Franciacorta Rosé Conte di Provaglio	3
○ Franciacorta Satèn Ziliani C	3
○ Franciacorta Brut Italo Ziliani C '09	5
○ Franciacorta Brut Ziliani C '09	5
○ Franciacorta Extra Brut Ziliani C '09	4
○ Franciacorta Satèn Ziliani C '09	4
○ Franciacorta Satèn Ziliani Maria Maddalena Cavalleri Ris. '07	5
○ Franciacorta Extra Brut Ziliani C '08	4
⊙ Franciacorta Rosé Ziliani C	4
○ Franciacorta Satèn Conte di Provaglio	3

WEITERE KELLEREIEN

1701
Piazza Marconi, 6
25046 Cazzago San Martino [BS]
Tel. +39 030775 0875
www.1701franciacorta.it

⊙ Franciacorta Brut Rosé	🍷🍷 4
○ Franciacorta Brut '09	🍷🍷 5
○ Franciacorta Brut	🍷 4
○ Franciacorta Satèn	🍷 4

Elisabetta Abrami
s.da Vicinale delle Fosche
25050 Provaglio d'Iseo [BS]
Tel. +39 0306857185
www.vinielisabettaabrami.it

○ Franciacorta 3V Ris. '06	🍷🍷 5
○ Franciacorta Extra Brut Blanc de Noirs '09	🍷🍷 5
○ Franciacorta Dosaggio Zero	🍷 5
○ Franciacorta Rosé	🍷 5

Al Rocol
via Provinciale, 79
25050 Ome [BS]
Tel. +39 0306852542
www.alrocol.com

DIREKTVERKAUF
BESUCH NACH VORANMELDUNG
UNTERKUNFT UND GASTRONOMIE
JAHRESPRODUKTION 60.000 Flaschen
REBFLÄCHE 13 Hektar

○ Franciacorta Brut Ca' del Luf	🍷🍷 3
○ Franciacorta Pas Dosé Castellini '10	🍷🍷 5
○ Franciacorta Satèn Martignac	🍷 4

Albani
loc. Casona
s.da San Biagio, 46
27045 Casteggio [PV]
Tel. +39 038383622
www.vinialbani.it

DIREKTVERKAUF
BESUCH NACH VORANMELDUNG
JAHRESPRODUKTION 55.000 Flaschen
REBFLÄCHE 28 Hektar
WEINBAU Biologisch anerkannt

● OP Bonarda Vivace '13	🍷🍷 3

Alziati Annibale
Tenuta San Francesco
loc. Fraz. Scazzolino
via Scazzolino, 55
27040 Rovescala [PV]
Tel. +39 038575261
www.alziati.it

DIREKTVERKAUF
BESUCH NACH VORANMELDUNG
JAHRESPRODUKTION 100.000 Flaschen
REBFLÄCHE 15 Hektar

● OP Bonarda Gaggiarone '09	🍷🍷 4
● Dispensator De' Triboli '10	🍷 4
● OP Bonarda '13	🍷 2

Avanzi
via Trevisago, 19
25080 Manerba del Garda [BS]
Tel. +39 0365551013
www.avanzi.net

DIREKTVERKAUF
BESUCH NACH VORANMELDUNG
JAHRESPRODUKTION 500.000 Flaschen
REBFLÄCHE 77 Hektar

● Garda Cl. Groppello Giovanni Avanzi '13	🍷🍷 2*
⊙ Valtènesi Chiaretto '13	🍷🍷 2*
● Garda Cabernet Sauvignon V. Braggana '10	🍷 3
○ Lugana Sirmione '13	🍷 2

WEITERE KELLEREIEN

Cantina Sociale Bergamasca
Via Bergamo, 10
24060 San Paolo d'Argon [BG]
Tel. +39 035951098
www.cantinabergamasca.it

DIREKTVERKAUF
BESUCH NACH VORANMELDUNG
JAHRESPRODUKTION 650.000 Flaschen
REBFLÄCHE 90 Hektar

● Valcalepio Rosso Akros Ris. '08	♛♛ 3
○ Terre del Colleoni Incrocio Manzoni 6013 '13	♛ 5
◉ Terre del Colleoni Schiava '13	♛ 2

Podere Bignolino
loc. Bignolino
SP 44
27040 Broni [PV]
Tel. +39 0383870160
www.poderebignolino.it

JAHRESPRODUKTION 80.000 Flaschen
REBFLÄCHE 40 Hektar

● OP Barbera Costa Bercé '12	♛♛ 3
● OP Rosso Tre Colli Ris. '11	♛ 3

Bonaldi - Cascina del Bosco
loc. Petosino
Via Gasparotto, 96
24010 Sorisole [BG]
Tel. +39 035571701
www.cascinadelbosco.it

DIREKTVERKAUF
BESUCH NACH VORANMELDUNG
JAHRESPRODUKTION 25.000 Flaschen
REBFLÄCHE 4 Hektar

● Controcanto '12	♛ 4
○ Valcalepio Bianco '13	♛ 3
● Valcalepio Rosso '12	♛ 4

Bonfadini
Via L. di Bernardo, 85
25049 Iseo [BS]
Tel. +39 0309826721
www.bonfadini.it

○ Franciacorta Brut Nobilium	♛♛ 4
○ Franciacorta Dosaggio Zero Veritas	♛♛ 4
○ Franciacorta Satèn Carpe Diem	♛♛ 4
◉ Franciacorta Rosé Opera	♛ 4

La Boscaiola
Via Riccafana, 19
25033 Cologne [BS]
Tel. +39 0307156386
www.laboscaiola.com

DIREKTVERKAUF
BESUCH NACH VORANMELDUNG
JAHRESPRODUKTION 50.000 Flaschen
REBFLÄCHE 7 Hektar

○ Franciacorta Brut La Capinera	♛♛ 4
○ Franciacorta Satèn La Via della Seta	♛♛ 5
○ Franciacorta Zero	♛ 4
● Sebino Rosso Il Ritorno '06	♛ 5

Alessio Brandolini
fraz. Boffalora, 68
27040 San Damiano al Colle [PV]
Tel. 038575232
www.alessiobrandolini.com

JAHRESPRODUKTION 50.000 Flaschen
REBFLÄCHE 9 Hektar

○ Il Bardughino '13	♛♛ 2*
● OP Bonarda Vivace Il Cassino '13	♛♛ 2*
◉ OP Cruasé Note D'Agosto	♛ 3

WEITERE KELLEREIEN

Luciano Brega
FRAZ. BERGAMASCO, 7
27040 MONTÙ BECCARIA [PV]
TEL. +39 038560237
www.lucianobrega.it

DIREKTVERKAUF
BESUCH NACH VORANMELDUNG
JAHRESPRODUKTION 150.000 Flaschen
REBFLÄCHE 70 Hektar

● OP Bonarda Vivace '13	♛♛ 2*
● OP Bonarda Casapaia '13	♛ 2

Ca' del Santo
LOC. CAMPOLUNGO, 4
27040 MONTALTO PAVESE [PV]
TEL. +39 0383870545
www.cadelsanto.it

DIREKTVERKAUF
BESUCH NACH VORANMELDUNG
JAHRESPRODUKTION 25.000 Flaschen
REBFLÄCHE 6 Hektar

● OP Bonarda Vivace Grand Cuvée '13	♛♛ 2*
○ OP Pinot Nero Brut Cl. Nature '11	♛♛ 3
⊙ OP Cruasé Brut '10	♛ 4
○ OP Riesling Rivalunga '13	♛ 2

Calvi
FRAZ. VIGALONE, 13
27044 CANNETO PAVESE [PV]
TEL. +39 038560034
www.andreacalvi.it

DIREKTVERKAUF
BESUCH NACH VORANMELDUNG
JAHRESPRODUKTION 100.000 Flaschen
REBFLÄCHE 26 Hektar

⊙ OP Cruasé	♛ 4
● OP Bonarda Vivace '13	♛ 2

Caminella
VIA DANTE ALIGHIERI, 13
24069 CENATE SOTTO [BG]
TEL. +39 035941828
www.caminella.it

DIREKTVERKAUF
BESUCH NACH VORANMELDUNG
JAHRESPRODUKTION 40.000 Flaschen
REBFLÄCHE 5,5 Hektar

○ Verde Luna Bianco '13	♛♛ 2*
○ Brut Cl. Ripa di Luna '11	♛ 4
● Luna Rossa '11	♛ 4
● Valcalepio Rosso Ripa di Luna '11	♛ 2

Camossi
VIA METELLI, 5
25030 ERBUSCO [BS]
TEL. +39 0307268022
www.camossi.it

DIREKTVERKAUF
JAHRESPRODUKTION 60.000 Flaschen
REBFLÄCHE 30 Hektar

○ Franciacorta Brut	♛♛ 5
○ Franciacorta Satèn	♛♛ 5
⊙ Franciacorta Brut Rosé	♛ 5

Le Cantorìe
FRAZ. CASAGLIO
VIA CASTELLO DI CASAGLIO, 24/25
25064 GUSSAGO [BS]
TEL. +39 0302523723
www.lecantorie.it

JAHRESPRODUKTION 75.000 Flaschen
REBFLÄCHE 12 Hektar

○ Franciacorta Brut Armonia	♛♛ 4
○ Franciacorta Pas Dosé Armonia Ris. '06	♛♛ 5
● Rosso Balenc '09	♛♛ 4
○ Franciacorta Satèn Armonia	♛ 5

WEITERE KELLEREIEN

Cascina Belmonte
Fraz. Moniga del Bosco
Loc. Toppe
25080 Muscoline [BS]
Tel. +39 3335051606
www.cascinabelmonte.it

BESUCH NACH VORANMELDUNG
JAHRESPRODUKTION 15.000 Flaschen
REBFLÄCHE 6 Hektar

● Rebo Singia '13	♟♟ 3
⊙ Valtenesi Chiaretto Le Vin en Rose '13	♟♟ 3
○ Serése '13	♟ 3
● Stramonia '12	♟ 3

Castel San Giorgio
Loc. Castello, 1
27046 Santa Giuletta [PV]
Tel. +39 0383899168
www.poderesangiorgio.it

DIREKTVERKAUF
BESUCH NACH VORANMELDUNG
UNTERKUNFT UND GASTRONOMIE
JAHRESPRODUKTION 250.000 Flaschen
REBFLÄCHE 24 Hektar

● OP Bonarda Vivace Rebecca '13	♟ 2
● Titanium '09	♟ 4

Castello di Grumello
Via Fosse, 11
24064 Grumello del Monte [BG]
Tel. +39 0354420817
www.castellodigrumello.it

DIREKTVERKAUF
BESUCH NACH VORANMELDUNG
UNTERKUNFT
JAHRESPRODUKTION 100.000 Flaschen
REBFLÄCHE 18 Hektar

● Valcalepio Moscato Nero Passito '11	♟♟ 5
● Valcalepio Rosso Colle del Calvario Ris. '07	♟♟ 5

Castello di Gussago
Via Manica, 9
25064 Gussago [BS]
Tel. +39 0302525267
www.castellodigussago.it

DIREKTVERKAUF
BESUCH NACH VORANMELDUNG
JAHRESPRODUKTION 120.000 Flaschen
REBFLÄCHE 15 Hektar

○ Franciacorta Brut	♟♟ 4
⊙ Franciacorta Brut Rosé	♟♟ 5
○ Franciacorta Dosaggio Zero Veritas '09	♟♟ 4
○ Franciacorta Satèn	♟ 5

Castello di Luzzano
Loc. Luzzano, 5
27040 Rovescala [PV]
Tel. +39 0523863277
www.castelloluzzano.it

DIREKTVERKAUF
BESUCH NACH VORANMELDUNG
UNTERKUNFT UND GASTRONOMIE
JAHRESPRODUKTION 100.000 Flaschen
REBFLÄCHE 70 Hektar

● OP Bonarda Vivace Sommossa '13	♟♟ 2*
● OP Pinot Nero Umore Nero '13	♟ 2

Castello di Stefanago
Loc. Castello di Stefanago
27040 Borgo Priolo [PV]
Tel. +39 0383875227
www.baruffaldivini.it

DIREKTVERKAUF
BESUCH NACH VORANMELDUNG
REBFLÄCHE 20 Hektar
WEINBAU Biologisch anerkannt

● Barbera Piedilupo '07	♟♟ 3*
○ Riesling San Rocco '11	♟♟ 3

WEITERE KELLEREIEN

Castelveder
VIA BELVEDERE, 4
25040 MONTICELLI BRUSATI [BS]
TEL. +39 030652308
www.castelveder.it

DIREKTVERKAUF
BESUCH NACH VORANMELDUNG
JAHRESPRODUKTION 90.000 Flaschen
REBFLÄCHE 11 Hektar

○ Franciacorta Brut	🍷🍷 4
⊙ Franciacorta Brut Rosé	🍷🍷 5
○ Franciacorta Dosaggio Zero	🍷 5
○ Franciacorta Extra Brut	🍷 4

Le Chiusure
FRAZ. PORTESE
VIA BOSCHETTE, 2
25010 SAN FELICE DEL BENACO [BS]
TEL. +39 0365626243
www.lechiusure.net

DIREKTVERKAUF
BESUCH NACH VORANMELDUNG
UNTERKUNFT
JAHRESPRODUKTION 22.000 Flaschen
REBFLÄCHE 4 Hektar

● Valtenesi '12	🍷🍷 2*
⊙ Valtenesi Chiaretto '13	🍷🍷 3
● Benaco Bresciano Campei '11	🍷 3
● Malborghetto '10	🍷 5

Citari
FRAZ. SAN MARTINO DELLA BATTAGLIA
LOC. CITARI, 2
25015 DESENZANO DEL GARDA [BS]
TEL. +39 0309910310
www.citari.it

DIREKTVERKAUF
BESUCH NACH VORANMELDUNG
JAHRESPRODUKTION 150.000 Flaschen
REBFLÄCHE 22 Hektar

○ Lugana Vign. La Sorgente '13	🍷🍷 2*
○ Lugana Terre Bianche '13	🍷 3
○ Lugana Vign. La Conchiglia '13	🍷 3
○ San Martino della Battaglia '13	🍷 2

Conti Ducco
LOC. CAMIGNONE
VIA DEGLI EROI, 70
25040 PASSIRANO [BS]
TEL. +39 0306850566
www.contiducco.it

BESUCH NACH VORANMELDUNG
JAHRESPRODUKTION 720.000 Flaschen
REBFLÄCHE 85 Hektar

○ Franciacorta Brut '10	🍷🍷 5
○ Franciacorta Pas Dosé '08	🍷🍷 4
⊙ Franciacorta Rosé de Noirs	🍷 4
○ Franciacorta Extra Brut '05	🍷 5

Corte Aura
VIA COLZANO, 13
25030 ADRO [BS]
TEL. +39 030 7357281
www.corteaura.com

DIREKTVERKAUF
BESUCH NACH VORANMELDUNG
JAHRESPRODUKTION 170.000 Flaschen
REBFLÄCHE 5 Hektar

○ Franciacorta Brut	🍷🍷 4
○ Franciacorta Satèn	🍷🍷 4
⊙ Franciacorta Brut Rosé	🍷 4

Tenuta La Costaiola
VIA COSTAIOLA, 25
27054 MONTEBELLO DELLA BATTAGLIA [PV]
TEL. +39 038383169
www.lacostaiola.it

DIREKTVERKAUF
BESUCH NACH VORANMELDUNG
JAHRESPRODUKTION 180.000 Flaschen
REBFLÄCHE 17 Hektar

○ Brut M. Cl. Nové	🍷🍷 3
● OP Bonarda Vivace Giada '13	🍷🍷 2*

WEITERE KELLEREIEN

De Toma
VIA BATTISTI, 7
SCANZOROSCIATE [BG]
TEL. +39 035657329

- Moscato di Scanzo '11 — 🍷🍷 7

Lorenzo Faccoli & Figli
VIA CAVA, 7
25030 COCCAGLIO [BS]
TEL. +39 0307722761
az.faccoli@libero.it

DIREKTVERKAUF
BESUCH NACH VORANMELDUNG
JAHRESPRODUKTION 50.000 Flaschen
REBFLÄCHE 6,5 Hektar

- ○ Franciacorta Brut — 🍷🍷 3
- ⊙ Franciacorta Brut Rosé — 🍷 4
- ○ Franciacorta Extra Brut — 🍷 4
- ○ Franciacorta Dosage Zero '09 — 🍷 5

Finigeto
LOC. CELLA, 27
27040 MONTALTO PAVESE [PV]
TEL. +39 328 7095347
www.finigeto.com

DIREKTVERKAUF
BESUCH NACH VORANMELDUNG
JAHRESPRODUKTION 60.000 Flaschen
REBFLÄCHE 32 Hektar

- ○ Moscato '13 — 🍷🍷 3
- ○ Riesling Lo Spavaldo '13 — 🍷🍷 2*
- ● OP Bonarda Vivace '13 — 🍷 2

La Fiòca
FRAZ. NIGOLINE
VIA VILLA, 13B
25040 CORTE FRANCA [BS]
TEL. +39 0309826313
www.lafioca.com

DIREKTVERKAUF
BESUCH NACH VORANMELDUNG
UNTERKUNFT
JAHRESPRODUKTION 40.000 Flaschen
REBFLÄCHE 4 Hektar

- ⊙ Franciacorta Brut Rosé — 🍷🍷 5
- ○ Franciacorta Satèn — 🍷🍷 5
- ○ Franciacorta Dosaggio Zero '08 — 🍷🍷 5

La Fiorita
VIA MAGLIO, 14
25020 OME [BS]
TEL. +39 030652279
www.lafiorita.bs.it

DIREKTVERKAUF
BESUCH NACH VORANMELDUNG
JAHRESPRODUKTION 60.000 Flaschen
REBFLÄCHE 7 Hektar

- ○ Franciacorta Dosaggio Zero — 🍷🍷 4
- ○ Franciacorta Satèn — 🍷🍷 4
- ○ Franciacorta Extra Brut '08 — 🍷 4

Franca Contea
VIA VALLI, 130
25030 ADRO [BS]
TEL. +39 0307451217
www.francacontea.it

DIREKTVERKAUF
BESUCH NACH VORANMELDUNG
JAHRESPRODUKTION 70.000 Flaschen
REBFLÄCHE 12 Hektar

- ○ Franciacorta Brut Primus — 🍷🍷 4
- ○ Franciacorta Brut Nature Ris. '04 — 🍷🍷 8

WEITERE KELLEREIEN

Bruno Franzosi
via XXV Aprile, 6
25080 Puegnago sul Garda [BS]
Tel. +39 0365651380
www.cantinefranzosi.it

DIREKTVERKAUF
BESUCH NACH VORANMELDUNG
JAHRESPRODUKTION 400.000 Flaschen
REBFLÄCHE 22 Hektar

⊙ Garda Cl. Chiaretto '13	♙♙ 2*
● Garda Cl. Groppello '13	♙♙ 2*
● Garda Marzemino '13	♙♙ 2*
● Rebo '13	♙ 3

Giubertoni
via Romana Zuccona, 23
46031 Bagnolo San Vito [MN]
Tel. +39 0376252762
www.cantinegiubertoni.it

● Il Vecchio Ponte '13	♙♙ 2*
● Lambrusco Mantovano G '13	♙♙ 2*

F.lli Guerci
fraz. Crotesi, 20
27045 Casteggio [PV]
Tel. +39 038382725
guerci_flli@libero.it

⊙ OP Cruasé 222 a.C.	♙ 3
○ OP Pinot Nero Brut M. Cl. 222 a.C.	♙ 3

La Valle
via Sant'Antonio, 4
25050 Rodengo Saiano [BS]
Tel. +39 0307722045
www.vinilavalle.it

DIREKTVERKAUF
BESUCH NACH VORANMELDUNG
JAHRESPRODUKTION 50.000 Flaschen
REBFLÄCHE 6 Hektar

○ Franciacorta Extra Brut Naturalis '07	♙♙ 5
○ Franciacorta Extra Brut Blanc de Noir	♙♙ 5
○ Franciacorta Brut Regium '08	♙♙ 5
○ Franciacorta Satèn	♙ 5

Lazzari
via Mella, 49
25020 Capriano del Colle [BS]
Tel. +39 0309747387
www.lazzarivini.it

DIREKTVERKAUF
BESUCH NACH VORANMELDUNG
JAHRESPRODUKTION 40.000 Flaschen
REBFLÄCHE 7,2 Hektar
WEINBAU Biologisch anerkannt

● Capriano del Colle Marzemino Berzamì '13	♙♙ 2*
● Capriano del Colle Adagio '12	♙ 2

Lebovitz
loc. Governolo
v.le Rimembranze, 4
46034 Roncoferraro [MN]
Tel. +39 0376668115
www.cantinelebovitz.it

DIREKTVERKAUF
BESUCH NACH VORANMELDUNG
JAHRESPRODUKTION 400.000 Flaschen

● Delizia '13	♙♙ 1*
● Lambrusco Mantovano Rosso dei Concari '13	♙♙ 2*
● Lambrusco Mantovano Al Scagarun '13	♙ 1*

WEITERE KELLEREIEN

Lurani Cernuschi
via Convento, 3
24031 Almenno San Salvatore [BG]
Tel. +39 035642576
www.luranicernuschi.it

DIREKTVERKAUF
BESUCH NACH VORANMELDUNG
GASTRONOMIE
JAHRESPRODUKTION 80.000 Flaschen
REBFLÄCHE 13 Hektar

● Umbriana '11	🍷🍷 3
○ Valcalepio Bianco Armisa '13	🍷🍷 3

Malavasi
v.le Gramsci, 24
25019 Sirmione [BS]
Tel. +39 0309196189
www.malavasivini.it

○ Lugana San Giacomo '11	🍷🍷 3
● Nero del Lago '12	🍷🍷 3
○ Lugana '13	🍷 3

Manuelina
fraz. Ruinello di Sotto, 3/a
27047 Santa Maria della Versa [PV]
Tel. +39 0385278247
www.manuelina.com

○ OP Pinot Nero Brut Cl. 137	🍷🍷 3
⊙ OP Cruasé 145	🍷 3

Marangona
loc. Marangona 1
25010 Pozzolengo [BS]
Tel. +39 030919379
www.marangona.com

DIREKTVERKAUF
BESUCH NACH VORANMELDUNG
JAHRESPRODUKTION 30.000 Flaschen
REBFLÄCHE 27 Hektar

○ Lugana '13	🍷🍷 2*
○ Lugana V.T. Rabbiosa '12	🍷🍷 3
○ Lugana Il Rintocco Ris. '11	🍷 3

Marsadri
loc. Raffa di Puegnago
via Nazionale 26
25080 Puegnago sul Garda [BS]
Tel. +39 0365651005
www.cantinemarsadri.com

○ Lugana Brolo '13	🍷🍷 3
● Garda Cl. Groppello Brolo '13	🍷 3
● Garda Cl. Rosso Del Pioppo Sup. '11	🍷 4
● Garda Marzemino '13	🍷 2

Martilde
fraz. Croce, 4a/1
27040 Rovescala [PV]
Tel. +39 0385756280
www.martilde.it

DIREKTVERKAUF
BESUCH NACH VORANMELDUNG
JAHRESPRODUKTION 30.000 Flaschen
REBFLÄCHE 15 Hektar

● OP Barbera La Strega, la Gazza e il Pioppo '07	🍷🍷 4
● OP Bonarda Zaffo '13	🍷 3

WEITERE KELLEREIEN

Medolago Albani
VIA REDONA, 12
24069 TRESCORE BALNEARIO [BG]
TEL. +39 035942022
www.medolagoalbani.it

DIREKTVERKAUF
BESUCH NACH VORANMELDUNG
JAHRESPRODUKTION 200.000 Flaschen
REBFLÄCHE 23 Hektar

● Valcalepio I Due Lauri Ris. '09	🏆 5
● Valcalepio Rosso '12	🍷 4

La Meridiana
FRAZ. PALME
VIA PROVINCIALE, 9
25080 PUEGNAGO SUL GARDA [BS]
TEL. +39 0365651265
www.lameridianaleali.com

DIREKTVERKAUF
BESUCH NACH VORANMELDUNG
JAHRESPRODUKTION 30.000 Flaschen
REBFLÄCHE 5,5 Hektar

○ Garda Chardonnay '12	🏆 2*
⊙ Garda Cl. Chiaretto '13	🍷 2
● Garda Marzemino '08	🍷 2

Monte Cicogna
VIA DELLE VIGNE, 6
25080 MONIGA DEL GARDA [BS]
TEL. +39 0365503200
www.montecicogna.it

DIREKTVERKAUF
BESUCH NACH VORANMELDUNG
JAHRESPRODUKTION 150.000 Flaschen
REBFLÄCHE 30 Hektar

○ Lugana Imperiale '13	🏆 2*
⊙ Garda Cl. Chiaretto Siclì '13	🍷 2
○ Lugana S.Caterina '13	🍷 2

Tenuta Monte Delma
VIA VALENZANO, 23
25050 PASSIRANO [BS]
TEL. +39 0306546161
www.montedelma.it

DIREKTVERKAUF
BESUCH NACH VORANMELDUNG
JAHRESPRODUKTION 100.000 Flaschen
REBFLÄCHE 20 Hektar

○ Franciacorta Brut	🏆 4
○ Franciacorta Brut Rosé	🏆 5
○ Franciacorta Satèn	🍷 5

Montelio
VIA D. MAZZA, 1
27050 CODEVILLA [PV]
TEL. +39 0383373090
montelio.gio@alice.it

DIREKTVERKAUF
BESUCH NACH VORANMELDUNG
UNTERKUNFT UND GASTRONOMIE
JAHRESPRODUKTION 130.000 Flaschen
REBFLÄCHE 27 Hektar

● OP Bonarda '13	🏆 2*
● OP Pinot Nero Costarsa '10	🏆 4
● Merlot Comprino '12	🍷 4

Monterucco
VALLE CIMA, 38
27040 CIGOGNOLA [PV]
TEL. +39 038585151
www.monterucco.it

DIREKTVERKAUF
BESUCH NACH VORANMELDUNG
JAHRESPRODUKTION 100.000 Flaschen
REBFLÄCHE 20 Hektar

● OP Bonarda '13	🏆 2*
● OP Buttafuoco Sanluigi '10	🏆 3
○ Malvasia Valentina '13	🍷 2

WEITERE KELLEREIEN

La Montina
via Baiana, 17
25040 Monticelli Brusati [BS]
Tel. +39 030653278
www.lamontina.it

DIREKTVERKAUF
BESUCH NACH VORANMELDUNG
GASTRONOMIE
JAHRESPRODUKTION 450.000 Flaschen
REBFLÄCHE 70 Hektar

○ Franciacorta Brut	♛♛ 4
○ Franciacorta Extra Brut Vintage Ris. '07	♛♛ 6
⊙ Franciacorta Extra Brut Rosé Rosatum	♛ 5
○ Franciacorta Satèn Argens	♛ 5

Il Montù
via Marconi, 10
27040 Montù Beccaria [PV]
Tel. +39 0385262252
www.ilmontu.com

DIREKTVERKAUF
BESUCH NACH VORANMELDUNG
JAHRESPRODUKTION 600.000 Flaschen
REBFLÄCHE 85 Hektar

○ Brut Cl. Blanc de Blancs	♛♛ 2*
○ Brut Cl. Rosé de Noir	♛♛ 2*
○ Blanc de Noir	♛ 2

Nettare dei Santi
via Capra, 17
20078 San Colombano al Lambro [MI]
Tel. +39 0371200523
www.nettaredeisanti.it

DIREKTVERKAUF
BESUCH NACH VORANMELDUNG
JAHRESPRODUKTION 600.000 Flaschen
REBFLÄCHE 40 Hektar

○ Brut M. Cl. Domm '10	♛♛ 3
● San Colombano Rosso Roverone '10	♛♛ 3
● Franco Riccardi '10	♛ 4

Olivini
loc. Demesse Vecchie, 2
25015 Desenzano del Garda [BS]
Tel. +39 0309910268
www.famigliaolivini.com

DIREKTVERKAUF
BESUCH NACH VORANMELDUNG
JAHRESPRODUKTION 180.000 Flaschen
REBFLÄCHE 26 Hektar

○ Lugana '13	♛♛ 3
○ Lugana Brut M. Cl. '10	♛♛ 5
○ Lugana Demesse Vecchie '11	♛♛ 4

Panigada - Banino
via della Vittoria, 13
20078 San Colombano al Lambro [MI]
Tel. +39 037189103
www.banino.it

DIREKTVERKAUF
BESUCH NACH VORANMELDUNG
JAHRESPRODUKTION 30.000 Flaschen
REBFLÄCHE 5 Hektar

○ Aureum '11	♛♛ 4
○ Banino Bianco '13	♛ 2

Angelo Pecis
via San Pietro delle Passere, 12
24060 San Paolo d'Argon [BG]
Tel. +39 035959104
www.pecis.it

DIREKTVERKAUF
BESUCH NACH VORANMELDUNG
JAHRESPRODUKTION 25.000 Flaschen
REBFLÄCHE 5 Hektar

● Valcalepio Rosso della Pezia Ris. '08	♛♛ 4
○ Brut M. Cl. Maximus '05	♛ 4
● Terre del Colleoni Franconia Imberghem '12	♛ 2

WEITERE KELLEREIEN

La Perla
LOC. TRESENDA
VIA VALGELLA 29/B
23036 TEGLIO [SO]
TEL. +39 3462878894
www.vini-laperla.com

- Sforzato di Valtellina Quattro Sol '10   🍷🍷 6
- Valtellina Sup. La Mossa '10   🍷🍷 4

Perla del Garda
VIA FENIL VECCHIO, 9
25017 LONATO [BS]
TEL. +39 0309103109
www.perladelgarda.it

DIREKTVERKAUF
BESUCH NACH VORANMELDUNG
JAHRESPRODUKTION 120.000 Flaschen
REBFLÄCHE 30 Hektar
WEINBAU Biologisch anerkannt

- ○ Lugana Perla '13   🍷🍷 3
- ○ Lugana Madreperla Ris. '11   🍷 4
- ○ Lugana Nature M. Cl. '10   🍷 6
- ○ Lugana Sup. Madonna della Scoperta '11   🍷 4

Piccolo Bacco dei Quaroni
FRAZ. COSTAMONTEFEDELE
27040 MONTÙ BECCARIA [PV]
TEL. +39 038560521
www.piccolobaccodeiquaroni.it

DIREKTVERKAUF
BESUCH NACH VORANMELDUNG
JAHRESPRODUKTION 35.000 Flaschen
REBFLÄCHE 11,5 Hektar

- ⊙ OP Cruasé   🍷🍷 3
- ● OP Pinot Nero Vign. La Fiocca '13   🍷 2
- ● OP Bonarda Mons Acutus '13   🍷 2
- ○ OP Riesling Vign. del Pozzo '12   🍷 2

Pilandro
FRAZ. SAN MARTINO DELLA BATTAGLIA
LOC. PILANDRO, 1
25010 DESENZANO DEL GARDA [BS]
TEL. +39 0309910363
www.pilandro.it

DIREKTVERKAUF
BESUCH NACH VORANMELDUNG
JAHRESPRODUKTION 200.000 Flaschen
REBFLÄCHE 20 Hektar

- ○ Lugana Arilica '12   🍷🍷 2*
- ○ Lugana '13   🍷 2
- ○ Lugana Terecrea '13   🍷 2

Pratello
VIA PRATELLO, 26
25080 PADENGHE SUL GARDA [BS]
TEL. +39 0309907005
www.pratello.com

DIREKTVERKAUF
UNTERKUNFT UND GASTRONOMIE
JAHRESPRODUKTION 300.000 Flaschen
REBFLÄCHE 60 Hektar
WEINBAU Biologisch anerkannt

- ○ Lugana Il Rivale '12   🍷🍷 5
- ● Nero per Sempre '12   🍷🍷 5
- ⊙ Valtenesi Chiaretto Sant'Emiliano '12   🍷🍷 3
- ○ Riesling Lagarder '13   🍷 3

Prime Alture
VIA MADONNA S.DA VICINALE PER CAMPONE
27045 CASTEGGIO [PV]
TEL. +39 033883214
www.primealture.it

DIREKTVERKAUF
BESUCH NACH VORANMELDUNG
JAHRESPRODUKTION 40.000 Flaschen
REBFLÄCHE 8 Hektar

- ● Merlot L'Altra Metà del Cuore '12   🍷🍷 3
- ● Pinot Noir Centopercento '12   🍷🍷 4
- ○ Il Bianco '13   🍷 2

WEITERE KELLEREIEN

Le Quattro Terre
via Risorgimento, 11
25040 Corte Franca [BS]
Tel. +39 030984312
www.quattroterre.it

DIREKTVERKAUF
UNTERKUNFT UND GASTRONOMIE
JAHRESPRODUKTION 40.000 Flaschen
REBFLÄCHE 7 Hektar

○ Franciacorta Brut	🍷 5
○ Franciacorta Satèn	🍷 5
⊙ Franciacorta Rosé '10	🍷 5
○ Franciacorta Dosaggio Zero '09	🍷 6

Riccafana - Fratus
via Facchetti, 91
25033 Cologne [BS]
Tel. +39 0307156797
www.riccafana.com

DIREKTVERKAUF
JAHRESPRODUKTION 100.000 Flaschen
REBFLÄCHE 12 Hektar
WEINBAU Biologisch anerkannt

○ Franciacorta Brut	🍷 5
○ Franciacorta Satèn	🍷 5

Ricchi
fraz. Ricchi
via Festoni, 13d
46040 Monzambano [MN]
Tel. +39 0376800238
www.cantinaricchi.it

DIREKTVERKAUF
BESUCH NACH VORANMELDUNG
JAHRESPRODUKTION 300.000 Flaschen
REBFLÄCHE 40 Hektar

○ Le Cime '10	🍷 3
○ Garda Chardonnay Meridiano '12	🍷 3

Riva di Franciacorta
loc. Fantecolo
via Carlo Alberto, 19
25050 Provaglio d'Iseo [BS]
Tel. +39 0309823701
www.rivadifranciacorta.it

DIREKTVERKAUF
BESUCH NACH VORANMELDUNG
JAHRESPRODUKTION 200.000 Flaschen
REBFLÄCHE 31 Hektar

○ Franciacorta Brut	🍷 5
○ Franciacorta Pas Dosé Rivalto 75	🍷 5
⊙ Franciacorta Brut Rosé	🍷 5
○ Franciacorta Satèn	🍷 5

Rivetti & Lauro
via Sant'Agostino 19
23037 Tirano [SO]
Tel. +39 0342016685
www.rivettielauro.it

● Cormelò '11	🍷 4
● Sforzato di Valtellina dell'Orco '10	🍷 6

Romantica
via Vallosa, 29
25050 Passirano [BS]
Tel. +39 03042059
www.romanticafranciacorta.com

BESUCH NACH VORANMELDUNG
UNTERKUNFT
JAHRESPRODUKTION 30.000 Flaschen
REBFLÄCHE 10 Hektar

○ Franciacorta Brut	🍷 5
○ Franciacorta Satèn	🍷 5

WEITERE KELLEREIEN

San Cristoforo
VIA VILLANUOVA, 2
25030 ERBUSCO [BS]
TEL. +39 0307760482
www.sancristoforo.eu

DIREKTVERKAUF
BESUCH NACH VORANMELDUNG
JAHRESPRODUKTION 80.000 Flaschen
REBFLÄCHE 10 Hektar

○ Franciacorta Brut	🍷🍷 4
◉ Franciacorta Rosé	🍷 4

Poderi di San Pietro
VIA STEFFENINI 2/6
20078 SAN COLOMBANO AL LAMBRO [MI]
TEL. +39 0371208054
www.poderidisanpietro.it

DIREKTVERKAUF
BESUCH NACH VORANMELDUNG
JAHRESPRODUKTION 300.000 Flaschen
REBFLÄCHE 80 Hektar

○ Ca' della Signora Brut	🍷🍷 4
● San Colombano Costaregina '13	🍷🍷 3
● San Colombano Collada '13	🍷 2

Sant'Egidio
VIA FONTANELLA
24039 SOTTO IL MONTE GIOVANNI XXIII [BG]
TEL. +39 3450610438
www.sant-egidio.it

● Turano '11	🍷🍷 4
● Tessere '11	🍷 4

Santus
VIA BADIA, 68
25038 ROVATO [BS]
TEL. +39 0308367074
www.santus.it

○ Francacorta Brut	🍷🍷 4
◉ Franciacorta Extra Brut Rosé	🍷🍷 4
○ Francacorta Satèn	🍷 4

Cantine Selva Capuzza
FRAZ. SAN MARTINO DELLA BATTAGLIA
LOC. SELVA CAPUZZA
25010 DESENZANO DEL GARDA [BS]
TEL. +39 0309910381
www.selvacapuzza.it

DIREKTVERKAUF
BESUCH NACH VORANMELDUNG
UNTERKUNFT UND GASTRONOMIE
JAHRESPRODUKTION 300.000 Flaschen
REBFLÄCHE 25 Hektar

○ Lugana Dosaggio Zero M. Cl.	🍷🍷 3
○ Lume	🍷🍷 4
◉ Garda Cl. Chiaretto San Donino '13	🍷🍷 2*
○ Lugana Menasasso Ris. '09	🍷🍷 3

Le Sincette
LOC. PICEDO DI POLPENAZZE DEL GARDA
VIA ROSARIO, 44
25080 POLPENAZZE DEL GARDA [BS]
TEL. +39 0365651471
www.lesincette.it

DIREKTVERKAUF
BESUCH NACH VORANMELDUNG
JAHRESPRODUKTION 30.000 Flaschen
REBFLÄCHE 11 Hektar
WEINBAU Biodynamisch anerkannt

● Garda Cl. Groppello '13	🍷🍷 2*
○ Garda Chardonnay '13	🍷 2
◉ Valtenesi Chiaretto '13	🍷 2

WEITERE KELLEREIEN

Terrazzi Alti
via Del Vecchio Macello, 4D
23100 Sondrio
Tel. +39 3315207109
www.terrazzialti.com

DIREKTVERKAUF
BESUCH NACH VORANMELDUNG
JAHRESPRODUKTION 3.000 Flaschen
REBFLÄCHE 1 Hektar

- Valtellina Sup. Sassella '11 — 4
- Valtellina Sup. La Mossa '10 — 4

Torrevilla
via Emilia, 4
27050 Torrazza Coste [PV]
Tel. +39 038377003
www.torrevilla.it

DIREKTVERKAUF
BESUCH NACH VORANMELDUNG
JAHRESPRODUKTION 3.000.000 Flaschen
REBFLÄCHE 650 Hektar

- OP Pinot Nero La Genisia '09 — 2
- OP Pinot Nero La Genisia Cartesio Noir '12 — 2

La Travaglina
fraz. Castello
via Travaglina, 2
27046 Santa Giuletta [PV]
Tel. +39 0383899195
www.latravaglina.it

DIREKTVERKAUF
BESUCH NACH VORANMELDUNG
JAHRESPRODUKTION 300.000 Flaschen
REBFLÄCHE 30,4 Hektar

- OP Cruasé Juillae — 3
- OP Pinot Nero Brut Cl. Amarillis — 3

Travaglino
loc. Travaglino, 6a
27040 Calvignano [PV]
Tel. +39 0383872222
www.travaglino.it

DIREKTVERKAUF
BESUCH NACH VORANMELDUNG
JAHRESPRODUKTION 220.000 Flaschen
REBFLÄCHE 80 Hektar

- OP Brut Classese '09 — 5
- OP Brut Cuvée 59 '10 — 5
- OP Cruasé Monteceresimo — 4
- OP Riesling Campo della Fojada '13 — 3

Triacca
via Nazionale, 121
23030 Villa di Tirano [SO]
Tel. +39 0342701352
www.triacca.eu

DIREKTVERKAUF
BESUCH NACH VORANMELDUNG
GASTRONOMIE
JAHRESPRODUKTION 450.000 Flaschen
REBFLÄCHE 40 Hektar

- Valtellina Sforzato San Domenico '10 — 6
- Valtellina Sup. Giovanni Segantini '11 — 5
- Valtellina Sup. La Gatta Ris. '10 — 5
- Valtellina Sup. Prestigio '11 — 6

Agricola Vallecamonica
via XXV Aprile, 11
25040 Artogne [BS]
Tel. +39 3355828410
www.vinivallecamonica.com/

- Pas Dosé Nautilus CruStorico '11 — 5
- Bianco dell'Annunciata '13 — 3

WEITERE KELLEREIEN

Tenuta La Vigna
Cascina La Vigna
25020 Capriano del Colle [BS]
Tel. +39 0309748061
lavignavini@libero.it

DIREKTVERKAUF
BESUCH NACH VORANMELDUNG
JAHRESPRODUKTION 30.000 Flaschen
REBFLÄCHE 7 Hektar

○ Capriano del Colle Bianco Torrazza '13	♛♛ 3
● Capriano del Colle Marzemino Lamettino '12	♛ 3

Vigna Dorata
Fraz. Calino
via Sala, 80
25046 Cazzago San Martino [BS]
Tel. +39 0307254275
www.vignadorata.it

DIREKTVERKAUF
BESUCH NACH VORANMELDUNG
JAHRESPRODUKTION 70.000 Flaschen
REBFLÄCHE 6 Hektar

○ Franciacorta Brut	♛♛ 4
○ Franciacorta Satèn	♛♛ 5
○ Franciacorta Rosé	♛ 5

Vigne Olcru
via Buca, 26
27047 Santa Maria della Versa [PV]
Tel. +39 0385799958
vigneolcru.com

DIREKTVERKAUF
BESUCH NACH VORANMELDUNG
JAHRESPRODUKTION 250.000 Flaschen
REBFLÄCHE 20 Hektar

○ OP Brut Virtus '08	♛♛ 4
○ OP Pinot Nero Extra Brut Verve '08	♛♛ 4
⊙ OP Pinot Nero Rosé '08	♛♛ 4

Visconti
via C. Battisti, 139
25015 Desenzano del Garda [BS]
Tel. +39 0309120681
www.luganavisconti.it

DIREKTVERKAUF
BESUCH NACH VORANMELDUNG
JAHRESPRODUKTION 250.000 Flaschen
REBFLÄCHE 20 Hektar

○ Lugana Franco Visconti '13	♛♛ 3
⊙ Garda Cl. Chiaretto '13	♛ 3
○ Lugana Collo Lungo '13	♛ 2
○ Lugana Et. Nera '13	♛ 3

Zamichele
via Roveglia Palazzina, 2
25010 Pozzolengo [BS]
Tel. +39 030918631
cantinazamichele@libero.it

DIREKTVERKAUF
BESUCH NACH VORANMELDUNG
JAHRESPRODUKTION 45.000 Flaschen
REBFLÄCHE 8 Hektar

○ Lugana '13	♛♛ 2*
○ Lugana Gardè '11	♛♛ 2*

Emilio Zuliani
via Tito Speri, 28
25080 Padenghe sul Garda [BS]
Tel. +39 0309907026
www.vinizuliani.it

DIREKTVERKAUF
BESUCH NACH VORANMELDUNG
JAHRESPRODUKTION 50.000 Flaschen
REBFLÄCHE 10 Hektar
WEINBAU Biologisch anerkannt

● Garda Cl. Groppello Balosse '09	♛♛ 5
⊙ Valtenesi Chiaretto Pink Dream '13	♛♛ 2*
● Garda Cl. Groppello Ris. '09	♛ 3

TRENTINO

Zehnmal die Drei Gläser und allen voran wieder die TrentoDoc. Das Trentino wiederholt sich und bestätigt den positiven Trend, der schon in den letzten Ausgaben unseres Führers feststellbar war. Wenn auch die Zahl der Höchstpreise konstant bleibt, die Glanzleistung der Trento Spumanti ist unübersehbar. Mit der Einrichtung von TrentoDoc, der bereits 40 Betriebe mit einer Jahresproduktion von sieben Millionen Flaschen angehören, spielen sie eine wesentliche Rolle in der regionalen Weinwirtschaft. Die Flotte der Trentiner Schaumweinerzeuger führt das Haus Ferrari der Familie Lunelli an, die mit einer herrlichen Giulio Ferrari Riserva del Fondatore '04 auftrumpft, einer der besten der letzten Jahre und Ikone der italienischen Spumante-Liga. Aber um ihn schart sich eine bedeutsame Gruppe großartiger Cuvées und wieder einmal bestätigt die Dolomitenregion, die sich mit den Jahren als perfekt für Chardonnay und Pinot Nero in hohen Lagen erwiesen hat, ihre besondere Berufung für den Metodo Classico. So gibt es die Riserva '09 von Nello Letrari, mit siebzig Lesen Erfahrung Patriarch der Schaumweinszene des Trentino, und Bestätigungen für Balter, Abate Nero, Methius, noch eine Riserva del Fondatore, diesmal die für Edmund Mach, aus dem Istituto Agrario di San Michele all'Adige, seit 140 Jahren eine Schmiede für brillante Önologen mit der Liebe zu ihrem heimatlichen Boden. Und schließlich wieder eine Riserva Flavio '07 von Rotari-MezzaCorona, die ihren Vorjahreserfolg wiederholen kann. Auch den stillen Weinen mangelt es nicht an höchster Anerkennung: Der San Leonardo '08 und der Müller Thurgau Vigna delle Forche '13 von Cembra der LaVis-Gruppe. Auch ein Teroldego Rotaliano, traditionsreicher Roter des Trentino, durfte nicht fehlen: Es ist der Vigilius '12 von Giulio de Vescovi Ulzbach, Erbe einer Familie mit langer Tradition im Weinberg und im Keller, der sein Debüt im Drei-Gläser-Club feiert. Das schöne Bild einer Region, in der verschiedene Welten nebeneinander leben, große Genossenschaften und internationale Labels, die erfolgreich am globalen Markt agieren, und mittlere, kleine und kleinste Winzerbetriebe, die ihren individuellen Weg auf der Suche nach einem möglichst reinen und natürlichen Ausdruck ihrer Trauben aus den hochgelegenen Weinbergen gehen. Zwei Welten, die nicht immer einen Dialog führen können, aber am Ende die gleiche Sprache sprechen: die Sprache einer absoluten Qualität, die einer Typizität und Eleganz nachspürt, die diese Weinberge am Fuße der Alpen ihren Weinen schenken können.

TRENTINO

Abate Nero
FRAZ. GARDOLO
S.DA TRENTINA, 45
38014 TRENTO
TEL. +39 0461246566
www.abatenero.it

DIREKTVERKAUF
BESUCH NACH VORANMELDUNG
JAHRESPRODUKTION 68.000 Flaschen
REBFLÄCHE 65 Hektar

Dieser mittlerweile historische Trentiner Spumantebetrieb kann Hartnäckigkeit bei der minuziösen Wahl der für ihre Cuvées bestimmten Trauben und bemerkenswerte Erfahrung im Keller vorweisen und ist seit beinahe vierzig Jahren für das spritzige Trinken in den Dolomiten zuständig. Das ist in erster Linie Verdienst von Luciano Lunelli, Kellermeister mit einer den Roten gewidmeten Vergangenheit und ehemaliger Direktor einer in der Produktion von Teroldego führenden Genossenschaft sowie überzeugter Innovator von Schaumwein. Der Keller liegt am Ufer des Avisio zwischen den Hügeln von Lavis, wo die Trauben gelesen werden, und der Mulde von Trient und ist somit perfekt im Trentodoc-System integriert. Ganz im Abtstil bestätigt sich die Version 2009 des Domini Nero aus Pinot Nero. Ein zwischen extremer Finesse und stärkender Struktur ausgewogener, ebenso süffiger wie intriganter Spumante. Dank seiner vibrierenden Frische und den Zitronatnoten entschieden fesselnd, mit sauberem und würzigem Gaumen, der sich in Biskuitnoten auflöst. Die Drei Gläser sind verdient. Großartig herausgeputzt auch die anderen Versionen, allen voran der Extra Brut.

○ Trento Domini Nero '09	🍷🍷🍷	5
○ Trento Extra Brut	🍷🍷	5
⊙ Trento Brut Rosé	🍷🍷	4
○ Trento Extra Dry	🍷🍷	4
○ Trento Brut	🍷	4
○ Trento Brut Cuvée dell'Abate Ris. '04	🍷🍷🍷	6
○ Trento Brut Cuvée dell'Abate Ris. '03	🍷🍷🍷	5
○ Trento Brut Cuvée dell'Abate Ris. '02	🍷🍷🍷	5
○ Trento Brut Cuvée dell'Abate Ris. '01	🍷🍷🍷	5
○ Trento Brut Domini '07	🍷🍷🍷	5
○ Trento Brut Domini '05	🍷🍷🍷	5
○ Trento Brut Domini Nero '08	🍷🍷🍷	5

Cantina Aldeno
VIA ROMA, 76
38060 ALDENO [TN]
TEL. +39 0461842511
www.cantina-aldeno.it

DIREKTVERKAUF
BESUCH NACH VORANMELDUNG
JAHRESPRODUKTION 240.000 Flaschen
REBFLÄCHE 339 Hektar

Ein Jahrhundert Weinbauerfahrung am rechten Etschufer, in den Weinbergen, die von der Talsohle bis zu den Hängen des steilen Bondone-Bergs reichen. Es handelt sich um eine Weinbauzone par excellence, deren Emblem die Rebsorte Merlot ist. Das geht sogar so weit, dass in Aldeno seit Jahren eine den Merlots Italiens gewidmete Ausstellung stattfindet. Die Genossenschaftskellerei hat jüngst die Mitglieder in Bio-Anbauprojekte verwickelt und vinifiziert in reinem Veganer-Stil. Dabei setzt sie in erster Linie auf den Merlot, ohne deshalb den Trentodoc zu verschmähen. Und mit ein paar verschiedenen Schaumweinen zählt Aldeno zu den spritzigsten und angesehensten Kellern. Bedeutsamster Wein ist aber der schmeichelnde und stärkende Merlot Enopere. Gleicher Stil des Pinot Nero, rotfruchtig, Nase im Einklang mit einem sinnesbetörenden Abgang. Vollmundig, leicht rustikal, aber entschieden trentinisch der San Zeno, von Bordeaux-Art. Drei veganer Weine, darunter der Traminer, resultieren mehr als nur gelungen.

● Trentino Merlot Enopere '10	🍷🍷	2*
● Trentino Pinot Nero '12	🍷🍷	6
● Trentino Rosso San Zeno '09	🍷🍷	5
○ Trentino Traminer Bio-Vegan '13	🍷🍷	2*
● Trentino Lagrein Athesim Flumen '12	🍷	3
○ Trento Extra Brut Altinum '09	🍷	5
● Trentino Merlot Enopere '09	🍷🍷	2*
○ Trentino Moscato Giallo Flumen '10	🍷🍷	2*
● Trentino Pinot Nero '10	🍷🍷	3
● Trentino Rosso San Zeno '07	🍷🍷	3
○ Trento Brut Altinum '08	🍷🍷	4
○ Trento Brut Altinum	🍷🍷	4

TRENTINO

Nicola Balter

Via Vallunga II, 24
38068 Rovereto [TN]
Tel. +39 0464430101
www.balter.it

DIREKTVERKAUF
BESUCH NACH VORANMELDUNG
JAHRESPRODUKTION 80.000 Flaschen
REBFLÄCHE 10 Hektar

Dieser faszinierende Betrieb liegt auf dem Hügel über Rovereto, auf einer sonnigen, dem Weinbau verschriebenen Anhöhe, wo Nicola Balter mit absoluter Hingabe alle agronomischen Phasen verwaltet. Seit ein paar Jahren steht ihm dabei eine junge und begeisterte Mitarbeiterin zur Seite, seine Tochter Clementina, eine dynamische Winzerin mit Studienabschluss in Volkswirtschaft, die ebenso an der Wiederbelebung des Familienbetriebs beteiligt ist. Dabei wird vorwiegend auf Spumante gesetzt, ohne aber ihre bedeutsamen stillen Weine zu verschmähen. Die angenehme Neuheit ist ein umwerfender Pas Dosé aus Chardonnay und Pinot Nero, unmittelbar in der Nase, mit exotischen Anspielungen, gelber Pflaume und einem genau richtig salzigen Gaumen, der mit einem ebenso präzisen wie süßlichen Geschmack dialogiert. Ein fesselnder Drei-Gläser-Wein. Ausgezeichnet auch die Brut- und Rosé-Versionen – letztere auch von der Farbe her sehr einnehmend – aber vor allem der ausgeprägt nach Holunder duftende Sauvignon.

○ Trento Pas Dosé Balter Ris. '09	♣♣♣	5
○ Trento Balter Brut	♣♣	4
⊙ Trento Balter Brut Rosé	♣♣	5
○ Sauvignon Vallagarina '13	♣♣	3
● Lagrein-Merlot '13	♣	2
○ Barbanico '97	♣♣♣	4*
○ Trento Balter Ris. '06	♣♣♣	5
○ Trento Balter Ris. '05	♣♣♣	5
○ Trento Balter Ris. '04	♣♣♣	5
○ Trento Balter Ris. '01	♣♣♣	5
● Cabernet Sauvignon '10	♣♣	3*
○ Trento Brut Ris. '08	♣♣	5

Bellaveder

Loc. Maso Belvedere
38010 Faedo [TN]
Tel. +39 0461650171
www.bellaveder.it

DIREKTVERKAUF
BESUCH NACH VORANMELDUNG
JAHRESPRODUKTION 70.000 Flaschen
REBFLÄCHE 12 Hektar

Die Terrasse, inmitten der Weinberge, bietet ein herrliches Panorama auf den Schwemmkegel, der von St. Michael bis Faedo reicht. Ein eindrucksvolles Panorama mit intaktem Habitat und völlig unterirdischer Kellerstruktur unter den Rebzeilen, um die Landschaft nicht zu verunstalten. Nicht umsonst heißt der Betrieb von Tranquillo Lucchetta Ballaveder. Aber das Engagement dieses Bio-Winzers gilt auch Weinbergen, die nicht in unmittelbarer Nähe des Kellers liegen, nämlich denen auf dem Hügel über Cavedine, am Rebzeilenstreifen, der den Bondone vom Garda trennt, im Herzen des Seentals Valle dei Laghi. Es überrascht die Annehmlichkeit des Müller Thurgau, beinahe knusprig in seiner Würze, duftend und mit einer Säure, die nur Weine der hohen Hügellandschaft aufweisen. Auch die Lagrein-Selektion steht ihm um nichts nach: vollmundig, vorwiegend Pfeffer und Tabak, seidige und befriedigende Trinkreife. Die Klasse dieses Winzers konkretisiert sich noch in seinen Trentodocs, sowohl im Pinot Bianco als auch im Nero – Eleganz und Kraft – und in seinen anderen Trentiner Weinen.

● Trentino Lagrein Mansum '11	♣♣	4
○ Trentino Müller Thurgau San Lorenz '13	♣♣	2*
○ Pinot Bianco Faedi '13	♣♣	2*
○ Sauvignon Faedi '13	♣♣	4
● Trentino Pinot Nero '11	♣♣	5
○ Trentino Traminer '13	♣♣	3
○ Trento Brut Nature '09	♣♣	5
○ Sauvignon Faedi '12	♣♣	4
● Teroldego Mas Picol '11	♣♣	3
● Trentino Lagrein Dunkel Mansum Ris. '10	♣♣	4
○ Trentino Müller Thurgau San Lorenz '12	♣♣	2*
○ Trento Brut Nature '08	♣♣	5
○ Trento Brut Ris. '08	♣♣	5

TRENTINO

Bolognani
VIA STAZIONE, 19
38015 LAVIS [TN]
TEL. +39 0461246354
www.bolognani.com

DIREKTVERKAUF
BESUCH NACH VORANMELDUNG
JAHRESPRODUKTION 60.000 Flaschen
REBFLÄCHE 4 Hektar

Die Bolognanis – vier junge Geschwister, von denen Diego Winemaker ist – haben eine betriebliche Umstrukturierung gut überstanden. Ihre Weine wurden nämlich vielleicht zu technisch und perfekt vinifiziert, was zwar Qualität garantierte, jedoch die Ausdrucksfähigkeit einschränkte. Ihr Keller ist überaus rational für große Volumen eingestellt, die sich an einen weitreichenden Markt wenden. Sie pflegen aber auch betriebseigene Weinberge, denen ihre eigenen Weine entspringen. Diese konsolidieren den Weg dieser als Vinifizierer geborenen, jedoch immer mehr als Winzer auftretenden Familie. Ihre Weinleidenschaft ist dem bordeauxgeprägten Gabàn vorbehalten, der in jeder Phase gehätschelt und nur in guten Jahrgängen angeboten wird. Schöne tiefrubinrote Farbe, unter jedem geschmacklichen Aspekt gemildert, vollmundig, mit samtigen Gerbstoffen, fruchtig und großartig persistent. Freundlich und viel ausgereifter der Armìlo, aus außerhalb der klassischen Zone liegender Teroldego, mit unauslöschbarer Weinigkeit und sicherer Annehmlichkeit. Der Moscato Giallo ist eine Art Protoyp unter den aromatischen Trentinern: trocken, unmittelbar, richtig vielfältig.

● Gabàn '09	🍷🍷 5
○ Moscato Giallo '13	🍷🍷 2*
● Teroldego Armìlo '12	🍷🍷 3
○ Trentino Traminer Aromatico Sanròc '12	🍷🍷 3
○ Nosiola '10	🍷 2
● Teroldego Armìlo '06	🍷🍷🍷 2*
○ Moscato Giallo '11	🍷🍷 2*
○ Sauvignon '11	🍷🍷 2*
● Teroldego Armìlo '11	🍷🍷 3
● Teroldego Armìlo '10	🍷🍷 3
○ Trentino Traminer Aromatico Sanròc '11	🍷🍷 3
○ Trentino Traminer Aromatico Sanròc '10	🍷🍷 3

Borgo dei Posseri
LOC. POZZO BASSO, 1
38061 ALA [TN]
TEL. +39 0464671899
www.borgodeiposseri.com

DIREKTVERKAUF
BESUCH NACH VORANMELDUNG
JAHRESPRODUKTION 60.000 Flaschen
REBFLÄCHE 21 Hektar
WEINBAU Biologisch anerkannt

Durch die Weinberge schlendern und in Hütten den Wein aus den in unmittelbarer Nähe wachsenden Rebsorten verkosten. Und das in völliger Freiheit, ohne jede Eile und ohne jeden Zwang. Das ist die neue, von Margherita de Pilati und Martin Mainenti gewählte Art, ihre Weine zu vermitteln. Ihr am Berghang über Ala verwurzelter Betrieb, in noch unwegsamem Gelände, ist eine Art botanischer Garten. Die Weinberge respektieren die unterschiedlichen Böden mit gebietstypischen Rebsorten, die Grundlage von Jahr zu Jahr besser werdenden Weinen. Traminer, Müller Thurgau und Sauvignon, ohne den Metodo Classico zu vergessen. Das ist in extremer Synthese die qualitative Leistung des Betriebs. Mit immer präziseren Weinen, die die sortentypischen Charakter unterdrücken, um zwischen balsamischen und alpinen Blumennoten alpine, beinahe dolomitische Züge zu unterstreichen. Vorneweg die Schaumweinperlen des in seiner ganzen Würde zu genießenden Tananai.

○ Müller Thurgau Quaron '13	🍷🍷 3
○ Sauvignon Furiel '13	🍷🍷 3
○ Traminer Arliz '13	🍷🍷 3
○ Trento Brut Tananai '10	🍷🍷 5
● Merlot Rocol '12	🍷 3
● Pinot Nero Paradis '12	🍷 3
○ Müller Thurgau Quaron '12	🍷🍷 3
○ Müller Thurgau Quaron '11	🍷🍷 3
● Pinot Nero Paradis '11	🍷🍷 3
○ Tananai Brut '08	🍷🍷 5

TRENTINO

Cantina Sociale Trento Le Meridiane

VIA DEI VITICOLTORI, 2-4
38123 VOLANO [TN]
TEL. +39 0461920186
www.cantinasocialetrento.it

DIREKTVERKAUF
BESUCH NACH VORANMELDUNG
JAHRESPRODUKTION 250.000 Flaschen
REBFLÄCHE 50 Hektar

Die Weinberge der Mitglieder dieser Genossenschaftskellerei umgeben die drei Hügel – San Rocco, Sant'Agata und Doss – denen die Stadt Trient ihren Namen verdankt. Rebstöcke die bis zu den Wohngebieten reichen und wie Gärten gepflegt werden. Die Lesen spiegeln die konstante Hingabe vieler Winzer wider. Mit Trauben, die in der modernen Struktur in der Talsohle Trentiner Weine werden. Die Produktion richtet sich an den lokalen Markt, auch wenn dieser Keller mit Concilio zusammenarbeitet, der seit beinahe einem halben Jahrhundert mit garantierter Qualität und auch dank Trento an der Spitze des breiten Weinmarkts steht. Wobei mit Trento sowohl das Produktionsgebiet als auch der Keller gemeint ist. Dieser Keller zeichnet sich durch den dem Stadthügel Zell gewidmeten Trentodoc aus. Hervorragende, anhaltende Schaumweinperlen mit unmittelbarer Annehmlichkeit, Grünapfelnoten, Zitronenschale und einer intriganten Anspielung auf Ribisel. Gut gemacht die Traditionsweine wie der Mix zwischen Cabernet und Merlot, Rosso Heredia.

○ Trento Brut Zell	🍷🍷 5
● Trentino Pinot Nero Heredia '11	🍷🍷 3
● Trentino Rosso Heredia '11	🍷🍷 3
○ Trentino Chardonnay Heredia '13	🍷 3
● Trentino Marzemino '12	🍷 3
● Trentino Merlot Heredia Novaline '11	🍷 4
○ Trentino Bianco Heredia '10	🍷🍷 2*
● Trentino Lagrein Heredia '09	🍷🍷 3
○ Trentino Pinot Grigio Heredia '12	🍷🍷 2*
○ Trentino Rosso Heredia '08	🍷🍷 3

★ Cavit

VIA DEL PONTE, 31
38040 TRENTO
TEL. +39 0461381711
www.cavit.it

DIREKTVERKAUF
BESUCH NACH VORANMELDUNG
JAHRESPRODUKTION 70.000.000 Flaschen
REBFLÄCHE 5,500 Hektar

Die Strategie von Cavit könnte als global definiert werden, ohne die lokalen Werte außer Acht zu lassen. Cavit ist Synonym für Unternehmertum und auf den Weltmarkt des Weins projiziert. Dennoch ist der Betrieb in der Lage, die Eigentümlichkeit all seiner Zubringer zu schützen, alles Winzer der Genossenschaftskellerei im Trentino. Kraft und Vielseitigkeit in allen Bereichen kommen in einer Weinpalette mit absoluter Gebietsidentität zum Ausdruck. Sie fordert den wettbewerbsfähigen Markt heraus und scheut keinesfalls den Vergleich mit erstklassigen Weinen, die gebietliche Mikrorealitäten interpretieren. Es ist unmöglich, den Graal nicht zu den Top-Weinen zu zählen. Reich und verführerisch in seiner Vielseitigkeit, kräftigen Farbe, aromatischen Kraft und Geschmackspersistenz bestätigt sich der Trentodoc wegen seines changierenden, tonischen und befriedigenden Trinkerlebnisses als Rassewein. Dem aber nicht genug: Ausgezeichnete Ergebnisse auch für die anderen Weine dieses Kolosses, von den anderen Spumantes zum ausgezeichneten Maso Toresella, ein kraftvoller Chardonnay, vielleicht der beste der Trentiner.

○ Trentino Chardonnay Sup. Maso Toresella '12	🍷🍷 4
○ Trento Brut Altemasi Graal Ris. '07	🍷🍷 6
○ Trento Altemasi Rosé	🍷🍷 4
○ Cuvée Maso Toresella '12	🍷🍷 4
● Trentino Rosso Quattro Vicariati '11	🍷🍷 4
○ Trento Brut Altemasi '10	🍷🍷 4
● Teroldego Rotaliano Maso Cervara '07	🍷🍷🍷 4
○ Trento Altemasi Graal Brut '01	🍷🍷🍷 5
○ Trento Altemasi Graal Brut Ris. '03	🍷🍷🍷 6
○ Trento Altemasi Graal Brut Ris. '02	🍷🍷🍷 6
○ Trento Brut Altemasi Graal Ris. '06	🍷🍷🍷 6
○ Trento Brut Altemasi Graal Ris. '05	🍷🍷🍷 7
○ Trento Brut Altemasi Graal Ris. '04	🍷🍷🍷 7

TRENTINO

Cesarini Sforza
FRAZ. RAVINA
VIA STELLA, 9
38123 TRENTO
TEL. +39 0461382200
www.cesarinisforza.com

DIREKTVERKAUF
BESUCH NACH VORANMELDUNG
JAHRESPRODUKTION 1.300.000 Flaschen
REBFLÄCHE 800 Hektar

Eine im Panorama der besten nationalen Spumanteherstellung unverkennbare Marke, die auch dank der Gruppe La Vis – seit einigen Jahren aufmerksamer Eigentümer – mit der Valorisierung des Trentodoc fortfährt und eine Auswahl höchst persönlicher Schaumweine hervorbringt, die entschieden den Bergweinbau widerspiegeln. Sie hat beinahe ein halbes Jahrhundert ruhmreiche Vergangenheit hinter sich und eine ebenso vielversprechende Zukunft vor sich. Die Betriebsleitung untersteht dem vielseitigen Kommunikator und unbeugsamen Weinkritiker Luciano Rappo mit seiner soliden Erfahrung im önologischen Marketing. Das ihm zur Seite stehende Team vereint Technik und Faszination in fesselnden Weinen. Gleich 6 Spumante-Versionen in der Rangliste. Allen voran der blasierte Aquila Reale punktgleich mit einem Extra Brut, beide mit getoasteten Haselnussnoten, Quittennuancen, Honigbrot und einer typisch trentinischen, in gewisser Hinsicht sonnigen Frische. Schmackhaft und mit gutem Rückgrat die Tridentums, sowohl als Brut als auch kupferrotem Rosé. Immer besser der Dosaggio Zero und trinkreif der mit italienischer Methode gefertigte Cuvée.

○ Trento Brut Tridentum	🍷🍷	4
⊙ Trento Brut Rosé Tridentum '08	🍷🍷	4
○ Trento Extra Brut Tridentum '07	🍷🍷	4
○ Trento Tridentum Aquila Reale Ris. '07	🍷🍷	6
○ Cuvée	🍷	4
⊙ Trento Dosaggio Zero Tridentum '10	🍷	5
○ Trento Aquila Reale Ris. '05	🍷🍷🍷	7
○ Trento Aquila Reale Ris. '02	🍷🍷🍷	7
○ Trento Aquila Reale Ris. '06	🍷🍷	7
⊙ Trento Brut Rosé '07	🍷🍷	4
○ Trento Extra Brut Tridentum Ris. '07	🍷🍷	5

De Vescovi Ulzbach
P.ZZA GARIBALDI, 12
38016 MEZZOCORONA [TN]
TEL. +39 0461605648
www.devescoviulzbach.it

DIREKTVERKAUF
BESUCH NACH VORANMELDUNG
JAHRESPRODUKTION 20.000 Flaschen
REBFLÄCHE 4 Hektar

Der Hof, die Landwirtschaftsgeräte, das Herrenhaus, die Weinberge stehen im Einklang mit der Landwirtschaftsstruktur von in entfernten Zeiten entstandenen Bauernhöfen. Der junge Winzer Giulio de Vescovi ist immer sicherer am Werk und mixt jahrhundertealte Familientradition mit einem Anflug des modernen Winemakers. Alles im Einklang mit dem Habitat der Rotaliana-Ebene. Es werden nur Teroldego-Rebstöcke leidenschaftlich umsorgt, um diese Traube bestmöglich zu interpretieren. Wir bleiben in Erwartung, einige geduldig im Keller heranreifende Proben kosten zu dürfen. Nur zwei Weine, beide aus derselben Rebsorte, der Teroldego Rotaliano. Zwei kostbare, entschieden befriedigende Versionen, eine besser als die andere, expansiv und vollmundig, mitreißend trinkreif, ganz im Einklang mit dem Stil dieser Familie. Mit dem Vigilius – dem verhätscheltsten Wein des Kellers – der seine üppigen Gerbstoffe mit einer ebenso agilen Struktur vereint. Ebenso samtig wie viril, ohne mit absurder Muskulatur zu prahlen. Absolut ein Drei-Gläser-Wein.

● Teroldego Rotaliano Vigilius '12	🍷🍷🍷	5
● Teroldego Rotaliano '12	🍷🍷	3*
● Teroldego Rotaliano '11	🍷🍷	3
● Teroldego Rotaliano '10	🍷🍷	3
● Teroldego Rotaliano '07	🍷🍷	3
● Teroldego Rotaliano '05	🍷🍷	3
● Teroldego Rotaliano Vigilius '11	🍷🍷	5
● Teroldego Rotaliano Vigilius '09	🍷🍷	5

TRENTINO

I Dolomitici

via Damiano Chiesa, 1
38017 Mezzolombardo [TN]
Tel. +39 0461601046
www.idolomitici.com

DIREKTVERKAUF

Klein, aber entschlossen ist diese Winzergenossenschaft, die sich ausschließlich skrupulös biologisch oder biodynamisch geführter Anbauten bedient. Urheberin ist Elisabetta Foradori. Ihr Keller ist die logistische Basis und respektiert die einzelnen Identitäten. Ca. zehn Weinerzeuger mit einigen, nicht nur in den Dolomiten bekannten schönen Weinnamen. Von den Cesconis bis Maso Furli, mit Alessandro Fanti, alle auf den Hügeln von Lavis. Weiter südlich Castel Noarna, Eugenio Rosi, Winzer im Lagertal. Dort sind auch Elisabetta Dalzocchio und Gigi Spagnolli (der von Vilàr) tätig. Dann gibt es da noch Giuseppe Pedrotti und Francesco Poli im Seental Valle dei Laghi. Jemand hat uns gebeten, ihre Weine nicht zu verkosten. Aus interspezifischen Trauben (Bronner und Solaris) der Naranis di Poli, würzig und kurios. Weniger fesselnd, wenn auch gut, der Olivar di Cesconi, mit weißer Struktur. Sehr elegant der Pinot Nero della Dalzocchio mit üppiger Substanz, insgesamt ein Samthandschuh. Dann die guten Weine von Eugenio Rosi, der einfache 10UndiciDodici, Blend aus verschiedenen Jahrgängen an Cabernet Franc. Und dann der Isidor, minuziöser Manzoni Bianco der Fantis.

○ Isidor Fanti '11	♛♛	4
● 10UndiciDodici Rosi	♛♛♛	5
○ Naranis Poli '12	♛♛♛	5
○ Olivar Cesconi '11	♛♛♛	5
● Pinot Nero Dalzocchio '10	♛♛♛	5
○ Castel Noarna Blanc de Blancs	♛♛	5
○ Manzoni Bianco Fanti '10	♛♛	4
● Marzemino Vilar Spagnolli '12	♛♛	2*
○ Olivar Cesconi '10	♛♛	5
● Riflesso Rosi Eugenio Rosi '12	♛♛	3
○ Sauvignon Maso Furli '11	♛♛	3

★ F.lli Dorigati

via Dante, 5
38016 Mezzocorona [TN]
Tel. +39 0461605313
www.dorigati.it

DIREKTVERKAUF
BESUCH NACH VORANMELDUNG
JAHRESPRODUKTION 100.000 Flaschen
REBFLÄCHE 13 Hektar

Dorigati, ein Name der in der Rotaliana-Ebene auch Teroldego bedeutet. Diese Winzer-Dynastie interpretiert schon seit mindestens 6 Generationen die lokale Weinsorte. Es sind erfahrene Kellermeister, die das Ansehen der Traditionalisten zeigen, ohne Innovation zu vernachlässigen. Die jungen Paolo und Michele Dorigati, Vettern, praktizieren sie in ihrem einfachen Keller in der Altstadt von Mezzocorona und pflegen dabei auch ihr lebhaftes Juwel, den Methius, diesen kraftvollen, klassischen Spumante. Ebenso wie den Herzenswein, den Teroldego Rotaliano. Die der Spumanteherstellung gewidmete Aufmerksamkeit hat sich wieder einmal gelohnt. Der Methius '08 bestätigt sich als Ranglistenführer der Trentodocs. Er vermittelt sofort seine delikate, von intensiver Fruchtigkeit begleitete Lebhaftigkeit, sein Strukturgefüge schwenkt ins Harzige – unauslöschliches Merkmal – für eine fein abgerundete Gesamtempfindung. Unter den stillen Weinen setzen sich zwei Teroldegos, aber auch ein schmackhafter, kräftiger Chardonnay ins Licht.

○ Trento Brut Methius Ris. '08	♛♛♛	6
● Teroldego Rotaliano '12	♛♛	3
● Teroldego Rotaliano Sup. Diedri '11	♛♛	5
○ Trentino Chardonnay '12	♛♛	3
○ Trentino Lagrein Kretzer '13	♛	2
○ Trentino Pinot Grigio '13	♛	3
○ Trento Brut Methius Ris. '06	♛♛♛	6
○ Trento Brut Methius Ris. '05	♛♛♛	6
○ Trento Brut Methius Ris. '04	♛♛♛	6
○ Trento Brut Methius Ris. '03	♛♛♛	6
○ Trento Brut Methius Ris. '02	♛♛♛	6
○ Trento Brut Methius Ris. '00	♛♛♛	6
○ Trento Brut Methius Ris. '98	♛♛♛	6

TRENTINO

Endrizzi
Loc. Masetto, 2
38010 San Michele all'Adige [TN]
Tel. +39 0461650129
www.endrizzi.it

DIREKTVERKAUF
BESUCH NACH VORANMELDUNG
JAHRESPRODUKTION 600.000 Flaschen
REBFLÄCHE 55 Hektar

Vor allem umweltverträglich, und gleich danach viele naturnahen Anbaupraktiken. Inklusive die kulturelle Zurückeroberung von Böden, wo die auf dem Schwemmkegel in Richtung Faedo behüteten Rebzeilen wachsen, eine Zone mit hoher Berufung zum Wein. Mutterfels für die Endrici – das ist der richtige Name der Eigentümer -, die ihre, spezifischen Böden entspringenden Weine ins Muse, dem Wissenschaftsmuseum von Trient gebracht haben. Dort sind sie als Kunstwerk zu sehen. Der ganze Betrieb ist leidenschaftlich und innovativ im biologischen Anbau involviert. Dem Besucher steht ein eigener Bereich zur Verfügung, wo ihm das Verständnis dieser Philosophie erleichtert wird. Wieder einmal ist es der Gran Masetto, der sich am besten ins Licht setzt. Kräftig in jeder Komponente, auch im Alkoholgehalt, aus teils überreifen Teroldego-Trauben für eine überwältigende Kostprobe. Chardonnay, Pinot Bianco, Riesling und Sauvignon ergeben den Masetto Bianco, einen weiteren überzeugenden Wein. Ebenso wie der Verschnitt im Bordeaux-Stil des Masetto Nero. Im perfekten Trentodoc-Stil der Pian di Castello.

● Gran Masetto '10	▼▼ 2*
○ Masetto Bianco '12	▼▼ 3
● Masetto Nero '11	▼▼ 3
● Teroldego Rotaliano '11	▼▼ 3
○ Trento Brut Pian di Castello '09	▼▼ 4
● Gran Masetto '09	▽▽ 7
● Teroldego Rotaliano Tradizione '11	▽▽ 2*
● Trentino Pinot Nero Pian di Castello '10	▽▽ 3
○ Trento Brut Pian di Castello '08	▽▽ 4
○ Trento Brut Rosé Pian di Castello '07	▽▽ 4

★★Ferrari
Via Ponte di Ravina, 15
38123 Trento
Tel. +39 0461972311
www.cantineferrari.it

DIREKTVERKAUF
BESUCH NACH VORANMELDUNG
GASTRONOMIE
JAHRESPRODUKTION 4.410.000 Flaschen
REBFLÄCHE 120 Hektar

Sie haben die Kraft des Brands, aber auch das Bewusstsein, Avantgardisten in einem Sektor zu sein – der Spumanteherstellung –, die nichts der Improvisation überlässt. Die Lunellis des Ferrari bauen ihre blasierte, in gewisser Hinsicht fantastische Erkennbarkeit noch weiter aus und diversifizieren ihr Tätigkeitsgebiet mit Initiativen in Umbrien, Toscana und auch mit dem Prosecco. Sie fördern den Anbau in ihren Gütern, aus denen die Chemie praktisch verbannt ist, für immer selektivere Lesen und ebenso bedeutsame wie unnachahmbare Produkte. Matteo, Marcello, Camilla und Alessandro am Steuer, jeder in einer anderen Rolle, arbeiten im Chor zusammen und ermöglichen es Ferrari, wahrer Trinkgenuss zu sein. Und nicht nur in Italien. Der Perlé Nero '08 ist die x-te Bestätigung. Großartiger Stil und Vielschichtigkeit mit frischen, changierenden schwarzen Kleinfruchtaromen und einem wichtigen Geschmacksfinale. Intensiv und rassig der Giulio '04, wie immer ein Rassewein. Mit seiner spektakulären Eleganz und Fülle ist er eine der besten Versionen seit jeher.

○ Trento Brut Giulio Ferrari Riserva del Fondatore '04	▼▼▼ 8
○ Trento Extra Brut Perlé Nero '08	▼▼ 8
○ Trento Maximum Brut	▼▼ 5
○ Trento Brut Perlé '08	▼▼ 6
○ Trento Brut Giulio Ferrari Riserva del Fondatore '01	▽▽▽ 8
○ Trento Brut Giulio Ferrari Riserva del Fondatore '00	▽▽▽ 8
○ Trento Brut Giulio Ferrari Riserva del Fondatore '99	▽▽▽ 8
○ Trento Brut Perlé '02	▽▽▽ 5
○ Trento Extra Brut Perlé Nero '07	▽▽▽ 8
○ Trento Extra Brut Perlé Nero '06	▽▽▽ 8
○ Trento Extra Brut Perlé Nero '05	▽▽▽ 8
○ Trento Extra Brut Perlé Nero '04	▽▽▽ 8
○ Trento Giulio Ferrari '97	▽▽▽ 8

TRENTINO

★Foradori
VIA DAMIANO CHIESA, 1
38017 MEZZOLOMBARDO [TN]
TEL. +39 0461601046
www.elisabettaforadori.com

DIREKTVERKAUF
BESUCH NACH VORANMELDUNG
JAHRESPRODUKTION 160.000 Flaschen
REBFLÄCHE 24 Hektar
WEINBAU Biodynamisch anerkannt

Ihr Charisma und Durchsetzungsvermögen und ihr weiblicher Charme machen aus ihr die Dame des Weins. Elisabetta Foradori hat sich nie mit den erzielten Resultaten zufrieden gegeben und respektiert einfach die Kraft der wichtigsten Rebsorte ihres Betriebs, die Teroldego. Sie hat die agronomischen Gewohnheiten stets herausgefordert und sich mit ihrer Lebens- und Weinphilosophie der Biodynamik verschrieben. Ihr Betrieb ist vollkommen auf naturnahen Anbau umgestellt und im Keller haben Amphoren beinahe vollkommen den Stahl ersetzt. Um eine neue, man könnte sagen, dolomitische Weinproduktion zu beginnen. Drei Teroldegos und ein paar Weiße in Erwartung des letzten Granato, der erst in ein paar Saisonen herausgegeben werden wird. Der Sgarzon, der Morei und der klassische Foradori haben die Aufgabe, die Fahne dieses wichtigen Trentiner Kellers hochzuhalten. Der Sgarzon ist fleischig, schmeckt nach Brombeeren und reifen Pflaumen, Kakao, die üppigen und von Elisabetta meisterhaft gefügsam gemachten Gerbstoffe runden ihn ab. Diese Meisterhaftigkeit kommt in allen Weinen, inklusive den Weißen zum Ausdruck.

○ Nosiola Fontanasanta '12		🍷🍷 5
● Teroldego Rotaliano Sgarzon '12		🍷🍷 5
● Teroldego Rotaliano Foradori '12		🍷🍷 4
● Teroldego Rotaliano Morei '12		🍷🍷 5
○ Manzoni Bianco Fontanasanta '12		🍷 4
● Granato '10		🍷🍷🍷 7
● Granato '07		🍷🍷🍷 7
● Granato '04		🍷🍷🍷 6
● Granato '03		🍷🍷🍷 6
● Granato '02		🍷🍷🍷 6
● Granato '01		🍷🍷🍷 6
● Granato '00		🍷🍷🍷 6

Grigoletti
VIA GARIBALDI, 12
38060 NOMI [TN]
TEL. +39 0464834215
www.grigoletti.com

DIREKTVERKAUF
BESUCH NACH VORANMELDUNG
JAHRESPRODUKTION 60.000 Flaschen
REBFLÄCHE 10 Hektar

Dieser Archetyp einer echten Winzerdynastie prahlt nicht, sondern bietet alles mit unbefangener Einfachheit an. Die Weine der Grigolettis haben die Kraft der Echtheit und spiegeln das Wesen des Winzers wider. In ihrem Keller inmitten von Weinbergen zwischen der Brennerautobahn, der Etsch und dem Gebirge zum Monte Stivo keltern sie nur eigene Trauben für eine gezielte Produktion. Große Aufmerksamkeit gilt den Roten – allen voran dem Merlot – ohne den Weißen, Süßweine inbegriffen, nichts vorzuenthalten. Der Verschnitt Chardonnay, Sauvignon und Incrocio Manzoni besiegelt die gute Ausdrucksweise des Retiko, der gelungenste Wein des letzten Jahrgangs, für ein sympathisches, nicht zu eindringliches Trinkerlebnis. Genau wie der traditionelle Marzemino, violettblau im Aussehen und in der Anspielung an wilde Veilchen. Ebenso überzeugend der der Figur des Mostträgers (auf italienisch Gonzaliere) gewidmete Verschnitt.

● Gonzalier '11		🍷🍷 5
○ Retiko '13		🍷🍷 3
○ Trentino Chardonnay L'Opera '13		🍷🍷 3
● Trentino Marzemino '13		🍷🍷 2*
● Maso Federico Passito Rosso '09		🍷 5
○ San Martim V.T. '12		🍷 4
○ Retiko '11		🍷🍷 3
○ Retiko '10		🍷🍷 3
● Speciale 30° '09		🍷🍷 6
○ Trentino Chardonnay L'Opera '12		🍷🍷 3
○ Trentino Chardonnay L'Opera '11		🍷🍷 3
● Trentino Marzemino '12		🍷🍷 2*

TRENTINO

La Vis/Valle di Cembra
via Carmine, 7
38034 Lavis [TN]
Tel. +39 0461440111
www.la-vis.com

DIREKTVERKAUF
BESUCH NACH VORANMELDUNG
UNTERKUNFT UND GASTRONOMIE
JAHRESPRODUKTION 1.000.000 Flaschen
REBFLÄCHE 850 Hektar

In Lavis ist es wieder heiter. Nicht so sehr, was das Wetter betrifft, sondern weil sich der über diesen Genossenschaftskeller gefegte Finanzsturm anscheinend gelegt hat. Der Großteil der Bilanzangelegenheiten sind gelöst, einige außerhalb des Trentino erworbene Keller ausgegliedert, aber vor allem hat man sich darum bemüht, die Genossenschaftsbasis (über 1300 Mitglieder) wieder zu kompaktieren, um qualitativ wieder auf höchstem Niveau zu sein. Und das ist eine großartige Leistung des Führungsteams, der Kellertechniker und der Winzermitglieder. 2015 kann deshalb das Jahr der konkreten Wiederauferstehung sein, und die wahren Potenzialen dieser soliden Genossenschaft zum Ausdruck bringen. La Vis und Cantina di Montagna, in Cembra, sind Schwestergesellschaften, die sich dadurch unterscheiden, dass sie ihre angrenzenden Gebiete respektieren. Ein Engagement, das es La Vis ermöglicht hat, mit dem Müller Thurgau Vigna delle Forche, einem vertikalen Wein, die Drei Gläser zurückzuerobern. Vertikal im Aroma, in den Reflexen, die an den Dolomitenhimmel erinnern, und wie die Hänge, an denen er wächst. Cembra hat einen absolut prestigevollen Trentodoc Oro Rosso präsentiert.

○ Trentino Müller Thurgau V. delle Forche '13	♛♛♛	3*
○ Trentino Oro Rosso Brut 60 Mesi	♛♛	5
○ L'Altro Manzoni '12	♛♛	4
● Teroldego Rover '12	♛♛	3
○ Trentino Chardonnay Del Diaol '13	♛♛	2*
○ Trentino Traminer Aromatico Ai Padri '13	♛♛	4
○ Ritratto Bianco '07	♛♛♛	4
● Ritratto Rosso '03	♛♛♛	4
○ Trentino Müller Thurgau Vigna delle Forche '12	♛♛♛	3*
○ Trentino Pinot Grigio Ritratti '12	♛♛	3
○ Trentino Riesling Simboli '12	♛♛	2*
● Trentino Schiava Piaggi '12	♛♛	3

Letrari
via Monte Baldo, 13/15
38068 Rovereto [TN]
Tel. +39 0464480200
www.letrari.it

DIREKTVERKAUF
BESUCH NACH VORANMELDUNG
JAHRESPRODUKTION 160.000 Flaschen
REBFLÄCHE 23 Hektar

Leonello Nello Letrari hütet das Wissen und repräsentiert die Weinbauerinnerung der Dolomitenbewohner, ohne weder mit seinen Kenntnissen noch mit seinem Können zu prahlen. Trotz seiner über 80 Jahre ist er immer noch unbestrittener Protagonist des Gebiets. Die Kellerarbeit hat er seiner Tochter und immer fähigeren Kellermeisterin Lucia übergeben, aber er selbst mischt auch noch mit. Er kümmert sich vor allem um den klassischen Spumante, eine Jugendliebe, seit er sich 1961 als Pionier den ersten italienischen Bordeaux-Weinen widmete und einer der ersten auf die Bläschen setzte. Er interpretiert und erzeugt sie – wie auch die traditionellen Weine – mit der Maßgeblichkeit eines Patriarchen. Ehre, wem Ehre gebührt, der Beharrlichkeit und der Schönheit eines ein Must gewordenen Trentodoc, der Riserva Letrari, der seine Drei Gläser bestätigt. Blassgoldige Reflexe, anmutiger Schaum, weiße Blumen von Weißfrucht, im Mund seidig und würzig, saftig im Abgang. Ein großartig persönlicher Spumante, anderen von den Letraris realisierten Trentodocs ähnlich, zwischen Salzhaltigkeit, sinuöser Struktur und stolzem Gehabe.

○ Trento Brut Letrari Ris. '09	♛♛♛	5
○ Trento Letrari Riserva del Fondatore '04	♛♛	8
○ Trento Brut Letrari	♛♛	5
● Ballistarius '09	♛♛	5
⊙ Trento Brut Rosé +4 '09	♛♛	6
○ Trento Letrari Dosaggio Zero '11	♛♛	5
○ Trento Letrari Quore '08	♛♛	5
○ Trento Brut Letrari Ris. '08	♛♛♛	5
○ Trento Brut Letrari Ris. '07	♛♛♛	5
○ Trento Brut Letrari Ris. '05	♛♛♛	5
○ Trento Brut Ris. '06	♛♛♛	5
● Ballistarius '08	♛♛	5
○ Trento Brut Letrari '10	♛♛	5

TRENTINO

Maso Poli
LOC. MASI DI PRESSANO, 33
38015 LAVIS [TN]
TEL. +39 0461871519
www.masopoli.com

DIREKTVERKAUF
BESUCH NACH VORANMELDUNG
UNTERKUNFT
JAHRESPRODUKTION 80.000 Flaschen
REBFLÄCHE 13 Hektar

Der Landwirtschaftsbetrieb der Familie Togn, historische Kellermeister von Roverè della Luna, haben an den Hängen von Lavis ein Bauernhaus aus dem 18. Jh. in einen ultramodernen Keller verwandelt. Die sehr gewagte (vorgelagerte Struktur) dominiert das darunterliegende Etschtal, fügt sich aber harmonisch in die wunderschöne Landschaft ein. Der Keller wird auch für Kulturveranstaltungen, als B&B-Struktur und Geschmackslaboratorien herangezogen. Es werden nur wenige Rebsorten angebaut, aber umsichtig und leidenschaftlich gepflegt, vinifiziert und vermarktet. Mit sehr guten Ergebnissen. Es ist schwierig, die an die beiden Marken gebundenen Weine kurz zusammenzufassen. Die von Maso Poli haben vielleicht mehr Charakter, wie der erstklassige, unverzagte, vibrierende und in gewisser Hinsicht sehr weibliche Pinot Nero zeigt. Kräftig hingegen der Marmoram aus Lagrein mit Teroldego, haltbar und granatfarben im Gewand. Und da gibt es noch einen schneidenden, sehr feinen, verführerischen Riesling, einer der besten der Zone. Ausgezeichnet der Teroldego vom Gajerhof.

● Teroldego Rotaliano Gaierhof '12		🍷🍷 3
● Trentino Lagrein '13		🍷🍷 4
○ Trentino Riesling '13		🍷🍷 3
● Trentino Sorni Rosso Marmoram '10		🍷🍷 3
● Trentino Sup. Pinot Nero '11		🍷🍷 3
○ Trentino Traminer '13		🍷🍷 3
○ Trentino Nosiola '10		🍷🍷 3
● Trentino Pinot Nero Sup. '08		🍷🍷 3
○ Trentino Riesling '10		🍷🍷 3
● Trentino Sorni Rosso Marmoram '08		🍷🍷 3

MezzaCorona
VIA DEL TEROLDEGO, 1
38016 MEZZOCORONA [TN]
TEL. +39 0461616399
www.mezzacorona.it

DIREKTVERKAUF
BESUCH NACH VORANMELDUNG
JAHRESPRODUKTION 30.000.000 Flaschen
REBFLÄCHE 2,800 Hektar

Die Kraft von Mezzacorona ist an die Hartnäckigkeit vieler Winzer gebunden, die die von dieser Weinbaugruppe angenommenen Herausforderungen überzeugt mitgehen. Diese hat wie nur wenige in Italien in kürzester Zeit entfernte Märkte erobert, Strukturen ausgebaut, fernliegende Weinbauzonen wie Sizilien miteinbezogen, aber die entschieden dolomitische Seele ihrer Mission nie aus den Augen verloren. Große Volumen, präzise Qualitätsobjektive, immer umweltverträglichere Landwirtschaftspraktiken und größte Umsicht bei der Weinherstellung. Vom Pinot Grigio zum Teroldego, aber vor allem für einen wundervollen Trentodoc. Der Flavio hat mit seinem ausgezeichneten Geruchsimpakt, Moosnoten, kandierter Orange und guter Dichte sowie einer linearen, von cremiger Gesamtfinesse gestützten Säure wieder die Drei Gläser erobert. Die anderen Spumantes haben eine aromatische Vielfältigkeit und die gesamte Palette ein konsolidiertes Preis-/Leistungsverhältnis.

○ Trento Rotari Flavio Ris. '07		🍷🍷🍷 5
○ Trentino Pinot Grigio Castel Firmian '13		🍷🍷 3
● Trentino Pinot Nero Castel Firmian '12		🍷🍷 3
○ Trento Extra Brut AlpeRegis '09		🍷🍷 3
○ Trentino Müller Thurgau Castel Firmian '13		🍷 3
● Teroldego Rotaliano Nos Ris. '04		🍷🍷🍷 5
○ Trento Rotari Flavio Ris. '06		🍷🍷🍷 5
● Teroldego Rotaliano Ris. '10		🍷🍷 4
● Trentino Lagrein Castel Firmian '11		🍷🍷 4
○ Trentino Traminer Castel Firmian '12		🍷🍷 3
○ Trento Extra Brut AlpeRegis '07		🍷🍷 5

TRENTINO

Casata Monfort
Via Carlo Sette, 21
38015 Lavis [TN]
Tel. +39 0461246353
www.cantinemonfort.it

DIREKTVERKAUF
BESUCH NACH VORANMELDUNG
JAHRESPRODUKTION 150.000 Flaschen
REBFLÄCHE 40 Hektar

Hundert Jahre nach dem Ersten Weltkrieg kann die Festung Cantanghel eine kuriose Verwandlung verzeichnen: von bewaffneter Festung in Hüter von Fässern. Es ist der spektakuläre Standort, den die Familie Simoni nutzt, um ihre Weinproduktionen an die Geschichte und das Gebiet von Trentino zu binden. Sie begannen als Kellermeister in Lavis und sind nun gute Winzer in verschiedenen Gütern auf den Trentiner Hügeln, die in Richtung Valsugana schauende austroungarische Festung umgeben. Einige Lagen sind in Entwicklung begriffen. Die Produktionspalette mit einem großartig vielschichtigen Trentodoc ist umfassend. Der Pinot Nero del Forte verfehlt um ein Haar die höchste Anerkennung und bestätigt sich dennoch als einer der besten der Region. Kraft und Gefügsamkeit mit gestütztem kirschigem und angenehmem Rhabarbergeschmack, für eine sichere Eleganz. Auch der Traminer Vigna Caselle hebt sich mit seinem saftigen, zitrusfruchtigen Aroma ab, beinahe so als würde er seine vitale alpine Identität anstacheln wollen.

● Trentino Pinot Nero Forte di Mezzo '11		🍷🍷 3*
○ Trento Brut		🍷🍷 4
○ Blanc de Sers '12		🍷🍷 3
○ Trentino Lagrein '11		🍷🍷 3
○ Trentino Traminer Aromatico V. Caselle '12		🍷🍷 3
○ Trento Brut Ris. '08		🍷🍷 5
○ Sotsas Cuvée '11		🍷🍷 3
○ Sotsas Cuvée '11		🍷🍷 3
○ Trentino Gewürztraminer Casata Monfort '12		🍷🍷 3
○ Trentino Müller Thurgau Casata Monfort '12		🍷🍷 2*
● Trentino Pinot Nero Maso Cantanghel '10		🍷🍷 3
○ Trento Brut Monfort '10		🍷🍷 4

Opera Vitivinicola in Valdicembra
Fraz. Verla
Via Tre Novembre, 8
38030 Giovo [TN]
Tel. +39 0461684302
www.operavaldicembra.it

DIREKTVERKAUF
BESUCH NACH VORANMELDUNG
JAHRESPRODUKTION 60.000 Flaschen
REBFLÄCHE 15 Hektar

Der jüngst gegründete Keller ist in den als rotes Gold des Cembratals bezeichneten Porphyr gehauen, hat sich sofort großartige Ziele gesetzt und setzt auf die Potenzialitäten des Metodo Classico, der einzig verarbeitete Wein. Die Trauben der hohen Hügellandschaft werden unter dem wachsamen Auge von Paolo Tiefenthaler gelesen, einem erfahrenen Kellermeister, der in verschiedenen Betrieben aktiv ist und ganz in der Nähe dieser aus Fels, Holz und Glas bestehenden Struktur, Hochburg der Vitalität des Trentodoc, geboren wurde. Drei verschiedene Interpretationen für einen klassischen Spumante, der wirklich im Gebirge entsteht, und zwar aus in terrassenartig angelegten, sehr steilen Weinbergen angebauten Trauben. So hat jede Flasche den Charakter des Habitats der Trauben. Sofort einnehmend der Millesimato mit Erdnuss- und Löwenzahnnoten, ohne blumige Übergriffe; lebendige Säure, progressive Trinkreife, mit breitem, überzeugendem Abgang.

○ Trento Opera Brut Mill. '09	🍷🍷 5
⊙ Trento Opera Brut Rosé	🍷🍷 5
⊙ Trento Opera Nature '09	🍷🍷 5
⊙ Trento Brut Rosé Noir '09	🍷🍷 5
○ Trento Nature '08	🍷🍷 4

TRENTINO

Pisoni
LOC. SARCHE
FRAZ. PERGOLESE DI LASINO
VIA SAN SIRO, 7A
38076 LASINO [TN]
TEL. +39 0461564106
www.pisoni.net

DIREKTVERKAUF
BESUCH NACH VORANMELDUNG
JAHRESPRODUKTION 23.500 Flaschen
REBFLÄCHE 16 Hektar

Die Traube ist in ihrem DNA, da sie seit 1852 das Land bestellen. Immer im selben Gebiet, auf Feldern längs des Sarca und auf Terrassen, die mit dem Monte Bondone im Rücken sowohl den Garda, als auch die Brentner Dolomiten dominieren. Weinbauer, aber seit jeher auch Branntweinbrenner und unter den Pionieren der Trentiner Spumanteherstellung. Drei Familien bearbeiten verschiedene Güter und diversifizieren zwischen Fässern, Destillierkolben und biodynamisch geführten Feldern die agronomischen Praktiken. Sofort im Vordergrund die Trentodocs, beispielhaft der Millesimato mit reifem Charakter, aber gutem Alterungspotenzial, ebenso wie der Extra Brut und der saftige Rosé. Dann ein wirklich gut gemachter Pinot Nero, der die Weisheit dieser Winzer und die Berufung des Seentals Valle dei Laghi für die Rebsorte bezeugt. Trinkfreundlich der Rebo, noch auf der Warteliste der Verschnitt Sarica aus Syrah und Pinot Nero und absolut sagenhaft und exquisit der Vino Santo aus getrockneten Nosiola-Trauben. Unvergesslich.

○ Trentino Vino Santo '00	🍷🍷🍷 6
● Pinot Nero '11	🍷🍷 4
● Sarica Rosso '10	🍷🍷 4
○ Trento Brut Mill. '10	🍷🍷 4
○ Trento Extra Brut '10	🍷🍷 5
● Rebo '10	🍷 4
⊙ Trento Rosé '10	🍷 5
● Sarica Rosso '08	🍷🍷 4
○ Trento Brut '09	🍷🍷 4
○ Trento Brut '08	🍷🍷 3
⊙ Trento Brut Rosé '10	🍷🍷 5
○ Trento Brut Nature '08	🍷🍷 4
○ Trento Extra Brut Ris. '07	🍷🍷 5

Pojer & Sandri
LOC. MOLINI, 4
38010 FAEDO [TN]
TEL. +39 0461650342
www.pojeresandri.it

DIREKTVERKAUF
BESUCH NACH VORANMELDUNG
UNTERKUNFT
JAHRESPRODUKTION 250.000 Flaschen
REBFLÄCHE 26 Hektar
WEINBAU Biologisch anerkannt

Diversifizieren, nicht nur um aufzufallen, sondern, um gebirgliche Gebietswinkel zurückzuerobern, die seit Jahrhunderten brach liegen – wie im oberen Cembratal – wo Null-Impact-Weinbauformen ohne jede Chemie und mit eigens geschaffenen interspezifischen Klonen experimentiert werden. Zusammen mit ihren Kindern bieten Mario Pojer und Fiorentino Sandri, die Gründer dieses renommierten Kellers in Faedo eine Palette an traditionellen Weinen mit der Experimentierfreude entspringenden Varianten. Angefangen beim Wein unter 10° bis hin zu einem portoähnlichen Wein, ohne jedoch einen Spumante sur lie zu vergessen. Und alle anderen klassischen, mit P&S signierten Weine. Im Triumphzug der charakterlich reine Faye Bianco mit opulenter Substanz aus Chardonnay und Pinot Bianco, der seine Identität markiert. Wie immer von hohem Niveau der Pinot Nero Rodel Pianezzi, dem nur der Saisonverlauf zugesetzt hat. Eine ausgezeichnete Leistung aller anderen Weißen, vom säuerlichen, alles andere als einfachen Nosiola bis zum Besler Biank, aus zu Unrecht vergessenen Rebsorten. Großartig herausgeputzt die vielen Weine von Faedo.

○ Bianco Faye '11	🍷🍷🍷 5
○ Extra Brut	🍷🍷 5
○ Besler Biank '10	🍷🍷 3
○ Nosiola '13	🍷🍷 3
○ Palai '13	🍷🍷 3
● Pinot Nero Rodel Pianezzi '10	🍷🍷 5
⊙ Brut Rosé	🍷 4
○ Traminer '13	🍷 4
○ Bianco Faye '08	🍷🍷🍷 5
○ Bianco Faye '01	🍷🍷🍷 5
● Pinot Nero Rodel Pianezzi '09	🍷🍷🍷 5
● Rosso Faye '05	🍷🍷🍷 5
● Rosso Faye '00	🍷🍷🍷 5

TRENTINO

Pravis
loc. Le Biolche, 1
38076 Lasino [TN]
tel. +39 0461564305
www.pravis.it

DIREKTVERKAUF
BESUCH NACH VORANMELDUNG
JAHRESPRODUKTION 200.000 Flaschen
REBFLÄCHE 32 Hektar

In dieser Ausgabe des Führers bestätigt sich die junge Erika Pedrini unter den besten Interpreten der Dolomitenweine. Ihr gelingt es, den vom Vater Domenico, Gianni Chistè und Mario Zambarda – Gründer des angrenzenden Betriebs Castel Madruzzo – vorgegebenen Weg weiter zu gehen und lanciert aufs Neue Stil und Vitalität der betriebseigenen Weine. Zwischen Seen und Berggipfel verstreute Weinberge, Mikrozonen, umweltverträgliche Anbauten, viel handwerkliche Leidenschaft und interspezifische Trauben. Der Fratagranda bestätigt seinen Wert dank einer drastischen Auslese im Weinberg und einer umsichtigen Vinifizierung. Freundlich und noch ausbaubedürftig, für die nächsten, meditierten Verkostungen. Auch der Stravino di Stravino und in gewisser Hinsicht sein Bruder, der L'Ora, bestätigen die Bravur dieser Winzer. Zwei schmackhafte Weißweine aus teilweise getrockneten Trauben, wie sie für den Vino Santo des Seentals Valle dei Laghi verwendet werden.

● Fratagranda '11	♟♟ 4
○ Stravino di Stravino '11	♟♟ 4
○ L'Ora '11	♟♟ 4
● Madruzzo '11	♟ 3
● Syrae '11	♟♟ 4
○ Kerner '13	♟ 2
● Fratagranda '10	♟♟♟ 4*
● Fratagranda '09	♟♟♟ 4*
● Fratagranda '07	♟♟♟ 4
○ L'Ora '10	♟♟ 4
○ Nosiola Le Frate '12	♟♟ 2*
○ Stravino di Stravino '10	♟♟ 4

Cantina Rotaliana
via Trento, 65b
38017 Mezzolombardo [TN]
tel. +39 0461601010
www.cantinarotaliana.it

DIREKTVERKAUF
BESUCH NACH VORANMELDUNG
JAHRESPRODUKTION 1.000.000 Flaschen
REBFLÄCHE 330 Hektar

Wenn der seit dem fernen 1232 zitierte Teroldego immer noch ein moderner Wein ist, so ist das größtenteils Verdienst dieser Genossenschaft, die untrennbar mit dieser Rebsorte verbunden ist. Das Engagement im Weinbau und die önologische Technik gehen Hand in Hand in einer Weingenossenschaft, der es als eine der ersten gelungen ist, ihre Mitglieder davon zu überzeugen, dass weniger Produktion besser ist. Gleichzeitig erweiterte man die Sortenpalette und bezog die Winzer im Hügelgebiet mit ein, um auch Trauben für fruchtige Weißweine zu haben, den Metodo Classico inbegriffen. Ohne auf den Ausbau der Teroldego-Selektion zu verzichten. Der Clesurae, der Vorzeigewein des Betriebs, überzeugt saisonbedingt weniger als der traditionelle Riserva, der sich trinkfreundlich, dunkel und spritzig, eben richtig vielseitig gibt. Dann gibt es da noch Weine aus weißen Trauben, die den Wert dieser soliden Genossenschaft neu lancieren. Sehr gut die beiden Versionen Trentodoc Redor, ein Brut und ein Millesimato: rotfruchtfrisch in der Nase, salzig und apfelig der erste, vielschichtig, rund, blumig im Finale der zweite.

● Teroldego Rotaliano Clesurae '11	♟♟ 6
● Teroldego Rotaliano Ris. '11	♟♟ 4
○ Trento Brut Redor	♟ 4
○ Trentino Pinot Bianco '13	♟ 2
● Trentino Pinot Nero '11	♟ 3
○ Trento Brut Redor Mill. '08	♟ 5
● Teroldego Rotaliano Clesurae '06	♟♟♟ 5
● Teroldego Rotaliano Clesurae '02	♟♟♟ 5
● Teroldego Rotaliano Ris. '04	♟♟♟ 3
● Teroldego Rotaliano Clesurae '10	♟♟ 6
○ Trentino Pinot Bianco '12	♟♟ 2*
○ Trento Brut Redor Ris. '07	♟♟ 5

TRENTINO

★Tenuta San Leonardo
Fraz. Borghetto all'Adige
Loc. San Leonardo
38060 Avio [TN]
Tel. +39 0464689004
www.sanleonardo.it

DIREKTVERKAUF
BESUCH NACH VORANMELDUNG
JAHRESPRODUKTION 180.000 Flaschen
REBFLÄCHE 25 Hektar

Classe, Charme, Ansehen. Und die Magie eines Orts, an dem Leben und Rebe seit Jahrhunderten eng miteinander verbunden sind. Die Marchesen Guerrieri Gonzaga sind absolute Qualitätsliebhaber und respektieren das Habitat und die Schönheit. Eine der beeindruckendsten Weinbaubetriebe mit in Wäldern und Hängen eingefassten Rebflächen, die den Rhythmus der Landschaft angeben, im Lagertal, wo die Etsch in die Ebene übergeht. Und mit dem wie immer herrlichen San Leonardo – als Ort und nicht nur als Wein. Es ist unnütz darauf hinzuweisen, dass der San Leonardo über eine Klasse verfügt, die keinen Vergleich scheut. Es genügt ein Blick, um seinen großartigen Stoff zu erkennen, mit präzisen, verführerischen Leder- und Lakritznoten. Im Mund ist er ebenso superb wie schmeichelnd, mit in die Zukunft projektierten inneren Talenten. Nicht weniger wert der Villa Gresti, lebend, pulsierend, beinahe zeitlos und in der Lage, die Zeit herauszufordern.

● San Leonardo '08	🍷🍷🍷 7
● Villa Gresti '09	🍷🍷 5
● Terre di San Leonardo '11	🍷🍷 3
○ Vette di San Leonardo '13	🍷🍷 3
● Carmenère '07	🍷🍷🍷 8
● San Leonardo '07	🍷🍷🍷 7
● San Leonardo '06	🍷🍷🍷 7
● San Leonardo '05	🍷🍷🍷 7
● San Leonardo '04	🍷🍷🍷 7
● San Leonardo '03	🍷🍷🍷 7
● San Leonardo '01	🍷🍷🍷 7
● San Leonardo '00	🍷🍷🍷 7
● San Leonardo '99	🍷🍷🍷 7
● San Leonardo '97	🍷🍷🍷 7
● San Leonardo '96	🍷🍷🍷 7
● San Leonardo '95	🍷🍷🍷 7
● Villa Gresti '03	🍷🍷🍷 6

Istituto Agrario Provinciale San Michele all'Adige
via Edmondo Mach, 1
38010 San Michele all'Adige [TN]
Tel. +39 0461615252
www.ismaa.it

DIREKTVERKAUF
BESUCH NACH VORANMELDUNG
JAHRESPRODUKTION 250.000 Flaschen
REBFLÄCHE 60 Hektar
WEINBAU Biologisch anerkannt

Offiziell handelt es sich um eine Edmund Mach gewidmete Stiftung, dem Vater des europäischen Weinbaus Ende des 19. Jh. und Gründer dieser bedeutsamen Landwirtschaftsschule in St. Michael an der Etsch, die seit 140 Jahren Techniker und Kellermeister ausbildet. Sie ist tief verwurzelt, entschieden an den dolomitischen Weintraditionen verankert, interpretiert aber – auch dank der zahlreichen Forschungsabteilungen an der Mach, Genomik inbegriffen – bestens die Entwicklung 2.0 des Weins, und nicht nur des Trentiners. Schulweine, die Schule machen. Der von Enrico Paternoster geleitete Keller des Weinbauinstituts entkorkt ehrwürdig einen vielschichtigen, freudvollen Trentadoc mit verführerischen, beinahe sinnlichen Konditoreiaromen. Drei Gläser, für freudiges Anstoßen. Von den Erfolgen der Stiftung zur Lancierung anderer Weine. Erwähnenswert auch der fesselnde Pinot Bianco, wie man ihn nur selten in Trentino zu trinken bekommt, und der frische, korrekt tanninhaltige Cabernet Franc Monastero.

○ Trento Mach Riserva del Fondatore '09	🍷🍷🍷 5
○ Trentino Pinot Bianco Monastero '13	🍷🍷 3*
● Manzoni Bianco '13	🍷🍷 4
● Trentino Cabernet Franc Monastero '11	🍷🍷 3
○ Trentino Riesling '13	🍷🍷 2*
○ Trentino Nosiola '13	🍷 3
○ Trento Mach Riserva del Fondatore '07	🍷🍷🍷 5
○ Trento Mach Riserva del Fondatore '04	🍷🍷🍷 5
● Trentino Cabernet Franc Monastero '10	🍷🍷 3
● Trentino Pinot Nero Monastero '10	🍷🍷 6
○ Trentino Sauvignon '12	🍷🍷 3
○ Trento Mach Riserva del Fondatore '08	🍷🍷 5

TRENTINO

Toblino

Fraz. Sarche
via Longa, 1
38070 Calavino [TN]
Tel. +39 0461564168
www.toblino.it

DIREKTVERKAUF
BESUCH NACH VORANMELDUNG
GASTRONOMIE
JAHRESPRODUKTION 400.000 Flaschen
REBFLÄCHE 700 Hektar

Der Betrieb erobert die Weinbauwerte eines Tals, Valle dei Laghi, zurück, das seit Jahrhunderten Wiege der Weinkultur ist, insbesondere der Rebe Nosiola. Denn nur in dieser mediterranen Enklave zwischen dem Gardasee und den Brentner Dolomiten findet man den Vino Santo, den Passito der Passitos, aus Nosiola-Trauben, die bis zur Karwoche reifen gelassen werden. Die Kellereigenossenschaft ist 1965 gegründet worden und hat jüngst hunderte Flaschen eines Vino Santo dieses Jahrgangs neu verkorkt. Um die Gründer zu ehren, um andere traditionelle Weine zu lancieren, die diese Genossenschaft einfach und zu einem rechten Preis anbietet. Sogar vier Weißweine im Rampenlicht, mit dem Nosiola – Symbolwein des Tals, an der Spitze einer hypothetischen Rangliste, vor einem schmackhaften Chardonnay, einem duftenden Müller Thurgau und einem ungewöhnlichen Incrocio Manzoni. Ohne den historischen Trentodoc-Bläschenwein Antares außer Acht zu lassen. Aufrichtige, einfache Weine für die vielfältige Kundenpalette einer Winzergenossenschaft, die auch auf Bio-Anbau setzt. Mit noch heranzureifenden Projekten für einige rote Weine.

○ Trento Brut Antares	🍷🍷 5
○ Manzoni Bianco '13	🍷🍷 2*
○ Trentino Chardonnay '13	🍷🍷 2*
○ Trentino Müller Thurgau '13	🍷🍷 2*
○ Trentino Nosiola '13	🍷🍷 2*
○ Kerner '13	🍷 2
● Trentino Lagrein '12	🍷 2
○ Goldtraminer '10	🍷🍷 3
● Teroldego '10	🍷🍷 2*
○ Trentino Traminer Aromatico '11	🍷🍷 2*
○ Trentino Vino Santo '00	🍷🍷 5
○ Trento Brut Antares '09	🍷🍷 3

Vallarom

Fraz. Masi, 21
38063 Avio [TN]
Tel. +39 0464684297
www.vallarom.it

DIREKTVERKAUF
BESUCH NACH VORANMELDUNG
JAHRESPRODUKTION 45.000 Flaschen
REBFLÄCHE 7 Hektar
WEINBAU Biologisch anerkannt

Die Resultate der radikal umweltverträglich geführten Landwirtschaft lassen sich sehen und sind ausgezeichnet. Barbara und Filippo Scienza sind glücklich, weil ihre alles andere als einfache Entscheidung, die ihren herrlichen Bauernhof umgebenden Weinberge in Campi Sarni ohne Chemie zu führen, sowohl der Qualität als auch der Persönlichkeit der Vallarom-Weine gut getan hat. Sie spiegeln die Hingabe und die Ehrfurcht dieses Paars vor der Weinrebe wider und sind ehrlich und reich an Persönlichkeit. Natürlich benötigen sie länger, um besser verstanden zu werden, aber sie haben die Fähigkeit, die unauslöschbare Kraft der Natürlichkeit zu bewahren. Ihr roter, lebendiger, deutlich balsamischer, am Gaumen wuchtiger und sogar kräftiger Pinot Nero braucht nur noch etwas Zeit zur Verfeinerung. Delikat der Marzemino, fein im Ansatz, dunkel und stärkend insgesamt gesehen. Auch die anderen Roten stehen im Vordergrund: der einfach gestützte Campi Sarni, ein nicht unbedingt idealer Jahrgang, und der rustikale Foglia Frastagliata aus lokalen Lambrusco-Trauben.

● Vallagarina Pinot Nero '11	🍷🍷 4
● Trentino Marzemino '13	🍷🍷 3
● Vallagarina Campi Sarni '11	🍷🍷 4
● Vallagarina Foglia Frastagliata '13	🍷 4
○ Vallagarina Moscato Giallo '13	🍷 3
○ Vallagarina Trentatrè '13	🍷 2
○ Vallagarina Vadum Caesaris '13	🍷 2
● Cabernet Sauvignon '10	🍷🍷 3
● Campi Sarni Rosso '10	🍷🍷 4
● Pinot Nero '10	🍷🍷 4
● Trentino Marzemino '11	🍷🍷 3
● Trentino Marzemino '12	🍷🍷 3
○ Vo' Dosaggio Zero '10	🍷🍷 4

TRENTINO

Villa Corniole
FRAZ. VERLA
VIA AL GREC', 23
38030 GIOVO [TN]
TEL. +39 0461695067
www.villacorniole.com

DIREKTVERKAUF
BESUCH NACH VORANMELDUNG
JAHRESPRODUKTION 60.000 Flaschen
REBFLÄCHE 4 Hektar

Auch wenn es sich um einen der neuen Keller des Tals handelt, zeigt er große Determination in der Vermarktung und – was noch wichtiger ist – ein konstantes Qualitätswachstum. Die Familie Pellegrini vinifiziert nur Trauben aus eigenen Weinbergen, einige Hektar liegen in der Talsohle, während andere längs der steilen Hänge des Cembratals verstreut liegen. Der Keller ist buchstäblich in den Porphyr gegraben, mit rötlichen Platten und Steinschnitten, die sich zwischen Fässern und önologischen Ausrüstungen abheben. Die Weinberge hingegen scheinen richtige Gärten zu sein. Sie zeichnen die ländliche Landschaft mit Hochgebirgssorten, allen voran Müller Thurgau. Ein Prost! Auf die Neuheit, ein eben entheftet Trentodoc, der Salìsa, mit goldigem Gewand, feiner Perlage und klassischen Anspielungen an die Weißfrucht. Mehr als nur gut die anderen vier Weine dieses Gebirgsbetriebs. Der Teroldego 7 Pergole vor allem: entschieden, stark in jeder Geschmackskomponente, hinterlässt er ein Gefühl der Gelassenheit im abschließenden Schluck. Im Einklang mit ihm auch der unmittelbarere und joviale Lagrein.

● Teroldego Rotaliano 7 Pergole '09	🍷🍷 5
○ Trentino Chardonnay Petramontis '13	🍷🍷 3
● Trentino Lagrein Petramontis '12	🍷🍷 3
○ Trentino Pinot Grigio Petramontis '13	🍷🍷 3
○ Trento Brut Salìsa '10	🍷🍷 5
○ Salìsa '09	🍷🍷 5
● Teroldego Rotaliano '10	🍷🍷 3
● Teroldego Rotaliano 7 Pergole '07	🍷🍷 5
○ Trentino Chardonnay '11	🍷🍷 3
● Trentino Lagrein Petramontis '11	🍷🍷 3

Roberto Zeni
FRAZ. GRUMO
VIA STRETTA, 2
38010 SAN MICHELE ALL'ADIGE [TN]
TEL. +39 0461650456
www.zeni.tn.it

DIREKTVERKAUF
BESUCH NACH VORANMELDUNG
JAHRESPRODUKTION 160.000 Flaschen
REBFLÄCHE 16 Hektar
WEINBAU Biologisch anerkannt

Platz den Jungen und dem generationalen Wechsel in Haus Zeni. Auch wenn die Geschwister Andrea und Roberto sich sicher noch nicht als Rentner sehen, übergeben sie genau 40 Jahre nach dem Abschluss in der nahen Weinbauschule den Großteil der Betriebsführung, Land und Keller (mit Destillerie) ihren Kindern. Alles, ohne die betrieblichen Entwicklungspläne umzukrempeln, aber auch auf die Spumanteherstellung zustrebend. Einige wenige tausende Flaschen, beinahe um die Weinbauprojekte in luftiger Höhe - Schwarzhof, über Lavis – zu krönen, ohne den Teroldego zu vernachlässigen. In dieser Ausgabe des Führers fehlt die höchste Anerkennung für den Teroldego Rotaliano. Es verfehlen die Spitze sowohl der Pini – nur etwas zu konzentriert – als auch der Ternet vom Schwarzhof, der in das launenhafte Jahr 2012 verwickelt war. Gut wie immer die Weißen Traminer, Sortì und Zaraosti sowie eine einzigartige und angenehme Anmerkung für den Rossara aus einer antiken dolomitischen Rebsorte, die einen herben, stärkenden, absolut überzeugenden Wein ergibt.

● Teroldego Rotaliano Pini '10	🍷🍷 6
● Teroldego Ternet Schwarzhof '12	🍷🍷 5
● Rossara '13	🍷🍷 2*
○ Sortì '11	🍷🍷 4
○ Trentino Chardonnay Vign. Zaraosti '13	🍷🍷 2*
○ Trentino Traminer Schwarzhof '13	🍷🍷 2*
● Teroldego Rotaliano Le Albere '12	🍷 3
● Ternet Schwarzhof '10	🍷🍷🍷 5
● Teroldego Rotaliano Pini '09	🍷🍷🍷 6
● Ternet Schwarzhof '11	🍷🍷 5
○ Trentino Chardonnay Vign. Zaraosti '12	🍷🍷 2*
○ Trentino Nosiola Palustella '12	🍷🍷 3
● Trentino Pinot Nero Spiazol '10	🍷🍷 4

WEITERE KELLEREIEN

Acino d'Oro
FRAZ. BORGHETTO ALL'ADIGE
LOC. SAN LEONARDO, 3
38060 AVIO [TN]
TEL. +39 0464689004
info@sanleonardo.it

JAHRESPRODUKTION 180.000 Flaschen
REBFLÄCHE 25 Hektar

● Villa Imperiale '11	🍷 2*

Agririva
VIA SAN NAZZARO, 4
38066 RIVA DEL GARDA [TN]
TEL. +39 0464552133
www.agririva.it

DIREKTVERKAUF
BESUCH NACH VORANMELDUNG
JAHRESPRODUKTION 250.000 Flaschen
REBFLÄCHE 280 Hektar

○ Trento Brut BrezzaRiva	🍷 3
● Trentino Merlot Crèa '11	🍷 4
○ Trentino Sup. Rena V. T. '12	🍷 5
○ Trentino Chardonnay Loré '13	🍷 4

Barone de Cles
VIA G. MAZZINI, 18
38017 MEZZOLOMBARDO [TN]
TEL. +39 0461601081
www.baronedecles.it

DIREKTVERKAUF
BESUCH NACH VORANMELDUNG
JAHRESPRODUKTION 80.000 Flaschen
REBFLÄCHE 39 Hektar

● Teroldego Rotaliano Cardinale '10	🍷 5
● Teroldego Rotaliano Primo '13	🍷 4

Conti Bossi Fedrigotti
VIA UNIONE, 43
38068 ROVERETO [TN]
TEL. +39 0456832511
www.fedrigotti.it

DIREKTVERKAUF
BESUCH NACH VORANMELDUNG
JAHRESPRODUKTION 160.000 Flaschen
REBFLÄCHE 40 Hektar

○ Trento Conte Federico Brut	🍷 5
● Mas'est '12	🍷 3

Concilio
ZONA IND. 2
38060 VOLANO [TN]
TEL. +39 0464411000
www.concilio.it

DIREKTVERKAUF
BESUCH NACH VORANMELDUNG
JAHRESPRODUKTION 6.000.000 Flaschen
REBFLÄCHE 640 Hektar

● Teroldego Rotaliano Braide '12	🍷 3
● Trentino Mori Vecio Ris. '11	🍷 4
○ Trentino Sauvignon Arjent '13	🍷 3

Cantina d'Isera
VIA AL PONTE, 1
38060 ISERA [TN]
TEL. +39 0464433795
www.cantinaisera.it

DIREKTVERKAUF
BESUCH NACH VORANMELDUNG
JAHRESPRODUKTION 500.000 Flaschen
REBFLÄCHE 246 Hektar
WEINBAU Biologisch anerkannt

● Trentino Marzemino Bio '13	🍷 3
● Trentino Sup. Marzemino Et. Verde '12	🍷 4
● Trentino Sup. Marzemino Corè '11	🍷 4
● Trentino Sup. Marzemino Vignetti '10	🍷 4

WEITERE KELLEREIEN

Marco Donati
via Cesare Battisti, 41
38016 Mezzocorona [TN]
Tel. +39 0461604141
donatimarcovini@libero.it

DIREKTVERKAUF
BESUCH NACH VORANMELDUNG
JAHRESPRODUKTION 90.000 Flaschen
REBFLÄCHE 20 Hektar

● Teroldego Rotaliano Sangue del Drago '12		🍷🍷 5
○ Trentino Traminer '13		🍷🍷 4
○ Vendemmia Tardiva Traminer '12		🍷🍷 5
○ Müller Thurgau Albeggio '13		🍷 4

Donatoni
loc. Masi, 6
38063 Avio [TN]
Tel. +39 3316320238
www.donatoniwines.i

REBFLÄCHE 10 Hektar

● Corvina '13		🍷🍷 4
● Massenà '12		🍷🍷 3
● Terradeiforti Enantio La Guglia '10		🍷🍷 5
● Valdadige Enantio Coletto Ris. '10		🍷🍷 5

Francesco Moser
fraz. Meano
via Castel di Gardolo, 5
38121 Trento
Tel. +39 0461990786
www.cantinemoser.com

DIREKTVERKAUF
BESUCH NACH VORANMELDUNG
UNTERKUNFT
JAHRESPRODUKTION 100.000 Flaschen
REBFLÄCHE 15 Hektar

○ Trento Brut 51,151		🍷🍷 5
○ Moscato Giallo '13		🍷 3
○ Traminer Aromatico '13		🍷 3

Bruno Grigolli
via San Bernardino,10
38065 Mori [TN]
Tel. +39 0464911132
www.grigollibruno.it

DIREKTVERKAUF
JAHRESPRODUKTION 12.500 Flaschen
REBFLÄCHE 5 Hektar

○ Traminer '12		🍷🍷 2*
● Trentino Merlot Sup. Noal '08		🍷🍷 6
○ Chardonnay '12		🍷 5
○ Dumalis '10		🍷 3

Maso Martis
loc. Martignano
via dell'Albera, 52
38121 Trento
Tel. +39 0461821057
www.masomartis.it

DIREKTVERKAUF
BESUCH NACH VORANMELDUNG
JAHRESPRODUKTION 65.000 Flaschen
REBFLÄCHE 12 Hektar
WEINBAU Biologisch anerkannt

○ Trento Madame Martis Ris. '04		🍷🍷 6
○ Trento Dosaggio Zero Maso Martis '09		🍷🍷 5
○ Trento Maso Martis Ris. '08		🍷🍷 5
○ Trento Rosé Maso Martis		🍷 5

Giuliano Micheletti
via E. Conci, 74
38123 Trento
Tel. +39 3493306929
gm.limina@gmail.com

JAHRESPRODUKTION 3.000 Flaschen
REBFLÄCHE 3 Hektar

● Merlot Limen '09		🍷🍷 5
○ Riesling Limen '12		🍷🍷 4

WEITERE KELLEREIEN

Mori - Colli Zugna
via del Garda, 35
38065 Mori [TN]
Tel. +39 0464918154
www.cantinamoricollizugna.it

DIREKTVERKAUF
BESUCH NACH VORANMELDUNG
JAHRESPRODUKTION 220.000 Flaschen
REBFLÄCHE 600 Hektar

○ Trento Terra di San Mauro	ㅜㅜ 5
○ Trento Marus Ris. '10	ㅜㅜ 5
● Trentino Marzemino '11	ㅜ 4
● Trentino Rosso Vicarius '09	ㅜ 4

Pedrotti Spumanti
via Roma, 2a
38060 Nomi [TN]
Tel. +39 0464835111
www.spumanti.it

DIREKTVERKAUF
JAHRESPRODUKTION 30.000 Flaschen
REBFLÄCHE 3 Hektar

○ Trento Brut Bouquet	ㅜㅜ 4
○ Trento Brut Pedrotti '09	ㅜㅜ 5
○ Trento Nature Bouquet	ㅜ 4

Revì
via Florida, 10
38060 Aldeno [TN]
Tel. +39 0461843155
www.revispumanti.com

DIREKTVERKAUF
BESUCH NACH VORANMELDUNG
JAHRESPRODUKTION 20.000 Flaschen
REBFLÄCHE 2 Hektar
WEINBAU Biologisch anerkannt

○ Trento Brut Revì Mill. '10	ㅜㅜ 4
○ Trento Dosaggio Zero Revì '10	ㅜㅜ 5

Arcangelo Sandri
via Vanegge, 4a
38010 Faedo [TN]
Tel. +39 0461650935
www.arcangelosandri.it

DIREKTVERKAUF
BESUCH NACH VORANMELDUNG
JAHRESPRODUKTION 22.000 Flaschen
REBFLÄCHE 3 Hektar

○ Trentino Chardonnay I Canopi '13	ㅜㅜ 2*
○ Trentino Müller Thurgau Cosler '13	ㅜㅜ 2*
○ Trentino Traminer Razer '13	ㅜㅜ 2*
● Trentino Lagrein Capòr '11	ㅜ 3

Marco Tonini
loc. Folaso
38060 Isera [TN]
Tel. +39 3404991043

○ Trento Nature Marco Tonini	ㅜㅜ 4
● Trentino Marzemino d'Isera '13	ㅜㅜ 3

Zanotelli
v.le 4 Novembre, 52
38034 Cembra [TN]
Tel. +39 0461683131
www.zanotelliwines.com

DIREKTVERKAUF
BESUCH NACH VORANMELDUNG
JAHRESPRODUKTION 40.000 Flaschen
REBFLÄCHE 11 Hektar

○ Trentino Riesling Le Strope '11	ㅜㅜ 4
○ Kerner '13	ㅜㅜ 4
○ Trentino Müller Thurgau '13	ㅜㅜ 4
● Trentino Pinot Nero Le Strope '11	ㅜㅜ 4

SÜDTIROL

Wie wir in den letzten zehn Jahren beobachten konnten, ist das Weinland Südtirol auf einem steilen Weg nach oben. Dem bereits weit fortgeschrittenen Ausbau des Rebenpotenzials folgt ein radikales Umdenken, das die junge Winzergeneration dazu animiert, sich auch auf das internationale Parkett zu wagen. Die Verantwortlichen für Keller und Vertrieb der wichtigsten Genossenschaften und die Weinerzeuger in Südtirol suchen sich neue Märkte. Kurzum, das Weinland Südtirol präsentiert sich als eine dynamische Region, die in steter Bewegung ist. Das beweisen die zahlreichen Jungwinzer, die auch in der derzeit ungünstigen Wirtschaftslage ihre Trauben nicht mehr verkaufen, sondern vergären wollen, um ihre eigene Produktion in Flaschen zu vertreiben. Natürlich handelt es sich meist um Miniaturbetriebe, die an den Zahlen nicht viel ändern können, aber sie sind ein gesellschaftliches Phänomen, das nicht zu unterschätzen ist. Die Winzer der Region werden erwachsen; sie haben verstanden, dass man keine Kontinuität erreicht, wenn man den Moden folgt. Was einige schon lange vorhersagen, wird nun endlich Wirklichkeit: eine bewusstere Verteilung der Rebsorten, ohne einige davon zu verdammen, auch nicht die ungeliebten. Was man erreichen will, ist eine empirische Bestandsaufnahme des Territoriums, eine wertvolle Basis, um Reben und Lagen besser kombinieren zu können. So erkennt man immer mehr, dass die Südtiroler Blauburgunder-Rebe, wenn sie am richtigen Ort gepflanzt wird, sich sehr gut dem internationalen Wettbewerb stellen kann. Auch die lange Zeit wenig geschätzten Vernatsch und Weißburgunder verdienen größere Beachtung, wie aus den „Weißburgundertagen" von Spatium Pinot Blanc in der Weinbaugemeinde Eppan hervorgeht. Als Gegenprobe für den wiedergefundenen Mut der Südtiroler Produzenten kommen die ersten Superweine in den Handel. Der Mut zu wagen und mit einem Modell zu brechen, das zu eng geworden ist, der Mut zu denken, dass Südtirol nicht nur ein Land der vorzüglichen Weine zu günstigen Preisen ist. Die ersten drei Weine dieser Bewegung, die sicherlich bald ihre Anhänger finden wird, sind bereits im Handel: der Südtiroler Terlaner I Grande Cuvée '11 der Kellerei Terlan (circa 85% Weißburgunder, mit kleinen Zugaben von Sauvignon und Chardonnay), die LR Cuvée Weiß Riserva '11 von Schreckbichl und der Appius '10 von St. Michael Eppan (Assemblage von 70% Chardonnay und der Rest gerecht aufgeteilt zwischen Weißburgunder, Ruländer und Sauvignon). Diese in wenigen Flaschen produzierten Weine werden die raren und hochpreisigen Juwele sein, die im Vergleich mit den weltgrößten Weißweinen in Bezug auf Qualität und Preis bestehen können.

SÜDTIROL

★Abbazia di Novacella

Fraz. Novacella
Via dell'Abbazia, 1
39040 Varna/Vahrn [BZ]
Tel. +39 0472836189
www.abbazianovacella.it

DIREKTVERKAUF
BESUCH NACH VORANMELDUNG
GASTRONOMIE
JAHRESPRODUKTION 650.000 Flaschen
REBFLÄCHE 20 Hektar

Das Kloster Neustift der Augustiner Mönche liegt seit 1142 eingebettet in die Weinberge des Eisacktals, einem der nördlichsten Weinbaugebiete Italiens. Stiftsverwalter Urban von Klebelsberg und Kellermeister Celestino Lucin führen diesen für das Anbaugebiet repräsentativen Betrieb mit großer Sorgfalt und Strenge. In dieser Gegend werden die Weinberge mit weißen Sorten bestellt, der Lagrein wächst in Bozen, während die Trauben für den Vernatsch, Blauburgunder und Rosenmuskateller in Girlan, im Marklhof angebaut werden. Die Weine zeigen keine Schwachpunkte, ganz im Gegenteil, sie bieten die Qual der Wahl. Der Veltliner Praepositus '12 setzt raffinierte, feine Aromen ins Licht, neben weißer Frucht sind auch frische Blumen und eine einladende Note nach Stachelbeere erkennbar. Der Geschmack ist gespannt, würzig und sehr lang, der Abgang hat eine schöne geräucherte Note. Der Sylvaner derselben Reihe hat noch einfachere Düfte, die an Blumen und Früchte mit weißem Fruchtfleisch erinnern.

○ A. A. Valle Isarco Veltliner Praepositus '12	♙♙♙ 3
○ A. A. Valle Isarco Pinot Grigio '13	♙♙ 3*
○ A. A. Valle Isarco Riesling Praepositus '12	♙♙ 4
○ A. A. Valle Isarco Sylvaner Praepositus '13	♙♙ 4
● A. A. Lagrein Praepositus Ris. '11	♙♙ 5
● A. A. Moscato Rosa Praepositus '12	♙♙ 5
● A. A. Pinot Nero Praepositus Ris. '12	♙♙ 4
○ A. A. Valle Isarco Gewürztraminer '13	♙♙ 3
○ A. A. Valle Isarco Kerner '13	♙♙ 3
○ A. A. Valle Isarco Kerner Praepositus '13	♙♙ 4
○ A.A. Valle Isarco Grüner Veltliner '13	♙♙ 3
○ A. A. Valle Isarco Riesling Praepositus '09	♙♙♙ 5
○ A. A. Valle Isarco Riesling Praepositus '08	♙♙♙ 5

Baron Widmann

Endergasse, 3
39040 Cortaccia/Kurtatsch [BZ]
Tel. +39 0471880092
www.baron-widmann.it

DIREKTVERKAUF
BESUCH NACH VORANMELDUNG
JAHRESPRODUKTION 35.000 Flaschen
REBFLÄCHE 15 Hektar

Der mittelalterliche Ortskern von Kurtatsch liegt zwischen dem Etschtal und den Gebirgsausläufern des Treser Horns. Wir befinden uns nahe der Grenze zwischen Südtirol und dem Trentino, wo Familie Widmann seit beinahe zwei Jahrhunderten Wein herstellt. Heute führt Andreas den ungefähr 15 ha großen Betrieb, in dem neben den gebietstypischen auch internationale Sorten vorzufinden sind. Die verschiedenen Weingüter nutzen unterschiedliche Lagen und Höhen, wodurch die Trauben ihren Charakter bestens entwickeln können, was auch in der gesamten Produktion erkennbar ist. Großartig, die vorwiegend aus Chardonnay und Weißburgunder aus höheren Lagen entstehende Cuvée Weiss, die im Eichenfass gärt und reift. Das Bukett reicht von gelben Früchten bis hin zu Anklängen von Gewürzen und Trockenblumen, während im Mund, sich der Wein mit Eleganz und Spannung bewegt, auch die frische pflanzliche Note hervortritt. Der Gewürztraminer hingegen zeigt intensive Düfte nach Agrumen, Rosenblüten und Lakritz, die auch bestens am Gaumen vertreten sind. Ein kräftiger Wein von großer Würze. Duftend, würzig und spritzig der Vernatsch.

○ Weiss '13	♙♙ 3*
○ A. A. Gewürztraminer '12	♙♙ 3
● A. A. Cabernet Feld '91	♙♙♙ 4*
● A. A. Cabernet-Merlot Aufhof '97	♙♙♙ 4*
● A. A. Merlot '93	♙♙♙ 4*
○ Weiss '11	♙♙♙ 5
○ Weiss '10	♙♙ 5
○ A. A. Sauvignon '10	♙♙ 3*
○ Weiss '12	♙♙ 5

Bessererhof - Otmar Mair
loc. Novale di Presule, 10
39050 Fiè allo Sciliar/Völs am Schlern [BZ]
Tel. +39 0471601011
www.bessererhof.it

DIREKTVERKAUF
BESUCH NACH VORANMELDUNG
JAHRESPRODUKTION 35.000 Flaschen
REBFLÄCHE 2 Hektar

Der Bessererhof genießt eine glückliche Position im südlichen Teil des Eisacktals. Hier werden die Rebstöcke oft auf Steilhängen angebaut, was den ganzen Weinbau zu einem extrem anstrengenden Unterfangen macht. Otmar und Rosmarie Mair führen den Familienbetrieb, der sich seit etwa 15 Jahren der Weinherstellung widmet. Tagsüber schenkt die warme, beinahe mediterrane Luft, die von der Bozner Ebene heraufweht, den Weinbergen die nötige Wärme. Nachts sorgen die Luftströme aus Brixen für Erfrischung. Neben den klassischen Sorten dieses Gebiets wird hier auch der Zweigelt „Roan" angebaut. Otmar Mair hat eine besondere Hand für die Produktion von Chardonnay im Holz, was auch dieses Jahr die Kostprobe des Riserva bezeugt. In der Nase sind anfangs Eichennoten zu bemerken, die rasch auf eine reife, markige Frucht, durchzogen von Gewürznoten und Trockenblumen schwenken, die auch im Mund zu finden sind. Hier zeigt der Wein einen soliden, sinuösen, keineswegs üppigen Körper mit einem trockenen, raffinierten Finale.

○ A. A. Chardonnay Ris. '11		3
○ A. A. Gewurztraminer '13		4
○ A. A. Valle Isarco Kerner '13		4
○ A. A. Chardonnay Ris. '10		3
○ A. A. Chardonnay Ris. '09		3
○ A. A. Chardonnay Ris. '08		3
○ A. A. Chardonnay Ris. '07		3
○ A. A. Pinot Bianco '11		3*
○ A. A. Valle Isarco Kerner '12		4

★★Cantina Bolzano
via Brennero, 15
39100 Bolzano/Bozen
Tel. +39 0471270909
www.cantinabolzano.com

DIREKTVERKAUF
BESUCH NACH VORANMELDUNG
JAHRESPRODUKTION 1.100.000 Flaschen
REBFLÄCHE 320 Hektar

Die historischen Kellereien von Gries und St. Magdalena haben sich 2001 zur Kellerei Bozen zusammengeschlossen, einem der interessantesten Betriebe der Region. Die Weinberge erstrecken sich über ca. 300 ha und werden von 200 Mitgliedern bebaut; die Kontrolle darüber übernehmen Kellermeister Stephan Filippi und sein Team. Natürlich gilt hier die Aufmerksamkeit insbesondere den legendären Weinen der Mutterkellereien, und zwar dem Lagrein und dem St. Magdalener, deren Stil Reichtum und Spannung vereint. Die restliche Produktion hat einen klaren, soliden Stil. Wieder einmal gebührt es dem Lagrein Taber, das Image der Kellerei Bozen zu ehren. Die Nase erinnert an dunkle Früchte und Lakritz, zeigt eine kuriose, frische pflanzliche Note, die den Aufprall etwas mildert. Er ist vollmundig, dennoch geleiten Säure und Tannine den Wein mit Strenge und Länge. Kurios ist auch die Alter-Ego-Rolle des St. Magdalener „Huck am Bach", ein Wein der sich durch Komplexität der Aromen und würzige Leichtigkeit im Trinkgenuss auszeichnet.

● A. A. Lagrein Taber Ris. '12		6
○ A. A. Moscato Giallo Passito Vinalia '12		3*
● A. A. Santa Maddalena Cl. Huck am Bach '13		2*
● A. A. Cabernet Mumelter Ris. '12		6
● A. A. Gewürztraminer Kleinstein '13		5
● A. A. Merlot Siebeneich Ris. '12		5
● A. A. Pinot Bianco Dellago '13		4
● A. A. Pinot Nero Ris. '12		5
● A. A. Sauvignon Mock '13		4
○ A. A. Chardonnay Kleinstein '13		4
● A. A. Lagrein Grieser Prestige Line Ris. '12		4
⊙ A. A. Moscato Rosa Rosis '13		3
● A. A. Lagrein Taber Ris. '11		6
● A. A. Lagrein Taber Ris. '10		6
● A. A. Lagrein Taber Ris. '09		6
○ A. A. Pinot Bianco Dellago '09		4

SÜDTIROL

Josef Brigl
LOC. SAN MICHELE
VIA MADONNA DEL RIPOSO, 3
39057 APPIANO/EPPAN [BZ]
TEL. +39 0471662419
www.brigl.com

DIREKTVERKAUF
BESUCH NACH VORANMELDUNG
GASTRONOMIE
JAHRESPRODUKTION 1.200.000 Flaschen
REBFLÄCHE 50 Hektar

Josef Brigl führt den seit Jahrhunderten in Südtirol ansässigen Familienbetrieb und gilt als Bezugspunkt fürs ganze Land. Seine Weinberge erstrecken sich über ungefähr 50 ha, aber die wahre Kraft des Unternehmens liegt in der nutzbringenden Zusammenarbeit mit vielen Weinbauern, die für seine umfassende und zuverlässige Produktion die nötigen Trauben zuliefern. Zu seinem Eigentum jedoch zählen besonders wertvolle Weinberge, in denen die Trauben für die anspruchsvollsten Etiketten heranwachsen, während man bei den schlichteren Weinen versucht, die sortentypischen Merkmale hervorzuheben. Große Aufmerksamkeit lenkt der Lagrein aus dem Hause Brigl auf sich, der mit dem Briglhof die Höchstpunktezahl nur knapp verfehlt. Seine kompakt rubinrote Farbe nimmt bereits den Duft mit der Frucht in der Hauptrolle vorweg, neben der sich intensive mineralische Noten und feine Gräser rasch ausbreiten. Im Mund ist der Wein dicht und kompakt, saftig und mit langem Abgang. Sehr gut ist auch der Weißburgunder „Haselhof".

● A. A. Lagrein Briglhof '11	🍷🍷 5
● A. A. Lagrein Kaltenburg '11	🍷🍷 5
● A. A. Merlot Windegg '11	🍷🍷 5
○ A. A. Pinot Bianco Haselhof '13	🍷🍷 2*
○ A. A. Pinot Grigio Windegg '13	🍷🍷 3
○ A. A. Gewürztraminer Windegg '13	🍷 3
● A. A. Lago di Caldaro Scelto Kaltenburg '13	🍷 2
● A. A. Pinot Nero Kreuzbichler '11	🍷🍷 5
○ A. A. Riesling '13	🍷 4
● A. A. Santa Maddalena Rielerhof '13	🍷 2
● A. A. Schiava Grigia Kaltenburg '13	🍷 2
○ A. A. Pinot Grigio Windegg '11	🍷🍷🍷 3*
● A. A. Lagrein Briglhof Ris. '10	🍷🍷 5

★Cantina di Caldaro
VIA CANTINE, 12
39052 CALDARO/KALTERN [BZ]
TEL. +39 0471963149
www.kellereikaltern.com

DIREKTVERKAUF
BESUCH NACH VORANMELDUNG
JAHRESPRODUKTION 2.000.000 Flaschen
REBFLÄCHE 300 Hektar

Abgetrennt vom Etschtal und im Westen vom Mendelkamm geschützt, wird der Kalterersee beinahe hufeisenförmig von den zauberhaften Hügeln der Weinstraße umgeben. Heute kann die Kellerei Kaltern mehr als 400 Mitglieder zählen, die gemeinsam 300 Hektar Weinberge bewirtschaften, wobei viele Anwesen nicht einmal 1 ha groß sind. Geschäftsführer Tobias Zingerle und Obmann Helmuth Hafner haben diese Kellerei zu einem wichtigen Bezugspunkt für das gesamte Weinanbaugebiet gemacht. Große Aufmerksamkeit gilt natürlich dem Vernatsch, wobei große Weine aus weißen Sorten und Bordeauxgewächsen keineswegs fehlen. Sehr gut hat der Kalterersee Pfarrhof abgeschnitten, ein Rotwein, der die Großartigkeit eines leichten Weins bestens zum Ausdruck bringt. In der Nase sind intensive Noten nach reifen, saftigen Waldfrüchten mit Anklängen von Anis und Gewürzen zu spüren. Im Mund zeigt er einen leichten Körper und einen würzigen, spannenden und zupackenden Geschmack mit einem langen und raffinierten Finale.

● A. A. Lago di Caldaro Scelto Cl. Sup. Pfarrhof '13	🍷🍷🍷 3*
● A. A. Cabernet Sauvignon Pfarrhof Ris. '11	🍷🍷 6
○ A. A. Pinot Bianco Vial '13	🍷🍷 3*
○ A. A. Gewürztraminer Campaner '13	🍷🍷 3
○ A. A. Kerner Carned '13	🍷🍷 3
○ A. A. Moscato Giallo Passito Serenade '11	🍷🍷 6
● A. A. Pinot Nero Pfarrhof Ris. '11	🍷🍷 6
○ A. A. Sauvignon Castel Giovanelli '12	🍷🍷 5
○ A. A. Sauvignon Premstaler '13	🍷🍷 3
○ A. A. Gewürztraminer Solos '13	🍷 5
● A. A. Lagrein Solos Ris. '11	🍷 6
○ A. A. Pinot Bianco Solos Biodinamico '13	🍷 4
○ A. A. Moscato Giallo Passito Serenade '10	🍷🍷🍷 6
○ A. A. Moscato Giallo Passito Serenade '09	🍷🍷🍷 6

SÜDTIROL

Castel Sallegg
V.LO DI SOTTO, 15
39052 CALDARO/KALTERN [BZ]
TEL. +39 0471963132
www.castelsallegg.it

DIREKTVERKAUF
BESUCH NACH VORANMELDUNG
JAHRESPRODUKTION 120.000 Flaschen
REBFLÄCHE 30 Hektar

Der heute von Georg Graf Kuenburg vertretene Betrieb der Grafen von Kuenburg veranschaulicht bestens den Landadel, der immer schon großen Wert auf die Landwirtschaft gelegt hat. Die wunderschöne Kellerei liegt mitten in Kaltern, umgeben vom Großteil des 30 ha großen Eigenbesitzes. In den drei Weingütern Preyhof, Leisenhof und Seehof werden jeweils die Sorten angebaut, die sich am besten an die dortigen Klima- und Bodenbedingungen anpassen. Der junge Kellermeister Matthias Hauser hat neue Ideen und Dynamik mitgebracht. Der neue Weißburgunder von Castel Sallegg sorgt bei seinem Debüt für Begeisterung. Es ist der „Pratum", dessen Trauben auf den ältesten Rebstöcken vom Preyhof auf 550 m Meereshöhe gedeihen. Er wird teils in Eichenfässern ausgebaut und zeigt intensive Noten nach reifer Frucht und Blumen. Am Gaumen ist er körperreich, elegant und gespannt, der Abgang lang und faszinierend.

Castelfeder
VIA PORTICI, 11
39040 EGNA/NEUMARKT [BZ]
TEL. +39 0471820420
www.castelfeder.it

DIREKTVERKAUF
BESUCH NACH VORANMELDUNG
JAHRESPRODUKTION 400.000 Flaschen
REBFLÄCHE 20 Hektar

In nur wenigen Jahren hat das Weingut der Familie Giovanett einen großen Sprung voraus gemacht, die Produktion ist Jahr um Jahr überzeugender. Das ist Günther und seinen Kindern Ivan und Ines zu verdanken, die sich auf immer ausschlaggebendere Weise einbringen. Aus der 20 ha großen Weinbaufläche im Südtiroler Unterland und der engen Zusammenarbeit mit den Winzern aus dem Gebiet ergibt sich die Traubenproduktion, bei der die weißen Sorten leicht vorwiegen. Das Neumarkter Weingut hat eine Weinauswahl ohne Schwachpunkte vorgestellt, ganze vier davon haben es bis ins Finale geschafft. Der Pinot Nero „Burgum Novum" zeigt in der Nase intensive Düfte nach Beerenfrüchten und Anis und eine kuriose erdige Schattierung, die in einem soliden, trockenen Gaumen mit angenehm vibrierendem Tannin wiederzufinden ist.

● A. A. Pinot Nero Ris. '11	3*
○ A. A. Terlano Pinot Bianco Pratum '12	3*
● A. A. Lago di Caldaro Scelto Bischofsleiten '13	2*
○ A. A. Moscato Giallo Steinleiten '13	3
⊙ A. A. Moscato Rosa Passito '11	6
○ A. A. Gewürztraminer Lotterbrunnen '13	3
○ A. A. Pinot Bianco Prey '13	2
○ A. A. Pinot Grigio Pulverna '13	3
● A. A. Pinot Nero '12	3
○ A. A. Sauvignon Leisen '13	3
● A. A. Lago di Caldaro Scelto Bischofsleiten '11	3*
● A. A. Lago di Caldaro Scelto Bischofsleiten '10	2*
● A. A. Merlot '09	2*
○ A. A. Moscato Rosa Passito '10	6

○ A. A. Chardonnay Burgum Novum Ris. '11	4
● A. A. Lagrein Burgum Novum Ris. '11	4
○ A. A. Pinot Bianco Tecum '12	3*
● A. A. Pinot Nero Burgum Novum Ris. '11	5
○ A. A. Gewürztraminer Vom Lehm '13	3
○ A. A. Pinot Bianco Vom Stein '13	2*
○ A. A. Pinot Grigio 15 '13	2*
● A. A. Pinot Nero Glener '12	3
○ Sauvignon Raif '13	3
● A. A. Merlot Villa Karneid '11	3
● A. A. Schiava Breitbacher '13	2
○ A. A. Pinot Bianco Tecum '10	3*
● A. A. Cabernet Burgum Novum Ris. '09	4
○ A. A. Gewürztraminer Passito '09	3*
○ A. A. Pinot Bianco Tecum '11	3*

SÜDTIROL

★ Cantina Produttori Colterenzio
LOC. CORNAIANO/GIRLAN
S.DA DEL VINO, 8
39057 APPIANO/EPPAN [BZ]
TEL. +39 0471664246
www.colterenzio.it

DIREKTVERKAUF
BESUCH NACH VORANMELDUNG
JAHRESPRODUKTION 1.400.000 Flaschen
REBFLÄCHE 300 Hektar

Die Kellerei Schreckbichl kann auf die Tatkraft ihrer ungefähr 300 Mitglieder zählen, die ebenso viele Hektar Weinberge in Überetsch und dem Unterland auf einer Höhe zwischen 250 und 550 m bewirtschaften. Heute bringen sich Geschäftsführer Wolfgang Raifer, Obmann Max Niedermayr und Kellermeister Martin Lemayr in die vor ungefähr einem halben Jahrhundert gegründete Kellerei ein. Die Spitzenweine stammen vom zwischen Schreckbichl und Girlan gelegenen Weingut Lafòa, dennoch ist die gesamte Produktion der Südtiroler Klassiker zuverlässig. Ein großer Applaus geht wieder einmal an den Cabernet Sauvignon Lafòa, diesen Wein, der sowohl die Rebsorte als auch das Terroir stark repräsentiert. In der Nase sind Aromen nach Pflaume und Kirsche zu spüren, begleitet von einer feinen Grafit-Schattierung. Im Mund ist er agil und wird von stoffigen Tanninen getragen. Das Finale ist hell und knackig. Für nur wenige Glückspilze ist der außergewöhnliche, weiße LR-Wein, den wir aufgrund seiner geringfügigen Produktion nicht rezensieren.

● A. A. Cabernet Sauvignon Lafòa '11	♛♛♛	7
● A. A. Merlot Siebeneich Ris. '11	♛♛	4
● A. A. Pinot Nero St. Daniel Ris. '11	♛♛	4
○ A. A. Sauvignon Lafòa '12	♛♛	5
○ A. A. Chardonnay Altkirch '13	♛♛	2*
○ A. A. Chardonnay Formigar '12	♛♛	5
○ A. A. Gewürztraminer Atisis '12	♛♛	5
○ A. A. Pinot Bianco Weisshaus '13	♛♛	3
● A. A. Pinot Nero Villa Nigra '11	♛♛	5
○ A. A. Sauvignon Prail '13	♛♛	3
○ A. A. Pinot Grigio Puiten '13	♛	3
● A. A. Schiava Mentzenhof '13	♛	2
● A. A. Cabernet Sauvignon Lafòa '10	♛♛♛	7
● A. A. Cabernet Sauvignon Lafòa '09	♛♛♛	7
● A. A. Cabernet Sauvignon Lafòa '04	♛♛♛	6
● A. A. Cabernet Sauvignon Lafòa '03	♛♛♛	7

Cantina Produttori Cortaccia
S.DA DEL VINO, 23
39040 CORTACCIA/KURTATSCH [BZ]
TEL. +39 0471880115
www.cantina-cortaccia.it

DIREKTVERKAUF
BESUCH NACH VORANMELDUNG
JAHRESPRODUKTION 1.100.000 Flaschen
REBFLÄCHE 170 Hektar

Nachdem in der Kellerei Kurtatsch in den letzten Jahren die Führungsschicht mehrmals gewechselt wurde, ist es heute Andreas Koflers Aufgabe, diese große Genossenschaft zu leiten. Die ungefähr 250 Mitglieder bewirtschaften oft winzige Ländereien mit einem gemeinsamen Ziel: die Qualität. Die Kellerei ist seit geraumer Zeit für ihre Cabernet und Merlot bekannt und erzeugt langlebige Weine, in deren Interpretation das Gleichgewicht zwischen Reichtum und Eleganz sucht. Für eine optimale Ausdruckskraft findet auch ein langer Ausbau in der Kellerei statt. Der Gewürztraminer Brenntal stammt aus der Hügellage um Kurtatsch, wo die alten Rebstöcke ihre Wurzeln in rote, oft mit Trockenmauern befestigte Lehmböden schlagen, die dem Wein seinen Charakter und seine Tiefe verleihen. In der Nase sind intensive Noten von exotischen Früchten, aber auch Nuancen von Kies und Feuerstein spürbar. Der würzige, lange Geschmack ist ausgewogen zwischen Üppigkeit und Spannung.

○ A. A. Gewürztraminer Brenntal Ris. '11	♛♛	5
○ A. A. Müller Thurgau Graun '13	♛♛	3*
○ A. A. Pinot Grigio Penòner '13	♛♛	3*
○ A. A. Bianco Freienfeld '12	♛♛	5
● A. A. Cabernet Sauvignon Freienfeld '11	♛♛	6
● A. A. Lagrein Frauriegl '12	♛♛	5
● A. A. Merlot Brenntal '11	♛♛	5
○ A. A. Pinot Bianco Hoftatt '13	♛♛	3
○ A. A. Sauvignon Kofl '13	♛♛	3
● A. A. Schiava Grigia Sonntaler '13	♛♛	3
○ Bianco Aruna V.T. '12	♛♛	6
○ A. A. Chardonnay Pichl '13	♛	3
○ A. A. Gewürztraminer Brenntal '02	♛♛♛	5
A. A. Gewürztraminer Brenntal '00	♛♛♛	5
○ A. A. Gewürztraminer Brenntal Ris. '10	♛♛	5
○ A. A. Sauvignon Kofl '12	♛♛	3*

SÜDTIROL

Hartmann Donà

VIA RAFFEIN, 8
39010 CERMES/TSCHERMS [BZ]
TEL. +39 3292610628
hartmann.dona@rolmail.net

JAHRESPRODUKTION 35.000 Flaschen
REBFLÄCHE 5 Hektar

Bevor sich Hartmann Donà um sein eigenes Weingut kümmerte, konnte er von 1994 bis 2002 in der Kellerei Terlan als Kellermeister Erfahrungen sammeln. Heute bestellt er weniger als 5 ha im Gebiet um Meran mit Vernatsch, Blauburgunder, Chardonnay und Lagrein. Naturnaher Anbau und höchste Sorgfalt in der Kellerei zielen auf elegante, langlebige Weine. Seine Experimentierfreudigkeit und das Verlangen nach Terroirausdruck veranlassen Hartmann zur Originalität. Dies ist auch für den Donà Rouge der Fall, eine Cuvée aus vorwiegend Vernatsch und mit kleinen Zugaben von Blauburgunder und Lagrein. Hartmann Donàs Weine sind originell und heben sich vom weitverbreiteten Stil ab. Ihr Bukett ist nicht so explosiv, dennoch vielschichtiger und tiefer, der Geschmack stützt nicht nur auf der Säure, sondern auf der Balance zwischen Würze, Schmackhaftigkeit und Gerbstoffen. Emblematisch dafür ist eben der Donà Rouge mit seiner reifen Frucht, aber auch mit den mineralischen Noten nach Gewürzen und feinen Gräsern, der am Gaumen satt, breit und delikat überzeugt.

○ A. A. Gewürztraminer '13	♛♛ 3
● A. A. Lagrein '12	♛♛ 3
● A.A. Pinot Nero Donà Noir '10	♛♛ 3
○ Donà Blanc '10	♛♛ 3
● Donà Rouge '09	♛♛ 3
○ A. A. Chardonnay '13	♛ 3
○ A.A. Pinot Bianco '13	♛ 3
● A.A. Pinot Nero Donà Noir '09	♛♛ 3*
● Donà Noir '08	♛♛ 3*
● Donà Rouge '08	♛♛ 3*
● Donà Rouge '07	♛♛ 3*

Egger-Ramer

VIA GUNCINA, 5
39100 BOLZANO/BOZEN
TEL. +39 0471280541
www.egger-ramer.com

DIREKTVERKAUF
BESUCH NACH VORANMELDUNG
JAHRESPRODUKTION 120.000 Flaschen
REBFLÄCHE 14 Hektar

Das Weingut von Peter Egger liegt im Herzen Bozens und seine Weinberge erstrecken sich über 14 ha in den schönsten Lagen des Bozner Kessels, wodurch er sich hauptsächlich auf die einheimischen Rebsorten Vernatsch und Lagrein konzentriert. Auf den Hügeln von St. Magdalena und Gries sind die wichtigsten Rebstöcke gepflanzt, denen für eine Produktion mit klarer stilistischer Handschrift mit einem nie in Üppigkeit ausufernden Reichtum große Sorgfalt gebührt. Durch die zweifellose Qualität der gesamten Produktpalette und eine durchdachte Geschäftspolitik konnte dieser Betrieb eine wichtige Position im Südtiroler Panorama für sich gewinnen. An der Spitze der Lagrein Gries Riserva vom Weingut Kristan mit seiner kompakt rubinroten Farbe, die bereits die Tiefe der Aromen vorwegnimmt. Die dunkle Frucht wird durch Gewürzklänge veredelt, das Eichenholz ist noch nicht perfekt integriert, lässt aber Platz für Alpenkräuter und Chinarinde. Im Mund ist der Ansatz voll und markig, seine Knackigkeit und üppige Tanninstruktur lassen auf sein Entwicklungspotenzial schließen.

● A. A. Lagrein Gries Tenuta Kristan Ris. '11	♛♛♛ 5
○ A. A. Pinot Bianco '13	♛♛ 2*
○ A. A. Gewürztraminer '13	♛ 3
● A. A. Lagrein Gries '13	♛ 2
● A. A. Lagrein Gries Tenuta Kristan '12	♛ 3
⊙ A. A. Lagrein Rosato Kretzer '13	♛ 2
● A. A. Santa Maddalena Cl. Reisegger '13	♛ 2
○ A. A. Valle Isarco Müller Thurgau '13	♛ 2
○ A. A. Valle Isarco Müller Thurgau Sabbiolino '13	♛ 2
● A. A. Lagrein Gries Tenuta Kristan Ris. '10	♛♛ 5
● A. A. Lagrein Gries Tenuta Kristan Ris. '09	♛♛ 5
● A. A. Lagrein Kristan '09	♛♛ 3*

SÜDTIROL

Erbhof Unterganzner Josephus Mayr
FRAZ. CARDANO
VIA CAMPIGLIO, 15
39053 BOLZANO/BOZEN
TEL. +39 0471365582
www.tirolensisarsvini.it

DIREKTVERKAUF
BESUCH NACH VORANMELDUNG
JAHRESPRODUKTION 65.000 Flaschen
REBFLÄCHE 9 Hektar

Der Hof von Josephus Mayr liegt im Bozner Becken auf knapp 300 m Seehöhe. Er baut seine 9 ha Weinberge als Südtiroler Pergel an, was deren Stärke und Ertrag beschränkt. Das Gleichgewicht erzielt er durch einen dichteren Anbau. Der Porphyrboden vulkanischen Ursprungs bildet gemeinsam mit den Luftströmen, die für gesunde Trauben und die Temperaturunterschiede verantwortlich sind, die Basis für eine Produktion, bei der ein solider Geschmack im Mittelpunkt steht. Seine Rotweine auf Lagrein-Basis bedürfen keinerlei Präsentation, wir weisen aber auf die großartige Interpretation des Cabernet Kampill Riserva hin. Der Lagrein steht im Hause Mayr stets im Mittelpunkt und mit dem Riserva legt er eine einprägsame Präsentation aufs Parkett. Sein Bouquet ist tief und vielschichtig, im Vordergrund rote, reife Früchte, danach die Noten von Heilkräutern und abschließend der mineralische und geräucherte Druck. Ein vollmundiger, saftiger umhüllender Geschmack mit Spannung und Eleganz.

● A. A. Lagrein Ris. '11	🍷🍷🍷 5
● A. A. Cabernet Kampill Ris. '11	🍷🍷 5
● A. A. Santa Maddalena Cl. '12	🍷🍷 3*
⊙ A. A. Lagrein Rosato V. T. '13	🍷🍷 3
○ A. A. Sauvignon Platt & Pignat '13	🍷🍷 3
● Composition Reif '12	🍷🍷 3
● Lamarein '12	🍷🍷 6
○ A. A. Chardonnay Platt&Pignat '13	🍷 3
● A. A. Lagrein Scuro Rís. '05	🍷🍷🍷 4
● A. A. Lagrein Scuro Ris. '01	🍷🍷🍷 4
● A. A. Lagrein Scuro Ris. '00	🍷🍷🍷 4
● A. A. Lagrein Scuro Ris. '99	🍷🍷🍷 4
● Lamarein '05	🍷🍷🍷 6

Erste+Neue
VIA DELLE CANTINE, 5/10
39052 CALDARO/KALTERN [BZ]
TEL. +39 0471963122
www.erste-neue.it

DIREKTVERKAUF
BESUCH NACH VORANMELDUNG
JAHRESPRODUKTION 1.400.000 Flaschen
REBFLÄCHE 260 Hektar

Die nur dreißigjährige Geschichte der Kellerei Erste + Neue mag relativ kurz erscheinen, in Wirklichkeit kann der Betrieb aber auf mehr als ein Jahrhundert Erfahrung seiner Vorfahren, der Ersten und der Neuen Kellereigenossenschaft Kaltern zurückgreifen. Unter Obmann Manfred Schullian werden heute 260 ha von mehr als 400 Mitgliedern für eine Produktion von sehr gutem Qualitätsniveau bewirtschaftet. Kellermeister Gerhard Sanins sorgfältige Betreuung aller Produktionsphasen gestattet es dem Betrieb, mit der Linie Puntay eine hochwertige Weinauswahl zu präsentieren. Der Anthos ist ein Süßwein, der zur Hälfte aus Goldmuskateller und zu je 25 % aus Sauvignon und Gewürztraminer entsteht. Im intensiven Duft erinnert er an Aprikose und Mirabelle, mit etwas Edelfäule im Hintergrund, während im Mund die verführerische Süße verblüfft, die von der frischen und würzigen Säure, die für Länge und einen angenehmen Trinkgenuss sorgt, im Zaum gehalten wird.

○ Anthos Bianco Passito '10	🍷🍷🍷 5
○ A. A. Gewürztraminer Puntay '12	🍷🍷 5
● A. A. Lago di Caldaro Cl. Sup. Puntay '13	🍷🍷 3*
● A. A. Lagrein Puntay Ris. '11	🍷🍷 5
○ A. A. Chardonnay Salt '13	🍷🍷 3
○ A. A. Lago di Caldaro Scelto Leuchtenburg '13	🍷🍷 2*
○ A. A. Moscato Giallo Secco Barleit '13	🍷🍷 3
○ A. A. Pinot Bianco Prunar '13	🍷🍷 3
○ A. A. Sauvignon Puntay '12	🍷🍷 5
○ A. A. Sauvignon Stern '13	🍷🍷 3
● A. A. Merlot Puntay Ris. '10	🍷 5
○ A. A. Riesling Rifall '13	🍷 3
● A. A. Lago di Caldaro Cl. Sup. Leuchtenburg '12	🍷🍷🍷 2*
● A. A. Lago di Caldaro Cl. Sup. Puntay '10	🍷🍷🍷 3*
○ A. A. Sauvignon Puntay '06	🍷🍷🍷 4

SÜDTIROL

★Falkenstein
Franz Pratzner

Via Castello, 15
39025 Naturno/Naturns [BZ]
Tel. +39 0473666054
www.falkenstein.bz

DIREKTVERKAUF
BESUCH NACH VORANMELDUNG
JAHRESPRODUKTION 45.000 Flaschen
REBFLÄCHE 7 Hektar

Im Land der Genossenschaftskellereien, die oft Hunderte von Hektar mit außergewöhnlichen Resultaten bewirtschaften, gibt es auch genug Freiraum für kleine Betriebe, die dasselbe Ziel verfolgen, nämlich als Stellvertreter der besten Südtiroler Weine in der Welt aufzutreten. Franz Pratzner ist einer von ihnen. Als hartnäckiger Weinbauer verbringt er seine Tage in seinen sechs Hektar Rebflächen, die auf schwindelerregenden Steilhängen unter zum Falkenstein über Naturns wo, die Kellerei ihren Sitz hat, emporklettern. Dichte Anlagen mit bis zu 12.000 Pflanzen pro Hektar auf ungefähr 600 m Höhe gewährleisten eine raffinierte und ausdrucksstarke Produktion. Wie gewohnt ist der Riesling ein wahrer Meister mit intensiven und beinahe zugespitzten Aromen, in denen der Wohlduft nach Agrumen und exotischen Noten wie Grapefruit gemeinsam mit frischen, blumigen und grünen Nuancen zu erkennen ist. Im Mund enthüllt sich die intensive und brillante Fülle als kompakt, die beachtliche Säure resultiert perfekt in den satten, sehr langen Geschmack integriert.

○ A. A. Valle Venosta Riesling '13	♛♛♛ 5
○ A. A. Valle Venosta Pinot Bianco '13	♛♛ 4
○ A. A. Valle Venosta Gewürztraminer '13	♛♛ 4
○ A. A. Valle Venosta Sauvignon '13	♛ 4
● A. A. Valle Venosta Pinot Nero '11	♛ 5
○ A. A. Val Venosta Riesling '12	♛♛♛ 5
○ A. A. Val Venosta Riesling '11	♛♛♛ 5
○ A. A. Val Venosta Riesling '10	♛♛♛ 5
○ A. A. Val Venosta Riesling '09	♛♛♛ 5
○ A. A. Val Venosta Riesling '08	♛♛♛ 5
○ A. A. Val Venosta Riesling '07	♛♛♛ 5
○ A. A. Val Venosta Riesling '06	♛♛♛ 5
○ A. A. Val Venosta Riesling '05	♛♛♛ 5
○ A. A. Val Venosta Riesling '00	♛♛♛ 3

Garlider
Christian Kerchbaumer

Via Untrum, 20
39040 Velturno/Feldthurns [BZ]
Tel. +39 0472847296
www.garlider.it

DIREKTVERKAUF
BESUCH NACH VORANMELDUNG
JAHRESPRODUKTION 26.000 Flaschen
REBFLÄCHE 4 Hektar
WEINBAU Biologisch anerkannt

Das Weingut Garlider liegt etwas oberhalb von Klausen im Eisacktal. Christian Kerschbaumer baut hier gemeinsam mit seiner Familie mit großer Sorgfalt und Leidenschaft 4 ha Rebfläche biologisch an. In der Kellerei, wo er den Einsatz von einheimischer Hefe bevorzugt, ist er sehr experimentierfreudig, Er produziert hauptsächlich klassische Eisacktaler Weißweine: Grüner Veltliner, Sylvaner, Müller Thurgau sowie Ruländer und Gewürztraminer. Vom Blauburgunder entstehen nur wenige Flaschen. Christian Kerschbaumers anspruchsvollste Weißweine haben ein Jahr länger im Weinkeller verbracht. Das Resultat? Aromatische Tiefe und Harmonie. Der Grüne Veltliner zeigt in der Nase geräucherte Düfte, im Hintergrund eine reife Frucht mit mineralischen Noten und Trockenblumen. Am Gaumen ist er solide und kraftvoll, gut von der Säure getragen.

○ A. A. Valle Isarco Grüner Veltliner '12	♛♛ 4
○ A. A. Valle Isarco Sylvaner '12	♛♛ 3*
● A. A. Pinot Nero '12	♛♛ 4
○ A. A. Valle Isarco Müller Thurgau '13	♛ 3
○ A. A. Valle Isarco Sylvaner '09	♛♛♛ 3*
○ A. A. Valle Isarco Veltliner '08	♛♛♛ 3*
○ A. A. Valle Isarco Veltliner '07	♛♛♛ 3
○ A. A. Valle Isarco Veltliner '05	♛♛♛ 3*
○ A. A. Valle Isarco Müller Thurgau '09	♛♛ 3*
○ A. A. Valle Isarco Sylvaner '10	♛♛ 3*
○ A. A. Valle Isarco Veltliner '11	♛♛ 3*
○ A. A. Valle Isarco Veltliner '10	♛♛ 3

SÜDTIROL

Cantina Girlan

LOC. CORNAIANO/GIRLAN
VIA SAN MARTINO, 24
39050 APPIANO/EPPAN [BZ]
TEL. +39 0471662403
www.girlan.it

DIREKTVERKAUF
BESUCH NACH VORANMELDUNG
JAHRESPRODUKTION 1.300.000 Flaschen
REBFLÄCHE 220 Hektar

Die Kellerei Girlan nähert sich ihrem hundertjährigen Jubiläum mit einer neuen Antriebskraft, mit der sie in den letzten Jahren ausgezeichnete Ergebnisse erzielt hat. Die Weinberge erstrecken sich über 220 ha in den besten Lagen des Überetsch und Unterlands und werden von 200 Mitgliedern bewirtschaftet, die auf den Hängen zwischen 250 und 550 m Seehöhe weder an Kraft noch an Leidenschaft sparen. Die Qualität der anspruchsvolleren Etiketten, wie der Vernatsch „Fass Nr. 9" und der Vernatsch „Gschleier", zeigt ganz klar, welche Ziele sich Kellermeister Gerhard Kofler und Geschäftsführer Oscar Lorandi setzen. Es ist jedoch Aufgabe des Pinot Noir Trattmann, die bemerkenswerte Weinauswahl der Girlaner Kellerei auf Hochglanz zu polieren. Im Geruch dominiert eine rote, sehr frische Frucht, die zwischen Kirsche und Waldbeeren schwankt und nach und nach Platz für Noten von Kräutern und rohem Fleisch lässt. Bei so einem Reichtum beeindruckt der delikate Gaumen, mit dem würzigen, breiten und von zarten und dennoch soliden Tanninen getragenen Geschmack.

● A. A. Pinot Nero Trattmann Mazzon Ris. '11	🍷🍷🍷	5
○ A. A. Gewürztraminer V.T. Pasithea Oro '12	🍷🍷	6
○ A. A. Pinot Bianco Plattenriegl '13	🍷🍷	3*
○ A. A. Pinot Bianco Sandbichler H. Lun. '13	🍷🍷	3*
○ A. A. Sauvignon Flora '13	🍷🍷	4
● A. A. Bianco Riserva Cuvée '10	🍷🍷	4
○ A. A. Chardonnay Flora '12	🍷🍷	4
○ A. A. Gewürztraminer Flora '13	🍷🍷	4
○ A. A. Gewürztraminer Sandbichler H. Lun '13	🍷🍷	4
● A. A. Pinot Nero Patricia '12	🍷🍷	3
○ A. A. Sauvignon Flora '13	🍷🍷	3
● A. A. Schiava Faß N° 9 '13	🍷🍷	2*
● A. A. Schiava Gschleier Alte Reben '12	🍷🍷	3

Glögglhof - Franz Gojer

FRAZ. SANTA MADDALENA
VIA RIVELLONE, 1
39100 BOLZANO/BOZEN
TEL. +39 0471978775
www.gojer.it

DIREKTVERKAUF
BESUCH NACH VORANMELDUNG
JAHRESPRODUKTION 55.000 Flaschen
REBFLÄCHE 7 Hektar

Verlässt man Bozen in Richtung Eisacktal, stößt man auf den komplett mit Weinreben bebauten Hügel von St. Magdalena mit der kleinen Kirche aus dem 13. Jahrhundert. Hier ist die Familie Gojer seit Generationen tätig. Sie zählt zu den angesehensten Interpreten des Vernatsch, den sie auf 7 ha in einigen der besten Lagen der Provinz anbaut. Vielen ist der St. Magdalener Vernatsch ein Begriff, aber auch der Lagrein, der in Gries und in der Nähe von Auer angebaut wird, sowie auch die wohlduftenden Weißweine aus den hohen Lagen in Karneid stoßen auf immer mehr Beifall. Oft sind jedoch die Weine auf Vernatsch-Basis die interessantesten Produkte aus dem Hause Gojer, der St. Magdalener und der Vernatsch sind einfach fantastisch. Der St. Magdalener „Rondell" ist frisch und blumig, enthüllt sich im Mund als elegant und saftig mit angenehm rauen Tanninen, die dem Wein Gehalt verleihen. Der Vernatsch „Alte Reben" hingegen wächst nur auf alten Rebstöcken, die auf 600 m Meereshöhe im Pergel-System kultiviert werden.

● A. A. Santa Maddalena Rondell '13	🍷🍷	3*
● A. A. Vernatsch Alte Reben '13	🍷🍷	2*
○ A. A. Kerner Karneid '13	🍷🍷	3
● A. A. Lagrein Ris. '11	🍷🍷	4
● A. A. Santa Maddalena Cl. '13	🍷🍷	3
○ A. A. Sauvignon Karneid '13	🍷	3
○ A.A. Pinot Bianco Karneid '13	🍷	3
● A. A. Lagrein Furggl '11	🍷🍷	3*
● A. A. Lagrein Ris. '10	🍷🍷	4
● A. A. Santa Maddalena Cl. Rondell '12	🍷🍷	3*
● A. A. Santa Maddalena Rondell '11	🍷🍷	3*

SÜDTIROL

Griesbauerhof
Georg Mumelter
VIA RENCIO, 66
39100 BOLZANO/BOZEN
TEL. +39 0471973090
www.griesbauerhof.it

DIREKTVERKAUF
BESUCH NACH VORANMELDUNG
JAHRESPRODUKTION 30.000 Flaschen
REBFLÄCHE 4 Hektar

Der Weinhof der Familie befindet sich am Fuße der Hügel von St. Magdalena und St. Justina, wo das Eisacktal in den Bozner Kessel mündet. Georg bestellt hier seine 3,5 Hektar Weinberg zum Großteil mit Vernatsch und Lagrein, aber auch mit etwas Ruländer. Zwischen den Flüssen Etsch und Eisack liegt hingegen der Weinberg Spitz mit den Merlot-Trauben. In der erst kürzlich umgebauten Kellerei versucht Georg, jene Merkmale hervorzuheben, die Mutter Natur den Trauben jedes Jahr in den Korb legt. Sehr gut ist die Probe für den Lagrein '12 verlaufen, ein Rotwein mit intensivem Duft nach roter Frucht, bei dem Kräuter und eine tiefe mineralische Note im Hintergrund bleiben. Er ist vollmundig und umhüllend, es ist Aufgabe der Gerbsäure, ihn wieder zur Strenge und Länge zu geleiten. Der Riserva hingegen lässt langsamere, vielschichtigere Düfte vernehmen und enthüllt sich dann in einem wuchtigen und soliden Geschmack.

● A. A. Lagrein '12	▼▼ 3
● A. A. Lagrein Ris. '11	▼▼ 5
● A. A. Merlot Spitz '12	▼▼ 3
● A. A. Santa Maddalena Cl. '13	▼▼ 2*
○ A. A. Pinot Grigio '13	▼ 3
● Isarcus '13	▼ 3
● A. A. Lagrein Ris. '09	▼▼▼ 5
● A. A. Lagrein Scuro Ris. '99	▼▼▼ 5
● A. A. Lagrein '06	▼▼ 2*
● A. A. Lagrein Ris. '10	▼▼ 5
● A. A. Lagrein Ris. '08	▼▼ 4

Gummerhof - Malojer
VIA WEGGESTEIN, 36
39100 BOLZANO/BOZEN
TEL. +39 0471972885
www.malojer.it

DIREKTVERKAUF
BESUCH NACH VORANMELDUNG
JAHRESPRODUKTION 100.000 Flaschen
REBFLÄCHE 18 Hektar

Der Gummerhof kann auf eine langjährige Geschichte zurückblicken, aber erst in den 1940er-Jahren hat man begonnen, auf den wenigen Hektar Land Wein anzubauen. Heute werden neben den Trauben der Familie Malojer auch Trauben von anderen Winzern des Gebiets in die Kellerei geliefert, wo Alfred sich gemeinsam mit Sohn Urban und Frau Elisabeth der Produktion widmet. Seit jeher nehmen die aus Vernatsch- und Lagrein-Trauben erzeugten Weine den qualitativen Spitzenplatz ein. In den letzten Jahren hat man aber auch die Weißweinproduktion, insbesondere aus Weißburgunder, Grauburgunder und Sauvignon, verstärkt. Malojer bietet eine Weinauswahl von hohem Niveau, der nur der höchste Ton fehlt. Der Ruländer „Gur zu Sand" ist sicherlich einer der interessantesten Weine dieser Sorte der gesamten Provinz, reich an Anklängen von Birne, Wiesenblumen und mediterraner Macchia und mit einer geräucherten Nuance. Im Mund macht er sich entschieden breit, Säure und Würze sorgen aber für Strenge und Länge.

○ A. A. Pinot Grigio Gur zu Sand '13	▼▼ 3*
● A. A. Pinot Nero Ris. '11	▼▼ 4
● A. A. Cabernet Ris. '11	▼▼ 4
● A. A. Cabernet-Lagrein Bautzanum Cuvée Ris. '11	▼▼ 4
○ A. A. Gewürztraminer Kui '13	▼▼ 3
● A. A. Lagrein Ris. '11	▼▼ 4
○ A. A. Sauvignon Gur zur Sand '13	▼▼ 3
○ A. A. Müller Thurgau '13	▼ 2
○ A. A. Pinot Bianco '13	▼ 3
● A. A. Santa Maddalena Cl. '13	▼ 2
● A. A. Lagrein Gries '09	▼▼▼ 2*
● A. A. Cabernet Ris. '09	▼▼ 4
○ A. A. Sauvignon Gur zur Sand '12	▼▼ 3*

SÜDTIROL

Gumphof
Markus Prackwieser
LOC. NOVALE DI PRESULE, 8
39050 FIÈ ALLO SCILIAR/VÖLS AM SCHLERN [BZ]
TEL. +39 0471601190
www.gumphof.it

DIREKTVERKAUF
BESUCH NACH VORANMELDUNG
JAHRESPRODUKTION 45.000 Flaschen
REBFLÄCHE 5 Hektar

Seit ungefähr 15 Jahren hat Markus Prackwieser den Familienbetrieb übernommen und bebaut wenige Hektar auf den steilen Hängen am Fuße des Schlerns, am Eingang des Eisacktals. Das warme, sonnige Klima des Bozner Kessels wird durch die Luft aus dem Tal erfrischt, was für starke Temperaturschwankungen sorgt. Hier widmet er sich mit Leidenschaft seinen Weinbergen, in denen er zum Großteil traditionelle Sorten wie Vernatsch, Weißburgunder und Gewürztraminer, nebenher aber auch etwas Sauvignon und Blauburgunder anbaut. Finesse und Spannung sind die Stärken seiner Produktion. Gerade der Sauvignon ist das interessanteste Ergebnis aus dem Hause Prackwieser. Raffiniert und reichhaltig im Duft nach exotischer Frucht und Gewürzen verstärkt die zarte pflanzliche Note und die aromatische Frische. Im Mund entfaltet er sich mit Klasse, zeigt Würze und Länge für einen trockenen und befriedigenden Geschmack.

○ A. A. Sauvignon Praesulis '13	🍷🍷🍷	4*
○ A. A. Pinot Bianco Praesulis '13	🍷🍷	3*
○ A. A. Pinot Bianco '13	🍷🍷	3
● A. A. Schiava '13	🍷🍷	3
○ A. A. Gewürztraminer Praesulis '13	🍷	4
● A. A. Pinot Nero '13	🍷	5
○ Tandaradei Passito '11	🍷	8
○ A. A. Pinot Bianco Praesulis '06	🍷🍷🍷	3*
○ A. A. Sauvignon Praesulis '09	🍷🍷🍷	3
○ A. A. Sauvignon Praesulis '07	🍷🍷🍷	3*
○ A. A. Sauvignon Praesulis '04	🍷🍷🍷	3*
○ A. A. Pinot Bianco '12	🍷🍷	3*
○ A. A. Pinot Bianco Praesulis '12	🍷🍷	3*
○ A. A. Pinot Bianco Praesulis '11	🍷🍷	3*
○ A. A. Pinot Bianco Praesulis '10	🍷🍷	3*

Franz Haas
VIA VILLA, 6
39040 MONTAGNA/MONTAN [BZ]
TEL. +39 0471812280
www.franz-haas.it

DIREKTVERKAUF
BESUCH NACH VORANMELDUNG
JAHRESPRODUKTION 300.000 Flaschen
REBFLÄCHE 50 Hektar

Ein Weingut, wie das von Franz Haas, findet man nicht alle Tage. Im zum Weinbau berufenen Land Südtirol mit seinen vielen unterschiedlichen Böden, Lagen und Höhen kontrolliert Franz ein in den Gemeinden Aldein, Neumarkt und Montan gelegenes Gebiet, das mit eigenem Land, Pacht und verschiedenen Kooperationen mehr als 50 ha ausmacht. In seinen Weinbergen sind alle wichtigsten Rebsorten der Provinz vertreten, interpretiert in einem Stil, der sich Trinkgenuss und Eleganz zum Ziel setzt. Seine Frau Luisa Manna, die kaufmännische Seele und erfolgreiche Kommunikatorin, begleitet Franz auf Schritt und Tritt. Auch dieses Jahr lässt der süße und verführerische Moscato Rosa das Gewicht seiner Klasse verspüren. Der Duft erinnert in einem zwischen Reife und Frische abwechselnden Wirbel an Waldfrüchte, Minze und Anis. Im Mund ist die Süße ungestüm und umhüllt den Gaumen zart, abschließend sorgen die Tannine für Sauberkeit und Eleganz.

● A. A. Moscato Rosa '12	🍷🍷🍷	5
○ A. A. Sauvignon '12	🍷🍷	5
○ Manna '12	🍷🍷	4
○ A. A. Pinot Grigio '13	🍷🍷	3
● A. A. Pinot Nero '12	🍷🍷	5
● A. A. Pinot Nero Schweizer '11	🍷🍷	6
● A. A. Schiava Sofi '13	🍷🍷	2*
● Istante '10	🍷🍷	5
○ A. A. Gewürztraminer '13	🍷	4
○ A. A. Müller Thurgau Sofi '13	🍷	2
○ A. A. Pinot Bianco Lepus '13	🍷	3
● A. A. Moscato Rosa '11	🍷🍷🍷	5
○ Manna '07	🍷🍷🍷	4
○ Manna '05	🍷🍷🍷	4

SÜDTIROL

Haderburg
FRAZ. BUCHOLZ
LOC. POCHI, 30
39040 SALORNO/SALURN [BZ]
TEL. +39 0471889097
www.haderburg.it

DIREKTVERKAUF
BESUCH NACH VORANMELDUNG
JAHRESPRODUKTION 100.000 Flaschen
REBFLÄCHE 12 Hektar
WEINBAU Biodynamisch anerkannt

Die Gemeinde Salurn liegt am südlichsten Zipfel Südtirols, nur wenige Schritte von der Provinz Trient entfernt. Hier bewirtschaften Alois und Christine Ochsenreiter etwas mehr als 5 ha Weinberge, die das historische Herz des Weinguts Haderburg darstellen. Im Laufe der Zeit haben sich noch die Rebstöcke vom Obermairlhof im Eisacktal dazugesellt, wo die klassischen weißen Trauben angebaut werden. Große Aufmerksamkeit gilt hier der Sektproduktion - einer der besten des Gebiets. Dafür werden großteils Chardonnay-Trauben und ein kleiner Anteil an Blauburgunder verwendet. Der Riserva Hausmannhof ist ein reinrassiger Chardonnay, der mindestens acht Jahre lang in der Kellerei reift, um seine Düfte dann mit großer Behutsamkeit preiszugeben. Es sind Noten von Brioche, Haselnuss und Trockenblumen zu spüren. Der Wein öffnet sich zunehmend auf bezaubernde Weise, explodiert letztendlich am Gaumen in einem delikaten Bläschenspiel, wo er mit Würze und Entschlossenheit einen schnittigen, unaufhaltsamen Geschmack zeigt. Sehr gut ist auch die Version Pas Dosé.

○ A. A. Spumante Brut		5
○ A. A. Sauvignon Hausmannhof Ris. '05		4
○ A. A. Spumante Pas Dosé '10		5
○ A. A. Spumante Hausmannhof Ris. '97		6
○ A. A. Chardonnay Hausmannhof '07		3*
● A. A. Pinot Nero Hausmannhof '08		4
● A. A. Pinot Nero Hausmannhof '06		4
● A. A. Pinot Nero Hausmannhof Ris. '10		6
○ A. A. Spumante Hausmannhof Ris. '04		5
○ A. A. Spumante Hausmannhof Ris. '02		5
○ A. A. Spumante Hausmannhof Ris. '00		5
○ A. A. Spumante Hausmannhof Ris. '99		6

Kettmeir
VIA DELLE CANTINE, 4
39052 CALDARO/KALTERN [BZ]
TEL. +39 0471963135
www.kettmeir.com

DIREKTVERKAUF
BESUCH NACH VORANMELDUNG
UNTERKUNFT
JAHRESPRODUKTION 330.000 Flaschen
REBFLÄCHE 36 Hektar

Die 1919 von Giuseppe Kettmeir gegründete Kellerei ist einer der Spitzenbetriebe der langen Weinbautradition Südtirols. Seit 1986 gehört der in Kaltern ansässige Betrieb zur Gruppe Santa Margherita, die zwar den historischen Wert der Marke anerkannt, dennoch deren Identität umgeformt hat. Die Produktion wurde beschränkt und man hat versucht, an einem Qualitätsprojekt zu arbeiten, in dem der Sektherstellung eine Schlüsselrolle beigemessen wurde. Die in jeder Flasche erkennbare Betriebsphilosophie sucht die perfekte Balance zwischen dem Ausdruck der Rebsorte und dem des Anbaugebiets. Aus den Weinbergen auf 700 m Höhenlage mit Porphyrboden stammen die Trauben des gelungensten Weins der Kellerei Kettmeir. Es ist der Müller Thurgau Athesis, ein ganz in Stahl verarbeiteter Weißwein, der intensive Noten von weißer Frucht und Agrumen ausdrückt. Die feine blumige Nuance sorgt für Leichtigkeit und Frische. Im Mund zeigt er einen guten Körper und vor allem eine würzige, zupackende Spannung.

○ A. A. Müller Thurgau Athesis '13		4
⊙ A. A. Spumante Rosé Brut Athesis		4
● A. A. Lagrein Athesis Ris. '11		5
○ A. A. Pinot Bianco '13		3
○ A. A. Pinot Bianco Athesis '13		3
● A. A. Pinot Nero Maso Reiner '11		4
○ A. A. Spumante Brut Athesis M. Cl. '11		4
○ A. A. Chardonnay Maso Reiner '11		3
○ A. A. Gewürztraminer '13		3
⊙ A. A. Lagrein Rosato '13		2
○ A. A. Sauvignon '13		3
● A. A. Moscato Rosa Athesis '09		5
○ A. A. Müller Thurgau Athesis '12		3*
○ A. A. Müller Thurgau Athesis '10		3

SÜDTIROL

Tenuta Klosterhof
Oskar Andergassen

LOC. CLAVENZ, 40
39052 CALDARO/KALTERN [BZ]
TEL. +39 0471961046
www.garni-klosterhof.com

DIREKTVERKAUF
BESUCH NACH VORANMELDUNG
UNTERKUNFT UND GASTRONOMIE
JAHRESPRODUKTION 20.000 Flaschen
REBFLÄCHE 3,5 Hektar

Oskar Andergassen und Sohn Hannes kellern seit 1999 alle Trauben aus ihren Weinbergen selbst ein. Mit dem Ziel, sortentypische Weine mit Harmonie und Struktur zu produzieren, setzen sie auf Tradition verbunden mit moderner Technik. Der Weinberg „Trifall", wo die Sorten Weißburgunder, Goldmuskateller und Merlot wachsen, liegt hinter der Kellerei in Richtung Oberplanitzing. In der Anlage „Plantaditsch" in Richtung Kalterersee hingegen überwiegt der Vernatsch. Der Blauburgunder gedeiht im Weinberg „Panigl" südlich von Kaltern auf einem Südost-Hang. Die Weinfässer werden aus Holz aus eigenem Waldbestand gefertigt und sind ausschließlich für die Rotweine vorgesehen. Der Weißburgunder aus der Lage Trifall ist der überzeugendste Wein aus dem Hause Andergassen. Er duftet intensiv nach reifer Weißfrucht und zeigt eine süße, würzige Note, die dem Ausbau im Akazienholz zu verdanken ist. Im Mund entfaltet er sich mit Anmut und Geschicklichkeit, ist würzig und mit langem Abgang. Neben dem klassischen Kalterersee „Plantaditsch" ist auch der Merlot Riserva sehr gut.

○ A. A. Pinot Bianco Trifall '13	🍷🍷 3*
● A. A. Lago di Caldaro Cl. Sup. Plantaditsch R '13	🍷🍷 3
● A. A. Merlot Ris. '11	🍷🍷 4
○ A. A. Moscato Giallo Birnbaum '13	🍷🍷 3
● A. A. Pinot Nero Panigl '13	🍷🍷 5
⊙ Blauburgunder Rosé Summer '13	🍷 3
● A. A. Lago di Caldaro Cl. Sup. Plantaditsch '12	🍷🍷 2*
● A. A. Lago di Caldaro Cl. Sup. Plantaditsch R '12	🍷🍷 3*
● A. A. Pinot Nero Panigl '10	🍷🍷 5
● A. A. Pinot Nero Panigl '09	🍷🍷 5
○ Oskar Gewürztraminer Passito Mitterberg '12	🍷🍷 4

Köfererhof
Günther Kershbaumer

FRAZ. NOVACELLA
VIA PUSTERIA, 3
39040 VARNA/VAHRN [BZ]
TEL. +39 3474778009
www.koefererhof.it

DIREKTVERKAUF
BESUCH NACH VORANMELDUNG
GASTRONOMIE
JAHRESPRODUKTION 80.000 Flaschen
REBFLÄCHE 10 Hektar

Günther Kerschbaumer füllt seine Weine seit 1995 in Flaschen ab. Seine Weißweine, Kinder eines Terroirs mit großen Temperaturschwankungen, haben einen geschliffenen Stil, der mit Schärfe und großer Tiefe zum Ausdruck kommt. Die Qualität ist jedes Jahr besser. Die 10 ha Weinberge in einer herrlichen Position im oberen Eisacktal sind das Herz eines durch Unablässigkeit und Qualität gekennzeichneten Projekts. Neben dem Ruländer kultiviert Günther Kerner, Gewürztraminer, Sylvaner, Müller Thurgau und Riesling für Weine, die in ihrer Jugend nicht einfach sind, mit der Reifung aber große Ausdrucksstärke zeigen. Schwer zu sagen, welcher von den vier im Rennen stehenden Weinen der beste ist. Der Sylvaner R zeigt bereits mineralische Noten, die Blumen sind peu à peu zu spüren. Er explodiert in einem soliden, reichen Geschmack mit fast elektrisierender Säure. Der Geruch des Pinot Grigio hingegen spielt sich eher mit gelber Frucht und geräucherten Noten. Im Geschmack wird die typische Fülle durch Würze und eine frische Säure getragen.

○ A. A. Valle Isarco Pinot Grigio '13	🍷🍷🍷 3*
○ A. A. Valle Isarco Riesling '12	🍷🍷 5
○ A. A. Valle Isarco Sylvaner '13	🍷🍷 3*
○ A. A. Valle Isarco Sylvaner R '12	🍷🍷 5
○ A. A. Valle Isarco Müller Thurgau '13	🍷🍷 3
○ A. A. Valle Isarco Veltliner '12	🍷🍷 4
○ A. A. Valle Isarco Gewürztraminer '13	🍷 4
○ A. A. Valle Isarco Kerner '13	🍷 3
○ A. A. Valle Isarco Pinot Grigio '12	🍷🍷🍷 3*
○ A. A. Valle Isarco Pinot Grigio '11	🍷🍷🍷 3*
○ A. A. Valle Isarco Pinot Grigio '09	🍷🍷🍷 3*
○ A. A. Valle Isarco Riesling '10	🍷🍷🍷 4
○ A. A. Valle Isarco Sylvaner R '09	🍷🍷🍷 4

SÜDTIROL

Tenuta Kornell
FRAZ. SETTEQUERCE
VIA BOLZANO, 23
39018 TERLANO/TERLAN [BZ]
TEL. +39 0471917507
www.kornell.it

DIREKTVERKAUF
BESUCH NACH VORANMELDUNG
JAHRESPRODUKTION 100.000 Flaschen
REBFLÄCHE 15 Hektar

Das Weingut Kornell liegt zwischen Siebeneich, in der Nähe von Terlan, und St. Moritz, einem Ortsteil von Bozen und schreibt seit über 2000 Jahren Weinbaugeschichte. Familie Brigl hat ebenfalls eine lange Winzertradition, auch wenn sie erst seit 2001 in Flaschen abfüllt. Der junge Eigentümer Florian ist mit großer Leidenschaft bei der Sache und bestellt 15 Hektar Weinberge auf eher lockeren Ton-, Sand- und Porphyrböden in einem warmen, tendenziell milden Mikroklima. Die gesamte Produktion zeigt einen sonnigen, reinen Stil. Sehr überzeugend ist der Blauburgunder Marith, dessen Trauben ihre Wurzeln in einen Weinberg in 600 m Höhe in Südostlage mit Böden vulkanischen Ursprungs schlagen. In der Nase typische Waldfrüchte, mit einer leicht geräucherten Note und feinen Gräsern, Eichenholznuancen im Hintergrund. Im Mund gewinnen Eleganz und Spannung gegen Reichtum, er resultiert würzig und mit gutem Abgang.

● A. A. Lagrein Greif '12	▼▼ 3
● A. A. Merlot Staves Ris. '11	▼▼ 5
○ A. A. Pinot Bianco Eich '13	▼▼ 3
● A. A. Pinot Nero Marit '12	▼ 6
● A. A. Cabernet Sauvignon Staves Ris. '11	▼ 5
○ A. A. Gewürztraminer Damian '13	▼ 3
○ A. A. Sauvignon Cosmas '13	▼ 3
○ A. A. Sauvignon Oberberg '13	▼ 3
● A. A. Lagrein Greif '10	♀♀ 4
● A. A. Lagrein Staves Ris. '07	♀♀ 4
● A. A. Merlot Staves Ris. '10	♀♀ 5
○ A. A. Pinot Bianco Eich '10	♀♀ 3
● A. A. Pinot Nero Marith '11	♀♀ 6
○ A. A. Sauvignon Cosmas '09	♀♀ 3
● A. A. Zeder '07	♀♀ 5

Tenuta Kränzelhof
Graf Franz Pfeil
VIA PALADE, 1
39010 CERMES/TSCHERMS [BZ]
TEL. +39 0473564549
www.labyrinth.bz

DIREKTVERKAUF
BESUCH NACH VORANMELDUNG
JAHRESPRODUKTION 35.000 Flaschen
REBFLÄCHE 6 Hektar

„Für mich ist klar, dass intensiver Kunstgenuss, der Genuss von erlesenem Wein und intensive Naturerlebnisse sehr viel gemeinsam haben. Wein ist lebendig, entsteht in einem Wandlungsprozess und wirkt transformierend." Franz Graf von Pfeil ist nicht nur ein einfacher Winzer. Am Kränzelhof ist der Wein Teil eines Projekts, in dem Qualität als Gesamtergebnis verfolgt wird. Mit eingebunden sind die Atmosphäre, die Lebenseinstellung und Menschlichkeit der Personen und letztendlich der gemeinsame Suche nach dem richtigen Weg zur Harmonie zwischen Mensch und Natur. Die Weinberge liegen in 300-600 m Höhe. Der Blauburgunder benötigt etwas Sauerstoff, damit man die Aromen richtig genießen kann. Langsam erscheint die rote Frucht mit pflanzlichen Nuancen und Gewürzen, noch etwas von Eichenholz gebunden. Im Mund gewinnt er Ausdruckskraft, zeigt Vollmundigkeit und wird von dichten, aber gut geschliffenen Tanninen getragen, die auf sein Entwicklungspotenzial schließen lassen.

○ Dorado Passito '12	▼▼ 5
○ Pinot Bianco Helios '13	▼▼ 4
● Pinot Nero '11	▼▼ 6
○ Corona Segreto '13	▼ 4
○ Pinot Bianco Helios 2 Stelle '12	▼ 4
○ Sauvignon Blanc '13	▼ 3
● A. A. Cabernet Lagrein Sagittarius '09	♀♀ 5
● A. A. Meranese Baslan '12	♀♀ 3*
○ Pinot Bianco Helios '10	♀♀ 4
● Schiava Baslan '10	♀♀ 3*
● Schiava Baslan '09	♀♀ 3*

SÜDTIROL

★Kuenhof - Peter Pliger
LOC. MARA, 110
39042 BRESSANONE/BRIXEN [BZ]
TEL. +39 0472850546
pliger.kuenhof@rolmail.net

DIREKTVERKAUF
BESUCH NACH VORANMELDUNG
JAHRESPRODUKTION 40.000 Flaschen
REBFLÄCHE 6 Hektar

Peter Pliger ist zum regelrechten Mythos des Eisacktaler Weinbaus geworden. Gemeinsam mit seiner Frau Brigitte widmet er sich seit Jahrzehnten mit großer Leidenschaft seinen in kleinen Terrassen mit Trockenmauern angelegten Weinbergen zwischen 550 und 700 m Höhe. Er pflegt 8000 Pflanzen pro Hektar von Hand, auf natürliche Weise und ohne Chemie. Der Ausbau der Weine erfolgt in Stahltanks und großen Akazienholzfässern. Die Komplexität und Eleganz der großartigen Weißweine, die der Zeit hohen Hauptes standhalten, steht hier im Mittelpunkt. Einfach fantastisch ist der Sylvaner '13 mit den aromatischen Noten, in denen die Frucht mit weißem Fruchtfleisch beinahe von den Blumen und Gebirgskräutern verdeckt wird. Die feine mineralische Note wartet nur darauf, beim Ausbau zu explodieren. Im Mund ist er solide und trocken, nachhaltig und lange durch eine markante Säure. Der Riesling Kaiton zeigt wie gewohnt seine Klasse, auch wenn er nicht den Reichtum der besten Jahrgänge aufweist.

○ A. A. Valle Isarco Sylvaner '13		♛♛♛ 3*
○ A. A. Valle Isarco Riesling Kaiton '13		♛♛ 3*
○ A. A. Valle Isarco Veltliner '13		♛♛ 3*
○ A. A. Valle Isarco Gewürztraminer '13		♛ 3
○ A. A. Valle Isarco Riesling Kaiton '12		♛♛♛ 4*
○ A. A. Valle Isarco Riesling Kaiton '11		♛♛♛ 4*
○ A. A. Valle Isarco Riesling Kaiton '10		♛♛♛ 4
○ A. A. Valle Isarco Riesling Kaiton '07		♛♛♛ 3*
○ A. A. Valle Isarco Riesling Kaiton '05		♛♛♛ 3*
○ A. A. Valle Isarco Sylvaner '08		♛♛♛ 3
○ A. A. Valle Isarco Sylvaner '06		♛♛♛ 3*
○ A. A. Valle Isarco Veltliner '09		♛♛♛ 3*
○ A. A. Valle Isarco Sylvaner '12		♛♛ 3
○ A. A. Valle Isarco Sylvaner '11		♛♛ 4

Alois Tenutae Lageder
LOC. TÖR LÖWENGANG
V.LO DEI CONTI, 9
39040 MAGRE/MARGREID [BZ]
TEL. +39 0471809500
www.aloislageder.eu

DIREKTVERKAUF
BESUCH NACH VORANMELDUNG
GASTRONOMIE
JAHRESPRODUKTION 1.500.000 Flaschen
REBFLÄCHE 50 Hektar

„Die besten Weinbergslagen und die edelsten Rebsorten genügen nicht. Es braucht Menschen, die ihr Potenzial erkennen." Alois Lageder ist eine der ganz großen Persönlichkeiten der Südtiroler Weinwelt. Er sucht ständig nach Qualität und das im vollen Respekt der natürlichen Besonderheiten des Gebiets. Die Produktion unterteilt sich in zwei Linien: Tenutae Lageder und Alois Lageder. Erstere stellt Weine aus eigenen und zugekauften Trauben vor, während die Trauben für die zweite Linie aus den ca. 50 ha eigenen, seit den 90er-Jahren biologisch bebauten Weinbergen stammen. Der Cabernet Löwengang ist der übliche rassige Rotwein, der durch seine Art überzeugt, mit der er von der Rebsorte und dem Terroir erzählt. In der Nase die reife Frucht, mit Noten von Grafit und Tabak, vollmundig, aber gespannt und elegant. Lange anhaltend und agil auch durch Gerbstoffe von rarer Süße.

● A. A. Cabernet Löwengang '10		♛♛♛ 7
● A. A. Cabernet Sauvignon Cor Römigberg '10		♛♛ 7
● A. A. Chardonnay Löwengang '11		♛♛ 6
● A. A. Lagrein Conus Ris. '11		♛♛ 5
● A. A. MCM Merlot MMXI '11		♛♛ 6
● A. A. Pinot Bianco Haberle '13		♛♛ 4
● A. A. Pinot Nero Krafuss '10		♛♛ 6
● A. A. Gewürztraminer Am Sand '12		♛ 5
○ A. A. Pinot Grigio Porer '13		♛♛ 4
○ Casón Hirschprunn '11		♛ 5
● A. A. Cabernet Löwengang '07		♛♛♛ 6
● A. A. Cabernet Sauvignon Cor Römigberg '08		♛♛♛ 7
● A. A. Cabernet Löwengang '08		♛♛ 6
○ A. A. Chardonnay Löwengang '10		♛♛ 6

SÜDTIROL

Laimburg

Loc. Laimburg, 6
39040 Vadena/Pfatten [BZ]
Tel. +39 0471969700
www.laimburg.bz.it

DIREKTVERKAUF
BESUCH NACH VORANMELDUNG
JAHRESPRODUKTION 160.000 Flaschen
REBFLÄCHE 42 Hektar

Das Landesweingut Laimburg ist eine öffentliche Einrichtung und ist Teil des Land- und Forstwirtschaftlichen Versuchszentrums Laimburg. Seit Jahren beschäftigt es sich mit dem Südtiroler Weinbau und verrichtet intensive Versuchstätigkeit. Auf insgesamt 45 ha, verteilt über ganz Südtirol, sind alle im Anbaugebiet kultivierten Sorten vertreten: vom autochthonen Lagrein bis zum traditionellen Weißburgunder. Die Gutsweine sind traditionelle, in Edelstahlfässern oder großen Eichenholzfässern ausgebaute Jahrgangsweine. Die Weine der Burgselektion reifen in kleinen Eichenholzfässern. Dank der guten Qualität der Weinlese 2012 ist es gelungen, einen erstklassigen Gewürztraminer zu erzeugen: den Elyònd. Er zeigt typische Düfte nach Agrumen und exotischen Früchten, die sich mit Gewürzen und Rosen verflechten. Im Mund ist er kräftig, ohne an Trinkbarkeit zu verlieren. Der Sass Roà hingegen ist ein Cabernet Sauvignon, der fruchtige Noten mit einer feinen, zarten Pflanzlichkeit abwechselt.

● A. A. Cabernet Sauvignon Sass Roà Ris. '11	♟♟ 5
○ A. A. Gewürztraminer Elyònd '12	♟♟ 4
● A. A. Merlot Ris. '12	♟♟ 3
○ A. A. Pinot Bianco '13	♟♟ 3
○ A. A. Pinot Grigio '13	♟♟ 2*
● A. A. Pinot Nero Ris. '12	♟♟ 3
○ A. A. Riesling '13	♟♟ 3
○ A. A. Sauvignon Oyèll '12	♟♟ 4
● Col de Réy '09	♟♟ 6
● A. A. Lagrein Barbagòl Ris. '11	♟ 5
● A. A. Lagrein Scuro Barbagòl Ris. '00	♟♟♟ 5
● A. A. Lagrein Barbagòl Ris. '09	♟♟ 5
○ A. A. Pinot Bianco '11	♟♟ 3*
○ A. A. Riesling '12	♟♟ 3*

Loacker Schwarhof

Loc. Santa Jiustina, 3
39100 Bolzano/Bozen
Tel. +39 0471365125
www.loacker.net

DIREKTVERKAUF
BESUCH NACH VORANMELDUNG
JAHRESPRODUKTION 60.000 Flaschen
REBFLÄCHE 7 Hektar
WEINBAU Biologisch anerkannt

Die Familie Loacker verwaltet seit 1978 ihre Weinbaubetriebe: allen voran den Schwarhof, den von Vater Rainer erworbenen, im 14. Jh. in St. Magdalena errichteten Hof und weitere zwei Anwesen in der Toskana, in Montalcino und der Maremma. Hayo und Franz Josef halten sich in der Bewirtschaftung ihrer Weinberge streng an die Prinzipien der Biodynamik und Homöopathie. Die auf den 7 ha Weinbergen des Schwarhofs produzierten Weine umfassen die umfangreiche Auswahl der Südtiroler Rebsorten. Spontangärung mit Eigenhefe in der Kellerei. Der Kastlet ist eine lange im Weinkeller gereifte Cuvée aus Cabernet Sauvignon und Lagrein, mit etwas Merlot-Zusatz. In der Nase öffnet er sich langsam mit Noten nach Pflaumen und Unterholz, veredelt durch Heilkräuter-Nuancen. Mittlerer Körper am Gaumen, würzig und harmonisch. Der Lagrein Gran Lareyn hingegen zeigt eine sehr reife und süße Frucht.

● A. A. Lagrein Gran Lareyn '12	♟♟ 4
● Kastlet '11	♟♟ 5
● Merlot Ywain '12	♟♟ 4
● A. A. Santa Maddalena Cl. Morit '13	♟ 3
○ Chardonnay Ateyon '12	♟ 4
○ Gewürztraminer Atagis '13	♟ 5
○ Sauvignon Blanc Tasnim '13	♟ 4
● A. A. Merlot Ywain '04	♟♟♟ 4*
● A. A. Lagrein Gran Lareyn '09	♟♟ 4
● A. A. Lagrein Gran Lareyn Ris. '07	♟♟ 4
● A. A. Santa Maddalena Morit '10	♟♟ 3
● Cabernet Sauvignon - Lagrein '10	♟♟ 4
● Merlot '11	♟♟ 4

SÜDTIROL

Manincor
LOC. SAN GIUSEPPE AL LAGO, 4
39052 CALDARO/KALTERN [BZ]
TEL. +39 0471960230
www.manincor.com

DIREKTVERKAUF
BESUCH NACH VORANMELDUNG
JAHRESPRODUKTION 300.000 Flaschen
REBFLÄCHE 50 Hektar
WEINBAU Biodynamisch anerkannt

Manincor, was frei übersetzt „Hand aufs Herz" bedeutet, ist einer der wichtigsten Winzerbetriebe Südtirols. Ganz zwischen den Weinbergen am Südhang verborgen, genießt diese historische Kellerei einen schönen Ausblick auf den Kalterersee. In den 90er-Jahren beschloss Michael Graf Goëss-Enzenberg, sein historisches Rebgut durch ein langatmiges, ambitiöses Projekt aufzuwerten. Mit dem schlichten Ziel, Qualität zu produzieren, beginnt die Sorgfalt bereits im Weinberg. Dies hat 2009 dazu geführt, dass die gesamte Produktion biodynamisch zertifiziert wurde. Seit 2008 leitet Helmuth Zozin, ein bekannter Mann der Südtiroler Weinwelt, das Weingut. Auch dieses Jahr zählt der Pinot Bianco Eichhorn zu den interessantesten Weinen Südtirols. Als Ergebnis der Spontangärung und des Ausbaus im Holzfass zeigt er reine, knusprige Düfte vorwiegend nach gelben Früchten, die nach und nach den Gewürz- und Blumennoten Platz lassen. Im Mund ein solider Körper und vor allem großartige Eleganz, die in einem langen und raffinierten Finale endet.

○ A. A. Terlano Pinot Bianco Eichhorn '13	♛♛♛ 5
● A. A. Pinot Nero Mason '12	♛♛ 5
○ A. A. Terlano Sauvignon Lieben Aich '12	♛♛ 5
○ A. A. Terlano Réserve della Contessa '13	♛ 3
○ Le Petit '12	♛♛ 6
○ A. A. Moscato Giallo '13	♛ 3
● Castel Campan '11	♛ 8
● A. A. Cabernet Sauvignon Cassiano '97	♕♕♕ 5
○ A. A. Terlano Pinot Bianco Eichhorn '12	♕♕♕ 5
○ A. A. Terlano Pinot Bianco Eichhorn '10	♕♕♕ 4
○ A. A. Terlano Pinot Bianco Eichhorn '09	♕♕♕ 4
○ A. A. Terlano Sauvignon '08	♕♕♕ 4

K. Martini & Sohn
LOC. CORNAIANO
VIA LAMM, 28
39057 APPIANO/EPPAN [BZ]
TEL. +39 0471663156
www.martini-sohn.it

DIREKTVERKAUF
BESUCH NACH VORANMELDUNG
JAHRESPRODUKTION 230.000 Flaschen
REBFLÄCHE 28 Hektar

Der Familienbetrieb Martini aus Girlan wurde 1979 von Karl Martini und seinem Sohn Gabriel gegründet. Die beiden Önologen haben nach einer guten Balance zwischen Jahrhunderte alter Tradition und Technologie gesucht und dieses auch gefunden. Neuen Schwung bringen Maren und Lukas in den Betrieb, der dennoch an einen klaren Stil gebunden bleibt und die Berufung dieses Terroirs perfekt interpretiert. Die verarbeiteten Trauben stammen von auserlesenen Weinbauern und nur zu einem kleinen Teil aus eigenen Rebbergen. Die beiden, gewusst in kleinen Eichenfässern ausgebauten Spitzenlinien der Winzerei nennen sich Palladium und Maturum. Sehr gut abgeschnitten hat der Weißburgunder Palladium, dessen Trauben aus Rungg in Girlan und Perdonig in St. Michael Eppan stammen. In der Nase klare Noten von exotischen und gelben Früchten mit etwas Eichenholz im Hintergrund. Im Mund verblüfft er durch sein körperreiches und saftiges Antlitz, ohne an Spannung und Schlankheit einzubüßen. Der Geschmack ist agil, der Abgang trocken und ziemlich lang.

● A. A. Lagrein Maturum '11	♛♛ 5
○ A. A. Pinot Bianco Palladium '13	♛♛ 2*
○ A. A. Gewürztraminer Palladium '13	♛♛♛ 4
○ A. A. Chardonnay Maturum '12	♛ 4
○ A. A. Coldirus Palladium '12	♛ 3
○ A. A. Kerner '13	♛ 2
● A. A. Lago di Caldaro Cl. Felton '13	♛ 2
● A. A. Moscato Rosa Maturum '12	♛ 4
● A. A. Pinot Nero Palladium '12	♛ 3
○ A. A. Sauvignon Palladium '13	♛ 3
● A. A. Schiava Palladium '13	♛ 2
○ A. A. Sauvignon Palladium '04	♕♕♕ 2*
● A. A. Lagrein Maturum '09	♕♕ 5
● A. A. Lagrein Scuro Maturum '07	♕♕ 5
○ A. A. Pinot Bianco Palladium '12	♕♕ 3*
○ A. A. Sauvignon Palladium '11	♕♕ 4

SÜDTIROL

Cantina Meran Burggräfler
VIA CANTINA, 9
39020 MARLENGO/MARLING [BZ]
TEL. +39 0473447137
www.cantinamerano.it

DIREKTVERKAUF
BESUCH NACH VORANMELDUNG
JAHRESPRODUKTION 1.000.000 Flaschen
REBFLÄCHE 250 Hektar

Die Kellerei Meran entstand 2010 aus der Fusion zweier traditionsreicher Genossenschaften der Umgebung: die Burggräfler Kellerei und die Weinkellerei Meran. Ihre 380 Mitglieder bewirtschaften einen großartigen Rebstockbestand auf 260 ha Fläche in den besten Weinhanglagen von Meran und den umliegenden Gemeinden bis hin in den Vinschgau. Die Entscheidungsträger der Kellerei haben die Fusion zum Anlass genommen, um die gesamte Produktion neu zu strukturieren und die neue Marke Meran aus der Taufe zu heben. Kellermeister Stefan Kapfinger widmet sich den vier Weinlinien: Selection, Graf von Meran, Sonnenberg und Festival. Der Weißburgunder Sonnenberg stammt aus den Weinbergen im Mittelvinschgau, zwischen Naturns und Kastelbell. In der Nase muss er seinen Wert erst richtig zum Ausdruck bringen, er schenkt Noten von weißer Frucht und Blumen. Im Mund gibt er richtig Gas. Sein reichhaltiger Geschmack steht im richtigen Kontrast zur Würze und Säure, die gemeinsam für Harmonie und großartige Länge sorgen.

- ○ A. A. Valle Venosta Pinot Bianco Sonnenberg '13 ▼▼▼ 3*
- ● A. A. Lagrein Segen '11 ▼▼ 5
- ○ A. A. Moscato Giallo Passito Sissi '11 ▼▼ 6
- ○ A. A. Sauvignon Mervin '12 ▼▼ 4
- ○ A. A. Chardonnay Goldegg '12 ▼▼ 4
- ○ A. A. Gewürztraminer Labers '12 ▼▼ 4
- ● A. A. Meranese Schiava Schickenburg Graf von Meran '13 ▼▼ 2*
- ● A. A. Meranese Schickenburg Graf von Meran '13 ▼▼ 3
- ○ A. A. Pinot Bianco Tyrol '12 ▼▼ 4
- ○ A. A. Sauvignon Graf von Meran '13 ▼▼ 4
- ○ A. A. Val Venosta Kerner Sonnenberg '13 ▼ 4
- ○ A. A. Kerner Graf von Meran '13 ▼ 4
- ○ A. A. Pinot Bianco Graf von Meran '13 ▼ 3

★Cantina Convento Muri-Gries
FRAZ. GRIES
P.ZZA GRIES, 21
39100 BOLZANO/BOZEN
TEL. +39 0471282287
www.muri-gries.com

DIREKTVERKAUF
BESUCH NACH VORANMELDUNG
JAHRESPRODUKTION 650.000 Flaschen
REBFLÄCHE 32 Hektar

Wenn man vom Südtiroler Lagrein spricht, meint man die Kellerei Muri-Gries. Bereits 1985 hat diese autochthone Rebsorte die hierarchische Führung in der Klosterkellerei übernommen und ihr wahres Potenzial bewiesen. Wir befinden uns am Schwemmboden von Gries, im Herzen des besten Terroirs für diese Rebsorte. Die Kellerei produziert zu 85 % Rotweine. In Christian Werth - Kellermeister seit den 80er-Jahren - hat der Lagrein einen hervorragenden und leidenschaftlichen Interpreten gefunden. Und natürlich ist ein Lagrein der beste Wein des Hauses: Wieder einmal behauptet sich der Riserva Abtei Muri als einer der besten Vertreter. In der Nase sind intensive fruchtige Noten von Pflanzen- und Gewürznuancen durchzogen. Im Mund verblüfft er durch die Handhabung des mächtigen Stoffs, ist zur gleichen Zeit wuchtig, kraftvoll und agil.

- ● A. A. Lagrein Abtei Muri Ris. '11 ▼▼▼ 5
- ○ A. A. Bianco Abtei Muri '12 ▼▼ 3*
- ● A. A. Pinot Nero Abtei Muri Ris. '11 ▼▼ 5
- ● A. A. Lagrein '13 ▼▼ 2*
- ⊙ A. A. Lagrein Rosato '13 ▼▼ 2*
- ● A. A. Schiava Grigia '13 ▼▼ 2*
- ○ A. A. Terlano Pinot Bianco '13 ▼▼ 2*
- ○ A. A. Moscato Rosa V.T. Abtei Muri '12 ▼ 5
- ○ A. A. Müller Thurgau '13 ▼ 2
- ○ A. A. Pinot Grigio '13 ▼ 2
- ● A. A. Pinot Nero '13 ▼ 3
- ● A. A. Lagrein Abtei Muri Ris. '10 ▼▼▼ 5
- ● A. A. Lagrein Abtei Muri Ris. '09 ▼▼▼ 5
- ● A. A. Lagrein Abtei Ris. '07 ▼▼▼ 5
- ● A. A. Lagrein Abtei Ris. '06 ▼▼▼ 4
- ● A. A. Lagrein Abtei Ris. '05 ▼▼▼ 4
- ● A. A. Lagrein Abtei Ris. '04 ▼▼▼ 4

SÜDTIROL

Cantina Nals Margreid
VIA HEILIGENBERG, 2
39010 NALLES/NALS [BZ]
TEL. +39 0471678626
www.kellerei.it

DIREKTVERKAUF
BESUCH NACH VORANMELDUNG
JAHRESPRODUKTION 950.000 Flaschen
REBFLÄCHE 150 Hektar

„Wir setzen seit Jahren auf höchste Qualität in allen Produktionsphasen - angefangen bei einem geringen Hektarertrag über eine sorgfältige Reifung und bis hin zu einem perfekten Ausbau in unserem Keller", meint Gottfried Pollinger, Geschäftsführer der Kellerei Nals Margreid, deren 140 Mitglieder rund 150 ha Rebfläche vom Unterland bis nach Meran bestellen. Auch dank der Fähigkeiten von Kellermeister Harald Schraffl ist der Stil der Weine Jahr um Jahr präziser und zunehmend terroirgebundener. Das ist dem Engagement zu verdanken, bei dem man den schwierigen Weg der harten Arbeit und des Respekts gewählt hat. Der Pinot Bianco Sirmian verdoppelt den Erfolg vom letzten Jahr gleich und ist stets einer der repräsentativsten Weine Südtirols. Sein Duft erinnert an weiße Früchte, während die Blumen und eine feine pflanzliche Note das Bouquet mit Frische bereichern. Im Mund zeigt er einen mittleren Körper und einen Geschmack, der sich durch Spannung und Würze auszeichnet. Ein agiler Wein mit einem unendlichen Abgang.

○ A. A. Pinot Bianco Sirmian '13	4*
● A. A. Anticus Baron Salvadori Ris. '11	5
○ A. A. Pinot Grigio Punggl '13	4
○ A. A. Sauvignon Mantele '13	4
○ A. A. Chardonnay Baron Salvadori '12	5
○ A. A. Gewürztraminer Lyra '13	4
○ A. A. Moscato Giallo Passito Baronesse Baron Salvadori '11	6
○ A. A. Riesling Pitzon '13	4
● A. A. Schiava Galea '13	2*
● A. A. Lagrein Gries Ris. '11	4
○ A. A. Pinot Bianco Sirmian '12	4*
○ A. A. Pinot Bianco Sirmian '11	3*
○ A. A. Pinot Bianco Sirmian '10	3*
○ A. A. Pinot Bianco Sirmian '09	3*

Josef Niedermayr
LOC. CORNAIANO/GIRLAN
VIA CASA DI GESÙ, 15/23
39057 APPIANO/EPPAN [BZ]
TEL. +39 0471662451
www.niedermayr.it

DIREKTVERKAUF
BESUCH NACH VORANMELDUNG
JAHRESPRODUKTION 220.000 Flaschen
REBFLÄCHE 35 Hektar

Josef Niedermayr, Erbe einer bis ins 19. Jahrhundert zurückreichenden Familientradition, hat seinen historischen Betrieb in Girlan im letzten Jahrzehnt mit dem 2002 begonnenen Umbau der Kellerei wesentlich geändert. Hier wird nur Wein aus eigenem Traubenbestand gekeltert, wobei die 30 Hektar auf fantastische Gebiete in Überetsch und im Bozner Kessel verteilt sind (Hof zu Pramol, Ascherhof, Naun, Doss und Kaiserau). Das Angebot der Kellerei umfasst die traditionelle Südtiroler Weinauswahl, in deren Interpretation der sortentypische Ausdruck und klimatische Verlauf des Jahrgangs hervorgehen. Verblüffend, der Terlaner Hof zu Pramol, eine Cuvée aus Weißburgunder, Chardonnay und etwas Sauvignon aus dem gleichnamigen Weingut in 600 m Seehöhe, wo kalk- und kieselhaltige Lehmböden vorwiegen. Nach dem Fassausbau zeigt er weitläufige und raffinierte Düfte, vorwiegend Frucht neben blumigen, mineralischen Noten mit einer leichten Eichenholznuance und Butter im Hintergrund.

○ A. A. Terlano Hof zu Pramol '12	3*
● A. A. Lagrein Gries Blacedelle '12	4
● A. A. Lagrein Gries Ris. '11	5
● A. A. Pinot Nero Precios '11	4
○ A. A. Sauvignon Naun '13	3
○ A. A. Terlano Pinot Bianco '13	2*
● A. A. Euforius '11	5
○ A. A. Aureus '99	6
○ A. A. Aureus '98	6
○ A. A. Aureus '95	6
● A. A. Lagrein Gries Ris. '10	5
● A. A. Lagrein Gries Ris. '09	5
● A. A. Lagrein Gries Ris. '08	5
○ A. A. Sauvignon Naun '10	3

SÜDTIROL

Ignaz Niedrist
LOC. CORNAIANO/GIRLAN
VIA RONCO, 5
39050 APPIANO/EPPAN [BZ]
TEL. +39 0471664494
www.fws.it

DIREKTVERKAUF
BESUCH NACH VORANMELDUNG
JAHRESPRODUKTION 45.000 Flaschen
REBFLÄCHE 8,5 Hektar

Ignaz Niedrist, ein authentischer Winzer und außergewöhnlicher Landwirt mit einem großen technischen und intellektuellen Erfahrungsschatz, ist einer der glücklichsten Interpreten des klassischen Südtiroler Anbaugebiets. Seine 9 ha Weinberge liegen zwischen Girlan, wo sich Moränenböden ideal für den Anbau von Blauburgunder, Vernatsch und Merlot eignen und Eppan/Berg, wo auf Kalkböden mit hohem Tonanteil vorwiegend weiße Sorten angebaut werden. Der Lagrein gedeiht hingegen im klassischen Gebiet in Bozen Gries, am von Elisabeth Niedrist geführten Hof der Familie Berger Gei. Dieses Jahr fehlt im Hause Niedrist nur der Spitzenwein, denn die durchschnittliche Qualität zeigt wieder einmal höchstes Niveau. Der Blauburgunder ist einer der interessantesten Vertreter dieser Sorte ganz Südtirols, mit Duft nach Waldbeeren und Gewürz und einem für Frische sorgenden Anklang von Heilkräutern. Im Mund sind die Gerbstoffe etwas rau, kurz danach ist der Gaumen saftig und gespannt.

● A. A. Pinot Nero '12	🍷 5
○ A. A. Terlano Pinot Bianco Berg '13	🍷 4
○ A. A. Terlano Sauvignon '13	🍷 4
● A. A. Lagrein Berger Gei '12	🍷 4
○ A. A. Riesling Berg '13	🍷 4
○ Trias '13	🍷 4
○ A. A. Riesling Berg '11	🍷🍷🍷 4*
○ A. A. Terlano Pinot Bianco '12	🍷🍷🍷 3*
○ A. A. Terlano Sauvignon '10	🍷🍷🍷 3
○ A. A. Terlano Sauvignon '00	🍷🍷🍷 3*
● A. A. Pinot Nero '11	🍷🍷 5
○ A. A. Riesling Berg '12	🍷🍷 4
○ A. A. Terlano Pinot Bianco '11	🍷🍷 3*
○ Trias '11	🍷🍷 4

Niklaserhof - Josef Sölva
LOC. SAN NICOLÒ
VIA DELLE FONTANE, 31A
39052 CALDARO/KALTERN [BZ]
TEL. +39 0471963434
www.niklaserhof.it

DIREKTVERKAUF
BESUCH NACH VORANMELDUNG
JAHRESPRODUKTION 50.000 Flaschen
REBFLÄCHE 6 Hektar

Josef Sölva und Sohn Dieter vom Niklaserhof in Kaltern sind Winzer und große Interpreten der Tradition, geschickte Landwirte, gewandte Schreiberlinge ihrer Weinberge und wundervolle Gastgeber in ihrem kleinen Agriturismo. Sie bebauen die 6 Hektar so wenig invasiv wie möglich und dennoch sehr präzise. Der Bau des neuen Weinkellers mit Natursteinmauern zeigt, dass Tradition und Fortschritt einhergehen können. Josef hat sich seit jeher voll und ganz dem Weißwein verschrieben, und auch in Zeiten, in denen er keinen so großen Erfolg wie heute verzeichnen konnte, hart an seinem Weißburgunder gearbeitet, den er raffiniert interpretiert und dessen leicht fruchtiges Wesen er hervorhebt. Der interessanteste Wein aus dem Hause Sölva ist der Weißburgunder Klaser, dessen Trauben auf 550 m Seehöhe auf Kalkböden reifen. Er wird in 5-hl-Fässern ausgebaut. Fruchtig in der Nase, danach eine zarte blumige Nuance, die die Feuersteinnoten vorwegnimmt. Im Mund zeigt er einen mittleren Körper und - dank der würzigen Säure, die nie nachlässt - eine schöne Spannung.

○ A. A. Pinot Bianco Klaser Ris. '11	🍷 3*
○ A. A. Kerner '13	🍷 2*
○ A. A. Kerner Mondevinum Ris. '11	🍷 4
● A. A. Lago di Caldaro Scelto Cl. '13	🍷 2*
● A. A. Lagrein-Cabernet Klaser Ris. '11	🍷 4
● A. A. Merlot DJJ Ris. '11	🍷 4
○ A. A. Pinot Bianco '13	🍷 2*
○ A. A. Sauvignon '13	🍷 3
● A. A. Bianco Mondevinum Ris. '11	🍷 4
○ A. A. Kerner Mondevinum Ris. '10	🍷🍷 4
○ A. A. Pinot Bianco '12	🍷🍷 2*
○ A. A. Pinot Bianco Klaser '07	🍷🍷 3
○ A. A. Pinot Bianco Klaser R '05	🍷🍷 3*

SÜDTIROL

Obermoser H. & T. Rottensteiner
FRAZ. RENCIO
VIA SANTA MADDALENA, 35
39100 BOLZANO/BOZEN
TEL. +39 0471973549
www.obermoser.it

DIREKTVERKAUF
BESUCH NACH VORANMELDUNG
JAHRESPRODUKTION 30.000 Flaschen
REBFLÄCHE 4 Hektar

1890 hat Christian Rottensteiner den Weinberg Obermoser in den schönsten Weinhanglagen von St. Magdalena erworben. Seit 1977 hat Heinrich die Unternehmensführung übernommen, Sohn Thomas unterstützt ihn seit Jahren. Neben den Trauben aus den 10 ha eigenen Weinbergen werden auch die Trauben von rund 60 Zulieferbetrieben für eine Produktion aus den historischen Rebsorten Südtirols gekeltert. Der Stil kann angesichts der so tief verwurzelten Familientradition nicht anders als klassisch und im Respekt der Typizität sein. Der Lagrein Grafenleiten Riserva zeigt eine nach und nach ausdrucksstärkere rote Frucht, die danach auch Bergkräutern und Kakao Platz lässt. Am Gaumen explodiert der Wein mit einem soliden Körper, getragen von einer frischen Säure. Der Geschmack ist vollmundig und würzig, das Finale trocken.

● A. A. Lagrein '13	♛♛ 3
● A. A. Lagrein Grafenleiten Ris. '12	♛♛ 5
● A. A. Santa Maddalena Cl. '13	♛♛ 2*
○ A. A. Sauvignon '13	♛ 3
● A. A. Lagrein Grafenleiten Ris. '09	♛♛♛ 4
● A. A. Lagrein '11	♛♛ 3
● A. A. Lagrein Grafenleiten Ris. '11	♛♛ 5
● A. A. Lagrein Grafenleiten Ris. '10	♛♛ 5
● A. A. Lagrein Scuro Grafenleiten Ris. '07	♛♛ 4
● A. A. Santa Maddalena Cl. '08	♛♛ 2*

Pacherhof - Andreas Huber
FRAZ. NOVACELLA
V.LO PACHER, 1
39040 VARNA/VAHRN [BZ]
TEL. +39 0472835717
www.pacherhof.com

DIREKTVERKAUF
BESUCH NACH VORANMELDUNG
UNTERKUNFT UND GASTRONOMIE
JAHRESPRODUKTION 30.000 Flaschen
REBFLÄCHE 8 Hektar

Das Weingut Pacherhof aus Neustift, oberhalb von Brixen, wurde 1142 errichtet. Josef Huber war einer der ersten Winzer des Eisacktals, ein wahrer Vorreiter durch Tradition und Berufung. Auf den 8 ha Weinbergen auf rund 600 m Seehöhe liegt das Rebstockalter bei durchschnittlich 20 Jahren. Die Flächen sind auf die besten Lagen mit mineralreichen Kieselböden verteilt und stellen das natürliche Potenzial des Pacherhofs dar. Der junge Önologe Andreas Huber baut die wichtigsten Weißweinsorten des Eisacktals an und stellt den Betrieb auf biodynamischen Anbau um. Die Weine sind frisch und elegant, zeigen Typizität und Stoff. Fantastisch ist der Sylvaner '13 mit dominant fruchtigen und blumigen Noten. Der anfangs schlichte Gaumen gewinnt an Reichtum hinzu, bei dem sich Frucht und delikat mineralische Gewürze abwechseln. Der Geschmack ist voll und von großer Würze, gebändigt von einer energischen Säure, die den Wein in ein langes und leidenschaftliches Finale begleitet.

○ A. A. Valle Isarco Sylvaner '13	♛♛♛ 3*
○ A. A. Valle Isarco Pinot Grigio '13	♛♛ 4
○ A. A. Valle Isarco Riesling '13	♛♛ 4
○ A. A. Valle Isarco Kerner '13	♛♛ 3
○ A. A. Valle Isarco Müller Thurgau '13	♛♛ 3
○ A. A. Valle Isarco Sylvaner V. V. '13	♛♛ 5
○ A. A. Valle Isarco Gewürztraminer '13	♛ 4
○ A. A. Valle Isarco Riesling '04	♛♛♛ 3
○ A. A. Valle Isarco Sylvaner Alte Reben '05	♛♛♛ 4
○ A. A. Valle Isarco Pinot Grigio '12	♛♛ 4
○ A. A. Valle Isarco Pinot Grigio '11	♛♛ 4
○ A. A. Valle Isarco Sylvaner '12	♛♛ 3
○ A. A. Valle Isarco Sylvaner Alte Reben '10	♛♛ 5
○ A. A. Valle Isarco Sylvaner Alte Reben '09	♛♛ 5
○ A. A. Valle Isarco Veltliner '12	♛♛ 4

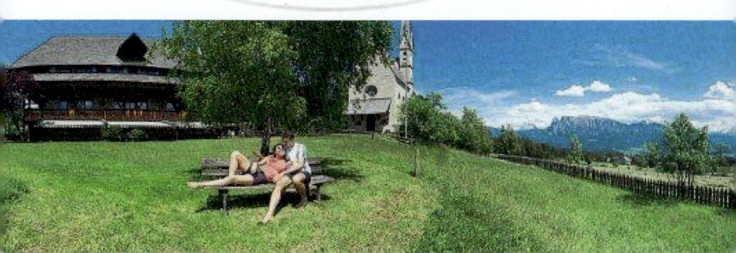

otel - Hochzeiten - Konferenzen - Sommerausflüge -
Mountainbike - Nordic Walking - Bogenschießen
Wellness - Ski - Skilanglauf - Weihnachtsmärkte
Restaurant - Kinderunterhaltung

9054 Klobenstein - Ritten - SÜDTIROL
Kematerstrasse, 29
Tel. **0471 356356**
Fax **0471 356363**

www.kematen.it   info@kematen.it

The advanced logistic solution for Wines & Spirits

www.ggori.com

Wine & Spirits Logistic Macrosystem Solution is a logistics package designed specifically for the beverages industry. Giorgio Gori has achieved truly superlative standards in this sector in terms of expertise, partnerships, resources, organization and technology. Secure, modular transport systems, contracts with the most dependable carriers, excellent transport rates and optimum storage conditions will smooth the way for your products, from the bottling line to the consumer's table. Easily accessible web-enabled options combined with effective monitoring and forecasting instruments can provide real time information on the entire logistics process.

WE MOVE PRECIOUS COMMODITIES: YOURS.

GIORGIO GORI
GLOBAL TRANSPORT & LOGISTICS

DER LAGREIN

Kloster und Weinbau bilden in Muri-Gries schon seit Jahrhunderten eine Einheit.

Der Lagrein hat hier seit 600 Jahren seine Heimat. In der Klosterkellerei ist der Lagrein, mit dem Lagrein Kretzer, dem Lagrein „Muri-Gries" und dem Lagrein Riserva „Abtei Muri", die Nummer 1.

Weingut | Klosterkellerei

MURI-GRIES

Grieser Platz nr.21   T. +39 0471 282287
39100 Bozen - ITALY   F. +39 0471 273448
info@muri-gries.com   www.muri-gries.com

SÜDTIROL

Pfannenstielhof
Johannes Pfeifer
via Pfannenstiel, 9
39100 Bolzano/Bozen
Tel. +39 0471970884
www.pfannenstielhof.it

DIREKTVERKAUF
BESUCH NACH VORANMELDUNG
JAHRESPRODUKTION 43.000 Flaschen
REBFLÄCHE 4 Hektar

Der Pfannenstielhof wurde 1561 erstmals urkundlich erwähnt und liegt mitten in den Weinbergen am östlichen Rand des Bozner Beckens. Johannes Pfeifer und Frau Margareth, gewissenhafte und leidenschaftliche Winzer, sind die Protagonisten dieser kleinen Kellerei. Sie haben sich bei ihren 4 ha Weinbergen für eine natürliche und integrierte Bewirtschaftung entschieden, wo die beiden autochthonen Sorten Lagrein und Vernatsch vorwiegen. Dank des gewussten Einsatzes von Holz keltern sie daraus gehaltvolle Weine mit einer präzisen Identität und Physiognomie, Weine, die das Anbaugebiet Bozen bestens vertreten und dessen Qualität und Besonderheiten hervorheben. Der St. Magdalener Classico '13 stellt einen Bezugspunkt für die Südtiroler Weindenomination dar: er ist frisch und unbefangen, zeigt aromatische Tiefe und Vollmundigkeit. In der Nase liegen natürlich rote Früchte vor, es erscheinen aber auch Hagebuttenblüten und Pfeffernoten. Im Mund enthüllt er Fülle und Harmonie, Frische und Würze.

● A. A. Santa Maddalena Cl. '13	🍷🍷 3*
● A. A. Lagrein Ris. '11	🍷🍷 5
● A. A. Lagrein vom Boden '13	🍷🍷 3
● A. A. Pinot Nero '11	🍷 4
● A. A. Santa Maddalena Cl. '09	🍷🍷🍷 2*
● A. A. Lagrein Ris. '09	🍷🍷 5
● A. A. Lagrein vom Boden '10	🍷🍷 3*
● A. A. Pinot Nero '07	🍷🍷 3*
● A. A. Santa Maddalena Cl. '10	🍷🍷 3*

Tenuta Ritterhof
s.da del Vino, 1
39052 Caldaro/Kaltern [BZ]
Tel. +39 0471963298
www.ritterhof.it

DIREKTVERKAUF
BESUCH NACH VORANMELDUNG
GASTRONOMIE
JAHRESPRODUKTION 300.000 Flaschen
REBFLÄCHE 7,5 Hektar

Seit 1999 steht der Ritterhof aus Kaltern im Eigentum der Familie Roner von der bekannten Brennerei aus Tramin. Die Kellerei, die von Anfang an von Ludwig Kaneppele dynamisch geleitet wird, erzeugt qualitätsorientierte Weine. Die Familie besitzt 7 ha Weinberge in den besten Lagen dieses Gebiets und kauft unter der Betreuung von Kellermeister Bernhard Hannes Trauben von ungefähr 40 getreuen Zulieferbetrieben hinzu. Zuverlässig, klassisch, zum richtigen Preis. So könnte man die Produktion des Ritterhofs mit den drei Linien Terra, Collis und Rarus kurz zusammenfassen. Sehr umfangreich ist die vorgestellte Weinauswahl, von der wir auch dieses Jahr den Gewürztraminer Aureus bevorzugen. In der Nase erinnern intensive Aromen an kandierte Zitrusfrüchte, Rosenblüten und Gewürze. Im Mund wird der Aromareichtum mit Spannung und Leichtigkeit gehandhabt, ohne in Üppigkeit zu verfallen. Der Geschmack ist voll und saftig, sehr agil und lang anhaltend.

○ A. A. Gewürztraminer Auratus Crescendo '13	🍷🍷🍷 4*
○ A. A. Gewürztraminer Passito Sonus '11	🍷🍷 5
○ A. A. Gewürztraminer '13	🍷🍷 3
● A. A. Lago di Caldaro Cl. Novis '13	🍷🍷 3
○ A. A. Müller Thurgau '13	🍷🍷 2*
○ A. A. Pinot Bianco Varius '13	🍷🍷 3
● A. A. Pinot Nero Dignus Crescendo '10	🍷🍷 5
○ A. A. Sauvignon '13	🍷🍷 2*
● A. A. Lagrein Latus Crescendo '11	🍷 5
● A. A. Lagrein Manus '10	🍷 4
○ A. A. Pinot Grigio '13	🍷 2
○ A. A. Pinot Grigio Opes Crescendo '12	🍷 4
○ A. A. Gewürztraminer Auratus Crescendo '12	🍷🍷🍷 4*
○ A. A. Gewürztraminer Sonus '10	🍷🍷 5

SÜDTIROL

Röckhof - Konrad Augschöll

via San Valentino, 22
39040 Villandro/Villanders [BZ]
Tel. +39 0472847130
roeck@rolmail.net

DIREKTVERKAUF
BESUCH NACH VORANMELDUNG
GASTRONOMIE
JAHRESPRODUKTION 20.000 Flaschen
REBFLÄCHE 3,5 Hektar

Der Röckhof, ein im 15. Jh. erbauter Bauernhof, liegt in 650 m Höhe zwischen Weinbergen und Kastanienwäldern an der Straße, die von Klausen im Eisacktal nach Villanders hinaufführt. Konrad Augschöll, klassischer und zuverlässiger Interpret der Tradition, erzeugt seit 1998 edle Weine aus drei Hektar zwischen 600 und 700 m Höhe gelegenen Weinbergen. Jedes Jahr sind es rund 15.000 Flaschen Müller Thurgau, Riesling, Veltliner, neben der Cuvée Caruess in Weiß und Rot und dem Zweigelt. Neben den authentischen und charakterstarken Weinen werden am Weingut Röckhof auch exzellente Schnäpse und Destillate gebrannt. In der Buschenschank erwarten Sie einheimische Köstlichkeiten. Der Caruess Weiß, eine Cuvée aus Gewürztraminer, Sylvaner und Grauburgunder in beinahe gleichen Teilen, zeigt in der Nase intensive Weißfrucht und Blumen, um am Gaumen einen Geschmack zu entfalten, der sich durch Spannung und Agilität auszeichnet. Der Veltliner Gail Fuass hingegen ist komplexer in den Aromen, mit einer Weißfrucht, die sich mit Blumennoten verflechtet, und einer dezenten Mineralität, die nur den richtigen Zeitpunkt abwartet.

○ A. A. Valle Isarco Müller Thurgau '13	▼▼ 3
○ A. A. Valle Isarco Riesling Viel Anders '13	▼▼ 3
○ A. A. Valle Isarco Veltliner Gail Fuass '13	▼▼ 3
○ Caruess Weiß '13	▼▼ 3
○ A. A. Valle Isarco Riesling Viel Anders '08	▼▼▼ 3*
○ A. A. Valle Isarco Veltliner '11	▼▼▼ 3*
○ A. A. Valle Isarco Riesling Viel Anders '10	▼▼ 3*
○ A. A. Valle Isarco Riesling Viel Anders '09	▼▼ 3*
○ A. A. Valle Isarco Veltliner Gail Fuass '12	▼▼ 3*
○ Caruess '12	▼▼ 3*
○ Caruess '11	▼▼ 3*

Hans Rottensteiner

fraz. Gries
via Sarentino, 1a
39100 Bolzano/Bozen
Tel. +39 0471282015
www.rottensteiner-weine.com

DIREKTVERKAUF
BESUCH NACH VORANMELDUNG
JAHRESPRODUKTION 450.000 Flaschen
REBFLÄCHE 95 Hektar

Familie Rottensteiner ist seit vielen Generationen an den Weinbau gebunden. Die am Beginn der Sarntalerstraße 1956 von Hans Rottensteiner gegründete Kellerei wird heute von Sohn Toni gemeinsam mit Enkel Hannes geführt, die in ihrer Arbeit die Idee eines eleganten, leicht zu trinkenden Weins verfolgen. Ihr Ziel sind Weine mit einem einzigartigen, unverkennbaren, sortentypischen und terroirgebundenen Charakter. Aus diesem Grund keltern sie zum Großteil sortenreine Weine mit besonderem Augenmerk auf die typischen Rebsorten der Bozner Gegend, insbesondere St. Magdalener und Lagrein. Der Cabernet Riserva zeigt vorwiegend dunkle Früchte, pflanzliche Noten und Paprika, die ganz klar auf die Rebsorte verweisen. Im Mund breitet sich der Wein gut aus, rückt seine Würze und eine dichte, geschliffene Tanninstruktur ins Licht. Auch der Lagrein legt dieselbe Strecke zurück, wobei die Frucht diesmal von Gewürzen begleitet wird. Er ist vollmundig und rund.

● A. A. Cabernet Select Ris. '11	▼▼ 4
● A. A. Lagrein Grieser Select Ris. '11	▼▼ 4
◉ A. A. Lagrein Rosato '13	▼▼ 2*
● A. A. Pinot Nero Select Ris. '11	▼▼ 4
● A. A. Santa Maddalena Cl. Premstallerhof '13	▼▼ 2*
○ A. A. Chardonnay '13	▼ 2
○ A. A. Gewürztraminer Cancenai '13	▼ 4
○ A. A. Gewürztraminer Passito Cresta '12	▼ 6
○ A. A. Müller Thurgau '13	▼ 2
○ A. A. Pinot Bianco Carnol '13	▼ 3
○ A. A. Sauvignon '13	▼ 3
● Prem '12	▼ 3
● A. A. Lagrein Ris. '02	▼▼▼ 2*

SÜDTIROL

★★ Cantina Produttori San Michele Appiano

VIA CIRCONVALLAZIONE, 17/19
39057 APPIANO/EPPAN [BZ]
TEL. +39 0471664466
www.stmichael.it

DIREKTVERKAUF
BESUCH NACH VORANMELDUNG
JAHRESPRODUKTION 2.000.000 Flaschen
REBFLÄCHE 370 Hektar

Die innovative Kellerei St. Michael Eppan gehört zu den führenden Unternehmen Italiens. Mit ihren 350 Mitgliedern, 370 ha Landfläche und 3 Millionen Flaschen pro Jahr ist die St. Michael Eppan nunmehr bei einem breiten Publikum bekannt. Hans Terzer, Kellermeister seit 1977, ist einer der renommiertesten Weißweinexperten Italiens. Auch wenn er seit 2014 offiziell in Rente ist, bleibt Hans die Seele der Kellerei. „Mein Ziel ist es, Weine von hoher Qualität zu erzeugen und das nicht in geringen Mengen und nur für eine exklusive Insidergruppe", erklärt er. „Jeder Weinliebhaber sollte unsere edlen Weine zu einem leistbaren Preis erhalten!" Hans Terzers Sauvignon erreicht wieder höchste Höhen, zeigt aber - bedingt durch den wärmeren Jahrgang - nicht so ein explosives, sondern eher beherrschtes Profil. In der Nase scheinen die Aromen etwas weniger stark, dafür ist der Wein aber tiefer und eleganter. Im Mund zeigt er mehr Fülle, ist würzig, hat ein elegantes Finale und ein großartiges Lagerungspotenzial.

○ A. A. Sauvignon St. Valentin '13	♛♛♛ 5
○ A. A. Pinot Bianco St. Valentin '12	♛♛ 5
○ A. A. Pinot Grigio St. Valentin '12	♛♛ 5
● A. A. Pinot Nero St. Valentin '11	♛♛ 5
○ A. A. Chardonnay Merol '13	♛♛ 3
○ A. A. Chardonnay St. Valentin '12	♛♛ 5
● A. A. Lagrein St. Valentin '10	♛♛ 5
○ A. A. Pinot Bianco Schulthauser '13	♛♛ 3
○ A. A. Pinot Grigio Anger '13	♛♛ 3
● De Piano '11	♛ 5
○ A. A. Gewürztraminer St. Valentin '13	♛ 5
○ A. A. Riesling Montiggl '13	♛ 3
○ A. A. Pinot Bianco St. Valentin '11	♛♛♛ 5
○ A. A. Pinot Grigio Anger '11	♛♛♛ 3*
○ A. A. Sauvignon St. Valentin '10	♛♛♛ 5

Cantina Produttori San Paolo

LOC. SAN PAOLO
VIA CASTEL GUARDIA, 21
39050 APPIANO/EPPAN [BZ]
TEL. +39 0471662183
www.kellereistpauls.com

DIREKTVERKAUF
BESUCH NACH VORANMELDUNG
JAHRESPRODUKTION 1.200.000 Flaschen
REBFLÄCHE 175 Hektar

Die 1907 gegründete Kellerei St. Pauls liegt an den mittelalterlichen Toren der Ortschaft St. Pauls. Sie zählt 250 Mitglieder und bestellt 170 Hektar Rebfläche zu 60 % mit roten Sorten. Die Kellerei St. Pauls hat seit einigen Jahren den Weg der Innovation eingeschlagen und erfährt heute sozusagen eine Wiedergeburt. Dem jungen und leidenschaftlichen Önologen Wolfgang Tratter gelingt es, das Anbaugebiet zu interpretieren und dessen Potenzial auf überzeugende Weise zum Ausdruck zu bringen. Die ständige Forschung zielt auf die Harmonie zwischen Tradition und Fortschritt und ermöglicht die Produktion von Weinen mit Qualität, Charakter und Langlebigkeit. Optimale Resultate im Hause St. Pauls sowie auch bei Kössler mit Weinen, die den Südtiroler Charakter bestens zum Ausdruck bringen. Der Gewürztraminer Passion ist für die Intensität seiner Aromen schätzenswert, wird dominiert von Noten nach exotischen Früchten und leichten Schwefel- und Kohlenwasserstoffnuancen. Im Mund zeigt er Reichtum, Üppigkeit und Würze, ist umhüllend und gleichzeitig gespannt und saftig.

○ A. A. Gewürztraminer Passion '12	♛♛ 4
○ A. A. Pinot Bianco Passion Ris. '12	♛♛ 4
○ A. A. Sauvignon Kössler '13	♛♛ 2*
○ A. A. Gewürztraminer Passito Alea Passion '11	♛♛ 6
● A. A. Lagrein Passion Ris. '12	♛♛ 5
○ A. A. Pinot Bianco Plotzner '13	♛♛ 2*
○ A. A. Pinot Grigio '13	♛♛ 2*
○ A. A. Pinot Grigio Kössler '13	♛♛ 2*
● A. A. Pinot Nero Kössler '13	♛♛ 2*
● A. A. Schiava Passion '13	♛ 3
○ A. A. Gewürztraminer Kössler '13	♛ 3
○ A. A. Pinot Bianco Kössler '13	♛ 2
● A. A. Pinot Nero Passion Ris. '12	♛ 5
○ A. A. Sauvignon Gfill '13	♛ 3
○ A. A. Pinot Bianco Passion '09	♛♛♛ 4
○ A. A. Pinot Bianco Passion Ris. '11	♛♛♛ 4*

SÜDTIROL

Peter Sölva & Söhne

VIA DELL'ORO, 33
39052 CALDARO/KALTERN [BZ]
TEL. +39 0471964650
www.soelva.com

DIREKTVERKAUF
BESUCH NACH VORANMELDUNG
JAHRESPRODUKTION 75.000 Flaschen
REBFLÄCHE 6 Hektar

Dieser Winzerbetrieb ist einer der ältesten Kalterns. Bis 1731 zurück weisen Dokumente nach, dass hier seit 10 Generationen mit Einsatz und Leidenschaft Weinbau betrieben und Wein gekeltert wird. Deshalb haben die Sölva ihre wichtigsten Weine mit den Namen ihrer Vorfahren benannt: DeSilva und Amistar. Der Betrieb wird von Stephan Sölva geführt, der in der Kellerei durch den jungen Önologen Christian Belutti unterstützt wird. Die Weißweine zeigen einen frischen und eleganten Stil, sind ausgewogen und energiegeladen, während die Rotweine sehr körperreich und gehaltvoll sind. Die Produktion wird mit Grappa und Obstdestillaten abgerundet. Die Kellerei aus Kaltern hat einen Pinot Blanc von absolutem Wert gekeltert: den DeSilva. Die Trauben stammen aus alten Reben auf 500 m Höhe aus der Lage Kühebene in Kaltern und aus Buchholz über Salurn. In der Nase sind pflanzliche Noten und eine weiße Frucht zu bemerken, während der Mund ein gesundes und verführerisch rustikales Wesen enthüllt. Körperreich, mit würzigem, saftigem Trinkvergnügen.

○ A. A. Pinot Bianco DeSilva '13	🍷🍷 4
● A.A. Lago di Caldaro Cl. Sup. Peterleiten DeSilva '13	🍷🍷 2*
○ Amistar Bianco '12	🍷🍷 4
● Amistar Rosso '12	🍷🍷 5
○ A. A. Gewürztraminer Amistar '12	🍷 5
○ A. A. Gewürztraminer I Vigneti '13	🍷 3
● A. A. Lagrein DeSilva '11	🍷 3
● A. A. Lagrein I Vigneti '12	🍷 3
● A. A. Pinot Nero I Vigneti '12	🍷 4
○ A. A. Sauvignon DeSilva '13	🍷 4
○ A. A. Terlano Pinot Bianco DeSilva '10	🍷🍷🍷 3
○ A. A. Terlano Pinot Bianco DeSilva '09	🍷🍷🍷 3
○ A. A. Pinot Bianco DeSilva '12	🍷🍷 4
○ A. A. Sauvignon Blanc DeSilva '11	🍷🍷 4
○ A. A. Terlano Pinot Bianco DeSilva '11	🍷🍷 3*

Stachlburg
Baron von Kripp

VIA MITTERHOFER, 2
39020 PARCINES/PARTSCHINS [BZ]
TEL. +39 0473968014
www.stachlburg.com

DIREKTVERKAUF
BESUCH NACH VORANMELDUNG
JAHRESPRODUKTION 30.000 Flaschen
REBFLÄCHE 7 Hektar
WEINBAU Biologisch anerkannt

Partschins und das Schlossweingut Stachlburg liegen auf 650 m Höhe am Eingang zum Vinschgau. Familie von Kripp ist seit 1540 Eigentümer der Burg. „Natur und Unverfälschtheit sind das Symbol unserer Betriebsphilosophie. Daher bestellen wir unsere Wein- und Obstgärten biologisch und nachhaltig im Gleichgewicht. So garantieren wir auch den zukünftigen Generationen einen fruchtbaren, gesunden Boden", erklärt Baron Siegmund von Kripp. In der Kellerei wirkt der dynamische Dominic Würth, der die Merkmale des Vinschgaus in Sachen Mineralität und Eleganz zu betonen weiß. Aus den Weinbergen in hoher Hügellage in Partschins stammen die Trauben für den Weißburgunder der Stachlburg, ein komplett in Stahltanks ausgebauter Wein, der nach weißer Frucht duftet und kuriose Agrumennoten und Mandarine zeigt. Im Mund ist er würzig, trocken, hat einen energiegeladenen und langen Geschmack und ist einer der interessantesten Weine Südtirols.

○ A. A. Valle Venosta Pinot Bianco '13	🍷🍷🍷 3*
○ A. A. Pinot Grigio '12	🍷🍷 2*
● A. A. Merlot Wolfsthurn '11	🍷🍷 4
○ A. A. Terlano Sauvignon Wolfsthurn '13	🍷🍷 4
○ A. A. Valle Venosta Chardonnay '13	🍷🍷 3
● A. A. Valle Venosta Pinot Nero '11	🍷🍷 3
⊙ A. A. Lagrein Rosato '13	🍷 3
○ A. A. Val Venosta Chardonnay Ris. '09	🍷 4
○ A. A. Valle Venosta Pinot Bianco '10	🍷🍷🍷 3*
○ A. A. Pinot Grigio '11	🍷🍷 3*
○ A. A. Pinot Grigio '09	🍷🍷 3*
○ A. A. Valle Venosta Chardonnay '11	🍷🍷 3*
○ A. A.Terlano Sauvignon '11	🍷🍷 3*

SÜDTIROL

Strasserhof
Hannes Baumgartner
FRAZ. NOVACELLA
LOC. UNTERRAIN, 8
39040 VARNA/VAHRN [BZ]
TEL. +39 0472830804
www.strasserhof.info

DIREKTVERKAUF
BESUCH NACH VORANMELDUNG
UNTERKUNFT
JAHRESPRODUKTION 45.000 Flaschen
REBFLÄCHE 5 Hektar

Der Strasserhof der Familie Baumgartner liegt über Kloster Neustift im Eisacktal, auf 700 m Höhe. Die Weinbautradition reicht hier am Hof bis ins frühe Mittelalter zurück. 2003 entscheidet der junge Hannes Baumgartner, die Weine selbst zu keltern und zu vermarkten. Auf 5 ha baut er die klassischen Sorten dieses Gebiets für eine Produktion von 40.000 Flaschen pro Jahr an. Es gelingt Hannes, die Rebsorten auf authentische Weise zu interpretieren und er erzeugt originelle Weine, deren stilistische Handschrift von Eleganz, Finesse und Mineralität geprägt ist. Die perfekte Beschreibung für den Sylvaner '13: Die Noten von weißen Früchten sind von Blumen begleitet, eine feine Mineralität lauert im Hintergrund. Der schlanke, würzige Körper wird von einer beinahe elektrisierenden Säure getragen und schenkt dem Geschmack Länge und Spannung. Der Riesling '13 ist noch etwas verschlossen und bescheiden, der solide und knackige Geschmack hat ein unendliches Finale.

○ A. A. Valle Isarco Riesling '13		♛♛ 3*
○ A. A. Valle Isarco Sylvaner '13		♛♛ 3*
○ A. A. Valle Isarco Kerner '13		♛♛ 3
○ A. A. Valle Isarco Müller Thurgau '13		♛♛ 3
○ A. A. Valle Isarco Veltliner '13		♛♛ 3
○ A. A. Valle Isarco Gewürztraminer '13		♛ 3
○ A. A. Valle Isarco Riesling '12		♛♛♛ 3*
○ A. A. Valle Isarco Riesling '11		♛♛♛ 3*
○ A. A. Valle Isarco Veltliner '10		♛♛♛ 3*
○ A. A. Valle Isarco Veltliner '09		♛♛♛ 3*
○ A. A. Valle Isarco Kerner '12		♛♛ 3*
○ A. A. Valle Isarco Riesling '10		♛♛ 3
○ A. A. Valle Isarco Sylvaner '12		♛♛ 3*
○ A. A. Valle Isarco Sylvaner '11		♛♛ 3*

Stroblhof
LOC. SAN MICHELE
VIA PIGANÒ, 25
39057 APPIANO/EPPAN [BZ]
TEL. +39 0471662250
www.stroblhof.it

DIREKTVERKAUF
BESUCH NACH VORANMELDUNG
JAHRESPRODUKTION 40.000 Flaschen
REBFLÄCHE 5 Hektar

Wir befinden uns im Herzen eines der vorzüglichsten Südtiroler Weißwein- und Blauburgundergebiete. Bereits im 19. Jahrhundert kelterte man am Stroblhof den Wein selbst, um ihn zu den einheimischen Köstlichkeiten zu servieren. Seit 1995 führt Andreas Nicolussi-Leck den Hof gemeinsam mit seiner Frau Rosi Hanny zunehmend in einem nachhaltigen Weinbaustil, um das Terroir so rein wie möglich hervorzuheben. Hier auf 500 m Höhe entstehen Weine mit entschiedenem Charakter, angenehmer Säure und gutem Alterungspotenzial. Aus den dreieinhalb Hektar Weinbergen entstehen ca. 40.000 Flaschen, rot und weiß im Gleichgewicht. Der Blauburgunder Riserva von 2011 zeigt zuerst eine geräucherte Note, die nach und nach der Waldfrucht Freiraum lässt. Kräuter und Zyklame sorgen für mehr Frische. Im Mund verblüfft er durch seine Vollmundigkeit, auch wenn er der Eleganz und Agilität treu bleibt. Im Abschluss sind die Gerbstoffe angenehm rau.

● A. A. Pinot Nero Ris. '11		♛♛ 6
○ A. A. Chardonnay Schwarzhaus '13		♛♛ 3
○ A. A. Pinot Bianco Strahler '13		♛♛ 3
● A. A. Pinot Nero Pigeno '12		♛♛ 5
⊙ A. A. Pinot Nero Rosato Pinot Rosé '13		♛♛ 3
○ A. A. Sauvignon Nico '13		♛ 4
○ A. A. Pinot Bianco Strahler '09		♛♛♛ 3*
● A. A. Pinot Nero Ris. '05		♛♛♛ 5
○ A. A. Chardonnay Schwarzhaus '11		♛♛ 3*
○ A. A. Pinot Bianco Strahler '11		♛♛ 3*
○ A. A. Pinot Bianco Strahler '10		♛♛ 3*
● A. A. Pinot Nero Pigeno '09		♛♛ 4
○ A. A. Sauvignon Nico '10		♛♛ 3

SÜDTIROL

Taschlerhof - Peter Wachtler
Loc. Mara, 107
39042 Bressanone/Brixen [BZ]
Tel. +39 0472851091
www.taschlerhof.com

DIREKTVERKAUF
BESUCH NACH VORANMELDUNG
JAHRESPRODUKTION 30.000 Flaschen
REBFLÄCHE 4 Hektar

Peter Wachtler bestellt die 4 Hektar auf Steilhängen angelegten Weinberge des vom Vater geerbten Taschlerhofs seit 1990. Die Lage im Eisacktal, an den Pforten zu Brixen, eignet sich wunderbar für den Anbau von weißen Trauben. Die Weinberge sind auf über 500 Meter Meereshöhe nach Südosten ausgerichtet, wo die nüchternen und schieferhaltigen Böden den Weinen eine besondere Mineralität schenken. Die Begrenzung auf vier Rebsorten - Sylvaner, Gewürztraminer, Kerner und Riesling - sowie die geringe Flaschenanzahl garantieren die Produktion von edlen, schmackhaften, fruchtigen und saftigen Weinen. Geringe Mengen und hohe Qualität mit zwei wirklichen Perlen: der Sylvaner und der Riesling. Der Erste schenkt die Frische der Frucht und der Blumen, die Tiefe der Schwefelnoten und einen kräftigen Gaumen mit markanter Säure. Im Mund ist er saftig und mit mitreißendem Trinkgenuss. Der Zweite hingegen zeigt einen verschlosseneren Duft, rückt aber im Mund Schlankheit und großen Charakter ins Licht.

○ A. A. Valle Isarco Riesling '13	4
○ A. A. Valle Isarco Sylvaner '13	3*
○ A. A. Valle Isarco Kerner '13	3
○ A. A. Valle Isarco Sylvaner Lahner '13	4
○ A. A. Valle Isarco Gewürztraminer '13	4
○ A. A. Valle Isarco Kerner '12	3*
○ A. A. Valle Isarco Kerner '10	3
○ A. A. Valle Isarco Sylvaner '12	3
○ A. A. Valle Isarco Sylvaner '11	3
○ A. A. Valle Isarco Sylvaner Lahner '12	4
○ A. A. Valle Isarco Sylvaner Lahner '11	4

★Cantina Terlano
Via Silberleiten, 7
39018 Terlano/Terlan [BZ]
Tel. +39 0471257135
www.cantina-terlano.com

DIREKTVERKAUF
BESUCH NACH VORANMELDUNG
JAHRESPRODUKTION 1.000.000 Flaschen
REBFLÄCHE 165 Hektar

Die Kellerei Terlan entsteht 1893 und ist eine der ältesten Genossenschaftskellereien Südtirols. Seit 2008 gehört auch die Kellerei Andrian dazu, wonach insgesamt 145 Mitglieder 165 ha Weinberge bewirtschaften. Die minutiöse Klassifizierung der Weinberge unter der Leitung von Kellermeister Rudi Kofler spiegelt die innige Beziehung dieser Genossenschaft zu ihrem Anbaugebiet wieder. Die Interpretation der diversen Terroirs ist das Geheimnis des stabilen und anhaltenden Erfolgs dieser mineralischen Weine, die ruhig durch die Jahre gleiten, wie die Vorräte alter, seit der Zeit Sebastian Stockers zurückgelegter Flaschen zeigen. Die Kellerei Terlan stellt eine beeindruckende Auswahl vor, mit einem Nova Domus, der mit seinen weitreichenden, komplexen und außergewöhnlich eleganten Aromen sowie dem vollen, würzigen und sehr langen Geschmack einen Volltreffer landet. Der Vorberg hingegen bringt die süße und umhüllende Frucht stärker zum Ausdruck. Der Geschmack erscheint voller und kräftiger und zeichnet sich dennoch durch dieselbe Eleganz aus. Auch in Andrian werden großartige Weine wie der Grauburgunder erzeugt.

○ A. A. Terlano Nova Domus Ris. '11	6
○ A. A. Terlano Pinot Bianco Vorberg Ris. '11	5
○ A. A. Gewürztraminer Passito Juvelo Andriano '12	5
○ A. A. Pinot Grigio Andriano '13	2*
○ A. A. Terlano Rarità '02	8
○ A. A. Terlano Sauvignon Quarz '12	6
○ A. A. Gewürztraminer Lunare '12	6
● A. A. Lagrein Gries Ris. '11	4
● A. A. Lagrein Rubeno '13	3
○ A. A. Pinot Bianco '13	2*
○ A. A. Pinot Bianco Finado Andriano '13	2*
○ A. A. Sauvignon Floreado Andriano '13	3
● A. A. Schiava Bocado Andriano '13	2*
○ A. A. Terlano Chardonnay Kreuth '12	4
○ A. A. Terlano Sauvignon Winkl '13	3

SÜDTIROL

Tiefenbrunner
FRAZ. NICLARA
VIA CASTELLO, 4
39040 CORTACCIA/KURTATSCH [BZ]
TEL. +39 0471880122
www.tiefenbrunner.com

DIREKTVERKAUF
BESUCH NACH VORANMELDUNG
GASTRONOMIE
JAHRESPRODUKTION 800.000 Flaschen
REBFLÄCHE 25 Hektar

In Entiklar, einem kleinen Ort der Gemeinde Kurtatsch, wurde im zwölften Jahrhundert eine Burg errichtet, die gemeinsam mit dem Familiennamen zur Bezeichnung Tiefenbrunner Castel Turmhof beigetragen hat. Herbert und Christoph Tiefenbrunner erzeugen hier rund 700.000 Flaschen jährlich, zu 70 % Weißwein. Neben der sehr guten Qualität der Weine der Linie Linticlarus, in die das beste Potenzial der Weinberge und Kellereitechniken des Betriebs einfließen, ist die Besonderheit des Weinguts Hofstatt auf 1000 m ü.d.M. hervorzuheben, wo der berühmte und nunmehr klassische Müller Thurgau Feldmarschall von Fenner, einer der größten Weinweißweine Südtirols, heranreift. Seine glanzhelle Farbe leitet einen Wein ein, der sich durch Aromen mit zitrusfruchtigen und blumigen Zügen, sowie Noten von Schwefel und weißem Pfeffer im Hintergrund auszeichnet. Er ist vollmundig und streng, gestützt von einer einschlagenden Säure, die den Trinkgenuss verlängert.

○ A. A. Müller Thurgau Feldmarschall von Fenner zu Fennberg '12	🍷🍷 5
● A. A. Lagrein Linticlarus Ris. '11	🍷🍷 5
○ A. A. Sauvignon Kirchleiten '13	🍷🍷 4
● A. A. Cabernet - Merlot Linticlarus '11	🍷🍷 6
○ A. A. Chardonnay Linticlarus '11	🍷🍷 5
○ A. A. Gewürztraminer Linticlarus V.T. '11	🍷🍷 6
○ A. A. Gewürztraminer Turmhof '13	🍷🍷 5
○ A. A. Pinot Grigio Turmhof '13	🍷 3
● A. A. Pinot Nero Linticlarus Ris. '11	🍷🍷 5
○ A. A. Chardonnay Turmhof '13	🍷 3
○ A. A. Pinot Bianco Anna Turmhof '13	🍷 3
● A. A. Lagrein Linticlarus Ris. '07	🍷🍷🍷 5
○ A. A. Müller Thurgau Feldmarschall von Fenner zu Fennberg '11	🍷🍷🍷 4*
○ A. A. Pinot Bianco Anna Turmhof '11	🍷🍷🍷 3*

★★Cantina Tramin
S.DA DEL VINO, 144
39040 TERMENO/TRAMIN [BZ]
TEL. +39 0471096633
www.cantinatramin.it

DIREKTVERKAUF
BESUCH NACH VORANMELDUNG
JAHRESPRODUKTION 1.500.000 Flaschen
REBFLÄCHE 250 Hektar

Die Kellerei Tramin koordiniert 245 Hektar und 290 Weinbauern, die sich an strenge Anbauregeln halten. Die 1898 gegründete Kellerei ist einer der ältesten und traditionsträchtigsten Betriebe Südtirols, wo der Einsatz von Kellermeister Willi Stürz und dem gesamten Team darauf abzielt, die Trauben in absolut hochwertige Weine zu verwandeln. Das neue Kellereigebäude ist ein Architektursymbol der Weinstraße, ein großes, lichtdurchflutetes Haus des Gewürztraminers, dessen grüne Arme die Weinreben figurativ umarmen. Jahr für Jahr erzeugt die Kellerei Tramin ein umfangreiches, überzeugendes und auch für die schlichteren Etiketten zuverlässiges Sortiment. Im Herzen des Anbaugebiets dieser aromatischen Rebsorte zeigt der Gewürztraminer Nussbaumer wieder einmal das Gewicht seiner Klasse. In der Nase verströmt er intensive Düfte nach Agrumen, kandierten Früchten und Rosenblüten, ist explosiv und bezaubernd. Im Mund ist der Rhythmuswechsel beeindruckend: Der Wein ist üppig und sehr reich, ohne an Spannung oder gar an Trinkbarkeit einzubüßen. Der Abgang ist lang und schmackhaft.

○ A. A. Gewürztraminer Nussbaumer '13	🍷🍷🍷 5
○ A. A. Gewürztraminer Roan V. T. '12	🍷🍷 5
○ A. A. Pinot Bianco Moriz '13	🍷🍷 2*
○ A. A. Pinot Grigio Unterebner '13	🍷🍷 4
○ A. A. Stoan '13	🍷🍷 4
○ A. A. Gewürztraminer '13	🍷🍷 2*
● A. A. Lagrein Urban '13	🍷🍷 5
○ A. A. Sauvignon '13	🍷🍷 3
● A. A. Schiava Freisinger '13	🍷🍷 3
○ A. A. Chardonnay '13	🍷 2
○ A. A. Sauvignon Montan '13	🍷 4
○ A. A. Gewürztraminer Nussbaumer '09	🍷🍷🍷 5
○ A. A. Gewürztraminer Nussbaumer '08	🍷🍷🍷 5
○ A. A. Gewürztraminer Nussbaumer '07	🍷🍷🍷 4
○ A. A. Gewürztraminer Terminum V. T. '07	🍷🍷🍷 5
○ A. A. Gewürztraminer Terminum V. T. '06	🍷🍷🍷 7

SÜDTIROL

Untermoserhof
Georg Ramoser
VIA SANTA MADDALENA, 36
39100 BOLZANO/BOZEN
TEL. +39 0471975481
untermoserhof@rolmail.net

DIREKTVERKAUF
BESUCH NACH VORANMELDUNG
UNTERKUNFT
JAHRESPRODUKTION 35.000 Flaschen
REBFLÄCHE 4,5 Hektar

Der Untermoserhof liegt ausgesprochen idyllisch umgeben von Weinbergen am Südhang von St. Magdalena in Bozen. Er wurde 1630 gegründet und seit drei Generationen setzt sich Familie Ramoser dafür ein, die klassischsten Rebsorten dieses Anbaugebiets zu keltern: Lagrein und Vernatsch. Georg Ramoser wahrt sein Vermögen mit Leidenschaft und Sensibilität, weshalb er den Betrieb nun auch auf biologischen Anbau umstellt. Er ist ein leidenschaftlicher Winzer, der in seiner kleinen Produktion eine gute Balance zwischen der eher rustikalen Art der St. Magdalener- und Lagrein-Weine und einem eleganteren Weinverständnis gefunden hat. Der Lagrein Untermoserhof Riserva präsentiert sich dunkel und kompakt im Aussehen, nimmt bereits die Tiefe der Aromen mit einer sonnigen, reifen, markigen Frucht vorweg, auf die Gewürz- und Kräuternuancen folgen. Im Mund ist er körperreich und kraftvoll, mit angenehm rauen, beinahe rustikalen Gerbstoffen unvorhersehbar und charakterstark. Der Merlot drückt fruchtige und pflanzliche Noten aus, die sich verflechten und am Gaumen Harmonie und wieder einmal lebendige Tannine schenken.

- A. A. Lagrein Untermoserhof Ris. '11 ▼▼ 5
- A. A. Merlot Untermoserhof Ris. '11 ▼▼ 4
- A. A. Santa Maddalena Cl. '13 ▼▼ 2*
- A. A. Lagrein Scuro Ris. '03 ▼▼▼ 4*
- A. A. Lagrein Scuro Ris. '97 ▼▼▼ 4*
- A. A. Lagrein '11 ▼▼ 3
- A. A. Lagrein Ris. '09 ▼▼ 4
- A. A. Lagrein Ris. '08 ▼▼ 4
- A. A. Lagrein Scuro Ris. '06 ▼▼ 4
- A. A. Lagrein Untermoserhof Ris. '10 ▼▼ 4
- A. A. Santa Maddalena Cl. '12 ▼▼ 2*
- A. A. Santa Maddalena Cl. '09 ▼▼ 2*

★Tenuta Unterortl
Castel Juval
LOC. JUVAL, 1B
39020 CASTELBELLO CIARDES/KASTELBELL TSCHARS [BZ]
TEL. +39 0473667580
www.unterortl.it

DIREKTVERKAUF
BESUCH NACH VORANMELDUNG
JAHRESPRODUKTION 33.000 Flaschen
REBFLÄCHE 4 Hektar

Das Weingut Unterortl befindet sich auf dem Juvaler Hügel im unteren Vinschgau bei Naturns. Dieser Ort von schwindelerregender Schönheit gehört Reinhold Messner, ist aber bereits seit 1992 in Pacht von Martin und Gisela Aurich. Martin ist einer der besten Techniker der Region und ein Vertreter für kompromisslose Qualität. Die mit 8000 Stöcken pro Hektar bebauten Weinberge befinden sich in Steillage am Juvaler Hügel, zwischen 600 und 850 m Seehöhe. Riesling, Weißburgunder, alte Rebsorten wie Fraueler und Blatterle, Blauburgunder, Zweigelt und St. Laurent zeigen sich hier immer wieder von ihrer besten Seite. Alle Flaschen sind mit Schaubverschluss versehen. Auch dieses Jahr stößt der Weißburgunder mit seinem Bouquet von großartiger Klarheit und Vielfalt auf großen Beifall. Zwischen den Birnennoten sind frische Blumen und pflanzliche Anklänge bemerkbar, während eine tiefe Rauchnote den trockenen und schlanken, von einer einschlagenden und würzigen Säure getragenen Körper begleitet.

- ○ A. A. Valle Venosta Pinot Bianco
  Castel Juval '13 ▼▼▼ 3*
- ○ A. A. Valle Venosta Riesling
  Castel Juval '13 ▼▼ 4
- ○ A. A. Valle Venosta Riesling
  Windbichel '12 ▼▼ 5
- ○ A. A. Valle Venosta Müller Thurgau
  Castel Juval '13 ▼▼ 3
- ● Juval Gneis '13 ▼▼ 3
- ○ A. A. Val Venosta Pinot Bianco '07 ▼▼▼ 2*
- ○ A. A. Val Venosta Pinot Bianco
  Castel Juval '12 ▼▼▼ 3*
- ○ A. A. Val Venosta Riesling '10 ▼▼▼ 4
- ○ A. A. Val Venosta Riesling '09 ▼▼▼ 4
- ○ A. A. Val Venosta Riesling '08 ▼▼▼ 4
- ○ A. A. Val Venosta Riesling '07 ▼▼▼ 3*
- ○ A. A. Val Venosta Riesling
  Castel Juval '11 ▼▼▼ 4*

SÜDTIROL

Cantina Produttori Valle Isarco

VIA COSTE, 50
39043 CHIUSA/KLAUSEN [BZ]
TEL. +39 0472847553
www.cantinavalleisarco.it

DIREKTVERKAUF
BESUCH NACH VORANMELDUNG
JAHRESPRODUKTION 750.000 Flaschen
REBFLÄCHE 140 Hektar

Ideale Klimabedingungen, weiche, gut durchlüftete Böden und eine mustergültige Verarbeitung sind die Voraussetzungen für die exzellente Qualität der produzierten Etiketten mit vorwiegend fruchtig frischen Eisacktaler Weißweinen. Die in den frühen 60er-Jahren gegründete Eisacktaler Kellerei sammelt und keltert die Trauben aus 140 Hektar Weinland, das von den Mitgliedern in 11 Gemeinden bebaut wird, und produziert ca. 1 Million Flaschen jährlich. Das Schicksal der Produktion liegt in den Händen von Kellermeister Thomas Dorfmann, der neben den Grundweinen die Linie Aristos mit den Spitzenprodukten der Kellerei anbietet. Die Eisacktaler Genossenschaft zeigt viele zuverlässige Etiketten. Wir haben eine Schwäche für den Aristos Riesling, der die höchste Auszeichnung um einen Hauch verfehlt. In der Nase sind Früchte mit weißem Fruchtfleisch und Blumen erkennbar, die zarte Schwefel- und Feuersteinnote ist bereits auf der Überholspur. Am Gaumen zeigt sich der Wein agil, basierend auf dem Dualismus zwischen einer nur ansatzweise vorhandenen Süße und der zitrusfruchtigen Säure für ein langes, saftiges Ergebnis.

○ A. A. Valle Isarco Riesling Aristos '13	♛♛	4
○ A. A. Valle Isarco Sylvaner Aristos '13	♛♛	3*
○ A. A. Valle Isarco Sylvaner Sabiona '12	♛♛	5
○ A. A. Sauvignon Aristos '13	♛♛	3
○ A. A. Valle Isarco Kerner Passito Nectaris '12	♛♛	6
○ A. A. Valle Isarco Kerner Sabiona '12	♛♛	5
○ A. A. Valle Isarco Pinot Grigio Aristos '13	♛♛	3
○ A. A. Valle Isarco Gewürztraminer Aristos '13	♛	4
○ A. A. Valle Isarco Kerner Aristos '13	♛	4
○ A. A. Valle Isarco Veltliner Aristos '13	♛	3
○ A. A. Valle Isarco Kerner Aristos '05	♛♛♛	3*
○ A. A. Valle Isarco Veltliner Aristos '03	♛♛♛	3*
○ A. A. Valle Isarco Sylvaner Aristos '12	♛♛	3*
○ A. A. Valle Isarco Veltliner Aristos '12	♛♛	3*

Vivaldi - Arunda

VIA JOSEF-SCHWARZ, 18
39010 MELTINA/MÖLTEN [BZ]
TEL. +39 0471668033
www.arundavivaldi.it

DIREKTVERKAUF
BESUCH NACH VORANMELDUNG
JAHRESPRODUKTION 90.000 Flaschen

Arunda Vivaldi, die nunmehr legendäre Sektkellerei von Sepp und Marianne Reiterer, liegt in Mölten, auf 1200 m Seehöhe, rund 20 km vom Bozen entfernt. Sie ist die höchstgelegene Sektkellerei Europas, in der traditionelle Flaschengärung stattfindet. In diesen Höhenlagen ist kein Weinbau möglich, wonach die Traubenlieferungen von gewissenhaft ausgewählten Winzern der jeweiligen Südtiroler Anbaugebiete stammen. Sepp Reiterer setzt seit Ende der 70er-Jahre auf eine sorgfältige Auswahl der Grundweine Chardonnay, Weißburgunder und Blauburgunder, aus denen seine Cuvées entstehen. Der Extra Brut der Weinlese 2008 zeigt sich mit einer brillanten Farbe und einer feinen Perlage. Die Duftnoten erinnern an reife Frucht und Brotkruste mit einer noch nicht stark ausgedrückten mineralischen Komponente. Im Mund ist er trocken und dank der großartigen Intensität der Säure sehr lang anhaltend. Der Brut Rosé hingegen ist intensiv fruchtig, am Gaumen begleiten die cremigen Bläschen den langen Abgang.

○ A. A. Spumante Extra Brut Ris. '08	♛♛	5
⊙ A. A. Spumante Arunda Brut Rosé	♛♛	5
○ A. A. Spumante Extra Brut Cuvée Marianna	♛♛	5
○ A. A. Spumante Blanc de Blancs Arunda	♛	5
○ A. A. Spumante Brut Arunda	♛	5
○ A. A. Spumante Brut Arunda Parlein Bio	♛	5
○ A. A. Spumante Extra Brut Arunda	♛	5
○ A. A. Spumante Arunda Rosé Talento	♛♛	3*
○ A. A. Spumante Brut Vivaldi '99	♛♛	3
○ A. A. Spumante Extra Brut Arunda Ris. '98	♛♛	5
○ A. A. Spumante Vivaldi Ris. '97	♛♛	4

SÜDTIROL

★Elena Walch
VIA A. HOFER, 1
39040 TERMENO/TRAMIN [BZ]
TEL. +39 0471860172
www.elenawalch.com

DIREKTVERKAUF
BESUCH NACH VORANMELDUNG
GASTRONOMIE
JAHRESPRODUKTION 500.000 Flaschen
REBFLÄCHE 33 Hektar

Elena Walchs Weinkeller befindet sich in Tramin an der bekannten Weinstraße. Das direkt im Weingut gelegene Bistrot „Le Verre Capricieu" lädt zum Verweilen und Verkosten der Weine ein. Elena Walch hat ihren Beruf als Architektin aufgegeben, um sich dem Wein zu widmen, was sie nie bereut hat: „Meine Arbeit erfüllt mich mit höchster Genugtuung, denn die Erzeugung von qualitativ hochwertigen Weinen ist eine Tätigkeit, bei der alle Phasen, vom Weinbau bis zur Flaschenabfüllung und Vermarktung, unter Kontrolle gehalten werden können." Die wichtigsten Weinlagen sind Castel Ringberg und Kastelaz. Die Trauben für den Gewürztraminer Kastelaz, einem der bekanntesten und angesehensten Weißweine dieser Kellerei, stammen aus dem gleichnamigen Weingut oberhalb von Tramin. Im Bukett jagen und überschneiden sich exotische Früchte, Rosenblumen, weißer Pfeffer und Agrumen. Der kalkhaltige Boden mit Porphyr- und Granitanteil sorgt für großartige Spannung und einen weitläufigen, sehr lange anhaltenden Wein.

○ A. A. Gewürztraminer Kastelaz '13	🍷🍷🍷 5
● A. A. Merlot Kastelaz Ris. '10	🍷🍷 6
○ A. A. Pinot Grigio Castel Ringberg '13	🍷🍷 4
○ A. A. Bianco Beyond the Clouds '12	🍷🍷 6
● A. A. Cabernet Sauvignon Castel Ringberg Ris. '09	🍷🍷 8
○ A. A. Chardonnay Castel Ringberg Ris. '12	🍷🍷 7
○ A. A. Gewürztraminer Passito Cashmere '12	🍷🍷 8
● A. A. Lagrein Castel Ringberg '11	🍷🍷 6
● A. A. Pinot Nero Ludwig '11	🍷🍷 5
● Kermesse '10	🍷🍷 6
○ A. A. Pinot Bianco '13	🍷 2
○ A. A. Sauvignon Castel Ringberg '13	🍷 4
○ A. A. Gewürztraminer Kastelaz '12	🍷🍷🍷 5
○ A. A. Gewürztraminer Kastelaz '11	🍷🍷🍷 5

Tenuta Waldgries
LOC. SANTA GIUSTINA, 2
39100 BOLZANO/BOZEN
TEL. +39 0471323603
www.waldgries.it

DIREKTVERKAUF
BESUCH NACH VORANMELDUNG
JAHRESPRODUKTION 70.000 Flaschen
REBFLÄCHE 8 Hektar

Am Fuße des Hügels von St. Magdalena über Bozen, im klassischen St. Magdalener Anbaugebiet, befindet sich der historische Ansitz Waldgries der Familie Plattner aus dem 12. Jh. Seit Jahrhunderten wird hier Weinbau betrieben. Auf weniger als 6 ha baut Christian Plattner mit großer Leidenschaft und meisterhaftem Geschick Lagrein, Sauvignon, Cabernet Sauvignon und Rosenmuskateller Passito an. Seit Jahrzehnten betreibt Familie Plattner Weinbau von exzellenter Qualität und widmet diesem Projekt unendliche Zeit und Energie, wie die Wiederaufwertung alter Klone der St. Magdalener-Traube zeigt, die gemeinsam mit dem Lagrein als Königin der Waldgrieser Produktion gilt. Und die Königin ist dieses Jahr der Vernatsch mit zwei absolut hochwertigen Weinen. Der St. Magdalener Antheos zeigt sich anfangs geschlossen in der Nase, danach dringen langsam Noten von Gewürz und wilden Früchten und abschließend Blumen in einem immer mitreißenderen Wirbel durch. Dem Gaumen gelingt die schwierige Aufgabe, Reichtum und Tiefe zu schenken, ohne auf Spannung und Leichtigkeit zu verzichten.

● A. A. Santa Maddalena Cl. Antheos '13	🍷🍷🍷 4*
● A. A. Lagrein Mirell '12	🍷🍷 6
● A. A. Santa Maddalena Cl. '13	🍷🍷 3*
● A. A. Lagrein Ris. '12	🍷🍷 5
● A. A. Moscato Rosa Passito '11	🍷🍷 5
● A. A. Lagrein Roblinus de' Waldgries '11	🍷 8
○ A. A. Sauvignon Myra '13	🍷 4
● A. A. Cabernet Sauvignon '99	🍷🍷🍷 5
● A. A. Lagrein Mirell '09	🍷🍷🍷 6
● A. A. Lagrein Scuro Mirell '08	🍷🍷🍷 6
● A. A. Lagrein Scuro Mirell '07	🍷🍷🍷 6
● A. A. Lagrein Scuro Mirell '01	🍷🍷🍷 6
● A. A. Santa Maddalena Cl. Antheos '12	🍷🍷🍷 4*
● A. A. Santa Maddalena Cl. Antheos '11	🍷🍷🍷 4*

SÜDTIROL

Josef Weger
LOC. CORNAIANO
VIA CASA DEL GESÙ, 17
39050 APPIANO/EPPAN [BZ]
TEL. +39 0471662416
www.wegerhof.it

DIREKTVERKAUF
BESUCH NACH VORANMELDUNG
UNTERKUNFT UND GASTRONOMIE
JAHRESPRODUKTION 80.000 Flaschen
REBFLÄCHE 8 Hektar

Die historische Girlaner Kellerei trägt den Namen von Josef Weger, einer zentralen Figur des Südtiroler Weinbaus. Nach sechs Generationen liegt es nun an Inhaber Johannes, dem Familienbetrieb mit derselben Leidenschaft und Hingabe wieder an einen Spitzenplatz in der Weinerzeugung zu garantieren. Die Produktion gliedert sich in zwei Linien: „Ansitz Girlaner Wegerhof" und die Weine der Selektion „Maso delle Rose" aus einer Auswahl der Trauben der etwa 3 ha hauseigenen Rebflächen in Girlan. Die Weine sind von gutem mineralischem Stoff, fruchtig und frisch die Weißen, voll und strukturiert die Roten. Der Weißburgunder „Maso delle Rose" stammt aus der Einzellage Lamm in Girlan aus 450 Meter Seehöhe. Der Wein wird teils in Tonneaux und teils in Edelstahl ausgebaut, was für eine stilistische Handschrift mit eleganten Aromen sorgt. Frucht mit weißem Fruchtfleisch, Blumen und eine zarte Gewürznote nehmen einen trockenen Geschmack mit mittlerem Körper und reinem Finale vorweg.

○ A. A. Pinot Bianco Maso delle Rose '13	♛♛ 4
○ A. A. Pinot Bianco '13	♛ 3
○ A. A. Sauvignon Maso delle Rose '13	♛♛ 4
● Joanni Maso delle Rose '11	♛♛ 4
○ A. A. Müller Thurgau Pursgla '13	♛ 3
○ A. A. Gewürztraminer Maso delle Rose '13	♛ 3
● A. A. Merlot Maso delle Rose '09	♛ 5
● A. A. Schiava '13	♛ 2
○ Rodon Passito Maso delle Rose '11	♛ 5
○ A. A. Gewürztraminer Maso delle Rose '09	♛♛ 3
○ A. A. Pinot Bianco Maso delle Rose '10	♛♛ 4
○ A. A. Pinot Bianco Maso delle Rose '09	♛♛ 4
● Joanni Maso delle Rose '06	♛♛ 4
○ Rodon '04	♛♛ 5

Peter Zemmer
S.DA DEL VINO, 24
39040 CORTINA SULLA STRADA DEL VINO/KURTINIG [BZ]
TEL. +39 0471817143
www.peterzemmer.com

DIREKTVERKAUF
BESUCH NACH VORANMELDUNG
JAHRESPRODUKTION 500.000 Flaschen
REBFLÄCHE 65 Hektar

Das Weingut Peter Zemmer ist seit fast einem Jahrhundert in Kurtinig im Südtiroler Unterland ansässig, wo der Weinbau immer schon eine wichtige gesellschaftliche Rolle gespielt hat. Der aus Kalk- und Dolomitgeröll sowie Moränenablagerungen mit Schotter, Sand und Ton bestehende Boden kann auf umfassende Wasserreserven zählen. Die Weingüter und Weinberge des Betriebs liegen rund um Kurtinig. Peter Zemmer setzt sich dafür ein, dass seine Weine ihren ursprünglichen Charakter so weit wie möglich widerspiegeln und die Spezifität eines einzigartigen und außergewöhnlichen Terroirs vollends zum Ausdruck bringen. Die Weine zeigen Eleganz und Mineralität mit beständiger Qualität. Peter Zimmers Weinauswahl ist umfangreich und von gutem Qualitätsniveau. Der Gewürztraminer Reserve '12, der aus Trauben aus dem Hügelgebiet um Kurtatsch gekeltert wird, sticht mit seinem intensiven Duft nach Agrumen und Gewürzen und der schönen blumigen Note im Hintergrund besonders hervor. Im Mund ist er kräftig, aber gut von der Säure kontrolliert, für ein trockenes, harmonisches Finale.

○ A. A. Chardonnay Reserve '12	♛♛ 4
○ A. A. Gewürztraminer Reserve '12	♛♛ 4
● A. A. Lagrein Reserve '12	♛♛ 4
○ A. A. Pinot Bianco Punggl '13	♛♛ 2
○ A. A. Chardonnay Peter Zemmer '13	♛ 2
○ A. A. Müller Thurgau Gfrill '13	♛ 3
○ A. A. Pinot Grigio Peter Zemmer '13	♛ 3
● A. A. Pinot Nero Rollhütt '13	♛ 4
○ A. A. Riesling Rohracker '13	♛ 2
○ A. A. Sauvignon Peter Zemmer '13	♛ 3
○ Cortinie Bianco '13	♛ 3
● Cortinie Rosso '12	♛ 3
● A. A. Lagrein Reserve '07	♛♛ 4
○ A. A. Pinot Grigio '11	♛♛ 3*
○ A. A. Pinot Grigio Peter Zemmer '12	♛♛ 3*

WEITERE KELLEREIEN

Martin Abraham
via Maderneto, 29
39057 Appiano/Eppan [BZ]
Tel. +39 0471664192
http://www.weingutabraham.it/it

● Pinot Nero '11	🍷 5
○ Pinot Bianco In der Lamm V. V. '12	🍷 4

Brunnenhof
Kurt Rottensteiner
loc. Mazzon
via degli Alpini, 5
39044 Egna/Neumarkt [BZ]
Tel. +39 0471820687
www.brunnenhof-mazzon.it

DIREKTVERKAUF
BESUCH NACH VORANMELDUNG
JAHRESPRODUKTION 25.000 Flaschen
REBFLÄCHE 7 Hektar

● A.A. Lagrein V. V. '12	🍷 5
● A. A. Pinot Nero Ris. '11	🍷 5
○ A. A. Gewürztraminer '13	🍷 4

Castello Rametz
loc. Maia Alta
via Labers, 4
39012 Merano/Meran [BZ]
Tel. +39 0473211011
www.rametz.com

DIREKTVERKAUF
BESUCH NACH VORANMELDUNG
GASTRONOMIE
JAHRESPRODUKTION 400.000 Flaschen
REBFLÄCHE 8 Hektar

○ A. A. Pinot Grigio '13	🍷 2*
● A. A. Pinot Nero '11	🍷 5
● A. A. Merlot - Lagrein Gaiolo '12	🍷 3
○ Chardonnay Césuret '11	🍷 2

Tenuta Donà
loc. Riva di Sotto, 73
39057 Appiano/Eppan [BZ]
Tel. +39 0473221866
www.weingut-dona.com

● A. A. Schiava '13	🍷 3
● A.A. Lagrein '12	🍷 4
● A.A. Merlot - Lagrein '12	🍷 4
○ A.A. Sauvignon '13	🍷 3

Tenuta Ebner
Florian Unterthiner
fraz. Campodazzo, 18
39054 Renon/Ritten [BZ]
Tel. +39 0471353386
www.weingutebner.it

○ A.A. Pinot Bianco '12	🍷 3
○ A.A. Sauvignon '13	🍷 3
○ A.A. Valle Isarco Gewürztraminer '13	🍷 4

Glassierhof - Stefan Vaja
via Villa, 13
39044 Egna/Neumarkt [BZ]
Tel. +39 3351031673
glassierhof@tin.it

DIREKTVERKAUF
BESUCH NACH VORANMELDUNG
JAHRESPRODUKTION 17.500 Flaschen
REBFLÄCHE 3 Hektar
WEINBAU Biologisch anerkannt

○ A. A. Pinot Bianco Glassier '13	🍷 3

WEITERE KELLEREIEN

Himmelreichhof
Loc. Ciardef
via Convento 15a
39020 Castelbello Ciardes/Kastelbell Tschars [BZ]
Tel. +39 0473624417
www.himmelreich-hof.info/it.html

○ A.A. Val Venosta Pinot Bianco '13		4
● A.A. Val Venosta Pinot Nero '12		5
○ A.A. Val Venosta Riesling '13		4
● Zweitgelt '13		4

Köfelgut - Martin Pohl
rione ai Tre Canti, 12
39020 Castelbello Ciardes/Kastelbell Tschars [BZ]
Tel. +39 0473624634
pohlmartinfofelgut@dnet.it

DIREKTVERKAUF
BESUCH NACH VORANMELDUNG
JAHRESPRODUKTION 25.000 Flaschen
REBFLÄCHE 4 Hektar

○ A. A. Valle Venosta Pinot Bianco '13	3
● A. A. Valle Venosta Pinot Nero Fleck Ris. '09	5

Lieselehof
Werner Morandell
via Kardatsch, 6
39052 Caldaro/Kaltern [BZ]
Tel. +39 0471965060
www.lieselehof.com

DIREKTVERKAUF
BESUCH NACH VORANMELDUNG
UNTERKUNFT
JAHRESPRODUKTION 20.000 Flaschen
REBFLÄCHE 3 Hektar
WEINBAU Biodynamisch anerkannt

○ Bronner Julian '13	3
○ Gewürztraminer '13	4
○ Sweet Claire '12	6
○ Vino del Passo '13	6

Lorenz Martini
Loc. Cornaiano/Girlan
via Pranzol, 2d
39057 Appiano/Eppan [BZ]
Tel. +39 0471664136
www.lorenz-martini.it

DIREKTVERKAUF
BESUCH NACH VORANMELDUNG
JAHRESPRODUKTION 15.000 Flaschen
REBFLÄCHE 2 Hektar

○ A. A. Brut Comitissa Ris. '09	5

Messnerhof
Bernhard Pichler
Loc. San Pietro, 7
39100 Bolzano/Bozen
Tel. +39 0471977162
www.messnerhof.net

DIREKTVERKAUF
BESUCH NACH VORANMELDUNG
JAHRESPRODUKTION 15.000 Flaschen
REBFLÄCHE 3 Hektar

● A. A. Lagrein Ris. '11	4
● Mos Maiorum '11	3
○ A. A. Terlano Sauvignon '13	3
● Belleus '11	4

Oberrautner - Anton Schmid
fraz. Gries
via M. Pacher, 3
39100 Bolzano/Bozen
Tel. +39 0471281440
www.schmid.bz

DIREKTVERKAUF
BESUCH NACH VORANMELDUNG
JAHRESPRODUKTION 110.000 Flaschen
REBFLÄCHE 10 Hektar

● A. A. Lagrein Ris. '11	4
● A. A. Lagrein Villa Schmid '12	4
● A. A. Merlot Tulledro '13	3
○ A. A. Pinot Bianco Satto '13	3

WEITERE KELLEREIEN

Pardellerhof - Montin
via Terre di Mezzo, 15
39020 Marlengo/Marling [BZ]
Tel. +39 0473447048
www.pardellerhof.it

○ A.A. Moscato Giallo Passito '12	🍷 5
○ A.A. Pinot Grigio '13	🍷 3
● A.A. Lagrein '12	🍷 4
○ Chardonnay '12	🍷 3

Thomas Pichler
via delle Vigne, 4
39052 Caldaro/Kaltern [BZ]
Tel. +39 0471963094
www.thomas-pichler.it

DIREKTVERKAUF
BESUCH NACH VORANMELDUNG
JAHRESPRODUKTION 10.000 Flaschen
REBFLÄCHE 1 Hektar

● A. A. Lagrein Sond Ris. '12	🍷 5
○ A. A. Chardonnay Untermazzon '12	🍷 3
● A. A. Lago di Caldaro Scelto Cl. Sup. Olte Reben '13	🍷 3

Thurnhof - Andreas Berger
loc. Aslago
via Castel Flavon, 7
39100 Bolzano/Bozen
Tel. +39 0471288460
www.thurnhof.com

DIREKTVERKAUF
BESUCH NACH VORANMELDUNG
JAHRESPRODUKTION 25.000 Flaschen
REBFLÄCHE 3,5 Hektar

● A. A. Cabernet Sauvignon Weinegg '11	🍷 5
● A. A. Lagrein Ris. '11	🍷 4
○ A. A. Sauvignon 800 '13	🍷 3

Villscheiderhof
Florian Hilpold
Pian di Sotto, 13
39042 Bressanone/Brixen [BZ]
Tel. +39 0472832037
villscheider@akfree.it

DIREKTVERKAUF
BESUCH NACH VORANMELDUNG
JAHRESPRODUKTION 4.500 Flaschen
REBFLÄCHE 1,5 Hektar

○ A. A. Valle Isarco Kerner '13	🍷 3
○ A. A. Valle Isarco Sylvaner '13	🍷 3
○ A. A. Valle Isarco Gewürztraminer '13	🍷 3

Von Blumen
via Nazionale, 9/1
39040 Salorno/Salurn [BZ]
Tel. +39 0457230110
www.vonblumenwine.com

○ A.A. Gewurztraminer '13	🍷 3
○ A.A. Pinot Bianco '13	🍷 3
○ A.A. Sauvignon '13	🍷 3

Weinberghof
In der Au, 4a
39040 Termeno/Tramin [BZ]
Tel. +39 0471863224
www.weinberg-hof.com

DIREKTVERKAUF
BESUCH NACH VORANMELDUNG
JAHRESPRODUKTION 10.000 Flaschen
REBFLÄCHE 2,5 Hektar

○ A.A. Pinot Grigio Drau '13	🍷 3*
○ A. A. Gewürztraminer Plon '13	🍷 4
● A. A. Lago di Caldaro Scelto Cl. Eicholz '13	🍷 3
● A. A. Lagrein Unterstoan '13	🍷 3

VENETIEN

Die in diesem Jahr prämierten Jahrgänge reichen von 2003 bis 2013: ein Jahrzehnt, in dem die gesamte Produktion Venetiens eingeschlossen ist, aber auch alle Veränderungen, von der die Weinwirtschaft betroffen wurde. Dazwischen liegen eine Wirtschaftskrise, aber auch ein einschneidender Wandel im Weingeschmack der Konsumenten, ein neues Bewusstsein der Produzenten für nachhaltige Landwirtschaft und die Wiederentdeckung heimischer Reben und Traditionen. Gesucht wird im Wein nicht nur eine Art absoluter Qualität, sondern auch die Wiedergabe des jeweiligen Klimaverlaufs und der natürlichen Eigenart der Rebsorten. Wieder ist das Gebiet des Amarone della Valpolicella der große Drei-Gläser-Gewinner, was ebenfalls einem grundlegenden Wandel der Weine zu verdanken ist, die viel mehr auf Spannung und Eleganz setzen als früher. So bringen die von Corte Sant'Alda, Viviani und Begali trotz der typischen Reichhaltigkeit der Typologie auch Leichtigkeit und Finesse zum Ausdruck und verzichten auf Extrakt zu Gunsten der rassigen Würzigkeit der Corvina. Zymè und Cantina di Negrar setzen auf eine allmählich entstehende Komplexität, der Valpolicella Superiore sucht generell eine Identität, die sich vom Amarone klar absetzt und kann deutlich an Einprägsamkeit und Finesse zulegen. Musella, Marion und Monte dall'Ora sind besonders auf diesen Kurs eingeschworen, während Roccolo Grassi Tiefgründigkeit und Komplexität im Fokus hat. Der Custoza, solide, wohlschmeckend und harmonisch, gehört bereits zu den großen Weißen der Region, während der Soave mit absoluten Spitzenweinen auftrumpfen kann, die eine Brücke zwischen Kraft und Spannung schlagen. Ca' Rugate, Suavia und Monte del Frà (der sich die Auszeichnung für das beste Preis-/Leistungsverhältnis verdient hat) sind die Betriebe, die eine moderne Klassik ihrer Denominationen bestens interpretieren können, während in Valdobbiadene immer mehr Kellereien die anmutig spritzige Aromatik des Prosecco zum Ausdruck bringen. Dann eine gut gefüllte Gruppe kleiner Juwele, wie der Cristina der Gebrüder Fugatti und der Brol Grande von Matilde Poggi, der Rosso dell'Abazia und der erregende Recioto von Cecilia Trucchi. Ein Lob schließlich auch den Colli Euganei, ihren Roten auf Basis von Merlot und Cabernet gelingt es, den sonnigen Charakter ihres vulkanischen Bodens mit der nötigen Finesse und Spannung einzufangen. Neben Vignalta und Mottolo, kann sich auch Filò delle Vigne für einen Cabernet voller Kraft und Harmonie über die Drei Gläser freuen.

VENETIEN

Stefano Accordini

FRAZ. CAVALO
LOC. CAMPAROL, 10
37022 FUMANE [VR]
TEL. +39 0457760138
www.accordinistefano.it

DIREKTVERKAUF
BESUCH NACH VORANMELDUNG
JAHRESPRODUKTION 120.000 Flaschen
REBFLÄCHE 13 Hektar

Der Betrieb von Tiziano Accordini liegt im obersten Teil des Valpolicella, in Cavalo, Ortsgebiet von Fumane, seine Bewirtschaftung steht auf ebenso einfachen wie zuverlässigen Grundlagen: eigene Weinberge sowohl in hohen Hügellagen als auch in der Ebene, eine Kellerwirtschaft, die auf den Schutz der Reinheit der Frucht ausgelegt ist und in Kraft und geschmacklicher Dynamik die wichtigsten Merkmale hat. Da nun auch die Söhne Giacomo und Paolo im Betrieb mitarbeiten, können alle Phasen gut überwacht werden, mit der Konzentration auf die klassischen Typologien der Denomination. Von den diesmal vorgelegten Weinen beeindruckte uns besonders der Amarone '10, ein Roter von kraftvollem, fleischigem Körper, gestrafft durch die natürliche Säure der Trauben und angenehm raue, kräftige Tannine. Der Valpolicella di Ripasso '12 ist stilistisch auf dem gleichen Weg, aber in einer anmutigeren Interpretation. Sehr gut auch der Recioto '11, reif und breit in der Nase, wo Konfitüre auf Nuancen von aromatischen Kräutern und Gewürzen trifft. Ausgeprägter Wohlgeschmack und frische Säure bilden den Kontrast zur ungestümen Süße.

● Amarone della Valpolicella Cl. Acinatico '10	▼▼▼ 7
● Paxxo '12	▼▼ 4
● Recioto della Valpolicella Cl. Acinatico '11	▼▼ 5
● Valpolicella Cl. Sup. Ripasso Acinatico '12	▼▼ 3
● Valpolicella Cl. '13	▼ 2
● Amarone della Valpolicella Cl. Vign. Il Fornetto '95	♕♕♕ 5
● Recioto della Valpolicella Cl. Acinatico '04	♕♕♕ 6
● Recioto della Valpolicella Cl. Acinatico '00	♕♕♕ 8
● Amarone della Valpolicella Cl. Acinatico '09	♕♕ 7
● Amarone della Valpolicella Cl. Vign. Il Fornetto '06	♕♕ 8
● Recioto della Valpolicella Cl. Acinatico '10	♕♕ 5
● Valpolicella Cl. '12	♕♕ 2*

Adami

FRAZ. COLBERTALDO
VIA ROVEDE, 27
31020 VIDOR [TV]
TEL. +39 0423982110
www.adamispumanti.it

DIREKTVERKAUF
BESUCH NACH VORANMELDUNG
JAHRESPRODUKTION 700.000 Flaschen
REBFLÄCHE 12 Hektar

In der hektischen Welt des Prosecco bewegen sich auch die Betriebe rasch und mit viel Risiko, aber nicht immer sind die Entscheidungen die besten. Franco und Armando Adami beweisen wieder einmal Weitblick und klaren Verstand, sie lassen die Ideen reifen und untersuchen gründlich alle Aspekte. Die konkrete Umsetzung erfolgt erst, wenn alle Teilchen an ihrem Platz sind. Exemplarisch ist die Entstehung des Col Credas, zuerst der Erwerb eines wunderschönen Weinbergs auf den Torri di Credazzo, dann die separate Vinifizierung dieser Trauben, erst dann, nach einigen Jahren, die Produktion eines raffinierten, charaktervollen Spumante von großer Klasse. Das Erntejahr 2013, mit den relativ kühlen Temperaturen und einer etwas späteren Lese, bescherte den Weinen aus dem Hause Adami eine großartige, feine Würzigkeit; herausragend durch den markanten, straffen Charakter der Col Credas '13, ein trockener Brut von kristalliner Klasse. Der Dry Giardino '13 setzt sich mit dem gewohnt harmonischen Aroma in Szene, wie frischer Fruchtsalat, der am Gaumen saftig und raffiniert zur Entladung kommt.

○ Valdobbiadene Rive di Farra di Soligo Brut Col Credas '13	▼▼▼ 3*
○ Valdobbiadene Rive di Colbertaldo Dry Vign. Giardino '13	▼▼ 4
○ Cartizze	▼▼ 5
○ Valdobbiadene Brut Bosco di Gica	▼▼ 3
○ Valdobbiadene Extra Dry Dei Casel	▼▼ 3
○ P. di Treviso Brut Garbel	▼ 2
○ Prosecco Tranquillo Giardino	▼ 2
○ Valdobbiadene Rive di Farra di Soligo Brut Col Credas '12	♕♕♕ 3*
○ Valdobbiadene Extra Dry Dei Casel	♕♕ 3
○ Valdobbiadene Rive di Colbertaldo Dry Vign. Giardino '12	♕♕ 4
○ Valdobbiadene Rive di Colbertaldo Dry Vign. Giardino '10	♕♕ 3

VENETO

Ida Agnoletti
LOC. SELVA DEL MONTELLO
VIA SACCARDO, 55
31040 VOLPAGO DEL MONTELLO [TV]
TEL. +39 0423621555
www.agnoletti.it

DIREKTVERKAUF
BESUCH NACH VORANMELDUNG
JAHRESPRODUKTION 50.000 Flaschen
REBFLÄCHE 7 Hektar

Ida Agnoletti besitzt Hartnäckigkeit und ist ihrem Land, dem Montello, fest verbunden. Auf dieser langgestreckten Erhebung im nördlichen Teil der Provinz Treviso, nahe den Voralpen, aber gleichzeitig von diesen getrennt, mit Dolinen und Karstformationen, pflegt Ida ihre 7 Hektar Weinberge, bestockt mit Bordeaux-Reben und der Glera, aber auch Manzoni Bianco und Riesling sind vertreten, die von Experimentierfreude erzählen. Bei den Roten steht die Ausgewogenheit von Reichtum und Eleganz im Fokus, bei den Weißen geht es bei den Glera-Weinen mehr um Wohlgeruch und um Solidität beim Follia. Seneca ist ein Bordeaux-Verschnitt aus vorwiegend Merlot, das maßvolle, tiefgründige Profil wird durch rote Frucht und aromatische Kräuter vorgezeichnet, am Gaumen solide und trocken. Ludwy ändert den Namen, aber nicht die Qualität: ab diesem Jahr heißt er Vita Life is Red, ist reich und knackig, überzeugt am Gaumen mit Wohlgeschmack, der Cabernet Sauvignon kehrt eine mehr rustikale, nervige Seele hervor, in der feine pflanzliche Noten eine fleischig süße Frucht begleiten.

○ Manzoni Bianco Follia '12	🍷🍷 2*
● Montello e Colli Asolani Cabernet Sauvignon '12	🍷🍷 2*
● Montello e Colli Asolani Merlot '12	🍷🍷 2*
● Seneca '11	🍷🍷 3
● Vita Life is Red '11	🍷🍷 3
○ Glera Frizzante PSL Always	🍷 2
○ Prosecco di Treviso Frizzante Selva n. 55	🍷 2
● Montello e Colli Asolani Merlot La Ida '12	🍷 2
● Ludwy '09	🍷🍷 3
● Montello e Colli Asolani Cabernet Sauvignon '10	🍷🍷 2*
● Montello e Colli Asolani Merlot '11	🍷🍷 2*
● Montello e Colli Asolani Merlot '10	🍷🍷 2*
● Recantina '12	🍷🍷 2*

★★★Allegrini
VIA GIARE, 5
37022 FUMANE [VR]
TEL. +39 0456832011
www.allegrini.it

DIREKTVERKAUF
BESUCH NACH VORANMELDUNG
GASTRONOMIE
JAHRESPRODUKTION 900.000 Flaschen
REBFLÄCHE 100 Hektar

Marilisa und Franco Allegrini sind einfühlsame Interpreten des Amarone und auch jetzt noch, wo man Interessen auch im Montalcino und an der Bolgheri-Küste hat, bleiben Herz und Hirn des Unternehmens fest im Valpolicella-Land. Über 100 Hektar im klassischen Anbaugebiet erlauben eine strenge Auswahl der Trauben für Weine von außerordentlicher Qualität, aber auch eine allmähliche Umwandlung der ältesten, schlecht angelegten Rebflächen in Weinberge, die im Respekt vor der Landschaft und den alten Trockenmauern, hochkarätige Produktionen abliefern können. Stilistisch setzt man auf Reichtum und Spannung bei höchster Integrität der Frucht. Einfach herrlich der Amarone, der die Frische des Erntejahrs 2010 nutzt, um mit noch mehr Finesse und Frische im Aroma aufzuwarten, süß und fleischig die Frucht, in der Heidelbeeren und Kirschen anklingen, durchzogen von intensiven, balsamischen Noten, am Gaumen trocken, dynamisch und außerordentlich würzig. La Poja glänzt mit einer Superleistung, intensiv und tiefgründig in den fruchtig würzigen Aromen, die sich am Gaumen lang und finessenreich entfalten.

● Amarone della Valpolicella Cl. '10	🍷🍷🍷 8
● La Poja '10	🍷🍷 8
● Recioto della Valpolicella Cl. Giovanni Allegrini '11	🍷 6
● La Grola '11	🍷🍷 5
● Palazzo della Torre '11	🍷🍷 4
○ Soave '13	🍷🍷 2*
● Valpolicella Cl. '13	🍷🍷 2*
● Amarone della Valpolicella Cl. '09	🍷🍷🍷 8
● Amarone della Valpolicella Cl. '08	🍷🍷🍷 8
● Amarone della Valpolicella Cl. '07	🍷🍷🍷 8
● Amarone della Valpolicella Cl. '06	🍷🍷🍷 8
● Amarone della Valpolicella Cl. '05	🍷🍷🍷 7
● Amarone della Valpolicella Cl. '04	🍷🍷🍷 7
● Amarone della Valpolicella Cl. '03	🍷🍷🍷 7
● Amarone della Valpolicella Cl. '01	🍷🍷🍷 7

VENETO

Andreola
VIA CAVRE, 19
31010 FARRA DI SOLIGO [TV]
TEL. +39 0438989379
www.andreola.eu

DIREKTVERKAUF
BESUCH NACH VORANMELDUNG
JAHRESPRODUKTION 700.000 Flaschen
REBFLÄCHE 35 Hektar

Nazareno Pola gründete das Weingut Mitte der 1980er Jahre, mittlerweile führt Sohn Stefano den väterlichen Betrieb. Nach vielen Jahren im kleinen und nicht mehr angemessenen Keller von Via Cal Longa, übersiedelte man im Vorjahr an den neuen Sitz in Via Cavre, wo im modernen Bau alle Räumlichkeiten für die Produktion, aber auch die Büros untergebracht sind. Die Weinberge liegen vor allem im Gebiet des Col San Martino, auf den steilen Hängen, die immer noch von Hand, ohne maschinelle Hilfsmittel, bearbeitet werden. Produziert werden ausschließlich Schaumweine, zum größten Teil im Rahmen der Docg Valdobbiadene, zu einem geringeren im Doc Prosecco. Der Valdobbiadene Brut Vigneto Dirupo ist ein Prosecco, der in klaren, fruchtigen Noten zum Ausdruck kommt, blumig durchsetzt von Jasmin und Glyzinie, die dem Gaumen Fülle, aber auch Spannung und Würze verleihen. Sonniger und fruchtiger der gleichnamige Extra Dry.

○ Cartizze '13	㏘ 4
○ Valdobbiadene Brut Vign. Dirupo '13	㏘ 2*
○ Valdobbiadene Brut Vign. Dirupo Extra Dry '13	㏘ 2*
○ Valdobbiadene Rive di Soligo Extra Dry Mas de Fer '13	㏘ 2*
○ Pensieri Passito	㏘ 5
○ Valdobbiadene Dry 6° Senso '13	㏘ 3
○ Valdobbiadene Dry Mill. '13	㏘ 2
○ Valdobbiadene Rive di Col San Martino Brut 26° 1° '13	㏘ 3
○ Valdobbiadene Brut Vign. Dirupo '11	㏘ 2*
○ Valdobbiadene Brut Vign. Dirupo Extra Dry '12	㏘ 2*

Antolini
VIA PROGNOL, 22
37020 MARANO DI VALPOLICELLA [VR]
TEL. +39 0457755351
www.antolinivini.it

DIREKTVERKAUF
BESUCH NACH VORANMELDUNG
JAHRESPRODUKTION 50.000 Flaschen
REBFLÄCHE 8 Hektar

Das Marano-Tal scheint gar nicht zur Landschaft des Valpolicella zu gehören, wenig besiedelt, mit den Weinbergen, die sich ins wellige Land schmiegen, mitunter voll exponiert, dann wieder hinter Waldungen verborgen. Die ideale Lage für einen umweltbewussten Weinbau, wie ihn Pierpaolo und Stefano Antolini betreiben, die ihr Weingut zu einem Bezugspunkt gemacht haben, wenn Tradition und ein „natürliches" Weinkonzept gefragt sind. Der Stil des Hauses setzt auf Konzentration, ohne vor den rustikalen Merkmalen dieser Typologie zurückzuschrecken. Zwei Amarone '10 legt die Kellerei von Marano vor, den Ca' Coato und den Moròpio. Aus den Trauben der gleichnamigen Zone zwischen San Vito und Roselle bei der Ortschaft Negrar stammt der erste, gehaltvoll und sehr fruchtig, bereichert von einer tiefgründigen Mineralität, die sich am Gaumen fortsetzt, wo sich der Wein als trocken und angenehm herb erweist. Der andere stammt aus dem Marano-Tal, zurückhaltender in der Nase, glänzt am Gaumen mit Anmut und Spannung.

● Amarone della Valpolicella Cl. Ca' Coato '10	㏘ 6
● Amarone della Valpolicella Cl. Moròpio '10	㏘ 6
● Valpolicella Cl. Sup. Ripasso '12	㏘ 3
● Amarone della Valpolicella Cl. Ca' Coato '09	㏘ 6
● Amarone della Valpolicella Cl. Ca' Coato '08	㏘ 6
● Amarone della Valpolicella Cl. Ca' Coato '07	㏘ 6
● Amarone della Valpolicella Cl. Moròpio '09	㏘ 6
● Recioto della Valpolicella Cl. '09	㏘ 4
● Valpolicella Cl. Sup. '10	㏘ 3
● Valpolicella Cl. Sup. Ripasso '11	㏘ 3
● Valpolicella Cl. Sup. Ripasso '10	㏘ 3
● Valpolicella Cl. Sup. Ripasso '09	㏘ 3*

VENETO

Albino Armani
VIA CERADELLO, 401
37020 DOLCÈ [VR]
TEL. +39 0457290033
www.albinoarmani.com

DIREKTVERKAUF
BESUCH NACH VORANMELDUNG
JAHRESPRODUKTION 750.000 Flaschen
REBFLÄCHE 220 Hektar

Der Betrieb von Albino Armani ist seit Geschichte. Seit langem im Gebiet des Terradeiforti angesiedelt, jener Teil des Etschtals, der die Regionen von Venetien und Trentino trennt und verbindet, hat man sich im Laufe der Jahre weit über die Grenzen dieser Zone hinaus vergrößert. So gibt es mittlerweile Besitzungen im Trentino, in Valpolicella, in Friaul und im Raum Treviso, aber ohne den Stil des Hauses aus den Augen zu verlieren: duftige und sehr süffige Weine. Aus der Liebe zum heimatlichen Boden, hat Albino das Projekt „Conservatoria" auf den Weg gebracht, das um den Schutz der alten Rebsorten des Vallagarina bemüht ist. Zahlreich die überzeugenden Tropfen, herausragend durch Reintönigkeit und Persönlichkeit der Foja Tonda '10, Trauben in Kisten gesammelt und sortenrein gekeltert, intensive rote Beeren und Gewürze, mit schöner, pflanzlicher Note mit Moschushauch. Am Gaumen trocken, saftig, schlank und lang anhaltend. Aus der Valpolicella kommt ein Amarone '08 von guter, fruchtiger Intensität, ein Hauch von Pfeffer und Lakritze im Hintergrund, der sich am Gaumen verstärkt und einen soliden Wein mit vibrierenden Tanninen ergibt.

● Amarone della Valpolicella '08	♛♛ 5
● Recioto della Valpolicella '12	♛♛ 5
○ Sauvignon Campo Napoleone '13	♛♛ 2*
● Valdadige Foja Tonda Casetta Terra dei Forti '10	♛♛ 3
● Valpolicella Ripasso '11	♛♛ 3
● Corvara Rosso '09	♛ 3
○ Trentino Chardonnay Vign. Capitel '13	♛ 2
○ Valdadige Pinot Grigio Vign. Corvara '13	♛ 2
● Foja Tonda Rosso '04	♛♛ 3
● Trentino Marzemino "Io" '10	♛♛ 2*
○ Valdadige Chardonnay Piccola Botte '08	♛♛ 3

Balestri Valda
VIA MONTI, 44
37038 SOAVE [VR]
TEL. +39 0457675393
www.vinibalestrivalda.com

DIREKTVERKAUF
BESUCH NACH VORANMELDUNG
JAHRESPRODUKTION 55.000 Flaschen
REBFLÄCHE 13 Hektar

Neben Guido Rizzotto sind mit immer mehr Autorität und Kompetenz die Nachkommen Laura und Luca am Werk, Laura für den geschäftlichen Teil und die Werbung, Luca folgt als Önologe den Spuren seines Vaters. Rund um die schöne Kellerei liegen die eigenen Weinberge, mehr als ein Dutzend Hektar mit Garganega und Trebbiano di Soave. Sie wurzeln im schwarzen Erdreich, das den vulkanischen Ursprung des Bodens verrät. Produziert werden ausnahmslos die klassischen Typologien dieser Anbauzone, Quotenkönig ist natürlich der Soave, der wohlriechend und saftig gefertigt wird. Diesen Stil bringt der Soave Classico perfekt zum Ausdruck, schlichter Wohlgeruch, ein rassiges Profil und großer Trinkgenuss. Der Lunalonga, aus Garganega in Stahl vergoren, mit Zugabe von Trebbiano di Soave, ausgebaut in Eiche, erweist sich als reif und sonnig, gelbe Frucht durchzogen von ungewohnten Noten von Kapern und Oliven für einen vollmundigen, betörenden Gaumen.

○ Soave Cl. Lunalonga '12	♛♛ 3*
○ Soave Cl. Vign. Sengialta '12	♛♛ 2*
○ Soave Cl. '13	♛ 2
○ Soave Cl. '12	♛♛ 2*
○ Soave Cl. '11	♛♛ 2*
○ Soave Cl. '09	♛♛ 2
○ Soave Cl. '08	♛♛ 2*
○ Soave Cl. Lunalonga '11	♛♛ 3
○ Soave Cl. Sengialta '11	♛♛ 2*
○ Soave Cl. Sengialta '10	♛♛ 2*
○ Soave Cl. Sengialta '09	♛♛ 2*

VENETIEN

Barollo
VIA RIO SERVA, 4B
35123 PREGANZIOL [TV]
TEL. +39 0422633014
www.barollo.com

DIREKTVERKAUF
BESUCH NACH VORANMELDUNG
JAHRESPRODUKTION 57.000 Flaschen
REBFLÄCHE 45 Hektar

Nicola und Marco Barollo stehen seit über zehn Jahren an der Spitze des Weingutes, das über rund fünfzig Hektar in der Ebene von Venetien - zwischen Venedig und Treviso - verfügt. Im Süden die Adria, im Norden die Voralpen, heiße und sonnige Tage wechseln sich ab mit anderen, wo sanfte Winde aus den Dolomiten herabwehen, geradeso als wollten sie den Trauben Kühlung verschaffen. Im modernen, zweckmäßigen Keller sind erfahrene Kellermeister am Werk, die einer perfekten Harmonie aus Reichtum, sofortiger Trinkbarkeit und Ausdrucksfähigkeit der Rebe nachspüren. Der Frank! ist auch in diesem Jahr der Superstar im Hause Barollo, der Cabernet Franc präsentiert sich in der Nase mit intensiven roten Beeren, mit einem Hauch von Pfeffer und aromatischen Kräutern, die ihm insgesamt Raffinesse und gute Tiefe bescheren. Am Gaumen bringt er seinen Reichtum zum Ausdruck, aber gar nicht überladen, sondern frisch und mit saftigem Trinkgenuss. Manzoni Bianco und Sauvignon spielen ihre Trümpfe mit ausdrucksstarkem Aroma in der Nase aus und erweisen sich als würzig und schmackhaft am Gaumen.

● Frank! '12	🍷🍷🍷 4
○ Manzoni Bianco '13	🍷🍷🍷 3
○ Sauvignon '13	🍷🍷🍷 3
● Piave Chardonnay Frater '13	🍷 3
● Piave Merlot Frater '13	🍷 3
○ Pinot Bianco '13	🍷 3
○ Prosecco di Treviso Extra Dry '13	🍷 2
○ Manzoni Bianco '12	🍷🍷 3
○ Manzoni Bianco '11	🍷🍷 2*
○ Pinot Bianco '11	🍷🍷 2*
○ Sauvignon '12	🍷🍷 3

★Lorenzo Begali
VIA CENGIA, 10
37020 SAN PIETRO IN CARIANO [VR]
TEL. +39 0457725148
www.begaliwine.it

DIREKTVERKAUF
BESUCH NACH VORANMELDUNG
JAHRESPRODUKTION 60.000 Flaschen
REBFLÄCHE 10 Hektar

Obwohl die Weine des Hauses international gesucht und beliebt sind, bleibt man bei der Familie Begali auf sicherem Boden und vergrößert die Rebflächen nur in kleinen Schritten, erst dann, wenn man wirklich gute Parzellen gefunden hat, und nicht einfach nur, um eine Produktionssteigerung zu erreichen. Mittlerweile besitzt man rund zehn Hektar, die vorwiegend mit den traditionellen Rebsorten bestockt sind und die klassische Veroneser Pergola-Erziehung anwenden. Die Lage einiger Weinberge in kühlen, nie trockenen Zonen, garantiert eine gute Säure, die der gesamten Produktion Spannung und süffigen Trinkgenuss bescheren. Der Amarone Monte Ca' Bianca '09, aus einem Weinberg mit Ost-Exposition am Hügel von Casterotto, kann auch diesmal bestens überzeugen, explosiv im Aroma, in dem sich Waldbeeren ein wenig schüchtern in die reiche Mitgift aus Gewürzen und aromatischen Kräutern einbringen, um sich am soliden Gaumen, getragen von energischen, stofflichen Tanninen stärkere Geltung zu verschaffen.

● Amarone della Valpolicella Cl. Vign. Monte Ca' Bianca '09	🍷🍷🍷 8
● Amarone della Valpolicella Cl. '10	🍷🍷 6
● Tigiolo '10	🍷🍷🍷 5
● Valpolicella Cl. Sup. Ripasso Vign. La Cengia '12	🍷🍷 3
● Valpolicella Cl. '13	🍷 2
● Amarone della Valpolicella Cl. Vign. Monte Ca' Bianca '08	🍷🍷 8
● Amarone della Valpolicella Cl. Vign. Monte Ca' Bianca '07	🍷🍷 8
● Amarone della Valpolicella Cl. Vign. Monte Ca' Bianca '06	🍷🍷 8
● Amarone della Valpolicella Cl. Vign. Monte Ca' Bianca '05	🍷🍷 8
● Amarone della Valpolicella Cl. Vign. Monte Ca' Bianca '04	🍷🍷 8

VENETIEN

★Cav. G. B. Bertani
VIA ASIAGO, 1
37023 GREZZANA [VR]
TEL. +39 0458658444
www.bertani.net

DIREKTVERKAUF
BESUCH NACH VORANMELDUNG
JAHRESPRODUKTION 1.800.000 Flaschen
REBFLÄCHE 200 Hektar

Die Solidität des Unternehmens zeigt sich nicht nur in der Qualität seiner Weine, sondern auch in den Entscheidungen. In einer Zeit, in der der Amarone in aller Welt weiterhin zu den gefragtesten italienischen Weinen gehört, hält Bertani sein wichtigstes Erzeugnis zurück, da der 2007er als noch zu unruhig beurteilt wird, um in die Regale zu kommen. Die Weinberge von über 200 Hektar, vorwiegend zwischen Valpolicella und Valpantena, sind vorwiegend den historischen Reben gewidmet, mit dem Gut Villa Novare, in der Gemeinde Negrar, immer mehr im Mittelpunkt der Aufmerksamkeit. Der Secco Vintage ist ein Roter, der die vergessenen Seiten der Valpolicella hervorholt und seine Schwerpunkte nicht in Volumen und Struktur sucht, sondern in der Tiefe der Geruchsempfindungen und im eleganten Gaumen. Die Version von 2011 beschert ein gut gegliedertes, genussvolles Trinkerlebnis. Der Valpolicella Ognisanti '12 wartet mit einem komplexeren Aromabild auf, wo sich die Frucht hinter mineralischen Noten und aromatischen Kräutern bedeckt hält.

● Secco Bertani Vintage Edition '11	♛♛ 4
● Valpolicella Cl. Sup. Ognisanti '12	♛♛ 4
● Amarone della Valpolicella Valpantena Villa Arvedi '11	♛♛ 6
○ Le Lave '12	♛♛ 3
○ Soave Sereole '13	♛♛ 2*
○ Soave Vintage '12	♛♛ 3
● Valpolicella Cl. Villa Novare '13	♛♛ 3
● Amarone della Valpolicella Cl. '06	♛♛♛ 8
● Amarone della Valpolicella Cl. '05	♛♛♛ 8
● Amarone della Valpolicella Cl. '04	♛♛♛ 8
● Amarone della Valpolicella Cl. '03	♛♛♛ 8
● Amarone della Valpolicella Cl. '01	♛♛♛ 8
● Valpolicella Cl. Sup. Vign. Ognisanti '06	♛♛♛ 2*

La Biancara
FRAZ. SORIO
C.DA BIANCARA, 14
36053 GAMBELLARA [VI]
TEL. +39 0444444244
www.biancaravini.it

DIREKTVERKAUF
BESUCH NACH VORANMELDUNG
JAHRESPRODUKTION 65.000 Flaschen
REBFLÄCHE 13 Hektar

Angiolino Maule gehört zu jenen, die um das Jahr 2000 ihrem Betrieb eine entscheidende Wende gaben und damit auch viele andere Produzenten beeinflussen konnten. Wir sprechen von einem Weg der möglichst schonenden Arbeit in Weinberg und Keller, der natürlich in erster Linie auf die Qualität der Weine abzielt, aber auch Rücksicht nimmt auf die Umwelt und die Gesundheit der Menschen, die sie dann trinken. Auf den 13 Hektar Rebfläche, die Angiolino mit seiner Frau und den Söhnen bewirtschaftet, steht die Harmonie zwischen Weinberg und Umwelt an vorderster Stelle, ohne invasive und vor allem schädliche Eingriffe für Organismen, die auf diesem Land leben. Im Keller gibt es nur Spontangärung und auf Schwefeln wird zunehmend verzichtet. So entstehen Weine, die wir als spontan und absolut befriedigend bezeichnen könnten. Eine vorzügliche Vorstellung liefert der Sassaia '13, aus Garganega mit kleiner Zugabe von Trebbiano, in der Nase Mittelmeermacchia und gelbe Frucht, am Gaumen wohlschmeckend, trocken und sehr dynamisch.

○ Sassaia '13	♛♛ 3*
○ Masieri Bianco '13	♛♛ 2*
● Masieri Rosso '13	♛♛ 2*
○ Pico '02	♛♛♛ 5
○ Recioto di Gambellara '07	♛♛♛ 5
○ Masieri Bianco '12	♛♛ 5
○ Pico '11	♛♛ 4
○ Pico '10	♛♛ 4
○ Sassaia '12	♛♛ 3

VENETIEN

BiancaVigna

Via Crevada, 9/1
31020 San Pietro di Feletto [TV]
Tel. +39 0438801098
www.biancavigna.it

BESUCH NACH VORANMELDUNG
UNTERKUNFT
JAHRESPRODUKTION 400.000 Flaschen
REBFLÄCHE 18 Hektar

Elena und Enrico Moschetta führen seit einem Jahrzehnt den Familienbetrieb Biancavigna. Zur Verfügung stehen zwanzig Hektar Weinberge, die sich auf Conegliano, die Hügel von Soligo und San Pietro di Feletto verteilen. Die höher gelegenen fallen unter die Docg, die näher dem Tal gelegenen unter die Doc; daher kann Enrico Trauben höchster Qualität auch für die einfacheren Typologien verwenden, die zu einer nie zu weichen, mit reintöniger, knackiger Frucht ausgestatteten Produktion verarbeitet werden. Die Errichtung des neuen Kellers in Ogliano geht dem Ende zu. Die ganze Produktion dreht sich um die Glera-Rebe, daher Prosecco und fast nur Spumante. Ganz oben auf unserer Liste stehen die beiden Conegliano Valdobbiadene, vor allem gefiel uns der Brut, ein Spumante mit dem raffinierten Duft von hellem Obst, den ein nobler, blumiger Anflug und ein feiner, pflanzlicher Hauch schön bereichern. Am Gaumen solide und trocken für einen dynamischen Trinkgenuss, der perfekt zum Essen passt.

○ Prosecco Brut	🍷🍷 2*
○ Conegliano Valdobbiadene Brut Mill. '13	🍷🍷 3
○ Conegliano Valdobbiadene Extra Dry Mill. '13	🍷🍷 3
○ Prosecco Extra Dry	🍷 2
○ Prosecco Tranquillo	🍷 2
⊙ Spumante Rosa Brut	🍷 2
○ Conegliano Valdobbiadene Brut '12	🍷🍷 3
○ Conegliano Valdobbiadene Brut '11	🍷🍷 3*
○ Conegliano Valdobbiadene Brut '09	🍷🍷 2
○ Conegliano Valdobbiadene Extra Dry '12	🍷🍷 3

Desiderio Bisol & Figli

Fraz. Santo Stefano
Via Follo, 33
31049 Valdobbiadene [TV]
Tel. +39 0423900138
www.bisol.it

DIREKTVERKAUF
BESUCH NACH VORANMELDUNG
JAHRESPRODUKTION 1.800.000 Flaschen
REBFLÄCHE 126 Hektar

Im vergangenen Frühjahr gab es eine wichtige Veränderung im Hause Bisol, die Übernahme von 50% des Kapitals durch die Trentiner Familie Lunelli. Die technische Leitung verblieb in den bewährten Händen der Familie von Valdobbiadene, die schon lange um die Aufwertung der Schaumweinerzeugung in diesem Raum bemüht ist. Die Flaschenzahl ist in den letzten Jahren merklich gestiegen und mittlerweile werden mehr als eine Prosecco-Linie angeboten. Der Stil des Hauses setzt jedoch weiterhin auf die anmutige Aromatik der Rebe, die sich in der cremigen Perlage entfaltet. Der Cartizze Private gibt sein Debüt mit einer denkwürdigen Leistung, ein Spumante mit Flaschengärung, ohne Dosage, der erst mehr als ein Jahr nach der Lese in die Regale kommt. In der Nase anmutig, mit Anklängen an helles Obst, die sich mit den Noten von frischem Brot und Hefe verflechten, am Gaumen schmackhaft, trocken und finessenreich. Der Vigneti del Fol glänzt hingegen mit Blumen und Früchten, raffiniert und reintönig. Im Mund verbinden sich Süße, Säure und Perlage perfekt zum schmackhaften, saftigen Trinkgenuss.

○ Cartizze Private Non Dosato '12	🍷🍷 5
○ Valdobbiadene Extra Dry Vign. del Fol '13	🍷🍷 4
○ Cartizze '13	🍷🍷 5
○ Pas Dosé M. Cl. '02	🍷🍷 3
○ Valdobbiadene Brut Crede '13	🍷🍷 4
○ Prosecco Extra Dry Belstar	🍷 3
○ Valdobbiadene Brut Jeio NoSo2 '12	🍷 2
○ Cartizze '12	🍷🍷 5
○ Valdobbiadene Brut Crede '12	🍷🍷 4
○ Valdobbiadene Brut Crede '11	🍷🍷 4
○ Valdobbiadene Brut Garnei '10	🍷🍷 3
○ Valdobbiadene Extra Dry Vign. del Fol '12	🍷🍷 4
○ Valdobbiadene Extra Dry Vign. del Fol '11	🍷🍷 4

VENETIEN

F.lli Bolla
FRAZ. PEDEMONTE
VIA ALBERTO BOLLA, 3
37029 SAN PIETRO IN CARIANO [VR]
TEL. +39 0456836555
www.bolla.it

DIREKTVERKAUF
BESUCH NACH VORANMELDUNG
JAHRESPRODUKTION 10.000.000 Flaschen
REBFLÄCHE 350 Hektar

Unter den zahlreichen Betrieben, die mittlerweile zur Gruppo Italiano Vini gehören, ist Bolla etwas Besonderes, das Unternehmen spielte in der Vergangenheit eine wichtige Rolle und ist dabei, sich sehr schnell wieder eine führende Stellung zu erobern. Ein Verdienst von Cristian Scrinzi und seiner Direktion, die ihm das Vertrauen gab: er brachte Ordnung in die Kellerriege und stärkte die Rolle der Kellerei, die große Zahlen mit einer reinen, traditionsbewussten Interpretation verbindet. Das umfangreiche Rebengut wird klug verwaltet, die besten Weinberge werden für die ambitionierten Etiketten verwendet. Bereits im letzten Jahr konnte der Amarone Le Origini beeindrucken, aber mit der Lese 2009 erweist er sich als einer der interessantesten und repräsentativsten der Denomination. Die Trauben kommen aus Weinbergen in höheren Hügellagen von Negrar und Marano und werden nach längerem Trocknen zu einem Wein vergoren, der im 750-l-Fass zur Reife kommt. Der daraus entstehende Rote präsentiert sich mit einem fruchtig würzigen Duft, verfeinert durch aromatische Kräuter und Heublumen, am Gaumen kraftvoll aber samtig.

- Amarone della Valpolicella Cl.
  Le Origini '09   ▼▼ 7
- Creso '11   ▼▼ 4
- Valpolicella Cl. Sup. Ripasso '12 ▼▼ 2*
- Valpolicella Cl. Sup. Ripasso
  Le Poiane '12   ▼▼ 4
- Amarone della Valpolicella Cl. '08 ♀♀ 6
- Amarone della Valpolicella Cl. '07 ♀♀ 6
- Amarone della Valpolicella Cl.
  Le Origini '08   ♀♀ 7
- Creso '10   ♀♀ 4
- Valpolicella Cl. Sup.
  Le Pojane Ripasso '09   ♀♀ 3
- Valpolicella Cl. Sup. Ripasso '11 ♀♀ 2*
- Valpolicella Cl. Sup. Ripasso '09 ♀♀ 3
- Valpolicella Cl. Sup. Ripasso
  Le Poiane '11   ♀♀ 3

Borgo Stajnbech
VIA BELFIORE, 109
30020 PRAMAGGIORE [VE]
TEL. +39 0421799929
www.borgostajnbech.com

DIREKTVERKAUF
BESUCH NACH VORANMELDUNG
JAHRESPRODUKTION 70.000 Flaschen
REBFLÄCHE 14 Hektar

Seit Giuliano Valent vor drei Jahrzehnten den väterlichen Betrieb übernommen hat, fertigt er seine Weine und füllt sie in Flaschen ab. Die Weinberge verteilen sich auf vierzehn Hektar stark tonhaltiger Böden in der venezianischen Ebene, wenige Kilometer von der Adria entfernt und mit den Voralpen in der Ferne. Mittlerweile produziert man zahlreiche Etiketten wie fast alle Betriebe in diesem Gebiet, wobei die Produktion im Tai ihren Spitzenwein hat. Zur Zeit unserer Verkostung war der Lison 15 noch nicht abgefüllt, sodass sich unsere Aufmerksamkeit auf die übrige Produktion konzentrierte. Sehr gut der Merlot '12, der neben reifer Frucht mit einer intensiven Note von aromatischen Kräutern und Gewürzen aufwartet, die am Gaumen mit Spannung und leichter Eleganz ihre Entsprechung finden. Ähnlich interpretiert wird der Malbech '12, herber am Gaumen, während sich der Refosco '12 saftig und mit ausgeprägter Süffigkeit präsentiert. Bei den Weißen ist die gute Vorstellung des saftigen Chardonnay '13 hervorzuheben.

- Lison-Pramaggiore Refosco P.R. '12   ▼▼ 2*
- Lison-Pramaggiore Merlot '12   ▼▼ 2*
- Malbech '12   ▼▼ 2*
○ Lison-Pramaggiore Sauvignon
  Bosco della Donna '12   ▼ 2
○ Stajnbech Bianco '12   ▼ 3
- Venezia Cabernet Franc '13   ▼ 2
○ Lison-Pramaggiore Chardonnay
  Stajnbech Bianco '11   ♀♀ 3
○ Lison-Pramaggiore Cl. 150 '12   ♀♀ 3
○ Rosso '09   ♀♀ 3

VENETIEN

Borgoluce
LOC. MUSILE, 2
31058 SUSEGANA [TV]
TEL. +39 0438435287
www.borgoluce.it

DIREKTVERKAUF
BESUCH NACH VORANMELDUNG
UNTERKUNFT UND GASTRONOMIE
JAHRESPRODUKTION 250.000 Flaschen
REBFLÄCHE 70 Hektar

Das Weingut Borgoluce hat Nachhaltigkeit zu einem Lieblingsthema gemacht. Gewiss ist der Wein, zum Großteil Prosecco, die vermutlich wichtigste Stimme im Betrieb, aber daneben haben sich Rinder- und Schweinezucht mit der Erzeugung von Fleisch und Milchprodukten und ein Maisanbau entwickelt, die sich auf die 1200 Hektar am Fuße der Voralpen verteilen. Neben dem Firmensitz, wo man auf die Errichtung der neuen Kelleranlagen wartet, gibt es auch einen Kessel für Biomasse und die Infrastruktur für eine Biogasanlage. Die Weine setzen auf Wohlgeruch und Reintönigkeit. Gut in Szene setzt sich der Rive di Collalto Brut, der das Finale nur knapp verfehlt hat. Im Duft fein und reintönig, dominiert knackige, saftige Frucht mit hellem Fruchtfleisch, am Gaumen eine perfekt integrierte Perlage und ein trockenes, solides, sehr genussvolles Trinkerlebnis. Ihm steht der Extra Dry nicht viel nach, sonniger und direkter in den fruchtigen Aromen, am Gaumen durch den größeren Restzucker anmutig und rund, aber gleichzeitig dynamisch und rassig.

○ Valdobbiadene Brut	🍷🍷 3
○ Valdobbiadene Rive di Collalto Brut Mill. '13	🍷🍷 2*
○ Valdobbiadene Rive di Collalto Extra Dry Mill. '13	🍷🍷 2*
○ Valdobbiadene Extra Dry	🍷 3
○ Prosecco di Valdobbiadene Extra Dry Mill. '09	🍷🍷 3
○ Valdobbiadene Dry Mill. '10	🍷🍷 3
○ Valdobbiadene Rive di Collalto Extra Dry Mill. '12	🍷🍷 2*
○ Valdobbiadene Rive di Collalto Extra Dry Mill. '11	🍷🍷 2*

Borin Vini & Vigne
FRAZ. MONTICELLI
VIA DEI COLLI, 5
35043 MONSELICE [PD]
TEL. +39 042974384
www.viniborin.it

DIREKTVERKAUF
BESUCH NACH VORANMELDUNG
JAHRESPRODUKTION 105.000 Flaschen
REBFLÄCHE 28 Hektar

Der Betrieb der Familie Borin hat sich im Regionalpark der Colli Euganei entwickelt. Es sind dreißig Hektar, die sich auf den Landstreifen vor den Hügeln von Monticelli, wo die Kellerei ihren Standort hat, und die Weinberge im Hügelland rund um Arquà Petrarca verteilen. Angebaut werden die typischen lokalen Sorten mit einem erklecklichen Anteil an Bordeaux-Reben, die um 1850 hier eingeführt wurden, und der historischen Fior d'Arancio, einer gelben Muskatellerrebe, die in den klassischen Versionen von Spumante und Passito angeboten wird. Gianni, seine Frau Teresa und die Söhne Francesco und Giampaolo überwachen alle Schritte der Produktion. Auch in diesem Jahr gehört unsere Vorliebe dem lo Zuan, der den stilistischen Weg des Jahrgangs 2011 fortsetzt, mit intensiv fruchtigen Empfindungen, erfrischt von den zarten Nuancen von Heilkräutern und Blumen, die in Würzigkeit ausklingen. Am Gaumen ist der Körper weiterhin füllig und fleischig, aber die geschmackliche Dynamik ist nerviger und schlanker, was einen Wein von großer Finesse ergibt.

● Colli Euganei Rosso Zuan '12	🍷🍷 3*
● Colli Euganei Cabernet Sauvignon Mons Silicis Ris. '10	🍷🍷 4
○ Colli Euganei Fior d'Arancio Fiore di Gaia '13	🍷🍷 2*
○ Colli Euganei Manzoni Bianco Corte Borin '12	🍷🍷 3
● Colli Euganei Cabernet Sauvignon V. Costa '12	🍷 3
○ Colli Euganei Chardonnay V. Bianca '12	🍷 3
● Colli Euganei Merlot V. del Foscolo '12	🍷 2
○ Colli Euganei Pinot Bianco Monte Archino '13	🍷 2
○ Colli Euganei Serprino '13	🍷 2
○ Colli Euganei Fior d'Arancio '12	🍷🍷 2*
○ Colli Euganei Fior d'Arancio Fiore di Gaia '12	🍷🍷 2*

Tradition, die sich entwickelt.
Ein exzellenter, moderner Geschmack.
Die Herkunft entscheidet.

Cuvée di Boj

Die Tradition beschreitet neue Wege. Unter den Bruts ist diese Cuvée die Vollendung des authentischen Valdobbiadene Prosecco Superiore D.O.C.G. Ihre Heimat ist die „Valle dei Buoi", ein Anbaugebiet mit einer außerordentlichen Bodenbeschaffenheit.

Cuvée 1926

Im Jahr 1926 wurde die erste Flasche entkorkt - es war die Geburtsstunde eines großen Unternehmens in Valdobbiadene. Die Cuvée 1926 Prosecco Superiore Extra Dry ist eine Hommage an unsere Geschichte und an Ihren Gaumen.

Authentische Werte und das ständige Bemühen um den vollkommenen Geschmack. Für alle, die das Leben lieben.ama la vita.

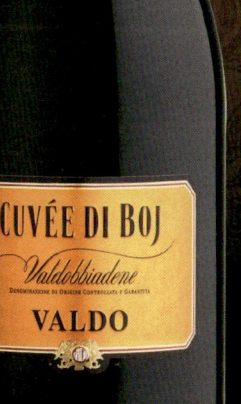

VALDO
SPUMANTI DAL 1926

Valdo for life lovers

info@valdo.com - www.valdo.com

Allegrini
Passion, history and vision

THE ONLY 3-STAR WINERY
in the Veneto

30 TIMES WINNER
of the
"TRE BICCHIERI"
award

the highest number of awards
FOR AMARONE
including 18 "Tre Bicchieri"

VENETIEN

Bortolomiol
Via Garibaldi, 142
31049 Valdobbiadene [TV]
Tel. +39 04239749
www.bortolomiol.com

DIREKTVERKAUF
BESUCH NACH VORANMELDUNG
GASTRONOMIE
JAHRESPRODUKTION 1.800.000 Flaschen
REBFLÄCHE 5 Hektar

Das Territorium von Valdobbiadene ist übersät mit kleinen Winzerbetrieben, die ihre Trauben an die großen Kellereien liefern, die hier ansässig sind. Einen besonderen Platz nimmt Bortolomiol ein, das berühmte, von Giuliano Bortolomiol gegründete Weinhaus, das heute mit Kompetenz und Weitblick von den Töchtern Maria Elena, Elvira, Luisa und Giuliana geführt wird. Sie unterhalten enge Beziehungen zu zahlreichen kleinen Weinbauern, die das Traubengut für eine auf fast 2 Mio. Flaschen angewachsene Jahresproduktion liefern. Die Etiketten gliedern sich in mehrere Linien, die ein gleicher Stil verbindet: die Weine sind reintönig, wohlriechend und leicht. Umfangreich das Sortiment des Hauses, herausragend durch Charakter und Feinheit der Ius Naturae, ein biologischer Prosecco, der auf den Weinbergen der Familie im Parco della Filandetta zur Reife kommt. Besticht in der Nase mit tiefer Frucht, die sich ungestüm am soliden, schmackhaften Gaumen wiederfindet und ein dynamisches Trinkerlebnis beschert. Ganz entgegengesetzt der dem Betriebsgründer gewidmete Motus Vitae, der die schmeichelnde, seidenweiche Seite dieser Typologie ans Licht bringt.

○ Valdobbiadene Brut Ius Naturae '13	♛♛	4
○ Valdobbiadene Brut Prior	♛♛	2*
○ Valdobbiadene Dry Maior	♛♛	2*
○ Valdobbiadene Extra Dry Senior	♛♛	3
○ Cartizze '13	♛♛	5
○ Valdobbiadene Brut Rive San Pietro di Barbozza Motus Vitae '12	♛♛	5
○ Riserva del Governatore Extra Brut	♛	3
○ Valdobbiadene Sup. Extra Dry Banda Rossa	♛	3
○ Filanda Rosé Brut '12	♛	3
○ Valdobbiadene Demi Sec Suavis '13	♛	2
○ Valdobbiadene Extra Dry Banda Rossa '11	♛♛	3
○ Valdobbiadene Extra Dry Banda Rossa '10	♛♛	3*

Carlo Boscaini
Via Sengia, 15
37010 Sant'Ambrogio di Valpolicella [VR]
Tel. +39 0457731412
www.boscainicarlo.it

DIREKTVERKAUF
BESUCH NACH VORANMELDUNG
UNTERKUNFT
JAHRESPRODUKTION 70.000 Flaschen
REBFLÄCHE 14 Hektar

Das Gebiet von Sant'Ambrogio gehört zu den interessantesten im Valpolicella, wo sich der Einfluss des Gardasees stärker bemerkbar macht und die Weine Solidität und Harmonie zu bieten haben. Hier ist das Reich der Brüder Carlo und Mario Boscaini, die in den Jahren ihre Weinberge in Funktion einer höheren Qualität neu definiert haben, dann auch den Keller, in dem die Arbeit im Weinberg vollendet wird. Ungefähr fünfzehn Hektar Weinberge sind eine kostbare Basis, auf der Carlo und Mario ihre Produktion aufbauen, die eng mit der Tradition des Landes verbunden ist. Eine rundum prächtige Flaschenbatterie in diesem Jahr, alle Weine konnten unsere Kommissionen überzeugen. Am besten gefiel uns der Recioto La Sengia '12, ein Passito, der neben der Frucht würzigen und mineralischen Noten Raum gibt, von ungestümer Süße, die von Säure und Gerbstoff gut in Zaum gehalten wird. Der Amarone San Giorgio '10 gefällt vor allem durch das frische Aroma, in dem eine intensive, balsamische Note die rote Frucht veredelt. Am Gaumen wird der mächtige Körper mit der gewohnten Klasse straff und dynamisch geführt.

● Amarone della Valpolicella Cl. San Giorgio '10	♛♛	5
● Recioto della Valpolicella Cl. La Sengia '12	♛♛	4
● Valpolicella Cl. Ca' Bussin '12	♛♛	2*
● Valpolicella Cl. Sup. La Preosa '11	♛♛	3
● Amarone della Valpolicella Cl. San Giorgio '09	♛♛	5
● Amarone della Valpolicella Cl. San Giorgio '08	♛♛	5
● Amarone della Valpolicella Cl. San Giorgio '07	♛♛	4
● Valpolicella Cl. Sup. La Preosa '09	♛♛	5
● Valpolicella Cl. Sup. Ripasso Zane '09	♛♛	3
● Valpolicella Cl. Sup. Ripasso Zane '08	♛♛	3

VENETIEN

Bosco del Merlo - Paladin
VIA POSTUMIA, 14
30020 ANNONE VENETO [VE]
TEL. +39 0422768167
www.boscodelmerlo.it

DIREKTVERKAUF
BESUCH NACH VORANMELDUNG
JAHRESPRODUKTION 240.000 Flaschen
REBFLÄCHE 84 Hektar

Die Betriebsgeschichte Paladin beginnt in den 1960er Jahren mit der Arbeit von Valentino Paladin; Ende der 1970er Jahre erfolgt mit dem Eintritt der Söhne Carlo, Lucia und Roberto ein Qualitätssprung. Der Erwerb von Weinbergen im Raum von Annone, die Entstehung des landwirtschaftlichen Gutes von Bosco del Merlo und der neue Keller sind die Einleitung auf einem Weg, der Qualität im Fokus hat. Mittlerweile haben die Rebflächen fast hundert Hektar in der venezianischen Ebene erreicht, auf einem Boden, der durch erheblichen Tongehalt und den mildernden Einfluss der Adria geprägt wird. Die Spitzenweine des Hauses sind auch diesmal der Refosco Roggio dei Roveri und der Sauvignon Turranio. Der eine ist kompakt im Aroma von Waldbeeren, Gewürzen und Blumen, die sich am Gaumen entfalten, solide, knackig und mit schönem Wohlgeschmack. Der Weiße hingegen beginnt anmutig und gewinnt im Kontakt mit der Luft an Intensität und Breite. Blumen, tropische Früchte und eine schlanke, pflanzliche Note sind das Vorspiel zu einem dynamischen Gaumen von großer Länge.

- Lison-Pramaggiore Refosco P. R. Roggio dei Roveri Ris. '11 — 5
- Lison-Pramaggiore Sauvignon Turranio '13 — 4
- 360 Ruber Capitae '11 — 5
- Lison-Pramaggiore Lison Cl. Juti '13 — 4
- Lison-Pramaggiore Merlot Campo Camino '11 — 4
- Lison-Pramaggiore Rosso Vineargenti Ris. '09 — 6
- Malbech Gli Aceri Paladin '11 — 6
- Lison-Pramaggiore Refosco P.R. Paladin '13 — 3
- Lison-Pramaggiore Verduzzo Passito Soandre '11 — 5
- Prosecco Brut Mill. '13 — 4
- Traminer Paladin '13 — 3
- Venezia Chardonnay Nicopeja '13 — 3

★ Brigaldara
FRAZ. SAN FLORIANO
VIA BRIGALDARA, 20
37020 SAN PIETRO IN CARIANO [VR]
TEL. +39 0457701055
www.brigaldara.it

DIREKTVERKAUF
BESUCH NACH VORANMELDUNG
JAHRESPRODUKTION 250.000 Flaschen
REBFLÄCHE 50 Hektar

Der Betrieb der Familie Cesari verfügt über rund fünfzig Hektar im Valpolicella, sowohl in der klassischen als auch in der östlichen Zone. Unterschiedlich die Höhen, von rund hundert Meter der Weinberge von Cavolo bis zu den über vierhundert der Case Vece, in der Gemeinde Grezzana. Das alte Bauernhaus wurde modernisiert und darin der neu strukturierte Keller eingerichtet, der in zwei Ebenen gegliedert ist und den Weintransport im Wesentlichen durch Schwerkraft ermöglicht. Stilistisch setzt man auf Eleganz und straffen Trinkgenuss, aber es fehlen auch nicht einige Etiketten, die sich durch beachtliche Kraft auszeichnen. Sehr einfühlsam wird der Amarone im Hause Cesari in zwei wunderbaren Versionen gefertigt. Der Amarone Classico '10 präsentiert sich raffiniert in der Nase, wo Waldbeeren und aromatische Kräuter eine schöne Kirsche begleiten, am Gaumen leicht und rassig trotz des mächtigen Körpers. Reichhaltiger und tiefgründiger der Case Vecie '09, in dem Frucht und Röstnoten stärker im Vordergrund stehen.

- Amarone della Valpolicella Cl. '10 — 7
- Amarone della Valpolicella Case Vecie '09 — 7
- Recioto della Valpolicella Cl. '11 — 6
- Soave '13 — 4
- Valpolicella Cl. Sup. Ripasso Il Vegro '11 — 4
- Valpolicella Cl. '13 — 3
- Amarone della Valpolicella Case Vecie '07 — 7
- Amarone della Valpolicella Case Vecie '03 — 7
- Amarone della Valpolicella Case Vecie '00 — 6
- Amarone della Valpolicella Cl. '06 — 6
- Amarone della Valpolicella Cl. '05 — 6
- Amarone della Valpolicella Ris. '07 — 8

VENETIEN

Sorelle Bronca
FRAZ. COLBERTALDO
VIA MARTIRI, 20
31020 VIDOR [TV]
TEL. +39 0423987201
www.sorellebronca.com

DIREKTVERKAUF
BESUCH NACH VORANMELDUNG
JAHRESPRODUKTION 250.000 Flaschen
REBFLÄCHE 20 Hektar
WEINBAU Biologisch anerkannt

Die Beziehung der Familie Bronca zum Territorium von Valdobbiadene liegt weit zurück, aber erst mit Ersiliana und Antonella steigt der Betrieb zu einem der angesehensten im Anbaugebiet auf. Zwanzig Hektar zwischen Colbertaldo und Rua di Feletto, Quotenkönigin ist die Glera, aber auch Bordeaux-Sorten und einige Pinot und Manzoni Bianco finden Platz. Der Anbau erfolgt nach biologischen Methoden und Piero, Ehemann von Antonella, scheut keine Mühe, um einen Weinbau von möglichst großer Nachhaltigkeit zu garantieren. Im zweckmäßigen Keller von Colbertaldo werden alle Produktionsphasen genau überwacht. Immer auf hohem Niveau der Wettstreit im Hause Bronca zwischen der schäumenden und der roten Seele, mit Particella 68 und Ser Bele, die den absoluten Gipfel markieren. Der eine ein Prosecco aus nur einem Weinberg, raffiniert im aromatischen Ausdruck, schlank und trocken am Gaumen, von prächtiger Würzigkeit. Der andere ist ein Bordeaux-Verschnitt mit einem Hauch Marzemino, der mit satter, fruchtiger und würziger Note zum Ausdruck kommt, solide und schmelzig am Gaumen, getragen von gut erkennbaren, aber geschliffenen, süßen Tanninen.

○ Valdobbiadene Brut Particella 68 '13	🍷🍷🍷 4*
● Colli di Conegliano Rosso Ser Bele '11	🍷🍷 5
○ Valdobbiadene Brut	🍷🍷 3
○ Valdobbiadene Extra Dry	🍷🍷 3
● Colli di Conegliano Rosso Ser Bele '09	🍷🍷🍷 5
● Colli di Conegliano Rosso Ser Bele '05	🍷🍷🍷 5
● Colli di Conegliano Rosso Ser Bele '10	🍷🍷 5
● Colli di Conegliano Rosso Ser Bele '08	🍷🍷 5
○ Valdobbiadene Brut Particella 68 '12	🍷🍷 4
○ Valdobbiadene Brut Particella 68 '11	🍷🍷 4
○ Valdobbiadene Brut Particella 68 '10	🍷🍷 3
○ Valdobbiadene Extra Dry '10	🍷🍷 2*

Luigi Brunelli
VIA CARIANO, 10
37029 SAN PIETRO IN CARIANO [VR]
TEL. +39 0457701118
www.brunelliwine.com

DIREKTVERKAUF
BESUCH NACH VORANMELDUNG
UNTERKUNFT
JAHRESPRODUKTION 90.000 Flaschen
REBFLÄCHE 11 Hektar

Der Betrieb der Familie Brunelli befindet sich in der Ortschaft San Pietro in Cariano, im Westen der klassischen Anbauzone. Ein Dutzend Hektar liegen zum Großteil im Valpolicella, einige Parzellen in Custoza. Die Produktion, um die sich Luigi und Sohn Alberto kümmern, ist eng der Tradition verhaftet, wobei die Überschwänglichkeit durch getrocknete Trauben mit moderner Eleganz und Spannung interpretiert wird. Die Weine werden ausschließlich aus traditionellen Trauben der eigenen Weinberge gekeltert. Unterschiedlich die beiden Amarone '09, der Campo del Titari und der Campo Inferi. Der erste bringt die energische Seite dieser Typologie ans Licht, überreife Frucht mit aromatischen Kräutern, die am Gaumen zu Reichhaltigkeit und strengen Tanninen findet. Sonniger und schmeichelnd der zweite, in dem die Frucht noch süßer und betörender ist und sich zu einem vollmundigen, weichen Geschmack aufschwingt. Überzeugend auch die Valpolicella-Etiketten, mit dem Campo Praesel '12, der den fruchtigen Reichtum im schlanken, lang anhaltenden Geschmack hervorkehrt.

● Amarone della Valpolicella Cl. Campo del Titari Ris. '09	🍷🍷 8
● Amarone della Valpolicella Cl. Campo Inferi Ris. '09	🍷🍷 8
● Recioto della Valpolicella Cl. '12	🍷🍷 5
● Valpolicella Cl. Sup. Campo Praesel '12	🍷🍷 3
● Valpolicella Cl. Sup. Ripasso Pariondo '12	🍷🍷 3
● Corte Cariano Rosso '12	🍷 2
● Valpolicella Cl. '13	🍷 2
● Amarone della Valpolicella Cl. Campo del Titari '97	🍷🍷🍷 8
● Amarone della Valpolicella Cl. Campo del Titari '96	🍷🍷🍷 8
● Amarone della Valpolicella Cl. Campo del Titari Ris. '08	🍷🍷 8
● Amarone della Valpolicella Cl. Campo Inferi Ris. '08	🍷🍷 8

VENETIEN

Tommaso Bussola
LOC. SAN PERETTO
VIA MOLINO TURRI, 30
37024 NEGRAR [VR]
TEL. +39 0457501740
www.bussolavini.com

DIREKTVERKAUF
BESUCH NACH VORANMELDUNG
JAHRESPRODUKTION 70.000 Flaschen
REBFLÄCHE 15 Hektar

Der Betrieb von Tommaso Bussola und seiner Frau Daniela entsteht Anfang der 1980er Jahre, aber erst ein Jahrzehnt später erfolgt mit dem Bau eines neuen Kellers und der allmählichen Erweiterung der Weinberge der entscheidende Qualitätssprung. Heute werden Tommaso und Daniela bereits von den Kindern unterstützt, die den Spuren des Vaters folgen und die Produktion auf den fünfzehn Hektar im höheren Hügelland fortsetzen, wo die Stöcke in der traditionellen Veroneser Pergola oder in Spaliererziehung kultiviert werden. Stilistisch setzte man stets auf große Konzentration und Komplexität, die durch Antrocknen der Trauben und erheblich lange Reifespannen erreicht wird. Nach einigen Jahren der Abwesenheit von unseren Degustationen, präsentiert sich wieder ein großartiger Recioto TB, tiefer Ausdruck von fruchtiger Konfitüre, vollmundig und kraftvoll mit überschäumender und gleichzeitig gebändigter Süße, ein Trinkgenuss, der im Gedächtnis bleibt. Der Amarone Classico '08 ist raffinierter und frischer im Aroma, in dem eine unversehrte Frucht von seidigen Tanninen getragen wird.

● Recioto della Valpolicella Cl. TB '06	🍷🍷 8
● Amarone della Valpolicella Cl. '08	🍷🍷 8
● Valpolicella Cl. Sup. TB '09	🍷🍷 5
● Recioto della Valpolicella Cl. '04	🍷🍷🍷 6
● Recioto della Valpolicella Cl. BG '03	🍷🍷🍷 8
● Recioto della Valpolicella Cl. TB '04	🍷🍷🍷 8
● Recioto della Valpolicella Cl. TB '99	🍷🍷🍷 8
● Amarone della Valpolicella Cl. '07	🍷🍷 8
● Amarone della Valpolicella Cl. TB '08	🍷🍷 8
● Amarone della Valpolicella Cl. TB Vign. Alto '07	🍷🍷 8
● Valpolicella Cl. Sup. TB '08	🍷🍷 5

Ca' Ferri
VIA CA' FERRI, 9
35020 CASALSERUGO [PD]
TEL. +39 049655518
www.vinicaferri.com

DIREKTVERKAUF
BESUCH NACH VORANMELDUNG
JAHRESPRODUKTION 40.000 Flaschen
REBFLÄCHE 8 Hektar

Der Betrieb der Familie Prandstraller besteht aus zwei getrennten Besitzungen. Die erste, die vor zehn Jahren auch den Betrieb begründet hat, liegt im Regionalpark der Colli Euganei und ist die Basis für die ambitionierten Etiketten. Die Weinberge wurden neu angelegt und liegen am Nordhang des Monte Rua, rund um die Villa von Torreglia aus dem 18. Jahrhundert. Die zweite liegt in der Ebene von Padua im Gebiet von Casalserugo und ist für die Produktion von direkteren, trinkfertigen Weinen bestimmt. Neben Paolo Prandstraller begleitet Guido Busatto den Betrieb auf einem Weg, der das Territorium über seine Weine aufwerten soll. Taurilio, ein Bordeaux aus vorwiegend Merlot, entsteht sehr gewissenhaft aus Trauben, die im Hügelland heranreifen und in nur teilweise neuen Barriques ausgebaut werden. In der Nase macht sich reife, fleischige Frucht bemerkbar, begleitet von feinen, pflanzlichen und würzigen Noten, die sich perfekt ausgedrückt am soliden, eindrucksvollen Gaumen wiederfinden.

● Colli Euganei Rosso Taurilio '12	🍷🍷 3
● Corti Benedettine Cabernet Ser Ugo '12	🍷🍷 3
● Corti Benedettine Merlot Ser Ugo '12	🍷 2
● Colli Euganei Rosso Taurilio '11	🍷🍷 3
● Corti Benedettine Cabernet Ser Ugo '11	🍷🍷 3

VENETIEN

Ca' La Bionda

FRAZ. VALGATARA
VIA BIONDA, 4
37020 MARANO DI VALPOLICELLA [VR]
TEL. +39 0456801198
www.calabionda.it

DIREKTVERKAUF
BESUCH NACH VORANMELDUNG
JAHRESPRODUKTION 150.000 Flaschen
REBFLÄCHE 29 Hektar
WEINBAU Biologisch anerkannt

Wenn wir neben Amarone und Ripasso, die das ganze Traubengut der Valpolicella für sich zu beanspruchen scheinen, noch von dem großartigen Wein sprechen können, die auch Hemingway in "Über den Fluss und in die Wälder" zitiert hat, verdankt man das auch dem Betrieb der Gebrüder Castellani, zähe Winzer, die auf die Identität des großen Roten dieses Territoriums nicht verzichten. Rund dreißig Hektar auf einer Höhe von 150 bis 300 Meter, vorwiegend Ost- und Südost-Exposition, liefern die Basis für eine stark territorial geprägte Produktion. Da Alessandro und Nicola die Weine in aller Welt gut kennen, können sie alle Typologien bestens interpretieren. Auch in diesem Jahr haben Alessandro und Nicola ihren überzeugendsten Wein im Valpolicella Superiore Campo Casal Vegri, ein Roter, der die Tradition neu interpretiert und finessenreicher Aromatik und einem soliden Gaumen nachspürt, ohne auf ein Trocknen der Trauben zurückzugreifen. Erinnert im Duft an reife, rote Frucht und Gewürze, mit deutlicher Pfeffernote im Hintergrund, wartet mit einem reichen, saftigen Gaumen auf, getragen von frischer Säure und geschliffenen Tanninen, die den Trinkgenuss verlängern und verfeinern.

- Valpolicella Cl. Sup. Campo Casal Vegri '12 — 🍷🍷 5
- Amarone della Valpolicella Cl. '10 — 🍷🍷 6
- Amarone della Valpolicella Cl. Vign. di Ravazzol '10 — 🍷🍷 8
- Valpolicella Cl. '13 — 🍷🍷 2*
- Amarone della Valpolicella Cl. Vign. di Ravazzol '07 — 🍷🍷🍷 6
- Valpolicella Cl. Sup. Campo Casal Vegri '11 — 🍷🍷🍷 5
- Amarone della Valpolicella Cl. '09 — 🍷🍷 6
- Amarone della Valpolicella Cl. Vign. di Ravazzol '09 — 🍷🍷 8
- Corvina '08 — 🍷🍷 7
- Valpolicella Cl. Sup. Campo Casal Vegri '10 — 🍷🍷 4

Ca' Lustra

LOC. FAEDO
VIA SAN PIETRO, 50
35030 CINTO EUGANEO [PD]
TEL. +39 042994128
www.calustra.it

DIREKTVERKAUF
BESUCH NACH VORANMELDUNG
JAHRESPRODUKTION 170.000 Flaschen
REBFLÄCHE 26 Hektar
WEINBAU Biologisch anerkannt

Franco Zanovello und Sohn Marco zeichnen für Ca' Lustra verantwortlich, den renommierten Betrieb im Regionalpark der Colli Euganei. Mehr als 25 Hektar Weinberg, die nach den Regeln biologischer Landwirtschaft betrieben werden, liefern die Trauben für eine Produktion, die sich in drei Linien gliedert: eine mit einfachen Weinen, die in der Rebe den wichtigsten Faktor haben, die Linie Zanovello, ambitionierte Weine mit Territorialcharakter, und eine interessante Selektion von Süßweinen. Im modernen Keller von Faedo will man vor allem die Qualität der Trauben zu maximaler Geltung bringen. Die Trauben für den Merlot Sassonero gedeihen auf den eisenhaltigen, roten Kalksteinböden marinen Ursprungs, in West-Lage, umgeben von Mandelbäumen und Ginster, die den mediterranen Charakter verraten. In der Nase herrscht süße, fleischige, rote Frucht, veredelt durch aromatische Kräuter und Macchia, erstaunlich, wie sich am Gaumen der große Reichtum in einen so schlanken, rassigen Trinkgenuss mit langem Finale verwandeln kann.

- Colli Euganei Merlot Sassonero '10 — 🍷🍷 3*
- Colli Euganei Cabernet '11 — 🍷🍷 2*
- Colli Euganei Fior d'Arancio '13 — 🍷🍷 3
- Colli Euganei Manzoni Bianco Pedevenda '12 — 🍷🍷 3
- Aganoor Rosato '13 — 🍷 2
- Colli Euganei Bianco Olivetani '12 — 🍷 2
- Colli Euganei Chardonnay Roverello '12 — 🍷 2
- Colli Euganei Moscato Secco 'A Cengia '12 — 🍷 2
- Colli Euganei Cabernet Girapoggio '05 — 🍷🍷🍷 3
- Colli Euganei Merlot Sassonero Villa Alessi '05 — 🍷🍷🍷 3
- Colli Euganei Merlot '10 — 🍷🍷 2*
- Marzemino Belvedere '10 — 🍷🍷 2*
- Marzemino Passito '09 — 🍷🍷 2*

VENETIEN

Ca' Orologio
VIA CA' OROLOGIO, 7A
35030 BAONE [PD]
TEL. +39 042950099
www.caorologio.com

DIREKTVERKAUF
BESUCH NACH VORANMELDUNG
UNTERKUNFT
JAHRESPRODUKTION 24.000 Flaschen
REBFLÄCHE 12 Hektar
WEINBAU Biologisch anerkannt

Die Kellerei von Mariagioia Rosellini ist sehr rasch zu einer Bezugsgröße für die Weine der Colli Euganei aufgestiegen. Ein Dutzend Hektar, biologisch bewirtschaftet, in einem der interessantesten Gebiete der Colli, zu einem Teil auf kalkhaltigen Böden, zum anderen auf Trachyt, liefert die Grundlage für Weine, die nicht so sehr auf absolute Qualität sondern auf einen möglichst getreuen Ausdruck des Euganeischen Charakters abzielt. Der Keller befindet sich im Baukomplex Ca' Orologio, bestehend aus einer prächtigen Villa aus dem 16. Jahrhundert, mit Seitengebäuden und Obstgarten. Mariagrazia hat diesmal ihren anspruchsvollsten Weinen noch etwas Ruhe verordnet, denn so viel Mühe in Weinberg und Keller muss durch den angemessenen Ausbau in Holz und Glas abgeschlossen werden, da diese bereits in der Jugend sehr guten Weine mit der Zeit zu noch größerer Tiefe und Harmonie finden. Salaróla '13 zeigt sich in der Nase mit reifer, gelber Frucht und den frischeren, blumigen Noten und feinen Kräutern, die zu einem sonnigen und schlanken Gaumen überleiten.

○ Salaróla '13	▼▼ 3
● Colli Euganei Rosso Calaóne '05	▼▼▼ 3*
● Relógio '09	▼▼▼ 4*
● Relógio '07	▼▼▼ 4
● Relógio '06	▼▼▼ 4
● Colli Euganei Rosso Calaóne '11	▼▼ 4
● Colli Euganei Rosso Calaóne '10	▼▼ 4
● Colli Euganei Rosso Calaóne '09	▼▼ 4
● Lunisóle '11	▼▼ 4
● Relógio '11	▼▼ 5
○ Salaróla '12	▼▼ 3
○ Salaróla '11	▼▼ 3

★ Ca' Rugate
VIA PERGOLA, 36
37030 MONTECCHIA DI CROSARA [VR]
TEL. +39 0456176328
www.carugate.it

DIREKTVERKAUF
BESUCH NACH VORANMELDUNG
JAHRESPRODUKTION 550.000 Flaschen
REBFLÄCHE 58 Hektar

Es gibt nicht viele Betriebe, die ein so rasches Wachstum geschafft haben, ohne Qualität und schon gar nicht die Werte ihres Terroirs und seiner Traditionen aus den Augen zu verlieren. Ganz sicher gehören Michele Tessari und sein Ca' Rugate zu diesem kleinen Kreis. Rund sechzig Hektar, aufgeteilt auf die beiden wichtigsten Denominationen Venetiens, Valpolicella und Soave, mit einem Sortiment, das pünktlich die verschiedenen Typologien interpretiert und häufig Werte neu entdeckt, die meist nur aus Opportunismus gegenüber dem Markt aufgegeben wurden. So gibt es geschliffene und gleichzeitig füllige Weiße und Rote, die kraftvoll sind, ohne auf schlanke Dynamik zu verzichten. Zwei Weine überragen alle anderen, der Soave Monte Fiorentine '13 und der Amarone '10. Der eine glänzt mit einer Superleistung, gezeichnet vom feinen Aroma, in dem die Frucht blumige Noten umspielt und einen reichen Gaumen beschert, straff, fast knackig, der im langen, begeisternden Finale ausklingt. Der andere, gut wie nie zuvor, setzt auf eine stärkere Frucht, die aber nicht der Versuchung von Konfitüre erliegt.

○ Soave Cl. Monte Fiorentine '13	▼▼▼ 3*
● Amarone della Valpolicella '10	▼▼ 7
○ Soave Cl. Monte Alto '12	▼▼ 3*
○ Studio '12	▼▼ 4
● Valpolicella Sup. Campo Lavei '12	▼▼ 4
○ Lessini Durello Pas Dosé Amedeo M. Cl. '09	▼▼ 5
● Recioto della Valpolicella L'Eremita '11	▼▼ 5
○ Recioto di Soave La Perlara '11	▼▼ 5
○ Soave Cl. San Michele '13	▼▼ 2*
● Valpolicella Rio Albo '13	▼▼ 2*
● Valpolicella Sup. Ripasso '12	▼▼ 3
○ Soave Cl. Monte Alto '11	▼▼▼ 3*
○ Soave Cl. Monte Alto '10	▼▼▼ 3*
○ Soave Cl. Monte Alto '09	▼▼▼ 3*
○ Studio '10	▼▼▼ 4*

VENETIEN

Giuseppe Campagnola
Fraz. Valgatara
via Agnella, 9
37020 Marano di Valpolicella (VR)
Tel. +39 0457703900
www.campagnola.com

DIREKTVERKAUF
BESUCH NACH VORANMELDUNG
JAHRESPRODUKTION 4.800.000 Flaschen
REBFLÄCHE 130 Hektar

Der Erfolg des Amarone ließ in jeder Ecke von Venetien sehr schnell zahlreiche Betriebe entstehen, einige winzig, andere sehr kommerziell mit großen Mengen. Der Betrieb der Familie Campagnola hat hingegen eine lange Tradition, die in der klassischen Anbauzone fest verwurzelt ist, insbesondere im Marano-Tal, wo der Keller und die Weinberge für die ambitionierte, der Großmutter Caterina Zardini gewidmete Linie ihren Standort haben. Stilistisch sucht man den gemeinsamen Nenner zwischen dem Geschmackstrend der neuen Märkte und einem traditionsbewussten Ausdruck der Veroneser Weine, der weißen aber vor allem der roten. Der Valpolicella Caterina Zardini kehrt mit dem Jahrgang 2012 in die höchsten Gefilde zurück, intensiv fruchtig und würzig, hat er ein wenig von der Reichhaltigkeit der letzten Jahre verloren und findet Finesse, Spannung und Klasse in einem saftigen, sehr langen Trinkgenuss. Der gleichnamige Amarone '09 setzt hingegen mehr auf Dichte und ist vollmundig, getragen von einem engen Tanningefüge, das für die künftige Entwicklung garantiert.

- Valpolicella Cl. Sup. Caterina Zardini '12 ▼▼ 3*
- Amarone della Valpolicella Cl. Caterina Zardini Ris. '09 ▼▼ 6
- Amarone della Valpolicella Cl. Vign. Vallata di Marano '09 ▼▼ 5
- Valpolicella Cl. Sup. Ripasso '12 ▼▼ 3
- Prosecco Brut Tenute Arcanes ▼ 3
- Bardolino Cl. Chiaretto Roccolo del Lago '13 ▼ 2
- Bardolino Cl. Roccolo del Lago '13 ▼ 2
- Pinot Grigio Vign. Campo dei Gelsi Tenute Arnaces '13 ▼ 2
- Soave Cl. Monte Foscarino Le Bine '13 ▼ 2
- Valpolicella Cl. Le Bine '13 ▼ 2
- Recioto della Valpolicella Cl. Casotto del Merlo '11 ▽▽ 5
- Valpolicella Cl. Sup. Caterina Zardini '11 ▽▽ 3*
- Valpolicella Cl. Sup. Ripasso '11 ▽▽ 3

I Campi
loc. Allodola
fraz. Cellore d'Illasi
via delle Pezzole, 3
37032 Illasi (VR)
Tel. +39 0456175915
www.icampi.it

DIREKTVERKAUF
BESUCH NACH VORANMELDUNG
JAHRESPRODUKTION 60.000 Flaschen
REBFLÄCHE 14 Hektar

Flavio Pra, mit der langen Erfahrung als Konsulent verschiedener Kellereien in Norditalien, konnte sehr bewusst die besten Lagen für seine Weinberge auswählen, als er beschloss, selbst unter die Produzenten zu gehen. Daher gedeihen die Trauben für den Soave abwechselnd auf vulkanischen Basalt- und auf Kalkböden, die für den Amarone in den höchsten Lagen der Denomination, für die ein hoher Mergelgehalt charakteristisch ist. Und schließlich nutzen die Weinberge für die Valpolicella-Etiketten die kies- und sandreichen Tallagen von Illasi. Die wichtigsten stilistischen Merkmale des Hauses sind reintöniges Aroma und geschmackliche Spannung. Der Soave Campo Vulcano ist der gewohnte, rassige Supertropfen, der in der Nase mit heller Frucht und Blumen beginnt und sich am Gaumen schlank und saftig entfaltet, sodass sich geschmackliche Fülle mit Spannung und Finesse paaren kann. Schon liebt er vorzüglich, kann er in den nächsten Jahren nur noch besser werden. Der Valpolicella Campo Ciotoli '12 ist ein Ripasso, der nicht dem Modell eines Amarone folgt, sondern die wohlriechende, knackige Seele der Typologie hervorholt.

- Soave Cl. Campo Vulcano '13 ▼▼▼ 3*
- Valpolicella Sup. Ripasso Campo Ciotoli '12 ▼▼ 3*
- Amarone della Valpolicella Campi Lunghi '11 ▼▼ 6
- Amarone della Valpolicella Campo Marna 500 '08 ▼▼ 8
- Campo Prognare '09 ▼▼ 8
- Soave Campo Base '13 ▼▼ 2*
- Valpolicella Campo Base '13 ▼▼ 3
- Soave Cl. Campo Vulcano '12 ▽▽▽ 3*
- Soave Cl. Campo Vulcano '11 ▽▽▽ 5
- Soave Cl. Campo Vulcano '10 ▽▽▽ 3*
- Soave Cl. Campo Vulcano '09 ▽▽▽ 3*
- Soave Cl. Campo Vulcano '08 ▽▽▽ 3*

VENETIEN

Cantina del Castello

CORTE PITTORA, 5
37038 SOAVE [VR]
TEL. +39 0457680093
www.cantinacastello.it

DIREKTVERKAUF
BESUCH NACH VORANMELDUNG
JAHRESPRODUKTION 130.000 Flaschen
REBFLÄCHE 12 Hektar

Arturo Stocchetti hat sich in seiner Cantina del Castello schon vor Jahren für Weine entschieden, die vor allem sehr süffig sind. Die Weinberge, die sich für rund ein Dutzend Hektar in der klassischen Anbauzone befinden, wurden schrittweise neu bestockt und die traditionelle Veroneser Pergola-Erziehung aufgegeben, die nur noch in den ältesten Pflanzungen präsent ist. Der schwarze Boden verrät sofort den vulkanischen Ursprung und beschert Charakter und Tiefe den Trauben, die Arturo in Corte Pittora, im Herzen des Soave, umsichtig verarbeitet. Die Produktion konzentriert sich auf den Soave Classico Castello, ein Weißer mit feinen, fruchtigen und blumigen Gerüchen, der sich durch anmutigen Trinkgenuss auszeichnet, weich und begleitet von einer nicht vordringlichen Säure. Der Pressoni '13 setzt auf höhere Konzentration, aber bleibt der Philosophie des Hauses treu und beschert ein frisches, fruchtiges Aroma, saftig und weich am Gaumen.

○ Soave Cl. Pressoni '13	🏆🏆 3
○ Soave Cl. Castello '13	🏆 2
○ Soave Cl. Sup. Monte Pressoni '01	🏆🏆🏆 3
○ Soave Cl. Carniga '10	🏆🏆 3
○ Soave Cl. Carniga '08	🏆🏆 3
○ Soave Cl. Castello '12	🏆🏆 2*
○ Soave Cl. Castello '09	🏆🏆 2
○ Soave Cl. Castello '08	🏆🏆 2
○ Soave Cl. Pressoni '08	🏆🏆 3*

La Cappuccina

FRAZ. COSTALUNGA
VIA SAN BRIZIO, 125
37032 MONTEFORTE D'ALPONE [VR]
TEL. +39 0456175036
www.lacappuccina.it

DIREKTVERKAUF
BESUCH NACH VORANMELDUNG
GASTRONOMIE
JAHRESPRODUKTION 300.000 Flaschen
REBFLÄCHE 40 Hektar
WEINBAU Biologisch anerkannt

La Cappuccina ist ein alteingesessener Betrieb, wenn er sich auch erst mit den Geschwistern Elena, Sisto und Pietro als Vorzeigebetrieb für das Soave-Gebiet etabliert hat. Zählen kann man auf rund vierzig Hektar, die sich auf zwei Einheiten verteilen, die Parzellen von San Brizio in Costalunga und die von Pergola in Val d'Alpone. Schon 1985 hat man ein biologisches Protokoll angenommen, als das noch seltene Entscheidungen von sehr motivierten Betrieben waren. Heute stehen die klassischen Reben der Anbauzone im Fokus, die in geringem Maße durch internationale ergänzt wurden. Stilistisch will man vor allem den territorialen Charakter herausarbeiten. Am besten gefiel uns der Arzimo '11, ein Recioto di Soave, der mit reicher Frucht und Harmonie am Gaumen beeindruckt, mit einer ungestümen, aber perfekt integrierten Süße. Sehr gut auch der neue Soave Monte Stelle '13, die schöne, reife Frucht schenkt einen reichen Gaumen, ganz ohne Hilfe von Zucker. Bei den Roten schätzten wir besonders den Wohlgeruch und die Spannung des Campo Buri '10.

● Campo Buri '10	🏆🏆 4
● Carmenos Passito '11	🏆🏆 4
○ Recioto di Soave Arzimo '11	🏆🏆 4
○ Soave Fontégo '13	🏆🏆 2*
○ Soave Monte Stelle '13	🏆🏆 3
○ Sauvignon Basaltik '13	🏆 2
○ Soave '13	🏆 2
○ Recioto di Soave Arzimo '10	🏆🏆 4
○ Soave '11	🏆🏆 2*
○ Soave Fontégo '12	🏆🏆 2*
○ Soave San Brizio '11	🏆🏆 3

VENETIEN

Le Carline
VIA CARLINE, 24
30020 PRAMAGGIORE [VE]
TEL. +39 0421799741
www.lecarline.com

DIREKTVERKAUF
BESUCH NACH VORANMELDUNG
JAHRESPRODUKTION 400.000 Flaschen
REBFLÄCHE 18 Hektar
WEINBAU Biologisch anerkannt

Daniele Piccinin übernimmt Ende 1980 die Leitung im Familienbetrieb, den er in wenigen Jahren auf biologische Bewirtschaftung umstellt. Dieser Weg wurde fortgesetzt und mehr als zwanzig Jahre später erzeugt man heute Weine von sehr guter Qualität mit größtmöglicher Schonung der Umwelt. Die eigenen Weinberge erstrecken sich auf zwanzig Hektar, dazu kommen ebenso viele, die angemietet werden, alle im Gebiet von Lison-Pramaggiore, auf stark tonhaltigen Böden, die klimatisch von der Nähe der Adria profitieren. Der Carline Rosso '11 ist ein Bordeaux-Verschnitt mit einem Hauch Refosco dal Peduncolo Rosso, in der Nase intensive Aromen von Frucht, Tabak und Heublumen, mit feiner Eiche im Hintergrund. Am Gaumen würzig, getragen von geschliffenen Tanninen, schlank und lang anhaltend. Der Dogale ist hingegen ein Verduzzo aus spät gelesenen und danach getrockneten Trauben, der sich mit Nuancen von Datteln und Karamell, kandierter Marille und Nuss zum Ausdruck bringt.

○ Dogale Passito	🍷🍷 3
● Carline Rosso '11	🍷🍷 3
● Lison-Pramaggiore Refosco P.R. senza solfiti aggiunti '13	🍷🍷 2*
○ Lison Cl. '13	🍷 2
● Lison-Pramaggiore Refosco P.R. '13	🍷 2
○ Venezia Pinot Grigio '13	🍷 2
● Carline Rosso '10	🍷🍷 3
● Carline Rosso '07	🍷🍷 4
● Carline Rosso '07	🍷🍷 4
○ Lison Cl. '12	🍷🍷 2*

Carpenè Malvolti
VIA ANTONIO CARPENÈ, 1
31015 CONEGLIANO [TV]
TEL. +39 0438364611
www.carpene-malvolti.com

BESUCH NACH VORANMELDUNG
JAHRESPRODUKTION 5.300.000 Flaschen
REBFLÄCHE 26 Hektar

Carpené Malvolti ist weltweit die vielleicht bekannteste Prosecco-Marke, was man einer fast 150jährigen Geschichte und einer Jahresproduktion von über 5 Millionen Flaschen verdankt, davon überwiegend eben Prosecco Superiore. Nur einige Hektar eigener Weinberge, die große Stärke des Unternehmens liegt in der engen Verbindung zu einem dichten Netz von Winzern, die ihre Trauben abliefern und sich wie Gesellschafter fühlen. Das Traubengut wird ausschließlich zu Schaumweinen verarbeitet, natürlich nach Charmat-Methode, nur ein kleiner Teil Metodo Classico. Nur zwei Weine werden vom berühmten Weinhaus in Conegliano abgeliefert, der Extra Dry 1868 und der gleichnamige Cartizze. Der erste, ein Spumante, spielt seine Trümpfe mit einem finessenreichen Aroma aus, das von klarer, knackiger weißer Frucht bestimmt wird, perfekt umgesetzt am Gaumen, wo der Wein mit einem soliden Körper und einem trockenen, langen Trinkgenuss aufwartet. Explosiver und reif der Cartizze, der dank höherer Dosage gelbe, fleischige Frucht gewinnend zum Ausdruck bringt.

○ Cartizze 1868	🍷🍷 5
○ Conegliano Valdobbiadene Extra Dry 1868	🍷🍷 3

VENETIEN

Casa Cecchin
VIA AGUGLIANA, 11
36054 MONTEBELLO VICENTINO [VI]
TEL. +39 0444649610
www.casacecchin.it

DIREKTVERKAUF
BESUCH NACH VORANMELDUNG
JAHRESPRODUKTION 25.000 Flaschen
REBFLÄCHE 6 Hektar

Die Familie Cecchin, Renato und Tochter Roberta, haben den Verlockungen der Märkte widerstanden und produzieren nach wie vor nur ihre Garganega und Durella, sehr schwierige Sorten, die aber bei guter Pflege ein großartiges Bündnis zwischen Rebe und Terroir zum Ausdruck bringen können. Zum Weingut gehören circa sechs Hektar auf alten Vulkanböden, wo weiße Rebsorten optimale Bedingungen für eine langsame, gleichmäßige Reifung vorfinden. Sie liefern dem Betrieb die Basis für angenehm nervige Weine von gutem Extrakt. Nur Durella und Garganega im Hause Cecchin, gefertigt in diversen Interpretationen - von Spumante bis Passito. Diesmal ist die von der Kellerei in Via Agugliana abgelieferte Flaschenbatterie ganz den Stillweinen gewidmet, herausragend durch Charakter und Präzision der Durello Pietralava '12. Zart, aber gut gegliedert das Bouquet, weiße Frucht, Heublumen, mit einem feinen Mineralhauch. Am Gaumen beweist ein nur scheinbar leichter Körper Fülle und Spannung, die aus der typischen Säure der Rebe kommen.

○ Lessini Durello Il Durello '13	♟♟ 2*
○ Lessini Durello Pietralava '12	♟♟ 2*
○ Gambellara San Nicolò '13	♟ 2
○ Lessini Durello Vivace Mandégolo '13	♟ 2
○ Gambellara Cl. San Nicolò '11	♟♟ 2*
○ Lessini Durello Brut M. Cl. Ris. '08	♟♟ 3
○ Lessini Durello Il Durello '11	♟♟ 2*
○ Lessini Durello Passito Il Duello '09	♟♟ 5
○ Lessini Il Durello '12	♟♟ 2*
○ Recioto Cl. Gambellara Le Ginestre '08	♟♟ 4

Casa Roma
VIA ORMELLE, 19
31020 SAN POLO DI PIAVE [TV]
TEL. +39 0422855339
www.casaroma.com

DIREKTVERKAUF
BESUCH NACH VORANMELDUNG
JAHRESPRODUKTION 250.000 Flaschen
REBFLÄCHE 17 Hektar

Das Anbaugebiet Piave hat eine lange Tradition im Weinbau, die nie unterbrochen wurde. Aber die meisten historischen Reben wurden allmählich durch Bordeaux-Sorten ersetzt, ausgenommen nur die Raboso, die mit einem immer noch erklecklichen Anteil die charakteristische rote Traube der Denomination ist. Der Betrieb von Gigi Peruzzetto hat sich seine Identität bewahrt, mit dem Raboso als dem wichtigsten Wein und mit großer Aufmerksamkeit auch für weniger bekannte Sorten wie die Züchtungen von Professor Manzoni und die Marzemina Bianca. Weniger als 20 Hektar Rebland, das mit Liebe und Sorgfalt gepflegt wird. Die Produktion verfolgt einen Stil, der immer eine sofortige Trinkbarkeit im Auge behält, das zeigt sehr schön der San Dordi, ein Manzoni Bianco mit kurzem Verbleib auf der Maische, der sich durch klare Aromen in Szene setzt, mit gelber Frucht, durchzogen von einer mineralischen Note und Heublumen, die im soliden, rassigen Gaumen ihre perfekte Entsprechung finden.

● Piave Raboso '09	♟♟ 4
● Pro Fondo Rosso Frizzante '13	♟♟ 2*
○ San Dordi '13	♟♟ 2*
○ Marzemina Bianca '13	♟ 3
● Piave Carmenère '13	♟ 2
○ Piave Manzoni Bianco '13	♟ 2
● Venezia Cabernet Sauvignon '13	♟ 2
○ Venezia Chardonnay '13	♟ 2
○ Venezia Pinot Grigio '13	♟ 2
○ Nesio Brut M. Cl. '09	♟♟ 5
● Piave Malanotte '09	♟♟ 6

VENETIEN

Case Paolin
VIA MADONNA MERCEDE, 53
31040 VOLPAGO DEL MONTELLO [TV]
TEL. +39 0423871433
www.casepaolin.it

DIREKTVERKAUF
BESUCH NACH VORANMELDUNG
JAHRESPRODUKTION 74.000 Flaschen
REBFLÄCHE 10 Hektar
WEINBAU Biologisch anerkannt

Der Betrieb der Brüder Pozzobon umfasst rund zehn Hektar in der Denomination des Montello, die teils in der Ebene und teils im Hügelland liegen. Von den Weinbergen rund um den Keller kommen die Trauben für die einfacheren Weine, aus den Hügellagen der Rohstoff für die anspruchsvolleren San Carlo, Santi Angeli und Asolo. Der Weinbau wurde auf biologische Bewirtschaftung umgestellt und heute hat man die Errichtung eines neuen Kellers im Programm. Stilistisch setzt man auf Extrakt und Spannung, eingebettet in eine große, aromatische Reintönigkeit. Der San Carlo ist ein Bordeaux-Verschnitt, beginnt in der Nase verschlossen und fast abweisend, aber entfaltet sich dann langsam mit roten Beeren, aromatischen Kräutern und feiner Würze. Am Gaumen ist Konzentration kein Selbstzweck, sondern unterstützt einen vollmundigen, saftigen Gaumen mit schönen, noch lebhaften Tanninen. Sehr interessant der Santi Angeli, ein Manzoni Bianco, tropische Frucht und Agrumen im Duft.

- ○ Asolo Brut ▼▼ 2*
- ○ Manzoni Bianco Santi Angeli '12 ▼▼ 2*
- ● Montello e Colli Asolani Sup.
  San Carlo '11 ▼▼ 4
- ○ Soér Passito '11 ▼▼ 4
- ○ Prosecco di Treviso Frizzante ▼ 2
- ● Cabernet '13 ▼ 2
- ○ Manzoni Bianco Santi Angeli '10 ♀♀ 2*
- ● Montello e Colli Asolani
  Rosso del Milio '10 ♀♀ 3
- ● Montello e Colli Asolani
  Rosso del Milio '09 ♀♀ 3*
- ● Montello e Colli Asolani Sup.
  San Carlo '09 ♀♀ 4
- ● Montello e Colli Asolani Sup.
  San Carlo '08 ♀♀ 4

Michele Castellani
FRAZ. VALGATARA
VIA GRANDA, 1
37020 MARANO DI VALPOLICELLA [VR]
TEL. +39 0457701253
www.castellanimichele.it

DIREKTVERKAUF
BESUCH NACH VORANMELDUNG
JAHRESPRODUKTION 350.000 Flaschen
REBFLÄCHE 50 Hektar

Die Geschichte der Kellerei Castellani beginnt sofort nach dem 2. Weltkrieg, aber erst in den 1990er Jahren erhält der Betrieb seine heutige Form, als Sergio die Zügel im Familienbetrieb übernimmt und seine Entwicklung vorantreibt. Heute kann der Betrieb zwischen eigenen und direkt bewirtschafteten Rebflächen auf rund vierzig Hektar zählen, die gemeinsam mit Sohn Michele betreut werden, während sich die Töchter Mara und Martina um Verwaltung und Vertrieb kümmern. Im großen, zweckmäßigen Keller von Valgatara entsteht eine beachtliche Produktion, die stilistisch vor allem mit Kraft aufwarten kann. Ca' del Pipa ist die anspruchsvolle Linie und der Amarone Cinquestelle ihr Spitzenwein. In der Nase der Duft von getrockneten roten Beeren und Kakao, erfrischt durch einen Hauch von aromatischen Kräutern. Am Gaumen vollmundig, fleischig, geschliffene Tannine und langes Finale. Vorzüglich die beiden Recioto, die üppige Süße mit der natürlichen Spannung verbinden, die aus der charakteristischen Säure ihrer Trauben kommt.

- ● Amarone della Valpolicella Cl.
  Cinquestelle Collezione Ca' del Pipa '10 ▼▼ 7
- ● Amarone della Valpolicella Cl.
  Campo Casalin I Castei '10 ▼▼ 6
- ● Recioto della Valpolicella Cl.
  Il Casale Ca' del Pipa '11 ▼▼ 6
- ● Recioto della Valpolicella Cl.
  Monte Fasenara I Castei '11 ▼▼ 5
- ● Valpolicella Cl. Campo del Biotto
  I Castei '13 ▼▼ 2*
- ● Valpolicella Cl. Sup. Ripasso
  Costamaran I Castei '12 ▼ 3
- ● Recioto della Valpolicella Cl.
  Le Vigne Ca' del Pipa '99 ♀♀ 6
- ● Recioto della Valpolicella Cl.
  Monte Fasenara I Castei '10 ♀♀ 5
- ● Valpolicella Cl. Sup. Ripasso
  Costamaran I Castei '11 ♀♀ 3

VENETIEN

Cavalchina
LOC. CAVALCHINA
FRAZ. CUSTOZA
VIA SOMMACAMPAGNA, 7
37066 SOMMACAMPAGNA [VR]
TEL. +39 045516002
www.cavalchina.com

DIREKTVERKAUF
BESUCH NACH VORANMELDUNG
JAHRESPRODUKTION 445.000 Flaschen
REBFLÄCHE 30 Hektar

Wenn der Custoza langsam wieder eine führende Rolle in der Szene der Veroneser Weißweine spielt, ist das Kellereien wie der von Luciano und Franco Piona zu verdanken. Mit rund dreißig Hektar zwischen Mincio und Valpolicella konnte man dem Custoza nicht nur zu neuer Anerkennung verhelfen, sondern auch zu einer absoluten Qualität. Heute gliedert sich Cavalchina in drei Territorien mit ebenso vielen Betrieben: Prendina im Hügelland von Mantua, Terre d'Orti im Valpolicella und natürlich Cavalchina für Custoza- und Bardolino-Weine. Wirklich umfangreich das Sortiment der Gebrüder Piona, in dem der hochkarätige Custoza Amedeo die Glanzpunkte setzt. Auch diesmal beeindruckt der Duft mehr durch Breite und Finesse als durch Intensität, ergibt einen soliden, saftigen, sehr raffinierten Gaumen, mit einem feinen, kaum wahrnehmbaren Hauch von Eiche. Vorzüglich auch der Garganega Paroni, der mehr auf Reichtum setzt, ohne aber auf Tiefe und Spannung zu vergessen.

○ Custoza Sup. Amedeo '12	🍷🍷🍷 3*
● Amarone della Valpolicella Torre d'Orti '10	🍷🍷 6
● Bardolino '13	🍷🍷 2*
● Bardolino Sup. S. Lucia '12	🍷🍷 3
● Garda Cabernet Sauvignon Vign. Il Falcone La Prendina '11	🍷🍷 4
○ Garda Garganega Paroni La Prendina '12	🍷🍷 3
● Garda Merlot Faial La Prendina '11	🍷🍷 5
○ Garda Riesling Paroni La Prendina '13	🍷🍷 2*
⊙ La Rosa Passito '13	🍷🍷 2*
○ Passito Bianco '11	🍷🍷 2*
○ Sauvignon Valbruna La Prendina '12	🍷🍷 2*
● Bardolino Chiaretto '13	🍷 2
○ Custoza '13	🍷 2
● Garda Merlot La Prendina '13	🍷 2
● Valpolicella Sup. Morari Torre d'Orti '11	🍷 4

Cavazza
C.DA SELVA, 22
36054 MONTEBELLO VICENTINO [VI]
TEL. +39 0444649166
www.cavazzawine.com

DIREKTVERKAUF
BESUCH NACH VORANMELDUNG
JAHRESPRODUKTION 860.000 Flaschen
REBFLÄCHE 150 Hektar

Der Betrieb der Gebrüder Cavazza entsteht in der Zwischenkriegszeit, aber erst in den 1950er Jahren erfolgt der erste Qualitätssprung und die Rebflächen werden von Gambellara auf die nahen Colli Berici ausgedehnt, aus denen nunmehr die wichtigsten Etiketten kommen. Die Weine werden natürlich getrennt gefertigt, Gambellara ist zur Gänze der Garganega in allen ihren Versionen gewidmet, in den Colli Berici reifen die Trauben der roten Bordeaux-Sorten, mit wertvollen Anteilen von Syrah und der roten Traditionsrebe Tai. Gerade aus Gut Cicogna kommen die überzeugendsten Etiketten des Hauses Cavazza, allen voran der Cabernet '11. Das mediterrane Ambiente in dieser Ecke Venetiens beschert große, fruchtige Intensität, in der würzige Noten und Heilkräuter für die nötige Frische sorgen. Am Gaumen vollmundig und von schönen, lebendigen Tanninen. Der Merlot '11 ist reifer und komplexer in der Nase, am Gaumen würzig und dicht anliegend.

● Colli Berici Cabernet Cicogna '11	🍷🍷 4
● Colli Berici Merlot Cicogna '11	🍷🍷 4
○ Gambellara Cl. Creari '12	🍷🍷 3
○ Recioto di Gambellara Cl. Capitel S. Libera '10	🍷🍷 4
○ Colli Berici Tocai Rosso Corallo '12	🍷 3
○ Gambellara Cl. La Bocara '13	🍷 2
● San Martino '11	🍷 3
● Colli Berici Cabernet Cicogna '10	🍷🍷 4
● Colli Berici Merlot Cicogna '10	🍷🍷 4
● Colli Berici Merlot Cicogna '09	🍷🍷 4
● Syrah Cicogna '11	🍷🍷 4

VENETIEN

Giorgio Cecchetto
FRAZ. TEZZE DI PIAVE
VIA PIAVE, 67
31028 VAZZOLA [TV]
TEL. +39 043828598
www.rabosopiave.com

DIREKTVERKAUF
BESUCH NACH VORANMELDUNG
JAHRESPRODUKTION 200.000 Flaschen
REBFLÄCHE 73 Hektar

Das Piave-Gebiet, das sich von den Voralpen bis zur Adria erstreckt, gibt vor allem den internationalen Sorten Raum, mit einigen Anteilen von Reben, die eine lange Vergangenheit auf diesem Boden haben: Manzoni Bianco und Raboso. Der Betrieb von Giorgio und Cristina Cecchetto hat immer schon an die historische rote Rebe geglaubt und sie zum Symbol des Hauses gemacht. Fast dreißig Jahre nach seinem Debüt, kann Giorgio heute auf über 70 Hektar Weinberg in drei verschiedenen Gebieten zählen: Tezze di Piave, Lorenzaga di Motta di Livenza und Cornuda für die Produktion des Prosecco. Durch die in den Jahren erworbene, einfühlsame Erfahrung im Trocknen der Raboso-Trauben, kann Giorgio jetzt mit dem Gelsaia einen großartigen Malanotte '11 vorlegen, Roter mit Früchtekompott und Gewürzen, erfrischt durch Nuancen von Heilkräutern im Duft, der sich am Gaumen, getragen von der typischen Säure, füllig und fleischig entwickelt. Der Sante ist hingegen ein Merlot, der sich im Aroma fruchtig und mit pflanzlichen Noten darbietet, am Gaumen schlank und getragen von trockenen, strengen Tanninen.

● Raboso Passito RP	🏆🏆 4
● Malanotte Gelsaia '11	🏆🏆 5
● Merlot Sante Rosso '11	🏆🏆 3
○ Manzoni Bianco '13	🏆 2
● Piave Cabernet Sauvignon '13	🏆 2
● Gelsaia '07	🍷🍷 3
● Malanotte Gelsaia '09	🍷🍷 5
● Merlot Sante Rosso '10	🍷🍷 3
● Merlot Sante Rosso '09	🍷🍷 3*
● Piave Merlot Sante '08	🍷🍷 3
● Piave Merlot Sante '07	🍷🍷 3
⊙ Rosa Bruna Cuvée 21 Brut M.Cl. '10	🍷🍷 3

Gerardo Cesari
LOC. SORSEI, 3
37010 CAVAION VERONESE [VR]
TEL. +39 0456260928
www.cesariverona.it

DIREKTVERKAUF
BESUCH NACH VORANMELDUNG
JAHRESPRODUKTION 1.600.000 Flaschen
REBFLÄCHE 110 Hektar

Die Caviro-Gruppe hat eine Beteiligung an der Kellerei Gerardo Cesari übernommen, aber die technische Leitung ist rigoros in Händen der Familie verblieben. Die Rebflächen erstrecken sich auf rund hundert Hektar und liegen in verschiedenen Denominationen, was die Präsenz von zwei Produktionsstätten plausibel macht. In den Anlagen von San Floriano, im Herzen der Valpolicella Classica, finden alle Phasen der Produktion von Amarone und Valpolicella statt, die nach langen Reifespannen in die Regale kommen, während am Standort Cavaion alle übrigen Weine gefertigt werden. Im Fokus bei den Spitzentropfen die Veroneser Weine, mit dem Amarone Bosan an der Spitze unserer Vorlieben; acht Jahre nach der Lese präsentiert er sich tief und komplex im Aroma, in dem überreife Frucht in der Begleitung von würzigen Noten und mineralischen Anflügen daherkommt. Die Solidität am Gaumen, unterstützt durch geschliffene Tannine und eine feine Säureader, beschert einen langen, gewinnenden Trinkgenuss.

● Amarone della Valpolicella Bosan '06	🏆🏆 8
● Amarone della Valpolicella Cl. Il Bosco '08	🏆🏆 7
○ Lugana Cento Filari '13	🏆🏆 3
● Valpolicella Sup. Ripasso Bosan '11	🏆🏆 5
● Amarone della Valpolicella Cl. '10	🏆 6
● Jèma Corvina Veronese '10	🏆 5
● Valpolicella Sup. Ripasso Mara '12	🏆 3
● Amarone della Valpolicella Bosan '05	🍷🍷 8
● Amarone della Valpolicella Cl. '07	🍷🍷 5
● Amarone della Valpolicella Cl. Il Bosco '07	🍷🍷 7
● Amarone della Valpolicella Cl. Il Bosco '05	🍷🍷 7
● Valpolicella Sup. Ripasso Mara '10	🍷🍷 3

VENETIEN

Italo Cescon

FRAZ. RONCADELLE
P.ZZA DEI CADUTI, 3
31024 ORMELLE [TV]
TEL. +39 0422851033
www.cesconitalo.it

DIREKTVERKAUF
BESUCH NACH VORANMELDUNG
JAHRESPRODUKTION 800.000 Flaschen
REBFLÄCHE 115 Hektar
WEINBAU Biologisch anerkannt

Gloria, Graziella und Domenico Cescon haben die Entwicklung in ihrem Betrieb vorangetrieben, den ihr Vater Italo in den 1950er Jahren gegründet hatte. Wenn man sich früher mit der Linie Tralcetto identifizierte, gut gemachte, aber einfache, süffige Weine, erfordert der heutige, höhere Qualitätsanspruch neue Aufmerksamkeit, ohne die Vergangenheit zu verleugnen. Ein neues Weinbaukonzept führte zur Erweiterung der Rebflächen auf rund hundert Hektar, während im Keller eine Linie auf hohem Qualitätsniveau entstanden ist, die den Wert ihres Terroirs zum Ausdruck bringen will, aber stilistisch weiterhin auf Wohlgeruch und leichten Trinkgenuss setzt. Die Mühe für die Manzoni Bianco beginnt sich zu lohnen und die Geschwister Cescon, die zu den interessantesten Interpreten dieser Rebe gehören, legen einen Weißen mit guter Lagerfähigkeit vor. Die ungefilterte Version des Jahrgangs 2012 ist strohgelb, in der Nase satter Geruch von gelber Frucht und Agrumen, die eine feine Eiche in den Hintergrund drängen. Am Gaumen vollmundig und vor allem würzig, schlank und rassig.

● Amaranto 72 '11	🍷🍷 5
● Chieto '11	🍷🍷 3
○ Manzoni Bianco Non Filtrato '12	🍷🍷 3
○ Prosecco di Treviso Extra Dry	🍷 3
○ Manzoni Bianco Svejo '13	🍷 3
○ Sauvignon Mejo '13	🍷 3
● Chieto '10	🍷🍷 3
● Chieto '09	🍷🍷 3
● Chieto '08	🍷🍷 3
○ Manzoni Bianco '10	🍷🍷 2*
○ Manzoni Bianco '09	🍷🍷 2*
○ Manzoni Bianco '08	🍷🍷 2*
○ Manzoni Bianco Non Filtrato '11	🍷🍷 3
○ Manzoni Bianco Svejo '11	🍷🍷 2*
○ Manzoni Bianco Svejo '10	🍷🍷 2*

Coffele

VIA ROMA, 5
37038 SOAVE [VR]
TEL. +39 0457680007
www.coffele.it

DIREKTVERKAUF
BESUCH NACH VORANMELDUNG
JAHRESPRODUKTION 120.000 Flaschen
REBFLÄCHE 25 Hektar

Im historischen Zentrum von Soave steht die Kellerei der Geschwister Coffele, wenn auch das eigentliche Herz in Castelcerino schlägt, wenige Kilometer nördlich und fast dreihundert Meter höher, wo die 25 Hektar Weinberg und die Räumlichkeiten zum Trocknen der Trauben liegen. Kultiviert werden im Wesentlichen die Reben für die Erzeugung des Soave, es fehlen aber auch nicht einige Zeilen mit roten Sorten, die vielleicht mehr als Herausforderung gedacht sind. Der Stil des Hauses hat seine Stärke in Reintönigkeit und aromatischem Wohlgeruch, verbunden mit einem straffen Profil. Der Recioto Le Sponde glänzt diesmal mit der Intensität der Aromen, mit deutlichen, zitrusfruchtigen und blumigen Nuancen und schöner, pflanzlicher Ader, die für mehr Finesse und Frische im Ausdruck sorgt. Am Gaumen deutliche Süße, aber dank würziger Säure ist der Wein dennoch straff und schlank. Überzeugende Vorstellung des Ca' Visco, der Soave hat in den letzten Jahren an Reichtum gewonnen, aber bleibt seinem Ideal von Finesse und Anmut treu. Im Aroma noch sehr frisch, besticht am Gaumen durch Solidität und Länge.

○ Recioto di Soave Cl. Le Sponde '12	🍷🍷 5
○ Soave Cl. Ca' Visco '13	🍷🍷 3*
○ Soave Cl. Alzari '12	🍷🍷 3
○ Terra Crea Passito '08	🍷🍷 8
○ Soave Cl. '13	🍷 3
○ Recioto di Soave Cl. Le Sponde '09	🍷🍷🍷 5
○ Soave Cl. Ca' Visco '05	🍷🍷🍷 3*
○ Soave Cl. Ca' Visco '04	🍷🍷🍷 2
○ Soave Cl. Ca' Visco '03	🍷🍷🍷 2
○ Soave Cl. Alzari '11	🍷🍷 3*
○ Soave Cl. Alzari '10	🍷🍷 3*
○ Soave Cl. Alzari '09	🍷🍷 3
○ Soave Cl. Ca' Visco '12	🍷🍷 3*
○ Soave Cl. Ca' Visco '10	🍷🍷 3*

VENETIEN

Col Vetoraz

Fraz. Santo Stefano
S.da delle Tresiese, 1
31040 Valdobbiadene [TV]
Tel. +39 0423975291
www.colvetoraz.it

DIREKTVERKAUF
BESUCH NACH VORANMELDUNG
JAHRESPRODUKTION 800.000 Flaschen
REBFLÄCHE 12 Hektar

Obwohl Col Vetoraz erst vor knapp zwanzig Jahren entstanden ist, gehört der Betrieb bereits zu den angesehensten und beliebtesten in seinem Gebiet. Gegründet von Francesco Miotto, Paolo De Bortoli und Loris Dall'Acqua, verfügt man heute über ein Dutzend Hektar Eigengrund und kann auf eine erkleckliche Zahl von Weinbauern zählen, die in allen Phasen betreut werden und ihr Traubengut an die Kellerei des Hauses abliefern. Das Erfolgsgeheimnis ist in der stilistischen Präzision der gesamten Produktion zu suchen, die aus einem hochwertigen Traubengut Weine von aromatischer Raffinesse und einem saftigen Trinkgenuss keltert. Der Dry Millesimato vertritt diesen Stil perfekt, mit intensiven Aromen von Agrumen und frischen Blumen, am Gaumen eine sehr schöne Ausgewogenheit von Säure und Süße, anmutig begleitet von der feinen Perlage. Die Version Extra Dry besticht durch Aromavielfalt, mit weißer Frucht, die sich mitunter hinter blumigen Noten von Lindenblüten und Glyzinien versteckt und dann wieder gemeinsam mit Patisserie und Konfekt hervorkommt.

○ Valdobbiadene Brut	🍷🍷 3
○ Valdobbiadene Extra Dry	🍷🍷 3
○ Valdobbiadene Dry Mill. '13	🍷🍷 3
○ Cartizze '13	🍷 4
○ Valdobbiadene Dry Mill. '12	🍷🍷 3*
○ Valdobbiadene Dry Mill. '11	🍷🍷 3

Le Colture

Fraz. Santo Stefano
via Follo, 5
31049 Valdobbiadene [TV]
Tel. +39 0423900192
www.lecolture.it

DIREKTVERKAUF
BESUCH NACH VORANMELDUNG
UNTERKUNFT
JAHRESPRODUKTION 700.000 Flaschen
REBFLÄCHE 40 Hektar

Die Geschichte der Familie Ruggeri und von Le Colture liegt weit in der Vergangenheit, auch wenn man sich erst in den letzten Jahrzehnten als führender Betrieb in diesem vielfältigen Territorium durchsetzen konnte. Die Stärke bezieht man in erster Linie aus einer soliden Basis im Weinberg, was in dieser Zone gar nicht alltäglich ist. Bewirtschaftet werden über vierzig Hektar, die vorwiegend der Glera vorbehalten sind. Erzeugt wird derzeit fast ausschließlich Prosecco Spumante, der in den verschiedenen Typologien mit Präzision und territorialem Charakter interpretiert wird. Sein Debüt gibt mit der Lese 2013 der neue Brut des Hauses, der Rive di Santo Stefano Gerardo, den Silvia, Veronica, Alberto und ihr Vater Cesare dem Andenken des Großvaters widmen. In wenigen tausend Flaschen gefertigt, glänzt er mit einem raffinierten Bouquet von heller Frucht bis zu blumigen Anklängen, um sich am Gaumen schmackhaft und dynamisch, in perfekter Harmonie mit der Perlage, darzubieten. Vorzüglich der Cartizze, trinkbereit und saftig am Gaumen, während der Pianer, ein Extra Dry, mit der Finesse seiner Aromen und der Harmonie am Gaumen zu gefallen weiß.

○ Cartizze	🍷🍷 3
○ Valdobbiadene Brut Fagher	🍷🍷 3
○ Valdobbiadene Dry Cruner	🍷🍷 2*
○ Valdobbiadene Extra Dry Pianer	🍷🍷 2*
○ Valdobbiadene Sup. Rive di Santo Stefano Brut Gerardo '13	🍷🍷 3
⊙ Rosé Brut	🍷 3
○ Valdobbiadene Extra Dry Prime Gemme '13	🍷 3
○ Valdobbiadene Prosecco Frizzante Mas	🍷 2

VENETIEN

Contrà Soarda
Loc. Contrà Soarda, 26
36061 Bassano del Grappa [VI]
Tel. +39 0424505562
www.contrasoarda.it

DIREKTVERKAUF
BESUCH NACH VORANMELDUNG
GASTRONOMIE
JAHRESPRODUKTION 80.000 Flaschen
REBFLÄCHE 20 Hektar

Das Gebiet von Bassano liefert interessante Anreize für den Weinbau: die Hügel sind ursprünglich vulkanischen Ursprungs, die Ebene beschert heiße, sonnige Tage, während aus dem nahen Valsugana kühle Nordwinde heranwehen und für nächtliche Abkühlung sorgen. Hier sind seit fünfzehn Jahren Mirco Gottardi und seine Frau Gloria am Werk, mittlerweile unterstützt von Sohn Marcello. Die zwölf Hektar Weinberg, eingebettet zwischen den Hügeln und daher mit kühleren Temperaturen, sind mit Reben der lokalen Tradition bestockt, unter die sich erfolgreich einige internationale mischen. Der bedeutendste Wein von Contrà Soarda ist der Vigna Correjo, der Pinot Nero hat in diesen Hügeln eine begünstigte Oase, um seine aromatischen und geschmacklichen Vorzüge voll zur Geltung zu bringen. Erinnert im Duft an Waldbeeren und Gewürze, mit einem tiefen Fleischhauch im Hintergrund. Am Gaumen von mittlerem Körper, aber gut unterstützt durch Säure und Tannine für einen trockenen, soliden Trinkgenuss. Ebenfalls überzeugen kann der Terre di Lava Riserva '06, reicher, komplexer Merlot der erst nach langer Reife im Keller die Freigabe erhält.

● Breganze Rosso Terre di Lava Ris. '06	♕♕	5
● Contrà Soarda '10	♕♕	3
● Marzemino Nero Gaggion '11	♕♕	3
● Vigna Correjo '11	♕♕	7
○ Breganze Torcolato Sarson '11	♕	5
○ Breganze Vespaiolo Soarda '13	♕	3
○ Breganze Vespaiolo Vignasilan '11	♕	4
○ Il Pendio '12	♕	3
● Breganze Rosso Terre di Lava Ris. '05	♕♕	5
● Contrà Soarda '09	♕♕	3
● Vigna Correjo '10	♕♕	7

Corte Gardoni
Loc. Gardoni, 5
37067 Valeggio sul Mincio [VR]
Tel. +39 0457950382
www.cortegardoni.it

DIREKTVERKAUF
BESUCH NACH VORANMELDUNG
JAHRESPRODUKTION 200.000 Flaschen
REBFLÄCHE 25 Hektar

Südlich vom Gardasee wird das Land sanft wellig und die Weinberge breiten sich zwischen den von den Moränen gebildeten Falten aus. Hier gedeihen vor allem Custoza und Bardolino. In diesem Ambiente bewirtschaftet die Familie Piccoli seit mehr als dreißig Jahren ihren Betrieb mit über fünfzig Hektar, die abwechselnd für den Wein- und den Obstbau genutzt werden. Seit einigen Jahren konzentriert man sich jedoch fast völlig auf den Weinbau, wobei sich das Territorium als besonders begünstigt für raffinierte, langlebige Tropfen erweist. Bardolino Pradicà '12 und Custoza Mael '13 gehören zu den interessantesten Weinen der Region, die stilistisch modern die Werte und Traditionen dieses Landes zum Ausdruck bringen. Der Pradicà, ein Bardolino Superiore, beschert im Aroma rote Frucht und Gewürze, balsamisch umweht, am Gaumen straff und raffiniert. Der Mael spielt eher mit der frischen Finesse der Aromen, erweist sich am Gaumen als scheinbar schlank, aber mit einem guten Schwung für ein langes Finale.

○ Custoza Mael '13	♕♕♕	3*
● Bardolino Sup. Pradicà '12	♕♕	3*
● Bardolino Le Fontane '13	♕♕	2*
● Becco Rosso '12	♕♕	3
○ Custoza '13	♕♕	2*
○ Fenili Passito '09	♕	5
● Rosso di Corte '11	♕♕	4
● Bardolino Chiaretto '13	♕	2
○ Bianco di Custoza Mael '09	♕♕♕	2*
○ Bianco di Custoza Mael '08	♕♕♕	2*
○ Custoza Mael '11	♕♕♕	3*
● Bardolino Sup. Pradicà '10	♕♕	3*
● Bardolino Sup. Pradicà '09	♕♕	4

VENETIEN

Tenuta Corte Giacobbe
Via Moschina, 11
37030 Roncà (VR)
Tel. +39 0457460110
www.vinidalcero.com

DIREKTVERKAUF
BESUCH NACH VORANMELDUNG
JAHRESPRODUKTION 60.000 Flaschen
REBFLÄCHE 20 Hektar

Die Familie Dal Cero bewirtschaftet sowohl Gut Roncà in der Denomination Soave als auch den Besitz von Cortona, in der Toskana, wo vorwiegend die Syrah gezogen wird. Am interessantesten sind die Ergebnisse aus den Weinbergen in Venetien, zwanzig Hektar auf vulkanischen Böden, die vor allem der Garganega, historische Rebe in diesem Winkel der Region, gewidmet sind. Die Verbundenheit mit dem eigenen Boden und den Reben ermöglicht es der Familie Dal Cero, ein hochwertiges Traubengut zu erhalten, aus dem gediegene, straffe Weine gekeltert werden. Großartig der Soave Runcata '12, ein Weißer aus dem Hügelland, das die Kellerei überragt, und der in Eiche zur Reife kommt. In der Nase das ungestüme Aroma von weißer, reifer Frucht mit einer feinen, noch schüchternen Mineralität, die sich am Gaumen würzig und straff entfaltet und zum langen, überzeugenden Finale überleitet. Eine Neuerscheinung bei Schaumweinen, neben einem Brut, der seinen angenehmen Charakter bestätigt, ist der Cuvée Augusto, der mit Solidität und Dynamik am Gaumen zu gefallen weiß.

○ Soave Sup. Runcata '12	🍷🍷 2*
○ Brut M. Cl.	🍷🍷 2*
○ Dosaggio Zero M. Cl. Cuvée Augusto '09	🍷🍷 2*
○ Pinot Grigio '13	🍷 2
○ Pinot Grigio Ramato '13	🍷 2
○ Soave Runcata '10	🍷🍷 2*
○ Soave Runcata '09	🍷🍷 2*
○ Soave Sup. Runcata '11	🍷🍷 2*

Corte Moschina
Via Moschina, 1
37030 Roncà (VR)
Tel. +39 0457460788
www.cortemoschina.it

DIREKTVERKAUF
BESUCH NACH VORANMELDUNG
JAHRESPRODUKTION 70.000 Flaschen
REBFLÄCHE 28 Hektar

Wir haben im letzten Jahr zu Recht unser Vertrauen in den Betrieb von Roncà gesetzt. Ein Jahr später bestätigt sich nicht nur die Präsenz in unserem Führer, dank einer Produktion, die einen überzeugenden, neuen Wein vorstellt und die historischen verbessert hat, kann man seine Position sogar noch stärken. Mit den knapp unter dreißig Hektar, die sich im östlichen Teil der Denomination Soave ausbreiten, erhalten die Brüder Alessandro und Giacomo, immer noch mit den Eltern Patrizia und Silvano an ihrer Seite, Trauben von hoher Qualität, die aufmerksam und rigoros interpretiert werden. Die Neuheit bildet der Soave Evaos '13, ein Weißer, modern in der Aufmachung, der im Glas eine sehr traditionelle Seele enthüllt, die eng mit dem vulkanischen Terroir seiner Herkunft verbunden ist. Wartet in der Nase mit heller Frucht und Blumen auf und entfaltet am Gaumen einen soliden Körper, energisch und schmackhaft. Einen Qualitätssprung hat der Tarai '12 geschafft, ein Soave aus überreifen Trauben, der teilweise im Eichenfass ausgebaut wird.

○ Soave I Tarai '12	🍷🍷 3*
○ Lessini Durello Extra Brut M. Cl. '10	🍷🍷 4
○ Recioto di Soave Incanto '10	🍷🍷 4
○ Soave Evaos '13	🍷🍷 2*
○ Soave Roncathe '13	🍷🍷 2*
○ Lessini Durello Extra Brut Ris. '08	🍷 5
○ Recioto di Soave Incanto '08	🍷🍷 4
○ Soave I Tarai '11	🍷🍷 3
○ Soave I Tarai '10	🍷🍷 3*
○ Soave I Tarai '09	🍷🍷 3

VENETIEN

Corte Rugolin
Fraz. Valgatara
Loc. Rugolin, 1
37020 Marano di Valpolicella [VR]
Tel. +39 0457702153
www.corterugolin.it

DIREKTVERKAUF
BESUCH NACH VORANMELDUNG
JAHRESPRODUKTION 80.000 Flaschen
REBFLÄCHE 12 Hektar

Elena und Federico Coati nehmen Ende 1990 die Zügel im Familienbetrieb Corte Rugolin in die Hand und führen tiefgreifende Veränderungen durch. Einschneidend vor allem die Eingriffe im Keller, wo die Anlagen, angefangen bei den Fässern, erneuert werden. Mittlerweile bewirtschaften sie rund zwölf Hektar in begünstigten Zonen der Denomination, die besonderen Edellagen befinden sich am Monte Danieli in Castelrotto und auf der Conca d'Oro in Sant'Ambrogio, wo die Weinstöcke bereits über fünfzig Jahre alt sind. Sehr traditionsbewusst bleibt der Stil des Hauses, sodass auf weiche, reife Weine gesetzt wird. Emblematisch die Verkostung des Amarone Monte Danieli '09, wo eine überreife Frucht von verwelkten Blumen und Rost durchzogen wird, am Gaumen warm und schmelzig, im Finale treten die Tannine stärker hervor. Der Valpolicella di Ripasso '11 ist ähnlich im Aroma, angetrocknete Frucht in erster Linie, am Gaumen energisch und alkoholisch im Finale.

● Amarone della Valpolicella Cl. Monte Danieli '09	▼▼ 6
● Recioto della Valpolicella Cl. '11	▼▼ 5
● Valpolicella Cl. Sup. Ripasso '11	▼ 4
● Amarone della Valpolicella Cl. Crosara de le Strie '09	▼ 5
● Valpolicella Cl. '13	▼ 2
● Amarone della Valpolicella Cl. Crosara de le Strie '07	▽▽ 6
● Amarone della Valpolicella Cl. Monte Danieli '08	▽▽ 6
● Valpolicella Cl. Sup. Ripasso '10	▽▽ 4
● Valpolicella Cl. Sup. Ripasso '09	▽▽ 3
● Valpolicella Cl. Sup. Ripasso '07	▽▽ 3

Corte Sant'Alda
Loc. Fioi
Via Capovilla, 28
37030 Mezzane di Sotto [VR]
Tel. +39 0458880006
www.cortesantalda.it

DIREKTVERKAUF
BESUCH NACH VORANMELDUNG
UNTERKUNFT
JAHRESPRODUKTION 80.000 Flaschen
REBFLÄCHE 19 Hektar
WEINBAU Biodynamisch anerkannt

Es ist nicht leicht, in wenigen Zeilen die Philosophie und das Werk von Marinella Camerani zu beschreiben, zum Glück kann man den Betrieb besuchen und mit ihr plaudern, es gibt immer wieder etwas Neues zu erfahren. Wie die Anlage Castagnè, wo mitten in den Weinbergen ein altes Bauernhaus renoviert und zum Bed & Breakfast umgebaut wurde. Ein Ort der zeitlosen Stille, wo die glücklichen Gäste die gleiche Luft der schon seit Jahren biodynamisch bewirtschafteten Weinberge, die gleiche sanfte Brise und das gleißende Licht genießen können. Der Amarone, Frucht der Lese 2010, präsentiert sich mit klaren, wohlriechenden Aromen, dominiert von wild wachsenden Früchten, durchzogen von Mineralität und mit Anklängen an Heilkräuter. Am Gaumen voller Körper, der von lebhaften Tanninen und der charakteristischen Säure der traditionellen Trauben gut in Zaum gehalten wird. Das Ergebnis ist ein kraftvoller, trockener und schlanker Trinkgenuss, der im langen, nervigen Finale ausklingt.

● Amarone della Valpolicella '10	▼▼▼ 8
● Valpolicella Sup. Ripasso Campi Magri '11	▼ 4
○ Soave V. di Mezzane '13	▼▼ 3
● Valpolicella Ca' Fiui '13	▼▼ 3
● Amarone della Valpolicella '06	▽▽▽ 7
● Amarone della Valpolicella '00	▽▽▽ 7
● Amarone della Valpolicella '98	▽▽▽ 7
● Amarone della Valpolicella '95	▽▽▽ 7
● Amarone della Valpolicella '90	▽▽▽ 7
● Amarone della Valpolicella Mithas '95	▽▽▽ 7
● Valpolicella Sup. '03	▽▽▽ 3*
● Valpolicella Sup. Mithas '04	▽▽▽ 6

VENETIEN

Casa Coste Piane
Fraz. Santo Stefano
via Coste Piane, 2
31040 Valdobbiadene [TV]
Tel. +39 0423900219
casacostepiane@libero.it

DIREKTVERKAUF
BESUCH NACH VORANMELDUNG
JAHRESPRODUKTION 50.000 Flaschen
REBFLÄCHE 6 Hektar

Einige wenige Hektar Weinberg im Herzen der historischen Prosecco-Zone sind der größte Schatz dieser Kellerei. Allerdings betrachtet sich Loris Follador nicht als Besitzer dieses Bodens sondern vielmehr als sein Hüter, der die Aufgabe hat, ein gesundes, lebendiges Land als Erbe weiterzugeben. Die Rebflächen, die sich auf verschiedene Parzellen im hügeligen Gelände auf Höhen zwischen 250 und 400 Meter verteilen, liefern das Traubengut, das fast zur Gänze für Weine mit natürlicher Flaschengärung verwendet wird. Die Lese 2013 bescherte dem Prosecco mit dem Hefezusatz von Loris eine ausgeprägte, aromatische Frische, gezeichnet von weißer Frucht, die Nuancen von Hefe umschlingt und sich umschlingen lässt, dann frische Brotkruste, abwechselnd mit exotischen Anflügen, schwebend zwischen frischer Frucht und der Reife, die aus der Flaschengärung kommt. Das leicht trübe Aussehen leitet zu großer Schmackhaftigkeit am Gaumen über, wo der Restzucker nicht merklich ist, getragen von der Säure und schmeichelnden Empfindung der sehr feinen Perlage.

○ Valdobbiadene Naturalmente Frizzante		♉♉ 3

Luigino Dal Maso
c.da Selva, 62
36054 Montebello Vicentino [VI]
Tel. +39 0444649104
www.dalmasovini.com

DIREKTVERKAUF
BESUCH NACH VORANMELDUNG
JAHRESPRODUKTION 450.000 Flaschen
REBFLÄCHE 30 Hektar

Die Geschwister Dal Maso - Anna, Silvia und Nicola - setzen mit viel Hingabe die Arbeit ihres Vaters fort. Er hatte Ende 1960 diesen Betrieb gegründet, der mittlerweile fast 500.000 Flaschen jährlich abliefern kann. Die Weinberge verteilen sich auf Gambellara und die Colli Berici, die beiden wichtigsten Denominationen der Provinz Vicenza. Dreißig Hektar, gegliedert in Parzellen und bestockt mit den Rebsorten, die sich für die besonderen Klima- und Bodenbedingungen jeweils am besten eignen. Natürlich sind das die Garganega in Gambellara und die Bordeaux-Sorten in den nahen Colli, wo Licht und Wärme des Sommers die Trauben zu bester Reife bringen. Gemeinsam mit diesen die rote Tai-Rebe, eine uralte, lokale Sorte, die von den Geschwistern Dal Maso mit Liebe gehegt wird. Die Ergebnisse sind überzeugend, auch diesmal steht der Colpizzarda '12 an der Spitze der Kellerriege. Die Nase wartet mit intensiven Noten von frischen Waldbeeren auf, umschmeichelt von einem subtilen Hauch von Kräutern und einem fernen Anflug von Mineralität. Am Gaumen stehen Finesse und Progression im Fokus, elegant und von langer Dauer.

● Colli Berici Tai Rosso Colpizzarda '12	♉♉ 2*
● Colli Berici Cabernet Casara Roveri '12	♉♉ 3
● Colli Berici Merlot Casara Roveri '11	♉♉ 4
○ Gambellara Cl. Riva del Molino '13	♉♉ 3
● Montebelvedere '12	♉♉ 3
● Terra dei Rovi Rosso '12	♉♉ 5
○ Gambellara Cl. Ca' Fischele '13	♉ 2
○ Serafino '13	♉ 2
○ Gambellara Cl. Riva del Molino '07	♉♉♉ 2*
● Colli Berici Cabernet Casara Roveri '11	♉♉ 3
● Colli Berici Merlot Casara Roveri '10	♉♉ 4
○ Gambellara Cl. Ca' Fischele '12	♉♉ 2*
○ Recioto di Gambellara Cl. Riva dei Perari '11	♉♉ 5
● Terra dei Rovi Rosso '11	♉♉ 5

VENETIEN

De Stefani

VIA CADORNA, 92
30020 FOSSALTA DI PIAVE [VE]
TEL. +39 042167502
www.de-stefani.it

DIREKTVERKAUF
BESUCH NACH VORANMELDUNG
JAHRESPRODUKTION 300.000 Flaschen
REBFLÄCHE 40 Hektar

Alessandro De Stefani, mit der wertvollen Mitarbeit seines Vaters Tiziano, steht heute am Steuer und führt den Familienbetrieb, der in den letzten Jahren in allen Belangen eine wichtige, neue Richtung eingeschlagen hat. Wir können hier nicht alle Veränderungen aufzählen, die in diesen Jahren stattgefunden haben, aber einige Maßnahmen sind besonders hervorzuheben. In erster Linie die Umstellung auf einen stärker umweltschonenden Weinbau, in dem Chemie eine immer nebensächlichere Rolle spielt. Im neuen, zweckmäßigen Keller werden die Trauben verarbeitet, die auf den 40 Hektar Eigengrund gedeihen. Der Stefen 1624 '09 ist ein Roter aus Marzemino-Trauben nach langer Trocknung, im Duft Marmelade aus roten Beeren, Gewürze und aromatische Kräuter, besticht am Gaumen durch ungestümen, gediegenen Körper, vibrierende Tannine und energischer Trinkgenuss. Eleganter und straffer der Kreda '11, ebenfalls aus getrockneten Trauben, aber diesmal von der Refosco-Rebe, ebenfalls reifes Bouquet und Gewandtheit und Spannung am Gaumen.

● Colli di Conegliano Refrontolo Passito '08	🍷🍷 6
● Kreda '11	🍷🍷 5
○ Olmera '13	🍷🍷 5
● Piave Raboso Vign. Terre Nobili '10	🍷🍷 4
● Stefen 1624 '09	🍷🍷 8
● Cabernet Sauvignon '12	🍷 3
○ Conegliano Valdobbiadene Brut Mill. '12	🍷 3
● Piave Merlot Plavis '12	🍷 2
○ Pinot Grigio '13	🍷 4
○ Prosecco di Treviso Extra Dry Zero Mill. '13	🍷 4
● Soler '12	🍷 5
○ Venis '13	🍷 4
○ Vitalys '13	🍷 3
● Soler '11	🍷🍷 5
○ Vitalys '12	🍷🍷 3

F.lli Farina

LOC. PEDEMONTE
VIA BOLLA, 11
37029 SAN PIETRO IN CARIANO [VR]
TEL. +39 0457701349
www.farinawines.com

DIREKTVERKAUF
BESUCH NACH VORANMELDUNG
JAHRESPRODUKTION 620.000 Flaschen
REBFLÄCHE 10 Hektar

Mit der Erfahrung und Kompetenz, die von den Generationen weitergegeben werden, führen Claudio, Elena und Davide Farina ihren Familienbetrieb, der sich heute als aufstrebende Größe im Valpolicella bezeichnen kann. Die Weinberge erstrecken sich auf über vierzig Hektar in verschiedenen Zonen der Denomination, teilweise Eigengrund, teilweise im Besitz von Weinbauern, mit denen eine enge Zusammenarbeit besteht und die wesentlich zur Produktion des Hauses beitragen. Im Keller von Via Bolla in Pedemonte wird das Traubengut verarbeitet, wobei der Großteil den historischen Weinen dieses Landes gewidmet ist. Der Ripasso Remo Farina '12 hat im Geruch überreife, rote Beeren, erfrischt durch Nuancen von aromatischen Kräutern und Pfeffer. Am Gaumen ein solider Körper, aber auch gewandt, dank der frischen Säure, die für die traditionellen Reben charakteristisch ist. Der Montecorna '12 bringt ein frischeres, unversehrtes Aromabild zum Ausdruck, wird am Gaumen stofflicher und dicht anliegend, mit angenehmer Wärme im Finale.

● Amarone della Valpolicella Cl. Montefante Ris. '09	🍷🍷 8
● Valpolicella Cl. Sup. Ripasso Montecorna '12	🍷🍷 3
● Valpolicella Cl. Sup. Ripasso Remo Farina '12	🍷🍷 2*
● Amarone della Valpolicella Cl. '11	🍷 5
● Corte Cavalli '12	🍷 5
● Amarone della Valpolicella Cl. '06	🍷🍷 5
● Amarone della Valpolicella Cl. Montefante Ris. '07	🍷🍷 8
● Valpolicella Cl. Sup. Ripasso V. Montecorna '07	🍷🍷 3

VENETIEN

Fattori

Fraz. Terrossa
via Olmo, 6
37030 Roncà [VR]
Tel. +39 0457460041
www.fattorigiovanni.it

DIREKTVERKAUF
BESUCH NACH VORANMELDUNG
JAHRESPRODUKTION 200.000 Flaschen
REBFLÄCHE 57 Hektar

Der Betrieb von Antonio Fattori hat seinen Sitz in Terrossa, einer kleinen Ortschaft im äußersten Osten der Denomination Soave. Die Weinberge von rund sechzig Hektar verteilen sich auf dieses Anbaugebiet, auf das benachbarte Valpolicella, aber auch auf die Lessinia, wo die Traditionsrebe Durella und einige internationale weiße Sorten gedeihen. Die Arbeit im Weinberg ist auf eine immer größere Nachhaltigkeit ausgerichtet. Man verzichtet zunehmend auf invasive Chemie und setzt auf integrierten Pflanzenschutz und Gründüngung. Umfassend das Angebot aus dem Hause in Terrossa, überwiegend Weiße, aber es fehlen auch nicht gute Ergebnisse mit der Valpolicella. Der Soave Motto Piane '12 präsentiert sich in der Nase mit überreifer, gelber Frucht, Gewürzen und Eiche im Hintergrund. Beeindruckt bei der Verkostung mit Reichtum und Schmelz und nimmt allmählich an Spannung zu. Interessant der gleichnamige Recioto '12, wobei die geschmackliche Dynamik aus der ungestümen Süße und Säure kommt und sich zu saftiger Harmonie verbindet.

● Amarone della Valpolicella '09	8
○ Recioto di Soave Motto Piane '12	4
○ Sauvignon Vecchie Scuole '13	3
○ Soave Danieli '13	2*
○ Soave Motto Piane '12	3
● Valpolicella Ripasso Col de la Bastia '11	5
○ Lessini Durello Brut I Singhe	3
○ Lessini Durello Roncà M. Cl. '10	4
○ Pinot Grigio Valparadiso '13	3
○ Roncha '12	3
○ Soave Cl. Runcaris '13	2
● Valpolicella Col de la Bastia '12	3
○ Vino Senza Nome '13	2
○ Soave Cl. Runcaris '12	2*
○ Vecchie Scuole Sauvignon '12	3

Il Filò delle Vigne

via Terralba, 14
35030 Baone [PD]
Tel. +39 042956243
www.ilfilodellevigne.it

DIREKTVERKAUF
BESUCH NACH VORANMELDUNG
JAHRESPRODUKTION 50.000 Flaschen
REBFLÄCHE 17 Hektar

Zwanzig Hektar auf den so begünstigten Hängen der Colli Euganei sind eine hochwertige Basis, die Carlo Giordani und Niccolò Voltan an Matteo Zanaica übergeben haben, der diesen prachtvollen Betrieb in der Nähe von Padua leitet. Die Trauben, die hier auf einer Höhe zwischen 50 und 200 Meter kultiviert werden, finden optimale Bedingungen für ihre volle Reife, sodass im Keller Jahr für Jahr extraktreiche, gediegene Weine entstehen können. Neben den klassischen Bordeaux-Reben, die seit über einem Jahrhundert hier heimisch sind, gibt es noch einige alte Sorten, die fast ausgestorben sind. Der Borgo delle Casette Riserva '10 ist der gewohnte Cabernet aus Sonne und Kraft, das aromatische Profil wird von Frucht und Gewürzen angeführt, die am Gaumen ungestüm hervorbrechen, wo der Wein Stoff und Länge beweist und in einer schlanken Rückkehr zu aromatischen Kräutern ausklingt. Io di Baone, aus historischen Reben, ist intensiv in der Nase, ausgestattet mit einem schlanken und gleichzeitig vollem Trinkgenuss.

● Colli Euganei Cabernet Borgo delle Casette Ris. '10	5
● Io di Baone '11	3*
● Colli Euganei Cabernet V. Cecilia di Baone Ris. '11	4
● Io di Baone '08	3
● Io di Baone '06	3
○ Terralba di Baone '12	3
● Colli Euganei Cabernet Borgo delle Casette Ris. '06	5
● Colli Euganei Cabernet Borgo delle Casette Ris. '09	5
● Colli Euganei Cabernet V. Cecilia di Baone Ris. '10	3
○ Colli Euganei Fior d'Arancio	3

VENETIEN

Silvano Follador

LOC. FOLLO
FRAZ. SANTO STEFANO
VIA CALLONGA, 11
31040 VALDOBBIADENE [TV]
TEL. +39 0423900295
www.silvanofollador.it

DIREKTVERKAUF
BESUCH NACH VORANMELDUNG
JAHRESPRODUKTION 30.000 Flaschen
REBFLÄCHE 4 Hektar

Der Betrieb von Alberta und Silvano Follador existiert zwar erst seit fünfzehn Jahren, aber er hat eine sehr interessante Richtung eingeschlagen. Im Fokus steht eine Aufwertung dieses großartigen Territoriums über einen Wein, der mit Technologie in enger Beziehung steht. Dazu setzt man auf ein ausgewogenes Verhältnis zwischen größter Spontaneität im Weinberg, wo biodynamische Regeln das Sagen haben, und der Schaumweinbereitung im Druckbehälter, wo auf sehr invasive Phasen, aber nicht auf einen gesunden Hausverstand verzichtet wird. Das ergibt zusammengefasst zwei charaktervolle, leichte Weine. Der Valdobbiadene Brut erweist sich in diesem Jahr als besonders subtil und aussagekräftig im Aroma, mit Blumen, die sich mit weißer Frucht verbinden und unvermittelt auch pflanzlichen Nuancen Raum geben. Am Gaumen wird ein höherer Gang eingelegt, die Perlage unterstützt den Geschmack und bringt einen schlanken, trockenen Körper ans Licht, gewandt und herrlich schmackhaft, mit einem langen, nervigen Finale.

○ Cartizze Brut Nature '13	🍷🍷 4
○ Valdobbiadene Brut Nature '13	🍷🍷 4
○ Cartizze Brut '08	🍷🍷🍷 4
○ Cartizze Brut Nature '11	🍷🍷 4
○ Cartizze Nature '12	🍷🍷 4
○ Valdobbiadene Brut Dosaggio Zero M. Cl. '10	🍷🍷 3
○ Valdobbiadene Brut Nature '12	🍷🍷 3*
○ Valdobbiadene Brut Nature '11	🍷🍷 3*

Fongaro

VIA MOTTO PIANE, 12
37030 RONCÀ [VR]
TEL. +39 0457460240
www.fongarospumanti.it

DIREKTVERKAUF
BESUCH NACH VORANMELDUNG
JAHRESPRODUKTION 68.000 Flaschen
REBFLÄCHE 7 Hektar
WEINBAU Biologisch anerkannt

Der Familienbetrieb Fongaro ist seit vierzig Jahren aktiv und hat von Anfang an viel Mühe und Sorgfalt auf die Erzeugung von Schaumweinen Metodo Classico verwendet, wobei die natürliche Eignung von Durella-Trauben genutzt wird, die auch bei voller Reife eine beachtliche Säure aufweisen. Die sieben Hektar Weinberge schmiegen sich in die Hänge der Berglandschaft von Lessinia, auf 300 bis 500 m Seehöhe, auf Böden vulkanischen Ursprungs; kultiviert werden sie schon seit über dreißig Jahren nach den Regeln einer biologischen Landwirtschaft. Nur Spumante Metodo Classico gibt es im Hause Fongaro, allen voran die Version Brut Riserva '08. Besticht in der Nase mit aromatischer Tiefe, wobei reife, gelbe Frucht allmählich den Nuancen von Brioche und Zündstein Raum gibt und sich zu großer Komplexität entwickelt. Am Gaumen von breiter, reichhaltiger Wirkung, die zunehmend von der würzigen Säure getragen wird. Überzeugend auch der Riserva Pas Dosé '07 der in der Nase ähnliche Empfindungen beschert und am Gaumen mit mehr Spannung und Eleganz aufwartet.

○ Lessini Durello Brut M. Cl. Ris. '08	🍷🍷 5
○ Lessini Durello Pas Dosé M. Cl. Ris. '07	🍷🍷 4
○ Gran Cuvée Brut	🍷 3
○ Brut Cuvée M. Cl. '10	🍷 5
○ Lessini Durello Brut M. Cl. '10	🍷 5
○ Lessini Durello Brut M. Cl. Et. Viola '09	🍷🍷 5
○ Lessini Durello Brut M. Cl. Et. Viola '08	🍷🍷 5*

VENETIEN

Le Fraghe
LOC. COLOMBARA, 3
37010 CAVAION VERONESE [VR]
TEL. +39 0457236832
www.fraghe.it

DIREKTVERKAUF
BESUCH NACH VORANMELDUNG
UNTERKUNFT
JAHRESPRODUKTION 120.000 Flaschen
REBFLÄCHE 28 Hektar
WEINBAU Biologisch anerkannt

Matilde Poggi ist eine prominente Interpretin der Bardolino, dieser duftigen Rotweine vom Gardasee. Zu ihrem Besitz gehören dreißig Hektar im nördlichen Teil der Denomination, wo sich der See weniger deutlich bemerkbar macht, aber die kühlen Luftströmungen aus dem Etschtal besonderen Duft und Feinheit bescheren. Die Entscheidung für biologische Bewirtschaftung hängt eng mit dem Wunsch zusammen, die Umwelt möglichst unversehrt zu erhalten, um ihren Töchtern ein Land übergeben zu können, in dem der Weinbau den Boden nicht ausgelaugt hat, sondern seine Entwicklung begleitet. Der Bardolino Brol Grande '12 zeigt das tatsächliche Potenzial der Gardasee-Denomination auf, die Vereinigung in einem Glas von Frische und Gewandtheit mit aromatischer Tiefe und progressiver Entfaltung am Gaumen. Der Duft erinnert an Waldbeeren und Pfeffer, aber am Gaumen schaltet der Wein auf einen höheren Gang und bewegt sich schmackhaft und straff bis zum langen, raffinierten Finale. Spontan und fruchtig der Jahrgangs-Bardolino.

● Bardolino Cl. Brol Grande '12	▼▼▼ 3*
● Bardolino '13	▼▼ 2*
⊙ Bardolino Chiaretto Rödon '13	▼▼ 2*
○ Garganega Camporengo '13	▼▼ 2*
● Bardolino Cl. Brol Grande '11	♀♀♀ 3*
● Bardolino '12	♀♀ 2*
● Bardolino '11	♀♀ 2*
○ Garganega Camporengo '12	♀♀ 2*
● Quaiare '11	♀♀ 4

Marchesi Fumanelli
FRAZ. SAN FLORIANO
VIA SQUARANO, 1
37029 SAN PIETRO IN CARIANO [VR]
TEL. +39 0457704875
www.squarano.com

DIREKTVERKAUF
BESUCH NACH VORANMELDUNG
GASTRONOMIE
JAHRESPRODUKTION 50.000 Flaschen
REBFLÄCHE 23 Hektar

Auf einem kleinen Hügel mitten im Tal von San Pietro in Cariano, steht die historische Villa von Gut Squarano. Rundum Weinberge, so als wollten sie die Ruhe des Hauses beschützen. Zum Besitz gehören rund zwanzig Hektar im Valpolicella Classico. Da die Produktion in den Zahlen beschränkt ist, kann man beim Sortieren der Trauben sehr strenge Maßstäbe anlegen. Neben einigen wenigen Reihen von Garganega und Trebbiano, werden nur die historischen Sorten gezogen, die Basis für Weine, die im Wohlgeruch und im Trinkgenuss ihre Stärke haben. Erst nach langer Ausbauzeit im Keller freigegeben, kann sich der Riserva Octavius di Amarone '07 mit schöner Komplexität im Aroma präsentieren, wo überreife Frucht von würzigen und balsamischen Empfindungen durchzogen ist. Am Gaumen sind die Tannine zur Ruhe gekommen und der Wein bewegt den mächtigen Körper mit Anmut und Harmonie, ein prachtvolles Gewächs. Von den beiden Valpolicella Superiore gefiel uns vor allem der 2011er, wo sich größere Integrität der Frucht im gediegenen Trinkgenuss niederschlägt.

● Amarone della Valpolicella Cl. Octavius Ris. '07	▼▼ 8
● Valpolicella Cl. Sup. '11	▼▼ 3
● Valpolicella Cl. Sup. Squarano '10	▼▼ 3
● Valpolicella Cl. '13	▼ 2
● Amarone della Valpolicella Cl. '07	♀♀ 5
● Amarone della Valpolicella Cl. '05	♀♀ 5
● Amarone della Valpolicella Cl. '04	♀♀ 5
● Amarone della Valpolicella Cl. Octavius Ris. '05	♀♀ 8
● Valpolicella Cl. Sup. Squarano '06	♀♀ 3

VENETIEN

★Gini
VIA MATTEOTTI, 42
37032 MONTEFORTE D'ALPONE [VR]
TEL. +39 0457611908
www.ginivini.com

DIREKTVERKAUF
BESUCH NACH VORANMELDUNG
JAHRESPRODUKTION 200.000 Flaschen
REBFLÄCHE 56 Hektar

Sandro und Claudio Gini führen den Familienbetrieb ohne Hektik und mit beharrlicher Ruhe, die nur aus der Erfahrung so zahlreicher Lesen kommen kann. Zum Besitz gehören mehr als 50 Hektar, die sich in Zielsetzung und Boden- und Klimabedingungen klar unterscheiden. So gibt es im Herzen des Soave Classico nur sehr alte Weinberge mit Garganega und Trebbiano, auf der Hochebene von Campiano wachsen die internationalen Reben, die stets im typischen Stil des Hauses interpretiert werden und in reintöniger Aromatik, Eleganz und einem großen Entwicklungspotenzial ihre Vorzüge haben. Symbol für diesen Stil ist der Soave Salvarenza, ein echter Klassiker der Denomination. Nach einem fast einjährigen Ausbau im Fass präsentiert sich der Wein reif im fruchtigen Aroma, der anfänglich kaum wahrnehmbare blumige Anflug breitet sich allmählich aus, um schließlich am Gaumen buchstäblich zu explodieren, wo sich der Wein mit Anmut und Klasse bewegt. Der Froscà '13 ist hingegen frischer, mit heller, gut ausgeprägter Frucht, die zu einer subtilen Mineralität überleitet.

○ Soave Cl. Contrada Salvarenza V. V. '12	▼▼ 5
○ Soave Cl. La Froscà '13	▼▼ 4
★ Lessini Sorai '11	▼▼ 4
● Pinot Nero Campo alle More '10	▼▼ 5
○ Sauvignon Maciete Fumé '11	▼▼ 4
○ Soave Cl. '13	▼▼ 3
○ Soave Cl. Contrada Salvarenza V. V. '09	▼▼▼ 5
○ Soave Cl. Contrada Salvarenza V. V. '08	▼▼▼ 5
○ Soave Cl. Contrada Salvarenza V. V. '07	▼▼▼ 5
○ Soave Cl. La Froscà '11	▼▼▼ 4*
○ Soave Cl. La Froscà '06	▼▼▼ 4*

Gregoletto
FRAZ. PREMAOR
VIA SAN MARTINO, 83
31050 MIANE [TV]
TEL. +39 0438970463
www.gregoletto.com

DIREKTVERKAUF
BESUCH NACH VORANMELDUNG
JAHRESPRODUKTION 200.000 Flaschen
REBFLÄCHE 18 Hektar

Der Betrieb von Luigi Gregoletto liegt im Hügelland zwischen Valdobbiadene und Conegliano, eine ununterbrochene Folge von kleinen Erhebungen, die im Osten beginnen und immer abschüssiger und unwegsamer werden, mit den Weinbergen, die diese unglaublich steilen Hänge zieren. Es sind rund zwanzig Hektar, die sich in drei getrennte Einheiten gliedern, in Premaor, Refronto und Rua di Feletto, dazu kommt eine Gruppe von Weinbauern, die seit vielen Jahren mit der Kellerei von Premaor zusammenarbeiten. Im Gegensatz zu anderen Betrieben der Gegend, hat sich Luigi Gregoletto immer auch für Stillweine engagiert, die zu den besten Kreszenzen der lokalen Produktion gehören. Großartig der Prosecco Tranquillo '13, ein Weißer, der nicht durch Reichtum oder explosives Aroma beeindrucken will, sondern durch geschmackliche Dynamik, raffiniert und von perfekter Harmonie. Überzeugend auch der Chardonnay Zhopai '13, schlank und mit Biss, während der Cabernet '12 vor allem mit einem entspannten Profil und großer Anmut glänzen kann.

● Cabernet '12	▼▼ 3
○ Chardonnay Zhopai '13	▼▼ 3
○ Colli di Conegliano Bianco Albio '13	▼▼ 3
● Colli di Conegliano Rosso '09	▼▼ 5
○ Conegliano Valdobbiadene Prosecco Tranquillo '13	▼▼ 2*
● Merlot '12	▼▼ 3
○ Pinot Bianco '13	▼▼ 3
○ Conegliano Valdobbiadene Extra Dry	▼ 3
○ Manzoni Bianco '13	▼ 3
○ Recantina Riposata '12	▼ 3
● Cabernet '11	▼▼ 3
○ Colli di Conegliano Bianco Albio '12	▼▼ 3
○ Conegliano Valdobbiadene Prosecco Tranquillo '12	▼▼ 2*

VENETIEN

Guerrieri Rizzardi
S.DA CAMPAZZI, 2
37011 BARDOLINO (VR)
TEL. +39 0457210028
www.guerrieri-rizzardi.it

DIREKTVERKAUF
BESUCH NACH VORANMELDUNG
JAHRESPRODUKTION 700.000 Flaschen
REBFLÄCHE 100 Hektar

Der Betrieb hat eine lange Geschichte, aber erst mit Giuseppe und Agostino wird eine entscheidende Wende eingeleitet. Die vielen Besitzungen, insgesamt rund hundert Hektar in den wichtigsten Veroneser Denominationen, werden einzeln analysiert und ihre Bewirtschaftung nach modernen und qualitätsorientierten Kriterien neu geordnet. Die Ergebnisse ließen nicht auf sich warten und bescherten dem Unternehmen eine führende Rolle im Valpolicella und Bardolino, während man auch im Soave rasch nach oben klettern kann. Stilistisch setzt man stets auf Eleganz und Trinkbereitschaft. Vorzüglich der Amarone Villa Rizzardi, der im schwierigen Erntejahr 2010 auch die Trauben nutzen konnte, die in der Regel für den diesmal nicht produzierten Calcarole verwendet werden. Beschert in der Nase neben reifer und fleischiger roter Frucht, schöne Empfindungen von welkenden Blumen und Gewürzen, die sich auf einem Gaumen entfalten, der gleichzeitig schlank und vollmundig ist, wie es zur typischen Eigenart der Kellerei gehört. Der Ripasso Pojega '12 ist in der Nase noch nicht genau definiert, aber bewegt sich am Gaumen wendig und mit Spannung.

- Amarone della Valpolicella Cl. Villa Rizzardi '10 — 🍷🍷 7
- Bardolino Cl. Tacchetto '13 — 🍷🍷 2*
- Clos Roareti '09 — 🍷🍷 3
- ⊙ Rosa Rosae '13 — 🍷🍷 2*
- Valpolicella Cl. '13 — 🍷🍷 2*
- Valpolicella Cl. Sup. Ripasso Pojega '12 — 🍷🍷 3
- ⊙ Bardolino Chiaretto '13 — 🍷 2
- Bardolino Cl. '13 — 🍷 2
- ○ Recioto di Soave Cl. Costeggiola '09 — 🍷 4
- ○ Soave Cl. Costeggiola '13 — 🍷 2
- Amarone della Valpolicella Cl. Calcarole '09 — 🍷🍷🍷 8
- Amarone della Valpolicella Cl. Calcarole '06 — 🍷🍷🍷 8
- Amarone della Valpolicella Cl. Villa Rizzardi '08 — 🍷🍷🍷 7
- Valpolicella Cl. Sup. Ripasso Poiega '07 — 🍷🍷🍷 3*

Inama
LOC. BIACCHE, 50
37047 SAN BONIFACIO (VR)
TEL. +39 0456104343
www.inamaaziendaagricola.it

DIREKTVERKAUF
BESUCH NACH VORANMELDUNG
JAHRESPRODUKTION 450.000 Flaschen
REBFLÄCHE 62 Hektar
WEINBAU Biologisch anerkannt

Die Geschichte des Weingutes Inama beginnt um 1960, als Giuseppe Inama erste Weinberge von guter Qualität im Soave erwirbt, die mittlerweile auf einen Besitz von dreißig Hektar im Kerngebiet des Soave Classico angewachsen sind. Sein Sohn Stefano leitete in den ersten 1990er Jahren das Projekt Colli Berici ein und wählte anfangs Lonigo für seine Aktivitäten; es folgte der Erwerb von Oratorio und Dal Ferro, sodass auch hier nunmehr eine Fläche von rund dreißig Hektar zur Verfügung steht. Stilistisch stehen in der Produktion Reichhaltigkeit und Spannung im Vordergrund. Gerade aus den Colli Berici kommt der Bradisismo, ein Verschnitt aus Cabernet Sauvignon und Carmenere, der den sonnigen Charakter des Landes voll zum Ausdruck bringt, mit einem Bouquet aus dunkler Frucht und Gewürzen, begleitet auch von aromatischen Kräutern und einer subtilen Graphitnote. Am Gaumen voller Körper für einen schmackhaften, von Säure und Tanninen gut geführten Wein. Der Soave Vigneti di Foscarino '12 erinnert im Duft an Kamille, reife Aprikosen und Zündstein und beschert am Gaumen einen saftigen Trinkgenuss.

- Bradisismo '11 — 🍷🍷 5
- ○ Soave Cl. Vign. di Foscarino '12 — 🍷🍷 4
- Carmenere Più '12 — 🍷🍷 3
- ○ Soave Cl. Vin Soave '13 — 🍷🍷 3
- Vulcaia Fumé '12 — 🍷🍷 5
- Chardonnay '13 — 🍷 3
- ○ Vulcaia Sauvignon '13 — 🍷 3
- Bradisismo '08 — 🍷🍷🍷 5
- Colli Berici Carmenère Oratorio di San Lorenzo Ris. '09 — 🍷🍷🍷 6
- ○ Soave Cl. Vign. di Foscarino '08 — 🍷🍷🍷 4
- ○ Soave Cl. Vign. Du Lot '05 — 🍷🍷🍷 2*
- ○ Soave Cl. Vign. Du Lot '01 — 🍷🍷🍷 4

VENETIEN

Le Morette

V.LE INDIPENDENZA
37019 PESCHIERA DEL GARDA (VR)
TEL. +39 0457552724
www.lemorette.it

DIREKTVERKAUF
JAHRESPRODUKTION 120.000 Flaschen
REBFLÄCHE 31 Hektar

Vor mehr als sechzig Jahren entstand das Weingut der Familie Zenato, das heute von Paolo und Fabio geführt wird. Die beiden Jungunternehmer haben die Herausforderung angenommen und den Betrieb noch ausgebaut. Der neue, von Weinbergen umgebene Keller nahe dem kleinen Frassino-See, der vor einem knappen Jahr eingeweiht wurde, verarbeitet alle Trauben aus den dreißig Hektar Eigengrund, gelegen großteils rund um die Kellerei, aber auch in Palazzo di Sirmione, am Gardasee, wo sich die Tonböden stärker bemerkbar machen und die Trauben einen Charakter annehmen, der anderenorts undenkbar ist. Stilistisch sucht man die Ausgewogenheit zwischen aromatischer Frische und vollmundigem Trinkgenuss. Der Lugana Riserva '11 wartet mit tiefgründigen Aromen auf, in denen sich die Empfindungen von Apfel und Zitrusfrucht abwechseln, mit einer subtilen blumigen Note, die sich Raum verschaffen kann. Am Gaumen voll und gut durch die Säure kontrastiert. Der Mandolara hat mehr die Aromatik im Visier, ist frisch, blumig, mit pflanzlichen Anklängen.

○ Lugana Mandolara '13	♀♀ 2*
○ Lugana Ris. '11	♀♀ 3
○ Lugana Benedictus '13	♀ 3
○ Lugana Benedictus '11	♀♀ 3
○ Lugana Benedictus '07	♀♀ 3
○ Lugana Vigna La Mandolara '08	♀♀ 2*

Conte Loredan Gasparini

FRAZ. VENEGAZZÙ
VIA MARTIGNAGO ALTO, 23
31040 VOLPAGO DEL MONTELLO (TV)
TEL. +39 0438870024
www.loredangasparini.it

DIREKTVERKAUF
BESUCH NACH VORANMELDUNG
UNTERKUNFT
JAHRESPRODUKTION 400.000 Flaschen
REBFLÄCHE 60 Hektar

Seit mehr als vier Jahrzehnten führt die Familie Palla den von Conte Loredan gegründeten Betrieb, und die Ergebnisse sind in den letzten Jahren immer überzeugender geworden. Die Weinberge von circa achtzig Hektar liegen am Südhang des Montello und sind überwiegend mit roten Bordeaux-Sorten und der Glera bestockt, der historischen Rebe des Prosecco. Der Betrieb besteht aus zwei Besitzungen, Gut Venegazzù und Gut Giavera, die umweltschonend und so weit als möglich unter Erhaltung der ältesten Weinberge betrieben werden. Der Paradewein ist der Capo di Stato '09, ein tiefgründiger Roter, der sich Zeit lässt, beschert in der Nase rote Frucht und frisches Gras, Gewürze und Graphit, am Gaumen eine gute Konzentration, die von dichten Tanninen getragen wird. Der Venegazzù della Casa ist spontaner und offener im Aroma und auch am Gaumen bereitwillig und schmelzig, ohne aber Spannung und Eleganz aus den Augen zu verlieren. Eindrucksvoll das Niveau der gesamten Produktion, besonderer Beifall für den Cabernet Sauvignon und die Cuvée Indigene.

● Montello e Colli Asolani Venegazzù Sup. Capo di Stato '09	♀♀ 5
○ Asolo Brut	♀♀ 3
○ Asolo Extra Dry Cuvée Indigene '12	♀♀ 3
○ Asolo V. Monti '12	♀♀ 2*
● Falconera Merlot '11	♀♀ 3
● Montello e Colli Asolani Cabernet Sauvignon '12	♀♀ 2*
● Montello e Colli Asolani Venegazzù della Casa '09	♀♀ 3
○ Manzoni Bianco '13	♀ 2
● Capo di Stato '08	♀♀ 6
● Falconera Merlot '08	♀♀ 3
● Falconera Rosso '09	♀♀ 4
● Montello e Colli Asolani Cabernet Sauvignon '09	♀♀ 2*
● Venegazzù Rosso della Casa '08	♀♀ 4

VENETIEN

★ Maculan
VIA CASTELLETTO, 3
36042 BREGANZE [VI]
TEL. +39 0445873733
www.maculan.net

DIREKTVERKAUF
BESUCH NACH VORANMELDUNG
JAHRESPRODUKTION 750.000 Flaschen
REBFLÄCHE 50 Hektar

Oft wenn man von Fausto Maculan spricht, denkt man an die wichtige Rolle, die er als Botschafter für italienischen Wein in aller Welt gespielt hat und vergisst vielleicht, was am wichtigsten ist, nämlich dass er als einer der ersten seine Produktion auf einen absoluten Qualitätsweg gebracht hat. Mittlerweile sind die Töchter an seiner Seite, Angela, die sich um den Vertrieb kümmert, und Maria Vittoria, die den väterlichen Spuren im Keller folgt und sich als Önologin betätigt. Von den Weinbergen, die eine Fläche von fünfzig Hektar ausmachen, kommen die Trauben für die Produktion, in der sowohl Weiße, Rote als auch Süßweine enthalten sind. Sehr gut die Vorstellung des Fratta '11, Cuvée aus Cabernet Sauvignon und Merlot, der Jahr für Jahr etwas vom charakteristischen, übergroßen Reichtum der letzten Jahrzehnte verliert, um wieder an Finesse und Spannung zu gewinnen, eine Leistung, wie schon lange nicht mehr. Im Aroma wird die Frucht von würzigen Noten und Heublumen durchsetzt, die am Gaumen hervorbrechen, wo der Wein Harmonie und Tannine von seltener Beherrschung offenbart. Der Acininobili '09 ist samtig und perfekt ausgewogen.

- Fratta '11   🍷🍷 8
- ○ Acininobili '09   🍷🍷 8
- Breganze Cabernet Sauvignon Palazzotto '11   🍷🍷 4
- ○ Breganze Torcolato '10   🍷🍷 6
- Crosara '11   🍷🍷 8
- ○ Dindarello '13   🍷🍷 4
- ○ Sauvignon Ferrata '13   🍷🍷 4
- ○ Bidibi '13   🍷 2
- Breganze Pinot Nero Altura '11   🍷 5
- ○ Breganze Vespaiolo '13   🍷 2
- Brentino '12   🍷 3
- Cabernet '12   🍷 2
- Madoro '12   🍷 3
- ○ Pino & Toi '13   🍷 2
- Recantina Riposata '12   🍷 3
- Speaia '11   🍷 3

Manara
FRAZ. SAN FLORIANO
VIA DON CESARE BIASI, 53
37029 SAN PIETRO IN CARIANO [VR]
TEL. +39 0457701086
www.manaravini.it

DIREKTVERKAUF
BESUCH NACH VORANMELDUNG
JAHRESPRODUKTION 120.000 Flaschen
REBFLÄCHE 11 Hektar

Neben Betrieben, die den großen Erfolg dieser Jahrzehnte nutzten, um Weinberge und Kelleranlagen rasch zu vergrößern, gibt es andere wie den der Geschwister Manara, die einer Produktion im Sinne der Tradition treu geblieben sind und kein übertriebenes Wachstum anstreben. Zehn Hektar, die den lokalen, historischen Sorten gewidmet sind, liefern die Basis für die gesamte Produktion im Keller, der vor allem was die Räumlichkeiten für das Trocknen der Trauben und die technische Ausstattung betrifft, modernisiert wurde. Stilistisch setzt man auf Leichtigkeit und eine Komplexität, die von den getrockneten Trauben geboten wird. Emblematisch die Verkostung des Amarone Corte Manara '10, der trotz der superkonzentrierten Weine, die vom Markt immer noch bevorzugt werden, mit einem Aroma aufwartet, in dem überreife, fast marmeladeartige Frucht, von überraschenden Leder- und Tabaknoten durchzogen ist. Am Gaumen verwandelt sich große Reife in einen straffen, breiten und schmackhaften Trinkgenuss, weder füllig noch opulent. Interessant die Batterie der Recioto mit El Rocolo '11, mit lebhaften, fruchtigen Noten.

- Amarone della Valpolicella Cl. Corte Manara '10   🍷🍷 5
- Recioto della Valpolicella Cl. El Rocolo '11   🍷🍷 5
- Recioto della Valpolicella Cl. Moronalto '11   🍷🍷 5
- Guido Manara '09   🍷 6
- ○ Strinà Passito '11   🍷 4
- Valpolicella Cl. Sup. Le Morete Ripasso '11   🍷 3
- Valpolicella Cl. Sup. Vecio Belo '11   🍷 2
- Amarone della Valpolicella Cl. '00   🍷🍷🍷 5
- Amarone della Valpolicella Cl. Corte Manara '09   🍷🍷 5
- Amarone della Valpolicella Cl. Postera '08   🍷🍷 6
- Amarone della Valpolicella Cl. Postera '07   🍷🍷 5
- Recioto della Valpolicella Cl. El Rocolo '10   🍷🍷 5
- Valpolicella Cl. Sup. Vecio Belo '10   🍷🍷 2*

VENETIEN

Marcato
VIA PRANDI, 10
37030 RONCA [VR]
TEL. +39 0457460070
www.marcatovini.it

DIREKTVERKAUF
BESUCH NACH VORANMELDUNG
JAHRESPRODUKTION 450.000 Flaschen
REBFLÄCHE 40 Hektar

Im letzten Jahr gab es wichtige Neuigkeiten bei Marcato. Gianni Tessari, mit der jahrzehntelangen Erfahrung in anderen Betrieben, hat das Steuer übernommen und die Produktion sofort auf einen höheren Gang geschaltet. Der Besitz verteilt sich auf drei Territorien, Lessinia, gewidmet der Durella und den Schaumweinen, Soave und schließlich die Colli Berici, wo die Produktion der Roten im Fokus steht. Wenn die Qualität der Schaumweine schon lange anerkannt ist, war die Wende bei den Soave-Weinen beachtlich, die heute entschieden überzeugender und erfolgreicher sind. Die Hand von Gianni macht sich beim Soave Pigno '12 sofort bemerkbar, ein Weißer, der durch ein besonnenes Aroma beeindruckt, in dem schöne, fruchtige Noten durch subtiles Holz und blumigen Anflug unterstützt werden. Am Gaumen reich, aber gleichzeitig elegant und von gewandtem Trinkgenuss. Der Cabernet Pian Alto '10 bewegt sich auf einer anderen Schiene und glänzt mit satten, fruchtigen und reifen Aromen, gefolgt von einem zügigen Gaumen, reichhaltig, kraftvoll und rigoros.

○ Soave Cl. Pigno '12	🍷🍷🍷 3*
○ Lessini Durello Brut M. Cl. 36 Mesi	🍷🍷 4
● Colli Berici Pian Alto Ris. '10	🍷🍷 5
○ Lessini Durello Brut 60 Mesi '07	🍷🍷 5
○ Soave Cl. Monte Tenda '12	🍷🍷 3
● Brut M. Cl. 36 Mesi Rosé Cuvée Maffea	🍷 4
● Barattaro Pinot Nero '11	🍷 3
● Colli Berici Merlot Baraldo '10	🍷 4
○ Lessini Durello Passito '08	🍷 5
● Barattaro Pinot Nero '10	🍷🍷 4
● Colli Berici Cabernet Franc La Giareta '11	🍷🍷 2*
● Colli Berici Merlot Baraldo La Giareta '09	🍷🍷 4

Marion
FRAZ. MARCELLISE
VIA BORGO MARCELLISE, 2
37036 SAN MARTINO BUON ALBERGO [VR]
TEL. +39 0458740021
www.marionvini.it

BESUCH NACH VORANMELDUNG
JAHRESPRODUKTION 40.000 Flaschen
REBFLÄCHE 14 Hektar

Die Familie Campedelli erwirbt 1988 den Besitz von Marcellise, aber erst sechs Jahre später bringen Stefano und seine Frau Nicoletta ihre Produktion von Trauben und später von Weinen auf den Weg. Seit damals sind zwanzig Jahre vergangen und Marion ist in den Kreis von Venetiens interessantesten Kellereien aufgestiegen. Mit fünfzehn Hektar Rebland am Fuße der Hügel der östlichen Valpolicella, hat man sich stets um eine qualitative Verbesserung der Weine bemüht. Neben den Veroneser Traditionsweinen, vervollständigt eine kleine Produktion von Cabernet Sauvignon und Teroldego das Angebot. Zugpferd im Hause Campedelli ist der Valpolicella Superiore, der auch im Jahrgang 2010 mit einem aromatisch komplexen, schichtweise gegliederten Bild aufwartet, mit Fruchtigkeit in erster Linie und Heilkräutern, Blumen und Gewürzen in den tieferen Lagen. Am Gaumen mittlerer Körper, elegant in der geschmacklichen Dynamik und in den geschliffenen Tanninen. Sehr gut auch der Amarone '09, der sich am Gaumen schmackhaft und rund darbietet.

● Valpolicella Sup. '10	🍷🍷🍷 4*
● Amarone della Valpolicella '09	🍷🍷 7
● Cabernet Sauvignon '10	🍷🍷 4
● Teroldego '10	🍷🍷 5
● Valpolicella Borgomarcellise '12	🍷🍷 3
● Amarone della Valpolicella '06	🍷🍷🍷 7
● Amarone della Valpolicella '03	🍷🍷🍷 7
● Valpolicella Sup. '09	🍷🍷🍷 4*
● Valpolicella Sup. '06	🍷🍷🍷 4
● Valpolicella Sup. '05	🍷🍷🍷 4
● Valpolicella Sup. '99	🍷🍷 4

VENETIEN

Masari
loc. Maglio di Sopra
via Bevilacqua, 2a
36078 Valdagno [VI]
Tel. +39 0445410780
www.masari.it

DIREKTVERKAUF
BESUCH NACH VORANMELDUNG
JAHRESPRODUKTION 30.000 Flaschen
REBFLÄCHE 4 Hektar

Massimo Dal Lago und Arianna Tessari haben vor einem Jahrzehnt ihren Betrieb gegründet, um den Wert eines Landes neu zu entdecken, das auf eine große, aber zuletzt aufgegebene Tradition verweisen kann. Knapp fünf Hektar Grund, die sich auf beide Talseiten verteilen, vulkanische Böden auf der Westseite und kalkhaltige Böden marinen Ursprungs auf der Ostseite. Die Höhe ist auf beiden Seiten beachtlich und reicht bis auf 400 Meter über dem Meer. Alle Maßnahmen zielen auf die Produktion von Weinen ab, die einen getreuen Spiegel der Merkmale ihres Terroirs liefern können. Sehr verschieden sind der Masari und der San Martino. Obwohl beide Bordeaux-Verschnitte, bescheren die sehr unterschiedlichen Böden ganz verschiedene Profile. Reich, intensiv fruchtig und fleischig der Masari '11, der auf dem kalkhaltigen Boden gedeiht, frischer und pflanzlich der San Martino '11, der von vulkanischen Böden abstammt. Gediegen, mit geschliffenen Tanninen und druckvoll am Gaumen der erste, knackig, trocken und sehr lang der zweite.

- Vicenza Rosso San Martino '11   3*
- Leon Durello Dosaggio Zero M. Cl.   4
- AgnoBianco '12   2*
- Masari '11   5
- AgnoBianco '11   2*
- Antico Pasquale Passito Bianco '06   8
- Doro Passito Bianco '10   5
- Doro Passito Bianco '09   5
- Leon Durello Brut M. Cl.   4
- Masari '09   5
- Masari '08   5
- Vicenza Rosso San Martino '10   3*
- Vicenza Rosso San Martino '09   3*
- Vicenza Rosso San Martino '08   3*

★Masi
fraz. Gargagnago
via Monteleone, 26
37015 Sant'Ambrogio di Valpolicella [VR]
Tel. +39 0456832511
www.masi.it

DIREKTVERKAUF
BESUCH NACH VORANMELDUNG
UNTERKUNFT
JAHRESPRODUKTION 4.200.000 Flaschen
REBFLÄCHE 640 Hektar

Unter Italiens großen Marken nehmen die Weine aus dem Hause Boscaini einen Spitzenplatz ein, denn der Familienbetrieb kann sich auf eine beachtliche Produktion und kapillare internationale Präsenz stützen. Obwohl Besitzungen von Friaul bis Argentinien bestehen, bleibt der Kern des Unternehmens fest mit dem Valpolicella verbunden, wo immer noch der Keller und die Firmenleitung zu Hause sind. Für die technische Führung dieses Großunternehmens ist ein Team von kompetenten Mitarbeitern verantwortlich, aber Sandro Boscaini und Sohn Raffaele stellen ihre große Erfahrung stets gerne zur Verfügung. Wunderbar die Welt der Amarone der Familie Boscaini, mit einer prachtvollen Vorstellung des Costasera Riserva '09, tief im würzigen Ausdruck, durchzogen von reifer, noch knackiger Frucht, mit einer gewichtigen mineralischen Note im Hintergrund. Am Gaumen beeindruckt der gediegene Geschmack, trocken und mit herben Tanninen. Komplexer und gelöster der Mazzano '07, in dem überreife Frucht von aromatischen Kräutern umgeben ist und sich am Gaumen breit, schmackhaft und harmonisch entfaltet.

- Amarone della Valpolicella Cl.
  Costasera Ris. '09   8
- Amarone della Valpolicella Cl.
  Mazzano '07   8
- Amarone della Valpolicella Cl.
  Vaio Armaron Serègo Alighieri '08   8
- Osar '07   7
- Recioto della Valpolicella Cl.
  Casal dei Ronchi Serègo Alighieri '10   6
- Valpolicella Cl. Sup. Montepiazzo
  Serègo Alighieri '11   5
- Recioto della Valpolicella Cl.
  Mezzanella Amandorlato '07   8
- Amarone della Valpolicella Cl.
  Campolongo di Torbe '07   8
- Amarone della Valpolicella Cl.
  Vaio Armaron Serègo Alighieri '06   8

VENETIEN

Masottina
LOC. CASTELLO ROGANZUOLO
VIA BRADOLINI, 54
31020 SAN FIOR [TV]
TEL. +39 0438400775
www.masottina.it

DIREKTVERKAUF
BESUCH NACH VORANMELDUNG
JAHRESPRODUKTION 1.000.000 Flaschen
REBFLÄCHE 57 Hektar

Seit mehr als sechzig Jahren betreibt die Familie Dal Bianco ihr Weingut Masottina, das im Hügelland des Prosecco, einige Kilometer nordöstlich von Conegliano, in Castello di Roganzuolo, gelegen ist. Zu den Trauben aus den eigenen Weinbergen kommen noch die von zahlreichen Weinbauern, die ihr Traubengut in die Kellerei von Via Bradolini liefern, wo es zu einem vielfältigen Sortiment verarbeitet wird. Quotenkönig ist natürlich der Prosecco, aber es mangelt auch nicht an Stillweinen, die stilistisch reintönig und trinkbereit interpretiert werden. Dem Spumante Prosecco Extra Dry gelingt es, den Charakter des Territoriums von Conegliano perfekt zum Ausdruck zu bringen, das heißt, nicht extrem aromatisch und zitrusfruchtig, was man in Valdobbiadene häufig antrifft, sondern klare, fleischige Frucht, die sich am Gaumen mit schönem Stoff und rund entfaltet. Perfekt die Verschmelzung mit der Perlage, die den hochwertigen Prosecco ausmacht. Der Rive di Ogliano Contrada Granda '13 spürt größerer Finesse im Aroma nach und glänzt mit beachtlichem Biss am Gaumen.

- ○ Conegliano Valdobbiadene Extra Dry ⚜⚜ 5
- ○ Conegliano Valdobbiadene
  Rive di Ogliano Contrada Granda Brut '13 ⚜⚜ 7
- ○ Conegliano Valdobbiadene Brut ⚜ 5
- ○ Colli di Conegliano Bianco Rizzardo '11 ⚜ 7
- ○ Conegliano Valdobbiadene
  Rive di Ogliano Extra Dry '13 ⚜ 7
- ○ Conegliano Valdobbiadene
  Rive di Ogliano Extra Dry '12 ⚜⚜ 5
- ○ Conegliano Valdobbiadene
  Rive di Ogliano Extra Dry '11 ⚜⚜ 3
- ● Piave Cabernet Sauvignon
  Vign. ai Palazzi Ris. '09 ⚜⚜ 4
- ● Piave Cabernet Sauvignon
  Vign. ai Palazzi Ris. '08 ⚜⚜ 4
- ● Piave Merlot Vign. Ai Palazzi Ris. '08 ⚜⚜ 6

Massimago
VIA GIARE, 21
37030 MEZZANE DI SOTTO [VR]
TEL. +39 0458880143
www.massimago.com

JAHRESPRODUKTION 45.000 Flaschen
REBFLÄCHE 12 Hektar

In einem Gebiet wie dem Valpolicella, wo praktisch jeder Hang auf Weinbau umgestellt wurde, sind Orte wie Massimago rar geworden, eine Villa mitten im Grünen, wo die Weinstöcke zwar präsent aber diskret sind und rund um das Gebäude eine Art Niemandsland frei lassen, in dem die Stille absoluter Herrscher ist. Ein Dutzend Hektar, die den Traditionsreben gewidmet sind und einen kleinen Platz auch der Garganega einräumen. Weine von einem klaren Profil, die sich mit Frische und eleganter Süffigkeit zum Ausdruck bringen. Nur zwei Weine legt Camilla Rossi Chauvenet diesmal vor, den Amarone '10 und den Valpolicella Superiore Profasio '12. Der eine erinnert im Aroma an sehr reife, rote Frucht, durchzogen von Nuancen von Kaffee und Heublumen, die am Gaumen einen reichen, tiefgründigen und schmackhaften Wein ergeben, unterstützt von dichten, aber geschliffenen Tanninen. Noch ein wenig an Reife fehlt es dem zweiten, in der Nase intensiver, fruchtig würziger Duft, am Gaumen von beachtlichem Reichtum, der von drängenden Tanninen gebändigt wird.

- ● Amarone della Valpolicella '10 ⚜⚜ 8
- ● Valpolicella Sup. Profasio '12 ⚜⚜ 5
- ● Amarone della Valpolicella '09 ⚜⚜ 8
- ● Amarone della Valpolicella '08 ⚜⚜ 8
- ● Valpolicella Cl. Sup. '10 ⚜⚜ 6
- ● Valpolicella Sup. Profasio '11 ⚜⚜ 5

VENETIEN

Roberto Mazzi

LOC. SAN PERETTO
VIA CROSETTA, 8
37024 NEGRAR [VR]
TEL. +39 0457502072
www.robertomazzi.it

DIREKTVERKAUF
BESUCH NACH VORANMELDUNG
UNTERKUNFT UND GASTRONOMIE
JAHRESPRODUKTION 45.000 Flaschen
REBFLÄCHE 8 Hektar

Das Weingut der Familie Mazzi hat alte Wurzeln, aber erst Roberto füllt in den 1960er Jahren erstmals seine Produktion in Flaschen ab. Nach ihm waren es seine Söhne, Antonio und Stefano, die dem Betrieb ein moderneres Gepräge gaben, aber ohne auf ihre Traditionen zu verzichten. So wurde der Keller erneuert und erweitert, aber im Weinberg gedeihen nach wie vor die traditionellen Reben und auch im Kellerangebot finden sich nur die historischen Weine. Auf weniger als zehn Hektar erhält man die Trauben für eine ausgewogene Produktion, die sich durch Reinheit und Wohlgeruch auszeichnet. Tadellos die diesmal vorgelegte Flaschenbatterie der Geschwister Mazzi; die Weine sind nicht nur qualitativ auf allerhöchstem Niveau, sondern auch glänzende Beispiele ihrer Typologien. Der Valpolicella Poiega '11 hat sich des kompakten Reichtums der letzten zehn Jahre entledigt und wieder Wohlgeruch und Anmut entdeckt, die diese Denomination schenken kann. Das Ergebnis ist ein eleganter, straffer Wein von erstaunlicher Länge und Komplexität. Der Amarone Punta di Villa '09 offenbart Biss und Charakter.

- Amarone della Valpolicella Cl. Punta di Villa '09 — 7
- Valpolicella Cl. Sup. Vign. Poiega '11 — 4
- Amarone della Valpolicella Cl. Castel '08 — 7
- Recioto della Valpolicella Cl. Le Calcarole '11 — 5
- Valpolicella Cl. '13 — 2*
- Valpolicella Cl. Sup. Sanperetto '12 — 3
- Valpolicella Cl. Sup. Sanperetto '11 — 3*
- Amarone della Valpolicella Cl. Punta di Villa '08 — 7
- Amarone della Valpolicella Cl. Punta di Villa '05 — 7
- Recioto della Valpolicella Cl. Le Calcarole '09 — 5
- Recioto della Valpolicella Cl. Le Calcarole '07 — 5
- Valpolicella Cl. Sup. Sanperetto '10 — 3*

Merotto

LOC. COL SAN MARTINO
VIA SCANDOLERA, 21
31010 FARRA DI SOLIGO [TV]
TEL. +39 0438989000
www.merotto.it

DIREKTVERKAUF
BESUCH NACH VORANMELDUNG
UNTERKUNFT UND GASTRONOMIE
JAHRESPRODUKTION 550.000 Flaschen
REBFLÄCHE 21 Hektar

Das Prosecco Anbaugebiet, vor allem im historischen Bereich zwischen Conegliano und Valdobbiadene, ist auf zahlreiche Weinbauern aufgeteilt, die ihre Trauben an die großen Abfüllbetriebe liefern, die häufig gar keine Weinberge besitzen. Das ist bei Graziano Merotto nicht der Fall, der mehr als zwanzig Hektar persönlich bewirtschaftet. So ist die gesamte Produktion punktgenau unter Kontrolle und liefert die Trauben für die ambitionierten Etiketten. Das ganze Sortiment ist auf die Erhaltung der Wohlgerüche der Rebe und einen harmonischen Trinkgenuss ausgelegt. Der Paradewein ist auch diesmal der Graziano Merotto, ein sehr trockener Brut aus den Hanglagen der Rive di Col San Martino, im Duft helles Obst und Blumen, die zarte, zitrusfruchtige Note im Hintergrund leitet zu einem Gaumen über, der in Finesse und Spannung seine charakteristischen Merkmale hat. Großartig, weil er einfach und duftig ist, aber gleichzeitig energisch und raffiniert sein kann. Beeindruckend die ganze Batterie aus dem Hause Merotto, besonderen Applaus verdient der Le Fare, Extra Brut auf Glera-Basis, nervig und schmackhaft.

- Valdobbiadene Brut Rive di Col San Martino Cuvée del Fondatore Graziano Merotto '13 — 4*
- Cartizze — 5
- Le Fare Extra Brut — 2*
- Valdobbiadene Brut Bareta — 2*
- Valdobbiadene Extra Dry Colbelo — 2*
- Rosso Dogato '11 — 4
- Royam Passito '10 — 5
- Valdobbiadene Dry Rive di Col San Martino La Primavera di Barbara '13 — 3
- Grani Rosa di Nero Brut — 3
- Prosecco di Treviso Dry Colmolina Mill. '13 — 2
- Valdobbiadene Brut Rive di Col San Martino Cuvée del Fondatore Graziano Merotto '12 — 4*

VENETIEN

Monte dall'Ora
LOC. CASTELROTTO
VIA MONTE DALL'ORA, 5
37029 SAN PIETRO IN CARIANO (VR)
TEL. +39 0457704462
www.montedallora.com

DIREKTVERKAUF
BESUCH NACH VORANMELDUNG
JAHRESPRODUKTION 35.000 Flaschen
REBFLÄCHE 6 Hektar
WEINBAU Biologisch anerkannt

Carlo Venturini und seine Frau Alessandra sind einfühlsame Interpreten der Valpolicella, die der Tradition treu bleiben und gleichzeitig die grüne Seele des Landes respektvoll neu entdecken, nur mit klassischen Weinen und unter Verzicht auf die Unterstützung von internationalen Sorten. Wenige Hektar für eine Produktion aus biologischem Anbau, die zu Weinen verarbeitet wird, die stilistisch Extrakt mit Süffigkeit verbinden, mit besonderer Aufmerksamkeit auch für einfache Weine, die ganz im Respekt der Rebe interpretiert werden. Der Valpolicella Camporenzo ist stets Vorbild für einen Valpolicella, wie er sein sollte, Synthese aus dem traditionellen Reichtum und der Finesse, die dieses Land und diese Trauben dem Wein bescheren können. In der Version des Erntejahres 2011 ist das Aroma von einer intensiv fruchtigen Note geprägt, durchzogen von pflanzlichen Nuancen und frischen Blumen, die eine subtile Mineralität begleiten. Am Gaumen gehaltvoll, aber gleichzeitig frisch und wendig, getragen von würziger Säure für ein sehr langes Finale.

● Valpolicella Cl. Sup. Camporenzo '11		🍷🍷🍷 4*
● Amarone della Valpolicella Cl. '09		🍷🍷 6
● Recioto della Valpolicella Cl. Sant' Ulderico '10		🍷🍷 6
● Valpolicella Cl. Saseti '13		🍷🍷 2*
● Valpolicella Cl. Sup. Ripasso Saustò '10		🍷🍷 5
● Valpolicella Cl. Sup. Camporenzo '10		🍷🍷🍷 4*
● Valpolicella Cl. Sup. Ripasso Saustò '07		🍷🍷🍷 5
● Amarone della Valpolicella Cl. Stropa '06		🍷🍷 8
● Valpolicella Cl. Saseti '12		🍷🍷 2*

Monte del Frà
S.DA PER CUSTOZA, 35
37066 SOMMACAMPAGNA (VR)
TEL. +39 045510490
www.montedelfra.it

DIREKTVERKAUF
BESUCH NACH VORANMELDUNG
JAHRESPRODUKTION 1.000.000 Flaschen
REBFLÄCHE 172 Hektar

Nicht in vielen Betrieben bewirkt ein Generationswechsel eine so entscheidende Beschleunigung, ohne die Spuren der Tradition zu verlassen. Marica, Silvia und Massimo Bonomo übernahmen das Erbe ihrer Eltern Eligio und Claudio und setzten neue Impulse. Man verbesserte die Arbeit in Weinberg und Keller ohne die Produktion zu revolutionieren, stärkte die Führungsposition des Custoza und trieb das Projekt im Valpolicella voran. Eleganz und Trinkgenuss sind die Markenzeichen des Hauses, das gilt auch für die anspruchsvollen Kreszenzen. Drei wunderbare Gewächse, die es diesmal sehr schwer machen, sich für einen Sieger zu entscheiden. Der Amarone Scarnocchio '09 beeindruckt durch die Fähigkeit, reif und kraftvoll, aber gleichzeitig frisch und straff zu sein, ein Roter von großer Klasse und Spannung. Der Custoza Ca' del Magro '12 verkörpert perfekt einen Spitzenwein seiner Typologie, tief in den Aromen von weißer Frucht und Safran, am Gaumen solider Körper und wohlschmeckende Länge.

○ Custoza Sup. Ca' del Magro '12		🍷🍷🍷 2*
● Amarone della Valpolicella Cl. Scarnocchio Tenuta Lena di Mezzo Ris. '09		🍷🍷 8
● Valpolicella Cl. Sup. Ripasso Tenuta Lena di Mezzo '12		🍷🍷 3*
● Valpolicella Cl. Tenuta Lena di Mezzo '12		🍷🍷 2*
● Amarone della Valpolicella Cl. Tenuta Lena di Mezzo '10		🍷🍷 7
● Bardolino '13		🍷🍷 2*
○ Custoza '13		🍷🍷 2*
● Valpolicella Cl. Tenuta Lena di Mezzo '13		🍷🍷 2*
⊙ Bardolino Chiaretto '13		🍷 2
○ Custoza Sup. Ca' del Magro '11		🍷🍷🍷 2*
○ Custoza Sup. Ca' del Magro '10		🍷🍷🍷 2*
○ Custoza Sup. Ca' del Magro '09		🍷🍷🍷 2*
○ Custoza Sup. Ca' del Magro '08		🍷🍷🍷 2*

VENETIEN

Monte Tondo
LOC. MONTE TONDO
VIA SAN LORENZO, 89
37038 SOAVE [VR]
TEL. +39 0457680347
www.montetondo.it

DIREKTVERKAUF
BESUCH NACH VORANMELDUNG
UNTERKUNFT
JAHRESPRODUKTION 200.000 Flaschen
REBFLÄCHE 32 Hektar

Gino Magnabosco, unterstützt von den Kindern Stefania, Marta und Luca, führt den Familienbetrieb im Soave, der über Rebflächen auch im nahegelegenen Valpolicella verfügt. Es sind mittlerweile dreißig Hektar, die in einigen der besten Lagen - Monte Tenda, Tondo, der berühmte Monte Foscarino - angesiedelt sind, wo die Weinberge in der traditionellen Pergola- und in Guyot-Erziehung kultiviert werden, oft auf Hängen, die mehr als steil sind. Der Stil des Hauses ist eng mit der produzierten Typologie verbunden, daher schlank und straff für einfache Weine, extraktreich und tiefgründig für Selektionen. Der Soave Casette Foscarin '12 ist von sattem Strohgelb, fast goldfarben, überschwängliche Nase mit reifer, gelber Frucht, die auch einen Anflug von Zündisten und Kamille Raum gibt. Am Gaumen ist der Reichtum deutlich, getragen von einer schmackhaften Säure. Der Foscarin Slavinus '12 hingegen ist verschlossen und gibt sein Aroma nur langsam frei, das von Eiche eingeleitet wird und dann gelbe Frucht und eine intensive blumige Note zur Entfaltung bringt.

○ Soave Cl. Casette Foscarin '12	🍷🍷 3
○ Soave Cl. Monte Tondo '13	🍷🍷 2*
○ Soave Cl. Sup. Foscarin Slavinus '12	🍷🍷 4
● Amarone della Valpolicella '10	🍷 6
○ Recioto di Soave Spumante '11	🍷 4
● Valpolicella Ripasso Campo Grande '11	🍷 4
● Valpolicella San Pietro '12	🍷 2
○ Soave Cl. Monte Tondo '06	🍷🍷🍷 2*
● Amarone della Valpolicella '08	🍷🍷 6
○ Soave Cl. Casette Foscarin '11	🍷🍷 3
○ Soave Cl. Monte Tondo '12	🍷🍷 2*
○ Soave Cl. Sup. Foscarin Slavinus '11	🍷🍷 4

La Montecchia
Conte Emo Capodilista
VIA MONTECCHIA, 16
35030 SELVAZZANO DENTRO [PD]
TEL. +39 049637294
www.lamontecchia.it

DIREKTVERKAUF
BESUCH NACH VORANMELDUNG
UNTERKUNFT
JAHRESPRODUKTION 130.000 Flaschen
REBFLÄCHE 20 Hektar

Den Wert des Territoriums der Colli Euganei entdecken wir gewiss nicht erst heute, das Land, in dem der Vulkan in alter Zeit eine Hügelkette entstehen ließ, wo sich Bodenformationen von Trachyt und weißem, blättrigen Gestein, Ton und rote Erde abwechseln, alles im geschützten Rahmen eines Regionalen Naturparks. Zum Betrieb von Giordano Capodilista gehören zwei Gebiete am äußersten Rand der Denomination, im Norden Gut Selvazzano, im Süden Gut Baone, wo die Trauben in einem mediterranen Ambiente zur Reife kommen. Die Produktion konzentriert sich auf sonnige Rotweine und spontane Weiße. Hochwertig die Kellerriege aus dem Hause Emo Capodilista, am besten gefiel uns der Ireneo '11. Der im südlichen Gut der Colli Euganei produzierte Cabernet präsentiert sich kompakt im Aussehen, satter Duft von roter Frucht und Graphit, dann Rückkehr zu den frischeren, tieferen Nuancen von Untergehölz. Vollmundiger Körper, getragen von geschliffenen Tanninen, für einen schmackhaften, wendigen und saftigen Trinkgenuss.

● Colli Euganei Cabernet Sauvignon Ireneo Capodilista '11	🍷🍷 4
○ Colli Euganei Fior d'Arancio Passito Donna Daria '12	🍷🍷 5
○ Colli Euganei Fior d'Arancio Spumante '13	🍷🍷 2*
● Colli Euganei Merlot '12	🍷🍷 3
● Colli Euganei Rosso Ca' Emo '12	🍷🍷 2*
● Colli Euganei Rosso Villa Capodilista '11	🍷🍷 5
○ Acinidoro '12	🍷 5
○ Colli Euganei Pinot Bianco '13	🍷 2
○ Piùchebello '13	🍷 2
● Colli Euganei Cabernet Sauvignon Ireneo Capodilista '08	🍷🍷🍷 5
● Colli Euganei Cabernet Sauvignon Ireneo Capodilista '07	🍷🍷🍷 4*
○ Colli Euganei Fior d'Arancio Spumante '12	🍷🍷 2*

VENETIEN

Monteforche

Loc. Zovon
via Rovarolla, 2005
35030 Vò [PD]
Tel. +39 3332376035
soranzo1968@gmail.com

DIREKTVERKAUF
BESUCH NACH VORANMELDUNG
JAHRESPRODUKTION 19.000 Flaschen
REBFLÄCHE 4,5 Hektar

Alfonso Soranzo betreibt sein Weingut in Vò Euganeo, im Regionalen Naturpark der Colli Euganei. Von Beginn an hatte er sich für eine wenig invasive und umweltschonende Bewirtschaftung der Weinberge entschieden, auch wenn das Klima die Verbreitung von Krankheiten der Reben fördert und die Ernte kleiner wird. Gezogen werden vor allem Bordeaux-Sorten, aber es fehlen auch nicht traditionelle Reben wie Garganega oder seltene wie Cavarara und Pattaresca. Wenige Hektar für eine gediegene Produktion, schmackhaft und von großartigem Charakter. Der Prestigewein Vigna del Vento ruht noch im Keller, aber der Cabernet Franc '11 hat uns voll für diese Abwesenheit entschädigt. In der Nase rote Frucht und Untergehölz, mit schöner Mineralität und Blumen im Hintergrund, am Gaumen gehaltvoll, saftig und unglaublich wendig. Sehr gut auch der Cassiara '12, eine Cuvée aus Garganega und Malvasia, die mit Wohlgeschmack am Gaumen und fruchtigen Empfindungen und Macchia in der Nase aufwarten kann. Schließlich ist auf den wunderbar gelungenen Estivo '13 hinzuweisen.

● Cabernet Franc '11	▼▼ 5
○ Cassiara '12	▼▼ 4
● Estivo Barbera '13	▼▼ 3
○ Serpino Frizzante Rif. '13	▼ 3
● Cabernet Franc '10	♀♀ 5
○ Cassiara '10	♀♀ 4
○ Pinot Grigio '11	♀♀ 3
● Vigna del Vento '09	♀♀ 6
● Vigna del Vento '08	♀♀ 4
○ Vigneto Carantina '11	♀♀ 4

Cantina Sociale di Monteforte d'Alpone

via XX Settembre, 24
37032 Monteforte d'Alpone [VR]
Tel. +39 0457610110
www.cantinadimonteforte.it

DIREKTVERKAUF
BESUCH NACH VORANMELDUNG
JAHRESPRODUKTION 2.000.000 Flaschen
REBFLÄCHE 1.600 Hektar

Ein Schatz von über tausend Hektar Weinberg, großteils im Hügelland, ist nicht leicht zu finden, aber auch der muss nicht unbedingt genügen, um eine Qualitätsproduktion auf die Beine zu stellen. Nötig sind Intuitionen, Hingabe und ein fester Wille, das Beste zu erhalten und das aufzuwerten, was uns Tradition und mühevolle Arbeit der Menschen gegeben haben. Cantina di Monteforte ist in diesem Sinne an vorderster Front, in einer Denomination, die es nicht immer verstanden hat, ihr großes Potenzial auszuspielen, das aber, wenn es gut interpretiert wird, einen Spitzenplatz in der nationalen Weinszene einbringen kann. Viel Sorgfalt verwendet Gaetano Tobin natürlich auf den Soave und die Ergebnisse sind stets sehr befriedigend. Uns gefiel am allerbesten der Castellaro '12, ein Soave Superiore, der durch den Ausbau im kleinen Fass größere Fülle und Harmonie erreicht, ohne dass Holz hervorsticht, sodass in der Nase die Frucht dominierend ist, begleitet von schönen blumigen und würzigen Komponenten.

○ Soave Cl. Sup. Vign. di Castellaro '12	▼▼ 2*
○ Lessini Durello Brut M. Cl.	▼▼ 3
○ Soave Cl. Clivus '13	▼▼ 1*
○ Soave Cl. Il Vicario '13	▼▼ 2*
○ Lessini Durello Brut	▼ 2
● Amarone della Valpolicella Re Teodorico '09	♀♀ 5
○ Soave Cl. Clivus '11	♀♀ 1*
○ Soave Cl. Clivus '10	♀♀ 2
○ Soave Cl. Sup. Vign. di Castellaro '10	♀♀ 2*
○ Soave Cl. Sup. Vign. di Castellaro '09	♀♀ 2*
● Valpolicella Ripasso '11	♀♀ 2*

VENETIEN

Montegrande
via Torre, 2
35030 Rovolon [PD]
Tel. +39 0495226276
www.vinimontegrande.it

DIREKTVERKAUF
BESUCH NACH VORANMELDUNG
JAHRESPRODUKTION 250.000 Flaschen
REBFLÄCHE 30 Hektar

Der Betrieb der Familie Cristofanon, der mit Hingabe und Kompetenz von Raffaele und seiner Schwester Paola geführt wird, liegt im Nordwesten des Regionalen Naturparks der Colli Euganei. Auf den dreißig Hektar gedeihen die Trauben für die gesamte Produktion des Hauses. Im Keller setzt man auf respektvolle Behandlung des Rohstoffs und eine richtige Ausgewogenheit von Extraktreichtum und schlankem Profil, Reife und Frische, alles proportional abgestimmt auf die jeweilige Typologie. Der Cabernet Sereo '11 präsentiert sich in der Nase mit intensiver Note von reifer, roter Frucht, die ihren Widerhall in frischen Empfindungen von Heilkräutern, Blumen und Gewürzen findet. Am Gaumen setzt der Wein auf Reichtum und Reife für ein vollmundiges, fleischiges Ergebnis. Der Vigna delle Roche '11 ist hingegen ein Bordeaux-Verschnitt mit überwiegend Merlot, mit einem fruchtigen Aroma, begleitet von deutlich pflanzlichen Noten, wie es der Tradition von Venetien entspricht. Trockener und schlanker am Gaumen als der Sereo, bewegt er sich mit Anmut und Spannung.

- Colli Euganei Cabernet Sereo '11 ▼▼ 3
- Colli Euganei Fior d'Arancio Passito '11 ▼▼ 3
- Colli Euganei Rosso '13 ▼▼ 2*
- Colli Euganei Rosso V. delle Roche '11 ▼▼ 3
- Colli Euganei Bianco Erto '13 ▼ 2
- Colli Euganei Cabernet '13 ▼ 2
- Colli Euganei Fior d'Arancio Spumante '13 ▼ 2
- Colli Euganei Merlot '13 ▼ 2
- Colli Euganei Pinot Bianco '13 ▼ 2
- Moscato Secco Casteáro '13 ▼ 2
- Colli Euganei Cabernet Sereo '10 ♀♀ 3
- Colli Euganei Rosso '12 ♀♀ 2*
- Colli Euganei Rosso V. delle Roche '10 ♀♀ 3

Monteversa
via Monte Versa, 1024
35030 Vò [PD]
Tel. +39 0499941092
www.monteversa.it

DIREKTVERKAUF
BESUCH NACH VORANMELDUNG
JAHRESPRODUKTION 23.000 Flaschen
REBFLÄCHE 17 Hektar
WEINBAU Biologisch anerkannt

Die Weinberge der Familie Voltazza sind im westlichen Teil des Regionalen Naturparks der Colli Euganei angesiedelt, auf den Hängen des Monte Versa, wo auf einem Südhang die Bordeaux-Reben gedeihen, und auf dem gegenüberliegenden Nordhang die weißen Sorten. Die Weinberge werden biologisch bewirtschaftet und die Arbeiten unter der Kontrolle und mit Beratung von Guido Bustatto ausgeführt, der den Betrieb in der schwierigen Aufgabe unterstützt, Weine zu fertigen, die nicht nur gut sind, sondern auch ihr schönes Territorium erzählen können. Beachtlich die Leistung des Animaversa '11, ein Bordeaux-Verschnitt mit überwiegend Merlot, in der Nase intensives Aroma von großer Reife, mit der Frucht, die von subtilen pflanzlichen Noten begleitet wird und feine Empfindungen von Graphit und Gewürzen erkennen lässt. Am Gaumen vollmundig und fleischig, gewinnt der Wein problemlos an Spannung und Länge, wo er sich als schmackhaft und harmonisch erweist. Der Versacinto '12 orientiert sich vorwiegend an klarer, knackiger Frucht und Nuancen von Untergehölz, die sich zu einem soliden Geschmack entwickeln.

- Colli Euganei Animaversa Rosso '11 ▼▼ 4
- Colli Euganei Bianco Animaversa '12 ▼▼ 3
- Colli Euganei Bianco Versavò '13 ▼▼ 2*
- Colli Euganei Rosso Versacinto '12 ▼▼ 2*
- Primaversa Frizzante '13 ▼ 3
- Saver Frizzante '13 ▼ 3
- Colli Euganei Animaversa Rosso '10 ♀♀ 4
- Colli Euganei Bianco Versavò '11 ♀♀ 2*
- Colli Euganei Rosso Versacinto '11 ♀♀ 2*

VENETIEN

Marco Mosconi
VIA PARADISO, 5
37031 ILLASI [VR]
TEL. +39 0456529109
www.marcomosconi.it

DIREKTVERKAUF
BESUCH NACH VORANMELDUNG
JAHRESPRODUKTION 25.000 Flaschen
REBFLÄCHE 10 Hektar

Der Betrieb von Marco Mosconi ist zwar erst zehn Jahre alt, aber seine Familie hat schon seit einigen Generationen eine Beziehung zum Weinbau. Die Weinberge erstrecken sich auf fünf Hektar im Tal von Illasi und sind in zwei Blöcke gegliedert. Rund um den Keller sind die alten Weinberge mit den Trauben für den Soave angeordnet, während in der Ortschaft Montecurto vor rund zehn Jahren die traditionellen Sorten für den Valpolicella in Guyot-Erziehung gepflanzt wurden. Nach einigen Jahren der Liebe zu superkonzentrierten Weinen, findet Marco endlich zur Ausgewogenheit zwischen dem Reichtum durch getrocknete Trauben und dem natürlichen Wohlgeruch und der Spannung, die Corvina und Corvinone bescheren können. Der Soave Rosetta '13 präsentiert ein spontanes Aroma aus Blumen und heller Frucht, mit einer subtilen, pflanzlichen Note, die der Garganega entstammt, am Gaumen schmackhaft, vollmundig und rassig. Der Valpolicella Superiore '10 offenbart eine süße, reife Frucht an vorderster Linie, durchzogen von Empfindungen von Kakao und feinen Kräutern.

○ Soave Rosetta '13	♛♛ 3
○ Soave Sup. Corte Paradiso '13	♛♛ 2*
● Turan Cabernet Sauvignon '11	♛♛ 3
● Valpolicella Sup. '10	♛♛ 5
○ Turan Bianco '11	♛ 3
● Valpolicella Montecurto '13	♛ 3
● Amarone della Valpolicella '09	♛♛ 8
● Recioto della Valpolicella '07	♛♛ 6
○ Recioto di Soave '07	♛♛ 5
○ Soave Rosetta '08	♛♛ 3

Mosole
LOC. CORBOLONE
VIA ANNONE VENETO, 60
30029 SANTO STINO DI LIVENZA [VE]
TEL. +39 0421310404
www.mosole.com

DIREKTVERKAUF
BESUCH NACH VORANMELDUNG
JAHRESPRODUKTION 220.000 Flaschen
REBFLÄCHE 30 Hektar

Das Abenteuer von Lucio Mosole begann vor vielen Jahren, aber erst mit den letzten Lesen hat der Betrieb die Wende eingeleitet. In diesem Winkel Venetiens haben traditionsgemäß vor allem frische, süffige Weine das Sagen, die reinsortig gekeltert werden. Vom Start weg hat dieser Betrieb sich für mehr Gehalt in den Weinen eingesetzt und endlich, mit dem Eintritt von Gianni Menotti, hat Lucio auch begonnen, die Tiefe auszuloten, die dieser tonhaltige Boden und die Nähe der Adria den Trauben von Lison bescheren kann, um Weine von größerem Reichtum und geschmacklicher Tiefe zu erhalten, ohne auf Eleganz am Gaumen zu verzichten. Der Ad Nonam Passito '12 kehrt ein Aromaprofil von großer Klasse hervor, mit dem Duft von Zitrusfrucht und getrockneten Marillen, Mittelmeermacchia und Gewürzen, die sich am Gaumen zu großartiger Süße entladen, gut unterstützt von der Säure für ein langes Finale. Mehr um Konzentration und rote Frucht rankt sich der gleichnamige Merlot '11, am Gaumen vollmundig und von raffinierter Tanninstruktur.

○ Ad Nonam Passito '12	♛♛ 4
○ Lison-Pramaggiore Eleo '13	♛♛ 3*
● Lison-Pramaggiore Merlot Ad Nonam '11	♛♛ 4
○ Hora Prima '12	♛♛ 4
○ Pinot Grigio '13	♛♛ 2*
○ Tai '13	♛♛ 2*
● Lison-Pramaggiore Merlot '13	♛ 2
● Lison-Pramaggiore Refosco P.R. '13	♛ 2
○ Sauvignon '13	♛ 2
● Venezia Cabernet Franc '13	♛ 2
○ Venezia Chardonnay '13	♛ 2
● Lison-Pramaggiore Cabernet Hora Sexta '11	♛♛ 3*
● Lison-Pramaggiore Merlot Ad Nonam '10	♛♛ 4
● Venezia Cabernet Franc '12	♛♛ 2*

VENETIEN

Il Mottolo

LOC. LE CONTARINE
VIA COMEZZARE
35030 BAONE [PD]
TEL. +39 3479456155
www.ilmottolo.it

DIREKTVERKAUF
BESUCH NACH VORANMELDUNG
JAHRESPRODUKTION 20.000 Flaschen
REBFLÄCHE 6 Hektar

Mottolo setzt Schritt für Schritt Impulse für eine neue Entwicklung, zuerst eine deutlich erkennbar gewachsene Weinqualität, und nun auch eine bedeutsame Vergrößerung der Rebflächen, indem eine enge Verbindung mit einigen benachbarten Weinbauern eingegangen wird. Mit der höheren Produktion können auch die Volumen der einfachen Weine gesteigert werden, die zu den interessantesten dieser Zone gehören und zu unschlagbaren Preisen angeboten werden, aber auch eine bessere Bewirtschaftung der Weinberge, die für die ambitionierten Etiketten bestimmt sind. Der Serro '11 präsentiert sich mit rubinroter Farbe, die auf das Aroma von reifer, roter Frucht, Gewürzen und feinen, pflanzlichen Noten überleitet, das sich am gediegenen, raffinierten Gaumen entfaltet, wo Säure, Alkohol und Tannine zu großer Finesse und Länge verschmelzen. Satter die Farbe des Vignànima '11, ein Cabernet Franc mit intensiver Frucht, veredelt durch Empfindungen von Kakao und Gewürzen, die sich am Gaumen angenehm und breiter ausspielt.

- Colli Euganei Rosso Serro '11   ♛♛♛ 3*
- Vingnànima '11   ♛♛ 3*
- Colli Euganei Cabernet V. Marè '12   ♛♛ 2*
- Colli Euganei Fior d'Arancio Passito V. del Pozzo '13   ♛♛ 3
- Colli Euganei Merlot Comezzara '12   ♛♛ 2*
- Le Contarine '13   ♛ 2
- Colli Euganei Rosso Serro '10   ♛♛♛ 3*
- Colli Euganei Rosso Serro '09   ♛♛♛ 3*
- Colli Euganei Cabernet V. Marè '11   ♛♛ 2*
- Colli Euganei Merlot Comezzara '11   ♛♛ 2*
- Vingnànima '10   ♛♛ 3*

Musella

LOC. FERRAZZE
VIA FERRAZZETTE, 2
37036 SAN MARTINO BUON ALBERGO [VR]
TEL. +39 045973385
www.musella.it

DIREKTVERKAUF
BESUCH NACH VORANMELDUNG
UNTERKUNFT
JAHRESPRODUKTION 280.000 Flaschen
REBFLÄCHE 40 Hektar
WEINBAU Biodynamisch anerkannt

Hochwertige Weinberge in einer unberührten Landschaft zu besitzen, ist eine beneidenswerte Ausgangsbasis, aber um große Ergebnisse zu erzielen, dürfen auch Ideen, Opferbereitschaft und Weitsicht nicht fehlen. Maddalena Pasqua ist die Seele von Musella, circa 40 Hektar Weinberg nach biodynamischen Regeln in diesem prachtvollen Gut, knapp außerhalb von Verona, pünktliche Interpretin der traditionellen Weine, die ihren Überzeugungen immer treu geblieben ist und einer soliden und harmonischen Produktion auch Glanzlichter aufsetzen kann. Ein wirklich schöner Wein, der Valpolicella Superiore di Musella! In der Nase ist die Eiche noch ein wenig vordringlich, lässt aber rasch Anklänge an wildwachsende, rote Frucht, aromatische Kräuter und Pfeffer zu, um schließlich mineralische Empfindungen auf den Gaumen zu zaubern, wo sich ein solider, aber trockener und unglaublich progressiver Körper offenbart. Der Ripasso wartet mit einem Duft von größerer Feinheit auf, am Gaumen gehaltvoll und harmonisch, getragen von angenehmen, noch herben Tanninen.

- Valpolicella Sup. '12   ♛♛♛ 2*
- Bianco del Drago '13   ♛♛ 3
- Valpolicella Sup. Ripasso '11   ♛♛ 4
- Rosé del Drago '13   ♛ 2
- Amarone della Valpolicella Ris. '07   ♛♛♛ 6
- Amarone della Valpolicella '09   ♛♛ 6
- Amarone della Valpolicella Ris. '09   ♛♛ 6
- Monte del Drago '09   ♛♛ 5
- Monte del Drago Rosso '08   ♛♛ 5
- Recioto della Valpolicella '09   ♛♛ 5
- Valpolicella Sup. '11   ♛♛ 2*
- Valpolicella Sup. Ripasso '10   ♛♛ 3

VENETIEN

Daniele Nardello
VIA IV NOVEMBRE, 56
37032 MONTEFORTE D'ALPONE [VR]
TEL. +39 0457612116
www.nardellovini.it

DIREKTVERKAUF
BESUCH NACH VORANMELDUNG
JAHRESPRODUKTION 50.000 Flaschen
REBFLÄCHE 16 Hektar

Die Geschwister Nardello, Federica und Daniele, führen den Familienbetrieb in Monteforte d'Alpone, im Kerngebiet des Soave Classico. Der Besitz erstreckt sich auf fünfzehn Hektar, die nur teilweise für Flaschenweine genutzt werden und eine mehr als strenge Selektion der Trauben ermöglichen. Der Keller, einfach aber zweckmäßig, um mit Sorgfalt alle Arbeitsphasen ausführen zu können, liegt am Rande der Ortschaft, aber die interessantesten Weinberge, die am Monte Zoppega, sind mitten im Grünen angesiedelt, in perfekter Südexposition, die einen sonnigen, cremigen Stil bereits in der Nase ermöglicht. Der großer Wurf fehlt im Hause Nardello, aber die Produktion ist tadellos auf der ganzen Linie. Die Cuvée Soave Vigna Turbian '13, mit einem wichtigen Beitrag von Trebbiano di Soave, wartet in der Nase mit heller Frucht auf, die von blumigen Noten und einem Anflug von Zündstein durchzogen wird, die sich am Gaumen vollmundig und saftig ausbreiten, perfekt getragen von der Säure. Reifer und schmelzig der Monte Zoppega '12, der zum Teil auch in Eiche zur Reife kommt.

○ Soave Cl. Meridies '13	🍷🍷 2*
○ Soave Cl. Monte Zoppega '12	🍷🍷 3
○ Soave Cl. V. Turbian '13	🍷🍷 2*
○ Blanc De Fe '13	🍷 2
○ Soave Cl. Meridies '12	🍷🍷 2*
○ Soave Cl. Meridies '11	🍷🍷 2*
○ Soave Cl. Monte Zoppega '11	🍷🍷 3*
○ Soave Cl. Monte Zoppega '10	🍷🍷 3*
○ Soave Cl. V. Turbian '12	🍷🍷 2*
○ Soave Cl. V. Turbian '11	🍷🍷 2*

Angelo Nicolis e Figli
VIA VILLA GIRARDI, 29
37029 SAN PIETRO IN CARIANO [VR]
TEL. +39 0457701261
www.vininicolis.com

DIREKTVERKAUF
BESUCH NACH VORANMELDUNG
JAHRESPRODUKTION 220.000 Flaschen
REBFLÄCHE 42 Hektar

Die Familie Nicolis ist seit vielen Jahren im Valpolicella aktiv und bearbeitet ihre Weinberge von über 40 Hektar vor allem in der klassischen und östlichen Zone der Denomination. Giuseppe im Keller und Giancarlo im Weinberg folgen allen Phasen der Produktion und spüren stilistisch einer guten Konzentration nach, die aber die Frische der traditionellen Trauben betont. Der vor einigen Jahren vergrößerte Keller von San Pietro in Cariano bietet den Platz für Barriques und größere Fässer, die auf der Suche nach dem besten Ausdruck der historischen Typologien eingesetzt werden. Der Recioto aus dem Erntejahr 2010, nutzt die Frische des Jahrgangs für ein feines, frisches Aroma, in dem überreife Frucht von Pfeffernoten und Heublumen begleitet wird. Am Gaumen verschmilzt die maßvolle Süße mit der Säure und den Tanninen, was uns einen Wein mit rassigem und saftigem Profil beschert. Der Amarone hat eine lange Reife im Keller hinter sich und präsentiert sich jetzt mit komplexen, tertiären Aromen, am Gaumen solide und breit, mit geschliffenen Tanninen und einem guten, trockenen Finale.

● Amarone della Valpolicella Cl. '08	🍷🍷 6
● Recioto della Valpolicella Cl. '10	🍷🍷 5
● Valpolicella Cl. Sup. '11	🍷🍷 3
● Valpolicella Cl. '13	🍷 2
● Valpolicella Cl. Sup. Seccal '11	🍷 3
● Amarone della Valpolicella Cl. Ambrosan '06	🍷🍷🍷 7
● Amarone della Valpolicella Cl. Ambrosan '98	🍷🍷🍷 7
● Amarone della Valpolicella Cl. Ambrosan '93	🍷🍷🍷 6
● Amarone della Valpolicella Cl. '07	🍷🍷 6
● Amarone della Valpolicella Cl. Ambrosan '07	🍷🍷 7
● Valpolicella Cl. Sup. '10	🍷🍷 3
● Valpolicella Cl. Sup. Ripasso Seccal '08	🍷🍷 3

VENETIEN

Nino Franco
VIA GARIBALDI, 147
31049 VALDOBBIADENE [TV]
TEL. +39 0423972051
www.ninofranco.it

DIREKTVERKAUF
BESUCH NACH VORANMELDUNG
UNTERKUNFT UND GASTRONOMIE
JAHRESPRODUKTION 1.190.000 Flaschen
REBFLÄCHE 2,5 Hektar

Der Betrieb von Primo Franco nimmt eine Sonderstellung bei Prosecco ein, da er die historischen Bläschen von Valdobbiadene weltweit repräsentieren kann, obwohl er sich völlig von den anderen unterscheidet. Die Originalität liegt auch darin, dass es den ansonsten häufigsten Extra Dry im Sortiment nicht gibt und die Dosage in den Dry-Versionen eindeutig erkennbar ist. Und doch repräsentiert kein Betrieb diese Typologie besser, nicht nur wegen des besonderen Konzepts, sondern auch dank einer stilistischen Perfektion der gesamten Produktion, wohlriechend, schlank und von großer Faszination. Der Grave di Stecca '11, seit einigen Jahren in unseren Verkostungen nicht vertreten, ist mit der gewohnten Klasse zurückgekehrt. Sortenrein vergorener Glera mit langer Flaschenreife, präsentiert sich mit raffiniertem Aromagepäck, sehr wohl mit der Frische der Typologie, aber komplex und elegant, am Gaumen schmackhaft, trocken und sehr lang. Der Primo Franco '13, der seine dreißigste Lese feiert, ist reich und saftig, perfekt im Gleichgewicht zwischen Süße, Säure und Perlage.

○ Brut Grave di Stecca '11	▼▼▼ 5
○ Valdobbiadene Dry Primo Franco '13	▼▼ 3*
○ Valdobbiadene Brut	▼▼ 3
○ Cartizze '13	▼▼ 5
○ Valdobbiadene Brut V. della Riva di S. Floriano '13	▼▼ 3
⊙ P. di Treviso Brut Rustico	▼ 2
⊙ Faive Rosé Brut '13	▼ 3
○ Brut Grave di Stecca '09	▽▽▽ 5
○ Valdobbiadene Brut Grave di Stecca '08	▽▽▽ 5
○ Valdobbiadene Brut V. della Riva di S. Floriano '11	▽▽▽ 3*
○ Valdobbiadene Brut V. della Riva di S. Floriano '12	▽▽ 3*

Novaia
VIA NOVAIA, 1
37020 MARANO DI VALPOLICELLA [VR]
TEL. +39 0457755129
www.novaia.it

DIREKTVERKAUF
BESUCH NACH VORANMELDUNG
JAHRESPRODUKTION 40.000 Flaschen
REBFLÄCHE 8 Hektar
WEINBAU Biologisch anerkannt

Der Betrieb von Giampaolo Vaona und Sohn Alberto liegt im oberen Tal von Marano, fast versteckt in einem wenig besiedelten Gebiet, in dem sich Weinberge und Wald ablösen. Die Weinberge, einige Hektar, zum Teil in Guyot- und zum anderen noch in Pergola-Erziehung, sind auf Kalkmergelböden mit tiefen, vulkanischen Einlagerungen angesiedelt, die den Trauben Charakter und Finesse bescheren. Die Produktion gliedert sich in zwei Linien, die traditionellen Weine und die Etiketten, die aus neuen Anlagen in Spaliererziehung hervorgehen. Es gibt keine Schwächen im Hause Vaona, angefangen beim Amarone Corte Vaona '10, charakteristisch der feine Duft, in dem blumige Noten und aromatische Kräuter vorherrschen und im Hintergrund überreifer Frucht Raum geben. Am Gaumen geht Solidität nicht vor Finesse und Spannung und das Ergebnis ist ungemein reizvoll. Sehr gut auch der Ripasso '11, wieder ein Wein, in dem fruchtige Noten etwas zurücktreten und Gewürzen, Blumen und wieder Heilkräutern die führende Rolle überlassen.

● Amarone della Valpolicella Cl. Corte Vaona '10	▼▼ 5
● Amarone della Valpolicella Cl. Le Balze '09	▼▼ 7
● Recioto della Valpolicella Cl. Le Novaje '12	▼▼ 4
● Valpolicella Cl. '13	▼▼ 2*
● Valpolicella Cl. Sup. I Cantoni '11	▼▼ 4
● Valpolicella Cl. Sup. Ripasso '11	▼▼ 3
⊙ Rosé '13	▼ 2
● Amarone della Valpolicella Cl. '08	▽▽ 5
● Amarone della Valpolicella Cl. Corte Vaona '09	▽▽ 5
● Recioto della Valpolicella Cl. Le Novaje '09	▽▽ 4
● Valpolicella Cl. Sup. I Cantoni '09	▽▽ 3
● Valpolicella Cl. Sup. Ripasso '10	▽▽ 3

VENETIEN

Ottella
Fraz. San Benedetto di Lugana
Loc. Ottella
37019 Peschiera del Garda [VR]
Tel. +39 0457551950
www.ottella.it

DIREKTVERKAUF
BESUCH NACH VORANMELDUNG
JAHRESPRODUKTION 350.000 Flaschen
REBFLÄCHE 40 Hektar

Der Boden am Südufer des Gardasees, der durch die Bewegung der Gletscher dem Tal zu entstanden ist, weist einen starken Tongehalt auf, ideale Voraussetzung für die Turbiana-Traube, die nicht nur gut zur Reife kommt, sondern auch ein hochwertiges Aromagepäck entwickelt, schmackhaft und von schöner Säure. Francesco und Michele Montresor nutzen dieses Geschenk der Natur zu einer erstklassigen Kellerriege, allen voran der Lugana. Aus dem Hochland am Flusslauf des Mincio kommen die roten Trauben, aus denen der Gemei und der Camposireso gekeltert werden. Der Lugana Molceo ändert ab diesem Jahr seine Bezeichnung, Riserva statt Superiore, an der Substanz ändert sich nichts. Ein Weißer mit den raffinierten Aromen von Blumen und heller Frucht, mit zitrusfruchtigen Noten, die sich allmählich im Hintergrund bemerkbar machen. Beeindruckt am Gaumen weniger durch Kraft als durch Harmonie und Eleganz, die einen würzigen, straffen und sehr langen Trinkgenuss bescheren. Le Creete setzt mehr auf zarte, frische Frucht und ist am Gaumen schlank und rassig.

○ Lugana Molceo Ris. '12	🍷🍷🍷 4*
○ Lugana '13	🍷🍷 2*
○ Lugana Le Creete '13	🍷🍷 3
⊙ Roses Roses '13	🍷🍷 2*
● Gemei Rosso '13	🍷 2
○ Lugana Sup. Molceo '11	🍷🍷🍷 4*
○ Lugana Sup. Molceo '10	🍷🍷🍷 4*
○ Lugana Sup. Molceo '09	🍷🍷🍷 4
○ Lugana Sup. Molceo '08	🍷🍷🍷 4
○ Lugana Sup. Molceo '07	🍷🍷🍷 4
○ Lugana Le Creete '12	🍷🍷 3*
○ Prima Luce Passito '09	🍷🍷 5
○ Prima Luce Passito '08	🍷🍷 5

Pasqua - Cecilia Beretta
Loc. San Felice Extra
S.da della Giara, 135
37131 Verona
Tel. +39 0458432111
www.pasqua.it

BESUCH NACH VORANMELDUNG
JAHRESPRODUKTION
14.000.000+350.000 Flaschen
REBFLÄCHE 1.000+89 Hektar

Die Familie Pasqua ist bekannt für eine Produktion, die ein wenig in ganz Italien verstreut ist, obgleich das pulsierende Herz und ihre Wurzeln fest im Veroneser Raum verankert sind, genauer gesagt, in seinem erfolgreichsten Anbaugebiet, im Valpolicella. Cecilia Beretta ist mit Leib und Seele ihren Weinbergen verbunden, die auf vielen Hektar sowohl mit den Traditionsreben als auch mit hier noch jüngeren Sorten bestockt sind. In der Produktion stehen jedoch die klassischen Veroneser im Mittelpunkt, interpretiert in einem Stil, der zwischen Reichtum durch Trocknen der Trauben und Wohlgeruch, der auch die übrige Produktion auszeichnet, vermitteln kann. Umfangreich die von der Familie Pasqua angebotene Kellerriege, die sich in drei Linien gliedert: Cecilia Beretta nach dem Namen des Weingutes, Famiglia Pasqua und Villa Borghetti. Der Amarone Terre di Cariano '10 ist der gewohnte, reinrassige Rote, intensiv im Ausdruck von reifer Frucht und Gewürzen in der Nase, am Gaumen solide und fleischig, getragen von frischer Säure und energischen Tanninen.

● Amarone della Valpolicella Cl. Terre di Cariano Cecilia Beretta '10	🍷🍷 8
● Amarone della Valpolicella Cecilia Beretta '10	🍷🍷 6
● Amarone della Valpolicella Cl. Villa Borghetti Pasqua '10	🍷🍷 6
● Amarone della Valpolicella Famiglia Pasqua '11	🍷🍷 6
● Valpolicella Famiglia Pasqua '12	🍷🍷 3
● Valpolicella Sup. Mizzole Cecilia Beretta '11	🍷🍷 3
● Valpolicella Sup. Ripasso Famiglia Pasqua '12	🍷🍷 3
● Picàie Cecilia Beretta '10	🍷 5
○ Soave Cl. Brognoligo Cecilia Beretta '13	🍷 3
● Amarone della Valpolicella Cl. Terre di Cariano '04	🍷🍷🍷 8

VENETIEN

★★ Leonildo Pieropan

VIA CAMUZZONI, 3
37038 SOAVE [VR]
TEL. +39 0456190171
www.pieropan.it

DIREKTVERKAUF
BESUCH NACH VORANMELDUNG
JAHRESPRODUKTION 380.000 Flaschen
REBFLÄCHE 45 Hektar
WEINBAU Biologisch anerkannt

Der Betrieb der Familie Pieropan, Botschafter für italienische Weine in aller Welt, kann sich auf eine lange Tradition stützen, die Leonildo vor mehr als vierzig Jahren neu interpretieren konnte. An seiner Seite stehen neben seiner Frau Teresita auch die Söhne Andrea und Dario und setzen den Weg mit den Weinbergen fort, die mittlerweile auf 40 Hektar nicht nur im Soave, sondern auch im Valpolicella angewachsen sind und biologisch bewirtschaftet werden. Der unnachahmliche Stil setzt auf aromatische Reinheit, Respekt für die Eigenart der Reben und geschmackliche Eleganz. Großartig der Amarone '10, ein Roter, der Jahr für Jahr auch dank zunehmender Reife der Weinstöcke am Monte Garzon mit subtilen, frischen Aromen, unversehrter Frucht, durchzogen von blumigen Empfindungen und Alpenkräutern, aufwarten kann. Am Gaumen trocken und mit schlanker, lang gezogener Progression. La Rocca '12 ist hingegen der gewohnte, reinrassige Weiße, perfekt verschmolzen mit der Eiche, am Gaumen solide, energisch, schmackhaft für ein sehr erfreuliches Trinkerlebnis.

○ Soave Cl. La Rocca '12	♛♛♛	5
○ Soave Cl. Calvarino '12	♛♛	4
● Amarone della Valpolicella '10	♛♛	6
○ Recioto di Soave Le Colombare '09	♛♛	5
○ Soave Cl. '13	♛♛	3
● Valpolicella Sup. Ruberpan '11	♛♛	4
○ Soave Cl. Calvarino '09	♛♛♛	4*
○ Soave Cl. Calvarino '08	♛♛♛	4
○ Soave Cl. Calvarino '07	♛♛♛	4
○ Soave Cl. Calvarino '06	♛♛♛	4
○ Soave Cl. Calvarino '05	♛♛♛	3
○ Soave Cl. Calvarino '04	♛♛♛	3
○ Soave Cl. La Rocca '11	♛♛♛	5
○ Soave Cl. La Rocca '10	♛♛♛	5

Albino Piona

FRAZ. CUSTOZA
VIA BELLAVISTA, 48
37060 SOMMACAMPAGNA [VR]
TEL. +39 045516055
www.albinopiona.it

DIREKTVERKAUF
BESUCH NACH VORANMELDUNG
JAHRESPRODUKTION 200.000 Flaschen
REBFLÄCHE 77 Hektar

Weine, die in Leichtigkeit und Wohlgeruch ihre charakteristischen Merkmale haben, mit Charakter, Tiefe und Klasse auszustatten, ist nicht einfach, aber der von einigen Jahren von der Familie Piona eingeschlagene Weg ist goldrichtig. Die Kraft bezieht man aus den 80 Hektar Eigengrund in der Moränenlandschaft am Südufer des Gardasees und den klaren Visionen von Silvio, der auch die Geschwister Monica, Alessandro und Massimo in das Projekt einbeziehen konnte. Kultiviert werden die Traditionsreben der historischen Denominationen von Custoza und Bardolino, ihre Trauben im zweckmäßigen Keller in der Via Bellavista verarbeitet. Die Qualität im Keller der Geschwister Piona zeigt weiterhin nach oben, vor allem bei den Weinen, die ihr Terroir vertreten, Bardolino und Custoza, die mit Eleganz und Tradition interpretiert werden. Der Custoza '13 ist eine Explosion von reifer, weißer Frucht, mit kostbarer Safrannote im Hintergrund, die zu einem Gaumen überleitet, der in Schmackhaftigkeit und Spannung seine Stärken hat. Der Bardolino SP '12 ist schlank, aber lang und rassig. Sehr gut auch der Bardolino '13.

● Bardolino SP '12	♛♛	2*
○ Custoza '13	♛♛	2*
● Bardolino '13	♛♛	2*
● Campo Massimo Corvina Veronese '11	♛♛	2*
○ Custoza SP '13	♛♛	2*
○ Custoza Sup. Campo del Selese '12	♛♛	2*
⊙ Estro di Piona Rosé Brut	♛	4
⊙ Bardolino Chiaretto '13	♛	2
⊙ Verde Piona Frizzante '13	♛	2
● Azobé '08	♛♛	4
● Bardolino '12	♛♛	2*
● Campo Massimo Corvina Veronese '09	♛♛	2*
○ Custoza '12	♛♛	2*
○ Custoza SP '12	♛♛	2*

VENETIEN

Piovene Porto Godi
FRAZ. TOARA
VIA VILLA, 14
36020 VILLAGA [VI]
TEL. +39 0444885142
www.piovene.com

DIREKTVERKAUF
BESUCH NACH VORANMELDUNG
JAHRESPRODUKTION 100.000 Flaschen
REBFLÄCHE 36 Hektar

Der Besitz der Familie Piovene Porto Godi erstreckt sich auf über zweihundert Hektar, davon sind dreißig dem Weinbau vorbehalten. Der Betrieb hat eine lange Geschichte, aber erst in den letzten zwei Jahrzehnten erfolgte ein Qualitätssprung, der dem gesamten Territorium neuen Ruhm verleiht. Der Betrieb liegt im Kerngebiet der Colli Berici, das Klima ist sehr warm, die Böden sind marinen und vulkanischen Ursprungs. Kultiviert werden die Bordeaux-Sorten, ergänzt durch die traditionsreiche Tai. Gerade aus diesem alten Weingarten kommen die besten Ergebnisse, ein Thovara '11 von großer Präzision, raffiniert im Duft von roter Frucht und Macchia, am Gaumen gut ergänzt, breit und schmackhaft, aber nicht schwer, getragen von seidigen Tanninen und einer guten Säure, die den Trinkgenuss verlängert. Überzeugend die Vorstellung des Merlot Fra i Broli '12, duftig von roten Beeren, fleischig und süß, am Gaumen Empfindungen von Chinarinde und Gewürzen, die eine beachtliche Harmonie hervorkehren. Frisch, reintönig und sehr süffig der Tai Rosso Riveselle '13.

● Colli Berici Merlot Fra i Broli '12	♛♛	4
● Colli Berici Tai Rosso Thovara '11	♛♛	5
○ Colli Berici Garganega Vign. Riveselle '13	♛♛	2*
● Colli Berici Tai Rosso Vign. Riveselle '13	♛♛	2*
● Polveriera Rosso '13	♛♛	2*
○ Colli Berici Pinot Bianco Polveriera '13	♛	4
○ Colli Berici Sauvignon Vign. Fostine '13	♛	2
● Colli Berici Cabernet Vign. Pozzare '07	♛♛♛	3
● Colli Berici Cabernet Vign. Pozzare '08	♛♛	3
● Colli Berici Merlot Fra i Broli '11	♛♛	4
● Colli Berici Merlot Fra i Broli '09	♛♛	5
● Colli Berici Merlot Fra i Broli '08	♛♛	5
● Colli Berici Tai Rosso Thovara '09	♛♛	5

★Graziano Prà
VIA DELLA FONTANA, 31
37032 MONTEFORTE D'ALPONE [VR]
TEL. +39 0457612125
www.vinipra.it

DIREKTVERKAUF
BESUCH NACH VORANMELDUNG
UNTERKUNFT
JAHRESPRODUKTION 300.000 Flaschen
REBFLÄCHE 33 Hektar

Die Weißweine des Hauses Graziano Prà schwimmen auf einer Erfolgswelle, denn man hat es über die Jahre verstanden, die Erwartungen der Konsumenten mit der Eigenart des eigenen Territoriums, des Soave, souverän zu verbinden. Derzeit werden die Rebflächen sowohl durch Zukäufe als auch durch Anmietung neuer Weinberge, alle in den hochwertigsten Lagen, vergrößert. Bei den Roten der Valpolicella konnte man durch die Treue zu einem Stil, der auf raffiniertes Aroma und straffen Trinkgenuss setzt, an Terrain zulegen und sich die Zustimmung sowohl der Verbraucher wie auch der Kritik sichern. Der Soave Monte Grande '13 ist die gewohnte Cuvée aus Garganega und Trebbiano di Soave, vergoren und ausgebaut im großen Fass, satter Duft von gelber Frucht und Blumen, mit zitrusfruchtiger Note im Hintergrund, die nur auf den Ausbruch wartet. Am Gaumen hat die Eiche die Aromen keineswegs beeinflusst, sondern den Wein zu seiner würzigen und samtigen Harmonie geführt. Sehr gut auch der Ripasso Morandina '12.

○ Soave Cl. Monte Grande '13	♛♛	4
● Valpolicella Sup. Rip. Morandina '12	♛♛	4
● Amarone della Valpolicella '09	♛♛	6
○ Soave Cl. Otto '13	♛♛	2*
● Valpolicella Morandina '13	♛♛	2*
○ Soave Cl. Staforte '12	♛	4
○ Soave Cl. Monte Grande '11	♛♛♛	4*
○ Soave Cl. Monte Grande '08	♛♛♛	4
○ Soave Cl. Monte Grande '06	♛♛♛	4
○ Soave Cl. Monte Grande '05	♛♛♛	3
○ Soave Cl. Staforte '11	♛♛♛	4*
○ Soave Cl. Staforte '08	♛♛♛	4
○ Soave Cl. Staforte '06	♛♛♛	4*

VENETIEN

★Giuseppe Quintarelli

via Cerè, 1
37024 Negrar [VR]
Tel. +39 0457500016
giuseppe.quintarelli@tin.it

DIREKTVERKAUF
BESUCH NACH VORANMELDUNG
JAHRESPRODUKTION 60.000 Flaschen
REBFLÄCHE 10 Hektar

Der Betrieb der Familie Quintarelli, der am östlichen Talhang von Negrar gelegen ist, scheint mit abgeklärter Distanz auf die Ortschaft zu blicken, so als würde ihn die Welt der Valpolicella und des Amarone nichts angehen. Aber tatsächlich ist das Band mit diesem Land und seinen Traditionen überaus fest und die Weine aus dem Hause Quintarelli zeugen von einem Valpolicella, das seine Traditionen nie verleugnet hat. Die Weinberge erstrecken sich auf rund zehn Hektar in der klassischen Zone und liefern die Trauben für die gesamte Produktion. Nur einen Wein legt Fiorenza Quintarelli diesmal vor, es ist der Amarone '04, ein Jahrzehnt nach der Lese. In der Nase empfangen uns sehr reife, fruchtige Empfindungen, die eine würzige Komponente erkennen lassen, tiefgründig und in steter Entwicklung begriffen. Am Gaumen, warm und vollmundig, gewinnt er langsam an Wohlgeschmack und Spannung und schwingt sich zu samtiger, eleganter Länge auf. Der Wein hat endlich seine Reife erreicht, aber noch viele Jahre der Entwicklung vor sich.

● Amarone della Valpolicella Cl. '04	♛♛ 8
● Amarone della Valpolicella Cl. '03	♛♛♛ 8
● Amarone della Valpolicella Cl. '00	♛♛♛ 8
● Amarone della Valpolicella Cl. '98	♛♛♛ 8
● Amarone della Valpolicella Cl. '97	♛♛♛ 8
● Amarone della Valpolicella Cl. Sup. Monte Cà Paletta '00	♛♛♛ 8
● Amarone della Valpolicella Cl. Sup. Monte Cà Paletta '93	♛♛♛ 8
● Amarone della Valpolicella Cl. Sup. Ris. '85	♛♛♛ 8
● Recioto della Valpolicella Cl. '01	♛♛♛ 8
● Recioto della Valpolicella Cl. '95	♛♛♛ 5
● Recioto della Valpolicella Cl. Monte Ca' Paletta '97	♛♛♛ 8
● Rosso del Bepi '96	♛♛♛ 8
● Valpolicella Cl. Sup. '99	♛♛♛ 7

Le Ragose

fraz. Arbizzano
via Le Ragose, 1
37024 Negrar [VR]
Tel. +39 0457513241
www.leragose.com

DIREKTVERKAUF
BESUCH NACH VORANMELDUNG
JAHRESPRODUKTION 120.000 Flaschen
REBFLÄCHE 18 Hektar

Der Betrieb der Familie Galli war ein Bezugspunkt für die Wiedergeburt des Valpolicella, dem es mit einer neuen Interpretation der Tradition gelang, die Weine auch für einen Markt interessant zu machen, der Rote aus diesem Gebiet bisher nicht beachtet hatte. Mittlerweile sind fast fünfzig Jahre vergangen und Paolo und Marco Galli setzen das Werk der Eltern fort, in der Treue zu einem Valpolicella, der in Eleganz und aromatischer Komplexität sein Ideal hat und mit dem Trocknen der Trauben auf die Erhaltung dieser Nuancen und nicht auf Kraft um jeden Preis abzielt. Ein großartiges Debüt gibt der neue Amarone Caloetto '06, gekeltert nur aus Trauben, die aus dem gleichnamigen, von Wald umgebenen Weinberg kommen. In der Nase sind überreife fruchtige Noten und welkende Blumen erkennbar, unterlegt von schöner Würze, die dem Wein Frische und Tiefgang beschert. Am Gaumen ist der sonnige Jahrgang wahrnehmbar, gut erkennbare, aber geschliffene Tannine, schmackhaft und schmelzend am Gaumen.

● Amarone della Valpolicella Cl. Caloetto '06	♛♛♛ 7
● Amarone della Valpolicella Cl. '07	♛♛ 7
● Recioto della Valpolicella Cl. '11	♛♛ 5
● Valpolicella Cl. '13	♛♛ 2*
● Valpolicella Cl. Sup. Ripasso Le Sassine '11	♛♛ 3
● Amarone della Valpolicella Cl. Marta Galli '05	♛♛♛ 8
● Amarone della Valpolicella Cl. Marta Galli '06	♛♛ 7
● Recioto della Valpolicella Cl. '09	♛♛ 5
● Valpolicella Cl. '12	♛♛ 2*
● Valpolicella Cl. Ripasso '09	♛♛ 3*
● Valpolicella Cl. Sup. Le Sassine '09	♛♛ 3

VENETIEN

F.lli Recchia
LOC. JAGO
VIA CA' BERTOLDI, 30
37024 NEGRAR [VR]
TEL. +39 0457500584
www.recchiavini.it

DIREKTVERKAUF
BESUCH NACH VORANMELDUNG
JAHRESPRODUKTION 100.000 Flaschen
REBFLÄCHE 100 Hektar

Unter den sehr aktiven und expandierenden Betrieben der Veroneser Denomination ist vor allem das Weingut der Familie Recchia zu nennen. Die Weinberge sind schon lange in ihrem Besitz, der in den letzten Jahren auf derzeit rund hundert Hektar erweitert wurde. Die Trauben aus den besten Lagen werden zu den Etiketten des Hauses verarbeitet, während ein Teil der Weinproduktion auch über den Großhandel abgesetzt wird. Die eigene Kellerriege gliedert sich in zwei Linien, wobei die Linie Masua di Jago die Gewächse beinhaltet, die sich auf der mehr traditionellen Schiene bewegen. Gute Vorstellung der beiden Amarone, die mit Stil und unterschiedlicher Orientierung interpretiert werden. Der Ca' Bertoldi '07 ist reich in der Nase, mit dichter, fleischiger Frucht, durchzogen von Untergehölz und Gewürzen, am Gaumen vollmundig und dicht anliegend. Der Masua di Jago '11 setzt auf eine frischere Frucht und pflanzliche Noten, die am Gaumen einen schlanken, wendigen Wein bescheren, der aber auf Tradition nicht verzichtet.

- Amarone della Valpolicella Cl.
  Ca' Bertoldi '07   🍷🍷 5
- Amarone della Valpolicella Cl.
  Masua di Jago '11   🍷🍷 5
- Recioto della Valpolicella Cl.
  La Guardia '10   🍷🍷 4
- Valpolicella Cl. Sup. Masua di Jago '13   🍷🍷 2*
- Valpolicella Cl. Sup.
  Masua di Jago Ripasso '12   🍷🍷 2*
- Recioto della Valpolicella Cl.
  Masua di Jago '12   🍷 4
- Valpolicella Cl. Sup. Le Muraie Ripasso '11   🍷 3
- Amarone della Valpolicella Cl.
  Ca' Bertoldi '06   🍷🍷 5
- Amarone della Valpolicella Cl.
  Masua di Jago '10   🍷🍷 5
- Recioto della Valpolicella Cl.
  La Guardia '09   🍷🍷 4

Roccolo Grassi
VIA SAN GIOVANNI DI DIO, 19
37030 MEZZANE DI SOTTO [VR]
TEL. +39 0458880089
www.roccolograssi.it

BESUCH NACH VORANMELDUNG
JAHRESPRODUKTION 49.000 Flaschen
REBFLÄCHE 14 Hektar

Der große Erfolg, den das Valpolicella verzeichnen konnte, war für zahlreiche Betriebe die Motivation, ihre Produktion zu erhöhen und sich noch entscheidender am Markt zu profilieren. Im Hause Sartori entschieden sich Marco und Francesca für eine ganz andere Strategie. Sie setzten auf qualitativ immer höherwertige Weine, durch umsichtige Bewirtschaftung der Weinberge und indem man den Weinen eine längere Reifezeit im Keller gönnt und sie erst freigibt, wenn sie dazu bereit sind. Solidität ist ein unumgänglicher, stilistischer Aspekt, aber ohne dass die Weine an Eleganz und Spannung verlieren. Im Hause Sartori fehlt diesmal der Amarone, wegen Hagelschäden und einer nur zögerlichen Reife der Trauben, haben Marco und Francesca die Lese 2010 als nicht geeignet beurteilt. Dafür gibt es eine denkwürdige Ausführung des Valpolicella Superiore '11, ein Roter mit dem intensiven Duft von roter Frucht und Gewürzen, mit Mineralität und Eiche nur im Hintergrund. Am Gaumen reichhaltig und solide, perfekt geführt die großartige Materie.

- Valpolicella Sup. '11   🍷🍷🍷 5
- Recioto della Valpolicella
  Roccolo Grassi '09   🍷🍷 5
- Amarone della Valpolicella
  Roccolo Grassi '07   🍷🍷🍷 8
- Amarone della Valpolicella
  Roccolo Grassi '00   🍷🍷🍷 7
- Amarone della Valpolicella
  Roccolo Grassi '99   🍷🍷🍷 7
- Valpolicella Sup. Roccolo Grassi '09   🍷🍷🍷 5
- Valpolicella Sup. Roccolo Grassi '07   🍷🍷🍷 5
- Valpolicella Sup. Roccolo Grassi '04   🍷🍷🍷 5

VENETIEN

Roeno
VIA MAMA, 5
37020 BRENTINO BELLUNO [VR]
TEL. +39 0457230110
www.cantinaroeno.com

DIREKTVERKAUF
BESUCH NACH VORANMELDUNG
UNTERKUNFT UND GASTRONOMIE
JAHRESPRODUKTION 190.000 Flaschen
REBFLÄCHE 20 Hektar

Die Geschwister Fugatti haben im Familienbetrieb deutlich einen Gang zugelegt, in jeder Hinsicht. Die Weinberge liegen vor allem im Etschtal, auf unterschiedlichen Höhen und mit auch sehr alten Anlagen. Sie sind bestockt mit internationalen Reben und der historischen Enantio, die mit viel Hingabe interpretiert wird. Im Keller will man vor allem die Ausdrucksfähigkeit der Reben und des Terroirs hervorholen, wobei stilistisch stets das aromatische Profil der Weine betont wird, aber auch die Neigung zur Süffigkeit erhalten bleibt. Der Cristina bestätigt sich auch diesmal als einer der größten italienischen Süßweine. Erhalten aus spätgelesenen Trauben von Pinot Grigio, Chardonnay, Gewürztraminer und Sauvignon, glänzt er mit satten, komplexen Aromen, wo sich kandierte Früchte mit Zitrusfrucht verflechten und dann Heublumen und Lakritze Raum geben. Die üppige Süße am Gaumen wird durch eine würzige und scharfe Säure in Zaum gehalten und ergibt einen saftigen, schlanken und sehr langen Trinkgenuss.

○ Cristina V. T. '11	▼▼▼ 5
● Enantio Terra dei Forti '10	▼▼ 4
○ Praecipuus '12	▼▼ 4
○ Valdadige Pinot Grigio Tera Alta '13	▼▼ 2*
○ Bardolino Chiaretto Brut Mati Rosé	▼ 3
● La Rua Marzemino '13	▼ 2
○ Cristina V. T. '08	▽▽▽ 5
○ Cristina V. T. '10	▽▽ 5
○ Cristina V. T. '09	▽▽ 5
○ Valdadige Chardonnay Le Fratte '10	▽▽ 2*
○ Valdadige Pinot Grigio Tera Alta '12	▽▽ 2*
● Valdadige Terra dei Forti Enantio Ris. '08	▽▽ 4

Rubinelli Vajol
LOC. SAN FLORIANO
VIA PALADON, 31
37020 SAN PIETRO IN CARIANO [VR]
TEL. +39 0456839277
www.rubinellivajol.it

DIREKTVERKAUF
BESUCH NACH VORANMELDUNG
UNTERKUNFT
JAHRESPRODUKTION 30.000 Flaschen
REBFLÄCHE 10 Hektar

Die Familie Rubinelli besitzt die Gründe von Vajol schon seit der ersten Hälfte des vorigen Jahrhunderts. Es sind ein Dutzend Hektar in einem kleinen Amphitheater, das nach Süden ausgerichtet ist, mit Corte Sant'Anna in der Mitte, wo auch der Keller angesiedelt ist. Die Weinberge liegen auf Seehöhen von 140 bis 180 Meter, allesamt mit den historischen Sorten der Valpolicella, Corvina, Corvinone, Rondinella, Oseleta und Molinara, die zu den Weinen des Hauses verarbeitet werden. Im Stil setzt man auf Spannung und leichten Trinkgenuss in jeder Typologie. Beeindruckend der Amarone '10, überreife Kirschen und welkende Blumen im Duft, allmählich aufkommende Würze und erregende Mineralität, die am Gaumen zum Ausbruch kommen und sich mit vollem, soliden Körper entfalten, aber getragen von einer frischen Säure und nervigen Tanninen. Der Valpolicella Superiore lässt schon in der matten Farbe die Eleganz erahnen, die sich bei der Verkostung nur bestätigt. Die Aromen von wildwachsenden Früchten und Blumen leiten folgerichtig zu einem rassigen Gaumen von schöner Länge über.

● Amarone della Valpolicella Cl. '10	▼▼ 6
● Recioto della Valpolicella Cl. '11	▼▼ 6
● Valpolicella Cl. '13	▼▼ 2*
● Valpolicella Cl. Sup. '10	▼▼ 4
● Valpolicella Cl. Sup. Ripasso '11	▼▼ 4
● Amarone della Valpolicella Cl. '07	▽▽ 6

VENETIEN

Ruggeri & C.
via Prà Fontana, 4
31049 Valdobbiadene [TV]
Tel. +39 04239092
www.ruggeri.it

DIREKTVERKAUF
BESUCH NACH VORANMELDUNG
JAHRESPRODUKTION 1.000.000 Flaschen
REBFLÄCHE 17 Hektar

Paolo Bisol, der mittlerweile von den Kindern Giustino und Isabella unterstützt wird, hat es verstanden, im großen Familienbetrieb einen bäuerlichen Stil beizubehalten, denn trotz der großen Zahl der produzierten Flaschen, ist die hingebungsvolle Sorgfalt in allen Phasen der Produktion typisch für kleine Winzerbetriebe. Die Arbeit im Weinberg ist einem dichten Netz von Winzern übertragen, die während des ganzen Jahres betreut werden, im Keller hat man sich mit mehreren Linien für das Einmaischen der Trauben ausgestattet, um sie auch bei größter Arbeitsbelastung nach ihrer Herkunft und Qualität unterteilen zu können. Der Vecchie Viti wird aus einer Traubenselektion von sehr alten Stöcken produziert, die sich auf die verschiedenen Traubenlieferanten des Hauses verteilen; separat gelesen, verwandeln sie sich im Keller von Fabio Roversi in einen raffinierten, charaktervollen Brut. Der Duft wird dominiert von heller Frucht und durchweht von blumigen Empfindungen, aber am Gaumen legt der Wein einen Gang zu. Wohlschmeckend, solide und unglaublich progressiv, wird er lange in Erinnerung bleiben.

○ Valdobbiadene Brut Vecchie Viti '13	🍷🍷🍷 4*
○ Valdobbiadene Extra Dry Giustino B. '13	🍷🍷 4
○ Valdobbiadene Brut Quartese	🍷🍷 3
○ Valdobbiadene Dry S. Stefano	🍷🍷 3
○ Valdobbiadene Extra Dry Altevigne	🍷🍷 4
○ Valdobbiadene Sup. Extra Dry Giall'Oro	🍷🍷 3
○ Cartizze '13	🍷🍷 4
○ L'Extra Brut '13	🍷🍷 3
● Recantina Riposata '12	🍷 2
○ Valdobbiadene Extra Dry Giustino B. '12	🍷🍷🍷 3*
○ Valdobbiadene Extra Dry Giustino B. '11	🍷🍷🍷 3*
○ Valdobbiadene Extra Dry Giustino B. '10	🍷🍷🍷 3
○ Valdobbiadene Extra Dry Giustino B. '09	🍷🍷🍷 3

Le Salette
via Pio Brugnoli, 11c
37022 Fumane [VR]
Tel. +39 0457701027
www.lesalette.it

DIREKTVERKAUF
BESUCH NACH VORANMELDUNG
UNTERKUNFT
JAHRESPRODUKTION 130.000 Flaschen
REBFLÄCHE 20 Hektar

Franco Scamperle hat Le Salette zu einem Modellbetrieb im Valpolicella gemacht und seine Weine, die von einem Territorium und seinen Traditionen erzählen können, in die Welt hinausgetragen. Kultiviert werden zwanzig Hektar in einigen begnadeten Lagen wie Conca d'Oro in Sant'Ambrogio oder Masua in San Floriano, die die Trauben für die gesamte Produktion liefern. Stilistisch will man den traditionellen Reichtum und die geschmackliche Spannung und Leichtigkeit der Trauben in Einklang bringen, während bei den Weinen Pergole Vece vor allem Komplexität und Harmonie gesucht werden. Gut die Leistung gerade dieses Amarone, ein Roter mit überreifer Frucht und aromatischen Kräutern in der Nase, eine noch erkennbare Eiche im Hintergrund. Am Gaumen vollmundig und schmackhaft, schöne Ausgewogenheit, rund und dicht anliegend. Der Recioto ist eine üppige Fülle von Frucht, Blumen und pflanzlichen Noten, die sich am Gaumen saftig entwickeln, mit der Süße, die in der Säure das perfekte Gegengewicht findet.

● Amarone della Valpolicella Cl. Pergole Vece '10	🍷🍷 8
● Amarone della Valpolicella Cl. La Marega '10	🍷🍷 6
● Ca' Carnocchio '11	🍷🍷 4
● Recioto della Valpolicella Cl. Pergole Vece '11	🍷🍷 6
● Valpolicella Cl. Sup. Ripasso I Progni '12	🍷🍷 3
● Valpolicella Cl. '13	🍷 2
● Amarone della Valpolicella Cl. Pergole Vece '05	🍷🍷🍷 8
● Amarone della Valpolicella Cl. La Marega '09	🍷🍷 6
● Amarone della Valpolicella Cl. Pergole Vece '09	🍷🍷 8
● Amarone della Valpolicella Cl. Pergole Vece '08	🍷🍷 8
● Ca' Carnocchio '09	🍷🍷 5

VENETIEN

San Rustico
Fraz. Valgatara di Valpolicella
via Pozzo, 2
37020 Marano di Valpolicella [VR]
Tel. +39 0457703348
www.sanrustico.it

DIREKTVERKAUF
BESUCH NACH VORANMELDUNG
JAHRESPRODUKTION 180.000 Flaschen
REBFLÄCHE 22 Hektar

Der Betrieb der Familie Campagnola ist in Valgatara, an der Einmündung zum Maranotal angesiedelt. Die rund zwanzig Hektar liegen überwiegend in diesem Tal und im Fumanetal. Die Brüder Marco und Enrico setzen das Werk ihres Vaters Danilo mit gleicher Liebe fort und haben vor allem die traditionellen Weine im Fokus, die getreu, aber ohne dogmatisches Diktat interpretiert werden und zu den besten in ihrem Gebiet gehören. Im Keller setzt man auf große slawonische Eiche, aber es fehlen auch nicht kleine Fässer französischer Herkunft. Der Amarone Gaso '08 nutzt den 3-jährigen Ausbau im großen Fass, um sein Aromagepäck aus feinen Kräutern und überreifer Frucht, mit einer edlen mineralischen Note im Hintergrund, zu entwickeln. Am Gaumen ist der Körper voll und breit, von geschliffenen Tanninen und großer Harmonie. Gute Vorstellung des Valpolicella Superiore '12, erhalten ausschließlich aus frischen Trauben, von brillanter rubinroter Farbe, die zu Aromen von wildwachsender, roter Frucht und Pfeffer überleitet und sich am Gaumen trocken und rassig darbietet.

● Amarone della Valpolicella Cl. '09	🍷🍷 6
● Amarone della Valpolicella Cl. Gaso '08	🍷🍷 7
● Recioto della Valpolicella Cl. Gaso '13	🍷🍷 5
● Valpolicella Cl. Sup. '12	🍷🍷 2*
● Valpolicella Cl. '13	🍷 2
● Amarone della Valpolicella Cl. '08	🍷🍷 5
● Amarone della Valpolicella Cl. '07	🍷🍷 5
● Amarone della Valpolicella Cl. Gaso '07	🍷🍷 6
● Amarone della Valpolicella Cl. Gaso '06	🍷🍷 6
● Valpolicella Cl. Sup. Ripasso Gaso '10	🍷🍷 3

La Sansonina
loc. Sansonina
37019 Peschiera del Garda [VR]
Tel. +39 0457551905
www.sansonina.it

DIREKTVERKAUF
JAHRESPRODUKTION 21.000 Flaschen
REBFLÄCHE 12 Hektar

Carla Prospero hat ihren Betrieb Sansonina vor noch nicht zwanzig Jahren im Gebiet von Lugana gegründet und die Merlot-Rebe in den Mittelpunkt gestellt. Die Rebflächen waren zum Teil bereits vorhanden, alte Stöcke auf einem wunderbaren Tonboden, und wurden dann bis auf derzeit zwölf Hektar erweitert. Kultiviert wird vor allem diese Bordeaux-Rebe, ergänzt in kleinerem Maße durch die Turbiana: aus ihren Trauben wird der Lugana, der weiße Kultwein des Gardasees schlechthin gekeltert. Stilistisch sind Reichtum und Spannung die wichtigsten Züge. Der Merlot Sansonina aus dem Erntejahr 2012 ist von schöner, lebhaft rubinroter Farbe, in der Nase sind deutlich Anklänge an Pflaumen und Heublumen erkennbar, mit Würzigkeit, die einer subtilen, pflanzlichen Ader nachspürt. Der Ausbau im kleinen Holz holt das dichte, aber geschliffene Tanningefüge hervor, sodass sich der Wein mit Spannung und Eleganz ausbreiten kann.

○ Lugana Sansonina '13	🍷🍷 3
● Sansonina '12	🍷🍷 6
○ Lugana Sansonina '12	🍷🍷 3
● Sansonina '10	🍷🍷 6
● Sansonina '09	🍷🍷 6
● Sansonina '07	🍷🍷 6
● Sansonina '06	🍷🍷 6

VENETIEN

Tenuta Sant'Anna
Loc. Loncon
Via Monsignor P. L. Zovatto, 71
30020 Annone Veneto [VE]
Tel. 0422864511
www.tenutasantanna.it

DIREKTVERKAUF
BESUCH NACH VORANMELDUNG
JAHRESPRODUKTION 2.500.000 Flaschen
REBFLÄCHE 140 Hektar

Das große Unternehmen von Annone Veneto, das zum Genagricola-Konzern gehört, ist dem Weinbau sehr eng verbunden, mit diversen Weingütern vor allem in Norditalien. Sant'Anna ist in der Nähe der Adria angesiedelt, auf einer Ebene mit stark tonhaltigen Böden, die den Einflüssen des Meeres vom Süden und der nahen Voralpen vom Norden ausgesetzt sind. Seit den 1970er Jahren richtet sich die Aufmerksamkeit im Keller auf sortenrein gekelterte Weine, wobei das Potenzial der ausgedehnten Rebflächen und renommierten Berater genutzt wird. Stilistisch setzt man auf wohlriechenden Duft und Erkennbarkeit der Rebe, mit einem nie zu anspruchsvollen Trinkgenuss. Der Cabernet Sauvignon P22 bringt diese Werte voll zum Ausdruck, in der Nase intensive Aromen von roten Beeren, durchzogen von subtilen pflanzlichen Empfindungen und frisch gemähtem Gras. Am Gaumen robust, aber wendig und saftig, trocken und reintönig im Finale. Viel Aufmerksamkeit auch für den Cartizze, zart fruchtig und von gutem Wohlgeschmack.

○ Cartizze	🍷🍷 5
● Venezia Cabernet Sauvignon P 22 '13	🍷🍷 2*
● Venezia Cabernet Sauvignon Pod. 47 '09	🍷🍷 3
○ Cuvée Blanche Extra Dry	🍷 2
○ Lison-Pramaggiore Chardonnay Goccia '13	🍷 2
○ Lison-Pramaggiore Cl. Goccia '13	🍷 2
● Lison-Pramaggiore Merlot P 45 '13	🍷 2
● Lison-Pramaggiore Refosco P. R. P 34 '13	🍷 2
○ Lison-Pramaggiore Sauvignon '13	🍷 2
○ Prosecco Brut '13	🍷 3
○ Prosecco Brut	🍷 2
○ Prosecco Extra Dry	🍷 2
○ Valdobbiadene Extra Dry	🍷 3
○ Venezia Pinot Grigio Goccia '13	🍷 2

★Tenuta Sant'Antonio
Loc. San Zeno
Via Ceriani, 23
37030 Colognola ai Colli [VR]
Tel. +39 0457650383
www.tenutasantantonio.it

DIREKTVERKAUF
BESUCH NACH VORANMELDUNG
JAHRESPRODUKTION 700.000 Flaschen
REBFLÄCHE 100 Hektar

Der Betrieb der Familie Castagnedi ist rasch gewachsen und in den zwei Jahrzehnten seit der Gründung zu einem wohlbekannten und hochgeschätzten Haus in dieser berühmten Veroneser Denomination geworden. Die Rebflächen erstrecken sich nunmehr auf hundert Hektar vor allem im Valpolicella, aber auch im Soave; sie liefern die Trauben für eine beachtliche Produktion, die sich vor allem an den klassischen lokalen Weinen orientiert. Stilistisch hat man in den letzten Jahren auf ein wenig Konzentration zu Gunsten einer größeren Feinheit und Spannung verzichtet. Der Amarone Campo dei Gigli '10 präsentiert sich in der Nase mit intensiver, reintöniger Frucht, hinter der Gewürze und frische Blumen verborgen sind, die sich dann zu erkennen geben und am Gaumen stärker hervortreten, wo der Wein auch seine Muskeln ausspielt, aber den erheblichen Reichtum perfekt unter Kontrolle hat. Die vollkommene Harmonie ist noch nicht erreicht, aber das Potenzial verspricht eine brillante Zukunft. La Bandina, aus dem gleichen Erntejahr, setzt auf eine mehr unversehrte, knackige Frucht.

● Amarone della Valpolicella Campo dei Gigli '10	🍷🍷🍷 8
● Valpolicella Sup. La Bandina '10	🍷🍷 5
● Amarone della Valpolicella Sel. Antonio Castagnedi '11	🍷🍷 6
○ Soave Monte Ceriani '12	🍷🍷 3
● Valpolicella Sup. Ripasso Monti Garbi '12	🍷🍷 3
● Amarone della Valpolicella Campo dei Gigli '08	🍷🍷🍷 8
● Amarone della Valpolicella Campo dei Gigli '07	🍷🍷🍷 8
● Amarone della Valpolicella Campo dei Gigli '06	🍷🍷🍷 8
● Amarone della Valpolicella Campo dei Gigli '05	🍷🍷🍷 8
● Amarone della Valpolicella Campo dei Gigli '04	🍷🍷🍷 8

Andrea Da Ponte

Emotionen machen das Leben lebenswert.
Andrea Da Ponte destilliert Emotionen seit 1892.

Emotionen sind ein wesentlicher Bestandteil unseres Lebens. Manchmal kommen sie unerwartet, aber wenn wir sie erleben, bleiben sie für immer. Wichtig ist dabei, aufrichtig zu sein und ein grosses Herz und eine zarte Seele zu besitzen. Seit mehr als einhundertzwanzig Jahren destilliert Andrea Da Ponte Leidenschaft, lässt Geschichten reifen und füllt Emotionen ab. Grappas und Destillate, die sich durch ihre Eleganz und Reinheit auszeichnen. Andrea Da Ponte, auch bei den Emotionen sind wir unübertroffen.

WWW.DAPONTE.IT — Andrea Da Ponte

... WINE IS MATERIAL, SENSORIAL, HISTORICAL AND POETIC CULTURE

Antolini Pier Paolo e Stefano Società Agricola
via Prognol, 22 - 37020 Marano di Valpolicella Verona
tel/fax +39045 7755351 - Pier Paolo cell. +39333 6546187
www.antolinivini.it - info@antolinivini.it

MANARA

Wine for passion
www.manaravini.it

Corte Manara
AMARONE DELLA VALPOLICELLA
DENOMINAZIONE DI ORIGINE CONTROLLATA E GARANTITA
Classico

VENETIEN

Santa Margherita
VIA ITA MARZOTTO, 8
30025 FOSSALTA DI PORTOGRUARO [VE]
TEL. +39 0421246111
www.santamargherita.com

DIREKTVERKAUF
BESUCH NACH VORANMELDUNG
JAHRESPRODUKTION 13.500.000 Flaschen
REBFLÄCHE 50 Hektar

Santa Margherita, das große Weinhaus im Besitz der Familie Marzotto, hat der Produktion in den letzten Jahren eine brüske Wende verordnet. Ohne auf den Pinot Grigio, den Bannerträger der Kellerriege zu verzichten, ist bei allen Weinen ein ordentlicher Qualitätssprung zu verzeichnen. Der Prosecco nimmt eine immer zentralere Stellung ein, die Version aus den Rive di Refrontolo gehört mittlerweile zu den interessantesten Schaumweinen der Denomination. Bei den Roten sind die Weine aus der venezianischen Ebene die Zugpferde. Ihr Stil verbindet Reichtum mit Süffigkeit. Vorzüglich die Südtiroler Weine, mit dem Pinot Grigio '13 Impronta del Fondatore, der sich mit dem typischen Duft von Birnen und Blumen, begleitet von einem erregenden Rösthauch, in Szene setzt. Am Gaumen vollmundig, von schöner Breite und getragen von einer würzigen, nie übertriebenen Säure. Der Luna dei Feldi '13, Cuvée aus Chardonnay, Müller Thurgau und Gewürztraminer, gefällt mit der Frische der Aromen von Blumen und tropischer Frucht, während der Gaumen Spannung und Harmonie offenbart.

○ Cartizze	♛♛ 4
○ Valdobbiadene Brut	♛♛ 2
○ A. A. Pinot Grigio Impronta del Fondatore '13	♛♛ 2*
● Cabernet Franc Impronta del Fondatore '12	♛♛ 2*
○ Luna dei Feldi '13	♛♛ 3
○ Valdobbiadene Rive di Refrontolo Brut 52 '13	♛♛ 3
○ Valdobbiadene Extra Dry	♛ 2
○ Valdobbiadene Extra Dry 52	♛ 2
● Lison Cl. Tai Impronta del Fondatore '13	♛ 2
● Lison-Pramaggiore Malbech Impronta del Fondatore '12	♛ 2
● Lison-Pramaggiore Refosco P.R. Impronta del Fondatore '12	♛ 2
○ Valdadige Pinot Grigio '13	♛ 2

Santi
VIA UNGHERIA, 33
37031 ILLASI [VR]
TEL. +39 0456269600
www.carlosanti.it

DIREKTVERKAUF
BESUCH NACH VORANMELDUNG
JAHRESPRODUKTION 1.200.000 Flaschen
REBFLÄCHE 70 Hektar

Santi ist ein Juwel unter den Betrieben der Gruppo Italiano Vini. Seine Stärke liegt in einem Sortiment, das fest dem Veroneser Terroir verbunden ist und seine Traditionen mit gleichzeitig klassischen und modernen Weinen meisterhaft interpretiert. Die erhebliche Zahl der produzierten Flaschen verteilt sich jedoch auf relativ wenige Etiketten, die in der Eleganz den gemeinsamen Nenner haben, was bei den frischeren Weinen ziemlich selbstverständlich ist, aber sehr überraschend, wenn wir die mächtigen Amarone oder den Ripasso Solane verkosten. Zum Zeitpunkt unserer Verkostung ruhte der Amarone Proemio noch im Keller, sodass sich unsere Aufmerksamkeit auf den Solane konzentrierte, ein Ripasso, der in den letzten Jahren einen für diese Typologie interessanten Weg eingeschlagen hat, nicht mehr auf dem Reichtum und der Ähnlichkeit mit dem Amarone aufgebaut, sondern ein Roter mit reifen Aromen in der Nase und Spannung und Eleganz am Gaumen. Große Raffinesse in der Version 2012, ausgestattet mit einem schmackhaften, raffinierten Gaumen.

● Amarone della Valpolicella Cl. '09	♛♛ 6
● Valpolicella Cl. Le Caleselle '13	♛♛ 2*
● Valpolicella Cl. Sup. Ripasso Solane '12	♛♛ 4
● Bardolino Cl. Vign. Ca' Bordenis '13	♛ 2
○ Lugana Melibeo '13	♛ 3
● Amarone della Valpolicella Proemio '05	♛♛♛ 6
● Amarone della Valpolicella Proemio '03	♛♛♛ 6
● Amarone della Valpolicella Proemio '00	♛♛♛ 5
● Valpolicella Cl. Sup. Ripasso Solane '09	♛♛♛ 3*
● Bardolino Cl. Vign. Ca' Bordenis '12	♛♛ 2*
● Valpolicella Cl. Le Caleselle '12	♛♛ 2*
● Valpolicella Cl. Sup. Ripasso Solane '11	♛♛ 4

VENETIEN

Casa Vinicola Sartori
FRAZ. SANTA MARIA
VIA CASETTE, 4
37024 NEGRAR (VR)
TEL. +39 0456028011
www.sartorinet.com

BESUCH NACH VORANMELDUNG
JAHRESPRODUKTION 15.600.000 Flaschen
REBFLÄCHE 120 Hektar

Obwohl die Produktion mittlerweile ein beachtliches Volumen erreicht hat, bleibt der Betrieb der Familie Sartori stark mit dem Veroneser Territorium verbunden, vor allem mit dem Valpolicella. Und die kraftvollen, roten Traditionsweine sind auch unsere Favoriten bei der Verkostung. Mehr als hundert Hektar Weinberge liefern die Trauben für die hochklassigen Etiketten, während die Zusammenarbeit mit renommierten lokalen Traubenlieferanten einen vortrefflichen qualitativen Standard für die restliche Produktion garantiert. Aus der östlichen Valpolicella kommt dieser überzeugende Wein aus dem Hause Sartori, der Valpolicella Superiore I Saltari '10, hervorgegangen aus einem Projekt für Qualitätsweinbau; das Ergebnis ist ein Roter, der seine Aromen langsam und tief entwickelt, mit roter Frucht und pflanzlichen Noten, Heilkräuter im Hintergrund. Am Gaumen vollmundig und schmackhaft, gezeichnet von süßen Tanninen und lang im Abgang. Im aromatischen Ausdruck mehr von der Tradition geprägt, aber ebenfalls überzeugend, der Ripasso Regolo '11, während an der Front der Amarone die gute Vorstellung des Reius '09 zu vermelden ist.

● Amarone della Valpolicella Cl. Reius '09	🍷🍷 7
● Valpolicella Cl. Sup. Vign. di Montegradella '11	🍷🍷 3
● Valpolicella Cl. Sup. I Saltari '10	🍷🍷 4
● Valpolicella Sup. Ripasso Regolo '11	🍷🍷 3
○ Marani '13	🍷 3
● Recioto della Valpolicella Cl. Rerum '12	🍷 6
○ Soave Cl. Sella '13	🍷 2
● Amarone della Valpolicella Cl. Arena '09	🍷🍷 5
● Amarone della Valpolicella Cl. Corte Brà '08	🍷🍷 7
● Amarone della Valpolicella Cl. Reius '08	🍷🍷 7
● Amarone della Valpolicella I Saltari '08	🍷🍷 8
● Recioto della Valpolicella Cl. Rerum '11	🍷🍷 6

Secondo Marco
V.LE CAMPOLONGO, 9
37022 FUMANE (VR)
TEL. +39 0456800954
www.secondomarco.it

BESUCH NACH VORANMELDUNG
JAHRESPRODUKTION 40.000 Flaschen
REBFLÄCHE 15 Hektar

Im Panorama der Valpolicella spielt der Betrieb von Marco Speri eine wichtige Rolle, nicht so sehr wegen der produzierten Mengen, die eher mäßig sind, als vielmehr wegen der Art, wie er dieses Territorium interpretiert hat. Die Weinberge erstrecken sich auf rund fünfzehn Hektar, die ganz den historischen Sorten in traditioneller Pergola-Erziehung gewidmet sind, während für den Ausbau im Keller vorwiegend große Fässer und Zement eingesetzt werden. Alles Übrige kommt von der Sensibilität, mit der Marco immer wieder die Harmonie zwischen Kraft und Finesse, Reife und Frische findet und schon fast vergessene Eigenschaften der Valpolicella ans Licht bringt. Großartig in Szene setzt sich der Amarone '09, an der Nase der typische Charakter von überreifer Frucht und Gewürzen, in die sich pflanzliche Noten und Alpenkräuter einbringen, die sich am gediegenen, aber gleichzeitig straffen Gaumen entwickeln, energisch und sehr lang, eine Superleistung. Gut auch der Recioto '11, entfaltet seine Aromaausstattung von Frucht und Pfeffer langsam und graduell, beweist am Gaumen Süße, aber vor allem Rigorosität und Spannung.

● Amarone della Valpolicella Cl. '09	🍷🍷 7
● Recioto della Valpolicella Cl. '11	🍷🍷 6
● Valpolicella Cl. '12	🍷🍷 2*
● Valpolicella Cl. Sup. Ripasso '11	🍷🍷 4
● Amarone della Valpolicella Cl. '08	🍷🍷 7
● Amarone della Valpolicella Cl. '07	🍷🍷 7
● Valpolicella Cl. '11	🍷🍷 3
● Valpolicella Cl. Sup. Ripasso '10	🍷🍷 4
● Valpolicella Cl. Sup. Ripasso '09	🍷🍷 4

VENETIEN

★Serafini & Vidotto
VIA CARRER, 8/12
31040 NERVESA DELLA BATTAGLIA [TV]
TEL. +39 0422773281
www.serafinividotto.it

DIREKTVERKAUF
BESUCH NACH VORANMELDUNG
JAHRESPRODUKTION 180.000 Flaschen
REBFLÄCHE 21 Hektar

Francesco Serafini und Antonello Vidotto haben seit ihrem Debüt vor drei Jahrzehnten an das Territorium von Nervesa geglaubt und waren überzeugt, dass dieses kleine Vorgebirge nördlich von Treviso ein Land für wunderbare Cabernet-Weine sein könnte. Eine glückliche Intuition, denn der Rosso dell'Abazia ist zu einem wohlbekannten Bordeaux-Verschnitt geworden, mit einem starken, eigenständigen Charakter aus schlankem Profil und straffer Säure. Die Weinberge sind mit zwanzig Hektar im Hügelland angesiedelt und werden unter größter Schonung der Umwelt betrieben. Der Rosso dell'Abazia ist wahrscheinlich der von uns am öftesten mit dem höchsten Lorbeer bekränzte Wein Venetiens, nicht nur wegen der außer Zweifel stehenden Qualität, auch weil er ein Terroir und eine Tradition erzählen kann. Auch mit dem Jahrgang 2011 bleibt diese Lesart erhalten, der Wein entfaltet sein Aroma aus Frucht und Untergehölz langsamer als gewohnt, am Gaumen ein dichtes Tanningefüge und rassige Säure.

- Montello e Colli Asolani
  Il Rosso dell'Abazia '11 ▼▼▼ 6
- ○ Asolo Extra Dry Bollicine di Prosecco ▼▼ 2
- ○ Il Bianco '13 ▼▼ 3
- Montello e Colli Asolani Phigaia '11 ▼▼ 4
- Montello e Colli Asolani Recantina '13 ▼▼ 3
- Montello e Colli Asolani Rosso
  Oltre il Rosso '11 ▼▼ 5
- Pinot Nero '11 ▼▼ 6
- ⊙ Bollicine Rosé Brut ▼ 3
- ○ Prosecco di Treviso
  Bollicine di Prosecco ▼ 3
- ○ Montello e Colli Asolani
  Manzoni Bianco '13 ▼ 2
- Montello e Colli Asolani
  Il Rosso dell'Abazia '10 ▽▽▽ 5
- Montello e Colli Asolani
  Il Rosso dell'Abazia '08 ▽▽▽ 5

Cantina di Soave
FRAZ. SOAVE
V.LE VITTORIA, 1000
37038 SOAVE [VR]
TEL. +39 0456139811
www.cantinasoave.it

DIREKTVERKAUF
BESUCH NACH VORANMELDUNG
JAHRESPRODUKTION 30.000.000 Flaschen
REBFLÄCHE 6.000 Hektar

Die große Kooperative der Soave ist schon vor hundert Jahren entstanden, aber erst in den letzten Jahrzehnten hat sie die heutige Form angenommen; mit dem Erwerb der nahen Anlagen von Cazzano, Illasi und Montecchia, ist die Rebfläche auf 6000 Hektar angewachsen, die überwiegend im Soave und Valpolicella angesiedelt sind. Mehrere Verarbeitungsbetriebe stehen zur Verfügung, aber das pulsierende Herz schlägt immer noch in Soave, früher in der Via Roma, jetzt in Borgo Rocca Sveva. Rocca Sveva heißt auch die Linie der Prestigeweine, in die alle ambitionierten Etiketten einfließen. Die interessantesten Ergebnisse kommen aus dem Valpolicella, allen voran der Valpolicella Superiore '11, ein Roter mit dem Duft von Kirschen und Gewürzen, der bei der Verkostung seinen schlanken, saftigen Körper entfaltet und sich als wendig und genussvoll erweist. Der Ripasso '10 rankt sich um reifere, schmeichelnde Nuancen, aber auch mit einem pflanzlichen Hauch im Hintergrund. Am Gaumen solide und von guter Harmonie.

- Valpolicella Sup. Ripasso
  Rocca Sveva '10 ▼▼ 4
- Valpolicella Sup. Rocca Sveva '11 ▼▼ 3
- Amarone della Valpolicella
  Rocca Sveva '09 ▼ 7
- ○ Équipe 5 Brut M. Cl. '08 ▼ 4
- ○ Lessini Durello Brut M. Cl. Saxi
  Riserva del Fondatore '08 ▼ 4
- ○ Lycos Bianco Rocca Sveva '11 ▼ 4
- ○ Recioto di Soave Cl. Rocca Sveva '09 ▼ 5
- ○ Soave Cl. Rocca Sveva '13 ▼ 2
- ○ Soave Cl. Sup. Castelcerino
  Rocca Sveva '12 ▼ 3
- Amarone della Valpolicella
  Rocca Sveva '05 ▽▽ 7
- Amarone della Valpolicella
  Rocca Sveva '04 ▽▽ 7

VENETIEN

★Viticoltori Speri
LOC. PEDEMONTE
VIA FONTANA, 14
37020 SAN PIETRO IN CARIANO [VR]
TEL. +39 0457701154
www.speri.com

DIREKTVERKAUF
BESUCH NACH VORANMELDUNG
JAHRESPRODUKTION 350.000 Flaschen
REBFLÄCHE 54 Hektar

Den weltweiten Erfolg verdankt der Valpolicella auch Betrieben wie dem der Familie Speri, die schon vor vielen Jahren ihre Produktion auf einen hohen Qualitätsstandard getrimmt haben und nie der Verführung kurzlebiger Erfolge erlegen sind. In den Weinen und im Weinberg, wo nur historische Sorten in Pergola-Erziehung Platz finden, ist man der Tradition treu geblieben. Natürlich gab es im Laufe der Zeit wichtige Verbesserungen, aber ohne Verrat an der eigenen Herkunft, vielmehr wollte man Fülle und Solidität auch durch ein schlankes, saftiges Profil der traditionellen Sorten erreichen. Das Erntejahr 2010 war nicht einfach im Valpolicella, aber der Betrieb von Pedemonte hat die Schwierigkeiten mit Umsicht bewältigt und kann einen Amarone von Klasse und Eleganz vorlegen. Der Sant'Urbano glänzt mit Aromen, die neben reifer Frucht Gewürze und einen feinen blumigen Hauch erkennen lassen, der am harmonischen und schlanken Gaumen vollendet zum Ausdruck kommt. Der Recioto La Roggia '11 schenkt den ganzen Reichtum des folgenden Erntejahrs.

- Amarone della Valpolicella Cl. Vign. Monte Sant'Urbano '10 — 7
- Recioto della Valpolicella Cl. La Roggia '11 — 6
- Valpolicella Cl. '13 — 2*
- Valpolicella Cl. Sup. Ripasso '12 — 4
- Valpolicella Cl. Sup. Sant'Urbano '11 — 4
- Amarone della Valpolicella Cl. Vign. Monte Sant'Urbano '09 — 7
- Amarone della Valpolicella Cl. Vign. Monte Sant'Urbano '08 — 7
- Amarone della Valpolicella Cl. Vign. Monte Sant'Urbano '07 — 7
- Amarone della Valpolicella Cl. Vign. Monte Sant'Urbano '06 — 7
- Amarone della Valpolicella Cl. Vign. Monte Sant'Urbano '04 — 7

I Stefanini
VIA CROSARA, 21
37032 MONTEFORTE D'ALPONE [VR]
TEL. +39 0456175249
www.istefanini.it

DIREKTVERKAUF
BESUCH NACH VORANMELDUNG
JAHRESPRODUKTION 100.000 Flaschen
REBFLÄCHE 17 Hektar

Charakteristisch für das Soave-Land sind sehr unterschiedliche Böden, auf der Ostseite dominiert Basaltlava, schwärzer oder rötlicher je nach Ergussgestein, auf der Westseite überwiegen die Anteile an Kalk- und Tuffgestein. Francesco Tessari besitzt Weinberge vor allem am Monte Tenda, wo der vulkanische Ursprung schon auf den ersten Blick erkennbar ist. Von hier kommen die Trauben für die beiden Paradeweine, während für den Selese die Ebene das Traubengut hergibt, wo der vulkanische Einfluss weniger stark ist. Die beiden Cru des Hauses, Monte de Toni und Monte di Fice, liefern die Trauben für Francescos anspruchsvolle Weine. Es sind zwei Weinberge am Monte Tenda, die sich in der Höhe und Bodenzusammensetzung unterscheiden. Der eine glänzt mit Fruchtigkeit und Heublumen, mit kostbarer, mineralischer Note im Hintergrund, die dem reichen Gaumen Biss und Charakter verleiht. Langsamer in der Entfaltung der zweite, fleischig, mit großem Entwicklungspotenzial.

- ○ Soave Cl. Monte de Toni '13 — 2*
- ○ Soave Cl. Sup. Monte di Fice '13 — 3*
- ○ Soave Il Selese '13 — 1*
- ○ Soave Cl. Monte de Toni '12 — 2*
- ○ Soave Cl. Sup. Monte di Fice '07 — 2*
- ○ Soave Cl. Monte de Toni '11 — 2*
- ○ Soave Cl. Sup. Monte di Fice '12 — 3*
- ○ Soave Il Selese '12 — 1*

VENETIEN

David Sterza
VIA CASTERNA, 37
37022 FUMANE [VR]
TEL. +39 0457704201
www.davidsterza.it

**DIREKTVERKAUF
BESUCH NACH VORANMELDUNG
JAHRESPRODUKTION** 30.000 Flaschen
REBFLÄCHE 4,5 Hektar

Der Betrieb von Casterna umfasst einige Hektar in der klassischen Zone, wo ausschließlich traditionelle Reben gezogen werden. David Sterza und sein Cousin Paolo Mascanzoni haben den Betrieb in wenigen Jahren auf eine hohe qualitative Ebene geführt und dabei eine Schnittstelle zwischen Tradition und Frische, Reichtum und Rigorosität gesucht. Heute präsentieren sich die Weine gerade auf diese Art, reich und gleichzeitig rigoros, auf das Verfahren der Trocknung der Trauben wird zurückgegriffen, um die Ausdruckskraft zu verstärken und nicht um einem kommerziellen Erfolgsmodell nachzujagen. Ausgezeichnet die Vorstellung des Amarone '10, ein Roter mit dem Duft von reifer, roter, völlig unversehrter Frucht, mit mineralischen Noten und aromatischen Kräutern im Hintergrund. Am Gaumen solider Körper, kraftvoll, trocken und energisch. Der Recioto '12 wartet in der Nase mit explosiver, süßer Frucht auf, veredelt durch Anklänge an welkende Blumen, Gewürze und balsamische Noten, die auf einem reichhaltigen, saftigen Gaumen perfekt zum Ausdruck kommen.

● Amarone della Valpolicella Cl. '10	6
● Recioto della Valpolicella Cl. '12	5
● Valpolicella Cl. '13	2*
● Valpolicella Cl. Sup. Ripasso '12	3
● Amarone della Valpolicella Cl. '09	6
● Amarone della Valpolicella Cl. '08	6
● Valpolicella Cl. '12	2*
● Valpolicella Cl. Sup. Ripasso '11	3
● Valpolicella Cl. Sup. Ripasso '10	3
● Valpolicella Cl. Sup. Ripasso '09	3

★Suavia
FRAZ. FITTÀ DI SOAVE
VIA CENTRO, 14
37038 SOAVE [VR]
TEL. +39 0457675089
www.suavia.it

**DIREKTVERKAUF
BESUCH NACH VORANMELDUNG
JAHRESPRODUKTION** 100.000 Flaschen
REBFLÄCHE 12 Hektar

Auf leisen Sohlen ist Suavia Schritt für Schritt zu einer Bezugsgröße der Denomination Soave geworden, mit einer Produktion von nunmehr 100.000 Flaschen, die ihrem Terroir und den historischen Weinen treu bleiben. Die Weinberge erstrecken sich auf ein Dutzend Hektar im höheren Hügelland von Fittà, bestockt nur mit der Garganega und der Trebbiano di Soave; im Fokus die Soave-Weine, daneben auch einige Experimente, nicht um Aufmerksamkeit zu erregen, sondern um das Potenzial der traditionellen Reben auszuloten. Reichhaltige Weine, die mit grandioser Eleganz altern können. Den Applaus kann wieder einmal der Soave Monte Carbonare einheimsen, ein Weißer, der sich in der Nase langsam, fast zurückhaltend öffnet, um dann unaufhaltsam die Aromen von reifer, gelber Frucht, Heublumen und eine bereits präsente mineralische Note auszuspielen. Am Gaumen vollmundig, aber gleichzeitig wendig und rassig, dank einer perfekt integrierten Würze und Säure, die dem Wein eine denkwürdige Länge bescheren.

○ Soave Cl. Monte Carbonare '12	3*
○ Massifitti '11	3*
○ Opera Semplice Dosaggio Zero M. Cl.	4
○ Recioto di Soave Acinatium '08	5
○ Soave Cl. '13	2*
○ Soave Cl. Le Rive '10	5
○ Soave Cl. Monte Carbonare '11	3*
○ Soave Cl. Monte Carbonare '10	3*
○ Soave Cl. Monte Carbonare '09	3*
○ Soave Cl. Monte Carbonare '08	3*
○ Soave Cl. Monte Carbonare '07	3*
○ Soave Cl. Monte Carbonare '06	3*
○ Soave Cl. Monte Carbonare '05	3*
○ Soave Cl. Monte Carbonare '04	3

VENETIEN

Sutto

LOC. CAMPO DI PIETRA
VIA ARZERI, 34/1
31040 SALGAREDA [TV]
TEL. +39 0422744063
www.sutto.it

DIREKTVERKAUF
BESUCH NACH VORANMELDUNG
GASTRONOMIE
JAHRESPRODUKTION 150.000 Flaschen
REBFLÄCHE 75 Hektar

Die Brüder Stefano und Luigi Sutto haben ihren Betrieb auf einen höheren Gang eingeschworen, Verzicht auf eine Produktion, die auf sofortige Trinkbereitschaft setzt, zu Gunsten größerer Reichhaltigkeit und ohne auf den territorialen Ausdruck zu verzichten. Die Weinberge erstrecken sich auf viele Hektar in der Ebene zwischen der Piave und der Adriaküste; nur die hochwertigsten Trauben werden zu den Etiketten des Hauses verarbeitet. Jahrgangsweine sind stilistisch auf sortentypischen Ausdruck getrimmt, die ambitionierteren Etiketten gewinnen an Tiefgang und Raffinesse. Die Aufmerksamkeit auch für die richtige Reife bestätigt der Merlot Camposella, der noch im Keller bleiben muss, denn die viele Mühe darf nicht aus Vertriebsgründen zunichte gemacht werden. Der Dogma Rosso '12, Bordeaux-Verschnitt mit vorwiegend Cabernet, hat ihn aber mehr als würdig vertreten und glänzt mit raffinierten Aromen von Pflaumen und Brombeeren, die am Gaumen durch eine frische Note von Heilkräutern unterstützt werden und einen frischen Trinkgenuss bescheren.

● Dogma Rosso '12	🍷 4
○ Pinot Grigio '13	🍷 2*
○ Ultimo '12	🍷 3
○ Valdobbiadene Extra Dry Batiso '13	🍷 2*
○ Prosecco Brut Batiso	🍷 2
● Cabernet '13	🍷 2
○ Chardonnay '13	🍷 2
● Merlot '13	🍷 2
● Campo Sella '11	🍷🍷 5
● Dogma Rosso '11	🍷🍷 4
○ Manzoni Bianco '12	🍷🍷 2*
○ Manzoni Bianco '11	🍷🍷 2*
○ Ultimo '11	🍷🍷 3

T.E.S.S.A.R.I.

LOC. BROGNOLIGO
VIA FONTANA NUOVA, 86
37032 MONTEFORTE D'ALPONE [VR]
TEL. +39 0456176041
www.cantinatessari.com

DIREKTVERKAUF
BESUCH NACH VORANMELDUNG
JAHRESPRODUKTION 35.000 Flaschen
REBFLÄCHE 17 Hektar

Der Betrieb der Gebrüder Tessari hat eine lange Geschichte und beginnt in den 1930er Jahren. Seit damals hat jede Generation Maßnahmen der Erneuerung und Verbesserung gesetzt. Heute ist die Reihe an Antonio, Germano und Cornelia, die auf zwölf Hektar Rebfläche zählen können, angesiedelt auf Basaltböden in Costalta und Magnavacche, und auf vorwiegend Tonböden in Castellaro, alle auf Meereshöhen von 150 bis 200 Meter. Im Keller in der Via Fontana Nuova, der vor knapp zehn Jahren errichtet wurde, findet der gesamte Prozess der Verarbeitung statt, vom Trocknen der Trauben für den Recioto bis zur Abfüllung. Vorzügliche Vorstellung des Soave Grisela, der das große Potenzial der Lese 2013 nutzt und ein intensives Bouquet mit weißer Frucht, durchweht von frischen, blumigen Empfindungen schenkt, der feine Zündsteinhauch im Hintergrund wird sich in der Reife noch stärker entwickeln. Besticht am Gaumen mit Reichtum und geschmacklicher Spannung, schmackhaft, lang und raffiniert.

○ Soave Cl. Grisela '13	🍷 2*
○ Soave Cl. Le Bine Longhe di Costalta '12	🍷 3
○ Garganega Brut	🍷 2
○ Soave Cl. Grisela '12	🍷🍷 2
○ Soave Cl. Grisela '11	🍷🍷 2*
○ Soave Cl. Grisela '08	🍷🍷 2*
○ Soave Cl. Grisela '07	🍷🍷 2*
○ Soave Cl. Le Bine Longhe '10	🍷🍷 5*
○ Soave Cl. Le Bine Longhe di Costalta '11	🍷🍷 3

VENETIEN

Tamellini

Fraz. Costeggiola
Via Tamellini, 4
37038 Soave [VR]
Tel. +39 0457675328
piofrancesco.tamellini@tin.it

DIREKTVERKAUF
BESUCH NACH VORANMELDUNG
JAHRESPRODUKTION 250.000 Flaschen
REBFLÄCHE 27 Hektar

Der Betrieb der Brüder Tamellini ist erst zwanzig Jahre alt, aber die Familienbande mit dem Weinbau und dem Territorium des Soave besteht schon seit Generationen, da die Trauben früher an lokale Kellereien verkauft wurden. Heute führen Gaetano und Piofrancesco diesen interessanten Betrieb, der völlig dem berühmten Veroneser Wein gewidmet ist, der mit Reichhaltigkeit, aber auch Eleganz und Süffigkeit interpretiert wird. Die Weinberge, über zwanzig Hektar, sind am Westhang der klassischen Anbauzone angesiedelt und liegen auf kalk- und tuffhaltigen Böden. Im Hause Tamellini fehlt diesmal nur der letzte Schwung, aber die von den Geschwistern in Costeggiola abgelieferte Qualität ist tadellos. Le Bine de Costiola '12 setzt sich mit intensiven, komplexen Aromen in Szene, in denen überreife Frucht, Heublumen und eine bereits erkennbare Mineralität verschmelzen. Am Gaumen entfaltet sich diese Komplexität saftig und von guter Schmackhaftigkeit, die lang und trocken ausklingt. Spontaner und wohlriechend der Jahrgangs-Soave.

○ Soave Cl. Le Bine de Costiola '12	♥♥ 3*
○ Soave Cl. '13	♥♥ 2*
○ Soave Cl. Le Bine '04	♥♥♥ 3*
○ Soave Cl. Le Bine de Costiola '11	♥♥♥ 3*
○ Soave Cl. Le Bine de Costiola '06	♥♥♥ 3*
○ Soave Cl. Le Bine de Costiola '05	♥♥♥ 3*
○ Extra Brut M. Cl. '09	♥♥ 4
○ Soave '11	♥♥ 2*
○ Soave Cl. '12	♥♥ 2*
○ Soave Cl. Le Bine de Costiola '10	♥♥ 3*

Giovanna Tantini

Loc. I Mischi
37014 Castelnuovo del Garda [VR]
Tel. +39 0457575070
www.giovannatantini.it

DIREKTVERKAUF
BESUCH NACH VORANMELDUNG
UNTERKUNFT
JAHRESPRODUKTION 30.000 Flaschen
REBFLÄCHE 12 Hektar

Giovanna Tantini führt einen Betrieb am Gardasee von zwanzig Hektar, mehr als die Hälfte bestockt, der kürzlich einen Agriturismo dazubekommen hat. Die Weinberge sind zum größten Teil den historischen Reben des Bardolino gewidmet, allen voran daher die Corvina und die Rondinella, in geringerem Maße Cabernet und Merlot. Stilistisch sind die Weine von Spannung und Eleganz geprägt, die auch durch einen entsprechenden Ausbau in der Flasche erreicht werden. Daher kommt es, dass der Bardolino erst sehr spät für den Vertrieb freigegeben wird. Gerade der Bardolino '12 liefert die besten Ergebnisse, intensiv im Ausdruck von Fruchtigkeit und Pfeffer und frischen, blumigen Noten, die sich langsam in den Vordergrund spielen. Am Gaumen entfaltet der Wein einen anmutigen, schlanken Körper, mit guter Säure und zarten, seidigen Tanninen, im Ausklang ein interessanter, rauchiger Anflug. Der Chiaretto '13 ist spontaner, wohlriechend, ausgestattet mit einem trockenen, rassigen Gaumen. Neuzugang in diesem Jahr der Custoza, trocken und nervig.

● Bardolino '12	♥♥ 2*
⊙ Bardolino Chiaretto '13	♥ 2
○ Custoza '13	♥ 2
● Bardolino '11	♥♥ 2*
● Bardolino '10	♥♥ 2*
● Ettore '09	♥♥ 4
● Greta '09	♥♥ 5

VENETIEN

F.lli Tedeschi

FRAZ. PEDEMONTE
VIA G. VERDI, 4
37029 SAN PIETRO IN CARIANO [VR]
TEL. +39 0457701487
www.tedeschiwines.com

DIREKTVERKAUF
BESUCH NACH VORANMELDUNG
JAHRESPRODUKTION 500.000 Flaschen
REBFLÄCHE 45 Hektar

Die Brüder Tedeschi haben in den letzten zehn Jahren eine wichtige Entwicklung eingeleitet, zuerst erwarb man das große Gut Maternigo im östlichen Valpolicella und legte die Weinberge an, dann begann ein Prozess der Verbesserung und Erneuerung der historischen Weine. Dabei folgte man weder Moden noch einem Diktat der Märkte, sondern suchte nach Wegen in Weinberg und Keller, um die traditionelle Kraft mit der größeren Eleganz und Feinheit, die den Trauben dieses Terroirs innewohnt, in Einklang zu bringen. Die heutige Produktion, die sich bei 500.000 Flaschen jährlich stabilisiert hat, ist genau das: reichhaltig, fleischig und dennoch sehr süffig. Der Valpolicella Maternigo '12 präsentiert intensive Noten von reifer, roter Frucht, mit Gewürzen und aromatischen Kräutern, die für frischere, knackige Empfindungen sorgen und am Gaumen zum Ausbruch kommen, wo der Wein mit einem vollen, kraftvollen Körper, getragen von einer guten Säure, aufwartet. Der Amarone Capitel Monte Olmi '09 beschert fruchtige Noten von größerer Süße und Reife, die am reichen, energischen Gaumen die perfekte Entsprechung finden.

- Amarone della Valpolicella Cl. Capitel Monte Olmi '09 　🍷🍷 8
- Valpolicella Sup. Maternigo '12 　🍷🍷 4
- Amarone della Valpolicella Cl. '10 　🍷🍷 6
- Valpolicella Cl. Sup. Capitel dei Nicalò '12 　🍷🍷 3
- Valpolicella Cl. Sup. La Fabriseria '11 　🍷🍷 5
- Valpolicella Sup. Capitel San Rocco Ripasso '12 　🍷🍷 3
- Amarone della Valpolicella Cl. Capitel Monte Olmi '07 　🍷🍷🍷 8
- Amarone della Valpolicella Cl. Capitel Monte Olmi '01 　🍷🍷🍷 7
- Valpolicella Sup. Maternigo '11 　🍷🍷🍷 4*
- Amarone della Valpolicella Cl. '09 　🍷🍷 6
- Amarone della Valpolicella Cl. Capitel Monte Olmi '08 　🍷🍷 8
- Valpolicella Cl. Sup. La Fabriseria '10 　🍷🍷 5

Viticoltori Tommasi

LOC. PEDEMONTE
VIA RONCHETTO, 2
37020 SAN PIETRO IN CARIANO [VR]
TEL. +39 0457701266
www.tommasiwine.it

DIREKTVERKAUF
BESUCH NACH VORANMELDUNG
JAHRESPRODUKTION 1.000.000 Flaschen
REBFLÄCHE 162 Hektar

In den letzten Jahren durchlief das Weingut Pedemonte einen raschen, aber gleichzeitig tiefgreifenden Prozess der Wandlung. Zuerst erfuhr der Keller eine wesentliche Erweiterung, dann folgte der Ausbau der Rebflächen, die heute außer im Valpolicella auch im benachbarten Lugana, am Südufer des Gardasees angesiedelt sind. Auch stilistisch haben sich die Weine verändert und Giancarlo, unter Mithilfe der ganzen Familie, gibt eine neue Richtung vor, um Tradition mit einer größeren Frische zu verbinden. Vorzüglich die Vorstellung des Amarone Classico '10, der in wenigen Jahren zu größerer Definition und Integrität gefunden hat, ohne auf das traditionsbewusste Profil zu verzichten. Am Gaumen ist die Frucht reintönig und knackig, begleitet von Mineralität und Untergehölz, getragen von schönen Tanninen und einer perfekt integrierten Säure.

- Amarone della Valpolicella Cl. '10 　🍷🍷 7
- Alicante Poggio al Tufo '11 　🍷🍷 4
- ○ Lugana Vign. San Martino Il Sestante '13 　🍷🍷 2*
- Valpolicella Cl. Sup. Rafael '12 　🍷🍷 3
- Valpolicella Cl. Sup. Ripasso '12 　🍷🍷 4
- Amarone della Valpolicella Cl. '09 　🍷🍷 7
- Amarone della Valpolicella Cl. Ca' Florian Ris. '07 　🍷🍷 7
- Crearo della Conca d'Oro '11 　🍷🍷 4
- Valpolicella Cl. Sup. Rafael '11 　🍷🍷 3
- Valpolicella Cl. Sup. Ripasso '11 　🍷🍷 4

VENETIEN

Trabucchi d'Illasi
Loc. Monte Tenda
37031 Illasi [VR]
Tel. +39 0457833233
www.trabucchidillasi.it

DIREKTVERKAUF
BESUCH NACH VORANMELDUNG
JAHRESPRODUKTION 120.000 Flaschen
REBFLÄCHE 25 Hektar
WEINBAU Biologisch anerkannt

Giuseppe Trabucchi führt mit seiner Frau Raffaella diesen bedeutenden Betrieb im östlichen Valpolicella, der sich auf 25 Hektar zwischen dem Tal Tramigna und dem Tal Illasi erstreckt. Die Weinberge werden seit vielen Jahren biologisch bewirtschaftet, die Produktion ist fest auf die historischen Typologien eingeschworen, die stilistisch im soliden Körper ihren Fixpunkt haben. Und diese Suche nach Reichtum ohne Verzicht auf das schlanke Profil, das die traditionellen Trauben auszeichnet, ist auch der Grund, dass man die Weine zurückhält und erst nach der richtigen Reife für den Vertrieb freigibt. Der Amarone Riserva Alberto Trabucchi '06 gehört zu den interessantesten Etiketten der Denomination, stark durch ein Aromabild, in dem Empfindungen von Heublumen und Gewürzen die überreife Frucht veredeln und sich ein Pfefferhauch zunehmend Raum verschafft. Am Gaumen von warmer, fülliger Wirkung, aber der Wein kann sich mit Klasse entfalten und solide, fast herbe Tannine anbieten, ein langes, raffiniertes Trinkerlebnis.

- Amarone della Valpolicella
  Alberto Trabucchi Ris. '06 ♛♛♛ 8
- Valpolicella Sup. La Gardellina '12 ♛♛ 4
- Valpolicella Sup.
  Terre di S. Colombano '08 ♛♛ 3
- Valpolicella Un Anno '13 ♛♛ 2*
- Dandarin '07 ♛ 5
○ Margherita '13 ♛ 4
- Amarone della Valpolicella '06 ♛♛♛ 8
- Amarone della Valpolicella '04 ♛♛♛ 8
- Recioto della Valpolicella Cereolo '05 ♛♛♛ 8
- Valpolicella Sup.
  Terre di S. Colombano '03 ♛♛♛ 4*
- Amarone della Valpolicella '07 ♛♛ 8
- Valpolicella Sup. Terre del Cereolo '07 ♛♛ 5

Spumanti Valdo
via Foro Boario, 20
31049 Valdobbiadene [TV]
Tel. +39 04239090
www.valdo.com

DIREKTVERKAUF
BESUCH NACH VORANMELDUNG
JAHRESPRODUKTION 9.000.000 Flaschen
REBFLÄCHE 155 Hektar

Der Betrieb der Familie Bolla, ein historischer Name im italienischen Weinpanorama, gehört seit den 1940er Jahren zu den wichtigsten Unternehmen im Anbaugebiet von Conegliano Valdobbiadene und zu den größten Prosecco-Produzenten. Die erheblichen Traubenmengen bezieht man aus einem dichten Netz lokaler Weinbauern, die ihr Traubengut in der Kellerei abliefern, wo es zur Verarbeitung kommt und alle Weine gefertigt und abgefüllt werden. Das Kerngeschäft sind natürlich die Spumante Charmat, aber mit einer kleinen Produktion versucht man sich erfolgreich auch am Metodo Classico. Überzeugend die Cuvée del Fondatore, der Prosecco, nutzt einen kurzen, teilweisen Verbleib in Eiche vor der Bläschenbildung, die sehr lange dauert, um die ganze Komplexität und Eleganz aufzuspüren. Im Duft haben die frischeren und blumigen Noten einer schönen, fruchtigen Empfindung und süßen Gewürzen Platz gemacht, die am cremigen Gaumen von guter Länge perfekt zum Ausdruck kommen.

○ Cartizze Cuvée Viviana ♛♛ 5
○ Valdobbiadene Cuvée del Fondatore ♛♛ 3
○ Numero 10 Brut M. Cl. '10 ♛♛ 4
○ Valdobbiadene Brut Cuvée di Boj ♛ 2
○ Valdobbiadene Extra Dry Cuvée 1926 ♛ 2

VENETIEN

Cantina Valpolicella Negrar
via Ca' Salgari, 2
37024 Negrar [VR]
Tel. +39 0456014300
www.cantinanegrar.it

DIREKTVERKAUF
BESUCH NACH VORANMELDUNG
GASTRONOMIE
JAHRESPRODUKTION 7.000.000 Flaschen
REBFLÄCHE 600 Hektar

Typisch für Venetien sind zahlreiche Genossenschaftsunternehmen, die auch eine soziale Funktion erfüllen und den Markt mit großen Mengen einfacher, preisgünstiger Weine beliefern. Cantina di Negrar wandelt hingegen auf einem Pfad der Tugend, der die Kooperative in den qualitativen Mittelpunkt des Veroneser Territoriums geführt hat. So bietet man neben sofort trinkbaren Weinen auch die Linie Domini Veneti an, ein hochwertiges Sortiment, das häufig zu unseren Lieblingsweinen gehört. Die Verbundenheit und Aufwertung dieses Territoriums ist sehr gut im Projekt „Espressioni" erkennbar, das den fünf Tälern der klassischen Zone gewidmet ist. Und aus diesem Projekt kommen die beiden überzeugendsten Etiketten, der Amarone San Rocco '08 und der Monte '08. Der erste kommt aus dem oberen Marano-Tal, im Bouquet ist Frucht nie vorherrschend, es gibt aromatische Kräuter und mineralische Noten, die mit Schwung zum energischen, aber herben und sehr tiefgründigen Gaumen überleiten. Der zweite ist hingegen intensiv im Duft von roter Frucht und welkenden Blumen, glänzt am Gaumen mit schöner Konzentration und dichten, aber anmutigen Tanninen.

- Amarone della Valpolicella Cl.
  S. Rocco Domini Veneti '08   8
- Amarone della Valpolicella Cl.
  Monte Domini Veneti '08   6
- Amarone della Valpolicella Cl.
  Castelrotto Domini Veneti '08   7
- Amarone della Valpolicella Cl.
  Domini Veneti '08   5
- Amarone della Valpolicella Cl.
  Mazzurega Domini Veneti '08   5
- Recioto della Valpolicella Cl.
  Vign. di Moron Domini Veneti '09 4
- Valpolicella Cl. Sup. Ripasso
  La Casetta Domini Veneti '11   4
- Valpolicella Cl. Sup. Ripasso
  Vign. di Torbe Domini Veneti '12 3
- Valpolicella Cl. Sup. Verjago
  Domini Veneti '09   4

Odino Vaona
loc. Valgatara
via Paverno, 41
37020 Marano di Valpolicella [VR]
Tel. +39 0457703710
www.vaona.it

DIREKTVERKAUF
BESUCH NACH VORANMELDUNG
JAHRESPRODUKTION 60.000 Flaschen
REBFLÄCHE 10 Hektar

Innerhalb der klassischen Zone des Valpolicella macht wahrscheinlich das Marano-Tal am wenigstens auf sich aufmerksam, da das Siedlungsgebiet fast ausschließlich auf das an der Talmündung gelegene Valgatara beschränkt ist und sich die Landschaft tiefer im Tal ihren unberührten Zauber erhalten hat. Hier ist Alberto Vaona am Werk, ein junger Produzent mit zehn Hektar Weinberg in diesem Gebiet, das voll den historischen Reben gewidmet ist. Sie liefern das Traubengut für eine zahlenmäßig beschränkte Produktion, die sich aber durch ein Profil von schlanker Eleganz auszeichnet. Der Amarone Pegrandi '10 ist auch mit dem neuen Jahrgang überaus überzeugend in seiner Denomination, reich das Aromagepäck, in dem reife Frucht nur eine der vielen Komponenten ist. Es gibt welkende Blumen, aromatische Kräuter und Gewürze, die wir am reichhaltigen, saftigen und sehr wendigen Gaumen wiederfinden. Der Paverno '11 ist auch wegen der kürzeren Reifespanne frischer in der Nase, mit schönem, pflanzlichem Anflug, im Körper schlank und von erfreulicher Schmackhaftigkeit.

- Amarone della Valpolicella Cl.
  Pegrandi '10   5
- Amarone della Valpolicella Cl.
  Paverno '11   5
- Valpolicella Cl: Sup. Ripasso
  Pegrandi '12   3
- Valpolicella Sup. '12   2*
- Castaroto '11   4
- Valpolicella Cl. '13   2
- Amarone della Valpolicella Cl.
  Pegrandi '09   5
- Amarone della Valpolicella Cl.
  Pegrandi '08   5
- Amarone della Valpolicella Cl.
  Paverno '10   5
- Amarone della Valpolicella Cl.
  Pegrandi Ris. '07   8
- Recioto della Valpolicella Le Peagnà '11 4

VENETIEN

Massimino Venturini

Fraz. San Floriano
Via Semonte, 20
37020 San Pietro in Cariano [VR]
Tel. +39 0457701331
www.viniventurini.com

DIREKTVERKAUF
BESUCH NACH VORANMELDUNG
JAHRESPRODUKTION 100.000 Flaschen
REBFLÄCHE 12 Hektar

Die letzte Lese war die fünfzigste für den Betrieb in San Floriano, den Massimino ins Leben gerufen hat und der von den Nachkommen Daniele, Mirco und Giuseppina weiterentwickelt wurde. Im vorigen Jahr wurden alle Aktivitäten in die neue Kellerei verlegt, die am westlichen Abhang des Monte Olmi errichtet wurde und endlich den genügenden Raum bietet, um die gesamte Produktion ohne Hektik abwickeln zu können. Bei der Arbeit im Weinberg folgt man dem Rhythmus der Natur, ohne ihn beschleunigen zu wollen und wie es die Tradition verlangt, sowohl bei den Rebsorten als auch in der Erziehungsform. Der Amarone Campomasua '09 beschert eine satte, überreife Frucht, süß und fleischig, die allmählich welkenden Blumen und Gewürzen Raum gibt, glänzt am Gaumen mit perfekter Verschmelzung von angenehmer Empfindung, Tanninen und Säure für einen saftigen, langen Trinkgenuss. Der Amarone Classico kommt aus dem kühleren Erntejahr 2010, im Duft vorherrschend eine knackige Frucht mit subtilen, pflanzlichen Noten. Am Gaumen trocken und angenehm rustikal in den Tanninen.

● Amarone della Valpolicella Cl. '10	▼▼ 5
● Amarone della Valpolicella Cl. Campomasua '09	▼▼ 6
● Recioto della Valpolicella Cl. Le Brugnine '11	▼▼ 5
● Valpolicella Cl. '13	▼▼ 2*
● Valpolicella Cl. Sup. '10	▼▼ 2*
● Valpolicella Cl. Sup. Ripasso Semonte Alto '10	▼ 3
● Amarone della Valpolicella Cl. Campomasua '07	▼▼▼ 6
● Amarone della Valpolicella Cl. Campomasua '05	▼▼▼ 6
● Amarone della Valpolicella Cl. '09	▼▼ 5
● Recioto della Valpolicella Cl. '10	▼▼ 5
● Valpolicella Cl. Sup. Ripasso Semonte Alto '09	▼▼ 3

Agostino Vicentini

Fraz. San Zeno
Via C. Battisti, 62c
37030 Colognola ai Colli [VR]
Tel. +39 0457650539
www.vinivicentini.com

DIREKTVERKAUF
BESUCH NACH VORANMELDUNG
JAHRESPRODUKTION 100.000 Flaschen
REBFLÄCHE 20 Hektar

Agostino Vicentini hat den Familienbetrieb zügig weiterentwickelt, ist aber dem Terroir und seinen Trauben treu geblieben. Vielmehr verwandelte er seine frischen, angenehmen Soave-Weine in Gewächse, die heute ohne Einbußen bei Gefälligkeit und Spannung zu den Besten der Denomination gehören. Gemeinsam mit Sohn Manuele leitete er einen ähnlichen Weg auch bei den Roten der Valpolicella ein, mit einer Produktion, die sich Eleganz und Erkennbarkeit der Reben zum Ziel setzt. Rund zwanzig Hektar, die mit Hingabe und Kompetenz betreut werden, liefern die Trauben für die gesamte Produktion des Hauses. An der Spitze unserer Vorlieben steht der Soave Il Casale '13, aus Garganega, sortenrein gekeltert und in Stahl ausgebaut. Die Trauben stammen aus einem Weinberg mit sehr reduziertem Ertrag, intensiv die Aromen von gelber Frucht, die es dann blumigen und mineralischen Noten überlassen, für einen Hauch von Frische und Persönlichkeit zu sorgen. Bei der Verkostung zeigt der Wein Fülle und Spannung und ist schmackhaft, bissig und sehr lang.

○ Soave Sup. Il Casale '13	▼▼▼ 3*
○ Soave Vign. Terre Lunghe '13	▼▼ 2*
● Valpolicella Sup. '12	▼▼ 3
● Valpolicella Sup. Idea Bacco '11	▼▼ 5
● Valpolicella Sup. Palazzo di Campiano '11	▼▼ 5
○ Soave Sup. Il Casale '12	▼▼▼ 3*
○ Soave Sup. Il Casale '09	▼▼▼ 3*
○ Soave Vign. Terre Lunghe '12	▼▼ 2*
● Valpolicella Sup. '10	▼▼ 3
● Valpolicella Sup. Idea Bacco '10	▼▼ 5

VENETIEN

Vigna Roda

LOC. CORTELÀ
VIA MONTE VERSA, 1569
35030 VO [PD]
TEL. +39 0499940228
www.vignaroda.com

DIREKTVERKAUF
BESUCH NACH VORANMELDUNG
JAHRESPRODUKTION 52.000 Flaschen
REBFLÄCHE 17 Hektar

Gianni Strazzacappa und seine Frau Elena haben die Führung im Familienbetrieb übernommen und konnten ihn in wenigen Jahren erheblich verändern. Die Weine sind allesamt auf einem guten Niveau und können das Gebiet der Colli Euganei sehr schön interpretieren. Der Betrieb liegt auf der Westseite der Colli, mit Weinbergen von knapp unter zwanzig Hektar im hügeligen Gelände. In diesen Jahren wurde die Pflanzdichte der Weinberge erhöht, mit besonderer Aufmerksamkeit für die Bordeaux-Sorten, die hier seit fast zwei Jahrhunderten angesiedelt sind. Stilistisch setzt man auf Konzentration, aber ohne Verzicht auf Süffigkeit. Emblematisch die Verkostung des Scarlatto '11, ein Bordeaux-Verschnitt aus überwiegend Merlot, der die Aromen von reifer, roter Frucht mit der größeren Frische von pflanzlichen Nuancen und aromatischen Kräutern schön verbindet. Am Gaumen mittlerer Körper, trocken und von guter Länge. Überzeugend der Cabernet Espero '13, spontaner in der fruchtigen Note, ausgestattet mit einem gehaltvollen, angenehm rustikalen Trinkgenuss.

● Colli Euganei Cabernet Espero '13	🍷🍷 2*
○ Colli Euganei Fior d'Arancio Passito Petali d'Ambra '10	🍷🍷 4
● Colli Euganei Rosso '13	🍷🍷 2*
● Colli Euganei Rosso Scarlatto '11	🍷🍷 3
○ Colli Euganei Bianco '13	🍷 2
○ Colli Euganei Chardonnay Ca' Zamira '13	🍷 2
○ Colli Euganei Fior d'Arancio Spumante '13	🍷 2
● Colli Euganei Merlot Il Damerino '13	🍷 4
○ Colli Euganei Moscato Secco Aroma 2.0 '13	🍷 3
○ Colli Euganei Serprino Frizzante '13	🍷 2
● Colli Euganei Cabernet Espero '12	🍷🍷 2*
● Colli Euganei Cabernet Espero '11	🍷🍷 2*
● Colli Euganei Rosso '12	🍷🍷 2*
● Colli Euganei Rosso Scarlatto '10	🍷🍷 3

Vignale di Cecilia

LOC. FORNACI
VIA CROCI, 14
35030 BAONE [PD]
TEL. +39 042951420
www.vignaledicecilia.it

BESUCH NACH VORANMELDUNG
JAHRESPRODUKTION 20.000 Flaschen
REBFLÄCHE 8 Hektar
WEINBAU Biologisch anerkannt

Paolo Brunello ist ein unruhiger Geist und will immer noch mehr über das Land der Colli Euganei erfahren und wie die Trauben es zum Ausdruck bringen können. Weniger als zehn Hektar, die biologisch und umweltbewusst bewirtschaftet werden, liefern das Rohmaterial für eine Produktion, die neben Etiketten, die jedes Jahr gefertigt werden, mitunter auch Weine einer anderen Philosophie vorlegt, stets gewissenhaft interpretiert und mit dem Willen, das Band zwischen Territorium, Tradition und Mensch neu zu knüpfen. Rote, geschliffen und sonnig im Charakter, abwechselnd mit Weißen, raffiniert oder energiegeladen. Der Passacaglia '11, Verschnitt von Merlot und Cabernet, präsentiert sich mit reifer, roter Frucht an vorderster Front und im Hintergrund ein Anflug von Eiche, die Frische aromatischer Kräuter und eine subtile Nuance von Graphit. Am Gaumen voll und saftig, schmackhaft, dem eine vibrierende Tanninstruktur Biss verleiht. Der erstmals in diesem Jahr vorgelegte L'Otto glänzt mit dem intensiven Duft von roter Frucht, am Gaumen breit und schmackhaft, obwohl sehr gehaltvoll, bewahrt er sich Wendigkeit und Spannung.

● L'Otto	🍷🍷 3
○ Cocài '12	🍷🍷 3
● Colli Euganei Rosso Passacaglia '11	🍷🍷 4
○ Benavides '12	🍷 2
○ Cocài '11	🍷🍷 3
● Colli Euganei Rosso Covolo '10	🍷🍷 3
● Colli Euganei Rosso Passacaglia '09	🍷🍷 4
● El Moro '10	🍷🍷 3
● El Moro '08	🍷🍷 3*

VENETIEN

★Vignalta
via Scalette, 23
35032 Arquà Petrarca [PD]
Tel. +39 0429777305
www.vignalta.it

DIREKTVERKAUF
BESUCH NACH VORANMELDUNG
JAHRESPRODUKTION 280.000 Flaschen
REBFLÄCHE 50 Hektar

Lucio Gomiero hat sein Vignalta zu einem Modellbetrieb der Colli Euganei gemacht, der südlich von Padua gelegenen Hügellandschaft klar vulkanischen Ursprungs. In den Böden wechseln sich Formationen, die aus dem Zerfall von Lavagestein entstanden sind, mit kalkhaltigen ab, die geeignete Bedingungen für unterschiedliche Reben bieten, oder einer gleichen Sorte einen völlig anderen Ausdruck mitgeben. Auf diese Weise hat der Betrieb seine Prestigeweine erhalten, Gemola und Arquà, die auf gleiche Art und aus den gleichen Trauben gefertigt werden, aber einen fast entgegengesetzten Charakter aufweisen. Der Gemola trifft auch diesmal genau den Punkt, mit einem Aroma, in dem sich Frucht den Raum zu gleichen Teilen mit pflanzlichen Noten, Pfeffer und schwarzen Gewürzen teilt, die wir am Gaumen perfekt wiederfinden, der sich mit vollem, knackigem Körper dynamisch, lang und raffiniert im Finale in Szene setzt. Der Arquà '10 ist vollmundiger und saftiger, auch dank einer Säure, die dieser Weinberg seinen Trauben zu schenken weiß.

● Colli Euganei Rosso Gemola '08	♛♛♛ 5
○ Colli Euganei Fior d'Arancio Passito Alpianae '11	♛♛ 4
● Colli Euganei Rosso Arquà '10	♛♛ 6
○ Colli Euganei Pinot Bianco '13	♛♛ 3
● Colli Euganei Rosso Ris. '10	♛♛ 3
● Pinot Nero '10	♛♛ 2*
○ Brut Nature M. Cl.	♛ 5
○ Colli Euganei Moscato Sirio '13	♛ 3
○ Colli Euganei Fior d'Arancio Passito Alpianae '08	♛♛♛ 4
● Colli Euganei Rosso Arquà '04	♛♛♛ 6
● Colli Euganei Rosso Gemola '09	♛♛♛ 5
● Colli Euganei Rosso Gemola '07	♛♛♛ 5
● Colli Euganei Rosso Gemola '01	♛♛♛ 5

Le Vigne di San Pietro
via San Pietro, 23
37066 Sommacampagna [VR]
Tel. +39 045510016
www.levignedisanpietro.it

DIREKTVERKAUF
BESUCH NACH VORANMELDUNG
JAHRESPRODUKTION 70.000 Flaschen
REBFLÄCHE 10 Hektar

Der Betrieb von Carlo Nerozzi wurde in den 1980er Jahren mit Energie und Hingabe von den Eltern Franca und Sergio aufgebaut, die sich in das Hügelland von Sommacampagna am Gardasee verliebt hatten. Heute führt Carlo den Betrieb mit der gleichen Leidenschaft, unterstützt von Regina, und steckt seine ganze Energie in einen möglichst nachhaltigen und umweltschonenden Weinbau, der im Keller eine wunderbare Harmonie aus Reichtum und Eleganz, Tradition und Modernität entstehen lässt. Die Weinberge von rund zehn Hektar sind mit den historischen Reben dieses Territoriums bestockt. Der Bardolino ist eine Bezugsgröße der Denomination, der intensive Duft von wildwachsenden Früchten gibt rauchigen Noten und feinen Kräutern Raum, die sich am Gaumen entwickeln, gehaltvoll und gleichzeitig anmutig, getragen von milden und perfekt geschliffenen Tanninen. Vorzüglich heute, wird er mit der Zeit noch an Tiefe und Charakter zulegen. Der CorDeRosa ist ein Chiaretto, würzig und wohlschmeckend, während sich der Custoza mit blumigen und fruchtigen Aromen in Szene setzt.

● Bardolino '13	♛♛ 2*
◉ CorDeRosa '13	♛♛ 2*
○ Custoza '13	♛♛ 2*
● Bardolino '11	♛♛♛ 2*
● Amarone della Valpolicella Cl. '08	♛♛ 6
● Amarone della Valpolicella Cl. '07	♛♛ 6
● Bardolino '12	♛♛ 2*
● Bardolino '10	♛♛ 2*
○ Custoza '12	♛♛ 2*
● Valpolicella Cl. '11	♛♛ 2*

VENETIEN

Vigneto Due Santi
V.LE ASIAGO, 174
36061 BASSANO DEL GRAPPA [VI]
TEL. +39 0424502074
www.vignetoduesanti.it

DIREKTVERKAUF
BESUCH NACH VORANMELDUNG
JAHRESPRODUKTION 100.000 Flaschen
REBFLÄCHE 19 Hektar

Der Betrieb von Stefano und Adriano Zonta liegt in Bassano del Grappa, an der Einmündung des Valsugana, wo die Winde aus diesem Tal den Trauben auf den Hängen Kühlung zuführen. Die beiden Cousins interpretieren einfühlsam dieses Land, in dem das sehr warme aber auch kühle Klima ideale Bedingungen für extraktreiche und schlanke Weine liefert. Die jüngsten Anlagen haben nun ihre Reife erreicht, sodass man dieser kleinen Parzelle gegenüber der Ebene einen Wein gewidmet hat. Der Cavallare ist ein Bordeaux aus überwiegend Merlot, der mit einer sonnigen, saftigen Natur aufwarten kann. In der Nase charakteristisch feine Kräuter und Heidelbeeren, die wir vollendet am Gaumen wiederfinden, wo der Wein von mittlerem Körper durch ein schönes Tanningefüge belegt wird. Spitzenwein des Hauses bleibt aber der Cabernet Due Santi, intensiver und tiefgründiger in den Aromen von roter Frucht und aromatischen Kräutern, am Gaumen vollmundig und knackig, im Ausklang eine schöne mineralische Note von Graphit. Die Weißen erhielten mit der Suche nach größerer Spannung und Süffigkeit eine neue Richtung.

● Breganze Cabernet Vign. Due Santi '11	♛♛♛	4
● Breganze Cabernet '11	♛♛	2*
● Breganze Merlot '11	♛♛	2*
● Breganze Rosso Cavallare '11	♛♛	2*
○ Breganze Sauvignon '13	♛♛	3
● Breganze Torcolato '10	♛♛	5
○ Malvasia Campo di Fiori '13	♛♛	2*
○ Prosecco Extra Dry	♛	2
○ Breganze Bianco Rivana '13	♛	2
● Breganze Cabernet Vign. Due Santi '08	♛♛♛	4*
● Breganze Cabernet Vign. Due Santi '07	♛♛♛	4
● Breganze Cabernet Vign. Due Santi '05	♛♛♛	4
● Breganze Cabernet Vign. Due Santi '04	♛♛♛	4
● Breganze Cabernet Vign. Due Santi '03	♛♛♛	4*

Villa Bellini
LOC. CASTELROTTO DI NEGARINE
VIA DEI FRACCAROLI, 6
37020 SAN PIETRO IN CARIANO [VR]
TEL. +39 0457725630
www.villabellini.com

DIREKTVERKAUF
BESUCH NACH VORANMELDUNG
JAHRESPRODUKTION 10.000 Flaschen
REBFLÄCHE 4 Hektar
WEINBAU Biologisch anerkannt

Villa Bellini ist eine prächtige Villa des 18. Jahrhunderts, gelegen am Hügel von Castelrotto, der sich fast alleinstehend vor der Ebene aufbaut, die zum Etsch-Ufer und von dort bis Verona führt. Innerhalb der Mauern werden die neueren Anlagen in Buscherziehung kultiviert, die alten, auch hundertjährigen Weinstöcke noch in der traditionellen Pergola-Form. Cecilia Trucchi hat sich seit langem für den biologischen Anbau entschieden und schielt auf eine noch umweltschonendere Bewirtschaftung. Im kleinen, zweckmäßigen Keller gibt es nur wenige, aber hochkarätige Etiketten von starker Persönlichkeit. Cecilia, die in den letzten Jahren keinen Recioto produziert hat, legt nun diesen großartigen Uva Passa vor. Der 2011er sucht seine Güte nicht im Volumen oder überschwänglicher Süße, sondern in Eleganz und aromatischer Tiefe. Aromatische Kräuter, Datteln und Johannisbrot verdecken die kandierte Kirsche nur zu Beginn, am Gaumen entfaltet sich der Wein zu deutlicher aber maßvoller Süße, ist schmackhaft, sehr lang und mitreißend im Finale.

● Recioto della Valpolicella Cl. Uva Passa '11	♛♛♛	7
● Valpolicella Cl. Sup. Il Taso '11	♛♛♛	5
● Valpolicella Cl. Sotto le Fresche Frasche '13	♛♛	3
● Valpolicella Cl. Sup. Il Taso '10	♛♛	5
● Valpolicella Cl. Sup. Il Taso '09	♛♛	5
● Valpolicella Cl. Sup. Il Taso '08	♛♛	5
● Valpolicella Cl. Sup. Il Taso '07	♛♛	5
● Valpolicella Cl. Sup. Il Taso '06	♛♛	5

VENETIEN

Villa Sandi
VIA ERIZZO, 112
31035 CROCETTA DEL MONTELLO [TV]
TEL. +39 0423665033
www.villasandi.it

DIREKTVERKAUF
BESUCH NACH VORANMELDUNG
UNTERKUNFT UND GASTRONOMIE
JAHRESPRODUKTION 4.500.000 Flaschen
REBFLÄCHE 450 Hektar

Im Laufe der Jahre hat sich der Familienbetrieb Polegato durch wertvolle Zukäufe im Anbaugebiet von Treviso weiter vergrößert. So umfassen die Weinberge heute mehrere hundert Hektar, mit einigen Juwelen wie der Weinberg La Rivetta im historischen Prosecco-Edelgebiet Cartizze. Überwiegend werden die Flächen für Schaumweine genutzt, aber auf den Weinbergen am Nordwesthang des Montello gedeihen auch rote Bordeaux-Reben und die Trauben für die Produktion der Metodo Classico Opere Trevigiane. Wieder ist der Cartizze Vigna La Rivetta das Juwel in der Produktion des Hauses Villa Sandi. Seine Aromen umspannen weiße Frucht bis Lindenblüten und bescheren einen trockenen, cremigen Trinkgenuss am Gaumen, wo Perlage, Säure und Süße zu perfekter Harmonie verschmelzen. Überzeugend auch die Vorstellung des Valdobbiadene Brut, ein Prosecco, der sich um die Frische der Frucht und den energischen Gaumen rankt.

○	Cartizze V. La Rivetta	666 6
○	Opere Trevigiane Brut	66 4
○	Valdobbiadene Dry Cuvée Oris	66 3
○	Opere Trevigiane Brut Ris. '09	66 5
○	Valdobbiadene Brut Mill. '13	66 3
○	Il Fresco Brut Rosé	6 2
○	Prosecco di Treviso Il Fresco	6 2
●	Filio Corpore '12	6 4
○	Marinali Bianco Manzoni '13	6 4
●	Marinali Rosso Raboso '10	6 3
○	Sauvignon Tardo '12	6 2
●	Venezia Cabernet Sauvignon '13	6 2
○	Cartizze Brut V. La Rivetta '09	666 4
○	Cartizze V. La Rivetta '11	666 4*
○	Cartizze V. La Rivetta '10	666 4

Villa Spinosa
LOC. JAGO DALL'ORA
VIA COLLE MASUA, 12
37024 NEGRAR [VR]
TEL. +39 0457500093
www.villaspinosa.it

DIREKTVERKAUF
BESUCH NACH VORANMELDUNG
UNTERKUNFT
JAHRESPRODUKTION 45.000 Flaschen
REBFLÄCHE 20 Hektar

Enrico Cascella konnte den Familienbetrieb beharrlich in aller Ruhe ausbauen und griff dabei umsichtig in alle Produktionsphasen ein. Im Weinberg fand eine stete Erneuerung statt, wobei Pergola-Erziehung zunehmend zu Gunsten von Spalier-Erziehung aufgegeben wurde; im Keller hingegen geht die Entwicklung stärker in Richtung Tradition, mit längeren Reifespannen und einem Geschmack, der mehr auf Finesse und Eleganz abzielt als auf Kraft. Zwanzig Hektar, verteilt auf den West- und Osthang des Colle Masua, zu denen ein neuer Weinberg in höherer Hügellage in Costa del Buso dazukommt. Der beste Wein von Villa Spinosa kommt jedoch von fern, ganz genau aus dem Erntejahr 2004. Denn der Amarone Guglielmi di Jago 10 Anni wird uns ein Jahrzehnt nach der Lese vorgelegt und glänzt heute mit dem Duft von Chinarinde, welkenden Blumen und Gewürzen, die Kompottfrüchte mit Eleganz und Gemessenheit begleiten. Am Gaumen sind die Tannine zur Ruhe gekommen und der Wein bewegt sich gewunden und mit großer Länge.

●	Amarone della Valpolicella Cl. Guglielmi di Jago 10 Anni '04	66 8
●	Valpolicella Cl. '12	66 2*
●	Valpolicella Cl. Sup. Figari '11	66 3
●	Amarone della Valpolicella Cl. '04	66 7
●	Amarone della Valpolicella Cl. Anteprima '08	66 6
●	Amarone della Valpolicella Cl. Guglielmi di Jago '01	66 7
●	Recioto della Valpolicella Cl. Francesca Finato Spinosa '08	66 5
●	Valpolicella Cl. Sup. Ripasso Jago '10	66 3

VENETIEN

Vigneti Villabella
Fraz. Calmasino
Loc. Canova, 2
37011 Bardolino [VR]
Tel. +39 0457236448
www.vignetivillabella.com

DIREKTVERKAUF
BESUCH NACH VORANMELDUNG
UNTERKUNFT
JAHRESPRODUKTION 500.000 Flaschen
REBFLÄCHE 220 Hektar

Die Familien Cristoforetti und Delibori haben Vigneti Villabella vor über vierzig Jahren gegründet und nicht nur zu einem der größten Veroneser Weinhäuser ausgebaut, sondern auch zu einem repräsentativen, vor allem was die Gardasee-Denomination des Bardolino betrifft. Die zum Teil eigenen und zum Teil gepachteten Weinberge erstrecken sich auf über 200 Hektar; die auf eine halbe Million beschränkte Flaschenzahl beweist jedoch, dass die Weine des Hauses nur aus den besten Trauben gekeltert werden. Der ganzen Produktion gemeinsam ist ein Stil, der Trinkgenuss und Harmonie im Vordergrund hat. Der interessanteste Wein von Villabella kommt jedoch aus dem Valpolicella, es ist der Amarone Classico '08. Schwelgt in der Nase mit überreifer, roter Frucht, durchzogen von erdigen Nuancen und Untergehölz, die sich am Gaumen in Szene setzen und auf weiche Empfindung und Spannung im Trinkgenuss setzen. Der Fracastoro '06 nutzt eine längere Reifespanne, um Komplexität und Harmonie gut zur Geltung zu bringen.

● Amarone della Valpolicella Cl. '08	5
● Amarone della Valpolicella Cl. Fracastoro '06	6
● Bardolino Cl. V. Morlongo '13	2*
○ Fiordilej Passito '11	3
○ Lugana Ca' del Lago '13	2*
● Valpolicella Cl. I Roccoli '13	2*
● Valpolicella Cl. Sup. Ripasso '12	3
⊙ Bardolino Chiaretto Brut	2
⊙ Bardolino Chiaretto Cl. '13	2
● Bardolino Cl. Sup. Terre di Cavagion '12	3
○ Custoza '13	2
● Montemazzano Rosso '10	3
○ Pinot Grigio '13	2
○ Villa Cordevigo Bianco '11	4
● Villa Cordevigo Rosso '08	5

★Viviani
via Mazzano, 8
37020 Negrar [VR]
Tel. +39 0457500286
www.cantinaviviani.com

DIREKTVERKAUF
BESUCH NACH VORANMELDUNG
JAHRESPRODUKTION 80.000 Flaschen
REBFLÄCHE 10 Hektar

Claudio Viviani gehörte zu den ersten Nachwuchs-Winzern des Valpolicella, die das Potenzial der Tradition erkannten und der durch punktgenaue Interpretation rasch zu einem Vorbild für die gesamte Denomination wurde. Zur Zeit gärt es im Betrieb, man will die feinen Nuancen wieder einfangen, die früher zu Gunsten von Fülle aufgegeben wurden. Finesse, geschmackliche Eleganz und Spannung sind die Basis für Weine, die ihre Qualität nicht mehr im fülligen Gaumen suchen, sondern Charakter und Langlebigkeit in der schroffen Natur der traditionellen Reben aufspüren. So die beiden Amarone, der Casa dei Bepi '09 kehrt ein sattes Aroma von überreifer Frucht und einen gehaltvollen, saftigen sehr harmonischen Gaumen hervor. Der Amarone Classico '10 präsentiert sich anmutiger und subtiler, mit der Frucht, in die balsamische und mineralische Noten eingeflochten sind, die sich in einem trockenen, nervigen Gaumen entladen und große Finesse für die Zukunft versprechen. Zwei verschiedene Welten, aber beide mit Respekt für Tradition, Symbol eines Hauses, das nie aufgehört hat, Klassik zu entwickeln und neu zu interpretieren.

● Amarone della Valpolicella Cl. Casa dei Bepi '09	8
● Amarone della Valpolicella Cl. '10	6
● Valpolicella Cl. Sup. Campo Morar '11	5
● Amarone della Valpolicella Cl. Casa dei Bepi '05	8
● Amarone della Valpolicella Cl. Casa dei Bepi '04	8
● Amarone della Valpolicella Cl. Casa dei Bepi '01	8
● Amarone della Valpolicella Cl. Casa dei Bepi '00	8
● Valpolicella Cl. Sup. Campo Morar '09	5
● Valpolicella Cl. Sup. Campo Morar '05	5
● Valpolicella Cl. Sup. Campo Morar '01	5

VENETIEN

★Zenato
Fraz. San Benedetto di Lugana
via San Benedetto, 8
37019 Peschiera del Garda [VR]
Tel. +39 0457550300
www.zenato.it

Zeni 1870
via Costabella, 9
37011 Bardolino [VR]
Tel. +39 0457210022
www.zeni.it

DIREKTVERKAUF
BESUCH NACH VORANMELDUNG
JAHRESPRODUKTION 2.000.000 Flaschen
REBFLÄCHE 75 Hektar

DIREKTVERKAUF
BESUCH NACH VORANMELDUNG
JAHRESPRODUKTION 1.000.000 Flaschen
REBFLÄCHE 25 Hektar

Rund achtzig Hektar eigene Rebflächen, zu gleichen Teilen auf das Gut Santa Cristina im Lugana-Gebiet und auf das Valpolicella aufgeteilt, liefern das Traubengut, aus dem die anspruchsvollsten Etiketten des Hauses Zenato gekeltert werden. Um die Produktion von zwei Millionen Flaschen zu erreichen, die jährlich die Keller verlassen, arbeitet man mit zahlreichen, lokalen Weinbauern zusammen, die unter der gründlichen Kontrolle des hauseigenen Teams ihre Trauben in der schönen Kellerei von San Benedetto abliefern. Stilistisch setzt man auf den Reichtum der Frucht. Die Handschrift von Sergio Zenato erscheint auf den anspruchsvollsten Weinen des Hauses und zeugt von einem Konzept, das Weitblick bewiesen hat. Der Amarone '08 setzt auf den fruchtigen Reichtum, der unvermittelt von würzigen Noten und Kakao abgelöst wird, um sie dann satt und saftig am Gaumen wiederzufinden, wo der Wein mit Leichtigkeit den mächtigen Körper in Zaum hält. Der Lugana '11 ist zurückhaltender in der Nase, mit der Eiche, die gelber Frucht und mineralischen Noten Raum gibt. Am Gaumen gehaltvoll, aber gleichzeitig trocken und von großer Harmonie.

Der Betrieb der Familie Zeni ist über hundert Jahre alt, aber erst mit Gaetano, der Ende der 1960er Jahre ein Vertrauensverhältnis zu zahlreichen lokalen Weinbauern aufbauen konnte, die ihre Trauben in der Kellerei abliefern, nahm er seine heutige Form an. Heute sind die Nachkommen Fausto, Elena und Federica mit gleicher Hingabe und Kompetenz am Werk. Im Eigenbesitz gibt es nur 25 Hektar, aber die Zusammenarbeit mit Winzern am Gardasee und des Valpolicella wird fortgesetzt, wobei die Produktion in den letzten Jahren an Tiefe und Charakter zugelegt hat. Die Weine des Hauses Zeni bestätigen den Qualitätssprung des vergangenen Jahres, am besten gefiel uns der Ripasso Marogne '12. In der Nase sind überreife Kirsche und Kakao erkennbar, mit einem anmutigen Anflug von Kaffee und Gewürzen im Hintergrund. Am Gaumen ist der Wein gehaltvoll und fleischig, ohne stilistisch dem Amarone nachzueifern, ist er trocken und von guter Spannung. Sehr gut auch der Bardolino Vigne Alte '13, trocken am Gaumen, schmackhaft und knackig.

● Amarone della Valpolicella Cl. Sergio Zenato Ris. '08	🍷🍷 8
○ Lugana Sergio Zenato Ris. '11	🍷🍷 5
● Cresasso '08	🍷🍷 5
○ Lugana Pas Dosé M. Cl. '07	🍷🍷 6
○ Lugana S. Benedetto '13	🍷 2*
○ Lugana Vign. Massoni Santa Cristina '13	🍷 3
● Valpolicella Cl. Sup. '11	🍷 3
● Valpolicella Cl. Sup. Rip. Ripassa '11	🍷 4
● Amarone della Valpolicella Cl. '05	🍷🍷🍷 6
● Amarone della Valpolicella Cl. Sergio Zenato '05	🍷🍷🍷 6
● Amarone della Valpolicella Cl. Sergio Zenato '03	🍷🍷🍷 6
● Amarone della Valpolicella Cl. Sergio Zenato '95	🍷🍷🍷 8
○ Lugana Sergio Zenato '08	🍷🍷🍷 4

● Amarone della Valpolicella Cl. '11	🍷🍷 6
● Amarone della Valpolicella Cl. Barrique '09	🍷🍷 7
● Bardolino Cl. Vigne Alte '13	🍷🍷 2*
○ Lugana Marogne '13	🍷🍷 3
○ Lugana Vigne Alte '13	🍷🍷 2*
● Valpolicella Sup. Ripasso Marogne '12	🍷🍷 3
● Valpolicella Sup. Vigne Alte '12	🍷🍷 3
⊙ Bardolino Chiaretto Brut	🍷 2
⊙ Bardolino Chiaretto Cl. Vigne Alte '13	🍷 2
● Bardolino Cl. Sup. '12	🍷 3
● Costalago Rosso '12	🍷 3
● Cruino Rosso '10	🍷 6
● Recioto della Valpolicella Cl. Vigne Alte '12	🍷 5
⊙ Rosato Marogne '13	🍷 2

VENETIEN

Zonin
VIA BORGOLECCO, 9
36053 GAMBELLARA [VI]
TEL. +39 0444640111
www.zonin.it

DIREKTVERKAUF
BESUCH NACH VORANMELDUNG
JAHRESPRODUKTION 38.000.000 Flaschen
REBFLÄCHE 2.000 Hektar

Mehr als von einem Betrieb müsste man von einem Zonin-Universum sprechen, zahlreiche Betriebe und Zusammenarbeiten mit Investitionen großteils in Italien, dazu natürlich das Gut in Virginia, in den USA. Aber begonnen hat alles in Venetien, in Gambellara, mit dem Gut Il Giangio, das sich vorwiegend auf Vicenza-Weißweine konzentriert. Im Stil ließ man sich von den Moden nie beeinflussen und setzte stets auf Harmonie und einen leichten, sehr süffigen Trinkgenuss. In den letzten Jahren erhielt die Prosecco-Produktion starke Impulse, die stilistisch auf der gleichen Schiene interpretiert wird. In diesem Jahr konnte die Kellerei von Gambellara den guten Jahrgang 2013 bestens nutzen und fertigte einen Gambellara, den Giangio, von vorzüglicher Güte. Erinnert im Duft an weiße Frucht, mit einer frischen, pflanzlichen Ader, die auf die Garganega-Trauben verweist, aus denen der Wein gekeltert wird. Am Gaumen von mittlerem Körper, schmackhaft und von guter Spannung.

● Amarone della Valpolicella '11	🍷🍷 6
○ Gambellara Cl. Podere Il Giangio '13	🍷🍷 2*
● Valpolicella Sup. Ripasso '12	🍷🍷 3
○ Prosecco Brut Cuvée 1821	🍷 3
○ Prosecco Extra Dry	🍷 2
○ Recioto di Gambellara Spumante	🍷 3
● Amarone della Valpolicella '10	🍷🍷 6
● Amarone della Valpolicella '09	🍷🍷 6
● Amarone della Valpolicella '06	🍷🍷 6
● Amarone della Valpolicella '05	🍷🍷 6
● Amarone della Valpolicella '04	🍷🍷 5
● Berengario '09	🍷🍷 4
● Berengario '08	🍷🍷 4
● Valpolicella Sup. Ripasso '11	🍷🍷 3
● Valpolicella Sup. Ripasso '08	🍷🍷 3
● Valpolicella Sup. Ripasso '07	🍷🍷 3

Zymè
VIA CA' DEL PIPA, 1
37029 SAN PIETRO IN CARIANO [VR]
TEL. +39 0457701108
www.zyme.it

DIREKTVERKAUF
BESUCH NACH VORANMELDUNG
JAHRESPRODUKTION 80.000 Flaschen
REBFLÄCHE 30 Hektar

Es ist nicht leicht, Zymè kurz zu beschreiben, diesen Betrieb von Celestino Gaspari, der sich in wenigen Jahren ganz neu orientiert hat: Kellermeister in einem prominenten Valpolicella-Weinhaus zuerst, dann Konsulent von Betrieben, die in wenigen Jahren berühmt wurden und schließlich Weinproduzent. Sein Interesse gilt nicht nur dem eigenen Terroir, sondern ist weit gespannt. So kommen aus den 30 Hektar, die das betriebliche Herz bilden, Amarone und Metodo Classico, duftige Weiße und Bordeaux-Weine aus den Colli Berici und dazu mehr als originelle Cuvées und Rotweine aus fast vergessenen Reben. Die ganze Liebe gehört nach wie vor dem Valpolicella, mit einem Amarone, der im Gedächtnis bleiben wird. Der Riserva La Mattonara '03 ist in der Nase tief und komplex, wo sich die Frucht allmählich zwischen aromatischen Kräutern, Gewürzen und verwelkten Blumen Raum verschafft. Am Gaumen gehaltvoll, weich, aber trocken und ungemein energisch in der Entfaltung. Großzügig in der Nase und samtig am Gaumen der Valpolicella Superiore '10.

● Amarone della Valpolicella Cl. La Mattonara Ris. '03	🍷🍷🍷 8
● Valpolicella Cl. Sup. '10	🍷🍷🍷 5
● 60 20 20 '09	🍷🍷🍷 5
○ Il Bianco From Black to White '13	🍷🍷 3
● Kairos '08	🍷🍷 7
● Oseleta '08	🍷🍷 6
● Valpolicella Revirie '13	🍷🍷 2*
● Amarone della Valpolicella Cl. '06	🍷🍷🍷 8
● Amarone della Valpolicella Cl. La Mattonara Ris. '01	🍷🍷🍷 8
● Amarone della Valpolicella Cl. '04	🍷🍷 8
● Amarone della Valpolicella Cl. '03	🍷🍷 8
● Harlequin '06	🍷🍷 8
● Valpolicella Cl. Sup. '09	🍷🍷 6

WEITERE KELLEREIEN

Astoria Vini
Via Crevada, 44
31020 Refrontolo [TV]
Tel. +39 04236699
www.astoria.it

DIREKTVERKAUF
BESUCH NACH VORANMELDUNG
JAHRESPRODUKTION 15.000.000 Flaschen
REBFLÄCHE 40 Hektar

○ Cartizze	♛♛ 4
● Colli di Conegliano Rosso Croder '11	♛♛ 3
○ Conegliano Valdobbiadene Rive di Refrontolo Brut Casa di Vittorino '13	♛ 3

Beato Bartolomeo
Via Roma, 100
36042 Breganze [VI]
Tel. +39 0445873112
www.cantinabreganze.it

DIREKTVERKAUF
JAHRESPRODUKTION 3.500.000 Flaschen
REBFLÄCHE 700 Hektar

● Breganze Merlot Bosco Grande '11	♛♛ 3
○ Breganze Torcolato '11	♛♛ 4
● Breganze Cabernet Bosco Grande '11	♛ 3
● Breganze Cabernet Kilò Ris. '11	♛ 4

Bellussi Spumanti
Via Erizzo, 215
31049 Valdobbiadene [TV]
Tel. +39 0423982147
www.bellussi.com

DIREKTVERKAUF
BESUCH NACH VORANMELDUNG
JAHRESPRODUKTION 1.300.000 Flaschen

○ Valdobbiadene Extra Dry Belcanto	♛♛ 3
○ Valdobbiadene Dry Mill. '13	♛♛ 3
○ Belcanto Brut Limited Edition	♛ 3

Benedetti - Corte Antica
Via Case Sparse Prunea di Sotto, 5
37015 Sant'Ambrogio di Valpolicella [VR]
Tel. +39 0456801736
www.cantine-benedetti.com

● Valpolicella Cl. Sup. '11	♛♛ 2*
● Valpolicella Cl. Sup. Ripasso '09	♛♛ 3
● Valpolicella Cl. Sup. Ripasso Croce del Gal '09	♛♛ 3

Bonotto delle Tezze
Fraz. Tezze di Piave
Via Duca d'Aosta, 16
31020 Vazzola [TV]
Tel. +39 0438488323
www.bonottodelletezze.it

DIREKTVERKAUF
BESUCH NACH VORANMELDUNG
JAHRESPRODUKTION 120.000 Flaschen
REBFLÄCHE 44 Hektar

● Piave Carmenere Barabane '12	♛♛ 2*
○ Manzoni Bianco Novalis '13	♛ 2
● Piave Merlot Spezza '12	♛ 2
● Piave Raboso Potestà '10	♛ 3

F.lli Bortolin
Fraz. Santo Stefano
Via Menegazzi, 5
31049 Valdobbiadene [TV]
Tel. +39 0423900135
www.bortolin.com

DIREKTVERKAUF
BESUCH NACH VORANMELDUNG
JAHRESPRODUKTION 300.000 Flaschen
REBFLÄCHE 20 Hektar

○ Valdobbiadene Brut	♛♛ 2*
○ Valdobbiadene Dry	♛♛ 2*
○ Cartizze	♛ 4
○ Valdobbiadene Extra Dry Rù Mill. '13	♛ 3

WEITERE KELLEREIEN

Canevel Spumanti
Loc. Saccol
via Roccat e Ferrari, 17
31049 Valdobbiadene [TV]
Tel. +39 0423975940
www.canevel.it

BESUCH NACH VORANMELDUNG
JAHRESPRODUKTION 700.000 Flaschen
REBFLÄCHE 12 Hektar
WEINBAU Biologisch anerkannt

○ Valdobbiadene Dosaggio Zero Vign. del Faè '13	🍷🍷 4
○ Valdobbiadene Extra Dry Mill. '13	🍷🍷 5
○ Valdobbiadene Brut	🍷 3

Casa Geretto
via Vanoni, 3
30029 Santo Stino di Livenza [VE]
Tel. +39 0421460253
www.geretto.it

DIREKTVERKAUF
BESUCH NACH VORANMELDUNG
JAHRESPRODUKTION 700.000 Flaschen
REBFLÄCHE 39 Hektar

● Aquileia Refosco P.R. Merk V. V. '12	🍷🍷 4
● Aquileia Refosco P.R. Mezzosecolo Merk Ris. '07	🍷🍷 5
● Treuve Rosso Merk '12	🍷 3

Case Bianche Tenuta Col Sandago
via Barriera, 41
31058 Susegana [TV]
Tel. +39 043864468
www.colsandago.com

DIREKTVERKAUF
BESUCH NACH VORANMELDUNG
JAHRESPRODUKTION 500.000 Flaschen
REBFLÄCHE 30 Hektar

○ Conegliano Valdobbiadene Brut V. del Cuc '13	🍷🍷 3
○ Conegliano Valdobbiadene Extra Dry '13	🍷🍷 2*
○ Conegliano Valdobbiadene Dry Undici	🍷 3

Tenuta Chiccheri
loc. Chiccheri, 1
37039 Tregnago [VR]
Tel. +39 0458774333
www.tenutachiccheri.it

⊙ Brut M. Cl. Rosé Montprè '09	🍷🍷 4
● Valpolicella Sup. '09	🍷🍷 4
● Amarone della Valpolicella '09	🍷 6
● Valpolicella '12	🍷 3

Conte Collalto
via 24 Maggio, 1
31058 Susegana [TV]
Tel. +39 0438435811
www.cantine-collalto.it

DIREKTVERKAUF
BESUCH NACH VORANMELDUNG
JAHRESPRODUKTION 850.000 Flaschen
REBFLÄCHE 150 Hektar

○ Conegliano Valdobbiadene Dry	🍷🍷 3
● Piave Cabernet Torrai Ris. '08	🍷🍷 5
○ Conegliano Valdobbiadene Brut	🍷 2
○ Conegliano Valdobbiadene Extra Dry	🍷 2

Corte Adami
via Circonvallazione Aldo Moro, 32
37038 Soave [VR]
Tel. +39 0457680423
www.corteadami.it

DIREKTVERKAUF
BESUCH NACH VORANMELDUNG
JAHRESPRODUKTION 90.000 Flaschen
REBFLÄCHE 36 Hektar

○ Soave Il Decennale '13	🍷🍷 2*
○ Soave V. della Corte '12	🍷🍷 3
○ Soave '13	🍷 2

WEITERE KELLEREIEN

Corteforte
LOC. FUMANE
VIA OSAN, 45
37022 FUMANE [VR]
TEL. +39 0456839104
www.corteforte.it

DIREKTVERKAUF
BESUCH NACH VORANMELDUNG
UNTERKUNFT UND GASTRONOMIE
JAHRESPRODUKTION 22.000 Flaschen
REBFLÄCHE 3 Hektar

- Amarone della Valpolicella Cl. Terre di San Zeno '06 ▼▼ 6
- Amarone della Valpolicella Cl. Vign. di Osan '06 ▼▼ 8

Alla Costiera
VIA NINA, 900
35030 Vò [PD]
TEL. +39 0499940492
www.allacostiera.it

JAHRESPRODUKTION 30.000 Flaschen
REBFLÄCHE 7 Hektar

- Colli Euganei Merlot Vò Vecchio '11 ▼▼ 3
- Colli Euganei Rosso Gerardo '11 ▼▼ 3
- ○ Moscato Giallo Passito Il Fiore della Costiera '08 ▼▼ 3

Valentina Cubi
VIA CASTERNA, 60
37022 FUMANE [VR]
TEL. +39 0457701806
www.valentinacubi.it

DIREKTVERKAUF
BESUCH NACH VORANMELDUNG
JAHRESPRODUKTION 35.000 Flaschen
REBFLÄCHE 10 Hektar
WEINBAU Biologisch anerkannt

- Amarone della Valpolicella Cl. Morar '09 ▼▼ 7
- Valpolicella Sup. Ripasso Arusnatico '11 ▼▼ 4
- Recioto della Valpolicella Cl. Meliloto '10 ▼ 4
- Valpolicella Cl. Sup. Il Tabarro '12 ▼ 3

Giulietta Dal Bosco
VIA CAPOVILLA, 10A
37030 MEZZANE DI SOTTO [VR]
TEL. +39 045 8880396
www.sisure.it

JAHRESPRODUKTION 6.000 Flaschen
REBFLÄCHE 2 Hektar

- Amarone della Valpolicella '07 ▼▼ 5
- Recioto della Valpolicella '07 ▼▼ 5
- Valpolicella Sup. '08 ▼▼ 5
- Valpolicella Sup. Ripasso '08 ▼ 5

Dal Din
VIA MONTEGRAPPA, 29
31020 VIDOR [TV]
TEL. +39 0423987295
www.daldin.it

DIREKTVERKAUF
BESUCH NACH VORANMELDUNG
JAHRESPRODUKTION 200.000 Flaschen
REBFLÄCHE 4 Hektar

- ○ Valdobbiadene Extra Dry ▼▼ 2*
- ○ Valdobbiadene Dry Vidoro '13 ▼▼ 2*
- ○ Valdobbiadene Brut ▼ 2

Fasoli
FRAZ. SAN ZENO
VIA C. BATTISTI, 47
37030 COLOGNOLA AI COLLI [VR]
TEL. +39 0457650741
www.fasoligino.com

DIREKTVERKAUF
BESUCH NACH VORANMELDUNG
JAHRESPRODUKTION 400.000 Flaschen
REBFLÄCHE 40 Hektar
WEINBAU Biologisch anerkannt

- Amarone della Valpolicella Alteo '08 ▼▼ 8
- ○ Soave Borgoletto '13 ▼▼ 2*
- ○ Soave Pieve Vecchia '11 ▼ 4
- Valpolicella Sup. Ripasso Valpo '12 ▼ 6

WEITERE KELLEREIEN

Giusti Wine
VIA DEL VOLANTE, 4
31040 NERVESA DELLA BATTAGLIA [TV]
TEL. +39 0422720198
www.giustiwine.com

○ Asolo Extra Dry	🍷🍷 2*
● Umberto I '08	🍷🍷 2*
○ Asolo Brut	🍷 2
○ Pinot Grigio Longheri '13	🍷 2

Gorgo
FRAZ. CUSTOZA
LOC. GORGO
37066 SOMMACAMPAGNA [VR]
TEL. +39 045516063
www.cantinagorgo.com

○ Custoza San Michelin '13	🍷🍷 2*
○ Custoza Sup. Summa '13	🍷🍷 2*
● Ca' Nova '11	🍷 2
● Il Rabitto '09	🍷 3

Grotta del Ninfeo
VIA BOSCHETTO, 6
37030 LAVAGNO [VR]
TEL. +39 0458980154
www.grottadelninfeo.it

DIREKTVERKAUF
BESUCH NACH VORANMELDUNG
JAHRESPRODUKTION 30.000 Flaschen
REBFLÄCHE 27 Hektar

● Recioto della Valpolicella '09	🍷🍷 4
● Valpolicella '13	🍷 2
● Valpolicella Sup. Ripasso '11	🍷 4

La Giuva
VIA TREZZOLANO, 20C
37141 VERONA
TEL. +39 3421117089
www.lagiuva.com

● Recioto della Valpolicella '12	🍷🍷 3
● Valpolicella '13	🍷🍷 2*
● Valpolicella Sup. Il Rientro '11	🍷🍷 3

Lenotti
VIA SANTA CRISTINA, 1
37011 BARDOLINO [VR]
TEL. +39 0457210484
www.lenotti.com

DIREKTVERKAUF
BESUCH NACH VORANMELDUNG
JAHRESPRODUKTION 1.400.000 Flaschen
REBFLÄCHE 105 Hektar

● Bardolino Cl. Sup. Le Olle '12	🍷🍷 3
● Capomastro '12	🍷 2
○ Lugana '13	🍷 2
○ Lugana Decus '13	🍷 3

Le Mandolare
LOC. BROGNOLIGO
VIA SAMBUCO, 180
37032 MONTEFORTE D'ALPONE [VR]
TEL. +39 0456175083
www.cantinalemandolare.com

DIREKTVERKAUF
BESUCH NACH VORANMELDUNG
JAHRESPRODUKTION 60.000 Flaschen
REBFLÄCHE 20 Hektar

○ Recioto di Soave Le Schiavette '10	🍷🍷 5
○ Soave Cl. Il Roccolo '13	🍷🍷 2*
○ Soave Cl. Corte Menini '13	🍷 2

WEITERE KELLEREIEN

Mass Bianchet
LOC. COLBERTALDO
VIA SOPRAPIANA, 42
31020 VIDOR [TV]
TEL. +39 0423987427
www.valdobbiadenedocg.it

○ Valdobbiadene Brut Borgo Miotti	🏆 2*
○ Valdobbiadene Rive di Colbertaldo Extra Dry	🏆 2*
○ Valdobbiadene Dry Mill. '13	🍷 2

Menegotti
LOC. ACQUAROLI, 7
37069 VILLAFRANCA DI VERONA [VR]
TEL. +39 0457902611
www.menegotticantina.com

DIREKTVERKAUF
BESUCH NACH VORANMELDUNG
JAHRESPRODUKTION 180.000 Flaschen
REBFLÄCHE 22 Hektar

○ Bianco di Custoza Sup. Elianto '12	🏆 2*
○ Brut M. Cl. '09	🏆 3
● Bardolino '13	🍷 2
○ Bianco di Custoza '13	🍷 2

Firmino Miotti
VIA BROGLIATI CONTRO, 53
36042 BREGANZE [VI]
TEL. +39 0445873006
www.firminomiotti.it

DIREKTVERKAUF
BESUCH NACH VORANMELDUNG
JAHRESPRODUKTION 25.000 Flaschen
REBFLÄCHE 5 Hektar

○ Strada Riela Frizzante	🏆 2*
○ Breganze Torcolato '07	🏆 6
○ Sampagna Frizzante	🍷 2
○ Le Colombare '13	🍷 2

Ornella Molon Traverso
FRAZ. CAMPO DI PIETRA
VIA RISORGIMENTO, 40
31040 SALGAREDA [TV]
TEL. +39 042280480
www.ornellamolon.it

DIREKTVERKAUF
BESUCH NACH VORANMELDUNG
GASTRONOMIE
JAHRESPRODUKTION 350.000 Flaschen
REBFLÄCHE 42 Hektar

● Piave Merlot Ornella '10	🏆 3
● Vite Rossa '10	🏆 4
● Piave Cabernet Ornella '10	🍷 3
○ Vite Bianca Ornella '11	🍷 3

Monte Fasolo
LOC. FAEDO
VIA MONTE FASOLO, 2
35030 CINTO EUGANEO [PD]
TEL. +39 0429634030
www.montefasolo.com

DIREKTVERKAUF
BESUCH NACH VORANMELDUNG
JAHRESPRODUKTION 250.000 Flaschen
REBFLÄCHE 65 Hektar

● Colli Euganei Cabernet Podere Le Tavole '09	🏆 7
● Colli Euganei Rosso Rusta '11	🏆 5
○ Milante Extra Dry '11	🍷 3

Monte Faustino
VIA BURE ALTO
37029 SAN PIETRO IN CARIANO [VR]
TEL. +39 0457701651
www.fornaser.com

DIREKTVERKAUF
BESUCH NACH VORANMELDUNG
JAHRESPRODUKTION 70.000 Flaschen
REBFLÄCHE 6 Hektar

● Amarone della Valpolicella Cl. '09	🏆 7
● Amarone della Valpolicella Cl. Maestro Fornaser Ris. '07	🏆 8

WEITERE KELLEREIEN

Monte Santoccio
Loc. Santoccio, 6
37022 Fumane [VR]
Tel. +39 3496461223
www.montesantoccio.it

JAHRESPRODUKTION 14.000 Flaschen
REBFLÄCHE 3 Hektar

● Amarone della Valpolicella Cl. '10	🍷🍷 7
● Valpolicella Cl. Sup. Ripasso '11	🍷🍷 4
● Valpolicella Cl. Sup. '12	🍷 2

Monte Zovo
Loc. Zovo, 23a
37013 Caprino Veronese [VR]
Tel. +39 0457281301
www.montezovo.com

DIREKTVERKAUF
BESUCH NACH VORANMELDUNG
UNTERKUNFT UND GASTRONOMIE
JAHRESPRODUKTION 1.000.000 Flaschen
REBFLÄCHE 100 Hektar

● Amarone della Valpolicella '11	🍷🍷 6
● Amarone della Valpolicella Ris. '08	🍷🍷 8
● Valpolicella Palazzo Maffei '13	🍷 2
● Valpolicella Sup. Ripasso Palazzo Maffei '12	🍷 5

Giacomo Montresor
Via Ca' di Cozzi, 16
37124 Verona
Tel. +39 045913399
www.vinimontresor.it

BESUCH NACH VORANMELDUNG
JAHRESPRODUKTION 2.500.000 Flaschen
REBFLÄCHE 150 Hektar

● Amarone della Valpolicella Fondatore Giacomo Montresor '09	🍷🍷 6
● Valpolicella Sup. Primo Ripasso Castelliere delle Guaite '11	🍷🍷 5

Walter Nardin
Loc. Roncadelle
Via Fontane, 5
31024 Ormelle [TV]
Tel. +39 0422851622
www.vinwalternardin.it

BESUCH NACH VORANMELDUNG
JAHRESPRODUKTION 350.000 Flaschen
REBFLÄCHE 30 Hektar

● Rosso del Nane '12	🍷🍷 2*
● Refosco P. R. La Zerbaia '10	🍷 3
○ Tai La Zerbaia '12	🍷 2
● Venezia Cabernet Franc '13	🍷 2

Orto di Venezia
Loc. Isola di Sant'Erasmo
Via delle Motte, 1
30141 Venezia
Tel. +39 0415237410
www.ortodivenezia.com

○ Orto '11	🍷🍷 5

Ettore Righetti
Via San Martino, 8
37024 Negrar [VR]
Tel. +39 0457500062

● Recioto della Valpolicella Cl. '12	🍷🍷 5
● Valpolicella Cl. '13	🍷🍷 3
● Arsi '11	🍷 4
● Valpolicella Cl. Sup. '11	🍷 4

Handmade with pride from Valdobbiadene soil.

BORTOLOMIOL

BORTOLOMIOL
GREENMARK
Our planet needs preventive care

bortolomiol.com

EXPOFORUM | HORECA FOOD & BEVERAGE

PROFIS, in jedem SINN.

LEIDENSCHAFT für:

FOOD & BEVERAGE WEINE UND SPIRITUOSEN TECHNOLOGIEN
BÄCKEREI KONDITOREI EISGEWERBE KAFFEE SCHOKOLADE MASCHINEN
AUSRÜSTUNGEN AUSSTATTUNG TISCHKUNST INNOVATION DESIGN
DIENSTLEISTUNGEN AUSBILDUNG ARBEIT E-COMMERCE WEB-MARKETING

22. - 24. November 2015
LINGOTTO FIERE, TURIN, ITALIEN
www.gourmetforum.it

  info@gourmetforum.it | Tel.: +39 011 6644111

WEITERE KELLEREIEN

Marco Sambin
LOC. VALNOGAREDO
VIA FATTORELLE, 20A
35030 CINTO EUGANEO [PD]
TEL. +39 3456812050
www.vinimarcus.com

DIREKTVERKAUF
BESUCH NACH VORANMELDUNG
JAHRESPRODUKTION 7.700 Flaschen
REBFLÄCHE 3 Hektar

● Marcus '11	♛♛ 5
⊙ Isabel '13	♛ 3

Santa Eurosia
FRAZ. SAN PIETRO DI BARBOZZA
VIA DELLA CIMA, 8
31040 VALDOBBIADENE [TV]
TEL. +39 0423973236
www.santaeurosia.it

BESUCH NACH VORANMELDUNG
JAHRESPRODUKTION 270.000 Flaschen

○ Cartizze	♛♛ 4
○ P. di Valdobbiadene Brut	♛♛ 3
○ P. di Valdobbiadene Extra Dry	♛ 2
○ P. di Valdobbiadene Dry Mill. '13	♛ 4

Santa Sofia
FRAZ. PEDEMONTE
VIA CA' DEDÈ, 61
37020 SAN PIETRO IN CARIANO [VR]
TEL. +39 0457701074
www.santasofia.com

DIREKTVERKAUF
BESUCH NACH VORANMELDUNG
JAHRESPRODUKTION 550.000 Flaschen
REBFLÄCHE 38 Hektar

● Amarone della Valpolicella Cl. '08	♛♛ 6
● Amarone della Valpolicella Cl. Gioé '07	♛♛ 7
● Valpolicella Cl. '12	♛ 2
● Valpolicella Cl. Sup. Montegradella '09	♛ 4

Tanorè
FRAZ. SAN PIETRO DI BARBOZZA
VIA MONT DI CARTIZZE, 3
31040 VALDOBBIADENE [TV]
TEL. +39 0423975770
www.tanore.it

DIREKTVERKAUF
BESUCH NACH VORANMELDUNG
JAHRESPRODUKTION 90.000 Flaschen
REBFLÄCHE 10 Hektar

○ Valdobbiadene Brut	♛♛ 3
○ Valdobbiadene Extra Dry	♛ 2
○ Valdobbiadene Dry Il Tanorè '13	♛ 3

Le Tende
FRAZ. COLÀ DI LAZISE
VIA TENDE, 35
37017 LAZISE [VR]
TEL. +39 0457590748
www.letende.it

DIREKTVERKAUF
BESUCH NACH VORANMELDUNG
JAHRESPRODUKTION 80.000 Flaschen
REBFLÄCHE 10 Hektar

● Bardolino Cl. '13	♛♛ 2*
● Bardolino Cl. Sup. '12	♛♛ 2*
● Corvina '13	♛ 3
○ Custoza '13	♛ 2

Terre di Pietra
LOC. MARCELLISE
VIA ARCANDOLA, 4
37036 SAN MARTINO BUON ALBERGO [VR]
TEL. +39 0458740684
www.terredipietra.it

● Valpolicella Cl. Sup. Mesal '09	♛♛ 5
● Valpolicella Cl. Sup. V. del Peste '11	♛♛ 4
● Amarone della Valpolicella Cl. Rosson '08	♛ 6
● Valpolicella Cl. Stelar '12	♛ 2

WEITERE KELLEREIEN

Tezza
Fraz. Poiano di Valpantena
Via Maioli, 4
37142 Verona
Tel. +39 045550267
www.tezzawines.it

DIREKTVERKAUF
BESUCH NACH VORANMELDUNG
JAHRESPRODUKTION 200.000 Flaschen
REBFLÄCHE 25 Hektar

● Amarone della Valpolicella Corte Majoli '10	🍷🍷 5
● Amarone della Valpolicella Valpantena '09	🍷🍷 5
● Valpolicella Valpantena Sup. Ripasso '11	🍷 3

Cantina Valpantena Verona
Loc. Quinto
Via Colonia Orfani di Guerra, 5b
37034 Verona
Tel. +39 045550032
www.cantinavalpantena.it

DIREKTVERKAUF
BESUCH NACH VORANMELDUNG
JAHRESPRODUKTION 8.000.000 Flaschen
REBFLÄCHE 718 Hektar

● Valpolicella Valpantena Ritocco '12	🍷🍷 2*
● Amarone della Valpolicella '11	🍷 5
● Valpolicella Sup. Ripasso Torre del Falasco '12	🍷 3

Villa Canestrari
Via Dante Broglio, 2
37030 Colognola ai Colli [VR]
Tel. +39 0457650074
www.villacanestrari.com

DIREKTVERKAUF
BESUCH NACH VORANMELDUNG
JAHRESPRODUKTION 150.000 Flaschen
REBFLÄCHE 18 Hektar

● Amarone della Valpolicella 1888 Ris. '07	🍷🍷 8
○ Soave Sup. Auge '12	🍷 2
● Valpolicella Sup. '11	🍷 3
● Valpolicella Sup. Ripasso I Lasi '11	🍷 3

Pietro Zanoni
Loc. Quinzano
Via Are Zovo, 16d
37125 Verona
Tel. +39 0458343977
www.pietrozanoni.it

DIREKTVERKAUF
BESUCH NACH VORANMELDUNG
JAHRESPRODUKTION 20.000 Flaschen
REBFLÄCHE 6 Hektar

● Amarone della Valpolicella Zovo '09	🍷🍷 6
● Valpolicella Sup. Campo Denari '10	🍷🍷 4
● Valpolicella '12	🍷 2

Zardetto Spumanti
Via Martiri delle Foibe, 18
31015 Conegliano [TV]
Tel. +39 0438394969
www.zardettoprosecco.com

DIREKTVERKAUF
BESUCH NACH VORANMELDUNG
JAHRESPRODUKTION 2.000.000 Flaschen
REBFLÄCHE 40 Hektar

○ Cartizze '13	🍷🍷 5
○ Conegliano Valdobbiadene Sup. Dry Fondego '13	🍷🍷 3

Pietro Zardini
Via Don P. Fantoni, 3
37029 San Pietro in Cariano [VR]
Tel. +39 0456800989
www.pietrozardini.it

DIREKTVERKAUF
BESUCH NACH VORANMELDUNG
JAHRESPRODUKTION 20.000 Flaschen
REBFLÄCHE 7 Hektar

● Amarone della Valpolicella Cl. Leone Zardini Ris. '08	🍷🍷 6
● Recioto della Valpolicella '11	🍷 4
● Valpolicella Sup. Ripasso Austero '10	🍷 4

FRIAUL JULISCH VENETIEN

27 Drei Gläser und fast ein Rekord für Friaul Julisch Venetien, nicht weniger als 26 für Weißweine. Falls überhaupt noch nötig, eine Bestätigung, dass die Region zu den weltbesten Weißweinparadiesen gehört. Vom Weinland des Collio nahm in den 1980er Jahren eine Bewegung der technischen Erneuerung ihren Ausgang, die dann auch von anderen Regionen übernommen wurde; hier experimentierte man früher als anderswo mit weißen internationalen Sorten, um sich dann wieder mit Erfolg den heimischen Rebenschatz vorzunehmen. Eine außergewöhnliche Versuchsanstalt, in der neue Wege und Trends ausgelotet und dann von den anderen Regionen aufgegriffen werden. Wie gesagt, viele Weiße, allen voran der Collio mit 14 Drei Gläsern für klingende Namen, die für die jüngste Weingeschichte der Region und ganz Italiens prägend waren. Das trifft auf Mario Schiopetto zu, der mit einem herrlichen Friulano '13 seinem berühmten Namen alle Ehre macht, und auf Jermann, der mit seinen klassischen Vintage Tunina und W... Dreams, beide 2012er, gleich zwei Höchstpreise einsacken kann. Aber auch Livon, Collavini, Venica und Princic fallen nicht aus dem Rahmen. Neben diesen Altmeistern wächst eine junge und jüngste Winzergeneration heran, die das Potenzial dieser Hügel immer tiefer erforscht. Wie der Neuzugang Tiare von Roberto Snidarcig, der in die Fertigung seines Collio Sauvignon '13 eine Leidenschaft und Kompetenz hineinlegt, die ihm auch den Preis für den Senkrechtstarter des Jahres eingebracht hat. Eine Superleistung auch für die Colli Orientali mit acht Drei Gläsern, für Primosic, Volpe Pasini, Ronco Severo, Le Due Terre, La Tunella, Torre Rosazza und an zwei große Weine der kleinen Enklave Rosazzo DOCG - Terre Alte '11 von Livio Felluga, der kürzlich seinen 100. Geburtstag feierte (unseren Glückwunsch!) und Ellegri '13 von Ronchi di Manzano. Und schließlich Isonzo und Carso mit jeweils zwei Gewächsen (Vie di Romans und Lis Neris bzw. Zidarich und Skerk) und eine bedeutsame Bestätigung der Grave mit Le Monde. Insgesamt gibt es vier Höchstpreise für Pinot Bianco aus verschiedenen Anbauzonen, ein Beweis für die schöne stilistische Definition, die Friauler Winzer für diesen Wein haben, vier für Malvasia Istriana, auch ein „Must" der Region, gefolgt von drei Friulano (häufig auch die Basis für die prämierten Cuvées), drei Sauvignon, zwei Chardonnay, zwei Pinot Grigio und einem Vitovska. Vier der prämierten Weine werden auf den Beerenschalen zu den „orangen Weinen" vergoren und bestätigen die Rolle als Trendsetter dieser wunderschönen Region, auch wenn der Vorreiter der Bewegung, Gravner, diesmal nicht vertreten ist.

FRIULI VENEZIA GIULIA

Tenuta di Angoris
LOC. ANGORIS, 7
34071 CORMÒNS [GO]
TEL. +39 048160923
www.angoris.com

DIREKTVERKAUF
BESUCH NACH VORANMELDUNG
JAHRESPRODUKTION 750.000 Flaschen
REBFLÄCHE 110 Hektar

Die Gründung des Weinguts Angoris geht auf das Jahr 1648 zurück. Seine 630 Hektar, 130 davon mit Reben bepflanzt, erstrecken sich über die Hügel des Collio rund um Cormòns, die Colli Orientali del Friuli und über die Felder des Isonzogebiets im Rücken der herrschaftlichen Villa. In seiner mehr als 300 Jahre alten Geschichte hatte das Gut viele Besitzer, bis es 1968 von Familie Locatelli erworben wurde. Mit großem Unternehmergeist hält heute Claudia Locatelli die Zügel in der Hand, unterstützt von Marco Simonit im Weinberg und Alessandro Dal Zovo im Keller. Die Produktion besteht aus zwei Linien: Angoris für die aus den Trauben im Hügelland erzeugten Weine und Villa Locatelli für jene aus der Denomination Friuli Isonzo. Der Wein, der den größten Beifall fand und die Finalrunden erreichte, ist diesmal der Collio Bianco '12, der hauptsächlich aus Friulano und etwas Sauvignon und Malvasia besteht und seinen eleganten Duft mit Vollmundigkeit und Cremigkeit am Gaumen vereint. Erneut ausgezeichnet der reichhaltige und würzige Pignolo '08.

○ Collio Bianco '12	▼▼ 3*
○ 1648 Brut '09	▼▼ 5
○ COF Friulano '13	▼▼ 3
● COF Pignolo '08	▼▼ 5
○ COF Sauvignon Blanc '12	▼▼ 3
● COF Schioppettino '11	▼▼ 3
○ Collio Pinot Grigio '13	▼▼ 3
○ Friuli Isonzo Pinot Bianco '13	▼▼ 2*
○ Friuli Isonzo Sauvignon Blanc '13	▼▼ 3
○ Friuli Isonzo Friulano '13	▼ 2
⊙ Friuli Isonzo Rosato '13	▼ 2
● COF Pignolo '07	▽▽ 5
○ COF Spiule '10	▽▽ 4
○ Friuli Isonzo Friulano Villa Locatelli '12	▽▽ 2*
○ Friuli Isonzo Pinot Grigio Villa Locatelli '12	▽▽ 3

Antonutti
FRAZ. COLLOREDO DI PRATO
VIA D'ANTONI, 21
33037 PASIAN DI PRATO [UD]
TEL. +39 0432662001
www.antonuttivini.it

DIREKTVERKAUF
BESUCH NACH VORANMELDUNG
JAHRESPRODUKTION 700.000 Flaschen
REBFLÄCHE 51 Hektar

Die für den Weinanbau idealen Böden der Grave del Friuli inspirierten 1921 Ignazio Antonutti zur Gründung dieses tief mit dem Anbaugebiet verwurzelten Betriebs, der heute von seiner Enkelin Adriana geleitet wird. Zu den an die alte Kellerei in Colloredo di Prato bei Udine angrenzenden Weinbergen kamen jene von Ehemann Lino hinzu, dessen Rebflächen sich über die weite, karge und steinige Ebene von Barbeano in der Gemeinde Spilimbergo erstrecken. Die familiäre Führung wird durch die Mitarbeit der Kinder Caterina und Nicola gesichert und macht den Betrieb zu einer der namhaftesten Kellereien der Region, die alte Traditionen schützt und dennoch Innovationen offensteht. Der Friulano '13 ist vorallem angesichts des Preises von hervorragender Qualität. In der Nase erinnert er an blühenden Weißdorn, im Mund ist er klar, süffig und gefällig. Der Lindul '11 aus vertrockneten Gewürztraminertrauben umhüllt den Gaumen mit anhaltender Süße. Bemerkenswert auch der Ròs di Murî '09.

● Friuli Grave Cabernet Sauvignon Vis. Terrae '10	▼▼ 3
○ Friuli Grave Chardonnay '13	▼▼ 2*
○ Friuli Grave Friulano '13	▼▼ 2*
○ Friuli Grave Pinot Grigio Vis Terrae '12	▼▼ 3
○ Friuli Grave Sauvignon '13	▼▼ 2*
○ Lindul '11	▼▼ 6
● Ros di Murì Vis Terrae '09	▼▼ 6
● Friuli Grave Merlot '12	▼ 2
● Friuli Grave Pinot Nero '13	▼ 2
● Friuli Grave Refosco P. R. '13	▼ 2
○ Friuli Grave Traminer Aromatico '13	▼ 2
○ Friuli Grave Pinot Grigio '12	▽▽ 2*
● Friuli Grave Pinot Nero '11	▽▽ 2*

FRIAUL JULISCH VENETIEN

Aquila del Torre
FRAZ. SAVORGNANO DEL TORRE
VIA ATTIMIS, 25
33040 POVOLETTO [UD]
TEL. +39 0432666428
www.aquiladeltorre.it

DIREKTVERKAUF
BESUCH NACH VORANMELDUNG
UNTERKUNFT
JAHRESPRODUKTION 50.000 Flaschen
REBFLÄCHE 18 Hektar
WEINBAU Biologisch anerkannt

Der bereits Anfang des letzten Jahrhunderts bestehende Betrieb Aquila del Torre wird seit 1996 von Familie Ciani geführt. Er liegt in Savorgnano del Torre, im nördlichsten Winkel der Colli Orientali del Friuli, einem Gebiet von seltener Schönheit, das seit jeher für den Weinanbau und besonders als Wiege der kostbarsten autochthonen Rebsorte berühmt ist: die Picolit. Der Name beruht auf der seltsamen Lage der Weinberge, die von Udine aus gesehen das Flügelprofil eines Adlers bilden. Der Besitz unterteilt sich in 16 Parzellen mit unterschiedlichen bodenklimatischen Merkmalen, die von einem Eichen-, Kastanien- und Hainbuchenwald umgeben sind und eine üppige spontane Flora besitzen. Auch dieses Jahr besitzt der Friulano Ronc di Miez '12 ein sehr hohes Niveau und begeistert durch die Entfaltung der Duftnoten und der Fülle und Länge des Geschmacks. Der At Picolit '12 hat sich dank der Raffinesse des Geruchs und der unendlichen süßen Noten ebenfalls den Einzug ins Finale verdient.

○ COF At Picolit '12	🍷🍷 6
● COF Friulano Ronc di Miez '12	🍷🍷 5
○ COF At Friulano '13	🍷🍷 3
● COF At Refosco P. R. '11	🍷🍷 3
○ COF At Riesling '12	🍷🍷 3
○ COF At Sauvignon Blanc '13	🍷🍷 3
○ COF Sauvignon Vit dai Maz '12	🍷🍷 5
○ Oasi '12	🍷🍷 6
● COF Solsire '11	🍷 5
○ Verduzzo Friulano '12	🍷 3
○ COF At Friulano '12	🍷🍷 3
● COF At Refosco P. R. '10	🍷🍷 3
○ COF At Sauvignon Blanc '12	🍷🍷 3
○ COF Picolit '10	🍷🍷 6
○ Oasi '11	🍷🍷 6

Bastianich
LOC. GAGLIANO
VIA DARNAZZACCO, 44/2
33043 CIVIDALE DEL FRIULI [UD]
TEL. +39 0432700943
www.bastianich.com

DIREKTVERKAUF
BESUCH NACH VORANMELDUNG
UNTERKUNFT UND GASTRONOMIE
JAHRESPRODUKTION 270.000 Flaschen
REBFLÄCHE 35 Hektar

Joe Bastianich, der in den USA gemeinsam mit Mutter Lidia eine stattliche Anzahl von Restaurants besitzt und seit jeher ein Förderer des italienischen Weins ist, hat 1997 in den Colli Orientali del Friuli einen Weinbaubetrieb gegründet. Zuerst erwarb er einige Weinberge in den Anbaugebieten von Buttrio und Premariacco, danach eine Kellerei in Gagliano bei Cividale, die zum Firmensitz wurde. Als erfolgreicher Unternehmer stützt sich Joe Bastianich auf die önologische Beratung von Emilio Del Medico und erzeugt so Weine von großer Wirkung und Gefälligkeit. Auch diesmal stachen beide Versionen des Vespa, sowohl der Rote als auch der Weiße, besonders hervor und kamen so ins Finale. Der Vespa Rosso '11 ist ein Blend aus Merlot, Refosco und Cabernet, der Vespa Bianco '12 besteht hingegen aus Chardonnay und Sauvignon mit einem Schuss Picolit. Beide sind elegante, raffinierte und langlebige Weine.

○ Vespa Bianco '12	🍷🍷 5
● Vespa Rosso '11	🍷🍷 5
○ COF Friulano V. Orsone '13	🍷🍷 3
○ COF Sauvignon V. Orsone '13	🍷🍷 3
○ Plus '11	🍷🍷 6
○ COF Tocai Friulano Plus '02	🍷🍷🍷 4*
○ Vespa Bianco '04	🍷🍷🍷 4
○ Vespa Bianco '03	🍷🍷🍷 4
○ Vespa Bianco '01	🍷🍷🍷 4
○ Vespa Bianco '00	🍷🍷🍷 3
○ Vespa Bianco '11	🍷🍷 5

FRIAUL JULISCH VENETIEN

Tenuta Beltrame

FRAZ. PRIVANO
LOC. ANTONINI, 4
33050 BAGNARIA ARSA [UD]
TEL. +39 0432923670
www.tenutabeltrame.it

DIREKTVERKAUF
BESUCH NACH VORANMELDUNG
JAHRESPRODUKTION 80.000 Flaschen
REBFLÄCHE 25 Hektar

Nahe der alten Festung von Palmanova erwarb Familie Beltrame 1991 das Landgut der Grafen Antonini mit vierzig Hektar Grundbesitz, davon fünfundzwanzig Hektar Weinberge. Die Leitung wurde dem damals noch sehr jungen Cristian Beltrame übergeben, der sofort mit der Neuanlage der Weinberge mit vorzugsweise autochthonen Rebsorten begann. Die alten Weinkeller wurden restauriert und das aus dem 15. Jh. stammende Herrenhaus zum Firmensitz umfunktioniert. Heute sind die Rebberge reif und mithilfe des Önologen Bepi Gollino erntet man die Früchte der anfänglichen mutigen Entscheidungen. Seit über zehn Jahren nutzt Cristian zur Verfeinerung der kostbarsten Weine die von seinem Bruder erzeugten Barriques. Das ganze Weinsortiment spiegelt die auf die Erhaltung der sortentypischen Merkmale und einen unmittelbaren Trinkgenuss ausgerichtete Betriebsphilosophie wider. Der Cabernet Franc '12 ist besonders typisch, duftet nach Brom- und Blaubeeren und frischem Gras und hält im Mund, was die Nase verspricht.

● Friuli Aquileia Cabernet Franc '12	🏆🏆 2*
● Friuli Aquileia Merlot Ris. '11	🏆🏆 3
○ Friuli Aquileia Sauvignon '13	🏆🏆 2*
○ Pinot Grigio '13	🏆🏆 2*
● Friuli Aquileia Cabernet Sauvignon '12	🏆 2
● Friuli Aquileia Cabernet Sauvignon Ris. '11	🏆 2
○ Friuli Aquileia Chardonnay '13	🏆 2
○ Friuli Aquileia Friulano '13	🏆 2
● Friuli Aquileia Merlot '12	🏆 2
● Friuli Aquileia Refosco P. R. '12	🏆 2
○ Friuli Aquileia Verduzzo Friulano '10	🏆 2
● Friuli Aquileia Cabernet Sauvignon Ris. '08	🏆🏆 3*
● Friuli Aquileia Merlot Ris. '09	🏆🏆 3*
● Friuli Aquileia Merlot Ris. '08	🏆🏆 3*
● Tazzelenghe '08	🏆🏆 3*

Blason

VIA ROMA, 32
34072 GRADISCA D'ISONZO [GO]
TEL. +39 048192414
www.blasonwines.com

DIREKTVERKAUF
BESUCH NACH VORANMELDUNG
JAHRESPRODUKTION 60.000 Flaschen
REBFLÄCHE 18 Hektar

Im eindrucksvollen Gutshaus aus dem 18. Jh. in Gradisca d'Isonzo nutzt Giovanni Blason seine Begeisterung und die Erfahrung von Vater Augusto, um einen modernen Betrieb zu führen. Die Weinberge liegen im Herzen der von den Hügeln des Collio und des Karstgebiets umgebenen Isonzo-Ebene und besitzen mineralreiche Böden, die große Weißweine und strukturierte, ausgewogene Rotweine hervorbringen. Unterstützt von einem eingespielten Arbeitsteam hat Giovanni in den letzten zwanzig Jahren seine gesamte Produktpalette unter Bevorzugung der autochthonen Reben erneuert und aufgewertet, ohne internationale Sorten zu vernachlässigen. Und die Anerkennung der in- und ausländischen Märkte gibt ihm recht. Der dem ganzen Weinangebot gezollte beachtenswerte Beifall belohnt das Engagement, sich immer wieder in Frage zu stellen, um so ständig besser zu werden. Ein hervorragender Chardonnay '12 zeichnet sich vorallem durch eleganten Duft und großen Wohlgeschmack aus.

○ Friuli Isonzo Bruma Bianco '11	🏆🏆 3
● Friuli Isonzo Cabernet Franc '13	🏆🏆 2*
○ Friuli Isonzo Chardonnay '12	🏆🏆 2*
○ Friuli Isonzo Friulano '13	🏆🏆 2*
○ Friuli Isonzo Malvasia '13	🏆🏆 3
○ Friuli Isonzo Pinot Grigio '13	🏆🏆 2*
○ Ribolla Gialla Brut	🏆 2
○ Friuli Isonzo Friulano '10	🏆🏆 3
○ Friuli Isonzo Pinot Grigio '12	🏆🏆 2*
○ Friuli Isonzo Pinot Grigio '11	🏆🏆 2*
○ Malvasia '12	🏆🏆 3*

FRIAUL JULISCH VENETIEN

Borgo delle Oche
VIA BORGO ALPI, 5
33098 VALVASONE [PN]
TEL. +39 0434840640
www.borgodelleoche.it

DIREKTVERKAUF
BESUCH NACH VORANMELDUNG
JAHRESPRODUKTION 40.000 Flaschen
REBFLÄCHE 7 Hektar

Der Ort Valvasone wird von einem mittelalterlichen Zentrum von großer geschichtlicher Bedeutung geprägt, das aus kleinen Ortsteilen besteht. Im Borgo delle Oche gründeten Luisa Menini und Nicola Pittini, die sowohl bei der Arbeit als auch im Leben an einem Strang ziehen, 2004 ihren Betrieb. Eine kleine Kellerei, die sich in wenigen Jahren als Vorzeigebetrieb etabliert hat und eindrucksvoll beweist, wie man auch in der Ebene mit niedrigem Ertrag und penibler Pflege Weine mit großer Struktur, Charakter und Persönlichkeit erhält. Luisa liebt das Leben im Freien und hat es sich zur ehrenvollen Aufgabe gemacht, Nicola, der für die Umwandlung zuständig ist, perfekte Trauben zu liefern. Das gesamte Sortiment hält bereits seit Jahren ein optimales Qualitätsniveau. Zarte, blumige Duftnoten beherrschen die Weißweine, die dann im Mund eine fast unerwartete Weichheit schenken. Saftig und einhüllend die Roten, mit mächtigen, aber gut ausgewogenen Tanninen, die Langlebigkeit garantieren.

○ Terra & Cielo Brut	🏆 3
○ Lupi Terrae '12	🏆 2*
● Merlot '11	🏆 2*
○ Pinot Grigio '13	🏆 2*
● Refosco P. R. '12	🏆 2*
● Rosso Svual '10	🏆 3
○ Traminer Aromatico '13	🏆 2*
○ Bianco Lupi Terrae '09	🏆 2*
● Merlot '10	🏆 2*
○ Pinot Grigio '12	🏆 2*
● Rosso Svual '09	🏆 3
○ Traminer Aromatico '12	🏆 2*
○ Traminer Aromatico '11	🏆 2*
○ Traminer Aromatico Alba '11	🏆 5

Borgo Judrio
VIA AQUILEIA, 79
33040 CORNO DI ROSAZZO [UD]
TEL. +39 0432755896
www.viniborgojudrio.it

DIREKTVERKAUF
BESUCH NACH VORANMELDUNG
JAHRESPRODUKTION 20.000 Flaschen
REBFLÄCHE 12 Hektar

Vor einigen Jahren war Borgo Judrio ein aufstrebender Betrieb, den zwei junge Brüder mit dem aussagekräftigen Familiennamen Gigante und der gleichen Leidenschaft für Boden und Wein im Jahr 2007 als Gemeinschaftsprojekt ins Leben riefen. Alberto ist der Eigentümer und sein Bruder Ariedo, ein erfahrener Önologe, unterstützt ihn im Weinberg und bei der Arbeit im Keller. Bei der Namenswahl ließen sie sich vom Fluss Judrio inspirieren, der die beiden besten Anbaugebiete der Region voneinander trennt, den Collio und die Colli Orientali del Friuli. Die Geradlinigkeit der angebotenen Weine ist Frucht eines geprüften Werdegangs, der gleichbleibende Qualität zu mehr als fairen Preisen garantiert. Ein ausgezeichneter Cabernet Franc '12 belohnt die Nase mit Tabak und dunklem Gewürz, erobert aber besonders den Gaumen mit weichen Nuancen und runden Tanninen. Der Friulano '13 besticht durch vollmundigen Geschmack und leichten Trinkgenuss. Befriedigend auch der Merlot und der Cabernet Sauvignon '12.

● COF Cabernet Franc '12	🏆 2*
● COF Cabernet Sauvignon '12	🏆 2*
○ COF Friulano '13	🏆 2*
● COF Merlot '12	🏆 2
● COF Refosco P. R. '12	🏆 2
○ COF Ribolla Gialla '13	🏆 2
○ COF Sauvignon '13	🏆 2
○ COF Verduzzo Friulano '12	🏆 2
● COF Cabernet Sauvignon '10	🏆 2*
○ COF Chardonnay '10	🏆 2*
○ COF Friulano '12	🏆 2*
○ COF Friulano '11	🏆 2*
○ COF Ribolla Gialla '12	🏆 2*
○ COF Sauvignon '12	🏆 2*
○ COF Sauvignon '11	🏆 2*

FRIAUL JULISCH VENETIEN

★ Borgo San Daniele
via San Daniele, 16
34071 Cormòns [GO]
Tel. +39 048160552
www.borgosandaniele.it

DIREKTVERKAUF
BESUCH NACH VORANMELDUNG
UNTERKUNFT
JAHRESPRODUKTION 64.000 Flaschen
REBFLÄCHE 19 Hektar

Borgo San Daniele erhält seinen Namen vom kleinen Weiler in Cormòns, der Firmensitz und einstiger Wohnort von Großvater Antonio war. Dieser hinterließ den Enkeln Mauro und Alessandra einige Hektar Weinberg. Die Geschwister beschlossen voll jugendlichem Überschwang, ihr Leben zu ändern und sich ausschließlich der Verwaltung dieses kleinen Erbes zu widmen. Bereits nach wenigen Jahren wurde daraus dank der qualitativ erstklassigen Weine ein Vorzeigebetrieb. Nur fünf Etiketten tragen die Markenbezeichnung Borgo San Daniele, sortenreine Weine und zwei Cuvées: ArbisBlanc und Ros, zu dem sich der nur bei besonderen Jahrgängen gekelterte Gortmarin gesellt. Auch diesmal ist die Performance außergewöhnlich, vier von fünf Weinen nahmen an den Endrunden teil und die höchste Zustimmung fand erneut der Malvasia '12, der durch die Eleganz des Duftes, die leichte Würzigkeit, die Süffigkeit und den vollmundigen Geschmack ganz knapp die höchste Auszeichnung verfehlte.

● Arbis Ros '08	🍷🍷 5
○ Friuli Isonzo Friulano '12	🍷🍷 4
○ Friuli Isonzo Malvasia '12	🍷🍷 4
○ Friuli Isonzo Pinot Grigio '12	🍷🍷 4
○ Arbis Blanc '12	🍷🍷 5
○ Arbis Blanc '10	🍷🍷🍷 4*
○ Arbis Blanc '09	🍷🍷🍷 4
○ Friuli Isonzo Friulano '08	🍷🍷🍷 4*
○ Friuli Isonzo Friulano '07	🍷🍷🍷 4*
● Arbis Ros '07	🍷🍷 5
○ Friuli Isonzo Friulano '11	🍷🍷 4
○ Friuli Isonzo Friulano '10	🍷🍷 4
○ Friuli Isonzo Malvasia '11	🍷🍷 4
○ Friuli Isonzo Pinot Grigio '11	🍷🍷 4
○ Friuli Isonzo Pinot Grigio '10	🍷🍷 4

Borgo Savaian
via Savaian, 36
34071 Cormòns [GO]
Tel. +39 048160725
stefanobastiani@libero.it

DIREKTVERKAUF
BESUCH NACH VORANMELDUNG
JAHRESPRODUKTION 100.000 Flaschen
REBFLÄCHE 18 Hektar

Stefano und Rosanna Bastiani übernahmen 2001 die Leitung des am Fuße des Monte Quarin liegenden Betriebs. Dieser bekannte Berg schützt Cormòns vor den kalten, vom Vipacco-Tal aus dem nahen Slowenien kommenden Winden. Ein klassischer Familienbetrieb, in dem die Erfahrung von Generation zu Generation weitergegeben wird. Großvater Bruno war wie Vater Mario ein Erneuerer und jetzt meistern die frisch diplomierten, aber erfahrungsreichen jungen Geschwister mit Schwung alle von den Jahreszeiten diktierten Probleme. Die korrekten und ansprechenden Weine werden ständig besser. Ein hervorragender Cabernet Franc '12, bei dem dunkle Gewürznuancen mit frischen Gras- und Mentholnoten abwechseln, hat sich die Endrunden vedient. Er ist geschmackvoll und verwöhnt den Gaumen mit guter Trinkreife und Süffigkeit. Etwas massiver der Merlot Tolrem '09. Optimal auch der Friulano '13 und der Ribolla Gialla '13.

● Friuli Isonzo Cabernet Franc '12	🍷🍷 3*
○ Collio Friulano '13	🍷🍷 3
● Collio Merlot Tolrem '09	🍷🍷 3
○ Collio Ribolla Gialla '13	🍷🍷 3
○ Collio Sauvignon '13	🍷 3
○ Friuli Isonzo Malvasia '13	🍷 3
● Collio Merlot Tolrem '08	🍷🍷 4
○ Collio Pinot Bianco '12	🍷🍷 3
○ Collio Pinot Bianco '11	🍷🍷 3
○ Collio Sauvignon '12	🍷🍷 3
○ Collio Sauvignon '11	🍷🍷 3
○ Friuli Isonzo Malvasia '12	🍷🍷 3
○ Friuli Isonzo Traminer Aromatico '11	🍷🍷 3

FRIAUL JULISCH VENETIEN

Cav. Emiro Bortolusso

VIA OLTREGORGO, 10
33050 CARLINO [UD]
TEL. +39 043167596
www.bortolusso.it

DIREKTVERKAUF
BESUCH NACH VORANMELDUNG
UNTERKUNFT
JAHRESPRODUKTION 120.000 Flaschen
REBFLÄCHE 40 Hektar

Sergio und Clara Bortolusso leiten bereits seit mehreren Jahren die blühendste Kellerei der Denomination Annia, die ihren Namen von der alten, vom römischen Präfekten Tito Annio Rufo im Jahr 131 v.Chr. erbauten Straße erhält, die Aquileia mit Concordia Sagittaria und der Via Emilia verband. Das Weingut grenzt an das Naturschutzgebiet von Marano Lagunare und bildet mit seinem Blick auf die adriatische Küste, Pfirsichhaine und endlose Rebzeilen einen Ort von rarem Reiz. Es werden nur Trauben aus eigener Produktion verarbeitet, wobei alle von Vater Emiro vererbten Erfahrungen zum Tragen kommen. Das angebotene Weinsortiment ist von bester Qualität, die Preise angemessen und wirklich wettbewerbsfähig. In den letzten Ausgaben haben wir die klare Vorherrschaft des Malvasia gegenüber den anderen Rebsorten betont, denen diesmal eine schöne Revanche gelungen ist. Ausgezeichnete Performance des Chardonnay '13, der den blumigen Duft mit verführerischem und gefälligem Geschmack vereint. Ebenbürdig der schmackhafte, sortentypische Sauvignon '13.

○ Chardonnay '13	🍷🍷 2*
○ Friuli Annia Friulano '13	🍷🍷 2*
○ Friuli Annia Sauvignon '13	🍷🍷 2*
○ Friuli Annia Traminer Aromatico '13	🍷🍷 2*
○ Friuli Annia Malvasia '13	🍷 2
○ Friuli Annia Pinot Grigio '13	🍷 2
○ Friuli Annia Friulano '12	🍷🍷 2*
○ Friuli Annia Malvasia '12	🍷🍷 2*
○ Friuli Annia Malvasia '11	🍷🍷 2*
○ Friuli Annia Sauvignon '12	🍷🍷 2*

Branko

LOC. ZEGLA, 20
34071 CORMÒNS [GO]
TEL. +39 0481639826
info@brankowines.com

DIREKTVERKAUF
BESUCH NACH VORANMELDUNG
JAHRESPRODUKTION 45.000 Flaschen
REBFLÄCHE 9 Hektar

Wir sind im Zentrum des Collio, in der an der Grenze zu Slowenien und nahe von Cormòns liegenden Ortschaft Zegla. Hier hat Branko Erzetic im Jahr 1950 per Notariatsakt eine Weinbautradition formalisiert, die bereits seit vielen Generationen weitervererbt wurde. Heute leitet Igor den Betrieb, der von seinem Vater die Liebe zum Boden und zum Weinberg geerbt hat. Die meisten Weinberge umrahmen die Kellerei, andere Rebflächen bedecken die umliegenden Hügel und werden mit äußerster Gewissenhaftigkeit und beneidenswerter Erfahrung gepflegt. Die geringe Größe des Betriebs erlaubt Igor eine besonders sorgfältige Weinbereitung, was sich in der ausgeprägten Persönlichkeit der Weine widerspiegelt. Das beschränkte Sortiment präsentiert diesmal einen neuen Wein, der durch seine Güte das neue Paradepferd des Betriebs werden könnte. Es ist der CapoBranko '13, ein wundervoller Blend aus Malvasia Istriana, Friulano und einen Hauch Sauvignon, der den raffinierten Duft und den Wohlgeschmack betont.

○ CapoBranko '13	🍷🍷 4
○ Collio Chardonnay '13	🍷🍷 4
○ Collio Friulano '13	🍷🍷 4
○ Collio Pinot Grigio '13	🍷🍷 4
○ Collio Sauvignon '13	🍷🍷 4
● Red Branko '11	🍷🍷 4
○ Collio Pinot Grigio '08	🍷🍷🍷 3*
○ Collio Pinot Grigio '07	🍷🍷🍷 3
○ Collio Pinot Grigio '06	🍷🍷🍷 3
○ Collio Pinot Grigio '05	🍷🍷🍷 3
○ Collio Chardonnay '12	🍷🍷 4
○ Collio Friulano '12	🍷🍷 4
○ Collio Pinot Grigio '12	🍷🍷 4
○ Collio Sauvignon '12	🍷🍷 4

FRIAUL JULISCH VENETIEN

Livio e Claudio Buiatti
via Lippe, 25
33042 Buttrio [UD]
Tel. +39 0432674317
www.buiattivini.it

DIREKTVERKAUF
BESUCH NACH VORANMELDUNG
JAHRESPRODUKTION 35.000 Flaschen
REBFLÄCHE 8 Hektar

Familie Buiatti hat zwischen den Rebzeilen der Weinberge, die sich über die sanften Abhänge der Hügel von Buttrio erstrecken und zu den ersten, dem Meer und den warmen Sonnenstrahlen am nächsten liegenden Hanglagen der Colli Orientali del Friuli zählen, bereits ein Jahrhundert Weingeschichte geschrieben. Claudio bewirtschaftet mittlerweile seit langem die von Vater Livio geerbte kostbare Rebfläche und hat die acht Hektar durch größere Pflanzdichte und rigorosen Rebschnitt nach und nach modernisiert. Grundlegende Eingriffe, die zu den erwünschten Ergebnissen führten und dem gesamten Sortiment zu einem guten Qualitätsniveau mit einigen Spitzenweinen verholfen haben. Auch diesmal fand der Sauvignon '13 den größten Beifall, und zwar wegen des angenehmen Geschmacks und der perfekten Übereinstimmung mit den sortentypischen Merkmalen. Exquisit auch der MomonRos Riserva '10 aus Merlot und Cabernet Sauvignon, perfekt ausgewogen, süffig, weich und schmackhaft.

● COF Cabernet Franc '12	🏆🏆 3
● COF Merlot '12	🏆🏆 3
● COF Momon Ros Ris. '10	🏆🏆 4
○ COF Pinot Grigio '13	🏆🏆 3
○ COF Sauvignon '13	🏆🏆 3
○ COF Verduzzo Friulano Momon d'Aur '12	🏆🏆 4
○ COF Friulano '13	🏆 3
○ COF Malvasia '13	🏆 3
● COF Refosco P. R. '12	🏆 3
○ COF Friulano '12	🏆🏆 3
○ COF Malvasia '12	🏆🏆 3
● COF Merlot '11	🏆🏆 3
○ COF Sauvignon '12	🏆🏆 3

Valentino Butussi
via Prà di Corte, 1
33040 Corno di Rosazzo [UD]
Tel. +39 0432759194
www.butussi.it

DIREKTVERKAUF
BESUCH NACH VORANMELDUNG
UNTERKUNFT
JAHRESPRODUKTION 100.000 Flaschen
REBFLÄCHE 18 Hektar
WEINBAU Biologisch anerkannt

Die zu Beginn des letzten Jahrhunderts von Valentino Butussi gegründete Kellerei hat sich unter der Leitung seines Sohns Angelo, dessen Frau Pierina und den vier Kindern zu einem Familienbetrieb erster Güte entwickelt. Bereits seit etlichen Jahren liegt die unternehmerische Verantwortung in den Händen der neuen Generation, die sofort die Aufgaben untereinander verteilt hat: Tobia pflegt die Rebberge, Filippo kümmert sich um die Weinbereitung und Mattia und Erika sind für die Vermarktung zuständig. Der familiäre Zusammenhalt ist jener Mehrwert, der es dieser Marke erlaubt, sich im überfüllten Weinpanorama Friauls hervorzuheben und eine große Anzahl von Etiketten zu korrekten und wettbewerbsfähigen Preisen zu erzeugen. Zwei Weine im Finale sind die Belohnung für das fortlaufende Wachstum eines Betriebs, der schon fast die Spitze erreicht hat. Ein herrlicher Chardonnay '13 duftet nach Zitrusfrucht und betört am Gaumen mit reichem, mitreißendem Geschmack. Viel Lob auch für den Pignolo '09, der in Nase und Mund spannend, mächtig und einhüllend ist.

○ COF Chardonnay '13	🏆🏆 2*
● COF Pignolo '09	🏆🏆 5
○ COF Bianco di Corte '12	🏆🏆 3
● COF Cabernet Franc '12	🏆🏆 3
● COF Cabernet Sauvignon '11	🏆🏆 3
○ COF Friulano '13	🏆🏆 2*
○ COF Sauvignon '13	🏆🏆 2*
○ COF Verduzzo Friulano '11	🏆🏆 2*
○ Ribolla Gialla Brut	🏆 5
○ Brut Mill. '09	🏆 5
● COF Merlot '11	🏆 3
○ COF Pinot Grigio '13	🏆 2
● COF Refosco P. R. '11	🏆 3
○ COF Chardonnay '12	🏆🏆 2*
○ COF Friulano '12	🏆🏆 2*

FRIAUL JULISCH VENETIEN

Maurizio Buzzinelli
LOC. PRADIS, 20
34071 CORMÒNS [GO]
TEL. +39 048160902
www.buzzinelli.com

DIREKTVERKAUF
BESUCH NACH VORANMELDUNG
UNTERKUNFT UND GASTRONOMIE
JAHRESPRODUKTION 100.000 Flaschen
REBFLÄCHE 26 Hektar

Maurizio Buzzinelli und seine Frau Marzia sind das klassische Beispiel einer Winzerfamilie, der es gelungen ist, das seit drei Generationen weitervererbte Wissen optimal umzusetzen. Sie können auf die herrliche Lage der Hügel von Pradis in der Nähe von Cormòns zählen, die vom berühmten lokalen Mikroklima geprägt sind und deren sonnige Abhänge von den Brisen der nahen Adria umfächelt werden. Maurizio überwacht selbst den gesamten Produktionsablauf und kümmert sich dabei vorallem um die im Collio und auch im Isonzo-Gebiet liegenden Weinberge, wo hauptsächlich rote Rebsorten wachsen. Diese gesunden und gut gereiften Trauben schenken seinen Weinen eine ausgeprägte Terroirverbundenheit. Es ist längst zur Gewohnheit geworden, in unseren Endrunden einen Wein von Buzzinelli zu finden. Dieses Jahr ist der Pinot Grigio '13 an der Reihe, der sich durch Frische und Wohlgeruch im Duft und im Geschmack hervorhebt. Hervorragend auch der Malvasia '13, mit Heilkräutern in der Nase, am Gaumen vibrierend und schmackhaft.

○ Collio Pinot Grigio '13		🍷🍷 3*
○ Collio Friulano '13		🍷🍷 3
○ Collio Malvasia '13		🍷🍷 2*
○ Collio Ribolla Gialla '13		🍷🍷 3
○ Collio Sauvignon '13		🍷🍷 2*
○ Collio Traminer Aromatico '13		🍷 3
○ Collio Chardonnay '12		🍷🍷 3
○ Collio Friulano '12		🍷🍷 3*
○ Collio Friulano '11		🍷🍷 3
○ Collio Malvasia '12		🍷🍷 2*
○ Collio Malvasia '11		🍷🍷 2*
○ Collio Pinot Grigio '12		🍷🍷 3
○ Collio Pinot Grigio '11		🍷🍷 3*

Ca' Bolani
VIA CA' BOLANI, 2
33052 CERVIGNANO DEL FRIULI [UD]
TEL. +39 043132670
www.cabolani.it

DIREKTVERKAUF
BESUCH NACH VORANMELDUNG
JAHRESPRODUKTION 2.700.000 Flaschen
REBFLÄCHE 550 Hektar

Die Kellerei Ca' Bolani erstreckt sich über 800 Hektar Boden im Herzen des Anbaugebiets Friuli Aquileia und ist mit der Rebfläche von 550 Hektar in ganz Norditalien der Betrieb mit dem größten Weinberg. Sie wurde 1970 von Familie Zonin erworben und gehörte einst der Familie Bolani, deren herausragender Vertreter Graf Domenico Bolani in der Mitte des 16. Jh. Prokurator von Friaul für die Republik Venedig war. Das Weingut besitzt auch die Rebberge der 1980 bzw. 1998 erworbenen Betriebe Cà Vescovo und Molin di Ponte und wird von Marco Rabino geleitet, der im Keller von Roberto Marcolini und Prof. Denis Dubourdieu unterstützt wird. Der landwirtschaftliche Bereich ist Gabriele Carboni anvertraut. Das gesamte Weinangebot ist bereits seit langem von beachtlicher Güte, was beweist, dass große Absatzmengen nicht immer zulasten der Qualität gehen. Auch dieses Jahr hebt sich der Refosco dal Peduncolo Rosso Alturio '11 durch Vielschichtigkeit hervor, die Weißen des Jahrgangs sind schnörkellos und angenehm.

● Friuli Aquileia Cabernet Franc '12	🍷🍷 3
○ Friuli Aquileia Pinot Bianco Sup. '13	🍷🍷 3
○ Friuli Aquileia Pinot Grigio Sup. '13	🍷🍷 3
● Friuli Aquileia Refosco P. R. Alturio '11	🍷🍷 4
○ Prosecco Brut	🍷 3
○ Friuli Aquileia Friulano Sup. '13	🍷 3
● Friuli Aquileia Merlot '12	🍷 3
● Friuli Aquileia Refosco P. R. '12	🍷 3
○ Friuli Aquileia Sauvignon Sup. '13	🍷 3
○ Friuli Aquileia Traminer Aromatico Sup. '13	🍷 3
○ Friuli Aquileia Pinot Bianco '09	🍷🍷🍷 2*
○ Friuli Aquileia Friulano '12	🍷🍷 3
● Friuli Aquileia Refosco P. R. '11	🍷🍷 3
● Friuli Aquileia Refosco P. R. Alturio '09	🍷🍷 4

FRIAUL JULISCH VENETIEN

Ca' Tullio & Sdricca di Manzano
VIA BELIGNA, 41
33051 AQUILEIA [UD]
TEL. +39 0431919700
www.catullio.it

DIREKTVERKAUF
BESUCH NACH VORANMELDUNG
JAHRESPRODUKTION 300.000 Flaschen
REBFLÄCHE 78 Hektar

Unverfälschtheit, Erfahrung, Leidenschaft, Qualität.Mit diesen Vorgaben führt Paolo Calligaris seinen Betrieb, der nur eigene Trauben verarbeitet. Ca' Tullio ist die Marke der Weine der Denomination Aquileia, Sdricca di Manzano steht hingegen für jene Weine, deren Trauben im Gebiet der Colli Orientali del Friuli reifen. Beide Linien werden in der herrlichen Kellerei in Aquileia erzeugt, die durch die Renovierung alter Trockenkammern für Tabak entstand. In einem Flügel des Gebäudes wurde eine mit Amphoren, Ölfässern und kostbaren Vorhängen ausgestattete „Taberna Romana" eingerichtet, wo man in der faszinierenden Atmosphäre des kaiserlichen Aquileias auf bequemen Liegen essen und trinken kann. In der letzten Ausgabe haben wir einen klaren Vorsprung der Linie Sdricca di Manzano gegenüber der Linie Ca' Tullio festgestellt, die sich dieses Jahr vorallem durch den Verdienst der Weißweine der Lese 2013 erfolgreich revanchiert. Sie sind blumig und zitrusfruchtig in der Nase und begeistern im Mund durch geradlinigen Trinkgenuss.

● COF Schioppettino Sdricca '12	🍷🍷 3
○ Friuli Aquileia Chardonnay '13	🍷🍷 2*
○ Friuli Aquileia Friulano '13	🍷🍷 2*
○ Friuli Aquileia Pinot Grigio '13	🍷🍷 2*
○ COF Friulano Sdricca '13	🍷 3
○ COF Sauvignon Sdricca '13	🍷 3
○ Friuli Aquileia Traminer Viola '13	🍷 2
● COF Pignolo Sdricca '10	🍷🍷 3
● COF Pignolo Sdricca '09	🍷🍷 3
○ COF Sauvignon Sdricca '12	🍷🍷 3
● COF Schioppettino Sdricca '11	🍷🍷 3
○ Friuli Aquileia Friulano '11	🍷🍷 2*

Cadibon
VIA CASALI GALLO, 1
33040 CORNO DI ROSAZZO [UD]
TEL. +39 0432759316
www.cadibon.com

DIREKTVERKAUF
BESUCH NACH VORANMELDUNG
GASTRONOMIE
JAHRESPRODUKTION 55.000 Flaschen
REBFLÄCHE 14 Hektar

Die Geschwister Luca und Francesca Bon leiten den 1977 von Vater Gianni in Corno di Rosazzo gegründeten Betrieb. Aus Treue zur friaulischen Tradition haben sie ihn „Cà di Bon" genannt, was im Dialekt soviel wie "hier bei den Bons" bedeutet. Die Weinberge liegen in drei verschiedenen Zonen: Der Großteil in den Colli Orientali del Friuli, andere in der Ebene der Denomination Friuli Grave und einige im Collio, auf der anderen Seite des Flusses Judrio. Mit frischer Energie und viel Begeisterung haben sie das Ziel erreicht, dem Konsumenten ein präzises, unverwechselbares Bild ihrer Produktion zu präsentieren, indem das Image ein elegantes Restyling erhielt und den Gästen in der Kellerei viel Platz geboten wird. Die bei den Verkostungen erreichten hohen Punktezahlen prämieren die konstante Arbeit und bestätigen das beständige qualitative Wachstum des gesamten Weinangebots. Die Weißen zeichnen sich durch Wohlgeruch und Geradlinigkeit aus, die Roten sind strukturiert, würzig und manchmal rauchig, aber immer weich und angenehm.

● COF Cabernet Franc '12	🍷🍷 3
○ COF Friulano Bontaj '13	🍷🍷 3
● COF Merlot '12	🍷🍷 3
○ COF Pinot Grigio '13	🍷🍷 3
● COF Schioppettino '12	🍷🍷 3
○ Collio Sauvignon '13	🍷🍷 3
● Ronc dal Gial '12	🍷🍷 4
○ Ronco del Nonno '13	🍷🍷 3
● COF Refosco P. R. '12	🍷 3
○ COF Ribolla Gialla '13	🍷 3
○ Collio Chardonnay '13	🍷 3
○ COF Friulano Bontaj '12	🍷🍷 2*
○ COF Friulano Bontaj '11	🍷🍷 2*
● COF Schioppettino '11	🍷🍷 3
○ Friuli Grave Sauvignon '12	🍷🍷 3
○ Ronco del Nonno '12	🍷🍷 3

FRIAUL JULISCH VENETIEN

Canus

Loc. Casali Gallo
via Gramogliano, 21
33040 Corno di Rosazzo [UD]
Tel. +39 0432759427
www.canus.it

DIREKTVERKAUF
BESUCH NACH VORANMELDUNG
JAHRESPRODUKTION 45.000 Flaschen
REBFLÄCHE 9 Hektar
WEINBAU Biologisch anerkannt

Die Weinberge der Kellerei Canus liegen in der Gemeinde Corno di Rosazzo in der Ortschaft Gramogliano im Schutze des Flusses Judrio, der die Grenze zwischen der Denomination Friuli Colli Orientali und Collio bildet. Es ist ein Betrieb alten Datums, der 2004 vom Unternehmer Ugo Rossetto aus Pordenone erworben wurde und infolge einen Namens- und Mentalitätswechsel durchlebte. Als Name wurde der lateinische Ausdruck Canus gewählt, was alter Mann bedeutet und den Spitznamen „grison" (grauhaarig) der Familie Rossetto betrifft. Die Leitung wurde sofort an die Kinder Dario und Lara übertragen, die der Kellerei zu einem klaren qualitativen Aufschwung verhalfen. Der Friulano '13 duftet nach reifer weißer Frucht und Holunder und schenkt im Mund geschmeidige Nuancen von Süßmandel. Auch der Flôr di Cuâr '13 wird aus Friulano-Trauben erzeugt und ist ebenfalls elegant, geradlinig und schmackhaft. Faszinierend der Merlot 1/2 Secolo '10, eindringlich, würzig, rauchig, saftig und einhüllend.

○ Bianco Flor di Cuâr Ronco del Gris '13	🍷🍷 2*
○ COF Friulano '13	🍷🍷 3
● COF Merlot 1/2 Secolo '10	🍷🍷 5
○ Malvasia Ronco del Gris '13	🍷🍷 2*
○ Ribolla Gialla '13	🍷🍷 2*
○ Chardonnay Ronco del Gris '13	🍷 2
○ Pinot Grigio Ronco del Gris '13	🍷 2
○ Sauvignon Ronco del Gris '13	🍷 2
○ COF Bianco Jasmine '11	🏆 3
○ COF Friulano '12	🏆 3*
○ Pinot Grigio Ronco del Gris '12	🏆 2*
○ Sauvignon Ronco del Gris '12	🏆 2*

Fernanda Cappello

s.da di Sequals, 15
33090 Sequals [PN]
Tel. +39 042793291
www.fernandacappello.it

DIREKTVERKAUF
BESUCH NACH VORANMELDUNG
JAHRESPRODUKTION 100.000 Flaschen
REBFLÄCHE 126 Hektar

Das Weingut von Fernanda Cappello hat eine Größe von 135 Hektar. 126 davon sind Rebfläche mit aus kalkhaltigem Dolomitengestein bestehenden Schwemmlandböden, die zwischen den Flüssen Cellina und Meduna, knapp unter den Hügeln von Sequals im Raum von Pordenone liegen. Ihr Vater hatte es Ende der Sechziger Jahre erworben und im Jahr 1988 beschloss Fernanda, Architektin und von diesem rauen Gebiet fasziniert, ihre Arbeit aufzugeben und sich ganz dem Weinanbau zu widmen. Voller Leidenschaft nutzte sie sofort ihr ganzes fachliches Können, um mit Unterstützung des Önologen Fabio Coser einen Weg zu beschreiten, den sie selbst als aufregendes Abenteuer bezeichnet. Die ausgezeichnete Performance der Weine beweist das Potenzial der Kiesböden der friaulischen Ebene, perfekter Lebensraum für aromatische Rebsorten, aber nicht nur diese. Der Friulano '13 und der Sauvignon '13 bewahren zwar die sortentypischen Merkmale, besitzen jedoch beide köstliche Nuancen von Limette und Tropenfrucht.

○ Friuli Grave Friulano '13	🍷🍷 2*
○ Friuli Grave Pinot Grigio '13	🍷🍷 2*
○ Friuli Grave Sauvignon '13	🍷🍷 2*
○ Friuli Grave Traminer Aromatico '12	🍷🍷 2*
● Primo Rosso '11	🍷🍷 3
○ Prosecco	🍷 2
○ Friuli Grave Chardonnay Sel. '12	🍷 2
● Friuli Grave Merlot '12	🍷 2
○ Friuli Grave Chardonnay '12	🏆 2*
● Friuli Grave Merlot '11	🏆 2*
○ Friuli Grave Sauvignon '12	🏆 2*

FRIAUL JULISCH VENETIEN

Carlo di Pradis
Loc. Pradis, 22b
34071 Cormòns [GO]
Tel. +39 048162272
www.carlodipradis.it

DIREKTVERKAUF
BESUCH NACH VORANMELDUNG
JAHRESPRODUKTION 70.000 Flaschen
REBFLÄCHE 15 Hektar

Der Betrieb von Boris und David Buzzinelli trägt den Namen von Vater Carlo, der ihnen die Liebe zum Boden, vorallem aber die wertvollen, bereits in dritter Generation bewirtschafteten Rebberge vermacht hat. Pradis ist ein blühender Ort im hügeligen Anbaugebiet Collio Goriziano, wo etliche Spitzenbetriebe der regionalen Weinbauwelt ansässig sind und das eine herrliche Lage und ein ideales Mikroklima besitzt. Die Hälfte der Weinberge umrahmen die Kellerei, während sich andere über die Ebene im Gebiet Friuli Isonzo ausbreiten. Aus beiden Zonen holen Boris und David die beste Qualität hervor, die Weinbereitung erfogt auf natürliche Weise ohne Exzesse und unnötige Hast zugunsten von Struktur und Wohlgeschmack. Während der Vorrunden waren noch nicht alle Weine abgefüllt und wir konnten daher nur vier verkosten, was jedoch völlig genügte, um das ehrenvolle Urteil der letzten Ausgaben zu bestätigen. Der Pinot Grigio '13 hat uns besonders mit seinem raffinierten Duft und dem übereinstimmenden Wohlgeschmack begeistert.

○ Collio Friulano '13	▼▼ 3
○ Collio Pinot Grigio '13	▼▼ 3
○ Friuli Isonzo Chardonnay '13	▼▼ 3
○ Collio Friulano Scusse '09	▼ 3
○ Collio Friulano '12	♀♀ 3
○ Collio Friulano '11	♀♀ 3
○ Collio Friulano '10	♀♀ 3
○ Collio Sauvignon '12	♀♀ 3*
○ Collio Sauvignon '11	♀♀ 3
○ Friuli Isonzo Chardonnay '12	♀♀ 3
● Friuli Isonzo Merlot '10	♀♀ 3
○ Friuli Isonzo Pinot Grigio '11	♀♀ 2*
○ Friuli Isonzo Sauvignon '12	♀♀ 2*

Il Carpino
Loc. Sovenza, 14a
34070 San Floriano del Collio [GO]
Tel. +39 0481884097
www.ilcarpino.com

DIREKTVERKAUF
BESUCH NACH VORANMELDUNG
JAHRESPRODUKTION 70.000 Flaschen
REBFLÄCHE 16 Hektar

Anna und Franco Sosol gründeten 1987 in Borgo del Carpino in der Ortschaft Sovenza im Collio Goriziano dieses Weingut, das sie auch heute noch gemeinsam mit ihren energiegeladenen Kindern Naike und Manuel führen. Und aus Alt und Jung wird in diesem Fall ein unschlagbares Team. Nach wie vor besteht der Trend einer Rückkehr zur antiken Weinbereitung und wie in anderen einheimischen Betrieben geht man vom Barrique wieder zu großen Eichenfässern über. Aus Tradition werden die Trauben der alten Rebberge für viele Tage auf den Beerenhäuten eingemaischt, was zu Weinen mit komplexen und kräftigen Duft- und Geschmacksnoten führt. Der Ausbau der Trauben der jungen Weinberge erfolgt hingegen in Stahl. Und während wir darauf warten, dass die im Holz reifenden Weine zur Abfüllung bereit sind, begnügen wir uns mit der Verkostung etlicher Weine des Jahrgangs 2013. Einige sind agrumig, frisch und wohlriechend, andere weich und cremig, alle jedoch immer äußerst angenehm und sortentypisch.

○ Collio Malvasia V. Runc '13	▼▼ 3
○ Collio Sauvignon V. Runc '13	▼▼ 2*
○ Friuli Isonzo Bianco Runc '13	▼▼ 3
○ Friuli Isonzo Friulano V. Runc '13	▼▼ 3
○ Collio Bianco V. Runc '10	▼▼▼ 2*
○ Collio Malvasia V. Runc '11	▼▼▼ 3*
● Rubrum '99	▼▼▼ 3*
○ Bianco Carpino '09	♀♀ 4
○ Bianco Runc '12	♀♀ 3*
○ Bianco Runc '11	♀♀ 4
○ Chardonnay '09	♀♀ 4
○ Collio Malvasia V. Runc '12	♀♀ 3*
○ Malvasia '10	♀♀ 5
○ Ribolla Gialla '10	♀♀ 4
○ Ribolla Gialla '09	♀♀ 4

FRIAUL JULISCH VENETIEN

Castello di Buttrio
VIA MORPURGO, 9
33042 BUTTRIO [UD]
TEL. +39 0432673015
www.castellodibuttrio.it

DIREKTVERKAUF
BESUCH NACH VORANMELDUNG
UNTERKUNFT UND GASTRONOMIE
JAHRESPRODUKTION 60.000 Flaschen
REBFLÄCHE 25 Hektar

Alessandra Felluga ist es durch eine geduldige Renovierungsarbeit gelungen, den alten Gemäuern des Castello di Buttrio zu neuer Pracht zu verhelfen. Mit den von Vater Marco, ein unbestrittener Pionier der lokalen Weinbaukultur, geerbten unternehmerischen Fähigkeiten hat sie das Gut in eine fortschrittliche Kellerei verwandelt, die trotz modernster Technologien den heimischen Traditionen treu bleibt. Die Weine mit der Marke Castello di Buttrio haben sofort wirklich ermutigende Ergebnisse verzeichnet, was zum kürzlich erfolgten Kauf der angrenzenden hochwertigen Weinberge geführt hat, die wie immer den erfahrenen Händen des Önologen Andrea Pittana anvertraut wurden. Der MonBlanc '13, ein Blend aus den autochthonen Rebsorten Friulano, Ribolla Gialla und Malvasia Istriana, ist ein raffiniertes Geflecht aus gut vermischten Düften und Aromen. Auch der Mon Rouge '11 ist ein Blend aus Merlot, Refosco und Cabernet, fruchtig und würzig in der Nase, einhüllend, weich und erfreulich im Geschmack.

○ COF Friulano '13	♛♛ 3
○ COF Bianco Mon Blanc '13	♛♛ 3
● COF Merlot '11	♛♛ 3
● COF Rosso Mon Rouge '11	♛♛ 3
○ COF Sauvignon '13	♛♛ 3
● COF Refosco P. R. '12	♛ 3
○ COF Ribolla Gialla '13	♛ 3
○ COF Friulano '11	♛♛ 3*
○ COF Bianco Mon Blanc '11	♛♛ 3*
○ COF Chardonnay '11	♛♛ 3
○ COF Dolce Mille e una Botte '10	♛♛ 5
○ COF Friulano '12	♛♛ 3*
○ COF Friulano '10	♛♛ 3
● COF Merlot '09	♛♛ 3*
○ COF Torre Butria Chardonnay Ris. '09	♛♛ 5
● COF Uve Carate Merlot Ris. '09	♛♛ 3

Castello di Spessa
VIA SPESSA, 1
34070 CAPRIVA DEL FRIULI [GO]
TEL. +39 048160445
www.paliwines.com

DIREKTVERKAUF
BESUCH NACH VORANMELDUNG
UNTERKUNFT UND GASTRONOMIE
JAHRESPRODUKTION 300.000 Flaschen
REBFLÄCHE 80 Hektar

Wie alle alten Burgen übt auch das Schloss von Spessa auf seine Besucher einen besonderen Reiz aus. Und zwar nicht nur wegen der Eleganz der Gebäude, der Schönheit des uralten Parks und des italienischen Gartens, sondern auch wegen seiner tausendjährigen Geschichte voller Ereignisse und Persönlichkeiten. 1987 gründete der derzeitige Besitzer Loretto Pali durch die Bewirtschaftung der angrenzenden Rebberge das Weingut, wobei er gleichzeitig ein Projekt zur touristischen Aufwertung der Schlossgebäude in Angriff nahm und einen Golfplatz, eine komfortable Urlaubsanlage und ein Restaurant hinzufügte. Die Leitung der Kellerei wurde dem Betriebsönologen Domenico Lovat anvertraut, Gianni Menotti fungiert als externer Berater. Auch dieses Jahr behauptet sich der Pinot Bianco '13 an der Spitze der Rangliste und verfehlt um ein Haar die höchste Auszeichnung. Ausgezeichnet auch die Qualität des Sauvignon Segrè '13 und des Friulano '13, beide fruchtig und wohlriechend, reich an Substanz und Wohlgeschmack.

○ Collio Pinot Bianco '13	♛♛♛ 3*
○ Collio Friulano '13	♛♛ 3*
○ Collio Sauvignon Segrè '13	♛♛ 5
○ Collio Pinot Grigio '13	♛♛ 3
● Collio Pinot Nero Casanova '10	♛♛ 5
○ Friuli Isonzo Friulano '13	♛♛ 3
○ Collio Ribolla Gialla '13	♛ 3
○ Collio Sauvignon '13	♛ 3
○ Collio Pinot Bianco '11	♛♛♛ 3*
○ Collio Pinot Bianco '06	♛♛♛ 3*
○ Collio Pinot Bianco '01	♛♛♛ 3
○ Collio Sauvignon Segrè '03	♛♛♛ 5
○ Collio Sauvignon Segrè '02	♛♛♛ 5
○ Collio Tocai Friulano '05	♛♛♛ 3*

FRIAUL JULISCH VENETIEN

Castello Sant'Anna
LOC. SPESSA
VIA SANT'ANNA, 9
33043 CIVIDALE DEL FRIULI [UD]
TEL. +39 0432716289
centasantanna@libero.it

DIREKTVERKAUF
BESUCH NACH VORANMELDUNG
JAHRESPRODUKTION 25.000 Flaschen
REBFLÄCHE 7 Hektar

Das Weingut Castello Sant'Anna entstand 1966 in Spessa di Cividale im Herzen der Colli Orientali del Friuli auf Betreiben von Giuseppe Giaiotti, der seiner Arbeit als Industrieller aufgab, um zu dem von ihm geliebten bäuerlichen Leben zurückzukehren. Das Schloss, einstiger Sommersitz der adeligen Familien Cividales, wird von einer Festungsmauer umrahmt, die von zwei zylinderförmigen, mehr als zehn Meter hohen Türmen beherrscht wird. Andrea Giaiotti kümmert sich in dritter Generation um die Leitung des Betriebs und hat mit geduldigen Wiedergewinnungsarbeiten die Neubewirtschaftung der um das Schloss liegenden alten Weinberge erreicht. Auch der Bau des neuen unterirdischen Fasskellers geht auf sein Konto. Der RibollaGialla '12 ist sehr fruchtig, reichhaltig und schmackhaft und man findet nur selten einen Jahrgang dieser Güte, weshalb der Einzug in die Endrunde mehr als verdient ist. Der leicht kupferfarbige Pinot Grigio '12 bestätigt die Lobeshymnen der letzten Ausgabe. Von großer Klasse auch der Friulano '12 und der Merlot '11.

○ COF Pinot Grigio '12	🍷🍷 3*
○ COF Ribolla Gialla '12	🍷🍷 3*
○ COF Friulano '12	🍷🍷 3
● COF Merlot '11	🍷🍷 4
○ COF Friulano '11	🍷🍷 3
● COF Merlot '09	🍷🍷 4
● COF Merlot Ris. '08	🍷🍷 4
● COF Pignolo '07	🍷🍷 4
○ COF Pinot Grigio '11	🍷🍷 3*
● COF Pinot Nero '07	🍷🍷 4
○ COF Sauvignon '10	🍷🍷 3
● COF Schioppettino '08	🍷🍷 5

Castelvecchio
VIA CASTELNUOVO, 2
34078 SAGRADO [GO]
TEL. +39 048199742
www.castelvecchio.com

DIREKTVERKAUF
BESUCH NACH VORANMELDUNG
JAHRESPRODUKTION 180.000 Flaschen
REBFLÄCHE 35 Hektar

Der Betrieb Castelvecchio, Eigentum der Familie Terraneo, liegt im nördlichsten Teil des Anbaugebiets Carso Goriziano. Der felsige Untergrund, die spärliche rote Erde mit hohem Eisen- und Kalkanteil und geringen organischen Spuren, die starken Winde und die Spätlese sind die Voraussetzungen für eine beschränkte Produktion mit absolut einzigartigen Merkmalen. Die vornehme Herkunft dieser Orte wird noch heute von der Renaissancevilla, dem zauberhaften, von Zypressen gesäumten Park und den jahrhundertealten Eichen des großen Waldbesitzes bezeugt. Die Produktion ist seit langem dem önologischen Fachwissen von Saverio Di Giacomo anvertraut, dem Gianni Menotti beratend zur Seite steht. Es ist das zweite Jahr in Folge, dass ein Wein des Betriebs die Endrunden erreicht. Der Cabernet Franc '11 ist weich und einhüllend und duftet nach vergorenen schwarzen Früchten, Lakritze, Chinarinde und Kaffee. Er hat sich dank der Gefälligkeit und Vielschichtigkeit gegen eine beachtliche Konkurrenz durchgesetzt.

● Carso Cabernet Franc '11	🍷🍷 4
⊙ Terrano Rosé Brut	🍷🍷 4
● Carso Cabernet Sauvignon '11	🍷🍷 4
○ Carso Malvasia Dileo '13	🍷🍷 5
○ Carso Malvasia Istriana '13	🍷🍷 4
● Carso Merlot Dileo '08	🍷🍷 5
○ Carso Pinot Grigio '13	🍷🍷 4
● Carso Refosco P. R. '11	🍷🍷 3
○ Carso Sauvignon '13	🍷🍷 4
○ Brut Masia	🍷 4
● Carso Terrano '13	🍷 3
○ Carso Traminer Aromatico '13	🍷 4
○ Carso Malvasia Istriana '12	🍷🍷 3
● Carso Merlot '06	🍷🍷 5
● Carso Refosco P. R. '10	🍷🍷 4
○ Carso Sauvignon '12	🍷🍷 3*

FRIAUL JULISCH VENETIEN

Marco Cecchini
LOC. CASALI DE LUCA
VIA COLOMBANI
33040 FAEDIS [UD]
TEL. +39 0432720563
www.cecchinimarco.com

DIREKTVERKAUF
BESUCH NACH VORANMELDUNG
UNTERKUNFT
JAHRESPRODUKTION 35.000 Flaschen
REBFLÄCHE 7 Hektar

Marco Cecchini liebt es, sich als Weinhandwerker zu bezeichnen, obwohl es korrekter wäre, ihn als Künstler zu sehen, der das Terroir durch die Ausnutzung aller bodenklimatischen Merkmale perfekt zu interpretieren weiß. Seine Weine sind schlicht und voller Persönlichkeit. Er begann, fast zufällig, in ganz jungen Jahren, als ihn sein Großvater um Hilfe bei der Weinlese bat. Es war Liebe auf den ersten Blick.Er beendete rasch sein BWL-Studium und widmete sich nach dem Diplom ausschließlich jenem Weinberg auf den Hügeln von Faedis. Nach und nach baute er einen florierenden Betrieb auf, der heute zehn Hektar Rebfläche umfasst, die zur Hälfte mit durchschnittlich 40 Jahre alten Reben bepflanzt ist. Wenige, aber äußerst prestigevolle Etiketten, beginnend beim Friulano '12, der sich mit Duftnoten von Zitrusfrucht präsentiert und im Mund aroma- und geschmackreich ist. Hervorragend auch der Pinot Grigio '13, angenehm im Geschmack, sehr fruchtig, fast tropisch, während der Riesling '11 Noten von Harz und Quitten schenkt.

○ COF Friulano '12	🍷🍷 3
● COF Refosco P. R. '11	🍷🍷 3
○ Pinot Grigio '13	🍷🍷 3
○ Riesling '11	🍷🍷 5
○ COF Bianco Tovè '10	🍷🍷 3*
○ COF Bianco Tovè '09	🍷🍷 3*
○ COF Bianco Tovè '08	🍷🍷 3*
○ COF Friulano '11	🍷🍷 3
● COF Refosco P. R. '09	🍷🍷 3
○ COF Verduzzo Friulano Verlit '08	🍷🍷 3*
○ Picolit '07	🍷🍷 5
○ Pinot Grigio '12	🍷🍷 3
○ Riesling '08	🍷🍷 2*

Eugenio Collavini
LOC. GRAMOGLIANO
VIA FORUM JULII, 2
33040 CORNO DI ROSAZZO [UD]
TEL. +39 0432753222
www.collavini.it

DIREKTVERKAUF
BESUCH NACH VORANMELDUNG
JAHRESPRODUKTION 1.500.000 Flaschen
REBFLÄCHE 173 Hektar

Das Weingut trägt noch immer den Namen des Urvaters Eugenio, der 1896 den Grundstein legte. In den 70er Jahren vergrößerte Manlio Collavini den Besitz durch den Kauf eines alten Schlosses aus dem 16. Jh., das zum Heim der Familie und Sitz der Kellereien wurde. 1996 begann die wirkliche Qualitätswende, die zur Modernisierung der Rebanlagen und zur Bindung der Trauben liefernden Winzer führte, die von einem Agrarwissenschaftler des Betriebs betreut werden.Bei der Leitung wird Manlio von den Söhnen Luigi und Giovanni unterstützt, die Produktion ist seit Jahren der Kompetenz des Önologen Walter Bergnach anvertraut, dem es gelingt, große Mengen mit Nischenprodukten zu verbinden. Die Erfolgsserie des Collio Bianco Broy wird länger, da auch der Jahrgang 2013 zum neunten Mal die Drei Gläser erobert. Er duftet nach Creme, Vanille und eingemachtem Obst, umhüllt den Gaumen und hinterlässt eine unauslöschbare Aromavielfalt. Ausgezeichnet auch die Performance des Pinot Grigio '13 und des Brut Applause '09.

○ Collio Bianco Broy '13	🍷🍷🍷 5
○ Applause '09	🍷🍷 5
○ Collio Pinot Grigio '13	🍷🍷 3*
○ COF Ribolla Gialla Turian '13	🍷🍷 4
● COF Rosso Forresco '07	🍷🍷 5
● Collio Merlot dal Pic '07	🍷🍷 5
○ Collio Sauvignon Blanc Fumät '13	🍷🍷 3
○ Collio Bianco Broy '11	🍷🍷🍷 4*
○ Collio Bianco Broy '10	🍷🍷🍷 4
○ Collio Bianco Broy '09	🍷🍷🍷 4*
○ Collio Bianco Broy '08	🍷🍷🍷 4
○ Collio Bianco Broy '07	🍷🍷🍷 4
○ Collio Bianco Broy '06	🍷🍷🍷 4
○ Collio Bianco Broy '04	🍷🍷🍷 4*
○ Collio Bianco Broy '03	🍷🍷🍷 4

FRIAUL JULISCH VENETIEN

Colle Duga
LOC. ZEGLA, 10
34071 CORMÒNS [GO]
TEL. +39 048161177
www.colleduga.com

DIREKTVERKAUF
BESUCH NACH VORANMELDUNG
JAHRESPRODUKTION 50.000 Flaschen
REBFLÄCHE 9 Hektar

Der Lagenweinberg Colle Duga ist in den Ortsnamenkarten vonZegla im Herzen des Collio Goriziano an der slowenischen Grenze enthalten. Wir erinnern uns an Großvater Giuseppe und Vater Luciano, aber erst Damian Princic ist der Erfolg zu verdanken, den die Kellerei in den letzten Jahren verbuchen konnte. Damian kann auf die aktive Mitarbeit seiner Frau Monica zählen und auch die Kinder Karin und Patrik sind trotz ihrer Jugend jederzeit bereit, mit Begeisterung im Betrieb mitzuhelfen. Damian gibt seinen Weinen eine besondere Prägung, weshalb das gesamte Sortiment dank des kraftvollen, dynamischen Geschmacks und der umwerfenden Gefälligkeit seit Jahren Spitzenplätze einnimmt. Auch dieses Jahr erhält der Friulano '13, ein Wein, der Damian besonders gut gelingt, höchste Anerkennung. Er besitzt eine Geradlinigkeit und einen Wohlgeschmack, der ihn trotz der Vielschichtigkeit einfach erscheinen lässt. Hervorragend auch der Chardonnay '13, elegant in der Nase und gefällig am Gaumen.

○ Collio Chardonnay '13	🍷🍷 3*
○ Collio Friulano '13	🍷🍷 3*
○ Collio Bianco '13	🍷🍷 4
● Collio Merlot '12	🍷🍷 4
○ Collio Pinot Grigio '13	🍷🍷 3
○ Collio Sauvignon '13	🍷🍷 3
○ Collio Bianco '11	🍷🍷🍷 4*
○ Collio Bianco '08	🍷🍷🍷 3*
○ Collio Bianco '07	🍷🍷🍷 3
○ Collio Bianco '09	🍷🍷🍷 3*
○ Collio Tocai Friulano '06	🍷🍷🍷 3*
○ Collio Tocai Friulano '05	🍷🍷🍷 3*
○ Collio Bianco '12	🍷🍷 4
○ Collio Friulano '12	🍷🍷 3*
○ Collio Sauvignon '12	🍷🍷 3*

Colmello di Grotta
LOC. GROTTA
VIA GORIZIA, 133
34072 FARRA D'ISONZO [GO]
TEL. +39 0481888445
www.colmello.it

DIREKTVERKAUF
BESUCH NACH VORANMELDUNG
JAHRESPRODUKTION 85.000 Flaschen
REBFLÄCHE 15 Hektar

Luciana Bennati nahm 1965 die Instandsetzung eines alten, baufälligen Weilers in Angriff und verwandelte ihn in einen effizienten und gut ausgerüsteten Betrieb, der heute von ihrer Tochter Francesca Bortolotto geleitet wird. Die eigenen Weinberge erstrecken sich zur Hälfte auf den typischen kalkhaltigen Kiesböden des AnbaugebietsFriuli Isonzo, die Weinen mit eleganter Struktur und reichem Duft hervorbringen. Die andere Hälfte liegt auf den Mergel- und Sandsteinböden des Collio, die den Weinen Geruchsvielfalt und eine mächtige Struktur schenken. Dank der Beratung des Önologen Fabio Coser spiegeln die Weine von Francesca die Besonderheiten und die Typizität beider Terroirs wider. Der Chardonnay '13 del Collio bestätigt nicht nur das in der letzten Ausgabe erhaltene Lob, sondern erreicht mit viel Applaus unsere Endrunden. Er ist blumig und raffiniert in der Nase, cremig und erfreulich im Geschmack. Weichheit und geschliffene Tannine charakterisieren den leckeren Rondon '10, ein Blend aus Merlot und Cabernet Sauvignon.

○ Collio Chardonnay '13	🍷🍷 3*
○ Collio Pinot Grigio '13	🍷🍷 3
○ Collio Ribolla Gialla '13	🍷🍷 3
● Friuli Isonzo Cabernet Franc '13	🍷🍷 2*
○ Friuli Isonzo Chardonnay '13	🍷🍷 2*
● Rondon Rosso '10	🍷🍷 5
○ Collio Friulano '13	🍷 3
○ Collio Sauvignon '13	🍷 3
● Friuli Isonzo Cabernet Sauvignon '11	🍷 3
● Friuli Isonzo Merlot '11	🍷 3
○ Collio Bianco Sanfilip '11	🍷🍷 3
○ Collio Pinot Grigio '12	🍷🍷 3
○ Collio Pinot Grigio '11	🍷🍷 3
○ Collio Sauvignon '12	🍷🍷 3
○ Collio Sauvignon '11	🍷🍷 3*

FRIAUL JULISCH VENETIEN

Gianpaolo Colutta
VIA ORSARIA, 32A
33044 MANZANO [UD]
TEL. +39 0432510654
www.coluttagianpaolo.com

DIREKTVERKAUF
BESUCH NACH VORANMELDUNG
JAHRESPRODUKTION 150.000 Flaschen
REBFLÄCHE 30 Hektar

Die adelige Familie Colutta kann sich im Anbaugebiet von Manzano einer bäuerlichen Erfahrung rühmen, die mehr als tausend Jahre alt ist.Zu Beginn der dreißiger Jahre des letzten Jahrhunderts begann die Familie mit der Weinerzeugung und gründete dazu einen Betrieb.Besitzer waren zwei Brüder, die sich 1999 trennten. Gianpaolo Colutta errichtete sein eigenes Weingut, das er heute gemeinsam mit Tochter Elisabetta leitet. Die Rebberge bedecken eine Fläche von zirka dreißig Hektar und liegen in den Gemeinden Manzano, Buttrio und Premariacco in den Colli Orientali del Friuli. Besondere Aufmerksamkeit wird der Aufwertung von autochthonen Rebsorten gewidmet, indem man Klone alter und beinahe ausgestorbener Sorten angepflanzt. DerSchioppettino '12 hat sich den Aufstieg in die Endrunden vorallem durch die Übereinstimmung mit den sortentypischen Merkmalen erobert, die in der Nase gefällige Noten von Gewürz, Unterholz und Pflaumenkonfitüre sowie einen reichen,von vibrierenden Tanninen belebten Geschmack bieten.

● COF Schioppettino '12	🍷🍷 5
○ COF Bianco Prarion '13	🍷🍷 4
○ COF Friulano '13	🍷🍷 3
● COF Pinot Nero '11	🍷 4
○ COF Ribolla Gialla '13	🍷 4
○ COF Riesling '13	🍷 4
○ COF Sauvignon '13	🍷 3
○ COF Bianco Prarion '12	🍷🍷 4
○ COF Bianco Prarion '11	🍷🍷 4
● COF Merlot '09	🍷🍷 3
○ COF Picolit '10	🍷🍷 8
● COF Rosso Frassinolo '07	🍷🍷 5
● COF Tazzelenghe '07	🍷🍷 6
○ COF Verduzzo Friulano '11	🍷🍷 4

Giorgio Colutta - Bandut
VIA ORSARIA, 32
33044 MANZANO [UD]
TEL. +39 0432740315
www.colutta.it

DIREKTVERKAUF
BESUCH NACH VORANMELDUNG
UNTERKUNFT
JAHRESPRODUKTION 140.000 Flaschen
REBFLÄCHE 21 Hektar

Der Betrieb von Giorgio Colutta in Manzano, bekannt auch unter Bandut nach dem Namen eines alten Familienbesitzes, hat seinen Sitz in einem alten, von Antonio Colutta zu Beginn des 20. Jh. erworbenen Herrenhaus aus dem 18. Jh.. Hier sind auch die Kellerei und Unterkünfte für Kunden und Weintouristen untergebracht. Die auf den sanften, sonnigen Abhängen von Buttrio, Manzano und Rosazzo liegenden Rebbergegehören zum angesehenen „Park der Reben und der Weine" im südlichsten Teil des von den Colli Orientali del Friuli gebildeten Amphitheaters zwischen der Adria und den Julischen Alpen.Die Weine der traditionellen Linie besitzen Geradlinigkeit und Korrektheit, mit einigen Spitzenweinen bei den besten Jahrgängen. Der Schioppettino '11 begeistert die Nase mit Gewürznoten, Kakao und Trockenpflaume, im Mund ist er weich und einhüllend. Der Pinot Grigio '13 ist frisch, wohlriechend, agrumig und hervorragend trinkbar, der Friulano '13 geschmackvoll und von höchster Güte mit allen sortentypischen Merkmalen der Rebsorte.

○ COF Friulano '13	🍷🍷 3
○ COF Pinot Grigio '13	🍷🍷 3
● COF Refosco P. R. '12	🍷🍷 3
○ COF Sauvignon '13	🍷🍷 3
● COF Schioppettino '11	🍷🍷 5
○ Ribolla Gialla Brut	🍷 4
○ COF Friulano '12	🍷🍷 3
○ COF Friulano '11	🍷🍷 3
● COF Pignolo '07	🍷🍷 7
○ COF Pinot Grigio '12	🍷🍷 3
○ COF Ribolla Gialla '11	🍷🍷 4
○ COF Sauvignon '12	🍷🍷 3
○ COF Sauvignon '11	🍷🍷 3

FRIAUL JULISCH VENETIEN

Paolino Comelli
CASE COLLOREDO, 8
33040 FAEDIS [UD]
TEL. +39 0432711226
www.comelli.it

DIREKTVERKAUF
BESUCH NACH VORANMELDUNG
UNTERKUNFT UND GASTRONOMIE
JAHRESPRODUKTION 60.000 Flaschen
REBFLÄCHE 12,5 Hektar

Pierluigi Comelli leitet mit seiner Frau Daniela und den Söhnen Nicola und Filippo heute jenes Weingut, das sein Vater Paolino 1946 in Form eines alten verlassenen Weilers mit baufälligen Bauernhäusern erwarb. Dank einer glücklichen Eingebung und mit viel Weitblick machte er daraus einen Landwirtschaftsbetrieb. Es war die Zeit nach dem 1. Weltkrieg und niemand hätte sich einen derartigen Erfolg der Weinwelt vorgestellt. Heute ist aus dem versteckt zwischen den Hügeln von Colloredo di Soffumbergo in den Colli Orientali del Friuli liegenden alten Weiler ein Agriturismo von außergewöhnlicher Schönheit geworden, dessen im friaulischen Stil eingerichteten Räumlichkeiten jeden Komfort bieten. Die Jahr für Jahr beim gesamten Weinsortiment feststellbare qualitative Steigerung hat zu überraschenden Ergebnissen und gleich zwei Weinen im Finale dieser Ausgabe geführt: Der agrumige, sortentypische und aufrichtige Sauvignon '13 und der Rosso Soffumbergo '11, fruchtig und würzig, mit schöner Struktur und geschliffenen Tanninen.

○ COF Sauvignon '13	🍷🍷🍷 3*
● Rosso Soffumbergo '11	🍷🍷🍷 4
○ Bianco Soffumbergo '12	🍷🍷🍷 4
○ Esprimo White '12	🍷🍷🍷 2*
○ COF Friulano '13	🍷 3
○ COF Pinot Grigio Amplius '13	🍷 3
○ COF Friulano '12	🍷🍷 3
○ COF Friulano '11	🍷🍷 3
● COF Pignolo '07	🍷🍷 5
○ COF Sauvignon '12	🍷🍷 3
○ COF Sauvignon '09	🍷🍷 3*
● Rosso Soffumbergo '10	🍷🍷 4
● Rosso Soffumbergo '09	🍷🍷 4
● Rosso Soffumbergo '08	🍷🍷 4
● Rosso Soffumbergo '07	🍷🍷 4

Dario Coos
VIA RAMANDOLO, 5
33045 NIMIS [UD]
TEL. +39 0432790320
www.dariocoos.it

DIREKTVERKAUF
BESUCH NACH VORANMELDUNG
JAHRESPRODUKTION 50.000 Flaschen
REBFLÄCHE 10 Hektar

Dario Coos verkörpert bereits die fünfte Generation erfahrener Winzer, die seit Beginn des 19. Jh. auf den steilen Hängen von Ramandolo ihren Wein anbauen. Wir sind im äußersten Norden des Amphitheaters der Colli Orientali del Friuli, im Schutz der Berge, wo die Tage heiß und die Nächte kalt sind und es niemals an Regen mangelt. Hier wächst seit jeher der Verduzzo Giallo, eine Rebsorte mit kleinen Beeren, die mit ihrer dicken und festen Schale ideal zum Vertrocknen sind und deren Reichtum an Zucker und Tanninen für eine weiße Traube beinahe einzigartig ist. Der daraus erzeugte Ramandolo hat die verwöhntesten Gaumen erobert und so sein Anbaugebiet berühmt gemacht. Auch diesmal hat der Vindos '12 aufgrund der Eleganz der blumig-fruchigen Duftnoten, aber vorallem wegen der Gefälligkeit am Gaumen viel Lob eingeheimst. Der Friulano '13 zeichnet sich durch das originelle Bouquet und den einfachen Trinkgenuss aus, die Süße des Ramandolo '10 erobert die Geschmackspapillen.

○ COF Friulano '13	🍷🍷🍷 3
● COF Pignolo '10	🍷🍷🍷 4
○ Picolit '11	🍷🍷🍷 6
○ Ramandolo '10	🍷🍷🍷 4
○ Ribolla Gialla '13	🍷🍷🍷 3
○ Vindos '12	🍷🍷🍷 3
○ COF Pinot Grigio '13	🍷 3
○ Malvasia '13	🍷 3
● Schioppettino '12	🍷 4
○ COF Picolit '06	🍷🍷 6
● COF Pignolo '09	🍷🍷 4
● Pignolo '08	🍷🍷 4
● Pignolo '07	🍷🍷 4
○ Ramandolo Romandus '09	🍷🍷 5
● Schioppettino '11	🍷🍷 4
○ Vindos '09	🍷🍷 3*

FRIAUL JULISCH VENETIEN

Cantina Produttori di Cormòns

VIA VINO DELLA PACE, 31
34071 CORMÒNS [GO]
TEL. +39 048162471
www.cormons.com

DIREKTVERKAUF
BESUCH NACH VORANMELDUNG
UNTERKUNFT UND GASTRONOMIE
JAHRESPRODUKTION 2.250.000 Flaschen
REBFLÄCHE 441 Hektar

Der gute Wein wird am Land geboren. Eine alte Bauernweisheit, die sich 1968 einige Winzer aus Cormòns zu eigen machten, um durch die Gründung der Kellerei Cantina Produttori di Cormòns das Potenzial des Anbaugebiets aufzuwerten. ZehnJahre später nahm der damalige Kellermeister Luigi Soini die Zügel in die Hand und führte den Betrieb mit unbestrittenem Geschäftssinn bis ins Jahr 2014. Die technische Leitung wurde von Anfang an dem Önologen Rodolfo Rizzi anvertraut, der nach dem Ausscheiden von Soini die Rolle des Unternehmensleiters übernahm. Über zweihundert Traubenlieferanten bewirtschaften Weinberge in den besten regionalen Anbaugebieten und werden dabei seit mehr als 30 Jahren vom Agronom Gianni Rover betreut. Eine Kellerei, die mit einer großen Zahl von Etiketten beachtliche Flaschenmengen erreicht. Natürlich konnten wir nur einige Weine verkosten, die alle den vorhergehenden Jahrgängen entsprachen, wobei der Grad der Korrektheit und Integrität eindeutig hoch und die Bewahrung der sortentypischen Merkmale tadellos war.

○ Collio Friulano '13	ΨΨ 3
○ Collio Pinot Bianco '13	ΨΨ 3
○ Collio Pinot Grigio '13	ΨΨ 3
○ Vino della Pace '09	ΨΨ 5
○ Friuli Isonzo Malvasia Istriana '13	Ψ 3
○ Collio Friulano '12	ΨΨ 2*
○ Collio Friulano '11	ΨΨ 2*
○ Collio Friulano '10	ΨΨ 2*
○ Collio Pinot Bianco '12	ΨΨ 2*
○ Collio Pinot Grigio '11	ΨΨ 3
○ Vino della Pace '08	ΨΨ 5
○ Vino della Pace '06	ΨΨ 5

Crastin

LOC. RUTTARS, 33
34070 DOLEGNA DEL COLLIO [GO]
TEL. +39 0481630310
www.vinicrastin.it

DIREKTVERKAUF
BESUCH NACH VORANMELDUNG
JAHRESPRODUKTION 35.000 Flaschen
REBFLÄCHE 6 Hektar

Sergio Collarig übernahm 1980 den von Vater Olivo zu Beginn der Fünziger Jahre gegründeten gemischten Landwirtschaftsbetrieb. Die zweieinhalb Hektar Weinberg weckten sein Interesse und nachdem er das Potenzial erkannte, legte er neue Rebflächen an. 1990 begann er, den Wein in Flaschen abzufüllen und ihn den Gästesdesin der Zwischenzeit mit seiner Schwester Vilma auf den Hügeln von Ruttars im Anbaugebiet Collio Goriziano an der Grenze zu Slowenien eröffneten Agriturismobetriebs anzubieten. Das ausgezeichnete Qualitätsniveau des gesamten Sortimentszog sofort die Aufmerksamkeit der anspruchsvollsten Genießer auf sich, die sich auch über die konkurrenzfähigen Preise freuten. Der Friulano '13 präsentiert sich diesmal mit den typischen Anklängen von Sommerheu, reich an Blüten und Aromakräutern, befriedigt den Gaumen und hinterlässt eine feine Mandelnote.Um nichts geringer die anderen Weine, alle korrekt, wohlriechend und schmackhaft, würdige Vertreter der Vorzüge des Collio.

○ Collio Friulano '13	ΨΨ 2*
○ Collio Pinot Grigio '13	ΨΨ 3
○ Collio Ribolla Gialla '13	ΨΨ 2*
○ Collio Sauvignon '13	ΨΨ 3
○ Collio Friulano '12	ΨΨ 2*
○ Collio Friulano '11	ΨΨ 2*
● Collio Merlot '11	ΨΨ 2*
○ Collio Pinot Grigio '12	ΨΨ 3
○ Collio Pinot Grigio '11	ΨΨ 3*
○ Collio Ribolla Gialla '12	ΨΨ 2*
○ Collio Sauvignon '12	ΨΨ 3

FRIAUL JULISCH VENETIEN

Conte d'Attimis-Maniago
VIA SOTTOMONTE, 21
33042 BUTTRIO [UD]
TEL. +39 0432674027
www.contedattimismaniago.it

DIREKTVERKAUF
BESUCH NACH VORANMELDUNG
JAHRESPRODUKTION 400.000 Flaschen
REBFLÄCHE 85 Hektar

Eine der ältesten Kellereien Friauls und Teil des Weinguts Sottomonte, dessen Gründung im Jahr 1585 erfolgte und das somit fast 500 Jahr im Besitz der Familie Attimis-Maniago ist. Der 110 Hektar große, fast nur mit Reben bepflanzte Besitz liegt auf den Hügeln von Buttrio. In den Weinbergen wachsen zu mehr als 70 % einheimische Biotypen, d.h. Rebstöcke, die sich hinsichtlich Beständigkeit und Qualität am besten an das Mikroklima angepasst haben. Eine Entscheidung gegen den Trend, die die Zeiten verlängert, aber die Bewahrung der Eigentümlichkeit der Rebsorten erlaubt. Auch Graf Alberto ist ein hartnäckiger Verfechter dieser Philosophie und das hohe Qualitätsniveau gibt ihm recht. Auch dieses Jahr hat ein Wein den Eintritt ins Finale geschafft. Und zwar der Vignaricco '09 aus gleichen Teilen Cabernet Sauvignon und Merlot und einem Schuss Schioppettino. Er hat einen intriganten, würzigen, balsamischen Duft, im Mund streicheln geschliffene Tannine den Gaumen und beleben den Geschmack.

● Vignaricco '09	🏆 5
○ COF Malvasia '13	🏆 3
○ COF Ribolla Gialla '13	🏆 3
○ COF Verduzzo Friulano Tore delle Signore '12	🏆 3
○ COF Friulano '09	🏆 3*
○ COF Malvasia '11	🏆 3
○ COF Picolit '11	🏆 8
● COF Pignolo '07	🏆 7
○ COF Ronco Broilo '09	🏆 5
○ COF Sauvignon '11	🏆 3*
● COF Tazzelenghe '08	🏆 6
○ COF Verduzzo Friulano Tore delle Signore '11	🏆 3

di Lenardo
FRAZ. ONTAGNANO
P.ZZA BATTISTI, 1
33050 GONARS [UD]
TEL. +39 0432928633
www.dilenardo.it

DIREKTVERKAUF
BESUCH NACH VORANMELDUNG
JAHRESPRODUKTION 600.000 Flaschen
REBFLÄCHE 45 Hektar

Massimo di Lenardo, der jetzige Besitzer des Familienbetriebs, bewirtschaftet Weinberge, die sich über die friulanische Ebene zwischen den Anbaugebieten Friuli Grave und Friuli Aquileia erstrecken. Seine als IGT etikettierten Weine sind der Beweis, dass bei einer intelligenten Führung auch der Weinbau in der Ebene eine gute Qualität auf den Markt bringen kann. Die Weine haben oft originelle, seiner Persönlichkeit entsprechende Namen und zeichnen sich immer durch Schlichtheit und beispielhafte Geradlinigkeit aus, ohne dass jene Nuancen fehlen, die sie so besonders einladend machen. Massimo versteht auch viel vom ausländischen bzw. amerikanischen Markt, weshalb 80 % seiner Produktion über die Grenze gehen. Der Chardonnay '13 ist raffiniert in der Nase und cremig im Mund. Der Pinot Grigio Ramato Gossip '12 hat eine faszinierende Farbe und besticht in der Nase mit Noten von Abete Fetel-Birne, rotem Apfel und Trockenobst. Am Gaumen zeigt er hingegen eine unerwartete Angriffslust und Lebhaftigkeit, die ihn noch erfreulicher machen.

○ Sarà Brut	🏆 3
○ Chardonnay '13	🏆 2*
● Merlot Just Me '11	🏆 4
○ Pinot Grigio '13	🏆 2*
○ Pinot Grigio Ramato Gossip '12	🏆 2*
● Ronco Nolè Rosso '12	🏆 2*
● Cabernet '13	🏆 2
○ Father's Eyes '13	🏆 2
○ Friuli Grave Friulano Toh! '13	🏆 2
○ Pass the Cookies '13	🏆 3
○ Chardonnay '09	🏆 2*
○ Father's Eyes '12	🏆 2*
○ Friuli Grave Friulano Toh! '12	🏆 2*
○ Friuli Grave Friulano Toh! '11	🏆 2*
● Ronco Nolè Rosso '08	🏆 2*

FRIAUL JULISCH VENETIEN

★★ Dorigo
Loc. Bellazoia
via Subida, 16
33040 Povoletto [UD]
Tel. +39 0432634161
www.dorigowines.com

DIREKTVERKAUF
BESUCH NACH VORANMELDUNG
JAHRESPRODUKTION 120.000 Flaschen
REBFLÄCHE 20 Hektar

Der kürzlich erfolgte Generationswechsel zwischen Girolamo und Alessio Dorigo hat frischen Wind in diesen Betrieb gebracht, der sich auch bei der Produktionslinie bemerkbar macht, die seit über vierzig Jahren in Friaul Weinbaugeschichte schreibt. Es erfolgte der Umzug in eine neue Kellerei in Povoletto in der Ortschaft Bellazoia, wo auch jene Weinberge liegen, die nun die acht Hektar Rebfläche mit hoher Stockdichte ergänzen. Dorigo, eine Marke, eine Leidenschaft und eine Mission, die niemals endet.Das ist der Slogan von Alessio, der so fest wie nie an der Aufwertung der autochthonen Rebsorten arbeitet, ohne dabei die Spumanti Metodo Classico, Aushängeschild seiner Produktion, zu vernachlässigen. Auch dieses Jahr erobert ein überzeugender Chardonnay '12 unsere Endrunden und beweist die hervorragende Eignung dieser Rebsorte für den Ausbau in Holz. Er schenkt tropische Anklänge in der Nase und Fülle und Vollmundigkeit am Gaumen. Ausgezeichnet auch der Pignolo '11, duftend, mächtig, energisch und komplex.

○ COF Chardonnay '12		5
● COF Pignolo '11		8
○ Blanc de Blancs Pas Dosé		5
○ Blanc de Noir Brut		5
○ Dorigo Brut		4
○ COF Friulano '13		3
● COF Rosso Montsclapade '11		6
○ COF Sauvignon '13		3
○ COF Sauvignon Vign. Ronc di Juri '12		5
● COF Schioppettino '11		3
● COF Pignolo di Buttrio '03		8
● COF Pignolo di Buttrio '02		8
● COF Pignolo di Buttrio '01		8
● COF Rosso Montsclapade '06		6
● COF Rosso Montsclapade '04		6
● COF Rosso Montsclapade '01		6

Draga
Loc. Scedina, 8
34070 San Floriano del Collio [GO]
Tel. +39 0481884182
www.draga.it

DIREKTVERKAUF
BESUCH NACH VORANMELDUNG
JAHRESPRODUKTION 40.000 Flaschen
REBFLÄCHE 13 Hektar

Der Betrieb Draga von Milan Miklus verkörpert bereits die dritte Generation von Winzern, die Ende des 19. Jh. in San Floriano del Collio Wurzeln geschlagen haben. Die abschüssigen Hänge verpflichten zur Handarbeit, bei der Milan jetzt von den Söhnen Denis und Mitja unterstützt wird. Die hügeligen Rebflächen verteilen sich auf zwei Parzellen. Der Weinberg Draga besitzt eine optimale Lage mit idealen Windverhältnissen, die die Aromen festigen und zu Weinen mit großer Feinheit und hohem Trinkgenuss führen. Die Breg genannte Parzelle wird hingegen von stärkeren Winden getroffen und ist ideal für robustere Trauben, aus denen eindrucksvolle, reine Weine voller Persönlichkeit entstehen. Auch diesmal kamen gleich zwei Weine in die Endauswahl, der Sauvignon Miklus '11 und der Ribolla Gialla Miklus '08. Beide haben ein langes Einmaischen auf den Beerenhäuten hinter sich, was sie bernsteinfarben und reich an ungewohnte Duftnoten, aber auch intrigant und sehr angenehm gemacht hat.

○ Collio Ribolla Gialla Miklus '08		5
○ Collio Sauvignon Miklus '11		5
○ Collio Friulano '13		3
○ Collio Malvasia Miklus '11		4
● Collio Negro di Collina '11		4
○ Collio Ribolla Gialla '13		3
○ Collio Sauvignon '13		3
○ Collio Pinot Grigio '13		3
○ Collio Malvasia Miklus '10		7
○ Collio Malvasia Draga '10		3*
○ Collio Malvasia Miklus '08		3
● Collio Merlot Miklus '09		5
● Collio Merlot Miklus '08		3*
○ Collio Ribolla Gialla Miklus '07		5
○ Collio Sauvignon Draga '12		3
○ Sauvignon Miklus '10		5

FRIAUL JULISCH VENETIEN

Mauro Drius

via Filanda, 100
34071 Cormòns [GO]
Tel. +39 048160998
www.driusmauro.it

DIREKTVERKAUF
BESUCH NACH VORANMELDUNG
JAHRESPRODUKTION 50.000 Flaschen
REBFLÄCHE 15 Hektar

Der starke Zusammenhalt von Familie Druis ist gemeinsam mit dem immer größeren fachlichen Können der Mehrwert dieses Betriebs, der seine Arbeit vor Jahrhunderten begann und nun nach dem Generationswechsel mit Mauro seine beste Zeit erlebt. Seine bäuerliche Laufbahn begann mit der Aufzucht von Rindern und heute verkörpert Mauro jene Art von Landwirten, die stolz auf ihre Arbeit und den ihnen anvertrauten Boden sind. Im Weingarten gehen ihm sein Vater Sergio und seine Frau Nadia zur Hand und bald sind auch die Kinder Denis, Erika und Valentina soweit, bei der Führung des Betriebs zu helfen. An erster Stelle der Rangliste finden wir stets den Friulano '13 del Collio, gefolgt vom Vignis di Siris '12, ein Blend aus Friulano, Pinot Bianco und Sauvignon. Sie sind die Spitze des Eisbergs einer einwandfreien Serie von Weinen, die als gemeinsamen Nenner Wohlgeruch, Integrität und Unmittelbarkeit besitzen.

○ Collio Friulano '13	🍷🍷 3*
○ Friuli Isonzo Bianco Vignis di Siris '12	🍷🍷 3*
○ Collio Sauvignon '13	🍷🍷 3
○ Friuli Isonzo Chardonnay '13	🍷🍷 3
○ Friuli Isonzo Malvasia '13	🍷🍷 3
○ Friuli Isonzo Pinot Bianco '13	🍷🍷 3
○ Friuli Isonzo Pinot Grigio '13	🍷🍷 3
● Friuli Isonzo Merlot '09	🍷 4
○ Collio Tocai Friulano '05	🍷🍷🍷 3*
○ Collio Tocai Friulano '02	🍷🍷🍷 2*
○ Friuli Isonzo Bianco Vignis di Siris '02	🍷🍷🍷 3
○ Friuli Isonzo Friulano '07	🍷🍷🍷 3
○ Friuli Isonzo Malvasia '08	🍷🍷🍷 3*
○ Friuli Isonzo Pinot Bianco '09	🍷🍷🍷 3*

★ Le Due Terre

via Roma, 68b
33040 Prepotto [UD]
Tel. +39 0432713189
fortesilvana@libero.it

DIREKTVERKAUF
BESUCH NACH VORANMELDUNG
JAHRESPRODUKTION 18.000 Flaschen
REBFLÄCHE 5 Hektar

Le Due Terre ist eine ganz kleine Kellerei, ein wahres Juwel für den Weinbau von Friaul-Julisch Venetien. Flavio Basilicata und Silvana Forte sind ein Paar, das beneidenswert gut zusammenarbeitet und dabei beweist, dass man auch auf wenigen Hektar Boden mit Leidenschaft, Überzeugung und, wenn man so will, etwas Verrücktheit, spektakuläre Ergebnisse erzielen kann. Flavio liebt Herausforderungen und widmet sich in der Heimat der Weißweine daher hauptsächlich authochthonen und internationalenroten Rebsorten. Die Weinbereitung erfolgt mit heimischen Hefestämmen, Spontangärung und langem Ausbau in Barrique ohne Umpumpen, um die sortentypischen Merkmale und die Integrität der Moste zu bewahren. Die ersten Siegeslorbeeren des Rosso Sacrisassi gehen auf die letzten Jahre des 20. Jh. zurück. Mit der Version 2012 erobert er zum sechsten Mal in Folge die Drei Gläser und erweist sich damit als beständigsterund überzeugendster Rotwein der Region. Erzeugt wird er aus zwei autochthonen Rebsorten, Schioppettino und Refosco dal Peduncolo Rosso.

● COF Rosso Sacrisassi '12	🍷🍷🍷 5
○ COF Bianco Sacrisassi '12	🍷🍷 5
● COF Merlot '12	🍷🍷 5
● COF Pinot Nero '12	🍷🍷 5
○ COF Bianco Sacrisassi '05	🍷🍷🍷 5
● COF Merlot '03	🍷🍷🍷 5
● COF Merlot '02	🍷🍷🍷 5
● COF Merlot '00	🍷🍷🍷 5
● COF Rosso Sacrisassi '11	🍷🍷🍷 5
● COF Rosso Sacrisassi '10	🍷🍷🍷 5
● COF Rosso Sacrisassi '09	🍷🍷🍷 5
● COF Rosso Sacrisassi '08	🍷🍷🍷 5
● COF Rosso Sacrisassi '07	🍷🍷🍷 5
● COF Rosso Sacrisassi '98	🍷🍷🍷 5
● COF Rosso Sacrisassi '97	🍷🍷🍷 5

FRIAUL JULISCH VENETIEN

Ermacora
FRAZ. IPPLIS
VIA SOLZAREDO, 9
33040 PREMARIACCO [UD]
TEL. +39 0432716250
www.ermacora.com

DIREKTVERKAUF
BESUCH NACH VORANMELDUNG
JAHRESPRODUKTION 175.000 Flaschen
REBFLÄCHE 47 Hektar

Als Familie Ermacora im Jahr 1922 den Hügel von Ipplis für den Rebenanbau wählte, legte sie den Grundstein für die Erzeugung erstklassiger Weine. Es entstand ein Familienbetrieb, der den Jahren standhielt und heute führen Dario und Luciano mit Erfolg eine fortschrittliche Kellerei. Die Weinberge liegen auf den aus Kalkton aus dem Eozän bestehenden Sandmergelböden der Colli Orientali del Friuli, die wenig fruchtbar, aber reich an Mineralsalzen sind. Mit Teamarbeit und fachlichem Können ist es ihnen gelungen, den Weinen einen einzigartigen Charakter zu verleihen, der durch Reinheit, sortentypische Übereinstimmung und Persönlichkeit überzeugt. Der Schioppettino '12 duftet nach dunklem Gewürz, schwarzen Beeren und Unterholz mit angenehmer Rauchnote, im Mund begeistert er durch seine sortentypischen Vorzüge. Der Pinot Bianco '13 nutzt die Eleganz der Rebsorte und besticht durch Geschmack und Geschmeidigkeit, Noten von Wacholder und Lakritze beim Pignolo '09.

○ COF Friulano '13	♛♛ 3
● COF Pignolo '09	♛♛ 5
○ COF Pinot Bianco '13	♛♛ 3
○ COF Pinot Grigio '13	♛♛ 3
○ COF Ribolla Gialla '13	♛♛ 3
● COF Schioppettino '12	♛♛ 3
○ COF Sauvignon '13	♛ 3
● COF Pignolo '00	♛♛♛ 5
○ COF Friulano '12	♛♛ 3
○ COF Picolit '09	♛♛ 6
○ COF Pinot Bianco '12	♛♛ 3
○ COF Pinot Grigio '12	♛♛ 3

Fantinel
FRAZ. TAURIANO
VIA TESIS, 8
33097 SPILIMBERGO [PN]
TEL. +39 0427591511
www.fantinel.com

DIREKTVERKAUF
BESUCH NACH VORANMELDUNG
GASTRONOMIE
JAHRESPRODUKTION 4.000.000 Flaschen
REBFLÄCHE 300 Hektar

Die im Grün der Weinberge liegende Kellerei in Tauriano di Spilimbergo, Sitz des Unternehmens Fantinel, ist ein Modell für den Weinbau und für die Gastlichkeit. Alles begann 1969 auf Betreiben von Mario Fantinel, Hotel- und Gasthofbesitzer in Carnia, der damals ein paar Weinberge in Dolegna del Collio erwarb, um Wein für seine Gäste zu erzeugen. Seine Kinder folgten dem Beispiel und heute besitzt die Familie in drei getrennten Betrieben 300 Hektar Rebfläche: das Weingut Sant'Helena im Collio, La Roncaia in den Colli Orientali und Borgo Tesis im Anbaugebiet Grave del Friuli. Die dritte Generation Marco, Stefano und Mariaelena kann sich einer Kollektion von Weinen rühmen, die sich weltweit hervorheben. Das gesamte Weinsortiment präsentiert auch diesmal ein hohes Qualitätsniveau, allen voran die Weine des Collio. Der Sauvignon Sant'Helena '13 erinnert an Agrumen und Tropenfrucht, im Mund ist er schmackhaft und ausgeprägt, der Collio Bianco Frontiere San'Helena '12 verdient erneut das Lob der letzten Ausgabe.

○ Collio Bianco Frontiere Sant'Helena '12	♛♛ 3
○ Collio Pinot Grigio Sant'Helena '13	♛♛ 3
● Collio Rosso Venko Sant'Helena '08	♛♛ 3
○ Collio Sauvignon Sant'Helena '13	♛♛ 3
○ Refosco P. R. Sant'Helena '10	♛♛ 3
○ Ribolla Gialla Sant'Helena '13	♛♛ 3
○ Ribolla Gialla Brut	♛ 3
○ Collio Bianco Frontiere Vigneti Sant'Helena '11	♛♛ 3*
○ Collio Chardonnay Sant'Helena '11	♛♛ 3*
○ Collio Friulano Vigneti Sant'Helena '12	♛♛ 3
○ Collio Sauvignon Vigneti Sant'Helena '12	♛♛ 3
● Friuli Grave Refosco P. R. Sant'Helena '06	♛♛ 3
○ Ribolla Gialla Vigneti Sant'Helena '11	♛♛ 3

FRIAUL JULISCH VENETIEN

★★Livio Felluga
FRAZ. BRAZZANO
VIA RISORGIMENTO, 1
34071 CORMÒNS [GO]
TEL. +39 048160203
www.liviofelluga.it

DIREKTVERKAUF
BESUCH NACH VORANMELDUNG
JAHRESPRODUKTION 800.000 Flaschen
REBFLÄCHE 145 Hektar

Livio Felluga, ein Lebensjahrhundert. Der von allen als Patriarch des friaulischen Weinbaus anerkannte Livio Felluga wurde 1914 in Isola d'Istria geboren. In den 50er Jahren gründete er in Brazzano di Cormòns einen Betrieb und erwarb dank einer glücklichen Eingebung die ersten Rebberge in Rosazzo. Seine Weine sind als „die Weine der Landkarte" bekannt, da die Etiketten eine von Livio 1956 selbst entworfene historische Karte seiner Weinberge zeigen. Heute besitzt das von seinen vier Kindern geleitete Weingut große Rebflächen in den besten Hügellagen des Collio und der Colli Orientali und kürzlich kamen die Weinberge und die Kellerei der Abtei von Rosazzo hinzu, die als Zentrum der Weinbaugeschichte und -kultur Friauls gilt. Der traditionsreiche Blend aus Friulano, Pinot Bianco und Sauvignon Terre Alte '12 bestätigt seine unbestrittene Vorherrschaft, erobert die Drei Gläser und ergänzt so sein Erfolgsmosaik mit einem weiteren Stein. Auf den frischen, duftenden Wohlgeruch folgt ein geschmeidiger und perfekt ausgewogener Geschmack.

○ Rosazzo Terre Alte '12	🍷🍷🍷 7
○ COF Picolit '09	🍷🍷 8
○ Rosazzo Abbazia di Rosazzo '12	🍷🍷 5
○ COF Bianco Illivio '12	🍷🍷 5
○ COF Friulano '13	🍷🍷 4
○ COF Pinot Grigio '13	🍷🍷 4
● COF Refosco P. R. '10	🍷🍷 5
○ COF Sauvignon '13	🍷🍷 4
○ COF Bianco Illivio '10	🍷🍷 5
○ COF Rosazzo Bianco Terre Alte '09	🍷🍷 7
○ COF Rosazzo Bianco Terre Alte '08	🍷🍷 7
○ COF Rosazzo Bianco Terre Alte '07	🍷🍷 7
○ COF Rosazzo Bianco Terre Alte '06	🍷🍷 6
○ COF Rosazzo Bianco Terre Alte '04	🍷🍷 6
○ COF Rosazzo Bianco Terre Alte '02	🍷🍷 7
○ Rosazzo Bianco Terre Alte '11	🍷🍷 7

Marco Felluga
VIA GORIZIA, 121
34070 GRADISCA D'ISONZO [GO]
TEL. +39 048199164
www.marcofelluga.it

DIREKTVERKAUF
BESUCH NACH VORANMELDUNG
JAHRESPRODUKTION 600.000 Flaschen
REBFLÄCHE 100 Hektar

Marco Felluga hat seinen Namen mit den Weinen des Collio verbunden, er war ein großer Erneuerer und hat jahrelang das Schutzkonsortium geleitet. Ihm ist es zu verdanken, dass die regionale Weinproduktion bereits in den 50er Jahren des vergangenen Jahrhunderts einen beachtlichen Aufschwung erlebte, wobei sein Betrieb zum Musterbeispiel für das gesamte Anbaugebiet wurde. Heute wird die Kellerei mit gleichem Geschäftssinnvon Sohn Roberto geleitet, der seit einigen Jahren mit Weitblick und Hartnäckigkeit ein Projekt verfolgt, das die Lagerfähigkeit der Weißweine des Collio verbessern soll. Die dafür ausgewählten Reserven kommen erst etliche Jahre nach der Lese auf den Markt. Es ist kein Zufall, dass sich der Pinot Grigio Mongris Riserva '11 auch diesmal bei den Vorauswahlen hervorgehoben und den Zutritt in die Finalrunden erobert hat. Die Entfaltung der Gerüche enthüllt Wiesenblumen, trockenes Heu und aromatische Kräuter, am Gaumen ist er geschmackvoll, cremig, einhüllend und lang.

○ Collio Pinot Grigio Mongris Ris. '11	🍷🍷 6
○ Collio Bianco Molamatta '12	🍷🍷 5
● Collio Cabernet Sauvignon '11	🍷🍷 5
○ Collio Pinot Grigio '13	🍷🍷 5
● Collio Refosco P.R. '11	🍷🍷 5
○ Collio Sauvignon '13	🍷🍷 5
○ Collio Ribolla Gialla '13	🍷 5
○ Collio Chardonnay '12	🍷🍷 5
○ Collio Friulano '12	🍷🍷 5
○ Collio Pinot Grigio Mongris '11	🍷🍷 3
○ Collio Pinot Grigio Mongris Ris. '10	🍷🍷 6
○ Collio Pinot Grigio Mongris Ris. '09	🍷🍷 4
○ Collio Pinot Grigio Mongris Ris. '08	🍷🍷 4
● Refosco P.R. Ronco dei Moreri '09	🍷🍷 3

FRIAUL JULISCH VENETIEN

Fiegl
FRAZ. OSLAVIA
LOC. LENZUOLO BIANCO, 1
34070 GORIZIA
TEL. +39 0481547103
www.fieglvini.com

DIREKTVERKAUF
BESUCH NACH VORANMELDUNG
JAHRESPRODUKTION 150.000 Flaschen
REBFLÄCHE 30 Hektar

Familie Fiegl stammt aus dem nahen Österreich, ließ sich aber schon 1782 im nördlichsten Teil des Collio in der Ortschaft im Norden von Görz nieder, was auch durch den Kaufvertrag eines Weinbergs Namens Meja durch Valentino Fiegl belegt wird. Sie sind das Beispiel eines fleißigen Familienverbands, der die im Laufe der Jahre gemachten önologischen Erfahrungen von Generation zu Generation weitervererbt hat. In den letzten Jahrzehnten haben die Brüder Alessio, Giuseppe und Rinaldo durch beachtliche Investitionen im Rebberg und im Keller zur Steigerung der Produktqualität beigetragen und übergeben nun der neuen, aus Martin, Robert und Matej bestehenden Generation einen gesunden und wettbewerbsfähigen Betrieb. Alle diesjährig verkosteten Weine besitzen im Bouquet Wohlgeruch und Gefälligkeit.Sie verwöhnen die Nase mit ausgeprägten sortentypischen Noten, ein Merkmal für das Terroir des Collio. Allen voran der Merlot Leopold '08, der die Glanzleistungen der letzten Ausgaben bestätigt.

○ Collio Friulano '13	♛♛ 3
● Collio Merlot Leopold '08	♛♛ 4
○ Collio Pinot Grigio '13	♛♛ 3
○ Collio Ribolla Gialla '13	♛♛ 3
● Collio Rosso Leopold Cuvée Rouge '06	♛♛ 5
○ Meja '01 '11	♛♛ 5
○ Collio Malvasia '13	♛ 3
○ Collio Sauvignon '13	♛ 3
○ Collio Pinot Grigio '04	♛♛♛ 2*
○ Collio Friulano '12	♛♛ 3
○ Collio Malvasia '12	♛♛ 3
● Collio Merlot Leopold '07	♛♛ 4
● Collio Merlot Leopold '06	♛♛ 4
● Collio Merlot Leopold '04	♛♛ 4
○ Collio Sauvignon '12	♛♛ 3

Adriano Gigante
VIA ROCCA BERNARDA, 3
33040 CORNO DI ROSAZZO [UD]
TEL. +39 0432755835
www.adrianogigante.it

DIREKTVERKAUF
BESUCH NACH VORANMELDUNG
JAHRESPRODUKTION 60.000 Flaschen
REBFLÄCHE 25 Hektar

Adriano Gigante leitet auf den Hängen der Rocca Bernarda eine der angesehensten Kellereien des DOC-Gebiets Colli Orientali del Friuli.Die Anfänge sind dem damaligen Müller Großvater Ferruccio zu verdanken, der 1957 bemerkte, dass ein mit Tocai Friulano bepflanzter Weinberg, der heute als historische Rebfläche gilt, einen Wein von hoher Qualität hervorbrachte. Er gab seine vierzigjährige Tätigkeit auf und widmete sich fortan ausschließlich dem Weinanbau in einem Gebiet, dessen Böden durch das perfekte Gleichgewicht zwischen Lage, Zusammensetzung und Klima ganz besonders dafür geschaffen sind. Und aus diesen Vorzügen macht Adriano heute erstklassige Weine mit starker Terroirverbundenheit. Auch der Jahrgang 2013 schenkt uns einen Friulano Vigneto Storico mit großartigen Anlagen, reich an Geschmack und befriedigend am Gaumen. Wir sind längst an seine Spitzenqualität gewöhnt und auch im Finale machte er mehr als eine gute Figur. Lobenswert auch die Mustergültigkeit des Friulano '13 und der anderen Weine.

⊙ Prima Nera Brut Rosé	♛♛ 3
○ COF Friulano '13	♛♛ 3
○ COF Friulano Vign. Storico '13	♛♛ 4
● COF Merlot '11	♛♛ 3
○ COF Sauvignon '13	♛♛ 3
○ COF Schioppettino '10	♛♛ 3
○ Friuli Isonzo Malvasia '13	♛♛ 3
● COF Cabernet Franc '12	♛ 3
○ COF Pinot Grigio '13	♛ 3
● COF Refosco P. R. '10	♛ 3
○ COF Ribolla Gialla '13	♛ 3
○ COF Tocai Friulano Vign. Storico '06	♛♛♛ 4
○ COF Tocai Friulano Vign. Storico '05	♛♛♛ 4
○ COF Tocai Friulano Vign. Storico '03	♛♛♛ 4

FRIAUL JULISCH VENETIEN

Gradis'ciutta
LOC. GIASBANA, 10
34070 SAN FLORIANO DEL COLLIO [GO]
TEL. +39 0481390237
info@gradisciutta.en

DIREKTVERKAUF
BESUCH NACH VORANMELDUNG
JAHRESPRODUKTION 100.000 Flaschen
REBFLÄCHE 20 Hektar

Das Weingut Gradis'ciutta besteht seit 1997, als Roberto Princic nach Abschluss seines Weinbaustudiums in den Betrieb einstieg, um das Werk von Vater Isidoro fortzuführen. Familie Princic erzeugte bereits seit 1780 im slowenischen Kosana Wein. Der Niedergang der Habsburger, der Erste Weltkrieg und die Halbpacht brachten Urgroßvater Filip dazu, sich im Collio im Ort Giasbana bei San Floriano anzusiedeln. Die in mehreren Ortschaften und in unterschiedlichen Höhen liegenden Weinberge schenken die Möglichkeit, für alle heimischen und internationalen Rebsorten die geeigneten Böden zu finden. Dieses Jahr präsentierten sich die Weine von Robert im Finale gleich im Doppelpack. Sowohl der Collio Bianco Bratinis '12 aus Chardonnay, Sauvignon und Ribolla Gialla als auch der Chardonnay '13 zeichnen sich durch raffinierte Duftnoten, aber insbesondere durch Würzigkeit, Geschmeidigkeit und Eleganz am Gaumen aus.

★★Gravner
FRAZ. OSLAVIA
LOC. LENZUOLO BIANCO, 9
34070 GORIZIA
TEL. +39 048130882
www.gravner.it

DIREKTVERKAUF
BESUCH NACH VORANMELDUNG
JAHRESPRODUKTION 30.000 Flaschen
REBFLÄCHE 18 Hektar

Josko Gravner ist ein richtiger Bauer, der die Erde liebt und ihre Kraft hervorzuholen weiß. In seinem Keller gibt es weder Stahlbottiche noch Barriques. Man sieht nur die Einfüllstutzen der unterirdisch gelagerten, aus dem Kaukasus stammenden Amphoren, wo alle Trauben, auch die weißen, über sechs Monate eingemaischt werden. Danach ruhen die Weine für viele Jahre in großen Holzfässern. Die Roten sind mächtig, die gold- und bernsteinfarbigen Weißen unverfälscht, spannend, würzig und hervorragend trinkbar. Die Weine der Lese 2007 waren zum Augenblick der Verkostung noch nicht abgefüllt, wir müssen mit dem Probieren also noch einige Monate warten. Das entspricht ganz Joskos Philosphie und wir geben ihm recht, da sich die Emotionen beim neuerlichen Verkosten der alten Jahrgänge vervielfältigen.

○ Collio Bianco Bratinis '12	♛♛ 3*
○ Collio Chardonnay '13	♛♛ 3*
○ Collio Friulano '13	♛♛ 3
○ Collio Malvasia '13	♛♛ 3
○ Collio Pinot Grigio '13	♛♛ 3
○ Collio Ribolla Gialla '13	♛ 3
○ Collio Bianco Bratinis '10	♛♛ 3*
○ Collio Bianco Bratinis '07	♛♛ 3*
○ Collio Friulano '12	♛♛ 2*
○ Collio Friulano '10	♛♛ 2*
● Collio Merlot '07	♛♛ 3*
○ Collio Pinot Grigio '08	♛♛ 2*

○ Breg '00	♛♛♛ 8
○ Breg '99	♛♛♛ 7
○ Breg Anfora '06	♛♛♛ 7
○ Breg Anfora '03	♛♛♛ 7
○ Breg Anfora '02	♛♛♛ 7
○ Chardonnay '87	♛♛♛ 7
○ Chardonnay '83	♛♛♛ 7
○ Ribolla Anfora '05	♛♛♛ 7
○ Ribolla Anfora '04	♛♛♛ 7
○ Ribolla Anfora '02	♛♛♛ 7
○ Ribolla Anfora '01	♛♛♛ 7
● Rosso Gravner '04	♛♛♛ 7

FRIAUL JULISCH VENETIEN

Iole Grillo
VIA ALBANA, 60
33040 PREPOTTO [UD]
TEL. +39 0432713201
www.vinigrillo.it

DIREKTVERKAUF
BESUCH NACH VORANMELDUNG
UNTERKUNFT
JAHRESPRODUKTION 40.000 Flaschen
REBFLÄCHE 9 Hektar

Ein Herrenhaus aus dem 17. Jh. inmitten der Rebberge der Colli Orientali del Friuli ist Sitz der in den 70er Jahren von Sergio Muzzolini gegründeten und seiner Frau Iole Grillo gewidmeten Kellerei. Jetzt ist Tochter Anna, eine junge und energische Unternehmerin, an der Reihe, die 1999 ihre Arbeit in der wissenschaftlichen Forschung aufgab, um an ihren Geburtsort zurückzukehren. Durch eine sorgfältige Renovierung wurden die prächtigen Steinmauern in den Kellerräumen freigelegt, wo in Holzfässern mit verschiedenen Größen der Rotwein ruht. Bei den Entscheidungen im Keller und im Weinberg kann Anna auf die Fähigkeiten von Giuseppe Tosoratti und die Ratschläge von Ramon Persello zählen. Die Endrunden erreichte ein prächtiger Sauvignon '12, der nicht von ungefähr „Der Sauvignon" genannt wird, da er die besten Eigenschaften der Rebsorte widerspiegelt. Im Geruch heben sich Tomatenblatt, Salbei und grüner Paprika hervor, im Mund ist er frisch, süffig, integer und vibrierend.

○ COF il Sauvignon '12	🍷 4
● Rosso Duedonne	🍷 3
○ COF Friulano '13	🍷 3
● COF Merlot Ris. '09	🍷 3
● COF Refosco P. R. '11	🍷 3
● COF Rosso Guardafuoco '11	🍷 3
○ COF Sauvignon '13	🍷 3
○ COF Sauvignon '12	🍷 3
● COF Schioppettino di Prepotto '11	🍷 3
○ COF Friulano '11	🍷 3
● COF Merlot Ris. '07	🍷 3
○ COF Ribolla Gialla '09	🍷 3
○ COF Ribolla Gialla '07	🍷 3*
● COF Schioppettino di Prepotto '09	🍷 3
● COF Schioppettino di Prepotto '08	🍷 3

Jacùss
FRAZ. MONTINA
V.LE KENNEDY, 35A
33040 TORREANO [UD]
TEL. +39 0432715147
www.jacuss.com

DIREKTVERKAUF
BESUCH NACH VORANMELDUNG
JAHRESPRODUKTION 50.000 Flaschen
REBFLÄCHE 10 Hektar

In Torreano di Cividale im Anbaugebiet der Colli Orientali del Friuli beschlossen die Brüder Sandro und Andrea Iacuzzi 1990, ihren gemischten Landwirtschaftsbetrieb ganz auf Weinbau umzustellen und ihn Jacùss zu nennen, was nichts anderes als die regionale Aussprache ihres Familiennamens ist. Seit vielen Jahren bewirtschaften sie in erprobter Teamarbeit ihre mehr als zehn Hektar große, über die Hügel des Ortsteils Montina verteilte Rebfläche. Sie sind tief in den Gebräuchen der bäuerlichen Tradition verankert und können auf die Mitarbeit der ganzen Familie zählen, um ihren Weinen ohne Übertreibungen eine schlichte, aufrichtige Persönlichkeit zu verleihen, die stets das Anbaugebiet respektiert. Der Cabernet Sauvignon '10 hat unsere Gaumen durch den weichen Geschmack und die Gelassenheit der Tannine erobert. Sehr sortentypisch die anderen Weine. Der Pinot Bianco '13 verdient aufgrund des angenehmen Dufts nach Melisse und der Eleganz und Gefälligkeit seines Geschmacks eine besondere Erwähnung.

● COF Cabernet Sauvignon '10	🍷 3
○ COF Friulano '13	🍷 3
○ COF Picolit '09	🍷 6
○ COF Pinot Bianco '13	🍷 3
○ COF Verduzzo Friulano '09	🍷 3
● COF Merlot '10	🍷 3
○ COF Sauvignon '13	🍷 3
● COF Cabernet Sauvignon '09	🍷 3
● COF Merlot '09	🍷 3
○ COF Picolit '08	🍷 6
○ COF Pinot Bianco '12	🍷 3
○ COF Pinot Bianco '11	🍷 3
● COF Schioppettino Fucs e Flamis '10	🍷 3*
● COF Tazzelenghe '08	🍷 3
○ COF Verduzzo Friulano '07	🍷 3

FRIAUL JULISCH VENETIEN

★★ Jermann
Fraz. Ruttars
via Monte Fortino, 21
34072 Farra d'Isonzo [GO]
Tel. +39 0481888080
www.jermann.it

DIREKTVERKAUF
BESUCH NACH VORANMELDUNG
JAHRESPRODUKTION 900.000 Flaschen
REBFLÄCHE 160 Hektar

Silvio Jermann ist stolz auf die österreichischen Wurzeln seiner Familie und sehr oft tragen seine Etiketten Nachrichten mitteleuropäischen Stils. Bereits in den 70er Jahren des letzten Jahrhunderts wurde der Betrieb dem damals blutjungen Silvio anvertraut, der seine Weine mit exzellenter Steigerung zur höchsten Güte führte. 1975 brachte er den Vintage Tunina auf den Markt, eine herrliche Cuvée und Spitzenwein der Kellerei, der aber heute von anderen gleichermaßen hochwertigen Etiketten begleitet wird. Sie entstehen in der magischen Atmosphäre der schönen Kellerei in Ruttars, die eigens für sie erbaut wurde, während die traditionellen Weine in Villanova di Farra erzeugt werden. Die Qualität der Weine von Silvio Jermann ist immer spektakulär und dieses Jahr haben gleich zwei die Drei Gläser gewonnen. Der Vintage Tunina '12 ist ein sagenhafter Blend mit einer Fülle mitreißender würziger Nuancen. Der W....Dreams....'12 ist ein raffiniert duftender Chardonnay, cremig und umwerfend am Gaumen.

○ Vintage Tunina '12		6
○ W.... Dreams.... '12		8
○ Capo Martino '12		4
● Pignacolusse '08		5
○ Chardonnay '13		4
○ Pinot Bianco '13		4
○ Pinot Grigio '13		4
○ Ribolla Gialla Vinnae '13		5
○ Capo Martino '10		8
○ Capo Martino '05		8
● Pignacolusse '00		5
○ Vintage Tunina '11		6
○ Vintage Tunina '08		7
○ Vintage Tunina '07		7
○ W.... Dreams... '09		6
○ W.... Dreams... '06	-	6

Kante
Fraz. San Pelagio
loc. Prepotto, 1a
34011 Duino Aurisina [TS]
Tel. +39 040200255
www.kante.it

JAHRESPRODUKTION 45.000 Flaschen
REBFLÄCHE 13 Hektar

Edi Kante ist der Wegbereiter des heldenhaften Weinbaus im Triester Karst. Hier liegen zwischen dem harten Felsgestein manchmal auch Dolinen, diese mit fruchtbarer Erde gefüllten Trichter, und mit starkem Willen gelingt es, sonnige, dem wohltuenden Einfluss des Meeres und der Bora ausgesetzte Weinberge zu schaffen. In seinem in den Fels geschlagenen Keller, wo ordentlich im Halbkreis stehende Fass- und Barriquereihen der ellipsenförmigen Geometrie der zerklüfteten und geschliffenen Felswände folgen, atmen die Weine in der Stille des tiefen Karsts jene salzige Luft, die aus geheimnisvollen unterirdischen Buchten strömt und eine gleichmäßige Temperatur und Feuchtigkeit garantiert. Besonders hervorzuheben sind der Chardonnay '11 und der Vitovska '11, die internationalste und die bodenständigste der Rebsorten, beide exzellent, jodhaltig und mit eleganten Anklängen von Tropenfrucht. Aber es ist der aus 10 verschiedenen Jahrgängen erzeugte Rotwein Opera Viva 2000-2010, der Nase und Mund mit reifen und geschliffenen Tanninen verführt.

○ Chardonnay '11	4
○ Vitovska '11	4
● Opera Viva Rosso Dieci Annate	6
● Kante Rosso '09	5
○ Malvasia '11	4
○ Carso Malvasia '07	5
○ Carso Malvasia '06	5
○ Carso Malvasia '05	5
○ Carso Malvasia '98	5
○ Carso Sauvignon '92	5
○ Carso Sauvignon '91	5
○ Chardonnay '94	5
○ Chardonnay '90	5

FRIAUL JULISCH VENETIEN

★Edi Keber
LOC. ZEGLA, 17
34071 CORMÒNS [GO]
TEL. +39 048161184
www.edikeber.it

DIREKTVERKAUF
BESUCH NACH VORANMELDUNG
UNTERKUNFT
JAHRESPRODUKTION 50.000 Flaschen
REBFLÄCHE 12 Hektar

Der Betrieb von Edi Keber hat seinen Sitz in Zegla, gleich neben Cormòns im Herzen des Collio.Familie Keber stammt jedoch aus dem Dorf Medana, das nur wenige hundert Meter entfernt in Slowenien liegt. Sein Sohn Kristian unterstützt ihn längst bei allen Arbeiten und folgt dem von Edi eingeschlagenen Weg. Das eigene Anbaugebiet identifiziert sich über einen einzigen Wein, der ganz einfach Collio genannt wird, seit jeher ein Synonym für Weißweine hoher Qualität.Sein Collio ist eine Cuvée aus ausschließlich autochthonen Rebsorten. Zur Friulanotraube, die ihm schon viel Anerkennung bescherte, gesellen sich Malvasia Istriana und Ribolla Gialla. Und es ist keine Überraschung, dass auch diesmal der Collio '13 sowohl bei den Vorrunden als auch in den Endausscheidungen als Protagonist hervorstach. Er ist längst ein Aushängeschild und Vorbild für alle Winzer des Collio, ein konkretes Beispiel, wie ein Wein zum Ausdruck eines gesamten Anbaugebiets werden kann.

○ Collio '13	▼▼ 3*
○ Collio Bianco '10	▼▼▼ 3*
○ Collio Bianco '09	▼▼▼ 3
○ Collio Bianco '08	▼▼▼ 3*
○ Collio Bianco '04	▼▼▼ 3*
○ Collio Bianco '02	▼▼▼ 3
○ Collio Tocai Friulano '07	▼▼▼ 3
○ Collio Tocai Friulano '06	▼▼▼ 3
○ Collio Tocai Friulano '05	▼▼▼ 3
○ Collio Tocai Friulano '03	▼▼▼ 3*
○ Collio Tocai Friulano '01	▼▼▼ 3
○ Collio Tocai Friulano '99	▼▼▼ 3*
○ Collio Tocai Friulano '97	▼▼▼ 3*
○ Collio Tocai Friulano '95	▼▼▼ 3*

Renato Keber
LOC. ZEGLA, 15
34071 CORMÒNS [GO]
TEL. +39 0481639844
www.renatokeber.com

DIREKTVERKAUF
BESUCH NACH VORANMELDUNG
UNTERKUNFT
JAHRESPRODUKTION 60.000 Flaschen
REBFLÄCHE 15 Hektar

Alles begann mit Urgroßvater Franz Keber, der sich Ende des 19. Jh. in der Ortschaft Zegla im Collio niederließ. Heute ist die Reihe an Renato, der in vierter Generation Weinberge bearbeitet, die herrliche Böden und eine beneidenswerte Lage besitzen. Im Bewusstsein des großen Potenzials des Terroirs liegt Renato viel an dessen Namen, weshalb er den ausgezeichneten Friulano und den von seiner Frau Savina geleiteten Agriturismo „Zegla" genannt hat. Seinen Weinen gibt er einen modernen Stil mit, der die Traditionen und den Rhythmus der Natur respektiert und auf natürliche Weise und ohne Hast die sortentypischen Merkmale jeder Rebsorte aufs Beste hervorhebt. Wir konnten nur drei Weine verkosten, die jedoch genügten, um das anerkennende Urteil der letzen Ausgaben zu erneuern. Diesmal hat ein ausgezeichneter Friulano Zio Romi Riserva '11 die anderen übertrumpft und sich den Zutritt in die Endrunden gesichert. Ein Wein von erlesener Machart, substanzreich und gefällig am Gaumen.

○ Collio Friulano Zio Romi Ris. '11	▼▼ 5
○ Collio Sauvignon Grici Ris. '08	▼▼ 5
○ Ribolla Gialla Extreme '09	▼▼ 5
○ Collio Friulano Zegla '05	▼▼▼ 5
○ Collio Friulano Zegla Ris. '08	▼▼▼ 5
○ Collio Friulano Zegla Ris. '09	▼▼ 5
○ Collio Bianco Beli Grici '05	▼▼ 5
○ Collio Chardonnay Grici '06	▼▼ 5
● Collio Merlot Grici Ris. '06	▼▼ 5
○ Collio Sauvignon Grici '05	▼▼ 5

FRIAUL JULISCH VENETIEN

Albino Kurtin
LOC. NOVALI, 9
34071 CORMÒNS [GO]
TEL. +39 048160685
www.winekurtin.it

DIREKTVERKAUF
BESUCH NACH VORANMELDUNG
JAHRESPRODUKTION 60.000 Flaschen
REBFLÄCHE 10 Hektar

Der Betrieb Kurtin wurde 1906 in Novali in der Nähe von Cormòns gegründet. Und schon damals galt dieses natürliche, vom Collio in Richtung Slowenien blickende Amphitheater als idealer Ort für die Erzeugung hochwertiger Weißweine. In dritter Generation wurde er von Albino geführt, der traditionsbewusst, aber immer für Innovationen offen war und sich den Veränderungen und der neuen Art der Weininterpretation anzupassen wusste, indem er einen Mittelweg zwischen den Werten des Terroirs und des internationalen Geschmacks suchte. Leider ist er vor Kurzem verstorben, hat aber seinem Sohn Alessio einen reichen önologischen Erfahrungsschatz hinterlassen, der den Fortbestand dieses schönen Betriebs sichert. Während des Zeitraums der Verkostung waren noch nicht alle Weine abgefüllt, weshalb wir nur drei probieren konnten. Sehr geschätzt haben wir die Eleganz des Chardonnay '13, raffiniert in der Nase und angenehm würzig am Gaumen. Viel Lob auch für den Blend der Kellerei Opera Prima Bianco '13.

○ Collio Chardonnay '13	▼▼ 3
○ Opera Prima Bianco '13	▼▼ 4
○ Collio Ribolla Gialla '13	▼ 3
○ Collio Friulano '12	▽▽ 3
○ Collio Malvasia '08	▽▽ 3*
○ Collio Ribolla Gialla '10	▽▽ 3
● Collio Rosso '08	▽▽ 4
○ Collio Sauvignon '12	▽▽ 3
○ Collio Sauvignon '10	▽▽ 3
○ Opera Prima Bianco '12	▽▽ 3
○ Opera Prima Bianco '11	▽▽ 3*
○ Opera Prima Bianco '10	▽▽ 3

Le Monde
LOC. LE MONDE
VIA GARIBALDI, 2
33080 PRATA DI PORDENONE [PN]
TEL. +39 0434622087
www.lemondewine.com

DIREKTVERKAUF
BESUCH NACH VORANMELDUNG
JAHRESPRODUKTION 200.000 Flaschen
REBFLÄCHE 49 Hektar

Das Weingut Le Monde, das 1970 auf dem Landbesitz der bereits 997 als Schloss und Flusshafen der Republik Venedig urkundlich erwähnten Villa Giustinian in Portobuffolè entstand, wurde 2008 von Alex Maccan übernommen. Die Rebflächen liegen zwischen den Flüssen Livenza und Meduna an der Grenze zu den Provinzen Treviso und Pordenone und besitzen tonhaltige Kalkböden, die sich stark von den üblichen Kieselböden des Anbaugebiets Friuli Grave unterscheiden. Alex, ein dynamischer Jungunternehmer, hat den Betrieb mit einem hochmodernen Weinkeller ausgestattet und ihn dem Hausönologen Giovanni Ruzene anvertraut, der von Matteo Bernabei, ganz der Sohn seines berühmten Vaters, beraten wird. Mit den Drei Gläsern des Vorjahrs für den Pinot Bianco '12 hat die Kellerei bewiesen, dass auch ein Wein der Ebene, wenn er gut gemacht ist, höchste Punktezahlen erreichen kann. Dieses Jahr hat sich die Sache durch die Auszeichnung des Pinot Bianco '13 wiederholt.

○ Friuli Grave Pinot Bianco '13	▼▼▼ 2*
● Friuli Grave Cabernet Sauvignon '12	▼▼ 2*
○ Friuli Grave Chardonnay '13	▼▼ 2*
○ Friuli Grave Friulano '13	▼▼ 2*
● Friuli Grave Refosco P. R. '12	▼▼ 2*
● Friuli Grave Cabernet Franc '12	▼ 2
○ Friuli Grave Pinot Grigio '13	▼ 2
○ Friuli Grave Sauvignon '13	▼ 2
○ Ribolla Gialla '13	▼ 3
○ Friuli Grave Pinot Bianco '12	▽▽▽ 2*
○ Friuli Grave Pinot Bianco '01	▽▽▽ 2*
○ Friuli Grave Pinot Grigio '12	▽▽ 2*
● Friuli Grave Refosco P. R. '11	▽▽ 2*
○ Friuli Grave Sauvignon '12	▽▽ 2*

★Lis Neris

VIA GAVINANA, 5
34070 SAN LORENZO ISONTINO [GO]
TEL. +39 048180105
www.lisneris.it

DIREKTVERKAUF
BESUCH NACH VORANMELDUNG
UNTERKUNFT
JAHRESPRODUKTION 400.000 Flaschen
REBFLÄCHE 70 Hektar

Alvaro Pecorari, die vierte Generation einer seit Ende des 19. Jh. in San Lorenzo Isontino ansässigen Familie, hat dem Betrieb 1981 zu starkem Aufschwung verholfen, als er dem anerkannten Stil des Weinguts Lis Neris eine unverwechselbare, auf Geschmeidigkeit und Komplexität beruhende Note verlieh. Die Weinberge liegen auf einer Hochebene mit Kieselböden zwischen der slowenischen Grenze und dem rechten Uferdes Isonzo und unterteilen sich in vier Einzellagen: Gris, Picol, Jurosa und Neris. Die nahe Adria garantiert ein typisches, von Temperaturschwankungen geprägtes Mittelmeerklima, das die langsame Reifung der Trauben unterstützt und sie sehr ausgewogen macht. Es ist vielleicht nicht allen bekannt, dass der Pinot Grigio zwar der am meisten produzierte Stillwein der Region ist, aber nur selten eine Anerkennung für höchste Güte erhält. Eine Ausnahme ist der Pinot Grigio Gris '12, der auch diesmal verdienterweise die Drei Gläser erringt und sich als Bester seiner Art bestätigt.

○ Friuli Isonzo Pinot Grigio Gris '12	🍷🍷🍷	4*
○ Friuli Isonzo Friulano La Vila '12	🍷🍷	4
○ Lis '11	🍷🍷	5
● Lis Neris '09	🍷🍷	6
○ Confini '12	🍷🍷	5
○ Friuli Isonzo Chardonnay Jurosa '12	🍷🍷	4
○ Friuli Isonzo Sauvignon Picòl '12	🍷🍷	4
○ Friuli Isonzo Pinot Grigio '13	🍷	3
○ Fiore di Campo '06	🍷🍷🍷	3
○ Friuli Isonzo Pinot Grigio Gris '11	🍷🍷🍷	4*
○ Friuli Isonzo Pinot Grigio Gris '10	🍷🍷🍷	4*
○ Friuli Isonzo Pinot Grigio Gris '09	🍷🍷🍷	4*
○ Lis '03	🍷🍷🍷	5
○ Pinot Grigio Gris '08	🍷🍷🍷	4*
○ Pinot Grigio Gris '04	🍷🍷🍷	4*
○ Sauvignon Picòl '06	🍷🍷🍷	3*

★Livon

FRAZ. DOLEGNANO
VIA MONTAREZZA, 33
33048 SAN GIOVANNI AL NATISONE [UD]
TEL. +39 0432757173
www.livon.it

DIREKTVERKAUF
BESUCH NACH VORANMELDUNG
UNTERKUNFT
JAHRESPRODUKTION 800.000 Flaschen
REBFLÄCHE 180 Hektar

Valneo und Tonino Livon sind die Urheber und Verwalter dieses großen friaulischen Weinguts, das seinen Sitz in Dolegnano, ein Ortsteil von San Giovanni al Natisone hat, aber Rebflächen in ganz Friaul und in anderen Weinanbaugebieten Italiens besitzt. Das reiche Weinsortiment bietet eine große Auswahl. Zur berühmten Marke mit der geflügelten Frau, Symbol der Stammkellerei, gesellen sich heute: RoncAlto im Collio Goriziano, Villa Chiopris in der friaulischen Ebene, Borgo Salcetino in der Toskana und Colsanto in Umbrien. Der langjährige Hausönologe Rinaldo Stocco betreut alle Produktionsstätten, aber auch Matteo, der Sohn von Valneo, ist bereits voll in die Betriebsführung eingestiegen. Der Braide Alte '12 ist kompetitiv wie immer, wurde aber beim Zieleinlauf für die Drei Gläser um eine Nasenlänge vom Friulano Manditocai '12 geschlagen. Eine schöne Revanche für diese Rebsorte, die den Ausbau in Holz optimal verträgt und mitreißende exotische Nuancen präsentiert.

○ Collio Friulano Manditocai '12	🍷🍷🍷	5
○ Braide Alte '12	🍷🍷	5
● COF Pignolo Eldoro '11	🍷🍷	5
○ COF Refosco P.R. Riul '12	🍷🍷	3
○ Collio Ribolla Gialla RoncAlto '13	🍷🍷	3
○ Collio Sauvignon Valbuins '13	🍷🍷	3
● Scioppettino Picotis '11	🍷🍷	4
● TiareBlù '11	🍷🍷	5
○ Braide Alte '11	🍷🍷🍷	5
○ Braide Alte '09	🍷🍷🍷	5
○ Braide Alte '07	🍷🍷🍷	5
● COF Refosco P. R. Riul '02	🍷🍷🍷	3
○ COF Verduzzo Friulano Casali Godia '94	🍷🍷🍷	5
○ Collio Braide Alte '08	🍷🍷🍷	3
○ Collio Friulano Manditocai '10	🍷🍷🍷	5
● TiareBlù '00	🍷🍷🍷	5

FRIAUL JULISCH VENETIEN

Tenuta Luisa

FRAZ. CORONA
VIA CAMPO SPORTIVO, 13
34070 MARIANO DEL FRIULI [GO]
TEL. +39 048169680
www.tenutaluisa.com

DIREKTVERKAUF
BESUCH NACH VORANMELDUNG
JAHRESPRODUKTION 300.000 Flaschen
REBFLÄCHE 79 Hektar

Man schrieb das Jahr 1927, als Francesco Luisa, ein 37jähriger Witwer mit 6 Kindern die Gelegenheit erhielt, einige Hektar Land im Ortsteil Corona von Mariano del Friuli in der Denomination Friuli Isonzo zu erwerben. Das überproportionale Wachstum ist Eddi zu verdanken, der heute mit seiner Frau Nella und den Söhnen Michele und Davide eine Kellerei leitet, die dank der Weine mit sortentypischen Merkmalen und einer Auswahl von Spitzenprodukten zu den führenden regionalen Kellereien gehört. Eddi erzählt gern, dass er seit einem Alter von 13 Jahren von früh bis spät arbeitet, ohne je auf die Uhr zu blicken und auch heute noch führt er mit Stolz und Hingabe diesen wunderbaren Familienbetrieb. Die Weine der Selektion I Ferretti sind logischerweise immer einen Schritt voraus und auch dieses Jahr hat einer von ihnen unsere Endrunden erreicht. Der Friulano '12 besticht durch Eigentümlichkeit, duftet nach reifer weißer Frucht, Lindenblüten und Kamille und ist im Mund saftig, geschmeidig und einhüllend.

○ Friuli Isonzo Friulano I Ferretti '12	🍷🍷 3*
○ Desiderium I Ferretti '12	🍷🍷 4
● Friuli Isonzo Cabernet I Ferretti '09	🍷🍷 4
○ Friuli Isonzo Chardonnay '13	🍷🍷 3
○ Friuli Isonzo Friulano '13	🍷🍷 3
○ Friuli Isonzo Pinot Grigio '13	🍷🍷 3
○ Friuli Isonzo Sauvignon '13	🍷🍷 3
○ Friuli Isonzo Pinot Bianco '13	🍷 3
○ Desiderium I Ferretti '11	🍷🍷 4
○ Desiderium I Ferretti '10	🍷🍷 4
● Friuli Isonzo Cabernet I Ferretti '07	🍷🍷 4
○ Friuli Isonzo Chardonnay '10	🍷🍷 3
○ Friuli Isonzo Friulano '11	🍷🍷 3
○ Friuli Isonzo Friulano '10	🍷🍷 3*
○ Friuli Isonzo Friulano I Ferretti '11	🍷🍷 3
○ Friuli Isonzo Sauvignon '11	🍷🍷 3

Magnàs

LOC. BOATINA
VIA CORONA, 47
34071 CORMÒNS [GO]
TEL. +39 048160991
www.magnas.it

DIREKTVERKAUF
BESUCH NACH VORANMELDUNG
UNTERKUNFT UND GASTRONOMIE
JAHRESPRODUKTION 25.000 Flaschen
REBFLÄCHE 10 Hektar

Wir sind in der Denomination Friuli Isonzo, in der Ortschaft Boatina, in der Gemeinde von Cormòns. Seit vielen Generationen trägt ein Zweig der Familie Visintin, die seit über einem Jahrhundert ihren Namen mit diesem Anbaugebiet verbindet, den Beinamen Magnàs, der für Loyalität, Stolz, Würde und Opfergeist steht. 1969 gründete Luciano Visintin mit einem Notariatsakt den Betrieb Magnàs und sorgte sofort für ein beachtliches Wachstum. Heute betreut Sohn Andrea persönlich die gesamte Produktionslinie, und zwar von der Pflege der Rebberge bis zur Vinifizierung. Die erste Flaschenabfüllung erfolgte 1991 und seitdem ist die Qualität mit großer Beständigkeit alljährlich gewachsen. Die diesjährige Neuheit ist der Collio Bianco '12, den wir das erste Mal verkosten und den wir wegen des integren Bouquets und der Geradlinigkeit am Gaumen geschätzt haben. Alle anderen Weine folgen der Betriebsphilosophie und zeichnen sich durch die manchmal überschwänglichen, aber niemals penetranten sortentypischen Merkmale der Rebsorten aus.

○ Collio Bianco '12	🍷🍷 3
○ Friuli Isonzo Chardonnay '13	🍷🍷 3
○ Friuli Isonzo Friulano '13	🍷🍷 3
○ Friuli Isonzo Sauvignon '13	🍷🍷 3
○ Malvasia '13	🍷🍷 3
○ Friuli Isonzo Pinot Grigio '13	🍷 3
○ Friuli Isonzo Chardonnay '11	🍷🍷 3
○ Friuli Isonzo Friulano '12	🍷🍷 3
○ Friuli Isonzo Friulano '11	🍷🍷 3
○ Friuli Isonzo Friulano '10	🍷🍷 3
○ Friuli Isonzo Friulano '09	🍷🍷 3*
○ Friuli Isonzo Sauvignon '12	🍷🍷 3
○ Friuli Isonzo Sauvignon '11	🍷🍷 3
○ Malvasia '12	🍷🍷 3
○ Malvasia '11	🍷🍷 3

FRIAUL JULISCH VENETIEN

Valerio Marinig
VIA BROLO, 41
33040 PREPOTTO [UD]
TEL. +39 0432713012
www.marinig.it

DIREKTVERKAUF
BESUCH NACH VORANMELDUNG
JAHRESPRODUKTION 30.000 Flaschen
REBFLÄCHE 8 Hektar

Dieser klassische friaulische Familienbetrieb wurde 1921 von Luigi Marinig gegründet. In vierter Generation hält nun Valerio Marinig das Ruder in der Hand und kümmert sich dabei sowohl um die Bewirtschaftung der Weinberge als auch um die önologischen Belange im Keller. Vater Sergio arbeitet im Berg noch immer aktiv mit, bei der Leitung wird Luigi von seiner Frau Michela und von Mutter Marisa unterstützt, die auch gewissenhaft die Gäste betreut. Die acht Hektar Rebfläche erstrecken sich über die Hügel der Gemeinde Prepotto in den Colli Orientali del Friuli, wo die besonderen morphologischen Merkmale und das Klima seit jeher alle Vorgaben für einen Weinbau von hoher Qualität schaffen. Aus der tiefer stehenden Auflistung geht hervor, dass die von uns verkosteten Weine hervorragende Punktezahlen und allgemeines Lob erhalten haben. Die Weißen des Jahrgangs sind beispielhaft für ihren Wohlgeruch und befriedigend am Gaumen, die Roten hingegen besser strukturiert und energiegeladen. Ausgezeichnet auch der schmackhafte und einhüllende Picolit '12.

● Biel Cûr Rosso '11	🍷🍷	4
○ COF Friulano '13	🍷🍷	2*
○ COF Picolit '12	🍷🍷	6
● COF Pignolo '09	🍷🍷	4
○ COF Pinot Bianco '13	🍷🍷	2*
○ COF Sauvignon '13	🍷🍷	3
○ COF Verduzzo Friulano '13	🍷	3
○ COF Friulano '12	🍷🍷	2*
○ COF Friulano '11	🍷🍷	2*
● COF Pignolo '08	🍷🍷	4
○ COF Pinot Bianco '12	🍷🍷	2*
○ COF Sauvignon '12	🍷🍷	3
○ COF Sauvignon '11	🍷🍷	2*
○ COF Sauvignon '09	🍷🍷	2*
● COF Schioppettino di Prepotto '10	🍷🍷	4

Masùt da Rive
VIA MANZONI, 82
34070 MARIANO DEL FRIULI [GO]
TEL. +39 048169200
www.masutdarive.com

DIREKTVERKAUF
BESUCH NACH VORANMELDUNG
JAHRESPRODUKTION 80.000 Flaschen
REBFLÄCHE 20 Hektar

Heute wird die Kellerei von Fabrizio und Marco Gallo geleitet, die Wende geht aber schon auf das Jahr 1979 zurück, als der großartige Silvano mit der Abfüllung jener Weine begann, die Familie Gallo aus Mariano del Friuli seit Beginn des letzten Jahrhunderts unter Ausnutzung des gesamten Potenzials des vom Isonzo geformten mineral- und eisenreichen Unterbodens erzeugte. 1995 wurde nach dem Eintritt auf den internationalen und nordamerikanischen Markt ein Namenswechsel notwendig, um Rechtsstreitigkeiten mit dem kalifornischen Weinkoloss Gallo of Sonoma zu vermeiden. Es entstand so Masùt da Rive, vom örtlichen Spitznamen der Familie Gallo. Der Aufstieg des Pinot Nero Maurus '11 in die Endausscheidungen ist die gerechte Anerkennung für einen Betrieb, der seit jeher an das Potenzial dieser schwierigen, aber außergewöhnlich raffinierten und sehr gefälligen Rebsorte glaubt. Um nichts geringer der Cabernet Franc '12, kräftiger, Gaumen umhüllend und weich.

● Friuli Isonzo Cabernet Franc '12	🍷🍷	3*
● Friuli Isonzo Pinot Nero Maurus '11	🍷🍷	6
● Friuli Isonzo Cabernet Sauvignon '12	🍷🍷	4
○ Friuli Isonzo Chardonnay Rive Alte '13	🍷🍷	3
● Friuli Isonzo Refosco P. R. '12	🍷🍷	3
○ Friuli Isonzo Sauvignon Rive Alte '13	🍷🍷	3
○ Friuli Isonzo Friulano Rive Alte '13	🍷	3
● Friuli Isonzo Merlot '12	🍷	4
○ Friuli Isonzo Pinot Grigio Rive Alte '13	🍷	3
○ Friuli Isonzo Tocai Friulano '04	🍷🍷🍷	3*
● Friuli Isonzo Cabernet Sauvignon '10	🍷🍷	3
○ Friuli Isonzo Chardonnay Rive Alte '12	🍷🍷	3
● Friuli Isonzo Merlot '10	🍷🍷	3
○ Friuli Isonzo Pinot Grigio Rive Alte '12	🍷🍷	3

FRIAUL JULISCH VENETIEN

Davino Meroi
VIA STRETTA, 7B
33042 BUTTRIO [UD]
TEL. +39 0432673369
www.meroidavino.it

DIREKTVERKAUF
BESUCH NACH VORANMELDUNG
JAHRESPRODUKTION 30.000 Flaschen
REBFLÄCHE 13 Hektar

Paolo Meroi, der aktuelle Besitzer, hat von Vater Davino nicht nur den Betrieb, sondern auch Weinberge geerbt, deren Rebstöcke vor mehr als 30 Jahren vom Großvatermit großer Erfahrung gepflanzt wurden. Alte Weinberge, die auf den schönen Hügeln von Buttrio liegen und einen authentischen Grandcru im kleinen Gebiet der Colli Orientali del Friuli bilden.Die sonnigen Abhänge spüren die Meeresbrisen der nahen Adria und erlauben die Reifung von gesunden, konzentrierten Trauben, die ganz zum Weinbereitungsstil von Paolo passen. Durch den ausgewogenen Einsatz von Holz sowohl bei der Gärung als auch bei der Verfeinerung erhalten seine Weinen eine Persönlichkeit mit beneidenswerter Struktur und herrlichen Aromen. Es gelingt nicht jedem, alle Jahre wieder mit mindestens drei Weinen ins Finale zu kommen, und es geschieht auch nicht aus Zufall. Dank der hohen Qualität des gesamten vorgestellten Sortiments gehört dieser Betrieb zu den renommiertesten der Region. Es sind unverblümte Weine, komplex und duftend in der Nase, energisch im Geschmack.

○ COF Chardonnay '12	💰💰 5
● COF Merlot V. Dominin '11	💰💰 8
○ COF Sauvignon '12	💰💰 4
○ COF Friulano '12	💰💰 5
● COF Merlot Ros di Buri '11	💰💰 5
● COF Refosco P. R. Dominim '11	💰💰 8
○ COF Friulano '11	💰💰💰 5
○ COF Friulano '10	💰💰💰 5
○ COF Verduzzo Friulano '08	💰💰💰 5
○ COF Chardonnay '11	💰💰 5
○ COF Chardonnay '10	💰💰 5
○ COF Picolit '10	💰💰 6
○ COF Verduzzo Friulano '11	💰💰 5
○ COF Verduzzo Friulano '10	💰💰 5

Moschioni
LOC. GAGLIANO
VIA DORIA, 30
33043 CIVIDALE DEL FRIULI [UD]
TEL. +39 0432730210
www.michelemoschioni.it

BESUCH NACH VORANMELDUNG
JAHRESPRODUKTION 38.000 Flaschen
REBFLÄCHE 14 Hektar

Der von Michele Moschioni geleitete Betrieb liegt in Gagliano, ein kleiner Ortsteil von Cividale del Friuli.Es ist bekannt, dass das ganze regionale Anbaugebiet, aber insbesondere die Colli Orientali und der Collio seinen Ruf der exzellenten Qualität der Weißweine verdankt. Michele schwimmt schon lange gegen den Strom und hat uns längst dazu gebracht, seine Rotweine zu schätzen, die mit ganz besonderen Kellerverfahren wie die Entwässerung der Trauben vor dem Pressen hergestellt werden. Eine Phase, die er selbst lieber als Trocknung bezeichnet und die zu hoher Konzentration und gutem Alkoholgehalt führt, ohne die Ausgewogenheit der anderen Bestandteile zu schmälern. Wir mussten ein Jahr länger warten, um die Weine der Lese 2009 verkosten zu können, aber es hat sich gelohnt. Sie sind weich und einhüllend am Gaumen, haben eine ungestüme Struktur mit lebhaften, aber geschliffenen Tanninen und besitzen einen endlosen, den Geschmack begleitenden Duft.

● COF Rosso Celtico '09	💰💰 5
● COF Rosso Reâl '09	💰💰 5
● Rosso Pit Franc	💰💰 8
● COF Pignolo '09	💰💰 7
● COF Refosco P. R. '09	💰💰 4
● COF Schioppettino '09	💰💰 7
● COF Rosso Celtico '04	💰💰💰 5
● COF Schioppettino '06	💰💰💰 6
● COF Pignolo '07	💰💰 6
● COF Refosco P. R. '08	💰💰 4
● COF Rosso Celtico '06	💰💰 5
● COF Schioppettino '08	💰💰 6
● Rosso Pit Franc '08	💰💰 6

FRIAUL JULISCH VENETIEN

Mulino delle Tolle

FRAZ. SEVEGLIANO
VIA MULINO DELLE TOLLE, 15
33050 BAGNARIA ARSA [UD]
TEL. +39 0432924723
www.mulinodelletolle.it

DIREKTVERKAUF
BESUCH NACH VORANMELDUNG
UNTERKUNFT UND GASTRONOMIE
JAHRESPRODUKTION 100.000 Flaschen
REBFLÄCHE 22 Hektar

Giorgio Bertossi, Betriebsönologe, und sein Cousin Eliseo haben dem Bauernhaus Casa Bianca, das im 17. Jh. als Lazarett und zur Habsburgerzeit als Grenzzollstelle diente, durch eine wunderbare Renovierungsarbeit zu neuem Glanz verholfen. In der neuen, inmitten der Weingärten der Denomination Friuli Aquileia liegenden Kellerei hat der Betrieb Mulino delle Tolle seinen Sitz, der trotz der seit Generationen betriebenen Weinerzeugung erst 1988 mit der Flaschenabfüllung begonnen hat. Hier gibt der Boden oft archäologische Fundstücke frei, wie z.B. ganze Ladungen von Weinamphoren, was bestätigt, dass der Wein hier bereits vor zweitausend Jahren gekannt und geschätzt wurde. Auch dieses Jahr wurde der aus Chardonnay, Sauvignon, Friulano und Malvasia Istriana bestehende Bianco Palmade '13 wegen seines Wohlgeruchs und der Frische und Gefälligkeit im Geschmack geschätzt. Ausgezeichnet die Würzigkeit des Sauvignon '13, die Eigentümlichkeit des Friulano '13 und die Cremigkeit des Pignolo '09.

○ Friuli Aquileia Bianco Palmade '13	🍷🍷 3
○ Friuli Aquileia Friulano '13	🍷🍷 3
○ Friuli Aquileia Sauvignon '13	🍷🍷 2*
● Pignolo '09	🍷🍷 4
○ Friuli Aquileia Malvasia '13	🍷 3
○ Friuli Aquileia Traminer Aromatico '13	🍷 2
○ Friuli Aquileia Bianco Palmade '12	🍷🍷 3
○ Friuli Aquileia Friulano '09	🍷🍷 2*
○ Friuli Aquileia Malvasia '12	🍷🍷 3
● Friuli Aquileia Rosso Sabellius '11	🍷🍷 3
○ Friuli Aquileia Sauvignon '09	🍷🍷 2*
○ Friuli Aquileia Traminer Aromatico '11	🍷🍷 2*

Muzic

LOC. BIVIO, 4
34070 SAN FLORIANO DEL COLLIO [GO]
TEL. +39 0481884201
www.cantinamuzic.it

DIREKTVERKAUF
BESUCH NACH VORANMELDUNG
JAHRESPRODUKTION 90.000 Flaschen
REBFLÄCHE 20 Hektar

Entlang der Straße des Weins und der Kirschen, die von Görz nach San Floriano del Collio hinaufsteigt, liegt auf den Hängen das wunderschöne Weingut Muzic. Giovanni Muzic (Ivan für die Freunde) ist ein richtiger Weinhandwerker und Freigeist und liebt die Arbeit in den Rebbergen, während seine Frau Orieta, das pulsierende Herz des Betriebs, die Gäste im malerischen unterirdischen Weinkeller aus dem 16. Jh. empfängt, wo vor Steinwänden und unter Gewölbedecken die Rotweine in den Barriques lagern und reifen. Bereits mit von der Partie sind die jungen Söhne Elija und Fabijan. Die Weinberge liegen fast alle im Collio, ein paar Hektar auch in der nahen Denomination Friuli Isonzo. Bereits zum dritten Mal nimmt der Friulano Vigna Valeris '13 an den Endausscheidungen teil und wieder verfehlt er ganz knapp die höchste Auszeichnung. Eine Ausdauer, die hoffentlich bald belohnt werden wird. Der Sauvignon Vigna Pàjze '13 steht ihm durch seine Raffinesse, Würzigkeit, Saftigkeit und Persistenz um nichts nach.

○ Collio Friulano V. Valeris '13	🍷🍷 3*
○ Collio Sauvignon V. Pàjze '13	🍷🍷 3*
○ Collio Bianco '13	🍷🍷 3
● Collio Cabernet Sauvignon '12	🍷🍷 3
○ Collio Chardonnay '13	🍷🍷 3
○ Collio Malvasia '13	🍷🍷 3
○ Collio Pinot Grigio '13	🍷🍷 3
○ Collio Ribolla Gialla '13	🍷🍷 3
○ Collio Bianco Bric '11	🍷🍷 3*
○ Collio Friulano V. Valeris '12	🍷🍷 3*
○ Collio Friulano V. Valeris '11	🍷🍷 3*
○ Collio Malvasia '09	🍷🍷 3*
○ Collio Pinot Grigio '12	🍷🍷 3*
○ Collio Pinot Grigio '11	🍷🍷 3*
● Friuli Isonzo Merlot '07	🍷🍷 3*

FRIAUL JULISCH VENETIEN

Evangelos Paraschos
LOC. BUCUJE, 13A
34070 SAN FLORIANO DEL COLLIO [GO]
TEL. +39 0481884154
www.paraschos.it

DIREKTVERKAUF
BESUCH NACH VORANMELDUNG
JAHRESPRODUKTION 14.000 Flaschen
REBFLÄCHE 6,5 Hektar

Evangelos Paraschos lebt und arbeitet bereits seit 1979 in San Floriano del Collio. Er liebt die Arbeit im Freien und den natürlichen Zeitablauf der Natur, weshalb er sofort mit Begeisterung die einheimischen Weinbautraditionen mit jenen des Vipaccotals im nahen Slowenien verbunden hat. Seine Weinbereitung sieht auch bei weißen Trauben ein tagelanges Einmaischen auf den Beerenhäuten vor, und zwar in offenen Bottichen aus slawonischer Eiche oder in griechischen Tonamphoren, und ohne Temperaturkontrolle und ohne Beimpfung mit ausgewählten Hefen. Die Flaschenabfüllung erfolgt nach über zwei Jahren ohne Filterung, Klärung oder Stabilisierung und ohne jemals Schwefeldioxid beizugeben. Und nachdem das Ziel einige Male knapp verfehlt wurde, erringt nun der Ribolla Gialla Amphoreus '11 die ersten Drei Gläser der Kellerei. Er hat die Farbe und den Glanz von Bernstein und erobert den Geruchssinn mit Noten von kandierter Orangenschale und Bergamotte, im gefälligen Abgang sind geröstete Mandeln spürbar.

○ Ribolla Gialla Amphoreus '11		🍷🍷 5
○ Malvasia Amphoreus '11		🍷🍷 6
○ Pinot Grigio Not '11		🍷🍷 5
○ Ponka '10		🍷🍷 5
○ Amphoreus Bianco '09		♀♀ 5
○ Amphoreus Malvasia '10		♀♀ 6
○ Chardonnay '09		♀♀ 3
○ Kaj '09		♀♀ 5
● Merlot '09		♀♀ 4
○ Ponka '09		♀♀ 5
○ Ribolla Gialla '09		♀♀ 5
● Ros di Lune '09		♀♀ 3

Alessandro Pascolo
LOC. RUTTARS, 1
34070 DOLEGNA DEL COLLIO [GO]
TEL. +39 048161144
www.vinipascolo.com

DIREKTVERKAUF
BESUCH NACH VORANMELDUNG
JAHRESPRODUKTION 25.000 Flaschen
REBFLÄCHE 7 Hektar

Der Betrieb Pascolo entstand in den 70er Jahren auf Betreiben von Angelo, der als erfolgreicher Unternehmer etwas in seine wahre Leidenschaft, das Land, investieren wollte. Es bot sich ihm die Gelegenheit, ein von Rebbergen umrahmtes Bauernhaus auf dem sonnigen Hügel von Ruttàrs, eine Perle im Anbaugebiet von Dolegna del Collio zu erwerben. Sohn Giuseppe führte dann das Unternehmen aus der Einrichtungswelt ganz in die Welt der Felder und jetzt ist Alessandro an der Reihe, der Erste in der Familie, der im Rebberg sein Zuhause sieht. Als Agronom, Önologe und Sommelier hat Alessandro den Weinberg im Herzen und das Herz im Weinberg, was ihm hilft, die großartigen Möglichkeiten voll auszuschöpfen. Die meisten Anerkennungen erhält der Malvasia '13, der in der Nase köstliche Duftnoten von weißen Blumen und Zitrusfruch bietet und am Gaumen dicht und wohlriechend ist. Reich an elsässischen Noten ist hingegen der Riesling Briach '07, mit faszinierenden Anklängen von Harz und Terpenen, der Geschmack ist erfüllend, warm und trocken.

○ Bolla Gialla Brut		🍷🍷 3
○ Collio Malvasia '13		🍷🍷 3
○ Riesling Briach '07		🍷🍷 4
○ Collio Pinot Bianco '13		🍷 3
○ Collio Sauvignon '13		🍷 3
○ Collio Bianco '12		♀♀ 3
○ Collio Bianco Agnul '10		♀♀ 3
○ Collio Friulano '12		♀♀ 3
○ Collio Friulano '11		♀♀ 3*
○ Collio Malvasia '12		♀♀ 3
● Collio Merlot Sel. '10		♀♀ 4
● Collio Merlot Sel. '06		♀♀ 4
○ Collio Pinot Bianco '12		♀♀ 3
○ Collio Pinot Grigio '11		♀♀ 3*
● Collio Rosso Pascal '10		♀♀ 3

FRIAUL JULISCH VENETIEN

Pierpaolo Pecorari
VIA TOMMASEO, 56
34070 SAN LORENZO ISONTINO [GO]
TEL. +39 0481808775
www.pierpaolopecorari.it

DIREKTVERKAUF
BESUCH NACH VORANMELDUNG
JAHRESPRODUKTION 150.000 Flaschen
REBFLÄCHE 30 Hektar

Die Bindung von Familie Pecorari zum Land und zum Wein ging mit der Zeit verloren, der qualitative Aufschwung in den 70er Jahren ist jedoch dem damals ganz jungen Pierpaolo zu verdanken, der mit vollem Recht zu den Pionieren des regionalen Spitzenweinbaus zählt. Unterstützt von seiner Frau Alba und Sohn Alessandro pflegt er persönlich die am linken Ufer des Isonzo liegenden Weinberge, wo der Boden aus einem Gemisch aus kleinen und mittleren Kieseln und Sandstein von guter Qualität besteht. Der Boden ist sehr trocken, stark salpeterhaltig, von der Sonne geküsst und von den Meeresbrisen der nahen Adria gestreichelt. Die Produktion umfasst drei eigenständige Linien und bietet eine große Auswahl. Der Pinot Grigio Olivers '12 hat sowohl bei der Verkostung der Auswahlflaschen als auch in den Endrunden allgemeinen Beifall erhalten. Der Geruch ist intensiv und komplex, im Mund fett, überschwänglich und schmackhaft. Auch der Sauvignon Kolaus '12 wird dem Lob der vorhergehenden Ausgaben gerecht.

○ Pinot Grigio Olivers '12	♛♛ 5
● Merlot Baolar '11	♛♛ 4
● Refosco P. R. '12	♛♛ 3
○ Sauvignon Kolaus '12	♛♛ 5
○ Malvasia '13	♛ 3
○ Pinot Grigio '13	♛ 3
○ Chardonnay Soris '11	♛♛ 5
○ Friuli Isonzo Friulano '11	♛♛ 3*
○ Pinot Bianco Altis '10	♛♛ 4
○ Pinot Grigio Olivers '11	♛♛ 5
○ Pinot Grigio Olivers '09	♛♛ 4
○ Pinot Grigio Olivers '07	♛♛ 5
○ Sauvignon Blanc '10	♛♛ 4
○ Sauvignon Blanc Altis '11	♛♛ 4
○ Sauvignon Kolaus '11	♛♛ 5*

Petrucco
VIA MORPURGO, 12
33042 BUTTRIO [UD]
TEL. +39 0432674387
www.vinipetrucco.it

DIREKTVERKAUF
BESUCH NACH VORANMELDUNG
JAHRESPRODUKTION 80.000 Flaschen
REBFLÄCHE 20 Hektar

Auf den sonnigen Hügeln von Buttrio nahe der Ortschaft Buttrio di Monte, wo das prächtige, von der Natur angelegte Amphitheater der Colli Orientali del Friuli beginnt, übernahm Paolo Petrucco 1981 diesen bereits geschichtsreichen Betrieb. Die meisten Weinberge wurden von Italo Balbo, dem Gatten der Gräfin Emanuela Florio, angepflanzt. Ihm sind die Riserva-Weine Ronco del Balbo gewidmet, die das Ergebnis einer sorgfältigen Traubenauswahl sind und im Barrique reifen. Paolo hat sich die Mitarbeit erstklassiger Techniker gesichert und sofort ausgezeichnete Ergebnisse erzielt. Die Weinberge werden von Marco Simonit überwacht, im Keller nutzt Flavio Cabas die wertvollen Ratschläge von Gianni Menotti. Wie schon in der letzten Ausgabe finden wir an der Spitze der Rangliste den Merlot Ronco del Balbo '11, der in der Nase an Kirschkonfitüre, Vanille und Lakritze erinnert, aber vorallem wegen der Gefälligkeit am Gaumen begeistert. Herausragend auch der Chardonnay '13 und der Pignolo Ronco del Balbo '10.

● COF Merlot Ronco del Balbo '11	♛♛ 3*
○ COF Chardonnay '13	♛♛ 3
● COF Pignolo Ronco del Balbo '10	♛♛ 5
○ COF Pinot Bianco '13	♛♛ 3
○ COF Pinot Grigio '13	♛♛ 3
● COF Refosco P. R. Ronco del Balbo '11	♛♛ 4
○ COF Ribolla Gialla '13	♛♛ 3
○ COF Sauvignon '13	♛♛ 3
○ COF Friulano '13	♛ 3
○ COF Friulano '12	♛♛ 3
● COF Merlot Ronco del Balbo '10	♛♛ 3*
○ COF Pinot Grigio '09	♛♛ 2*
● COF Refosco P. R. Ronco del Balbo '08	♛♛ 3
○ COF Ribolla Gialla '11	♛♛ 3*
○ COF Sauvignon '12	♛♛ 3

FRIAUL JULISCH VENETIEN

Petrussa
VIA ALBANA, 49
33040 PREPOTTO [UD]
TEL. +39 0432713192
www.petrussa.it

DIREKTVERKAUF
BESUCH NACH VORANMELDUNG
JAHRESPRODUKTION 40.000 Flaschen
REBFLÄCHE 10 Hektar

Gianni und Paolo Petrussa, überzeugte Anhänger eines einfachen, auf der tausendjährigen Bauernkultur ihrer Ahnen basierenden Weinbaus, haben 1986 den Familienbetrieb übernommen. Die Entscheidung, auf sichere Arbeitsplätze und festes Einkommen zu verzichten, hat bei ihren Eltern eine gewisse Bestürzung hervorgerufen, da diese nur zu gut wussten, dass diese Wahl eine wirtschaftlich unsichere und ganz bestimmt harte und anstrengende Zukunft bedeuten würde. Die Brüder setzten sich das Ziel, die Merkmale ihres Produktionsgebiets um Prepotto, die Wiege des Schioppettino, hervorzuheben, das in den Colli Orientali del Friuli liegt und teils an Slowenien und teils an den Collio grenzt. Der Rosso Petrussa '11 ist ein reinsortiger Merlot, der sich durch den Wohlgeruch der fruchtigen Duftnoten auszeichnet, die perfekt zu den Anklängen von Tabak und Gewürz in der Nase passen. Im Mund ist er saftig, weich und einhüllend, mit dichten, noch lebhaften Tanninen, die hohe Lagerfähigkeit versprechen.

● COF Rosso Petrussa '11		🍷🍷 5
● COF Cabernet '12		🍷🍷 3
○ COF Chardonnay S. Elena '12		🍷🍷 4
○ COF Friulano '13		🍷🍷 3
○ COF Pinot Bianco '13		🍷🍷 3
○ COF Sauvignon '13		🍷🍷 3
○ Pensiero '11		🍷🍷 5
● COF Schioppettino di Prepotto '11		🍷 5
○ COF Chardonnay S. Elena '11		🍷🍷 4
○ COF Chardonnay S. Elena '10		🍷🍷 4
○ COF Friulano '12		🍷🍷 3
○ COF Friulano '11		🍷🍷 3*
○ COF Friulano '10		🍷🍷 3
○ COF Pinot Bianco '12		🍷🍷 3*
○ COF Pinot Bianco '10		🍷🍷 3
● COF Schioppettino di Prepotto '09		🍷🍷 5

Roberto Picéch
LOC. PRADIS, 11
34071 CORMÒNS [GO]
TEL. +39 048160347
www.picech.it

DIREKTVERKAUF
BESUCH NACH VORANMELDUNG
UNTERKUNFT
JAHRESPRODUKTION 25.000 Flaschen
REBFLÄCHE 7 Hektar

Egidio Picech gelang es 1963, die von ihm schon seit vielen Jahren bewirtschafteten Rebberge in der Ortschaft Pradis im Collio Goriziano zu erwerben. Er wurde „der Rebell" genannt, was viel über seinen Charakter sagt. Die Zuverlässigkeit seiner Frau Jelka half, das Gleichgewicht in der Familie zu wahren. Roberto hat die Tatkraft und den Eigensinn seines Vaters, aber auch das umgängliche Wesen seiner Mutter geerbt. Er ist anerkannter Protagonist des regionalen Weinbaus und verleiht seinen Weinen eine immer persönlichere und eigentümlichere Note, fern der aktuellen Mode. Das Einmaischen der Trauben kann sich manchmal über mehrere Tage hinziehen, was zu Fülle und Komplexität führt. Wir malen uns die Befriedigung von Roberto aus, wenn er sieht, dass sein Pinot Bianco '13 dank des eleganten Dufts und des cremigen, angriffslustigen Geschmacks endlich die hochverdienten Drei Gläser erobert hat. Exquisit auch der Ruben Riserva '11, vielschichtig und fruchtig in der Nase, saftig und befriedigend am Gaumen.

○ Collio Pinot Bianco '13		🍷🍷🍷 3*
● Collio Rosso Ruben Ris. '11		🍷🍷 6
○ Collio Bianco Athena Magnum '11		🍷🍷 7
○ Collio Bianco Jelka '12		🍷🍷 4
○ Collio Friulano '13		🍷🍷 3
○ Collio Malvasia '13		🍷🍷 3
● Collio Rosso '12		🍷🍷 3
○ Collio Bianco Athena '05		🍷🍷 7
○ Collio Bianco Jelka '99		🍷🍷 7
○ Collio Bianco Athena '07		🍷🍷 7
○ Collio Bianco Jelka '11		🍷🍷 4
○ Collio Bianco Jelka '09		🍷🍷 4
○ Collio Friulano '10		🍷🍷 3
○ Collio Pinot Bianco '11		🍷🍷 3*
○ Collio Pinot Bianco '07		🍷🍷 3
● Collio Rosso '07		🍷🍷 3

FRIAUL JULISCH VENETIEN

Vigneti Pittaro
VIA UDINE, 67
33033 CODROIPO [UD]
TEL. +39 0432904726
www.vignetipittaro.com

DIREKTVERKAUF
BESUCH NACH VORANMELDUNG
UNTERKUNFT
JAHRESPRODUKTION 400.000 Flaschen
REBFLÄCHE 90 Hektar

Piero Pittaro stammt aus einer Winzerfamilie mit über 450 Jahre alter Geschichte. 1970 gründete er den Betrieb Vigneti Pittaro und errichtete dazu in der friaulischen Ebene eine Kellerei, deren harmonische Architektur perfekt mit den umliegenden Rebflächen verschmilzt. Hier sind auch ein interessantes Weinmuseum und eine wertvolle Glassammlung untergebracht, die viele Besucher anlocken. Zum Betrieb gehören fünf Hektar Rebfläche auf den herrlichen Hügeln von Ramandolo, während eine zweite Produktionseinheit ganz dem Aufbau und der Verfeinerung der Schaumweine Metodo Classico gewidmet ist, die vom fähigen Kellermeister Stefano Trinco auf höchstes Niveau gebracht werden. Der Erfolg des Pittaro Brut Etichetta Oro '07 ist fast vorhersehbar und erregt kein Aufsehen mehr. Das gilt aber nicht für den Rosso Agresto '08, ein herrlicher Blend aus Cabernet, Refosco und Pinot Nero, der durch die Raffinesse des würzigen, balsamischen Dufts begeistert und am Gaumen reichhaltig, schmackhaft und elegant ist.

● Friuli Grave Rosso Agresto '08		4
○ Pittaro Brut Et. Oro '07		5
○ Ribolla Gialla Brut		3
○ COF Friulano Ronco Vieri '13		3
○ COF Picolit Ronco Vieri '11		6
● COF Refosco Ronco Vieri '12		3
○ Ramandolo Ronco Vieri '11		3
○ Pittaro Brut Et. Argento		4
⊙ Pittaro Brut Pink		5
○ Friuli Grave Chardonnay Mousqué '13		3
● Moscato Rosa Valzer in Rosa '13		3
○ Pittaro Brut Et. Oro '05		4
○ Pittaro Brut Et. Oro '03		6
○ Pittaro Brut Et. Oro '02		6
○ Pittaro Brut Et. Oro '01		6

Denis Pizzulin
VIA BROLO, 43
33040 PREPOTTO [UD]
TEL. +39 0432713425
www.pizzulin.com

DIREKTVERKAUF
BESUCH NACH VORANMELDUNG
JAHRESPRODUKTION 25.000 Flaschen
REBFLÄCHE 11 Hektar

Die kleine Größe des Betriebs erlaubt Denis Pizzulin, den gesamten Arbeitsprozess mit geduldiger Gewissenhaftigkeit zu verfolgen. Die in mehrere Parzellen unterteilten elf Hektar Rebfläche liegen auf den Hügeln von Prepotto, ein Gebiet der Colli Orientali del Friuli mit ganz besonderem Mikroklima, dessen aus Tonmergel und Sandstein bestehenden Böden eine tausendjährige Weinbaugeschichte besitzen. Denis ist noch sehr jung, hat sich jedoch durch Entschlossenheit und Können in der überfüllten Welt des regionalen Qualitätsweineinbaus durchgesetzt. Die von ihm angebotenen Weine sind die geglückte Verbindung von Traditionsbewusstsein mit modernen Techniken. Auch diesmal haben die eingereichten Weine das hohe Qualitätsniveau des ganzen Sortiments bewiesen, der Friulano '13 ist jedoch die Nummer eins und begeistert durch vibrierende Frische und eine kleine Note von Holunderlikör in Nase und Mund, wo er süffig, geradlinig und energisch daherkommt.

○ COF Friulano '13		3*
● COF Merlot '13		3
○ COF Pinot Bianco '13		3
○ COF Sauvignon '13		3
● COF Schioppettino di Prepotto '11		3
○ COF Bianco Rarisolchi '13		3
● COF Pinot Nero '11		4
○ COF Bianco Rarisolchi '12		3
○ COF Friulano '11		2*
● COF Pignolo '08		5
○ COF Pinot Bianco '10		2
○ COF Rarisolchi Bianco '10		3
● COF Refosco P. R. Ris. '09		4
● COF Refosco P. R. Ris. '08		3
● COF Schioppettino di Prepotto '10		3
● COF Schioppettino di Prepotto '09		3

FRIAUL JULISCH VENETIEN

Damijan Podversic
VIA BRIGATA PAVIA, 61
34170 GORIZIA
TEL. +39 048178217
www.damijanpodversic.com

DIREKTVERKAUF
BESUCH NACH VORANMELDUNG
JAHRESPRODUKTION 22.600 Flaschen
REBFLÄCHE 10 Hektar
WEINBAU Biologisch anerkannt

Damijan Podversic ist ein Mann mit echtem Temperament, der stolz auf seine Arbeit als Bauer ist, die Erde liebt und genau weiß, dass die Arbeit mit der Natur die Einhaltung der Zeiten und das Ertragen der Widrigkeiten bedeutet. Die mutige Entscheidung für niedrigsten Ertrag und eine Gärung auf den Beerenhäuten, die oft monatelang dauert, führt zu Weinen, die manche als extrem und schwer verständlich bezeichnen. Wir sind da anderer Meinung. Es gibt nichts zu verstehen, diese Weine liebt man und Schluss! Malvasia, Kaplia und Ribolla Gialla sind jene drei Weine, die letztes Jahr die Endrunden erreichten. In dieser Ausgabe finden wir sie wieder und erneut erringt der Malvasia '10 die begehrten Drei Gläser. Eine Bestätigung, die den immer spannenderen und beliebteren Weinen dieser Sorte den Weg ebnet.

○ Malvasia '10	🍷🍷🍷 6
○ Kaplja '10	🍷🍷 6
○ Ribolla Giall '10	🍷🍷 6
○ Nekaj '10	🍷🍷 6
● Rosso Prelit '10	🍷🍷 6
○ Kaplja '08	🍷🍷🍷 6
○ Malvasia '09	🍷🍷🍷 6
○ Kaplja '09	🍷🍷 6
○ Kaplja '07	🍷🍷 6
○ Nekaj '09	🍷🍷 6
○ Pinot Grigio '10	🍷🍷 6
○ Ribolla Gialla '09	🍷🍷 6
○ Ribolla Gialla '07	🍷🍷 5
○ Ribolla Gialla '05	🍷🍷 5
● Rosso Prelit '09	🍷🍷 6

Isidoro Polencic
LOC. PLESSIVA, 12
34071 CORMÒNS [GO]
TEL. +39 048160655
www.polencic.com

DIREKTVERKAUF
BESUCH NACH VORANMELDUNG
UNTERKUNFT
JAHRESPRODUKTION 120.000 Flaschen
REBFLÄCHE 25 Hektar

Der 1968 von Isidoro Polencic gegründete Betrieb wird heute mit Ausdauer und fachlicher Kompetenz von den drei Kindern Elisabetta, Michele und Alex geleitet. Die meisten Weinberge umrahmen die Kellerei in Plessiva nahe Cormòns, andere liegen in den Ortschaften Ruttars, Novali, Mossa und Castelletto. Sie besitzen unterschiedliche Böden und Mikroklimata, was einen Überblick auf das ganze Potenzial des Collio erlaubt. Das Aushängeschild des Betriebs ist der Fisc, ein Weißwein, der einen Zwischenstopp im großen Fass vorsieht und der aus einem Weinberg am Südhang des Monte Quarin stammt, der mit Setzlingen von hundertjährigen Tocai Friulano Reben neu bepflanzt wurde. Es ist bereits eine liebe Gewohnheit, den Friulano Fisc '12 im Finale anzutreffen, eine leichte, noch nicht ganz eingebundene Holznote benachteiligt ihn aber ein wenig. Eine schöne Überraschung ist hingegen der Chardonnay '13, der sich durch köstliche Anklänge von Clementinen auf einem Untergrund von Senf und süßem Gewürz hervorhebt.

○ Collio Chardonnay '13	🍷🍷 3*
○ Collio Friulano Fisc '12	🍷🍷 4
○ Collio Friulano '13	🍷🍷 3
○ Collio Pinot Bianco '13	🍷🍷 3
○ Collio Pinot Grigio '13	🍷🍷 3
○ Oblin Blanc '11	🍷🍷 5
○ Collio Friulano Fisc '07	🍷🍷🍷 3*
○ Collio Pinot Bianco '07	🍷🍷🍷 3
○ Collio Pinot Grigio '98	🍷🍷🍷 3*
○ Collio Tocai Friulano '04	🍷🍷🍷 3*
○ Collio Friulano '12	🍷🍷 3
○ Collio Friulano '11	🍷🍷 3*
○ Collio Pinot Bianco '12	🍷🍷 3
○ Collio Pinot Bianco '11	🍷🍷 3
○ Collio Pinot Grigio '11	🍷🍷 3

FRIAUL JULISCH VENETIEN

Primosic
FRAZ. OSLAVIA
LOC. MADONNINA DI OSLAVIA, 3
34070 GORIZIA
TEL. +39 0481535153
www.primosic.com

DIREKTVERKAUF
BESUCH NACH VORANMELDUNG
JAHRESPRODUKTION 200.000 Flaschen
REBFLÄCHE 30 Hektar

Im Anbaugebiet von Oslavia ist eine große Zahl von Familienbetrieben ansässig, die alle an der Geschichte des Collio beteiligt sind bzw. waren. Hier ist auch Familie Primosic zu Hause, die schon im 19. Jh. in diesem südlichen Teil der österreichisch-ungarischen Monarchie Weine erzeugte, die dann von Händlern in die Hauptstadt Wien gebracht wurden. Die Hügel formen ein natürliches Amphitheater und schützen die Reben vor den kalten Nordwinden der Julischen Alpen, die nahe Adria sorgt für ein in Sachen Winde, Ausrichtung und Temperaturschwankungen einzigartiges Mikroklima. Silvestro Primosic gründete 1956 den Betrieb, den heute die Söhne Marko und Boris mit stolzer Begeisterung leiten. Der fortlaufende Qualitätsanstieg, der auch durch immer positivere Rezensionen in den letzten Ausgaben belegt wird, wird diesmal durch eine Glanzleistung gekrönt. Der Chardonnay Gmajne '11 erobert die ersten Drei Gläser der Kellerei und trumpft mit Eleganz und Wohlgeruch in den Duftnoten und einem langen, würzigen Geschmack auf.

○ Collio Chardonnay Gmajne '11	🍷🍷🍷 4*
○ Collio Bianco Klin Platinum '09	🍷🍷 5
○ Collio Pinot Grigio Murno '13	🍷🍷 3
○ Collio Sauvignon Gmajne '12	🍷🍷 4
○ Pinot Grigio '12	🍷🍷 2*
○ Ribolla Gialla '13	🍷🍷 3
● Collio Merlot Murno '09	🍷 3
● Refosco P. R. '12	🍷 3
○ Collio Bianco Klin Ris. '09	🍷🍷 5
○ Collio Chardonnay Gmajne '10	🍷🍷 4
○ Collio Friulano Belvedere '12	🍷🍷 3*
○ Collio Friulano Belvedere '11	🍷🍷 3*
● Collio Merlot Murno '08	🍷🍷 4
○ Collio Ribolla Gialla di Oslavia Ris. '08	🍷🍷 4
○ Collio Sauvignon Gmajne '10	🍷🍷 4
○ Malvasia Istriana '12	🍷🍷 3

★Doro Princic
LOC. PRADIS, 5
34071 CORMÒNS [GO]
TEL. +39 048160723
doroprincic@virgilio.it

DIREKTVERKAUF
BESUCH NACH VORANMELDUNG
JAHRESPRODUKTION 60.000 Flaschen
REBFLÄCHE 10 Hektar

Alessandro Princic, der in unserem vorjährigen Weinführer die Auszeichnung „bester Winzer des Jahres" erhielt, leitet den 1950 von Vater Doro errichteten Betrieb. Für die Leute des Collio war Doro Princic immer ein Anhaltspunkt, eine charismatische Figur von großer Menschlichkeit, die stets bereit war, zu helfen oder nützliche Ratschläge zu geben. Alessandro ist ein echter Mann des Weinbergs, eine durch Aussehen und Charakter beeindruckende Persönlichkeit, die die seltene Fähigkeit des Zuhörens besitzt. Der Schnurrbart im österreichisch-ungarischen Stil verbirgt ein verschmitztes Lächeln und gemeinsam mit seiner Frau Mariagrazia bildet er ein Gespann von ansteckender Sympathie. Der Malvasia '13 sichert sich zum sechsten Mal in Folge unsere Drei Gläser. Es ist schwer, neue Adjektive für seine Beschreibung zu finden, da er längst zu einem Vorbild für alle Vorzüge dieser prestigereichen autochthonen Rebsorte geworden ist, die in der Region immer weiter aufgewertet wird.

○ Collio Malvasia '13	🍷🍷🍷 5
○ Collio Friulano '13	🍷🍷 5
○ Collio Pinot Bianco '13	🍷🍷 5
○ Collio Pinot Grigio '13	🍷🍷 5
○ Collio Sauvignon '13	🍷🍷 5
○ Collio Ribolla Gialla '13	🍷 5
○ Collio Malvasia '12	🍷🍷🍷 5
○ Collio Malvasia '11	🍷🍷🍷 5
○ Collio Malvasia '10	🍷🍷🍷 4
○ Collio Malvasia '09	🍷🍷🍷 4*
○ Collio Malvasia '08	🍷🍷🍷 4
○ Collio Pinot Bianco '07	🍷🍷🍷 3
○ Collio Pinot Bianco '05	🍷🍷🍷 3
○ Collio Pinot Bianco '04	🍷🍷🍷 3*
○ Collio Pinot Bianco '02	🍷🍷🍷 3
○ Collio Tocai Friulano '06	🍷🍷🍷 3*

FRIAUL JULISCH VENETIEN

Puiatti - Tenimenti Angelini
loc. Zuccole, 4
34076 Romans d'Isonzo [GO]
Tel. +39 0481909608
www.puiatti.com

BESUCH NACH VORANMELDUNG
JAHRESPRODUKTION 500.000 Flaschen
REBFLÄCHE 50 Hektar

Der vom großen Vittorio 1967 gegründeten Kellerei Puiatti ist es gelungen, den ständig wechselnden Anforderungen des Markts zu folgen oder ihnen zuvorzukommen, weshalb sie zu einem Fixpunkt der regionalen Weinbauwelt wurde. Strenge, Erfindungsgeist und Poesie stehen für den unverwechselbaren Puiatti-Stil, der ganz auf die Erhaltung der natürlichen Merkmale jeder Rebsorte abzielt, wobei der mäßige Alkoholgehalt den Trinkgenuss steigert. Seit kurzem ist die Kellerei Teil des Weingüter von Tenimenti Angelini. Der Besitzer wurde gewechselt, aber sicher nicht die Betriebsphilosophie, die die Aufwertung des Anbaugebiets und die Stärkung der Verbundenheit zwischen Mensch und Boden anstrebt. Der Ribolla Gialla Archetipi '12 schenkt in der Nase den Duft von Golden Delicious Apfel, Mandarine, Harz und Honig und ist am Gaumen einhüllend und geschmackvoll. Der Friulan Vuj '13 und auch alle anderen Weine des Jahrgangs zeichnen sich durch Frische und Wohlgeruch aus, im Mund sind sie schnörkellos, schlicht und angenehm.

○ Blanc de Blancs Extra Brut	🍷🍷 3
○ Friuli Isonzo Friulano Vuj '13	🍷🍷 3
○ Friuli Isonzo Ribolla Gialla Archetipi '12	🍷🍷 3
○ Friuli Isonzo Ribolla Gialla Lus '13	🍷🍷 4
○ Friuli Isonzo Pinot Grigio '13	🍷 3
○ Friuli Isonzo Traminer Aromatico '13	🍷 4
○ Fun Sauvignon '13	🍷 3
○ Collio Chardonnay Archetipi '04	🍷🍷 4
● Collio Pinot Nero Ruttars '08	🍷🍷 3
○ Collio Ribolla Gialla '08	🍷🍷 3
● Friuli Isonzo Cabernet Franc Le Zuccole '04	🍷🍷 2*
○ Oltre il Metodo Extra Brut '06	🍷🍷 5

★ Dario Raccaro
fraz. Ròlat
via San Giovanni, 87
34071 Cormòns [GO]
Tel. +39 048161425
az.agr.raccaro@alice.it

DIREKTVERKAUF
BESUCH NACH VORANMELDUNG
JAHRESPRODUKTION 30.000 Flaschen
REBFLÄCHE 6 Hektar

Die Qualität der Weine von Dario Raccaro hat es ermöglicht, dass diese schlichte, kleine Kellerei den Olymp der regionalen Weinwelt erreicht. Die Weinberge liegen rund um den Firmensitz auf den Hängen des Monte Quarin im Herzen des Collio. Hier ließ sich Großvater Giuseppe 1928 nach Verlassen der steinigen, undankbaren Böden des Natisone-Tals in einem alten Bauernhaus nieder und begann jene bäuerliche Arbeit, die auch Dario mit Stolz erfüllt. In den 80er Jahren beschloss er, alle Energien in den Weinbau zu stecken und es gelang ihm, den eigenen Grundbesitz durch die Pacht eines alten, mit Tocai Friulano bepflanzten Weinbergs zu vergrößern, der ihn berühmt machen sollte: der „Vigna del Rolàt". Und es ist genau der Friulano Vigna del Rolat '13, der auch diesmal die Finalrunden erreicht und um ein Haar die höchste Auszeichnung verfehlt. Er verströmt einen intensiven Duft von Golden Delicious Apfel und Birne, ist reich an Geschmack und sehr ausgewogen, während der Malvasia '13 schmackhaft, cremig und einhüllend ist.

○ Collio Friulano V. del Rolat '13	🍷🍷 4
○ Collio Malvasia '13	🍷🍷 5
● Collio Merlot '12	🍷🍷 5
○ Collio Bianco '03	🍷🍷🍷 3
○ Collio Bianco '02	🍷🍷🍷 3
○ Collio Friulano V. del Rolat '09	🍷🍷🍷 4
○ Collio Friulano V. del Rolat '08	🍷🍷🍷 4
○ Collio Friulano V. del Rolat '07	🍷🍷🍷 4
○ Collio Malvasia '12	🍷🍷🍷 5
○ Collio Malvasia '11	🍷🍷🍷 4*
○ Collio Tocai Friulano '05	🍷🍷🍷 4
○ Collio Tocai Friulano '04	🍷🍷🍷 3
○ Collio Tocai Friulano '01	🍷🍷🍷 3*
○ Collio Tocai Friulano '00	🍷🍷🍷 3*
○ Collio Tocai Friulano V. del Rolat '06	🍷🍷🍷 4

FRIAUL JULISCH VENETIEN

La Rajade
LOC. PETRUS, 2
34070 DOLEGNA DEL COLLIO [GO]
TEL. +39 0481639273
www.larajade.it

DIREKTVERKAUF
BESUCH NACH VORANMELDUNG
JAHRESPRODUKTION 45.000 Flaschen
REBFLÄCHE 6,5 Hektar

In Dolegna del Collio sind viele angesehene Weinbaubetriebe zu Hause und einer der schönsten davon ist La Rajade, was im lokalen Dialekt „Sonnenstrahl" bedeutet. Der erst vor kurzem gegründete Betrieb entstand aus der Übernahme eines alten Weinguts, dessen Kellerei und Weinberge seit ewigen Zeiten existieren. Er liegt im nördlichsten Teil des Collio im Tal des Flusses Judrio entlang der slowenischen Grenze. Die Rebberge führen vom Ronco Petrus talabwärts und folgen dem morphologischen Profil der Hügel, deren Form eine ausgezeichnete Sonnenbestrahlung garantiert. Der Besitzer Sergio Campeotto hat die Leitung an Diego Zanin übertragen, der bei den Entscheidungen von Andrea Romano Rossi unterstützt wird. Ein gelungener Auftritt für alle Weißweine des Jahrgangs, den meisten Beifall erhielt jedoch der Merlot Riserva '11, der sich den Einzug ins Finale durch seinen raffinierten, vielschichtigen Duft, aber vorallem durch den angenehmen Trinkgenuss verdient hat. Auch der Schioppettino '12 ist vortrefflich, jedoch ein wenig adstringierend.

● Collio Merlot Ris. '11	🍷🍷 4
○ Collio Bianco '13	🍷🍷 3
● Collio Cabernet Sauvignon Ris. '11	🍷🍷 4
○ Collio Pinot Grigio '13	🍷🍷 3
○ Collio Ribolla Gialla '13	🍷🍷 3
● Schioppettino '12	🍷🍷 3
○ Collio Sauvignon '13	🍷 3
○ Collio Bianco '12	♉ 3
○ Collio Bianco '11	♉ 3
● Collio Cabernet Sauvignon Ris. '10	♉ 4
● Collio Cabernet Sauvignon Ris. '08	♉ 4
● Collio Merlot Ris. '10	♉ 4
● Collio Merlot Ris. '09	♉ 4
○ Collio Pinot Grigio '12	♉ 3
○ Collio Ribolla Gialla '12	♉ 3
○ Collio Sauvignon '11	♉ 3

Rocca Bernarda
FRAZ. IPPLIS
VIA ROCCA BERNARDA, 27
33040 PREMARIACCO [UD]
TEL. +39 0432716914
www.roccabernarda.com

DIREKTVERKAUF
BESUCH NACH VORANMELDUNG
JAHRESPRODUKTION 190.000 Flaschen
REBFLÄCHE 36 Hektar

Die 1559 gegründete Rocca Bernarda zählt mit vollem Recht zu den historischen Kellereien von Friaul-Julisch Venetien. Sie ist in einem herrlichen, wegen der vier zylinderförmigen Ecktürme als Schloss bezeichneten Gebäude untergebracht, das einst der herrschaftliche Landsitz der Grafen Valsason Maniago war. Ein Gedenkstein in der Mauer zeugt davon, dass die Weinkeller noch vor dem Bau der Villa errichtet wurden und die Weinbautradition wurde stets von allen Besitzern weitergeführt. 2006 übernahm die Gesellschaft Agricola Vitivinicola Italiana die Leitung des Betriebs und übertrug die önologischen Belange an Maurilio Chioccia. Seine Aufgabe ist es, die mit der Marke verbundene Qualität zu bewahren. Alle Weißweine zeichnen sich durch Frische und Wohlgeruch in den Duftnoten und Geradlinigkeit und Cremigkeit im Geschmack aus. Der Pignolo Novecento 1113-2013 der Weinlese 2008 erinnert an Sauerkirschkonfitüre und Rhabarber, ansprechende balsamische Noten verfeinern hingegen den angenehmen Ausklang im Mund.

○ COF Chardonnay '13	🍷🍷 3
○ COF Friulano '13	🍷🍷 3
● COF Pignolo Novecento 1113-2013 '08	🍷🍷 5
○ COF Pinot Grigio '13	🍷🍷 3
○ COF Sauvignon '13	🍷🍷 3
○ COF Ribolla Gialla '13	🍷 3
● COF Merlot Centis '99	♉♉♉ 7
○ COF Picolit '03	♉♉♉ 7
○ COF Picolit '98	♉♉♉ 7
● COF Pignolo Novecento 1113-2013 '07	♉ 5
○ COF Sauvignon '12	♉ 3

FRIAUL JULISCH VENETIEN

Paolo Rodaro

LOC. SPESSA
VIA CORMONS, 60
33040 CIVIDALE DEL FRIULI [UD]
TEL. +39 0432716066
www.rodaropaolo.it

DIREKTVERKAUF
BESUCH NACH VORANMELDUNG
JAHRESPRODUKTION 200.000 Flaschen
REBFLÄCHE 50 Hektar

Familie Rodaro bezeichnet sich gern voll Stolz als Bauern von Spessa. Seit 1846 erzeugt sie Wein und hält es für eine Auszeichnung, im dritten Jahrtausend noch immer den Titel Bauer tragen zu dürfen. Heute ist die Kellerei einer der bedeutendsten Betriebe der Colli Orientali del Friuli und wird von Paolo Rodaro geleitet, der den Namen des Gründers trägt. Seinem Vater Luigi ist es zwischen den 60er und 70er Jahren gemeinsam mit seinem Onkel Edo gelungen, einen kleinen Bauernhof in einen angesehenen Weinbaubetrieb umzuwandeln. Durch die Modernisierung der Kellerei, dem Kauf weiterer Weinberge und dem Erwerb des bekannten Weinguts Conte Romano hat Paolo die Konsolidierung des Betriebs fortgesetzt. Die Weine der Linie Romain, die bekanntermaßen das Aushängeschild des Betriebs sind, befinden sich noch zur Verfeinerung in der Flasche. Wir konnten daher nicht einen Einzigen verkosten. Alle Weißweine und auch der Verduzzo Friulano '13 haben jedoch mehr als erfreuliche Punktezahlen erreicht.

Ronc di Vico

FRAZ. BELLAZOIA
VIA CENTRALE, 5
33040 POVOLETTO [UD]
TEL. +39 3208822002
roncdivicobellazoia@libero.it

DIREKTVERKAUF
BESUCH NACH VORANMELDUNG
JAHRESPRODUKTION 12.000 Flaschen
REBFLÄCHE 7 Hektar

Wenige Hektar Weinberg mit alten Reben, die auf eine Umwandlung warteten, faszinierten Gianni del Fabbro dermaßen, dass er zu Beginn des 21. Jh. beschloss, mithilfe der Ratschläge eines erfahrenen Winzerfreundes weitere Hektar zu pachten. Er begann so mit Begeisterung und Instinkt für Qualität eine neue Arbeit, die ihn schon nach wenigen Jahren das Lob der regionalen Weinbauwelt einbrachte. Ronc di Vico liegt in Bellazoia in der Gemeinde Povoletto und ist dem Großvater väterlicherseits gewidmet, dem Gianni sehr nahe stand. Auch sein Sohn heißt Lodovico und unterstützt ihn bei der Arbeit, die aus dem geduldig durchgeführten Rebschnitt und der Verwaltung der Weinberge besteht. Die Entscheidung, sich nur auf wenige Rebsorten und wenige Etiketten zu konzentrieren hat sich als erfolgreich erwiesen. Alle Weine sind von beispielhafter Korrektheit, unverblümt und rein, reich an Geschmack und Substanz, geschmeidig, cremig und süffig am Gaumen und frisch im Abgang.

○ COF Chardonnay '13		♛♛ 3
○ COF Friulano '13		♛♛ 3
○ COF Pinot Grigio '13		♛♛ 3
○ COF Ribolla Gialla '13		♛♛ 3
○ COF Verduzzo Friulano '13		♛♛ 3
● COF Refosco P. R. '11		♛ 3
● COF Refosco P. R. Romain '03		♛♛♛ 6
○ Ronc '00		♛♛♛ 3
○ COF Friulano '12		♛♛ 2*
○ COF Malvasia '12		♛♛ 2*
● COF Pignolo Romain '07		♛♛ 5
○ COF Ribolla Gialla '12		♛♛ 2*
○ COF Sauvignon '12		♛♛ 2*

● COF Refosco P. R. '11		♛♛ 6
○ COF Sauvignon '12		♛♛ 4
● COF Titut Ros '11		♛♛ 6
● COF Vicorosso '11		♛♛ 4
○ COF Il Friulano '09		♛♛♛ 4
○ COF Il Friulano '08		♛♛♛ 4*
○ COF Il Friulano '12		♛♛ 4
○ COF Il Friulano '10		♛♛ 4
○ COF Picolit '11		♛♛ 7
● COF Vicorosso '10		♛♛ 4
● COF Vicorosso '09		♛♛ 4

FRIAUL JULISCH VENETIEN

Ronc Soreli
Loc. Novacuzzo, 46
33040 Prepotto [UD]
Tel. +39 0432713005
www.roncsoreli.com

DIREKTVERKAUF
JAHRESPRODUKTION 100.000 Flaschen
REBFLÄCHE 42 Hektar

Ronc Soreli wurde am Anfang des Jahrhunderts von Flavio Schiratti gegründet, der einen Betrieb im alten Ortsteil Borgo di Novacuzzo übernahm. Die Weinberge liegen auf den Hügeln, die das Naturschutzgebiet Bosco Romagno streifen, und erreichen an den Ufern des Wildbachs Judrio, der natürlichen Grenze zwischen Slowenien und dem Collio, die Talebene. Ein anspruchsvolles Projekt soll nun dem Herrenhaus zu neuen Glanz verhelfen, die alte Kellerei wird von Grund auf erneuert und mit allen modernen Technologien ausgestattet. Für den sofortigen Aufschwung der Kellerei bedient sich Flavio der önologischen Kompetenz von Emilio Del Medico, der auf eine qualitativ hochwertige Produktion achtet. Es hat schon seinen Sinn, dass der angesehenste Wein der Zone, der Schioppettino di Prepotto Riserva '09, die höchste allgemeine Zustimmung gefunden hat. Durch die lange Verfeinerung hat er Anklänge von dunklem Gewürz, Leder und Chinarinde entwickelt und ist weich und vollmundig geworden. Faszinierend die kupferfarbigen Nuancen des Pinot Grigio Vigna dei Melograni '12.

○ COF Friulano V. delle Robinie '12	♥♥ 3
○ COF Pinot Grigio V. dei Melograni '12	♥♥ 3
● COF Ribolla Nera V. delle Marasche '11	♥♥ 3
○ COF RossoRe '11	♥♥ 5
● COF Schioppettino di Prepotto Ris. '09	♥♥ 5
○ Friulano Otto Lustri '11	♥♥ 5
○ COF Bianco Uis Blanc '12	♥ 3
○ COF Sauvignon V. dei Peschi '12	♥ 3
○ COF Friulano V. delle Robinie '11	♥♥♥ 3*
○ COF Bianco Uis Blanc '11	♥♥ 3
○ COF Friulano Otto Lustri '10	♥♥ 5
○ COF Picolit '08	♥♥ 5

La Roncaia
Fraz. Cergneu
via Verdi, 26
33045 Nimis [UD]
Tel. +39 0432790280
www.fantinel.com

DIREKTVERKAUF
BESUCH NACH VORANMELDUNG
JAHRESPRODUKTION 50.000 Flaschen
REBFLÄCHE 22 Hektar

La Roncaia wurde 1998 von Familie Fantinel erworben, um dem vor 30 Jahren gegründeten Betrieb, der bereits mit modernen Weinbergen mit dichten Pflanzverbänden arbeitete, mehr Kontinuität zu geben. Die Kellerei liegt in Cergneu in der Nähe von Nimis, ganz im Norden der Colli Orientali del Friuli, der Wiege des Ramandolo. Sie ist so Teil der Gruppe Fantinel, die bereits die aroma- und mineralreichen Weißweine des Guts Sant'Helena in Vencò im Collio und die in der friaulischen Ebene erzeugten und gut trinkbaren Weine der Linie Borgo Tesis anbietet. Das Angebot umfasst eine Auswahl von Rotweinen mit viel Struktur und Persönlichkeit und die süßen Dessertweine Picolit und Ramandolo aus vertrockneten Trauben. Der Merlot '11 präsentiert sich prächtig im Glas, mit dunklem Rubinrot in der Mitte und glänzendem Schimmer am Rand. In der Nase verströmt er Noten von Veilchen und Kirschkonfitüre, im Mund ist er straff und ansteigend. Ausgezeichnet auch der Friulano '12, sehr sortentypisch und besonders duftend.

○ COF Bianco Eclisse '13	♥♥ 4
○ COF Friulano '12	♥♥ 4
● COF Merlot '11	♥♥ 4
● COF Refosco P.R. '11	♥♥ 4
○ Eclisse '12	♥♥♥ 4*
● COF Cabernet Sauvignon '09	♥♥ 3
○ COF Friulano '11	♥♥ 4
○ COF Friulano '10	♥♥ 3*
● COF Merlot '10	♥♥ 4
● COF Merlot '09	♥♥ 3
○ COF Picolit '10	♥♥ 5
○ Eclisse '10	♥♥ 4
○ Ramandolo '10	♥♥ 5

FRIAUL JULISCH VENETIEN

Il Roncal

via Fornalis, 148
33043 Cividale del Friuli [UD]
Tel. +39 0432730138
www.ilroncal.it

DIREKTVERKAUF
BESUCH NACH VORANMELDUNG
UNTERKUNFT UND GASTRONOMIE
JAHRESPRODUKTION 120.000 Flaschen
REBFLÄCHE 20 Hektar

Der Name Zorzettig steht für die Erzeugung von Wein im Anbaugebiet von Cividale del Friuli und viele Betriebe sind auf diese Familie zurückzuführen. Roberto Zorzettig startete 1986 ein Projekt, das die Errichtung eines Modellbetriebs vorsah, und erneuerte dafür die Weinberge auf dem Hügel von Montebello, der genau im Herzen des Anbaugebiets der Colli Orientali del Friuli liegt. Er plante die neue Kellerei bis ins kleinste Detail selbst und begann sofort mit den Bauarbeiten. Nach seinem frühen Tod im Jahr 2006 kümmerte sich seine Frau Martina Moreale um die Fertigstellungund meisterte diese Hürde mit jener Entschlossenheit, die Generationen von Winzern mit dem Boden und seinen Früchten verbindet. Neben dem Ploe di Stelis '12, ein Blend aus Riesling, Chardonnay und Sauvignon, der das Lob des Vorjahrs bestätigt, galt unsere Aufmerksamkeit besonders den Rotweinen. Der Pignolo '08 ist gut strukturiert und duftet nach Lakritze, der Refosco dal Peduncolo Rosso '11 erinnert hingegen an beschwipste Kirschen und befriedigt Nase und Mund.

○ COF Bianco Ploe di Stelis '12	▼▼ 4
● COF Pignolo '08	▼▼ 5
● COF Refosco P.R. '11	▼▼ 4
● COF Rosso Civon '09	▼▼ 4
○ COF Sauvignon '13	▼ 3
○ COF Bianco Ploe di Stelis '11	▽▽ 4
● COF Cabernet Franc '10	▽▽ 4
● COF Merlot '10	▽▽ 3
● COF Merlot '09	▽▽ 3
○ COF Pinot Grigio '12	▽▽ 3
● COF Refosco P.R. '10	▽▽ 4
○ COF Sauvignon '12	▽▽ 3
● COF Schioppettino '10	▽▽ 4

Il Roncat - Giovanni Dri

loc. Ramandolo
via Pescia, 7
33045 Nimis [UD]
Tel. +39 0432790260
www.drironcat.com

DIREKTVERKAUF
BESUCH NACH VORANMELDUNG
JAHRESPRODUKTION 50.000 Flaschen
REBFLÄCHE 10 Hektar

Giovanni Driva gebührt das uneingeschränkte Lob, die edelste Version des im Ortsteil von Ramandolo erzeugten Verduzzo Friulano aufgewertet und weltweit bekannt gemacht zu haben. Er ist hier geboren, zwischen den Felsen der steilen Hängen des Monte Bernadia im äußersten Norden der Colli Orientali del Friuli, und hier wollte er seine Kellerei erbauen. Er nennt sie La Capanna, da sie einfach im Entwurf, aber groß, einladend und funktionell ist und sich wegen der ausschließlich alten natürlichen Baumaterialien perfekt in die Umgebung einfügt. In einem Familienbetrieb machen alle alles, im Keller braucht man jedoch einen Experten, weshalb hier Tochter Stefania, eine promovierte Önologin, das Sagen hat. Der Schioppettino Monte dei Carpini '10 hat sich den Einzug in die Finalrunden verdient. In der Nase erinnert er an eingemaischte Sauerkirschen, im Mund ist er fett und einhüllend. Beide Versionen des Ramandolo '09 machen den Merkmalen der Rebsorte alle Ehre, wobei der Süße am Gaumen eine köstliche Bitternote folgt.

● COF Schioppettino Monte dei Carpini '10	▼▼ 4
● COF Cabernet '11	▼▼ 3
○ COF Picolit '10	▼▼ 7
● COF Refosco P. R. '10	▼▼ 3
○ Ramandolo '09	▼▼ 5
○ Ramandolo Uve Decembrine '09	▼▼ 6
● COF Rosso Il Roncat '07	▼ 4
○ COF Picolit Il Roncat '09	▽▽ 7
● COF Pignolo Monte dei Carpini '08	▽▽ 5
● COF Refosco P.R. '08	▽▽ 3
● COF Rosso Il Roncat '06	▽▽ 4
○ Ramandolo '08	▽▽ 5

FRIAUL JULISCH VENETIEN

Ronchi di Cialla
FRAZ. CIALLA
VIA CIALLA, 47
33040 PREPOTTO [UD]
TEL. +39 0432731679
www.ronchidicialla.it

DIREKTVERKAUF
BESUCH NACH VORANMELDUNG
JAHRESPRODUKTION 100.000 Flaschen
REBFLÄCHE 26 Hektar

Cialla ist ein von Kastanien, Eichen und wilden Kirschbäumen umgebenes kleines Tal, das offiziell als Lagenweinberg für den Anbau autochthoner friaulischer Rebsorten anerkannt wird. Ronchi di Cialla wurde 1970 von Paolo und Dina Rapuzzi gegründet, heute führen die Söhne Pierpaolo und Ivan diesen bäuerlichen Familienbetrieb weiter, der ganz auf die Aufwertung der bodenständigen friaulischen Rebsorten ausgerichtet ist. Die Philosophie ist einfach: Weine von höchster Qualität zu erzeugen. Die Weine der Kellerei Rapuzzi kommen erst etliche Jahre nach der Lese und nach langer und sorgfältiger Verfeinerung in den Handel, weshalb man in der Preisliste auch alte und uralte Jahrgänge von höchster Güte findet. Der immer in unseren Endrunden anzutreffende Schioppettino di Cialla '10 ist leicht erkennbar, da er stets den Stil der Kellerei wiedergibt. Das lange Einmaischen beeinflusst den Farbton, aber insbesondere die angenehm würzigen Duftnoten, die Weichheit am Gaumen und den balsamischen Abgang.

● COF Schioppettino di Cialla '10	🍷🍷 6
○ Cialla Picolit '11	🍷🍷 8
○ COF Cialla Bianco '12	🍷🍷 5
● COF Refosco P.R. di Cialla '10	🍷 6
● COF Schioppettino di Cialla '05	🍷🍷🍷 6
○ Cialla Picolit '09	🍷🍷 8
○ COF Cialla Bianco '09	🍷🍷 4
● COF Refosco P.R. di Cialla '09	🍷🍷 6
● COF Refosco P.R. di Cialla '08	🍷🍷 6
● COF Refosco P.R. di Cialla '07	🍷🍷 6
● COF Refosco P.R. di Cialla '06	🍷🍷 6
● COF Schioppettino di Cialla '09	🍷🍷 6
● COF Schioppettino di Cialla '08	🍷🍷 6
● COF Schioppettino di Cialla '07	🍷🍷 6
● COF Schioppettino di Cialla '06	🍷🍷 6

Ronchi di Manzano
VIA ORSARIA, 42
33044 MANZANO [UD]
TEL. +39 0432740718
www.ronchidimanzano.com

DIREKTVERKAUF
BESUCH NACH VORANMELDUNG
JAHRESPRODUKTION 264.800 Flaschen
REBFLÄCHE 55 Hektar

Die Grafen von Trient wählten diese „ronchi" (Hügel auf friulanisch), um Weine für den Adel der österreichisch-ungarischen Monarchie zu erzeugen. 1984 erwarb Familie Borghese den Grundbesitz und jetzt leitet Roberta, eine Unternehmerin mit einer Vorliebe für alles Schöne und Gute, den Betrieb. Ronchi di Manzano besitzt 55 Hektar Rebfläche in den Colli Orientali del Friuli, deren sanfte und sonnige Abhänge auf die nahe Adria blicken. Einige Weinberge liegen auch auf den Hügeln von Rosazzo, an einem zauberhaften Ort, der verdienterweise als Untergebiet anerkannt wird. Roberta überwacht den gesamten Produktionsablauf, vom Weinberg bis in den Keller, und wird dabei von erstklassigen Mitarbeitern unterstützt. Und der Bianco Ellégri '13 darf sich wieder der Drei Gläser rühmen und bestätigt so die Güte dieses wertvollen Blends aus Friulano, Sauvignon und Chardonnay, elegant im Duft und köstlich am Gaumen. Umwerfend auch der Friulano '13, frisch und wohlriechend in der Nase, elektrisierend im Mund.

○ COF Ellégri '13	🍷🍷🍷 3*
○ COF Friulano '13	🍷🍷🍷 3*
○ COF Chardonnay '13	🍷🍷 3
● COF Merlot '11	🍷🍷 3
○ COF Verduzzo Friulano '11	🍷🍷 2*
○ COF Sauvignon '13	🍷 3
○ COF Friulano '10	🍷🍷🍷 3
○ COF Friulano '09	🍷🍷🍷 3*
○ COF Rosazzo Bianco Ellégri '11	🍷🍷🍷 3*
○ COF Chardonnay '12	🍷🍷 3
○ COF Friulano '12	🍷🍷 3
● COF Merlot Ronc di Subule '09	🍷🍷 4
○ COF Pinot Grigio '12	🍷🍷 3
○ COF Sauvignon '12	🍷🍷 3
○ COF Verduzzo Friulano '10	🍷🍷 2*

FRIAUL JULISCH VENETIEN

Ronchi San Giuseppe
via Strada di Spessa, 8
33043 Cividale del Friuli [UD]
Tel. +39 0432716172
www.ronchisangiuseppe.com

BESUCH NACH VORANMELDUNG
JAHRESPRODUKTION 300.000 Flaschen
REBFLÄCHE 64 Hektar

In Spessa di Cividale und in Friaul werden die Hügel mit der besten Ausrichtung für den Rebenanbau normalerweise als "ronchi" bezeichnet. Familie Zorzettig lebt seit jeher auf diesen Hügeln und auf Urvater Pietro gehen mehrere Familienzweige zurück, die wiederum verschiedene Weinbaubetriebe gegründet haben. Das Stammhaus verblieb in den Händen von Franco, der mit Sohn Fulvio heute den Betrieb führt. Der Name Ronchi San Giuseppe geht auf die 1522 errichtete weiße Kirche zurück, die auf einem Hügel hoch über den Weinbergen thront. Die Erfahrung von Franco und der innovative Geist von Fulvio haben den Weinen von Ronchi San Giuseppe zu einem großen qualitativen Aufschwung verholfen. Auch dieses Jahr haben alle Weine einen bemerkenswerten Qualitätsstandard bewiesen, wobei die Güte von einem mehr als fairen Preis gestützt wird. Sie besitzen viel Frische und Wohlgeruch in der Nase und überzeugen im Mund durch Geradlinigkeit und beispielhaften Wohlgeschmack.

○ COF Friulano '13	🍷🍷 2*
○ COF Pinot Grigio '13	🍷🍷 2*
○ COF Sauvignon '13	🍷🍷 2*
● COF Schioppettino '12	🍷🍷 2*
● COF Pinot Nero '13	🍷 2
○ COF Traminer Aromatico '13	🍷 2
○ COF Chardonnay '12	🍷🍷 2*
○ COF Friulano '12	🍷🍷 2*
○ COF Pinot Grigio '12	🍷🍷 2*
○ COF Ribolla Gialla '12	🍷🍷 2*
○ COF Sauvignon '12	🍷🍷 2*

Ronco Blanchis
via Blanchis, 70
34070 Mossa [GO]
Tel. +39 048180519
www.roncoblanchis.it

BESUCH NACH VORANMELDUNG
JAHRESPRODUKTION 55.000 Flaschen
REBFLÄCHE 12 Hektar

Auf dem sonnigen Abhang des Hügels von Blanchis, der sich hinter dem kleinen Dorf Mossa erhebt und zu den höchsten des Collio Goriziano gehört, erzeugen Giancarlo Palla und seine Söhne Alberto und Lorenzo mit Unterstützung des Önologen Gianni Menotti erstklassige Weißweine. Die mergel- und tonhaltigen Böden des Collio, das Schutzschild der Julischen Alpen und die sanften Meeresbrisen der nahen Adria sind das Geheimnis des unverwechselbaren Charakters dieser Weine. Jeder Erzeuger verleiht ihnen eine besondere Note und jene der Kellerei Ronco Blanchis zeichnen sich durch einen komplexen Wohlgeruch aus, der im frischen, lang anhaltenden Geschmack voll zum Ausdruck kommt. Und zum zweiten Mal in Folge erringt der Collio '13 unsere Drei Gläser, ein Wein, der alle Vorzüge des Anbaugebiets in sich vereint. Die mit Chardonnay und Sauvignon vermischte autochthone Rebsorte Friulano ist ein wahres Feuerwerk an ausgewogenen, aromatischen, faszinierenden und befriedigenden Duft- und Geschmacksnoten.

○ Collio '13	🍷🍷🍷 3*
○ Collio Friulano '13	🍷🍷 3
○ Collio Pinot Grigio '13	🍷🍷 3
○ Collio Sauvignon '13	🍷🍷 3
○ Collio Ribolla Gialla '13	🍷 3
○ Collio '12	🍷🍷🍷 3*
○ Collio '10	🍷🍷🍷 3*
○ Collio Chardonnay '09	🍷🍷 3*
○ Collio Friulano '11	🍷🍷 3*
○ Collio Friulano '09	🍷🍷 3
○ Collio Pinot Grigio '12	🍷🍷 3
○ Collio Pinot Grigio '11	🍷🍷 3*
○ Collio Pinot Grigio '10	🍷🍷 3
○ Collio Sauvignon '12	🍷🍷 3*
○ Collio Sauvignon '11	🍷🍷 3

FRIAUL JULISCH VENETIEN

★Ronco dei Tassi
Loc. Montona, 19
34071 Cormòns [GO]
Tel. +39 048160155
www.roncodeitassi.it

DIREKTVERKAUF
BESUCH NACH VORANMELDUNG
JAHRESPRODUKTION 110.000 Flaschen
REBFLÄCHE 18 Hektar

Matteo und Enrico arbeiten bereits seit einigen Jahren voll in diesem 1989 von Fabio Coser und dessen Frau Daniela gegründeten Betrieb mit, die damals in der Ortschaft Montona bei Cormòns ein Gut erwarben, das auf einem nach Slowenien blickenden Abhang des Monte Quarin liegt. In den Wäldern rund um die Weinberge gibt es zahlreiche Dachsrudel, die sich zur Reifezeit voll Gier über die süßesten Trauben hermachen. Fabio, dem auch die Kellerei Vigna del Lauro gehört, steht mit seinem önologischen Wissen auch anderen Betrieben des Gebiets beratend zur Seite, die größte Aufmerksamkeit widmet er aber selbstverständlich seinen stets korrekten und wohlriechenden Weinen. Vor zwei Jahren die Überraschung, im Vorjahr die Wiederholung und diesmal die Bestätigung: Das neue Aushängeschild der Kellerei ist der Malvasia, der zum dritten Mal in Folge die Drei Gläser erobert. Er ist die Verherrlichung dieser autochthonen Rebsorte, die in der Rangliste der besten regionalen Weine einen Spitzenplatz belegt.

○ Collio Malvasia '13	🍷🍷🍷 3*
○ Collio Bianco Fosarin '13	🍷🍷 3*
○ Collio Friulano '13	🍷🍷 3
○ Collio Pinot Grigio '13	🍷🍷 3
○ Collio Sauvignon '13	🍷🍷 3
○ Collio Ribolla Gialla '13	🍷 3
○ Collio Bianco Fosarin '10	🍷🍷🍷 3
○ Collio Bianco Fosarin '09	🍷🍷🍷 3*
○ Collio Bianco Fosarin '08	🍷🍷🍷 3*
○ Collio Bianco Fosarin '07	🍷🍷🍷 3
○ Collio Bianco Fosarin '06	🍷🍷🍷 3
○ Collio Bianco Fosarin '04	🍷🍷🍷 3
○ Collio Malvasia '12	🍷🍷🍷 3*
○ Collio Malvasia '11	🍷🍷🍷 3*
○ Collio Sauvignon '05	🍷🍷🍷 3*

★Ronco del Gelso
via Isonzo, 117
34071 Cormòns [GO]
Tel. +39 048161310
www.roncodelgelso.com

DIREKTVERKAUF
BESUCH NACH VORANMELDUNG
JAHRESPRODUKTION 150.000 Flaschen
REBFLÄCHE 25 Hektar

1988 gründete Giorgio Badin die Kellerei Ronco del Gelso, indem er den Familienbetrieb von Viehzucht auf Weinanbau umstellte. Er hatte damals gerade sein Studium beendet und besaß nur zwei Hektar Rebfläche, mit der er 3000 Flaschen Wein erzeugte. Heute sind es dank eines konstanten Wachstums 25 Hektar, die eine Produktion von 150 000 Flaschen erlauben. Die Weinberge mit mageren, steinigen und trockenen Böden liegen knapp unterhalb der Hügel des Collio in der Ebene von Görz und sind so Teil der Denomination Friuli Isonzo. Das Gebiet besitzt ein besonderes Mikroklima mit heißen Tagen und kühlen Nächten, ideal für die Herstellung von Weißweinen mit guter Struktur und einigen fülligen, sortentypischen Rotweinen. Alle während der Vorrunden verkosteten Weine haben einstimmige Anerkennung gefunden, aber ein Wein, und zwar der Traminer Passito Aur '12, hat wirklich alle begeistert. Er schenkt in der Nase agrumige Noten von Zitronat und entzückt den Gaumen mit verführerischen aromatischen Nuancen.

○ Traminer Passito Aur '12	🍷🍷 5
○ Friuli Isonzo Bianco Latimis '13	🍷🍷 3
○ Friuli Isonzo Malvasia V. della Permuta '12	🍷🍷 3
○ Friuli Isonzo Pinot Bianco '13	🍷🍷 3
○ Friuli Isonzo Pinot Grigio Rive Alte Siet Vignis '12	🍷🍷 3
⊙ Friuli Isonzo Rosato Rosimi '12	🍷 3
○ Friuli Isonzo Malvasia '10	🍷🍷🍷 3*
● Friuli Isonzo Merlot '01	🍷🍷🍷 4
○ Friuli Isonzo Tocai Friulano '06	🍷🍷🍷 3*
○ Friuli Isonzo Tocai Friulano '05	🍷🍷🍷 3
○ Friuli Isonzo Tocai Friulano '04	🍷🍷🍷 3*
○ Friuli Isonzo Tocai Friulano '03	🍷🍷🍷 3*
○ Friuli Isonzo Tocai Friulano '01	🍷🍷🍷 2

FRIAUL JULISCH VENETIEN

Ronco delle Betulle

Loc. Rosazzo
via Abate Colonna, 24
33044 Manzano [UD]
Tel. +39 0432740547
www.roncodellebetulle.it

DIREKTVERKAUF
BESUCH NACH VORANMELDUNG
JAHRESPRODUKTION 60.000 Flaschen
REBFLÄCHE 14 Hektar

Im Hügelland von Rosazzo wird die berühmte Abtei aus dem 11. Jh., die einst wie jetzt ein Ort des Schutzes und des Rebenanbaus ist, seit jeher von Weinbergen umrahmt. Dank einer glücklichen Eingebung erkannte Giovanbattista Adami 1968 das Potenzial, gründete Ronco delle Betulle und gab seine ganze Leidenschaft und Liebe für den Boden an seine Tochter Ivana weiter. Ivana, eine eigensinnige und wagemutige Frau, übernahm 1990 die Verantwortung für die Kellerei und leitet heute mit Sohn Simone einen Modellbetrieb, der eine einfache Philosophie verfolgt, die ganz auf die Erzeugung hochwertiger Weine und die Valorisierung der Besonderheiten der regionalen autochthonen Rebsorten ausgerichtet ist. Der Rosazzo Bianco '12 war der Hauptdarsteller der Endrunden und machte damit der kürzlich erfolgten Anerkennung als Docg alle Ehre. Er erobert den Geruchssinn mit köstlichen Noten von reifer Frucht und weißer Schokolade und befriedigt am Gaumen mit viel Frische, Würzigkeit und weicher Geschmeidigkeit.

○ Rosazzo Bianco '12	🍷🍷 4
○ COF Friulano '13	🍷🍷 3
● COF Merlot '11	🍷🍷 3
○ COF Pinot Grigio '13	🍷🍷 3
● COF Rosazzo Pignolo '08	🍷🍷 6
● COF Rosazzo Rosso Narciso '09	🍷🍷 5
○ COF Sauvignon '13	🍷🍷 3
○ COF Ribolla Gialla '13	🍷 3
○ COF Friulano '12	🍷🍷 3
○ COF Pinot Grigio '12	🍷🍷 3
● COF Refosco P. R. '10	🍷🍷 3
○ COF Rosazzo Bianco Vanessa '10	🍷🍷 3
○ COF Sauvignon '12	🍷🍷 3

Ronco Severo

via Ronchi, 93
33040 Prepotto [UD]
Tel. +39 04337133440
info@roncosevero.it

DIREKTVERKAUF
BESUCH NACH VORANMELDUNG
JAHRESPRODUKTION 22.000 Flaschen
REBFLÄCHE 8 Hektar
WEINBAU Biologisch anerkannt

Stefano Novello leitet die von seinem Vater Severo 1968 gegründete Kellerei. Die wenige Hektar große Rebfläche erlaubt ihm den Einsatz der von seinen Ahnen geerbten Weinbautechniken, die er durch seine in Kalifornien und Neumexiko gesammelten Erfahrungen perfektioniert hat. Die Moste von Stefano, auch die weißen, ruhen für einige Wochen und oft auch mehrere Monate auf den Beerenhäuten, um jene Stoffe herauszulösen, die Haltbarkeit des Weins ohne Zugabe von Konservierungsstoffen garantieren. Also eine natürliche Weinbereitung ohne den Einsatz von chemischen Produkten, ausgewählten Hefen, Enzymen oder Schwefeldioxid. Unverfälschte Weine, die ohne Filtration oder Klärung bei abnehmendem Mond abgefüllt werden. Die Ausdauer von Stefano wird durch die Drei Gläser des Severo Bianco '12 endlich belohnt. Der intrigante, duftende, wohlschmeckende Blend aus Friulano, Chardonnay, Sauvignon und Picolit reift 24 Monate in großen Fässern aus slawonischer Eiche und wird bei abnehmendem Septembermond abgefüllt.

○ Severo Bianco '12	🍷🍷🍷 4*
○ COF Friulano Ris. '12	🍷🍷 4
● COF Merlot Artiûl Ris. '11	🍷🍷 5
○ COF Pinot Grigio '12	🍷🍷 4
● COF Schioppettino di Prepotto '10	🍷🍷 4
● COF Refosco P.R. '11	🍷 5
○ COF Friulano '11	🍷🍷 3*
○ COF Friulano Ris. '10	🍷🍷 4
○ COF Friulano Ris. '09	🍷🍷 3
● COF Merlot Artiûl '08	🍷🍷 5
● COF Merlot Artiûl Ris. '10	🍷🍷 5
● COF Merlot Artiûl Ris. '09	🍷🍷 5
○ COF Pinot Grigio '11	🍷🍷 4
○ COF Pinot Grigio '10	🍷🍷 4
○ Severo Bianco '11	🍷🍷 4

FRIAUL JULISCH VENETIEN

Roncùs
VIA MAZZINI, 26
34076 CAPRIVA DEL FRIULI [GO]
TEL. +39 0481809349
www.roncus.it

DIREKTVERKAUF
BESUCH NACH VORANMELDUNG
UNTERKUNFT
JAHRESPRODUKTION 40.000 Flaschen
REBFLÄCHE 10 Hektar

Im Herzen des Collio liegen auf den Hügeln von Capriva del Friuli zehn Hektar Rebfläche, die vom Winzer Marco Perco gewissenhaft und unter Befolgung einer geruhsamen Herstellungsphilosophie bewirtschaftet werden. Seine Weine ruhen lange auf dem feinen Bodensatz und verlassen die Kellerei erst mindestens eineinhalb Jahren nach der Lese. Das führt zu einer höheren Konzentration der Aromen und trägt zur Steigerung der Lagerfähigkeit bei. Ein Großteil seiner Weinberge ist mehr als fünfzig Jahre alt und wie man weiß, bringen die alten Rebstöcke weniger Trauben hervor, die jedoch von ausgezeichneter Qualität sind. Sein ganz persönlicher, beinahe elsässischer Stil ist perfekt auf das Potenzial des Collio abgestimmt. Auch dieses Jahr sticht der Vecchie Vigne '10 am Gaumen mit angenehmen Noten von Agrumen und kandierten Früchten hervor, in den Endrunden wurde aber besonders der Pinot Bianco '12 geschätzt, der unter einer zart rauchigen Note Anklänge von Tropenfrucht, Feingebäck, Koriander und Dill verbirgt.

○ Collio Bianco V. V. '10	🍷🍷 5
○ Pinot Bianco '12	🍷🍷 4
○ Collio Bianco '12	🍷🍷 3
○ Collio Friulano '12	🍷🍷 4
● Merlot '12	🍷🍷 3
○ Ribolla Gialla '13	🍷
○ Roncùs Bianco V. V. '01	🍷🍷🍷 5
○ Collio Bianco '11	🍷🍷 3
○ Collio Bianco V. V. '09	🍷🍷 5
○ Collio Friulano '11	🍷🍷 4
○ Collio Friulano '10	🍷🍷 4
● Collio Merlot '11	🍷🍷 3
○ Pinot Bianco '11	🍷🍷 4
○ Pinot Bianco '10	🍷🍷 4
● Val di Miez '09	🍷🍷 5

★Russiz Superiore
VIA RUSSIZ, 7
34070 CAPRIVA DEL FRIULI [GO]
TEL. +39 048180328
www.marcofelluga.it

DIREKTVERKAUF
BESUCH NACH VORANMELDUNG
UNTERKUNFT
JAHRESPRODUKTION 200.000 Flaschen
REBFLÄCHE 50 Hektar

Das Weingut Russiz Superiore liegt im Collio Goriziano im Gemeindegebiet von Capriva del Friuli. Es wurde 1966 von Marco Felluga gegründet und war von Anfang an ein Modellbetrieb und der Stolz der einheimischen Winzerwelt, der allen anderen als Vorbild diente. Das Dorf Russiz Superiore hat uralte Wurzeln. Bereits 1273 ließ sich hier der Patriarch Raimondo della Torre nieder. Die antiken Gemäuer, in denen auch der Weinkeller untergebracht ist, wurden in ein einladendes Resort umgewandelt, das eine entspannende Atmosphäre und einen herrlichen Panoramablick bietet. Heute führt Roberto mit viel Geschäftssinn und der vom Vater geerbten Leidenschaft den Betrieb. Ein hervorragender Pinot Bianco '13 duftet nach Frühlingsblumen, Birne und Melisse, im Mund ist er weich, seidig und süffig. Superlativ auch der Col Disôre '11 aus Pinot Bianco, Sauvignon, Friulano und Ribolla Gialla, der den Geschmack mit deliziösen Anklängen von Trockenblumen, Thymian und süßem Gewürz begleitet.

○ Collio Bianco Col Disôre '11	🍷🍷 5
○ Collio Pinot Bianco '13	🍷🍷 4
● Collio Cabernet Franc '11	🍷🍷 4
○ Collio Friulano '13	🍷🍷 4
● Collio Merlot '11	🍷🍷 4
○ Collio Pinot Grigio '13	🍷🍷 4
○ Collio Sauvignon '13	🍷🍷 4
○ Collio Bianco Russiz Disôre '01	🍷🍷🍷 5
○ Collio Bianco Russiz Disôre '00	🍷🍷🍷 4
○ Collio Pinot Bianco '07	🍷🍷🍷 4
○ Collio Pinot Grigio '11	🍷🍷🍷 4*
○ Collio Sauvignon '05	🍷🍷🍷 3
○ Collio Sauvignon '04	🍷🍷🍷 5

FRIAUL JULISCH VENETIEN

Sant'Elena
VIA GASPARINI, 1
34072 GRADISCA D'ISONZO [GO]
TEL. +39 048192388
www.sant-elena.com

DIREKTVERKAUF
BESUCH NACH VORANMELDUNG
JAHRESPRODUKTION 130.000 Flaschen
REBFLÄCHE 30 Hektar

Die Gründung des Betriebs Sant'Elena geht auf das Jahr 1893 zurück, aber erst Mitte der 60er Jahre, als man das große Potenzial des Anbaugebiets erkannte, wurden die Äcker in Weinberge umgewandelt. 1997 erwarb Dominic Nocerino, ein bekannter Exporteur italienischer Weine nach Übersee, den Betrieb und setze sich das Ziel, die Besonderheiten der Denomination Friuli Isonzo hervorzuheben. Der Untergrund besteht hier aus kalkarmer Erde mit geringen organischen Spuren, die von einer dünnen Schicht eisenhaltiger roter Schwemmlandböden bedeckt ist. Durch das Aufeinandertreffen von Kaltluftströmen aus dem Westen und milden Meeresbrisen werden die Trauben außerdem ständig von Winden umfächelt. Der Pignolo Quantum '10 ist noch jung, aber bereits mächtig, energisch und lagerfähig. Ausgezeichnet auch der aus Cabernet Sauvignon und Merlot gemachte Tato '10, der mit Noten von Sauerkirschkonfitüre, Kakao und Gewürz verführt. Auch die dem Merlot Ròs di Rôl im Vorjahr gezollte Anerkennung wurde bestätigt.

● Friuli Isonzo Pignolo Quantum '10	🏆🏆 7
○ Friuli Isonzo Pinot Grigio Rive Alte '13	🏆🏆 3
○ Friuli Isonzo Sauvignon Blanc Rive Alte '13	🏆🏆 4
● Merlot '10	🏆🏆 4
● Merlot Ròs di Rôl '10	🏆🏆 5
● Tato '10	🏆🏆 5
● Cabernet Sauvignon '10	🏆 4
○ Mil Rosis '12	🏆 5
● Friuli Isonzo Pignolo Quantum '09	🏆🏆 7
● Merlot '09	🏆🏆 3
● Merlot Ròs di Rôl '09	🏆🏆 6
○ Sauvignon '12	🏆🏆 3
● Tato '09	🏆🏆 5

Sara & Sara
LOC. SAVORGNANO DEL TORRE
VIA DEI MONTI, 5
33040 POVOLETTO [UD]
TEL. +39 04323859042
www.saraesara.com

DIREKTVERKAUF
BESUCH NACH VORANMELDUNG
JAHRESPRODUKTION 24.000 Flaschen
REBFLÄCHE 7 Hektar

Alessandro und Manuele Sara leiten heute den Betrieb, den Vater Giuliano 1954 in Savorgnano del Torre, ein kleines Bauerndorf im äußersten Norden der Colli Orientali del Friuli, errichtete. Die Weinberge liegen auf abschüssigen Hügeln, die durch den unregelmäßigen Verlauf ein ganz besonderes Mikroklima schaffen, das in einigen wasserreichen und von kalten Nordwinden gepeitschten Zonen die natürliche Bildung von Edelfäule (Botritis cinerea) auf den Trauben unterstützt, die den vertrockneten Beeren der Sorten Verduzzo und Picolit Eleganz und eine besondere Würzigkeit schenkt. Bei der Weinbereitung vertraut man auf alte Techniken und zur Wahrung der Integrität werden die Weine nicht gefiltert. Diese fehlende Filtration hat leider die Abfüllung des Verduzzo Friulano Creiverzögert, wir müssen mit dem Verkosten also auf die nächste Ausgabe warten. Getröstet hat uns ein köstlicher Picolit '10, der in der Nase süße Noten von Trockenaprikose und Honig schenkt, die auch dem Wohlgeschmack zugute kommen.

○ COF Picolit '10	🏆🏆 5
● Il Rio Falcone	🏆🏆 3
○ COF Friulano '12	🏆🏆 3
○ Sauvignon '12	🏆🏆 2*
● Refosco P. R. '12	🏆 2
○ COF Verduzzo Friulano Crei '10	🏆🏆🏆 5
○ COF Friulano '10	🏆🏆 3
○ COF Picolit '09	🏆🏆 5
○ COF Picolit '07	🏆🏆 5
● COF Refosco P. R. '10	🏆🏆 3
● COF Rosso Il Rio Falcone '08	🏆🏆 3
○ COF Verduzzo Friulano Crei '11	🏆🏆 5
○ COF Verduzzo Friulano Crei '09	🏆🏆 5

FRIAUL JULISCH VENETIEN

★★Schiopetto

VIA PALAZZO ARCIVESCOVILE, 1
34070 CAPRIVA DEL FRIULI [GO]
TEL. +39 048180332
www.schiopetto.it

DIREKTVERKAUF
BESUCH NACH VORANMELDUNG
JAHRESPRODUKTION 165.000 Flaschen
REBFLÄCHE 30 Hektar

Mario Schiopetto ist nicht nur ein Name oder eine Marke. Er ist das weinbaukundliche Friaul. Eine Garantie absoluter Qualität. Als Reisender von Beruf besuchte er die besten Kellereien Europas und verband im Dienst des Collio deutsche Technologie mit französischer Feinheit. Er begann 1965, als er die Gelegenheit hatte, eine alte Kellerei zu pachten und diese in kurzer Zeit in einen der schönsten regionalen Weinbaubetriebe verwandelte. Der jetzige Besitzer Emilio Rotolo hat die Leitung seinen Söhnen Francesco und Alessandro anvertraut, denen der erfahrene Landi zur Seite steht. Francesco, Alessandro, Giorgio Schiopetto und Mauro Simeoni im Keller folgen den Spuren des großartigen Mario. Die Entscheidung, die Weine der letzten Lese vorzustellen, war mehr als siegreich und wird mit Drei Gläsern für den wunderbaren Friulano '13 belohnt. Er erinnert an blühende Lindenbäume, reifes Obst und die Heuwiesen im Gebirge mit ihren Blumen und Wildkräutern, während die Ausgewogenheit des Geschmacks den Gaumen erobert.

○ Collio Friulano '13	♛♛♛ 4*
○ Collio Pinot Bianco '13	♛♛ 4
○ Collio Sauvignon '13	♛♛ 4
○ Mario Schiopetto Bianco '11	♛♛ 5
● Poderi dei Blumeri Rosso '10	♛♛ 5
○ Blanc des Rosis '13	♛♛ 4
○ Collio Pinot Grigio '13	♛♛ 4
● Rivarossa '11	♛♛ 4
○ Blanc des Rosis '07	♛♛♛ 4
○ Blanc des Rosis '06	♛♛♛ 4
○ Mario Schiopetto Bianco '08	♛♛♛ 5
○ Mario Schiopetto Bianco '07	♛♛♛ 5
○ Mario Schiopetto Bianco '03	♛♛♛ 5
○ Mario Schiopetto Bianco '02	♛♛♛ 5

La Sclusa

LOC. SPESSA
VIA STRADA DI SANT'ANNA, 7/2
33043 CIVIDALE DEL FRIULI [UD]
TEL. +39 0432716259
www.lasclusa.it

DIREKTVERKAUF
BESUCH NACH VORANMELDUNG
UNTERKUNFT
JAHRESPRODUKTION 160.000 Flaschen
REBFLÄCHE 30 Hektar

Spessa ist ein Ort im Süden von Cividale del Friuli, der seit jeher ein Synonym für Reben und Wein ist, und wo seit vielen Generationen Familie Zorzettig am Werk ist. Germano, Maurizio und Luciano führen bereits seit langem in perfekter Harmonie die Kellerei, die ihr Vater Gino im Jahr 1971 gründete und deren Besitzer er nach wie vor ist. Der Markenname La Sclusa stammt von einem durch die Weinberge fließenden Teil des Wildbachs Corno. Die Betriebsphilosophie beruht auf dem Zusammenhalt der Familie, der Tradition und dem natürlichen Rhythmus der Natur, um ohne Exzesse und ohne Hast das Beste aus dem Boden hervorzuholen und frische, duftende Weißweine, aber auch körperreiche, samtige Rotweine zu erzeugen. Bereits seit etlichen Jahren haben wir immer wieder die Beständigkeit der qualitativen Steigerung der Weine hervorgehoben und diesmal hat sich der Pinot Grigio '13 durch den frischen und fruchtigen Wohlgeruch und die große Geschmeidigkeit am Gaumen den Einzug in die Endrunden verdient.

○ COF Pinot Grigio '13	♛♛ 2*
● COF Merlot '12	♛♛ 3
○ COF Picolit '10	♛♛ 6
○ COF Ribolla Gialla '13	♛♛ 3
○ COF Friulano '13	♛ 2
○ COF Sauvignon '13	♛♛ 3
● COF Cabernet Franc '11	♛♛ 3
○ COF Chardonnay '12	♛♛ 3
○ COF Friulano '12	♛♛ 2*
○ COF Friulano '11	♛♛ 2*
○ COF Friulano '09	♛♛ 2*
○ COF Pinot Grigio '11	♛♛ 2*
○ COF Ribolla Gialla '12	♛♛ 3
○ COF Sauvignon '12	♛♛ 3

FRIAUL JULISCH VENETIEN

Roberto Scubla
FRAZ. IPPLIS
VIA ROCCA BERNARDA, 22
33040 PREMARIACCO [UD]
TEL. +39 0432716258
www.scubla.com

DIREKTVERKAUF
BESUCH NACH VORANMELDUNG
JAHRESPRODUKTION 60.000 Flaschen
REBFLÄCHE 12 Hektar

Dieser kleine Betrieb ist eine Perle des regionalen Weinbaus und wurde 1991 von Roberto Scubla gegründet, als dieser ein baufälliges Bauernhaus am Beginn der auf die Rocca Bernarda führenden Straße erwarb und es in kurzer Zeit in ein wunderbares Landhaus mit einladenden Verkostungsräumen verwandelte. Höchste Aufmerksamkeit wurde der Vergrößerung und Ausstattung des Kellers gewidmet, der auch einen unterirdisch liegenden Raum mit kühler, gleich bleibender Temperatur für die Holzfässer besitzt. Die geringe Betriebsgröße erlaubt eine sorgfältige Arbeit in den Weinbergen und die Freundschaft zwischen Roberto und dem preisgekrönten Winemaker Gianni Menotti ist sicher eine wertvolle Hilfe. Drei Weine im Finale sind die Belohnung für das Potenzial des gesamten Weinsortiments und ein Beweis für das seit Jahren beibehaltene hohe Qualitätsniveau. Zum bewährten Verduzzo Friulano Cràtis '11 gesellt sich als Neuheit der Riesling Passito '10, der an Marron Glacé erinnert und am Gaumen mit ausgewogener Süße entzückt.

○ COF Bianco Pomèdes '12	🍷🍷 5
○ COF Verduzzo Friulano Cràtis '11	🍷🍷 5
○ Riesling Passito '10	🍷🍷 5
○ COF Bianco Lo Speziale '13	🍷🍷 3
● COF Cabernet Franc '12	🍷🍷 3
● COF Cabernet Sauvignon '12	🍷🍷 3
○ COF Friulano '13	🍷🍷 3
● COF Merlot '12	🍷🍷 3
○ COF Pinot Bianco '13	🍷🍷 3
● COF Rosso Scuro '11	🍷🍷 4
○ COF Sauvignon '13	🍷🍷 3
○ COF Bianco Pomèdes '04	🍷🍷🍷 4
○ COF Verduzzo Friulano Cràtis '09	🍷🍷🍷 5
○ COF Verduzzo Friulano Cràtis '06	🍷🍷🍷 5
○ COF Verduzzo Friulano Cràtis '04	🍷🍷🍷 5
○ COF Verduzzo Friulano Graticcio '99	🍷🍷🍷 5

Renzo Sgubin
VIA FAET, 15
34071 CORMÒNS [GO]
TEL. +39 3385601209
www.renzosgubin.it

DIREKTVERKAUF
BESUCH NACH VORANMELDUNG
JAHRESPRODUKTION 28.000 Flaschen
REBFLÄCHE 12 Hektar

Renzo Sgubin gründete 1997 diesen Betrieb und widmet sich nun jenen Rebflächen, die sein Vater als Halbpächter bewirtschaftete, bis er sie in den 70er Jahren erwarb. Das Herzstück des Grundbesitzes liegt in Cormòns, in der Ortschaft Pradis, genau zwischen den Anbaugebieten Collio und Friuli Isonzo. Ein Land mit außergewöhnlichen Vorzügen, die erzählt und irgendwie in der Flasche landen sollen. Die erste Abfüllung erfolgte im Jahr 2003 und die Qualität wird seitdem ständig besser. Auf den Etiketten hebt sich der unverwechselbare Umriss des Monte Quarin hervor (der hinter Cormòns aufragende Hügel), eine Huldigung an die eigenen Wurzeln. Renzos Frau Michela hilft ihm bei den Entscheidungen und umsorgt die Besucher. Der Plagnis '09 aus Merlot, Refosco und Franconia ist komplex und raffiniert, bietet in der Nase Anklänge von schwarzen Früchten, Gewürz und Kakao und wird von jungen, aber abgerundeten Tanninen belebt. Ausgezeichnet auch die anderen Weine, die von Jahr zu Jahr immer mehr einstimmiges Lob erhalten.

○ 3, 4, 3 '12	🍷🍷 3
● Collio Merlot '11	🍷🍷 3
○ Friuli Isonzo Chardonnay '13	🍷🍷 3
○ Friuli Isonzo Friulano '13	🍷🍷 3
○ Friuli Isonzo Malvasia '13	🍷🍷 3
○ Friuli Isonzo Sauvignon '13	🍷🍷 3
● Plagnis '09	🍷🍷 3
○ Friuli Isonzo Pinot Grigio '13	🍷 3
● Collio Merlot '10	🍷🍷 3*
● Collio Merlot '08	🍷🍷 3*
○ Friuli Isonzo Friulano '12	🍷🍷 3
○ Friuli Isonzo Friulano '11	🍷🍷 3
○ Friuli Isonzo Malvasia '11	🍷🍷 3
○ Friuli Isonzo Sauvignon '12	🍷🍷 3
○ Friuli Isonzo Sauvignon '11	🍷🍷 3
○ Friuli Isonzo Sauvignon '08	🍷🍷 2*

FRIAUL JULISCH VENETIEN

Sirch

via Fornalis, 277/1
33043 Cividale del Friuli [UD]
Tel. +39 0432709835
www.sirchwine.com

DIREKTVERKAUF
BESUCH NACH VORANMELDUNG
JAHRESPRODUKTION 150.000 Flaschen
REBFLÄCHE 25 Hektar

Der Landwirtschaftsbetrieb Sirch ist eines der schönsten Beispiele der regionalen Weinbauwelt. Er liegt im Gebiet von Cividale in den Colli Orientali del Friuli, fast die kühlste Zone dieses berühmten Anbaugebiets, die hervorragend für die Erzeugung von Weißweinen geeignet ist. Die meisten Weinberge befinden sich in den Gemeinden Albana und Prepotto und weisen ähnliche Merkmale wie jene in Cividale auf. Hinter dem Wunsch der Kellerei, reine und einfache Weine zu keltern, verbirgt sich das Streben nach einer feinen Vielschichtigkeit, die zu immer eleganteren und nuancenreicheren Weinen führen soll. Bereits seit geraumer Zeit werden die Weine zu absolut wettbewerbsfähigen Preisen ausschließlich von der Kellerei Feudi San Gregorio vertrieben. Auch diesmal hat sich das gesamte Weinsortiment durch den reinen, süffigen Geschmack hervorgehoben. Der Geruch der einzelnen Weißweine führt zur jeweiligen Rebsorte, die Rotweine besitzen hingegen eine größere Vielschichtigkeit und Ausgereiftheit, sind aber noch duftend, einhüllend und lagerfähig.

○ COF Chardonnay '13	♛♛ 3
○ COF Friulano '13	♛♛ 3
● COF Merlot '12	♛♛ 3
○ COF Pinot Grigio '13	♛♛ 3
○ COF Sauvignon '13	♛♛ 3
● COF Schioppettino '12	♛♛ 3
● COF Cabernet '12	♛ 3
● COF Refosco P.R. '12	♛ 3
○ COF Ribolla Gialla '13	♛ 3
○ COF Friulano '07	♛♛♛ 2*
○ COF Friulano '10	♛♛ 2
○ COF Ribolla Gialla '10	♛♛ 3
○ COF Sauvignon '11	♛♛ 3
○ COF Sauvignon '08	♛♛ 2*
○ Malvasia '09	♛♛ 2*

Skerk

fraz. San Pelagio
loc. Prepotto, 20
34011 Duino Aurisina [TS]
Tel. +39 040200156
www.skerk.com

DIREKTVERKAUF
BESUCH NACH VORANMELDUNG
GASTRONOMIE
JAHRESPRODUKTION 22.000 Flaschen
REBFLÄCHE 7 Hektar
WEINBAU Biologisch anerkannt

Sandi Skerk ist ein junger Winzer des Triester Karsts, der weiß, dass die Schwierigkeiten dieses besonderen Anbaugebiets nur mit Hartnäckigkeit und Heldenmut zu bewältigen sind. Die Weinberge schmiegen sich in kleine, mit roter Erde gefüllte Mulden und sind von Karstgestein umgeben, das an dieser im äußersten Norden des Mittelmeers gelegenen Küste der Adria allgegenwärtig ist. Alle Arbeiten werden notwendigerweise von Hand ausgeführt. In dem zur Gänze in den Fels gehauenen Keller durchlaufen die Weine einen natürlichen Herstellungsprozess, bei dem sie lange mit den Beerenhäuten eingemaischt, weder geklärt noch gefiltert und nur in den ersten Tagen des abnehmenden Monds umgepumpt werden. Bereits zum vierten Mal in Folge erobert die Ograde '12, ein sagenhafter Blend aus Vitovska, Malvasia, Sauvignon und einem Schuß Pinot Grigio, der die Farbe beeinflusst, unsere Drei Gläser. Er verführt den Geruchssinn mit Anklängen von Orangenmarmelade und Mandelkrokant und ist im Mund schmackhaft und einhüllend.

○ Ograde '12	♛♛♛ 5
○ Malvasia '12	♛♛ 5
○ Vitovska '12	♛♛ 5
● Terrano '12	♛♛ 5
○ Carso Malvasia '08	♛♛♛ 4
○ Ograde '11	♛♛♛ 5
○ Ograde '10	♛♛♛ 4
○ Ograde '09	♛♛♛ 4*
○ Malvasia '11	♛♛ 5
● Terrano '11	♛♛ 5
● Terrano '10	♛♛ 5
○ Vitovska '11	♛♛ 5

FRIAUL JULISCH VENETIEN

Skerlj

via Sales, 44
34010 Sgonico [TS]
Tel. +39 040229253
www.agriturismoskerlj.com

DIREKTVERKAUF
BESUCH NACH VORANMELDUNG
UNTERKUNFT UND GASTRONOMIE
JAHRESPRODUKTION 4.400 Flaschen
REBFLÄCHE 2 Hektar
WEINBAU Biologisch anerkannt

Im unwegsamen Felsgebiet des Karsts lassen sich die Bewohner durch nichts vom heldehaften Weinbau abbringen. Auf der zwei Hektar großen, von den Großeltern geerbten Rebfläche erzeugen Matej und Kristina Skerlj nur drei exzellente autochthone Weine, die viel Charme und Persönlichkeit besitzen. Die traditionelle Weinbereitung sieht auch bei den weißen Trauben ein Einmaischen für zwei oder drei Wochen ohne Temperaturkontrolle vor. Die Weine ruhen dann mindestens zwei Jahre lang in Eichenfässern und werden ohne Filtration abgefüllt. In den dem Fels abgerungenen Weinbergen, die wie Gärten gepflegt und dem positiven Einfluss des Meeres ausgesetzt sind, werden fast alle Arbeiten von Hand ausgeführt. Die Weine von Matej sind immer überzeugender und haben die Gaumen vieler Liebhaber dieses Weintyps erobert. Die Duftnoten sind vorallem bei den Weißen faszinierend und ausgefallen.Der Malvasia '11 erinnert an Jod, kandierte Früchte und das Heu der Bergwiesen mit ihren Blumen und Wildkräutern.

○ Malvasia '11	🍷🍷 5
○ Vitovska '11	🍷🍷 5
● Terrano '11	🍷 5
○ Malvasia '10	🍷🍷 5
○ Malvasia '09	🍷🍷 4
○ Malvasia '08	🍷🍷 4
○ Vitovska '10	🍷🍷 5
○ Vitovska '09	🍷🍷 4
○ Vitovska '08	🍷🍷 4

Edi Skok

loc. Giasbana, 15
34070 San Floriano del Collio [GO]
Tel. +39 0481390280
www.skok.it

DIREKTVERKAUF
BESUCH NACH VORANMELDUNG
JAHRESPRODUKTION 38.000 Flaschen
REBFLÄCHE 11 Hektar

Die Einweihung der neuen Kellerei mit der perfekt in die Landschaft passenden Architektur hat den Geschwistern Edi und Orietta Skok, die seit 1991 den Betrieb leiten, viele Neuheiten und frischen Schwung beschert. Sitz ist seit jeher ein altes, in der Nähe von San Floriano del Collio und knapp an der Grenze zu Slowenien liegendes Herrenhaus aus dem 16. Jh., das von den Abhängen von Giasbana umschlossen wird.Sie sind stolz auf ihre bäuerlichen Wurzeln, die sie fest mit den einheimischen Traditionen verbinden, aber auch Raum für Innovationen lassen. Sie waren in dieser Gegend die Ersten, die eine Fotovoltaikanlage errichteten, die ihnen genug Energie für alle Arbeitsvorgänge liefert. Auch dieses Jahr finden wir an der Spitze der bevorzugten Weine den Friulano Zabura '13, der sich zum dritten Mal den Einzug in die Endausscheidungen verdient hat. Hervorragend auch die Performance des Pe Ar '12, der großteils aus Chardonnay mit einem großzügigen Anteil von Pinot Grigio und etwas Sauvignon besteht.

○ Collio Friulano Zabura '13	🍷🍷 3*
○ Collio Bianco Pe Ar '12	🍷🍷 3
○ Collio Chardonnay '13	🍷🍷 2*
○ Collio Pinot Grigio '13	🍷🍷 3
○ Collio Sauvignon '13	🍷🍷 3
● Collio Merlot '12	🍷 3
○ Collio Bianco Pe Ar '11	🍷🍷 3
○ Collio Bianco Pe Ar '09	🍷🍷 3
○ Collio Chardonnay '12	🍷🍷 2*
○ Collio Friulano Zabura '12	🍷🍷 3*
○ Collio Friulano Zabura '11	🍷🍷 3*
○ Collio Friulano Zabura '10	🍷🍷 3*
● Collio Merlot Villa Jasbinae '07	🍷🍷 3
○ Collio Pinot Grigio '12	🍷🍷 3
○ Collio Pinot Grigio '09	🍷🍷 3*
○ Collio Sauvignon '08	🍷🍷 3*

FRIAUL JULISCH VENETIEN

Leonardo Specogna
VIA ROCCA BERNARDA, 4
33040 CORNO DI ROSAZZO [UD]
TEL. +39 0432755840
www.specogna.it

DIREKTVERKAUF
BESUCH NACH VORANMELDUNG
JAHRESPRODUKTION 120.000 Flaschen
REBFLÄCHE 18 Hektar
WEINBAU Biologisch anerkannt

Ein Familienbetrieb, der stolz auf mehr als 50 Jahre Arbeit zurückblickt. Es war 1963, als Leonardo Specogna mit beneidenswerter Weitsicht beschloss, seine mühsam als Fremdarbeiter in der Schweiz verdienten Ersparnisse in ein Stück Boden auf den sanften Hügeln der Rocca Bernarda zu investieren, die von vielen Winzergenerationen terrassenförmig angelegt worden waren. Heute führen die Enkel Michele und Cristian, beide Önologen, den Betrieb und teilen sich in perfekter Teamarbeit alle Aufgaben. Die meisten Weine werden auf traditionelle Weise erzeugt, einige Traubenarten werden jedoch einer gezielten Vertrocknung unterzogen, um die Konzentration der Aromen zu steigern. Sowohl der Sauvignon Duality '11 als auch der Sauvignon '13 haben sich als getreue Vertreter der Rebsorte erwiesen und betören durch zitrusfruchtige Noten von Limette und Grapefruit. Exquisit auch der Friulano '13, sehr sonnig, mit Anklängen von Wiesenblumen und gedroschenem Weizen, im Mund wohlriechend und geschmackvoll.

○ COF Friulano '13	🍷🍷 3
○ COF Sauvignon '13	🍷🍷 3
○ Identità '11	🍷🍷 6
○ Pinot Grigio '13	🍷🍷 3
○ Sauvignon Duality '11	🍷🍷 6
● COF Refosco P. R. '12	🍷 3
○ COF Chardonnay '07	🍷🍷 3*
● COF Merlot Oltre '04	🍷🍷 6
● COF Pignolo '07	🍷🍷 5
○ COF Sauvignon '09	🍷🍷 3
○ COF Sauvignon '07	🍷🍷 3*
● Rosso Oltre '09	🍷🍷 5
○ Sauvignon Duality '09	🍷🍷 3*

Tenuta Stella
FRAZ. SCRIÒ
VIA SOENCINA, 1
34070 DOLEGNA DEL COLLIO [GO]
TEL. +39 0481639895
www.tenutastellacollio.it

DIREKTVERKAUF
BESUCH NACH VORANMELDUNG
JAHRESPRODUKTION 27.000 Flaschen
REBFLÄCHE 12 Hektar

Das Weingut Stella ist ein erst kürzlich errichteter Betrieb, der auf zirka zwölf Hektar Rebfläche in der Ortschaft Scriò bei Dolegna del Collio zählen kann, wo die Hügel steil, unwegsam und mühsam zu bewirtschaften sind, die den Winzer jedoch mit einzigartigen und unnachahmlichen Trauben belohnen. Die als „ponca" bezeichneten Böden bestehen aus Tonmergel und Sandstein ozeanischen Ursprungs, die in grauer Vorzeit durch das Anheben des adriatischen Meeresbodens an die Oberfläche kamen. Zwischen den Erdspalten finden die Wurzeln der Reben Wasser und die für die Bildung des Terroirs unverzichtbaren Mineralien, die vorallem die Merkmale der autochthonen Rebstöcke hervorheben. Die überwältigende Performance der erstklassischen autochthonen Rebsorten Friulano, Malvasia und Ribolla Gialla begleitet den Erstauftritt dieser neuen Kellerei in unserem Führer. Der Friulano Scriò '12 und der hervorragende Malvasia '12 haben gemeinsam an unseren Endrunden teilgenommen und durch Cremigkeit und Vollmundigkeit überzeugt.

○ Collio Friulano Scriò '12	🍷🍷 3*
○ Collio Malvasia '12	🍷🍷 4
○ Cuvée Tanni Brut	🍷🍷 5
○ Ribolla Gialla Brut	🍷🍷 4
○ Collio Bianco '12	🍷🍷 3
○ Collio Ribolla Gialla '12	🍷🍷 4

FRIAUL JULISCH VENETIEN

Oscar Sturm

LOC. ZEGLA, 1
34071 CORMÒNS [GO]
TEL. +39 048160720
www.sturm.it

DIREKTVERKAUF
BESUCH NACH VORANMELDUNG
JAHRESPRODUKTION 80.000 Flaschen
REBFLÄCHE 10 Hektar

Es war 1850, als sich die aus einem österreichischen Dorf stammende Familie Sturm in Zegla in der Nähe von Cormòns niederließ, das damals noch zum österreichisch-ungarischen Kaiserreich gehörte und heute wenige Kilometer von Slowenien entfernt liegt. Sie errichtete einen Landwirtschaftsbetrieb, der nach vielen Generationswechseln von Oscar Sturm, dem derzeitigen Besitzer, in ein Weingut umgewandelt wurde. Bei der Leitung wird er von den Söhnen Denis und Patrick unterstützt. Obwohl Patrick der jüngere ist, sind ihm bereits seit längerer Zeit die Entscheidungen im Keller anvertraut, während sich Denis hauptsächlich um die Vermarktung kümmert. Oscar, ein richtiger Weinhandwerker, zieht die Arbeit im Rebberg vor. Der Collio Bianco Andritz '13, der auch dieses Jahr die Finalrunden erreicht hat, ist ein Blend aus Friulano, Sauvignon und Pinot Grigio, duftet nach Maiglöckchen und ist reich und schmackhaft im Mund. Er ist aber nicht allein, sondern wird vom Chardonnay Andritz '13 begleitet, der ihm bei der Gefälligkeit in Nase und Mund um nichts nachsteht.

○ Chardonnay Andritz '13	🍷🍷 3*
○ Collio Bianco Andritz '13	🍷🍷 5
○ Collio Pinot Grigio '13	🍷🍷 3
○ Collio Ribolla Gialla '13	🍷🍷 3
○ Collio Sauvignon '13	🍷🍷 3
○ Collio Friulano '13	🍷 3
○ Collio Sauvignon '06	🍷🍷🍷 3
○ Collio Tocai Friulano '05	🍷🍷🍷 3*
○ Collio Bianco Andritz '12	🍷🍷 5
○ Collio Bianco Andritz '07	🍷🍷 3*
● Collio Merlot '06	🍷🍷 4
○ Collio Pinot Grigio '11	🍷🍷 3*
○ Collio Pinot Grigio '09	🍷🍷 3*
○ Collio Pinot Grigio '08	🍷🍷 3*
○ Collio Sauvignon '10	🍷🍷 3*

Subida di Monte

LOC. SUBIDA
VIA SUBIDA, 6
34071 CORMÒNS [GO]
TEL. +39 048161011
www.subidadimonte.it

DIREKTVERKAUF
BESUCH NACH VORANMELDUNG
UNTERKUNFT
JAHRESPRODUKTION 45.000 Flaschen
REBFLÄCHE 9 Hektar

Der Betrieb Subida di Monte entstand auf Betreiben von Luigi Antonutti, ein Pionier des regionalen Qualitätsweinbaus, dem es 1972 gelang, sich seinen Traum vom Vollzeitwinzer zu erfüllen. Eine Kellerei nach modernem Konzept, mit viel Platz für die Weinbereitung und den Empfang von Besuchern, die strategisch günstig im Collio Gorziano liegt. Geschützt von den Julischen Alpen und von den salzigen Meeresbrisen der nahen Adria gestreichelt beherrscht sie ganz das darunter liegende Tal. Heute wird die Kellerei von den Söhnen Cristian und Andrea geführt, die sich begeistert der Herstellung gesunder, unverfälschter, duftender Weine mit allen sortentypischen Merkmalen verschrieben haben. Der Malvasia '13 hat sich den Einzug in die Endrunden durch die unbestreitbare Übereinstimmung mit den sortentypischen Merkmalen, den raffinierten Geruch und die Länge beim Verkosten verdient. Der Merlot '12 duftet nach Kirschen und Himbeeren und befriedigt den Gaumen, der Friulano '13 ist geradlinig und schmackhaft.

○ Collio Malvasia '13	🍷🍷 3*
● Collio Cabernet Franc '12	🍷🍷 3
○ Collio Friulano '13	🍷🍷 3
○ Collio Pinot Grigio '13	🍷🍷 3
○ Collio Sauvignon '13	🍷🍷 3
● Collio Merlot '12	🍷 3
● Collio Rosso Poncaia '11	🍷 4
○ Collio Friulano '12	🍷🍷 3
○ Collio Friulano '11	🍷🍷 3*
○ Collio Friulano '10	🍷🍷 3*
○ Collio Malvasia '12	🍷🍷 3
● Collio Merlot '11	🍷🍷 3
○ Collio Pinot Grigio '11	🍷🍷 3*
○ Collio Sauvignon '11	🍷🍷 3*

FRIAUL JULISCH VENETIEN

Matijaz Tercic
Loc. Buucie, 4
34070 San Floriano del Collio [GO]
Tel. +39 0481884920
www.tercic.com

DIREKTVERKAUF
BESUCH NACH VORANMELDUNG
JAHRESPRODUKTION 30.000 Flaschen
REBFLÄCHE 11 Hektar

Seit vielen Generationen widmet sich Familie Tercic dem Weinbau und der Umwandlung von Trauben in Wein. San Floriano del Collio ist eine der geeignetsten Mikrozonen für den Weinbau, und zwar sowohl wegen des Aufbaus der Böden als auch wegen der durch das Vipacco-Tal streifenden Bora und den von der Adria kommenden Meeresbrisen. Auf den steilen Hängen bilden Rebzeilen geometrische Muster, die durch lange Kirschbaumreihen unterbrochen werden und den Blick bis zur wunderschönen Talebene lenken. Die erste Flaschenabfüllung der Weine von Matijaz erfolgte 1994 und die seitherige fortlaufende qualitative Steigerung hat dem Betrieb die Eroberung der anspruchsvollsten Märkte erlaubt. Auch dieses Jahr bestätigt sich der Pinot Grigio '12 als großartig angelegter und gefälliger Wein und erobert die Endrunden gemeinsam mit dem Chardonnay '12, der durch seinen intensiven Duft nach reifem Obst mit köstlicher tropischer Grundnote und den samtig seidigen Geschmack begeistert.

O Collio Chardonnay '12		🍷🍷 3*
O Collio Pinot Grigio '12		🍷🍷 3*
O Collio Bianco Planta '11		🍷🍷 4
O Collio Sauvignon '12		🍷🍷 3
O Vino degli Orti '12		🍷🍷 3
O Collio Ribolla Gialla '12		🍷 3
O Collio Pinot Grigio '07		🍷🍷🍷 3*
O Collio Chardonnay '11		🍷🍷 3
● Collio Merlot '10		🍷🍷 4
O Collio Pinot Grigio '11		🍷🍷 3*
O Collio Sauvignon '11		🍷🍷 3*
O Collio Sauvignon Scemen '09		🍷🍷 4
O Friuli Isonzo Friulano '11		🍷🍷 3
O Vino degli Orti '11		🍷🍷 3

Tiare - Roberto Snidarcig
Loc. Sant'Elena, 3a
34070 Dolegna del Collio [GO]
Tel. +39 048162491
www.tiaredoc.com

DIREKTVERKAUF
BESUCH NACH VORANMELDUNG
GASTRONOMIE
JAHRESPRODUKTION 100.000 Flaschen
REBFLÄCHE 10 Hektar

Tiare bedeutet auf friaulisch Terra, also Land. Und genau wegen seiner großen Leidenschaft für das Land hat Roberto Snidarcig 1991 in Cormons, auf den Hängen des Monte Quarin diese Kellerei gegründet. In Wirklichkeit gehen die Anfänge schon auf das Jahr 1985 zurück, aber damals besaß er nur einen guten Hektar Weinberg und wurde als Hobbywinzer angesehen. In den nachfolgenden Jahren wurde die Rebfläche immer größer und größer und der Firmensitz übersiedelte nach Dolegna del Collio. In der neuen funktionellen Kellerei gelang es Roberto, auch die Qualität seiner Weine überproportional zu steigern, wodurch Tiare heute zu den besten regionalen Weinbaubetrieben gehört. Die konstante, bereits in den letzten Ausgaben vermerkte Steigerung musste einfach mit der höchsten Auszeichnung belohnt werden und so erhält nach einstimmigem Beschluss der Sauvignon '13 die Drei Gläser. Ein aufrichtiger Wein, der die Nase erobert und beim Verkosten und im erlesenen Abgang unübertrefflich ist.

O Collio Sauvignon '13		🍷🍷🍷 3*
O Collio Ribolla Gialla '13		🍷🍷 3*
O Collio Friulano '12		🍷🍷 3
O Collio Malvasia '13		🍷🍷 3
O Collio Pinot Grigio '13		🍷🍷 3
● Collio Pinot Nero '12		🍷🍷 2*
● Friuli Isonzo Cabernet Franc '10		🍷🍷 3
O Collio Bianco Rosemblanc '11		🍷🍷 5
O Collio Friulano '12		🍷🍷 3*
O Collio Malvasia '12		🍷🍷 3
O Collio Pinot Grigio '12		🍷🍷 3
O Collio Sauvignon '12		🍷🍷 3
O Collio Sauvignon Empire '11		🍷🍷 3*

FRIAUL JULISCH VENETIEN

★Franco Toros
Loc. Novali, 12
34071 Cormòns [GO]
Tel. +39 048161327
www.vinitoros.com

DIREKTVERKAUF
BESUCH NACH VORANMELDUNG
JAHRESPRODUKTION 60.000 Flaschen
REBFLÄCHE 11 Hektar

Franco Toros ist ein richtiger Weinhandwerker, ein zurückhaltender Mann, der sich still zwischen den Rebzeilen bewegt und jedes Aufsehen vermeidet. Er stammt aus einer Bauernfamilie und sein Großvater Edoardo ließ sich Anfang des 20. Jh. auf seiner langen Suche nach fruchtbarem Ackerland in der Ortschaft Novali nahe Cormòns nieder. Schon damals besaßen die erzeugten Weißweine eine so ausgeprägte Persönlichkeit, dass Kenner aus Österreich und Venetien anreisten. Franco gibt seinen Weinen mit technologischen Werkzeugen den letzten Schliff, stützt sich dabei aber immer auf das alte, in jeder Winzerfamilie nach und nach angesammelte Wissen. Seine Weine sind ein stolzes und nachahmenswertes Vorbild des Gebiets. Eine siegreiche Rückkehr feiert diesmal der Pinot Bianco '13, der durch die außerordentliche Eleganz des Dufts mit Noten von Maiglöckchen, Jasmin und Puder und den seidigen, verführerischen Geschmack die Drei Gläser erringt. Wie immer ausgezeichnet und eine Qualitätsgarantie ist auch der Friulano '13.

○ Collio Pinot Bianco '13	🍷🍷🍷 4*
○ Collio Friulano '13	🍷🍷 4
○ Collio Chardonnay '13	🍷🍷 4
● Collio Merlot '12	🍷🍷 4
○ Collio Pinot Grigio '13	🍷🍷 4
○ Collio Sauvignon '13	🍷🍷 4
○ Collio Friulano '12	🍷🍷🍷 4*
○ Collio Friulano '11	🍷🍷🍷 4*
○ Collio Friulano '10	🍷🍷🍷 4
○ Collio Friulano '09	🍷🍷🍷 4*
○ Collio Friulano '08	🍷🍷🍷 4*
○ Collio Pinot Bianco '08	🍷🍷🍷 4*
○ Collio Pinot Bianco '07	🍷🍷🍷 4
○ Collio Pinot Bianco '05	🍷🍷🍷 4
○ Collio Tocai Friulano '06	🍷🍷🍷 4

Torre Rosazza
Fraz. Oleis
Loc. Poggiobello, 12
33044 Manzano [UD]
Tel. +39 0422864511
www.torrerosazza.com

DIREKTVERKAUF
BESUCH NACH VORANMELDUNG
JAHRESPRODUKTION 300.000 Flaschen
REBFLÄCHE 95 Hektar

Torre Rosazza wird zu Recht als eine der schönsten regionalen Kellereien angesehen. Der Palazzo De Marchi aus dem 18. Jh. erhebt sich auf einem in der Gemeinde Manzano liegenden Hügel und beherbergt die Büros und den Weinkeller. Die rund um die Kellerei terrassenförmig angelegten, sonnenbeschienenen Weinberge bilden zwei wunderbare natürliche Amphitheater. Torre Rosazza ist der Spitzenbetrieb der Gruppe Le Tenute di Genagricola, die auch in den Regionen Venetien, Piemont, Romagna und Latium Weingüter besitzt und zu der in Friaul die Kellereien Poggiobello, Borgo Magredo und Tenuta Sant'Anna gehören. Enrico Raddi ist der Unternehmensleiter, die gut ausgebildeten Betriebstechniker werden hingegen vom anerkannten Winemakers Donato Lanati unterstützt. Die meiste Zustimmung erhielt der Pinot Grigio '13, der sich auch in den Endrunden durch die Intensität und die Vielschichtigkeit des Dufts mit Anklängen von blühendem Holunder und Abete Fetel-Birne auf einer Grundnote aus Feingebäck, aber vorallem durch den weichen, angenehmen Geschmack hervorhob.

○ COF Pinot Grigio '13	🍷🍷🍷 3*
○ Blanc di Neri Brut	🍷🍷 4
● COF Cabernet Sauvignon '12	🍷🍷 3
○ COF Friulano '13	🍷🍷 3
● COF Merlot '12	🍷🍷 3
○ COF Pinot Bianco '13	🍷🍷 2*
○ COF Ribolla Gialla '13	🍷🍷 3
○ COF Sauvignon '13	🍷🍷 3
○ Ribolla Gialla Brut	🍷 3
● COF Refosco P. R. '12	🍷 3
○ COF Pinot Grigio '12	🍷🍷🍷 3*
○ COF Friulano '12	🍷🍷 3
● COF Merlot '11	🍷🍷 3
○ COF Ribolla Gialla '12	🍷🍷 3*
○ COF Sauvignon '12	🍷🍷 3

FRIAUL JULISCH VENETIEN

La Tunella
Fraz. Ipplis
via del Collio, 14
33040 Premariacco [UD]
Tel. +39 0432716030
www.latunella.it

DIREKTVERKAUF
BESUCH NACH VORANMELDUNG
JAHRESPRODUKTION 390.000 Flaschen
REBFLÄCHE 70 Hektar

Massino und Mauro Zorzettig sind gemeinsam mit Mutter Gabriella die sehr jungen Inhaber dieser herrlichen Kellerei in den Colli Orientali del Friuli. La Tunella ist ein moderner Vorzeigebetrieb, der mit seinem jungen Team bedeutende Absatzmengen erzielt. Der Hausönologe Luigino Zamparo kümmert sich um die Weinbereitung, die große Kellerei beeindruckt mit fortschrittlicher Technologie und reizvollen architektonischen Lösungen. Familie Zorzettig besitzt bei der Erzeugung hochwertiger Weine eine jahrhundertelange Tradition. Drei Winzergenerationen haben Erfahrungen angehäuft und einen Weg vorgezeichnet, den Massino und Mauro heute mit unveränderter Begeisterung folgen und damit internationale Märkte erobern. Vier Weine erreichten die Endrunden, die Drei Gläser wurden aber dem Noans '12 überreicht, der zu gleichen Teilen aus vertrockneten Sauvignon-, Rheinriesling- und Gewürztraminertrauben besteht und sich mit ausgewogener Süße und vielzähligen faszinierenden und unauslöschlichen Aromen über den Gaumen schmiert.

○ Noans '12	♛♛♛ 5
○ COF Bianco La Linda '12	♛♛ 5
○ COF BiancoSesto '12	♛♛ 4
○ COF Friulano Col Livius '12	♛♛ 4
○ COF Malvasia Valmasia '13	♛♛ 3
● COF Pignolo '08	♛♛ 5
○ COF Ribolla Gialla Col de Bliss '12	♛♛ 4
● COF Rosso L'Arcione '09	♛♛ 5
● COF Schioppettino '10	♛♛ 4
○ COF BiancoSesto '11	♛♛♛ 4*
○ COF BiancoSesto '07	♛♛♛ 3
○ COF BiancoSesto '06	♛♛♛ 3*
○ COF Bianco La Linda '11	♛ 5
○ COF Friulano '12	♛ 3
○ COF Ribolla Gialla Rjgialla '12	♛ 3

Valchiarò
Fraz. Togliano
via dei Laghi, 4c
33040 Torreano [UD]
Tel. +39 0432715502
www.valchiaro.it

DIREKTVERKAUF
BESUCH NACH VORANMELDUNG
JAHRESPRODUKTION 40.000 Flaschen
REBFLÄCHE 12 Hektar

Es war 1991, als sechs von der gleichen Leidenschaft besessene Freunde beschlossen, ein Bündnis einzugehen und mit vereinten Kräften einen wettbewerbsfähigen Weinbaubetrieb zu gründen. Und was anfangs wie eine einfache Wette bzw. eine etwas leichtsinnig getroffene Entschidung erschien, hat sich hingegen längst in eine konkrete Wirklichkeit verwandelt und Valchiarò gehört heute zu den besten Betrieben der regionalen Weinbauwelt. In der modernen, geräumigen Kellerei in Torreano di Cividale, die von einer herrlichen Naturlandschaft umgeben ist, werden die Trauben getrennt angeliefert, aber gemeinsam zu Wein verarbeitet, bei den önologischen Entscheidungen baut man auf die wertvolle Beratung von Gianni Menotti. Das ganze Sortiment hat sich seit geraumer Zeit auf ein gutes Qualitätsniveau eingependelt. Den höchsten Beifall erhielt der Pinot Grigio '13, raffiniert in der Nase und wohlriechend beim Verkosten. Ausgezeichnet auch der Friulano Nexus '13, der an weiße Rose und Wiesenblumen erinnert und geschmeidig und schmackhaft am Gaumen ist.

○ COF Friulano '13	♛♛ 3
○ COF Friulano Nexus '13	♛♛ 3
○ COF Pinot Grigio '13	♛♛ 3
○ COF Verduzzo Friulano '10	♛♛ 4
● COF Merlot Ris. '09	♛ 3
○ COF Sauvignon '13	♛ 3
○ COF Friulano Nexus '12	♛ 3
○ COF Friulano Nexus '11	♛ 3
● COF Refosco P. R. '07	♛ 3
● COF Rosso Torre Qual Ris. '08	♛ 3
○ COF Sauvignon '12	♛ 3*
○ COF Sauvignon '11	♛ 2*
○ COF Verduzzo Friulano '09	♛ 4*

FRIAUL JULISCH VENETIEN

Valpanera
VIA TRIESTE, 5A
33059 VILLA VICENTINA [UD]
TEL. +39 0431970395
www.valpanera.it

DIREKTVERKAUF
BESUCH NACH VORANMELDUNG
JAHRESPRODUKTION 450.000 Flaschen
REBFLÄCHE 55 Hektar

Valpanera entstand auf Betreiben von Giampietro Dal Vecchio, der es sich zum Ziel gesetzt hatte, den Refosco dal Peduncolo Rosso, die angesehenste autochthone rote Rebsorte der Region, aufzuwerten. Diese hatte nach tausendjähriger Selektion auf den Böden des Anbaugebiets Aquileia den idealen Lebensraum gefunden. Die mit Refosco bepflanzten Weinberge liegen in einer besonders geeigneten Zone zwischen Scodovacca und Villa Vicentina, wo der Untergrund lehmhaltig ist und die Bora für eine ständige Belüftung sorgt. Das originelle Schild „Casa del Refosco", das riesengroß über dem Eingang der Kellerei prangt, ist ein klares Statement für die mutige Entscheidung, mit großen Absatzzahlen ganz auf eine einzige Rebsorte zu setzen. Auf wenigen Hektar Rebfläche mit sandigen oder kieselhaltigen Böden werden andere Trauben angebaut, die das Weinangebot abrunden. Dieses Jahr konnten wir nur drei Weine verkosten und der Refosco dal Peduncolo Rosso Superiore '10 ist die Nummer eins. Gut auch der Rosso di Valpanera '12, der Refosco mit Merlot und Carbernet vereint.

● Friuli Aquileia Refosco P. R. '12	🍷🍷 2*
● Friuli Aquileia Refosco P. R. Sup. '10	🍷🍷🍷 3
● Rosso di Valpanera '12	🍷🍷 2*
○ Bianco di Valpanera '11	🍷🍷 2*
○ Bianco di Valpanera '10	🍷🍷 2*
● Friuli Aquileia Refosco P. R. Ris. '08	🍷🍷 5
● Friuli Aquileia Refosco P. R. Ris. '07	🍷🍷 5
● Friuli Aquileia Refosco P. R. Sup. '09	🍷🍷 3*
● Friuli Aquileia Refosco P. R. Sup. '08	🍷🍷 3*
● Friuli Aquileia Rosso Alma '06	🍷🍷 3*
● Rosso di Valpanera '10	🍷🍷 2*

★Venica & Venica
LOC. CERÒ, 8
34070 DOLEGNA DEL COLLIO [GO]
TEL. +39 048161264
www.venica.it

DIREKTVERKAUF
BESUCH NACH VORANMELDUNG
UNTERKUNFT
JAHRESPRODUKTION 257.000 Flaschen
REBFLÄCHE 39 Hektar

Venica&Venica ist eine angesehene, eng mit dem Namen des Collios verbundene Marke, der einige der schönsten Seiten der regionalen Weinbaugeschichte zu verdanken sind. Gianni & Giorgio ist es gelungen, einen kleinen Landwirtschaftsbetrieb in eine moderne, dynamische, gut organisierte Vorzeigekellerei zu verwandeln, die auf der ganzen Welt geschätzt wird. Erfolge, die fest mit der fast manischen Pflege der eigenen Weingärten verknüpft sind. Der ganze Familienverband hilft tatkräftig mit, vorallem Ornella und Giampaolo, die sich um die Öffentlichkeitsarbeit kümmern.
Venica&Venica bieten eine vielfältige Weinauswahl, die den verwöhntesten Gaumen gerecht wird. Wie schon im Vorjahr hat sich auch der Friulano Ronco delle Cime '13 den Aufstieg in die Endrunden erobert, wie immer gewinnt aber der Sauvignon Ronco delle Mele '13 die Drei Gläser. Er ist ein Wein, der für alle Liebhaber des Sauvignon inspirierendes Beispiel und vollkommener Ausdruck dieser terroirverbundenen Rebsorte ist.

○ Collio Sauvignon Ronco delle Mele '13	🍷🍷🍷 6
○ Collio Friulano Ronco delle Cime '13	🍷🍷 4
○ Collio Malvasia Pètris '13	🍷🍷 4
○ Collio Pinot Bianco Tàlis '13	🍷🍷 4
○ Collio Pinot Grigio Jesera '13	🍷🍷 4
○ Collio Ribolla Gialla L'Adelchi '13	🍷🍷 4
○ Collio Sauvignon Ronco del Cerò '13	🍷🍷 4
○ Collio Traminer Aromatico '13	🍷🍷 4
○ Collio Sauvignon Ronco delle Mele '12	🍷🍷🍷 6
○ Collio Sauvignon Ronco delle Mele '11	🍷🍷🍷 6
○ Collio Sauvignon Ronco delle Mele '10	🍷🍷🍷 5
○ Collio Sauvignon Ronco delle Mele '09	🍷🍷🍷 5
○ Collio Sauvignon Ronco delle Mele '08	🍷🍷🍷 5
○ Collio Sauvignon Ronco delle Mele '07	🍷🍷🍷 5

FRIAUL JULISCH VENETIEN

La Viarte
via Novacuzzo, 51
33040 Prepotto [UD]
Tel. +39 0432759458
www.laviarte.it

DIREKTVERKAUF
BESUCH NACH VORANMELDUNG
UNTERKUNFT
JAHRESPRODUKTION 100.000 Flaschen
REBFLÄCHE 27 Hektar

Die Kellerei La Viarte wurde vor 40 Jahren von Familie Ceschin gegründet und zuerst von Giuseppe und Carla und dann von Giulio geleitet. Sie verkörperte den Beginn eines neuen Wegs und wurde deshalb La Viarte genannt, was im einheimischen Dialekt Frühling bedeutet. Heute ist der aktuelle Besitzer Alberto Piovan an der Reihe, der dem Betrieb mit Begeisterung und angeborenem Geschäftssinn zu einem wahren Energieschub verholfen hat. Die Ergebnisse des ersten Jahrs sind ansehnlich und rücken das ambitionierte Ziel einer weiteren Verbesserung in greifbare Nähe. Ein Streben nach Wachstum, das durch die kürzliche Anwerbung von Gianni Menotti als Berater bei den önologischen Entscheidungen Gewicht erhält. Wenn ein guter Tag bereits am Morgen beginnt, dann ist der Aufstieg des Sauvignon '13 in die Endrunden wirklich ein guter Anfang. Er erobert den Geruchssinn mit zitrusfruchtigen, leicht tropischen Noten und befriedigt den Gaumen mit Reinheit und schmackhafter Würzigkeit. Erwähnenswert ist auch die hohe Güte des gesamten Sortiments, die eine rosige Zukunft verspricht.

○ COF Sauvignon '13	🍷🍷 3*
○ COF Bianco Incò '13	🍷🍷 3
○ COF Friulano '13	🍷🍷 3
● COF Pignolo Ris. '05	🍷🍷 8
○ COF Pinot Bianco '13	🍷🍷 3
○ COF Pinot Grigio '13	🍷🍷 3
● COF Schioppettino di Prepotto '10	🍷🍷 4
● COF Tazzelenghe '09	🍷🍷 5
● COF Refosco P.R. '10	🍷 4
○ COF Ribolla Gialla '13	🍷 3
○ COF Bianco Incò '12	🍷🍷 3
○ COF Friulano '12	🍷🍷 3
○ COF Pinot Bianco '12	🍷🍷 3
● COF Rosso Roi Ris. '09	🍷🍷 5

Vidussi
via Spessa, 18
34071 Capriva del Friuli [GO]
Tel. +39 048180072
www.vinimontresor.it

DIREKTVERKAUF
BESUCH NACH VORANMELDUNG
JAHRESPRODUKTION 500.000 Flaschen
REBFLÄCHE 30 Hektar

Der im Besitz der gleichnamigen Familie befindliche Betrieb Vidussi wird bereits seit dem Jahr 2000 von der Gruppe Montresor aus Verona in Pacht geführt. Die Weinberge liegen fast alle im lieblichen Hügelgebiet, das im Herzen des Collio von Capriva del Friuli nach Cormons verläuft. Einige Parzellen sind Teil der Colli Orientali del Friuli und der Denomination Friuli Isonzo. Natürlich werden hauptsächllich weiße Trauben angebaut, wobei autochthonen Rebsorten und hier dem seit jeher im Keller anzutreffenden Ribolla Gialla der Vorzug gegeben wird. Gigi Spessot ist der langjährige Kellermeister, die Verantwortung für die gesamte Produktion liegt in den Händen des erfahrenen Weintechnikers Luigino De Giuseppe. Aus einer Reihe erstklassiger Weine sticht der Pinot Bianco '13 hervor und erreicht durch die Eleganz des zitrusfruchtigen und exotischen Geruchs, aber vorallem wegen der Cremigkeit und Gefälligkeit am Gaumen die Endrunden. Sehr wohlriechend und sortentypisch alle anderen Weine, erfreulich in der Nase und befriedigend im Geschmack.

○ Collio Pinot Bianco '13	🍷🍷 3*
● Collio Cabernet Franc '13	🍷🍷 3
○ Collio Chardonnay '13	🍷🍷 2*
○ Collio Friulano '13	🍷🍷 3
○ Collio Pinot Grigio '13	🍷🍷 2*
○ Collio Sauvignon '13	🍷🍷 2*
○ Collio Traminer Aromatico '13	🍷🍷 2*
● Ribolla Nera o Schioppettino '13	🍷🍷 3
○ Collio Malvasia '13	🍷 2
● Collio Merlot '13	🍷 3
○ Collio Ribolla Gialla '13	🍷 2
○ Collio Friulano '12	🍷🍷 2*
○ Collio Malvasia '11	🍷🍷 2*
○ Collio Ribolla Gialla '12	🍷🍷 2*
● Collio Rosso Are di Miute '09	🍷🍷 4
● Ribolla Nera o Schioppettino '12	🍷🍷 3*

FRIAUL JULISCH VENETIEN

★★ Vie di Romans
LOC. VIE DI ROMANS, 1
34070 MARIANO DEL FRIULI [GO]
TEL. +39 048169600
www.viediromans.it

DIREKTVERKAUF
BESUCH NACH VORANMELDUNG
JAHRESPRODUKTION 280.000 Flaschen
REBFLÄCHE 53 Hektar

Diese renommierte Kellerei in Mariano del Friuli steht seit 1978 unter der Leitung von Gianfranco Gallo und bietet sehr terroirverbundene Weine von mächtiger Struktur, die sich vorallem bei den Weißen durch den meisterhaften Einsatz von Holz auszeichnen, was in Italien eher selten vorkommt. Wir sind im Anbaugebiet Isonzo, wenige Kilometer vom Golf von Triest entfernt, wo das kontinentale Klima mit jenem des Mittelmeers verschmilzt und den Weinen einhüllende Duftnoten und weiche Geschmacksnuancen verleiht. Die Kellerei ist sowohl durch die Architektur als auch durch den funktionellen Nutzen ein wahres Juwel. In den unterirdischen Räumen lagern unzählige Barriques. Die hohe Güte des gesamten Sortiments hat uns bei der Erstellung der Rangliste beinahe in Verlegenheit gebracht. Der Wettstreit war hart. Am Ende trug der Friulano Dolée '12 den Sieg davon, der beim Ziellauf den Malvasia DisCumieris '12 um eine Nasenlänge schlug und erneut die Drei Gläser eroberte.

○ Friuli Isonzo Friulano Dolée '12	🍷🍷🍷 5
○ Dut'Un '11	🍷🍷 6
○ Friuli Isonzo Chardonnay Vie di Romans '12	🍷🍷 5
○ Friuli Isonzo Malvasia Dis Cumieris '12	🍷🍷 4
○ Friuli Isonzo Pinot Grigio Dessimis '12	🍷🍷 5
○ Friuli Isonzo Sauvignon Piere '12	🍷🍷 5
○ Friuli Isonzo Bianco Flors di Uis '12	🍷🍷 4
○ Friuli Isonzo Chardonnay Ciampagnis Vieris '12	🍷🍷 4
○ Friuli Isonzo Sauvignon Vieris '12	🍷🍷 5
○ Friuli Isonzo Bianco Flors di Uis '09	🍷🍷🍷 4*
○ Friuli Isonzo Friulano Dolée '11	🍷🍷🍷 4*
○ Friuli Isonzo Sauvignon Piere '10	🍷🍷🍷 4*
○ Friuli Isonzo Sauvignon Piere '08	🍷🍷🍷 4*

Vigna del Lauro
LOC. MONTONA, 19
34071 CORMÒNS [GO]
TEL. +39 0481629549
www.vignadellauro.it

DIREKTVERKAUF
BESUCH NACH VORANMELDUNG
JAHRESPRODUKTION 60.000 Flaschen
REBFLÄCHE 10 Hektar

Vigna del Lauro wurde vor zwanzig Jahren von Fabio Coser gegründet, der Name stammt von einem alten Weinberg mit Tocai Friulano-Reben, der fast zur Gänze von alten Lorbeerbäumen umgeben ist. Dieser ist der erste Weinberg des Gemeinschaftsprojekts mit dem deutschen Importeur italienischer Weine Eberhard Spangenberg, der für seinen deutschen Markt einfache, gut trinkbare Weine suchte, die ihre Eigentümlichkeit bewahren und dennoch preisgünstig sind. Der Erfolg dieser Zusammenarbeit hat zu einer konstanten Ausweitung des Angebots geführt, man erwarb bzw. pachtete weitere Parzellen, bis die derzeitige Fläche von 10 Hektar erreicht wurde, die ein weiteres Wachstum sichern soll. Der Friulano, der Sauvignon und der Pinot Grigio del Collio, alle vom letzten Jahrgang, begeistern durch Bouquet und beispielhafte Eigentümlichkeit. Je nach ihren sortentypischen Merkmalen verströmen sie blumige und fruchtige Duftnoten und sind hervorragend trinkbar. Exquisit auch der Merlot '11 der Denomination Friuli Isonzo.

○ Collio Pinot Grigio '13	🍷🍷 3*
○ Collio Sauvignon '13	🍷🍷 3
● Friuli Isonzo Cabernet Franc '13	🍷🍷 2*
● Friuli Isonzo Merlot '12	🍷🍷 2*
○ Collio Friulano '13	🍷 3
○ Collio Ribolla Gialla '13	🍷 3
○ Friuli Isonzo Chardonnay '13	🍷 2
○ Friuli Isonzo Traminer Aromatico '13	🍷 2
○ Collio Friulano '12	🍷🍷 3*
○ Collio Pinot Grigio '12	🍷🍷 3
○ Collio Pinot Grigio '11	🍷🍷 3*
○ Collio Sauvignon '12	🍷🍷 3
● Friuli Isonzo Merlot '11	🍷🍷 2*
○ Friuli Isonzo Traminer Aromatico '11	🍷🍷 2*

FRIAUL JULISCH VENETIEN

Vigna Petrussa
VIA ALBANA, 47
33040 PREPOTTO [UD]
TEL. +39 0432713021
www.vignapetrussa.it

DIREKTVERKAUF
BESUCH NACH VORANMELDUNG
JAHRESPRODUKTION 30.000 Flaschen
REBFLÄCHE 6,5 Hektar

Hilde Petrussa hat mit ihrem Mann Renato eine wirklich ungewöhnliche Art gewählt, die Pension zu genießen.1995 beschloss sie, nach Albana di Prepotto zurückzukehren und sich um das Anfang des 20. Jh. blühende, aber über Jahre hinweg vernachlässigte Familiengut zu kümmern. Sie stand vor der Aufgabe, die Weinberge umzustellen und bevorzugte dabei authochthone Rebsorten. Durch den Einsatz des Guyot-Erziehungssystems erhöhte sie die Anzahl der Stöcke pro Hektar und nahm auf allen Rebflächen eine Bodenbegrünung vor. Die größte Aufmerksamkeit widmete sie der Rebsorte Ribolla Nera, die zur Erzeugung des Schioppettino verwendet wird und seit jeher in dieser vom Fluss Judrio durchzogenen Talebene daheim ist. Auch diesmal wird der Schioppettino di Prepotto '10 seinem Ruf gerecht und gelangt in die Endrunden. Geschätzt wurde seine komplexe Nase, die sich mit Noten von Trockenpflaume öffnet und dann köstliche Anklänge von Gewürz und Unterholz schenkt. Im Mund ist er schmackhaft, weich und harmonisch.

● COF Schioppettino di Prepotto '10	🍷🍷 4
○ COF Friulano '13	🍷🍷 3
○ COF Picolit '11	🍷🍷 5
○ Richenza '11	🍷🍷 4
● COF Refosco P. R. '12	🍷 4
○ COF Sauvignon '13	🍷 3
○ COF Bianco Richenza '10	🏆 4
● COF Cabernet Franc '10	🏆 3
○ COF Friulano '12	🏆 3
○ COF Friulano '11	🏆 3
○ COF Sauvignon '12	🏆 3
○ COF Sauvignon '11	🏆 3
● COF Schioppettino di Prepotto '09	🏆 4

Vigna Traverso
VIA RONCHI, 73
33040 PREPOTTO [UD]
TEL. +39 0422804807
www.vignatraverso.it

DIREKTVERKAUF
BESUCH NACH VORANMELDUNG
GASTRONOMIE
JAHRESPRODUKTION 80.000 Flaschen
REBFLÄCHE 22 Hektar

Vigna Traverso wurde 1998 von Giancarlo Traverso gegründet, als dieser die Weinberge der Kellerei Ronco di Castagneto erwarb, die sich in den Colli Orientali del Friuli über die Hügel von Prepotto ausbreiten. Derzeit kümmert er sich gemeinsam mit seiner Frau Ornella Molon um die Führung des gleichnamigen Betriebs im nahen Venetien und hat die Kellerei in Friaul daher seinem Sohn Stefano anvertraut.Stefano ist noch sehr jung, besitzt aber neben seinem Studiumabschluss in Weinbaukunde bereits viel praktische Erfahrung und hat sofort mit der Rückgewinnung alter Rebberge und dem Bau einer neuen Kellerei begonnen, um sich der neuen Herausforderung zu stellen.Die Anfänge sind vielversprechend und die Zeit wird ihm recht geben. Es ist wirklich ein beachtliches Ziel, das der für die Endrunden ausgewählte Cabernet Franc '11 erreicht hat, wo er durch üppigen, vielschichtigen Duft, aber besonders durch den gut strukturierten Geschmack überzeugte, der weich, cremig, perfekt ausgewogen und harmonisch ist.

● COF Cabernet Franc '11	🍷🍷 3*
○ COF Bianco Sottocastello '11	🍷🍷 4
○ COF Friulano '13	🍷🍷 3
○ COF Pinot Grigio '13	🍷🍷 3
● COF Refosco P. R. '11	🍷🍷 3
● COF Rosso Troj '11	🍷🍷 3
○ COF Sauvignon '13	🍷🍷 3
● COF Schioppettino '11	🍷🍷 3
● COF Cabernet Franc '10	🏆 3
○ COF Friulano '12	🏆 3
● COF Merlot '10	🏆 3
○ COF Pinot Grigio '12	🏆 3
● COF Rosso Sottocastello '09	🏆 5

FRIAUL JULISCH VENETIEN

★Le Vigne di Zamò
LOC. ROSAZZO
VIA ABATE CORRADO, 4
33044 MANZANO [UD]
TEL. +39 0432759693
www.levignedizamo.com

DIREKTVERKAUF
BESUCH NACH VORANMELDUNG
JAHRESPRODUKTION 280.000 Flaschen
REBFLÄCHE 32 Hektar

Der Erfolg dieser angesehenen Marke ist Tullio Zamò zu verdanken, dem die Anerkennung gebührt, zur Schaffung der Voraussetzungen für einen qualitativ hochwertigen Weinbau beigetragen zu haben. 1978 errichtete er auf dem Hügel der Rocca Bernarda den Betrieb Vigne dal Leon. Einige Jahre später schuf er die Marke Abbazia di Rosazzo und 1996 mit den Söhnen Pierluigi und Silvano die Kellerei Le Vigne di Zamò. Die Entscheidungen im Keller werden seit langem von Franco Bernabei überwacht und seine wertvolle Mitarbeit hat die Kellerei zu einem regionalen Spitzenbetrieb gemacht. Der Zusammenschluss mit der Gruppe Farinetti hat die Position des Betriebs gefestigt und die Sichtbarkeit auf dem internationalen Markt erhöht. Auch dieses Jahr stammen die am meisten geschätzten Weine von den Trauben der alten Rebberge, die vor mehr als einem halben Jahrhundert angelegt worden sind. Sehr gut auch der Picolit '06, der in der Süße des Geschmacks Noten von Trockenfeige, Mandelkrokant und chinesischen Datteln freigibt.

○ COF Friulano V. Cinquant'Anni '12	🍷🍷 5
● COF Merlot V. Cinquant'Anni '11	🍷🍷 5
○ COF Picolit '06	🍷🍷 6
○ COF Malvasia '12	🍷🍷 5
○ COF Rosazzo Bianco '11	🍷🍷 5
○ COF Rosazzo Bianco Ronco delle Acacie '11	🍷🍷 5
● COF Rosazzo Rosso Ronco dei Roseti '08	🍷🍷 5
○ COF Pinot Grigio '13	🍷 3
○ COF Ribolla Gialla di Rosazzo '13	🍷 3
○ COF Sauvignon '13	🍷 3
○ COF Friulano V. Cinquant'Anni '09	🍷🍷🍷 5
○ COF Friulano V. Cinquant'Anni '08	🍷🍷🍷 5
● COF Merlot V. Cinquant'Anni '09	🍷🍷🍷 5
● COF Merlot V. Cinquant'Anni '06	🍷🍷🍷 5
○ COF Tocai Friulano V. Cinquant'Anni '06	🍷🍷🍷 5

Villa de Puppi
VIA ROMA, 5
33040 MOIMACCO [UD]
TEL. +39 0432722461
www.depuppi.it

DIREKTVERKAUF
BESUCH NACH VORANMELDUNG
JAHRESPRODUKTION 70.000 Flaschen
REBFLÄCHE 30 Hektar

Die aus der Toskana stammenden de Puppi sind Nachkommen des berühmten Grafengeschlechts Guidi, Herren von Poppi im Casentino-Tal. Sie ließen sich im 13. Jh. in Friaul nieder und widmeten sich über viele Generationen hinweg der Verwaltung ihrer Landgüter. 1991 beschloss Luigi de Puppi, die Erzeugung der eigenen Weine öffentlich zu machen und schuf dazu die Marke Villa de Puppi, die von den Kindern Caterina und Valfredo geleitet wird. Die Kellerei ist im Herrenhaus von Moimacco untergebracht und von 20 Hektar Rebfläche umgeben, zum Grundbesitz gehören jedoch weitere 10 Hektar auf den Hügeln von Rosazzo. Der erfahrene Önologe Marco Pecchiari überwacht die Kellerei und kümmert sich auch um die Linie Rosa Bosco, die ebenfalls Teil des Betriebs ist. Obwohl auf dem Etikett nicht angegeben, wird der TajBlanc '12 doch aus Tocai Friulano-Trauben erzeugt und präsentiert alle Merkmale der Rebsorte. Er besitzt eine leichte Würzigkeit und ist wohlriechend und schmackhaft. Der Merlot il Boscorosso di Rosa Bosco '09 ist hingegen gut strukturiert, duftet nach roter Rose und umhüllt den Gaumen.

○ Chardonnay '12	🍷🍷 2*
● Merlot Il Boscorosso di Rosa Bosco '09	🍷🍷 4
○ Ribolla Gialla di Rosa Bosco '11	🍷🍷 4
○ Sauvignon '12	🍷🍷 3
○ Sauvignon Blanc di Rosa Bosco '11	🍷🍷 4
○ Taj Blanc '12	🍷🍷 2*
● Merlot '11	🍷 2
○ Pinot Grigio '12	🍷 3
● Refosco P. R. '11	🍷 3
○ Blanc de Blancs Rosa Bosco Brut M. Cl. '08	🍷🍷 4
● Cabernet '09	🍷🍷 2
○ Chardonnay Cate '08	🍷🍷 5
● Refosco P.R. Cate '09	🍷🍷 4
○ Sauvignon Rosa Bosco '10	🍷🍷 4

FRIAUL JULISCH VENETIEN

★★Villa Russiz
VIA RUSSIZ, 6
34070 CAPRIVA DEL FRIULI [GO]
TEL. +39 048180047
www.villarussiz.it

DIREKTVERKAUF
BESUCH NACH VORANMELDUNG
JAHRESPRODUKTION 260.000 Flaschen
REBFLÄCHE 50 Hektar

Villa Russiz ist eine historische Kellerei des regionalen Weinbaus.Es war 1867, als der französische Graf Teodoro de La Tour durch eine glückliche Fügung die Hügel von Capriva als Wohnsitz für sich und seine österreichische Frau Elvine Ritter wählte. Er führte im Collio Goriziano neue Rebsorten ein und nutzte moderne önologische Techniken, die damals bereits in Frankreich zum Einsatz kamen.Das Fehlen eines Erben brachte ihn dazu, ein Institut für benachteiligte Kinder zu gründen, das heute vom neu gewählten Präsidenten Salvatore Guarneri geleitet wird. Es ist beeindruckend, wie sich eine öffentliche Einrichtung dieser Art auf perfekte Weise durch die eigene Arbeit erhält. Einige der prestigereichsten Weine tragen den Namen der wohltätigen Eheleute. Hervorragend Performance beim Cabernet Sauvignon Défi de La Tour '09, der Duftnoten von Kakao und beschwipsten Sauerkirschen verbreitet. Im Mund ist er dicht, üppig, weich, mit feurigen, aber abgerundeten Tanninen. Exquisit auch der Chardonnay Gräfin de La Tour '11, buttrig und exotisch in der Nase, raffiniert und cremig beim Verkosten.

- ● Collio Cabernet Sauvignon
  Défi de La Tour '09   🍷🍷 6
- ○ Collio Chardonnay Gräfin de La Tour '11   🍷🍷 6
- ○ Collio Friulano '13   🍷🍷 4
- ○ Collio Malvasia '13   🍷🍷 4
- ○ Collio Pinot Bianco '13   🍷🍷 4
- ○ Collio Pinot Grigio '13   🍷🍷 4
- ○ Collio Ribolla Gialla '13   🍷🍷 4
- ○ Collio Sauvignon '13   🍷🍷 4
- ○ Collio Sauvignon Bleu '11   🍷🍷 7
- ○ Collio Friulano '09   🍷🍷🍷 4*
- ○ Collio Sauvignon de La Tour '08   🍷🍷🍷 5
- ● Collio Merlot Graf de La Tour '01   🍷🍷 6
- ○ Collio Pinot Bianco '04   🍷🍷 3
- ○ Collio Ribolla Gialla '04   🍷🍷 3
- ○ Collio Sauvignon de La Tour '03   🍷🍷 5

Tenuta Villanova
LOC. VILLANOVA
VIA CONTESSA BERETTA, 29
34072 FARRA D'ISONZO [GO]
TEL. +39 0481889311
www.tenutavillanova.com

DIREKTVERKAUF
BESUCH NACH VORANMELDUNG
JAHRESPRODUKTION 600.000 Flaschen
REBFLÄCHE 105 Hektar

Auf der Festungsmauer des Weinguts Tenuta Villanova prangt voll Stolz das Gründungsjahr: 1499. Mit seinen 500 Jahren Geschichte ist es also unbestritten einer der Eckpfeiler des friaulischen Weinbaus. Vom zukunftsorientierten Unternehmer Arnaldo Bennati 1932 erworben, wird es bis heute von dessen Frau Giuseppina Grossi Bennati geführt, der Alberto Grossi als Unternehmensleiter zur Seite steht. Die 105 Hektar Rebfläche liegen in den Denominationen Collio und Friuli Isonzo und werden vom Techniker Emanuele Mian und dem Weinexperten Giovanni Bigot betreut. Die aus mehreren Zonen stammenden Trauben werden unter der kompetenten Aufsicht von Sara Nadalutti in mehreren Produktionslinien verarbeitet. Hervorragend die Performance des Pinot Grigio '13, frisch und agrumig jener der Ebene, fruchtig tropisch der aus dem Collio, beide aber saftig und mitreißend im Geschmack.Viel schmeichelhaftes Lob auch für alle anderen Weine, was den in jeder Hinsicht beachtlichen Betriebsstandard bei mäßigen Preisen bestätigt.

- ● Collio Merlot Ronco Cucco '10   🍷🍷 3
- ○ Collio Picolit Ronco Cucco '10   🍷🍷 5
- ○ Collio Pinot Grigio Ronco Cucco '13   🍷🍷 3
- ○ Friuli Isonzo Malvasia '13   🍷🍷 2*
- ○ Friuli Isonzo Pinot Grigio '13   🍷🍷 2*
- ⊙ Villanova Rosé Demi-Sec   🍷 3
- ○ Collio Ribolla Gialla Ronco Cucco '13   🍷 3
- ○ Friuli Isonzo Sauvignon '13   🍷 2
- ○ Friuli Isonzo Traminer Aromatico '13   🍷 2
- ○ Collio Chardonnay Monte Cucco '97   🍷🍷🍷 3*
- ○ Collio Chardonnay Ronco Cucco '11   🍷🍷 4
- ○ Collio Chardonnay Ronco Cucco '07   🍷🍷 3
- ○ Collio Friulano Ronco Cucco '11   🍷🍷 4
- ○ Collio Pinot Grigio Ronco Cucco '12   🍷🍷 3
- ● Fraja '07   🍷🍷 5
- ○ Friuli Isonzo Malvasia Saccoline '08   🍷🍷 2*

FRIAUL JULISCH VENETIEN

Andrea Visintini
VIA GRAMOGLIANO, 27
33040 CORNO DI ROSAZZO [UD]
TEL. +39 0432755813
www.vinivisintini.com

DIREKTVERKAUF
BESUCH NACH VORANMELDUNG
JAHRESPRODUKTION 150.000 Flaschen
REBFLÄCHE 20 Hektar
WEINBAU Biodynamisch anerkannt

Der von Andrea Visintini im Jahr 1973 gegründete Betrieb wurde auf den Ruinen der mehrmals zerstörten und wieder aufgebauten alten Burg von Gramogliano errichtet, von der heute noch ein Wachturm mit angrenzendem rustikalem Landhaus vorhanden ist. Dank einer fachmännischen Restaurierung unter Aufsicht des Denkmalschutzamts und der Anpassung der unter der Kellerei liegenden Räumlichkeiten arbeiten Oliviero und die Zwillingsschwestern Cinzia und Palmira heute an einem prestigevollen Firmensitz. Die sehr simple Unternehmensphilosophie stützt sich auf die Überzeugung, dass durch eine Beschränkung der Eingriffe alle Aromen der Traube unangetastet bleiben, wodurch korrekte Weine zu äußerst wettbewerbsfähigen Preisen entstehen. Dieses Jahr haben alle Weine und ganz besonders die weißen Jahrgangsweine beinahe gleich hohe Punktezahlen erreicht. Ein schöner Beweis für die große Qualität des gesamten Angebots. Der Sauvignon '13 begeistert mit tropischen Anklängen, die anderen Weine zeichnen sich hingegen am Gaumen und im Geschmack mit Vielschichtigkeit und Wohlgeruch aus.

○ COF Bianco '13		♛♛ 2*
○ COF Friulano '13		♛♛ 2*
● COF Merlot '12		♛♛ 2*
○ COF Pinot Bianco '13		♛♛ 2*
○ COF Pinot Grigio '13		♛♛ 2*
○ COF Ribolla Gialla '13		♛♛ 2*
○ COF Sauvignon '13		♛♛ 2*
● COF Refosco P. R. '12		♛ 2
○ COF Friulano '12		♛♛ 2*
○ COF Friulano '11		♛♛ 2*
○ COF Pinot Bianco '12		♛♛ 2*
○ COF Pinot Grigio '12		♛♛ 2*
○ COF Pinot Grigio '11		♛♛ 2
○ COF Ribolla Gialla '08		♛♛ 2*
○ COF Sauvignon '11		♛♛ 2*
○ COF Sauvignon '09		♛♛ 2*

Vitas
LOC. STRASSOLDO
VIA SAN MARCO, 5
33050 CERVIGNANO DEL FRIULI [UD]
TEL. +39 043193083
www.vitas.it

DIREKTVERKAUF
BESUCH NACH VORANMELDUNG
UNTERKUNFT
JAHRESPRODUKTION 70.000 Flaschen
REBFLÄCHE 11 Hektar

Das 1973 von Romano Vitas erworbene Weingut hat seinen Sitz in einem alten Herrenhaus aus dem 17. Jh. in Strassoldo, dessen alter Park von einer langen Magnolienallee durchkreuzt wird, die sich zwischen den Rebbergen verliert. Die Leitung geht seit vier Generationen vom Vater auf den Sohn über und liegt seit 1993 in den Händen des dynamischen Roberto Vitas, der dem Betrieb durch die Neuorganisation der gesamten Rebfläche mit Erziehungssystemen mit hoher Stockdichte pro Hektar und niedrigem Ertrag einen weiteren Impuls gegeben hat. In Übereinstimmung mit dem neuen betrieblichen Modernisierungsprozess vertraut Roberto heute auf die Zusammenarbeit mit dem erfahrenen Önologen Andrea Pittana. Die erfreuliche Anerkennung, die dem ganzen Weinsortiment zuteil wurde, ist der Lohn für die Ausdauer und Hartnäckigkeit von Roberto und eine große Ermutigung für die Zukunft. Der Rosso Vigneto Romano '09, ein Blend aus Merlot, Cabernet und Refosco, ist cremig und einhüllend, der Cabernet Franc '12 wohlschmeckend mit typisch grasiger Note.

● Friuli Aquileia Cabernet Franc '12		♛♛ 2*
● Friuli Aquileia Refosco dal P. R. '12		♛♛ 3
○ Marlet '12		♛♛ 4
● Vign. Romano '09		♛♛ 3
○ Friuli Aquileia Friulano '13		♛ 3
○ Friuli Aquileia Sauvignon '13		♛ 2
○ Traminer Aromatico '13		♛ 2

★Volpe Pasini

FRAZ. TOGLIANO
VIA CIVIDALE, 16
33040 TORREANO [UD]
TEL. +39 0432715151
www.volpepasini.net

**DIREKTVERKAUF
BESUCH NACH VORANMELDUNG
UNTERKUNFT
JAHRESPRODUKTION** 400.000 Flaschen
REBFLÄCHE 52 Hektar

Die Volpe Pasini ist eine alte Kellerei, deren Memoiren bis in die Dogenzeit zurückreichen, als sich die friaulische Bauernfamilie Volpe mit den venezianischen Kaufleuten Pasini zusammentat, um 1596 das Weingut Volpe Pasini zu gründen. In den 70er Jahren des letzten Jahrhunderts gehörte sie zu den ersten einheimischen Betrieben, die die internationalen Märkte von der Qualität der regionalen Weißweine überzeugten. 1995 wurde der Besitz von Emilio Rotolo übernommen, der bei der Leitung von Sohn Francesco und seit diesem Jahr auch von Alessandro unterstützt wird. Nachdem in kurzer Zeit die Spitzenklasse erreicht wurde, kümmert man sich heute darum, das Niveau dank der wertvollen önologischen Beratung von Lorenzo Landi auf Dauer zu halten. Der Sauvignon Zuc di Volpe '13 bestätigt sich als Spitzenwein und erobert zum fünften Mal in Folge die Drei Gläser. Der Geruchssinn wird durch agrumige Noten von Limette und Zitrone belohnt, während Angriffslust und Spannung im Geschmack die Harmonie vervollständigen. Wunderbar auch der Pinot Bianco Zuc di Volpe '13.

Francesco Vosca

FRAZ. BRAZZANO
VIA SOTTOMONTE, 19
34070 CORMÒNS [GO]
TEL. +39 048162135
www.voscavini.it

**DIREKTVERKAUF
BESUCH NACH VORANMELDUNG
JAHRESPRODUKTION** 50.000 Flaschen
REBFLÄCHE 8,5 Hektar

Anfang der 90er Jahre des letzten Jahrhunderts beschloss Francesco Vosca, den Viehstall dichtzumachen und sich nur noch den Weinbergen zu widmen. Es ist nur ein kleiner Betrieb, dessen wenige Hektar Rebfläche sich über die Hügel des Collio und das Anbaugebiet Isonzo verteilten, die aufgrund ihrer Beschaffenheit nicht mechanisch bearbeitet werden können und daher ständige manuelle Eingriffe benötigen. In diesem Familienbetrieb mit bäuerlichen Wurzeln leisten alle ihren Beitrag. Seine Frau Anita hilft ihm bei der anstrengenden Bewirtschaftung der Weinberge, Sohn Gabriele kümmert sich um die Weinbereitung und Elisabetta ist für die Buchhaltung und die Kundenbetreuung zuständig. Einstimmige Anerkennung belohnen sowohl die Weine des Hügellands als auch der Ebene. Besonders der Friulano '13, angenehm und gut trinkbar, und der Malvasia '13, schmackhaft und cremig, sind das perfekte Ebenbild der jeweiligen Rebsorte und geben alle organoleptischen Eigenschaften wider.

○ COF Sauvignon Zuc di Volpe '13	🍷🍷🍷	4*
○ COF Pinot Bianco Zuc di Volpe '13	🍷🍷	4
○ COF Pinot Grigio Grivò Volpe Pasini '13	🍷🍷	3*
○ COF Pinot Grigio Zuc di Volpe '13	🍷🍷	3*
● COF Refosco P.R. Volpe Pasini '10	🍷🍷	3*
● COF Cabernet Volpe Pasini '11	🍷🍷	3
○ COF Friulano Volpe Pasini '13	🍷🍷	3
○ COF Ribolla Gialla Volpe Pasini '13	🍷🍷	2*
○ COF Ribolla Gialla Zuc di Volpe '13	🍷🍷	3
○ COF Sauvignon Volpe Pasini '13	🍷🍷	3
○ COF Pinot Bianco Zuc di Volpe '12	🍷🍷🍷	4*
○ COF Sauvignon Zuc di Volpe '12	🍷🍷🍷	4*
○ COF Sauvignon Zuc di Volpe '11	🍷🍷🍷	4*
○ COF Sauvignon Zuc di Volpe '10	🍷🍷	3*

○ Collio Friulano '13	🍷🍷	3
○ Collio Malvasia '13	🍷🍷	3
● Collio Merlot '11	🍷🍷	4
○ Collio Ribolla Gialla '13	🍷🍷	3
○ Friuli Isonzo Pinot Grigio '13	🍷🍷	3
○ Friuli Isonzo Chardonnay '13	🍷	3
○ Friuli Isonzo Sauvignon '13	🍷	3
○ Collio Friulano '12	🍷🍷	3*
○ Collio Friulano '11	🍷🍷	3
○ Collio Malvasia '12	🍷🍷	3
○ Collio Malvasia '11	🍷🍷	3*
○ Collio Malvasia '10	🍷🍷	2
○ Collio Malvasia '09	🍷🍷	2*
○ Collio Pinot Grigio '11	🍷🍷	3
○ Friuli Isonzo Pinot Grigio '12	🍷🍷	3

FRIAUL JULISCH VENETIEN

Zidarich

LOC. PREPOTTO, 23
34011 DUINO AURISINA [TS]
TEL. +39 040201223
www.zidarich.it

DIREKTVERKAUF
BESUCH NACH VORANMELDUNG
JAHRESPRODUKTION 28.000 Flaschen
REBFLÄCHE 8 Hektar

Wer noch niemals die Weinberge und die Kellereien des Triester Karsts besucht hat, hat keine Vorstellung von heldenhaftem Weinbau. Das gemäßigte kontinentale Klima auf der Hochebene wird von der Adria und den kalten Fallwinden der Bora beeinflusst, die oft voller Gewalt daherblasen und die Auswahl anbaubarer Reben beschränken. Es fehlen aber nie die Sorten Vitovska und Terrano. Benjamin Zidarich begann 1988 mit Begeisterung und Entschlossenheit, den väterlichen Betrieb umzukrempeln. Die damalige Rebfläche betrug nur einen halben Hektar und wurde nach und nach vergrößert und mit autochthonen Rebsorten des Terroirs bepflanzt, bis sie eine ansehnliche Größe erreichte. Der VitovskaVignaCollezione '09 ist ein Drei Gläser Wein.Es ist das erste Mal, das diese Rebsorte die Auszeichnung erhält. Er entzückt in der Nase mit Noten von aromatischen Kräutern, Trockenobst, Weizen und Bisquit und schenkt im Geschmack frische, tiefe und saftige Noten, die die Geschmackspapillen anregen und am Gaumen versinken.

○ Carso Vitovska V. Collezione '09	🍷🍷🍷	8
○ Malvasia '12	🍷🍷	5
● Ruje '09	🍷🍷	8
○ Vitovska '12	🍷🍷	5
○ Prulke '12	🍷🍷	5
● Terrano '12	🍷🍷	5
○ Carso Malvasia '09	🍷🍷🍷	5
○ Prulke '10	🍷🍷🍷	5
○ Prulke '08	🍷🍷🍷	5
○ Carso Malvasia '10	🍷🍷	5
○ Carso Vitovska '10	🍷🍷	5
○ Carso Vitovska Collection '06	🍷🍷	5
○ Malvasia '11	🍷🍷	5
○ Prulke '11	🍷🍷	5
○ Prulke '09	🍷🍷	5
● Ruje '04	🍷🍷	5

Zof

FRAZ. SANT'ANDRAT DEL JUDRIO
VIA GIOVANNI XXIII, 32A
33040 CORNO DI ROSAZZO [UD]
TEL. +39 0432759673
www.zof.it

DIREKTVERKAUF
BESUCH NACH VORANMELDUNG
UNTERKUNFT UND GASTRONOMIE
JAHRESPRODUKTION 75.000 Flaschen
REBFLÄCHE 15 Hektar

Die Kellerei Zof hat ihren Sitz in Sant'Andrat del Judrio, einem kleinen Ortsteil der Gemeinde Corno di Rosazzo in den Colli Orientali del Friuli, wo sich die österreichisch-preußische Familie vor einem Jahrhundert niederließ. Seit zirka 25 Jahren wird sie in vierter Generation mit Ernst und Hingabe von Daniele Zof geleitet. In den ersten 10 Jahren stützte er sich auf die Zusammenarbeit mit Donato Lanati, ein international anerkannter Winemaker.Durch diese wertvolle Hilfe konnte er Techniken und Instrumente verfeinern, um nicht nur die chemische und mikrobiologische Qualität des Weins zu verbessern, sondern auch den aus Geschichte, Traditionen und Menschen bestehenden Mehrwert ins rechte Licht zu setzen. Die unterschiedslos allen verkosteten Weinen gezollte Anerkennung ist der Beweis für die dem gesamten Sortiment geschenkte Aufmerksamkeit. Der Chardonnay '13 vereint die Eleganz des Geruchs mit der Vollmundigkeit des Geschmacks, während die Va' Pensiero '11 Nase und Mund mit einhüllenden Noten von Gewürz verwöhnt.

○ COF Chardonnay '13	🍷🍷	3
○ COF Pinot Grigio '13	🍷🍷	3
● COF Schioppettino '12	🍷🍷	3
● COF Va' Pensiero '11	🍷🍷	4
○ COF Verduzzo Friulano '12	🍷🍷	2*
○ COF Friulano '13	🍷	3
○ COF Bianco San Michele '12	🍷🍷	2*
○ COF Bianco Sonata '11	🍷🍷	4
○ COF Bianco Sonata '09	🍷🍷	4
○ COF Friulano '12	🍷🍷	3*
○ COF Friulano '10	🍷🍷	2*
● COF Refosco P.R. '08	🍷🍷	3
○ COF Sauvignon '11	🍷🍷	2*
● COF Schioppettino '10	🍷🍷	2*

FRIAUL JULISCH VENETIEN

Zorzettig
Fraz. Spessa
s.da Sant'Anna, 37
33043 Cividale del Friuli [UD]
Tel. +39 0432716156
www.zorzettigvini.it

DIREKTVERKAUF
BESUCH NACH VORANMELDUNG
UNTERKUNFT UND GASTRONOMIE
JAHRESPRODUKTION 800.000 Flaschen
REBFLÄCHE 110 Hektar

Zorzettig ist in den Colli Orientali del Friuli und hier ganz besonders in Spessa di Cividale das Synonym für Weinerzeuger. Viele der Kellereibesitzer des Gebiets stammen von dieser Familie ab, die seit Generationen erstklassige Winzer hervorbringt. 1986 bot sich dem Cavalier Giuseppe die Gelegenheit, ein altes Bauernhaus zu erwerben, wo er sich mit seiner Familie niederließ und in kurzer Zeit einen modernen Weinbaubetrieb aufbaute. Eine Kellerei, die eindrucksvolle Zahlen schreibt, dabei aber niemals die Qualität aus den Augen verliert. Zurzeit wird sie von den Geschwistern Annalisa und Alessandro geleitet, die sich bei den önologischen Belangen auf die Erfahrung und Kompetenz von Fabio Coser verlassen. Die Auswahl der besten Trauben ist der Produktionslinie Myò vorbehalten und es ist daher kein Zufall, das diese Weine den größten Beifall erhalten haben. Der Friulano Myò '13 ist sowohl in der Nase als auch im Mund einwandfrei und der Pinot Bianco Myò '13 besticht durch Eleganz, Wohlgeruch und Geschmeidigkeit.

○ COF Friulano Myò '13	♟♟ 4
○ COF Chardonnay '13	♟♟ 3
○ COF Friulano '13	♟♟ 3
● COF Pignolo Myò '10	♟♟ 6
○ COF Pinot Bianco Myò '13	♟♟ 4
● COF Refosco P.R. Myò '11	♟♟ 4
○ COF Ribolla Gialla Myò '13	♟♟ 4
○ COF Sauvignon '13	♟♟ 3
○ COF Sauvignon Myò '13	♟♟ 4
● COF Schioppettino Myò '11	♟♟ 5
○ COF Malvasia Myò '13	♟ 4
○ COF Ribolla Gialla '13	♟ 3
○ Spumante Brut Optimum Mill. '13	♟ 3
○ COF Friulano Myò '12	♟♟ 4
○ COF Pinot Bianco Myò '12	♟♟ 4
○ COF Sauvignon Myò '12	♟♟ 4

Zuani
loc. Giasbana, 12
34070 San Floriano del Collio [GO]
Tel. +39 0481391432
www.zuanivini.it

DIREKTVERKAUF
BESUCH NACH VORANMELDUNG
UNTERKUNFT
JAHRESPRODUKTION 75.000 Flaschen
REBFLÄCHE 15 Hektar

Zuani ist die Kellerei von Patrizia Felluga und Quintessenz einer Philosophie, die sich auf kaufmännische Fähigkeiten und einen ausgezeichneten Geschäftssinn stützt. Gemeinsam mit den Kindern Antonio und Caterina beschloss sie, sich ganz auf die Herstellung eines einzigen Weins konzentrieren. Die Wahl fiel auf den Collio als authentischer Ausdruck des Terroirs in zwei Versionen. Alles dreht sich um einen exzellent gelegenen Lagenweinberg auf den Hängen von Giasbana in San Floriano del Collio. In den Weingärten rund um die Kellerei werden Friulano, Chardonnay, Pinot Grigio und Sauvignon angepflanzt. Der Zuani Vigne wird in Stahl ausgebaut, während der Zuani Riserva in französischen und amerikanischen Barriques reift. Auch dieses Jahr hat der Zuani Vigne '13 im Vergleich zu der in Holz ausgebauten Version die meiste Zustimmung erhalten. Die sortentypischen Aromen der vier, zu gleichen Teilen in der Cuvée enthaltenen Rebsorten haben sich vermischt und bilden ein ausgefallendes, spannendes, blumig-fruchtiges Bouquet, im Mund ist er straff und schmackhaft.

○ Collio Bianco Zuani Vigne '13	♟♟ 4
○ Collio Bianco Zuani Ris. '11	♟♟ 5
○ Collio Bianco Zuani Vigne '10	♟♟♟ 3
○ Collio Bianco Zuani Vigne '07	♟♟♟ 3
○ Collio Bianco Zuani '08	♟♟ 5
○ Collio Bianco Zuani '07	♟♟ 5
○ Collio Bianco Zuani '06	♟♟ 5
○ Collio Bianco Zuani Ris. '10	♟♟ 5
○ Collio Bianco Zuani Ris. '09	♟♟ 5
○ Collio Bianco Zuani Vigne '12	♟♟ 3*
○ Collio Bianco Zuani Vigne '11	♟♟ 3
○ Collio Bianco Zuani Vigne '09	♟♟ 3
○ Collio Bianco Zuani Vigne '08	♟♟ 3*

WEITERE KELLEREIEN

Giuseppe e Luigi Anselmi
VIA BASSI, 16
33050 POCENIA [UD]
TEL. +39 0432779157
www.vinianselmi.it

DIREKTVERKAUF
BESUCH NACH VORANMELDUNG
JAHRESPRODUKTION 1.000.000 Flaschen
REBFLÄCHE 160 Hektar

○ Collio Friulano La Reguta '13	🍷🍷 3
○ Collio Sauvignon La Reguta '13	🍷🍷 3
● Collio Cabernet Sauvignon La Reguta '12	🍷 3

Anzelin
VIA PLESSIVA, 4
34071 CORMÒNS [GO]
TEL. +39 0481639821
www.anzelin.it

DIREKTVERKAUF
BESUCH NACH VORANMELDUNG
JAHRESPRODUKTION 20.000 Flaschen
REBFLÄCHE 9 Hektar

○ Collio Pinot Grigio '13	🍷🍷 3*
○ Collio Friulano '13	🍷🍷 3
○ Collio Pinot Bianco '13	🍷🍷 3
○ Collio Sauvignon '13	🍷🍷 3

Maurizio Arzenton
FRAZ. SPESSA
VIA CORMONS, 221
33043 CIVIDALE DEL FRIULI [UD]
TEL. +39 0432716139
www.arzentonvini.it

DIREKTVERKAUF
BESUCH NACH VORANMELDUNG
JAHRESPRODUKTION 40.000 Flaschen
REBFLÄCHE 10 Hektar

○ COF Chardonnay '13	🍷🍷 2*
○ COF Pinot Grigio '13	🍷🍷 2*
○ COF Sauvignon '13	🍷🍷 2*

Bajta
VIA SALES, 108
34010 SGONICO [TS]
TEL. +39 0402296090
www.bajta.it

JAHRESPRODUKTION 18.000 Flaschen
REBFLÄCHE 4 Hektar

○ Vitovska '13	🍷🍷 3
● Terrano '13	🍷 3

La Bellanotte
S.DA DELLA BELLANOTTE, 3
34072 FARRA D'ISONZO [GO]
TEL. +39 0481888020
www.labellanotte.it

DIREKTVERKAUF
BESUCH NACH VORANMELDUNG
JAHRESPRODUKTION 100.000 Flaschen
REBFLÄCHE 12 Hektar

○ Collio Friulano '13	🍷🍷 3
○ Friuli Isonzo Chardonnay La mé Gnòt '13	🍷🍷 3
● Friuli Isonzo Merlot Roja de Isonzo '11	🍷🍷 4
○ Armonico '13	🍷 2

Benincasa
LOC. SPESSA DI CIVIDALE
S.DA RONCHI SAN GIUSEPPE, 5
33043 CIVIDALE DEL FRIULI [UD]
TEL. +39 0432716419
vinibenincasa@libero.it

JAHRESPRODUKTION 25.000 Flaschen
REBFLÄCHE 10 Hektar

● COF Cabernet Sauvignon Autari Ris. '09	🍷🍷 5

WEITERE KELLEREIEN

Bidoli
FRAZ. ARCANO SUPERIORE
VIA FORNACE, 19
33030 RIVE D'ARCANO [UD]
TEL. +39 0432810796
www.bidolivini.com

DIREKTVERKAUF
BESUCH NACH VORANMELDUNG
JAHRESPRODUKTION 1.000.000 Flaschen

○ Friuli Grave Pinot Grigio Le Alte '13	🍷 2*
○ Prosecco Extra Dry Le Alte	🍷 2
○ Friuli Grave Sauvignon Blanc Le Alte '13	🍷 2
○ Friuli Grave Traminer Aromatico Le Alte '13	🍷 2

Blazic
LOC. ZEGLA, 16
34071 CORMÒNS [GO]
TEL. +39 048161720
www.blazic.it

DIREKTVERKAUF
BESUCH NACH VORANMELDUNG
JAHRESPRODUKTION 15.000 Flaschen
REBFLÄCHE 6 Hektar

○ Collio Friulano '13	🍷 3
○ Collio Malvasia '13	🍷 3
○ Collio Pinot Grigio '13	🍷 3
○ Collio Sauvignon '13	🍷 3

Borgo Magredo
LOC. TAURIANO
VIA BASALDELLA, 5
33090 SPILIMBERGO [PN]
TEL. +39 0422864511
www.borgomagredo.it

DIREKTVERKAUF
BESUCH NACH VORANMELDUNG
JAHRESPRODUKTION 710.000 Flaschen
REBFLÄCHE 87 Hektar

● Friuli Grave Cabernet Franc '13	🍷 2*
○ Friuli Grave Chardonnay '13	🍷 2*
○ Friuli Grave Friulano '13	🍷 2*
○ Friuli Grave Pinot Grigio '13	🍷 2

La Buse dal Lôf
VIA RONCHI, 90
33040 PREPOTTO [UD]
TEL. +39 0432701523
www.labusedallof.com

DIREKTVERKAUF
BESUCH NACH VORANMELDUNG
JAHRESPRODUKTION 100.000 Flaschen
REBFLÄCHE 25 Hektar

○ COF Chardonnay '13	🍷 3
○ COF Friulano '13	🍷 3
○ COF Pinot Grigio '13	🍷 3
● COF Schioppettino di Prepotto '10	🍷 4

Ca' di Volpe
VIA DEI SOSPIRI, 2
33050 RUDA [UD]
TEL. +39 0431999176
www.cadivolpe.it

○ Friuli Aquileia Chardonnay '13	🍷 3
○ Friuli Aquileia Friulano '13	🍷 3
● Partèulis '11	🍷 4
○ Friuli Aquileia Pinot Grigio '13	🍷 3

Ca' Ronesca
LOC. LONZANO, 27
34070 DOLEGNA DEL COLLIO [GO]
TEL. +39 048160034
www.caronesca.it

DIREKTVERKAUF
BESUCH NACH VORANMELDUNG
JAHRESPRODUKTION 250.000 Flaschen
REBFLÄCHE 52 Hektar

○ Collio Chardonnay '13	🍷 3
○ Collio Pinot Bianco '13	🍷 3
○ Collio Pinot Grigio '13	🍷 3
○ Collio Friulano '13	🍷 3

WEITERE KELLEREIEN

Ca' Selva
S.DA DI SEQUALS, 11A
33090 SEQUALS [PN]
TEL. +39 0434630216
www.caselva.it

DIREKTVERKAUF
BESUCH NACH VORANMELDUNG
JAHRESPRODUKTION 900.000 Flaschen
REBFLÄCHE 22 Hektar
WEINBAU Biologisch anerkannt

● Rosso 55 '11	🍷 3
○ Pinot Grigio '13	🍷 2
○ Prosecco Brut Mill. '13	🍷 2
○ Sauvignon '13	🍷 2

Alfieri Cantarutti
VIA RONCHI, 9
33048 SAN GIOVANNI AL NATISONE [UD]
TEL. +39 0432756317
www.cantaruttialfieri.it

DIREKTVERKAUF
BESUCH NACH VORANMELDUNG
UNTERKUNFT UND GASTRONOMIE
JAHRESPRODUKTION 130.000 Flaschen
REBFLÄCHE 54 Hektar

● COF Rosso Carato '04	🍷 4
● COF Rosso Poema '04	🍷 4
● COF Schioppettino di Prepotto '04	🍷 4

Cencig - Borgo dei Sapori
S.DA DI PLANEZ, 60
33043 CIVIDALE DEL FRIULI [UD]
TEL. +39 0432732477
www.borgodeisapori.net

DIREKTVERKAUF
BESUCH NACH VORANMELDUNG
JAHRESPRODUKTION 27.000 Flaschen
REBFLÄCHE 4 Hektar
WEINBAU Biologisch anerkannt

● COF Cabernet Franc '12	🍷 3
● COF Merlot '12	🍷 3

Codelli
VIA CODELLI, 15
34070 MOSSA [GO]
TEL. +39 0481809285
www.codelli.it

REBFLÄCHE 58 Hektar

○ Collio Sauvignon '13	🍷 3*
○ Collio Friulano '12	🍷 3
○ Collio Pinot Grigio '12	🍷 3
○ Collio Ribolla Gialla '12	🍷 3

Colli di Poianis
VIA POIANIS, 34A
33040 PREPOTTO [UD]
TEL. +39 0432713185
www.collidipoianis.com

DIREKTVERKAUF
UNTERKUNFT
JAHRESPRODUKTION 40.000 Flaschen
REBFLÄCHE 11 Hektar

○ COF Friulano '13	🍷 3
○ COF Pinot Grigio '13	🍷 3
● COF Schioppettino di Prepotto '11	🍷 5
○ COF Sauvignon '13	🍷 3

Conti Formentini
VIA OSLAVIA, 5
34070 SAN FLORIANO DEL COLLIO [GO]
TEL. +39 0481884131
www.contiformentini.it

DIREKTVERKAUF
BESUCH NACH VORANMELDUNG
JAHRESPRODUKTION 400.000 Flaschen
REBFLÄCHE 85 Hektar

○ Collio Chardonnay '13	🍷 5
○ Collio Pinot Grigio '13	🍷 5
○ Collio Ribolla Gialla Raiade '13	🍷 5

WEITERE KELLEREIEN

Le Due Torri
LOC. VICINALE DEL JUDRIO
VIA SAN MARTINO, 19
33040 CORNO DI ROSAZZO [UD]
TEL. +39 0432759150
www.le2torri.com

DIREKTVERKAUF
BESUCH NACH VORANMELDUNG
JAHRESPRODUKTION 36.000 Flaschen
REBFLÄCHE 8 Hektar

○ Friuli Grave Friulano '13	♛♛ 2*
○ Friuli Grave Pinot Grigio '13	♛♛ 2*
○ Malvasia '13	♛♛ 2*
○ Ribolla Gialla '13	♛ 2

Le Favole
LOC. TERRA ROSSA
VIA DIETRO CASTELLO, 7
33077 CANEVA [PN]
TEL. +39 0434735604
www.lefavole.com

DIREKTVERKAUF
BESUCH NACH VORANMELDUNG
UNTERKUNFT
JAHRESPRODUKTION 60.000 Flaschen
REBFLÄCHE 20 Hektar

○ Giallo di Roccia '11	♛♛ 4
● Friuli Annia Cabernet Franc '12	♛ 2
● Friuli Annia Refosco P. R. Storiis '11	♛ 3

I Feudi di Romans
LOC. PIERIS
VIA CÀ DEL BOSCO, 16
34075 SAN CANZIAN D'ISONZO [GO]
TEL. +39 048176445
www.ifeudi.it

DIREKTVERKAUF
BESUCH NACH VORANMELDUNG
JAHRESPRODUKTION 500.000 Flaschen
REBFLÄCHE 120 Hektar

○ Friuli Isonzo Friulano '13	♛♛ 3
○ Friuli Isonzo Pinot Grigio '13	♛♛ 3
○ Friuli Isonzo Sauvignon '13	♛ 3

Flaibani
VIA CASALI COSTA, 7
33043 CIVIDALE DEL FRIULI [UD]
TEL. +39 0432730943
www.flaibani.it

DIREKTVERKAUF
BESUCH NACH VORANMELDUNG
JAHRESPRODUKTION 15.000 Flaschen
REBFLÄCHE 3,5 Hektar
WEINBAU Biologisch anerkannt

○ COF Pinot Grigio '13	♛♛ 3
● COF Schioppettino '11	♛♛ 5

Forchir
FRAZ. FELETTIS
VIA CODROIPO, 18
33050 BICINICCO [UD]
TEL. +39 042796037
www.forchir.it

DIREKTVERKAUF
BESUCH NACH VORANMELDUNG
JAHRESPRODUKTION 1.200.000 Flaschen
REBFLÄCHE 226 Hektar
WEINBAU Biologisch anerkannt

○ Friuli Grave Chardonnay Claps '13	♛♛ 2*
○ Friuli Grave Friulano Lusôr '13	♛♛ 2*
● Friuli Grave Refosco P.R. Refoscone '10	♛♛ 3
○ Friuli Grave Pinot Grigio Lamis '13	♛ 2

Albano Guerra
LOC. MONTINA
V.LE KENNEDY, 39A
33040 TORREANO [UD]
TEL. +39 0432715077
www.guerraalbano.it

DIREKTVERKAUF
BESUCH NACH VORANMELDUNG
JAHRESPRODUKTION 60.000 Flaschen
REBFLÄCHE 10 Hektar

○ COF Friulano '13	♛♛ 2*
○ COF Malvasia '13	♛♛ 2*
○ COF Pinot Grigio '13	♛ 2

WEITERE KELLEREIEN

Marcello e Marino Humar
Loc. Valerisce, 2
34070 San Floriano del Collio [GO]
Tel. +39 0481884094
www.humar.it

DIREKTVERKAUF
BESUCH NACH VORANMELDUNG
JAHRESPRODUKTION 100.000 Flaschen
REBFLÄCHE 30 Hektar

● Collio Cabernet Franc Rogoves '11	4
○ Collio Chardonnay '13	3
● Collio Merlot '12	3
○ Collio Pinot Bianco '13	3

Isola Augusta
Casali Isola Augusta, 4
33056 Palazzolo dello Stella [UD]
Tel. +39 043158046
www.isolaugusta.com

DIREKTVERKAUF
BESUCH NACH VORANMELDUNG
UNTERKUNFT UND GASTRONOMIE
JAHRESPRODUKTION 270.000 Flaschen
REBFLÄCHE 50 Hektar

○ Friuli Latisana Chardonnay '13	2*
○ Friuli Latisana Friulano '13	2*
○ Ribolla Gialla '13	2

Job
Loc. Coia
via Coia di Levante, 26
33017 Tarcento [UD]
Tel. +39 0432783226
job.agricoltura@gmail.com

DIREKTVERKAUF
JAHRESPRODUKTION 3.000 Flaschen

● COF Refosco P. R. '08	3
● Levante '08	3
○ Ramandolo '07	3

Rado Kocjancic
fraz. Dolina
via Crogole, 11
34018 San Dorligo della Valle [TS]
Tel. +39 3483063298
www.radokocjancic.eu

DIREKTVERKAUF
BESUCH NACH VORANMELDUNG
JAHRESPRODUKTION 15.000 Flaschen
REBFLÄCHE 5 Hektar

○ Brejanka '11	5
○ Carso Vitovska '13	3

Komjanc
Loc. Giasbana, 35
34070 San Floriano del Collio [GO]
Tel. +39 0481391228
www.komjancalessio.com

DIREKTVERKAUF
BESUCH NACH VORANMELDUNG
JAHRESPRODUKTION 70.000 Flaschen
REBFLÄCHE 23 Hektar

○ Collio Chardonnay '13	2*
○ Collio Friulano '13	2*
○ Collio Sauvignon '13	2*

Micossi
Loc. Sedilis
via Nimis, 20
33017 Tarcento [UD]
Tel. +39 0432783276
www.vignetimicossi.it

● Cabernet Franc '12	2*
○ Ramandolo '12	4

WEITERE KELLEREIEN

Modeano
via Casali Modeano, 1
33056 Palazzolo dello Stella [UD]
Tel. +39 043158244
www.modeano.it

DIREKTVERKAUF
BESUCH NACH VORANMELDUNG
JAHRESPRODUKTION 40.000 Flaschen
REBFLÄCHE 31 Hektar

○ Friuli Latisana Chardonnay '13	♛♛ 2*
○ Friuli Latisana Friulano '13	♛♛ 2*
○ Pinot Grigio '13	♛ 2

Obiz
b.go Gortani, 2
33052 Cervignano del Friuli [UD]
Tel. +39 043131900
www.obiz.it

DIREKTVERKAUF
JAHRESPRODUKTION 100.000 Flaschen
REBFLÄCHE 25 Hektar

○ Friuli Aquileia Pinot Grigio Fulvia Crescentina '13	♛♛ 2*
● Friuli Aquileia Cabernet Franc Cromazio '13	♛ 2
● Friuli Aquileia Merlot Popone '12	♛ 2

Norina Pez
via Zorutti, 4
34070 Dolegna del Collio [GO]
Tel. +39 0481639951
www.norinapez.it

DIREKTVERKAUF
BESUCH NACH VORANMELDUNG
JAHRESPRODUKTION 40.000 Flaschen
REBFLÄCHE 7 Hektar

○ Aurea Divina '09	♛♛ 4
● Collio Merlot '12	♛♛ 2*
● Schioppettino '12	♛♛ 3
○ Collio Pinot Grigio '13	♛ 2

Pighin
fraz. Risano
v.le Grado, 1
33050 Pavia di Udine [UD]
Tel. +39 0432675444
www.pighin.com

DIREKTVERKAUF
BESUCH NACH VORANMELDUNG
JAHRESPRODUKTION 1.000.000 Flaschen
REBFLÄCHE 180 Hektar

○ Collio Picolit '11	♛♛ 6
○ Collio Sauvignon '13	♛♛ 3
○ Friuli Grave Chardonnay '13	♛♛ 2*

Tenuta Pinni
via S. Osvaldo, 3
33098 San Martino al Tagliamento [PN]
Tel. +39 0434899464
www.tenutapinni.com

DIREKTVERKAUF
BESUCH NACH VORANMELDUNG
JAHRESPRODUKTION 35.000 Flaschen
REBFLÄCHE 23 Hektar

○ Chardonnay '13	♛♛ 2*
○ Chardonnay della Tenuta '11	♛♛ 3
○ Pinot Grigio '13	♛♛ 2*

Renata Pizzulin
via Celso Macor, 1
34070 Moraro [GO]
Tel. +39 0432713027
www.renatapizzulin.it

○ Friuli Isonzo Bianco Teolis '12	♛♛ 3
○ Friuli Isonzo Chardonnay Paladis '12	♛♛ 3
○ Friuli Isonzo Malvasia Melaris '12	♛♛ 3
● Murellis '12	♛♛ 3

WEITERE KELLEREIEN

Polje
LOC. NOVALI, 11
34071 CORMÒNS [GO]
TEL. +39 047160660
www.polje.com

DIREKTVERKAUF
BESUCH NACH VORANMELDUNG
JAHRESPRODUKTION 25.000 Flaschen
REBFLÄCHE 12 Hektar

○ Malvasia '13	🍷🍷 3
○ Collio Friulano '13	🍷 3
○ Collio Ribolla Gialla '13	🍷 3
● Refosco P.R. '12	🍷 3

Flavio Pontoni
VIA PERUZZI, 8
33042 BUTTRIO [UD]
TEL. +39 0432674352
www.pontoni.it

DIREKTVERKAUF
BESUCH NACH VORANMELDUNG
UNTERKUNFT
JAHRESPRODUKTION 30.000 Flaschen
REBFLÄCHE 4,5 Hektar

● COF Cabernet Franc '13	🍷🍷 2*
○ COF Pinot Grigio '13	🍷🍷 2*
○ COF Sauvignon '13	🍷🍷 2*

Principi di Porcia e Brughera
VIA CASTELLO, 12
33080 PORCIA [PN]
TEL. +39 0434631001
www.porcia.com

DIREKTVERKAUF
BESUCH NACH VORANMELDUNG
JAHRESPRODUKTION 450.000 Flaschen
REBFLÄCHE 140 Hektar

○ Lison Cl. '13	🍷🍷 2*
○ Friuli Grave Pinot Grigio '13	🍷 1*
● Friuli Grave Refosco P. R. Titianus '09	🍷 2

Pradio
LOC. FELETTIS
VIA UDINE, 17
33050 BICINICCO [UD]
TEL. +39 0432990123
www.pradio.it

DIREKTVERKAUF
BESUCH NACH VORANMELDUNG
JAHRESPRODUKTION 400.000 Flaschen
REBFLÄCHE 33 Hektar

○ Friuli Grave Chardonnay Teraje '13	🍷🍷 2*
○ Friuli Grave Pinot Grigio Priara '13	🍷🍷 2*
○ Friuli Grave Friulano Gaiare '13	🍷 2
● Friuli Grave Merlot Roncomoro '13	🍷 2

Cantina di Rauscedo
VIA DEL SILE, 16
33095 RAUSCEDO
TEL. +39 042794020
www.cantinarauscedo.com

DIREKTVERKAUF
JAHRESPRODUKTION 500.000 Flaschen

○ Prosecco Extra Dry	🍷 2
○ Friuli Grave Friulano '13	🍷 1*
● Friuli Grave Rosso I Fiori '11	🍷 2
○ Friuli Grave Sauvignon '13	🍷 1*

Ronco dei Pini
VIA RONCHI, 93
33040 PREPOTTO [UD]
TEL. +39 0432713239
www.roncodeipini.it

DIREKTVERKAUF
BESUCH NACH VORANMELDUNG
JAHRESPRODUKTION 90.000 Flaschen
REBFLÄCHE 15 Hektar

● COF Schioppettino di Prepotto '09	🍷🍷 5
○ Collio Pinot Grigio '13	🍷🍷 3
○ COF Chardonnay '13	🍷 3

WEITERE KELLEREIEN

Ronco Margherita
via Udine, 40
33044 Manzano [UD]
Tel. +39 0427949809
www.roncomargherita.it

DIREKTVERKAUF
BESUCH NACH VORANMELDUNG
JAHRESPRODUKTION 100.000 Flaschen
REBFLÄCHE 40 Hektar

○ COF Chardonnay '13	🍷🍷 3
○ COF Friulano '13	🍷🍷 3
● COF Merlot '12	🍷🍷 3
● COF Cabernet Sauvignon '12	🍷 3

Russolo
via San Rocco, 58a
33080 San Quirino [PN]
Tel. +39 0434919577
www.russolo.it

DIREKTVERKAUF
BESUCH NACH VORANMELDUNG
JAHRESPRODUKTION 165.000 Flaschen
REBFLÄCHE 16 Hektar

● Borgo di Peuma '10	🍷🍷 5
○ Chardonnay Ronco Calaj '13	🍷🍷 3
○ Doi Raps '12	🍷🍷 3

San Simone
loc. Rondover
via Prata, 30
33080 Porcia [PN]
Tel. +39 0434578633
www.sansimone.it

DIREKTVERKAUF
BESUCH NACH VORANMELDUNG
JAHRESPRODUKTION 900.000 Flaschen
REBFLÄCHE 85 Hektar

● Friuli Grave Cabernet Franc Sugano '11	🍷🍷 2*
○ Friuli Grave Pinot Grigio '13	🍷🍷 2*
○ Friuli Grave Pinot Grigio Case Sugan '13	🍷🍷 2*

Marco Sara
via Dei Monti, 3a
33040 Povoletto [UD]
Tel. +39 0432666066
www.marcosara.com

BESUCH NACH VORANMELDUNG
JAHRESPRODUKTION 15.000 Flaschen
REBFLÄCHE 8 Hektar
WEINBAU Biologisch anerkannt

● COF Schioppettino '12	🍷🍷 3*
○ COF Bianco '12	🍷🍷 3
● COF Cabernet Franc '12	🍷🍷 3
○ Picolit un Picolit dal Dòdis '12	🍷🍷 5

Scarbolo
fraz. Lauzacco
v.le Grado, 4
33050 Pavia di Udine [UD]
Tel. +39 0432675612
www.scarbolo.com

DIREKTVERKAUF
BESUCH NACH VORANMELDUNG
GASTRONOMIE
JAHRESPRODUKTION 160.000 Flaschen
REBFLÄCHE 30 Hektar

○ Bianco My Time '11	🍷🍷 4
○ Friuli Grave Friulano '13	🍷🍷 2*
○ Friuli Grave Sauvignon '13	🍷 2
○ Pinot Grigio Ramato XL '11	🍷 3

Scolaris
via Boschetto, 4
34070 San Lorenzo Isontino [GO]
Tel. +39 0481809920
www.scolaris.it

DIREKTVERKAUF
BESUCH NACH VORANMELDUNG
JAHRESPRODUKTION 800.000 Flaschen
REBFLÄCHE 7 Hektar

○ Collio Friulano '13	🍷🍷 3
○ Collio Malvasia '12	🍷🍷 3
○ Collio Pinot Grigio '13	🍷🍷 3

WEITERE KELLEREIEN

F.lli Stanig
VIA ALBANA, 44
33040 PREPOTTO [UD]
TEL. +39 0432713234
www.stanig.it

DIREKTVERKAUF
BESUCH NACH VORANMELDUNG
UNTERKUNFT UND GASTRONOMIE
JAHRESPRODUKTION 45.000 Flaschen
REBFLÄCHE 9 Hektar

○ COF Friulano '13	🍷🍷 2*
○ COF Malvasia '13	🍷🍷 2*
○ COF Sauvignon '13	🍷🍷 2*
● COF Schioppettino di Prepotto '11	🍷🍷 3

Stocco
VIA CASALI STOCCO, 12
33050 BICINICCO [UD]
TEL. +39 0432934906
www.vinistocco.it

DIREKTVERKAUF
BESUCH NACH VORANMELDUNG
GASTRONOMIE
JAHRESPRODUKTION 150.000 Flaschen
REBFLÄCHE 39 Hektar

○ Friuli Grave Friulano '13	🍷🍷 2*
○ Sauvignon '13	🍷🍷 2*
● Merlot Roos dai Lens '10	🍷 4
○ Pinot Grigio '13	🍷 2

Terre di Ger
FRAZ. FRATTINA
S.DA DELLA MEDUNA, 17
33076 PRAVISDOMINI [PN]
TEL. +39 0434644452
www.terrediger.it

DIREKTVERKAUF
BESUCH NACH VORANMELDUNG
JAHRESPRODUKTION 100.000 Flaschen
REBFLÄCHE 50 Hektar

● Arconi Rosso '12	🍷🍷 3
● Friuli Grave Cabernet Franc '12	🍷🍷 2*
○ Friuli Grave Chardonnay '13	🍷 2
○ Friuli Grave Pinot Grigio '13	🍷 2

Paolo Venturini
VIA ISONZO, 135
34071 CORMÒNS [GO]
TEL. +39 048160446
www.venturinivini.it

DIREKTVERKAUF
BESUCH NACH VORANMELDUNG
JAHRESPRODUKTION 70.000 Flaschen
REBFLÄCHE 17 Hektar

○ Collio Chardonnay '13	🍷🍷 3
○ Collio Pinot Bianco '13	🍷🍷 3
○ Collio Sauvignon '13	🍷🍷 3
○ Collio Ribolla Gialla '13	🍷 3

Vigne del Malina
FRAZ. ORZANO
VIA PASINI VIANELLI, 9
33047 REMANZACCO [UD]
TEL. +39 0432649258
www.vignedelmalina.com

DIREKTVERKAUF
BESUCH NACH VORANMELDUNG
JAHRESPRODUKTION 45.000 Flaschen
REBFLÄCHE 10 Hektar

○ Pinot Grigio '11	🍷🍷 3
● Refosco P.R. '09	🍷🍷 4
○ Sauvignon '11	🍷🍷 3

Le Vigne del Nord Est
VIA DEL DONATORE, 13
33040 CORNO DI ROSAZZO [UD]
TEL. +39 0432753554
www.lvne.it

DIREKTVERKAUF
BESUCH NACH VORANMELDUNG
JAHRESPRODUKTION 95.000 Flaschen
REBFLÄCHE 3 Hektar

● Cru Altera '11	🍷🍷 5
○ Cru Priora '12	🍷🍷 5
○ Pinot Grigio Uve del Nord Est '13	🍷🍷 2*

EMILIA ROMAGNA

Star der Region ist der Lambrusco mit einer stillen Revolution, mit der sich die Kellereigenossenschaften in die vorderste Reihe geschoben haben. In der Vergangenheit eher gewohnt, ihre Weine nicht abzufüllen und offen zu verkaufen, drängt man nun mit Flaschen von großer Qualität und starkem Charakter auf den internationalen Markt. Das ist aber nicht alles, was den Lambrusco betrifft, zu berichten ist auch vom Erfolg der Sorbara, einer Lambrusco-Rebe, die noch vor zehn Jahren fast vergessen war und nun mit einer Reihe guter, charaktervoller Weine, geschliffen und vibrierend, Furore macht. Und im Territorium von Sorbara gibt es auch den ersten Höchstpreis für eine Genossenschaft in dieser Region, ein Erfolg für das besondere Projekt „Omaggio a Gino Friedmann" der Cantina di Sorbara, mit dem Stil und Qualität der Kellerei grundlegend verändert wurden. In der Romagna wächst aber - einstweilen noch schüchtern - ein neuer Star heran. Es ist die weiße Albana, interessant wegen ihrer Fähigkeit, Trauben mit großer Säure und gerbstoffreichen, dünnen Schalen hervorzubringen. Viele Jahre wurde sie ganz gegen ihre Identität vinifiziert, aber jetzt gibt es einige Winzer, die ihren so ungewöhnlichen Charakter richtig zur Geltung bringen. Die Sangiovese bleibt jedoch unangefochten die wichtigste Rebe der Romagna, die hier immer besser auch zu ausgezeichneten Superiore verarbeitet wird. Es sind frische, schlanke Weine, klar in der Frucht, die auch der Zeit immer besser standhalten können. Auszumachen sind zwei unterschiedliche Böden: einmal tonhaltig in der ersten Hügelkulisse und Mergel in den oberen Tallagen. Ein Schatz der Diversität. Ohne Hierarchien aufzustellen, gelingt eine immer bessere Definition, die dem Konsumenten neue Anreize anbieten kann. Der Pignoletto genießt ebenfalls die Gunst der Stunde, wobei derzeit zwei große Produktionsgebiete genauer identifiziert werden: die Ebene zwischen Bologna und Modena, wo einfache, beliebte Perlweine entstehen, und die Hügel oberhalb von Bologna, die höherwertige Produktionen anstreben können. Diese Herausforderung hat in den Colli Bolognesi positive Energien mobilisiert und einen Weg der Vergleiche und Erwägungen eingeleitet, der mit der Zeit sicherlich Früchte tragen wird. In den Colli Piacentini - eine gute Nachricht - gibt es eine neue Generation von Kleinwinzern, die uns mutige, interessante Weine liefern, eine Art Nouvelle Vague des Territoriums, die wir von den ersten Schritten an sehr aufmerksam verfolgen.

EMILIA ROMAGNA

Ancarani
VIA SAN BIAGIO ANTICO, 14
48018 FAENZA [RA]
TEL. +39 0546642162
www.viniancarani.it

DIREKTVERKAUF
BESUCH NACH VORANMELDUNG
GASTRONOMIE
JAHRESPRODUKTION 30.000 Flaschen
REBFLÄCHE 14 Hektar

Claudio Ancarani ist zum Albana-Spezialisten herangewachsen, den er unter Wahrung der schwierigen und außergewöhnlichen Identität der Rebsorte nach klassischer Methode keltert. Sein Santa Lusa zeigt ein bäuerliches Wesen, das Kraft, Säure und die ungewöhnlichen Gerbstoffe dieser weißen Rebsorte auf originelle Weise verbindet. Die Weinberge liegen rund um den Turm von Oriolo in einem kleinen Anbaugebiet, das sich als besonders geeignet erweist. Interessant ist auch die Arbeit mit den anderen autochthonen Rebsorten: die weiße, halb aromatische Rebsorte „Famoso" und die „Centesimino", eine typische rote Sorte aus Faenza mit ausgeprägtem Rosenduft. Santa Lusa '12 ist ein klassischer, bäuerlicher, rustikaler Albana, eine schöne Interpretation der originellen Identität dieser weißen Rebsorte: Stoff, Tannin, Säure. Der Sangiovese Oriolo '12 ist trocken, würzig und vibrierend. Wie immer sind die Weine aus Centesimino-Trauben interessant.

○ Albana di Romagna Santa Lusa '12	🍷🍷 3*
● Sangiovese di Romagna Oriolo '12	🍷🍷 2*
● Sâvignon Rosso Centesimino '12	🍷🍷 3
● Uvapessa '10	🍷🍷 4
● Sangiovese di Romagna Sup. Biagio Antico '12	🍷 2
○ Albana di Romagna Santa Lusa '11	🍷🍷 3
○ Albana di Romagna Santa Lusa '10	🍷🍷 3
○ Albana di Romagna Santa Lusa '09	🍷🍷 3
● Sangiovese di Romagna Oriolo '11	🍷🍷 2
● Sangiovese di Romagna Sup. Biagio Antico '11	🍷🍷 2*
● Uvapessa '09	🍷🍷 4

Ariola Vigne e Vini
LOC. CALICELLA DI PILASTRO
FRAZ. PILASTRO
S.DA DELLA BUCA, 5A
43010 LANGHIRANO [PR]
TEL. +39 0521637678
www.viniariola.it

DIREKTVERKAUF
BESUCH NACH VORANMELDUNG
GASTRONOMIE
JAHRESPRODUKTION 1.300.000 Flaschen
REBFLÄCHE 70 Hektar

Ariola ist eine der historischen Kellereien von Parma: Nach der Gründung 1956 erfuhr sie in den 70er-Jahren ihre Blütezeit. Der Betrieb liegt in den Hügeln von Langhirano und wird nach dem Bach Arola benannt, der die Grenze zu den Weinbergen zieht. Hier werden 70 ha zwischen 250 und 300 m auf kalkhaltigen Lehmböden mit verschiedenen Ausrichtungen bebaut. Seit dem Erwerb 2003 durch Marcello Ceci und Partner Andrea Cernuschi befindet sich die Kellerei auch heute noch in Wachstumsphase. Nach den Investitionen in Weinberg und Kellerei versucht man heute, mit dem jungen Manuele Marabini den ausländischen Markt auszubauen. Die Kellerei erzeugt typisch für Parma anschmiegsame Lambrusco von internationalem, rundem und fruchtigem Geschmack. Ein großer Klassiker ist der Marcello, kräftig und cremig, texturiert und fruchtig. Klassischer ist die trockene, traditionelle Version Nature mit zweiter Gärung in der Flasche ohne Enthefung.

○ Forte Rigoni Malvasia Nature '12	🍷🍷 3
⊖ L'Intrigo Extra Dry '12	🍷🍷 2*
● Lambrusco Emilia Marcello '13	🍷🍷 3
● Lambrusco Marcello Nature '12	🍷🍷 3
● Metodus '10	🍷🍷 5
● Angiol d'Or Maestri in Purezza '09	🍷🍷 2
○ Forte Rigoni Malvasia '10	🍷🍷 2*
● Lambrusco Emilia Marcello '12	🍷🍷 2*
● Lambrusco Emilia Marcello '11	🍷🍷 2*
● Lambrusco Marcello '10	🍷🍷 2*
● Lambrusco Marcello '09	🍷🍷 2
● Lambrusco Marcello Nature '11	🍷🍷 3

EMILIA ROMAGNA

Balìa di Zola
VIA CASALE, 11
47015 MODIGLIANA [FC]
TEL. +39 0546940577
www.baliadizola.com

DIREKTVERKAUF
BESUCH NACH VORANMELDUNG
JAHRESPRODUKTION 30.000 Flaschen
REBFLÄCHE 6 Hektar

Veruska Eluci und ihr Gatte Claudio Fiore haben die Toskanische Romagna um Modigliana gewählt, um die lockeren, mergeligen Sandböden aufzuwerten, die nunmehr zu den interessantesten Böden der Region zählen. Sie haben sich 2003 hier angesiedelt und zuallererst in die Rebstöcke investiert. Heute hat der Betrieb seine Produktionsreife erzielt; die Trauben werden in der im alten Stallgebäude eingerichteten Kellerei sehr klassisch gekeltert. Die Weine sind gebietsklassisch; die in diesem Teil der Romagna vorhandene nervige Seele der Sangiovese kommt mit der Zeit mit Eleganz und Mineralität zum Ausdruck. Der Redinoce '11 hat eine ausdrucksstarke Frucht, Anklänge nach getrockneten Gräsern und einen würzigen Geschmack, gebremst durch eine gewisse Geschmeidigkeit. Balitore '13 - dieses Kind eines schwierigen Jahrgangs ist vielleicht etwas zu trocken, um Unbeschwertheit zu zeigen.

● Sangiovese di Romagna Redinoce Ris. '11	🍷🍷 4
● Sangiovese di Romagna Balitore '13	🍷 2
● Sangiovese di Romagna Redinoce Ris. '09	🍷🍷🍷 4*
● Sangiovese di Romagna Redinoce Ris. '08	🍷🍷🍷 4*
● Redinoce '07	🍷🍷 4
● Redinoce '06	🍷🍷 4
● Sangiovese di Romagna Balitore '10	🍷🍷 2*
● Sangiovese di Romagna Balitore '09	🍷🍷 2
● Sangiovese di Romagna Balitore '08	🍷🍷 2
● Sangiovese di Romagna Redinoce Ris. '10	🍷🍷 4

Le Barbaterre
LOC. BERGONZANO
VIA CAVOUR, 2A
42020 QUATTRO CASTELLA [RE]
TEL. +39 3358053454
www.barbaterre.com

DIREKTVERKAUF
JAHRESPRODUKTION 10.000 Flaschen
REBFLÄCHE 9 Hektar
WEINBAU Biologisch anerkannt

Le Barbaterre ist eine originelle Einrichtung, die bestens die neue Ära der Emilia mit der Sorgfalt für den Weinbau im Hügelland und die handwerkliche Fertigung von flaschenvergorenen Weinen verkörpert. Erika Tagliavini bebaut 9 ha auf lockeren Schlick-, Lehm- und Mergelböden in 350 m Höhe nicht weit vom Val d'Enza entfernt, auf den ersten Hügeln hinter Quattro Castella, im Herzen des Terroirs (die berühmten Terre Matildiche), das Matilde di Canossa durch ein Burgensystem verteidigte (Pianello, Rossena, Canossa, Sarzano, Carpineti). Aus den Trauben keltert sie rudimentäre, interessante und facettenreiche, würzige und detailvolle, nie banale Perlweine. Der zum Großteil aus Grasparossa erzeugte Lambrusco '13 zeigt ein bäuerliches Wesen, ist fruchtig, aber auch erdig, kontrastreich und voll von kleinen Überraschungsmomenten. Im Mund ist er elegant und trocken. Der Angelica '11 bringt eine schöne Komplexität mit Zitrusfrüchten und salzigen Anklängen geschickt zum Ausdruck.

○ L'Angelica Brut Nature Rosé '11	🍷🍷 3
● Lambrusco dell'Emilia '13	🍷🍷 2*
○ Sauvignon Brut M. Cl. '11	🍷🍷 3
○ Besmein Capoleg Marzemino Frizzante Rosé '12	🍷🍷 2*
○ Colli di Scandiano e Canossa Sauvignon '08	🍷🍷 3
○ L'Angelica Rosé M. Cl. '10	🍷🍷 3
○ Lambruscante Brut Nature '10	🍷🍷 3
● Lambrusco dell'Emilia '12	🍷🍷 2*
● Lambrusco dell'Emilia '11	🍷🍷 2*
○ Sauvignon Brut M. Cl. '10	🍷🍷 3

EMILIA ROMAGNA

Francesco Bellei
FRAZ. CRISTO DI SORBARA
VIA NAZIONALE, 132
41030 BOMPORTO [MO]
TEL. +39 059812449
www.francescobellei.it

DIREKTVERKAUF
JAHRESPRODUKTION 60.000 Flaschen
REBFLÄCHE 5 Hektar

Eine langjährige Geschichte, ein ausgezeichneter Ruf, eine einzigartige Erfahrung mit der Champagner-Methode. Seit 1920 zieht sich dieser rote Faden durch drei Generationen bis zum heutigen Eigentümer, der Familie Cavicchioli. Sandro Cavicchioli signiert die Bellei-Weine seit 2003, hat eine Qualität garantiert, die dem Ruf der Kellerei entspricht und die Linie der angestammten Fermentationen mit außergewöhnlicher Sensibilität ausgebaut. Flaschengärungen ohne Enthefung zählen zum klassischen Repertoire dieses Anbaugebiets. Der Ancestrale ist ein legendärer Wein geworden, eine unverzichtbare Etappe in der Reise um den Sorbara. Der 2013er zeigt herbstliche Farben und unmittelbar erdige und zitrusfruchtige Töne. Dank des großartigen Jahrgangs für diese Rebsorte findet er eine noch nie gesehene Frische, verweilt auf komplexen Noten von Blutorangen bis zu salzigen Anklängen, ist rein und schnittig. Ein raffinierter Wein voller Spannung.

⊙ Brut Rosé M.Cl. '07	🍷 5
● Lambrusco di Modena Rifermentazione Ancestrale '13	🍷 2*
● Modena Pignoletto Rifermentazione Ancestrale '13	🍷 2*
○ Cuvée Blanc de Noir Brut M. Cl. '05	🍷 5
● Extra Cuvée Brut Rosso '08	🍷 3
● Lambrusco di Modena Rifermentazione Ancestrale '12	🍷 2*
● Lambrusco di Modena Rifermentazione Ancestrale '11	🍷 2*
● Lambrusco di Modena Rifermentazione Ancestrale '10	🍷 2*
● Modena Pignoletto Rifermentazione Ancestrale '11	🍷 2*
○ Speciale Cuvée Brut M. Cl. '07	🍷 5
○ Speciale Cuvée Brut M. Cl. '05	🍷 5

La Berta
VIA BERTA, 13
48013 BRISIGHELLA [RA]
TEL. +39 054684998
www.labera.it

DIREKTVERKAUF
BESUCH NACH VORANMELDUNG
JAHRESPRODUKTION 55.000 Flaschen
REBFLÄCHE 20 Hektar

Familie Poggiali hat diesen Betrieb im Jahr 2008 gekauft und ihre in der Toskana in Felsina gesammelte Erfahrung hier eingebracht. Giovanni Poggiali, der den Betrieb persönlich führt, hat die vergangenen Jahre harte Arbeit am Weinberg geleistet und seine Weine tragen nun die ersten Früchte dieser Investitionen. Wir befinden uns in den ersten Hügeln um Faenza (Gemeinde Brisighella) auf Lehmböden, die fruchtige, fleischige Weine mit einem Stoff und einer Wucht ergeben, die mit großer Sorgfalt gezügelt werden muss. Der Olmatello '11 drückt sich mit etwas Ungewissheit aus und findet vor allem im Mund seine Qualität, wo er würzig und dicht abschließt. Der Solano '12 ist ein trockener, balsamischer Sangiovese, der zu verführerisch ist, um die Qualität des guten Rohstoffs hervorzubringen. Mehr Frische hätte ihn mit Energie geladen, die hier effektiv fehlt.

● Sangiovese di Romagna Olmatello Ris. '11	🍷 4
● Sangiovese di Romagna '13	🍷 2
● Sangiovese di Romagna Sup. Solano '12	🍷 2
● Sangiovese di Romagna '10	🍷 2
● Sangiovese di Romagna Olmatello Ris. '09	🍷 2*
● Sangiovese di Romagna Olmatello Ris. '08	🍷 2*
● Sangiovese di Romagna Olmatello Ris. '06	🍷 3
● Sangiovese di Romagna Solano '11	🍷 3
● Sangiovese di Romagna Sup. Olmatello Ris. '10	🍷 4
● Sangiovese di Romagna Sup. Solano '07	🍷 2*

EMILIA ROMAGNA

Braschi
VIA ROMA, 37
47025 MERCATO SARACENO [FC]
TEL. +39 054791061
www.cantinabraschi.com

JAHRESPRODUKTION 180.000 Flaschen
REBFLÄCHE 10 Hektar

Diese historische Kellerei des Savio-Tals wurde 1949 gegründet und 2011 vom Önologen Vincenzo Vernocchi und Davide Moky Castagnoli übernommen. Mit ihrem Schwung haben sie die Kellerei, die zunehmend überzeugendere Weine erzeugt, in wenigen Jahren wieder auf Hochtouren gebracht. Ganz klar ist das Projekt der Produktauswahl: zwei schlichte Weine, ein Weißer, ein Roter und eine Reihe von präzisen Lagenweinen. Das Projekt umfasst klassische und traditionelle Weine, die gut gemacht und klar nach Terroir - von Bertinoro zum Savio-Tal - erkennbar sind. Ausbau in großen Holzfässern. Der Monte Sasso '12 ist ein klassischer, im großen Holzfass ausgebauter Sangiovese aus einer Lage im Bidente-Tal. Ein herber und schlichter, vibrierender und nuancenreicher Wein, der seine Härte zu seiner Ausdrucksstärke macht. Im Mund ist er frisch und tief, würzig und trocken.

- Sangiovese di Romagna
  San Vicinio Monte Sasso '12   ▼▼▼ 3*
- Sangiovese di Romagna Sup.
  Il Costone '12   ▼▼ 3
- Sangiovese di Romagna Sup.
  Il Gelso '13   ▼▼ 3
- Albana di Romagna Secco
  Campo Mamante '13   ▼ 3
- Albana di Romagna '12   ▼▼ 2*
- Sangiovese di Romagna Sup.
  Il Costone '11   ▼▼ 3
- Sangiovese di Romagna Sup.
  Il Costone '10   ▼▼ 3

Ca' di Sopra
LOC. MARZENO
VIA FELIGARA, 15
48013 BRISIGHELLA [RA]
TEL. +39 0544521209
www.cadisopra.com

DIREKTVERKAUF
BESUCH NACH VORANMELDUNG
JAHRESPRODUKTION 19.000 Flaschen
REBFLÄCHE 28 Hektar

Camillo und Giacomo Montanari kellern eine Auslese der in ihren 28 ha Weinbergen am rechten Marzeno-Ufer, auf der Straße zwischen Faenza und Modigliana erzeugten Trauben ein. Giacomo widmet sich mit zunehmender Präzision und Zuverlässigkeit der Arbeit im Weinberg. Die Rebstöcke wachsen auf kalkreichen Tonböden in ca. 250 Meter Höhe vorwiegend in Nordostlage, ein paar Hektar ganz am Hügel oben auch in voller Sonnenlage. Die Weine haben trotz ihrer dem Tonboden zu verdankenden Macht eine gute Frische. Der wichtigste Wein des Betriebs, der Riserva di Sangiovese, fehlt beim Rapport, dennoch kann vermeldet werden, dass die präsentierte Weinauswahl leider einen warmen und kräftigen, schweren und stoffigen, zu sehr vom Holz gezäumten Stil zeigt. Es sind offene und ausgediente Weine, denen es nicht gelingt, den herben und frischen Charakter dieses Anbaugebiets auszudrücken.

- Remel '11   ▼ 3
- Roncodipaci '11   ▼ 5
- Sangiovese di Romagna Crepe '12   ▼ 2
- Cadisopra '09   ▼▼ 4
- Remel '10   ▼▼ 3
- Roncodipaci '10   ▼▼ 5
- Sangiovese di Romagna Crepe '11   ▼▼ 2*
- Sangiovese di Romagna Sup.
  Cadisopra Ris. '10   ▼▼ 4
- Uait '12   ▼▼ 2*

EMILIA ROMAGNA

Calonga
LOC. CASTIGLIONE
VIA CASTEL LEONE, 8
47100 FORLÌ
TEL. +39 0543753044
www.calonga.it

DIREKTVERKAUF
BESUCH NACH VORANMELDUNG
JAHRESPRODUKTION 30.000 Flaschen
REBFLÄCHE 8 Hektar

Der Betrieb bevorzugt breite, wuchtige Weine, Sprösslinge einerseits eines raren Bodens mit an die Oberfläche ragender, sogar überwiegender Sandmolasse für Weine mit einem zurechtgeschliffenen, gewichtigen Geschmack. Der Michelangiolo, der Spitzen-Sangiovese der Produktion, ist der perfekte Interpret dieser Philosophie und konnte sich in der Romagna durch seine stilistische Kohärenz und Zuverlässigkeit behaupten, was dem gewissenhaften Winzer und talentierten Handwerker Maurizio Baravelli zu verdanken ist. Die für diese Ausgabe präsentierten Weine leiden unter einer zu schweren Önologenhand, insbesondere im aufdringlichen Holz, das sie trocknet und ihre Gebietsverbundenheit unterdrückt. Der Ordelaffo '13 aus Sangiovese-Trauben ist dank einer schönen Frische und den ausgewogenen Gerbstoffen einer der interessantesten Weine der Kellerei.

● Ordelaffo '13	♉ 2*
● Castellione '11	♉ 4
● Sangiovese di Romagna Sup. Leggiolo '12	♉ 4
● Sangiovese di Romagna Sup. Michelangiolo Ris. '11	♉ 4
● Sangiovese di Romagna Sup. Michelangiolo Ris. '06	♉♉♉ 4
● Sangiovese di Romagna Sup. Michelangiolo Ris. '05	♉♉♉ 4*
● Sangiovese di Romagna Sup. Michelangiolo Ris. '04	♉♉♉ 4*
● Sangiovese di Romagna Sup. Michelangiolo Ris. '03	♉♉♉ 4
● Castellione '09	♉♉ 4
● Ordelaffo '11	♉♉ 2*
● Ordelaffo '10	♉♉ 2*
● Sangiovese di Romagna Sup. Il Bruno '09	♉♉ 2*

Cantina della Volta
VIA PER MODENA, 82
41030 BOMPORTO [MO]
TEL. +39 0597473312
www.cantinadellavolta.com

DIREKTVERKAUF
BESUCH NACH VORANMELDUNG
JAHRESPRODUKTION 100.000 Flaschen
REBFLÄCHE 9 Hektar

Christian Bellei bringt seine Energie in diesen Betrieb ein und nutzt die Erfahrung seiner Familie, die im Raum Modena als erste mit traditioneller Flaschengärung arbeitete. Zur Weiterentwicklung des bereits sehr hohen Niveaus wird derzeit in Technologie und Rebstöcke investiert. Es werden 8 ha neu mit Blauburgunder und Chardonnay auf den dunklen Böden von Riccò di Serramazzoni bestockt. Diese kleine Enklave hat ihre Berufung und Zuverlässigkeit in der Produktion der Grundweine für die traditionelle Flaschengärung bewiesen. Auch im Sorbara-Gebiet wird in Weinberge investiert und wieder auf die traditionelle Bellussi-Erziehungsform gesetzt. Der Rimosso '13 hat eine brisante Kraft und treibt den Rhythmus bis ins Finale mit unglaublicher Schmackhaftigkeit an. Er ist elegant, keck und rein, zart blumig. Der Trentasei (Monate) '10 ist raffiniert, durchwegs delikat, getragen durch die diesem Jahrgang wohlwollende Frische.

● Lambrusco di Sorbara Rimosso '13	♉♉♉ 3*
● Lambrusco di Modena Brut M. Cl. Trentasei '10	♉♉ 4
○ Il Mattaglio Brut D.Z. '11	♉♉♉ 5
○ Il Mattaglio Brut M. Cl '11	♉♉♉ 5
○ La Base Chardonnay Fermo '13	♉♉ 3
● Lambrusco di Sorbara Rimosso '12	♉♉♉ 3*
⊙ Brut M. Cl. La Svolta Rosato '10	♉♉ 7
○ Il Mattaglio Brut	♉♉ 5
○ Il Mattaglio Brut D.Z. '10	♉♉ 5
● Lambrusco di Modena Brut '10	♉♉ 4
⊙ Lambrusco di Modena Brut Rosé '10	♉♉ 5
● Lambrusco di Sorbara Rimosso '10	♉♉ 3*

EMILIA ROMAGNA

Cardinali

POD. MONTEPASCOLO
29014 CASTELL'ARQUATO [PC]
TEL. +39 0523803502
www.cardinalidoc.it

DIREKTVERKAUF
BESUCH NACH VORANMELDUNG
JAHRESPRODUKTION 30.000 Flaschen
REBFLÄCHE 6 Hektar

Alberto und Laura Cardinali bestellen 7 Hektar Weinberge nur wenige Schritte von Castell'Arquato entfernt mit einer zunehmend handwerklichen Philosophie für klassische, verführerische, facettenreiche und terroirgebundene Weine. Ihre Arbeit im Weinberg und in der Kellerei ist ohne irgendwelche radikalen Ansätze immer naturgebundener, mit einer Balance und Harmonie, die eher auf Klassizität als Extravaganz zielen. Ein zunehmend interessanter Winzerbetrieb, der konsequente, präzise Entscheidungen trifft. Stilistisch gesehen sind die Weine dieser kleinen Kellerei, die auch dieses Jahr eine Weinauswahl von guter Qualität vorstellt, immer gelungener. Der stille Nicchio '12 aus Bonarda- und Barbera-Trauben zeigt Tiefe und Frische, mineralische, erdige Noten sowie einen Geschmack, in dem die Säure für Tempo und eine gute Balance sorgt. Der Solata '12 aus Malvasia di Candia und Sauvignon Blanc ist würzig und elegant, trocken und schlicht in den sortentypischen Noten.

● C. P. Gutturnio Cl. Nicchio '12	🍷🍷🍷 3
● C. P. Gutturnio Frizzante Tomà '13	🍷🍷 2*
○ C. P. Monterosso Val d'Arda Solata '12	🍷🍷 2*
○ Montepascolo Moscato V. T. '12	🍷🍷🍷 5
● C. P. Gutturnio Cl. Nicchio '11	🍷🍷 3
● C. P. Gutturnio Cl. Nicchio '09	🍷🍷 3
● C. P. Gutturnio Frizzante Tomà '12	🍷🍷 2*
● C. P. Gutturnio Sup. '12	🍷🍷 3
○ C. P. Monterosso Val d'Arda Solata '11	🍷🍷 2*
○ Moscato V. T. '11	🍷🍷 3

Cantina Sociale di Carpi e Sorbara

VIA CAVATA
41012 CARPI [MO]
TEL. +39 059 643071
www.cantinadicarpiesorbara.it

REBFLÄCHE 23 Hektar

Die Genossenschaftskellereien der Provinz Modena gehören zu den ältesten Italiens und wurden bereits zu Beginn des 20. Jh. von Gino Friedmann, dem Pionier der Kooperation gefördert. Heute sind die beiden Kellereien - Carpi (1903 gegründet) und Sorbara (1923 gegründet) - ein Betrieb, in dem die Trauben von 1600 Mitgliedern aus insgesamt 2300 ha verarbeitet werden. Nur ein kleiner Teil der Produktion wird in Flaschen abgefüllt, was eine strenge Auswahl ermöglicht. Die zunehmende Qualität bezeugt die Anstrengungen dieser Genossenschaft. Omaggio a Gino Friedmann '13 ist herb und dünn, eisig und geschliffen, sehr rein, pur in den sortentypischen Noten nach weißen Blumen und zarten, fruchtigen Anklängen. Texturierter hingegen die flaschenvergorene Version ohne Enthefung - FB - mit evidenter Würze. Dank auch des hervorragenden Sorbara-Jahrgangs ist die Produktion 2013 insgesamt von großer Qualität.

● Lambrusco di Sorbara Secco Omaggio a Gino Friedmann '13	🍷🍷🍷 3*
● Lambrusco di Sorbara Secco Omaggio a Gino Friedmann FB '13	🍷🍷 3*
● Lambrusco di Sorbara Amabile Amore '13	🍷🍷 2*
● Lambrusco di Sorbara Secco Le Bolle '13	🍷🍷 2*
● Lambrusco di Sorbara Secco Terre della Verdeta '13	🍷🍷 2*
● Lambrusco di Sorbara Secco Villa Badia '13	🍷🍷 2*
● Lambrusco Salamino di S. Croce Secco Le Bolle '13	🍷🍷 2*

EMILIA ROMAGNA

Castelluccio

LOC. POGGIOLO DI SOTTO
VIA TRAMONTO, 15
47015 MODIGLIANA [FC]
TEL. +39 0546942486
www.ronchidicastelluccio.it

DIREKTVERKAUF
BESUCH NACH VORANMELDUNG
UNTERKUNFT
JAHRESPRODUKTION 100.000 Flaschen
REBFLÄCHE 16 Hektar

Eines der ersten Qualitätsprojekte „Made in Romagna", das den Sangiovese di Romagna voller Ehrgeiz und Zukunftsvisionen in die Welt hinaus getragen hat. Auch nach 40 Jahren produziert die von der Familie Fiore im Hügelgebiet zwischen Modigliana und Brisighella geführte Kellerei Qualitätsweine, denen es gelingt, die Handschrift des Anbaugebiets mit dem internationalen Geschmack auf einen Nenner zu bringen. Gezeichnet sind die Weine von Besitzer Vittorio Fiore, der bereits bei der ersten Weinlese im Betrieb als Önologe anwesend war. Die Ronchi, wahre Weinlagen, liegen auf schwierigen, aber hinsichtlich Eleganz und Charakter interessanten Sandmergelböden. Die wichtigsten Weine der Kellerei, die Ronchi, die in der Romagna Geschichte geschrieben haben, wurden nicht vorgestellt. Le More '13 ist ein schlichter, leicht trockener Sangiovese.

● Sangiovese di Romagna Le More '13	♀2
● Massicone '01	♀♀♀5
● Ronco dei Ciliegi '02	♀♀♀5
● Ronco dei Ciliegi '00	♀♀♀5
● Massicone '09	♀♀3
● Massicone '08	♀♀3
● Ronco delle Ginestre '08	♀♀4
● Sangiovese di Romagna Le More '12	♀♀2*
● Sangiovese di Romagna Le More '10	♀♀2*

Cavicchioli U. & Figli

VIA CANALETTO, 52
41030 SAN PROSPERO [MO]
TEL. +39 059812411
www.cavicchioli.it

DIREKTVERKAUF
BESUCH NACH VORANMELDUNG
JAHRESPRODUKTION 10.000.000 Flaschen
REBFLÄCHE 90 Hektar

Die Gruppo Italiano Vini hat den Betrieb 2010 übernommen und versucht, die Erfahrung der Familie Cavicchioli zu nutzen, indem sie die Brüder Sandro und Claudio als Leiter übernommen hat. Das entspannte, auf Kooperation konzentrierte Arbeitsklima hat die Produktion gefördert, deren Qualität und Zuverlässigkeit herangewachsen ist. Der Betrieb ist für den klassischen Lambrusco-Markt und den Sorbara im Besonderen, dessen Geschichte und positive Evolution er in den vergangenen 30 Jahren begleitet hat, ein Meilenstein. Die Qualität der Sorbara ist für den Jahrgang 2013 im Allgemeinen sehr gut, wobei diese Kellerei die Chancen dieses hervorragenden Jahrgangs auf meisterhafte Weise nutzt. Der Vigna del Cristo '13 zeigt ein gutes Tempo und verweilt auf der typischen Apfelsäure dieser Rebsorte. Die für diesen Cru und den Kellereistil typischen Zitrus- und Torfnoten verleihen diesem Wein von großer Persönlichkeit auch noch Eleganz.

● Lambrusco di Sorbara V. del Cristo '13	♀♀♀2*
● Lambrusco di Sorbara Secco Marchio Storico '13	♀♀2*
● Lambrusco di Sorbara Tre Medaglie '13	♀♀2*
● Lambrusco Grasparossa di Castelvetro Amabile Tre Medaglie '13	♀♀2*
● Lambrusco di Sorbara V. del Cristo '12	♀♀♀2*
● Lambrusco di Sorbara V. del Cristo '11	♀♀♀2*
● Lambrusco di Modena 1928 '12	♀♀2*
● Lambrusco di Sorbara Brut M. Cl. '09	♀♀3
● Lambrusco di Sorbara Secco Marchio Storico '12	♀♀2*
⊙ Rosé del Cristo Brut Rosé '10	♀♀5

EMILIA ROMAGNA

Celli
VIALE CARDUCCI, 5
47032 BERTINORO [FC]
TEL. +39 0543445183
www.celli-vini.com

DIREKTVERKAUF
BESUCH NACH VORANMELDUNG
JAHRESPRODUKTION 280.000 Flaschen
REBFLÄCHE 29 Hektar

Die Weine der Familien Sirri und Casadei sind Klassiker ihres Anbaugebiets. Sie sind als gut gelungene Verbindung des volkstümlichen Wesens der Romagna und der Qualität eines Werdegangs bekannt, mit dem sie zum heutigen Resultat beigetragen haben. Die 30 ha Weinberge - teils im Eigenbesitz, teils direkt bestellt - liegen alle im Gebiet um Bertinoro, auf typischen Kalkböden mit Tuffstein-Vorkommen, dem „Spungone". Die Kellerei ist für ihre traditionellen, gut gemachten Albana bekannt, aber auch die Sangioveses sind Zeugen des stoffigen und samtigen Stils dieses Untergebiets. Mauro Sirri hat diverse Projekte zur Aufwertung seines Anbaugebiets initiiert, eine Philosophie, die für sein Unternehmen eine Strategie darstellt. Wie gewohnt ist der Albana von Celli einer der zuverlässigsten und interessantesten der Romagna. Der besonders elegante und überzeugende Croppi '13 entfaltet sich auf der Frische und einem salzigen Mund, der die Gerbstoffe hervorhebt.

○ Albana di Romagna Secco I Croppi '13	🍷🍷 2*
● Bron & Rusèval Sangiovese '11	🍷🍷 3
○ Pagadebit di Romagna Campi di Fratta '13	🍷 2
● Sangiovese di Romagna Sup. Le Grillaie '13	🍷 2
○ Albana di Romagna Dolce Le Querce '12	🍷🍷 2*
○ Albana di Romagna Passito Solara '11	🍷🍷 4
○ Albana di Romagna Passito Solara '08	🍷🍷 3
○ Albana di Romagna Secco I Croppi '12	🍷🍷 2*
● Sangiovese di Romagna Sup. Le Grillaie '12	🍷🍷 2*
● Sangiovese di Romagna Sup. Le Grillaie '09	🍷🍷 2*
● Sangiovese di Romagna Sup. Le Grillaie Ris. '08	🍷🍷 2

Chiarli 1860
VIA DANIELE MANIN, 15
41100 MODENA
TEL. +39 0593163311
www.chiarli.it

DIREKTVERKAUF
JAHRESPRODUKTION 900.000 Flaschen
REBFLÄCHE 100 Hektar

100 Jahre Geschichte und eine nicht vergleichbare Kenntnis des Anbaugebiets. So die Visitenkarte einer Familie, die den Lambrusco di Modena weltweit vertritt. Neben der historischen Kellerei Chiarli 1860 haben Anselmo und Mauro Chiarli diesen Betrieb gegründet, in dem nur Trauben aus eigenen Weinbergen eingekellert werden. Sie wollten die Welt des Qualitäts-Lambrusco mit modernen Techniken und absoluter Strenge in der Verarbeitung revolutionieren. Der Erfolg dieser Kellerei stellt heute einen der Pfeiler der Wiedergeburt des Lambruscos dar. Vecchia Modena Premium '13 ist eine sehr elegante Version dieses Weins, zart, dennoch voller Energie und Frische. Er ist eine schöne Interpretation des Jahrgangs. Die Schmackhaftigkeit steht im Vordergrund, die Säure bewegt den Mund und lässt die Düfte lang anhalten. Blumig, delikat, trocken und liebenswürdig. Der Fondatore '13 ist texturiert und progressiv im Mund.

● Lambrusco di Sorbara Vecchia Modena Premium '13	🍷🍷🍷 2*
● Lambrusco di Sorbara del Fondatore '13	🍷🍷 3*
● Lambrusco di Sorbara Centenario 1860-1960 '13	🍷🍷 2*
● Lambrusco Grasparossa di Castelvetro Nivola '13	🍷🍷 2*
● Lambrusco Grasparossa di Castelvetro Villa Cialdini '13	🍷🍷 2*
● Lambrusco di Sorbara del Fondatore '12	🍷🍷🍷 3*
● Lambrusco di Sorbara del Fondatore '11	🍷🍷🍷 2*
● Lambrusco di Sorbara del Fondatore '09	🍷🍷🍷 2*
● Lambrusco di Sorbara Vecchia Modena Premium '10	🍷🍷🍷 2*
● Lambrusco di Sorbara Vecchia Modena Premium '08	🍷🍷🍷 2*
● Lambrusco Grasparossa di Castelvetro Centenario '12	🍷🍷 2*

EMILIA ROMAGNA

Condé
via Lucchina, 27
47016 Predappio [FC]
Tel. +39 0543940860
www.conde.it

DIREKTVERKAUF
GASTRONOMIE
JAHRESPRODUKTION 250.000 Flaschen
REBFLÄCHE 77 Hektar

Francesco Condello, dem Tochter Chiara heute zur Seite steht, hat mit großartiger Konsequenz an seinem Projekt gearbeitet. Die 80 ha Weinberge werden immer schon von Federico Curtaz meisterhaft betreut, der den Betrieb auf einen klassischen Stil mit dem Sangiovese im Mittelpunkt tariert hat. Mit dem im Juli 2014 eröffneten unterirdischen Weinkeller wurden die kolossalen Investitionen vervollständigt, mit denen dieser Betrieb zu einer der überzeugendsten und weitsichtigen Kellereien der Romagna geworden ist. Wenn das Projekt einerseits sichere und konsolidierte Richtlinien in der Bewirtschaftung der Weinberge zeigt, muss Condé den Stil der Weine noch verfeinern, von denen man sich als Sangiovese-Spätlese oft zu viel erwartet. Der Riserva '10 hat eine zerknitterte, vom Holz geprägte Nase, aber einen würzigen, soliden Geschmack mit einer sehr raffinierten Tanninstruktur.

● Sangiovese di Romagna Sup. Ris. '10	♛♛ 2*
● Massera Merlot '11	♛ 3
● Sangiovese di Romagna Predappio '11	♛ 3
● Sangiovese di Romagna '09	♛♛ 2
● Sangiovese di Romagna Sup. Capsula Nera '10	♛♛ 2*
● Sangiovese di Romagna Sup. '11	♛♛ 2*
● Sangiovese di Romagna Sup. Condè Capsula Blu Ris. '09	♛♛ 5
● Sangiovese di Romagna Sup. Condè Capsula Rossa '10	♛♛ 3
● Sangiovese di Romagna Sup. Ris. '08	♛♛ 2*

Leone Conti
loc. Santa Lucia
via Pozzo, 1
48018 Faenza [RA]
Tel. +39 0546642149
www.leoneconti.it

DIREKTVERKAUF
BESUCH NACH VORANMELDUNG
JAHRESPRODUKTION 80.000 Flaschen
REBFLÄCHE 17 Hektar

Leone Conti hat, seitdem ihn sein Enkel Francesco unterstützt, neue Energien aufgebracht und will die in diesen Jahren erzielten Resultate konsolidieren. Gemeinsam investieren sie in den Weinberg und Ausbau der Kellerei, versuchen aber vor allen Dingen, die guten Ergebnisse der Weißweine zu stabilisieren. Der wichtigste Wein der Produktpalette bleibt der Albana, eine Rebsorte, die in den frischen und reichen Böden hier im leichten Hügelland ein ideales Terroir findet. Zu den diversen Etiketten gesellt sich dieses Jahr der Progetto 3, für den die Albana-Trauben lange eingemaischt werden. Der Progetto 1 '13 hat eine faszinierende Nase - gemeiner Andorn, Salbei, Melisse - und einen Mund, in dem sich der Tanningehalt mit dem herben Charakter und der schönen Säure vereint. Never Walk Alone '13 ist ein vibrierender, frischer, lebendiger und fruchtiger Sangiovese mit trockenen, leichten Gerbstoffen.

○ Albana di Romagna Secco Progetto 1 '13	♛♛ 3
● Sangiovese di Romagna Sup. Never Walk Alone '13	♛♛ 2*
● Sangiovese di Romagna Sup. Le Betulle '11	♛ 3
○ Albana di Romagna Passito Nontiscordardime '07	♛♛♛ 6
○ Albana di Romagna Passito Nontiscordardime '08	♛♛ 6
○ Albana di Romagna Secco Progetto 1 '12	♛♛ 3
○ Albana di Romagna Secco Progetto 1 '11	♛♛ 3
● Sangiovese di Romagna Sup. Never Walk Alone '12	♛♛ 2*
● Sangiovese di Romagna Sup. Podere Pozzo Le Betulle '09	♛♛ 3

EMILIA ROMAGNA

Cantine Cooperative Riunite
VIA G. BRODOLINI, 24
42040 CAMPEGINE [RE]
TEL. +39 0522905711
www.riunite.it

JAHRESPRODUKTION 120.000.000 Flaschen
REBFLÄCHE 3.700 Hektar

Diese große Genossenschaft vereint 2600 Winzer und verarbeitet die Trauben aus 3500 ha Weinbergen. Diese Daten und der Umsatz machen die GIV Gruppo Italiano Vini zum ersten Weinhersteller Italiens. Trotz seiner Ausmaße ist der Betrieb dennoch sehr an die Bauerntradition und Solidarität gebunden, Werte die ihn bei den wichtigsten Entscheidungen immer leiten und die Geschichte seiner Führungsschicht darstellen, allen voran jener des Präsidenten Corrado Casoli. Die Verbundenheit zum Land und den Landwirten hat die Riunite dazu motiviert, die kleine Genossenschaftskellerei von Albinea Canali in ein regelrechtes Qualitätslabor zu verwandeln. FB '13 erobert das Finale dank einer außerordentlichen Eleganz und des ausgewogenen Geschmacks. In der Nase sind die Rose, Noten von Grapefruitschalen und Mandarine vertreten, im Mund ein zartbitterer Anklang. Der Reggiano Albinea Canali '13 ist cremig und texturiert, trocken und duftend, ein wahrer Meister des Preis-/Leistungsverhältnisses.

- Lambrusco Emilia FB Metodo Ancestrale Albinea Canali '13   2*
- Lambrusco Reggiano Albinea Canali '13   2*
- Colli di Scandiano e di Canossa Albore Albinea Canali Codarossa '13   2*
- Ottocento Nero Lambrusco Albinea Canali '13   2*
- Reggiano Lambrusco Albinea Canali Foglie Rosse '13   2*
- Reggiano Lambrusco Secco 1950 '13   2*
- Reggiano Lambrusco Secco dell'Olma '13   2*
- Lambrusco Chiaro della Falconaia Albinea Canali '12   2*
- Colli di Scandiano e di Canossa Albore Grasparossa Codarossa Albinea Canali '12   2*
- Lambrusco Emilia Metodo Ancestrale Albinea Canali '12   3*

Costa Archi
LOC. SERRA
VIA RINFOSCO, 1690
48014 CASTEL BOLOGNESE [RA]
TEL. +39 3384818346
costaarchi.wordpress.com

DIREKTVERKAUF
BESUCH NACH VORANMELDUNG
JAHRESPRODUKTION 15.000 Flaschen
REBFLÄCHE 13 Hektar

Gabriele Succi hat hart gearbeitet, um dem sortenreinen Sangiovese Eleganz zu verleihen, denn seine Rebstöcke eignen sich eher für machtvolle und dichte Weine. Dank energischer und konsequenter Entscheidungen in der Produktion sind die Jahrgänge und das Terroir stets gut erkennbar. Gabriele Succi bebaut 13 ha Land in zwei getrennten Anwesen auf den Hügeln um Castel Bolognese: Das Weingut Beneficio auf 80 m Seehöhe und das Weingut Monte Brullo auf 160 m Höhe. In beiden Fällen sind kalkhaltige, rote Tonböden mit Schlick- und Sandeinschlüssen vorhanden. Monte Brullo '10 - ein spannender, trockener und machtvoller Wein. Er entfaltet sich im Mund auf einer wunderschönen Säure, findet Charakter und großartigen Stil. Die Tannine sind verschlossen und reif. Der GS '11 ist herb und vibrierend, streng und verschlossen, bis ins Detail gebietsklassisch. Dieser neue Sangiovese Lagenwein ist Glauco Succi, Gabrieles Vater gewidmet.

- GS Sangiovese '11   3*
- Sangiovese di Romagna Sup. Monte Brullo Ris. '10   2*
- Sangiovese di Romagna Sup. Assiolo '12   2*
- Colli di Faenza Prima Luce '09   2*
- Colli di Faenza Prima Luce '07   2*
- Sangiovese di Romagna Sup. Assiolo '11   2*
- Sangiovese di Romagna Sup. Assiolo '10   2*
- Sangiovese di Romagna Sup. Assiolo '07   2*
- Sangiovese di Romagna Sup. Monte Brullo Ris. '09   2*
- Sangiovese di Romagna Sup. Monte Brullo Ris. '08   2*

EMILIA ROMAGNA

Denavolo

loc. Gattavera
fraz. Denavolo
29020 Travo [PC]
Tel. +39 3356480766
denavolo@gmail.com

DIREKTVERKAUF
JAHRESPRODUKTION 15.000 Flaschen
REBFLÄCHE 3 Hektar

In diesem kleinen Familienbetrieb werden nur wenige Hektar mit weißen Rebsorten bestellt und von Giulio Armani und Sohn Jacopo eingekellert. Szenarium ist das obere Trebbia-Tal, das ganz den Sorten Ortrugo, Malvasia di Candia Aromatica, Trebbiano Romagnolo und Marsanne verschrieben ist, die Giulio Armani, unbestrittener Meister der langen Mazerationen, interpretiert. Das Ergebnis: in der Nase vielschichtige, facettenreiche, changierende, im Mund äußerst frische, trockene und vibrierende Weine. Sie zeigen ein originelles Gleichgewicht, zielen immer auf extreme Trinkbarkeit. Der wichtigste Wein der Kellerei - der Dinavolo - fehlt in der Aufstellung. Er wurde in den Jahrgängen 2011, 2012 und 2013 nicht hergestellt. Der Dinavolino '12 ist ein zarter, eleganter, agiler und komplexer Wein. Ein leichter Ansatz von Frucht - Aprikose, Pflaumen, Birne - und salzigen Anklängen - Kapern, Oregano, gemeiner Andorn - kommt mit Würze und mineralischen Nuancen zum Ausdruck.

○ Catavela '13	🍷🍷 2*
○ Dinavolino '12	🍷🍷 5
○ Catavela '12	🍷 2*
○ Catavela '11	🍷 2*
○ Dinavolo '10	🍷 4
○ Dinavolo '09	🍷 4
○ Dinavolo '08	🍷 4

Camillo Donati

loc. Arola, 32
43013 Langhirano [PR]
Tel. +39 0521637204
camillo@camillodonati.it

DIREKTVERKAUF
BESUCH NACH VORANMELDUNG
JAHRESPRODUKTION 70.000 Flaschen
REBFLÄCHE 11 Hektar
WEINBAU Biologisch anerkannt

Camillo Donati glaubt ohne jegliche Rhetorik an sein Anbaugebiet und arbeitet auf handwerkliche und konsequente Weise. Die in der Flasche nachgegärten Weine erzählen von der volkstümlichen und zugleich noblen Kultur von Parma und sind eine meisterhafte Interpretation von Luft, Boden, Jahreszeiten und Visionen. Camillo bebaut die 11 ha gemeinsam mit seiner Nichte Monia und verkauft einen Teil seiner Trauben an die Kellerei, wodurch er die Beziehung zu den Leuten aufrecht hält und tagtäglich ein Weintheater inszeniert. Il Mio Lambrusco '13 ist ein fleischiger, vollmundiger, tiefer und erdiger Wein mit herben Fruchtnoten. Er ist stoffig und cremig, etwas torfig. La Mia Barbera '13 ist mineralisch und schnittig mit Kräuteranklängen von Salbei, prickelnd im trockenen Finale. Il Mio Sauvignon '13 erinnert an Meer und Zitrusfrüchte, hat geheimnisvolle Nuancen und Anklänge von Kräutern. Er ist würzig und schmackhaft.

● Il Mio Lambrusco '13	🍷🍷 2*
○ Il Mio Malvasia '13	🍷🍷 2*
○ Il Mio Malvasia Rosa '13	🍷🍷 2*
○ Il Mio Sauvignon '13	🍷🍷 2*
○ Il Mio Trebbiano '13	🍷🍷 2*
● La Mia Barbera '13	🍷🍷 2*
● Il Mio Lambrusco '12	🍷 2*
○ Il Mio Malvasia '11	🍷 2*
◉ Il Mio Malvasia Rosa '12	🍷 2*
○ Il Mio Sauvignon '12	🍷 2*
○ Il Mio Trebbiano '12	🍷 2*
● La Mia Barbera '12	🍷 2*

EMILIA ROMAGNA

Donelli
VIA CARLO SIGONIO, 54
41100 MODENA
TEL. +39 0522908715
www.donellivini.it

DIREKTVERKAUF
JAHRESPRODUKTION 25.000.000 Flaschen
REBFLÄCHE 110 Hektar

Familie Giacobazzi trägt als Inhaber dieser Marke seit 1992 zur Geschichte des Lambrusco bei. Antonio Giacobazzi, der heute von drei seiner vier Kinder unterstützt wird, gelingt es dank seiner Kenntnis des Anbaugebiets und Erfahrung, Trauben und Weine stets zuverlässig auszuwählen. Diese Arbeit führt zu einem guten Gesamtniveau der 30 Millionen Flaschen, die in 65 Länder der Welt exportiert werden. Aus den Trauben der betriebseigenen Weinberge (120 ha) wird hingegen die Linie „Sergio Scaglietti" gekeltert. Der legendäre Karosseriebauer von Ferrari hat die Flasche entworfen. Dies bezeugt auch die Beziehung der Familie zur Marke Ferrari und der Formel-1-Welt. Der Sergio Scaglietti Sorbara '13 zeigt eine große Komplexität und einen klaren, sehr frischen Gaumen, ist schnittig im Finale, wo er auf den typischen salzigen Noten dieser Rebsorte schließt. Die Trauben dieses Weines wachsen auf durchschnittlich 50 Jahre alten Rebstöcken im Herzen des Sorbara-Gebiets.

● Lambrusco di Sorbara Secco Sergio Scaglietti '13	▼▼ 2*
● Lambrusco Reggiano Secco Sergio Scaglietti '13	▼▼ 2*
● Lambrusco di Sorbara Secco Sergio Scaglietti '12	♀♀ 2*
● Lambrusco Reggiano Secco Sergio Scaglietti '12	♀♀ 2*

Drei Donà Tenuta La Palazza
LOC. MASSA DI VECCHIAZZANO
VIA DEL TESORO, 23
47100 FORLÌ
TEL. +39 0543769371
www.dreidona.it

DIREKTVERKAUF
BESUCH NACH VORANMELDUNG
JAHRESPRODUKTION 130.000 Flaschen
REBFLÄCHE 27 Hektar

Um der Romagna weltweit Ruhm einzubringen, investiert dieser historische Betrieb bereits seit 1981 in ein Qualitätsprojekt. Die ersten Schritte leitete damals Claudio Drei Donà ein, der auch heute noch zu den großen Persönlichkeiten der romagnolischen Weinwelt zählt. Heute hat Sohn Enrico das Ruder in der Hand, bereist die Welt und führt das Familienprojekt zukunftsorientiert und hartnäckig weiter. Ganz abgesehen von dieser Erfolgsgeschichte ist die stilistische Konsequenz der qualitativ hochwertigen Weine, die sich mit Herbheit, Tiefe und Frische und einer reichen, reifen Tanninstruktur zeigen, für die gesamte Romagna bedeutsam. Im Allgemeinen sind es Weine von großem Charakter, die ihr Anbaugebiet nie verraten haben. Der Pruno '11 zeigt sich mit dem üblichen vibrierenden, geradlinigen Geschmack, auch wenn in der Nase die kleinen Holzfässer zu stark vertreten sind. Die in Betonbehältern gegärte und in großen Holzfässern ausgebaute Cuvée Palazza '11 ist ein Wein mit gespanntem, würzigem Geschmack.

● Magnificat '10	▼▼ 3
● Sangiovese di Romagna Sup. Cuvée Palazza Ris. '11	▼▼ 5
● Sangiovese di Romagna Sup. Pruno Ris. '11	▼▼ 5
○ Il Tornese '12	▼ 3
● Le Vigne Nuove '13	▼ 2
● Notturno Sangiovese '12	▼ 2
● Sangiovese di Romagna Sup. Pruno Ris. '08	♀♀♀ 5
● Sangiovese di Romagna Sup. Pruno Ris. '07	♀♀♀ 5
● Sangiovese di Romagna Sup. Pruno Ris. '06	♀♀♀ 5
● Sangiovese di Romagna Sup. Pruno Ris. '01	♀♀♀ 4*
● Sangiovese di Romagna Sup. Pruno Ris. '00	♀♀♀ 4

EMILIA ROMAGNA

Emilia Wine
via 11 Settembre 2001, 3
42019 Scandiano [RE]
Tel. +39 0522989107
www.emiliawine.eu

JAHRESPRODUKTION 300.000 Flaschen
REBFLÄCHE 1.680 Hektar

Emilia Wine entsteht 2014 aus der Fusion dreier Genossenschaftskellereien um Reggio: Arceto, Correggio und Prato. Gemeinsam bewirtschaften die Mitglieder dieses neuen Betriebs ca. 1900 ha Rebfläche für ungefähr 35000 Tonnen Wein. Eine große Gemeinschaft, vor allem aber eine großartige Produktionskette, bestehend aus einem Weinbergmosaik mit vielen Details des Lambrusco-Gebiets. Der Tatendrang des Vorsitzenden Davide Frascari und die technische Solidität von Kellermeister Luca Tognoli schenken diesem Anbaugebiet einen niveauvollen Protagonisten. Die Flaschenproduktion trägt die Marke der alten Kellerei Arceto. Der Fascia Blu '13 ist ein klassischer, cremiger Wein. Der Rossospino '13 ist gebietsklassisch, bäuerlich in seinem Wesen. Der Brut La Spergola '13 ist würzig und trocken, sehr frisch im Mund. Der erlesene Migliolungo '13 wird aus den Trauben der 22 antiken Lambrusco-Sorten gekeltert, die von der landwirtschaftlichen Fachschule Zanelli aus Reggio Emilia angeliefert werden.

○ Colli di Scandiano e di Canossa Brut La Spergola Cantina di Arceto '13	♛♛ 3
● Colli di Scandiano e di Canossa Grasparossa Cardinale Pighini Cantina di Arceto '13	♛♛ 1*
● Colli di Scandiano e di Canossa Lambrusco Rossospino Cantina di Arceto '13	♛♛ 2*
● Migliolungo Frizzante Cantina di Arceto '13	♛♛ 2*
● Reggiano Lambrusco Secco Fascia Blu Cantina di Arceto '13	♛♛ 2*
○ Colli di Scandiano e di Canossa Grasparossa Cardinale Pighini '10	♟♟ 1
● Lambrusco Vigna Migliolungo '10	♟♟ 2

Stefano Ferrucci
via Casolana, 3045/2
48014 Castel Bolognese [RA]
Tel. +39 0546651068
www.stefanoferrucci.it

DIREKTVERKAUF
BESUCH NACH VORANMELDUNG
JAHRESPRODUKTION 95.000 Flaschen
REBFLÄCHE 15 Hektar

Ferrucci besitzt 16 ha Rebberge auf den Tonböden in der Unterzone Serra in einer Hügellandschaft zwischen 200 und 250 m Seehöhe. Dieses Gebiet ist seit jeher für die Produktion von Albana renommiert und dennoch ist das Flaggschiff der Kellerei ein Sangiovese, der aus leicht getrockneten Trauben gekelterte, einzigartige und originelle Domus Caia. Unter der Führung von Ilaria und Serena Ferrucci ist er eleganter und frischer geworden, wobei die durchschnittliche Qualität der Weine umfassend mehr Zuverlässigkeit zeigt. Leider scheint dieses Jahr die gesamte Produktion etwas schwächer, die Weine zeigen sich ein bisschen müde, mit einer überreifen Frucht und zu viel Geschmeidigkeit. Der Domus Caia '11 hat eine überreife Frucht, die die Ausdrucksmöglichkeit einer dennoch facettenreichen Nase abflauen lässt. Im Mund ist er kräftig und kompakt, wenig vibrierend, aber würzig und dicht.

○ Albana di Romagna Passito Domus Aurea '12	♛♛ 5
● Sangiovese di Romagna Sup. Domus Caia Ris. '11	♛♛ 5
● Sangiovese di Romagna Auriga '13	♛ 2
● Sangiovese di Romagna Sup. Centurione '13	♛ 2
○ Albana di Romagna Passito Domus Aurea '11	♟♟ 5
○ Albana di Romagna Passito Domus Aurea '10	♟♟ 5
● Sangiovese di Romagna Auriga '11	♟♟ 2*
● Sangiovese di Romagna Sup. Centurione '11	♟♟ 2*
● Sangiovese di Romagna Sup. Domus Caia Ris. '10	♟♟ 5
● Sangiovese di Romagna Sup. Domus Caia Ris. '09	♟♟ 5

EMILIA ROMAGNA

Fiorini
LOC. GANACETO
VIA NAZIONALE PER CARPI, 1534
41010 MODENA
TEL. +39 059386028
www.fiorini1919.com

DIREKTVERKAUF
BESUCH NACH VORANMELDUNG
JAHRESPRODUKTION 100.000 Flaschen
REBFLÄCHE 9 Hektar

Die seit 1919 aktive Kellerei Fiorini ist einer der legendären Lambrusco-Hersteller aus dem Raum Modena. Auch den Sorbara interpretiert sie auch heute noch meisterhaft. Der von Alberto Fiorini und Schwester Cristina geführte Betrieb besteht aus verschiedenen Teilen: Der Grasparossa-Weinberg in Riccò in 450 m Seehöhe, der erst kürzlich erworbene Weinberg in Savignano sul Panaro (Torre dei Nanni) und der historische Sorbara-Weinberg zwischen Secchia und Villanova, wo 9 ha auf lockeren Sand- und Schlickböden bestellt werden. Der Vigna del Caso '12 aus Salamino- und Sorbara-Trauben ist eine Flaschengärung ohne Enthefung, die im Laufe der Jahre großartige Zuverlässigkeit und überraschende Langlebigkeit bewiesen hat. Er ist erdig, traditionell, elegant in den Anklängen von Zitronenschale, entspannt im Mund. Ein facettenreicher, changierender Wein, voller Nuancen und von großem Charakter. Der Corte degli Attimi '13, ein reinrassiger Sorbara, ist klassisch, bäuerlich im Ausdruck.

- Lambrusco di Sorbara
  Corte degli Attimi '13   ŸŸ 2*
- Lambrusco Grasparossa di Castelvetro
  Terre al Sole '13   ŸŸ 2*
- Lambrusco V. del Caso '12   ŸŸ 2*
- Lambrusco di Sorbara
  Corte degli Attimi '12   ŸŸ 2*
- Lambrusco di Sorbara
  Corte degli Attimi '10   ŸŸ 2*
- Lambrusco di Sorbara
  Corte degli Attimi '09   ŸŸ 2*
- Lambrusco Grasparossa di Castelvetro
  Becco Rosso '10   ŸŸ 3
- Lambrusco V. del Caso '11   ŸŸ 2*

Paolo Francesconi
LOC. SARNA
VIA TULIERO, 154
48018 FAENZA [RA]
TEL. +39 054643213
www.francesconipaolo.it

DIREKTVERKAUF
BESUCH NACH VORANMELDUNG
GASTRONOMIE
JAHRESPRODUKTION 20.000 Flaschen
REBFLÄCHE 16 Hektar
WEINBAU Biologisch anerkannt

Paolo Francesconi besitzt heute eine Produktionsreife, die seiner jahrelangen Erfahrung in der extrem handwerklichen und kompromisslosen Führung von Weinberg und Kellerei zu verdanken ist. Die 16 Hektar Weinberge auf rotem Tonboden in den ersten Hügeln um Faenza werden nach biodynamischen Prinzipien kultiviert, wobei bei der Weinbereitung in der Kellerei auf alle Zusatzmittel verzichtet wird, und man eher versucht, das Terroir rein hervorzubringen. Einerseits ist die Erfahrung mit dem Sangiovese klar erkennbar, andererseits ist auch die Arbeit mit den Albana-Trauben interessant, die lange eingemaischt werden. Der Arcaica '13 ist ein dynamischer Wein mit raffinierter Ausdruckskraft zwischen schmackhaften Gerbstoffen und originellen, changierenden Anklängen. Einer der interessantesten Albana der Romagna, der eine neue Ära für diese Rebsorte einläutet. Der Limbecca '12 zeigt Energie, Charakter, Frucht, Säure und viel Geschmack.

- ○ Arcaica '13   ŸŸ 3*
- ● Sangiovese di Romagna Sup.
  Limbecca '12   ŸŸ 3*
- ○ Antiqua Albana '13   ŸŸ 3
- ● Luna Nuova '13   Ÿ 2
- ● Sangiovese di Romagna Sup.
  Limbecca '11   ŸŸŸ 3*
- ● Sangiovese di Romagna Sup.
  Limbecca '10   ŸŸŸ 3*
- ○ Arcaica '12   ŸŸ 3
- ● D'Incanto Centesimo Passito '12 ŸŸ 4
- ● Vite in Fiore '11   ŸŸ 3

EMILIA ROMAGNA

Maria Galassi
LOC. PADERNO DI CESENA
VIA CASETTE, 688
47023 CESENA [FC]
TEL. +39 054721177
www.galassimaria.it

DIREKTVERKAUF
BESUCH NACH VORANMELDUNG
JAHRESPRODUKTION 18.000 Flaschen
REBFLÄCHE 18 Hektar
WEINBAU Biologisch anerkannt

Maria Galassis Rebstöcke stellen durch die respektvolle, sorgfältige Betreuung der vergangenen 20 Jahre für die ganze Romagna einen wichtigen Bestand dar. Wir befinden uns zwischen dem Savio-Tal und Bertinoro, einer typischen Bertinoro-Lage mit hohem Aktivkalkgehalt und dem typischen Tuffstein-Vorkommen, dem sogenannten Spungone. Seit ein paar Jahren hat der Betrieb auch dank des Ausbaus in großen Fässern einen eleganten Stil erarbeitet, der die Mineralität hervorhebt und die reichlichen Gerbstoffe des Sangiovese Bertinorese mit Grazie ausdrückt. Der natoRe '11 ist ein eleganter, dünner, stilvoller, raffinierter und vibrierender Wein. Er ist leicht zerknittert, findet dann in Mund Progression und einen langen Abgang. Der Smembar '13 zeigt eine etwas müde Frucht, ist im Mund aber schmackhaft und kraftvoll. Trockene Gerbstoffe, schöne Säure.

Gallegati
VIA LUGO, 182
48018 FAENZA [RA]
TEL. +39 0546621149
www.aziendaagricolagallegati.it

DIREKTVERKAUF
BESUCH NACH VORANMELDUNG
UNTERKUNFT
JAHRESPRODUKTION 15.000 Flaschen
REBFLÄCHE 6 Hektar

Winzer und Handwerker - lautet die passende Kurzbeschreibung dieser beiden Brüder, die mit zunehmender Sicherheit samtige und elegante Weine, perfekte Interpreten der reinen Tonböden im ersten Hügelgebiet mit Frucht und Überschwänglichkeit, Vollmundigkeit und einem zu bändigen Charakter produzieren. Die Weine von Cesare und Antonio Gallegati halten ein magisches Gleichgewicht zwischen der Wucht dieses Terroirs und der im frischen Mund bekräftigten Eleganz, wo sie langfristig eine großartige Tiefe finden. Cesare signiert die Weine, die extern, in einem angemieteten Bereich eingekellert werden. Der Regina di Cuori '11 zeigt ein unglaubliches Repertoire: Aprikose, Trockenfeigen, Kapern, Zitrusfrüchte, gemahlener Kaffee und mediterrane Macchia. Im Mund ist er fett, balsamisch, salzig. Elegant die Gerbstoffe. Dem Corallo Nero '11 wurde ein weiteres Jahr Flaschenlagerung zugebilligt, weshalb er nicht aufgelistet ist.

- Sangiovese di Romagna Sup. natoRe Ris. '11 — 🍷🍷 2*
- Sangiovese di Romagna Sup. Smembar '13 — 🍷🍷 5
- Fiaba Bianco '13 — 🍷 3
- Galà d'Assi '10 — 🍷 3
- Sangiovese di Romagna Sup. natoRe '10 — 🍷🍷🍷 2*
- Sangiovese di Romagna Sup. natoRe Ris. '09 — 🍷🍷 2*
- Sangiovese di Romagna Sup. natoRe Ris. '08 — 🍷🍷 2*
- Sangiovese di Romagna Sup. Paternus '11 — 🍷🍷 2*
- Sangiovese di Romagna Sup. Paternus '10 — 🍷🍷 2*
- Sangiovese di Romagna Sup. Paternus '09 — 🍷🍷 2*

- ○ Albana di Romagna Passito Regina di Cuori Ris. '11 — 🍷🍷 4
- Sangiovese di Romagna Brisighella Corallo Rosso '13 — 🍷🍷 2*
- ○ Albana di Romagna Passito Regina di Cuori Ris. '10 — 🍷🍷🍷 4*
- ○ Albana di Romagna Passito Regina di Cuori Ris. '09 — 🍷🍷🍷 4*
- Sangiovese di Romagna Sup. Corallo Nero Ris. '06 — 🍷🍷🍷 3
- Colli di Faenza Rosso Corallo Blu Ris. '10 — 🍷🍷 4
- Colli di Faenza Rosso Corallo Blu Ris. '09 — 🍷🍷 4
- Sangiovese di Romagna Sup. Corallo Nero Ris. '10 — 🍷🍷 4
- Sangiovese di Romagna Sup. Corallo Nero Ris. '09 — 🍷🍷 4
- Sangiovese di Romagna Sup. Corallo Nero Ris. '08 — 🍷🍷 4

EMILIA ROMAGNA

Gruppo Cevico
VIA FIUMAZZO, 72
48022 LUGO [RA]
TEL. +39 0545284711
www.gruppocevico.com

DIREKTVERKAUF
BESUCH NACH VORANMELDUNG
JAHRESPRODUKTION 20.000.000 Flaschen
REBFLÄCHE 6.700 Hektar

4500 Winzer machen diese Genossenschaft zu einem der wichtigsten Marktbeteiligten Italiens. Sie bebauen 6700 Hektar Weinberge und stellen 2,5 % der gesamten italienischen Produktion dar. Das Herz der Cevico schlägt mit der Förderung der Region und der Investition in neue Projekte jedoch weiterhin in der Romagna und die Terroirgebundenheit bleibt ihr Stil. Die volkstümlichen Weine stehen im Mittelpunkt der gesamten Auswahl; das Qualitätswachstum dieser Jahre zielt klar auf Gebietsverbundenheit. Zu den Hauptmarken zählen: Terre Cevico, Vigneti Galassi, Sancrispino, Ronco, Romandiola und Bernardi. Mit einem wirklich sehr hohen Durchschnittsniveau ist die gesamte vorgestellte Weinauswahl sehr interessant. Der Novilunio '13 ist herb und tief mit einer schlichten Frucht, sehr frisch und trocken im Mund. Der Vigneti Galassi '13 ist fruchtig und rein, saftig im Nachhall. Alle Weine zeigen ein unglaubliches Preis-/Leistungsverhältnis.

Lini 910
LOC. CANOLO DI CORREGGIO
VIA VECCHIA CANOLO, 7
42015 CORREGGIO [RE]
TEL. +39 0522690162
www.lini910.it

DIREKTVERKAUF
BESUCH NACH VORANMELDUNG
JAHRESPRODUKTION 400.000 Flaschen
REBFLÄCHE 25 Hektar

Fabio und Massimo Lini stehen verschiedenen Kellereien in diesem Gebiet beratend zur Seite. Mit ihrer Erfahrung bietet sie diesem kleinen Familienbetrieb die Chance, qualitativ hochwertige Grundweine für die Herstellung von Schaumweinen mit Flaschengärung auszuwählen. Ihre Kinder, die Cousins Alicia und Alberto, bringen in den letzten Jahren neuen Elan in diese wunderschöne Geschichte und sind mit der Kommunikation und dem Verkauf beauftragt. 100 Jahre Geschichte und zunehmende Lust auf Qualität zeigen sich in einem Projekt, das klassische und zuverlässige Weine hervorbringt. Der Lambrusco Scuro '13 ist ein traditioneller, reiner Wein, herb in der Nase, trocken und vibrierend im Mund. Der Metodo Classico Rosato '09 ist makellos, artikuliert und vielschichtig, wie es sich für seine Art gehört. Der aus Blauburgunder-Trauben weiß vinifizierte Pas Dosé '09 ist würzig und voller Nuancen.

●	Sangiovese di Romagna Sup. Romandiola Novilunio '13	♛♛ 2*
○	Colli di Imola Pignoletto Romandiola '13	♛♛ 2*
●	Sangiovese di Romagna Sup. Vign. Galassi '13	♛♛ 2*
●	Sangiovese di Romagna Terre Cevico '13	♛♛ 2*
●	Sangiovese di Romagna Terre Cevico Ris. '09	♛♛ 2*
○	Albana di Romagna Secco Romandiola '12	♛ 3
○	Colli di Rimini Biancame Le Rocche Malatestiane San Gregorio '12	♛ 2*
●	Colli di Rimini Rosso Le Rocche Malatestiane '12	♛ 2
●	Sangiovese di Romagna Sup. Terre Cevico '11	♛ 3
●	Sangiovese di Romagna Sup. Vign. Galassi '12	♛ 2*

⊙	In Correggio Brut Rosé M. Cl. '09	♛♛ 2*
●	In Correggio Lambrusco Scuro '13	♛♛ 2*
⊙	In Correggio Pas Dosé M. Cl '09	♛♛ 4
⊙	In Correggio Brut M. Cl. '07	♛ 4
⊙	In Correggio Brut M. Cl. Bianco '09	♛ 4
●	In Correggio Brut M. Cl. Gran Cuvée	♛ 4
●	In Correggio Brut Rosso M. Cl. '08	♛ 4
⊙	In Correggio Lambrusco Rosato '12	♛ 2*
○	In Correggio Moscato Spumante '12	♛ 2*
○	In Correggio Moscato Spumante '11	♛ 2*

EMILIA ROMAGNA

Lusenti
LOC. CASE PICCIONI, 57
29010 ZIANO PIACENTINO [PC]
TEL. +39 0523868479
www.lusentivini.it

DIREKTVERKAUF
BESUCH NACH VORANMELDUNG
JAHRESPRODUKTION 100.000 Flaschen
REBFLÄCHE 17 Hektar

Die Philosophie dieses Familienbetriebs tendiert mit Konsequenz und Enthusiasmus zunehmend zu einem handwerklichen Stil. Das beste Beispiel dafür sind die zwei interessantesten Weine der gesamten Produktion, der mit der Flaschengärung ohne Enthefung erhaltene Malvasia Frizzante Emiliana und der Gutturnio Frizzante Tournesol, stets zuverlässig und interessant. Ludovica Lusenti bebaut 17 Hektar Weinberg im oberen Tidone-Tal, nahe an der regionalen Grenze. Wir befinden uns auf ungefähr 300 m Seehöhe in einem Gebiet mit gutem Potenzial an Frische und Eleganz. Der Tournesol verbleibt ein weiteres Jahr auf der Feinhefe, wonach der Jahrgang 2012 in der nächsten Ausgabe des Weinführers vorgestellt wird. Der Emiliana, ein in der Flasche gegärter Malvasia ohne Enthefung, schafft es ins Finale: ein facettenreicher, salziger und trockener Wein, der auf weißen Blumen und Feuerstein öffnet.

- ○ C. P. Malvasia Frizzante Emiliana '13 — 2*
- ⊙ C. P. Pinot Nero Rosé Frizzante Fiocco di Rose '13 — 4
- ● C. P. Gutturnio Frizzante '13 — 2
- ○ C. P. Ortrugo Ciano '12 — 2
- ● C. P. Gutturnio Frizzante '10 — 2*
- ● C. P. Gutturnio Frizzante Tournesol '11 — 2*
- ● C. P. Gutturnio Frizzante Tournesol '10 — 2*
- ● C. P. Gutturnio Sup. Cresta al Sole '09 — 3*
- ● C. P. Gutturnio Sup. Cresta al Sole '08 — 3
- ● C. P. Gutturnio Sup. Cresta al Sole '07 — 3
- ○ C. P. Malvasia Frizzante Emiliana '12 — 2*
- ○ C. P. Malvasia Frizzante Emiliana '11 — 2*
- ○ C. P. Malvasia Passito Il Piriolo '10 — 5
- ○ C. P. Malvasia Passito Il Piriolo '09 — 5

Giovanna Madonia
LOC. VILLA MADONIA
VIA DE' CAPPUCCINI, 130
47032 BERTINORO [FC]
TEL. +39 0543444361
www.giovannamadonia.it

DIREKTVERKAUF
BESUCH NACH VORANMELDUNG
GASTRONOMIE
JAHRESPRODUKTION 60.000 Flaschen
REBFLÄCHE 12 Hektar

Bertinoro ist mit seiner einzigartigen Bodenbeschaffenheit mit hohem Aktivkalkgehalt und dem typischen Tuffstein-Vorkommen, dem sogenannten Spungone vielleicht das eigentümlichste romagnolische Untergebiet. Daraus ergibt sich eine üppige und reife, nie zu raue Tannintextur. Diese Merkmale ergänzt Giovanna Madonia durch eine weitere Besonderheit: Ihre Weinberge liegen am Monte Maggio, wo es kälter als am dem Meer zugewandten Hang ist und die Reifezeiten sich um bis zu 20 Tage verzögern. Deshalb erfordern ihre Weine Zeit und eine lange Flaschenreifung. Der wichtigste Wein der Kellerei, der Riserva di Sangiovese Ombroso, fehlt in der Aufstellung, da er 2010 nicht hergestellt wurde. Der Tenentino '12, ein reiner Sangiovese, ist agil und schmackhaft, schlicht, aber gut gelungen. Der Neblina '13 ist zart und herb, entfaltet sich auf einer wunderschönen Säure.

- ● Tenentino '12 — 2*
- ○ Albana di Romagna Secco Neblina '13 — 2
- ● Sangiovese di Romagna Sup. Fermavento '11 — 3
- ● Sangiovese di Romagna Sup. Ombroso Ris. '06 — 5
- ● Sangiovese di Romagna Sup. Ombroso Ris. '01 — 5
- ● Colli Romagna Centrale Barlume Ris. '11 — 4
- ● Colli Romagna Centrale Barlume Ris. '09 — 4
- ● Sangiovese di Romagna Sup. Fermavento '10 — 3
- ● Sangiovese di Romagna Sup. Fermavento '09 — 3
- ● Sangiovese di Romagna Sup. Ombroso Ris. '09 — 5

EMILIA ROMAGNA

Ermete Medici & Figli

Loc. Gaida
via Newton, 13a
42040 Reggio Emilia
Tel. +39 0522942135
www.medici.it

DIREKTVERKAUF
BESUCH NACH VORANMELDUNG
JAHRESPRODUKTION 800.000 Flaschen
REBFLÄCHE 75 Hektar

Mit dem Eintritt der Gruppe Cevico, die die Familie Medici unterstützt, findet diese ideale Bedingungen für die Weiterentwicklung der großartigen Arbeit, die Alberto Medici seit 30 Jahren zur Förderung des Qualitäts-Lambrusco in aller Welt leistet. Der Concerto, das Symbol dieser Philosophie, feiert sein 20jähriges Jubiläum und ist das Aushängeschild einer rundum zuverlässigen Arbeit. Die Kellerei blickt optimistisch in die Zukunft und führt ihr Qualitätsprojekt weiter, das zur Wiedergeburt des gesamten Anbaugebiets beigetragen hat. Medici produziert auch einen vorzüglichen, traditionellen Reggio Emilia Balsamico-Essig. Der Concerto erobert zum sechsten Mal nacheinander die Drei Gläser und bekräftigt seine Maßgeblichkeit für sein Anbaugebiet. Der 2013er ist fleischig und fruchtig, sehr frisch mit einem ausbalancierten und cremigen Mund. Die Reinheit der Düfte gestattet eine detaillierte Wahrnehmung der Noten nach Veilchen, weißem Pfirsich und schwarzem Tee.

● Reggiano Lambrusco Concerto '13	🍷🍷🍷	2*
○ Colli di Scandiano e di Canossa Malvasia Secco Daphne '13	🍷🍷	2*
● Reggiano Assolo '13	🍷🍷	2*
● Reggiano Lambrusco I Quercioli '13	🍷🍷	2*
● Reggiano Lambrusco Concerto '12	🍷🍷🍷	2*
● Reggiano Lambrusco Concerto '11	🍷🍷🍷	2*
● Reggiano Lambrusco Concerto '10	🍷🍷🍷	2*
● Reggiano Lambrusco Concerto '09	🍷🍷🍷	2*
● Reggiano Lambrusco Concerto '08	🍷🍷🍷	2*
⊙ Brut Rosé M. Cl. Unique '10	🍷🍷	3
● Granconcerto Brut M. Cl. '10	🍷🍷	3
● Reggiano Assolo '12	🍷🍷	2*
● Reggiano I Quercioli '12	🍷🍷	1*
● Reggiano Lambrusco Assolo '11	🍷🍷	2*

Monte delle Vigne

Loc. Ozzano Taro
via Monticello, 13
43046 Collecchio [PR]
Tel. +39 0521309704
www.montedellevigne.it

DIREKTVERKAUF
BESUCH NACH VORANMELDUNG
UNTERKUNFT
JAHRESPRODUKTION 350.000 Flaschen
REBFLÄCHE 60 Hektar

Das Projekt von Andrea Ferrari und Paolo Pizzarotti erforderte mit der neuen Kellerei und der Anpflanzung vieler Hektar Rebfläche beachtliche Mittel und stellt für den Raum Parma ein bemerkenswertes Potenzial dar. Die bisher auf stille Weine konzentrierte Produktion liebäugelt heute auch mit dem Lambrusco in einem für die neuen Produktionen aus dem Raum Parma typischen, fruchtigen, verführerischen und kräftigen Stil. Die eher international gehaltenen Weine heben stets die Qualität hervor, die den guten Trauben und der sorgfältigen Lese zu verdanken ist. Der Sauvignon '13 - ein Perlwein - ist interessant und changierend. Die Schale von Zitrusfrüchten, danach die Birne, zarte Noten von gelben Blumen und weißem Pfirsich. Im Mund ist er frisch und trocken, würzig und elegant. Der Rubina '13 aus Barbera-Trauben ist blumig und einschlagend, mit Charakter und einer umfassenden Grazie, die seine Schmackhaftigkeit und zweitrangigen Themen hervorhebt. Weniger interessant sind die stillen Weine: sie sind durch das Holz oder die Süße und eine aufdringliche Kellereitechnik versteift.

○ Colli di Parma Sauvignon '13	🍷🍷	2*
⊙ Rubina Brut Rosé '13	🍷🍷	4
○ Colli di Parma Malvasia Frizzante '13	🍷	2
○ Colli di Parma Malvasia Poem '13	🍷	2
● Lambrusco Emilia '13	🍷	2
○ Nabucco '12	🍷	4
● Argille Malvasia '08	🍷🍷	5
○ Callas Malvasia '12	🍷🍷	2*
○ Callas Malvasia '11	🍷🍷	4
○ Colli di Parma Malvasia Poem '12	🍷🍷	2*
○ Colli di Parma Malvasia Poem '11	🍷🍷	2*
○ Malvasia Frizzante Dolce '12	🍷🍷	2*

EMILIA ROMAGNA

Fattoria Monticino Rosso
VIA MONTECATONE, 7
40026 IMOLA [BO]
TEL. +39 054240577
www.fattoriadelmonticinorosso.it

DIREKTVERKAUF
BESUCH NACH VORANMELDUNG
JAHRESPRODUKTION 70.000 Flaschen
REBFLÄCHE 18 Hektar

Die Brüder Gianni und Luciano Zeolo sind ruhelose, viel beschäftigte Landwirte mit immer neuen Ideen, die der Poet und Önologe Giancarlo Soverchia unaufhörlich im Weinberg und in der Kellerei einbringt. Somit ist das Anbaugebiet nicht der einzige Protagonist der Weine, denn der Mensch spielt mit der ständigen Forschung eine wichtige Rolle. Und vor allem die Weißweine, allen voran der Albana, reflektieren diese Experimentierfreudigkeit teils meisterhaft, teils träumerisch. Der Codronchio, ein trockener Wein aus mit Edelfäule befallenen Albana-Trauben, ist zum Symbol des Betriebs und dieser Philosophie geworden. Er schenkt langfristig große Genugtuung. Der Albana Codronchio '12 zeigt ein klassisches Bukett von gelber Frucht - Melone, gelbe Pflaume und gelber Pfirsich - und mediterrane Nuancen von Rosmarin und Thymian. Im Mund ist er würzig und zeigt Anklänge von Honig. Der A '13 hat eine schöne Frische, die Mineralität wird leider etwas vom Restzucker gebremst.

○ Albana di Romagna Secco A '13	♀♀ 2*
○ Albana di Romagna Secco Codronchio '12	♀♀♀ 3
○ Colli d'Imola Pignoletto P '13	♀ 2
○ Albana di Romagna Secco Codronchio '08	♀♀♀ 3*
○ Albana di Romagna Secco A '12	♀♀ 2*
○ Albana di Romagna Secco A Special Edition '11	♀♀ 3*
○ Albana di Romagna Secco Codronchio '11	♀♀ 3
● Sangiovese di Romagna Sup. Le Morine '09	♀♀ 3
● Sangiovese di Romagna Sup. Le Morine Ris. '08	♀♀ 4
● Sangiovese di Romagna Sup. S '11	♀♀ 2*

Fattoria Moretto
VIA TIBERIA, 13B
41014 CASTELVETRO DI MODENA [MO]
TEL. +39 059790183
www.fattoriamoretto.it

DIREKTVERKAUF
BESUCH NACH VORANMELDUNG
JAHRESPRODUKTION 60.000 Flaschen
REBFLÄCHE 6,4 Hektar
WEINBAU Biologisch anerkannt

Fausto und Fabio Altariva bestätigen sich mit klassischen, handwerklichen, terroirgebundenen und authentischen Weinen als großartige Interpreten des Lambrusco Grasparossa. Die Weinberge befinden sich in 200 m Höhe mit Süd-/Südost-Ausrichtung auf tonhaltigen Böden in einer idealen mikroklimatischen Lage für den biologischen Anbau. Auch die Weinbereitung folgt dieser Philosophie und ist mit langen Mazerationen und Respekt für die zeitliche Entfaltung des Weins verbunden. Das Ergebnis sind charakterstarke Weine, Grasparossa-Urtypen, die je nach Lage gekeltert werden und damit einer in der Welt des Lambrusco seltenen Boden-Interpretation folgen. Der Canova '13 verbindet die beiden Seelen dieser Rebsorte meisterhaft: einerseits die Frucht mit der Kirsche, andererseits die rustikalen, erdigen, aber auch zitrusfruchtigen Noten der Gerbstoffe. Es handelt sich um eine schwierige Balance, die nur selten zum Ausdruck kommt, aber Persönlichkeit, Emotionen und großartige Eleganz schenkt.

● Lambrusco Grasparossa di Castelvetro Secco Canova '13	♀♀ 3*
● Lambrusco Grasparossa di Castelvetro Amabile Semprebon '13	♀♀ 2*
⊙ Lambrusco Grasparossa di Castelvetro Rosato '13	♀♀ 2*
● Lambrusco Grasparossa di Castelvetro Secco Monovitigno '13	♀♀ 3
● Lambrusco Grasparossa di Castelvetro Secco Tasso '13	♀♀ 2*
● Lambrusco Grasparossa di Castelvetro Secco Canova '12	♀♀ 3*
● Lambrusco Grasparossa di Castelvetro Secco Canova '11	♀♀ 3
● Lambrusco Grasparossa di Castelvetro Secco Monovitigno '12	♀♀ 3
● Lambrusco Grasparossa di Castelvetro Secco Monovitigno '11	♀♀ 3*

EMILIA ROMAGNA

Moro - Rinaldini
FRAZ. CALERNO
VIA ANDREA RIVASI, 27
42049 SANT'ILARIO D'ENZA [RE]
TEL. +39 0522679190
www.rinaldinivini.it

DIREKTVERKAUF
BESUCH NACH VORANMELDUNG
JAHRESPRODUKTION 100.000 Flaschen
REBFLÄCHE 15,5 Hektar

Die Geschichte der Kellerei Moro ist mit der der Familie Rinaldini verbunden. Heute steht Paola an der Führung der Kellerei. Ihr Mann Marco Melegari unterstützt sie gemeinsam mit Sohn Luca. Alles begann zu Beginn der 70er Jahre, als Rinaldo, Paolas Vater, erkannte, dass zur Erhaltung der Qualität der Weine, Wurstwaren und anderen im Familienrestaurant verwendeten Rohstoffe eine Kontrolle der Produktionskette vonnöten war. Daraus entstand die Idee eines landwirtschaftlichen Betriebs, der sich auch im Laufe der Zeit zum Hauptinteresse der Familie entwickelt hat. Wir befinden uns auf den Hügeln zwischen Reggio Emilia und Parma, auf Schwemmböden. Paola Rinaldis Weine sind Sprösslinge einer präzisen philosophischen Entscheidung, und zwar jener, die Produktion durch eine teilweise extreme Reifung zu prägen, wie es für den Moro del Moro (still, drei Monate Verdorrung und drei Jahre im Holz) der Fall ist. Wir bevorzugen die Frische der spontaneren Roséweine.

⊙ Il Mio Rosa Spumante Extra Dry '13	♟♟ 2*
⊙ Rosé Lambrusco Secco '13	♟♟ 2*
● Reggiano Lambrusco Pjcol Ross '12	♟ 2
● Colli di Scandiano e di Canossa Cabernet Sauvignon Ris. '04	♟♟ 3
● Lambrusco Reggiano Pjcol Ross '12	♟♟ 2*
● Moro del Moro '04	♟♟ 5
⊙ Rosé Lambrusco Secco '12	♟♟ 2*

Fattoria Nicolucci
LOC. PREDAPPIO ALTA
VIA UMBERTO I, 21
47010 PREDAPPIO [FC]
TEL. +39 0543922361
www.vini-nicolucci.it

DIREKTVERKAUF
BESUCH NACH VORANMELDUNG
JAHRESPRODUKTION 70.000 Flaschen
REBFLÄCHE 12 Hektar

Die langjährige Familientradition der Nicolucci verflechtet sich mit der Geschichte des kleinen Gebiets um Predappio, das mit dem speziellen Klon mit ellipsenförmigen Beeren und der dichten Buscherziehung immer schon auf Qualität und Klassizität gezielt hat. Die Kellerei Casetto dei Mandorli reift die Weine traditionell in großen Fässern, und das mit stets zuverlässigen und langlebigen Resultaten. Ihr Vigna del Generale Vigna del Generale ist das Symbol dieses Werdegangs. Elegant, wie es nur wenige Sangiovese sind, originell in den mineralischen, dem raren Terroir zu verdankenden Noten mit hier und da auftretenden Schwefeladern. Der Vigna del Generale ist ein Klassiker, der langfristig eine außergewöhnliche Evolution zeigt. Der 2011er präsentiert die typische vegetabilen Note, die dann auf Grafit und raffiniert mineralische Anklänge umschwenkt. Er ist herb, blumig und erdig, schmackhaft und geschliffen. Der Tre Rocche '13 ist kraftvoll und zeigt Charakter.

● Sangiovese di Romagna Predappio di Predappio V. del Generale '11	♟♟♟ 5
● Sangiovese di Romagna Sup. Tre Rocche '13	♟♟ 3*
● Sangiovese di Romagna Sup. V. del Generale Ris. '10	♟♟♟ 5
● Sangiovese di Romagna Sup. V. del Generale Ris. '08	♟♟♟ 5
● Sangiovese di Romagna V. del Generale Ris. '09	♟♟♟ 5
● Sangiovese di Romagna V. del Generale Ris. '05	♟♟♟ 4
● Nero di Predappio '11	♟♟ 5
● Sangiovese di Romagna Sup. Tre Rocche '12	♟♟ 3
● Sangiovese di Romagna Sup. Tre Rocche '11	♟♟ 3

EMILIA ROMAGNA

Orsi - San Vito
FRAZ. OLIVETO
VIA MONTE RODANO, 8
40050 MONTEVEGLIO [BO]
TEL. +39 051964521
www.vignetosanvito.it

DIREKTVERKAUF
JAHRESPRODUKTION 20.000 Flaschen
REBFLÄCHE 10 Hektar
WEINBAU Biodynamisch anerkannt

Federico Orsi hat seit 2005, als er die Zügel des Betriebs in jedem Sinne in die Hand nahm, eine lange Strecke zurückgelegt. In diesen Jahren hat er die Welt bereist, um sein Anbaugebiet zu fördern und hat sein Projekt, das eine Chance für die außerhalb der Region eher unbekannten Colli Bolognesi darstellt, auch in Italien gut vertreten. Die Weine sind immer überzeugender, die Arbeit im Weinberg und in der Kellerei ergeben ein raffiniertes und zuverlässiges Resultat. Biodynamik und eine naturbelassene Weinbereitung stellen das junge, motivierte Team vor immer neue, niemals ideologische Herausforderungen. Der Vigna del Grotto '12 ist trocken und schmackhaft, zeigt Charakter und Ausdruckskraft, etwas gebremst durch die oxidative Note der Mazeration. Der Sui Lieviti '13 hat Salbei- und Kräuternoten, entfaltet sich im Mund mit der üblichen Textur.

● C. B. Barbera Martignone '11	4
○ C. B. Pignoletto Cl. V. del Grotto '12	3
○ C. B. Pignoletto Frizzante Sui Lieviti '13	3
○ C. B. Pignoletto Cl. V. del Grotto '09	3*
● C. B. Cabernet Sauvignon '08	2
○ C. B. Pignoletto Frizzante '10	2*
○ C. B. Pignoletto Frizzante Sui Lieviti '11	3
○ C. B. Pignoletto Frizzante Sui Lieviti '10	2*
● C. B. Rosso Bologna Pro.Vino '10	4

Gianfranco Paltrinieri
FRAZ. SORBARA
VIA CRISTO, 49
41030 BOMPORTO [MO]
TEL. +39 059902047
www.cantinapaltrinieri.it

DIREKTVERKAUF
BESUCH NACH VORANMELDUNG
JAHRESPRODUKTION 90.000 Flaschen
REBFLÄCHE 15 Hektar

Die lockeren Böden dieses zwischen den Flüssen Secchia und Panaro eingezwängten Gebiets sind das große Terroir des Sorbara und die 15 ha von Alberto Paltrinieri liegen im Herzen dieser Denomination. Seine Weine - bäuerlich im Geist und äußerst raffiniert in der Sprache - zählen zu den großen Vertretern der Sorbara-Trauben. Sie sind schnittig, zart und energiegeladen. Der Betrieb ist zum Symbol der Renaissance des Sorbara geworden. Er ist ein Beispiel dafür, wie stark der Erfolg eines Anbaugebiets auch von der Arbeit der kleinen Winzer abhängt und vor allem solchen wie Alberto, der den Lambrusco bis zum Lagenwein erhoben hat. Der Radice '13, ein reinrassiger Sorbara mit Flaschengärung ohne Enthefung, zeigt eine außergewöhnliche Kraft, die durch Frische, Energie und einen reinen, wilden Charakter verblüfft. Zart und elegant, zitrusfruchtig und blumig, sehr rein und präzise. Interessant auch die bei Weinkennern beliebte, beschränkte Auflage mit Kronkorken.

● Lambrusco di Sorbara Radice '13	2*
● Lambrusco di Modena Greto '13	2*
● Lambrusco di Modena M. Cl. Grosso '11	2*
● Lambrusco di Sorbara La Piria '13	2*
● Lambrusco di Sorbara Leclisse '13	2*
● Lambrusco di Sorbara Sant'Agata '13	2
● Lambrusco Solco '13	2
● Lambrusco di Sorbara Leclisse '10	3*
● Lambrusco di Sorbara La Piria '12	2*
● Lambrusco di Sorbara Leclisse '12	2*
● Lambrusco di Sorbara Leclisse '11	3*
● Lambrusco di Sorbara Radice '11	3*
● Lambrusco di Sorbara Radice '10	2*

EMILIA ROMAGNA

Fattoria Paradiso
LOC. CAPOCOLLE
VIA PALMEGIANA, 285
47032 BERTINORO [FC]
TEL. +39 0543445044
www.fattoriaparadiso.com

DIREKTVERKAUF
BESUCH NACH VORANMELDUNG
JAHRESPRODUKTION 500.000 Flaschen
REBFLÄCHE 100 Hektar

Die Weingeschichte der Romagna führt durch diesen Ort, wo erstmals eine Riserva-Version des Sangiovese di Romagna angedacht und Mario Pezzi von Veronelli angespornt wurde, bereits Anfang der 70er-Jahre auf revolutionäre Art über die Idee eines Cru nachzudenken. Graziella Pezzi und Sohn Jacopo Lupo führen diese Familientradition mit neuer Energie und einem Enthusiasmus fort, die den Betrieb mit immer zuverlässigeren, interessanteren Weinen wieder in den Mittelpunkt der regionalen Weinszene gesetzt haben. Der beabsichtigt offene und schmeichelnde Stil zeigt Weine mit stoffiger und reichhaltiger Ausdruckskraft, wobei das frische und gespannte Wesen des Sangiovese etwas zurückbleibt, jenes Wesen, das auf Details und Nuancen, auf einer facettenreichen Komplexität fußt. Der Rina Pezzi '11 ist korrekt und gut gelungenen, wenig gebietsklassisch im Ausdruck, mit einer beinahe an die Erdbeere grenzenden Frucht. Im Mund ist er trocken und dennoch schmackhaft.

- Sangiovese di Romagna Cuvée
  Rina Pezzi Ris. '11   ▼▼ 3
- Sangiovese di Romagna Sup. Cuvée
  Paradiso '13   ▼ 3
- Barbarossa Mario Pezzi Cuvée '09   ▼▼ 4
- Mito '10   ▼▼ 6
- Sangiovese di Romagna Cuvée
  Rina Pezzi Ris. '10   ▼▼ 3
- Sangiovese di Romagna Sup.
  V. delle Lepri Ris. '08   ▼▼ 3
- Sangiovese di Romagna
  V. Lepri Rina Pezzi Ris. '09   ▼▼ 3

Tenuta Pertinello
S.DA ARPINETO PERTINELLO, 2
47010 GALEATA [FC]
TEL. +39 0543983156
www.tenutapertinello.it

DIREKTVERKAUF
JAHRESPRODUKTION 50.000 Flaschen
REBFLÄCHE 12 Hektar

Die 9 ha Weinberge dieses kleinen Betriebs erstrecken sich auf Sandmergelböden in circa 350 m Höhe mit Ausläufern bis in 430 m im oberen Bidente-Tal und zählen somit zu den höchstgelegenen Weinbergen der gesamten Weindenomination Romagna. Moreno Mancini und Kellermeister Fabrizio Moltard haben beschlossen, dieses Terroir auf den Themen der Frische und Eleganz zu interpretieren. In diese Richtung hat sich der Stil der zunehmend klassischen und überzeugenden Weine aus Sangiovese-Trauben auch entwickelt. Der Pertinello '11 erzählt von der großartigen Qualität der Trauben, von ihrer Eleganz und der Fähigkeit, Tiefe auszudrücken ohne die stoffigen Weine mit ihren trockenen und dichten Gerbstoffen schwer zu gestalten. Schade um die vom Ausbau in Holz stammende geröstete Note, die dem Geschmack die Originalität nimmt.

- Colli della Romagna Centrale
  Sangiovese Pertinello '11   ▼▼ 3
- Colli della Romagna Centrale
  Sangiovese Il Bosco '13   ▼ 2
- Colli Romagna Centrale
  Sangiovese Pertinello '08   ▼▼▼ 3
- Colli della Romagna Centrale
  Sangiovese Il Bosco '12   ▼▼ 2*
- Colli della Romagna Centrale
  Sangiovese Pertinello '10   ▼▼ 3
- Colli della Romagna Centrale
  Sangiovese Pertinello '09   ▼▼ 3*
- Colli Romagna Centrale
  Sangiovese Il Sasso Ris. '09   ▼▼ 5
- Colli Romagna Centrale
  Sangiovese Il Sasso Ris. '08   ▼▼ 3*

EMILIA ROMAGNA

Poderi dal Nespoli
LOC. NESPOLI
VILLA ROSSI, 50
47012 CIVITELLA DI ROMAGNA [FC]
TEL. +39 0543989911
www.poderidalnespoli.com

DIREKTVERKAUF
BESUCH NACH VORANMELDUNG
JAHRESPRODUKTION 900.000 Flaschen
REBFLÄCHE 150 Hektar

Die seit 1929 im Bidente-Tal tätige Familie Ravaioli bringt ihre großartige Kenntnis des Anbaugebiets heute in ein ambitioniertes, gemeinsam mit Familie Martini vorangetriebenes Projekt ein. Die Kellerei Poderi dal Nespoli profitiert von diesen Ressourcen, dieser großen Chance für die Romagna. Der Betrieb ist herangewachsen und die Trauben der 30 eigenen Hektar werden durch gezielt überwiegend aus dem Bidente-Tal zugekaufte Trauben ergänzt, wo sie häufig von denselben Winzern bezogen werden, die Jahr für Jahr eine konstante Traubenqualität gewährleistet haben. Ein gebietsbezogenes und gleichzeitig unternehmerisches Projekt. Der Nespoli '11 ist ein frischer und wohlduftender Sangiovese von großartiger Schärfe, mit fleischiger, reiner Frucht. Im Mund sorgt die schöne Säure für Rhythmus und Dynamik, die Gerbstoffe sind dicht und reif. Der Prugneto '13, ein großer Klassiker der Romagna, ist wie gewohnt sehr zuverlässig.

- Sangiovese di Romagna Sup.
  Il Nespoli Ris. '11   ▼▼▼ 4
- Sangiovese di Romagna Sup.
  Il Prugneto '13   ▼▼ 2*
- Sangiovese di Romagna Sup.
  Il Nespoli Ris. '07   ▼▼▼ 4*
- Sangiovese di Romagna Sup.
  Il Nespoli Ris. '06   ▼▼▼ 4*
- Borgo dei Guidi '11   ▼▼ 5
- Borgo dei Guidi '09   ▼▼ 5
- Sangiovese di Romagna Sup.
  Il Nespoli Ris. '10   ▼▼ 4
- Sangiovese di Romagna Sup.
  Il Nespoli Ris. '09   ▼▼ 4
- Sangiovese di Romagna Sup.
  Il Prugneto '12   ▼▼ 2*
- Sangiovese di Romagna Sup.
  Prugneto '08   ▼▼ 2*

Il Pratello
VIA MORANA, 14
47015 MODIGLIANA [FC]
TEL. +39 0546942038
www.ilpratello.net

DIREKTVERKAUF
BESUCH NACH VORANMELDUNG
JAHRESPRODUKTION 20.000 Flaschen
REBFLÄCHE 5,5 Hektar
WEINBAU Biologisch anerkannt

Als Emilio Placci seine Sangiovese-Reben 1991 in den höchsten Wäldern des Apennins zwischen Romagna und Toskana pflanzte, dachten alle, es wäre ein verrücktes Unterfangen. Heute stellt seine weitsichtige Hartnäckigkeit hingegen für alle ein Vermögen dar. Die Jahrgänge 1998 und 1999 sind eine wahre Emotion. Sie beweisen, dass die höher gelegene Romagna mit ihren kargen Mergel- und Sandböden eine Langlebigkeit und Eleganz verbirgt, die sich mit jedem anderen Weinanbaugebiet messen kann. Emilios Weine lieben lange Reifezeiten und erreichen langfristig eine Balance zwischen natürlicher Ausdruckskraft und Suche nach Kraft und Gehalt. Der Mantignano '09, ein reinrassiger Sangiovese, lechzt mit seinem enormen Potenzial nach Langlebigkeit. Er ist tief, mineralisch, mit dichten Gerbstoffen, vollmundig, verweilt auf einer intensiven vegetabilen Note, die mineralische Themen - Erde, Grafit, trockene Kreide - erahnen lässt.

- ○ Le Campore '10   ▼▼ 2*
- Mantignano V.V. '09   ▼▼▼ 3
- Colli di Faenza Sangiovese
  Mantignano V.V. Ris. '04   ▼▼▼ 3*
- Mantignano V.V. '08   ▼▼▼ 3*
- Badia Raustignolo '08   ▼▼ 5
- Badia Raustignolo '07   ▼▼ 5
- Sangiovese di Romagna Morana '10   ▼▼ 2*
- Sangiovese di Romagna Morana '09   ▼▼ 2*
- Sangiovese di Romagna Morana '08   ▼▼ 2

EMILIA ROMAGNA

Quarticello
VIA MATILDE DI CANOSSA 1A
42027 MONTECCHIO EMILIA [RE]
TEL. +39 0522866220
www.quarticello.it

JAHRESPRODUKTION 25.000 Flaschen
REBFLÄCHE 5 Hektar

Roberto Maestri führt diesen Betrieb im Hügelgebiet von Reggio am Fluss Enza seit 2001 mit qualitativ immer hochwertigeren Ergebnissen. Er ist einer der wenigen Winzer der Lambrusco-Welt, der seine 5 ha Weinberge und die Weinbereitung persönlich bestellt. Es handelt sich immer um natürliche, traditionelle Flaschengärung mit besonderem Augenmerk für naturbelassene Kellereiverfahren. Das Resultat? Zuverlässige, sehr klassische und reine, terroirgebundene und herbe Weine. Der Stradora '13 aus Malvasia Aromatica di Candia Trauben, die drei Monate lang in Kisten getrocknet werden, meidet die Banalität des sortentypischen Buketts und öffnet das Tor zu einer Welt von komplexen Anklängen nach getrockneter Aprikose, Kaffee, gelben Blumen und Feigen. Im Mund halten die Gerbstoffe der Traubenschalen in einer Balance zwischen Salz und Frische an. Der Despina '13 ist rustikal und trocken, energiegeladen, würzig und mineralisch, mit Anklängen von Pampelmusenschale. Der Ferrando '13 aus Salamino-Trauben ist ein erdiger, mineralischer Wein, der zwischen Feuerstein und einer herben Frucht schwankt.

○ Stradora '13		🍷🍷 3*
○ Despina '13		🍷🍷 2*
⊙ Ferrando '13		🍷🍷 2*
○ Despina '12		🍷🍷 2*
⊙ Ferrando '11		🍷🍷 2*
⊙ Ferrando '11		🍷🍷 2*

San Biagio Vecchio
VIA SALITA DI ORIOLO, 13
48018 FAENZA [RA]
TEL. +39 3393523168
www.cantinasanbiagiovecchio.com

DIREKTVERKAUF
BESUCH NACH VORANMELDUNG
JAHRESPRODUKTION 8.000 Flaschen
REBFLÄCHE 5,5 Hektar

Andrea Balducci hat die großartige Erfahrung von Don Antonio Baldassari, dem Pfarrer von San Biagio und großen Meister rustikaler und zauberhafter Albana geerbt. Luigi Veronelli hatte ihn bereits in den 70er Jahren entdeckt. Andrea hat mit seiner Frau Lucia Ziniti weiterhin am Albana gearbeitet. Ihnen ist es gelungenen, in ihrem Stil die schwierige Identität dieser weißen Rebsorte (Säure, große Wucht, Gerbstoffe) mit der Moderne einer nunmehr notwendigen Naturbelassenheit und der erwiesenen Langlebigkeit zu vereinbaren. Wir befinden uns im Hügelgebiet zwischen Faenza und dem kleinen Ortsteil Santa Lucia, sozusagen dem „Gran Cru" des Albana. Der Sabbiagialla '13 erreicht mit dieser außergewöhnlichen Edition beinahe die höchste Auszeichnung. Er ist komplex nach Salbei, Honig, Aprikose und entfaltet sich im Mund auf Säure und Gerbstoffen. Er scheut sich nicht, seine Härte zu zeigen und steuert sicher auf ein langes Finale mit würzigen Noten zu.

○ Sabbiagialla '13	🍷🍷 2*
● Centesimino Passito '12	🍷🍷 4
○ Quintessenza Albana Passito '12	🍷🍷 3
● Sangiovese di Romagna Sup. Barbatello '12	🍷🍷 3
○ Ambrosia Albana Passito '07	🍷🍷 3
○ Sabbiagialla '12	🍷🍷 2*
○ Sabbiagialla '11	🍷🍷 3
● Sangiovese di Romagna Sup. Serraglio '10	🍷🍷 3
● Sangiovese di Romagna Sup. Serraglio '09	🍷🍷 2*

EMILIA ROMAGNA

★San Patrignano
VIA SAN PATRIGNANO, 53
47853 CORIANO [RN]
TEL. +39 0541362111
www.sanpatrignano.org

BESUCH NACH VORANMELDUNG
GASTRONOMIE
JAHRESPRODUKTION 500.000 Flaschen
REBFLÄCHE 110 Hektar
WEINBAU Biologisch anerkannt

Die 110 ha Rebflächen des Rehabilitationszentrums haben ihre Produktionsreife erlangt, wodurch Riccardo Cotarella und das Team der Gemeinschaft aus Trauben von durchschnittlich großer Qualität auswählen können. Dadurch sind auch die schlichteren Weine sehr zuverlässig und San Patrignano stellt eine wichtige Marke der Romagna dar. Wir befinden uns auf den Hügeln hinter Rimini, wo das milde Klima durch die Meeresnähe einen Wein mit ausdrucksstarker, reifer Frucht und anschmiegsamen Tanninen formt, was auch für den sonst schroffen und strengen Sangiovese gilt. Ora '12 - ein interessantes Projekt, das die Reife der mehr als 100 ha Sangiovese-Bestand der Gemeinschaft voll ausschöpft, um einen Jahrgangswein von Qualität zu erzeugen. Der Ora '13 ist ein fruchtiger, eindeutiger Sangiovese mit leichtem, verführerischem Gerbstoffgehalt. Der Montepirolo '10 zeigt internationalen Stil, ist würzig, dicht, das Holz glättet Kanten und Herbheit.

● Colli di Rimini Cabernet Montepirolo '10	🍷🍷 4
● Sangiovese di Romagna Sup. Ora '13	🍷🍷 3
○ Aulente Bianco '13	🍷 2
● Aulente Rosso '13	🍷 2
● Colli di Rimini Rosso Noi '11	🍷 4
● Colli di Rimini Cabernet Montepirolo '06	🍷🍷🍷 5
● Colli di Rimini Cabernet Montepirolo '04	🍷🍷🍷 5
● Colli di Rimini Rosso Noi '04	🍷🍷🍷 4
● Sangiovese di Romagna Sup. Avi Ris. '08	🍷🍷🍷 5
● Sangiovese di Romagna Sup. Avi Ris. '07	🍷🍷🍷 5
● Sangiovese di Romagna Sup. Avi Ris. '06	🍷🍷🍷 5
● Sangiovese di Romagna Sup. Avi Ris. '05	🍷🍷🍷 5
● Sangiovese di Romagna Sup. Ora '11	🍷🍷🍷 3*

Cantina Sociale Santa Croce
SS 468 DI CORREGGIO, 35
41012 CARPI [MO]
TEL. +39 059664007
www.cantinasantacroce.it

DIREKTVERKAUF
BESUCH NACH VORANMELDUNG
JAHRESPRODUKTION 400.000 Flaschen
REBFLÄCHE 500 Hektar

Dieser historische, 1907 gegründete Betrieb liegt in Santa Croce, hinter Carpi, im Kerngebiet des gleichnamigen Lambrusco Salamino. Die Kellerei verarbeitet die Trauben von 250 Mitgliedern mit insgesamt über 500 ha Rebfläche. Hier in der Ebene hinter Modena (wenngleich einige Mitglieder in Reggio Emilia ansässig sind), knapp nördlich der lockeren Böden des Sorbara (Limidi und Sozzigalli, linkes Secchia-Ufer) findet der Salamino seine außergewöhnliche Eleganz auf eher reichem, tonhaltigem Untergrund. Die Kellerei befindet sich auch heute noch im ursprünglichen Gebäude, wo Villiam Friggeri die Weinbereitung verfolgt und in diesen Jahren immer die besten Salamino der Denomination signiert hat. Der Tradizione '13 zeigt die übliche Eleganz und viel Geschmack und Frische im Mund. Er ist zuverlässig, gebietsklassisch und cremig, würzig im langen Finale nach roten Beeren. Der Salamino Enoteca '13 ist verführerisch, fruchtig, mit einem auf die Süße tarierten Stil.

● Lambrusco Salamino di S. Croce Enoteca '13	🍷🍷 1*
● Lambrusco Salamino di S. Croce Tradizione '13	🍷🍷 1*
● Lambrusco di Sorbara Secco '13	🍷 2
● Lambrusco di Sorbara Secco '12	🍷🍷 2*
● Lambrusco Grasparossa di Castelvetro '12	🍷🍷 2*
● Lambrusco Salamino di S. Croce Enoteca '12	🍷🍷 1*
● Lambrusco Salamino di S. Croce Enoteca '11	🍷🍷 1*
● Lambrusco Salamino di S. Croce Tradizione '12	🍷🍷 1*

EMILIA ROMAGNA

La Stoppa
LOC. ANCARANO
29029 RIVERGARO [PC]
TEL. +39 0523958159
www.lastoppa.it

DIREKTVERKAUF
BESUCH NACH VORANMELDUNG
GASTRONOMIE
JAHRESPRODUKTION 160.000 Flaschen
REBFLÄCHE 32 Hektar
WEINBAU Biologisch anerkannt

Die roten Tonböden von La Stoppa stehen seit mehr als 100 Jahren für Qualitätsweinbau. Bereits Anfang des 20. Jh. experimentierte hier der Genueser Anwalt Ageno mit französischen Rebsorten in einem für die damalige Zeit extrem modernen Projekt. 1973 erwarb Familie Pantaleoni den Betrieb und seither produziert La Stoppa facettenreiche, makellose, strenge Weine von unglaublicher Tiefe und außergewöhnlicher Langlebigkeit. Durch die ständige Arbeit an der Ausdrucksweise hat sich dieser Betrieb zu einem der wichtigsten Erfahrungsträger Italiens für naturbelassenen Wein hinaufgearbeitet. Der Macchiona aus Bonarda- und Barbera-Trauben sowie der Barbera sind perfekte Interpreten des warmen Jahrgangs 2009, der die Respektlosigkeit der mineralischen, erdigen Noten mit prächtigen Anklängen von getrockneten Kräutern und wilden Noten auf einen Nenner bringt. Am Gaumen sind sie schnittig mit reichen Tanninen. Der Ageno '09 aus eingemaischten weißen Trauben ist würzig und trocken, die sortentypische Malvasia-Note gerade erkennbar.

● Barbera della Stoppa '09	▼▼ 4
● Macchiona '09	▼▼ 4
● Ageno '09	▼▼ 4
● Trebbiolo '12	▼▼ 2*
○ C. P. Malvasia Passito V. del Volta '06	▽▽▽ 5
○ C. P. Malvasia Passito V. del Volta '04	▽▽▽ 5
○ C. P. Malvasia Passito V. del Volta '03	▽▽▽ 4
● Macchiona '06	▽▽▽ 4*
● Macchiona '05	▽▽▽ 4
● Barbera della Stoppa '07	▽▽ 4
● Macchiona '07	▽▽ 4
● Macchiona '02	▽▽ 5
● Trebbiolo '11	▽▽ 2*
○ Vigna del Volta '09	▽▽ 5

Terre della Pieve
FRAZ. DIEGARO
VIA EMILIA PONENTE, 2412
47023 CESENA [FC]
TEL. +39 0547611535
www.terredellepieve.com

BESUCH NACH VORANMELDUNG
JAHRESPRODUKTION 25.000 Flaschen
REBFLÄCHE 5 Hektar

Die 5 Hektar Rebfläche von Sergio Lucchi liegen hinter Bertinoro in rund 300 m Höhe neben der Pieve di Polenta, auf die der Name des Betriebs verweist. Seine Besitztümer sind alle im klassischen Bertinoro-Gebiet: Tonböden mit hohem Anteil an Aktivkalk und dem für Bertinoro typischen marinen „Spungone"-Tuffstein. Das Ergebnis sind langlebige, charakterstarke, mineralische, erdige Weine mit geschlossener, tiefer Tanninstruktur. Lucchi ist ein schüchterner, hartnäckiger Winzer, der an klassischen, immer territorialeren und überzeugenderen Weinen arbeitet. Der Nobis '11 hat eine schöne, reine Frucht, danach ein alternatives Bukett mit erdigen, geräucherten Noten. Im Mund zeigt er Frische und einen noch rohen Stoff voller Energie und Vitalität. Die Tannine sind dicht und reif. Ein klassischer Wein, der die romagnolische, gebietsspezifische Tradition vertritt.

● Sangiovese di Romagna Sup. Nobis Ris. '11	▼▼ 3
● Sangiovese di Romagna Sup. A Virgilio '12	▼ 2
● Sangiovese di Romagna Sup. A Virgilio '10	▽▽ 2*
● Sangiovese di Romagna Sup. Nobis Ris. '10	▽▽ 3
● Sangiovese di Romagna Sup. Nobis Ris. '09	▽▽ 3*
○ Stil Novo '09	▽▽ 4

EMILIA ROMAGNA

Torre San Martino
via San Martino in Monte
47015 Modigliana [FC]
Tel. +39 3351891992
www.torre1922.it

DIREKTVERKAUF
BESUCH NACH VORANMELDUNG
JAHRESPRODUKTION 38.000 Flaschen
REBFLÄCHE 7,5 Hektar

Maurizio Costa hat seine romagnolische Abstammung mit einem Projekt gefestigt, das ihn im Laufe der Jahre immer mehr begeistert hat. Wir befinden uns in Modigliana, in 350 m Höhe, wo sandige Böden den Weinen Eleganz und Langlebigkeit schenken. Heute erlebt die Kellerei einen Wandel, der - im Bestreben, dank der Temperaturschwankungen dieser Höhenlage sowohl Sangiovese als auch andere wichtige Weißweine zu erzeugen - immer mehr in Richtung Gebietsbezogenheit drängt. Der Betrieb besitzt auch den ältesten Weinberg der Romagna, eine auf 1922 datierte Anlage in Buscherziehung, die Agronom und Önologe Francesco Bordini wieder zu Hochtrab gebracht hat. Der Vigna 1922 '11 ist sehr elegant, ganz auf Agilität und Grazie konzentriert, komplex und changierend, dessen Bukett von balsamischen Mittelmeer-Düften nach Piniennadeln, Eukalyptus und Thymian bis hin zu herben Tönen der Erde und roten Blumen reicht. Er ist entspannt und zieht sich in ein vibrierendes Finale. Leicht und stark zur gleichen Zeit.

- Sangiovese di Romagna
  V. 1922 Ris. '11 — 🍷🍷🍷 6
- ○ Colli di Faenza V. della Signora '13 — 🍷🍷 2*
- Sangiovese di Romagna Sup.
  Gemme '13 — 🍷 4
- ○ Colli di Faenza Torre '12 — 🍷🍷 2*
- Sangiovese di Romagna Sup.
  Gemme '11 — 🍷🍷 6
- Sangiovese di Romagna Sup.
  V. 1922 Ris. '10 — 🍷🍷 6
- Sangiovese di Romagna Sup.
  V. 1922 Ris. '07 — 🍷🍷 6
- Sangiovese di Romagna V. 1922 '08 — 🍷🍷 6
- Vigna alle Querce '08 — 🍷🍷 5
- Vigna alle Querce '07 — 🍷🍷 5

Tre Monti
loc. Bergullo
via Lola, 3
40026 Imola [BO]
Tel. +39 0542657116
www.tremonti.it

DIREKTVERKAUF
BESUCH NACH VORANMELDUNG
JAHRESPRODUKTION 180.000 Flaschen
REBFLÄCHE 40 Hektar
WEINBAU Biologisch anerkannt

Vittorio Navacchia hat seine Erfahrung im Weinberg und in der Kellerei insbesondere durch die interessante Arbeit mit den autochthonen Rebsorten Sangiovese und Albana mit zunehmender Sicherheit und einem Stil konsolidiert, der zur originellen Handschrift des Betriebs geworden ist. Ein Teil des 55 ha großen Betriebs befindet sich in Serra, in den Hügeln bei Imola und der andere in Petrignone, in den Hügeln um Forlì. Der Boden in Serra besteht überwiegend aus hellem Ton mit einigen Schlickzonen, während in Petrignone stärker entwickelte Tonböden mit Sandanteilen und einer Flussterrasse anzufinden sind, deren Kieselsteine hier und da zum Vorschein kommen. Die umfangreiche Weinauswahl erscheint dieses Jahr etwas schwächer, diverse Weine sind durch Süße und Oxidation, die Rotweine oft durch eine überreife Frucht geprägt. Thea '11 ist ein geschmackvoller, salziger und trockener, dichter und verschlossener Sangiovese.

- Sangiovese di Romagna Sup.
  Thea Ris. '11 — 🍷🍷 4
- ○ Albana di Romagna Secco
  V. della Rocca '13 — 🍷 2
- Colli d'Imola Rosso Boldo '12 — 🍷 3
- Sangiovese di Romagna Sup.
  Petrignone Ris. '11 — 🍷 3
- Sangiovese di Romagna Sup.
  Petrignone Ris. '08 — 🍷🍷🍷 3*
- Sangiovese di Romagna Sup.
  Petrignone Ris. '07 — 🍷🍷🍷 4
- Sangiovese di Romagna Sup.
  Petrignone Ris. '06 — 🍷🍷🍷 3
- ○ Albana di Romagna Secco
  V. della Rocca '12 — 🍷🍷 2*
- Colli d'Imola Rosso Boldo '11 — 🍷🍷 3
- Sangiovese di Romagna Sup.
  Petrignone Ris. '10 — 🍷🍷 3

EMILIA ROMAGNA

Francesco Vezzelli
FRAZ. SAN MATTEO
VIA CANALETTO NORD, 878A
41122 MODENA
TEL. +39 059318695
aavezzelli@gmail.com

DIREKTVERKAUF
BESUCH NACH VORANMELDUNG
JAHRESPRODUKTION 120.000 Flaschen
REBFLÄCHE 15 Hektar

Vezzelli ist eine kleine, 1958 gegründete und nunmehr von der dritten Generation geleitete Kellerei aus Modena. Francesco Vezzelli sind Rebstöcke und Kellerei anvertraut, das Kaufmännische übernimmt Sohn Roberto. Die Weinbereitung erfolgt in der Kellerei in San Matteo (Modena), die Weinberge hingegen liegen in der Auenlandschaft zwischen der ersten Dammlinie und dem Hauptdamm des Flusses Secchia. Die Auen sind locker, karge Böden und bieten ein außergewöhnliches Terroir für den Lambrusco Sorbara, dessen blumige und mineralische Noten sie hervorheben. Die Grasparossa werden aus in Levizzano Rangone zugekauften Trauben gekeltert. Der Selezione '13 zieht dank seines würzigen und schnittigen Geschmacks ins Finale ein. Seine Ausdrucksweise ist klassisch und in prächtigen Nuancen artikuliert. Ein gebietsklassischer, zarter und eleganter Wein. Der MoRosa '13 ist geschmackvoll, erquickend und agil. Der rustikale Anklang sorgt für Charakter und Trinkgenuss.

● Lambrusco di Sorbara Il Selezione '13	🍷🍷 2*
○ Lambrusco di Sorbara Rosé MoRosa '13	🍷🍷 2*
● Lambrusco di Modena Il Bricco di Checco '13	🍷 2
● Lambrusco Grasparossa di Castelvetro Rive dei Ciliegi '13	🍷 2
● Lambrusco di Sorbara Il Selezione '12	🍷🍷 2*
● Lambrusco di Sorbara Il Selezione '11	🍷🍷 2*
● Lambrusco di Sorbara Il Selezione '10	🍷🍷 2*
○ Lambrusco di Sorbara Rosé MoRosa '12	🍷🍷 2*
○ Lambrusco di Sorbara Rosé MoRosa '11	🍷🍷 2*
● Lambrusco Grasparossa di Castelvetro Rive dei Ciliegi '11	🍷🍷 2*
● Lambrusco Grasparossa di Castelvetro Rive dei Ciliegi '10	🍷🍷 2*
● Lambrusco Il Bricco di Checco '11	🍷🍷 2*

Vigne dei Boschi
LOC. VALPIANA
VIA TURA, 7A
48013 BRISIGHELLA [RA]
TEL. +39 054651648
www.vignedeiboschi.it

DIREKTVERKAUF
BESUCH NACH VORANMELDUNG
JAHRESPRODUKTION 15.000 Flaschen
REBFLÄCHE 6,5 Hektar
WEINBAU Biodynamisch anerkannt

Paolo Babini ist ein Mensch mit großartigen Intuitionen, dem es gelingt, seine Geduld im Versuch, die Komplexität zu erfassen, gewinnbringend zu nutzen. Er kennt keine Eile, seine Sensibilität ist eine Falle für Details und Nuancen, die er auf magische Weise in die Weine einbringt. Die Weinberge befinden sich im Lamone-Tal auf Sandmergelböden an der Grenze zu den Wäldern, die den oberen Talabschnitt beherrschen. Das interessanteste Projekt ist der Sangiovese Poggio Tura, der in einem mithilfe von Pfropfreisern aus Jahrhunderte alten Pflanzen des Tals angelegten Weinberg entsteht. Ein offener, facettenreicher, mineralischer und subtiler Wein voller Energie und Geschmack. Der Poggio Tura '10 ist von unglaublicher Reinheit, ein Geflecht aus herber, würdevoller Frucht und erdigen Noten, die ihn beleben und für Vielfalt sorgen. Der Mund ist gespannt und geschliffen, unendlich lang und steil ansteigend. Der "16" Anime '12 ist streng, hermetisch, geradlinig und erfordert einfach Zeit.

● Poggio Tura '10	🍷🍷🍷 4*
○ "16" Anime '12	🍷🍷🍷 3
● Poggio Tura '05	🍷🍷🍷 5
○ "16" Anime '11	🍷🍷 3
○ "16" Anime '10	🍷🍷 3
○ MonteRè '11	🍷🍷 6
● Poggio Tura '09	🍷🍷 4
● Poggio Tura '08	🍷🍷 4
● Poggio Tura '07	🍷🍷 4

EMILIA ROMAGNA

Villa di Corlo
LOC. BAGGIOVARA
S.DA CAVEZZO, 200
41126 MODENA
TEL. +39 059510736
www.villadicorlo.com

DIREKTVERKAUF
BESUCH NACH VORANMELDUNG
JAHRESPRODUKTION 85.000 Flaschen
REBFLÄCHE 25 Hektar

Maria Antonietta Munari betreibt Villa di Corlo mit großer Leidenschaft. Neben dem Wein erzeugt sie im kürzlich renovierten Essigkeller auch traditionellen Modena Balsamico-Essig. Das Aushängeschild ist der aus eigenen Trauben gekelterte Grasparossa. In seiner bäuerlichen Ausdrucksweise gelingt es ihm, die typische Tanninstruktur der Rebsorte mit Mut zu zeigen. Der Corleto '13 vereint die erdigen, bäuerlichen Töne des Grasparossa mit einer nicht unbedeutenden Eleganz. Im Mund ist er frisch und trocken, mit zarten Anklängen von Agrumenschalen. Der Fraeli '11 drückt sich auf der Komplexität der Haselnuss-, Chlorophyll- und weißen Blumennoten aus, erinnert in der Nase an Meer und ist schmackhaft. Der Amabile '13 zeigt ein großartiges Gleichgewicht mit einer frischen, herben Frucht, gepaart mit Tanninen, die den Zuckerteil ausbalancieren. Der Primevo '13 entfaltet sich mit einem geschliffenen, würzigen Mund, der die anfängliche Frucht in ein mineralisches und salziges Register leitet.

○ Fraeli Brut Blanc de Blancs '11	🍷🍷 3
● Lambrusco di Sorbara Primevo '13	🍷🍷 2*
● Lambrusco Grasparossa di Castelvetro Amabile '13	🍷🍷 2*
● Lambrusco Grasparossa di Castelvetro Corleto '13	🍷🍷 2*
● Lambrusco Grasparossa di Castelvetro Secco '13	🍷 2
○ Fraeli Brut Blanc de Blancs '10	🍷🍷 3
● Lambrusco di Sorbara Primevo '12	🍷🍷 2*
● Lambrusco Grasparossa di Castelvetro '12	🍷🍷 2*
● Lambrusco Grasparossa di Castelvetro '10	🍷🍷 2*
● Lambrusco Grasparossa di Castelvetro Amabile '10	🍷🍷 2*
● Lambrusco Grasparossa di Castelvetro Corleto '10	🍷🍷 2*

Villa Liverzano
FRAZ. RONTANA
VIA VALLONI, 47
48013 BRISIGHELLA [RA]
TEL. +39 054680461
www.liverzano.it

DIREKTVERKAUF
BESUCH NACH VORANMELDUNG
UNTERKUNFT
JAHRESPRODUKTION 15.000 Flaschen
REBFLÄCHE 3,2 Hektar
WEINBAU Biologisch anerkannt

Winzer und Anbaugebiet leben in einer von Herausforderungen gespickten Liebesbeziehung. Genau das hat Marco Montanari, der nach seinen Erfahrungen im Chianti Classico auf die Romagna gesetzt hat, in Brisighella gefunden. Und im Laufe der Zeit konnte er seine intime Beziehung zu diesen originellen Böden mit den Gipsvorkommen wunderbar konsolidieren, was den Stil des ihm so lieben Sangiovese verändert hat. Durch eine immer interessantere Gegenüberstellung hat auch der Don aus Cabernet Franc und Carmenère an Eleganz dazugewonnen. Die in Zusammenarbeit mit dem Önologen Francesco Bordini produzierten Weine sind intrigant, würzig und frisch, rein, ausdrucksstark, nie banal. Der Don '11 aus Cabernet Franc und Carmenère erreicht mit dieser frischen, nervigen Edition beinahe die höchste Auszeichnung. Er ist würzig, rein, mit einer bis ins Finale reichenden Frucht und einer schier unaufhörlichen Lebendigkeit. Der Rebello '11 aus Sangiovese- und Merlot-Trauben ist frisch, salzig und originell mit Anklängen von Zimt.

● Don '11	🍷🍷 6
● Rebello '11	🍷🍷 5
● Don '10	🍷🍷 6
● Don '09	🍷🍷 6
● Don '08	🍷🍷 6
● Donna '09	🍷🍷 7
● Rebello '10	🍷🍷 5
● Trecento '12	🍷🍷 4
● Trecento '11	🍷🍷 4
● Trecento '10	🍷🍷 4

EMILIA ROMAGNA

Villa Papiano
via Ibola, 24
47015 Modigliana [FC]
Tel. +39 0546941790
www.villapapiano.it

DIREKTVERKAUF
BESUCH NACH VORANMELDUNG
JAHRESPRODUKTION 50.000 Flaschen
REBFLÄCHE 10 Hektar

Die Kellerei der Familie Bordini zählt zu den aufstrebenden Betrieben der Romagna. Sie gilt als gewonnene Wette, die das Potenzial der höher gelegenen Gebiete und insbesondere die großartige Berufung der Gemeinde Modigliana sehr gut zum Ausdruck bringt. Die Sandmergelböden in diesem Eck der Romagna - wir befinden uns am Südhang des Monte Chioda auf 500 m Höhe in einer extremen Umgebung - rufen nervige und unglaublich langlebige Weine ins Leben. Francesco Bordini keltert im klassischen Stil und erzielt reine Ergebnisse mit mineralischem Ausdruck. Der Sangiovese I Probi '11 schildert sein Terroir auf stolze und elegante Weise. Die Säure ist schneidend, die Tannine fein und schlank. Scheu zeigt sich die Frucht nur einen Moment lang im Abgang, überlässt dann die Szene erneut der Würze und Mineralität. Der Tregenda Riserva '12 ist ein zitrusfruchtiger, nerviger, facettenreicher und salziger Albana.

- Sangiovese di Romagna
  I Probi di Papiano Ris. '11   3*
- ○ Tregenda Albana Passita Ris. '12   3*
- ○ Tregenda Albana Passita '13   3
- Sangiovese di Romagna Sup.
  Le Papesse di Papiano '13   2
- Papiano di Papiano '04   4
- Sangiovese di Romagna
  I Probi di Papiano Ris. '10   3*
- Sangiovese di Romagna
  I Probi di Papiano Ris. '09   3*
- ○ Le Tresche di Papiano '12   3
- Sangiovese di Romagna
  I Probi di Papiano Ris. '08   2*
- Sangiovese di Romagna
  Le Papesse di Papiano '10   2*
- Sangiovese di Romagna
  Le Papesse di Papiano '09   2*

Tenuta Villa Trentola
loc. Capocolle di Bertinoro
via Molino Bratti, 1305
47032 Bertinoro [FC]
Tel. +39 0543741389
www.villatrentola.it

DIREKTVERKAUF
BESUCH NACH VORANMELDUNG
JAHRESPRODUKTION 50.000 Flaschen
REBFLÄCHE 20 Hektar

Villa Trentola - seit 1890 im Besitz der Familie Prugnoli - ging aus dem Zusammenschluss drei verschiedener Weingüter hervor: Valle, Colombaia, Molino. Mit dem Ziel, klassische und terroirgetreue Urtypen des Untergebiets Bertinoro zu erzeugen, kellern Enrico Prugnoli und Tochter Federica mit der Unterstützung des Önologen Fabrizio Moltard eine Auslese ihrer Trauben ein. Mit dem Moro haben sie eine Reihe von Volltreffern gelandet, die das Anbaugebiet und den Jahrgang konsequent zum Ausdruck gebracht haben. Der Moro '11 ist ein förmlich makelloser Sangiovese, leicht durch das evidente Holz erschwert, das der herben, frischen Frucht und den mineralischen, sehr eleganten Anklängen etwas in die Quere kommt. Im Mund wird er von der Säure und reichlichen, reifen Gerbstoffen getragen, wie es der hiesige Stil erfordert. Der Prugnolo '12 ist trocken und würzig, entspannt und offen.

- Sangiovese di Romagna Sup.
  Bertinoro Il Moro Ris. '11   4
- Sangiovese di Romagna Sup.
  Il Prugnolo '12   3
- Sangiovese di Romagna Sup.
  Il Moro Ris. '09   4*
- Sangiovese di Romagna Sup.
  Il Moro Ris. '08   4
- Il Placidio '07   5
- Sangiovese di Romagna Sup.
  Il Moro di Villa Trentola '05   4
- Sangiovese di Romagna Sup.
  Il Moro di Villa Trentola Ris. '07   4
- Sangiovese di Romagna Sup.
  Il Prugnolo '11   3
- Sangiovese di Romagna Sup.
  Il Prugnolo '08   3

EMILIA ROMAGNA

Villa Venti
LOC. VILLAVENTI DI RONCOFREDDO
VIA DOCCIA, 1442
47020 FORLÌ
TEL. +39 0541949532
www.villaventi.it

DIREKTVERKAUF
BESUCH NACH VORANMELDUNG
UNTERKUNFT
JAHRESPRODUKTION 27.500 Flaschen
REBFLÄCHE 7 Hektar
WEINBAU Biologisch anerkannt

Mauro Giardini und Davide Castelucci sind gewissenhafte Winzer. Mit der Interpretation ihrer 7 ha Rebfläche mit unterschiedlicher Beschaffenheit, in der sich Sand mit stark entwickeltem, rotem Ton und sandigem, gelbem Ton abwechselt, zeigen sie Präzision wie aus der Maßschneiderei. Ihre Beharrlichkeit und Fähigkeit, die umweltfreundliche Landwirtschaft als Angelpunkt der Moderne zu betrachten, hat der Weinwelt der Romagna den ersten qualitativ hochwertigen Interpreten aus dem Raum Cesena geschenkt. Die Weine sind klassisch und zuverlässig, handwerklich im positivsten Sinne des Wortes. Der Riserva '11 zeigt üppige Gerbstoffe, ist würzig und schmackhaft. In der Nase zögert er leicht, bleibt aber ein gebietsklassischer, überzeugender Wein, der sich im Mund entspannt und ein vibrierendes, langes Finale schenkt. Der hochwertige Sangiovese Primo Segno '12 erzielt trotz des schwierigen Jahrgangs ein sehr gutes Resultat.

- Sangiovese di Romagna Longiano Ris '11   🍷🍷 4
- Sangiovese di Romagna Sup. Primo Segno '12   🍷🍷 3
- Sangiovese di Romagna Longiano Primo Segno '11   🍷🍷🍷 3*
- Sangiovese di Romagna Sup. Primo Segno '09   🍷🍷🍷 3*
- Sangiovese di Romagna Sup. Primo Segno '08   🍷🍷🍷 3*
- ○ Felis Leo '09   🍷🍷 3
- Felis Leo '08   🍷🍷 3
- Sangiovese di Romagna Sup. Maggese '10   🍷🍷 3*
- Sangiovese di Romagna Sup. Primo Segno '10   🍷🍷 3*
- Sangiovese di Romagna Sup. Ris. '09   🍷🍷 4
- ○ Serenaro Famoso '12   🍷🍷 3

Consorzio Vini Tipici di San Marino
LOC. BORGO MAGGIORE
STRADA SERRABOLINO, 89
47893 SAN MARINO
TEL. +39 0549903124
www.consorziovini.sm

DIREKTVERKAUF
JAHRESPRODUKTION 900.000 Flaschen
REBFLÄCHE 120 Hektar

Der kleine Freistaat San Marino ist mit dem Sangiovese als Aushängeschild einer langen Weinbautradition eng mit der romagnolischen Kultur verwandt. Mit der Beratung von Federico Curtaz und unter der Leitung von Paul Andolina hat die Genossenschaft ausgehend von den Weinbergen und bis hin zum epochalen Umbau der Kellerei harte Arbeit für das anspruchsvolle Projekt in San Marino geleistet. Nach jahrelanger Arbeit ist das Niveau endlich so hoch, dass sich die Weine furchtlos den Herausforderungen stellen können. Der Sangiovese '12 ist sehr traditionell und klassisch, würzig und schmackhaft. Der Brugneto '10 aus Sangiovese- und Montepulciano-Trauben hat Stoff und Volumen, aber auch eine für Spannung und Eleganz sorgende Frische. Der reinrassige Sangiovese Tessano '10 ist eine Auslese aus zwei Lagen (Don Camillo und Filippo) mit einer geräucherten und vegetabilen Note von großer Eleganz.

- Brugneto di San Marino '10   🍷🍷 2*
- Sangiovese di San Marino '12   🍷🍷 2*
- Sangiovese Sup. di San Marino '12   🍷🍷 2*
- Tessano di San Marino '10   🍷🍷 4
- ○ Roncale di San Marino '13   🍷 2

EMILIA ROMAGNA

★Fattoria Zerbina

FRAZ. MARZENO
VIA VICCHIO, 11
48018 FAENZA [RA]
TEL. +39 054640022
www.zerbina.com

DIREKTVERKAUF
BESUCH NACH VORANMELDUNG
JAHRESPRODUKTION 220.000 Flaschen
REBFLÄCHE 33 Hektar

Cristina Geminiani besitzt einen Rebstockbestand, dessen Qualität und durchschnittliches Alter für die Romagna einfach einzigartig sind. Sie bebaut gewissenhaft 30 wertvolle Hektar Land. Der konsequente Kellereistil hält das Anbaugebiet stets in Evidenz. Die Auswahl der Sangiovese - vom schlichten Wein bis hin zum Riserva - zeigt neben der Qualität und dem herben, tiefen Stil auch eine besonders auszeichnende Zuverlässigkeit. Neben der Produktion mitunter der interessantesten Süßweine Italiens ist auch der Albana, der heute als trockener Wein produziert wird, außerordentlich. Der Pietramora '11 überzeugt durch seine Solidität, die Stoff und Agilität auf makellose Weise ausbalanciert. Dichte, reife Tannine, großartige Herbheit, ein gebietsklassischer Ansatz und ein Finale, das den Mund mit Geschmack überflutet.

Zucchi

VIA VIAZZA, 64
41030 SAN PROSPERO [MO]
TEL. +39 059908934
www.vinizucchi.it

BESUCH NACH VORANMELDUNG
JAHRESPRODUKTION 130.000 Flaschen
REBFLÄCHE 9,5 Hektar

Der kleine Winzerbetrieb Zucchi erzeugt seit 1950 Qualitätsweine, die alle ab Hof verkauft werden. Das Kommen und Gehen der Kundschaft versetzt sozusagen in andere Zeiten. Bruno Zucchi hat mit der Produktion von Flaschen begonnen, die von Sohn Davide und Frau Maura weitergeführt wird. Silvia, Davides jüngere Tochter, bringt frischen Wind in den Betrieb. Sie hat beschlossen, sich nach dem Önologiestudium voll im Familienbetrieb einzubringen. Wir befinden uns im Herzen des Sorbara-Anbaugebiets, der tatsächlich die einzige Spezialität des Hauses ist. Der Rito '13 ist ein sehr komplexer Sorbara, der teils auf raffinierten brackigen Anklängen und zarten weißen Blumen verweilt, um dann im Mund auf einer schnittigen Säure Tempo zu gewinnen. Im Finale ist er würzig und mineralisch. Der Sorbara '13 hat einen mitreißenden, entspannten und charakterstarken Geschmack, ist würzig, agil und sehr klassisch in seiner Ausdrucksweise.

● Sangiovese di Romagna Sup. Pietramora Ris. '11	♛♛♛ 5
○ Albana di Romagna Passito Arrocco '10	♛♛ 5
○ Albana di Romagna Secco Ceperano '13	♛♛ 2*
● Sangiovese di Romagna Sup. Torre di Ceparano Ris. '10	♛♛ 3
○ Trebbiano di Romagna Dalbiere '13	♛♛ 2*
● Sangiovese di Romagna Sup. Ceregio '13	♛ 2
○ Albana di Romagna Passito AR Ris. '06	♛♛♛ 8
● Marzieno '08	♛♛♛ 4*
● Marzieno '04	♛♛♛ 5
● Sangiovese di Romagna Sup. Pietramora Ris. '08	♛♛♛ 6
● Sangiovese di Romagna Sup. Pietramora Ris. '06	♛♛♛ 6
● Sangiovese di Romagna Sup. Pietramora Ris. '04	♛♛♛ 6

● Lambrusco di Sorbara Secco '13	♛♛ 2*
● Lambrusco di Sorbara Secco Rito '13	♛♛ 2*

WEITERE KELLEREIEN

Tenuta di Aljano
FRAZ. JANO DI SCANDIANO
VIA FIGNO, 1
42019 SCANDIANO [RE]
TEL. +39 0522981193
www.tenutadialjano.it

BESUCH NACH VORANMELDUNG
JAHRESPRODUKTION 40.000 Flaschen
REBFLÄCHE 19 Hektar
WEINBAU Biologisch anerkannt

○ Colli di Scandiano e di Canossa
  Spergola La Vigna Ritrovata '13 — 5
● Reggiano Lambrusco Secco
  Sette Filari '13 — 2*

Raffaella Alessandra Bissoni
LOC. CASTICCIANO
VIA COLECCHIO, 280
47032 BERTINORO [FC]
TEL. +39 0543460382
www.vinibissoni.com

DIREKTVERKAUF
BESUCH NACH VORANMELDUNG
JAHRESPRODUKTION 25.000 Flaschen
REBFLÄCHE 5 Hektar

● Sangiovese di Romagna Sup.
  Girapoggio '12 — 2*
● Sangiovese di Romagna Sup. Ris. '10 — 4

Tenuta Bonzara
VIA SAN CHIERLO, 37A
40050 MONTE SAN PIETRO [BO]
TEL. +39 0516768324
www.bonzara.it

DIREKTVERKAUF
BESUCH NACH VORANMELDUNG
UNTERKUNFT UND GASTRONOMIE
JAHRESPRODUKTION 70.000 Flaschen
REBFLÄCHE 15 Hektar

○ C. B. Pignoletto Cl. Borgo di Qua '13 — 2*
● C. B. Bologna Rosso '13 — 2

Casali Viticultori
FRAZ. PRATISSOLO
VIA DELLE SCUOLE, 7
42019 SCANDIANO [RE]
TEL. +39 0522855441
www.casalivini.it

DIREKTVERKAUF
BESUCH NACH VORANMELDUNG
JAHRESPRODUKTION 1.500.000 Flaschen
REBFLÄCHE 48 Hektar

● Reggiano Lambrusco Pra di Bosso '13 — 2*
○ Colli di Scandiano e di Canossa
  Spergola Secco Arbòre '13 — 2

Casè
LOC. CASAL POZZINO
29020 TRAVO [PC]
TEL. +39 3472590551
www.naturallywine.com

○ Casè Bianco '13 — 2*
● Casè Rosso '12 — 2*
● Riva del Ciliegio '11 — 3

Castelli del Duca
LOC. MORETTA, 58
42124 BORGONOVO VAL TIDONE [PC]
TEL. +39 0522942135
www.medici.it

DIREKTVERKAUF
BESUCH NACH VORANMELDUNG
JAHRESPRODUKTION 400.000 Flaschen
REBFLÄCHE 1,200 Hektar
WEINBAU Biologisch anerkannt

● C. P. Barberra Ranuccio '12 — 2*
○ C. P. Sauvignon Duchessa Vittoria '13 — 2*
● Gutturnio Alessandro Ris. '11 — 2*

WEITERE KELLEREIEN

Caviro
VIA CONVERTITE, 12
48018 FAENZA [RA]
TEL. +39 0546629111
www.caviro.it

DIREKTVERKAUF
JAHRESPRODUKTION 25.000.000 Flaschen
REBFLÄCHE 31 Hektar

- Sangiovese di Romagna Brumale '13 — 🍷🍷 2*
- Sangiovese di Romagna Terre Forti '13 — 🍷🍷 2*
- ○ Romagna Trebbiano Terre Forti '13 — 🍷 1*

Andrea Cervini
LOC. POGGIO SUPERIORE, 1
29020 TRAVO [PC]
TEL. +39 3357597119
andreacervini.ilpoggio@gmail.com

- ○ Vino del Poggio Bianco Malvasia '11 — 🍷🍷 2*
- Vino del Poggio Rosso Barbera '10 — 🍷🍷 2*

La Collina
VIA PAGLIA, 19
48013 BRISIGHELLA [RA]
TEL. +39 054683110
www.lacollina-vinicola.com

DIREKTVERKAUF
JAHRESPRODUKTION 17.000 Flaschen
REBFLÄCHE 4 Hektar

- Cupola '11 — 🍷🍷 4
- Sangiovita '12 — 🍷🍷 3

Tenuta Croci
LOC. MONTEROSSO, 8
29014 CASTELL'ARQUATO [PC]
TEL. +39 0523803321
www.vinicroci.com

- ○ Colli Piacentini Monterosso Val d'Arda '12 — 🍷🍷 2*
- ○ Emozioni di Ghiaccio Passito '07 — 🍷🍷 6
- Gutturnio Sur Lie '12 — 🍷🍷 2*

Cantina Sociale Formigine Pedemontana
VIA RADICI IN PIANO, 228
41043 FORMIGINE [MO]
TEL. +39 059558122
www.lambruscodoc.it

DIREKTVERKAUF
BESUCH NACH VORANMELDUNG
JAHRESPRODUKTION 960.000 Flaschen
REBFLÄCHE 580 Hektar
WEINBAU Biologisch anerkannt

- Lambrusco Grasparossa di Castelvetro Rosso Fosco '13 — 🍷🍷 1*
- Lambrusco Grasparossa di Castelvetro In Principio '13 — 🍷 2

Gavioli
VIA PROVINCIALE OVEST
41015 NONANTOLA [MO]
TEL. +39 059545462
www.gavioliivini.com

- Lambrusco di Modena M. Cl. '11 — 🍷🍷 3
- Lambrusco di Sorbara Secco Rifermentazione Ancestrale '12 — 🍷🍷 3

WEITERE KELLEREIEN

Lamoretti
LOC. CASATICO
S.DA DELLA NAVE, 6
43013 LANGHIRANO [PR]
TEL. +39 0521863590
www.lamorettivini.com

DIREKTVERKAUF
BESUCH NACH VORANMELDUNG
JAHRESPRODUKTION 100.000 Flaschen
REBFLÄCHE 25 Hektar

○ Colli di Parma Malvasia Frizzante '13 — 🍷🍷 2*

Luretta
CASTELLO DI MOMELIANO
29010 GAZZOLA [PC]
TEL. +39 0523971070
www.luretta.com

DIREKTVERKAUF
BESUCH NACH VORANMELDUNG
JAHRESPRODUKTION 300.000 Flaschen
REBFLÄCHE 50 Hektar
WEINBAU Biologisch anerkannt

● Gutturnio Sup. '12 — 🍷🍷 3
○ Principessa Pas Dosé M. Cl. '10 — 🍷🍷 4
○ C. P. Malvasia Boccadirosa '13 — 🍷 3

Tenuta Mara
VIA CA' BACCHINO
47832 SAN CLEMENTE [RN]
TEL. +39 0541988870
www.tenutamara.com

● Maramia Sangiovese '12 — 🍷🍷 4

Tenuta Masselina
LOC. SERRÀ
VIA POZZE, 1030
48014 CASTEL BOLOGNESE [RA]
TEL. +39 0545651004
www.masselina.it

DIREKTVERKAUF
JAHRESPRODUKTION 35.000 Flaschen
REBFLÄCHE 16 Hektar

⊙ M. Cl. Rosé '10 — 🍷🍷 3*
● Romagna Sangiovese Sup. 138 '13 — 🍷🍷 2*

Il Monticino
VIA PREDOSA, 72
40069 ZOLA PREDOSA [BO]
TEL. +39 051755260
www.ilmonticino.it

● C. B. Bologna Rosso Bolognino '13 — 🍷🍷 2*
○ C. B. Pignoletto Cl. '13 — 🍷🍷 2*

Enio Ottaviani
VIA PANORAMICA, 199
47842 SAN GIOVANNI IN MARIGNANO [RN]
TEL. +39 0541952608
www.enioottaviani.it

● Romagna Sangiovese Sup. Primalba '13 — 🍷🍷 2*
● Romagna Sangiovese Sup.
  Sole Rosso Ris. '11 — 🍷🍷 3
○ Romagna Trebbiano Tre Soli '13 — 🍷 2

WEITERE KELLEREIEN

Tenuta Pennita
LOC. TERRA DEL SOLE
VIA PIANELLO, 34
47011 CASTROCARO TERME
TEL. +39 0543767451
www.lapennita.it

DIREKTVERKAUF
BESUCH NACH VORANMELDUNG
UNTERKUNFT
JAHRESPRODUKTION 50.000 Flaschen
REBFLÄCHE 25 Hektar

- ◐ Sangiovese di Romagna Sup. La Pennita '12 — 2*

Di Puianello
FRAZ. PUIANELLO
VIA CARLO MARX, 19A
42020 QUATTRO CASTELLA [RE]
TEL. +39 0522889120
www.cantinapuianello.it

DIREKTVERKAUF
BESUCH NACH VORANMELDUNG
JAHRESPRODUKTION 950.000 Flaschen
REBFLÄCHE 220 Hektar
WEINBAU Biologisch anerkannt

- ○ C. di Scandiano e di Canossa Spergola Frizzante dei Colli Matildici '13 — 2*
- ● Lambrusco Reggiano Barghi L'incontro '13 — 2*

Noelia Ricci
VIA PANDOLFA, 35
47016 PREDAPPIO [FC]
TEL. +39 0543940073
guazzuglimarini@gmail.com

- ● Romagna Sangiovese Sup. '13 — 2*
- ● Romagna Sangiovese Sup. Godenza '13 — 2*

Le Rocche Malatestiane
VIA EMILIA, 104
47900 RIMINI
TEL. +39 0541743079
www.lerocchemalatestiane.it

- ● Romagna Sangiovese Sup. I Diavoli '13 — 2*
- ● Romagna Sangiovese Sup. Il Patriarca '13 — 3

Cantine Romagnoli
LOC. VILLÒ
VIA GENOVA, 20
29020 VIGOLZONE [PC]
TEL. +39 0523870904
www.cantineromagnoli.it

DIREKTVERKAUF
BESUCH NACH VORANMELDUNG
JAHRESPRODUKTION 300.000 Flaschen
REBFLÄCHE 75 Hektar

- ● Gutturnio Frizzante Sasso Nero '13 — 3
- ○ Ortrugo Frizzante Sasso Nero Tappo a Corona '13 — 2*
- ● V. del Ciccotto Barbera '13 — 3

Tenuta Saiano
VIA CASONE, 30
47825 TORRIANA [RN]
TEL. +39 3479664978
www.tenutasaiano.it

- ● Romagna Sangiovese Sup. Gianciotto '13 — 2*
- ● Saiano Rosso '13 — 2*

WEITERE KELLEREIEN

San Valentino
FRAZ. SAN MARTINO IN VENTI
VIA TOMASETTA, 13
47900 RIMINI
TEL. +39 0541752231
www.vinisanvalentino.com

DIREKTVERKAUF
BESUCH NACH VORANMELDUNG
UNTERKUNFT
JAHRESPRODUKTION 120.000 Flaschen
REBFLÄCHE 20 Hektar
WEINBAU Biodynamisch anerkannt

- Mascarin Rosso '11 — 3
- Vivian '12 — 3

Santodeno
VIA VILLA ROSSI, 50
47012 CIVITELLA DI ROMAGNA [FC]
TEL. +39 3356556747
fabio.ravaioli@santodeno.it

- Romagna Sangiovese Sup. '13 — 2*

Cantina Sociale Settecani
VIA MODENA, 184
41014 CASTELVETRO DI MODENA [MO]
TEL. +39 059702505
www.cantinasettecani.it

DIREKTVERKAUF
JAHRESPRODUKTION 1.000.000 Flaschen
REBFLÄCHE 530 Hektar

- Lambrusco Grasparossa di Castelvetro Amabile '13 — 1*
- Lambrusco Grasparossa di Castelvetro Secco '13 — 1*

Trerè
LOC. MONTICORALLI
VIA CASALE, 19
48018 FAENZA [RA]
TEL. +39 054647034
www.trere.com

DIREKTVERKAUF
BESUCH NACH VORANMELDUNG
UNTERKUNFT UND GASTRONOMIE
JAHRESPRODUKTION 150.000 Flaschen
REBFLÄCHE 30 Hektar

- ○ Colli di Faenza Rebianco '13 — 2*
- ● Sangiovese di Romagna Sup. Sperone '13 — 2*

Vallona
LOC. FAGNANO
40050 CASTELLO DI SERRAVALLE [BO]
TEL. +39 0516703333
www.fattorievallona.it

DIREKTVERKAUF
BESUCH NACH VORANMELDUNG
JAHRESPRODUKTION 100.000 Flaschen
REBFLÄCHE 31 Hektar

- ○ Primedizione Cuvée 2014 — 3
- ○ C. B. Pignoletto Cl. Amestesso '09 — 4

Tenuta La Viola
VIA COLOMBARONE, 888
47032 BERTINORO [FC]
TEL. +39 0543445496
www.tenutalaviola.it

DIREKTVERKAUF
BESUCH NACH VORANMELDUNG
JAHRESPRODUKTION 42.500 Flaschen
REBFLÄCHE 7 Hektar
WEINBAU Biologisch anerkannt

- Sangiovese di Romagna Sup. Il Colombarone '12 — 3
- Particella 25 '11 — 5

TOSKANA

Die Toskana bestätigt sich als Flaggschiff der italienischen Weinwirtschaft. So viele, auch international berühmte Anbaugebiete und daher Denominationen, und so viele Hersteller, die jedes Jahr immer mehr ihr Können beweisen, die Eigenarten einer so weitläufigen und vielfältigen Region zu interpretieren und in ihre Weine einzubringen. Ein Traumergebnis für den Chianti Classico, beachtliche 24 Drei Gläser in der Summe für Denominationsweine und Supertuscan, einige 2010er, ein Superjahrgang, der noch in Umlauf ist, und mit Bandini Villa Pomona ein schöner Neuzugang im Drei-Gläser-Club. Nicht so gut wie im Vorjahr schneidet das Montalcino ab, schuld ist der wahrlich nicht brillante Jahrgang 2009, 11 Höchstpreise insgesamt, darunter der Rosso di Montalcino '10, erfreuliches Debüt von Stella di Campalto. Im nächsten Jahr wird man das Manko wieder wettmachen können, denn in unseren Vorverkostungen zeigte sich der 2010er auf beachtlichem Niveau. Bolgheri präsentiert den Jahrgang 2011, der sein Territorium gut widerspiegelt, vor allem bei den Rebsorten. Ein warmes, aber nicht zu warmes Jahr bescherte reife, nicht überreife Weine, schmeichelnd und leistungsstark, wie ein typischer Masseto beweist, der zu den besten der letzten Jahre gehört. Die Maremma ist weiterhin überaus munter, insbesondere im Morellino-Gebiet, wo ein Stil von größerer Eleganz und Süffigkeit das bis vor einigen Jahren verbreitete Klischee von superkonzentrierten Weinen deutlich aus dem Weg geräumt hat. Ebenfalls ein Drei-Gläser-Debüt, hier für den biologischen Trevvalle. Der Nobile bestätigt sich als gelobtes Land für einen sehr strukturierten, gerbstoffreichen Sangiovese: fünf Mal der Lorbeer an bereits konsolidierte Betriebe. Das bunte Bild vervollständigen die vielen Gewinner in weniger berühmten aber nichtsdestotrotz wichtigen Gebieten, wie Aretino und Cortona, Appennino und Rufina, ohne auf San Gimignano zu vergessen, Heimat der berühmtesten weißen Toskana-Rebe, der charaktervollen Vernaccia, und der Carmignano, die nicht nur jedes Jahr rassige Rote hervorbringt, sondern oft, wie in diesem Jahr der Capezzana 2007, mit einem Vin Santo bezaubert. Ein unglaublicher Süßwein, der mit einem wahren Punktesegen auch den Spezialpreis Dessertwein des Jahres für sich verbuchen kann. Aber damit sind wir mit der Toskana noch nicht zu Ende, denn sie kann in dieser Edition auch den begehrten Sonderpreis für die Kellerei des Jahres einheimsen. Er geht an Sette Ponti von Antonio Moretti, der schon seit Jahren mit all seinen Betrieben - Orma im Bolgheri, Feudo Maccari und Santo Spirito in Sizilien - den Beweis erbringt, Qualität und Territorialität im besten unternehmerischen Sinn interpretieren zu können.

TOSKANA

Abbadia Ardenga

Fraz. Torrenieri
via Romana, 139
53028 Montalcino [SI]
Tel. +39 0577834150
www.abbadiardengapoggio.it

DIREKTVERKAUF
BESUCH NACH VORANMELDUNG
JAHRESPRODUKTION 35.000 Flaschen
REBFLÄCHE 10 Hektar

Wo sich im Mittelalter eine wichtige Rast- und Verpflegungsstation am Pilgerweg der Via Francigena befunden hatte, steht heute die Kellerei Abbadia Ardenga, ehemaliges Benediktinerkloster und Bauernmuseum, die im Besitz der Società di Esecutori di Pie Disposizioni von Siena steht. Wir befinden uns in Torrenieri di Montalcino, im nordöstlichen Quadranten, wo auch die zehn Hektar Weinberge mit vorwiegend Sangiovese Grosso angesiedelt sind. Im Keller setzt man auf einen traditionellen Brunello, Maischestandzeit von drei Wochen und 36 Monate Ausbau im 50-hl-Fass aus slawonischer Eiche, für den Standardwein ebenso wie für den Lagenwein Vigna Piaggia. Im schwierigen Erntejahr 2009 ist ein gewisser Abstand zwischen den Etiketten zu verzeichnen. Der Jahrgangswein ist aromatisch zu offen, mit einer öligen, trockenen Entwicklung, während der Vigna Piaggia in seinen Anklängen an Beeren und Untergehölz, mit süßer, lebhafter Frucht, Integrität beweist.

● Brunello di Montalcino V. Piaggia '09	🍷🍷 5
● Brunello di Montalcino '09	🍷 5
● Brunello di Montalcino '08	🍷🍷 5
● Brunello di Montalcino '07	🍷🍷 5
● Brunello di Montalcino '06	🍷🍷 5
● Brunello di Montalcino V. Piaggia '08	🍷🍷 5
● Brunello di Montalcino V. Piaggia '07	🍷🍷 5
● Rosso di Montalcino '10	🍷🍷 3

Acquabona

loc. Acquabona
57037 Portoferraio [LI]
Tel. +39 0565933013
www.acquabonaelba.it

DIREKTVERKAUF
BESUCH NACH VORANMELDUNG
JAHRESPRODUKTION 90.000 Flaschen
REBFLÄCHE 18 Hektar

Es war einmal eine Gruppe von Freunden, von Beruf Agronomen und mit besonderer Liebe zu Elba. So könnte die Geschichte dieser Kellerei beginnen, die seit 1986 von den drei Partnern Marcello Fioretti, Ugo Lucchini Lombardi und Lorenzo Capitani dell'Argentario geführt wird. Sie haben sich ihren Traum erfüllt und produzieren ihre eigenen Weine auf der Insel. Es sind die Pioniere einer Bewegung, die auch andere Unternehmen von außerhalb zu Investitionen in dieses Gebiet veranlasst hat. Das Weingut Acquabona wurde Ende der 1950er Jahre gegründet und hat sich zu einem der größten und bedeutendsten Weinproduzenten der Insel Elba entwickelt. Ein insgesamt schönes Ergebnis der vorgelegten Weine: hervorzuheben der Elba Ansonica und der Elba Bianco, beide 2013er. Der erste mit weißen Blüten, Weinbergpfirsich und Gewürzkräuter in der Nase, am Gaumen gut, schmackhaft im Abgang. Der zweite ist strukturierter und bestechend im Finale. Gewichtig auch der Voltraio '10, aus Syrah und Merlot, würzige Noten und vorzügliche Struktur.

○ Elba Ansonica '13	🍷🍷 3
○ Elba Bianco '13	🍷🍷 2*
● Voltraio '10	🍷🍷 4
⊙ Elba Rosato '13	🍷 2
● Elba Rosso '12	🍷 2
○ Elba Vermentino '13	🍷 3
● Aleatico dell'Elba '11	🍷🍷 5
● Aleatico dell'Elba '06	🍷🍷 5
● Benvenuto '11	🍷🍷 2*
● Benvenuto '09	🍷🍷 3
○ Elba Bianco '09	🍷🍷 2
● Elba Rosso '09	🍷🍷 2*
● Elba Rosso Ris. '07	🍷🍷 4
● Voltraio '09	🍷🍷 4

TOSKANA

Acquacalda

LOC. ACQUA CALDA
57033 MARCIANA MARINA [LI]
TEL. +39 0565998111
www.tenutaacquacalda.com

DIREKTVERKAUF
BESUCH NACH VORANMELDUNG
JAHRESPRODUKTION 15.000 Flaschen
REBFLÄCHE 2 Hektar

Der Betrieb entsteht 1979, als die Besitzer der uralten Weinbautradition dieser Gegend neuen Glanz verleihen wollen, einer Kultur, die für die gesamte Insel Elba charakteristisch war, aber vom sich ausbreitenden Tourismus zurückgedrängt wurde. Der Name leitet sich von den vielen Wasserquellen ab, die für diesen Ort typisch waren und die Entwicklung der Landwirtschaft begünstigt hatten. Die Weinberge im östlichen Teil sind terrassenförmig angelegt, die im Westen fallen sanft zum Meer ab. Außerdem gibt es den Anbau von Oliven mit den klassischen Kulturen der Toskana. Angenehm der Elba Bianco '13, blumige Noten, fruchtig unterstützt von Johannisbeere und weißem Pfirsich. Schlanker Körper, frisch, nervig, von guter Länge. Erfreulich auch der Ansonica '13, pflanzliche Noten und reife Frucht, gehaltvoll am Gaumen, Finale geschmackvoll und saftig. Berauschend der Aleatico '12, würzige Noten von Zimt und Pfeffer, samtig und rund im Körper, beachtliches Finale in Crescendo.

● Elba Aleatico Passito '12	🍷 4
○ Elba Ansonica '13	🍷🍷 2*
○ Elba Bianco '13	🍷🍷 2*
⊙ Elba Rosato '13	🍷 2
● Elba Rosso '12	🍷 2
○ Elba Vermentino '13	🍷 2

Agricoltori del Chianti Geografico

LOC. MULINACCIO, 10
53013 GAIOLE IN CHIANTI [SI]
TEL. +39 0577749489
www.chiantigeografico.it

DIREKTVERKAUF
BESUCH NACH VORANMELDUNG
UNTERKUNFT
JAHRESPRODUKTION 1.900.000 Flaschen
REBFLÄCHE 580 Hektar

In der Denomination des Gallo Nero hat sich die Genossenschaft Agricoltori del Chianti Geografico fest unter den wichtigsten Produzenten etabliert. Dieses Ziel konnte nicht nur wegen der zahlenmäßig großen Produktion erreicht werden, sondern auch wegen der verlässlichen Beständigkeit der Qualität ihrer Weine. Den Beweis liefern vor allem in jüngster Vergangenheit absolute Spitzenergebnisse, und, ebenso wichtig, kellertechnische Entscheidungen, die gar nicht dem entsprechen, was man sich von einer Genossenschaftskellerei erwarten würde. So ist der Weinstil - obwohl auf einem modernen Weg - niemals banal und kann die Verbundenheit mit seiner Herkunft gut zum Ausdruck bringen. Ungemein reintöniger Duft für den Chianti Classico Montegiachi Riserva '11, ein Wein von schöner Machart, der sich am Gaumen als ausholend und lebhaft erweist. Gut getroffen die beiden Chianti Classico Lucignano und Molin Lungo, beide 2012er, saftig, frisch, dynamisch.

● Chianti Cl. Montegiachi Ris. '11	🍷🍷 4
● Chianti Cl. Lucignano '12	🍷🍷 3
● Chianti Cl. Molin Lungo '12	🍷🍷 3
● Chianti Cl. '12	🍷 3
● Chianti Cl. Contessa di Radda '12	🍷 3
● Ferraiolo '11	🍷 5
● Chianti Cl. Montegiachi Ris. '09	🍷🍷🍷 4*
● Chianti Cl. Montegiachi Ris. '07	🍷🍷🍷 4
● Chianti Cl. Montegiachi Ris. '05	🍷🍷🍷 4
● Chianti Cl. Contessa di Radda '09	🍷🍷 3
● Chianti Cl. Montegiachi Ris. '10	🍷🍷 4
● Chianti Cl. Montegiachi Ris. '08	🍷🍷 4
● Ferraiolo '10	🍷🍷 5

TOSKANA

Podere Albiano

LOC. PETROIO
S.DA DI PODERE ALBIANO
53020 TREQUANDA [SI]
TEL. +39 0577665386
www.poderealbiano.it

DIREKTVERKAUF
BESUCH NACH VORANMELDUNG
JAHRESPRODUKTION 20.000 Flaschen
REBFLÄCHE 4 Hektar

Ein Prophet gilt nichts im eigenen Land oder anders gesagt, häufig werden die eigenen Schönheiten von Fremden besser gewürdigt. Das trifft auf die Beziehung des Val d'Orcia mit Alberto Turri und Anna Beceri zu, die 2000 ihre Berufe aufgegeben haben, um sich hier als Winzer anzusiedeln. Nach sorgfältiger Pflege und Auswahl der am besten für das Terroir geeigneten Sorten, kamen 2002 die ersten Stöcke in die Erde. Die 2009 nach ökologisch nachhaltigen Grundsätzen errichteten Kelleranlagen zollen den landschaftlichen Schönheiten gebührenden Respekt. Von beeindruckender Konstanz, der Tribolo. Der Jahrgang 2010 ist reif im Duft von Konfitüre und Tabak, herb im Körper, am Gaumen entspannt und lang anhaltend. Lebhafter in der Nase der Cirè '10, mit aromatischen Kräutern auf fruchtiger Basis, schlanker in der Struktur. Der Albiano '10, aus Cabernet Sauvignon, Merlot und Petit Verdot, ist intensiv und kräftig in der Nase, kraftvoll und reichhaltig die Struktur.

● Albiano '10	🍷🍷 5
● Orcia Cirié '10	🍷🍷 3
● Orcia Tribolo '10	🍷🍷 5
● Cirié '09	🍷🍷 3
● Petro '09	🍷🍷 4
● Tribolo '09	🍷🍷 4

Fattoria Ambra

VIA LOMBARDA, 85
59015 CARMIGNANO [PO]
TEL. +39 3358282552
www.fattoriaambra.it

DIREKTVERKAUF
BESUCH NACH VORANMELDUNG
JAHRESPRODUKTION 80.000 Flaschen
REBFLÄCHE 20 Hektar

Beppe Rigoli ist Erbe der Winzerfamilie Romei Rigoli, die seit über 150 Jahren ihre Weinberge in Carmignano bewirtschaftet und ihre Weine erzeugt. In der Nähe der Medici-Villa von Poggio a Caiano, keltert Beppe im zweckmäßigen Keller seine Lagenweine aus den Trauben der jeweiligen Weinberge und holt den Charakter der einzelnen Unterzonen des Territoriums hervor: Montalbiolo, Elzana, Santa Cristina in Pilli und Montefortini. Ein Konzept, das durch Qualität belohnt wird, auch dank rigoros qualitätsorientierter Entscheidungen in Weinberg und Keller, die der Agronom und Önologe Rigoli getroffen hat. In diesem Jahr konnten wir einen guten Carmignano Riserva Montalbiolo '10 verkosten, der mit einem eleganten Charakter glänzt, gut entfaltet und reif, traditionell, reichhaltig, samtiger Charakter, aber interessanter war für uns der Barco Reale '13, violette Reflexe, intensive Nase mit knackiger, roter Frucht und mediterranen Kräutern, am Gaumen schmackhaft und vollmundig. Vorzüglich der Trebbiano '13, Maischehauch, stark und nervig, im Finale der Vin Santo '07.

○ Vin Santo di Carmignano '07	🍷🍷 5
● Barco Reale '13	🍷🍷 2*
○ Trebbiano '13	🍷🍷 2*
● Carmignano Montalbiolo Ris. '10	🍷 4
⊙ Rosato di Carmignano Vin Ruspo '13	🍷 2
● Carmignano Elzana Ris. '09	🍷🍷 4
● Carmignano Le Vigne Alte di Montalbiolo Ris. '09	🍷🍷 4
● Carmignano S. Cristina in Pilli '11	🍷🍷 3
● Carmignano V. di Montefortini '11	🍷🍷 3
○ Vin Santo di Carmignano '06	🍷🍷 5

TOSKANA

Stefano Amerighi

FRAZ. FARNETA
VIA DI POGGIOBELLO
52044 CORTONA [AR]
TEL. +39 0575649241
www.stefanoamerighi.it

DIREKTVERKAUF
BESUCH NACH VORANMELDUNG
JAHRESPRODUKTION 25.000 Flaschen
REBFLÄCHE 8,5 Hektar
WEINBAU Biodynamisch anerkannt

Stefano hat klare Vorstellungen, als er sich für die Fortführung des Familiengutes, aber mit einem neuen landwirtschaftlichen Konzept entscheidet. Zuerst die Ermittlung der besten Standorte für die Weinberge, dann die Auswahl der Setzlinge aus dem Rodano-Tal, schließlich die biodynamischen Voraussetzungen als tragendes Element des Projektes. Der Erfolg ließ nicht lange auf sich warten: ein Wein, der von seinem Terroir stark geprägt ist, anfangs vielleicht nicht ganz einfach zu verstehen, der sich aber mittlerweile bei einem breiten Publikum durchgesetzt hat. Neben dem Weinbau, ist der Betrieb auch eine Art Versuchsanstalt für landwirtschaftliche Nachhaltigkeit. Beide Weine sind im Finale: der Syrah '11 sichert sich die Drei Gläser mit dem ausholenden, vielfältigen Aroma, subtil in den aromatischen Kräutern und roten Beeren, fleischig der Körper, reichhaltig, saftig, gut integrierte Tannine, schmackhaft im Finale. Gut auch die Selezione Apice '10, dunkler in der Nase, fleischig und strukturiert am Gaumen, langes Finale.

● Cortona Syrah '11	🍷🍷🍷 5
● Cortona Syrah Apice '10	🍷🍷 6
● Cortona Syrah '10	🍷🍷🍷 5
● Cortona Syrah '09	🍷🍷🍷 5
● Cortona Syrah '08	🍷🍷 5
● Cortona Syrah '07	🍷🍷 5
● Cortona Syrah Apice '09	🍷🍷 5

Amiata

LOC. MONTEGIOVI
58033 CASTEL DEL PIANO [GR]
TEL. +39 3396902444
www.amiatavini.it

DIREKTVERKAUF
BESUCH NACH VORANMELDUNG
JAHRESPRODUKTION 12.000 Flaschen
REBFLÄCHE 3 Hektar

Der Name der Kellerei ist eine Absichtserklärung für die Arbeit, die man gewählt hat. Das Ehepaar Simone und Stefania, ein Paar in der Arbeit und im Leben, hat nach verschiedenen anderen beruflichen Erfahrungen, mit Enthusiasmus das Werk ihrer Großeltern wieder aufgenommen. Das Gut trägt den gleichen Namen wie der Berg, auf dessen Hängen es liegt, charakteristisch für den Boden, auf dem die Trauben gedeihen und Weine entstehen lassen, die an ihre Herkunft erinnern - ein heute erloschener Vulkan. Sangiovese ist die fürstliche Rebe dieser Produktion. Der Montecucco Sangiovese Lavico '10 zeigt sich mit charakteristischen tertiären Gerüchen im Aroma, erkennbar Leder und Tabak, neben Nuancen von Konfitüre. Am Gaumen anfangs etwas beißend und verkrampft in den Tanninen, die sich dann lockern, um sich im Finale entspannt und fügsam darzubieten. Schlicht in der Nase, minimalistisch in der Struktur, der Riserva Cenere '09.

● Montecucco Sangiovese Cenere Ris. '09	🍷🍷 5
● Montecucco Sangiovese Lavico '10	🍷🍷 4
● Lapillo '09	🍷🍷 3
● Montecucco Sangiovese Cenere Ris. '08	🍷🍷 3
● Montecucco Sangiovese Cenere Ris. '07	🍷🍷 3
● Montecucco Sangiovese Lavico '09	🍷🍷 3*
● Montecucco Sangiovese Lavico '08	🍷🍷 3*

TOSKANA

Ampeleia

Fraz. Roccatederighi
Loc. Meleta
58028 Roccastrada [GR]
Tel. +39 0564567155
www.ampeleia.it

DIREKTVERKAUF
BESUCH NACH VORANMELDUNG
JAHRESPRODUKTION 105.000 Flaschen
REBFLÄCHE 35 Hektar
WEINBAU Biologisch anerkannt

Ampeleia ist ein spannendes, sehr spezielles Projekt. Das Schweizer Ehepaar stellt sich in den 1960er Jahren der Herausforderung, einen verlassenen Gutshof in den heutigen, ebenso effizienten wie renommierten Betrieb zu verwandeln. 2002 leiten die neuen Eigentümer, Elisabetta Foradori und Giovanni Podini, damals gemeinsam mit Thomas Widmann, einen neuen Kurs ein. Das Gut gliedert sich in drei Besitzungen, Heimstätten verschiedener Sorten, die sich für das jeweilige Mikroklima am besten eignen. Die Weine werden aus Trauben gekeltert, in die alle auf diesem Gut kultivierten Reben mit unterschiedlichen Anteilen einfließen. Ins Finale schafft es der Ampeleia '11, überwiegend aus Cabernet Franc und Sangiovese, Anklänge an gegrillte, grüne Paprika und Heidelbeermarmelade. Am Gaumen zuerst fügsam, geschliffen, schmelzig, ohne zu übertreiben, Finale reintönig und aufrichtig, von langer Dauer. Der Kepos '12 mit überwiegend Alicante und Grenache, im Bouquet deutlich grasige Noten, im Mund angenehm fleischig.

● Ampeleia '11	♛♛ 5
● Kepos '12	♛♛ 4
● Alicante '13	♛ 5
● Unlitro '13	♛ 3
● Kepos '06	♛♛♛ 3*
● Ampeleia '10	♛♛ 5
● Ampeleia '09	♛♛ 5
● Kepos '11	♛♛ 3*
● Kepos '10	♛♛ 3*
● Unlitro '12	♛♛ 2*

★★Marchesi Antinori

P.zza degli Antinori, 3
50123 Firenze
Tel. +39 05523595
www.antinori.it

BESUCH NACH VORANMELDUNG
UNTERKUNFT UND GASTRONOMIE
JAHRESPRODUKTION 2.000.000 Flaschen
REBFLÄCHE 2.350 Hektar

Die toskanischen Güter der Marchesi Antinori sind ein allumfassendes Universum, zu dem neben Tignanello, Badia a Passignano und Peppoli im Chianti-Gebiet, auch Le Mortelle, Gut Aldobrandesca in der Maremma, Monteloro im Raum Florenz, Santa Cristina in Cortona, La Braccesca in Montepulciano und schließlich Pian delle Vigne in Montalcino gehören. Alles sehr bedeutende Gebiete, in denen das berühmte Florentiner Weinhaus stets sehr typische, genau getroffene, prachtvolle Gewächse hervorbringt, alle stilistisch modern, gut aufgebaut und das gesamte Sortiment von vollendeter Machart. Dunkle Töne im Aroma des Tignanello '11, historische Cuvée aus Sangiovese, Cabernet Sauvignon und Cabernet Franc, im Mund dicht und fleischig. Sehr angenehm der Duft des Chianti Classico Marchese Antinori Riserva '11, rote Beeren im Dialog mit Erdgeruch und grasigen Anklängen, geschmackliche Progression saftig und gediegen, würzig im Finale.

● Tignanello '11	♛♛ 8
● Chianti Cl. Marchese Antinori Ris. '11	♛♛ 5
● Chianti Cl. Pèppoli '12	♛♛ 3
● Nobile di Montepulciano La Braccesca '11	♛♛ 4
● Solaia '11	♛♛ 8
● Vie Cave Fattoria Aldobrandesca '11	♛♛ 3
● Brunello di Montalcino Pian delle Vigne '09	♛ 7
● Chianti Cl. Badia a Passignano Ris. '09	♛ 6
● Solaia '07	♛♛♛ 8
● Solaia '06	♛♛♛ 8
● Tignanello '09	♛♛♛ 8
● Tignanello '08	♛♛♛ 8
● Tignanello '05	♛♛♛ 8
● Tignanello '04	♛♛♛ 8
● Tignanello '82	♛♛♛ 8

TOSKANA

Tenuta Argentiera
LOC. DONORATICO
VIA AURELIA, 412A
57022 CASTAGNETO CARDUCCI [LI]
TEL. +39 0565773176
www.argentiera.eu

DIREKTVERKAUF
BESUCH NACH VORANMELDUNG
JAHRESPRODUKTION 450.000 Flaschen
REBFLÄCHE 80 Hektar

Das Weingut gehört zu den reizvollsten und bedeutendsten im Bolgheri. Dieser frühere Besitz der Florentiner Familie Serristorti, Teil des traditionsreichen Gutshofes Donoratico, steht heute im Eigentum der Brüder Corrado und Marcello Fratini. Wunderbar die Rebflächen (75 Hektar), angesiedelt in einigen der Toplagen der Denomination, die tonhaltige, steinige Böden zum Ausdruck bringen können. Angebaut werden die klassischen Reben dieser Gegend: Cabernet Sauvignon, Franc, Merlot, Syrah. In den Weinen findet sich die ganze Seele des Terroirs, die punktgenau und elegant erzählt wird. Hinreißend der Bolgheri Superiore, auch im Jahrgang 2011. Eröffnet in der Nase mit raffinierten Nuancen von Kirschen, am Gaumen makellos, intensiv, ebenso fein abgestuft wie vielschichtig. Gleichzeitig lecker und herb, nie derb gefällig, immer auf größte Feinheit bedacht. Wundervoll auch der Lavinia Maria des gleichen Jahrgangs: Leder und Tabak, Agrumenhauch im großartigen Finale.

- Bolgheri Sup. '11 ▼▼▼ 8
- Giorgio Bartholomaus '11 ▼▼ 8
- Lavinia Maria '11 ▼▼ 8
- Poggio ai Ginepri '12 ▼▼ 3
- Bolgheri Rosato Poggio ai Ginepri '13 ▼ 3
- Bolgheri Sup. Argentiera '10 ▼▼▼ 7
- Bolgheri Sup. Argentiera '06 ▼▼▼ 7
- Bolgheri Sup. Argentiera '05 ▼▼▼ 7
- Bolgheri Sup. Argentiera '04 ▼▼▼ 7
- Bolgheri Rosso Poggio ai Ginepri '09 ▼▼ 3
- Bolgheri Sup. Argentiera '09 ▼▼ 7
- Bolgheri Villa Donoratico '07 ▼▼ 4

Arrighi
LOC. PIAN DEL MONTE
57036 PORTO AZZURRO [LI]
TEL. +39 3356641793
www.arrighivigneolivi.it

DIREKTVERKAUF
BESUCH NACH VORANMELDUNG
JAHRESPRODUKTION 30.000 Flaschen
REBFLÄCHE 6 Hektar

Die Familie Arrighi, die auch in der Hotellerie tätig ist, gründete dieses Weingut auf ihrer heimatlichen Insel Elba und ist auch heute noch mit Enthusiasmus bei der Sache. Die uralte Berufung zum Weinbau wird durch die ausgedehnten Rebflächen bewiesen, die ein Drittel des Territoriums ausmachen, dann aber drastisch reduziert wurden: mit der großen territorialen Erfahrung, widmete sich die Familie Arrighi vorherrschend dem Anbau autochthoner Reben, ohne auf Experimente mit neuen Sorten zu verzichten, ab 2000 gemeinsam mit dem Landwirtschaftsverband Arezzo. Daher finden sich hier ungewöhnliche Trauben wie Manzoni Bianco, Tempranillo oder Sagrantino. Verführerisch das Aroma des Mattanto '13, mit Wiesenblumen und zitrusfruchtigen Noten von Limetten, fein mineralisch für einen gediegenen, saftigen Körper von vibrierender Frische. Angenehm der Eraora '13, aus Manzoni Bianco und Chardonnay, klassisch fruchtig in der Nase, mit Pfirsich und Apfel, schlanke Struktur, feines, aber sehr langes Finale. Prachtvoll der Aleatico '13, der V.I.P, sortenreiner Viognier, freimütig und bezaubernd.

- Elba Aleatico Passito Silosò '13 ▼▼ 5
- Elba Ansonica Mattanto '13 ▼▼ 3
- Eraora '13 ▼▼ 4
- V.I.P '13 ▼▼ 4
- Tresse Terracotta '11 ▼ 5

TOSKANA

Assolati

Fraz. Montenero
Pod. Assolati, 47
58040 Castel del Piano [GR]
Tel. +39 0564954146
www.assolati.it

DIREKTVERKAUF
BESUCH NACH VORANMELDUNG
UNTERKUNFT
JAHRESPRODUKTION 18.000 Flaschen
REBFLÄCHE 4 Hektar

Loriano Giannetti verdankt dieses Weingut der zähen Arbeit seiner Großeltern und Eltern, die es schafften, diesen kahlen Boden, der nur von mediterraner Macchia überwuchert war, in fruchtbares Land zu verwandeln, das endlich ertragreich bepflanzt werden konnte. Der Weinbau nimmt derzeit nur einen kleinen Teil der betrieblichen Flächen ein, daneben gibt es Olivenbäume, aber der Rest der Gründe ist mit Wald bedeckt. In einem landwirtschaftlichen Gebäude ist ein Agriturismo untergebracht, wo Gerichte aus lokalen Zutaten angeboten werden. Der Montecucco Rosso '12 präsentiert einen Duft aus pflanzlichen Noten und klaren Anklängen von Kirsche. Am Gaumen anfänglich fügsam, nicht aufdringlich, gut integrierte Gerbstoffe, im Finale saftig und angenehm. Eindrucksvoller der Montecucco Sangiovese Riserva '10, frische, gut ausgewogene Nase, mit Anklängen an Leder und Tabak, gediegener Körper für ein appetitliches Finale.

● Montecucco Rosso '12	🍷 2*
● Montecucco Sangiovese Ris. '10	🍷 3
☉ Afrodite '13	🍷 2
● Montecucco Rosso '11	🍷 2*
● Montecucco Rosso '10	🍷 2*
● Montecucco Rosso '08	🍷 2*
● Montecucco Sangiovese '09	🍷 3
● Montecucco Sangiovese Ris. '09	🍷 4
● Montecucco Sangiovese Ris. '07	🍷 4

★ Avignonesi

Fraz. Valiano di Montepulciano
Via Colonica, 1
53040 Montepulciano [SI]
Tel. +39 0578724304
www.avignonesi.it

DIREKTVERKAUF
BESUCH NACH VORANMELDUNG
JAHRESPRODUKTION 700.000 Flaschen
REBFLÄCHE 119 Hektar

Der Name geht auf die antiken Besitzer zurück. Ihre Nachfolger, die Familie Falvo, sorgte dank beachtlicher Qualität für die nunmehr weltweite Bekanntheit der Weine. Die aktuelle Besitzerin, Virginie Saverys, hatte ihre erfolgreiche juristische Laufbahn aufgegeben, um 2007 in die Toskana zu übersiedeln und in den Betrieb zu investieren, den sie 2009 vollständig übernehmen konnte. Zuerst einmal leitete sie den Umstieg auf biologische Bewirtschaftung der Weinberge ein. Die Produktionsflächen sind in zwei verschiedenen Denominationen angesiedelt: Montepulciano, geteilt in 8 Weinberge, und Cortona, mit zwei verschiedenen Standorten. Ein insgesamt gutes Ergebnis für die Kellerei, mit einer Produktion auf ausgezeichnetem Niveau. Vorzüglicher Trinkgenuss des Nobile '11, in der Nase rhythmisch und frisch, am Gaumen süffig und überzeugend. Fein würzig und dicht am Gaumen der Marzocco '13. Modern, herb und stofflich der Desiderio '11. Maliziös und gut gegliedert der Cantaloro '10, aus Sangiovese, Cabernet und Merlot.

● Cantaloro '10	🍷 3
● Capannelle 50 & 50 '09	🍷 8
○ Cortona Chardonnay Il Marzocco '13	🍷 3
● Cortona Merlot Desiderio '11	🍷 6
● Nobile di Montepulciano '11	🍷 4
● Grifi '11	🍷 3
● Rosso di Montepulciano '12	🍷 2
○ Vin Santo '98	🍷 8
○ Vin Santo '96	🍷 8
○ Vin Santo '95	🍷 8
● Vin Santo Occhio di Pernice '97	🍷 8

TOSKANA

Fattoria di Bacchereto

LOC. BACCHERETO
VIA FONTEMORANA, 179
59015 CARMIGNANO [PO]
TEL. +39 0558717191
terreamano@gmail.com

DIREKTVERKAUF
BESUCH NACH VORANMELDUNG
UNTERKUNFT
JAHRESPRODUKTION 15.000 Flaschen
REBFLÄCHE 8 Hektar

Das Weingut ist seit 1925 im Besitz der Familie Bencini Tesi. Es war ursprünglich ein Jagdhaus der Medici. Der Weinbau erhielt erste starke Impulse in den 1960er Jahren, aber das neue Konzept geht von der derzeitigen Besitzerin Rossella Bencini Tesi aus. Zuerst die Entscheidung für biologische Methoden im Weinberg, dann die Umstellung auf biodynamische Grundsätze in der Produktion waren Ereignisse, die ihre Betriebsführung entscheidend geprägt haben. Das Ergebnis sind persönlichkeitsstarke Weine, die der Identität des Terroirs jeden Respekt erweisen. Angenehm der Carmignano '11, mineralisch im Duft, Anklänge von Salbei und Lorbeerblatt, Johannisbeere, reintönig. Am Gaumen folgerichtig, gelöste Tannine, nicht zu ausholend, schmackhaft, Finale würzig, mit gutem Rhythmus. Maliziös der Sassocarlo '12, aus überwiegend Trebbiano und Malvasia, bernsteinfarben, zitrusfruchtig im Duft, auch mit würzigem Hauch. Geschmacklich von kraftvoller, gediegener Struktur, erfrischende Säure für ein schmackhaftes Finale.

● Carmignano Terre a Mano '11	🍷🍷🍷 5
○ Sassocarlo '12	🍷🍷🍷 4
● Carmignano Terre a Mano '10	🍷🍷 5
● Carmignano Terre a Mano '09	🍷🍷 5
○ Sassocarlo '11	🍷🍷 4
○ Sassocarlo '10	🍷🍷 4
○ Vin Santo di Carmignano '03	🍷🍷 6

Badia a Coltibuono

LOC. BADIA A COLTIBUONO
53013 GAIOLE IN CHIANTI [SI]
TEL. +39 0577746110
www.coltibuono.com

DIREKTVERKAUF
BESUCH NACH VORANMELDUNG
UNTERKUNFT UND GASTRONOMIE
JAHRESPRODUKTION 350.000 Flaschen
REBFLÄCHE 58 Hektar
WEINBAU Biologisch anerkannt

Badia a Coltibuono liegt im nördlichsten Zipfel der Chianti-Unterzone Gaiole und ist der historische Sitz dieses interessanten Weingutes, das die Kellerlagen in Monti in Chianti angesiedelt hat. Die betriebliche Qualität hat sich auf einem hohen Niveau stabilisiert; die Stilistik verleiht der gesamten Produktion zusätzliches Prestige und bringt finessenreiche Züge und eine Persönlichkeit zum Ausdruck, die fest mit dem innersten Wesen des Chianti Classico verbunden sind. Die verarbeiteten Trauben stammen allesamt aus biologischer Landwirtschaft. Bezaubernd interpretiert ist der Chianti Classico Jahrgangswein, und nicht zum ersten Mal! Anmutig lebhaft im Duft, lecker und rhythmisch am Gaumen, der uns das Beste aus dem Jahrgang 2012 beschert. Ebenso genussvoll der Chianti Classico Cultus Boni '10, klar in den Aromen und würzig im Geschmack, von rekordverdächtiger Süffigkeit. Befriedigend auch der Chianti Classico Riserva '10, anmutiger Duft, wohlschmeckend und süffig in der geschmacklichen Entwicklung.

● Chianti Cl. '12	🍷🍷🍷 3*
● Chianti Cl. Cultus Boni '10	🍷🍷🍷 4
● Chianti Cl. Ris. '10	🍷🍷🍷 5
● Chianti Cl. '06	🍷🍷 3*
● Chianti Cl. Cultus Boni '09	🍷🍷 4*
● Chianti Cl. Ris. '09	🍷🍷 5
● Chianti Cl. Ris. '07	🍷🍷 5
● Chianti Cl. Ris. '04	🍷🍷 5
● Sangioveto '95	🍷🍷 6

TOSKANA

Badia di Morrona
via del Chianti, 6
56030 Terricciola [PI]
Tel. +39 0587658505
www.badiadimorrona.it

DIREKTVERKAUF
BESUCH NACH VORANMELDUNG
UNTERKUNFT
JAHRESPRODUKTION 260.000 Flaschen
REBFLÄCHE 100 Hektar

Schöne Bestätigungen für dieses historisch ungemein interessante Weingut. La Badia geht auf das Jahr 1000 zurück und wurde als Benediktinerkloster gegründet. Schon damals wurde von den Mönchen ein Wein gekeltert. 1939 erwarben Italo und Mario Gaslini den Besitz. Er liegt in Terricciola, im oberen Val d'Era, zwischen Pisa und Volterra. Zum Gut gehören heute etwa 600 Hektar, davon sind 100 für den Weinbau bestimmt, 40 für Olivenbäume. An Rebsorten werden vorwiegend die Sangiovese und die internationalen Cabernet und Merlot angebaut. Bei den Weißen sind es Chardonnay, Viognier und die lokalen Vermentino und Colombara. Die Weine, wie gesagt, bestätigen sich als interessant und gut gemacht. Unter den Besten im Gebiet. Der Taneto wird überwiegend aus Syrah-Trauben, Sangiovese und einer kleinen Zugabe von Merlot gekeltert. Der Ausbau in Holz beschert warme, schmeichelnde Noten, die süße Gewürze und einige rauchige Anklänge aufkommen lassen. Am Gaumen dicht und reif, fein nuanciert und lecker, nie aufdringlich im Extrakt oder schwer im Trinkgenuss. Auch der Vigna Alta, sortenreiner Sangiovese, erweist sich als gut getroffener Jahrgang.

● Taneto '11	▼▼ 3*
● VignAalta '10	▼▼ 5
● N'Antia '11	▼ 5
● N'Antia '10	♀♀ 5
● N'Antia '09	♀♀ 4
● N'Antia '07	♀♀ 4
● Taneto '08	♀♀ 3*
● VignAalta '09	♀♀ 5
● VignAalta '07	♀♀ 5

Fattoria di Bagnolo
via Imprunetana per Tavarnuzze, 48
50023 Impruneta [FI]
Tel. +39 0552313403
www.bartolinibaldelli.it

DIREKTVERKAUF
BESUCH NACH VORANMELDUNG
JAHRESPRODUKTION 27.000 Flaschen
REBFLÄCHE 10 Hektar

Die Chronik der Familie Bartolini Baldelli beginnt im 11. Jahrhundert in der Stadt Cortona; im 16. Jahrhundert erhält man das Bürgerrecht von Florenz. Bartolomeo, Berater von Großherzog Leopold II., erwirbt den Gutshof Fattoria di Bagnolo im 19. Jahrhundert. Heute steht Marco an der Spitze und führte ein straffes Management für die einzelnen Besitzungen ein, zu denen Fattoria di Scaletta in San Miniato, in der Provinz Pisa, und Burg Montozzi in Pergine Valdarno, in der Provinz Arezzo gehören. Neben der Produktion von Wein, Getreide und Olivenöl, gibt es auf jedem Gut auch einen Agriturismo-Betrieb. Beeindruckend die jahrelange Zuverlässigkeit der Produktion; herausragend wie immer der Capro Rosso '11, Cuvée aus Sangiovese, Colorino und Cabernet Sauvignon, in der breiten Duftpalette sind balsamische Noten erkennbar, solider, schmackhafter Körper, schöne Länge. Vorzüglich der Riserva '11, verlässlich und würzig, sehr befriedigend der Vin Santo '04, üppig und vital.

● Capro Rosso '11	▼▼ 5
● Chianti Colli Fiorentini Ris. '11	▼▼ 4
○ Vin Santo del Chianti Ris. '04	▼▼ 5
● Chianti Colli Fiorentini '12	▼ 2
● Capro Rosso '10	♀♀ 5
● Capro Rosso '09	♀♀ 5
● Capro Rosso '08	♀♀ 5
● Capro Rosso '06	♀♀ 5
● Chianti Colli Fiorentini '08	♀♀ 2
● Chianti Colli Fiorentini Ris. '10	♀♀ 4
● Chianti Colli Fiorentini Ris. '08	♀♀ 3
● Chianti Colli Fiorentini Ris. '06	♀♀ 3
○ Vin Santo del Chianti Ris. '01	♀♀ 5

TOSKANA

I Balzini
LOC. PASTINE, 19
50021 BARBERINO VAL D'ELSA [FI]
TEL. +39 0558075503
www.ibalzini.it

BESUCH NACH VORANMELDUNG
JAHRESPRODUKTION 65.000 Flaschen
REBFLÄCHE 8 Hektar

Vincenzo D'Isanto, von Beruf Steuerberater, pflegte auch seine große Leidenschaft für den Weinbau und gründete 1987 diesen erfolgreichen Betrieb. Die Lage, obwohl außerhalb der klassischen Denominationen, ist prachtvoll und Vincenzo ist es gelungen, das Potenzial voll auszuschöpfen, das er als besonders bevorzugt für das Gedeihen der internationalen Sorten erkannte und sich bei der Sangiovese auf die Territorien beschränkte, die geeignet waren. Mit dem Namen wird an die Anlage der Weinberge auf den besonderen Terrassen erinnert. Seit 2005 auch Ehefrau Antonella im Betrieb mitarbeitet, entstanden neue Etiketten und das Image des Hauses wurde modern aufpoliert. Erfreulich der White Label '11, aus Sangiovese und Cabernet Sauvignon, Nuancen von Kirschmarmelade, Gewürzhauch, dynamischer Gaumen, solide, vollmundig und schmackhaft im Finale. Gut auch der Black Label '11, aus Cabernet Sauvignon und Merlot, kräftig fruchtiges Aroma, Nuancen von Zimt und Schokolade, weicher Körper, elegant, lang anhaltend.

● I Balzini Black Label '11	ỸỸ 6
● I Balzini White Label '11	ỸỸ 5
● I Balzini Green Label '13	Ỹ 2
⊙ I Balzini Pink Label '13	Ỹ 2
● I Balzini Black Label '10	ỸỸ 6
● I Balzini Black Label '09	ỸỸ 6
● I Balzini Black Label '08	ỸỸ 5
● I Balzini Black Label '07	ỸỸ 5
● I Balzini Green Label '12	ỸỸ 2*
● I Balzini Green Label '11	ỸỸ 2*
● I Balzini Red Label '11	ỸỸ 3
● I Balzini White Label '08	ỸỸ 5
● I Balzini White Label '07	ỸỸ 5

Bandini - Villa Pomona
LOC. POMONA, 39
53011 CASTELLINA IN CHIANTI [SI]
TEL: +39 0577740473
www.fattoriapomona.it

DIREKTVERKAUF
BESUCH NACH VORANMELDUNG
UNTERKUNFT
JAHRESPRODUKTION 16.000 Flaschen
REBFLÄCHE 5 Hektar
WEINBAU Biologisch anerkannt

Die Geschichte von Villa Pomona geht zwar auf das Jahr 1899 zurück, als das Weingut in Castellina in Chianti gegründet wurde; seine heutige brillante Qualität verdankt es aber vor allem dem Einsatz von Monica Raspi und Ehemann Enrico Selvi, die vor einem Jahrzehnt die Weichen für einen interessanten Weg gestellt haben. In den biologisch bewirtschafteten Weinbergen werden die Sangiovese und kleine Anteile von Colorino und Cabernet Sauvignon gezogen. Stilistisch hält man sich an die Tradition und setzt große Fässer ein, aber die gefertigten Etiketten sind alles andere als banal, sondern von ausgeprägter Persönlichkeit und ihrem Terroir fest und überzeugend verhaftet. Der Chianti Classico '12 ist wirklich köstlich. Anfänglich herb in der Nase, entfaltet sich allmählich üppige Frucht, die mit blumigen Anklängen einen Dialog führt. Am Gaumen die eigentliche Stärke: schmackhaft, rhythmisch und tiefgründig im Finale. Rauchiges Aroma, das zeitweise eine fruchtige Fülle überlagert, kennzeichnet den Chianti Classico Riserva '11, im Geschmack lebhaft, mit unruhigen Tanninen.

● Chianti Cl. '12	ỸỸỸ 3*
● Chianti Cl. Ris. '11	ỸỸ 4
● Rosso Toscano '12	Ỹ 3
● Chianti Cl. '11	ỸỸ 3
● Chianti Cl. '10	ỸỸ 3
● Chianti Cl. '09	ỸỸ 3
● Chianti Cl. Ris. '10	ỸỸ 4
● Chianti Cl. Ris. '09	ỸỸ 4
● Chianti Cl. Ris. '08	ỸỸ 4
● Chianti Cl. Ris. '07	ỸỸ 4

TOSKANA

Baracchi

LOC. SAN MARTINO
VIA CEGLIOLO, 21
52042 CORTONA [AR]
TEL. +39 0575612679
www.baracchiwinery.com

DIREKTVERKAUF
BESUCH NACH VORANMELDUNG
UNTERKUNFT UND GASTRONOMIE
JAHRESPRODUKTION 110.000 Flaschen
REBFLÄCHE 32 Hektar

Die Familie Baracchi hat eine lange Weintradition. Schon zur Zeit der italienischen Staatsgründung wurden die ersten Rebstöcke gepflanzt und die ersten Weine erzeugt. Riccardo beschloss gemeinsam mit Sohn Benedetto, den Familienbetrieb zu modernisieren und den gesamten Rebenpark neu zu qualifizieren. Einige alte Stöcke blieben erhalten und wurden durch neue ergänzt, die dem Territorium besser entsprechen. Mittlerweile wurde die Villa aus dem 17. Jahrhundert völlig renoviert und in ein luxuriöses Relais verwandelt, wo im Restaurant Ehefrau Silvia das Sagen hat. Riccardo war auch bei den Pionieren der Schaumweinbereitung aus den autochthonen Trauben der Trebbiano und der Sangiovese. Das Finale erreicht der Syrah Smeriglio '12, Duftspiel von roten Beeren, würzige Anklänge, leichter Mentholhauch. Am Gaumen entspannt und angenehm. Angenehm, wenn auch ungewohnt, der Pinot Nero '11, ausgeprägte Duftnoten roter Beeren, mit feinen, aromatischen Kräutern, geschmeidig, lecker und würzig im Körper.

● Cortona Smeriglio Syrah '12	🍷 4
● Ardito '11	🍷 6
○ Astore '13	🍷 3
● Cortona Smeriglio Sangiovese '12	🍷 4
● Pinot Nero '11	🍷 6
○ Brut Trebbiano M. Cl. '11	🍷 5
● Cortona Smeriglio Merlot '12	🍷 4
● Cortona Syrah Ris. '11	🍷 6
● Ardito '10	🍷 6
● Ardito '09	🍷 6
● Cortona Smeriglio Merlot '11	🍷 4
● Cortona Smeriglio Merlot '10	🍷 4
● Cortona Smeriglio Sangiovese '11	🍷 4
● Cortona Smeriglio Syrah '11	🍷 4

Fattoria dei Barbi

LOC. PODERNOVI, 170
53024 MONTALCINO [SI]
TEL. +39 0577841111
www.fattoriadeibarbi.it

DIREKTVERKAUF
BESUCH NACH VORANMELDUNG
UNTERKUNFT UND GASTRONOMIE
JAHRESPRODUKTION 600.000 Flaschen
REBFLÄCHE 66 Hektar

Fattoria dei Barbi ist einer der ersten Namen, die einem zu Recht in den Sinn kommen, wenn man die Tradition der Montalcino-Weine rekonstruieren will. Aber das Traditionsgut der Familie Cinelli Colombini spielte häufig auch eine „innovative" Rolle: schon 1892 wird Brunello in Flaschen abgefüllt, 1921 erstes Unternehmen mit einem Verkauf per Korrespondenz und 1958 bei der Öffnung des Weinkellers für die Öffentlichkeit, 1961 ist man Pionier bei Versuchen mit organischen Weingärten. Mittlerweile ist das Rebland - absolut vorrangig die Sangiovese Grosso - auf circa 100 Hektar angewachsen: drei Brunello werden gefertigt, der Cru Vigna del Fiore und der Riserva ergänzen den Jahrgangswein. Eindrucksvoll ist diesmal vor allem die brillante Teamleistung: gerne weisen wir besonders auf die herbe Kompaktheit des Rosso di Montalcino '12 hin, wo der feine pflanzliche Hauch die großzügige Fruchtigkeit von Weichsel und Pfirsich nicht schmälert. Weine von Format auch die Brunello '08, mit dem Vigna del Fiore nur ein wenig dynamischer als der Riserva.

● Brunello di Montalcino '09	🍷 5
● Brunello di Montalcino Ris. '08	🍷 7
● Brunello di Montalcino V. del Fiore '08	🍷 7
● Rosso di Montalcino '12	🍷 3
● Morellino di Scansano '12	🍷 3
● Brunello di Montalcino '08	🍷 5
● Brunello di Montalcino '07	🍷 5
● Brunello di Montalcino Ris. '07	🍷 7
● Brunello di Montalcino Ris. '04	🍷 7
● Brunello di Montalcino V. del Fiore '07	🍷 7
● Brunello di Montalcino V. del Fiore '05	🍷 7
● Morellino di Scansano '11	🍷 3

TOSKANA

Baricci
loc. Colombaio di Montosoli, 13
53024 Montalcino [SI]
Tel. +39 0577848109
www.baricci1955.com

DIREKTVERKAUF
BESUCH NACH VORANMELDUNG
JAHRESPRODUKTION 30.000 Flaschen
REBFLÄCHE 5 Hektar

Federico und Francesco Buffi tragen Last und Ehre, das Mitte des vorigen Jahrhunderts begonnene Werk ihres Großvaters Nello Baricci fortzusetzen, eine überaus bekannte und beliebte Persönlichkeit im Montalcino und einer der 25 Begründer des Konsortiums. Ihr Hauptquartier ist das Gut Colombaio, Teil der prachtvollen Edellage der Hügel von Montosoli im Norden: fünf Hektar in rund 280 Meter auf nahrhaften Galestro-Böden, ergeben einen Sangiovese, der manchmal fast zu schlank ist, aber immer wieder durch Authentizität und Süffigkeit besticht. Produziert werden nur Brunello und Rosso, die mit langer Maischedauer im Stahlbehälter und Ausbau im 20-25-Hektoliter-Fass aus slawonischer Eiche gefertigt werden. Großartige Übereinstimmung im Brunello '09, was Terroir und Jahrgang betrifft, sicherlich einer der besten im schwierigen Erntejahr. Anmutig süße Anklänge und Konfitüre, balsamisch, am Gaumen werden die reifsten Empfindungen freundlich und kraftvoll gebändigt.

● Brunello di Montalcino '09	🍷🍷🍷 5
● Rosso di Montalcino '12	🍷 3
● Brunello di Montalcino '07	🍷🍷🍷 5
● Brunello di Montalcino '83	🍷🍷🍷 5
● Brunello di Montalcino '08	🍷🍷 5
● Rosso di Montalcino '11	🍷🍷 3*
● Rosso di Montalcino '10	🍷🍷 3

★Barone Ricasoli
loc. Castello di Brolio
53013 Gaiole in Chianti [SI]
Tel. +39 05777301
www.ricasoli.it

DIREKTVERKAUF
BESUCH NACH VORANMELDUNG
GASTRONOMIE
JAHRESPRODUKTION 2.000.000 Flaschen
REBFLÄCHE 230 Hektar

Barone Ricasoli ist eine Bezugsgröße für das Chianti Classico. Nicht nur wegen der tausendjährigen Geschichte, sondern auch wegen der Qualität der Produkte, die von befriedigender Verlässlichkeit sind. In der jüngeren Vergangenheit waren intensives Aromagepäck, kräftige Strukturen und starker Einsatz von Eiche die charakteristischen Merkmale. Dieses stilistische Konzept ist im Wandel begriffen, angefangen mit einem weniger intensiven Holz, was dem gesamten Sortiment der Etiketten von Castello di Brolio Eleganz und Süffigkeit eingebracht hat. Die Aromen des Chianti Classico Castello di Brolio Gran Selezione '11 sind reintönig und intensiv, sie leiten eine tiefgründige, leckere geschmackliche Progression ein, ein großartiges Gewächs. Saftig und in den Aromen fein zitrusfruchtig der Chianti Classico Rocca Guicciarda Riserva '11. Großer Stoff für den Chianti Classico Colledilà Gran Selezione '11, der sich im Mund weitet, rhythmisch und gutes Geschmack. Beachtlich der Neuzugang, der Bolgheri Superiore Astuto '11.

● Chianti Cl. Colledilà Gran Sel. '11	🍷🍷🍷 8
● Bolgheri Sup. Astuto '11	🍷🍷 8
● Chianti Cl. Castello di Brolio Gran Sel. '11	🍷🍷 8
● Chianti Cl. Rocca Guicciarda Ris. '11	🍷🍷 5
● Chianti Cl. Brolio Ris. '11	🍷🍷🍷 6
● Casalferro '11	🍷 8
● Chianti Brolio '12	🍷 5
● Casalferro '08	🍷🍷🍷 8
● Casalferro '05	🍷🍷🍷 8
● Casalferro '03	🍷🍷🍷 5
● Chianti Cl. Castello di Brolio '07	🍷🍷🍷 8
● Chianti Cl. Castello di Brolio '06	🍷🍷🍷 8
● Chianti Cl. Castello di Brolio '04	🍷🍷🍷 7
● Chianti Cl. Colledilà '10	🍷🍷🍷 7

TOSKANA

Fattoria di Basciano
V.LE DUCA DELLA VITTORIA, 159
50068 RUFINA [FI]
TEL. +39 0558397034
www.renzomasibasciano.it

DIREKTVERKAUF
BESUCH NACH VORANMELDUNG
JAHRESPRODUKTION 200.000 Flaschen
REBFLÄCHE 35 Hektar

Der Gutshof der Familie Masi besteht seit 1925 und hat sich als kleine Ansiedlung rund um einen Wartturm des 13. Jahrhunderts entwickelt, der mittlerweile als Agriturismo eingerichtet wurde. Die Leitung liegt heute in den Händen von Paolo Masi, Sohn des Betriebsgründers Renzo; er kümmert sich um Weinberg und Keller, während Gattin Anna Rita für den Auslandsvertrieb zuständig ist. Der Betrieb ist zweigeteilt: einmal der Handel mit Weinen unter der Marke Renzo Masi, die aus zugekauften Trauben gekeltert werden, während das Weingut nur eigene Trauben verarbeitet. Eine gute Leistung liefert der Chianti Rufina Riserva '11, würzig und balsamisch, runder Körper, schön und erfreulich im Finale. Pini '12, Cuvée aus Syrah, Cabernet Sauvignon und Merlot, präsentiert sich frisch, vital, gute Fülle, lang anhaltend. Die Cuvée Erta e China '12 aus gleichen Teilen Sangiovese und Cabernet Sauvignon, ist intensiv in der Nase, deutliches Kaffeearoma, schmeichelnder Körper, amüsant im Finale.

● Chianti Rufina Ris. '11	🍷🍷 3
● Erta e China '12	🍷🍷 2*
● I Pini '12	🍷🍷 4
○ Vin Santo Chianti Rufina Ris. '07	🍷🍷 3
● Chianti Ris. '11	🍷 2
● Chianti Rufina '12	🍷 2
● Il Corto '12	🍷 3
⊙ Rosato '13	🍷 1*
● Chianti Rufina Ris. '10	🍷🍷 3
● I Pini '11	🍷🍷 4
○ Vin Santo Chianti Rufina Ris. '06	🍷🍷 3
○ Vin Santo Rufina '06	🍷🍷 3

Begnardi
LOC. MONTEANTICO
POD. CAMPOROSSO, 34
58030 CIVITELLA PAGANICO [GR]
TEL. +39 0564991030
www.begnardi.com

DIREKTVERKAUF
BESUCH NACH VORANMELDUNG
UNTERKUNFT UND GASTRONOMIE
JAHRESPRODUKTION 20.000 Flaschen
REBFLÄCHE 5 Hektar

Der Betrieb wird direkt von den Eigentümern, den Brüdern Luca und Michele Begnardi geführt, die sich vor allem um die Pflege der Weinberge und Olivenhaine und die Produktion von Wein und Olivenöl Extra Vergine kümmern. Das Gut verfügt auch über einen Agriturismo und ein Restaurant. Zur Freude der Besitzer ist es gelungen, die tatsächlichen Möglichkeiten des qualitativen Ausdrucks, die dieses Land der Sangiovese zu bieten hat, zu erkennen und voll zu nützen: sie ist die vorherrschende Rebe auf den gutseigenen Weinbergen und wird nur sporadisch von einigen internationalen Sorten begleitet. Der Montecucco Rosso Ceneo '12 entfaltet einen reifen Duft von Brombeermarmelade und Rumzwetschgen, leicht grasige Noten. Präsentiert sich üppig und ausholend am Gaumen, kräftige Tannine, entspannt und würzig im Finale. Der Montecucco Sangiovese Riserva Pigna Rossa '11 ist intensiv und balsamisch im Duft, solider Körper, reichhaltig und trinkfreudig. Einladend und genussvoll der Montecucco Rosso '12.

● Montecucco Sangiovese Ceneo '12	🍷🍷 3*
● Montecucco Rosso '12	🍷🍷 3
● Montecucco Sangiovese Pigna Rossa Ris. '11	🍷🍷 5
○ Maremma Vermentino Hastalis '13	🍷 2
● Montecucco Sangiovese Ceneo '11	🍷🍷 3
● Montecucco Sangiovese Ceneo '09	🍷🍷 3
● Montecucco Sangiovese Pigna Rossa Ris. '10	🍷🍷 5
● Montecucco Sangiovese Pigna Rossa Ris. '09	🍷🍷 5
● Montecucco Sangiovese Pigna Rossa Ris. '08	🍷🍷 5
● Montecucco Sangiovese Pigna Rossa Ris. '07	🍷🍷 5

TOSKANA

Podere Le Berne
LOC. CERVOGNANO
VIA POGGIO GOLO, 7
53040 MONTEPULCIANO [SI]
TEL. +39 0578767328
www.leberne.it

DIREKTVERKAUF
JAHRESPRODUKTION 25.000 Flaschen
REBFLÄCHE 6 Hektar

Die Geschichte der Kellerei beginnt in den 1960er Jahren, als der Weinbauer Egisto Natalini, der seine Trauben bisher verkauft hatte, mit Unterstützung von Sohn Giuliano seinen eigenen Wein produzierte. Nach dem Diplom als Agrartechniker, tritt auch Giulianos Sohn Andrea in den Betrieb ein und kümmert sich anfangs um die Pflege der Weinstöcke; heute leitet er den ganzen Betrieb und setzt seine Agrarversuche erfolgreich fort. In den letzten Jahren übte er auch die bedeutende Funktion des Präsidenten des Konsortiums für den Schutz des Vino Nobile aus. Die Drei Gläser holt sich der Nobile '11, hinreißende Empfindungen in der Nase, schwelgt in reinster Frucht, noch anmutiger durch würzige Anklänge und gestärkt durch einen feinen pflanzlichen Hauch. Der Körper fleischig, warm, saftig, packender Trinkgenuss, appetitliches Finale. Vorzüglich der Riserva '10, wuchtiger und straffer, schmackhaft und schmelzig.

- Nobile di Montepulciano '11 ￼ 3*
- Nobile di Montepulciano Ris. '10 ￼ 5
- Rosso di Montepulciano '13 ￼ 2
- Nobile di Montepulciano '06 ￼ 3
- L'Affronto '11 ￼ 2*
- Nobile di Montepulciano Ris. '09 ￼ 5

Tenuta di Bibbiano
VIA BIBBIANO, 76
53011 CASTELLINA IN CHIANTI [SI]
TEL. +39 0577743065
www.tenutadibibbiano.com

DIREKTVERKAUF
BESUCH NACH VORANMELDUNG
UNTERKUNFT
JAHRESPRODUKTION 100.000 Flaschen
REBFLÄCHE 25 Hektar
WEINBAU Biologisch anerkannt

Bibbiano, Traditionsbetrieb im historischen Chianti-Classico-Gebiet, verkörpert eine präzise stilistische Vorstellung und schenkt uns die unverwechselbare Lesart eines Sangiovese. Alles ist Harmonie in einer Evolution, in der Kontinuität einen absoluten Stellenwert hat. Die Garantie dafür ist seit 1865 und immer noch die Familie Marrocchesi Marzi. 25 Hektar Rebland auf 270 bis 300 Meter Höhe stehen zur Verfügung. Die Weine sind Kinder ihres Terroirs und einer führenden Hand, die ihre Eigenart unterstützt. Gran Selezione '10 muss sich noch entwickeln, aber ist von schöner Breite. Herb und erdig in der Anlage, nuanciert in den fruchtigen Noten und feiner Hauch von hellem Tabak. Gut der Chianti Classico Montornello '11. Der Jahrgang bescherte etwas mehr an Reife, dennoch insgesamt ausgewogen, gutes Wechselspiel von reifer Frucht und merklich würzigen Empfindungen.

- Chianti Cl. V. del Capannino Gran Sel. '10 ￼ 5
- Chianti Cl. Montornello '11 ￼ 3
- Chianti Cl. '12 ￼ 3
- Chianti Cl. '11 ￼ 3*
- Chianti Cl. '10 ￼ 3
- Chianti Cl. '07 ￼ 3*
- Chianti Cl. Montornello '10 ￼ 3
- Chianti Cl. Montornello '09 ￼ 3
- Chianti Cl. Montornello '08 ￼ 3
- Chianti Cl. V. del Capannino Ris. '10 ￼ 5
- Chianti Cl. V. del Capannino Ris. '06 ￼ 5
- Chianti Cl. V. del Capannino Ris. '05 ￼ 4

TOSKANA

Bindella

FRAZ. ACQUAVIVA
VIA DELLE TRE BERTE, 10A
53045 MONTEPULCIANO [SI]
TEL. +39 0578767777
www.bindella.it

DIREKTVERKAUF
JAHRESPRODUKTION 160.000 Flaschen
REBFLÄCHE 36 Hektar

Für die Schweizer Familie Bindella waren Weine immer schon wichtig, seit einem Jahrhundert im Gastgewerbe und Weinhandel, in den letzten fünfzig Jahren auch als Produzenten. Die ersten Erfahrungen sammelte man in der französischen Schweiz; 1984 erwarb man das Weingut in der Toskana und konzentrierte sich schon bald auf das Gebiet von Montepulciano. Die Philosophie der Produktion des Hauses spiegelt sich im Wahlspruch wider, der auf allen Flaschen zu finden ist "Terra Vite Vita", also „Erde Rebe Leben". Sehr gut die gesamte Produktion; der Nobile '11 ist direkt im Aroma dank reintöniger Fruchtigkeit, frischer, lebhafter Körper, angenehmer Trinkgenuss. Ausholender und bunter das Bouquet des Nobile I Quadri '11, balsamische, frische Schattierungen, Struktur genussvoll und dicht, lang und komplex im Abgang. Herb und komplex der Riserva Vallocaia '10, gut gegliedert und wohlschmeckend.

● Nobile di Montepulciano '11	▼▼ 4
● Nobile di Montepulciano I Quadri '11	▼▼ 5
● Nobile di Montepulciano Vallocaia Ris. '10	▼▼ 5
● Nobile di Montepulciano '10	♀♀ 3
● Nobile di Montepulciano I Quadri '10	♀♀ 5
● Nobile di Montepulciano I Quadri '09	♀♀ 5
● Rosso di Montepulciano Fosso Lupaio '11	♀♀ 2*
○ Vin Santo di Montepulciano Dolce Sinfonia '06	♀♀ 5
○ Vin Santo Dolce Sinfonia Occhio di Pernice '04	♀♀ 6

★Biondi Santi
Tenuta Il Greppo

LOC. VILLA GREPPO, 183
53024 MONTALCINO [SI]
TEL. +39 0577848087
www.biondisanti.it

DIREKTVERKAUF
BESUCH NACH VORANMELDUNG
UNTERKUNFT
JAHRESPRODUKTION 80.000 Flaschen
REBFLÄCHE 25 Hektar

Wie sich stilistische Vision und Betriebsführung in dieser Kellerei, die nicht nur für Montalcino vorbildhaft ist, nach dem Tod von Franco Biondi Santi unter der neuen Leitung von Sohn Jacopo verändern werden, ist noch nicht klar. Auf Gut Il Greppo, am Osthang gelegen, ist in vielerlei Hinsicht die Geschichte des Brunello entstanden, zumindest in der Möglichkeit, Dutzende von Dokumenten in Form von Flaschen zu vergleichen. Viele Jahrzehnte alte Riserva haben das Entwicklungs- und Erlebnispotenzial des lokalen Sangiovese Grosso oftmals bewiesen, der durch lange Reifespannen in großen Fässern und beißende Säure interpretiert wird. Kein Wunder angesichts der stilistischen Voraussetzungen, wenn der Brunello von Biondi Santi zum x.ten Mal in einem relativ süffigen Jahrgang wie dem 2009er, ein Meisterstück abliefert. Ein großartiger Sangiovese in Saft und Wohlgeschmack, elegant und energisch, im aromatischen Profil durch bestechende Anklänge an Heilkräuter und Erde erweitert. Mehr tertiär und schroff in der Textur der Riserva '08, schlank und lecker der Rosso '10.

● Brunello di Montalcino '09	▼▼▼ 8
● Brunello di Montalcino Ris. '08	▼▼ 8
● Rosso di Montalcino '10	▼▼ 4
● Brunello di Montalcino '06	♀♀♀ 7
● Brunello di Montalcino '04	♀♀♀ 8
● Brunello di Montalcino '03	♀♀♀ 8
● Brunello di Montalcino '01	♀♀♀ 8
● Brunello di Montalcino Ris. '07	♀♀♀ 8
● Brunello di Montalcino Ris. '06	♀♀♀ 8
● Brunello di Montalcino Ris. '04	♀♀♀ 8
● Brunello di Montalcino Ris. '01	♀♀♀ 8
● Brunello di Montalcino Ris. '99	♀♀♀ 8

TOSKANA

Tenuta di Biserno
LOC. PALAZZO GARDINI
P.ZZA GRAMSCI, 9
57020 BIBBONA [LI]
TEL. +39 0586671099
www.biserno.it

JAHRESPRODUKTION 160.000 Flaschen
REBFLÄCHE 99 Hektar

Nach dem sensationellen Erfolg des Bolgheri, investierten die Brüder Lodovico und Piero Antinori, gemeinsam mit Umberto Mannoni, in ein noch unerforschtes, aber vielversprechendes Gebiet: Bibbona. Die Landschaft ist traumhaft: Weinberge, eingerahmt von unberührter Natur mit vorherrschend mediterraner Macchia, die einem Bordeaux-Muster sowohl hinsichtlich der Rebsorten als auch agrarwirtschaftlich folgen. Die stilistisch modernen Weine werden in Barriques ausgebaut. Sie erzählen von der Philosophie des Hauses und ihrer Kellermeister, die auf Extrakt, runde Harmonie und große Ausdruckskraft setzen. Der Pino '11 ist einfach wunderbar. Ebenso konzentriert in der Farbe wie im Aroma. Präzise, stilistisch modern, intensive, würzige Momente, die ganz klar an schwarzen Pfeffer erinnern. Die starken Röstnoten nehmen nichts an Eleganz und Süffigkeit. Lang anhaltend und präzise. Weniger überzeugend der Insoglio '12.

- Il Pino di Biserno '11 ▼▼ 6
- Insoglio del Cinghiale
  Campo del Sasso '12 ▼ 4
- Biserno '10 ▼▼▼ 8
- Biserno '08 ▼▼▼ 6
- Il Pino di Biserno '09 ▼▼▼ 6
- Il Pino di Biserno '10 ▼▼ 6
- Il Pino di Biserno '08 ▼▼ 6
- Insoglio del Cinghiale '09 ▼▼ 4*
- Insoglio del Cinghiale '04 ▼▼ 4
- Insoglio del Cinghiale
  Campo del Sasso '11 ▼▼ 4

Borgo Salcetino
LOC. LUCARELLI
53017 RADDA IN CHIANTI [SI]
TEL. +39 0577733541
www.livon.it

DIREKTVERKAUF
BESUCH NACH VORANMELDUNG
JAHRESPRODUKTION 70.000 Flaschen
REBFLÄCHE 15 Hektar

In der Dependance der Toskana des Hauses Livon, seit Mitte der 1990er Jahre im Besitz dieser Friauler Weindynastie, fertigt man die Weine rigoros nach der Tradition des Chianti Classico und der besonderen Anbauzone, in der sich Borgo Salcetino befindet: Radda in Chianti. Dank gezielter Entscheidungen, wie der Ausbau im großen Holz, sind die Weine elegant und mit guter geschmacklicher Energie ausgestattet. Ein stilistisch sehr gelungenes Konzept, das insbesondere in jüngster Zeit diesen Betrieb zu einem hervorragenden Interpreten des Territoriums und der neuen Weintrends gemacht hat. Der Rossole '12, überwiegend aus Sangiovese mit einer Zugabe von Merlot, ist ein ganz von Frische geprägter Wein: in der Nase fruchtige, noch leicht unreife Noten, schöne Säureader am Gaumen, die den Trinkgenuss unterstützt, nicht ohne Wohlgeschmack. Gut auch der Chianti Classico Lucarello Riserva '11, reintönig und intensiv in den Gerüchen, im Geschmack nur ein wenig ermüdet durch ein etwas zu reichliches Holzaroma.

- Rossole '12 ▼▼▼ 3*
- Chianti Cl. Lucarello Ris. '11 ▼▼ 4
- Chianti Cl. '12 ▼ 3
- Chianti Cl. '11 ▼▼▼ 3*
- Chianti Cl. '10 ▼▼ 3
- Chianti Cl. '09 ▼▼ 3
- Chianti Cl. '08 ▼▼ 3
- Chianti Cl. Lucarello Ris. '06 ▼▼ 4
- Rossole '08 ▼▼ 3
- Rossole '06 ▼▼ 3
- Rossole '04 ▼▼ 3

TOSKANA

★Poderi Boscarelli
Fraz. Cervognano
via di Montenero, 28
53045 Montepulciano [SI]
Tel. +39 0578767277
www.poderiboscarelli.com

DIREKTVERKAUF
BESUCH NACH VORANMELDUNG
JAHRESPRODUKTION 100.000 Flaschen
REBFLÄCHE 14 Hektar

Die Geschichte der Familie De Ferrari Corradi ist eine schöne Geschichte und beginnt in den 1960er Jahren, als der Genueser Egidio Corradi beschließt, ein Weingut im Gebiet von Montepulciano zu erwerben. Tochter Paola kümmert sich von Anfang an um den Betrieb, später auch ihr Ehemann Ippolito; nach dessen Tod, übernimmt sie wieder die gesamte Verantwortung. Nach Abschluss ihrer Studien, treten auch die Söhne Luca und Nicolò in den Betrieb ein, den sie mittlerweile gemeinsam mit der Mutter führen. Nicolò ist für den landwirtschaftlichen Teil verantwortlich, Luca mehr für den Keller und gemeinsam mit der Mutter auch für den geschäftlichen Teil. Vorzüglich das Ergebnis der gesamten Produktion, herausragend der Nobile Nocio '10, komplexes, großzügiges Aromagepäck, mit frischen Noten von Menthol und Eukalyptus, dazu fruchtige Töne von Johannisbeere und feiner Tabakhauch. Flink am Gaumen, wo er sich harmonisch und vital entspannt, voller Geschmack und langer Abgang. Komplex, aber sehr trinkfreudig, der Nobile '11 und der Riserva '10.

● Nobile di Montepulciano Nocio dei Boscarelli '10	♛♛♛ 8
● Nobile di Montepulciano '11	♛♛ 5
● Nobile di Montepulciano Ris. '10	♛♛ 6
● Nobile di Montepulciano Ris. '09	♛♛ 6
● Rosso di Montepulciano Prugnolo '12	♛♛ 3
● Cortona Merlot '13	♛ 3
● Nobile di Montepulciano Nocio dei Boscarelli '09	♛♛♛ 8
● Nobile di Montepulciano Nocio dei Boscarelli '08	♛♛♛ 8
● Nobile di Montepulciano Nocio dei Boscarelli '07	♛♛♛ 8
● Nobile di Montepulciano Nocio dei Boscarelli '04	♛♛♛ 6
● Nobile di Montepulciano Nocio dei Boscarelli '03	♛♛♛ 6

★Brancaia
loc. Poppi, 42
53017 Radda in Chianti [SI]
Tel. +39 0577742007
www.brancaia.com

DIREKTVERKAUF
BESUCH NACH VORANMELDUNG
UNTERKUNFT
JAHRESPRODUKTION 475.000 Flaschen
REBFLÄCHE 66 Hektar

Die Schweizer Familie Widmer begründete den Betrieb 1981, der sich in drei Produktionsgebiete gliedert: das sind die Güter Poppi in Radda in Chianti, Brancaia in Castellina in Chianti und Poggio al Sasso in der Maremma, das 1998 erworben wurde. Neben peinlichst genauer Arbeit im Weinberg, ist die Philosophie von Brancaia kellertechnisch durch eine ungemein präzise Machart geprägt. Das Ergebnis ist eine Palette von Produkten, die allesamt mit reifer Frucht glänzen, gut unterstützt durch eine schöne Eiche und kraftvolle Strukturen, denen es aber auch an der nötigen Frische und Eleganz nicht mangelt. Der Chianti Classico Riserva '11 bestätigt sich auf hohem Niveau. Reintönig und bezaubernd die Aromen, gut unterstützt durch solide, dynamische Trinkbarkeit, Finale in Crescendo. Sehr konzentriert der Duft des Il Blu '11, Cuvée auf Basis von Sangiovese, Cabernet Sauvignon und Merlot, saftig und tiefgründig in der geschmacklichen Entfaltung. Wärmer und schmelzig der in der Maremma produzierte Ilatraia '12, Cuvée aus Cabernet Sauvignon, Petit Verdot und Cabernet Franc.

● Chianti Cl. Ris. '11	♛♛♛ 5
● Brancaia Il Blu '11	♛♛ 7
● Brancaia Tre '12	♛ 3
● Ilatraia '12	♛ 6
● Brancaia Il Blu '08	♛♛♛ 8
● Brancaia Il Blu '07	♛♛♛ 7
● Brancaia Il Blu '06	♛♛♛ 6
● Brancaia Il Blu '05	♛♛♛ 6
● Brancaia Il Blu '04	♛♛♛ 6
● Brancaia Il Blu '03	♛♛♛ 6
● Brancaia Il Blu '01	♛♛♛ 6
● Brancaia Il Blu '00	♛♛♛ 6
● Chianti Cl. Ris. '10	♛♛♛ 4*
● Chianti Cl. Ris. '09	♛♛♛ 7

TOSKANA

Brancatelli

LOC. RIOTORTO
CASA ROSSA, 2
57020 PIOMBINO [LI]
TEL. +39 056520655
www.brancatelli.eu

DIREKTVERKAUF
BESUCH NACH VORANMELDUNG
UNTERKUNFT UND GASTRONOMIE
JAHRESPRODUKTION 75.000 Flaschen
REBFLÄCHE 15 Hektar
WEINBAU Biologisch anerkannt

Die Geschichte von Giuseppe Brancatelli beginnt im tiefen Süden, in seiner Heimat Sizilien, wo er den Vater in die Weinberge begleitet und bei der Verrichtung der Arbeiten beobachtet, die gute Trauben reifen lassen. So beginnt eine Leidenschaft, die ihn auch nicht verlässt, als er Gastwirt in Holland wird. Der Wunsch bleibt lebendig, nach Italien zurückzukehren und den richtigen Platz zu finden, um Winzer zu werden. Er findet ihn am Ende im Val di Cornia, wo er seinen Betrieb einrichtet, einschließlich Agriturismo und Restaurant, seine zweite, große Leidenschaft. Gute Leistung des Giuseppe Brancatelli '11, sortenreiner Syrah, bezaubert die Nase mit Pfefferwürze und Waldbeeren, umweht von feinem Fellgeruch. Beginnt am Gaumen fleischig, entspannt sich luftig zu einem geschmackvollen, rhythmischen Finale. Segreto '10, sortenreiner Cabernet Sauvignon, eleganter Duft mit schön verbundenen Schokolade- und Röstnoten, stofflich schöner Körper, solide aber nicht wuchtig, Finale köstlich und lang.

● Cabernet Sauvignon Segreto '10	🍷🍷 7
● Giuseppe Brancatelli '11	🍷🍷 4
● Valle delle Stelle '12	🍷🍷 3
● Aleatico I Re della Valle '11	🍷 4
○ Ansonica Splendente '13	🍷 3
● Questo Dedicato A '12	🍷 2
● Valle del Sogno '11	🍷 4

Brunelli - Le Chiuse di Sotto

LOC. PODERNOVONE, 154
53024 MONTALCINO [SI]
TEL. +39 0577849337
www.giannibrunelli.it

DIREKTVERKAUF
BESUCH NACH VORANMELDUNG
UNTERKUNFT UND GASTRONOMIE
JAHRESPRODUKTION 30.000 Flaschen
REBFLÄCHE 6 Hektar

Seit dem Tod ihres Ehemanns und Betriebsgründers Gianni Brunelli, führt Maria Laura das Weingut; es besteht aus zwei getrennten Rebflächen, die in zwei völlig verschiedenen Terroirs angesiedelt sind. Die Parzellen von Le Chiuse di Sotto liegen im Nordosten des Montalcino neben den Canalicchi, die von Podernovone haben den südlicheren Charakter wie er für den Süden von Montalcino typisch ist. Das Zusammenspiel der beiden komplementären Ausdrucksformen macht diese Brunello klassisch im besten Sinn, mit nicht zu langer Zeit auf der Maische und Ausbau im 20- und 30-hl-Eichenfass: gewiss keine Schnellstarter, aber rigorose, bissige Rote, auf die man getrost warten kann. Eine Anlage, die auch für den Brunello '09 nützlich sein wird, sehr überzeugender Vertreter des Jahrgangs, erdig rauchige Ausstattung, nicht besonders fruchtig, aber solide und einprägsam in der Entwicklung. Die Zeit wird einige auffällige Härten der Tannine sicherlich noch abschleifen: Frische und Energie sind voll da.

● Brunello di Montalcino '09	🍷🍷 6
● Amor Costante '10	🍷🍷 5
● Rosso di Montalcino '12	🍷🍷 4
● Amor Costante '05	🍷🍷🍷 5
● Brunello di Montalcino '08	🍷🍷 6
● Brunello di Montalcino '07	🍷🍷 6
● Brunello di Montalcino '06	🍷🍷 6
● Brunello di Montalcino Ris. '07	🍷🍷 8
● Brunello di Montalcino Ris. '06	🍷🍷 8
● Brunello di Montalcino Ris. '04	🍷🍷 8

TOSKANA

Bruni

FRAZ. FONTEBLANDA
LOC. LA MARTA, 6
58010 ORBETELLO [GR]
TEL. +39 0564885445
www.aziendabruni.it

DIREKTVERKAUF
BESUCH NACH VORANMELDUNG
JAHRESPRODUKTION 400.000 Flaschen
REBFLÄCHE 36 Hektar

2015 sind es fünfzig Jahre, dass die Familie Bruni in der Landwirtschaft tätig ist; damals erwarb Leonardo mit Sohn Paolo einen Bauernhof in der Maremma, die damals noch als ungesund galt und wo das Leben karg war. Im Jahr darauf wurde der Boden urbar gemacht und der eigentliche Betrieb gegründet. 1973 füllt man den ersten Wein ab, ein Jahr später werden die Zwillinge Marco und Moreno geboren, die derzeitigen Eigentümer; bereits seit 1995 führen sie nun diesen Betrieb, der im Anbaugebiet Morellino di Scansano zu den größten gehört, die in privater Hand sind. Gut die Leistung des Morellino Marteto '13, erregendes Aromagepäck, mit Noten von Salbei und Rosmarin, die sich schön mit Heidelbeeren verbinden. Im Mund fleischig, beweist Biss und Charakter für ein geschmackreiches Finale. Intensiv und tief in der Nase der Syrah '13, mit den reifen Gerüchen von Tabak und Konfitüre, Körper dynamisch und fesselnd, genussvoll im Finale. Erregend und angenehm der Muffato '13, aus Vermentino-Trauben.

○ Dolce Muffato Perlaia '13	🍷🍷 5
● Morellino di Scansano Marteto '13	🍷🍷 2*
● Syrah Perlaia '13	🍷🍷 3
○ Vermentino Perlaia '13	🍷 3
● Morellino di Scansano Laire Ris. '10	🍷🍷 4
● Morellino di Scansano Marteto '12	🍷🍷 2*
● Syrah Perlaia '11	🍷🍷 3
○ Vermentino Perlaia '11	🍷🍷 3
○ Vermentino Plinio '11	🍷🍷 3

Bulichella

LOC. BULICHELLA, 131
57028 SUVERETO [LI]
TEL. +39 0565829892
www.bulichella.it

DIREKTVERKAUF
BESUCH NACH VORANMELDUNG
UNTERKUNFT UND GASTRONOMIE
JAHRESPRODUKTION 60.000 Flaschen
REBFLÄCHE 17 Hektar
WEINBAU Biologisch anerkannt

Gut Bulichella ist nicht wie andere Betriebe. Es entstand aus einem Projekt, mit dem Miyakawa Hideyuki und Maria Luisa Bassano einen Traum, den viele träumen, in Realität verwandelt haben: die eigene Lebensweise für ein Ideal grundlegend zu verändern. Es begann 1983, als 4 Familien aus verschiedenen Teilen Italiens beschlossen, gemeinsam ein neues Leben anzufangen. Sie bildeten eine Wohngemeinschaft und bebauten ihr Land. Ein Agriturismo entstand und sie machten Weine nach biologischen Kriterien. 1999 übernimmt Hideyuki den gesamten Besitz und leitet einen völlig neuen Weg ein, der sich ein qualitatives Wachstum zum Ziel setzt. Das Finale erreicht der Coldipietrerosse '11, wo intensive, balsamische Gerüche die fruchtige Basis von Kirschmarmelade erfrischen. Im Mund fleischig, voll, gut im Geschmack und lang im Abgang. Erfreulich auch der Tuscanio '11, klassisches Bouquet, Nuancen von Fell und Leder, rassiger, nerviger Körper, entspannter im Trinkgenuss.

● Suvereto Cabernet Sauvignon Coldipietrerosse '12	🍷🍷 5
● Aleatico Sfiziale '13	🍷🍷 4
● Suvereto Sangiovese Tuscanio '11	🍷🍷 5
● Rubino '12	🍷 2
○ Splash Brut '11	🍷 4
○ Vermentino Tuscanio '13	🍷 3
● Aleatico Sfiziale '12	🍷🍷 4
● Aleatico Sfiziale '11	🍷🍷 4
● Hide '10	🍷🍷 5
● Hide '09	🍷🍷 5
● Val di Cornia Col di Pietre Rosse '10	🍷🍷 5
● Val di Cornia Suvereto Tuscanio '09	🍷🍷 5

TOSKANA

Tenuta del Buonamico
LOC. CERCATOIA
VIA PROVINCIALE DI MONTECARLO, 43
55015 MONTECARLO [LU]
TEL. +39 058322038
www.buonamico.it

DIREKTVERKAUF
BESUCH NACH VORANMELDUNG
UNTERKUNFT
JAHRESPRODUKTION 140.000 Flaschen
REBFLÄCHE 33 Hektar

Die alteingesessene Kellerei hat sich in den letzten Jahren grundlegend erneuert, was den neuen Besitzern, der Familie Fontana, zu verdanken ist. Das 1964 entstandene Gut Tenuta del Buonamico verwandelt sich in einen modernen Betrieb, der sich mit neuem Elan ehrgeizige Ziele setzt. Nicht verändert hat sich jedoch die tiefe Verbundenheit mit dem Land und der Denomination Montecarlo. Der Betrieb ist in Cercatoia, südöstlich von Montecarlo angesiedelt und verfügt über insgesamt 41 Hektar, davon 36 bestockt. Sehr gut, wie wir meinen, der Cercatoja Rosso '11. Schöne Nase, integer und reintönig, anmutig in der fruchtigen Struktur, in der einige würzige Nuancen elegante Akzente setzen. Der Gaumen ist ebenso fruchtig, aber ganz ohne Nebengeleise. Ein "seriöser" Wein also, modern, ohne seine Tradition und notwendige Persönlichkeit zu verleugnen. Erfreulich der Fortino gleichen Jahrgangs.

- ● Cercatoja Rosso '11 — 🍷🍷 5
- ○ Particolare Inedito — 🍷🍷 3
- ○ Particolare Brut — 🍷 3
- ⦿ Particolare Brut Rosé — 🍷 3
- ○ Buonamico Vermentino '13 — 🍷 3
- ○ Buonamico Viognier '13 — 🍷 3
- ● Il Fortino '11 — 🍷 6
- ○ Montecarlo Bianco '13 — 🍷 2
- ● Montecarlo Rosso Et. Blu '12 — 🍷 3
- ● Cercatoja Rosso '10 — 🍷🍷 5
- ● Cercatoja Rosso '09 — 🍷🍷 5
- ● Cercatoja Rosso '06 — 🍷🍷 5
- ● Il Fortino Syrah '10 — 🍷🍷 6
- ● Il Fortino Syrah '09 — 🍷🍷 6

Ca' Marcanda
LOC. SANTA TERESA, 272
57022 CASTAGNETO CARDUCCI [LI]
TEL. +39 0565763809
info@camarcanda.com

DIREKTVERKAUF
BESUCH NACH VORANMELDUNG
JAHRESPRODUKTION 450.000 Flaschen
REBFLÄCHE 100 Hektar

Das Bolgheri-Weingut von Angelo Gaja kann auf beachtliche 100 Hektar zählen; der prächtige, moderne Keller ist so groß, dass man alle Arbeiten bequem ausführen kann. Die Weine sind stilistisch modern, gekeltert werden sie aus den typischen Rebsorten der Gegend, Cabernet Sauvignon und Franc, Merlot, auch etwas Syrah, die in verschiedenen Anteilen die Trauben für die einzelnen Cuvées ergänzt. Ausbau der Weine in kleinen Fässern, je nach Typologie sind die Reifespannen unterschiedlich. Der Ca' Marcanda, gestützt auf den guten Jahrgang 2011 und stilistisch auf der Linie der Bolgheri-Weine, kann mit einer wunderschönen Leistung aufwarten. Ein voller, konzentrierter Wein, wo dem Duft von Erdbeer- und Kirschmarmelade mit balsamischen Noten, ein folgerichtiger, voller, gerbstoffhaltiger Gaumen folgt; von großartiger Struktur. Magari und Promis, beide 2012er, sind schmelzend und rund, sehr fruchtig, mit einem besonderen Mentholhauch für den Magari.

- ● Bolgheri Camarcanda '11 — 🍷🍷 8
- ● Magari '12 — 🍷🍷 8
- ● Promis '12 — 🍷🍷 7
- ● Bolgheri Camarcanda '07 — 🍷🍷🍷 8
- ● Bolgheri Camarcanda '01 — 🍷🍷🍷 8
- ● Bolgheri Camarcanda '10 — 🍷🍷 8
- ● Bolgheri Camarcanda '09 — 🍷🍷 8
- ● Bolgheri Camarcanda '08 — 🍷🍷 8

TOSKANA

Tenuta Le Calcinaie
Loc. Santa Lucia, 36
53037 San Gimignano [SI]
Tel. +39 0577943007
www.tenutalecalcinaie.it

DIREKTVERKAUF
BESUCH NACH VORANMELDUNG
JAHRESPRODUKTION 60.000 Flaschen
REBFLÄCHE 10 Hektar
WEINBAU Biologisch anerkannt

Das Weingut des Önologen Simone Santini bestätigt sich auch diesmal als interessanter Betrieb von San Gimignano. Gegründet 1986, erfolgte bereits 1995 die Umstellung auf biologische Methoden. Simone keltert seine Trauben, vorwiegend Vernaccia, aus seinen rund 10 Hektar in Santa Lucia, drei Kilometer außerhalb der Stadtmauer. Seine Weine sind stilistisch modern und sehr gepflegt, technisch tadellos, besonders die Vernaccia di San Gimignano, und alle bedacht auf Natürlichkeit und Bekömmlichkeit. In unser Finale schafft es der Vernaccia Riserva Vigna ai Sassi '10, frisch und vibrierend im Charakter, von schöner Struktur und Schmackhaftigkeit, erstaunlich jugendlich für sein Alter, mit dem Duft von weißem und gelbem Obst, Blumen und einem Hauch von Pfefferminz. Am Gaumen gediegen, ausgestattet mit schöner Säureader, fruchtiger, langer Abgang. Sehr süffig und frisch fanden wir auch den Vernaccia '13, die gleichen Vorzüge besitzt der Chianti Colli Senesi '12.

○ Vernaccia di S. Gimignano V. ai Sassi Ris. '10	🍷🍷 3*
● Chianti Colli Senesi '12	🍷🍷 2*
○ Vernaccia di S. Gimignano '13	🍷🍷 2*
● Gabriele '09	🍷 4
● Teodoro '11	🍷 4
● Gabriele '07	🍷🍷 4
● Teodoro '07	🍷🍷 4
○ Vernaccia di S. Gimignano '12	🍷🍷 2*
○ Vernaccia di S. Gimignano '10	🍷🍷 2*
○ Vernaccia di S. Gimignano Ris. '08	🍷🍷 2*
○ Vernaccia di S. Gimignano V. ai Sassi Ris. '09	🍷🍷 3*

La Calonica
Fraz. Valiano di Montepulciano
via della Stella, 27
53045 Montepulciano [SI]
Tel. +39 0578724119
www.lacalonica.com

DIREKTVERKAUF
BESUCH NACH VORANMELDUNG
JAHRESPRODUKTION 300.000 Flaschen
REBFLÄCHE 38 Hektar

Der 1973 gegründete Familienbetrieb wird heute hingebungsvoll von Fernando Cattani geführt, der vom Weinberg bis zum Vertrieb alles fest im Griff hat. Die Weinberge liegen auf einer durchschnittlichen Höhe von 350 Meter in zwei verschiedenen Denominationen: Montepulciano und Cortona. Die Nähe zum Trasimenischen See sorgt für ein mildes Klima und begünstigt eine gleichmäßige Produktion. Die Produktionsstätten sind ebenfalls auf die beiden Territorien aufgeteilt: Gärkeller und Abfüllbetrieb in Cortona in der Provinz Arezzo, der Fassausbau im Territorium von Siena. Erfreulich schon in der Nase, ist der Nobile Riserva San Venerio '10 von anspruchsvoller Struktur, fleischig, gutes Verhältnis von Alkohol und Gerbstoff, schmackhaft und lang der Abgang. Sehr erfreulicher Geruch für den Sangiovese Calcinaio '13, wo die frischen Nuancen von Waldbeeren durch den feinen Pfefferhauch verfeinert werden. Vorzügliches Finale in Crescendo.

● Cortona Sangiovese Calcinaio '13	🍷🍷 3
● Nobile di Montepulciano S. Venerio Ris. '10	🍷🍷 5
○ Cortona Sauvignon Don Giovanni '13	🍷 3
● Cortona Syrah Arnth '11	🍷 5
● Nobile di Montepulciano '11	🍷 4
● Nobile di Montepulciano Ris. '04	🍷🍷🍷 5
● Cortona Syrah Arnth '10	🍷🍷 5
● Nobile di Montepulciano '09	🍷🍷 4
● Nobile di Montepulciano Ris. '05	🍷🍷 5

TOSKANA

Camigliano

LOC. CAMIGLIANO
VIA D'INGRESSO, 2
53024 MONTALCINO [SI]
TEL. +39 0577844068
www.camigliano.it

DIREKTVERKAUF
BESUCH NACH VORANMELDUNG
UNTERKUNFT UND GASTRONOMIE
JAHRESPRODUKTION 320.000 Flaschen
REBFLÄCHE 90 Hektar

Was Gualtiero Ghezzi und seine Familie in diesen Jahren in Camigliano geleistet haben, geht weit über den Weinbau hinaus. Ihnen ist es zu verdanken, dass dieser historisch so bedeutende und landschaftlich wunderbare Flecken mit seiner unberührten Natur und dem Blick auf die Maremma und die Colline Metallifere, so unversehrt und lebendig erhalten blieb. Hier befindet sich auch der Keller, der kürzlich renoviert und unter die Erde verlegt wurde, fast als gäbe es ein Bedürfnis nach zusätzlicher Harmonie, den im Ausdruck reichen und reifen Sangiovese, wie man sie in diesem westlichsten Zipfel von Montalcino erwartet, manchmal zu fehlen scheinen. Eine Bestätigung liefern die letzten Verkostungen. Sie zeigen einen Brunello '09, reich an Fruchtfleisch und Extrakt, aber es mangelt ein wenig an Spannung und Aromabreite. Begleitet wird er vom Vermentino Gamal '13: exotisches Profil, noch ein wenig unausgegoren, leicht lieblicher Ansatz am Gaumen, kontrastiert vom Säuregerüst.

● Brunello di Montalcino '09	♛♛ 6
○ Gamal '13	♛ 2
● Brunello di Montalcino '08	♛♛ 6
● Brunello di Montalcino '08	♛♛ 6
● Brunello di Montalcino '06	♛♛ 6
● Brunello di Montalcino '05	♛♛ 5
● Brunello di Montalcino Gualto Ris. '07	♛♛ 7
● Brunello di Montalcino Gualto Ris. '06	♛♛ 7
● Brunello di Montalcino Gualto Ris. '05	♛♛ 7
● Brunello di Montalcino Gualto Ris. '04	♛♛ 7
○ Moscadello di Montalcino L'Aura '10	♛♛ 5
● Sant'Antimo Cabernet Sauvignon Campo ai Mori '08	♛♛ 4

Canalicchio
Franco Pacenti

LOC. CANALICCHIO DI SOPRA, 6
53024 MONTALCINO [SI]
TEL. +39 0577849277
www.canalicchiofrancopacenti.it

DIREKTVERKAUF
BESUCH NACH VORANMELDUNG
GASTRONOMIE
JAHRESPRODUKTION 40.000 Flaschen
REBFLÄCHE 10 Hektar

Rosildo Pacenti gründete dieses Weingut in den 1960er Jahren. Sohn Franco fügte 1988 den Abfüllbetrieb hinzu, unterstützt von seiner Frau Carla und mittlerweile auch von den Kindern Lisa, Serena und Lorenzo. Der Name bezieht sich auf die Zone, in der der circa zehn Hektar Weinberg und der Keller angesiedelt sind, im nördlichen Quadranten von Montalcino, in rund 300 Meter Seehöhe auf mittelschweren, vorwiegend tonhaltigen Böden. Mittlere Maischestandzeiten und Ausbau in slawonischer Eiche, geben den Brunello von Canalicchio einen meist gut erkennbaren, herben, geradlinigen Charakter, der mitunter auch etwas rüde ist: daher sollte der junge Wein zuerst in die Karaffe kommen. Franco Pacenti hat uns schon begeisterndere Proben seines Könnens vorgelegt, aber auch sein Brunello '09 ist durchaus nicht gering zu werten. Ein Hauch von Phenolen mehr als üblich, von Kaffeebohnen bis Baumrinde, aggressive Tannine, die den Abschluss etwas brüsk machen, aber dennoch eine getreue und reaktive Interpretation der Lage am Nordhang.

● Brunello di Montalcino '09	♛♛ 5
● Rosso di Montalcino '12	♛ 3
● Brunello di Montalcino '04	♛♛♛ 5
● Brunello di Montalcino '08	♛♛ 5
● Brunello di Montalcino '07	♛♛ 5
● Brunello di Montalcino '06	♛♛ 5
● Brunello di Montalcino '05	♛♛ 5
● Brunello di Montalcino Ris. '07	♛♛ 7
● Brunello di Montalcino Ris. '04	♛♛ 7
● Rosso di Montalcino '10	♛♛ 3

TOSKANA

Canalicchio di Sopra
Loc. Casaccia, 73
53024 Montalcino [SI]
Tel. +39 0577848316
www.canalicchiodisopra.com

DIREKTVERKAUF
BESUCH NACH VORANMELDUNG
UNTERKUNFT
JAHRESPRODUKTION 55.000 Flaschen
REBFLÄCHE 15 Hektar

Nur einige Dutzende Meter trennen in der Luftlinie die Parzellen der Canalicchi und der Le Gode di Montosoli, am Nordhang von Montalcino. Dennoch sind Bodenbeschaffenheit und Klima ganz unterschiedlich: gerade dieser Dialog macht die von Canalicchio di Sopra zu echten, neoklassischen Brunello-Weinen. Traditionsbewusst im Ausbau in 20-30-hl-Eichenfässern, zeitgemäß in ihrer Integrität und Saftigkeit, gehören sie seit geraumer Zeit zu den konstanten Größen der Denomination. Das Verdienst gebührt Simonetta, Marco und Francesco Ripaccioli, die seit 2001 den Betrieb führen, der von ihrem Großvater Primo Pacenti eingeleitet und von ihrem Vater Pier Luigi ausgebaut wurde. Eine Kontinuität, die vom beachtlichen Brunello '09 bestätigt wird, bunt und ausdrucksvoll in den Anklängen an Sommerobst, Kräuter, unterlegt von einem salzigen Hauch, der sich am Gaumen noch mehr bemerkbar macht: dicht, warm, aber nicht überreif, entfaltet sich mehr in der Breite als in der Tiefe, im Abgang Johannisbrot und Harzaroma.

● Brunello di Montalcino '09	🍷 6
● Rosso di Montalcino '12	🍷🍷 3
● Brunello di Montalcino '07	🍷🍷🍷 6
● Brunello di Montalcino '06	🍷🍷🍷 6
● Brunello di Montalcino '04	🍷🍷🍷 6
● Brunello di Montalcino Ris. '07	🍷🍷🍷 8
● Brunello di Montalcino Ris. '04	🍷🍷🍷 7
● Brunello di Montalcino Ris. '01	🍷🍷🍷 7

Canneto
Via dei Canneti, 14
53045 Montepulciano [SI]
Tel. +39 0578757737
www.canneto.com

DIREKTVERKAUF
BESUCH NACH VORANMELDUNG
UNTERKUNFT
JAHRESPRODUKTION 100.000 Flaschen
REBFLÄCHE 26 Hektar

Eine Firmengeschichte, die schwerlich woanders entstehen konnte: Mitte der 1970er Jahre beschließen einige Schweizer Freunde, ihre Weinvorräte stets gemeinsam in Montepulciano aufzufüllen. Allmählich reift der Plan, die Weine nicht mehr zu kaufen, sondern selbst zu produzieren. So wird 1987 dieser Bauernhof erworben. Der Vertrieb hat sich seit damals nicht verändert, immer noch versenden die Gründungsmitglieder ihre Weine an Freunde, Bekannte und auch Gastwirte, ohne Unterstützung durch Groß- oder Einzelhandel. Der Betrieb liegt im westlichen Teil von Montepulciano und wurde nach der Übernahme komplett renoviert. Schöne Aromaausstattung des Nobile Riserva '10, mit reifen, fruchtigen Noten von Brombeer- und Zwetschgenmarmelade, würzig begleitet von Muskatnuss und Zimt. Am Gaumen körperreich, Tannine mit dem Alkohol verschmolzen, lang und anhaltend im Geschmack. Der Filippone '10, Cuvée aus Sangiovese und Merlot, ist intensiv und lebhaft in der Nase, kraftvoll und fleischig am Gaumen.

● Filippone '10	🍷🍷 6
● Nobile di Montepulciano Ris. '10	🍷🍷 4
● Nobile di Montepulciano '11	🍷 3
○ Vendemmia Tardiva '11	🍷 5
● Nobile di Montepulciano '09	🍷🍷 3*
● Nobile di Montepulciano '08	🍷🍷 4
● Nobile di Montepulciano Ris. '09	🍷🍷 4
● Nobile di Montepulciano Ris. '07	🍷🍷 4
○ Vendemmia Tardiva '10	🍷🍷 4

ALLES UNTER EINEM DACH

POGGIO NIBBIALE
Di Buchheim

TOMMASO
2012

DIE LIEBE ZUM WEIN
VERPFLICHTET
ZUR PERFEKTION

WWW.NIBBIALE.COM

Italian Style,
Taylor made

Italian Wine Specialist

TEL: 021-62267586
FAX: 021-62267583
E-mail: info@sino-drink.com
website: www.sino-drink.com

www.letenute.it

POGGIO AL TESORO
BOLGHERI-ITALIA

WHEN
THE STARS
ALIGN

www.villacaviciana.de

Das Paradies erleben.
Das Glück teilen.
Den Moment verewigen.
Den Tag vergolden.
Die Erfüllung finden.

FILIPPO — Chardonnay/Sauvignon Blanc
TADZIO — Rosato
ELEONORA
FAUSTINA
LETIZIA

VILLA CAVICIANA

TOSKANA

Tenuta di Canneto
LOC. CANNETO
56040 MONTEVERDI MARITTIMO [PI]
TEL. +39 0565784927
www.tenutacanneto.it

DIREKTVERKAUF
JAHRESPRODUKTION 35.000 Flaschen
REBFLÄCHE 30 Hektar

Ein weitläufiger Besitz, der sich in 18 Güter gliedert, ein Teil wird für den Weinbau eingesetzt, der Rest für Getreide und sonstige Kulturen. Das Land ist nicht weit vom Meer entfernt und wird durch das herrschende Klima günstig beeinflusst. Die Lage der Weinberge wurde sehr sorgfältig ausgewählt, gut, wie die Ergebnisse zeigen. Der Keller wurde 2009 errichtet und dazu die modernsten Technologien genutzt, die verfügbar waren. So können die Trauben getrennt nach Weinbergen vergoren werden, um die besten Auslesen zu erhalten. Ins Finale schafft es der Podere Vizzate '12, sortenreiner Syrah, intensives Aroma, erkennbar die Würzigkeit von Pfeffer, Noten von Tabak und Leder, mit fruchtigen Anklängen. Beginnt füllig und reich am Gaumen, lebhafte Tannine, die sich dann entspannen. Lang und erfreulich das Finale. Gut auch der Podere Capannelle '12, sortenreiner Merlot, bestechend in der Nase, weicher, ausgeprägter Körper.

● Syrah Podere Vizzate '12	🍷🍷 3*
● Merlot Podere Capannelle '12	🍷🍷 5
● Sangiovese Podere Le Croci '12	🍷 3
● Santabarbara '12	🍷 3

Capanna
LOC. CAPANNA, 333
53024 MONTALCINO [SI]
TEL. +39 0577848298
www.capannamontalcino.com

DIREKTVERKAUF
BESUCH NACH VORANMELDUNG
JAHRESPRODUKTION 70.000 Flaschen
REBFLÄCHE 20 Hektar

Es gibt nur wenige Brunello, die mit solcher Regelmäßigkeit und Reinheit ihre territoriale Herkunft widerspiegeln wie die von Patrizio Cencioni, Seele des Weingutes Capanna, das seit 1957 seiner Familie gehört. Es liegt im Norden des Anbaugebietes Montalcino, in den Hügeln von Montosoli, wo rund 20 Hektar fast völlig der Sangiovese gewidmet sind, die hier auf skelettreichen Galestro-Böden in Höhen von ungefähr 300 Meter gedeihen. Territoriale Voraussetzungen, die sich häufig in gelinde gesagt stolzen, unerbittlichen Weinen wiederfinden, die Zeit brauchen und denen man zuhören muss: unbedingt zu empfehlen, wenn man Kanten und jugendliche Widerborstigkeit nicht fürchtet, die durch langen Verbleib auf der Maische und Ausbau im 10 und 30 Hektoliter Eichenfass entstehen. Patrizio Cencioni ist auch ein Vorkämpfer des Moscadello di Montalcino, in der schönen Ausführung 2013 auf gewohnt schlanke und süffige Weise interpretiert, grasig und zitrusfruchtig. Kämpferischer in dieser Phase der Brunello '09: einer zugänglichen, sonnigen Nase folgt ein abweisender Gaumen, der speziell hinsichtlich der Tannine nicht einfach ist.

● Brunello di Montalcino '09	🍷🍷 6
○ Moscadello di Montalcino '13	🍷🍷 3
● Rosso di Montalcino '12	🍷 3
● Brunello di Montalcino Ris. '06	🍷🍷🍷 7
● Brunello di Montalcino Ris. '04	🍷🍷🍷 7
● Brunello di Montalcino Ris. '90	🍷🍷🍷 6
● Brunello di Montalcino '08	🍷🍷 6
● Brunello di Montalcino '07	🍷🍷 5
● Brunello di Montalcino '06	🍷🍷 5
● Brunello di Montalcino Ris. '07	🍷🍷 7
● Rosso del Cerro '10	🍷🍷 2*
● Rosso di Montalcino '11	🍷🍷 3
● Sant'Antimo Rosso '10	🍷🍷 4

TOSKANA

Tenuta Caparzo

Loc. Caparzo
SP del Brunello km 1,700
53024 Montalcino [SI]
Tel. +39 0577848390
www.caparzo.com

DIREKTVERKAUF
BESUCH NACH VORANMELDUNG
UNTERKUNFT
JAHRESPRODUKTION 800.000 Flaschen
REBFLÄCHE 90 Hektar

In erster Linie ist der Betrieb von Elisabetta Gnudi in Caparzo eine landwirtschaftliche Größe von achtzig Hektar. Der Löwenanteil gehört natürlich der Sangiovese, aber auf den Parzellen in allen Hanglagen gibt es auch Chardonnay, Sauvignon, Traminer, Cabernet, Syrah, Colorino, Merlot und Petit Verdot. Eine bunte Mischung von Sorten, ebenso bunt wie die Stilistik: Im Keller bestehen Barriques und große Fässer nebeneinander und es ist kaum möglich, ein eindeutiges Ausdrucksbild zu definieren. Das trifft auch auf die drei Brunello zu, wo der Cru La Casa aufgerufen ist, die Eigenart des nördlichen Quadranten in einer meist dichten und herben Lesart zu interpretieren. Der Jahrgangswein krönt die ausgezeichnete Teamvorstellung und gehört in Caparzo zu den besten der letzten Jahre. Territorial und vielschichtig, finden sich Geschmack und Breite in der Mundhöhle wieder, etwas gebremst nur im Finale von einer leicht staubigen Konsistenz. Kompletter als der jedenfalls bezaubernde Vigna La Casa '08.

● Brunello di Montalcino '09	▼▼ 6
● Brunello di Montalcino V. La Casa '08	▼▼ 8
● Ca' del Pazzo '10	▼ 5
● Morellino di Scansano Doga delle Clavure '12	▼ 3
● Rosso di Montalcino La Caduta '11	▼ 4
● Brunello di Montalcino La Casa '93	▼▼▼ 6
● Brunello di Montalcino La Casa '88	▼▼▼ 6
● Brunello di Montalcino '07	▼▼ 6
● Brunello di Montalcino '06	▼▼ 6
● Brunello di Montalcino La Casa '07	▼▼ 8
● Brunello di Montalcino La Casa '06	▼▼ 8
● Brunello di Montalcino Ris. '07	▼▼ 7
● Ca' del Pazzo '07	▼▼ 5
○ Moscadello di Montalcino V. T. '06	▼▼ 5
● Rosso di Montalcino La Caduta '10	▼▼ 4

Tenuta di Capezzana

Loc. Seano
via Capezzana, 100
59015 Carmignano [PO]
Tel. +39 0558706005
www.capezzana.it

DIREKTVERKAUF
BESUCH NACH VORANMELDUNG
UNTERKUNFT UND GASTRONOMIE
JAHRESPRODUKTION 450.000 Flaschen
REBFLÄCHE 80 Hektar

Das Gut der Grafen Contini Bonacossi produziert Qualitätsweine seit über 1200 Jahren. Mit prachtvollen Weinbergen von 80 Hektar ist es der bekannteste Betrieb des Carmignano und wird immer noch von der gleichen Familie geführt; gefertigt werden einige der besten territorialen Etiketten, die dieses kleine toskanische Edelgebiet weit über die regionalen Grenzen hinaus bekannt gemacht haben. Sehenswert der historische Weinkeller und die in der Nähe gelegene Villa Trefiano. Beide sind für einen Gästebetrieb eingerichtet. Von Capezzana kamen in den Jahren einige der anspruchsvollsten Weine der Anbauzone, Weiße ebenso wie Carmignano und beachtliche Versionen des Vin Santo, unter den Besten ihrer Zunft in der Toskana. Aber diesmal konnten wir einen Riserva 2007 verkosten, der uns buchstäblich die Rede verschlug. Ein Wein von unglaublicher Komplexität und Eleganz, tiefgründig, befriedigend und endlos im Finale. Für uns der Dessertwein des Jahres. Hervorragend alle anderen Etiketten.

○ Vin Santo di Carmignano Ris. '07	▼▼▼ 6
● Barco Reale '12	▼▼ 2*
● Carmignano Villa di Capezzana '10	▼▼ 4
● Carmignano Villa di Trefiano Ris. '09	▼▼ 5
○ Chardonnay '13	▼▼ 2*
● Ghiaie della Furba '09	▼▼ 5
⊙ Carmignano Vin Ruspo '13	▼ 2
● Carmignano Villa di Capezzana '07	▼▼▼ 4
● Carmignano Villa di Capezzana '05	▼▼▼ 4
● Ghiaie della Furba '01	▼▼▼ 5
○ Vin Santo di Carmignano Ris. '05	▼▼▼ 5

Caprili

Fraz. Tavernelle
pod. Caprili, 268
53024 Montalcino [SI]
Tel. +39 0577848566
www.caprili.it

DIREKTVERKAUF
BESUCH NACH VORANMELDUNG
JAHRESPRODUKTION 75.000 Flaschen
REBFLÄCHE 18 Hektar

Ceppo Nero, Esse, Testucchiaia, Quadrucci, Pino, Palazzetto: aus den Trauben dieser Parzellen keltert die Familie Bartolommei ihren Brunello di Montalcino, der nach dem Erwerb des Gutes im Jahr 1965 erstmals 1978 abgefüllt wurde. Wir befinden uns auf den Hängen an den Flüssen Orcia und Ombrone, für die ein sehr steiniger Boden charakteristisch ist. Jeder Weinberg wird separat verarbeitet und die Cuvées erst nach der langen Reife in großen Fässern zusammengestellt. In den besten Jahren wird eine Riserva gefertigt (Vigna Madre), während der Weinberg Fornacina die Trebbiano- und Malvasia-Trauben für den Sant'Antimo Bianco und den Moscadello liefert. Obgleich das Erntejahr am Papier für lange Reifespannen nicht sehr günstig war, wollte die Familie Bartolommei nicht auf ihren Riserva 2008 verzichten. Das mit gutem Grund: warmblütige und würzige Nuancen kündigen einen Sangiovese von robuster, gehobener Konsistenz an, für uns die beste Interpretation seiner Art in dieser Verkostungsrunde.

● Brunello di Montalcino Ris. '08	🍷🍷🍷	7
● Brunello di Montalcino '09	🍷🍷	5
● Rosso di Montalcino '12	🍷	4
● Brunello di Montalcino '06	🍷🍷🍷	5
● Brunello di Montalcino '06	🍷🍷🍷	5
● Brunello di Montalcino Ris. '04	🍷🍷🍷	5
● Brunello di Montalcino '08	🍷🍷	5
● Brunello di Montalcino '07	🍷🍷	5
● Brunello di Montalcino '05	🍷🍷	5

Fattoria Carpineta Fontalpino

Fraz. Montaperti
loc. Carpineta
53019 Castelnuovo Berardenga [SI]
Tel. +39 0577369219
www.carpinetafontalpino.it

DIREKTVERKAUF
BESUCH NACH VORANMELDUNG
UNTERKUNFT
JAHRESPRODUKTION 100.000 Flaschen
REBFLÄCHE 23 Hektar
WEINBAU Biologisch anerkannt

Carpineta Fontalpino der Geschwister Gioia und Filippo Cresti liegt in der Nähe von Castelnuovo Berardenga im südlichen Teil des Chianti Classico. Die Kellerei hat mittlerweile ein solides Qualitätsniveau erreicht und kann ein stilistisch modernes Sortiment bieten, dem es auch nicht an Harmonie und Charakter fehlt. Die Weine sind großzügig und vollmundig, wie es den Boden- und Klimabedingungen der Gegend entspricht, kraftvoll in der Struktur, aber auch voller Spannung und Frische, von charakteristischer Reife der Frucht, die man behutsam aufspürt. Der Ausbau erfolgt vorwiegend in kleinen Fässern, die aber maßvoll eingesetzt werden. Reichhaltig und facettenreich der Do ut des '11, Cuvée aus Sangiovese, Merlot und Cabernet Sauvignon, vollmundig und schöner Rhythmus. Süffigkeit und nervige Tannine kennzeichnen den Chianti Classico Riserva '11, klar und ausholend im Duft. Genussvoll der Chianti Classico '12, vielleicht nur einige Härten zu viel.

● Do ut des '11	🍷🍷🍷	5
● Chianti Cl. Fontalpino Ris. '11	🍷🍷	5
● Chianti Cl. Fontalpino '12	🍷🍷	3
● Montaperto '12	🍷	3
● Do ut des '10	🍷🍷🍷	5
● Do ut des '09	🍷🍷🍷	5
● Do ut des '07	🍷🍷🍷	5
● Dofana '10	🍷🍷🍷	7
● Dofana '07	🍷🍷🍷	8

TOSKANA

Casa alle Vacche
Fraz. Pancole
Loc. Lucignano, 73A
53037 San Gimignano [SI]
Tel. +39 0577955103
www.casaallevacche.it

DIREKTVERKAUF
BESUCH NACH VORANMELDUNG
UNTERKUNFT UND GASTRONOMIE
JAHRESPRODUKTION 115.000 Flaschen
REBFLÄCHE 28 Hektar

Wir befinden uns in Lucignano, am Weg von San Gimignano nach Certaldo. Hier, wo es früher eine Rinderzucht gab (an die der Name des Gutes erinnert), bewirtschaftet die Familie Ciappi mit viel Einsatz ihre dreißig Hektar Weinberge und einen schönen Agriturismo-Betrieb. Die Königin hier ist - wie sollte es anders sein - die Vernaccia, aber neben anderen toskanischen Sorten (Sangiovese, Malvasia del Chianti, Canaiolo), hat man auch Chardonnay, Cabernet und Merlot für eine zwar traditionsbewusste, aber für Experimente offene Produktion gepflanzt. Dennoch ist es der Vernaccia Riserva Crocus '11, der sich in unserem Finale gut geschlagen hat. Schöne, strohgelbe, grünlich brillante Farbe, gewinnendes Bouquet mit Wiesenblumen, weißem Pfirsich und Stachelbeeren, das elegant auf Vanille- und Holznoten ausklingt. Am Gaumen dicht, schmackhaft und harmonisch, fleischig und lang anhaltend. Überaus positiv auch der Vernaccia '13, goldgelbe Reflexe, schmackhaft und vollmundig, Jod- und Mandelhauch im Finale.

○ Vernaccia di S. Gimignano Crocus Ris. '11	🏆 2*
○ Vernaccia di S. Gimignano '13	🏆 2*
● Il Canaiolo	🏆 1*
● Chianti Colli Senesi '13	🏆 2
● Ciliegiolo '13	🏆 2
● Colorino '13	🏆 2
○ Sangiovese Bianco '13	🏆 2
○ Vernaccia di S. Gimignano I Macchioni '13	🏆 2
○ Vernaccia di S. Gimignano '11	🏆🏆 2*
○ Vernaccia di S. Gimignano Crocus Ris. '10	🏆🏆 2*
○ Vernaccia di S. Gimignano I Macchioni '11	🏆🏆 2*

Casa di Monte
via del Monte, 6
50025 Montespertoli [FI]
Tel. +39 0571609903
www.casadimonte.it

DIREKTVERKAUF
BESUCH NACH VORANMELDUNG
UNTERKUNFT UND GASTRONOMIE
JAHRESPRODUKTION 55.000 Flaschen
REBFLÄCHE 34 Hektar

Den Grundstein zum Betrieb legte Angelo Simoncini, der Ende des 19. Jahrhunderts die berühmten Strohhüte erfand, die in Florenz zur großen Mode wurden. An diesem Ort produzierte er seinen Rohstoff und richtete auch den Verarbeitungsbetrieb ein. Als in den 1920er Jahren die Wirtschaftsflaute das Unternehmen erreichte, stellte er das Gut von Stroh auf den Anbau von Wein und Oliven um. Der durch Zukauf von einigen Bauernhäusern und weiteres Land vergrößerte Besitz kam 1973 testamentarisch an die heutigen Besitzer. Die Landwirtschaft wird 2000 begründet. Neben dem Weinbau betreibt man einen Agriturismo und erzeugt Honig, Olivenöl und Destillate. Der Laureo '09, aus Sangiovese und Merlot, duftet nach Kirschen und feiner Würze, wendige Struktur, geschmacklich lang anhaltend. Angenehm der Robbia '07, aus Sangiovese und Cabernet Sauvignon, intensives Bouquet von reifem Obst, solider Körper, langer Abgang. Erstaunlich der Cadmo '13, eine Chianti-Cuvée, frisch und süffig.

● Cadmo '13	🏆🏆 1*
● Laureo '09	🏆🏆 3
● Robbia '07	🏆🏆 5
● Chianti Cl. Le Capitozze '11	🏆 2
● Chianti Cl. Le Capitozze Ris. '08	🏆 3
● Chianti Montespertoli Ris. '08	🏆 2

TOSKANA

Casa Emma
LOC. CORTINE
SP DI CASTELLINA IN CHIANTI, 3
50021 BARBERINO VAL D'ELSA [FI]
TEL. +39 0558072239
www.casaemma.com

DIREKTVERKAUF
BESUCH NACH VORANMELDUNG
JAHRESPRODUKTION 85.000 Flaschen
REBFLÄCHE 23 Hektar

Die Weinberge von Casa Emma, im Besitz der Familie Bucalossi, verteilen sich auf Parzellen in Castellina in Chianti und in Barberino Val d'Elsa. Zwei besondere Anbauzonen, die in den Etiketten des Hauses gut definiert und zum Ausdruck gebracht werden. Stilistisch sucht man reife Frucht, die von starker Eiche durch den Ausbau in meist kleinen Fässern getragen wird, aber dennoch in einer ausgewogenen Form ohne Zwänge. So erhält man technisch tadellose Weine, die aber nicht selten auch die Verbundenheit mit dem Terroir ihrer Herkunft ausdrücken können. Die Aromen des Chianti Classico Vignalparco '11 sind klar, die fruchtige Reife wird durch den Fassausbau ausgewogen unterstützt. Am Gaumen ist der Wein mit Kraft und Struktur ausgestattet, bleibt aber saftig und rhythmisch. Herber bereits in der Nase der Chianti Classico Riserva '11, der seine Stärke in der geschmacklichen Progression findet. Dunklere Töne für den Chianti Classico '12, am Gaumen leicht und genussvoll.

● Chianti Cl. Ris. '11	♀♀ 5
● Chianti Cl. Vignalparco '11	♀♀ 3
● Chianti Cl. '12	♀ 3
● Chianti Cl. Ris. '95	♀♀♀ 4*
● Chianti Cl. Ris. '93	♀♀♀ 5
● Soloio '94	♀♀♀ 4*
● Chianti Cl. '11	♀♀ 3*
● Chianti Cl. '10	♀♀ 3
● Chianti Cl. '08	♀♀ 3
● Chianti Cl. '07	♀♀ 3
● Chianti Cl. Ris. '09	♀♀ 5
● Chianti Cl. Ris. '08	♀♀ 5
● Chianti Cl. Ris. '07	♀♀ 5
● Soloio '06	♀ 6

★Casanova di Neri
POD. FIESOLE
53024 MONTALCINO [SI]
TEL. +39 0577834455
www.casanovadineri.com

BESUCH NACH VORANMELDUNG
UNTERKUNFT
JAHRESPRODUKTION 225.000 Flaschen
REBFLÄCHE 63 Hektar

Die Philosophie der Produktion von Casanova di Neri, 1971 von Giovanni Neri gegründet und heute unter der Leitung von Sohn Giacomo, ist ausgesprochen ungewöhnlich und innovativ. Sie wird auf die über 60 Hektar Rebland angewendet, die in allen wichtigsten Quadranten von Montalcino angesiedelt sind: Fiesole und Poderuccio in Torrenieri, wo auch der Keller in der Nähe liegt, Podernuovo, Cerretalto und Spereta (im Osten), Le Cetine und Pietradonice im südlichen Teil. Vermentino, Grechetto, Colorino und Cabernet Sauvignon begleiten die Sangiovese Grosso, die speziell in den Selektionen Tenuta Nuova und Cerretalto ein wenig üppig interpretiert wird, während sich der Jahrgangs-Brunello entspannter präsentiert. Das ist genau der Schlüssel, um den scheinbaren Umsturz der konsolidierten Hierarchien des Sortiments zu verstehen: der Jahrgangs-Brunello interpretiert den kapriziösen 2009er mit Extrakt und fruchtiger Definition, verbindet Integrität und Trinkgenuss, wo der Tenuta Nuova in dieser Phase eher festgefahren und ermüdet erscheint.

● Brunello di Montalcino '09	♀♀♀ 6
● Brunello di Montalcino Tenuta Nuova '09	♀♀ 8
● Rosso di Montalcino '12	♀♀ 5
● Brunello di Montalcino '06	♀♀♀ 5
● Brunello di Montalcino Cerretalto '07	♀♀♀ 8
● Brunello di Montalcino Cerretalto '06	♀♀♀ 8
● Brunello di Montalcino Cerretalto '04	♀♀♀ 8
● Brunello di Montalcino Cerretalto '01	♀♀♀ 8
● Brunello di Montalcino Tenuta Nuova '06	♀♀♀ 8
● Brunello di Montalcino Tenuta Nuova '05	♀♀♀ 7
● Brunello di Montalcino Tenuta Nuova '01	♀♀♀ 6
● Pietradonice '05	♀♀♀ 8

TOSKANA

Castell'in Villa
LOC. CASTELL'IN VILLA
53019 CASTELNUOVO BERARDENGA [SI]
TEL. +39 0577359074
www.castellinvilla.com

DIREKTVERKAUF
BESUCH NACH VORANMELDUNG
JAHRESPRODUKTION 100.000 Flaschen
REBFLÄCHE 54 Hektar

Castell'in Villa ist eine bedeutende Kellerei der Chianti-Classico-Denomination und ihrer territorialen Eigenart treu verbunden. Ausschlaggebend ist der traditionsbewusste Stil, im Keller geprägt vom bevorzugten Einsatz großer Fässer und Vinifizierung ohne Zwänge, im Weinberg vom Respekt für den Ausdruck der einzelnen Parzellen und ihrer mikroklimatischen Bedingungen, aus denen sich der beachtliche Rebenpark zusammensetzt. So entsteht eine solide Kellerriege, die den Chianti-Charakter, wie er für Castelnuovo Berardenga typisch ist, also den südlichen Teil des Anbaugebietes typisch ist, nicht verleugnet. Bei der Verkostung hat der Chianti Classico '10 auf sich aufmerksam gemacht. Erdiger Geruch, aus dem sich frisch und reif die Frucht entfaltet. Am Gaumen ist die Progression schmackhaft und rhythmisch, gekennzeichnet durch angenehme Härten, die den Charakter erweitern. Gut entwickelt die Aromen des Chianti Classico Riserva '09, ausholend und kontrastreich.

● Chianti Cl. '10	🍷🍷 5
● Chianti Cl. Ris. '09	🍷🍷 6
● Chianti Cl. '09	🍷🍷🍷 5
● Chianti Cl. '08	🍷🍷🍷 5
● Chianti Cl. Ris. '85	🍷🍷🍷 6
● Chianti Cl. Castell'in Villa '05	🍷🍷 5
● Chianti Cl. Poggio delle Rose Ris. '06	🍷🍷 6
● Chianti Cl. Ris. '08	🍷🍷 6
● Chianti Cl. Ris. '06	🍷🍷 6
● Chianti Cl. Ris. '04	🍷🍷 6
● Santa Croce '07	🍷🍷 6

★Castellare di Castellina
LOC. CASTELLARE
53011 CASTELLINA IN CHIANTI [SI]
TEL. +39 0577742903
www.castellare.it

DIREKTVERKAUF
BESUCH NACH VORANMELDUNG
UNTERKUNFT
JAHRESPRODUKTION 200.000 Flaschen
REBFLÄCHE 28 Hektar

Castellare di Castellani hat es verstanden, sich eine Spitzenstellung in der Denomination des Chianti Classico zu erarbeiten. Ausgangspunkt war die Treue zum wahrhaftigsten Ausdruck des Herkunftsterritoriums der Weine, die nie der Verführung kurzlebiger Moden erlegen sind. So ruht die stilistische Lesart der Erzeugnisse der Kellerei von Castellina in Chianti fest auf der Suche nach dem intensiven Geschmackserlebnis des Sangiovese, was auch durch den behutsamen Ausbau in Holz betont wird und Weine mit einem gewissen Charakter entstehen lässt. Die historische Cuvée auf Basis von Sangiovese und Malvasia Nera bestätigt ihre absolute Qualität. Die Ausführung 2010 des I Sodi di S. Niccolò ist von schöner Eleganz und Dynamik und findet ihre Stärke im reaktiven, würzigen Trinkgenuss. Vorzügliche geschmackliche Entfaltung für den Chianti Classico Riserva '11, das volle, reine Bouquet überzeugt mit Ausgewogenheit und Finesse. Gut der Chianti Classico Il Poggiale '11, wenn auch leicht gestört durch eine vordringliche Eiche.

● I Sodi di S. Niccolò '10	🍷🍷🍷 8
● Chianti Cl. Ris. '11	🍷🍷 4
● Chianti Cl. '12	🍷🍷 3
● Chianti Cl. Il Poggiale Ris. '11	🍷🍷 5
● Coniale '10	🍷 7
● Poggio ai Merli '12	🍷 8
● I Sodi di S. Niccolò '09	🍷🍷🍷 8
● I Sodi di S. Niccolò '08	🍷🍷🍷 7
● I Sodi di S. Niccolò '07	🍷🍷🍷 7
● I Sodi di S. Niccolò '06	🍷🍷🍷 7
● I Sodi di S. Niccolò '05	🍷🍷🍷 7
● I Sodi di S. Niccolò '04	🍷🍷🍷 7
● I Sodi di S. Niccolò '03	🍷🍷🍷 7
● I Sodi di S. Niccolò '02	🍷🍷🍷 7

TOSKANA

★Castello Banfi
LOC. SANT'ANGELO SCALO
CASTELLO DI POGGIO ALLE MURA
53024 MONTALCINO [SI]
TEL. +39 0577840111
www.castellobanfi.com

DIREKTVERKAUF
BESUCH NACH VORANMELDUNG
UNTERKUNFT UND GASTRONOMIE
JAHRESPRODUKTION 10.500.000 Flaschen
REBFLÄCHE 855 Hektar

Die moderne Geschichte des Brunello wäre undenkbar ohne die Arbeit der Familie Mariani, die in den 1970er Jahren Castello Banfi übernommen hat. Enrico Viglierchio und Remo Grassi koordinieren ein kompetentes Team in diesem landwirtschaftlichen Großunternehmen: über 800 Hektar Rebfläche allein in Montalcino und über zehn Millionen Flaschen jährlich, wenn auch die Produktionen von Vigne Regali im Raum Alexandria und der Linie Banfi Toscana berücksichtigt werden. Das Sortiment gliedert sich in Dutzende Etiketten, aber die bedeutendsten Rotweine sind allesamt von nüchtern-moderner Prägung, ohne Redundanzen von Frucht oder Extrakt. Impressionen, die in dieser Verkostungsrunde durch ein komplettes, zuverlässiges Sortiment bestätigt werden. Herausragend der Brunello Poggio alle Mura '09, interpretiert mit reifer Frucht und Mittelmeerkräutern, allen voran Lavendel, nur beeinträchtigt durch trockene Tannine. Gut gelungen auch der Brunello '09, ausdrucksvoll und gefällig.

● Brunello di Montalcino Poggio alle Mura '09	🍷🍷🍷 7
● Belnero '11	🍷🍷 3
● Brunello di Montalcino '09	🍷🍷 6
○ Fontanelle '13	🍷🍷 3
● Rosso di Montalcino Poggio alle Mura '12	🍷🍷 4
● Brunello di Montalcino Poggio alle Mura Ris. '08	🍷 8
● Centine '12	🍷 2
● Cum Laude '11	🍷 5
● Excelsus '10	🍷 7
● Rosso di Montalcino '12	🍷 3
○ San Angelo '13	🍷 2
● Summus '11	🍷 6
● Brunello di Montalcino Poggio all'Oro Ris. '04	🍷🍷🍷 8

Castello d'Albola
LOC. PIAN D'ALBOLA, 31
53017 RADDA IN CHIANTI [SI]
TEL. +39 0577738019
www.albola.it

DIREKTVERKAUF
BESUCH NACH VORANMELDUNG
JAHRESPRODUKTION 800.000 Flaschen
REBFLÄCHE 157 Hektar

Castello di Albola ist im Zonin-Imperium das Gut, in dem die Weine am stärksten mit ihrem Terroir in Einklang stehen. Das bestätigt sich in der Verkostung älterer Jahrgänge und im konsequenten Ausdruck der jüngeren. So gelingt es den Gewächsen der Kellerei in Radda in Chianti, die charakteristischen Züge dieser Unterzone einzufangen und mit Harmonie und Frische in Verbindung mit Persönlichkeit aufzuwarten. Nicht unwesentlich trägt zu diesem Ergebnis auch ein umsichtiger Fassausbau bei, der sich nie in den Vordergrund spielt und sowohl große Fässer als auch Barriques einsetzt. Ausdrucksstark und frisch in der Nase, der Chianti Classico Il Solatio Gran Selezione '10, wohlschmeckend in der geschmacklichen Entfaltung, elegant und rhythmisch. Sehr frisch auch der Chianti Classico Le Ellere '11, in den Aromen präzise und würzig, lebhaft am Gaumen. Herber der Chianti Classico Riseva '10, in der Nase offen und großzügig, kontrastreich am Gaumen, tiefgründig im Abgang.

● Chianti Cl. Il Solatio Gran Sel. '10	🍷🍷🍷 5
● Chianti Cl. Le Ellere '11	🍷🍷 3*
● Chianti Cl. Ris. '10	🍷🍷 4
● Chianti Cl. '11	🍷🍷 3
● Acciaiolo '11	🍷 6
● Acciaiolo '06	🍷🍷🍷 6
● Acciaiolo '04	🍷🍷🍷 6
● Acciaiolo '01	🍷🍷🍷 6
● Acciaiolo '95	🍷🍷🍷 5
● Chianti Cl. Le Ellere '08	🍷🍷🍷 3
● Chianti Cl. Ris. '09	🍷🍷🍷 4*
● Chianti Cl. Ris. '08	🍷🍷🍷 4*

TOSKANA

★Castello del Terriccio

LOC. TERRICCIO
VIA BAGNOLI, 16
56040 CASTELLINA MARITTIMA [PI]
TEL. +39 050699709
www.terriccio.com

DIREKTVERKAUF
BESUCH NACH VORANMELDUNG
JAHRESPRODUKTION 150.000 Flaschen
REBFLÄCHE 50 Hektar

Die Burg, auf die sich der Name des Weingutes bezieht, war eine mittelalterliche Verteidigungsanlage; die Landwirtschaft kam in den späteren Jahrhunderten dazu und es entstand ein echter Gutshof. Die Familie des heutigen Eigentümers Gian Annibale Rossi di Medelana, erwirbt den Besitz 1920 und modernisiert und rationalisiert die verschiedenen Kulturen. Nach 1980 gewinnt der Weinbau immer mehr an Bedeutung; die Rebflächen werden vergrößert und die Rebsorten aufmerksam nach der Eignung der Böden ausgewählt, aber auch kellerwirtschaftlich gibt es große Fortschritte. Die Drei Gläser verdient sich der Lupicaia '10, aus Cabernet Sauvignon mit Zugaben von Merlot und Petit Verdot, mineralisch frisch, mit feinen Nuancen von aromatischen Kräutern auf einer klaren, reintönigen Frucht. Am Gaumen schmelzend, aber fein, nicht zu kraftvoll, anmutig, für ein würziges, sehr langes Finale. Im Finale auch der Castello del Terriccio '09, aus überwiegend Syrah und Petit Verdot, mit tertiären Anklängen von trockenen Blättern und Teer.

● Lupicaia '10	🍷🍷🍷 8
● Castello del Terriccio '09	🍷🍷 8
○ Con Vento '13	🍷🍷 4
● Castello del Terriccio '07	🍷🍷🍷 8
● Castello del Terriccio '04	🍷🍷🍷 8
● Castello del Terriccio '03	🍷🍷🍷 8
● Castello del Terriccio '01	🍷🍷🍷 8
● Castello del Terriccio '00	🍷🍷🍷 8
● Lupicaia '07	🍷🍷🍷 8
● Lupicaia '06	🍷🍷🍷 8
● Lupicaia '05	🍷🍷🍷 8
● Lupicaia '04	🍷🍷🍷 8
● Lupicaia '01	🍷🍷🍷 8
● Lupicaia '00	🍷🍷🍷 8

Castello del Trebbio

VIA SANTA BRIGIDA, 9
50060 PONTASSIEVE [FI]
TEL. +39 0558304900
www.vinoturismo.it

DIREKTVERKAUF
BESUCH NACH VORANMELDUNG
JAHRESPRODUKTION 300.000 Flaschen
REBFLÄCHE 52 Hektar

Der Besitz wurde 1968 von der Familie Baj Macario erworben, aber die Burg geht auf das Jahr 1184 zurück und behielt die ursprüngliche Anlage bei, mit den alten Kellern, die man besichtigen kann. Der Betrieb ist vielseitig, mit Agritursimo, Weintourismus und verschiedenen, speziellen Produkten wie beispielsweise Safran. Die Weinproduktion wird in allen Phasen von Stefano Casadei, dem Ehemann der Besitzerin Anna Baj Macario betreut; gemeinsam haben sie auch an anderen begünstigten Standorten Weingüter aufgebaut: in Sardinien (Tenuta Olianas) und ebenfalls in der Toskana, im Val di Cornia (Tenute Casadei). Ins Finale schafft es der Pazzesco '11, Cuvée aus Merlot und Syrah, intensive, würzige Nuancen von Pfeffer und Zimt, mit einem tierischen Hauch und Fellgeruch. Am Gaumen energisch, saftig und schönes Finale in Crescendo. Eleganter in der Nase der Vigneti Trebbio '11, Cuvée aus überwiegend Sangiovese und Syrah, ergänzt durch einige andere, im Körper fein, elegant, leicht. Appetitlich und erfreulich der Riserva '10.

● Pazzesco '11	🍷🍷 5
● Cabernet Franc Casa Dei '12	🍷🍷 5
● Chianti Rufina Lastricato Ris. '10	🍷🍷 4
● Petit Verdot Casa Dei '12	🍷🍷 5
● Vigneti Trebbio '11	🍷🍷 4
○ Viognier Casa Dei '13	🍷🍷 4
● Armonia Casa Dei '13	🍷 2
○ Bianco della Congiura '13	🍷 3
● Chianti '13	🍷 2
● Sogno Mediterraneo Casa Dei '12	🍷 2
● Merlot '08	🍷🍷 4
● Pazzesco '08	🍷🍷 5
● Pazzesco '07	🍷🍷 5
● Vigneti Trebbio '10	🍷🍷 4
● Vigneti Trebbio '09	🍷🍷 4

TOSKANA

★★ Castello di Ama
Loc. Ama
53013 Gaiole in Chianti [SI]
Tel. +39 0577746031
www.castellodiama.com

DIREKTVERKAUF
BESUCH NACH VORANMELDUNG
JAHRESPRODUKTION 300.000 Flaschen
REBFLÄCHE 90 Hektar

Auf Castello di Ama war Terroirverbundenheit stets vorrangig und der Chianti Classico immer schon der wichtigste Wein aus der von Lorenza Sebasti und Marco Pallanti geführten Kellerei. Eine Philosophie, mit der auch andere Etiketten als Chianti Classico gut erkennbar gelingen und mit folgerichtiger Originalität ausgestattet werden. Diese stilistische Lesart ist der wichtigste Charakterzug dieser wunderbaren Weine von Ama geblieben, auch wenn sie in jüngster Vergangenheit durch einige Ungenauigkeiten im unmittelbaren aromatischen Ausdruck ein wenig beeinträchtigt wurden. Der Chianti Classico Ama '11 ist wahrlich ein schöner Wein, im Aroma entfalten sich rauchige Noten über Anklänge an rote Beeren bis zu einem typischen, erdigen Hauch. Am Gaumen ist der Wein saftig und anhaltend schmackhaft, was ihn lebhaft und lecker macht. Ein wenig gedämpfter im Aroma ist der Chianti Classico San Lorenzo Gran Selezione '10, seine Stärke ist ein gediegener, zeitweilig rassiger Geschmack. Fein und intensiv der Apparita '10, sortenreiner Merlot, nur ein wenig zu betonte Eiche.

● Chianti Cl. Ama '11	▼▼▼ 4*
● Chianti Cl. San Lorenzo Gran Sel. '10	▼▼ 6
● L'Apparita '10	▼▼ 8
● Chianti Cl. Bellavista '01	▼▼▼ 8
● Chianti Cl. Bellavista '99	▼▼▼ 8
● Chianti Cl. Castello di Ama '05	▼▼▼ 5
● Chianti Cl. Castello di Ama '03	▼▼▼ 5
● Chianti Cl. Castello di Ama '01	▼▼▼ 5
● Chianti Cl. La Casuccia '04	▼▼▼ 8
● Chianti Cl. La Casuccia '01	▼▼▼ 8
● Chianti Cl. San Lorenzo '83	▼▼▼ 8
● l'Apparita Merlot '01	▼▼▼ 8

Castello di Bolgheri
Loc. Bolgheri
S.da Lauretta, 7
57020 Castagneto Carducci [LI]
Tel. +39 0565762110
www.castellodibolgheri.eu

DIREKTVERKAUF
BESUCH NACH VORANMELDUNG
UNTERKUNFT
JAHRESPRODUKTION 80.000 Flaschen
REBFLÄCHE 50 Hektar

Ein historischer Betrieb und „Bolgheri" mit Leib und Seele. Der prachtvolle Keller aus dem 16. Jahrhundert kann auf eine lange Weintradition zurückblicken. Erstbesitzer war die bedeutende toskanische Adelsfamilie Gherardesca, die ungeheure Besitzungen ihr Eigen nannte. Jetzt hat die Familie Zileri al Verme das Sagen und führt den Betrieb mit kompetenter und sicherer Hand. Von insgesamt 130 Hektar sind rund 50 bestockt, die auf sandigen Tonböden mit reichen Skelett- und Kalkanteilen liegen. Die Weine sind elegant, komplex, harmonisch am Gaumen und perfekt im Extrakt. Der Bolgheri Superiore Castello di Bolgheri '11 ist reifer als die sensationelle Ausführung von 2010. Ein gewiss komplexer, strukturierter Wein, großartig im Fruchtfleisch und in der präzisen Machart, aber noch etwas dominante Röstnoten, die seine Harmonie beeinträchtigen und die Ausgewogenheit ein klein wenig schmälern. Wir werden das weitere Geschehen in der Flasche beobachten, da die Kapazitäten für eine positive Entwicklung vorhanden sind. Ausgezeichnet der Varvara '12.

● Bolgheri Sup. Castello di Bolgheri '11	▼▼ 6
● Bolgheri Varvàra '12	▼▼ 4
● Bolgheri Sup. Castello di Bolgheri '10	▼▼▼ 6
● Bolgheri Sup. Castello di Bolgheri '09	▼▼▼ 6
● Bolgheri Sup. Castello di Bolgheri '07	▼▼▼ 6
● Bolgheri Rosso Varvàra '10	▼▼ 4
● Bolgheri Rosso Varvàra '09	▼▼ 4
● Bolgheri Rosso Varvàra '08	▼▼ 4
● Bolgheri Sup. '05	▼▼ 7
● Bolgheri Sup. Castello di Bolgheri '08	▼▼ 6
● Bolgheri Sup. Castello di Bolgheri '06	▼▼ 7
● Bolgheri Varvàra '07	▼▼ 4

TOSKANA

Castello di Bossi

LOC. BOSSI IN CHIANTI
53019 CASTELNUOVO BERARDENGA [SI]
TEL. +39 0577359330
www.castellodibossi.it

DIREKTVERKAUF
BESUCH NACH VORANMELDUNG
UNTERKUNFT
JAHRESPRODUKTION 687.700 Flaschen
REBFLÄCHE 124 Hektar

Zum verstreuten Besitz der Familie Bacci gehören Renieri in Montalcino, Terre di Talamo in Maremma und Castello di Bossi im Chianti Classico. So verteilt sich dieses kostbare Rebengut auf einige der besten Weinbaugebiete der Toskana. Stilistisch gibt man reifer Frucht und kraftvollen Strukturen den Vorzug. Der Ausbau erfolgt vorwiegend in Barriques, die Weine sind häufig sehr reichhaltig, mitunter fehlt es an einer gewissen Dynamik. Die technische Ausführung ist im Wesentlichen tadellos. Gut gelungen der Corbaia '11, eine Cuvée von Castello di Bossi auf Basis von Sangiovese und Cabernet Sauvignon, reif und rein im Aroma, solide, aber nicht unrhythmisch die geschmackliche Progression. Köstlich der Morellino '12, produziert im Gut Terre di Talamo, das auch mit dem PerCecco '11 aufwartet, sortenreiner Petit Verdot, warmes, erdig angehauchtes Aroma, solide und rhythmisch im Geschmack.

● Corbaia '11	♥♥ 8
● Morellino Tempo Terre di Talamo '12	♥♥ 5
● PerCecco Terre di Talamo '11	♥♥ 5
○ Vermentino Vento Terre di Talamo '13	♥♥ 5
● Chianti Cl. Terre di Renieri '12	♥ 4
● Girolamo '11	♥ 7
● Morellino Terre di Talamo Ris. '11	♥ 6
○ Viogner Vento Teso Terre di Talamo '13	♥ 4
● Corbaia '03	♥♥♥ 6
● Corbaia '99	♥♥♥ 5
● Brunello di Montalcino Renieri '08	♥♥ 7
● Chianti Cl. '10	♥♥ 4
● Chianti Cl. Berardo Ris. '07	♥♥ 5
● Corbaia '10	♥♥ 7
○ San Laurentino '01	♥♥ 7
○ Vin San Laurentino '03	♥♥ 8

★★★ Castello di Fonterutoli

LOC. FONTERUTOLI
VIA OTTONE III DI SASSONIA, 5
53011 CASTELLINA IN CHIANTI [SI]
TEL. +39 057773571
www.mazzei.it

DIREKTVERKAUF
BESUCH NACH VORANMELDUNG
UNTERKUNFT UND GASTRONOMIE
JAHRESPRODUKTION 700.000 Flaschen
REBFLÄCHE 117 Hektar

Bei allen Etiketten aus dem traditionsreichen Betrieb der Familie Mazzei im Chianti Classico stehen äußerste Integrität der Frucht und mächtige Strukturen im Mittelpunkt, aber sie können auch mit Spannung und Dynamik aufwarten, die Eleganz und Kraft harmonisch in Einklang bringen. Ein sofort erkennbarer Charakter, der durch vorwiegenden Ausbau in Barriques noch klarer definiert wird, zeichnet die Weine der Kellerei in Castellina in Chianti aus, die ihre Stärke aus modernster Technik in Verbindung mit dem großen Ausdruckspotenzial dieser Zone - einer der besten der Denomination - beziehen. Die gleichen Qualitäten finden sich auch in den Weinen aus dem Weingut Belguardo in der Maremma. Die aromatische Wirkung des Siepi '11, Cuvée auf Basis von Sangiovese und Merlot, ist intensiv, aber die besondere Stärke liegt in der geschmacklichen Entfaltung, breit und saftig, schöner Rhythmus. Ein echter Chianti, der Chianti Classico Ser Lapo Riserva '11, intensives, prägnantes Kirscharoma und angenehm nervig am Gaumen.

● Siepi '11	♥♥♥ 8
● Chianti Cl. Ser Lapo Ris. '11	♥♥ 5
● Chianti Cl. Fonterutoli '12	♥♥ 5
● Chianti Cl. Ser Lapo Riserva Privata '09	♥♥ 6
● Philip '09	♥♥ 7
● Poggio Badiola '12	♥♥ 5
○ Vermentino Codice V Tenuta di Belguardo '13	♥♥ 4
● Serrata di Belguardo Tenuta di Belguardo '12	♥ 4
● Tenuta Belguardo '11	♥ 5
● Chianti Cl. Castello di Fonterutoli '07	♥♥♥ 6
● Mix36 '08	♥♥♥ 8
● Siepi '10	♥♥♥ 8
● Siepi '08	♥♥♥ 8
● Siepi '06	♥♥♥ 8

Castello di Gabbiano

FRAZ. MERCATALE VAL DI PESA
VIA GABBIANO, 22
50020 SAN CASCIANO IN VAL DI PESA [FI]
TEL. +39 055821053
www.castellogabbiano.it

DIREKTVERKAUF
BESUCH NACH VORANMELDUNG
UNTERKUNFT UND GASTRONOMIE
JAHRESPRODUKTION 1.000.000 Flaschen
REBFLÄCHE 145 Hektar

Die Errichtung der Burg liegt in ferner Vergangenheit. Hinweise lassen vermuten, dass bereits 1124 erste Keller gebaut wurden, ein Beweis mehr für die Bedeutung der Rebkultur in dieser Gegend. Heute ist Castello di Gabbiano eine moderne Kellerei mit Weinen, die aus den Trauben der ab Mitte der 1990er Jahre angelegten Weinberge sehr präzise gefertigt werden. Natürlich ist die Sangiovese am stärksten präsent. Aber es fehlen auch nicht Versuche mit internationalen Reben und weißen Sorten der lokalen Tradition. Sehr interessant der einfache Chianti Classico '11, er beweist Biss und Frische. Der Duft von Blumen und roten Beeren trifft auf einen reintönigen, vertikalen Trinkgenuss, gut unterstützt durch eine wohlschmeckende, delikate Ader. Der Gran Selezione '11 ist gut strukturiert und reif, auch wenn das Holzaroma durch den Fassausbau noch nicht völlig harmonisiert ist.

● Chianti Cl. '11	🍷 3
● Chianti Cl. Bellezza Gran Sel. '11	🍷🍷 5
● Chianti Cl. Ris. '11	🍷 5
● Alleanza '08	🍷🍷 5
● Bellezza '06	🍷🍷 5
● Chianti Cl. Ris. '09	🍷🍷 5
● Chianti Cl. Ris. '07	🍷🍷 5
● Chianti Cl. Ris. '06	🍷🍷 4

Castello di Meleto

LOC. MELETO
53013 GAIOLE IN CHIANTI [SI]
TEL. +39 0577749217
www.castellomeleto.it

DIREKTVERKAUF
BESUCH NACH VORANMELDUNG
UNTERKUNFT UND GASTRONOMIE
JAHRESPRODUKTION 600.000 Flaschen
REBFLÄCHE 125 Hektar

Castello di Meleto, im Eigentum der Gesellschaft Viticola Toscana Spa, ist mit mehr als 130 Hektar Rebfläche in Gaiole in Chianti ein bedeutendes Weingut des Chianti Classico. In der Vergangenheit gelangten hier auch echte Supertropfen, aber schließlich konnte durch einen Stil, der etwas zu sehr auf reife Frucht und kraftvollen Charakter zu Lasten von Eleganz konzentriert war, das ganze Potenzial nicht mehr ausgeschöpft werden. In jüngster Zeit wurde eine radikale technische Umstrukturierung vorgenommen und ein neues Management installiert. Die Weine liegen nun stilistisch näher ihrem Terroir und gehen einen Weg, der dem Chianti-Charakter viel eher entspricht. Rote Beeren und schöne, rauchige Noten kennzeichnen den Chianti Classico Vigna Casi Riserva '11 in der Nase, am Gaumen köstlich und rhythmisch. Blumiger Duft im Aromagepäck des Chianti Classico Gran Selezione '10, am Gaumen köstlich und raffiniert.

● Chianti Cl. V. Casi Ris. '11	🍷🍷🍷 5
● Chianti Cl. Gran Sel. '10	🍷🍷 6
● Borgaio '11	🍷🍷 3
● Fiore '09	🍷🍷 5
● Chianti Cl. '11	🍷 3
● Chianti Cl. Ris. '03	🍷🍷🍷 4
● Chianti Cl. '09	🍷🍷 3
● Chianti Cl. Pieve di Spaltenna '07	🍷🍷 3
● Chianti Cl. V. Casi Ris. '07	🍷🍷 5
● Chianti Cl. V. Casi Ris. '06	🍷🍷 5
● Chianti Cl. V. Poggiarso Ris. '06	🍷🍷 5
● Meletino '07	🍷🍷 2*

TOSKANA

Castello di Monsanto
VIA MONSANTO, 8
50021 BARBERINO VAL D'ELSA [FI]
TEL. +39 0558059000
www.castellodimonsanto.it

DIREKTVERKAUF
BESUCH NACH VORANMELDUNG
UNTERKUNFT
JAHRESPRODUKTION 450.000 Flaschen
REBFLÄCHE 72 Hektar

Das historische Weingut Castello di Monsanto im Chianti Classico hat nicht nur einen außerordentlichen Beitrag zur Erneuerung der Denomination mit der Definition neuer Kenngrößen geleistet, sondern ist auch derzeit in beneidenswerter Form. Für uns sind die Weine aus diesem Betrieb eine aktuelle Referenz der Denomination und der gesamten Region. Ein Verdienst der Familie Bianchi und der Magie ihres Territoriums. Die Weinberge auf 260 bis 310 Meter ü.d.M. kommen in den Genuss des lokalen Mikroklimas, das so anerkannte Edellagen wie Il Poggio ermöglicht. Die Weine sind stilistisch faszinierend, klassisch im höheren, nicht nur im technischen Sinn. Wunderbar der Riserva '11, glänzt mit einer frischen und gleichzeitig reifen Nase, Steingeruch und mineralische Züge, nicht ohne überzeugende, sehr feine, blumige Empfindungen. Auf gleichem Niveau der Gaumen: überwältigend das Wechselspiel von Säure und Wohlgeschmack, sensationell in Trinkgenuss und Länge. Großartig auch der Chianti Classico '12: jung, dicht, frisch und knackig, geringere Struktur als der größere Bruder, aber dynamisch wie wenige seinesgleichen.

● Chianti Cl. Ris. '11	▼▼▼ 5
● Chianti Cl. '12	▼▼ 3*
● Chianti Cl. '11	♀♀♀ 3*
● Chianti Cl. Il Poggio Ris. '06	♀♀♀ 6
● Nemo '01	♀♀♀ 6
● Chianti Cl. '10	♀♀ 3*
● Chianti Cl. '08	♀♀ 3
● Chianti Cl. Il Poggio Ris. '09	♀♀ 7
● Chianti Cl. Ris. '09	♀♀ 5
● Chianti Cl. Ris. '08	♀♀ 4
● Chianti Cl. Ris. '07	♀♀ 4
● Nemo '08	♀♀ 6

Castello di Poppiano
FRAZ. POPPIANO
VIA FEZZANA, 45
50025 MONTESPERTOLI [FI]
TEL. +39 05582315
www.conteguicciardini.it

DIREKTVERKAUF
BESUCH NACH VORANMELDUNG
JAHRESPRODUKTION 270.000 Flaschen
REBFLÄCHE 130 Hektar

Ferdinando Guicciardini, Besitzer dieser Kellerei, ist der Vertreter einer Familie, die eine bedeutende Rolle in der italienischen Geschichte spielt: so hatte im 16. Jahrhundert ein Vorfahre mit Namen Francesco sein Werk La Historia di Italia gerade auf der Burg von Poppiano geschrieben. Der Weinbau war stets ein wichtiger Erwerbszweig der Familie und Ferdinando setzte mit der Neupflanzung von Weingärten, Investition in moderne Kelleranlagen und der Erhaltung historischer Einrichtungen für die Weinproduktion, wie eine „vinsantaia", Dachraum an der Spitze des alten Burgturms zur Lagerung des Vin Santo, neue, entscheidende Impulse. Weitere Besitzungen sind im Anbaugebiet des Morellino di Scansano angesiedelt. Beeindruckend vor allem die Denominationsweine, mit dem Chianti Colli Fiorentini '12, intensiv und blumig in der Nase, im Körper geschmeidig und süffig, und dem Riserva '11, reiches, gut gegliedertes Aroma, solide und rhythmisch am Gaumen. Bei den Supertuscan kann sich der Tricorno '11 auszeichnen, Cuvée aus Sangiovese, Cabernet und Merlot, frisch und ausgewogen im Körper.

● Chianti Colli Fiorentini Il Cortile '12	▼▼ 2*
● Chianti Colli Fiorentini Ris. '11	▼▼ 4
● Tricorno '11	▼▼ 6
○ Campo Segreto '13	▼ 2
● La Historia '11	▼ 5
● Syrah '12	▼ 3
● Toscoforte '12	▼ 3
● Chianti Colli Fiorentini Ris. '10	♀♀ 4
● La Historia '10	♀♀ 5
● Syrah '11	♀♀ 4
● Syrah '10	♀♀ 4
● Toscoforte '11	♀♀ 4
● Tricorno '10	♀♀ 6

TOSKANA

Castello di Potentino
LOC. POTENTINO, 6
58038 SEGGIANO [GR]
TEL. +39 0564950014
www.potentino.com

DIREKTVERKAUF
BESUCH NACH VORANMELDUNG
UNTERKUNFT
JAHRESPRODUKTION 20.000 Flaschen
REBFLÄCHE 4 Hektar

Castello di Potentino ist ein unglaublicher Ort. Nicht nur wegen der so geschichtsträchtigen Mauern, sondern vielleicht noch mehr wegen der magischen Landschaft, die sie umgeben. Wir befinden uns knapp 30 Kilometer von Montalcino entfernt, die Weinberge des Hauses streifen die Denomination des Brunello; aber nichts scheint an diese unberührte Natur heranzureichen. Der Monte Amiata ist zu spüren, in jeder Hinsicht: die Landschaft zwischen den hochaufragenden, steilen Kämmen ist von einer Eigenart, die unwiederholbar ist. Hier liegt das Reich von Charlotte Horton, die dieses Weingut führt, auf dem auch ihr Bruder und ihre Mutter leben. Die Weine spiegeln das Terroir wider, aber auch Philosophie und Stil ihrer Erzeugerin. Unabhängig von der Rebe, tragen sie einen knochigen, mineralischen Zug, sie sind vertikal und vibrierend, Stoff und Frucht niemals vordringlich. Für uns am überzeugendsten der Sacromonte '10, sortenrein gekeltert aus Sangiovese, ebenso intensiv wie schlicht, schmackhaft, Nuancen von Wurzeln und Untergehölz, Gewürzen und Eisen. Ein sehr origineller Wein, mitunter humoral. Ein Sangiovese, den man probieren sollte.

● Sacromonte '10	🍷🍷 3*
● Balaxus '08	🍷🍷 3
● Piropo '10	🍷🍷 4
○ Lyncurio '13	🍷 3

Castello di Radda
LOC. IL BECCO
53017 RADDA IN CHIANTI [SI]
TEL. +39 0577738992
www.castellodiradda.it

DIREKTVERKAUF
BESUCH NACH VORANMELDUNG
JAHRESPRODUKTION 100.000 Flaschen
REBFLÄCHE 32 Hektar

Die Kellerei der Familie Beretta hat es zu einem soliden Ruf im Chianti Classico gebracht und überzeugt mit Etiketten, die im Wesentlichen das Gebiet von Radda in Chianti getreu wiedergeben. Abgesehen von einer mitunter fehlenden Kontinuität, hat sich Castello di Radda bereits eine gute stilistische Eigenständigkeit erarbeitet: die Weine im gut definierten Chianti-Charakter setzen auf Eleganz, Finesse und gute Trinkbarkeit. Diese Eigenschaften erhalten durch Kellerarbeit ohne Zwänge und Ausbau in kleinen Fässern, die sich ohne Überhang mit dem vorzüglichen Traubenmaterial verbinden, zusätzliche Unterstützung. Typischer Geruch für den Chianti Classico Castello di Radda Riserva '11, lebhafter Trinkgenuss, solide und saftig. Wohlschmeckend der Chianti Classico Castello di Radda Gran Selezione '10, aber mit noch ein wenig Holz zu verdauen, ausholend, gut definiert in der Nase. Dynamisch und würzig der Guss '11, ein sortenreiner Merlot, der sich von seinen Artgenossen abzuheben scheint.

● Chianti Cl. Castello di Radda Ris. '11	🍷🍷🍷 6
● Chianti Cl. Castello di Radda Gran Sel. '10	🍷🍷 3
● Guss '11	🍷🍷 6
● Chianti Cl. Castello di Radda '11	🍷 3
● Chianti Cl. Ris. '07	🍷🍷🍷 5
● Chianti Cl. '08	🍷🍷 3
● Chianti Cl. Castello di Radda '10	🍷🍷 3
● Chianti Cl. Castello di Radda Ris. '10	🍷🍷 6
● Chianti Cl. Poggio Selvale '10	🍷🍷 3
● Chianti Cl. Poggio Selvale Ris. '09	🍷🍷 4
● Guss '09	🍷🍷 6

TOSKANA

Castello di San Donato in Perano
LOC. SAN DONATO IN PERANO
53013 GAIOLE IN CHIANTI [SI]
TEL. +39 0577738730
www.castellosandonato.it

DIREKTVERKAUF
BESUCH NACH VORANMELDUNG
UNTERKUNFT UND GASTRONOMIE
JAHRESPRODUKTION 100.000 Flaschen
REBFLÄCHE 70 Hektar

Im 2002 eingeleiteten, önologischen Projekt von San Donato in Perano, spielt die Unterzone von Gaiole in Chianti die entscheidende Rolle. Dass sich die Weinberge der Kellerei in diesem gelobten Land der Reben befinden, aus dem noch die Lagen Domini und Montecasi besonders hervorstechen, sichert den Gewächsen eine beruhigend konstante Qualität. Im Keller gibt es keine unnötigen Zwänge und der Einsatz von großen und kleinen Fässern ist wohldosiert. So bewegen sich die erhaltenen Weine auf der Schiene von Frische und Ausgewogenheit, ganz im Einklang mit dem tiefinnersten Charakter des Terroirs. Schönes Bouquet, in dem sich rote Beeren und Erdgeruch abwechseln, für den Chianti Classico Vigneto Montecasi '11, kontrastreich am Gaumen, im Finale intensiv und tief. Würzig und rhythmisch in der geschmacklichen Wirkung ist der Chianti Classico '12, ein schlanker, aber sehr trinkfreudiger Wein. Ein wenig einfacher der Chianti Classico Riserva '11, sowohl aromatisch als auch im Geschmack, wo tendenziell trocknende Empfindungen nicht fehlen.

● Chianti Cl. '12	♛♛ 3
● Chianti Cl. Vign. Montecasi '11	♛♛ 5
● Chianti Cl. Ris. '11	♛ 4
● Chianti Cl. '11	♛♛ 3
● Chianti Cl. '10	♛♛ 3
● Chianti Cl. '09	♛♛ 3
● Chianti Cl. '07	♛♛ 3*
● Chianti Cl. Ris. '10	♛♛ 4
● Chianti Cl. Ris. '09	♛♛ 4
● Chianti Cl. Ris. '08	♛♛ 5

Castello di Sonnino
VIA VOLTERRANA NORD, 6A
50025 MONTESPERTOLI [FI]
TEL. +39 0571609198
www.castellosonnino.it

DIREKTVERKAUF
BESUCH NACH VORANMELDUNG
UNTERKUNFT
JAHRESPRODUKTION 250.000 Flaschen
REBFLÄCHE 40 Hektar

Castello di Sonnino steht seit Anfang des 19. Jahrhunderts im Besitz der Familie De Renzis, aber erst seit die heutigen Eigentümer Alessandro und Caterina 1987 das Sagen haben, erhielt der Weinbau neue Impulse und man setzte wichtige Maßnahmen zur Bestandserhaltung. Von historischer Bedeutung das Schlossarchiv mit Dokumenten des italienischen Staatsmannes Sidney Sonnino, der auch das Amt eines Regierungschefs ausgeübt hatte. Die Kellerei ist eine wichtige Größe in der Chianti-Unterzone von Montespertoli, wenn auch internationale Rebsorten in geeigneten Lagen durchaus nicht fehlen. Die antike Vinsantaia und die historischen Keller werden auch heute noch voll genutzt. Der Chianti Montespertoli '13 überrascht mit seinem gar nicht kleinen Aromagepäck, dominant die fruchtigen Noten, verfeinert durch Würze. Beginnt sehr schön am Gaumen, reich, gute Konsistenz, feine, milde Tannine. Erfreulich auch der Cantinino '09, reinsortiger Sangiovese, herb, aber nicht streng, fleischig, hervorragende, geschmackliche Länge.

● Cantinino '09	♛♛ 4
● Chianti Montespertoli '13	♛♛ 2*
○ Vin Santo del Chianti '08	♛♛ 5
● Chianti Castello di Montespertoli Ris. '10	♛ 3
● Leone Rosso '13	♛ 2
● Cantinino '08	♛♛ 5
● Cantinino '07	♛♛ 4
● Leone Rosso '10	♛♛ 2
● Lo Schiavone '06	♛♛ 5
● San Leone '07	♛♛ 6

TOSKANA

Castello di Vicchiomaggio
LOC. LE BOLLE
VIA VICCHIOMAGGIO, 4
50022 GREVE IN CHIANTI [FI]
TEL. +39 055854079
www.vicchiomaggio.it

DIREKTVERKAUF
BESUCH NACH VORANMELDUNG
UNTERKUNFT UND GASTRONOMIE
JAHRESPRODUKTION 300.000 Flaschen
REBFLÄCHE 33 Hektar

Die Etiketten von Castello di Vicchiomaggio, ein Besitz der Familie Matta, konnten sich einen durchaus nicht zweitrangigen Platz im Weinpanorama des Chianti Classico erobern. Die in Greve in Chianti auf den Hängen der Florentiner Seite gelegenen Weinberge liefern ein erstklassiges Traubengut, das im Keller ohne unnötige Zwänge verarbeitet wird. Das Ergebnis ist eine beruhigende qualitative Kontinuität mit verlässlichen, charaktervollen Weinen, stilistisch modern aber stets mit Maß und Ziel. Der Ausbau geht je nach Typologie in großen Fässern oder in Barriques vonstatten. Züge von dunkler Frucht kennzeichnen das sehr reine Aroma des Chianti Classico Vigna La Prima Gran Selezione '10, am Gaumen kontrastreich und lecker. Ein geschmeidiges, genussreiches Trinkerlebnis beschert der Chianti Classico San Jacopo da Vicchiomaggio '12, frisch und intensiv im Duft. Definiert und nicht ohne Dynamik, der Ripa delle More '11, Cuvée aus Sangiovese, Merlot und Cabernet Sauvignon.

● Chianti Cl. Vigna La Prima Gran Sel. '10	▼▼▼	7
● Chianti Cl. San Jacopo da Vicchiomaggio '12	▼▼	3
● Maremma Cabernet Sauvignon Villa Vallemaggiore '11	▼▼	3
● Ripa delle More '11	▼▼	7
● Chianti Cl. Agostino Petri da Vicchiomaggio Ris. '11	▼	5
○ Maremma Vermentino Villa Vallemaggiore '13	▼	4
● FSM '07	♀♀♀	8
● FSM '04	♀♀♀	5
● Ripa delle More '97	♀♀♀	6
● Ripa delle More '94	♀♀♀	7

Castello di Volpaia
LOC. VOLPAIA
53017 RADDA IN CHIANTI [SI]
TEL. +39 0577738066
www.volpaia.com

DIREKTVERKAUF
BESUCH NACH VORANMELDUNG
UNTERKUNFT UND GASTRONOMIE
JAHRESPRODUKTION 200.000 Flaschen
REBFLÄCHE 46 Hektar
WEINBAU Biologisch anerkannt

Zur biologischen Bewirtschaftung der Weinberge, kommt im Betrieb der Familie Mascheroni Stianti auch eine technisch einwandfreie Kellerwirtschaft. Das Ergebnis sind von Eleganz geprägte Weine, stilistisch von tadelloser, moderner Ausrichtung, angefangen mit dem überwiegenden Ausbau in kleinen Fässern, aber ohne an Persönlichkeit und Charakter einzubüßen. Eine bereits konsolidierte Ausgewogenheit, die mit verlässlicher Kontinuität die Produktpalette von Castello di Volpaia zu Vorzeigeetiketten in der Unterzone von Radda in Chianti macht. Der Chianti Classico Il Puro Vigneto Casanova Riserva '09 ist stilistisch modern, aber sehr gut gemacht. Im Aroma breit und intensiv, entspannt sich in der geschmacklichen Entfaltung mit Elan, der nur ein wenig durch die Eiche gebremst wird. Auf dem gleichen Register spielt auch der Chianti Coltassala Riserva '10, mit eisenhaltigen Noten in der Nase, würzig und rhythmisch am Gaumen. Saftig und blumig der Chianti Classico Riserva 11, einige harte Tannine zu viel.

● Chianti Cl. Coltassala Ris. '10	▼▼	7
● Chianti Cl. Il Puro Vign. Casanova Ris. '09	▼▼	8
● Balifico '10	▼▼	7
● Chianti Cl. Ris. '11	▼▼	5
● Balifico '00	♀♀♀	6
● Chianti Cl. Coltassala Ris. '04	♀♀♀	6
● Chianti Cl. Coltassala Ris. '01	♀♀♀	6
● Chianti Cl. Il Puro Vign. Casanova Ris. '08	♀♀♀	8
● Chianti Cl. Il Puro Vign. Casanova Ris. '06	♀♀♀	8
● Chianti Cl. Ris. '10	♀♀♀	5
● Chianti Cl. Ris. '08	♀♀♀	5
● Chianti Cl. Ris. '07	♀♀♀	5

TOSKANA

Castello Romitorio
Loc. Romitorio, 279
53024 Montalcino [SI]
Tel. +39 0577847212
www.castelloromitorio.com

DIREKTVERKAUF
BESUCH NACH VORANMELDUNG
UNTERKUNFT
JAHRESPRODUKTION 150.000 Flaschen
REBFLÄCHE 25 Hektar

Viele Weinfreunde haben in diesen Jahren die Erzeugnisse von Castello Romitorio ausprobiert, vielleicht anfangs mehr aus Neugierde, um zu sehen, was ein berühmter Künstler wie Sandro Chia als Winzer in Montalcino hervorbringen könne. Um dann über ein ganzheitliches, agrar-önologisches Projekt von Format zu staunen, das sich auf rund fünfzehn Hektar auf der Westseite und einigen Parzellen im Chianti-Gebiet der Colli Senesi entwickelt hat, ergänzt durch gut zehn Hektar im Land des Morellino di Scansano. Maischestandzeiten, Extrakt und Ausbau siedeln die Brunello von Castello Romitorio theoretisch unter den modernen Etiketten an, aber in den letzten Jahrgängen ist eine größere Leichtigkeit eingekehrt. Das ist genau beim 2009er der Fall, sofort erstaunlich respektvoll gegenüber den stilistischen Voraussetzungen, frisch und luftig, gut eingebettet in die Eiche, mit Orangenschale, Pflaumen und getrockneten Kräutern. Saftig und entspannt, verpasst er den Höchstpreis nur ganz knapp wegen einiger unregelmäßiger Tannine.

● Brunello di Montalcino '09	🍷🍷🍷 8
○ Costanza '13	🍷🍷🍷 3
● Morellino di Scansano '13	🍷🍷🍷 3
● Rosso di Montalcino '12	🍷🍷🍷 5
● Brunello di Montalcino '05	🍷🍷🍷 7
● Brunello di Montalcino Ris. '97	🍷🍷🍷 8
● Brunello di Montalcino '08	🍷🍷 7
● Brunello di Montalcino '07	🍷🍷 7
● Brunello di Montalcino '06	🍷🍷 7
● Brunello di Montalcino Ris. '07	🍷🍷 8
● Brunello di Montalcino XXV Vendemmia '06	🍷🍷 8
● Morellino di Scansano Ghiaccio Forte '11	🍷🍷 5
● Rosso di Montalcino '11	🍷🍷 4
● Rosso di Montalcino '10	🍷🍷 4

Castelvecchio
Loc. San Pancrazio
via Certaldese, 30
50026 San Casciano in Val di Pesa [FI]
Tel. +39 0558248032
www.castelvecchio.it

DIREKTVERKAUF
BESUCH NACH VORANMELDUNG
UNTERKUNFT
JAHRESPRODUKTION 120.000 Flaschen
REBFLÄCHE 22 Hektar

Das Weingut ist seit 1960 im Besitz der Familie Rocchi, als sich Großvater Renzo in das etwas verfallene Bauernhaus im Hinterland von Florenz verliebte, das damals der Familie Cavalcanti gehörte. Er ließ die Kelleranlagen errichten, die Weinberge anlegen und die ersten Weine erzeugen. Der entscheidende Impuls kam in den 1990er Jahren, als Sohn Carlo, mit Filippo und Stefania, voll in den Betrieb einstieg und all seine Kraft und viel Begeisterung einsetzte. Mittlerweile ist Filippo für Weinberg und Keller zuständig, während Stefania den kommerziellen Teil erledigt und auch den Agriturismo-Betrieb betreut. Die Drei Gläser verdient sich erstmals der Brecciolino '11, Cuvée aus Sangiovese, Merlot und Petit Verdot, frische, einladende Noten von gegrillten, grünen Paprikaschoten, dynamisch im Körper, frisch, maßvolle Tannine, hinreißend im Trinkgenuss und lang im Abgang. Genussvoll auch die beiden anderen IGT, Orme in Rosso '11, Cuvée gleicher Trauben aber in verschiedenen Anteilen, und der Solo Uno' 11, sortenreiner Sangiovese.

● Il Brecciolino '11	🍷🍷🍷 5
● Orme in Rosso '11	🍷🍷🍷 3
● Solo Uno '11	🍷🍷🍷 7
● Chianti Colli Fiorentini V. la Quercia Ris. '11	🍷 3
● Numero Otto '11	🍷 3
● Chianti Colli Fiorentini '09	🍷🍷 2
● Chianti Colli Fiorentini V. la Quercia Ris. '10	🍷🍷 3
● Il Brecciolino '09	🍷🍷 5
● Il Brecciolino '08	🍷🍷 5
● Numero Otto '10	🍷🍷 3
● Numero Otto '08	🍷🍷 3
● Solo Uno '09	🍷🍷 7

TOSKANA

Famiglia Cecchi
LOC. CASINA DEI PONTI, 56
53011 CASTELLINA IN CHIANTI [SI]
TEL. +39 057754311
www.cecchi.net

BESUCH NACH VORANMELDUNG
JAHRESPRODUKTION 7.500.000 Flaschen
REBFLÄCHE 292 Hektar

Die Marke Cecchi stand und steht für einen Betrieb, der mit der Denomination des Chianti Classico untrennbar verbunden ist; mit dem jüngsten entscheidenden Aufschwung der Qualität aller Etiketten, insbesondere der Spitzenselektionen, hat die Kellerei von Castellina in Chianti einen irreversiblen Qualitätssprung geschafft. Das Verdienst gebührt einer kompromisslosen Stilistik, mit der in erster Linie einer ausgeprägten Identität nachgespürt wird. Zum Besitz gehören auch Castello di Montauto in San Gimignano und Gut Val delle Rose in der Maremma. Rauchiges Aroma wechselt mit wohlriechender Frucht im Chianti Classico Villa Cerna Riserva '11, der am Gaumen Wohlgeschmack und Frische ausspielt. Intensiv und befriedigend der Coevo '11, Cuvée aus Sangiovese, Cabernet Sauvignon, Merlot und Petit Verdot, die Trauben stammen aus dem Chianti Classico und der Maremma. Solide die übrigen Etiketten, herausragend durch besonderen Trinkgenuss der Chianti Classico Villa Cerna.

● Coevo '11	🍷🍷🍷 8
● Chianti Cl. Villa Cerna Ris. '11	🍷🍷 5
● Chianti Cl. Riserva di Famiglia '11	🍷🍷 5
● Chianti Cl. Villa Cerna '12	🍷🍷 3
● Morellino di Scansano Val delle Rose Ris. '11	🍷 5
● Morellino di Scansano Val delle Rose '12	🍷 3
● Chianti Cl. Riserva di Famiglia '07	🍷🍷🍷 5
● Chianti Cl. Villa Cerna Ris. '08	🍷🍷🍷 5
● Coevo '10	🍷🍷🍷 7
● Coevo '06	🍷🍷🍷 7
● Chianti Cl. Riserva di Famiglia '10	🍷🍷 4
● Chianti Cl. Villa Cerna Ris. '10	🍷🍷 5
● Chianti Cl. Villa Cerna Ris. '09	🍷🍷 5
● Coevo '09	🍷🍷 7
● Coevo '07	🍷🍷 7

Centolani
LOC. FRIGGIALI
S.DA MAREMMANA
53024 MONTALCINO [SI]
TEL. +39 0577849454
www.tenutafriggialiepietranera.it

DIREKTVERKAUF
BESUCH NACH VORANMELDUNG
UNTERKUNFT
JAHRESPRODUKTION 260.000 Flaschen
REBFLÄCHE 70 Hektar

Zwei ziemlich unterschiedliche, aber auch komplementäre Besitzungen ergeben das hohe Potenzial für die Produktionen von Centolani. Friggiali ist im westlichen Quadranten von Montalcino angesiedelt, auf 250 bis 400 Meter Seehöhe, im offenen, gut belüfteten Gelände, auf Kalk-Mergel-Böden mit geringem Tonanteil. Gut Pietranera liegt hingegen südlicher, in der Nähe der Abbazia di Sant'Antimo, auf wesentlich geringerer Höhe und mit größeren Schlick- und Tonanteilen im Boden. Die Unterschiede im Terroir werden auch in Vergärung und Ausbau der Brunello unterstützt, wobei vorwiegend 30- und 50-hl-Fässer aus slawonischer Eiche verwendet werden. Gut betonte Diversität bei den drei Weinen '09, die für diese Ausgabe vorgelegt wurden: der Brunello della Tenuta Pietranera ist einnehmend und gelöst, der Poggiotondo rankt sich um Fruchtigkeit, aber verliert über die Distanz ein wenig an Energie. Am komplettesten ist der Tenuta Friggiali: einige Spuren von Holz schmälern nicht den üppigen, herben Trinkgenuss.

● Brunello di Montalcino Tenuta Friggiali '09	🍷🍷 5
● Brunello di Montalcino Pietranera '09	🍷🍷 5
● Brunello di Montalcino Poggiotondo '09	🍷🍷 5
● Brunello di Montalcino Tenuta Friggiali '04	🍷🍷🍷 5
● Brunello di Montalcino Tenuta Friggiali Ris. '99	🍷🍷🍷 7
● Brunello di Montalcino Pietranera '08	🍷🍷 5
● Brunello di Montalcino Pietranera '06	🍷🍷 5
● Brunello di Montalcino Tenuta Friggiali '08	🍷🍷 5
● Brunello di Montalcino Tenuta Friggiali '07	🍷 5
● Brunello di Montalcino Tenuta Friggiali '06	🍷🍷 5
● Brunello di Montalcino Tenuta Friggiali Ris. '07	🍷🍷 6

TOSKANA

Ceralti
VIA DEI CERALTI, 77
57022 CASTAGNETO CARDUCCI [LI]
TEL. +39 0565763989
www.ceralti.com

DIREKTVERKAUF
BESUCH NACH VORANMELDUNG
UNTERKUNFT
JAHRESPRODUKTION 50.000 Flaschen
REBFLÄCHE 9 Hektar
WEINBAU Biologisch anerkannt

Der kleine Familienbetrieb überzeugt bei jeder Verkostung, ein Beweis, dass Qualität und Sorgfalt in jeder Phase der Produktion eine Zielsetzung sind, die konsequent umgesetzt wird. Viel Lob für die Familie Rutili, die vom Weinberg über den Keller und bis zum Vertrieb der Flaschen, alle Phasen persönlich betreuen kann. Die Rebstöcke liegen in Meeresnähe, im Hügelland zwischen Carducci und Bolgheri. Wie gesagt, die Weine bestätigen ihre gute Machart und können sich mit reichen, territorialen Anklängen sicher im überfüllten Panorama dieser Zone behaupten. Alle Etiketten bestätigen die gute Form der Kellerei, allen voran die beiden Bolgheri Superiore. Der Alfeo '11 muss nur noch einige süße Röstnoten in der Nase verarbeiten, aber insgesamt ein eleganter Roter, der am Gaumen sogar anmutig ist. Würzige Anklänge begleiten das reife Frucht, gut durchsetzt von frischen grasigen und balsamischen Nuancen. Der Sonoro ist ein wenig reifer, aber ebenso wohlschmeckend, facettenreich und perfekt im Extrakt. Gut der Vermentino '13.

● Bolgheri Sup. Alfeo '11	5
● Bolgheri Sup. Sonoro '11	7
● Bolgheri Scirè '12	3
○ Bolgheri Vermentino '13	3
● Bolgheri Rosso Alfeo '03	4
● Bolgheri Scirè '11	3
● Bolgheri Sup. Alfeo '10	5
○ Bolgheri Vermentino Ceralti '04	2

★La Cerbaiola
P.ZZA CAVOUR, 19
53024 MONTALCINO [SI]
TEL. +39 0577848499
www.aziendasalvioni.com

DIREKTVERKAUF
BESUCH NACH VORANMELDUNG
GASTRONOMIE
JAHRESPRODUKTION 7.600 Flaschen
REBFLÄCHE 4 Hektar

Der Brunello von La Cerbaiola hat zwar noch nicht den dreißigsten Jahrgang in der Flasche gefeiert, gilt aber bereits allgemein als maßgebliche Stimme im reichhaltigen Angebot von Montalcino. Alles dreht sich um vier Hektar der Cerbaie Alte, die am Nordwesthang in circa 400 Meter Seehöhe auf Galestro-Böden liegen: idealer Lebensraum, um der unruhigen, erdigen Stimme des Sangiovese Grosso zu lauschen, respektiert in Kellerprotokollen, die aber gewiss nicht der vorgefertigten Art entsprechen, mit Spontangärung und Ausbau im 20-hl-Fass aus slawonischer Eiche. Giulio Salvioni und Ehefrau Mirella werden seit einigen Jahren vom Nachwuchs David und Alessia unterstützt. La Cerbaiola feiert die Rückkehr der Drei Gläser mit einem Brunello '09 von sicherer Persönlichkeit und Gegenständlichkeit. Das mediterran geprägte Naturell, temperamentvoll, ungestüm und fleischig, wird durch Sträucher und Gewürze, aber vor allem durch den kräftigen und entwicklungsfähigen Trinkgenuss betont, rare Qualitäten in einem Jahrgangswein dieser Art.

● Brunello di Montalcino '09	8
● Brunello di Montalcino '06	8
● Brunello di Montalcino '04	8
● Brunello di Montalcino '00	8
● Brunello di Montalcino '99	8
● Brunello di Montalcino '97	8
● Brunello di Montalcino '90	8
● Brunello di Montalcino '88	8
● Brunello di Montalcino '87	8

TOSKANA

Cerbaiona
LOC. CERBAIONA
53024 MONTALCINO [SI]
TEL. +39 0577848660

DIREKTVERKAUF
BESUCH NACH VORANMELDUNG
JAHRESPRODUKTION 18.000 Flaschen
REBFLÄCHE 3 Hektar

Die Brunello von Diego und Nora Molinari verkörpern eine einzigartige Geschichte, eine menschliche noch mehr als eine produktive. Nachdem sie die ganze Welt bereist hatten, fanden sie Anfang der 1970er Jahre das Gut Cerbaiona und blieben dort; in wenigen Lesen wurden sie zu einem Bezugspunkt, auf den die Freunde von eleganten und üppigen Brunello nicht verzichten wollen, Weine, die sich mit der Zeit entfalten, aber bereits in der Jugend einen fein ausgeprägten Ausdruck besitzen. Eine spezielle Mischung aus sensibler Interpretation und Terroir-Charakter, die mit den drei Hektar verbunden sind, die fast versteckt im östlichen Zipfel auf steinigen Galestro-Böden liegen. Vinifizierung in Zement mit Spontangärung und Ausbau im 30-hl-Fass. Nur eine Etikette wurde diesmal verkostet, der Brunello di Montalcino '09. Er ist zwar nicht ganz auf der Höhe anderer Versionen von La Cerbaiona, aber jedenfalls sehr gut gelungen, typisch mit Kirschen, Tabak und Nüssen, alles verbunden in einem schlanken, vertikalen Profil, dem es nur an Schwung und Breite fehlt.

● Brunello di Montalcino '09	▼▼ 8
● Brunello di Montalcino '06	▼▼▼ 8
● Brunello di Montalcino '04	▼▼▼ 8
● Brunello di Montalcino '01	▼▼▼ 8
● Brunello di Montalcino '99	▼▼▼ 8
● Brunello di Montalcino '97	▼▼▼ 8
● Brunello di Montalcino '90	▼▼▼ 8
● Brunello di Montalcino '88	▼▼▼ 8
● Brunello di Montalcino '85	▼▼▼ 8
● Rosso di Montalcino '07	▼▼▼ 8

Vincenzo Cesani
LOC. PANCOLE, 82D
53037 SAN GIMIGNANO [SI]
TEL. +39 0577955084
www.cesani.it

DIREKTVERKAUF
BESUCH NACH VORANMELDUNG
UNTERKUNFT
JAHRESPRODUKTION 100.000 Flaschen
REBFLÄCHE 20 Hektar
WEINBAU Biologisch anerkannt

Wie viele andere, ist auch die aus den Marken gebürtige Familie Cesani Mitte des vorigen Jahrhunderts in San Gimignano angekommen, wo in Pancole, nördlich der Stadt der Geschlechtertürme, eine richtige „Kolonie" von Winzern aus dieser Region entstanden ist. Vincenzo und die Töchter Marialuisa und Letizia fertigen als getreue Interpreten dieses Terroirs ein elegantes Angebot von Weinen, die sich durch elegant mineralische Noten, Frische und reiche Frucht auszeichnen. Letizia, die schon lange mit ihrem Vater zusammenarbeitet, ist auch Präsidentin des Konsortiums zum Schutz der Weine von San Gimignano. Fälschlich im Vorjahr rezensiert, ist der Vernaccia Sanice '11 jetzt ein komplexer, spannender Wein; getragen von einer vibrierenden Säure, ist er fruchtig und fleischig, neben fruchtigen Noten auch Nuancen von Heu und Heilkräutern; am Gaumen klassisch eleganter Abschluss mit Safran und Orangenschale. Lobenswert der Chianti Colli Senesi '13 und der Jahrgangs-Vernaccia.

○ Vernaccia di S. Gimignano Sanice '11	▼▼ 2*
● Chianti Colli Senesi '13	▼▼ 2*
○ Vernaccia di S. Gimignano '13	▼▼ 2*
● Luenzo '10	▼ 4
⊙ Serarosa '13	▼ 2
● Serisè '11	▼ 3
● Luenzo '99	▼▼▼ 4
● Luenzo '97	▼▼▼ 4*
● Luenzo '08	▼▼ 4
● Serisè '08	▼▼ 3
○ Vernaccia di S. Gimignano '12	▼▼ 2*
○ Vernaccia di S. Gimignano '11	▼▼ 2*
○ Vernaccia di S. Gimignano Sanice '09	▼▼ 3*

TOSKANA

Giovanni Chiappini
LOC. LE PRESELLE
POD. FELCIAINO, 189B
57020 BOLGHERI [LI]
TEL. +39 0565765201
www.giovannichiappini.it

DIREKTVERKAUF
BESUCH NACH VORANMELDUNG
JAHRESPRODUKTION 40.000 Flaschen
REBFLÄCHE 7 Hektar

In den letzten Jahren wurde Chiappini zu einem bekannten Namen, der bedeutende Pluspunkte bei der internationalen Kritik sammeln konnte; dementsprechend wuchs das weltweite Interesse an den Weinen des Hauses. Das liegt an einem gut getroffenen Konzept, das Ende der 1970er Jahre eingeleitet und mit Klugheit und Kompetenz fortgesetzt wurde. Mit jedem kultivierten Hektar verfolgte der Betrieb seinen Weg nach oben, behielt aber dennoch eine maßvolle Größe bei. Kleine Zahlen, hohe Qualität. Das ist die einfache Philosophie des Hauses. Die Weine sind reich, stofflich und stilistisch tadellos. Zu unseren Lieblingsweinen gehört diesmal der Lienà Cabernet Sauvignon '11: intensiv und lecker, dicht und komplex, glänzt er mit anmutigen Noten roter und schwarzer Beeren, gut gebettet in elegante Röstnuancen und feine, grasige Züge. Stets gut der Lienà Cabernet Franc '11, nur noch ein wenig benachteiligt von einigen Unstimmigkeiten, die der Fassausbau hinterlassen hat. Ausgezeichnet die Vorstellung des Bolgheri Felciaino '12.

Le Chiuse
LOC. PULLERA, 228
53024 MONTALCINO [SI]
TEL. +39 055597052
www.lechiuse.com

DIREKTVERKAUF
BESUCH NACH VORANMELDUNG
UNTERKUNFT
JAHRESPRODUKTION 25.000 Flaschen
REBFLÄCHE 8 Hektar
WEINBAU Biologisch anerkannt

Obgleich erst Ende der 1980er Jahre gegründet, konnte sich Le Chiuse bereits fest im Spitzenfeld der Montalcino-Weine etablieren. Simonetta Valiani und Nicolò Magnelli leiten diesen Betrieb, dessen Entwicklung eng mit der Familie Biondi Santi verbunden ist, die ihre legendären Riserva viele Jahre lang aus den Trauben der kellernahen Parzellen am Nordhang gegenüber der Hügel von Montosoli gekeltert hat. Es sind circa sechs Hektar mit biologischer Bewirtschaftung und ganz der Sangiovese vorbehalten, die charakterstark und mit sicherer Technik interpretiert wird: Spontangärung und langer Ausbau im Eichenfass mit 20, 30 und 50 Hektoliter. Die prachtvollen Ausführungen der letzten Jahre wiederholt er nicht, aber der Brunello '09 bleibt eine Interpretation, die dem Stil von Le Chiuse absolut treu bleibt. Getrocknete Blüten, gelber Pfirsich, leicht würzig, für die tertiäre Entwicklung ist ein sehr straffer, reaktiver Gaumen das Gegengewicht; nur ein wenig trocken und hurtig im Abgang.

● Lienà Cabernet Sauvignon '11	🍷🍷 7
● Bolgheri Rosso Felciaino '12	🍷🍷 3
● Lienà Cabernet Franc '11	🍷🍷 7
○ Bolgheri Vermentino Le Grottine '12	🍷 3
● Lienà Merlot '11	🍷 7
● Lienà Petit Verdot '11	🍷 8
● Bolgheri Rosso Ferrugini '11	🍷🍷 3
● Bolgheri Sup. Gaudo de' Gemoli '09	🍷🍷 6
● Bolgheri Sup. Gaudo de' Gemoli '08	🍷🍷 6
● Lienà Cabernet Franc '10	🍷🍷 7
● Lienà Cabernet Franc '09	🍷🍷 7
● Lienà Cabernet Sauvignon '10	🍷🍷 7
● Lienà Cabernet Sauvignon '09	🍷🍷 7

● Brunello di Montalcino '09	🍷🍷 7
● Rosso di Montalcino '12	🍷🍷 4
● Brunello di Montalcino '07	🍷🍷🍷 7
● Brunello di Montalcino Ris. '07	🍷🍷🍷 8
● Brunello di Montalcino '08	🍷🍷 7
● Brunello di Montalcino '06	🍷🍷 6
● Brunello di Montalcino Ris. '06	🍷🍷 8
● Rosso di Montalcino '11	🍷🍷 4
● Rosso di Montalcino '10	🍷🍷 3

TOSKANA

Fattoria di Cinciano

LOC. CINCIANO, 2
53036 POGGIBONSI [SI]
TEL. +39 0577936588
www.cinciano.it

JAHRESPRODUKTION 70.000 Flaschen
REBFLÄCHE 25 Hektar

Der seit 1983 im Besitz der Familie Garré stehende Betrieb ist bei Poggibonsi angesiedelt. Die Arbeit im Weinberg setzt auf Schonung der Umwelt und im Keller werden keine unnötigen Zwänge angewendet. Der Ausbau ist maßvoll und geht vorwiegend in kleinen Fässern vor sich. So entsteht eine Palette sehr interessanter Etiketten, die auf meisterhafte Weise Süffigkeit und Eleganz verbinden, aber auch Treue zum Herkunftsterroir und einen Charakter von tendenziell hohem Erkennungswert beweisen. Eine zu Üppigkeit neigende Frucht im Dialog mit erdigen Noten, so das Bouquet des Chianti Classico Riserva '11, der am Gaumen in einer lebhaften, wohlschmeckenden Progression seine Stärke hat. Rauchiges Aroma begleitet den schönen Kirschenduft des Chianti Classico '12, der sich am Gaumen als linear, frisch und lecker erweist. Der Pietraforte '09, Cuvée aus Sangiovese, Merlot und Cabernet Sauvignon, ist noch unbescholten und vor allem geprägt durch die sortentypischen Noten der Cabernet.

● Chianti Cl. '12	🍷🍷 3
● Chianti Cl. Ris. '11	🍷🍷 3
● Cinciano '12	🍷 2
● Pietraforte '09	🍷 2
● Chianti Cl. '11	🍷🍷 3
● Chianti Cl. '06	🍷🍷 3
● Chianti Cl. Ris. '10	🍷🍷 3*
● Chianti Cl. Ris. '06	🍷🍷 4
● Chianti Cl. Ris. '05	🍷🍷 4
● Pietraforte '11	🍷🍷 2*
● Pietraforte '07	🍷🍷 4

Le Cinciole

VIA CASE SPARSE, 83
50020 PANZANO [FI]
TEL. +39 055852636
www.lecinciole.it

DIREKTVERKAUF
BESUCH NACH VORANMELDUNG
JAHRESPRODUKTION 45.000 Flaschen
REBFLÄCHE 11 Hektar
WEINBAU Biologisch anerkannt

Panzano ist eine idyllische Unterzone der Denomination des Chianti Classico. Das Gebiet ist sowohl klimatisch als auch hinsichtlich der Bodenbeschaffenheit ein genau definiertes Gebiet. Mit einer überproportionalen Zahl von zertifizierten Betrieben, gehört es auch zu den Pionieren für biologischen Anbau. Dieses Terroir wird von Le Cinciole zuverlässig und elegant interpretiert, mit saftigen, vertikal angelegten und geschmacklich dichten Roten. Nur Chianti Classico '11 und Rosato '13 wurden diesmal vorgelegt. In Erwartung des Petresco, Flaggschiff unter den Roten im Sortiment, freuen wir uns über zwei vorzügliche Etiketten, die Stil und Qualität des Hauses bestätigen. Der Chianti Classico ist definiert und schmeichelnd, Erinnerung an Wiesenblumen und ein spannender Steingeruch in der Nase. Am Gaumen rassig, saftig, süß im fruchtigen Rahmen und gleichzeitig würzig. Eine Köstlichkeit.

● Chianti Cl. '11	🍷🍷 3
⊙ Rosato '13	🍷🍷 2*
● Camalaione '04	🍷🍷🍷 7
● Chianti Cl. Petresco Ris. '01	🍷🍷🍷 7
● Camalaione '06	🍷🍷 7
● Chianti Cl. '10	🍷🍷 3
● Chianti Cl. '07	🍷🍷 3
● Chianti Cl. Petresco Ris. '08	🍷🍷 5
● Chianti Cl. Petresco Ris. '07	🍷🍷 5
● Chianti Cl. Petresco Ris. '05	🍷🍷 5

TOSKANA

Donatella Cinelli Colombini
Loc. Casato Prime Donne
53024 Montalcino [SI]
Tel. +39 0577662108
www.cinellicolombini.it

DIREKTVERKAUF
BESUCH NACH VORANMELDUNG
UNTERKUNFT UND GASTRONOMIE
JAHRESPRODUKTION 150.000 Flaschen
REBFLÄCHE 34 Hektar

Viele, nicht nur der enge Kreis von Enthusiasten, kennen diese erste italienische Kellerei mit einer rein weiblichen Belegschaft. Donatella Cinelli Colombini startete dieses Projekt, nachdem sie 1998 aus dem Familienbetrieb ausgetreten war und mit Fattoria del Colle in Trequanda und Casato Prime Donne in Montalcino, das wie immer von uns besprochen wird, ihre eigenen Unternehmen gründete. Mehr als fünfzig Hektar liefern die Basis für einen maßvoll modernen Brunello, fruchtig reif im Ausdruck und mit einer mitunter extraktreichen, würzigen Anlage, die auch durch den Ausbau in Fässern verschiedener Größen und Herkunft entsteht. Wir warten immer noch, dass die Brunello von Casato Prime Donne an Persönlichkeit und Territorialität zulegen, aber der 2009er ist jedenfalls gut gemacht und kann die Nuancen von Holz mit einer frischen, balsamischen Spur verbinden. Herber, aber auch ein wenig plötzlich im Abgang, der Brunello Riserva '08.

● Brunello di Montalcino '09	🍷🍷 5
● Brunello di Montalcino Ris. '08	🍷 8
● Brunello di Montalcino Prime Donne '01	🍷🍷🍷 6
● Brunello di Montalcino '06	🍷🍷 5
● Brunello di Montalcino '05	🍷🍷 5
● Brunello di Montalcino Prime Donne '08	🍷🍷 6
● Brunello di Montalcino Prime Donne '07	🍷🍷 6
● Brunello di Montalcino Prime Donne '05	🍷🍷 6
● Brunello di Montalcino Ris. '07	🍷🍷 8
● Brunello di Montalcino Ris. '06	🍷🍷 7
● Brunello di Montalcino Ris. '05	🍷🍷 6
● Rosso di Montalcino '09	🍷🍷 3

Citille di Sopra
Fraz. Torrenieri
Loc. Citille di Sopra, 46
53024 Montalcino [SI]
Tel. +39 0577832749
www.citille.com

DIREKTVERKAUF
BESUCH NACH VORANMELDUNG
JAHRESPRODUKTION 35.000 Flaschen
REBFLÄCHE 6 Hektar

Die Ortschaft Torrenieri im nordöstlichen Quadranten von Montalcino gab auch dem 1957 von Fulvio Innocenti gegründeten Betrieb den Namen. Seit 1997 steht Sohn Fabio am Steuer. Sechs der über hundert Hektar Eigengrund gehören der Sangiovese Grosso, die sich hier großzügig und trocken entwickelt, was auch auf die nicht sehr tiefen Ton- und Kalkböden, mit Einlagerungen von Tuffstein, und die Lage auf rund 300 Meter Höhe zurückzuführen ist. Im Keller werden Vinifizierung und Lagerung auf den Jahrgang abgestimmt; es gibt Holz verschiedener Größen und Herkunft. Den Wettstreit der Sangiovese auf Citille di Sopra gewinnt diesmal der Rosso di Montalcino '12: ein Wein von kräftiger, knackiger Frucht, sicher gestützt auf einen straffen, dichten Geschmack. Für den Brunello Vigna Poggio Ronconi '09 braucht es noch ein wenig Geduld, er ist ebenso reichhaltig, aber strenger im Ausdruck. Der Brunello '09, schlicht und einfach gut.

● Brunello di Montalcino V. Poggio Ronconi '09	🍷🍷 5
● Rosso di Montalcino '12	🍷🍷 3
● Brunello di Montalcino '09	🍷 5
● Brunello di Montalcino '06	🍷🍷🍷 5
● Brunello di Montalcino V. Poggio Ronconi '07	🍷🍷🍷 5
● Brunello di Montalcino '08	🍷🍷 5
● Brunello di Montalcino '04	🍷🍷 5
● Brunello di Montalcino Ris. '06	🍷🍷 7
● Brunello di Montalcino V. Poggio Ronconi '08	🍷🍷 5
● Rosso di Toscana '10	🍷🍷 2*

TOSKANA

★Tenuta Col d'Orcia
VIA GIUNCHETTI
53020 MONTALCINO [SI]
TEL. +39 057780891
www.coldorcia.it

DIREKTVERKAUF
BESUCH NACH VORANMELDUNG
JAHRESPRODUKTION 800.000 Flaschen
REBFLÄCHE 142 Hektar
WEINBAU Biologisch anerkannt

Einen ganzen Hügel am Südhang von Montalcino, am Ufer des Orcia-Flusses, nimmt das 1973 von der Familie Marone Cinzano erworbene und heute von Graf Francesco geführte Gut ein. Insgesamt über 500 Hektar, ein knappes Fünftel bestockt, mikroklimatisch beeinflusst durch den Monte Amiata und meist lockere, skelettreiche Böden. Seit 1982 wird der Sangiovese Grosso von Poggio al Vento separat vergoren, einer der ersten Cru in der Geschichte des Brunello, Reifezeit von fast vier Jahren in 25- und 75-hl-Fässern aus Allier- und Slawonien-Eiche. Das umfangreiche Angebot vervollständigen einige weitere Etiketten, zu denen auch internationale Sorten beitragen. Die besten Signale kommen von den klassischen Etiketten des Hauses Col d'Orcia, angefangen mit einem Rosso '12, diszipliniert und gefällig, aber gar nicht banal. Der warme Jahrgang nimmt hingegen dem Poggio al Vento Riserva '07 ein wenig an würziger Kraft und Komplexität, aber die Süße der Frucht und pünktlicher Extrakt sind allemal vorhanden.

- Brunello di Montalcino '09 — 7
- Brunello di Montalcino Poggio al Vento Ris. '07 — 8
- Rosso di Montalcino '12 — 4
- ○ Moscadello di Montalcino V. T. Pascena '10 — 6
- Spezieri '13 — 2
- Brunello di Montalcino Poggio al Vento Ris. '06 — 8
- Brunello di Montalcino Poggio al Vento Ris. '04 — 8
- Brunello di Montalcino Poggio al Vento Ris. '99 — 8
- Brunello di Montalcino Poggio al Vento Ris. '97 — 7
- Brunello di Montalcino Poggio al Vento Ris. '95 — 7

Colle Massari
LOC. POGGI DEL SASSO
58044 CINIGIANO [GR]
TEL. +39 0564990496
www.collemassari.it

DIREKTVERKAUF
BESUCH NACH VORANMELDUNG
UNTERKUNFT
JAHRESPRODUKTION 500.000 Flaschen
REBFLÄCHE 110 Hektar
WEINBAU Biologisch anerkannt

Maria Iris und Claudio Tipa sind Eigentümer der Burg im Gebiet von Montecucco; sie war die Ausgangsbasis für die Gründung einer Gruppe hochwertiger Weingüter, die später mit dem Erwerb der Kellerei Grattamacco in Bolgheri und dem Gut Poggio di Sotto in Montalcino eine Fortsetzung fand. Durch ihren Einsatz konnte diese junge Denomination von Grosseto sehr rasch zu internationaler Bekanntheit aufsteigen. Nicht nur der Weinberg wird nach biologischen Regeln bearbeitet, auch beim Bau des Kellers folgte man bioarchitektonischen Grundsätzen. Über die Drei Gläser freut sich der Montecucco Sangiovese Riserva Poggio Lombrone '10, intensiv das Bouquet, in dem sich Thymian und Salbei mit der homogener Fruchtigkeit von Johannisbeeren und Kirschen abwechseln, durchsetzt von würzigen Empfindungen. Am Gaumen warm, harmonisch, gut ausgewogen, im Finale lang und komplex. Frisch und gut aufgebaut der Montecucco Rosso Riserva '11, wendig und schmackhaft der Rigoleto '12.

- Montecucco Sangiovese Lombrone Ris. '10 — 6
- Montecucco Rosso Rigoleto '12 — 2*
- Montecucco Rosso Ris. '11 — 3
- ⊙ Grottolo '13 — 2
- ○ Montecucco Vermentino Le Melacce '13 — 3
- Montecucco Rosso Colle Massari Ris. '08 — 3
- Montecucco Sangiovese Lombrone Ris. '09 — 6
- Montecucco Sangiovese Lombrone Ris. '08 — 6
- Montecucco Sangiovese Lombrone Ris. '06 — 6
- Montecucco Sangiovese Lombrone Ris. '05 — 6

TOSKANA

Colle Santa Mustiola
via delle Torri, 86a
53043 Chiusi [SI]
Tel. +39 057820525
www.poggioaichiari.it

DIREKTVERKAUF
BESUCH NACH VORANMELDUNG
JAHRESPRODUKTION 18.000 Flaschen
REBFLÄCHE 5 Hektar

In einem hochwertigen Gebiet an der Grenze zwischen Toskana und Umbrien, auf marinen Sandböden, reich an Kies und Ton, ist diese erstaunliche Unternehmung von Fabio Cenni entstanden. Die Leidenschaft für Wein und besonders für die Sangiovese bewog den Besitzer zu gründlichen Untersuchungen von alten Stöcken. So wurden verschiedene Klone ausgewählt, einige noch aus der Zeit vor der Reblausplage, um mit Formen sehr dichter Kulturen, einschließlich Buscherziehung, zu experimentieren. Für den Keller mit großen und kleinen Fässern wird zum Teil ein altes Etruskergrab genutzt. Die Weine sind prachtvoll, zumindest für Freunde eines authentischen, blutvollen Sangiovese, der zu langen Entwicklungen in der Flasche fähig ist. Poggio ai Chiari, der bei Weinfreunden für seine Authentizität und unglaubliche Lagerfähigkeit bereits wohlbekannte Rote, kann einen weiteren, gelungenen Jahrgang abliefern. Es ist der 2007er, die Farbe ist gut, etwas ausgeprägter als der Vorgänger, die Nase anmutig blumig mit einem fruchtigen Schmelz und aufblitzender Mineralität. Der Jahrgang beschert das richtige Maß an Extrakt und Reife, ohne die typische, natürliche Eleganz zu beeinträchtigen.

● Poggio ai Chiari '07	🍷🍷🍷 6
● Vigna Flavia '10	🍷🍷🍷 5
● Poggio ai Chiari '06	🍷🍷🍷 6
● Poggio ai Chiari '05	🍷🍷 6
● Poggio ai Chiari '04	🍷🍷 6
● Poggio ai Chiari '03	🍷🍷 6
● Poggio ai Chiari '02	🍷🍷 6
● Vigna Flavia '09	🍷🍷 5

Fattoria Colle Verde
fraz. Matraia
loc. Castello
55010 Lucca
Tel. +39 0583402310
www.colleverde.it

DIREKTVERKAUF
BESUCH NACH VORANMELDUNG
JAHRESPRODUKTION 30.000 Flaschen
REBFLÄCHE 7 Hektar

Colle Verde ist eine Garantie, wenn Authentizität, Winzerqualität und ein lauterer Charakter gefragt sind. Ohne Zweifel, der Betrieb ist eine interessante Bezugsgröße der Zone und liefert Weine, die sich keinem Schema und keiner Standardisierung beugen. Vollbracht wird das mit aller Leidenschaft von Piero Tartagni und Francesca Pardini, die seit mehreren Jahren der Stadt den Rücken gekehrt haben und fix nach Matraia übersiedelt sind, wo sie ihren richtigen Platz in der Land- und Weinwirtschaft der Toskana gefunden haben. Die Bewirtschaftung ist umweltschonend und seit Jahren auf dem Weg einer biodynamischen Landwirtschaft. Sehr gut gefiel uns der Terre di Matraja '11. Gekeltert aus hauptsächlich Sangiovese-Trauben, komplettiert durch kleine Zugaben von Canaiolo und Ciliegiolo. Schlankes Profil mit schönen Kontrasten, präzis geführte Gerbstoffe, würzig und entspannt. Der Nero della Spinosa '11 beweist Ausgewogenheit und Extrakt. Ihn beleben Akzente von dunklen Waldbeeren und Nuancen von Kakao vor einem von Würzigkeit geprägten Hintergrund.

● Colline Lucchesi Rosso Terre di Matraja '11	🍷🍷 2*
○ Brania del Cancello '13	🍷🍷 4
○ Colline Lucchesi Bianco Terre di Matraja '13	🍷🍷 2*
● Colline Lucchesi Rosso Brania delle Ghiandaie '11	🍷🍷🍷 5
● Nero della Spinosa '11	🍷🍷🍷 5
● Colline Lucchesi Rosso Brania delle Ghiandaie '09	🍷🍷 4
● Colline Lucchesi Rosso Brania delle Ghiandaie '08	🍷🍷 5
● Colline Lucchesi Rosso Brania delle Ghiandaie '07	🍷🍷 4
● Colline Lucchesi Rosso Terre di Matraja '09	🍷🍷 2*
● Nero della Spinosa '09	🍷🍷 5
● Nero della Spinosa '08	🍷🍷 5

Chianti Classico Gran Selezione

Nerento
Eine Emotion die alle Sinne begeistert.

Tenuta VILLA TRASQUA

Località Trasqua
53011 Castellina in Chianti
Siena - Tuscany - Italy
Tel. +39 0577 74 30 75

www.villatrasqua.it
info@villatrasqua.it

PROWEIN 2015 - Halle 15, D68
VINITALY 2015 - Pad. 8, D2

Eccellenza Italiana

TENUTA DI LILLIANO

www.lilliano.it

TOSKANA

Collelceto

LOC. CAMIGLIANO
POD. LA PISANA
53024 MONTALCINO [SI]
TEL. +39 0577816606
www.collelceto.it

DIREKTVERKAUF
BESUCH NACH VORANMELDUNG
JAHRESPRODUKTION 22.000 Flaschen
REBFLÄCHE 6 Hektar

Der kleine Familienbetrieb mit Elia Palazzesi am Ruder, bezieht seinen Namen aus der Botanik: die knapp sechs Hektar Rebland sind von Steineichen umgeben, die hier allgemein „leccio" genannt werden. Weinberg und Keller sind im Südwest-Sektor von Montalcino angesiedelt, der schluchtartig am Ombrone-Fluss verläuft und dem Sangiovese Grosso einen ausgeprägt mediterranen Charakter beschert. Milde Meereswinde, tonig-lehmige Böden mit reichen Skelettanteilen, eine Lage, die nur an wenigen Stellen die 200 Meter übersteigt: all diese Voraussetzungen begünstigen maßvoll stoffliche Brunello, die nach langen Reifespannen in Barriques und mittelgroßen Eichenfässern präsentiert werden. Die Weine von Collelceto werden vermutlich auch diesmal Weinfreunde zu schätzen wissen, die vor allzu gefügigen Sangiovese zurückschrecken. Der Rosso '12 beschert ein rauchiges und balsamisches Timbre, das sich im ein wenig schroffen Mund wiederholt, die gleiche Strenge, die in dieser Phase den glutvollen Brunello '09 bremst.

● Brunello di Montalcino '09	♀♀ 5
● Rosso di Montalcino '12	♀♀ 3
● Brunello di Montalcino '06	♀♀♀ 5
● Brunello di Montalcino '08	♀♀ 5
● Brunello di Montalcino '07	♀♀ 5
● Brunello di Montalcino '03	♀♀ 5
● Brunello di Montalcino Elia Ris. '07	♀♀ 6
● Brunello di Montalcino Elia Ris. '06	♀♀ 6
● Rosso di Montalcino '10	♀♀ 3*

Il Colombaio di Santa Chiara

LOC. RACCIANO
VIA SAN DONATO, 1
53037 SAN GIMIGNANO [SI]
TEL. +39 0577942004
www.colombaiosantachiara.it

DIREKTVERKAUF
BESUCH NACH VORANMELDUNG
UNTERKUNFT
JAHRESPRODUKTION 80.000 Flaschen
REBFLÄCHE 12 Hektar
WEINBAU Biologisch anerkannt

Alessio Logi ist mit Herz und Seele Winzer in seinem schönen Weingut in San Donato, wo er mit den Jahren zum einfühlsamen und klugen Interpreten des traditionsreichen, weißen Toskaners geworden ist. Für einen großen Vernaccia braucht es gute Weinberge, gut ausgerüstete Kelleranlagen, aber vor allem ein besonderes Einfühlungsvermögen: an diesen Elementen fehlt es Alessio ganz gewiss nicht, wie seine hochwertigen Etiketten beweisen, aber er kümmert sich auch um die weiteren Erzeugnisse im Betrieb und einen Agriturismo. Wenn im Vorjahr der hinreißende Jahrgang 2011 des Campo della Pieve die Drei Gläser erobern konnte, ist diesmal der Riserva Albereta '11 an der Reihe, der in circa 8 Monaten in kleinen neuen Fässern zur Reife kommt. Er kann mit Komplexität, Struktur und Charakter aufwarten, aber auch mit erstaunlicher Süffigkeit und Ausgewogenheit, die ihn zum großartigen Weißen machen. Profiliert, belebt durch pflanzliche Nuancen, schmackhaft und reich an Fruchtfleisch, lang im Abgang, der von Vanille und Zitrusfrucht geprägt ist.

○ Vernaccia di S. Gimignano Albereta Ris. '11	♀♀♀ 4*
○ Vernaccia di S. Gimignano Campo della Pieve '12	♀♀ 4
○ Vernaccia di San Gimignano Selvabianca '13	♀♀ 2*
● Chianti Colli Senesi Campale '12	♀ 2
⊙ Rosato Cremisi '13	♀ 2
● S. Gimignano Rosso Colombaio '09	♀ 5
○ Vernaccia di S. Gimignano Campo della Pieve '11	♀♀♀ 3*
⊙ Rosato Cremisi '12	♀♀ 2*
○ Vernaccia di S. Gimignano Albereta Ris. '10	♀♀ 3
○ Vernaccia di S. Gimignano Campo della Pieve '10	♀♀ 3
○ Vernaccia di San Gimignano Selvabianca '11	♀♀ 2*

TOSKANA

Il Conventino
FRAZ. GRACCIANO
VIA DELLA CIARLIANA, 25B
53040 MONTEPULCIANO [SI]
TEL. +39 0578715371
www.ilconventino.it

DIREKTVERKAUF
BESUCH NACH VORANMELDUNG
JAHRESPRODUKTION 55.000 Flaschen
REBFLÄCHE 12 Hektar
WEINBAU Biologisch anerkannt

Die Liebe zum Wein von drei Brüdern war ausschlaggebend, dass 2003 diese Kellerei gegründet wurde. Pino, Duccio und Alessandro, Rechtsanwälte von Beruf aber mit der Leidenschaft für Wein und Gastronomie, erfüllten sich ihren Traum und vereinigten zwei Betriebe, die im Territorium von Montepulciano bereits eine biologische Landwirtschaft betrieben. Die Leitung wurde von Anfang an Alberto, dem Sohn Pinos, anvertraut, der mittlerweile auch von Enzo, dem Sohn von Duccio, unterstützt wird. Die Rebflächen liegen im Hügelland zwischen dem Val di Chiana und dem Val d'Orcia, auf Seehöhen von 250 bis 580 Meter. Das Finale erreichen die beiden Nobile-Ausführungen: der 2011er mit einem facettenreichen Aromagepäck, fruchtig, mit Heidelbeere und Johannisbeere, würziger Zimthauch und leichter Körper, gut verteilte, nicht aufdringliche Tannine. Der Riserva '10 umschmeichelt die Nase mit tertiären Gerüchen, wuchtig der Körper, strukturiert, ohne Ermüdung, für ein schönes, würziges Finale.

● Nobile di Montepulciano '11	🍷 4
● Nobile di Montepulciano Ris. '10	🍷🍷 5
● Nobile di Montepulciano '10	🍷🍷🍷 4*
● Nobile di Montepulciano '09	🍷🍷 4
● Nobile di Montepulciano Ris. '09	🍷🍷 5
● Nobile di Montepulciano Ris. '08	🍷🍷 5
● Rosso di Montepulciano '12	🍷🍷 2*

Villa Le Corti
LOC. LE CORTI
VIA SAN PIERO DI SOTTO, 1
50026 SAN CASCIANO IN VAL DI PESA [FI]
TEL. +39 055829301
www.principecorsini.com

DIREKTVERKAUF
BESUCH NACH VORANMELDUNG
UNTERKUNFT
JAHRESPRODUKTION 150.000 Flaschen
REBFLÄCHE 50 Hektar

Wenn sich die Familie Corsini in der Vergangenheit vor allem als große Förderer von Kunst hervorgetan hatte, tut sie das heute in der Landwirtschaft und vor allem im Weinbau. Mit Wein beschäftigt sich Duccio Corsini auf den Gütern Le Corti im Chianti Classico und Tenuta di Marsiliana in der Maremma von Grosseto. Die Etiketten des Weingutes von San Casciano in Val di Pesa haben sich speziell in der jüngsten Zeit stilistisch einer Chianti-Tradition genähert und zeichnen sich durch Charakter und Ausgewogenheit aus. Ein grasiger Hauch leitet zu den fruchtigen Aromen des schön gemachten Chianti Classico Don Tommaso Gran Selezione '10 über, am Gaumen voll und reaktiv. Vor allem angenehm ist der Chianti Classico '11, ungemein frische Aromen, am Gaumen saftig und gut im Rhythmus. Großzügig und schmelzend der Birillo '11, Cuvée auf Basis von Cabernet Sauvignon und Merlot, der im Maremma-Gut von Marsiliana gefertigt wird.

● Chianti Cl. Don Tommaso Gran Sel. '10	🍷🍷 5
● Birillo Tenuta Marsiliana '11	🍷🍷 5
● Chianti Cl. Le Corti '11	🍷🍷 4
● Chianti Cl. Cortevecchia Ris. '10	🍷 4
● Chianti Cl. Cortevecchia Ris. '05	🍷🍷🍷 4
● Chianti Cl. Don Tommaso '99	🍷🍷🍷 4*
● Chianti Cl. Le Corti '10	🍷🍷🍷 3*
● Chianti Cl. A-101 Ris. '07	🍷🍷 3
● Chianti Cl. A-101 Ris. '06	🍷🍷 3*
● Chianti Cl. Cortevecchia Ris. '09	🍷🍷 4
● Chianti Cl. Cortevecchia Ris. '07	🍷🍷 4
○ Vin Santo del Chianti Cl. Sant'Andrea '99	🍷🍷 6

TOSKANA

Fattoria Corzano e Paterno

VIA SAN VITO DI SOPRA
50020 SAN CASCIANO IN VAL DI PESA [FI]
TEL. +39 0558248179
www.corzanoepaterno.com

DIREKTVERKAUF
BESUCH NACH VORANMELDUNG
UNTERKUNFT
JAHRESPRODUKTION 85.000 Flaschen
REBFLÄCHE 19 Hektar
WEINBAU Biologisch anerkannt

Die Geschichte der Familien Gelpke und Goldschmid könnte gut die Vorlage zu einer Familiensaga oder einer TV-Serie liefern, denn zahlreich waren die Geschehnisse in den fast fünfzig Jahren, als ein verlassenes Brachland zu diesem Vorzeigegut gemacht wurde, aufgebaut nach modernen Kriterien, aber stets respektvoll gegenüber dem Land, seinen Zeiten und der Natur. Die Initiative zu diesem Projekt kam vom Schweizer Architekten Wendelin Gelpke, der die Reben wieder an diesen Ort zurückbrachte und auch eine Käserei einrichtete, neben einem exzellenten Olivenöl immer noch die wichtigsten Aktivitäten im Betrieb. Zwei Weine erreichen das Finale. Der Corzano '11, aus Sangiovese mit Cabernet Sauvignon und Merlot, elegantes Aromagepäck, in dem sich Salbei und Lorbeerblatt mit dunklen Beeren verbinden. Präsentiert sich am Gaumen rund und schmackhaft, feine Tannine, Finale klar und frisch. Sehr gefällig auch der Chianti I Tre Borri '11, reife Fruchtigkeit, schlanker Körper und appetitlich im Finale.

● Chianti I Tre Borri Ris. '11	🍷🍷 5
● Il Corzano '11	🍷🍷 5
● Chianti Terre di Corzano '12	🍷 3
○ Il Corzanello '13	🍷 2
● Chianti I Tre Borri Ris. '07	🍷🍷🍷 5
● Il Corzano '05	🍷🍷🍷 5
● Il Corzano '10	🍷🍷 5
○ Passito di Corzano '11	🍷🍷 6

Andrea Costanti

LOC. COLLE AL MATRICHESE
53024 MONTALCINO [SI]
TEL. +39 0577848195
www.costanti.it

DIREKTVERKAUF
BESUCH NACH VORANMELDUNG
JAHRESPRODUKTION 60.000 Flaschen
REBFLÄCHE 12 Hektar

Das Panorama des Montalcino war vom heutigen völlig verschieden, als Andrea Costanti 1983 beschloss, sich hauptberuflich dem Familienbesitz in Colle al Matrichese zu widmen. Es gab nur wenige Betriebe, die selbst abfüllten und seine Brunello wurden sofort als hochklassige Interpretationen erkannt, ausgestattet mit stofflicher Substanz und einem geschmacklichen Muster, das es mit Geduld und Aufmerksamkeit zu erwarten gilt. Eine souveräne Lesart der Lagen östlich der Ortschaft, gelegen zwischen 300 und 450 Meter, die durch karge Böden mit starker Dominanz von Kalkmergel bestimmt werden. Vollendet wird die Arbeit im Keller mit langer Maischegärung und Ausbau in Tonneau und großem Holz. Technische Details, die angesichts der Kontinuität im Ausdruck der Brunello von Andrea Costanti nebensächlich sind: der 2009er betont seine ungezähmte Natur, erweitert durch Anklänge von dunklen Früchten, Leder, schwarzen Oliven, die sich zu einem nur ein klein wenig zu strengen, aber zweifellos breiten und dichten Gaumen entfaltet.

● Brunello di Montalcino '09	🍷🍷 6
● Brunello di Montalcino '06	🍷🍷🍷 6
● Brunello di Montalcino '88	🍷🍷🍷 6
● Brunello di Montalcino '08	🍷🍷 6
● Brunello di Montalcino '07	🍷🍷 6
● Brunello di Montalcino Ris. '07	🍷🍷 8
● Brunello di Montalcino Ris. '06	🍷🍷 8
● Rosso di Montalcino '11	🍷🍷 4

TOSKANA

La Cura
LOC. CURA NUOVA, 12
58024 MASSA MARITTIMA [GR]
TEL. +39 0566918094
www.cantinalacura.it

DIREKTVERKAUF
BESUCH NACH VORANMELDUNG
JAHRESPRODUKTION 30.000 Flaschen
REBFLÄCHE 12 Hektar

Andrea Corsi, Vater des aktuellen Eigentümers Enrico, erwarb den Betrieb Ende 1960, der nach der Tradition jener Zeit vorwiegend Getreide und Gemüse angebaut hatte. Die ersten Rebstöcke nahmen eine Fläche von zwei Hektar ein und Ende des vorigen Jahrhunderts wurden die ersten Flaschen abgefüllt. Zahlreiche Sorten folgten, die in Zusammenarbeit mit der Universität Pisa ökologisch korrekt behandelt werden. Das umweltbewusste Konzept wird auch durch eine Photovoltaikanlage bestätigt, mit der die nötige Energie für den Betrieb erzeugt wird. Angenehm der Merlot La Cura '12, ausholend im fruchtigen und würzigen Aromaprofil, weicher Körper, konzentriert, mit genussvoller Säureader. Gut ausgeführt der Podere di Monte Muro '11, mit frischen grasigen und aromatischen Noten, solider Körper, anspruchsvolle Struktur, gut verteilte Tannine. Schöner Einstieg in der Nase des Passito Predicatore '13, mit vorwiegend Waldbeeren und feiner Gewürznelke.

● Maremma Merlot La Cura '12	♛♛ 5
● Maremma Podere di Monte Muro Vedetta '11	♛♛ 3
● Predicatore '13	♛♛ 3
⊙ Arcipelago Rosato '13	♛ 2
● Monteregio di Massa Marittima Rosso Colle Bruno '13	♛ 2
○ Trinus '13	♛ 2
○ Valdemàr '13	♛ 2
● Merlot '11	♛♛ 5
● Monteregio di Massa Marittima Rosso Breccerosse '11	♛♛ 3
● Predicatore '11	♛♛ 3

F.lli Dal Cero Tenuta Montecchiesi
LOC. MONTECCHIO DI CORTONA
SS 403
52044 CORTONA [AR]
TEL. +39 0457460110
www.vinidalcero.com

DIREKTVERKAUF
BESUCH NACH VORANMELDUNG
JAHRESPRODUKTION 300.000 Flaschen
REBFLÄCHE 55 Hektar

1980 kommt die Familie Dal Cero in die Toskana. Man möchte große Rotweine produzieren, ein kühnes Unterfangen, wenn man bisher exzellente Weißweine in einer Kellerei in Venetien gefertigt hatte. Es sind Giuseppe und Dario, die Söhne des Firmengründers Augusto, die sich dieser neuen Herausforderung stellen: der Standort Cortona war die richtige Wahl für ihre Unternehmung, die Rebfläche wurde allmählich erhöht und homogen mit Sangiovese und Syrah als den wichtigsten Reben bestockt. Mittlerweile sind die Söhne am Werk, die sich die Aufgaben in Weinberg, Keller und Vertrieb gerecht teilen. Ausgezeichnete Vorstellung des Klanis '11, intensive Noten von Erde, Leder und Fell, begleitet von Kirschmarmelade und würzigen Anklängen. Gute Entfaltung am Gaumen, fleischig, gut einbezogene Tannine, erfreulicher Wohlgeschmack, langer Abgang. Gefällig auch der Syrah '13, fruchtig, mit erkennbarer Pfefferwürze, geschmeidiger Körper, entspannt, mit straffer, gut positionierter Säure.

● Cortona Klanis '11	♛♛ 5
● Cortona Syrah '13	♛♛ 5
○ Podere Bianchino '13	♛♛ 2*
● Preziosaterra '12	♛ 3
● Sangiovese '13	♛ 2
● Cortona Syrah Clanis '08	♛♛ 5
○ Podere Bianchino '12	♛♛ 2*

TOSKANA

Maria Caterina Dei
VIA DI MARTIENA, 35
53045 MONTEPULCIANO [SI]
TEL. +39 0578716878
www.cantinedei.com

DIREKTVERKAUF
BESUCH NACH VORANMELDUNG
UNTERKUNFT
JAHRESPRODUKTION 230.000 Flaschen
REBFLÄCHE 55 Hektar

Der Betrieb wird 1964 gegründet, als Alibrando Dei, Unternehmer im Natursteinbereich und begeisterter Hobbywinzer, Land ankauft, um einen Weinberg anzulegen. In den 1970er Jahren kommt ein zweiter Grunderwerb dazu, der sein Rebenpotenzial komplettiert. 1985 wird der erste Wein abgefüllt. 1989 folgt der Bau der Kellerlagen. Mittlerweile führt Maria Caterina Dei, Enkelin des Firmengründers, den Betrieb: nach einer Karriere als Schauspielerin und Sängerin, übersiedelte sie aus Liebe zu diesem Ort nach Montepulciano, fest entschlossen, sich mit aller Kraft der Erzeugung großer Weine zu widmen. Erregend der Nobile '11, in dem fruchtiges Aroma von Pflaumen mit dem pflanzlichen von aromatischen Kräutern zu einem gut aufgebauten, rassigen Körper verschmilzt, Finale in Crescendo. Komplexer und herb der Riserva Bossona '09, animalische Noten von Leder, Anflug von Tabak und Lakritzen, fleischige, feste Struktur, befriedigend der lange Abgang.

● Nobile di Montepulciano '11	♛♛ 4
● Nobile di Montepulciano Bossona Ris. '09	♛♛ 6
● Rosso di Montepulciano '12	♛♛ 2*
● Nobile di Montepulciano Bossona Ris. '04	♛♛♛ 5
● Nobile di Montepulciano '10	♛♛ 4
● Nobile di Montepulciano '09	♛♛ 4
● Nobile di Montepulciano Bossona Ris. '08	♛♛ 5
● Rosso di Montepulciano '11	♛♛ 2*
● Sancta Catharina '09	♛♛ 5
○ Vin Santo di Montepulciano '07	♛♛ 5

Tenuta degli Dei
VIA DI SAN LEOLINO, 56
50022 GREVE IN CHIANTI [FI]
TEL. +39 055852593
www.deglidei.it

BESUCH NACH VORANMELDUNG
JAHRESPRODUKTION 65.000 Flaschen
REBFLÄCHE 9 Hektar

Die Kellerei von Tommaso Cavalli, Sohn des berühmten Florentiner Modedesigners, liegt im Gebiet von Panzano in Chianti, genau oberhalb einer typischen Landschaft des Chianti Classico, der Conca d'Oro. Der Keller ist eine wahre Weinboutique, die Weinberge erfreuen sich gewissenhafter Pflege. So entsteht eine Produktpalette, die auf modernen Zuschnitt setzt, aber nie zur Karikatur absinkt. Klarerweise wird reife Frucht bevorzugt, gut unterstützt durch den Ausbau in Holz - nur Barriques - aber das nimmt den Weinen nichts an der guten Definition, die sie durch die tadellose Machart erhalten. Eine schöne, aromatische Süße in der Nase offenbart der Cavalli '11, Cuvée aus Cabernet Sauvignon, Cabernet Franc und Petit Verdot, weich, ausladend und gewinnend. Robust aber gut interpretiert der Le Redini '12, eine Cuvée aus Merlot und Alicante, die in den frischen, ausgeprägten Aromen ihre Stärke hat. Saftig und nicht ohne Charakter der Chianti Classico '12, ein neues Produkt aus dem Keller des Hauses.

● Cavalli '11	♛♛ 6
● Chianti Cl. '12	♛♛ 3
● Le Redini '12	♛♛ 4
● Cavalli '10	♛♛ 6
● Cavalli '09	♛♛ 6
● Cavalli '08	♛♛ 6
● Cavalli '07	♛♛ 7
● Cavalli '06	♛♛ 7
● Le Redini '11	♛♛ 4
● Le Redini '10	♛♛ 4

TOSKANA

Diadema

Via Imprunetana per Tavarnuzze, 19
50023 Impruneta [FI]
Tel. +39 0552311330
www.diadema-wine.com

DIREKTVERKAUF
BESUCH NACH VORANMELDUNG
UNTERKUNFT
JAHRESPRODUKTION 240.000 Flaschen
REBFLÄCHE 15 Hektar

Alberto Giannotti ist der geborene Unternehmer und auch für den Einstieg in das Weingeschäft wählte er den direkten Weg, nachdem er erfolgreich Erfahrungen in der Schuhindustrie und als Hotelier gesammelt hatte. Der Betrieb ist rund um die Villa angesiedelt, die bereits seit 1735 im Besitz seiner Familie steht: 2000 ließ er die alten Gebäude am Hof renovieren und zu einem Luxusrelais umbauen, ebenfalls renoviert wurde der Palazzo seiner Familie im Stadtzentrum von Florenz. Die Weine glänzen auch mit einer attraktiven Aufmachung, die aber nicht vergisst, dass der wesentliche Teil der Flasche ihr Inhalt ist. Reichhaltig in der Nase der Diadema '12, aus Sangiovese, Cabernet Sauvignon, Merlot und Syrah, fruchtiges Pflaumenaroma, bunter Gewürzstrauß, geschmeidiger Körper, genussvoll, schmackhaftes Trinkerlebnis. Der D'Amare '12, ohne Cabernet wie der Vorgänger, zeichnet sich durch den Duft von Tabak und Leder aus, von kräftiger Struktur, feine Tannine und würziges Finale. Der D'Amare '12, aus den gleichen Trauben wie Diadema, ist frisch, schmelzend, ausgewogen.

● D'Amare Rosso '12	🍷🍷 5
● D'Vino '12	🍷🍷 3
● Diadema Rosso '12	🍷🍷 8
● D'Ado '12	🍷 2
○ D'Amare Bianco '09	🍷🍷 7
● D'Amare Rosso '11	🍷🍷 5
● D'Amare Rosso '10	🍷🍷 5
● D'Vino '11	🍷🍷 3
● Diadema '10	🍷🍷 8
● Diadema '09	🍷🍷 8
○ Diadema Bianco '09	🍷🍷 7
● Diadema D'Amare '07	🍷🍷 7
● Diadema Rosso '11	🍷🍷 8
● Diadema Rosso '08	🍷🍷 7

Fabrizio Dionisio

Fraz. Ossaia
Loc. Il Castagno
52040 Cortona [AR]
Tel. +39 063223541
www.fabriziodionisio.it

BESUCH NACH VORANMELDUNG
JAHRESPRODUKTION 30.000 Flaschen
REBFLÄCHE 15 Hektar

Fabrizio Dionisio muss sich noch entscheiden, ob er Rechtsanwalt mit Winzerleidenschaft ist oder umgekehrt, denn er führt sein Weingut gemeinsam mit Ehefrau Alessandra mit viel Engagement und Enthusiasmus. Sein Vater Sergio hatte das kleine Gut als Zuflucht vor der Hektik des römischen Lebens gekauft, als die Gegend für den Weinbau noch nicht entdeckt war. 1992 kam ein weiteres Gut hinzu, das dem Betrieb die heutige Größe gab, aber auch mehr Arbeitseinsatz erforderte. Kultiviert wird nur die Syrah, die zu Weinen verschiedener Typologien verarbeitet wird. Wieder kann sich der Syrah Il Castagno, diesmal Version 2011, über Drei Gläser freuen: intensives Aroma von Kirschen und Erdbeeren, in das eine frische Pfeffernote und gut dosierter Zimt eingebunden sind. Am Gaumen zeigt er sich gewichtig, von maßvoller Frische, schlank im Körper und entspannt im würzigen Finale. Der Cuculaia '10 ist herb, vielschichtig in der Nase, von starker Struktur, beschert im Finale mineralische Noten.

● Cortona Syrah Il Castagno '11	🍷🍷🍷 5
● Cortona Syrah Cuculaia '10	🍷🍷 7
● Cortona Syrah Castagnino '13	🍷 3
⊙ Rosa del Castagno '13	🍷 3
● Cortona Syrah Il Castagno '10	🍷🍷🍷 5
● Cortona Syrah '07	🍷🍷 4
● Cortona Syrah '06	🍷🍷 4
● Cortona Syrah '05	🍷🍷 4
● Cortona Syrah Castagnino '09	🍷🍷 3*
● Cortona Syrah Cuculaia '09	🍷🍷 6
● Cortona Syrah Il Castagno '09	🍷🍷 5

TOSKANA

Donna Olga
LOC. FRIGGIALI
S.DA MAREMMANA
53024 MONTALCINO [SI]
TEL. +39 0577849454
www.tenutedonnaolga.it

DIREKTVERKAUF
BESUCH NACH VORANMELDUNG
UNTERKUNFT
JAHRESPRODUKTION 25.000 Flaschen
REBFLÄCHE 11 Hektar

Die Rebstöcke, die Olga Peluso Centolani für ihre Sangiovese nutzt, gedeihen in zwei unterschiedlichen Lagen: am Südwesthang von Montalcino, wo an Feuerstein reiche Böden vorherrschen, im Südosten, auf Galestro-Böden, in einer Seehöhe von 270 bis 400 Meter. Hier nimmt ihr Weinprojekt Formen an, das sie neben den Familiengütern in Centolani betreut. Sie setzt auf lange Gärzeiten und Ausbau in slawonischen Eichenfässern mit 30 Hektoliter Inhalt. Gewisslich sind die Weine kein Musterbeispiel eines traditionellen Brunello, aber es wäre falsch, die Roten von Donna Olga einfach als moderne Interpretationen abzutun. Emblematisch in diesem Sinne ist die Verkostung des Brunello '09, mit eher klassischen Empfindungen von roten Früchten, orientalischen Gewürzen, mediterranen Sträuchern, Heublumen. Eine strahlende Anmut, die von einem anfangs schmeichelnden Gaumen, aber in der Entwicklung stetig und geschlossen, perfekt getragen wird. Drei Gläser.

Wein	Bewertung
● Brunello di Montalcino '09	♛♛♛ 7
● Brunello di Montalcino Favorito Collezione Arte '08	♛ 7
● Brunello di Montalcino '06	♛♛♛ 7
● Brunello di Montalcino '01	♛♛♛ 6
● Brunello di Montalcino Collezione Arte '06	♛♛♛ 7
● Brunello di Montalcino Ris. '01	♛♛♛ 6
● Brunello di Montalcino '08	♛♛ 7
● Brunello di Montalcino '07	♛♛ 7
● Brunello di Montalcino Favorito '07	♛♛ 7
● Brunello di Montalcino Ris. '07	♛♛ 6

Donna Olimpia 1898
FRAZ. BOLGHERI
LOC. MIGLIARINI, 142
57022 CASTAGNETO CARDUCCI [LI]
TEL. +39 0565749801
www.donnaolimpia1898.it

DIREKTVERKAUF
UNTERKUNFT
JAHRESPRODUKTION 160.000 Flaschen
REBFLÄCHE 45 Hektar

Donna Olimpia ist das Projekt der Firmengruppe Giovanni Folonari im Bolgheri. Zum Gut gehören insgesamt 60 Hektar, davon sind 45 dem Weinbau vorbehalten. Das Gut ist nach Olimpia Alliata benannt, der Ehefrau von Gherardo della Gherardesca. Das Gelände ist eben, Vinifizierung und Ausbau gehen im modernen Muster vonstatten. Die Weine sind eine natürliche Folge dieser Machart und des günstigen Terroirs. Sie sind dynamisch, gut definiert, und es fehlt ihnen nicht an Geschmack und Persönlichkeit. Vorzüglich der Bolgheri Rosso Millepassi '11, der nach dem Ort seiner Weinberge benannt ist. So leitet sich der Ortsname Migliarini vom römischen Längenmaß der Meile ab, mille passus, die Entfernung der Tausend Schritte. Die Cuvée aus Cabernet Sauvignon, Petit Verdot und Merlot, kehrt eine reife, aber dennoch knackige Frucht hervor, noch gestärkt durch die ausladende Palette von Gewürzen und Blumen seltener Feinheit. Am Gaumen elegant und anmutig, besitzt Geschmack, Definition und große Harmonie. Gut ausgewogene Tannine im sehr langen Finale.

Wein	Bewertung
● Bolgheri Rosso Sup. Millepassi '11	♛♛♛ 8
○ Bolgheri Bianco '12	♛ 5
● Bolgheri Rosso '11	♛ 5
● Bolgheri '06	♛♛ 4
● Bolgheri '05	♛♛ 4
● Bolgheri Rosso '10	♛♛ 5
● Bolgheri Rosso '09	♛♛ 5
● Bolgheri Rosso '08	♛♛ 4
● Bolgheri Rosso Sup. Millepassi '09	♛♛ 8
● Bolgheri Rosso Sup. Millepassi '08	♛♛ 6
● Tageto '09	♛♛ 2
● Tageto '06	♛♛ 5

TOSKANA

Duemani
LOC. ORTACAVOLI
56046 RIPARBELLA (PI)
TEL. +39 0583975048
www.duemani.eu

JAHRESPRODUKTION 40.000 Flaschen
REBFLÄCHE 10 Hektar
WEINBAU Biodynamisch anerkannt

Der berühmte Önologe Luca d'Attoma, der für einige der besten Kreszenzen des Landes verantwortlich zeichnet, versucht sich nun an seinem eigenen Betrieb. Der Rahmen ist prachtvoll, Weinberge in Form eines zum Meer hin offenen Amphitheaters bei Riparbella. Zu den angebauten Reben gehören Cabernet Franc, Merlot und die Syrah, die in Buscherziehung kultiviert wird. Der gesamte landwirtschaftliche Betrieb ist biologisch und biodynamisch zertifiziert. Die Weine sind modern im Zuschnitt, reif in der Frucht, guter Extrakt, mit Röstnuancen, wenn sie in Barriques zur Reife kommen. Der Suisassi '11 ist ein prächtiger Wein. Gekeltert aus 100 % Syrah-Trauben, die in Buscherziehung auf skelettreichen Tonböden gedeihen. Schwelgt in der Nase mit dunklen Beeren, von Brombeeren bis zu Heidelbeeren und Johannisbeeren, durchzogen von deutlichen, leicht rauchigen Röstnoten. Gut strukturiert und dicht im Geschmack, dementsprechend das Aroma, im Abgang intensive Nuancen von Lakritzen. Grasiger der Duemani '11, besitzt Biss und Stoff.

● Duemani '11	♥♥ 8
● Suisassi '11	♥♥ 8
● Duemani '09	♥♥♥ 8
● Suisassi '10	♥♥♥ 8
● Altrovino '11	♀♀ 5
● Altrovino '10	♀♀ 5
● Cifra '11	♀♀ 4
● Cifra '10	♀♀ 4
● Duemani '10	♀♀ 8
● Duemani '08	♀♀ 8
● Duemani '07	♀♀ 8
● Suisassi '05	♀♀ 4

Eucaliptus
VIA BOLGHERESE, 275A
57022 LIVORNO
TEL. +39 0565763511
www.agriturismoeucaliptus.com

BESUCH NACH VORANMELDUNG
UNTERKUNFT UND GASTRONOMIE
JAHRESPRODUKTION 20.000 Flaschen
REBFLÄCHE 4 Hektar

Pasqualino Di Vaira ist ein alteingesessener Winzer im Bolgheri, der bereits vor gut fünfzig Jahren seinen offenen Wein verkauft hatte. Immer noch ist Eucaliptus eine kleine Kellerei mit insgesamt nur vier Hektar Rebfläche, die an der Via Bolgherese liegen. Neben den lokalen Klassikern Merlot, Cabernet Sauvignon, Petit Verdot und Syrah, wird auch die Sangiovese angebaut. Unter den weißen Sorten sind auch Vermentino und Chardonnay vertreten. Wie immer sind die Weine vorzüglich, stilistisch gelungen und verlässlich in der Technik. Eine überzeugende Kellerei, der man vertrauen kann. Herrlich der Bolgheri Clarice '12. Schön definierter Roter, punktgenau, intensiv im Duft von Waldbeeren und feinen, orientalischen Gewürzen. Auch der Gaumen gefällt: klug, würzig, Tannine präsent, aber gut gemacht. Schließt mit erfreulichen süßen und reifen Empfindungen, in süffiger Manier. Noch ein wenig zurück der Ville Rustiche '11, Röstnoten, die noch nicht absorbiert sind. Gewisslich fehlen weder Stoff noch Elan, es gibt daher gute Gründe, auf die Entwicklung in der Flasche gespannt zu sein.

● Bolgheri Clarice '12	♥♥ 3
● Bolgheri Sup. Ville Rustiche '11	♥♥ 5
● Bolgheri Don Clarice '11	♀♀ 3
● Bolgheri Sup. Ville Rustiche '10	♀♀ 5

TOSKANA

I Fabbri

LOC. LAMOLE
VIA CASOLE, 52
50022 GREVE IN CHIANTI [FI]
TEL. +39 339412622
www.agricolaifabbri.it

DIREKTVERKAUF
BESUCH NACH VORANMELDUNG
JAHRESPRODUKTION 35.000 Flaschen
REBFLÄCHE 11 Hektar
WEINBAU Biologisch anerkannt

Lamole ist ein sehr ursprüngliches, zauberhaftes Terroir der Denomination des Chianti Classico. Hier haben die Schwestern Susanna und Maddalena Grassi im Jahr 2000 dieses kleine Weingut gegründet, das bei Weinfreunden mit höchsten Ansprüchen immer mehr Beifall findet. Zum Betrieb gehören 9 Hektar Weinberg, es handelt sich daher um einen kleinen Familienbetrieb. Ein Teil der Weinberge liegt auf den traditionellen Terrassen von Lamole auf beachtlicher Höhe. Es ist nicht leicht, die Weine von Lamole, vor allem die sehr jungen, zu beurteilen. Diese Chianti Classico spielen mit Details und Nuancen, sind häufig reduzierend und zeigen ihre beste Seite erst mit der Zeit und bei Tisch. Die Weine von I Fabbri sind so und verkörpern die typischen Wesenszüge dieser Anbauzone, ein sicherer Tipp für Weinfreunde, die solche Weine lieben.

● Chianti Cl. '12	▼▼ 4
● Chianti Cl. Gran Sel. '11	▼▼ 6
● Chianti Cl. Ris. '11	▼▼ 4
● Il Doccio '11	▼ 3
● Chianti Cl. '10	♀♀ 4
● Chianti Cl. Olinto '10	♀♀ 4
● Chianti Cl. Olinto '08	♀♀ 4
● Chianti Cl. Ris. '10	♀♀ 4
● Chianti Cl. Ris. '07	♀♀ 4
● Chianti Cl. Terra di Lamole '10	♀♀ 2*

Fanti

FRAZ. CASTELNUOVO DELL'ABATE
POD. PALAZZO, 14
53020 MONTALCINO [SI]
TEL. +39 0577835795
www.fantisanfilippo.com

DIREKTVERKAUF
BESUCH NACH VORANMELDUNG
JAHRESPRODUKTION 200.000 Flaschen
REBFLÄCHE 50 Hektar

Mit über dreihundert Hektar Eigengrund, davon fünfzig als Rebland, ist das Gut der Familie Fanti im Montalcino ein landwirtschaftlicher Betrieb von großer Bedeutung. Seit einigen Jahren wird der temperamentvolle Filippo von Tochter Elisa hauptberuflich unterstützt, was auch stilistische Auswirkungen zeitigt: waren die Brunello des Hauses früher an ihren deutlich fruchtigen Spuren - mitunter mit Holzton - erkennbar, ist heute eine größere aromatische Feinheit und Schlichtheit feststellbar. Davon unberührt die territorialen Voraussetzungen durch Galestro-Böden und das großzügig kraftvolle Traubenmaterial der Gegend von Castelnuovo dell'Abate. Der Weg zu leichteren Erzeugnissen hat es noch mit den in vielerlei Hinsicht komplizierten Übergangsjahren zu tun. Der Rosso di Montalcino '12 hat Kraft, ist aber von Rösttönen und Alkohol beschwert, ähnliche Probleme hat der Brunello '09, der aber mit horizontaler Struktur und kompakter Frucht dagegenhalten kann.

● Brunello di Montalcino '09	▼▼ 6
● Rosso di Montalcino '12	▼ 3
● Sant'Antimo Rosso Sassomagno '12	▼ 2
● Brunello di Montalcino '07	♀♀♀ 5
● Brunello di Montalcino '00	♀♀♀ 6
● Brunello di Montalcino '97	♀♀♀ 5
● Brunello di Montalcino Ris. '95	♀♀♀ 5
● Brunello di Montalcino '08	♀♀ 6
● Brunello di Montalcino '06	♀♀ 5
● Brunello di Montalcino Ris. '07	♀♀ 8
● Rosso di Montalcino '09	♀♀ 3
● Sant'Antimo Rosso Sassomagno '10	♀♀ 2*
○ Sant'Antimo Vin Santo '06	♀♀ 5

TOSKANA

Fattoi
LOC. SANTA RESTITUTA
POD. CAPANNA, 101
53024 MONTALCINO [SI]
TEL. +39 0577848613
www.fattoi.it

DIREKTVERKAUF
BESUCH NACH VORANMELDUNG
JAHRESPRODUKTION 50.000 Flaschen
REBFLÄCHE 9 Hektar

Das Wort "Neuzugang" klingt seltsam für einen Betrieb mit fast 50jähriger Geschichte und dreißig Brunello-Jahrgängen in der Flasche. Und dennoch ist es das erste Mal, dass wir die Familie Fattoi im Hauptteil unseres Führers finden, eine ungemein authentische und typische Stimme des Montalcino, insbesondere was die neun Hektar im Gebiet von Pieve Santa Restituta betrifft. Mit dem Ausbau in slawonischer Eiche von 33 bis 45 Hektoliter, entstehen herbe, saftige Sangiovese, ideale Tischweine, denen man einige reduktive Züge und etwas rustikale Gerbsäure gerne nachsieht. Nützliche Anleitungen, um einen leidenschaftlichen, aromatisch undisziplinierten Brunello '09 zwischen mürbem Fleisch, Kastanien und feuchtem Erdreich genießen zu können, der seine besten Karten mit einem Gaumen von würziger Spontaneität ausspielt. Ein roter Faden, der sich durch das Sortiment zieht, vom robusten, dreisten Rosso '12 zum mehr vertikalen Brunello Riserva '08.

★★Fattoria di Felsina
VIA DEL CHIANTI, 101
53019 CASTELNUOVO BERARDENGA [SI]
TEL. +39 0577355117
www.felsina.it

DIREKTVERKAUF
BESUCH NACH VORANMELDUNG
JAHRESPRODUKTION 480.000 Flaschen
REBFLÄCHE 94 Hektar

Die Weine von Felsina verkörpern das Beste, was der südliche Teil der Denomination des Chianti Classico in der Gemeinde Castelnuovo Berardenga hergeben kann. Stilistisch haben sie Vorbildwirkung in Bezug auf Reinheit und Persönlichkeit, aber nicht nur. Die für Sangiovese aus diesem Produktionsgebiet typisch kraftvollen Strukturen werden mit seltener Eleganz interpretiert und kommen fast an die besten Brunello des Montalcino heran, was den Etiketten von Felsina einen absoluten Spitzenplatz in der qualitativen Hierarchie nicht nur der Toskana einträgt. Üppige Frucht an vorderster Front für den Chianti Classico Rancia Riserva '11, geschmackliche Entfaltung ausholend und mit Tiefgang. Solide und rhythmisch der Fontalloro '11, aus Sangiovese-Trauben. Einige evolutive Anzeichen im Duft des Chianti Classico Colonia Gran Selezione '09, der im schmackhaften, rassigen Gaumen seine Stärke hat. Von erfreulicher Frische der Chianti Classico '12.

- Brunello di Montalcino '09 — 🍷🍷 5
- Brunello di Montalcino Ris. '08 — 🍷🍷 7
- Rosso di Montalcino '12 — 🍷🍷 3
- Brunello di Montalcino '07 — 🍷🍷 6
- Brunello di Montalcino '06 — 🍷🍷 6
- Brunello di Montalcino '04 — 🍷🍷 5
- Brunello di Montalcino '03 — 🍷🍷 5
- Brunello di Montalcino Ris. '07 — 🍷🍷 7
- Brunello di Montalcino Ris. '06 — 🍷🍷 4
- Brunello di Montalcino Ris. '03 — 🍷🍷 5
- Rosso di Montalcino '10 — 🍷🍷 3

- Chianti Cl. Rancia Ris. '11 — 🍷🍷 6
- Fontalloro '11 — 🍷🍷 6
- Chianti Cl. Berardenga '12 — 🍷🍷 4
- Chianti Cl. Colonia Gran Sel. '09 — 🍷🍷 8
- Syrah Castello della Farnetella '09 — 🍷🍷 6
- Chianti Cl. Berardenga Ris. '11 — 🍷 5
- Maestro Raro '11 — 🍷 6
- Nero di Nubi Castello della Farnetella '09 — 🍷 4
- Poggio Granoni Castello della Farnetella '11 — 🍷 5
- Chianti Cl. Rancia Ris. '07 — 🍷🍷🍷 6
- Chianti Cl. Rancia Ris. '05 — 🍷🍷🍷 5
- Fontalloro '10 — 🍷🍷🍷 6
- Fontalloro '07 — 🍷🍷🍷 6
- Fontalloro '06 — 🍷🍷🍷 6
- Fontalloro '05 — 🍷🍷🍷 6

TOSKANA

Fattoria Fibbiano

FRAZ. TERRICCIOLA
VIA FIBBIANO
56030 TERRICCIOLA [PI]
TEL. +39 0587635677
www.fattoria-fibbiano.it

DIREKTVERKAUF
BESUCH NACH VORANMELDUNG
UNTERKUNFT UND GASTRONOMIE
JAHRESPRODUKTION 70.000 Flaschen
REBFLÄCHE 14 Hektar

Kein Zweifel, Fibbiano gehört zu den bedeutendsten Kellereien der Zone von Pisa, und dies wegen der betrieblichen Qualität, der Weine auf hohem Niveau und ihrer stilistischen Definition in jeder Flasche. Die Weinberge liegen auf Böden, die häufig den klassischen Sorten in diesem Gebiet entgegenkommen. Sie sind mittelschwer, reich an marinen Ablagerungen und von sehr guter Exposition. Eine wenig invasive Bewirtschaftung trägt dazu bei, den natürlichen Reichtum zu bewahren. Die Weine, gut verständlich und bezaubernd im Ausdruck, geben dem gesamten Anbaugebiet ein besonderes Prestige. Der Aspetto '11 ist ein sehr effektvoller Roter. In der Nase englische Bonbons, mit intensiver dunkler Frucht und Lorbeerblatt. Energiegeladen, kraftvoll, im Ausklang Pfefferminzblätter. Auch der Ceppatella '10 ist ein gelungener Roter: in der Nase Johannisbeeren und breite, aromatische Empfindungen; vertikal am Gaumen, frisch und klug.

● Ceppatella '10	🍷🍷🍷 5
● L'Aspetto '11	🍷🍷🍷 3
○ Fonte delle Donne '13	🍷 2
● Le Pianette '12	🍷 2
○ Fonte delle Donne '12	🍷🍷 2*
● L'Aspetto '10	🍷🍷 3
● L'Aspetto '06	🍷🍷 3
● Le Pianette '11	🍷🍷 2*

Ficomontanino

LOC. FICOMONTANINO
53043 CHIUSI [SI]
TEL. +39 065561283
www.agricolaficomontanino.it

DIREKTVERKAUF
BESUCH NACH VORANMELDUNG
JAHRESPRODUKTION 45.000 Flaschen
REBFLÄCHE 9 Hektar

Die Lage des Weingutes ist besonders interessant, denn als Zentrum für die Entwicklung der etruskischen Kultur in der Toskana ist es ein geschichtsträchtiger Ort. Gegründet wurde es von Ruggero Giannelli, der sich in dieses Land verliebt hatte. Hier konnte er seiner Winzerleidenschaft nachgehen und seine Weine produzieren. Sohn Alessandro leitete einen Qualitätssprung durch Modernisierung der Weinberge ein. Sorgfältig wählte er die Klone für eine Neubepflanzung und auch kellertechnisch ist Sorgfalt angesagt. In der dritten Generation setzt Tochter Maria Sole mit ihm gemeinsam die Umstrukturierung fort. Erstaunlich der Chianti Colli Senesi Terre del Fico '11, einfach aber direkt im Bouquet, fruchtige Kirsche und blumiger Anflug, Körper gut dosiert zwischen Tanninen und Frische, im Finale würzig und angenehm. Köstlich der Fico Puro '11, sortenreiner Sangiovese, mineralisch und balsamisch, klare, gut erkennbare Frucht. Am Gaumen geradlinig, ausgewogen für ein langes Finale, wohlschmeckend und vollmundig.

● Chianti Colli Senesi Terre del Fico '11	🍷🍷 2*
● Fico Puro '11	🍷🍷 4
● Lucumone del Fico '10	🍷 5
● Chianti Colli Senesi Terre del Fico '10	🍷🍷 2*
● Lucumone '07	🍷🍷 3
● Lucumone '06	🍷🍷 3
● Lucumone '05	🍷🍷 5
● Lucumone '04	🍷🍷 5

TOSKANA

★Tenute Ambrogio Giovanni Folonari
loc. Passo dei Pecorai
via di Nozzole, 12
50022 Greve in Chianti [FI]
Tel. +39 055859811
www.tenutefolonari.com

DIREKTVERKAUF
BESUCH NACH VORANMELDUNG
UNTERKUNFT
JAHRESPRODUKTION 1.400.000 Flaschen
REBFLÄCHE 200 Hektar

Ambrogio und Giovanni Folonari sind mit Weinbergen in den besten Anbauzonen der Region vertreten: Gut Nozzole in Greve in Chianti, Campo al Mare in Bolgheri, La Fuga in Montalcino, Torcalvano in Montepulciano und Vigne in Porrona in der Maremma. Die Weine zeichnen sich allesamt durch einen modernen Stil aus, Ausbau in kleinem Holz, tadellose Machart und es fehlt in einigen Etiketten auch durchaus nicht an Persönlichkeit. Diese Mischung hat den Erzeugnissen häufig absolute Top-Positionen beschert, insbesondere mit dem Pareto, dem Supertropfen der Kellerei. Reife Frucht und würzige Noten bestimmen das Aroma des Il Pareto '11, sortenreiner Cabernet Sauvignon, Trinkgenuss reichhaltig und befriedigend. Der Chianti Classico La Forra Gran Selezione '11, Nase ein wenig verschwommen, hat seine Stärke in einer leckeren geschmacklichen Entfaltung, die auch reaktiv sein kann. Solide der Chianti Classico Riserva '11, nur etwas gebremst von einer überschwänglichen Eiche, die aber Dynamik und Tiefe nicht schmälert.

● Il Pareto '11	▼▼ 7
● Bolgheri Sup. Baia al Vento Campo al Mare '11	▼▼ 6
● Chianti Cl. La Forra Gran Sel. '11	▼▼ 5
● Chianti Cl. Nozzole Ris. '11	▼▼ 4
● Bolgheri Campo al Mare '12	▼ 4
● Cabreo Il Borgo '11	▼ 6
● Nobile di Montepulciano Torcalvano '11	▼ 3
● Cabreo Il Borgo '06	▼▼▼ 5
● Il Pareto '09	▼▼▼ 7
● Il Pareto '07	▼▼▼ 7
● Il Pareto '04	▼▼▼ 7
● Il Pareto '01	▼▼▼ 7
● Il Pareto '00	▼▼▼ 7
● Il Pareto '98	▼▼▼ 7
● Il Pareto '97	▼▼▼ 7

Fontaleoni
loc. Santa Maria, 39
53037 San Gimignano [SI]
Tel. +39 0577950193
www.fontaleoni.com

DIREKTVERKAUF
BESUCH NACH VORANMELDUNG
UNTERKUNFT UND GASTRONOMIE
JAHRESPRODUKTION 150.000 Flaschen
REBFLÄCHE 35 Hektar
WEINBAU Biologisch anerkannt

Durch ein tragisches Unglück ist Franco Troiani, gerade erst 50 Jahre alt, Besitzer und Seele dieser schönen Kellerei in San Gimignano, viel zu früh von uns gegangen. Sein Vater Giovanni stammt eigentlich aus den Marken. Vor über fünfzig Jahren erwarb er einen kleinen Gutshof in der Nähe von Santa Maria und ließ sich mit seiner Familie in der Toskana nieder. Mit Zähigkeit und Hingabe vergrößerte sich der Betrieb auf mittlerweile fünfzig Hektar, die sich in Weinberge, Olivenbäume und Saatland gliedern. Franco konnte sich in den Jahren als hervorragender Interpret des Vernaccia beweisen, den er in mehreren Versionen von großer Faszination vorlegen konnte. Der Selezione Casanuova '12 ist einer der schönsten Weißen, der uns diesmal in San Gimignano vorgelegt wurde. Von brillanter, grünlich strohgelber Farbe, eleganter Duft von hellem Obst, mit blumigen Noten und zitrusfruchtiger Frische. Am Gaumen von fruchtiger Konsistenz und Fülle, kraftvolle Säure und Mineralität. Delikater, aber ebenfalls im Wechselspiel von Frucht, Mineralität und Frische, der Notte di Luna '13, während der Riserva '11 in dieser Phase noch schwer zu verstehen ist. Die Zeit wird es weisen.

○ Vernaccia di S. Gimignano Casanuova '12	▼▼ 2*
○ Vernaccia di S. Gimignano Notte di Luna '13	▼▼ 2*
○ Vernaccia di S. Gimignano Ris. '11	▼▼ 3
● Chianti Colli Senesi '12	▼ 2
○ Vernaccia di S. Gimignano '13	▼ 2
○ Vernaccia di S. Gimignano Casanova '10	▼▼▼ 2*
○ Vernaccia di S. Gimignano Ris. '10	▼▼▼ 3*
○ Vernaccia di S. Gimignano '12	▼▼ 2*
○ Vernaccia di S. Gimignano Casanova '11	▼▼ 2*
○ Vernaccia di S. Gimignano Ris. '09	▼▼ 3

TOSKANA

★★ Fontodi

FRAZ. PANZANO IN CHIANTI
VIA SAN LEOLINO, 89
50020 GREVE IN CHIANTI [FI]
TEL. +39 055852005
www.fontodi.com

DIREKTVERKAUF
BESUCH NACH VORANMELDUNG
UNTERKUNFT
JAHRESPRODUKTION 300.000 Flaschen
REBFLÄCHE 80 Hektar
WEINBAU Biologisch anerkannt

Mehr als vier Jahrzehnte alt ist das Weingut von Giovanni Manetti, das zu den Vorzeigebetrieben im Chianti Classico gehört. Aus den Weinbergen in der Conca d'Oro von Panzano sind einige der schönsten Weine der Denomination hervorgegangen: dieser Trend findet seine Fortsetzung. Die stilistisch rigorose Ausrichtung setzt vor allem auf Persönlichkeit und Konsequenz, gepaart mit der Fähigkeit, die Haupteigenschaften der Unterzone zum Ausdruck zu bringen: sonnig, kraftvoll, aber gleichzeitig raffiniert in den Kontrasten. Der Ausbau erfolgt vorwiegend in kleinen Fässern, die maßvoll eingesetzt werden. Das Aroma des Chianti Classico Vigna del Sorbo Gran Selezione '10 wird vor allem von dunklen Beeren bestimmt, am Gaumen voll und schmelzig, das Finale eher würzig. Sehr süß ist der Duft der Flaccianello '11, sortenreiner Sangiovese, ebenso lieblich am Gaumen und von guter Konsistenz. Erfreulich der Chianti Classico '11 trotz einiger Härten.

● Chianti Cl. V. del Sorbo Gran Sel. '11	🍷🍷 6
● Chianti Cl. '11	🍷🍷 4
● Flaccianello della Pieve '11	🍷🍷 8
● Pinot Nero Case Via '12	🍷🍷 5
● Syrah Case Via '11	🍷 6
● Chianti Cl. '10	🍷🍷🍷 4*
● Flaccianello della Pieve '09	🍷🍷🍷 8
● Flaccianello della Pieve '08	🍷🍷🍷 8
● Flaccianello della Pieve '07	🍷🍷🍷 6
● Flaccianello della Pieve '05	🍷🍷🍷 6
● Flaccianello della Pieve '03	🍷🍷🍷 6
● Flaccianello della Pieve '85	🍷🍷🍷 8
● Flaccianello della Pieve '83	🍷🍷🍷 8

Fornacelle

LOC. FORNACELLE, 232A
57022 CASTAGNETO CARDUCCI [LI]
TEL. +39 0565775575
www.fornacelle.it

DIREKTVERKAUF
BESUCH NACH VORANMELDUNG
JAHRESPRODUKTION 35.000 Flaschen
REBFLÄCHE 15 Hektar

Mit den Anfängen im 19. Jahrhundert, ist dieser Betrieb im Bolgheri dennoch von moderner Ausrichtung und, wie wir meinen, bestens in Form. Der Name leitet sich von den zahlreichen Brennöfen ab, die es früher in der Gegend gab; einige Reste liegen auch heute noch unter den Kelleranlagen. Fornacelle ist ein Betrieb mit rund 15 Hektar, die von der Familie Billi Batistoni bewirtschaftet werden. Der entscheidende Qualitätssprung erfolgte 1998 mit der Anlage neuer Weinberge und einem Konzept, das auf die Produktion immer bedeutenderer Weine ausgerichtet ist. Präzise Entscheidungen, die deutlich erkennbare Ergebnisse gezeigt haben. Eine wahrlich gut getroffene Kellerriege, mit sicherer Hand und einem stilistischen Konzept, das wir für klar und wirksam halten. Sehr erfreulich und definiert der Bolgheri Rosso Zizzolo '12, wohlriechend und süffig; reichaltiger, intensiv, Flechtwerk aus Leder und feinen Gewürzen, köstlich im Finale, der Bolgheri Superiore Guarda Boschi '11. Einfach aber gut gemacht der Vermentino Zizzolo '13.

● Bolgheri Sup. Guarda Boschi '11	🍷🍷 6
● Foglio 38 '11	🍷🍷 6
● Bolgheri Rosso Zizzolo '12	🍷🍷 3
○ Bolgheri Vermentino Zizzolo '13	🍷 3
○ Bianco Fornacelle '10	🍷🍷 2
● Bolgheri Rosso Zizzolo '09	🍷🍷 6
● Bolgheri Sup. Guarda Boschi '08	🍷🍷 6
● Foglio 38 '04	🍷🍷 6

TOSKANA

Podere Forte
LOC. PETRUCCI, 13
53023 CASTIGLIONE D'ORCIA [SI]
TEL. +39 05778885100
www.podereforte.it

DIREKTVERKAUF
BESUCH NACH VORANMELDUNG
GASTRONOMIE
JAHRESPRODUKTION 23.000 Flaschen
REBFLÄCHE 15 Hektar
WEINBAU Biodynamisch anerkannt

Podere Forte, Eigentümer Pasquale Forte, ist ein önologisches Projekt, das zwischen Montalcino und Montepulciano angesiedelt ist. Von Anfang an wurde auf eine kompromisslose, produktive Effizienz gesetzt, was im Weinberg biologische Bewirtschaftung und seit kurzem auch biodynamische Methoden bedeutet. Auch der moderne Keller zeugt von Rigorosität, für den Ausbau verwendet man Tonneaus und Barriques. Stilistisch sind die Weine von moderner Prägung und tadellos in der technischen Machart. Im Aroma würzig und rauchig der Orcia Rosso Petrucci '11, geschmackliche Entfaltung solide, aber auch rhythmisch. Orcia Rosso Petruccino '12 trumpft mit Süffigkeit auf, in der Nase wohlriechend, am Gaumen schmackhaft und saftig. Der Guardiavigna '11, Cuvée aus Cabernet Franc, Merlot und Petit Verdot, glänzt mit Würzigkeit und dunklen Beeren in der Nase, am Gaumen weich und langes, intensives Finale.

● Guardiavigna '11	🍷🍷 8
● Orcia Rosso Petrucci '11	🍷🍷 8
● Orcia Rosso Petruccino '12	🍷🍷 8
● Orcia Guardiavigna '01	🍷🍷🍷 8
● Guardiavigna '10	🍷🍷 8
● Guardiavigna '09	🍷🍷 8
● Guardiavigna '08	🍷🍷 8
● Orcia Petrucci '10	🍷🍷 8
● Orcia Petruccino '11	🍷🍷 8

Podere Fortuna
VIA SAN GIUSTO A FORTUNA, 7
50037 SAN PIERO A SIEVE [FI]
TEL. +39 0558487214
www.poderefortuna.com

DIREKTVERKAUF
BESUCH NACH VORANMELDUNG
UNTERKUNFT
JAHRESPRODUKTION 25.000 Flaschen
REBFLÄCHE 6 Hektar

Nur mit Hartnäckigkeit und Einsatz können gute Resultate entstehen und Alessandro Brogi, Eigentümer dieser Kellerei, hatte sie: manche hielten ihn für verrückt, als er beschloss, sich als Winzer zu betätigen und im Mugello die Pinot Nero anzubauen. Obwohl bereits die Medici 1465 diesen Versuch unternommen hatten und nicht enttäuscht wurden. Ein damals für Qualitätsweine noch unerforschtes Land und eine Rebe, die in der Toskana bisher nicht brillieren konnte; aber Bodenanalysen und Mikroklima bestärkten den Entschluss und mit der Zeit stellten sich die Erfolge ein. Die Drei Gläser erkämpft sich der MCDLXV, sortenreiner Pinot Nero, mit intensiven Aromen von Heidelbeeren und Johannisbeeren, Anflug von frischen, aromatischen Kräutern und würzige Anklänge. Beginnt entspannt am Gaumen, harmonisch, nervig, gute Harmonie, im Finale lang und befriedigend. Erfreulich der Greto alla Macchia '12, aus Chardonnay mit kleiner Zugabe von Pinot Nero, intensive, pflanzliche Nuancen. Am Gaumen breit, ausladend, schmeichelnd.

● 1465 MCDLXV '10	🍷🍷🍷 8
● Coldaia '11	🍷🍷 5
○ Greto alla Macchia '12	🍷🍷 5
● Assieve '11	🍷 3
● 1465 MCDLXV '09	🍷🍷 8
● Ardito del Mugello '10	🍷🍷 3
● Coldaia '09	🍷🍷 5
● Fortuni '10	🍷🍷 6
● Fortuni '09	🍷🍷 6
○ Greto alla Macchia '10	🍷🍷 5

TOSKANA

Frascole
LOC. FRASCOLE, 27A
50062 DICOMANO [FI]
TEL. +39 0558386340
www.frascole.it

DIREKTVERKAUF
BESUCH NACH VORANMELDUNG
UNTERKUNFT
JAHRESPRODUKTION 65.000 Flaschen
REBFLÄCHE 16 Hektar
WEINBAU Biologisch anerkannt

Der Betrieb im Eigentum der Familien Lippi und Santoni liegt auf einem historischen Gebiet, in dem Etrusker und Römer ihre Spuren hinterlassen haben. Der zentrale Pol des Gutes besteht aus mittelalterlichen Häusern, die zu Agriturismo-Anlagen umgebaut wurden und von Weinbergen und Olivenbäumen umgeben sind. Enrico Lippi ist für den landwirtschaftlichen Teil verantwortlich und kümmert sich auch um Kellerarbeit und Vertrieb. Die Lage der Weinberge in einer relativ großen Seehöhe, lässt Weine von besonderer Frische und Mineralität entstehen. Debüt am Markt und auch in unserer Finalrunde für den Limine '09, sortenreiner Merlot, reif und komplex, mineralisch, schmackhafter Körper, vital, schön das würzige Finale. Ein Nektar der Vin Santo '05, dicht und köstlich, cremig, langer Nachklang mit tausend Empfindungen. Angenehmer Duft für den Chianti Rufina Riserva '11, ein Bouquet aus Waldbeeren, wendige Struktur, trinkfertig.

● Rosso Limine '09	♛♛ 2*
○ Vin Santo del Chianti Rufina '05	♛♛ 7
● Chianti Rufina Ris. '11	♛♛ 3
● Bitornino '12	♛ 2
● Chianti Rufina '12	♛ 2
○ In Albis '12	♛ 2
● Chianti Rufina '11	♛♛ 2*
● Chianti Rufina '08	♛♛ 2
● Chianti Rufina Ris. '08	♛♛ 3
● Chianti Rufina Ris. '07	♛♛ 3
○ Vin Santo del Chianti Rufina '04	♛♛ 7
○ Vin Santo del Chianti Rufina '03	♛♛ 7
○ Vin Santo del Chianti Rufina '02	♛♛ 7
○ Vin Santo del Chianti Rufina '01	♛♛ 7

★Marchesi de' Frescobaldi
VIA SANTO SPIRITO, 11
50125 FIRENZE
TEL. +39 05527141
www.frescobaldi.it

DIREKTVERKAUF
BESUCH NACH VORANMELDUNG
JAHRESPRODUKTION 19.000.000 Flaschen
REBFLÄCHE 1.200 Hektar

Der Generationswechsel wurde mit der Berufung von Lamberto Frescobaldi an die Spitze des Imperiums definitiv vollzogen. Vom ersten Kern im Territorium der Rufina und dem angrenzenden Pomino, hat sich das Unternehmen in der Toskana weiter ausgebreitet, zuletzt im Chianti Classico mit der Bewirtschaftung von Rebflächen, die erstmals in der Geschichte des Hauses die Trauben für einen Chianti Classico liefern sollen. Beachtlich auch das soziale Engagement im Straflager der Insel Gorgona, wo lokale Weinberge im Rahmen eines Resozialisierungsprojektes bearbeitet werden. Sehr gute Vorstellung des Mormoreto '11, klassische Bordeaux-Cuvée, ausholendes Bouquet mit Mentholhauch und mineralischen Nuancen, saftiger, voller Körper, langer Nachgeschmack. Beachtlich das Debüt des Chianti Rufina Riserva Vecchie Vigne '11, gekeltert aus Trauben alter Stöcke, elegant, fein, kraftvoll und frisch, genussvoll im Abgang. Drei Gläser.

● Chianti Rufina V. V. Ris. '11	♛♛♛ 6
● Mormoreto '11	♛♛ 8
● Chianti Rufina Nipozzano Ris. '11	♛♛ 5
● Montesodi '11	♛♛ 6
● Lucente '12	♛ 4
● Chianti Rufina Montesodi '01	♛♛♛ 7
● Mormoreto '05	♛♛♛ 7
● Mormoreto '01	♛♛♛ 7
● Chianti Rufina Montesodi Ris. '10	♛♛ 6
● Chianti Rufina Montesodi Ris. '08	♛♛ 6
● Chianti Rufina Montesodi Ris. '07	♛♛ 6
● Chianti Rufina Nipozzano Ris. '10	♛♛ 3
● Chianti Rufina Nipozzano Ris. '09	♛♛ 3
● Mormoreto '10	♛♛ 8
● Mormoreto '08	♛♛ 7
● Mormoreto '07	♛♛ 7

TOSKANA

Fuligni
VIA SALONI, 33
53024 MONTALCINO [SI]
TEL. +39 0577848710
www.fuligni.it

DIREKTVERKAUF
BESUCH NACH VORANMELDUNG
JAHRESPRODUKTION 52.000 Flaschen
REBFLÄCHE 12 Hektar

Die über zehn Hektar dieses bereits seit den 1920er Jahren aktiven Weingutes, in dem heute Maria Flora Fuligni das Sagen hat, konzentrieren sich fast gänzlich auf den nordöstlichen Streifen des Montalcino. Mit Weinbergen in einer Höhe von 380 bis 450 Meter auf steinigen Galestro-Böden, ist Cottimelli, wie die Örtlichkeit genannt wird, eine der höchsten Lagen der Denomination. Ideale Bedingungen für gediegene, elegante Brunello, die nach dem Ausbau in Tonneaus den Feinschliff im 30-Hektoliter-Fass erhalten. Die in den ersten Jahren mitunter ein wenig widerborstigen und verschlossenen Roten, werden ihre luftig anmutigen Züge erst später ausspielen. Eine Beschreibung, die voll auf den Brunello '09 zutrifft: Zedernholz, Zigarre, kandierte Orangenschale, tertiäre Komponenten bereits entwickelt, die auch am Gaumen landen, progressiv im schmackhaften, gut dosierten Beitrag der Extrakte. Es fehlt nur noch ein kleiner, letzter Schwung was Dynamik und Tiefgang betrifft, aber zweifellos einer der Besten des Jahrgangs.

● Brunello di Montalcino '09	🍷🍷 6
● S. J. '12	🍷🍷 3
● Rosso di Montalcino Ginestreto '12	🍷 4
● Brunello di Montalcino Ris. '01	🍷🍷🍷 8
● Brunello di Montalcino Ris. '97	🍷🍷🍷 8
● Brunello di Montalcino '08	🍷🍷 6
● Brunello di Montalcino '07	🍷🍷 6
● Brunello di Montalcino '06	🍷🍷 6
● Brunello di Montalcino Ris. '07	🍷🍷 8
● Brunello di Montalcino Ris. '06	🍷🍷 8
● Brunello di Montalcino Ris. '04	🍷🍷 8
● Rosso di Montalcino Ginestreto '10	🍷🍷 3
● Rosso di Montalcino Ginestreto '06	🍷🍷 4

Gattavecchi
LOC. SANTA MARIA
VIA DI COLLAZZI, 74
53045 MONTEPULCIANO [SI]
TEL. +39 0578757110
www.gattavecchi.it

DIREKTVERKAUF
BESUCH NACH VORANMELDUNG
JAHRESPRODUKTION 280.000 Flaschen
REBFLÄCHE 40 Hektar

Seit über einem Jahrhundert ist die Familie Gattavecchi im Weingeschäft, aber erst Valente gab der Produktion in den 1950er Jahren, nach dem im Krieg erlittenen Schäden, neuen Schwung, sodass die Weine an internationaler Bekanntheit und Zustimmung zulegen konnten. Heute liegt die Führung in Händen der Geschwister Luca, Gionata und Daniela, die gemeinsam mit ihrer Mutter Gianna die Produktion der drei Standorte ihrer Weinberge und den Betrieb von Poggio alla Sala betreuen. Von historischem Interesse der Weinkeller, der zum mittelalterlichen Servitenkloster gehörte und den Weinen Raum für ihre Reifung gibt. Breit und erfreulich das Bouquet des Riserva dei Padri Serviti '10, Anklänge an Lorbeerblatt und Myrte verfeinern die fruchtige Basis. Am Gaumen fleischig, reich, wuchtig und schmackhaft. Trinkfertig und direkt der Chianti Colli Senesi '13, geschmeidig und rhythmisch im Körper, gute Struktur, appetitliches Finale. Der Riserva Poggio alla Sala '10 ist mitreißend und genussreich.

● Chianti Colli Senesi '13	🍷🍷 2*
● Nobile di Montepulciano Poggio alla Sala Ris. '10	🍷🍷 5
● Nobile di Montepulciano Riserva dei Padri Serviti '10	🍷🍷 4
● Nobile di Montepulciano Parceto Poggio alla Sala '11	🍷 5
● Rosso di Montepulciano '13	🍷 2
● Nobile di Montepulciano '09	🍷🍷 4
● Nobile di Montepulciano Poggio alla Sala '10	🍷🍷 5
● Nobile di Montepulciano Poggio alla Sala Ris. '09	🍷🍷 5

TOSKANA

★Tenuta di Ghizzano

FRAZ. GHIZZANO
VIA DELLA CHIESA, 4
56037 PECCIOLI [PI]
TEL. +39 0587630096
www.tenutadighizzano.com

DIREKTVERKAUF
BESUCH NACH VORANMELDUNG
UNTERKUNFT
JAHRESPRODUKTION 80.000 Flaschen
REBFLÄCHE 20 Hektar
WEINBAU Biologisch anerkannt

Ginevra Venerosi Pesciolini ist eine anerkannte, sehr erfolgreiche weibliche Präsenz im italienischen Weinpanorama. Das Gut war schon seit Jahrhunderten im Besitz ihrer Familie, aber erst ihr gelang eine Aufwertung auch in önologischer Hinsicht, um die natürliche Schönheit des Territoriums mit einer höchsten Qualität der Weine zu verbinden. Eine prachtvolle Landschaft von über 350 Hektar, die von zwanzig Weinbergen durchsetzt ist. Die Reihen der Rebstöcke liegen auf ehemaligem Meeresboden, reich an Sand und Ton, durchsetzt von Muschelkalk. Bei der Bewirtschaftung ging man in den Jahren von biologischen auf biodynamische Methoden über. Die Weine sind modern und von starker Persönlichkeit. Der Veneroso, Sangiovese mit kleiner Zugabe von Cabernet Sauvignon, ist der Kultwein des Hauses, der erstmals Mitte der 1980er Jahre gefertigt wurde. Sehr gut der Jahrgang 2011: in der Nase rote und schwarze Johannisbeere, intensiv animalischer Hauch, leicht grasig, sehr feine Würze. Am Gaumen kontrastreich, ebenso reif wie reaktiv und tief. Interessant wird die Entwicklung in der Flasche sein.

● Terre di Pisa Veneroso '11	🍷🍷 5
● Terre di Pisa Nambrot '11	🍷🍷🍷 6
● Nambrot '09	🍷🍷🍷 6
● Nambrot '08	🍷🍷🍷 6
● Nambrot '06	🍷🍷🍷 6
● Nambrot '05	🍷🍷🍷 6
● Nambrot '04	🍷🍷🍷 6
● Nambrot '03	🍷🍷🍷 6
● Nambrot '01	🍷🍷🍷 8
● Veneroso '10	🍷🍷🍷 5
● Veneroso '07	🍷🍷🍷 5
● Veneroso '04	🍷🍷🍷 5

Marchesi Ginori Lisci

FRAZ. PONTEGINORI
LOC. QUERCETO
56040 MONTECATINI VAL DI CECINA [PI]
TEL. +39 058837443
www.marchesiginorilisci.it

DIREKTVERKAUF
UNTERKUNFT UND GASTRONOMIE
JAHRESPRODUKTION 35.000 Flaschen
REBFLÄCHE 17 Hektar
WEINBAU Biologisch anerkannt

Das Weingut hat seinen Sitz in der geschichtsträchtigen Burg von Gionori di Querceto: der Hinweis auf eine Siedlung am heutigen Betriebsstandort geht auf das Jahr tausend zurück. Die Familie der Marchesi Ginori Lisci ist Eigentümerin seit 1816 und führte zahlreiche Maßnahmen zur Verbesserung der Kulturen durch. Der aktuelle Besitzer ist Leonardo Lorenzo Ginori, der die Betriebsleitung an seinen Enkel Luigi Malechini übergeben hat. In den letzten fünfzehn Jahren wurden Neupflanzungen von Weinbergen vorgenommen und neue Kelleranlagen errichtet. Eine gute Vorstellung für den Castello Ginori '09, im Aroma breit und kräftig, Lakritze und Kaffee verschmelzen mit dem Duft von reifer Frucht. Am Gaumen warm, dicht, gut anliegend, konkret, für ein entspanntes und angenehmes Finale. Gefällig auch die übrige Produktion, mit dem Macchion del Lupo '11, der mit balsamischen und würzigen Noten beeindruckt.

● Montescudaio Merlot Castello Ginori '09	🍷🍷 4
⊙ Bacio '13	🍷 2
● Montescudaio Cabernet Macchion del Lupo '11	🍷 3
● Montescudaio Merlot Campordigno '11	🍷 2
○ Virgola '13	🍷 2
● Castello Ginori '07	🍷🍷 4
● Castello Ginori '06	🍷🍷 4
● Montescudaio Cabernet Macchion del Lupo '09	🍷🍷 3
● Montescudaio Cabernet Macchion del Lupo '08	🍷🍷 3*
● Montescudaio Macchion del Lupo '07	🍷🍷 3*
● Montescudaio Merlot '08	🍷🍷 3*
● Montescudaio Rosso Campordigno '10	🍷🍷 2*
● Montescudaio Rosso Campordigno '08	🍷🍷 3*

TOSKANA

I Giusti e Zanza
VIA DEI PUNTONI, 9
56043 FAUGLIA [PI]
TEL. +39 058544354
www.igiustiezanza.it

DIREKTVERKAUF
BESUCH NACH VORANMELDUNG
JAHRESPRODUKTION 100.000 Flaschen
REBFLÄCHE 17 Hektar
WEINBAU Biologisch anerkannt

In diesem traditionsreichen Weinbaugebiet fertigen Paolo Giusti und seine Familie ihre Weine seit den 1990er Jahren. Ihr Betrieb, angesiedelt in Fauglia, im Hügelland zwischen Pisa und Livorno, gehört zu den renommiertesten und bestens organisierten Kellereien der Gegend. Die Rebstöcke gedeihen auf Sand-und Tonböden mit reichhaltigen Kiesanteilen. Die biodynamisch orientierte Philosophie der Bewirtschaftung und die Kellertechnik machen den Rest. So sind die Weine maßvoll modern und bewahren doch stets authentische Züge und eine starke Persönlichkeit. Der Dulcamara wieder in einer guten Ausführung. Die Lese 2011 dieses Roten, erstmals Mitte der 1990er Jahre gefertigt, beschert Empfindungen von reifer Frucht, mit dunklen Kirschen, Brombeeren und einem Anflug von Pflaumen. Am Gaumen finden die Trauben (Cabernet Sauvignon, Franc, Merlot und Petit Verdot) für diesen Wein zu einer guten Mischung, der Ausbau im Tonneau fügt Röstnoten und Würzigkeit hinzu. Wuchtige Tannine, die noch ihrer vollen Definition entgegensehen.

● Dulcamara '11	🍷🍷🍷 5
● Belcore '12	🍷🍷 3
● PerBruno '12	🍷🍷🍷 4
○ Nemorino Bianco '13	🍷 2
● Nemorino Rosso '13	🍷 2
● Belcore '07	🍷🍷 3
● Dulcamara '10	🍷🍷 5
● Dulcamara '09	🍷🍷 5
● Dulcamara '08	🍷🍷 5
● Dulcamara '06	🍷🍷 5
● PerBruno '10	🍷🍷 4
● PerBruno '09	🍷🍷 4

★Podere Grattamacco
LOC. LUNGAGNANO
57022 CASTAGNETO CARDUCCI [LI]
TEL. +39 0565765069
www.collemassari.it

DIREKTVERKAUF
BESUCH NACH VORANMELDUNG
JAHRESPRODUKTION 80.000 Flaschen
REBFLÄCHE 14 Hektar
WEINBAU Biologisch anerkannt

Grattamacco ist nicht nur eine allseits anerkannte, sondern auch traditionsreiche Bolgheri-Kellerei, die in den 1970er Jahren gegründet wurde, als der Weinbau hier noch in den Kinderschuhen steckte. Die Zeit hat ihre Vision bestätigt und den heutigen Ruhm der Marke ermöglicht, die kürzlich in den Besitz der Gebrüder Tipa gelangt ist. Der neue Kurs bleibt der Vergangenheit treu und erweitert womöglich noch den Horizont (auch was neue Zukäufe betrifft). Die stilistische Lesart aus Eleganz und Elan, aus Finesse und aromatischer Komplexität hat sich nicht geändert. Die sofort genussvollen Weine können aber auch der Zeit standhalten, neben dem Konzept auch ein Verdienst der von Wald umgebenen Weinberge, die einmal auf sandigen, dann auf Kalk- und Mergelböden liegen. Der Bolgheri Alberello '11 ist ein wunderbarer Wein. Das Aromaprofil ist perfekt lesbar und fesselnd, mit intensiv fruchtigen Anklängen, durchsetzt von Lorbeerblatt und feinen Röst- und Gewürznoten. Seidig, geradezu anmutig am Gaumen, verführerisch in der Entfaltung, endlos das Finale. Sehr gut auch der Superiore Grattamacco '11, kräftig und sehr fein.

● Bolgheri Sup. L'Alberello '11	🍷🍷🍷 6
● Bolgheri Rosso Sup. Grattamacco '11	🍷🍷 8
● Bolgheri Rosso '12	🍷🍷 4
○ Bolgheri Vermentino Grattamacco '12	🍷 5
● Bolgheri Rosso Sup. Grattamacco '10	🍷🍷🍷 7
● Bolgheri Rosso Sup. Grattamacco '09	🍷🍷🍷 7
● Bolgheri Rosso Sup. Grattamacco '07	🍷🍷🍷 7
● Bolgheri Rosso Sup. Grattamacco '06	🍷🍷🍷 7
● Bolgheri Rosso Sup. Grattamacco '05	🍷🍷🍷 7
● Bolgheri Rosso Sup. Grattamacco '04	🍷🍷🍷 7
● Bolgheri Rosso Sup. Grattamacco '03	🍷🍷🍷 7
● Bolgheri Rosso Sup. Grattamacco '01	🍷🍷🍷 8

TOSKANA

Fattoria di Grignano
VIA DI GRIGNANO, 22
50065 PONTASSIEVE [FI]
TEL. +39 0558398490
www.fattoriadigrignano.com

DIREKTVERKAUF
BESUCH NACH VORANMELDUNG
JAHRESPRODUKTION 250.000 Flaschen
REBFLÄCHE 50 Hektar
WEINBAU Biologisch anerkannt

Der Betrieb wurde von den derzeitigen Eigentümern, der Familie Inghirami, 1972 erworben. Der Bau der Villa geht hingegen auf die Familie der Marchesi Gondi im 15. Jahrhundert zurück, erhebliche Umbauten drei Jahrhunderte später gaben ihr das heutige Aussehen. Die ausgedehnten Agrarflächen sind in 47 Gutshöfe unterteilt, die wichtigsten Kulturen sind Olivenbäume und Weinstöcke, aber es gibt auch Obst- und Getreidebau. In jüngerer Zeit wurde auch der Gutshof Pievevecchia in den Besitz eingegliedert. Die Kelleranlagen sind in den entsprechend modernisierten, originalen Räumlichkeiten unter der Villa untergebracht. Gutes Ergebnis auch für den Salicaria '09, Cuvée aus nahezu gleichen Teilen Sangiovese und Merlot, wartet in der Nase mit Schokolade und Heidelbeermarmelade auf, weich und schmelzig im Körper, feine, gut integrierte Tannine. Von erfreulicher Feinheit der Chianti Rufina Riserva Poggio Gualtieri '09, mineralisch und blumig im Bouquet, der gediegene Körper beschert ein schmackhaft leckeres Finale.

● Chianti Rufina Poggio Gualtieri Ris. '09	3
● Salicaria '09	4
○ Spumante Brut	4
● Vin Santo del Chianti Rufina '06	4
● Chianti Rufina '09	2
● Chianti Rufina Poggio Gualtieri Ris. '08	3
● Chianti Rufina Poggio Gualtieri Ris. '07	3
○ Vin Santo del Chianti Rufina '04	4
○ Vin Santo del Chianti Rufina '03	4

Tenuta Guado al Tasso
LOC. BELVEDERE, 140
57020 BOLGHERI [LI]
TEL. +39 0565749735
www.antinori.it

BESUCH NACH VORANMELDUNG
JAHRESPRODUKTION 800.000 Flaschen
REBFLÄCHE 300 Hektar

Der ehemalige Besitz der adeligen Familie Gherardesca, gehört seit der ersten Hälfte des 20. Jahrhunderts zum Hause Antinori. Ein weitläufiges Gut von circa tausend Hektar, davon 300 Hektar Rebland. Der Rest ist mediterrane Macchia und Wald, die dieser Landschaft im Bolgheri einen zauberhaften Reiz verleihen. Die Weine liegen auf einer Linie mit der Philosophie des Hauses und sind punktgenau und modern. Gekeltert werden sie aus den typischen lokalen Reben, allen voran Merlot und Cabernet. Auch Petit Verdot und die typische Toskana-Sorte Sangiovese sind vertreten. Vorherrschend bei den Weißen ist der Vermentino. Der Bruciato '12 gefiel uns ausnehmend gut. Schöne aromatische Intensität und Eleganz am Gaumen, wo sich köstliche Frucht mit Nuancen von Gewürzen und Tabak abwechseln. Nicht so überzeugend der Bolgheri Superiore Guado al Tasso '11, ein wenig zu reif, mit Empfindungen von nicht immer ausgewogener, süßer Frucht. Paradewein ist der anmutige, wohlriechende Vermentino '13.

● Bolgheri Rosso Il Bruciato '12	4
○ Bolgheri Vermentino '13	3
⊙ Bolgheri Rosato Scalabrone '13	3
● Bolgheri Rosso Sup. Guado al Tasso '11	8
● Bolgheri Rosso Sup. Guado al Tasso '01	8
● Bolgheri Rosso Sup. Guado al Tasso '90	8
⊙ Bolgheri Rosato Scalabrone '10	3*
● Bolgheri Rosso Sup. Guado al Tasso '10	8
● Bolgheri Rosso Sup. Guado al Tasso '09	8
● Bolgheri Rosso Sup. Guado al Tasso '08	8
● Bolgheri Rosso Sup. Guado al Tasso '07	7
○ Bolgheri Vermentino '12	3
○ Bolgheri Vermentino '10	3

TOSKANA

Gualdo del Re
Loc. Notri, 77
57028 Suvereto [LI]
Tel. +39 0565829888
www.gualdodelre.it

DIREKTVERKAUF
BESUCH NACH VORANMELDUNG
UNTERKUNFT UND GASTRONOMIE
JAHRESPRODUKTION 100.000 Flaschen
REBFLÄCHE 20 Hektar
WEINBAU Biologisch anerkannt

Der Name des Gutes kommt vom deutschen Wort Wald, wobei hier aber ein Ort des Vergnügens gemeint ist, der den Königen vorbehalten ist: es ist die Zeit der Langobarden, als das Val di Cornia zum Herzogtum Lucca gehörte. Nico Rossi und seine Frau Maria Teresa haben mit allem Enthusiasmus ihre Weinproduktion aufgebaut und ihr sehr bald einen Agriturismo und ein Restaurant zur Seite gestellt. Sie waren Pioniere in diesem Territorium, als sein Potenzial erst von wenigen erkannt wurde. Befriedigt können sie feststellen, dass der Nachwuchs in ihre Fußstapfen tritt und mittlerweile voll in den Betrieb integriert ist. Ins Finale schafft es der Federico Primo, sortenreiner Cabernet Sauvignon, balsamisch, mit Anklängen an Schokolade und Brombeermarmelade in der Nase. Am Gaumen angenehm, ausladend, cremig, schmelzend, wobei die nervige Säure für Ausgewogenheit sorgt, seidige Tannine und langer Abgang. Sehr gut die gesamte Produktion, ganz besonders der Gualdo del Re '11, Sangiovese, reintönig, köstlich, schmackhaft im Finale.

Guicciardini Strozzi
Fattoria Cusona
Loc. Cusona, 5
53037 San Gimignano [SI]
Tel. +39 0577950028
www.guicciardinistrozzi.it

DIREKTVERKAUF
BESUCH NACH VORANMELDUNG
JAHRESPRODUKTION 800.000 Flaschen
REBFLÄCHE 115 Hektar

Guicciardini Strozzi ist eine der ältesten Adelsfamilien Italiens und auf ihrem prachtvollen Gut Cusona kelterten sie vorzügliche Weine bereits vor dem Jahr 1000. Girolamo Guicciardini Strozzi fügte in den letzten Jahren dem Besitz von Cusona weitere Weingüter hinzu, in der Toskana im Bolgheri und in der Maremma, in Sizilien auf der Insel Pantelleria. Die Töchter Natalia und Irina unterstützen ihren Vater im Betrieb. Der Vernaccia Riserva '11 besitzt Struktur und Fülle, elegante pflanzliche Noten und Heilkräuter sorgen für die nötige Harmonie sowohl in der Nase wie am Gaumen, wo er sich als schlank, frisch und vital erweist. Der Selezione 1933 '12 ist weicher und rund, mit Holznoten, die gut in die reichhaltige, aber auch kraftvolle Struktur integriert sind. Der rote Millanni '08, aus Sangiovese, Cabernet und Merlot, ist gut strukturiert, kraftvoll und weich, im Abschluss elegante Röst- und Weihrauchnoten.

● Federico Primo '11	🍷🍷 5
● Cabraia '11	🍷🍷 6
● Eliseo Rosso '12	🍷🍷 2*
● Gualdo del Re '11	🍷🍷 5
● Val di Cornia Rosso l'Rennero '11	🍷🍷 7
● Val di Cornia Sangiovese Suvereto '11	🍷🍷 5
● Aleatico Amansio '11	🍷 5
○ Vermentino Valentina '13	🍷 3
● Val di Cornia Rosso l'Rennero '05	🍷🍷🍷 6
● Val di Cornia Rosso l'Rennero '01	🍷🍷🍷 7

● Millanni '08	🍷🍷 6
○ Vernaccia di S. Gimignano Cusona 1933 '12	🍷🍷 3
○ Arabesque '13	🍷 2
● Chianti Colli Senesi Titolato Strozzi '13	🍷 2
○ Vernaccia di S. Gimignano Ris. '11	🍷 3
○ Vernaccia di S. Gimignano Titolato Strozzi '13	🍷 2
● Morellino di Scansano Titolato Strozzi '12	🍷🍷 2*
○ Vernaccia di S. Gimignano Titolato Strozzi '12	🍷🍷 2*
○ Vernaccia di S. Gimignano Titolato Strozzi '11	🍷🍷 2*

TOSKANA

Fattoria Il Lago
VIA CAMPAGNA, 18
50062 DICOMANO [FI]
TEL. +39 055838047
www.fattoriaillago.com

DIREKTVERKAUF
BESUCH NACH VORANMELDUNG
UNTERKUNFT
JAHRESPRODUKTION 50.000 Flaschen
REBFLÄCHE 22 Hektar

Die Familie Spagnoli ist seit mehr als einem halben Jahrhundert Eigentümer dieser Besitzung. Neben der Sanierung des gesamten Agrarbereichs, betrafen die ersten Maßnahmen die Renovierung der alten Gebäude, die dann als Agriturismo ausgestattet wurden. Wie aus den Unterlagen hervorgeht, bestand bereits zu Beginn des 19. Jahrhunderts eine blühende Weinproduktion. Die aktuellen Eigentümer investierten zuerst in die autochthonen Reben und bestimmten dann die geeigneten Lagen für die Pflanzung der internationalen Syrah und Pinot Nero. Die Ergebnisse waren insbesondere für die Burgunder-Rebe eine angenehme Überraschung. Ausgezeichnet die beiden Chianti Rufina, der 2012er mit Kirschen, Johannisbeeren und aromatischen Kräutern, frischer Körper, der herbere Riserva '09 ist anhaltend im Geschmack, mit gut erkennbarer Säureader und entspanntem Finale.

● Chianti Rufina '12	2*
● Chianti Rufina Ris. '09	3
● Pian de' Guardi '08	3
○ Vin Santo del Chianti Rufina '06	5
● Chianti Rufina '11	2*
● Chianti Rufina Ris. '08	3
● Pian de' Guardi '06	4
● Pinot Nero '10	5
● Pinot Nero '09	5
● Syrah '10	3

★Isole e Olena
LOC. ISOLE, 1
50021 BARBERINO VAL D'ELSA [FI]
TEL. +39 0558072763
www.isoleolena.it

DIREKTVERKAUF
BESUCH NACH VORANMELDUNG
JAHRESPRODUKTION 200.000 Flaschen
REBFLÄCHE 50 Hektar

Paolo De Marchi ist ein Winzer, der stets den tieferen Sinn seines Terroirs verstehen will und nimmt mit Autorität einen hochrangigen Platz im Chianti Classico ein. Unabhängig von den Rebsorten, sind seine Weine stets fähig, Persönlichkeit und Konsequenz zurückzugeben und gehören regelmäßig zu den besten der Denomination. Die Etiketten Isole und Olena sind von bewährter stilistischer Sicherheit, mit einer Eleganz, die durch einen generell gut getroffenen Fassausbau noch betont wird. Das komplexe, von ihrem Terroir geprägte Aroma unterstützt eine belebende und kontrastreiche geschmackliche Spannung. Der Cepparello '11, traditionsreicher Chianti-Sangiovese, ist wohl einer der Besten seiner Art. Im Aroma zeigen sich abwechselnd Nuancen von roter Frucht und rauchig süße Anklänge. Am Gaumen Stoff und Breite, entspannt sich rhythmisch und kontrastreich. Interessant der Cabernet Sauvignon '10, sehr konzentriert, mit schöner Materie, aber noch ein wenig von der Eiche eingeengt.

● Cepparello '11	8
● Cabernet Sauvignon Collezione De Marchi '10	8
● Cepparello '09	8
● Cepparello '07	8
● Cepparello '06	8
● Cepparello '05	8
● Cepparello '03	7
● Cepparello '01	6
● Cepparello '00	6
● Cepparello '99	6
● Cepparello '98	6
● Syrah '99	5

TOSKANA

Lamole di Lamole
LOC. VISTARENNI
LAMOLE
53013 GAIOLE IN CHIANTI [SI]
TEL. +39 0559331411
www.lamole.com

DIREKTVERKAUF
BESUCH NACH VORANMELDUNG
JAHRESPRODUKTION 224.000 Flaschen
REBFLÄCHE 57 Hektar

Das Weinunternehmen Santa Margherita aus Venetien besitzt auch zwei Güter im Chianti Classico: Lamole di Lamole in Greve in Chianti, und Villa Vistarenni, 200 Hektar, in Gaiole. Trotz großer Mengen und beachtlicher Größe, können vor allem die Etiketten aus dem Gut in Lamole stilistisch mit einer guten Persönlichkeit und Terroircharakter aufwarten. Und aus diesem Gut kommen nun auch mit schöner Regelmäßigkeit die ganz besonderen Supertropfen. Ausbau sowohl in großen wie auch kleinen Fässern. Deutlich blumiges Aroma prägt die Nase des Chianti Classico Vigneto di Campolongo Gran Selezione '10, der sich am Gaumen saftig, gegliedert und mit schöner Süße im Finale präsentiert. Sehr angenehm der Chianti Classico Etichetta Blu '11, fein und reintönig in der Nase, geschmackliche Entfaltung frisch und entspannt. In der Gliederung etwas von der Eiche gebremst, bleibt der Chianti Classico Riserva '10 jedenfalls gediegen, kontrastreich und dynamisch. Verlässlich die übrigen Etiketten.

● Chianti Cl. Vign. di Campolungo Gran Sel. '10	♛♛♛ 5
● Chianti Cl. Lamole di Lamole Et. Blu '11	♛♛ 3
● Chianti Cl. Lamole di Lamole Ris. '10	♛♛ 4
● Chianti Cl. Lamole di Lamole '11	♛ 3
● Chianti Cl. Villa Vistarenni Ris. '10	♛ 4
● Chianti Cl. Vign. di Campolungo Ris. '09	♛♛♛ 5
● Chianti Cl. Vign. di Campolungo Ris. '08	♛♛♛ 5

Lanciola
LOC. POZZOLATICO
VIA IMPRUNETANA, 210
50023 IMPRUNETA [FI]
TEL. +39 055208324
www.lanciola.it

DIREKTVERKAUF
BESUCH NACH VORANMELDUNG
JAHRESPRODUKTION 250.000 Flaschen
REBFLÄCHE 40 Hektar

Die Familie Guarnieri, Eigentümer dieses Gutes, gab der Wein- und Ölproduktion in diesem begünstigten Territorium mit langer, produktiver Tradition neue, wichtige Impulse: in der Epoche der Medici hießen die Eigentümer Ricci, die dem Gutshof eine funktionale und wirtschaftlich erfolgreiche Organisation sowohl im Agrarbereich als auch im Weinbau verpassten. Unter der Führung von Carlo, der für den geschäftlichen Teil von Sohn Giancarlo unterstützt wird, erhielt der Betrieb einen neuen Aufschwung. Einige Parzellen liegen im Gemeindegebiet von Greve in Chianti, wo ein Chianti Classico produziert wird. Erstmals das Finale erreicht der Terricci '09, Cuvée aus Sangiovese, Cabernet Sauvignon und Cabernet Franc, mit Duftnoten von Leder, Tabak, dann Wacholderbeeren als würzige Elemente. Am Gaumen ausholend, etwas streng in den Tanninen, langer Nachgeschmack. Erfreulich auch der Gran Selezione Le Masse di Greve '11, fruchtiges Bouquet mit würzigem Anflug, schlanker, saftiger Körper.

● Terricci '09	♛♛ 5
● Chianti Cl. Le Masse di Greve Gran Sel. '11	♛♛ 5
● Chianti Cl. Le Masse di Greve '11	♛ 4
● Chianti Cl. Le Masse di Greve Ris. '11	♛ 4
● Chianti Colli Fiorentini '12	♛ 2
● Chianti Colli Fiorentini Ris. '11	♛ 3
○ Ricciobianco '13	♛ 4
● Riccionero '09	♛ 3
⊙ Ricciorosa '13	♛ 3
○ Vin Santo Colli Fiorentini '08	♛ 6
● Vin Santo Occhio di Pernice dei Colli Fiorentini '07	♛ 6
○ Ricciobianco '08	♛♛ 4
○ Vin Santo del Chianti Colli Fiorentini '05	♛♛ 6

TOSKANA

La Lastra

FRAZ. SANTA LUCIA
VIA R. DE GRADA, 9
53037 SAN GIMIGNANO [SI]
TEL. +39 0577941781
www.lalastra.it

DIREKTVERKAUF
BESUCH NACH VORANMELDUNG
JAHRESPRODUKTION 57.600 Flaschen
REBFLÄCHE 7 Hektar

Nadia Betti, Renato Spanu und Enrico Paternoster, Trentiner mit der Liebe zur Toskana, sind bereits seit Jahren im Hügelland des Val d'Elsa aktiv. Neben ihrer Beratertätigkeit als Agronomen und Önologen für verschiedene Kellereien, haben sie mit La Lastra einen Musterbetrieb der Denomination auf die Beine gestellt. Sieben Hektar und nicht ganz 60.000 Flaschen jährlich, aber das Niveau der kleinen Kellerei ist wirklich beeindruckend. Das bestätigen die Verkostungen in diesem Jahr: da der Riserva '12 noch seiner Reife entgegenschlummert, haben wir einen Vernaccia '13 von Format verkostet: in der Nase zitrusfruchtig und reifes Obst, mit eleganten Nuancen von Orangen und Safran, am Gaumen würzig und vibrierend, fruchtig, lebendig; schließt mit einem schönen Bittermandelhauch. Der Rovaio '09 (Sangiovese, Merlot und Cabernet Sauvignon) besitzt Struktur und Fülle, reich an roten Beeren, geschliffene Tannine, im Abgang die Noten von Holz und Tabak.

● Rovaio '09	♟♟ 4
○ Vernaccia di S. Gimignano '13	♟♟ 2*
● Chianti Colli Senesi '12	♟ 2
○ Vernaccia di S. Gimignano Ris. '09	♟♟♟ 3*
○ Vernaccia di S. Gimignano '12	♟♟ 2*
○ Vernaccia di S. Gimignano '11	♟♟ 2*
○ Vernaccia di S. Gimignano '10	♟♟ 2*
○ Vernaccia di S. Gimignano Ris. '11	♟♟ 3*
○ Vernaccia di S. Gimignano Ris. '10	♟♟ 3*

Lavacchio

VIA DI MONTEFIESOLE, 55
50065 PONTASSIEVE [FI]
TEL. +39 0558317472
www.fattorialavacchio.com

DIREKTVERKAUF
BESUCH NACH VORANMELDUNG
UNTERKUNFT UND GASTRONOMIE
JAHRESPRODUKTION 100.000 Flaschen
REBFLÄCHE 22 Hektar
WEINBAU Biologisch anerkannt

Der im 18. Jahrhundert von der Familie Peruzzi aufgebaute Gutshof wurde 1978 von den Gebrüdern Lottero aus Genua erworben. Am Steuer steht heute Faye Lottero, Tochter eines der Besitzer; mit viel Enthusiasmus betreut sie auch die anderen Aktivitäten, einschließlich Restaurant und Agriturismo. Der Betrieb gehört zu den ersten in diesem Gebiet, die den Regeln einer biologischen Landwirtschaft folgen; neben Wein- und Olivenbau, den wichtigsten Kulturen, gibt es auch Getreide, dazu eine mit Windkraft betriebene Mühle aus dem 19. Jahrhundert, die restauriert wurde und seit 2001 wieder in Betrieb ist. Gefällig der Fontegalli '08, Cuvée aus Merlot, Cabernet Sauvignon und Sangiovese, weich und schmelzig im Geschmack. Aufregend in der Nase, cremig am Gaumen der Oro del Cedro '12, nur aus Gewürztraminer. Frisch, genussvoll, kräftig, der Pachar '12 aus Chardonnay mit kleiner Zugabe von Viognier und Sauvignon.

● Fontegalli '08	♟♟ 5
○ Oro del Cedro V. T. '12	♟♟ 5
● Pachar '12	♟♟ 4
○ Vin Santo del Chianti Rufina Ris. '08	♟♟ 5
⊙ Albeggio '13	♟ 2
● Chianti Ludie Ris. '11	♟ 3
● Chianti Rufina Cedro '11	♟ 2
● Chianti Rufina Millonovecentosessantatre '07	♟ 4
● Chianti Rufina Cedro Ris. '09	♟♟ 4
● Chianti Rufina Cedro Ris. '07	♟♟ 4
● Fontegalli '06	♟♟ 5
○ Vin Santo del Chianti Rufina Ris. '07	♟♟ 5

TOSKANA

La Lecciaia
LOC. VALLAFRICO
53024 MONTALCINO [SI]
TEL. +39 0583928366
www.lecciaia.it

BESUCH NACH VORANMELDUNG
JAHRESPRODUKTION 200.000 Flaschen
REBFLÄCHE 16 Hektar

La Lecciaia, traditionsreicher Betrieb in Montalcino, der 1983 von Mauro Pacini erworben wurde, bestätigt die exzellente Form seiner Flaschenbatterie. Sechzehn der insgesamt sechzig Hektar sind bestockt, mit der Sangiovese Grosso an vorderster Front, die stolz und mitunter ein wenig schroff die Gemütsart des östlichen Segments, Seehöhen von fast 450 Meter und sandige Tonböden mit Skelettanteilen interpretiert. Diese Boden- und Klimabeschaffenheit wird durch lange Maischegärung und Ausbau im 50-hl-Eichenfass (ein Prozentsatz in Tonneau) folgerichtig unterstützt, sowohl beim Brunello Basiswein als auch bei der Selezione Vigna Manapetra, die beide als Riserva angeboten werden. Der Brunello Vigna Manapetra '09 beschert La Lecciaia erstmals die Drei Gläser. Der Wein ist nicht ganz einfach zu verstehen, einige Reduktionen, die einem ebenso anmutigen wie progressiven Gaumen Raum geben, ganz angelegt auf ein würziges Gefüge, Wurzeln und Mittelmeerkräuter.

● Brunello di Montalcino V. Manapetra '09	🍷🍷🍷 6
● Brunello di Montalcino Ris. '08	🍷🍷 6
● Brunello di Montalcino V. Manapetra Ris. '08	🍷🍷 6
● Brunello di Montalcino '09	🍷 5
● Il Baccanale '10	🍷 4
● Rosso di Montalcino '12	🍷 3
● Brunello di Montalcino '08	🍷🍷 5
● Brunello di Montalcino Ris. '04	🍷🍷 6
● Brunello di Montalcino V. Manapetra '08	🍷🍷 5
● Brunello di Montalcino V. Manapetra Ris. '07	🍷🍷 6
● Brunello di Montalcino V. Manapetra Ris. '04	🍷🍷 7
● Rosso di Montalcino '11	🍷🍷 3
● Rosso di Montalcino '08	🍷🍷 3

Cantine Leonardo
VIA PROVINCIALE MERCATALE, 291
50059 VINCI [FI]
TEL. +39 0571902444
www.cantineleonardo.it

DIREKTVERKAUF
BESUCH NACH VORANMELDUNG
JAHRESPRODUKTION 4.500.000 Flaschen
REBFLÄCHE 650 Hektar

1961 schließen sich in Vinci dreißig Weinbauern zusammen, um sich den Schwierigkeiten, die mit dem Weinbau und dem Vertrieb der Produkte verbunden sind, besser stellen zu können: aus diesen Anfängen ist mit den Jahren diese große Kooperative entstanden, die heute, einschließlich der ebenfalls lokalen Cantina di Montalcino, die 1990 erworben wurde, über 200 Mitglieder zählt. Eingehende Betreuung der Mitglieder, um die Produktion zu verbessern, und sorgfältig gewählte Marketingstrategien haben das Unternehmen zu einem Vorbild in diesem Teil der Toskana gemacht. 2002 wurde auch die effiziente und dynamische Vertriebsgesellschaft Dalle Vigne gegründet. Beide gehören zur Gruppe Caviro. Ins Finale schafft es der Chianti Da Vinci Riserva '11, frische Waldbeeren im Duft, geschmeidiger Körper, gut ausgewogen, integrierte Tannine. Wohldosiert und genussvoll die geschmackliche Konsistenz für ein langes, schönes Finale. Der Chianti Leonardo '08 überrascht mit intensiv fruchtigem Duft, lebhaft und nervig der Körper, langer, saftiger Abgang.

● Chianti Da Vinci Ris. '11	🍷🍷 3*
● Brunello di Montalcino Cantina di Montalcino '09	🍷🍷 5
● Chianti Leonardo '13	🍷🍷 2*
● Rosso di Montalcino Cantina di Montalcino '12	🍷 2
● Sangiovese Poggio del Sasso '13	🍷 2
○ Bianco dell'Empolese Vin Santo '07	🍷🍷 4
● Chianti Da Vinci Ris. '10	🍷🍷 3
● Chianti Leonardo '12	🍷🍷 2*
● Rosso di Montalcino Leonardo '11	🍷🍷 3

Tenuta di Lilliano
LOC. LILLIANO, 8
53011 CASTELLINA IN CHIANTI [SI]
TEL. +39 0577743070
www.lilliano.com

DIREKTVERKAUF
BESUCH NACH VORANMELDUNG
UNTERKUNFT
JAHRESPRODUKTION 150.000 Flaschen
REBFLÄCHE 35 Hektar

Tenuta di Lilliano liegt im Gemeindegebiet von Castellina in Chianti. 1920 von der Familie Ruspoli erworben, die auch heute noch Eigentümer ist, gehört die Kellerei zu den konsolidierten Betrieben des Chianti Classico. Heute fertigt Lilliano Weine von intakter Eleganz, die auch klassisch sind, obwohl in jüngerer Zeit behutsam eine modernere Lesart der Produktion gewählt wird. Die Stilistik des Hauses, die feinen Nuancen vor Gewicht und Kraft den Vorzug gibt, wird dabei nicht aufgegeben. Der Chianti Classico Gran Selezione '10 kann der Zeit sicherlich gut standhalten. Das Aroma ist noch nicht ganz entfaltet, aber offenbar bereits Komplexität und Eleganz mit abwechselnd rauchigen Noten und blumigen Anklängen. Am Gaumen, großartiger Rhythmus und Kontrast, bestens dosiert das Holz. Sehr gut auch der Chianti Classico Riserva '11, im Duft offener, prägnant und von schöner Finesse. Dynamisch, ausholend, tiefgründig die geschmackliche Entfaltung. Intensiv der Anagallis '11, Cuvée aus Sangiovese, Colorino und Merlot.

● Chianti Cl. Ris. Gran Sel. '10	🍷🍷🍷 6
● Chianti Cl. Ris. '11	🍷🍷 5
● Anagallis '11	🍷🍷🍷 5
● Chianti Cl. '10	🍷🍷🍷 3*
● Chianti Cl. '09	🍷🍷🍷 3
● Chianti Cl. E. Ruspoli Berlingieri Ris. '85	🍷🍷🍷 8
● Anagallis '10	🍷🍷 5
● Anagallis '08	🍷🍷 5
● Chianti Cl. '11	🍷🍷 3
● Chianti Cl. Ris '08	🍷🍷 5
● Chianti Cl. Ris. '10	🍷🍷 5
● Chianti Cl. Ris. '09	🍷🍷 5
● Chianti Cl. Ris. '07	🍷🍷 5

Lisini
FRAZ. SANT'ANGELO IN COLLE
POD. CASANOVA
53024 MONTALCINO [SI]
TEL. +39 0577844040
www.lisini.com

DIREKTVERKAUF
BESUCH NACH VORANMELDUNG
JAHRESPRODUKTION 90.000 Flaschen
REBFLÄCHE 21 Hektar

Der Betrieb der Familie Lisini ist einer der wenigen im Montalcino, der sich tatsächlich auf uralte Wurzeln und eine durch Flaschen dokumentierte Geschichte berufen kann, schon in den Jahren, als der Brunello seine heutige internationale Bekanntheit noch lange nicht erreicht hatte. Die über zwanzig Hektar Rebflächen konzentrieren sich auf den südlichen Teil von Sesta und sind ausschließlich mit der Sangiovese bestockt: es sind die Parzellen für den Rosso, den Jahrgangswein, und die Riserva; eine besondere Etikette ist der Edellage Ugolaia gewidmet, die wegen des eisenhaltigen Tuffsteinbodens einen relativ unterschiedlichen Ausdruck liefert. Auch beim letzten Test sind die reifen Brunello die Zugpferde der Batterie von Lisini. Beide aus dem kapriziösen Erntejahr 2008, ergänzen sie sich in vielerlei Hinsicht: der Ugolaia ist zu schlank und entziehend, die feine, ausdrucksstarke Anlage bleibt aber erhalten, südlicher im Charakter der Riserva, im Aroma wie im Gerbstoffbeitrag.

● Brunello di Montalcino Ris. '08	🍷🍷 7
● Brunello di Montalcino Ugolaia '08	🍷🍷 8
● Brunello di Montalcino '09	🍷 6
● Rosso di Montalcino '12	🍷 4
● San Biagio '12	🍷 2
● Brunello di Montalcino '90	🍷🍷🍷 5
● Brunello di Montalcino '88	🍷🍷🍷 5
● Brunello di Montalcino Ugolaia '06	🍷🍷🍷 8
● Brunello di Montalcino Ugolaia '04	🍷🍷🍷 8
● Brunello di Montalcino Ugolaia '01	🍷🍷🍷 8
● Brunello di Montalcino Ugolaia '00	🍷🍷🍷 7
● Brunello di Montalcino Ugolaia '91	🍷🍷🍷 7

TOSKANA

Livernano

Loc. Livernano, 67a
53017 Radda in Chianti [SI]
Tel. +39 0577738353
www.livernano.it

DIREKTVERKAUF
BESUCH NACH VORANMELDUNG
UNTERKUNFT UND GASTRONOMIE
JAHRESPRODUKTION 50.000 Flaschen
REBFLÄCHE 20 Hektar

Robert Cuillo, Eigentümer von Livernano seit 1990, liegt in der Unterzone von Radda in Chianti, im Chianti Classico der Provinz Siena. Die Weinberge werden sehr gewissenhaft bearbeitet und fast ausschließlich in Buscherziehung kultiviert, wobei Umweltschonung ein wichtiges Anliegen ist. Für den Ausbau gibt man Barriques ganz klar den Vorzug, was dem Stil des Hauses entspricht. So setzt man auf körperreiche, fleischige Weine, die auch vom Holz wesentlich beeinflusst werden. Vorwiegend rauchige Noten für die Chianti Classico Riserva '11, ein sehr dynamischer, kontrastreicher Wein mit einem tiefgründigen Finale. Obwohl durchaus genussvoll, zeigt sich der Chianti Classico '11 mit einigen Härten, die seine Süffigkeit schmälern. Alle gut gemacht und technisch tadellos, der Purosangue '11, sortenreiner Sangiovese, der Livernano '11, Cuvée aus Cabernet Sauvignon, Merlot und Sangiovese, der Divinità '11, aus Trauben Cabernet Sauvignon, aber gestört durch die ein wenig vordringliche Eiche.

● Chianti Cl. Ris. '11	🍷🍷 4
● Chianti Cl. '11	🍷 3
● Divinità '11	🍷 6
● Livernano '11	🍷 6
● Purosangue '11	🍷 5
● Chianti Cl. Ris. '04	🍷🍷🍷 4
● Livernano '05	🍷🍷🍷 6
● Livernano '03	🍷🍷🍷 6
● Livernano '99	🍷🍷🍷 7
● Livernano '98	🍷🍷🍷 6
● Livernano '97	🍷🍷🍷 6

Luiano

Loc. Mercatale Val di Pesa
Via di Luiano, 32
50024 San Casciano in Val di Pesa [FI]
Tel. +39 055821039
www.luiano.it

DIREKTVERKAUF
BESUCH NACH VORANMELDUNG
UNTERKUNFT
JAHRESPRODUKTION 160.000 Flaschen
REBFLÄCHE 20 Hektar

Luiano, seit den 1950er Jahren im Besitz der Familie Palombo, verfügt über 20 Hektar Weinberge, die vorwiegend mit Sangiovese bestockt sind. Im Weinberg werden die klassischen Methoden angewendet, um Qualitätstrauben zu erhalten, das heißt keine unnötigen Zwänge für die Pflanzen. Auch im Keller ist die Arbeit gewissenhaft, aber nicht invasiv, für den Ausbau der Weine werden kleine und große Fässer eingesetzt. So entstehen angenehm trinkbare Weine, die mit ihrem Terroir in Einklang stehen und auch mit Charakter und Finesse aufwarten können. Üppige Frucht in der Nase beschert der Chianti Classico Ottantuno Gran Selezione '11, am Gaumen breit, geschmeidig und nicht ohne Süße. Entschieden anmutig der Chianti Classico '12, feines Bouquet, wohlschmeckend und rhythmisch in der geschmacklichen Progression. Von guter Materie der Chianti Classico Riserva Oro '11, aber teilweise noch in der Eiche gefangen. Noch Zeit benötigt der Lui '11, Cuvée aus Cabernet Sauvignon, Merlot und Colorino.

● Chianti Cl. '12	🍷🍷 3*
● Chianti Cl. Ottantuno Gran Sel. '11	🍷🍷 6
● Chianti Cl. Ris. Oro '11	🍷 5
● Lui '11	🍷 6
● Chianti Cl. '08	🍷🍷 2
● Chianti Cl. Ris. '09	🍷🍷 3
● Chianti Cl. Ris. '08	🍷🍷 3
● Lui '07	🍷🍷 3
● Lui '04	🍷🍷 3
● Sangiò '06	🍷🍷 3

TOSKANA

Lunadoro

LOC. TERRAROSSA PAGLIERETO
FRAZ. VALIANO
53040 MONTEPULCIANO [SI]
TEL. +39 0578748154
www.lunadoro.com

DIREKTVERKAUF
BESUCH NACH VORANMELDUNG
UNTERKUNFT
JAHRESPRODUKTION 45.000 Flaschen
REBFLÄCHE 12 Hektar
WEINBAU Biologisch anerkannt

Aus Liebe zu diesem Land und seinen Weinbergen, erwarb das Ehepaar Dario Cappelli und Gigliola Cardinali im Jahr 2002 das Gut Pagliareto. Gebürtig aus dem Val d'Orcia, leiteten sie folgerichtig den Aufbau einer Kellerei ein, die hochwertige Weine abliefern konnte. Punktgenaue Pflege der Weinberge war ein wichtiger Faktor ihrer Arbeit, die mit der Errichtung eines modernst ausgestatteten Kellers seine Fortsetzung fand. Die gewissenhafte Arbeit wurde durch die erhofften Ergebnisse belohnt. Der aktuelle Name kommt von einem der Gutshöfe, die zum Besitz gehören. Der Nobile '11 beginnt mit einer Duftfülle von Kirschen und Pflaumen, verfeinert durch würzigen Anflug von Gewürznelken und Ingwer. Am Gaumen entsprechend, cremig, von ausgewogener Frische, wohldosiert das progressive Finale. Der Riserva Quercione '10 ist intensiv in der Nase, mit mediterraner Macchia und Gewürzen, fleischig, reich und stofflich, das Finale kraftvoll und lang.

● Nobile di Montepulciano '11	♛ 4
● Nobile di Montepulciano Quercione '10	♛ 4
○ Bianco '13	♛ 2
⊙ Dispetto '13	♛ 2
● Ricordo '12	♛ 2
● Nobile di Montepulciano '09	♛♛ 4
● Nobile di Montepulciano Quercione Ris. '09	♛♛ 5
● Rosso di Montepulciano Primo Senso '11	♛♛ 3

I Luoghi

LOC. CAMPO AL CAPRIOLO, 201
57022 CASTAGNETO CARDUCCI [LI]
TEL. +39 0565777379
www.iluoghi.it

DIREKTVERKAUF
BESUCH NACH VORANMELDUNG
JAHRESPRODUKTION 15.000 Flaschen
REBFLÄCHE 4 Hektar
WEINBAU Biologisch anerkannt

I Luoghi konnte sich von Anfang an durch einen originellen Bolgheri-Charakter hervortun. Vorrangig für Stefano Granata und Ehefrau Paola Betrieb seit der Betriebsübernahme von 1999 war die Verbundenheit mit ihrem Land und der Vorrang der Rebe vor der Kellerwirtschaft, sowie ein sehr persönlicher Stil, der sich vom Standard der Anbauzone abhebt. Die Produktion ist überschaubar und ermöglicht eine persönliche Betreuung. Ein kleiner, begünstigter Weinberg aus zwei getrennten Parzellen, bildet die Basis für die ehrgeizige Unternehmung. Die Kellermethoden lassen anmutige Weine mit eleganten Charakterzügen entstehen. Wenn eine Kellerei entscheidet, dem Lauf der Jahreszeiten und Erntejahre auf wenig invasive Art zu folgen und Weine in Einklang mit den Jahrgängen zu fertigen, kann es mitunter insgesamt auch weniger brillante und gelungene Ausführungen geben. So erklärt sich eine Performance unter den Erwartungen für den Campo al Fico '11, etwas trocknend und ungenau. Der Podere Ritorti des gleichen Jahrgangs scheint uns besser getroffen: würzige Noten, Leder und Tabak, in der Nase und am Gaumen. Ein schöner Wein, sofort trinkbereit.

● Bolgheri Sup. Podere Ritorti '11	♛ 5
● Bolgheri Sup. Campo al Fico '11	♛ 7
● Bolgheri Sup. Campo al Fico '10	♛♛♛ 7
● Bolgheri Sup. Campo al Fico '09	♛♛♛ 7
● Bolgheri Sup. Campo al Fico '08	♛♛♛ 7
● Bolgheri Sup. Campo al Fico '07	♛♛ 7
● Bolgheri Sup. Campo al Fico '06	♛♛ 7
● Bolgheri Sup. Podere Ritorti '10	♛♛ 5
● Bolgheri Sup. Podere Ritorti '09	♛♛ 5
● Bolgheri Sup. Podere Ritorti '08	♛♛ 5
● Bolgheri Sup. Podere Ritorti '07	♛♛ 4

TOSKANA

★Le Macchiole
Via Bolgherese, 189a
57020 Bolgheri [LI]
Tel. +39 0565766092
www.lemacchiole.it

BESUCH NACH VORANMELDUNG
JAHRESPRODUKTION 150.000 Flaschen
REBFLÄCHE 22 Hektar

Le Macchiole gehört zum exklusiven Kreis der italienischen Weinlegenden. Die internationale Prestigemarke ist ein Juwel des Bolgheri und der Toskana. Mit viel Liebe führt Cinzia Merli heute den Betrieb, den sie gemeinsam mit ihrem vor einigen Jahren verstorbenen Ehemann Eugenio Campolmi gegründet hat. Le Macchiole ist wie eine perfekte Maschine, aber ganz und gar nicht statisch. Im Gegenteil, kleine Veränderungen im Keller beweisen immer wieder, dass das Streben nach Vollendung ein dynamisches Konzept ist, das nie ein Ende hat. Eine biologische Landwirtschaft ist fest etabliert, mit akribischer Pflege der Weinberge und untadeliger Vinifizierung. Die Weine erzählen all das und verblüffen mit einer Qualität, die der Zeit die Stirn bietet. Der Jahrgang 2011 beschert intensive, konzentrierte Empfindungen. Der Paleo ist immer ein Supertropfen. Wenn sich auch die Röstnoten noch bemerkbar machen, die Frucht explodiert in einem ungemein komplexen, aromatischen Kaleidoskop, gut vermengt mit der Würzigkeit. Am Gaumen dick und tief, dicht und stofflich, die Tannine müssen sich noch weiter entspannen.

● Paleo Rosso '11	♛♛♛ 8
● Scrio '11	♛♛ 8
● Messorio '11	♛♛ 8
○ Paleo Bianco '11	♛♛ 5
● Bolgheri Rosso '12	♛ 4
● Messorio '07	♛♛♛ 8
● Messorio '06	♛♛♛ 8
● Messorio '01	♛♛♛ 8
● Paleo Rosso '10	♛♛♛ 8
● Paleo Rosso '09	♛♛♛ 8
● Paleo Rosso '03	♛♛♛ 8
● Paleo Rosso '01	♛♛♛ 8
● Scrio '08	♛♛♛ 8
● Scrio '01	♛♛♛ 8

Le Macioche
SP 55 di Sant'Antimo km 4,85
53024 Montalcino [SI]
Tel. +39 0577849168
www.lemacioche.it

DIREKTVERKAUF
BESUCH NACH VORANMELDUNG
JAHRESPRODUKTION 18.000 Flaschen
REBFLÄCHE 3 Hektar

Der ganz eigenständige Stil von Le Macioche, der die Herzen so zahlreicher Weinfreunde erobert hat, war schon in den ersten Brunello-Flaschen spürbar, die Matilde Zecca und Achille Mazzocchi seit ihrer Ansiedlung in Montalcino von 1985 gefertigt haben. Anmutige, entspannte, fast weibliche Züge, die man von einem Sangiovese aus dem Land zwischen Montalcino und Castelnuovo dell'Abate eigentlich nicht erwarten kann. Bei näherem Hinsehen ist zu erkennen, dass die Lagen von 400 Meter Seehöhe und kalkreiche Galestro-Böden die Basis für diese Form des Ausdrucks liefern, der durch nicht invasive Kellerwirtschaft - Spontangärung in Holzbottichen und lange Verfeinerung im 40-hl-Fass - zusätzlich unterstützt wird. Wie so oft, scheinen warme Lesen dem Brunello de Le Macioche gut zu tun. Die Version von 2009 offenbart eine zugängliche Seite, mit Orangenbonbons, Gesträuch, Chinarinde, nur teilweise vom Geschmack nicht mitgetragen: herber und trocken, lebhafte, aber sehr kompakte Tannine. Beachtlich auch der Rosso '11.

● Brunello di Montalcino '09	♛♛ 7
● Rosso di Montalcino '11	♛♛♛ 4
● Brunello di Montalcino '08	♛♛ 7
● Brunello di Montalcino '07	♛♛ 7
● Brunello di Montalcino '06	♛♛ 6
● Brunello di Montalcino '04	♛♛ 6
● Brunello di Montalcino Ris. '06	♛♛ 8
● Rosso di Montalcino '10	♛♛ 4
● Rosso di Montalcino '09	♛♛ 4

TOSKANA

La Mannella
LOC. LA MANNELLA, 322
53024 MONTALCINO [SI]
TEL. +39 0577848268
www.lamannella.it

BESUCH NACH VORANMELDUNG
JAHRESPRODUKTION 35.000 Flaschen
REBFLÄCHE 8 Hektar

Schon in den 1970er Jahren wird der Betrieb auf den Weg gebracht, aber erst 1990 kommt der Wein erstmals in die Flasche: La Mannella wird von seinen Urhebern als junges Unternehmen beschrieben. Diese bewusste Geduld ist es auch, die Marco Cortonesi zu einer so überaus geachteten Persönlichkeit im Panorama der Montalcino-Weine macht: seine Sangiovese geben einen in vielerlei Hinsicht komplementären Charakter zum Nordhang (Tonböden und Höhen über 250 Meter) und zum Südosthang mit vorherrschend Galestro-Boden und Höhen bis 400 Meter zurück. So ergeben sich zwei Brunello, Jahrgangswein und Cru I Poggiarelli (plus Riserva in den besten Jahren), die im Tonneau und großen Fass ausgebaut werden. Wieder eine ansehnliche Flaschenbatterie, die La Mannella vorlegt, angefangen mit einem schon sehr zugänglichen Brunello '09, nur etwas zu einfach und primär in den fruchtigen Nuancen. Mehr Substanz beschert der Selezione I Poggiarelli gleichen Jahrgangs, von ruhiger Ausgewogenheit, erzählt von Wald und balsamischen Düften.

● Brunello di Montalcino '09	♛♛ 5
● Brunello di Montalcino I Poggiarelli '09	♛♛ 5
● Rosso di Montalcino '12	♛ 3
● Brunello di Montalcino '08	♛♛ 5
● Brunello di Montalcino '07	♛♛ 5
● Brunello di Montalcino '06	♛♛ 5
● Brunello di Montalcino '05	♛♛ 5
● Brunello di Montalcino Ris. '06	♛♛ 6
● Brunello di Montalcino I Poggiarelli '08	♛♛ 5
● Brunello di Montalcino I Poggiarelli '07	♛♛ 5
● Brunello di Montalcino I Poggiarelli '06	♛♛ 5
● Brunello di Montalcino I Poggiarelli '05	♛♛ 5

Il Marroneto
LOC. MADONNA DELLE GRAZIE, 307
53024 MONTALCINO [SI]
TEL. +39 0577849382
www.ilmarroneto.com

DIREKTVERKAUF
BESUCH NACH VORANMELDUNG
JAHRESPRODUKTION 26.000 Flaschen
REBFLÄCHE 6 Hektar

Alessandro Mori war noch nicht volljährig, als die Parzelle, die von Vater Giuseppe in Madonna delle Grazie, knapp außerhalb der Stadtmauern von Montalcino angepflanzt wurde, 1978 den ersten Brunello unter dem Label Marroneto hergab. Die versteckte Edellage am Nordturm, wo der frühere Trockenraum für Kastanien zu einer der ersten „Keller-Werkstatte" umstrukturiert wurde. Heute wie damals ist Il Marroneto ein Treffpunkt für alle, die einem reintönigen, minimalistischen Montalcino-Sangiovese nachspüren, der mit Aufmerksamkeit und Geduld zu verfolgen ist: gereift in slawonischer Eiche verschiedener Größen und Umfüllungen, halten sie zuverlässig einer langen Lagerung stand. Der Madonna delle Grazie 2009 erscheint uns von Anfang an zugänglicher zu sein als sonst: Leder, Tabak, dunkle Beeren, die scharfen Tannine werden vom alkoholischen Mantel in Zaum gehalten. Ihm steht der Rosso Ignaccio '11 um nichts nach: Lakritze, Gewürznelke, salziger Hauch wandeln sich zu Klasse und Substanz am Gaumen.

● Brunello di Montalcino Madonna delle Grazie '09	♛♛ 8
● Rosso di Montalcino Ignaccio '11	♛♛ 3*
● Brunello di Montalcino '09	♛♛ 7
● Brunello di Montalcino Madonna delle Grazie '08	♛♛♛ 8
● Brunello di Montalcino '08	♛♛ 7
● Brunello di Montalcino '07	♛♛ 6
● Brunello di Montalcino '06	♛♛ 6
● Brunello di Montalcino '05	♛♛ 6
● Brunello di Montalcino Madonna delle Grazie '07	♛♛ 8
● Brunello di Montalcino Madonna delle Grazie '06	♛♛ 8
● Brunello di Montalcino Madonna delle Grazie '05	♛♛ 7
● Brunello di Montalcino Madonna delle Grazie '04	♛♛ 7

TOSKANA

Mastrojanni
Fraz. Castelnuovo dell'Abate
pod. Loreto San Pio
53024 Montalcino [SI]
Tel. +39 0577835681
www.mastrojanni.com

DIREKTVERKAUF
BESUCH NACH VORANMELDUNG
JAHRESPRODUKTION 100.000 Flaschen
REBFLÄCHE 24 Hektar

Wer sein Urteil nur an Hand der Flaschen der letzten Jahre abgeben müsste, könnte kaum den Besitzwechsel der historischen Marke Mastrojanni vermuten, die 2008 von Illy übernommen wurde. An den Weinen hat sich praktisch nichts geändert: diese stilistische Kontinuität erklärt sich in erster Linie durch die Bestätigung von Andrea Machetti an der Spitze der Kellerei. Die Brunello bleiben geschmacklich stark und kraftvoll und liefern rigorose Interpretationen der Hänge von Castelnuovo dell'Abate. Im Keller kommen Fässer verschiedener Größen zum Einsatz, größere für den Cru Vigna Loreto, kleinere für den anderen Supertropfen des Hauses, den Vigna Schiena d'Asino. Die letzten Verkostungen bestätigen den goldenen Moment für die Flaschen aus dem Hause Mastrojanni, allen voran ein Rosso '12, ungemein ausdrucksstark und solide im Geschmack. Der Supertropfen aber ist der Brunello Vigna Loreto '09, mit schlanker, facettenreicher Silhouette, ganz klar Drei Gläser.

● Brunello di Montalcino V. Loreto '09	🍷🍷🍷 7
● Brunello di Montalcino '09	🍷🍷 5
○ Rosso di Montalcino '12	🍷🍷 3
○ Moscadello di Montalcino V. T. Botrys '06	🍷 6
● Brunello di Montalcino '97	🍷🍷🍷 7
● Brunello di Montalcino '90	🍷🍷🍷 7
● Brunello di Montalcino Ris. '88	🍷🍷🍷 6
● Brunello di Montalcino Schiena d'Asino '08	🍷🍷🍷 8
● Brunello di Montalcino Schiena d'Asino '93	🍷🍷🍷 7
● Brunello di Montalcino Schiena d'Asino '90	🍷🍷🍷 7

Giorgio Meletti Cavallari
via Casone Ugolino, 12
57022 Castagneto Carducci [LI]
Tel. +39 0565775620
www.giorgiomeletticavallari.it

DIREKTVERKAUF
BESUCH NACH VORANMELDUNG
UNTERKUNFT
JAHRESPRODUKTION 40.000 Flaschen
REBFLÄCHE 10 Hektar

Meletti Cavallari ist ein klingender Name in der italienischen Weinwelt und insbesondere im Bolgheri. Wie bekannt, hat diese Familie so renommierte Betriebe wie Grattamacco aufgebaut, während Giorgio, Vertreter der neuen Winzergeneration, im Jahr 2002 das Weingut im Bolgheri auf den Weg gebracht hat. Zum Betrieb gehören 7 Hektar, wo die mittlerweile typischen Reben der Gegend gezogen werden. Der beste Weinberg ist der von Piastraia, an der Spitze des Hügels von Castagneto, auf über 300 Meter Höhe. Dann der niedriger gelegene Vallone, der rund um den Agriturismo des Hauses angeordnet ist. Die Böden, reich an Skelett- und Galestro-Anteilen, lassen gut durchdachte, genussvolle und würzige Weine entstehen. Der Bolgheri Borgeri '12 beginnt reif und dicht. Nach einigen Minuten im Glas entspannt er sich zu aromatischer Kontinuität, wobei sich fruchtige Noten von Waldbeeren, grasiger Hauch und feine Gewürze abwechseln. Am Gaumen nicht unbedingt von großer Substanz, aber die schöne Frische macht ihn zum Genuss. Impronte '11 ist würzig, mit einem feinen Grashauch. Am Gaumen sehr gut getroffene Frucht, schade nur für eine kleine, alkoholische Schärfe im Finale.

● Bolgheri Rosso Borgeri '12	🍷🍷 3
● Bolgheri Sup. Impronte '11	🍷🍷 5
○ Bolgheri Bianco Borgeri '12	🍷 3
⊙ Bolgheri Rosato '13	🍷 3
● Bolgheri Rosso Borgeri '06	🍷🍷 3
● Bolgheri Rosso Impronte '04	🍷🍷 5

TOSKANA

Melini
LOC. GAGGIANO
53036 POGGIBONSI [SI]
TEL. +39 0577998511
www.cantinemelini.it

DIREKTVERKAUF
BESUCH NACH VORANMELDUNG
JAHRESPRODUKTION 4.000.000 Flaschen
REBFLÄCHE 145 Hektar

Melini und Macchiavelli sind die beiden Chianti-Weingüter von Gruppo Italiano Vini. Die Geschichte der Marke von Poggibonsi ist die Geschichte des Chianti Classico schlechthin, da Laborel Melini 1860 die erste bauchige Korbflasche abfüllte, die dem Druck maschinell eingesetzter Korken standhalten konnte und so entscheidend zu Verbreitung und Erfolg des Chianti in aller Welt beigetragen hat. Die heute in der Denomination Gallo Nero gefertigten Weine glänzen nicht nur mit lobenswerter Ausführung, sondern auch mit Persönlichkeit, und können mitunter zu absoluter Höchstform auflaufen. Sehr genussvoll der Chianti Classico Granaio '12, angefangen beim klaren, intensiven Duft. Entwickelt sich am Gaumen dynamisch, schmackhaft und auch mit Charakter. Gediegen, unruhige Tannine, die aber den Chianti Classico La Selvanella Riserva '11 mit Persönlichkeit ausstatten, Geruch von Erde und Blumen, geschmackliche Progression, nur noch ein wenig von Holz gebremst. Robust und belebend der Chianti Classico Vigna di Fontalle Riserva '11.

● Chianti Cl. Granaio '12	♛♛ 3
● Chianti Cl. La Selvanella Ris. '11	♛♛ 5
● Chianti Cl. V. di Fontalle Fattoria Macchiavelli Ris. '11	♛♛ 5
● Chianti Cl. Solatio del Tani Fattoria Machiavelli '12	♛ 3
● I Coltri '13	♛ 2
● Il Principe '11	♛ 5
● Chianti Cl. La Selvanella Ris. '06	♛♛♛ 5
● Chianti Cl. La Selvanella Ris. '03	♛♛♛ 4
● Chianti Cl. La Selvanella Ris. '01	♛♛♛ 4
● Chianti Cl. La Selvanella Ris. '00	♛♛♛ 4
● Chianti Cl. La Selvanella Ris. '99	♛♛♛ 5
● Chianti Cl. La Selvanella Ris. '90	♛♛♛ 3*
● Chianti Cl. La Selvanella Ris. '86	♛♛♛ 4*

Mocali
LOC. MOCALI
53024 MONTALCINO [SI]
TEL. +39 0577849485
azmocali@tiscali.it

DIREKTVERKAUF
BESUCH NACH VORANMELDUNG
JAHRESPRODUKTION 120.000 Flaschen
REBFLÄCHE 9 Hektar

Tiziano Ciacci ist die dritte Generation der Winzerfamilie auf dem kleinen Gut Mocali, das von Großvater Dino in den 1950er Jahren erworben wurde und zu den fünfundzwanzig Gründungsmitgliedern des Konsortiums Brunello di Montalcino gehörte. Der am südwestlichen Abhang der Denomination auf 350 bis 400 m Seehöhe gelegene Betrieb verfügt über dreißig Hektar, die je zur Hälfte für den Weinbau und den Olivenbau genutzt werden. Das kompakte Sortiment der Sangiovese ist stilistisch vielseitig aufgebaut; so gesellt sich bei einigen Etiketten oder besonderen Jahrgängen kleines Holz zu slawonischer Eiche. Eine souveräne Vorstellung nach der anderen, die das gut eingespielte Team von Tiziano Ciacci abliefert. Die besten Signale kommen von den Brunello '09: die Jahrgangsversion rankt sich um fruchtige Marmelade und Süße, gelassen und rund am Gaumen; weniger freundlich in dieser Phase der Vigna delle Raunate, einige reduktive Spuren bremsen Expansion und Harmonie.

● Brunello di Montalcino '09	♛♛ 5
● Brunello di Montalcino V. delle Raunate '09	♛♛ 6
● I Piaggioni '12	♛ 2
● Morellino di Scansano Subirli Ciacci Ris. '11	♛ 3
○ Moscadello di Montalcino '10	♛ 4
● Rosso di Montalcino '12	♛ 2
● Brunello di Montalcino V. delle Raunate '08	♛♛♛ 6
● Brunello di Montalcino '08	♛♛ 5
● Brunello di Montalcino Poggio Nardone '06	♛♛ 6
● Brunello di Montalcino Ris. '07	♛♛ 7
● Brunello di Montalcino Ris. '06	♛♛ 7
● Brunello di Montalcino V. delle Raunate '07	♛♛ 6

TOSKANA

Fattoria Montellori
via Pistoiese, 1
50054 Fucecchio [FI]
Tel. +39 0571260641
www.fattoriamontellori.it

DIREKTVERKAUF
BESUCH NACH VORANMELDUNG
GASTRONOMIE
JAHRESPRODUKTION 250.000 Flaschen
REBFLÄCHE 44 Hektar

Die Familie Nieri keltert ihre Weine seit über hundert Jahren, als der Lederhändler Giuseppe sich für die Landwirtschaft entscheidet und einen Betrieb aufbaut, bei dem die Rebe im Mittelunkt steht. Die Erweiterung und ersten Produktionen kommen von seinem Sohn Mario, aber dessen Sohn Giuseppe ist es dann, der die Basis für den Besitz in seiner heutigen Form schafft. Anpflanzung internationaler Reben, Modernisierung der Kelleranlagen, Erzeugung von Spumante nach der klassischen Methode, alles gut gelungene Maßnahmen, die der heutige Eigentümer Alessandro mit großer Hingabe weiterführt. Von Bedeutung auch sein Engagement als Kunstmäzen. Interessant der Vin Santo '07, in der Nase getrocknete Feigen und ein Butterton, der an Nüsse und Mandeln erinnert. Am Gaumen samtig, gute Konsistenz und Harmonie, befriedigend im Finale. Gefällig der Salamartano '11, aus Merlot und Cabernet Sauvignon, der fruchtige Noten mit eleganter Würzigkeit verbindet, weiche Struktur, erfreulich das lang anhaltende Aroma.

○ Bianco dell'Empolese Vin Santo '07	5
● Salamartano '11	5
● Dicatum '11	5
○ Mandorlo '13	2
○ Montellori Pas Dosé '10	4
● Moro '09	3
● Tuttosole '09	4

Montemercurio
via di Totona, 25a
53045 Montepulciano [SI]
Tel. +39 0578716610
www.montemercurio.com

DIREKTVERKAUF
BESUCH NACH VORANMELDUNG
JAHRESPRODUKTION 40.000 Flaschen
REBFLÄCHE 10 Hektar

Den Grundstein für den Betrieb legte Damo Anselmi, der aus Leidenschaft für den Weinbau auf einer kleinen Parzelle von rund drei Hektar die ersten Reben gepflanzt hatte. Von den Enkeln wurde im Jahr 2000 das Werk auf einer professionelleren Basis wieder aufgenommen und weitere Weinberge auch mit internationalen Sorten angelegt, die auf einer Höhe von circa 450 Meter angesiedelt sind. 2007 wurde der eigentliche Betrieb gegründet und nach dem alten Römertempel benannt, der sich am Ort der heutigen Festung von Montepulciano befunden hatte. Er war dem Gott Mercurius geweiht, der später auch dem ganzen Hügel den Namen gab. Das Finale erreicht der Nobile Messaggero '09, das Aroma beherrscht von schwarzen Beeren, getragen von den frischen Noten aromatischer Kräuter. Am Gaumen voll, reichhaltig, von guter Kraft, saftig, packendes Finale. Erfreulich auch der Nobile Damo '09, schlicht in der Nase, die an Kirsche erinnert, schlanker Körper mit deutlichen Tanninen.

● Nobile di Montepulciano Messaggero '09	4
● Nobile di Montepulciano Damo '09	8
● Rosso di Montepulciano Petaso '10	3
○ Caduceo '12	3
● Nobile di Montepulciano Damo '07	8
● Nobile di Montepulciano Messaggero '10	4
● Nobile di Montepulciano Messaggero '08	4
○ Vin Santo di Montepulciano '90	8
○ Vin Santo di Montepulciano '86	8

TOSKANA

Montenidoli
LOC. MONTENIDOLI
53037 SAN GIMIGNANO [SI]
TEL. +39 0577941565
www.montenidoli.com

DIREKTVERKAUF
UNTERKUNFT
JAHRESPRODUKTION 100.000 Flaschen
REBFLÄCHE 24 Hektar
WEINBAU Biologisch anerkannt

Im Laufe der Jahre haben wir alle Beiwörter der höchsten Steigerungsstufe verbraucht, um Elisabetta Fagiuoli und ihr Montenidoli zu beschreiben. Um dieses zauberhafte Weingut von San Gimignano aber wirklich kennenzulernen, muss man den schönen Betrieb in Poggio del Comune besuchen. Nur so kann man bei einem Spaziergang durch die biodynamisch bewirtschafteten Weingärten das einzigartige Panorama von San Gimignano genießen. Und auch die dynamische Elisabetta kennenlernen, um die tiefe Beziehung zwischen ihrem Leben, ihren Weinen und ihrer Landschaft zu verstehen. Die drei Ausführungen des Vernaccia di Montenidoli haben uns auch diesmal beeindruckt. Vor allem der Tradizionale '12 mit seinem dichten, festen Gefüge, dem feinen Anflug von Maische und blumigen Charakter, der frischen, mineralischen Ader und den Nuancen von Anis und Gewürznelken, hat uns überzeugt: Drei Gläser. Schmeichelnd und komplex der Carato '10, reich an Frucht; geschliffen und schmackhaft, wenn auch etwas dünn, der Fiore '12.

○ Vernaccia di S. Gimignano Tradizionale '12	🍷🍷🍷 2*
○ Vernaccia di S. Gimignano Carato '10	🍷🍷 4
○ Canaiuolo '13	🍷🍷 3
○ Il Templare '10	🍷🍷 4
○ Vernaccia di S. Gimignano Fiore '12	🍷🍷 3
● Chianti Colli Senesi Sono Montenidoli '11	🍷 2
○ Vinbrusco '12	🍷 2
○ Vernaccia di S. Gimignano Carato '05	🍷🍷🍷 5
○ Vernaccia di S. Gimignano Carato '02	🍷🍷🍷 5
○ Vernaccia di S. Gimignano Fiore '09	🍷🍷🍷 3
○ Vernaccia di S. Gimignano Tradizionale '11	🍷 2*

Monteraponi
LOC. MONTERAPONI
53017 RADDA IN CHIANTI [SI]
TEL. +39 0577738280
www.monteraponi.it

DIREKTVERKAUF
BESUCH NACH VORANMELDUNG
UNTERKUNFT
JAHRESPRODUKTION 30.000 Flaschen
REBFLÄCHE 10 Hektar
WEINBAU Biologisch anerkannt

Monteraponi, Besitzer ist Michele Braganti, gehört zu den jüngeren, sehr erfreulichen Zugängen in der Denomination des Chianti Classico. Behutsame, umweltschonende Arbeit im Weinberg und keine Kunstgriffe im Keller, bescheren stilistisch klar definierte, deutlich vom Terroir geprägte Weine, die auch durch vortreffliche Persönlichkeit überzeugen. Tropfen, die ihre Stärken im Wechsel von intensiven Aromanoten und feinen Nuancen finden, gepaart mit einer straffen, geschmacklichen Progression, schmackhaft und von großer Energie. Ausbau vorwiegend in großen Fässern. Energie und Finesse wechseln sich ab im Chianti Classico Baron'Ugo Riserva '10, ein Wein von großartigem Format. In der Nase wohlriechend und rein, am Gaumen büßen Rhythmus und Geschmack nichts an Kontinuität ein. Etwas ermüdet vom Holz das Bouquet des Chianti Classico Il Campitello Riserva '11, ätherische Aromen, würzig und robust am Gaumen. Vorwiegend rauchige Noten in der Nase, findet der Chianti Classico '12 seine Stärke am Gaumen, wo er sich als geschmeidig und dynamisch erweist.

● Chianti Cl. Baron'Ugo Ris. '10	🍷🍷🍷 7
● Chianti Cl. '12	🍷🍷 3
● Chianti Cl. Il Campitello Ris. '11	🍷🍷 5
● Chianti Cl. Baron'Ugo Ris. '09	🍷🍷🍷 7
● Chianti Cl. Baron'Ugo Ris. '07	🍷🍷🍷 5
● Chianti Cl. '11	🍷🍷 3
● Chianti Cl. '10	🍷🍷 4
● Chianti Cl. '03	🍷🍷 3*
● Chianti Cl. Il Campitello Ris. '10	🍷🍷 5
● Chianti Cl. Il Campitello Ris. '09	🍷🍷 5
● Chianti Cl. Ris. Il Campitello '04	🍷🍷 5
● Vin Santo del Chianti Cl. '05	🍷🍷 6

TOSKANA

Montesalario

Fraz. Montenero d'Orcia
Loc. Montesalario, 27
58040 Castel del Piano [GR]
Tel. +39 0564954173
www.aziendamontesalario.it

DIREKTVERKAUF
BESUCH NACH VORANMELDUNG
JAHRESPRODUKTION 18.000 Flaschen
REBFLÄCHE 4 Hektar

Die Geschwister Pasqui sind Eigentümer dieser Kellerei, die im westlichen Abschnitt der Hänge des Monte Amiata, einer auch waldreichen Gegend, angesiedelt ist. Wenige Hektar Rebfläche, die mit penibelster Sorgfalt betreut werden, um so die besten Trauben für die sechs produzierten Weine auswählen zu können. Die Sangiovese bleibt aber die wichtigste Rebe und hat in diesem Territorium ihre Qualitäten bereits ausreichend bewiesen, vor allem wenn - wie in diesem Weingut - der Ertrag pro Stock stark beschränkt wird. Neben den Weinbergen, werden auch Olivenbäume in der klassischen Toskaner Art gezogen. Gute Vorstellung für den Montecucco Sangiovese '11, beeindruckt mit dem schlanken Bouquet aus Frucht und aromatischen Kräutern, verflochten mit einem feinen Mentholhauch. Am Gaumen gut angelegt, schmackhaft, leicht adstringierend, gewinnend am Gaumen, Finale in Crescendo. Angenehm der Montecucco Rosso '11, erfreuliches Aromagepäck, schlanke, geschliffene Struktur, gut im Finale, lang und reichhaltig.

● Montecucco Rosso '11	🍷🍷 2*
● Montecucco Sangiovese '11	🍷🍷 3
● Montecucco Sangiovese Ris. '10	🍷 4
● Montecucco Sangiovese '10	🍷🍷🍷 3*
● Montecucco Sangiovese '06	🍷🍷 3*
● Montecucco Sangiovese Ris. '08	🍷🍷 4

★Montevertine

Loc. Montevertine
53017 Radda in Chianti [SI]
Tel. +39 0577738009
www.montevertine.it

BESUCH NACH VORANMELDUNG
JAHRESPRODUKTION 85.000 Flaschen
REBFLÄCHE 15 Hektar

Die Kellerei wurde 1967 von der Familie Manetti erworben und brachte erstmals den Jahrgang 1971 in die Flaschen. Der Erfolg war ermutigend in einer Zeit, als die Denomination Chianti Classico auch nicht annähernd das heutige Prestige genoss. Seit damals sind die Weine des Hauses zu Vorzeigetropfen für das ganze Gebiet geworden und liefern einen Sangiovese, wie er in der Toskana kaum kompletter geboten wird. Unverwechselbar im Stil, originell und voller Ausgewogenheit, haben sie Montevertine einen absoluten Spitzenplatz in der nationalen Weinliga eingetragen. Der Duft von Le Pergole Torte '11 scheint gleichzeitig an wohlriechende rote Beeren und Heublumen zu erinnern. Am Gaumen garantiert der Wein eine energische Progression, schmackhaft und sehr frisch. Der Montevertine '11 steht ihm um nichts nach, er scheint die gleichen Qualitäten zu interpretieren, vielleicht ein wenig direkter. Meisterhaft was die Süffigkeit betrifft, der Pian del Ciampolo '12.

● Le Pergole Torte '11	🍷🍷🍷 8
● Montevertine '11	🍷🍷 6
● Pian del Ciampolo '12	🍷🍷 4
● Le Pergole Torte '10	🍷🍷🍷 8
● Le Pergole Torte '09	🍷🍷🍷 8
● Le Pergole Torte '07	🍷🍷🍷 8
● Le Pergole Torte '04	🍷🍷🍷 8
● Le Pergole Torte '03	🍷🍷🍷 7
● Le Pergole Torte '01	🍷🍷🍷 8
● Montevertine '04	🍷🍷🍷 5
● Montevertine '01	🍷🍷🍷 5

TOSKANA

Cantina Vignaioli del Morellino di Scansano

Loc. Saragiolo
58054 Scansano [GR]
Tel. +39 0564507288
www.cantinadelmorellino.it

DIREKTVERKAUF
BESUCH NACH VORANMELDUNG
JAHRESPRODUKTION 2.200.000 Flaschen
REBFLÄCHE 470 Hektar

Die Genossenschaftskellerei des Morellino wurde 1972 gegründet und zählt über 150 Mitglieder, die sich auf die gesamte Denomination von Scansano verteilen. Es waren keine leichten Jahre, die Entdeckung der Maremma als Weinland lag noch in weiter Ferne. Sich zusammenzutun, um Qualitätsweine zu erzeugen, war keine einfache Entscheidung, da das Hauptziel der Produzenten damals die Erzeugung von großen Mengen war. Durch die Verteilung der Betriebe auf ein weitläufiges Gebiet erhält man charakterlich differenzierte Trauben, die getrennt vergoren werden; das ergibt stilistisch sehr unterschiedliche Produkte, die das Terroir ihrer Herkunft sehr gut widerspiegeln. Interessant bei den Verkostungen zwei Versionen des Morellino di Scansano '13: der Vignabenefizio, klassisch im Bouquet von Pflaumen und Kirschen, reichhaltiger Körper, gut verteilt in den Komponenten, gute Süffigkeit. Der Roggiano Biologico ist komplex in den Gerüchen, auch pflanzlich, mit robuster Struktur.

● Morellino di Scansano Roggiano Bio '13	🍷🍷 2*
● Morellino di Scansano Vignabenefizio '13	🍷🍷 2*
⊙ Saragiolo Rosato '13	🍷 2
○ Vermentino '13	🍷 2
○ Viognier '13	🍷 2
● Maremma Toscana Rosso Capoccia '12	🍷🍷 2*
● Morellino di Scansano Roggiano Ris. '10	🍷🍷 3
● Scantianum '12	🍷🍷 1*

Giacomo Mori

Fraz. Palazzone
P.zza Sandro Pertini, 8
53040 San Casciano dei Bagni [SI]
Tel. +39 0578227005
www.giacomomori.it

DIREKTVERKAUF
BESUCH NACH VORANMELDUNG
UNTERKUNFT
JAHRESPRODUKTION 40.000 Flaschen
REBFLÄCHE 11 Hektar

Das heute von Giacomo Mori geführte Weingut Palazzone, das nach dem Großvater benannt ist, hat eine langjährige Geschichte, die bis in das Jahr 1970 zurückreicht. Aber erst 1995 wird der Betrieb umstrukturiert und erhält seine heutige Form. Die bestockte Fläche misst nicht viel mehr als 10 Hektar, die ohne Zwänge bewirtschaftet werden. Auch im Keller sind die Eingriffe auf ein Minimum beschränkt, der Ausbau erfolgt in Barriques oder großem Holz. Das ergibt eine stilistisch gut definierte Kellerriege, der es nicht an Persönlichkeit mangelt und die sich vor allem von kurzlebigen Moden fernhält, aber mit süffigem Trinkgenuss, Harmonie und Eleganz aufwarten kann. Der Chianti Castelrotto Riserva '11 ist fruchtig, reintönig und wohlriechend, dem ein würziger, kontinuierlicher Gaumen gut entspricht. Der Chianti '11 ist genussvoll, rhythmisch und einprägsam. Der Vin Santo del Chianti '08 folgt der Tradition, nie aufdringlich, sondern tendenziell lieblich.

● Chianti '11	🍷🍷 2*
● Chianti Castelrotto Ris. '11	🍷🍷 3
○ Vin Santo del Chianti '08	🍷🍷 6
● Chianti Castelrotto Ris. '08	🍷🍷 3
● Clanis Shiraz '08	🍷🍷 3

TOSKANA

La Mormoraia
LOC. SANT'ANDREA, 15
53037 SAN GIMIGNANO [SI]
TEL. +39 0577940096
www.mormoraia.it

DIREKTVERKAUF
BESUCH NACH VORANMELDUNG
UNTERKUNFT
JAHRESPRODUKTION 230.000 Flaschen
REBFLÄCHE 40 Hektar

Der Betrieb von Pino und Franca Passoni, die mittlerweile von Sohn Alessandro unterstützt werden, ist ein solides Unternehmen, das in der Denomination einen wichtigen Rang einnimmt. Die aus Mailand stammende Familie mit der Liebe zur Toskana, konnte in wenig mehr als 20 Jahren über 40 Hektar schöne Weinberge und 10 Hektar Olivenhaine anlegen; außerdem wurde ein mustergültiger Keller in dieser idyllischen Toskana-Landschaft errichtet. Ein bezaubernder, sehr gepflegter Agriturismo vervollständigt den Betrieb. In unser Finale schafft es der Vernaccia Riserva '11, von brillant strohgelber Farbe, elegant und komplex in der Nase, mit hellem Obst, Wiesenblumen, Heilkräutern und Orangenschale, am Gaumen schmackhaft und gefällig, von schöner, wohlgeformter Struktur, harmonisch, lang anhaltend. Ostrea '13 ist fast auf dem gleichen Niveau, gefällt mit Frische und stilistischer Reinheit, anmutiger Holzton und Anis machen ihn komplex und gewinnend. Unter den Roten besonders zu erwähnen der Syrah '12, dicht, fruchtig und würzig, wie er sein soll.

○ Vernaccia di S. Gimignano Ris. '11	🍷🍷 3*
● Syrah '12	🍷🍷 3
○ Vernaccia di S. Gimignano '13	🍷🍷 2*
○ Vernaccia di S. Gimignano Ostrea '13	🍷🍷 3
● Chianti Colli Senesi '12	🍷 2
● Neitea '12	🍷 4
○ Vernaccia di S. Gimignano E' ReZet Mattia Barzaghi '11	🍷🍷🍷 3*
● Chianti Colli Senesi '11	🍷🍷 2*
● Syrah '11	🍷🍷 2*
○ Vernaccia di S. Gimignano '12	🍷🍷 2*
○ Vernaccia di S. Gimignano Ostrea '12	🍷🍷 3*

Tenuta Le Mortelle
LOC. AMPIO TIRLI
58043 CASTIGLIONE DELLA PESCAIA [GR]
TEL. +39 0564944003
www.antinori.it

DIREKTVERKAUF
JAHRESPRODUKTION 120.000 Flaschen
REBFLÄCHE 165 Hektar

Das Gut ist seit 1999 im Besitz der Marchesi Antinori, gehörte aber früher zu einer größeren Besitzung mit der Bezeichnung La Badiola, die bereits von Leopold II. angelegt wurde. Der Name leitet sich von der lokalen Bezeichnung für die wilde Myrte ab, die an der Küste überall verbreitet ist. Alle Kulturen werden ökologisch nachhaltig betrieben, neben Wein gibt es 15 Hektar Obstgärten, die biologischen Regeln folgen.
Vorherrschend sind bei den roten Rebsorten Cabernet Sauvignon und Sangiovese, bei den weißen Vermentino, Ansonica und Viognier. Der Keller wurde nach umweltschonenden Prinzipien errichtet. Drei Gläser für den Poggio alle Nane '11, aus überwiegend Cabernet Franc und Cabernet Sauvignon, konzentriertes, aromatisches Bouquet, mit Noten von Lakritze und Waldbeeren. Am Gaumen seidig, ausholend, gediegen, aber ausgewogen im Körper, im Finale entfaltet sich eine zunehmende Schmackhaftigkeit. Gleiche Traubenmischung für den Botrosecco '12, frisches Aroma, wendige, schlanke Struktur.

● Poggio alle Nane '11	🍷🍷🍷 7
● Botrosecco '12	🍷🍷 3
○ Vivia '13	🍷 3

TOSKANA

Tenuta di Morzano

FRAZ. MORZANO
VIA DI MONTELUPO 69/71
50025 MONTESPERTOLI [FI]
TEL. +39 0571671021
www.tenutadimorzano.it

DIREKTVERKAUF
BESUCH NACH VORANMELDUNG
UNTERKUNFT
JAHRESPRODUKTION 250.000 Flaschen
REBFLÄCHE 43 Hektar

Vor mehr als 40 Jahren trieb die Liebe zum Landleben den Florentiner Architekten Luciano Mignoli dazu, dieses Gut zu gründen und sich als Winzer zu betätigen. Der Erfolg stellte sich ein, als man beschloss, mit einem Vorfahren des „Novello", dem sogenannten „Vinnovo" auf den Markt zu gehen. Ein schlichter, süffiger Wein. 1988 leitete man eine fast völlige Neubestockung der Weinberge ein, um auch lagerfähige Weine erzeugen zu können. Mittlerweile führt Tochter Francesca den Besitz, der noch wie ein früherer Bauernhof organisiert ist, mit Parzellen für Saatgut und Olivenbäume, neben einem florierenden Agriturismo-Betrieb. Eine gute Vorstellung für den Nicosole '12, aus Sangiovese mit Zugabe von Cabernet Sauvignon und Merlot, balsamisch in der Nase, unterstützt durch Gewürznelken auf fruchtiger Basis. Entwickelt sich am Gaumen cremig, weich, feine Tannine, für ein lang anhaltendes Finale. Erfreulich der Chianti Montespertoli Riserva '12, blumige und fruchtige Duftnoten, volle Struktur, dichte Tannine, Finale mit Tiefgang.

● Chianti Montespertoli Ris. '12	🍷🍷 2*
● Nicosole '12	🍷🍷🍷 4
● Chianti Sup. Emilio '12	🍷 3
● Chianti Montespertoli Ris. '10	🍷🍷 3*
● Nicosole '11	🍷🍷 4
● Nicosole '10	🍷🍷 4
● Nicosole '09	🍷🍷 4
● Nicosole '08	🍷🍷 4

Muralia

VIA DEL SUGHERETO
58036 ROCCASTRADA [GR]
TEL. +39 0564577223
www.muralia.it

DIREKTVERKAUF
BESUCH NACH VORANMELDUNG
UNTERKUNFT UND GASTRONOMIE
JAHRESPRODUKTION 50.000 Flaschen
REBFLÄCHE 13 Hektar

Ihre Lebensweise grundlegend verändern und dazu auch weitreichende, mutige Entscheidungen treffen, das wollten Chiara und Stefano Casali, als sie sich in diesen Zipfel der Toskana verliebten und ihre erfolgreichen Karrieren in Mailand für dieses neue Abenteuer in der Welt der Weine aufgaben. Zuerst renovierten sie einige Bauernhäuser auf ihrem Besitz und richteten einen Agriturismo ein, dann war die Reihe an den Weinbergen, an zwei Standorten: der erste angrenzend an den Besitz in der Ebene, der zweite, der später dazugekauft wurde, im hügeligen Gelände. Der Muralia '10, Cuvée aus Syrah, Cabernet Sauvignon und Sangiovese, in der Nase mit reintönigen, klaren Aromen von Marmelade aus roten Beeren, verfeinert durch Pfefferwürze, wuchtiger, gut gegliederter Körper, ausholend, für ein würziges, langes Finale. Erfreulich der Altana '11, schlichtes Aromagepäck mit dunklen Beeren, eingebettet in eine schmeichelnde Struktur, mit frischer Ader im Finale.

○ Bianco Chiaraluna '13	🍷🍷 3
● Monteregio di Massa Marittima Altana '11	🍷🍷 2*
● Muralia '10	🍷🍷 4
● Babone '10	🍷 2
● Manolibera '11	🍷🍷 2*
● Manolibera '10	🍷🍷 2*

TOSKANA

Fattoria Nittardi

LOC. NITTARDI
53011 CASTELLINA IN CHIANTI [SI]
TEL. +39 0577740269
www.nittardi.com

DIREKTVERKAUF
BESUCH NACH VORANMELDUNG
JAHRESPRODUKTION 94.000 Flaschen
REBFLÄCHE 29 Hektar

Der im Gebiet von Castellina in Chianti ansässige Betrieb geht stilistisch einen modernen, gut definierten Weg, stattet seine Weine aber gleichzeitig mit Persönlichkeit und territorialem Charakter aus. Die Roten von Fattoria di Nittardi erfreuen durch spontanen Trinkgenuss, intensives Aroma und eine belebende, geschmackliche Progression. Ausbau in kleinem Holz, aber die Eiche wird maßvoll dosiert und trägt zu einem sehr überzeugenden Endergebnis bei. Die Kellerei besitzt auch 37 Hektar Rebland in der Maremma, wo vor allem die in jüngerer Zeit gefertigten Tropfen zu den Besten ihrer Typologie gehören. Der Chianti Classico Casanuova di Nittardi '12 ist ein wendiger, kontrastreicher Wein, der mit zarten, reinen Duftnuancen und einer durchgehenden Frische aufwarten kann. Voll überzeugend und Drei Gläser für den Chianti Classico Riserva '11, üppige Fruchtigkeit und solide, nervige geschmackliche Progression. Genussvoll die Maremma-Etikette Ad Astra '12, aus Sangiovese, Cabernet Sauvignon, Merlot und Syrah.

● Chianti Cl. Ris. '11	▼▼▼ 6
● Chianti Cl. Casanuova di Nittardi '12	▼▼ 4
● Ad Astra '12	▼▼ 3
● Chianti Cl. '12	▼ 4
● Nectar Dei '12	▼ 7
● Ad Astra '08	♀♀♀ 3
● Chianti Cl. Ris. '98	♀♀♀ 6
● Chianti Cl. Casanuova di Nittardi '11	♀♀ 4
● Chianti Cl. Casanuova di Nittardi '09	♀♀ 4
● Chianti Cl. Ris. '08	♀♀ 6
● Nectar Dei '09	♀♀ 7

Nottola

FRAZ. GRACCIANO
VIA BIVIO DI NOTTOLA, 9A
53040 MONTEPULCIANO [SI]
TEL. +39 0578707060
www.cantinanottola.it

DIREKTVERKAUF
BESUCH NACH VORANMELDUNG
UNTERKUNFT UND GASTRONOMIE
JAHRESPRODUKTION 160.000 Flaschen
REBFLÄCHE 23 Hektar

Annerivo Giomarelli, immer schon ein Freund guter Weine, erwarb diesen Besitz Ende der 1980er. Der Ort war bereits ein funktionierender Kellereibetrieb, da in den alten landwirtschaftlichen Gebäuden rund um das Herrenhaus ein Presshaus und der Keller, aber auch die Getreidespeicher untergebracht waren. Die Renovierung war eindrucksvoll und beinhaltete auch die Errichtung eines modernen, zweckmäßigen Kellers, der besser den Anforderungen einer modernen Weinkultur entsprechen konnte, auch weil nach dem Erwerb neuer Gründe für die Anlage von Weinbergen eine andere Organisation notwendig wurde. Mittlerweile setzt Sohn Giuliano das Werk fort. Der Nobile '11 ist schön in der Nase, würzig, zielstrebig, mit weichem Körper, gut integrierte Tannine und erfreuliche, geschmackliche Länge. Vorzüglich auch der Riserva Il Fattore '10, reicher und saftiger am Gaumen. Überzeugend auch der Le Tre Vigne '12, aus Merlot mit Zugabe von Sangiovese, schlicht in der Nase, aber genussvoll am Gaumen und süffig.

● Le Tre Vigne '12	▼▼ 2*
● Nobile di Montepulciano '11	▼▼ 3
● Nobile di Montepulciano Il Fattore Ris. '10	▼▼ 5
● Anterivo '10	♀♀ 5
● Nobile di Montepulciano '09	♀♀ 3
● Nobile di Montepulciano Il Fattore Ris. '09	♀♀ 5
● Nobile di Montepulciano Il Fattore Ris. '07	♀♀ 5
● Rosso di Montepulciano '12	♀♀ 2*
● Rosso di Montepulciano '08	♀♀ 2

TOSKANA

Cantine Olivi - Le Buche
VIA CASELFAVA, 25
53047 SARTEANO [SI]
TEL. +39 0578274066
www.lebuche.eu

DIREKTVERKAUF
BESUCH NACH VORANMELDUNG
UNTERKUNFT UND GASTRONOMIE
JAHRESPRODUKTION 100.000 Flaschen
REBFLÄCHE 30 Hektar

Die Gutsgeschichte beginnt 1986, als die Familie Olivi beschließt, sich der Landwirtschaft zu widmen und zuerst einmal einen hochklassigen Agriturismo einrichtet; erst 1996 nimmt der Weinbau mit dem Erwerb von Le Buche seinen Anfang. Das erklärte Ziel sind Weine, die ihrem Herkunftterroir treu bleiben und eine möglichst naturnahe Arbeit im Weinberg. Breit gestreut die gezogenen Rebsorten, darunter einige auch sehr alte Stöcke: bei den neuen sind vor allem internationale Sorten, aber auch autochthone, bisher in diesem Territorium noch nicht erforschte Reben vertreten, die exzellente Ergebnisse liefern können. Der Puri Sangiovese '09 präsentiert sich mit animalischen Nuancen, gefolgt von Tabak und Leder, Untergehölz; am Gaumen fleischig, schmackhaft, stofflich, erfrischende Säureader. Erfreulich der Primaio '13, vorwiegend aus Sangiovese, Merlot und Cabernet Sauvignon, in der Nase frisch fruchtig, Anflug von aromatischen Kräutern, eleganter Körper, gut verteilt, lang und saftig im Finale.

● I Puri Sangiovese '09	🏆🏆 8
● Primaio '13	🏆🏆 2*
○ Orcia Coreno '13	🏆 3
● Orhora '13	🏆 3
● Pugnitello '10	🏆 7
⊙ Zelia '13	🏆 3
○ Coreno '12	🏆🏆 3
○ Coreno '11	🏆🏆 3
● Memento '07	🏆🏆 6
○ Orhora '12	🏆🏆 3
○ Orhora '10	🏆🏆 3
● Pugnitello '07	🏆🏆 5
● Tempore '08	🏆🏆 6

Podere Orma
VIA BOLGHERESE
57022 CASTAGNETO CARDUCCI [LI]
TEL. +39 0575477857
www.tenutasetteponti.it

JAHRESPRODUKTION 30.000 Flaschen
REBFLÄCHE 6 Hektar

Es ist keine Überraschung. Antonio Moretti hat sich auch mit der Kellerei im Bolgheri im Spitzenfeld der Anbauzone etabliert, wie das allen anderen seiner Betriebe gelungen ist, die Glanzlichter in renommierte italienischen Anbaugebiete von der Toskana bis Sizilien setzen. Im Unterschied zu den anderen, haben wir es hier mit nicht einmal fünf Hektar Rebfläche zu tun, die wenige Flaschen von größter Erlesenheit hervorbringen. Die Trauben reifen auf kiesreichen Tonböden und die Weine erstaunen jedes Jahr mit Kraft, Persönlichkeit und stilistischer Konsequenz. Wieder vorzüglich der einzige Wein, den das Gut erzeugt, nach eigenen Vorstellungen und im Stil des Hauses, perfekt im Einklang mit dem Bolgheri-Terroir. Orma '11 ist der prachtvolle Rote, der den Erwartungen des Jahrgangs entspricht. Eröffnet die Nase mit Pflaumen, reifen Kirschen und feiner Würzigkeit, am Gaumen dichte, fleischige Ausstattung, die den Wein in der Entfaltung begleitet, ohne ihn zu beschweren. Finale in Crescendo, vielleicht nur ein wenig offener und einschneidender als gewohnt in den Tanninen. Im Aroma lang anhaltend, muss nur noch ein wenig in der Flasche reifen.

● Orma '11	🏆🏆🏆 8
● Orma '10	🏆🏆🏆 7
● Orma '09	🏆🏆🏆 6
● Orma '08	🏆🏆🏆 6
● Orma '07	🏆🏆🏆 5
● Orma '06	🏆🏆🏆 6
● Orma '05	🏆🏆 6

TOSKANA

★★Tenuta dell'Ornellaia

Loc. Ornellaia, 191
Fraz. Bolgheri
57022 Castagneto Carducci [LI]
Tel. +39 056571811
www.ornellaia.it

BESUCH NACH VORANMELDUNG
JAHRESPRODUKTION 832.000 Flaschen
REBFLÄCHE 99 Hektar

Ornellaia ist eine prestigeträchtige Marke auf internationaler Ebene. Nur wenige italienische Labels können sich mit den absoluten Top-Kreszenzen aus aller Welt messen und mit ihren Weinen regelmäßig höchste Wertungen in allen maßgeblichen Klassifizierungen erreichen. Das Weingut wurde Anfang der 1980er Jahre gegründet und ging durch mehrere Hände, bevor es endgültig im Frescobaldi-Rennstall gelandet ist. Der Betrieb entstand aus dem gleichnamigen Gut und besitzt Rebflächen auch im Raum Bellaria, nördlich der Denomination. Die Weine sind einfach großartig, sie können ihre ganz eigene, unnachahmliche stilistische Idee zum Ausdruck bringen und sind legitime Kinder ihres Terroirs. Ein wunderbarer Masseto, der ganz oben auf unserer Rangliste steht. Die Lese 2011 beschert einen normalerweise wuchtigen Wein, der aber deutlich rhythmischer und eleganter ist als die letzten Ausführungen. Kraftvoll, ja, aber auch weniger Extrakt, perfekt dosiert im Holz, reiht sich ganz oben unter den besten Jahrgängen ein. Prächtig auch der Ornellaia '11, würzig, mit Noten von dunkler Frucht, Tabak und Leder.

● Masseto '11	🍷🍷🍷 8
● Bolgheri Sup. Ornellaia '11	🍷🍷 8
○ Poggio alle Gazze '12	🍷 5
● Bolgheri Rosso Serre Nuove '12	🍷 6
● Bolgheri Sup. Ornellaia '10	🍷🍷🍷 8
● Bolgheri Sup. Ornellaia '07	🍷🍷🍷 8
● Bolgheri Sup. Ornellaia '05	🍷🍷🍷 8
● Bolgheri Sup. Ornellaia '04	🍷🍷🍷 8
● Bolgheri Sup. Ornellaia '02	🍷🍷🍷 8
● Bolgheri Sup. Ornellaia '01	🍷🍷🍷 8
● Masseto '09	🍷🍷🍷 8
● Masseto '06	🍷🍷🍷 8
● Masseto '04	🍷🍷🍷 8
● Masseto '01	🍷🍷🍷 8
● Masseto '00	🍷🍷🍷 8

Siro Pacenti

Loc. Pelagrilli, 1
53024 Montalcino [SI]
Tel. +39 0577848662
www.siropacenti.it

DIREKTVERKAUF
BESUCH NACH VORANMELDUNG
JAHRESPRODUKTION 60.000 Flaschen
REBFLÄCHE 22 Hektar

Die Kutte macht noch keinen Mönch und kleines Holz steht nicht unbedingt für modern, möchte man sagen, wenn man an die Weine denkt, die Giancarlo Pacenti in diesen Jahren vorlegt. Dichte, kraftvolle Weine, die aber immer anmutiger und entspannter sind und den Ton der beiden Gebiete genau treffen, in denen die eigenen Trauben der Sangiovese Grosso heranreifen. Pelagrilli liegt am nordöstlichen Abhang vor allem auf Tonböden mit Sand- und Schlickanteilen: ab Jahrgang 2008 fertigt man aus den Trauben einen Brunello Cru, der das Angebot mit PS, Basiswein und Riserva ergänzt, die aus Gut Piancornello im südlichen Quadranten stammen, wo rote, steinige Böden überwiegen. Trotz der veränderten Kellerriege, die auf den Riserva verzichten muss, werden die Sangiovese von Siro Pacenti ihrem Ruf gerecht. Ganz besonders der Brunello '09, reich an balsamischen und blumigen Aromen, ein erstaunlich urwüchsiger Charakter bestimmt den Gaumen, energisch und gut in der Eiche integriert. Verkrampfter in dieser Phase der Pelagrilli '09.

● Brunello di Montalcino '09	🍷🍷 8
● Brunello di Montalcino Pelagrilli '09	🍷🍷 6
● Rosso di Montalcino '12	🍷 5
● Brunello di Montalcino '97	🍷🍷🍷 7
● Brunello di Montalcino '96	🍷🍷🍷 7
● Brunello di Montalcino '95	🍷🍷🍷 7
● Brunello di Montalcino '88	🍷🍷🍷 7
● Brunello di Montalcino PS Ris. '07	🍷🍷🍷 8
● Brunello di Montalcino '07	🍷🍷 8
● Brunello di Montalcino '06	🍷🍷 8
● Brunello di Montalcino '05	🍷🍷 8
● Brunello di Montalcino Pelagrilli '08	🍷🍷 8
● Brunello di Montalcino PS Ris. '06	🍷🍷 8
● Rosso di Montalcino '10	🍷🍷 5
● Rosso di Montalcino PS '11	🍷🍷 5

TOSKANA

Panizzi
Loc. Santa Margherita, 34
53037 San Gimignano [SI]
Tel. +39 0577941576
www.panizzi.it

DIREKTVERKAUF
BESUCH NACH VORANMELDUNG
UNTERKUNFT
JAHRESPRODUKTION 210.000 Flaschen
REBFLÄCHE 50 Hektar

Von den 1980er Jahren bis zu seinem Tod war Giovanni Panizzi mit aller Hingabe bemüht, den Vernaccia di San Gimignano von einem lokal konsumierten Weißen zu einem Spitzengewächs von internationaler Geltung zu machen. Aus Liebe zu dieser Ecke der Toskana, übersiedelte der Mailänder schließlich hierher und brachte den Betrieb auf den Weg, der heute noch seinen Namen trägt. Die großen Vernaccia Riserva von Panizzi gehören zu den reinsten Interpretationen dieses Terroirs. Konsequent und mit Liebe setzt die Familie Niccolai dieses Werk fort. Der Riserva '11 gibt den klassischen Stil des Hauses wieder: ein reichhaltiger Wein, kraftvoll und tief, glänzt mit der eleganten Mischung aus mineralischer Frische, reifer Frucht und Holz. Der Selezione Vigna Santa Margherita, elegant mit Nuancen von gelben Äpfeln und Mandeln, ist nervig und erfreulich, weicher, fruchtiger Abschluss. Walter Sovran, Önologe und Betriebsdirektor, legt uns in diesem Jahr auch einen raffiniert gemachten Pinot Nero vor: straff, frisch, elegant und sortentypisch. Vorzüglich der Jahrgangs-Vernaccia.

○ Vernaccia di S. Gimignano Ris. '11	🍷🍷 5
● Pinot Nero '12	🍷🍷 2*
○ Vernaccia di S. Gimignano '13	🍷🍷 2*
○ Vernaccia di San Gimignano V. Santa Margherita '13	🍷🍷 3
⊙ Ceraso Rosa '13	🍷 2
● Chianti Colli Senesi Vertunno Ris. '11	🍷 2
○ Vernaccia di S. Gimignano Ris. '07	🍷🍷🍷 5
○ Vernaccia di S. Gimignano Ris. '05	🍷🍷🍷 5
○ Vernaccia di S. Gimignano Ris. '98	🍷🍷🍷 4*
○ Vernaccia di S. Gimignano Ris. '10	🍷🍷 5

Tenuta La Parrina
Fraz. Albinia
S.da vicinale della Parrina
58010 Orbetello [GR]
Tel. +39 0564862636
www.parrina.it

BESUCH NACH VORANMELDUNG
UNTERKUNFT UND GASTRONOMIE
JAHRESPRODUKTION 200.000 Flaschen
REBFLÄCHE 57 Hektar
WEINBAU Biologisch anerkannt

Der Betrieb ist in Italien der einzige Fall einer Denomination, die nur aus einem Produzenten besteht: die Geschichte von Parrina ist ein gutes Beispiel dafür, was die Toskana im 19. Jahrhundert gewesen sein konnte. Sofort nach dem Erwerb, leitete der Florentiner Bankier Michele Giuntini die Umstrukturierung zu einem Modellgut ein und ließ die alten Gebäude aus dem 13. Jahrhundert renovieren. Die heutige Besitzerin Franca Spinola führt den Betrieb im ursprünglichen Sinne weiter; so wird immer noch neben Wein und Öl, Käse aus der Milch der eigenen Schafe, Ziegen und Kühe erzeugt und außerdem Gemüse, Getreide und Obst nach biologischen Regeln angebaut. Interessant der Parrina Sangiovese '10, tertiäres Aroma mit einem Anflug von Lorbeerblatt und Rosmarin im pflanzlichen Abschnitt, solider, ausgewogener Körper, fügsam und lang im Finale. Von Interesse auch die beiden Muraccio, aus Sangiovese mit kleiner Zugabe von Cabernet Sauvignon und Merlot: fruchtiger, intensiv und reich der 2011er, würzig, frisch und wuchtig der 2012er.

● Parrina Sangiovese '10	🍷🍷 4
○ Parrina Bianco '12	🍷🍷 2*
● Parrina Rosso Muraccio '12	🍷🍷 3
● Parrina Rosso Muraccio '11	🍷🍷 3
○ Ansonica Costa dell'Argentario '13	🍷 2
⊙ Capalbio Vin Santo '11	🍷 8
○ Parrina Bianco '13	🍷 2
● Parrina Radaia '12	🍷 6
● Parrina Sangiovese Ris. '11	🍷 4
● Parrina Sangiovese Ris. '10	🍷 4
○ Poggio della Fata '13	🍷 3
○ Ansonica Costa dell'Argentario '10	🍷🍷 2*
● Radaia '10	🍷🍷 6
○ Vermentino '11	🍷🍷 3

TOSKANA

Perazzeta
Loc. Montenero d'Orcia
via dell'Aia, 14
58040 Castel del Piano [GR]
Tel. +39 0564954158
www.perazzeta.it

DIREKTVERKAUF
BESUCH NACH VORANMELDUNG
JAHRESPRODUKTION 40.000 Flaschen
REBFLÄCHE 8 Hektar

Eigentümer ist die Familie Bocci; mit Alessandro, der das Werk seines Vaters Erio fortsetzt, arbeiten auch Ehefrau Rita und Tochter Sara im Betrieb. Der Betriebssitz ist im Val d'Orcia, im repräsentativen Ort Montenero angesiedelt, mit dem Keller in einer Anlage aus dem 15. Jahrhundert. Sangiovese ist die vorherrschende Rebe im Weinberg, aber achtbare Ergebnisse liefern auch die übrigen Sorten, die internationalen ebenso wie die einheimische Ciliegiolo. Niedrige Stockerträge sichern eine Qualität von beachtlicher Regelmäßigkeit. Der Montecucco Sangiovese Riserva Licurgo '09 überzeugt in der Nase mit einem breiten Aromaspektrum, in dem sich ein Mentholhauch mit Nuancen von Gras und Leder verbindet. Beginnt entspannt, angenehm dicht und breit am Gaumen, im Finale saftig. Einprägsam und lebendig in der Nase der Montecucco Alfeno '12, voller Körper und klares Finale. Schlicht in der Nase, lecker am Gaumen der Terre dei Bocci '11.

● Maremma Terre dei Bocci '11	🍷🍷 3
● Montecucco Rosso Alfeno '12	🍷🍷 2*
● Montecucco Sangiovese Licurgo Ris. '09	🍷🍷 5
● Montecucco Alfeno Rosso '09	🍷🍷 2*
● Montecucco Rosso Alfeno '11	🍷🍷 2*
● Montecucco Rosso Alfeno '10	🍷🍷 2*
● Montecucco Sangiovese Licurgo Ris. '06	🍷🍷 5
● Montecucco Terre dei Bocci '09	🍷🍷 3

Petra
Loc. San Lorenzo Alto, 131
57028 Suvereto [LI]
Tel. +39 0565845308
www.petrawine.it

DIREKTVERKAUF
BESUCH NACH VORANMELDUNG
JAHRESPRODUKTION 350.000 Flaschen
REBFLÄCHE 94 Hektar

Die Kellerei der Familie Moretti hat wesentlich dazu beigetragen, die Weine aus dem Val di Cornia international bekannt zu machen. Für die Produzenten aus der Franciacorta keine einfache Sache, Weine in der Toskana zu machen: als das geeignete Land gefunden war, musste man es studieren, verstehen und unterstützen. Das tat man sehr gründlich: zuerst die Aufteilung in Lagen für die Wahl der Reben je nach Bodenbeschaffenheit, dann die kellertechnischen Entscheidungen. Die Ergebnisse kamen mit den Zeiten der Natur, langsam aber konkret. Der von Mario Botta geplante Keller ist immer noch ein Ziel, das Weinfreunde bestaunen. Drei Gläser für den Petra '11, aus Cabernet Sauvignon und Merlot, balsamische Töne, mit Nuancen von Salbei, Lorbeerblatt und Waldbeeren. Am Gaumen fleischig, ausgewogen, spannend, süffig durch eine frische Säureader. Im Finale auch der Quercegobbe '11, sortenreiner Merlot, insgesamt intensiv und fruchtig im Aroma, schmelzig in der Struktur, anmutig im Finale.

● Petra Rosso '11	🍷🍷🍷 8
● Quercegobbe '11	🍷🍷 6
● Ebo '11	🍷🍷 3
● Potenti '11	🍷🍷 6
● Alto '10	🍷 6
● Petra Rosso '04	🍷🍷🍷 7
● Alto '09	🍷🍷 6
● Petra Rosso '09	🍷🍷 8
● Petra Rosso '08	🍷🍷 8
● Potenti '10	🍷🍷 6
● Potenti '09	🍷🍷 6
● Potenti '08	🍷🍷 6
● Quercegobbe '10	🍷🍷 6
● Val di Cornia Ebo '10	🍷🍷 3

TOSKANA

Fattoria di Petroio

LOC. QUERCEGROSSA
VIA DI MOCENNI, 7
53019 CASTELNUOVO BERARDENGA [SI]
TEL. +39 0577328045
www.fattoriapetroio.it

DIREKTVERKAUF
BESUCH NACH VORANMELDUNG
JAHRESPRODUKTION 40.000 Flaschen
REBFLÄCHE 15 Hektar

Fattoria di Petroio ist eines der vielen klassischen Beispiele für handwerklich geprägte Winzerbetriebe, die den bezaubernden Reiz des Chianti Classico ausmachen. Der Betrieb in Castelnuovo Berardenga ist seit 1961 im Besitz der Familie Lenzi. Die stilistisch modernen Weine können auch mit diskreter Persönlichkeit aufwarten und spiegeln ihr Terroir meist sehr genau wider. Dafür sorgen ein maßvoller Einsatz von Holz, wobei sich große Fässer mit Barriques abwechseln, und eine stets behutsame Kellertechnik. Der Poggio al Mandarlo '11, reinsortig gekelterter Sangiovese mit schönen Härten, glänzt mit dem Geruch von Erde, reifen, roten Beeren und rauchigen Noten, gut unterstützt durch einen reaktiven, nervigen Gaumen. Schöner Stoff im Chianti Classico Riserva '10, gliedert sich am Gaumen zielbewusst und rhythmisch. Das Aromagepäck ist nur ein wenig verschleiert, aber verständlich und ausdrucksstark. Schön am Gaumen der Chianti Classico '11.

● Poggio al Mandorlo '11	🍷🍷🍷 5
● Chianti Cl. Ris. '10	🍷🍷🍷 4
● Chianti Cl. '11	🍷 2
● Chianti Cl. '10	🍷🍷 2*
● Chianti Cl. '08	🍷🍷 2
● Chianti Cl. Ris. '07	🍷🍷 4
● Chianti Cl. Ris. '05	🍷🍷 4
● Poggio al Mandorlo '10	🍷🍷 2*

★Fattoria Petrolo

LOC. GALATRONA
FRAZ. MERCATALE VALDARNO
VIA PETROLO, 30
52021 BUCINE [AR]
TEL. +39 0559911322
www.petrolo.it

UNTERKUNFT
JAHRESPRODUKTION 70.000 Flaschen
REBFLÄCHE 31 Hektar

Petrolo ist ein prächtiger Betrieb in den Colli Aretini, einem Hügelland, das seit undenklichen Zeiten für die Qualität seiner Trauben berühmt ist. Seit den 1940er Jahren im Besitz der Familie Bazzocchi, fand die qualitative Wende erst vor dreißig Jahren statt, als Lucia Bazzocchi Sanjust und später ihr Sohn Luca direkt die Zügel in die Hand nahmen und Petrolo zu einem Juwel in der nationalen Weinlandschaft machten. Die Weine sind von moderner Prägung, jedoch ohne die feste Bindung zu ihrem Terroir aus den Augen zu verlieren, und stets elegant, raffiniert und charaktervoll. Wie im Falle des Galatrona '11, sortenreiner Merlot. Ein facettenreicher, komplexer Wein, der nicht auf dunkle Beeren und balsamische Nuancen reduziert werden kann. So fehlt es nicht an einem Hauch von Pfeifentabak, Lorbeerblatt, Curcuma. Progressiv und dynamisch am Gaumen, die frische Säure sorgt für gut ausgewogene Tannine, Finale geschmeidig und knackig. Drei Gläser. Hochwertig das ganze Sortiment.

● Galatrona '11	🍷🍷🍷 8
● Boggina '12	🍷🍷 5
○ San Petrolo '04	🍷🍷🍷 8
● Torrione '12	🍷🍷🍷 5
● Bogginafora '12	🍷🍷 5
● Galatrona '10	🍷🍷🍷 8
● Galatrona '09	🍷🍷🍷 8
● Galatrona '08	🍷🍷🍷 8
● Galatrona '07	🍷🍷🍷 8
● Galatrona '06	🍷🍷🍷 8
● Galatrona '05	🍷🍷🍷 8
● Galatrona '04	🍷🍷🍷 7
● Galatrona '01	🍷🍷🍷 8
● Galatrona '00	🍷🍷🍷 7
● Boggina '12	🍷🍷 5

TOSKANA

★Piaggia
LOC. POGGETTO
VIA CEGOLI, 47
59016 POGGIO A CAIANO [PO]
TEL. +39 0558705401
www.piaggia.com

DIREKTVERKAUF
BESUCH NACH VORANMELDUNG
JAHRESPRODUKTION 75.000 Flaschen
REBFLÄCHE 15 Hektar

Nicht viele Kellereien können sich einer so konstanten Qualität rühmen wie Piaggia von Mauro Vannucci und Tochter Silvia. In diesem Jahr kann man sich über den zehnten Drei-Gläser-Preis freuen, der sie in die Elite der besten italienischen Kellereien aufsteigen lässt. Das überrascht nicht: ihre fünfzehn Hektar genießen die besten Expositionen des Carmignano und werden mit Hingabe gepflegt. Der Keller ist modern, perfekt ausgestattet, die Fässer von präziser, kompromissloser Qualität. Das Ergebnis sind prachtvolle Rote, die auch der Zeit standhalten können. Topgewächs ist diesmal der Carmignano Riserva '11. Immer schon der "grand vin" von Piaggia, besticht er mit anspruchsvoller Konzentration, aber maßvoll, wie es dem Stil des Hauses entspricht. Bezauberndes Bouquet aus Weichseln, roten und schwarzen Beeren, mit würzigen und balsamischen Noten, Anflug von Tabak: klassisch im besten Sinn. Und dazu wunderschön weich und befriedigend am Gaumen, saftig und nervig, perfekt gelöste Tannine und ungemein langer Abgang.

● Carmignano Ris. '11	🍷🍷🍷 6
● Carmignano Il Sasso '12	🍷🍷 5
● Poggio de' Colli '12	🍷🍷 7
● Carmignano Ris. '08	🍷🍷🍷 5
● Carmignano Ris. '07	🍷🍷🍷 5
● Carmignano Sasso '07	🍷🍷🍷 4
● Poggio de' Colli '11	🍷🍷🍷 7
● Poggio de' Colli '10	🍷🍷🍷 6

Piancornello
LOC. PIANCORNELLO
53024 MONTALCINO [SI]
TEL. +39 0577844105
piancorello@libero.it

DIREKTVERKAUF
BESUCH NACH VORANMELDUNG
JAHRESPRODUKTION 50.000 Flaschen
REBFLÄCHE 10 Hektar

Das kleine Weingut von Silvana Pieri und Claudio Monaci wird häufig als besonders charakteristische und konsequente Stimme für den Südhang des Montalcino bezeichnet. Die zehn Hektar liegen auf der Hochebene am Orcia-Fluss in Richtung Monte Amiata, auf circa 250 Meter Seehöhe: das Klima ist warm und auch wegen der sehr wasserdurchlässigen, ansteigenden Böden aus marinen Ablagerungen und Sand, mit reichen Skelettanteilen, erreicht die Sangiovese hier ihre Vollreife früher als anderswo. Wie erwartet, sind die Brunello von großer fruchtiger Kraft, mitunter ein wenig trocken im Extrakt; ausgebaut werden sie in Barrique und Tonneau. Der "tropische" Jahrgang 2009 bekräftigt diese Eigenschaften, die im Brunello überschwänglich und mit großem Stoff ausgedrückt werden, es fehlt nur ein wenig an Anmut in Aromatik und Tanninen. Das sonnige Naturell findet sich auch im Rosso '12 und noch viel mehr im Brunello Riserva '08, der sich mit in Alkohol eingelegten Früchten ankündigt.

● Brunello di Montalcino '09	🍷🍷 6
● Brunello di Montalcino Ris. '08	🍷 6
● Rosso di Montalcino '12	🍷 3
● Brunello di Montalcino '06	🍷🍷🍷 6
● Brunello di Montalcino '99	🍷🍷🍷 6
● Brunello di Montalcino '08	🍷🍷 6
● Brunello di Montalcino '07	🍷🍷 6
● Brunello di Montalcino '04	🍷🍷 6
● Brunello di Montalcino Ris. '06	🍷🍷 6
● Brunello di Montalcino Ris. '04	🍷🍷 6
● Rosso di Montalcino '11	🍷🍷 3
● Rosso di Montalcino '08	🍷🍷 3*

TOSKANA

Pianirossi

LOC. PORRONA
POD. SANTA GENOVEFFA, 1
58044 CINIGIANO [GR]
TEL. +39 0564990573
www.pianirossi.com

DIREKTVERKAUF
BESUCH NACH VORANMELDUNG
UNTERKUNFT UND GASTRONOMIE
JAHRESPRODUKTION 55.000 Flaschen
REBFLÄCHE 14 Hektar

Stefano Sincini hat sich seinen Ruhesitz in der Toskana eingerichtet, wo er seine Liebe zum Land und zum Weinbau sehr erfolgreich umsetzen kann. Vor zwei Jahrzehnten beschloss der erfolgreiche Modemanager, sich ein Weingut aufzubauen, das in der Architektur und Bewirtschaftung ökologisch nachhaltigen Grundsätzen entspricht und auch Agriturismo und Restaurant auf der gleichen Grundlage betreibt. Die Rebsorten wählte er nicht nur nach lokaler Gepflogenheit aus, sondern auch, um einen idealen Wein in seinem Sinn zu fertigen, der den Eigenschaften des Terroirs Respekt erweist. Der Pianirossi '11 ist eine Cuvée aus Montepulciano, Petit Verdot und Cabernet Sauvignon, in der Nase gegrillte grüne Paprika, Kirschmarmelade und Gewürze. Am Gaumen warm, harmonisch, rund, schön im langen Finale. Der Solus '11, aus Sangiovese, Alicante und Montepulciano, würziges Aroma mit Zimt und Gewürznelke, auf fruchtiger Basis. Körper weich und schmeichelnd, frische Säureader für ein saftiges Finale.

● Pianirossi '11	🍷🍷 6
● Solus '11	🍷🍷 4
● Montecucco Sidus '11	🍷 4
● Pianirossi '09	🍷 6
● Pianirossi '08	🍷 6
● Solus '10	🍷 4
● Solus '08	🍷 4

Fattoria di Piazzano

VIA DI PIAZZANO, 5
50053 EMPOLI [FI]
TEL. +39 0571994032
www.fattoriadipiazzano.it

DIREKTVERKAUF
BESUCH NACH VORANMELDUNG
UNTERKUNFT UND GASTRONOMIE
JAHRESPRODUKTION 80.000 Flaschen
REBFLÄCHE 33 Hektar

Die Entstehung des Gutes verdankt man Otello Bettarini, Industrieller in Prato mit zwei großen Leidenschaften: Astronomie und Weinbau. Hier fand er den idealen Ort, wo er seine Weinvorstellungen verwirklichen konnte. Die direkte Leitung des Gutes und der Weinberge übertrug er seinem Neffen Riccardo. Seine Nachkommen, Rolando und Ilaria, setzen das Werk mit der gleichen Hingabe fort und fertigen zwei verschiedene Linien: die Etiketten der Tradition aus autochthonen Rebsorten, und die Weine von moderner Prägung, die aus internationalen Trauben gekeltert werden. Angenehm der Syrah '11, intensiver Duft mit Pfeffer, Tabak, Leder, auf einer fruchtig reifen Basis von Johannisbeeren. Gediegener Körper, gut gegliedert, frische Säureader, maßvolle Tannine, Finale in Crescendo. Erregend der Ventoso '13, aus vorwiegend Sangiovese, Canaiolo und Malvasia Nera, intensiv im Aroma, blumig und fruchtig frisch mit Kirschen, wendiger, schlanker Körper, am Gaumen lecker und reintönig.

● Messidoro '13	🍷🍷 1*
● Syrah '11	🍷🍷 4
● Ventoso '13	🍷🍷 1*
● Chianti '13	🍷 2
● Chianti Rio Camerata Ris. '07	🍷 3
● Colorino '08	🍷 5
● Piazzano Sangiovese '08	🍷 5
● Piazzano Sangiovese '06	🍷 4
● Piazzano Syrah '09	🍷 5
● Ventoso '09	🍷 5
○ Vin Santo del Chianti '04	🍷 6

TOSKANA

Enrico Pierazzuoli
VIA VALICARDA, 35
50056 CAPRAIA E LIMITE [FI]
TEL. +39 0571910078
www.enricopierazzuoli.com

DIREKTVERKAUF
BESUCH NACH VORANMELDUNG
UNTERKUNFT
JAHRESPRODUKTION 156.000 Flaschen
REBFLÄCHE 32 Hektar

Cantagallo und Le Farnete sind die beiden Güter der Familie Pierazzuoli. Das erste, in der Denomination des Chianti Montalbano, geht auf das Jahr 1970 zurück. Dazu kam 1990 das zweite im Carmignano. Enrico ist Winzer mit Leib und Seele und kümmert sich sachverständig auch um alle Vorgänge im Keller. Die ganze Familie arbeitet im Betrieb mit; neben Wein erzeugt Pierazzuoli ein ausgezeichnetes Olivenöl Extra Vergine und Konserven aus den eigenen Produkten. La Riserva '11 des Carmignano erreicht unser Finale dank dunkelrubinroter Farbe, intensiver Nase, elegant mit Waldbeeren, Brombeeren und balsamischen Noten. Am Gaumen strukturiert, komplex, lebendige Frucht und weiche Gerbstoffe. Schönes, würziges Finale. Vorzüglich der Carmignano '12, der Barco Reale und gut die Montalbano-Weine.

La Pierotta
LOC. LA PIEROTTA, 19
58020 SCARLINO [GR]
TEL. +39 056637218
www.@lapierotta.it

DIREKTVERKAUF
BESUCH NACH VORANMELDUNG
JAHRESPRODUKTION 50.000 Flaschen
REBFLÄCHE 11 Hektar

Die Familie Rustici besitzt den Betrieb seit 1957. Vorherrschend war Saatland, der bestehende Weinberg wurde nur für den Eigenbedarf genutzt. Erst der heutige Besitzer Alberto fasste gemeinsam mit Ehefrau Floriana den Beschluss, die Rebflächen auszubauen, was damals ganz und gar nicht dem allgemeinen Trend entsprach. Die Söhne Roberto und Simone, die in den 1990er Jahren in den Betrieb eintraten, brachten den Weinbau auf einen professionellen Weg: erstmals füllte man Flaschen ab, internationale Reben wurden angepflanzt und der Keller mit neuen Anlagen ausgestattet. Die Endrunde erreicht der Terra Solare '11, sortenreiner Syrah, im vielschichtigen Aroma verbinden sich tierische Noten mit angenehmer Pfefferwürze und fruchtigen Nuancen von Himbeere und Johannisbeere. Solider, gut vermengter Körper, im Alkohol eingeschmolzene Tannine, saftig breites Finale. Erfreulich auch der Monteregio Selvaneta '12, frisch in der Nase, schlank und schmackhaft.

● Carmignano Le Farnete Ris. '11	🍷🍷 4
● Barco Reale Le Farnete '13	🍷🍷 2*
● Carmignano Le Farnete '12	🍷🍷 3
○ Vin Santo del Chianti Montalbano Millarium Ris. '08	🍷🍷 5
● Chianti Montalbano Cantagallo '13	🍷 2
● Chianti Montalbano Cantagallo Ris. '11	🍷 2
● Gioveto Cantagallo '11	🍷 4
● Carmignano Le Farnete Ris. '97	🍷🍷🍷 6
● Barco Reale Le Farnete '12	🍷🍷 2*
● Carmignano Le Farnete '11	🍷🍷 3*
● Carmignano Le Farnete Ris. '10	🍷🍷 4
○ Vin Santo del Chianti Montalbano Millarium Ris. '07	🍷🍷 5

● Terra Solare '11	🍷🍷 3*
● Monteregio di Massa Marittima Rosso Selvaneta '12	🍷🍷 2*
● Ciliegiolo '10	🍷 3
● Monteregio di Massa Marittima Scarilius '10	🍷 3
○ Monteregio di Massa Marittima Vermentino '13	🍷 2
● Solare '02	🍷🍷 2*

TOSKANA

Pietroso
LOC. PIETROSO, 257
53024 MONTALCINO [SI]
TEL. +39 0577848573
www.pietroso.it

DIREKTVERKAUF
BESUCH NACH VORANMELDUNG
JAHRESPRODUKTION 30.000 Flaschen
REBFLÄCHE 5 Hektar

Die "Beförderung" in den Hauptteil unseres Führers lag für die Weine von Pietroso schon lange in der Luft. Das kleine Weingut, in den 1970er Jahren von Domenico Berni gegründet, wird heute vom Enkel Gianni Pignattai geführt. Gerade vier Hektar, alle mit Sangiovese bestockt, angesiedelt im zentralen Hügelland von Montalcino, wenige hundert Meter vom Ort entfernt, auf steinigen Böden in einer Höhe von 350 bis 500 Meter. Diese Boden- und Klimabeschaffenheit geben die Brunello getreulich zurück, die mehr auf geschmacklichen Biss und vertikale Struktur als auf stoffliche Dichte setzen und aus klassischer Bereitung entstehen: Spontangärung, Maischestandzeit von drei Wochen und fast drei Jahre Reife im 30-hl-Eichenfass. Unaufhaltsam der Aufstieg der Weine von Pietroso, eine Bestätigung liefert der wunderbare Brunello '09. Ein Sangiovese, leicht und reich an Details, ätherische Akzente, schön ausgewogen durch rotes Obst und Heilkräuter: treibende Kraft ist das schmackhafte, vertikale Gerüst, entspannt, aber kontinuierlich.

● Brunello di Montalcino '09	🍷🍷🍷 6
● Rosso di Montalcino '12	🍷🍷 4
● Villa Montosoli '10	🍷 7
● Brunello di Montalcino '08	🍷🍷 6
● Brunello di Montalcino '04	🍷🍷 5
● Rosso di Montalcino '11	🍷🍷 3*
● Rosso di Montalcino '07	🍷🍷 3

Pieve Santo Stefano
LOC. SARDINI
55060 LUCCA
TEL. +39 3482935841
www.pievedisantostefano.com

DIREKTVERKAUF
BESUCH NACH VORANMELDUNG
UNTERKUNFT
REBFLÄCHE 11 Hektar

Was den Weinbau betrifft, hat der Ort historische Wurzeln; die Etrusker zuerst, die Römer später, haben hier bereits ihre Weinberge angelegt. In jüngerer Zeit war es die Familie Sardini, die das Herrenhaus in der Nähe der kleinen, romanischen Kirche errichten ließ. Von den neuen Eigentümern wurden mit aller Sorgfalt die Rebflächen neu angelegt, die je nach Eigenart der Parzellen gewählt wurden; das Klima ist mild und regenreich, aber dank wasserdurchlässiger Böden ist die Nässe gut unter Kontrolle. Gute Vorstellung für den Ludovico Sardini '12, aus Sangiovese mit Merlot und Cabernet Franc, frisch und balsamisch, gut strukturierter Körper, nicht wuchtig, schlanke Tannine, genussvoll im Finale. Interessant auch der Villa Sardini '13, intensive Nase mit Gewürzen und Waldbeeren, eingebettet in bunte Fruchtigkeit. Am Gaumen cremig, weich, gutes Gewicht, im Finale gut dosiert und einladend.

● Colline Lucchesi Ludovico Sardini '12	🍷🍷 4
● Colline Lucchesi Villa Sardini '13	🍷🍷 2*
● Lippo '12	🍷 3

TOSKANA

Podere dell'Anselmo
LOC. ANSELMO
VIA PANFI, 12
50025 MONTESPERTOLI [FI]
TEL. +39 0571671951
www.forconi.net

DIREKTVERKAUF
BESUCH NACH VORANMELDUNG
UNTERKUNFT UND GASTRONOMIE
JAHRESPRODUKTION 40.000 Flaschen
REBFLÄCHE 13 Hektar

Aus einer renovierten Ansiedlung, die ein hochklassiger Agriturismo werden sollte, entwickelte sich das Weingut, in dem Leidenschaft eine große Rolle spielt. Fabrizio Forconi, begeisterter Winzer, liebt es, Erfahrung und Ergebnisse mit anderen zu teilen. In seinem Betrieb wollte er Weine aus territorialen, aber auch fremden Trauben keltern, zwischen Tradition und Innovation, um zu versuchen, beide zu verstehen. Das Ergebnis ist eine umfangreiche, vielfältige Produktion, mit Experimenten einer besonderen Alterung. Die Ergebnisse für Nase und Gaumen sind ermutigend. Beeindruckend der Anselmino '13, ungewöhnliche Cuvée aus Malvasia Lunga, Riesling Italico und Trebbiano, zitrusfruchtig und exotisch, Körper frisch und rassig, schönes, saftiges Finale. Gut der Terre di Bracciatica '10, aus Sangiovese und Cabernet Sauvignon, intensiv und reich in der Nase, kraftvoll am Gaumen, der Pax '10, aus Sangiovese, Colorino und Cabernet, frisch fruchtig im Bouquet, voll und rund im Geschmack.

○ Anselmino '13	♟♟ 2*
● Pax '10	♟♟ 6
● Terre di Bracciatica '10	♟♟ 2*
○ Vin Santo del Chianti Dedicato alla Gioia '07	♟ 5
● Chianti Montespertoli Podere dell'Anselmo '10	♟ 2
⊙ Colmo di Cielo '13	♟ 2
○ Terre di Bracciatica '13	♟ 2
● Pax '09	♟♟ 5

Poggerino
LOC. POGGERINO, 6
53017 RADDA IN CHIANTI [SI]
TEL. +39 0577738958
www.poggerino.com

DIREKTVERKAUF
BESUCH NACH VORANMELDUNG
UNTERKUNFT
JAHRESPRODUKTION 60.000 Flaschen
REBFLÄCHE 11 Hektar
WEINBAU Biologisch anerkannt

Das Weingut Poggerino produziert erstmals 1980 den Chianti Classico mit eigenen Etiketten. 1999 gibt Floriana Ginori Conti das Zepter an ihre Kinder Piero und Benedetta Lanza weiter, die bereits seit 1988 im Betrieb mitarbeiten. Die naturnah bewirtschafteten Weinberge liegen in einem besonders begnadeten Gebiet von Radda in Chianti, der Ausbau geht in Barriques und Tonneaus vor sich. Stilistisch setzt man auf reife Frucht und äußersten Extraktreichtum, was aber Charakter und Persönlichkeit der Etiketten des Hauses nicht schmälert. Am Gaumen gut gegliedert, der Primamateria '10, Cuvée aus Sangiovese und Merlot, in der Nase üppige Frucht mit kontrastierendem Erdgeruch. Sehr schöne Materie zeigt der Chianti Classico Bugialla Riserva '10, nur ein wenig gebremst vom Holz der Fässer, in der Nase voll und kräftig. Genussvoll der Chianti Classico '11, wenn auch manche Härten nicht fehlen.

● Primamateria '10	♟♟ 5
● Chianti Cl. Bugialla Ris. '10	♟♟ 5
● Chianti Cl. '11	♟ 3
● Chianti Cl. Bugialla Ris. '09	♟♟♟ 5
● Chianti Cl. Bugialla Ris. '08	♟♟♟ 5
● Chianti Cl. Ris. '90	♟♟♟ 4*
● Primamateria '01	♟♟♟ 5
● Chianti Cl. '08	♟♟ 3
● Chianti Cl. '06	♟♟ 3*
● Chianti Cl. Bugialla Ris. '07	♟♟ 5
● Chianti Cl. Bugialla Ris. '06	♟♟ 5
● Primamateria '07	♟♟ 5
● Primamateria '06	♟♟ 5

TOSKANA

Poggio al Tesoro
LOC. FELCIAINO
VIA BOLGHERESE, 189B
57022 BOLGHERI [LI]
TEL. +39 0565773051
www.poggioaltesoro.it

DIREKTVERKAUF
BESUCH NACH VORANMELDUNG
JAHRESPRODUKTION 283.000 Flaschen
REBFLÄCHE 60 Hektar

Entstanden aus dem Wunsch der Familie, auch in einer anderen als der eigenen Region zu wachsen, aber auch aus Liebe zu diesem qualitativ hochwertigen Land vor allem für internationale Reben, produziert Allegrini im Bolgheri auf 60 Hektar bester Rebflächen stilistisch moderne, elegante Weine, die sich sofort international durchsetzen konnten. Die Weine haben ein gehaltvolles, aromatisches Gepräge, eingerahmt in einen modernen Stil, aber gar nicht übertrieben im Extrakt. Wie immer, der Sondraia enttäuscht die Erwartungen nicht, in der Nase wohlriechende Noten von rosa Grapefruit und Gewürzen, am Gaumen reich und dicht, wo sich das würzige Element wieder in den Vordergrund spielt, für ein gerbstoffreiches, herbes Finale. Sehr schmackhaft und genussvoll der Rosato Cassiopea '13, wirklich köstlich und reich an Kontrasten, tropische Noten, durchzogen von frischeren, pflanzlichen Adern, der Vermentino Solosole '13.

★Poggio Antico
LOC. POGGIO ANTICO
53024 MONTALCINO [SI]
TEL. +39 0577848044
www.poggioantico.com

DIREKTVERKAUF
BESUCH NACH VORANMELDUNG
GASTRONOMIE
JAHRESPRODUKTION 120.000 Flaschen
REBFLÄCHE 32 Hektar

Paola Godler und Alberto Montefiori haben die schwierige Aufgabe, die ruhmreiche Geschichte von Poggio Antico fortzusetzen, die mit einigen prächtigen Brunello in den 1980er Jahren begonnen hat. Immer noch prägen Eleganz und Mäßigung den Stil, der vor allem die territoriale Eigenart der hauseigenen Weinberge wiedergibt: Die Sangiovese-Stöcke genießen einen südwestlichen Ausblick auf die Maremma, gehören aber auch zu den höchsten und gut belüfteten Lagen der Denomination. Eine doppelte Seele, luftig und strahlend, die auch im Keller entsprechend ausgelotet wird: der Brunello Basiswein wird gewöhnlich im 40-50-hl-Eichenfass ausgebaut, für die Riserva und Altero gibt es auch Barrique und Tonneau. Technische Präzision unterstützt Stoff und Harmonie: kurz gefasst, die besten Merkmale des Brunello Altero '09, der die Drei Gläser im Sturm erobert hat. Das aromatische Schema - balsamisch, Waldbeeren und rauchige Noten - vielleicht nicht ganz originell, aber am Gaumen wundervoll abgestuft im Extrakt.

● Bolgheri Sup. Sondraia '11	🍷🍷🍷 5
⊙ Bolgheri Rosato Cassiopea '13	🍷🍷 2*
○ Bolgheri Vermentino Solosole '13	🍷🍷 3
● Dedicato a Walter '11	🍷🍷 7
● Mediterra '12	🍷🍷 3
● Bolgheri Sup. Sondraia '10	🏆🏆🏆 7
● Dedicato a Walter '09	🏆🏆🏆 7
● Bolgheri Sondraia '09	🏆🏆 5
● Bolgheri Sondraia '08	🏆🏆 5
● Dedicato a Walter '10	🏆🏆 7
● Dedicato a Walter '08	🏆🏆 7
● Mediterra '10	🏆🏆 3
● Mediterra '09	🏆🏆 3
● Mediterra '08	🏆 3

● Brunello di Montalcino Altero '09	🍷🍷🍷 7
● Brunello di Montalcino '09	🍷🍷 6
● Rosso di Montalcino '12	🍷🍷 4
● Madre '11	🍷 5
● Brunello di Montalcino '05	🏆🏆🏆 7
● Brunello di Montalcino '88	🏆🏆🏆 7
● Brunello di Montalcino Altero '07	🏆🏆🏆 8
● Brunello di Montalcino Altero '06	🏆🏆🏆 8
● Brunello di Montalcino Altero '04	🏆🏆🏆 8
● Brunello di Montalcino Altero '99	🏆🏆🏆 8
● Brunello di Montalcino Ris. '01	🏆🏆🏆 7

TOSKANA

Poggio Argentiera
LOC. ALBERESE
S.DA BANDITELLA, 2
58010 GROSSETO
TEL. +39 0564405099
www.poggioargentiera.com

DIREKTVERKAUF
BESUCH NACH VORANMELDUNG
JAHRESPRODUKTION 250.000 Flaschen
REBFLÄCHE 40 Hektar
WEINBAU Biologisch anerkannt

Gianpaolo Paglia ist ein gar nicht typischer Winzer, in der Mentalität, weil er Erfahrungen und Ergebnisse gerne mit anderen teilt und einen modernen, sehr persönlichen Weg im Weinberg und im Keller geht. Außerdem ist er durch seine Übersiedlung nach England zu so etwas wie einem „fliegenden Produzenten" geworden, der aber im Sommer unweigerlich in die Maremma kommt, um bei der Weinlese dabei zu sein. Alles beginnt 1997 gemeinsam mit seiner Frau Justine, als das erste Gut erworben wird, dem 2001 eine zweite Parzelle folgt; daneben betreut man viele Hektar Rebfläche, die wegen ihres Alters vom Aussterben bedroht sind. Finale für den Morellino Bellamarsilia '13, dunkles Aroma von reifer Frucht, tertiäre Noten von Tabak und Leder. Mächtig am Gaumen, fleischig und würziges Finale. Gut der Guazza '13, Vermentino, fruchtige Noten von Apfel und Pfirsich, pflanzlicher Hauch, Anflug von Zitrone, kraftvoller Körper, würzig im Finale.

● Morellino di Scansano Bellamarsilia '13	♛♛ 3*
○ Guazza '13	♛♛ 2*
● Lalicante	♛ 5
● Finisterre '07	♛♛♛ 6
● Morellino di Scansano Capatosta '00	♛♛♛ 5*
● Morellino di Scansano Bellamarsilia '12	♛♛ 2*
● Morellino di Scansano Bellamarsilia '11	♛♛ 2*
● Morellino di Scansano Capatosta '11	♛♛ 5
● Morellino di Scansano Capatosta '10	♛♛ 5

Poggio Bonelli
VIA DELL'ARBIA, 2
53019 CASTELNUOVO BERARDENGA [SI]
TEL. +39 057756661
www.poggiobonelli.it

DIREKTVERKAUF
BESUCH NACH VORANMELDUNG
UNTERKUNFT UND GASTRONOMIE
JAHRESPRODUKTION 124.000 Flaschen
REBFLÄCHE 83 Hektar

Das Gut gehört zu MPS Tenimenti, das ist der landwirtschaftliche Besitz der Gruppe Montepaschi di Siena, die auch ein weiteres Weingut im Portfolio hat: Villa Chigi Saracini. Die Gesellschaft von Siena übernahm 2000 die vollständige Leitung von den Familien Landucci und Croci, aber auf Poggio Bonelli werden Weine schon seit den 1950er Jahren gefertigt. Die Weinberge erstrecken sich allesamt in der Nähe von Castelnuovo Berardenga, wo die Weine zu besonderer Fülle und Kraft finden können. Diese Merkmale werden den Abfüllungen treu und ausgewogen mitgegeben, obwohl der Einsatz von vorwiegend kleinen Eichenfässern durchaus nicht nebensächlich ist. Gut gemacht, und nicht zum ersten Mal, der Poggiassai '11, Cuvée aus Sangiovese und Cabernet Sauvignon, im Aroma fruchtige Züge, verfeinert durch einen Anflug von Gewürzen und Vanille. Entfaltet sich kontinuierlich und weich am Gaumen, tiefgründig im Finale. Saftig und trinkbereit der Chianti Villa Chigi Saracini '13, in der Nase Kirsche, am Gaumen rhythmisch und schmackhaft.

● Poggiassai '11	♛♛♛ 6
● Chianti Villa Chigi Saracini '13	♛♛ 3
● Poggiassai '10	♛♛♛ 6
● Poggiassai '08	♛♛♛ 5
● Poggiassai '07	♛♛♛ 5
● Poggiassai '06	♛♛♛ 5
● Chianti Cl. '10	♛♛ 3
● Chianti Cl. Poggio Bonelli '09	♛♛ 3
● Chianti Villa Chigi Saracini '12	♛♛ 3
○ Vin Santo del Chianti Cl. Occhio di Pernice '06	♛♛ 8

TOSKANA

Poggio Capponi
Loc. San Donato a Livizzano
via Montelupo, 184
50025 Montespertoli [FI]
Tel. +39 0571671914
www.poggiocapponi.it

DIREKTVERKAUF
BESUCH NACH VORANMELDUNG
UNTERKUNFT
JAHRESPRODUKTION 210.000 Flaschen
REBFLÄCHE 33 Hektar

Wie aus dem Namen hervorgeht, gehörte das Weingut früher zu den Besitzungen der Familie Capponi: aus dieser Zeit gibt es noch die Keller des 16. Jahrhunderts, die auch zu besichtigen sind. Heute im Besitz der Familia Rousseau Colzi, die schon seit 1935 regelmäßig ihre Weine produziert. Der geschichtsträchtige Ort ist beeindruckend und wurde auch von den Brüdern Taviani als Filmset gewählt: es gibt auch eine geweihte Kapelle und die alten Bauernhäuser wurden renoviert und als Agriturismo eingerichtet. Gekeltert werden Weine, die sich vor allem durch ihre beständige Qualität auszeichnen. Gute Vorstellung für den Chianti Montespertoli Petriccio '11, in der Nase leicht würzig auf einer fruchtigen Basis von Erdbeere und Johannisbeere. Am Gaumen saftig, gezähmte Tannine, frische Säurenote, für einen langen Nachgeschmack. Erfreulich der Sovente '12, Chardonnay mit intensivem Pfirsichduft und feinem Vanillehauch, breite Struktur, weich mit schmackhafter Säure, im Finale würzig und appetitlich.

● Chianti Montespertoli Petriccio '11	♛♛ 4
○ Sovente '12	♛♛ 2*
○ Bianco di Binto '13	♛ 2
● Chianti '12	♛♛ 3
● Chianti Montespertoli Petriccio '10	♛♛ 4
○ Sovente '09	♛♛ 2*
● Tinorso '10	♛♛ 5
● Tinorso '08	♛♛ 4

Poggio di Sotto
Fraz. Castelnuovo dell'Abate
Loc. Poggio di Sotto
53024 Montalcino [SI]
Tel. +39 0577835502
www.poggiodisotto.com

DIREKTVERKAUF
BESUCH NACH VORANMELDUNG
UNTERKUNFT
JAHRESPRODUKTION 35.000 Flaschen
REBFLÄCHE 10 Hektar
WEINBAU Biologisch anerkannt

Mit jeder Lese rückt das Ende der langen, sensiblen Übergangsphase näher, die Poggio di Sotto derzeit durchlebt. Gegründet in den späten 1980er Jahren von Piero Palmucci, wurde der Betrieb 2011 von Tipa übernommen, die mit Grattamacco und Colle Massari bereits zwei prächtige Güter an der toskanischen Küste betreiben. Zu verkosten sind die ersten Weine, die vollständig unter der neuen Führung gefertigt wurden; ob und wie sich der Stil der Etiketten verändert hat, die ganz der Sangiovese di Castelnuovo dell'Abate geweiht sind, wird die Zukunft zeigen. Die zehn Hektar, die den leichten Meeresbrisen ausgesetzt sind, liegen am Südosthang auf vorherrschend Ton- und Galestro-Böden, in 200 bis 450 Meter Seehöhe. Die besten Ergebnisse kommen vom Rosso di Montalcino '11, mit seinem zart blumigen und grasigen Duft, der sich im anmutig progressiven Gaumen wiederfindet. Den Rhythmus des Brunello Riserva '08 bestimmen hingegen tertiäre Noten: die Struktur ist wendig, aber kann die harten Tannine nicht bis zum Ende unterstützen.

● Brunello di Montalcino Ris. '08	♛♛ 8
● Rosso di Montalcino '11	♛♛ 7
● Brunello di Montalcino '09	♛ 8
● Brunello di Montalcino '07	♛♛♛ 8
● Brunello di Montalcino '04	♛♛♛ 8
● Brunello di Montalcino '99	♛♛♛ 8
● Brunello di Montalcino Ris. '07	♛♛♛ 8
● Brunello di Montalcino Ris. '99	♛♛♛ 8
● Brunello di Montalcino Ris. '95	♛♛♛ 8
● Rosso di Montalcino '07	♛♛♛ 6

TOSKANA

Poggio Rubino
LOC. LA SORGENTE, 62
S.DA PROVINCIALE CASTIGLION DEL BOSCO
53024 MONTALCINO [SI]
TEL. +39 05771698133
www.poggiorubino.it

DIREKTVERKAUF
BESUCH NACH VORANMELDUNG
UNTERKUNFT UND GASTRONOMIE
JAHRESPRODUKTION 32.000 Flaschen
REBFLÄCHE 7 Hektar

Poggio Rubino, der kleine, von Edward Corsi und Alessandra Marzocchi geführte Betrieb, ist in der Mitte des Westhangs von Montalcino auf rund 450 m Höhe angesiedelt. Sieben der fünfzehn Hektar werden als Rebland genutzt. Fast gänzlich mit der Sangiovese bestockt, verteilen sie sich auf mehrere Gebiete der Denomination und werden naturnah bewirtschaftet. Langer Verbleib auf der Maische - bis zu einem Monat - und Ausbau in Eichenfässern von 25 - 30 hl, schließen den Kreis im Keller; die traditionellen aber nicht altmodischen Brunello nutzen die zusätzliche Reifezeit in der Flasche, liefern aber bereits in den ersten Phasen eine klare Lesart. Und es genügen zwei Etiketten, um die gute Arbeit zu betätigen, die in den letzten Jahren auf Poggio Rubino geleistet wurde. Der Rosso '12 hat alles, was man von einem „jungen" Sangiovese verlangen kann: helle Frucht, balsamische Kräuter, belebend am Gaumen, einnehmend, ausgewogen ohne Zwänge. Ein roter Faden, den wir auch im Brunello '09 finden, der nur in den Tanninen ein wenig strenger ist.

● Brunello di Montalcino '09	♛♛ 6
● Rosso di Montalcino '12	♛♛ 3
● Brunello di Montalcino '08	♛♛ 6
● Brunello di Montalcino '07	♛♛ 6
● Brunello di Montalcino '06	♛♛ 6
● Brunello di Montalcino Ris. '07	♛♛ 7
● Brunello di Montalcino Ris. '06	♛♛ 6

Poggio Trevvalle
LOC. ARCILLE
POD. 348
58042 CAMPAGNATICO [GR]
TEL. +39 0564998142
www.poggiotrevvalle.it

DIREKTVERKAUF
BESUCH NACH VORANMELDUNG
JAHRESPRODUKTION 65.000 Flaschen
REBFLÄCHE 13 Hektar
WEINBAU Biologisch anerkannt

1998 kauften die naturbegeisterten Brüder Bernardo und Umberto Valle das Gut, nachdem sie beschlossen hatten, sich dem Weinbau zu widmen. Sie betreiben ihre Produktion mit viel Aufmerksamkeit und Respekt für das Land, das sie umgibt. Die Entscheidung für eine zuerst biologische, dann auch biodynamische Bewirtschaftung war daher eine natürliche Folge. Umberto leitet den Gutsbetrieb und überwacht alle Arbeiten im Weinberg wie auch im Keller. Das Ergebnis sind persönlichkeitsstarke Weine, die dem Terroir ihrer Herkunft eine deutliche Reverenz erweisen. Drei Gläser für den Morellino '12, begeisterndes Aroma, in dem sortierte Gewürze die lebendige Frucht von Brombeeren und Himbeeren harmonisieren. Überraschend am Gaumen, voll aber nicht erdrückend, vibrierend, genussvolle Spannung für ein saftiges Finale. Genussvoll auch der Morellino Pàssera '13, konzentrierte pflanzliche Aromen, Körper von fügsamer Eleganz.

● Morellino di Scansano '12	♛♛♛ 2*
● Morellino di Scansano Pàssera '13	♛♛ 2*
● Montecucco Rosso '11	♛ 3
● Morellino di Scansano Larcille '11	♛ 4
● Morellino di Scansano '11	♛♛ 2
● Morellino di Scansano Fròndina '04	♛♛ 2
● Morellino di Scansano Larcille '03	♛♛ 4
● Morellino di Scansano Pàssera '12	♛♛ 2*
● Rafele '08	♛♛ 2

TOSKANA

Tenuta Il Poggione

FRAZ. SANT'ANGELO IN COLLE
LOC. MONTEANO
53024 MONTALCINO [SI]
TEL. +39 0577844029
www.tenutailpoggione.it

DIREKTVERKAUF
BESUCH NACH VORANMELDUNG
UNTERKUNFT
JAHRESPRODUKTION 500.000 Flaschen
REBFLÄCHE 125 Hektar

Für den Standard von Montalcino ist der von der Familie Franceschi in fünf Generationen aufgebaute und erweiterte Betrieb - mehr Landwirtschaft als Produktion - ein echter Koloss. Mit Fabrizio Bindocci am Steuer, kann der Betrieb auf über hundert Hektar Rebfläche zählen, die im südlichen Zipfel des Anbaugebietes um Sant'Angelo in Colle konzentriert sind. Hier wird der Sangiovese Montalcino immer schon mit Stolz und Tradition interpretiert, das heißt, rund drei Wochen auf der Maische und Ausbau in französischen Eichenfässern von 30 und 50 hl. Kleine Anteile von Merlot, Vermentino und Chardonnay machen den Rebenpark komplett. Der einzige diesmal vorgelegte Brunello von Il Poggione ist ein typischer 2009er, mit gelbem Pfirsich, Weichseln, getrockneten Kräutern: einige tertiäre Spuren finden sich eher am fast zu weichen Gaumen, der aber in den Tanninen sehr gut geführt ist. Ausdrucksstark und zugänglich, wie der Rosso di Montalcino '12.

● Brunello di Montalcino '09	♟♟ 6
● Rosso di Montalcino '12	♟♟ 3
● Rosso di Montalcino Leopoldo Franceschi '12	♟ 5
● Brunello di Montalcino Ris. '97	♟♟♟ 7
● Brunello di Montalcino '08	♟♟ 6
● Brunello di Montalcino '07	♟♟ 6
● Brunello di Montalcino '06	♟♟ 6
● Brunello di Montalcino V. Paganelli Ris. '07	♟♟ 7
● Brunello di Montalcino V. Paganelli Ris. '06	♟♟ 7
● Cerretello '09	♟♟ 4
○ Moscadello di Montalcino '11	♟♟ 3
● Rosso di Montalcino '11	♟♟ 3
● Rosso di Montalcino '10	♟♟ 3

Tenuta Poggiorosso

LOC. POGGIO ROSSO, 1
57025 PIOMBINO [LI]
TEL. +39 056529553
www.tenutapoggiorosso.it

DIREKTVERKAUF
BESUCH NACH VORANMELDUNG
JAHRESPRODUKTION 35.000 Flaschen
REBFLÄCHE 6 Hektar

Gefühle können täuschen, aber auch Träume wahr machen: Nachdem Ivano Monelli sein Vermögen als Unternehmer in anderen Sparten verdient hatte, dachte er wieder an die Freude, die seine Familie seinerzeit beim Erwerb eines Grundstücks in der Gegend von Piombino empfunden hatte. So beschließt er 2002, zu seinen Ursprüngen zurückzukehren und erwirbt einen heruntergekommenen Hof. Dort will er Weine herstellen, die sich voll mit ihrem Terroir identifizieren. Das zeigt sich schon im Namen, der sich von der besonderen Färbung einer Erhebung auf dem Gutsgelände ableitet und an die ursprünglichen Bewohner dieser Gegend erinnert, die Etrusker, die auch in den Namen der Weine verewigt sind. Ein gutes Ergebnis insgesamt, mit einer Produktion auf konstantem Niveau. Der Tages '12, aus Merlot und Sangiovese, in der Nase geprägt von Mineralität und frischen Noten von roten Beeren, ausgewogener Körper, schönes, würziges Finale. Der Velthune '12, sortenreiner Cabernet Sauvignon, offenbart im Aroma auch einen Pfefferminzhauch, im Körper solide und reiches Finale.

● Tages '12	♟♟ 3
○ Veive '13	♟♟ 4
● Velthune '12	♟♟ 5
○ Phylika '13	♟ 3
○ Phylika '11	♟♟ 3
● Tages '10	♟♟ 3
○ Veive '11	♟♟ 4
● Velthune '09	♟♟ 5

TOSKANA

Poggiotondo

LOC. POGGIOTONDO
52010 SUBBIANO [AR]
TEL. +39 057548182
www.poggiotondo.it

DIREKTVERKAUF
BESUCH NACH VORANMELDUNG
JAHRESPRODUKTION 10.000 Flaschen
REBFLÄCHE 4 Hektar

Luigi Massart ist eigentlich Rechtsanwalt, aber seine überschäumende Kreativität lebt er außerhalb seiner beruflichen Tätigkeit aus. Als er seine ersten Weine im Casentino produzierte und daneben auch Esel züchtete, wurde er zumindest als extravagant bezeichnet, aber die Fakten gaben ihm recht. Gemeinsam mit seiner Frau Chiara, Ärztin von Beruf, kümmert er sich um den Betrieb auf dem Boden seiner Kindheit. Die Rollen sind genau verteilt: sie betreut die Ölproduktion, er Weinberg und Keller. 2006 tut man den entscheidenden Schritt: die Weinberge werden erneuert und Merlot zusätzlich zu den autochthonen Sorten angepflanzt. Gute Vorstellung des Vin Santo '06, intensive Noten von Dörrobst, Datteln und Haselnüssen, Körper von gutem Gewicht, schmelzig, dicht, mit frischer Ader im Finale, lang anhaltend. Erfreulich der Chianti Rancole '11, vielschichtiges Aroma, mit Noten von Tabak und Leder, kraftvolle Struktur, die sich im Finale entspannt.

● Chianti Le Rancole '11	🍷🍷 3
○ Vin Santo del Chianti Colle Fresco '06	🍷🍷 6
● C66 Cinzia '11	🍷 5
● Poggiotondo '11	🍷 4
○ Vin Santo del Chianti Colle Fresco '05	🍷🍷 5

★★Poliziano

LOC. MONTEPULCIANO STAZIONE
VIA FONTAGO, 1
53045 MONTEPULCIANO [SI]
TEL. +39 0578738171
www.carlettipoliziano.com

DIREKTVERKAUF
BESUCH NACH VORANMELDUNG
GASTRONOMIE
JAHRESPRODUKTION 600.000 Flaschen
REBFLÄCHE 140 Hektar

Alles beginnt 1961, als der Vater von Federico Carletti, dem heutigen Besitzer, 22 Hektar Grund mit Weinstöcken bepflanzt, um seiner Liebe zum Boden und den Orten seiner Kindheit Ausdruck zu geben. Diese Entscheidung beeinflusst auch Federico, der sich für ein Agrarstudium entscheidet und 1980 in den Betrieb eintritt. Ein Weg der Erneuerung wird eingeschlagen: nach und nach werden neue Parzellen erworben, Hauptrebe bleibt die einheimische Prugnolo Gentile, die durch neue Methoden einen stilistisch anderen Ausdruck ermöglicht, der auch am internationalen Markt seine Chancen findet. Ins Finale schaffen es die beiden Nobile '11: der Standardwein ist vielseitig im Aroma, in dem neben Waldbeeren auch aromatische Kräuter mitschwingen. Am Gaumen überzeugend aber nicht herrisch, trinkfreudig. Der Nobile Asinone '11 erweist sich als komplexer in der Nase, deutlicher Zimthauch, gut definierte Kirsche, kommt dann am Gaumen zum soliden, ausgewogenen Ausdruck, langes Finale.

● Nobile di Montepulciano Asinone '11	🍷🍷🍷 7
● Nobile di Montepulciano '11	🍷🍷 5
● Cortona Merlot In Violas '11	🍷🍷 4
● Rosso di Montepulciano '12	🍷🍷 3
○ Vin Santo di Montepulciano '06	🍷🍷 6
● Morellino di Scansano Lhosa '12	🍷 2
● Nobile di Montepulciano '09	🍷🍷🍷 4*
● Nobile di Montepulciano Asinone '07	🍷🍷🍷 6
● Nobile di Montepulciano Asinone '06	🍷🍷🍷 6
● Nobile di Montepulciano Asinone '05	🍷🍷🍷 6
● Nobile di Montepulciano Asinone '04	🍷🍷🍷 6
● Nobile di Montepulciano Asinone '03	🍷🍷🍷 6
● Nobile di Montepulciano Asinone '01	🍷🍷🍷 6

TOSKANA

Tenuta Le Potazzine
LOC. LE PRATA, 262
53024 MONTALCINO [SI]
TEL. +39 0577846168
www.lepotazzine.it

DIREKTVERKAUF
BESUCH NACH VORANMELDUNG
GASTRONOMIE
JAHRESPRODUKTION 50.000 Flaschen
REBFLÄCHE 5 Hektar

Potazzine nennt man in der Toskana die Kohlmeisen. So nannten Giuseppe Gorelli und Gigliola Giannetti auch ihren Gutsbesitz und es ist der Kosename, der ihren Töchtern Viola und Sofia von der Großmutter gegeben wurde. Zu ihrer Geburt, 1993 und 1996, wurden die beiden Parzellen gekauft, die heute großzügige, kräftige Brunello hervorbringen: 3,50 Hektar in Le Prata, im westlichen Quadranten auf fast 500 Meter Meereshöhe, 1,20 Hektar in Torre, im südlichen Gebiet zwischen Sesta und Sant'Angelo in Colle. Nachdem die Kellererweiterung abgeschlossen ist, erfolgt die Vergärung jetzt in kegelstumpfförmigen Bottichen von 50 hl, mit Spontangärung und langer Reifezeit im Eichenfass. Noch eine denkwürdige Vorstellung für den Sangiovese von Le Potazzine: auch in einem schwierigen Jahr wie 2009, kann der Brunello mit seinem reinen Aroma, frisch und luftig, mit Himbeeren, Iris und Oregano beeindrucken. Raffiniert und konsequent, am Gaumen stoßweise Entwicklung, im Finale fehlt es ein wenig an Substanz.

● Brunello di Montalcino '09	🍷🍷 6
● Rosso di Montalcino '12	🍷🍷 4
● Parus '12	🍷 3
● Brunello di Montalcino '08	🍷🍷🍷 6
● Brunello di Montalcino '07	🍷🍷 6
● Brunello di Montalcino '06	🍷🍷 7
● Brunello di Montalcino Ris. '06	🍷🍷 7
● Brunello di Montalcino Ris. '04	🍷🍷 7
● Rosso di Montalcino '10	🍷🍷 4

Pratesi
LOC. SEANO
VIA RIZZELLI, 10
59011 CARMIGNANO [PO]
TEL. +39 0558704108
www.pratesivini.it

DIREKTVERKAUF
BESUCH NACH VORANMELDUNG
JAHRESPRODUKTION 150.000 Flaschen
REBFLÄCHE 10 Hektar

Fabrizio Pratesi hat sich definitiv für das Land und insbesondere für den Weinberg entschieden und kümmert sich nun hauptberuflich dieser Tätigkeit, der seine Familie seit nunmehr fünf Generationen in Carmignano nachgeht. Die Früchte dieser Entscheidung sind deutlich spürbar. Die Weine, die aus den Trauben der sieben Hektar dicht bestockter Rebfläche gekeltert werden, haben an Definition und Eleganz gewonnen und gehören zu den besten Etiketten der Denomination. Der Riserva Il Circo Rosso '11 ist dunkelrubinrot und dicht, in der Nase elegant mit einem Anflug von Tinte, schwarzen Beeren und Gewürzen, mit Nuancen von Tabak und balsamisch. Am Gaumen solide, mächtig aber ausgewogen, Ausklang auf dunklen Beeren und aromatischen Kräutern. Sehr gut der Carmignano '12 und gut der Carmione '11.

● Carmignano Circo Rosso Ris. '11	🍷🍷 5
● Carmignano '12	🍷🍷 3
● Carmione '11	🍷 6
● Carmignano '08	🍷🍷 4
● Carmignano Circo Rosso Ris. '10	🍷🍷 4
● Carmignano Circo Rosso Ris. '08	🍷🍷 5
● Carmione '10	🍷🍷 4
● Carmione '08	🍷🍷 5
● Carmione '07	🍷🍷 5

TOSKANA

La Querce
VIA IMPRUNETANA PER TAVARNUZZE, 41
50023 IMPRUNETA [FI]
TEL. +39 0552011380
www.laquerce.com

DIREKTVERKAUF
BESUCH NACH VORANMELDUNG
UNTERKUNFT
JAHRESPRODUKTION 35.000 Flaschen
REBFLÄCHE 8 Hektar

Der begeisterte Winzer Gino Marchi erwarb Anfang der 1960er Jahre diesen Betrieb und konnte schon zehn Jahre später vorzügliche Weine abliefern, die er auch außerhalb der Region bekannt machte. Ende des vorigen Jahrhunderts trat auch Sohn Massimo hauptberuflich in den Betrieb ein und nahm die Modernisierung von Weingärten und Keller in Angriff. Mittlerweile ist der Übergang auf die nächste Generation - Donatella, Benedetta und Giulio - abgeschlossen, die sich auch um den Gastbetrieb kümmert, der im alten Herrenhaus eingerichtet wurde. Drei Gläser für den Spitzenwein des Hauses, La Querce '11, aus Sangiovese mit Zugabe von Colorino, feines, anmutiges Bouquet aus aromatischen Kräutern, würzig, fruchtige Anklänge von Himbeeren und Heidelbeeren. Am Gaumen weich, von gutem Gewicht, vibrierend im Finale. Gut gemacht auch der Chianti Colli Fiorentini La Torretta '12, einladende Frische in der Nase, lecker am Gaumen.

● La Querce '11	🍷🍷🍷 5
● Chianti Colli Fiorentini La Torretta '12	🍷🍷 2*
● Chianti Sorrettole '13	🍷 2
● Dama Rosa '11	🍷 4
● Chianti Colli Fiorentini La Torretta '08	🍷🍷 2
● La Querce '10	🍷🍷 5
● La Querce '09	🍷🍷 5
● La Querce '08	🍷🍷 5
● La Querce '07	🍷🍷 4
● M '09	🍷🍷 6

Querce Bettina
LOC. LA CASINA DI MOCALI, 275
53024 MONTALCINO [SI]
TEL. +39 0577848588
www.quercebettina.it

DIREKTVERKAUF
BESUCH NACH VORANMELDUNG
JAHRESPRODUKTION 15.000 Flaschen
REBFLÄCHE 2 Hektar

Eine praktisch unberührte Natur bildet den Rahmen für das kleine Weingut Querce Bettina, das Ende der 1990er Jahre vom Ehepaar Moretti angelegt wurde. Wir sind an der südwestlichen Grenze von Montalcino, ein für den Weinbau zwar sehr günstiges aber noch wenig erschlossenes Gebiet, das mit einem sehr sonnigen, gut belüfteten Mikroklima aufwarten kann. Meereshöhen von über 400 Meter und Böden reich an Galestro, Ton und Schluff sorgen für den Rest: hier reifen die Trauben für kraftvolle und in den ersten Monaten im Ausdruck mitunter ungezähmte Sangiovese, die mit elastischen Kellerprotokollen interpretiert werden, auch was den Fassausbau meist im mittelgroßen Holz betrifft. Dass der Brunello '09 ein trinkfreudiger Wein ist, erkennt man sofort: milder und gelöster als in den vergangenen Jahren, gleicht er einige unreife Züge durch eine schmackhafte, gut proportionierte Struktur aus. Dunkler und herbstlicher der Rosso di Montalcino '11.

● Brunello di Montalcino '09	🍷🍷 7
● Rosso di Montalcino '11	🍷 4
● Brunello di Montalcino '06	🍷🍷🍷 7
● Brunello di Montalcino '08	🍷🍷 6
● Brunello di Montalcino '07	🍷🍷 7
● Brunello di Montalcino '05	🍷🍷 7
● Brunello di Montalcino Ris. '07	🍷🍷 8
● Brunello di Montalcino Ris. '06	🍷🍷 8
● Rosso di Montalcino '08	🍷🍷 3
● Rosso di Montalcino '07	🍷🍷 3*

TOSKANA

★ Querciabella

VIA BARBIANO, 17
50022 GREVE IN CHIANTI [FI]
TEL. +39 05585927777
www.querciabella.com

DIREKTVERKAUF
BESUCH NACH VORANMELDUNG
JAHRESPRODUKTION 400.000 Flaschen
REBFLÄCHE 112 Hektar
WEINBAU Biodynamisch anerkannt

Querciabella gehört zu den Pionieren der Wiedergeburt des Chianti Classico Ende der Achtziger- bis Mitte der Neunzigerjahre des vorigen Jahrhunderts. Der bedeutende, nunmehr fast zur Gänze biodynamisch bewirtschaftete Rebenpark, liegt in einer der schönsten Unterzonen der Denomination, im Hügelland der Greve in Chianti; dazu kommen Weinberge unweit von Talamone in der Maremma. Die Weine von stilistisch moderner Machart nutzen die reife Frucht und den Beitrag von Holz, der aber jedenfalls stets maßvoll dosiert wird. Der Camartina '11, Cuvée aus Cabernet Sauvignon und Sangiovese, wartet mit üppiger Frucht und würzigen, leicht rauchigen Noten auf. Am Gaumen dicht, rhythmisch, Tiefgang im Finale. Der Turpino '11, Cuvée aus Cabernet Franc, Merlot und Syrah, kommt zu 50 % aus den betriebseigenen Weinbergen der Maremma, im Aroma grasig und würzig, geschmackliche Entfaltung schlank und dynamisch.

● Camartina '11	🍷🍷 8
● Turpino '11	🍷🍷 6
● Chianti Cl. '12	🍷 3
● Mongrana '12	🍷 3
● Camartina '07	🍷🍷🍷 8
● Camartina '06	🍷🍷🍷 7
● Camartina '05	🍷🍷🍷 7
● Camartina '04	🍷🍷🍷 7
● Camartina '03	🍷🍷🍷 8
● Camartina '01	🍷🍷🍷 8
● Camartina '00	🍷🍷🍷 8

Le Ragnaie

LOC. LE RAGNAIE
53024 MONTALCINO [SI]
TEL. +39 0577848639
www.leragnaie.com

DIREKTVERKAUF
BESUCH NACH VORANMELDUNG
UNTERKUNFT
JAHRESPRODUKTION 80.000 Flaschen
REBFLÄCHE 15 Hektar
WEINBAU Biologisch anerkannt

Als aufstrebend kann man die Weine von Le Ragnaie im dichten Angebot von Montalcino wohl nicht mehr bezeichnen. Der von Riccardo Campinoti mit seiner Frau Jennifer geführte Betrieb hat sich bereits erfolgreich etabliert, vor allem weil man die Eigenart der einzelnen Lagen auch nach dem Jahresverlauf gut herausgearbeitet, ohne den stilistischen Zusammenhang im Sortiment aus den Augen zu verlieren. Vigna Vecchia und Fornace haben 2007 die Saison der getrennt vergorenen Brunello-Lagenweine eingeweiht, aber der Optionen gibt es mehrere, was auch den Parzellen in Castelnuovo dell'Abate und im zentral-westlichen Quadranten zu verdanken ist. In der letzten Phase, bevor sie in die Regale kommen, sind die Weine von Le Ragnaie in starker Bewegung, bei den diesjährigen Verkostungen war das mehr als gewohnt zu spüren. Aber der Brunello Vecchie Vigne bleibt eine großartige Interpretation der Lese 2009, mit roten Beeren, orientalischen Gewürzen und einigen Röstnoten im Nachgeschmack.

● Brunello di Montalcino V. V. '09	🍷🍷 8
○ Bianco '11	🍷🍷 4
● Brunello di Montalcino '09	🍷🍷 6
● Chianti Colli Senesi '12	🍷 2
● Brunello di Montalcino Fornace '08	🍷🍷🍷 8
● Brunello di Montalcino V. V. '07	🍷🍷🍷 5
● Brunello di Montalcino '08	🍷🍷 6
● Brunello di Montalcino '07	🍷🍷 8
● Brunello di Montalcino Fornace '07	🍷🍷 5
● Brunello di Montalcino V. V. '08	🍷🍷 8
● Chianti Colli Senesi '10	🍷🍷 2*
● Rosso di Montalcino '10	🍷🍷 4

TOSKANA

Podere La Regola
LOC. SAN MARTINO
56046 RIPARBELLA [PI]
TEL. +39 0586698145
www.laregola.com

DIREKTVERKAUF
BESUCH NACH VORANMELDUNG
JAHRESPRODUKTION 90.000 Flaschen
REBFLÄCHE 20 Hektar

Der Betrieb der Gebrüder Nuti, gelegen auf einer früheren Ansiedlung der Etrusker, wurde vom Urgroßvater Corrado gegründet, der auf dieser Parzelle einen Tafelwein fertigen wollte. Sohn Nilo und Enkel Rolando, Vater der aktuellen Besitzer, bauten sich vorerst einen landwirtschaftlichen Dienstleistungsbetrieb auf: erst Luca setzte den Wunsch nach einem Weinbau ernsthaft um und übernahm 1990 persönlich die Pflege der Weinberge; außerdem ließ er die Keller renovieren, die für die Bereitung der Weine effizient und geeignet eingerichtet wurden. Seit 2000 ist auch sein Bruder Flavio im Betrieb. Er kümmert sich um die kommerziellen Belange und den internationalen Vertrieb. Das Finale erreicht der La Regola '11, aus Cabernet Franc mit kleinen Zugaben von Merlot und Petit Verdot, animalisch in der Nase mit Fell und Leder, aber belebt durch frische, pflanzliche Noten. Am Gaumen ausladend, konsistent, körperreich, feine Tannine und schmackhaft im Finale. Gewinnend und schmeichelnd der Sondrete '05, Passito aus Trauben Trebbiano, Colombana, Malvasia.

● La Regola '11	♟♟ 6
○ Sondrete '05	♟♟ 6
● Syrah La Regola '12	♟♟ 3
● Ligustro '12	♟ 3
⊙ Rosegola Rosato '13	♟ 4
○ Steccaia Bianco '13	♟ 3
● Beloro '09	♟♟ 6
● La Regola '09	♟♟ 6
○ Lauro Bianco '09	♟♟ 4
● Montescudaio Rosso La Regola '08	♟♟ 6
● Montescudaio Rosso Vallino '08	♟♟ 4
● Strido '09	♟♟ 8
● Strido '08	♟♟ 4
● Vallino '09	♟♟ 5

Renicci
VIA DON MINZONI, 94
57028 SUVERETO [LI]
TEL. +39 0565828110
www.renicci.it

DIREKTVERKAUF
BESUCH NACH VORANMELDUNG
JAHRESPRODUKTION 20.000 Flaschen
REBFLÄCHE 7 Hektar

Noch jung aber bereits erfolgreich, der kleine Betrieb, der 2001 von Stefano Cialli in Suvereto gegründet wurde, ein Unternehmer im Weingeschäft, der eigene Weine fertigen wollte. Mit seiner Leidenschaft für die Welt der Weine, tat er das vom Start weg gut. Das Territorium war entscheidend für die Auswahl der Reben, sodass vor allem internationale Sorten angepflanzt wurden; die Aufmerksamkeit für die Weinberge war stets sehr groß und wird auch auf die Lese verwendet: jeder Weinberg wird separat geerntet, damit seine besondere Eigenart beibehalten werden kann. Gut präsentiert sich der Diorè '10, Cuvée aus Merlot und Cabernet Sauvignon, warme, intensive Noten von Heidelbeermarmelade, verfeinert durch Noten von Gewürznelken und Zimt. Am Gaumen ausholend, weich, gutes Gewicht, im Finale entspannt und schmackhaft. Angenehm auch der Spirasole '10, gleiche Cuvée, in der Nase frischer, mit auch blumigen Nuancen, geschliffener Körper.

● Diorè '10	♟♟ 6
● Renicci '08	♟♟ 8
● Spirasole '10	♟♟ 8
● Il Rosso di Renicci '10	♟ 3
● Renicci '10	♟ 8
● Diorè '09	♟♟ 3

TOSKANA

Rocca delle Macìe

LOC. LE MACÌE, 45
53011 CASTELLINA IN CHIANTI [SI]
TEL. +39 05777321
www.roccadellemacie.com

DIREKTVERKAUF
BESUCH NACH VORANMELDUNG
UNTERKUNFT UND GASTRONOMIE
JAHRESPRODUKTION 4.500.000 Flaschen
REBFLÄCHE 210 Hektar

Die Kellerei der Familie Zingarelli zählt zu den ältesten des Chianti Classico und ist fest in einer der bedeutendsten Rebflächen der Denomination verankert. Angefangen bei den weniger ambitionierten Etiketten, zeichnen sich alle Weine von Rocca delle Macìe durch äußerste Reintönigkeit und spontan angenehmen Trinkgenuss aus. Bei den hochkarätigen Gewächsen wird die Stilistik natürlich komplexer, aber ohne je in Banalität abzugleiten und immer mit dem Fokus auf Harmonie und Eleganz. Erzeugt wird nicht nur Chianti Classico, zum Unternehmen gehören auch zwei Güter in der Maremma, Campomaccione und Casamaria. Noten von dunklen Beeren, die ein würziger Hauch abrundet, bestimmen das Aroma des Chianti Classico Sergio Zingarelli Gran Selezione '10, von geschmacklich schöner, rhythmischer und würziger Progression. Der Chianti Classico Tenuta Sant'Alfonso '12 ist präzise und wirklich gut gefertigt. Auf der gleichen stilistischen Schiene der Chianti Classico Riserva di Fizzano Gran Selezione '11.

● Chianti Cl. Sergio Zingarelli Gran Sel. '10	▼▼ 6
● Chianti Cl. Famiglia Zingarelli Ris. '11	▼▼ 4
● Chianti Cl. Riserva di Fizzano Gran Sel. '11	▼▼ 5
● Chianti Cl. Tenuta S. Alfonso '12	▼▼ 4
● Morellino di Scansano Campomaccione '13	▼▼ 3
● Ser Gioveto '11	▼▼ 6
● Chianti Cl. Famiglia Zingarelli '12	▼ 3
○ Maremma Vermentino Occhio a Vento '13	▼ 2
● Roccato '11	▼ 6
● Chianti Cl. Famiglia Zingarelli Ris. '09	▼▼▼ 3*
● Chianti Cl. Fizzano Ris. '10	▼▼▼ 5
● Roccato '00	▼▼▼ 6

Rocca di Castagnoli

LOC. CASTAGNOLI
53013 GAIOLE IN CHIANTI [SI]
TEL. +39 0577731004
www.roccadicastagnoli.com

DIREKTVERKAUF
BESUCH NACH VORANMELDUNG
UNTERKUNFT UND GASTRONOMIE
JAHRESPRODUKTION 450.000 Flaschen
REBFLÄCHE 132 Hektar

Dieser bedeutende Betrieb im Chianti-Anbaugebiet, der sich auf einen erstklassigen Rebenpark - von den Renommierzonen in Gaiole bis zur hochwertigen Parzelle, die zum Gut Capraia in Castellina in Chianti gehört - stützen kann, steht unter einer klugen Führung: die diesmal vorgelegte Flaschenbatterie ist bezeichnend für den stilistisch klaren und territorialen Weg, mit Weinen, die auch die unterschiedlichen Nuancen ihrer Herkunft erfassen und zur Geltung bringen können. Gut getragen von der Eiche, die Aromen des Chianti Classico Stielle Gran Selezione '10, solide und befriedigend die geschmackliche Entfaltung. Sehr würzig der Chianti Classico '12 von Rocca di Castagnoli, vollmundig und gut gegliedert. Vornehmlich Frucht im Bouquet des Chianti Classico Poggio ai Frati Riserva '11, nur ein wenig hart im Finale. Einige Härten zu viel auch im Chianti Classico Riserva '11 aus dem Gut Capraia, aber jedenfalls mit einem ausholenden, facettenreichen Geschmack.

● Chianti Cl. Poggio ai Frati Ris. '11	▼▼ 4
● Chianti Cl. Stielle Gran Sel. '10	▼▼ 7
● Buriano '10	▼▼ 6
● Chianti Cl. Rocca di Castagnoli '12	▼▼ 3
● Chianti Cl. Tenuta di Capraia Ris. '11	▼▼ 5
● Morellino di Scansano Spiaggiole Poggio Maestrino '12	▼ 3
● Chianti Cl. Tenuta di Capraia '12	▼ 3
● Chianti Cl. Capraia Ris. '07	▼▼▼ 4
● Chianti Cl. Poggio ai Frati Ris. '08	▼▼▼ 4
● Chianti Cl. Poggio ai Frati Ris. '06	▼▼▼ 4*
● Chianti Cl. Tenuta di Capraia Ris. '06	▼▼▼ 4*
● Chianti Cl. Tenuta di Capraia Ris. '05	▼▼▼ 4

TOSKANA

★Rocca di Frassinello
LOC. GIUNCARICO
58023 GAVORRANO [GR]
TEL. +39 056688400
www.roccadifrassinello.it

DIREKTVERKAUF
BESUCH NACH VORANMELDUNG
UNTERKUNFT
JAHRESPRODUKTION 350.000 Flaschen
REBFLÄCHE 70 Hektar

Rocca di Frassinello, im Besitz von Paolo Panerai, der bereits im Chianti Classico mit Castellare di Castellina erfolgreich Weine produziert, liegt im Herzen der Maremma. Die Weine sollten von internationalem Gepräge, gut strukturiert und konzentriert sein und vor allem die mediterrane Seele dieser Zone hervorkehren. Der von Renzo Piano geplante Keller ist eine perfekte Umsetzung der Philosophie dieses Unternehmens, in der sich Moderne und Technik verbinden. Bewirtschaftet werden 80 Hektar, die mit Sangiovese, Cabernet, Franc und Sauvignon, Merlot, Petit Verdot, Syrah, Vermentino bestockt sind, für die Reife werden kleine, neue Fässer bevorzugt. Zum x.ten Mal in ununterbrochener Reihenfolge die Drei Gläser, diesmal sogar für zwei Weine: Rocca di Frassinello und Baffo Nero, beide 2012er. Der erste, überwiegend aus Sangiovese, kleine Zugabe von Merlot und Cabernet Sauvignon, ist in Geruch und Geschmack gleichermaßen konzentriert. Zwetschgenmarmelade und feuchte Blätter für einen breiten, offenen Gaumen, auf dem auch Holz eine wichtige Rolle spielt. Mittelmeercharakter und Reife für den zweiten.

● Baffo Nero '12	🍷🍷🍷 8
● Rocca di Frassinello '12	🍷🍷🍷 6
● Le Sughere di Frassinello '12	🍷🍷 4
● Poggio alla Guardia '12	🍷 3
● Baffo Nero '11	🍷🍷🍷 8
● Baffo Nero '10	🍷🍷🍷 8
● Baffo Nero '09	🍷🍷🍷 8
● Baffo Nero '07	🍷🍷🍷 8
● Rocca di Frassinello '11	🍷🍷🍷 6
● Rocca di Frassinello '08	🍷🍷🍷 5
● Rocca di Frassinello '06	🍷🍷🍷 5
● Rocca di Frassinello '05	🍷🍷🍷 5

Rocca di Montegrossi
FRAZ. MONTI IN CHIANTI
53010 GAIOLE IN CHIANTI [SI]
TEL. +39 0577747977
www.roccadimontegrossi.it

DIREKTVERKAUF
BESUCH NACH VORANMELDUNG
JAHRESPRODUKTION 80.000 Flaschen
REBFLÄCHE 18 Hektar
WEINBAU Biologisch anerkannt

In der Nähe von Monti in Chianti und der romanischen Kirche von San Marcellino, knapp zehn Kilometer außerhalb von Gaiole, liegt eine der berühmtesten Kellereien des Chianti Classico. Ihr Besitzer Marco Ricasoli Firidolfi kann über circa 100 Hektar mit Weinstöcken (rund zwanzig insgesamt auf beträchtlichen Seehöhen, die mancherorts auch 500 Meter übersteigen), Olivenbäumen und Wald verfügen. Die gefertigten Weine sind punktgenau und gelungen, stilistisch kehren sie reife Frucht, Langlebigkeit und gute Finesse hervor. Der Chianti Classico San Marcellino '10 ist noch im Entwicklungsstadium. Genauer gesagt: das Potenzial ist voll vorhanden, aber die Teile müssen sich noch zusammenfinden und ihre Harmonie in der Flasche verfeinern. In der Nase dunkel, fruchtig, mit kräftigen Böen von Röstaroma, die zu süßen Gewürzen überleiten. So auch am Gaumen, jetzt noch von starkem Holz geprägt, aber auch mit einem Gefüge und einer Kraft, die einiges versprechen. Wir setzen auf ihn.

● Chianti Cl. Vign. S. Marcellino '10	🍷🍷 5
● Chianti Cl. '12	🍷🍷 3
● Chianti Cl. Vign. S. Marcellino '07	🍷🍷🍷 6
● Chianti Cl. Vign. S. Marcellino Ris. '99	🍷🍷🍷 4
● Chianti Cl. '11	🍷🍷 3*
● Chianti Cl. Vign. S. Marcellino '09	🍷🍷 3
● Chianti Cl. Vign. S. Marcellino '08	🍷🍷 3
● Chianti Cl. Vign. S. Marcellino '06	🍷🍷 3
○ Vin Santo del Chianti Cl. '04	🍷🍷 5

TOSKANA

Rocca di Montemassi

FRAZ. MONTEMASSI
VIA SANT'ANNA
58027 ROCCASTRADA [GR]
TEL. +39 0564579700
www.roccadimontemassi.it

DIREKTVERKAUF
BESUCH NACH VORANMELDUNG
JAHRESPRODUKTION 200.000 Flaschen
REBFLÄCHE 165 Hektar

Das Gut kam 1999 in den Besitz des Hauses Zonin. Ausschlaggebend für den Erwerb war die ideale Ausgewogenheit zwischen Klima und Territorium in einem Gebiet, das damals die ersten Schritte in Richtung Qualitätsweinbau unternahm. Die ersten Maßnahmen betrafen die Sanierung der Liegenschaften, den Bau eines neuen Kellers und die behutsame Renovierung der bestehenden Gebäude. Gianni Zonin und seine Frau Silvana betreiben auf dem Gutsgelände auch die Einrichtung eines Museums für bäuerliche Kultur, in dem das frühere Leben der ländlichen Bevölkerung der Maremma dokumentiert wird. Das Finale erreicht der Rocca di Montemassi '12, Cuvée aus vorwiegend Petit Verdot und Zugabe von Syrah und Merlot, präsentiert in der Nase frische, pflanzliche Noten und grünen Paprika, mit fruchtigen Empfindungen von Kirschen und Johannisbeeren. Am Gaumen konkret, körperreich, gut verteilte Tannine, eine frische Säureader beschert süffigen Trinkgenuss. Erfreulich die übrige Produktion.

● Maremma Rocca di Montemassi '12	♛♛ 5
● Monteregio di Massa Marittima Sassabruna '12	♛ 3
○ Vermentino Calasole '13	♛ 3
○ Viognier Astraio '13	♛ 4
● Rocca di Montemassi '10	♛♛♛ 5
● Rocca di Montemassi '09	♛♛♛ 5
● Monteregio di Massa Marittima Sassabruna '11	♛♛ 3
● Rocca di Montemassi '11	♛♛ 5

Roccapesta

LOC. MACERETO 9
50854 SCANSANO [GR]
TEL. +39 0564599252
www.roccapesta.it

BESUCH NACH VORANMELDUNG
JAHRESPRODUKTION 90.000 Flaschen
REBFLÄCHE 18 Hektar

Es war die romantische Liebe zur Maremma, für die Alberto Tanzini seinen Beruf als erfolgreicher Finanzberater an den Nagel hängt, um in der Toskana Wein zu produzieren. In diesem Betrieb fand er den idealen Ort, um sein Vorhaben zu verwirklichen. Sofort nach dem Kauf leitete er eine gründliche Umstrukturierung ein. Das Gut war bereits seit 1974 aktiv, man nutzte Sangiovese und Ciliegiolo. Die neuen Maßnahmen betrafen vor allem den Weinberg: sorgfältige Auswahl von Sangiovese-Klonen, der Hauptrebe in diesem Gebiet, dazu autochthone Reben wie Pugnitello und internationale wie Alicante. Der Morellino Calestraia Riserva '10 wiederholt den Drei-Gläser-Erfolg mit einem reintönigen, klaren Aroma, in dem wohlriechende Nuancen von mediterraner Macchia und Waldbeeren glänzen. Am Gaumen weich, elegant, leicht und von guter Konsistenz. Sehr gut auch der Morellino Riserva '11, feines, delikates Bouquet, schlanke Struktur, Finale schmackhaft in Crescendo. Auf hohem Niveau auch die übrige Produktion.

● Morellino di Scansano Calestaia Ris. '10	♛♛♛ 5
● Morellino di Scansano Ris. '11	♛♛ 4
● Masca '12	♛♛ 2*
● Morellino di Scansano '12	♛♛ 3
● Morellino di Scansano Ribeo '12	♛ 3
● Morellino di Scansano Calestaia Ris. '09	♛♛♛ 5
● Masca '11	♛♛ 2*
● Morellino di Scansano '11	♛♛ 3
● Morellino di Scansano '10	♛♛ 3*
● Morellino di Scansano Ribeo '11	♛♛ 3*
● Morellino di Scansano Ribeo '10	♛♛ 2*
● Morellino di Scansano Ris. '10	♛♛ 4
● Pugnitello '11	♛♛ 5

TOSKANA

★Ruffino
P.LE RUFFINO, 1
50065 PONTASSIEVE [FI]
TEL. +39 05583605
www.ruffino.it

DIREKTVERKAUF
BESUCH NACH VORANMELDUNG
JAHRESPRODUKTION 15.000.000 Flaschen
REBFLÄCHE 600 Hektar

Ruffino, nunmehr im Besitz des amerikanischen Weinriesen Constellation Brands, ist eine Kultmarke der italienischen Weingeschichte. Der Schwerpunkt liegt in der Toskana, wo man Greppone Mazzi in Montalcino, Lodola Nuova in Montepulciano, Santedame, Gretolaio, Montemasso und Poggio Casciano im Chianti Classico und La Solatia in Monteriggioni bei Siena, im Portefeuille hat. Die Mengen sind natürlich riesig, aber die qualitative Beständigkeit ist solide im ganzen umfangreichen und diversifizierten Sortiment, mit einigen Etiketten, die sich stabil in der Elite behaupten können. Gut gemacht der Modus '11, klassischer Bordeaux-Verschnitt in der Art der Toskana, mit Cabernet Sauvignon, Merlot und Sangiovese. Der Duft ist klar, am Gaumen wohldosiertes Holz für einen befriedigenden Wein, der auch mit Frische aufwarten kann. Gut auch der Nobile Lodola Nuova '11, in der Nase vor allem fruchtig, kontinuierlich und tendenziell lebhaft die geschmackliche Progression. Einige trocknende Empfindungen zu viel im Chianti Classico Riserva Ducale Oro Gran Selezione '10.

● Modus '11	🍷🍷 5
● Nobile di Montepulciano Lodola Nuova '11	🍷🍷 4
● Brunello di Montalcino Greppone Mazzi '09	🍷 7
● Chianti Cl. Riserva Ducale Oro Gran Sel. '10	🍷 6
● Brunello di Montalcino Greppone Mazzi '05	🍷🍷🍷 6
● Chianti Cl. Riserva Ducale Oro '04	🍷🍷🍷 5
● Chianti Cl. Riserva Ducale Oro '01	🍷🍷🍷 5
● Chianti Cl. Riserva Ducale Oro '00	🍷🍷🍷 5
● Modus '04	🍷🍷🍷 5
● Romitorio di Santedame '00	🍷🍷🍷 7

Salcheto
LOC. SANT'ALBINO
VIA DI VILLA BIANCA, 15
53045 MONTEPULCIANO [SI]
TEL. +39 0578799031
www.salcheto.it

DIREKTVERKAUF
BESUCH NACH VORANMELDUNG
UNTERKUNFT UND GASTRONOMIE
JAHRESPRODUKTION 230.000 Flaschen
REBFLÄCHE 50 Hektar
WEINBAU Biologisch anerkannt

Michele Manelli ist ein Visionär mit klarem Verstand und einer genauen Weinvorstellung, die mit dem klassischen Muster nichts gemein hat. So geht er mit seinem Betrieb neue önologische Wege, im Respekt vor der Natur und der Umwelt. Das Weingut entstand vor dreißig Jahren, aber erst 1997 übernimmt er das Steuer und führt wesentliche Veränderungen durch, angefangen beim Keller, der ohne Strom auskommt und nach dem Rhythmus der Natur agiert. Seinen ganzen Einsatz verwendet Michele derzeit auf die neue Linie Obvius: Weine ohne Zugabe von Zuchthefen, Tanninen, Sulfiten, um nur die reinen Trauben zum Ausdruck zu bringen. Den Höchstpreis holt sich der Nobile Salco '10, gekeltert aus einer Traubenselektion im Weinberg und mit langer Reife in der Flasche: reife, saubere Aromen von lebhafter Frucht, den Gaumen umschmeichelt ein weicher Körper, die frische Säureader begleitet ein langes, reiches und mitreißendes Finale. Vorzüglich der Riserva '10, intensiv in der Nase, würzig, vibrierend und voll im Körper.

● Nobile di Montepulciano Salco '10	🍷🍷🍷 5
● Nobile di Montepulciano Ris. '10	🍷🍷 4
● Nobile di Montepulciano '11	🍷🍷 4
● Rosso di Montepulciano '13	🍷 2
● Rosso di Montepulciano Obvius '13	🍷 3
● Nobile di Montepulciano '10	🍷🍷🍷 4*
● Nobile di Montepulciano Salco Evoluzione '06	🍷🍷🍷 6
● Nobile di Montepulciano Salco Evoluzione '01	🍷🍷🍷 6
● Nobile di Montepulciano Salco Evoluzione Ris. '07	🍷🍷 6

TOSKANA

Salustri

Fraz. Poggi del Sasso
loc. La Cava
58040 Cinigiano [GR]
Tel. +39 0564990529
www.salustri.it

DIREKTVERKAUF
BESUCH NACH VORANMELDUNG
UNTERKUNFT
JAHRESPRODUKTION 80.000 Flaschen
REBFLÄCHE 18 Hektar
WEINBAU Biologisch anerkannt

Leonardo Salustri ist das gelungene Beispiel für einen Unternehmer, der sich im Respekt vor der Tradition zu erneuern weiß und einem Territorium treu bleibt, das schon lange ausgezeichnete Früchte liefert. Die ersten Weinberge wurden bereits vor über sechzig Jahren systematisch angelegt, aber in den 1990er Jahren vollständig erneuert, um eine bessere Anpassung an das günstige Mikroklima und qualitativ hochwertige Produktionen zu ermöglichen. Das gelang mit dem wiederentdeckten Klon Sangiovese Salustri, der Anfang des 20. Jahrhunderts von Secondo Salustri, einem Vorfahren des aktuellen Besitzers, gepflanzt wurde. Ins Finale schafft es der Montecucco Sangiovese Grotte Rosse '11, bestimmend eine frische, lebhafte und üppige Nase, Waldbeeren mit Noten von Zimt und Pfeffer, Körper weich und ausgewogen dank gut im Alkohol verschmolzener Tannine. Würziges Finale in schöner Progression. Der Vermentino Narà '13 besticht mit dem Duft von Apfel und Marille, noch verfeinert durch Wacholder.

● Montecucco Grotte Rosse '11	🏆 6
○ Narà '13	🏆 3
● Montecucco Grotte Rosse '08	🏆🏆🏆 6
● Montecucco Grotte Rosse '07	🏆🏆🏆 5
● Montecucco Santa Marta '06	🏆🏆🏆 4
● Montecucco Grotte Rosse '10	🏆🏆 6
● Montecucco Santa Marta '10	🏆🏆 4
● Montecucco Santa Marta '09	🏆🏆 4
● Montecucco Santa Marta '08	🏆🏆 4
● Montecucco Santa Marta '07	🏆🏆 4

Podere San Cristoforo

loc. Bagno
via Forni
58023 Gavorrano [GR]
Tel. +39 3335411712
www.poderesancristoforo.it

DIREKTVERKAUF
BESUCH NACH VORANMELDUNG
UNTERKUNFT
JAHRESPRODUKTION 35.000 Flaschen
REBFLÄCHE 15 Hektar
WEINBAU Biologisch anerkannt

Lorenzo Zonin, Eigentümer des Gutes, setzte von Anfang an auf eine Landwirtschaft nach biodynamischen Regeln, die der Umwelt am besten gerecht wird. Der wichtigste Zweig ist der Weinbau, gezogen werden vorwiegend die Sangiovese, aber auch Petit Verdot und Syrah bei den roten Sorten, Vermentino und Trebbiano bei den weißen. Außerdem werden noch Getreide und Sonnenblumen angebaut. Vor allem stehen Weine im Fokus, die das Terroir ihrer Entstehung voll zum Ausdruck bringen. Das Finale erreicht der Podere San Cristoforo, den wir im Vorjahr als Jahrgang 2012 beschrieben haben, aber das ist der in diesem Jahr vorgelegte. Ein reinsortiger Petit Verdot, präsentiert sich in der Nase mit grünen Empfindungen und gegrillter Paprika auf der fruchtigen Basis von Kirschen. Am Gaumen solide, kräftige Tannine, für ein langes, schmackhaftes Finale.

● Podere San Cristoforo '12	🏆🏆 5
● Maremma Amaranto '13	🏆 2
● Maremma Carandelle '13	🏆 3
○ Luminoso '11	🏆🏆 3
● San Cristoforo '10	🏆🏆 5
● San Cristoforo '09	🏆🏆 4

TOSKANA

Fattoria San Donato
Loc. San Donato, 6
53037 San Gimignano [SI]
Tel. +39 0577941616
www.sandonato.it

DIREKTVERKAUF
BESUCH NACH VORANMELDUNG
UNTERKUNFT UND GASTRONOMIE
JAHRESPRODUKTION 70.000 Flaschen
REBFLÄCHE 20 Hektar
WEINBAU Biologisch anerkannt

Der schöne Betrieb von Umberto Lenzi ist eine qualitative Bezugsgröße der Denomination. In der mittelalterlichen Ortschaft von San Donato, auf der Straße nach Certaldo, breiten sich rund um die alten Gebäude die zwanzig Hektar der eigenen Weinberge aus, die biologisch bewirtschaftet werden. Klarerweise stehen im umfassenden Weinangebot die Vernaccia-Etiketten im Mittelpunkt. Reizvoll und gut geführt der Agriturismo. Auf sehr gutem Niveau erschien uns der Chianti Colli Senesi Riserva Fede '10, geschmackvoll und gerbstoffreich, wie auch der Chianti Colli Senesi Fiamma '10, opulent und gut profiliert. Interessant der Jahrgangs-Vernaccia, nicht so begeistert hat uns diesmal der Riserva Benedetta '12, ein wenig zu entwickelt. Verbessert bei der erneuten Verkostung, der Angelica '11.

● Chianti Colli Senesi Fede Ris. '10	🏆🏆 3
● Chianti Colli Senesi Fiamma '10	🏆🏆 3
○ Vernaccia di S. Gimignano '13	🏆 2
○ Vernaccia di S. Gimignano Benedetta Ris. '12	🏆 3
○ Vernaccia di S. Gimignano '11	🏆🏆 1*
○ Vernaccia di S. Gimignano Angelica '07	🏆🏆 2*
○ Vernaccia di S. Gimignano Benedetta Ris. '10	🏆🏆 3*

★San Felice
Loc. San Felice
53019 Castelnuovo Berardenga [SI]
Tel. +39 05773991
www.agricolasanfelice.it

DIREKTVERKAUF
BESUCH NACH VORANMELDUNG
UNTERKUNFT UND GASTRONOMIE
JAHRESPRODUKTION 1.200.000 Flaschen
REBFLÄCHE 210 Hektar

San Felice ist seit nunmehr vier Jahrzehnten im Chianti Classico aktiv. In den Weinen macht sich der Einfluss des Mikroklimas der Unterzone von Castelnuovo Berardenga deutlich bemerkbar. Alle Erzeugnisse aus dem Keller des Hauses, klassisch im Gepräge, sind von robuster Struktur und ausgeprägter Süffigkeit. Der Besitz, wie auch die Güter Campogiovanni in Montalcino und Perolla in der Maremma, steht im Eigentum der Versicherungsgesellschaft Allianz. Der Chianti Classico Il Grigio da San Felice Gran Selezione '10 beschert bezaubernde Düfte von roten Beeren, Erde und Gras. Am Gaumen entwickelt er sich mit großer Harmonie, dynamisch und geschmacklich stabil. Sehr süffig der Chianti Classico '11, schlank, schmackhaft und mit schönen Kontrasten. Schöne Lebhaftigkeit am Gaumen der Chianti Classico Il Grigio da San Felice Riserva '10, nur ein wenig verschleiert im Aroma.

● Chianti Cl. Il Grigio da San Felice Gran Sel. '10	🏆🏆🏆 5
● Brunello di Montalcino Campogiovanni '09	🏆🏆 6
● Chianti Cl. '11	🏆🏆 3
● Chianti Cl. Il Grigio da San Felice Ris. '10	🏆 3
● Pugnitello '10	🏆 6
● Chianti Cl. Poggio Rosso Ris. '03	🏆🏆🏆 5
● Chianti Cl. Poggio Rosso Ris. '00	🏆🏆🏆 5
● Pugnitello '07	🏆🏆🏆 6
● Pugnitello '06	🏆🏆🏆 6
● Vigorello '10	🏆🏆🏆 6
● Vigorello '08	🏆🏆🏆 6

TOSKANA

Fattoria San Felo

LOC. PAGLIATELLI
58051 MAGLIANO IN TOSCANA [GR]
TEL. +39 05641856727
www.fattoriasanfelo.it

BESUCH NACH VORANMELDUNG
JAHRESPRODUKTION 100.000 Flaschen
REBFLÄCHE 25 Hektar

Mit Leidenschaft und Überzeugung gründete die Familie Vanni diesen Gutshof im Jahr 2001. Seit Generationen in der Maremma zu Hause, wollten sie ihren Traum verwirklichen und in einem Land, das sie kannten und an das sie glaubten, ihren idealen Wein herstellen. Die Seele im Betrieb ist Federico, der schon sehr früh seine Liebe zum Weinberg entdeckt hat und alle Tätigkeiten beaufsichtigt, von der Arbeit im Weinberg, über die Weinbereitung bis zum Vertrieb. Diese Liebe zur Heimat findet sich auch in den Namen einiger Weine wieder, die an lokale Sprichwörter und Ausdrücke erinnern. Erfreulich der Morellino Lampo '11, fruchtige, reife Noten, mit Gewürzen und aromatischen Kräutern zu gleichen Teilen. Am Gaumen harmonisch, gut dosiert, im Finale lang und progressiv. Der Balla La Vecchia '12, aus Merlot, Cabernet Sauvignon mit Zugabe von Sangiovese, pflanzliches Bouquet, eingebettet in einen fleischigen, reichen Körper, Nachgeschmack frisch und anhaltend.

- ● Balla La Vecchia '12 — ♛♛ 2*
- ● Morellino di Scansano Lampo '11 — ♛♛ 2*
- ● Aulus '11 — ♛ 4
- ○ Maremma Vermentino Le Stoppie '13 — ♛ 3
- ○ Maremma Viognier '13 — ♛ 2
- ● Morellino di Scansano '12 — ♛ 2
- ○ Le Stoppie '12 — ♛♛ 2*
- ● Morellino di Scansano Dicioccatore Ris. '10 — ♛♛ 4
- ● Morellino di Scansano Lampo '10 — ♛♛ 2*
- ○ Viognier '12 — ♛♛ 2*

San Giusto a Rentennano

LOC. SAN GIUSTO A RENTENNANO, 20
53013 GAIOLE IN CHIANTI [SI]
TEL. +39 0577747121
www.fattoriasangiusto.it

DIREKTVERKAUF
BESUCH NACH VORANMELDUNG
JAHRESPRODUKTION 80.000 Flaschen
REBFLÄCHE 29 Hektar
WEINBAU Biologisch anerkannt

Das Gut gehört schon seit 1914 der Familie Martini di Cigala, aber erst Mitte der 1970er Jahre wurde damit begonnen, dem Weinbau eine höhere Qualität zu verordnen. Heute gehört San Giusto a Rentennano zu den klassischen Marken der Denomination, ein solider, authentischer Betrieb, der stets entspannte, lebendige Weine abliefert, die ihrem Herkunftsterroir verbunden bleiben. Zur Reife kommen sie vorzugsweise in kleinen Fässern, nur mitunter stört eine etwas hervorstehende Eiche die geschmackliche Entwicklung dieser prachtvollen Geschöpfe. Solide und von schönem Stoff der Chianti Classico Le Baroncole Riserva '11, fruchtiger Duft von guter Intensität, verfeinert durch Röstnoten. Die Entwicklung am Gaumen dementsprechend, aber mitunter ein wenig vordringliche Eiche. Genussvoll der Chianti Classico '12, findet seine Stärke am Gaumen mit einer energischen, schmackhaften Progression. Noch nicht alle Härten abgeschliffen hat der Percarlo '10, reinsortiger Sangiovese.

- ● Chianti Cl. Le Baroncole Ris. '11 — ♛♛ 5
- ● Chianti Cl. '12 — ♛♛ 4
- ● Percarlo '10 — ♛ 8
- ● Chianti Cl. '10 — ♛♛♛ 4*
- ● Percarlo '07 — ♛♛♛ 7
- ● Percarlo '99 — ♛♛♛ 7
- ● Percarlo '97 — ♛♛♛ 6
- ● Percarlo '95 — ♛♛♛ 6
- ● Percarlo '88 — ♛♛♛ 6

TOSKANA

★★ Tenuta San Guido
FRAZ. BOLGHERI
LOC. CAPANNE, 27
57022 CASTAGNETO CARDUCCI [LI]
TEL. +39 0565762003
www.sassicaia.com

BESUCH NACH VORANMELDUNG
JAHRESPRODUKTION 720.000 Flaschen
REBFLÄCHE 90 Hektar

Eine ewige Legende. Das ist der Sassicaia, der dem beschränkten Kreis der italienischen Kreszenzen angehört, die auch im internationalen Weinpanorama ein höchstes Prestige genießen. Gewiss kommt das Verdienst dem Wein zu und dem Land, das ihn hervorbringt, aber auch der visionären Intuition der Marchesi Incisa della Rocchetta, die auf ihrem Besitz im Bolgheri das Modell der großen Châteaux du Bordeaux - mit eigenständigen Charakterzügen - nachahmen wollten. Jahr für Jahr dieser unglaubliche Wein, und das Gut, das ihn hervorbringt, zeigt keine Schwächen, ganz im Gegenteil, es kann den überragenden Ruhm immer noch höher schrauben. Spitz, vertikal, mitunter knochig und gesponnen auf grasigen Tönen, die beißender und lebhafter sind als üblich: der 2011er ist ein ungemein typischer Bolgheri. Kurz gesagt, ein klassischer Sassicaia, reif in der Nase und am Gaumen, zum Ausdruck kommen schwarze Johannisbeere und Lorbeerblatt neben einer prachtvollen Würzigkeit. Ein Jahrgang, der überzeugt, gut verständlich und mediterranes Gepräge. Sehr gut und schmackhaft sowohl Guidalbero als auch Le Difese '12.

● Bolgheri Sassicaia '11	🍷🍷🍷 8
● Guidalberto '12	🍷🍷 6
● Le Difese '12	🍷🍷 4
● Bolgheri Sassicaia '10	🍷🍷🍷 8
● Bolgheri Sassicaia '09	🍷🍷🍷 8
● Bolgheri Sassicaia '08	🍷🍷🍷 8
● Bolgheri Sassicaia '07	🍷🍷🍷 8
● Bolgheri Sassicaia '06	🍷🍷🍷 8
● Bolgheri Sassicaia '05	🍷🍷🍷 8
● Bolgheri Sassicaia '04	🍷🍷🍷 8
● Bolgheri Sassicaia '03	🍷🍷🍷 8
● Bolgheri Sassicaia '02	🍷🍷🍷 8
● Guidalberto '08	🍷🍷🍷 6
● Guidalberto '04	🍷🍷🍷 6

San Polo
LOC. PODERNOVI, 161

53024 MONTALCINO [SI]
TEL. +39 0577835101
www.poggiosanpolo.com

DIREKTVERKAUF
BESUCH NACH VORANMELDUNG
JAHRESPRODUKTION 150.000 Flaschen
REBFLÄCHE 17 Hektar

Die Familie Allegrini, historische Renommiermarke im Valpolicella, hat die 2007 mit dem Erwerb des Gutes San Polo im Montalcino eingegangene Herausforderung zu einem Gutteil erfolgreich abgeschlossen. Siebzehn Hektar in Podernovi, am Südosthang, die auf über 400 Meter Seehöhe eine natürliche Terrasse über dem Tal von Sant'Antimo bilden. Territoriale Voraussetzungen, die vom Team unter der Führung von Nicola Biasi in einem modern-nüchternen Stil interpretiert werden, durch Vergärung in Zement und Ausbau sowohl in Barriques als auch in Fässern aus slawonischer und Allier-Eiche von - zumindest für die Brunello - mittlerer Größe. Die Weine von San Polo bestätigen ihre technische Zuverlässigkeit, es fehlt vielleicht ein wenig an Schwung und Facetten. Am besten gefiel uns der Rosso di Montalcino '12: ausholend und offen in der fruchtigen und balsamischen Ausstattung, verbindet am Gaumen Fülle und Geschmack mit der Herbheit eines "kleinen Brunello".

● Brunello di Montalcino '09	🍷🍷 6
● Rosso di Montalcino '12	🍷🍷 3
● Rubio '12	🍷 2
● Brunello di Montalcino '08	🍷🍷 6
● Brunello di Montalcino '07	🍷🍷 6
● Brunello di Montalcino '06	🍷🍷 6
● Brunello di Montalcino Ris. '06	🍷🍷 7
● Brunello di Montalcino Ris. '04	🍷🍷 7
● Rosso di Montalcino '11	🍷🍷 3
● Rosso di Montalcino '07	🍷🍷 3
● Rubio '10	🍷🍷 2*
● Rubio '08	🍷🍷 2

TOSKANA

Tenuta San Vito
VIA SAN VITO, 59
50056 MONTELUPO FIORENTINO [FI]
TEL. +39 057151411
www.san-vito.com

DIREKTVERKAUF
BESUCH NACH VORANMELDUNG
UNTERKUNFT UND GASTRONOMIE
JAHRESPRODUKTION 150.000 Flaschen
REBFLÄCHE 34 Hektar
WEINBAU Biologisch anerkannt

Eine bedeutende toskanische Kellerei mit biologischer Bewirtschaftung, die bereits 1985 die Zertifizierung erreicht hatte. Der Betrieb wurde Anfang 1960 von Roberto Drighi erworben; nach der Anpflanzung von Rebstöcken und Olivenbäumen, folgte der Bau von Keller und Ölmühle, um den Weg für den Vertrieb von Wein und Öl vorzubereiten. Tochter Laura zeichnet für die Einführung der biologischen Bewirtschaftung verantwortlich; zu gleicher Zeit wurde auch ein Agriturismo-Betrieb errichtet. Enkel Neri Gazulli steht mittlerweile an der Spitze und setzt mit Enthusiasmus das Werk fort. Gute Vorstellung für den Colle dei Mandorli '11, sortenreiner Merlot, gewinnendes Aroma, in dem sich mineralische Noten mit Johannisbeere und Kirsche verbinden. Erfreulich am Gaumen, gutes Gewicht und würziges Finale. Der Chianti Colli Fiorentini Darno '12 beeindruckt mit Frische und Trinkfertigkeit, der Vin Santo Malmatico '07, stilistisch traditionell, ist schmeichelnd aber nicht aufdringlich am Gaumen, schönes Finale mit Mandelhauch.

● Chianti dei Colli Fiorentini Darno '12	♛♛ 2*
● Colle dei Mandorli '11	♛♛ 6
○ Vin Santo del Chianti Malmatico '07	♛♛ 5
○ Amantiglio '13	♛ 2
● Madiere '11	♛ 5
● Colle dei Mandorli '07	♛♛ 5
● Colle dei Mandorli '06	♛♛ 5
● Colle dei Mandorli '05	♛♛ 5
● Madiere '06	♛♛ 3

Podere Sanlorenzo
POD. SANLORENZO, 280
53024 MONTALCINO [SI]
TEL. +39 3396070930
www.poderesanlorenzo.net

DIREKTVERKAUF
BESUCH NACH VORANMELDUNG
JAHRESPRODUKTION 18.000 Flaschen
REBFLÄCHE 4,5 Hektar

Nur wenige Winzer des Montalcino konnten so schnell und so erfolgreich die neuen stilistischen Trends erkennen wie Luciano Ciolfi. Ein Abenteuer, das schon in der Mitte des vorigen Jahrhunderts begonnen hatte, als sein Großvater Bramante, dem die gleichnamige Brunello-Selektion gewidmet ist, Gut San Lorenzo erworben hatte; zur Marke wurde man aber erst 2003, als die Weine erstmals abgefüllt wurden. Die Weinberge liegen am Südwesthang von Montalcino auf circa 500 m Seehöhe, die Böden sind durchschnittlich tonhaltig und reich an Galestro. Sie sind die Basis für maßvoll kräftige, elastische, kernige Sangiovese, die in ihrem Naturell durch lange Hülsenmaischung und Ausbau in slawonischer Eiche von 30 hl unterstützt werden. Wie so oft eine Superleistung für die Weine von Sanlorenzo, allen voran der Rosso di Montalcino '11, warm und schmelzig, gut getragen von einer breiten, tiefgründigen Struktur. Dem Brunello Bramante '09 fehlt es nur ein wenig an Komplexität: Erde, Harz, Pfeffer für eine starke, territoriale Identität.

● Brunello di Montalcino Bramante '09	♛♛ 6
● Rosso di Montalcino '11	♛♛ 3
● Brunello di Montalcino Bramante '07	♛♛♛ 6
● Brunello di Montalcino Bramante Ris. '07	♛♛♛ 8
● Brunello di Montalcino Bramante '08	♛♛ 6
● Brunello di Montalcino Bramante '04	♛♛ 6
● Rosso di Montalcino '10	♛♛ 3
● Rosso di Montalcino '09	♛♛ 3

TOSKANA

Sant'Agnese
LOC. CAMPO ALLE FAVE, 1
57025 PIOMBINO [LI]
TEL. +39 0565277069
www.santagnesefarm.it

DIREKTVERKAUF
BESUCH NACH VORANMELDUNG
JAHRESPRODUKTION 25.000 Flaschen
REBFLÄCHE 6 Hektar

Die ganze Familie Gigli ist voll in den Betrieb eingebunden, der fast zufällig entstanden ist, als Paolos Vater 1994 beschloss, an der öffentlichen Versteigerung eines Gutshofes teilzunehmen, um vielleicht eine nicht so hektische Beschäftigung für den Ruhestand zu finden. Fast unerwartet erhielt man den Zuschlag und ein Abenteuer nahm seinen Anfang, als die völligen Neulinge lernen mussten, wieviel Mühe aber auch Befriedigung die Produktion von Qualitätsweinen mit sich bringt. Studien, Opferbereitschaft und Zuhören waren Elemente, die den Weg zur Qualität geebnet haben. Im Finale der Rubido '11, aus Merlot, Cabernet Sauvignon und Sangiovese, vielseitige, fruchtige Noten, vervollständigt mit Anklängen von Tabak. Am Gaumen eine Struktur von gutem Gewicht, feine Tannine, gute Entwicklung im Finale. Der Fiori Blu '09, reinsortiger Merlot, kehrt ein intensives Aroma mit Lakritzen und Brombeermarmelade hervor, voller, saftiger Körper, genussvoll das würzige Finale.

● Rubido '11	🍷🍷 2*
● Merlot I Fiori Blu '09	🍷🍷 6
○ Vermentino Kalendamaia '13	🍷 2
● I Fiori Blu '08	🍷🍷 6
● I Fiori Blu '07	🍷🍷 4
● Libatio '08	🍷🍷 4
● Spirto '08	🍷🍷 5
● Spirto '06	🍷🍷 5
○ Val di Cornia Kalendamaia '11	🍷🍷 2*
● Val di Cornia Rubido '09	🍷🍷 2*
● Val di Cornia Rubido '08	🍷🍷 2*

Santa Lucia
FRAZ. FONTEBLANDA
VIA AURELIA, 264
58010 ORBETELLO [GR]
TEL. +39 0564885474
www.azsantalucia.com

DIREKTVERKAUF
BESUCH NACH VORANMELDUNG
UNTERKUNFT
JAHRESPRODUKTION 120.000 Flaschen
REBFLÄCHE 25 Hektar

Die Geschichte der Kellerei folgt der Geschichte der Familie, die 1886 begonnen hatte, als einer der Vorfahren, Giuseppe Scotto, einen Grund in Monte Argentario gekauft und mit der Ansonica-Rebe bepflanzt hatte. Er erzeugt auch die ersten Weine. Unterstützt von der ganzen Familie, setzte Sohn Salvatore die Arbeit fort. Der älteste Sohn Nicola machte sich selbständig und übersiedelte an den derzeitigen Standort, wo er Ende der 1950er Jahre die ersten Parzellen erwarb. Die entscheidende Wende kommt vom derzeitigen Besitzer Luciano, der eine radikale Umstellung der Produktion einleitet und die ersten Flaschen abfüllt. Die beiden Morellino können sich diesmal gut in Szene setzen: Der A Luciano '13, frische, lebhafte Noten von roten Beeren betonen perfekt den linearen, gehaltvollen Körper, am Gaumen saftig und vollmundig, der Tore del Moro '12 ist komplexer in der Nase, mit tertiären Noten, gewichtige Struktur, vollmundig, deutliche Tannine für ein würziges Finale.

● Morellino di Scansano A Luciano '13	🍷🍷 2*
● Morellino di Scansano Tore del Moro '12	🍷🍷 2*
○ Maremma Ansonica '13	🍷 2
○ Maremma Vermentino Brigante '13	🍷 2
● SL '10	🍷 5
● Betto '08	🍷🍷 3
● Losco '10	🍷🍷 2*
○ Maremma Toscana Vermentino Brigante '12	🍷🍷 2*
● Morellino di Scansano A Luciano '11	🍷🍷 2*
● Morellino di Scansano Tore del Moro '11	🍷🍷 2*
● Morellino di Scansano Tore del Moro '10	🍷🍷 2*

TOSKANA

Fattoria Santa Vittoria

Loc. Pozzo
Via Piana, 43
52045 Foiano della Chiana [AR]
Tel. +39 057566807
www.fattoriasantavittoria.com

DIREKTVERKAUF
BESUCH NACH VORANMELDUNG
UNTERKUNFT
JAHRESPRODUKTION 37.000 Flaschen
REBFLÄCHE 35 Hektar

Die Familie Niccolai ist Eigentümer dieses Weingutes, das seit dem 18. Jahrhundert existiert, als es ein traditioneller Bauernhof war. Seit 1995 steht Marta Niccolai gemeinsam mit ihrem Vater Francesco am Steuer. Im Mittelpunkt steht die Produktion von Wein und Olivenöl, daneben wird ein Agriturismo betrieben. Marta bewies großes Interesse für Versuche mit lokalen und ortsfremden Reben, die gemeinsam mit Provinz und Region durchgeführt wurden. Daraus resultiert ein vielfältiges, gut definiertes Sortiment, in dem Dessertweine einen wichtigen Platz einnehmen. Der Vin Santo '09 glänzt mit intensiven Düften von Quitte, gerösteten Mandeln, aromatischen Kräutern, prachtvoller Körper, weich, schmeichelnd, rund, langer Nachgeschmack. Angenehm der Leopoldo '11, aus Pugnitello, buntes Aromagepäck, mit Anklängen an Fell und Leder, fleischiger, fester Körper, gezähmte Tannine und erfreulicher Geschmack. Spannend der Scannagallo '11, aus Sangiovese und Cabernet Sauvignon, reich und saftig.

○ Conforta	4
● Leopoldo '11	3
● Poggio del Tempio '11	3
● Scannagallo '11	2*
○ Valdichiana Vin Santo '09	4
● Framilio '09	3
○ Valdichiana Grechetto '13	2
● Leopoldo '10	3*
● Scannagallo '09	2*

Podere Sapaio

Loc. Lo Scopaio, 212
57022 Castagneto Carducci [LI]
Tel. +39 0565765187
www.sapaio.com

BESUCH NACH VORANMELDUNG
JAHRESPRODUKTION 75.000 Flaschen
REBFLÄCHE 25 Hektar

Wie viele andere, die in den Weinbau investierten, hat auch Massimo Piccini sein Leben grundlegend verändert und widmet sich hauptberuflich seinem Podere Sapaio. Alles beginnt 1999 in einem schönen Gut von vierzig Hektar, 25 davon bestockt mit den nunmehr für die Gegend typischen Sorten. Die Böden der Weinberge sind sandig und kalkhaltig, stilistisch geht man den modernen Weg, pünktlich und präzise im Extrakt und in einem immer harmonischeren Verhältnis zum Holz, das für den Ausbau verwendet wird. Der Bolgheri Rosso Superiore '11 ist ein stofflicher, kraftvoller Wein, untermauert von Empfindungen reifer Waldbeeren und rosa Blüten. Der Gaumen folgt dieser Spur: vollmundig, schöne Struktur, dicht anliegend und ausgeprägt im Gerbstoff, sehr langer Abgang. Ein Wein mit großem Entwicklungspotenzial. Der Bolgheri Volpolo '12 ist präzise und definiert, einfach aber schmackhaft.

● Bolgheri Rosso Sup. '11	7
● Bolgheri Volpolo '12	4
● Bolgheri Sup. Sapaio '10	6
● Bolgheri Sup. Sapaio '09	6
● Bolgheri Sup. Sapaio '08	6
● Bolgheri Sup. Sapaio '07	6
● Bolgheri Sup. Sapaio '06	6
● Bolgheri Sup. Sapaio '05	6
● Bolgheri Sup. Sapaio '04	6
● Bolgheri Volpolo '11	4
● Bolgheri Volpolo '08	4
● Bolgheri Volpolo '07	4
● Bolgheri Volpolo '06	4

TOSKANA

Fattoria Sardi Giustiniani
Loc. Monte San Quirico
Via della Maulina, 747
55100 Lucca
Tel. +39 0583341230
www.sardigiustiniani.com

DIREKTVERKAUF
BESUCH NACH VORANMELDUNG
UNTERKUNFT UND GASTRONOMIE
JAHRESPRODUKTION 70.000 Flaschen
REBFLÄCHE 19 Hektar
WEINBAU Biologisch anerkannt

Außerhalb der Altstadt von Lucca und ihrer Stadtmauern, liegt in Richtung Meer der Gutshof Fattoria Sardi Giustiniani mit nicht weniger als 45 Hektar Grund, davon 19 Hektar als Rebfläche (derzeit Umstellung auf biologisch). Seit 2002 führen Jacopo und Matteo Giustiniani den Betrieb und konnten den Prozess der Modernisierung noch beschleunigen. Die Weine sind ein Spiegel dieser Entwicklung und verbinden eine präzise stilistische Definition mit einer grundsätzlichen, nie banalen oder standardisierten Prägung. Insgesamt gut die Performance dieser Verkostungsrunde, auch wenn der letzte Schritt zum Gipfel noch fehlt, der die Produktion vom zuverlässigen, allgemeinen Durchschnitt abheben kann. Der Sebastiano '11 ist definiert, gut modelliert in einem Gefüge aus reifer Frucht mit einigen grasigen Anklängen, die Rhythmus und Frische verleihen. Ein harmonischer Roter, sauber und punktgenau in jedem Teilchen. Ausgewogen, mit leckeren Noten von reifer Kirsche in der Nase, beweist auch der Sardi Rosso ein gutes Potential. Schade nur der etwas schroffe Abgang am Gaumen.

○ Colline Lucchesi Bianco Fattoria Sardi '13	♛♛ 1*
● Colline Lucchesi Merlot Sebastiano '11	♛♛ 3
○ Colline Lucchesi Sauvignon Fattoria Sardi '13	♛♛ 3
○ Colline Lucchesi Vermentino Fattoria Sardi '13	♛♛ 2*
● Fattoria Sardi Rosso '12	♛♛ 3
● Colline Lucchesi Rosso Fattoria Sardi '12	♛ 2
⊙ Fattoria Sardi Rosato '13	♛ 3
● Colline Lucchesi Merlot Sebastiano '09	♛♛ 4
● Colline Lucchesi Rosso Villa Sardi '11	♛♛ 2*
● Colline Lucchesi Rosso Villa Sardi '10	♛♛ 3
● Fattoria Sardi Rosso '11	♛♛ 3
● Fattoria Sardi Rosso '10	♛♛ 4

Michele Satta
Loc. Casone Ugolino, 23
57022 Castagneto Carducci [LI]
Tel. +39 0565773041
www.michelesatta.com

DIREKTVERKAUF
BESUCH NACH VORANMELDUNG
JAHRESPRODUKTION 170.000 Flaschen
REBFLÄCHE 26 Hektar

Michele Satta hatte schon früh an das Terroir von Bolgheri geglaubt und seine Kellerei gegründet, als die Weinlandschaft dort noch spärlich besetzt war. Also nicht ein Betrieb unter vielen, sondern einer der Meilensteine in der Gründung der Denomination und überdies sehr originell und fest in den Überzeugungen. Wir meinen natürlich seine Ideen als Weinproduzent, was Rebsorten und Stil der Weine betrifft. Neben den üblichen Cabernet und Merlot, setzt Satta sein Vertrauen in die Sangiovese, die hier bisher kaum verbreitet ist. Die Weine des Hauses sind authentisch und spiegeln getreu die Weinberge und Vorstellungen ihres Besitzers wider. Der Bolgheri Rosso Piastraia '11 hat uns besonders überzeugt. Ein kluger Bolgheri-Wein, im besten Sinn des Wortes. Schwelgt in der Nase mit roten und schwarzen Beeren, Erdbeeren, Johannisbeeren, Brombeeren und Heidelbeeren. Am Gaumen ebenso lecker wie süffig, weder unruhig noch aufdringlich. Vorzüglich, gerade eine Spanne über dem Bolgheri Rosso '12.

⊙ Bolgheri Rosato '13	♛♛ 2*
● Bolgheri Rosso '12	♛♛ 3
● Bolgheri Rosso Piastraia '11	♛♛ 5
○ Bolgheri Vermentino Costa di Giulia '13	♛ 3
● Bolgheri Rosso Piastraia '02	♛♛♛ 6
● Bolgheri Rosso Piastraia '01	♛♛♛ 6
● Bolgheri Rosso '11	♛♛ 3
● Bolgheri Rosso Piastraia '10	♛♛ 5
● Bolgheri Rosso Piastraia '09	♛♛ 6
● Bolgheri Rosso Piastraia '08	♛♛ 6
● Bolgheri Rosso Piastraia '07	♛♛ 6
● Syrah '09	♛♛ 2

TOSKANA

La Selva
LOC. FONTE BLANDA
SP 81 OSA, 7
58010 ORBETELLO [GR]
TEL. +39 0564885669
www.laselva-bio.it

DIREKTVERKAUF
BESUCH NACH VORANMELDUNG
UNTERKUNFT
JAHRESPRODUKTION 200.000 Flaschen
REBFLÄCHE 31 Hektar
WEINBAU Biologisch anerkannt

Der Betrieb ist einer der ältesten der Toskana, der sich für eine biologische Landwirtschaft entschieden hat und immer noch wie ein traditioneller Bauernhof betrieben wird. Neben Wein und Öl produziert man Gemüse, Obst, Getreide und Futtermittel, die für die eigene Rinder- und Schafzucht bestimmt sind. Für den Rebenpark bevorzugte man ursprünglich heimische Sorten, allmählich kamen internationale Sorten hinzu, die hier ein sehr gutes Habitat finden. Die ganze Arbeit im Weinberg ist darauf ausgerichtet, die natürlichen Eigenschaften der Trauben zu bewahren. Gut das Ergebnis des Pugnitello '11, komplex in der Nase, wo sich die Frucht von Brombeere und Pflaume mit dem Aroma von Thymian und Salbei verbindet, vibrierend der Körper, straff, saftig im Finale. Der Prima Causa '11, aus Merlot und Cabernet Sauvignon, intensive Waldbeeren in der Nase und eine kraftvolle Struktur, die einen cremigen Gaumen und ein langes Finale beschert.

● Prima Causa '11	♛♛ 5
● Pugnitello '11	♛♛ 5
● Avorio '13	♛ 2
○ Bianco Toscano '13	♛ 2
● Morellino di Scansano '13	♛ 2
○ Vermentino La Selva '13	♛ 2
● Morellino di Scansano '12	♛♛ 2*
● Morellino di Scansano '11	♛♛ 2*
● Morellino di Scansano '10	♛♛ 2*
● Morellino di Scansano '09	♛♛ 2

Fattoria Selvapiana
LOC. SELVAPIANA, 43
50068 RUFINA [FI]
TEL. +39 0558369848
www.selvapiana.it

DIREKTVERKAUF
BESUCH NACH VORANMELDUNG
JAHRESPRODUKTION 220.000 Flaschen
REBFLÄCHE 60 Hektar

Das historische Weingut, das als Urlaubsdomizil der Bischöfe von Florenz entstanden ist, gehört zum Besitz von Francesco Giuntini Antinori, Nachfahre von Michele Giuntini, der es 1827 gekauft hatte. Er hat es geschafft, das Gebiet von Rufina wieder in das internationale Rampenlicht zu rücken und das ein wenig verblasste Prestige eines Anbaugebietes aufzupolieren, das noch unter Cosimo II de' Medici zu den besten der Toskana gezählt hatte. Regie führen mittlerweile Silvia und Federico Giuntini Masseti, die gewissenhaft den von Francesco eingeleiteten Weg fortsetzen. Das Finale erreicht der Chianti Rufina Riserva Bucerchiale '11, komplexes Aroma, mit tertiären Nuancen von Tabak und Leder, die sich im gediegenen Körper und der mächtigen Struktur breit machen. Erfreulich der Fornace '11, Cuvée aus Cabernet Sauvignon, Merlot und Sangiovese, fruchtiger und würziger Duft, genussvoller Schmelz, ausgewogen im Geschmack. Frisch, lebhaft, ausgeprägt nervig, schöner Trinkgenuss der Chianti Rufina '12.

● Chianti Rufina Bucerchiale Ris. '11	♛♛ 5
● Chianti Rufina '12	♛♛ 2*
● Fornace '11	♛♛ 5
● Pomino Fattoria di Petrognano '11	♛ 2
● Chianti Rufina '11	♛♛ 2*
● Chianti Rufina '10	♛♛ 2*
● Chianti Rufina '09	♛♛ 2
● Chianti Rufina Bucerchiale Ris. '10	♛♛ 5
● Chianti Rufina Bucerchiale Ris. '09	♛♛ 5
● Fornace '09	♛♛ 5
● Fornace '07	♛♛ 5

TOSKANA

Sensi
via Cerbaia, 107
51035 Lamporecchio [PT]
Tel. +39 057382910
www.sensivini.com

DIREKTVERKAUF
BESUCH NACH VORANMELDUNG
JAHRESPRODUKTION 2.000.000 Flaschen
REBFLÄCHE 50 Hektar

Die Weingeschichte der Familie Sensi nimmt mit Pietro Sensi ihren Anfang, der 1895 erstmals seine Eigenbauweine auf den Märkten in der Gegend von Florenz verkauft. Von den Söhnen wird das Geschäft konsolidiert und nach und nach erweitert, aber erst mit den Enkeln Pietro und Giovanni steigt der Betrieb zu regionaler Bedeutung auf. In der vierten Generation sind es Massimo und Roberta, die 1987 auch in den internationalen Vertrieb einsteigen. Die Geschwister Sensi produzieren weiterhin ihre Weine in den beiden Gütern von Calappiano und Tenuta del Poggio, beide im Hügelland von Vinci, im Land des Chianti Montalbano angesiedelt. Eindrucksvoll auch der Chianti Riserva '11, intensiv im Aroma, fruchtig mit Heidelbeeren und Pflaumen, dazu balsamische Anklänge. Ausgewogen und harmonisch im Körper, schlanke Tannine und gutes, anhaltendes Finale. Der Lungarno '12, aus Sangiovese und Colorino, besticht in der Nase mit balsamischen Noten und Pfefferminze, prägnante, rote Beeren, rhythmischer Körper, saftige Säureader.

- Chianti Fattoria Calappiano Ris. '11 — 3
- Lungarno Fattoria Calappiano '12 — 7
- Testardo '12 — 4
- Bolgheri Sabbiato '12 — 5
- Brunello di Montalcino Boscoselvo '09 — 7
- Chianti Campoluce '13 — 2
- Chianti Dalcampo Ris. '11 — 3
- Invidia '12 — 3
- Ninfato '13 — 4
- ○ Vernaccia di S. Gimignano Collegiata '13 — 2
- Bolgheri Sabbiato '11 — 5
- Brunello di Montalcino Boscoselvo '08 — 7
- Chianti Dalcampo Ris. '10 — 3

Tenuta di Sesta
fraz. Castelnuovo dell'Abate
loc. Sesta
53024 Montalcino [SI]
Tel. +39 0577835612
www.tenutadisesta.it

DIREKTVERKAUF
BESUCH NACH VORANMELDUNG
JAHRESPRODUKTION 150.000 Flaschen
REBFLÄCHE 30 Hektar

Eine Ursprungsbezeichnung hatten die Weine von Montalcino noch nicht erreicht, als Giuseppe Ciacci die ersten Brunello-Flaschen unter der Marke Tenuta di Sesta in den Vertrieb brachte. Man schrieb das Jahr 1966, und der heute von Sohn Giovanni gemeinsam mit Lorenzo Landi geführte Betrieb, konnte seinen Ruf als stolzer Traditionsbetrieb noch weiter ausbauen. Schon der Name erinnert an eine der wenigen historischen Edellagen am Südhang, die sich durch magere, kalkhaltige Böden mit Tuffeinlagerungen auszeichnen und dichte, aber gleichzeitig schlanke und schmackhafte Sangiovese hervorbringen, zusätzlich unterstützt durch lange Reifezeiten in mittelgroßen Eichenfässern. Die Weine aus dem Hause Tenuta di Sesta klettern die Rangliste rasch nach oben, dank köstlicher, souveräner Interpretationen wie der Brunello '09. Nur einige Engpässe in den Tanninen, die von einem schwungvollen, lebhaften Gaumen mit üppiger Frucht gut kaschiert werden. Ein wenig einfach, aber ausgewogen der Rosso '12.

- Brunello di Montalcino '09 — 5
- Rosso di Montalcino '12 — 3
- Brunello di Montalcino '08 — 5
- Brunello di Montalcino '07 — 5
- Brunello di Montalcino '05 — 5
- Brunello di Montalcino '04 — 5
- Brunello di Montalcino Ris. '04 — 7
- Brunello di Montalcino Ris. '07 — 7
- Poggio d'Arna '11 — 2*
- Rosso di Montalcino '11 — 3
- Rosso di Montalcino '10 — 3*
- Rosso di Montalcino '07 — 3

TOSKANA

Sesti - Castello di Argiano
FRAZ. SANT'ANGELO IN COLLE
LOC. CASTELLO DI ARGIANO
53024 MONTALCINO [SI]
TEL. +39 0577843921
www.sestiwine.com

DIREKTVERKAUF
BESUCH NACH VORANMELDUNG
JAHRESPRODUKTION 61.000 Flaschen
REBFLÄCHE 9 Hektar

Historische Bedeutung, landschaftliche Schönheit und menschliche Atmosphäre von Castello di Argiano sind überwältigend. Es ist nicht einfach eine Betriebsstätte, sondern ein Ort der Inspiration und der Ideen, der von Giuseppe und Elisa Sesti gewählt wurde, um ihrem unnachahmlichen Brunello Gestalt zu geben. Wir sind im südwestlichen Ausläufer der Denomination, voll eingetaucht in eine Landschaft aus Wald und mediterraner Macchia, die von Meeresbrisen und sandigen Tuffsteinböden beeinflusst wird. Ein einmaliges Terroir und eine Arbeit in Weinberg und Keller, die in mancherlei Hinsicht an alte Zeiten erinnert und auch die Mondphasen berücksichtigt, machen jede Diskussion über Gär- und Ausbauprotokolle überflüssig. Der Batterie von Weinen, die wie immer anmutig und schlank sind, fehlt nur ein letzter Elan ins Finale. Integer und maßvoll, der Rosso '12 ist ein schöner Einstieg, bevor die überschwängliche, mediterrane Natur des Brunello '09 an die Reihe kommt und mit der vielseitigen Beständigkeit des Phenomena '08. abschließt

● Brunello di Montalcino '09	♛♛♛ 6
● Brunello di Montalcino Phenomena '08	♛♛♛ 8
● Rosso di Montalcino '12	♛♛♛ 4
● Grangiovese '12	♛ 2
● Brunello di Montalcino '06	♛♛♛ 7
● Brunello di Montalcino Phenomena Ris. '07	♛♛♛ 8
● Brunello di Montalcino Phenomena Ris. '01	♛♛♛ 8
● Brunello di Montalcino Ris. '04	♛♛♛ 8
● Brunello di Montalcino '08	♛♛ 6
● Brunello di Montalcino '07	♛♛ 6
● Brunello di Montalcino Phenomena Ris. '06	♛♛ 8
● Rosso di Montalcino '11	♛♛ 4
● Rosso di Montalcino '10	♛♛ 4

Tenuta Sette Ponti
LOC. VIGNA DI PALLINO
52029 CASTIGLION FIBOCCHI [AR]
TEL. +39 0575477857
www.tenutasetteponti.it

DIREKTVERKAUF
BESUCH NACH VORANMELDUNG
UNTERKUNFT
JAHRESPRODUKTION 185.000 Flaschen
REBFLÄCHE 55 Hektar

Antonio Moretti teilt seine Zeit zwischen zwei Welten: Mode und Wein, wo er sich gleichermaßen als Unternehmer betätigt. In der Provinz Arezzo hat er das Gut geerbt, das seine Eltern vom Hause Savoyen gekauft hatten, änderte den Namen und nannte es nach der nahe gelegenen Straße. Er nahm aber auch die Herausforderung anderer Territorien an, in der Maremma und im Bolgheri, um in der Toskana zu bleiben, in Sizilien, der Schönheit und Intensität der Landschaft wegen. Sein Ziel sind Weine, die sich gut am internationalen Markt behaupten können und stilistisch dem Terroir ihrer Herkunft treu verbunden bleiben. Zum wiederholten Mal die Drei Gläser für den Oreno, Jahrgang 2011, komplex im Aroma, intensiv würzig mit Pfeffer und Muskatnuss auf fruchtiger Basis von Kirschen, sauber und reintönig. Am Gaumen cremig, schmackhafte Säureader, im Finale lang und konstant im Nachgeschmack.

● Oreno '11	♛♛♛ 7
● Crognolo '12	♛♛ 4
● Morellino di Scansano Poggio al Lupo '12	♛♛ 5
● Poggio al Lupo '12	♛♛ 5
● Oreno '10	♛♛♛ 7
● Oreno '09	♛♛♛ 7
● Oreno '05	♛♛♛ 7
● Oreno '00	♛♛♛ 5
● Crognolo '11	♛♛ 4
● Crognolo '10	♛♛ 4
● Crognolo '09	♛♛ 4
● Oreno '08	♛♛ 7
● Oreno '04	♛♛ 7
● Oreno '03	♛♛ 6
● Oreno '01	♛♛ 7
● Poggio al Lupo '09	♛♛ 4

TOSKANA

Signano
LOC. SANTA MARGHERITA, 36
53037 SAN GIMIGNANO [SI]
TEL. +39 0577941085
www.casolaredibucciano.com

DIREKTVERKAUF
BESUCH NACH VORANMELDUNG
JAHRESPRODUKTION 80.000 Flaschen
REBFLÄCHE 25 Hektar

Ascanio Biagini legt den Grundstein zum Betrieb mit einem kleinen Weinberg Anfang der 1960er Jahre. Nach nunmehr fünfzig Jahren lenkt Sohn Manrico die Geschicke im schönen Gut, das im historischen Bucciano den Mittelpunkt hat und heute über einen neuen, modernen Keller mit einem angeschlossenen Agriturismo verfügt: auf den mittlerweile über zwanzig Hektar Rebfläche wird vorwiegend die Vernaccia gezogen. Moderne Technologien wurden im Laufe der Jahre eingeführt und das immer noch als Familienbetrieb geführte Unternehmen konnte zu einem Renommierlabel der Denomination aufsteigen. Vorzüglich in diesem Jahr der Vernaccia Riserva La Ginestra '11: ein Weißer mit Kraft und Struktur, reich an Nerv aber auch Frucht, Ausbau in neuen Fässern, die ihm anmutig rauchige Noten bescheren, ohne die Frucht zu überdecken. Auf der Schiene von Typizität und Tradition der Jahrgangs-Vernaccia, wohlschmeckend und linear, mit typischen Empfindungen von Mandeln und Zitrusfrucht. Obligatorisch die Erwähnung für den vorzüglichen Vin Santo '06.

○ San Gimignano Vin Santo '06	♛♛ 5
○ Vernaccia di S. Gimignano La Ginestra Ris. '11	♛♛ 3
● S. Gimignano Rosso Il Ginepro '07	♛ 3
○ Vernaccia di S. Gimignano '13	♛ 2
○ Vernaccia di S. Gimignano Poggiarelli '13	♛ 2
● Chianti Colli Senesi '11	♛♛ 2*
● Chianti Colli Senesi '09	♛♛ 2
○ Vernaccia di S. Gimignano '12	♛♛ 2*
○ Vernaccia di S. Gimignano '11	♛♛ 2*

Fattoria Sorbaiano
LOC. SORBAIANO
56040 MONTECATINI VAL DI CECINA [PI]
TEL. +39 058830243
www.fattoriasorbaiano.it

DIREKTVERKAUF
BESUCH NACH VORANMELDUNG
UNTERKUNFT
JAHRESPRODUKTION 100.000 Flaschen
REBFLÄCHE 27 Hektar

Der Betrieb ist nahe der mittelalterlichen Ortschaft Montecatini Val di Cecina angesiedelt, in der Nähe einer Kupfermine, die dem früheren Montecatini-Konzern, heute Montedison, den Namen gab. Er ist seit 1960 im Besitz der Familie Picciolini und sieht heute Grazia am Steuer. Zwar überwiegt der Getreidebau auf den ausgedehnten Gutsflächen, aber auch die Weinberge sind gut verteilt: von der Meeresküste reichen sie bis zu den Steilhängen von Volterra und können diverse Klima- und Bodenverhältnisse nutzen, ideale Voraussetzungen für das Gedeihen unterschiedlicher Rebsorten. Neben Wein wird auch Öl produziert und ein Agriturismo betrieben. Beeindruckend in der Nase der Lucestraia '13, zitrusfruchtig, mineralische Anklänge, fruchtig mit Pfirsich und Birne, schöne, nervige Säure, salziger Hauch für ein schmackhaftes Finale. Angenehm auch der Velathri '11, aus reinsortigem Cabernet Franc, frische Noten in der Nase, die sich mit grüner Paprika und Waldbeeren abwechseln. Am Gaumen elegant, schwungvoll, für ein sauberes, packendes Finale.

○ Montescudaio Bianco Lucestraia '13	♛♛ 3
● Velathri '11	♛♛ 3
○ Montescudaio Bianco '13	♛ 2
● Montescudaio Rosso delle Miniere '11	♛ 4
● Pian del Conte '11	♛ 3
⊙ Rosato '13	♛ 2
○ Montescudaio Bianco '12	♛♛ 2*
○ Montescudaio Bianco Lucestraia '11	♛♛ 3
● Montescudaio Rosso delle Miniere '10	♛♛ 4
● Montescudaio Rosso delle Miniere '09	♛♛ 4
● Pian del Conte '08	♛♛ 3
● Velathri '10	♛♛ 3
● Velathri '09	♛♛ 3
○ Vin Santo di Montescudaio '07	♛♛ 4

TOSKANA

Stella di Campalto
Podere San Giuseppe
LOC. CASTELNUOVO DELL'ABATE
POD. SAN GIUSEPPE, 35
53020 MONTALCINO [SI]
TEL. +39 0577835754
www.stelladicampalto.com

DIREKTVERKAUF
BESUCH NACH VORANMELDUNG
JAHRESPRODUKTION 9.100 Flaschen
REBFLÄCHE 6,3 Hektar
WEINBAU Biologisch anerkannt

Dass Podere San Giuseppe unseren Hauptteil erreicht hat, war mehr als vorhersehbar, wenn das Gut bei den vielen Fans auch besser unter dem Namen seiner jungen, willensstarken Führerin Stella di Campalto bekannt ist. Ein kleiner Betrieb mit etwa 6 Hektar Weinberg, seit 1996 biologisch zertifiziert, der sich fast hinter Wald und Olivenbäumen versteckt, hart an der Südgrenze des Montalcino gelegen, in der Nähe der Abbazia di Sant'Antimo, mit dem Monte Amiata im Hintergrund. Nur Sangiovese gibt es auf den sechs von Stella klassifizierten Parzellen, Seehöhe von 240 bis 340 Meter, separat ausgebaut bis zur endgültigen Assemblage der Brunello und der Rosso, eine hier ganz gewiss nicht geringer zu wertende Ausführung. Der sensationelle Rosso di Montalcino '10 macht alles mehr als klar. Drei Gläser durch Zuruf dank eines ausholenden, facettenreichen Aromas, mit Zitrusfrucht, Wurzelhauch, Mittelmeermacchia, alles sogar noch erweitert auf einem fleischigen Gaumen mit dichter Geschmacksfülle. Gut gelungen auch der Brunello '08.

● Rosso di Montalcino '10	♥♥♥ 5
● Brunello di Montalcino Podere S. Giuseppe '08	♥♥ 8
● Brunello di Montalcino '07	♥♥ 8
● Brunello di Montalcino '05	♥♥ 8
● Brunello di Montalcino '04	♥♥ 8
● Rosso di Montalcino '09	♥♥ 5
● Rosso di Montalcino '08	♥♥ 5
● Rosso di Montalcino '07	♥♥ 5

Fattoria della Talosa
VIA PIETROSE, 15A
53045 MONTEPULCIANO [SI]
TEL. +39 0578758277
www.talosa.it

DIREKTVERKAUF
BESUCH NACH VORANMELDUNG
JAHRESPRODUKTION 100.000 Flaschen
REBFLÄCHE 35 Hektar

1972 erwirbt der römische Unternehmer Angelo Jacorossi das Gut, denn er liebt dieses Land, das ihn fasziniert, obgleich der Weinbau sich damals erst entwickeln musste, der nur auf lokaler Ebene von einigen einheimischen Winzern betrieben wurde. Er umgibt sich mit zuverlässigen Mitarbeitern, aber auch die Familie wird in die Unternehmung einbezogen. Die Weinberge liegen auf einem Hügelkamm, mittlere Seehöhe von 350 Meter, wo auch ein neuer Gärkeller errichtet wurde. Der antike Keller liegt mitten in der Altstadt von Montepulciano zwischen zwei historischen Gebäuden und wird für den Ausbau der Weine in großen Fässern genutzt. Erfreulich der Nobile '11, vielseitige, fruchtige Basis, Nuancen von Kirschen und Himbeeren im Vordergrund, abwechselnd mit würzigen Noten. Angenehm am Gaumen, schmackhaft, genussvoll langer Abgang. Der Nobile Filai Lunghi '11 ist eindeutiger im fruchtigen Bouquet, gute Konsistenz, schmelzig, von guter Frische. Herb der Riserva '10, dicht am Gaumen und reichhaltig.

● Nobile di Montepulciano '11	♥♥ 4
● Nobile di Montepulciano Filai Lunghi '11	♥♥ 5
● Nobile di Montepulciano Ris. '10	♥♥ 4
● Nobile di Montepulciano '10	♥♥ 3
● Nobile di Montepulciano '08	♥♥ 3
● Nobile di Montepulciano '07	♥♥ 4
● Nobile di Montepulciano Filai Lunghi '07	♥♥ 5
● Nobile di Montepulciano Ris. '07	♥♥ 4

TOSKANA

Tenimenti Luigi d'Alessandro
via Manzano, 15
52042 Cortona [AR]
Tel. +39 0575618667
www.tenimentidalessandro.it

DIREKTVERKAUF
BESUCH NACH VORANMELDUNG
UNTERKUNFT UND GASTRONOMIE
JAHRESPRODUKTION 13.000 Flaschen
REBFLÄCHE 37 Hektar

Wo alles seinen Anfang nahm, möchte man sagen, wenn man an die Geschichte des Syrah in Cortona denkt: obwohl der Boden für den Weinbau geeignet war, lieferten die traditionellerweise gepflanzten Reben nur Weine von mäßiger Qualität. Erst durch die Gliederung in Zonen von 1988 durch die Familie D'Alessandro, erkannte man das Potenzial des Territoriums für eine Rebsorte, die bislang nicht beachtet wurde. Im Jahrzehnt darauf vergrößerte man die Rebflächen und 1999 wird schließlich die Denomination Cortona anerkannt. Die Kellerei produziert neben zwei Weißen nur Syrah, die den unterschiedlichen Weinbergen Ausdruck geben. Ins Finale schafft es der Migliara '10, das Aroma intensiv und sauber, frische Johannisbeere, die durch würzige Noten verfeinert wird. Der Gaumen ist gediegen, kompakt, von leckerer Schmackhaftigkeit. Gut auch der Borgo Vecchie Vigne' 11, frischer in der Nase, wo würzige Nuancen mit Kirsche und einem Anflug von aromatischen Kräutern verschmelzen. Entspannter Körper, frisch, langer Nachgeschmack.

● Cortona Syrah Borgo V. V. '11	🍷🍷 5
● Cortona Syrah Migliara '10	🍷🍷 8
○ Bianco del Borgo '13	🍷🍷 3
● Cortona Syrah Borgo '12	🍷🍷 3
● Cortona Syrah Il Bosco '11	🍷 6
○ Fontarca '12	🍷 6
● Cortona Il Bosco '09	🍷🍷🍷 6
● Cortona Il Bosco '06	🍷🍷🍷 6
● Cortona Il Bosco '04	🍷🍷🍷 5
● Cortona Syrah Migliara '08	🍷🍷🍷 8
● Cortona Syrah Migliara '07	🍷🍷🍷 8

Tenuta La Chiusa
loc. Magazzini, 93
57037 Portoferraio [LI]
Tel. +39 0565933046
lachiusa@elbalink.it

DIREKTVERKAUF
BESUCH NACH VORANMELDUNG
UNTERKUNFT
JAHRESPRODUKTION 25.000 Flaschen
REBFLÄCHE 8 Hektar

Der historische Betrieb der Insel Elba wurde im 18. Jahrhundert von der Familie Senno gegründet und sofort für den Weinbau bestimmt. Der Name bezieht sich auf die Einfriedungsmauern, die früher zur Begrenzung der Felder mit ihren verschiedenen Kulturen aufgestellt wurden. Foresi, die späteren Besitzer, bauten die Weinproduktion weiter aus, bis das Gut 2003 an Giuliana Bertozzi Ferrari verkauft wurde. Zahlreich die Maßnahmen im letzten Jahrzehnt zur Erweiterung der Rebflächen und Renovierung von Keller und Herrenhaus. Neben Wein produziert man Olivenöl Extra Vergine und betreibt einen Agriturismo. Gute Vorstellung des Elba Bianco '13, im Aroma der Duft von Limetten, Marille, der Körper getragen von einer frischen Säureader, für ein erfreuliches, langes Finale. Erregend der Ansonica '13, reifer Pfirsichduft und aromatische Kräuter, zielstrebige, gewichtige Struktur, würzig im Finale. Schmelzig, betörend, mitreißend, lang am Gaumen, der Aleatico '11.

● Elba Aleatico Passito '11	🍷🍷 6
○ Elba Ansonica Passito '13	🍷🍷 5
○ Elba Bianco '13	🍷🍷 2*
⊙ Elba Rosato '13	🍷 3
● Elba Rosso '12	🍷 2
○ Elba Vermentino '13	🍷 2

TOSKANA

Tenute del Cerro
FRAZ. ACQUAVIVA
VIA GRAZIANELLA, 5
53040 MONTEPULCIANO [SI]
TEL. +39 0578767722
www.fattoriadelcerro.it

DIREKTVERKAUF
BESUCH NACH VORANMELDUNG
UNTERKUNFT UND GASTRONOMIE
JAHRESPRODUKTION 1.000.000 Flaschen
REBFLÄCHE 170 Hektar

Tenute del Cerro ist ein großes Projekt, zu dem mehrere Agrarbetriebe gehören, vier davon beschäftigen sich mit dem Weinbau: Fattoria del Cerro in Montepulciano, Còlpetrone in Umbrien, La Poderina in Montalcino und Monterufoli im Val di Cornia. Nicht nur ein gemeinsames Dach, sondern eine enge Verbindung, die auch durch eine neue grafische Aufmachung betont wird, die ab diesem Jahr allen Flaschen gemeinsam ist. Die Weine sind natürlich nach Gebieten und Denominationen zu beurteilen, aber auch diesbezüglich gibt es Gemeinsamkeiten. Generell sind die Weine von modernem Zuschnitt und setzen zu ihrer Definition bevorzugt auf einen runden, vollen Geschmack. Der Nobile di Montepulciano '11 ist ein saftiger, mitreißender Wein. Das anfänglich blumige Aroma nimmt intensiv fruchtige Töne an und kehrt Empfindungen von Pflaume, Kirsche und Walderdbeeren hervor. Am Gaumen der gleiche aromatische Verlauf, schöner Trinkgenuss und relativ langer Abgang.

● Nobile di Montepulciano '11	♟♟♟ 3*
● Brunello di Montalcino Poggio Abate La Poderina Ris. '08	♟♟ 6
● Rosso di Montepulciano '13	♟♟ 2*
● Brunello di Montalcino La Poderina '09	♟ 6
● Chianti Colli Senesi '13	♟ 2
● Montefalco Sagrantino '09	♟ 5
● Montefalco Sagrantino Passito '09	♟ 5
○ Vermentino Monterufoli '13	♟ 2
● Nobile di Montepulciano '10	♟♟♟ 3*
● Nobile di Montepulciano Ris. '06	♟♟♟ 4
● Nobile di Montepulciano Vign. Antica Chiusina '00	♟♟♟ 6

Terenzi
LOC. MONTEDONICO
58054 SCANSANO [GR]
TEL. +39 0564599601
www.terenzi.eu

DIREKTVERKAUF
BESUCH NACH VORANMELDUNG
UNTERKUNFT UND GASTRONOMIE
JAHRESPRODUKTION 350.000 Flaschen
REBFLÄCHE 67 Hektar

Die Familie Terenzi ist in die Maremma übersiedelt, um ihren Traum zu verwirklichen und in einer natürlichen, bezaubernden Umgebung Wein zu erzeugen. Der Betriebsgründer, Florio Terenzi, mittlerweile von den Kindern Federico, Bibi und Francesca Romana unterstützt, setzte seine in anderen Sparten erworbene Kompetenz für den Aufbau eines wirtschaftlich und funktionell gut strukturierten Unternehmens ein, dem auch ein nobler Gastbetrieb angeschlossen ist. Sein Plan war ambitioniert: den Morellino di Scansano durch stilistische Eleganz wieder auf ein qualitativ hohes Niveau zu bringen, ein Vorhaben, das er offenkundig schon verwirklicht hat. Wieder über Drei Gläser freuen kann sich der Morellino Riserva Madrechiesa '11, ausholendes Bouquet, fein und duftig, mit einer klaren, lebhaften Fruchtigkeit von Kirschen und Erdbeeren in erster Linie, mineralische und pflanzliche Noten im Ausklang. Am Gaumen geschmeidig, entspannt, fügsam, appetitlich im Trinkgenuss und schmackhaft im Finale. Interessante Noten für den Petit Manseng '11, aufregend und schmelzig.

● Morellino di Scansano Madrechiesa Ris. '11	♟♟♟ 5
● Morellino di Scansano '13	♟♟ 2*
● Morellino di Scansano Purosangue Ris. '11	♟♟ 3*
○ Maremma Montedonico '13	♟♟ 3
○ Maremma Vermentino Balbino '13	♟♟ 2*
○ Petit Manseng Passito '11	♟♟ 5
● Morellino di Scansano Madrechiesa Ris. '10	♟♟♟ 5
● Morellino di Scansano Madrechiesa Ris. '09	♟♟♟ 5
● Morellino di Scansano '12	♟♟ 2*
● Morellino di Scansano '11	♟♟ 2*
● Morellino di Scansano Ris. '10	♟♟ 3

TOSKANA

Terradonnà
Loc. Notri, 78
57028 Suvereto [LI]
Tel. +39 0565838702
www.terradonna.it

DIREKTVERKAUF
BESUCH NACH VORANMELDUNG
JAHRESPRODUKTION 26.000 Flaschen
REBFLÄCHE 6 Hektar

Ein kleiner Familienbetrieb tief im Val di Cornia, wo der Weinbau in den letzten fünfzig Jahren zu den täglichen Verrichtungen gehörte, um sich den Lebensunterhalt zu verdienen. Erst vor relativ kurzer Zeit erfolgte die Wende, als moderne, strengere Kriterien für die Pflege der Reben eingeführt wurden. Bei einigen Sorten führten Versuche dazu, Weinberge mit 9000 Stock pro Hektar anzulegen. So entstand ein reichhaltiges Sortiment von Weinen, die sich eindeutig voneinander unterscheiden, jeder mit dem Namen eines Minerals, das auf ihren besonderen Charakter hinweist. Erfreulich der Okenio '09, sortenreiner Cabernet Sauvignon, glänzt in der Nase mit mineralischen Empfindungen von Graphit und einem Mentholhauch auf der fruchtigen Basis von Heidelbeeren. Am Gaumen prächtig, vollmundig, mit klarer Säureader, für ein saftiges, ausholendes Finale. Gut sortierte Geruchsempfindungen für den Prasio '11, aus Cabernet Sauvignon und Merlot zu gleichen Teilen, fruchtige Noten von roten Beeren, reintönig, genussvoll im Finale.

● Prasio '11	♀ 3
● Val di Cornia Cabernet Sauvignon Okenio '09	♀ 5
○ Faden '13	♀ 2
● Giaietto '11	♀ 2
● Kalsi '13	♀ 2
● Spato '11	♀ 3
● Giaietto '10	♀♀ 2*
○ Kalsi '11	♀♀ 3
● Prasio '10	♀♀ 3
● Prasio '09	♀♀ 3
● Spato '09	♀♀ 3
● Val di Cornia Okenio '08	♀♀ 5

Teruzzi & Puthod
Loc. Casale, 19
53037 San Gimignano [SI]
Tel. +39 0577940143
www.teruzzieputhod.it

DIREKTVERKAUF
BESUCH NACH VORANMELDUNG
JAHRESPRODUKTION 1.000.000 Flaschen
REBFLÄCHE 94 Hektar

Enrico Teruzzi und seine Frau Carmen bauten in den 1970er Jahren diesen Betrieb auf, der zu den bekanntesten von San Gimignano gehört und nicht wenig zum internationalen Aufstieg und guten Ruf dieser Weine beigetragen hat, als in den 1980er Jahren auch die italienische Weinwirtschaft ihre Renaissance erlebte. Terre di Tufi ist immer noch eine önologische Ikone in diesem Gebiet. Als sich Teruzzi zur Ruhe setzte, übernahm der Campari-Konzern das Gut und die 90 Hektar Weinberge. Der Riserva '11 führt das Quartett an, das diesmal zur Verkostung vorgelegt wurde. Ein komplexer Weißer, geschmackvoll, dicht und reich an Fruchtfleisch, klar und modern, getragen von einem eleganten Säuregerüst, der die einhellige Zustimmung gefunden hat. Exzellent das Niveau des traditionsreichen Weißen Terre di Tufi '12, auf Vernaccia-Basis, gereift in neuem Holz. Ein eleganter, geschmackvoller Wein, eröffnet mit gut im Fruchtfleisch eingebundenen Holznoten. Frisch, rassig und süffig der Jahrgangs-Vernaccia, schlank und köstlich der rote Peperino.

○ Vernaccia di S. Gimignano Ris. '11	♀♀ 4
○ Vernaccia di S. Gimignano '13	♀♀ 2*
● Peperino '11	♀ 2
○ Terre di Tufi '12	♀ 4
● Arcidiavolo '08	♀♀ 5
● Arcidiavolo '07	♀♀ 5
● Peperino '08	♀♀ 2*
● Peperino '07	♀♀ 2*
○ Vernaccia di S. Gimignano '12	♀♀ 2*
○ Vernaccia di S. Gimignano '11	♀♀ 2*
○ Vernaccia di S. Gimignano '09	♀♀ 2*
○ Vernaccia di S. Gimignano Ris. '10	♀♀ 4

Testamatta

VIA DI VINCIGLIATA, 19
50014 FIESOLE [FI]
TEL. +39 055597289
www.bibigraetz.com

BESUCH NACH VORANMELDUNG
JAHRESPRODUKTION 500.000 Flaschen
REBFLÄCHE 10 Hektar

Seit Bibi Graetz unter die Weinproduzenten gegangen ist, amüsiert er sich köstlich, mit allen klassischen Regeln zu brechen und ganz neue Produkte zu fertigen, die Namen von Weinen zu ändern, wenn er sie nicht länger für geeignet hält, sie anderen Typologien zuzuordnen und vergessene Orte neu zu entdecken, wie Isola del Giglio, um alte Rebsorten wie die Ansonica neu zu beleben. Der Betriebssitz auf der Burg von Vincigliata bei Fiesole hat sich als Ort von größtem Interesse für die Entdeckung alter Rebsorten erwiesen, die vorzügliche Ergebnisse abliefern. Auch das von ihm als Maler kreierte Image ist einzigartig: seine Etiketten bleiben im Gedächtnis. Der Soffocone '12, aus Sangiovese mit Zugabe von Colorino und Canaiolo, präsentiert sich in der Nase mit dunklen Beeren, verflochten mit vielfältigen Gewürzen. Am Gaumen schlicht, geschliffen, gutes Gewicht, mit gut eingebetteter Frische. Das Finale nicht superlang aber angenehm. Spannend der Bugia '13, sortenreiner Ansonica, erinnert im Aroma an mediterrane Macchia, schmackhaft, reich und konkret.

● Soffocone di Vincigliata '12	🍷🍷 5
○ Bugia '13	🍷🍷 6
● Colore '09	🍷 8
● Testamatta '11	🍷 8
○ Gigliese '11	🍷🍷 3
● Grilli del Testamatta '10	🍷🍷 5
● Soffocone di Vincigliata '11	🍷🍷 5

Tiezzi

LOC. PODERE SOCCORSO
53024 MONTALCINO [SI]
TEL. +39 0577848187
www.tiezzivini.it

DIREKTVERKAUF
BESUCH NACH VORANMELDUNG
UNTERKUNFT
JAHRESPRODUKTION 23.000 Flaschen
REBFLÄCHE 6 Hektar
WEINBAU Biologisch anerkannt

Enzo Tiezzi, angesehener Agronom und Kellermeister des Montalcino, machte sich in den 1980er Jahren selbständig. Er erwarb die Güter Cerrino und Cigaleta, gefolgt von Gut Soccorso mit der gleichnamigen Edellage, vermutlich die einzige der Denomination in Buscherziehung und die sich durch sandige Schlickböden mit reichen Skeletteinlagerungen auszeichnet. Hier ist nahe der Altstadt der Keller mit Verkaufslokal angesiedelt, wo die Gärbottiche aus Holz und die Fässer aus slawonischer Eiche von 10 bis 40 Hektoliter für die Reifung der Weine untergebracht sind. Die Sangiovese von Tiezzi sind in vielerlei Hinsicht reduziert und protzen nicht mit Muskelkraft. Auch in dieser Ausgabe kann die Batterie der Brunello mit verschiedenen Optionen in Bezug auf territorialen Charakter und Trinkgenuss aufwarten. Der Poggio Cerrino '09 ist offener und vollständiger, mit den süßen Noten von Marmelade und Gewürzen, während der Vigna Soccorso '09 noch etwas Geduld erfordert, vor allem was die Integration der Tannine betrifft.

● Brunello di Montalcino Poggio Cerrino '09	🍷🍷 5
● Brunello di Montalcino V. Soccorso '09	🍷🍷 6
● Brunello di Montalcino V. Soccorso Ris. '08	🍷🍷 6
● Brunello di Montalcino '07	🍷🍷 5
● Brunello di Montalcino V. del Soccorso '08	🍷🍷 6
● Brunello di Montalcino V. del Soccorso '07	🍷🍷 6
● Brunello di Montalcino V. del Soccorso '06	🍷🍷 6
● Brunello di Montalcino V. del Soccorso Ris. '07	🍷🍷 6
● Rosso di Montalcino Poggio Cerrino '11	🍷🍷 3*

TOSKANA

Tolaini
LOC. VALLENUOVA
SP 9 DI PIEVASCIATA, 28
53019 CASTELNUOVO BERARDENGA [SI]
TEL. +39 0577356972
www.tolaini.it

DIREKTVERKAUF
BESUCH NACH VORANMELDUNG
JAHRESPRODUKTION 250.000 Flaschen
REBFLÄCHE 50 Hektar
WEINBAU Biologisch anerkannt

Akribische Sorgfalt im Weinberg nach Bordeaux-Vorbild, im Keller wenig unnützer Zwang und Zusammenarbeit auch mit internationalen Beratern, machen die Kellerei von Pierluigi Tolaini zu einem maßgeblichen Betrieb im Chianti Classico zwischen Pianella und Vagliagli. Die Weine sind von moderner Prägung, aber stilistisch ausgewogen, nicht ohne Spannung und entschieden schlank in ihrer geschmacklichen Progression. Der Ausbau erfolgt vorwiegend in kleinen Fässern, der sich aber nie als aufdringlich erweist. Schön gestrickte Struktur der Picconero '10, Cuvée aus Merlot, Cabernet Sauvignon und Petit Verdot, in der Nase konzentrierte, reichhaltige Empfindungen. Ein relativ herbes Aroma für den Chianti Classico Montebello Vigneto n. 7 Riserva '10, der seine Stärke am Gaumen findet, von guter Reaktivität und tiefgründigem Finale. Ein wenig beengt vom Holz der Valdisanti '10, Cuvée aus Sangiovese, Cabernet Sauvignon und Franc, und auch der Al Passo '10, aus Trauben Sangiovese und Merlot.

● Picconero '10	🍷🍷🍷 8
● Chianti Cl. Montebello Vign. n.7 Ris. '10	🍷🍷🍷 6
● Al Passo '10	🍷 4
● Valdisanti '10	🍷 5
● Picconero '09	🍷🍷🍷 8
● Valdisanti '08	🍷🍷🍷 8
● Al Passo '09	🍷🍷 4
● Al Passo '07	🍷🍷 4
● Chianti Cl. Ris. '10	🍷🍷 5
● Chianti Cl. Ris. '08	🍷🍷 5
● Picconero '08	🍷🍷 8
● Picconero '07	🍷🍷 8
● Valdisanti '09	🍷🍷 8

Fattoria Torre a Cona
LOC. SAN DONATO IN COLLINA
50010 RIGNANO SULL'ARNO [FI]
TEL. +39 055699000
www.villatorreacona.com

DIREKTVERKAUF
BESUCH NACH VORANMELDUNG
UNTERKUNFT
JAHRESPRODUKTION 30.000 Flaschen
REBFLÄCHE 14 Hektar

Ein idyllisches Weingüter der Toskana, das aber wegen seiner Lage abseits vom großen Fremdenverkehr ziemlich unbekannt ist. Die Geschichte ist wechselhaft, mit zahlreichen Besitzwechseln, bis das Gut 1937 von den aktuellen Eigentümern, den Conti Rossi di Montelera erworben wurde. Nach dem zweiten Weltkrieg wird das Herrenhaus renoviert, während von den letzten Generationen der Weinbau neue Impulse erhält; die Technik der Anlagen wird modernisiert, neue, auch internationale Sorten werden gepflanzt und Agriturismo und Olivenkulturen ausgebaut. Insgesamt gute Vorstellung der vorgelegten Weine, angefangen mit dem Merlot '11 (irrtümlich im vorigen Jahr beurteilt), großzügig in der Nase, mit einprägsamen, fruchtigen Noten, gut strukturierter Körper, lang anhaltend. Gut gemacht der Riserva Badia a Corte '11, elegantes Bouquet, mit Noten von Untergehölz, betörend und lebhaft der Körper, langer Nachgeschmack. Von großer Duftfülle, kräftig und harmonisch der Terre di Cino '11, sortenreiner Sangiovese.

● Chianti Colli Fiorentini Badia a Corte Ris. '11	🍷🍷 4
● Merlot '11	🍷🍷 3*
● Terre di Cino '11	🍷🍷 3
● Chianti Colli Fiorentini Conti Rossi di Montelera '12	🍷 3
○ Vin Santo del Chianti Merlaia '07	🍷 3
● Chianti Colli Fiorentini '10	🍷🍷 3
● Chianti Colli Fiorentini '09	🍷🍷 3
● Chianti Colli Fiorentini Badia a Corte Ris. '10	🍷🍷 4
● Chianti Colli Fiorentini Ris. '08	🍷🍷 1*
● Terre di Cino '09	🍷🍷 3
○ Vin Santo del Chianti Merlaia '06	🍷🍷 3

TOSKANA

Le Torri di Campiglioni
via San Lorenzo a Vigliano, 31
50021 Barberino Val d'Elsa [FI]
Tel. +39 0558076161
www.letorri.net

DIREKTVERKAUF
BESUCH NACH VORANMELDUNG
UNTERKUNFT UND GASTRONOMIE
JAHRESPRODUKTION 150.000 Flaschen
REBFLÄCHE 28 Hektar

Mit diesem Gut haben sich einige Freunde einen Traum erfüllt, einen landwirtschaftlichen Betrieb in der Toskana zu kaufen, wo man Wein und Öl vielleicht nur als Wochenendvergnügen herstellen konnte. Aber die Leidenschaft wird stärker und man beschließt, den Betrieb zu erweitern: die alten Bauernhäuser des 17. Jahrhunderts werden saniert und als Agriturismo eingerichtet, die Weinproduktion wird diversifiziert und neue Etiketten entstehen. Die Leitung liegt heute in Händen von Beatrice Mozzi, Tochter eines der Eigentümer, die sich auch um den Vertrieb kümmert. Gutes Ergebnis für den Magliano '10, Cuvée aus Sangiovese, Cabernet Sauvignon und Merlot, ausholendes Aromaprofil, mit mineralischen Empfindungen, balsamischen Noten, anmutigen roten Beeren. Am Gaumen integer, saftig, breit, erregend das Finale, von genussvoller Länge. Ausgewogen im Aroma, reich ohne Übertreibung, der Riserva Colli Fiorentini '11, im Nachgeschmack angenehm und elegant.

● Magliano '10	🍷🍷 5
● Chianti Colli Fiorentini Ris. '11	🍷🍷 3
⊙ Spumante Brut Rosé	🍷 4
● Chianti Colli Fiorentini '12	🍷 2
● Meridius '12	🍷 2
○ Soleluna '13	🍷 2
● Villa San Lorenzo '10	🍷 5
● Chianti Colli Fiorentini '10	🍷🍷 2*
● Chianti Colli Fiorentini Ris. '10	🍷🍷 3
● Magliano '09	🍷🍷 5

Marchesi Torrigiani
loc. Vico d'Elsa
p.zza Torrigiani, 15
50021 Barberino Val d'Elsa [FI]
Tel. +39 0558073001
www.marchesitorrigiani.it

DIREKTVERKAUF
BESUCH NACH VORANMELDUNG
JAHRESPRODUKTION 140.000 Flaschen
REBFLÄCHE 33 Hektar

Eine Familie, der die Welt der Weine schon lange vertraut ist: im Jahr 1280 kam Ciardo Torrigiani nach Florenz, wo er sich als Weinhändler einschrieb und anfing, Weine zu verkaufen. Sein Geschäft ging so gut, dass er bald eine Filiale in Deutschland, in Nürnberg, eröffnen konnte. Der heutige Betrieb, der in seinem Rebenpark mit ausgewählten Klonen von Sangiovese, Cabernet Sauvignon und Merlot erneuert wurde, füllt nur einen Teil der Produktion in Flaschen ab, für die nur die beste Qualität ausgewählt wird: sie entsteht durch Ertragsbeschränkung im Weinberg, ein Grundsatz, der seit der ersten Lese eingehalten wird. Die ganze Produktion hinterlässt einen guten Eindruck: der Guidaccio '10, Cuvée der drei Hauptreben, zeichnet sich durch intensiv fruchtigen Duft aus, verfeinert durch Gewürze, fester, fleischiger Körper der Torre di Ciardo '11, in dem Canaiolo die Cabernet ersetzt, ist elegant in der Nase, mit reintöniger Kirsche, fleischiger, frischer Körper, im Finale würzig. Frisch und süffig der Chianti '12.

● Chianti '12	🍷🍷 2*
● Guidaccio '10	🍷🍷 5
● Torre di Ciardo '11	🍷🍷 3
● Guidaccio '09	🍷🍷 5
● Guidaccio '07	🍷🍷 4
● Guidaccio '06	🍷🍷 4
● Torre di Ciardo '09	🍷🍷 2*
● Torre di Ciardo '06	🍷🍷 2

TOSKANA

Fattoria La Traiana
LOC. TRAIANA, 16
52028 TERRANUOVA BRACCIOLINI [AR]
TEL. +39 0559179004
www.fattorialatraiana.it

DIREKTVERKAUF
BESUCH NACH VORANMELDUNG
UNTERKUNFT
JAHRESPRODUKTION 50.000 Flaschen
REBFLÄCHE 65 Hektar
WEINBAU Biologisch anerkannt

Der Betrieb ist seit den 1960er Jahren im Besitz der Familie Gigante, aber schon davor war der Weinbau für den Bauernhof von größerer Bedeutung. Bereits seit zwanzig Jahren ist man biologisch zertifiziert, was nur die natürliche Folge einer Bewirtschaftung ist, die unverändert beibehalten wird. Der Weinbau ist sehr präzise strukturiert: die Weinberge mit einem Alter von mehr als vierzig Jahren sind mit autochthonen Reben bestockt, darunter lokaltypische wie Colorino und Abrusco del Valdarno, die auf ihr echtes Potenzial untersucht werden, um neben der klassischen Sangiovese-Cuvée genutzt zu werden. Für die neuen Anlagen wählte man internationale Sorten, auch weniger verbreitete wie die Carmènere. Erfreulich der Chianti Superiore '12, intensiv und reich an fruchtigen Elementen in der Nase, würziger Anflug, solider Körper und lang im Geschmack. Aufregend der Alò '12, im Duft Würzigkeit und Konfitüre, schmeichelnde Struktur, maßvolle Tannine, richtige Frische für ein langes Finale.

● Alò '12	🏆🏆 3
● Chianti Sup. La Traiana '12	🏆🏆 2*
○ Campogialli '11	🏆 4
⊙ Pugnitello Rosa di Sabbia '13	🏆 3
● Terra di Sasso Cabernet '10	🏆 3
● Campo Arsiccio '07	🏆🏆 5
● Campo Arsiccio '05	🏆🏆 5
○ Campogialli '09	🏆🏆 4
○ Sauvignon Blanc Sasso Orlando '09	🏆🏆 3
● Terra di Sasso Sasso Orlando '07	🏆🏆 3
● Terra di Sasso Sasso Orlando '06	🏆🏆 3

Travignoli
VIA TRAVIGNOLI, 78
50060 PELAGO [FI]
TEL. +39 0558361098
www.travignoli.com

DIREKTVERKAUF
BESUCH NACH VORANMELDUNG
JAHRESPRODUKTION 250.000 Flaschen
REBFLÄCHE 70 Hektar

Den historischen Ursprung des heute von Giovanni Busi, aktueller Präsident des Consorzio del Chianti, geführten Weingutes, bestätigt auch die Aufnahme in den Kreis von Italiens 150 ältesten Unternehmen, die noch aktiv sind. Der aktuelle Besitz stammt aus dem 19. Jahrhundert, aber aus diversen Urkunden geht hervor, dass der Weinbau hier bereits zur Zeit der Etrusker betrieben wurde. Die Wende in der Produktion leitete der Vater des heutigen Besitzers, Giampiero, nach dem Ende der Halbpacht ein, als er den Betrieb in Eigenregie übernahm. Der Keller wird renoviert und modernisiert, der Weinbau durch Anlage neuer Weinberge besser strukturiert. Der Chianti Rufina Tegolaia Riserva '11 beschert ein komplexes Bouquet, klar erkennbar das Aroma von Untergehölz mit angenehmen, würzigen Nuancen. Entwickelt sich am Gaumen großzügig, komplex, würzig, langer Nachgeschmack. Der Chianti Rufina '12 beschert schlanke, fruchtige Aromen von reifer Brombeere und Kirsche, schlanker Körper, mit beachtlich nerviger Säure für ein reintöniges Finale.

● Chianti Rufina '12	🏆🏆 2*
● Chianti Rufina Tegolaia Ris. '11	🏆🏆 3
○ Gavignano '13	🏆 2
● Calice del Conte '08	🏆🏆 5
● Chianti Rufina Tegolaia Ris. '10	🏆🏆 3
● Chianti Rufina Tegolaia Ris. '09	🏆🏆 3
● Chianti Rufina Tegolaia Ris. '08	🏆🏆 3
● Chianti Rufina Tegolaia Ris. '07	🏆🏆 3
● Tegolaia '06	🏆🏆 4

TOSKANA

Tenuta di Trinoro
VIA VAL D'ORCIA, 15
53047 SARTEANO [SI]
TEL. +39 0578267110
www.trinoro.it

DIREKTVERKAUF
BESUCH NACH VORANMELDUNG
JAHRESPRODUKTION 80.000 Flaschen
REBFLÄCHE 20 Hektar

Andrea Franchetti kennt keine Halbheiten, wenn es um Qualität geht. Bei der Arbeit im Weinberg wird rigoros auf invasive Techniken verzichtet, die Lesen werden so spät als möglich angesetzt. Auch aus dem Keller sind technologische Kunstgriffe verbannt, die Trauben werden in Zement durch Nutzung von natürlichen Hefen vergoren, der Ausbau erfolgt in sorgsam ausgewählten Barriques. Kompromisslose Entscheidungen, die einen hintersten Winkel der südöstlichen Provinz von Siena in ein kleines Bordeaux verwandelt haben. Üppige Frucht prägt die Aromen des Tenuta di Trinoro '12, Cuvée aus Cabernet Sauvignon, Cabernet Franc, Petiti Verdot und Merlot, im Geschmack voll und befriedigend. Sehr konzentriert im Aroma und am Gaumen der Palazzi '12, reinsortiger Merlot, ein Wein, der zu Saftigkeit neigt. Dicht und gegliedert der Magnacosta '12, ausschließlich aus Trauben Cabernet Franc. Einige pflanzliche Noten zu viel im Bouquet des Le Cupole di Trinoro '12, Cuvée aus den jüngsten Weinbergen des Hauses.

● Tenuta di Trinoro '12	🍷🍷 8
● Magnacosta '12	🍷🍷 8
● Palazzi '12	🍷🍷 8
● Le Cupole di Trinoro '12	🍷 5
● Tenuta di Trinoro '08	🍷🍷🍷 8
● Tenuta di Trinoro '04	🍷🍷🍷 8
● Tenuta di Trinoro '03	🍷🍷🍷 8
● Tenuta di Trinoro '11	🍷🍷 8
● Tenuta di Trinoro '10	🍷🍷 8
● Tenuta di Trinoro '09	🍷🍷 8
● Tenuta di Trinoro '07	🍷🍷 8

Uccelliera
FRAZ. CASTELNUOVO DELL'ABATE
POD. UCCELLIERA, 45
53020 MONTALCINO [SI]
TEL. +39 0577835729
www.uccelliera-montalcino.it

DIREKTVERKAUF
BESUCH NACH VORANMELDUNG
JAHRESPRODUKTION 60.000 Flaschen
REBFLÄCHE 6 Hektar

Andrea Cortonesi ist ein Freigeist im besten Sinn des Wortes: offen und ehrlich lebt er sein Abenteuer als Winzer auf Uccelliera, ohne sich vorgefertigten technischen Vorgaben unterzuordnen; er führt seinen Dialog mit den südlichen Akzenten seiner Weinberge in Castelnuovo dell'Abate, an der Südost-Grenze von Montalcino. Wenig mehr als sechs Hektar auf einer Seehöhe von 250 Meter, vorwiegend auf sandigen, mittelschweren Tonböden gelegen. Die Vinifizierung ist auf jede Parzelle und die Eigenart jeder Lese abgestimmt, mit Barriques, die sich von Mal zu Mal mit nicht ausgekühlten Fässern aus slawonischer Eiche abwechseln. Wer den Stil von Uccelliera liebt, wird auch diesmal reichlich belohnt: wie man es von diesem Jahrgang erwartet, glänzt der Brunello '09 mit dunkler, kraftvoller Frucht, die von einem horizontalen, öligen Gaumen folgerichtig unterstützt wird. Mehr Beweglichkeit im Aroma und geschmackliche Frische im Brunello Riserva '08, bezaubernd im harzigen, jodhaltigen Anflug.

● Brunello di Montalcino '09	🍷🍷 6
● Brunello di Montalcino Ris. '08	🍷🍷 8
● Rapace '11	🍷 5
● Rosso di Montalcino '12	🍷 4
● Brunello di Montalcino '08	🍷🍷🍷 7
● Brunello di Montalcino Ris. '97	🍷🍷🍷 8
● Brunello di Montalcino '07	🍷🍷 7
● Brunello di Montalcino '06	🍷🍷 7
● Brunello di Montalcino '05	🍷🍷 6
● Brunello di Montalcino Ris. '07	🍷🍷 8
● Brunello di Montalcino Ris. '04	🍷🍷 8
● Rapace '08	🍷🍷 5
● Rosso di Montalcino '11	🍷🍷 4
● Rosso di Montalcino '07	🍷🍷 4

TOSKANA

F.lli Vagnoni
LOC. PANCOLE, 82
53037 SAN GIMIGNANO [SI]
TEL. +39 0577955077
www.fratellivagnoni.com

DIREKTVERKAUF
BESUCH NACH VORANMELDUNG
UNTERKUNFT
JAHRESPRODUKTION 120.000 Flaschen
REBFLÄCHE 20 Hektar
WEINBAU Biologisch anerkannt

Wie viele andere, hatte auch die Familie Vagnoni in den 1950er Jahren die Marken in Richtung San Gimignano verlassen, wo sie sich in Pancole ansiedelte. Mit den Jahren konnte der Betrieb in den Zahlen und in der Qualität zulegen und bewirtschaftet heute 20 Hektar nach biologischen Methoden. Das Terroir mit kühlem Klima beschert seit jeher Weine von ausgeprägter Mineralität: die Gebrüder Vagnoni konnten diese Trumpfkarte bestens nutzen und fertigen Weiße (aber auch Rote) von Format und schönem Wohlgeschmack, die auch sehr gut altern. Wie gewohnt ist der Riserva I Mocali, diesmal der 2011er, der Superwein des Hauses. Würzig, strukturiert, hat Nerv und Fülle, perfekt die Verschmelzung von Frucht und Holznoten durch den Ausbau in neuen Fässern. Der Vernaccia Fontabuccio '13 ist ein ungemein gelungener Jahrgangswein, stilistisch modern und rassig, die Struktur schlank und genussvoll, ein Hauch mehr an Komplexität durch feine Nuancen von neuem Holz. Eine Erwähnung verdient der exzellente Vin Santo Occhio di Pernice '07.

○ Vernaccia di S. Gimignano I Mocali Ris. '11	▼▼▼ 3*
● San Gimignano Vin Santo Occhio di Pernice '07	▼▼ 5
○ Vernaccia di S. Gimignano '13	▼▼ 2*
○ Vernaccia di S. Gimignano Fontabuccio '13	▼▼ 2*
● Chianti Colli Senesi '12	▼ 2
⊙ San Gimignano Rosato Pancolino '13	▼ 2
○ Vernaccia di S. Gimignano '12	▽▽ 2*
○ Vernaccia di S. Gimignano '11	▽▽ 2*
○ Vernaccia di S. Gimignano I Mocali Ris. '10	▽▽ 3*
○ Vernaccia di S. Gimignano I Mocali Ris. '09	▽▽ 3*

Val delle Corti
LOC. CASE SPARSE VAL DELLE CORTI, 144
53017 RADDA IN CHIANTI [SI]
TEL. +39 0577738215
www.valdellecorti.it

DIREKTVERKAUF
BESUCH NACH VORANMELDUNG
JAHRESPRODUKTION 30.000 Flaschen
REBFLÄCHE 6 Hektar
WEINBAU Biologisch anerkannt

Giorgio Bianchi, seit 1999 am Steuer, konnte den Familienbetrieb Val delle Corti in die Elite der Kellereien von Radda führen. Die schon seit längerem nach biologischen Regeln bewirtschafteten Weinberge werden langsam auf biodynamische Methoden umgestellt; im Keller sind Eingriffe wahrlich auf ein Mindestmaß beschränkt, der Ausbau geht vorwiegend in großen Fässern vor sich. Das ergibt Etiketten mit einer wunderbaren, geschmacklichen Tiefe und einem authentischen, territorialen Charakter. Qualitäten, die auch im Chianti Classico nicht überall zu finden sind. Der Chianti Classico '11 ist ein typischer Vertreter seiner Zunft. Feiner Duft, Frucht an vorderster Front mit einem Hauch von Erde und aromatischen Kräutern. Am Gaumen von schmackhafter Progression und lecker am Gaumen. Ein wenig verschleiert die Aromen des Chianti Classico Riserva '11, der mit Lebhaftigkeit und Rhythmus seine Stärke am Gaumen findet.

● Chianti Cl. '11	▼▼▼ 3*
● Chianti Cl. Ris. '11	▼▼ 5
● Chianti Cl. '10	▽▽▽ 3*
● Chianti Cl. '09	▽▽▽ 3*
● Chianti Cl. '06	▽▽ 2*
● Chianti Cl. '05	▽▽ 2*
● Chianti Cl. '04	▽▽ 2*
● Chianti Cl. '03	▽▽ 2
● Chianti Cl. Ris. '09	▽▽ 5
● Chianti Cl. Ris. '07	▽▽ 4
● Chianti Cl. Ris. '00	▽▽ 4
● Il Campino	▽▽ 2*

TOSKANA

Val di Suga
LOC. VAL DI CAVA
53024 MONTALCINO [SI]
TEL. +39 0577804101
www.tenimentiangelini.it

DIREKTVERKAUF
BESUCH NACH VORANMELDUNG
JAHRESPRODUKTION 270.000 Flaschen
REBFLÄCHE 55 Hektar

Es ist ein echtes "Projekt Sangiovese", das in den letzten Jahren von Val di Suga entwickelt wurde, einer der bedeutendsten Agrarbetriebe des Montalcino, der 1994 in den Besitz der Familie Angelini gelangte. Die rund 60 Hektar, betrieben nach den Geboten einer vernünftigen Landwirtschaft, wurden unter der Aufsicht des jungen Andrea Lonardi nach Lagen und Bodenbeschaffenheit in Parzellen gegliedert. Daraus ergaben sich drei Brunello-Edellagen, die separat vergoren werden, Vigna del Lago (am Nordhang), San Polo (Hochplateau im Südost-Quadranten, reich an Galestro), Vigna Spuntali (im Südwesten, eine der wenigen vulkanischen Gebiete der Denomination). Territoriale Unterschiede, souverän wiedergegeben von den vier Brunello, die für diese Ausgabe verkostet wurden. Herausragend der Vigna Spuntali '09, Sangiovese mit Kraft und Frische, von horizontaler Dimension, die sehr schön und ohne Zwang in die geschmackvolle Schiene geleitet wird. Straffer und balsamisch, aber auch schroffer im Gerbstoff, der vorzügliche Vigna del Lago '09.

● Brunello di Montalcino V. Spuntali '09	🍷🍷 8
● Brunello di Montalcino Poggio al Granchio '09	🍷🍷 7
● Brunello di Montalcino V. del Lago '09	🍷🍷 8
● Nobile di Montepulciano Simposio Tre Rose '09	🍷🍷 6
● Nobile di Montepulciano Villa Romizi Tre Rose '10	🍷🍷 5
● Brunello di Montalcino Val di Suga '09	🍷 5
● Nobile di Montepulciano Tre Rose '11	🍷 3
● Rosso di Montalcino '12	🍷 3
● Brunello di Montalcino Val di Suga '07	🍷🍷🍷 5
● Brunello di Montalcino '06	🍷🍷 5
● Brunello di Montalcino V. Spuntali Val di Suga '07	🍷🍷 8
● Brunello di Montalcino Val di Suga '08	🍷🍷 5
● Brunello di Montalcino Val di Suga Ris. '07	🍷🍷 5

Tenuta Valdipiatta
VIA DELLA CIARLIANA, 25A
53040 MONTEPULCIANO [SI]
TEL. +39 0578757930
www.valdipiatta.it

DIREKTVERKAUF
BESUCH NACH VORANMELDUNG
UNTERKUNFT
JAHRESPRODUKTION 100.000 Flaschen
REBFLÄCHE 22 Hektar

Giulio Caporali erwirbt dieses Gut Ende der 1980er Jahre und will es in einen modernen, effizienten Betrieb verwandeln. Daher die Entscheidung, direkt an den Ort des Geschehens zu übersiedeln und sich persönlich um die Bewirtschaftung zu kümmern. Seit Ende der 1990er Jahre wird er von Tochter Miriam unterstützt, die sich nach ihrem Studium in Rom ebenfalls für das Landleben entscheidet und 2002 definitiv das Steuer übernimmt: ihre Domänen sind der Keller, die kommerziellen Angelegenheiten und die Imagepflege, während Giulio sich nach wie vor um den Weinberg kümmert. Vorzüglich der Nobile Vigna d'Alfiero '10, der das Finale mit einem aufregenden und komplexen Aroma erreicht, in der Vielfalt deutlich erkennbare Empfindungen von Johannisbeeren und Heublumen. Gut strukturierter Körper, ausholend, dicht und erfreulich. Der Nobile '11 zeichnet sich durch anmutige Nuancen von Kirschen und Himbeeren aus, geschmeidiger Körper, Nerv und gute Struktur bescheren ein angenehmes Finale, das lange anhält.

● Nobile di Montepulciano V. d'Alfiero '10	🍷🍷 6
● Nobile di Montepulciano '11	🍷🍷 4
● Pinot Nero '10	🍷 5
● Nobile di Montepulciano V. d'Alfiero '99	🍷🍷🍷 5
● Nobile di Montepulciano '10	🍷🍷 4
● Nobile di Montepulciano '08	🍷🍷 4
● Nobile di Montepulciano V. d'Alfiero '08	🍷🍷 6
● Rosso di Montepulciano '10	🍷🍷 3

TOSKANA

★Tenuta di Valgiano
via di Valgiano, 7
55015 Lucca
Tel. +39 0583402271
www.valgiano.it

DIREKTVERKAUF
JAHRESPRODUKTION 70.000 Flaschen
REBFLÄCHE 25 Hektar
WEINBAU Biodynamisch anerkannt

Tenuta di Valgiano ist eine Welt für sich. Ein Mikrokosmos im instabilen Gleichgewicht, könnte man sagen, der schlicht und einfach nirgendwo anders möglich wäre. Valgiano, im Hügelland von Lucca, wo dieser Betrieb einen alternativen Weinbau eingeleitet hat, mit der Natur in Einklang und geboren aus einer biodynamischen Vision, die konkret und wenig doktrinär ist. Ein Verdienst der Entscheidungen von Moreno Petrini und Laura di Collobiano, gemeinsam mit Saverio Petrilli, der eine maßgebliche Autorität auf diesem Gebiet ist. Die Weine sind ausdrucksstark, authentische Abkömmlinge ihres Terroirs und der Trauben, aber auch einer überzeugenden Idee, die dahintersteht. Zum x.ten Male eine großartige Version von Tenuta di Valgiano, eine absolute Bezugsgröße im Panorama der Roten aus den Colline Lucchesi. Ungemein effektvoller Wein, mineralisch, dunkel im fruchtigen Kleid, anmutig aber intensiv und überzeugend im würzigen Mantel. Alles unterstützt durch einen herrlichen Gaumen, geschmeidig, unglaublich rhythmisch und eine endlose aromatische Spur im Finale. Ein Paradewein auch der Palistorti Bianco '13.

● Colline Lucchesi Tenuta di Valgiano '11	🍷🍷🍷	6
○ Colline Lucchesi Palistorti Bianco '13	🍷🍷	5
● Colline Lucchesi Tenuta di Valgiano '10	🍷🍷🍷	6
● Colline Lucchesi Tenuta di Valgiano '09	🍷🍷🍷	6
● Colline Lucchesi Tenuta di Valgiano '08	🍷🍷🍷	6
● Colline Lucchesi Tenuta di Valgiano '07	🍷🍷🍷	6
● Colline Lucchesi Tenuta di Valgiano '06	🍷🍷🍷	6
● Colline Lucchesi Tenuta di Valgiano '05	🍷🍷🍷	6
● Colline Lucchesi Tenuta di Valgiano '04	🍷🍷🍷	6

Varramista
loc. Varramista
via Ricavo
56020 Montopoli in Val d'Arno [PI]
Tel. +39 057144711
www.varramista.it

DIREKTVERKAUF
BESUCH NACH VORANMELDUNG
UNTERKUNFT
JAHRESPRODUKTION 65.000 Flaschen
REBFLÄCHE 14 Hektar

Lang ist die Geschichte von Varramista und der Personen, die diesen magischen Ort mit ihren Unternehmungen geprägt haben. Um 1950 wurde er zum Landsitz der Familien Piaggio und Agnelli und in den 1990er Jahren hatte ihn Giovanni Alberto Agnelli zu seiner Wohnstätte gewählt, wo er sich selbst um jedes Detail, einschließlich Weinberg, kümmerte. Neben der Sangiovese, wird damals auch die Syrah gepflanzt, die eine wichtige Rolle im betrieblichen Rebenpark übernimmt. Die Weine sind modern und präzise angelegt, aber können auch mit Persönlichkeit aufwarten. Der Frasca Rosso '11, aus Sangiovese, Merlot und Syrah, beschert Noten von Walderdbeeren, Heidelbeeren, mit einem kleinen Ausfall, der den aromatischen Zusammenhang nicht stört, sondern verschönt. Am Gaumen sehr gefällig, reichhaltig und originell, lecker und von schöner Länge. Gut auch der Sterpato '11: aus Sangiovese, Merlot, Cabernet mit einem mehr pflanzlichen Timbre. Erfreulich auch der Chianti Monsonaccio '11.

● Frasca Rosso '11	🍷🍷	3
● Sterpato '11	🍷🍷	2*
● Chianti Monsonaccio '11	🍷	2
● Marruchetone Rosso '11	🍷	3
● Varramista '00	🍷🍷🍷	6
● Frasca '08	🍷🍷	3
● Frasca '07	🍷🍷	3
● Frasca '05	🍷🍷	3
● Ottopioppi '08	🍷🍷	3
● Ottopioppi '05	🍷🍷	3
● Varramista '08	🍷🍷	6
● Varramista '07	🍷🍷	6
● Varramista '03	🍷🍷	6

TOSKANA

Vecchia Cantina di Montepulciano

VIA PROVINCIALE, 7
53045 MONTEPULCIANO [SI]
TEL. +39 0578716092
www.vecchiacantina.com

DIREKTVERKAUF
BESUCH NACH VORANMELDUNG
JAHRESPRODUKTION 3.500.000 Flaschen
REBFLÄCHE 1.000 Hektar

Vecchia Cantina ist das älteste Beispiel einer Winzergenossenschaft der Toskana: 1937 mit 14 Mitgliedern gegründet, eine Zahl, die in den Jahren allmählich auf über 400 angewachsen ist. Nach dem ersten Weltkrieg und dem Ende der Halbpacht mit der folgenden Neuzuteilung von Grund und Boden, kann der Weinbau Ende der 1960er Jahre auf einen neuen Weg gebracht werden. Heute verfügen die Mitglieder der Kooperative über mehr als tausend Hektar Rebfläche, davon über 400 in der Denomination von Montepulciano. Die Weine werden unter drei verschiedenen Labels vertrieben: die Linien Vecchia Cantina, Redi und Poggio Stella. Eine insgesamt gute Vorstellung, in der besonders die Rossi di Montepulciano überraschen: der Poggio Stella '13 mit aromatischer Fülle, reichem Körper, vollmundig und entspannt, während der Redi '13 ein vielschichtiges Aroma vorweist, schlank und frisch in der Struktur, würziges Finale. Klassisch und gut gemacht der Nobile '11.

I Veroni

LOC. I VERONI
VIA TIFARITI, 5
50065 PONTASSIEVE [FI]
TEL. +39 0558368886
www.iveroni.it

DIREKTVERKAUF
BESUCH NACH VORANMELDUNG
UNTERKUNFT
JAHRESPRODUKTION 100.000 Flaschen
REBFLÄCHE 15 Hektar

Der Betrieb hat eine interessante Geschichte: der Name kommt vom alten toskanischen Wort „verone", mit dem eine Terrasse oder ein Balkon bezeichnet wurde. In der Landwirtschaft war damit der breitere, oberste Treppenabsatz einer Außenstiege von Bauernhäusern gemeint, der zum Trocknen von Tabakblättern genutzt wurde. Wie aus alten Urkunden hervorgeht, betrieb man hier einen Weinbau bereits im späten 16. Jahrhundert. In den letzten zwei Jahrzehnten wurde der Betrieb unter der Führung von Lorenzo Mariani, Sohn der Besitzerin, auf einen modernen, effizienten Weg gebracht. So gelingen Weine, die ihr Terroir mit Präzision und Eleganz zum Ausdruck bringen. Insgesamt ein gutes Ergebnis, der Chianti Rufina '12 mit schönen, blumigen Aromen und frisch am Gaumen, und der Riserva '11, robust in der Struktur und herb in der Nase, mit schönen Empfindungen von Wiesenkräutern und trockenem Laub.

● Nobile di Montepulciano '11	🏆 3
● Rosso di Montepulciano Poggio Stella '13	🏆🏆 2*
● Rosso di Montepulciano Redi '13	🏆🏆 2*
○ Vin Santo di Montepulciano Poggio Stella '09	🏆🏆 6
● Nobile di Montepulciano Briareo Redi '08	🏆 5
● Nobile di Montepulciano Poggio Stella '11	🏆 3
● Rosso di Montepulciano '13	🏆 2
● Nobile di Montepulciano '09	🍷🍷 3
● Nobile di Montepulciano Poggio Stella '10	🍷🍷 3
● Nobile di Montepulciano Redi '10	🍷🍷 4
● Nobile di Montepulciano Vecchia Cantina '10	🍷🍷 3

● Chianti Rufina '12	🏆🏆 2*
● Chianti Rufina Ris. '11	🏆🏆 4
○ Bianco '13	🏆 2
○ Rosé '13	🏆 2
● Chianti Rufina '11	🍷🍷 2*
● Chianti Rufina Ris. '10	🍷🍷 4
● Chianti Rufina Ris. '09	🍷🍷 4
● Chianti Rufina Ris. '08	🍷🍷 4
● Chianti Rufina Ris. '07	🍷🍷 4
○ Vin Santo del Chianti Rufina '05	🍷🍷 5
○ Vin Santo del Chianti Rufina '03	🍷🍷 5

TOSKANA

Vescine
LOC. VESCINE
53017 RADDA IN CHIANTI [SI]
TEL. +39 0577741144
www.vescine.it

DIREKTVERKAUF
BESUCH NACH VORANMELDUNG
UNTERKUNFT UND GASTRONOMIE
JAHRESPRODUKTION 70.000 Flaschen
REBFLÄCHE 15 Hektar

Die toskanische Dependance der Familie Paladin steht in Radda in Chianti und verfügt über Weinberge in zwei unterschiedlichen Lagen: die erste im Süden, in der Nähe von Vescine, unweit der Grenze zu Castellina in Chianti, die zweite, Tenuta Castelvecchi, im Norden, im Herzen der historischen Edellagen dieser besonderen Unterzone des Chianti Classico. Stilistisch zeichnen sich die Weine durch Typizität aus und setzen auf Harmonie und Feinheit, die in territorialer Lesart interpretiert werden. Für den Ausbau kommt kleines und großes Holz meist maßvoll zum Einsatz. Insgesamt gut angelegt der Chianti Classico Lodaio Riserva '09. Im Duft intensiv und reintönig, entfaltet sich am Gaumen geschmeidig und nicht ohne Rhythmus. Saftig und angenehm würzig der Chianti Classico Capotondo '11, leicht rauchig im Aroma. Einige Härten im Gerbstoff machen den Chianti Classico Lodaio Riserva '10 einprägsam und herb, ein robuster Wein mit gutem Territorialcharakter.

● Chianti Cl. Capotondo '11	🍷🍷 3
● Chianti Cl. Lodolaio Ris. '10	🍷🍷 5
● Chianti Cl. Lodolaio Ris. '09	🍷🍷 5
● Chianti Cl. Madonnino della Pieve Gran Sel. Tenute di Castelvecchi '10	🍷🍷 5
● Chianti Cl. Capotondo '10	🍷 3
● Chianti Cl. Lodolaio Ris. '08	🍷🍷 6
● Chianti Cl. Lodolaio Ris. '07	🍷🍷 6
● Chianti Cl. Tenuta Castelvecchi Ris. '09	🍷🍷 4
● Chianti Cl. Tenute di Castelvecchi '10	🍷🍷 5
● Chianti Cl. Tenute di Castelvecchi '09	🍷🍷 6
● Chianti Cl. Tenute di Castelvecchi '08	🍷🍷 6

Villa Cafaggio
FRAZ. PANZANO IN CHIANTI
VIA SAN MARTINO IN CECIONE, 5
50022 GREVE IN CHIANTI [FI]
TEL. +39 0558549094
www.villacafaggio.it

DIREKTVERKAUF
BESUCH NACH VORANMELDUNG
JAHRESPRODUKTION 400.000 Flaschen
REBFLÄCHE 40 Hektar

Villa Cafaggio im Chianti Classico ist ein wunderschöner Besitz. Hier wurden schon gute Weine produziert, als es in der ersten Hälfte des 15. Jahrhunderts eine Besitzung der Benediktiner-Mönche war. Zum Gut gehören 70 Hektar, 40 davon sind Weinberge und überwiegend mit der Sangiovese bestockt. Nicht überraschend, denn wir befinden uns in der Conca d'Oro, in Panzano, einer der großen Cru der Denomination. Eigentümer ist heute der Trentiner Weinkonzern LaVis-Cantina di Montagna, der Führungsstil respektvoll gegenüber der Tradition und qualitätsorientiert. Von den drei vorgelegten Chianti Classico Riserva können zwei, die 2010er, unser Finale erreichen, eine Bestätigung, dass der von den neuen Eigentümern eingeschlagene Weg gut ist. Uns gefällt der Solatio am besten, ein Klassiker des Hauses, der mit einer höheren Struktur und Konzentration aufwarten kann, ohne die klassische Eleganz des Terroirs zu schmälern. Schmeichelnder und anmutiger der San Martino, der seine Trümpfe mit Feinheit in den Details und Harmonie ausspielt.

● Chianti Cl. Basilica San Martino Ris. '10	🍷🍷 5
● Chianti Cl. Basilica Solatio Ris. '10	🍷🍷 5
● Basilica del Cortaccio Cabernet Sauvignon '10	🍷🍷 5
● Basilica del Pruneto Merlot '10	🍷🍷 5
● Chianti Cl. Ris. '11	🍷🍷 4
● Chianti Cl. Ris. '03	🍷🍷🍷 5
● Chianti Cl. '08	🍷🍷 3
● Chianti Cl. Ris. '06	🍷🍷 5
● Chianti Cl. Ris. '04	🍷🍷 5

TOSKANA

Villa Pillo
Via Volterrana, 24
50050 Gambassi Terme [FI]
Tel. +39 0571680212
www.villapillo.com

DIREKTVERKAUF
BESUCH NACH VORANMELDUNG
JAHRESPRODUKTION 250.000 Flaschen
REBFLÄCHE 40 Hektar

Das Ehepaar John und Kathe Dyson feiert Silberhochzeit: nicht die eigene, sondern die ihres Weingutes, das sie 1989, aus den USA kommend, in der Toskana erworben hatten. Es war Liebe auf den ersten Blick und man war fasziniert auch von der prächtigen Palladio-Villa und dem Park, der vom ersten Besitzer, Marchese Incontri, im 18. Jahrhundert angelegt wurde. Bei den Renovierungsarbeiten, die auch den ganzen Weinbau betrafen, versuchte man, die Erfahrungen von Kalifornien mit den lokalen Traditionen zu vereinbaren. Das Ergebnis sind stilistisch internationale Weine, die aber auch ihre Herkunft sehr gut zu verkörpern wissen. Wie immer ist die Gleichmäßigkeit der Produktion ein Merkmal des Hauses. Angenehm der Borgoforte '12, aus Sangiovese mit Merlot und Cabernet Sauvignon, fruchtig und würzig in der Nase, im Körper weich und schmelzig. Intensiv der Cypresses '12, sortenreiner Sangiovese, harmonische, lineare Struktur, köstlich am Gaumen. Aufregend und würzig der Syrah '12, fleischig und saftig im Geschmack.

● Borgoforte '12	♛♛♛ 3
● Cypresses '12	♛♛♛ 3
● Merlot Sant'Adele '12	♛♛♛ 5
● Syrah '12	♛♛♛ 5
○ Vin Santo del Chianti '10	♛♛♛ 5
● Cingalino '13	♛ 2
● Borgoforte '09	♛♛ 3*
● Cypresses '11	♛♛ 5
● Cypresses '10	♛♛ 3
● Merlot Sant'Adele '11	♛♛ 5
● Merlot Sant'Adele '10	♛♛ 5
● Vivaldaia '11	♛♛ 4

Villa Vignamaggio
Via di Petriolo, 5
50022 Greve in Chianti [FI]
Tel. +39 055854661
www.vignamaggio.com

DIREKTVERKAUF
BESUCH NACH VORANMELDUNG
UNTERKUNFT UND GASTRONOMIE
JAHRESPRODUKTION 220.000 Flaschen
REBFLÄCHE 42 Hektar

Ein prachtvoller Ort, wegen der Landschaft und wegen der historischen Bedeutung der Villa. Ein Juwel der Renaissance, wo man auch übernachten kann, Ausgangsbasis für die Erkundung der Umgebung und ihrer Weine. Zum Gut gehören neben den gepflegten Weinbergen und dem Keller auch Olivenbäume und vieles mehr, die das typische, bunte Bild einer Chianti-Landwirtschaft ausmachen. Die Weine reifen je nach Typologie in Fässern verschiedener Größe. Sie sind vollmundig, intensiv und relativ modern im Charakter. Sehr interessant der Chianti Classico Terre di Prenzano '12. Entspannt im Aroma, klare Frucht, von schöner Frische und Integrität. Entspricht am Gaumen voll den Erwartungen, ein geschmeidiger Roter, vertikal, ausgesprochen saftig. Mehr auf grasige und leicht grillte Töne angelegt ist der Chianti Classico Gherardino '12.

● Chianti Cl. Castello di Monna Lisa Gran Sel. '10	♛♛♛ 5
● Chianti Cl. Terre di Prenzano '12	♛♛♛ 3
● Cabernet Franc '11	♛ 5
● Chianti Cl. Gherardino '12	♛♛♛ 3
● Il Morino '12	♛ 2
● Vignamaggio '06	♛♛♛ 7
● Vignamaggio '05	♛♛♛ 7
● Vignamaggio '04	♛♛♛ 6
● Vignamaggio '01	♛♛♛ 6
● Vignamaggio '00	♛♛♛ 6

TOSCANA

Tenuta Vitereta
VIA CASANUOVA, 108/1
52020 LATERINA [AR]
TEL. +39 057589058
www.tenutavitereta.com

DIREKTVERKAUF
BESUCH NACH VORANMELDUNG
UNTERKUNFT UND GASTRONOMIE
JAHRESPRODUKTION 80.000 Flaschen
REBFLÄCHE 45 Hektar
WEINBAU Biologisch anerkannt

Nicht immer kann man seine Leidenschaften und Träume verwirklichen. Das ist aber den Familien Bidini und Del Tongo mit diesem Gut gelungen. Es ist ein vielseitiger Betrieb. Wein- und Ölproduktion beanspruchen den größten Teil der Zeit, aber es werden auch Schweine für die Herstellung von Wurstwaren gezüchtet; außerdem liefern 500 Schafe die Milch für die eigene Käseerzeugung. Dazu gibt es Saatland und Wiesen, wo die Tiere zur Weide geführt werden. Auch ein Agriturismo steht den Besuchern zur Verfügung. Bei den Weinen nimmt der Vin Santo eine vorrangige Stelle ein, der mit viel Interesse und Hingabe gefertigt wird. Das Finale erreicht der Vin Santo Occhio di Pernice '07, intensive Noten von getrockneten Feigen und Datteln, mit Anklängen an aromatische Kräuter. Am Gaumen von samtiger Weichheit, betörend, ungemein schmeichelnd, mit einem sehr langen, angenehmen Abgang. Vorzüglich der Trebbiano '12, mineralische und fruchtig reife Empfindungen, von schöner, kraftvoller Struktur, im Finale schmackhaft und appetitlich.

○ Vin Santo del Chianti Occhio di Pernice '07	🍷 8
● Ripa della Mozza '11	🍷 3
○ Trebbiano di Toscana '12	🍷 4
● Chianti Lo Sterpo '12	🍷 2
○ Donna Aurora '12	🍷 4
● Villa Bernetti '10	🍷 4
● Ripa della Mozza '10	🍷 3
○ Trebbiano di Toscana '10	🍷 4
● Villa Bernetti '09	🍷 4
○ Vin Santo del Chianti Occhio di Pernice '06	🍷 8

Viticcio
VIA SAN CRESCI, 12A
50022 GREVE IN CHIANTI [FI]
TEL. +39 055854210
www.fattoriaviticcio.com

DIREKTVERKAUF
BESUCH NACH VORANMELDUNG
UNTERKUNFT
JAHRESPRODUKTION 250.000 Flaschen
REBFLÄCHE 39 Hektar

Fattoria Viticcio hat eine lange Vergangenheit in der Denomination des Chianti Classico, denn schon 1964 wurden die ersten Etiketten erzeugt. Stilistisch setzt man auf gut strukturierte, stoffliche Weine, getragen von einer nicht unwesentlichen Eiche, die aber durch abwechselnden Einsatz von großen und kleinen Fässern durchaus maßvoll bleibt. Das ergibt eine Kellerriege von zuverlässiger Qualität, die in einigen Etiketten auch ein absolutes Topniveau erreicht. Sehr gut getroffen der Chianti Classico '12, auch was seine Typizität betrifft, im gut definierten Duft wechseln Kirschen mit balsamischen Empfindungen. Am Gaumen straff und saftig. Von schöner Gediegenheit der Chianti Classico Beatrice Gran Selezione '11. Vorzügliche Materie im Chianti Classico Riserva '11. Gleiches gilt für den Prunaio '11, sortenreiner Sangiovese, und für den Monile '11, aus Cabernet Sauvignon und Merlot.

● Chianti Cl. '12	🍷 3
● Chianti Cl. Beatrice Gran Sel. '11	🍷 5
● Chianti Cl. Ris. '11	🍷 4
● Monile '11	🍷 6
● Prunaio '11	🍷 6
● Chianti Cl. '11	🍷 3*
● Chianti Cl. '10	🍷 3*
● Chianti Cl. '07	🍷 3*
● Chianti Cl. Beatrice Ris. '07	🍷 5
● Chianti Cl. Beatrice Ris. '06	🍷 5
● Prunaio '08	🍷 6

WEITERE KELLEREIEN

Agrisole
LOC. LA SERRA
VIA SERRA, 64
56028 SAN MINIATO [PI]
TEL. +39 0571409825
www.agri-sole.it

JAHRESPRODUKTION 30.000 Flaschen
REBFLÄCHE 6 Hektar

● Mafefa '10	🍷🍷 2*
● Malvasia Nera '12	🍷🍷 2*
● Colorino '12	🍷 5
○ Mafefa Bianco '13	🍷 2

Tenuta di Arceno - Arcanum
LOC. ARCENO
FRAZ. SAN GUSMÉ
53010 CASTELNUOVO BERARDENGA [SI]
TEL. +39 0577359346
www.tenutadiarceno.com

DIREKTVERKAUF
BESUCH NACH VORANMELDUNG
JAHRESPRODUKTION 250.000 Flaschen
REBFLÄCHE 92 Hektar

● Chianti Cl. '12	🍷🍷 3
● Chianti Cl. Strada al Sasso Ris. '10	🍷🍷 5
● Chianti Cl. Ris. '11	🍷 5

Argiano
FRAZ. SANT'ANGELO IN COLLE
53024 MONTALCINO [SI]
TEL. +39 0577844037
www.argiano.net

BESUCH NACH VORANMELDUNG
UNTERKUNFT
JAHRESPRODUKTION 350.000 Flaschen
REBFLÄCHE 51 Hektar

● Rosso di Montalcino '12	🍷🍷 3
● Brunello di Montalcino '09	🍷 6
● Non Confunditur '12	🍷 3
● Solengo '11	🍷 7

Artimino
FRAZ. ARTIMINO
V.LE PAPA GIOVANNI XXIII, 1
59015 CARMIGNANO [PO]
TEL. +39 0558751423
www.artimino.com

DIREKTVERKAUF
BESUCH NACH VORANMELDUNG
UNTERKUNFT UND GASTRONOMIE
JAHRESPRODUKTION 420.000 Flaschen
REBFLÄCHE 88 Hektar

○ Vin Santo di Carmignano '10	🍷🍷 4
⊙ Vin Ruspo '13	🍷 2

Il Balzo
VIA DEL POGGIOLO, 12
50068 RUFINA [FI]
TEL. +39 0558397556
podereilbalzo@alice.it

● Chianti Rufina '11	🍷🍷 4
● Chianti Rufina Ris. '11	🍷🍷 4

Basile
POD. MONTE MARIO
58044 CINIGIANO [GR]
TEL. +39 0564993227
www.basilessa.it

DIREKTVERKAUF
BESUCH NACH VORANMELDUNG
JAHRESPRODUKTION 35.000 Flaschen
REBFLÄCHE 6 Hektar
WEINBAU Biologisch anerkannt

● Montecucco Cartacanta '11	🍷🍷 3
● Maremma Comandante '11	🍷 3
● Montecucco Sangiovese Ad Agio Ris. '10	🍷 5

WEITERE KELLEREIEN

Batzella
Loc. Badia, 227
57024 Castagneto Carducci [LI]
Tel. +39 3393975888
www.batzella.com

DIREKTVERKAUF
BESUCH NACH VORANMELDUNG
UNTERKUNFT
JAHRESPRODUKTION 55.000 Flaschen
REBFLÄCHE 8 Hektar

● Bolgheri Digià '12	🍷🍷 3
⊙ Bolgheri Pinksy '13	🍷 2
○ Vox Loci '13	🍷 4

Belpoggio - Bellussi
Fraz. Castelnuovo dell'Abate
Loc. Bellaria
53024 Montalcino [SI]
Tel. +39 0423982147
www.belpoggio.it

BESUCH NACH VORANMELDUNG
JAHRESPRODUKTION 25.000 Flaschen
REBFLÄCHE 5 Hektar

● Brunello di Montalcino '09	🍷🍷 6
● Rosso di Montalcino '12	🍷🍷 4

Maurizio Brogioni
via San Cresci, 37
50022 Greve in Chianti [FI]
Tel. +39 0558544651

● Chianti Cl. '12	🍷🍷 3
● Chianti Cl. Ris. '09	🍷 4
● Syrah '12	🍷 3

Cantine Bellini
via Piave, 1
50068 Rufina [FI]
Tel. +39 0558396025
www.bellinicantine.it

DIREKTVERKAUF
JAHRESPRODUKTION 900.000 Flaschen
REBFLÄCHE 15 Hektar

● Chianti Rufina Ris. '11	🍷🍷 4
● Chianti '13	🍷 1*
● Comedia '10	🍷 2
● Le Lodole '10	🍷 2

Tenuta Bossi
Loc. Bossi
via dello Stracchino, 32
50065 Pontassieve [FI]
Tel. +39 0558317830
www.gondi.com

DIREKTVERKAUF
BESUCH NACH VORANMELDUNG
UNTERKUNFT
JAHRESPRODUKTION 40.000 Flaschen
REBFLÄCHE 19 Hektar

○ Vin Santo del Chianti Rufina Cardinal de Retz Ris. '03	🍷🍷 5
● Chianti Rufina Pian dei Sorbi Ris. '08	🍷 2
● Chianti Rufina Villa di Bossi Ris. '09	🍷 3
● Mazzaferrata '08	🍷 3

Buccia Nera
Loc. Campriano, 9
52100 Arezzo
Tel. +39 0575361613
www.buccianera.it

DIREKTVERKAUF
BESUCH NACH VORANMELDUNG
UNTERKUNFT
JAHRESPRODUKTION 50.000 Flaschen
REBFLÄCHE 50 Hektar
WEINBAU Biologisch anerkannt

● Chianti Guarniente '13	🍷🍷 2*
● Amadio '12	🍷 3
● Chianti Sup. Sassocupo '12	🍷 3

WEITERE KELLEREIEN

Le Calle
FRAZ. POGGI DEL SASSO
LOC. LA CAVA
58044 CINIGIANO [GR]
TEL. +39 0564990432
www.lecalle.it

DIREKTVERKAUF
BESUCH NACH VORANMELDUNG
UNTERKUNFT
JAHRESPRODUKTION 26.000 Flaschen
REBFLÄCHE 7 Hektar
WEINBAU Biologisch anerkannt

● Montecucco Poggio d'Oro '10	🍷🍷 3
● Montecucco Poggio d'Oro Ris. '09	🍷🍷 5
● Montecucco Campo Rombolo '12	🍷 2

Antonio Camillo
FRAZ. ALBERESE
S.DA BANDITELLA, 2
58100 GROSSETO
TEL. +39 0564405099
www.poggioargentiera.com

DIREKTVERKAUF
BESUCH NACH VORANMELDUNG
JAHRESPRODUKTION 20.000 Flaschen
REBFLÄCHE 5 Hektar
WEINBAU Biologisch anerkannt

● Vallerana Alta '12	🍷🍷 3*
● Principio '13	🍷🍷 2*

Campo alla Sughera
LOC. CACCIA AL PIANO, 280
57020 BOLGHERI [LI]
TEL. +39 0565766936
www.campoallasughera.com

DIREKTVERKAUF
BESUCH NACH VORANMELDUNG
JAHRESPRODUKTION 110.000 Flaschen
REBFLÄCHE 16 Hektar

● Bolgheri Adeo '12	🍷🍷 4
○ Bolgheri Bianco Achenio '13	🍷🍷 5
● Bolgheri Sup. Arnione '11	🍷🍷 6

Camporignano
FRAZ. MONTEGUIDI
53031 CASOLE D'ELSA [SI]
TEL. +39 0577963915
www.camporignano.com

DIREKTVERKAUF
JAHRESPRODUKTION 30.000 Flaschen
REBFLÄCHE 10 Hektar

● Cerronero '11	🍷🍷 5
● Camporignano '12	🍷 2
● Chianti '13	🍷 2
● Mattaione '11	🍷 3

Candialle
FRAZ. GREVE IN CHIANTI
VIA SAN LEOLINO, 71
50020 PANZANO [FI]
TEL. +39 055852201
www.candialle.com

BESUCH NACH VORANMELDUNG
JAHRESPRODUKTION 25.000 Flaschen
REBFLÄCHE 12 Hektar

● Chianti Cl. La Misse di Candialle '12	🍷🍷 3

Cantalici
FRAZ. CASTAGNOLI
VIA DELLA CROCE, 17-19
53013 GAIOLE IN CHIANTI [SI]
TEL. +39 0577731038
www.cantalici.it

DIREKTVERKAUF
BESUCH NACH VORANMELDUNG
JAHRESPRODUKTION 46.000 Flaschen
REBFLÄCHE 30 Hektar

● Chianti Cl. Baruffo Ris. '11	🍷🍷 3
● Chianti Cl. Baruffo '12	🍷 3

WEITERE KELLEREIEN

Caparsa
CASE SPARSE CAPARSA, 47
53017 RADDA IN CHIANTI [SI]
TEL. +39 0577738174
www.caparsa.it

DIREKTVERKAUF
BESUCH NACH VORANMELDUNG
UNTERKUNFT
JAHRESPRODUKTION 20.000 Flaschen
REBFLÄCHE 11 Hektar
WEINBAU Biologisch anerkannt

● Chianti Cl. Caparsino Ris. '10	🍷🍷 5
● Chianti Cl. Doccio a Matteo Ris. '11	🍷🍷 5

Cappella Sant'Andrea
LOC. CASALE, 26
53037 SAN GIMIGNANO [SI]
TEL. +39 0577940456
www.cappellasantandrea.it

DIREKTVERKAUF
BESUCH NACH VORANMELDUNG
JAHRESPRODUKTION 45.000 Flaschen
REBFLÄCHE 8 Hektar
WEINBAU Biologisch anerkannt

○ Vernaccia di S. Gimignano '13	🍷🍷 2*
○ Vernaccia di S. Gimignano Rialto '12	🍷🍷 3
● Chianti Colli Senesi Arciduca '12	🍷 2
⊙ Rosaeto '13	🍷 2

Podere Il Carnasciale
POD. IL CARNASCIALE
52020 MERCATALE VALDARNO [AR]
TEL. +39 0559911142
www.caberlot.eu

BESUCH NACH VORANMELDUNG
JAHRESPRODUKTION 3.000 Flaschen
REBFLÄCHE 5 Hektar

● Caberlot '11	🍷🍷 8

Casa Sola
S.DA DI CORTINE, 5
50021 BARBERINO VAL D'ELSA [FI]
TEL. +39 0558075028
www.fattoriacasasola.it

DIREKTVERKAUF
BESUCH NACH VORANMELDUNG
UNTERKUNFT
JAHRESPRODUKTION 100.000 Flaschen
REBFLÄCHE 26 Hektar

● Montarsiccio '10	🍷🍷 7
● Chianti Cl. Gran Sel. '10	🍷 7

Castel del Piano
VIA PIANO, 10
54016 LICCIANA NARDI [MS]
TEL. +39 0187475533
www.casteldelpianolunigiana.it

○ Bianco di Toscana Pian Piano '10	🍷🍷 3
○ Bianco di Toscana Durlindana '13	🍷 3
● Pinot Nero Melampo '11	🍷 5
● Vermentino Nero Pepe Nero '11	🍷 3

Castelfalfi
LOC. CASTELFALFI
50050 MONTAIONE [FI]
TEL. +39 0571891400
www.castelfalfi.it

● Poggionero '11	🍷🍷 3
● Chianti Cercaia '13	🍷 2
● S.Piero '13	🍷 2

WEITERE KELLEREIEN

Castello di Oliveto
VIA DI MONTE OLIVO, 6
50051 CASTELFIORENTINO [FI]
TEL. +39 057164322
www.castellooliveto.it

DIREKTVERKAUF
BESUCH NACH VORANMELDUNG
UNTERKUNFT UND GASTRONOMIE
JAHRESPRODUKTION 250.000 Flaschen
REBFLÄCHE 40 Hektar

○ Bianco dei Papi '13	🍷 2*
● Chianti Villa Montorsoli '13	🍷 2
● Leone X '10	🍷 4
○ Vin Santo del Chianti '03	🍷 5

Castello di Querceto
LOC. QUERCETO
VIA A. FRANÇOIS, 2
50020 GREVE IN CHIANTI [FI]
TEL. +39 05585921
www.castellodiquerceto.it

DIREKTVERKAUF
BESUCH NACH VORANMELDUNG
UNTERKUNFT
JAHRESPRODUKTION 600.000 Flaschen
REBFLÄCHE 60 Hektar

● Chianti Cl. Il Picchio Gran Sel. '11	🍷 6
● La Corte '10	🍷 5

Castello di Velona
LOC. VELONA
53024 MONTALCINO [SI]
TEL. +39 0577835700
www.castellodivelonavini.it

● Brunello di Montalcino '09	🍷 3
● Brunello di Montalcino Ris. '08	🍷 3

Castelsina
LOC. OSTERIA, 54A
53011 SINALUNGA [SI]
TEL. +39 0577663595
www.castelsina.it

● Chianti '13	🍷 3
● Orcia '13	🍷 3
● Sangiovese '13	🍷 2

Castelvecchio
LOC. SEANO
VIA DELLE MANNELLE, 19
59011 CARMIGNANO [PO]
TEL. +39 0558705451

● Carmignano '10	🍷 3*
○ Vin Santo di Carmignano '10	🍷 4
● Barco Reale '12	🍷 2
● Carmignano Vin Ruspo '13	🍷 2

Castiglion del Bosco
LOC. CASTIGLION DEL BOSCO
53024 MONTALCINO [SI]
TEL. +39 05771913750
www.castigliondelbosco.com

DIREKTVERKAUF
BESUCH NACH VORANMELDUNG
UNTERKUNFT UND GASTRONOMIE
JAHRESPRODUKTION 20.000 Flaschen
REBFLÄCHE 67 Hektar

● Brunello di Montalcino Campo del Drago '08	🍷 8
● Brunello di Montalcino '09	🍷 6

WEITERE KELLEREIEN

Simona Ceccherini
LOC. POGGIO CURZIO
58024 MASSA MARITTIMA [GR]
TEL. +39 0566904230
www.simonaceccherini.it

DIREKTVERKAUF
BESUCH NACH VORANMELDUNG
UNTERKUNFT UND GASTRONOMIE
JAHRESPRODUKTION 15.000 Flaschen
REBFLÄCHE 5 Hektar
WEINBAU Biologisch anerkannt

● Confiente '11	▼▼ 4
● Poggiocurzio '11	▼ 3
● Terigi 1876 '11	▼ 5

Cecilia
LOC. LA PILA
POD. LA CASINA, 8
57034 CAMPO NELL'ELBA [LI]
TEL. +39 024989864
www.aziendacecilia.it

DIREKTVERKAUF
BESUCH NACH VORANMELDUNG
JAHRESPRODUKTION 45.000 Flaschen
REBFLÄCHE 22 Hektar

● Elba Aleatico Passito '11	▼▼ 5
○ Elba Ansonica Cecilia '13	▼ 3
● Oglasa '11	▼ 4

La Certosa di Belriguardo
LOC. BELRIGUARDO
S.DA DI PETRICCIO E BELRIGUARDO
53100 SIENA
TEL. +39 0258313436
www.certosadibelriguardo.com

DIREKTVERKAUF
JAHRESPRODUKTION 7.000 Flaschen
REBFLÄCHE 8 Hektar

● Chiostro di Venere '10	▼▼ 5
● Inno '11	▼▼ 4
● Chianti '12	▼ 2
● Chianti Cl. Belriguardo '12	▼ 3

Podere La Chiesa
VIA VOLTERRANA, 467
56030 TERRICCIOLA [PI]
TEL. +39 0587635484
www.poderelachiesa.it

DIREKTVERKAUF
BESUCH NACH VORANMELDUNG
JAHRESPRODUKTION 25.000 Flaschen
REBFLÄCHE 5 Hektar

● Le Redole di Casanova '12	▼▼ 2*
● Sabiniano di Casanova '11	▼▼ 4
● Chianti Terre di Casanova '11	▼ 2
○ Punto di Vista '13	▼ 2

Podere il Ciabattino
LOC. CALZALUNGA, 181
57028 SUVERETO [LI]
TEL. +39 0565829271
calzalunga@gmail.com

JAHRESPRODUKTION 25.000 Flaschen
REBFLÄCHE 6 Hektar

● Milia '12	▼▼ 3
● Podere la Bandita '11	▼▼ 8

Podere della Civettaja
VIA DI CASINA ROSSA, 5A
52100 AREZZO
TEL. +39 3397098418

● Pinot Nero '11	▼▼ 3

WEITERE KELLEREIEN

Col di Bacche

Fraz. Montiano
S.da di Cupi
58010 Magliano in Toscana [GR]
Tel. +39 0564589538
www.coldibacche.com

DIREKTVERKAUF
BESUCH NACH VORANMELDUNG
JAHRESPRODUKTION 80.000 Flaschen
REBFLÄCHE 14 Hektar

● Morellino di Scansano Rovente Ris. '11	🍷🍷 5
● Morellino di Scansano '13	🍷 3
○ Vermentino '13	🍷 2

Colle di Bordocheo

Loc. Segromigno in Monte
Via di Piaggiori Basso, 107
55018 Capannori [LU]
Tel. +39 0583929821
www.colledibordocheo.com

DIREKTVERKAUF
BESUCH NACH VORANMELDUNG
UNTERKUNFT
JAHRESPRODUKTION 40.000 Flaschen
REBFLÄCHE 10 Hektar

○ Bianco dell'Oca '13	🍷 3
● Colline Lucchesi Picchio Rosso '11	🍷🍷 3
○ Colline Lucchesi Bordocheo Bianco '13	🍷 3
● Colline Lucchesi Bordocheo Rosso '12	🍷 2

Collemattoni

Loc. Sant'Angelo in Colle
Pod. Collemattoni, 100
53020 Montalcino [SI]
Tel. +39 0577844127
www.collemattoni.it

DIREKTVERKAUF
BESUCH NACH VORANMELDUNG
JAHRESPRODUKTION 35.000 Flaschen
REBFLÄCHE 7 Hektar

● Brunello di Montalcino '09	🍷🍷 6
● Brunello di Montalcino V. Fontelontano Ris. '07	🍷 7
● Rosso di Montalcino '12	🍷 3

Colognole

Loc. Colognole
Via del Palagio, 15
50068 Rufina [FI]
Tel. +39 0558319870
www.colognole.it

DIREKTVERKAUF
BESUCH NACH VORANMELDUNG
UNTERKUNFT UND GASTRONOMIE
JAHRESPRODUKTION 120.000 Flaschen
REBFLÄCHE 27 Hektar

● Chianti Rufina Ris. del Don '09	🍷🍷 5
● Chianti Rufina '11	🍷 2
○ Sinopie '13	🍷 3

Contucci

Via del Teatro, 1
53045 Montepulciano [SI]
Tel. +39 0578757006
www.contucci.it

DIREKTVERKAUF
BESUCH NACH VORANMELDUNG
UNTERKUNFT
JAHRESPRODUKTION 100.000 Flaschen
REBFLÄCHE 21 Hektar

○ Santo '07	🍷🍷 6
● Nobile di Montepulciano '11	🍷 3
● Nobile di Montepulciano Mulinvecchio '11	🍷 5
● Nobile di Montepulciano Ris. '10	🍷 5

Corbucci

Via Sant'Andrea a Gavignalla, 25a
50050 Gambassi Terme [FI]
Tel. +39 0571638201
www.corbuccichianti.com

● Chianti Ris. '09	🍷🍷 3
● 17Rè '09	🍷 3

WEITERE KELLEREIEN

Tenuta Il Corno
FRAZ. SAN PANCRAZIO
VIA MALAFRASCA, 64
50026 SAN CASCIANO IN VAL DI PESA [FI]
TEL. +39 0558248009
www.tenutailcorno.com

DIREKTVERKAUF
BESUCH NACH VORANMELDUNG
JAHRESPRODUKTION 200.000 Flaschen
REBFLÄCHE 67 Hektar

- Chianti Colli Fiorentini
  San Camillo Ris. '10   🍷🍷 2*
- Chianti Colli Fiorentini Foss'a Spina '11   🍷 2
- Minna e Moro '11   🍷 3

La Corsa
S.DA DEL PRATACCIONE, 19
58015 ORBETELLO [GR]
TEL. +39 0564880007
www.lacorsawine.it

DIREKTVERKAUF
BESUCH NACH VORANMELDUNG
JAHRESPRODUKTION 20.000 Flaschen
REBFLÄCHE 15 Hektar

- Aghiloro '13   🍷🍷 5
- Mandrione '11   🍷 8

Croce di Febo
LOC. SANT'ALBINO
VIA DI FONTELLERA, 19A
53045 MONTEPULCIANO [SI]
TEL. +39 0578799337
www.crocedifebo.com

DIREKTVERKAUF
BESUCH NACH VORANMELDUNG
UNTERKUNFT
JAHRESPRODUKTION 15.000 Flaschen
REBFLÄCHE 9 Hektar
WEINBAU Biologisch anerkannt

- ○ Vin Santo del Chianti Ris. '07   🍷🍷 8
- Nobile di Montepulciano '11   🍷 4
- Nobile di Montepulciano Amore Mio Ris. '10   🍷 6
- Rosso di Montepulciano '12   🍷 3

Dalle Nostre Mani
FRAZ. LA TORRE
VIA DEI CIPRESSI, 14
50054 FUCECCHIO [FI]
TEL. +39 3404659079
www.dallenostremani.com

BESUCH NACH VORANMELDUNG
UNTERKUNFT UND GASTRONOMIE
JAHRESPRODUKTION 40.000 Flaschen
REBFLÄCHE 14 Hektar
WEINBAU Biologisch anerkannt

- Foglia Punta '12   🍷🍷 3
- Foglia Tonda '12   🍷🍷 3
- Arialdo '13   🍷 2

Fattoria Dianella
VIA DIANELLA, 48
50059 VINCI [FI]
TEL. +39 0571508166
www.villadianella.it

DIREKTVERKAUF
BESUCH NACH VORANMELDUNG
UNTERKUNFT
JAHRESPRODUKTION 30.000 Flaschen
REBFLÄCHE 20 Hektar

- Il Matto delle Giuncaie '12   🍷🍷 4
- Chianti '13   🍷 2
- ⊙ Maria Vittoria and Ottavia Brut Rosé '13   🍷 4
- ○ Sereno e Nuvole '13   🍷 2

Fattoria di Dievole
FRAZ. VIGLIAGLI
VIA DIEVOLE, 6
53010 CASTELNUOVO BERARDENGA [SI]
TEL. +39 0577322613
www.dievole.it

DIREKTVERKAUF
BESUCH NACH VORANMELDUNG
UNTERKUNFT UND GASTRONOMIE
JAHRESPRODUKTION 550.000 Flaschen
REBFLÄCHE 91 Hektar

- Chianti Cl. La Vendemmia '12   🍷🍷 3
- Chianti Cl. Novecento Ris. '10   🍷🍷 5
- Broccato '11   🍷 5

WEITERE KELLEREIEN

Il Falcone
LOC. FALCONE, 186/187
57028 SUVERETO [LI]
TEL. +39 0565829331
www.ilfalcone.net

DIREKTVERKAUF
BESUCH NACH VORANMELDUNG
JAHRESPRODUKTION 35.000 Flaschen
REBFLÄCHE 10 Hektar

● Vallin dei Ghiri '12	🏆🏆 5
● Falcorosso '12	🏆 2
● Suvereto Boccalupo '11	🏆 3
○ Vermentino Falcobianco '13	🏆 2

Fattoria di Fiano
LOC. FIANO
VIA FIRENZE, 11
50050 CERTALDO [FI]
TEL. +39 0571669048
www.fattoriadifiano.it

DIREKTVERKAUF
BESUCH NACH VORANMELDUNG
JAHRESPRODUKTION 150.000 Flaschen
REBFLÄCHE 22 Hektar

● Fianesco '11	🏆🏆 5
● Chianti Colli Fiorentini '12	🏆 3
● Chianti Colli Fiorentini Ris. '11	🏆 2
● Chianti Ris. Fiano '11	🏆 2

Poderi Firenze
LOC. ABBANDONATO
58031 ARCIDOSSO [GR]
TEL. +39 0564967271
www.poderifirenze.it

JAHRESPRODUKTION 120.000 Flaschen
REBFLÄCHE 18 Hektar

● Montecucco Sangiovese Sottocasa '10	🏆🏆 3
○ Vermentino Sottocasa '13	🏆 2

Il Fitto
FRAZ. CIGNANO
LOC. C.S. CHIANACCE, 126
52042 CORTONA [AR]
TEL. +39 0575648988
www.podereilfitto.com

DIREKTVERKAUF
BESUCH NACH VORANMELDUNG
UNTERKUNFT
JAHRESPRODUKTION 30.000 Flaschen
REBFLÄCHE 8 Hektar

● Cortona Syrah '12	🏆🏆 2*
○ Cortona Vin Santo '10	🏆 5

Le Fonti
LOC. PANZANO IN CHIANTI
LOC. LE FONTI
50020 GREVE IN CHIANTI [FI]
TEL. +39 055852194
www.fattorialefonti.it

DIREKTVERKAUF
BESUCH NACH VORANMELDUNG
JAHRESPRODUKTION 40.000 Flaschen
REBFLÄCHE 9 Hektar
WEINBAU Biologisch anerkannt

● Chianti Cl. '11	🏆🏆 3
● La Lepre delle Fonti '11	🏆 2

Fontuccia
VIA PROVINCIALE, 54
58012 ISOLA DEL GIGLIO [GR]
TEL. +39 0564809576
www.fontuccia.it

JAHRESPRODUKTION 6.500 Flaschen
REBFLÄCHE 3 Hektar

○ N'antro Po' '13	🏆🏆 6
○ Senti Oh '13	🏆 4

WEITERE KELLEREIEN

La Fornace
POD. FORNACE, 154A
53024 MONTALCINO [SI]
TEL. +39 0577848465
www.agricola-lafornace.it

DIREKTVERKAUF
BESUCH NACH VORANMELDUNG
JAHRESPRODUKTION 15.000 Flaschen
REBFLÄCHE 4 Hektar

● Brunello di Montalcino '09	🍷🍷 6
● Brunello di Montalcino Ris. '08	🍷🍷 8
● Rosso di Montalcino '12	🍷 3

Fortulla - Agrilandia
LOC. CASTIGLIONCELLO
S.DA VICINALE DELLE SPIANATE
57016 ROSIGNANO MARITTIMO [LI]
TEL. +39 3404524453
www.fortulla.it

UNTERKUNFT
JAHRESPRODUKTION 50.000 Flaschen
REBFLÄCHE 7 Hektar
WEINBAU Biologisch anerkannt

● Sorpasso '10	🍷🍷 5
● Fortulla Rosso '12	🍷🍷 4
○ Terratico di Bibbona Fortulla Vermentino '13	🍷 4

La Fralluca
LOC. BARBICONI, 153
57028 SUVERETO [LI]
TEL. +39 0565829076
www.lafralluca.com

BESUCH NACH VORANMELDUNG
JAHRESPRODUKTION 30.000 Flaschen
REBFLÄCHE 10 Hektar

● Cabernet Franc '11	🍷🍷 6
○ Viognier Bauci '12	🍷🍷 3
○ Val di Cornia Vermentino Filemone '13	🍷 3
● Fillide '11	🍷 3

Frank & Serafico
FRAZ. ALBERESE
VIA FERRUCCI, 35
58100 GROSSETO
TEL. +39 3316411599
www.frankeserafico.com

DIREKTVERKAUF
BESUCH NACH VORANMELDUNG
JAHRESPRODUKTION 30.000 Flaschen
REBFLÄCHE 25 Hektar

● Morellino di Scansano Mr '12	🍷🍷 2*
● Frank '12	🍷 3
○ Redola Bianco '13	🍷 2
● Sangiovese '10	🍷 4

La Gerla
LOC. CANALICCHIO
POD. COLOMBAIO, 5
53024 MONTALCINO [SI]
TEL. +39 0577848599
www.lagerla.it

DIREKTVERKAUF
BESUCH NACH VORANMELDUNG
JAHRESPRODUKTION 80.000 Flaschen
REBFLÄCHE 12 Hektar

● Brunello di Montalcino '09	🍷🍷 5
● Brunello di Montalcino Gli Angeli Ris. '08	🍷🍷 7
● Birba '11	🍷 4
● Rosso di Montalcino '12	🍷 3

Giomi Zannoni
VIA AURELIA NORD, 63
57029 CAMPIGLIA MARITTIMA [LI]
TEL. +39 0565846416
www.giomi-zannoni.com

JAHRESPRODUKTION 18.000 Flaschen
REBFLÄCHE 7 Hektar

● Cabernet Sauvignon Aldò 917 '12	🍷🍷 5
○ Val di Cornia Corniola '13	🍷 3
● Val di Cornia Sangiovese Solemare '13	🍷 2

WEITERE KELLEREIEN

Tenuta di Gracciano della Seta
FRAZ. GRACCIANO
VIA UMBRIA, 59
53045 MONTEPULCIANO [SI]
TEL. +39 0578708340
www.gracciadellaseta.com

DIREKTVERKAUF
BESUCH NACH VORANMELDUNG
JAHRESPRODUKTION 50.000 Flaschen
REBFLÄCHE 18 Hektar

● Nobile di Montepulciano '11	♛♛ 3
● Nobile di Montepulciano Ris. '10	♛♛ 5
● Rosso di Montepulciano '12	♛ 2

Guidi
VIA LIGURIA
53036 POGGIBONSI [SI]
TEL. +39 0577936356
www.guidisrl1929.com

DIREKTVERKAUF
JAHRESPRODUKTION 20.000 Flaschen
REBFLÄCHE 14 Hektar

○ Vernaccia di San Gimignano '13	♛♛ 2*
○ Chardonnay '13	♛ 2

Istine
VIA ROMA, 11
53017 RADDA IN CHIANTI [SI]
TEL. +39 0577733684
www.istine.it

JAHRESPRODUKTION 20.000 Flaschen
REBFLÄCHE 34 Hektar

● Chianti Cl. V. Casanova '12	♛♛ 3
● Chianti Cl. V. Istine '12	♛♛ 3
● Chianti Cl. '12	♛ 3

Maurizio Lambardi
LOC. CANALICCHIO DI SOTTO, 8
53024 MONTALCINO [SI]
TEL. +39 0577848476
www.lambardimontalcino.it

DIREKTVERKAUF
BESUCH NACH VORANMELDUNG
JAHRESPRODUKTION 17.000 Flaschen
REBFLÄCHE 6 Hektar

● Brunello di Montalcino '09	♛♛ 5
● Rosso di Montalcino '12	♛ 3

Tenuta Lenzini
FRAZ. GRAGNANO
VIA DELLA CHIESA, 44
55012 CAPANNORI [LU]
TEL. +39 0583974037
www.tenutalenzini.it

DIREKTVERKAUF
BESUCH NACH VORANMELDUNG
UNTERKUNFT
JAHRESPRODUKTION 50.000 Flaschen
REBFLÄCHE 14 Hektar

● Syrah '11	♛♛ 5
● Merlot '12	♛ 2
● Poggio dei Paoli '11	♛ 4

Leuta
VIA PIETRAIA, 21
52044 CORTONA [AR]
TEL. +39 3385033560
www.leuta.it

DIREKTVERKAUF
BESUCH NACH VORANMELDUNG
JAHRESPRODUKTION 25.000 Flaschen
REBFLÄCHE 13 Hektar

● Cortona Solitario di Leuta '10	♛♛ 6
● Cortona Merlot 1,618 '09	♛ 5
● Cortona Syrah 0,618 '11	♛ 5
● Tau '11	♛ 4

WEITERE KELLEREIEN

Lombardo
FRAZ. GRACCIANO
VIA UMBRIA, 12
53040 MONTEPULCIANO [SI]
TEL. +39 0578708321
www.cantinalombardo.it

DIREKTVERKAUF
BESUCH NACH VORANMELDUNG
JAHRESPRODUKTION 100.000 Flaschen
REBFLÄCHE 32 Hektar

- Nobile di Montepulciano '11 — 🍷 3
- Nobile di Montepulciano Poggio Saragio '11 — 🍷 3
- Nobile di Montepulciano Ris. '10 — 🍷 4

La Madonnina - Triacca
LOC. STRADA IN CHIANTI
VIA PALAIA, 39
50027 GREVE IN CHIANTI [FI]
TEL. +39 055858003
www.triacca.com

BESUCH NACH VORANMELDUNG
JAHRESPRODUKTION 560.000 Flaschen
REBFLÄCHE 100 Hektar

- Chianti Cl. Bello Stento '12 — 🍷🍷 2*
- Chianti Cl. V. La Palaia '11 — 🍷🍷 3
- Chianti Cl. Ris. '11 — 🍷 4

Fattoria di Magliano
LOC. STERPETI, 10
58051 MAGLIANO IN TOSCANA [GR]
TEL. +39 0564593040
www.fattoriadimagliano.it

DIREKTVERKAUF
BESUCH NACH VORANMELDUNG
UNTERKUNFT UND GASTRONOMIE
JAHRESPRODUKTION 300.000 Flaschen
REBFLÄCHE 50 Hektar

- Perenzo '12 — 🍷🍷 6
- Morellino di Scansano Heba '13 — 🍷 2
- Poggio Bestiale '12 — 🍷 5
- Sinarra '13 — 🍷 3

Malacoda
LOC. BICCICOCCHI
S.DA VICINALE DI SANT'ERMO
56043 LORENZANA [PI]
TEL. +39 334 32 40 854
www.malacoda.it

- Le Code '11 — 🍷🍷 5
- Morso '12 — 🍷 3
- ○ Rosecongiorgia '13 — 🍷 2

Malenchini
LOC. GRASSINA
VIA LILLIANO E MEOLI, 82
50015 BAGNO A RIPOLI [FI]
TEL. +39 055642602
www.malenchini.it

DIREKTVERKAUF
BESUCH NACH VORANMELDUNG
JAHRESPRODUKTION 120.000 Flaschen
REBFLÄCHE 17 Hektar

- Bruzzico '11 — 🍷🍷 4
- Chianti '13 — 🍷 1*
- Chianti Colli Fiorentini '12 — 🍷 2

Fattoria Mantellassi
LOC. BANDITACCIA, 26
58051 MAGLIANO IN TOSCANA [GR]
TEL. +39 0564592037
www.fattoriamantellassi.it

DIREKTVERKAUF
BESUCH NACH VORANMELDUNG
JAHRESPRODUKTION 900.000 Flaschen
REBFLÄCHE 72 Hektar

- Morellino di Scansano Le Sentinelle Ris. '10 — 🍷🍷 4
- Morellino di Scansano Mentore '13 — 🍷 2
- Morellino di Scansano San Giuseppe '13 — 🍷 3

WEITERE KELLEREIEN

Marinelli
Fraz. Montenero d'Orcia
Pod. Marinelli
58033 Castel del Piano [GR]
Tel. +39 0564954039
www.aziendamarinelli.it

DIREKTVERKAUF
BESUCH NACH VORANMELDUNG
JAHRESPRODUKTION 35.000 Flaschen
REBFLÄCHE 7 Hektar

● Montecucco Rosso '11	♛♛ 2*
● Montecucco Sangiovese I Venti Ris. '11	♛♛ 4
● Montecucco Rosso Il Cacciatore '12	♛ 2

Cosimo Maria Masini
via Poggio al Pino, 16
56028 San Miniato [PI]
Tel. +39 0571465032
www.cosimomariamasini.it

DIREKTVERKAUF
BESUCH NACH VORANMELDUNG
JAHRESPRODUKTION 35.000 Flaschen
REBFLÄCHE 17 Hektar

● Nicole '12	♛♛ 3
● Sincero '13	♛♛ 2*
○ Annick '13	♛ 2
⊙ Matilde '13	♛ 2

Le Miccine
loc. Le Miccine
SS Traversa Chiantigiana, 44
53013 Gaiole in Chianti [SI]
Tel. +39 0577749526
www.lemiccine.com

DIREKTVERKAUF
BESUCH NACH VORANMELDUNG
UNTERKUNFT
JAHRESPRODUKTION 20.000 Flaschen
REBFLÄCHE 7 Hektar
WEINBAU Biologisch anerkannt

● Carduus '10	♛♛ 5
● Chianti Cl. Ris. '11	♛ 5

Fattoria Migliarina & Montozzi
loc. Migliarina, 84
52021 Bucine [AR]
Tel. +39 0559789029
www.migliarina.it

DIREKTVERKAUF
BESUCH NACH VORANMELDUNG
UNTERKUNFT
JAHRESPRODUKTION 25.000 Flaschen
REBFLÄCHE 28 Hektar
WEINBAU Biologisch anerkannt

● Val di Sopra Sangiovese Castello di Montozzi '11	♛♛ 4
● Vinile '11	♛♛ 3
● Cavasonno '11	♛ 2

Mola
loc. Gelsarello, 2
57031 Porto Azzurro [LI]
Tel. +39 0565958151
pavoletti@info.it

DIREKTVERKAUF
BESUCH NACH VORANMELDUNG
JAHRESPRODUKTION 47.000 Flaschen
REBFLÄCHE 12 Hektar

● Elba Aleatico '11	♛♛ 4
○ Elba Bianco Casa degli Ajali '13	♛♛ 2*
○ Elba Ansonica '13	♛ 3
○ Elba Vermentino '13	♛ 3

Il Molino di Grace
loc. Il Volano Lucarelli
50022 Greve in Chianti [FI]
Tel. +39 0558561010
www.ilmolinodigrace.com

DIREKTVERKAUF
BESUCH NACH VORANMELDUNG
JAHRESPRODUKTION 210.000 Flaschen
REBFLÄCHE 36 Hektar
WEINBAU Biologisch anerkannt

● Il Volano '11	♛♛ 4
● Chianti Cl. '12	♛ 5

WEITERE KELLEREIEN

Podere Monastero
Loc. Monastero
53011 Castellina in Chianti [SI]
Tel. +39 0577740436
www.poderemonastero.com

DIREKTVERKAUF
BESUCH NACH VORANMELDUNG
UNTERKUNFT
JAHRESPRODUKTION 7.000 Flaschen
REBFLÄCHE 3 Hektar

● La Pineta '12	🍷 6
● Campanaio '12	🍷 6

Tenuta di Montecucco
Loc. Montecucco
58044 Cinigiano [GR]
Tel. +39 0564999029
www.tenutadimontecucco.it

DIREKTVERKAUF
BESUCH NACH VORANMELDUNG
UNTERKUNFT
JAHRESPRODUKTION 60.000 Flaschen
REBFLÄCHE 10 Hektar
WEINBAU Biologisch anerkannt

● Montecucco Sangiovese Rigomoro '11	🍷 5
● Cannaiolo '13	🍷 2

Montepepe
Via Sforza, 76
54038 Montignoso [MS]
Tel. +39 0585831042
www.montepepe.com

DIREKTVERKAUF
BESUCH NACH VORANMELDUNG
JAHRESPRODUKTION 18.000 Flaschen
REBFLÄCHE 5 Hektar

○ Degeres '13	🍷 5
● Montepepe Rosso '11	🍷 5
○ Montepepe Bianco '12	🍷 4

Monteverro
S.da Aurelia Capalbio, 11
58011 Capalbio [GR]
Tel. +39 0564890721
www.monteverro.com

DIREKTVERKAUF
JAHRESPRODUKTION 65.000 Flaschen
REBFLÄCHE 27 Hektar

○ Vermentino '13	🍷 3
○ Chardonnay '11	🍷 8
● Terra di Monteverro '11	🍷 6
● Tinata '11	🍷 8

Morisfarms
Loc. Cura Nuova
Fattoria Poggetti
58024 Massa Marittima [GR]
Tel. +39 0566919135
www.morisfarms.it

DIREKTVERKAUF
BESUCH NACH VORANMELDUNG
UNTERKUNFT
JAHRESPRODUKTION 300.000 Flaschen
REBFLÄCHE 71 Hektar

● Avvoltore '11	🍷 6
● Maremma Toscana Mandriolo Rosso '13	🍷 1*
● Morellino di Scansano Ris. '11	🍷 4
○ Vermentino '13	🍷 2

Mulini di Segalari
Loc. Felciaino, 115a
57022 Castagneto Carducci [LI]
Tel. +39 0565765202
www.mulinidisegalari.it

● Bolgheri Sup. Ai Confini del Bosco '11	🍷 4

WEITERE KELLEREIEN

Tenute Niccolai - Palagetto
via Monteoliveto, 46
53037 San Gimignano [SI]
Tel. +39 0577943090
www.tenuteniccolai.it

DIREKTVERKAUF
BESUCH NACH VORANMELDUNG
UNTERKUNFT
JAHRESPRODUKTION 250.000 Flaschen
REBFLÄCHE 44 Hektar

○ Vernaccia di S. Gimignano Ris. '10	🍷🍷 3
○ Vernaccia di S. Gimignano Ventanni '12	🍷🍷 2*
○ l'Niccolò '13	🍷 3
○ Sauvignon '13	🍷 3

Ornina
s.da Ornina, 121
52016 Castel Focognano [AR]
Tel. +39 3939410053
www.ornina.it

DIREKTVERKAUF
BESUCH NACH VORANMELDUNG
UNTERKUNFT
JAHRESPRODUKTION 7.000 Flaschen
REBFLÄCHE 3 Hektar

● Ornina '11	🍷🍷 3
● Vallechiusa Rosso '12	🍷🍷 2*

Pagani de Marchi
loc. La Nocera
via della Camminata, 2
56040 Casale Marittimo [PI]
Tel. +39 0586653016
www.paganidemarchi.com

DIREKTVERKAUF
BESUCH NACH VORANMELDUNG
JAHRESPRODUKTION 30.000 Flaschen
REBFLÄCHE 6 Hektar

● Casa Nocera '10	🍷🍷 5
● Montescudaio Montaleo '12	🍷🍷 2*
● Montescudaio Principe Guerriero '10	🍷 4
● Olmata '11	🍷 4

Pakravan-Papi
loc. Ortacavoli - Nocolino
56046 Riparbella [PI]
Tel. +39 0586786076
www.pakravan-papi.it

DIREKTVERKAUF
BESUCH NACH VORANMELDUNG
JAHRESPRODUKTION 30.000 Flaschen
REBFLÄCHE 15 Hektar

● Beccacciaia '12	🍷🍷 5
● Sangiovese Gabbriccio '12	🍷🍷 3
○ Chardonnay Serra dei Cocci '13	🍷 3
○ Valdimare Bianco '13	🍷 2

Il Palagio
fraz. Ulignano
loc. Il Palagio
53034 San Gimignano [SI]
Tel. +39 0577940404
www.ilpalagio.it

DIREKTVERKAUF
JAHRESPRODUKTION 40.000 Flaschen
REBFLÄCHE 6 Hektar

○ Chardonnay Chioppaia '13	🍷🍷 3
○ Sauvignon Melaia '13	🍷 3
○ Vernaccia di San Gimignano Le Ginestrelle '13	🍷 2

Il Palagione
via per Castel San Gimignano, 36
53037 San Gimignano [SI]
Tel. +39 0577953134
www.ilpalagione.com

DIREKTVERKAUF
BESUCH NACH VORANMELDUNG
UNTERKUNFT
JAHRESPRODUKTION 40.000 Flaschen
REBFLÄCHE 16 Hektar
WEINBAU Biologisch anerkannt

● Chianti Colli Senesi Draco Ris. '11	🍷🍷 3
○ Vernaccia di S. Gimignano Hydra '13	🍷 2
○ Vernaccia di S. Gimignano Ori Ris. '12	🍷 3

WEITERE KELLEREIEN

La Palazzetta
Fraz. Castelnuovo dell'Abate
Via Borgo di Sotto, 40
53024 Montalcino [SI]
Tel. +39 0577835531
www.fanti.beepworld.it

DIREKTVERKAUF
BESUCH NACH VORANMELDUNG
UNTERKUNFT
JAHRESPRODUKTION 60.000 Flaschen
REBFLÄCHE 20 Hektar

● Rosso di Montalcino '12	🍷🍷 3
● Brunello di Montalcino '09	🍷 5

Palazzo
Loc. Palazzo, 144
53024 Montalcino [SI]
Tel. +39 0577849226
www.aziendapalazzo.it

DIREKTVERKAUF
BESUCH NACH VORANMELDUNG
JAHRESPRODUKTION 20.000 Flaschen
REBFLÄCHE 4 Hektar
WEINBAU Biodynamisch anerkannt

● Brunello di Montalcino '09	🍷🍷 6
● Rosso di Montalcino '12	🍷 3

Marchesi Pancrazi Tenuta di Bagnolo
Fraz. Bagnolo
Via Montalese, 156
59013 Montemurlo [PO]
Tel. +39 0574652439
www.pancrazi.it

DIREKTVERKAUF
BESUCH NACH VORANMELDUNG
JAHRESPRODUKTION 10.000 Flaschen
REBFLÄCHE 5 Hektar

● Pinot Nero '11	🍷🍷 5
⊙ Pinot Nero Rosato '13	🍷 2
● San Donato '13	🍷 2

Il Paradiso di Manfredi
Via Canalicchio, 305
53024 Montalcino [SI]
Tel. +39 0577848478
www.ilparadisodimanfredi.com

● Brunello di Montalcino '09	🍷🍷 5
● Rosso di Montalcino '12	🍷 4

Pepi Lignana Fattoria Il Casolone
Via Aurelia, 18 km 140,5
58016 Orbetello [GR]
Tel. +39 0564 862 160
www.pepilignanawine.com

● Maremma Cerida '12	🍷🍷 2*
● Il Cucchetto '12	🍷 3
○ Leopoldino '13	🍷 2

Petricci e Del Pianta
Loc. San Lorenzo, 20
57028 Suvereto [LI]
Tel. +39 0565845140
www.petriccidelpianta.it

DIREKTVERKAUF
BESUCH NACH VORANMELDUNG
JAHRESPRODUKTION 40.000 Flaschen
REBFLÄCHE 11 Hektar

○ Val di Cornia Aleatico Passito Stillo '12	🍷🍷 5
● Val di Cornia Suvereto Sangiovese Buca di Cleonte '11	🍷🍷 4
○ Fabula '13	🍷 2

WEITERE KELLEREIEN

La Piana
via Regina Margherita, 4
57032 Capraia Isola [LI]
Tel. +39 3920592988
www.lapianacapraia.it

BESUCH NACH VORANMELDUNG
JAHRESPRODUKTION 8.000 Flaschen
REBFLÄCHE 6 Hektar
WEINBAU Biologisch anerkannt

● Cristino '13	🍷🍷 5
○ Palmazio '13	🍷 3
⊙ Rosa della Piana '13	🍷 3

Le Pianacce
loc. Pianacce, 198
57028 Suvereto [LI]
Tel. +39 0565828027

DIREKTVERKAUF
BESUCH NACH VORANMELDUNG
JAHRESPRODUKTION 13.000 Flaschen
REBFLÄCHE 4 Hektar

● Diavolino Rosso '11	🍷🍷 4
● Le Pianacce '12	🍷 3

Piandaccoli
via di Piandaccoli, 7
50055 Lastra a Signa [FI]
Tel. +39 0550750005
www.piandaccoli.it

● Maiorem '11	🍷🍷 2*
● Chianti Cosmus '11	🍷🍷 3
● Imprimis '11	🍷 2

Piccini
loc. Piazzole, 25
53011 Castellina in Chianti [SI]
Tel. +39 057754011
www.tenutepiccini.it

BESUCH NACH VORANMELDUNG
JAHRESPRODUKTION 10.000.000 Flaschen
REBFLÄCHE 290 Hektar

● Bolgheri Rosso Pietracupa Tenuta Moraia '12	🍷🍷 3
● Vino in Musica '10	🍷🍷 4
● Maremma Il Pacchia Tenuta Moraia '11	🍷 2

Pietrafitta
loc. Cortennano, 54
53037 San Gimignano [SI]
Tel. +39 0577943200
www.pietrafitta.com

DIREKTVERKAUF
BESUCH NACH VORANMELDUNG
UNTERKUNFT
JAHRESPRODUKTION 230.000 Flaschen
REBFLÄCHE 80 Hektar

○ S. Gimignano Vin Santo '04	🍷🍷 5
○ Vernaccia di S. Gimignano La Costa Ris. '11	🍷🍷 4
○ Vernaccia di S. Gimignano Borghetto '13	🍷 3

Pietraserena
via Casale, 5
53037 San Gimignano [SI]
Tel. +39 0577940083
www.arrigoni1913.it

DIREKTVERKAUF
BESUCH NACH VORANMELDUNG
UNTERKUNFT UND GASTRONOMIE
JAHRESPRODUKTION 200.000 Flaschen
REBFLÄCHE 35 Hektar

● Chianti Colli Senesi Poggio al Vento '11	🍷🍷 2*
○ Vernaccia di S. Gimignano Vigna del Sole '13	🍷🍷 2*
● Chianti Colli Senesi Caulio '11	🍷 3

WEITERE KELLEREIEN

La Pieve

LOC. LA PIEVE
VIA SANTO STEFANO
50050 MONTAIONE [FI]
TEL. +39 0571697934
info@lapieve.net

DIREKTVERKAUF
BESUCH NACH VORANMELDUNG
UNTERKUNFT
JAHRESPRODUKTION 50.000 Flaschen
REBFLÄCHE 20 Hektar
WEINBAU Biologisch anerkannt

● Syrah Gobbo Nero '11	♛♛ 3
● Chianti Fortebraccio Ris. '10	♛ 3
● Chianti La Pieve '12	♛ 2
○ Le Fate Furbe '13	♛ 2

Pinino

LOC. PININO, 327
53024 MONTALCINO [SI]
TEL. +39 0577849381
www.pinino.com

DIREKTVERKAUF
BESUCH NACH VORANMELDUNG
JAHRESPRODUKTION 90.000 Flaschen
REBFLÄCHE 16 Hektar

● Brunello di Montalcino '09	♛♛ 6

Podere 414

LOC. MAIANO LAVACCHIO, 10
58051 MAGLIANO IN TOSCANA [GR]
TEL. +39 0564507818
www.podere414.it

DIREKTVERKAUF
BESUCH NACH VORANMELDUNG
JAHRESPRODUKTION 125.000 Flaschen
REBFLÄCHE 14 Hektar
WEINBAU Biologisch anerkannt

● Aleatico Passito '13	♛♛ 7
● Morellino di Scansano '12	♛♛ 3
● Flower Power '13	♛ 2

Poderi del Paradiso

LOC. STRADA, 21A
53037 SAN GIMIGNANO [SI]
TEL. +39 0577941500
www.poderidelparadiso.it

DIREKTVERKAUF
BESUCH NACH VORANMELDUNG
UNTERKUNFT
JAHRESPRODUKTION 145.000 Flaschen
REBFLÄCHE 27 Hektar

● San Gimignano Sangiovese Bottaccio '10	♛♛ 5
○ Vernaccia di S. Gimignano '13	♛ 3
○ Vernaccia di S. Gimignano Biscondola '12	♛ 3

Poggio al Sole

LOC. BADIA A PASSIGNANO
S.DA RIGNANA, 2
50028 TAVARNELLE VAL DI PESA [FI]
TEL. +39 0558071850
www.poggioalsole.com

DIREKTVERKAUF
BESUCH NACH VORANMELDUNG
UNTERKUNFT
JAHRESPRODUKTION 80.000 Flaschen
REBFLÄCHE 18 Hektar
WEINBAU Biologisch anerkannt

● Chianti Cl. '11	♛♛ 6

Poggio Alloro

LOC. SANT'ANDREA
53037 SAN GIMIGNANO [SI]
TEL. +39 0577950276
www.fattoriapoggioalloro.com

JAHRESPRODUKTION 200.000 Flaschen
REBFLÄCHE 25 Hektar

● San Gimignano Rosso Convivio '12	♛♛ 2*
○ Vernaccia San Gimignano '13	♛♛ 2*
⊙ Rosato '13	♛ 2
○ Vernaccia San Gimignano Nicchiaio '13	♛ 2

WEITERE KELLEREIEN

Poggio dell'Aquila
LOC. POGGIOLO, 259
53024 MONTALCINO [SI]
TEL. +39 0577848533
www.poggiodellaquila.it

● Brunello di Montalcino Ris. '08	♛♛ 8
● Rosso di Montalcino '12	♛♛ 2*
● Brunello di Montalcino '09	♛ 6

Podere Poggio Scalette
LOC. RUFFOLI
VIA BARBIANO, 7
50022 GREVE IN CHIANTI [FI]
TEL. +39 0558546108
www.poggioscalette.it

BESUCH NACH VORANMELDUNG
JAHRESPRODUKTION 50.000 Flaschen
REBFLÄCHE 22 Hektar

● Chianti Cl. '12	♛♛ 3
● Il Carbonaione '11	♛♛ 6
● Capogatto '11	♛ 6

Poggio Torselli
VIA SCOPETI, 10
50026 SAN CASCIANO IN VAL DI PESA [FI]
TEL. +39 0558290241
www.poggiotorselli.it

DIREKTVERKAUF
BESUCH NACH VORANMELDUNG
JAHRESPRODUKTION 40.000 Flaschen
REBFLÄCHE 30 Hektar

● Chianti Cl. '12	♛♛ 3
● Torsellino del Poggio '12	♛ 2

Il Poggiolo
LOC. POGGIOLO, 259
53024 MONTALCINO [SI]
TEL. +39 0577848412
www.ilpoggiolomontalcino.com

DIREKTVERKAUF
BESUCH NACH VORANMELDUNG
JAHRESPRODUKTION 40.000 Flaschen
REBFLÄCHE 7 Hektar

● Brunello di Montalcino '09	♛♛ 6
● Brunello di Montalcino Bramante Cosimi '09	♛♛ 6
● Rosso di Montalcino '12	♛ 5

Fattoria di Poggiopiano Galardi
VIA DEI BASSI, 13
50061 FIESOLE [FI]
TEL. +39 0556593020
www.poggiopiano.it

● Poggio Galardi '11	♛♛ 3
● Chianti Galardi '11	♛ 2
○ Erta al Mandorlo '13	♛ 2

Pometti
LOC. LA SELVA, 16
53020 TREQUANDA [SI]
TEL. +39 057747833
www.pometti.it

DIREKTVERKAUF
BESUCH NACH VORANMELDUNG
UNTERKUNFT UND GASTRONOMIE
JAHRESPRODUKTION 35.000 Flaschen
REBFLÄCHE 11 Hektar

● Tinotre '11	♛♛ 4
● Tarchun Us '11	♛ 3
● Villa Boscarello '11	♛ 4

WEITERE KELLEREIEN

Podere Il Pozzo
via Argomenna, 14/15
50065 Pontassieve [FI]
Tel. +39 0558396025
www.bellinicantine.it

DIREKTVERKAUF
JAHRESPRODUKTION 50.000 Flaschen
REBFLÄCHE 10 Hektar

● Chianti Rufina V. V. Ris. '11	🍷🍷 3
● Chianti Rufina '12	🍷 2

Provveditore
loc. Salaiolo, 174
58054 Scansano [GR]
Tel. +39 3487018670
www.provveditore.net

DIREKTVERKAUF
BESUCH NACH VORANMELDUNG
GASTRONOMIE
JAHRESPRODUKTION 15.000 Flaschen
REBFLÄCHE 30 Hektar

● Morellino di Scansano Irio '13	🍷🍷 2*
○ Bargaglino '13	🍷 2
● Morellino di Scansano Primo Ris. '11	🍷 4

Querceto di Castellina
loc. Querceto, 9
53011 Castellina in Chianti [SI]
Tel. +39 0577733590
www.querceto.com

DIREKTVERKAUF
BESUCH NACH VORANMELDUNG
UNTERKUNFT
JAHRESPRODUKTION 40.000 Flaschen
REBFLÄCHE 11 Hektar
WEINBAU Biologisch anerkannt

● Chianti Cl. Vign. Belvedere Ris. '10	🍷🍷 5
● Podalirio '11	🍷🍷 5

Quercia Sola
loc. Stercolati
58044 Cinigiano [GR]
Tel. +39 3485602254
www.querciasola.it

JAHRESPRODUKTION 14.000 Flaschen
REBFLÄCHE 3 Hektar

● Montecucco Sangiovese Soléa '12	🍷🍷 3
● Quercia Sola '12	🍷 2

La Rasina
loc. Rasina, 132
53024 Montalcino [SI]
Tel. +39 0577848536
www.larasina.it

DIREKTVERKAUF
BESUCH NACH VORANMELDUNG
UNTERKUNFT
JAHRESPRODUKTION 60.000 Flaschen
REBFLÄCHE 11 Hektar

● Brunello di Montalcino '09	🍷🍷 6

Tenute delle Ripalte
loc. Ripalte
57031 Capoliveri [LI]
Tel. +39 056594211
www.tenutadelleripalte.it

DIREKTVERKAUF
BESUCH NACH VORANMELDUNG
UNTERKUNFT UND GASTRONOMIE
JAHRESPRODUKTION 60.000 Flaschen
REBFLÄCHE 15 Hektar

● Alicante '12	🍷🍷 3
⊙ Rosato '13	🍷 3
○ Vermentino '13	🍷 3

WEITERE KELLEREIEN

Podere Ristella
VIA MELETA SUD
58036 GROSSETO
TEL. +39 0564578039
www.podereristella.it

BESUCH NACH VORANMELDUNG
UNTERKUNFT
JAHRESPRODUKTION 35.000 Flaschen
REBFLÄCHE 6 Hektar

● Maremma Giovenco '12	🍷 3
● Ghitto di Naldo '12	🍷 4
○ Maremma Bianco Bazzico '13	🍷 3
● Maremma Stancabove '12	🍷 2

Massimo Romeo
FRAZ. GRACCIANO
LOC. NOTTOLA, SS 326, 25
53040 MONTEPULCIANO [SI]
TEL. +39 0578708599
www.massimoromeo.it

DIREKTVERKAUF
BESUCH NACH VORANMELDUNG
JAHRESPRODUKTION 20.000 Flaschen
REBFLÄCHE 6 Hektar

● Nobile di Montepulciano '11	🍷 3*
● Nobile di Montepulciano Lipitiresco '10	🍷 4

Rubbia al Colle - Muratori
LOC. POGGETTO ALLE PULLEDRE
57028 SUVERETO [LI]
TEL. +39 0565827026
www.arcipelagomuratori.it

DIREKTVERKAUF
BESUCH NACH VORANMELDUNG
JAHRESPRODUKTION 200.000 Flaschen
REBFLÄCHE 72 Hektar
WEINBAU Biologisch anerkannt

● Le Pulledre '11	🍷 6
● Rabuccolo '11	🍷 2
● Sangiovese Barricoccio '12	🍷 4
● Suvereto Sangiovese V. Usilio '10	🍷 5

Rubicini
LOC. SAN BENEDETTO, 17C
53037 SAN GIMIGNANO [SI]
TEL. +39 0577944816
www.rubicini.com

DIREKTVERKAUF
BESUCH NACH VORANMELDUNG
JAHRESPRODUKTION 60.000 Flaschen
REBFLÄCHE 10 Hektar

● Chianti Colli Senesi Ris. Tripudio Rosso '10	🍷 3
○ Vernaccia di S. Gimignano '13	🍷 2*
● Chianti Colli Senesi '13	🍷 2

Sada
SP DEI 3 COMUNI
56040 CASALE MARITTIMO [PI]
TEL. +39 0586650180
www.agricolasada.com

DIREKTVERKAUF
BESUCH NACH VORANMELDUNG
JAHRESPRODUKTION 60.000 Flaschen
REBFLÄCHE 12 Hektar
WEINBAU Biologisch anerkannt

● Bolgheri Sup. '11	🍷 6
● Integolo '12	🍷 6
○ Vermentino '13	🍷 3

Podere Salicutti
POD. SALICUTTI, 174
53024 MONTALCINO [SI]
TEL. +39 0577847003
www.poderesalicutti.it

DIREKTVERKAUF
BESUCH NACH VORANMELDUNG
UNTERKUNFT
JAHRESPRODUKTION 15.000 Flaschen
REBFLÄCHE 4 Hektar
WEINBAU Biologisch anerkannt

● Brunello di Montalcino Piaggione Ris. '08	🍷 8
● Rosso di Montalcino Sorgente '11	🍷 5
● Brunello di Montalcino Tre Vigne '09	🍷 8

WEITERE KELLEREIEN

Conti di San Bonifacio
Loc. Casteani, 1
58023 Gavorrano [GR]
Tel. +39 056680006
www.contidisanbonifacio.com

DIREKTVERKAUF
UNTERKUNFT UND GASTRONOMIE
JAHRESPRODUKTION 18.400 Flaschen
REBFLÄCHE 7 Hektar
WEINBAU Biologisch anerkannt

● Docet '11	🍷🍷 5
● Monteregio di Massa Marittima '11	🍷 3
● Sustinet '11	🍷 6

Fattoria San Fabiano Borghini Baldovinetti
Loc. San Fabiano, 33
52100 Arezzo
Tel. +39 057524566
www.fattoriasanfabiano.it

DIREKTVERKAUF
BESUCH NACH VORANMELDUNG
UNTERKUNFT
JAHRESPRODUKTION 100.000 Flaschen
REBFLÄCHE 270 Hektar

○ Vin Santo I Cannicci del Conte '08	🍷🍷 5
● Chianti '13	🍷 2
● Chianti Et. Nera '12	🍷 2
○ Chiaro di San Fabiano '13	🍷 2

San Ferdinando
Loc. Ciggiano
via del Gargaiolo, 33
52041 Civitella in Val di Chiana [AR]
Tel. +39 0575440355
www.sanferdinando.eu

DIREKTVERKAUF
BESUCH NACH VORANMELDUNG
UNTERKUNFT
JAHRESPRODUKTION 30.000 Flaschen
REBFLÄCHE 10 Hektar

● Sangiovese '10	🍷🍷 3
● Chianti Podere Gamba '12	🍷 2
● Pugnitello '12	🍷 3
○ Vermentino '13	🍷 3

San Filippo
Loc. San Filippo, 134
53024 Montalcino [SI]
Tel. +39 0577847176
www.sanfilippomontalcino.com

JAHRESPRODUKTION 50.000 Flaschen
REBFLÄCHE 10 Hektar

● Brunello di Montalcino '09	🍷🍷 6
● Brunello di Montalcino Le Lucere '09	🍷 6
● Rosso di Montalcino '12	🍷 5

San Michele a Torri
via San Michele, 36
50020 Scandicci [FI]
Tel. +39 055769111
www.fattoriasanmichele.it

DIREKTVERKAUF
BESUCH NACH VORANMELDUNG
JAHRESPRODUKTION 200.000 Flaschen
REBFLÄCHE 55 Hektar
WEINBAU Biologisch anerkannt

● Chianti Cl. '11	🍷🍷 3
● Chianti Cl. Ris. '10	🍷 4

San Polino
Loc. Castelnuovo dell'Abate
pod. San Polino, 163
53024 Montalcino [SI]
Tel. +39 0577835775
www.sanpolino.it

DIREKTVERKAUF
BESUCH NACH VORANMELDUNG
JAHRESPRODUKTION 10.000 Flaschen
REBFLÄCHE 4 Hektar
WEINBAU Biodynamisch anerkannt

● Brunello di Montalcino Helichrysum '09	🍷🍷 7
● Brunello di Montalcino '09	🍷 7
● Rosso di Montalcino '12	🍷 4

WEITERE KELLEREIEN

SanCarlo
FRAZ. TAVERNELLE
LOC. SANCARLO
53024 MONTALCINO [SI]
TEL. +39 0577 848616
www.sancarlomontalcino.it

DIREKTVERKAUF
BESUCH NACH VORANMELDUNG
JAHRESPRODUKTION 10.000 Flaschen
REBFLÄCHE 2 Hektar

- Brunello di Montalcino '09 — 🍷🍷 3
- Rosso di Montalcino '11 — 🍷🍷 3

Sapereta
LOC. MOLA
VIA PROVINCIALE OVEST, 73
57036 PORTO AZZURRO [LI]
TEL. +39 056595033
www.sapereonline.it

DIREKTVERKAUF
BESUCH NACH VORANMELDUNG
REBFLÄCHE 14 Hektar

- Elba Aleatico Passito Dalidiè '13 — 🍷🍷 5
- ○ Elba Moscato Passito '13 — 🍷🍷 4
- ○ Elba Vermentino '13 — 🍷 2

Il Sassolo
VIA CITERNA, 5
59015 CARMIGNANO [PO]
TEL. +39 0558706488
www.ilsassolo.it

- Barco Reale '12 — 🍷🍷 1*
- Carmignano '11 — 🍷 3
- ⊙ Carmignano Vin Ruspo '13 — 🍷 2

Tenuta Sassoregale
58045 CIVITELLA PAGANICO [GR]
TEL. +39 0577738186
www.tenutasassoregale.com

BESUCH NACH VORANMELDUNG
JAHRESPRODUKTION 201.000 Flaschen
REBFLÄCHE 30 Hektar

- Sangiovese '12 — 🍷🍷 2*
- Merlot '12 — 🍷 2
- Syrah '12 — 🍷 2

Sator
FRAZ. POMAIA
VIA MACCHIA DEL PINO
56040 SANTA LUCE [PI]
TEL. +39 050740529
www.satorwines.com/

- ⊙ Rosato '13 — 🍷🍷 2*
- Sileno Merlot '11 — 🍷🍷 4
- Montescudaio Operaundici '11 — 🍷 6
- Montescudaio Sator '12 — 🍷 3

Fulvio Luigi Serni
LOC. LE LAME, 237
57022 CASTAGNETO CARDUCCI [LI]
TEL. +39 0565763585
www.sernifulvioluigi.it

DIREKTVERKAUF
BESUCH NACH VORANMELDUNG
JAHRESPRODUKTION 18.500 Flaschen
REBFLÄCHE 3 Hektar

- Bolgheri Rosso Acciderba '11 — 🍷🍷 4
- Bolgheri Rosso Tegoleto '12 — 🍷🍷 3
- ○ Bolgheri Bianco Le Lame '13 — 🍷 2

WEITERE KELLEREIEN

Serpaia
LOC. FONTEBLANDA
VIA GOLDONI, 15
58100 GROSSETO
TEL. +39 0461650129
www.serpaiamaremma.it

JAHRESPRODUKTION 134.000 Flaschen
REBFLÄCHE 30 Hektar

- Morellino di Scansano '12 ♛♛ 2*
- Mèria '10 ♛ 3
- Morellino di Scansano Dono Ris. '10 ♛ 3

Serraiola
FRAZ. FRASSINE
LOC. SERRAIOLA
58025 MONTEROTONDO MARITTIMO [GR]
TEL. +39 0566910026
www.serraiola.it

DIREKTVERKAUF
BESUCH NACH VORANMELDUNG
JAHRESPRODUKTION 40.000 Flaschen
REBFLÄCHE 12 Hektar

- ○ Vermentino '13 ♛♛ 2*
- Maremma Sassonero '13 ♛ 2
- Monteregio di Massa Marittima Lentisco '12 ♛ 3

Solaria - Cencioni Patrizia
POD. CAPANNA, 102
53024 MONTALCINO [SI]
TEL. +39 0577849426
www.solariacencioni.com

DIREKTVERKAUF
BESUCH NACH VORANMELDUNG
GASTRONOMIE
JAHRESPRODUKTION 30.000 Flaschen
REBFLÄCHE 9 Hektar

- Brunello di Montalcino '09 ♛♛ 5
- Rosso di Montalcino '12 ♛♛ 4

Il Sosso
LOC. LE SELVE
VIA GRAMSCI, 39
52046 LUCIGNANO [AR]
TEL. +39 0577630451
www.ilsosso.it

DIREKTVERKAUF
BESUCH NACH VORANMELDUNG
JAHRESPRODUKTION 25.000 Flaschen
REBFLÄCHE 28 Hektar

- ○ Chardonnay '13 ♛♛ 2*
- Chianti '12 ♛ 2
- Poggio Falcone '11 ♛ 2

Borgo La Stella
LOC. VAGLIAGLI
B.GO LA STELLA, 60
53017 RADDA IN CHIANTI [SI]
TEL. +39 0577740699
www.borgolastella.com

JAHRESPRODUKTION 21.000 Flaschen
REBFLÄCHE 4 Hektar

- Chianti Cl. '12 ♛♛ 3
- Chirone '11 ♛♛ 4

Stomennano
LOC. STOMENNANO
53035 MONTERIGGIONI [SI]
TEL. +39 0577304033
www.stomennano.it

BESUCH NACH VORANMELDUNG
UNTERKUNFT
JAHRESPRODUKTION 50.000 Flaschen
REBFLÄCHE 15 Hektar

- Chianti Cl. Ris. '09 ♛♛ 4
- Chianti Cl. '11 ♛ 3

WEITERE KELLEREIEN

Il Tagliato
via Barbiano, 22
50022 Greve in Chianti [FI]
Tel. +39 3312290822
www.iltagliato.com

DIREKTVERKAUF
BESUCH NACH VORANMELDUNG
JAHRESPRODUKTION 3.000 Flaschen
REBFLÄCHE 2 Hektar
WEINBAU Biologisch anerkannt

● Balze d'Istrice '11	🍷 6

Talenti
fraz. Sant'Angelo in Colle
loc. Pian di Conte
53020 Montalcino [SI]
Tel. +39 0577844064
www.talentimontalcino.it

DIREKTVERKAUF
BESUCH NACH VORANMELDUNG
JAHRESPRODUKTION 100.000 Flaschen
REBFLÄCHE 21 Hektar

● Brunello di Montalcino '09	🍷 6
● Rosso di Montalcino '12	🍷 3

Tenute di Fraternita
via Vasari, 6
52100 Arezzo
Tel. +39 057524694
www.tenutedifraternita.it

BESUCH NACH VORANMELDUNG
REBFLÄCHE 51 Hektar

● Chianti Priore '12	🍷 2*
● Questua '11	🍷 1*
● Sangiovese '12	🍷 1*

Terre del Marchesato
fraz. Bolgheri
loc. Sant'Uberto, 164
57020 Castagneto Carducci [LI]
Tel. +39 0565749752
www.fattoriaterredelmarchesato.it

DIREKTVERKAUF
BESUCH NACH VORANMELDUNG
UNTERKUNFT
JAHRESPRODUKTION 60.000 Flaschen
REBFLÄCHE 10 Hektar

● Bolgheri Rosso Emilio I '12	🍷 3
○ Emilio I '13	🍷 5
● Inedito '13	🍷 2*
● Tarabuso '11	🍷 6

Terre di Fiori - Tenute Costa
s.da Grillese Uno VIII
58100 Grosseto
Tel. +39 0564405457
www.tenutecosta.it

DIREKTVERKAUF
BESUCH NACH VORANMELDUNG
JAHRESPRODUKTION 100.000 Flaschen
REBFLÄCHE 30 Hektar

● Morellino di Scansano '12	🍷 2*
● Acanto '11	🍷 4
● Monteregio di Massa Marittima '12	🍷 3
● Morellino di Scansano Ventaio '11	🍷 5

Terre Nere
loc. Castelnuovo dell'Abate
53024 Montalcino [SI]
Tel. +39 3358107743
www.terreneremontalcino.com

● Brunello di Montalcino '09	🍷 5

WEITERE KELLEREIEN

Tiberio
Fraz. Penna, 116a
52028 Terranuova Bracciolini [AR]
Tel. +39 0559172781
www.tiberiowine.com

DIREKTVERKAUF
BESUCH NACH VORANMELDUNG
REBFLÄCHE 5 Hektar

● Chinato di Canaiolo	🍷 5
● Canaiolo '11	🍷 3
● Malvasia Nera '09	🍷 3
● Nocens '09	🍷 3

La Togata
loc. Tavernelle
s.da di Argiano
53024 Montalcino [SI]
Tel. +39 0668803000
www.brunellolatogata.com

DIREKTVERKAUF
BESUCH NACH VORANMELDUNG
JAHRESPRODUKTION 100.000 Flaschen
REBFLÄCHE 22 Hektar

● Brunello di Montalcino La Togata dei Togati '09	🍷 8
● Rosso di Montalcino '12	🍷 4

Tollena
via S. Giovanni, 69
53037 San Gimignano [SI]
Tel. +39 0577907178
www.tollena.it

● Chianti Colli Senesi Donna Alessandra '10	🍷 3
○ Vernaccia San Gimignano Lunario '13	🍷 2*
○ Vernaccia di San Gimignano Signorina Vittoria Ris. '10	🍷 3

Tenuta di Trecciano
SP 52 Montagnola, 16
53018 Sovicille [SI]
Tel. +39 0577314357
www.trecciano.it

DIREKTVERKAUF
BESUCH NACH VORANMELDUNG
JAHRESPRODUKTION 90.000 Flaschen
REBFLÄCHE 16 Hektar

● Chianti Colli Senesi Terra Rossa Ris. '11	🍷 3
● Daniello '10	🍷 6

Trequanda
loc. Pian delle Fonti, 100
53020 Trequanda [SI]
Tel. +39 0577662001
www.azienda-trequanda.it

DIREKTVERKAUF
BESUCH NACH VORANMELDUNG
UNTERKUNFT
JAHRESPRODUKTION 250.000 Flaschen
REBFLÄCHE 55 Hektar

● Orcia Sangiovese '11	🍷 3
● Chianti Baconcoli '11	🍷 2

Antonino Tringali Casanuova
Casa al Piano, 68
57022 Castagneto Carducci [LI]
Tel. +39 0565774101
www.tringalipro.it

DIREKTVERKAUF
BESUCH NACH VORANMELDUNG
UNTERKUNFT
JAHRESPRODUKTION 35.000 Flaschen
REBFLÄCHE 4 Hektar

● Bolgheri Casa al Piano '13	🍷 3
● Bolgheri 1698 '12	🍷 3

WEITERE KELLEREIEN

Usiglian Del Vescovo
VIA USIGLIANO, 26
56036 PALAIA [PI]
TEL. +39 0587622138
www.usigliandelvescovo.it

DIREKTVERKAUF
BESUCH NACH VORANMELDUNG
JAHRESPRODUKTION 140.000 Flaschen
REBFLÄCHE 20 Hektar

● Chianti Sup. '12	🍷 3
● Il Barbiglione '11	🍷 6
● Il Grullaio '13	🍷 3
⊙ Il Sangiosè '13	🍷 3

Val di Toro
LOC. POGGIO LA MOZZA
S.DA DELLE CAMPORE, 18
58100 GROSSETO
TEL. +39 0564409600
www.valditoro.it

DIREKTVERKAUF
BESUCH NACH VORANMELDUNG
JAHRESPRODUKTION 60.000 Flaschen
REBFLÄCHE 10 Hektar

● Morellino di Scansano Reviresco '12	🍷 3
○ Maremma Auramaris '13	🍷 2
⊙ Maremma Rosato Alfa Tauri '13	🍷 2
● Sangiovese '10	🍷 3

Valdonica
FRAZ. SASSOFORTINO
LOC. CASALONE DELL'EBREO
58036 ROCCASTRADA [GR]
TEL. +39 0564567251
www.valdonica.com

DIREKTVERKAUF
BESUCH NACH VORANMELDUNG
JAHRESPRODUKTION 30.000 Flaschen
REBFLÄCHE 10 Hektar
WEINBAU Biologisch anerkannt

● Arnaio '10	🍷 3
○ Maremma Vermentino Ballarino '12	🍷 3
● Monteregio Baciòlo Ris. '09	🍷 5

Valentini
LOC. VALPIANA
POD. FIORDALISO, 69
58024 MASSA MARITTIMA [GR]
TEL. +39 0566918058
www.agricolavalentini.it

DIREKTVERKAUF
BESUCH NACH VORANMELDUNG
UNTERKUNFT
JAHRESPRODUKTION 35.000 Flaschen
REBFLÄCHE 6 Hektar

● Atunis '11	🍷 5
● Monteregio di Massa Marittima Vivoli '11	🍷 4
○ Maremma Vermentino '13	🍷 2
● Monteregio Sangiovese '12	🍷 2

Valle di Lazzaro
LOC. VALLE DI LAZZARO, 103
57037 PORTOFERRAIO [LI]
TEL. +39 0565916387
www.valledilazzaro.com

DIREKTVERKAUF
BESUCH NACH VORANMELDUNG
JAHRESPRODUKTION 12.000 Flaschen
REBFLÄCHE 4 Hektar

○ Chardonnay Lazarus '13	🍷 4
⊙ Rosato '13	🍷 3
● Elba Sangiovese Lazarus '12	🍷 3
○ Elba Vermentino '13	🍷 3

I Vicini
FRAZ. PIETRAIA DI CORTONA
LOC. CASE SPARSE
52038 CORTONA [AR]
TEL. +39 0575678507
www.ivicinicortona.it

DIREKTVERKAUF
BESUCH NACH VORANMELDUNG
REBFLÄCHE 11 Hektar

● Cortona Sangiovese Alterio '10	🍷 3
● Cortona Laudario Syrah '11	🍷 4

WEITERE KELLEREIEN

Villa a Sesta
LOC. VILLA A SESTA
P.ZZA DEL POPOLO, 1
53019 CASTELNUOVO BERARDENGA [SI]
TEL. +39 0577359014
www.villasesta.com

DIREKTVERKAUF
BESUCH NACH VORANMELDUNG
GASTRONOMIE
JAHRESPRODUKTION 150.000 Flaschen
REBFLÄCHE 45 Hektar

- Chianti Cl. Il Palei '11 — 🍷 2*
- Chianti Sup. Ripaltella '11 — 🍷 2*

Villa Calcinaia
FRAZ. GRETI
VIA CITILLE, 84
50022 GREVE IN CHIANTI [FI]
TEL. +39 055853715
www.villacalcinaia.it

DIREKTVERKAUF
BESUCH NACH VORANMELDUNG
UNTERKUNFT UND GASTRONOMIE
JAHRESPRODUKTION 90.000 Flaschen
REBFLÄCHE 27 Hektar
WEINBAU Biologisch anerkannt

- Chianti Cl. Ris. '10 — 🍷 3
- Casarsa '10 — 🍷 5

Villa Cilnia
FRAZ. BAGNORO
LOC. MONTONCELLO, 27
52040 AREZZO
TEL. +39 0575365017
www.villacilnia.it

DIREKTVERKAUF
BESUCH NACH VORANMELDUNG
UNTERKUNFT
JAHRESPRODUKTION 30.000 Flaschen
REBFLÄCHE 28 Hektar

- Cign'Oro '10 — 🍷 3
- Chianti Colli Aretini '12 — 🍷 2

Villa La Ripa
LOC. ANTRIA, 38
52100 AREZZO
TEL. +39 0575315118
www.villalaripa.it

DIREKTVERKAUF
BESUCH NACH VORANMELDUNG
JAHRESPRODUKTION 7.000 Flaschen
REBFLÄCHE 2 Hektar

- Peconio '11 — 🍷 2*
- Psyco '11 — 🍷 5
- ⊙ Rosato Spazio Libero '13 — 🍷 3

Villa Sant'Anna
LOC. ABBADIA
VIA DELLA RESISTENZA, 143
53045 MONTEPULCIANO [SI]
TEL. +39 0578708017
www.villasantanna.it

DIREKTVERKAUF
BESUCH NACH VORANMELDUNG
JAHRESPRODUKTION 80.000 Flaschen
REBFLÄCHE 18 Hektar

- ○ Vin Santo di Montepulciano '05 — 🍷 8
- Chianti Colli Senesi '11 — 🍷 2

Tenuta Vitanza
FRAZ. TORRENIERI
POD. BELVEDERE, 145
52024 MONTALCINO [SI]
TEL. +39 0577832882
www.tenutavitanza.it

DIREKTVERKAUF
BESUCH NACH VORANMELDUNG
JAHRESPRODUKTION 200.000 Flaschen
REBFLÄCHE 26 Hektar

- Brunello di Montalcino Firma Ris. '08 — 🍷 6
- Brunello di Montalcino Tradizione '09 — 🍷 5

MARKEN

Überfliegt man die Liste der Drei Gläser 2015, erhält man ein sehr polarisiertes Bild der Weinlandschaft der Marken. Die Region ist wie in zwei Teile geschnitten: im Norden beherrscht Weiß die Szene, im Süden sind die Pinselstriche ausschließlich rot. Wie so oft, ist die Realität viel komplizierter. Im Piceno zeichnen sich nach einer Zeit verwirrender Unsicherheit mit größerer Deutlichkeit unterschiedliche Richtungen in Bezug auf den Pecorino ab. Die salzige, vertikale Dynamik des Artemisia '13 von Tenuta Spinelli ist für uns ein überzeugendes Beispiel für einen Apenninen-Wein, der die Herkunft der Rebe aus der geschützten Lage vor den großen Bergen widerspiegelt. Weitere Etiketten liefern vortreffliche, persönliche Interpretationen, die man teilen kann. Im qualitativen Aufwind sind die Roten generell: mehrere Produzenten setzen vermehrt auf die Frische der Frucht und eine Mäßigung des Holzaromas, ohne jedoch auf die großzügige Stofflichkeit zu verzichten, die den Trauben der Montepulciano und Sangiovese innewohnt. Erstmals können sich Poderi San Lazzaro und Le Caniette, beide an der biologischen Front engagiert, über die höchste Auszeichnung freuen. Aurora und Velenosi können sich hingegen zum x.ten Male in das Drei-Gläser-Buch eintragen. Was den Verdicchio betrifft - Jesi und Matelica - wird eine Vielfalt von interessanten Interpretationen angeboten. Ob ein nervig salziger Stil bevorzugt oder mehr auf Intensität, Kraft und Geschmack gesetzt wird, alle Preisträger haben in der finessenreichen Nase und in der geschmacklichen Eleganz den gemeinsamen Nenner. Diesmal gibt es keine neuen Namen unter den Preisträgern, aber neben den berühmten Traditionshäusern wie Bucci, Garofoli, La Monacesca, Umani Ronchi können auch Andrea Felici, Borgo Paglianetto, Collestefano, Casalfarneto und Tenuta di Tavignano ihren Erfolg wiederholen. Besonders möchten wir die Drei-Gläser-Rückkehr nach einigen Jahren der Absenz von Frati Bianchi Sparapani und La Marca di San Michele erwähnen: mit Ausdauer und Sensibilität haben sie zwei unterschiedliche, komplementäre Lesarten dieses wunderbaren Terroirs von Cupramontana gefunden. Strittiger sind die Proben, die andere Weinbaugebiete abgeliefert haben. Il Pollenza schafft es zwar weiterhin, tadellose Weine von internationalem Gepräge zu fertigen, aber der Rest der Provinz Macerata tut sich schwer, an Prestige zuzulegen. Mit einer Ausnahme: die Etiketten aus der kleinen Enklave von Serrapetrona können mit Weinen aufwarten, die gleichermaßen Charakter und Originalität beweisen.

MARKEN

Aurora

LOC. SANTA MARIA IN CARRO
C.DA CIAFONE, 98
63073 OFFIDA [AP]
TEL. +39 0736810007
www.viniaurora.it

DIREKTVERKAUF
BESUCH NACH VORANMELDUNG
UNTERKUNFT
JAHRESPRODUKTION 53.300 Flaschen
REBFLÄCHE 9,5 Hektar
WEINBAU Biologisch anerkannt

Ein schmaler und immer unwegsamerer Weg führt von Trivio di Ripatransone in die Weinberge hinab. Dort steht Aurora, ein von einer Gruppe von Freunden mit derselben Vision des Lebens renoviertes Bauernhaus. Ihre Ideale spiegeln sich in ihren Bio-Weinen wider, die aufgrund einiger einfacher Gesten im Weinberg und im Keller über eine großartige natürliche Ausdrucksfähigkeit verfügen. Rassige, schmackhafte, traditionsträchtige Weine ohne Formalismen mit begeisternder Trinkreife und Charakter. Der längere Ausbau hat dem Barricadiero '11 gut getan und seine typisch jugendliche Störrigkeit abgeschwächt. Ein solides Tanningerüst, volle Fruchtreife und Strukturdichte entwickeln einen energiereichen und natürlich ausdrucksvollen Schluck. Hingebungsvoll und erdig der Piceno Superiore '11 mit seiner tiefen und echten Traditionsverbundenheit. Einige rustikale Geruchseinflüsse bremsen in keiner Weise die fesselnde Trinkreife des Falerio '13.

Belisario

VIA ARISTIDE MERLONI, 12
62024 MATELICA [MC]
TEL. +39 0737787247
www.belisario.it

DIREKTVERKAUF
BESUCH NACH VORANMELDUNG
JAHRESPRODUKTION 1.000.000 Flaschen
REBFLÄCHE 300 Hektar

Belisario ist die Kellereigenossenschaft von Matelica und Cerreto d'Esi. Seit über 40 Jahren koordiniert sie die Arbeit vieler Winzer. Ohne die bedeutsame Unterstützung der Genossenschaft hätten einige dieser Winzer vermutlich ihre Weinberge aufgegeben. So aber ist das Vermögen kleiner Grundstücke, jedes einzelne mit eigenem Charakter, intakt geblieben. Der Kellermeister und Leiter, Roberto Potentini, führt ein Team erfahrener Profis. Die Arbeit konzentriert sich auf den gebietstypischen Verdicchio di Matelica in seinen zahlreichen Versionen und wird so jedem Geschmack und allen Geldbeuteln gerecht. Der Vigneti B. ist eine Bio-Selektion: Der 2013er duftet nach Zitrusfruchtschale und Basilikum, im Mund verlegt sich die Stilebene auf den Kontrast zwischen Volumen, Rückgrat und salzigem Finale. Der Cambrugiano '11 stellt sich mit Energie, Kohäsion und der gewohnten Wuchtigkeit dem heißen Jahrgang, stößt jedoch in der Wendigkeit an seine Grenzen. Der Del Cerro '13 ist typisch und saftig zwischen Weißfrucht und Mandel.

● Offida Rosso Barricadiero '11	🍷🍷🍷 4*
○ Falerio '13	🍷🍷 2*
● Rosso Piceno Sup. '11	🍷🍷 2*
● Morettone '13	🍷 2
○ Offida Pecorino Fiobbo '12	🍷 3
● Rosso Piceno '13	🍷 2
● Barricadiero '10	🍷🍷🍷 4*
● Barricadiero '09	🍷🍷🍷 4
● Barricadiero '06	🍷🍷🍷 4
● Barricadiero '04	🍷🍷🍷 3
● Barricadiero '03	🍷🍷🍷 3*
● Barricadiero '02	🍷🍷🍷 3
● Barricadiero '01	🍷🍷🍷 3*

○ Verdicchio di Matelica Vign. B. '13	🍷🍷 3*
○ Verdicchio di Matelica Cambrugiano Ris. '11	🍷🍷 3
○ Verdicchio di Matelica Del Cerro '13	🍷🍷 2*
○ Verdicchio di Matelica L'Anfora '13	🍷🍷 2*
○ Verdicchio di Matelica Brut Cuvée Nadir	🍷 2
● Colli Maceratesi Rosso Coll'Amato '13	🍷 2
● Colli Maceratesi Rosso San Leopardo '12	🍷 3
○ Verdicchio di Matelica Meridia '11	🍷 3
○ Verdicchio di Matelica Terre di Val Bona '13	🍷 2
○ Verdicchio di Matelica Cambrugiano Ris. '08	🍷🍷🍷 3*
○ Verdicchio di Matelica Cambrugiano Ris. '06	🍷🍷🍷 3*
○ Verdicchio di Matelica Meridia '10	🍷🍷🍷 3*
○ Verdicchio di Matelica Meridia '07	🍷🍷🍷 3*

MARKEN

Bisci
VIA FOGLIANO, 120
62024 MATELICA [MC]
TEL. +39 0737787490
www.bisciwines.it

DIREKTVERKAUF
BESUCH NACH VORANMELDUNG
JAHRESPRODUKTION 120.000 Flaschen
REBFLÄCHE 19 Hektar
WEINBAU Biologisch anerkannt

Der Kreis der Interpreten der kleinen Denomination Matelica weitet sich aus, Bisci bleibt jedoch im Mittelpunkt dieser kleinen Welt. Nicht nur wegen einer stark verwurzelten Geschichte, sondern auch weil der Betrieb dank der in den Jahren vom Kellermeister Aroldo Belelli geleisteten Arbeit einen vernünftig traditionellen Stil erreicht hat, der kein Holz für den Verdicchio vorsieht, das gebietstypische saure Rückgrat verteidigt und nach geschmacklicher Ausgewogenheit und aromatischer Finesse sucht. Dazu ist eine Lage wie der Weinberg Fogliano, der stets erstklassige Trauben abwirft, sicher hilfreich. So zeigt sich der gleichnamige Wein auch in einem schwierigen Jahrgang, wie es 2011 war, delikat und ausdrucksvoll im Geruch mit Anspielungen auf Mandel und Anis. Im Mund büßt er im Vergleich zu anderen Jahrgängen etwas an Ausdrucksweise und Vielschichtigkeit ein, seine elegante Würze bleibt jedoch erhalten. Der Matelica '13 hat eine frische, agile und nervige Stilebene.

○ Verdicchio di Matelica Vign. Fogliano '11		3*
○ Verdicchio di Matelica '13		3
● Villa Castiglioni '10		3
○ Verdicchio di Matelica Vign. Fogliano '10		3*
○ Verdicchio di Matelica Vign. Fogliano '08		3*
○ Verdicchio di Matelica '12		2*
○ Verdicchio di Matelica '11		3
○ Verdicchio di Matelica '10		2*
○ Verdicchio di Matelica '09		2*
○ Verdicchio di Matelica Senex '03		4
○ Verdicchio di Matelica Vign. Fogliano '07		3*

Borgo Paglianetto
LOC. PAGLIANO, 393
62024 MATELICA [MC]
TEL. +39 073785465
www.borgopaglianetto.it

DIREKTVERKAUF
BESUCH NACH VORANMELDUNG
JAHRESPRODUKTION 60.000 Flaschen
REBFLÄCHE 25 Hektar
WEINBAU Biologisch anerkannt

In den letzten Jahren hat Borgo Paglianetto in der Welt des Verdicchio di Matelica aufgrund seiner qualitativen Konstanz und sehr präzisen und stilisierten Interpretationen der Denomination eine immer bedeutsamere Rolle eingenommen. Der Betrieb kann auf die sanft abfallenden Weinberge von Pagliano in ca. 400 Meter Höhe mit typisch kalk- und tonhaltigen Böden zählen. Im Keller wird vorwiegend Stahl verwendet, um die Sortenmerkmale der Traube besser hervorzuheben. Der lange Flaschenausbau verleiht ehrgeizigeren Etiketten wie Vertis und Riserva Jera mehr Charakter. Eine ausgezeichnete Probe für beide. Wer die elegantere und mineralische Seite vorzieht, sollte sich dem Jera '10 zuwenden, ein sinuöser, faszinierender Matelica, der an Anis, weiße Steine und einen Hauch Strohblume erinnert. Schmackhaft und reaktiv der Vertis '12 mit großartiger Progression und einem Crescendo im Finale. Aber unterschätzen Sie keinesfalls das lebhafte Aroma und die konsistente Trinkreife des Terravignata und des Petrara.

○ Verdicchio di Matelica Jera Ris. '10		4*
○ Verdicchio di Matelica Vertis '12		3*
○ Verdicchio di Matelica Petrara '13		2*
○ Verdicchio di Matelica Terravignata '13		2*
○ Verdicchio di Matelica Vertis '09		3*
○ Verdicchio di Matelica Jera Ris. '09		4
○ Verdicchio di Matelica Petrara '09		2*
○ Verdicchio di Matelica Terravignata '11		2*
○ Verdicchio di Matelica Vertis '10		3*
○ Verdicchio di Matelica Vertis '08		3*

MARKEN

Brunori
V.LE DELLA VITTORIA, 103
60035 JESI [AN]
TEL. +39 0731207213
www.brunori.it

DIREKTVERKAUF
BESUCH NACH VORANMELDUNG
JAHRESPRODUKTION 60.000 Flaschen
REBFLÄCHE 7 Hektar

Giorgio Brunori war einer der ersten, der die amphorenförmige Flasche aufgab und den Namen der Lage in der Etikette zitierte. In den beinahe 40 Jahren seit dem Erscheinen des San Nicolò, der seinen Namen der Lage in San Paolo di Jesi verdankt, ist man stets bestrebt, höchste Qualität zu erreichen. Heute ist Brunori Symbol der Orthodoxie des Verdicchio. Zeuge hierfür steht eine spezialisierte Produktion, die ausschließlich die weiße Rebsorte von Jesi akzeptiert. Für alle Verdicchios von Brunori gilt Ausbau ohne Holz, präzise Sortenmerkmale, klare Langlebigkeit. Gute Weinprobe für den lange in Beton ausgebauten San Nicolò Riserva '12: balsamische Nuancen, Zitronengras, Weißfrucht gehen auf einen schmackhaften und facettenreichen Schluck über. Gelungen auch der typische Le Gemme '13, erfreulich mit seinen Trockenobst- und Lindennuancen. Aromatisch verspannter der San Nicolo '13, dem etwas Flasche sicher gut tun wird.

○ Castelli di Jesi Verdicchio Cl. San Nicolò Ris. '12	ㅉ 3
○ Verdicchio dei Castelli di Jesi Cl. Le Gemme '13	ㅉ 2*
○ Verdicchio dei Castelli di Jesi Cl. Sup. San Nicolò '13	ㅜ 2
○ Verdicchio dei Castelli di Jesi Cl. Le Gemme '10	ㅉ 2*
○ Verdicchio dei Castelli di Jesi Cl. Sup. San Nicolò '10	ㅉ 2*
○ Verdicchio dei Castelli di Jesi Cl. Sup. San Nicolò '08	ㅉ 2
○ Verdicchio dei Castelli di Jesi Cl. Sup. San Nicolò '07	ㅉ 2

★Bucci
FRAZ. PONGELLI
VIA CONA, 30
60010 OSTRA VETERE [AN]
TEL. +39 071964179
www.villabucci.com

DIREKTVERKAUF
BESUCH NACH VORANMELDUNG
JAHRESPRODUKTION 120.000 Flaschen
REBFLÄCHE 31 Hektar
WEINBAU Biologisch anerkannt

Der Betrieb von Pongelli zeichnet sich durch einen rigorosen Stil aus, Ergebnis von 30 Jahren Vergleich zwischen Ampelio Bucci und Giorgio Grai, dem Südtiroler Kellermeister. Beide haben kohärent und scharfsinnig ihre ganz besondere Vorstellung von Wein vorangetrieben. Der Verzicht auf das Konzept Lage, um das Beste aus den in 5 verschiedenen Gütern gezüchteten Trauben hervorzuholen, die Verwendung großer Hölzer für die Roten und den Verdicchio Riserva, niemals überreife Trauben und die Beachtung von Bio-Geboten sind die Eckpunkte der klassisch anständigen und tiefen Weinen der jeweiligen Denominationen. Der Villa Bucci '12 ist wie immer elegant im Duft und erinnert an Heilkräuter, Anis, Mandel. Seine Mineralhaltigkeit ist mit Ruhe in der Flasche zu artikulieren; im Mund schlicht und mit typisch entspannter Energie. Der Classico '12 verweist im modulierten Gaumen auf Heu und Kamille und eine verhältnismäßige Trinkreife. Der Pongelli '12 zeichnet sich durch ein festes, fruchtiges Finale aus.

○ Castelli di Jesi Verdicchio Cl. Villa Bucci Ris. '12	ㅉㅉ 6
● Rosso Piceno Tenuta Pongelli '12	ㅉ 3
○ Verdicchio dei Castelli di Jesi Cl. Sup. '12	ㅉ 3
● Villa Bucci Rosso '08	ㅜ 5
○ Castelli di Jesi Verdicchio Cl. Villa Bucci Ris. '10	ㅉㅉ 6
○ Verdicchio dei Castelli di Jesi Cl. Villa Bucci Ris. '09	ㅉㅉ 6
○ Verdicchio dei Castelli di Jesi Cl. Villa Bucci Ris. '07	ㅉㅉ 6
○ Verdicchio dei Castelli di Jesi Cl. Villa Bucci Ris. '06	ㅉㅉ 6
○ Verdicchio dei Castelli di Jesi Cl. Villa Bucci Ris. '05	ㅉㅉ 5
○ Verdicchio dei Castelli di Jesi Cl. Villa Bucci Ris. '04	ㅉㅉ 5

Le Caniette
C.DA CANALI, 23
63065 RIPATRANSONE [AP]
TEL. +39 07359200
www.lecaniette.it

DIREKTVERKAUF
BESUCH NACH VORANMELDUNG
JAHRESPRODUKTION 60.000 Flaschen
REBFLÄCHE 16 Hektar
WEINBAU Biologisch anerkannt

Die Namen Giovanni und Luigi Vagnoni sind an einige der bestinspirierten Versionen des Rosso Piceno aus Montepulciano und Sangiovese gebunden. Ihr Traditionsbewusstsein hat sie nie davon abgehalten, neue Wege zu beschreiten, wie die Verwendung des Bordò, ein Biotyp der Grenache, die die neue Agronomie wegen ihres nicht sehr erträglichen Wesens in einen Winkel verwiesen hatte. Oder das Reifen des Pecorino in kleinem Holz oder aber auch in Stahl ausgebaute und nicht filtrierte Versionen mit kristallklarer Persönlichkeit, trotz des Schleiers im Glas. Sie haben richtig verstanden, dieser Betrieb kreiert zeitgenössische Weine, ohne die eigenen Wurzeln zu vernachlässigen. Herrlich der Morellone '08. Auf die aromatische und vielschichtige Nase folgt ein intakter, entspannter und expansiver Mund mit selten feinem und reifem Tanningefüge. Großartige Probe für den Iosonogaia '12, frei von Holzaroma. Der einladende Duft von Zitrusfrüchten und Kräutern steht im Dienste eines schmackhaften, facettenreichen und anhaltenden Schluckes.

● Piceno Morellone '08		▼▼▼ 4*
○ Offida Pecorino Iosonogaia non sono Lucrezia '12		▼ 4
○ Lucrezia Non Filtrato '13		▼▼ 2*
○ Offida Pecorino Veronica Non Filtrato '13		▼▼ 3
○ Offida Pecorino Veronica '13		▼ 3
● Piceno Rosso Bello '11		▼ 2
● Cinabro '10		♀♀ 8
● Cinabro '09		♀♀ 8
○ Offida Pecorino Iosonogaia non sono Lucrezia '11		♀ 4
○ Offida Pecorino Iosonogaia non sono Lucrezia '10		♀♀ 4
○ Offida Pecorino Veronica '12		♀♀ 4
● Rosso Piceno Morellone '07		♀♀ 4
● Rosso Piceno Morellone '06		♀♀ 4
● Rosso Piceno Rosso Bello '09		♀♀ 2*

La Canosa
C.DA SAN PIETRO, 6
63030 ROTELLA [AP]
TEL. +39 0736374556
www.lacanosaagricola.it

DIREKTVERKAUF
BESUCH NACH VORANMELDUNG
JAHRESPRODUKTION 150.000 Flaschen
REBFLÄCHE 28 Hektar

Zur Hochebene von Poggio Canoso, wo der von Illva di Saronno aus dem Nichts geschaffene avantgardistische Weinkeller liegt, führen schmale Straßen an Wäldern, Wiesen und Lichtungen vorbei. Eine beinahe apenninisch anmutende Landschaft, was der Berg Ascensione noch unterstreicht. Ein praktisch vom Weinbau unberührtes Gebiet, dessen Berufung noch zu entdecken war. Aus diesem Grund hat man begonnen, zahlreiche Rebsorten zu pflanzen. Heute, zehn Jahre später sind die wirklich geeigneten ausgesucht worden. Die besten Weine sind aus lokalen Rebsorten und haben einen modernen, geschliffenen, vielleicht noch etwas in technischen Formalitäten gezügelten Stil, jedoch mit einwandfreier, aromatischer Klarheit. Gut gemacht der weiche und fleischige Nullius '12 aus Sangiovese mit gutem würzigem Finale, kaum spürbar von Eiche gezeichnet. Auf derselben Ebene der Musé '12 aus Montepulciano, fruchtig, flauschig und voluminös am Gaumen, mit milder Tanninstruktur.

● Musé '12	▼▼ 3
● Nullius '12	▼▼ 3
● Nummaria '12	▼▼ 2*
○ Pekò '13	▼ 2
● Musé '10	♀♀ 3
● Nullius '11	♀♀ 3
● Nullius '10	♀♀ 3
○ Pekò '12	♀♀ 2*
● Rosso Piceno Signator '09	♀♀ 2*
● Rosso Piceno Sup. Nummaria '11	♀♀ 2*
● Rosso Piceno Sup. Nummaria '10	♀♀ 2*
○ Servator '12	♀♀ 2*
○ Servator '11	♀♀ 2*
○ Servator '10	♀♀ 2*

MARKEN

Carminucci
VIA SAN LEONARDO, 39
63013 GROTTAMMARE [AP]
TEL. +39 0735735869
www.carminucci.com

DIREKTVERKAUF
JAHRESPRODUKTION 200.000 Flaschen
REBFLÄCHE 52 Hektar

Die Flasche ist nur ein Teil der von Piero und Giovanni Carminucci geleisteten Arbeit: Die 52 Hektar eigenen Weinberge und kleine Pachtflächen zwischen Offida, Ripatransone und Grottammare gewährleisten eine große Auswahl für eine zuverlässige Palette, die sich zumeist an die lokalen Denominationen anlehnt. Auch wenn der Betrieb große Volumen manipuliert, hat er einen familiären Rahmen. Die Inhaber kümmern sich persönlich um Weinberg und Keller, wo sie mit dem Kellermeister Pierluigi Lorenzetti zusammenarbeiten. Die Verkostungen haben die Überlegenheit eines glänzenden Pecorino Belato '13 aufgezeigt, der mit geruchlichen Erinnerungen an Zitrone und Orangenschale aufwartet und im Mund von Säure und einem tief salzigen Eindruck geleitet wird. Sehr gut auch der Piceno Naumachos '11 mit urzeitlicher Faszination zwischen Sauerkirschnoten und trockenem Holz in fleischigem und robustem Mund. Der gleichnamige Falerio '13, fest und ausgewogen, ist der beste der Weinart.

○ Offida Pecorino Belato '13	▼▼ 2*
○ Falerio Naumachos '13	▼▼ 2*
● Rosso Piceno Sup. Naumachos '11	▼▼ 2*
○ Casta '13	▼ 2
○ Falerio Grotte sul Mare '12	▼ 1*
○ Falerio dei Colli Ascolani Grotte sul Mare '11	♀♀ 1*
○ Falerio Naumachos '12	♀♀ 2*
○ Naumachos '10	♀♀ 2*
○ Offida Pecorino Belato '12	♀♀ 2*
○ Offida Pecorino Belato '11	♀♀ 2*
● Paccaosso '09	♀♀ 7
● Rosso Piceno Sup. Naumachos '10	♀♀ 2*

Casaleta
LOC. OSTERIA
VIA FORNACE, 1
60030 SERRA DE' CONTI [AN]
TEL. +39 0731879185
www.casaleta.it

DIREKTVERKAUF
BESUCH NACH VORANMELDUNG
JAHRESPRODUKTION 13.000 Flaschen
REBFLÄCHE 11 Hektar

Das Projekt Casaleta kreuzt die Faszination eines alten Verdicchio-Biotyps mit dem Hang zur Qualität eines intakten Gebiets am linken Ufer des Esino zwischen den Gemeinden Serra de' Conti und Arcevia. Ein 70-jähriger, gegen Norden ausgerichteter, kühler Weinberg auf sehr tonhaltigem Boden mit Sandadern ist die Wiege von Trauben, die ausschließlich von Hand gelesen und verarbeitet werden. Mehrere Arbeitsgänge im Weinberg gehen der Vinifizierung in einem kleinen und organisierten unterirdischen Keller voraus, in dem Stahltanks und die dem Riserva vorbehaltenen Barriquen Platz finden. Die drei präsentierten Verdicchios haben sehr unterschiedliche Merkmale. Der Castijo '12 spielt mit gestützter und sortenrechter Frische. Der La Posta '12 schöpft aus dem Volumen und der Fülle gut gereifter Trauben. Der Barasta '10 spricht eine ganz besondere Sprache. Das Holz unterstreicht den Reifegrad und verleiht sehr schmackafte oxidative Wahrnehmungen mit cremiger Konsistenz.

○ Castelli di Jesi Verdicchio Cl. Barasta Ris. '10	▼▼ 4
○ Verdicchio dei Castelli di Jesi Cl. Castijo '12	▼▼ 2*
○ Verdicchio dei Castelli di Jesi Cl. Sup. La Posta '12	▼▼ 3
○ Verdicchio dei Castelli di Jesi Cl. Castijo '10	♀♀ 2*
○ Verdicchio dei Castelli di Jesi Cl. Sup. La Posta '11	♀♀ 3
○ Verdicchio dei Castelli di Jesi Cl. Sup. La Posta '10	♀♀ 3

MARKEN

CasalFarneto
VIA FARNETO, 12
60030 SERRA DE' CONTI [AN]
TEL. +39 0731889001
www.casalfarneto.it

DIREKTVERKAUF
BESUCH NACH VORANMELDUNG
JAHRESPRODUKTION 580.000 Flaschen
REBFLÄCHE 32 Hektar

Serra de' Conti ist ein einzigartiges Terroir, das den Verdicchio außerordentlich fein und nüchtern macht. Die Rebstöcke von Casalfarneto sind auf Grundstücken, die alle über kühle Böden mit wenig organischem Material und einer besonderen Ton- und Kalkmischung sowie häufigen Sandabschnitten verfügen. Danilo Solustri und die Familie Togni huldigen der Berufung mit alkoholisch ausgewogenen, nicht konzentrierten Weinen, die auf einfache Trinkreife achten, ohne deshalb das Geschmacksbild zu banalisieren. Stahl und entsprechende Ruhe im Glas schmieden die besten Weißen der großen Auswahl. Wie immer führt sie ein eleganter, stilisierter Crisio '12 an, der zitrusfruchtige Geruchsempfindungen und schmackhafte Eindrücke am Gaumen vereint. Kraftvoll und schmackhaft der Grancasale '12. Der Cimaio '11 ist ein ruhiger und vollmundiger Vendemmia Tardiva mit wahrnehmbarer Präsenz von Zucker. Vielschichtiger der Ikòn, dessen deutliche Süße vom Rückgrat und einer bezaubernden Rosmarinnote gemildert wird.

○ Castelli di Jesi Verdicchio Cl. Crisio Ris. '12	🍷🍷🍷 3*
○ Cimaio '11	🍷🍷 4
○ Verdicchio dei Castelli di Jesi Cl. Sup. Fontevecchia '13	🍷🍷 2*
○ Verdicchio dei Castelli di Jesi Cl. Sup. Grancasale '12	🍷🍷 3
○ Verdicchio dei Castelli di Jesi Passito Ikòn '09	🍷🍷 5
● Merago '10	🍷 3
○ Castelli di Jesi Verdicchio Cl. Crisio Ris. '11	🍷🍷🍷 3*
○ Verdicchio dei Castelli di Jesi Cl. Crisio Ris. '10	🍷🍷🍷 3*

Cherri d'Acquaviva
VIA ROMA, 40
63030 ACQUAVIVA PICENA [AP]
TEL. +39 0735764416
www.vinicherri.it

DIREKTVERKAUF
BESUCH NACH VORANMELDUNG
JAHRESPRODUKTION 160.000 Flaschen
REBFLÄCHE 32 Hektar

Trotz des Namens, der in Wirklichkeit auf die antike Herrscherfamilie der Stadt zurückgeht, ist Acquaviva ein zum Weinbau berufenes Gebiet. Die Weinberge liegen größtenteils am auf den Apennin schauenden Westhang. Ein mit Rebzeilen übersätes Panorama, das bis zum imponierenden Massiv der Monti Sibillini reicht. Dominierend ist aber die nahe Adria, die ein warmes und trockenes Mikroklima bringt. In diesem Kontext arbeitet Paolo Cherri. Sein Unternehmensgeist hat der seit 1930 an die traditionellen Trauben gebundenen Tätigkeit ein neues Gesicht verliehen. Er erzeugt intensive und ansprechende, abgerundete, aber nie charakterlose Weine. Die beiden Rosso Piceno sind in der Frucht gut definiert und verfügen über eine schmackhafte Trinkreife. Der Superiore '12 ist konsistenter. Der Altissimo '13 hat eine bemerkenswerte Struktur und frische Weißpfirsich- und Anisaromen. Strenger Charakter für den Laudi '10, mürrisch und bissig, aber gut gestützt.

○ Offida Pecorino Altissimo '13	🍷🍷 3
● Rosso Piceno '13	🍷🍷 2*
● Rosso Piceno Sup. '12	🍷🍷 2*
⊙ Ancella '13	🍷 2
○ Falerio '13	🍷 2
○ Offida Passerina Radiosa '13	🍷 2
● Offida Rosso Tumbulus '10	🍷 4
● Rosso Piceno Sup. Laudi '10	🍷 4
● Offida Rosso Tumbulus '09	🍷🍷 4
● Rosso Piceno Sup. Laudi '09	🍷🍷 4

MARKEN

Ciù Ciù
LOC. SANTA MARIA IN CARRO
C.DA CIAFONE, 106
63035 OFFIDA [AP]
TEL. +39 0736810001
www.ciuciuvini.it

DIREKTVERKAUF
BESUCH NACH VORANMELDUNG
UNTERKUNFT UND GASTRONOMIE
JAHRESPRODUKTION 800.000 Flaschen
REBFLÄCHE 180 Hektar
WEINBAU Biologisch anerkannt

In Acquaviva Picena werden auf über 100 Hektar kühlen und tonhaltigen Böden hauptsächlich traditionelle Trauben angebaut. Eine aufmerksame Landwirtschaftsplanung hat den Nordhang der Pecorino und Passerina zugeteilt, während Montepulciano und Sangiovese und alle anderen roten Rebsorten nach Süden ausgerichtet sind. Massimiliano und Walter Bartolomei streben nach einem ausgefeilten Stil mit lebhaften Aromen und einer unmittelbaren Annehmlichkeit am Gaumen, ohne dabei den Gebietskontext zu vernachlässigen. Ein junges und motiviertes Team arbeitet im modernen und funktionalen Keller inmitten der Weinberge von Santa Maria in Carro. Unter den Weißen geht der Primat an den Le Merlettaie '13, ein modern eingestellter Pecorino, der mit Pfirsich- und Zitrusfruchtaromen besticht; am Gaumen weich, saftig und unbefangen. Der Oris '13 ist ein Falerio mit guter Finesse, dünn und geschmeidig im Mund. Der kompakte Gotico '11 ist fleischig und verfügt über pflanzliche Spuren in der fruchtigen Modulation der Nase.

○ Falerio Oris '13	🍷🍷 2*
○ Offida Pecorino Le Merlettaie '13	🍷🍷 2*
● Rosso Piceno Sup. Gotico '11	🍷🍷 2*
○ Merlettaie Brut	🍷 3
○ Evoé '13	🍷 2
● Rosso Piceno Bacchus '13	🍷 2
○ Evoé '11	🍷🍷 2*
○ Falerio dei Colli Ascolani Oris '11	🍷🍷 2*
○ Offida Pecorino Le Merlettaie '12	🍷🍷 2*
● Oppidum '08	🍷🍷 4
● Oppidum '07	🍷🍷 4

Tenuta Cocci Grifoni
LOC. SAN SAVINO
C.DA MESSIERI, 12
63038 RIPATRANSONE [AP]
TEL. +39 073590143
www.tenutacoccigrifoni.it

DIREKTVERKAUF
BESUCH NACH VORANMELDUNG
UNTERKUNFT
JAHRESPRODUKTION 330.000 Flaschen
REBFLÄCHE 50 Hektar

Cocci Grifoni beschwört eine traditionsträchtige Welt herauf. Man denke dabei an die Pecorino, die hier vom inzwischen verschiedenen, tollkühnen und romantischen Guido zu neuem Leben erweckt wurde, um dann in den Marken und Abruzzen Verbreitung zu finden. In einem immer globaleren Markt lebt man aber nicht nur von Erinnerungen. Marilena und Paola, die jetzige Generation am Steuer, sind langsam aber sicher dabei, ein Programm zur Restaurierung und Modernisierung umzusetzen. Einige Protokolle bleiben jedoch unverändert, wie beispielshalber das große Holzfass und der sehr lange Ausbau der bedeutsamen Roten. Gute Vibrationen im Pecorino Colle Vecchio '13 mit Wildgemüse, Weißfrucht und Haselnuss in der typischen Nase sowie Grip und Würze im Mund. Großzügige Fruchtigkeit in den beiden Picenos Superiore '10 mit würziger Vielschichtigkeit im rigorosen Mund. Kontroverser der Il Grifone '08, raffiniert, etwas tierisch. Lassen Sie ihn etwas im Glas atmen, bevor Sie seinen reifen und entspannten Gaumen genießen.

○ Offida Pecorino Colle Vecchio '13	🍷🍷 3
● Rosso Piceno Sup. Le Torri '10	🍷🍷 3
● Rosso Piceno Sup. Tenute Messieri '10	🍷🍷 4
○ Adamantea '13	🍷 2
○ Falerio Pecorino Tenute Messieri '13	🍷 2
● Offida Rosso Il Grifone '08	🍷 3
● Rosso Piceno Sup. V. Messieri '08	🍷 4
○ Offida Pecorino Podere Colle Vecchio '10	🍷🍷 3*
○ Offida Pecorino Podere Colle Vecchio '08	🍷🍷 2*
● Offida Rosso Il Grifone '06	🍷🍷 3
● Rosso Piceno Sup. V. Messieri '07	🍷🍷 4
● Rosso Piceno Sup. V. Messieri '06	🍷🍷 3

Col di Corte

via San Pietro, 19a
60036 Montecarotto [AN]
Tel. +39 073189435
www.coldicorte.it

DIREKTVERKAUF
BESUCH NACH VORANMELDUNG
JAHRESPRODUKTION 40.000 Flaschen
REBFLÄCHE 14 Hektar
WEINBAU Biologisch anerkannt

Alles beginnt mit dem Beschluss vier römischer Freunde, die Weinberge und den Keller des Betriebs Laurentina aufzukaufen. Ein in wenigen Jahren entstandenes und erloschenes Projekt, das jedoch ein gutes Potenzial aufgezeigt hat. Einige Saisonen später läuft der Betrieb auf Hochtouren. Die Weinberge in Montecarotto, der „Hauptstadt" links vom Esino, werden biologisch besorgt. Der jüngst gebaute Keller ist gut ausgestattet und verfügt über Stahltanks und den Spitzenweinen vorbehaltene Barriquen. Der Stil des jungen Kellermeisters Claudio Caldaroni ist maßvoll und respektiert die Sortenmerkmale. Unter den Rebzeilen finden sich auch Lacrima, Montepulciano, Cabernet und Sangiovese, die untereinander in Blends zur Anwendung kommen. Den Löwenanteil hat der Verdicchio inne, der mit einem fruchtigen, vielschichtigen Riserva '12 überrascht, bei dem die cremigere und glyzerinhaltigere Seite der Traube von Jesi dominiert, ohne zu lange auf der abgerundeten Stilebene zu verweilen. Eleganz und Gefühl für das rechte Maß sind auch dem Anno Zero '12 eigen.

○ Castelli di Jesi Verdicchio Cl. Ris. '12	🍷🍷🍷 3*
● Chioma '12	🍷🍷 2*
○ Verdicchio dei Castelli di Jesi Cl. Sup. Anno Zero '12	🍷🍷 3
⊙ Anno Uno '13	🍷 2
○ Verdicchio dei Castelli di Jesi Cl. Il Vigneto di Tobia '12	🍷 2
○ Verdicchio dei Castelli di Jesi Passito '11	🍷 4
○ Verdicchio dei Castelli di Jesi Cl. Il Vigneto di Tobia '06	🍷🍷 2*
○ Verdicchio dei Castelli di Jesi Cl. Il Vigneto di Tobia '04	🍷🍷 2*

Collestefano

loc. Colle Stefano, 3
62022 Castelraimondo [MC]
Tel. +39 0737640439
www.collestefano.com

DIREKTVERKAUF
BESUCH NACH VORANMELDUNG
UNTERKUNFT
JAHRESPRODUKTION 110.000 Flaschen
REBFLÄCHE 17,5 Hektar
WEINBAU Biologisch anerkannt

Hinter dem Berg liegt Umbrien und von den Weinbergen in 400 m Höhe hat man einen Ausblick auf das obere Esino-Tal, bis Camerino und zur Nordfront der Sibillini. Ein Ort mit den Merkmalen der hohen Hügellandschaft, wo sich die Kälte bemerkbar macht und Wärmeschwankungen bedeutsame Auswirkungen haben. Fabio Marchionni liest die besonderen Merkmale und übersetzt sie mit Hilfe von nur Stahl in einen frischen Stil, den ein manchmal auch zehnjähriger Flaschenausbau faszinierend und vielschichtig gestaltet. Um die zartgrüne Farbe des Verdicchio sowohl in seiner stillen als auch durch Metodo Classico prickelnden Version zu unterbrechen, gibt es einen köstlichen Rosé aus Sangiovese und (ein wenig) Cabernet. Der Collestefano '13 zeigt sein ganzes Rückgrat mit einer vertikalen und tiefen Version; Grapefruit, Flusssteine, Weißdorn geben den Geschmacksrhythmus an, der in einem kristallinen Finale endet. Vergessen Sie einige Flaschen im Keller. Die Reife wird eine noch vielschichtigere und detailliertere Artikulation zu Tage fördern.

○ Verdicchio di Matelica Collestefano '13	🍷🍷🍷 2*
○ Rosa di Elena '13	🍷🍷 2*
○ Verdicchio di Matelica Collestefano '12	🍷🍷🍷 2*
○ Verdicchio di Matelica Collestefano '07	🍷🍷🍷 2*
○ Verdicchio di Matelica Collestefano '06	🍷🍷🍷 2*
○ Rosa di Elena '13	🍷🍷 2*

MARKEN

Colli di Serrapetrona
VIA COLLI, 7/8
62020 SERRAPETRONA [MC]
TEL. +39 0733908329
www.collidiserrapetrona.it

DIREKTVERKAUF
BESUCH NACH VORANMELDUNG
UNTERKUNFT UND GASTRONOMIE
JAHRESPRODUKTION 60.000 Flaschen
REBFLÄCHE 19 Hektar

Unter den verschiedenen Terroirs der Marken ist Serrapetrona der kleinste und äußerste Bezirk. Das geschlossene Tal ist eng und die Weinberge sind dem Wald abgerungene Flecken. Der angrenzende Apennin haucht seinen kalten Atem aus und der darunterliegende Caccamo-See ist zu klein, um Wärme zu speichern. Landwirtschaft betreiben ist schwierig, aber nicht unmöglich, da die gepflanzte Weinrebe ein durch ihre jahrhundertelange Präsenz gewonnenes rustikales Durchhaltevermögen hat. Colli di Serrapetrona ist bestrebt, ihren Charakter zu verfeinern, um anstelle der traditionellen Vernaccia Spumante stille Weine zu erzeugen. Dem Keller fehlt es an nichts: große Stahltanks, mittelgroße Hölzer für alterungsfähige Rote, eine Trockenscheune. Die Stahltanks sind für den trinkreichen Collequanto '12 mit sortentypischen Pfeffernoten und etwas spitzen Gerbstoffen. In 25-hl-Fässern reift der dunkle und würzige, einfache Robbione '09 mit taktiler Integrität.

● Serrapetrona Collequanto '12	🍷🍷 3
● Serrapetrona Robbione '09	🍷🍷 5
○ Serrabianco '13	🍷 2
● Sommo '10	🍷 5
● Pinot Nero '09	🍷🍷 5
● Serrapetrona Collequanto '11	🍷🍷 3
● Serrapetrona Collequanto '08	🍷🍷 2*
● Serrapetrona Robbione '08	🍷🍷 5
● Serrapetrona Robbione '06	🍷🍷 4
● Sommo '09	🍷🍷 4
● Sommo '06	🍷🍷 4

La Cantina dei Colli Ripani
C.DA TOSCIANO, 28
63038 RIPATRANSONE [AP]
TEL. +39 07359505
www.colliripani.it

DIREKTVERKAUF
BESUCH NACH VORANMELDUNG
JAHRESPRODUKTION 1.200.000 Flaschen
REBFLÄCHE 700 Hektar

Colli Ripani ist mehr als eine historische Genossenschaft zur Erzeugung und Förderung von Piceno-Weinen. Es ist ein wahres sozioökonomisches Bindemittel des Gebiets um Ripatransone, eine Gemeinschaft mit tiefer Tradition, in der der Weinbau von einer Handvoll Zubringer weiterbetrieben wird, die zuweilen auch nur ein Fleckchen Erde bearbeiten. Colli Ripani gibt technische und wirtschaftliche Unterstützung und rettet so viele Rebzeilen davor, aufgegeben oder ausgepflanzt zu werden. Im großen Keller werden beinahe ausschließlich lokale Rebsorten zu modernen, annehmlichen und vielschichtigen Weinen mit besonnenem Preis verarbeitet. Trotz der Berufung zu den Roten haben wir auch wertvolle Weiße gefunden. Beides Pecorinos mit fruchtiger Seele, geschmeidigem Gaumen und unbeschwerter Trinkreife. Der Brezzolino '13 zeigt Originalität und Charakter mit seinem vibrierend sauren Rückgrat. Faszinierend der Anima Mundi '08, in dem der oxidative Zug mit würzigen Wahrnehmungen spielt, vielschichtig und nicht widerlich.

○ Falerio Brezzolino '13	🍷🍷 1*
○ Falerio Pecorino Rugaro '13	🍷🍷 2*
○ Offida Passerina Passito Anima Mundi '08	🍷🍷 4
○ Offida Pecorino Rugaro Gold '13	🍷🍷 2*
● Khorakhanè '07	🍷 5
○ Offida Passerina Ninfa Ripana Gold '13	🍷 2
● Rosso Piceno Biologico '13	🍷 2
● Rosso Piceno Rupe Nero Gold '13	🍷 2
● Rosso Piceno Sup. Castellano '09	🍷 3
○ Falerio Brezzolino '12	🍷🍷 2*
○ Offida Passerina Ninfa Ripana Gold '11	🍷🍷 2*
○ Offida Passerina Passito Anima Mundi '07	🍷🍷 5
○ Offida Pecorino Rugaro Gold '11	🍷🍷 3
● Rosso Piceno Sup. Castellano '07	🍷🍷 2*

MARKEN

Cantina Colognola
LOC. COLOGNOLA, 22A/BIS
62011 CINGOLI [MC]
TEL. +39 0733616438
www.tenutamusone.it

DIREKTVERKAUF
BESUCH NACH VORANMELDUNG
JAHRESPRODUKTION 65.000 Flaschen
REBFLÄCHE 26 Hektar

Der Keller der Familie Darini liegt am südlichen Rand des klassischen Erzeugungsgebiets des Verdicchio, zwischen Staffolo und dem Musone-Tal. Er ist modern, groß, technisch ausgereift und verarbeitet die Trauben zweier in der Umgebung liegender Weinberge. Die Traube von Jesi kommt mit einer ganz besonderen Finesse zum Ausdruck, da es dem Betrieb gelungen ist, sie mit den energischen und sortenspezifischen Zügen der gebietsspezifischen, für gewöhnlich wuchtigen und samtigen Weißen zu vereinen. Die Palette wird von einigen Rebzeilen Montepulciano abgerundet, die in kleinen Hölzern ausgebaut wird. Finesse ist der Schlüssel zum Labieno '12 mit ausgeprägt eigentümlicher Nase zwischen Mandel, Linde und Orangenschale; im Mund cremig und schmackhaft. Der Ghiffa '12 hat eine leichtere Struktur, verfügt aber über eine angenehme Trinkbarkeit mit flauschiger Balance. Der Buraco '11 (aus Montepulciano) hat fleischige Noten, geräucherte Züge und einen trockenen, etwas strengen Mund.

○ Castelli di Jesi Verdicchio Cl. Labieno Ris. '12	🍷🍷 3*
● Buraco '11	🍷🍷 4
○ Verdicchio dei Castelli di Jesi Cl. Sup. Ghiffa '12	🍷🍷 3
○ Verdicchio dei Castelli di Jesi Cl. Via Condotto '13	🍷🍷 2*
○ Castelli di Jesi Verdicchio Cl. Labieno Ris. '10	🍷🍷 3
○ Verdicchio dei Castelli di Jesi Cl. Ghiffa '11	🍷🍷 2*
○ Verdicchio dei Castelli di Jesi Cl. Ghiffa '08	🍷🍷 2*
○ Verdicchio dei Castelli di Jesi Cl. Labieno Ris. '07	🍷🍷 3
○ Verdicchio dei Castelli di Jesi Passito Cingulum '08	🍷🍷 5

Colonnara
VIA MANDRIOLE, 6
60034 CUPRAMONTANA [AN]
TEL. +39 0731780273
www.colonnara.it

DIREKTVERKAUF
BESUCH NACH VORANMELDUNG
JAHRESPRODUKTION 1.000.000 Flaschen
REBFLÄCHE 120 Hektar

Colonnara vinifiziert seit 1959 die Trauben von im Gebiet Cupramontana ansässigen Winzern und von Eigentümern verschiedener Grundstücke zwischen 350 und 650 Meter Höhe. Der Rohstoff für die Spumanteherstellung kommt von den höchsten Verdicchio-Weinbergen und wird im großen, gut ausgestatteten Keller verarbeitet. Die Genossenschaft ist auch für ihre an ein klassisches Ideal der Weinart gebundene Verdicchios bekannt. Dafür stehen alte Jahrgänge, die sich immer noch in den Kellerräumen entwickeln. Die diesjährigen Verkostungen haben die Meisterhaftigkeit in der Kunst der Spumanteherstellung bestätigt. An den raffinierten Ubaldo Rosi '08, diesem cremigen Schaumwein mit Mandel und Aromakräutern in der Nase, schließt ein reicher und schmackhafter Luigi Ghislieri mit etwas weniger präzisen Bläschen an. Der Cuvée Tradition mit seiner ausgeprägt annehmlichen Trinkreife und ausgewogenen Würze ist der beste Charmat der Marken. Etwas im Schatten der vielleicht noch zu junge, schüchterne und geschmacklich schmale Cuprese '13.

○ Verdicchio dei Castelli di Jesi Spumante Brut M. Cl. Ubaldo Rosi Ris. '08	🍷🍷 5
○ Verdicchio dei Castelli di Jesi Spumante Brut Cuvée Tradition	🍷🍷 3
○ Verdicchio dei Castelli di Jesi Spumante Brut Luigi Ghislieri	🍷🍷 4
○ Castelli di Jesi Verdicchio Cl. Tùfico Ris. '10	🍷 3
○ Verdicchio dei Castelli di Jesi Cl. Sup. Cuprese '13	🍷 2
○ Verdicchio dei Castelli di Jesi M. Cl. Brut Ubaldo Rosi Ris. '06	🍷🍷🍷 5
○ Verdicchio dei Castelli di Jesi Brut M. Cl. Ubaldo Rosi '07	🍷🍷 5
○ Verdicchio dei Castelli di Jesi Cl. Sup. Cuprese '12	🍷🍷 2*
○ Verdicchio dei Castelli di Jesi Cl. Sup. Cuprese '11	🍷🍷 2*

MARKEN

Il Conte Villa Prandone
C.DA COLLE NAVICCHIO, 28
63033 MONTEPRANDONE [AP]
TEL. +39 073562593
www.ilcontevini.it

DIREKTVERKAUF
BESUCH NACH VORANMELDUNG
JAHRESPRODUKTION 200.000 Flaschen
REBFLÄCHE 40 Hektar

Die Familie De Angelis ist seit 1988 in der Branche tätig, auch wenn Wein und Weinberg schon in der Nachkriegszeit ein wichtiges Halbpächtereinkommen darstellte. Einmal aus dem System ausgeschieden und Eigentümer geworden, haben die Nachkommen von Amilcare mit dem Verkauf offener Weine begonnen. Erst die von Emanuel geführte dritte Generation hat begonnen, in Flaschen abzufüllen und so die Berufung der Weinberge am südlichen Hang des Hügels, einem hellen und sonnigen Ort mit Blick auf das Tronto-Tal, zu valorisieren. In den Jahren ist der Stil einer großzügigen und extraktreichen Vision treu geblieben, die, wenn sie nicht übertreibt, die vollmundige und stoffige Seite der lokalen Trauben zu nutzen weiß. So drücken sich die beide Spitzenroten Lukont und Donello aus Montepulciano (der Donello hat einen kleinen Anteil Sangiovese und Merlot) sowie der Navicchio, ein breiter und opulenter Pecorino, aus. Angenehmer die jungen Weine, aus denen sich der fruchtige Duft des Donello '13 aus Sangiovese abhebt.

● Donello '13	♛ 2*
● Lukont '11	♛ 6
● Offida Pecorino Navicchio '13	♛ 3
○ Zipolo '11	♛ 5
⊙ Spumante Rosé Venere & Azzurra	♛ 3
○ Cavaceppo '13	♛ 2
○ Falerio Aurato '13	♛ 2
○ L'Estro del Mastro '11	♛ 4
○ Spumante Emmanuel Maria Extra Dry '13	♛ 3
● Donello '11	♛♛ 2*
● Donello '10	♛♛ 2*
○ Lukont Bianco '09	♛♛ 5
○ Offida Pecorino Navicchio '10	♛♛ 3
● Rosso Piceno Conte Rosso '11	♛♛ 2*
● Rosso Piceno Sup. Marinus '09	♛♛ 3
● Zipolo '07	♛♛ 5

Conti di Buscareto
FRAZ. PIANELLO
VIA SAN GREGORIO, 66
60010 OSTRA [AN]
TEL. +39 0717988020
www.contidibuscareto.com

DIREKTVERKAUF
BESUCH NACH VORANMELDUNG
JAHRESPRODUKTION 250.000 Flaschen
REBFLÄCHE 70 Hektar

Die Weinberge von Claudio Giacomelli und Enrico Gabellini sind in der Provinz Ancona verstreut, in Gebieten mit dedizierter Berufung. Die Lacrima wird zwischen Morro d'Alba und Ostra angebaut, die Verdicchio kommt aus Arcevia (etwas außerhalb des klassischen Produktionsgebiets, aber dank des Mikroklimas hochinteressant), während die anderen roten Rebsorten (Montepulciano, Sangiovese, Merlot und Cabernet Sauvignon) in Monte San Vito und Camerata Picena gelesen werden. Im großen, modernen Keller von Ostra werden gute Weine erzeugt, deren Definition und Charakter immer besser werden. Neben einem außerordentlichen Lacrima Passito '11 mit berauschender Geschmacksintensität haben sich auch der vielschichtige und pervasive Ammazzaconte '10 und ein sehr natürlicher Bisaccione '09 bewährt. Der Compagnia della Rose '08 zeigt wieder einmal, dass die Rebsorte Lacrima altern und eine unübliche Vielschichtigkeit erreichen kann.

● Lacrima di Morro d'Alba Passito '11	♛♛ 3*
● Bisaccione '09	♛♛ 4
○ Castelli di Jesi Verdicchio Ammazzaconte Ris. '10	♛♛ 3
● Lacrima di Morro d'Alba Sup. Compagnia della Rosa '08	♛♛ 4
● Nero	♛ 3
● Crimà '13	♛ 2
● Lacrima di Morro d'Alba '13	♛ 2
⊙ Rosé Brut '13	♛ 3
● Tyche '13	♛ 2
○ Verdicchio dei Castelli di Jesi '13	♛ 2
○ Verdicchio dei Castelli di Jesi Passito '10	♛ 3
● Lacrima di Morro d'Alba Passito '10	♛♛ 3*
○ Verdicchio dei Castelli di Jesi Ammazzaconte '08	♛♛ 3*

MARKEN

Tenuta De Angelis

Via San Francesco, 10
63030 Castel di Lama [AP]
Tel. +39 073687429
www.tenutadeangelis.it

DIREKTVERKAUF
BESUCH NACH VORANMELDUNG
JAHRESPRODUKTION 500.000 Flaschen
REBFLÄCHE 50 Hektar

Sollten Sie jemals Gelegenheit haben, den herrlichen Ausblick von der Kirche Santa Maria der Rocca di Offida, ein gotisches Gebäude auf steilem Fels, zu genießen, wird ihr Blick auf den sich vor Ihnen erstreckenden Rebzeilen und Weinbergen ruhen. Vor Ihnen liegt einer der spektakulärsten Weinbaustandorte des Piceno-Gebiets, der des Weinbaubetriebs De Angelis. So weit das Auge reicht werden Montepulciano und Sangiovese erzogen. Sie sind Schwerpunkt der Betriebspalette. Von den anderen Besitztümern zwischen Cossignano und Castel di Lama kommen die sodann in Stahl vinifizierten weißen Trauben wie Trebbiano, Passerina und Pecorino. Für die Roten kommen mittlere und kleine Hölzer zum Einsatz. In Abwesenheit des Anghelos stand bei den Verkostungen der reife und großzügige Oro '11 im Mittelpunkt: Rotfrucht und Oregano im Dienste eines deutlich mediterranen Charakters. Frischer und sauerkirschfruchtiger der Piceno Superiore '12, der Pecorino '13 hingegen vereint Konsistenz und Trinkbarkeit.

○ Offida Pecorino '13	🍷🍷 2*
● Rosso Piceno Sup. '12	🍷🍷 2*
● Rosso Piceno Sup. Oro '11	🍷🍷 3
○ Offida Passerina '13	🍷 2
● Rosso Piceno '13	🍷 1*
● Anghelos '01	🍷🍷🍷 4
● Anghelos '99	🍷🍷🍷 4*
● Anghelos '11	🍷🍷 3
● Anghelos '10	🍷🍷 3
● Anghelos '09	🍷🍷 3
● Anghelos '07	🍷🍷 3
○ Offida Passerina '12	🍷🍷 2*
○ Offida Pecorino '12	🍷🍷 2*
● Rosso Piceno Sup. '11	🍷🍷 2*
● Rosso Piceno Sup. '10	🍷🍷 2*

Fattoria Dezi

C.da Fontemaggio, 14
63029 Servigliano [FM]
Tel. +39 0734710090
fattoriadezi@hotmail.com

DIREKTVERKAUF
BESUCH NACH VORANMELDUNG
UNTERKUNFT
JAHRESPRODUKTION 45.000 Flaschen
REBFLÄCHE 15 Hektar

Dezi, ein Symbolbetrieb des Weinbaus im Fermo-Gebiet, hat in den Jahren eine familiäre Struktur beibehalten, wo alles selbst verwaltet wird. Um die Weinberge in Contrada Montemaggio kümmert sich Davide mit seiner großen Erfahrung mit den traditionellen Rebsorten, die das ampelografische Vermögen allein ausmachen. Stefano ist das Gesicht des Betriebs und der Antrieb im Keller. Er kümmert sich um die für das Altern der Spitzenweine vorgezogenen kleinen Hölzer und den für die Weißen verwendeten Stahl. Die Weine aus dem rundum erneuerten Keller von Servigliano haben eine persönliche Interpretation gemeinsam, die in tiefen Farben, alkoholischer und struktureller Großzügigkeit sowie einer gewissen alkoholischen Kraft zum Ausdruck kommt. Ein unverwechselbarer Stil, der einen mächtigen Solo '12 aus Sangiovese hervorbringt, in der Nase viel Frucht und Toasting-Empfindungen, geschliffen und taktil am Gaumen. Im Regina del Bosco 48 Mesi '08 aus Montepulciano Tertiäraromen und trockenes Holz, im Mund fleischig, von antiker Faszination.

● Solo '12	🍷🍷 6
● Dezio '12	🍷🍷 3
● Regina del Bosco 48 Mesi '08	🍷 8
○ Servigliano P. '12	🍷 3
● Regina del Bosco '06	🍷🍷🍷 6
● Regina del Bosco '05	🍷🍷🍷 6
● Regina del Bosco '03	🍷🍷🍷 6
● Solo Sangiovese '05	🍷🍷🍷 6
● Solo Sangiovese '01	🍷🍷🍷 5
● Solo Sangiovese '00	🍷🍷🍷 6

MARKEN

Emanuele Dianetti
C.DA VALLEROSA, 25
63063 CARASSAI [AP]
TEL. +39 3383928439
www.dianettivini.it

DIREKTVERKAUF
BESUCH NACH VORANMELDUNG
JAHRESPRODUKTION 6.000 Flaschen
REBFLÄCHE 2 Hektar

Emanuele verbringt jede freie Minute auf dem Land und erholt sich so von der Arbeit in der Bank. Aber Leidenschaft ist eben Leidenschaft, vor allem für jemanden, der den Traum des Vaters, Winzer zu sein, weiterführt. Und um ihn zu verwirklichen, bedarf es keiner großen Volumen oder bedeutsamer Geldmengen. Technisch gesehen genügt das Allernötigste. Aber in der Praxis bedarf es an Handfertigkeit, berufene Rebstöcke, Gefühl für das rechte Maß. Den ersten Punkt befriedigt Mama Giuliana, unermüdlich mit dem Traktor und im Weinberg. An den zweiten Punkt denkt das Menocchia-Tal mit seinen runden, hellen Hügeln. Und um den dritten kümmert sich Emanueles Charakter, der seine Erfahrung gelassen Schritt um Schritt auslebt. Alles ist klein, gepflegt und liebevoll umsorgt. Die Weine haben Stoff und Charakter gezeigt. Insbesondere der im Tonneau ausgebaute, lebhafte und großzügige Offida Vignagiulia '11 aus sortenreinem Montepulciano mit Sauerkirscharoma und fleischigem Schluck. Der Pecorino Vignagiulia '13 mit lebendigem Rückgrat und pflanzlichen Empfindungen zwischen Weinraute und Heilkräuter.

● Offida Rosso Vignagiulia '11	🍷🍷 4
○ Offida Pecorino Vignagiulia '13	🍷🍷 3

Fazi Battaglia
VIA ROMA, 117
60031 CASTELPLANIO [AN]
TEL. +39 073181591
www.fazibattaglia.it

DIREKTVERKAUF
BESUCH NACH VORANMELDUNG
JAHRESPRODUKTION 1.600.000 Flaschen
REBFLÄCHE 200 Hektar

Wenn es der Verdicchio auf die Regale der ganzen Welt geschafft hat, ist das Verdienst von Fazi Battaglia. Der Betrieb hat eine technische und kommerzielle Umstrukturierung hinter sich, hat aber ein erhebliches Weinbergvermögen zwischen Maiolati Spontini, Cupramontana, Montecarotto und Castelplanio mit einer Vielzahl an Ausrichtungen und Mikroklimas beibehalten, aus dem sich eine gut diversifizierte Palette ergibt. Die Zahlen zeigen die Vorherrschaft der Amphore Titulus auf, die in über 1.300.000 Flaschen erzeugt wird. An der Spitze der Qualitätspyramide der San Sisto '11, eine der schönsten Lagen, die trotz des zu heißen Jahrgangs raffinierte Empfindungen an Anis- und Wildkräuter, Geschmackswendigkeit sowie alkoholische und strukturelle Mäßigkeit ins Glas bringt. Weniger dynamisch der zeitgenössische Massaccio mit Muskeln und einem intensiven Sommerfruchtaroma. Eine angenehme Überraschung der Le Moie '13, unter den besten des Jahrgangs, mit typisch fruchtiger Nase, Trinkreife und fesselnder Annehmlichkeit.

○ Castelli di Jesi Verdicchio Cl. San Sisto Ris. '11	🍷🍷 4
○ Verdicchio dei Castelli di Jesi Cl. Sup. Le Moie '13	🍷🍷 2*
○ Arkezia '11	🍷🍷 6
○ Verdicchio dei Castelli di Jesi Cl. Sup. Ekeos '13	🍷🍷 3
○ Verdicchio dei Castelli di Jesi Cl. Sup. Massaccio '11	🍷🍷 3
○ Verdicchio dei Castelli di Jesi Cl. Titulus 2.0 '13	🍷🍷 2*
● Rosso Conero '13	🍷 2
○ Verdicchio dei Castelli di Jesi Cl. Titulus '13	🍷 2
○ Castelli di Jesi Verdicchio Cl. San Sisto Ris. '10	🍷🍷🍷 4*
○ Verdicchio dei Castelli di Jesi Cl. San Sisto Ris. '09	🍷🍷🍷 4*

Andrea Felici

VIA SANT'ISIDORO, 28
62021 APIRO [MC]
TEL. +39 0733611431
www.andreafelici.it

DIREKTVERKAUF
BESUCH NACH VORANMELDUNG
JAHRESPRODUKTION 40.000 Flaschen
REBFLÄCHE 9 Hektar
WEINBAU Biologisch anerkannt

Apiro scheint seinen Namen einem herrlichen Birnenbaum auf dem Hügel zu verdanken. Heute dominieren das Panorama jedoch die Furchen der Verdicchio-Rebzeilen, die hier den kalten Atem des nahen Bergs San Vicino spüren, aber auch die mediterranen Einflüsse der nahen Adria. Rückgrat und Kraft, ideales Aufeinandertreffen der Charaktere von Matelica und Jesi. Leopardo Felici akzentuiert die beiden Charakter durch ihr Verschmelzen dank eines auf Frische und gesunde Trauben ausgerichteten Weinbaus. Mit Hilfe von Stahl und Beton kreiert er anspruchsvolle Weiße mit klarem Aroma und ausgeprägter Würze. Auch in einem heißen Jahrgang wie 2011 gelingt es dem Il Cantico della Figura aus einer würzigen Säure zu schöpfen, die einerseits die Geschmackssilhouette schmälert und andererseits Süffigkeit und Wendigkeit unterstreicht. Orangenschale und Anis verleihen eine unwiderstehliche aromatische Vielschichtigkeit. Superfrisch der Andrea Felici '13, zitrusfruchtig, saftig und herb, mit salzigem Rückgrat im Abgang.

○ Castelli di Jesi Verdicchio Cl. Il Cantico della Figura Ris. '11	🍷🍷🍷 4*
○ Verdicchio dei Castelli di Jesi Cl. Sup. Andrea Felici '13	🍷🍷 2*
○ Castelli di Jesi Verdicchio Cl. Il Cantico della Figura Ris. '10	🍷🍷🍷 4*
○ Verdicchio dei Castelli di Jesi Cl. Il Cantico della Figura Ris. '09	🍷🍷🍷 4*

Viticoltori Finocchi

VIA DONATORI DEL SANGUE, 6
60039 STAFFOLO [AN]
TEL. +39 0731779573
www.viticoltorifinocchi.it

DIREKTVERKAUF
BESUCH NACH VORANMELDUNG
JAHRESPRODUKTION 25.000 Flaschen
REBFLÄCHE 7,5 Hektar

Die Geschichte der Finocchis ähnelt der vieler anderer Familien im Gebiet. Eine Vergangenheit als Halbpächter und das Freikaufen, das mit dem Verfall dieses Landwirtschaftssystems Ende der 60er Jahre beginnt. Alles beginnt mit einem 1966 erworbenen Weinberg in Contrada Salmagina, der bekanntesten Lage von Staffolo. In den Jahren sind andere Parzellen in derselben Gemeinde dazugekommen. Der Verdicchio dominiert auf diesen Hügeln und kommt in starken, alkoholreichen Weinen mit reichlich Restextrakt zum Ausdruck. Eine typische Überschwänglichkeit, für die sorgfältiges Reifen, Stahl und Zeit notwendig sind, um die rustikalen Züge zu schleifen. Die Finocchis haben auch Montepulciano und Sangiovese und waren unter den ersten, die die Kreuzung Bruni 54 (Sauvignon x Verdicchio), ein 1936 realisierter Hybrid, wieder einführten. Der Pojo '12 wird dem Geist des Terroirs gerecht: intensiv sortenechtes Aroma in cremigem und penetrantem Mund, sehr lang. Helle Frucht und dynamische Entwicklung für den Giove '12 aus Sangiovese.

○ Verdicchio dei Castelli di Jesi Cl.Sup. Il Pojo '12	🍷🍷 2*
● Giove '12	🍷🍷 2*
○ Incrocio Bruni 54 '13	🍷🍷 2*
● Rosso Piceno Filellu '11	🍷 2
○ Verdicchio dei Castelli di Jesi Cl. '13	🍷 2

MARKEN

Fiorano
C.DA FIORANO, 19
63030 COSSIGNANO [AP]
TEL. +39 073598446
www.agrifiorano.it

DIREKTVERKAUF
BESUCH NACH VORANMELDUNG
UNTERKUNFT
JAHRESPRODUKTION 30.000 Flaschen
REBFLÄCHE 6 Hektar
WEINBAU Biologisch anerkannt

Als die Eltern von Paola Massi in den 90er-Jahren beschlossen, dieses Landhaus in Contrada Fiorano zu erwerben, war es nur ein kleiner, mit roten Trauben bestockter Weinberg. Heute hat man von der Terrasse des Agriturismo einen spektakulären Ausblick. Seit dem letzten Zukauf – ein Stück Erde, das fehlte, um den Kreis zu schließen – bietet sich einem ein Blick auf ein natürliches Amphitheater mit biologisch bebauten Weinbergen. Paolo Beretta, ihr Mann, kreiert aus traditionellen Trauben aromareine Weine und hält sich dabei an einen zeitgenössischen Stil, der Frische und Dynamismus vorzieht. Die gewöhnlich kleinen Hölzer werden nur für die ehrgeizigsten Roten verwendet. Der Donna Orgilla ist ein Pecorino, der eine Geruchsvielfalt von Zitrusfrüchten und weißer Melone vor einer leichten Anisbrise bietet. Ein prägnanter Schluck enthüllt ein frisches und schmales Wesen. Der Terre di Giobbe '11 hingegen hat Fruchtfleisch und Dichte in einem Kontext an fruchtigen und getoasteten Empfindungen. Ein blumiger Ansatz und weiche Trinkreife machen den Fiorano '13 aus Sangiovese aus.

○ Offida Pecorino Donna Orgilla '13	🍷🍷 3*
● Rosso Piceno Sup. Terre di Giobbe '11	🍷🍷 3
● Fiorano '13	🍷 2
● Ser Balduzio '09	🍷 4
○ Offida Pecorino Donna Orgilla '12	🍷🍷 3
○ Offida Pecorino Donna Orgilla '11	🍷🍷 3
○ Offida Pecorino Donna Orgilla '10	🍷🍷 3*
○ Offida Pecorino Donna Orgilla '09	🍷🍷 3*
● Rosso Piceno Sup. Terre di Giobbe '10	🍷🍷 3
● Rosso Piceno Sup. Terre di Giobbe '09	🍷🍷 2*
● Rosso Piceno Sup. Terre di Giobbe '08	🍷🍷 2*
● Rosso Piceno Sup. Terre di Giobbe '06	🍷🍷 3*

Cantine Fontezoppa
C.DA SAN DOMENICO, 38
62012 CIVITANOVA MARCHE [MC]
TEL. +39 0733790504
www.cantinefontezoppa.it

DIREKTVERKAUF
BESUCH NACH VORANMELDUNG
UNTERKUNFT UND GASTRONOMIE
JAHRESPRODUKTION 290.000 Flaschen
REBFLÄCHE 38 Hektar

Fontezoppa hat mit seiner jahrzehntelangen Arbeit dazu beigetragen, die Berufung von weniger bekannten Gebieten und Rebsorten hervorzuheben. Besondere Aufmerksamkeit hat dabei der Maceratino gegolten, die nahe dem Keller, nicht weit von der Adria entfernt angebaut wird. Weiteres Objektiv betrifft das besondere Terroir von Serrapetrona, wo die lokale Vernaccia Nera für artikulierte und langlebige Rote angebaut wird. Eine andere romantische Herausforderung ist der Pinot Nero, eine etwas schwierige Rebsorte, die sich anscheinend gut dem Klima des oberen Macerata-Gebiets angepasst hat. Der Morò '09 kreuzt geräucherte Züge und die typische Würzigkeit der Vernaccia in einem gespannten, einfachen und sehr originellen Wein. Mineralisch und dunkel auch der Carpignano '09 mit lebhaftem und unruhigem Charakter. Feine Mineralhaltigkeit und grüner Anis nehmen den Ribona '11 ein, weitaus der beste der Weindenomination. Überzeugend der Dedicato a Piero '09 aus Pinot Nero mit changierender Würzigkeit, beharrlich und spitz am Gaumen.

● Serrapetrona Morò '09	🍷🍷 5
○ Colli Maceratesi Ribona '11	🍷🍷 3
● Dedicato a Piero '09	🍷🍷 5
● Serrapetrona Carpignano '09	🍷🍷 2*
● Vernaccia Fabrini	🍷 2
○ Citanò '13	🍷 2
○ Colli Maceratesi Ribona '10	🍷🍷 4
● Dedicato a Piero '08	🍷🍷 6
● Marche Rosso '09	🍷🍷 2*
● Serrapetrona Falcotto '09	🍷🍷 4
○ Verdicchio di Matelica '11	🍷🍷 3

★Gioacchino Garofoli

VIA CARLO MARX, 123
60022 CASTELFIDARDO [AN]
TEL. +39 0717820162
www.garofolivini.it

DIREKTVERKAUF
BESUCH NACH VORANMELDUNG
JAHRESPRODUKTION 2.000.000 Flaschen
REBFLÄCHE 42 Hektar

Garofoli kann auf eine jahrhundertealte Geschichte blicken und war sicher unter den Protagonisten des neuen Kurses des Verdicchio, der Mitte der 80er Jahre begonnen hat. Gianfranco und Carlo Garofoli haben einen für die damalige Zeit ganz neuen Stil geschaffen, der heute, beinahe unverändert, Spuren eleganter Klassizität aufweist. Dieselbe Umsicht wurde auch auf die Roten angewandt, die von der auf den Kalkböden des Conero angebauten Montepulciano gezeichnet sind. Der erst jüngst restaurierte und ausgebaute, beeindruckende Keller bietet die Möglichkeit, Weine mit erklärter Langlebigkeit, insbesondere die verschiedenen Verdicchio-Selektionen, ohne Eile reifen zu lassen. Die x-ten Drei Gläser für die Version 2012 mit noch augenscheinlicherer Eleganz und Fassung: unverwechselbar in der Nase mit Mandel, Blumen und balsamischen Empfindungen; am Gaumen schmackhaft und gut ausgewogen, nuancenreich im Finale. Der Serra Fiorese '09 schmeckt nach Butter und Mandeln, reif im Mund, gut gezeichnet.

○ Verdicchio dei Castelli di Jesi Cl. Sup. Podium '12		♛♛♛ 4*
○ Castelli di Jesi Verdicchio Cl. Serra Fiorese Ris. '09		♛♛ 4
⊙ Kòmaros '13		♛♛ 2*
○ Brut Charmat		♛ 3
● Rosso Conero Piancarda '11		♛ 3
○ Verdicchio dei Castelli di Jesi Brut Ris. '08		♛ 4
○ Verdicchio dei Castelli di Jesi Cl. Sup. Macrina '13		♛ 2
○ Verdicchio dei Castelli di Jesi Cl. Sel. GG Ris. '08		♛♛♛ 6
○ Verdicchio dei Castelli di Jesi Cl. Sel. Gioacchino Garofoli Ris. '06		♛♛♛ 5
○ Verdicchio dei Castelli di Jesi Cl. Sup. Podium '10		♛♛♛ 4*

Marco Gatti

VIA LAGUA E SAN MARTINO, 2
60043 CERRETO D'ESI [AN]
TEL. +39 0732677012
www.gattiagri.it/

DIREKTVERKAUF
BESUCH NACH VORANMELDUNG
JAHRESPRODUKTION 10.000 Flaschen
REBFLÄCHE 7 Hektar

Die Einzigartigkeit des Terroirs und die tiefgreifende Weinbaukultur des Bezirks von Matelica sind die Bühne, auf der alljährlich neue Interpreten auftreten, welche sich nicht darauf beschränken, den vorgegebenen Weg zu beschreiten, sondern die Vielseitigkeit der Verdicchio auf ihre Art interpretieren. Marco Gatti ist ein Winzer und Landschaftsgärtner, der seit einigen Jahren in seinem Mikrokeller in Cerreto d'Esi bemerkenswert kraftvolle Weine erzeugt, und sich dabei der potenzialen Sämigkeit und Wuchtigkeit des lang gereiften Verdicchio bedient. Stahl und Ruhe in der Flasche unterstreichen eine sortenechte Komponente, die mehr an die fruchtige Stilebene als an die blumige und mineralische Matrix anderer Interpretationen gebunden ist. Noch ist die Auflage vertraulich und ausgesprochen günstig. An erster Stelle der Villa Marilla '13: reine Weißfrucht leitet einen Mund ein, der vom Kontrast zwischen saurem Rückgrat, Restextrakt und einer reichen (wenn auch abgeschwächten) alkoholischen Dimension gestützt wird.

○ Verdicchio di Matelica Villa Marilla '13	♛♛ 2*
○ Verdicchio di Matelica '21	♛♛ 2*
○ Verdicchio di Matelica Millo Ris. '12	♛♛ 3

MARKEN

Luciano Landi
VIA GAVIGLIANO, 16
60030 BELVEDERE OSTRENSE [AN]
TEL. +39 073162353
www.aziendalandi.it

DIREKTVERKAUF
BESUCH NACH VORANMELDUNG
JAHRESPRODUKTION 80.000 Flaschen
REBFLÄCHE 20 Hektar

Luciano Landi ist ein Spezialist der Rebsorte Lacrima und für seine intensiven Versionen bekannt. Er ist aber kein Reinsortenliebhaber. Als Besitzer eines alten Montepulciano-Weinbergs hat er seit einigen Jahren ein Projekt mit der Syrah in die Wege geleitet. Im Kore (von dem wir auf den neuen Jahrgang warten) ist sie sortenrein präsent; im Rosé Syla hingegen zur Hälfte und verleiht Substanz; dem Ragosto schenkt sie verführerische Würzigkeit, auch wenn sie nur zu 20 % im Blend mit Montepulciano gegeben ist. Im Weinberg finden sich auch Verdicchio, Cabernet und Merlot. Der Betrieb hat einen modernen Stil, liebt langes Reifen und den Ausbau in kleinen Hölzern. Nur Jahrgangsweine kommen in den Stahl. Der Gavigliano '11 (im letzten Jahr wurde er fälschlicherweise anstelle des 2010ers bewertet) ist ein konzentrierter, kompakter und intensiv aromatischer Lacrima. Gut entwickelt und entspannt der Nobilnero '09 aus Montepulciano. Der Ragosto hat Sauerkirsch- und Schokoladearomen und ist im Mund dicht, tannisch, aber genussreich. Der würzige und herbe Syla '13 duftet nach Himbeeren.

● Lacrima di Morro d'Alba Sup. Gavigliano '11	🏆🏆 3
● Nobilnero '09	🏆🏆 6
● Ragosto '11	🏆🏆 2*
⊙ Syla '13	🏆🏆 2*
● Lacrima di Morro d'Alba '13	🏆 2
● Lacrima di Morro d'Alba '10	🍷🍷 2*
● Lacrima di Morro d'Alba Passito '09	🍷🍷 5
● Lacrima di Morro d'Alba Sup. Gavigliano '09	🍷🍷 3
● Ragosto '10	🍷🍷 2*
⊙ Syla '11	🍷🍷 2*
○ Verdicchio dei Castelli di Jesi Cl. '10	🍷🍷 2*

Roberto Lucarelli
LOC. RIPALTA
VIA PIANA, 20
61030 CARTOCETO [PU]
TEL. +39 0721893019
www.laripe.com

DIREKTVERKAUF
BESUCH NACH VORANMELDUNG
JAHRESPRODUKTION 200.000 Flaschen
REBFLÄCHE 32 Hektar

Die Hügel von Cartoceto sind ausgesprochen grün: Oliven und Rebstöcke kämpfen um jeden verfügbaren Zentimeter. Die Berühmtheit des Nativen Olivenöls Extra Cartoceto Dop ist solide und verdient. Roberto Lucarelli ist einer der wenigen Landwirte, die stets mehr Bedeutung dem Wein aus Bianchello und Sangiovese beigemessen haben. Im Betrieb sind seit langem auch die klassischen internationalen Rebsorten gegeben. Im Keller werden die Weißen in Stahl verarbeitet (nur für den Rocho geht ein Teil des Weins ins Holz), um das ausgeprägte Aroma und die Trinkbarkeit beizubehalten. Die Roten hingegen reifen in mittelgroßen und kleinen Hölzern, haben einen modernen Stil mit intensiver Fruchtigkeit und abgerundetem Tannin. Der Rest der Weindenomination Bianchello Rocho '12 ist in seinem horizontalen Profil gut entworfen: ausgeprägte sommerliche Gelbfruchtaromen wiederholen sich an einem schmackhaften und dynamischen Gaumen. Gute Probe auch für den Sangiovese La Ripe '12, saftig, gut moduliert, Grip und milde Gerbstoffe. Reif und etwas monolithisch der Goccione '10.

○ Bianchello del Metauro Sup. Rocho '12	🏆🏆 2*
● Colli Pesaresi Sangiovese La Ripe '12	🏆🏆 2*
○ Bianchello del Metauro La Ripe '13	🏆 2
● Colli Pesaresi Sangiovese Goccione '10	🏆 3
⊙ Rosato '13	🏆 2
○ Bianchello del Metauro La Ripe '12	🍷🍷 2*
○ Bianchello del Metauro La Ripe '10	🍷🍷 2*
○ Bianchello del Metauro La Ripe '09	🍷🍷 2*
○ Bianchello del Metauro Rocho '11	🍷🍷 2*
○ Bianchello del Metauro Rocho '10	🍷🍷 2*
○ Bianchello del Metauro Rocho '09	🍷🍷 2*
○ Chardonnay '12	🍷🍷 2*
● Colli Pesaresi Sangiovese Insieme Ris. '11	🍷🍷 4
○ SamuFè	🍷🍷 4

MARKEN

Ma.Ri.Ca.
VIA ACQUASANTA, 7
60030 BELVEDERE OSTRENSE [AN]
TEL. +39 0731290091
www.cantinamarica.it

DIREKTVERKAUF
BESUCH NACH VORANMELDUNG
JAHRESPRODUKTION 70.000 Flaschen
REBFLÄCHE 15 Hektar

Belvedere Ostrense gehört historisch zu Castelli di Jesi, der Gemeindegruppe, die im Mittelalter militärisch dem Hauptort unterworfen wurde. Seinen Namen verdankt er der baryzentrischen Position, die einen Ausblick von der Adria bis zu den Hügeln von Vallesina ermöglicht. Die Nähe zur Gemeinde Morro d'Alba rechtfertigt die Verbreitung der autochthonen Lacrima, die im Weinberg der nicht weg zu denkenden Verdicchio Gesellschaft leistet. Die Familie Moriconi widmet beiden Sorten eine gleich große Rebfläche und realisiert mit ihnen ohne Hilfe von Holz Weine, die entschieden aromareich sind und eine vibrierende Geschmacksstruktur haben. Mit der sich noch im Ausbau befindlichen Selektion Tosius verteidigt der Tregaso '13 die Farben des Verdicchio mit einer sehr zitrusfruchtigen Version mit weißem Pfirsich und saurem Rückgrat und einer anhaltenden Trinkreife. Ausgezeichnet die beiden Lacrimas. Unsere Vorliebe geht an den sehr intensiven und gut strukturierten Superiore '12. Der Ramosceto '13 ist tanninhaltig, mineralisch, blumig und balsamisch.

- ● Lacrima di Morro d'Alba Ramosceto '13 ▼▼ 2*
- ● Lacrima di Morro d'Alba Sup. Castello di Ramosceto '12 ▼▼ 3
- ○ Verdicchio dei Castelli di Jesi Cl. Tregaso '13 ▼▼ 2*
- ● Lacrima di Morro d'Alba Ramosceto '12 ♀♀ 2*
- ● Lacrima di Morro d'Alba Sup. Castello di Ramosceto '09 ♀♀ 2*
- ○ Verdicchio dei Castelli di Jesi Cl. Sup. Tosius '12 ♀♀ 3*
- ○ Verdicchio dei Castelli di Jesi Cl. Sup. Tosius '10 ♀♀ 2*
- ○ Verdicchio dei Castelli di Jesi Cl. Tregaso '12 ♀♀ 1*

Stefano Mancinelli
VIA ROMA, 62
60030 MORRO D'ALBA [AN]
TEL. +39 073163021
www.mancinellivini.it

DIREKTVERKAUF
BESUCH NACH VORANMELDUNG
UNTERKUNFT
JAHRESPRODUKTION 150.000 Flaschen
REBFLÄCHE 25 Hektar

Die Roten von Stefano Mancinelli fotografieren den Zustand der Rebsorte Lacrima. Und dies nicht nur, weil Stefano Mancinelli allgemein als ihr Vater angesehen ist, sondern weil er seine Suche nie unterbrochen hat. Von der Verwendung von Kohlensäure in der Mazeration bis hin zum Trocknen der Frucht ist in den Jahren alles getestet und verfeinert worden. Der Umgang mit der zweiten, in den 25 Hektar Rebfläche zugelassenen Rebsorte, der Verdicchio, war hingegen vorsichtiger und klassischer. Die Kraft und Vielseitigkeit der Rebsorte wird durch die Verwendung von Stahl valorisiert. Von großem Interesse alle Passiti, Zeichen einer gut assimilierten und gut beherrschten Methodologie. Der Sensazione di Frutto '13 ist mit seinen Rosa- und Veilchendüften archteypisch, bietet eine ausgeprägte Trinkbarkeit und große geruchliche Kohärenz. Der Santa Maria del Fiore '12 ist ebenso blumig, hat aber etwas raue Gerbstoffe. Der Superiore '12 neigt zu einer fruchtigeren Stilebene mit tonischem Schluck, kaum tanninhaltig im Abgang.

- ● Lacrima di Morro d'Alba Santa Maria del Fiore '12 ▼▼ 2*
- ● Lacrima di Morro d'Alba Sensazioni di Frutto '13 ▼▼ 2*
- ● Lacrima di Morro d'Alba Sup. '12 ▼▼ 3
- ○ Verdicchio dei Castelli di Jesi Cl. '13 ▼ 2
- ○ Cu de Cu Passito ♀♀ 5
- ● Lacrima di Morro d'Alba Passito Re Sole '07 ♀♀ 5
- ● Lacrima di Morro d'Alba Passito Re Sole '06 ♀♀ 4
- ● Lacrima di Morro d'Alba Sup. '10 ♀♀ 3*
- ● Lacrima di Morro d'Alba Sup. '09 ♀♀ 3
- ○ Verdicchio dei Castelli di Jesi Passito Stell '08 ♀♀ 5
- ○ Verdicchio dei Castelli di Jesi Passito Stell '07 ♀♀ 4

MARKEN

La Marca di San Michele
Via Torre, 13
60034 Cupramontana [AN]
Tel. +39 0731781183
www.lamarcadisanmichele.com

DIREKTVERKAUF
BESUCH NACH VORANMELDUNG
UNTERKUNFT
JAHRESPRODUKTION 25.000 Flaschen
REBFLÄCHE 6 Hektar
WEINBAU Biologisch anerkannt

Für die drei Gesellschafter des Betriebs La Marca, Alessandro und Beatrice Bonci und Daniela Quaresima, sind derzeit Arbeiten im Gang und Projekte zu realisieren. Ein Teil der Weinberge in Contrada San Michele, einer historischen Lage, ist jüngst auch mit roten Rebsorten neu bestockt worden. Die ersten Früchte werden wir in einigen Jahren sehen. Der Weinkeller hingegen ist im Zuge der Fertigstellung. Die Weinlese 2014 wird in den eigenen vier Wänden verarbeitet, um nicht bei Dritten vinifizieren zu müssen. Derzeit ist der Betrieb noch vollkommen der Verdicchio verschrieben, die sortenrein im Capovolto und im Il Pigro verwendet wird. Für den ersten kommt nur Stahl zum Einsatz, während der andere in Tonneaux gärt und reift. In Abwesenheit des noch auszubauenden Il Pigro haben wir eine herrliche Version des Capovolto gekostet, der wie 2010 den Wert des Jahrgangs am besten interpretiert. Er verzaubert mit Zitrusfrüchten, Mandelnachhall, nach Anis duftendem Hintergrund; im Mund energisch, anmutig, kräftig und wendig. Über allem der großartige Charakter der besten Verdicchios.

○ Verdicchio dei Castelli di Jesi Cl. Sup. Capovolto '13	🍷🍷🍷 3*
○ Verdicchio dei Castelli di Jesi Cl. Sup. Capovolto '10	🍷🍷🍷 3*
○ Capovolto '12	🍷🍷 3
○ Verdicchio dei Castelli di Jesi Cl.Sup. Capovolto '09	🍷🍷 2*

Marchetti
Fraz. Pinocchio
Via di Pontelungo, 166
60131 Ancona
Tel. +39 071897386
www.marchettiwines.it

DIREKTVERKAUF
BESUCH NACH VORANMELDUNG
JAHRESPRODUKTION 60.000 Flaschen
REBFLÄCHE 20 Hektar

Die Marchettis erzeugen seit über einem Jahrhundert Wein und waren einer der Fixpunkte der Weindenomination Conero. Über Jahre hinweg haben sie ein unverändertes Ideal der Tradition verfolgt, das zu Beginn des neuen Jahrhunderts, als Maurizio, der derzeitige Eigentümer, die Zusammenarbeit mit dem Önologen Lorenzo Landi begann, aktualisiert wurde. Diese Verbindung hat zu einer aufmerksameren Agronomie geführt, vor allem was den Zeitpunkt der Lese betrifft. Im Keller haben neue kleine Hölzer für den Ausbau des Conero Riserva Platz gefunden, während der Rosso Conero und beide Verdicchios in Stahl ausgebaut werden. In wenigen Jahren haben die Weine an Definition und aromatischer Reinheit gewonnen, ohne schwer oder übertrieben aromatisch nach Barrique zu schmecken. Der Villa Bonomi Riserva '11 ist ein Wein mit stoffigem Gefüge, zwischen Fruchtfleisch und Gerbstoffen im Überfluss, die den wahren Zug des Montepulciano del Conero zutage treten lässt. Die beiden Jesi sind diametral entgegengesetzt: breit und fruchtig der Cavaliere '13, blumig und herb der Verdicchio '13.

● Conero Villa Bonomi Ris. '11	🍷🍷 5
○ Verdicchio dei Castelli di Jesi Cl. '13	🍷🍷 2*
○ Verdicchio dei Castelli di Jesi Cl. Sup. Tenuta del Cavaliere '13	🍷🍷🍷 3
● Rosso Conero Castro di San Silvestro '13	🍷 2
● Rosso Conero Villa Bonomi Ris. '02	🍷🍷🍷 4
● Conero Villa Bonomi Ris. '10	🍷🍷 4
● Rosso Conero Villa Bonomi Ris. '08	🍷🍷 4
○ Verdicchio dei Castelli di Jesi Cl. Sup. Tenuta del Cavaliere '11	🍷🍷 3
○ Verdicchio dei Castelli di Jesi Cl. Sup. Tenuta del Cavaliere '10	🍷🍷 3
○ Verdicchio dei Castelli di Jesi Cl. Sup. Tenuta del Cavaliere '09	🍷🍷 3

MARKEN

Marotti Campi
VIA SANT'AMICO, 14
60030 MORRO D'ALBA [AN]
TEL. +39 0731618027
www.marotticampi.it

DIREKTVERKAUF
BESUCH NACH VORANMELDUNG
UNTERKUNFT
JAHRESPRODUKTION 220.000 Flaschen
REBFLÄCHE 68 Hektar

Die Berufung eines Gebiets ist auch auf die Einzigkeit einiger Produktionen zurückzuführen. Morro d'Alba ist ein doppelter Glücksfall. Zum einen besitzt sie Lacrima, diese halbaromatische schwarze Rebsorte und zum anderen den Verdicchio. In den Grundstücken von Marotti Campi wird die Weinrebe schon seit Ende des 19. Jh. gezüchtet, aber erst 1991 hat er eine Unternehmensstruktur angenommen, die 1999 mit der Realisierung des Kellers in den an die historische Villa angrenzenden Räumlichkeiten perfektioniert wurde. Auch wenn er der größte Erzeuger von Lacrima und solider Interpret von Verdicchio ist – der in den der Adria am nächsten liegenden Weinbergen der gesamten Denomination Kraft, Wuchtigkeit und Geschmack annimmt – bleibt es ein Familienbetrieb. Der Salmariano '11 hat eine breite und entspannte, horizontale Dynamik, ist geschmackvoll, aber zu wenig tief. Er bleibt empfehlenswert für alle, die einen geschliffeneren und glyzerinhaltigeren Ausdruck des Verdicchio lieben. Der Rùbico '13 ist ein duftender Lacrima mit Sauerkirscharoma. Der Orgiolo '12 ist blumig und konsistent.

● Xyris	👓 2*
○ Castelli di Jesi Verdicchio Cl. Salmariano Ris. '11	👓 3
● Lacrima di Morro d'Alba Rùbico '13	👓 2*
● Lacrima di Morro d'Alba Sup. Orgiolo '12	👓 3
○ Verdicchio dei Castelli di Jesi Cl. Albiano '13	👓 1*
⊙ Brut Rosé	👓 3
○ Verdicchio dei Castelli di Jesi Cl. Sup. Luzano '13	👓 2
○ Verdicchio dei Castelli di Jesi Cl. Salmariano Ris. '08	👓👓 3*
○ Verdicchio dei Castelli di Jesi Cl. Salmariano Ris. '07	👓👓 2*
○ Castelli di Jesi Verdicchio Cl. Salmariano Ris. '10	👓👓 3
○ Castelli di Jesi Verdicchio Cl. Salmariano Ris. '09	👓👓 3*

Valter Mattoni
VIA PESCOLLA, 1
63030 CASTORANO [AP]
TEL. +39 073687329
www.valtermattoni.it

DIREKTVERKAUF
BESUCH NACH VORANMELDUNG
JAHRESPRODUKTION 6.000 Flaschen
REBFLÄCHE 3,5 Hektar

Wein war schon immer ein Teil des Lebens von Valter Mattoni. Zuerst als persönliche Leidenschaft. Und dann, beinahe scherzhaft, begann Valter sich in seiner Freizeit um wenige Rebzeilen mit Montepulciano zu kümmern. Er wollte Wein für den persönlichen Konsum im Kreise seiner Freunde und glückliche Augenblicke erzeugen. Im Jahr 2000 wurden die ersten Flaschen in vertraulichen Auflagen vermarktet. Heute, mit dem neuen Keller, der ausgebauten Palette und der größeren Bekanntheit wird es ernst. Und trotzdem wurde nichts vom anfänglichen naiven Geist und der handwerklichen Machart eingebüßt. Versuchen Sie den seltenen Rossobordò '11 aus einem Grenache-Klon: orangefarben, betörende Bitterorangen- und Kräuteraromen, geschmeidig, dünn und tief im Mund, mit köstlichem Enzianwiederhall. Oder den ungestümen Charakter des Arshura '12 aus Montepulciano, pikant und würzig. Oder die stolz rustikalen Haselnussakzente des Trebbien '13, ein sortenreiner Trebbiano.

● Rossobordò '11	👓 8
● Arshura '12	👓 5
⊙ Cose Cose '13	👓 3
○ Trebbien '13	👓 3
● Arshura '11	👓👓 3*
● Arshura '10	👓👓 3*
● Arshura '09	👓👓 3
● Rosso Bordò '10	👓👓 8
○ Trebbien '12	👓👓 2*

MARKEN

★ La Monacesca

C.DA MONACESCA
62024 MATELICA [MC]
TEL. +39 0733672641
www.monacesca.it

DIREKTVERKAUF
BESUCH NACH VORANMELDUNG
JAHRESPRODUKTION 180.000 Flaschen
REBFLÄCHE 30 Hektar

Als außerordentlicher Interpret der Weindenomination Matelica ist der Betrieb Aldo Cifola der perfekte Vertreter des Konzepts Terroir. Der Mann liest die Potenzialitäten des Verdicchio, der hier in Geschmack und Kraft zum Ausdruck kommt, ohne sein auf das Gebiet mit dem kühlen Mikroklima zurückzuführendes saures und würziges Rückgrat zu verlieren. Auch der in kleinen Mengen angebaute Chardonnay zeigt hier eine andere Veranlagung als an anderen Orten. Der letzte Abschnitt des den Keller in einem antiken Klosterkomplex umgebenden Weinbergs ist Sangiovese und Merlot vorbehalten, den einzigen Rebsorten, die in Barrique reifen. Die x-te herrliche Version des Mirum: Der 2012er bietet eine gewohnt anmutige und raffinierte Aromamischung mit Mimose, Pollen, Limetten und Anis; im Mund ein Wunder an Ausgewogenheit, einladend, mit einem mitreißenden, sehr langen, gestreckten Finale. Im Augenblick der Verkostung waren die neuen Versionen des Camerte, des Verdicchio-Basisweins und des Chardonnay Ecclesia noch im Ausbau.

○ Verdicchio di Matelica Mirum Ris. '12	♛♛♛ 5
○ Verdicchio di Matelica Mirum Ris. '11	♛♛♛ 5
○ Verdicchio di Matelica Mirum Ris. '10	♛♛♛ 4*
○ Verdicchio di Matelica Mirum Ris. '09	♛♛♛ 4
○ Verdicchio di Matelica Mirum Ris. '08	♛♛♛ 4
○ Verdicchio di Matelica Mirum Ris. '07	♛♛♛ 4*
○ Verdicchio di Matelica Mirum Ris. '06	♛♛♛ 4
○ Verdicchio di Matelica Mirum Ris. '04	♛♛♛ 4
○ Verdicchio di Matelica Mirum Ris. '02	♛♛♛ 3
○ Verdicchio di Matelica Mirum 20 Anni Ris. '08	♛♛ 6
○ Verdicchio di Matelica Mirum Ris. '03	♛♛ 3
○ Verdicchio di Matelica Mirum Ris. '01	♛♛ 3

Monte Schiavo

FRAZ. MONTESCHIAVO
VIA VIVAIO
60030 MAIOLATI SPONTINI [AN]
TEL. +39 0731700385
www.monteschiavo.it

DIREKTVERKAUF
BESUCH NACH VORANMELDUNG
JAHRESPRODUKTION 1.500.000 Flaschen
REBFLÄCHE 115 Hektar

Familie Pieralisi erwirbt Mitte der 90er Jahre eine kleine Genossenschaft und kommt so in den Besitz verschiedener Weinberge in unterschiedlichen, entschieden berufenen Lagen. Der Verdicchio wird in den Weinbergen von Tassanare di Arcevia, Fossato und Coste del Molino di Poggio San Marcello angebaut und schöpft aus der besonderen Finesse, die die Weine des linken Esino-Ufers auszeichnet. Die roten Trauben, vorwiegend Montepulciano und Sangiovese, aber auch Cabernet Sauvignon und Merlot befinden sich in den Rebzeilen in der Nähe des Kellers. Die Weine sind modern, achten auf Annehmlichkeit und geschliffene Intensität, ohne das Talent der gebietsspezifischen Rebsorten zu opfern. Der Le Giuncare '11 ist im Geschmack durchdringend, breit und vollmundig; er hinterlässt im Mund präzise, befriedigende Gelbfruchtspuren. Der lebhafte und schmackhafte Sassaiolo '11 erinnert an Sauerkirsche. Der Tassanare ist ein interessanter Charmat mit Pfirsicharomen und schmackhaftem Gaumen.

○ Castelli di Jesi Verdicchio Cl. Le Giuncare Ris. '11	♛♛ 3*
○ Verdicchio dei Castelli di Jesi Brut V. Tassanare	♛♛ 2
● Rosso Piceno Sassaiolo '11	♛♛ 2*
● Lacrima di Morro d'Alba Marzaiola '13	♛ 2
○ Verdicchio dei Castelli di Jesi Cl. Coste del Molino '13	♛ 2
○ Verdicchio dei Castelli di Jesi Cl. Sup. Pallio di S. Floriano '13	♛ 3
● Rosso Conero Adeodato '00	♛♛♛ 5
○ Verdicchio dei Castelli di Jesi Cl. Sup. Pallio di S. Floriano '11	♛♛♛ 2*
○ Verdicchio dei Castelli di Jesi Cl. Sup. Pallio di S. Floriano '10	♛♛♛ 2*
○ Verdicchio dei Castelli di Jesi Cl. Sup. Pallio di S. Floriano '09	♛♛♛ 2*

Montecappone
via Colle Olivo, 2
60035 Jesi [AN]
Tel. +39 0731205761
www.montecappone.com

DIREKTVERKAUF
BESUCH NACH VORANMELDUNG
JAHRESPRODUKTION 120.000 Flaschen
REBFLÄCHE 70 Hektar

Mit der Gianluca Mirizzi eigenen, ruhigen, aber soliden Energie hat er Ressourcen und Weinberge rationalisiert und alles Überflüssige entfernt. Ansonsten ändert sich nichts an der Stilebene eines Kellers, der aus Frische, Rückgrat und aromatischer Intensität sein Motto macht. Das produktive Protokoll von Gianluca sieht eine defensive Agronomie ohne jede Überreife und die Verwendung von Kellertechniken vor, die durch Schaffung eines reduktiven Ambientes und eine sorgfältige Temperaturregelung vor Oxydation schützen. Die Verdicchios und alle Jahrgangsweine werden in Stahl ausgebaut, die alterungsfähigen Roten auf Montepulciano-Basis in Barrique. Aus den Verkostungen hebt sich der zitrusfruchtige Schwung des dynamischen und saftigen Federico II '13 ab. Auch der Verdicchio Classico '13 zeigt ein schönes Temperament mit elegantem und dünnem Mund und Anis- und Weißpfirsichnuancen. Der Utopia '11 ist ein Montepulciano mit gezähmten Gerbstoffen, was einer reichen Fruchtmodulation zugute kommt.

○ Verdicchio dei Castelli di Jesi Cl. Sup. Federico II A.D. 1194 '13	♛♛	3*
● Utopia '11	♛♛♛	6
○ Verdicchio dei Castelli di Jesi Cl. '13	♛♛	2*
○ La Breccia '13	♛	3
● Rosso Piceno '13	♛	2
○ Tabano Bianco '13	♛	4
○ Verdicchio dei Castelli di Jesi Cl. Utopia Ris. '08	♛♛♛	4
○ Verdicchio dei Castelli di Jesi Cl. Utopia Ris. '07	♛♛♛	4*
○ Castelli di Jesi Verdicchio Cl. Utopia Ris. '10	♛♛	4
○ Verdicchio dei Castelli di Jesi Cl. Sup. Federico II A.D. 1194 '12	♛♛	3*
○ Verdicchio dei Castelli di Jesi Cl. Sup. Federico II A.D. 1194 '10	♛♛	2*

Alessandro Moroder
via Montacuto, 121
60029 Ancona
Tel. +39 071898232
www.moroder-vini.it

DIREKTVERKAUF
BESUCH NACH VORANMELDUNG
JAHRESPRODUKTION 130.000 Flaschen
REBFLÄCHE 18 Hektar
WEINBAU Biologisch anerkannt

Als der Conero Ende der 80er Jahre ein verschlafenes Weinbaugebiet in den Marken war, hat Alessandro Moroder, Römer mit ladinischen Vorfahren (aus dem Grödner Tal um genau zu sein), das mit seinen einfachen und tiefen Roten geändert. Die Weinberge werden nur noch biologisch geführt und liegen zwischen Candia und Montacuto (wo die „Cittadella" mit ihrem Weinkeller und Agriturismo liegt). Die Vinifizierung in Rot bleibt klassisch geprägt, mit langem Gären und geduldigem Ausbau in verschieden großen Hölzern. Trinkfreundlicher und unverbindlicher die Jahrgangsweine aus zum Montepulciano alternativen Trauben wie Malvasia, Trebbiano, Moscato, Alicante Nero und Sangiovese. In Abwesenheit des Dorico Riserva '10 haben wir den neuen Riserva '11 gekostet. Er hat eine erdige Faszination, einen spitzen Charakter und eine robuste Faser. Glänzend, fruchtig und überschwänglich der Conero Moroder '12 mit deutlicher Sauerkirschspur.

○ BianConero '13	♛♛	3
● Conero Moroder Ris. '11	♛♛	5
● Rosso Conero Moroder '12	♛♛	2*
● Candiano '13	♛	2
● Elleno '13	♛	2
○ Rosa di Montacuto '13	♛	2
● Conero Dorico Ris. '05	♛♛♛	5
● Rosso Conero Dorico '93	♛♛♛	5
● Rosso Conero Dorico '90	♛♛♛	5
● Rosso Conero Dorico '88	♛♛♛	5

MARKEN

Muròla

C.DA VILLAMAGNA, 9
62010 URBISAGLIA [MC]
TEL. +39 0733506843
www.murola.it

DIREKTVERKAUF
BESUCH NACH VORANMELDUNG
JAHRESPRODUKTION 700.000 Flaschen
REBFLÄCHE 60 Hektar

Der Betrieb entsteht 2004 als Jerzy Mosiewicz beschließt, den jahrhundertealten Familienbesitz in einem noch unberührten, noch nicht den menschlichen Bedürfnissen angepassten und an den Naturschutzpark Abbadia di Fiastra angrenzenden Tal zu valorisieren. Die verschiedenen Weinberge liegen auf sanft abfallenden, unterschiedlich ausgerichteten Hängen mit viel Ton. Auch wenn das ampelografisches Panorama weitreichend ist, konzentriert man sich in den letzten Jahren mehr auf autochthone Rebsorten. Ein moderner und gut ausgestatteter Keller mit einem bezaubernden Panorama ermöglicht eine sorgfältige, technisch tadellose Verarbeitung. Am gelungensten ist der Camà '11, ein im Holzfass gereifter Sangiovese mit milden Tabak-, Kirsch-, Gewürznuancen in einem hochmütigen, herben Gaumen. Stoffiger der lange in Barriquen gereifte Teodoro '11 aus Montepulciano. Er bringt Kirschsiruptöne, pikante Gewürze und Toasting-Ansätze zum Ausdruck. Attraktiv der cremige, tropikalisierende Metodo Classico Jurek '11.

● Camà '11	🍷🍷 3*
○ Jurek M.Cl. '11	🍷🍷 4
● Teodoro '11	🍷🍷 3
○ Colli Maceratesi Ribona '13	🍷 2
● Camà '10	🍷🍷 4
○ Colli Maceratesi Ribona '12	🍷🍷 2*
○ Colli Maceratesi Ribona '11	🍷🍷 2*
○ Colli Maceratesi Ribona Andrea Baccius '10	🍷🍷 2*
○ Colli Maceratesi Ribona Andrea Baccius '09	🍷🍷 2*

★Oasi degli Angeli

C.DA SANT'EGIDIO, 50
63012 CUPRA MARITTIMA [AP]
TEL. +39 0735778569
www.kurni.it

DIREKTVERKAUF
BESUCH NACH VORANMELDUNG
JAHRESPRODUKTION 5.000 Flaschen
REBFLÄCHE 16 Hektar

Schon bei seinem Erscheinen auf dem Markt mit dem Kurni '97 war es klar, dass das Projekt von Marco Casolanetti innovativ und nur schwer nachahmbar war. Sowohl vom landwirtschaftlichen Gesichtspunkt her, da die kleinen Parzellen eindrucksvoll dicht mit Montepulciano bestockt sind, als auch vom weinkundlichen her, mit doppelter Belegung in neuen Barriquen, die ausgezeichnet konzentrierte Moste in die Zukunft begleiten. Bis zum heutigen Tag hat sich an der ursprünglichen Konzeption nichts geändert, im Gegenteil ist ein neuer Weinberg – ca. 1/2 ha – mit 50.000 Stöcken je Hektar hinzugekommen. Anders sieht es für den Kupra aus, der von einem jahrhundertealten Weinberg mit Bordò, d.h. Grenache kommt, sein Gebaren ist ganz anders, aber nicht weniger faszinierend. Der Kupra '11 ist stilistisch immer schärfer eingestellt, ein wahres Geruchskaleidoskop mit Gewürzen, Aromakräutern, Garide und Himbeer; im Mund lebhaft, reaktiv und sehr lang, würzig tief. Der wie immer mastodontische und üppige Kurni '12 schenkt eine deutlich liebliche Empfindung.

● Kupra '11	🍷🍷 8
● Kurni '12	🍷🍷 8
● Kupra '10	🍷🍷🍷 8
● Kurni '10	🍷🍷🍷 8
● Kurni '09	🍷🍷🍷 8
● Kurni '08	🍷🍷🍷 8
● Kurni '07	🍷🍷🍷 8
● Kurni '04	🍷🍷🍷 8
● Kurni '03	🍷🍷🍷 8
● Kurni '02	🍷🍷🍷 8
● Kurni '01	🍷🍷🍷 8
● Kurni '00	🍷🍷🍷 8

MARKEN

Pantaleone
VIA COLONNATA ALTA, 118
63100 ASCOLI PICENO
TEL. +39 3478757476
www.pantaleonewine.com

BESUCH NACH VORANMELDUNG
JAHRESPRODUKTION 60.000 Flaschen
REBFLÄCHE 13 Hektar
WEINBAU Biologisch anerkannt

Der Betrieb Pantaleone verdankt seinen Namen einem kleinen Wassergraben längs des Besitzes der Familie Pantaloni, der 13 ha südöstlich ausgerichtet Weinberge an einem Stück in 450 m Höhe umfasst. Die Nähe zum Berg Ascensione ermöglicht hohe Temperaturschwankungen und die Ausrichtung garantiert windiges Klima und perfekte Lichtbedingungen. Unter solchen Voraussetzungen ist Bio-Anbau keine schwierige Entscheidung. In den Rebzeilen dominieren lokale Rebsorten, während im Keller nur die Spitzenrotweine in kleinem Holz ausgebaut werden. Giuseppe Infriccioli vinifiziert die verschiedenen Rebsorten mit leichter Hand, das heißt, richtig gereifte Frucht und der natürliche Gebietsausdruck müssen im Charakter vorherrschen. Wie im sortenechten Onirocep '13 mit solidem Körper, vibrierender Säure und sehr klassischer Nase mit Wildgemüse-, Oliven- und grünen Anisspuren. Der Chicca '13 zeigt sich von der fruchtigen und verlockenden Seite der Rebsorte Passerina, während der Atto I '10 aus der blumigen Ausstattung und Süffigkeit der Sangiovese schöpft.

● Atto I '10	🍷🍷 2*
○ Chicca '13	🍷🍷 2*
○ Falerio Pecorino Onirocep '13	🍷🍷 2*
● Boccascena '10	🍷 3
● Atto I '09	🍷🍷 2*
● La Ribalta '10	🍷🍷 8
○ Onirocep '11	🍷🍷 2*
○ Onirocep '10	🍷🍷 3
● Sipario '09	🍷🍷 2*
● Sipario '06	🍷🍷 2*

Pievalta
VIA MONTESCHIAVO, 18
60030 MAIOLATI SPONTINI [AN]
TEL. +39 0731705199
www.baronepizzini.it

DIREKTVERKAUF
BESUCH NACH VORANMELDUNG
JAHRESPRODUKTION 110.500 Flaschen
REBFLÄCHE 26,5 Hektar
WEINBAU Biodynamisch anerkannt

Alessandro Fenino, Herz, Kopf und Hand von Pievalta, verfolgt ein laizistisches Ideal und sucht Schritt um Schritt nach einer präzisen Identität seiner Weine. Die biodynamisch gezüchteten Rebstöcke lesen präzise das tonhaltige Gebiet um den Keller und das tuffhaltige von San Paolo di Jesi. Das erste ergibt Säure und rassigen Geschmack, das zweite reiche und reife Trauben. Höchste Aufmerksamkeit im Keller vermeidet Reduktionen und aromatische Abweichungen. Die Weine, auch die Roten, werden generell in Stahl vinifiziert. Das einst verwendete und dann aufgegebene Holz ist nur noch als großes Fass für 10 % Dominé vertreten. Der großartig aussagekräftige und mineralische San Paolo '12 mit schöner Weißfrucht und Strohblume in der Nase wird von Zitrusfrucht- und Aromakräuterzügen vor einem herben Schluck belebt. Er wird gut altern. Der Pievalta '13 hat eine schlanke Trinkreife, der Dominè '13 einen artikulierten Geruch und ist lebhaft und vital im Mund. Eine originelle Pflanzenprägung markiert den Perlugo.

○ Castelli di Jesi Verdicchio Cl. San Paolo Ris. '12	🍷🍷🍷 3*
○ Perlugo Extra Brut	🍷🍷 3
○ Verdicchio dei Castelli di Jesi Cl. Sup. Dominè '13	🍷🍷 2*
○ Verdicchio dei Castelli di Jesi Cl. Sup. Pievalta '13	🍷🍷 2*
○ Verdicchio dei Castelli di Jesi Passito Curina '12	🍷🍷 4
○ Castelli di Jesi Verdicchio Cl. San Paolo Ris. '10	🍷🍷🍷 3*
○ Verdicchio dei Castelli di Jesi Cl. Sup. Pievalta '09	🍷🍷🍷 2*
○ Verdicchio dei Castelli di Jesi Cl. Sup. Dominè '10	🍷🍷 2*
○ Verdicchio dei Castelli di Jesi Cl. Sup. Pievalta '10	🍷🍷 2*

MARKEN

Il Pollenza
VIA CASONE, 4
62029 TOLENTINO [MC]
TEL. +39 0733961989
www.ilpollenza.it

BESUCH NACH VORANMELDUNG
JAHRESPRODUKTION 200.000 Flaschen
REBFLÄCHE 60 Hektar

Die insgesamt 200 Hektar umfassen jahrhunderteralten Villen, die von geometrisch perfekt angeordneten Weinbergen umgeben sind. Die um die Jahrhundertewende gepflanzten Weinberge greifen auf alluvialem Gebiet im Chienti-Tal und bieten vorwiegend transalpinen Sorten Platz. Ganz anders als seine Mauern, ist der Keller mit den besten Technologien ausgestattet, um Weine mit einem tadellosen internationalen Flair zu erzeugen. Die Palette ist komplett und umfasst einen Metodo Classico aus Pinot Nero, trinkreife Weiße aus autochthonen Rebsorten, üppige und einfache Rote aus Bordeaux-Sorten und einen köstlichen Pius IX Mastai aus Sauvignon Passito. Der Pollenza '11 aus Cabernet Sauvignon und Franc, Merlot, Petit Verdot hat ein gut definiertes Aroma mit dunklen Früchten und getoasteten Ansätzen und süßen Gewürzen. Im Mund imposant, noch auf der Suche nach der perfekten Amalgamierung zwischen Gerbstoffmasse und entschlossenem Alkohol. Der Cosmino '11 aus Cabernet Sauvignon ist ein offener und dynamischer „Bordeaux-Geist".

● Il Pollenza '11	🍷🍷🍷 7
● Cosmino '11	🍷🍷 5
○ Il Pollenza M. Cl. '10	🍷🍷 5
● Pius IX Mastai '12	🍷 6
● Brianello '13	🍷 3
○ Didì '13	🍷 3
● Porpora '11	🍷 3
● Il Pollenza '10	🍷🍷🍷 7
● Il Pollenza '09	🍷🍷🍷 7
● Il Pollenza '07	🍷🍷🍷 7

San Giovanni
C.DA CIAFONE, 41
63035 OFFIDA [AP]
TEL. +39 0736889032
www.vinisangiovanni.it

BESUCH NACH VORANMELDUNG
JAHRESPRODUKTION 180.000 Flaschen
REBFLÄCHE 35 Hektar
WEINBAU Biologisch anerkannt

Eine neue Gesellschaftsstruktur und ein anderer Keller erschüttern in keiner Weise die von Gianni Di Lorenzo in diesen Jahren dem Betrieb San Giovanni aufgeprägte Ordnung. Schwerpunkt bleiben nach wie vor die 35 ha in Contrada Ciafone, einem Ort, der, gäbe es eine Gebietseinteilung, sicher als Grand Cru bezeichnet werden würde. Ein biologisch geführter herrlicher Körper an einem Stück mit mehreren Hängen und Ausrichtungen. Die sonnigsten Teile sind für die schwarzen Trauben vorteilhaft (vorneweg Montepulciano und Sangiovese), in den geschützteren Zonen gedeihen Passerina, Pecorino, Trebbiano und etwas Sauvignon. Daniela Molaro, eine junge Kellermeisterin aus Friaul, verleiht den Weinen einen frischen und kecken Stil und strebt nach Süffigkeit und klaren Aromen. Der beste Wein ist ein fleischiger Leo Guelfus '11, der den ausgezeichneten Jahrgang nutzt. Er pointiert mit fruchtigem Wesen, weichem Gerbstoff, fester Struktur und schmackhafter Trinkreife. Der Kiara '13 hat Spannung, ein zitrusfruchtiges Profil und ein salziges Finale.

○ Offida Pecorino Kiara '13	🍷🍷 3
● Rosso Piceno Sup. Leo Guelfus '11	🍷🍷 3
○ Falerio Pecorino Geo '13	🍷 2
○ Marta '13	🍷 2
○ Passerina Geo '13	🍷 2
● Rosso Piceno Geo '13	🍷 2
● Offida Pecorino Kiara '12	🍷🍷 3
● Rosso Piceno Geo '12	🍷🍷 3
○ Zagros '11	🍷🍷 3

MARKEN

Poderi San Lazzaro

C.DA SAN LAZZARO, 88
63035 OFFIDA [AP]
TEL. +39 0736889189
www.poderisanlazzaro.it

DIREKTVERKAUF
BESUCH NACH VORANMELDUNG
JAHRESPRODUKTION 45.000 Flaschen
REBFLÄCHE 7,5 Hektar
WEINBAU Biologisch anerkannt

Die Provinzstraße 18 auf hügeligem Gelände, mit auf einer Seite Meer und der anderen ein Panorama auf die Sibillini, verbindet Borgo Miriam mit Castorano und enthüllt ein dicht mit Rebstöcken, Oliven und Getreide bebautes Gebiet. Hier kultiviert Paolo Capriotti seine traditionellen Trauben im biologischen Verfahren. Im Keller ist den weißen Sorten und dem Polesio, ein trinkreifer Sangiovese, Stahl vorbehalten. Die strukturierteren Roten reifen in kleinen, mehrmals belegten Hölzern. Sämtliche Etiketten können auf Geschmacksreife und Authentizität zählen, Elemente, die Paolo in den Jahren gekonnt amalgamiert hat. Der Grifola '11 ist ein sortenreiner Montepulciano, der mit seiner geruchlichen Weite beeindruckt. Sie umfasst Sauerkirschen, Oliven, geräucherte Eindrücke und wild gepinselte Charakterzüge. Im Mund vibrierend, extraktreich und tief. Weniger beeindruckend der Podere 72, jedoch mit derselben Geschmacksbreite und Festigkeit des Tanningefüges. Duftend, entspannt und fleischig der Polesio '13 aus Sangiovese.

● Offida Rosso Grifola '11	🍷🍷🍷 4*
● Piceno Sup. Podere 72 '11	🍷🍷 2*
● Polesio '13	🍷🍷 2*
○ Offida Pecorino Pistillo '12	🍷 2
● Bordò '11	🍷🍷 7
● Grifola '10	🍷🍷 4
● Polesio '11	🍷🍷 2*
● Polesio '10	🍷🍷 2*
● Rosso Piceno Sup. Podere 72 '10	🍷🍷 2*
● Rosso Piceno Sup. Podere 72 '09	🍷🍷 2*
● Rosso Piceno Sup. Podere 72 '08	🍷🍷 2*

Fattoria San Lorenzo

VIA SAN LORENZO, 6
60036 MONTECAROTTO [AN]
TEL. +39 073189656
az-crognaletti@libero.it

DIREKTVERKAUF
BESUCH NACH VORANMELDUNG
UNTERKUNFT UND GASTRONOMIE
JAHRESPRODUKTION 100.000 Flaschen
REBFLÄCHE 30 Hektar
WEINBAU Biologisch anerkannt

Natalino Crognaletti ist einer der hartnäckigsten und sensibelsten Interpreten. Im Kopf hat er eine präzise Vorstellung von Wein und führt sie weiter, ohne sich beeinflussen zu lassen. Bio-Ansatz im Weinberg, an der Grenze gereifte Trauben, Strukturdichte sind nur einige der spezifischen Züge. Der Verdicchio, die einzige angebaute weiße Traube, ruht lange auf den Trübstoffen in Stahl- und Betontanks. Die Roten aus Montepulciano und Lacrima haben satte Farben, werden lange in kleinen und mehrfach belegten Hölzern ausgebaut und oftmals benötigen sie etwas Zeit im Glas, bevor sie sich Ihnen voll hingeben. Was jedoch nie fehlt, ist ein überschwänglicher und sonniger Charakter, ganz wie das Wesen des Winzers selbst. Große Natürlichkeit für den di Gino '13, würzig und konsistent mit überschwänglicher Trinkreife. Anspruchsvoller der Campo delle Oche '11, fett und alkoholisch, ausgesprochen schmackhaft, mit unglaublich persistentem Finale. Der Paradiso '09 aus Lacrima hat ein faszinierendes, würziges und blumiges Bukett sowie raue Gerbstoffe.

● Paradiso '09	🍷🍷 4
● Rosso Piceno...di Gino... '12	🍷🍷 2*
○ Verdicchio dei Castelli di Jesi Cl. Sup. Campo delle Oche '11	🍷🍷 4
○ Verdicchio dei Castelli di Jesi. ..di Gino... '13	🍷🍷 2*
○ Verdicchio dei Castelli di Jesi Cl. ...le Oche... '12	🍷 3
○ Verdicchio dei Castelli di Jesi Cl. Vign. delle Oche Ris. '01	🍷🍷🍷 3
○ Verdicchio dei Castelli di Jesi Cl. ...le Oche... '10	🍷🍷 3*
○ Verdicchio dei Castelli di Jesi Cl. Sup. Campo delle Oche '10	🍷🍷 4
○ Verdicchio dei Castelli di Jesi Cl. Sup. Vign. delle Oche '08	🍷🍷 2*
○ Verdicchio dei Castelli di Jesi Cl. Sup. Vign. delle Oche '07	🍷🍷 2*

MARKEN

San Savino - Poderi Capecci
LOC. SAN SAVINO
VIA SANTA MARIA IN CARRO, 13
63038 RIPATRANSONE [AP]
TEL. +39 073590107
www.sansavino.com

DIREKTVERKAUF
BESUCH NACH VORANMELDUNG
JAHRESPRODUKTION 120.000 Flaschen
REBFLÄCHE 22 Hektar
WEINBAU Biologisch anerkannt

Simone Capecci ist als einer der besten Winzer seiner Generation bekannt. Vierzig Jahre alt, zwischen den Rebstöcken seines Vaters Domenico herangewachsen, ist er der erste Verfechter der Kaltvergärung und der Hyperreduktion von Pecorino und Passerina, und hat daraus einen Stil geschaffen. Seine rassigen, zitrusfruchtigen und würzigen Interpretationen sind auch dank kühler Böden mit nördlicher Ausrichtung möglich, die Rückgrat und aromatische Integrität unterstreichen. Aus den roten Trauben der herrlichen Lage Campo delle Mura di Acquaviva Picena gewinnt er gut strukturierte und füllige Rote, die in kleinen und mittelgroßen Hölzern reifen. Den Quinta Regio '10, ein phenolisch perfekt gereifter Montepulciano, zeichnet ein langer Ausbau aus; spritzig in der Frucht, zwischen Sauerkirsche, gelbem Pfirsich und Räucherspur aromatisch gut definiert. Der Ciprea '13 hat eine großartige Trinkreife, ziselierte Aromen verweisen an Bitterorange und rosa Grapefruit, Artikulation und Vielschichtigkeit lassen etwas zu Wünschen über.

● Quinta Regio '10		▼▼ 5
○ Offida Pecorino Ciprea '13		▼▼ 3
● Rosso Piceno Sup. Picus '12		▼▼ 2*
● Fedus '12		▼ 4
○ Tufilla '13		▼ 2
● Fedus Sangiovese '06		▼▼▼ 4
○ Offida Pecorino Ciprea '10		▼▼▼ 3*
○ Offida Pecorino Ciprea '09		▼▼▼ 3*
○ Offida Pecorino Ciprea '08		▼▼▼ 3*
● Quinta Regio '01		▼▼▼ 5
● Quinta Regio '00		▼▼▼ 5

Santa Barbara
B.GO MAZZINI, 35
60010 BARBARA [AN]
TEL. +39 0719674249
www.vinisantabarbara.it

DIREKTVERKAUF
BESUCH NACH VORANMELDUNG
JAHRESPRODUKTION 650.000 Flaschen
REBFLÄCHE 45 Hektar

Stefano Antonucci fehlt es keinesfalls an Einfallsreichtum, denn jedes Jahr tischt er eine neue Überraschung auf. Sein Betrieb ist nämlich für die Launen des Markts besonders empfänglich und bringt das mit einem gewinnenden Mix an Marketing und annehmlicher, moderner, aber gebietsspezifischer Weine zum Ausdruck, vor allem, wenn man sich für den Verdicchio entscheidet. Die Roten sind opulent und international. Umso ehrgeiziger sie sind, umso mehr ist das aromatische Gewicht der Eiche zu spüren und umso satter werden die Farben. Alles mit einem reinen, kohärenten und technisch tadellosen Stil. Der Stefano Antonucci Riserva '12 mischt ungezwungen Zitrusfruchtempfindungen, pyritische Noten, Rauchspuren und grünen Anis in der Nase; im Mund mehr Kraft durch den Kontrast zwischen flauschiger Annehmlichkeit und langer Würze im Abgang. Den Le Vaglie '13 erfüllt eine konturierte Trinkreife, während der strukturiertere Tardivo '11 saftige Dichte und fruchtige Schwäle bietet. Dieselben, die sich im Lina '11 konzentrieren.

○ Castelli di Jesi Verdicchio Cl. Stefano Antonucci Ris. '12	▼▼ 4
○ Anima Celeste '13	▼▼ 3
● Mossi Passito '12	▼▼ 5
○ Rosso Piceno '13	▼▼ 2*
○ Verdicchio dei Castelli di Jesi Cl. Le Vaglie '13	▼▼ 3
○ Verdicchio dei Castelli di Jesi Cl. Pignocco '13	▼▼ 2*
○ Verdicchio dei Castelli di Jesi Cl. Tardivo ma non Tardo '11	▼▼ 5
○ Verdicchio dei Castelli di Jesi Passito Lina '11	▼▼ 5
○ Stefano Antonucci Brut	▼ 5
● Pathos '12	▼ 6
● Pignocco Rosso '13	▼ 2
⊙ Sensuade '13	▼ 3

Sartarelli

VIA COSTE DEL MOLINO, 24
60030 POGGIO SAN MARCELLO [AN]
TEL. +39 073189732
www.sartarelli.it

DIREKTVERKAUF
BESUCH NACH VORANMELDUNG
JAHRESPRODUKTION 280.000 Flaschen
REBFLÄCHE 55 Hektar

Auch wenn die Geschichte Sartarellis weiter zurückreicht, behauptet er sich erst Mitte der 90er Jahre mit drei auch heute noch allgemein bekannten und geschätzten Verdicchio-Etiketten. Ihn und seine Zuverlässigkeit zeichnen unter anderem seine totale Hingabe für die Traube von Jesi, die familiäre Dimension und die ausschließliche Verwendung von Stahl aus. Die Unterschiede der Weine hängen von den verschiedenen Reifestadien der Trauben ab. Seit einiger Zeit hat das Unternehmen die Palette der erzeugten Weinarten um einen Brut Metodo Italiano (4 Monate auf Hefen) und einen Passito bereichert, natürlich aus Verdicchio-Trauben. Als Stammvater des kraftvollen und cremigen Stil des Verdicchio, bietet der Balciana '12 funkelnde Safrannoten, gelben Pfirsich und Thymian; im Mund glyzerinhaltig und vollmundig. Gegenüber so viel geschmacklicher Großzügigkeit steht eine monolithische Trinkreife. Weißfrüchte und balsamische Noten im ausgewogeneren Tralivio '12, fest und rhythmisiert.

○ Verdicchio dei Castelli di Jesi Cl. Sup. Tralivio '12	🍷 3*
○ Brut	🍷 3
○ Verdicchio dei Castelli di Jesi Cl. '13	🍷 2*
○ Verdicchio dei Castelli di Jesi Cl. Sup. Balciana '12	🍷 5
○ Verdicchio dei Castelli di Jesi Passito '13	🍷 5
○ Verdicchio dei Castelli di Jesi Cl. Sup. Balciana '09	🍷 5
○ Verdicchio dei Castelli di Jesi Cl. Sup. Balciana '04	🍷 5
○ Verdicchio dei Castelli di Jesi Cl. Sup. Contrada Balciana '98	🍷 5
○ Verdicchio dei Castelli di Jesi Cl. Sup. Contrada Balciana '97	🍷 5
○ Verdicchio dei Castelli di Jesi Cl. Sup. Contrada Balciana '95	🍷 5

Sparapani - Frati Bianchi

VIA BARCHIO, 12
60034 CUPRAMONTANA [AN]
TEL. +39 0731781216
www.fratibianchi.it

DIREKTVERKAUF
BESUCH NACH VORANMELDUNG
GASTRONOMIE
JAHRESPRODUKTION 40.000 Flaschen
REBFLÄCHE 14 Hektar

Man schrieb das Jahr 1980 als Settimio Sparapani seine Tätigkeit als Winzer aufnahm und sie neben die des Gastwirts stellte. Für den Namen des entstehenden Kellers, der in Wirklichkeit nichts weiter als kleine Räumlichkeiten hinter dem Restaurant waren, inspirierte er sich am Eremo dei Frati Bianchi im darüber liegenden Wald. Heute ist der Keller neu und wunderschön. Der handwerkliche Stil, der den familiären Stil auszeichnet, hat nichts eingebüßt. Am Steuer des Betriebs die zweite Generation mit Francesco, Paolo und Pino, die sich die Arbeit im Weinberg, Keller und Verwaltung teilen. Wie immer unterliegt die Vinifizierung dem Fachmann Sergio Paolucci. Die Trauben, die den Il Priore ins Leben rufen, kommen aus dem Weinberg Poggio Cupro und teils von Castellaro. Der Jahrgang 2012 lässt die Pracht von 2006 wieder aufleben und bietet eine ganz besondere Aromaintensität und einen außerordentlichen Impakt am Gaumen, raffiniert, kraftvoll, Quintessenz der Gebietsmatrix von Cupramontana.

○ Verdicchio dei Castelli di Jesi Cl. Sup. Il Priore '12	🍷 2*
○ Verdicchio dei Castelli di Jesi Cl. Salerna '12	🍷 2
○ Verdicchio dei Castelli di Jesi Cl. Sup. Il Priore '06	🍷 2*
○ Verdicchio dei Castelli di Jesi Cl. Salerna '09	🍷 2*
○ Verdicchio dei Castelli di Jesi Cl. Sup. Il Priore '10	🍷 3
○ Verdicchio dei Castelli di Jesi Cl. Sup. Il Priore '09	🍷 3
○ Verdicchio dei Castelli di Jesi Cl. Sup. Il Priore '08	🍷 3*
○ Verdicchio dei Castelli di Jesi Cl. Sup. Il Priore '07	🍷 3*
○ Verdicchio dei Castelli di Jesi Cl. Sup. Il Priore '05	🍷 2*

MARKEN

Tenuta Spinelli
VIA LAGO, 2
63032 CASTIGNANO [AP]
TEL. +39 0736821489
simonespinelli@tiscali.it

DIREKTVERKAUF
BESUCH NACH VORANMELDUNG
JAHRESPRODUKTION 22.000 Flaschen
REBFLÄCHE 5 Hektar

Simone Spinelli hat seinen Weinberg in einem für das Bergwesen der Traube Pecorino geeigneten Gebiet angelegt. Ihren Namen, Pecorino, hat sie, da sie oft auf den Schafübertriebswegen anzutreffen war. Und es bedurfte wirklich großen Muts und viel Kraft, um den steinigen Boden in 600 Meter Höhe am östlichen Hang des Monte dell'Ascensione beim Santuario di Montemisio zu bearbeiten. Der Keller liegt nur wenige Kilometer entfernt. Er ist klein, wesentlich, aber mit allem Erforderlichen, um in Ruhe arbeiten zu können. Das außerordentliche Terroir, besonnene Lesen und die ausschließliche Verwendung von Stahl haben Artemisia dazu gebracht, Stammvater der Schule des Rückgrats und Rasse des Pecorinos zu werden. Der Artemisia '13, Sohn einer kühlen Saison, zeigt seine Merkmale bestmöglich und unterstreicht den nordischen Charakter: kristalline Aromen mit zitrusfruchtigen Spuren, am Gaumen mit mitreißender Würze, die bald in eine detaillierte Geschmackstiefe übergeht. Fruchtig und saftig auch der Eden '13 aus Passerina.

○ Offida Pecorino Artemisia '13	▼▼▼ 2*
○ Eden '13	▼▼ 2*
○ Méroe Pecorino M. Cl. '11	▼ 3
○ Offida Pecorino Artemisia '12	♀♀♀ 2*
○ Eden '11	♀♀ 2*
○ Méroe Pecorino M. Cl. '09	♀♀ 3
○ Offida Pecorino Artemisia '11	♀♀ 2*

Tenuta di Tavignano
LOC. TAVIGNANO
62011 CINGOLI [MC]
TEL. +39 0733617303
www.tenutaditavignano.it

DIREKTVERKAUF
BESUCH NACH VORANMELDUNG
JAHRESPRODUKTION 100.000 Flaschen
REBFLÄCHE 30 Hektar

Um den Faserreichtum der Weißen von Stefano Aymerich zu verstehen, müssen Sie den Gebirgskamm Tavignano besteigen. Denn außer einem herrlichen Panorama werden Sie tonhaltige Böden, viel Licht, Sonne und Wind antreffen. Wer sich auskennt, wird etwas im Rahmen der Denomination wahrhaft Eigenwilliges bemerken, nämlich Verdicchio im Ausläufersystem. Tatsächlich ist es bekannt, dass die Rebsorte nicht gern kurz geschnitten wird und keine landwirtschaftlichen Zwangsmaßnahmen liebt, aber das war nie ein unlösbares Problem: Die Trauben treffen perfekt reif ein und sind bereit, sich in einen aroma- und strukturreichen Verdicchio zu verwandeln. Der Misco '13 bringt die Drei Gläser ins Haus Aymerich zurück. Intime Sortenaromen in der Nase gehen von der Mandel zur Sommerfrucht und Ginster, am Gaumen außerordentliche Fragranz und Textur, mit einem langen geschmacksreichen und salzhaltigen Finale. Der Villa Torre '13 teilt dessen süffige Trinkreife und Sortenechtheit, nicht jedoch die Artikulation und den Abgang.

○ Verdicchio dei Castelli di Jesi Cl. Sup. Misco '13	▼▼▼ 3*
○ Offida Pecorino '13	▼▼ 2*
○ Verdicchio dei Castelli di Jesi Cl. Sup. Villa Torre '13	▼ 2*
○ Castelli di Jesi Verdicchio Cl. Misco Ris. '12	▼ 4
● Rosso Piceno Libenter '11	▼ 3
○ Verdicchio dei Castelli di Jesi Cl. Misco Ris. '06	♀♀♀ 3*
○ Verdicchio dei Castelli di Jesi Cl. Misco Ris. '05	♀♀♀ 3
○ Verdicchio dei Castelli di Jesi Cl. Sup. Misco '10	♀♀♀ 3*
○ Verdicchio dei Castelli di Jesi Cl. Sup. Misco '06	♀♀♀ 3*

MARKEN

Fattoria Le Terrazze
VIA MUSONE, 4
60026 NUMANA [AN]
TEL. +39 0717390352
www.fattorialeterrazze.it

DIREKTVERKAUF
BESUCH NACH VORANMELDUNG
JAHRESPRODUKTION 100.000 Flaschen
REBFLÄCHE 20 Hektar

Le Terrazze war schon in den 90er Jahren Protagonist des Erfolgs der Conero-Weine. Die kalk- und sandhaltigen Böden der betrieblichen Weinberge werfen wuchtige und konzentrierte Trauben ab. Definiertes Vinifizieren mit Hilfe kleiner Hölzer und ein gelungenes Zusammenspiel zwischen internationalen Rebsorten (Syrah, Merlot, Chardonnay) und lokalen (Montepulciano) haben eine überall geschätzte Palette ins Leben gerufen. Der Betrieb ist zwar noch seinem Stil treu, aber das Modell hat sich ein wenig geändert. Die Weine resultieren noch alkoholischer und stoffiger als früher, was darauf zurückzuführen ist, dass die volle Fruchtreife angestrebt wird. Im Frühjahr 2014 haben die Besitzer den technischen Bereich erneuert, vermutlich, um sich einen aktuelleren Stil zu geben. Der Sassi Neri '09, wenn auch mit seinen Sauerkirsch- und Olivenaromen aromatisch interessant, verfügt über eine starke, mächtige Struktur und ist vom Alkohol und Restextrakt gehemmt. Die saftige Modulation des Rosso Conero '12 scheint hingegen angemessen.

● Conero Sassi Neri Ris. '09	🍷🍷 5
● Rosso Conero Le Terrazze '12	🍷🍷 2*
● Chaos '09	🍷 5
○ Le Cave Chardonnay '13	🍷 2
● Rosso Conero Praeludium '13	🍷 2
● Chaos '04	🍷🍷🍷 5
● Chaos '01	🍷🍷🍷 6
● Rosso Conero Sassi Neri '02	🍷🍷🍷 5
● Rosso Conero Sassi Neri '99	🍷🍷🍷 5
● Rosso Conero Sassi Neri '98	🍷🍷🍷 5
● Rosso Conero Visions of J '01	🍷🍷🍷 7

Terre Cortesi Moncaro
VIA PIANOLE, 7A
63036 MONTECAROTTO [AN]
TEL. +39 073189245
www.moncaro.com

DIREKTVERKAUF
BESUCH NACH VORANMELDUNG
GASTRONOMIE
JAHRESPRODUKTION 7.500.000 Flaschen
REBFLÄCHE 1.618 Hektar

2014 feiert die größte Genossenschaftskellerei der Marken ihr 50-jähriges Bestehen. Alles begann in Montecarotto und im Mittelpunkt stand der Verdicchio. Mit den Jahren deckt die Produktion dank der Zukäufe des Kellers Cantina del Conero und des Kellers Acquaviva Picena immer mehr regionale Weinbaugebiete ab. Heute ist Moncaro ein Koloss mit einer breiten, gut diversifizierten Etikettenpalette. Ihre Fähigkeit, die Trauben auszulesen, ist den besten Selektionen jeder Weinart förderlich. Moderne Vinifizierungstechniken, die vernünftige Verwendung kleiner Hölzer, ausgeprägte Aromen und ein „flauschiger" Ansatz am Gaumen sind einige der Elemente, die den betrieblichen Stil ausmachen. In diesem Jahr setzen sich auf leisen Sohlen ausgeprägt fruchtige Roten mit solider Konstitution durch. Der Nerone '11 garantiert artikulierte Trinkreife und Vielschichtigkeit, während der Roccaviva '11 über Fruchtfleisch und kompakte Faser verfügt. Der Vigna Novali '11 übersetzt den Jahrgang mit einem horizontalen Profil voll fruchtiger Modulation.

○ Castelli di Jesi Verdicchio Cl. V. Novali Ris. '11	🍷🍷 3
● Conero Cimerio Ris. '11	🍷🍷 3
● Conero Nerone Ris. '11	🍷🍷 6
● Rosso Piceno Sup. Roccaviva '11	🍷🍷 2*
● Conero Montescuro Ris. '11	🍷 3
○ Offida Pecorino Ofithe '13	🍷 3
○ Verdicchio dei Castelli di Jesi Cl. Sup. Atavico '13	🍷 3
○ Verdicchio dei Castelli di Jesi Cl. Sup. Fondiglie '13	🍷 3
○ Castelli di Jesi Verdicchio Cl. V. Novali Ris. '10	🍷🍷🍷 3*
○ Castelli di Jesi Verdicchio Cl. V. Novali Ris. '09	🍷🍷🍷 3*
○ Verdicchio dei Castelli di Jesi Cl. V. Novali Ris. '08	🍷🍷🍷 3*

MARKEN

★Umani Ronchi
Via Adriatica, 12
60027 Osimo [AN]
Tel. +39 0717108019
www.umanironchi.com

DIREKTVERKAUF
BESUCH NACH VORANMELDUNG
JAHRESPRODUKTION 2.800.000 Flaschen
REBFLÄCHE 230 Hektar

Michele und Massimo Bernetti sind tief überzeugt, dass nur eine direkte Verwaltung des Weinbergs für eine qualitativ hochwertige Kellerwirtschaft in Frage kommen kann. Das hat dazu geführt, dass ihr Betrieb der größte private Eigentümer von Weinbergen in den Marken ist. Unter den 10 zur Verfügung stehenden Standorten (9 in den Marken und 1 in Abruzzen) sind einige Juwele wie Le Busche in Montecarotto und Follonica in San Paolo di Jesi für den Verdicchio sowie San Lorenzo di Osimo für Montepulciano, Cabernet und Merlot. Alle Trauben werden im Betriebssitz vinifiziert, wo Etiketten ins Leben gerufen werden, welche die Gebietsmerkmale immer überzeugender und zeitgenössisch zum Ausdruck bringen. Der Vecchie Rebstöcke '12 hat eine elegante, unbefangene Haltung; in der Nase mit mehr Registern, alle sortenecht und sehr fein ausgedrückt. Der Casal di Serra '13 ist ähnlich, strebt aber mehr nach sofortiger Verführung als nach Vielschichtigkeit. Außerordentlich der neue Campo San Giorgio, ein Conero, der Intensivität und Eleganz vereint.

○ Verdicchio dei Castelli di Jesi Cl. Sup. Vecchie Vigne '12	▼▼▼ 4*
● Conero Campo San Giorgio Ris. '09	▼▼▼ 7
○ Verdicchio dei Castelli di Jesi Cl. Sup. Casal di Serra '13	▼▼ 3*
● Conero Cùmaro Ris. '10	▼▼ 4
○ La Hoz Brut Nature '08	▼▼ 5
● Rosso Conero S. Lorenzo '12	▼▼ 3
● Rosso Conero Serrano '13	▼▼ 2*
○ Vellodoro '13	▼▼ 2*
○ Verdicchio dei Castelli di Jesi Cl. Villa Bianchi '13	▼▼ 2*
○ Sans Anné Extra Brut M. Cl. Umani Ronchi	▼ 4
● Montepulciano d'Abruzzo Jorio '12	▼ 3
● Pelago '10	▼ 5

Vallerosa Bonci
Via Torre, 15
60034 Cupramontana [AN]
Tel. +39 0731789129
www.vallerosa-bonci.com

DIREKTVERKAUF
BESUCH NACH VORANMELDUNG
JAHRESPRODUKTION 250.000 Flaschen
REBFLÄCHE 26 Hektar

Peppe Bonci hat erst vor Kurzem das 50-jährige Bestehen seines Betriebs gefeiert, aber in Wirklichkeit greifen die Wurzeln tiefer und berühren vier Generationen, die alle in Cupramontana, allgemein als Hauptstadt des Verdicchio bekannt, tätig sind. Seine Weinberge befinden sich heute in wichtigen Lagen, die den Weinliebhabern ein Begriff sind: San Michele, Pietrone, Torre und Manciano. Im Keller wird mit der gewohnten Hilfe eines Fachmanns wie Sergio Paolucci traditionell vinifiziert. Die Weine tendieren dazu, die intensivste, sortenechteste, extraktreichste und alkoholischste Seite der Traube hervorzuheben. Dieses Ziel wird durch langes Reifen erreicht. Wie jeder aus Cupramontana, der etwas auf sich hält, hat Peppe einen Fimmel für Schaumweinperlen. Besonders gelungen der Metodo Classico '09: Gelbfrucht, Pain Grillé, Trockenobst-Akzente nach einem lebhaft energischen und würzigen Schluck. Dem San Michele '12 gelingt es nicht, sich vom heißen Jahrgang zu erholen, er ist zu weich und statisch.

○ Verdicchio dei Castelli di Jesi Spumante M. Cl. Millesimato Brut '09	▼▼ 5
○ Verdicchio dei Castelli di Jesi Spumante Brut	▼▼ 2
● Rosso Piceno '12	▼▼ 2*
○ Verdicchio dei Castelli di Jesi Cl. Manciano '13	▼ 2
○ Verdicchio dei Castelli di Jesi Cl. Sup. S. Michele '12	▼ 3
○ Verdicchio dei Castelli di Jesi Cl. Pietrone Ris. '04	▼▼▼ 3
○ Verdicchio dei Castelli di Jesi Cl. Sup. Le Case '04	▼▼▼ 3*
○ Verdicchio dei Castelli di Jesi Cl. Sup. S. Michele '10	▼▼▼ 3*
○ Verdicchio dei Castelli di Jesi Cl. Sup. S. Michele '06	▼▼▼ 3

MARKEN

★Velenosi
LOC. MONTICELLI
VIA DEI BIANCOSPINI, 11
63100 ASCOLI PICENO
TEL. +39 0736341218
www.velenosivini.com

DIREKTVERKAUF
JAHRESPRODUKTION 2.500.000 Flaschen
REBFLÄCHE 192 Hektar

In drei Jahrzehnten haben Angela und Ercole Velenosi ihren kleinen Familienbetrieb in eine Art Panzerwagen verwandelt, der alle Regale der Welt erreicht. Es ist überflüssig, die Anstrengungen aufzuzählen, die zu so einer Entwicklung geführt haben, bei der kontinuierliche Ummodulierungen zu einem immer aktuelleren Stil geführt haben, in der Lage, die Marktstimmung vorauszusehen. In den letzten Jahren hat man vor allem die autochthonen Rebsorten (Pecorino, Passerina, Lacrima) hervorgehoben, die wirkungsvoll und unmittelbar eine solide Palette vervollständigt haben. An der Spitze stehen kraftvolle Rote aus Sangiovese und Montepulciano. Der Roggio del Filare bleibt sich selbst treu: Der Jahrgang 2011 ist intensiv fruchtig, am Gaumen dicht und voluminös und stützt sich auf eine „süße" Tanninstruktur; das Finale ist langanhaltend und erinnert an reife Kirschen und Toasting. Gute Probe auch für einen lobenswert intakten, fleischigen und dynamischen Brecciarolo '12. Verspielt und intensiv blumig der Lacrima Superiore Querciantica '13.

Vicari
VIA POZZO BUONO, 3
60030 MORRO D'ALBA [AN]
TEL. +39 073163164
www.vicarivini.it

DIREKTVERKAUF
BESUCH NACH VORANMELDUNG
JAHRESPRODUKTION 95.000 Flaschen
REBFLÄCHE 21 Hektar

Das Projekt von Vicari konzentriert sich auf die Rebsorte Lacrima. In Morro d'Alba schlägt ein rotes Herz, das auf das einzigartige Aroma der endemischen Rebsorte stolz ist. Im Pozzo Buono, wo der Weinkeller und die Weinberge ihren Sitz haben, wird keine Ausnahme gemacht. Dem Verdicchio ist nur ein marginaler Abschnitt in den Rebzeilen gewidmet, aber nicht weniger Umsicht. Nazzareno und Sohn Vico kümmern sich persönlich um die landwirtschaftliche und weinkundliche Führung. Tochter Valentina kümmert sich um den kaufmännischen Bereich und den umgebauten Verkaufspunkt. Ja, Sie haben richtig verstanden, alles in einer familiären Dimension mit umsichtig handwerklich hergestellten Weinen. Schöne Glanzleistung bei den Verkostungen: Alle Lacrimas waren in allen Kategorien unter den besten. Der Lacrima Superiore '12 ist ein Geruchsspektakel an Rose, Sauerkirsche, salzigen und geräucherten Noten in einer würzigen Textur von großartigem Charakter. Großartige Geschmacksintensivität für den Dasempre '13 und betörendes Aroma durch Kohlensäuremazeration für den Essenza '13.

● Rosso Piceno Sup. Roggio del Filare '11	🍷🍷🍷 7
● Lacrima di Morro d'Alba Sup. Querciantica '13	🍷🍷 5
● Rosso Piceno Sup. Brecciarolo '12	🍷🍷 4
○ Velenosi Gran Cuvée Brut M. Cl. '09	🍷🍷 6
○ Falerio Pecorino Villa Angela '13	🍷 4
● Lacrima di Morro d'Alba Querciantica '13	🍷 4
○ Offida Pecorino Rêve '12	🍷 5
○ Offida Pecorino Villa Angela '13	🍷 4
● Offida Rosso Ludi '11	🍷 7
● Rosso Piceno Sup. Il Brecciarolo Gold '12	🍷 5
● The Rose M. Cl. '09	🍷 7
○ Verdicchio dei Castelli di Jesi Cl. Querciantica '13	🍷 4
● Rosso Piceno Sup. Roggio del Filare '10	🍷🍷🍷 5
● Rosso Piceno Sup. Roggio del Filare '09	🍷🍷🍷 5

● Lacrima di Morro d'Alba Sup. del Pozzo Buono '12	🍷🍷 3*
● Lacrima di Morro d'Alba Dasempre del Pozzo Buono '13	🍷🍷 2*
● Lacrima di Morro d'Alba Essenza del Pozzo Buono '13	🍷🍷 3
○ Verdicchio dei Castelli di Jesi Cl. Sup. Insolito del Pozzo Buono '12	🍷🍷 3
⊙ Sfumature del Pozzo Buono M. Cl. '12	🍷 5
● Lacrima di Morro d'Alba Amaranto del Pozzo Buono '11	🍷🍷 4
● Lacrima di Morro d'Alba Dasempre del Pozzo Buono '12	🍷🍷 2*
● Lacrima di Morro d'Alba Sup. del Pozzo Buono '10	🍷🍷 3
○ Verdicchio dei Castelli di Jesi Cl. del Pozzo Buono '12	🍷🍷 2*

MARKEN

Vignamato
VIA BATTINEBBIA, 4
60038 SAN PAOLO DI JESI [AN]
TEL. +39 0731779197
www.vignamato.com

DIREKTVERKAUF
BESUCH NACH VORANMELDUNG
JAHRESPRODUKTION 100.000 Flaschen
REBFLÄCHE 20 Hektar

Die Familie Ceci ist ein anerkannter Spezialist des Verdicchio. Alles beginnt in den 40er Jahren mit dem Kauf des ersten Weinbergs in Contrada Battineebbia und seither gehen Kunst und Wissen von Vater auf Sohn über. Jüngst der letzte Wechsel an der Spitze: Maurizio Ceci, Sohn von Amato, sein Name ist heute noch auf jeder Flasche anzutreffen, hat zugunsten von Andrea „abgedankt". Maurizio und Frau Serenella haben sich aber noch nicht ins Privatleben zurückgezogen, sondern unterstützen den jungen Nachkömmling im Weinberg und im Keller. Mit der Lese 2013 wechselt auch die technische Leitung der Vinifizierung und geht an Pierluigi Lorenzetti. Der Stil ist sehr klassisch und macht sich die Fähigkeit des Gebiets zu eigen, breite, starke, entschieden sortenechte Weine abzuwerfen. Der beste der Palette ist der Versiano '13 mit Finesse, Saftigkeit und Frucht. Der Valle delle Lame '13 ist einfacher, dafür aber agil und duftend trinkreif. Der Eos '13 ist schlicht und ausgewogen.

○ Verdicchio dei Castelli di Jesi Cl. Eos '13	🍷🍷 2*
○ Verdicchio dei Castelli di Jesi Cl. Sup. Versiano '13	🍷🍷 2*
○ Verdicchio dei Castelli di Jesi Cl. Valle delle Lame '13	🍷🍷 2*
● Esino Rosso Rosolaccio '12	🍷 2
● Esino Rosso Rosolaccio '07	🍷🍷 2*
○ Verdicchio dei Castelli di Jesi Cl. Ambrosia Ris. '08	🍷🍷 3
○ Verdicchio dei Castelli di Jesi Cl. Ambrosia Ris. '07	🍷🍷 3*
○ Verdicchio dei Castelli di Jesi Cl. Sup. Versiano '11	🍷🍷 2*
○ Verdicchio dei Castelli di Jesi Cl. Sup. Versiano '10	🍷🍷 2*
○ Verdicchio dei Castelli di Jesi Cl. Valle delle Lame '11	🍷🍷 2*

Le Vigne di Franca
C.DA SANTA PETRONILLA, 69
63900 FERMO
TEL. +39 3356512938
www.levignedifranca.it

JAHRESPRODUKTION 30.000 Flaschen
REBFLÄCHE 4,5 Hektar

Der Kalender schrieb 2001 als sich Claudio Adriano Paulich in dieses Landhaus auf dem Hügel Girfalco mit Blick auf die Adria und den beeindruckenden Städtedom in der Peripherie von Fermo verliebte. Ein Ort, an dem die Häuser noch nicht den Olivenbäumen, den Obstbäumen, dem Getreide und den Weinbergen die Vorherrschaft abgerungen haben. Er beschloss, dass er sich dort niederlassen würde, wenn er es müde sein würde, für wichtige Mode- und Luxusfirmen die Welt zu bereisen. Gesagt, getan. Wenige, mit zumeist roten Rebsorten bestockte Hektar und ein Liliput-Keller, aber mit allem Erforderlichen, um seine Verwandlung in „Gentilhomme Campagnard" perfekt zu machen. Zusammenhängend und überzeugend der Crismon '11, ein raffinierter Montepulciano von heller Frucht, mit balsamischen und Aromakräuternoten sowie filtrierendem und saftigem Schluck. Verspannter der Rubrum '12 aus Montepulciano mit 30 % Merlot, von etwas entwickelten Aromen und spitzen Gerbstoffen gezeichnet. Der Lumes '13 ist ein sehr origineller Weißer mit trockenem, kaum mazerativem Stil.

● Crismon '11	🍷🍷 3*
○ Lumes '13	🍷 2
● Rubrum '12	🍷 2

WEITERE KELLEREIEN

Maria Letizia Allevi
VIA ORAZI, 58
63030 CASTORANO [AP]
TEL. +39 073687646
www.vinimida.it

DIREKTVERKAUF
BESUCH NACH VORANMELDUNG
JAHRESPRODUKTION 6.000 Flaschen
REBFLÄCHE 3 Hektar
WEINBAU Biologisch anerkannt

☉ Mida '13	🍷🍷 3
● Offida Rosso Mida '11	🍷🍷 4
○ Offida Pecorino Mida '13	🍷 3

Campo di Maggio
LOC. PAGLIARE DEL TRONTO
VIA FORMALE, 24
63036 SPINETOLI [AP]
TEL. +39 3493110296
www.cantinacampodimaggio.it

DIREKTVERKAUF
BESUCH NACH VORANMELDUNG
JAHRESPRODUKTION 22.000 Flaschen
REBFLÄCHE 4 Hektar

○ Offida Pecorino '13	🍷🍷 2*
○ Falerio '13	🍷 2
○ Offida Passerina '13	🍷 2
● Rosso Piceno '13	🍷 2

Maria Pia Castelli
C.DA SANT'ISIDORO, 22
63015 MONTE URANO [FM]
TEL. +39 0734841774
www.mariapiacastelli.it

DIREKTVERKAUF
BESUCH NACH VORANMELDUNG
JAHRESPRODUKTION 20.000 Flaschen
REBFLÄCHE 8 Hektar

● Erasmo Castelli '10	🍷🍷 5

Cantine di Castignano
C.DA SAN VENANZO, 31
63032 CASTIGNANO [AP]
TEL. +39 0736822216
www.cantinedicastignano.com

DIREKTVERKAUF
BESUCH NACH VORANMELDUNG
JAHRESPRODUKTION 450.000 Flaschen
REBFLÄCHE 520 Hektar
WEINBAU Biologisch anerkannt

○ Offida Pecorino Montemisio '13	🍷🍷 2*
○ Offida Passerina '13	🍷 1*
● Offida Rosso Gran Maestro '10	🍷 3

Cavalieri
VIA RAFFAELLO, 1
62024 MATELICA [MC]
TEL. +39 073784859
www.cantinacavalieri.it

BESUCH NACH VORANMELDUNG
JAHRESPRODUKTION 15.000 Flaschen
REBFLÄCHE 8 Hektar

○ Verdicchio di Matelica Gegè '11	🍷🍷 3
○ Verdicchio di Matelica Cavalieri '13	🍷 2

Giacomo Centanni
C.DA ASO, 159
63062 MONTEFIORE DELL'ASO [AP]
TEL. +39 0734938530
www.vinicentanni.it

DIREKTVERKAUF
UNTERKUNFT
JAHRESPRODUKTION 100.000 Flaschen
REBFLÄCHE 30 Hektar
WEINBAU Biologisch anerkannt

● Monte Floris '12	🍷🍷 2
○ Offida Passerina '13	🍷🍷 2
○ Falerio dei Colli Ascolani Il Borgo '13	🍷 2
○ Offida Pecorino '13	🍷 2

WEITERE KELLEREIEN

Il Conventino
VIA G. TURCATO, 4
61024 MONTECICCARDO [PU]
TEL. +39 0721910574
www.il-conventino.it

DIREKTVERKAUF
BESUCH NACH VORANMELDUNG
JAHRESPRODUKTION 75.000 Flaschen
REBFLÄCHE 10 Hektar
WEINBAU Biologisch anerkannt

● Colli Pesaresi Sangiovese Cardorosso '11	▼▼ 2*
● Passum '11	▼▼ 5
○ Bianchello del Metauro Brecce di Tufo '12	▼ 3
● Cardoviola '12	▼ 2

Fioretti Brera
VIA DELLA STAZIONE, 48
60022 CASTELFIDARDO [AN]
TEL. +39 3497220101
www.fiorettibrera.it

● Conero Rigo 23 Ris. '11	▼▼ 5
○ Sankara '11	▼ 2

Fosso dei Ronchi
VIA ZONGO, 9
61100 PESARO
TEL. +39 3395312093
www.fossodeironchi.it

JAHRESPRODUKTION 2.500 Flaschen
REBFLÄCHE 2,5 Hektar

● Colli Pesaresi Focara Pinot Nero Costa del Riccio Ris. '12	▼ 3
● Colli Pesaresi Focara Pinot Nero Costa del Picchio Ris. '12	▼ 3

Piergiovanni Giusti
LOC. MONTIGNANO
VIA CASTELLARO, 97
60019 SENIGALLIA [AN]
TEL. +39 071918031
www.lacrimagiusti.it

DIREKTVERKAUF
BESUCH NACH VORANMELDUNG
JAHRESPRODUKTION 51.000 Flaschen
REBFLÄCHE 13 Hektar

● L'Intruso '11	▼▼ 7
○ Di Ele '12	▼ 2
● Lacrima di Morro d'Alba Rubbjano '11	▼ 3
⊙ Le Rose di Settembre '13	▼ 2

Podere Giustini
VIA PIANTATE LUNGHE, 90
60131 ANCONA
TEL. +39 3384016767
www.poderegiustini.it

DIREKTVERKAUF
BESUCH NACH VORANMELDUNG
REBFLÄCHE 4 Hektar

● Conero Il Palazzo Ris. '12	▼▼ 3
● Rosso Conero Podere G.M. Giustini '12	▼▼ 2*

Luca Guerrieri
VIA SAN FILIPPO, 24
61030 PIAGGE [PU]
TEL. +39 0721890152
www.aziendaguerrieri.it

DIREKTVERKAUF
BESUCH NACH VORANMELDUNG
UNTERKUNFT UND GASTRONOMIE
JAHRESPRODUKTION 250.000 Flaschen
REBFLÄCHE 36 Hektar

○ Bianchello del Metauro Celso '13	▼▼ 2*
● Colli Pesaresi Sangiovese Galileo Ris. '11	▼▼ 3
● Guerriero Nero '12	▼ 3

WEITERE KELLEREIEN

Esther Hauser
C.DA CORONCINO, 1A
60039 STAFFOLO [AN]
TEL. +39 0731770203
esther.hauser@piccoliproduttori.it

DIREKTVERKAUF
BESUCH NACH VORANMELDUNG
JAHRESPRODUKTION 6.000 Flaschen
REBFLÄCHE 1 Hektar

● Il Ceppo '11	🍷 4
● Il Cupo '11	🍷 5

La Calcinara
FRAZ. CANDIA
VIA CALCINARA, 102A
60131 ANCONA
TEL. +39 3285552643
www.lacalcinara.it

DIREKTVERKAUF
BESUCH NACH VORANMELDUNG
JAHRESPRODUKTION 11.000 Flaschen
REBFLÄCHE 10 Hektar

● Rosso Conero Il Cacciatore di Sogni '12	🍷 2*
● Rosso Conero Terra Calcinara '09	🍷 3

Fattoria Laila
VIA SAN FILIPPO SUL CESANO, 27
61040 MONDAVIO [PU]
TEL. +39 0721979353
www.fattorialaila.it

DIREKTVERKAUF
BESUCH NACH VORANMELDUNG
JAHRESPRODUKTION 140.000 Flaschen
REBFLÄCHE 42 Hektar

○ Verdicchio dei Castelli di Jesi Cl. Sup. qEklektikos '13	🍷 2*
● Rosso Piceno '13	🍷 2

Conte Leopardi Dittajuti
VIA MARINA II, 24
60026 NUMANA [AN]
TEL. +39 0717390116
www.conteleopardi.it

DIREKTVERKAUF
BESUCH NACH VORANMELDUNG
JAHRESPRODUKTION 350.000 Flaschen
REBFLÄCHE 49 Hektar

● Rosso Conero Villa Marina '11	🍷 3
● Conero Pigmento Ris. '11	🍷 5
○ Verdicchio dei Castelli di Jesi Cl. Castelverde '13	🍷 2

Benito Mancini
FRAZ. MOIE
60030 MAIOLATI SPONTINI [AN]
TEL. +39 0731702975
www.manciniwines.it

DIREKTVERKAUF
BESUCH NACH VORANMELDUNG
GASTRONOMIE
JAHRESPRODUKTION 140.000 Flaschen
REBFLÄCHE 20 Hektar

○ Verdicchio Castelli di Jesi Cl. Sup. Villa Talliano '13	🍷 3*
○ Castelli di Jesi Verdicchio Cl. Ris. '11	🍷 3
○ Verdicchio Castelli di Jesi Cl. S. Lucia '13	🍷 2

Filippo Maraviglia
LOC. PIANNÉ, 584
62024 MATELICA [MC]
TEL. +39 0737786340
www.vinimaraviglia.com

DIREKTVERKAUF
BESUCH NACH VORANMELDUNG
JAHRESPRODUKTION 30.000 Flaschen
REBFLÄCHE 27 Hektar

○ Verdicchio di Matelica Alarico '13	🍷 2*
○ Verdicchio di Matelica Grappoli d'Oro Ris. '11	🍷 3

WEITERE KELLEREIEN

Poderi Mattioli
VIA FARNETO, 17A
60030 SERRA DE' CONTI [AN]
TEL. +39 0731878676
www.poderimattioli.it

BESUCH NACH VORANMELDUNG
JAHRESPRODUKTION 13.500 Flaschen
REBFLÄCHE 5 Hektar
WEINBAU Biologisch anerkannt

○ Verdicchio dei Castelli di Jesi Cl. Sup. Ylice '13	♛♛ 3

Federico Mencaroni
VIA OLMIGRANDI, 72
60013 CORINALDO [AN]
TEL. +39 0717975625
www.mencaroni.eu

BESUCH NACH VORANMELDUNG
JAHRESPRODUKTION 30.000 Flaschen
REBFLÄCHE 7,5 Hektar

○ Verdicchio dei Castelli di Jesi Spumante M. Cl. Brut Contatto '10	♛♛ 4
○ Verdicchio dei Castelli di Jesi Isola '11	♛♛ 3
○ Flora '13	♛ 2

Claudio Morelli
V.LE ROMAGNA, 47B
61032 FANO [PU]
TEL. +39 0721823352
www.claudiomorelli.it

DIREKTVERKAUF
BESUCH NACH VORANMELDUNG
JAHRESPRODUKTION 110.000 Flaschen
REBFLÄCHE 23 Hektar

○ Bianchello del Metauro Borgo Torre '13	♛♛ 3
○ Bianchello del Metauro S. Cesareo '13	♛♛ 2*
○ Bianchello del Metauro La Vigna delle Terrazze '13	♛ 2

Cantina Offida
VIA DELLA REPUBBLICA, 70
63073 OFFIDA [AP]
TEL. +39 0736880104
www.cantinaoffida.com

DIREKTVERKAUF
JAHRESPRODUKTION 250.000 Flaschen
REBFLÄCHE 300 Hektar
WEINBAU Biologisch anerkannt

○ Offida Pecorino '13	♛♛ 2*
● Rosso Piceno Sup. Podestà '10	♛♛ 2*
● Rosso Piceno Sup. '11	♛ 2

Piersanti
B.GO SANTA MARIA, 60
60038 SAN PAOLO DI JESI [AN]
TEL. +39 0731703214
www.piersantivini.com

DIREKTVERKAUF
BESUCH NACH VORANMELDUNG
JAHRESPRODUKTION 4.000.000 Flaschen
REBFLÄCHE 23,5 Hektar

○ Verdicchio dei Castelli di Jesi Cl. Sup. Bachero '13	♛♛ 2*
● Rosso Conero Rubjo '10	♛ 3
○ Verdicchio dei Castelli di Jesi Cl. Q 311 '13	♛ 1*

Elio Polenta
LOC. COLLINA DI PORTONOVO
VIA CAMPANA, 146
60129 ANCONA
TEL. +39 071801070
www.cantinapolenta.it

DIREKTVERKAUF
BESUCH NACH VORANMELDUNG
UNTERKUNFT UND GASTRONOMIE
JAHRESPRODUKTION 12.000 Flaschen
REBFLÄCHE 3 Hektar

○ Allos '12	♛♛ 3
● Rosso Conero Gianco Ris. '10	♛♛ 5
○ Eto's '13	♛ 2
● Rosso Conero Poy Ris. '10	♛ 5

WEITERE KELLEREIEN

Ripa Marchetti
VIA FONDE SANTA LIBERATA
60030 MAIOLATI SPONTINI [AN]
TEL. +39 3337376888
www.ripamarchetti.it

JAHRESPRODUKTION 18.000 Flaschen
REBFLÄCHE 6 Hektar

○ Castelli di Jesi Verdicchio
  V. Roncone Ris. '11   🍷🍷 3*
○ Verdicchio dei Castelli di Jesi Cl.
  Capolino '13   🍷🍷 2*

Sabbionare
VIA SABBIONARE, 10
60036 MONTECAROTTO [AN]
TEL. +39 0731889004
www.sabbionare.it

DIREKTVERKAUF
BESUCH NACH VORANMELDUNG
JAHRESPRODUKTION 35.000 Flaschen
REBFLÄCHE 15 Hektar

○ Verdicchio dei Castelli di Jesi Cl. Sup.
  Sabbionare '12   🍷🍷 2*
○ Verdicchio dei Castelli di Jesi Cl.
  I Pratelli '13   🍷 1*

San Filippo
LOC. BORGO MIRIAM
C.DA CIAFONE, 17A
63035 OFFIDA [AP]
TEL. +39 0736889828
www.vinisanfilippo.it

DIREKTVERKAUF
BESUCH NACH VORANMELDUNG
JAHRESPRODUKTION 20.000 Flaschen
REBFLÄCHE 35 Hektar
WEINBAU Biologisch anerkannt

○ Offida Pecorino '13   🍷🍷 2*
● Offida Rosso Lupo del Ciafone '11   🍷🍷 3
○ Offida Passerina '13   🍷 2

Santa Cassella
C.DA SANTA CASSELLA, 7
62018 POTENZA PICENA [MC]
TEL. +39 0733671507
www.santacassella.it

DIREKTVERKAUF
BESUCH NACH VORANMELDUNG
JAHRESPRODUKTION 70.000 Flaschen
REBFLÄCHE 32 Hektar

● Colli Maceratesi Rosso
  Cardinal Bonaccorso Ris. '10   🍷🍷 3
○ Donna Angela '13   🍷🍷 2*
● Conte Leopoldo '11   🍷 2

Podere Santa Lucia
VIA SANTA LUCIA, 65
60037 MONTE SAN VITO [AN]
TEL. +39 0717489179
www.poderesantalucia.com

JAHRESPRODUKTION 70.000 Flaschen
REBFLÄCHE 13 Hektar

○ Verdicchio dei Castelli di Jesi Cl. Sup.
  Gianni Balducci '12   🍷🍷 3
● Lacrima di Morro d'Alba '12   🍷 2

Alberto Serenelli
LOC. PIETRALACROCE
VIA BARTOLINI, 2
60129 ANCONA
TEL. +39 07135505
www.albertoserenelli.com

DIREKTVERKAUF
BESUCH NACH VORANMELDUNG
JAHRESPRODUKTION 30.000 Flaschen
REBFLÄCHE 7 Hektar

● Rosso Conero Varano '11   🍷🍷 6

WEITERE KELLEREIEN

Fattoria Serra San Martino
VIA SAN MARTINO, 1
60030 SERRA DE' CONTI [AN]
TEL. +39 0731878025
www.serrasanmartino.com

DIREKTVERKAUF
BESUCH NACH VORANMELDUNG
JAHRESPRODUKTION 13.000 Flaschen
REBFLÄCHE 3 Hektar
WEINBAU Biologisch anerkannt

● Lysipp '10	🍷🍷 5
○ A Rilento '12	🍷 3
● Lo Sconosciuto '10	🍷 5

La Staffa
VIA CASTELLARETTA, 19
60039 STAFFOLO [AN]
TEL. +39 0731779810
www.vinilastaffa.it

DIREKTVERKAUF
BESUCH NACH VORANMELDUNG
JAHRESPRODUKTION 30.000 Flaschen
REBFLÄCHE 8 Hektar
WEINBAU Biologisch anerkannt

○ Verdicchio dei Castelli di Jesi Cl. '13	🍷🍷 2*
○ Verdicchio dei Castelli di Jesi Cl. Sup. Rincrocca '12	🍷 2

Tenuta dell'Ugolino
LOC. MACINE
VIA COPPARONI, 32
60031 CASTELPLANIO [AN]
TEL. +39 07310731 812569
www.tenutaugolino.it

DIREKTVERKAUF
BESUCH NACH VORANMELDUNG
JAHRESPRODUKTION 33.000 Flaschen
REBFLÄCHE 6 Hektar

○ Verdicchio dei Castelli di Jesi Cl. Sup. Vign. del Balluccio '13	🍷 3
○ Verdicchio dei Castelli di Jesi Cl. Le Piaole '13	🍷 2

Vigneti Vallorani
C.DA LA ROCCA, 28
63079 COLLI DEL TRONTO [AP]
TEL. +39 3477305485
www.vignetivallorani.com

DIREKTVERKAUF
BESUCH NACH VORANMELDUNG
JAHRESPRODUKTION 20.000 Flaschen
REBFLÄCHE 7 Hektar
WEINBAU Biologisch anerkannt

● Rosso Piceno Sup. Konè '11	🍷🍷 4
● Sorlivio '10	🍷🍷 6
○ Falerio Avora '12	🍷 3

Roberto Venturi
VIA CASE NUOVE, 02
60010 CASTELLEONE DI SUASA [AN]
TEL. +39 3381855566
www.viniventuri.it

DIREKTVERKAUF
BESUCH NACH VORANMELDUNG
JAHRESPRODUKTION 60.000 Flaschen
REBFLÄCHE 8 Hektar

○ Desiderio '13	🍷🍷 2*
○ Verdicchio dei Castelli di Jesi Cl. Sup. Qudi '12	🍷🍷 2*

Villa Grifoni
FRAZ. SAN SAVINO
C.DA MESSIERI, 10
63038 RIPATRANSONE [AP]
TEL. +39 073590495
www.villa-grifoni.it

DIREKTVERKAUF
BESUCH NACH VORANMELDUNG
JAHRESPRODUKTION 60.000 Flaschen
REBFLÄCHE 40 Hektar
WEINBAU Biologisch anerkannt

○ Offida Pecorino '13	🍷🍷 2*
● Offida Rosso '11	🍷🍷 4
● Rosso Piceno Sangiovese '13	🍷 2

UMBRIEN

Umbrien ist im Aufwind. Wenn auch nicht in den Zahlen, da man mit weniger als 1 Million Hektoliter zur nationalen Weinproduktion beitragen kann, aber mit einem für eine so kleine Region erstaunlichen Qualitätsweg und einer erneuerten Energie, Etiketten von origineller Eigenart zu fertigen, die nach immer klareren und bewusst erarbeiteten Vorstellungen entstehen. Es ist nicht nur eine Frage der Betriebsgröße, wenn sich auch kleinere Unternehmen leichter tun. Alle sind mehr oder weniger bemüht, sich vom überfüllten Panorama der überstandardisierten Weine abzusetzen, die sich am internationalen Markt nicht entscheidend durchsetzen können und im Morast einer bereits veralteten Sprache versinken. Kritik, Weinfreunde und Markt sind von einem Schema zu einem anderen übergegangen, in dem Territorium, Eleganz, Originalität und Identität die neuen Schlagwörter sind. Und so änderte auch die Region ihre Richtung und schlug den Weg der autochthonen Rebsorten ein, zumindest wo dies möglich war, der klassischen Denominationen, die man aus der Mode glaubte, und der Weine mit einem stärker ausgeprägten Territorialgeschmack. In dieses Bild passen perfekt die territorialen Studien, die alte Traditionen neu entdeckt und in einer zeitgemäßen Lesart aufpoliert haben. Der Sagrantino ist hierfür natürlich beispielhaft, unerreichbar in den Zahlen und in der Qualität. Aber daneben vervielfachen sich auch andere interessante Fälle, angefangen mit Sorten, die schon fast vergessen waren und langsam ihren Wert neu beweisen können. Oder Prozesse, die nach der roten Überschwemmung im letzten Jahrzehnt des vorigen Jahrhunderts und Anfang des neuen, wieder das weiße Antlitz von Umbrien hervorgeholt haben. Es ist ja auch kein Zufall, dass Orvieto mit seinen Weißen das traditionsreichste und bekannteste umbrische Weinbaugebiet ist. Und so gibt es wieder Grechetto, Trebbiano (vor allem Spoletino), Malvasia. Wie auf der anderen Seite Ciliegiolo, Trasimeno Gamay und vielleicht in Zukunft Grero. Ein Weg der Zukunft also, der uns gemeinsam mit der Reife der Betriebe mit schon längerer Erfahrung und dem Dynamismus der neuen, ein noch unbekanntes, stilistisches Kaleidoskop beschert, das die regionale Weinlandschaft mit Facetten und Komplexität bereichert. Eine gute Entwicklung, wie wir meinen. Ein nicht mehr einförmiges Bild, manchmal dialektisch, mit Dialog und Streitgespräch, die der Weinwirtschaft und ihren Interpreten nur guttun können. So hätten wir gerne, dass die folgenden Seiten verstanden werden, nicht nur beschränkt auf die Zahl der Drei Gläser, die aber ebenfalls einige erfreuliche Neuigkeiten liefern. So können wir im Club erstmals Weine begrüßen, die noch nie diese Auszeichnung erhalten haben, wie der Orvieto Classico Superiore Luigi und Giovanna Barberani, der Montefalco Sagrantino Romanelli und der anmutige Grechetto Colle Ozio von Leonardo Bussoletti.

UMBRIEN

Adanti

LOC. ARQUATA
VIA BELVEDERE, 2
06031 BEVAGNA [PG]
TEL. +39 0742360295
www.cantineadanti.com

DIREKTVERKAUF
BESUCH NACH VORANMELDUNG
JAHRESPRODUKTION 160.000 Flaschen
REBFLÄCHE 30 Hektar

Die Geschichte von Adanti, einer Kellerei im Zeichen strenger, reizvoller Klassizität, ist so lang und authentisch wie nur wenige im Sagrantino-Gebiet. Die Weinberge befinden sich in verschiedenen Bereichen der Denomination, während die Vinifizierungsräume und das schöne Herrenhaus unweit der Innenstadt von Bevagna liegen. In der Kellerei steht durchdacht dosierte Tradition im Fokus: Spontangärung, lange Maischestandzeiten und Ausbau in tendenziell großen Holzfässern. Der Rest beruht auf dem Gespür und Geschick von Menschen, die seit eh und je die Rebzeilen abgehen, die Gerüche der Kellerei atmen und dabei jedes Detail erfassen und verbessern. Der von der wichtigsten Weinlage stammende und lang ausgebaute Il Domenico '08 hat als bester Montefalco Sagrantino des Hauses eine faszinierende Ausstrahlung: Anfangs gedrungen, braucht er Sauerstoff, um sich zu entfalten und reizvolle eisenhaltige, warmblütige Anklänge und Düfte nach Kräutern und Wurzeln zu finden. Seine Progression wird leider durch leicht trocknende Tannine gebremst, die eine etwas herbe Note bewirken. Überzeugend die übrigen Flaschen.

- Montefalco Rosso Ris. '09   🍷🍷 3*
- Montefalco Sagrantino Il Domenico '08   🍷 6
- Montefalco Rosso '10   🍷🍷 2*
- ○ Montefalco Bianco '13   🍷 2
- Montefalco Sagrantino Arquata '08   🍷🍷🍷 6
- Montefalco Sagrantino Arquata '06   🍷🍷🍷 5
- Montefalco Sagrantino Arquata '05   🍷🍷🍷 5
- ○ Colli Martani Grechetto '12   🍷🍷 2*
- ○ Montefalco Bianco Arquata '10   🍷🍷 2*
- Montefalco Rosso '08   🍷🍷 2*
- Montefalco Rosso Ris. '08   🍷🍷 3
- Montefalco Sagrantino Arquata '07   🍷🍷 5
- Montefalco Sagrantino Il Domenico '07   🍷🍷 6
- Montefalco Sagrantino Il Domenico '06   🍷🍷 6

Antonelli - San Marco

LOC. SAN MARCO, 60
06036 MONTEFALCO [PG]
TEL. +39 0742379158
www.antonellisanmarco.it

DIREKTVERKAUF
BESUCH NACH VORANMELDUNG
UNTERKUNFT
JAHRESPRODUKTION 300.000 Flaschen
REBFLÄCHE 40 Hektar

Ein klassischer Name und eine hochwertige Marke für Montefalco. Vor allem wegen der Ursprünge des Betriebs, denn einigen Dokumenten zufolge ist San Marco de Corticellis seit langem ein „für den Anbau von Reben und Oliven ganz besonders geeigneter Ort". Und auch wegen des Engagements der Familie Antonelli, der das Landgut seit 1881 gehört. Sie schuf die Anlage, die wir heute sehen: herrlich in weinbautechnischer und überragend in önologischer Hinsicht. Dieser Kellerei entspringen elegante Weine, die nicht nur vorzüglich gestaltet, sondern auch persönlich, geschmackvoll und originell sind. Der sensorische Reichtum der Trauben wird durch den Ausbau in Holz nie geschmälert. An Antonelli gehen wieder Drei Gläser und zwar für einen denkwürdigen Montefalco Sagrantino '09. Dieser schon jetzt perfekt lesbare Wein hat den Stil und die Statur, um in vielen Jahren große Gefühle zu wecken. Uns erschien er zart, luftig und zugleich intensiv aromatisch. Sein Duft nach Himbeeren und Walderdbeeren wird würzig abgerundet. Im Mund ist er duftig, präzise in der Extraktion und mit schmackhaftem Abgang.

- Montefalco Sagrantino '09   🍷🍷🍷 5
- ○ Colli Martani Grechetto '13   🍷🍷 2*
- Montefalco Rosso '11   🍷🍷 3
- Montefalco Sagrantino Passito '11   🍷🍷 5
- ○ Trebbiano Spoletino Trebuim '12   🍷🍷 3
- Baiocco '12   🍷 2
- Montefalco Sagrantino '08   🍷🍷🍷 5
- Montefalco Sagrantino Chiusa di Pannone '04   🍷🍷🍷 6
- ○ Colli Martani Grechetto '12   🍷🍷 2*
- Montefalco Rosso '10   🍷🍷 3
- Montefalco Rosso Ris. '08   🍷🍷 4
- Montefalco Sagrantino Chiusa di Pannone '07   🍷🍷 6

UMBRIA

Barberani
LOC. CERRETO
05023 BASCHI [TR]
TEL. +39 0763341820
www.barberani.it

DIREKTVERKAUF
BESUCH NACH VORANMELDUNG
UNTERKUNFT
JAHRESPRODUKTION 350.000 Flaschen
REBFLÄCHE 55 Hektar
WEINBAU Biologisch anerkannt

Über ein halbes Jahrhundert Winzererfahrung und eine stilistische Entwicklung, die in den letzten Jahren immer mehr überzeugte. Barberani ist also nicht nur Orvieto-Tradition und -Typizität, sondern ein Betrieb von schwungvoller Beweglichkeit auf einem unternehmerischen Weg, der dynamisch und zielgerichtet geworden ist. Die Brüder Niccolò und Bernardo zeigen, dass sie wissen, was sie tun und fähig sind, ihren altehrwürdigen Namen in der umbrischen Weinwelt würdig und womöglich noch glanzvoller fortzuführen. Lobenswert die betriebliche Ausrichtung auf immer „natürlichere" Produktionsverfahren. Ein herrlicher Jahrgang für die Barberani-Weine mit einem überragenden Orvieto Classico Superiore Luigi e Giovanna '11. Er ist ein intensiver, strahlender Weißer, der traditionelle Aspekte modern gestaltet, wunderschön in seinen fruchtigen Anklängen, reif, aber knackig und unberechenbar. Auch der Mund ist gespannt, zweifellos üppig, aber fähig, Dichte und Frische, fruchtige Süße und mineralische Noten zu vereinen. Großes Alterungspotenzial.

○ Orvieto Cl. Sup. Luigi e Giovanna
  Villa Monticelli '11   🍷🍷🍷 5
○ Orvieto Cl. Sup. Castagnolo '13   🍷🍷 3*
● Lago di Corbara Rosso Polvento
  Villa Monticelli '09   🍷🍷 5
○ Moscato Passito Villa Monticelli '09 🍷🍷 6
● Lago di Corbara Rosso
  Villa Monticelli '04   🍷🍷🍷 4
○ Orvieto Cl. Sup. Muffa Nobile
  Calcaia '10   🍷🍷🍷 5
● Lago di Corbara Rosso Polvento
  Villa Monticelli '08   🍷🍷 5
● Lago di Corbara Rosso Villa Monticelli '05 🍷🍷 4
○ Orvieto Cl. Sup. Calcaia '08   🍷🍷 5
○ Orvieto Cl. Sup. Castagnolo '12   🍷🍷 3
○ Orvieto Cl. Sup. Vinoso '12   🍷🍷 4
○ Orvieto Cl. Sup. Vinoso '11   🍷🍷 3*

Tenuta Bellafonte
LOC. TORRE DEL COLLE
VIA COLLE NOTTOLO, 2
06031 BEVAGNA [PG]
TEL. +39 0742710019
www.tenutabellafonte.it

DIREKTVERKAUF
BESUCH NACH VORANMELDUNG
UNTERKUNFT
JAHRESPRODUKTION 5.500 Flaschen
REBFLÄCHE 7 Hektar

Kein Zweifel, dies ist der überraschendste der in den letzten Jahren im Raum Montefalco entstandenen Winzerbetriebe. Denn Peter Heilbron ist es gelungen, einen visionären Traum in konkrete Wirklichkeit zu verwandeln. Die wunderbare Natur der Anbaugebiete unweit von Torre del Colle beschert hochklassige Trauben für die schöne, nach antiken und doch aktuellen Regeln entworfene Kellerei mit ihren großen Fässern. Hier entstehen aus Spontangärung, behutsamer Vinifizierung und langer Ausbauzeit Kunstwerke, die ein verblüffendes Gesamtbild ergeben. Ein sprunghafter Fortschritt der Denomination und Weine mit angeborener, natürlicher Ausdrucksfülle, deren Eleganz und Persönlichkeit ihresgleichen sucht. Einfach überragend: Der Montefalco Sagrantino Collenottolo '10 ist ein absoluter Wein, der seine Kategorie sprengt. Ein wunderbar eleganter und detailreicher Roter mit seidiger, fesselnder Textur. Ganz ohne Exzesse, aber mit einer aus Himbeeren, kleinen roten Früchten, feinen Gewürzen, Leder und Wurzeln skizzierten Aromazeichnung. Vorbildlich die Tannin-Extraktion, unendlich die Persistenz.

● Montefalco Sagrantino Collenottolo '10 🍷🍷🍷 6
● Montefalco Sagrantino '09   🍷🍷🍷 6
● Montefalco Sagrantino '08   🍷🍷 5

UMBRIA

Bigi

loc. Ponte Giulio
05018 Orvieto [TR]
Tel. +39 0763315888
www.cantinebigi.it

BESUCH NACH VORANMELDUNG
JAHRESPRODUKTION 4.000.000 Flaschen
REBFLÄCHE 196 Hektar

Das heute zu Gruppo Italiano Vini gehörende Weingut Bigi ist einer der historischen Namen aus dem Raum Orvieto und konnte im Laufe der Zeit beachtlichen Ruhm erringen. Der Konzern, der nun die Zügel in der Hand hält, hat den Betrieb allmählich in die Moderne übergeleitet und dabei die richtigen Investitionen sowie eine konstante Ausrichtung auf Qualität gewährleistet. Die Weine der Marke Bigi, insbesondere die Weißen, zählen zu den Größen der Region: aufrichtig, schön gemacht und mit vorbildlichem Preis-Leistungs-Verhältnis. Der Grechetto Strozzavolpe macht einmal mehr einen hervorragenden Eindruck. Der bestens interpretierte Jahrgang 2013 ergibt einen entschieden originellen Wein. Sein intensiver Duft erinnert an Quitten und an die Schale reifer Trauben mit diffusen Eindrücken von Mandeln und dragierten Köstlichkeiten. Ähnlich am Gaumen: Zitrusnoten spenden reichem, reifem Fruchtfleisch Frische und Länge. Der aus Sangiovese und Merlot gekelterte Sartiano '12 zeigt sich nach zehn Monaten in Barriques voll, intensiv, geprägt durch süße, schwarze Johannisbeeren.

○ Grechetto Strozzavolpe '13	▼▼ 2*
● Sartiano '12	▼▼ 3
○ Orvieto Cl. Torricella '13	▼ 2
○ Orvieto Cl. Torricella '11	♀♀ 3
● Sartiano '11	♀♀ 3
● Sartiano '08	♀♀ 3
○ Strozzavolpe '12	♀♀ 2*
● Strozzavolpe '11	♀♀ 2*
⊙ Vipra Rosa '12	♀♀ 2*
● Vipra Rossa '12	♀♀ 2*

Bocale

loc. Madonna della Stella
via Fratta Alzatura
06036 Montefalco [PG]
Tel. +39 0742399233
www.bocale.it

DIREKTVERKAUF
BESUCH NACH VORANMELDUNG
JAHRESPRODUKTION 25.000 Flaschen
REBFLÄCHE 4 Hektar

Diese kleine, junge Kellerei befindet sich unweit des Heiligtums Madonna della Stella in der Nähe von Montefalco. Das Projekt wird ganz von der Familie Valentini geleitet, die beschlossen hat, mit dem Betrieb Bocale ihre landwirtschaftliche Vergangenheit und die unlösliche Verbindung zur Region neu und modern zu gestalten. Der dem Weinbau gewidmete Teil umfasst etwa vier Hektar, wobei die Hauptrebsorte des Gebiets natürlich im Mittelpunkt steht. Die Weine sind ein Lackmuspapier ihres Herkunftsterroirs mit der Fähigkeit, steigende stilistische Identität zu zeigen. Ob dies wohl die beste je von Bocale vorgestellte Weinpalette ist? Wir gehen jede Wette ein, dass dem so ist. Beginnen wir mit einem sehr guten Sagrantino '11: jung, dunkel, von verführerischer Intensität, würzig und schlank, mit einschneidenden, aber perfekt entfalteten Gerbstoffen. Eine großartige Version, ebenso wie der Montefalco Rosso '12: frisch, duftig und köstlich.

● Montefalco Sagrantino '11	▼▼ 5
● Montefalco Rosso '12	▼▼ 2*
● Montefalco Rosso '09	♀♀ 4
● Montefalco Rosso '08	♀♀ 4
● Montefalco Sagrantino '10	♀♀ 5
● Montefalco Sagrantino '09	♀♀ 5
● Montefalco Sagrantino '07	♀♀ 5
● Montefalco Sagrantino '06	♀♀ 5
● Montefalco Sagrantino Passito '09	♀♀ 5

UMBRIA

Leonardo Bussoletti
S.DA DELLE PRETARE, 62
05035 NARNI [TR]
TEL. +39 0744715687
www.leonardobussoletti.it

BESUCH NACH VORANMELDUNG
JAHRESPRODUKTION 20.000 Flaschen
REBFLÄCHE 7 Hektar
WEINBAU Biologisch anerkannt

Leonardo Bussoletti, erfahrener Fachmann und leidenschaftlicher Weinkenner, beschloss eines Tages, sich selbst als Winzer zu versuchen. Und zwar ausgehend vom heimischen Narni mit einem kleinen aber feinen Rebbestand, der sogar einige alte Stöcke umfasst. Die wichtigste Sorte ist natürlich der Ciliegiolo, denn diese ortstypische Traube ist Leonardos absoluter Liebling. Das vor wenigen Jahren begonnene Unterfangen wartet nun mit immer interessanteren Ergebnissen auf. Das belegt auch die diesjährige Verkostung, die genau wie in den Vorjahren direkt in der Kellerei stattfand. Ein gutes Zeichen für Bussoletti und die umbrische Weinwelt, die mit dem Ciliegiolo ein bisher fehlendes Puzzleteil findet. Dennoch ist es ein Weißwein, der den Betrieb in diesem Jahr erstmals ganz oben aufs Siegerpodest trägt: Drei Gläser für den Colle Ozio '12, einen Grechetto mit unglaublichem Stil und Niveau, jenseits aller für diese Sorte gewohnten Parameter. Ein reiner, kristallklarer Wein, eindringlich und mineralisch, fähig zu unbändigem Genuss und seltener Anmut. Ein kleines Meisterwerk.

○ Colle Ozio Grechetto '12	🍷🍷🍷 3*
● Brecciaro '12	🍷🍷 3
● Ciliegiolo di Narni V. V. '11	🍷🍷 7
● 05035 Narni Rosso '13	🍷 2
● Brecciaro '11	🍷🍷 3
● Brecciaro '13	🍷🍷 3
● Ciliegiolo di Narni V. V. '10	🍷🍷 7
○ Colle Ozio '12	🍷🍷 3

★★Arnaldo Caprai
LOC. TORRE
06036 MONTEFALCO [PG]
TEL. +39 0742378802
www.arnaldocaprai.it

DIREKTVERKAUF
BESUCH NACH VORANMELDUNG
JAHRESPRODUKTION 750.000 Flaschen
REBFLÄCHE 136 Hektar

Es ist fast schon müßig zu betonen, wie sehr sich die Familie Caprai – allen voran Marco, der in jungen Jahren das landwirtschaftliche Projekt übernahm – um die Aufwertung des Sagrantino verdient gemacht hat, so dass er die lokalen Grenzen weit hinter sich ließ und ein Star der internationalen Weinszene wurde. Weitsicht, Leidenschaft, unternehmerisches Können und viele Investitionen – so lauten, einmal abgesehen von der natürlichen Weinbau-Eignung des Territoriums und seiner wichtigsten Rebsorte – die Zutaten des Erfolgsrezepts. Noch längst nicht zufrieden, setzen die Caprai ihr großes Engagement weiter fort, mit immer neuen Vorhaben und viel Gespür für den Zeitgeist wie bei den Maßnahmen der „new green revolution". Quirlig, kraftvoll, beinahe explosiv der 25 Anni Jahrgang 2010. Ein Wein mit dunklem Charakter, reich an Röstnoten, Rhabarber, Chinarinde und schwarzbeerigen Früchten. Im Mund ist er magmatisch, sehr konzentriert und extraktreich mit noch jungen, aber optimal gestalteten Tanninen und einer Alkoholbilanz, die jeden Schluck umschmeichelt. Sehr gut die übrigen Weine.

● Montefalco Sagrantino 25 Anni '10	🍷🍷🍷 8
● Montefalco Rosso Ris. '10	🍷🍷 6
○ Colli Martani Grechetto Grecante '13	🍷🍷 4
● Montefalco Rosso '12	🍷🍷 4
● Montefalco Sagrantino Collepiano '10	🍷🍷 7
● Montefalco V. Flaminia Maremmana '11	🍷🍷 4
○ Montefalco Bianco '13	🍷 3
● Montefalco Sagrantino 25 Anni '09	🍷🍷🍷 8
● Montefalco Sagrantino 25 Anni '08	🍷🍷🍷 8
● Montefalco Sagrantino 25 Anni '07	🍷🍷🍷 8
● Montefalco Sagrantino 25 Anni '06	🍷🍷🍷 8
● Montefalco Sagrantino 25 Anni '05	🍷🍷🍷 8
● Montefalco Sagrantino 25 Anni '04	🍷🍷🍷 8
● Montefalco Sagrantino Collepiano '08	🍷🍷🍷 6
● Montefalco Sagrantino Collepiano '03	🍷🍷🍷 6

UMBRIEN

Carini

LOC. CANNETO
FRAZ. COLLE UMBERTO
S.DA DEL TEGOLARO
06133 PERUGIA
TEL. +39 0756059495
www.agrariacarini.it

DIREKTVERKAUF
BESUCH NACH VORANMELDUNG
JAHRESPRODUKTION 40.000 Flaschen
REBFLÄCHE 10 Hektar

Klein, fein, auf Qualität und auf modern, aber vernünftig gestaltete Weine ausgerichtet, ist der Betrieb der Brüder Carlo und Marco Carini wirklich gut durchdacht und beschert dem Gebiet zwischen Perugia und dem Lago Trasimeno ein kleines Highlight. Hier, zwischen schnurgeraden Rebzeilen, Wäldern, Olivenbäumen, kleinen Seen und Landhäusern, kurz gesagt, inmitten der typisch umbrischen Natur, gedeihen die Weine des Hauses Carini. Sie sind präzise und schmackhaft, entstanden aus der Verbindung von Natur, Kellereitechnik, Ausbau in kleinen Holzfässern und (meist) internationalen Rebsorten. Zu den besten umbrischen Weißweinen zählt der Poggio Canneto '12, der sich auf bisher unerreichtem Niveau zeigt. Jodhaltig an der Nase, mit Anklängen an Mispeln, weiße Pfirsiche und Zitrusfrüchte, ergänzt durch einen Hauch Butter; der Mund ist schlank, geschmeidig, schön ausgewogen und konsequent auf aromatischer Ebene. Ein Prachtexemplar! Dicht und reif der Tegolaro '11, während der Oscano '13 hinter der Vorjahresversion zurücksteht.

○ Poggio Canneto '12	🍷🍷 3*
● Rile '13	🍷🍷 7
● Tegolaro '11	🍷🍷 5
● C. del Trasimeno Òscano '13	🍷 2
● C. del Trasimeno Òscano '12	🍷🍷 2*
○ C. del Trasimeno Rile '12	🍷🍷 2*
○ C. del Trasimeno Rile '11	🍷🍷 2*
● Òscano '09	🍷🍷 2
● Tegolaro '08	🍷🍷 5
● Tegolaro Selezione Armando '08	🍷🍷 5

La Carraia

LOC. TORDIMONTE, 56
05018 ORVIETO [TR]
TEL. +39 0763304013
www.lacarraia.it

DIREKTVERKAUF
BESUCH NACH VORANMELDUNG
JAHRESPRODUKTION 550.000 Flaschen
REBFLÄCHE 119 Hektar

Ein alteingesessenes Weingut aus dem Raum Orvieto, dessen Produkte das Panorama der Region Umbrien zu erneuern wussten. Auch heute noch ist La Carraia ein Vorbild für die einheimischen Winzer. Der von den Familien Gialletti – Cotarella erdachte und errichtete Betrieb umfasst mit internationalen und lokalen Rebsorten bestockte Weinberge sowie eine effiziente Kellerei. Die Weine sind modern gestaltet und reich an der Zahl, mit diversen roten und weißen Tropfen, die einen sicheren und inzwischen unverkennbaren Stil aufweisen. Der Poggio Calvelli gehört zuverlässig zu den maßgeblichen Interpretationen des Orvieto Classico Superiore. Die Weinlese 2013 beschert einen wirklich vorzüglichen Weißen mit Duftnoten nach Moos, weißen Pfirsichen und Blumen. Am Gaumen ist er üppig, kantig und lang dank einer erfreulichen Säureader, die schmackhafte Salznoten beisteuert. Sehr gut die Verkostung des Fobiano und des Tizzonero.

○ Orvieto Cl. Sup. Poggio Calvelli '13	🍷🍷 2*
● Fobiano '11	🍷🍷 5
● Tizzonero '12	🍷🍷 3
● Cabernet Sauvignon '13	🍷 2
● Giro di Vite '12	🍷 4
● Sangiovese '13	🍷 2
● Fobiano '03	🍷🍷🍷 4
● Cabernet Sauvignon '12	🍷🍷 2*
● Cabernet Sauvignon '11	🍷🍷 2*
● Fobiano '10	🍷🍷 4
● Giro di Vite '10	🍷🍷 4
● Giro di Vite '09	🍷🍷 4
○ Orvieto Cl. Sup. Poggio Calvelli '12	🍷🍷 2*
● Sangiovese '12	🍷🍷 2*

UMBRIEN

Tenuta Castelbuono
loc. Bevagna
voc. Castellaccio, 9
06031 Perugia
Tel. +39 0742361670
www.tenutacastelbuono.it

JAHRESPRODUKTION 123.000 Flaschen
REBFLÄCHE 32 Hektar

Wer von Castelbuono spricht, denkt sofort an eine der schönsten Weinkellereien Italiens. Dieses aus dem Genie von Arnaldo Pomodoro entstandene Kunstwerk thront auf einem bezaubernden Hügel mit atemberaubendem Panorama. Il Carapace, so der Name des an eine Schildkröte erinnernden Bauwerks, beherbergt Behälter unterschiedlicher Größe, darunter zahlreiche voluminöse Holzfässer und Tonneaux, aus denen elegante Weine mit entspannter, in gewisser Hinsicht klassischer Grundnote hervorgehen. Die Weinberge befinden sich an verschiedenen Stellen im Hügelgebiet zwischen Bevagna (rings um die Kellerei) und Montefalco. Intakt, prägnant und insgesamt locker in seiner aromatischen Ausrichtung, wird der Sagrantino '09 von überschwänglichen, einschneidenden Gerbstoffen nur leicht gebremst. Sehr gut der Montefalco Rosso Riserva '09: erdig und ausgebufft, voller territorialer Vorzüge. Süße Sauerkirschnoten für den Sagrantino Passito '10.

● Montefalco Rosso Ris. '09	5
● Montefalco Sagrantino Carapace '09	5
● Montefalco Sagrantino Passito '10	5
● Montefalco Rosso '10	3
● Montefalco Rosso '09	3
● Montefalco Rosso '07	3*
● Montefalco Rosso '06	3*
● Montefalco Rosso Ris. '08	5
● Montefalco Sagrantino '08	5
● Montefalco Sagrantino '07	5
● Montefalco Sagrantino '06	5
● Montefalco Sagrantino '05	5
● Montefalco Sagrantino '04	5
● Montefalco Sagrantino '03	5

★★Castello della Sala
loc. Sala
05016 Ficulle [TR]
Tel. +39 076386051
www.antinori.it

BESUCH NACH VORANMELDUNG
JAHRESPRODUKTION 600.000 Flaschen
REBFLÄCHE 140 Hektar

Die Hügel unweit des Felsplateaus von Orvieto bieten ein natürliches Umfeld, das seit grauer Vorzeit dem Weinbau vorbehalten ist. Eben dort beschloss die berühmte Familie Antinori vor langer Zeit, ihr Projekt zur Erzeugung großer Weißweine anzusiedeln. Die von Anfang an sehr hohen Erwartungen wurden unserer Ansicht nach noch übertroffen. Denn es ist nun wirklich kein Geheimnis, dass die Weine des Castello della Sala erlesen sind, während der in aller Welt geschätzte Cervaro eins der Spitzenerzeugnisse der italienischen Weißweinpyramide darstellt. Wieder eine vorzügliche Version für den Cervaro della Sala, der seinen Stil immer besser beherrscht, aber die Jahrgänge zugleich sehr überzeugend unterstützt. Das Gerüst des 2012ers ist sogar salzig angehaucht, er wechselt zwischen strengeren Noten und Anklängen an Gewürze und reife Früchte, verfügt über Schwung und Souveränität und zeigt sich fleischig und strukturiert. Noch ein bisschen geröstet, mit Butter- und Vanille-Nuancen, aber eindringlich und sehr lang. Mit der Zeit wird er überragend werden.

○ Cervaro della Sala '12	6
○ Orvieto Cl. Sup. San Giovanni della Sala '13	3*
○ Bramito del Cervo '13	3
○ Conte della Vipera '13	4
● Pinot Nero '12	5
○ Cervaro della Sala '11	6
○ Cervaro della Sala '10	6
○ Cervaro della Sala '09	6
○ Cervaro della Sala '08	6
○ Cervaro della Sala '07	6
○ Cervaro della Sala '06	6
○ Cervaro della Sala '05	6
○ Cervaro della Sala '04	6
○ Cervaro della Sala '03	5

UMBRIEN

Cantina Castello Monte Vibiano Vecchio

Loc. Monte Vibiano Vecchio di Mercatello
voc. Palombaro, 22
06072 Marsciano [PG]
Tel. +39 0758783386
www.montevibiano.it

DIREKTVERKAUF
BESUCH NACH VORANMELDUNG
JAHRESPRODUKTION 300.000 Flaschen
REBFLÄCHE 35 Hektar

Ein unerschöpflicher Quell neuer Ideen – so lässt sich der junge Agrarunternehmer Lorenzo Fasola Bologna beschreiben, der in den Fußstapfen seines Vaters den Betrieb Monte Vibiano konzipiert und gegründet hat. Wein, Olivenöl, Tourismus und viele weitere Angebote kennzeichnen dieses Projekt, bei dem „Green"-Lösungen und Umweltschutz groß geschrieben werden (das Landgut kann als eins der weltweit ersten null CO_2-Emissionen vorweisen). Die Weine der letzten Jahre haben sich stilistisch und qualitativ sehr gesteigert und verfügen nun auch über schöne Konstanz und Zuverlässigkeit. Auch wenn der absolute Champion nicht dabei ist, ist der Gesamtdurchschnitt doch sehr erfreulich. Der Colli Perugini Rosso L'Andrea '10 ist üppig, spritzig mit schöner Stofflichkeit und Tiefe. Ein Sangiovese mit etwas Merlot, Cabernet Sauvignon und Syrah, der die Merkmale seiner Rebsorten gut vereint. Er duftet nach Brombeeren, Heidelbeeren und schwarzem Pfeffer, am Gaumen ist er eingängig und energisch. Der Maria Camilla ist präzise und recht originell, mit einer Spur von Apfel, weißem Pfirsich und Zitrusfrüchten.

● Colli Perugini Rosso L'Andrea '10	♛♛ 5
○ Maria Camilla '13	♛ 3
⊙ Colli Perugini Rosato '13	♛ 2
● Colli Perugini Rosso L'Andrea '08	♛♛♛ 5
● Colli Perugini Rosso L'Andrea '09	♛♛ 5
● Colli Perugini Rosso Monvì '10	♛♛ 2*
● Colli Perugini Rosso Monvì '09	♛♛ 2*
⊙ Maryam '12	♛♛ 3

Fattoria Colleallodole

Loc. Colle Allodole
06031 Bevagna [PG]
Tel. +39 0742361897
www.fattoriacolleallodole.it

DIREKTVERKAUF
BESUCH NACH VORANMELDUNG
JAHRESPRODUKTION 60.000 Flaschen
REBFLÄCHE 12 Hektar

Eine Kellerei der Extraklasse mit vielen Facetten: Zum einen ist sie eine historische Größe der Region, wurde sie doch von jenem Milziade Antano gegründet, der zu den Vätern des Sagrantino oder zumindest zu jenen gehört, denen es gelungen ist, diesen Wein ins rechte Licht zu rücken und Branchenkritikern (unter anderem Veronelli) sowie Weinliebhabern nahe zu bringen. Dann gibt es da noch das Können und Charisma von Milziades Sohn Francesco, dem heutigen Geschäftsführer. Er schuf in letzter Zeit einen eigenen Stil und ein Vorbild für das handwerkliche Winzertum vor Ort, das jedes Jahr authentische, charaktervolle Weine hervorbringt. Die Weine des letzten Jahrgangs waren weniger leicht zu lesen als sonst; sie scheinen noch in einer Entwicklungsstufe zu verharren, die mithilfe der Flasche vollendet wird. Der Sagrantino Colleallodole '11 ist intensiv und reif, gestützt durch dunkle Heidel- und Brombeernuancen, noch entschieden trocknend in der Tanninphase. Klarer in der fruchtigen Ausrichtung, aber ebenso offen und reif der Sagrantino '11 sowie der Rosso Riserva aus dem gleichen Jahrgang.

● Montefalco Rosso Ris. '11	♛♛ 5
● Montefalco Sagrantino Colleallodole '11	♛♛ 8
● Montefalco Rosso '12	♛♛ 3
● Montefalco Sagrantino '11	♛♛ 5
● Montefalco Sagrantino Passito '11	♛♛ 6
● Montefalco Rosso Ris. '08	♛♛♛ 5
● Montefalco Sagrantino Colleallodole '10	♛♛♛ 8
● Montefalco Sagrantino Colleallodole '09	♛♛♛ 8
● Montefalco Sagrantino Colleallodole '06	♛♛♛ 6
● Montefalco Sagrantino Colleallodole '05	♛♛♛ 6

UMBRIEN

Fattoria Colsanto

LOC. MONTARONE
06031 BEVAGNA [PG]
TEL. +39 0742360412
www.livon.it

DIREKTVERKAUF
JAHRESPRODUKTION 40.000 Flaschen
REBFLÄCHE 20 Hektar

In der Nähe von Bevagna beherrscht die Fattoria Colsanto den Hügel, auf dem inmitten von Rebzeilen das über eine malerische Zypressenallee erreichbare Weingut thront. In diesem teils gewählten, teils gestalteten Umfeld hat sich mit der Familie Livon ein bedeutendes italienisches Weingeschlecht angesiedelt, das in vielen wichtigen Anbaugebieten des italienischen Stiefels über strategische Besitztümer verfügt und auch in Umbrien erfolgreich sein wollte. Die Ergebnisse sprechen für sich. Die Rotweine, allen voran der Sagrantino, zählen seit Jahren zu den reizvollsten und persönlichsten Tropfen des Montefalco-Gebiets. Weine ohne Schnörkel oder Exzesse, ausgebaut in den großen Fässern der italienischen Tradition. Dass die stilistische und qualitative Ausrichtung von Colsanto gelungen ist, zeigt der köstliche Sagrantino '10. Ein Rotwein mit junger Frucht, intakt und gut ausgewogen in der Extraktion. Der Mund schenkt die schönsten Eindrücke, vor allem mit Blick auf die Zukunft. Das Fruchtfleisch ist nie verwaist, sondern lebt in einer Umarmung aus Frische und Würze, Kohärenz und Eleganz. Spektakulär der Ruris '12.

● Montefalco Sagrantino '10	🍷🍷 5
● Ruris Rosso '12	🍷 2*
● Montefalco Rosso '11	🍷 3
● Montefalco Rosso '10	🍷🍷 3
● Montefalco Rosso '09	🍷🍷 3*
● Montefalco Sagrantino '09	🍷🍷 5
● Montefalco Sagrantino '08	🍷🍷 5
● Montefalco Sagrantino '07	🍷🍷 5
● Montefalco Sagrantino '03	🍷🍷 5

Custodi

LOC. CANALE
V.LE VENERE
05018 ORVIETO [TR]
TEL. +39 076329053
www.cantinacustodi.com

DIREKTVERKAUF
BESUCH NACH VORANMELDUNG
JAHRESPRODUKTION 60.000 Flaschen
REBFLÄCHE 40 Hektar

Canale – in diesem Ortsteil ist das Weingut Custodi ansässig, das nach wie vor eine beachtliche Anlaufstelle für alle darstellt, die gute Interpretationen der typischen Weine Orvietos suchen, insbesondere in Bezug auf die Weißen dieses historischen Territoriums des italienischen Weinbaus. Der Betrieb umfasst rund siebzig Hektar, die Hälfte davon besteht aus Weinbergen. Im Fokus stehen hier die klassischeren Denominationen. Die Weine sind gut gemacht und zu Milde und Ausdrucksdichte fähig, stets im Zeichen einer schönen Trinkfreundlichkeit. Wie schon in den letzten Jahren platziert sich der Orvieto Classico Belloro '13 wieder unter den interessantesten und gelungensten Weißen der Denomination. Er ist ein Wein mit zarten, blumigen Zügen, nie zelebrierend oder selbstbezweckend. Der Mund, würzig und erfrischend, ist ein Traum, der Geschmack und Trinkgenuss mühelos vereint. Lang und mild der mit einer bestrickenden Bittermandelnote ausklingende Abgang. Die Rotweine sind weniger gelungen.

○ Orvieto Cl. Belloro '13	🍷🍷 1*
● Austero '12	🍷 3
● Piancoleto '13	🍷 2
● Austero '07	🍷🍷 3*
○ Orvieto Cl. Belloro '12	🍷🍷 1*
○ Orvieto Cl. Belloro '11	🍷🍷 1*
○ Orvieto Cl. Belloro '10	🍷🍷 1*
○ Orvieto Cl. Belloro '09	🍷🍷 1
○ Orvieto Cl. Belloro '08	🍷🍷 1*
○ Orvieto Cl. Sup. Pertusa V. T. '12	🍷🍷 4
● Piancoleto '11	🍷🍷 2*
● Piancoleto '09	🍷🍷 2

UMBRIEN

Decugnano dei Barbi
LOC. FOSSATELLO, 50
05019 ORVIETO [TR]
TEL. +39 0763308255
www.decugnano.it

DIREKTVERKAUF
BESUCH NACH VORANMELDUNG
JAHRESPRODUKTION 120.000 Flaschen
REBFLÄCHE 31 Hektar

Ein wunderbares Weingut in einem besonders schönen Winkel des Orvieto-Gebiets. Alles hier zeugt von großer Geschichte: die Landschaft, die vielen Hinterlassenschaften der Etrusker (u. a. die prachtvolle Grotte, wo der flaschenvergorene Schaumwein reift) und auch das Winzertum, das Vergangenheit und Gegenwart verbindet. Das Terroir ist geprägt von sanften Hügeln marinen Ursprungs, weshalb sich in den Weinbergen oft Muscheln, Austern und Fossilien finden. Die hier gekelterten Weine – vor allem die Weißen – sind elegant, mit großer Duftfülle und reizvoller mineralischer Grundnote. Eine Ausrichtung, die Tradition und Potenzial der umbrischen Weißweinbranche bestätigt. Sehr gut der Il Rosso '12 mit seidig geschmeidiger Textur, gestützt durch leckere Anklänge an Sauerkirschen und Waldfrüchte im Allgemeinen. Überzeugend, wenngleich nicht so leicht zu entziffern wie sonst, der Il Bianco '13. Zu den durch einen Hauch Mineralität verfeinerten klassischen Weißfruchtdüften gesellen sich weniger eindeutige Eindrücke, die sich erst noch komplett entfalten müssen. Der Körper hat Stoff und Frische, stets im erwähnten aromatischen Rahmen.

○ Orvieto Cl. Sup. Il Bianco '13	🍷🍷🍷 3*
● Il Rosso '12	🍷🍷 4
● Villa Barbi Rosso '12	🍷 2
● "IL" Rosso '98	🍷🍷🍷 5
○ Orvieto Cl. Sup. "IL" '11	🍷🍷🍷 3*
○ Orvieto Cl. Sup. Il Bianco '12	🍷🍷🍷 3*
○ Orvieto Cl. Sup. Il Bianco '10	🍷🍷🍷 3
○ Orvieto Cl. Sup. Il Bianco '09	🍷🍷🍷 4
○ Decugnano Brut '06	🍷🍷 4
● Il Rosso '11	🍷🍷 4
● Il Rosso di Decugnano '09	🍷🍷 3
● Il Rosso di Decugnano '08	🍷🍷 4
● Villa Barbi Rosso '11	🍷🍷 2*

Di Filippo
VOC. CONVERSINO, 153
06033 CANNARA [PG]
TEL. +39 0742731242
www.vinidifilippo.com

DIREKTVERKAUF
BESUCH NACH VORANMELDUNG
JAHRESPRODUKTION 200.000 Flaschen
REBFLÄCHE 30 Hektar
WEINBAU Biologisch anerkannt

Die Familie Di Filippo arbeitet seit jeher, also schon lange vor Beginn der entsprechenden Mode, nach biologischen Verfahren und liebäugelt in jüngster Zeit mit dem biodynamischen Landbau. Heute kann sich ihr Betrieb über eine rundum positive Phase freuen. Dies gilt für die landwirtschaftliche Seite, wo man sich tatkräftig nach immer umweltfreundlicheren Methoden umsieht, beispielsweise mit dem Einsatz von Pferden, um den Boden zu pflügen. Aber auch für die Definition, Präzision und Komplexität der Weine (denen natürlich unser besonderes Augenmerk gilt), die Authentizität und Merkmale der Weinlagen souverän auszudrücken vermögen. Sehr interessant die Sagrantino-Weine des Jahrgangs 2010, wobei sich der Etnico entspannter und geschmeidiger, nuancierter und würzig zeigt. Wie schon in den letzten Jahren ist der Terre di San Nicola '11 vorzüglich: köstlich und tiefgründig, reichhaltig und facettiert. Unter den Weißen brilliert der Sassi d'Arenaria '12, schalenbetont und intensiv, während der Vernaccia di Cannara seine ganze Originalität unter Beweis stellt.

○ Colli Martani Grechetto Sassi d'Arenaria '12	🍷🍷 2*
● Colli Martani Sangiovese Properzio '11	🍷🍷 3
○ Farandola Trebbiano Spoletino '13	🍷🍷 2*
● Montefalco Sagrantino '10	🍷🍷 5
● Montefalco Sagrantino Etnico '10	🍷🍷 5
● Terre di S. Nicola Rosso '11	🍷🍷 3
● Vernaccia di Cannara '12	🍷🍷 4
○ Colli Martani Grechetto '13	🍷 2
○ Villa Conversino Bianco '13	🍷 1*
⊙ Villa Conversino Rosato '13	🍷 2
● Villa Conversino Rosso '13	🍷 2
● Terre di S. Nicola Rosso '10	🍷🍷 3
● Vernaccia di Cannara '11	🍷🍷 4

UMBRIEN

Duca della Corgna
VIA ROMA, 236
06061 CASTIGLIONE DEL LAGO [PG]
TEL. +39 0759652493
www.ducadellacorgna.it

DIREKTVERKAUF
BESUCH NACH VORANMELDUNG
JAHRESPRODUKTION 280.000 Flaschen
REBFLÄCHE 55 Hektar

Dieser Betrieb ist immer einen Besuch wert: Wie nur wenige andere versteht er es, die schönste Seite der Weine des Trasimeno-Raums zu zeigen. Die Cantina del Trasimeno ist eine Winzergenossenschaft der Region, die mit ihrer Top-Linie Duca della Corgna ein gelungenes Programm vorzüglicher Weine zu vorbildlichen Preisen anbietet. Die Kellerei befindet sich ebenso wie der Verkaufspunkt in Castiglione del Lago, während in Città della Pieve der historische Fasskeller besichtigt werden kann. Die Weinberge erstrecken sich über ein kalkhaltiges Vorgebirge, wenngleich es nicht an Variationen mangelt. Sehr gut der Corniolo '11, ein dank Intensität und Struktur „bedeutender" Rotwein, der dennoch eine lange Gangart und ein geschwungenes Profil mit Zitrustönen und üppigen, rotfrüchtigen Nuancen aufweist. Der Divina Villa Etichetta Bianca '13 symbolisiert ideal eine gewisse Idee des umbrischen Rotweins und ist ein köstlicher Traum, noch gelungener als sein in Holz ausgebauter Bruder, der dennoch sehr gut und als Etichetta Nera (2012) gekennzeichnet ist. Insgesamt ein sehr erfreuliches Ergebnis.

- ○ C. del Trasimeno Baccio del Bianco '13 ♛♛ 2*
- ● C. del Trasimeno Baccio del Rosso '13 ♛♛ 2*
- ● C. del Trasimeno Gamay Divina Villa Et. Bianca '13 ♛♛ 2*
- ● C. del Trasimeno Gamay Divina Villa Ris. '12 ♛♛ 3
- ○ C. del Trasimeno Grechetto Nuricante '13 ♛♛ 2*
- ● C. del Trasimeno Rosso Corniolo Ris. '11 ♛♛ 4
- ● C. del Trasimeno Baccio del Rosso '12 ♛♛ 2*
- ● C. del Trasimeno Baccio del Rosso '11 ♛♛ 2*
- ● C. del Trasimeno Gamay Divina Villa Et. Bianca '11 ♛♛ 2*
- ● C. del Trasimeno Gamay Divina Villa Et. Nera '11 ♛♛ 3
- ○ C. del Trasimeno Grechetto Nuricante '11 ♛♛ 2*

Podere Fontesecca
VOC. FONTESECCA, 30
06062 CITTÀ DELLA PIEVE [PG]
TEL. +39 0763835008
www.fontesecca.it

DIREKTVERKAUF
BESUCH NACH VORANMELDUNG
UNTERKUNFT
JAHRESPRODUKTION 10.000 Flaschen
REBFLÄCHE 4 Hektar
WEINBAU Biologisch anerkannt

Paolo Bolla schreckt vor Herausforderungen nicht zurück; seine Entscheidung, ein neues Leben zu beginnen, hat Umbrien so ein originelles, faszinierendes Projekt beschert. Wir befinden uns in einem wunderschönen natürlichen Umfeld, mitten im Grünen, unweit des bezaubernden Städtchens Città della Pieve. Hier gedeihen auf Böden marinen Ursprungs traditionelle Rebsorten, die Paolo mit Fingerspitzengefühl und einer bestimmten stilistischen Vorstellung in authentische, schmackhafte Weine mit klar geglückter handwerklicher Ausprägung verwandelt. Der Ciliegiolo '12 bietet eine Fülle reizvoller Frucht- und Blumendüfte, stets elegant und sehr zart. Nie zu konzentriert oder barock, ist er einer jeder Rotweine, die Trinkfreudigkeit bescheren, ein in der regionalen Szene keineswegs selbstverständlicher Vorzug. Der Rosé Canaiolo '13 ist fast schon ein Rotwein, mit intensiven Zitrusnoten, durchzogen von einer schönen Frische, die den alkoholischen Widerhall abmildert. Der Elso ist ein origineller Weißwein, zwar stilistisch noch nicht ganz gelungen, aber schon geschmackvoll und genussreich.

- ○ Canaiolo '13 ♛♛ 3
- ● Ciliegiolo '12 ♛♛ 3
- ○ Elso '13 ♛♛ 2*
- ○ Bianco Fontesecca '09 ♛ 3
- ○ Canaiolo '12 ♛ 3
- ○ Canaiolo '10 ♛ 3
- ● Ciliegiolo '11 ♛ 3
- ● Ciliegiolo '10 ♛ 3*
- ○ Elso '12 ♛ 2*
- ● Pino Sangiovese '09 ♛ 3*
- ● Pino Sangiovese '08 ♛ 4

UMBRIEN

Goretti

Loc. Pila
S.da del Pino, 4
06132 Perugia
Tel. +39 075607316
www.vinigoretti.com

BESUCH NACH VORANMELDUNG
JAHRESPRODUKTION 400.000 Flaschen
REBFLÄCHE 50 Hektar

Ein historisches Weingut aus dem Raum Perugia, das auch jetzt noch der Gründerfamilie gehört, deren Namen es trägt. Die Leitung liegt heute in den Händen mehrerer Generationen, so dass die Energie der Jüngeren die Erfahrung der Älteren bereichert. Die strategische Ausrichtung wurde – zumindest was die Produktion betrifft – vor einigen Jahren beschlossen. Besonders wichtig dabei der Erwerb von Grundstücken in Montefalco, wo neue Weinberge angelegt und die Kellerei errichtet wurde. Die Marke, die diese Weine kennzeichnet, heißt Le Mura Saracene und ihre Flaschen vervollständigen das bereits reichhaltige, aus Pila im Gebiet Colli Perugini stammende Portfolio des Hauses. Die Weine aus dem Hause Goretti, seit jeher beliebt in der Region, haben vor einigen Jahren eine neue stilistische Richtung mit einer gewissen grundlegenden Modernität eingeschlagen. Die beste Nachricht kommt aus Montefalco: Nach langem Ausbau zeigt sich der Sagrantino '07 als eleganter Rotwein, mit Anklängen an kleine Früchte und feinem, balsamischem Hauch. Im Mund ist er eisenhaltig, saftig, recht schlank und lang anhaltend.

● Colli Perugini Rosso L'Arringatore '09	▼▼ 3
● Montefalco Sagrantino Le Mure Saracene '07	▼▼ 5
○ Colli Perugini Chardonnay '13	▼ 2
○ Colli Perugini Grechetto '13	▼ 2
● Fontanella Rosso '13	▼ 2
○ Il Moggio '13	▼ 3
● Montefalco Rosso '11	▼ 3
○ Colli Perugini Chardonnay '11	▽▽ 2*
● Colli Perugini Rosso L'Arringatore '08	▽▽ 3
● Colli Perugini Rosso L'Arringatore '07	▽▽ 3
● Fontanella Rosso '12	▽▽ 2*
● Montefalco Sagrantino Le Mure Saracene '10	▽▽ 3

Cantina La Spina

Fraz. Spina
Via Emilio Alessandrini, 1
06055 Marsciano [PG]
Tel. +39 0758738120
www.cantinalaspina.it

DIREKTVERKAUF
BESUCH NACH VORANMELDUNG
JAHRESPRODUKTION 16.000 Flaschen
REBFLÄCHE 2 Hektar

Auch wenn sich Umbriens Weinwelt derzeit im Umbruch befindet, mit vielen Kleinbetrieben, die fernab stilistischer Gleichmacherei originelle Wege gehen, so gebührt dem Weingut von Moreno Peccia doch ein Ehrenplatz im Panorama der handwerklich geführten Betriebe. Denn anders als viele Trittbrettfahrer hat er seinen Kurs schon vor langer Zeit eingeschlagen und es zudem vermocht, traditionelle Verwurzelung mit Innovation zu vereinen und ganz allmählich, Schritt für Schritt, den Gipfel der Qualität erklommen. Heute ist La Spina ein winziges, aber angesehenes Weingut, das authentische Weine voller Konstanz und Präzision keltert. Der Rosso Spina '12 zeigt in einer denkwürdigen Jahrgangsversion eine verführerische Gestalt. Dem Spitzenwein des Hauses gelingt es, eine reife und recht dunkle Fruchtigkeit perfekt mit eleganten Gewürznoten zu vereinen. Der Mund ist dicht und reich an Geschmack, wenngleich die Tannine noch einer Verfeinerung bedürfen. Unter den Weißen sehr gut sowohl der Vigna Maiore '13 als auch der Eburneo '13.

○ Eburneo '13	▼▼ 2*
● Rosso Spina '12	▼▼ 3
○ V. Maiore '13	▼▼ 2*
● Merlato '13	▼ 2
● Polimante della Spina '12	▼ 3
● Merlato '09	▽▽ 2
● Polimante della Spina '11	▽▽ 3
● Polimante della Spina '10	▽▽ 3
● Rosso Spina '11	▽▽ 3
● Rosso Spina '10	▽▽ 3
● Rosso Spina '09	▽▽ 3
● Rosso Spina '08	▽▽ 3
● Rosso Spina '07	▽▽ 3
○ V. Maiore '12	▽▽ 2*

UMBRIEN

★Lungarotti
V.LE GIORGIO LUNGAROTTI, 2
06089 TORGIANO [PG]
TEL. +39 075988661
www.lungarotti.it

DIREKTVERKAUF
BESUCH NACH VORANMELDUNG
UNTERKUNFT UND GASTRONOMIE
JAHRESPRODUKTION 2.200.000 Flaschen
REBFLÄCHE 250 Hektar
WEINBAU Biologisch anerkannt

„Lungarotti hat Umbrien auf der Weltkarte des Weins verzeichnet." Wir entliehen den Ausspruch eines berühmten amerikanischen Journalisten, um Wert und Wesen dieser Marke für die Region zu verdeutlichen. Zwar ist viel Zeit vergangen, seit Giorgio Lungarotti Anfang der 60er Jahre dieses Pionierprojekt ins Leben rief, doch hat es nichts an Aktualität eingebüßt. Lungarotti hat das Umbrien des Weins gestaltet und den Erfolgsstandort Torgiano geschaffen, mit seinem Luxushotel, dem Restaurant, dem Wein- und dem Olivenölmuseum sowie vielen weiteren Attraktionen. Seine Sonderstellung im Herzen der Weinliebhaber aus aller Welt ist mehr als verdient. Der Vigna Monticchio '09 verfügt über eine großartige aromatische Ausprägung und eine schöne Frucht mit feiner Würze, sowohl an der Nase als auch im Mund. Forsch, lang, dicht und schlank, stützt die Geschmacksphase eine zweifellos reife, warme und geschmeidige Version, der es dennoch gelingt, nichts von ihrer sprichwörtlichen Eleganz einzubüßen. Herrlich der Aurente '11, ein ebenso „internationaler" wie origineller Weißwein.

● Torgiano Rosso V. Monticchio Ris. '09	🍷🍷🍷 6
○ Aurente '11	🍷🍷 5
● Torgiano Rosso Rubesco '11	🍷🍷 3
● Montefalco Rosso '12	🍷 3
● Montefalco Sagrantino Passito '10	🍷 6
○ Torgiano Bianco Torre di Giano V. il Pino Ris. '08	🍷🍷🍷 3*
● Torgiano Rosso Rubesco V. Monticchio Ris. '07	🍷🍷🍷 6
● Torgiano Rosso V. Monticchio Ris. '08	🍷🍷🍷 6
● Torgiano Rosso V. Monticchio Ris. '06	🍷🍷🍷 5
● Torgiano Rosso V. Monticchio Ris. '05	🍷🍷🍷 5*
● Torgiano Rosso V. Monticchio Ris. '04	🍷🍷🍷 5
● Torgiano Rosso V. Monticchio Ris. '03	🍷🍷🍷 5
● Torgiano Rosso V. Monticchio Ris. '01	🍷🍷🍷 5
● Torgiano Rosso Rubesco '10	🍷🍷 2*

Moretti Omero
LOC. SAN SABINO, 19
06030 GIANO DELL'UMBRIA [PG]
TEL. +39 074290433
www.morettiomero.it

DIREKTVERKAUF
BESUCH NACH VORANMELDUNG
JAHRESPRODUKTION 45.000 Flaschen
REBFLÄCHE 11 Hektar
WEINBAU Biologisch anerkannt

Unter den echten Landwirtschaftsbetrieben der Region ist derjenige von Omero Moretti etwas Besonderes. Schon lange bevor es modisch wurde, entschied er sich für biologische Verfahren und zwar bei der Bestellung der Weinberge ebenso wie bei der Pflege der (keineswegs zweitrangigen) Olivenhaine. Der Betrieb und sein Land liegen am Fuß der Monti Martani. Die Weine haben Charakter im Überfluss. Sie sind vielleicht nicht rundum perfekt – was auch immer das heißen mag – aber gewiss voll positiver Ausstrahlung und handwerklichen Charmes. Der Montefalco Sagrantino '09 betont einmal mehr den Erfolg der stilistischen Ansätze und das erreichte Qualitätsniveau des Hauses. Die anfängliche, hauchfeine Röstnote findet in der Verschmelzung mit der Frucht Balance und Harmonie. Am Gaumen zeigen sich Geschmack, ausgeprägte aber präzise Tannine, ergänzt durch aufflackernde Gewürznoten und eine vorzügliche Textur aus reifen, kleinen schwarzen Früchten. Sehr interessant und ungewöhnlich auch der Nessuno '13 mit Anklängen an Bienenwachs, Pflaumen und Quitten.

● Montefalco Sagrantino '09	🍷🍷 5
○ Nessuno '13	🍷🍷 2*
● Montefalco Rosso '12	🍷 3
○ Grechetto '12	🍷🍷 2*
○ Grechetto dell'Umbria '10	🍷🍷 2
● Montefalco Rosso '10	🍷🍷 3
● Montefalco Rosso '09	🍷🍷 5
● Montefalco Sagrantino '08	🍷🍷 5
● Montefalco Sagrantino '07	🍷🍷 5
● Montefalco Sagrantino Vignalunga '06	🍷🍷 7
○ Nessuno '12	🍷🍷 2*

UMBRIEN

La Palazzola
LOC. VASCIGLIANO
05039 STRONCONE [TR]
TEL. +39 0744609091
www.lapalazzola.it

JAHRESPRODUKTION 150.000 Flaschen
REBFLÄCHE 28 Hektar

Stefano Grilli ist eine der originellsten und charismatischsten Figuren der umbrischen Weinszene. Seit vielen Jahren verfolgt er in Vascigliano bei Terni einen handwerklichen Ansatz. Hier hat der Winzer seinen Betrieb in einem Gebiet mit antiker Weinbauhistorie aufgebaut, dabei die Geschichte jedoch nicht als Käfig, sondern als Basis für neue Wege, neue Experimente betrachtet. In der Vergangenheit, der Gegenwart und (da sind wir sicher) auch in der Zukunft von La Palazzola gibt es viele fabelhafte Flaschen, bei den Roten ebenso wie bei den Weißen, ganz zu schweigen von den Schaum- und Dessertweinkreationen. Diese letzteren Kategorien sind dabei unseres Erachtens am erfreulichsten. Der Riesling Brut '10 z. B. ist ein nach dem Metodo Ancestrale flaschenvergorener Schaumwein mit überragendem Schneid und handwerklichem Reiz. Mit seiner enormen Detailfülle, die unablässige Eindrücke schenkt, ist er auch ein unmittelbar köstlicher Sekt, der keineswegs schwer zu trinken ist. Er verfügt über zitronatähnliche Anklänge, umhüllt von konditorköstlichen Nuancen und edlen Hefen. Im Mund legt er entschieden an Länge zu.

○ Riesling Brut Metodo Ancestrale '10	🍷🍷 3*
○ Gran Cuvée Brut '11	🍷 4
● Umbria Passito '09	🍷🍷 4
● Merlot '97	🍷🍷🍷 4*
● Bacca Rossa Passito '08	🍷🍷 5
○ Riesling Brut Metodo Ancestrale '09	🍷🍷 3
○ Riesling Brut Metodo Ancestrale '08	🍷🍷 3
○ Riesling Extra Dry Metodo Ancestrale '08	🍷🍷 4
⊙ Rosé Brut Metodo Ancestrale '10	🍷🍷 4
● Rubino '09	🍷🍷 5
● Syrah '11	🍷🍷 3
● Umbria Passito '08	🍷🍷 4
● Uve Gelate '09	🍷🍷 6
○ Vin Santo '06	🍷🍷 4

Palazzone
LOC. ROCCA RIPESENA, 68
05019 ORVIETO [TR]
TEL. +39 0763344921
www.palazzone.com

DIREKTVERKAUF
BESUCH NACH VORANMELDUNG
UNTERKUNFT UND GASTRONOMIE
JAHRESPRODUKTION 130.000 Flaschen
REBFLÄCHE 24 Hektar

Dass Orvietos Weine – zwar nicht überall und insgesamt eher schüchtern – wieder von sich reden machen und an eine glorreiche Vergangenheit anknüpfen, ist fähigen, umsichtigen Winzern wie Giovanni Dubini zu verdanken. Sein Weingut Palazzone ist ein außergewöhnlicher Betrieb mit Weinbergen in einigen der besten Lagen der Region und Vinifikationsmethoden, die die Reinheit der Trauben bis ins Glas befördern und eine Alterungsfähigkeit bieten, wie sie in Italien selten ist. Die Weine des Hauses sind ein Paradigma für alle, die nach der mediterranen Essenz, der Würze und dem Charakter der Weißweine Mittelitaliens suchen. Der Campo del Guardiano '12, womöglich der Orvieto Classico Superiore mit dem derzeit größten Prestige und der solidesten Geschichte überhaupt, hat ein Profil, das gewohnt bestrickend, wenn auch zum Zeitpunkt unserer Verkostung noch etwas rätselhaft ist. An der Nase Düfte nach Trockenobst und Apfel, im Mund vorzügliche Würze und Stofflichkeit, mit einem leicht trocknenden Finale, das den Schwung etwas bremst. Es wird sich zeigen, ob die Zeit wie so oft das Werk vollendet.

○ Orvieto Cl. Sup. Campo del Guardiano '12	🍷🍷 3*
○ Grek '13	🍷🍷 2*
● Piviere '12	🍷🍷 3
○ Viognier '13	🍷🍷 3
○ Orvieto Cl. Sup. Terre Vineate '13	🍷 2
○ Tixe '13	🍷 2
● Armaleo '00	🍷🍷🍷 5
● Armaleo '98	🍷🍷🍷 5
● Armaleo '97	🍷🍷🍷 5
● Armaleo '95	🍷🍷🍷 5
○ Orvieto Cl. Sup. Campo del Guardiano '11	🍷🍷🍷 2*
○ Orvieto Cl. Sup. Campo del Guardiano '09	🍷🍷🍷 3
○ Orvieto Cl. Sup. Campo del Guardiano '07	🍷🍷🍷 3
○ Orvieto Cl. Sup. Terre Vineate '11	🍷🍷🍷 2*

UMBRIEN

F.lli Pardi
VIA GIOVANNI PASCOLI, 7/9
06036 MONTEFALCO [PG]
TEL. +39 0742379023
www.cantinapardi.it

DIREKTVERKAUF
BESUCH NACH VORANMELDUNG
JAHRESPRODUKTION 55.000 Flaschen
REBFLÄCHE 11 Hektar

Seit langem in Montefalco ansässig, hat die Familie Pardi ihr Geschick stets mit dem ihrer Heimat verknüpft. Zu den besonders ruhm- und erfolgreichen Unternehmensaktivitäten zählen die – vor Ort aber auch weltweit angesehenen – Textilien und der Wein. Weinbau und Weinerzeugung sind nichts Neues, wurde im Hause Pardi doch schon Anfang des 20. Jahrhunderts Sagrantino gekeltert. Dennoch fand das Weingut erst vor kurzem, dank der jungen Generationen, zu neuem Schwung und modernem Profil. Heute zählen die Flaschen der Marke Pardi zu den authentischsten, elegantesten und reizvollsten Produkten der gesamten Denomination. Weiße und Rote sind gleichermaßen anmutige und doch komplexe Weine, die man sich nicht entgehen lassen sollte. Vorzüglich der Montefalco Sagrantino '10, den wir auch weiterhin der zweifellos exzellenten Auslese Sacratino gleichen Jahrgangs vorziehen. Sein intensiver Duft nach Brombeeren, Heidelbeeren und Schwarzkirschen vermengt sich schön mit Röst- und Gewürznoten. Im Mund ist er reif und optimal ausgestaltet. Das Tanningewebe und ein leichter alkoholischer Überschwang hemmen seine Tiefe etwas.

- ● Montefalco Sagrantino '10 🍷🍷 5
- ○ Colli Martani Grechetto '13 🍷🍷 2*
- ● Montefalco Rosso '12 🍷🍷 3
- ● Montefalco Sagrantino Sacratino '10 🍷🍷 6
- ○ Spoleto Trebbiano Spoletino '13 🍷🍷 2*
- ○ Montefalco Bianco Colle di Giove '13 🍷 2
- ○ Colli Martani Grechetto '12 🍷🍷 2*
- ○ Colli Martani Grechetto '11 🍷🍷 2*
- ● Montefalco Rosso '11 🍷🍷 2*
- ● Montefalco Rosso '10 🍷🍷 2*
- ● Montefalco Sagrantino '09 🍷🍷 5
- ● Montefalco Sagrantino Sacratino '08 🍷🍷 6
- ○ Spoleto Trebbiano Spoletino '11 🍷🍷 2*

Domenico Pennacchi
FRAZ. MARCELLANO
VIA SANT'ANGELO, 10
06035 GUALDO CATTANEO [PG]
TEL. +39 0742920069
pennacchidomenico@tiscalinet.it

DIREKTVERKAUF
BESUCH NACH VORANMELDUNG
JAHRESPRODUKTION 12.000 Flaschen
REBFLÄCHE 6 Hektar

Eine kleine Kellerei im Herzen des Sagrantino-Gebiets, die Anfang der 90er Jahre von der Familie Pennacchi gegründet wurde. Wir sind in Marcellano, einem Dorf in der ländlichen Gemeinde Gualdo Cattaneo, die vor allem für ihre sehr dunklen, torfigen und braunkohlereichen Böden berühmt ist. Die Weinberge befinden sich in Hügellage und erreichen eine Höhe von bis zu 400 Metern. Die Garagenkellerei birgt französische Barriques, während die Vinifikation recht klassisch abläuft und eine lange Maischegärung vorsieht. Sehr gut – fast auf dem Niveau des vorherigen Jahrgangs – der Montefalco Rosso Riserva '08. Er duftet nach reifen roten Früchten und hat ein klar definiertes Profil, das sich auf einen schön ausbalancierten Körper stützt und in Sachen Extrakt und Frische fein austariert ist. Gut auch der Sagrantino '08, mit reizvollen Anklängen an Waldfrüchte und mediterrane Macchie, von guter Kraft und Struktur, (derzeit) leicht beeinträchtigt durch einen harten Abgang, der sich nur mühsam entfaltet.

- ○ Colli di Fontivecchie Grechetto '13 🍷🍷 2*
- ● Montefalco Rosso Ris. '08 🍷🍷 4
- ● Montefalco Sagrantino '08 🍷🍷 5
- ○ Colli di Fontivecchie Rosato '13 🍷 2
- ● Colli di Fontivecchie Rosso '09 🍷 2
- ● Montefalco Rosso '09 🍷 3
- ● Montefalco Sagrantino Passito '08 🍷 5
- ● Colli di Fontivecchie Rosso '10 🍷🍷 2*
- ● Montefalco Rosso '08 🍷🍷 3
- ● Montefalco Rosso Ris. '07 🍷🍷 4
- ● Montefalco Rosso '07 🍷🍷 5
- ● Montefalco Sagrantino Terre dei Capitani '05 🍷🍷 5

UMBRIEN

Cantina Peppucci
LOC. SANT'ANTIMO
FRAZ. PETRORO, 4
06059 TODI [PG]
TEL. +39 0758947439
www.cantinapeppucci.com

DIREKTVERKAUF
BESUCH NACH VORANMELDUNG
UNTERKUNFT
JAHRESPRODUKTION 70.000 Flaschen
REBFLÄCHE 12,5 Hektar

Ein vorbildliches Weingut oben auf den Hügeln mit Blick auf Todi, unweit der Grenze zu den Denominationen von Montefalco. Hier werden die Reben liebevoll umsorgt und die daraus gekelterten Weine zählen zu den besten des Bezirks. Alles dank der Familie Peppucci, deren gelungene Investition einem geeigneten aber vernachlässigten Anbaugebiet neuen Glanz verliehen hat. An der Spitze des Betriebs steht der junge Winzer Filippo. Seine Weine sprechen die Sprache der Heimat, angefangen mit dem unvermeidlichen Grechetto, doch auch internationale Sorten sind vertreten. Die Gestaltung ist modern und dennoch persönlich, technisch gut ausgeführt, ohne Ausgewogenheit und Originalität zu opfern. Wirklich sehr schön der Altro Io '10 (in der Vorjahresausgabe des Weinführers irrtümlich mit diesem Jahrgang aufgeführt). Er besitzt eine kräftige Farbe und ebensolche Düfte: rote Früchte, die dunkleren Nuancen von Brombeeren und Heidelbeeren begegnen, bevor sie in Röstnoten übergehen, wie sie für den Ausbau in Barriques typisch sind. Im Mund ist er dicht, von großer Reife und Struktur. In der Flasche wird er sich weiter steigern.

● Altro Io '10	🍷🍷 5
○ Todi Grechetto Montorsolo '13	🍷🍷 2*
● Todi Rosso Petroro 4 '13	🍷🍷 2*
○ Colli Martani Grechetto di Todi Montorsolo '10	🍷🍷 2
● Giovanni '10	🍷🍷 4
● Giovanni '08	🍷🍷 4
● Petroro 4 '11	🍷🍷 2*
● Petroro 4 '09	🍷🍷 3*
○ Todi Grechetto Montorsolo '12	🍷🍷 2*
○ Todi Petroro 4 '12	🍷🍷 2*

Perticaia
LOC. CASALE
06035 MONTEFALCO [PG]
TEL. +39 0742379014
www.perticaia.it

DIREKTVERKAUF
BESUCH NACH VORANMELDUNG
JAHRESPRODUKTION 100.000 Flaschen
REBFLÄCHE 17,5 Hektar

Perticaia ist ein interessantes Projekt im Raum Montefalco, mit erstklassiger Ausrichtung, schönem Rebbestand und einer stilistischen Stimmigkeit, wie sie nur selten zu finden ist. Vater des Erfolgs ist Guido Guardigli, ein charismatischer Mensch mit großer Management-Erfahrung in der Welt der italienischen Landwirtschaft und des Qualitätsweins, von Anfang an unterstützt durch fähige Mitarbeiter, die den Werdegang seines Weinguts begleiten. Wir befinden uns in Casale di Montefalco, in einem bezaubernden natürlichen und landschaftlichen Umfeld mit der Fähigkeit, erlesene Trauben hervorzubringen, die in vorzügliche, von einer gewissen Eleganz gekennzeichnete Weine verwandelt werden. Überragend der Montefalco Sagrantino 2010, Produkt eines klassischen Jahrgangs und eines nunmehr definierten Stils voller Intensität und Eleganz. Ein noch sehr junger, aber bereits bestens lesbarer Wein, der von Waldfruchtdüften über würzige Zimt- und Nelkennuancen bis hin zu Leder- und Tabaknoten zu schweifen vermag. Am Gaumen zeigt er eine feine Textur und erlesene Tannine, harmonisch auf stofflicher Ebene und lang in den aromatischen Eindrücken.

● Montefalco Sagrantino '10	🍷🍷🍷 5
● Montefalco Rosso Ris. '11	🍷🍷 4
● Montefalco Rosso '11	🍷🍷 3
○ Trebbiano Spoletino '13	🍷🍷 2*
● Umbria Rosso '12	🍷🍷 2*
● Umbria Rosso '13	🍷 2
● Montefalco Sagrantino '09	🍷🍷🍷 5
● Montefalco Sagrantino '07	🍷🍷🍷 5
● Montefalco Sagrantino '06	🍷🍷🍷 5
● Montefalco Sagrantino '05	🍷🍷🍷 5
● Montefalco Sagrantino '04	🍷🍷🍷 5
● Montefalco Rosso '10	🍷🍷 3
● Montefalco Rosso '09	🍷🍷 3
● Montefalco Rosso Ris. '10	🍷🍷 4
● Montefalco Rosso Ris. '09	🍷🍷 4
○ Trebbiano Spoletino '12	🍷🍷 2*

UMBRIEN

Pucciarella

LOC. VILLA
VIA CASE SPARSE, 39
06063 MAGIONE [PG]
TEL. +39 0758409147
www.pucciarella.it

DIREKTVERKAUF
BESUCH NACH VORANMELDUNG
UNTERKUNFT
JAHRESPRODUKTION 200.000 Flaschen
REBFLÄCHE 58 Hektar

Pucciarella, ein bedeutender Betrieb im Trasimeno-Gebiet, profilierte sich in den letzten Jahren wegen der Güte seiner Weine, die sich eindeutig in jeder Hinsicht gesteigert haben. Rebflächen und Kellerei des Weinguts befinden sich im Anbaugebiet der nach dem See benannten Denomination, zwischen den Gemeinden Magione und Corciano, unweit von Perugia. Hier sind die für Umbrien typischen Hügel über 300 Meter hoch, während die Reben in steinigen, mittelfesten Böden wurzeln. Alle erzeugten Weine zeigen eine gepflegte, tendenziell moderne Gestaltung mithilfe lokaler aber auch internationaler Rebsorten. Der Colli del Trasimeno Vin Santo '10 ist traumhaft und macht auch gegenüber den besten Vertretern seiner Kategorie eine gute Figur. Er hat eine exquisite Nase und prächtiges Fruchtfleisch von herrlicher Fülle und Länge. Die aromatischen Töne erinnern an Trockenfrüchte, mediterrane Macchie und Gewürze in einem verführerischen Spiel aus Licht und Schatten.

○ C. del Trasimeno Vin Santo '10	🍷🍷🍷 3*
○ Arsiccio '13	🍷🍷🍷 3
● C. del Trasimeno Rosso Berlingero '12	🍷 2
● C. del Trasimeno Rosso Sant'Anna di Pucciarella Ris. '11	🍷 3
● Empireo '11	🍷 3
○ Arsiccio '11	🍷🍷 3
● Buggea Trequanda '10	🍷🍷 1*
● C. del Trasimeno Rosso Sant'Anna Ris. '10	🍷🍷 2*
● C. del Trasimeno Rosso Sant'Anna Ris. '09	🍷🍷 2*
● C. del Trasimeno Rosso Sant'Anna Ris. '08	🍷🍷 2*
○ C. del Trasimeno Vin Santo '09	🍷🍷 3
○ C. del Trasimeno Vin Santo '08	🍷🍷 3
● Empireo '10	🍷🍷 3

Raina

LOC. TURRI
VIA CASE SPARSE, 42
06036 MONTEFALCO [PG]
TEL. +39 0742621356
www.raina.it

DIREKTVERKAUF
BESUCH NACH VORANMELDUNG
GASTRONOMIE
JAHRESPRODUKTION 50.000 Flaschen
REBFLÄCHE 10 Hektar

Für uns vom Gambero Rosso zählen die Weine von Raina zu den persönlichsten und gelungensten der ganzen Denomination. Francesco Mariani ist einer der Winzer, die die klassischen Rebsorten von Montefalco am besten interpretieren, mit einem Ansatz, der von Jahr zu Jahr klarere Definitionen und bessere Ergebnisse hervorbringt. Weinberge und Kellerei befinden sich in Turri, auf mittelfesten, steinigen und kalkreichen Böden. Die Weine bescheren positive Eindrücke, neigen zu Eleganz und Trinkfreudigkeit, ohne Komplexität und Geschmack missen zu lassen. Zweifellos einer der aufstrebenden Sterne am regionalen Wein-Firmament. Der Montefalco Rosso '12 ist stilistisch und geschmacklich ein Spitzenprodukt seiner Kategorie, wirklich überragend. Ganz ohne übermäßig extraktreiche Anwandlungen oder Exzesse in Sachen Temperament und Fruchtsüße bietet er ein reizvolles Wechselspiel aus Details und Kontrasten. Die erdigen, mineralischen Düfte nach Wurzeln und Humus treffen auf einen spritzigen, energischen Mund mit viel Schneid und Tiefe. Gut der Sagrantino '10, gelungen alle übrigen Weine.

● Montefalco Rosso '12	🍷🍷🍷 2*
● Montefalco Sagrantino Campo di Raina '10	🍷🍷🍷 4
● Rosso della Gobba '12	🍷🍷🍷 2*
● Montefalco Rosso '11	🍷🍷 2*
● Montefalco Rosso '10	🍷🍷 3
● Montefalco Rosso '09	🍷🍷 3
● Montefalco Sagrantino '08	🍷🍷 5
● Montefalco Sagrantino Campo di Raina '09	🍷🍷 4
● Montefalco Sagrantino Passito '07	🍷🍷 5
● Sagrantino di Montefalco '07	🍷🍷 5
○ Trebbiano Spoletino '12	🍷🍷 2*

UMBRIEN

Roccafiore

Fraz. Chioano
Voc. Collina 110a
06059 Todi [PG]
Tel. +39 0758942416
www.roccafiorewines.com

DIREKTVERKAUF
BESUCH NACH VORANMELDUNG
UNTERKUNFT UND GASTRONOMIE
JAHRESPRODUKTION 90.000 Flaschen
REBFLÄCHE 11 Hektar
WEINBAU Biologisch anerkannt

Ein Vorzeigeprojekt, das erforscht werden und all jenen als Vorbild dienen sollte, die ohne Hochmut, sondern mit Leidenschaft, Selbstbewusstsein und steigender Kompetenz in die Welt des Weins investieren möchten. Die Rede ist vom „Modell" Roccafiore, einer Idee, die die Familie Baccarelli in den schönen Hügeln rings um Todi in die Tat umgesetzt hat. Die von Anfang an biologische Landwirtschaft, die Bestellung der mit Blick auf die klassischen Rebsorten des Gebiets bestockten Weinberge und die behutsamen Vinifikationsmethoden lassen einen zunehmend überzeugenden und zielgerichteten Ansatz erkennen. Weine voller Persönlichkeit von bestechender Originalität in der regionalen Weinszene. Dies ist womöglich der insgesamt beste Jahrgang, seit wir die Weine dieser Kellerei verkosten. Der Todi Sangiovese Superiore Il Roccafiore '11 ist ein Genuss, vor allem dank seiner Fähigkeit, Geschmack mit taktilen Gefühlen zu verbinden, die zart, feingliedrig und nie überladen sind. Überragend im Vergleich zur Kategorie der Rosso Melograno '12, während der Fiorfiore '12 ganz von intensiv runden Eindrücken lebt.

○ Todi Grechetto Sup. Fiorfiore '12	🍷🍷🍷	3*
● Todi Sangiovese Sup. Il Roccafiore '11	🍷🍷🍷	3*
○ Todi Bianco Fiordaliso '13	🍷🍷	2*
● Todi Rosso Melograno '12	🍷🍷	2*
○ Collina d'Oro Passito '11	🍷🍷	5
○ Fiordaliso '12	🍷🍷	2*
○ Fiordaliso '11	🍷🍷	2*
○ Fiordaliso '09	🍷🍷	2
○ Fiorfiore Bianco '09	🍷🍷	3
● Prova d'Autore '08	🍷🍷	4
● Roccafiore Rosso '09	🍷🍷	2*
○ Todi Grechetto Sup. Fiordaliso '10	🍷🍷	3
○ Todi Grechetto Sup. Fiorfiore '11	🍷🍷	3*
● Todi Rosso Melograno '11	🍷🍷	2*
● Todi Sangiovese Rosso '10	🍷🍷	2*

Romanelli

Loc. Colle San Clemente 129a
06036 Montefalco [PG]
Tel. +39 3479065613
www.romanelli.se

DIREKTVERKAUF
BESUCH NACH VORANMELDUNG
JAHRESPRODUKTION 40.000 Flaschen
REBFLÄCHE 8 Hektar

Seit jeher mit der hiesigen Landwirtschaft verflochten und mit einer langen Geschichte als Erzeuger von Wein und Olivenöl ausgestattet, hat die Familie Romanelli vor einigen Jahren ein Projekt begonnen, das die Vergangenheit weiterentwickelt. Die Bindung an die Scholle ist sehr eng, so dass die junge Generation mit dem überzeugten Rückhalt der ganzen Familie die Prinzipien des biologischen Landbaus übernommen und eine ganz besondere Beziehung zur Umwelt aufgebaut hat. Die Weinberge befinden sich in Hügellage, in etwa 350 Metern Höhe, wo der Boden lehm- bzw. tonhaltig ist. Weinbereitung und Ausbau erfolgen nach eher klassischen Verfahren mit langer Maischegärung und Alterung in unterschiedlich großen Holzfässern. Ein großer Montefalco Sagrantino '10 befördert diese kleine, handwerkliche Kellerei mitten in das Gotha der Denomination. Drei Gläser für einen berückenden Wein mit blumigen, erdigen Düften, der schöne Wurzeleindrücke vermittelt und über ein genau richtiges Maß herrlich fruchtiger Stofflichkeit verfügt. Ganz ohne Exzesse ist er auch in punkto Trinkgenuss meisterhaft.

● Montefalco Sagrantino '10	🍷🍷🍷	5
○ Colli Martani Grechetto '13	🍷🍷	2*
● Montefalco Rosso '10	🍷🍷	2*
● Montefalco Sagrantino Passito '10	🍷	5
○ Colli Martani Grechetto '12	🍷🍷	2*
○ Colli Martani Grechetto '11	🍷🍷	2*
○ Colli Martani Grechetto '08	🍷🍷	2
● Montefalco Rosso '09	🍷🍷	2*
● Montefalco Rosso '08	🍷🍷	3
● Montefalco Rosso '07	🍷🍷	3
● Montefalco Rosso Ris. '09	🍷🍷	3
● Montefalco Sagrantino Passito '08	🍷🍷	5

Scacciadiavoli

LOC. CANTINONE, 31
06036 MONTEFALCO [PG]
TEL. +39 0742371210
www.scacciadiavoli.it

DIREKTVERKAUF
BESUCH NACH VORANMELDUNG
JAHRESPRODUKTION 220.000 Flaschen
REBFLÄCHE 32 Hektar

Als eine der schönsten Kellereien Umbriens und Italiens überhaupt ist das Gebäude, in dem die Scacciadiavoli-Weine gekeltert und ausgebaut werden, ein einzigartiges Beispiel historischer Baukunst, das vor langer Zeit nach unglaublich aktuellen und modernen Kriterien konzipiert wurde. Heute ist dies alles in Händen der Familie Pambuffetti, die zu Beginn des 21. Jahrhunderts geschickt investierte, um das Projekt neu zu starten und qualitativ in immer höhere Gefilde zu führen. Die Weine, vor allem die gebietstypischen Rotweine, sind modern ausgelegt, streben jedoch ständig nach Balance, Definition und Persönlichkeit. Sowohl der Montefalco Sagrantino 2009 als auch der Rosso 2011 sind sehr gut, wegen einer Spur zu viel aromatischer Süße nur einen Hauch von der absoluten Spitze entfernt. Beide Weine sind intensiv, üppig, reich an Extrakt und Entwicklungspotenzial. Der erste ist explosiver und stofflicher, mit ausgeprägten, aber glatten Gerbstoffen, insgesamt geschmeidig; der zweite ist eher gedämpft und tiefgründig, mit nuancierten Tönen und lebhaftem Geschmacksprofil.

● Montefalco Sagrantino '09	🏆🏆 5
☉ Brut Rosé M. Cl. '11	🏆🏆 4
● Montefalco Rosso '11	🏆🏆 3
○ Grechetto '13	🏆 2
○ Montefalco Bianco '12	🏆 3
● Montefalco Rosso '10	🏆🏆 3
● Montefalco Rosso '09	🏆🏆 3*
● Montefalco Sagrantino '08	🏆🏆 5
● Montefalco Sagrantino '07	🏆🏆 5
● Montefalco Sagrantino '06	🏆🏆 5
● Montefalco Sagrantino Passito '07	🏆🏆 5

Sportoletti

LOC. CAPITAN LORETO
VIA LOMBARDIA, 1
06038 SPELLO [PG]
TEL. +39 0742651461
www.sportoletti.com

DIREKTVERKAUF
BESUCH NACH VORANMELDUNG
JAHRESPRODUKTION 220.000 Flaschen
REBFLÄCHE 30 Hektar

Zwar reicht die Winzergeschichte der Familie Sportoletti sehr weit in die Vergangenheit zurück, doch zu Ruhm gelangten die Weine des Hauses in den 90er Jahren, als sie in Italien ebenso wie im Ausland viel Beachtung fanden. Zu eben jener Zeit begann auch ein neuer Abschnitt für das Weingut, dank einer modernen önologischen Ausrichtung mit der Fähigkeit, das Gebiet zwischen Spello und Assisi durch eindrucksvolle, perfekt ausgeführte Weine aufzuwerten, die durch Intensität und Ausdruck bestechen. Dies alles bei einer umsichtigen Bestellung der an herrliche Hügel geschmiegten und mit einheimischen sowie (zu einem Gutteil) internationalen Rebsorten bestockten Weinberge. Der Spitzenwein des Hauses, der Villa Fidelia Rosso '12, zeigt in einem entschieden intensiven, reifen Rahmen Düfte, die an Konfitüre erinnern. Der dennoch harmonische, ausgewogene und empfindsame Mund ist ausdrucksstark und lang anhaltend. Sehr gut der Villa Fidelia Bianco '12; wie üblich oberhalb ihrer Kategorie der Assisi Rosso '13 und der Grechetto '13.

● Villa Fidelia Rosso '12	🏆🏆 4
○ Assisi Grechetto '13	🏆🏆 1*
● Assisi Rosso '13	🏆🏆 2*
○ Villa Fidelia Bianco '12	🏆🏆 3
● Villa Fidelia Rosso '98	🏆🏆🏆 4*
○ Assisi Grechetto '12	🏆🏆 1*
○ Assisi Grechetto '11	🏆🏆 1*
● Assisi Rosso '12	🏆🏆 2*
● Assisi Rosso '11	🏆🏆 2*
○ Villa Fidelia Bianco '11	🏆🏆 3
○ Villa Fidelia Bianco '10	🏆🏆 3
○ Villa Fidelia Passito '11	🏆🏆 4
● Villa Fidelia Rosso '11	🏆🏆 4
● Villa Fidelia Rosso '10	🏆🏆 4
● Villa Fidelia Rosso '09	🏆🏆 4

UMBRIEN

Giampaolo Tabarrini
Fraz. Turrita
06036 Montefalco [PG]
Tel. +39 0742379351
www.tabarrini.com

DIREKTVERKAUF
BESUCH NACH VORANMELDUNG
JAHRESPRODUKTION 70.000 Flaschen
REBFLÄCHE 18 Hektar

Eine spritzige Persönlichkeit mit zuweilen despektierlicher Ader, aber stets offen und ehrlich: So lässt sich Giampaolo Tabarrini beschreiben, einer der hellsten Sterne am Wein-Himmel von Montefalco, der immer für eine Überraschung gut ist. Kaum zu glauben, dass erst knapp über zehn Jahre vergangen sind, seit er die ersten Flaschen auf den Markt brachte, so groß sind sein Ruhm und die rigorose Qualität seiner Weine. Zurückzuführen ist dies alles auf seinen Starrsinn, seine Fähigkeiten als Winzer bzw. Kellermeister sowie die Eignung dieses Gebiets für ein unablässig angestrebtes Ziel: mit einer genauen stilistischen Idee vor Augen großartige Weine zu erzeugen. Unter den diversen Sagrantino-Crus und -Auslesen des Hauses erschien uns der Campo alla Cerqua '10 besonders überzeugend. Ein Wein von intensiver aromatischer Ausstrahlung, von Waldfrüchten über blumige Rosen- und Veilchennoten bis hin zu harzigen, balsamischen Anklängen, die den Wein zu einem festen, aber sehr anmutigen Gaumen überleiten. Reifer, mit Konfitürentönen und dichtem, warmem Mund der Colle alle Macchie.

● Montefalco Sagrantino Campo alla Cerqua '10	▼▼▼ 6
○ Adarmando '12	▼▼ 3*
● Montefalco Rosso '11	▼▼ 3
● Montefalco Sagrantino Colle alle Macchie '10	▼▼ 6
● Montefalco Sagrantino Colle Grimaldesco '10	▼▼ 5
● Bocca di Rosa '13	▼ 2
○ Il Padrone delle Vigne '13	▼ 2
● Montefalco Sagrantino Campo alla Cerqua '08	▽▽▽ 6
● Montefalco Sagrantino Campo alla Cerqua '07	▽▽▽ 6
● Montefalco Sagrantino Colle alle Macchie '09	▽▽▽ 6
● Montefalco Sagrantino Colle Grimaldesco '06	▽▽▽ 5

Terre de La Custodia
Loc. Palombara
06035 Gualdo Cattaneo [PG]
Tel. +39 0742929586
www.terredelacustodia.it

DIREKTVERKAUF
BESUCH NACH VORANMELDUNG
JAHRESPRODUKTION 1.000.000 Flaschen
REBFLÄCHE 128 Hektar

Die angesehene Unternehmerfamilie Farchioni hat eine perfekte Maschinerie aufgebaut und dabei mit Erfolg und Weitsicht mehrere Landwirtschaftsbereiche einbezogen. An erster Stelle steht das Olivenöl, doch seit einigen Jahren wird das Kerngeschäft des Hauses aktiv durch Wein und Bier ergänzt. Was den Rebensaft betrifft, so werden in der schönen Kellerei sowohl die aus Todi, als auch die aus Gualdo Cattaneo stammenden Trauben verarbeitet, wobei es sich bei ersteren überwiegend um weiße und bei letzteren vor allem um rote Sorten handelt. Die Weine sind technisch makellos und stilistisch modern. Die bedeutenderen Rotweine sehen unterschiedliche Ausbauzeiten in Barriques vor. Ein sehr gutes Gesamtergebnis: Uns gefiel besonders der Colli Martani Grechetto '13, authentisch und würzig, mit leicht tanninbetontem Finale. Unter den Roten bietet der Sagrantino '10 ein schön fruchtiges Ensemble mit Röstnoten und würzigen Anklängen. Der Schaumwein Colli Martani Gladius ist wirklich gut. Er duftet anmutig nach gelben Blüten, Brotkruste und edlen Hefen mit seidigem Mund, feinem kohlensaurem Gefühl und delikatem Abgang.

○ Colli Martani Grechetto '13	▼▼ 2*
○ Colli Martani Spumante Sublimis Gladius '09	▼▼ 4
● Montefalco Sagrantino '10	▼▼ 6
○ Colli Martani Collezione '13	▼ 2
○ Colli Martani Grechetto Plentis '13	▼ 3
● Montefalco Rosso '11	▼ 4
○ Brut Rosé	▽▽ 5
● Colli Martani Collezione '12	▽▽ 2*
○ Colli Martani Grechetto '11	▽▽ 2*
○ Colli Martani Grechetto Plentis '12	▽▽ 3
○ Colli Martani Grechetto Plentis '11	▽▽ 3
● Montefalco Sagrantino '09	▽▽ 6

UMBRIEN

Todini

Fraz. Rosceto
Via Collina, 29
06059 Todi [PG]
Tel. +39 075887122
www.cantinafrancotodini.com

DIREKTVERKAUF
BESUCH NACH VORANMELDUNG
UNTERKUNFT UND GASTRONOMIE
JAHRESPRODUKTION 300.000 Flaschen
REBFLÄCHE 70 Hektar

Unter den wichtigsten Weingütern der Region ist das der Familie Todini ein schöner Betrieb, der seine Heimat durch technisch gut gemachte Weine zu interpretieren weiß. Unweit von Todi im Ort Collevalenza ansässig, liegt er in einer typisch umbrischen Landschaft von traumhafter Schönheit. Hier wurde beschlossen, in die Weinberge ebenso wie in die neue Kellerei zu investieren und das Ganze mit einem bezaubernden Relais abzurunden. Die Weine sind im Wesentlichen modern gestaltet und werden aus verschiedenen lokalen und internationalen Rebsorten gekeltert. In diesem Jahr haben uns die Rotweine besser gefallen. Unser Favorit ist der vorzügliche, aus Sangiovese und etwas Merlot gekelterte Rubro '12, der ein Jahr lang in Barriques verweilt. Er hat eine kräftige Gestalt, intensive Fruchtigkeit und ausgeprägte Röstnoten, während er im Mund Würze zeigt, ohne sich von seinen vielen Komponenten beschweren zu lassen. Er sagt uns mehr zu als der eher pflanzliche und am Gaumen festgefahrene Nero della Cervara '12. Eine hervorragende Figur macht dagegen der Relais Rosso '13, der zwar weniger extraktreich ist, aber köstlichen Trinkgenuss bietet.

● Relais Rosso '13	🍷🍷 3
● Todi Rubro '12	🍷🍷 4
● Nero della Cervara '12	🍷 5
○ Relais Bianco '13	🍷 2
○ Todi Bianco del Cavaliere '13	🍷 2
○ Colli Martani Grechetto di Todi Bianco del Cavaliere '09	🍷🍷 3
○ Colli Martani Grechetto di Todi Bianco del Cavaliere '08	🍷🍷 3*
● Colli Martani Sangiovese Rubro '11	🍷🍷 4
○ Grechetto di Todi Bianco del Cavaliere '10	🍷🍷 3
○ Grechetto di Todi Bianco del Cavaliere Sup. '11	🍷🍷 3
○ Grechetto Riesling '12	🍷🍷 2*
● Relais Rosso '12	🍷🍷 2*
○ Todi Bianco del Cavaliere '12	🍷🍷 2*

Tudernum

Loc. Pian di Porto, 146
06059 Todi [PG]
Tel. +39 0758989403
www.tudernum.it

DIREKTVERKAUF
BESUCH NACH VORANMELDUNG
UNTERKUNFT UND GASTRONOMIE
JAHRESPRODUKTION 2.000.000 Flaschen
REBFLÄCHE 7 Hektar

Eine beispielhafte Winzergenossenschaft, die es vermocht hat, einen klaren Schlussstrich unter die Vergangenheit zu ziehen und eine für diese Art von Betrieb faszinierende Richtung einzuschlagen: Tudernum ist in Umbrien ein Vorbild für Weine mit prägnantem Preis-Leistungs-Verhältnis. Das gilt natürlich vor allem für die Weine aus dem Raum Todi, die seit einigen Jahren eine neue Denomination ziert. Darunter darf der Grechetto – den Tudernum beachtlich zu interpretieren vermag – nicht unerwähnt bleiben. Die Lagen in Montefalco bescheren dagegen die für jenes Gebiet typischen Weine im Rahmen der Denomination Colli Martani. Er ist einer der besten Grechetto der Denomination, wenn nicht gar der ganzen Region. Die Rede ist vom Colle Nobile '13, einem gelungenen, ausdefinierten Wein, der sich nach einem kurzen Ausbau in Holz Frische und Lebhaftigkeit bewahrt und durch eine Prise Komplexität sowie eine Spur reife Fruchtigkeit verfeinert wird. Gut, wenngleich mit etwas sehr reifer Frucht, der Sagrantino Fidenzio '09.

● Montefalco Sagrantino Fidenzo '09	🍷🍷 4
○ Todi Grechetto Sup. Colle Nobile '13	🍷🍷 2*
○ Todi Bianco '13	🍷 2
○ Todi Grechetto '13	🍷 2
● Todi Merlot '12	🍷 2
● Todi Rosso '13	🍷 2
○ Grechetto di Todi Sup. '10	🍷🍷 2*
○ Le Lucrezie '10	🍷🍷 1*
● Montefalco Rosso '09	🍷🍷 3
● Montefalco Sagrantino Fidenzo '08	🍷🍷 5
○ Todi Grechetto '12	🍷🍷 2*
○ Todi Grechetto Sup. Colle Nobile '12	🍷🍷 2*
○ Todi Grechetto Sup. Colle Nobile '11	🍷🍷 2*
● Todi Rosso Sup. Rojano '11	🍷🍷 3*
● Todi Rosso Sup. Rojano '09	🍷🍷 3
● Todi Sangiovese '12	🍷🍷 2*

UMBRIEN

Tenuta Le Velette
FRAZ. CANALE DI ORVIETO
LOC. LE VELETTE, 23
05019 ORVIETO [TR]
TEL. +39 076329090
www.levelette.it

DIREKTVERKAUF
BESUCH NACH VORANMELDUNG
JAHRESPRODUKTION 400.000 Flaschen
REBFLÄCHE 109 Hektar

Unter den historischen Weingütern der Region, die dem hochkarätigen Terroir Orvietos seit Jahren Glanz verleihen, belegt das von der Familie Bottai geführte Le Velette einen der ersten Plätze. Seine Lage ist herrlich, die Weinberge bilden ein bezauberndes, natürliches Amphitheater, das für den Weinbau geradezu prädestiniert ist. Die Böden vulkanischen Ursprungs lassen sich präzise in drei Untergebiete mit jeweils besonderen Merkmalen in Sachen Exposition und Mikroklima teilen. Die Weine – Rote ebenso wie Weiße – verfügen über markante, generell moderne Züge und weisen immer eine gewisse Verbundenheit zu ihrem Anbaugebiet auf. Der zarte und zugleich strenge, köstliche, frische und zitrusartige Orvieto Classico Berganorio '13 hat uns so gut gefallen, dass wir ihn sogar dem Superiore Lunato aus dem gleichen Jahrgang vorziehen. Die Rotweine des Hauses, denen seit jeher die Glanzlichter der Produktion entstammen, bieten eine gute Version des Gaudio '10 (üppig und fruchtig), während dies für den Calanco '10 weniger gilt. Der würzige Accordo ist dagegen delikat.

● Accordo '10	♙♙ 2*
● Gaudio '10	♙♙ 4
○ Orvieto Cl. Berganorio '13	♙♙ 2*
● Calanco '10	♙ 4
○ Traluce '13	♙ 2
● Calanco '03	♙♙♙ 4
● Gaudio '03	♙♙♙ 4
● Calanco '08	♙♙ 4
● Calanco '07	♙♙ 4
● Gaudio '08	♙♙ 4
○ Orvieto Cl. Berganorio '11	♙♙ 2*
○ Orvieto Cl. Sup. Lunato '11	♙♙ 2*
○ Orvieto Cl. Sup. Lunato '10	♙♙ 2*

Villa Mongalli
VIA DELLA CIMA, 52
06031 BEVAGNA [PG]
TEL. +39 0742360703
www.villamongalli.com

DIREKTVERKAUF
UNTERKUNFT
JAHRESPRODUKTION 70.000 Flaschen
REBFLÄCHE 15 Hektar

Ein faszinierendes Terroir mit großer Weinbau-Eignung, eine historische Villa und eine moderne Kellerei, wo die Trauben mit Feingefühl verarbeitet werden. Dies alles und vieles mehr ist Villa Mongalli, ein Projekt der Familie Menghini, das zwar noch recht jung ist, aber binnen weniger Jahre ehrgeizige Ziele erreichen konnte. Hier entstehen einige der persönlichsten und elegantesten Weine der Region, angefangen mit erlesenen Sagrantino-Interpretationen voller Details und Geschmack, die gut altern, aber auch jung bestens zu genießen sind. Nur Lob also für Winzer Pierpaolo Menghini, der tatsächlich in Symbiose mit seinen Reben lebt. Ein überragendes Ergebnis, womöglich das beste des Jahres in Montefalco. Alle Weine des Hauses haben eine blendende Figur gemacht, mühelos die Endausscheidung erreicht und sich den Drei Gläsern genähert. Die Nase vorn hat der Sagrantino Della Cima '10, ein Cru, der mit Reife, Fülle und Eleganz aufwartet. Ein ob seiner Textur und Komplexität sensationeller Wein, voller Details und Harmonie. Und das ist nur der Gipfel einer traumhaften Produktpyramide.

● Montefalco Sagrantino Della Cima '10	♙♙♙ 8
○ Calicanto Trebbiano Spoletino '13	♙♙ 5
● Montefalco Rosso Le Grazie '12	♙♙ 5
● Montefalco Sagrantino Colcimino '11	♙♙ 8
● Montefalco Sagrantino Pozzo del Curato '10	♙ 7
● Montefalco Sagrantino Colcimino '08	♙♙♙ 3*
● Montefalco Sagrantino Della Cima '06	♙♙♙ 6
● Montefalco Sagrantino Pozzo del Curato '09	♙♙♙ 4
● Montefalco Rosso Le Grazie '11	♙♙ 5
● Montefalco Sagrantino Colcimino '10	♙♙ 3*
● Montefalco Sagrantino Della Cima '08	♙♙ 3*
● Montefalco Sagrantino Pozzo del Curato '08	♙♙ 6

WEITERE KELLEREIEN

Tenuta Alzatura
LOC. FRATTA ALZATURA, 108
06036 MONTEFALCO [PG]
TEL. +39 0742399435
www.tenuta-alzatura.it

BESUCH NACH VORANMELDUNG
JAHRESPRODUKTION 32.600 Flaschen
REBFLÄCHE 18 Hektar

● Montefalco Rosso '12	♉♉ 3
● Montefalco Sagrantino '10	♉♉ 5

Argillae
VOC. POMARRO, 45
05010 ALLERONA [TR]
TEL. +39 0763624604
www.argillae.eu

DIREKTVERKAUF
BESUCH NACH VORANMELDUNG
JAHRESPRODUKTION 65.000 Flaschen
REBFLÄCHE 70 Hektar

○ Orvieto '13	♉♉ 2*
● Vascellarus '11	♉♉ 3
○ Grechetto '13	♉ 2

Berioli
LOC. CASE SPARSE, 21
06063 MAGIONE [PG]
TEL. +39 3355498173
www.cantinaberioli.it

JAHRESPRODUKTION 15.000 Flaschen
REBFLÄCHE 12 Hektar

● Colli del Trasimeno Merlot Spiridione Ris. '10	♉♉ 3
○ Colli del Trasimeno Vercanto '13	♉♉ 3

Brunozzi
LOC. COLLE ARFUSO, 2
06036 MONTEFALCO [PG]
TEL. +39 0742379673
www.aziendagrariabrunozzi.it

● Montefalco Sagrantino Carlotto '10	♉♉ 4
● Montefalco Rosso Scimella '11	♉♉ 3
● Montefalco Sagrantino Passito Plautilla '10	♉ 4
● Stradaviola '13	♉ 2

Cardeto
FRAZ. SFERRACAVALLO
LOC. CARDETO
05018 ORVIETO [TR]
TEL. +39 0763341286
www.cardeto.com

DIREKTVERKAUF
BESUCH NACH VORANMELDUNG
JAHRESPRODUKTION 4.000.000 Flaschen
REBFLÄCHE 700 Hektar

○ Orvieto Cl. Sup. V.T. Donna Armida '13	♉♉ 4
○ Viognier '13	♉♉ 2*
○ Chardonnay '13	♉ 2
○ Grechetto '13	♉ 2

Castello delle Regine
LOC. LE REGINE
VIA DI CASTELLUCCIO
05022 AMELIA [TR]
TEL. +39 0744702005
www.castellodelleregine.com

DIREKTVERKAUF
BESUCH NACH VORANMELDUNG
UNTERKUNFT UND GASTRONOMIE
JAHRESPRODUKTION 400.000 Flaschen
REBFLÄCHE 65 Hektar

● Merlot '08	♉♉ 6
○ Poggio delle Regine Bianco '13	♉♉ 2*
● Poggio delle Regine Rosso '12	♉ 2
● Sangiovese Sel. del Fondatore '08	♉ 5

WEITERE KELLEREIEN

Castello di Corbara
Loc. Corbara, 7
05018 Orvieto [TR]
Tel. +39 0763304035
www.castellodicorbara.it

DIREKTVERKAUF
BESUCH NACH VORANMELDUNG
JAHRESPRODUKTION 200.000 Flaschen
REBFLÄCHE 200 Hektar

● Lago di Corbara Merlot De Coronis '11	🍷🍷 4
○ Lago di Corbara Podere Il Caio '13	🍷🍷 2*
○ Orvieto Cl. Sup. Podere Il Caio '13	🍷🍷 2*
○ Orzalume '12	🍷🍷 3

Castello di Montegiove
Fraz. Montegiove
Via Beata Angelina, 27
05010 Montegabbione [TR]
Tel. +39 0763837473
www.castellomontegiove.com

DIREKTVERKAUF
BESUCH NACH VORANMELDUNG
UNTERKUNFT
JAHRESPRODUKTION 25.000 Flaschen
REBFLÄCHE 9 Hektar

● Rosso Orvietano Gatto Gatto '12	🍷🍷 2*
● Rosso Orvietano Mi.Mo.So. '11	🍷🍷 3

Cantina Cenci
Fraz. San Biagio della Valle
Voc. Anticello, 72
06055 Marsciano [PG]
Tel. +39 3805198980
info@cantinacenci.it

○ Alago '12	🍷🍷 3
○ Anticello '12	🍷🍷 2*
● Piantata '12	🍷🍷 2*
○ Giole '13	🍷 2

Chiorri
Loc. Sant'Enea
Via Todi, 100
06132 Perugia
Tel. +39 075607141
www.chiorri.it

DIREKTVERKAUF
BESUCH NACH VORANMELDUNG
UNTERKUNFT UND GASTRONOMIE
JAHRESPRODUKTION 100.000 Flaschen
REBFLÄCHE 25 Hektar

○ Colli Perugini Bianco '13	🍷🍷 2*
○ Grechetto '13	🍷🍷 2*
● Colli Perugini Rosato '13	🍷 2
● Colli Perugini Saliato '11	🍷 3

Collecapretta
Loc. Terzo la Pieve, 70
06049 Spoleto [PG]
Tel. +39 0743268529
vittoriomattiolicollecapretta@yahoo.it

○ Vigna Vecchia '13	🍷🍷 4
○ Vigna dei Preti '13	🍷🍷 4

Il Gheppio
Fraz. Fratta
Voc. Argentella, 1
06036 Montefalco [PG]
Tel. +39 3298467868
www.cantineilgheppio.it

DIREKTVERKAUF
BESUCH NACH VORANMELDUNG
JAHRESPRODUKTION 5.500 Flaschen
REBFLÄCHE 2 Hektar

● Montefalco Sagrantino '10	🍷🍷 4

WEITERE KELLEREIEN

Fattoria Giro di Vento
LOC. SCHIFANOIA
S.DA COLLESPINO, 39
05035 NARNI [TR]
TEL. +39 3356136353
www.fattoriagirodivento.it

JAHRESPRODUKTION 30.000 Flaschen
REBFLÄCHE 10 Hektar

● Ciliegiolo di Narni Spiffero '13	🍷🍷 2*
○ Lunaria '13	🍷🍷 2*
● Pura Vitae '11	🍷 2
○ Raggio Vermentino '13	🍷 2

La Madeleine
S.DA MONTINI, 38
05035 NARNI [TR]
TEL. +39 3453208914
www.cantinalamadeleine.it

BESUCH NACH VORANMELDUNG
JAHRESPRODUKTION 40.000 Flaschen
REBFLÄCHE 6 Hektar

○ Nerosé	🍷🍷 5
● NarnOt '11	🍷🍷 6
● Pinot Nero '12	🍷 6
● Sfide '12	🍷 3

Madrevite
VIA CIMBANO, 36
06061 CASTIGLIONE DEL LAGO [PG]
TEL. +39 075527220
www.madrevite.com

BESUCH NACH VORANMELDUNG
JAHRESPRODUKTION 35.000 Flaschen
REBFLÄCHE 8 Hektar

● Colli del Trasimeno Glanio '12	🍷🍷 3
○ Il Remirone '13	🍷🍷 3
○ La Bisbetica Rosé '13	🍷🍷 3

Stefania Mezzetti
LOC. VERNAZZANO BASSO
06069 TUORO SUL TRASIMENO [PG]
TEL. +39 0758254060
www.vinimezzetti.it

DIREKTVERKAUF
BESUCH NACH VORANMELDUNG
UNTERKUNFT UND GASTRONOMIE
JAHRESPRODUKTION 40.000 Flaschen
REBFLÄCHE 10 Hektar
WEINBAU Biologisch anerkannt

● Cortona Syrah Principe '10	🍷🍷 6
● Cortona Dardano Sangiovese '09	🍷 6
● Cortona Lucumone Cabernet Sauvignon '11	🍷 6
○ Cortona Vin Santo Luce di Vino '08	🍷 8

Montemelino
LOC. FONTE SANT'ANGELO
VIA FONTE SANT'ANGELO, 15
06069 TUORO SUL TRASIMENO [PG]
TEL. +39 0758230127
www.montemelino.com

DIREKTVERKAUF
UNTERKUNFT
JAHRESPRODUKTION 25.000 Flaschen
REBFLÄCHE 8 Hektar

● Grappolo Rosso '12	🍷🍷 3
● Vigna Alta '10	🍷 3

Sabrina Morami
FRAZ. PANICAROLA
VOC. MORAMI
06060 CASTIGLIONE DEL LAGO [PG]
TEL. +39 0759589107
www.morami.it

DIREKTVERKAUF
BESUCH NACH VORANMELDUNG
UNTERKUNFT
JAHRESPRODUKTION 13.000 Flaschen
REBFLÄCHE 10 Hektar

○ Pratolungo '13	🍷🍷 3
● Renaia '11	🍷🍷 6
○ Cardissa Chardonnay '12	🍷 3

WEITERE KELLEREIEN

Pomario
Loc. Pomario
06066 Piegaro [PG]
Tel. +39 0758358579
www.pomario.it

DIREKTVERKAUF
BESUCH NACH VORANMELDUNG
JAHRESPRODUKTION 6.000 Flaschen
REBFLÄCHE 4 Hektar
WEINBAU Biologisch anerkannt

○ Arale '13	🍷 4
● Sariano '11	🍷 3

Spacchetti Colle Ciocco
via B. Gozzoli, 1/5
06036 Montefalco [PG]
Tel. +39 0742379859
www.colleciocco.it

DIREKTVERKAUF
BESUCH NACH VORANMELDUNG
JAHRESPRODUKTION 35.000 Flaschen
REBFLÄCHE 8 Hektar

● Montefalco Sagrantino '08	🍷 5
● Montefalco Rosso '10	🍷 3

Terre del Carpine
via Formanuova, 87
06063 Magione [PG]
Tel. +39 075840298
www.terredelcarpine.it

DIREKTVERKAUF
BESUCH NACH VORANMELDUNG
JAHRESPRODUKTION 200.000 Flaschen
REBFLÄCHE 250 Hektar

○ Albaja '13	🍷 2*
● Sangiovese '13	🍷 1*
○ C. del Trasimeno Bianco Antio '13	🍷 1*
○ C. del Trasimeno Grechetto Grieco '13	🍷 2

Terre Margaritelli
fraz. Chiusaccia
loc. Miralduolo
06089 Torgiano [PG]
Tel. +39 0757824668
www.terremargaritelli.com

DIREKTVERKAUF
BESUCH NACH VORANMELDUNG
JAHRESPRODUKTION 120.000 Flaschen
REBFLÄCHE 52 Hektar
WEINBAU Biologisch anerkannt

● Malot '11	🍷 3
○ Torgiano Costellato '13	🍷 2*
● Torgiano Rosso Freccia degli Scacchi Ris. '10	🍷 5

Tenuta Vitalonga
loc. Montiano
05016 Ficulle [TR]
Tel. +39 0763836722
www.vitalonga.it

DIREKTVERKAUF
BESUCH NACH VORANMELDUNG
UNTERKUNFT UND GASTRONOMIE
JAHRESPRODUKTION 130.000 Flaschen
REBFLÄCHE 19 Hektar

○ Orvieto Elcione '13	🍷 2*
● Terra di Confine '12	🍷 4
● Elcione '12	🍷 2

Zanchi
via Ortana, 122
05022 Amelia [TR]
Tel. +39 0744970011
www.cantinezanchi.it

DIREKTVERKAUF
BESUCH NACH VORANMELDUNG
JAHRESPRODUKTION 100.000 Flaschen
REBFLÄCHE 31 Hektar

● Amelia Ciliegiolo Carmìno '13	🍷 2*
○ Amelia Malvasia Flavo '13	🍷 2*
○ Vignavecchia '11	🍷 5
● Amelia Rosso Armané '11	🍷 2

LATIUM

Und sie bewegt sich doch. In den letzten Jahren haben wir der Weinwirtschaft im Latium häufig den Vorwurf von „Langsamkeit" gemacht, unfähig, die Qualität entscheidend zu verbessern und einer Dynamik entgegenzuwirken, die Produzenten dazu bringt, sich auf ordentlich gemachte und dem Konsumenten vertraute Produkte zurückzuziehen. Was völlig fehlt ist der Ehrgeiz, Spitzenweine zu entwickeln, die zu Bezugsgrößen für den Rest der Region werden könnten, um die Weine auf nationaler und internationaler Ebene wieder attraktiver zu machen. Vor allem auch in Rom, wo die Etiketten aus dem Latium paradoxerweise an Boden verlieren. Diesmal konnten wir uns jedoch über neue Betriebe und Gegebenheiten freuen, die für die Zukunft hoffen lassen. In Viterbo gibt es immer mehr Betriebe, die sich endlich um die Aufwertung der Grechetto bemühen, von der wir glauben, dass sie in diesem Territorium die Rebe mit dem größten Potenzial ist. So gibt es nun in unserem Finale die Grechetto von Trappolini und Pazzaglia neben denen von Sergio Mottura. Sie stehen für eine Wiedergeburt dieser Rebe, die auch in Umbrien Wirkung zeigt. Hervorzuheben auch die neuen Wege, die Territorien und Betriebe eingeschlagen haben: Die Wiedergeburt einer Qualitätsproduktion auf der Insel Ponza - von der Bestätigung einer alteingesessenen Kellerei wie Migliaccio bis zur zukunftsorientierten Investition einer „sicheren" regionalen Größe wie Casale del Giglio -, ein neuer Wein, zwar nicht territorial, aber effektvoll und von großer Qualität, gefertigt von San Giovenale in Viterbo, die Rückkehr zu einer zuverlässigen Produktion hoher Qualität einer Legende des Latium wie Tenuta di Fiorano, ein Wachstum im Sinne von Qualität – endlich! – des Frascati durch das Engagement von Traditionsbetrieben wie Principe Pallavicini und bewährten wie Valle Vermiglia, der uns mit dem Frascati Eremo Tuscolano vielleicht die schönste Überraschung des Jahres geliefert hat. Im Latium durchläuft man einen gewiss nicht klassischen oder einfachen Weg, der aber, so hoffen wir, die regionale Produktion wieder auf das Niveau zurückführen wird, das ihr zukommt. Was die Drei Gläser betrifft, gibt es neben den üblichen Coletti Conti, Falesco, Sergio Mottura, Poggio Le Volpi, die Rückkehr des Fiorano Bianco aus Tenuta di Fiorano und den Neuzugang im „Club" der Drei Gläser von zwei alteingesessenen Betrieben, die dieses Ziel aber bisher noch nie erreicht hatten: Principe Pallavicini, mit dem Frascati Superiore Poggio Verde '13, und Casale del Giglio, mit dem Biancolella Faro della Guardia '13. In diesem Fall sogar ein vierfaches Debüt: für den Betrieb, die Provinz von Latina, die Insel Ponza und für ihren Biancolella.

LATIUM

Marco Carpineti
LOC. CAPO LE MOLE
SP VELLETRI-ANZIO, KM 14,300
04010 CORI [LT]
TEL. 069679860
www.marcocarpineti.it

DIREKTVERKAUF
BESUCH NACH VORANMELDUNG
JAHRESPRODUKTION 250.000 Flaschen
REBFLÄCHE 50 Hektar
WEINBAU Biologisch anerkannt

Marco Carpineti macht mit der Aufwertung der lokalen Landwirtschaftsprodukte von der Rebe bis zu den Olivenbäumen weiter. Seine Weingärten sind in Sachen Bewirtschaftung und Sauberkeit vorbildlich - ein Beispiel ist der Kauf und die Aufzucht von drei Pferden für die Arbeit im Rebberg - und seit auch die Kellerei modern und technologisch ist (aber ohne Übertreibung!), ist die Qualität der Weine garantiert. Dieses Jahr heben sich neben dem üppigen und spannungsreichen Moro '12 mit Noten von Gewürz und Zitrusfrucht auch die beiden Weine der Linie Capolemole hervor, die außerdem einen außerordentlich günstigen Preis verzeichnen. Dem Bianco '13 gelingt es, gleichzeitig breit und elegant zu sein, während der Rosso '12 eine Ausgewogenheit besitzt, die vollen Trinkgenuss schenkt. Fast auf gleichem Niveau der Tufaliccio '13 – nur etwas zu geschmeidig – während wir den Os Rosae '13 so gut wie noch nie und ohne der Alkoholexzesse der Vergangenheit gefunden haben. Stets an der regionalen Spitze seiner Art der Brut '11.

Casale del Giglio
LOC. LE FERRIERE
S.DA CISTERNA-NETTUNO KM 13
04100 LATINA
TEL. 0692902530
www.casaledelgiglio.it

DIREKTVERKAUF
BESUCH NACH VORANMELDUNG
JAHRESPRODUKTION 1.200.000 Flaschen
REBFLÄCHE 164 Hektar

Wenn die erzeugten Flaschen die Menge von einer Million überschreiten und die Sorten fast zwanzig sind, dann muss ohne Vorbehalt der Jahr für Jahr beibehaltene hohe Qualitätsstandard gerühmt werden. Eine Qualität, die mit dem Biancolella Faro della Guardia '13 (und dem unvergänglichen Klassiker und erneuten Finalisten Mater Matuta '11) ihre Höchstmaß erreicht. In seinem zweiten Produktionsjahr hält dieses Juwel der Insel Ponza bereits alle Trümpfe in der Hand: Persönlichkeit, Wohlgeschmack und Beständigkeit. Und nicht von ungefähr erhält Patron Antonio Santarelli die ersten wohl verdienten Drei Gläser der Kellereigeschichte. Kompliment an ihn und an den Önologen Paolo Tiefenthaler, der mit stets ausgezeichneten Ergebnissen auch schwierige Rebsorten wie Petit Verdot, Tempranijo und Petit Manseng zu zähmen weiß und daraus Weine von beachtlicher Reinheit und aromatischer Präzision kreiiert. Eine letzte Huldigung an den Albiola '13, stets erfreulich und einer der besten Roséweine der Region.

○ Capolemole Bianco '13	🍷🍷 2*
● Capolemole Rosso '12	🍷🍷 3*
○ Moro '12	🍷🍷 3*
○ Marco Carpineti Brut '11	🍷🍷 3
○ Os Rosae '13	🍷🍷 2*
● Tufaliccio '13	🍷🍷 2*
● Apolide '09	🍷 5
○ Capolemole Bianco '12	🍷🍷 2*
○ Cori Bianco Collesanti '11	🍷🍷 2*
● Dithyrambus '09	🍷🍷 5
○ Marco Carpineti Brut '10	🍷🍷 3
○ Moro '11	🍷🍷 3
● Tufaliccio '11	🍷🍷 2*

○ Biancolella Faro della Guardia '13	🍷🍷🍷 5
● Mater Matuta '11	🍷🍷 7
⊙ Albiola Rosato '13	🍷🍷 3
○ Antinoo '13	🍷🍷 4
● Cabernet Sauvignon '11	🍷🍷 5
○ Petit Manseng '13	🍷🍷 4
● Petit Verdot '12	🍷🍷 4
● Tempranijo '12	🍷🍷 5
○ Aphrodisium '13	🍷 6
● Madreselva '11	🍷 5
○ Satrico '13	🍷 3
○ Sauvignon '13	🍷 3
● Shiraz '12	🍷 4
○ Viognier '13	🍷 3
● Mater Matuta '10	🍷🍷 6
○ Satrico '12	🍷🍷 2*

LATIUM

Casale della Ioria
P.ZZA REGINA MARGHERITA, 1
03010 ACUTO [FR]
TEL. 077556031
www.casaledellaioria.com

DIREKTVERKAUF
BESUCH NACH VORANMELDUNG
JAHRESPRODUKTION 65.000 Flaschen
REBFLÄCHE 38 Hektar

Paolo Perinelli ist zweifellos einer der vorbildlichen Erzeuger der Denomination Cesanese del Piglio und der Wert seiner Arbeit liegt vorallem in der Fähigkeit, jedes Jahr Weine von hoher Qualität anzubieten. In Abwesenheit des Spitzenweins der Kellerei, dem Cesanese Torre del Piano, steht diesmal der letztgeborene Campo Novo '13 an erster Stelle, der trotz des vorgezogenen Auftritts eine erfreuliche Nervigkeit aufweist, die im richtigen Kontrast zum starken Körper steht. Gut gemacht auch der Ottavo Cielo '11, der aber bereits spürbar zum Platz 3 der Rangliste wird und sich den traditionellen Interpretationen der Denomination nähert. In der Mitte platziert sich, und nicht nur wegen des Jahrgangs, der Tenuta della Ioria '12. Bei den Weißen hat der Passerina Extra Dry überrascht. Er bietet eine Geschmacks- und Duftfülle, die hinter scheinbarer Schlichtheit viel Frische und Beständigkeit verbirgt.

● Cesanese del Piglio Campo Nuovo '13	🍷🍷 2*
○ Passerina Extra Dry	🍷🍷 2*
● Cesanese del Piglio Sup. Tenuta della Ioria '12	🍷 3
● L'Olivella '11	🍷 3
○ Passerina Colle Bianco '13	🍷 2
● Cesanese del Piglio Campo Novo '11	🍷🍷 2*
● Cesanese del Piglio Campo Novo '10	🍷🍷 2*
● Cesanese del Piglio Campo Nuovo '09	🍷🍷 2*
● Cesanese del Piglio Sup. Torre del Piano Ris. '11	🍷🍷 4
● Cesanese del Piglio Torre del Piano '10	🍷🍷 4
● Cesanese del Piglio Torre del Piano '09	🍷🍷 4
● Cesanese del Piglio Torre del Piano '08	🍷🍷 4
○ Colle Bianco '11	🍷🍷 2*

Cincinnato
VIA CORI-CISTERNA KM 2
04010 CORI [LT]
TEL. 069679380
www.cantinacincinnato.it

DIREKTVERKAUF
BESUCH NACH VORANMELDUNG
JAHRESPRODUKTION 4.500.000 Flaschen
REBFLÄCHE 400 Hektar

Das die Hügel von Cori der ideale Lebensraum für Reben sind, hatte schon jener römische Heerführer erkannt, der dieser Genossenschaftskellerei seinen Namen gibt. Und wie Cincinnato bauen die Landwirte des Gebiets mit viel Liebe ihre Trauben an, die dann von Nazareno Milita und Carlo Morettini in ausgezeichnete Weine verwandelt werden. Wie immer teilen sich Bellone und Nero Buono die Bühne, besonders erwähnenswert sind jedoch die gelungenen Weine der Denomination. Gleich zwei Cori erreichen nämlich unsere Endrunden, der Rosso Raverosse '11, breit, reichhaltig und angemessen tanninhaltig, und der Bianco Illirio '13, frisch und langanhaltend. Erwähnenswert ist der gelungene Auftritt der Grecotraube im Pantaleo '13, die verschiedenen Bellone sind hingegen von gutem Niveau, wohlschmeckend der Castore '13, mit reifen Facetten des Pozzodorico '12. Überzeugend wie immer der Ercole Nero Buono '11, während wir beim Cesanese Arcatura '12 auf bessere Resultate warten. Ein Schlusswort gebührt dem neuen, schönen Agriturismo mit Verkostungsraum.

○ Cori Bianco Illirio '13	🍷🍷 2*
● Cori Rosso Raverosse '11	🍷🍷 2*
○ Castore '13	🍷🍷 2*
● Ercole Nero Buono '11	🍷🍷 3
○ Pantaleo '13	🍷🍷 2*
○ Pozzodorico Bellone '12	🍷🍷 2*
○ Brut Cincinnato Spumante	🍷 1*
● Arcatura '12	🍷 2
○ Pollùce '12	🍷 2
○ Brut Cincinnato Spumante	🍷🍷 1
○ Castore '12	🍷🍷 1*
○ Cori Bianco Illirio '12	🍷🍷 2
● Cori Rosso Raverosse '09	🍷🍷 2
● Ercole Nero Buono '10	🍷🍷 3
○ Pozzodorico Bellone '11	🍷🍷 2*

LATIUM

Damiano Ciolli
VIA DEL CORSO
00035 OLEVANO ROMANO [RM]
TEL. 069564547
www.damianociolli.it

DIREKTVERKAUF
BESUCH NACH VORANMELDUNG
JAHRESPRODUKTION 23.000 Flaschen
REBFLÄCHE 5 Hektar

Der Winzer Damiano Ciolli gründete 2001 gemeinsam mit seinem Vater Costantino in der alten Gemeinde von Olevano Romano diesen Betrieb, um endlich die Früchte einer vor vier Generationen durch das Potenzial der Rebsorte Cesanese di Affile vorangetriebenen Arbeit in Flaschen zu füllen. Die Weinberge auf einer Höhe von zirka 450 m sind nach alter Bauerntradition auf roter Vulkanerde angelegt. Die Produktion beschränkt sich auf zwei Etiketten des Cesanese di Olevano Romano Superiore, die beide von erstklassiger Machart sind. Der Cirsium Riserva '10, der Beste des Anbaugebiets, stammt aus einem von Großvater Damiano 1953 angelegten, einen Hektar großen Rebberg. Er wird in Zement und in großen Fässern verfeinert, hat ein breites, komplexes Bouquet, in dem schwarze Früchte, Gewürz und Chinarinde auftauchen, und ist am Gaumen vollmundig, fruchtreich, entspannt und einhüllend. Der nur in Stahl und Zement ausgebaute Silene '12 ist angriffslustig, mit guter Spannung und frischer, knackiger Frucht.

- Cesanese di Olevano Romano Sup. Cirsium Ris. '10 — 5
- Cesanese di Olevano Romano Sup. Silene '12 — 3
- Cesanese di Olevano Cirsium '08 — 5
- Cesanese di Olevano Cirsium '07 — 4
- Cesanese di Olevano Cirsium '06 — 4
- Cesanese di Olevano Romano Sup. Cirsium '09 — 5
- Cesanese di Olevano Romano Sup. Silene '10 — 3
- Cesanese di Olevano Silene '11 — 2*

Antonello Coletti Conti
VIA VITTORIO EMANUELE, 116
03012 ANAGNI [FR]
TEL. 0775728610
www.coletticonti.it

DIREKTVERKAUF
BESUCH NACH VORANMELDUNG
JAHRESPRODUKTION 20.000 Flaschen
REBFLÄCHE 20 Hektar

Nach wie vor fehlen beim Appell die durch einen schwachen Jahrgang benachteiligten Weißweine (der Incrocio Manzoni dell'Arcadia und der Passerina dell'Hernicus Bianco), aber die Roten lassen sie nicht wirklich vermissen. Und wenn der Bordolese-Cuvée Cosmato '12 durch seine die Eleganz übertreffende Kraft ein gutes Ergebnis erzielt, so sind es doch die beiden Cesanese, die Mister Antonello als besten Interpreten dieser Rebsorte und ihres Anbaugebiets bestätigen. Beide kamen in die Endrunde, aber überraschenderweise (aber nicht unerwartet!) hat der jüngere Bruder, der Cesanese Hernicus '12, zum ersten Mal in seiner Geschichte die Drei Gläser erobert. Er sticht durch ein bedeutendes Mundgefühl hervor, das sofort volle Aufmerksamkeit verlangt und viele Vorzüge aufweist: angemessene Astringenz, Fülle und Beständigkeit. Derzeit knapp dahinter liegt der Cesanese Romanico '12, der sich nach gelungener Verschmelzung von Frucht und Holz bestimmt wieder mit dem hohen Niveau der früheren Versionen präsentieren wird.

- Cesanese del Piglio Sup. Hernicus '12 — 3*
- Cesanese del Piglio Romanico '12 — 5
- Cosmato '12 — 5
- Cesanese del Piglio Romanico '11 — 5
- Cesanese del Piglio Romanico '07 — 5
- ○ Arcadia '10 — 3
- Cesanese del Piglio Hernicus '11 — 3*
- Cesanese del Piglio Hernicus '10 — 3
- Cesanese del Piglio Hernicus '09 — 3
- Cesanese del Piglio Romanico '10 — 5
- Cesanese del Piglio Romanico '09 — 5
- Cesanese del Piglio Romanico '08 — 5
- ○ Passerina del Frusinate Hernicus '12 — 3*

LATIUM

Paolo e Noemia d'Amico

FRAZ. VAIANO
LOC. PALOMBARO
01024 CASTIGLIONE IN TEVERINA [VT]
TEL. 0761948034
www.paoloenoemiadamico.it

DIREKTVERKAUF
BESUCH NACH VORANMELDUNG
JAHRESPRODUKTION 150.000 Flaschen
REBFLÄCHE 26 Hektar

Zwei Leidenschaften und zwei Traditionen vereinen sich in der Unternehmensgeschichte D'Amico: Paolo, ein Schiffseigner in dritter Generation, wächst zwischen den Weinbergen der Familie auf. Noemia, mit portugiesischen Wurzeln, aber in Rio de Janeiro geboren, hat von den Großeltern die Liebe zum Wein geerbt. Aus den vereinten Kräften und Erfahrungen entsteht 1985 zwischen den Erosionsrinnen des hohen Tibertals an der Grenze zu Latium, Toskana und Umbrien das Weingut Paolo und Noemia d'Amico. Die Felsen aus Tuffstein und Peperino sind das Ergebnis einer langen vulkanischen Tätigkeit und beherbergen heute den Keller, der unter dem mit internationalen Reben bepflanzten Weinberg gegraben wurde. Gut der Notturno dei Calanchi '11, ein reinsortiger Pinot Nero, frisch, angenehm und mit guter Säure, ein Schluck schwarze Früchte. Eine diskrete Bestätigung für den Calanchi di Vaiano '12, ein mineralischer, würziger Chardonnay mit hervorstechender weißer Frucht, der Blend Terre di Ala '13 aus Sémillon (70 %) und Sauvignon ist mit Noten von Zitrusfrucht und pflanzlichen Nuancen und einer schöne Säureader hingegen eine echte Überraschung.

○ Calanchi di Vaiano '12		♛♛ 3
● Notturno dei Calanchi '11		♛♛ 5
○ Terre di Ala '13		♛♛ 3
● Atlante '11		♛ 6
○ Falesia '12		♛ 5
○ Orvieto Noe '13		♛ 2
● Villa Tirrena '10		♛ 3
○ Calanchi di Vaiano '11		♗♗ 3*
○ Falesia '11		♗♗ 4
○ Falesia '10		♗♗ 4
○ Seiano Bianco '11		♗♗ 2*
● Seiano Rosso '11		♗♗ 2*

★Falesco

LOC. SAN PIETRO
05020 MONTECCHIO [TR]
TEL. +39 07449556
www.falesco.it

DIREKTVERKAUF
BESUCH NACH VORANMELDUNG
UNTERKUNFT
JAHRESPRODUKTION 2.600.000 Flaschen
REBFLÄCHE 370 Hektar

Man schrieb das Jahr 1979, als Renzo und Riccardo Cotarella beschlossen, ihren kleinen Familienbetrieb in ein Unternehmen zu verwandeln. Aus ihrem Plan entstand ein Sinnbild des Erfolgs: Heute besitzt Falesco diverse Weinberge im Gebiet zwischen Latium und Umbrien, von den Hügeln beim Bolsena-See bis zu denen rings um Orvieto, von Montefiascone bis Montecchio, mit den verschiedensten Böden: sandig, reich an Lava, Phosphor und Kalium, oder lehm- und kalkhaltig, mit Stickstoff, Magnesium und Bor. Beachtlich zudem das Engagement des Hauses für die Aufwertung der autochthonen Rebsorten, die neben die klassischen internationalen Trauben treten. Erneute Bekräftigung für den Montiano Jahrgang 2012, einer direkteren Version als andere, aber wie immer reich an Frucht und mit den würzigen, gerösteten Noten nach wie vor im Fokus. Schön auch der Trentanni '12, zu gleichen Teilen aus Merlot und Sangiovese gekeltert, saftig und mit kräutrigen Anklängen. Die meisten der vorgestellten Weine sind gut ausgeführt, mit einer Auszeichnung für den Brut Metodo Classico, frisch und gefällig.

● Montiano '12		♛♛♛ 6
● Trentanni '12		♛♛ 3*
○ Spumante Brut M. Cl.		♛♛ 4
○ Appunto '13		♛♛ 2*
○ Est!Est!!Est!!! di Montefiascone Poggio dei Gelsi '13		♛♛ 2*
○ Ferentano '12		♛♛ 4
● Marciliano '11		♛♛ 7
● Montefalco Sagrantino 2R '11		♛♛ 6
○ Passirò '12		♛♛ 4
● Tellus Syrah '13		♛♛ 2*
⊙ Vitiano Rosato '13		♛♛ 2*
○ Ferentano '11		♗♗♗ 4*
● Montiano '11		♗♗♗ 6
● Montiano '10		♗♗♗ 6
● Montiano '09		♗♗♗ 5
● Montiano '08		♗♗♗ 5

LATIUM

Fontana Candida
VIA FONTANA CANDIDA, 11
00040 MONTE PORZIO CATONE [RM]
TEL. 069401881
www.fontanacandida.it

DIREKTVERKAUF
BESUCH NACH VORANMELDUNG
GASTRONOMIE
JAHRESPRODUKTION 4.000.000 Flaschen
REBFLÄCHE 97 Hektar

In einem Jahrhunderte alten Bauernhaus im Zentrum des antiken Agro Tuscolano liegt diese Kellerei, die nach und nach zu einem Symbol für die Weine der Denomination Frascati geworden ist. Die Fontana Candida, Eigentum der Gruppo Italiano Vini, kann auf 97 Hektar Rebfläche zählen, die auf Hügeln vulkanischen Ursprungs mit sandigen, mineralstoffreichen Böden liegen. Hier werden hauptsächlich lokale weiße Rebsorten wie Malvasia, Candia und Lazio, Trebbiano, Toscano und Giallo, Bombino Bianco und Bellone angebaut. Dieses Jahr ist das gesamte Weinsortiment von hervorragendem Gesamtniveau. In Abwesenheit des noch länger in der Flasche reifenden Luna Mater sticht der Frascati Superiore Vigneto Santa Teresa '13 hervor, schmackhaft und mineralisch, mit Noten von Mispeln und Birne, die mit Zitrusfrucht verschmelzen. Gut auch der Malvasia Puntinata '13, schlicht aber sauber, mit pflanzlichen Zügen und weißer Frucht. Der Frascati Terre dei Grifi '13 ist sortentypisch und süffig, der Kron '10 ein Merlot mit balsamischen Noten, feuchter Erde und roter Frucht.

○ Frascati Sup. Terre dei Grifi '13	♟♟ 2*
○ Frascati Sup. Vign. Santa Teresa '13	♟♟ 2*
● Kron '10	♟♟ 4
○ Malvasia Puntinata '13	♟♟ 3
○ Frascati '13	♟ 2
○ Frascati Sup. Luna Mater '11	♟♟ 3*
○ Frascati Sup. Luna Mater '10	♟♟ 3
○ Frascati Sup. Luna Mater Ris. '12	♟♟ 3*
○ Frascati Sup. Santa Teresa '12	♟♟ 2*
○ Frascati Sup. Santa Teresa '11	♟♟ 2*
○ Frascati Sup. Terre dei Grifi '12	♟♟ 2*
○ Frascati Sup. Terre dei Grifi '10	♟♟ 2*
● Sesto 21 Syrah '10	♟♟ 4

Casale Marchese
VIA DI VERMICINO, 68
00044 FRASCATI [RM]
TEL. 069408932
www.casalemarchese.it

DIREKTVERKAUF
BESUCH NACH VORANMELDUNG
JAHRESPRODUKTION 150.000 Flaschen
REBFLÄCHE 40 Hektar

Eine sehr lange Geschichte im Hintergrund und ein in zahllosen offiziellen Dokumenten und von Dichtern und Literaten beschriebenes Anwesen. Das Weingut Casale Marchese steht auf zwei antiken römischen Zisternen und befindet sich seit etwa zwei Jahrhunderten im Besitz der Familie Carletti. Alessandro und Ferdinando sind die siebte Generation und verwalten mehr als 50 Hektar Rebfläche im Herzen des Frascatigebiets. Angebaut werden die klassischen Rebsorten der Zone: Malvasia Puntinata, Malvasia di Candia, Trebbiano Toscano, Greco, Bombino und Bellone, zu denen sich internationale Trauben gesellen (Chardonnay, Merlot, Cabernet Sauvignon und Cabernet Franc). Der Frascati Superiore '13 behauptet sich erneut als einer der besten des Anbaugebiets: klar, mit typischen Noten von weißer Frucht und einem gefälligem, nach Mandel und Mineral schmeckendem Abgang. Gut gelungen der Clemens '12, ein Blend aus gleichen Teilen Chardonnay und Malvasia, würzig und mit langem, geschmeidigem Finale. Bei den Roten ist der Novum '13 aus Cabernet Sauvignon und Cesanese saftig und angenehm.

○ Frascati Sup. '13	♟♟ 2*
○ Clemens '12	♟♟ 4
● Novum '13	♟♟ 3
● Rosso Eminenza '13	♟ 3
○ Clemens '09	♟♟♟ 3
○ Clemens '11	♟♟ 4
○ Clemens '10	♟♟ 3
○ Frascati Sup. '12	♟♟ 2*
○ Frascati Sup. '11	♟♟ 2*
○ Frascati Sup. '10	♟♟ 2*

LATIUM

★Sergio Mottura
LOC. POGGIO DELLA COSTA
01020 CIVITELLA D'AGLIANO [VT]
TEL. 0761914533
www.motturasergio.it

Principe Pallavicini
VIA ROMA, 121
00030 COLONNA [RM]
TEL. 069438816
www.vinipallavicini.com

DIREKTVERKAUF
BESUCH NACH VORANMELDUNG
UNTERKUNFT UND GASTRONOMIE
JAHRESPRODUKTION 95.000 Flaschen
REBFLÄCHE 37 Hektar
WEINBAU Biologisch anerkannt

DIREKTVERKAUF
BESUCH NACH VORANMELDUNG
GASTRONOMIE
JAHRESPRODUKTION 600.000 Flaschen
REBFLÄCHE 65 Hektar

130 Hektar Rebfläche zwischen den lehmigen Erosionsrinnen von Civitella d'Agliano und dem Tibertal. Genau hier beschloss Sergio Mottura vor 50 Jahren, seinen Traum zu verwirklichen. Das Weingut gehört seit 1933 der Familie Mottura, die in den 60er Jahren mit der Modernisierung begann, indem bessere Böden ausgewählt und die Fläche auf die aktuellen 36 Hektar verringert wurden. Die Bewirtschaftung erfolgt auf biologische Weise. Qualität, Umweltschutz und die Suche nach der Eigentümlichkeit des Gebiets stehen dabei an erster Stelle. Ein großartiger Grechetto Latour a Civitella '11 erobert die Drei Gläser. In der Nase werden Noten von weißer Frucht und Agrumen spürbar, die wir dann gemeinsam mit Apfel, Aprikose und einer herrlichen Würze am Gaumen wiederfinden. Ein wirklich komplexer und reicher Wein! Eine schöne Bestätigung für den Grechetto Poggio della Costa '13, lang und zupackend, und den Orvieto Tragunnano '13, einer der besten der Denomination. Ein sicherer Griff ist der Muffo '11 aus edelfaulen Grechetto-Trauben, der Würzigkeit und Süße vereint.

Das Adelsgeschlecht der Pallavicini ist seit dem 17. Jh. Hauptdarsteller der regionalen Agrarszene und des Weinbaus. Eine Geschichte, die heute durch Maria Camilla Pallavicini und die von ihr betriebene Aufwertung der Denomination Frascati neuen Schwung erhält. Der Betrieb umfasst 65 Hektar Rebfläche in Colonna, die in drei Linien (Colonna, Pasolina und Marmorelle) unterteilt ist und kalk- und tonhaltige Vulkanböden besitzt. 54 Hektar sind den weißen Trauben gewidmet und bilden den größten privaten Weinberg im Frascatigebiet. In Cerveteri werden auf 15 Hektar skelettreichen Kalkböden rote Rebsorten kultiviert (Sangiovese Grosso, Merlot, Syrah, Petit Verdot und Cesanese). Der erste Drei Gläser Wein ist dann auch ein Frascati Superiore Poggio Verde '13 mit Duftnoten von Zitronat, Salbei und Rosmarin, frisch, lang und wohlschmeckend. Gut gemacht der Frascati '13 mit Anklängen von weißer Frucht und Gewürz und einem guten Säurerückgrad.

○ Grechetto Latour a Civitella '11	🍷🍷🍷 4*
○ Grechetto Poggio della Costa '13	🍷🍷 3*
○ Orvieto V. Tragunnano '13	🍷🍷 3*
○ Muffo '11	🍷🍷 5
● Nenfro '11	🍷 4
○ Orvieto Secco '13	🍷 3
● Syracide '11	🍷 4
○ Grechetto Latour a Civitella '06	🍷🍷🍷 4*
○ Grechetto Latour a Civitella '05	🍷🍷🍷 4*
○ Grechetto Poggio della Costa '10	🍷🍷🍷 3*
○ Grechetto Poggio della Costa '09	🍷🍷🍷 3*
○ Grechetto Poggio della Costa '08	🍷🍷🍷 3*
○ Poggio della Costa '12	🍷🍷🍷 3*
○ Poggio della Costa '11	🍷🍷🍷 3*

○ Frascati Sup. Poggio Verde '13	🍷🍷🍷 2*
○ Frascati '13	🍷🍷 2*
● Amarasco '12	🍷 3
● Casa Romana '11	🍷 5
○ Roma Malvasia Puntinata '13	🍷 2
● Syrah '12	🍷 2
● Amarasco '11	🍷🍷 3
○ Frascati Sup. Poggio Verde '12	🍷🍷 2*
● Soleggio '10	🍷🍷 3
● Soleggio '08	🍷🍷 3
○ Stillato '12	🍷🍷 3
○ Stillato '10	🍷🍷 3

LATIUM

Tenuta La Pazzaglia
S.DA DI BAGNOREGIO, 4
01024 CASTIGLIONE IN TEVERINA [VT]
TEL. 0761947114
www.tenutapazzaglia.it

DIREKTVERKAUF
BESUCH NACH VORANMELDUNG
UNTERKUNFT
JAHRESPRODUKTION 50.000 Flaschen
REBFLÄCHE 12 Hektar

Das Weingut La Pazzaglia liegt in einem der faszinierendsten Weinbaugebiete der Provinz Viterbo, dem „Valle dei Calanchi". Maria Teresa, die Tochter von Randolfo und Agnese, kümmert sich um die Weinbereitung der sowohl autochthonen als auch internationalen Trauben, die ihr Bruder Pierfrancesco vom Rebschnitt bis zur Lese im Weinberg betreut. Tradition und Innovation gehen im Keller Hand in Hand, wo der Ausbau fast zur Gänze in Stahl erfolgt. Die Neuheit dieses Jahres, der Grechetto 109 '13, hat uns wirklich geschmeckt. Er ist frisch, schmackhaft und mineralisch, mit Noten von weißer Frucht, Agrumen und Macchie in der Nase, die auch im Mund spürbar sind und dort von weißem Pfeffer veredelt werden. Nicht ganz so gut der andere Grechetto Poggio Triale '12, zupackend, aber rustikal und etwas unklar. Gut gelungen der Rosé Marie '13, ein origineller Rosé aus Aleatico und Pinot Nero, und der Montijone '12, ein reinsortiger Merlot, die beide auf Frucht, Klarheit und Trinkgenuss ausgerichtet sind.

○ Grechetto 109 '13	🍷🍷🍷 3*
● Montijone '12	🍷🍷 3
○ Poggio Triale '12	🍷🍷 3
○ Rosé Marie '13	🍷🍷 2*
○ Orvieto '13	🍷 2
○ Il Corno '12	🍷🍷 2*
○ Il Corno '10	🍷🍷 2
○ Il Corno '09	🍷🍷 2*
● Montijone '10	🍷🍷 4
○ Orvieto '12	🍷🍷 2*
○ Orvieto '11	🍷🍷 2*

Poggio Le Volpi
VIA COLLE PISANO, 27
00040 MONTE PORZIO CATONE [RM]
TEL. 069426980
www.poggiolevolpi.it

DIREKTVERKAUF
BESUCH NACH VORANMELDUNG
JAHRESPRODUKTION 230.000 Flaschen
REBFLÄCHE 35 Hektar

Der Betrieb von Felice Mergè wird mit eindrucksvollen drei Winzergenerationen volljährig. Der Önologe von Monteporzio Catone arbeitet auf den Vulkanböden der Castelli Romani auf einer Gesamtfläche von 100 Hektar in 400 Meter Höhe mit autochthonen Rebsorten: Malvasia di Candia und Puntinata, Trebbiano, Cesanese und Nero Buono, ergänzt durch Greco, Sauvignon und Chardonnay. Der Frascati Superiore Epos kehrt nach einem Jahr mit dem Jahrgang 2013 in den Führer und zu den Drei Gläsern zurück. In der Nase klar und sauber mit Noten von weißer Frucht, die sich am Gaumen wiederfinden und durch Mandelnuancen verfeinert werden. Gut auch der Donnaluce '13, ein Blend aus Malvasia del Lazio, Greco und Chardonnay, der von Anklängen von Banane und Tropenfrucht beherrscht wird. Nicht so hervorragend wie sonst der Baccarossa '12 aus Nero Buono-Trauben, bei dem die in der Nase spürbaren Noten von schwarzer reifer Frucht am Gaumen durch einen holzigen und adstringierenden Einzug überlagert werden.

○ Frascati Sup. Epos '13	🍷🍷🍷 2*
● Baccarossa '12	🍷🍷 4
○ Donnaluce '13	🍷🍷 3
● Baccarossa '11	🍷🍷🍷 4*
○ Frascati Sup. Epos '11	🍷🍷🍷 2*
○ Frascati Sup. Epos '10	🍷🍷🍷 2*
○ Frascati Sup. Epos '09	🍷🍷🍷 2*
● Baccarossa '10	🍷🍷 4
● Baccarossa '09	🍷🍷 4
● Baccarossa '08	🍷🍷 4
● Baccarossa '07	🍷🍷 4
○ Donnaluce '12	🍷🍷 3
○ Frascati Cannellino	🍷🍷 3*

LATIUM

Sant'Andrea
LOC. BORGO VODICE
VIA RENIBBIO, 1720
04010 TERRACINA [LT]
TEL. 0773755028
www.cantinasantandrea.it

DIREKTVERKAUF
BESUCH NACH VORANMELDUNG
JAHRESPRODUKTION 500.000 Flaschen
REBFLÄCHE 80 Hektar

Wenn es wahr ist, dass die Kellerei Sant'Andrea von Gabriele und Andrea Pandolfo auch heute noch Marktführer beim Moscato di Terracina ist, so ist es genauso wahr, dass die Ziele nach und nach weiter gesteckt wurden. Beweise sind die reichhaltige und geschätzte Produktion von koscherem Wein und die Resultate der Denomination Circeo. Und genau diese hat in diesem Jahr die besten Ergebnisse erzielt, mit dem Dune '12, der zum hervorragenden Niveau der ersten Jahrgänge zurückgekehrt ist, und dem Riflessi Rosso '13, der sich durch ein gutes Qualität-Preisverhältnis auszeichnet. Überzeugend war aber die gesamte Linie Riflessi, auch die beiden gefälligen Schaumweinvarianten. Bei den Moscati gehen die beiden halbsüßen Interpretationen des Templum (still und als Spumante) dank ihres Restzuckers besser aus diesem Jahrgang 2013 hervor, der es der Rebsorte nicht erlaubt hat, ihren ganzen aromatischen Reichtum hervorzubringen. Besonders benachteiligt war der Oppidum '13, eindeutig nicht so brillant wie andere Versionen, dem wir eine baldige Rückkehr zur gewohnten Güte wünschen.

○ Riflessi Extra Dry	♛♛ 2*
○ Circeo Bianco Dune '12	♛♛ 2*
● Circeo Rosso Riflessi '13	♛♛ 2*
○ Moscato di Terracina Amabile Templum '13	♛♛ 2*
⊙ Riflessi Rosé Extra Dry	♛ 2
○ Circeo Rosato Riflessi '13	♛ 2
● Circeo Rosso Il Sogno '10	♛ 3
○ Moscato di Terracina Amabile Templum Spumante '13	♛ 2
○ Moscato di Terracina Brut Oppidum '13	♛ 2
○ Moscato di Terracina Secco Oppidum '13	♛ 2
● Circeo Rosso Incontro al Circeo '11	♛♛ 2*
○ Moscato di Terracina Passito Capitolium '11	♛♛ 4
○ Moscato di Terracina Secco Oppidum Spumante '12	♛♛ 2*

Tenuta di Fiorano
VIA DI FIORANELLO, 19-31
00134 ROMA
TEL. 0679340093
www.tenutadifiorano.it

DIREKTVERKAUF
BESUCH NACH VORANMELDUNG
GASTRONOMIE
JAHRESPRODUKTION 18.000 Flaschen
REBFLÄCHE 6 Hektar

Der Ruhm der Weinguts Tenuta di Fiorano ist eng mit der Figur von Alberico Boncompagni Ludovisi verbunden, der in Italien als einer der Ersten versuchte, Rot- und Weißweine im Bordeaux-Stil anzubieten. Heute setzt sein Neffe Alessandrojacopo, Sohn seines Cousins Paolo, alles daran, dem Stern von Fiorano zu neuem Glanz zu verhelfen. Anfangs noch vom Onkel bei der Wahl der Böden und der Rebsorten (der Sémillon wurde zugunsten von Grechetto und Viognier verbannt), bei der Anlage des Weinbergs und bei der Weinbereitung unterstützt, kümmert er sich inzwischen allein um alle Belange, wobei er den Vorgaben des Onkels folgt. Der Fiorano Bianco aus genau diesen Grechetto- und Viogniertrauben ist komplex und facettenreich, dynamisch, straff und eindringlich und kehrt mit dem Jahrgang 2012 zu den Drei Gläsern zurück. Von hohem Niveau der Fiorano Rosso '07 aus Cabernet Sauvignon und Merlot, der nach einigen Minuten im Glas große Frische und üppige Frucht schenkt. Gut gemacht auch die aus den gleichen Trauben wie die großen Brüder erzeugten Zweiweine. Der Fioranello Bianco '12 ist schmackhaft und zupackend, der Fioranello Rosso '12 süffig und energiegeladen.

○ Fiorano Bianco '12	♛♛♛ 4*
● Fiorano Rosso '07	♛♛ 4
○ Fioranello Bianco '12	♛♛ 3
● Fioranello Rosso '12	♛♛ 3
○ Fiorano Bianco '10	♛♛♛ 5
○ Fiorano Bianco '11	♛♛ 4
● Fiorano Rosso '08	♛♛ 4
● Fiorano Rosso '06	♛♛ 6

LATIUM

Giovanni Terenzi
LOC. LA FORMA
VIA FORESE, 13
03010 SERRONE [FR]
TEL. 0775594286
www.viniterenzi.com

DIREKTVERKAUF
BESUCH NACH VORANMELDUNG
JAHRESPRODUKTION 200.000 Flaschen
REBFLÄCHE 12 Hektar

Dass die beiden besten Weine des Vorjahrs nicht an ihr Niveau heranreichen, könnte nicht besonders lobend klingen. Tatsache ist aber, dass im Haus (und im Keller) Terenzi die Natur das Sagen hat und dass Abkürzungen, Alternativen oder Korrekturen nicht zur Unternehmensphilosophie gehören. Mit einer Traube wie der Passerina waren 2013 kaum Wunder möglich, während beim Cesanese die Lage und das Terroir der verschiedenen Weinberge ins Gewicht fielen. Nicht von ungefähr hat die alte und bedeutendste Version, der Cesanese del Piglio Vajoscuro '11, erneut die Führung übernommen. Er wird dem Publikum mit beginnendem Gleichgewicht aus Frucht und Nebenaromen vorgestellt, ist aber für eine lange Lagerung bestimmt. Auf seine Weise bleibt der Cesanese del Piglio Velobra '12 vorallem wegen des Qualität-Preisverhältnisses einer der besten der Denomination, der Colle Forma '12 hat hingegen aufgrund des jungen Alters des Weinbergs unter den nicht idealen Wetterbedingungen gelitten. Erwähnenswert auch der Grenzübertritt in das nahe Anbaugebiet des Cesanese di Olevano mit dem korrekten Colle San Quirico '12.

● Cesanese del Piglio Sup. Vajoscuro Ris. '11	▼ 4
● Cesanese del Piglio Velobra '12	▼▼ 2*
● Cesanese del Piglio Sup. Colle Forma '12	▼ 4
● Cesanese di Olevano Romano Colle S. Quirico '12	▼ 2
○ Passerina Villa Santa '13	▼ 2
● Cesanese del Piglio Sup. Colle Forma '11	▽▽ 4
● Cesanese del Piglio Sup. Colle Forma '10	▽▽ 4
● Cesanese del Piglio Sup. Vajoscuro Ris. '09	▽▽ 4
● Cesanese del Piglio Vajoscuro '10	▽▽ 5
● Cesanese del Piglio Velobra '11	▽▽ 2*
○ Passerina Villa Santa '12	▽▽ 2*

Trappolini
VIA DEL RIVELLINO, 65
01024 CASTIGLIONE IN TEVERINA [VT]
TEL. 0761948381
www.trappolini.com

DIREKTVERKAUF
BESUCH NACH VORANMELDUNG
JAHRESPRODUKTION 160.000 Flaschen
REBFLÄCHE 27 Hektar

Vom Verkauf offener Weine bis zum Bau der modernen Kellerei hat der Familienbetrieb Trappolini in seinen 60 Jahren immer eine Produktion geboten, die im Reichtum des ampelografischen Erbes der Teverina verankert war. Und zwar vom Grechetto bis zum Procanico, vom Aleatico bis zum Sangiovese und vom Violone über den Canaiolo bis zum Malvasia. Technik und Anbaugebiet verschmelzen in den Weinen dieses von Roberto und Paolo, den Söhnen Marios geführten Betriebs. Tadellos die beiden Linien der Weiß- und Rotweine, alle von hervorragender Güte und mit einem exquisiten Breccetto. Der reinsortige Grechetto präsentiert sich beim Jahrgang 2013 in der Nase mit Noten von Kastanienhonig und Agrumen, am Gaumen ist er straff, wohlschmeckend und frisch. Ausgezeichnet unter den Weißen sind auch der Grechetto '13 und der Procanico '13. Der erste wird von Zitrusfrucht mit einem Hauch weißen Pfeffer beherrscht, beim zweiten wird Macchie spürbar. Wunderbar bei den Roten ist der Paterno '12, ein erdiger und vollmundiger Sangiovese mit schwarzen Früchten im Vordergrund und einem langen, gefälligen Abgang.

○ Breccetto '13	▼▼ 3*
● Paterno '12	▼▼ 4
● Cenereto '13	▼▼ 2*
○ Grechetto '13	▼▼ 2*
○ Procanico '13	▼▼ 2*
○ Est! Est!! Est!!! di Montefiascone '13	▼ 2
● Idea '13	▼ 4
○ Orvieto '13	▼ 2
○ Sartei '13	▼ 2
○ Est! Est!! Est!!! di Montefiascone '12	▽▽ 2*
○ Est! Est!! Est!!! di Montefiascone '11	▽▽ 2*
○ Orvieto '12	▽▽ 2*
● Paterno '11	▽▽ 3*
○ Sartei '11	▽▽ 1*

WEITERE KELLEREIEN

Antiche Cantine Migliaccio

VIA PIZZICATO
04027 PONZA [LT]
TEL. 3392822252
www.fienodiponza.com

DIREKTVERKAUF
BESUCH NACH VORANMELDUNG
JAHRESPRODUKTION 5.000 Flaschen
REBFLÄCHE 2,5 Hektar

○ Biancolella di Ponza '13	▼▼ 5
○ Fieno di Ponza Bianco '13	▼ 6
⊙ Fieno di Ponza Rosato '13	▼ 5

Casa Divina Provvidenza

VIA DEI FRATI, 58
00048 NETTUNO [RM]
TEL. 069851366
www.casadivinaprovvidenza.it

DIREKTVERKAUF
BESUCH NACH VORANMELDUNG
JAHRESPRODUKTION 100.000 Flaschen
REBFLÄCHE 35 Hektar

○ Moscato Secco '13	▼▼ 3
○ Dositheo Passito '11	▼ 5
● Il Borgo '12	▼ 3
○ Nettuno Bianco Cacchione '13	▼ 3

Castel de Paolis

VIA VAL DE PAOLIS
00046 GROTTAFERRATA [RM]
TEL. 069413648
www.casteldepaolis.it

DIREKTVERKAUF
BESUCH NACH VORANMELDUNG
JAHRESPRODUKTION 90.000 Flaschen
REBFLÄCHE 12 Hektar

● Campo Vecchio Rosso '12	▼▼ 3
● I Quattro Mori '10	▼ 5
○ Muffa Nobile '13	▼ 5
● Rosathea '13	▼ 4

Cantina Sociale Cesanese del Piglio

VIA PRENESTINA, KM 42
03010 PIGLIO [FR]
TEL. 0775502356
www.cesanesedelpiglio.it

DIREKTVERKAUF
BESUCH NACH VORANMELDUNG
JAHRESPRODUKTION 450.000 Flaschen
REBFLÄCHE 18 Hektar

● Cesanese del Piglio Araldica De Antiochia '12	▼▼ 3
○ Passerina Elcini '13	▼ 2
○ Passerina Ilia '13	▼ 2

Cominium

VIA RITINTO
03041 ALVITO [FR]
TEL. 0776510683
www.cantinacominium.it

DIREKTVERKAUF
JAHRESPRODUKTION 70.000 Flaschen
REBFLÄCHE 18 Hektar

○ Maturano '13	▼▼ 2*
● Atina Cabernet Ris. '11	▼ 5
● Atina Cabernet Satur '11	▼ 3

Cordeschi

LOC. ACQUAPENDENTE
VIA CASSIA KM 137,400
00121 VITERBO
TEL. 3356953547
www.cantinacordeschi.it

DIREKTVERKAUF
BESUCH NACH VORANMELDUNG
JAHRESPRODUKTION 35.000 Flaschen
REBFLÄCHE 8,5 Hektar

● Rufo '13	▼▼ 2*
● Ost '12	▼ 3
○ Palea '13	▼ 2
● Saìno '11	▼ 3

WEITERE KELLEREIEN

Corte dei Papi
LOC. COLLETONNO
03012 ANAGNI [FR]
TEL. 0775769271
www.cortedeipapi.it

DIREKTVERKAUF
BESUCH NACH VORANMELDUNG
JAHRESPRODUKTION 40.000 Flaschen
REBFLÄCHE 25 Hektar

● Cesanese del Piglio Ottavo Cielo '11	🍷🍷 4
○ Colle Sape '13	🍷🍷 2*
○ Passerina '13	🍷🍷 2*

Agricola Emme
VIA MAGGIORE, 126
03010 PIGLIO [FR]
TEL. 0775769859
www.agricolaemme.com

● Cesanese del Piglio Sup. Casal Cervino '11	🍷🍷 3
○ Passerina Casal Cervino '13	🍷🍷 2*
● Cesanese del Piglio Hyperius '13	🍷 2
○ Passerina Hyperius '13	🍷 2

La Ferriera
VIA FERRIERA, 723
03042 ATINA [FR]
TEL. 0776691226
www.laferriera.it

DIREKTVERKAUF
BESUCH NACH VORANMELDUNG
JAHRESPRODUKTION 50.000 Flaschen
REBFLÄCHE 15 Hektar

● Atina Cabernet Real Magona Ris. '10	🍷🍷 5
○ Dorato '12	🍷🍷 2*
● Ferrato '12	🍷 2

Donato Giangirolami
LOC. BORGO MONTELLO
VIA DEL CAVALIERE, 1414
04100 LATINA
TEL. 3358394890
www.donatogiangirolami.it

DIREKTVERKAUF
BESUCH NACH VORANMELDUNG
JAHRESPRODUKTION 70.000 Flaschen
REBFLÄCHE 38 Hektar
WEINBAU Biologisch anerkannt

○ Cardito '13	🍷 2
○ Propizio '13	🍷 2
○ Regius '13	🍷 2

Podere Grecchi
S.DA SAMMARTINESE, 8
01100 VITERBO
TEL. 0761305671
www.poderegrecchi.com

DIREKTVERKAUF
BESUCH NACH VORANMELDUNG
JAHRESPRODUKTION 45.000 Flaschen
REBFLÄCHE 10,5 Hektar

● CEV Rosso Santirossi '13	🍷🍷 2*
● CEV Merlot Poggio Ferrone '13	🍷 2
○ Poggio Grecchi '13	🍷 2
○ San Silvestro '13	🍷 2

Vigneti Iucci
LOC. LA CRETA
03049 SANT'ELIA FIUMERAPIDO [FR]
TEL. 0776311883
www.vignetiiucci.it

BESUCH NACH VORANMELDUNG
JAHRESPRODUKTION 20.000 Flaschen
REBFLÄCHE 5 Hektar

○ Chardonnay La Creta '13	🍷🍷 2*
● Atina Sammichele '12	🍷 2
● Sant'Elia Rosso '12	🍷 2
● Tenuta La Creta Merlot '12	🍷 3

WEITERE KELLEREIEN

Antica Cantina Leonardi
VIA DEL PINO, 12
01027 MONTEFIASCONE [VT]
TEL. 0761826028
www.cantinaleonardi.it

DIREKTVERKAUF
BESUCH NACH VORANMELDUNG
JAHRESPRODUKTION 100.000 Flaschen
REBFLÄCHE 37 Hektar
WEINBAU Biologisch anerkannt

○ Est! Est!! Est!!! di Montefiascone Poggio del Cardinale '13	♛♛ 2*
○ Luce di Lago '13	♛ 2
○ Pensiero '13	♛ 2

Cantine Lupo
VIA MEDIANA CISTERNA, 27
04011 LATINA
TEL. 0668309520
www.cantinelupo.com

BESUCH NACH VORANMELDUNG
JAHRESPRODUKTION 50.000 Flaschen
REBFLÄCHE 18 Hektar

● Primolupo Merlot '12	♛♛ 2*
● Syranto '12	♛♛ 2*
○ Rosa Merlot '12	♛ 2

Migrante
LOC. C.DA FORMALE
00035 OLEVANO ROMANO [RM]
TEL. 069563583
www.migrante.it

● Cesanese di Olevano Romano Consilium '10	♛♛ 3
● Cesanese di Olevano Romano Sigillum '09	♛♛ 3

Occhipinti
LOC. MONTEMAGGIORE
01010 GRADOLI [VT]
TEL. 0633249347
www.occhipintiagricola.it

DIREKTVERKAUF
BESUCH NACH VORANMELDUNG
JAHRESPRODUKTION 15.000 Flaschen
REBFLÄCHE 3 Hektar
WEINBAU Biologisch anerkannt

● Alea Viva '12	♛♛ 3
● Rosso Arcanico	♛ 3
● Caldera '12	♛ 3
● Montemaggiore '13	♛ 3

L'Olivella
VIA DI COLLE PISANO, 5
00044 FRASCATI [RM]
TEL. 069424527
www.racemo.it

DIREKTVERKAUF
BESUCH NACH VORANMELDUNG
JAHRESPRODUKTION 96.000 Flaschen
REBFLÄCHE 12 Hektar
WEINBAU Biologisch anerkannt

● Cesanese > '09	♛♛ 4
● 40/60 '12	♛ 3
○ Frascati Sup. Racemo '13	♛ 2
● Racemo Rosso '10	♛ 3

Omina Romana
VIA LA PARATA/FAVIGNANO, 75
00049 VELLETRI [RM]
TEL. 0696430193
www.ominaromana.com

● Cabernet Sauvignon '11	♛♛ 7
● Ceres Anesidora I '11	♛ 8
● Ianus Geminus '11	♛ 8
● Merlot '11	♛ 7

WEITERE KELLEREIEN

Manfredi Opificio
via Maggiore, 121
03010 Piglio [FR]
Tel. 3479408300
mberucci@yahoo.it

● Cesanese del Piglio L'Onda '10	🍷🍷 5

Antonella Pacchiarotti
via Roma, 14
01024 Grotte di Castro [VT]
Tel. 0763796852
www.apacchiarottivini.it

DIREKTVERKAUF
BESUCH NACH VORANMELDUNG
JAHRESPRODUKTION 10.000 Flaschen
REBFLÄCHE 3,5 Hektar

● Aleatico di Gradoli Butunì '11	🍷🍷 3
● Cavarosso '13	🍷🍷 3
○ Matèe '13	🍷 3
○ Pian di Stelle '12	🍷 3

I Pampini
loc. Acciarella
s.da Foglino, 1126
04010 Latina
Tel. 0773643144
www.ipampini.it

DIREKTVERKAUF
BESUCH NACH VORANMELDUNG
JAHRESPRODUKTION 20.000 Flaschen
REBFLÄCHE 6,5 Hektar
WEINBAU Biologisch anerkannt

● Kubizzo '11	🍷🍷 2*
○ Bellone Cacchione '13	🍷 2
○ Bellone Cacchione Senza Solfiti Aggiunti '13	🍷 3
○ Legionarius '13	🍷 2

Pietra Pinta
SP Pastine km 20,200
04010 Cori [LT]
Tel. 069678001
www.pietrapinta.com

DIREKTVERKAUF
BESUCH NACH VORANMELDUNG
JAHRESPRODUKTION 300.000 Flaschen
REBFLÄCHE 34 Hektar
WEINBAU Biologisch anerkannt

○ Chardonnay '13	🍷🍷 2*
● Colle Amato '10	🍷🍷 4
○ Costa Vecchia Bianco '13	🍷🍷 2*
○ Sauvignon '13	🍷 2

Poggio alla Meta
via Valloni
03034 Casalvieri [FR]
Tel. 0812488351
www.poggioallameta.it

○ Maturano '13	🍷🍷 2*
○ Piluc '13	🍷🍷 4
○ Bianco alla Meta '13	🍷 2
○ Pampanaro '13	🍷 2

Proietti
via Maremmana Superiore, km 2,800
00035 Olevano Romano [RM]
Tel. 069563376
www.aziendaagricolaproietti.it

DIREKTVERKAUF
JAHRESPRODUKTION 80.000 Flaschen
REBFLÄCHE 15 Hektar

● Cesanese di Olevano Romano Ris. Brecciara '10	🍷🍷 4
○ Villa Maina '13	🍷🍷 2*

WEITERE KELLEREIEN

La Rasenna
LOC. CERVETERI
VIA DELLA NECROPOLI, 2
00059 TOLFA [RM]
TEL. 3924974478
www.larasenna.it

JAHRESPRODUKTION 60.000 Flaschen
REBFLÄCHE 8 Hektar

○ Moss '13	🍷🍷 2*
● Cabernet Franc '11	🍷 3

San Giovenale
LOC. LA MACCIA
01010 BLERA [VT]
TEL. 066877877
www.sangiovenale.it

DIREKTVERKAUF
BESUCH NACH VORANMELDUNG
JAHRESPRODUKTION 7.000 Flaschen
REBFLÄCHE 10 Hektar
WEINBAU Biologisch anerkannt

● Habemus '12	🍷🍷 7

Cantine San Marco
LOC. VERMICINO
VIA DI MOLA CAVONA, 26/28
00044 FRASCATI [RM]
TEL. 069409403
www.sanmarcofrascati.it

DIREKTVERKAUF
BESUCH NACH VORANMELDUNG
JAHRESPRODUKTION 1.800.000 Flaschen
REBFLÄCHE 32 Hektar

○ Frascati Spumante	🍷🍷 2*
○ De Notari Malvasia '13	🍷🍷 2*
○ Roma Bianco Romae '13	🍷 2

Sant'Isidoro
LOC. PORTACCIA
01016 TARQUINIA [VT]
TEL. 0766869716
www.santisidoro.net

DIREKTVERKAUF
BESUCH NACH VORANMELDUNG
JAHRESPRODUKTION 65.000 Flaschen
REBFLÄCHE 57 Hektar

● Corithus '12	🍷🍷 2*
● Forca di Palma '13	🍷 2
● Soremidio '11	🍷 4
● Terzolo '13	🍷 2

Tenuta Santa Lucia
LOC. SANTA LUCIA
02047 POGGIO MIRTETO [RI]
TEL. 076524616
www.tenutasantalucia.com

DIREKTVERKAUF
BESUCH NACH VORANMELDUNG
JAHRESPRODUKTION 180.000 Flaschen
REBFLÄCHE 43 Hektar

● Otio '12	🍷🍷 4
○ Miooo	🍷 3
● Carignano '13	🍷 2
● Morrone '10	🍷 5

Tenuta Le Quinte
VIA DELLE MARMORELLE, 71
00040 MONTECOMPATRI [RM]
TEL. 069438756
info@tenutalequinte.it

○ Canestraro '13	🍷🍷 2*
○ Malvasia Orchidea '13	🍷🍷 3
● Rasa di Marmorata '12	🍷🍷 2*

WEITERE KELLEREIEN

Terra delle Ginestre
SS 630 Ausonia, 59
04020 Spigno Saturnia [LT]
Tel. 3495617153
www.terradelleginestre.it

DIREKTVERKAUF
BESUCH NACH VORANMELDUNG
JAHRESPRODUKTION 13.000 Flaschen
REBFLÄCHE 4 Hektar

○ Invito Senza Solfiti Aggiunti '13	🍷🍷 4
● Il Generale '12	🍷 3
○ Lentisco Senza Solfiti Aggiunti '12	🍷 4
○ Moscato di Terracina Invito '13	🍷 2

Tre Botti
s.da della Poggetta, 10
01024 Castiglione in Teverina [VT]
Tel. 0761948930
www.trebotti.it

DIREKTVERKAUF
JAHRESPRODUKTION 40.000 Flaschen
REBFLÄCHE 10 Hektar
WEINBAU Biologisch anerkannt

● Castiglionero '11	🍷🍷 2*
● Bludom '13	🍷 3
○ Orvieto Sup. Incanthus '13	🍷 2
● Tusco '13	🍷 1*

Valle Vermiglia
via Antonio Gramsci, 7
00197 Roma
Tel. 3487221073
www.vallevermiglia.it

○ Frascati Sup. Eremo Tuscolano '12	🍷🍷 3*

Villa Caviciana
loc. Tojena Caviciana
01025 Grotte di Castro [VT]
Tel. 0763798212
www.villacaviciana.com

DIREKTVERKAUF
BESUCH NACH VORANMELDUNG
JAHRESPRODUKTION 25.000 Flaschen
REBFLÄCHE 15 Hektar
WEINBAU Biodynamisch anerkannt

○ Tadzio '13	🍷🍷 2*
● Eleonora '12	🍷 3
○ Filippo '13	🍷 3
○ Lorenzo Brut '12	🍷 3

Villa Gianna
fraz. b.go San Donato
s.da Maremmana
04010 Sabaudia [LT]
Tel. 0773250034
www.villagianna.it

DIREKTVERKAUF
BESUCH NACH VORANMELDUNG
JAHRESPRODUKTION 100.000 Flaschen
REBFLÄCHE 65 Hektar
WEINBAU Biologisch anerkannt

● Barriano '11	🍷🍷 3
○ Vigne del Borgo Sauvignon '13	🍷🍷 2*
○ Circeo Bianco Innato '13	🍷 2
○ Moscato di Terracina Secco '13	🍷 1*

Villa Simone
via Frascati Colonna, 29
00040 Monte Porzio Catone [RM]
Tel. 069449717
www.villasimone.com

DIREKTVERKAUF
BESUCH NACH VORANMELDUNG
JAHRESPRODUKTION 300.000 Flaschen
REBFLÄCHE 21 Hektar

○ Frascati Sup. Vign. Filonardi '13	🍷🍷 3
○ Frascati Sup. Secco '13	🍷 2
○ Frascati Sup. Villa dei Preti '13	🍷 3

ABRUZZEN

Jahr für Jahr werden die Weine der Abruzzen besser und interessanter, das können wir nur zur Kenntnis nehmen und bestätigen. Über 150 bewährte Betriebe, über 600 Proben und fast zwei Wochen Dauer der Verkostungen liefern einen sehr interessanten, komplexen, gegliederten Querschnitt der Region. Genossenschaften, die eine soziale Wirkung auf das Territorium ausüben, mit Weinen, die sich immer stärker profilieren, sensationell im Preis-/Leistungsverhältnis, neben handwerklichen Kellereien, die den Spuren einer großen und noblen bäuerlichen Tradition folgen. Der rote Montepulciano d'Abruzzo beweist Rhythmus und Tradition, der Trebbiano wird wieder zum echten „Abruzzese", mit eleganten Weinen, die fröhlich der Zeit standhalten und eine sensationelle Alterung hinlegen, wobei die feinen, sortentypischen Aromen, häufig auch dank Spontangärung, erhalten bleiben. So ist es der Vigneto Capestrano '12 von Valle Reale, der sich den Spezialpreis als bester Weißwein des Jahres holen kann. Der Cerasuolo kann nicht als Alltagswein abgetan werden, mit seiner Kraft und Komplexität ist er ein perfekter Tischwein. Der Pecorino hat schon längst bewiesen, dass er nicht nur ein süffiger Weißwein ist, sondern eine großartige Traube, die vorzügliche Weine hervorbringen kann. Dieser Reichtum ist die flüssige Umsetzung der Landschaft, einer territorialen Vielschichtigkeit, die in wenigen Kilometern von der Adria zu den Gletschern reicht, Diversität und Eigenart, die sich in der Flasche mit Produkten wiederfinden, die immer komplexer, facettenreicher und interessanter werden. Die diesjährigen Gewinner sind wieder einmal ein getreues Abbild dieser Mischung, ein Team aus heterogenen Weinen was die Herkunft betrifft, aber ähnlich durch Qualität. Traditionsbetriebe und große Genossenschaften stehen Seite an Seite mit neuen Kellereien, die den beachtlichen Dynamismus einer Region beweisen. Also alles wunderbar? Nun, vielleicht doch nicht alles. Der Montepulciano d'Abruzzo tut sich schwer, seinen richtigen Platz auf den internationalen Märkten zu finden. Schuld ist ein Preis, der häufig zu niedrig ist. Auch dass man hartnäckig an einem superkonzentrierten Stil festhält, scheint dem Publikum nicht mehr so ganz zu behagen. Man müsste also die Einzigartigkeit dieses Territoriums hervorkehren, seine Weine besser verteidigen und seinen Besonderheiten mehr Respekt erweisen. Das ist die Herausforderung der nächsten Jahre, wir sind sicher, die Abruzzen werden sie bestehen: man wird weiterhin die Ärmel hochkrempeln und sich um höchste Qualität bemühen, wie das die Bauern seit undenklichen Zeiten tun, seit sie erstmals unter den Weinlauben gearbeitet haben.

ABRUZZEN

Agriverde
LOC. CALDARI
VIA STORTINI, 32A
66020 ORTONA [CH]
TEL. +39 0859032101
www.agriverde.it

DIREKTVERKAUF
BESUCH NACH VORANMELDUNG
UNTERKUNFT UND GASTRONOMIE
JAHRESPRODUKTION 900.000 Flaschen
REBFLÄCHE 65 Hektar
WEINBAU Biologisch anerkannt

Dieser legendäre Weinbaubetrieb hat sich als einer der Ersten an den biologischen Weinbau herangetraut. Hier in Ortona, zwischen Adria und Majella, wo die fetten und reichen Böden macht- und wirkungsvolle Weine ergeben, hat Agriverde seine Rebstöcke gepflanzt, eine immer noch als fortschrittlich geltende Kellerei nach dem Prinzip der Bioarchitektur gebaut und ein modernes Relais eröffnet. Die Weine sind modern und behaupten sich mit einer beinahe zu großen Auswahl an Etiketten, die oft auf Kosten der Erkennbarkeit der Winzerei jedem Geschmack entsprechen, am internationalen Markt sehr gut. Der Plateo '09 ist ein Montepulciano mit waghalsiger Dichte und Konzentration, in der Nase ist er sehr reif, hat eine antike Note nach Mandeln mit Zuckerguss, aber auch eine schöne, dunkle und reine Frucht. Der vollmundige und saftige Gaumen zeigt eine sortentypische Säure, die trotz des Jahrgangs anhält. Der Montepulciano Eikos Bio '12 ist sehr jung, lebhaft und nervig, mit einer rußigen Note. Die Frucht liegt zwischen Säure und Präzision.

- Montepulciano d'Abruzzo Eikos Bio '12 — 2*
- Montepulciano d'Abruzzo Plateo Ris. '09 — 6
- ⊙ Montepulciano d'Abruzzo Cerasuolo Solàrea '13 — 3
- Montepulciano d'Abruzzo Natum Bio '13 — 2*
- Montepulciano d'Abruzzo Piane di Maggio '13 — 2*
- Montepulciano d'Abruzzo Riseis '12 — 3
- Montepulciano d'Abruzzo Solàrea Ris. '10 — 4
- ○ Passerina Riseis '13 — 3
- ○ Pecorino Natum Bio '13 — 3
- ○ Trebbiano d'Abruzzo Piane di Maggio '13 — 2*
- ⊙ Montepulciano d'Abruzzo Cerasuolo Piane di Maggio '13 — 4
- ○ Pecorino Riseis '13 — 3
- ○ Trebbiano d'Abruzzo Natum Bio '13 — 2
- ○ Trebbiano d'Abruzzo Solarea '12 — 3

F.lli Barba
LOC. SCERNE DI PINETO
S.DA ROTABILE PER CASOLI
64020 PINETO [TE]
TEL. +39 0859461020
www.fratellibarba.it

DIREKTVERKAUF
BESUCH NACH VORANMELDUNG
UNTERKUNFT
JAHRESPRODUKTION 350.000 Flaschen
REBFLÄCHE 68 Hektar

70 Hektar Rebflächen besitzt dieser große und solide Betrieb mit zwei Anwesen zwischen Scerne und Pineto, mit im Pergola-Stil gehaltenen Rebstöcken und Zeilen in sanft hügeliger Küstenlage. In dieser Kellerei geht es gleich ans Eingemachte: In seinen wenigen, aber leidenschaftlich erzeugten Weinen bringt Giovanni Barba alte Weinbereitungstechniken und neue Intuitionen auf einen Nenner. Von den kräftigen Montepulciano-Lagenweinen mit Spontangärung bis hin zu den Experimenten mit dem Trebbiano als Amphorenwein sind die Weine durchwegs solide und sehr gut. Die Auswahl ist immer interessant und überzeugend. Die zwischen Klassizität und Moderne schwebenden Weine dieser Kellerei gefallen uns sehr gut. I Vasari - ein großer, mediterraner und dichter Montepulciano mit blumigem Aroma, entspanntem Geschmack und faszinierenden Anklängen von Orange. Ein weiterer Ausbau kann ihm nur gut tun. Vignafranca '11 - ein sehr guter, komplexer, saftiger Weißwein für ein entspanntes Trinkvergnügen.

- Montepulciano d'Abruzzo I Vasari '11 — 5
- ○ Vignafranca Bianco '12 — 3*
- Montepulciano d'Abruzzo Colle Morino '13 — 2*
- Montepulciano d'Abruzzo Colle Morino Et. Bianca '12 — 2*
- Montepulciano d'Abruzzo Vignafranca '11 — 3
- ⊙ Montepulciano d'Abruzzo Cerasuolo Colle Morino '13 — 1*
- ○ Trebbiano d'Abruzzo '11 — 3
- ○ Trebbiano d'Abruzzo Colle Morino '13 — 1*
- Montepulciano d'Abruzzo I Vasari '10 — 5
- Montepulciano d'Abruzzo I Vasari '09 — 5
- Montepulciano d'Abruzzo I Vasari '08 — 5
- Montepulciano d'Abruzzo Vignafranca '07 — 3*
- ○ Trebbiano d'Abruzzo '06 — 4*

ABRUZZEN

Barone Cornacchia
Villa Torri, 19
64010 Torano Nuovo [TE]
Tel. +39 0861887412
www.baronecornacchia.it

DIREKTVERKAUF
BESUCH NACH VORANMELDUNG
UNTERKUNFT
JAHRESPRODUKTION 300.000 Flaschen
REBFLÄCHE 42 Hektar
WEINBAU Biologisch anerkannt

Einer der historischen Winzerbetriebe, die zum Wachstum dieses Anbaugebiets und zum Entstehen der Denomination Colline Teramane beigetragen haben. Das in zusammenhängender Lage in Controguerra angelegte, ca. 30 ha große Landgut ist einer der schönsten Weingärten der Gegend. Er wird für kräftige und klassische Weine seit Generationen mit antiker und traditioneller Sorgfalt geführt. In diesen Jahren scheint die neue Generation etwas Ballast abgeworfen und sich - ohne die Geschichte der Kellerei zu vergessen - mit klaren Vorstellungen frischeren und zupackenderen Weinen zugewandt zu haben. Der Montepulciano Vigna le Coste '11 ist stoffig und dicht, mit fruchtigem, kreidigem Bouquet. Der Geschmack ist kräftig, mediterran, aber mit rhythmischen, angenehmen Tanninen. Der Cerasuolo '13 ist einer der besten dieses Gebiets. Er ist brillant, dynamisch, mit angenehm grasigem Trinkgenuss. Der klassische Trebbiano '13 überzeugt mit rustikalem Stil und wirkungsvoll würzigem Abgang.

● Montepulciano d'Abruzzo '12	♀♀ 2*
☉ Montepulciano d'Abruzzo Cerasuolo '13	♀♀ 1*
● Montepulciano d'Abruzzo Colline Teramane Vizzarro '10	♀ 5
● Montepulciano d'Abruzzo Poggio Varano '11	♀ 3
● Montepulciano d'Abruzzo V. Le Coste '11	♀♀ 3
○ Trebbiano d'Abruzzo '13	♀♀ 2*
○ Controguerra Passerina Villa Torri '13	♀ 2
○ Pecorino Villa Torri '13	♀ 2
● Montepulciano d'Abruzzo '11	♀♀ 2*
● Montepulciano d'Abruzzo '10	♀♀ 2*
☉ Montepulciano d'Abruzzo Cerasuolo '12	♀♀ 1*
● Montepulciano d'Abruzzo V. Le Coste '10	♀♀ 3
● Montepulciano d'Abruzzo V. Le Coste '09	♀♀ 2*

Tenute Barone di Valforte
C.da Piomba, 11
64029 Silvi Marina [TE]
Tel. +39 0859353432
www.baronedivalforte.it

DIREKTVERKAUF
BESUCH NACH VORANMELDUNG
JAHRESPRODUKTION 280.000 Flaschen
REBFLÄCHE 50 Hektar

Diese schöne Kellerei an der Grenze zwischen den Provinzen Pescara und Teramo erlebt gerade eine wichtige Konsolidierungsphase. Die über 50 ha Rebflächen liegen in Silvi Marina, im sanften Hügelgebiet in Küstenlage und sind unterteilt in zwei Anwesen mit sehr unterschiedlichen Boden- und Klimamerkmalen. Die Gebrüder Sorricchio keltern immer ansprechendere und gut gemachte Weine, die den Markt überzeugen. Jahr für Jahr gelingt es ihnen, Moderne und Tradition nutzbringend und gezielt auf einen Nenner zu bringen: Von den wohlduftenden, nervigen, leicht und angenehm zu trinkenden autochthonen Weißweinen bis hin zu den traditionellen, ambitionierten Montepulciano Riserva. Die Weine der Kellerei Valforte sind modern, ständig auf der Suche nach einer Dialektik zwischen Tradition und Innovation: Mit ihrer Frische überzeugen sie den Markt. Der Colle Sale '10 ist ein anspruchsvoller, moderner Colline Teramane. Am Gaumen ist er dicht und konzentriert, die Würze stützt den Geschmack. Der Passerina '13 ist frisch und gastronomisch.

● Montepulciano d'Abruzzo Colline Teramane Colle Sale '10	♀♀ 3*
● Montepulciano d'Abruzzo '13	♀♀ 2*
☉ Montepulciano d'Abruzzo Cerasuolo '13	♀♀ 2*
○ Passerina '13	♀♀ 2*
○ Pecorino '13	♀♀ 2*
○ Trebbiano d'Abruzzo Villa Chiara '13	♀ 2
○ Colle Sale Bianco '10	♀♀ 3
● Montepulciano d'Abruzzo '12	♀♀ 2*
● Montepulciano d'Abruzzo Colline Teramane Colle Sale '09	♀♀ 3*
● Montepulciano d'Abruzzo Ris. '10	♀♀ 3*
○ Passerina '12	♀♀ 2*

ABRUZZEN

Nestore Bosco
C.DA CASALI, 147
65010 NOCCIANO [PE]
TEL. +39 085847345
www.nestorebosco.com

DIREKTVERKAUF
BESUCH NACH VORANMELDUNG
JAHRESPRODUKTION 600.000 Flaschen
REBFLÄCHE 75 Hektar

Ein historischer Winzerbetrieb der Weinwelt um Pescara, der mit seiner über hundertjährigen Tätigkeit ein wahrer Wegbereiter für die abruzzischen Weine auf dem internationalen Markt gilt. Alleine der alte Keller ist einen Besuch wert. Über 70 ha sind in diverse Anwesen unterteilt: Nocciano auf den sanften Hügeln von Pescara in Küstenlage und das neue Anwesen im Subequana-Tal, im Herzen der Majella. Eine Reichhaltigkeit an Anbaugebieten, die exzellente Trauben liefern, die die Familie mit klassischen, seit jeher überzeugenden Weinen und einigen moderneren und modischeren, teils nicht so gelungenen Linien interpretiert. In der diesjährigen Auswahl ist für jeden Geschmack etwas dabei. Der Pan '10 überzeugt mit mineralischen, komplexen Aromen; der Geschmack ist dicht und konzentriert, wie es sich für einen Montepulciano Riserva gehört. Die neue Linie Donna Bosco ist keck und angenehm, vor allem der Montepulciano d'Abruzzo '10 hat einen wunderschönen, saftigen und dichten Stoff, der nur durch das naive Holz banalisiert wird.

● Montepulciano d'Abruzzo Pan Ris. '10	🍷🍷 4
● Linfa '10	🍷🍷 2*
● Montepulciano d'Abruzzo '11	🍷🍷 2*
⊙ Montepulciano d'Abruzzo Cerasuolo '13	🍷🍷 2*
● Montepulciano d'Abruzzo Donna Bosco '11	🍷🍷 4
○ Pecorino '13	🍷🍷 2*
○ Chardonnay '13	🍷 3
○ Chardonnay Pan '11	🍷 3
● Il Grappolo Rosso '13	🍷 2
● Montepulciano d'Abruzzo Don Bosco Ris. '10	🍷 4
○ Trebbiano d'Abruzzo '13	🍷 2
● Montepulciano d'Abruzzo '10	🍷🍷 2*
● Montepulciano d'Abruzzo Don Bosco '09	🍷🍷 4
● Montepulciano d'Abruzzo Pan '09	🍷🍷 4
● Montepulciano d'Abruzzo R '10	🍷🍷 3*

Castorani
LOC. C.DA ORATORIO
VIA CASTORANI, 5
65020 ALANNO [PE]
TEL. +39 3466355635
www.castorani.it

DIREKTVERKAUF
BESUCH NACH VORANMELDUNG
JAHRESPRODUKTION 1.000.000 Flaschen
REBFLÄCHE 72 Hektar

Es ist nicht mehr nur der Winzerbetrieb des Piloten Jarno Trulli, sondern eine Kellerei, die sich Jahr um Jahr mit interessanten und gut gelungenen Weinen profiliert. Auf den Hügeln von Alanno, zwischen Majella und Adria, werden über 100 Hektar mit traditioneller Leidenschaft und zeitgenössischer Sorgfalt mit Wein bebaut: Dieses außergewöhnliche Anbaugebiet wird stets vom frischen Bergwind gestreift und lässt Trauben von großartiger Klasse heranreifen. In der modernen Weinkellerei versucht man, Tradition und Moderne zu vereinen. Beispielsweise wird Beton - ein klassisches Weinbereitungsmaterial - zur Herstellung zeitgenössischer und präziser Weine verwendet. Der Costa delle Plaie '11 ist ein wuchtiger, dichter Montepulciano mit entspanntem, fruchtigem Geschmack auf rudimentären Rußnoten. Der Montepulciano Amorino '10 zeigt typische, antike Aromen nach dunklen Früchten mit rauchigen Tönen. Der Geschmack ist reich und entspannt durch den Beton, getragen durch die sortentypische Säure.

● Montepulciano d'Abruzzo Amorino '10	🍷🍷🍷 3*
● Montepulciano d'Abruzzo Costa delle Plaie '11	🍷🍷 2*
● Montepulciano d'Abruzzo Le Paranze '12	🍷🍷 2*
○ Passerina Rocco '13	🍷 4
○ Pecorino Amorino '13	🍷🍷 3
● Rocco '11	🍷 4
○ Trebbiano d'Abruzzo Cadetto '13	🍷 2
○ Trebbiano d'Abruzzo Coste delle Plaie '13	🍷 2
● Montepulciano d'Abruzzo Amorino '07	🍷🍷🍷 3*
● Montepulciano d'Abruzzo Podere Castorani '08	🍷🍷🍷 5
● Montepulciano d'Abruzzo Ris. '09	🍷🍷🍷 5
● Montepulciano d'Abruzzo Amorino '09	🍷🍷 3*
● Montepulciano d'Abruzzo Costa delle Plaie '10	🍷🍷 2*

ABRUZZEN

★ Luigi Cataldi Madonna
Loc. Piano
67025 Ofena [AQ]
Tel. +39 0862954252
www.cataldimadonna.it

DIREKTVERKAUF
BESUCH NACH VORANMELDUNG
JAHRESPRODUKTION 240.000 Flaschen
REBFLÄCHE 30 Hektar

Dass in der Region Abruzzen weiterhin Wein erzeugt wird, ist dieser Kellerei aus Ofena zu verdanken, in der bereits die vierte Winzergeneration der Cataldi Madonna ihre Weinreben auf einer Hochebene, rings umgeben von Bergen, anbaut. Ein kraftraubender Weinbau in einem von hohen Temperaturschwankungen geprägten Gebiet, in dem der Unterschied zwischen Tag und Nacht im Sommer 30 °C betragen kann. Daher rührt der überschwängliche Duft der außergewöhnlichen Weine dieser Kellerei, der auch in der Weinbereitung beim berühmten Pecorino, den duftenden Cerasuolo und bis hin zu den nervigen Montepulciano-Lagenweinen erhalten bleibt. Eine lobenswerte Leistung eines Betriebs, der sich als eine der wichtigsten Kellereien der Abruzzen bestätigt. Dieses Jahr fehlten die edlen Lagenweine, was aber die Newcomer wieder wettgemacht haben. Der Malandrino '12 ist ein großartiger Montepulciano ohne Holz, ein Sprössling von heimischer Hefe und Beton. Der schlichte Pecorino Giulia '13 ist ein geschliffener, gastronomischer Weißwein.

Cerulli Spinozzi
Loc. Casale 26
SS 150 del Vomano km 17,600
64020 Canzano [TE]
Tel. +39 086157193
www.cerullispinozzi.it

DIREKTVERKAUF
BESUCH NACH VORANMELDUNG
UNTERKUNFT UND GASTRONOMIE
JAHRESPRODUKTION 200.000 Flaschen
REBFLÄCHE 53 Hektar
WEINBAU Biologisch anerkannt

Hier am Fluss Tronto, an der Grenze zwischen den Abruzzen und den Marken, bebaut dieser Betrieb seine 30 ha in zusammenhängender Lage zertifiziert biologisch. In diesem sonnenbegnadeten und sandigen Anbaugebiet wachsen seit jeher kräftige, konzentrierte Trauben, die in der Kellerei Scanzano mit zeitgenössischem Geschick auf der Suche einer Dialektik zwischen Innovation und Tradition und trotz des mächtigen Rohmaterials zu modernen, ordentlichen Weinen verarbeitet werden. Der Torre Migliori '09 ist ein waghalsig gereifter, wuchtiger und dichter Colline Teramane Riserva. In der Nase verblüfft er durch klare Frucht und mediterrane Frische der Kräuter, im Mund ist er körperreich und ordentlich. Beim Coralto - ein wirkungsvoller Pecorino mit Duft nach Gräsern und Bitterorange - fallen die bereits definierten, felsigen und mineralischen Töne auf, die erst durch die Reifung richtig zur Geltung kommen werden.

● Montepulciano d'Abruzzo Malandrino '12	🍷🍷🍷 3*
☉ Montepulciano d'Abruzzo Cerasuolo Piè delle Vigne '12	🍷🍷 3*
○ Pecorino Giulia '13	🍷🍷 3*
○ Cataldino '13	🍷🍷 3
☉ Montepulciano d'Abruzzo Cerasuolo '13	🍷🍷 2*
○ Trebbiano d'Abruzzo '13	🍷 2
● Montepulciano d'Abruzzo Malandrino '06	🍷🍷🍷 4
● Montepulciano d'Abruzzo Tonì '07	🍷🍷🍷 5
● Montepulciano d'Abruzzo Tonì '06	🍷🍷🍷 5
● Montepulciano d'Abruzzo Tonì '04	🍷🍷🍷 5
○ Pecorino '11	🍷🍷🍷 5
○ Pecorino '10	🍷🍷🍷 5
○ Pecorino '09	🍷🍷🍷 5
○ Pecorino '08	🍷🍷🍷 5
○ Pecorino '07	🍷🍷🍷 5
○ Pecorino '06	🍷🍷🍷 5

● Montepulciano d'Abruzzo '13	🍷🍷 2*
● Montepulciano d'Abruzzo Colline Teramane Torre Migliori '09	🍷🍷 3
○ Pecorino Cortalto '13	🍷🍷 2*
☉ Montepulciano d'Abruzzo Cerasuolo '13	🍷🍷 2
● Montepulciano d'Abruzzo Colline Teramane Torre Migliori Ris. '06	🍷 5
○ Trebbiano d'Abruzzo '13	🍷 2
○ Cortalto '12	🍷🍷 2*
● Montepulciano d'Abruzzo '12	🍷🍷 2*
● Montepulciano d'Abruzzo '09	🍷🍷 2*
● Montepulciano d'Abruzzo Colline Teramane Torre Migliori '08	🍷🍷 4
● Montepulciano d'Abruzzo Colline Teramane Torre Migliori '07	🍷🍷 4
● Montepulciano d'Abruzzo Colline Teramane Torre Migliori '06	🍷🍷 4

ABRUZZEN

Cirelli
LOC. TRECIMINIERE
VIA DA COLLE SAN GIOVANNI, 1
64032 ATRI [TE]
TEL. +39 0858700106
www.agricolacirelli.com

DIREKTVERKAUF
BESUCH NACH VORANMELDUNG
UNTERKUNFT UND GASTRONOMIE
JAHRESPRODUKTION 26.000 Flaschen
REBFLÄCHE 5 Hektar
WEINBAU Biologisch anerkannt

Cirelli ist schon lange keine Überraschung mehr, sondern eine solide Gewissheit. Handwerkliche Weine, die sich durch eine wenig invasive Weinbereitung und leichte Winzerhand in den Extraktionen auszeichnen. 22 ha werden auf den Hügeln um Atri, dem noblen Herzen des Teramano, in einem allumfassenden landwirtschaftlichen Betrieb zertifiziert biologisch angebaut. Dieses Gebiet zwischen Meer und Bergen stellt jedes Jahr eine immer überzeugendere und angesehenere Weinauswahl vor: Von den einfachen und duftenden Klassikern bis zur soliden Linie der überraschend frischen und lebendigen Amphorenweine. Die Weine sind frisch und keck, mit einem gastronomisch interpretierten, natürlichen und nie überheblichen Stil. Der Cerasuolo Anphora '13 ist einer der besten der Region: organische, rudimentäre Nase mit typischer Mandelnote, rhythmischer Geschmack mit Heilkräutern, Erdbeere und mineralischen, nüchternen Anklängen. Auch der schlichte Montepulciano d'Abruzzo '13 ist genussreich.

⊙ Montepulciano d'Abruzzo Cerasuolo Amphora '13	🍷🍷 5
● Montepulciano d'Abruzzo '13	🍷🍷 2*
● Montepulciano d'Abruzzo Amphora '13	🍷🍷 5
⊙ Montepulciano d'Abruzzo Cerasuolo '13	🍷🍷 2*
○ Trebbiano d'Abruzzo '13	🍷🍷 2*
○ Trebbiano d'Abruzzo Amphora '13	🍷🍷 5
● Montepulciano d'Abruzzo '12	🍷🍷 2*
● Montepulciano d'Abruzzo '11	🍷🍷 2*
● Montepulciano d'Abruzzo Amphora '12	🍷🍷 5
● Montepulciano d'Abruzzo Amphora '11	🍷🍷 5
⊙ Montepulciano d'Abruzzo Cerasuolo '12	🍷🍷 2*
○ Trebbiano d'Abruzzo '12	🍷🍷 2*

Codice Citra
C.DA CUCULLO
66026 ORTONA [CH]
TEL. +39 0859031342
www.citra.it

DIREKTVERKAUF
BESUCH NACH VORANMELDUNG
JAHRESPRODUKTION 18.000.000 Flaschen
REBFLÄCHE 6.000 Hektar

Von Citra zu Codice Citra: Mit diesem Namen soll die Einzigartigkeit dieser ambitionierten Genossenschaftskellerei hervorgehoben werden, in der Qualität und Quantität im Lot stehen. Die fetten Böden des Gebiets um Ortona schenken Weine, die für ihre Wucht und den mediterranen Reichtum bekannt sind. Citra sammelt die in 9 Kellereien geleistete Arbeit, die sich weit verstreut im Gebiet von Chieti befinden und sehr unterschiedliche bodenklimatische Bedingungen und Merkmale zeigen: von den sonnigen Hügeln am Fuße der Majella bis hin zu den Hügeln um Ortona an der Adria. Aus diesem Reichtum entstehen moderne und gut gemachte Weine, wahre Champions des internationalen Markts. Wie jedes Jahr stellt diese Kellerei aus Ortona eine große Auswahl mit modernen Weinen zu einem großartigen Preis-/Leistungsverhältnis vor. Der Aulicus '11 ist ein Montepulciano d'Abruzzo mit strengen und komplexen, sehr typischen Aromen, am Gaumen ist die Frucht rein und lebhaft. Caroso '10 - ein klassischer Montepulciano mit faszinierender Rußnote und rhythmischer Frucht.

● Montepulciano d'Abruzzo Aulicus '11	🍷🍷 3
● Montepulciano d'Abruzzo Caroso Ris. '10	🍷🍷 4
● Montepulciano d'Abruzzo Palio '12	🍷🍷 2*
○ Passerina Quid '13	🍷🍷 2*
○ Pecorino Niro '13	🍷🍷 3
○ Pecorino Quoque '13	🍷🍷 3
○ Aer '13	🍷 3
⊙ Montepulciano d'Abruzzo Cerasuolo Palio '13	🍷 2
○ Passerina Tibi '13	🍷 3
○ Pecorino Palio '13	🍷 2
○ Trebbiano d'Abruzzo Palio '13	🍷 2
● Montepulciano d'Abruzzo Niro '11	🍷🍷 2*
● Montepulciano d'Abruzzo Palio '11	🍷🍷 2*
○ Pecorino Palio '12	🍷🍷 2*
○ Trebbiano d'Abruzzo Citra '12	🍷🍷 1*

ABRUZZEN

Collebello - Tenuta Terraviva
Via del Lago, 19
64081 Tortoreto [TE]
Tel. +39 0861786056
www.collebello.it

DIREKTVERKAUF
BESUCH NACH VORANMELDUNG
JAHRESPRODUKTION 46.000 Flaschen
REBFLÄCHE 18 Hektar
WEINBAU Biologisch anerkannt

Eine Kellerei, die in wenigen Jahren zu einem handwerklichen und natürlichen Stil übergewechselt hat. Sie liegt in den Hügeln um Tortoreto mit Blick auf die Adria und dem Gran Sasso im Hintergrund und kann nach der Überraschung vom Vorjahr den positiven Eindruck bestätigen: Auf diesen sonnigen Hügeln mit reichhaltigen, kräftigen Böden entstehen interessante, sehr traditionelle Weine, wie es die ansehnliche, zur Degustation vorgestellte und durchwegs sehr interessante Auswahl bezeugt. Der Montepulciano Luì '11 gefällt uns sehr gut. Er ist lebendig und entspannt, zeigt in der Nase sortentypisch fruchtige und warmblütige Aromen. Am Gaumen ist er dicht, kraftvoll, rhythmisch und von einer schönen Säure getragen. Der Pecorino Ekwo '13 ist eine besondere Interpretation dieser bodenständigen Traube mit blumigem, entspanntem Bukett und trotz der gewichtigen Struktur mit sehr angenehmem, entspanntem Geschmack. Nennenswert ist der Trebbiano '13 - er ist sehr gut, würzig, gespannt und geschliffen.

● Montepulciano d'Abruzzo Luì '11	▼▼ 3*
○ Ekwo '13	▼▼ 3
○ Passerina 12.1 '13	▼▼ 2*
○ Solobianco '13	▼▼ 2*
○ Trebbiano d'Abruzzo '13	▼▼ 2*
○ Trebbiano d'Abruzzo Mario's 40 '12	▼▼ 3
⊙ Montepulciano d'Abruzzo Cerasuolo Giusi '13	▼ 2
● Montepulciano d'Abruzzo CO2 '12	▼ 2
● Solorosso '12	▼ 2
○ Declivio '11	▽▽ 2
○ Declivio '10	▽▽ 2
○ Ekwo Terraviva '12	▽▽ 2*
● Montepulciano d'Abruzzo Luì Terraviva '10	▽▽ 2*
○ Trebbiano d'Abruzzo Fonte del Lago '11	▽▽ 2*

Collefrisio
Loc. Piane di Maggio
66030 Frisa [CH]
Tel. +39 0859039074
www.collefrisio.it

DIREKTVERKAUF
BESUCH NACH VORANMELDUNG
JAHRESPRODUKTION 230.000 Flaschen
REBFLÄCHE 36 Hektar
WEINBAU Biologisch anerkannt

In der Kellerei aus Frisa experimentiert man mit neuen Weinen und einem immer sorgfältigeren Packaging, um sich am internationalen Markt zu behaupten. Collefrisio ist nunmehr eine solide abruzzische Realität bestehend aus zwei Anwesen: eines an der Adria, das andere in den Colline Teatine, am Fuße der Majella. Diese Gebiete waren immer schon dem Weinbau verschrieben und werden für ordentliche und durchdachte Weine, die Moderne und Tradition vereinen und zunehmend internationale Anerkennung finden, mit modernem Geschick interpretiert. Die Auswahl ist erstaunlich: gute und solide, teils durch zu große Sorgfalt geprägte Weine. Der Vignaquadra '11 hat eine wunderschöne, typisch nervige Trebbiano-Note. Die Nase ist blumig, grasig, der Gaumen dynamisch zwischen Säure und einer angenehm salzigen Note im Abgang. Der Montepulciano d'Abruzzo '12 erobert durch seinen klassischen Duft nach Ruß und intensiver Frucht; am Gaumen ist er voll und dicht und von der frischen sortentypischen Säure getragen.

○ Trebbiano d'Abruzzo Vignaquadra '11	▼▼ 3*
● Montepulciano d'Abruzzo '12	▼▼ 2*
● Montepulciano d'Abruzzo '10	▼▼ 2*
⊙ Montepulciano d'Abruzzo Cerasuolo '13	▼▼ 2*
● Montepulciano d'Abruzzo Morrecine '12	▼▼ 2*
● Montepulciano d'Abruzzo Vignaquadra '10	▼▼ 3
○ Pecorino Vignaquadra '13	▼▼ 2*
○ Terre di Chieti Bianco '11	▼▼ 3
○ Trebbiano d'Abruzzo Filarè '13	▼▼ 2*
○ Falanghina Vignaquadra '13	▼ 2
○ Le Cave della Guardiuccia Brut Rosé '10	▼ 5
○ Passerina Vignaquadra '13	▼ 2
● Montepulciano d'Abruzzo Uno '10	▽▽ 3
● Montepulciano d'Abruzzo Zero '11	▽▽ 2*

ABRUZZEN

Contesa
S.DA DELLE VIGNE, 28
65010 COLLECORVINO [PE]
TEL. +39 0858205078
www.contesa.it

DIREKTVERKAUF
BESUCH NACH VORANMELDUNG
GASTRONOMIE
JAHRESPRODUKTION 260.000 Flaschen
REBFLÄCHE 32 Hektar

Rocco Pasetti, eine Institution des abruzzischen Weinbaus, überzeugt jedes Jahr mit seinen Weinen, die die Synthese zwischen Tradition und Innovation verkörpern. In dem schönen, 40 ha großen Anwesen in zusammenhängender Lage in Collecorvino reifen in den Rebzeilen, die sich über die üppigen Hügel um Pescara zur Adria hin erstrecken, qualitativ hochwertige Trauben, die in der Kellerei mit önologischer Sorgfalt und traditioneller Klasse interpretiert werden. Die stets überzeugenden Weine finden auch am internationalen Markt große Anerkennung. Dieses Jahr legt diese Kellerei aus Pescara eine beinahe perfekte Degustation mit sehr gut gemachten Weinen aufs Parkett, auch wenn der Spitzenwein fehlt. Der Montepulciano d'Abruzzo '12 überzeugt mit noch verhaltenen, aber bereits vielschichtigen Aromen, der Geschmack wechselt zwischen Frucht und sortentypischer Säure, im Abgang eine angenehme Pfirsichnote. Der Pecorino '13, einer der Klassiker der Abruzzen, ist frisch und rhythmisch mit einer sehr angenehmen Kräuternote.

● Montepulciano d'Abruzzo '12	🍷🍷 3
☉ Montepulciano d'Abruzzo Cerasuolo '13	🍷🍷 2*
● Montepulciano d'Abruzzo Ris. '09	🍷🍷 4
○ Pecorino '13	🍷🍷 3
○ Pecorino Sorab '12	🍷🍷 3
○ Trebbiano d'Abruzzo '13	🍷🍷 2*
● Montepulciano d'Abruzzo Ris. '08	🍷🍷🍷 3*
● Montepulciano d'Abruzzo Amir '07	🍷🍷 3*
● Montepulciano d'Abruzzo Amir Ris. '08	🍷🍷 5
● Montepulciano d'Abruzzo V. Corvino '12	🍷🍷 2*
● Montepulciano d'Abruzzo V. Corvino '11	🍷🍷 2*
○ Pecorino '12	🍷🍷 3
○ Trebbiano d'Abruzzo '12	🍷🍷 2*

Nicoletta De Fermo
C.DA CORDANO
65014 LORETO APRUTINO [PE]
TEL. +39 3407060800
www.defermo.it

BESUCH NACH VORANMELDUNG
JAHRESPRODUKTION 16.000 Flaschen
REBFLÄCHE 17 Hektar
WEINBAU Biologisch anerkannt

Diese Kellerei aus Loreto Aprutino, der es in wenigen Jahren mit ihren überzeugenden, handwerklichen Weinen gelungen ist, unseren Weinführer zu erobern, ist längst keine Überraschung mehr. Wir befinden uns im noblen Herzen des Montepulciano d'Abruzzo, auf den sanften Hügeln der Provinz Pescara zur Adria hin. Der Gran Sasso und die Majella im Hintergrund sorgen in diesem traditionellen Weinbaugebiet für die frische Luft. Den Rest bringen dann der biodynamische Anbau und die manische, handwerkliche Verarbeitung in der Kellerei mit dem faszinierenden Tonnengewölbe unter gewusstem Einsatz von Beton oder großen Holzfässern. Der 2012er Prologo ist jung und schon überzeugend. Im sortentypischen, lebendigen Duft ist zu Beginn die Frucht zu spüren, die ihren Platz dem faszinierenden Kaffeearoma abtritt. Die Tanninstruktur ist voll und dicht, getragen von der Säure des Montepulciano. Die mineralischen Noten sind schon leicht spürbar. Der Cerasuolo Le Cince setzt voll auf Frische und Rhythmus und spielt mit den Noten von Erdbeere und Wildkräutern.

● Montepulciano d'Abruzzo Prologo '12	🍷🍷🍷 5
○ Don Carlino '13	🍷🍷 4
☉ Montepulciano d'Abruzzo Cerasuolo Le Cince '13	🍷🍷 4
○ Piè Tancredi '11	🍷🍷 4
○ Launegild '12	🍷🍷 5
☉ Montepulciano d'Abruzzo Cerasuolo Le Cince '12	🍷🍷 4
● Montepulciano d'Abruzzo Prologo '11	🍷🍷 5
● Montepulciano d'Abruzzo Prologo '10	🍷🍷 2*

ABRUZZEN

Faraone
via Nazionale per Teramo, 290
64020 Giulianova [TE]
Tel. +39 0858071804
www.faraonevini.it

DIREKTVERKAUF
BESUCH NACH VORANMELDUNG
JAHRESPRODUKTION 50.000 Flaschen
REBFLÄCHE 7 Hektar

Eine historische Kellerei der Abruzzen, die seit den 70er-Jahren auf den Hügeln von Giulianova in Küstenlage Wein in Flaschen abfüllt. Neun Hektar werden hier im klassischen, bäuerlichen und wenig invasiven Stil mit Rebstöcken bebaut. Im Weinkeller erfolgt die Arbeit unter Wahrung von Tradition und Geschichte. Die hier entstehenden Weine zeigen Charakter und sind an ihrem angenehm rustikalen Stil erkennbar, aber auch lebendig und für eine großartige Alterung geeignet. Dieses Jahr halten sie mit einer Degustation wie aus dem Lehrbuch mit wenigen, aber absolut niveauvollen Weinen in den Hauptteil des Führers Einzug. Der Montepulciano d'Abruzzo Le Vigne '10 sorgt mit dem eleganten, blumigen Duft und dem vollen, nervigen Geschmack, der sich auf einer klaren Frucht öffnet dann rasch auf die sortentypische Säure umschwenkt, für Einstimmigkeit. Er ist schon sehr gut, wird mit der Zeit aber noch besser werden. Der Trebbiano Podere Santa Maria dell'Arco '10 ist vielschichtig und sehr gut, entspannt und rhythmisch mit Noten von Wiesenblumen.

- Montepulciano d'Abruzzo Le Vigne '10　🍷🍷 2*
- Montepulciano d'Abruzzo Cerasuolo Le Vigne '13　🍷🍷 2*
- Trebbiano d'Abruzzo Le Vigne '12　🍷🍷 2*
- Trebbiano d'Abruzzo Podere S. Maria dell'Arco '10　🍷🍷 5
- Montepulciano d'Abruzzo Cerasuolo Le Vigne '12　🍷🍷 2*
- Montepulciano d'Abruzzo Cerasuolo Le Vigne '11　🍷🍷 2*
- Montepulciano d'Abruzzo Colline Teramane Santa Maria dell'Arco Ris. '04　🍷🍷 2
- Montepulciano d'Abruzzo Le Vigne '09　🍷🍷 2*
- Montepulciano d'Abruzzo Le Vigne '08　🍷🍷 2*
- Passerina Colle Pietro '12　🍷🍷 2*
- Trebbiano d'Abruzzo Le Vigne '10　🍷🍷 2*

Tenuta I Fauri
s.da Corta, 9
66100 Chieti
Tel. +39 0871332627
www.tenutaifauri.it

DIREKTVERKAUF
BESUCH NACH VORANMELDUNG
JAHRESPRODUKTION 150.000 Flaschen
REBFLÄCHE 35 Hektar

Mit seinem traditionellen Weinbau und einem klassischen Kellereistil mit Weinbereitung in Betonwannen und austarierten Holzfässern ist dieser Betrieb Jahr um Jahr herangewachsen. Auf den schönen Colline Teatine unter der Majella mit dem Blick aufs Meer werden immer schon Reben angebaut und die Familie Di Camillo tut dies mit sprichwörtlicher Sorgfalt. In der unverblümten Kellerei in Ari entstehen solide Weine, die auf großen Publikumsbeifall stoßen. Seit einigen Jahren hat die junge Generation das Ruder in die Hand genommen, wobei Valentina und Luigi nicht viel am Rezept geändert haben. Sie haben den Weinen nur einen Feinschliff verpasst und zielen auf eine moderne und wirksamere Kommunikation. Eine Degustation, wie sie im Handbuch steht mit erstklassigen Etiketten. Allen voran der Pecorino '13 in dieser gespannten, geradlinigen Version, unterstützt durch die wunderschöne sortentypische Säure. Seine Vielschichtigkeit wird ihn langfristig heranwachsen lassen. Der Ottobre Rosso ist ein Montepulciano voller Nerv und Grazie.

- Abruzzo Pecorino '13　🍷🍷🍷 2*
- Montepulciano d'Abruzzo Ottobre Rosso '13　🍷🍷 2*
- Alba Rosa Frizzante '13　🍷🍷 2*
- Genio '12　🍷🍷 2*
- Montepulciano d'Abruzzo Baldovino '13　🍷🍷 2*
- Montepulciano d'Abruzzo Cerasuolo Baldovino '13　🍷🍷 2*
- Montepulciano d'Abruzzo Santa Cecilia '11　🍷🍷 4
- Passerina '13　🍷🍷 2*
- Spumante Brut　🍷 2
- Trebbiano d'Abruzzo Baldovino '13　🍷 2
- Montepulciano d'Abruzzo Baldovino '12　🍷🍷 2*
- Montepulciano d'Abruzzo Ottobre Rosso '12　🍷🍷 2*
- Montepulciano d'Abruzzo Santa Cecilia '10　🍷🍷 4

ABRUZZEN

Cantina Frentana
VIA PERAZZA, 32
66020 ROCCA SAN GIOVANNI [CH]
TEL. +39 087260152
www.cantinafrentana.it

DIREKTVERKAUF
BESUCH NACH VORANMELDUNG
UNTERKUNFT
JAHRESPRODUKTION 750.000 Flaschen
REBFLÄCHE 22 Hektar

An der Costa dei Trabocchi, die sich von Francavilla bis nach Molise erstreckt, ist die Genossenschaftskellerei Frentana ein Blickfang des regionalen Weinbaus. Dank der biologischen Bewirtschaftung, der Erfassung der besten Weinberge und des kürzlichen Umbaus des wunderschönen „Weinturms", der von den Bergen bis zum Meer über diesen Teil der Abruzzen dominiert, hat man sich seit einigen Jahren für die Qualität entschlossen. In diesem reichen, sonnigen Gebiet entstehen gastronomische, stets interessante und typische, im Einklang mit der Tradition stehende Weine, und das oft zu einem konkurrenzfähigen Preis. Die diesjährige Degustation kann, wahrscheinlich auch aufgrund des schwierigen Jahrgangs 2013, nicht ganz mit dem letzten Jahr mithalten. Dennoch werden interessante Weine vorgestellt: Der Montepulciano d'Abruzzo '12 ist ein herber, ausgewogener Rotwein mit intensiv fruchtiger Nase. Der Gaumen ist kompakt, dicht, würzig und rhythmisch. Beim Pecorino Costa del Mulino '13 sind Terpene und Agrumen erkennbar, der Geschmack ist gespannt und gastronomisch.

○ Costa del Mulino Passerina '13	🍷 1*
○ Costa del Mulino Pecorino '13	🍷 1*
● Montepulciano d'Abruzzo '12	🍷 2*
● Montepulciano d'Abruzzo Panarda '11	🍷 2*
● Montepulciano d'Abruzzo Rubesto '12	🍷 2*
○ Cocociola Costa del Mulino '13	🍷 1*
○ Donna Greta '12	🍷 2
○ Pecorino '13	🍷 2
○ Cocociola Costa del Mulino '12	🏆 1*
● Montepulciano d'Abruzzo Panarda '10	🏆 2*
● Montepulciano d'Abruzzo Rubesto '11	🏆 2*
● Montepulciano d'Abruzzo Rubesto '10	🏆 2*
○ Passerina Costa del Mulino '12	🏆 1*

Gentile
VIA DEL GIARDINO, 7
67025 OFENA [AQ]
TEL. +39 0862956618
www.gentilevini.it

DIREKTVERKAUF
BESUCH NACH VORANMELDUNG
JAHRESPRODUKTION 90.000 Flaschen
REBFLÄCHE 12 Hektar

Ein kleiner Winzerbetrieb im Binnenland der Abruzzen, der nur wenige Hektar in Ofena, dem sogenannten Ofen der Abruzzen, auf einer Hochebene gleich unter dem Gran Sasso - einem mageren und schroffen Gebiet mit einzigartigen klimatischen Bedingungen - traditionell bebaut: Tagsüber erhitzt die Sonne die Weinberge stark, nachts drückt die Bergluft die Temperaturen wieder tief runter - diese Temperaturschwankungen prägen das Aroma und den Säuregehalt und lassen wirkungsvolle, überzeugende Weine entstehen. Der Montepulciano Piè della Grotta '12 setzt auf Rhythmus und Nerv. In der Nase ungestüme Frucht und Gräser, Blutorange ist gut erkennbar. Der Geschmack ist körperreich und nervig, ein wahres Trinkvergnügen. Der Pecorino Piè della Grotta ist rustikal, wirkungsvoll, geradlinig, mineralisch und zugespitzt durch die Temperaturschwankungen. Der Cerasuolo '13 zeigt Grazie und Duft.

● Montepulciano d'Abruzzo Piè della Grotta '12	🍷 2*
● Montepulciano d'Abruzzo Cerasuolo Piè della Grotta '13	🍷 3
○ Pecorino Piè della Grotta '13	🍷 2*
○ Trebbiano d'Abruzzo Piè della Grotta '13	🍷 1*
● Montepulciano d'Abruzzo V. di Ofena '11	🏆 4
● Montepulciano d'Abruzzo V. di Ofena '10	🏆 4
● Montepulciano d'Abruzzo V. V. Ris. '09	🏆 4
○ Pecorino V. di Ofena '11	🏆 2*
○ Trebbiano d'Abruzzo V. di Ofena '12	🏆 2*
○ Trebbiano d'Abruzzo V. di Ofena '11	🏆 2*

ABRUZZEN

★Dino Illuminati
C.DA SAN BIAGIO, 18
64010 CONTROGUERRA [TE]
TEL. +39 0861808008
www.illuminativini.it

DIREKTVERKAUF
BESUCH NACH VORANMELDUNG
JAHRESPRODUKTION 1.050.000 Flaschen
REBFLÄCHE 130 Hektar

Ohne Dino Illuminati, seit jeher Verfechter der Qualität des Anbaugebiets und der Einzigartigkeit der zwischen dem Gran Sasso und der Adria hergestellten Weine, gäbe es keine Denomination Colline Teramane. Die Qualität seiner Weine kann man nicht abstreiten: Die seit dem 19. Jahrhundert bestehende Kellerei erzeugt kräftige und dichte Weine, die oft keineswegs mit Feinheit spielen, sondern den typischen mediterranen Reichtum dieses Gebiets zur Hauptvoraussetzung machen. Die neuen Generationen haben am Rezept der alten Kellerei aus Controguerra wohlweislich wenig bis gar nichts geändert: Von den gastronomischen Weißweinen bis hin zu den anspruchsvollen Montepulciano-Lagenweinen entsprechen die Weine immer ihrem internationalen Ruf. Der Zanna '10 bestätigt sich als großartiger Colline Teramane Riserva, der Prototyp dieses Anbaugebiets. Komplex und sortentypisch in der Nase mit reiner Frucht und rustikaler Note. Der Geschmack ist delikat und dicht, mit feinen Tanninen. Der Klassiker Riparosso '13 ist immer wirkungsvoll und solide.

● Montepulciano d'Abruzzo Colline Teramane Zanna Ris. '10	♛♛♛ 5
○ Controguerra Bianco Pligia '13	♛♛ 2*
○ Controguerra Pecorino '13	♛♛ 2*
⊙ Montepulciano d'Abruzzo Cerasuolo Campirosa '13	♛♛ 2*
● Montepulciano d'Abruzzo Ilico '12	♛♛ 2*
● Montepulciano d'Abruzzo Riparosso '13	♛♛ 2*
● Montepulciano d'Abruzzo Spiano '13	♛♛ 2*
● Spumante Brut M. Cl. '09	♛♛ 3
○ Controguerra Bianco Costalupo '13	♛ 2
○ Controguerra Passerina '13	♛ 2
● Montepulciano d'Abruzzo Colline Teramane Pieluni Ris. '07	♛♛♛ 6
● Montepulciano d'Abruzzo Colline Teramane Zanna Ris. '08	♛♛♛ 4*
● Montepulciano d'Abruzzo Colline Teramane Zanna Ris. '07	♛♛♛ 5

★★Masciarelli
VIA GAMBERALE, 1
66010 SAN MARTINO SULLA MARRUCINA [CH]
TEL. +39 087185241
www.masciarelli.it

DIREKTVERKAUF
BESUCH NACH VORANMELDUNG
UNTERKUNFT
JAHRESPRODUKTION 2.500.000 Flaschen
REBFLÄCHE 320 Hektar

Nur wenige abruzzische Kellereien haben den Weinbau dieser Region so stark geprägt. Die Kellerei Masciarelli war der wahre Urheber des Imageaufschwungs des Montepulciano in aller Welt: Mit ihren anspruchsvollen, weltbekannten Weinen ist es ihr gelungen, einen Spitzenplatz der italienischen Produktion einzunehmen. Die 400 ha Rebflächen sind auf alle 4 Provinzen der Region verstreut: verschiedenartige Anbaugebiete, Bodenbeschaffenheiten und Klimabedingungen mit Weinreben von der Adria bis zum Gran Sasso ergeben kräftige, moderne Weine mit einer persönlichen Auslegung von Landschaft und Tradition. Der Montepulciano Marina Cvetic '11 ist keck und rhythmisch in seinen klaren Fruchtnoten. Im Mund ist er voll und dicht, aber auch saftig und angenehm. Villa Gemma '08 - ein großartiger Rotwein, der sich erst mit der Zeit entfalten wird. Eine besondere Erwähnung verdient die typische und gastronomische Linie Gianni Masciarelli.

● Montepulciano d'Abruzzo Marina Cvetic '11	♛♛♛ 4*
● Montepulciano d'Abruzzo Villa Gemma '08	♛♛ 7
○ Chardonnay Marina Cvetic '12	♛♛ 5
● Iskra '08	♛♛ 5
● Merlot Marina Cvetic '11	♛♛ 4
⊙ Montepulciano d'Abruzzo Cerasuolo Villa Gemma '08	♛♛ 2*
○ Pecorino Castello di Semivicoli '13	♛♛ 3
○ Trebbiano d'Abruzzo Castello di Semivicoli '11	♛♛ 5
○ Trebbiano d'Abruzzo Marina Cvetic Ris. '12	♛♛ 5
● Castello di Semivicoli '12	♛ 3
● Montepulciano d'Abruzzo '12	♛ 2
○ Trebbiano d'Abruzzo '13	♛ 2
○ Villa Gemma Bianco '13	♛ 2

ABRUZZEN

Camillo Montori
LOC. PIANE TRONTO, 80
64010 CONTROGUERRA [TE]
TEL. +39 0861809900
www.montorivini.it

DIREKTVERKAUF
BESUCH NACH VORANMELDUNG
UNTERKUNFT UND GASTRONOMIE
JAHRESPRODUKTION 600.000 Flaschen
REBFLÄCHE 50 Hektar

Diese historische Kellerei der Colline Teramane erstreckt sich über 40 Hektar. Camillo Montori hat mit seinen wirksamen und traditionellen Weinen einen wesentlichen Beitrag zum Entstehen der Denomination geleistet. Der Schlüssel zum Erfolg ist immer derselbe: Das im sanften Hügelgebiet in Controguerra gelegene Anwesen liefert sehr reichhaltige Trauben, die im traditionellen Stil verarbeitet werden. Große Holzfässer und lange Mazerationszeiten ergeben üppige und mediterrane, überraschend gut alternde Montepulciano. Eine besondere Rolle unter den wohlduftenden Weißweinen spielt der Pecorino, nachdem die Winzerei als eine der Ersten auf diesen heute so modernen, bodenständigen Wein gesetzt hat. Die Kellerei stellt eine Auswahl an soliden und klassischen Etiketten vor: Der 2007er Colline Teramane Fonte Cupa überzeugt mit dem typischen Bukett eines Montepulciano der alten Schule nach Asche und mediterraner Vielfalt. Im Mund ist er trotz des Jahrgangs frisch und würzig. Der Pecorino '13 aus diesem Hause bestätigt sich als einer der Besten der Region; gespannt und zitrusfruchtig, kräftig und angenehm im Geschmack.

- Montepulciano d'Abruzzo
  Fonte Cupa Ris. '07 — 🍷🍷 2*
- Pecorino Fonte Cupa '13 — 🍷🍷 3*
- Controguerra Passerina Trend '13 — 🍷🍷 2*
- Pecorino Trend '13 — 🍷🍷 2*
- ⊙ Montepulciano d'Abruzzo Cerasuolo
  Fonte Cupa '13 — 🍷 2
- Trebbiano d'Abruzzo Fonte Cupa '13 — 🍷 2
- Controguerra Leneo Moro '00 — 🍷🍷 4
- Montepulciano d'Abruzzo '10 — 🍷🍷 2*
- Montepulciano d'Abruzzo
  Colline Teramane Casa Montori '09 — 🍷🍷 2*
- Montepulciano d'Abruzzo
  Colline Teramane Fonte Cupa '98 — 🍷🍷 3*
- Pecorino Fonte Cupa '12 — 🍷🍷 3*
- Pecorino Fonte Cupa '11 — 🍷🍷 3*
- Trebbiano d'Abruzzo Fonte Cupa '12 — 🍷🍷 2*

Bruno Nicodemi
C.DA VENIGLIO
64024 NOTARESCO [TE]
TEL. +39 085895493
www.nicodemi.com

DIREKTVERKAUF
BESUCH NACH VORANMELDUNG
JAHRESPRODUKTION 250.000 Flaschen
REBFLÄCHE 30 Hektar

Der im sonnigen Notaresco im Herzen der Colline Teramane gelegene Betrieb überzeugt seit zwei Generationen mit dichten, kräftigen, vom Klima und Anbaugebiet geformten Weinen. In den 30 ha in zusammenhängender Lage bestellten Weinbergen zwischen dem Gran Sasso und der grünen Adria werden die Trauben mit Sorgfalt und Leidenschaft gepflegt. In der Kellerei werden alte Rezepte verfolgt und für moderne und dennoch traditionelle, kräftige und sehr reiche Weine, deren Hauptmerkmal in der mediterranen Vielfalt liegt, nur minimale önologische Eingriffe getätigt. Die Auswahl war von der soliden klassischen Linie mit lobenswerten Preisen bis hin zu den Montepulciano- und Trebbiano-Lagenweinen immer schon überzeugend. Wie gewohnt ist die Weinprobe der schönen Kellerei aus Notaresco wunderbar. Auch wenn die Abwesenheit des Neromoro spürbar ist, hat ihn der Notàri, ein Colline Teramane, gebührend vertreten. Ein rhythmischer, anspruchsvoller Montepulciano mit reichhaltigen Kräuter- und Fruchtnoten, getragen von der typischen Säure der Rebsorte. Vollmundig und dicht im Geschmack. Sehr gut ist die Basisauswahl mit Weinen von Klasse mit gutem Preis-/Leistungsverhältnis.

- Montepulciano d'Abruzzo
  Colline Teramane Notàri '11 — 🍷🍷 3*
- Montepulciano d'Abruzzo '12 — 🍷🍷 2*
- ⊙ Montepulciano d'Abruzzo Cerasuolo '13 — 🍷🍷 4
- Trebbiano d'Abruzzo '13 — 🍷🍷 2*
- Trebbiano d'Abruzzo Notàri '13 — 🍷🍷 2*
- Montepulciano d'Abruzzo
  Colline Teramane Neromoro Ris. '09 — 🍷🍷🍷 5
- Montepulciano d'Abruzzo
  Colline Teramane Neromoro Ris. '03 — 🍷🍷🍷 5
- Montepulciano d'Abruzzo
  Colline Teramane Notàri '11 — 🍷🍷 2*
- Montepulciano d'Abruzzo
  Colline Teramane Neromoro Ris. '08 — 🍷🍷 5
- Montepulciano d'Abruzzo
  Colline Teramane Notàri '10 — 🍷🍷 3*
- Montepulciano d'Abruzzo
  Colline Teramane Notàri '09 — 🍷🍷 3*

ABRUZZEN

Pasetti
LOC. C.DA PRETARO
VIA SAN PAOLO, 21
66023 FRANCAVILLA AL MARE [CH]
TEL. +39 08561875
www.pasettivini.it

DIREKTVERKAUF
BESUCH NACH VORANMELDUNG
UNTERKUNFT UND GASTRONOMIE
JAHRESPRODUKTION 600.000 Flaschen
REBFLÄCHE 70 Hektar

Ein abruzzischer Winzerbetrieb, der in diesen Jahren einen großartigen Erfolg verzeichnen konnte. Die Kellerei liegt in Francavilla al Mare, auf den sonnigen Hügeln von Chieti. Beide Anwesen befinden sich im Gebirge: eines in der Majella in Pescosansonesco, das andere unter dem Gran Sasso in Capestrano. Hier entstehen duftende Trauben, die in der Kellerei mit modernem Ansatz und Stil interpretiert werden. Eine umfangreiche und gefällige Auswahl stößt auf reichlichen Publikumsbeifall. Der Montepulciano d'Abruzzo '11 ist sehr sortentypisch. In der Nase zeigt er rote Früchte und Heilkräuter, am Gaumen ist er kräftig, körperreich und entspannt auf präzisen Gerbstoffen. Ein gefälliger und rhythmischer Passerina '13 zeigt Aromen nach Wiese und Weißfrucht mit frischem, würzigem Gaumen. Der Testarossa '10 ist ein kraftvoller, mediterraner, sehr klassischer und solider Montepulciano.

○ Abruzzo Pecorino Colle Civetta '13	🍷🍷 3
● Montepulciano d'Abruzzo '11	🍷🍷 2*
● Montepulciano d'Abruzzo Testarossa '10	🍷🍷 4
○ Passerina Testarossa '13	🍷🍷 2*
○ Trebbiano d'Abruzzo Zarachè '13	🍷🍷 2*
○ Abruzzo Pecorino '13	🍷 2
● Montepulciano d'Abruzzo Harimann '08	🍷 6
⊙ Testarossa Rosato '13	🍷 2
○ Gesmino '10	🍷🍷 4
● Montepulciano d'Abruzzo '10	🍷🍷 2*
○ Montepulciano d'Abruzzo Cerasuolo V. Capestrano '12	🍷🍷 2*
● Montepulciano d'Abruzzo Testarossa '08	🍷🍷 4
○ Testarossa Bianco '11	🍷🍷 4
○ Trebbiano d'Abruzzo Zarachè '12	🍷🍷 2*

Emidio Pepe
VIA CHIESI, 10
64010 TORANO NUOVO [TE]
TEL. +39 0861856493
www.emidiopepe.com

DIREKTVERKAUF
BESUCH NACH VORANMELDUNG
UNTERKUNFT UND GASTRONOMIE
JAHRESPRODUKTION 80.000 Flaschen
REBFLÄCHE 15 Hektar
WEINBAU Biodynamisch anerkannt

Dieses Jahr feiert der Betrieb sein 50-jähriges Jubiläum. Emidio Pepe hält nach wie vor das Ruder in der Hand, seine Töchter und Enkelkinder unterstützen ihn eifrig. Seit der schönen Beschreibung von Mario Soldati in „Vino al vino" hat sich am Rezept nur wenig verändert: Der so weit wie möglich natürliche und wenig invasive Weinbau hat den Betrieb letztendlich zum biodynamischen Anbau geleitet. Der gewusste Einsatz von Beton und eine leichte Winzerhand sorgen für charakterstarke, lebendige Weine mit rustikalem und rhythmischem Trinkgenuss, die bei der Alterung lieblicher und facettenreich werden. Pepes Weine lassen einen in einem einzigartigen Verhältnis mit ihrer Tradition nie unbeeindruckt. Der Montepulciano '11 ist noch sehr jung und etwas verhalten, in der Nase sind Aromen von Heu und Weizen zu spüren, der Gaumen ist kräftig und agil. Der Trebbiano ist lebhaft und facettenreich, dieser 2012er ist besonders intensiv.

● Montepulciano d'Abruzzo '11	🍷🍷 6
⊙ Montepulciano d'Abruzzo Cerasuolo '13	🍷🍷 5
○ Trebbiano d'Abruzzo '12	🍷🍷 5
● Montepulciano d'Abruzzo '98	🍷🍷🍷 8
● Montepulciano d'Abruzzo '10	🍷🍷 6
● Montepulciano d'Abruzzo '09	🍷🍷 5
● Montepulciano d'Abruzzo '08	🍷🍷 5
● Montepulciano d'Abruzzo '07	🍷🍷 5
⊙ Montepulciano d'Abruzzo Cerasuolo '12	🍷🍷 5
⊙ Montepulciano d'Abruzzo Cerasuolo '10	🍷🍷 5
⊙ Montepulciano d'Abruzzo Cerasuolo '07	🍷🍷 4
● Montepulciano d'Abruzzo Colline Teramane '06	🍷🍷 8
○ Trebbiano d'Abruzzo '11	🍷🍷 5

ABRUZZEN

Pietrantonj
VIA SAN SEBASTIANO, 38
67030 VITTORITO [AQ]
TEL. +39 0864727102
www.vinipietrantonj.it

DIREKTVERKAUF
BESUCH NACH VORANMELDUNG
JAHRESPRODUKTION 650.000 Flaschen
REBFLÄCHE 60 Hektar

L'Aquila war historisch gesehen die erste Weinbauprovinz der Abruzzen. Davon ist aber relativ wenig übrig geblieben, denn aufgrund der Schwierigkeiten und Mühe bauen in diesen Höhenlagen nur wenige Betriebe Wein an: Einer davon ist Pietrantonj, ein Weingut aus Vittorito, wo die Reben mit handwerklicher Sorgfalt kultiviert werden. Der klassische Kellereistil sieht lange Mazerationen und große Holzfässer vor. Der Keller ist ein immer noch funktionierendes Spektakel der historischen Winzerarchitektur mit einem alten, mit Glasfliesen ausgelegten Behälter. Die hier entstehenden Weine sind sehr klassisch, nervig und so duftend, wie es das Klima zulässt. Die diesmal aufgestellte Auswahl ist nicht ganz so brillant wie sonst, aber dennoch überzeugend. Der Cerano ist der Prototyp des herben, nüchternen und traditionellen Montepulciano. Der 2010er ist etwas runder als sonst, zeigt schöne Thymian- und Salbeinoten, einen körperreichen, kräftigen Gaumen und eine sortentypische Säure. Der Trebbiano Cerano '13 überzeugt mit bitteren Kräutern und rustikalen, sortentypischen Aromen; am Gaumen ist er rhythmisch und dynamisch.

● Montepulciano d'Abruzzo Arboreo '11	🍷🍷 2*
● Montepulciano d'Abruzzo Cerano Ris. '10	🍷🍷 3
⊙ Montepulciano d'Abruzzo Cerasuolo Cerano '13	🍷🍷 3
○ Trebbiano d'Abruzzo Cerano '13	🍷🍷 2*
Malvasia '13	🍷 2
○ Trebbiano d'Abruzzo Arboreo '13	🍷 1*
● Montepulciano d'Abruzzo Cerano '10	🍷🍷 2*
● Montepulciano d'Abruzzo Cerano Ris. '09	🍷🍷 3*
⊙ Montepulciano d'Abruzzo Cerasuolo Arboreo '12	🍷🍷 2*
⊙ Montepulciano d'Abruzzo Cerasuolo Sup. Cerano '11	🍷🍷 3
⊙ Montepulciano d'Abruzzo Sup. Cerasuolo Cerano '12	🍷🍷 3*
● Passito Rosso Valle Peligna '09	🍷🍷 4

San Lorenzo Vini
C.DA PLAVIGNANO, 2
64035 CASTILENTI [TE]
TEL. +39 0861999325
www.sanlorenzovini.com

DIREKTVERKAUF
BESUCH NACH VORANMELDUNG
JAHRESPRODUKTION 800.000 Flaschen
REBFLÄCHE 150 Hektar

Über 100 ha in zusammenhängender Lage im schönen Anwesen in Castilenti an der Grenze zwischen den Provinzen Teramo und Pescara und ein zweites, kleineres Anwesen in Loreto Aprutino auf den Hügeln um Pescara werden leidenschaftlich im traditionellen Stil bebaut. Hier entstehen machtvolle, sehr reiche Weine, die durch einen zeitgenössischen önologischen Stil oft für den internationalen Markt dressiert sind. Eine hinsichtlich Anzahl und Qualität bedeutende Auswahl: von den nervigen autochthonen Weinen über internationale Rebsorten bis hin zum mediterranen Montepulciano. San Lorenzo stellt jedes Jahr eine hinsichtlich Anzahl und Potenzial bedeutende Auswahl auf. Beim Montepulciano Casabianca '12 sind sich alle einig: sehr reine Frucht, voll und brillant im Geschmack. Die Spontangärung gibt ihm Vielschichtigkeit und Reichtum. Die machtvollen Weine der Colline Teramane bringen das Potenzial, das ihr Stoff zulassen würde, nicht ganz zum Ausdruck.

● Montepulciano d'Abruzzo Casabianca '12	🍷🍷 2*
● Montepulciano d'Abruzzo Antares '11	🍷🍷 2*
○ Trebbiano d'Abruzzo Casabianca '13	🍷🍷 2*
○ Trebbiano d'Abruzzo Sirio '13	🍷🍷 1*
○ Chardonnay Chioma di Berenice '13	🍷 2
○ Il Pecorino '13	🍷 2
● Montepulciano d'Abruzzo Aldebaran '12	🍷 2
⊙ Montepulciano d'Abruzzo Cerasuolo Sirio '13	🍷 1*
○ Passerina '13	🍷 2
○ Rosato '13	🍷 2
● Montepulciano d'Abruzzo Sirio '12	🍷🍷 1*
○ Pecorino '12	🍷🍷 2*
○ Trebbiano d'Abruzzo Casabianca '12	🍷🍷 2*
○ Trebbiano d'Abruzzo Sirio '12	🍷🍷 1*

ABRUZZEN

Strappelli
VIA TORRI, 16
64010 TORANO NUOVO [TE]
TEL. +39 0861887402
www.cantinastrappelli.it

DIREKTVERKAUF
BESUCH NACH VORANMELDUNG
JAHRESPRODUKTION 60.000 Flaschen
REBFLÄCHE 10 Hektar
WEINBAU Biologisch anerkannt

Wir sind an Strappellis traditionsbehaftete, typische Weine schon gewohnt. Nur 10 Hektar werden zertifiziert biologisch mit bäuerlicher Disziplin im schönen Landgut Villa Torri im Teramano bebaut und ergeben - eingezwängt zwischen Meer und Gebirge - in der Region renommierte Qualitätstrauben. Das Kellereiverfahren ist immer dasselbe: Lange Mazerationszeiten, große Holzfässer und ein handwerklicher, wenig invasiver Stil für charakterstarke Weine mit oft waghalsigen Konzentrationen, die die Zeit mit großartiger Reifung herausfordern. Für diese Kellerei fällt die Degustation diesmal etwas schwächer aus: Sie stellt eine geschmälerte Auswahl und nicht so brillante Weine wie üblich vor. Der Celibe bestätigt sich als anspruchsvoller, machtvoller Colline Teramane. Der 2010er ist nicht so glücklich wie sonst, sehr süßlich am Gaumen, mit nicht präzisen Gerbstoffen und zu stark extrahiert. Der Trebbiano '13 ist sortentypisch, mit angenehm rustikalem Bukett und einem faszinierenden, antiken Geschmack nach bitteren Kräutern. Der Cerasuolo '13 ist zwischen Mandel und roten Früchten einer der besten der Region.

⊙ Montepulciano d'Abruzzo Cerasuolo '13	♛♛	2*
● Montepulciano d'Abruzzo Colline Teramane Celibe Ris. '10	♛♛	5
○ Pecorino Soprano '13	♛♛	2*
○ Trebbiano d'Abruzzo '13	♛♛	2*
● Montepulciano d'Abruzzo '12	♛	2
● Montepulciano d'Abruzzo '11	♛♛	2*
⊙ Montepulciano d'Abruzzo Cerasuolo '12	♛♛	2*
⊙ Montepulciano d'Abruzzo Cerasuolo '11	♛♛	2*
⊙ Montepulciano d'Abruzzo Cerasuolo Colle Trà Sup. '12	♛♛	2*
● Montepulciano d'Abruzzo Colline Teramane Colle Trà '08	♛♛	3
○ Pecorino Soprano '12	♛♛	2*
○ Trebbiano d'Abruzzo '12	♛♛	2*

Tiberio
C.DA LA VOTA
65020 CUGNOLI [PE]
TEL. +39 0858576744
www.tiberio.it

DIREKTVERKAUF
BESUCH NACH VORANMELDUNG
JAHRESPRODUKTION 90.000 Flaschen
REBFLÄCHE 30 Hektar

Die Kellerei aus Cugnoli befindet sich im Umbruch. Nach einem überzeugenden Beginn mit einem konventionelleren Stil hat sie, innerhalb einer natürlichen Wachstumsphase der jungen Chefin und Önologin Cristiana Tiberio, vor einigen Jahren auf die Spontangärung übergewechselt. Heute erfolgt der Großteil der Produktion auf diese Weise mit immer glaubhafteren Weinen. Das einzigartige, zwischen Majella und Gran Sasso eingezwängte Gebiet, in dem die frische Bergluft auf die Meeresbrise trifft und für große Temperaturschwankungen sorgt, bietet saftige, duftende Trauben für Weine, die die Säure zu ihrer Stärke machen. Die Weine dieser Kellerei verbessern sich Jahr für Jahr. Der Pecorino '13 bestätigt sich mit intensiven Aromen nach Kräutern und Bitterorange als eine der besten Ausdrucksformen der Rebsorte. Am Gaumen ist er gespannt, geschliffen, durch eine gute Struktur gelockert. Der Fonte Canale '13 ist ein Trebbiano, dem die natürliche Gärung faszinierende Vielfalt und Saft verleiht.

○ Pecorino '13	♛♛♛	3*
○ Trebbiano d'Abruzzo Fonte Canale '13	♛♛	2*
● Montepulciano d'Abruzzo '12	♛♛	2*
⊙ Montepulciano d'Abruzzo Cerasuolo '13	♛♛	2*
○ Pecorino FS '13	♛♛	3
○ Trebbiano d'Abruzzo '13	♛♛	2*
○ Pecorino '12	♛♛♛	3*
○ Pecorino '11	♛♛♛	3*
○ Pecorino '10	♛♛♛	3
● Montepulciano d'Abruzzo '11	♛♛	2*
⊙ Montepulciano d'Abruzzo Cerasuolo '12	♛♛	2*
○ Trebbiano d'Abruzzo '12	♛♛	2*
○ Trebbiano d'Abruzzo '11	♛♛	2*
○ Trebbiano d'Abruzzo Fonte Canale '12	♛♛	2*

ABRUZZEN

Cantina Tollo
VIA GARIBALDI, 68
66010 TOLLO [CH]
TEL. +39 087196251
www.cantinatollo.it

DIREKTVERKAUF
BESUCH NACH VORANMELDUNG
JAHRESPRODUKTION 11.000.000 Flaschen
REBFLÄCHE 3.200 Hektar

Über 3500 ha Rebflächen, mehr als 1000 Zulieferbetriebe für beinahe 13 Millionen Flaschen - beeindruckende Ziffern einer legendären Genossenschaftskellerei der Abruzzen. Die Mannigfaltigkeit der Weinberge in einem seit jeher dem Weinbau verschriebenen Gebiet ergibt Trauben für verschiedenartige, stets sehr gut gemachte Weine. Tollo bringt Qualität und Quantität meisterhaft auf einen Nenner: Von den duftenden, frischen, autochthonen Weinen über die traditionellen Trebbiano bis hin zu den ambitionierten Lagenweinen Montepulciano d'Abruzzo, stellt er immer eine interessante Auswahl zwischen Typizität und Internationalität vor. Tollo überzeugt jedes Jahr mit immer besseren Weinen. Der C'Incanta ist ein Trebbiano von der alten Schule: Durch die Verwendung von Beton in der Weinbereitung ist er entspannt und markig. In der 2011er-Ausgabe ist er besonders lebhaft und dynamisch. Der Cagiòlo '11, ein typischer, anspruchsvoller Montepulciano, setzt alles auf Weichheit und Holz. Sein saftiger und faszinierender Stoff würde mehr Freiheit verdienen.

○ Trebbiano d'Abruzzo C'Incanta '11		🍷🍷🍷 4*
● Montepulciano d'Abruzzo Cagiòlo Ris. '11		🍷🍷 5
● Montepulciano d'Abruzzo Aldiano Ris. '10		🍷🍷 3
● Montepulciano d'Abruzzo Bevi Responsabilmente Sostenibile Raccolto a Mano '13		🍷🍷 3
● Montepulciano d'Abruzzo Colle Secco Ris. '10		🍷🍷 2*
● Montepulciano d'Abruzzo Colle Secco Rubi '11		🍷🍷 2*
○ Trebbiano d'Abruzzo Aldiano '13		🍷🍷 2*
○ Trebbiano d'Abruzzo Bio '13		🍷🍷 2*
⊙ Montepulciano d'Abruzzo Cerasuolo Hedòs '13		🍷 3
● Montepulciano d'Abruzzo Cagiòlo Ris. '09		🍷🍷🍷 4*
○ Trebbiano d'Abruzzo C'Incanta '10		🍷🍷🍷 4*

Torre dei Beati
C.DA POGGIORAGONE, 56
65014 LORETO APRUTINO [PE]
TEL. +39 0854916069
www.torredeibeati.it

DIREKTVERKAUF
BESUCH NACH VORANMELDUNG
JAHRESPRODUKTION 100.000 Flaschen
REBFLÄCHE 18 Hektar
WEINBAU Biologisch anerkannt

Die sanften Hügel um Loreto Aprutino im Raum Pescara sind immer schon das noble Herz des abruzzischen Weinbaus gewesen. Immer mehr qualitativ hochwertige Privatkellereien konzentrieren sich in diesem Landstrich zwischen Gebirge und Adria. Adriana Galasso und Fausto Albanese haben hier diese kleine Kellerei gebaut, die nunmehr zu einem der interessantesten Betriebe der Abruzzen zählt. Das Geheimnis ist immer dasselbe: nur wenige, biologisch bebaute Hektar Land, ein handwerklicher, nicht invasiver Kellereistil für wenige, gepflegte Flaschen. Von den duftenden Weißweinen bis hin zu den machtvollen Montepulciano-Lagenweinen. Die stets überzeugenden Weine zeichnen sich durch ihren persönlichen und reinen Stil aus. Beim Cocciapazza '11 sind sich wieder einmal alle einig: Zwischen Klassizität und Innovation ist er ein Montepulciano mit strengen, dunklen Noten von roten Früchten, am Gaumen ist er machtvoll und mediterran, ohne auf die rustikale Grazie zu verzichten. Der Trebbiano '12 ist in komplexer, typischer Weißwein mit elegantem Kräuteraroma.

● Montepulciano d'Abruzzo Cocciapazza '11		🍷🍷🍷 4*
● Montepulciano d'Abruzzo Mazzamurello '11		🍷🍷 5
⊙ Montepulciano d'Abruzzo Cerasuolo Rosa-ae '13		🍷🍷 2*
○ Pecorino Giocheremo con i Fiori '13		🍷🍷 3
○ Trebbiano d'Abruzzo Grilli '12		🍷🍷 3
● Montepulciano d'Abruzzo '12		🍷 2
○ Pecorino Bianchi Grilli per La Testa '12		🍷 3
● Montepulciano d'Abruzzo '07		🍷🍷🍷 2*
● Montepulciano d'Abruzzo Cocciapazza '10		🍷🍷🍷 4*
● Montepulciano d'Abruzzo Cocciapazza '09		🍷🍷🍷 4*
● Montepulciano d'Abruzzo Cocciapazza '08		🍷🍷🍷 4

ABRUZZEN

Tenuta Ulisse
VIA SAN POLO, 40
66014 CRECCHIO [CH]
TEL. +39 0871407733
www.tenutaulisse.it

DIREKTVERKAUF
BESUCH NACH VORANMELDUNG
JAHRESPRODUKTION 550.000 Flaschen
REBFLÄCHE 60 Hektar

In einem traditionell den Genossenschaftskellereien verschriebenen Land ist es diesem Betrieb in wenigen Jahren gelungen, sich mit modernen, sehr guten Weinen eine Qualitätsmarke aufzubauen. Wir befinden uns im Raum Ortona an der Adria, die Majella weit im Rücken gelegen, wo kräftige, vielversprechende Trauben wachsen. Hier baut die Familie Ulisse mit Leidenschaft und stets erneuerter Neugier seit drei Generationen Wein an. Sie übt sich mit der Spontangärung in antiken Methoden und setzt mit Beton auch auf beinahe in Vergessenheit geratene Materialien. Daraus entstehen sehr interessante, dem Terroir entsprechende Weine. Mit der präsentierten Auswahl bestätigt sich Ulisse als einer der interessantesten Betriebe der Abruzzen. Die Linie Nativae, basierend auf Beton und Spontangärungen, ist durchwegs überzeugend und der Neuankömmling Pecorino '13 ist mit seinen reinen Aromen nach Agrumen und Mineralien großartig. Im Geschmack ist er entspannt und saftig und wird mit der Zeit noch besser werden. Der Montepulciano Nativae '13 ist vollmundig und elegant, leicht und saftig im Trinkgenuss.

○ Abruzzo Pecorino Nativae '13	▼▼▼ 4*
● Montepulciano d'Abruzzo Nativae '13	▼▼ 4
● Trebbiano d'Abruzzo Nativae '13	▼▼ 4
○ Cocociola Unico '13	▼▼ 3
● Montepulciano d'Abruzzo Amaranta '12	▼▼ 4
⊙ Montepulciano d'Abruzzo Cerasuolo Unico '13	▼▼ 3
● Montepulciano d'Abruzzo Sogno di Ulisse '12	▼▼ 2*
● Montepulciano d'Abruzzo Unico '12	▼▼ 3
○ Passerina Unico '13	▼▼ 3
○ Pecorino Unico '13	▼▼ 3
○ Sogno di Ulisse Bianco '13	▼▼ 2*
● Sogno di Ulisse Rosso '12	▼▼ 2*
○ Trebbiano d'Abruzzo Unico '13	▼▼ 3
○ Pecorino Brut Unico	▼ 3
○ Rosé Brut Unico	▼ 3

La Valentina
VIA TORRETTA, 52
65010 SPOLTORE [PE]
TEL. +39 0854478158
www.lavalentina.it

DIREKTVERKAUF
BESUCH NACH VORANMELDUNG
JAHRESPRODUKTION 350.000 Flaschen
REBFLÄCHE 40 Hektar

40 ha Rebflächen in zwei sehr unterschiedlichen, einzigartigen Anbaugebieten: das Anwesen um die Kellerei von Spoltore auf den Hügeln von Pescara zwischen Meer und Gebirge, das andere in San Valentino im Abruzzo Citeriore, im antiken Herzen der nach Pescara abfallenden Majella, beinahe im Gebirge, wo extremer Weinbau betrieben wird. Diese Mannigfaltigkeit schenkt Trauben mit einer wunderbaren Konzentration von Frucht und feinen Düften, die in der Kellerei - von der klassischen Linie mit erschwinglichen Preisen bis hin zu ambitionierten Montepulciano-Lagenweinen - mit modernem Ansatz und antikem Wissen in faszinierende, traditionelle und dennoch moderne Weine verarbeitet werden. Moderne, gut gelungene Degustationsweine sorgen im Einklang mit der Tradition für eine schöne Präsentation. Der Montepulciano Spelt sorgt für Einstimmigkeit: In der 2010er-Version sind die Aromen intensiv, fruchtig und die mineralischen Noten bereits spürbar. Der Gaumen ist dicht und voll, das Finale frisch und würzig. Der Cerasuolo Spelt '13 ist ausgezeichnet und saftig.

● Montepulciano d'Abruzzo Spelt Ris. '10	▼▼▼ 3*
● Montepulciano d'Abruzzo '12	▼▼ 2*
⊙ Montepulciano d'Abruzzo Cerasuolo Spelt '13	▼▼ 3*
○ Fiano Bianco Colline Pescaresi '13	▼▼ 3
● Montepulciano d'Abruzzo Binomio '10	▼▼ 5
⊙ Montepulciano d'Abruzzo Cerasuolo Binomio '13	▼▼ 3
○ Trebbiano d'Abruzzo '13	▼▼ 2*
○ Trebbiano d'Abruzzo Sup. Spelt '13	▼▼ 3
⊙ Montepulciano d'Abruzzo Cerasuolo '13	▼ 2
○ Pecorino '13	▼ 2
● Montepulciano d'Abruzzo Bellovedere '05	▼▼▼ 6
● Montepulciano d'Abruzzo Spelt '08	▼▼▼ 3*
● Montepulciano d'Abruzzo Spelt '07	▼▼▼ 3
● Montepulciano d'Abruzzo Spelt '05	▼▼▼ 3

ABRUZZEN

★★★ Valentini
Via del Baio, 2
65014 Loreto Aprutino [PE]
Tel. +39 0858291138

JAHRESPRODUKTION 30.000 Flaschen
REBFLÄCHE 60 Hektar

Diese Kellerei ist durch erkennbare Weine mit legendärer Lagerfähigkeit und unverkennbar handwerklichem Stil in Italien und weltweit bekannt: Hier entstehen nur traditionelle Weine - Trebbiano, Montepulciano und Cerasuolo - und dies nur aus den geeigneten Jahrgängen. Auch nach mehreren Generationen hat sich weder in der Kellerei noch am Weinberg dieses alteingesessenen Betriebs von Loreto Aprutino viel geändert: Traditioneller, wenig invasiver Weinbau, Weinbereitung in großen Holzfässern und das Auge des Experten. 60 ha abruzzische Pergola ergeben in den perfekten, immer rareren Jahrgängen höchstens 30.000 Flaschen, die unter den Weinliebhabern aller Welt als wahre Kultweine gelten. Der Trebbiano d'Abruzzo '10 kommt durch den Ausbau dieses Jahrgangs erst nach dem 2011er auf den Markt. Ein wuchtiger, eiweißhaltiger Wein, der noch mehr Ausbau benötigt. Es ist bereits erkennbar, dass es sich um einen fantastischen Weißwein handelt: In der Nase ist er elegant nach Agrumen und Wiesenblumen, wonach sich Sternanis und Poleiminze auf einer reinen Frucht einschmeicheln. Im Mund zeigt er eine ungezwungene Struktur und Stoff.

○ Trebbiano d'Abruzzo '10	♀♀♀	6
● Montepulciano d'Abruzzo '06	♀♀♀	8
● Montepulciano d'Abruzzo '02	♀♀♀	8
● Montepulciano d'Abruzzo '01	♀♀♀	8
● Montepulciano d'Abruzzo '00	♀♀♀	8
⊙ Montepulciano d'Abruzzo Cerasuolo '09	♀♀♀	6
⊙ Montepulciano d'Abruzzo Cerasuolo '08	♀♀♀	6
⊙ Montepulciano d'Abruzzo Cerasuolo '06	♀♀♀	6
○ Trebbiano d'Abruzzo '11	♀♀♀	6
○ Trebbiano d'Abruzzo '09	♀♀♀	6
○ Trebbiano d'Abruzzo '08	♀♀♀	6
○ Trebbiano d'Abruzzo '07	♀♀♀	6
○ Trebbiano d'Abruzzo '05	♀♀♀	6
○ Trebbiano d'Abruzzo '04	♀♀♀	6
○ Trebbiano d'Abruzzo '02	♀♀♀	6

★ Valle Reale
Loc. San Calisto
65026 Popoli [PE]
Tel. +39 0859871039
www.vallereale.it

DIREKTVERKAUF
BESUCH NACH VORANMELDUNG
JAHRESPRODUKTION 300.000 Flaschen
REBFLÄCHE 49 Hektar
WEINBAU Biologisch anerkannt

Zwei Anwesen in ganz besonderen Gebirgsgebieten: das eine in Popoli, in der Nähe der schönen Kellerei, wo die Hügel von Pescara ins Gebirge übergehen und die Majella zum ewigen Eis des Blockhauses emporklettert. Das andere in der Provinz L'Aquila, in Capestrano, direkt unter dem Calderone-Gletscher. Zwei Gletscher für zwei Anbaugebiete mit starken Temperaturschwankungen, wo Düfte und Frische das Hauptmerkmal der Trauben ausmachen. Aus den ca. 80 zertifiziert biologisch bebauten Hektar Land ergeben sich von den duftenden Trebbiano-Lagenweinen bis hin zum nervigen Montepulciano Weine mit handwerklichem, natürlichem Stil im modernen, schnörkellosen Sinne. Die Weine von Valle Reale werden jedes Jahr besser. Der Vigneto di Capestrano '12 ist großartig: ein Trebbiano mit reinen Kamille- und Zitronenblütenaromen, vollem, nervigem Geschmack, facettenreich, aber noch sehr jung. Der San Calisto ist ein Montepulciano aus dem Gebirge mit klarer Frucht, getragen von der sortentypischen Säure. Am Gaumen saftig und entspannt.

○ Trebbiano d'Abruzzo V. di Capestrano '12	♀♀♀	5
● Montepulciano d'Abruzzo San Calisto '11	♀♀	5
○ Trebbiano d'Abruzzo Vign. di Popoli '12	♀♀	5
● Montepulciano d'Abruzzo '13	♀♀	2*
⊙ Montepulciano d'Abruzzo Cerasuolo '13	♀♀	2*
○ Trebbiano d'Abruzzo '13	♀♀	2*
● Montepulciano d'Abruzzo '06	♀♀♀	3*
● Montepulciano d'Abruzzo San Calisto '08	♀♀♀	5
● Montepulciano d'Abruzzo San Calisto '07	♀♀♀	5
○ Trebbiano d'Abruzzo V. di Capestrano '11	♀♀♀	5
○ Trebbiano d'Abruzzo V. di Capestrano '10	♀♀♀	5
○ Trebbiano d'Abruzzo V. di Capestrano '08	♀♀♀	4

ABRUZZEN

★Villa Medoro
C.DA MEDORO
64030 ATRI [TE]
TEL. +39 0858708142
www.villamedoro.it

DIREKTVERKAUF
BESUCH NACH VORANMELDUNG
UNTERKUNFT
JAHRESPRODUKTION 300.000 Flaschen
REBFLÄCHE 100 Hektar

100 ha bis ins kleinste Detail gepflegte Weinberge und eine moderne, eindrucksvolle, von Glas und Design geprägte Kellerei, die wunderbar in das grüne Hügel-Panorama am Meer eingebettet ist. Federica Morricone, die prickelnde Frau der italienischen Weinwelt, erzeugt hier moderne, sehr gut gemachte Weine, die in Verbindung von Tradition und Moderne den Markt begeistern. Wir befinden uns in Atri, dem noblen Herzen der Colline Teramane, einem seit jeher dem Weinbau verschriebenen Gebiet. Die Kellerei aus Atri stellt eine schöne Auswahl zur Verkostung vor. Dieses Jahr überrascht der Rosso del Duca '12 - noch nie war er so gut. Ein moderner, eleganter Montepulciano mit präzisen Aromen nach roter Frucht und mediterranen Kräutern, sortentypischem und authentischem Geschmack mit faszinierenden Rußnoten und rhythmischer Säure. Der Adrano ist der Prototyp eines modernen, eleganten Colline Teramane.

- Montepulciano d'Abruzzo
  Rosso del Duca '12 ♛♛♛ 3*
- Montepulciano d'Abruzzo
  Colline Teramane Adrano '11 ♛♛ 4
- Montepulciano d'Abruzzo '12 ♛♛ 2*
- ⊙ Montepulciano d'Abruzzo
  Cerasuolo '13 ♛♛ 2*
- Pecorino '13 ♛♛ 2*
- ○ Trebbiano d'Abruzzo '13 ♛♛ 2*
- ○ Passerina '13 ♛ 2
- ○ Trebbiano d'Abruzzo Chimera '13 ♛ 2
- Montepulciano d'Abruzzo
  Colline Teramane Adrano '10 ♛♛♛ 4*
- Montepulciano d'Abruzzo
  Colline Teramane Adrano '09 ♛♛♛ 4*
- Montepulciano d'Abruzzo
  Colline Teramane Adrano '08 ♛♛♛ 2*

Ciccio Zaccagnini
C.DA POZZO
65020 BOLOGNANO [PE]
TEL. +39 0858880195
www.cantinazaccagnini.it

DIREKTVERKAUF
BESUCH NACH VORANMELDUNG
JAHRESPRODUKTION 1.500.000 Flaschen
REBFLÄCHE 300 Hektar

Dieser Kellerei ist es gelungen, mit Weinen mit oft großartigem Preis-/Leistungsverhältnis Qualität und Quantität auf einen Nenner zu bringen. Wir sind in Bolognano auf den Hügeln um Pescara, unter der Majella, inmitten einer bezaubernden, naturbelassenen Landschaft, wo Beuys nicht durch Zufall mit dem Projekt „Difesa della Natura" den Grundstein der Land Art legte. Die Zeichen davon und diese Verbindung zur Kunst sind in der ganzen schönen Kellerei erkennbar. 150 ha eigener Weinberg und weitere Pachtflächen ergeben sehr gut gemachte und kräftige Weine, die eine Vereinigung von Typizität und internationalem Geschmack suchen. Eine eindrucksvolle, durchwegs wertvolle Weinauswahl wurde zur Degustation vorgestellt: Der San Clemente '11, ein moderner und eleganter Montepulciano, holt sich mit seinem dichten, mediterranen Geschmack und der präzisen, progressiven Tanninstruktur die höchste Auszeichnung.

- Montepulciano d'Abruzzo
  S. Clemente Ris. '11 ♛♛♛ 5
- Montepulciano d'Abruzzo
  Il vino dal Tralcetto '12 ♛♛ 2*
- ○ Il Vino del Tralcetto '13 ♛♛ 2*
- Montepulciano d'Abruzzo Chronicon '11 ♛♛ 3
- Montepulciano d'Abruzzo NoSO2 '12 ♛ 3
- Pecorino Cuvée dell'Abate '13 ♛♛ 2*
- ○ Trebbiano d'Abruzzo Kasaura '13 ♛♛ 1*
- ○ Ispira '13 ♛ 3
- ⊙ Montepulciano d'Abruzzo Cerasuolo
  Myosotis '13 ♛ 3
- Montepulciano d'Abruzzo
  Cuvée dell'Abate '12 ♛ 2
- Montepulciano d'Abruzzo Kasaura '13 ♛ 1*
- ○ Trebbiano d'Abruzzo Cuvée dell'Abate '13 ♛ 2
- ○ Trebbiano d'Abruzzo S. Clemente '12 ♛ 4

WEITERE KELLEREIEN

Col del Mondo
C.DA CAMPOTINO, 35C
65010 COLLECORVINO [PE]
TEL. +39 0858207831
www.coldelmondo.com

DIREKTVERKAUF
BESUCH NACH VORANMELDUNG
JAHRESPRODUKTION 50.000 Flaschen
REBFLÄCHE 9 Hektar

○ Kerrias Pecorino '13	🍷 2*
● Montepulciano d'Abruzzo Sunnae '12	🍷 2*
● Montepulciano d'Abruzzo Terre dei Vestini '11	🍷 3

Antonio Costantini
S.DA MIGLIORI, 20
65013 CITTÀ SANT'ANGELO [PE]
TEL. +39 0859699169
www.costantinivini.it

DIREKTVERKAUF
BESUCH NACH VORANMELDUNG
UNTERKUNFT UND GASTRONOMIE
JAHRESPRODUKTION 450.000 Flaschen
REBFLÄCHE 60 Hektar

● Montepulciano d'Abruzzo Tornese '08	🍷 4
○ Pecorino Costantini '13	🍷 3
○ Trebbiano d'Abruzzo Ecate '12	🍷 3
○ Abruzzo Pecorino Iolanda '12	🍷 3

De Angelis Corvi
C.DA PIGNOTTO
64010 CONTROGUERRA [TE]
TEL. +39 086189475
www.deangeliscorvi.it

DIREKTVERKAUF
BESUCH NACH VORANMELDUNG
JAHRESPRODUKTION 40.000 Flaschen
REBFLÄCHE 8 Hektar
WEINBAU Biologisch anerkannt

○ Trebbiano d'Abruzzo Sup. Fonte Raviliano '13	🍷 2*
⊙ Montepulciano d'Abruzzo Cerasuolo Sup. '13	🍷 2

Eredi Legonziano
C.DA NASUTI, 169
66034 LANCIANO [CH]
TEL. +39 087245210
www.eredilegonziano.it

○ Brut Legonziano	🍷 3
○ Brut M. Cl. 36	🍷 4
● Montepulciano d'Abruzzo Diocleziano '10	🍷 2*
○ Pecorino Anxanum '13	🍷 2*

Farnese
LOC. CASTELLO CALDORA
VIA DEI BASTIONI
66026 ORTONA [CH]
TEL. +39 0859067388
www.farnese-vini.com

BESUCH NACH VORANMELDUNG
JAHRESPRODUKTION 11.000.000 Flaschen
REBFLÄCHE 250 Hektar

● Montepulciano d'Abruzzo '13	🍷 2*
● Montepulciano d'Abruzzo Colline Teramane '10	🍷 4
○ Pecorino Casale Vecchio '13	🍷 2*

Feudo Antico
VIA PERRUNA, 35
66010 TOLLO [CH]
TEL. +39 0871969128
www.feudoantico.it

DIREKTVERKAUF
BESUCH NACH VORANMELDUNG
JAHRESPRODUKTION 55.000 Flaschen
REBFLÄCHE 20 Hektar

⊙ Rosato Terre di Chieti '13	🍷 2*
○ Tullum Bianco '13	🍷 3
○ Tullum Rosso '11	🍷 3

WEITERE KELLEREIEN

Filomusi Guelfi
VIA F. FILOMUSI GUELFI, 11
65028 TOCCO DA CASAURIA [PE]
TEL. +39 085986908
elleffegi@tiscali.it

DIREKTVERKAUF
BESUCH NACH VORANMELDUNG
JAHRESPRODUKTION 60.000 Flaschen
REBFLÄCHE 10 Hektar

● Montepulciano d'Abruzzo '12	▼▼ 2*
⊙ Montepulciano d'Abruzzo Cerasuolo '13	▼▼ 2*
○ Casa Scamolla Pecorino '13	▼ 2

Lidia e Amato
C.DA SAN BIAGIO, 2
64010 CONTROGUERRA [TE]
TEL. +39 0861817041
www.lidiaeamatoviticoltori.com

DIREKTVERKAUF
BESUCH NACH VORANMELDUNG
JAHRESPRODUKTION 50.000 Flaschen
REBFLÄCHE 12 Hektar

○ Controguerra Greta '13	▼▼ 2*
● Montepulciano d'Abruzzo Colline Teramane Riccardo '10	▼▼ 3

Marchesi De' Cordano
C.DA CORDANO, 43
65014 LORETO APRUTINO [PE]
TEL. +39 0858289526
www.cordano.it

DIREKTVERKAUF
BESUCH NACH VORANMELDUNG
JAHRESPRODUKTION 170.000 Flaschen
REBFLÄCHE 44 Hektar
WEINBAU Biologisch anerkannt

○ Brut Santa Giusta M. Cl. '11	▼▼ 3
● Montepulciano d'Abruzzo Aida '11	▼▼ 2*
○ Pecorino Diamine '13	▼▼ 2*
● Montepulciano d'Abruzzo Trinità '07	▼ 3

Monti
VIA PIGNOTTO, 62
64010 CONTROGUERRA [TE]
TEL. +39 086189042
www.vinimonti.it

DIREKTVERKAUF
BESUCH NACH VORANMELDUNG
JAHRESPRODUKTION 80.000 Flaschen
REBFLÄCHE 10 Hektar

○ Controguerra Bianco Raggio di Luna '13	▼▼ 2*
⊙ Montepulciano d'Abruzzo Cerasuolo '13	▼▼ 2*
● Montepulciano d'Abruzzo Colline Teramane Senior '09	▼ 3

Cantine Mucci
C.DA VALLONE DI NANNI, 65
66020 TORINO DI SANGRO [CH]
TEL. +39 0873913366
www.cantinemucci.com

DIREKTVERKAUF
BESUCH NACH VORANMELDUNG
JAHRESPRODUKTION 250.000 Flaschen
REBFLÄCHE 24 Hektar

● Montepulciano d'Abruzzo Valentino '13	▼▼ 2*
⊙ Montepulciano d'Abruzzo Cerasuolo Valentino '13	▼ 2
● Montepulciano d'Abruzzo Santo Stefano '12	▼ 3

Orlandi Contucci Ponno
LOC. PIANA DEGLI ULIVI, 1
64026 ROSETO DEGLI ABRUZZI [TE]
TEL. +39 0858944049
www.orlandicontucci.com

DIREKTVERKAUF
BESUCH NACH VORANMELDUNG
JAHRESPRODUKTION 180.000 Flaschen
REBFLÄCHE 31 Hektar

● Montepulciano d'Abruzzo Colline Teramane Ris. '10	▼▼ 5
● Montepulciano d'Abruzzo Rubiolo '13	▼▼ 2*

WEITERE KELLEREIEN

Praesidium
Via Giovannucci, 24
67030 Prezza [AQ]
Tel. +39 086445103
www.vinipraesidium.it

DIREKTVERKAUF
BESUCH NACH VORANMELDUNG
JAHRESPRODUKTION 26.000 Flaschen
REBFLÄCHE 5 Hektar

● Montepulciano d'Abruzzo '09	🍷🍷 5
⊙ Montepulciano d'Abruzzo Cerasuolo '13	🍷🍷 3

La Quercia
C.da Colle Croce
64020 Morro d'Oro [TE]
Tel. +39 0858959110
www.vinilaquercia.it

DIREKTVERKAUF
BESUCH NACH VORANMELDUNG
JAHRESPRODUKTION 120.000 Flaschen
REBFLÄCHE 16 Hektar

⊙ Montepulciano d'Abruzzo Cerasuolo Peladi '13	🍷🍷 1*
● Montepulciano d'Abruzzo Primamadre '08	🍷🍷 2*
● Montepulciano d'Abruzzo '12	🍷 2

San Giacomo
C.da Novella, 36
66020 Rocca San Giovanni [CH]
Tel. +39 0872620504
www.cantinasangiacomo.it

DIREKTVERKAUF
BESUCH NACH VORANMELDUNG
REBFLÄCHE 300 Hektar
WEINBAU Biologisch anerkannt

● Montepulciano d'Abruzzo Casino Murri '12	🍷🍷 2*
● Montepulciano d'Abruzzo Casino Murri '11	🍷🍷 2*
○ Pecorino Casino Murri '13	🍷🍷 1*
○ Pecorino Casino Murri '12	🍷 2

Talamonti
C.da Palazzo
65014 Loreto Aprutino [PE]
Tel. +39 0858289039
www.cantinetalamonti.it

DIREKTVERKAUF
BESUCH NACH VORANMELDUNG
JAHRESPRODUKTION 371.000 Flaschen
REBFLÄCHE 32 Hektar

● Montepulciano d'Abruzzo Tre Saggi '12	🍷🍷 2*
○ Trabocchetto '13	🍷🍷 2*
○ Trebbiano d'Abruzzo Trebì '13	🍷🍷 2*
● Montepulciano d'Abruzzo Modà '13	🍷 2

Valori
Via Torquato al Salinello, 8
64027 Sant'Omero [TE]
Tel. +39 087185241
comunicazione@masciarelli.it

BESUCH NACH VORANMELDUNG
JAHRESPRODUKTION 150.000 Flaschen
REBFLÄCHE 26 Hektar
WEINBAU Biologisch anerkannt

● Montepulciano d'Abruzzo Bio '13	🍷🍷 2*
● Montepulciano d'Abruzzo '13	🍷 2
○ Pecorino d'Abruzzo Bio '13	🍷 2
○ Trebbiano d'Abruzzo Bio '13	🍷 2

Vigneti Radica
Via Piana Mozzone, 4
66010 Tollo [CH]
Tel. +39 0871962227
www.vignetiradica.it

DIREKTVERKAUF
BESUCH NACH VORANMELDUNG
JAHRESPRODUKTION 40.000 Flaschen
REBFLÄCHE 20 Hektar

● Montepulciano d'Abruzzo Paparocco '09	🍷🍷 5
○ Pecorino '13	🍷🍷 3
○ Trebbiano d'Abruzzo Paparocco '12	🍷🍷 2*
○ Tullum Pecorino '13	🍷🍷 3

MOLISE

Jedes Jahr gibt es im Molise leichte Veränderungen. Ein Land mit einer langen Tradition im Wein- und Olivenbau, die grünen Abhänge der Apenninen fallen rasch zum Meer hin ab und scheinen eigens für das Gedeihen der Reben geschaffen zu sein, die sanften Winde halten die intensiven, rhythmischen Gerüche fest, die nährstoffreichen Böden geben den Trauben Fülle und Reichtum mit. Leider aber sind die Weine häufig naiv und schwanken zwischen rustikaler Derbheit und dem Wunsch nach moderner Önologie. Die hier immer schon gezogenen Reben, historisch von den Abruzzen und Kampanien beeinflusst, sind stilistisch individuell und lesbar, fest verankert durch die geschützte Lage vor den Bergen: bezaubernde Aglianico, leichte Falanghina, dichte Montepulciano und gastronomische Trebbiano, außerdem das große Potenzial der Tintilia, einer roten Edelrebe, die saftige, lebhafte Weine bescheren kann, aber leider häufig auf Kraft und internationalen Stil getrimmt wird. Also ein großartiges Terroir, dem es ein wenig an Ehrgeiz fehlt. Diesmal einige schüchterne Zeichen von Veränderung, die für die Zukunft hoffen lassen: eine erkleckliche Zahl von interessanten Weinen in unserer Finalrunde deuten einen versuchten Wandel an, der in den kommenden Jahren diesem Land die verdienten Ergebnisse bringen kann. Vorreiter ist wieder einmal Di Majo Norante, mit einer Flaschenbatterie, die ihr Territorium eindrucksvoll widerspiegelt. Don Luigi ist ein dichter, kraftvoller Aglianico, der nicht auf fleischige Frucht verzichtet und mit einer ungemein dynamischen Trinkbarkeit beeindruckt. Aber auch andere Betriebe können sich sehen lassen: Borgo Colloredo, mit einem dunklen, mineralischen Aglianico, der sich erstmals die Drei Gläser holt, oder Terresacre, mit einem lebhaften, dynamischen Montepulciano, oder Cantine Salvatore, mit einem frischen, entspannten Tintilia, von entwaffnender Süffigkeit. Alles Weine, die nichts mehr mit internationaler Gleichmacherei zu tun haben. Wir sind sicher, dass Molise die von Markt und Verbrauchern geforderte Wende zu spontaneren, territorialen Weinen schaffen wird, um sich langfristig erfolgreich durchsetzen zu können.

MOLISE

Borgo di Colloredo

LOC. NUOVA CLITERNIA
VIA COLLOREDO, 15
86042 CAMPOMARINO [CB]
TEL. +39 087557453
www.borgodicolloredo.com

DIREKTVERKAUF
BESUCH NACH VORANMELDUNG
UNTERKUNFT UND GASTRONOMIE
JAHRESPRODUKTION 300.000 Flaschen
REBFLÄCHE 60 Hektar

60 ha Rebfläche auf den Hügeln, die vom Apennin zur Adria reichen, in Campomarino, einem für den molisanischen Weinbau exzellenten Gebiet. Giulios Familie baut schon seit Generationen mit viel Fachwissen Wein an. Im Keller wird mit traditionellem und leicht rustikalem Stil vinifiziert und das Ergebnis sind einfach und süffig zu trinkende Weine, die sich im regionalen Panorama Jahr um Jahr nicht nur durch das Preis-/Leistungsverhältnis abheben. Der Aglianico '10 ist ein üppiger und kraftvoller Roter mit dunklen und tiefen reifen Rotfrucht- und Grafitaromen, im Schluck vollmundig und lebendig, mit angenehmem, würzigem Abgang. Der Gironia '13 ist ein frischer und linearer Biferno Bianco mit genussreichen Wiesen- und Weißfruchtaromen, am Gaumen gespannt und gastronomisch.

● Aglianico '10	▼▼▼ 3*
○ Biferno Bianco Gironia '13	▼▼ 2*
● Biferno Rosso Gironia '07	▼ 3
○ Greco '13	▼ 2
○ Molise Falanghina '13	▼ 2
● Molise Rosso '11	▼ 2
○ Biferno Bianco Gironia '12	♀♀ 2*
● Biferno Rosso Gironia '06	♀♀ 3
○ Greco '11	♀♀ 2*
○ Molise Falanghina '12	♀♀ 2*
● Molise Montepulciano '10	♀♀ 2*
● Molise Rosso '09	♀♀ 2*

★ Di Majo Norante

FRAZ. NUOVA CLITERNIA
C.DA RAMITELLI, 4
86042 CAMPOMARINO [CB]
TEL. +39 087557208
www.dimajonorante.com

DIREKTVERKAUF
BESUCH NACH VORANMELDUNG
JAHRESPRODUKTION 800.000 Flaschen
REBFLÄCHE 100 Hektar
WEINBAU Biologisch anerkannt

Dieser im molisanischen Weinpanorama historische Betrieb hat jüngst Geschichte des regionalen Weins geschrieben. Wir sind in Campomarino, beinahe 90 Hektar, die vom Apennin bis fast zum Meer reichen und zur Gänze zertifiziert biologisch geführt werden. Im Keller wird zeitgenössisch und geordnet vinifiziert. Das Ergebnis sind Weine mit einem außerordentlichen Preis-/Leistungsverhältnis, die Modernität und Tradition wirksam verbinden wollen. Eine Verkostung, wie sie im Buche steht, bietet dieses Jahr der molisanische Betrieb. Der Don Luigi '11 kommt bei allen gut an. Ein tiefer und fester Aglianico mit dunklen Frucht- und Grafitnoten, im Schluck frisch und fleischig, mit bedeutsamer Struktur. Der Aglianico Biorganic ist ein frischer und rhythmischer Roter mit einfacher, keinesfalls banaler Trinkreife, trotz des kraftvollen, sehr gut verwalteten Stoffs.

● Molise Rosso Don Luigi Ris. '11	▼▼▼ 5
● Molise Aglianico Biorganic '12	▼▼ 2*
● Molise Apianae '12	▼▼ 4
● Biferno Rosso Ramitello '12	▼▼ 3
○ Moli Bianco '13	▼▼ 2*
● Moli Rosso '13	▼▼ 2*
● Molise Aglianico Contado Ris. '12	▼▼ 3
○ Molise Greco '13	▼▼ 2*
○ Molise Falanghina Biorganic '13	▼ 2
○ Molise Falanghina Rami Bianco '13	▼ 2
● Molise Aglianico Biorganic '11	♀♀♀ 2*
● Molise Aglianico Contado Ris. '10	♀♀♀ 3*
● Molise Aglianico Contado Ris. '09	♀♀♀ 3*
● Molise Don Luigi Ris. '08	♀♀♀ 5

MOLISE

Cantine Salvatore
C.DA VIGNE
86049 URURI [CB]
TEL. +39 0874830656
www.cantinesalvatore.it

DIREKTVERKAUF
BESUCH NACH VORANMELDUNG
JAHRESPRODUKTION 80.000 Flaschen
REBFLÄCHE 15 Hektar

Wir befinden uns im südlichen Molise in einer sehr schönen und noch wilden Zone. Hier werfen 15 ha modern und aufmerksam bearbeitete Rebfläche eine interessante und ehrgeizige Auswahl an Weinen ab. Der Keller Ururi überzeugt mit modernen und sehr gepflegten Weinen, die sich an die internationalen Märkte wenden. Pasquale Salvatore glaubt an die einheimische rote Rebsorte Tintilia und interpretiert sie mit einem weichen und angenehmen Stil, der die gesamte Produktion auszeichnet: saubere und sehr gut gemachte Weine, manchmal auf Kosten der Eigentümlichkeit. Die diesjährige Verkostung schwankt zwischen Licht und Schatten. Der Rutilia '12 ist ein frischer und kecker Tintilia mit ungestümen Fruchtaromen, im Schluck frisch und entspannt. Der IndoVINO '12 ist ein rustikaler und wilder Roter mit Gras- und Wiesenaromen sowie dynamischer Trinkreife. Der Nysias '13 ist ein einfacher, etwas unordentlicher Falanghina.

● Molise Tintilia Rutilia '12	🍷🍷 3*
● L'IndoVINO Rosso '12	🍷🍷 2*
○ Molise Falanghina Nysias '13	🍷 3
● Molise Rosso Biberius '10	🍷 2
⊙ Ros Is '13	🍷 2
○ L'IndoVINO Bianco '12	🍷🍷 2*
○ Molise Falanghina Nysias '11	🍷🍷 2*
● Molise Tintilia Rutilia '11	🍷🍷 3
● Molise Tintilia Rutilia '10	🍷🍷 3*
● Molise Tintilia Rutilia '09	🍷🍷 3

Terresacre
C.DA MONTEBELLO
86036 MONTENERO DI BISACCIA [CB]
TEL. +39 0875960191
www.terresacre.net

DIREKTVERKAUF
BESUCH NACH VORANMELDUNG
UNTERKUNFT UND GASTRONOMIE
JAHRESPRODUKTION 100.000 Flaschen
REBFLÄCHE 35 Hektar

Ein Landwirtschaftsbetrieb in Montenero di Bisaccia, an der Grenze des Molise-Gebiets. 50 ha betriebseigener Grund ist zur Hälfte dem Weinbau und zur Hälfte dem Olivenbau gewidmet. Ein hügeliges Gebiet, das auf das Meer blickt und seit jeher zur Landwirtschaft berufen ist. Im modernen Keller werden Trauben von traditionellen Weinbergen modern und ehrgeizig verarbeitet, sie ergeben Weine, die Modernität und Tradition zu vereinen suchen, bisweilen mit etwas Naivität. Die dieses Jahr aufgestellte Auswahl ist hochinteressant, mit gut gemachten und sehr gepflegten Weinen. Der Rispetto '11 ist ein Roter mit eleganten und zitrusfruchtigen Aromen, im Schluck rhythmisch und gestreckt, es beeindruckt die rote Orange, die die Trinkreife süffig und einfach gestaltet. Der Rosavite '13 ist ein gastronomischer und trinkfreundlicher Rosé mit einer gewissen Vielschichtigkeit zwischen Mandel- und Erdbeeraromen.

● Molise Rosso Rispetto '11	🍷🍷 4
○ Molise Falanghina '13	🍷🍷 3
● Molise Rosso Neravite '12	🍷🍷 2*
⊙ Rosavite '13	🍷🍷 2*
● Molise Tintilia '11	🍷 5
○ Molise Trebbiano Orovite '13	🍷 2
○ Molise Falanghina '12	🍷🍷 3
● Molise Rosso Neravite '10	🍷🍷 2*
● Molise Rosso Rispetto '09	🍷🍷 4
● Molise Rosso Rispetto '07	🍷🍷 4
● Molise Tintilia '09	🍷🍷 5
● Molise Tintilia '08	🍷🍷 5
⊙ Rosavite '12	🍷🍷 2*

WEITERE KELLEREIEN

Cantina Catabbo
C.DA PETRIERA
86046 SAN MARTINO IN PENSILIS [CB]
TEL. +39 0875604945
www.catabbo.it

DIREKTVERKAUF
JAHRESPRODUKTION 160.000 Flaschen
REBFLÄCHE 54 Hektar

● Petriera Merlot '12	🍷🍷 2*
○ Petriera Bianco '13	🍷 2
● Petriera Rosso '12	🍷 2

Claudio Cipressi
C.DA MONTAGNA, 11B
86030 SAN FELICE DEL MOLISE [CB]
TEL. +39 0874874535
www.cantinecipressi.it

DIREKTVERKAUF
BESUCH NACH VORANMELDUNG
JAHRESPRODUKTION 60.000 Flaschen
REBFLÄCHE 16 Hektar
WEINBAU Biologisch anerkannt

○ Falanghina Voira '13	🍷🍷 3
● Molise Rosso Decimo '11	🍷 3

Angelo D'Uva
C.DA RICUPO, 13
86035 LARINO [CB]
TEL. +39 0874822320
www.cantineduva.com

DIREKTVERKAUF
BESUCH NACH VORANMELDUNG
UNTERKUNFT UND GASTRONOMIE
JAHRESPRODUKTION 80.000 Flaschen
REBFLÄCHE 35 Hektar

● Molise Tintilia Lagena '12	🍷🍷 2*
○ Keres '13	🍷 2
● Molise Rosso Console Vibio Ris. '08	🍷 3
○ Molise Trebbiano Kantharos '13	🍷 2

Campi Valerio
LOC. SELVOTTA
86075 MONTERODUNI [IS]
TEL. +39 0865493043
www.valeriovini.it

DIREKTVERKAUF
BESUCH NACH VORANMELDUNG
JAHRESPRODUKTION 100.000 Flaschen
REBFLÄCHE 5 Hektar

○ Molise Falanghina Fannia '13	🍷🍷 2*
● Molise Rosso Sannazzaro '11	🍷🍷 3
○ Molise Tintilia Opalia '09	🍷 4

KAMPANIEN

Es ist leicht, aber auch angenehm, sich auf den gewundenen Wegen von Kampaniens Weinlandschaft zu verlieren. Wegen der territorialen Zersplitterung der Rebflächen, unterschiedlicher Expositionen und geologischer Gegebenheiten, erloschener Vulkane wie der Roccamorfina, der Vesuv, die Inseln, Weinberge in immer höheren Lagen – sogar über 700 Meter Seehöhe wie an den Monti Picentini – Weinberge, die steil zum Meer abfallen. Wegen der unzähligen, uralten Parzellen mit Selbstträgern, die teilweise noch unerforscht überall in der Region verstreut sind. Wegen einer Vielfalt im Ausdruck und in der stilistischen Interpretation – auch und vor allem innerhalb einer gleichen Denomination – wirklich außergewöhnlich. Eine Linie der Berührungspunkte zu ziehen ist schwierig, leicht ist es hingegen, Weine ohne territoriale Filter zu finden, direkte Weine, die ihren Produktionsort zuweilen mit verblüffender Selbstverständlichkeit verraten. Fangen wir mit den großen Weißen an, die ein ganzes Repertoire von mineralischen Empfindungen ausdrücken, nach und nach mehr oder weniger deutlich ergänzt durch rauchige Züge, Schwefelhauch, salzig und jodhaltig für die Lagen in Meeresnähe. Eine Mineralität, die Geschmack und mediterrane Töne befeuert: ein skizziertes Bild, das perfekt auf Tischbegleiter passt. Ein noch unerforschtes Potenzial, auch was ihre Lagerfähigkeit betrifft. Beispielhaft der Jahrgang 2013 für den Fiano di Avellino; schließt man die Augen, fühlt man sich in ein alpines Klima versetzt, so straff sind Säure und geschmackliche Progression dieser geschliffenen, schlanken Weine. In 5 bis 10 Jahren reden wir weiter. Problematischer, aber mit einigen sensationellen Ausnahmen, der Greco di Tufo, der im gleichen Jahrgang einige Klippen umschiffen musste. Unter den zahlreichen Überraschungen dieser Edition sticht der Falanghina hervor – die Hauptrebe der Region – der mit Anmut und sonnigem Charakter die Territorien Sannio und Campi Flegrei interpretiert. Beide beweisen eine neue Beständigkeit und werden angesichts ihrer Qualität häufig zu fast rührend niedrigen Preisen angeboten. Dann einige große Klassiker, Garagenweine und zahlreiche Weine im Finale, nie zuvor so viele Piedirosso und Casavecchia. Geht man die Drei-Gläser-Liste durch, vom Parco Naturale del Cilento bis zu den Terrassen der Amalfi-Küste, kommt man zum letzten Taurasi-Jahrgang, dem 2010er: der richtige Jahrgang, wenn Spannung, Vertikalität und Rhythmus gefragt sind. Die Dynamik der Region bestätigen die zahlreichen Betriebe, die diesmal die Aufnahme in unseren Führer geschafft haben. Und nicht weniger als 7 Höchstpreise für Debütanten. Ohne eine bestimmte Reihenfolge: Raffaele Palma, Sanpaolo-Magistravini, La Guardiense, Cautiero, Terre Stregate und La Sibilla. Und noch eine letzte Information: von den 20 Drei-Gläser-Weinen der Region kommen beachtliche 7 aus biologisch oder biodynamisch zertifiziertem Weinbau.

KAMPANIEN

A Casa
loc. Pianodardine
via Filande, 6
83100 Avellino
Tel. +39 0825626406
www.cantineacasa.it

DIREKTVERKAUF
BESUCH NACH VORANMELDUNG
JAHRESPRODUKTION 200.000 Flaschen
REBFLÄCHE 40 Hektar

Erst 2007 hob Tommaso Iavarone mit anderen Personen der Unternehmerwelt dieses neue Landwirtschaftsprojekt aus der Taufe. Heute führt Sergio Iavarone das Unternehmen mit neuer Kraft. Stützpunkt ist die alte Seidenspinnerei im Ortsteil Ferrovia von Avellino, während die insgesamt 40 Hektar Rebflächen in den wichtigsten Gebieten von Irpinia und Sannio liegen. Die Produktion umfasst die wichtigsten Denominationen des Gebiets. Der hinsichtlich Definition und Erkennbarkeit heranwachsende Stil zeichnet sich durch Reichtum und Geschmeidigkeit aus. Hervorzuheben ist der Fiano di Avellino Oro del Passo '13: Er vereint eine wohlduftende, reine Weißfrucht mit saftigem, würzigem Trinkgenuss mit guter Progression. Gut ist auch der Taurasi Vigna di Noè '08 mit seiner vulkanischen, würzigen Note und dem zwischen Wucht und Nuancen ausgewogenen Geschmack. Schlicht, aber von erfrischender Säure getragen der Falanghina Corte Nuda '13.

○ Fiano di Avellino Oro del Passo '13	🍷🍷 3
● Taurasi V. di Noè '08	🍷🍷 5
○ Greco di Tufo Bussi '13	🍷 3
○ Sannio Falanghina Cortenuda '13	🍷 3
⊙ Thrill '13	🍷 3
○ Fiano di Avellino Oro del Passo '12	🍷🍷 3
○ Greco di Tufo Bussi '12	🍷🍷 3
● Irpinia Aglianico Vecchio Postale '09	🍷🍷 4
● Irpinia Aglianico Vecchio Postale '08	🍷🍷 4
● Taurasi V. di Noè '07	🍷🍷 5
● Taurasi V. di Noè Ris. '07	🍷🍷 5

Alois
loc. Audelino
via Ragazzano
81040 Pontelatone [CE]
Tel. +39 0823876710
www.vinialois.it

DIREKTVERKAUF
BESUCH NACH VORANMELDUNG
JAHRESPRODUKTION 160.000 Flaschen
REBFLÄCHE 30 Hektar

Michele und Massimo Alois haben wirklich harte Arbeit geleistet, um die Produktion dieser 1992 gegründeten Kellerei zu aktualisieren. Der Brennpunkt der Weinberge wurde in das höher gelegene Hügelgebiet verlagert, die stilistische Handschrift ist stets klassisch mit beschränkten Extraktionen und bedachtem Holzeinsatz, ein wahrer Gewinn für den Trinkgenuss und die Spannung. Die autochthonen Traubensorten stehen seit jeher im Mittelpunkt. Neben den klassischen Falanghina- und Aglianico-Trauben, werden die Casavecchia- sowie die weiße und rote Pallagrello-Traube aufgewertet. Wohlduftend und sonnig der Pallagrello Bianco Caiatì '13 mit Frische, Harmonie und einem langen Zitronenart-Nachhall. Gut, aber noch nicht ganz ausgereift, der Trebulanum '11: So viel Materie benötigt noch etwas Zeit, um eine geschmackliche Ausgewogenheit zu finden. Reifer und spontaner der Cuntu '11, ein Pallagrello Nero, der zwischen Veilchenduft, roter Frucht und einem würzigen Finale die Signatur des Ortsteils Pontelatone trägt.

○ Pallagrello Bianco Caiatì '13	🍷🍷 2*
● Trebulanum '11	🍷🍷 5
● Cunto '11	🍷🍷 4
○ Caulino '13	🍷 2
● Trebulanum '10	🍷🍷🍷 5
● Campole '10	🍷🍷 2*
● Cunto '09	🍷🍷 4
○ Pallagrello Bianco Caiatì '12	🍷🍷 2*
○ Pallagrello Bianco Caiatì '09	🍷🍷 2*
● Trebulanum '07	🍷🍷 5

KAMPANIEN

I Cacciagalli
P.ZZA DELLA VITTORIA, 27
81057 TEANO [CE]
TEL. +39 0823875216
www.icacciagalli.it

DIREKTVERKAUF
BESUCH NACH VORANMELDUNG
JAHRESPRODUKTION 15.000 Flaschen
REBFLÄCHE 6 Hektar
WEINBAU Biologisch anerkannt

Dies ist der erste Auftritt der jungen, im Norden von Caserta zwischen Teano und Caianello ansässigen Kellerei im Hauptteil des Weinführers. Dieser Betrieb hat einige der überraschendsten Kostproben der gesamten Region eingereicht. Hier, am Fuße des erloschenen Vulkans Roccamorfina, haben Diana Iaccannone und Mario Basco ein an der biodynamischen Landwirtschaft inspiriertes Weinbauprojekt ins Leben gerufen. Sie verwenden nur heimischen Hefen, filtern und klären ihre Weine nicht, auch der Schwefelzusatz ist extrem gering. Der Falanghina Aorivola erfährt eine 12stündige Maischegärung und wird danach in Stahltanks verarbeitet; der ganz neue Zagreo hingegen wird in der Amphore ausgebaut. Der Zagreo '13 aus Fiano-Trauben ist sicherlich einer der ansprechendsten Newcomer unserer regionalen Verkostungen. Seine gewichtige Struktur ist reich an blumigen und harzigen Noten, die sich in einem Geschmack mit großartiger Antriebskraft und umfassender, langer und würziger Entwicklung auflösen.

○ Zagreo '13	🍷🍷 4
○ Aorivola '13	🍷🍷 4
● Masseria Cacciagalli '11	🍷🍷 4
● Basco '10	🍷🍷 3

Antonio Caggiano
C.DA SALA
83030 TAURASI [AV]
TEL. +39 082774723
www.cantinecaggiano.it

DIREKTVERKAUF
BESUCH NACH VORANMELDUNG
UNTERKUNFT
JAHRESPRODUKTION 155.000 Flaschen
REBFLÄCHE 25 Hektar

Antonio Caggiano zählt zu den wichtigsten Innovatoren des kampanischen Weins. Seine Taurasi sind dank der Trauben, die aus einigen der besten Lagen des Anbaugebiets wie Contrada Sala, Piano di Montevergine, San Pietro und Coste stammen, ein Anhaltspunkt. Wer weiß, ob seine Leidenschaft für Reisen auch mit der Entscheidung zu tun hat, einen der ersten in Barriquefässern gegärten und ausgebauten Taurasi-Lagenweine - den Vigna Macchia dei Goti - herzustellen, der diesen Jahrgang ausgezeichnet interpretiert. Heute hilft Sohn Pino bereits in der Kellerei mit und der Stil zeigt klare Zeichen der Kontinuität: Wucht und Geschmacksreichtum. Eine Bomben-Präsentation: Drei Gläser gehen an den Taurasi Vigna Macchia dei Goti '10. Zu Beginn zeigt er Züge von Rauch und Berggräsern; am Gaumen ist er dicht und dennoch sehr agil, hat eine reine Frucht, Agrumennuancen und ein langes, durchdringendes Finale. Der Fiano di Avellino Bechar '13 ist ein raffinierter, sonniger, gut schattierter Wein mit felsigem Profil, aromatischer Feinheit und einem rauchigen Finale mit Klasse.

○ Fiano di Avellino Béchar '13	🍷🍷🍷 3*
○ Mel '11	🍷🍷 5
● Taurasi V. Macchia dei Goti '10	🍷🍷 5
○ Greco di Tufo Devon '13	🍷🍷 3
● Irpinia Aglianico Taurì '12	🍷🍷 2*
● Irpinia Campi Taurasini Salae Domini '11	🍷🍷 5
○ Falanghina '13	🍷 2
○ Fiagre '13	🍷 2
● Taurasi V. Macchia dei Goti '08	🍷🍷🍷 5
● Taurasi V. Macchia dei Goti '04	🍷🍷🍷 5
● Taurasi V. Macchia dei Goti '99	🍷🍷🍷 5
○ Fiano di Avellino Béchar '10	🍷🍷 3*
● Irpinia Aglianico Taurì '10	🍷🍷 2*
● Taurasi V. Macchia dei Goti '09	🍷🍷 5
● Taurasi V. Macchia dei Goti '07	🍷🍷 5

KAMPANIEN

Cantina del Taburno

via Sala, 16
82030 Foglianise [BN]
Tel. +39 0824871338
www.cantinadeltaburno.it

DIREKTVERKAUF
BESUCH NACH VORANMELDUNG
JAHRESPRODUKTION 1.200.000 Flaschen
REBFLÄCHE 600 Hektar

In Pantanella, im Raum Benevento, wachsen in einem hundertjährigen Weinberg die Trauben für einen der berühmtesten Aglianico: der Bue Apis, ein Klassiker in limitierter Auflage. Wir befinden uns in nur 1000 m Entfernung von dieser großen Genossenschaftskellerei mit ca. 600 ha in Foglianise, wo die wichtigsten Sorten des Sannio verarbeitet werden: Aglianico, Piedirosso, aber auch Falanghina, Greco, Fiano und Coda di Volpe. Demzufolge ist auch die Weinauswahl besonders reich und strukturiert: Vom Eingangslevel bis hin zu den Auslesen, vom Bue Apis bis zum Delius, die nach langen Reifungen in Barriques und in der Flasche angeboten werden. Bemerkenswert auch die Süßweine und in Tanks nachgegärten Weine. Mangels des Bue Apis setzt sich der Aglianico del Taburno Delius '11 mit seinem reichhaltigen, reifen Profil, dem balsamischen Einschlag und dunkleren Grafitton in Szene. Der klar fruchtige Fiano '13 und der knackige Falanghina mit seinen Heu- und Birnennoten liegen ihm dicht auf den Fersen.

● Aglianico del Taburno Delius '11	🍷🍷 4
○ Falanghina del Sannio Taburno '13	🍷🍷 2*
○ Fiano del Beneventano '13	🍷🍷 2*
○ Coda di Volpe Amineo '13	🍷 2
○ Greco del Beneventano '13	🍷 2
● Aglianico del Taburno Delius '09	🍷🍷🍷 4*
● Bue Apis '00	🍷🍷🍷 6
● Bue Apis '99	🍷🍷🍷 6
● Taburno Aglianico Bue Apis '04	🍷🍷🍷 8
● Aglianico del Taburno Bue Apis '08	🍷🍷 7

Viticoltori del Casavecchia

via Madonna delle Grazie, 28
81040 Pontelatone [CE]
Tel. +39 3289726688
www.viticoltoridelcasavecchia.it

DIREKTVERKAUF
BESUCH NACH VORANMELDUNG
JAHRESPRODUKTION 18.000 Flaschen
REBFLÄCHE 3 Hektar

Letztes Jahr hatten wir bereits die Wiederaufnahme der Tätigkeiten dieser Genossenschaftskellerei in Pontelatone signalisiert. Mit im Boot sind Alfonso Cutillo, Battista Perrone und Maurizio Alongi: Ihnen ist es zu verdanken, dass viele kleine Hersteller aus dem Caiatine-Gebiet vereint wurden und nun eine Weinauswahl mit außergewöhnlichem Preis-/Leistungsverhältnis bieten. Die Casavecchia-Traube, der großartige Protagonist in Pontelatone, wird hier zu verschiedenen Auslesen verarbeitet, die sich mit dem besonders brillanten Einsatz von Holz einen Stil voller Dynamik und Trinkgenuss zuteile machen. Die zwei für diese Ausgabe präsentierten Weine sind bemerkenswert. Der Casavecchia Erta dei Ciliegi '12 zeigt mit seinem soliden Gefüge mit unversehrter, knackiger Frucht Noten von frisch gemahlenem Pfeffer, reifen Kirschen sowie Strenge und Vitalität. Die würzige Textur des Casavecchia Prea '11 ist etwas ausgeprägter. Er hat einen leicht rauchigen Charakter, Heilkräuternoten und eine dunkle, dichte und reife Frucht, die sich mit Grazie und Geschmack entspannt.

● Erta dei Ciliegi '12	🍷🍷 2*
● Prea '11	🍷🍷 4
● Corte Rosa '08	🍷🍷 2
● Erta dei Ciliegi '11	🍷🍷 2*
● Erta dei Ciliegi '09	🍷🍷 2
● Futo '08	🍷🍷 4
○ Pallagrello Bianco '12	🍷🍷 2*
● Vigna Prea '10	🍷🍷 4

Cautiero

C.DA ARBUSTI
82030 FRASSO TELESINO [BN]
TEL. +39 3387640641
www.cautiero.it

DIREKTVERKAUF
UNTERKUNFT
JAHRESPRODUKTION 16.000 Flaschen
REBFLÄCHE 4 Hektar
WEINBAU Biologisch anerkannt

Die Kellerei von Fulvio und Imma Cauterio ist einer der aufstrebenden Betriebe des Sannio-Gebiets der Provinz Benevento. Sie wurde 2002 gegründet und bebaut 4 ha biologisch mit den weißen Rebsorten Falanghina, Fiano und Greco, sowie Aglianico und Piedirosso als rotes Gegenstück. Wir befinden uns im westlichen Sannio-Gebiet, an der Grenze zum Taburno-Naturschutzgebiet mit üppiger Vegetation, kontinentalem Klima und kaliumreichen Tonböden. Das stilistische Profil der Weine beeindruckt durch sehr gute Lebendigkeit, Schmackhaftigkeit und lebhafte Säurekontraste. Und das wirklich zu konkurrenzfähigen Preisen. Dem wunderbaren Falanghina Fois '13 gebühren die Drei Gläser. Er tritt locker und elegant auf, zeigt sich harmonisch zwischen hellen Tönen nach Kamille und grünem Tee; das Mundgefühl ist reich an Fruchtfleisch mit iodierten Tönen und einem entspannten, präzisen und erfrischenden Trinkvergnügen. Sehr gut ist auch der spontane Piedirosso '13, wohlduftend nach Veilchen und kleinen schwarzen Früchten mit viel Fruchtfleisch und Vitalität.

○ Sannio Falanghina Fois '13	♛♛♛ 2*
● Piedirosso '13	♛♛ 2*
○ Sannio Greco Trois '13	♛♛ 2*
○ Erba Bianca '13	♛ 2
● Sannio Aglianico Fois '11	♛ 2

Tenuta del Cavalier Pepe

VIA SANTA VARA
83040 SANT'ANGELO ALL'ESCA [AV]
TEL. +39 082773766
www.tenutacavalierpepe.it

DIREKTVERKAUF
BESUCH NACH VORANMELDUNG
UNTERKUNFT UND GASTRONOMIE
JAHRESPRODUKTION 300.000 Flaschen
REBFLÄCHE 50 Hektar

Milena Pepe ist entschlossen, hat klare Vorstellungen und setzt sich stets dafür ein, ihre Weine am in- und ausländischen Markt aufzuwerten. Nach ihrer Ausbildung in Belgien ist sie in die Heimat zurückgekehrt, um gemeinsam mit Vater Angelo neuen Wind in den Betrieb zu bringen. Auf den 50 ha betriebseigenen Rebflächen in den Gemeinden Luogosano, Sant'Angelo all'Esca und Taurasi werden vorwiegend Aglianico, Coda di Volpe, Fiano und Greco angebaut. Zur Auswahl gehören sowohl Lagenweine und Experimente sowie süffige Weine als auch Rotweine, die nach einem langen Holz- und Flaschenausbau herbe Züge zeigen. Die Taurasi zeigen einen guten Einsatz von Eichenholz. Insbesondere der La Loggia del Cavaliere Riserva '08 hat einen lebendigen, balsamischen Charakter, der in ein tonisches Finale von mediterranen Kräutern und geröstetem Kaffee einleitet. Geröstete Mandelnoten für den saftigen Fiano di Avellino Refiano '13 mit salzigen Empfindungen.

● Taurasi La Loggia del Cavaliere Ris. '08	♛♛ 6
○ Fiano di Avellino Refiano '13	♛♛ 3
● Irpinia Aglianico Terra del Varo '11	♛♛ 2*
● Taurasi Opera Mia '09	♛♛ 5
○ Brut Oro Spumante	♛ 3
○ Falanghina '13	♛ 2
○ Greco di Tufo Nestor '13	♛ 3
● Irpinia Aglianico Terra del Varo '10	♛♛ 2*
● Taurasi La Loggia del Cavaliere Ris. '07	♛♛ 6
● Taurasi Opera Mia '08	♛♛ 5
● Taurasi Opera Mia '07	♛♛ 5
● Taurasi Opera Mia '06	♛♛ 5

KAMPANIEN

Colli di Castelfranci
C.DA BRAUDIANO
83040 CASTELFRANCI [AV]
TEL. +39 082772392
www.collidicastelfranci.com

DIREKTVERKAUF
BESUCH NACH VORANMELDUNG
UNTERKUNFT
JAHRESPRODUKTION 160.000 Flaschen
REBFLÄCHE 25 Hektar

Wir sind im oberen Irpinia. Castelfranci ist ein kleiner Ort auf 450 m Seehöhe, der Mittelpunkt eines der interessantesten Aglianico-Anbaugebiete. Langsame und lange Reifeprozesse mit Weinlesen bis teils in den November hinein ergeben gewichtige Säuren, Extrakte und ein optimales Reifungspotenzial. Seit 2002 führen Luciano Gregorio und Gerardo Colucci diesen Betrieb, der sich zu Beginn durch ausschließlich in Stahltanks vinifizierte, agile und vibrierende Weißweine aus Greco- und Fiano-Trauben auszeichnete, um sich später auch mit dem Charakter des Aglianico zu befassen. Dieser wird in zwei Varianten vorgestellt: Taurasi Alta Valle und dessen Riserva. Taurasi Alta Valle '10 - ein Wein, der mit seiner Reaktionsfähigkeit und Ausdruckskraft zwischen Würze und dunkler, reifer Frucht und dem harmonischen Nachhall ins Finale gehört. Solide und unversehrt ist auch der Vatantico '10. Sein würziges Profil lässt genug Platz für eine klare Frucht und einen linearen, progressiven Trinkgenuss. Fein und würzig ist auch der Greco di Tufo Grotte '13 mit seinen moosigen Nuancen.

● Taurasi Alta Valle '10	🍷🍷🍷 5
○ Greco di Tufo Grotte '13	🍷🍷🍷 3
● Irpinia Campi Taurasini Vadantico '10	🍷🍷🍷 3
⊙ Irpinia Aglianico Rosato Crote '13	🍷 2
● Irpinia Campi Taurasini Candriano '09	🍷 3
○ Irpinia Fiano Paladino '12	🍷 4
○ Irpinia Greco Vallicelli '12	🍷 4
○ Greco di Tufo Grotte '12	🍷🍷 3
● Taurasi Alta Valle '09	🍷🍷 5
● Taurasi Alta Valle '08	🍷🍷 4
● Taurasi Alta Valle '06	🍷🍷 4
● Taurasi Alta Valle Ris. '08	🍷🍷 7
● Taurasi Alta Valle Ris. '07	🍷🍷 7

Colli di Lapio
VIA ARIANIELLO, 47
83030 LAPIO [AV]
TEL. +39 0825982184
www.collidilapio.it

DIREKTVERKAUF
BESUCH NACH VORANMELDUNG
JAHRESPRODUKTION 56.000 Flaschen
REBFLÄCHE 8 Hektar
WEINBAU Biologisch anerkannt

Clelia Romanos Weine sind ein Norden im Süden. Aus den bis zu 600 m hoch gelegenen Weinbergen in Arianiello, Stazzone und Scarpone entstehen angriffslustige Weine mit nordischem Charakter und iodierten Noten. Ihr Fiano hat die besondere Fähigkeit, die Reflexe des Jahrgangs zu kondensieren und scheut in den besten Versionen keine Alterung: der Fiano '08 - Weißwein des Jahres unseres Führers von 2010 - ist in Bestform und zeigt noch viel Energiereserven für die Zukunft. Neben dem Fiano sind auch der Greco und Aglianico stets in beschränkter Anzahl verfügbar. Heute ist er gut, morgen wird er großartig sein: Der Fiano '13 öffnet sich langsam auf Heu und Wiesenblumen, die elegante Rauchnote verleiht seinem schnittigen Geschmack die nötige Dreidimensionalität; er wächst und hält lange auf vibrierenden Agrumennoten an. Die Säure ist sein wahres Lebenselixier. Ganz anders ist der Greco di Tufo Alèxandros '13: spontaner und markiger. Der Donna Chiara '11 wird von den animalischen Noten unterdrückt.

○ Fiano di Avellino '13	🍷🍷🍷 4*
○ Greco di Tufo Alèxandros '13	🍷🍷🍷 3
● Irpinia Campi Taurasini Donna Chiara '11	🍷 3
○ Fiano di Avellino '10	🍷🍷🍷 4
○ Fiano di Avellino '09	🍷🍷🍷 4
○ Fiano di Avellino '08	🍷🍷🍷 4*
○ Fiano di Avellino '07	🍷🍷🍷 4
○ Fiano di Avellino '05	🍷🍷🍷 4
○ Fiano di Avellino '12	🍷🍷 4
○ Fiano di Avellino '11	🍷🍷 4
● Taurasi V. Andrea '08	🍷🍷 5

KAMPANIEN

Michele Contrada
C.DA TAVERNA, 31
83040 CANDIDA [AV]
TEL. +39 0825988434
www.vinicontrada.it

DIREKTVERKAUF
BESUCH NACH VORANMELDUNG
JAHRESPRODUKTION 60.000 Flaschen
REBFLÄCHE 10 Hektar

Die 2003 gegründete Kellerei von Gerardo Contrada wahrt die Züge einer Weinboutique: Von den 10 ha Rebflächen sind 5 ha Eigentum, womit um die 60.000 Flaschen erzeugt werden. Die Weinberge liegen im Gebiet Candida, einem Untergebiet des Fiano di Avellino, der hier eine unverkennbar moosige Note erhält. Greco und Coda di Volpe bereichern das Bild der Weißweine, die alle in Stahltanks verarbeitet werden, während der Aglianico aus einem ungefähr 30 Jahre alten Weinberg aus Castelfranci stammt. Verdienter Finalist ist der Fiano di Avellino '12. In seinen Tönen nach Mispel und Blütenhonig und mit der leicht erdigen Nuance zeigt er einen reifen, umhüllenden Charakter. Er entwickelt sich horizontal, glyzerisch, mit Fruchtfleisch und Beerenschalen, aber auch mit tiefer Würze. Der Greco di Tufo '12 duftet nach Granatapfel und Mandel.

○ Fiano di Avellino '12	🍷🍷 3*
○ Greco di Tufo '12	🍷🍷🍷 3
○ Fiano di Avellino Selvecorte '12	🍷🍷 3*
○ Fiano di Avellino Selvecorte '11	🍷🍷 2*
○ Greco di Tufo Gaudioso '12	🍷🍷 3
○ Irpinia Coda di Volpe Taberna '11	🍷🍷 2*
○ Irpinia Coda di Volpe Taberna '10	🍷🍷 2*

Contrada Salandra
LOC. CUMA
80078 POZZUOLI [NA]
TEL. +39 0815265258
www.dolciqualita.com

DIREKTVERKAUF
BESUCH NACH VORANMELDUNG
JAHRESPRODUKTION 17.000 Flaschen
REBFLÄCHE 4 Hektar

Im Weinbau-Panorama Kampaniens haben die Phlegräischen Felder das Zeug dazu, the Next Big Thing zu vertreten. Wir sind im Umfeld von Pozzuoli, am Vulkansand von Coste di Cuma, Monte Sant'Angelo und Monteruscello, dem idealen Habitat für Falanghina und Piedirosso. Wir sprechen hier von geringen Mengen: Giuseppe Fortunato erzeugt immer um die 17.000 Flaschen, aber die Qualität und der Charakter dieser Weine haben bereits eine große Anzahl von Liebhabern verzaubert. Auch für die geschmacklich rhythmischen Weißweine gelten ausdauernde Mazerationszeiten und lange Lagerungen in Stahltanks auf Feinhefe. Köstlich, der überschwängliche und spontane Campi Flegrei Piedirosso '12 mit Noten nach schwarzem Tee, Walderdbeeren und Rosmarin. Im Geschmack ist er schlank und spritzig, rein, mit präzisem, schön fruchtigem Abgang. Linearer Trinkgenuss und salzige Spuren für den Campi Flegrei Falanghina '12.

● Campi Flegrei Piedirosso '12	🍷🍷 3*
○ Campi Flegrei Falanghina '12	🍷🍷 2*
○ Campi Flegrei Falanghina '11	🍷🍷 2*
○ Campi Flegrei Falanghina '10	🍷🍷 2*
● Campi Flegrei Piedirosso '11	🍷🍷 3*

KAMPANIEN

Contrade di Taurasi
VIA MUNICIPIO, 39
83030 TAURASI [AV]
TEL. +39 082774483
www.cantinelonardo.it

DIREKTVERKAUF
BESUCH NACH VORANMELDUNG
JAHRESPRODUKTION 20.000 Flaschen
REBFLÄCHE 5 Hektar
WEINBAU Biologisch anerkannt

„Experimentieren und forschen" lautet das Leitmotiv des kleinen Familienbetriebs Lonardo. Wir befinden uns in Taurasi, wo die Vulkanböden einen hohen Sandanteil aufweisen. Ein besonderes Gebiet für den Aglianico, der als Lagenwein Vigne d'Alto und Coste angeboten wird. Die bodengetreuen Weine öffnen sich langsam im Glas, zeigen aber eine natürliche Ausdruckskraft. Stets die Prinzipien des biologischen Weinbaus im Auge behaltend, hat sich ein Forscherteam mit Spontangärungen und der Wiederherstellung alter Weinberge beschäftigt. Zuletzt war der Roviello, der hier Greco Musc' genannt wird, an der Reihe. Ein Weißwein, der in den letzten Jahren wunderbare, würzig mineralische Ausdrücke geliefert hat. Drei Gläser gehen an den Grecomusc' '12: In ihm wechseln sich Noten nach Kohlenwasserstoff, weißer Melone und Kaffee ab. Der Geschmack ist rhythmisch mit einer salzigen Nuance und spannenden Säure; er entfaltet sich langfristig auf verführerische Weise. Auch der Taurasi Coste '09 schneidet mit seinen Nuancen von Leder, dunkler Frucht und der klaren mineralischen Note gut ab.

○ Grecomusc' '12	🍷🍷🍷 4*
● Taurasi Coste '09	🍷🍷🍷 7
● Taurasi Vigne d'Alto '09	🍷🍷 5
○ Grecomusc' '10	🍷🍷🍷 4*
● Taurasi '04	🍷🍷🍷 6
● Taurasi Coste '08	🍷🍷🍷 7
○ Grecomusc' '11	🍷🍷 4
● Taurasi '08	🍷🍷 5
● Taurasi '05	🍷🍷 6
● Taurasi Coste '07	🍷🍷 7
● Taurasi Ris. '05	🍷🍷 6
● Taurasi Vigne d'Alto '08	🍷🍷 7
● Taurasi Vigne d'Alto '07	🍷🍷 7

Marisa Cuomo
VIA G. B. LAMA, 16/18
84010 FURORE [SA]
TEL. +39 089830348
www.marisacuomo.com

DIREKTVERKAUF
BESUCH NACH VORANMELDUNG
GASTRONOMIE
JAHRESPRODUKTION 109.000 Flaschen
REBFLÄCHE 18 Hektar

Manche Weine haben die Gabe, auch bei einer Blindverkostung unmittelbar auf ihr Ursprungsgebiet schließen zu lassen. Genau dies trifft für die Weine aus diesem emblematischen Betrieb der Amalfiküste zu, der sich für die Wiederherstellung der vom Aussterben bedrohten Rebsorten wie Fenile, Ginestra, Ripoli und Biancazita eingesetzt hat. Heute unterstützen Raffaele und Dora ihre Eltern Andrea Ferraioli und Marisa Cuomo in der Bestellung der kleinen Parzellen mit Pergel- und Drahtrahmensystem. Die Produktion umfasst eine Reihe von wohlduftenden, reaktionsfähigen, in Stahltanks vinifizierten Weißweinen, aber auch reifere, umhüllende Versionen, wie das Flaggschiff Fiorduva. Allen voran zwei Weißweine. Furore Bianco'13: Seine wohlduftenden Töne nach Zitronen und weißem Pfirsich wechseln sich im spannenden und felsigen Geschmack ab. Cremig und vollmundig trumpft der Fiorduva '12 mit einem gewussten Einsatz von Holz auf. In der Nase zeigt er Mandel, danach Glyzinie und Rose; Im Mund ist er reichhaltig und frisch, mit einer etwas ausgeprägteren vegetabilen Note als sonst.

○ Costa d'Amalfi Furore Bianco '13	🍷🍷 4
○ Costa d'Amalfi Furore Bianco Fiorduva '12	🍷🍷 6
● Costa d'Amalfi Furore Rosso '13	🍷🍷 3
○ Costa d'Amalfi Ravello Bianco '13	🍷🍷 3
● Costa d'Amalfi Furore Rosso Ris. '11	🍷 6
● Costa d'Amalfi Ravello Rosso Ris. '11	🍷 5
⊙ Costa d'Amalfi Rosato '13	🍷 3
○ Costa d'Amalfi Fiorduva '08	🍷🍷🍷 6
○ Costa d'Amalfi Furore Bianco '10	🍷🍷🍷 4
○ Costa d'Amalfi Furore Bianco Fiorduva '10	🍷🍷🍷 6
○ Costa d'Amalfi Furore Bianco '12	🍷🍷 4
○ Costa d'Amalfi Furore Bianco Fiorduva '11	🍷🍷 6
○ Costa d'Amalfi Ravello Bianco '12	🍷🍷 3*

KAMPANIEN

D'Ambra Vini d'Ischia
FRAZ. PANZA
VIA MARIO D'AMBRA, 16
80077 FORIO [NA]
TEL. +39 081907210
www.dambravini.com

DIREKTVERKAUF
BESUCH NACH VORANMELDUNG
JAHRESPRODUKTION 450.000 Flaschen
REBFLÄCHE 14 Hektar

Man denkt an Ischia und stellt sich das Anwesen Frassitelli vor: kleine, steile Weingärten auf 600 m Seehöhe in Küstenlage, die Einschienenbahn, viele vom Aussterben bedrohte, autochthone Sorten. Familie D'Ambra ist bereits seit 1888 auf der Insel aktiv und hat sich ausgehend von der Biancolella-Lage der Tenuta Frassitelli bis hin zum erneuten Anbau von Forastera, Guarnaccia, Per'e Palummo sehr für den Schutz und die Wiederaufwertung des hiesigen Weinbaus eingebracht. Unter der Führung von Andrea D'Ambra und seinen Töchtern Sara und Marina entstehen transparent gebietsklassische Weine mit salziger Note. Der Salzgehalt des Biancolella Tenuta Frassitelli '13 verrät ganz klar sein Ursprungsgebiet. In der Würze treten Schwaden von Jod und Vulkan- sowie Rauchnoten auf. Originell ist der Per' 'e Palummo La Vigna dei Mille Anni '12: ein leicht flüchtiger Hauch, danach Noten von getrockneten Tomaten, Rosmarin und Oregano.

○ Ischia Biancolella Tenuta Frassitelli '13		♛♛ 3*
● Ischia Per'e Palummo La Vigna dei Mille Anni '12		♛♛ 5
○ Ischia Forastera Euposìa '13		♛♛ 3
● Ischia Rosso Dedicato a Mario D'Ambra '11		♛♛ 4
○ Ischia Bianco '13		♛ 2
○ Ischia Biancolella '13		♛ 3
○ Ischia Biancolella Tenuta Frassitelli '12		♛♛♛ 3*
○ Ischia Biancolella Tenuta Frassitelli '11		♛♛ 3*
○ Ischia Biancolella Tenuta Frassitelli '10		♛♛ 3
○ Ischia Forastera Euposia '10		♛♛ 3*

Di Marzo
VIA GAETANO DI MARZO, 2
83010 TUFO [AV]
TEL. +39 0825998022
www.cantinedimarzo.it

DIREKTVERKAUF
BESUCH NACH VORANMELDUNG
JAHRESPRODUKTION 150.000 Flaschen
REBFLÄCHE 26 Hektar

Die im 17. Jahrhundert in den Tuffstein gehauenen Weinkeller enthüllen die Identität der historischen Marke, die 2009 von Familie Di Somma übernommen wurde. Ihr ist es gelungen, einer der ältesten Weinkellereien Italiens neuen Schwung zu verleihen. Man schrieb das Jahr 1648 als Scipione di Marzo, einer der Gründer des Greco di Tufo, mit dem Bau der Kellerei begann, die sich heute noch vorwiegend auf die Königsrebe der Tuffsteinhügel konzentriert. 26 ha eigene Weinberge, neben Fiano und Aglianico ganze 5 Greco-Abwandlungen, die alle - auch der Metodo Classico Extra Brut, der 18 Monate auf der Feinhefe ruht - in Stahltanks vinifiziert werden. Wir empfehlen drei Weine. Den Fiano di Avellino Donatus '13 mit Duft nach weißen Blumen, frisch geschnittenem Gras und einer zarten Räuchernote, den soliden, dunklen und texturierten, dichten Taurasi Albertus '10 mit dem langen Finale. Und abschließend den Greco di Tufo Somnium Scipionis '12 mit reifem, sonnigem Profil mit Melonen- und Mandelnoten.

○ Fiano di Avellino Donatus '13		♛♛ 3*
○ Greco di Tufo Somnium Scipionis '12		♛♛ 5
● Taurasi Albertus '10		♛♛ 5
○ Greco di Tufo Franciscus '13		♛ 3
● Irpinia Aglianico Cantine Storiche '12		♛ 3
○ Fiano di Avellino Donatus '12		♛♛ 3
○ Greco di Tufo Franciscus '11		♛♛ 3
○ Greco di Tufo Scipio '11		♛♛ 4
● Taurasi Albertus '09		♛♛ 3

KAMPANIEN

Di Meo
C.DA COCCOVONI, 1
83050 SALZA IRPINA [AV]
TEL. +39 0825981419
www.dimeo.it

DIREKTVERKAUF
BESUCH NACH VORANMELDUNG
GASTRONOMIE
JAHRESPRODUKTION 500.000 Flaschen
REBFLÄCHE 30 Hektar

Nach der Pause vom letzten Jahr erobert sich der Betrieb von Generoso und Roberto di Meo wieder einen Platz im Hauptteil des Weinführers. Die 1986 in Salza Irpina gegründete Kellerei hat mit ihrer umfangreichen und gut geschichteten Auswahl und den Auslesen und Reserven, die erst nach einer langen Flaschenreifung auf den Markt gelangen, wichtige Seiten in der Weinbaugeschichte von Avellino geschrieben. Di Meos Weine sind nie spontan, was sowohl für den Taurasi Riserva, dessen Trauben in über 600 m Seehöhe in Montemarano gedeihen, als auch für den in vier Versionen erzeugten Fiano di Avellino gilt. Eine Leistung mit vielen Höhen und ein paar Tiefen. Absolut überraschend ist das über Jahre gleich bleibende Niveau des Fiano di Avellino Selezione Erminia di Meo '03: er zeigt noch frische und wohlduftende Agrumennoten, ist im Mund beinahe brackig mit einem leichten Ansatz von Würze und hat ein wirklich beachtliches Gleichgewicht. Der Colle dei Cerri '10 zeigt Niveau.

○ Fiano di Avellino Sel. Erminia Di Meo '03		🍷 6
○ Fiano di Avellino Colle dei Cerri '10		🍷🍷 4
○ Fiano di Avellino F Sel. Alessandra '11		🍷🍷 3
● Aglianico '12		🍷 3
○ Coda di Volpe C '13		🍷 2
○ Fiano di Avellino F '13		🍷 3
○ Isso '12		🍷 2
○ Sannio Falanghina S '13		🍷 2
● Taurasi Ris. '06		🍷🍷🍷 5
● Aglianico '09		🍷🍷 3
○ Fiano di Avellino Alessandra '10		🍷🍷 3
○ Fiano di Avellino Alessandra '09		🍷🍷 3
○ Greco di Tufo Sel. Roberto Di Meo '10		🍷🍷 4
● Isso '10		🍷🍷 2*

Di Prisco
C.DA ROTOLE, 27
83040 FONTANAROSA [AV]
TEL. +39 0825475738
www.cantinadiprisco.it

DIREKTVERKAUF
BESUCH NACH VORANMELDUNG
JAHRESPRODUKTION 100.000 Flaschen
REBFLÄCHE 10 Hektar

Pasqualino Di Prisco wird sicherlich für seine Fähigkeit geschätzt, mit großartigem Wissen und auf höchstem Qualitätsniveau sowohl Weißweine wie Greco, Fiano und Coda di Volpe als auch den Aglianico, der auf den kalkreichen Böden in Fontanarosa salzige und kräftige Taurasi ergibt, handzuhaben. Besonders positiv sind in den letzten Jahren auch die Ergebnisse der von Zulieferbetrieben in Montefusco gehaltenen Weinberge. Seit 2004 werden sie für den Jahrgangswein Greco di Tufo und die Auslese Pietrarosa eingesetzt, die für einen erkennbaren Stil mit nuancenreichen, spritzigen und gut ausgewogenen Noten nur in Stahltanks verarbeitet werden. Faszinierend, der Taurasi '10 mit seiner strengen Herbheit und der vibrierenden Entfaltung. Etwas mediterrane Macchia und dann viel Spannung im Mund, frische Säure und ein charakterstarkes Finale. Sehr gut auch der kräftige und vollmundige Greco di Tufo Pietra Rosa '11 mit seinen Noten von gelben Blumen und Pflaumen und dem entspannten, gut schattierten Finale. Sehr solide auch die Qualität der anderen Weine.

○ Greco di Tufo Pietra Rosa '11		🍷🍷🍷 3*
● Taurasi '10		🍷🍷 5
○ Fiano di Avellino '12		🍷🍷 2*
● Irpinia Campi Taurasini '10		🍷🍷 2*
○ Greco di Tufo '11		🍷🍷🍷 2*
● Taurasi '06		🍷🍷🍷 5
● Taurasi '05		🍷🍷🍷 5*
○ Greco di Tufo '12		🍷🍷 2*
○ Greco di Tufo Pietra Rosa '10		🍷🍷 3*
○ Greco di Tufo Pietra Rosa '09		🍷🍷 3*

KAMPANIEN

DonnaChiara

LOC. PIETRACUPA
VIA STAZIONE
83030 MONTEFALCIONE [AV]
TEL. +39 0825977135
www.donnachiara.it

DIREKTVERKAUF
BESUCH NACH VORANMELDUNG
GASTRONOMIE
JAHRESPRODUKTION 200.000 Flaschen
REBFLÄCHE 30 Hektar

Der Familienbetrieb Petitto konnte sich in nur neun Jahren im Eilzugtempo am irpinischen Produktionspanorama behaupten, was einer beständigen Qualität und Ilarias gekonnter Betriebsführung zu verdanken ist, die für die Bekanntmachung der Kellerei in Italien und im Ausland sorgt. Auf den 30 ha Rebflächen wiegt der Aglianico vor, der hauptsächlich in kleinen Holzfässern ausgebaut wird. Ihm folgen in Stahl verarbeitete Fiano, Greco und Falanghina. Die stilistische Handschrift zeigt einen zögernd modernen, keineswegs überschwänglichen Ansatz, mit dem die diversen Denominationen dieses Gebiets originell interpretiert werden. Der Irpinia Aglianico '10 zeigt Niveau: Er hat eine offene, saftige rote Frucht, das Holz ist gut gehandhabt und die Gerbstoffe sind cremig. Im Mund findet er seinen Rhythmus und einen langen Abgang. Auch der Falanghina '13 hat mit seinen frischen Tönen nach Poleiminze, Fruchtfleisch und einem ungewöhnlich langen Finale gut abgeschnitten.

○ Falanghina del Beneventano '13	▼▼ 2*
○ Fiano di Avellino '13	▼▼ 3
● Irpinia Aglianico '10	▼▼ 3
● Aglianico '10	▼ 2
○ Greco di Tufo '13	▼ 3
● Irpinia Coda di Volpe '13	▼ 3
○ Fiano di Avellino '12	▽▽ 3
○ Greco di Tufo '12	▽▽ 3
○ Greco di Tufo '11	▽▽ 3
● Irpinia Aglianico '09	▽▽ 3
● Taurasi '09	▽▽ 5
● Taurasi '08	▽▽ 5
● Taurasi Ris. '08	▽▽ 6
● Taurasi Ris. '07	▽▽ 6

I Favati

P.ZZA DI DONATO
83020 CESINALI [AV]
TEL. +39 0825666898
www.cantineifavati.it

DIREKTVERKAUF
BESUCH NACH VORANMELDUNG
JAHRESPRODUKTION 80.000 Flaschen
REBFLÄCHE 10 Hektar

Piersabino Favati, Bruder Giancarlo und seine Frau Rossana Petrozziello haben das Ruder dieses vorbildhaften Betriebs aus Cesinali, im südlichen Bereich des Sabato-Tals im Griff. Den Spitzenplatz nimmt der Fiano mit der Auslese Pietramara aus den Weinbergen von Atripalda ein, die Trauben des Greco-Lagenweins Terrantica gedeihen hingegen auf einem gepachteten Grundstück in Montefusco. Der Taurasi Terzo Tratto vervollständigt die klassische Linie. Es folgen die Etichette Bianche, die nur in den besten Jahren nach ein paar Stunden Kaltmazeration in Stahltanks verarbeitet werden. Umfangreich ist auch die Auswahl an sortenreinen, von den Auslesen gebrannten Grappas. An der Spitze der Avellino Pietramara '13, ein rassiger, reiner, komplexer Wein. Er zeigt eine außergewöhnliche, aromatische Finesse und Persistenz. Der Fiano di Avellino Etichetta Bianca '13 steht ihm mit ausgeprägteren rauchigen Noten und der Tiefe seiner felsigen Nuancen keineswegs nach. Elegant in den salzigen, brackigen Zügen ist der Greco di Tufo Terrantica '13; muskulös und seiner Zukunft gewiss der Taurasi Terzo Tratto '08.

○ Fiano di Avellino Pietramara '13	▼▼▼ 3*
○ Fiano di Avellino Pietramara Et. Bianca '13	▼▼ 5
○ Greco di Tufo Terrantica '13	▼▼ 3*
○ Greco di Tufo Terrantica Et. Bianca '13	▼▼ 5
● Irpinia Campi Taurasini Cretarossa '11	▼▼ 3
● Taurasi Terzo Tratto '08	▼▼ 5
○ Fiano di Avellino Pietramara '12	▽▽▽ 3*
○ Fiano di Avellino Pietramara '11	▽▽ 3*
○ Fiano di Avellino Pietramara Et. Bianca '11	▽▽ 5
○ Greco di Tufo Terrantica '10	▽▽ 3
● Taurasi Terzo Tratto '07	▽▽ 4
● Taurasi Terzo Tratto '04	▽▽ 4

KAMPANIEN

Benito Ferrara
Fraz. San Paolo, 14a
83010 Tufo [AV]
Tel. +39 0825998194
www.benitoferrara.it

★★Feudi di San Gregorio
Loc. Cerza Grossa
83050 Sorbo Serpico [AV]
Tel. +39 0825986683
www.feudi.it

DIREKTVERKAUF
BESUCH NACH VORANMELDUNG
JAHRESPRODUKTION 45.000 Flaschen
REBFLÄCHE 10 Hektar

DIREKTVERKAUF
BESUCH NACH VORANMELDUNG
GASTRONOMIE
JAHRESPRODUKTION 3.500.000 Flaschen
REBFLÄCHE 250 Hektar
WEINBAU Biologisch anerkannt

Vigna Cicogna würde in Frankreich als „Grand Cru" bezeichnet werden. Die 2 ha Weingärten im Ortsteil San Paolo di Tufo liegen auf 500 m ü.M. nur wenige Meter von der von Gabriella und ihrem Mann Sergio Ferrara geführten Kellerei entfernt und zeichnen sich durch tonhaltige Steinböden mit einer Schwefelschicht aus. Der 1991er-Jahrgang war der erste, der hier in Flaschen abgefüllt wurde. In den letzten Jahren hat hier eine Geschmacksverwandlung stattgefunden, die einem Wein von großartiger Konzentration und Vielfalt mehr Sprint und Frische verliehen hat. Der Greco-Grundwein und der Fiano di Avellino werden ebenfalls in Stahl verarbeitet. Der Greco di Tufo Vigna Cicogna '13 erweist sich als Wein von großartiger Vielschichtigkeit. Schwefelige Spuren, Kräuternoten und ein rhythmischer, sich stets erneuernder Geschmack mit sehr langem Finale. Sehr gut ist auch der moosige, etwas markigere und umhüllendere Greco '13; kristallklaren Trinkgenuss zeigt der Fiano di Avellino '13.

Die 1986 gegründete Feudi di San Gregorio war Protagonist eines der innovativsten Weinbauabenteuer des Südens. Angespornt durch den großen Rebbestand (250 ha für eine Produktion von 3,5 Millionen Flaschen) hat sich die Kellerei aus Sorbo Serpico in den letzten Jahren über eine einschneidende Erneuerung in der Betriebsführung und im Stil herangetraut: Mehr Gebietsverbundenheit und eine dünnere Extraktfülle. Dies ist dem jungen Präsidenten Antonio Capaldo mit seinen neuen, internationalen Ansichten und der Unterstützung von Pierpaolo Sirch mit seinen gezielten, langatmigen landwirtschaftlichen Entscheidungen zu verdanken. Ganze drei Weine haben es mühelos ins Finale geschafft: der elegante Fiano di Avellino Pietracalda '13, der kräftige und spannende Taurasi Piano di Montevergine '09 und der Patrimo, ein extraktreicher, aber gut ausgewogener Merlot. Der Dubl Rosé wächst, während der würzige, frische Greco di Tufo Cutizzi mit seiner schönen Progression immer ein gutes Niveau zeigt.

○ Greco di Tufo V. Cicogna '13	🍷🍷🍷	5
○ Fiano di Avellino '13	🍷🍷	4
○ Greco di Tufo '13	🍷🍷	4
● Taurasi V. Quattro Confini '10	🍷🍷	6
● Irpinia Aglianico V. Quattro Confini '12	🍷	3
○ Greco di Tufo V. Cicogna '12	🍷🍷🍷	4*
○ Greco di Tufo V. Cicogna '10	🍷🍷🍷	4
○ Greco di Tufo V. Cicogna '09	🍷🍷🍷	4
● Taurasi V. Quattro Confini '07	🍷🍷	5

○ Fiano di Avellino Pietracalda '13	🍷🍷	3*
● Pàtrimo '11	🍷🍷	8
● Taurasi Piano di Montevergine Ris. '09	🍷🍷	6
○ Dubl Rosato Brut M.Cl.	🍷🍷	5
○ Fiano di Avellino '13	🍷🍷	3
○ Greco di Tufo Cutizzi '13	🍷🍷	3
● Irpinia Aglianico Rubrato '12	🍷🍷	3
● Irpinia Aglianico Serpico '10	🍷🍷	7
● Sannio Falanghina Serrocielo '13	🍷🍷	3
○ Sirica '12	🍷🍷	3
● Taurasi '10	🍷🍷	5
○ Dubl Brut M.Cl.	🍷	4
○ Greco di Tufo '13	🍷	3
● Irpinia Aglianico Dal Re '12	🍷	3
○ Irpinia Fiano Passito Privilegio '12	🍷	6
○ Sannio Falanghina '13	🍷	3

KAMPANIEN

Fontanavecchia

VIA FONTANAVECCHIA
82030 TORRECUSO (BN)
TEL. +39 0824876275
www.fontanavecchia.info

DIREKTVERKAUF
BESUCH NACH VORANMELDUNG
JAHRESPRODUKTION 160.000 Flaschen
REBFLÄCHE 18 Hektar

Libero Rillo leistet einen wichtigen Beitrag zur Aufwertung des Sannio-Gebiets. Als Genossenschaftspräsident und Produzent gelingt es ihm, das Kulturgut des Sannio mit einem beachtlichen Qualitätsniveau zu interpretieren. Die Auswahl umfasst neben Falanghina und Aglianico auch Fiano, Greco und Piedirosso. Die besten Ergebnisse wurden in den letzten Jahren mit den Weißweinen erzielt; sie werden nur in Stahl verarbeitet und zeigen nicht nur Dynamik und Trinkgenuss, sondern auch überraschend langfristige Entwicklungen. Drei Gläser gehen an den Taburno Falanghina '13 - zart in seinen Anklängen nach Wiesenblumen und grünem Apfel, schlank im Geschmack, linear und elegant in seiner präzisen Übereinstimmung zwischen Nase und Mund. Sehr gut der Sannio Fiano '13 mit schnittigem Säurerückgrat, Anklängen von Wiesenkräutern und Agrumen; er vereint gewusst seinen sonnigen Charakter mit einem spritzigen Geschmack.

La Guardiense

C.DA SANTA LUCIA, 104/106
82034 GUARDIA SANFRAMONDI (BN)
TEL. +39 0824864034
www.laguardiense.it

DIREKTVERKAUF
BESUCH NACH VORANMELDUNG
GASTRONOMIE
JAHRESPRODUKTION 3.000.000 Flaschen
REBFLÄCHE 1.900 Hektar

Korrekt, mit modernem und flexiblem Ansatz geführte Genossenschaften gelten heute als wichtige Forschungs- und Innovationszentren. In diesem Fall befinden wir uns im Sannio-Gebiet, 30 km nördlich von Benevento, wo 1000 Zulieferer nahezu 2000 Hektar Weinberge bestellen und 3 Millionen Flaschen erzeugen. Die Leitung übernimmt Domizio Pigna, dem es gelungen ist, das Angebot zu erneuern und die Besonderheiten des Anbaugebiets hervorzuheben, Falanghina und Aglianico sind das beste Beispiel dafür. Den Beginn machen die Basisweine mit oft ergreifend niedrigen Preisen, worauf die Linie Janare mit anspruchsvolleren Auslesen mit höheren Konzentrationen und längeren Ausbauzeiten folgt. Drei Gläser gehen an den Falanghina Janare '13 mit seinem wohlduftenden Profil: er wechselt Noten von frisch geschnittenem Gras mit Granatapfel und Mandel ab, ist linear und entspannt im Finale. Wuchtiger und fetter der Falanghina Calvese '13 mit Anklängen von Anis, Lorbeer und gelben Früchten.

○ Taburno Falanghina '13	🍷🍷🍷 2*
○ Sannio Fiano '13	🍷🍷 2*
● Aglianico del Taburno '09	🍷🍷 3
● Sannio Piedirosso '12	🍷🍷 2*
⊙ Principe Lotario Brut	🍷 4
⊙ Aglianico del Taburno Rosato '13	🍷 2
○ Sannio Greco '13	🍷 2
○ Taburno Falanghina '12	🍷🍷🍷 2*
○ Sannio Fiano '12	🍷🍷 2*
○ Sannio Fiano '11	🍷🍷 2*
● Sannio Piedirosso '11	🍷🍷 2*
○ Taburno Falanghina '11	🍷🍷 2*

○ Sannio Falanghina Janare '13	🍷🍷🍷 2*
● Sannio Aglianico Cantari Ris. '11	🍷🍷 3
○ Sannio Falanghina Calvese '13	🍷🍷 2*
○ Sannio Fiano Colle di Tilio '13	🍷🍷 3
○ Sannio Greco Pietralata '13	🍷🍷 3
● Sannio Aglianico Coste del Duca '12	🍷 3
● Sannio Aglianico Janare '12	🍷 2
● Sannio Aglianico Lucchero '12	🍷 3
● Guardiolo Rosso Ris. '08	🍷🍷 2*
● Sannio Guardiolo Aglianico '11	🍷🍷 2*
● Sannio Guardiolo Rosso Ris. '11	🍷🍷 2*
● Sannio Piedirosso Cantone Janare '08	🍷🍷 4

KAMPANIEN

Luigi Maffini
FRAZ. SAN MARCO
LOC. CENITO
84048 CASTELLABATE [SA]
TEL. +39 0974966345
www.maffini-vini.com

DIREKTVERKAUF
BESUCH NACH VORANMELDUNG
JAHRESPRODUKTION 100.000 Flaschen
REBFLÄCHE 12 Hektar
WEINBAU Biologisch anerkannt

Wir befinden uns in einem der faszinierendsten Abschnitte der tyrrhenischen Küste im Nationalpark Cilento und Vallo di Diano mit seinen Weinbergen in Küstenlage und einem Reichtum an gastronomischen Köstlichkeiten. Familie Maffini betreut zwei Anwesen: den historischen Weingarten in Castellabate in Küstenlage und die Weinberge auf den Hügeln von Giungano, wo auch die neue Kellerei zu finden ist. Der Betrieb hat sich immer schon durch wuchtige und großzügige Weine ausgezeichnet, wovon einige, wie der Fiano Pietraincatenata, für eine international anerkannte stilistische Handschrift in Eichenfässern reifen. Der Fiano Pietraincatenata '12 beweist den gewussten Umgang mit Holz: Er ist markig und dicht; seine harzige Note löst sich im vollmundigen Geschmack mit marinen, zitrusfruchtigen Zügen auf. Blumig und spontaner der Kratos '13, während der Aglianico Cenito '10 einen reifen, markigen Charakter mit einem knackigeren, dem Jahrgang entsprechenden Profil abwechselt. Faszinierend ist die rauchigen Note des Rosé Denazzano.

○ Cilento Fiano Pietraincatenata '12		￼ 5
● Cilento Aglianico Cenito '10		￼ 5
○ Kràtos '13		￼ 3
⊙ Denazzano '13		￼
● Cilento Aglianico Cenito '03		￼ 5
○ Cilento Fiano Pietraincatenata '10		￼ 4*
○ Pietraincatenata '07		￼ 4
○ Pietraincatenata '04		￼ 4
● Cilento Aglianico Cenito '09		￼ 5
● Cilento Aglianico Cenito '06		￼ 5
○ Cilento Fiano Pietraincatenata '11		￼
○ Kràtos '12		￼ 3

Masseria Felicia
FRAZ. CARANO
LOC. SAN TERENZANO
81037 SESSA AURUNCA [CE]
TEL. +39 0823935095
www.masseriafelicia.it

DIREKTVERKAUF
BESUCH NACH VORANMELDUNG
JAHRESPRODUKTION 25.000 Flaschen
REBFLÄCHE 5 Hektar

Felicia Brini und ihr Vater Alessandro führen diese Kellerei am Nordhang des Monte Massico, der sich durch seine Böden mit hohem Vulkanascheanteil auszeichnet. Wir befinden uns in der Hochburg des Falerno, im so genannten „ager falernus", von dem bereits Catull und Plinius der Ältere schwärmten. Es werden drei Falerno mit Aglianico-Basis erzeugt, einer davon, der Etichetta Bronzo, wird vor der Vermarktung mindestens 12 Monate im Barrique und ebenso lange in der Flasche ausgebaut. Die Weine sind dicht und dunkel, aber immer im Gleichgewicht mit Würze und Säure. Teils benötigen sie etwas Geduld, um Harmonie zu zeigen, sind dann aber locker und rhythmisch. Die Weißweine aus Falanghina-Trauben werden nur in Stahltanks verarbeitet. Mangels des Falerno del Massico Etichetta Bronzo, bei dem man sich für einen weiteren Flaschenausbau entschieden hat, übernimmt der Falerno del Massico Ariapetrina '11 mit seinen rauchigen Zügen nach schwarzen Früchten die Poleposition. Der Anthologia '13 schreitet blumig einher, die Entfaltung ist saftig und linear.

● Falerno del Massico Rosso Ariapetrina '11		￼ 3*
○ Falerno del Massico Bianco Anthologia '13		￼ 3
● Inpunta Dirosso '11		￼ 3
○ Sinopea '13		￼ 2
● Falerno del Massico Rosso Et. Bronzo '10		￼ 5
○ Falerno del Massico Bianco Anthologia '12		￼ 3
● Falerno del Massico Rosso Ariapetrina '10		￼ 3
● Falerno del Massico Rosso Et. Bronzo '09		￼ 5
● Falerno del Massico Rosso Et. Bronzo '08		￼ 5

KAMPANIEN

★Mastroberardino
VIA MANFREDI, 75/81
83042 ATRIPALDA [AV]
TEL. +39 0825614111
www.mastroberardino.com

DIREKTVERKAUF
BESUCH NACH VORANMELDUNG
UNTERKUNFT UND GASTRONOMIE
JAHRESPRODUKTION 2.000.000 Flaschen
REBFLÄCHE 200 Hektar

Die große Artenvielfalt, die heute im Weinbau der Region verzeichnet werden kann, ist insbesondere der Arbeit von Antonio Mastroberardino zu verdanken, dem Urgestein des kampanischen Weins, der uns letzten Januar verlassen hat. Er höchstpersönlich hat die Regelwerke für den Taurasi, Fiano und Greco geschrieben und sich damit auf unvergleichliche Weise für deren Schutz und Aufwertung engagiert. Es fällt schwer, die Evolution des kampanischen Weins zu verstehen, ohne das Caveau der Familie mit den Weinen aus den 20er- und 30er-Jahren besucht zu haben. Nun tritt Piero das Erbe an, der sein Geschick in der Valorisierung der 20 ha Rebflächen in den besten Lagen Irpiniens bewiesen hat. Eine solide Weinauswahl, der nur der Spitzenwein fehlt. Der Taurasi Radici Riserva '08 fasziniert mit seinen reifen Tönen: Die Frucht lässt Freiraum für die Entwicklung erdiger Noten mit harzigem Anklang und wohlduftenden balsamischen Tönen. Beachtlich auch der Fiano di Avellino Radici '13, in dem sich Nuancen von Pfirsich und gelben Blüten auf einem geräucherten Untergrund vereinen.

○ Fiano di Avellino Radici '13		🍷🍷 3*
○ Greco di Tufo Novaserra '13		🍷🍷 3*
● Taurasi Radici Ris. '08		🍷🍷 5
● Aglianico '12		🍷🍷 2*
○ Fiano di Avellino '13		🍷🍷 3
○ Greco di Tufo Aminea Gemina '13		🍷🍷 3
● Taurasi Radici '10		🍷🍷 5
○ Irpinia Falanghina Morabianca '13		🍷 2
○ Irpinia Fiano Passito Melizie '12		🍷 3
○ Sannio Falanghina '13		🍷 2
○ Vesuvio Lacryma Christi Bianco '13		🍷 2
● Vesuvio Lacryma Christi Rosso '13		🍷 3
● Taurasi Radici '08		🍷🍷🍷 5
● Taurasi Radici '07		🍷🍷🍷 5
● Taurasi Radici Ris. '07		🍷🍷🍷 5
● Taurasi Radici Ris. '04		🍷🍷🍷 5

Salvatore Molettieri
C.DA MUSANNI, 19B
83040 MONTEMARANO [AV]
TEL. +39 082763722
www.salvatoremolettieri.it

DIREKTVERKAUF
BESUCH NACH VORANMELDUNG
JAHRESPRODUKTION 65.000 Flaschen
REBFLÄCHE 13 Hektar

Salvatore Molettieri ist seinem stilistischen Ansatz immer schon treu gewesen. Aus den Weinbergen von Montemarano (auf ca. 600 m Höhe) stammen Taurasi mit unbezähmbarer Energie, überschwänglich bezüglich Tannin und Struktur. Allen voran die Lage Cinque Querce auf einem Hang mit extremen Temperaturschwankungen, wo die Weinlese fast immer Ende November stattfindet, wenn schon die ersten Flocken fallen. Auch wenn der zeitgenössische Geschmack eher eine andere Richtung einschlägt, bleibt Salvatore den Merkmalen seines Terroirs und einem stets erkennbaren Stil treu. Und das seit 1983, als er den Sprung vom Zulieferbetrieb zum Winzer wagte. Rein und faszinierend die pfeffrige Nuance des spannenden, knackigen Aglianico Cinque Terre '10: Er zeigt Noten von kleinen roten Früchten und Agrumen für ein spannendes, energisches Finale. Anklänge von frisch geröstetem Kaffee, Harz und eine dunklere Frucht für den rustikalen, saftigen Irpinia Aglianico Ischia Piana '10.

● Aglianico Cinque Querce '10		🍷🍷 4
● Irpinia Rosso Ischia Piana '10		🍷🍷 3
○ Fiano di Avellino Apianum '12		🍷 3
○ Greco di Tufo '12		🍷 3
● Taurasi Renonno '08		🍷🍷🍷 5
● Taurasi V. Cinque Querce '05		🍷🍷🍷 6
● Taurasi V. Cinque Querce '04		🍷🍷🍷 6
● Taurasi V. Cinque Querce Ris. '05		🍷🍷🍷 7
● Taurasi V. Cinque Querce Ris. '04		🍷🍷🍷 7
● Taurasi V. Cinque Querce Ris. '01		🍷🍷🍷 7
● Taurasi V. Cinque Querce '08		🍷🍷 6
● Taurasi V. Cinque Querce '07		🍷🍷 6

KAMPANIEN

Montesole

LOC. SERRA DI MONTEFUSCO
VIA SERRA
83030 MONTEFUSCO [AV]
TEL. +39 0825963972
www.montesole.it

BESUCH NACH VORANMELDUNG
JAHRESPRODUKTION 1.200.000 Flaschen
REBFLÄCHE 120 Hektar

Mit den 200 ha Rebflächen und über 1 Million Flaschen pro Jahr ist Montesole einer der größten Betriebe der Provinz Avellino. Die Kellerei - Montesole war der ursprüngliche Name der Kleinstadt Montefusco, dem heutigen Firmensitz - bearbeitet dank langfristiger Pachtverträge beinahe 200 ha Rebflächen mit den wichtigsten Sorten der DOC-Gebiete Irpinia und Sannio. Die Auswahl ist sehr umfangreich und umfasst auch drei Auslesen aus einzelnen Weinbergen. Die Schaumweine auf Greco- und Fiano-Basis sowie der Roséwein aus Aglianico-Trauben runden das Programm ab. Der Fiano di Avellino Vigna Acquaviva '13 entfaltet sich zwischen Berggräsern, Heu und einem nervigen, würzigen und lange anhaltenden Geschmack. Auf derselben Wellenlänge ist der Greco di Tufo Vigna Breccia '13 mit Agrumennoten und würzigem Stoff. Aus der wie üblich reichhaltigen und gut geschichteten Weinauswahl empfehlen wir den Taurasi Vigna Vinieri '08 mit dunklen Tinten- und Ledernoten.

○ Fiano di Avellino V. Acquaviva '13	🍷🍷 4
○ Fiano di Avellino '13	🍷🍷 3
○ Greco di Tufo '13	🍷🍷 3
○ Greco di Tufo V. Breccia '13	🍷🍷 4
● Sairus '08	🍷🍷 3
○ Simposium '12	🍷🍷 3
● Taurasi V. Vinieri '08	🍷🍷 6
○ Greco Brut	🍷 3
● Sannio Aglianico '10	🍷 2
○ Sannio Falanghina '13	🍷 3
○ Sannio Falanghina V. Zampino '13	🍷 3
● Serapis '13	🍷 3
○ Sirios '13	🍷 3
● Taurasi V. Vinieri '07	🍷🍷 6

★Montevetrano

LOC. NIDO
VIA MONTEVETRANO, 3
84099 SAN CIPRIANO PICENTINO [SA]
TEL. +39 089882285
www.montevetrano.it

DIREKTVERKAUF
BESUCH NACH VORANMELDUNG
UNTERKUNFT
JAHRESPRODUKTION 30.000 Flaschen
REBFLÄCHE 5 Hektar

Die ersten wenigen Flaschen Montevetrano wurden 1991 fast zum Spaß erzeugt. So begann das Abenteuer von Silvia Imparato, der freundlichen und raffinierten Frau, der es in San Cipriano Picentino in kurzer Zeit gelungen ist, die berühmteste kampanische Cuvée aus Cabernet Sauvignon, Merlot und Aglianico ins Leben zu rufen. Sie hat der Welt der Fotografie den Rücken gekehrt, um sich ihrem Montevetrano, dem Rekordwein, der seit 1996 mit 19 Gläserdreiern ausgezeichnet wurde, zu widmen. Er gilt in der Zwischenzeit als Maßstab für den italienischen Weinbau. Seit der letzten Ausgabe leistet der Core, ein sortenreiner Aglianico mit spontanem Charakter, dem Montevetrano Gesellschaft. Der Montevetrano '12 zählt sicherlich zu den besten Versionen der vergangenen Jahre: Maßgeschneiderte Verwendung von Holz, solides und wohlduftendes Profil nach kleinen roten Früchten und Grafit, eine tiefe, umhüllende Tanninstruktur und ein würziges, anhaltendes Finale. Mediterrane Züge zeigt der Core '12.

● Montevetrano '12	🍷🍷🍷 7
● Core '12	🍷 3
● Montevetrano '11	🍷🍷🍷 7
● Montevetrano '10	🍷🍷🍷 7
● Montevetrano '09	🍷🍷🍷 7
● Montevetrano '08	🍷🍷🍷 7
● Montevetrano '07	🍷🍷🍷 7
● Montevetrano '06	🍷🍷🍷 7
● Montevetrano '05	🍷🍷🍷 7
● Montevetrano '04	🍷🍷🍷 7
● Montevetrano '03	🍷🍷🍷 7

KAMPANIEN

Nanni Copè
VIA TUFO, 3
81041 VITULAZIO [CE]
TEL. +39 0823990529
www.nannicope.it

DIREKTVERKAUF
BESUCH NACH VORANMELDUNG
JAHRESPRODUKTION 8.000 Flaschen
REBFLÄCHE 2,5 Hektar

Der Journalist und Winzer Giovanni Ascione, alias Nanni Copè, repräsentiert einen wohl einzigartigen Erfolgsfall der italienischen Weinwelt. Im Jahr 2008 beschloss er, im Herzen der Colline Caiatine in Monticelli als Weinbauer tätig zu werden und erwarb somit einen 2 ha großen, als Dachlaube angelegten Weinberg. Mit nur einem einzigen Wein, dem aus vorwiegend Pallagrello Nero Trauben (90%) und jeweils 5% Aglianico- und Casavecchia-Trauben erzeugten Sabbie di Sopra il Bosco ist er sofort zu einem Klassiker Kampaniens geworden. Gut erkennbar in Stil und Definition, Geschwindigkeit, fruchtige Duftfülle und von den dränierenden Sandböden von Caiazzo geprägte, würzige Kontraste. Poker! Der Sabbie di Sopra holt sich zum vierten Mal hintereinander die Drei Gläser. Der 2012er zeigt eine reifere Seele mit leicht violetten Reflexen, eine dichte und markige Frucht; die Tannine sind gut gezähmt, pünktlich der Endspurt, bei dem die Säure für Druck und Aufschwung sorgt. Er zeigt Schmackhaftigkeit und Klasse, Kompaktheit und einen raffiniert würzigen Zug.

● Sabbie di Sopra il Bosco '12	▼▼▼	5
● Sabbie di Sopra il Bosco '11	♀♀♀	5
● Sabbie di Sopra il Bosco '10	♀♀♀	5
● Sabbie di Sopra il Bosco '09	♀♀♀	5
● Sabbie di Sopra il Bosco '08	♀♀	5

Raffaele Palma
VIA ARSENALE, 8
84010 MAIORI [SA]
TEL. +39 3357601858
www.raffaelepalma.it

JAHRESPRODUKTION 20.000 Flaschen
REBFLÄCHE 6 Hektar
WEINBAU Biologisch anerkannt

Die Erzählung über diesen jungen Betrieb führt uns nach Maiori, einen der intensivsten und faszinierendsten Orte der Amalfiküste. 2005 beschloss Raffaele Palma, ein altes Anwesen umzubauen und die Terrassenparzellen mit Meerblick zwischen 50 und 400 m Höhe zu renovieren. Mithilfe von Vincenzo Mercurio konnten alte, vorwiegend in Buscherziehung gehaltene Weingärten mit traditionellen, unüblichen Sorten wieder fit gemacht werden. Mit dem biologischen Weinbau und nur wenig invasiven Kellereitechniken wird die Energie dieses Gebiets von magnetischer Schönheit mit einem Weißwein, einem Rotwein und einem Rosé in Flaschen abgefüllt. Der Puntacroce, eine Cuvée aus Falanghina, Ginestra und anderen lokalen Rebsorten ist ein exquisit mediterraner Wein, schenkt Anklänge von Orangenschalen, Lorbeer und Rosmarin für ein sonniges Profil voller Grazie und Harmonie. Im Geschmack zeigt er sein marines Wesen, die Entfaltung ist sinuös, raffiniert, mit jodhaltigem Finale. Ein prächtiger Wein für die Gastronomie.

○ Costa d'Amalfi Bianco Puntacroce '13	▼▼▼	6
⊙ Costa d'Amalfi Rosato Salicerchi '13	▼	6
● Costa d'Amalfi Rosso Montecorvo '12	▼	6

KAMPANIEN

Perillo
C.DA VALLE, 19
83040 CASTELFRANCI [AV]
TEL. +39 082772252
cantinaperillo@libero.it

DIREKTVERKAUF
BESUCH NACH VORANMELDUNG
JAHRESPRODUKTION 20.000 Flaschen
REBFLÄCHE 5 Hektar

Michele Perillos Weine sind ein Maßstab für den irpinischen Weinbau, ein Ausdrucksmodell, das die besonderen Böden von Castelfranci und Montemarano kristallklar wiedergibt. Hier, auf ca. 600 m Höhe, herrscht Kontinentalklima und die Trauben werden bis Ende November, kurz vor Wintereinbruch, gelesen. In den alten Weinbergen im Raggiera-System wächst ein besonderer Aglianico-Klon, der aufgrund der länglichen Traubenform Coda di Cavallo genannt wird. Die Böden zeigen eine hohe Ton- und Quarzsandkonzentration, was hervorragende, üppige und fette, tanninbetonte Weine ergibt, für die es etwas an Geduld bedarf. Der Taurasi Riserva '06 - der einzige vorgestellte Wein - zählt mit seiner lebendigen und glanzhellen Farbe zu den besten Weinen seiner Kategorie. Einleitend wilde Noten, erst nach Leder, dann erdig, vom schwarzen Tee zum Anklang von Pilzen. Am Gaumen ist er reich, mit tonischem Säurerückgrat und salzigen Spuren; die Gerbstoffe sind dicht, nicht gerade geschmeidig, sorgen aber für ein sehr langes Finale.

● Taurasi Ris. '06	🍷🍷🍷 5
● Taurasi '05	🍷🍷🍷 4
● Aglianico '04	🍷🍷 3
● Irpinia Campi Taurasini '07	🍷🍷 4
● Irpinia Campi Taurasini '06	🍷🍷 4
○ Irpinia Coda di Volpe '09	🍷🍷 3
● Taurasi '06	🍷🍷 4
● Taurasi '04	🍷🍷 4*
● Taurasi Ris. '05	🍷🍷 5
● Taurasi Ris. '04	🍷🍷 5

Ciro Picariello
VIA MARRONI
83010 SUMMONTE [AV]
TEL. +39 0825702516
www.ciropicariello.com

DIREKTVERKAUF
BESUCH NACH VORANMELDUNG
JAHRESPRODUKTION 50.000 Flaschen
REBFLÄCHE 7 Hektar

Die Weine von Ciro Picariello führen uns durch einige der wichtigsten Themen der heutigen italienischen Weinbauagenda. Auch wenn keine Nachweise vorliegen, wird hier mit essenziellen Kellereitechniken nachhaltiger Weinbau betrieben: minimale malolaktische Gärung in Stahltanks und Vermarktung erst nach mindestens einem Jahr ab der Weinlese ergeben einen besonderen Stil. Insbesondere stammen die Trauben für den Fiano di Avellino aus den Weinbergen in Summonte und Montefredane, wo wir über glänzende Säure und vielschichtige Aromaprofile sprechen. Die Weine öffnen sich langsam, vibrieren dann aber vor Lebendigkeit und würzigem Rhythmus. Der 2012er Fiano di Avellino von Ciro Picariello ist sehr kontrastreich. Die papierähnliche Farbe entspricht den letzten Jahrgängen, während das wohlduftende, intensive Geruchsprofil einen pflanzlichen und ausgeprägt animalischen Ton zeigt. Der Geschmack ist pünktlich, progressiv, die Säure sorgt für weitläufig würzige Empfindungen.

○ Fiano di Avellino '12	🍷🍷 4
○ Fiano di Avellino '10	🍷🍷🍷 3*
○ Fiano di Avellino '08	🍷🍷🍷 3*
○ Fiano di Avellino '11	🍷🍷 3*
○ Fiano di Avellino '09	🍷🍷 3
○ Fiano di Avellino '07	🍷🍷 3*
○ Fiano di Avellino '06	🍷🍷 3*

KAMPANIEN

★Pietracupa
C.DA VADIAPERTI, 17
83030 MONTEFREDANE [AV]
TEL. +39 0825607418
pietracupa@email.it

DIREKTVERKAUF
BESUCH NACH VORANMELDUNG
JAHRESPRODUKTION 50.000 Flaschen
REBFLÄCHE 8 Hektar

Sabino Loffredo ist ohne Zweifel einer der fähigsten, instinktivsten und beständigsten Weißweinhersteller Italiens. Seine Fähigkeit und Beharrlichkeit, extrem wohlduftende, geschliffene und mineralische, aber vor allem immer gleiche Greco und Fiano zu erzeugen, ist verblüffend. Diese gebietsgetreuen Weine reflektieren ihren Jahrgang und schenken eine bemerkenswert langfristige Evolution. Seit 2008 ist der Standort Torre le Nocelle für die Produktion von kraftvollen Taurasi aktiv, die in Tonneaus verfeinert werden. Drei Weine schaffen es ins Finale. Fiano und Greco zeigen geschmackliche Vertikalität mit schwindelerregenden Steigungen. Es gewinnt ein wunderbarer Fiano '13: er öffnet sich peu à peu auf feinsten Kräuter- und Ginstertönen, darauf setzt die Säure zielsicher ihren Schlag und es folgen vibrierende Meeresnoten in einem beeindruckenden Crescendo. Einen weiteren Schritt voraus wagt sich der eher detaillierte als machtvolle, elegante Taurasi '09 in seinen Tönen nach mediterraner Macchia.

○ Fiano di Avellino '13	🍷🍷🍷	3*
○ Greco di Tufo '13	🍷🍷	3*
● Taurasi '09	🍷🍷	5
● Quirico '12	🍷🍷	3
○ Cupo '10	🍷🍷🍷	5
○ Cupo '08	🍷🍷🍷	5
○ Cupo '05	🍷🍷🍷	5
○ Fiano di Avellino '12	🍷🍷🍷	3*
○ Greco di Tufo '10	🍷🍷🍷	3*
○ Greco di Tufo '09	🍷🍷🍷	3*
○ Greco di Tufo '08	🍷🍷🍷	3*
○ Greco di Tufo '07	🍷🍷🍷	3*
○ Greco di Tufo '06	🍷🍷🍷	3*

Quarto Miglio
VIA CESARE PAVESE, 19
80010 QUARTO [NA]
TEL. +39 0818760364
www.ilquartomiglio.it

DIREKTVERKAUF
BESUCH NACH VORANMELDUNG
GASTRONOMIE
JAHRESPRODUKTION 70.000 Flaschen
REBFLÄCHE 4 Hektar
WEINBAU Biologisch anerkannt

Familie Verde ist zum ersten Mal im Weinführer vertreten. Der Name entstammt der römischen Bezeichnung des geografischen Standorts, nur 4 Meilen von der Stadt Pozzuoli entfernt, auf der antiken Via Consolare Campana, die Pozzuoli mit Capua verband. Die Sorten entsprechen der Tradition der Phlegräischen Felder: vorzufinden sind demnach Falanghina- und Piedirosso-Selbstträger aus eigenen Weingärten und Aglianico-Trauben aus einer Pachtfläche im Taurasi-Gebiet. Der Falanghina '13 besitzt eine natürliche Ausdruckskraft und zeigt ein entspanntes Gefüge. Die blumigen Töne nach Kamille und Nektarine vereinen sich mit dem Hauch von Botrytis cinerea; im Geschmack sind Agrumen, Salz, Fruchtfleisch und Wärme erkennbar; ein harmonisches Finale schließt den Kreis. Im Piedirosso '12, der Thymian- und Oreganonoten mit einer präzisen, schlanken Frucht und einer guten Würze vereint, sind Grafitnoten auf pfeffrigem Hintergrund zu bemerken.

○ Campi Flegrei Falanghina '13	🍷🍷	2*
● Campi Flegrei Piedirosso '12	🍷🍷	2*

KAMPANIEN

Quintodecimo
via San Leonardo, 27
83036 Mirabella Eclano [AV]
Tel. +39 0825449321
www.quintodecimo.it

DIREKTVERKAUF
BESUCH NACH VORANMELDUNG
UNTERKUNFT
JAHRESPRODUKTION 45.000 Flaschen
REBFLÄCHE 15 Hektar

Professor und Önologe Luigi Moio und Laura Di Marzio sind im Privatleben und im Job ein Team. Ihr 2001 gegründetes Anwesen in Mirabella Eclano ist ein irpinisches Château mit einer extrem vielseitigen Auswahl an Etiketten: von den Aglianico-Auslesen vom Weinberg um die Kellerei bis hin zum Greco, Fiano und Falanghina, die voll ausgereift gelesen werden. Der Stil fußt auf Reifungen in kleinen Holzfässern für Weine mit holzigen Zügen, die langfristig gut in die Struktur integriert werden. Ausgehend vom Taurasi Riserva befinden wir uns hier im oberen Preissegment. Der Greco di Tufo Giallo d'Arles '12 zeigt Mispel, Honig und einen reifen, umhüllenden Charakter. Ein etwas exotischer Zug ist im Fiano di Avellino Exultet '12 zu erkennen. Er hat Wärme und Stoff, es fehlt ihm nur etwas an Frische am Gaumen. Der Taurasi Vigna Grande Cerzito Riserva '09 ist dunkel, zeigt Grafitnoten und einen schönen Stoff, muss die lange Fassreifung aber noch etwas verdauen.

○ Fiano di Avellino Exultet '12	⚭⚭ 6
○ Greco di Tufo Giallo D'Arles '12	⚭⚭ 6
● Irpinia Aglianico Terra d'Eclano '11	⚭⚭ 6
● Taurasi V. Grande Cerzito Ris. '09	⚭⚭ 8
○ Irpinia Falanghina Via Del Campo '12	⚭ 5
○ Fiano di Avellino Exultet '09	⚭⚭⚭ 6
○ Fiano di Avellino Exultet '11	⚭⚭ 6
○ Fiano di Avellino Exultet '10	⚭⚭ 6
○ Greco di Tufo Giallo D'Arles '11	⚭⚭ 6
○ Greco di Tufo Giallo D'Arles '10	⚭⚭ 6
● Irpinia Aglianico Terra d'Eclano '10	⚭⚭ 6
● Irpinia Aglianico Terra d'Eclano '09	⚭⚭ 6
● Irpinia Aglianico Terra d'Eclano '08	⚭⚭ 6
● Taurasi V. Quintodecimo Ris. '07	⚭⚭ 8
○ Via Del Campo Falanghina '11	⚭⚭ 5
○ Via Del Campo Falanghina '10	⚭⚭ 5

Fattoria La Rivolta
c.da Rivolta
82030 Torrecuso [BN]
Tel. +39 0824872921
www.fattorialarivolta.com

DIREKTVERKAUF
BESUCH NACH VORANMELDUNG
UNTERKUNFT
JAHRESPRODUKTION 150.000 Flaschen
REBFLÄCHE 29 Hektar
WEINBAU Biologisch anerkannt

Das Weinbauabenteuer von Familie Cotroneo begann 1997, als Paolo - Apotheker von Beruf - beschloss, im Sannio-Gebiet in Torrecuso zu investieren. Im Laufe der Zeit hat er die Weinberge und die Kellerei umgebaut und sich mit den 29 ha biologisch bebauten Rebflächen der Qualitätsproduktion verschrieben. Im Mittelpunkt stehen die Weißweine, wie Greco, Fiano, Falanghina und Coda di Volpe, die mit Ausnahme der Cuvée Sogno di Rivolta ausschließlich in Stahltanks erzeugt werden. Zwei hingegen sind die Aglianico del Taburno: der Basiswein, der in großen, teilweise gebrauchten Holzfässern reift und der etwas gehaltvollere, in neuen Barriques ausgebaute Terra di Rivolta. Gerade der Terra di Rivolta '11 schafft es dank seines saftigen Charakters im Finale: dichte Textur mit erdigen Noten nach geröstetem Kaffee und eine mit Jodnoten erfrischte Würze. Dünner und wohlriechender der Aglianico del Taburno '11, gefolgt von einem reifen Greco '13, der voll auf Mandel und gelbe Blüten setzt.

● Aglianico del Taburno Terra di Rivolta Ris. '11	⚭⚭ 5
● Aglianico del Taburno '11	⚭⚭ 3
○ Sannio Fiano Melissa '11	⚭⚭ 5
○ Sannio Taburno Greco '13	⚭⚭ 3
⊙ Aglianico del Taburno Rosato Mongolfiere a San Bruno '13	⚭ 3
○ Sannio Fiano '13	⚭ 3
○ Sogno di Rivolta '13	⚭ 3
○ Taburno Coda di Volpe '13	⚭ 2
○ Taburno Falanghina '13	⚭ 2
● Taburno Piedirosso '13	⚭ 2
● Aglianico del Taburno '10	⚭⚭⚭ 3*
● Aglianico del Taburno Terra di Rivolta Ris. '08	⚭⚭⚭ 5

KAMPANIEN

Rocca del Principe

Via Arianiello, 9
83030 Lapio [AV]
Tel. +39 0825982435
www.roccadelprincipe.it

DIREKTVERKAUF
BESUCH NACH VORANMELDUNG
JAHRESPRODUKTION 23.000 Flaschen
REBFLÄCHE 6,7 Hektar

Die Ortschaft Lapio gilt als besonders erlesenes Anbaugebiet für den Fiano di Avellino: Hier gelingt es ihm, seine Würze und aromatische Vielfalt authentisch und vielschichtig auszudrücken. Ercole Zarrella und seine Frau Aurelia Fabrizio sind die Inhaber des 2004 gegründeten Weinguts Rocca del Principe. Sie erzeugen mit den Trauben aus Lenze, Arianiello, Tognano und Campore nur einen Fiano, der aber ausschließlich in Stahltanks reift und lange auf der Feinhefe ruht. Der zweite Wein des Hauses ist der Taurasi Materdomini, der 12 Monate lang in Barriques und ebenso lange in großen Fässern ausgebaut wird. Drei Gläser gehen an den schwungvollen Fiano di Avellino '12. Er legt eine Ausdrucksreife mit Anklängen von Kohlenwasserstoff, Pollen, erdigen Nuancen und einen wuchtigen und dennoch sehr agilen Geschmack mit Heunoten im Finale aufs Parkett. Sehr genüsslich auch der Irpinia Aglianico '11, mit seinem schlanken, spritzigen Charakter auf wohlduftender, roter Frucht und Noten von Blutorangen mit viel Spannung und Abwechslung.

○ Fiano di Avellino '12	▼▼▼	3*
● Irpinia Aglianico '11	▼▼	3*
○ Fiano di Avellino '10	ҶҶҶ	3*
○ Fiano di Avellino '08	ҶҶҶ	2*
○ Fiano di Avellino '07	ҶҶҶ	2*
○ Fiano di Avellino '11	ҶҶ	3*
○ Fiano di Avellino '09	ҶҶ	3*
○ Fiano di Avellino '06	ҶҶ	2*
● Taurasi Master Domini '07	ҶҶ	5
● Taurasi Mater Domini '09	ҶҶ	5
● Taurasi Mater Domini '08	ҶҶ	5

Tenuta San Francesco

Fraz. Corsano
Via Sofilciano, 18
84010 Tramonti [SA]
Tel. +39 089876748
www.vinitenutasanfrancesco.it

DIREKTVERKAUF
BESUCH NACH VORANMELDUNG
UNTERKUNFT
JAHRESPRODUKTION 40.000 Flaschen
REBFLÄCHE 10 Hektar

Wir sind in Tramonti, im Herzen der Costa d'Amalfi, in einem besonders dicht mit Rebstöcken bebauten Küstenstreifen südlich der sorrentinischen Halbinsel. Der 2004 von vier Partnern gegründete Betrieb San Francesco beschäftigt sich eingehend mit raren autochthonen Sorten: Die rote Tintore-Rebsorte wird für intensive und wuchtige Rotweine, wie der E' Iss Vigna Paradiso, auf wurzelechten, aus der Zeit vor der Reblaus stammenden Stöcken kultiviert. Piedirosso einerseits, aber auch in Stahltanks verarbeitete Biancolella, Ginestra und Falanghina runden das Angebot ab. Prächtig, der Costa d'Amalfi Per Eva aus der „Vigna dei Preti" mit seinem reichhaltigen, facettenreichen Aroma. Er entfaltet sich zwischen reifen Agrumennoten, blumigen Nuancen und leichter Würze; der Geschmack ist rhythmisch und der Abgang rund. Eine solide Leistung auch für den Tramonti Rosso Quattro Spine Riserva '10 mit einem gut integrierten Holz, wie in der Basisversion. Der Tramonti Rosso '12 ist schlank und vibrierend.

○ Costa d'Amalfi Bianco Per Eva '12	▼▼	4
○ Costa d'Amalfi Tramonti Bianco '13	▼▼	3
○ Costa d'Amalfi Tramonti Rosso '12	▼▼	3
● Costa d'Amalfi Tramonti Rosso Quattrospine Ris. '10	▼▼	5
⊙ Costa d'Amalfi Tramonti Rosato '13	▼	3
○ Costa d'Amalfi Bianco Per Eva '10	ҶҶ	3
○ Costa d'Amalfi Tramonti Bianco '12	ҶҶ	3*
○ Costa d'Amalfi Tramonti Bianco '11	ҶҶ	2*
○ Costa d'Amalfi Tramonti Bianco '10	ҶҶ	2*
● Costa d'Amalfi Tramonti Rosso '11	ҶҶ	3
● Costa d'Amalfi Tramonti Rosso Quattrospine Ris. '09	ҶҶ	5
● Costa d'Amalfi Tramonti Rosso Quattrospine Ris. '08	ҶҶ	5
● Costa d'Amalfi Tramonti Rosso Quattrospine Ris. '07	ҶҶ	5
● E' Iss V. Paradiso '10	ҶҶ	5

KAMPANIEN

San Giovanni
C.DA TRESINO
84048 CASTELLABATE [SA]
TEL. +39 0974965136
www.agricolasangiovanni.it

DIREKTVERKAUF
BESUCH NACH VORANMELDUNG
UNTERKUNFT
JAHRESPRODUKTION 20.000 Flaschen
REBFLÄCHE 4 Hektar

Wir sind in Tresino di Castellabate, einem der intensivsten und suggestivsten Winkel der Region. 1993 haben Mario und Ida Corrado ihre Kellerei-Boutique mitten in diesem Postkartenszenarium im Nationalpark Cilento eröffnet: Sie haben direkt an der Steilküste gelegene Rebstöcke auf nachhaltige Weise wieder instand gesetzt, wonach sie heute auf 4 ha Fiano und Aglianico mit einigen Rebzeilen Piedirosso zählen können. Die Weine haben einen tiefen, sonnigen und mediterranen Charakter, schwanken zwischen Salz- und Kräuternoten mit guter Agilität und Frische. Der Fiano Tresinus bestätigt sich als Spitzenwein. In der 2013er-Version zeigt er gelbe Frucht, Melone, Glyzinie und eine kraftvolle, wuchtige und umhüllende Harznote. Es fehlte nur ein klein wenig Energie im Finale, um denselben Erfolg vom letzten Jahr zu erzielen. Schwefelige Noten für den Paestum Bianco '13 mit einem Finale mit brackigem Crescendo.

○ Fiano Tresinus '13	🍷 3*
● Castellabate '12	🍷 3
○ Paestum Bianco '13	🍷 3
○ Fiano Tresinus '12	🍷🍷🍷 3*
● Castellabate '11	🍷🍷 3
○ Fiano '11	🍷🍷 2*
○ Fiano '96	🍷🍷 3
○ Fiano Tresinus '11	🍷🍷 3
○ Fiano Tresinus '10	🍷🍷 3*
● Ficonera '11	🍷🍷 5
● Maroccia '07	🍷🍷 5

San Salvatore
VIA DIONISIO
84050 GIUNGANO [SA]
TEL. +39 08281990900
www.sansalvatore1988.it

DIREKTVERKAUF
UNTERKUNFT UND GASTRONOMIE
JAHRESPRODUKTION 160.000 Flaschen
REBFLÄCHE 23 Hektar
WEINBAU Biologisch anerkannt

Das von Giuseppe Pagano vorangetriebene Projekt in seinem Anwesen im Parco del Cilento zeugt von umfassender Nachhaltigkeit. Für den nachweislich biologischen Anbau erzeugt er den Dünger selbst aus der hier betriebenen Büffelzucht; die Fotovoltaikanlage unterstützt die Reduzierung der CO_2-Emissionen. Heute besitzt er 18 ha Rebflächen in den Hügeln um Paestum, Stio und Giungano, wo er vorwiegend Fiano anbaut, den er in zwei Versionen anbietet. Greco und Aglianico sind auch mit einem Metodo Classico Rosé vertreten. Die Weißweine sind sehr aromatisch, während die Roten mehr Konzentration und Extraktreichtum aufweisen. Drei Gläser gehen an den Fiano Pian di Stio '13. Intensive, aromatische Züge nach weißem Pfirsich und Zitrone; angriffslustig, präzise und sehr lange anhaltend im Geschmack. Sehr gut auch der andere Fiano, der Cecerale '13 ohne Sulfitzusatz, der einen wohlduftenden und tonischen Charakter beibehält. Dicht und üppig der Aglianico Corleto '12, dessen gewichtige Struktur den progressiven Trinkgenuss keineswegs beeinträchtigt.

○ Pian di Stio '13	🍷🍷🍷 4*
● Aglianico Corleto '12	🍷🍷 3
● Aglianico Gillo Dorfles '12	🍷🍷 6
○ Cecerale Senza Solfiti Aggiunti '13	🍷🍷 3
○ Falanghina '13	🍷🍷 3
○ Trentenare '13	🍷🍷 3
○ Calpazio '13	🍷 3
○ Elera '12	🍷 3
○ Joi Brut Rosé '11	🍷 5
● Jungano '12	🍷 3
● Vetere '13	🍷 3
○ Pian di Stio '12	🍷🍷🍷 3*

KAMPANIEN

Sanpaolo - Magistravini di Claudio Quarta

C.DA SAN PAOLO
83010 TORRIONI [AV]
TEL. +39 0832704398
www.magistravini.it

DIREKTVERKAUF
BESUCH NACH VORANMELDUNG
UNTERKUNFT
JAHRESPRODUKTION 250.000 Flaschen
REBFLÄCHE 13 Hektar

Nach seiner positiven nordamerikanischen Erfahrung ist Claudio Quarta mit der Unterstützung seiner Tochter Alessandra wieder nach Italien zurückgekommen, um mit zwei Kellereien in der Weinwelt zu investieren: eine in Irpinien, die andere im Salento. Die Kellerei in Atripalda, Provinz Avellino, wird nach dem gleichnamigen Ortsteil zwischen Tufo und Torrioni benannt, und ist von Weinbergen umgeben, die bis in 700 m Seehöhe reichen. Die Weinauswahl interpretiert die Hauptsorten von Irpinien und dem Sannio-Gebiet, vom Fiano di Avellino und den Lagenweinen von Lapio und Montefredane bis hin zum Greco di Tufo aus Montefusco und zu den vier Auslesen für den Falanghina del Beneventano. Zum Abschluss noch zwei Taurasi: ein 18 Monate in Barriques ausgebauter Riserva und ein Metodo Italiano Rosé. Die ersten Drei Gläser gebühren diesem wunderbaren Greco di Tufo, Jahrgang 2012. Er wird nur in Magnum-Flaschen erzeugt, zeigt einen reifen, sonnigen Charakter und feine, moosige und würzige Töne. Der Abgang ist unendlich. Ausgezeichnet der Falanghina '13 mit seinem zart rauchigen Wesen.

○ Greco di Tufo Claudio Quarta '12	🍷🍷🍷 6
○ Falanghina '13	🍷 2*
○ Fiano di Avellino '13	🍷🍷 2*
○ Greco di Tufo '13	🍷🍷 2*
⊙ Jaracando Extra Dry Rosè '13	🍷 3
○ Suavemente Bianco '13	🍷 2
○ Fiano di Avellino Montefredane '12	🍷🍷 3
○ Fiano di Avellino Montefredane '11	🍷🍷 3
○ Greco di Tufo '12	🍷🍷 2*
○ Greco di Tufo Montefusco '12	🍷🍷 3
○ Greco di Tufo Montefusco '11	🍷🍷 3
● Taurasi Ris. '08	🍷🍷 5

Tenuta Sarno 1860

C.DA SERRONI, 4B
83100 AVELLINO
TEL. +39 082526161
www.tenutasarno1860.it

JAHRESPRODUKTION 15.000 Flaschen
REBFLÄCHE 3 Hektar

Eine Frau, ein Weinberg, ein Wein. Wir sprechen über Maura Sarno, ihren Fiano di Avellino und die 3 ha Rebfläche in zusammenhängender Lage im oberen Gebiet von Candida in 500 m Seehöhe, wo ton- und kalkhaltige Böden agile, dynamische, originelle und ausdrucksstarke Weine ergeben. Seit ihrer Premiere von 2009 hat sie ihre Vorgehensweisen nicht geändert: Handlese, Weinbereitung in Stahltanks und ca. 6 Monate auf der Feinhefe. Lese um Lese wächst die Produktion langsam aber sicher und heute sind es um die 15.000 Flaschen Fiano. Der 2013er-Jahrgang schenkt uns wieder einen vielschichtigen Fiano di Avellino. Er öffnet sich langsam auf hellen Agrumentönen, Pfirsich und Blütenhonig; am Gaumen ist er reich, dicht und großzügig, aber auch agil und schenkt ein weitreichendes, langes Finale. Die reife, saftige Frucht wird gut mit der Spannung vereint, die den Höhenlagen zu verdanken ist.

○ Fiano di Avellino '13	🍷🍷 3*
○ Fiano di Avellino '12	🍷🍷 3*
○ Fiano di Avellino '11	🍷🍷 3
○ Fiano di Avellino '10	🍷🍷 3*

KAMPANIEN

La Sibilla
FRAZ. BAIA
VIA OTTAVIANO AUGUSTO, 19
80070 BACOLI [NA]
TEL. +39 0818688778
www.sibillavini.it

DIREKTVERKAUF
BESUCH NACH VORANMELDUNG
JAHRESPRODUKTION 70.000 Flaschen
REBFLÄCHE 10 Hektar

Die Phlegräischen Felder bieten mit den aus Asche und Lavagestein bestehenden Böden vulkanischen Ursprungs und durch das nahegelegene Meer einzigartige bodenklimatische Bedingungen für Salz- und Jodreflexe im Glas. Die Anwesenheit vieler wurzelechter Stöcke sorgt für einen noch nicht völlig erforschten Reichtum an Artenvielfalt. Der von Vincenzo Di Meo auf den Hügeln von Baia, angrenzend zur Ausgrabungsstätte von Bacoli geführte Betrieb sollte im Auge behalten werden: Der reine, essenzielle Stil, die wenig invasiven Kellereitechniken und eine außerordentliche Gebietsverbundenheit kommen immer stärker zum Ausdruck. Der Piedirosso '13 zeigt sich unverblümt mit schwefeliger Seele, fruchtigem Duft, Anklängen von getrockneten Tomaten, Oregano und spritzigem Trinkgenuss. Sehr gut ist auch der glanzhelle und knackige Falanghina '13. Der Falanghina Cruna del Lago hat durch die Maischegärung einen etwas tanninhaltigen, dennoch faszinierenden Charakter. Balsamisch, kräftig und vollmundig ist der Marsiliano '11.

○ Campi Flegrei Falanghina '13		♛♛♛ 2*
● Campi Flegrei Piedirosso '13		♛♛ 3*
○ Campi Flegrei Falanghina Cruna deLago '12		♛♛ 4
● Campi Flegrei Piedirosso V. Madre '12		♛♛ 4
● Marsiliano '11		♛♛ 5
○ Domus Giulii '11		♛ 6
○ Campi Flegrei Falanghina '10		♛♛ 2*
○ Campi Flegrei Falanghina Cruna deLago '11		♛♛ 4
○ Campi Flegrei Falanghina Cruna deLago '10		♛♛ 4
● Campi Flegrei Piedirosso '12		♛♛ 3
● Campi Flegrei Piedirosso Vigne Storiche '11		♛♛ 4
● Marsiliano '10		♛♛ 5
● Marsiliano '09		♛♛ 5

Luigi Tecce
C.DA TRINITÀ, 6
83052 PATERNOPOLI [AV]
TEL. +39 3492957565
ltecce@libero.it

BESUCH NACH VORANMELDUNG
JAHRESPRODUKTION 10.000 Flaschen
REBFLÄCHE 4 Hektar

Luigi Tecce tanzt ganz aus der Reihe, so auch seine Weine. Sein Weinbau-Abenteuer begann 2003 mit 4 Hektar Land zwischen Paternopoli und Castelfranci und dem alten Weinberg aus den 30er-Jahren im klassischen Raggiera-System. Von hier stammt der Rohstoff für die Auslese Taurasi Poliphemo. Luigi passt seine Arbeit im Weingarten und in der Kellerei jedes Jahr den Besonderheiten der Lese an, woraus sich ein sehr persönlicher, teils wuchtiger und üppiger, manchmal auch schlankerer und entspannterer Stil ergibt. Zum Einsatz kommen sowohl Amphoren aus Kastanienholz als auch gewöhnliche Eichenfässer. Sie suchen einen reinen, präzisen und technisch sauberen Wein? Dann sind sie hier an der falschen Stelle. Der Taurasi Poliphemo '10 öffnet auf wilden Noten nach Leder, feuchterdig und schwenkt dann auf einen frischeren Minzton ein; die Frucht ist dunkel, sehr saftig, die Entfaltung nicht gerade linear, aber die von Säure und Würze getragene Energie lässt den Geschmack am Gaumen vibrieren.

● Taurasi Poliphemo '10		♛♛ 6
● Irpinia Campi Taurasini Satyricon '11		♛ 5
● Taurasi Poliphemo '08		♛♛♛ 6
● Taurasi Poliphemo '07		♛♛♛ 6
● Irpinia Campi Taurasini Satyricon '10		♛♛ 5
● Irpinia Campi Taurasini Satyricon '09		♛♛ 5
● Taurasi Poliphemo '09		♛♛ 7
● Taurasi Poliphemo '06		♛♛ 6
● Taurasi Poliphemo '05		♛♛ 6

KAMPANIEN

Terre del Principe
Fraz. Squille
via SS. Giovanni e Paolo, 30
81010 Castel Campagnano [CE]
Tel. +39 0823867126
www.terredelprincipe.com

DIREKTVERKAUF
BESUCH NACH VORANMELDUNG
UNTERKUNFT UND GASTRONOMIE
JAHRESPRODUKTION 50.000 Flaschen
REBFLÄCHE 11 Hektar

Wenn man an Terre del Principe denkt, kommen einem Pallagrello und Casavecchia in den Sinn. Diese unmittelbare Assoziation ist der im Betrieb von Peppe Mancini und Manuela Piancastelli geleisteten Arbeit zu verdanken. Ihnen ist es gelungen, zwei autochthone Sorten vom Alto Casertano zu schützen und wieder aufleben zu lassen. Durch ihren modernen Ansatz konnten der kernige Charakter und die besondere erdige Note des Casavecchia hervorgehoben werden. Die Auslesen Ambruco, Centomoggia und Piancastelli reifen in kleinen Holzfässern. Vom Pallagrello Bianco hingegen gibt es zwei Auslesen: Der Fontanavigna wird in Stahltanks verarbeitet, der Le Sèrole reift hingegen 3 Monate lang in Barriques. Die vier vorgestellten Weine verraten eine eher außergewöhnliche qualitative Beständigkeit. Der Ambruco '12 aus Pallagrello Nero Trauben verwandelt die Töne nach kleinen roten Früchten und Orangenschale in einen agilen, von strengen Tanninen durchzogenen Gaumen. Sehr gut der Piancastelli '11 mit dem würzigeren Gefüge mit Anklängen von Zigarre und erdigen Noten und dem saftigen, extrakt- und säurehaltigen Geschmack.

● Ambruco '12	🍷🍷 5
● Piancastelli '11	🍷 6
● Castello delle Femmine '12	🍷🍷 3
○ Le Serole '12	🍷🍷 5
● Ambruco '06	🍷🍷🍷 5
● Ambruco Pallagrello Nero '10	🍷🍷🍷 5
● Casavecchia Centomoggia '11	🍷🍷🍷 5
● Centomoggia '08	🍷🍷🍷 5
● Centomoggia '07	🍷🍷🍷 5
○ Fontanavigna '12	🍷🍷 3

Terre Stregate
via Municipio, 105
82034 Guardia Sanframondi [BN]
Tel. +39 0824817857
www.terrestregate.it

DIREKTVERKAUF
BESUCH NACH VORANMELDUNG
JAHRESPRODUKTION 80.000 Flaschen
REBFLÄCHE 20 Hektar
WEINBAU Biologisch anerkannt

Wir heißen diesen Betrieb aus dem Sannio-Gebiet im Hauptteil unseres Weinführers herzlich willkommen. Bereits letztes Jahr konnten wird einen Qualitätssprung bemerken, der sich auch diesmal mit einer sehr soliden Präsentation bestätigt. Die 1988 gegründete Winzerei Terre Stregate verarbeitet in ihrem neu errichteten Weinkeller nur ihre eigenen Trauben, die sie auf insgesamt, um die Gemeinde Guardia Sanframondi in der Provinz Benevento angelegten 20 ha Rebflächen erntet. Die Produktion umfasst Aglianico, Fiano, Greco und insbesondere Falanghina, der in drei stilistisch sehr unterschiedlichen, gut definierten Versionen angeboten wird. Der Falanghina Svelato '13 bringt diesen Betrieb die ersten Drei Gläser ein. Er hat einen unbefangenen, schlanken Charakter, einen Duft nach Wiesenblumen und gerösteter Mandel, ist getragen von einer erfrischenden Säure und zeigt einen überraschend natürlichen Trinkgenuss. Sehr gut auch die Version Svelato Sur Lies '13 mit leicht exotischen Zügen und fleischiger Frucht.

○ Sannio Falanghina Svelato '13	🍷🍷🍷 2*
○ Sannio Falanghina Svelato Sur Lies '13	🍷🍷 3*
○ Falanghina del Beneventano Trama '13	🍷🍷 2*
○ Sannio Fiano Genius Loci '13	🍷🍷 2*
● Guardiolo Aglianico Manent '12	🍷 2
○ Sannio Greco Aurora '13	🍷 2
● Guardiolo Aglianico Scrypta '10	🍷🍷 3
○ Sannio Falanghina Svelato '12	🍷🍷 2*
○ Sannio Falanghina Svelato '07	🍷🍷 2*
○ Sannio Greco Aurora '12	🍷🍷 2*

KAMPANIEN

Terredora

VIA SERRA
83030 MONTEFUSCO [AV]
TEL. +39 0825968215
www.terredora.com

DIREKTVERKAUF
BESUCH NACH VORANMELDUNG
UNTERKUNFT
JAHRESPRODUKTION 1.200.000 Flaschen
REBFLÄCHE 200 Hektar

Der Betrieb in Montefusco gehört zu den größten Kellereien der Provinz Avellino. Er wurde 1978 gegründet und spielte im Aufschwung des regionalen Weinbaus eine wichtige Rolle. Unter der Leitung von Walter Mastroberardino und dessen Kinder Daniela und Paolo werden einige der legendären und schönsten Weinberge ganz Irpiniens bebaut: Serra di Montefusco und Santa Paolina für den Greco, Lapio für den Fiano und den Aglianico, Pietradefusi im Calore-Tal für den Taurasi. Mit den drei Linien - Klassiker, Lagenweine und Riserva - zeigt er eine solide, ziemlich umfangreiche Auswahl. Ein recht gutes Gesamtbild. Der Taurasi Fatica Contadina '09 fasziniert: Die Frucht liegt im Hintergrund, hervorgehoben werden tertiäre Noten von schwarzem Tee, Lakritz und Wurzeln. Der Geschmack ist lebendig und reich an würzigen Nuancen. Auch der würzige und vibrierende Greco di Tufo Loggia della Serra '13 schafft es in die Endrunde. Der Aglianico Il Principio '09 zeigt mit den Noten von Wacholderbeeren, Rosmarin und dem salzigen Rhythmus mediterrane Suggestionen. Der reine, markige und blumige Aglianico '11 setzt eher auf rote Früchte.

○ Greco di Tufo Loggia della Serra '13	♟♟ 3*
● Taurasi Fatica Contadina '09	♟♟ 5
● Aglianico '11	♟♟ 2*
○ Coda di Volpe '13	♟♟ 2*
○ Fiano di Avellino Campo Re '11	♟♟ 5
○ Greco di Tufo Terre degli Angeli '13	♟♟ 3
● Irpinia Aglianico Il Principio '09	♟♟ 4
● Lacryma Christi del Vesuvio Rosso '13	♟♟ 3
● Taurasi Pago dei Fusi '08	♟♟ 5
○ Falanghina '13	♟ 3
⊙ Irpinia Rosato Rosaenovae '13	♟ 3
○ Lacryma Christi del Vesuvio Bianco '13	♟ 3
● Taurasi Fatica Contadina '08	♟♟♟ 5
○ Greco di Tufo Loggia della Serra '09	♟♟ 3*
○ Greco di Tufo Loggia della Serra '08	♟♟ 3*

Urciuolo

FRAZ. CELZI
VIA DUE PRINCIPATI, 9
83020 FORINO [AV]
TEL. +39 0825761649
www.fratelliurciuolo.it

DIREKTVERKAUF
BESUCH NACH VORANMELDUNG
JAHRESPRODUKTION 120.000 Flaschen
REBFLÄCHE 22 Hektar

Das Weinbauprojekt der jungen Brüder Ciro und Antonello Urciuolo begann 1996 an den Hängen des Monte Faliesi, als sie den Betrieb ihres Vaters Nicola, der mit Wein und Kastanienpfeilern handelte, übernahmen. Seither sind nicht nur die Mengen gewachsen, sondern auch die Auswahl der Weine hat sich deutlich erweitert. Der Stil ist durchgehend extraktreich, Aromareichtum und Konzentration schreiten mit mineralischer Energie einher, die im Mund für Fluidität und Beschleunigung sorgt. Die Weißweine werden in Stahltanks verarbeitet und lange auf der Feinhefe belassen, während die Rotweine in verschieden großen Fässern aus Eichen- und Kastanienholz ausgebaut werden. Der Taurasi '10 ist ein Wein mit doppelter Geschwindigkeit. Zu Beginn reife Töne nach dunkler Frucht, schwarzem Tee, Sternanis, danach ein Geschmack von großartiger Spannung und Würze mit Frucht, Energie und langer Persistenz. Ein richtiger Drei Gläser Wein. Bezaubernd der Fiano di Avellino '13 mit seinen Noten nach Zitronat und Orangenblumen: Er zeigt ein salziges Rückgrat, Progression und Harmonie.

● Taurasi '10	♟♟♟ 4*
○ Fiano di Avellino '13	♟♟ 2*
○ Greco di Tufo '13	♟♟ 2*
● Aglianico '12	♟ 2
● Taurasi '07	♟♟♟ 5
● Taurasi '06	♟♟♟ 5*
● Taurasi '05	♟♟♟ 5
○ Fiano di Avellino '12	♟♟ 2*
○ Fiano di Avellino '10	♟♟ 2*
● Taurasi '09	♟♟ 4
● Taurasi '08	♟♟ 5

KAMPANIEN

Vestini Campagnano
FRAZ. SAN GIOVANNI E PAOLO
VIA BARRACCONE, 5
81013 CAIAZZO [CE]
TEL. +39 0823679087
www.vestinicampagnano.it

Villa Diamante
VIA TOPPOLE, 16
83030 MONTEFREDANE [AV]
TEL. +39 0825670014
www.villadiamante.eu

DIREKTVERKAUF
BESUCH NACH VORANMELDUNG
JAHRESPRODUKTION 80.000 Flaschen
REBFLÄCHE 7 Hektar
WEINBAU Biologisch anerkannt

DIREKTVERKAUF
BESUCH NACH VORANMELDUNG
JAHRESPRODUKTION 15.000 Flaschen
REBFLÄCHE 3,5 Hektar
WEINBAU Biologisch anerkannt

Die historische Kellerei der Familien Barletta und Quaranta umfasst zwei Anwesen: Die ungefähr 5 Hektar um Caiazzo sind von Vestini Campagnano mit Pallagrello und Casavecchia, weitere 3 Hektar hingegen sind im Anwesen Foglia in Conca della Campania, im Gebiet um Galluccio vorwiegend mit Aglianico und Falanghina bebaut. Die Palette ist sehr umfangreich und umfasst stilistisch gesehen sehr unterschiedliche Weine, vom extraktreichen, im kleinen Holzfass ausgebauten Rotwein über die im Stahl verarbeiteten Weißweine bis hin zu den Abstechern in die Welt der Schaumweine. Der Le Ortole '12, ein Pallagrello Bianco mit guter Struktur und vollmundigem Geschmack, schafft es ins Finale: Das Holz ist gut vertreten, der Geschmack umhüllend und dennoch rhythmisch und würzig. Gut auch der lebendige Casavecchia '11 mit Thymian- und Rosmarinnoten, eleganten Tanninen und einem frischen, schlanken Abgang. Von gutem Niveau die restliche Auswahl.

Die Fiano-Lage „Vigna della Congregazione" in über 400 m Seehöhe in Toppole di Montefredane hat eine magnetische Anziehungskraft. Starke Gefälle, tonhaltige und steinige, tiefe Böden, teilweise Nordlage; keine Klärung oder Schönung im Weinkeller und langer Ausbau im Stahl vor der Vermarktung. Soviel zur Genesis des Aushängeschilds der schönen Kellerei von Antoine Gaita und Diamante Renna, ein Modell für Liebhaber von Weinen mit felsigen Nuancen, zart erdigen Noten in einem Kontext von Spannung und Geschmack. Der Jahrgang 2012 stellt den Wendepunkt für den Weißwein La Congregazione dar. Durch die Spontangärung konnte er die organoleptische Prüfung nicht bestehen, wonach auch die Denomination ausfällt. Uns scheint, dass er seine Identität verstärkt hat. Anfangs wirken die animalischen Noten verwirrend, es folgen aber Töne von Lorbeer, Kohlenwasserstoff, Wurzeln und Pollen. Der Geschmack ist breit, wuchtig, der Trinkgenuss überraschend mit tanninbetonten, würzigen Spitzen, die ein rhythmisches und schmackhaftes Finale einläuten.

○ Le Ortole '12	4
● Casa Vecchia '11	5
● Connubio '08	7
○ Pallagrello Bianco '13	3
○ Asprinio Brut	3
● Kajanero '13	2
○ Vado Ceraso '13	3
● Casa Vecchia '01	4*
○ Asprinio '11	2*
○ Galluccio Bianco Concabianco '12	2*
● Galluccio Rosso Concarosso '11	2*
● Galluccio Rosso Concarosso Ris. '10	2*
● Kajanero '11	2*

○ La Congregazione '12	5
○ Fiano di Avellino Vigna della Congregazione '10	5
○ Fiano di Avellino Vigna della Congregazione '08	4
○ Fiano di Avellino Vigna della Congregazione '06	4
○ Fiano di Avellino Vigna della Congregazione '04	4
○ Fiano di Avellino Vigna della Congregazione '11	5

KAMPANIEN

★ Villa Matilde
SS Domitiana, 18
81030 Cellole [CE]
Tel. +39 0823932088
www.villamatilde.it

DIREKTVERKAUF
BESUCH NACH VORANMELDUNG
UNTERKUNFT UND GASTRONOMIE
JAHRESPRODUKTION 700.000 Flaschen
REBFLÄCHE 130 Hektar

Salvatore und Maria Ida Avallone führen die von Vater Francesco begonnene Arbeit weiter, damit der Falerno in seiner tausendjährigen Geschichte wieder eine Prunkzeit erleben kann. Nach der schwungvollen Meisterung der ersten 50 Jahre ist Villa Matilde heute - mit einer, dank des Erwerbs der Tenuta Rocca dei Leoni im Sannio-Gebiet und der Tenute d'Altavilla im Herzen Irpiniens immer umfangreicheren Auswahl - einer der dynamischsten Betriebe der Region. Das Angebot kombiniert technische Präzision und eine wirklich durchdachte Preispolitik. Unter den Auslesen sind die Lagenweine Caracci und Camarato des Anwesens von San Castrese, auf den Hügeln des erloschenen Vulkans Roccamonfina, besonders nennenswert. Der Cecubo '10, eine Cuvée aus Aglianico und Piedirosso schafft es in die Endrunde. Er duftet nach Sauerkirsche und reifer Kirsche, ist körperreich, hat weiche Tannine und viel Fruchtfleisch, verliert im balsamischen Finale weder an Energie noch an Schwung. Gutes Niveau zeigen auch die beiden Versionen des Falanghina, wobei der Tenuta Rocca Leoni '13 mit seinem salzigen Gefüge besonders nennenswert ist.

○ Cecubo '10	🍷 4
○ Falanghina Rocca dei Leoni '13	🍷🍷 2*
○ Falanghina Tenuta di Parco Nuovo e San Castrese '13	🍷🍷 2*
○ Falerno del Massico Bianco '13	🍷🍷 3
○ Falerno del Massico Bianco V. Caracci '10	🍷 4
○ Fiano di Avellino Tenuta di Altavilla '13	🍷 3
○ Greco di Tufo Tenuta di Altavilla '13	🍷 3
● Taurasi '09	🍷 6
○ Terre Cerase Rosato '13	🍷 2
● Cecubo '09	🍷🍷 4
○ Falanghina Tenuta Rocca dei Leoni '12	🍷🍷 2*
○ Falerno del Massico Bianco '12	🍷🍷 3
● Falerno del Massico Camarato '07	🍷🍷 7
● Falerno del Massico Camarato '06	🍷🍷 6
● Falerno del Massico Rosso V. Camarato Ris. '07	🍷🍷 7

Villa Raiano
loc. San Michele di Serino
via Bosco Satrano, 1
83020 Serino [AV]
Tel. +39 0825595550
www.villaraiano.com

DIREKTVERKAUF
BESUCH NACH VORANMELDUNG
JAHRESPRODUKTION 300.000 Flaschen
REBFLÄCHE 30 Hektar

Die Geschichte der Villa Raiano beginnt 1996, erneuert sich aber 2009 durch den Bau der neuen Kellerei auf einem Hügel, der über das Sabato-Tal dominiert. Die 23 betriebseigenen Hektar sind in die klassische irpinische Landschaft mit ihren von Wäldern und Weinbergen bedeckten Bergen und Hügeln eingebettet. Die Brüder Sabino und Simone Bassi folgen gemeinsam mit ihrem Schwager Paolo Sibillo immer schon einem Motto: Es werden nur autochthone Rebsorten verarbeitet. Die Auswahl der Lagen ist dann der nächste Schritt: Marotta/Montefrusco für den Greco, Alimata/Montefredane und Ventidue/Lapio für den Fiano, Castelfranci für den Aglianico. Spannend und knackig der Fiano di Avellino 22 '12, die vibrierende Säure lässt grünen Tee und weißen Pfirsich verspüren. Kleine schwarze Früchte mit geschlossener Tanninstruktur für den stoffigen und rauchigen Taurasi '10. Auch der Ripa Bassa Brut aus Fiano-Trauben schließt gut ab: Er ist würzig und wohlduftend, die Perlage harmonisch, am Gaumen cremig.

○ Fiano di Avellino 22 '12	🍷🍷 4
○ Irpinia Brut Ripa Bassa	🍷🍷 3
● Taurasi '10	🍷🍷 5
○ Falanghina Beneventano '13	🍷 3
○ Fiano di Avellino '13	🍷 3
○ Greco di Tufo '13	🍷 3
○ Greco di Tufo Contrada Marotta '13	🍷 4
○ Fiano di Avellino '12	🍷🍷 3
○ Fiano di Avellino Ventidue '09	🍷🍷 4
○ Greco di Tufo '12	🍷🍷 3
○ Greco di Tufo Contrada Marotta '10	🍷🍷 4
● Taurasi Cretanera Ris. '03	🍷🍷 5
● Taurasi Raiano '08	🍷🍷 5

WEITERE KELLEREIEN

Aia dei Colombi
C.DA SAPENZIE
82034 GUARDIA SANFRAMONDI [BN]
TEL. +39 0824817139
www.aiadeicolombi.it

DIREKTVERKAUF
BESUCH NACH VORANMELDUNG
JAHRESPRODUKTION 60.000 Flaschen
REBFLÄCHE 10 Hektar

○ Sannio Falanghina Coste del Duca '13	🍷 3
○ Sannio Fiano Guardia Sanframondi '13	🍷 2*
● Sannio Aglianico Guardia Sanframondi '11	🍷 3
○ Sannio Falanghina Guardia Sanframondi '13	🍷 3

Amarano
C.DA TORRE, 32
83040 MONTEMARANO [AV]
TEL. +39 082763351
www.amarano.it

DIREKTVERKAUF
BESUCH NACH VORANMELDUNG
JAHRESPRODUKTION 20.000 Flaschen
REBFLÄCHE 7 Hektar

● Taurasi Principe Lagonessa '10	🍷 5

Antico Castello
C.DA POPPANO, 11
83050 SAN MANGO SUL CALORE [AV]
TEL. +39 3408062830
www.anticocastello.com

DIREKTVERKAUF
BESUCH NACH VORANMELDUNG
JAHRESPRODUKTION 40.000 Flaschen
REBFLÄCHE 10 Hektar

○ Irpinia Falanghina '13	🍷 2*
● Taurasi '10	🍷 3
● Irpinia Aglianico Magis '10	🍷 3
○ Irpinia Fiano '13	🍷 3

Giuseppe Apicella
FRAZ. CAPITIGNANO
VIA CASTELLO SANTA MARIA, 1
84010 TRAMONTI [SA]
TEL. +39 089856209
www.giuseppeapicella.it

DIREKTVERKAUF
BESUCH NACH VORANMELDUNG
JAHRESPRODUKTION 70.000 Flaschen
REBFLÄCHE 7 Hektar
WEINBAU Biologisch anerkannt

● Piedirosso '13	🍷 2*
● Costa d'Amalfi Tramonti Rosso '10	🍷 3
● Costa d'Amalfi Tramonti Rosso A' Scippata Ris. '09	🍷 5

Barone
VIA GIARDINO, 2
84070 RUTINO [SA]
TEL. +39 0974830463
www.cantinebarone.it

DIREKTVERKAUF
BESUCH NACH VORANMELDUNG
UNTERKUNFT
JAHRESPRODUKTION 100.000 Flaschen
REBFLÄCHE 12 Hektar
WEINBAU Biologisch anerkannt

○ Cilento Fiano Una Mattina '13	🍷 3
○ Cilento Fiano Vignolella '13	🍷 3
○ La Borghese '13	🍷 3

Boccella
VIA SANT'EUSTACHIO
83040 CASTELFRANCI [AV]
TEL. +39 082772574
www.boccellavini.it

DIREKTVERKAUF
BESUCH NACH VORANMELDUNG
JAHRESPRODUKTION 10.000 Flaschen
REBFLÄCHE 5 Hektar
WEINBAU Biologisch anerkannt

● Taurasi Sant'Eustachio '09	🍷 5
● Irpinia Campi Taurasini Rasott '10	🍷 3

WEITERE KELLEREIEN

Cantina del Barone
VIA NOCELLETO, 21
83020 CESINALI [AV]
TEL. +39 0825666751
www.cantinadelbarone.it

DIREKTVERKAUF
BESUCH NACH VORANMELDUNG
JAHRESPRODUKTION 30.000 Flaschen
REBFLÄCHE 2,5 Hektar

○ Particella 928 '12	♛♛ 3

Cantine del Mare
VIA CAPPELLA, IV TRAV. 6
80070 MONTE DI PROCIDA - KO [NA]
TEL. +39 0815233040
www.cantinedelmare.it

DIREKTVERKAUF
BESUCH NACH VORANMELDUNG
JAHRESPRODUKTION 50.000 Flaschen
REBFLÄCHE 6,5 Hektar

○ Campi Flegrei Falanghina '13	♛♛ 2*

Alexia Capolino Perlingieri
VIA MARRAIOLI, 58
82037 CASTELVENERE [BN]
TEL. +39 0824971541
www.capolinoperlingieri.com

DIREKTVERKAUF
BESUCH NACH VORANMELDUNG
JAHRESPRODUKTION 25.000 Flaschen
REBFLÄCHE 13 Hektar
WEINBAU Biologisch anerkannt

○ Sannio Falanghina Preta '13	♛♛ 2*
○ Sannio Fiano Nembo '13	♛ 3
○ Sannio Greco Vento '12	♛ 3

La Casa dell'Orco
FRAZ. SAN MICHELE
VIA LIMATURO, 52
83039 PRATOLA SERRA [AV]
TEL. +39 0825967038
www.lacasadellorco.it

DIREKTVERKAUF
BESUCH NACH VORANMELDUNG
JAHRESPRODUKTION 200.000 Flaschen
REBFLÄCHE 30 Hektar

○ Fiano di Avellino '13	♛♛ 3
○ Greco di Tufo '13	♛♛ 3
○ Irpinia Coda di Volpe '13	♛ 2

Casebianche
VIA CASE BIANCHE, 8
84076 TORCHIARA [SA]
TEL. +39 0974843244
www.casebianche.eu

DIREKTVERKAUF
BESUCH NACH VORANMELDUNG
JAHRESPRODUKTION 30.000 Flaschen
REBFLÄCHE 5,5 Hektar
WEINBAU Biologisch anerkannt

○ La Matta Dosaggio Zero	♛♛ 3
● Cilento Rosso Delle More '12	♛♛ 2*
○ Iscadoro '12	♛ 2

Castello Ducale
VIA CHIESA, 35
81010 CASTEL CAMPAGNANO [CE]
TEL. +39 0824972460
www.castelloducale.com

DIREKTVERKAUF
BESUCH NACH VORANMELDUNG
UNTERKUNFT UND GASTRONOMIE
JAHRESPRODUKTION 800.000 Flaschen
REBFLÄCHE 15 Hektar
WEINBAU Biologisch anerkannt

● Aglianico Contessa Ferrara '11	♛♛ 4
● Casavecchia Sammichele '10	♛♛ 3
● Pallagrello Nero '12	♛♛ 3
○ Sannio Falanghina '13	♛ 2

WEITERE KELLEREIEN

Casula Vinaria
VIA MATTINELLE, 109
84022 CAMPAGNA [SA]
TEL. +39 3485437133
www.casulavinaria.com

DIREKTVERKAUF
BESUCH NACH VORANMELDUNG
JAHRESPRODUKTION 20.000 Flaschen
REBFLÄCHE 3 Hektar

● Aglianico Brigante '12	🍷🍷 2*
● Aglianico Gramigna '11	🍷 5

Cenatiempo Vini d'Ischia
VIA BALDASSARRE COSSA, 84
80077 ISCHIA [NA]
TEL. +39 081981107
www.vinicenatiempo.it

DIREKTVERKAUF
BESUCH NACH VORANMELDUNG

○ Ischia Biancolella '13	🍷🍷 2*
○ Ischia Forastera '13	🍷🍷 2*
● Ischia Per'é Palummo '13	🍷 3
● Mavros '13	🍷 3

Colle di San Domenico
SS OFANTINA KM 7,500
83040 CHIUSANO DI SAN DOMENICO [AV]
TEL. +39 0825985423
www.cantinecolledisandomenico.it

DIREKTVERKAUF
BESUCH NACH VORANMELDUNG
JAHRESPRODUKTION 100.000 Flaschen
REBFLÄCHE 10 Hektar

○ Fiano di Avellino '13	🍷🍷 3*
○ Falanghina '13	🍷🍷 2*
○ Falanghina del Sannio '13	🍷🍷 2*

D'Antiche Terre - Vega
C.DA LO PIANO - SS 7 BIS
83030 MANOCALZATI [AV]
TEL. +39 0825675358
www.danticheterre.it

DIREKTVERKAUF
BESUCH NACH VORANMELDUNG
UNTERKUNFT UND GASTRONOMIE
JAHRESPRODUKTION 450.000 Flaschen
REBFLÄCHE 40 Hektar

○ Fiano di Avellino '13	🍷🍷 3
○ Greco di Tufo '13	🍷🍷 3
○ Greco di Tufo Vent'Anni '12	🍷🍷 3
● Taurasi Il Vicario Ris. '07	🍷 6

Viticoltori De Conciliis
LOC. QUERCE, 1
84060 PRIGNANO CILENTO [SA]
TEL. +39 0974831090
www.viticoltorideconciliis.it

DIREKTVERKAUF
BESUCH NACH VORANMELDUNG
JAHRESPRODUKTION 200.000 Flaschen
REBFLÄCHE 25 Hektar

● Bacioilcielo Rosso '13	🍷🍷 2*
● Cilento Aglianico Donna Luna '12	🍷🍷 3
○ Cilento Fiano Donna Luna '13	🍷 3
○ Cilento Fiano Perella '12	🍷 5

De Falco
VIA FIGLIOLA, 91
80040 SAN SEBASTIANO AL VESUVIO [NA]
TEL. +39 0817713755
www.defalco.it

DIREKTVERKAUF
BESUCH NACH VORANMELDUNG
JAHRESPRODUKTION 400.000 Flaschen
REBFLÄCHE 8 Hektar

○ Fiano di Avellino '13	🍷🍷 3
● Taurasi '08	🍷🍷 4
● Vesuvio Lacryma Christi Rosso '13	🍷🍷 2*
○ Falanghina del Beneventano '13	🍷 2

WEITERE KELLEREIEN

Cantine Elmi
C.DA CHIANZANO
83040 MONTEMARANO [AV]
TEL. +39 082765354
www.cantineelmi.it

DIREKTVERKAUF
BESUCH NACH VORANMELDUNG
GASTRONOMIE
JAHRESPRODUKTION 13.000 Flaschen
REBFLÄCHE 3 Hektar

● Irpinia Campi Taurasini Gli Avi di Chianzano '10	🍷🍷 2*
● Taurasi '08	🍷🍷 4

Cantina Farro
LOC. FUSARO
FRAZ. BACOLI
VIA VIRGILIO, 16/24
80070 NAPOLI
TEL. +39 0818545555
www.cantinefarro.it

DIREKTVERKAUF
BESUCH NACH VORANMELDUNG
JAHRESPRODUKTION 207.000 Flaschen
REBFLÄCHE 20 Hektar

○ Campi Flegrei Falanghina Le Cigliate '13	🍷🍷 3*
○ Campi Flegrei Falanghina '13	🍷🍷 2*
● Campi Flegrei Piedirosso '13	🍷 2
⊙ Campi Flegrei Piedirosso Depié Rosé '13	🍷 2

Cantine Federiciane Monteleone
FRAZ. SAN ROCCO
VIA ANTICA CONSOLARE CAMPANA, 34
80016 MARANO DI NAPOLI [NA]
TEL. +39 0815764153
www.federiciane.it

DIREKTVERKAUF
BESUCH NACH VORANMELDUNG
JAHRESPRODUKTION 200.000 Flaschen
REBFLÄCHE 15 Hektar

● Campi Flegrei Piedirosso '13	🍷🍷 2*
● Penisola Sorrentina Gragnano '13	🍷🍷 2*
○ Flaegreo Brut	🍷 2
○ Campi Flegrei Falanghina '13	🍷 2

Filadoro Giuseppa
C.DA CERRETO, 19\
83030 LAPIO [AV]
TEL. +39 0825982536
www.filadoro.it

DIREKTVERKAUF
BESUCH NACH VORANMELDUNG
JAHRESPRODUKTION 40.000 Flaschen
REBFLÄCHE 6 Hektar

○ Fiano di Avellino '12	🍷🍷 3
○ Fiano di Avellino Santàri '11	🍷🍷 5
○ Greco di Tufo '13	🍷 3
● Irpina Aglianico '10	🍷 2

La Fortezza
LOC. TORA II, 20
82030 TORRECUSO [BN]
TEL. +39 0824886155
www.lafortezzasrl.it

DIREKTVERKAUF
BESUCH NACH VORANMELDUNG
JAHRESPRODUKTION 350.000 Flaschen
REBFLÄCHE 52 Hektar

○ Sannio Fiano '13	🍷🍷 2*
○ Sannio Taburno Falanghina '13	🍷🍷 2*
○ Sannio Greco '13	🍷 2

★Galardi
FRAZ. SAN CARLO
SP SESSA-MIGNANO
81037 SESSA AURUNCA [CE]
TEL. +39 0823708900
www.terradilavoro.com

DIREKTVERKAUF
BESUCH NACH VORANMELDUNG
JAHRESPRODUKTION 33.000 Flaschen
REBFLÄCHE 10 Hektar
WEINBAU Biologisch anerkannt

● Terra di Lavoro '11	🍷🍷🍷 7
● Terra di Lavoro '10	🍷🍷🍷 7
● Terra di Lavoro '09	🍷🍷🍷 7
● Terra di Lavoro '06	🍷🍷🍷 7

WEITERE KELLEREIEN

Cantine Grotta del Sole
VIA SPINELLI, 2
80010 QUARTO [NA]
TEL. +39 0818762566
www.grottadelsole.it

DIREKTVERKAUF
BESUCH NACH VORANMELDUNG
JAHRESPRODUKTION 500.000 Flaschen
REBFLÄCHE 19 Hektar

● Penisola Sorrentina Gragnano '13	▼▼ 2*
● Campi Flegrei Piedirosso '13	▼ 2
○ Greco di Tufo Tenuta Vicario '13	▼ 3
○ Vesuvio Lacryma Christi Bianco '13	▼ 2

Il Verro
LOC. ACQUAVALLE, LAUTONI
81040 FORMICOLA [CE]
TEL. +39 3456416200
www.ilverro.it

DIREKTVERKAUF
JAHRESPRODUKTION 18.000 Flaschen
REBFLÄCHE 3 Hektar

● Pallagrello Nero '13	▼▼ 2*
○ Sheep '13	▼▼ 2*
● Casavecchia Lautonis '13	▼ 2
○ Pallagrello Bianco Verginiano '13	▼ 2

Lunarossa
VIA V. FORTUNATO LOTTO, 10
84095 GIFFONI VALLE PIANA [SA]
TEL. +39 0898021016
www.viniepassione.it

BESUCH NACH VORANMELDUNG
JAHRESPRODUKTION 55.000 Flaschen
REBFLÄCHE 4,5 Hektar

● Borgomastro '08	▼▼ 6
● Aglianico Camporeale '13	▼ 2
○ Costacielo Bianco '12	▼ 3

Manimurci
VIA CASALE, 9BIS
83052 PATERNOPOLI [AV]
TEL. +39 0827771012
www.cantinemanimurci.com

DIREKTVERKAUF
BESUCH NACH VORANMELDUNG
JAHRESPRODUKTION 300.000 Flaschen
REBFLÄCHE 12 Hektar

○ Greco di Tufo Zagreo '13	▼▼ 2*
● Taurasi Poema '09	▼▼ 6
● Calore '12	▼ 3
○ Fiano di Avellino Nepente '13	▼ 2

Mustilli
VIA CAUDINA, 10
82019 SANT'AGATA DE' GOTI [BN]
TEL. +39 0823718142
www.mustilli.com

DIREKTVERKAUF
BESUCH NACH VORANMELDUNG
UNTERKUNFT UND GASTRONOMIE
JAHRESPRODUKTION 200.000 Flaschen
REBFLÄCHE 35 Hektar
WEINBAU Biologisch anerkannt

● Sannio Piedirosso '13	▼▼ 2*
● Sant'Agata dei Goti Aglianico Cesco di Nece '11	▼▼ 3
○ Sant'Agata dei Goti Falanghina '13	▼▼ 2*

Lorenzo Nifo Sarrapochiello
VIA PIANA, 62
82030 PONTE [BN]
TEL. +39 0824876450
www.nifo.eu

DIREKTVERKAUF
BESUCH NACH VORANMELDUNG
JAHRESPRODUKTION 70.000 Flaschen
REBFLÄCHE 16 Hektar
WEINBAU Biologisch anerkannt

● Aglianico del Taburno D'Erasmo Ris. '09	▼▼ 4
○ Sannio Taburno Falanghina '13	▼▼ 2*
○ Sannio Taburno Greco G '13	▼▼ 2*
● Aglianico del Taburno '11	▼ 2

WEITERE KELLEREIEN

Le Ormere
C.SO V. EMANUELE, 58
83100 AVELLINO
TEL. +39 32737322187
www.leormere.it

JAHRESPRODUKTION 7.000 Flaschen
REBFLÄCHE 1,5 Hektar

○ Greco di Tufo '12	🍷🍷 3

La Pietra di Tommasone
VIA PROVINCIALE FANGO, 98
80076 LACCO AMENO [NA]
TEL. +39 0813330330
www.tommasonevini.it

DIREKTVERKAUF
BESUCH NACH VORANMELDUNG
JAHRESPRODUKTION 100.000 Flaschen
REBFLÄCHE 11 Hektar

○ Epomeo Bianco '13	🍷🍷 3
● Epomeo Rosso '11	🍷🍷 3
● Ischia Per' 'e Palummo '13	🍷🍷 3
○ Terradei '13	🍷🍷 3

Pietratorcia
FRAZ. CUOTTO
VIA PROVINCIALE PANZA, 309
80075 FORIO [NA]
TEL. +39 081908206
www.pietratorcia.it

DIREKTVERKAUF
BESUCH NACH VORANMELDUNG
JAHRESPRODUKTION 130.000 Flaschen
REBFLÄCHE 8 Hektar

○ Ischia Bianco Sup. V. del Cuotto '13	🍷🍷 3
○ Ischia Bianco Sup. V. di Chignole '13	🍷🍷 3
○ Meditandum	🍷 5
● Ischia Rosso V. di Janno Piro '12	🍷🍷 3

Porto di Mola
VIA RISIERA
81050 GALLUCCIO [CE]
TEL. +39 0823925801
www.portodimola.it

DIREKTVERKAUF
BESUCH NACH VORANMELDUNG
JAHRESPRODUKTION 250.000 Flaschen
REBFLÄCHE 40 Hektar

○ Acquamara '12	🍷🍷 2*
○ Fiano Colle Lepre '13	🍷🍷 2*
○ Galluccio Bianco '13	🍷 1*
○ Greco Monte Camino '13	🍷 2

Andrea Reale
LOC. BORGO DI GETE
VIA CARDAMONE, 75
84010 TRAMONTI [SA]
TEL. +39 089856144
www.aziendaagricolareale.it

DIREKTVERKAUF
BESUCH NACH VORANMELDUNG
UNTERKUNFT UND GASTRONOMIE
JAHRESPRODUKTION 1.200 Flaschen
REBFLÄCHE 2,5 Hektar

○ Costa d'Amalfi Tramonti Rosso Cardamone '12	🍷🍷 4
● Borgo di Gete '10	🍷🍷 6
○ Costa d'Amalfi Tramonti Bianco Aliseo '13	🍷🍷 4

Regina Viarum
LOC. FALCIANO DEL MASSICO
VIA VELLARIA
81030 FALCIANO DEL MASSICO [CE]
TEL. +39 0823931299
www.reginaviarum.it

DIREKTVERKAUF
BESUCH NACH VORANMELDUNG
JAHRESPRODUKTION 19.000 Flaschen
REBFLÄCHE 5 Hektar
WEINBAU Biologisch anerkannt

● Falerno del Massico Zero5 '11	🍷🍷 3

WEITERE KELLEREIEN

Ettore Sammarco
via Civita, 9
84010 Ravello [SA]
Tel. +39 089872774
www.ettoresammarco.it

DIREKTVERKAUF
BESUCH NACH VORANMELDUNG
JAHRESPRODUKTION 60.000 Flaschen
REBFLÄCHE 13 Hektar

○	Costa d'Amalfi Ravello Rosso Selva delle Monache Ris. '08	4
○	Costa d'Amalfi Ravello Bianco Selva delle Monache '13	3

Sannino
via G. Semmola, 146
80056 Ercolano [NA]
Tel. +39 0817394630
www.sanninovini.com

DIREKTVERKAUF
BESUCH NACH VORANMELDUNG
JAHRESPRODUKTION 200.000 Flaschen
REBFLÄCHE 70 Hektar

○	Fiano di Avellino Herculaneum '13	3*
●	Piedirosso Pompeiano '12	2*
●	Taurasi '09	4
○	Vesuvio Lacryma Christi Rosato '11	2*

Santiquaranta
c.da Torrepalazzo
82030 Torrecuso [BN]
Tel. +39 0824876128
www.santiquaranta.it

DIREKTVERKAUF
BESUCH NACH VORANMELDUNG
JAHRESPRODUKTION 45.000 Flaschen
REBFLÄCHE 6 Hektar

○	Moscato Passito '12	5
○	Sannio Falanghina '13	2*
●	Sannio Aglianico '10	3
○	Sannio Moscato '13	3

Se.Vin
loc. Martoni
81044 Galluccio [CE]
Tel. +39 0816133869
www.grupposeverino.it

●	Galluccio Rosso Don Giovanni '11	3
○	Falanghina Danny '13	2
○	Fiano di Avellino Don Rosario '13	3
○	Greco di Tufo San Salvatore '13	3

Setaro
loc. Parco Nazionale del Vesuvio
via Bosco del Monaco, 34
Trecase [NA]
Tel. +39 0818628956
www.casasetaro.eisuoivini.it

REBFLÄCHE 3 Hektar

●	Aglianico Tauro '12	2*
○	Falanghina Campanelle '13	2*
●	Vesuvio Lacryma Christi Rosso Munazei '13	3
●	Vesuvio Lacryma Christi Don Vincenzo '11	3

Cantina Sociale di Solopaca
via Bebiana, 38
82036 Solopaca [BN]
Tel. +39 0824977921
www.cantinasolopaca.it

DIREKTVERKAUF
BESUCH NACH VORANMELDUNG
JAHRESPRODUKTION 700.000 Flaschen

○	Sannio Greco '13	2*
●	Sannio Aglianico '12	2
●	Sannio Aglianico Carrese '11	2
○	Sannio Falanghina '13	2

WEITERE KELLEREIEN

Sorrentino
VIA RIO, 26
80042 BOSCOTRECASE [NA]
TEL. +39 0818584963
www.sorrentinovini.com

DIREKTVERKAUF
BESUCH NACH VORANMELDUNG
UNTERKUNFT UND GASTRONOMIE
JAHRESPRODUKTION 220.000 Flaschen
REBFLÄCHE 30 Hektar
WEINBAU Biologisch anerkannt

○ Coda di Volpe Natì '12	🍷🍷 4
○ Latikadea '13	🍷🍷 2*
● Lacryma Christi Dorè Brut	🍷 3

Telaro
LOC. CALABRITTO
VIA CINQUE PIETRE, 2
81045 GALLUCCIO [CE]
TEL. +39 0823925841
www.vinitelaro.it

DIREKTVERKAUF
BESUCH NACH VORANMELDUNG
JAHRESPRODUKTION 550.000 Flaschen
REBFLÄCHE 70 Hektar
WEINBAU Biologisch anerkannt

● Calivierno '11	🍷🍷 3
○ Falanghina Fonte Caja '13	🍷🍷 2*
● Galluccio Rosso Ara Mundi '10	🍷🍷 4
● Bariletta '13	🍷 2

Torre a Oriente
LOC. MERCURI, 19
82030 TORRECUSO [BN]
TEL. +39 0824874376
www.torreaoriente.eu

DIREKTVERKAUF
BESUCH NACH VORANMELDUNG
UNTERKUNFT UND GASTRONOMIE
JAHRESPRODUKTION 40.000 Flaschen
REBFLÄCHE 10 Hektar

○ Sannio Falanghina Biancuzita '11	🍷🍷 2*
○ Gioconda '13	🍷🍷 2*
● Sannio Taburno Aglianico U' Barone '11	🍷 3
○ Sannio Taburno Falanghina Siriana '13	🍷 2

Torre Varano
LOC. TORREVONO, 2
82030 TORRECUSO [BN]
TEL. +39 0824876372
www.torrevarano.it

DIREKTVERKAUF
BESUCH NACH VORANMELDUNG
JAHRESPRODUKTION 130.000 Flaschen
REBFLÄCHE 12 Hektar

○ Falanghina Brut Ardesia	🍷🍷 3
● Aglianico l'Eroe '09	🍷🍷 3
○ Sannio Fiano '13	🍷 3
○ Taburno Falanghina '13	🍷 2

Torricino
LOC. TORRICINO
VIA NAZIONALE
83010 TUFO [AV]
TEL. +39 0825998119
www.torricino.it

DIREKTVERKAUF
BESUCH NACH VORANMELDUNG
JAHRESPRODUKTION 40.000 Flaschen
REBFLÄCHE 10 Hektar
WEINBAU Biologisch anerkannt

○ Greco di Tufo '13	🍷🍷 4
● Taurasi '10	🍷🍷 4
○ Fiano di Avellino '13	🍷 4
○ Greco di Tufo Raone '13	🍷 5

Traerte
C.DA VADIAPERTI
83030 MONTEFREDANE [AV]
TEL. +39 0825607270
info@traerte.it

DIREKTVERKAUF
BESUCH NACH VORANMELDUNG
JAHRESPRODUKTION 81.000 Flaschen
REBFLÄCHE 6 Hektar

○ Fiano di Avellino Aipierti '13	🍷🍷 5
○ Greco di Tufo Tornante '13	🍷🍷 5
○ Irpinia Coda di Volpe Torama '13	🍷🍷 5
● Aglianico '12	🍷 2

WEITERE KELLEREIEN

Antica Masseria Venditti
VIA SANNITICA, 120/122
82037 CASTELVENERE [BN]
TEL. +39 0824940306
www.venditti.it

DIREKTVERKAUF
BESUCH NACH VORANMELDUNG
JAHRESPRODUKTION 60.000 Flaschen
REBFLÄCHE 11 Hektar
WEINBAU Biologisch anerkannt

● Sannio Aglianico Marraioli '09	♛♛ 4
○ Sannio Falanghina Vàndari '13	♛♛ 3
○ Sannio Bianco Bacalàt '13	♛ 4

Verrone Viticoltori
C.DA CANNETIELLO
84043 AGROPOLI [SA]
TEL. +39 089236306
verrone.viticoltori@gmail.com

DIREKTVERKAUF
BESUCH NACH VORANMELDUNG
GASTRONOMIE
JAHRESPRODUKTION 30.000 Flaschen
REBFLÄCHE 16 Hektar

○ Cilento Fiano V. Girapoggio '13	♛♛ 3

Vesevo
VIA DUE PRINCIPATI, 9
83020 FORINO [AV]
TEL. +39 0859067388
www.vesevo.it

BESUCH NACH VORANMELDUNG
JAHRESPRODUKTION 700.000 Flaschen
REBFLÄCHE 37 Hektar

○ Falanghina '13	♛♛ 2*
● Taurasi '09	♛♛ 5
● Aglianico '11	♛ 3
○ Greco di Tufo '13	♛ 3

Vigna Villae
C.DA PESANO
83030 TAURASI [AV]
TEL. +39 0815519396
www.vignavillae.it

DIREKTVERKAUF
BESUCH NACH VORANMELDUNG
JAHRESPRODUKTION 60.000 Flaschen
REBFLÄCHE 6 Hektar

● Taurasi '07	♛♛ 5
○ Fiano di Avellino '13	♛♛ 3
● Irpinia Campi Taurasini Pezze da' Preti '09	♛♛ 3
○ Greco di Tufo '13	♛ 3

Vigne di Malies
V.LE DELLA VITTORIA, 58
82034 GUARDIA SANFRAMONDI [BN]
TEL. +39 0824864165
www.vignedimalies.it

○ Sannio Falanghina Opalus '13	♛♛ 2*
○ Sannio Fiano Fojano V. Fontana dell'Olmo '13	♛♛ 2*
○ Sannio Coda di Volpe Callida '13	♛ 2

Vigne Guadagno - Vistabella
VIA SANT'ANIELLO
83030 MONTEFREDANE [AV]
TEL. +39 08251686278
www.vigneguadagno.it

BESUCH NACH VORANMELDUNG
JAHRESPRODUKTION 47.000 Flaschen
REBFLÄCHE 10 Hektar

○ Fiano di Avellino '13	♛♛ 2*
○ Greco di Tufo '13	♛♛ 2*
● Irpinia Aglianico '12	♛♛ 2*
○ Falanghina '13	♛ 2

WEITERE KELLEREIEN

Vigne Sannite
LOC. SALELLA
82037 CASTELVENERE [BN]
TEL. +39 0824941494
www.cesas.it

DIREKTVERKAUF
JAHRESPRODUKTION 300.000 Flaschen
REBFLÄCHE 150 Hektar
WEINBAU Biologisch anerkannt

● Essentia '09	🏆 3
○ Sannio Falanghina '13	🍷 2
○ Sannio Fiano '13	🍷 2
○ Sannio Greco '13	🍷 2

Masseria Vigne Vecchie
C.DA SALA
82036 SOLOPACA [BN]
TEL. +39 0824902056
www.masseriavignevecchie.it

○ Falanghina del Sannio Solopaca Pampanella '13	🏆 2*

Vitivinicola Cuomo I Vini del Cavaliere
VIA FEUDO LA PILA, 16
84047 CAPACCIO [SA]
TEL. +39 0828725376
www.vinicuomo.com

DIREKTVERKAUF
BESUCH NACH VORANMELDUNG
JAHRESPRODUKTION 25.000 Flaschen
REBFLÄCHE 4 Hektar

● Cilento Aglianico Granatum '12	🏆 2*
● Primitivo Poseidon '13	🏆 2*
○ Fiano Heraion '13	🍷 2
○ Nakes '10	🍷 2

Volpara
FRAZ. TUORO
VIA PODESTI, 23
81037 SESSA AURUNCA [CE]
TEL. +39 0823938051
www.volparavini.it

DIREKTVERKAUF
BESUCH NACH VORANMELDUNG
JAHRESPRODUKTION 35.000 Flaschen
REBFLÄCHE 8 Hektar

○ Falerno del Massico Bianco Ri Podesti '12	🏆 3
● Don Federico '11	🍷 2
● Falerno del Massico Rosso Ri Sassi '11	🍷 3
○ White '13	🍷 2

Votino
VIA FIZZO, 14
82013 BONEA [BN]
TEL. +39 0824834762
www.aziendavotino.com

DIREKTVERKAUF
BESUCH NACH VORANMELDUNG
JAHRESPRODUKTION 40.000 Flaschen
REBFLÄCHE 6 Hektar

○ Falanghina Taburno Cocceius '13	🏆 2*
○ Sannio Fiano '13	🏆 2*
● Aglianico del Taburno Furius '11	🍷 2

Cantine Zampino
VIA CESINE, 21
83057 TORELLA DEI LOMBARDI [AV]
TEL. +39 0817148646
www.zampinocantine.it

DIREKTVERKAUF
UNTERKUNFT UND GASTRONOMIE
JAHRESPRODUKTION 410.000 Flaschen
REBFLÄCHE 100 Hektar

● Taurasi Ris. '06	🏆 5
○ Fiano di Avellino '13	🍷 3

BASILIKATA

Die Basilikata ist eine der letzten italienischen Grenzen zum Universum. Diese kleine Region zwischen Apulien, Kampanien und Kalabrien, bespült vom Ionischen und Tyrrhenischen Meer, hat ein interessantes, lebendiges Weinpanorama zu bieten. Noch vor wenigen Jahren beschränkte sich die Produktion im Wesentlichen auf die Weinberge rund um das vulkanische Massiv des Vulture, natürlich mit dem Aglianico Doc im Fokus. Er ist zwar immer noch unbestrittener Superstar der regionalen Weinkunst, aber das Panorama der Denominationen hat sich bereichert. Der Aglianico del Vulture Superiore (und Riserva) ist zum DOCG geworden, aber die ersten Flaschen kommen erst im Frühjahr 2015 heraus und werden in der nächsten Ausgabe rezensiert. Terre dell'Alta Val d'Agri und Grottino di Roccanova sind nunmehr zwei DOC, zwar sehr klein, aber durchaus mit Produzenten, die entschlossen den Qualitätsweg beschreiten und das Potenzial ihres Terroirs voll ausschöpfen wollen. Und schließlich ist die Provinz Matera mit der gleichnamigen DOC ein bereits sicherer Tipp: zahlreiche Betriebe auf einem mehr als verlässlichen Niveau keltern die verschiedenen Weine der Denomination, allen voran Moro und Primitivo. Der Aglianico del Vulture macht immer noch 90% der DOC-Weine der Region aus und in unserem Führer gehen auch diesmal die höchsten Auszeichnungen an vier hochwertige Weingüter für ihre jeweilige Version dieses großartigen, langlebigen Roten. Daher am obersten Treppchen Paternoster, Cantine del Notaio, Terre degli Svevi und Fucci. Nicht zu übersehen ist aber, dass immer mehr Etiketten die Aufnahme in unsere Finalrunde schaffen, in diesem Jahr sind es nicht weniger als 18, mit einer nicht mehr nur episodenhaften Präsenz des Materano. Diesen günstigen Trend für den Weinbau der Lucania bestätigt auch die Steigerung der Weinproduktion in den Jahren 2012-2013, die auf einige Jahre der Flaute folgte. Der Verkaufserfolg dieser Weine in Italien und im Ausland bestätigt, dass die Weinwirtschaft der Basilikata die Gunst der Stunde nutzen kann. Wir sind überzeugt, dass sich der qualitative und quantitative Aufwärtstrend in den kommenden Jahren als konstant erweisen wird.

BASILIKATA

Cantine del Notaio

Via Roma, 159
85028 Rionero in Vulture [PZ]
Tel. +39 0972723689
www.cantinedelnotaio.com

DIREKTVERKAUF
BESUCH NACH VORANMELDUNG
GASTRONOMIE
JAHRESPRODUKTION 244.000 Flaschen
REBFLÄCHE 30 Hektar
WEINBAU Biodynamisch anerkannt

Gerardo Giuratrabocchetti, der den Betrieb seit 1998 führt, ist kein Notar, denn das war sein Vater. Er hingegen ist ein Agronom, der seinen Beruf als Forscher aufgegeben hat, um die 30 ha Weinberge biologisch und biodynamisch zu bestellen. Dank seiner umsichtigen Arbeit im Weinberg und des Einsatzes moderner Kellereitechniken ist er für zahlreiche Weinliebhaber zu einem Bezugspunkt geworden. Es entstehen verschiedene Weine aus Aglianico-Trauben (Schaumweine, Rosé, in weiß vinifizierte Weine und Spätlesen), deren Namen an die Notariatswelt erinnern. Dieses Jahr hat uns der Il Repertorio '12 am meisten beeindruckt. Er ist ein charaktervoller, frischer, vollmundiger, würziger, harmonischer Aglianico del Vulture mit unversehrter Frucht, würzigen Tönen und langem Finale nach mediterranen Kräutern und balsamischen Nuancen. Drei Gläser. Fast genauso gut, aber noch etwas angespannt ist der körperreiche La Firma '11, der zur Auflockerung noch etwas Zeit benötigt.

Casa Maschito

Via F. S. Nitti, 7
85020 Maschito [PZ]
Tel. +39 097233101
www.casamaschito.it

DIREKTVERKAUF
BESUCH NACH VORANMELDUNG
UNTERKUNFT UND GASTRONOMIE
JAHRESPRODUKTION 60.000 Flaschen
REBFLÄCHE 10 Hektar

Die wertvolle Weinbauzone in der Gemeinde Maschito im Vulture-Gebiet auf ungefähr 600 m Höhe musste ihre eigene, schöne Kellerei besitzen. Demzufolge haben sich 1999 elf Freunde dazu entschlossen, eine Gesellschaft zu gründen und 10 ha Weinberge zu erwerben. Sie hoben Casa Maschito aus der Taufe, eine kleine Kellerei, die heute jährlich 60.000 Flaschen mit einer sehr umfangreichen und qualitativ hochwertigen Auswahl an Weinen aus Malvasia, Moscato und natürlich aus der Königsrebe dieses Vulkangebiets, dem Aglianico, produziert. Während einige der Aglianico-Etiketten noch in der Kellerei weiterreifen, hat der La Bottaia '11 in unserer Endrunde gut abgeschnitten: Von dunklem, dichtem Rubinrot zeigt er elegante und tiefe Düfte nach roten und schwarzen Früchten mit balsamischen und hölzernen Nuancen. Am Gaumen öffnet er sich reichhaltig, saftig, harmonisch und frisch. Exzellent auch der Malvasia Lucana '13 mit eleganten Noten nach Weißfrucht, insbesondere Melone.

● Aglianico del Vulture Il Repertorio '12	🍷🍷🍷 4*
● Aglianico del Vulture La Firma '11	🍷 6
● Aglianico del Vulture Il Sigillo '10	🍷🍷 6
○ L'Autentica '12	🍷🍷 5
○ La Raccolta '13	🍷🍷 5
○ Il Preliminare '13	🍷 3
○ Il Rogito '13	🍷 3
● L'Atto '13	🍷 3
○ La Stipula Bianco Brut '12	🍷 5
⊙ La Stipula Brut Rosé M. Cl. '12	🍷 5
● Aglianico del Vulture La Firma '10	🍷🍷🍷 6
● Aglianico del Vulture La Firma '00	🍷🍷🍷 5

● Aglianico del Vulture La Bottaia '11	🍷🍷 3*
○ Malvasia Lucana '13	🍷🍷 2*
● Aglianico del Vulture La Bottaia '08	🍷🍷 3
● Aglianico del Vulture Portale Adduca '09	🍷🍷 2*
● Aglianico del Vulture Portale Adduca '08	🍷🍷 2*
● Aglianico del Vulture Ris. La Terrazza '05	🍷🍷 6
○ Malvasia Lucana '12	🍷🍷 2*
○ Moscato Passito Majsor '11	🍷🍷 3

BASILIKATA

Casa Vinicola D'Angelo
via Provinciale, 8
85028 Rionero in Vulture [PZ]
Tel. +39 0972721517
www.dangelowine.it

DIREKTVERKAUF
BESUCH NACH VORANMELDUNG
JAHRESPRODUKTION 300.000 Flaschen
REBFLÄCHE 35 Hektar

Dieser in den 30er-Jahren gegründete Betrieb promotet den Aglianico delle Vulture nunmehr seit 80 Jahren erfolgreich außerhalb der Region und repräsentiert dessen Geschichte und Tradition. Der klassisch strenge, herbe Stil dieser Weine, die Aufmerksamkeit und Geduld bedürfen, ist den langen Mazerationen und dem Ausbau in Holzfässern zu verdanken. Genau dieser Stil prägt immer noch die Produktion der Geschwister Erminia und Rocco D'Angelo, die aber auch modernere und unmittelbarere Etiketten vorstellen. Vom Canneto '12 gefällt uns der volle, harmonische Körper, die abgerundeten Tannine und die Nase nach Lakritze und balsamischen Noten, während sich der Riserva Vigna Caselle '09 als konzentriert und komplex mit elegantem Finale nach Schokolade und Sauerkirsche präsentiert. Gut gelungen auch die anderen Etiketten, wie die der Linie Tenute del Portale.

Donato D'Angelo di Filomena Ruppi
via Padre Pio, 10
85028 Rionero in Vulture [PZ]
Tel. +39 0972724602
www.donatodangelo.it

DIREKTVERKAUF
BESUCH NACH VORANMELDUNG
JAHRESPRODUKTION 50.000 Flaschen
REBFLÄCHE 12 Hektar

Der Önologe Donato D'Angelo hat den historischen Familienbetrieb seit einigen Jahren verlassen und gemeinsam mit seiner Frau Filomena Ruppi einen neuen Betrieb mit 15 ha vorwiegend mit Aglianico bebauten Weinbergen gegründet. Aber das Potenzial des Anbaugebiets, der klassischen Zone der Denomination um Barile und Rionero in Vulture, kommt auch bei Rebsorten sehr schön zum Ausdruck, die in Lukanien nicht so üblich sind: Das Beispiel dafür ist der Cabernet Sauvignon, der hier, vermengt mit dem Aglianico den Balconara ergibt. Zwei Weine wurden dieses Jahr verkostet. Der Aglianico del Vulture Donato D'Angelo '11 hält mit seinem eleganten, mediterranen Bukett, in dem sich reife Sauerkirsche mit Kräutern, Zistrose, Strohblumen und Rosmarin abwechseln, Einzug ins Finale. Am Gaumen ist er geschmeidig und reichhaltig, getragen von einer frischen Säure und schön geschliffenen Tanninen. Der rote Balconara zeigt eine gelungene Balance und klassische Gesetztheit.

- Aglianico del Vulture V. Caselle Ris. '09   🍷🍷 4
- Canneto '12   🍷🍷 4
- Aglianico del Vulture
  Tenuta del Portale Ris. '09   🍷 4
- Le Vigne a Capanno '12   🍷 3
- Serra delle Querce '12   🍷 5
- Aglianico del Vulture V. Caselle Ris. '01   🍷🍷🍷 3*
- Aglianico del Vulture V. Caselle Ris. '08   🍷🍷 4
- Aglianico del Vulture Valle del Noce '11   🍷🍷 5
- Aglianico del Vulture Valle del Noce '10   🍷🍷 5

- Aglianico del Vulture
  Donato D'Angelo '11   🍷🍷 4
- Balconara '11   🍷🍷 4
- Balconara '09   🍷🍷🍷 4*
- Aglianico del Vulture
  Donato D'Angelo '08   🍷🍷 3

BASILIKATA

Elena Fucci
C.DA SOLAGNA DEL TITOLO
85022 BARILE [PZ]
TEL. +39 0972770736
www.elenafuccivini.com

DIREKTVERKAUF
BESUCH NACH VORANMELDUNG
JAHRESPRODUKTION 18.000 Flaschen
REBFLÄCHE 7 Hektar

Elena Fucci, die junge Önologin und Inhaberin des Betriebs, keltert nur eine einzige Etikette, den nunmehr berühmten Titolo. Er entsteht aus einer 3,5 ha großen Aglianico-Lage, wo die bis zu 60 Jahre alten Rebstöcke in Buschererziehung gehalten werden, und aus weiteren 3 ha mit jüngeren Reben mit niedriger Spaliererziehung. Hier, in ungefähr 600 m Seehöhe im Ortsteil Solagna del Titolo, an den Pforten von Barile, steht die neue und moderne Kellerei der Fucci. Der Titolo reift in kleinen, vorwiegend neuen Holzfässern. Der Titolo '12 wird auch dieses Jahr verdientermaßen mit unseren Drei Gläsern ausgezeichnet. Zum neunten Mal wird ihm diese Auszeichnung verliehen, wodurch er sich durch fortwährende Exzellenz als Aushängeschild der lukanischen Weinwelt bestätigt. Von schönem, dunklem und tiefem Rubinrot öffnet er sich in der Nase auf eleganten und klassischen Noten von Sauerkirsche und Heidelbeeren, Gewürzen und Kräutern. Am Gaumen zeigt er eine feste und dichte Struktur, unversehrte Frucht, eine elegante Entfaltung und ein köstliches, lang anhaltendes Finale auf roten Früchten und hölzernen Noten.

● Aglianico del Vulture Titolo '12	▼▼▼ 5
● Aglianico del Vulture Titolo '11	♀♀♀ 5
● Aglianico del Vulture Titolo '10	♀♀♀ 5
● Aglianico del Vulture Titolo '09	♀♀♀ 5
● Aglianico del Vulture Titolo '08	♀♀♀ 6
● Aglianico del Vulture Titolo '07	♀♀♀ 6
● Aglianico del Vulture Titolo '06	♀♀♀ 5
● Aglianico del Vulture Titolo '05	♀♀♀ 5
● Aglianico del Vulture Titolo '02	♀♀♀ 5

Grifalco della Lucania
LOC. PIAN DI CAMERA
85029 VENOSA [PZ]
TEL. +39 097231002
grifalcodellalucania@email.it

DIREKTVERKAUF
BESUCH NACH VORANMELDUNG
JAHRESPRODUKTION 65.000 Flaschen
REBFLÄCHE 16 Hektar
WEINBAU Biologisch anerkannt

Fabrizio und Cecilia Piccin sind im Jahr 2003 von der Toskana, wo sie in Montepulciano bereits Wein produzierten, in die Basilikata übersiedelt. Nachdem sie dem Sangiovese den Rücken gekehrt hatten, stellten sie sich an den Hängen des Vulture-Massivs mit der biologischen Kultivierung ihrer Weinberge, die sie in den besten, zum Großteil mit Aglianico bebauten Lagen zwischen Ginestra, Maschito, Rapolla und Venosa erworben haben, neuen Herausforderungen. Auch dieses Jahr haben die Weine der Familie Piccin sehr gut abgeschnitten. Der Grifalco '12, der es bis in die Endrunde geschafft hat, zeichnet sich durch Reichtum und Integrität der Frucht, durch den gewussten Einsatz von neuen Holzfässern und das schöne, anhaltende Finale mit Kirsche und Schokolade aus. Nicht so komplex ist der Gricos '12, hat aber einen schönen Trinkgenuss, ist würdevoll, saftig, würzig und geschmeidig, mit schönen Brombeertönen im Nachhall.

● Aglianico del Vulture Grifalco '12	▼▼ 3*
● Aglianico del Vulture Gricos '12	▼▼ 2*
● Aglianico del Vulture Damaschito '07	♀♀ 3
● Aglianico del Vulture Gricos '11	♀♀ 2*
● Aglianico del Vulture Grifalco '09	♀♀ 3

BASILIKATA

Martino

via Luigi La Vista, 2a
85028 Rionero in Vulture [PZ]
Tel. +39 0972721422
www.martinovini.com

DIREKTVERKAUF
BESUCH NACH VORANMELDUNG
JAHRESPRODUKTION 250.000 Flaschen
REBFLÄCHE 50 Hektar

Die Weinbautradition der Familie Martino reicht bis Ende des 19. Jahrhunderts zurück, die Wende des Familienbetriebs kam aber in den 70er-Jahren mit Armando Martino. Es wurden eine moderne Kellerei in Rionero errichtet und Weinberge in den besten Lagen des Gebiets hinzugekauft, wie das Anwesen Bel Poggio in Ginestra. Die Trauben aus den betriebseigenen Weinbergen decken den Bedarf zu einem Drittel, der Rest wird im Vulture-Gebiet und in Matera hinzugekauft. Carolin Martino unterstützt ihren Vater nach ihrem Wirtschaftsstudium tatkräftig und ist auch Präsidentin des Schutzkonsortiums des Aglianico del Vulture. Der in neuen Holzfässern ausgebaute Aglianico del Vulture Oraziano '09 zeigt eine solide Struktur und samtige Tannine, ist harmonisch und gut ausgewogen. Der Pretoriano '09 schafft es mit seiner würzigen und feinen Frucht und dem eleganten Finale mit Rauch und Tinte ins Finale. Ebenfalls erwähnenswert ein exzellenter 2011er Basiswein und eine Auslese Bel Poggio Jahrgang 2009 mit intensiven Ribisel- und Kaffeenoten.

● Aglianico del Vulture Pretoriano '09	♛♛ 5
● Aglianico del Vulture '11	♛♛ 2*
● Aglianico del Vulture Bel Poggio '09	♛♛ 2*
● Aglianico del Vulture Oraziano '09	♛♛ 5
● Aglianico del Vulture Oraziano '08	♛♛ 5
● Aglianico del Vulture Oraziano '07	♛♛ 5
● Aglianico del Vulture Oraziano '06	♛♛ 5
● Aglianico del Vulture Oraziano '05	♛♛ 5
● Aglianico del Vulture Pretoriano '05	♛♛ 5
● Carolin '10	♛♛ 2*

Paternoster

c.da Valle del Titolo
85022 Barile [PZ]
Tel. +39 0972770224
www.paternostervini.it

DIREKTVERKAUF
BESUCH NACH VORANMELDUNG
JAHRESPRODUKTION 150.000 Flaschen
REBFLÄCHE 20 Hektar
WEINBAU Biologisch anerkannt

Im Jahr 2015 begeht man in Barile ein wichtiges Jubiläum: 90 Jahre Paternoster. Um sich über diesen ganzen Zeitraum auf höchstem Niveau zu bewegen, bedarf es bestimmter Grundvoraussetzungen: großartige Weinberge in den besten Lagen, wie Valle del Titolo, Macarico oder Gelosia, große Sorgfalt für die Technik und Wahrung der Tradition. Mit der Errichtung der modernen Kellerei spielt man sich seit einigen Jahren mit vielseitigen Weinen mit innovativen, aber auch klassischen Interpretationen. Drei Gläser gehen an eine der besten Versionen des Aglianico del Vulture Rotondo, dem 2011er. Der Wein zeigt sich wie gewohnt von dunkler Farbe, in der Nase nach roten und schwarzen Früchten, Gewürzen und mediterraner Macchia, vermengt mit hölzernen Noten und geröstetem Kaffee. Am Gaumen ist er mächtig und gleichzeitig elegant, die Frucht gut integriert und stets im Vordergrund. Die Tannine sind üppig, aber von samtiger Feinheit.

● Aglianico del Vulture Rotondo '11	♛♛♛ 5
● Aglianico del Vulture Don Anselmo '10	♛♛ 6
● Barigliòtt '13	♛ 2
○ Biancorte Fiano '13	♛ 3
⊙ Retablì '13	♛ 3
● Aglianico del Vulture Don Anselmo '09	♛♛♛ 6
● Aglianico del Vulture Don Anselmo '94	♛♛♛ 6
● Aglianico del Vulture Don Anselmo Ris. '05	♛♛♛ 6
● Aglianico del Vulture Rotondo '01	♛♛♛ 5
● Aglianico del Vulture Rotondo '00	♛♛♛ 5
● Aglianico del Vulture Rotondo '98	♛♛♛ 5

BASILIKATA

Taverna

C.DA TAVERNA, 15
75020 NOVA SIRI [MT]
TEL. +39 0835877083
www.aataverna.com

DIREKTVERKAUF
BESUCH NACH VORANMELDUNG
UNTERKUNFT UND GASTRONOMIE
JAHRESPRODUKTION 150.000 Flaschen
REBFLÄCHE 17 Hektar

Dieser Betrieb wurde in den 50er-Jahren gegründet, als es Pasquale Lunati - Großvater des heutigen Eigentümers - gelang, einen Winzerbetrieb einzurichten. Der Betrieb wuchs im Laufe der Jahre heran und baut heute auf 200 ha Oliven, Obst und biologisches Gemüse an. 19 ha davon sind auf 200 m Seehöhe in Nova Siri, unweit der ionischen Küste, vorwiegend autochthonen Rebsorten wie dem Aglianico, Greco und Primitivo gewidmet. In den Weinbergen in Venosa hingegen reifen die Trauben für den Aglianico del Vulture. Die diesjährigen Verkostungen bestätigen uns das ständige Qualitätswachstum, das wir in den letzten Jahren verzeichnen konnten. Der Primitivo '12 ist knackig und würzig. Er schafft es mit Noten nach Kirsche, Sauerkirsche und Ribisel ins Finale. Der Syrah '12 gefällt aufgrund seines Reichtums und gefälligen Gesamtbilds, der Aglianico del Vulture Loukania durch seine stilistische Reinheit und Intensität. Eine hochwertige Auswahl.

● Primitivo '12	♛♛ 3*
● Aglianico del Vulture Loukania '10	♛♛ 4
● Matera Moro I Sassi '12	♛♛ 3
● Syrah '12	♛♛ 3
○ Dry Muscat '13	♛ 2
● Il Lagarino di Dioniso '12	♛ 4
○ Matera Greco San Basile '13	♛ 3
⊙ Matera Maddalena '13	♛ 3
● Aglianico del Vulture Loukania '11	♛♛ 4
● Matera Moro I Sassi '11	♛♛ 3*

Terre degli Svevi

LOC. PIAN DI CAMERA
85029 VENOSA [PZ]
TEL. +39 097231263
www.giv.it

DIREKTVERKAUF
BESUCH NACH VORANMELDUNG
GASTRONOMIE
JAHRESPRODUKTION 230.000 Flaschen
REBFLÄCHE 120 Hektar

Der lukanische Betrieb von Gruppo Italiano Vini wurde 1998 gegründet und ist mit seinen 120 ha Rebfläche eine der wichtigsten Kellereien des Vulture-Gebiets. Die zwischen 10 und 40 Jahre alten Weinberge liegen in Venosa, Barile und Maschito auf Seehöhen zwischen 400 und 550 Metern. Natürlich ist der Aglianico der unbestrittene Hauptdarsteller, die wichtigsten Nebendarsteller sind der Müller Thurgau und der Gewürztraminer. Die Aglianico del Vulture werden in Barriques gereift. Der Aglianico Re Manfredi bestätigt sich auch mit dem Jahrgang 2011 als eine der interessantesten und qualitativ unveränderten Etiketten des gesamten Gebiets. Er zeigt Eleganz, Struktur, Balance und eine unversehrte Frucht, elegante Tannine und ein schönes Finale nach Bergkräutern und balsamischen Noten. Reich und befriedigend ist auch der Aglianico Taglio del Tralcio aus überreifen Trauben, mit einer schönen Konzentration nach Sauerkirsche und Brombeeren in einem menthollastigen Finale.

● Aglianico del Vulture Re Manfredi '11	♛♛♛ 4*
● Aglianico del Vulture Taglio del Tralcio '12	♛♛ 4
○ Re Manfredi Bianco '13	♛ 3
● Re Manfredi Rosato '13	♛ 3
● Aglianico del Vulture Re Manfredi '10	♛♛♛ 4*
● Aglianico del Vulture Re Manfredi '05	♛♛♛ 4
● Aglianico del Vulture Re Manfredi '99	♛♛♛ 4*
● Aglianico del Vulture Vign. Serpara '03	♛♛♛ 4*

BASILIKATA

Cantina di Venosa
LOC. VIGNALI
VIA APPIA
85029 VENOSA [PZ]
TEL. +39 097236702
www.cantinadivenosa.it

DIREKTVERKAUF
BESUCH NACH VORANMELDUNG
JAHRESPRODUKTION 800.000 Flaschen
REBFLÄCHE 800 Hektar

1957 wurde die Genossenschaft Venosa von 27 Personen gegründet. Das ist eine lange Zeit her. Heute zählt sie mehr als 500 Mitglieder mit einem großen Rebbestand in den Gemeinden Venosa, Ripacandida, Ginestra und Maschito auf einer Fläche von 90 Hektar. Nur wenige Genossenschaften Mittel- und Süditaliens legen ein derartiges soziales und qualitatives Gewicht auf die Waage. Die Weinauswahl bietet eine Reihe von Aglianico-Etiketten mit unterschiedlichen Ausbauzeiten und Verwendungsmethoden von Holz, aber auch Weißweine, Roséweine und einen interessanten Dry Muscat. Optimal das Preis-/Leistungsverhältnis. Der Terre di Orazio bestätigt sich als wichtigster Aglianico del Vulture dieser Kellerei. Der 2012er, ein Wein voller Rückgrat und Struktur, zieht mit seinen Noten nach roten und schwarzen Früchten und gut integrierten Holztönen ins Finale ein. Die Zeit wird ihm eine perfekte Balance bringen. Sehr interessant der würzige und feine Carato Venusio '11 und der Vignali '12 mit seinen schönen Kirsch- und Brombeernoten.

● Aglianico del Vulture Terre di Orazio '12	🍷🍷 3*
● Aglianico del Vulture Carato Venusio '11	🍷🍷 6
● Aglianico del Vulture Vignali '12	🍷🍷 2*
○ Dry Muscat Terre di Orazio '13	🍷🍷 2*
○ D'Avalos di Gesualdo '13	🍷 3
⊙ Terre di Orazio Rosé '13	🍷 2
● Aglianico del Vulture Carato Venusio '08	🍷🍷 5
● Aglianico del Vulture Gesualdo da Venosa '08	🍷🍷 4
● Aglianico del Vulture Terre di Orazio '11	🍷🍷 3*
○ D'Avalos di Gesualdo '12	🍷🍷 3

Vigneti del Vulture
C.DA PIPOLI
85011 ACERENZA [PZ]
TEL. +39 0971749363
www.vignetidelvulture.it

BESUCH NACH VORANMELDUNG
JAHRESPRODUKTION 100.000 Flaschen
REBFLÄCHE 56 Hektar

Der Farnese Vini aus Ortona ist es gelungen, Weine aus den Abruzzen und anderen süditalienischen Regionen mit großem Erfolg zu erzeugen und zu exportieren. Erst kürzlich hat sie die Einrichtungen der Genossenschaft Acerenza erworben und ausgebaut und somit einen Produktions- und Direktionsstandort für ihre Weine geschaffen, die sie aus Trauben produziert, die sie den Winzern dieses Gebiets abkauft. Es ist ein wichtiger Betrieb, der darauf zielt, zum internationalen Bezugspunkt für den Vulture zu werden. Sehr interessant ist die dieses Jahr vorgestellte Weinauswahl: Es sind vier sehr gut gelungene Aglianico del Vulture, angeführt vom Pipoli Zero '12, der es bis in die Endrunde geschafft hat. Nach einer langen Mazeration wird er ohne Sulfitzusatz nur in Stahltanks ausgebaut. Er zeigt ein schönes, dunkles Rubinrot, intensive Düfte nach Kirsche und Sauerkirsche sowie zarte Vanillenoten. Am Gaumen ist er schmackhaft, knackig und rein, reich an sehr reifen Tanninen. Hervorragend alle anderen Etiketten.

● Aglianico del Vulture Pipoli Zero '12	🍷🍷 2*
● Aglianico del Vulture '09	🍷🍷 3
● Aglianico del Vulture Piano del Cerro '09	🍷🍷 5
● Aglianico del Vulture Pipoli '12	🍷🍷 2*
○ Greco Fiano Pipoli '13	🍷 2
○ Pipoli Rosato '13	🍷 2
● Aglianico del Vulture Piano del Cerro Ris. '08	🍷🍷 3
● Aglianico del Vulture Piano del Cerro Ris. '04	🍷🍷 5
○ Greco Fiano Pipoli '12	🍷🍷 2*

WEITERE KELLEREIEN

Alovini
Via Gramsci, 30
85013 Genzano di Lucania [PZ]
Tel. +39 0971776372
www.alovini.it

DIREKTVERKAUF
BESUCH NACH VORANMELDUNG
JAHRESPRODUKTION 170.000 Flaschen
REBFLÄCHE 13 Hektar

● Aglianico del Vulture Alvolo '10	▼▼ 3
● Cabànico '11	▼▼ 4
● Aglianico del Vulture Armand '11	▼ 3

Basilisco
Via delle Cantine, 22
85022 Barile [PZ]
Tel. +39 0972771033
www.basiliscovini.it

DIREKTVERKAUF
BESUCH NACH VORANMELDUNG
UNTERKUNFT
JAHRESPRODUKTION 52.000 Flaschen
REBFLÄCHE 27 Hektar
WEINBAU Biologisch anerkannt

● Aglianico del Vulture Basilisco '11	▼▼ 6
● Aglianico del Vulture Teodosio '12	▼▼ 3
○ Sophia '13	▼ 3

Carbone
Via Nitti, 48
85025 Melfi [PZ]
Tel. +39 0972237866
www.carbonevini.it

DIREKTVERKAUF
BESUCH NACH VORANMELDUNG
JAHRESPRODUKTION 45.000 Flaschen
REBFLÄCHE 18 Hektar

● Aglianico del Vulture Stupor Mundi '11	▼ 5
● Aglianico del Vulture Terra dei Fuochi '12	▼ 2
⊙ Rosa Carbone '13	▼ 3

Cantine Cerrolongo
c.da Cerrolongo, 1
75020 Nova Siri [MT]
Tel. +39 0835536174
www.cerrolongo.it

DIREKTVERKAUF
BESUCH NACH VORANMELDUNG
JAHRESPRODUKTION 14.000 Flaschen
REBFLÄCHE 25 Hektar

● Matera Akratos Rosato '13	▼ 2
○ Matera Greco Le Paglie '13	▼ 2
● Matera Primitivo Akratos '12	▼ 2

Consorzio Viticoltori Associati del Vulture
SS 93
85022 Barile [PZ]
Tel. +39 0972770386
conscoviv@tiscali.it

DIREKTVERKAUF
BESUCH NACH VORANMELDUNG
JAHRESPRODUKTION 250.000 Flaschen

● Aglianico del Vulture Carpe Diem '08	▼▼ 5
● Aglianico del Vulture Vetusto '07	▼▼ 7
⊙ Lily '13	▼ 2

Ditaranto
Via B. Spinoza, 44
75024 Montescaglioso [MT]
Tel. +39 0835200993
www.ditarantovini.it

DIREKTVERKAUF
BESUCH NACH VORANMELDUNG
JAHRESPRODUKTION 16.000 Flaschen
REBFLÄCHE 8 Hektar

● Matera L'Abate '11	▼▼ 2*
● Matera Moro Il Cellerario '10	▼▼ 2*
● Portico '12	▼▼ 2*
○ Vigne del Milo Malvasia '13	▼ 1*

WEITERE KELLEREIEN

Eleano
Fraz. Pian dell'Altare
SP 8
85028 Ripacandida [PZ]
Tel. +39 0972722273
www.eleano.it

DIREKTVERKAUF
BESUCH NACH VORANMELDUNG
UNTERKUNFT
JAHRESPRODUKTION 35.000 Flaschen
REBFLÄCHE 7,5 Hektar

- Aglianico del Vulture Eleano '11 — 5
- Teseo '12 — 2*

Eubea
SP 8
85020 Ripacandida [PZ]
Tel. +39 3284312789
www.agricolaeubea.com

DIREKTVERKAUF
BESUCH NACH VORANMELDUNG
JAHRESPRODUKTION 50.000 Flaschen
REBFLÄCHE 16 Hektar
WEINBAU Biologisch anerkannt

- Aglianico del Vulture Covo dei Briganti '12 — 3
- Aglianico del Vulture Ròinos '12 — 5

Falciglia
via Lucana, 70
75110 Matera
Tel. +39 0835810174
www.falciglia.it

DIREKTVERKAUF
BESUCH NACH VORANMELDUNG
JAHRESPRODUKTION 40.000 Flaschen
REBFLÄCHE 20 Hektar

- Don Antonio Primitivo '11 — 4

Fontanarosa
via degli Artigiani
75020 Scanzano Jonico [MT]
Tel. +39 3396664920
www.fontanarosavini.it

DIREKTVERKAUF
BESUCH NACH VORANMELDUNG
JAHRESPRODUKTION 30.000 Flaschen
REBFLÄCHE 2 Hektar

- Il Molosso '11 — 4
- Achelandro '11 — 3

Mastrodomenico
v. Nazionale per Rapolla, 87
85022 Barile [PZ]
Tel. +39 0972770108
www.vignemastrodomenico.com

DIREKTVERKAUF
JAHRESPRODUKTION 30.000 Flaschen
WEINBAU Biologisch anerkannt

- Aglianico del Vulture Likos '11 — 3*
- Aglianico del Vulture Mòs '11 — 2*

Musto Carmelitano
via Pietro Nenni, 23
85020 Maschito [PZ]
Tel. +39 097233312
www.mustocarmelitano.it

DIREKTVERKAUF
BESUCH NACH VORANMELDUNG
UNTERKUNFT UND GASTRONOMIE
JAHRESPRODUKTION 22.000 Flaschen
REBFLÄCHE 9 Hektar
WEINBAU Biologisch anerkannt

- Aglianico del Vulture '12 — 6
- Maschitano Rosso '12 — 3
- ⊙ Maschitano Rosato '13 — 3

WEITERE KELLEREIEN

Ofanto - Tenuta I Gelsi
Fraz. Monticchio Bagni
85020 Rionero in Vulture [PZ]
Tel. +39 0972080289
www.tenutaigelsi.com

DIREKTVERKAUF
BESUCH NACH VORANMELDUNG
JAHRESPRODUKTION 50.000 Flaschen
REBFLÄCHE 10 Hektar

● Aglianico del Vulture L'Emozione '09	♛♛ 4
○ Gelso Bianco Malvasia '13	♛♛ 2*
○ Gelso Rosso '11	♛ 2

Regio Cantina
Loc. Piano Regio
85029 Venosa [PZ]
Tel. +39 057754011
www.regiocantina.it

DIREKTVERKAUF
BESUCH NACH VORANMELDUNG
JAHRESPRODUKTION 10.000 Flaschen
REBFLÄCHE 15 Hektar

● Aglianico del Vulture Genesi '11	♛♛ 2*
● Aglianico del Vulture Donpà '11	♛ 3

Tenute Serra del Prete
Loc. Serra del Prete
85020 Maschito [PZ]
Tel. +39 3341971231
www.tenuteserradelprete.it

JAHRESPRODUKTION 8.000 Flaschen
REBFLÄCHE 4 Hektar

● Aglianico del Vulture Amaranthus '12	♛♛ 4
● Aglianico del Vulture Essenthia '11	♛ 3
● Aglianico del Vulture Narcisus '10	♛ 3

I Talenti - Padri Trinitari
P.zza Don Bosco, 3
85029 Venosa [PZ]
Tel. +39 097234221
www.trinitarivenosa.it

DIREKTVERKAUF
BESUCH NACH VORANMELDUNG
JAHRESPRODUKTION 6.000 Flaschen
REBFLÄCHE 4 Hektar

● Aglianico del Vulture Cripta Sant'Agostino '11	♛♛ 4
● Aglianico del Vulture Meracius '11	♛♛ 3

Terra dei Re
Via Monticchio SS 167 Km 2,700
85028 Rionero in Vulture [PZ]
Tel. +39 0972725116
www.terradeire.com

DIREKTVERKAUF
BESUCH NACH VORANMELDUNG
UNTERKUNFT UND GASTRONOMIE
JAHRESPRODUKTION 80.000 Flaschen
REBFLÄCHE 31 Hektar
WEINBAU Biologisch anerkannt

● Aglianico del Vulture Divinus '10	♛ 4
● Aglianico del Vulture Nocte '11	♛ 4
● Aglianico del Vulture Vultur '11	♛ 2

Vulcano & Vini
C.da Finocchiaro
85024 Lavello [PZ]
Tel. +39 0972877033
www.vulcanoevini.com

DIREKTVERKAUF
BESUCH NACH VORANMELDUNG
JAHRESPRODUKTION 250.000 Flaschen
REBFLÄCHE 45 Hektar

● Aglianico del Vulture Gudarrà Ris. '07	♛♛ 5
● Aglianico del Vulture Terra di Vulcano '12	♛ 2
○ Bosco delle Rose Chardonnay '12	♛ 3
● Tréje '11	♛ 3

APULIEN

Apulien im Spitzenfeld der italienischen Weinproduktion zu finden, ist nicht länger eine Überraschung. In den letzten Jahren konnten wir den Aufstieg der apulischen Weinwirtschaft und ihre Konsolidierung auf einem qualitativen Niveau beobachten, wie er noch vor nicht allzu langer Zeit undenkbar war. Eine Verbesserung der Region insgesamt, auch wenn in erster Linie die Gebiete mit kontrolliertem Ursprung auf Primitivo-Basis den relevantesten Qualitätssprung geschafft haben. Der Erfolg führt über die Verwurzelung im Territorium, die Fähigkeit, ein System aufzustellen und zu verbreiten und das Wissen über die Eigenschaften der einzelnen Anbaugebiete zu vertiefen. Sicher, auch das System der Denominationen ist nicht immer ein hilfreicher Vorkämpfer für eine Qualitätsproduktion und präzise Identität, die vom Verbraucher leicht erkennbar ist und die er schätzen kann. Kontrollierte Herkunftsbezeichnungen als Passepartout haben auch in Apulien Fuß gefasst und so ist es schwierig, über Merkmale oder territoriale Typizität zu sprechen, wenn man in einer Denomination – wahllos eine herausgegriffen: Castel del Monte – Weine mit dem gleichen Namen, aber aus völlig verschiedenen Trauben machen kann… Eine Aufwertung der Rebe und des Territoriums scheint uns hingegen der richtige Weg zu sein. Es ist kein Zufall, dass von den diesjährigen Drei-Gläser-Weinen nur zwei nicht aus Gebieten mit kontrollierter Ursprungsbezeichnung stammen. So gibt es vier Gioia del Colle, mit einem Debüt im „Club" der Drei Gäser, Tenuta Viglione mit dem Gioia del Colle Primitivo Marpione Riserva '10, zwei Castel del Monte, zwei Primitivo di Manduria und zwei Salice Salentino, dazu kommen noch zwei IGT Salento. Ein weiteres Thema, auf dessen Bedeutung wir immer wieder hinweisen, ist der Schutz der alten Weinberge in Alberello-Erziehung und die Rückkehr in neuen Anlagen zu dieser Pflanzdichte, zumindest dort, wo sie traditionsgemäß angewendet wurde. So hängt der Aufstieg zur regionalen Spitze der Primitivo von Gioia del Colle und von Manduria fast ausschließlich von den wenigen, weitblickenden Produzenten ab, die an das Qualitätsplus der Weine aus den alten Alberello-Weinbergen glaubten und sich stark um Etiketten bemüht haben, die das Potenzial dieser fast aufgegebenen Pflanzung ausschöpfen können. Den gleichen Weg mit dem Negroamaro haben nun auch umsichtige Hersteller im Salent eingeschlagen. Abschließend möchten wir eine Mode anprangern, die immer mehr um sich greift: die Verwendung superschwerer Flaschen für die bedeutendsten und teuersten Cuvées. Unnötig von nachhaltiger Landwirtschaft zu sprechen, wenn man andererseits ein für die Umwelt so „unnachhaltiges" Verhalten an den Tag legt. Und es stimmt immer noch: die Kutte macht noch keinen Mönch! Wert, darüber nachzudenken…

APULIEN

A Mano
VIA SERGIO LEONE, 8C
70023 GIOIA DEL COLLE [BA]
TEL. +39 0803434872
www.amanowine.it

BESUCH NACH VORANMELDUNG
JAHRESPRODUKTION 165.000 Flaschen
WEINBAU Biologisch anerkannt

Es gibt nicht viele Betriebe, die ohne eigene Weinberge auf Dauer hochwertige Ergebnisse hervorbringen können, wie es dieser schöne, 1998 von Elvezia Sbalchiero und Mark Shannon gegründete Betrieb schafft. Die Weine von A Mano, die zum größten Teil aus Trauben alter Weinberge in den bevorzugten Anbaugebieten Apuliens gekeltert werden (Manduria, Sava, Torricella und Maruggio für Primitivo, San Pietro Vernotico für Negroamaro, Putignano und Acquaviva für Fiano und Greco), verbinden Trinkgenuss und aromatische Präzision zu traditionellen Weinen in einer modernen Lesart. Wieder einmal ist das Spitzengewächs des Hauses der Prima Mano, ein Primitivo, der im Jahrgang 2012 ganz auf Noten von roten Beeren mit feinem Weihrauch und angenehmen Trinkgenuss setzt. Die übrige Produktion kann in diesem Jahr nicht wie gewohnt brillieren, auch wenn technische Machart und Solidität wie immer tadellos sind.

● Prima Mano '12	🏆 3*
⊙ Brut A Mano Rosa	🍷 2
● Aleatico Passito '10	🍷 2
● Fiano - Greco '13	🍷 2
⊙ Rosato '13	🍷 2
⊙ A Mano Rosato '11	🍷🍷 2*
○ Fiano Greco '12	🍷🍷 2*
● Imprint '12	🍷🍷 2*
● Prima Mano '09	🍷🍷 3*
● Prima Mano Primitivo '08	🍷🍷 2*
● Primitivo '11	🍷🍷 2*
⊙ Rosato '12	🍷🍷 2*

Cantina Albea
VIA DUE MACELLI, 8
70011 ALBEROBELLO [BA]
TEL. +39 0804323548
www.albeavini.com

DIREKTVERKAUF
BESUCH NACH VORANMELDUNG
JAHRESPRODUKTION 380.000 Flaschen
REBFLÄCHE 40 Hektar

Albea di Alberobello ist ein alteingesessener Betrieb, der heute mit Leidenschaft und Kompetenz von Dante Renzini geführt wird und erfolgreich auf die Aufwertung autochthoner Reben setzt, in erster Linie Nero di Troia, aber auch Primitivo, Negroamaro, Verdeca, Bianco d'Alessano. Die Weine sind technisch tadellos und stilistisch modern. Die Etiketten gliedern sich in drei Linien: Albea, die ambitionierten Auslesen, Due Trulli und Terre del Sole. Die Produktion ist in einer Anlage untergebracht, die komplett aus Stein Anfang des 20. Jahrhunderts erbaut wurde, mit Wannen, die, wie früher die Zisternen der Trulli, in den Fels gegraben wurden. Die Rückkehr in unser Finale hat der Lui von 2012 aus Nero di Troia geschafft, immer schon der Spitzenwein des Hauses; intensiv rote Beeren mit würzigen Nuancen im Duft, am Gaumen die logische Fortsetzung, mit Biss und saftig, für einen weiteren Qualitätssprung fehlt es nur ein wenig an Länge. Von guter Machart die übrige Produktion.

● Lui '12	🏆 5
○ Locorotondo Il Selva '13	🍷 2
● Petranera '12	🍷 3
● Petrarosa '13	🍷 3
● Riservato '12	🍷 3
● Lui '06	🏆🏆🏆 5
● Lui '05	🏆🏆🏆 5
● Lui '11	🍷🍷 5
● Lui '10	🍷🍷 5
● Lui '09	🍷🍷 5
● Petranera '10	🍷🍷 3
● Petranera '09	🍷🍷 3
● Riservato '10	🍷🍷 3*

APULIEN

Cantine Botromagno
VIA ARCHIMEDE, 24
70024 GRAVINA IN PUGLIA [BA]
TEL. +39 0803265865
www.botromagno.it

DIREKTVERKAUF
BESUCH NACH VORANMELDUNG
UNTERKUNFT UND GASTRONOMIE
JAHRESPRODUKTION 300.000 Flaschen
REBFLÄCHE 50 Hektar

Gut Botromagno entsteht 1991, als Beniamino D'Agostino die Kellereigenossenschaft von Gravina übernimmt. Heute verfügt der Betrieb der Gebrüder D'Agostino über acht Weinberge, vier (Coluni, Poggio Al Bosco, Santa Teresa und Zingariello) mit weißen Trauben - Greco Fiano, Malvasia und Chardonnay - und vier (Botromagno-Padreterno, Santa Sofia, Parcone und Vigna del Trono) mit dunklen Sorten - Primitivo, Nero di Troia, Montepulciano, Merlot und Cabernet Sauvignon. Angeboten wird ein breites Sortiment, das vor allem auf autochthone Reben setzt. Den Einzug in den Hauptteil des Führers erreichte man mit einigen ausgezeichneten Weinen, allen voran der historische Pier delle Vigne, Cuvée aus Aglianico (60 %) und Montepulciano, der sich 2010 mit erdigem Hauch, dunklen Beeren und am Gaumen sehr fruchtig und mit Biss präsentiert; von schöner Länge. Frisch, süffig und fruchtig die beiden Nero di Troia '13, wobei der Serre al Trono Poderi D'Agostino eher die blumigen Noten und Chinarinde hervorkehrt.

● Pier delle Vigne '10	🍷🍷 4
● Nero di Troia '13	🍷🍷 2*
● Serre al Trono Poderi D'Agostino '13	🍷🍷 2*
○ Gravina Bianco Poderi D'Agostino '13	🍷 2
○ Gravisano '08	🍷 4
● Primitivo '12	🍷 2
● Gioia del Colle Primitivo Dedicato a Franco e Lucia '10	🍷🍷 6
● Gioia del Colle Primitivo Dedicato a Franco e Lucia '08	🍷🍷 6
○ Gravina Poggio al Bosco '10	🍷🍷 3
○ Gravisano Malvasia Passita '06	🍷🍷 4
⊙ Rosé di Lulù '10	🍷🍷 3

Francesco Candido
VIA LOMBARDIA, 27
72025 SAN DONACI [BR]
TEL. +39 0831635674
www.candidowines.it

DIREKTVERKAUF
BESUCH NACH VORANMELDUNG
JAHRESPRODUKTION 1.600.000 Flaschen
REBFLÄCHE 140 Hektar

Gut Candido wurde 1929 gegründet und verfügt neben 140 Hektar eigener Weinberge über 180 Hektar, die von einheimischen Weinbauern im Salento bewirtschaftet und von qualifizierten Mitarbeitern betreut werden. Die vorwiegend in Kordonerziehung angelegten Weinberge sind auf verschiedenen Böden von Kalk bis Sand angesiedelt; es überwiegen autochthone Rebsorten, allen voran die Negroamaro. Die umfangreiche Kellerriege zeichnet sich durch einen traditionsbewussten Stil aus, der mit technischer Präzision gepaart ist. Gut gemacht der Salice Salentino la Carta Riserva '10, sehr sortentypisch, reich an reifer, entspannter Frucht, während der Cappello di Prete '09 ein Klassiker bleibt: herber Negroamaro mit den Noten von Pflaumen und Mittelmeermacchia. Angenehm in den Anklängen an Rosen und Hagedorn ist der Piccoli Passi Rosé '13, Cuvée aus Negroamaro (70 %) und Cabernet Sauvignon, zu den Besten der Denomination gehört zweifellos der Salice Salentino Bianco Portafalsa '13, blumig und zitrusfruchtig.

● Cappello di Prete '09	🍷🍷 3
⊙ Piccoli Passi '13	🍷🍷 2*
○ Salice Salentino Bianco Portafalsa '13	🍷🍷 2*
● Salice Salentino La Carta Ris. '10	🍷🍷 2*
● De Vinis '11	🍷 2
○ Paule Calle '08	🍷 5
● Salice Salentino Aleatico Dolce Naturale '06	🍷 5
● Cappello di Prete '07	🍷🍷 3
● Duca d'Aragona '07	🍷🍷 5
● Duca d'Aragona '05	🍷🍷 4
● Immensum '09	🍷🍷 3*

APULIEN

Cantele
SP Salice Salentino-San Donaci km 35,600
73010 Guagnano [LE]
Tel. +39 0832705010
www.cantele.it

DIREKTVERKAUF
BESUCH NACH VORANMELDUNG
JAHRESPRODUKTION 16.000.000 Flaschen
REBFLÄCHE 150 Hektar

Der in der dritten Generation von der Familie Cantele – Gianni, Paolo, Umberto e Luisa – geführte Betrieb gehört schon seit einigen Jahren zu den interessantesten in Apulien. Zu den 50 Hektar Eigengrund in Guagnano, Montemesola und San Pietro Vernotico, kommen noch 100 Hektar, die von einer Gruppe zuverlässiger, von eigenen Technikern betreuten Weinbauern bewirtschaftet werden. Aus den Trauben, sowohl einheimischen als internationalen, werden Weine modernen Zuschnitts und von guter technischer Präzision gekeltert. Der Amativo '12, Cuvée aus Primitivo (60 %) und Negroamaro, entfaltet das Aroma von Konfitüre roter Beeren, ist am Gaumen jedoch frischer, sehr fruchtig und saftig. Sehr gut gelungen auch der Teresa Manara Negroamaro '12, im Aroma Mittelmeermacchia und dunkle Beeren, ein wenig zu einfach und weniger ausholend und komplex als die letzten Jahrgänge, der Salice Salentino Rosso Riserva '11. Tadellos das übrige Sortiment.

● Amativo '12	▼▼ 4
● Teresa Manara Negroamaro '12	▼▼ 3
○ Alticelli Fiano '13	▼ 2
● Fanòi '10	▼ 6
⊙ Negroamaro Rosato '13	▼ 2
⊙ Rohesia '10	▼ 3
● Salice Salentino Rosso Ris. '11	▼ 2
○ Teresa Manara Chardonnay '13	▼ 3
● Amativo '07	▼▼▼ 4*
● Amativo '03	▼▼▼ 3*
● Salice Salentino Rosso Ris. '09	▼▼▼ 2*

Cantine San Marzano
via Regina Margherita, 149
74020 San Marzano di San Giuseppe [TA]
Tel. +39 0999576100
www.cantinesanmarzano.com

DIREKTVERKAUF
BESUCH NACH VORANMELDUNG
JAHRESPRODUKTION 3.000.000 Flaschen
REBFLÄCHE 500 Hektar

Die 1962 von nur 19 Winzern gegründete Genossenschaft, zählt heute über 1200 Mitglieder und ist eine wichtige Wirtschaftsgröße in ihrem Territorium. Die Bearbeitung der Weinberge auf traditionelle Art wird durch moderne Kellerwirtschaft ergänzt, die besonders die technische Präzision der Weine im Visier hat. Die Weinberge auf den charakteristischen roten Böden haben ein Durchschnittsalter von rund vierzig Jahren, einige Pflanzungen in Alberello-Erziehung von über sechzig Jahren. Sehr schön die beiden Primitivo di Manduria, der Sessantanni '11, endlich weniger süß als frühere Jahrgänge, vielmehr überzieht ein Hauch von mediterraner Macchia reife rote Beeren in der Nase, am Gaumen mit Biss, fast salzig, von guter Länge und Frucht; der Falò '12 ist saftig und von gutem Stoff, aber mit noch etwas aufdringlichem Holz. Gut gelungen die weitere Kellerriege, besonders zu nennen der Estella '13, ein trockener, zitrusfruchtiger Muskateller, der von der Säure gut getragen wird.

● Primitivo di Manduria Falò '12	▼▼ 3*
● Primitivo di Manduria Sessantanni '11	▼▼ 5
○ Estella Moscato '13	▼▼ 3
● Il Pumo Negroamaro '13	▼▼ 2*
● Il Pumo Rosso '13	▼▼ 2*
● Collezione Cinquanta	▼ 5
● Il Pumo Primitivo '13	▼ 2
● Negroamaro F '08	▼▼ 5
● Negroamaro Sud '09	▼▼ 2*
● Primitivo di Manduria Sessantanni '07	▼▼ 5
● Primitivo di Manduria Sud '08	▼▼ 2*
● Primitivo Merlot Sud '09	▼▼ 2*

APULIEN

Carvinea
VIA PER SERRANOVA, 1
72012 CAROVIGNO [BR]
TEL. +39 0805862345
www.carvinea.com

DIREKTVERKAUF
UNTERKUNFT UND GASTRONOMIE
JAHRESPRODUKTION 34.000 Flaschen
REBFLÄCHE 9 Hektar
WEINBAU Biologisch anerkannt

Die Kellerei von Beppe di Maria ist noch jung (gegründet 2002), aber trotz fortschreitender Erweiterung des Sortiments ist es bereits gelungen, ein erstaunlich konstantes Qualitätsniveau zu erreichen. So fertigt Carvinea im Alto Salento konzentrierte Weine, reich an Frucht - dank niedriger Hektarerträge - und technisch gut gemacht, vorwiegend aus nicht gerade lokalen Reben wie Montepulciano, Aglianico oder Fiano, oder internationalen wie Petit Verdot, aber auch aus der autochthonen Negroamaro. Und gerade dieser präsentiert sich in exzellenter Form. So kann der Negroamaro '11 die Drei Gläser einheimsen: glänzt in der Nase mit schwarzen Beeren, Kirschen und Würzigkeit, am Gaumen entsprechend, frisch, angenehm süffig und von guter Länge. Hervorzuheben auch der Primitivo '11, blumig, reintönig und fruchtig, und der Sierma '12, Aglianico ungeschwefelt, von schöner Struktur, aber noch etwas von den Röstnoten der Fasslagerung zugedeckt.

● Negroamaro '11	🍷🍷🍷 3*
● Primitivo '11	🍷🍷 3
● Sierma '12	🍷🍷 5
⊙ Cavinea M. Cl. Brut Rosé '10	🍷 5
⊙ Merula Rosa '13	🍷 2
● Frauma '08	🍷🍷🍷 4
● Merula '11	🍷🍷🍷 3*
● Sierma '09	🍷🍷🍷 5

Castello Monaci
LOC. C. DA DEI MONACI
VIA CASE SPARSE
73015 SALICE SALENTINO [LE]
TEL. +39 0831665700
www.castellomonaci.it

DIREKTVERKAUF
BESUCH NACH VORANMELDUNG
GASTRONOMIE
JAHRESPRODUKTION 2.000.000 Flaschen
REBFLÄCHE 200 Hektar

Das Weingut Castello Monaci vor den Toren von Salice Salentino gehört zum „Gruppo Italiano Vini". In den ausgedehnten Weinbergen werden vor allem autochthone Rebsorten gezogen. Die typischen Böden bestehen aus einer dünnen, relativ nährstoffreichen Oberschicht und einer tieferen, felsigen Lage, die das Wasser abfließen lässt. Gefertigt werden rund zwanzig Weine, die sich in die Linien Castello Monaci und Feudo Monaci gliedern und Trinkgenuss mit der Treue zu den territorialen Merkmalen verbinden. Der Primitivo Artas bleibt der Spitzenwein des Hauses. Der Jahrgang 2012 präsentiert sich mit dem Duft von dunklen Beeren und Mittelmeermacchia, am Gaumen körperreich mit einigen süßen Nuancen, aber auch dynamisch, saftig und anhaltend. Mehr als überzeugend auch der Salice Salentino Rosso Aiace Riserva '11, frisch und wohlschmeckend, fruchtig, mit dem würzigen Hauch von Anis, der Médos '13, ein Malvasia Nera mit knackiger Frucht, und der Negroamaro Maru '13, angenehm in den Anklängen an Waldbeeren.

● Artas '12	🍷🍷 5
● Maru '13	🍷🍷 2*
● Médos '13	🍷🍷 3
● Salice Salentino Aiace Ris. '11	🍷🍷 3
○ Charà '13	🍷 2
○ Petraluce '13	🍷 2
○ Pilùna '13	🍷 2
● Salice Salentino Liante '13	🍷 2
● Artas '07	🍷🍷🍷 5
● Artas '06	🍷🍷🍷 4
● Artas '05	🍷🍷🍷 4*
● Artas '04	🍷🍷🍷 3*
● Artas '11	🍷🍷 5
● Artas '10	🍷🍷 5
● Maru '12	🍷🍷 2*
● Pilùna '12	🍷🍷 2*
● Salice Salentino Aiace Ris. '10	🍷🍷 3*

APULIEN

Chiaromonte
VICO MURO SANT'ANGELO, 6
70021 ACQUAVIVA DELLE FONTI [BA]
TEL. +39 0803050432
www.tenutechiaromonte.com

DIREKTVERKAUF
BESUCH NACH VORANMELDUNG
JAHRESPRODUKTION 100.000 Flaschen
REBFLÄCHE 27 Hektar
WEINBAU Biologisch anerkannt

In wenigen Jahren hat sich Nicola Chiaromonte zu einer maßgeblichen Stimme der Weinwirtschaft Apuliens entwickelt. Er konnte einige der alten, noch existierenden Primitivo-Weinberge aufspüren und vor der Verwilderung retten, sodass er heute über einen beachtlichen Besitz an Rebflächen mit über fünfzig Jahre alten Stöcken im Anbaugebiet Gioia del Colle verfügt. Der Arbeit im Weinberg folgt eine Kellerwirtschaft, die auch Experimente zulässt, aber im Wesentlichen um den Ausdruck der territorialen Eigenart der Reben bemüht ist. Das Ergebnis sind Primitivo, die den alkoholischen Reichtum auf glückliche Weise mit Wohlgeschmack, Eleganz und Tiefe verbinden. Das beweist auch diesmal der Gioia del Colle Primitivo Muro Sant'Angelo Contrada Barbatto '11, sehr fruchtig, würziger Hauch und Anklänge an aromatische Kräuter, komplex, das Finale ist frisch und saftig. Ohne den Riserva, der noch seiner Reife entgegenschlummert, gefiel uns besonders der Elè '12, aus Primitivo mit 15 % Aglianico, reintönig und voll fruchtig.

- Gioia del Colle Primitivo
  Muro Sant'Angelo Contrada Barbatto '11 ♟♟♟ 5
- Elè '12 ♟ 3*
- Gioia del Colle Primitivo
  Muro Sant'Angelo '12 ♟♟ 4
- ○ Kimìa '13 ♟ 3
- Nigredo '12 ♟ 5
- Gioia del Colle Primitivo
  Muro Sant'Angelo Contrada Barbatto '10 ♟♟♟ 7
- Gioia del Colle Primitivo
  Muro Sant'Angelo Contrada Barbatto '09 ♟♟♟ 5
- Gioia del Colle Primitivo
  Muro Sant'Angelo Contrada Barbatto '08 ♟♟♟ 5
- Gioia del Colle Primitivo
  Muro Sant'Angelo Contrada Barbatto '07 ♟♟♟ 5

Cantine Due Palme
VIA SAN MARCO, 130
72020 CELLINO SAN MARCO [BR]
TEL. +39 0831617865
www.cantineduepalme.it

DIREKTVERKAUF
BESUCH NACH VORANMELDUNG
UNTERKUNFT UND GASTRONOMIE
JAHRESPRODUKTION 10.000.000 Flaschen
REBFLÄCHE 2.500 Hektar
WEINBAU Biologisch anerkannt

Diese große Genossenschaftskellerei, die auf mehr als 1200 Mitglieder und 2500 Hektar Rebflächen in den Provinzen von Brindisi, Tarent und Lecce zählen kann, ist in den letzten Jahren wegen ihrer Größe und der Qualität ihrer Erzeugnisse, zu einem wichtigen Bezugspunkt im Gebiet geworden. Ausschlaggebend für den Erfolg ist das Bemühen um den Territorialcharakter durch den Schutz der traditionellen Alberello-Kulturen und die Konzentration auf autochthone Trauben. Die Weine überzeugen durch reiche Frucht, Konzentration und eine schöne Ausgewogenheit von Tradition und Modernität. Der Salice Salentino Rosso Selvarossa Riserva schafft die Drei Gläser auch mit dem Jahrgang 2011. Dem fruchtigen Aroma von Kirschen mit erdigen und rauchigen Noten, folgt der entsprechende Gaumen, rund und dicht anliegend. Tadellos wie immer das übrige Sortiment, hervorzuheben sind der Negroamaro Canonico '13, reintönig und frisch, der fruchtige Susumaniello Serre '13, und der angenehme Primitivo Manduria San Gaetano '13.

- Salice Salentino Rosso
  Selvarossa Ris. '11 ♟♟♟ 4*
- Canonico '13 ♟♟ 2*
- ⊙ Corerosa '13 ♟♟ 3
- Primitivo di Manduria San Gaetano '13 ♟♟ 2*
- Serre '13 ♟♟ 3
- ○ Anthea '13 ♟ 2
- ○ Due Palme M. Cl. ♟ 4
- ○ Due Palme M. Cl. Brut Rosé ♟ 4
- Ettamiano '12 ♟ 3
- ○ Salice Salentino Bianco Tinaia '13 ♟ 3
- Salice Salentino Rosso Selvarossa Ris. '10 ♟♟♟ 4*
- Salice Salentino Rosso Selvarossa Ris. '09 ♟♟♟ 4*
- Salice Salentino Rosso Selvarossa Ris. '08 ♟♟♟ 4
- Salice Salentino Rosso Selvarossa Ris. '07 ♟♟♟ 4*

APULIEN

Tenute Eméra
C.DA PORVICA
74100 LIZZANO [TA]
TEL. +39 0832704398
www.tenuteemera.it

DIREKTVERKAUF
BESUCH NACH VORANMELDUNG
UNTERKUNFT
JAHRESPRODUKTION 370.000 Flaschen
REBFLÄCHE 46 Hektar
WEINBAU Biologisch anerkannt

Die apulische Kellerei der Gruppo Magistravini von Claudio Quarta kann auf eine zusammenhängende Lage von fast 50 Hektar Rebfläche nahe der Ionischen Küste zählen, die sowohl mit autochthonen Reben wie Primitivo und Negroamaro, als auch mit den internationalen Syrah, Merlot, Cabernet Sauvignon und Chardonnay bestockt ist. Die Weinberge liegen auf durchlässigen, kalkhaltigen Tuffböden, angereichert mit einer Schicht aus kalk- und tonhaltigen Geröll und Gestein. Gefertigt werden stilistisch moderne Weine, die sich durch fruchtigen Reichtum und süffigen Trinkgenuss auszeichnen. Mit einer Reihe von Qualitätsweinen schafft man diesmal den Sprung in den Hauptteil unseres Führers, allen voran der Salice Salentino Rosso '11, schmackhaft mit Jodhauch, gute Frucht mit Anklängen an mediterrane Macchia, es fehlt nur noch ein wenig an Länge und Komplexität. Besonders gelungen sind der Lizzano Negroamaro Superiore Anima di Negroamaro '12, Waldbeeren und feuchte Erde in der Nase, reintönig und angenehm, und der Primitivo di Manduria '11, reich an Frucht.

● Salice Salentino Rosso '11	🍷🍷 2*
● Lizzano Negroamaro Sup. Anima di Negroamaro '12	🍷🍷 2*
● Primitivo di Manduria '11	🍷🍷 3
● Primitivo di Manduria Anima di Primitivo '12	🍷🍷 2*
● Sud del Sud '13	🍷🍷 3
○ Amure '13	🍷 2
○ Anima di Chardonnay '13	🍷 2
⊙ Rose '13	🍷 2
● Anima di Niuru Maru '08	🍷🍷 2*
● Anima di Primitivo '09	🍷🍷 2*
● Lizzano Anima di Negroamaro '11	🍷🍷 2*
● Primitivo di Manduria Anima di Primitivo '11	🍷🍷 2*

Gianfranco Fino
VIA PIAVE, 12
74028 SAVA [TA]
TEL. +39 0997773970
www.gianfrancofino.it

BESUCH NACH VORANMELDUNG
JAHRESPRODUKTION 20.000 Flaschen
REBFLÄCHE 10 Hektar

Erfolg und Bekanntheit des Weingutes von Gianfranco und Simona Fino sind unlöslich mit einem wunderbaren Ausdruck des Primitivo di Manduria verbunden: dem Es. Ihre Weine stammen heute aus zwölf Weinbergen, alle mit 50-80 jährigen Stöcken in Alberello-Erziehung, die in Manduria und Sava auf roten und kalkhaltigen Böden wachsen. Neben der Primitivo – aus der auch ein Süßwein gekeltert wird – gedeiht die Negroamaro für den Jo. Alle Weine sind körperreich und vielschichtig, kraftvoll und frisch. Diesmal hat das Ehepaar Fino die beiden Primitivo vorgelegt. Der Primitivo di Manduria Es '12 erobert die Drei Gläser mit seinem nunmehr unverwechselbaren Stil: dichter Stoff, tiefgründig, reiche Frucht, begleitet von Frische und einem Jodhauch, sehr angenehm im Trinkgenuss. Beeindruckend auch der Primitivo di Manduria Dolce Naturale Es + Sole '12, klassisch in der Würzigkeit und Konfitüre aus roten Beeren, dynamisch trotz der ausgeprägten Süße.

● Primitivo di Manduria Es '12	🍷🍷🍷 7
● Primitivo di Manduria Dolce Naturale Es + Sole '12	🍷🍷 7
● Primitivo di Manduria Es '11	🍷🍷🍷 7
● Primitivo di Manduria Es '10	🍷🍷🍷 6
● Primitivo di Manduria Es '09	🍷🍷🍷 6
● Primitivo di Manduria Es '08	🍷🍷🍷 6
● Primitivo di Manduria Es '07	🍷🍷🍷 6
● Primitivo di Manduria Es '06	🍷🍷🍷 5

APULIEN

Tenute Girolamo
VIA NOCI, 314
74015 MARTINA FRANCA [TA]
TEL. +39 0804402088
www.tenutegirolamo.it

DIREKTVERKAUF
BESUCH NACH VORANMELDUNG
JAHRESPRODUKTION 950.000 Flaschen
REBFLÄCHE 50 Hektar

Der Betrieb der Familie Girolamo hat erstmals den Einzug in den Hauptteil unseres Führers geschafft. Im Itria-Tal verfügt man über circa 50 Hektar bestockter Fläche, aufgeteilt auf 8 Weinberge in einer Höhe von 350 bis 400 Meter, mit Kalkböden im Gemisch mit roter Erde. Kultiviert werden die einheimischen Negroamaro, Primitivo und Verdeca, aber auch bedeutende internationale wie Merlot, Cabernet Sauvignon, Chardonnay. Die Weine gliedern sich in die beiden Linien Tenute Girolamo und Capo di Gallo. Die in diesem Jahr vorgelegten Etiketten haben uns voll überzeugt, einmal der Monte dei Cocci Negroamaro '12, im Aroma dunkle Beeren und Würzigkeit, sehr fruchtig am Gaumen, vollmundig und schmackhaft, langes, saftiges Finale und ein Hauch von Lakritzen, dann der Conte Giangirolamo '10, Cuvée aus gleichen Teilen Primitivo und Negroamaro, mit würzigen Tönen und mediterraner Macchia, intensiv und von guter Spannung trotz einer fruchtigen, etwas zu süßen Note im Finale.

● Conte Giangirolamo '10	4
● Monte dei Cocci Negroamaro '12	4
● Pizzo Rosso '11	2*
● Codalunga '10	5
● Primitivo La Voliera '12	3
● Pétrakos '08	3
● Primitivo '09	2*

★Leone de Castris
VIA SENATORE DE CASTRIS, 26
73015 SALICE SALENTINO [LE]
TEL. +39 0832731112
www.leonedecastris.com

DIREKTVERKAUF
BESUCH NACH VORANMELDUNG
UNTERKUNFT UND GASTRONOMIE
JAHRESPRODUKTION 2.500.000 Flaschen
REBFLÄCHE 250 Hektar

Im Gebiet von Salice Salentino, Campi und Guagnano liegen die zahlreichen Güter der Kellerei Leone de Castris, ein solides, alteingesessenes Unternehmen. Ein großer Teil der Weinberge, die nach bester apulischer Tradition mit autochthonen (Negroamaro, Malvasia Nera, Susumaniello und anderen) und internationalen Sorten (Cabernet Sauvignon, Chardonnay, Petit Verdot) bestockt sind, lassen ein umfangreiches und vielfältiges Sortiment entstehen. Die Weine sind generell von einfacher Lesart, stilistisch modern und international. Drei Gläser für den Neuzugang, den Salice Salentino Rosso Per Lui Riserva '12, im Aroma reife, dunkle Kirsche und getrocknete Gewürze, am Gaumen körperreich, saftig und von beachtlicher Länge. Vorzüglich auch der Salice Salentino Rosso Riserva '11, weniger vielschichtig, aber frisch und zupackend. Zuverlässig wie immer die übrige Kellerriege, besonders zu nennen der Primitivo "new style" Per Lui '12, Alkohol 16 % vol. gut geführt, benachteiligt nur durch ein zu kräftiges Holzaroma.

● Salice Salentino Rosso Per Lui Ris. '12	6
● Salice Salentino Rosso Ris. '11	3*
⊙ Five Roses 70° Anniversario '13	3
● Per Lui '12	6
● Primitivo di Manduria Villa Santera '13	3
● Salice Salentino Rosso Donna Lisa Ris. '11	5
⊙ Aleikos '13	2
⊙ Angiò '13	2
⊙ Five Roses '13	2
⊙ Messapia '13	2
⊙ Salice Salentino Brut Five Roses M. Cl. Anniversario '10	5
● Salice Salentino Rosso Marlisa '12	3
● Salice Salentino Rosso Donna Lisa Ris. '06	5
● Salice Salentino Rosso Ris. '10	3*

APULIEN

Masseria Li Veli
SP Cellino-Campi, km 1
72020 Cellino San Marco [BR]
Tel. +39 0831618259
www.liveli.it

DIREKTVERKAUF
BESUCH NACH VORANMELDUNG
JAHRESPRODUKTION 350.000 Flaschen
REBFLÄCHE 33 Hektar
WEINBAU Biologisch anerkannt

Seit rund fünfzehn Jahren führt die Familie Falvo mit viel Leidenschaft diesen Betrieb. Die Weinberge sind vorwiegend in einer Sechseckordnung in Alberello-Erziehung mit niedrigem Schnitt angelegt. Hohe Pflanzdichte, biologische Bewirtschaftung und vorwiegend autochthone Trauben sind einige Gründe für den Erfolg. Auf den Rebflächen von Li Veli ist die Negroamaro vorherrschend, die Trauben für die Produktion der Weißweine stammen aus angemieteten Weinbergen im Itria-Tal. Die Weine zeichnen sich durch Reintönigkeit und technische Präzision aus, mit dem Terroircharakter immer im Visier. Wie immer ist der MLV, Cuvée aus Negroamaro und Cabernet Sauvignon, der Spitzenwein des Hauses; der Jahrgang 2011 glänzt mit dem Aroma von Kaffee und Rumweichseln, am Gaumen dicht und von gutem Stoff. Gut gefertigt der Verdeca '13, mit der Frische von Zitrusfrucht, und der Salice Salentino Rosso Passamante '13, angenehm und ganz auf frische Frucht ausgelegt. Korrekt die übrige Produktion.

Morella
via per Uggiano, 147
74024 Manduria [TA]
Tel. +39 0999791482
www.morellavini.com

DIREKTVERKAUF
BESUCH NACH VORANMELDUNG
JAHRESPRODUKTION 23.000 Flaschen
REBFLÄCHE 19 Hektar

Aus den Trauben der eigenen und angemieteten Weinberge auf roter Erde, die vorwiegend mit alten Alberello-Stöcken - einige sogar hundertjährig - bepflanzt sind und biodynamisch mit niedrigen Erträgen pro Stock bewirtschaftet werden, fertigt das Weingut von Lisa Gilbee und Gaetano Morella Weine, die den typischen Terroircharakter mit Frische und Trinkgenuss verbinden. Ziel der Kellerwirtschaft - mit Wannen aus nicht glasiertem Zement - ist die Erhaltung der im Weinberg gewonnenen Qualität. In Abwesenheit der Selektion La Signora, ist wie gewohnt der Primitivo Old Vines '11 herausragend, erdige Töne mit reifen, dunklen Fruchtnoten in der Nase, am Gaumen, obgleich weniger komplex als frühere Male, beweist er gute Spannung, langes, saftiges Finale. Gut gelungen auch der Primitivo Malbek '11, eine Cuvée der beiden Sorten, guter Stoff, rein und angenehm in den fruchtigen Noten.

● MLV '11	🍷🍷 5
● Salice Salentino Rosso Passamante '13	🍷🍷 2*
○ Verdeca Askos '13	🍷🍷 3
○ Fiano '13	🍷 2
● Malvasia Nera Askos '13	🍷 3
● Salice Salentino Rosso Pezzo Morgana Ris. '12	🍷 4
● Susumaniello Askos '13	🍷 3
● Masseria Li Veli '10	🍷🍷🍷 5
● Aleatico Passito '08	🍷🍷 6
● Aleatico Passito '07	🍷🍷 6
● Masseria Li Veli '09	🍷🍷 5
● Primonero '12	🍷🍷 2*
● Susumaniello Askos '12	🍷🍷 3
● Susumaniello Askos '11	🍷🍷 3
○ Verdeca Askos '11	🍷🍷 3

● Primitivo Old Vines '11	🍷🍷 6
● Primitivo Malbek '11	🍷🍷 4
● Mezzanotte '12	🍷 3
○ Mezzogiorno '13	🍷 3
● Primitivo La Signora '10	🍷🍷🍷 6
● Primitivo La Signora '07	🍷🍷🍷 5
● Primitivo Old Vines '09	🍷🍷🍷 5
● Primitivo Old Vines '08	🍷🍷🍷 5
● Primitivo Old Vines '07	🍷🍷🍷 5
● Old Vines Primitivo '10	🍷🍷 6
● Primitivo La Signora '09	🍷🍷 5
● Primitivo Malbek '09	🍷🍷 3
● Primitivo Negroamaro '10	🍷🍷 4
● Primitivo Negroamaro Terre Rosse '09	🍷🍷 3

APULIEN

Palamà
VIA A. DIAZ, 6
73020 CUTROFIANO [LE]
TEL. +39 0836542865
www.vinicolapalama.com

DIREKTVERKAUF
BESUCH NACH VORANMELDUNG
JAHRESPRODUKTION 250.000 Flaschen
REBFLÄCHE 15 Hektar

Cosimo Palamà steht weiterhin mit viel Hingabe an der Spitze dieser schönen Kellerei im Salent, die 1936 gegründet wurde. Der Großteil der Weinberge, zum Teil in Alberello-, zum anderen in Guyot-Erziehung, liegen auf mittelschweren, vorwiegend kalkhaltigen Böden zwischen Cutrofiano und Matino. Angeboten werden Weine in verschiedenen Linien, die ihr Terroir dank autochthoner Trauben und traditioneller Bereitung sehr gut vertreten. Verbraucherfreundliches Preis-/Leistungsverhältnis. Mit dem Jahrgang 2012 spielt sich der Mavro, klassischer Negroamaro mit dem Aroma von dunklem Kernobst, saftig, anhaltend und schmackhaft, wieder in den Vordergrund, während sich der Metiusco Rosato '13, ebenfalls aus Negroamaro-Trauben, als unser apulischer Lieblings-Rosé bestätigt: Anklänge an Zitrusfrucht und rotes Obst, dementsprechend am Gaumen, frisch und von gutem Stoff. Von guter Machart der Primitivo Patrunale '12, rund und saftig, etwas weniger brillant als in den Vorjahren der 75 Vendemmie '13, reich an Frucht, die aber nicht von der richtigen Säure unterstützt wird.

● Mavro '12	🍷🍷 3*
⊙ Metiusco Rosato '13	🍷🍷 2*
● 75 Vendemmie '13	🍷🍷 4
● Patrunale '12	🍷🍷 5
● Albarossa '12	🍷 1*
○ Metiusco Bianco '13	🍷 2
● Metiusco Rosso '13	🍷 2
● Salice Salentino Rosso Albarossa '12	🍷 1*
● 75 Vendemmie '11	🍷🍷🍷 4*
● 75 Vendemmie '12	🍷🍷 4
● Il Vino d'Arcangelo '08	🍷🍷 3
● Mavro '11	🍷🍷 3
● Mavro '10	🍷🍷 3
● Mavro '09	🍷🍷 3*
⊙ Metiusco Rosato '12	🍷🍷 2*

Pietraventosa
C.DA PARCO LARGO
70023 GIOIA DEL COLLE [BA]
TEL. +39 0805034436
www.pietraventosa.it

DIREKTVERKAUF
JAHRESPRODUKTION 12.000 Flaschen
REBFLÄCHE 5,4 Hektar
WEINBAU Biologisch anerkannt

Marianna Annio und Raffaele Leo feiern das 10jährige Betriebsjubiläum dieser schönen Kellerei, die vor allem die Aufwertung des Territoriums von Gioia del Colle anvisiert und auf autochthone Sorten - nicht nur Primitivo, sondern auch Aglianico - setzt. Die Weinberge, angelegt auf kalkhaltigen, mineralsalzreichen Böden, liegen auf einer Höhe von circa 380 Meter. Aus den alten Alberello-Kulturen stammt der Primitivo Riserva, Spitzengewächs von Pietraventosa, die jüngeren Weinberge in Kordonerziehung liefern die Trauben für den Ossimoro und den Allegoria. Auch ohne den Gioia del Colle Primitivo Riserva, der noch im Keller bleibt, liegen die Etiketten von Pietraventosa im Spitzenfeld der Region. Gerüche von mediterraner Macchia und roter Frucht für den Gioia del Colle Primitivo Allegoria '12, am Gaumen frisch, schmackhaft und lang anhaltend. Tadellos der Ossimoro '11, Cuvée aus Primitivo (75 %) und Aglianico, reiches Aroma von dunklem Obst, wie auch der EstRosa '13, ein Primitivo Rosé, reintönig und blumig für ein sehr angenehmes Trinkerlebnis.

● Gioia del Colle Primitivo Allegoria '12	🍷🍷 3*
⊙ EstRosa '13	🍷🍷 3
● Ossimoro '11	🍷🍷 3
● Gioia del Colle Primitivo Ris. '06	🍷🍷🍷 4
⊙ EstRosa '12	🍷🍷 3
● Gioia del Colle Primitivo Allegoria '08	🍷🍷 3
● Gioia del Colle Primitivo Allegoria '07	🍷🍷 3
● Gioia del Colle Primitivo Ris. '10	🍷🍷 5
● Gioia del Colle Primitivo Riserva di Pietraventosa '08	🍷🍷 5
● Gioia del Colle Primitivo Riserva di Pietraventosa '07	🍷🍷 5
● Ossimoro '08	🍷🍷 3
● Ossimoro '07	🍷🍷 3

APULIEN

Plantamura
via Santa Candida, 1
70023 Gioia del Colle [BA]
Tel. +39 3474711027
www.viniplantamura.it

DIREKTVERKAUF
BESUCH NACH VORANMELDUNG
JAHRESPRODUKTION 46.000 Flaschen
REBFLÄCHE 8 Hektar
WEINBAU Biologisch anerkannt

Plantamura ist ein noch junger Betrieb, der sich rasch durch die Qualität seiner Produktion auszeichnen konnte. Im Mittelpunkt steht die fürstliche Primitivo, die in drei Etiketten gefertigt wird. Die Weinberge - in Alberello- oder Spaliererziehung - sind auf kalkhaltigen Tonböden in der Umgebung von Gioia del Colle, in rund 350 Meter Seehöhe angesiedelt. Die alten Stöcke liefern körperreiche, aber dennoch frische Weine, in Harmonie zwischen Intensität und Kraft. Und so gibt es einen zweiten Drei-Gläser-Preis, diesmal für den Gioià del Colle Primitivo Etichetta Nera Contrada San Pietro '12, ein komplexer und gleichzeitig spontaner Wein, in der Nase rote Früchte, Würze und aromatische Kräuter, am Gaumen rein, tiefgründig und von knackiger Frucht. Gut gemacht auch der Gioia del Colle Primitivo Etichetta Bianca Riserva '11, Aroma von dunkler Frucht und Mittelmeermacchia, vollmundig, es fehlt nur ein wenig an Säure, und der Gioia del Colle Primitivo Etichetta Rossa '12, saftig und angenehm.

- Gioia del Colle Primitivo Et. Nera C.da San Pietro '12 — 3*
- Gioia del Colle Primitivo Et. Bianca Ris. '11 — 3
- Gioia del Colle Primitivo Et. Rossa '12 — 3
- Gioia del Colle Primitivo Et. Rossa '11 — 4*
- Gioia del Colle Primitivo Et. Nera '11 — 4
- Gioia del Colle Primitivo Ris. '10 — 5

Polvanera
s.da vicinale Lamie Marchesana, 601
70023 Gioia del Colle [BA]
Tel. +39 080758900
www.cantinepolvanera.it

DIREKTVERKAUF
GASTRONOMIE
JAHRESPRODUKTION 250.000 Flaschen
REBFLÄCHE 55 Hektar
WEINBAU Biologisch anerkannt

Der von Filippo Cassano und seinen Partnern geleitete Betrieb hat die Aufmerksamkeit auf das Gebiet von Gioia del Colle gelenkt, das vor allem dem Primitivo beste Bedingungen zu bieten hat. Die Weinberge liegen auf Karstböden zwischen Acquaviva und Gioia del Colle; die Stöcke in Alberello-Erziehung sind bis zu 60 Jahre alt und liefern die Spitzenweine des Hauses. Aglianico, Aleatico, Fiano Minutolo, Falanghina und Moscato Bianco werden ebenfalls kultiviert. Die angebotenen Primitivo können alkoholischen Reichtum und Kraft mit erstaunlicher Frische und Schmackhaftigkeit verbinden. Dies beweist zum x.ten Male der Gioia del Colle Primitivo 17 Vigneto Montevella '11, würzige Anklänge und dunkles Obst in der Nase, am Gaumen lang anhaltend, dicht und schwer, aber auch angenehm frisch. In Qualität und Konzept nicht weit entfernt ist der Gioia del Colle Primitivo 16 '11, Anklänge an Graphit, Pflaumen und Rosmarin, benachteiligt nur durch eine trocknende Empfindung im Finale. Von guter Machart die übrigen Weine.

- Gioia del Colle Primitivo 17 Vign. Montevella '11 — 6
- Gioia del Colle Primitivo 16 '11 — 6
- Gioia del Colle Primitivo 14 Vign. Marchesana '11 — 3
- ⊙ Rosato '13 — 2*
- ○ Minutolo '13 — 3
- Gioia del Colle Primitivo 16 '07 — 2*
- Gioia del Colle Primitivo 17 '10 — 5
- Gioia del Colle Primitivo 17 '09 — 5
- Gioia del Colle Primitivo 17 '08 — 4*

APULIEN

Racemi
Via XX Settembre, 75
74024 Manduria [TA]
Tel. +39 0999711660
www.racemi.it

DIREKTVERKAUF
BESUCH NACH VORANMELDUNG
JAHRESPRODUKTION 1.200.000 Flaschen
REBFLÄCHE 60 Hektar

Die unterschiedlichen Seelen der Produktion von Gregory Perrucci sind unter Racemi vereinigt: von Felline bis Pervini und den Weinen der Accademia dei Racemi. 1994 gründete Gregory den ersten Betrieb. Sein Wirken war entscheidend für den internationalen Durchbruch des Primitivo, ein Erfolg, der vor allem durch Revitalisierung und Erhaltung der für die Gegend charakteristischen Alberello-Pflanzungen und die Produktion von fruchtigen Weinen von klarer Aromatik erreicht wurde. Die Weingüter liegen auf unterschiedlichen Böden, sandigen in Meeresnähe und felsigen, mit roter oder dunkler Erde. Drei Gläser für den Primitivo di Manduria Giravolta '12, im Aroma dunkles Obst und Mittelmeermacchia, gefolgt von einem fruchtigen Gaumen, frisch und wohlschmeckend, sehr angenehmer Jodhauch im Finale. Auf der gleichen stilistischen Schiene der Manduria Zinfandel '12, ein wenig reifer in den fruchtigen Nuancen, aber von beachtlicher Eleganz und Komplexität. Von guter Machart die übrigen Weine.

- Primitivo di Manduria Giravolta '12 — 3*
- Primitivo di Manduria Zinfandel '12 — 3*
- Alberello '12 — 2*
- Anarkos '13 — 2*
- Primitivo di Manduria Dunico '11 — 5
- Pietraluna Torre Guaceto '13 — 2
- Primitivo di Manduria '13 — 2
- Primitivo di Manduria Felline '12 — 3
- Susumaniello Sum Torre Guaceto '12 — 4
- Vigna del Feudo '10 — 4
- Vigna Rosa '13 — 2
- Primitivo di Manduria Dunico '10 — 5
- Primitivo di Manduria Zinfandel Sinfarosa '06 — 3*

Rivera
C.da Rivera, SP 231 km 60,500
76123 Andria [BT]
Tel. +39 0883569510
www.rivera.it

DIREKTVERKAUF
BESUCH NACH VORANMELDUNG
JAHRESPRODUKTION 1.200.000 Flaschen
REBFLÄCHE 75 Hektar

Das Weingut Rivera wurde Ende der 1940er Jahre von Sebastiano de Corato gegründet und kann über Rebflächen in Kordon- und Guyot-Erziehung verfügen, die teilweise auf Kalk-Tuffböden in circa 200 Meter Höhe und teilweise auf kalkhaltigen Felsböden in der Alta Murgia in einer Höhe von 350 Meter liegen. Die günstigen klimatischen Bedingungen – kühler als in anderen Gebieten der Region – lassen Trauben mit ausgeprägter Säure reifen, die frische, aromatische Weine ermöglichen und technisch stets gut gefertigt sind. Der Castel del Monte Nero di Troia Puer Apuliae '09, mit Nuancen von reifer, roter Frucht und würzigen Anklängen, ist an die Spitze der Kellerriege zurückgekehrt; mehr als der Pungirosa gefiel uns diesmal der Castel del Monte Rosé '13: gekeltert aus der Bombino Nero, ist er blumig, reintönig in den Noten von roter Frucht und überaus angenehm. Gut gemacht auch der Castel del Monte Nero di Troia Violante '12, süffig und dynamisch, und der delikate Moscato di Trani Piani di Tufara '13, der mit feinem Zitronat und Honig zu glänzen weiß.

- Castel del Monte Nero di Troia Puer Apuliae '09 — 5
- Castel del Monte Nero di Troia Violante '12 — 2*
- ⊙ Castel del Monte Rosé '13 — 2*
- ○ Moscato di Trani Piani di Tufara '13 — 2*
- Castel del Monte Aglianico Cappellaccio Ris. '08 — 2
- ⊙ Castel del Monte Bombino Bianco Marese '13 — 2
- ⊙ Castel del Monte Bombino Nero Pungirosa '13 — 2
- Castel del Monte Nero di Troia Puer Apuliae '04 — 6
- Castel del Monte Nero di Troia Puer Apuliae '03 — 6
- Castel del Monte Rosso Il Falcone Ris. '08 — 4

APULIEN

Tenute Rubino
VIA E. FERMI, 50
72100 BRINDISI
TEL. +39 0831571955
www.tenuterubino.it

DIREKTVERKAUF
BESUCH NACH VORANMELDUNG
JAHRESPRODUKTION 1.000.000 Flaschen
REBFLÄCHE 200 Hektar

Dieser Großbetrieb, der mit sicherer Hand und dynamischer Energie von der Familie Rubino geführt wird, kann sich auf vier Güter im Alto Salento stützen: Jaddico, Marmorelle, Uggio und Punta Aquila. Der Großteil der Pflanzungen - in Kordonerziehung - weist eine Pflanzdichte von 4000 bis 6000 Stock pro Hektar auf. Breit das gefertigte Sortiment, in dem autochthone Reben die Hauptrolle spielen, wobei besonders der Neuqualifizierung der Susumaniello besondere Aufmerksamkeit zukommt. Die Weine sind technisch präzise und von starker, territorialer Identität. Eine schöne Bestätigung für die Susumaniello-Rebe: Drei Gläser für den Torre Testa '12, fein würzig, reich und fleischig, sehr saftige Frucht, und Finale für den Oltremé '13, reintönig und langer, frischer Abgang. Eine insgesamt schöne Leistung der weiteren vorgelegten Weine: der Visello '12, ein reicher, saftiger Primitivo, der Brindisi Rosso Jaddico Riserva '12, Frucht im Vordergrund mit edlen Tabaknoten, der Marmorelle Bianco '13, Cuvée aus Chardonnay und weißer Malvasia, frisch und zitrusfruchtig.

● Torre Testa '12	🍷🍷🍷	6
● Oltremé '13	🍷🍷	2*
● Brindisi Rosso Jaddico Ris. '12	🍷🍷	4
○ Marmorelle Bianco '13	🍷🍷	2*
● Visellio '12	🍷🍷	5
⊙ Sumarè Brut Rosè M. Cl.	🍷	5
○ Giancola '13	🍷	3
● Marmorelle Rosso '12	🍷	2
● Miraglio '12	🍷	2
● Punta Aquila '12	🍷	2
⊙ Saturnino '13	🍷	2
○ Vermentino '13	🍷	2
● Torre Testa '11	🍷🍷🍷	6
● Torre Testa '11	🍷🍷🍷	6
● Visellio '10	🍷🍷🍷	4*

Schola Sarmenti
VIA GENERALE CANTORE, 37
73048 NARDÒ [LE]
TEL. +39 0833567247
www.scholasarmenti.it

DIREKTVERKAUF
BESUCH NACH VORANMELDUNG
JAHRESPRODUKTION 240.000 Flaschen
REBFLÄCHE 41 Hektar
WEINBAU Biologisch anerkannt

Schola Sarmenti von Luigi Carlo Marra und Benedetto Lorusso ist ein sehr schöner Betrieb, der sich mit viel Einsatz der Aufwertung des Anbaugebietes von Nardò gewidmet hat, wo in den letzten Jahrzehnten 90 % der Rebflächen verloren gingen. So bemüht man sich um die Erhaltung der wenigen Alberello-Kulturen, die noch existieren; es überwiegen die typischen Rebsorten des Salent: Negroamaro, Primitivo, Malvasia Nera. Die Weine zeichnen sich durch reiche Frucht aus und orientieren sich stilistisch an der Tradition. Es gab in diesem Jahr zwar keine Hochkarätigen, aber ein insgesamt befriedigendes Ergebnis. Der Primitivo Cubardi '11 mit den charakteristischen Anklängen an dunkles Kernobst, angenehm am Gaumen, mit reicher Frucht, der Nardò Nerio Riserva '10, mit guter Länge, dicht und würzig; der Nauna '12, Cuvée aus Negroamaro (60 %) und Primitivo, ist stofflich gut, aber leicht trocknend im Finale, während der immer sehr fruchtige Primitivo Diciotto '12 nicht so reintönig und präzise ist wie im Vorjahr.

● Cubardi '11	🍷🍷	3
● Diciotto '12	🍷🍷	7
● Nardò Nerio Ris. '10	🍷🍷	3
● Nardò Roccamora '11	🍷	2
● Nauna '12	🍷	4
● Artetica '08	🍷🍷	5
● Cubardi '10	🍷🍷	3
● Diciotto '11	🍷🍷	7
● Nardò Nerio Ris. '09	🍷🍷	3
● Nardò Rosso Roccamora '09	🍷🍷	2*

APULIEN

Cantine Soloperto

SS 7
74024 Manduria [TA]
Tel. +39 0999794286
www.soloperto.it

DIREKTVERKAUF
BESUCH NACH VORANMELDUNG
JAHRESPRODUKTION 2.000.000 Flaschen
REBFLÄCHE 50 Hektar

Cantine Soloperto ist ein Modellbetrieb der Denomination Primitivo di Manduria und generell der regionalen Weinwirtschaft. Die Weinberge - in Alberello-Erziehung wie die hundertjährigen Stöcke in der Contrada Bagnolo, oder in Kordonerziehung - sind auf Böden mit roter oder brauner Erde angesiedelt. Erzeugt wird ein breites Sortiment, an vorderster Front der Primitivo, der sowohl in sofort trinkbaren Versionen als auch in anspruchsvollen Etiketten für längere Lagerung gefertigt wird, beiden gemeinsam sind ein traditioneller Geschmack und aromatische Reinheit. Der Primitivo Manduria Centofuochi Tenuta Bagnolo '13 ist auch wegen des schwierigeren Jahrgangs diesmal etwas weniger brillant, aber dennoch angenehm, frisch und von guter Frucht. Gut gemacht auch ein anderer Klassiker des Hauses, der Primitivo di Manduria Rubinum 17 Etichetta Rossa '13, reiche Frucht, saftig und spontan, und der Rosato Salento '13, angenehm frisch in den blumigen Nuancen, umweht von Agrumen und Zwergorangen.

● Primitivo di Manduria Centofuochi Tenuta Bagnolo '13	🍷🍷 4
● Primitivo di Manduria Rubinum 17 Et. Rossa '13	🍷🍷 2*
⊙ Rosato Salento '13	🍷🍷 2*
● Primitivo di Manduria '13	🍷 1*
● Primitivo di Manduria 14 '13	🍷 2
● Primitivo di Manduria Dolce Naturale Passulentu '12	🍷 4
● Primitivo di Manduria Mono '12	🍷 3
● Primitivo di Manduria Patriarca '12	🍷 4
● Primitivo di Manduria Rubinum 14 Et. Blu '13	🍷 2
● Primitivo di Manduria Centofuochi Tenuta Bagnolo '11	🍷🍷 4

★Tormaresca

Fraz. C.da Torre d'Isola
Loc. Tofano
70055 Minervino Murge [BT]
Tel. +39 0883692631
www.tormaresca.it

DIREKTVERKAUF
BESUCH NACH VORANMELDUNG
UNTERKUNFT
JAHRESPRODUKTION 2.800.000 Flaschen
REBFLÄCHE 380 Hektar

1998 von den Marchesi Antinori gegründet, ist Tormaresca ein erfolgreicher Betrieb der Region, der über zwei Güter verfügt, Bocca di Lupo in Minervino Murge in der Denomination Castel del Monte, und Masseria Maime in San Pietro Vernotico, im Alto Salento. Kultiviert werden vor allem die typischen Sorten der einzelnen Gebiete wie Nero di Troia, Aglianico, Negroamaro und Primitivo. Ihre Trauben werden zu stilistisch modernen und technisch sauberen Weinen verarbeitet, die vor allem auf süffigen Trinkgenuss und Ausgewogenheit setzen. Besonders gut gefiel uns der Castel del Monte Rosso Trentangeli '11, Cuvée aus Aglianico (70 %), Cabernet Sauvignon (20 %) und Syrah, aus biologischem Anbau, Erinnerung an dunkles Obst und würziger Hauch in der Nase, am Gaumen entsprechend, saftig und von guter Länge. Vorzüglich auch der klassische Castel del Monte Aglianico Bocca di Lupo '10, Geruch von feuchter Erde, Untergehölz und Tabak, energisch und etwas derb im Finale.

● Castel del Monte Rosso Trentangeli '11	🍷🍷🍷 3*
● Castel del Monte Aglianico Bocca di Lupo '10	🍷🍷 5
● Morgicchio Negroamaro '12	🍷🍷 2*
● Calafuria '13	🍷 3
● Masseria Maime '11	🍷 5
⊙ Roycello '13	🍷 3
● Masseria Maime '08	🍷🍷🍷 5
● Masseria Maime '07	🍷🍷🍷 4
● Masseria Maime '06	🍷🍷🍷 4
● Masseria Maime '05	🍷🍷🍷 4*
● Torcicoda '11	🍷🍷🍷 4
● Torcicoda '10	🍷🍷🍷 3*
● Torcicoda '09	🍷🍷🍷 3

APULIEN

Torrevento
LOC. CASTEL DEL MONTE
SP 234 KM 10,600
70033 CORATO [BA]
TEL. +39 0808980923
www.torrevento.it

DIREKTVERKAUF
UNTERKUNFT UND GASTRONOMIE
JAHRESPRODUKTION 2.500.000 Flaschen
REBFLÄCHE 450 Hektar
WEINBAU Biologisch anerkannt

In der Denomination Castel del Monte im Parco Rurale der Murgia, verfügt das Weingut von Francesco Liantonio über 450 Hektar Rebflächen, die nach biologischen Methoden und in höchstem Maße umweltgerecht bewirtschaftet werden. Die Weinberge sind auf felsigen Karstböden angesiedelt und fast ausschließlich mit autochthonen Sorten bestockt, allen voran die Nero di Troia. Kellerwirtschaftlich respektiert man die Arbeit im Weinberg und verzichtet daher auf langen Verbleib auf der Maische und zu intensiven Fassausbau. Das Ergebnis sind sehr fruchtige Weine, die sich durch Frische und Finesse auszeichnen. Ein wenig überraschend sind die Drei Gläser diesmal nicht an den etwas weniger brillanten Castel del Monte Rosso Vigna Pedale Riserva '11 gegangen, sondern an den Castel del Monte Rosso Bolonero '12, gekeltert aus Nero di Troia (70 %) und Aglianico, fruchtige Noten roter Beeren und Maulbeeren, frisch, reintönig und saftig, überaus angenem im Genuss. Vorzüglich auch der Castel del Monte Nero di Troia Ottagono Riserva '12, eine fruchtige Interpretation.

● Castel del Monte Rosso Bolonero '12	🍷🍷🍷 2*
● Castel del Monte Nero di Troia Ottagono Ris. '12	🍷🍷 5
● Castel del Monte Rosso V. Pedale Ris. '11	🍷🍷 3
● Matervitae Negroamaro '12	🍷🍷 2*
● Castel del Monte Bombino Nero Veritas '13	🍷 2
⊙ Castel del Monte Rosato Primaronda '13	🍷 2
● Kebir '11	🍷 5
● Matervitae Aglianico '11	🍷 2
○ Matervitae Fiano '13	🍷 2
● Matervitae Primitivo '12	🍷 2
● Castel del Monte Rosso V. Pedale Ris. '10	🍷🍷🍷 3*
● Castel del Monte Rosso V. Pedale Ris. '09	🍷🍷🍷 3*

Agricole Vallone
VIA XXV LUGLIO, 5
73100 LECCE
TEL. +39 0832308041
www.agricolevallone.it

BESUCH NACH VORANMELDUNG
JAHRESPRODUKTION 400.000 Flaschen
REBFLÄCHE 161 Hektar
WEINBAU Biologisch anerkannt

Gegründet in den 1930er Jahren, produziert der Betrieb der Familie Vallone Weine von traditionellem Zuschnitt sowohl aus einheimischen wie internationalen Trauben. Die Weinberge, einige davon mehr als ein halbes Jahrhundert alt, sind auf drei Güter aufgeteilt: Flaminio, in der Denomination Brindisi und auch Sitz der Kellerei, Iore, in der Denomination Salice Salentino, und Castelserranova, im Hinterland von Carovigno, nahe der Adriaküste und eigentliches Herz des Unternehmens. Wenn auch die Spitzengewächse früherer Jahre nicht erreicht wurden, präsentieren sich die Weine diesmal von guter, gediegener Machart, angefangen mit dem Graticciaia '10, in der Nase der Geruch von Tapenade, am Gaumen würzig und von guter Frucht, der die klassischen Register seiner Entfaltung zieht, aber ohne verfrühte Oxidation oder Ungenauigkeit, sondern entspannt und angenehm. Vorzüglich auch der Brindisi Rosato Vigna Flaminio '13, einer von Apuliens besten Rosé-Weinen, bezaubernd in den blumigen Nuancen, roten Beeren und Agrumen.

⊙ Brindisi Rosato V. Flaminio '13	🍷🍷 2*
● Graticciaia '10	🍷🍷 7
● Brindisi Rosso V. Flaminio '12	🍷 2
● Brindisi Rosso V. Flaminio Ris. '10	🍷 3
● Versante Negramaro '12	🍷 2
● Vigna Castello '10	🍷 5
● Graticciaia '03	🍷🍷🍷 6
● Graticciaia '01	🍷🍷🍷 6
● Brindisi Rosso V. Flaminio '10	🍷🍷 2*
● Brindisi Rosso V. Flaminio Ris. '09	🍷🍷 3
○ Salento Corte Valesio '12	🍷🍷 2*

APULIEN

Varvaglione
VIA AMENDOLA, 36
74020 LEPORANO [TA]
TEL. +39 0995315370
www.vigneevini.it

DIREKTVERKAUF
BESUCH NACH VORANMELDUNG
JAHRESPRODUKTION 1.500.000 Flaschen
REBFLÄCHE 155 Hektar
WEINBAU Biologisch anerkannt

Die Weinproduktion der Familie Varvaglione kann dank zahlreicher lokaler Traubenlieferanten auf über 150 Hektar bestockte Fläche zählen. Im Mittelpunkt der Aufmerksamkeit stehen die autochthonen Sorten Primitivo, Negroamaro, Verdeca und Malvasia, aber es fehlen auch nicht einige bedeutende internationale Reben. Das Sortiment der Weine - von solider Machart und technischer Präzision - ist umfangreich und gliedert sich in mehrere Linien. Eine schöne Serie von Primitivo di Manduria, herausragend der Papale Linea Oro '12, bestechend in den Nuancen von dunkler Frucht und Gewürzen und dem fruchtigen Gaumen, mit feiner Süße, aber von guter Konsistenz und Beharrung, saftig und frisch das Finale. Außerdem zu nennen der Moi '12, von schöner Struktur und Tiefe, sowie der besonders dynamische Gocce '12 mit einem Hauch von Untergehölz. Und schließlich weitere zwei Primitivo, der Passione '13, saftig mit Anklängen an Brombeeren, und der Re Sale '12, reintönig und elegant.

● Primitivo di Manduria Papale Linea Oro '12	🍷5
● Passione '13	🍷🍷2*
● Primitivo di Manduria Gocce Feudi Salentini '12	🍷🍷2*
● Primitivo di Manduria Moi '12	🍷🍷2*
● Re Sale Feudi Salentini '12	🍷🍷🍷3
● 12 e Mezzo '13	🍷2
● Primitivo di Manduria Linea Oro Il Cardinale '12	🍷5
● Primitivo di Manduria Papale '12	🍷3
● Primitivo di Manduria Papaveri Feudi Salentini '12	🍷2
● 12 e Mezzo Negroamaro '11	🍷🍷2*
● Primitivo di Manduria Papale Linea Oro '11	🍷🍷5

Vecchia Torre
VIA MARCHE, 1
73045 LEVERANO [LE]
TEL. +39 0832925053
www.cantinavecchiatorre.it

DIREKTVERKAUF
BESUCH NACH VORANMELDUNG
JAHRESPRODUKTION 2.200.000 Flaschen
REBFLÄCHE 1.300 Hektar

Mit fünfzig Weinbauern fing es 1959 an: heute zählt diese Genossenschaftskellerei nicht weniger als 1300 Mitglieder mit insgesamt über 1000 Hektar, die zu einem Gutteil in Apuliens typischer Alberello-Erziehung kultiviert sind. Seit vielen Jahren setzt Vecchia Torre auf eine Produktion von Qualitätsweinen zum vernünftigen Preis. Vorherrschend sind rote Sorten: die einheimischen Negroamaro, Primitivo und Malvasia Nera di Lecce, dazu auch internationale wie Syrah; die Weine sind meist von reichhaltiger Frucht und mit gutem Terroircharakter. Rückkehr der Leverano-Weine an die vorderste Front, allen voran der Rosato '13, einer der besten seiner Zunft in Apulien, im Aroma Rose, Pfirsich und Melone, angenehm, von guter Spannung und dynamisch, dann der Rosso '12, balsamisch und von guter Frucht, und der Rosso Riserva '09, reintönig und entspannt. Auf gutem Niveau auch der Negroamaro Rosato '13, frisch und blumig.

⊙ Leverano Rosato '13	🍷🍷2*
● Leverano Rosso '12	🍷🍷2*
● Leverano Rosso Ris. '09	🍷🍷2*
⊙ Negroamaro Rosato '13	🍷🍷2*
● Arneide '10	🍷3
● Cinquantesimo Anniversario '11	🍷3
○ Leverano Bianco '13	🍷2
● Salice Salentino '12	🍷2
● Salice Salentino Ris. '10	🍷2
● Vecchia Torre '12	🍷2
● Negroamaro '11	🍷🍷2*
● Salice Salentino Rosso Ris. '09	🍷🍷2*
○ Vermentino '12	🍷🍷2*

APULIEN

Tenuta Viglione
VIA CARLO MARX, 44P
70029 SANTERAMO IN COLLE [BA]
TEL. +39 0803023927
www.tenutaviglione.it

DIREKTVERKAUF
BESUCH NACH VORANMELDUNG
JAHRESPRODUKTION 200.000 Flaschen
REBFLÄCHE 40 Hektar
WEINBAU Biologisch anerkannt

In den letzten Jahren konnte die Kellerei von Giovanni Zullo beachtlich an Qualität zulegen. Die Weinberge von Tenuta Viglione sind in der Murgia Barese auf mineralstoffreichen Karstböden in rund 450 Meter Seehöhe angesiedelt: es ist die höchste Lage dieser Denomination. Obwohl zahlreiche Rebsorten, autochthone und fremde, kultiviert werden wie Primitivo, Aleatico, Merlot, Sangiovese, Montepulciano, Falanghina, Trebbiano, Malvasia, Minutolo und Chardonnay, kommt der große Erfolg von einem einzigen Wein, der das Gebiet am besten zum Ausdruck bringt: dem Gioia del Colle Primitivo. Drei-Gläser-Premiere mit dem Gioia del Colle Primitivo Marpione Riserva '10, erdiger Geruch mit Anklängen an Mittelmeermacchia und rote und dunkle Beeren, folgerichtig am Gaumen, frisch, saftig und angenehm. Sehr interessant auch der Johe '12, Cuvée aus gleichen Teilen Primitivo und Aleatico, im Duft Feigen und Zimt, mit feiner Süße, aber am Gaumen dynamisch, mit Biss, und erfrischend im Finale.

● Gioia del Colle Primitivo Marpione Ris. '10	🍷🍷🍷 3*
● Johe '12	🍷🍷 2*
● Gioia del Colle Primitivo '10	🍷🍷 2*
☉ Nisia '13	🍷 2
● Gioia del Colle Pri-mit-ivo '11	🍷🍷 5
● Gioia del Colle Primitivo '09	🍷🍷 2*
● Gioia del Colle Rosso Marpione Ris. '09	🍷🍷 3*
● Gioia del Colle Rosso Marpione Ris. '08	🍷🍷 3
● Gioia del Colle Rosso Marpione Ris. '04	🍷🍷 3
● Gioia del Colle Rosso Rupestre '07	🍷🍷 2*
● Johe '11	🍷🍷 2*
● Johe '11	🍷🍷 2*

★ Conti Zecca
VIA CESAREA
73045 LEVERANO [LE]
TEL. +39 0832925613
www.contizecca.it

DIREKTVERKAUF
BESUCH NACH VORANMELDUNG
JAHRESPRODUKTION 2.000.000 Flaschen
REBFLÄCHE 320 Hektar

Conti Zecca, einer der bekanntesten und renommiertesten Weinproduzenten Apuliens, setzt schon lange auf konstante Qualität und ein günstiges Preis-/Leistungsverhältnis. Das umfangreiche Sortiment mit über dreißig Etiketten, kommt aus vier Besitzungen: Saraceno, Donna Marzia und Santo Stefano in Leverano, Cantalupi in Salice Salentino. Die meisten Weine werden aus autochthonen Trauben gekeltert; sie sind stilistisch modern und setzen auf Frische und Fruchtigkeit. Auch in diesem Jahr erreicht der Nero - mit dem 2011er - unsere Finalrunde. Die klassische Cuvée aus Negroamaro (70 %) und Cabernet Sauvignon kehrt das Aroma aus Kaffeebohnen, Gewürzen und dunkler Frucht hervor, das sich am Gaumen konsequent und sehr fruchtig fortsetzt, aber weniger tief und komplex als frühere Ausgaben. Gut gemacht der Primitivo '12, gute Frucht, frisch und straff, der Negroamaro '11, erdig und dicht am Gaumen, und der Cantalupi Negroamaro '12, entspannt, mit den Noten von Lakritzen und Chinarinde. Hingegen ist der Fiano '13 weniger brillant als sein Vorgänger.

● Nero '11	🍷🍷 5
● Cantalupi Negroamaro '12	🍷🍷 2*
● Negroamaro '11	🍷🍷 3
● Primitivo '12	🍷🍷 3
○ Fiano '13	🍷 2
● Salice Salentino Rosso Cantalupi Ris. '11	🍷 2
● Terra '11	🍷 4
● Nero '09	🍷🍷🍷 5
● Nero '08	🍷🍷🍷 5
● Nero '07	🍷🍷🍷 5
● Nero '06	🍷🍷🍷 5
● Nero '03	🍷🍷🍷 5
● Nero '02	🍷🍷🍷 5
● Nero '01	🍷🍷🍷 5

WEITERE KELLEREIEN

Masseria Altemura
C.DA PALOMBARA - SP 69
72028 TORRE SANTA SUSANNA [BR]
TEL. +39 0831740485
www.masseriaaltemura.it

DIREKTVERKAUF
BESUCH NACH VORANMELDUNG
UNTERKUNFT
JAHRESPRODUKTION 400.000 Flaschen
REBFLÄCHE 150 Hektar

● Negroamaro '12	♛♛ 3
● Primitivo di Manduria Altemura di Altemura '12	♛♛ 4
⊙ Rosato '13	♛ 3

Amastuola
VIA MARTINA FRANCA, 80
74016 MASSAFRA [TA]
TEL. +39 0998805668
www.amastuola.it

DIREKTVERKAUF
JAHRESPRODUKTION 300.000 Flaschen
REBFLÄCHE 102 Hektar
WEINBAU Biologisch anerkannt

● Centosassi '11	♛♛ 2*
● Capocanale '12	♛ 2
○ Salento Bianco '13	♛ 2
● Vignatorta '12	♛ 2

Antica Enotria
LOC. C.DA RISICATA
SP 65
71042 CERIGNOLA [FG]
TEL. +39 0885418462
www.anticaenotria.it

DIREKTVERKAUF
BESUCH NACH VORANMELDUNG
JAHRESPRODUKTION 100.000 Flaschen
REBFLÄCHE 13 Hektar
WEINBAU Biologisch anerkannt

○ Contessa Staffa '13	♛ 2
● Dieci Ottobre '10	♛ 3
○ Falanghina '13	♛ 2
○ Il Sale della Terra '09	♛ 4

Apollonio
VIA SAN PIETRO IN LAMA, 7
73047 MONTERONI DI LECCE [LE]
TEL. +39 0832327182
www.apolloniovini.it

DIREKTVERKAUF
BESUCH NACH VORANMELDUNG
JAHRESPRODUKTION 1.500.000 Flaschen
REBFLÄCHE 50 Hektar

⊙ Elfo Rosato '13	♛♛ 2*
● Squinzano Mani del Sud '11	♛♛ 4
● Elfo Susumaniello '13	♛ 3
● Salice Salentino Mani del Sud Ris. '10	♛ 3

L'Astore Masseria
LOC. L'ASTORE
VIA G. DI VITTORIO, 1
73020 CUTROFIANO [LE]
TEL. +39 0836542020
www.lastoremasseria.it

DIREKTVERKAUF
BESUCH NACH VORANMELDUNG
JAHRESPRODUKTION 90.000 Flaschen
REBFLÄCHE 25 Hektar
WEINBAU Biologisch anerkannt

● Alberelli di Negramaro '10	♛♛ 5
● Aglianico '11	♛ 3
⊙ Massaro Rosa '13	♛ 2

Michele Biancardi
S.DA PROVINCIALE, 68
71042 CERIGNOLA [FG]
TEL. +39 3394912659
www.michelebiancardi.it

DIREKTVERKAUF
BESUCH NACH VORANMELDUNG
JAHRESPRODUKTION 30.000 Flaschen
REBFLÄCHE 4 Hektar
WEINBAU Biologisch anerkannt

○ L'Insolito '13	♛♛ 3
○ Solo Fiano '13	♛♛ 2*
● Anima di Nero '12	♛ 2
● Ponte Viro '12	♛ 3

WEITERE KELLEREIEN

I Buongiorno
c.so Vittorio Emanuele II, 71
72012 Carovigno [BR]
Tel. +39 0831996286
www.giasottolarco.it

JAHRESPRODUKTION 50.000 Flaschen
REBFLÄCHE 10 Hektar

• Negramaro '12	♛♛ 3
• Nicolaus '12	♛♛ 3
• Primitivo '12	♛ 3
⊙ Rosalento '13	♛ 2

Francesco Cannito
c.da Parco Bizzarro
70025 Grumo Appula [BA]
Tel. +39 080623529
www.agricolacannito.it

DIREKTVERKAUF
BESUCH NACH VORANMELDUNG
JAHRESPRODUKTION 20.000 Flaschen
REBFLÄCHE 4 Hektar
WEINBAU Biologisch anerkannt

• Gioia del Colle Primitivo Drumon Ris. '10	♛♛ 5
• Gioia del Colle Primitivo Drumon '10	♛ 3
• Gioia del Colle Primitivo Drumon S '11	♛ 4
⊙ Gioia del Colle Rosato Drumon Rosé '13	♛ 2

Cantolio Manduria
via per Lecce km 2,5
74024 Manduria [TA]
Tel. +39 0999796045
www.cantolio.it

DIREKTVERKAUF
BESUCH NACH VORANMELDUNG
GASTRONOMIE
JAHRESPRODUKTION 500.000 Flaschen
REBFLÄCHE 800 Hektar
WEINBAU Biologisch anerkannt

• Primitivo di Manduria 15 '13	♛♛ 3
• Primitivo di Manduria Mandonion '13	♛♛ 2*
• Primitivo di Manduria 14 '13	♛ 3
• Primitivo di Manduria Urceus '13	♛ 2

Cantine Capuzzimati
via Benedetto Croce, 12
74020 San Marzano di San Giuseppe [TA]
Tel. +39 3396832388
www.cantinecapuzzimati.com

• Primitivo di Manduria Don Cataldo '13	♛♛ 3
• Primitivo di Manduria Et. Nera '13	♛♛ 2*

Vini Classici Cardone
via Martiri della Libertà, 32
70010 Locorotondo [BA]
Tel. +39 0804312561
www.cardonevini.com

DIREKTVERKAUF
BESUCH NACH VORANMELDUNG
JAHRESPRODUKTION 180.000 Flaschen
REBFLÄCHE 7 Hektar

• Gioia del Colle Primitivo Archita '11	♛♛ 4
⊙ Nausica '13	♛♛ 2*
• Carmerum '12	♛ 3
○ Placeo '13	♛ 3

Casa Primis
via Ortanova, km 0,500
71048 Stornarella [FG]
Tel. +39 0885433333
www.primisvini.com

DIREKTVERKAUF
BESUCH NACH VORANMELDUNG
JAHRESPRODUKTION 160.000 Flaschen
REBFLÄCHE 26 Hektar

• Crusta '10	♛♛ 3
• Aglianico '10	♛ 2
• Ciliegiolo '13	♛ 2
• Nero di Troia '12	♛ 2

WEITERE KELLEREIEN

Giancarlo Ceci
C.DA SANT'AGOSTINO
76123 ANDRIA [BT]
TEL. +39 0883565220
www.agrinatura.net

JAHRESPRODUKTION 520.000 Flaschen
REBFLÄCHE 70 Hektar
WEINBAU Biodynamisch anerkannt

● Castel del Monte Rosso Felice Ceci '11	▼▼ 4
● Castel del Monte Rosso Parco Marano '12	▼▼ 3
● Castel del Monte Rosso Parco Grande '13	▼ 2
○ Moscato di Trani Dolce Rosalia '13	▼ 3

Centovignali
P.ZZA ALDO MORO, 10
70010 SAMMICHELE DI BARI [BA]
TEL. +39 0805768215
www.centovignali.it

DIREKTVERKAUF
BESUCH NACH VORANMELDUNG
JAHRESPRODUKTION 35.000 Flaschen
REBFLÄCHE 25 Hektar
WEINBAU Biologisch anerkannt

● Gioia del Colle Primitivo Indellicato '11	▼▼ 4
● Gioia del Colle Primitivo Pentimone '11	▼ 5
● Serviano '13	▼ 2

Cantina Sociale di Copertino Cupertinum
VIA MARTIRI DEL RISORGIMENTO, 6
73043 COPERTINO [LE]
TEL. +39 0832947031
www.cupertinum.com

DIREKTVERKAUF
BESUCH NACH VORANMELDUNG
JAHRESPRODUKTION 900.000 Flaschen
REBFLÄCHE 350 Hektar

○ Spinello dei Falconi '13	▼▼ 2*
● Copertino Rosso '10	▼ 2
● Negroamaro '10	▼ 2
● Primitivo '11	▼ 2

Masseria Cuturi
C.DA CUTURI
74024 MANDURIA [TA]
TEL. +39 0999711660
www.masseriacuturi.it

DIREKTVERKAUF
BESUCH NACH VORANMELDUNG
JAHRESPRODUKTION 100.000 Flaschen
REBFLÄCHE 23 Hektar
WEINBAU Biologisch anerkannt

● Primitivo di Manduria Il 1° '12	▼▼ 4
● Primitivo di Manduria Il Primino '12	▼ 2
○ Rosa di Cuturi '13	▼ 2
○ Vento di Cuturi '13	▼ 2

D'Alfonso del Sordo
C.DA SANT'ANTONINO
71016 SAN SEVERO [FG]
TEL. +39 0882221444
www.dalfonsodelsordo.it

DIREKTVERKAUF
BESUCH NACH VORANMELDUNG
JAHRESPRODUKTION 250.000 Flaschen
REBFLÄCHE 45 Hektar

● Guado San Leo '11	▼▼ 4
● Casteldrione '12	▼ 2
○ Catapanus '13	▼ 2
○ San Severo Bianco '13	▼ 2

Fatalone - Petrera
VIA VICINALE SPINOMARINO, 291
70023 GIOIA DEL COLLE [BA]
TEL. +39 0803448037
www.fatalone.it

● Gioia del Colle Primitivo Ris. '07	▼▼ 4
● Gioia del Colle Primitivo '10	▼ 3

WEITERE KELLEREIEN

Ferri
VIA BARI, 347
70010 VALENZANO [BA]
TEL. +39 0804671753
www.cantineferri.it

DIREKTVERKAUF
BESUCH NACH VORANMELDUNG
JAHRESPRODUKTION 30.000 Flaschen
REBFLÄCHE 5 Hektar

● Ebrius '13	♥♥ 2*
● Duo Rosso '13	♥♥ 2*
○ Aureus '10	♥ 2
⊙ Rubeo '13	♥ 2

Feudi di Terra D'Otranto
VIA ARNEO MARE
73010 VEGLIE [LE]
TEL. +39 0832966467
www.feudidotranto.com

DIREKTVERKAUF
BESUCH NACH VORANMELDUNG
JAHRESPRODUKTION 80.000 Flaschen
REBFLÄCHE 25 Hektar

● Ardentius '11	♥♥ 4
● Le Maschere Aglianico '13	♥♥ 3
● Le Maschere Primitivo '13	♥ 3
● Le Maschere Syrah '13	♥ 3

Futura 14
VIA SENATORE DE CASTRIS
73100 SALICE SALENTINO [LE]
TEL. +39 063722120
ordini@futura14.it

JAHRESPRODUKTION 40.000 Flaschen

● Primitivo di Manduria Raccontami '12	♥♥ 5
● Il Bruno dei Vespa '13	♥♥ 2*
● Il Rosso dei Vespa '13	♥ 3

Duca Carlo Guarini
L.GO FRISARI, 1
73020 SCORRANO [LE]
TEL. +39 0836460288
www.ducacarloguarini.it

DIREKTVERKAUF
BESUCH NACH VORANMELDUNG
UNTERKUNFT UND GASTRONOMIE
JAHRESPRODUKTION 250.000 Flaschen
REBFLÄCHE 70 Hektar
WEINBAU Biologisch anerkannt

● Nativo '12	♥♥ 3
● Boemondo '10	♥ 4
● Malìa '11	♥ 3
● Primitivo V. V. '11	♥ 3

Hiso Telaray
Libera Terra Puglia
VICO DEI CANTELMO, 1
72023 MESAGNE [BR]
TEL. +39 0831775981
www.hisotelaray.it

DIREKTVERKAUF
JAHRESPRODUKTION 120.000 Flaschen
REBFLÄCHE 27 Hektar
WEINBAU Biologisch anerkannt

● Filari de Sant'Antoni '13	♥♥ 2*
● Renata Fonte '12	♥♥ 3
⊙ Alberelli De La Santa '13	♥ 2

Cantine Imperatore
VIA MARCONI, 36
70010 ADELFIA [BA]
TEL. +39 0804594041
www.cantineimperatore.com

DIREKTVERKAUF
BESUCH NACH VORANMELDUNG
JAHRESPRODUKTION 200.000 Flaschen
REBFLÄCHE 4 Hektar

● Gioia del Colle Primitivo Il Sogno '10	♥♥ 5
● Consesso '11	♥ 4
● Gioia del Colle Primitivo Sonya '12	♥ 3

WEITERE KELLEREIEN

Paolo Leo
VIA TUTURANO, 21
72025 SAN DONACI [BR]
TEL. +39 0831635073
www.paololeo.it

DIREKTVERKAUF
BESUCH NACH VORANMELDUNG
JAHRESPRODUKTION 1.300.000 Flaschen
REBFLÄCHE 35 Hektar

● Fiore di Vigna '12	🍷🍷 4
● Orfeo '12	🍷 4
● Salice Salentino Rosso Ris. '09	🍷 4

Alberto Longo
LOC. C.DA PADULECCHIA
SP 5 LUCERA-PIETRAMONTECORVINO KM 4
71036 LUCERA [FG]
TEL. +39 0881539057
www.albertolongo.it

DIREKTVERKAUF
BESUCH NACH VORANMELDUNG
JAHRESPRODUKTION 120.000 Flaschen
REBFLÄCHE 35 Hektar

● Capoposto '12	🍷🍷 3
● Le Cruste '12	🍷 4
○ Le Fossette '12	🍷 3
● Montepeloso '11	🍷 3

Produttori Vini Manduria
VIA FABIO MASSIMO, 19
74024 MANDURIA [TA]
TEL. +39 0999735332
www.cpvini.com

DIREKTVERKAUF
BESUCH NACH VORANMELDUNG
JAHRESPRODUKTION 700.000 Flaschen
REBFLÄCHE 1,000 Hektar

● Primitivo di Manduria Elegia '11	🍷🍷 4
● Primitivo di Manduria Lirica '12	🍷🍷 2*
● Primitivo di Manduria Dolce Naturale Madrigale '11	🍷 4

Menhir
VIA SCARCIGLIA, 18
73027 MINERVINO DI LECCE [LE]
TEL. +39 0836818199
www.cantinemenhir.com

DIREKTVERKAUF
BESUCH NACH VORANMELDUNG
GASTRONOMIE
JAHRESPRODUKTION 520.000 Flaschen
REBFLÄCHE 18 Hektar

⊙ Novementi Rosato '13	🍷🍷 2*
● N° Zero '12	🍷 2
● Salice Salentino '11	🍷 2
● Salice Salentino Ris. '11	🍷 3

Mille Una
L.GO CHIESA, 11
74020 LIZZANO [TA]
TEL. +39 0996414541
www.milleuna.it

DIREKTVERKAUF
BESUCH NACH VORANMELDUNG
UNTERKUNFT
JAHRESPRODUKTION 70.000 Flaschen
REBFLÄCHE 33 Hektar

● Primitivo di Manduria Tre Tarante '10	🍷🍷 8
○ Ori di Taranto Chardonnay '13	🍷 3

Mocavero
VIA MALLACCA ZUMMARI
73010 ARNESANO [LE]
TEL. +39 0832327194
www.mocaverovini.it

DIREKTVERKAUF
BESUCH NACH VORANMELDUNG
GASTRONOMIE
JAHRESPRODUKTION 600.000 Flaschen
REBFLÄCHE 65 Hektar

● Primitivo '11	🍷🍷 3
● Salice Salentino Rosso '12	🍷 3
● Sjre Primitivo '12	🍷 2
● Tela di Ragno '08	🍷 6

WEITERE KELLEREIEN

Ognissole
C.DA PAPACANIELLO
74028 SAVA [TA]
TEL. +39 0825986686
www.ognissole.it

JAHRESPRODUKTION 100.000 Flaschen
REBFLÄCHE 50 Hektar

● Negroamaro '13	🍷🍷 2*
● Primitivo di Manduria '13	🍷 2
● Primitivo di Manduria Essentia Loci '12	🍷 4
⊙ Rosato Salento '13	🍷 2

Paradiso
VIA MANFREDONIA, 39
71042 CERIGNOLA [FG]
TEL. +39 0885428720
www.cantineparadiso.it

JAHRESPRODUKTION 140.000 Flaschen
REBFLÄCHE 16 Hektar

● Podere Belmantello Secondopasso '12	🍷🍷 2*
● Capotesta '10	🍷 4
● Podere Belmantello Darione '12	🍷 3
⊙ Podere Belmantello Versure '13	🍷 2

Rasciatano
C.DA RASCIATANO
76121 BARLETTA
TEL. +39 0883510999
www.rasciatano.com

DIREKTVERKAUF
BESUCH NACH VORANMELDUNG
JAHRESPRODUKTION 90.000 Flaschen
REBFLÄCHE 18 Hektar

○ Chardonnay '13	🍷 3
● Nero di Troia '12	🍷 2
● Rasciatano '11	🍷 5
⊙ Rasciatano Rosé '13	🍷 4

Risveglio Agricolo
C.DA TORRE MOZZA
72100 BRINDISI
TEL. +39 0831519948
www.cantinerisveglio.it

DIREKTVERKAUF
BESUCH NACH VORANMELDUNG
JAHRESPRODUKTION 100.000 Flaschen
REBFLÄCHE 44 Hektar

● Buccianera '13	🍷🍷 2*
● 72100 '12	🍷 2
● Brindisi Rosso Simposio Ris. '09	🍷 2

Cantina Cooperativa di San Donaci
VIA MESAGNE, 62
72025 SAN DONACI [BR]
TEL. +39 0831681085
www.cantinasandonaci.eu

DIREKTVERKAUF
BESUCH NACH VORANMELDUNG
JAHRESPRODUKTION 350.000 Flaschen
REBFLÄCHE 543 Hektar

● Contrada del Falco '12	🍷 2
● Fulgeo '11	🍷 2
● Primitivo Anticaia '13	🍷 2
● Salice Salentino Anticaia '12	🍷 2

Spelonga
VIA MENOLA
71047 STORNARA [FG]
TEL. +39 0885431048
www.cantinespelonga.altervista.org

DIREKTVERKAUF
BESUCH NACH VORANMELDUNG
JAHRESPRODUKTION 40.000 Flaschen
REBFLÄCHE 10 Hektar
WEINBAU Biologisch anerkannt

● Nero di Troia '13	🍷🍷 3
⊙ Marilina Rosé '13	🍷 2
● Samà Rosso '13	🍷 2

WEITERE KELLEREIEN

Cosimo Taurino
SS 365 KM 1,400
73010 GUAGNANO [LE]
TEL. +39 0832706490
www.taurinovini.it

DIREKTVERKAUF
BESUCH NACH VORANMELDUNG
JAHRESPRODUKTION 900.000 Flaschen
REBFLÄCHE 90 Hektar

○ I Sierri '13	🍷 2
● Patriglione '09	🍷 8
● Salice Salentino Rosso Ris. '10	🍷 2
⊙ Scaloti '13	🍷 2

Cantine Teanum
VIA CROCE SANTA, 48
71010 SAN SEVERO [FG]
TEL. +39 0882336332
www.teanum.it

DIREKTVERKAUF
BESUCH NACH VORANMELDUNG
JAHRESPRODUKTION 800.000 Flaschen
REBFLÄCHE 150 Hektar

● Gran Tiati Gold Vintage '10	🍷🍷 7
● Gran Tiati '10	🍷 5
○ Otre Passito '11	🍷 4
● Otre Primitivo '12	🍷 4

Torre Quarto
C.DA QUARTO, 5
71042 CERIGNOLA [FG]
TEL. +39 0885418453
www.torrequartocantine.it

DIREKTVERKAUF
BESUCH NACH VORANMELDUNG
UNTERKUNFT UND GASTRONOMIE
JAHRESPRODUKTION 500.000 Flaschen
REBFLÄCHE 50 Hektar

● Rosso del Giudice '12	🍷🍷 2*
● Bottaccia '12	🍷 2
● Primitivo di Manduria Regale '12	🍷 2
● Rosso di Cerignola Quarto Ducale '11	🍷 3

Cantine Tre Pini
VIA VECCHIA PER ALTAMURA SP 79 KM 16
70020 CASSANO DELLE MURGE [BA]
TEL. +39 3807274124
www.agriturismotrepini.com

● Gioia del Colle Primitivo Piscina delle Monache '12	🍷🍷 3*
○ Donna Giovanna '13	🍷 2
○ Pinus Brut M. Cl.	🍷 3

Vetrere
FRAZ. VETRERE
SP MONTEIASI-MONTEMESOLA KM 16
74100 TARANTO
TEL. +39 0995661054
www.vetrere.it

DIREKTVERKAUF
BESUCH NACH VORANMELDUNG
UNTERKUNFT UND GASTRONOMIE
JAHRESPRODUKTION 230.000 Flaschen
REBFLÄCHE 37 Hektar

● Barone Pazzo '12	🍷🍷 4
○ Cré V. T. '13	🍷 3
● Lago della Pergola Negroamaro '12	🍷 4
⊙ Taranta '13	🍷 2

Vinicola Mediterranea
VIA MATERNITÀ E INFANZIA, 22
72027 SAN PIETRO VERNOTICO [BR]
TEL. +39 0831676323
www.vinicolamediterranea.it

DIREKTVERKAUF
BESUCH NACH VORANMELDUNG
GASTRONOMIE
JAHRESPRODUKTION 500.000 Flaschen

● Primitivo di Manduria Primoduca '12	🍷🍷 3*
● Salice Salentino Rosso Il Granduca Ris. '11	🍷🍷 3
● Brindisi Rosso Il Visconte '09	🍷 2
● Negroamaro Il Nobile '13	🍷 3

KALABRIEN

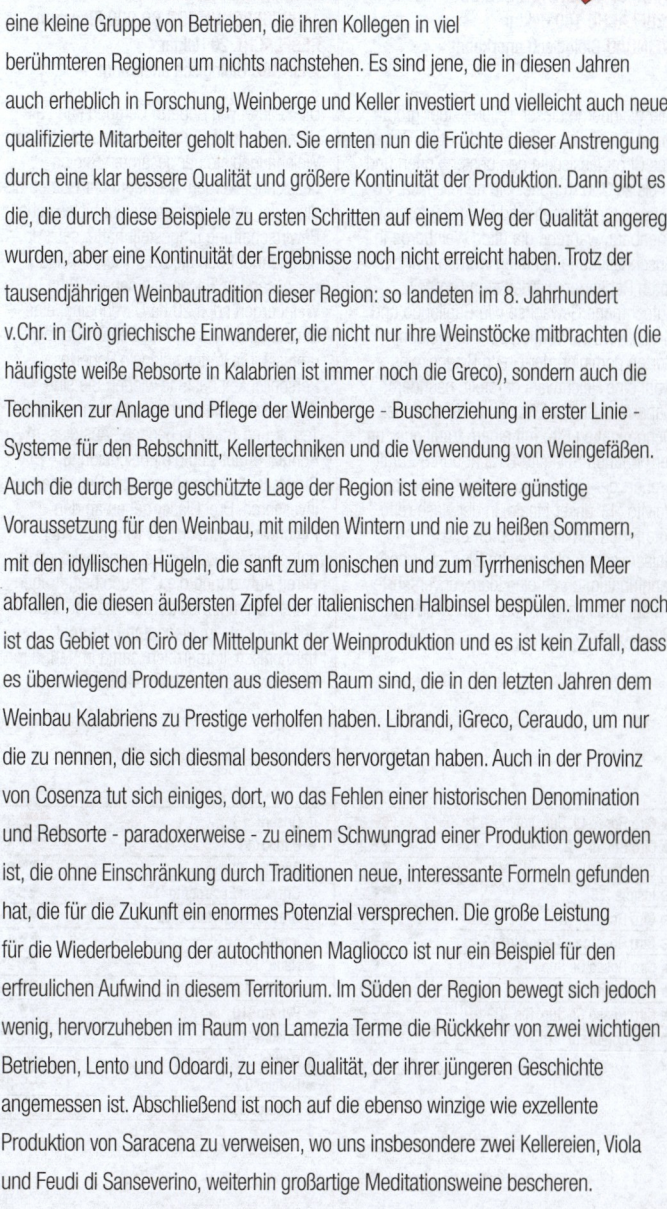

Die Verkostungen in diesem Jahr zeigen, dass Kalabrien einen Qualitätsstandard erreicht hat, der noch vor zehn Jahren undenkbar war, aber auch, dass man sich immer noch mit zwei Geschwindigkeiten bewegt. So gibt es einerseits eine kleine Gruppe von Betrieben, die ihren Kollegen in viel berühmteren Regionen um nichts nachstehen. Es sind jene, die in diesen Jahren auch erheblich in Forschung, Weinberge und Keller investiert und vielleicht auch neue, qualifizierte Mitarbeiter geholt haben. Sie ernten nun die Früchte dieser Anstrengung durch eine klar bessere Qualität und größere Kontinuität der Produktion. Dann gibt es die, die durch diese Beispiele zu ersten Schritten auf einem Weg der Qualität angeregt wurden, aber eine Kontinuität der Ergebnisse noch nicht erreicht haben. Trotz der tausendjährigen Weinbautradition dieser Region: so landeten im 8. Jahrhundert v.Chr. in Cirò griechische Einwanderer, die nicht nur ihre Weinstöcke mitbrachten (die häufigste weiße Rebsorte in Kalabrien ist immer noch die Greco), sondern auch die Techniken zur Anlage und Pflege der Weinberge - Buscherziehung in erster Linie - Systeme für den Rebschnitt, Kellertechniken und die Verwendung von Weingefäßen. Auch die durch Berge geschützte Lage der Region ist eine weitere günstige Voraussetzung für den Weinbau, mit milden Wintern und nie zu heißen Sommern, mit den idyllischen Hügeln, die sanft zum Ionischen und zum Tyrrhenischen Meer abfallen, die diesen äußersten Zipfel der italienischen Halbinsel bespülen. Immer noch ist das Gebiet von Cirò der Mittelpunkt der Weinproduktion und es ist kein Zufall, dass es überwiegend Produzenten aus diesem Raum sind, die in den letzten Jahren dem Weinbau Kalabriens zu Prestige verholfen haben. Librandi, iGreco, Ceraudo, um nur die zu nennen, die sich diesmal besonders hervorgetan haben. Auch in der Provinz von Cosenza tut sich einiges, dort, wo das Fehlen einer historischen Denomination und Rebsorte - paradoxerweise - zu einem Schwungrad einer Produktion geworden ist, die ohne Einschränkung durch Traditionen neue, interessante Formeln gefunden hat, die für die Zukunft ein enormes Potenzial versprechen. Die große Leistung für die Wiederbelebung der autochthonen Magliocco ist nur ein Beispiel für den erfreulichen Aufwind in diesem Territorium. Im Süden der Region bewegt sich jedoch wenig, hervorzuheben im Raum von Lamezia Terme die Rückkehr von zwei wichtigen Betrieben, Lento und Odoardi, zu einer Qualität, der ihrer jüngeren Geschichte angemessen ist. Abschließend ist noch auf die ebenso winzige wie exzellente Produktion von Saracena zu verweisen, wo uns insbesondere zwei Kellereien, Viola und Feudi di Sanseverino, weiterhin großartige Meditationsweine bescheren.

KALABRIEN

Caparra & Siciliani

BIVIO SS JONICA, 106
88811 CIRÒ MARINA (KR)
TEL. +39 0962373319
www.caparraesiciliani.it

DIREKTVERKAUF
BESUCH NACH VORANMELDUNG
JAHRESPRODUKTION 800.000 Flaschen
REBFLÄCHE 180 Hektar
WEINBAU Biologisch anerkannt

Alle Weinberge dieser Kellerei - der größte misst 7 ha - liegen weit verstreut im Gebiet des Cirò Classico, in den besten Zonen und in bis zu 350 m Höhe. Die neueren, ca. 20 Jahre alten Anlagen sind im Ausläufersystem angebaut, während die alten Weinberge in Buscherziehung gehalten werden. Für die roten Rebsorten werden zum Großteil autochthone Gewächse wie Gaglioppo und Greco Nero verwendet, bei den weißen Sorten dominiert der Greco Bianco, was wohl eine Pflichtwahl darstellt, nachdem Caparra & Siciliani vorwiegend Weine der Denomination Cirò mit einem traditions- und terroirnahen Stil keltert. Nicht durch Zufall erobert der Cirò Rosso Classico Superiore Volvito '11 unser Finale. In der Nase reife, rote Früchte, Wiesenblumen und balsamische Anklänge. Im Glas ist er herb, tanninhaltig, durch eine klare, unversehrte Frucht ausbalanciert, das Finale von guter Persistenz.

Roberto Ceraudo

LOC. MARINA DI STRONGOLI
C.DA DATTILO
88815 CROTONE
TEL. +39 0962865613
www.dattilo.it

DIREKTVERKAUF
BESUCH NACH VORANMELDUNG
UNTERKUNFT UND GASTRONOMIE
JAHRESPRODUKTION 60.000 Flaschen
REBFLÄCHE 20 Hektar
WEINBAU Biologisch anerkannt

Die Kellerei von Roberto Ceraudo kann als Vorzeigemodell eines der prädestiniertesten Weinbaugebiete der gesamten Region bezeichnet werden. Nachdem der Betrieb als einer der ersten Kalabriens auf biologische Bewirtschaftung umgestellt hatte, setzt er nunmehr auf den biodynamischen Anbau der gesamten Fläche, die neben 20 ha Weinbergen noch 20 ha Olivenhaine, eine Zitruspflanzung und 2 ha Gemüsegarten umfasst. Die Weine spiegeln Robertos Persönlichkeit bestens wieder: Sie sind dynamisch, teils überschwänglich, stets auf Terroir und Tradition bedacht. Aus diesem Kontext ergibt sich die Entscheidung, in Biodynamik und einheimische Rebsorten zu investieren. Drei Gläser gehen an den Pecorello Grisara '13. Er wird aus einer autochthonen weißen Rebsorte gekellert, zu deren Aufwertung die Ceraudo beigetragen haben. Safran, mediterrane Kräuter und gelbe Früchte im eleganten Duftprofil, harmonisch, körperreich, saftig im Mund mit einem würzigen und anhaltenden Finale.

● Cirò Rosso Cl. Sup. Volvito '11	🍷🍷🍷 3*
● Cirò Solagi '12	🍷🍷 2*
○ Curiale '13	🍷🍷 2*
⊙ Insidia '13	🍷🍷 2*
○ Cirò Rosato '13	🍷 1*
○ Cirò Rosato Le Formelle '13	🍷 2
● Cirò Rosso Cl. Sup. '11	🍷 2
● Mastrogiurato '11	🍷 3
● Cirò Rosso Cl. Sup. Ris. '09	🍷🍷 2*
● Mastrogiurato '10	🍷🍷 3*

○ Grisara '13	🍷🍷🍷 3*
● Dattilo '11	🍷🍷 3
● Doro Bè '08	🍷🍷 8
⊙ Grayasusi Et. Argento '13	🍷🍷 4
⊙ Grayasusi Et. Rame '13	🍷🍷 3
○ Imyr '13	🍷🍷 5
● Nanà '12	🍷🍷 2*
○ Petelia '13	🍷🍷 3
● Petraro '10	🍷🍷 5
○ Grisara '12	🍷🍷🍷 3*
● Dattilo '10	🍷🍷 3*
● Dattilo '09	🍷🍷 2*
● Petraro '09	🍷🍷 5

KALABRIEN

iGreco
LOC. SALICE
C.DA GUARDAPIEDI
87062 CARIATI [CS]
TEL. +39 0983969441
www.igreco.it

DIREKTVERKAUF
BESUCH NACH VORANMELDUNG
UNTERKUNFT UND GASTRONOMIE
JAHRESPRODUKTION 250.000 Flaschen
REBFLÄCHE 80 Hektar
WEINBAU Biologisch anerkannt

Der Betrieb der Familie Greco ist zweifellos einer der größten und dynamischsten der ganzen Region. Er engagiert sich seit jeher für die Aufwertung der landwirtschaftlichen Produkte und des Anbaugebiets im nördlichen Kalabrien und seine Produktion ist historisch an die Erzeugung von Olivenöl aus autochthonen Varietäten gebunden. Erst im letzten Jahrzehnt hat man sich mit dem Erwerb und der Anlage von Weinbergen in den besten Gebieten des Cirò auch erfolgreich der Weinproduktion gewidmet. Die manische Sorgfalt in der biologischen Bewirtschaftung der Weinberge führt dazu, dass stets perfekt ausgereifte, gesunde Trauben in die Kellerei gelangen. So entstehen ausbalancierte Weine mit modernem und sortentypischem Ansatz. Der aus Calabrese-Trauben produzierte Masino '12 bestätigt die Drei Gläser. Er ist vollmundig, rund, geschmeidig im Geschmack, intensiv fruchtig, würzig und balsamisch in der Nase. Reife Kirsche, Kräuter und Schokolade für die Nase des Gagliopoo Catà '12. Reichhaltig, rund und reich an dichten, samtigen Tanninen der Geschmack.

● Masino '12	🍷🍷🍷 5
● Catà '12	🍷🍷 2*
○ Filù '13	🍷🍷 2*
⊙ Savù '13	🍷 2
● Masino '11	🍷🍷🍷 5
● Masino '10	🍷🍷🍷 5
● Catà '11	🍷🍷 2*
● Catà '10	🍷🍷 2*
⊙ Savù '11	🍷🍷 2*
● Tumà '08	🍷🍷 5

Ippolito 1845
VIA TIRONE, 118
88811 CIRÒ MARINA [KR]
TEL. +39 096231106
www.ippolito1845.it

DIREKTVERKAUF
BESUCH NACH VORANMELDUNG
JAHRESPRODUKTION 1.000.000 Flaschen
REBFLÄCHE 100 Hektar

Familie Ippolito betreibt seit über 150 Jahren Weinbau in Cirò. Heute stehen die Brüder Vincenzo und Gianluca an der Führung dieses schönen Betriebs mit 100 ha Weinbergen und der großen Kellerei nahe der Altstadt von Cirò Marina. Sie haben von Beginn an sowohl im Weinkeller als auch am Weinberg auf Qualität und Nachhaltigkeit gezielt. Angesichts ihrer Leidenschaft für ihr Anbaugebiet haben sich die Brüder Ippolito für die Produktion terroirgebundener und autochthoner Weine entschieden, die mit extremer Sorgfalt vinifiziert werden, um die sorten- und terroirtypischen Merkmale hervorzuheben. Ein terroirverbundener Wein von großartiger Frische: Der Gaglioppo Cirò Riserva Colli del Mancuso '11 zeigt eingangs Blumennoten, dunkle Früchte, Gewürze und mediterrane Macchia, ist herb, noch etwas von lebendigen Tanninen gezeichnet, die die markige Frucht keineswegs verbergen.

● Cirò Rosso Cl. Colli del Mancuso Ris. '11	🍷🍷 3*
● Cirò Rosso Cl. Sup. Liber Pater '13	🍷🍷 2*
○ Gemma Del Sole '10	🍷🍷 4
● Calabrise '13	🍷 2
⊙ Cirò Rosato Mabilia '13	🍷 2
● Cirò Rosso Cl. '12	🍷 2
● Cirò Rosso Cl. Sup. Liber Pater '12	🍷 2
○ Pecorello '13	🍷 3
● 160 Anni '10	🍷🍷 5
● 160 Anni '08	🍷🍷 5
● 160 Anni '07	🍷🍷 5
● Cirò Rosso Cl. Sup. Liber Pater '11	🍷🍷 2*
● Cirò Rosso Cl. Sup. Ripe del Falco Ris. '02	🍷🍷 5

KALABRIEN

★Librandi
Loc. San Gennaro
SS Jonica 106
88811 Cirò Marina (KR)
Tel. +39 096231518
www.librandi.it

DIREKTVERKAUF
BESUCH NACH VORANMELDUNG
JAHRESPRODUKTION 2.200.000 Flaschen
REBFLÄCHE 232 Hektar

Die zweite Generation der Librandi - Teresa, Francesco, Walter, Paolo und Raffaele - zeigt einen Teamgeist und ein für die großen Bauernfamilien Süditaliens typisches Gefühl der Zusammengehörigkeit. Der Generationswechsel hat hier, in einem der schönsten Weinbaubetriebe Süditaliens, keine Traumata verursacht. Die Aufwertung der einheimischen Rebsorten wird unter der Aufsicht von Nicodemo, der endlich Vollzeitwinzer sein darf, mit unverändertem Engagement weitergeführt. Das Qualitätsniveau der gesamten Palette ist exponentiell herangewachsen, wodurch der Betrieb seine Anwesenheit auf internationalen Märkten konsolidieren und erweitern konnte. Drei Gläser gehen an den Magliocco Magno Megonio '12. Intensiv und komplex in der Nase, voll und lang anhaltend im Mund. Etwas weniger gelungen der Gravello '12 mit der leicht animalischen Nase und dem noch stark von den Gerbstoffen beeinflussten Geschmack. Mit dem Ausbau in der Flasche wird er größere Ausgewogenheit finden.

● Magno Megonio '12	🍷🍷🍷 4*
● Cirò Rosso Cl. Duca Sanfelice Ris. '12	🍷🍷🍷 3*
● Gravello '12	🍷🍷 5
⊙ Cirò Rosato '13	🍷🍷 2*
○ Critone '13	🍷🍷 2*
○ Efeso '13	🍷🍷 4
⊙ Terre Lontane '13	🍷🍷 2*
○ Cirò Bianco '13	🍷 2
● Cirò Rosso Cl. '13	🍷 2
○ Melissa Asylia Bianco '13	🍷 2
● Melissa Asylia Rosso '13	🍷 2
● Cirò Rosso Duca Sanfelice Ris. '11	🍷🍷🍷 3*
● Cirò Rosso Duca Sanfelice Ris. '08	🍷🍷🍷 3*
● Gravello '10	🍷🍷🍷 5
● Gravello '09	🍷🍷🍷 5

Poderi Marini
Loc. Sant'Agata
87069 San Demetrio Corone (CS)
Tel. +39 0984947868
www.poderimarini.it

DIREKTVERKAUF
JAHRESPRODUKTION 45.000 Flaschen
REBFLÄCHE 7 Hektar
WEINBAU Biologisch anerkannt

Familie Marini, Besitzer eines Anwesens mit über 300 ha Land in San Demetrio Corone, ist seit über einem Jahrhundert in der Landwirtschaft tätig. Als Spezialisten für Oliven und Zitrusfrüchte hat sie sich erst 2003 in der Weinproduktion versucht, was letztendlich Maria Paola und Salvatore, den Vertretern der jüngsten Generation dieser historischen kalabresischen Familie zu verdanken ist. Die weißen Trauben werden im Crati-Tal, im Hügelgebiet um die kleine, aber gut ausgestattete Kellerei angebaut, während die roten Trauben in über 500 m Seehöhe etwas außerhalb von San Demetrio reifen. Der Collimarini '13 aus natürlich getrockneten Sauvignon Blanc und Chardonnay Trauben zeigt eine schöne goldgelbe Farbe mit schillernden Reflexen. In der Nase wartet er mit einem umfangreichen und persistenten Bukett nach Aprikose, gelben Blumen, Kräutern, süßen Gewürzen und Honig auf, während die schöne Säure im Mund die markige Frucht stützt und das volle und süße Finale auflockert.

○ Collimarini Passito '13	🍷🍷 5
● Elaphe '12	🍷🍷 4
● Basileus '12	🍷 5
⊙ Brigantino Rosato '13	🍷 2
● Koronè '12	🍷 2
○ Sandolino '13	🍷 2
● Basileus '10	🍷🍷 5
● Basileus '09	🍷🍷 5
○ Collimarini Passito '12	🍷🍷 6
● Elaphe '11	🍷🍷 4
● Elaphe '08	🍷🍷 4
● Koronè '11	🍷🍷 2*

KALABRIEN

G.B. Odoardi
C.DA CAMPODORATO, 35
88047 NOCERA TERINESE [CZ]
TEL. +39 098429961
www.cantineodoardi.it

DIREKTVERKAUF
JAHRESPRODUKTION 120.000 Flaschen
REBFLÄCHE 80 Hektar

Gregorio und Barbara Odoardi zählen zu den Vorreitern Kalabriens für den experimentellen Weinbau. Heute können sie auf eine modern ausgestattete Kellerei und 80 ha Weinberge mit hoher und extrem hoher Stockdichte mit bis über 11.000 Pflanzen pro Hektar zählen. Ihre Ländereien erstrecken sich vom Meer über das mittlere Hügelgebiet bis hin in 750 m Höhe, dem Reich der weißen Trauben. Die Produktion dieser Kellerei zeichnet sich seit jeher durch charakterstarke Weine mit modernem, keineswegs durch Stereotypen geplättetem Stil, aber auch durch extreme Sauberkeit in der Ausführung aus. Dieses Jahr wurden die zwei roten Topweine nicht vorgestellt, da sie noch im Keller ausgebaut werden. Dafür hat der neue Weißwein spitzenmäßig debütiert. Der Odoardi GB '13 duftet nach Lavendel, gelber reifer Frucht und Gewürzen, ist saftig und geschmeidig am Gaumen und wird von einer frischen Säure getragen.

○ Odoardi GB '13	🍷🍷 4
○ Scavigna Bianco '13	🍷🍷 2*
○ Scavigna Rosato '13	🍷 2
○ Terra Damia '13	🍷 2
● Scavigna V. Garrone '04	🍷🍷🍷 5
● Scavigna V. Garrone '03	🍷🍷🍷 5
● Scavigna V. Garrone '99	🍷🍷🍷 5
● Odoardi GB '09	🍷🍷 6
● Scavigna V. Garrone '07	🍷🍷 5

Santa Venere
LOC. TENUTA VOLTAGRANDE
SP 04 KM 10,00
88813 CIRÒ [KR]
TEL. +39 096238519
www.santavenere.com

DIREKTVERKAUF
BESUCH NACH VORANMELDUNG
JAHRESPRODUKTION 125.000 Flaschen
REBFLÄCHE 25 Hektar
WEINBAU Biologisch anerkannt

Santa Venere ist seit 1600 im Besitz der Familie Scala. Die Umwandlung in einen modernen landwirtschaftlichen Betrieb erfolgte aber 1960, als Federico Scala die Weinberge rationell mit modernen Pflanzverbänden bestockte. Heute nennen die Scala 25 ha biologisch bewirtschaftete Rebfläche ihr Eigen. Im letzten Jahrzehnt hat sich die Produktionsphilosophie radikal geändert. Auch wenn Giuseppe Scala und Sohn Francesco den Erfahrungsschatz der vielen Vorgängergenerationen hüten und in der sorgfältigen Betreuung der Weinberge, die sie - so wie auch die Vinifikation - selbst in die Hand nehmen, keineswegs nachgelassen haben, respektieren ihre Weine zwar das Anbaugebiet und die Rebsorte, zielen dennoch auf Eleganz und extreme Trinkbarkeit. Der Riserva '11 Federico Scala öffnet sich in der Nase klar auf Blumennoten, reifen Beeren und Gewürzen, ist reich an geschmeidiger Frucht, verführerisch. Seine Tannine sind reif, aber noch in Evolution.

● Cirò Rosso Cl. Sup. Federico Scala Ris. '11	🍷🍷 5
● Speziale '13	🍷🍷 3
● Vurgadà '12	🍷🍷 3
⊙ Cirò Rosato '13	🍷 2
● Cirò Rosso Cl. '12	🍷 2
⊙ Spumante Brut SP1 '12	🍷 5
○ Vescovado '13	🍷 3
● Cirò Rosso Cl. '11	🍷🍷 2*
● Cirò Rosso Cl. Sup. Federico Scala Ris. '09	🍷🍷 5
● Cirò Rosso Cl. Sup. Federico Scala Ris. '08	🍷🍷 5
● Vurgadà '11	🍷🍷 3
● Vurgadà '10	🍷🍷 3
● Cirò Rosso Cl. '10	🍷 2

KALABRIEN

Senatore Vini
Loc. San Lorenzo
88811 Cirò Marina [KR]
Tel. +39 096232350
www.senatorevini.com

DIREKTVERKAUF
BESUCH NACH VORANMELDUNG
JAHRESPRODUKTION 250.000 Flaschen
REBFLÄCHE 30 Hektar

Die Kellerei der Familie Senatore spielt seit einigen Jahren eine zentrale Rolle im dicht besiedelten Weinbaupanorama um Cirò. Ihre Weinberge sind in vier verschiedenen Zonen innerhalb der Weindenomination Cirò angesiedelt. Sie reichen von Punta Alice in Meereshöhe bis ins hohe Hügelgebiet in San Lorenzo, wo die große, moderne Kellerei mit einem Gästehaus und der Betriebsleitung errichtet wurde. Die Weine der Brüder Senatore zeichnen sich seit der ersten Lese durch ihren modernen Ansatz aus. Mit einem besonderen Augenmerk auf das Terroir setzen sie Grazie und ein extrem vielseitiges Trinkvergnügen in den Mittelpunkt. Auch wenn der Spitzenwein für den Einzug ins Finale fehlt, ist das allgemeine Niveau dieser Kellerei sehr zufriedenstellend. Die Cuvée aus Cabernet Sauvignon und Gaglioppo Cassiodoro Senator '11 schneidet gut ab. Sie ist sowohl in der Nase als auch im Mund intensiv und elegant. Der ansprechende Gaglioppo Rosato Puntalice '13 zeigt frischen Trinkgenuss, mangelt aber keineswegs an Komplexität.

○ Alikia '13	🍷🍷 3
● Cassiodoro Senator '11	🍷🍷 4
⊙ Cirò Rosato Puntalice '13	🍷🍷 3
○ Cirò Bianco Alaei '13	🍷 2
● Cirò Rosso Cl. Arcano '12	🍷 2
● Gaglioppo Merlot '10	🍷 3
○ Alikia '10	🍷🍷 3
⊙ Cirò Rosato Puntalice '12	🍷🍷 3
⊙ Cirò Rosato Puntalice '10	🍷🍷 3*
● Cirò Rosso Cl. Arcano '09	🍷🍷 3
● Cirò Rosso Cl. Arcano Ris. '10	🍷🍷 2*
● Ehos '10	🍷🍷 2*
● Ehos '09	🍷🍷 2*

Statti
C.da Lenti
88046 Lamezia Terme [CZ]
Tel. +39 0968456138
www.statti.com

DIREKTVERKAUF
BESUCH NACH VORANMELDUNG
GASTRONOMIE
JAHRESPRODUKTION 300.000 Flaschen
REBFLÄCHE 55 Hektar

Die moderne Kellerei der Brüder Statti liegt mitten im 500 ha großen Familienanwesen, von dem 55 dem Weinbau gewidmet sind. Dank ihres Umweltbewusstseins haben sie ihren Betrieb mit einer modernen Anlage zur Umwandlung landwirtschaftlicher Abfälle in Strom energietechnisch komplett autark gestaltet. Wir befinden uns in Lamezia, einem Gebiet, das sich mit seinem außerordentlichen, der Nähe zum Meer zu verdankenden Mikroklima besonders für den Weinbau eignet. Mit dem zunehmenden Alter der neuen Anlagen gewinnt die Produktion immer mehr Ansehen. Das gilt für die schlichteren, frischen und ansprechenden Weine, aber auch für die roten Spitzenweine, die eine glückliche Synthese von Tradition und Moderne darstellen. Antonio Statti hat beschlossen, seine zwei roten Spitzenweine noch weiter auszubauen, was die restliche Auswahl gut wettgemacht hat. Insbesondere hat uns der Greco '13 mit seinem Bukett nach frischem Salbei, Lavendel und gelber Frucht und dem frischen, würzigen und tonischen Trinkgenuss gefallen.

○ Greco '13	🍷🍷 2*
● I Gelsi Rosso '13	🍷🍷 1*
● Gaglioppo '13	🍷 2
○ I Gelsi Bianco '13	🍷 1*
⊙ I Gelsi Rosato '13	🍷 2
○ Mantonico '12	🍷 3
● Arvino '11	🍷🍷 2*
● Arvino '08	🍷🍷 2*
● Arvino '07	🍷🍷 2*
● Batassarro '11	🍷🍷 4
● Batassarro '09	🍷🍷 4
○ Greco '12	🍷🍷 2*

KALABRIEN

Tenuta Terre Nobili
VIA CARIGLIALTO
87046 MONTALTO UFFUGO [CS]
TEL. +39 0984934005
www.tenutaterrenobili.it

DIREKTVERKAUF
BESUCH NACH VORANMELDUNG
UNTERKUNFT
JAHRESPRODUKTION 37.000 Flaschen
REBFLÄCHE 16 Hektar
WEINBAU Biologisch anerkannt

Lidia Matera führt die von ihrem Vater in den 60er-Jahren begonnene Arbeit mit großem Einsatz fort. Er war einer der Ersten, der an das Potenzial dieses Anbaugebiets und der einheimischen Rebsorten geglaubt hat, die die wenigen Winzer damals vorwiegend für die Produktion ihres Hausweins verwendeten. Den großen Schritt wagte der Betrieb im Jahr 2000, als Lidia die Führung übernahm, den Rebbestand auf 16 ha erweiterte und den ganzen Betrieb auf biologische Bewirtschaftung umstellte. In der Folge hat sie die Kellerei ausgebaut und mit den damals modernsten Techniken ausgestattet und die noch mit internationalen Rebsorten bebauten Weinberge mit autochthonen Sorten veredelt. Gutes Debüt für den eleganten, persistenten Teodora '10 aus Nerello Cappuccio und Mascalese. Dynamisch und gut ausbalanciert ist die Cuvée Cariglio '13 aus Magliocco Dolce und Magliocco Canino. Der Wein ist intensiv fruchtig und balsamisch in der Nase, im Mund durch die schöne Frucht und frische Säure geschmackvoll.

● Teodora '10	🍷🍷 5
● Cariglio '13	🍷🍷 2*
◉ Donn'Eleonò '13	🍷 2
○ Santa Chiara '13	🍷 2
● Alarico '12	🍷🍷 3
● Alarico '11	🍷🍷 3
● Alarico '09	🍷🍷 3
● Cariglio '12	🍷🍷 2*
● Cariglio '10	🍷🍷 3

Luigi Viola
VIA ROMA, 18
87010 SARACENA [CS]
TEL. +39 0981349099
www.cantineviola.it

DIREKTVERKAUF
BESUCH NACH VORANMELDUNG
JAHRESPRODUKTION 7.000 Flaschen
REBFLÄCHE 3 Hektar
WEINBAU Biologisch anerkannt

Die Jahre vergehen, aber Luigi Viola sorgt sich mit unveränderter und hartnäckiger Energie um seine kleine Kellerei in Saracena, dem kleinen Bergdorf am Fuße des Monte Pollino. Vor über 30 Jahren nahm sich Luigi vor, den Moscato die Saracena davor zu bewahren, dass er in Vergessenheit gerät. Dieser seit Jahrhunderten aus einer Mischung aus Moscato, Guarnaccia und Malvasia gekelterte Süßwein wurde damals nur noch von wenigen Bauern für den Familienbedarf produziert. Diesen Traum verwirklichte er vor 20 Jahren mit der ersten Flaschenabfüllung des Moscato di Saracena unter der Marke Viola. Heute ist in dem kleinen, aber dynamischen Betrieb seine ganze Familie tätig. Der Moscato Passito '13 bewährt sich als einer der beliebtesten Meditationsweine Süditaliens. Er ist reichhaltig, dicht und anhaltend in der Nase, wo sich gelbe Früchte, kandierte Agrumen und Kräuter mit Honig, Kamille und süßen Gewürzen abwechseln. Frisch, durch eine würzige Nuance aufgelockert, erobert er den Gaumen mit Entschlossenheit, ohne pappig zu wirken.

○ Moscato Passito '13	🍷🍷🍷 6
○ Rossoviola '12	🍷🍷 4
○ Moscato Passito '12	🍷🍷🍷 6
○ Moscato Passito '11	🍷🍷🍷 6
○ Moscato Passito '10	🍷🍷🍷 6
○ Moscato Passito '09	🍷🍷🍷 6
○ Moscato Passito '08	🍷🍷🍷 6
○ Moscato Passito '07	🍷🍷🍷 6

WEITERE KELLEREIEN

'A Vita
FRAZ. CIRÒ MARINA
SS 106 KM 279,800
88811 CROTONE
TEL. +39 3290732473
www.avitavini.it

DIREKTVERKAUF
BESUCH NACH VORANMELDUNG
JAHRESPRODUKTION 15.000 Flaschen
REBFLÄCHE 8 Hektar

● Cirò Rosso Cl. Ris. '10	🍷🍷 4
⊙ Cirò Rosato '13	🍷 2
● Cirò Rosso Cl. '11	🍷 2

Antiche Vigne
VIA REGINA ELENA, 110
87054 ROGLIANO [CS]
TEL. +39 3208194246
www.antichevigne.com

● Savuto Cl. Rosso '12	🍷🍷 2*
⊙ Gida '13	🍷 2
● Savuto Sup. '11	🍷 3
○ Terre di Ginestre '13	🍷 2

Wines Colacino
VIA COLLE MANCO
87054 ROGLIANO [CS]
TEL. +39 09841900252
www.colacino.it

DIREKTVERKAUF
BESUCH NACH VORANMELDUNG
JAHRESPRODUKTION 120.000 Flaschen
REBFLÄCHE 21 Hektar

● Savuto Rosso '13	🍷🍷 2*
● Savuto Sup. Britto '11	🍷🍷 4
○ Savuto Bianco '13	🍷 2
● Savuto V. Colle Barabba '13	🍷 3

Donnici 99
C.DA VERZANO
87100 COSENZA
TEL. +39 0984781842
www.donnici99.com

DIREKTVERKAUF
BESUCH NACH VORANMELDUNG
JAHRESPRODUKTION 25.000 Flaschen
REBFLÄCHE 5 Hektar

● Ardente Diverzano '10	🍷🍷 3
○ Brigante '13	🍷 2
⊙ Fugace '13	🍷 2

Du Cropio
VIA SELE, 5
88811 CIRÒ MARINA [KR]
TEL. +39 096231322
www.viniducropio.it

DIREKTVERKAUF
BESUCH NACH VORANMELDUNG
UNTERKUNFT UND GASTRONOMIE
JAHRESPRODUKTION 90.000 Flaschen
REBFLÄCHE 30 Hektar
WEINBAU Biologisch anerkannt

● Cirò Don Giuvà '13	🍷🍷 3
● Cirò Rosso Cl. Sup. '13	🍷🍷 2*
● Serra Sanguigna '13	🍷 3

Masseria Falvo 1727
LOC. GARGA
87010 SARACENA [CS]
TEL. +39 098127968
www.masseriafalvo.it

DIREKTVERKAUF
JAHRESPRODUKTION 50.000 Flaschen
REBFLÄCHE 26 Hektar
WEINBAU Biologisch anerkannt

● Don Rosario '11	🍷🍷 5
○ Milirosu '13	🍷🍷 5
○ Donna Filomena '13	🍷 3
○ Pircoca '13	🍷 2

WEITERE KELLEREIEN

Tenute Ferrocinto

C.DA FERROCINTO
87012 CASTROVILLARI [CS]
TEL. +39 0981415122
www.cantinecampoverde.it

DIREKTVERKAUF
BESUCH NACH VORANMELDUNG
JAHRESPRODUKTION 700.000 Flaschen
REBFLÄCHE 45 Hektar
WEINBAU Biologisch anerkannt

● Pollino Terre di Cosenza Magliocco Riserva 24 '11	🍷🍷 4
○ Timpa del Principe '13	🍷🍷 3
○ Cozzo del Pellegrino '13	🍷 3

Feudo dei Sanseverino

VIA VITTORIO EMANUELE, 108/110
87010 SARACENA [CS]
TEL. +39 098121461
www.feudodeisanseverino.it

DIREKTVERKAUF
BESUCH NACH VORANMELDUNG
JAHRESPRODUKTION 20.000 Flaschen
REBFLÄCHE 6 Hektar
WEINBAU Biologisch anerkannt

○ Moscato Passito al Governo di Saracena '09	🍷🍷 5
● Lacrima Nera '13	🍷🍷 3
○ Mastro Terenzio '11	🍷🍷 5
○ Sestio '13	🍷 2

Cantine Lento

VIA DEL PROGRESSO, 1
88046 LAMEZIA TERME [CZ]
TEL. +39 096828028
www.cantinelento.it

DIREKTVERKAUF
BESUCH NACH VORANMELDUNG
JAHRESPRODUKTION 500.000 Flaschen
REBFLÄCHE 70 Hektar

● Federico II '10	🍷🍷 4
○ Lamezia Greco '13	🍷🍷 3
○ Contessa Emburga '13	🍷 3
● Lamezia Rosso Salvatore Lento Ris. '10	🍷 4

Malaspina

VIA PALLICA, 67
89063 MELITO DI PORTO SALVO [RC]
TEL. +39 0965781632
www.aziendavinicolamalaspina.com

DIREKTVERKAUF
BESUCH NACH VORANMELDUNG
JAHRESPRODUKTION 100.000 Flaschen
REBFLÄCHE 9 Hektar

● Patros Pietro '10	🍷🍷 3
⊙ Rosaspina '13	🍷🍷 2*
● Cannici Passito '11	🍷 4
● Pellaro '11	🍷 3

Malena

LOC. PETRARO
SS JONICA 106
88811 CIRÒ MARINA [KR]
TEL. +39 096231758
www.malena.it

DIREKTVERKAUF
BESUCH NACH VORANMELDUNG
JAHRESPRODUKTION 185.000 Flaschen
REBFLÄCHE 18 Hektar

● Cirò Rosso Cl. '12	🍷🍷 3
● Cutura del Marchese '10	🍷🍷 5
○ Cirò Bianco '13	🍷 2

La Pizzuta del Principe

C.DA LA PIZZUTA, 1
88816 STRONGOLI [KR]
TEL. +39 096288252
www.lapizzutadelprincipe.it

DIREKTVERKAUF
BESUCH NACH VORANMELDUNG
UNTERKUNFT UND GASTRONOMIE
JAHRESPRODUKTION 50.000 Flaschen
REBFLÄCHE 110 Hektar

● Zingamaro '12	🍷🍷 3
● Juvernu '12	🍷 4
○ Melissa Santa Focà '13	🍷 2
○ Molarella '13	🍷 2

WEITERE KELLEREIEN

Fattoria San Francesco
Loc. Quattromani
88813 Cirò [KR]
Tel. +39 096232228
www.fattoriasanfrancesco.it

DIREKTVERKAUF
BESUCH NACH VORANMELDUNG
JAHRESPRODUKTION 180.000 Flaschen
REBFLÄCHE 40 Hektar

⊙ Cirò Rosato '13	🍷🍷 2*
● Donna Rosa '13	🍷🍷 3
● Ronco dei Quattro Venti '10	🍷 5
● Vignacorta '12	🍷 3

Serracavallo
C.DA Serracavallo
87043 Bisignano [CS]
Tel. +39 098421144
www.viniserracavallo.it

DIREKTVERKAUF
BESUCH NACH VORANMELDUNG
GASTRONOMIE
JAHRESPRODUKTION 80.000 Flaschen
REBFLÄCHE 32 Hektar

○ Alta Quota '09	🍷🍷 5
● Vigna Savuco '10	🍷🍷 6
⊙ Don Filì '13	🍷 3
⊙ Filì '13	🍷 2

Cantine Spadafora 1915
Zona Ind. Piano Lago, 18
87050 Mangone [CS]
Tel. +39 0984969080
www.cantinespadafora.it

DIREKTVERKAUF
BESUCH NACH VORANMELDUNG
JAHRESPRODUKTION 600.000 Flaschen
REBFLÄCHE 40 Hektar

● Donnici Rosso V. Fiego '12	🍷🍷 2*
● Telesio '11	🍷🍷 5
○ Terre di Cosenza Lunapiena '12	🍷🍷 3
● Donnici 1915 '09	🍷 6

Terre del Gufo - Muzzillo
Fraz. Donnici Inferiore
C.DA Albo San Martino
87100 Cosenza
Tel. +39 0984780364
www.terredelgufo.com

DIREKTVERKAUF
JAHRESPRODUKTION 22.000 Flaschen
REBFLÄCHE 3 Hektar

● Donnici Portapiana '12	🍷🍷 2*
● Timpamara '12	🍷🍷 5
⊙ Donnici Rosato Chiaroscuro '13	🍷 3

Tramontana
Loc. Gallico Marina
Via Casa Savoia, 156
89139 Reggio Calabria
Tel. +39 0965370067
www.vinitramontana.it

DIREKTVERKAUF
BESUCH NACH VORANMELDUNG
JAHRESPRODUKTION 200.000 Flaschen
REBFLÄCHE 41 Hektar

○ Duemiladodici '13	🍷🍷 3
● Pellaro '12	🍷🍷 2*
● 1890 '11	🍷 5
● Palizzi '12	🍷 2

Vinicola Zito
Fraz. Punta Alice
Via Scalaretto
88811 Cirò Marina [KR]
Tel. +39 096231853
www.cantinezito.it

DIREKTVERKAUF
BESUCH NACH VORANMELDUNG
JAHRESPRODUKTION 800.000 Flaschen
REBFLÄCHE 80 Hektar
WEINBAU Biologisch anerkannt

⊙ Cirò Rosato Imerio '13	🍷🍷 2*
● Cirò Rosso Cl. Alceo '12	🍷 2
● Cirò Rosso Cl. Sup. Krimisa '12	🍷 3

SIZILIEN

Im vorigen Jahr konnten wir die ersten Auswirkungen der Einführung im Wirtschaftsjahr 2012/2013 der Doc Sicilia feststellen, die dem Willen der großen Mehrheit der Produzenten entsprach: Die Vorteile durch die Nutzung einer international so bekannten Marke lagen auf der Hand. Wie die jetzt verfügbaren Daten zeigen, hat sich dieser Trend noch bedeutend verstärkt und zu einem Zuwachs der vom Regionalen Institut für sizilianische Weine und Öle ausgestellten Zertifizierungen um 55% gegenüber 2013 geführt. Eine wahrlich erstaunliche Zahl, obwohl der Mechanismus noch gar nicht voll angelaufen ist, und eine Bestätigung für den starken Willen der sizilianischen Weinproduzenten, das in der Vergangenheit häufig unterschätzte Instrument der Ursprungsbezeichnungen voll zu nutzen. Die 19 Drei Gläser von 2015 bestätigen die Lebhaftigkeit von Siziliens Weinwirtschaft, die mit dynamischer Bereitschaft die Chancen nutzt, die der große heimische Rebenschatz zu bieten hat, auch angesichts einer Landwirtschaft, die ökologische Nachhaltigkeit immer mehr in den Vordergrund rückt. Eleganz und Territorialität sind bestimmend für den herrlichen Nero d'Avola Deliella '12 von Feudo Principi di Butera, auf gleicher Höhe sind aber auch der erlesene Sàgana di Cusumano, authentischer Kultwein der Typologie, der rassige, prunkvolle Nero d'Avola Versace aus Feudi del Pisciotto und der raffinierte, intensive Saia von Feudo Maccari, alle ebenfalls aus dieser Traube und diesem Jahrgang. Eine Wiederholung gibt es auch für den Santagostino Baglio Soria Rosso '12 von Firriato, aus Nero d'Avola und Syrah, der eindrucksvoll Klasse und großen Trinkgenuss bestätigt. Verdiente Bestätigung auch für den anmutigen, vibrierenden Frappato '12 von Arianna Occhipinti. Ebenfalls auf dem Podest und von großer Faszination, der bezaubernde Faro Palari '11 von Salvatore Geraci. Höchster Lorbeer auch für den großartigen Cerasuolo di Vittoria Classico Dorilli '12 von Planeta, bereits ein Meilenstein seiner Typologie. Auch der Ben Ryè von Donnafugata ist weiterhin ganz oben, üppig und mild auch der Jahrgang '12. Volle Bestätigung für den Malvasia delle Lipari Passito Carlo Hauner 2011, tiefgründig und befriedigend. Herrlich der Rosso del Conte '10 von Tasca d'Almerita, vollkommener Ausdruck eines mediterranen Weines. Kristallklar, erstaunlich feine Machart und Klasse, ein besserer Catarratto als der Beleda '13 von Rallo wurde in Sizilien kaum hervorgebracht. Der Ätna bleibt mit sechs Treffern der Star unserer Verkostungen, mit wunderbaren, unglaublich spannenden Weinen, die von ihrem unterschiedlichen Terroir erzählen: ein Etna Bianco '12, A' Puddara von Tenuta di Fessina; drei 2012er Etna Rosso: 'A Rina von Girolamo Russo, Arcuria von Graci, Santo Spirito von Tenuta delle Terre Nere, und zum Schluss zwei Etna Rosso '11: der von Cottanera und der Vigna Barbagalli von Pietradolce.

SIZILIEN

Abbazia Santa Anastasia
C.da Santa Anastasia
90013 Castelbuono [PA]
Tel. +39 091671959
www.abbaziasantaanastasia.com

DIREKTVERKAUF
BESUCH NACH VORANMELDUNG
UNTERKUNFT UND GASTRONOMIE
JAHRESPRODUKTION 250.000 Flaschen
REBFLÄCHE 65 Hektar
WEINBAU Biodynamisch anerkannt

Gut dreihundert Hektar Land an den Hängen der Madonien – das ist alles, was vom Grundbesitz der einst reichen Abtei bleibt, die im 12. Jahrhundert vom Grafen Roger von Hauteville errichtet und nach 1316, im Zuge der Gründung des nahen Castelbuono, allmählich aufgegeben wurde. Seit den 80er Jahren des letzten Jahrhunderts im Besitz der Familie Lena, erlebt die Abtei eine neue Blüte, denn auf ihren Ruinen wurden ein elegantes Relais Château und eine moderne Kellerei eingerichtet. Das Projekt der vollständigen Umstellung auf biodynamischen Landbau ist weit fortgeschritten, um dank der Verwendung erneuerbarer Energiequellen einen landwirtschaftlich und versorgungstechnisch eigenständigen Betrieb zu schaffen. In Erwartung des Litra schafft es der biodynamische Nero d'Avola Sens(i)nverso '11 ins Finale. An der Nase mit klaren Pflaumen- und Kräuterdüften sowie eleganten balsamischen Anklängen, frisch und voll im Mund. Fruchtig und würzig, knackig und gefällig der Syrah Sens(i)nverso '12, reif und fein schließlich der Blend Montenero '11.

● Sens(i)nverso Nero d'Avola '11	🍷🍷 4
● Cannemasche '13	🍷🍷 2*
● Montenero '12	🍷🍷 4
● Passomaggio '12	🍷🍷 3
● Sens(i)nverso Syrah '12	🍷🍷 4
○ Sinestesia '13	🍷🍷 3
● Nero d'Avola '13	🍷 2
○ Zurrica '13	🍷 3
● Litra '04	🍷🍷🍷 6
● Litra '01	🍷🍷🍷 7
● Litra '00	🍷🍷🍷 7
● Litra '99	🍷🍷🍷 7
● Montenero '04	🍷🍷🍷 4

Alessandro di Camporeale
C.da Mandranova
90043 Camporeale [PA]
Tel. +39 092437038
www.alessandrodicamporeale.it

DIREKTVERKAUF
BESUCH NACH VORANMELDUNG
JAHRESPRODUKTION 150.000 Flaschen
REBFLÄCHE 35 Hektar
WEINBAU Biologisch anerkannt

Dieser solide, erfreuliche Familienbetrieb mit mehr als hundertjähriger Geschichte wird heute von den dynamischen Brüdern Natale, Nino und Rosolino Alessandro geführt, unterstützt durch ihre Kinder als frisch gebackene Önologie- und Marketing-Fachleute. Wir befinden uns unweit von Camporeale in einem – auch dank der Höhenlage und der beachtlichen Temperaturunterschiede zwischen Tag und Nacht – für den Weinbau bestens geeigneten Gebiet. Der umweltbewusste Betrieb hält sich strikt an die Vorgaben der biologischen Landwirtschaft und präsentiert Weine mit Charakter und Persönlichkeit, die als vollendeter Ausdruck ihres Herkunftsterroirs von Weinliebhabern wegen ihrer Reinheit und des anerkannten Wohlgeschmacks geschätzt werden. Profund und würzig mit deutlichen Nuancen von Kirschen und mediterraner Macchie erreicht der Syrah Kaid '12 problemlos die Endausscheidung und überzeugt erneut als eleganter, charaktervoller Wein mit süßen, geschmeidigen Gerbstoffen. In Bestform auch der Kaid Sauvignon Blanc '13, frisch und anhaltend.

● Kaid Syrah '12	🍷🍷 3*
● DonnaTà '13	🍷🍷 2*
○ Kaid Sauvignon Blanc '13	🍷🍷 3
○ Benedè '13	🍷 2
○ Grillo V. di Mandranova '13	🍷 3
● Kaid V. T. '11	🍷 5
○ Benedè '11	🍷🍷 2*
● DonnaTà '12	🍷🍷 2*
● DonnaTà '11	🍷🍷 2*
● DonnaTà '10	🍷🍷 2
● Kaid '11	🍷🍷 3*
● Kaid '10	🍷🍷 3*
● Kaid '09	🍷🍷 3

SIZILIEN

Alliata
VIA ARCHI 9
91100 TRAPANI
TEL. +39 0923547267
www.alliatavini.com

DIREKTVERKAUF
JAHRESPRODUKTION 100.000 Flaschen
REBFLÄCHE 90 Hektar

Claudia Alliata di Villafranca lässt den Glanz einer langen Familientradition wieder aufleben: Ihr Vorfahr Giuseppe Alliata Moncada, Fürst von Villafranca und Herzog von Salaparuta, gründete 1824 die Kellerei Corvo in Casteldaccia. 1959 trennten sich die Wege von Betrieb und Familie, doch die Leidenschaft für das Land und seine Früchte lebte fort bis zu Claudias Vater Raimondo, dem wahren Inspirator dieses Unterfangens. Heute schlängeln sich die hauseigenen Rebzeilen über die Hügel um Trapani; eingesetzt werden vorwiegend autochthone Sorten mit einigen Abstechern in internationale Gefilde. Die Namen der Weine verweisen auf einen Stammbaum, dessen Zweige drei Kreuzritter und einen heiligen Erzbischof von Mailand umfassen. Elegante Kräuternuancen kennzeichnen den Nero d'Avola Kaspàr '11, klare Lavendel- und Geraniendüfte mit mineralischen Anklängen den Grillo Taya '13. Erfreulich grün und balsamisch der Merlot Baltasàr '11; der in Edelstahl ausgebaute Nero d'Avola Lorlando '13 hat eine schöne, sortentypische Nase und eine feste Fruchtfülle.

● Baltasàr '11	🍷🍷 5
○ Grillo '13	🍷🍷 2*
● Kaspàr '11	🍷🍷 4
● Lorlando '13	🍷🍷 2*
○ Mommo '13	🍷🍷 3
● Ruggiero '13	🍷🍷 2*
○ Taya '13	🍷🍷 4
○ Daxia '13	🍷 3
○ Insolia '13	🍷 2
● Melkior '11	🍷 4
● Daxia '11	🏆 2*
● Kaspàr '10	🏆 4
○ Taya '11	🏆 4

Baglio del Cristo di Campobello
C.DA FAVAROTTA, SS 123 KM 19,200
92023 CAMPOBELLO DI LICATA [AG]
TEL. +39 0922 877709
www.cristodicampobello.it

DIREKTVERKAUF
BESUCH NACH VORANMELDUNG
JAHRESPRODUKTION 300.000 Flaschen
REBFLÄCHE 30 Hektar

Südlich von Campobello di Licata erstrecken sich die 32 Hektar Rebfläche des Familienbetriebs über sanfte Hügel mit kalk- und gipshaltigen Böden, während die vom nahen Golf von Gela heranwehende Meeresbrise ein für den Weinbau günstiges Mikroklima entstehen lässt. Gehegt und gepflegt werden die Weinberge von Angelo Bonetta und seinen Söhnen Carmelo und Domenico, hingebungsvollen Winzern, die Traditionsbewusstsein mit Weitsicht vereinen, Ausdruck einer modernen Sizilianität mit der Fähigkeit, in der internationalen Weinwelt zu brillieren, ohne die eigenen Wurzeln anzutasten. Heimische Werte wie sie das historische Gutshaus und das Christuskreuz symbolisieren, das alljährlich Ziel einer Pilgerfahrt ist. Der komplexe, balsamische und intensive Nero d'Avola Lu Patri '12 erreicht das Finale dank seiner überaus eleganten Geschmacksstruktur. Auch der C'D'C' Rosso '13 aus Nero d'Avola, Syrah, Merlot und Cabernet Sauvignon überzeugt: schlichter, aber erfreulich rein, duftig und festfleischig. Sehr schön der Rest.

● Lu Patri '12	🍷🍷 5
● Adènzia Rosso '12	🍷🍷 3
● C'D'C' Rosso Cristo di Campobello '13	🍷🍷 2*
○ Lalùci '13	🍷🍷 3
○ Laudàri '12	🍷🍷 4
● Lusirà '12	🍷🍷 5
○ Adènzia Bianco '13	🍷 3
○ C'D'C' Bianco Cristo di Campobello '13	🍷 2
● Lu Patri '09	🏆🏆🏆 5
○ C'D'C' Bianco Cristo di Campobello '12	🏆 2*
● C'D'C' Rosso Cristo di Campobello '12	🏆 2*
○ Laudàri '11	🏆 4
● Lusirà '11	🏆 5

SIZILIEN

Baglio di Pianetto
VIA FRANCIA
90030 SANTA CRISTINA GELA [PA]
TEL. +39 0918570002
www.bagliodipianetto.com

DIREKTVERKAUF
BESUCH NACH VORANMELDUNG
JAHRESPRODUKTION 550.000 Flaschen
REBFLÄCHE 104 Hektar
WEINBAU Biologisch anerkannt

Die Liebe für Sizilien und seine vielschichtige Schönheit entdeckte Paolo Marzotto bereits in jungen Jahren dank seiner Leidenschaft für Autorennen, die in den 1950er Jahren auf den gewundenen Inselstraßen eine aufregende Blütezeit erleben durften. Im Jahr 1997 entsprang dieser langjährigen Zuneigung bei Santa Cristina Gela ein echtes Château, entstanden durch die Umwandlung eines restaurierten Landguts aus dem 19. Jahrhundert in ein elegantes Agro-Relais, an das eine große, gut ausgestattete Kellerei angeschlossen ist. Die Weinberge liegen zwischen Santa Cristina und dem Val di Noto im renommierten Baroni-Gebiet. Vor kurzem wurden die klassischen Etiketten des Hauses durch die sortenreine Reihe B.D.P.Y. ergänzt. Finalteilnahme für den Nero d'Avola aus Noto Cembali '11: Er ist reif, mit jodhaltigen Anklängen und dem Duft nach mediterranen Kräutern in Verbindung mit erfreulich geschmeidiger und festfleischiger Frucht. Das Terroir prägt auch den nie zu süßen Moscato Ra'is '11 mit frischem Oregano- und Lavendelduft. Gut auch der Ficiligno '13 aus Viognier und Inzolia sowie der Petit Verdot Carduni '11.

● Cembali '11	🍷🍷 5
● Carduni '11	🍷🍷 5
○ Ficiligno '13	🍷🍷 3
○ Moscato di Noto Ra'is '11	🍷🍷 4
● Ramione '12	🍷🍷 3
● Salici '11	🍷🍷 4
○ Ginolfo '12	🍷 4
● Shymer '12	🍷 2
● Ramione '04	🍷🍷🍷 3*
● Piana dei Cembali '10	🍷🍷 5
○ Ra'is '10	🍷🍷 4
● Salici '10	🍷🍷 4
● Shymer '11	🍷🍷 2*

Barone di Villagrande
VIA DEL BOSCO, 25
95025 MILO [CT]
TEL. +39 0957082175
www.villagrande.it

DIREKTVERKAUF
BESUCH NACH VORANMELDUNG
UNTERKUNFT UND GASTRONOMIE
JAHRESPRODUKTION 180.000 Flaschen
REBFLÄCHE 19 Hektar
WEINBAU Biologisch anerkannt

Die Winzer des Ätna-Gebiets – einst nicht mehr als ein gutes Dutzend – haben sich in den letzten zehn Jahren fast exponentiell vermehrt. Zu den historischen Häusern, die erst der Reblaus und dann der Krise zwischen den Weltkriegen mutig trotzten, zählt der Betrieb von Carlo Nicolosi Asmundo, Erbe des 1727 von seinen Vorfahren in Milo gegründeten Weinguts. Ihm ist es zu verdanken, dass 1968 das Reglement der Denomination Etna abgefasst und damit der erste konkrete Grundstein für das Wiedererstarken des Weinbaus rund um den Vulkan gelegt wurde. Das Weingut wird seit kurzem von seinem Sohn Marco geleitet, der viel in Weinberge und Kellerei investiert hat, um technisch aktuellere, aber stets territoriale, traditionsbewusste Weine zu erzeugen. Sehr überzeugend der aus Carricante gekelterte Etna Bianco Superiore '13: mineralisch und blumig an der Nase, würzig, eindringlich und anhaltend am Gaumen. Schön auch der Fiore di Villagrande '12 aus Carricante und Chardonnay, der nach Gewürzen, gelben Blumen und Golden-Äpfeln duftet und sich im Mund agil, saftig und voll frischer Säure zeigt.

○ Etna Bianco Sup. '13	🍷🍷 2*
● Etna Rosso '12	🍷🍷 3
○ Fiore di Villagrande '12	🍷🍷 4
○ Malvasia delle Lipari '11	🍷 5
○ Salina Bianco '13	🍷 3
● Sciara '10	🍷 4
○ Etna Bianco Legno di Conzo Sup. '08	🍷🍷 6
○ Etna Bianco Sup. '12	🍷🍷 4
○ Etna Bianco Sup. '11	🍷🍷 2*
● Etna Rosso '11	🍷🍷 4
● Etna Rosso Lanza di Mannera '08	🍷🍷 6
○ Fiore di Villagrande '11	🍷🍷 4

SIZILIEN

★Benanti
VIA G. GARIBALDI, 475
95029 VIAGRANDE [CT]
TEL. +39 0957893399
www.vinicolabenanti.it

DIREKTVERKAUF
BESUCH NACH VORANMELDUNG
JAHRESPRODUKTION 120.000 Flaschen
REBFLÄCHE 45 Hektar

Herausragende Figur unter den Pionieren, die die jüngste Ätna-Renaissance eingeleitet haben, ist der dynamische, weitsichtige Giuseppe Benanti eine Bezugsperson für den ganzen qualitätsbetonten Weinbau in diesem Gebiet. Sein Betrieb, an dessen Führung die Söhne Antonio und Salvino immer größeren Anteil haben, umfasst herrliche Weinberge in den besten Lagen des Vulkans mit Namen, die Kennern innig vertraut sind: Guardiola und Monte Serra, Rovittello, Cavaliere und Caselle. Hinzu kommen Anhängsel außerhalb des Ätna-Gebiets, nämlich mit Nero d'Avola und Moscato bestockte Weinberge in Morsentini bei Noto sowie Zibibbo-Rebzeilen in Mueggen auf der Insel Pantelleria. Um an seinen Vorgänger heranzureichen, fehlt dem Pietramarina '10 zwar ein Hauch mehr Frische, doch sein Charakter ist wie üblich voll vorhanden. Große Reife und Finesse für den Serra della Contessa '11, schön definierte Düfte und aristokratische Ausprägung für den Rovittello '10.

○ Etna Bianco Sup. Pietramarina '10	🍷🍷 5
○ Etna Bianco di Caselle '12	🍷🍷 3
● Etna Rosso Rosso di Verzella '12	🍷🍷 3
● Etna Rosso Rovittello '10	🍷🍷 5
● Etna Rosso Serra della Contessa '11	🍷🍷 7
● Nerello Cappuccio Il Monovitigno '10	🍷🍷 5
● Nerello Mascalese Il Monovitigno '09	🍷🍷 5
○ Noblesse Brut M. Cl.	🍷 6
○ Etna Bianco Sup. Pietramarina '09	🍷🍷🍷 5
○ Etna Bianco Sup. Pietramarina '04	🍷🍷🍷 6
○ Etna Bianco Sup. Pietramarina '02	🍷🍷🍷 5
● Etna Rosso Serra della Contessa '06	🍷🍷🍷 7
● Etna Rosso Serra della Contessa '04	🍷🍷🍷 7
● Il Drappo '04	🍷🍷🍷 5

Le Casematte
LOC. FARO SUPERIORE
C.DA CORSO
98163 MESSINA
TEL. +39 0906409427
www.lecasematte.it

An einem zauberhaften Ort auf den hohen, steilen Hügeln oberhalb der Straße von Messina liegt das kleine Weingut des bekannten Fußballers Andrea Barzagli und des angesehenen Fachmanns Gianfranco Sabbatino. Ihr Betrieb zählt seit einigen Jahren zu den Hauptakteuren der Wiedergeburt der Denomination Faro, die noch bis vor kurzem aus der Weinwelt zu verschwinden drohte. Auf dem mit Hingabe und Begeisterung nach den Kriterien der biologischen Landwirtschaft geführten Weingut befinden sich drei Kasematten aus dem Zweiten Weltkrieg, die bei der Namensgebung Pate standen. In der winzigen hauseigenen Kellerei werden drei Label gekeltert, die dank ihrer sorgsamen handwerklichen Erzeugung großen Anklang finden. Direkter Finaleinzug für den aus Nerello Mascalese und Nocera erzeugten Figliodiennenne '12, einen Wein mit deutlichem Erdbeer- und Kirschduft, großer Eleganz und ausgefeilten Tanninen. Beachtlich auch der tonische, strukturierte Faro Quattroenne '12 aus Mascalese, Cappuccio, Nocera und Nero d'Avola sowie der feine Rosé Rosematte '13.

● Figliodiennenne '12	🍷🍷 2*
● Faro Quattroenne '12	🍷🍷 5
○ Rosematte '13	🍷🍷 3
● Faro Quattroenne '11	🍷🍷 5
● Faro Quattroenne '10	🍷🍷 5
● Figliodiennenne '11	🍷🍷 2*
● Figliodiennenne '10	🍷🍷 2*
● Figliodiennenne '09	🍷🍷 2

SIZILIEN

Centopassi
via Porta Palermo, 132
90048 San Giuseppe Jato [PA]
Tel. +39 0918577655
www.centopassisicilia.it

DIREKTVERKAUF
BESUCH NACH VORANMELDUNG
UNTERKUNFT UND GASTRONOMIE
JAHRESPRODUKTION 400.000 Flaschen
REBFLÄCHE 90 Hektar
WEINBAU Biologisch anerkannt

Ausdruck einer ebenso engagiert wie enthusiastisch genährten Hoffnung, ist Centopassi der konkrete Beweis für die gelungene Befreiung eines Landstrichs aus den Fängen der Mafia. Der Betrieb bündelt die Kräfte der drei in Corleone, San Giuseppe Jato und Monreale tätigen Sozialgenossenschaften Placido Rizzotto, Pio La Torre und Lavoro. Ihnen wurden über 400 Hektar beschlagnahmtes Land anvertraut, das auch 90 Hektar Rebfläche umfasst. Statt brach zu liegen, schafft der einstige Mafia-Besitz so Arbeit und Wohlstand im Einklang mit Recht und Ordnung. Die Weinberge werden im Zuge biologischer Landwirtschaft bestellt. Besonders interessant die sortenreinen „Cru", die dem Gedenken derer gewidmet sind, die im Kampf gegen die Mafia ums Leben gekommen sind. Der Nero d'Avola Argille di Tagghia Via '13 erreicht das Finale dank seiner fein ausgeprägten, sortentypischen Nase in Verbindung mit frischer, straffer Frucht. Schön die grasigen, zitrusartigen Anklänge des Grillo Rocce di Pietra Longa '13, dicht und harmonisch der Centopassi Rosso '13. Auf vorzüglichem Niveau auch die restliche Angebotspalette.

● Argille di Tagghia Via '13	3*
● Argille di Tagghia Via di Sutta '12	3
● Centopassi Rosso '13	2*
● Marne di Saladino '12	4
○ Rocce di Pietra Longa '13	4
○ Centopassi Bianco '13	2
○ Tendoni di Trebbiano '12	4
○ Terre Rosse di Giabbascio '13	3
● Argille di Tagghia Via '12	3
● Argille di Tagghia Via di Sutta '11	3
○ Catarratto Terre Rosse di Giabbascio '12	3
● Centopassi Rosso '12	2*
○ Tendoni di Trebbiano '11	4

Frank Cornelissen
fraz. Solicchiata
via Nazionale, 297
95012 Castiglione di Sicilia [CT]
Tel. +39 0942986315
www.frankcornelissen.it

BESUCH NACH VORANMELDUNG
JAHRESPRODUKTION 40.000 Flaschen
REBFLÄCHE 12 Hektar
WEINBAU Biologisch anerkannt

Die Welt des naturnahen Weinbaus bietet ein facettenreiches Panorama mit zuweilen widersprüchlichen Ansätzen: Hinter der scheinbar radikalen Philosophie von Frank Cornelissen verbirgt sich ein durchdachtes und originelles holistisches Verständnis des Ökosystems, bei dem der Eingriff des Menschen auf eine Art bewusste Überantwortung des Lands an Mutter Natur und ihre unergründlichen Abläufe beschränkt ist. Franks Weinberge am Nordhang des Ätnas sind mit wurzelechten Reben bestockt (auch die jüngsten) und übersät mit Obstbäumen und Wildkräutern; der Most hat hier alle Zeit der Welt, um in Terrakotta-Amphoren zu Wein zu werden, mit langer Verweildauer auf den Schalen und natürlich ganz ohne chemische oder physikalische Abkürzungen. Geradezu aufwühlend der Magma Decima Edizione '12: Seine vulkanische Mineralität und Komplexität entfesseln einen sensorischen Wirbelsturm, der sich bei der Verkostung zur Gänze wiederfindet. Weniger gelungen der Munjebel Rosso '13 mit kontrastreicher Nase. Die übrige Produktion bewahrt eine bewundernswerte Kontinuität.

● Magma Decima Edizione '12	8
○ Munjebel Bianco '13	5
● Munjebel Monte Colla '13	7
● Munjebel Rosso '13	6
● Munjebel Rosso Chiusa Spagnola '13	7
● Munjebel Rosso Le Vigne Alte '13	7
⊙ Susucaru '13	4
● Contadino '13	4
● Magma Barbabecchi '10	8
○ Munjebel Bianco 9 '12	5
● Munjebel Chiusa Spagnola 9 '12	7
● Munjebel Monte Colla 9 '12	7
● Munjebel Rosso 9 '12	6
● Munjebel Vigne Alte 9 '12	7
⊙ Susucaru '12	4

SIZILIEN

Cottanera

Loc. Iannazzo
SP 89
95030 Castiglione di Sicilia [CT]
Tel. +39 0942963601
www.cottanera.it

DIREKTVERKAUF
BESUCH NACH VORANMELDUNG
JAHRESPRODUKTION 300.000 Flaschen
REBFLÄCHE 55 Hektar

Mariangela, Francesco und Emanuele setzen mit ihrem Onkel Enzo die Anfang der 1990er Jahre von Guglielmo Cambria begonnene Arbeit fort, als dieser am Nordhang des Vulkans auf dem von Obst- und Nussbaumplantagen bedeckten Land der Familie die ersten Rebzeilen anlegte. Damals stand das Potenzial der internationalen Rebsorten im Fokus, ein Trend, der sich im nächsten Jahrzehnt klar zugunsten der autochthonen Sorten des Ätnas umkehrte: Nerello Mascalese, Cappuccio und Carricante. Diesen Rohstoffen entstammt heute ein Großteil der Produktion des Hauses. Ob heimisch oder international, die Etiketten von Cottanera bewahren stets die Finesse der Weine mit dem Terroir des Vulkans. Wieder Drei Gläser für den Etna Rosso '11: ganz außerordentlich definierte Nase, elegant gerundeter Mund und langer Abgang. Subtile mineralische Anklänge und eine frischwürzige Frucht bedeuten den Finaleinzug für den Etna Bianco '13. Sehr gut auch der Mondeuse L'Ardenza '11 und der Viognier Inzolia Barbazzale '13.

★Cusumano

C.da San Carlo SS 113
90047 Partinico [PA]
Tel. +39 0918908713
www.cusumano.it

BESUCH NACH VORANMELDUNG
JAHRESPRODUKTION 2.500.000 Flaschen
REBFLÄCHE 517 Hektar

Dank einer hochwertigen Produktion und beachtlicher Zahlen im Zeichen eines sehr guten Preis-Leistungs-Verhältnisses ist die Kellerei von Alberto und Diego Cusumano heute eine der wichtigsten und bekanntesten ganz Siziliens; mehr noch, sie ist eine Marke, die das Wesen der Insel in über 60 Länder weltweit zu exportieren vermag. Mit den neuen Weinlagen Guardiola, Pietramarina, Porcaria und Verzella aus dem Weingut Alta Mora am Ätna verfügen die dynamischen Brüder nun über ein halbes Dutzend Produktionsbereiche. Die Weinpalette steht dabei von Anfang an im Zeichen territorialer, modern interpretierter Weine mit äußerstem Trinkgenuss. Drei Gläser für den konzentrierten Nero d'Avola Sàgana '12, der nach roten Früchten, Kräutern, Minze und süßen Gewürzen duftet; am Gaumen ist er kräftig, vollmundig und saftig mit einem langen, strukturierten Abgang. Höchst erfreulich auch der Moscato dello Zucco '10 mit mineralischen und zitrusartigen Nuancen.

● Etna Rosso '11	🍷🍷🍷 5
○ Etna Bianco '13	🍷🍷 3*
○ Barbazzale Bianco '13	🍷🍷 2*
● Barbazzale Rosso '13	🍷🍷 2*
● L'Ardenza '11	🍷🍷 4
● Sole di Sesta '11	🍷🍷 4
⊙ Barbazzale Rosato '13	🍷 2
● Nume '11	🍷 4
○ Etna Bianco '11	🍷🍷🍷 3*
● Etna Rosso '07	🍷🍷🍷 5
● Etna Rosso '06	🍷🍷🍷 5
● Etna Rosso '05	🍷🍷🍷 5

○ Moscato dello Zucco '10	🍷🍷🍷 5
● Sàgana '12	🍷🍷🍷 4*
● Noà '12	🍷🍷 4
○ Angimbé '13	🍷🍷 2*
● Benuara '13	🍷🍷 3
○ Brut 700 '11	🍷🍷 4
○ Cubìa '13	🍷🍷 3
○ Jalé '13	🍷🍷 4
● Ramusa '13	🍷🍷 3
○ Shamaris '13	🍷🍷 3
● Noà '10	🍷🍷🍷 4*
● Sàgana '11	🍷🍷🍷 4*
● Sàgana '09	🍷🍷🍷 4
● Sàgana '08	🍷🍷🍷 4
● Sàgana '07	🍷🍷🍷 4
● Sàgana '06	🍷🍷🍷 4

SIZILIEN

Disisa

FRAZ. GRISÌ
C.DA DISISA
90046 MONREALE [PA]
TEL. +39 0919127109
www.vinidisisa.it

DIREKTVERKAUF
BESUCH NACH VORANMELDUNG
JAHRESPRODUKTION 150.000 Flaschen
REBFLÄCHE 150 Hektar
WEINBAU Biologisch anerkannt

Ein riesiges Landgut mit 400 Hektar Fläche, wo in 400 bis 500 m Höhe Weizen, Oliven und Reben seit jeher einträchtig gedeihen. Wir befinden uns im Raum Monreale, einem Gebiet mit besonderer Bodenbeschaffenheit und starken Temperaturschwankungen, das seit der arabischen Epoche für seine Schönheit und Fruchtbarkeit bekannt ist. Die Familie Di Lorenzo – seit über hundert Jahren im Besitz des Landguts – hat die Anbauverfahren seit den 1970er Jahren stetig verbessert und mithilfe des regionalen Instituts für Wein und Öl (IRVOS) umfangreiche Versuche an autochthonen und internationalen Rebsorten durchgeführt. Die heutige, territorial geprägte Produktion profitiert von diesen beachtlichen Anstrengungen. Der jüngste Sprössling des Hauses, der Roano '11, ein Syrah mit intakter Frucht und starker Persönlichkeit, zeigt sich intensiv, geschmeidig und balsamisch bei sehr gefälligen Trinkgenuss. Wie üblich elegant und gewaltig der Tornamira '10, entstanden aus der Verbindung von Cabernet Sauvignon, Merlot und Syrah. Beachtlich die übrige Produktion.

○ Grillo '13	🍷🍷 2*
○ Krysos '08	🍷🍷 5
● Monreale Vuaria '10	🍷🍷 4
● Roano '11	🍷🍷 4
● Tornamira '10	🍷🍷 4
○ Adhara '12	🍷 2
○ Chara '13	🍷 2
● Nero d'Avola '12	🍷 2
● Adhara '10	🍷🍷 2*
○ Chara '12	🍷🍷 2*
○ Grillo '12	🍷🍷 2*
● Tornamira '08	🍷🍷 4
● Tornamira '06	🍷🍷 4
● Tornamira '04	🍷🍷 4

★Donnafugata

VIA SEBASTIANO LIPARI, 18
91025 MARSALA [TP]
TEL. +39 0923724200
www.donnafugata.it

DIREKTVERKAUF
BESUCH NACH VORANMELDUNG
JAHRESPRODUKTION 2.200.000 Flaschen
REBFLÄCHE 270 Hektar

Mit großer Weitsicht von Giacomo und Gabriella Rallo gegründet, ist Donnafugata ein dynamisches Unternehmen, dem die Verbindung von Tradition und Moderne vorbildlich gelungen ist. Hinzu kommt eine Kommunikation, die die territorialen Vorzüge der hauseigenen Weingüter – von Contessa Entellina bis Pantelleria – ebenso wirkungsvoll vermittelt wie die heimische Kultur und die Achtung vor der Umwelt. Dieser schöne, international bekannte Betrieb, der heute von den Söhnen Antonio und Josè geführt wird, blickt verstärkt auf den realen Markt und die Verbraucher. Seine aus autochthonen und ortsfremden Sorten gekelterten Weine sind so stets makellos und charakterstark. Übrigens: die historische Kellerei in Marsala aus dem Jahr 1851 ist einen Besuch wert. Der aus Zibibbo-Trauben gekelterte Ben Ryé '12 erlangt zum wiederholten Mal die Drei Gläser – dank seiner faszinierenden Kräuter- und Aprikosendüfte und eines unvergleichlich erlesenen Gaumens. Fast auf dem gleichen Niveau der evolutive Nero d'Avola Milleunanotte '09 und der elegante Tancredi '10 aus Nero d'Avola und Cabernet Sauvignon.

○ Passito di Pantelleria Ben Ryé '12	🍷🍷🍷 7
● Contessa Entellina Milleunanotte '09	🍷🍷 7
● Tancredi '10	🍷🍷 5
○ Contessa Entellina Chiarandà '11	🍷🍷 5
● Sherazade '13	🍷🍷 3
○ Sursur '13	🍷🍷 3
● Angheli '10	🍷 4
○ Lighea '13	🍷 3
○ V. di Gabri '12	🍷 3
● Contessa Entellina Milleunanotte '06	🍷🍷🍷 7
● Contessa Entellina Milleunanotte '05	🍷🍷🍷 7
○ Passito di Pantelleria Ben Ryé '11	🍷🍷🍷 7
○ Passito di Pantelleria Ben Ryé '10	🍷🍷🍷 7
○ Passito di Pantelleria Ben Ryé '09	🍷🍷🍷 7
● Tancredi '07	🍷🍷🍷 4

SIZILIEN

Duca di Salaparuta
VIA NAZIONALE, SS 113
90014 CASTELDACCIA [PA]
TEL. +39 091945201
www.duca.it

BESUCH NACH VORANMELDUNG
JAHRESPRODUKTION 9.000.000 Flaschen
REBFLÄCHE 155 Hektar

Ein Stück sizilianische Geschichte in punkto Wein und Unternehmergeist verkörpern die drei glanzvollen Marken Duca di Salaparuta, Corvo und Florio, die auf internationaler Ebene lange Zeit zu den wenigen Referenzgrößen des inseleigenen Weinbaus zählten. Der Betrieb ist seit Jahren in Besitz der Gesellschaft Illva Saronno von Augusto Reina, der die diversen Produktlinien nach modernen, dynamischen Wirtschaftskriterien ausgebaut hat. Sein Ziel sind die Betonung und Aktualisierung der ganzen Potenzialfülle, die der Wein im Hinblick auf das jeweilige Anbaugebiet entfalten kann. So entsteht eine sehr gepflegte, klar definierte Produktion, die sich mit unbestrittenem Ansehen und Prestige auf dem Weltmarkt bewegt. Endlich ist es so weit: Der Duca Enrico '10 ist da (im Vorjahr war er nur eine Tankprobe), ein Wein gehobener Güte, reif und streng, tonisch, seidig und überaus elegant. Vorzüglich auch die Version 2012 des Bianca di Valguarnera, ein würziger, eindringlicher, die Sinne erfüllender Inzolia. Positive Beurteilung der übrigen Produktion.

● Duca Enrico '10	🍷🍷 7
○ Bianca di Valguarnera '12	🍷🍷 6
● Calanica Frappato e Syrah '12	🍷🍷 3
● Corvo Irmana '13	🍷🍷 2*
○ Marsala Sup. Vecchio Florio '10	🍷🍷 2*
○ Marsala Sup.Targa 1840 Ris. '03	🍷🍷 4
○ Marsala Vergine Baglio Florio '01	🍷🍷 6
○ Marsala Vergine Terre Arse '03	🍷🍷 5
○ Morsi di Luce '11	🍷🍷 5
○ Passito di Pantelleria Zighidì '12	🍷🍷 4
● Duca Enrico '03	🍷🍷🍷 6
● Duca Enrico '01	🍷🍷🍷 6
● Duca Enrico '92	🍷🍷🍷 6
● Duca Enrico '90	🍷🍷🍷 6

Fazio Wines
FRAZ. FULGATORE
VIA CAPITAN RIZZO, 39
91010 ERICE [TP]
TEL. +39 0923811700
www.faziowines.com

JAHRESPRODUKTION 750.000 Flaschen
REBFLÄCHE 100 Hektar

Seit vier Generationen schon zählt die Familie Fazio zu den Winzern dieses traditionellen Weinbaugebiets in den Hügeln im Nordwesten der Provinz Trapani, das vor zehn Jahren durch die Denomination Erice begrenzt wurde. Die Lage der hauseigenen, umweltfreundlich bestellten Rebberge reicht von 250 bis 600 Höhenmetern. Die Bestockung umfasst autochthone Sorten ebenso wie die wichtigsten internationalen Reben wie den Müller Thurgau, auf dessen hiesigen Erfolg der Betrieb als erster gesetzt hat. Im Laufe der Zeit wuchs die Angebotspalette und enthält nun über dreißig Etiketten, die jede Marktnische abdecken, von lang gereiften Rotweinen bis hin zu Schaumweinen. Elegante, nach Ananas und weißen Blüten duftende Nase, leicht gezeichnet durch eine nicht invasive holzige Note; am Gaumen vollfruchtig und anhaltend – der Pietra Sacra Bianco '12 ist eine Neuheit, die es sofort in unsere Endausscheidung schafft. Insgesamt zufriedenstellend das Ergebnis der übrigen Kostproben.

○ Pietra Sacra Bianco '12	🍷🍷 4
● Erice Cabernet Sauvignon Casa Santa '12	🍷🍷 4
○ Erice Catarratto Calebianche '13	🍷🍷 2*
○ Erice Grillo Aegades '13	🍷🍷 3
○ Erice Insolia Levantio '13	🍷 3
○ Erice Müller Thurgau '13	🍷 3
● Erice Nero d'Avola Torre dei Venti '12	🍷 3
● Erice Pietra Sacra Ris. '08	🍷 5
○ Erice Catarratto Calebianche '12	🍷🍷 3*
○ Erice Grillo Aegades '12	🍷🍷 3
○ Erice Grillo Aegades '11	🍷🍷 3
● Erice Pietra Sacra '06	🍷🍷 5
● Passo dei Punici '09	🍷🍷 3

SIZILIEN

Tenuta di Fessina
LOC. C.DA ROVITTELLO
VIA NAZIONALE 120, 22
95012 CASTIGLIONE DI SICILIA [CT]
TEL. +39 3357220021
www.tenutadifessina.com

DIREKTVERKAUF
BESUCH NACH VORANMELDUNG
JAHRESPRODUKTION 70.000 Flaschen
REBFLÄCHE 12 Hektar

Der Ätna ist eine Macht in ständigem Wandel, einer der wenigen Orte der Erde, wo die schöpferische Kraft der Natur hautnah zu spüren ist: Sich mit diesem Territorium zu messen, ist unwiderstehlich reizvoll für alle Menschen mit Charakter, Hingabe und Feingefühl – Eigenschaften, über die Silvia Maestrelli zweifellos verfügt. Sie hat „den Berg" oder „la Muntagna", wie der Vulkan hier heißt, zu einem zweiten Zuhause gemacht und mithilfe von Federico Curtaz binnen weniger Jahre einen Spitzenbetrieb aufgebaut, der die besten Lagen in Rovittello am Nordhang für die Rotweine und in Santa Maria di Licodìa am Süd- sowie in Milo am Osthang für die Weißweine ideal in Szene setzt; diese insgesamt zehn Hektar werden ergänzt durch zwei weitere im Val di Noto, die mit Nero d'Avola bestockt sind. Der Etna Bianco A'Puddara '12 bleibt sich treu: großartige Nase mit klarer Definition und Persönlichkeit, verbunden mit pfirsichfeiner Frucht von erlesener Konsistenz. Fast am Ziel der Rosso Il Musmeci '10, elegant und intensiv, mit edler Geschmeidigkeit. Tiefgründig und mineralisch der Etna Bianco Superiore Il Musmeci '12.

○ Etna Bianco A' Puddara '12	🍷🍷🍷	5
● Etna Rosso Il Musmeci '10	🍷🍷	6
● Ero '13	🍷🍷	3
○ Etna Bianco Erse '13	🍷🍷	3
○ Etna Bianco Sup. Il Musmeci '12	🍷🍷	5
● Etna Rosso Erse '13	🍷🍷	4
○ Etna Bianco A' Puddara '11	🍷🍷🍷	5
○ Etna Bianco A' Puddara '10	🍷🍷🍷	5
○ Etna Bianco A' Puddara '09	🍷🍷🍷	5
● Etna Rosso Musmeci '07	🍷🍷🍷	6
● Ero '12	🍷🍷	3
○ Etna Bianco Erse '12	🍷🍷	3
● Etna Rosso Erse '11	🍷🍷	4
● Laeneo '12	🍷🍷	3

Feudi del Pisciotto
C.DA PISCIOTTO
93015 NISCEMI [CL]
TEL. +39 09331930280
www.castellare.it

DIREKTVERKAUF
BESUCH NACH VORANMELDUNG
UNTERKUNFT
JAHRESPRODUKTION 200.000 Flaschen
REBFLÄCHE 45 Hektar

Die sizilianische Kellerei von Paolo Panerai, ein wunderschöner Betrieb mit der Fähigkeit, das Potenzial eines einzigartigen, großzügigen Anbaugebiets optimal auszuschöpfen, arbeitet trotz ihrer Größe nach wie vor handwerklich und mit echter bäuerlicher Leidenschaft. Die 45 Hektar Rebfläche werden so liebevoll gehegt und gepflegt, dass sie wie ein Lustgarten aussehen und bringen zudem lediglich 200.000 Flaschen hervor. Die Weine bestechen durch zunehmende Originalität als Ergebnis langwieriger Forschung und Erprobung, um die volle Reifung der Frucht zu erzielen. Drei Gläser gehen an den gewaltigen Nero d'Avola Versace '12, einen intensiven, konzentrierten Wein, der moderne Gestaltung mit einer Sortentypizität verbindet, die sich in einer Duftfülle nach Blumen, kleinen roten Früchten, Kräutern und in Salz eingelegten Kapern ideal entfaltet. Ruhmreich auch der mit einer mächtigen Genussstruktur beglückte Cabernet Sauvignon Missoni '12.

● Nero d'Avola Versace '12	🍷🍷🍷	4*
● Cabernet Sauvignon Missoni '12	🍷🍷	4
● L'Eterno '12	🍷🍷	7
● Baglio del Sole Nero d'Avola '12	🍷🍷	2*
○ Chardonnay Alberta Ferretti '12	🍷🍷	4
● Frappato Carolina Marengo Kisa '12	🍷🍷	4
● Merlot Valentino '12	🍷🍷	4
○ Passito Gianfranco Ferrè '12	🍷🍷	5
○ Baglio del Sole Inzolia '13	🍷	2
○ Baglio del Sole Inzolia Catarratto '13	🍷	2
● Cerasuolo di Vittoria Giambattista Valli Paris '09	🍷🍷🍷	6
● Frappato Carolina Marengo '11	🍷🍷🍷	4*
● Nero d'Avola Versace '08	🍷🍷🍷	4*
● Nero d'Avola Versace '07	🍷🍷🍷	4*
○ Passito Gianfranco Ferrè '09	🍷🍷🍷	4

SIZILIEN

Feudo Maccari
C.DA MACCARI SP PACHINO-NOTO, KM 13,500
96017 NOTO [SR]
TEL. +39 0931596894
www.feudomaccari.it

DIREKTVERKAUF
BESUCH NACH VORANMELDUNG
JAHRESPRODUKTION 167.000 Flaschen
REBFLÄCHE 50 Hektar

Das Landgut Feudo Maccari liegt in Noto, im Bereich zwischen Avola und Pachino. Es handelt sich um ein antikes, rund hundert Hektar großes Lehngut, das Antonio Moretti mühsam zusammengefügt und zu altem Glanz zurückgeführt hat. Mit – ausnahmslos im Alberello-System erzogenen – Reben bestockt sind derzeit rund fünfzig Hektar, in deren Mitte die vor kurzem eingeweihte, moderne und funktionale Kellerei steht. Dieses Gebiet bietet seit jeher das beste Terroir für den Anbau des Nero d'Avola, der hier dank des besonderen Mikroklimas und des überaus fruchtbaren Vulkanbodens eine andernorts schwer anzutreffende Komplexität, Charakterstärke und Eleganz erreicht. Der Saia '12, womöglich die beste Version überhaupt dieses Nero d'Avola voller Überschwang und Persönlichkeit, überzeugt durch die Eleganz seines intensiven und nuancenreichen Geruchsprofils ebenso wie durch einen fruchtigen Geschmack, der durch würzige Mineralität und anmutige, dicht strukturierte Gerbstoffe fein ausbalanciert wird.

● Saia '12	🍷🍷🍷 4*
● Mahâris '12	🍷🍷 5
○ Grillo '13	🍷🍷 2*
● Nero d'Avola '13	🍷🍷 2*
● Saia '11	🍷🍷🍷 4*
● Saia '10	🍷🍷🍷 4*
● Saia '08	🍷🍷🍷 4*
● Saia '07	🍷🍷🍷 4*
● Saia '06	🍷🍷🍷 4
● Mahâris '08	🍷🍷 6
● Mahâris '07	🍷🍷 6
○ Moscato di Noto Sultana '10	🍷🍷 5
● Nero d'Avola '12	🍷🍷 2*
● Saia '05	🍷🍷 3
● Saia '04	🍷🍷 4
○ Sultana '11	🍷🍷 5

Feudo Principi di Butera
C.DA DELIELLA
93011 BUTERA [CL]
TEL. +39 0934347726
www.feudobutera.it

DIREKTVERKAUF
BESUCH NACH VORANMELDUNG
JAHRESPRODUKTION 900.000 Flaschen
REBFLÄCHE 180 Hektar

Zwischen der Familie Zonin und dem Feudo Deliella, einst eins der weitläufigsten Besitztümer der Principi di Butera, war es Liebe auf den ersten Blick. 1997 erlag Gianni Zonin denen Reizen dieses Landstrichs zwischen Riesi und Butera, als er die spezielle, fast schon metaphysische Lichtfülle erlebte, die dieses kalkhaltige, skelettreiche Land bei Sonnenschein genießt, eine Besonderheit, die auch Goethe auf seiner Sizilienreise schon bestaunt hatte. Heute verfügt das Weingut über 180 Hektar Rebfläche, auf denen technisch gut gemachte Weine erzeugt werden, die den authentischen Charakter des Terroirs und insbesondere der einheimischen Rebsorten bestens zur Geltung bringen. Mitten ins Ziel trifft hier der elegante Nero d'Avola Deliella '12: Dieser intensive Wein mit großer Genussdichte lässt die roten Früchte schön mit mineralischen Anklängen und mediterranen Kräuterdüften verschmelzen, während sich das Tanningewebe seidig und engmaschig zeigt. Fast ebenbürtig der profunde, spritzige Symposio '12 aus Cabernet Sauvignon, Merlot und Petit Verdot.

● Deliella '12	🍷🍷🍷 6
● Symposio '12	🍷🍷 5
○ Chardonnay '13	🍷🍷 3
● Riesi '12	🍷🍷 3
○ Grillo '13	🍷 3
○ Insolia '13	🍷 2
● Nero d'Avola '12	🍷 3
● Cabernet Sauvignon '00	🍷🍷🍷 5
● Deliella '05	🍷🍷🍷 6
● Deliella '02	🍷🍷🍷 7
● Deliella '00	🍷🍷🍷 6
○ Chardonnay '12	🍷🍷 3
○ Insolia '12	🍷🍷 3
● Symposio '11	🍷🍷 5

SIZILIEN

★ Firriato
VIA TRAPANI, 4
91027 PACECO [TP]
TEL. +39 0923882755
www.firriato.it

DIREKTVERKAUF
BESUCH NACH VORANMELDUNG
JAHRESPRODUKTION 4.250.000 Flaschen
REBFLÄCHE 320 Hektar
WEINBAU Biologisch anerkannt

Beste Qualität, territoriale Werte und Umweltschutz mit hohen Produktionszahlen zu vereinbaren, ist ebenso lobenswert wie schwierig. Doch davon lassen sich Salvatore und Vinzia Di Gaetano nicht abschrecken: Ihr Betrieb ist inzwischen in ganz Sizilien präsent und bringt dabei das Potenzial jedes Terroirs bestens zur Geltung. Herzstück von Firriato bleibt das Gebiet um Trapani mit den Weingütern Baglio Sorìa, Borgo Guarini, Dàgala Borromeo und Pianoro Cuddìa; auf der entgegengesetzten Inselseite finden wir den Ätna und Cavanera: 11 Hektar Rebfläche in Castiglione di Sicilia mit wurzelechten, über 80-jährigen Pflanzen; jüngstes, sehr erfolgreiches Projekt ist das 5 Hektar große Weingut Calamoni in Favignana mit direkt in die Kalkböden fossilen Ursprungs gesetzten Rebzeilen. Der aus Nero d'Avola und Syrah gekelterte Santagostino '12 bekräftigt mit den Drei Gläsern die Klasse und Üppigkeit einer überschäumenden Frucht. Mit ihm gelangt auch der intensive, balsamische Nero d'Avola Harmonium '12 ins Finale. Schöne Spannung für den fein mineralischen Etna Bianco Cavanera '13. Auch die übrigen Weine begeistern.

● Santagostino Rosso Baglio Sorìa '12	🍷🍷🍷	4*
● Harmonium '12	🍷🍷	5
● Camelot '12	🍷🍷	5
○ Catarratto Caeles Bio '13	🍷🍷	4
○ Etna Bianco Cavanera Ripa di Scorciavacca '13	🍷🍷	4
● Etna Rosso Cavanera Rovo delle Coturnie '12	🍷🍷	5
● Nero d'Avola Caeles Bio '12	🍷🍷	4
● Passito L'Ecrù '12	🍷🍷	5
○ Quater Bianco '13	🍷🍷	4
● Ribeca '12	🍷🍷	5
○ Santagostino Bianco Baglio Sorìa '13	🍷🍷	3
● Etna Rosso Cavanera Rovo delle Coturnie '09	🍷🍷🍷	5
● Ribeca '10	🍷🍷🍷	5
● Santagostino Rosso Baglio Sorìa '11	🍷🍷🍷	4*

Graci
LOC. PASSOPISCIARO
C.DA FEUDO DI MEZZO
95012 CASTIGLIONE DI SICILIA [CT]
TEL. +39 3487016773
www.graci.eu

DIREKTVERKAUF
BESUCH NACH VORANMELDUNG
JAHRESPRODUKTION 65.000 Flaschen
REBFLÄCHE 18 Hektar
WEINBAU Biologisch anerkannt

Mit der vor kurzem eingeweihten Abfüllanlage hat das Wunderkind des Weinbaus am Ätna, Alberto Aiello Graci, seine Kellerei endlich fertiggestellt und zwar nach seinen ganz genauen technischen Vorstellungen, angefangen mit der Verwendung von 30 bis 100 Hektoliter fassenden, verglasten Betontanks für die Weißweinbereitung und von kegelstumpfförmigen Eichenbehältern für die Rotweine. Auch für den auf die Vinifikation folgenden Ausbau setzt Alberto auf große Holzfässer, um die organoleptischen Merkmale der autochthonen Rebsorten des Ätnas optimal zu betonen und vor allem ihre ausgeprägte Territorialität zu bewahren. Ab diesem Jahr wird auf dem Etikett der Weine zudem auch ihre Anbaulage aufgeführt. Mit dem aus Nerello Mascalese erzeugten Arcuria '12 erringt endlich auch ein Rotwein die Drei Gläser. Er ist ein waschechter Sohn des Ätnas, frisch und seidig, mit einer ausgeprägten Mineralität, die seine blumigen, fruchtigen Eindrücke betont und für noch größere Eleganz sorgt. Sehr gut auch der Bianco Arcuria '12, ein Carricante voller Charakter.

● Etna Rosso Arcuria '12	🍷🍷🍷	6
○ Etna Bianco Arcuria '12	🍷🍷	6
○ Etna Bianco '13	🍷🍷	3
○ Etna Rosato '13	🍷🍷	3
● Etna Rosso '12	🍷🍷	3
○ Etna Bianco '10	🍷🍷🍷	4*
○ Etna Bianco Arcuria '11	🍷🍷🍷	5
○ Etna Bianco Quota 600 '10	🍷🍷🍷	5
● Etna Rosso '11	🍷🍷	3*
● Etna Rosso Quota 600 '11	🍷🍷	5

SIZILIEN

Gulfi

C.DA PATRIA
97012 CHIARAMONTE GULFI [RG]
TEL. +39 0932921654
www.gulfi.it

BESUCH NACH VORANMELDUNG
UNTERKUNFT UND GASTRONOMIE
JAHRESPRODUKTION 280.000 Flaschen
REBFLÄCHE 70 Hektar
WEINBAU Biologisch anerkannt

Die Philosophie der Kellerei von Vito Catania ist schlicht und geradlinig: autochthone Rebsorten und besonders umweltfreundliche Verfahren, um das Land für kommende Generationen optimal zu erhalten. Ein Großteil der Rebfläche ist mit Nero d'Avola bestockt – natürlich ausnahmslos mit Alberello-Erziehung –, hinzu kommen kleine Parzellen mit Frappato, Carricante und Albanello. Nerello Cappuccio und Nerello Mascalese werden dagegen im kleinen Weingut Randazzo am Ätna angebaut. Die nach den Kriterien des biologischen Landbaus bestellten Weinberge erhalten keinerlei unterstützende Bewässerung und die Lese erfolgt schonend von Hand, um die Trauben intakt zur Kellerei zu befördern. Unter den vielen Nero d'Avola-Cru dieses Betriebs sticht in diesem Jahr der Neromàccarj '10 hervor: Elegant und artikuliert, weist er eine marine Mineralität auf, die sich mit dem Duft nach Gewürzen, mediterraner Macchie, roten Früchten und Tabak verbindet, während er am Gaumen fein, sauber, schön gewoben, vollmundig und anhaltend ist.

● Neromàccarj '10	🏆🏆 6
● Nerobaronj '10	🏆🏆 5
○ Valcanzjria '13	🏆🏆 3
● Cerasuolo di Vittoria '13	🏆 3
● Nerojbleo '10	🏆 3
● Rossojbleo '13	🏆 3
● Nerobufaleffj '07	🏆🏆🏆 5
● Neromàccarj '08	🏆🏆🏆 6
● Neromàccarj '07	🏆🏆🏆 5
● Neromàccarj '04	🏆🏆🏆 5
● Nerosanlorè '05	🏆🏆🏆 5
● Nerobaronj '09	🏆🏆 5
● Neromàccarj '09	🏆🏆 6
○ Valcanzjria '12	🏆 3*

Hauner

LOC. SANTA MARIA
VIA G.GRILLO, 61
98123 MESSINA
TEL. +39 0906413029
www.hauner.it

DIREKTVERKAUF
BESUCH NACH VORANMELDUNG
JAHRESPRODUKTION 80.000 Flaschen
REBFLÄCHE 18 Hektar

Unterstützt durch den treuen Manager Gianfranco Sabbatino setzt Carlo Hauner Junior mit Erfolg und Enthusiasmus das Werk seines unvergessenen Vaters fort. Der gebürtige Norditaliener böhmischer Herkunft hatte als Maler und Designer internationalen Ruhm erlangt, als er 1963 einen Urlaub auf der Insel Salina verbrachte. Es war Liebe auf den ersten Blick: Zehn Jahre und viele, immer längere Besuche später, traf er die Entscheidung seines Lebens und ließ sich definitiv auf Salina nieder, der Insel, für die er begeisterte, poetische Worte fand. Hier genoss er nun das herrliche Panorama und jene prachtvollen, heiß geliebten Malvasia-Trauben, die er zum Dank vor dem Vergessen bewahrte und in aller Welt bekannt machte. Wie im Vorjahr erlangt der großartige Riserva '11 die Drei Gläser: Er verzaubert die Verkoster mit erlesenen, intensiven Düften nach Aprikosen und mediterraner Macchie in Verbindung mit einem üppigen Mund von unübertroffener Ausgewogenheit. Vorzüglich auch der Malvasia delle Lipari Passito '12.

○ Malvasia delle Lipari Ris. '11	🏆🏆🏆 8
○ Malvasia delle Lipari '12	🏆🏆 5
○ Malvasia delle Lipari Passito '12	🏆🏆 6
● Rosso Antonello '10	🏆🏆 4
● Hierà Rosso '12	🏆 3
○ Iancura '13	🏆 2
○ Salina Bianco '13	🏆 2
● Salina Rosso '12	🏆 2
○ Malvasia delle Lipari Ris. '10	🏆🏆🏆 8
● Hierà Rosso '11	🏆🏆 3
○ Malvasia delle Lipari '11	🏆🏆 5
● Rosso Antonello '09	🏆🏆 4
○ Salina Bianco '12	🏆 2*

SIZILIEN

Marabino
C.DA BUONIVINI, SP ROSOLINI - PACHINO KM 8,5
97017 NOTO [SR]
TEL. +39 3355284101
www.marabino.it

DIREKTVERKAUF
BESUCH NACH VORANMELDUNG
UNTERKUNFT UND GASTRONOMIE
JAHRESPRODUKTION 100.000 Flaschen
REBFLÄCHE 30 Hektar
WEINBAU Biologisch anerkannt

Ein schöner Betrieb mit großem Umweltbewusstsein, der biologischen Landbau betreibt und dessen Umstellung auf biodynamische Verfahren weit fortgeschritten ist. Das im herrlichen Anbaugebiet der namhaften Denominationen Eloro und Noto gelegene Weingut wurde 2002 fast impulsiv vom Unternehmer Nello Messina ins Leben gerufen und sofort dem Elan und der Kompetenz seines Sohns Pierpaolo anvertraut. Dessen begeisterte Arbeit sieht in erster Linie die Förderung der typischen Rebsorten der Umgebung vor, die – nicht zuletzt dank des besonderen Terroirs – charaktervolle Weine mit starker Persönlichkeit hervorbringen. Ganzer Stolz des Weinguts ist die moderne Kellerei, die den Gutshöfen im Südosten Siziliens nachempfunden ist. Sanft, süß, reich an Fruchtfleisch, mit wunderschönen Nuancen, die an Datteln, Kamille und Ginsterblüten erinnern und gestützt durch beachtliche Säure, ist der Moscato della Torre '13 ein schöner Wein. Positiv auch die Beurteilung des eleganten und komplexen Noto Nero d'Avola '12. Gut die übrigen Etiketten.

○ Moscato di Noto Moscato della Torre '13	🍷🍷	5
○ Moscato di Noto Muscatedda '13	🍷🍷	3
● Noto Nero d'Avola '12	🍷🍷	2*
● Eloro Pachino Archimede '11	🍷	5
⊙ Eloro Rosato Rosa Nera '13	🍷	3
○ Eureka '13	🍷	3
● Eloro Pachino Archimede Ris. '10	🍷🍷	5
⊙ Eloro Rosato Rosa Nera '12	🍷🍷	3
○ Eureka '12	🍷🍷	3
○ Moscato di Noto Moscato della Torre '12	🍷🍷	5
○ Moscato di Noto Moscato della Torre '11	🍷🍷	5
○ Moscato di Noto Moscato della Torre '10	🍷🍷	5
● Noto Nero d'Avola '10	🍷🍷	3
● Noto Nero d'Avola '09	🍷🍷	2

Occhipinti
LOC. BOMBOLIERI
SP 68 KM 3,3
97019 VITTORIA [RG]
TEL. +39 09321865519
www.agricolaocchipinti.it

DIREKTVERKAUF
BESUCH NACH VORANMELDUNG
JAHRESPRODUKTION 120.000 Flaschen
REBFLÄCHE 18 Hektar
WEINBAU Biologisch anerkannt

Die erst dreißigjährige Arianna Occhipinti ist im Eiltempo in nur zehn Jahren zu einer der wichtigsten Frauen der italienischen Weinwelt geworden. Noch während ihres Önologie-Studiums begann die passionierte Winzerin auf einem Grundstück ihrer Eltern mit der Bestellung eines wenige Hektar großen Weinbergs. Heute verfügt sie über 18 Hektar Rebfläche, die ausschließlich einheimischen Sorten vorbehalten sind, sowie über eine brandneue, hochmoderne Kellerei. Der neue Verkostungsraum ist über einen Tunnel symbolisch mit dem Fasskeller verbunden, der im Untergeschoss des antiken Gehöfts eingerichtet wurde, das das Landgut beherrscht. Die gesamte Produktion, aus zertifiziert biologischem Anbau, entstammt den hauseigenen Weinlagen. Arianna konnte beweisen, dass sich aus einer Rebsorte, die bisher zu Unrecht als komplementäre oder höchstens als geeignet für jung zu trinkende Weine galt, ein großer Wein keltern lässt. Drei Gläser für ihren Il Frappato '12: intensiv, fein, fruchtig und würzig an der Nase, schmackhaft, balsamisch, saftig und anhaltend am Gaumen.

● Il Frappato '12	🍷🍷🍷	5
● Siccagno '11	🍷🍷	5
○ SP 68 Bianco '13	🍷🍷	4
● SP 68 Rosso '13	🍷🍷	3
● Il Frappato '11	🍷🍷🍷	5
● Cerasuolo di Vittoria Cl. Grotte Alte '08	🍷🍷	6
● Il Frappato '10	🍷🍷	4
● Siccagno '09	🍷🍷	5
○ SP 68 Bianco '12	🍷🍷	4
● SP 68 Rosso '12	🍷🍷	3
● SP 68 Rosso '11	🍷🍷	3

SIZILIEN

★Palari
LOC. SANTO STEFANO BRIGA
C.DA BARNA
98137 Messina
TEL. +39 090630194
www.palari.it

JAHRESPRODUKTION 50.000 Flaschen
REBFLÄCHE 7 Hektar

Es war in den 1990er Jahren, als wir an einem glühend heißen Julitag Salvatore Geraci besuchten. Zu unserer großen Überraschung und Freude trafen wir in der Kellerei auf keinen Geringeren als Gino Veronelli, der umgeben von Barriques einen Tropfen des Hauses verkostete. Den Blick prüfend auf den Wein gerichtet, sagte er: „Lieber Turi, wenn ich nicht wüsste, dass draußen über 30 Grad sind, würde ich schwören, dass wir uns im Burgund befinden". Der große Gino hatte wie immer den richtigen Riecher. Die Weinlese des Jahres 2015 wird die fünfundzwanzigste für Giampiero und Salvatore Geraci sein, die in einer Region mit einem großen Angebot an extraktreichen, muskulösen Weinen auch weiterhin Köstlichkeiten von seltener Territorialität und erlesener Eleganz keltern. Der Palari '11, vor allem Nerello Mascalese, macht seinem Ruf als einer der besten Weine Italiens weiterhin alle Ehre. Originell, elegant und fruchtig, duftet er nach Zitrusfrüchten, orientalischen Gewürzen und herbstlichem Unterholz; am Gaumen ist er streng, sehnig, leicht balsamisch und sehr lang anhaltend.

● Faro Palari '11	🍷🍷🍷 6
● Rosso del Soprano '12	🍷🍷 4
● Faro Palari '09	🍷🍷🍷 6
● Faro Palari '08	🍷🍷🍷 6
● Faro Palari '07	🍷🍷🍷 6
● Faro Palari '06	🍷🍷🍷 6
● Faro Palari '05	🍷🍷🍷 6*
● Faro Palari '04	🍷🍷🍷 7
● Faro Palari '03	🍷🍷🍷 6
● Rosso del Soprano '11	🍷🍷🍷 4*
● Rosso del Soprano '10	🍷🍷🍷 4*
● Rosso del Soprano '07	🍷🍷🍷 4

Passopisciaro
LOC. PASSOPISCIARO
C.DA GUARDIOLA
95030 CASTIGLIONE DI SICILIA [CT]
TEL. +39 0578267110
www.passopisciaro.com

DIREKTVERKAUF
JAHRESPRODUKTION 75.000 Flaschen
REBFLÄCHE 26 Hektar

Andrea Franchetti, einem bekannten toskanischen Erzeuger, gebührt das Verdienst, die verwunschene Welt des Weinbaus am Ätna aus dem Dornröschenschlaf geweckt zu haben, als er die Szene im Jahr 2000 kräftig durchrüttelte und zu einem ihrer modernen Väter wurde. Seine Erkenntnis war eindeutig: Die Bodenbeschaffenheit in den diversen Weinlagen am Vulkan ist wegen des unterschiedlichen Alters der Lavaströme sehr vielfältig; in Verbindung mit den diversen Mikroklimata entstehen so ganz verschiedene Weine. Andrea gehören sechs schöne, kleine Weingüter in ebenso vielen Weinlagen auf Höhen von 550 bis 1000 m und mehr, für mineralische, elegante Weine mit starker, faszinierender Persönlichkeit. Große Leistung für alle Etiketten des Hauses. In die Endrunde gelangen der kraftvolle und mineralische Contrada C '12 sowie der elegante und fruchtige Contrada R '12; beide entstammen 80 bis 100 Jahre alten Nerello Mascalese-Reben. Sehr fein und anhaltend der ebenfalls aus Mascalese gekelterte Contrada R mit seidiger Textur.

● Contrada C '12	🍷🍷 6
● Contrada R '12	🍷🍷 6
● Contrada G '11	🍷🍷🍷 8
● Contrada P '10	🍷🍷🍷 7
● Contrada P '09	🍷🍷🍷 7
● Passopisciaro '04	🍷🍷🍷 5
● Contrada C '11	🍷🍷 6
● Contrada P '11	🍷🍷 7
● Contrada R '11	🍷🍷 6
● Contrada S '11	🍷🍷 6
● Franchetti '11	🍷🍷 8
● Passopisciaro '11	🍷🍷 5

SIZILIEN

Carlo Pellegrino
VIA DEL FANTE, 39
91025 MARSALA (TP)
TEL. +39 0923719911
www.carlopellegrino.it

DIREKTVERKAUF
BESUCH NACH VORANMELDUNG
JAHRESPRODUKTION 7.000.000 Flaschen
REBFLÄCHE 100 Hektar

Ein Betrieb mit mehr als 130-jährigem Bestehen, dessen hochkarätige, international erfolgreiche Produkte die Geschichte der nationalen Weinszene geprägt haben. Heute wird das Unternehmen mit dem erfreulichen Familiencharakter ebenso klug wie geschickt von Pietro Alagna und Benedetto Renda, Präsident und Geschäftsführer, geleitet. In seinen Anfängen einer der Hauptakteure der Erfolgsgeschichte des Marsala, deren Erbe unter anderem die schönen, historischen Kellereiräume sind, ist es dem Betrieb gelungen, stets mit der Zeit zu gehen – dank einer Produktion, die mit einer an die diversen sizilianischen Terroirs angepassten Interpretation sowohl internationale, als auch autochthone Rebsorten ins rechte Licht rückt. Finaleinzug für den aus Zibibbo-Trauben gewonnenen Passito di Pantelleria Nes '12: tiefgründig und intensiv mit eleganten Düften nach Aprikosen und mediterraner Macchie, fein und festfleischig im Mund. Vorzügliche Leistung auch für den würzigen, weichen Tripudium Rosso '11 aus Nero d'Avola, Cabernet Sauvignon und Syrah.

○ Passito di Pantelleria Nes '12	⏣⏣ 5
● Marsala Fine Rubino	⏣⏣ 5
○ Marsala Sup. Oro Dolce Ris.	⏣⏣ 3
○ Duca di Castelmonte Dinari del Duca Grillo '13	⏣⏣ 3
● Duca di Castelmonte Tripudium Rosso '11	⏣⏣ 4
○ Duca di Castelmonte Gibelè '13	⏣ 2
○ Duca di Castelmonte Tripudium Bianco '13	⏣ 3
○ Marsala Sup. Ambra Semisecco Ris. '85	⏣⏣⏣ 4*
○ Marsala Vergine Ris. '81	⏣⏣⏣ 6
○ Passito di Pantelleria Nes '09	⏣⏣⏣ 5
● Tripudium Rosso Duca di Castelmonte '09	⏣⏣⏣ 4*

Pietradolce
FRAZ. SOLICCHIATA
C.DA RAMPANTE
95012 CASTIGLIONE DI SICILIA (CT)
TEL. +39 3474037792
www.pietradolce.it

JAHRESPRODUKTION 24.000 Flaschen
REBFLÄCHE 11 Hektar

Nach dem Sensationserfolg gleich bei der ersten Erwähnung in diesem Weinführer mit Drei Gläsern für den debütierenden Etna Rosso Archineri '07, haben Michele und Mario Faro keineswegs die Hände in den Schoß gelegt. Binnen fünf Jahren haben sie die Rebfläche auf 11 Hektar erweitert und verfügen für die Weißen nun über einen schönen Weinberg aus der Vor-Reblaus-Zeit in der Lage Caselle in Milo am Osthang des Vulkans. Der Nerello Mascalese hat sein Stammgebiet dagegen am Nordhang in der Lage Rampante in Passopisciaro. Hinzu kommen weitere Anbaugebiete, darunter zwei atemberaubende, fast hundertjährige Rebberge in Barbagalli, eine vierzig Jahre alte Spalieranlage in Zottorinoto und drei vor kurzem bestockte Hektar entlang der Staatsstraße SS 120. Drei Gläser gehen an den strengen, gebieterischen Vigna Barbagalli '11 aus Nerello Mascalese: Neben der typischen Mineralität finden sich Nuancen von gelben Pfirsichen, Kräutern und Tabak; die Tannine sind noch überschwänglich, aber dicht und elegant mit schönem, würzigem Abgang. Exzellent der hochklassige Archineri '12, ebenfalls aus Nerello Mascalese.

● Etna Rosso V. Barbagalli '11	⏣⏣⏣ 8
● Etna Rosso Archineri '12	⏣⏣ 5
● Etna Rosso Archineri '10	⏣⏣⏣ 5
● Etna Rosso Archineri '08	⏣⏣⏣ 3*
● Etna Rosso Archineri '07	⏣⏣⏣ 3*
● Etna Rosso V. Barbagalli '10	⏣⏣⏣ 8
○ Etna Bianco Archineri '12	⏣⏣ 5
○ Etna Bianco Archineri '11	⏣⏣ 5
● Etna Rosso Archineri '11	⏣⏣ 5
● Etna Rosso Archineri '09	⏣⏣ 3
● Etna Rosso Pietradolce '12	⏣⏣ 5

SIZILIEN

★★ Planeta
C.DA DISPENSA
92013 MENFI [AG]
TEL. +39 091327965
www.planeta.it

BESUCH NACH VORANMELDUNG
UNTERKUNFT UND GASTRONOMIE
JAHRESPRODUKTION 2.300.000 Flaschen
REBFLÄCHE 364 Hektar

Die Planeta feiern in diesem Jahr ihre zwanzigste Weinlese. Das sind zwanzig Jahre voller Erfolge und Auszeichnungen, angefangen mit der Ernennung – drei Jahre nach dem Debüt – zur Kellerei des Jahres 1998 für unseren Weinführer. Damit begann ein Weg, der Planeta zu einer internationalen Spitzenmarke machte, die in 70 Länder exportiert. Zwanzig Jahre, ohne sich auf den Lorbeeren auszuruhen, mit stets noch ehrgeizigeren Zielen und stärkeren Bemühungen, die territoriale Ausrichtung auszubauen und an den historisch interessantesten Orten der Insel Wein zu erzeugen. Auf die Kellerei Ulmo aus dem Jahr 1995 folgen die Weingüter in Menfi, Noto, Vittoria, am Ätna sowie in Kürze La Baronia in Capo Milazzo. Beeindruckt waren wir weniger von der Qualität und Eleganz der vorgestellten Weine – denn daran sind wir gewöhnt –, sondern vielmehr von ihrer perfekten Übereinstimmung mit dem Herkunftsterroir. Drei Gläser für den wundervollen Cerasuolo Dorilli '12, frisch und fruchtig mit großer Duftfülle. Fast ebenbürtig der Eruzione 1614 Nerello Mascalese '12.

● Cerasuolo di Vittoria Cl. Dorilli '12	♣♣♣	3*
○ Carricante Eruzione 1614 '13	♣♣	3*
○ Cometa '13	♣♣	5
● Nerello Mascalese Eruzione 1614 '12	♣♣	4
● Cerasuolo di Vittoria '12	♣♣	3
○ Chardonnay '12	♣♣	5
● Merlot '11	♣♣	4
● Noto Santa Cecilia '11	♣♣	5
○ Passito di Noto '12	♣♣	5
● Syrah Maroccoli '10	♣♣	4
● Vittoria Frappato '13	♣♣	2*
○ Chardonnay '10	♣♣♣	5
○ Cometa '09	♣♣♣	5
● Noto Santa Cecilia '10	♣♣♣	5
● Plumbago '09	♣♣♣	2*

Poggio di Bortolone
FRAZ. ROCCAZZO
VIA BORTOLONE, 19
97010 CHIARAMONTE GULFI [RG]
TEL. +39 0932921161
www.poggiodibortolone.it

DIREKTVERKAUF
BESUCH NACH VORANMELDUNG
UNTERKUNFT UND GASTRONOMIE
JAHRESPRODUKTION 80.000 Flaschen
REBFLÄCHE 15 Hektar

Als treuer Vertreter eines traditionellen Weinbaus, der im Cerasuolo di Vittoria seine höchste Ausdrucksform findet, setzt Pierluigi Pigi Cosenza die Arbeit seines Vaters Ignazio fort. Hier, in Chiaramonte Gulfi, wo die Wildbäche Para Para und Mazzarronello zusammenfließen, sind die Mitglieder der Familie Cosenza seit Generationen als Landwirte und seit rund vierzig Jahren als eigenständige Winzer tätig. Im Laufe der Jahre traten neben die traditionellen Zutaten des Cerasuolo di Vittoria, Nero d'Avola und Frappato, auch Syrah, Cabernet Sauvignon und Petit Verdot. Die Rebzeilen bedecken rund ein Viertel der 60 Hektar des Landwirtschaftsbetriebs und reichen von den sonnengeküssten Hängen bis hin zu den steinigen Ebenen der Talsohle. Eine Fruchtigkeit so fein wie Kirschen ist das Markenzeichen des Cerasuolo Classico Contessa Costanza '11; reifer und gesetzter der Classico Poggio di Bortolone '11, der die rustikale, leicht verstaubte Identität des Hauses bewahrt. Sehr erfreulich im Trinkgenuss der Syrah Addamanera '12, grün und duftig der Frappato '13.

● Addamanera '12	♣♣	2*
● Cerasuolo di Vittoria Cl. Contessa Costanza '11	♣♣	3
● Cerasuolo di Vittoria Cl. Poggio di Bortolone '11	♣♣	2*
● Frappato '12	♣♣	2*
● Cerasuolo di Vittoria V. Para Para '05	♣♣♣	4
● Addamanera '11	♣♣	2*
● Cerasuolo di Vittoria Cl. Contessa Costanza '10	♣♣	3
● Cerasuolo di Vittoria Poggio di Bortolone '10	♣♣	2*
● Cerasuolo di Vittoria Poggio di Bortolone '08	♣♣	3
● Cerasuolo di Vittoria V. Para Para '10	♣♣	4
● Cerasuolo di Vittoria V. Para Para '08	♣♣	4
● Frappato '11	♣♣	2*

SIZILIEN

Rallo
VIA VINCENZO FLORIO, 2
91025 MARSALA (TP)
TEL. +39 0923721633
www.cantinerallo.it

DIREKTVERKAUF
BESUCH NACH VORANMELDUNG
JAHRESPRODUKTION 450.000 Flaschen
REBFLÄCHE 110 Hektar
WEINBAU Biologisch anerkannt

Das Weingut von Andrea Vesco hat als eins der ersten Siziliens auf biologische Landwirtschaft umgestellt und ist ein moderner, ganz auf die Wahrung von Umwelt und Biodiversität ausgerichteter Betrieb, der über drei verschiedene Anbaugebiete – Alcamo, Marsala und Pantelleria – sowie über neuste Anlagentechnik verfügt. Im Weinberg und in der Kellerei leitet Andrea ein junges, hochmotiviertes Team unter der Aufsicht eines beratenden Önologen. Die hier beobachtete Qualitätssteigerung ist bemerkenswert: Die Weine des Hauses bestechen durch Eleganz und Reintönigkeit, aber vor allem durch ein vorzügliches Preis-Leistungs-Verhältnis. Eine hervorragende Leistung, die dem eleganten Catarratto Beleda '13 Drei Gläser beschert: Er ist intensiv und vielschichtig, harmonisch und ausgewogen, reich an Frucht mit schöner Säure als Unterstützung. Gut auch der eindringliche Grillo Bianco Maggiore '13, kristallin und klar, sehr frisch, anhaltend und saftig im Trinkgenuss.

○ Alcamo Beleda '13	🍷🍷 2*
○ Bianco Maggiore '13	🍷🍷🍷 3*
○ Al Qasar '13	🍷 3
○ Carta d'Oro '13	🍷🍷 2*
● Il Manto '12	🍷 3
● Il Principe '13	🍷🍷 2*
○ Evrò '13	🍷 3
○ Bianco Maggiore '12	🍷🍷🍷 3*
○ Alcamo Beleda '12	🍷🍷 2*
● Beleda '11	🍷🍷 4
● Nero d'Avola Il Principe '12	🍷🍷 3
● Nero d'Avola Il Principe '11	🍷🍷 2*
○ Passito di Pantelleria Bugeber '10	🍷🍷 5
● Syrah La Clarissa '12	🍷🍷 2*
● Syrah La Clarissa '11	🍷🍷 2*

Tenute Rapitalà
C.DA RAPITALÀ
90043 CAMPOREALE (PA)
TEL. +39 092437233
www.rapitala.it

DIREKTVERKAUF
BESUCH NACH VORANMELDUNG
JAHRESPRODUKTION 2.800.000 Flaschen
REBFLÄCHE 175 Hektar

Ein Juwel des Konzerns Gruppo Italiano Vini, der vor knapp fünfzig Jahren aus der Liebe zwischen Gigi Guarrasi und dem sizilienbegeisterten französischen Grafen Hugues Bernard de la Gatinais entstand. Denn das berühmte Ehepaar hatte beschlossen, auf diese Weise auf das verheerende Erdbeben im Belice-Tal zu reagieren, das 1968 zerstörte Anlagen und zahlreiche Arbeitslose hinterließ. Die Kellerei wurde umgehend – schöner und effizienter denn je – wieder aufgebaut und der unterbrochene Wirtschaftskreislauf voller Elan und Entschlossenheit erneut in Gang gebracht. Heute wird Rapitalà mit Geschick und Weitsicht vom Sohn der Gründer, Laurent, geführt und ist ein angesehenes Weingut, das Siziliens internationalem Prestige Glanz verleiht. Ein erfreulicher Jahrgang und Finaleinzug für zwei Klassiker des Hauses. Vorzüglich der Grand Cru '12, ein eleganter, fleischiger Chardonnay mit erlesenem Duft nach gelben Blüten und exotischen Früchten, ein Genuss. Schmeichelnd, mit edlem, schön austariertem Holz der Hugonis '12, ein hochkarätiger Blend aus Nero d'Avola und Cabernet Sauvignon.

○ Conte Hugues Bernard de la Gatinais Grand Cru '12	🍷🍷 4
● Hugonis '12	🍷🍷 5
○ Alcamo Bianco V. Casalj '13	🍷🍷 3
○ Bouquet '13	🍷🍷 2*
● Nuhar '12	🍷🍷 3
● Alto Nero d'Avola '12	🍷 3
○ Grillo '13	🍷 2
○ Conte Hugues Bernard de la Gatinais Grand Cru '10	🍷🍷🍷 4*
● Hugonis '01	🍷🍷🍷 6
● Solinero '03	🍷🍷🍷 5
○ Conte Hugues Bernard de la Gatinais Grand Cru '11	🍷🍷 4
● Hugonis '11	🍷🍷 5
● Nuhar '10	🍷🍷 3

SIZILIEN

Riofavara
C.DA FAVARA SP 49 ISPICA - PACHINO
97014 ISPICA [RG]
TEL. +39 0932705130
www.riofavara.it

DIREKTVERKAUF
BESUCH NACH VORANMELDUNG
UNTERKUNFT
JAHRESPRODUKTION 70.000 Flaschen
REBFLÄCHE 21 Hektar
WEINBAU Biologisch anerkannt

1994 beschließen Massimo und Marianta Padova, ihren eigenen Wein zu erzeugen und nutzen dazu die sechzehn Hektar, die der Familie seit 1920 gehören: Weinberge in sechs Bereichen innerhalb der DOC-Gebiete Eloro und Moscato di Noto, hochkarätige Lagen wie Buonivini, Favara Biduri, San Basilio und Sichilli, echte Cru, deren einzigartige pedoklimatischen Merkmale die authentischste Version des Nero d'Avola hervorbringen. Um die ganze organoleptische Fülle der Trauben zu bewahren, wählen die Padova einen natürlichen Ansatz, angefangen mit den biologisch bewirtschafteten Rebgärten bis zur Kellerei, wo nur einheimische Hefen eingesetzt und die Eingriffe von außen auf die Kontrolle der Temperatur beschränkt werden. Finaleinzug für den Eloro Sciavè '11, einen sortenreinen Nero d'Avola, dessen Finesse und territorialer Charakter unverwechselbar sind. Eine schöne, reife Frucht, mineralische Duftnoten und volle Erwartungserfüllung sind die Vorzüge des Marzaiolo '13, einer Cuvée aus Inzolia, Grecanico und Chardonnay. Typisch und gefällig der Nero d'Avola San Basilio '12.

Girolamo Russo
LOC. PASSOPISCIARO
VIA REGINA MARGHERITA, 78
95012 CASTIGLIONE DI SICILIA [CT]
TEL. +39 3283840247
www.girolamorusso.it

DIREKTVERKAUF
BESUCH NACH VORANMELDUNG
JAHRESPRODUKTION 35.000 Flaschen
REBFLÄCHE 15 Hektar
WEINBAU Biologisch anerkannt

Giuseppe Russo kann trotz seiner jungen Jahre als einer der Väter des gehobenen Weinbaus am Ätna gelten. Vielversprechender Pianist, tauschte er nach dem Studienabschluss am Konservatorium das edle Flair der Konzertsäle gegen den Duft der Kellerei und die Arbeit im Weinberg, um sich voll und ganz dem Familienbetrieb zu widmen. In der festen Überzeugung, dass der Wein aus der Verquickung von Traube und Terroir entsteht, begann er als einer der ersten, seine Weine nach Anbaugebieten getrennt abzufüllen. Aus seinen biologisch angebauten Trauben keltert Giuseppe so elegante, territoriale Weine, die in kürzester Zeit zur Richtschnur für die ganze Denomination geworden sind. Müheloser Gewinn der Drei Gläser für den 'A Rina '12, in diesem Jahr besser und komplexer denn je: pfirsichduftend, mediterran unterholzig, mineralisch, eisenhaltig und warmblütig an der Nase, dicht, eindringlich und gut ausgewogen im Geschmack. Finaleinzug auch für den Feudo '12, elegant, frisch und territorial. Gut die übrigen Weine.

● Eloro Nero d'Avola Sciavè '11	5
○ Marzaiolo '13	2*
● San Basilio '12	3
● Eloro Nero d'Avola Spaccaforno '11	3
● Nzu '12	3
● Eloro Nero d'Avola Sciavè '10	4
● Eloro Nero d'Avola Sciavè '09	4
○ Marzaiolo '12	2*
○ Moscato di Noto Notissimo '12	3
○ Moscato di Noto Notissimo '11	3
○ Moscato di Noto Notissimo '09	3
● San Basilio '11	3
● San Basilio '10	2*

● Etna Rosso 'A Rina '12	3*
● Etna Rosso Feudo '12	5
⊙ Etna Rosato Millemetri '13	4
● Etna Rosso San Lorenzo '12	5
● Etna Rosso Feudo '11	5
● Etna Rosso Feudo '10	5
● Etna Rosso Feudo '07	5
● Etna Rosso San Lorenzo '09	5
● Etna Rosso 'A Rina '11	5
● Etna Rosso Feudo '11	5

SIZILIEN

Emanuele Scammacca del Murgo
VIA ZAFFERANA, 13
95010 SANTA VENERINA [CT]
TEL. +39 095950520
www.murgo.it

DIREKTVERKAUF
BESUCH NACH VORANMELDUNG
UNTERKUNFT UND GASTRONOMIE
JAHRESPRODUKTION 230.000 Flaschen
REBFLÄCHE 35 Hektar

Eine schöne Geschichte von einer großen Familie und einem herrlichen Land. Hier haben die Scammacca, denen der Betrieb seit 1860 gehört, mit großer Weitsicht und Hingabe antike Lehnsgüter in moderne Produktionsstätten verwandelt. Zu den wichtigsten Weingütern zählen Gelso Bianco, La Francescana und San Michele. Letzteres, herrlich in 500 m Höhe am Südosthang des Ätna gelegen, ist das Herzstück des Ganzen. Zu betonen die Ausrichtung des Hauses auf Schaumwein; sie ist zurückzuführen auf das Gespür des Barons Emanuele, der vom diesbezüglichen Potenzial des Nerello Mascalese überzeugt war und das Weingut weit über Sizilien hinaus zu einer festen Größe der Branche gemacht hat. Finalteilnahme für den Etna Bianco '13 aus Carricante und Catarratto: zitrusartig, mineralisch, von subtiler, faszinierender Eleganz, lebhaft und außerordentlich anhaltend am Gaumen. Herausragend auch der erlesene Tenuta San Michele Pinot Nero '11, fruchtig und blumig mit zarten Tanninen von seidiger Geschmeidigkeit.

○ Etna Bianco '13	🍷 2*
○ Etna Bianco Tenuta San Michele '12	🍷🍷 2*
⊙ Etna Rosato '13	🍷🍷 2*
● Etna Rosso '12	🍷🍷 2*
● Etna Rosso Tenuta San Michele '11	🍷🍷 2*
○ Murgo Brut '10	🍷🍷 3
○ Murgo Extra Brut '07	🍷🍷 5
● Pinot Nero Tenuta San Michele '11	🍷🍷 5
● Cabernet Sauvignon Tenuta San Michele '08	🍷 4
○ Etna Bianco '12	🍷🍷 2*
● Etna Rosso Semper '08	🍷🍷 4
○ Lapilli '12	🍷🍷 2*
⊙ Murgo Brut Rosé '09	🍷🍷 4
○ Murgo Extra Brut '06	🍷🍷 5

Scilio
V.LE DELLE PROVINCIE, 52
95015 GIARRE [CT]
TEL. +39 095932822
www.scilio.com

DIREKTVERKAUF
BESUCH NACH VORANMELDUNG
UNTERKUNFT UND GASTRONOMIE
JAHRESPRODUKTION 90.000 Flaschen
REBFLÄCHE 22 Hektar
WEINBAU Biologisch anerkannt

Die Familie Scilio baut nun schon seit über 200 Jahren am Ätna Wein an, in einem faszinierenden Umfeld im Raum Linguaglossa, in 650 m Höhe. Wir befinden uns mitten im großen, grünen Parco dell'Etna und ein Teil der biologisch bestellten Weinberge grenzt direkt an den Wald an. Die Scilio sind jedoch nicht nur für ihren Wein bekannt, sondern zählen auch zu den Pionieren des Weintourismus am Vulkan: Sie verfügen über einen weitläufigen, bestens ausgestatteten Agriturismo und organisieren liebend gern auch Events in ihrer großen Kellerei. Das Weingut verwendet nur autochthone Rebsorten und die etwa 100.000 produzierten Flaschen entfallen fast ganz auf die Denomination Etna. In diesem Jahr zeigt sich die ganze Produktpalette auf einem wirklich hohen Niveau. Herausragend insbesondere der aus Carricante und Catarratto gekelterte Etna Bianco 1815 Jahrgang 2012: blumig, würzig mit frischer Säure und mineralischer Schmackhaftigkeit. Gut auch der Etna Rosso Alta Quota '10, ein eleganter, sortenechter Nerello Mascalese.

○ Etna Bianco 1815 '12	🍷🍷 6
● Etna Rosso 1815 '11	🍷🍷 6
● Etna Rosso Alta Quota '10	🍷🍷 2*
● Etna Rosso Orphéus '11	🍷🍷 4
○ Etna Bianco Valle Galfina '13	🍷 3
⊙ Etna Rosato Valle Galfina '13	🍷 2
● Etna Rosso Valle Galfina '12	🍷 2
● Etna Rosso 1815 '10	🍷🍷 5
● Etna Rosso Alta Quota '09	🍷🍷 5
● Etna Rosso Orphéus '09	🍷🍷 4
● Etna Rosso Valle Galfina '10	🍷🍷 2*
● Sikélios Rosso '07	🍷🍷 4

SIZILIEN

Settesoli

SS 115
92013 Menfi [AG]
Tel. +39 092577111
www.cantinesettesoli.it

DIREKTVERKAUF
BESUCH NACH VORANMELDUNG
JAHRESPRODUKTION 20.000.000 Flaschen
REBFLÄCHE 6.500 Hektar

Ein gewaltiges Unternehmen, ein Koloss unter den europäischen Winzergenossenschaften mit 2300 Mitgliedern und über 6000 Hektar Rebfläche. An ihrer Spitze steht heute der internationale Manager Vito Varvaro, der die weitsichtige Arbeit des langjährigen Präsidenten Diego Planeta fortführt. Ihm war es gelungen, sämtliche Mitglieder – ganz unabhängig von der Größe ihrer Weinberge – auf ein gemeinsames Ziel einzuschwören, so dass jeder einzelne Winzer engagiert und verantwortungsbewusst auf beste Qualität hinarbeitet. Die umfangreiche, tadellose Angebotspalette findet in der Reihe Mandrarossa ihre besten Tropfen. Für dieses bedeutende italienische Unternehmen verzeichnen wir ein weiteres Mal einen ganz vorzüglichen Jahrgang. Finalteilnahme für den Nero d'Avola Cartagho '12, einen Wein mit intensiven Fruchtdüften, großer Territorialität und beneidenswerter Eleganz. Ähnliches gilt auch für den anderen Finalist, den weichen, feinen und faszinierenden Seligo Rosso '13 aus Nero d'Avola und Syrah.

● Cartagho Mandrarossa '12	🍷🍷 3*
● Seligo Rosso '13	🍷🍷 2*
● Cavadiserpe Mandrarossa '13	🍷🍷 4
○ Santannella Mandrarossa '13	🍷🍷 3
● Timperosse Mandrarossa '13	🍷🍷 3
● V. Cinquanta '12	🍷🍷 4
○ Fiano V. Lagano Mandrarossa '13	🍷 2
○ Urra di Mare Mandrarossa '13	🍷 2
● Cartagho Mandrarossa '09	🍷🍷🍷 3*
● Cartagho Mandrarossa '08	🍷🍷🍷 3*
● Cartagho Mandrarossa '06	🍷🍷🍷 3
● Seligo Bianco '12	🍷🍷 3
● Seligo Rosso '12	🍷🍷 2*
○ Urra di Mare Mandrarossa '12	🍷🍷 2*

Spadafora

via Ausonia, 90
90144 Palermo
Tel. +39 091514952
www.spadafora.com

DIREKTVERKAUF
BESUCH NACH VORANMELDUNG
UNTERKUNFT UND GASTRONOMIE
JAHRESPRODUKTION 280.000 Flaschen
REBFLÄCHE 95 Hektar

Don Pietro aus dem Fürstenhaus Spadafora musste sich 1968 den enormen Schäden stellen, die das Erdbeben im Belice-Tal und auf seinem schönen Gutshof in der Gemeinde Monreale angerichtet hatte. Es gelang ihm, das in 250 bis 400 m Höhe gelegene Gut wiederaufzubauen. Neuen Schwung erhielt der biologisch bewirtschaftete Betrieb dann 1988 durch Sohn Francesco, der unter Wahrung des heimischen Terroirs nach seinen eigenen Verfahren, Überzeugungen und Umsetzungskriterien vorgeht. Dazu gehört es, jede Einzelheit persönlich abzuzeichnen: als Inhaber, Agronom und Önologe. Der Stil des Weinguts will die Trauben in ihrer ganzen Wesensart zur Geltung zu bringen, ohne zwischen autochthonen und internationalen Sorten zu unterscheiden. Fein, kraftvoll und schön ausgestaltet, zeigt der aus Nero d'Avola und Cabernet Sauvignon gekelterte Don Pietro Rosso '11 intensive Nuancen von Humus, Pflaumen und Wacholderbeeren sowie runde, vollmundige Tannine. Interessant der Syrah les jeux sont faits '13, der sich der Kategorie der so genannten „Vini naturali" zuordnen lässt. Gut der Rest.

● Alhambra Nero d'Avola '12	🍷🍷 2*
● Alhambra Syrah '12	🍷🍷 2*
● Don Pietro Rosso '11	🍷🍷 3
● les jeux sont faits '13	🍷🍷 2*
○ Alhambra Catarratto Inzolia '13	🍷 2
○ Don Pietro Bianco '13	🍷 2
○ Enrica Spadafora M. Cl. '09	🍷 5
○ Grillo '12	🍷 3
● Nero d'Avola Rosato '13	🍷 2
○ Schietto Chardonnay '11	🍷 4
● Don Pietro Bianco '12	🍷🍷 2*
● Don Pietro Rosso '09	🍷🍷 3
● Schietto Nero d'Avola '10	🍷🍷 4
● Schietto Syrah '08	🍷🍷 3

SIZILIEN

★★ Tasca d'Almerita

C.DA REGALEALI
90129 SCLAFANI BAGNI [PA]
TEL. +39 0916459711
www.tascadalmerita.it

DIREKTVERKAUF
BESUCH NACH VORANMELDUNG
UNTERKUNFT UND GASTRONOMIE
JAHRESPRODUKTION 3.000.000 Flaschen
REBFLÄCHE 346 Hektar

Acht Generationen einer Familie, die mit Hingabe und Begeisterung Landwirtschaft betreibt, zweihundert Jahre hoher Qualität im Dienste des Made in Sicily. Die Marke Tasca d'Almerita – fünf herrliche Weingüter in den feinsten Anbaugebieten der Insel mit Regaleali als historischem Mittelpunkt – ist dank ihres großen internationalen Ansehens eine vorzügliche Botschafterin des sizilianischen Weins in der Welt. Ein Verdienst des weitsichtigen Giuseppe Tasca, gefolgt von seinem Sohn Lucio und den Enkeln Alberto und Giuseppe, denen es gelungen ist, stets mit der Zeit zu gehen und eine Produktion aufzubauen, die aus einheimischen und internationalen Rebsorten hochkarätige Weine von erlesener Eleganz entstehen lässt. Drei Gläser – so die spielend leicht erlangte Auszeichnung für die monumentale 2010er Version des Rosso del Conte, der elegante, intensive Duftnoten nach Kirschen, schwarzen Gewürzen, Tabak und Graphit enthüllt und mit süßen, sanften Tanninen verbindet. Beachtlich auch der tiefgründige Chardonnay '12 und der kraftvolle Cabernet Sauvignon '11, ein hochklassiger Wein.

● Contea di Sclafani Rosso del Conte '10	🍷🍷🍷	6
● Cabernet Sauvignon '11	🍷🍷	5
○ Contea di Sclafani Chardonnay '12	🍷🍷	5
● Cavallo delle Fate '13	🍷🍷	5
● Contea di Sclafani Nozze d'Oro '12	🍷🍷	4
○ Tasca d'Almerita Whitaker Grillo '13	🍷🍷	3
● Tascante '11	🍷🍷	5
○ Tascante Buonora '10	🍷🍷	3
● Tascante Ghiaia Nera '12	🍷🍷	5
○ Tenuta Capofaro Malvasia '13	🍷🍷	5
● Cabernet Sauvignon '08	🍷🍷🍷	5
● Cabernet Sauvignon '07	🍷🍷🍷	5
● Contea di Sclafani Cabernet Sauvignon '10	🍷🍷🍷	5
● Contea di Sclafani Cabernet Sauvignon '01	🍷🍷🍷	5
● Cygnus '10	🍷🍷🍷	4*

Tenuta delle Terre Nere

C.DA CALDERARA
95036 RANDAZZO [CT]
TEL. +39 095924002
www.tenutaterrenere.com

DIREKTVERKAUF
BESUCH NACH VORANMELDUNG
JAHRESPRODUKTION 200.000 Flaschen
REBFLÄCHE 30 Hektar
WEINBAU Biologisch anerkannt

Marco De Grazia hat einen Großteil seines Lebens damit verbracht, der Welt die Weine Italiens nahezubringen. Als er 2002 am Nordhang des Ätna als Winzer anfing, wurde ihm schnell klar, dass dieses steile, unzugängliche Gelände, wo sich jahrtausendealte Lavaschichten überlagern und binnen weniger Hundert Meter ganz verschiedene Mikroklimata herrschen, in Wirklichkeit einen Schatz birgt: eine unvergleichliche, unendliche Vielfalt! Er begann daher, die Trauben jeder Lage einzeln zu vinifizieren und als jene Cru zu behandeln, die sie sind, um die Vor- und Nachteile jeder territorialen Einheit herauszuarbeiten. Seine vorzüglichen Ergebnisse machen Marco zum modernen Demiurg des Gebiets „around the volcano". Spontane Drei Gläser für den Etna Rosso Santo Spirito '12 aus Nerello Mascalese und Cappuccio, einen anmutigen, eleganten Wein mit erlesenen Anklängen an Konfitüre aus roten Pfirsichen und Gewürze, besonders lang und saftig. Herrlich auch der aus den gleichen Sorten gekelterte Guardiola '12, ein unvergessliches Gedicht aus Blüten und Früchten.

● Etna Rosso Santo Spirito '12	🍷🍷🍷	6
● Etna Rosso Guardiola '12	🍷🍷	6
○ Etna Bianco '13	🍷🍷	4
● Etna Bianco Le Vigne Niche '12	🍷🍷	6
○ Etna Rosato '12	🍷🍷	4
● Etna Rosso '12	🍷🍷	4
● Etna Rosso Calderara Sottana '12	🍷🍷	6
● Etna Rosso Feudo di Mezzo Quadro delle Rose '12	🍷🍷	6
● Etna Rosso Prephilloxera La V. di Don Peppino '12	🍷🍷	8
● Etna Rosso Prephilloxera La V. di Don Peppino '07	🍷🍷🍷	8
● Etna Rosso Santo Spirito '11	🍷🍷🍷	6
● Etna Rosso Santo Spirito '10	🍷🍷🍷	6
● Etna Rosso Santo Spirito '08	🍷🍷🍷	6

SIZILIEN

Terrazze dell'Etna

C.DA BOCCA D'ORZO
95036 RANDAZZO [CT]
TEL. +39 0916236343
www.terrazzedelletna.it

DIREKTVERKAUF
BESUCH NACH VORANMELDUNG
JAHRESPRODUKTION 120.000 Flaschen
REBFLÄCHE 38 Hektar

Dem bekannten Ingenieur und Weinliebhaber Nino Bevilacqua ist es gelungen, im Raum Randazzo ein weitläufiges Areal zu vereinen, das zuvor aus vielen kleinen Grundstücken mit unterschiedlichen Besitzern bestand. Nach langen Jahren im festen Griff von Dornen und Unkraut wurde das in 700 bis 800 Metern Höhe gelegene Gelände – auch dank der begeisterten Unterstützung durch Ninos junge Tochter Alessia – in ein wunderschönes Weingut verwandelt: ein Reich der Reben in einem faszinierenden Umfeld mit eleganten Terrassierungen und atemberaubenden Panoramen. Die Weine des Hauses achten das besondere Terroir des Ätnas und interpretieren es auf angemessene, moderne Weise. Knapp an der höchsten Auszeichnung vorbei der Etna Rosso Cirneco '11 aus Nerello Mascalese und Cappuccio mit feinen Duftnoten von Pflaumenkonfitüre, Weinbergspfirsich und Feuerstein in Verbindung mit einem eleganten, festfleischigen Geschmack. Vorzüglich auch der faszinierende Rosé Brut '11 aus Pinot Nero und Nerello Mascalese.

● Etna Rosso Cirneco '11	🍷🍷🍷 6
● Cratere '11	🍷🍷🍷 4
● Etna Rosso Carusu '12	🍷🍷🍷 4
⊙ Rosé Brut '11	🍷🍷🍷 5
○ Ciuri '13	🍷 3
● Etna Rosso Cirneco '09	🍷🍷🍷 6
● Etna Rosso Cirneco '08	🍷🍷🍷 5
○ Ciuri '12	🍷🍷 3
○ Cuvée Brut '08	🍷🍷 5
● Etna Rosso Carusu '11	🍷🍷 4
● Etna Rosso Cirneco '10	🍷🍷 6
⊙ Rosé Brut '10	🍷🍷 5

Valle dell'Acate

C.DA BIDINI
97011 ACATE [RG]
TEL. +39 0932874166
www.valledellacate.it

DIREKTVERKAUF
BESUCH NACH VORANMELDUNG
JAHRESPRODUKTION 400.000 Flaschen
REBFLÄCHE 100 Hektar

Die Kellerei der Familien Ferreri und Jacono besteht seit dem Ende des 19. Jahrhunderts, als die Weine aus dem Raum Vittoria europaweit exportiert wurden. In den letzten Jahren wurde ein Großteil der über hundert Hektar des Weinguts neu bestockt, wobei für jede Rebsorte das passende Terroir gewählt wurde: eine enorme Anstrengung im Anschluss an eine lange, eingehende Untersuchung der geotechnischen Merkmale der Böden. Die aktuelle Produktion entfällt zu einem großen Teil auf autochthone Reben, vor allem Nero d'Avola und Frappato, aus denen der Cerasuolo di Vittoria erzeugt wird. Er ist das Glanzstück einer umfangreichen Produktpalette, die seit jeher nicht nur die Geschichte, sondern auch die Zukunft dieser Kellerei darstellt. Eine sehr überzeugende Weinauswahl in diesem Jahr; dies gilt insbesondere für den Il Frappato '13 mit duftiger Frucht, saftig und durch eine feine Säure schön unterstützt. Äußerst erfreulich auch der strukturierte Cerasuolo di Vittoria '11, sehr würzig und elegant, gut getragen von einem erlesenen Tanningefüge.

● Vittoria Il Frappato '13	🍷🍷 2*
● Cerasuolo di Vittoria Cl. '11	🍷🍷🍷 3
● Il Moro '11	🍷🍷🍷 3
● Rusciano '11	🍷🍷🍷 4
○ Vittoria Inzolia '13	🍷🍷 2*
○ Bidis '12	🍷 4
○ Zagra '13	🍷 2
○ Bidis '11	🍷🍷 4
● Cerasuolo di Vittoria Cl. '10	🍷🍷 3
● Il Moro '10	🍷🍷 3
● Tanè '10	🍷🍷 5
● Vittoria Il Frappato '12	🍷🍷 2*
● Vittoria Il Frappato '11	🍷🍷 2*

WEITERE KELLEREIEN

Tenute Adragna
LOC. SAN MARCO
VIA SIMONE CATALANO, 466
91100 VALDERICE [TP]
TEL. +39 0923833805
www.tenuteadragna.it

DIREKTVERKAUF
BESUCH NACH VORANMELDUNG
JAHRESPRODUKTION 70.000 Flaschen
REBFLÄCHE 50 Hektar

● Corallovecchio '11	🍷🍷 3
● Roccagiglio '10	🍷🍷 4
○ Grillo '13	🍷 3
● Nero d'Avola '12	🍷 2

Avide
C.DA MASTRELLA, 346
97013 COMISO [RG]
TEL. +39 0932967456
www.avide.it

DIREKTVERKAUF
BESUCH NACH VORANMELDUNG
JAHRESPRODUKTION 250.000 Flaschen
REBFLÄCHE 68 Hektar

● 1607 Frappato '13	🍷🍷 4
○ Nutaru M. Cl. Bianco	🍷 5
○ Nutaru M. Cl. Rosé	🍷 5
○ Maria Stella Inzolia '13	🍷 4

Baglio Ingardia
C.DA PORTICALAZZO
91027 PACECO [TP]
TEL. +39 0923882863
www.baglioingardia.com

DIREKTVERKAUF
BESUCH NACH VORANMELDUNG
REBFLÄCHE 2 Hektar
WEINBAU Biologisch anerkannt

○ Munir '13	🍷🍷 3
● Ventu '11	🍷🍷 2*

Barone Sergio
VIA CAVOUR, 29
96018 PACHINO [SR]
TEL. +39 0902927878
www.baronesergio.it

DIREKTVERKAUF
BESUCH NACH VORANMELDUNG
JAHRESPRODUKTION 150.000 Flaschen
REBFLÄCHE 30 Hektar

● Eloro Anghel '10	🍷🍷 3
● Eloro Nero d'Avola Barone Sergio '09	🍷🍷 3
○ Alègre '13	🍷 2
⊙ Luigia '12	🍷 3

Biscaris
VIA MARESCIALLO GIUDICE, 52
97011 ACATE [RG]
TEL. +39 0932990762
www.biscaris.it

DIREKTVERKAUF
JAHRESPRODUKTION 80.000 Flaschen
REBFLÄCHE 10 Hektar
WEINBAU Biodynamisch anerkannt

● Cerasuolo di Vittoria Pricipuzzu '12	🍷🍷 3
● Frappato Baruneddu '13	🍷 2
● Nero d'Avola Cavaleri '13	🍷 2

Bonavita
LOC. FARO SUPERIORE
C.DA CORSO
98158 MESSINA
TEL. +39 3471754983
www.bonavitafaro.it

BESUCH NACH VORANMELDUNG
JAHRESPRODUKTION 5.000 Flaschen
REBFLÄCHE 2 Hektar

● Faro '12	🍷 5
⊙ Rosato '13	🍷🍷 2*

WEITERE KELLEREIEN

Calatrasi
C.DA PIANO PIRAINO
90040 SAN CIPIRELLO [PA]
TEL. +39 0918576767
www.calatrasi.it

DIREKTVERKAUF
BESUCH NACH VORANMELDUNG
GASTRONOMIE
JAHRESPRODUKTION 2.000.000 Flaschen
REBFLÄCHE 650 Hektar
WEINBAU Biologisch anerkannt

○ Costanza di Mineo Cor Leon Grillo '13	🍷🍷 2*
● Terre di Ginestra Nero d'Avola '12	🍷🍷 2*
● Costanza di Mineo Magnus Siculus '10	🍷 4
● Terre di Ginestra Magnifico Syrah '12	🍷 3

Calcagno
FRAZ. PASSOPISCIARO
VIA REGINA MARGHERITA
95012 CASTIGLIONE DI SICILIA [CT]
TEL. +39 3387772780
www.vinicalcagno.it

DIREKTVERKAUF
BESUCH NACH VORANMELDUNG
JAHRESPRODUKTION 12.000 Flaschen
REBFLÄCHE 3 Hektar

● Feudo di Mezzo '11	🍷 4
⊙ Arcuria Rosato '13	🍷 3
○ Etna Bianco '13	🍷 3

Paolo Calì
VIA DEL FRAPPATO, 100
97019 VITTORIA [RG]
TEL. +39 0932510082
www.vinicali.it

DIREKTVERKAUF
BESUCH NACH VORANMELDUNG
JAHRESPRODUKTION 50.000 Flaschen
REBFLÄCHE 14 Hektar

● Jazz '12	🍷🍷 2*
● Cerasuolo di Vittoria Cl. Manene '12	🍷 4
● Cerasuolo di Vittoria Violino '11	🍷 2
● Vittoria Frappato Mandragola '13	🍷 3

Cambria
C.DA SAN FILIPPO - VIA VILLA ARANGIA
98054 FURNARI [ME]
TEL. +39 0909761124
www.cambriavini.com

BESUCH NACH VORANMELDUNG
JAHRESPRODUKTION 250.000 Flaschen

● Mamertino Giulio Cesare '11	🍷 4
● Mastronicola '11	🍷 4
● Syrah '10	🍷 5

Cantina Viticoltori Associati Canicattì
C.DA AQUILATA
92024 CANICATTÌ [AG]
TEL. +39 0922829371
www.cvacanicatti.it

DIREKTVERKAUF
JAHRESPRODUKTION 900.000 Flaschen
REBFLÄCHE 1.000 Hektar

○ Fileno '13	🍷🍷 2*
● Sciuscià '12	🍷🍷 4
● Aquilae Nero d'Avola '12	🍷 2
● Diodoros '12	🍷 4

Caravaglio
LOC. MALFA SALINA
VIA NAZIONALE, 33
98050 MALFA [ME]
TEL. +39 0909844368

○ Infatata '13	🍷🍷 3
○ Malvasia delle Lipari Passito '12	🍷🍷 5
○ Salina Bianco '13	🍷🍷 3
● Salina Rosso '13	🍷 3

WEITERE KELLEREIEN

Caruso & Minini
via Salemi, 3
91025 Marsala [TP]
Tel. +39 0923982356
www.carusoeminini.it

DIREKTVERKAUF
BESUCH NACH VORANMELDUNG
JAHRESPRODUKTION 1.200.000 Flaschen
REBFLÄCHE 120 Hektar

○ Corte Ferro Zibibbo '13	♛♛ 3
● Terre di Giumara Frappato Nerello Mascalese '13	♛♛ 2*
● Cusora Cabernet Sauvignon '13	♛ 2

Ceuso
loc. Segesta
c.da Vivignato
91013 Calatafimi [TP]
Tel. +39 092422836
www.ceuso.it

BESUCH NACH VORANMELDUNG
JAHRESPRODUKTION 130.000 Flaschen
REBFLÄCHE 50 Hektar

● Ceuso '11	♛♛ 5
● Fastaia '12	♛♛ 3
○ Scurati Grillo '13	♛ 2
● Scurati Rosso '13	♛ 2

Tenuta Chiuse del Signore
loc. c.da Chiuse del Signore
SP Linguaglossa-Zafferana km 2
95015 Linguaglossa [CT]
Tel. +39 0942611340
www.gaishotels.com

DIREKTVERKAUF
BESUCH NACH VORANMELDUNG
JAHRESPRODUKTION 45.000 Flaschen
REBFLÄCHE 50 Hektar

○ Rasule Alte Bianco '13	♛♛ 3
⊙ Rasule Alte Rosato '13	♛♛ 2*
● Rasule Alte Rosso '13	♛♛ 2*

Cossentino
via Principe Umberto, 241
90047 Partinico [PA]
Tel. +39 0918782569
www.cossentino.it

DIREKTVERKAUF
BESUCH NACH VORANMELDUNG
JAHRESPRODUKTION 70.000 Flaschen
REBFLÄCHE 17 Hektar
WEINBAU Biologisch anerkannt

○ Rosa del Sud '13	♛♛ 2*
● Zatir Nero d'Avola '12	♛♛ 3
○ Brut Chardonnay	♛ 4
● Nero d'Avola '12	♛ 4

Tenuta Coste Ghirlanda
loc. Piana di Ghirlanda
91017 Pantelleria [TP]
Tel. +39 3388244649
www.costeghirlanda.it

○ Jardinu Zibibbo '12	♛♛ 7
○ Passito di Pantelleria Alcova '12	♛♛ 7

I Custodi delle Vigne dell'Etna
c.da Moganazzi
95012 Castiglione di Sicilia [CT]
Tel. +39 3931898430
www.icustodi.it

○ Ante '12	♛♛ 4
● Etna Rosso Aetneus '08	♛♛ 4
⊙ Etna Rosato Alnus '12	♛ 3
● Etna Rosso Pistus '12	♛ 3

WEITERE KELLEREIEN

Gianfranco Daino
VIA CROCE DEL VICARIO, 115
95041 CALTAGIRONE [CT]
TEL. +39 093358226
www.vinidaino.it

DIREKTVERKAUF
BESUCH NACH VORANMELDUNG
JAHRESPRODUKTION 18.000 Flaschen
REBFLÄCHE 2 Hektar

● Suber '12	🍷 5

Destro
LOC. MONTELAGUARDIA
95036 RANDAZZO [CT]
TEL. +39 095937060
www.destrovini.com

○ Etna Bianco Isolanuda '13	🍷🍷 4
○ Nausica '13	🍷🍷 3
● Etna Rosso Aithòs '09	🍷 5
○ Saxanigra Brut '10	🍷 5

Di Giovanna
C.DA SAN GIACOMO
92017 SAMBUCA DI SICILIA [AG]
TEL. +39 09251955675
www.di-giovanna.com

DIREKTVERKAUF
BESUCH NACH VORANMELDUNG
JAHRESPRODUKTION 250.000 Flaschen
REBFLÄCHE 56 Hektar
WEINBAU Biologisch anerkannt

○ Helios Bianco '13	🍷🍷 3
● Helios Rosso '12	🍷🍷 3
⊙ Gerbino Rosato Nero d'Avola '13	🍷 2
● Nerello Mascalese '12	🍷 3

Gaspare Di Prima
VIA G. GUASTO, 27
92017 SAMBUCA DI SICILIA [AG]
TEL. +39 0925941201
www.diprimavini.it

DIREKTVERKAUF
BESUCH NACH VORANMELDUNG
JAHRESPRODUKTION 50.000 Flaschen
REBFLÄCHE 38 Hektar
WEINBAU Biologisch anerkannt

○ Grillo del Lago '13	🍷🍷 2*
○ Janub '12	🍷 2
○ Pepita Bianco '13	🍷 2

Ferreri
C.DA SALINELLA
91029 SANTA NINFA [TP]
TEL. +39 092461871
www.ferrerivini.it

DIREKTVERKAUF
BESUCH NACH VORANMELDUNG
JAHRESPRODUKTION 70.000 Flaschen
REBFLÄCHE 30 Hektar

● Brasi '10	🍷🍷 5
● Karren '11	🍷🍷 4
○ Inzolia '13	🍷 3
● Nero d'Avola '13	🍷 2

Feudo Arancio
C.DA PORTELLA MISILBESI
92017 SAMBUCA DI SICILIA [AG]
TEL. +39 0925579000
www.feudoarancio.it

DIREKTVERKAUF
BESUCH NACH VORANMELDUNG
JAHRESPRODUKTION 800.000 Flaschen
REBFLÄCHE 650 Hektar

○ Dalila '12	🍷🍷 3
● Nero d'Avola '13	🍷🍷 2*
○ Inzolia '13	🍷 3
○ Tinchitè '13	🍷 3

WEITERE KELLEREIEN

Feudo Cavaliere
C.DA CAVALIERE BOSCO
95126 SANTA MARIA DI LICODIA [CT]
TEL. +39 3487348377
www.feudocavaliere.com

DIREKTVERKAUF
BESUCH NACH VORANMELDUNG
JAHRESPRODUKTION 9.000 Flaschen
REBFLÄCHE 10 Hektar

○ Etna Bianco Millemetri '12		♙♙ 3
⊙ Etna Rosato Millemetri '13		♙ 3

Feudo Montoni
C.DA MONTONI VECCHI
90144 CAMMARATA [AG]
TEL. +39 091513106
www.feudomontoni.it

DIREKTVERKAUF
BESUCH NACH VORANMELDUNG
JAHRESPRODUKTION 205.000 Flaschen
REBFLÄCHE 30 Hektar
WEINBAU Biologisch anerkannt

○ Sicilia Catarratto V. del Masso '13		♙♙ 3
○ Sicilia Grillo V. della Timpa '13		♙♙ 3
● Nero d'Avola V. Lagnusa '12		♙ 3
● Perricone V. del Core '12		♙ 3

Feudo Ramaddini
FRAZ. MARZAMENI
C.DA LETTIERA
96018 PACHINO [SR]
TEL. +39 09311847100
www.feudoramaddini.com

DIREKTVERKAUF
BESUCH NACH VORANMELDUNG
JAHRESPRODUKTION 35.000 Flaschen
REBFLÄCHE 17 Hektar

○ Nassa '13		♙♙ 2*
○ Passito di Noto Al Hamen '13		♙♙ 5
● Note Nere Nero d'Avola '12		♙ 2
● Note Nere Syrah '12		♙ 2

Cantine Fina
C.DA BAUSA
91025 MARSALA [TP]
TEL. +39 0923733070
www.cantinefina.com

DIREKTVERKAUF
BESUCH NACH VORANMELDUNG
JAHRESPRODUKTION 150.000 Flaschen
REBFLÄCHE 320 Hektar
WEINBAU Biologisch anerkannt

○ Kebrilla '13		♙♙ 2*
● Bausa '11		♙ 3
○ Sauvignon Blanc '13		♙ 3
○ Taif Zibibbo '13		♙ 3

Fondo Antico
FRAZ. RILIEVO
VIA FIORAME, 54A
91100 TRAPANI
TEL. +39 0923864339
www.fondoantico.it

DIREKTVERKAUF
BESUCH NACH VORANMELDUNG
JAHRESPRODUKTION 400.000 Flaschen
REBFLÄCHE 80 Hektar

⊙ Sicilia Aprile '13		♙♙ 2*
○ Sicilia Chardonnay '13		♙♙ 2*
● Sicilia Il Canto '12		♙♙ 3
● Sicilia Syrah '13		♙ 2

Cantine Foraci
C.DA SERRONI
91026 MAZARA DEL VALLO [TP]
TEL. +39 0923934286
www.foraci.it

DIREKTVERKAUF
BESUCH NACH VORANMELDUNG
JAHRESPRODUKTION 950.000 Flaschen
REBFLÄCHE 75 Hektar
WEINBAU Biologisch anerkannt

● Nero d'Avola Satiro Danzante '12		♙♙ 3
○ Grillo '13		♙ 2
● Nero d'Avola Syrah '12		♙ 2

WEITERE KELLEREIEN

Tenuta Gatti
C.DA CUPRANI
98064 LIBRIZZI [ME]
TEL. +39 0941368173
www.tenutagatti.com

DIREKTVERKAUF
BESUCH NACH VORANMELDUNG
JAHRESPRODUKTION 40.000 Flaschen
REBFLÄCHE 15 Hektar
WEINBAU Biologisch anerkannt

● Nocera Sicè '11	♛♛ 4
○ Mamertino Bianco Catalina '13	♛ 3
● Mamertino Rosso Curpane '10	♛ 3

Giasira
C.DA RITILLINI
96019 ROSOLINI [SR]
TEL. +39 0931501700
www.lagiasira.it

DIREKTVERKAUF
BESUCH NACH VORANMELDUNG
JAHRESPRODUKTION 21.000 Flaschen
REBFLÄCHE 7 Hektar
WEINBAU Biologisch anerkannt

○ Aurantium '13	♛♛ 4
● Giasira Rosso '12	♛ 2
● Nero d'Avola '12	♛ 3
● Rosso Isabella '12	♛ 3

Giovi
VIA VALDINA, 30
98040 VALDINA [ME]
TEL. +39 0909942256
www.distilleriagiovi.it

JAHRESPRODUKTION 8.000 Flaschen
REBFLÄCHE 4,5 Hektar

● Etna Rosso Akraton '11	♛♛ 3

Tenuta Gorghi Tondi
P.ZZA PIEMONTE E LOMBARDO, 13
91026 MARSALA [TP]
TEL. +39 0923719741
www.gorghitondi.com

DIREKTVERKAUF
BESUCH NACH VORANMELDUNG
UNTERKUNFT UND GASTRONOMIE
JAHRESPRODUKTION 1.300.000 Flaschen
REBFLÄCHE 130 Hektar
WEINBAU Biologisch anerkannt

○ Rajah '13	♛♛ 4
○ Sicilia Grillo Kheirè '13	♛♛ 4
○ Sicilia Meridiano 12 '13	♛ 2
● Sicilia Meridiano 12 '12	♛ 3

Judeka
C.DA SAN MAURO SOTTO, S.P. 39/11
95041 CALTAGIRONE [CT]
TEL. +39 09331895310
www.judeka.com

● Vittoria Frappato '13	♛♛ 2*
○ Blandine '13	♛ 3
● Cerasuolo di Vittoria '12	♛ 3
● Vittoria Nero d'Avola '13	♛ 3

Tenuta Enza La Fauci
C.DA MEZZANA-SPARTÀ
98163 MESSINA
TEL. +39 3476854318
www.tenutaenzalafauci.com

DIREKTVERKAUF
UNTERKUNFT
JAHRESPRODUKTION 14.000 Flaschen
REBFLÄCHE 5 Hektar

○ Case Bianche '13	♛♛ 4
● Faro Obli '12	♛♛ 5
○ Incanto '13	♛♛ 4

WEITERE KELLEREIEN

Maggiovini
LOC. VITTORIA
S.DA COMUNALE MARANGIO, 35
97019 VITTORIA [RG]
TEL. +39 0932984771
www.maggiovini.it

DIREKTVERKAUF
BESUCH NACH VORANMELDUNG
UNTERKUNFT
JAHRESPRODUKTION 210.000 Flaschen
REBFLÄCHE 35 Hektar
WEINBAU Biologisch anerkannt

○ Rasula Catarratto '13	🍷🍷 2*
○ Luna Nascente Extra Dry	🍷 3
● Rasula Nero d'Avola '12	🍷 2

Masseria del Feudo
C.DA GROTTAROSSA
93100 CALTANISSETTA
TEL. +39 0934569719
www.masseriadelfeudo.it

DIREKTVERKAUF
BESUCH NACH VORANMELDUNG
UNTERKUNFT
JAHRESPRODUKTION 800.000 Flaschen
REBFLÄCHE 12 Hektar
WEINBAU Biologisch anerkannt

○ Sicilia Haermosa '12	🍷🍷 3
● Sicilia Il Giglio Nero d'Avola '13	🍷🍷 2*
● Sicilia Rosso delle Rose '12	🍷🍷 3
● Sicilia Il Giglio Syrah '13	🍷 2

Miceli
C.DA PIANA SCUNCHIPANI, 190
92019 SCIACCA [AG]
TEL. +39 092580188
www.miceli.net

BESUCH NACH VORANMELDUNG
JAHRESPRODUKTION 550.000 Flaschen
REBFLÄCHE 60 Hektar

○ Yrnm '12	🍷🍷 3
● Breus '11	🍷 3

Cantina Modica di San Giovanni
C.DA BUFALEFI
96017 NOTO [SR]
TEL. +39 09311805181
www.vinidinoto.it

DIREKTVERKAUF
BESUCH NACH VORANMELDUNG
GASTRONOMIE
JAHRESPRODUKTION 60.000 Flaschen
REBFLÄCHE 40 Hektar

● Eloro Arà '09	🍷🍷 3
⊙ Mamma Draja '13	🍷🍷 2*
○ Moscato di Noto Dolcenoto '13	🍷🍷 5
● Dolcenero	🍷 5

Tenuta Monte Ilice
VIA RONZINI, 154
95039 TRECASTAGNI [CT]
TEL. +39 095 7801477
www.tenutamonteilice.com

● Nerello Mascalese '11	🍷🍷 4
○ Asia Catarratto '10	🍷 3

Morgante
C.DA RACALMARE
92020 GROTTE [AG]
TEL. +39 0922945579
www.morgantevini.it

DIREKTVERKAUF
BESUCH NACH VORANMELDUNG
JAHRESPRODUKTION 283.000 Flaschen
REBFLÄCHE 52 Hektar

● Sicilia Don Antonio '12	🍷🍷 5
● Sicilia Nero d'Avola '12	🍷🍷 2*
○ Bianco di Morgante '13	🍷 2

WEITERE KELLEREIEN

Cantine Mothia
VIA GIOVANNI FALCONE, 22
91025 MARSALA [TP]
TEL. +39 0923737295
www.cantine-mothia.com

DIREKTVERKAUF
BESUCH NACH VORANMELDUNG
JAHRESPRODUKTION 80.000 Flaschen
REBFLÄCHE 25 Hektar

● Nero d'Avola '12	♛♛ 3
● Hammon Nero d'Avola Frappato '13	♛ 2
○ Vela Latina '13	♛ 3

Antica Tenuta del Nanfro
C.DA NANFRO SAN NICOLA LE CANNE
95041 CALTAGIRONE [CT]
TEL. +39 093360744
www.nanfro.com

DIREKTVERKAUF
BESUCH NACH VORANMELDUNG
JAHRESPRODUKTION 65.000 Flaschen
REBFLÄCHE 39 Hektar
WEINBAU Biologisch anerkannt

● Cerasuolo di Vittoria Sammauro '11	♛♛ 3
● Frappato '13	♛♛ 3
○ Strade Inzolia '13	♛ 3
● Vittoria Nero d'Avola Strade '11	♛ 3

Cantine Nicosia
VIA LUIGI CAPUANA
95039 TRECASTAGNI [CT]
TEL. +39 0957806767
www.cantinenicosia.it

DIREKTVERKAUF
BESUCH NACH VORANMELDUNG
JAHRESPRODUKTION 2.000.000 Flaschen
REBFLÄCHE 260 Hektar

○ Etna Bianco Fondo Filara '13	♛♛ 3
● Etna Rosso Fondo Filara '11	♛♛ 3
● Sosta Tre Santi '09	♛♛ 5
● Cerasuolo di Vittoria Cl. Fondo Filara '11	♛ 3

Orestiadi
LOC. C.DA SALINELLA
FRAZ. SANTA NINFA
VIA A. GAGINI, 41
91029 GIBELLINA [TP]
TEL. +39 092469124
www.tenutaorestiadi.it

DIREKTVERKAUF
BESUCH NACH VORANMELDUNG
JAHRESPRODUKTION 1.300.000 Flaschen
REBFLÄCHE 100 Hektar
WEINBAU Biologisch anerkannt

● Marchese Montefusco Nero d'Avola '13	♛♛ 3
● Molino a Vento Nerello Mascalese '13	♛♛ 1*
○ Clitennestra '13	♛ 2
● Marchese Montefusco Syrah '13	♛ 3

Ottoventi
C.DA TORREBIANCA - FICO
91019 VALDERICE [TP]
TEL. +39 0923 1892880
www.cantinaottoventi.it

DIREKTVERKAUF
BESUCH NACH VORANMELDUNG
JAHRESPRODUKTION 80.000 Flaschen
REBFLÄCHE 35 Hektar

○ Grillo '13	♛♛ 4
○ Zibibbo '13	♛♛ 4
● Ottoventi Nero '10	♛ 3
● Rosso .20 '11	♛ 2

Tenute dei Paladini
VIA PALESTRO, 23
91025 MARSALA [TP]
TEL. +39 3463513366
www.tenutedeipaladini.com

○ Sicilia Grillo Palatium '13	♛♛ 3
● Sicilia Nero d'Avola Palatium '12	♛ 2

WEITERE KELLEREIEN

Tenuta Palmeri

C.DA BOCHINI - FIUMARELLA
96012 AVOLA [SR]
TEL. +39 3345646866
www.cantinapalmeri.it

JAHRESPRODUKTION 28.000 Flaschen
REBFLÄCHE 11 Hektar

● Palmeri Blu '11	🍷 5
○ Palmeri Bianco Vintage	🍷 4
○ Palmeri Bianco '12	🍷 4

Cantine Russo

LOC. C.DA SOLICCHIATA CRASÀ
VIA CORVO
95014 CASTIGLIONE DI SICILIA [CT]
TEL. +39 0942986271
www.cantinerusso.eu

DIREKTVERKAUF
BESUCH NACH VORANMELDUNG
REBFLÄCHE 15 Hektar

● Don Syrah '12	🍷 4
○ Etna Rampante '12	🍷 3
● Etna Rampante '09	🍷 4

Barone di Serramarrocco

FRAZ. FULGATORE
VIA ALCIDE DE GASPERI, 15
91100 TRAPANI
TEL. +39 09233811266
www.baronediserramarrocco.com

DIREKTVERKAUF
BESUCH NACH VORANMELDUNG
JAHRESPRODUKTION 60.000 Flaschen
REBFLÄCHE 20 Hektar

○ Quojane di Serramarrocco '13	🍷 3
● Serramarrocco '11	🍷 5
○ Grillo del Barone '13	🍷 2
● Nero di Serramarrocco '11	🍷 4

Pupillo

C.DA LA TARGIA
96100 SIRACUSA
TEL. +39 0931494029
www.solacium.it

DIREKTVERKAUF
BESUCH NACH VORANMELDUNG
JAHRESPRODUKTION 100.000 Flaschen
REBFLÄCHE 20 Hektar

○ Moscato di Siracusa Solacium '12	🍷 5
○ Cyane '12	🍷 3
○ Moscato di Siracusa Pollio '12	🍷 5
● Sicilia Rosso Baronessa di Canseria '12	🍷 3

Sallier de la Tour

C.DA PERNICE
90144 MONREALE [PA]
TEL. +39 0916459711
www.tascadalmerita.it

BESUCH NACH VORANMELDUNG
JAHRESPRODUKTION 250.000 Flaschen
REBFLÄCHE 41 Hektar

● Sicilia Syrah '12	🍷 2*
○ Sicilia Grillo '13	🍷 2
○ Sicilia Inzolia '13	🍷 2
● Sicilia Nero d'Avola '12	🍷 2

Solidea

C.DA KADDIUGGIA
91017 PANTELLERIA [TP]
TEL. +39 0923913016
www.solideavini.it

JAHRESPRODUKTION 12.000 Flaschen
REBFLÄCHE 2 Hektar

○ Passito di Pantelleria '13	🍷 5
○ Ilios '13	🍷 3

WEITERE KELLEREIEN

Terre di Giurfo
VIA PALESTRO, 536
97019 VITTORIA [RG]
TEL. +39 0957221551
www.terredigiurfo.it

DIREKTVERKAUF
BESUCH NACH VORANMELDUNG
JAHRESPRODUKTION 100.000 Flaschen
REBFLÄCHE 40 Hektar

● Cerasuolo di Vittoria Maskarìa '11	🍷 3
● Sicilia Belsito '12	🍷 2
● Sicilia Kuntàri '12	🍷 3
● Sicilia Ronna '12	🍷 2

Terre di Shemir
LOC. GUARRATO
91100 TRAPANI
TEL. +39 0923865323

● Selvaggio Rosso '12	🍷 5
● Elino '13	🍷 3
○ Haral '13	🍷 3
● Paradiso di Lara '12	🍷 4

Terre di Trente
C.DA MOLLARELLA, 1
95015 LINGUAGLOSSA [CT]
TEL. +39 3403075433
www.terreditrente.com

UNTERKUNFT
JAHRESPRODUKTION 6.000 Flaschen
REBFLÄCHE 4 Hektar

● Etna Rosso Dayini '12	🍷 6

Terrelíade
LOC. SILENE
C.DA PORTELLA MISILBESI
92017 SAMBUCA DI SICILIA [AG]
TEL. +39 0421246281
www.terreliade.com

BESUCH NACH VORANMELDUNG
JAHRESPRODUKTION 114.000 Flaschen
REBFLÄCHE 10 Hektar

● Sicilia Nero d'Avola Syrah '12	🍷 2*
○ Sicilia Timpa Giadda '13	🍷 2*
○ Sicilia Inzolia Chardonnay '13	🍷 2
● Sicilia Nirà '12	🍷 2

Todaro
C.DA FEOTTO
90048 SAN GIUSEPPE JATO [PA]
TEL. +39 3461056393
www.todarowinery.com

● Virgo '12	🍷 2*
○ Lybra '13	🍷 2
○ Nihal '13	🍷 2
● Shadir '13	🍷 2

Girolamo Tola & C.
VIA GIACOMO MATEOTTI, 2
90047 PARTINICO [PA]
TEL. +39 0918781591
www.vinitola.it

JAHRESPRODUKTION 180.000 Flaschen
REBFLÄCHE 55 Hektar

○ Grillo '13	🍷 3
○ Catarratto Insolia '13	🍷 2
● Nero D'Avola Black Label '11	🍷 3
⊙ Rosé '13	🍷 3

WEITERE KELLEREIEN

Valdibella
Via Belvedere, 91
90043 Camporeale [PA]
Tel. +39 0924582021
www.valdibella.com

○ Sicilia Catarratto Isolano '13	🍷 3
● Sicilia Nero d'Avola Perricone Makellon '12	🍷 4

Valenti
Fraz. Passopisciaro
Via Roma, 42
95012 Castiglione di Sicilia [CT]
Tel. +39 0942983016
www.vinicolavalenti.com

DIREKTVERKAUF
JAHRESPRODUKTION 36.500 Flaschen
REBFLÄCHE 17 Hektar

○ Etna Bianco Enrico IV '13	🍷 5
● Etna Rosso Norma '12	🍷 5
● Etna Rosso Puritani '11	🍷 6
● Poesia '13	🍷 3

Le Vigne di Eli
C.da Calderara
95036 Randazzo [CT]
Tel. +39 095924002
www.tenutaterrenere.com

DIREKTVERKAUF
BESUCH NACH VORANMELDUNG
JAHRESPRODUKTION 200.000 Flaschen
REBFLÄCHE 30 Hektar
WEINBAU Biologisch anerkannt

○ Etna Bianco '13	🍷 6
● Etna Rosso Moganazzi Voltasciara '12	🍷 6
● Etna Rosso Pignatuni '12	🍷 6
● Etna Rosso San Lorenzo '11	🍷 6

Virgona
Via Bandiera, 2
98050 Malfa [ME]
Tel. +39 0909844570
www.malvasiadellelipari.it

○ Malvasia delle Lipari '08	🍷 5
○ Salina Bianco '13	🍷 3
○ Ruffiano	🍷 3
● Salina Rosso '12	🍷 3

Vigneti Zabù
C.da Anguilla S.S. 188
92017 Sambuca di Sicilia [AG]
Tel. +39 0859067388
www.farnesevini.it

BESUCH NACH VORANMELDUNG
JAHRESPRODUKTION 300.000 Flaschen
REBFLÄCHE 750 Hektar

● Chiantari Nero d'Avola '13	🍷 3
○ Grillo Zabù '13	🍷 2*
● Il Passo '13	🍷 2
● Impari '10	🍷 2

Zisola
C.da Zisola
96017 Noto [SR]
Tel. +39 057773571
www.mazzei.it

JAHRESPRODUKTION 120.000 Flaschen
REBFLÄCHE 21 Hektar

● Noto Doppiozeta '11	🍷 6
● Zisola '12	🍷 5

SARDINIEN

Weiter im Aufwind das Weinland Sardinien. Die durchschnittliche Qualität ist bereits hoch und neue Spitzenweine gesellen sich zu denen, die die Geschichte der Insel geschrieben haben. Die erste Analyse betrifft die Weinlese 2013: ein schwieriges Jahr, kühl, klimatisch wechselhaft und auch sonst problematisch. Aber wie üblich konnten gute Betriebe die Früchte von mühevoller Arbeit vieler Jahre nutzen und vorzügliche Weiße - schöne Interpretationen einiger Reben in bestimmten Terroirs - abliefern. Das gilt für die Vermentino, die in der Gallura einsame Spitze ist und auch in Gebieten wie Usini und Serdiana beeindrucken kann. Vorzüglich auch die Leistung der Roten. Das demonstrieren viele Betriebe, die nunmehr einen Cannonau di Sardegna Jahrgangwein produzieren. Der neue Kurs gefällt uns, vor allem wenn die Weine die Eigenart der Rebe vermitteln können: Süffigkeit und Anmut waren noch bis vor wenigen Jahren in dieser wichtigsten Rebe der Region kaum auszumachen. Cannonau-Weine, die längeren Reifespannen unterzogen werden, sind nur in besonders begünstigten Gebieten groß, was nur beweist, dass es nicht genügt, von autochthonen Sorten zu reden, wenn das geeignete Terroir fehlt. Die Carignano aus dem Sulcis sind immer ein sicherer Tipp. Gute Nachrichten aus einigen Gebieten, die bisher unterschätzt wurden. Oristano macht von sich reden, nicht nur wegen der wunderbaren Vernaccia: Eine weitere Rebe, die Nieddera, liefert bei umsichtiger Verarbeitung Weine, die im Spitzenfeld der sardischen Weinlandschaft zu finden sind. Dann die Mandrolisai. Eine Unterzone und kontrollierte Herkunftsbezeichnung im Herzen der Insel. Eine der besten Doc – wie wir meinen – da sie Ausdruck eines einzigartigen Terroirs ist. Alte Weinstöcke in Buscherziehung, angelegt auf den Hügeln, wo immer schon drei Sorten nebeneinander gedeihen. Den Hauptpart hat die Bovale inne, dann kommen Cannonau und Monica. Eine ganz natürliche Mischung für das Territorium. Wir sind sicher, dass man vom Mandrolisai in Zukunft noch viel hören wird. Und nun zu den Drei Gläsern. Wir nennen nur die Neuzugänge, die beweisen, dass die Region alles andere als versteinert ist. Den Anfang machen wir gerade beim Mandrolisai Superiore Antiogu '11 aus der Kellerei Fradiles, ein Gedicht an Düften der sardischen Macchia. Dann der Barrile '11 von Contini, auf Nieddera-Basis, herb und ungemein vielschichtig. Einen Platz am Podium findet auch der Riserva Franzisca '11, ein großartiger Cannonau di Mamoiada, der von Giovanni Montisci, einem Meister seines Fachs gefertigt wurde. Mura, auch ein wunderschöner bäuerlicher Winzerbetrieb der Gallura, hat uns einen prachtvollen Sienda vorgelegt, einen typischen, territorialen Vermentino di Gallura. Und schließlich geht die Auszeichnung „Winzer des Jahres" diesmal an Giuseppe Gabbas, verdiente Anerkennung für die hingebungsvolle Pflege seiner Weinberge.

SARDINIEN

6Mura - Cantina Giba
LOC. FUNATANONA
09010 GIBA [CI]
TEL. +39 0781689718
www.6mura.com

DIREKTVERKAUF
UNTERKUNFT
JAHRESPRODUKTION 100.000 Flaschen
REBFLÄCHE 30 Hektar

Die Kellerei Giba, früher als 6Mura bekannt, ist ein sehr schöner Winzerbetrieb im Sulcis, der ausschließlich Carignano und Vermentino anbaut. Charakteristisch für den Betrieb sind – angesichts des Umfelds nicht verwunderlich – insbesondere die Rotweine, geboren aus einem Landstrich voll alter Weinberge in Alberello-Erziehung mit wurzelechten Reben auf sandigen Böden. Die Weine sind reizvoll und faszinierend, wahre Vertreter des Terroirs aus Sardiniens Süden, und stellen zudem große Alterungsfähigkeit unter Beweis. Der Spitzenwein des Hauses, der Carignano del Sulcis 6Mura, fußt auf strenger Auslese im Weinberg und wird nur in großen Fässern vinifiziert. Und genau diesem Wein gelingt es so auch, die Kommission erneut zu überraschen und ein weiteres Mal die Drei Gläser zu erlangen. Die Version 2010, zweifellos eins der kühlsten Jahre der letzten Zeit, besticht durch Anklänge an Macchie, kleine rote Früchte sowie warmblütige, leicht animalische Eindrücke. Im Mund ist er weich und seidig, sehr frisch und voll süßer Tannine, die Trinkgenuss und Persistenz betonen. Vorzüglich in Sachen Würze der Vermentino di Sardegna 6Mura '13.

● Carignano del Sulcis '10	🍷🍷🍷	5
● Carignano del Sulcis Giba '12	🍷🍷	2*
○ Vermentino di Sardegna Giba '13	🍷🍷	2*
○ Vermentino di Sardegna '13	🍷	4
● Carignano del Sulcis '09	🍷🍷🍷	5
● Carignano del Sulcis Giba '10	🍷🍷	4
○ Vermentino di Sardegna '12	🍷🍷	4
○ Vermentino di Sardegna Giba '12	🍷🍷	2*

★★ Argiolas
VIA ROMA, 28
09040 SERDIANA [CA]
TEL. +39 070740606
www.argiolas.it

DIREKTVERKAUF
BESUCH NACH VORANMELDUNG
UNTERKUNFT
JAHRESPRODUKTION 2.200.000 Flaschen
REBFLÄCHE 230 Hektar

Argiolas ist einer der großen Betriebe der Insel, nicht nur bei der Produktionskapazität, sondern vor allem in Sachen Weinqualität, Forschungsarbeit, Erprobung im Weinberg, Rebsortentradition und Weinbereitungsverfahren. Verdienst einer Familie, die sich in der dritten Generation dem Weinbau verschrieben und viel getan hat, um das Ansehen der sardischen Weinwelt zu steigern. Die Produktion ist umfangreich, die Qualität sehr gut. Neben den roten und weißen Auslesen sind auch die so genannten Basisweine immer eine Bank, auch dank des vorbildlichen Preis-Leistungs-Verhältnisses. Als Bestätigung dafür sind unbedingt der Cannonau di Sardegna Costera '12 und der Monica di Sardegna Perdera '12 zu nennen, die beide vorzüglich sind. Das Meisterstück bleibt jedoch der Turriga, der die Erwartungen auch im Jahrgang 2010 nicht enttäuscht und mit einer der schönsten Versionen der letzten Zeit aufwartet. Ein komplexer und reichhaltiger Wein, voller Finesse und Eleganz dank einer salzigen Frische, die den Trinkgenuss beschwingt und zu einem schmackhaften, sehr sauberen Abgang überleitet.

● Turriga '10	🍷🍷🍷	8
○ Angialis '11	🍷🍷🍷	6
● Cannonau di Sardegna Costera '12	🍷🍷	3
○ Is Selis Bianco '13	🍷🍷	3
● Is Selis Rosso '12	🍷🍷	5
● Is Solinas '11	🍷🍷	4
● Korem '11	🍷🍷	5
● Monica di Sardegna Perdera '12	🍷🍷	3
○ Vermentino di Sardegna Is Argiolas '13	🍷🍷	3
○ Nuragus di Cagliari S'Elegas '13	🍷	2
⊙ Serralori Rosato '13	🍷	2
○ Vermentino di Sardegna Costamolino '13	🍷	3
○ Vermentino di Sardegna Merì '13	🍷	3
● Turriga '09	🍷🍷🍷	8
● Turriga '08	🍷🍷🍷	8

SARDEGNA

Poderi Atha Ruja
VIA EMILIA, 45
08022 DORGALI [NU]
TEL. +39 3475387127
www.atharuja.com

DIREKTVERKAUF
UNTERKUNFT UND GASTRONOMIE
JAHRESPRODUKTION 25.000 Flaschen
REBFLÄCHE 5 Hektar

Atha Ruja ist eine der schönen Überraschungen der letzten Jahre. Diese kleine, handwerkliche Kellerei in Dorgali, die herrliche, vor allem mit Cannonau und Musristellu bestockte Weinberge besitzt, erzeugt auf wenigen Hektar faszinierende, territoriale Weine von beachtlicher Substanz. Die drei produzierten Cannonau di Sardegna sind aus mehreren Gründen nennenswert: Der jüngste und unmittelbarste, der Vigna Sorella, verfügt über Saftigkeit und Primärgerüche; der Classico hat eine gewichtigere, dichtere Stofflichkeit, während der Riserva Kuentu trotz des für einen großen Wein typischen Körpers und Gefüges stets trinkfreundlich ist. Abgerundet wird das Angebot durch den Muristellu, dessen Verkostung wir auf das nächste Jahr verschieben. Der Riserva Kuentu '10 ist es so auch, der das nationale Finale erreicht. Die Version aus diesem kühlen Jahrgang duftet nach kleinen roten Früchten, süßen Gewürzen, ergänzt durch Anklänge an Unterholz. Am Gaumen ist er warm und vollmundig, mit seidigen Tanninen und sehr erfreulichem, sauberem Abgang. Der Vigna Sorella '12 ist frisch und duftig mit schöner Trinkbarkeit.

● Cannonau di Sardegna Kuentu Ris. '10	ŸŸ 5
● Cannonau di Sardegna '11	ŸŸ 3
● Cannonau di Sardegna V. Sorella '12	ŸŸ 3
● Tului '09	ŸŸ 5
● Cannonau di Sardegna '10	ŸŸ 3*
● Cannonau di Sardegna '09	ŸŸ 2
● Cannonau di Sardegna '08	ŸŸ 8
● Cannonau di Sardegna Kuentu Ris. '09	ŸŸ 5
● Cannonau di Sardegna Kuentu Ris. '08	ŸŸ 5
● Cannonau di Sardegna Kuentu Ris. '07	ŸŸ 5

Cantina di Calasetta
VIA ROMA, 134
09011 CALASETTA [CI]
TEL. +39 078188413
www.cantinadicalasetta.it

DIREKTVERKAUF
BESUCH NACH VORANMELDUNG
JAHRESPRODUKTION 100.000 Flaschen
REBFLÄCHE 300 Hektar

Im Sulcis gibt es drei Winzergenossenschaften, deren kleinste in Calasetta ansässig ist. Hier entsteht aus dem Ertrag der etwa 300 Hektar Rebfläche eine Produktion von rund 100.000 Flaschen. Die Angebotspalette kreist um den in mehreren Versionen produzierten Carignano del Sulcis. Einige sehen den Ausbau ganz in Stahl vor und zeigen sich dadurch beschwingt, fruchtig und sehr gut trinkbar. Unter den Weißweinen erwähnen wir den Vermentino di Sardegna und den aus Moscato di Cagliari gekelterten Dessertwein. In Erwartung der neuen Jahrgänge von Carignano del Sulcis Tupei und Piede Franco haben wir den Maccòrì besonders schätzen gelernt: Dieser Carignano mit lebhafter, wohliger Fruchtigkeit duftet nach süßen Gewürzen und hat ein lang anhaltendes, reintöniges Finale, das von den Aromen kleiner roter Früchte flüstert. Der Riserva Aìna '11 ist körperreich und schön strukturiert, mit Duftnoten nach reifen, roten Früchten und vollmundigem, tanninbetontem Geschmack.

● Carignano del Sulcis Maccòrì '13	ŸŸ 2*
● Carignano del Sulcis Aina Ris. '11	ŸŸ 4
○ Moscato di Cagliari In Fundu	Ÿ 3
○ Vermentino di Sardegna Cala di Seta '13	Ÿ 2
● Carignano del Sulcis Tupei '10	ŸŸŸ 2*
● Carignano del Sulcis Aina Ris. '09	ŸŸ 4
● Carignano del Sulcis Maccòrì '11	ŸŸ 2*
● Carignano del Sulcis Maccòrì '10	ŸŸ 2*
● Carignano del Sulcis Piede Franco '11	ŸŸ 2*
● Carignano del Sulcis Piede Franco '10	ŸŸ 2*
● Carignano del Sulcis Piede Franco '09	ŸŸ 2*
● Carignano del Sulcis Tupei '11	ŸŸ 2*

SARDINIEN

Capichera
SS Arzachena-Sant'Antonio, km 4
07021 Arzachena [OT]
Tel. +39 078980612
www.capichera.it

DIREKTVERKAUF
BESUCH NACH VORANMELDUNG
JAHRESPRODUKTION 250.000 Flaschen
REBFLÄCHE 50 Hektar

Capichera, das sind die Ragnedda, eine Großfamilie, die sich ganz dem Wein und der Landwirtschaft widmet. Rund 50 Hektar und eine in bestem Sinne handwerkliche Produktion mit dem Ziel, die Vorzüge der Gallura durch penible Weinbergarbeit sowie ständige Forschung und Erprobung in der Kellerei bestens zur Geltung zu bringen. Das Ergebnis ist eine rundum vorzügliche Weinpalette, die sich in den letzten Jahren durch einen zunehmend zielführenden Ausbau in Holz konkretisiert hat, einschließlich längerfristiger Verfahren mit Verwendung von Holzfässern für Weißweine. Der Vermentino ist die Rebsorte schlechthin, doch die roten stehen ihm in nichts nach und sie alle sind bester Ausdruck des heimischen Terroirs. Selten zuvor waren in der Endausscheidung so viele Weine zu verkosten. Eine Spitzenstellung gebührt hier wieder dem Capichera '12, einem Klassiker des Hauses. Er duftet nach Ginster, weißen Pfirsichen, Kräutern und Anis. Am Gaumen ist er vollmundig und sehr frisch, würzig und besonders lang im Abgang. Die Drei Gläser sind mehr als verdient. Zu erwähnen der Santigaini 2010, ein Weißer ohne Angst vor dem Alter.

○	Capichera '12	🍷🍷🍷 6
○	Capichera V.T. '12	🍷🍷 8
○	Santigaini '10	🍷🍷 8
○	Vermentino di Gallura Vigna'ngena '13	🍷🍷 5
●	Assajè Rosso '11	🍷🍷 6
●	Liànti '12	🍷🍷 4
●	Mantenghja '09	🍷🍷 8
○	Vermentino di Sardegna Lintori '13	🍷🍷 3
○	Capichera '11	🍷🍷🍷 6
○	Capichera V.T. '00	🍷🍷🍷 6
○	Vermentino di Gallura Vigna'ngena '10	🍷🍷🍷 5
○	Vermentino di Gallura Vigna'ngena '09	🍷🍷🍷 5

Giovanni Cherchi
loc. Sa Pala e Sa Chessa
07049 Usini [SS]
Tel. +39 079380273
www.vinicolacherchi.it

DIREKTVERKAUF
BESUCH NACH VORANMELDUNG
JAHRESPRODUKTION 170.000 Flaschen
REBFLÄCHE 30 Hektar

Dass der Weinbau in Usini erneut Rang und Namen hat, ist ohne Zweifel Giovanni Cherchi zu verdanken, der als leidenschaftlicher Winzer seit jeher auf traditionelle Rebsorten setzt und nach hoher Qualität strebt. Neben dem Vermentino, der in diesem Landstrich reizvolle, würzige Weine hervorbringt, ist der Cagnulari eine interessante Rebe: Zuweilen etwas störrisch, aber zu charaktervollen Weinen befähigt, wurde diese autochthone Sorte von Cherchi in den Mittelpunkt gerückt und wäre ohne ihn heute vielleicht verschollen. Doch damit nicht genug: Seit einigen Jahren umfasst die stets zuverlässige Produktpalette auch einen sehr guten „Metodo Classico". Zweifellos ein großes Jahr für die Rotweine aus dem Hause Cherchi. Der Luzzana (ein Blend aus Cagnulari und Cannonau) ist streng und komplex, mit Chinarinden- und Ledernoten, weich und anhaltend im Mund. Der Cagnulari Billia '12 ist ein saftiger, duftender Rotwein mit mit einem Geruch nach roten Früchten und Gewürzen. Stets überzeugend der Vermentino di Sardegna Tuvaoes '13, würzig und mit klaren Jod-Anklängen.

●	Cagnulari '12	🍷🍷 3
●	Cagnulari Billia '12	🍷🍷 3
●	Cannonau di Sardegna '12	🍷🍷 3
●	Luzzana '12	🍷🍷 4
○	Vermentino di Sardegna Tuvaoes '13	🍷🍷 3
○	Vermentino di Sardegna Billia '13	🍷 2
○	Vermentino di Sardegna Filighe Brut '11	🍷🍷 3
○	Vermentino di Sardegna Pigalva '13	🍷 2
●	Cagnulari '11	🍷🍷🍷 3
●	Cagnulari '10	🍷🍷🍷 3
●	Cannonau di Sardegna '11	🍷🍷🍷 3*
●	Luzzana '11	🍷🍷🍷 4
○	Vermentino di Sardegna Tuvaoes '12	🍷🍷 3

SARDINIEN

Chessa
Via San Giorgio
07049 Usini [SS]
Tel. +39 3283747069
www.cantinechessa.it

DIREKTVERKAUF
BESUCH NACH VORANMELDUNG
JAHRESPRODUKTION 43.000 Flaschen
REBFLÄCHE 15 Hektar

Das Weingut Chessa wird auf beispielhafte Weise von Giovanna Chessa geführt, einer jungen, fähigen Winzerin voller Leidenschaft für ihre Heimat und ihre Weine. Autochthon ist hier der Cagnulari und in den letzten Jahren hat Giovanna alles daran gesetzt, dem daraus gekelterten Wein äußerste Finesse und Eleganz zu verleihen. Aus dem Ertrag von rund fünfzehn Hektar Rebflächen werden gut 40.000 Flaschen erzeugt. Interessant auch die übrige Produktion auf Basis von Moscato und Vermentino (einer weiteren Rebsorte, die hier sehr interessante Ergebnisse erzielt). Der Cagnulari – verkostet wurde der Jahrgang 2013 – enttäuscht auch diesmal nicht und erweist sich als einer der besten Rotweine der Region. An der Nase überwiegt der Duft nach Macchie und Gewürzen, während er am Gaumen frisch, subtil und duftig ist. Sehr gut auch der Kentàles, ein aus überreifen Trauben gekelterter Moscato mit vorzüglicher Balance zwischen Süße, Säure und Würze.

○ Kentàles	5
● Cagnulari '13	3
○ Vermentino di Sardegna Mattariga '13	3
● Lugherra '11	5
● Cagnulari '12	3
● Cagnulari '11	3
● Cagnulari '10	3*
● Cagnulari '09	3*
● Lugherra '10	5
● Lugherra '09	5
○ Vermentino di Sardegna Mattariga '12	3

Attilio Contini
Via Genova, 48/50
09072 Cabras [OR]
Tel. +39 0783290806
www.vinicontini.it

DIREKTVERKAUF
BESUCH NACH VORANMELDUNG
JAHRESPRODUKTION 800.000 Flaschen
REBFLÄCHE 70 Hektar

Contini ist zweifellos einer der Betriebe, der auf Sardinien die Geschichte des Qualitätsweins geschrieben hat; unvermeidlich auch die Verknüpfung seines Namens mit der Vernaccia di Oristano, einem antiken, sensationellen Wein, dessen heutige Existenz den langjährigen Anstrengungen dieses Weinguts aus Cabras zu verdanken ist. Die Produktion stützt sich auf rund 70 Hektar Rebfläche, wobei die Kellerei nicht nur im Raum Oristano tätig ist. Neben der Vernaccia (mit zahlreichen Fässern, in denen noch alte Jahrgänge reifen) werden auf Basis ausschließlich traditioneller Rebsorten wie dem Niedera noch sehr viele weitere Weine gekeltert. Ganz oben auf dem Siegerpodest steht so auch ein Wein auf Niedera-Basis. Der Barrile '11 ist ein strenger, dichter Wein mit intensiven Anklängen an dunkelrote Früchte und Macchie. Am Gaumen verfeinern Frische und Würze den imposanten Körper, während ihm die weichen, seidigen Tannine süffigen Trinkgenuss spenden. Stets monumental das Angebot an Vernaccia di Oristano, angefangen mit dem Antico Gregori bis hin zu den alten Riserva-Abfüllungen aus den 1990er Jahren.

● Barrile '11	6
○ Vernaccia di Oristano Antico Gregori	8
● Cannonau di Sardegna Inu Ris. '11	4
● Cannonau di Sardegna Tonaghe '12	3
● I Giganti '12	5
● Niedera Rosso '11	3
○ Vernaccia di Oristano Componidori '04	3
○ Vernaccia di Oristano Flor '04	3
○ Brut Attilio	3
○ Brut Attilio Rosé	3
● Cannonau di Sardegna Sartiglia '13	3
○ Karmis '13	3
⊙ Niedera Rosato '13	2
○ Vermentino di Gallura Elibaria '13	3
○ Vermentino di Sardegna Pariglia '13	2
○ Vernaccia di Oristano Ris. '88	4*

SARDINIEN

Ferruccio Deiana
Loc. Su Leunaxi
Via Gialeto, 7
09040 Settimo San Pietro [CA]
Tel. +39 070749117
www.ferrucciodeiana.it

DIREKTVERKAUF
BESUCH NACH VORANMELDUNG
JAHRESPRODUKTION 520.000 Flaschen
REBFLÄCHE 84 Hektar

Ferruccio Deiana ist ein geschickter Winzer und Önologe, der im Süden Sardiniens mit Hingabe und Charisma knapp einhundert Hektar Rebfläche bestellt. Rund die Hälfte der Produktion stammt von der Weinlage Su Leunaxi in Settimo San Pietro, während der Rest aus Sibiola kommt, einem für den Weinbau geradezu prädestinierten Ort einige Kilometer vom Hauptsitz des Unternehmens entfernt. Die vielen produzierten Weine basieren alle auf traditionellen Rebsorten, die den Merkmalen der einzelnen Weinberge entsprechend gepflanzt wurden, um das Potenzial jeder Sorte optimal auszuschöpfen. Bei den Verkostungen haben uns die Roten am besten gefallen. Vorzüglich der Cannonau di Sardegna Sileno Riserva '11 mit seinen an Tabakblätter und welke Rosen erinnernden Duftnoten, der sich am Gaumen locker, aber sehr geschmeidig zeigt. Sehr gut auch der Monica di Sardegna Karel '12, besonders frisch und süffig, mit Anklängen an dunkle Zitrusfrüchte und bittere Kräuter.

● Ajana '11	6
● Cannonau di Sardegna Sileno '12	3
● Cannonau di Sardegna Sileno Ris. '11	3
● Monica di Sardegna Karel '12	2*
○ Oirad '12	5
⊙ Bellarosa '13	2
● Cannonau di Sardegna Sanremy '12	2
○ Pluminus '12	6
○ Vermentino di Sardegna Arvali '13	3
○ Vermentino di Sardegna Donnikalia '13	2
○ Vermentino di Sardegna Sanremy '13	2
● Ajana '02	3
● Cannonau di Sardegna Sileno Ris. '10	3*
● Cannonau di Sardegna Sileno '10	3
○ Vermentino di Sardegna Donnikalia '12	2*

Cantine Dolianova
Loc. Sant'Esu
SS 387 km 17,150
09041 Dolianova [CA]
Tel. +39 070744101
www.cantinedidolianova.it

DIREKTVERKAUF
BESUCH NACH VORANMELDUNG
JAHRESPRODUKTION 4.000.000 Flaschen
REBFLÄCHE 1,200 Hektar

Die Kellerei in Dolianova ist eine der größten Winzergenossenschaften der Insel und hat, wie viele ihrer Art, vor Jahren eine ausschließlich qualitätsorientierte Richtung eingeschlagen. Die Ergebnisse zeigen sich in der gesamten Produktpalette, angefangen mit den Basisweinen, die mehr als ehrliche Preise mit Wohlgeschmack und Typizität verbinden. Vermentino und Nuragus, Monica und Cannonau, Moscato und Malvasia sind die wichtigsten Rebsorten, aus denen sich zwei Produktreihen ableiten: San Pantaleo und Vigne Sarde, letztere auch mit Perl- und Schaumwein. Der Anzenas unter den Roten und der Montesicci unter den Weißen konnten uns bei der Verkostung am meisten überzeugen. Der erste ist ein Cannonau di Sardegna mit ausgeprägtem Würzaroma, der durch einen satten, weichen und schön trinkbaren Geschmack besticht. Der zweite ist ein Weißwein mit entschieden aromatischem Charakter an der Nase, der sich am Gaumen nicht in übermäßiger Süße verliert, sondern marine, krautige Geschmacksnoten enthüllt. Nennenswert die übrigen Weine.

● Cannonau di Sardegna Anzenas '12	2*
○ Montesicci '13	3
○ Moscato di Cagliari '11	3
○ Caralis Brut	2
○ Doli	2
○ Malvasia Scaleri Demi Sec	3
● Monica di Sardegna Arenada '13	2
○ Nuragus di Cagliari Perlas '13	2
⊙ Sibiola Rosé '13	
○ Vermentino di Sardegna Naeli '13	2
○ Vermentino di Sardegna Prendas '13	2
○ Nuragus di Cagliari Perlas '12	2*
● Terresicci '08	5

SARDINIEN

Cantina Dorgali
via Piemonte, 11
08022 Dorgali [NU]
Tel. +39 078496143
www.csdorgali.com

DIREKTVERKAUF
BESUCH NACH VORANMELDUNG
JAHRESPRODUKTION 1.500.000 Flaschen
REBFLÄCHE 750 Hektar

Die Cantina Dorgali ist eine schöne, auf die Produktion von Cannonau spezialisierte Winzergenossenschaft. Diese Rebsorte kommt zwar in ganz Sardinien vor, findet aber dank der Böden und der alten Weinberge in Alberello-Erziehung in diesem Gebiet ihre beste Entfaltung. Frische, Trinkfreudigkeit und ein sehr gutes Preis-Leistungs-Verhältnis sind Merkmale, die alle Weine des Hauses auszeichnen, während die Riserva-Abfüllungen stets durch Charakter und Typizität brillieren. Seit einigen Jahren umfasst die Angebotspalette auch nach dem Charmat-Verfahren erzeugte Schaumweine, einer davon Cannonau-basiert. Der Hortos, ein in begrenzter Menge produzierter Wein, wird aus den besten Trauben gekeltert, die die Mitglieder im jeweiligen Jahr abliefern. Der Jahrgang 2010 duftet nach Tabak, Leder und süßen Gewürzen, im Mund ist er dicht und gerbstoffreich, der Abgang schließlich weist eine schöne Würze auf. Sehr gut auch der Viniola, ein überaus frischer Riserva di Cannonau mit duftiger, flinker Trinkfreudigkeit. Stets zu empfehlen der Vigna di Isalle, ein außergewöhnlicher Cannonau mit mehr als ehrlichem Preis.

● Cannonau di Sardegna Viniola Ris. '11	🍷🍷 4
● Hortos '10	🍷 6
● Cannonau di Sardegna Cl. '11	🍷🍷 4
● Cannonau di Sardegna Tunila '13	🍷🍷 2*
⊙ Nues Brut	🍷 3
● Cannonau di Sardegna Filieri '13	🍷 2
● Cannonau di Sardegna V. di Isalle '13	🍷 3
⊙ Filieri Rosato '13	🍷 2
○ Vermentino di Sardegna V. di Isalle '13	🍷 2
● Cannonau di Sardegna Viniola Ris. '10	🍷🍷🍷 4*
● Cannonau di Sardegna Viniola Ris. '07	🍷🍷🍷 3*
● Cannonau di Sardegna Viniola Ris. '06	🍷🍷🍷 3*
● Hortos '08	🍷🍷🍷 6
● Fùili '09	🍷🍷 5
● Noriolo '10	🍷🍷 4

Fradiles
via Sandro Pertini, 2
08030 Atzara [NU]
Tel. +39 3331761683
www.fradiles.it

DIREKTVERKAUF
JAHRESPRODUKTION 11.000 Flaschen
REBFLÄCHE 10 Hektar

Paolo Savoldo ist Inhaber dieser kleinen aber feinen Kellerei, die, in der Mitte der Insel gelegen, zu einer leider unterschätzten Denomination zählt. Die Rede ist von Mandrolisai, einem für Qualitätsweine absolut bemerkenswertem Anbaugebiet mit alten Weinbergen in Alberello-Erziehung, wo Bovale, Cannonau und Monica in erfreulicher Eintracht gedeihen. Womöglich war alles, was dieser Gegend fehlte, eine Kellerei mit der Fähigkeit, diese Vorzüge zur Geltung zu bringen. Mit Fradiles ist diese Lücke nun geschlossen: Ihrem Herkunftsterroir entsprechend verfügen die Weine über beachtliche Struktur, jedoch kombiniert mit einer Frische und Würzigkeit, die Harmonie und Finesse spendet. Der Mandrolisai Superiore Antiogu '11 erklimmt die höchste Stufe des Siegertreppchens. Er duftet nach mediterraner Macchie, Myrte und roten Früchten, der Mund ist dicht und streng und vor allem im Abgang zeigen sich Würze und Frische. Drei Gläser. Sehr gut auch der Superiore Istentu '11, nur als Magnum erhältlich.

● Mandrolisai Sup. Antiogu '11	🍷🍷🍷 5
● Mandrolisai Sup. Istentu '11	🍷🍷 8
● Bagadiu '12	🍷🍷 4
● Mandrolisai Fradiles '12	🍷🍷 4
● Bagadiu '11	🍷🍷 4
● Bagadiu '08	🍷🍷 4
● Mandrolisai Antiogu '10	🍷🍷 4
● Mandrolisai Antiogu '09	🍷🍷 3
● Mandrolisai Antiogu '06	🍷🍷 3
● Mandrolisai Fradiles '10	🍷🍷 2*
● Mandrolisai Fradiles '07	🍷🍷 2*

SARDINIEN

Giuseppe Gabbas
VIA TRIESTE, 59
08100 NUORO
TEL. +39 078433745
www.gabbas.it

DIREKTVERKAUF
BESUCH NACH VORANMELDUNG
JAHRESPRODUKTION 80.000 Flaschen
REBFLÄCHE 20 Hektar

Giuseppe Gabbas ist ein waschechter Winzer, der das Land und seine Weinberge liebt. Mann weniger Worte, erzeugt er Weine, die dagegen sehr viel zu sagen haben und bei der Produktion von Cannonau di Sardegna einen bedeutenden Kurs vorgeben. Die Kellerei liegt inmitten der Weinberge, wunderschönen Parzellen mit unterschiedlichen Expositionen rings um das Haupthaus. Außer Cannonau finden sich auch einige Rebzeilen Bovaleddu (diese Sorte kommt in den alten Weinbergen der Barbagia natürlich vor) sowie eine kleine Vermentino-Lage auf Granitboden. Finesse, Eleganz, Trinkfreudigkeit und Komplexität sind die Merkmale der Weine, ein schönes Beispiel für eine hochkarätige Interpretation des Cannonau. Der Dule '11 ist ein Cannonau di Sardegna (ab diesem Jahr ergänzt durch den Vermerk Classico), der nach kleinen roten Früchten und welken Rosen duftet, während das Zusammenspiel von weichen Tanninen und balsamischer Frische am Gaumen vorbildliche Balance zeigt. Wieder einmal Drei Gläser. Vorzüglich auch der Arbòre '11, zwar nicht ganz so unverkrampft, aber dennoch ein Ausnahmewein. Auch der Manzanile und der Lillové überzeugen.

● Cannonau di Sardegna Cl. Dule '11	🍷🍷🍷	4*
● Cannonau di Sardegna Cl. Arbòre '11	🍷🍷	4
● Avra '10	🍷🍷	5
● Cannonau di Sardegna Lillové '13	🍷🍷	2*
○ Vermentino di Sardegna Manzanile '13	🍷🍷	3
● Cannonau di Sardegna Dule Ris. '10	🍷🍷🍷	4*
● Cannonau di Sardegna Dule Ris. '09	🍷🍷🍷	3*
● Cannonau di Sardegna Dule Ris. '08	🍷🍷🍷	3*
● Cannonau di Sardegna Dule Ris. '07	🍷🍷🍷	3*
● Cannonau di Sardegna Dule Ris. '06	🍷🍷🍷	3*
● Cannonau di Sardegna Dule Ris. '05	🍷🍷🍷	3*

Cantina Gallura
VIA VAL DI COSSU, 9
07029 TEMPIO PAUSANIA
TEL. +39 079631241
www.cantinagallura.com

DIREKTVERKAUF
BESUCH NACH VORANMELDUNG
JAHRESPRODUKTION 1.300.000 Flaschen
REBFLÄCHE 350 Hektar

Die Kellerei Cantina Gallura ist eine der bedeutendsten Winzergenossenschaften Sardiniens und verdankt diese Stellung ihrem langjährigen Leiter, dem fähigen Önologen Dino Addis. Im Laufe der Jahre wurde die Qualität immer konstanter und kennzeichnet nun die gesamte Palette, angefangen mit den preiswerten Weinen, die stets eine sichere Bank sind. Die Produktion umfasst viele Vermentino di Gallura, einige davon entstammen einzelnen Weinlagen und einer strikten Beerenauslese. Zu erwähnen auch der Moscato di Tempio Spumante, ein großer Klassiker des Hauses, stets frisch und duftig. Die Kellerei hat beschlossen, den Ausbau des Genesi, ihres wichtigsten Cru unter den Vermentino di Gallura, zu verlängern. Dennoch mangelt es nicht an positiven Überraschungen. Der Vermentino di Gallura Mavriana '13 ist einer der günstigsten und zugleich gelungensten Weine des Jahres. Er duftet nach Golden Delicious und Kräutern mit einer Spur Anis, während er im Mund äußerst frisch und würzig ist. Der Piras '13 und der Canayli sind reifer, doch auch hier findet sich jener jodhaltige Hauch, der für beschwingten Trinkgenuss sorgt.

○ Moscato di Tempio Pausania	🍷🍷	3
● Karana '13	🍷🍷	2*
○ Vermentino di Gallura Mavriana '13	🍷🍷	2*
○ Vermentino di Gallura Sup. Canayli '13	🍷🍷	2*
○ Zivula '11	🍷🍷	3
○ Gallura Brut	🍷	2
○ Ladas Brut	🍷	2
⊙ Campos '13	🍷	2
● Gemellae Rosso '13	🍷	2
○ Vermentino di Gallura Gemellae '13	🍷	2
○ Vermentino di Gallura Piras '13	🍷	2
○ Vermentino di Gallura Sup. Genesi '10	🍷🍷🍷	5
○ Vermentino di Gallura Sup. Genesi '08	🍷🍷🍷	5
○ Vermentino di Gallura Sup. Canayli '12	🍷🍷	2*

SARDINIEN

Antichi Poderi Jerzu
via Umberto I, 1
08044 Jerzu [OG]
Tel. +39 078270028
www.jerzuantichipoderi.it

DIREKTVERKAUF
BESUCH NACH VORANMELDUNG
JAHRESPRODUKTION 1.500.000 Flaschen
REBFLÄCHE 750 Hektar

Die Umgebung von Jerzu im Osten Sardiniens gehört zu einem der drei Untergebiete der prestigevollen Denomination Cannonau di Sardegna. Die Winzergenossenschaft Antichi Poderi wählte vor einigen Jahren die Ausrichtung auf Spitzenqualität und begann diesen Weg in den Weinbergen mit einer hier unübertroffenen Zonierung. Produziert werden diverse Cannonau, interessant – neben den Auslesen – auch die sehr fruchtigen, duftenden Jahrgangsversionen. Vermentino-Weine sowie ein Monica di Sardegna vervollständigen die Produktpalette. Die beiden Cru des Unternehmens, der Chuerra und der Josto Miglior, sind wie immer überzeugend. Vor allem letzterer zeigt sich typisch und territorial mit intensiven Geruchsnoten. Der Jahrgang 2012 beschert den Duft nach welken Rosen, Pflaumen sowie leicht ledrige Anklänge. Der Gaumen ist dicht strukturiert mit leicht herbem Abgang. Eher fruchtbetont der Chuèrra '12, während der Marghìa schlichter, aber sehr saftig und duftend ist.

● Akratos	5
● Cannonau di Sardegna Chuèrra Ris. '11	5
● Cannonau di Sardegna Josto Miglior Ris. '11	5
● Cannonau di Sardegna Marghìa '12	4
● Cannonau di Sardegna Bantu '13	2
⊙ Cannonau di Sardegna Isara '13	2
● Monica di Sardegna Camalda '13	2
○ Vermentino di Gallura Capo Bianco '13	3
○ Vermentino di Sardegna Lucean Le Stelle '13	3
○ Vermentino di Sardegna Telavè '13	2
● Cannonau di Sardegna Josto Miglior Ris. '09	4*
● Cannonau di Sardegna Josto Miglior Ris. '05	4
● Radames '01	5

Alberto Loi
SS 125 km 124,1
08040 Cardedu [OG]
Tel. +39 070240866
www.albertoloi.it

DIREKTVERKAUF
BESUCH NACH VORANMELDUNG
UNTERKUNFT
JAHRESPRODUKTION 250.000 Flaschen
REBFLÄCHE 53 Hektar

Die Familie Loi bestellt nun schon in der dritten Generation hingebungsvoll mehr als 50 Hektar Rebfläche im Cardedu-Gebiet unweit der Tyrrhenischen Küste. Heute wird die Kellerei verkaufs- und produktionstechnisch von Albertos Kindern geführt. Wir befinden uns in einem Stammgebiet des Cannonau di Sardegna, wo die Kellerei die heimischen Vorzüge in sehr traditionsbewusste Weine einbringt, die die alten Weinberge mit niedrigen Hektarerträgen perfekt interpretieren. Ihre Farben sind reizvoll und beschwingt; im Glas entfalten sie anmutige Ausdruckskraft und eine ganz spezielle, frische Trinkfreundlichkeit. Der aus Cannonau-Trauben mit geringer Zugabe anderer traditioneller Rebsorten gekelterte Tuvara '10 ist der ansprechendste Wein der vorgestellten Auswahl und hat es so in unsere nationale Endausscheidung geschafft. Die Nase wird beherrscht vom Duft nach Waldfrüchten, mediterraner Macchie und welkem Laub als Vorgeschmack auf einen frischen, würzigen Mund mit seidiger, faszinierender Textur und langem, schmackhaftem Abgang. Sehr gut auch der Riserva Cardedo '11.

● Tuvara '10	5
● Astangia '11	4
● Cannonau di Sardegna Jerzu Cardedo Ris. '11	3
○ Leila '12	4
● Loi Corona '10	5
● Cannonau di Sardegna Jerzu Alberto Loi Ris. '10	3
● Cannonau di Sardegna Jerzu Sa Mola '12	2
● Monica di Sardegna Nibaru '13	2
○ Vermentino di Sardegna Theria '13	2
● Astangia '10	4
● Cannonau di Sardegna Jerzu Sa Mola '11	2*
● Cannonau di Sardegna Ris. '09	3
● Tuvara '09	5

SARDINIEN

Masone Mannu
Loc. Su Canale
SS 199 km 48
07020 Olbia
Tel. +39 078947140
www.masonemannu.com

DIREKTVERKAUF
BESUCH NACH VORANMELDUNG
JAHRESPRODUKTION 90.000 Flaschen
REBFLÄCHE 18,5 Hektar

Masone Mannu ist ein schönes Weingut in der Gallura, das bei einer Produktion von rund 100.000 Flaschen über weniger als 20 Hektar verfügt. Reintönigkeit, Präzision und Finesse sind die Hauptmerkmale der Weine des Hause. Angesichts des Herkunftsgebiets überzeugen vor allem die Weißweine auf Vermentino-Basis, deren Rebzeilen in den hiesigen Granitböden wurzeln. Auch die Rotweine sind eine Kostprobe wert, stets im Zeichen großer Trinkfreudigkeit und Finesse mit feinseidener Stofflichkeit. Der Vermentino di Gallura Superiore Costarenas gehörte nicht zur von uns verkosteten Auswahl. Unter den Weißweinen beschränken wir uns darauf, den Petrizza '13 zu erwähnen, einen sehr guten Vermentino di Gallura, der intensiv nach Jod und Kräutern duftet und sich am Gaumen würzig, frisch und sauber zeigt. Auch die Rotweine sind leistungsstark: Der (nur als Magnum angebotene) Mannu '11 ist ein Blend aus traditionellen Rebsorten mit Anklängen an dunkle Früchte und süße Gewürze. Der Entu '11 ist dünner, weniger dicht gewoben in der Textur, aber dennoch komplex und vollmundig.

● Entu '11	🍷🍷 4
● Mannu '11	🍷🍷 8
○ Vermentino di Gallura Petrizza '13	🍷🍷 3
● Zurria '13	🍷🍷 2*
⊙ Rena Rosa '13	🍷 3
● Cannonau di Sardegna '09	🍷🍷 3*
● Entu '10	🍷🍷 4
● Mannu '10	🍷🍷 8
○ Vermentino di Gallura Petrizza '11	🍷🍷 3
○ Vermentino di Gallura Sup. Costarenas '10	🍷🍷 4
● Zurria '12	🍷🍷 2*

Mesa
Loc. Su Baroni
09010 Sant'Anna Arresi [CA]
Tel. +39 0781965057
www.cantinamesa.it

DIREKTVERKAUF
BESUCH NACH VORANMELDUNG
JAHRESPRODUKTION 750.000 Flaschen
REBFLÄCHE 70 Hektar

Dies ist einer der wichtigsten Privatbetriebe im Süden Sardiniens. Die Kellerei Mesa gehört dem berühmten Werbefachmann Gavino Sanna, dem es im Sulcis so gut gefallen hat, dass er in dieses Gebiet und seine Reben investiert hat. Das Weingut erzeugt verschiedene Weine: Eine große Rolle spielt dabei der Carignano del Sulcis, doch Cannonau und Vermentino di Sardegna fehlen ebenso wenig wie einige aus internationalen Sorten gekelterte IGT-Weine. Stilistisch zeigen sich die Weine reintönig und modern, einige Auslesen sind alterungsorientiert gestaltet und die Ergebnisse beginnen sich nun abzuzeichnen. In Erwartung der Vorstellung einiger bedeutender Weine (darunter der Riserva di Carignano Buio Buio), möchten wir in dieser Ausgabe des Weinführers den sehr schönen, geschmacksreichen Buio '13 empfehlen, einen frischen, duftigen Carignano mit intensiven Gewürznoten und sattem, lang anhaltendem Geschmack. Interessant auch der weiche, fruchtige Cannonau di Sardegna Moro '12, sowie der Vermentino di Sardegna Opale '13 mit Anklängen an Anis und weiße Früchte.

● Cannonau di Sardegna Moro '12	🍷🍷 3
● Carignano del Sulcis Buio '13	🍷🍷 3
○ Vermentino di Sardegna Giunco '13	🍷🍷 3
○ Vermentino di Sardegna Opale '13	🍷🍷 2*
● Cannonau di Sardegna Primo Scuro '13	🍷 2
● Carignano del Sulcis Primo Rosso '13	🍷 3
⊙ Carignano del Sulcis Rosa Grande '13	🍷 3
○ Vermentino di Sardegna Primo Bianco '13	🍷 2
● Buio Buio '10	🍷🍷🍷 4*
● Cannonau di Sardegna Moro '11	🍷🍷 5
● Carignano del Sulcis Buio '12	🍷🍷 5
● Carignano del Sulcis Buio '11	🍷🍷 3*
● Carignano del Sulcis Buio Buio Ris. '11	🍷🍷 5
● Carignano del Sulcis Primo Rosso '12	🍷🍷 2*
● Malombra '10	🍷🍷 6

SARDINIEN

Cantina di Mogoro
Il Nuraghe
SS 131 km 62
09095 Mogoro [OR]
Tel. +39 0783990285
www.cantinadimogoro.it

DIREKTVERKAUF
BESUCH NACH VORANMELDUNG
JAHRESPRODUKTION 850.000 Flaschen
REBFLÄCHE 480 Hektar

In den letzten Jahren erzielte die Cantina di Mogoro unglaubliche Fortschritte. Durch gelungene Interpretationen der autochthonen Rebsorten wurde die Kellerei zur festen Größe unter den Winzergenossenschaften. Sie produziert eine Vielzahl von Weinen, die sich alle durch mehr als ehrliche Preise und hohe Qualität auszeichnen, obwohl es sich um Basisweine handelt. Nennenswert die nur in Mogoro vorkommende Rebe Semidano, auf die die Kellerei alles gesetzt hat – und die Ergebnisse können sich sehen lassen: Diese weißbeerige Sorte scheint große, langlebige Weine hervorzubringen. Der Puistèris ist der beste Beweis dafür. Ebendieser Puistèris brillierte bei der Verkostung und schaffte es in die Endausscheidung. Der Semidano di Mogoro Jahrgang 2011 spendet den zarten Duft heller Blüten und Zitrusfrüchte, ergänzt durch eine hauchfeine krautige Note. Im Mund ist er subtil und schön frisch, entfaltet sich weit, bräuchte jedoch eine Spur mehr Tiefgang. Dennoch ein vorbildlicher Wein, bedenkt man, dass er drei Jahre nach der Lese erscheint. Gut auch der jüngere Bruder, der Anastasia '13, ein unmittelbarer Wein voll betörender Düfte.

○ Semidano di Mogoro Sup. Puistèris '11	🍷🍷 4
● Cannonau di Sardegna Nero Sardo '12	🍷🍷 2*
● Sardegna Terralba Bovale Tiernu '12	🍷🍷 3
○ Semidano di Mogoro Anastasia '13	🍷🍷 2*
○ Anastasia Brut	🍷 3
● Arborea Sangiovese Pelle d'Angelo '13	🍷 2
● Cannonau di Sardegna Vignaruja '11	🍷 2
● Monica di Sardegna San Bernardino '11	🍷 2
○ Moscato di Sardegna Capodolce '12	🍷 3
○ Nuragus di Cagliari Ajò '13	🍷 2
○ Vermentino di Sardegna Don Giovanni '13	🍷 2
○ Semidano di Mogoro Sup. Puistèris '10	🍷🍷 4*
● Cannonau di Sardegna Nero Sardo '11	🍷🍷 2*

Giovanni Montisci
via Asiago, 7b
08024 Mamoiada [NU]
Tel. +39 0784569021
www.barrosu.it

DIREKTVERKAUF
BESUCH NACH VORANMELDUNG
JAHRESPRODUKTION 6.000 Flaschen
REBFLÄCHE 2 Hektar

Giovanni Montisci ist ein waschechter Winzer. In Mamoiada bestellt er in beachtlicher Höhe einen Hektar mit Cannonau bestockte, alte Rebzeilen in Alberello-Erziehung. Er produziert zwei Weine, die beide auf Cannonau di Sardegna basieren und Barrosu heißen, einer davon ist als Riserva ausgebaut und stammt von der ältesten Weinlage, der Franzisca. Abgerundet wird die Produktion durch eine geringe Menge Moscato und, nur in manchen Jahren, auch Rosé. Die Weine sind sehr territorial, häufig leicht rustikal oder mit kleinen Unvollkommenheiten behaftet, die Giovannis handwerkliche Arbeit belegen. Mit dem Jahrgang 2011 hat sich der Vigneron aus Mamoiada wohl selbst übertroffen. Der Riserva Franzisca ist ein wahrhaft großer Wein, der nach Unterholz, welken Rosen und Myrtenbeeren duftet. Der Mund besticht durch seidig schmeichelnde Stofflichkeit mit reifen, sanften Tanninen und einer balsamischen Frische, die alles ins Gleichgewicht bringt.

● Cannonau di Sardegna Barrosu Franzisca Ris. '11	🍷🍷🍷 6
● Cannonau di Sardegna Barrosu Ris. '11	🍷🍷 6
○ Barrosu Bianco Dolce	🍷🍷 5
● Cannonau di Sardegna Barrosu '09	🍷🍷 6
● Cannonau di Sardegna Barrosu Ris. '10	🍷🍷 6
● Cannonau di Sardegna Barrosu Ris. '09	🍷🍷 6
● Cannonau di Sardegna Franzisca Ris. '10	🍷🍷 6
● Cannonau di Sardegna Rosato '12	🍷🍷 3

SARDINIEN

Mura

Loc. Azzanidò, 1
07020 Loiri Porto San Paolo [OT]
Tel. +39 078941070
www.vinimura.it

DIREKTVERKAUF
BESUCH NACH VORANMELDUNG
GASTRONOMIE
JAHRESPRODUKTION 50.000 Flaschen
REBFLÄCHE 12 Hektar

In den letzten Jahren ist die Kellerei Mura zu einem wahren Vorbild für den Weinbau der ganzen Insel geworden. Der Familienbetrieb verfügt über rund 12 Hektar Rebfläche und produziert etwa 50.000 Flaschen. Die junge Önologin Marianna Mura leitet dabei die Arbeiten im Weinberg und in der Kellerei, während ihr Bruder für den Verkauf zuständig ist. Die Weine sind reintönig und präzise, ohne technischen Spitzfindigkeiten zu verfallen, die sie ihrer Ausstrahlung und Territorialität berauben könnten. Sie sind dagegen bester Ausdruck des granitenen Terroirs der Gallura. Davon zeugen die Vermentino-basierten Weine, aber auch die stets frischen, duftigen Rotweine. Der Vermentino di Gallura Superiore Sienda '13 ist einer der besten Weißweine, die wir in diesem Jahr verkosten durften. Dank einer sauberen, aber facettenreichen Nase mit Duftnoten, die von Strohblumen über Zitrusfrüchte bis hin zu Kräutern reichen. Am Gaumen ist er würzig, sehr frisch und persistent mit vertikaler Entfaltung, doch sein mediterraner Geschmack schenkt vollmundige Fülle. Hoch verdiente Drei Gläser.

○ Vermentino di Gallura Sup. Sienda '13	🍷🍷🍷	3*
○ Vermentino di Gallura Cheremì '13	🍷🍷	3
○ Vermentino di Sardegna Prisma '13	🍷🍷	2*
● Cannonau di Sardegna Prisma '12	🍷	2
● Baja '11	🍷🍷	5
● Cannonau di Sardegna Cortes '10	🍷🍷	2
○ Vermentino di Gallura Cheremì '12	🍷🍷	3
○ Vermentino di Gallura Sup. Sienda '12	🍷🍷	3*
○ Vermentino di Gallura Sup. Sienda '11	🍷🍷	4

Pala

via Verdi, 7
09040 Serdiana [CA]
Tel. +39 070740284
www.pala.it

DIREKTVERKAUF
BESUCH NACH VORANMELDUNG
JAHRESPRODUKTION 450.000 Flaschen
REBFLÄCHE 88 Hektar

Pala ist ein sehenswertes Beispiel für ein familiengeführtes Weingut, das unter der fähigen Leitung des großen Winzers Mario in den letzten Jahren zu einem der schönsten Betriebe des sardischen Panoramas geworden ist. Das Lob gebührt auch Fabio Angius, Marios rechter Hand, der die gesamte Marketing- und Verkaufsseite betreut. Immerhin wurde die Kellerei von diesem Weinführer im Vorjahr als Senkrechtstarter des Jahres ausgezeichnet. Die umfangreiche Produktion nutzt ausschließlich traditionelle Rebsorten, die das heimische Terroir optimal zu interpretieren wissen. Einmal mehr gelingt es dem Cannonau di Sardegna Riserva, die Verkoster zu überraschen. Der Jahrgang 2012 beschert einen subtilen Wein, dessen mediterraner Charakter bei aller Anmut gut zu spüren ist. An der Nase entfaltet sich ein Duft nach Kirschen, Walderdbeeren und süßen Gewürzen, während der Gaumen reife, seidige Tannine zeigt und der Abgang würzig ist mit einer sehr frischen, balsamischen Textur. Besser denn je auch die Version 2011 des Essentija, eines sortenreinen Bovales aus den alten, auf den Sandböden um Oristano gedeihenden Reben.

● Cannonau di Sardegna Ris. '12	🍷🍷🍷	3*
● Essentija '11	🍷🍷	3*
○ Assoluto '13	🍷🍷	5
● Cannonau di Sardegna I Fiori '13	🍷🍷	2*
○ Entemari '12	🍷🍷	4
● S'Arai '11	🍷🍷	5
● Siray '11	🍷🍷	3
○ Vermentino di Sardegna I Fiori '13	🍷🍷	2*
○ Vermentino di Sardegna Stellato '13	🍷🍷	3
⊙ Chiaro di Stelle '13	🍷	3
● Monica di Sardegna I Fiori '13	🍷	2
○ Nuragus di Cagliari I Fiori '13	🍷	2
○ Silenzi Bianco '13	🍷	2
⊙ Silenzi Rosato '13	🍷	2
● Silenzi Rosso '13	🍷	2
● Thesys '13	🍷	3

SARDINIEN

Cantina Pedres

ZONA IND. SETTORE 7
07026 OLBIA
TEL. +39 0789595075
www.cantinapedres.it

DIREKTVERKAUF
BESUCH NACH VORANMELDUNG
JAHRESPRODUKTION 290.000 Flaschen
REBFLÄCHE 40 Hektar

Antonella Mancini – Spross der gleichnamigen Familie, die auf der Insel seit Ende des 19. Jahrhunderts Weinbau betreibt – führt das Weingut Pedres, das in der Gallura über 40 Hektar Rebfläche verfügt. Spitzenprodukt ist der Vermentino di Gallura: Er wird auf eine Weise gekeltert, die dem Weißwein äußerste Finesse, große Subtilität und Frische beschert und die ungetrübten Sinneseindrücke betont, die diese Rebsorte hier hervorzubringen vermag. Auch die Rotweine sind würdige Zeugen ihres Anbaugebiets: frisch, duftig und von lebendiger Fruchtigkeit. Abgerundet wird das Programm durch im Charmat-Verfahren erzeugte, trockene und süße Schaumweine wie den Moscato di Tempio. Der Vermentino di Gallura Superiore Thilibas '13 ist zweifellos der interessanteste Wein der Palette. Getreu dem hauseigenen Stil schenkt er an der Nase den Duft nach Zitrusfrüchten und Salbei, weißen Pfirsichen und Jod. Der Mund ist subtil, sehr frisch, lang und präzise. Sehr gut auch der Vermentino di Gallura Brino '13. Unter den Roten immer eine Garantie ist der Cerasio '13, ein fruchtiger, saftiger Cannonau di Sardegna.

○ Vermentino di Gallura Sup. Thilibas '12	🍷🍷 4
○ Moscato di Sardegna	🍷🍷 3
○ Moscato di Sardegna Assolo	🍷🍷 4
● Cannonau di Sardegna Cerasio '13	🍷🍷 4
○ Vermentino di Gallura Brino '13	🍷🍷 3
○ Vermentino di Sardegna Colline '13	🍷🍷 2*
○ Pedres Brut	🍷 3
○ Pedres Brut Rosé	🍷 3
○ Vermentino di Gallura Sup. Thilibas '10	🍷🍷🍷 3*
○ Vermentino di Gallura Sup. Thilibas '09	🍷🍷🍷 3*
● Cannonau di Sardegna Cerasio '11	🍷🍷 4
● Cannonau di Sardegna Cerasio '10	🍷🍷 4
● Cannonau di Sardegna Sulitài '10	🍷🍷 3
● Maranto '11	🍷🍷 2*

Agricola Punica

LOC. BARRUA
09010 SANTADI [CI]
TEL. +39 0781941012
www.agripunica.it

BESUCH NACH VORANMELDUNG
JAHRESPRODUKTION 310.000 Flaschen
REBFLÄCHE 70 Hektar

Agricola Punica ist ein bedeutender Betrieb im Süden Sardiniens, der vor mehr als zehn Jahren auf Betreiben der Winzergenossenschaft Cantina di Santadi und des Weinguts Tenuta San Guido entstand. Neben dem traditionellen Carignano verfügt er über einige mit internationalen Sorten wie Cabernet Sauvignon und Merlot bestockte Weinberge. Produziert werden zwei Rotweine: zum einen der Spitzenwein Barrua (so benannt nach der besten Weinlage) und zum anderen der Montessu, eine Art ‚Second Vin', der aus den jüngeren Reben gewonnen wird. Seit einigen Jahren gibt es zusätzlich den Samas, einen aus Vermentino und Chardonnay gewonnenen Weißwein. Der Barrua erweist sich erneut als erlesener Tropfen. Die Rede ist vom Jahrgang 2011, gekeltert aus Carignano mit etwas Cabernet Sauvignon und Merlot. Er bietet eine immens komplexe Nase mit vorwiegend harzigen und krautigen Noten, zu denen sich reife, süße rote Früchte gesellen. Im Mund weich und seidig, steht dieser moderne Wein im Zeichen einer Frische und Würze, die lebendigen Trinkgenuss spendet. Saftig und hervorragend trinkbar der Montessu '12.

● Barrua '11	🍷🍷 6
● Montessu '12	🍷🍷 4
○ Samas '13	🍷 3
● Barrua '10	🍷🍷🍷 6
● Barrua '07	🍷🍷🍷 6
● Barrua '05	🍷🍷🍷 5
● Montessu '11	🍷🍷 4
● Montessu '10	🍷🍷 4
● Montessu '09	🍷🍷 4

SARDINIEN

★ Cantina di Santadi
VIA CAGLIARI, 78
09010 SANTADI [CI]
TEL. +39 0781950127
www.cantinadisantadi.it

DIREKTVERKAUF
BESUCH NACH VORANMELDUNG
JAHRESPRODUKTION 1.700.000 Flaschen
REBFLÄCHE 606 Hektar

Die Cantina di Santadi ist eine große Winzergenossenschaft im Sulcis, die beachtliche Mengen und eine Qualität produziert, an der sich auch viel kleinere Privatbetriebe ein Beispiel nehmen können. Doch damit nicht genug: Santadi begann Mitte der 1970er Jahre, durch umsichtige Arbeit und die Einbeziehung der Mitglieder auf Qualität zu setzen. Viele folgten diesem Vorbild, weshalb die Erfolge des sardischen Weinbaus auch diesem Betrieb zu verdanken sind. König der Produktion ist der Carignano, echter Sohn des Sulcis, erzeugt dank der meisterlichen Nutzung der alten, in Sand gepflanzten Rebstöcke aus der Vor-Reblaus-Zeit. Vermentino, Nuragus, Cannonau und Nasco runden das Angebot ab. Der Carignano del Sulcis Superiore Terre Brune '10 ist eine grandiose Version. Er verdient ohne jeden Zweifel Drei Gläser, insbesondere für die reinen, territorialen Nuancen, die die Nase umschmeicheln, angefangen mit dem Duft nach Macchie und Myrte bis hin zu reifen Fruchtnoten, allen voran Sauerkirsche. Der Mund ist dicht und streng, sehr kompakt, mit weichen Tanninen und würzigem Finale.

● Carignano del Sulcis Sup. Terre Brune '10	🍷🍷🍷 7
● Carignano del Sulcis Grotta Rossa '12	🍷🍷 2*
● Cannonau di Sardegna Noras '11	🍷🍷 4
● Carignano del Sulcis Rocca Rubia Ris. '11	🍷🍷 4
● Araja '12	🍷 3
○ Carignano del Sulcis Rosato Tre Torri '13	🍷 2
● Monica di Sardegna Antigua '13	🍷 3
○ Nuragus di Cagliari Pedraia '13	🍷 2
○ Vermentino di Sardegna Cala Silente '13	🍷 3
○ Vermentino di Sardegna Villa Solais '13	🍷 3
○ Villa di Chiesa '12	🍷 5
● Carignano del Sulcis Sup. Terre Brune '09	🍷🍷🍷 7
● Carignano del Sulcis Sup. Terre Brune '08	🍷🍷🍷 7

Sardus Pater
VIA RINASCITA, 46
09017 SANT'ANTIOCO [CI]
TEL. +39 0781800274
www.cantinesarduspater.com

DIREKTVERKAUF
BESUCH NACH VORANMELDUNG
JAHRESPRODUKTION 600.000 Flaschen
REBFLÄCHE 295 Hektar

Sardus Pater ist die Winzergenossenschaft von Sant'Antioco, ein schöner Betrieb, der in den letzten Jahren im sardischen Weinpanorama eine beachtliche Stellung erobern konnte. Ein Verdienst des Kellerei-Teams, angefangen mit den äußerst fähigen Önologen, die das Terroir des Sulcis bestens zu interpretieren wissen. Unter den Weinen sticht der Carignano del Sulcis hervor; er wird in mehreren Varianten einschließlich eines Superiore erzeugt, der laut Reglement nur von alten Reben in Alberello-Erziehung stammen darf. Doch die Erprobungen in der Kellerei beschränken sich nicht auf Rotweine, weshalb es seit kurzem auch einen flaschenvergorenen Schaumwein aus den Trauben einer speziellen Vermentino-Lage gibt. Der in der Vergangenheit als Rotwein des Jahres prämierte Arruga Carignano del Sulcis Superiore zeigt sich erneut in Bestform und erfreut uns mit einer vorzüglichen Version. Der Jahrgang 2009 duftet nach Gewürzen, Myrte und Tabak, der Mund ist voll und samtig, das Finale erreicht dank der den Trinkgenuss belebenden Säure schöne Tiefe. Sehr gut auch der Kanai '10, ein Riserva mit beachtlicher Substanz.

● Carignano del Sulcis Sup. Arruga '09	🍷🍷🍷 6
● Carignano del Sulcis Kanai Ris. '09	🍷🍷 3*
○ Vermentino di Sardegna Brut AD 49	🍷🍷 5
● Cannonau di Sardegna Foras '12	🍷🍷 2*
● Carignano del Sulcis Amentos Passito '11	🍷🍷 4
● Carignano del Sulcis Is Arenas Ris. '10	🍷🍷 4
● Carignano del Sulcis Is Solus '11	🍷🍷 2*
○ Nasco di Cagliari Amentos '11	🍷🍷 4
○ Carignano del Sulcis Rosato Horus '13	🍷 2
● Monica di Sardegna Insula '13	🍷 2
○ Vermentino di Sardegna Lugore '13	🍷 3
○ Vermentino di Sardegna Terre Fenicie '13	🍷 2
● Carignano del Sulcis Is Arenas Ris. '09	🍷🍷🍷 4*
● Carignano del Sulcis Is Arenas Ris. '08	🍷🍷🍷 4*
● Carignano del Sulcis Sup. Arruga '07	🍷🍷🍷 5

SARDINIEN

Giuseppe Sedilesu
VIA VITTORIO EMANUELE II, 64
08024 MAMOIADA [NU]
TEL. +39 078456791
www.giuseppesedilesu.com

DIREKTVERKAUF
BESUCH NACH VORANMELDUNG
JAHRESPRODUKTION 120.000 Flaschen
REBFLÄCHE 17 Hektar

Ein Familienbetrieb, der großen Anteil am Wiedererstarken des Cannonau im Mamoiada-Gebiet hat. Die Sedilesu sind kunstfertige Winzer mit der Fähigkeit, ein einmaliges Terroir durch behutsame Kellerei-Arbeit optimal zu interpretieren. Einige Lagen werden derzeit biodynamisch umgestellt, doch auf allen Rebflächen werden die jahrhundertealten, in beachtlicher Höhe angepflanzten Weinstöcke gehegt und gepflegt. Die Ergebnisse sind einzigartig: eine den sehr niedrigen Erträgen angemessene Struktur und Konzentration, aber auch ausgeprägte Frische und Mineralität als Folge starker Temperaturschwankungen und trockener Böden, wo die Rebstöcke tief wurzeln. Produziert wird in erster Linie Cannonau, ergänzt durch Granazza di Mamoiada, eine spezielle weiße Sorte, deren Erprobung in vollem Gang ist. Zwar sind die jüngsten Versionen von Mamuthone, Carnevale und Ballu Tundu erst im nächsten Jahr zur Verkostung bereit, doch mit dem Riserva Giuseppe Sedilesu werden sie durch einen würdigen Neuzugang vertreten. Dieser Cannonau di Sardegna ist das Ergebnis einer sorgsamen Beerenauslese der schönsten Weinlage des Hauses.

- Cannonau di Sardegna Giuseppe Sedilesu Ris. '10 — 3*
- Cannonau di Sardegna Gràssia Ris. '11 — 3
- Cannonau di Sardegna Sartiu '09 — 3
- Perda Pintà '12 — 5
- Perda Pintà Sulle Bucce '11 — 5
- Cannonau di Sardegna Mamuthone '11 — 3*
- Cannonau di Sardegna Mamuthone '08 — 3*
- Perda Pintà '09 — 4
- Perda Pintà '07 — 5
- Cannonau di Sardegna Ballu Tundu Ris. '10 — 6
- Cannonau di Sardegna Carnevale Ris. '10 — 5

★Tenute Sella & Mosca
LOC. I PIANI
07041 ALGHERO [SS]
TEL. +39 079997700
www.sellaemosca.com

DIREKTVERKAUF
BESUCH NACH VORANMELDUNG
JAHRESPRODUKTION 6.700.000 Flaschen
REBFLÄCHE 541 Hektar

Sella & Mosca ist zweifellos nicht nur die größte Kellerei Sardiniens, sondern auch eine der größten Italiens. Der Ende des 19. Jahrhunderts gegründete Betrieb ist ein Spitzenakteur der Branche, dessen Produktion trotz beachtlicher Mengen erlesene Qualität erzielt. Er verfügt über rund 500 Hektar Rebfläche, die sich mit Ausnahme einiger Weinberge in der Gallura und im Sulcis rings um die Kellerei unweit von Alghero erstrecken. Angebaut werden sowohl traditionelle Sorten als auch Cabernet Sauvignon und Sauvignon Blanc, die hier wohl ein natürliches Habitat gefunden haben. Dies ist zudem der einzige Betrieb, in dem der Torbato produziert wird, eine spezielle weiße Rebsorte, die faszinierende, langlebige Weine hervorzubringen weiß. Einmal mehr meisterlich ist der Marchese di Villamarina, ein Alghero Rosso '09, der nur aus Cabernet Sauvignon gekeltert wurde. Der Duft nach Macchie und Meereskräutern untermalt rote, reife, nie überzogene Fruchtigkeit. Sehr frisch am Gaumen mit balsamischem Finale. Drei Gläser. Großartig auch der Vermentino di Gallura Monteoro '13 und der Alghero Torbato Terre Bianche Cuvée 161.

- Alghero Marchese di Villamarina '09 — 6
- Alghero Torbato Terre Bianche Cuvée 161 '13 — 3*
- Vermentino di Gallura Sup. Monteoro '13 — 3*
- Alghero Monteluce Passito '11 — 5
- Alghero Oleandro '13 — 3
- Alghero Tanca Farrà '10 — 4
- Alghero Thilion '13 — 4
- Alghero Torbato Terre Bianche '13 — 3
- Carignano del Sulcis Terre Rare Ris. '10 — 3
- Cannonau di Sardegna Dimonios Ris. '10 — 3
- Monica di Sardegna Acino M '12 — 3
- Vermentino di Sardegna Cala Reale '13 — 3
- Vermentino di Sardegna La Cala '13 — 3
- Alghero Rosso Marchese di Villamarina '08 — 6

SARDINIEN

Siddùra

LOC. SIDDURA
07020 LUOGOSANTO [OT]
TEL. +39 0796513027
www.siddura.com

DIREKTVERKAUF
BESUCH NACH VORANMELDUNG
JAHRESPRODUKTION 90.000 Flaschen
REBFLÄCHE 29 Hektar

Siddùra ist eine der erfreulichsten Neuheiten der letzten Jahre. Die Rede ist von einem Betrieb mit knapp dreißig Hektar Rebfläche bei einer Produktion von rund 90.000 Flaschen. Die Weißweinproduktion steht ganz im Zeichen des Vermentino di Gallura, bei den Roten setzt die Kellerei dagegen auf den Cannonau, den Cagnulari (aus den Weinbergen in Usini) und zwei weniger ortstypische Sorten wie den Cabernet Sauvignon und den Sangiovese. Allen Weinen gemein sind klare Expressivität und reine Fruchtigkeit. Auch bei den Weißweinen werden kurze Reifezeiten in Holz erprobt, die ihre mediterrane Geschmeidigkeit ausbauen, ohne die Frucht zu schmälern. Der Vermentino di Gallura Maìa '13 erreicht unsere Endausscheidung dank seiner Frische und Würze, verbunden mit Anklängen an Strohblumen und kandierte Zitronenschale, ergänzt durch Nuancen von Anis und Holunderblüten. Im Mund entfaltet er sich recht weit, wenngleich der Trinkgenuss durch eine schöne Säure verfeinert wird. Schlanker und subtiler dagegen der Spèra '13. Unter den Rotweinen gefiel uns der Bàcco '13, ein sortenreiner Cagnulari mit schöner Frische und Unmittelbarkeit.

Wein		Bewertung
○ Vermentino di Gallura Sup. Maìa '13		🍷🍷 5
● Bàcco Cagnulari '13		🍷🍷 5
● Cannonau di Sardegna Fòla '13		🍷🍷 5
● Èrema '13		🍷🍷 3
● Tiros '12		🍷🍷 6
○ Vermentino di Gallura Spèra '13		🍷 2
○ Vermentino di Gallura Sup. Bèru '12		🍷🍷 6
● Cannonau di Sardegna Fòla '12		🍷 5
● Èrema '12		🍷 4
○ Vermentino di Gallura Spèra '12		🍷 3
○ Vermentino di Gallura Sup. Maìa '12		🍷 5

Tenute Soletta

LOC. SIGNOR'ANNA
07040 CODRONGIANOS [SS]
TEL. +39 079435067
www.tenutesoletta.it

DIREKTVERKAUF
BESUCH NACH VORANMELDUNG
JAHRESPRODUKTION 100.000 Flaschen
REBFLÄCHE 15 Hektar
WEINBAU Biologisch anerkannt

Das Weingut Soletta wird von Umberto Soletta geführt, einem charismatischen Winzer, der die Kellerei aus Codrongianos binnen weniger Jahre zu einer der interessantesten der Insel gemacht hat. Weine mit modernem Stil, Ausbau in kleinen Holzfässern, Einsatz traditioneller Reben bei vorbehaltsloser Betrachtung der internationalen Sorten – dies sind die Hauptmerkmale eines Betriebs, der in der Lage ist, rund 100.000 Flaschen zu produzieren. Im Programm brillieren unseres Erachtens zwei Weine, beides Riserva di Cannonau di Sardegna voller Charakter, mit dichtem Gefüge und beachtlichem Körper. Stets rein und klar die Weißweine, insbesondere diejenigen auf Vermentino-Basis. Die beiden Riserva di Cannonau sind es so auch, die das nationale Finale erreichen. Überzeugender der Keramos '10. Ein dichter, düsterer Wein mit imposanten Tanninen und balsamischer Frische, der dank Struktur und Geschmeidigkeit zu schöner Balance findet. Unter den Weißweinen erwähnen wir den frischen, fruchtigen Vermentino di Sardegna Chimera '13.

Wein		Bewertung
● Cannonau di Sardegna Corona Majore '11		🍷🍷 4
● Cannonau di Sardegna Keramos Ris. '10		🍷🍷 5
○ Vermentino di Sardegna Chimera '13		🍷🍷 4
○ Kianos '13		🍷 4
○ Prius '13		🍷 3
○ Vermentino di Sardegna Sardo '13		🍷 3
● Cannonau di Sardegna Keramos Ris. '07		🍷🍷🍷 4
● Cannonau di Sardegna Keramos Ris. '04		🍷🍷🍷 4
● Cannonau di Sardegna Corona Majore '10		🍷 4
● Cannonau di Sardegna Keramos Ris. '09		🍷 5
● Cannonau di Sardegna Keramos Ris. '08		🍷 5
○ Kianos '12		🍷 4
○ Vermentino di Sardegna Chimera '12		🍷 3

SARDINIEN

Vigne Surrau

SP Arzachena - Porto Cervo
07021 Arzachena [OT]
Tel. +39 078982933
www.vignesurrau.it

BESUCH NACH VORANMELDUNG
JAHRESPRODUKTION 250.000 Flaschen
REBFLÄCHE 40 Hektar

Der Betrieb Vigne Surrau liegt in Arzachena. Vor etwa 10 Jahren entstanden, verfügt er heute über eine sehenswerte Kellerei, die technisch ebenso erlesen ausgestattet ist wie in punkto Gastlichkeit. Hier werden ganzjährig Weinproben aber auch Ausstellungen, Events oder Buchpräsentationen organisiert. Der architektonische Rahmen ist sehr schön und die Weine mindestens ebenso. Vorzüglich die Versionen des Vermentino di Gallura, aber auch die Rotweine, sehr frisch, anmutig und hervorragend trinkbar. Vor einigen Jahren hat das Unternehmen in der ehemaligen Kellerei einen Bereich für die Flaschengärung eingerichtet und erzeugt nun zwei interessante „Metodo Classico"-Schaumweine. Der Vermentino di Gallura Superiore Sciala '13 sichert sich zum zweiten Mal in Folge die Drei Gläser. Diesem Wein mit intensiven Zitrus- und Blumendüften gelingt es, satten Elan ebenso wie eine weiche, geschmeidige Entfaltung zu erzielen, die ihm vollmundige Fülle schenkt. Sehr gut auch in der Ausführung als Spätlese, die statt übermäßiger Süße Struktur aufbaut, während die Säure den beachtlichen Körper gut auszugleichen vermag.

○ Vermentino di Gallura Sup. Sciala '13	🍷🍷🍷	5
○ Vermentino di Gallura Sup. Sciala V.T. '12	🍷🍷	5
● Barriu '11	🍷🍷	5
● Cannonau di Sardegna Sincaru '12	🍷🍷	5
● Rosso Surrau '12	🍷🍷	4
○ Vermentino di Gallura Branu '13	🍷	4
● Surrau '09	🍷🍷🍷	4*
○ Vermentino di Gallura Sup. Sciala '12	🍷🍷🍷	5
● Barriu '10	🍷🍷	5
● Cannonau di Sardegna Sincaru '10	🍷🍷	5
● Cannonau di Sardegna Sincaru Ris. '09	🍷🍷	5
● Surrau '11	🍷🍷	4

Cantina Trexenta

v.le Piemonte, 40
09040 Senorbì [CA]
Tel. +39 0709808863
www.cantinatrexenta.it

DIREKTVERKAUF
BESUCH NACH VORANMELDUNG
JAHRESPRODUKTION 1.000.000 Flaschen
REBFLÄCHE 350 Hektar

Die Kellerei Trexenta (so benannt nach ihrem Stammgebiet) ist eine große Winzergenossenschaft, die in den 1950er Jahren entstanden ist. Die 200 Mitglieder bestellen rund 350 Hektar Rebfläche für eine Produktion von knapp einer Million Flaschen. Erzeugt werden sehr viele Weine, die ausnahmslos ein sehr gutes Preis-Leistungs-Verhältnis aufweisen. Uns gefallen auch weiterhin die Roten am besten, vor allem die Cannonau-basierten Weine, die immer sehr typisch und vorzüglich trinkbar sind. Abgerundet wird das Angebot durch Monica, Nuragus und einige aromatische Sorten. Der Cannonau di Sardegna Baione '12 duftet nach Rosen und schwarzem Pfeffer, im Mund ist er frisch und samtig mit einer Prise Würze, die den Wein zu einem schönen Abgang geleitet. Der Goimajor '12 weist nicht nur einen gelinde gesagt ehrlichen Preis auf, sondern bietet ein schönes Wechselspiel aus roten Früchten und Unterholznoten. In der Reihe Bingias schließlich gefiel uns der Cannonau mit seiner dicht gewobenen Textur und den süßen, reifen Tanninen.

● Cannonau di Sardegna Baione '12	🍷🍷	2*
● Cannonau di Sardegna Bingias '12	🍷🍷	2*
● Cannonau di Sardegna Corte Auda '12	🍷🍷	2*
● Cannonau di Sardegna Goimajor '12	🍷🍷	2*
○ Nuragus di Cagliari Tenute San Mauro '13	🍷	2
○ Vermentino di Sardegna Bingias '13	🍷	2
○ Vermentino di Sardegna Contissa '13	🍷	2
○ Vermentino di Sardegna Donna Leonora '13	🍷	2
○ Vermentino di Sardegna Monteluna '13	🍷	2
● Cannonau di Sardegna Baione '11	🍷🍷	2*
● Cannonau di Sardegna Bingias '11	🍷🍷	2*
● Cannonau di Sardegna Corte Auda '11	🍷🍷	2*
● Cannonau di Sardegna Goimajor '11	🍷🍷	2*
● Monica di Sardegna Duca di Mandas '11	🍷🍷	2*

WEITERE KELLEREIEN

Altea Illotto
VIA DON MINZIONI, 14
09040 SERDIANA [CA]
TEL. +39 078370306
www.alteaillotto.it

DIREKTVERKAUF
BESUCH NACH VORANMELDUNG
JAHRESPRODUKTION 8.000 Flaschen
REBFLÄCHE 5 Hektar
WEINBAU Biologisch anerkannt

○ Papilio '13	♛♛ 3
○ Altea Bianco '13	♛ 3
● Altea Rosso '13	♛ 3

Angelo Angioi
LOC. COLORAS
09079 TRESNURAGHES [OR]
TEL. +39 3409357227
saltodicoloras@gmail.com

DIREKTVERKAUF
BESUCH NACH VORANMELDUNG
JAHRESPRODUKTION 5.000 Flaschen
REBFLÄCHE 3 Hektar

○ Malvasia di Bosa Dolce Salto di Coloras '13	♛♛ 4

Berritta
VIA KENNEDY, 108
08022 DORGALI [NU]
TEL. +39 078495372
www.cantinaberritta.it

JAHRESPRODUKTION 5.000 Flaschen
REBFLÄCHE 2 Hektar

● Cannonau di Sardegna Thurcalesu '12	♛♛ 2*
● Panzale '13	♛ 2

Cantina delle Vigne Piero Mancini
LOC. CALA SACCAIA
VIA MADAGASCAR, 17
07026 OLBIA
TEL. +39 078950717
www.pieromancini.it

DIREKTVERKAUF
BESUCH NACH VORANMELDUNG
JAHRESPRODUKTION 1.500.000 Flaschen
REBFLÄCHE 100 Hektar

○ Vermentino di Gallura Sup. Cucaione '13	♛♛ 2*
○ Vermentino di Gallura Sup. Mancini Primo '13	♛♛ 4
● Cannonau di Sardegna Falcale '12	♛ 2

Carpante
VIA GARIBALDI, 151
07049 USINI [SS]
TEL. +39 079380614
www.carpante.it

DIREKTVERKAUF
BESUCH NACH VORANMELDUNG
JAHRESPRODUKTION 30.000 Flaschen
REBFLÄCHE 8 Hektar

● Carpante '11	♛♛ 4
● Lizzos '12	♛♛ 4
○ Vermentino di Sardegna Longhera '13	♛♛ 2*
○ Vermentino di Sardegna Frinas '13	♛ 4

Cantina di Castiadas
LOC. OLIA SPECIOSA
09040 CASTIADAS [CA]
TEL. +39 0709949004
www.cantinacastiadas.com

DIREKTVERKAUF
BESUCH NACH VORANMELDUNG
JAHRESPRODUKTION 120.000 Flaschen
REBFLÄCHE 150 Hektar

● Cannonau di Sardegna Capo Ferrato Rei '11	♛♛ 2*
⊙ Cannonau di Sardegna Capo Ferrato Rosato '13	♛ 2

WEITERE KELLEREIEN

Columbu
VIA MARCONI, 1
08013 BOSA [OR]
TEL. +39 0785373380
www.vinibosa.com

DIREKTVERKAUF
BESUCH NACH VORANMELDUNG
JAHRESPRODUKTION 4.000 Flaschen
REBFLÄCHE 3 Hektar

○ Malvasia di Bosa '10	🍷 5
○ Alvarega '13	🍷 3

Giovanni Luigi Deaddis
LOC. SAN PIETRO
VIA LEONARDO DA VINCI, 30
07035 SEDINI [SS]
TEL. +39 079588314
www.cantinadeaddis.com

DIREKTVERKAUF
BESUCH NACH VORANMELDUNG
JAHRESPRODUKTION 35.000 Flaschen
REBFLÄCHE 9 Hektar

● Padres '11	🍷 3
● Ultana '11	🍷 5
● Cannonau di Sardegna Capo Sardo '11	🍷 2
○ Vermentino di Sardegna Narami Et. Blu '13	🍷 3

Vigne Deriu
LOC. SIGNORANNA
07040 CODRONGIANOS [SS]
TEL. +39 079435101
www.vignederiu.it

DIREKTVERKAUF
BESUCH NACH VORANMELDUNG
JAHRESPRODUKTION 35.000 Flaschen
REBFLÄCHE 6 Hektar

● Cannonau di Sardegna '12	🍷 3
○ Vermentino di Sardegna '13	🍷 3
● Tiu Filippu '10	🍷 5

Tenuta l'Ariosa
LOC. PREDDA NIEDDA SUD
S.DA 15
07100 SASSARI
TEL. +39 079261905
www.lariosa.it

JAHRESPRODUKTION 40.000 Flaschen
REBFLÄCHE 9 Hektar

○ Vermentino di Sardegna Arenu '13	🍷 3
● Sass'Antico Cagnulari '13	🍷 4

Andrea Ledda
VIA MUSIO, 13
07043 BONNANARO [SS]
TEL. +39 079845060
www.vitivinicolaledda.com

DIREKTVERKAUF
BESUCH NACH VORANMELDUNG
JAHRESPRODUKTION 25.000 Flaschen
REBFLÄCHE 13 Hektar

● Cannonau di Sardegna Mogano '11	🍷 4
● Ebano '11	🍷 4
○ Vermentino di Sardegna Acero '13	🍷 3

Li Duni
LOC. LI PARISI
07030 BADESI [OT]
TEL. +39 0799144480
www.cantinaliduni.com

DIREKTVERKAUF
BESUCH NACH VORANMELDUNG
JAHRESPRODUKTION 40.000 Flaschen
REBFLÄCHE 25 Hektar

● Nalboni '12	🍷 3*
○ Vermentino di Gallura Renabianca '12	🍷 3
○ Vermentino di Sardegna Nozzinnà Amabile '12	🍷 5

WEITERE KELLEREIEN

Pietro Lilliu
Via Sardegna, 13
09020 Ussaramanna [VS]
Tel. +39 3939787352
www.cantinalilliu.it

DIREKTVERKAUF
BESUCH NACH VORANMELDUNG
JAHRESPRODUKTION 20.000 Flaschen
REBFLÄCHE 4 Hektar

● Biazzu	🍷🍷 3
● Presciu	🍷🍷 3
● Cannonau di Sardegna Dicciosu '12	🍷 3
⊙ Cannonau di Sardegna Pantumas '13	🍷 3

Cantina Sociale del Mandrolisai
c.so IV Novembre, 20
08038 Sorgono [NU]
Tel. +39 078460113
www.mandrolisai.com

DIREKTVERKAUF
BESUCH NACH VORANMELDUNG

● Mandrolisai '10	🍷🍷 2*
● Mandrolisai Sup. '09	🍷🍷 2*
○ Ternura	🍷 3
● Kent'Annos '08	🍷 4

Tenute Massidda
Loc. Giuanni Porcu
09040 Donori [CA]
Tel. +39 3478088683
www.cantinemassidda.com

DIREKTVERKAUF
BESUCH NACH VORANMELDUNG
JAHRESPRODUKTION 200.000 Flaschen
REBFLÄCHE 45 Hektar

● Cannonau di Sardegna Arenargiu '12	🍷🍷 3
● Monica di Sardegna Bainosa '11	🍷🍷 3
○ Vermentino di Sardegna Cannisonis '13	🍷 4

Meloni Vini
Via Gallus, 79
09047 Selargius [CA]
Tel. +39 070852822
www.melonivini.com

DIREKTVERKAUF
BESUCH NACH VORANMELDUNG
JAHRESPRODUKTION 1.000.000 Flaschen
REBFLÄCHE 200 Hektar
WEINBAU Biologisch anerkannt

○ Malvasia di Cagliari Donna Jolanda '11	🍷🍷 3
○ Moscato di Cagliari Donna Jolanda '09	🍷🍷 3
● Cannonau di Sardegna Le Sabbie '11	🍷 3
○ Vermentino di Sardegna Le Sabbie '13	🍷 3

Montespada
Loc. Giunchizza
07038 Trinità d'Agultu e Vignola [OT]
Tel. +39 3493737613
www.montespada.it

DIREKTVERKAUF
BESUCH NACH VORANMELDUNG
JAHRESPRODUKTION 70.000 Flaschen
REBFLÄCHE 50 Hektar

○ Vermentino di Sardegna Giunchizza '13	🍷🍷 2*
○ Vermentino di Sardegna Vecchia Costa '13	🍷🍷 2*

Mora&Memo
Via Ciusa, 13
09040 Serdiana [CA]
Tel. +39 3311972266
www.moraememo.it

DIREKTVERKAUF
JAHRESPRODUKTION 28.000 Flaschen
REBFLÄCHE 30 Hektar

● Cannonau di Sardegna Nau '12	🍷🍷 3
○ Vermentino di Sardegna Tino '13	🍷🍷 3
● Nau&Co. '13	🍷 4
○ Tino Sur Lie '13	🍷 4

WEITERE KELLEREIEN

Murales
LOC. PILIEZZU, 1
07026 OLBIA
TEL. +39 078953174
www.vinimurales.com

DIREKTVERKAUF
UNTERKUNFT
JAHRESPRODUKTION 80.000 Flaschen
REBFLÄCHE 20 Hektar

○ Vermentino di Gallura Lumenera '13	♛♛ 4
○ Vermentino di Gallura Miradas '13	♛♛ 4
○ Vermentino di Sardegna Tutti i Venti '13	♛ 3

Olianas
LOC. PURRUDDU
09031 GERGEI [CA]
TEL. +39 0558300800
www.olianas.it

DIREKTVERKAUF
BESUCH NACH VORANMELDUNG
JAHRESPRODUKTION 50.000 Flaschen
REBFLÄCHE 13 Hektar
WEINBAU Biologisch anerkannt

● Cannonau di Sardegna '13	♛ 3
● Perdixi '12	♛ 4
⊙ Rosato '13	♛ 2
○ Vermentino di Sardegna '13	♛ 3

Cantine di Orgosolo
VIA SANTA LUCIA
08027 ORGOSOLO [NU]
TEL. +39 0784403096
www.cantinediorgosolo.it

DIREKTVERKAUF
BESUCH NACH VORANMELDUNG
GASTRONOMIE
JAHRESPRODUKTION 17.000 Flaschen
REBFLÄCHE 16 Hektar

● Cannonau di Sardegna Soroi Ris. '10	♛♛ 5
● Cannonau di Sardegna Urùlu '11	♛♛ 4
● Cannonau di Sardegna Neale '13	♛ 3

Orro
VIA GIUSEPPE VERDI
09070 TRAMATZA [OR]
TEL. +39 3477526617
www.famigliaorro.it

DIREKTVERKAUF
BESUCH NACH VORANMELDUNG
REBFLÄCHE 5 Hektar

○ Vernaccia di Oristano '08	♛♛ 5
⊙ Nieddera Rosato Zenti Arrubia '13	♛ 2
○ Tzinnigas '13	♛ 2

Gabriele Palmas
V.LE ITALIA, 3
07100 SASSARI
TEL. +39 079233721
gabrielepalmas@tiscali.it

DIREKTVERKAUF
BESUCH NACH VORANMELDUNG
JAHRESPRODUKTION 20.000 Flaschen
REBFLÄCHE 10 Hektar

● Alghero Cabernet '11	♛♛ 4
● Syrah '13	♛♛ 3
● Cannonau di Sardegna '13	♛ 3

Poderosa
VIA E. TOTI, 14
07047 THIESI [SS]
TEL. +39 3283237413
www.cantinapoderosa.com

DIREKTVERKAUF
BESUCH NACH VORANMELDUNG
JAHRESPRODUKTION 15.000 Flaschen
REBFLÄCHE 6 Hektar

○ Gainu	♛♛ 4
● Lièrra '11	♛♛ 5

WEITERE KELLEREIEN

Giampietro Puggioni
VIA NUORO, 11
08024 MAMOIADA [NU]
TEL. +39 0784203516
www.cantinagiampietropuggioni.it

DIREKTVERKAUF
BESUCH NACH VORANMELDUNG
JAHRESPRODUKTION 60.000 Flaschen
REBFLÄCHE 15 Hektar
WEINBAU Biologisch anerkannt

● Cannonau di Sardegna Lakana '12	🍷 3
● Cannonau di Sardegna Mamuthone '12	🍷 3
● Cannonau di Sardegna Isula '11	🍷 3

Pusole
LOC. PERDA 'E CUBA
08040 LOTZORAI [OG]
TEL. +39 3334047219
roberto.pusole@gmail.com

DIREKTVERKAUF
BESUCH NACH VORANMELDUNG
UNTERKUNFT
JAHRESPRODUKTION 7.000 Flaschen
REBFLÄCHE 7 Hektar

● Cannonau di Sardegna '13	🍷 3

Quartomoro di Sardegna
VIA DINO POLI, 33
09092 ARBOREA [OR]
TEL. +39 3467643552
www.quartomoro.it

DIREKTVERKAUF
BESUCH NACH VORANMELDUNG
JAHRESPRODUKTION 20.000 Flaschen
REBFLÄCHE 2,5 Hektar

● MAI '11	🍷 4
○ Q Brut M. Cl.	🍷 3
● CRG '13	🍷 4
○ VRM '12	🍷 3

Rigatteri
LOC. SANTA MARIA LA PALMA
REG. FLUMELONGU, 56
07041 ALGHERO [SS]
TEL. +39 3408636375
www.rigatteri.com

DIREKTVERKAUF
BESUCH NACH VORANMELDUNG
JAHRESPRODUKTION 15.000 Flaschen
REBFLÄCHE 10 Hektar

○ Vermentino di Sardegna Yiòs '13	🍷 2*
⊙ Cannonau di Sardegna Rosato '13	🍷 2

Santa Maria La Palma
LOC. SANTA MARIA LA PALMA
07041 ALGHERO [SS]
TEL. +39 079999008
www.santamarialapalma.it

DIREKTVERKAUF
BESUCH NACH VORANMELDUNG
JAHRESPRODUKTION 3.800.000 Flaschen
REBFLÄCHE 700 Hektar

● Alghero Cagnulari '11	🍷 3
● Cannonau di Sardegna Le Bombarde '13	🍷 2*
● Cannonau di Sardegna R Ris. '10	🍷 4
● Cannonau di Sardegna Valmell '13	🍷 2*

F.lli Serra
VIA GARIBALDI, 25
09070 ZEDDIANI [OR]
TEL. +39 0783418276
www.vernacciaserra.it

DIREKTVERKAUF
BESUCH NACH VORANMELDUNG
JAHRESPRODUKTION 40.000 Flaschen
REBFLÄCHE 14 Hektar

○ Vernaccia di Oristano '01	🍷 5

WEITERE KELLEREIEN

Su Entu
SP 48 Km 1,800
09025 Sanluri [CA]
Tel. +39 07093571200
www.cantinesuentu.com

DIREKTVERKAUF
BESUCH NACH VORANMELDUNG
JAHRESPRODUKTION 30.000 Flaschen
REBFLÄCHE 32 Hektar

○ Aromatico '13	🍷🍷 3
● Cannonau di Sardegna '12	🍷🍷 3
○ Vermentino di Sardegna '13	🍷🍷 3
● Bovale '12	🍷 3

Tanca Gioia Carloforte
loc. Gioia
09014 Carloforte [CI]
Tel. +39 3356359329
www.u-tabarka.com

DIREKTVERKAUF
BESUCH NACH VORANMELDUNG
JAHRESPRODUKTION 30.000 Flaschen
REBFLÄCHE 7 Hektar

○ U Tabarka Quae '11	🍷🍷 5
● Carignano del Sulcis Roussou '12	🍷🍷 3
○ Ciù Roussou '12	🍷🍷 3
○ U Tabarka Seianna '11	🍷🍷 5

Tenute Olbios
loc. Venafiorita
via Loiri, 83
07026 Olbia
Tel. +39 0789641003
/www.tenuteolbios.com

REBFLÄCHE 60 Hektar

○ Vermentino di Gallura Sup. Lupus in Fabula '13	🍷🍷 5

Cantina del Vermentino
via San Paolo, 2
07020 Monti [SS]
Tel. +39 078944012
www.vermentinomonti.it

DIREKTVERKAUF
BESUCH NACH VORANMELDUNG
JAHRESPRODUKTION 1.800.000 Flaschen
REBFLÄCHE 500 Hektar

○ Vermentino di Gallura Aghiloja '13	🍷🍷 2*
○ Vermentino di Gallura Funtanaliras Oro '13	🍷🍷 3
○ Vermentino di Gallura Sup. Aghiloia Oro '13	🍷🍷 2*

Cantina Sociale della Vernaccia
loc. Rimedio
via Oristano, 6a
09170 Oristano
Tel. +39 078333383
www.vinovernaccia.com

DIREKTVERKAUF
BESUCH NACH VORANMELDUNG
JAHRESPRODUKTION 260.000 Flaschen
REBFLÄCHE 120 Hektar

● Cannonau di Sardegna Corash Ris. '11	🍷🍷 3*
● Nieddera Montiprama '11	🍷🍷 1*
○ Vernaccia di Oristano Jughissa '06	🍷🍷 3
○ Aristanis M. Cl. Brut	🍷 3

Zarelli Vini
via Vittorio Emanuele, 36
08010 Magomadas [OR]
Tel. +39 078535311
www.zarellivini.it

DIREKTVERKAUF
BESUCH NACH VORANMELDUNG
JAHRESPRODUKTION 20.000 Flaschen
REBFLÄCHE 7 Hektar

○ Inachis '13	🍷🍷 3
○ Malvasia di Bosa Contos '13	🍷🍷 4
○ Malvasia di Bosa Licoro '11	🍷🍷 4

ANHANG
Alphabetisches Verzeichnis der Produzenten
Regionales Verzeichnis der Produzenten

ALFABETISCHES VERZEICHNIS DER PRODUZENTEN

'A Vita	882
1701	256
6Mura - Cantina Giba	920
A Casa	804
A Mano	852
Abate Nero	272
Abbadia Ardenga	530
Abbazia di Novacella	292
Abbazia Santa Anastasia	886
Abbona	34
Anna Maria Abbona	34
Martin Abraham	324
Elisabetta Abrami	256
F.lli Abrigo	178
Orlando Abrigo	35
Stefano Accordini	328
Giulio Accornero e Figli	35
Acino d'Oro	288
Acquabona	530
Acquacalda	531
Adami	328
Adanti	736
Marchese Adorno	214
Tenute Adragna	908
Marco e Vittorio Adriano	36
F.lli Agnes	214
Ida Agnoletti	329
Agricoltori del Chianti Geografico	531
Agririva	288
Agrisole	667
Agriverde	778
Aia dei Colombi	831
Al Rocol	256
Claudio Alario	36
Albani	256
Cantina Albea	852
Podere Albiano	532
Cantina Aldeno	272
Carlo Alessandri	209
Massimo Alessandri	196
F.lli Alessandria	37
Gianfranco Alessandria	37
Alessandro di Camporeale	886
Marchesi Alfieri	38
Tenuta di Aljano	524
Allegrini	329
Maria Letizia Allevi	729
Alliata	887
Giovanni Almondo	38
Alois	804
Alovini	848
Elio Altare	39
Altavia	209
Altea Illotto	936
Masseria Altemura	868
Tenuta Alzatura	757
Alziati Annibale - Tenuta San Francesco	256
Amarano	831
Amastuola	868
Fattoria Ambra	532
Stefano Amerighi	533
Amiata	533
Ampeleia	534
Ancarani	492
Andreola	330
Anfossi	209
Tenuta Anfosso	209
Angelo Angioi	936
Tenuta di Angoris	412
Anselmet	26
Giuseppe e Luigi Anselmi	482
Anteo	215
Antica Cascina Conti di Roero	178
Antica Enotria	868
Antica Fratta	215
Antica Tesa	216
Antiche Vigne	882
Antichi Vigneti di Cantalupo	39
Antico Borgo dei Cavalli	40
Antico Castello	831
Marchesi Antinori	534
Antolini	330
Antonelli - San Marco	736
Antoniolo	40
Odilio Antoniotti	41
Antonutti	412
Anzelin	482
Anzivino	178
Giuseppe Apicella	831
Apollonio	868
Aquila del Torre	413
Ar.Pe.Pe.	216
Tenuta dell'Arbiola	41
Tenuta di Arceno - Arcanum	667
Tenuta Argentiera	535
Argiano	667
Argillae	757
Argiolas	920
Ariola Vigne e Vini	492
L'Armangia	42
Albino Armani	331
Arrighi	535
Riccardo Arrigoni Wine Family	209
Artimino	667
Maurizio Arzenton	482
Ascheri	42
Laura Aschero	196
Assolati	536
L'Astore Masseria	868
Astoria Vini	403
Poderi Atha Ruja	921
Aurora	696
Avanzi	256
Paolo Avezza	43
Avide	908
Avignonesi	536
Azelia	43
Fattoria di Bacchereto	537
Badia a Coltibuono	537
Badia di Morrona	538
Baglio del Cristo di Campobello	887
Baglio di Pianetto	888
Baglio Ingardia	908
Fattoria di Bagnolo	538
La Baia del Sole	197
Bajta	482
Balestri Valda	331
Balia di Zola	493
Ballabio	217
Nicola Balter	273
I Balzini	539
Il Balzo	667
Bandini - Villa Pomona	539
Banfi - Vigne Regali	44
Baracchi	540
F.lli Barale	178

ALPHABETISCHES VERZEICHNIS DER PRODUZENTEN

F.lli Barba	778
Le Barbaterre	493
Cantina Sociale Barbera dei Sei Castelli	178
Barberani	737
Osvaldo Barberis	44
Fattoria dei Barbi	540
Baricci	541
Barollo	332
Baron Widmann	292
Barone	831
Barone Cornacchia	779
Barone de Cles	288
Tenute Barone di Valforte	779
Barone di Villagrande	888
Barone Pizzini	217
Barone Ricasoli	541
Barone Sergio	908
Fattoria di Basciano	542
Basile	667
Basilisco	848
Bastianich	413
Batasiolo	45
Fabrizio Battaglino	45
Battaglio	46
Batzella	668
Bava	46
Beato Bartolomeo	403
Lorenzo Begali	332
Begnardi	542
Bel Colle	47
Bel Sit	178
Belisario	696
Tenuta Bellafonte	737
La Bellanotte	482
Bellaveder	273
Bellavista	218
Francesco Bellei	494
Antonio Bellicoso	179
Cantine Bellini	668
Bellussi Spumanti	403
Belpoggio - Bellussi	668
Tenuta Beltrame	414
Benanti	889
Benedetti - Corte Antica	403
Benincasa	482
Bera	47
Cinzia Bergaglio	48
Nicola Bergaglio	48
Cantina Sociale Bergamasca	257
Berioli	757
F.lli Berlucchi	218
Guido Berlucchi & C.	219
Podere Le Berne	543
Berritta	936
Bersano	49
Bersi Serlini	219
Guido Berta	49
La Berta	494
Bertagna	220
Cav. G. B. Bertani	333
Besssererhof - Otmar Mair	293
F.lli Bettini	220
La Biancara	333
Michele Biancardi	868
BiancaVigna	334
Maria Donata Bianchi	197
Tenuta di Bibbiano	543
Bidoli	483
Bigi	738
Podere Bignolino	257
Bindella	544
Biondi Santi - Tenuta Il Greppo	544
BioVio	198
Biscaris	908
Bisci	697
Tenuta di Biserno	545
Bisi	221
Desiderio Bisol & Figli	334
Bisson	198
Raffaella Alessandra Bissoni	524
Blason	414
Blazic	483
Bocale	738
Boccella	831
Enzo Boglietti	50
F.lli Bolla	335
Bolognani	274
Cantina Bolzano	293
Bonaldi - Cascina del Bosco	257
Samuele Heydi Bonanini	199
Bonavita	908
Bondi - Cascina Banaia	50
Bonfadini	257
Marco Bonfante	179
Bongiovanni	51
Gilberto Boniperti	179
Bonotto delle Tezze	403
Tenuta Bonzara	524
Borgo dei Posseri	274
Borgo delle Oche	415
Borgo di Colloredo	800
Borgo Judrio	415
Borgo Magredo	483
Borgo Maragliano	51
Borgo Paglianetto	697
Borgo Salcetino	545
Borgo San Daniele	416
Borgo Savaian	416
Borgo Stajnbech	335
Giacomo Borgogno & Figli	52
Borgoluce	336
Borin Vini & Vigne	336
Boroli	179
F.lli Bortolin	403
Bortolomiol	337
Cav. Emiro Bortolusso	417
Carlo Boscaini	337
La Boscaiola	257
Poderi Boscarelli	546
Francesco Boschis	52
Agostino Bosco	53
Nestore Bosco	780
Tenuta Il Bosco	221
Bosco del Merlo - Paladin	338
Bosio	222
Tenuta Bossi	668
Conti Bossi Fedrigotti	288
Cantine Botromagno	853
Luigi Boveri	53
Gianfranco Bovio	54
Braida	54
Brancaia	546
Brancatelli	547
Brandini	55
Alessio Brandolini	257
Brangero	55
Branko	417
Braschi	495
Luciano Brega	258
Cantina Bregante	199
Brema	56
Giacomo Brezza & Figli	56
Bric Cenciurio	57
Bricco del Cucù	57

ALPHABETISCHES VERZEICHNIS DER PRODUZENTEN

Name	Seite
Bricco Maiolica	58
Bricco Mondalino	58
Brigaldara	338
Francesco Brigatti	59
Josef Brigl	294
Maurizio Brogioni	668
Vitivinicola Broglia	59
Sorelle Bronca	339
Brovia	60
La Brugherata	222
Bruna	200
Luigi Brunelli	339
Brunelli - Le Chiuse di Sotto	547
Bruni	548
Brunnenhof - Kurt Rottensteiner	324
Brunori	698
Brunozzi	757
Enoteca Andrea Bruzzone	209
Bucci	698
Buccia Nera	668
Renato Buganza	179
Livio e Claudio Buiatti	418
Bulichella	548
Tenuta del Buonamico	549
I Buongiorno	869
Buranco	210
G. B. Burlotto	60
La Buse dal Lôf	483
Bussia Soprana	179
Piero Busso	61
Tommaso Bussola	340
Leonardo Bussoletti	739
Valentino Butussi	418
Maurizio Buzzinelli	419
Ca' Bianca	61
Ca' Bolani	419
Ca' d'Gal	62
Ca' dei Frati	223
Ca' del Baio	62
Ca' del Bosco	223
Ca' del Gè	224
Ca' del Santo	258
Ca' di Frara	224
Ca' di Sopra	495
Ca' di Volpe	483
Ca' Ferri	340
Ca' La Bionda	341
Ca' Lojera	225
Ca' Lustra	341
Ca' Marcanda	549
Ca' Nova	63
Ca' Orologio	342
Ca' Rome'	63
Ca' Ronesca	483
Ca' Rugate	342
Ca' Selva	484
Ca' Tessitori	225
Ca' Tullio & Sdricca di Manzano	420
Ca' Viola	64
I Cacciagalli	805
Cadibon	420
Antonio Caggiano	805
Cantina di Calasetta	921
Calatrasi	909
Calatroni	226
Calcagno	909
Tenuta Le Calcinaie	550
Cantina di Caldaro	294
Il Calepino	226
Paolo Calì	909
Le Calle	669
Calonga	496
La Calonica	550
Calvi	258
Luigi Calvini	210
Cambria	909
Camigliano	551
Antonio Camillo	669
Caminella	258
Camossi	258
Giuseppe Campagnola	343
I Campi	343
Campo alla Sughera	669
Campo di Maggio	729
Altare Bonanni De Grazia Campogrande	210
Camporignano	669
Canalicchio - Franco Pacenti	551
Canalicchio di Sopra	552
Marco Canato	180
Candialle	669
Francesco Candido	853
Canevel Spumanti	404
Cantina Viticoltori Associati Canicattì	909
Le Caniette	699
Canneto	552
Tenuta di Canneto	553
Francesco Cannito	869
La Canosa	699
Cantalici	669
Alfieri Cantarutti	484
Cantele	854
Cantina del Barone	832
Cantina del Castello	344
Cantina del Glicine	64
Cantina del Nebbiolo	65
Cantina del Pino	65
Cantina del Taburno	806
Cantina della Volta	496
Cantina delle Vigne - Piero Mancini	936
Cantina Sociale Trento - Le Meridiane	275
Cantine Briamara	180
Cantine del Mare	832
Cantine del Notaio	842
Antiche Cantine Migliaccio	771
Cantine San Marzano	854
Cantolio Manduria	869
Le Cantorìe	258
Cantrina	227
Canus	421
Capanna	553
Caparra & Siciliani	876
Caparsa	670
Tenuta Caparzo	554
Tenuta di Capezzana	554
Capichera	922
La Caplana	66
Alexia Capolino Perlingieri	832
Cappella Sant'Andrea	670
Fernanda Cappello	421
La Cappuccina	344
Arnaldo Caprai	739
Caprili	555
Cantine Capuzzimati	869
Caravaglio	909
Carbone	848
Cardeto	757
Cardinali	497
Vini Classici Cardone	869
Pierangelo Careglio	180
Carini	740
Le Carline	345
Carlo di Pradis	422
Carminucci	700
Podere Il Carnasciale	670

ALPHABETISCHES VERZEICHNIS DER PRODUZENTEN

Carpante	936
Carpenè Malvolti	345
Cantina Sociale di Carpi e Sorbara	497
Fattoria Carpineta Fontalpino	555
Marco Carpineti	762
Il Carpino	422
La Carraia	740
Tenuta Carretta	66
Caruso & Minini	910
Carussin	180
Carvinea	855
Casa alle Vacche	556
Casa Cecchin	346
La Casa dell'Orco	832
Casa di Monte	556
Casa Divina Provvidenza	771
Casa Emma	557
Casa Geretto	404
Casa Maschito	842
Casa Primis	869
Casa Roma	346
Casa Sola	670
La Casaccia	67
Casale del Giglio	762
Casale della Ioria	763
Casaleta	700
CasalFarneto	701
Casali Viticultori	524
Casalone	67
Casanova di Neri	557
Casavecchia	180
Viticoltori del Casavecchia	806
Cascina Adelaide	180
Cascina Barisél	68
Cascina Belmonte	259
Cascina Ca' Rossa	68
Cascina Castlet	181
Cascina Chicco	69
Cascina Christiana	181
Cascina Corte	69
Cascina Cucco	70
Cascina del Monastero	70
Cascina Flino	181
Cascina Fonda	71
Cascina Fontana	71
Cascina Gilli	72
Cascina Giovinale	72
Cascina La Barbatella	73
Cascina La Maddalena	73
Cascina Lana	181
Cascina Montagnola	74
Cascina Morassino	74
Cascina Nirasca	205
Cascina Pellerino	75
Cascina Salerio	181
Cascina Salicetti	75
Cascina Tavijn	181
Cascina Val del Prete	76
Casè	524
Case Bianche - Tenuta Col Sandago	404
Case Paolin	347
Casebianche	832
Le Casematte	889
Casina Bric 460	182
Francesca Castaldi	76
Castel de Paolis	771
Castel del Piano	670
Castel Sallegg	295
Castel San Giorgio	259
Tenuta Castelbuono	741
CastelFaglia - Monogram	227
Castelfalfi	670
Castelfeder	295
Castell'in Villa	558
Renzo Castella	182
Michele Castellani	347
Castellare di Castellina	558
Castellari Bergaglio	77
Maria Pia Castelli	729
Castelli del Duca	524
Castello Banfi	559
Castello Bonomi	228
Castello d'Albola	559
Castello del Poggio	182
Castello del Terriccio	560
Castello del Trebbio	560
Castello della Sala	741
Castello delle Regine	757
Castello di Ama	561
Castello di Bolgheri	561
Castello di Bossi	562
Castello di Buttrio	423
Castello di Cigognola	228
Castello di Corbara	758
Castello di Fonterutoli	562
Castello di Gabbiano	563
Castello di Gabiano	77
Castello di Grumello	259
Castello di Gussago	259
Castello di Luzzano	259
Castello di Meleto	563
Castello di Monsanto	564
Castello di Montegiove	758
Castello di Neive	78
Castello di Oliveto	671
Castello di Poppiano	564
Castello di Potentino	565
Castello di Querceto	671
Castello di Radda	565
Tenuta Castello di Razzano	78
Castello di San Donato in Perano	566
Castello di Sonnino	566
Castello di Spessa	423
Castello di Stefanago	259
Castello di Tassarolo	79
Castello di Uviglie	79
Castello di Velona	671
Castello di Verduno	80
Castello di Vicchiomaggio	567
Castello di Volpaia	567
Castello Ducale	832
Castello Monaci	855
Cantina Castello Monte Vibiano Vecchio	742
Castello Rametz	324
Castello Romitorio	568
Castello Sant'Anna	424
Castelluccio	498
Castelsina	671
Castelvecchio	671
Castelvecchio	424
Castelvecchio	568
Castelveder	260
Cantina di Castiadas	936
Castiglion del Bosco	671
Cantine di Castignano	729
Castorani	780
Casula Vinaria	833
Cantina Catabbo	802
Luigi Cataldi Madonna	781
La Caudrina	80
Cautiero	807
Cavalchina	348
Tenuta del Cavalier Pepe	807
Cavalieri	729

ALPHABETISCHES VERZEICHNIS DER PRODUZENTEN

Produzent	Seite
Cavalleri	229
F.lli Cavallotto – Tenuta Bricco Boschis	81
Cavazza	348
Cavicchioli U. & Figli	498
Caviro	525
Cavit	275
Le Cecche	182
Simona Ceccherini	672
Giorgio Cecchetto	349
Famiglia Cecchi	569
Marco Cecchini	425
Giancarlo Ceci	870
Cecilia	672
Celli	499
Cenatiempo Vini d'Ischia	833
Cantina Cenci	758
Cencig - Borgo dei Sapori	484
Giacomo Centanni	729
Centolani	569
Centopassi	890
Centovignali	870
Ceralti	570
Roberto Ceraudo	876
La Cerbaiola	570
Cerbaiona	571
Ceretto	81
I Cerri	210
Cantine Cerrolongo	848
La Certosa di Belriguardo	672
Cerulli Spinozzi	781
Cerutti	182
Andrea Cervini	525
Cantina Sociale Cesanese del Piglio	771
Vincenzo Cesani	571
Gerardo Cesari	349
Cesarini Sforza	276
Italo Cescon	350
Franco e Pierguido Ceste	182
Ceuso	910
Château Feuillet	26
Cheo	200
Giovanni Cherchi	922
Cherri d'Acquaviva	701
Chessa	923
Giovanni Chiappini	572
Erede di Armando Chiappone	82
Chiarli 1860	499
Michele Chiarlo	82
Chiaromonte	856
Tenuta Chiccheri	404
Podere La Chiesa	672
Quinto Chionetti	83
Chiorri	758
Il Chiosso	183
Le Chiuse	572
Tenuta Chiuse del Signore	910
Le Chiusure	260
Podere il Ciabattino	672
Ciabot Berton	183
Cieck	83
F.lli Cigliuti	84
Fattoria di Cinciano	573
Cincinnato	763
Le Cinciole	573
Donatella Cinelli Colombini	574
Cantina Cinque Terre	201
Damiano Ciolli	764
Claudio Cipressi	802
Cirelli	782
Tenute Cisa Asinari dei Marchesi di Grésy	84
Citari	260
Citille di Sopra	574
Codice Citra	782
Ciù Ciù	702
Podere della Civettaja	672
Civielle	229
Cantina Clavesana	183
Aldo Clerico	183
Domenico Clerico	85
Tenuta Cocci Grifoni	702
Codelli	484
Coffele	350
Elvio Cogno	85
Tenuta Col d'Orcia	575
Col dei Venti	183
Col del Mondo	796
Col di Bacche	673
Col di Corte	703
Col Vetoraz	351
Battista Cola	230
Wines Colacino	882
Antonello Coletti Conti	764
Poderi Colla	86
Conte Collalto	404
Eugenio Collavini	425
Colle di Bordocheo	673
Colle di San Domenico	833
Colle Duga	426
Colle Manora	86
Colle Massari	575
Colle Santa Mustiola	576
Fattoria Colle Verde	576
Fattoria Colleallodole	742
Collebello - Tenuta Terraviva	783
Collecapretta	758
Collefrisio	783
Collelceto	577
Collemattoni	673
Collestefano	703
Colli di Castelfranci	808
Colli di Lapio	808
Colli di Poianis	484
Colli di Serrapetrona	704
La Cantina dei Colli Ripani	704
La Collina	525
Collina Serragrilli	183
Colmello di Grotta	426
Cantina Colognola	705
Colognole	673
Il Colombaio di Santa Chiara	577
La Colombera	87
Colombo	184
Il Colombo - Barone Riccati	184
Colonnara	705
Fattoria Colsanto	743
Cantina Produttori Colterenzio	296
Le Colture	351
Columbu	937
Gianpaolo Colutta	427
Giorgio Colutta - Bandut	427
Paolino Comelli	428
Cominium	771
Concilio	288
Condé	500
Consorzio Viticoltori Associati del Vulture	848
Contadi Castaldi	230
Il Conte Villa Prandone	706
Conte Vistarino	231
Aldo Conterno	87
Diego Conterno	88
Giacomo Conterno	88
Paolo Conterno	89
Conterno Fantino	89
Contesa	784

ALPHABETISCHES VERZEICHNIS DER PRODUZENTEN

Produzent	Seite
Leone Conti	500
Conti di Buscareto	706
Conti Ducco	260
Conti Formentini	484
Attilio Contini	923
Contrà Soarda	352
Michele Contrada	809
Contrada Salandra	809
Contrade di Taurasi	810
Contucci	673
Il Conventino	578
Il Conventino	730
Coopérative de l'Enfer	32
Cantine Cooperative Riunite	501
Dario Coos	428
Vigne Marina Coppi	90
Coppo	90
Corbucci	673
Cordeschi	771
Giovanni Corino	91
Renato Corino	91
Cantina Produttori di Cormòns	429
Cornarea	92
Frank Cornelissen	890
Tenuta Il Corno	674
Matteo Correggia	92
La Corsa	674
Cantina Produttori Cortaccia	296
La Corte - Cusmano	93
Corte Adami	404
Corte Aura	260
Corte dei Papi	772
Corte Gardoni	352
Tenuta Corte Giacobbe	353
Corte Moschina	353
Corte Rugolin	354
Corte Sant'Alda	354
Corteforte	405
Giuseppe Cortese	93
Villa Le Corti	578
Fattoria Corzano e Paterno	579
Cossentino	910
Clemente Cossetti	94
La Costa	231
Stefanino Costa	94
Costa Archi	501
Tenuta La Costaiola	260
Andrea Costanti	579
Antonio Costantini	796
Costaripa	232
Tenuta Coste Ghirlanda	910
Casa Coste Piane	355
Alla Costiera	405
Cottanera	891
Daniele Coutandin	95
Crastin	429
Les Crêtes	27
Croce di Febo	674
Tenuta Croci	525
La Crotta di Vegneron	27
Valentina Cubi	405
Marisa Cuomo	810
Cantina Sociale di Copertino Cupertinum	870
La Cura	580
Custodi	743
I Custodi delle Vigne dell'Etna	910
Cusumano	891
Masseria Cuturi	870
D'Alfonso del Sordo	870
D'Ambra Vini d'Ischia	811
Paolo e Noemia d'Amico	765
Casa Vinicola D'Angelo	843
Donato D'Angelo di Filomena Ruppi	843
D'Antiche Terre - Vega	833
Conte d'Attimis-Maniago	430
Cantina d'Isera	288
Angelo D'Uva	802
Dacapo	184
Giovanni Daglio	184
Gianfranco Daino	911
Giulietta Dal Bosco	405
F.lli Dal Cero - Tenuta Montecchiesi	580
Dal Din	405
Luigino Dal Maso	355
Dalle Nostre Mani	674
Damilano	95
Tenuta De Angelis	707
De Angelis Corvi	796
Viticoltori De Conciliis	833
De Falco	833
Nicoletta De Fermo	784
De Stefani	356
De Toma	261
De Vescovi Ulzbach	276
Giovanni Luigi Deaddis	937
Decugnano dei Barbi	744
Maria Caterina Dei	581
Tenuta degli Dei	581
Ferruccio Deiana	924
Deletto	96
Denavolo	502
Deperi	210
Derbusco Cives	232
Vigne Deriu	937
Destefanis	96
Destro	911
Fattoria Dezi	707
Di Barrò	28
Di Filippo	744
Di Giovanna	911
di Lenardo	430
Di Majo Norante	800
Di Marzo	811
Di Meo	812
Gaspare Di Prima	911
Di Prisco	812
Diadema	582
Fattoria Dianella Fucini	674
Emanuele Dianetti	708
Fattoria di Dievole	674
Fabrizio Dionisio	582
Dirupi	233
Disisa	892
Ditaranto	848
Gianni Doglia	97
Cantine Dolianova	924
I Dolomitici	277
Hartmann Donà	297
Tenuta Donà	324
Camillo Donati	502
Marco Donati	289
Donatoni	289
Donelli	503
Donna Olga	583
Donna Olimpia 1898	583
DonnaChiara	813
Donnafugata	892
Caves Cooperatives de Donnas	28
Donnici 99	882
Cantina Dorgali	925
F.lli Dorigati	277
Dorigo	431
Dosio	184
Draga	431

ALPHABETISCHES VERZEICHNIS DER PRODUZENTEN

Drei Donà Tenuta La Palazza	503
Mauro Drius	432
Du Cropio	882
Duca della Corgna	745
Duca di Salaparuta	893
Cantine Due Palme	856
Le Due Terre	432
Le Due Torri	485
Duemani	584
Azienda Agricola Durin	201
Tenuta Ebner - Florian Unterthiner	324
Egger-Ramer	297
Poderi Luigi Einaudi	97
Eleano	849
Cantine Elmi	834
Tenute Eméra	857
Emilia Wine	504
Agricola Emme	772
Endrizzi	278
Erbhof Unterganzner - Josephus Mayr	298
Eredi Legonziano	796
Ermacora	433
Erste+Neue	298
Eubea	849
Eucaliptus	584
I Fabbri	585
Lorenzo Faccoli & Figli	261
Tenuta Il Falchetto	98
Falciglia	849
Il Falcone	675
Falesco	765
Falkenstein - Franz Pratzner	299
Masseria Falvo 1727	882
Fanti	585
Fantinel	433
Faraone	785
F.lli Farina	356
Farnese	796
Cantina Farro	834
Fasoli	405
Fatalone - Petrera	870
Fattoi	586
Fattori	357
Tenuta I Fauri	785
Favaro	98
I Favati	813
Le Favole	485
Sandro Fay	233
Fazi Battaglia	708
Fazio Wines	893
Cantine Federiciane Monteleone	834
Andrea Felici	709
Livio Felluga	434
Marco Felluga	434
Fattoria di Felsina	586
Giacomo Fenocchio	99
Ferghettina	234
Ferrando	99
Benito Ferrara	814
Ferrari	278
Roberto Ferraris	100
Ferreri	911
Ferri	871
La Ferriera	772
Carlo Ferro	100
Tenute Ferrocinto	883
Stefano Ferrucci	504
Tenuta di Fessina	894
Feudi del Pisciotto	894
I Feudi di Romans	485
Feudi di San Gregorio	814
Feudi di Terra D'Otranto	871
Feudo Antico	796
Feudo Arancio	911
Feudo Cavaliere	912
Feudo dei Sanseverino	883
Feudo di San Maurizio	29
Feudo Maccari	895
Feudo Montoni	912
Feudo Principi di Butera	895
Feudo Ramaddini	912
Fiamberti	234
Fattoria di Fiano	675
Fattoria Fibbiano	587
Ficomontanino	587
Fabio Fidanza	184
Fiegl	435
Filadoro Giuseppa	834
Il Filò delle Vigne	357
Filomusi Guelfi	797
Cantine Fina	912
Finigeto	261
Gianfranco Fino	857
Viticoltori Finocchi	709
La Fiòca	261
Fiorano	710
Fioretti Brera	730
Fiorini	505
La Fiorita	261
Poderi Firenze	675
Firriato	896
Il Fitto	675
Flaibani	485
Silvano Follador	358
Tenute Ambrogio e Giovanni Folonari	588
Fondo Antico	912
Fongaro	358
Fontaleoni	588
Fontana Candida	766
Fontanabianca	101
Fontanacota	202
Fontanafredda	101
Fontanarosa	849
Fontanavecchia	815
Podere Fontesecca	745
Cantine Fontezoppa	710
Le Fonti	675
Fontodi	589
Fontuccia	675
Cantine Foraci	912
Foradori	279
Forchir	485
Cantina Sociale Formigine Pedemontana	525
La Fornace	676
Fornacelle	589
Podere Forte	590
Forteto della Luja	185
La Fortezza	834
Fortulla - Agrilandia	676
Podere Fortuna	590
Fosso dei Ronchi	730
Le Fracce	235
Fradiles	925
Le Fraghe	359
La Fralluca	676
Franca Contea	261
Francesco Moser	289
Paolo Francesconi	505
Frank & Serafico	676
Bruno Franzosi	262
Frascole	591
Frecciarossa	235
Cantina Frentana	786
Marchesi de' Frescobaldi	591

ALPHABETISCHES VERZEICHNIS DER PRODUZENTEN

Elena Fucci	844
Fuligni	592
Marchesi Fumanelli	359
La Fusina	185
Futura 14	871
Giuseppe Gabbas	926
Gabutti - Franco Boasso	102
Gaggino	102
Gianni Gagliardo	185
Gaja	103
Galardi	834
Maria Galassi	506
Gallegati	506
Filippo Gallino	103
Cantina Gallura	926
Tenuta Garetto	104
Garlider - Christian Kerchbaumer	299
Gioacchino Garofoli	711
Cantine Garrone	185
Gattavecchi	592
Enrico Gatti	236
Marco Gatti	711
Tenuta Gatti	913
Gavioli	525
Generaj	185
Gentile	786
La Gerla	676
Ettore Germano	104
I Gessi - Fabbio De Filippi	236
Il Gheppio	758
La Ghibellina	105
Attilio Ghisolfi	105
Tenuta di Ghizzano	593
Bruno Giacosa	106
Carlo Giacosa	106
F.lli Giacosa	107
Donato Giangirolami	772
Giasira	913
Adriano Gigante	435
Giovanni Battista Gillardi	107
La Ginestraia	210
Gini	360
Marchesi Ginori Lisci	593
Giomi Zannoni	676
F.lli Giorgi	237
Giovi	913
La Giribaldina	108
Cantina Girlan	300
Fattoria Giro di Vento	759
Tenute Girolamo	858
La Gironda	108
Giubertoni	262
Piergiovanni Giusti	730
I Giusti e Zanza	594
Giusti Wine	406
Podere Giustini	730
La Giustiniana	109
Glassierhof - Stefan Vaja	324
Glögglhof - Franz Gojer	300
Goretti	746
Tenuta Gorghi Tondi	913
Gorgo	406
Tenuta di Gracciano della Seta	677
Graci	896
Gradis'ciutta	436
Les Granges	32
Elio Grasso	109
Silvio Grasso	110
Podere Grattamacco	594
Gravner	436
Podere Grecale	211
Podere Grecchi	772
Gregoletto	360
Griesbauerhof - Georg Mumelter	301
Grifalco della Lucania	844
Fattoria di Grignano	595
Grigoletti	279
Bruno Grigolli	289
Iole Grillo	437
Bruna Grimaldi	110
Giacomo Grimaldi	111
Sergio Grimaldi - Ca' du Sindic	111
F.lli Grosjean	32
Grotta del Ninfeo	406
Cantine Grotta del Sole	835
Gruppo Cevico	507
Tenuta Guado al Tasso	595
Gualdo del Re	596
La Guardia	185
La Guardiense	815
Duca Carlo Guarini	871
Clemente Guasti	112
F.lli Guerci	262
Albano Guerra	485
Luca Guerrieri	730
Guerrieri Rizzardi	361
Nicola Guglierame	211
Guicciardini Strozzi - Fattoria Cusona	596
Guidi	677
Gulfi	897
Gummerhof - Malojer	301
Gumphof - Markus Prackwieser	302
Franz Haas	302
Haderburg	303
Hauner	897
Esther Hauser	731
Hilberg - Pasquero	112
Himmelreichhof	325
Hiso Telaray - Libera Terra Puglia	871
Marcello e Marino Humar	486
Icardi	113
iGreco	877
Fattoria Il Lago	597
Il Verro	835
Dino Illuminati	787
Cantine Imperatore	871
Inama	361
Incisiana	186
Viticoltori Ingauni	211
Institut Agricole Régional	32
Ioppa	113
Ippolito 1845	877
Isimbarda	237
Isola Augusta	486
Borgo Isolabella	114
Isole e Olena	597
Istine	677
Vigneti Iucci	772
Iuli	114
Jacùss	437
Jermann	438
Antichi Poderi Jerzu	927
Job	486
Judeka	913
Ka' Manciné	202
Kante	438
Edi Keber	439
Renato Keber	439
Kettmeir	303
Tenuta Klosterhof - Oskar Andergassen	304
Rado Kocjancic	486
Köfelgut - Martin Pohl	325
Köfererhof - Günther Kershbaumer	304
Komjanc	486

ALPHABETISCHES VERZEICHNIS DER PRODUZENTEN

Tenuta Kornell	305		Lusenti	508
Tenuta Kränzelhof - Graf Franz Pfeil	305		Ma.Ri.Ca.	713
Kuenhof - Peter Pliger	306		Maccario Dringenberg	204
Albino Kurtin	440		Le Macchiole	604
Tenuta l'Ariosa	937		Podere Macellio	116
La Calcinara	731		Le Macioche	604
Tenuta Enza La Fauci	913		Maculan	363
Tenuta La Ghiaia	211		La Madeleine	759
La Giuva	406		Giovanna Madonia	508
Cantina La Spina	746		La Madonnina - Triacca	678
La Valle	262		Madrevite	759
Cantina Sociale La Versa	238		Luigi Maffini	816
La Vis/Valle di Cembra	280		Tenuta Maffone	211
Alois Lageder + Tenute Lageder	306		Maggiovini	914
Fattoria Laila	731		Fattoria di Magliano	678
Laimburg	307		Magnàs	442
Maurizio Lambardi	677		Maixei	212
Ottaviano Lambruschi	203		Majolini	239
Lamole di Lamole	598		Malabaila di Canale	116
Lamoretti	526		Malacoda	678
Lanciola	598		Malaspina	883
Luciano Landi	712		Malavasi	263
Tenuta Langasco	115		Malena	883
Lantieri de Paratico	238		Malenchini	678
La Lastra	599		Malvirà	117
Lavacchio	599		Manara	363
Podere Lavandaro	211		Stefano Mancinelli	713
Lazzari	262		Benito Mancini	731
Le Morette	362		Le Mandolare	406
Le Monde	440		Cantina Sociale del Mandrolisai	938
Lebovitz	262		Produttori Vini Manduria	872
La Lecciaia	600		Manimurci	835
Andrea Ledda	937		Manincor	308
Lenotti	406		La Mannella	605
Cantine Lento	883		Fattoria Mantellassi	678
Tenuta Lenzini	677		Manuelina	263
Paolo Leo	872		Giovanni Manzone	117
Antica Cantina Leonardi	773		Paolo Manzone	118
Cantine Leonardo	600		Tenuta Mara	526
Leone de Castris	858		Marabino	898
Conte Leopardi Dittajuti	731		Marangona	263
Ugo Lequio	115		Filippo Maraviglia	731
Letrari	280		La Marca di San Michele	714
Leuta	677		Marcalberto	118
Li Duni	937		Poderi Marcarini	119
Librandi	878		Marcato	364
Lidia e Amato	797		Casale Marchese	766
Lieselehof - Werner Morandell	325		Marchese Luca Spinola	119
Tenuta di Lilliano	601		Marchesi De' Cordano	797
Pietro Lilliu	938		Marchesi di Barolo	120
Lini 910	507		Marchesi Incisa della Rocchetta	120
Lis Neris	441		Le Marchesine	239
Lisini	601		Marchetti	714
Livernano	602		Marenco	186
Livon	441		Mario Marengo	121
Lo Triolet	29		Le Marie	186
Loacker Schwarhof	307		Marinelli	679
Alberto Loi	927		Poderi Marini	878
Lombardo	678		Valerio Marinig	443
Alberto Longo	872		Marion	364
Conte Loredan Gasparini	362		Claudio Mariotto	121
Roberto Lucarelli	712		Marotti Campi	715
Luiano	602		Il Marroneto	605
Tenuta Luisa	442		Marsadri	263
Lunadoro	603		Marsaglia	122
Cantine Lunae Bosoni	203		Martilde	263
Lunarossa	835		Franco M. Martinetti	122
Lungarotti	747		Lorenz Martini	325
I Luoghi	603		K. Martini & Sohn	308
Cantine Lupo	773		Armando Martino	845
Lurani Cernuschi	263		Masari	365
Luretta	526		Bartolo Mascarello	123

ALPHABETISCHES VERZEICHNIS DER PRODUZENTEN

Giuseppe Mascarello e Figlio	123	Montalbera	127
Masciarelli	787	Montaribaldi	128
La Masera	186	Cecilia Monte	187
Masi	365	Monte Cicogna	264
Cosimo Maria Masini	679	Monte dall'Ora	368
Maso Martis	289	Monte del Frà	368
Maso Poli	281	Monte delle Vigne	509
Masone Mannu	928	Tenuta Monte Delma	264
Masottina	366	Monte Fasolo	407
Mass Bianchet	407	Monte Faustino	407
Tenuta Masselina	526	Tenuta Monte Ilice	914
Masseria del Feudo	914	Monte Rossa	242
Masseria Felicia	816	Monte Santoccio	408
Masseria Li Veli	859	Monte Schiavo	716
Tenute Massidda	938	Monte Tondo	369
Massimago	366	Monte Zovo	408
Massolino	124	Montecappone	717
Mastroberardino	817	La Montecchia - Conte Emo Capodilista	369
Mastrodomenico	849	Tenuta di Montecucco	680
Mastrojanni	606	Monteforche	370
Masùt da Rive	443	Cantina Sociale di Monteforte d'Alpone	370
Poderi Mattioli	732	Montegrande	371
Valter Mattoni	715	Montelio	264
Roberto Mazzi	367	Fattoria Montellori	608
Tenuta Mazzolino	240	Tenuta Montemagno	128
Mazzoni	124	Montemelino	759
Ermete Medici & Figli	509	Montemercurio	608
Medolago Albani	264	Montenidoli	609
Giorgio Meletti Cavallari	606	Montenisa	242
Melini	607	Montepepe	680
Meloni Vini	938	Monteraponi	609
Federico Mencaroni	732	Monterucco	264
Menegotti	407	Montesalario	610
Menhir	872	Montesole	818
Cantina Meran Burggräfler	309	Montespada	938
Merenda con Corvi - Bea	186	Monteverro	680
La Meridiana	264	Monteversa	371
Tenuta La Meridiana	186	Montevertine	610
Davino Meroi	444	Montevetrano	818
Merotto	367	Monti	797
Mesa	928	Monti	129
Messnerhof - Bernhard Pichler	325	Il Monticello	204
MezzaCorona	281	Il Monticino	526
Stefania Mezzetti	759	Fattoria Monticino Rosso	510
Le Miccine	679	La Montina	265
Miceli	914	Giovanni Montisci	929
Giuliano Micheletti	289	Camillo Montori	788
Micossi	486	Giacomo Montresor	408
Fattoria Migliarina & Montozzi	679	Il Montù	265
Migrante	773	Monzio Compagnoni	243
Mille Una	872	Mora&Memo	938
Firmino Miotti	407	Sabrina Morami	759
Mirabella	240	Morella	859
Mocali	607	Claudio Morelli	732
Mocavero	872	Cantina Vignaioli	
Moccagatta	125	del Morellino di Scansano	611
Modeano	487	Moretti Omero	747
Cantina Modica di San Giovanni	914	Fattoria Moretto	510
Cantina di Mogoro - Il Nuraghe	929	Morgante	914
Mola	679	Giacomo Mori	611
Salvatore Molettieri	817	Mori - Colli Zugna	290
Mauro Molino	125	Morisfarms	680
Il Molino di Grace	679	La Mormoraia	612
Ornella Molon Traverso	407	Moro - Rinaldini	511
La Monacesca	716	Alessandro Moroder	717
Podere Monastero	680	Stefanino Morra	129
Monchiero Carbone	126	Tenuta Le Mortelle	612
Monfalletto - Cordero di Montezemolo	126	Tenuta di Morzano	613
Casata Monfort	282	Moschioni	444
Il Mongetto	127	Marco Mosconi	372
Monsupello	241	Il Mosnel	243
Francesco Montagna	241	Mosole	372

ALPHABETISCHES VERZEICHNIS DER PRODUZENTEN

Produzent	Seite
F.lli Mossio	130
Cantine Mothia	915
Il Mottolo	373
Sergio Mottura	767
Cantine Mucci	797
Mulini di Segalari	680
Mulino delle Tolle	445
Mura	930
Murales	939
Muralia	613
Muratori - Villa Crespia	244
Cantina Convento Muri-Gries	309
Muròla	718
Musella	373
Mustilli	835
Musto Carmelitano	849
Mutti	130
Muzic	445
Ada Nada	131
Fiorenzo Nada	131
Cantina Nals Margreid	310
Antica Tenuta del Nanfro	915
Nanni Copè	819
Daniele Nardello	374
Walter Nardin	408
Cantina dei Produttori Nebbiolo di Carema	132
Negretti	187
Nino Negri	244
Giuseppe Negro	187
Lorenzo Negro	132
Negro Angelo e Figli	133
Nervi	187
Nettare dei Santi	265
Tenute Niccolai - Palagetto	681
Bruno Nicodemi	788
Angelo Nicolis e Figli	374
Fattoria Nicolucci	511
Cantine Nicosia	915
Josef Niedermayr	310
Ignaz Niedrist	311
Lorenzo Nifo Sarrapochiello	835
Niklaserhof - Josef Sölva	311
Nino Franco	375
Fattoria Nittardi	614
Cantina Sociale di Nizza	133
Silvano Nizza	187
Nottola	614
Novaia	375
Oasi degli Angeli	718
Obermoser - H. & T. Rottensteiner	312
Oberrautner - Anton Schmid	325
Andrea Oberto	134
Obiz	487
Occhipinti	773
Occhipinti	898
Poderi e Cantine Oddero	134
Vigneti Luigi Oddero	135
G.B. Odoardi	879
Ofanto - Tenuta I Gelsi	850
Cantina Offida	732
Ognissole	873
Tenute Olbios	941
Olianas	939
Tenuta Olim Bauda	135
L'Olivella	773
Cantine Olivi - Le Buche	615
Olivini	265
Oltretorrente	187
Omina Romana	773
Opera Vitivinicola in Valdicembra	282
Manfredi Opificio	774
Orestiadi	915
Cantine di Orgosolo	939
Orlandi Contucci Ponno	797
Podere Orma	615
Le Ormere	836
Tenuta dell'Ornellaia	616
Ornina	681
Orro	939
Orsi - San Vito	512
Orsolani	136
Orto di Venezia	408
Enio Ottaviani	526
Ottella	376
Elio Ottin	30
Ottoventi	915
Antonella Pacchiarotti	774
Pace	188
Siro Pacenti	616
Pacherhof - Andreas Huber	312
Pagani de Marchi	681
I Paglieri - Roagna	136
Paitin	137
Pakravan-Papi	681
Pala	930
Tenute dei Paladini	915
Il Palagio	681
Il Palagione	681
Palamà	860
Palari	899
La Palazzetta	682
Palazzo	682
La Palazzola	748
Palazzone	748
Palladino	137
Principe Pallavicini	767
Raffaele Palma	819
Gabriele Palmas	939
Tenuta Palmeri	916
Gianfranco Paltrinieri	512
I Pampini	774
Marchesi Pancrazi - Tenuta di Bagnolo	682
Panigada - Banino	265
Panizzi	617
Pantaleone	719
Paradiso	873
Fattoria Paradiso	513
Il Paradiso di Manfredi	682
Evangelos Paraschos	446
Pardellerhof - Montin	326
F.lli Pardi	749
Tenuta La Parrina	617
Armando Parusso	138
Alessandro Pascolo	446
Pasetti	789
Pasini - San Giovanni	245
Pasqua - Cecilia Beretta	376
Passopisciaro	899
Massimo Pastura - Cascina La Ghersa	138
Paternoster	845
Ermes Pavese	30
Tenuta La Pazzaglia	768
Pecchenino	139
Angelo Pecis	265
Pierpaolo Pecorari	447
Cantina Pedres	931
Pedrotti Spumanti	290
Pelassa	188
Pelissero	139
Pasquale Pelissero	188
Carlo Pellegrino	900
Domenico Pennacchi	749
Tenuta Pennita	527

ALPHABETISCHES VERZEICHNIS DER PRODUZENTEN

Emidio Pepe	789
Pepi Lignana - Fattoria Il Casolone	682
Cantina Peppucci	750
Perazzeta	618
Perillo	820
La Perla	266
Perla del Garda	266
Elio Perrone	140
Perticaia	750
Cantina Pertinace	140
Tenuta Pertinello	513
Pescaja	188
Petra	618
Petricci e Del Pianta	682
Fattoria di Petroio	619
Fattoria Petrolo	619
Petrucco	447
Petrussa	448
Norina Pez	487
Pfannenstielhof - Johannes Pfeifer	313
Piaggia	620
La Piana	683
Le Pianacce	683
Piancornello	620
Piandaccoli	683
Le Piane	141
Le Pianelle	188
Pianirossi	621
Pianpolvere Soprano	188
Fattoria di Piazzano	621
Ciro Picariello	820
Andrea Picchioni	245
Piccini	683
Piccolo Bacco dei Quaroni	266
Roberto Picéch	448
Conte Picedi Benettini	205
Thomas Pichler	326
Pier	189
Enrico Pierazzuoli	622
Leonildo Pieropan	377
La Pierotta	622
Piersanti	732
La Pietra del Focolare	206
La Pietra di Tommasone	836
Pietra Pinta	774
Pietracupa	821
Pietradolce	900
Pietrafitta	683
Pietrantonj	790
Pietraserena	683
Pietratorcia	836
Pietraventosa	860
Pietroso	623
Pievalta	719
La Pieve	684
Pieve Santo Stefano	623
Pighin	487
Pilandro	266
Il Pinino	684
Tenuta Pinni	487
Pio Cesare	141
Albino Piona	377
Piovene Porto Godi	378
Luigi Pira	142
E. Pira & Figli - Chiara Boschis	142
Pisoni	283
Vigneti Pittaro	449
Denis Pizzulin	449
Renata Pizzulin	487
La Pizzuta del Principe	883
Planeta	901
Plantamura	861
Platinetti	189
Plozza	246
Podere 414	684
Podere dell'Anselmo	624
Poderi dal Nespoli	514
Poderi del Paradiso	684
Poderosa	939
Damijan Podversic	450
Poggerino	624
Poggi dell'Elmo	206
Paolo Giuseppe Poggio	143
Poggio al Sole	684
Poggio al Tesoro	625
Poggio alla Meta	774
Poggio Alloro	684
Poggio Antico	625
Poggio Argentiera	626
Poggio Bonelli	626
Poggio Capponi	627
Poggio dei Gorleri	207
Poggio dell'Aquila	685
Poggio di Bortolone	901
Poggio di Sotto	627
Poggio Le Volpi	768
Poggio Rubino	628
Podere Poggio Scalette	685
Poggio Torselli	685
Poggio Trevvalle	628
Il Poggiolo	685
Tenuta Il Poggione	629
Fattoria di Poggiopiano Galardi	685
Tenuta Poggiorosso	629
Poggiotondo	630
Pojer & Sandri	283
I Pola	189
Isidoro Polencic	450
Elio Polenta	732
Poliziano	630
Polje	488
Il Pollenza	720
Polvanera	861
Pomario	760
Pometti	685
Pomodolce	143
Flavio Pontoni	488
Principi di Porcia e Brughera	488
Marco Porello	144
Guido Porro	144
Porto di Mola	836
Post dal Vin - Terre del Barbera	145
Tenuta Le Potazzine	631
Podere Il Pozzo	686
Graziano Prà	378
Pradio	488
Praesidium	798
Giovanni Prandi	145
Pratello	266
Il Pratello	514
Pratesi	631
Pravis	284
Mamete Prevostini	246
La Prevostura	146
Prime Alture	266
Primosic	451
Doro Princic	451
Ferdinando Principiano	146
Prinsi	189
Produttori del Barbaresco	147
Cantina Produttori del Gavi	147
Proietti	774
Provenza - Cà Maiol	247
Provveditore	686

ALPHABETISCHES VERZEICHNIS DER PRODUZENTEN

Prunotto	148	Rizzi	151
Pucciarella	751	Albino Rocca	152
Giampietro Puggioni	940	Bruno Rocca	152
Di Puianello	527	Rocca Bernarda	453
Puiatti - Tenimenti Angelini	452	Rocca del Principe	823
Agricola Punica	931	Rocca delle Macìe	635
Punset	189	Rocca di Castagnoli	635
Pupillo	916	Rocca di Frassinello	636
Pusole	940	Rocca di Montegrossi	636
Quadra	247	Rocca di Montemassi	637
Francesco Quaquarini	248	Roccafiore	752
Quarticello	515	Roccapesta	637
Quarto Miglio	821	Rocche Costamagna	153
Quartomoro di Sardegna	940	Podere Rocche dei Manzoni	153
Le Quattro Terre	267	Le Rocche Malatestiane	527
La Querce	632	Roccolo di Mezzomerico	154
Querce Bettina	632	Roccolo Grassi	380
Querceto di Castellina	686	Röckhof - Konrad Augschöll	314
La Quercia	798	Paolo Rodaro	454
Quercia Sola	686	Flavio Roddolo	154
Querciabella	633	Roeno	381
Giuseppe Quintarelli	379	Tenuta Roletto	190
Quintodecimo	822	Cantine Romagnoli	527
Cantina Sociale Cooperativa di Quistello	248	Romanelli	752
Dario Raccaro	452	Romantica	267
Racemi	862	Massimo Romeo	687
Le Ragnaie	633	Ronc di Vico	454
Le Ragose	379	Ronc Soreli	455
La Raia	189	La Roncaia	455
Raina	751	Il Roncal	456
F.lli Raineri	190	Il Roncat - Giovanni Dri	456
Aldo Rainoldi	249	Ronchi	155
La Rajade	453	Ronchi di Cialla	457
Rallo	902	Ronchi di Manzano	457
Tenute Rapitalà	902	Ronchi San Giuseppe	458
Rasciatano	873	Ronco Blanchis	458
La Rasenna	775	Ronco Calino	250
La Rasina	686	Ronco dei Pini	488
Rattalino	190	Ronco dei Tassi	459
Renato Ratti	148	Ronco del Gelso	459
Cantina di Rauscedo	488	Ronco delle Betulle	460
Andrea Reale	836	Ronco Margherita	489
F.lli Recchia	380	Ronco Severo	460
Regina Viarum	836	Roncùs	461
Regio Cantina	850	Vigneti Rosset	32
La Regola	634	Rossi Contini	191
Renicci	634	.Giovanni Rosso	155
Ressia	149	Poderi Rosso	191
F.lli Revello	149	Cantina Rotaliana	284
Michele Reverdito	150	Hans Rottensteiner	314
Revì	290	Tenuta Roveglia	250
Riccafana - Fratus	267	Rovellotti	156
Ricchi	267	Rubbia al Colle - Muratori	687
Carlo Daniele Ricci	190	Rubicini	687
Noelia Ricci	527	Rubinelli - Vajol	381
Ricci Curbastro	249	Tenute Rubino	863
Rigatteri	940	Ruffino	638
Ettore Righetti	408	Ruggeri & C.	382
Giuseppe Rinaldi	150	Podere Ruggeri Corsini	156
Pietro Rinaldi	151	Russiz Superiore	461
Francesco Rinaldi & Figli	190	Cantine Russo	916
Riofavara	903	Girolamo Russo	903
Ripa Marchetti	733	Russolo	489
Tenute delle Ripalte	686	Sabbionare	733
Podere Ristella	687	Sada	687
Risveglio Agricolo	873	Josetta Saffirio	157
Tenuta Ritterhof	313	Tenuta Saiano	527
Riva di Franciacorta	267	Salcheto	638
Rivera	862	Le Salette	382
Massimo Rivetti	190	Podere Salicutti	687
Rivetti & Lauro	267	Sallier de la Tour	916
Fattoria La Rivolta	822	Salustri	639

ALPHABETISCHES VERZEICHNIS DER PRODUZENTEN

Cantine Salvatore	801	Santa Sofia	409
Marco Sambin	409	Santa Venere	879
Ettore Sammarco	837	Fattoria Santa Vittoria	645
San Bartolomeo	157	Cantina di Santadi	932
San Biagio Vecchio	515	Santi	385
Conti di San Bonifacio	688	Santiquaranta	837
San Cristoforo	268	Santodeno	528
Podere San Cristoforo	639	Santus	268
Cantina Cooperativa di San Donaci	873	Podere Sapaio	645
Fattoria San Donato	640	Sapereta	689
Fattoria San Fabiano Borghini Baldovinetti	688	Marco Sara	489
San Felice	640	Sara & Sara	462
Fattoria San Felo	641	Paolo Saracco	159
San Ferdinando	688	Fattoria Sardi Giustiniani	646
San Fereolo	191	Sardus Pater	932
San Filippo	733	Tenuta Sarno 1860	825
San Filippo	688	Roberto Sarotto	160
Fattoria San Francesco	884	Sartarelli	723
Tenuta San Francesco	823	Casa Vinicola Sartori	386
San Giacomo	798	Il Sassolo	689
San Giovanni	824	Tenuta Sassoregale	689
San Giovanni	720	Sator	689
San Giovenale	775	Michele Satta	646
San Giusto a Rentennano	641	Scacciadiavoli	753
Tenuta San Guido	642	Scagliola	160
Poderi San Lazzaro	721	Giacomo Scagliola	191
Tenuta San Leonardo	285	Simone Scaletta	191
Fattoria San Lorenzo	721	Emanuele Scammacca del Murgo	904
San Lorenzo Vini	790	Scarbolo	489
Cantine San Marco	775	Giorgio Scarzello e Figli	161
San Michele a Torri	688	Paolo Scavino	161
Istituto Agrario Provinciale San Michele all'Adige	285	Schiavenza	162
		Schiopetto	463
Cantina Produttori San Michele Appiano	315	Schola Sarmenti	863
Cantina Produttori San Paolo	315	Scilio	904
San Patrignano	516	La Sclusa	463
Poderi di San Pietro	268	Scolaris	489
Tenuta San Pietro	191	Scrimaglio	162
San Polino	688	Roberto Scubla	464
San Polo	642	Se.Vin	837
San Rustico	383	Mauro Sebaste	163
San Salvatore	824	Secondo Marco	386
San Savino - Poderi Capecci	722	Giuseppe Sedilesu	933
Tenuta San Sebastiano	158	F.lli Seghesio	163
San Simone	489	Segni di Langa	192
San Valentino	528	Tenute Sella	164
Tenuta San Vito	643	Tenute Sella & Mosca	933
SanCarlo	689	La Selva	647
Arcangelo Sandri	290	Cantine Selva Capuzza	268
Luciano Sandrone	158	Fattoria Selvapiana	647
Podere Sanlorenzo	643	Senatore Vini	880
Sannino	837	Sensi	648
Sanpaolo - Magistravini	825	Serafini & Vidotto	387
La Sansonina	383	Enrico Serafino	164
Cantine Sant'Agata	159	Alberto Serenelli	733
Sant'Agnese	644	Fulvio Luigi Serni	689
Sant'Andrea	769	Serpaia	690
Tenuta Sant'Anna	384	F.lli Serra	940
Tenuta Sant'Antonio	384	Tenute Serra del Prete	850
Sant'Egidio	268	Fattoria Serra San Martino	734
Sant'Elena	462	Serracavallo	884
Sant'Isidoro	775	Serradenari	192
Santa Barbara	722	Serraiola	690
Santa Cassella	733	Barone di Serramarrocco	916
Cantina Sociale Santa Croce	516	Tenuta di Sesta	648
Santa Eurosia	409	Sesti - Castello di Argiano	649
Santa Lucia	644	Setaro	837
Podere Santa Lucia	733	Tenuta Sette Ponti	649
Tenuta Santa Lucia	775	Cantina Sociale Settecani	528
Santa Margherita	385	Settesoli	905
Santa Maria La Palma	940	Aurelio Settimo	165
		Renzo Sgubin	464

ALPHABETISCHES VERZEICHNIS DER PRODUZENTEN

La Sibilla	826
Siddùra	934
Signano	650
Giovanni Silva	165
Poderi Sinaglio	192
Le Sincette	268
Sirch	465
Skerk	465
Skerlj	466
Edi Skok	466
La Smilla	166
Cantina di Soave	387
Sobrero Francesco e Figli	192
Socré	166
Solaria - Cencioni Patrizia	690
Tenute Soletta	934
Solidea	916
Cantina Sociale di Solopaca	837
Cantine Soloperto	864
Peter Sölva & Söhne	316
Agostino Sommariva	212
Fattoria Sorbaiano	650
Sorrentino	838
Il Sosso	690
Sottimano	167
Spacchetti Colle Ciocco	760
Spadafora	905
Cantine Spadafora 1915	884
Sparapani - Frati Bianchi	723
Lo Sparviere	251
Leonardo Specogna	467
Spelonga	873
Viticoltori Speri	388
Luigi Spertino	167
Tenuta Spinelli	724
La Spinetta	168
La Spinosa Alta	192
Sportoletti	753
Stachlburg - Baron von Kripp	316
La Staffa	734
F.lli Stanig	490
Statti	880
I Stefanini	388
Borgo La Stella	690
Giuseppe Stella	192
Tenuta Stella	467
Stella di Campalto - Podere San Giuseppe	651
David Sterza	389
Stocco	490
Stomennano	690
La Stoppa	517
Strappelli	791
Strasserhof - Hannes Baumgartner	317
Stroblhof	317
Oreste Stroppiana	193
Oscar Sturm	468
Su Entu	941
Suavia	389
Subida di Monte	468
Vigne Surrau	935
Sutto	390
Sylla Sebaste	168
T.E.S.S.A.R.I.	390
Giampaolo Tabarrini	754
Luigi Tacchino	169
Il Tagliato	691
Talamonti	798
Talenti	691
I Talenti - Padri Trinitari	850
Michele Taliano	169
Fattoria della Talosa	651
Tamellini	391
Tanca Gioia Carloforte	941
Tanorè	409
Giovanna Tantini	391
Tasca d'Almerita	906
Taschlerhof - Peter Wachtler	318
Cosimo Taurino	874
Taverna	846
Tenuta di Tavignano	724
Cantine Teanum	874
Luigi Tecce	826
F.lli Tedeschi	392
Telaro	838
Tenuta La Tenaglia	170
Le Tende	409
Tenimenti Luigi d'Alessandro	652
Tenuta delle Terre Nere	906
Tenuta di Fiorano	769
Tenuta La Chiusa	652
Tenuta Le Quinte	775
Tenute del Cerro	653
Tenute di Fraternita	691
Matijaz Tercic	469
Terenzi	653
Giovanni Terenzi	770
Podere Terenzuola	212
Cantina Terlano	318
Terra dei Re	850
Terra delle Ginestre	776
Terradonnà	654
Fattoria Le Terrazze	725
Terrazze dell'Etna	907
Terrazzi Alti	269
Cantina Sociale Terre Astesane di Mombercelli	193
Terre Bianche	207
Terre Cortesi Moncaro	725
Terre d'Oltrepò	251
Terre da Vino	170
Terre de La Custodia	754
Terre degli Svevi	846
Terre del Barolo	171
Terre del Carpine	760
Terre del Gufo - Muzzillo	884
Terre del Marchesato	691
Terre del Principe	827
Terre della Pieve	517
Terre di Fiori - Tenute Costa	691
Terre di Ger	490
Terre di Giurfo	917
Terre di Pietra	409
Terre di Shemir	917
Terre di Trente	917
Terre Margaritelli	760
Terre Nere	691
Tenuta Terre Nobili	881
Terre Stregate	827
Terredora	828
Terrelíade	917
Terresacre	801
Teruzzi & Puthod	654
Testamatta	655
Tezza	410
Thurnhof - Andreas Berger	326
Tiare - Roberto Snidarcig	469
Tiberio	692
Tiberio	791
Tiefenbrunner	319
Tiezzi	655
Toblino	286
Todaro	917
Todini	755
La Togata	692

ALPHABETISCHES VERZEICHNIS DER PRODUZENTEN

Girolamo Tola & C.	917		Campi Valerio	802
Tolaini	656		Valfaccenda	193
La Toledana	193		Tenuta di Valgiano	662
Tollena	692		Vallarom	286
Cantina Tollo	792		Valle dell'Acate	907
Viticoltori Tommasi	392		Valle di Lazzaro	693
Marco Tonini	290		Cantina Produttori Valle Isarco	321
Il Torchio	208		Valle Reale	794
Tormaresca	864		Valle Vermiglia	776
Franco Toros	470		Agricola Vallecamonica	269
Torraccia del Piantavigna	171		Vallerosa Bonci	726
Fattoria Torre a Cona	656		Vallona	528
Torre a Oriente	838		Agricole Vallone	865
Torre dei Beati	792		Vigneti Vallorani	734
Torre Quarto	874		Valori	798
Torre Rosazza	470		Valpanera	472
Torre San Martino	518		Cantina Valpantena Verona	410
Torre Varano	838		Cantina Valpolicella Negrar	394
Torrevento	865		Vanzini	253
Torrevilla	269		Odino Vaona	394
Le Torri di Campiglioni	657		Varramista	662
Torricino	838		Varvaglione	866
Marchesi Torrigiani	657		La Vecchia Cantina	212
Pietro Torti	252		Vecchia Cantina di Montepulciano	663
Trabucchi d'Illasi	393		La Vecchia Posta	194
Traerte	838		Vecchia Torre	866
Fattoria La Traiana	658		Alessandro Veglio	194
Cantina Tramin	319		Mauro Veglio	173
Tramontana	884		Velenosi	727
Trappolini	770		Tenuta Le Velette	756
La Travaglina	269		Antica Masseria Venditti	839
Giancarlo Travaglini	172		Venica & Venica	472
Travaglino	269		Cantina di Venosa	847
Travignoli	658		Roberto Venturi	734
Tre Botti	776		Massimino Venturini	395
Tre Monti	518		Paolo Venturini	490
Cantine Tre Pini	874		Vercesi del Castellazzo	253
Tenuta di Trecciano	692		Bruno Verdi	254
Trediberri	193		Cantina del Vermentino	941
Trequanda	692		Cantina Sociale della Vernaccia	941
Trerè	528		I Veroni	663
Cantina Trexenta	935		Verrone Viticoltori	839
Triacca	269		Vescine	664
Antonino Tringali - Casanuova	692		Vesevo	839
Tenuta di Trinoro	659		Vestini Campagnano	829
Tudernum	755		Vetrere	874
La Tunella	471		Maison Albert Vevey	32
Uberti	252		Francesco Vezzelli	519
Uccelliera	659		Giuseppe Vezzoli	254
Tenuta dell'Ugolino	734		La Viarte	473
Tenuta Ulisse	793		Eraldo Viberti	194
Umani Ronchi	726		Giovanni Viberti	194
Untermoserhof - Georg Ramoser	320		Vicara	173
Tenuta Unterortl - Castel Juval	320		Vicari	727
Urciuolo	828		Agostino Vicentini	395
Usiglian Del Vescovo	693		I Vicini	693
F.lli Vagnoni	660		Giacomo Vico	174
G. D. Vajra	172		Vidussi	473
Val delle Corti	660		Vie di Romans	474
Val di Suga	661		Vietti	174
Val di Toro	693		Tenuta Viglione	867
Valchiarò	471		Tenuta La Vigna	270
Valdibella	918		Vigna del Lauro	474
Tenuta Valdipiatta	661		Vigna Dorata	270
Valdiscalve	212		Vigna Petrussa	475
Laura Valditerra	193		Vigna Roda	396
Spumanti Valdo	393		Vigna Traverso	475
Valdonica	693		Vigna Villae	839
Valenti	918		I Vignaioli di Santo Stefano	175
La Valentina	793		Vignale di Cecilia	396
Valentini	794		Vignalta	397
Valentini	693		Vignamato	728

ALPHABETISCHES VERZEICHNIS DER PRODUZENTEN

Produzent	Seite
Vigne dei Boschi	519
Vigne del Malina	490
Le Vigne del Nord Est	490
Le Vigne di Eli	918
Le Vigne di Franca	728
Vigne di Malies	839
Le Vigne di San Pietro	397
Le Vigne di Zamò	476
Vigne Guadagno - Vistabella	839
Vigne Olcru	270
Vigne Sannite	840
Masseria Vigne Vecchie	840
Vigneti del Vulture	847
Vigneti Massa	175
Vigneti Radica	798
Vigneti Valle Roncati	194
Vigneto Due Santi	398
Villa a Sesta	694
Villa Bellini	398
Villa Cafaggio	664
Villa Calcinaia	694
Villa Canestrari	410
Villa Caviciana	776
Villa Cilnia	694
Villa Corniole	287
Villa de Puppi	476
Villa di Corlo	520
Villa Diamante	829
Villa Franciacorta	255
Villa Giada	176
Villa Gianna	776
Villa Grifoni	734
Villa La Ripa	694
Villa Liverzano	520
Villa Matilde	830
Villa Medoro	795
Villa Mongalli	756
Villa Papiano	521
Villa Pillo	665
Villa Raiano	830
Villa Russiz	477
Villa Sandi	399
Villa Sant'Anna	694
Villa Simone	776
Villa Sparina	176
Villa Spinosa	399
Tenuta Villa Trentola	521
Villa Venti	522
Villa Vignamaggio	665
Vigneti Villabella	400
Tenuta Villanova	477
Villscheiderhof - Florian Hilpold	326
Cave du Vin Blanc de Morgex et de La Salle	31
Cantina Sociale di Vinchio Vaglio Serra	177
Consorzio Vini Tipici di San Marino	522
Vinicola Mediterranea	874
Luigi Viola	881
Tenuta La Viola	528
Virgona	918
Virna	177
Vis Amoris	208
Visconti	270
Andrea Visintini	478
Tenuta Vitalonga	760
Tenuta Vitanza	694
Vitas	478
Tenuta Vitereta	666
Viticcio	666
Vitivinicola Cuomo - I Vini del Cavaliere	840
Vivaldi - Arunda	321
Viviani	400
Alberto Voerzio	194
Volpara	840
Volpe Pasini	479
Von Blumen	326
Francesco Vosca	479
Votino	840
La Vrille	31
Vulcano & Vini	850
Elena Walch	322
Tenuta Waldgries	322
Josef Weger	323
Weinberghof	326
Vigneti Zabù	918
Ciccio Zaccagnini	795
Zamichele	270
Cantine Zampino	840
Zanchi	760
Zangani	212
Pietro Zanoni	410
Zanotelli	290
Zardetto Spumanti	410
Pietro Zardini	410
Zarelli Vini	941
Conti Zecca	867
Peter Zemmer	323
Zenato	401
F.lli Zeni	401
Roberto Zeni	287
Fattoria Zerbina	523
Zidarich	480
Chiara Ziliani	255
Zisola	918
Vinicola Zito	884
Zof	480
Zonin	402
Zorzettig	481
Zuani	481
Zucchi	523
Emilio Zuliani	270
Zymè	402

ALFABETISCHES VERZEICHNIS DER PRODUZENTEN

ABRUZZEN
Alanno
Castorani — 780
Atri
Cirelli — 782
Villa Medoro — 795
Bolognano
Ciccio Zaccagnini — 795
Canzano
Cerulli Spinozzi — 781
Castilenti
San Lorenzo Vini — 790
Chieti
Tenuta I Fauri — 785
Città Sant'Angelo
Antonio Costantini — 796
Collecorvino
Col del Mondo — 796
Contesa — 784
Controguerra
De Angelis Corvi — 796
Dino Illuminati — 787
Lidia e Amato — 797
Monti — 797
Camillo Montori — 788
Crecchio
Tenuta Ulisse — 793
Cugnoli
Tiberio — 791
Francavilla al Mare
Pasetti — 789
Frisa
Collefrisio — 783
Giulianova
Faraone — 785
Lanciano
Eredi Legonziano — 796
Loreto Aprutino
Nicoletta De Fermo — 784
Marchesi De' Cordano — 797
Talamonti — 798
Torre dei Beati — 792
Valentini — 794
Morro d'Oro
La Quercia — 798
Nocciano
Nestore Bosco — 780
Notaresco
Bruno Nicodemi — 788
Ofena
Luigi Cataldi Madonna — 781
Gentile — 786
Ortona
Agriverde — 778
Codice Citra — 782
Farnese — 796
Pineto
F.lli Barba — 778
Popoli
Valle Reale — 794
Prezza
Praesidium — 798
Rocca San Giovanni
Cantina Frentana — 786
San Giacomo — 798
Roseto degli Abruzzi
Orlandi Contucci Ponno — 797
San Martino sulla Marrucina
Masciarelli — 787

Sant'Omero
Valori — 798
Silvi Marina
Tenute Barone di Valforte — 779
Spoltore
La Valentina — 793
Tocco da Casauria
Filomusi Guelfi — 797
Tollo
Feudo Antico — 796
Cantina Tollo — 792
Vigneti Radica — 798
Torano Nuovo
Barone Cornacchia — 779
Emidio Pepe — 789
Strappelli — 791
Torino di Sangro
Cantine Mucci — 797
Tortoreto
Collebello - Tenuta Terraviva — 783
Vittorito
Pietrantonj — 790

AOSTATAL
Aosta
Institut Agricole Régional — 32
Elio Ottin — 30
Arvier
Coopérative de l'Enfer — 32
Aymavilles
Les Crêtes — 27
Chambave
La Crotta di Vegneron — 27
Donnas
Caves Cooperatives de Donnas — 28
Introd
Lo Triolet — 29
Morgex
Ermes Pavese — 30
Maison Albert Vevey — 32
Cave du Vin Blanc de Morgex et La Salle — 31
Nus
Les Granges — 32
Quart
F.lli Grosjean — 32
Vigneti Rosset — 32
Saint Pierre
Château Feuillet — 26
Di Barrò — 28
Sarre
Feudo di San Maurizio — 29
Verrayes
La Vrille — 31
Villeneuve
Anselmet — 26

APULIEN
Acquaviva delle Fonti
Chiaromonte — 856
Adelfia
Cantine Imperatore — 871
Alberobello
Cantina Albea — 852
Andria
Giancarlo Ceci — 870
Rivera — 862
Arnesano
Mocavero — 872

REGIONALES VERZEICHNIS DER PRODUZENTEN

Barletta
Rasciatano — 873
Brindisi
Risveglio Agricolo — 873
Tenute Rubino — 863
Carovigno
I Buongiorno — 869
Carvinea — 855
Cassano delle Murge
Cantine Tre Pini — 874
Cellino San Marco
Cantine Due Palme — 856
Masseria Li Veli — 859
Cerignola
Antica Enotria — 868
Michele Biancardi — 868
Paradiso — 873
Torre Quarto — 874
Copertino
Cantina Sociale di Copertino Cupertinum — 870
Corato
Torrevento — 865
Cutrofiano
L'Astore Masseria — 868
Palamà — 860
Gioia del Colle
A Mano — 852
Fatalone - Petrera — 870
Pietraventosa — 860
Plantamura — 861
Polvanera — 861
Gravina in Puglia
Cantine Botromagno — 853
Grumo Appula
Francesco Cannito — 869
Guagnano
Cantele — 854
Cosimo Taurino — 874
Lecce
Agricole Vallone — 865
Leporano
Varvaglione — 866
Leverano
Vecchia Torre — 866
Conti Zecca — 867
Lizzano
Tenute Eméra — 857
Mille Una — 872
Locorotondo
Vini Classici Cardone — 869
Lucera
Alberto Longo — 872
Manduria
Cantolio Manduria — 869
Masseria Cuturi — 870
Produttori Vini Manduria — 872
Morella — 859
Racemi — 862
Cantine Soloperto — 864
Martina Franca
Tenute Girolamo — 858
Massafra
Amastuola — 868
Mesagne
Hiso Telaray - Libera Terra Puglia — 871
Minervino di Lecce
Menhir — 872
Minervino Murge
Tormaresca — 864
Monteroni di Lecce
Apollonio — 868
Nardò
Schola Sarmenti — 863

Salice Salentino
Castello Monaci — 855
Futura 14 — 871
Leone de Castris — 858
Sammichele di Bari
Centovignali — 870
San Donaci
Francesco Candido — 853
Paolo Leo — 872
Cantina Cooperativa di San Donaci — 873
San Marzano di San Giuseppe
Cantine San Marzano — 854
Cantine Capuzzimati — 869
San Pietro Vernotico
Vinicola Mediterranea — 874
San Severo
D'Alfonso del Sordo — 870
Cantine Teanum — 874
Santeramo in Colle
Tenuta Viglione — 867
Sava
Gianfranco Fino — 857
Ognissole — 873
Scorrano
Duca Carlo Guarini — 871
Stornara
Spelonga — 873
Stornarella
Casa Primis — 869
Taranto
Vetrere — 874
Torre Santa Susanna
Masseria Altemura — 868
Valenzano
Ferri — 871
Veglie
Feudi di Terra D'Otranto — 871

BASILIKATA
Acerenza
Vigneti del Vulture — 847
Barile
Basilisco — 848
Consorzio Viticoltori Associati del Vulture — 848
Elena Fucci — 844
Mastrodomenico — 849
Paternoster — 845
Genzano di Lucania
Alovini — 848
Lavello
Vulcano & Vini — 850
Maschito
Casa Maschito — 842
Musto Carmelitano — 849
Tenute Serra del Prete — 850
Matera
Falciglia — 849
Melfi
Carbone — 848
Montescaglioso
Ditaranto — 848
Nova Siri
Cantine Cerrolongo — 848
Taverna — 846
Rionero in Vulture
Cantine del Notaio — 842
Casa Vinicola D'Angelo — 843
Donato D'Angelo di Filomena Ruppi — 843
Armando Martino — 845
Ofanto - Tenuta I Gelsi — 850
Terra dei Re — 850
Ripacandida
Eleano — 849

REGIONALES VERZEICHNIS DER PRODUZENTEN

Eubea	849
Scanzano Jonico	
Fontanarosa	849
Venosa	
Grifalco della Lucania	844
Regio Cantina	850
I Talenti - Padri Trinitari	850
Terre degli Svevi	846
Cantina di Venosa	847

EMILIA ROMAGNA

Bertinoro	
Raffaella Alessandra Bissoni	524
Celli	499
Giovanna Madonia	508
Fattoria Paradiso	513
Tenuta Villa Trentola	521
Tenuta La Viola	528
Bomporto	
Francesco Bellei	494
Cantina della Volta	496
Gianfranco Paltrinieri	512
Borgonovo Val Tidone	
Castelli del Duca	524
Brisighella	
La Berta	494
Ca' di Sopra	495
La Collina	525
Vigne dei Boschi	519
Villa Liverzano	520
Campegine	
Cantine Cooperative Riunite	501
Carpi	
Cantina Sociale di Carpi e Sorbara	497
Cantina Sociale Santa Croce	516
Castel Bolognese	
Costa Archi	501
Stefano Ferrucci	504
Tenuta Masselina	526
Castell'Arquato	
Cardinali	497
Tenuta Croci	525
Castello di Serravalle	
Vallona	528
Castelvetro di Modena	
Fattoria Moretto	510
Cantina Sociale Settecani	528
Castrocaro Terme	
Tenuta Pennita	527
Cesena	
Maria Galassi	506
Terre della Pieve	517
Civitella di Romagna	
Poderi dal Nespoli	514
Santodeno	528
Collecchio	
Monte delle Vigne	509
Coriano	
San Patrignano	516
Correggio	
Lini 910	507
Faenza	
Ancarani	492
Caviro	525
Leone Conti	500
Paolo Francesconi	505
Gallegati	506
San Biagio Vecchio	515
Trerè	528
Fattoria Zerbina	523
Forlì	
Calonga	496
Drei Donà Tenuta La Palazza	503
Villa Venti	522
Formigine	
Cantina Sociale Formigine Pedemontana	525
Galeata	
Tenuta Pertinello	513
Gazzola	
Luretta	526
Imola	
Fattoria Monticino Rosso	510
Tre Monti	518
Langhirano	
Ariola Vigne e Vini	492
Camillo Donati	502
Lamoretti	526
Lugo	
Gruppo Cevico	507
Mercato Saraceno	
Braschi	495
Modena	
Chiarli 1860	499
Donelli	503
Fiorini	505
Francesco Vezzelli	519
Villa di Corlo	520
Modigliana	
Balìa di Zola	493
Castelluccio	498
Il Pratello	514
Torre San Martino	518
Villa Papiano	521
Monte San Pietro	
Tenuta Bonzara	524
Montecchio Emilia	
Quarticello	515
Monteveglio	
Orsi - San Vito	512
Nonantola	
Gavioli	525
Predappio	
Condé	500
Fattoria Nicolucci	511
Noelia Ricci	527
Quattro Castella	
Le Barbaterre	493
Di Puianello	527
Reggio Emilia	
Ermete Medici & Figli	509
Rimini	
Le Rocche Malatestiane	527
San Valentino	528
Rivergaro	
La Stoppa	517
San Clemente	
Tenuta Mara	526
San Giovanni in Marignano	
Enio Ottaviani	526
San Marino	
Consorzio Vini Tipici di San Marino	522
San Prospero	
Cavicchioli U. & Figli	498
Zucchi	523
Sant'Ilario d'Enza	
Moro - Rinaldini	511
Scandiano	
Tenuta di Aljano	524
Casali Viticultori	524
Emilia Wine	504
Torriana	
Tenuta Saiano	527
Travo	
Casè	524
Andrea Cervini	525
Denavolo	502

REGIONALES VERZEICHNIS DER PRODUZENTEN

Vigolzone
Cantine Romagnoli — 527
Ziano Piacentino
Lusenti — 508
Zola Predosa
Il Monticino — 526

FRIAUL JULISH VENETIEN
Aquileia
Ca' Tullio & Sdricca di Manzano — 420
Bagnaria Arsa
Tenuta Beltrame — 414
Mulino delle Tolle — 445
Bicinicco
Forchir — 485
Pradio — 488
Stocco — 490
Buttrio
Livio e Claudio Buiatti — 418
Castello di Buttrio — 423
Conte d'Attimis-Maniago — 430
Davino Meroi — 444
Petrucco — 447
Flavio Pontoni — 488
Caneva
Le Favole — 485
Capriva del Friuli
Castello di Spessa — 423
Roncùs — 461
Russiz Superiore — 461
Schiopetto — 463
Vidussi — 473
Villa Russiz — 477
Carlino
Cav. Emiro Bortolusso — 417
Cervignano del Friuli
Ca' Bolani — 419
Obiz — 487
Vitas — 478
Cividale del Friuli
Maurizio Arzenton — 482
Bastianich — 413
Benincasa — 482
Castello Sant'Anna — 424
Cencig - Borgo dei Sapori — 484
Flaibani — 485
Moschioni — 444
Paolo Rodaro — 454
Il Roncal — 456
Ronchi San Giuseppe — 458
La Sclusa — 463
Sirch — 465
Zorzettig — 481
Codroipo
Vigneti Pittaro — 449
Cormòns
Tenuta di Angoris — 412
Anzelin — 482
Blazic — 483
Borgo San Daniele — 416
Borgo Savaian — 416
Branko — 417
Maurizio Buzzinelli — 419
Carlo di Pradis — 422
Colle Duga — 426
Cantina Produttori di Cormòns — 429
Mauro Drius — 432
Livio Felluga — 434
Edi Keber — 439
Renato Keber — 439
Albino Kurtin — 440
Magnàs — 442
Roberto Picéch — 448

Isidoro Polencic — 450
Polje — 488
Doro Princic — 451
Dario Raccaro — 452
Ronco dei Tassi — 459
Ronco del Gelso — 459
Renzo Sgubin — 464
Oscar Sturm — 468
Subida di Monte — 468
Franco Toros — 470
Paolo Venturini — 490
Vigna del Lauro — 474
Francesco Vosca — 479
Corno di Rosazzo
Borgo Judrio — 415
Valentino Butussi — 418
Cadibon — 420
Canus — 421
Eugenio Collavini — 425
Le Due Torri — 485
Adriano Gigante — 435
Leonardo Specogna — 467
Le Vigne del Nord Est — 490
Andrea Visintini — 478
Zof — 480
Dolegna del Collio
Ca' Ronesca — 483
Crastin — 429
Alessandro Pascolo — 446
Norina Pez — 487
La Rajade — 453
Tenuta Stella — 467
Tiare - Roberto Snidarcig — 469
Venica & Venica — 472
Duino Aurisina
Kante — 438
Skerk — 465
Zidarich — 480
Faedis
Marco Cecchini — 425
Paolino Comelli — 428
Farra d'Isonzo
La Bellanotte — 482
Colmello di Grotta — 426
Jermann — 438
Tenuta Villanova — 477
Gonars
di Lenardo — 430
Gorizia
Fiegl — 435
Gravner — 436
Damijan Podversic — 450
Primosic — 451
Gradisca d'Isonzo
Blason — 414
Marco Felluga — 434
Sant'Elena — 462
Manzano
Gianpaolo Colutta — 427
Giorgio Colutta - Bandut — 427
Ronchi di Manzano — 457
Ronco delle Betulle — 460
Ronco Margherita — 489
Torre Rosazza — 470
Le Vigne di Zamò — 476
Mariano del Friuli
Tenuta Luisa — 442
Masùt da Rive — 443
Vie di Romans — 474
Moimacco
Villa de Puppi — 476
Moraro
Renata Pizzulin — 487

REGIONALES VERZEICHNIS DER PRODUZENTEN

Mossa
Codelli	484
Ronco Blanchis	458

Nimis
Dario Coos	428
La Roncaia	455
Il Roncat - Giovanni Dri	456

Palazzolo dello Stella
Isola Augusta	486
Modeano	487

Pasian di Prato
Antonutti	412

Pavia di Udine
Pighin	487
Scarbolo	489

Pocenia
Giuseppe e Luigi Anselmi	482

Porcia
Principi di Porcia e Brughera	488
San Simone	489

Povoletto
Aquila del Torre	413
Dorigo	431
Ronc di Vico	454
Marco Sara	489
Sara & Sara	462

Prata di Pordenone
Le Monde	440

Pravisdomini
Terre di Ger	490

Premariacco
Ermacora	433
Rocca Bernarda	453
Roberto Scubla	464
La Tunella	471

Prepotto
La Buse dal Lôf	483
Colli di Poianis	484
Le Due Terre	432
Iole Grillo	437
Valerio Marinig	443
Petrussa	448
Denis Pizzulin	449
Ronc Soreli	455
Ronchi di Cialla	457
Ronco dei Pini	488
Ronco Severo	460
F.lli Stanig	490
La Viarte	473
Vigna Petrussa	475
Vigna Traverso	475

Rauscedo
Cantina di Rauscedo	488

Remanzacco
Vigne del Malina	490

Rive d'Arcano
Bidoli	483

Romans d'Isonzo
Puiatti - Tenimenti Angelini	452

Ruda
Ca' di Volpe	483

Sagrado
Castelvecchio	424

San Canzian d'Isonzo
I Feudi di Romans	485

San Dorligo della Valle
Rado Kocjancic	486

San Floriano del Collio
Il Carpino	422
Conti Formentini	484
Draga	431
Gradis'ciutta	436
Marcello e Marino Humar	486
Komjanc	486
Muzic	445
Evangelos Paraschos	446
Edi Skok	466
Matijaz Tercic	469
Zuani	481

San Giovanni al Natisone
Alfieri Cantarutti	484
Livon	441

San Lorenzo Isontino
Lis Neris	441
Pierpaolo Pecorari	447
Scolaris	489

San Martino al Tagliamento
Tenuta Pinni	487

San Quirino
Russolo	489

Sequals
Ca' Selva	484
Fernanda Cappello	421

Sgonico
Bajta	482
Skerlj	466

Spilimbergo
Borgo Magredo	483
Fantinel	433

Tarcento
Job	486
Micossi	486

Torreano
Albano Guerra	485
Jacùss	437
Valchiarò	471
Volpe Pasini	479

Valvasone
Borgo delle Oche	415

Villa Vicentina
Valpanera	472

KALABRIEN

Bisignano
Serracavallo	884

Cariati
iGreco	877

Castrovillari
Tenute Ferrocinto	883

Cirò
Fattoria San Francesco	884
Santa Venere	879

Cirò Marina
Caparra & Siciliani	876
Du Cropio	882
Ippolito 1845	877
Librandi	878
Malena	883
Senatore Vini	880
Vinicola Zito	884

Cosenza
Donnici 99	882
Terre del Gufo - Muzzillo	884

Crotone
'A Vita	882
Roberto Ceraudo	876

Lamezia Terme
Cantine Lento	883
Statti	880

Mangone
Cantine Spadafora 1915	884

Melito di Porto Salvo
Malaspina	883

Montalto Uffugo
Tenuta Terre Nobili	881

REGIONALES VERZEICHNIS DER PRODUZENTEN

Nocera Terinese
G.B. Odoardi — 879
Reggio Calabria
Tramontana — 884
Rogliano
Antiche Vigne — 882
Wines Colacino — 882
San Demetrio Corone
Poderi Marini — 878
Saracena
Masseria Falvo 1727 — 882
Feudo dei Sanseverino — 883
Luigi Viola — 881
Strongoli
La Pizzuta del Principe — 883

KAMPANIEN
Agropoli
Verrone Viticoltori — 839
Atripalda
Mastroberardino — 817
Avellino
A Casa — 804
Le Ormere — 836
Tenuta Sarno 1860 — 825
Bacoli
La Sibilla — 826
Bonea
Votino — 840
Boscotrecase
Sorrentino — 838
Caiazzo
Vestini Campagnano — 829
Campagna
Casula Vinaria — 833
Candida
Michele Contrada — 809
Capaccio
Vitivinicola Cuomo - I Vini del Cavaliere — 840
Castel Campagnano
Castello Ducale — 832
Terre del Principe — 827
Castelfranci
Boccella — 831
Colli di Castelfranci — 808
Perillo — 820
Castellabate
Luigi Maffini — 816
San Giovanni — 824
Castelvenere
Alexia Capolino Perlingieri — 832
Antica Masseria Venditti — 839
Vigne Sannite — 840
Cellole
Villa Matilde — 830
Cesinali
Cantina del Barone — 832
I Favati — 813
Chiusano di San Domenico
Colle di San Domenico — 833
Ercolano
Sannino — 837
Falciano del Massico
Regina Viarum — 836
Foglianise
Cantina del Taburno — 806
Fontanarosa
Di Prisco — 812
Forino
Urciuolo — 828
Vesevo — 839
Forio
D'Ambra Vini d'Ischia — 811
Pietratorcia — 836
Formicola
Il Verro — 835
Frasso Telesino
Cautiero — 807
Furore
Marisa Cuomo — 810
Galluccio
Porto di Mola — 836
Se.Vin — 837
Telaro — 838
Giffoni Valle Piana
Lunarossa — 835
Giungano
San Salvatore — 824
Guardia Sanframondi
Aia dei Colombi — 831
La Guardiense — 815
Terre Stregate — 827
Vigne di Malies — 839
Ischia
Cenatiempo Vini d'Ischia — 833
Lacco Ameno
La Pietra di Tommasone — 836
Lapio
Colli di Lapio — 808
Filadoro Giuseppa — 834
Rocca del Principe — 823
Maiori
Raffaele Palma — 819
Manocalzati
D'Antiche Terre - Vega — 833
Marano di Napoli
Cantine Federiciane Monteleone — 834
Mirabella Eclano
Quintodecimo — 822
Monte di Procida - KO
Cantine del Mare — 832
Montefalcione
DonnaChiara — 813
Montefredane
Pietracupa — 821
Traerte — 838
Vigne Guadagno - Vistabella — 839
Villa Diamante — 829
Montefusco
Montesole — 818
Terredora — 828
Montemarano
Amarano — 831
Cantine Elmi — 834
Salvatore Molettieri — 817
Napoli
Cantina Farro — 834
Paternopoli
Manimurci — 835
Luigi Tecce — 826
Ponte
Lorenzo Nifo Sarrapochiello — 835
Pontelatone
Alois — 804
Viticoltori del Casavecchia — 806
Pozzuoli
Contrada Salandra — 809
Pratola Serra
La Casa dell'Orco — 832
Prignano Cilento
Viticoltori De Conciliis — 833
Quarto
Cantine Grotta del Sole — 835
Quarto Miglio — 821
Ravello
Ettore Sammarco — 837

REGIONALES VERZEICHNIS DER PRODUZENTEN

Rutino
Barone — 831

Salza Irpina
Di Meo — 812

San Cipriano Picentino
Montevetrano — 818

San Mango sul Calore
Antico Castello — 831

San Sebastiano al Vesuvio
De Falco — 833

Sant'Agata de' Goti
Mustilli — 835

Sant'Angelo all'Esca
Tenuta del Cavalier Pepe — 807

Serino
Villa Raiano — 830

Sessa Aurunca
Galardi — 834
Masseria Felicia — 816
Volpara — 840

Solopaca
Cantina Sociale di Solopaca — 837
Masseria Vigne Vecchie — 840

Sorbo Serpico
Feudi di San Gregorio — 814

Summonte
Ciro Picariello — 820

Taurasi
Antonio Caggiano — 805
Contrade di Taurasi — 810
Vigna Villae — 839

Teano
I Cacciagalli — 805

Torchiara
Casebianche — 832

Torella dei Lombardi
Cantine Zampino — 840

Torrecuso
Fontanavecchia — 815
La Fortezza — 834
Fattoria La Rivolta — 822
Santiquaranta — 837
Torre a Oriente — 838
Torre Varano — 838

Torrioni
Sanpaolo - Magistravini — 825

Tramonti
Giuseppe Apicella — 831
Andrea Reale — 836
Tenuta San Francesco — 823

Trecase
Setaro — 837

Tufo
Di Marzo — 811
Benito Ferrara — 814
Torricino — 838

Vitulazio
Nanni Copè — 819

LATIUM

Acuto
Casale della loria — 763

Alvito
Cominium — 771

Anagni
Antonello Coletti Conti — 764
Corte dei Papi — 772

Atina
La Ferriera — 772

Blera
San Giovenale — 775

Casalvieri
Poggio alla Meta — 774

Castiglione in Teverina
Paolo e Noemia d'Amico — 765
Tenuta La Pazzaglia — 768
Trappolini — 770
Tre Botti — 776

Civitella d'Agliano
Sergio Mottura — 767

Colonna
Principe Pallavicini — 767

Cori
Marco Carpineti — 762
Cincinnato — 763
Pietra Pinta — 774

Frascati
Casale Marchese — 766
L'Olivella — 773
Cantine San Marco — 775

Gradoli
Occhipinti — 773

Grottaferrata
Castel de Paolis — 771

Grotte di Castro
Antonella Pacchiarotti — 774
Villa Caviciana — 776

Latina
Casale del Giglio — 762
Donato Giangirolami — 772
Cantine Lupo — 773
I Pampini — 774

Monte Porzio Catone
Fontana Candida — 766
Poggio Le Volpi — 768
Villa Simone — 776

Montecompatri
Tenuta Le Quinte — 775

Montefiascone
Antica Cantina Leonardi — 773

Nettuno
Casa Divina Provvidenza — 771

Olevano Romano
Damiano Ciolli — 764
Migrante — 773
Proietti — 774

Piglio
Cantina Sociale Cesanese del Piglio — 771
Agricola Emme — 772
Manfredi Opificio — 774

Poggio Mirteto
Tenuta Santa Lucia — 775

Ponza
Antiche Cantine Migliaccio — 771

Roma
Tenuta di Fiorano — 769
Valle Vermiglia — 776

Sabaudia
Villa Gianna — 776

Sant'Elia Fiumerapido
Vigneti Iucci — 772

Serrone
Giovanni Terenzi — 770

Spigno Saturnia
Terra delle Ginestre — 776

Tarquinia
Sant'Isidoro — 775

Terracina
Sant'Andrea — 769

Tolfa
La Rasenna — 775

Velletri
Omina Romana — 773

Viterbo
Cordeschi — 771
Podere Grecchi — 772

REGIONALES VERZEICHNIS DER PRODUZENTEN

LIGURIEN
Albenga
Anfossi	209
BioVio	198
Agostino Sommariva	212
La Vecchia Cantina	212

Bonassola
Valdiscalve	212

Carro
I Cerri	210

Castelnuovo Magra
Ottaviano Lambruschi	203
Il Torchio	208

Cervo
La Ginestraia	210

Chiavari
Bisson	198

Diano Arentino
Maria Donata Bianchi	197

Diano Marina
Poggio dei Gorleri	207

Dolceacqua
Altavia	209
Maixei	212
Terre Bianche	207

Genova
Enoteca Andrea Bruzzone	209

Imperia
Fontanacota	202
Vis Amoris	208

La Spezia
Riccardo Arrigoni Wine Family	209

Monterosso al Mare
Buranco	210

Ortonovo
La Baia del Sole	197
Cantine Lunae Bosoni	203
La Pietra del Focolare	206

Ortovero
Azienda Agricola Durin	201
Viticoltori Ingauni	211

Pieve di Teco
Cascina Nirasca	205
Tenuta Maffone	211

Pontedassio
Laura Aschero	196

Pornassio
Nicola Guglierame	211

Ranzo
Carlo Alessandri	209
Massimo Alessandri	196
Bruna	200
Deperi	210

Riomaggiore
Samuele Heydi Bonanini	199
Altare Bonanni De Grazia Campogrande	210
Cantina Cinque Terre	201

San Biagio della Cima
Maccario Dringenberg	204

Sanremo
Luigi Calvini	210
Podere Grecale	211

Santo Stefano di Magra
Zangani	212

Sarzana
Tenuta La Ghiaia	211
Il Monticello	204
Conte Picedi Benettini	205

Sestri Levante
Cantina Bregante	199

Soldano
Tenuta Anfosso	209
Ka' Manciné	202
Poggi dell'Elmo	206

Vernazza
Cheo	200

LOMBARDEI
Adro
Battista Cola	230
Contadi Castaldi	230
Corte Aura	260
Ferghettina	234
Franca Contea	261
Monzio Compagnoni	243
Muratori - Villa Crespia	244
Ronco Calino	250

Almenno San Salvatore
Lurani Cernuschi	263

Artogne
Agricola Vallecamonica	269

Bagnolo San Vito
Giubertoni	262

Bedizzole
Cantrina	227

Borgo Priolo
Castello di Stefanago	259

Botticino
Antica Tesa	216

Broni
Podere Bignolino	257
Ca' Tessitori	225
Francesco Montagna	241

Calvignano
Travaglino	269

Canneto Pavese
Calvi	258
Fiamberti	234
F.lli Giorgi	237
Andrea Picchioni	245
Francesco Quaquarini	248
Bruno Verdi	254

Capriano del Colle
Lazzari	262
Tenuta La Vigna	270

Capriolo
Lantieri de Paratico	238
Ricci Curbastro	249

Casteggio
Albani	256
Ballabio	217
Le Fracce	235
Frecciarossa	235
F.lli Guerci	262
Prime Alture	266
Terre d'Oltrepò	251

Castelli Calepio
Il Calepino	226

Cavriana
Bertagna	220

Cazzago San Martino
1701	256
CastelFaglia - Monogram	227
Monte Rossa	242
Montenisa	242
Vigna Dorata	270

Cenate Sotto
Caminella	258

Chiuro
Nino Negri	244
Aldo Rainoldi	249

Cigognola
Castello di Cigognola	228
Monterucco	264

Coccaglio
Castello Bonomi	228

REGIONALES VERZEICHNIS DER PRODUZENTEN

Produzent	Seite
Lorenzo Faccoli & Figli	261
Codevilla	
Montelio	264
Cologne	
La Boscaiola	257
Quadra	247
Riccafana - Fratus	267
Corte Franca	
F.lli Berlucchi	218
Guido Berlucchi & C.	219
Bosio	222
La Fiòca	261
Le Quattro Terre	267
Corvino San Quirico	
Tenuta Mazzolino	240
Desenzano del Garda	
Citari	260
Olivini	265
Pilandro	266
Provenza - Cà Maiol	247
Cantine Selva Capuzza	268
Visconti	270
Erbusco	
Bellavista	218
Ca' del Bosco	223
Camossi	258
Cavalleri	229
Derbusco Cives	232
Enrico Gatti	236
San Cristoforo	268
Uberti	252
Giuseppe Vezzoli	254
Grumello del Monte	
Castello di Grumello	259
Gussago	
Le Cantorìe	258
Castello di Gussago	259
Iseo	
Bonfadini	257
Lonato	
Perla del Garda	266
Manerba del Garda	
Avanzi	256
Mese	
Mamete Prevostini	246
Moniga del Garda	
Civielle	229
Costaripa	232
Monte Cicogna	264
Montagna in Valtellina	
Dirupi	233
Montalto Pavese	
Ca' del Gè	224
Ca' del Santo	258
Finigeto	261
Montebello della Battaglia	
Tenuta La Costaiola	260
Montecalvo Versiggia	
Calatroni	226
Pietro Torti	252
Monticelli Brusati	
Antica Fratta	215
Castelveder	260
La Montina	265
Lo Sparviere	251
Villa Franciacorta	255
Montù Beccaria	
Luciano Brega	258
Il Montù	265
Piccolo Bacco dei Quaroni	266
Vercesi del Castellazzo	253
Monzambano	
Ricchi	267
Mornico Losana	
Ca' di Frara	224
Muscoline	
Cascina Belmonte	259
Oliva Gessi	
I Gessi - Fabbio De Filippi	236
Ome	
Al Rocol	256
La Fiorita	261
Majolini	239
Padenghe sul Garda	
Pratello	266
Emilio Zuliani	270
Passirano	
Conti Ducco	260
Le Marchesine	239
Tenuta Monte Delma	264
Il Mosnel	243
Romantica	267
Perego	
La Costa	231
Pietra de' Giorgi	
Conte Vistarino	231
Polpenazze del Garda	
Le Sincette	268
Pozzolengo	
Marangona	263
Tenuta Roveglia	250
Zamichele	270
Provaglio d'Iseo	
Elisabetta Abrami	256
Barone Pizzini	217
Bersi Serlini	219
Riva di Franciacorta	267
Chiara Ziliani	255
Puegnago sul Garda	
Bruno Franzosi	262
Marsadri	263
La Meridiana	264
Pasini - San Giovanni	245
Quistello	
Cantina Sociale Cooperativa di Quistello	248
Retorbido	
Marchese Adorno	214
Rocca de' Giorgi	
Anteo	215
Rodengo Saiano	
La Valle	262
Mirabella	240
Roncoferraro	
Lebovitz	262
Rovato	
Santus	268
Rovescala	
F.lli Agnes	214
Alziati Annibale - Tenuta San Francesco	256
Castello di Luzzano	259
Martilde	263
San Colombano al Lambro	
Nettare dei Santi	265
Panigada - Banino	265
Poderi di San Pietro	268
San Damiano al Colle	
Bisi	221
Alessio Brandolini	257
Vanzini	253
San Felice del Benaco	
Le Chiusure	260
San Paolo d'Argon	
Cantina Sociale Bergamasca	257
Angelo Pecis	265
Santa Giuletta	
Castel San Giorgio	259

REGIONALES VERZEICHNIS DER PRODUZENTEN

Isimbarda	237
La Travaglina	269
Santa Maria della Versa	
Cantina Sociale La Versa	238
Manuelina	263
Vigne Olcru	270
Scanzorosciate	
La Brugherata	222
De Toma	261
Sirmione	
Ca' dei Frati	223
Ca' Lojera	225
Malavasi	263
Sondrio	
Ar.Pe.Pe.	216
Terrazzi Alti	269
Sorisole	
Bonaldi - Cascina del Bosco	257
Sotto il Monte Giovanni XXIII	
Sant'Egidio	268
Teglio	
F.lli Bettini	220
Sandro Fay	233
La Perla	266
Tirano	
Plozza	246
Rivetti & Lauro	267
Torrazza Coste	
Torrevilla	269
Torricella Verzate	
Monsupello	241
Trescore Balneario	
Medolago Albani	264
Villa di Tirano	
Triacca	269
Zenevredo	
Tenuta Il Bosco	221

MARKEN

Acquaviva Picena	
Cherri d'Acquaviva	701
Ancona	
Podere Giustini	730
La Calcinara	731
Marchetti	714
Alessandro Moroder	717
Elio Polenta	732
Alberto Serenelli	733
Apiro	
Andrea Felici	709
Ascoli Piceno	
Pantaleone	719
Velenosi	727
Barbara	
Santa Barbara	722
Belvedere Ostrense	
Luciano Landi	712
Ma.Ri.Ca.	713
Carassai	
Emanuele Dianetti	708
Cartoceto	
Roberto Lucarelli	712
Castel di Lama	
Tenuta De Angelis	707
Castelfidardo	
Fioretti Brera	730
Gioacchino Garofoli	711
Castelleone di Suasa	
Roberto Venturi	734
Castelplanio	
Fazi Battaglia	708
Tenuta dell'Ugolino	734
Castelraimondo	
Collestefano	703
Castignano	
Cantine di Castignano	729
Tenuta Spinelli	724
Castorano	
Maria Letizia Allevi	729
Valter Mattoni	715
Cerreto d'Esi	
Marco Gatti	711
Cingoli	
Cantina Colognola	705
Tenuta di Tavignano	724
Civitanova Marche	
Cantine Fontezoppa	710
Colli del Tronto	
Vigneti Vallorani	734
Corinaldo	
Federico Mencaroni	732
Cossignano	
Fiorano	710
Cupra Marittima	
Oasi degli Angeli	718
Cupramontana	
Colonnara	705
La Marca di San Michele	714
Sparapani - Frati Bianchi	723
Vallerosa Bonci	726
Fano	
Claudio Morelli	732
Fermo	
Le Vigne di Franca	728
Grottammare	
Carminucci	700
Jesi	
Brunori	698
Montecappone	717
Maiolati Spontini	
Benito Mancini	731
Monte Schiavo	716
Pievalta	719
Ripa Marchetti	733
Matelica	
Belisario	696
Bisci	697
Borgo Paglianetto	697
Cavalieri	729
Filippo Maraviglia	731
La Monacesca	716
Mondavio	
Fattoria Laila	731
Monte San Vito	
Podere Santa Lucia	733
Monte Urano	
Maria Pia Castelli	729
Montecarotto	
Col di Corte	703
Sabbionare	733
Fattoria San Lorenzo	721
Terre Cortesi Moncaro	725
Monteciccardo	
Il Conventino	730
Montefiore dell'Aso	
Giacomo Centanni	729
Monteprandone	
Il Conte Villa Prandone	706
Morro d'Alba	
Stefano Mancinelli	713
Marotti Campi	715
Vicari	727
Numana	
Conte Leopardi Dittajuti	731
Fattoria Le Terrazze	725

REGIONALES VERZEICHNIS DER PRODUZENTEN

Offida
Aurora	696
Ciù Ciù	702
Cantina Offida	732
San Filippo	733
San Giovanni	720
Poderi San Lazzaro	721

Osimo
Umani Ronchi	726

Ostra
Conti di Buscareto	706

Ostra Vetere
Bucci	698

Pesaro
Fosso dei Ronchi	730

Piagge
Luca Guerrieri	730

Poggio San Marcello
Sartarelli	723

Potenza Picena
Santa Cassella	733

Ripatransone
Le Caniette	699
Tenuta Cocci Grifoni	702
La Cantina dei Colli Ripani	704
San Savino - Poderi Capecci	722
Villa Grifoni	734

Rotella
La Canosa	699

San Paolo di Jesi
Piersanti	732
Vignamato	728

Senigallia
Piergiovanni Giusti	730

Serra de' Conti
Casaleta	700
CasalFarneto	701
Poderi Mattioli	732
Fattoria Serra San Martino	734

Serrapetrona
Colli di Serrapetrona	704

Servigliano
Fattoria Dezi	707

Spinetoli
Campo di Maggio	729

Staffolo
Viticoltori Finocchi	709
Esther Hauser	731
La Staffa	734

Tolentino
Il Pollenza	720

Urbisaglia
Muròla	718

MOLISE

Campomarino
Borgo di Colloredo	800
Di Majo Norante	800

Larino
Angelo D'Uva	802

Montenero di Bisaccia
Terresacre	801

Monteroduni
Campi Valerio	802

San Felice del Molise
Claudio Cipressi	802

San Martino in Pensilis
Cantina Catabbo	802

Ururi
Cantine Salvatore	801

PIEMONTE

Agliano Terme
Dacapo	184
Roberto Ferraris	100
Carlo Ferro	100
Tenuta Garetto	104
Poderi Rosso	191

Agliè
Giovanni Silva	165

Alba
Marco e Vittorio Adriano	36
Boroli	179
Ceretto	81
Poderi Colla	86
Tenuta Langasco	115
Pio Cesare	141
Prunotto	148
Pietro Rinaldi	151
Mauro Sebaste	163

Alfiano Natta
Tenuta Castello di Razzano	78

Alice Bel Colle
Ca' Bianca	61

Avolasca
La Vecchia Posta	194

Baldissero d'Alba
Pierangelo Careglio	180

Barbaresco
Ca' Rome'	63
Cantina del Pino	65
Cascina Morassino	74
Tenute Cisa Asinari dei Marchesi di Grésy	84
Giuseppe Cortese	93
Gaja	103
Carlo Giacosa	106
Moccagatta	125
Montaribaldi	128
I Paglieri - Roagna	136
Produttori del Barbaresco	147
Rattalino	190
Albino Rocca	152
Bruno Rocca	152
Ronchi	155
Socré	166

Barengo
Gilberto Boniperti	179

Barge
Le Marie	186

Barolo
F.lli Barale	178
Giacomo Borgogno & Figli	52
Giacomo Brezza & Figli	56
Bric Cenciurio	57
Cascina Adelaide	180
Casina Bric 460	182
Damilano	95
Giacomo Grimaldi	111
Marchesi di Barolo	120
Bartolo Mascarello	123
E. Pira & Figli - Chiara Boschis	142
Giuseppe Rinaldi	150
Francesco Rinaldi & Figli	190
Luciano Sandrone	158
Giorgio Scarzello e Figli	161
Sylla Sebaste	168
Terre da Vino	170
G. D. Vajra	172
Giovanni Viberti	194
Virna	177

Bastia Mondovì
Bricco del Cucù	57

Boca
Le Piane	141

REGIONALES VERZEICHNIS DER PRODUZENTEN

Bogogno
Ca' Nova — 63

Bosio
La Caplana — 66
La Smilla — 166

Bra
Ascheri — 42

Brignano Frascata
Paolo Giuseppe Poggio — 143

Briona
Francesca Castaldi — 76
Vigneti Valle Roncati — 194

Brusnengo
Le Pianelle — 188

Bubbio
Colombo — 184

Calamandrana
Michele Chiarlo — 82
La Corte - Cusmano — 93
La Giribaldina — 108

Calosso
Fabio Fidanza — 184
Scagliola — 160

Caluso
Cantine Briamara — 180
Podere Macellio — 116

Canale
Cascina Ca' Rossa — 68
Cascina Chicco — 69
Cornarea — 92
Matteo Correggia — 92
Deltetto — 96
Filippo Gallino — 103
Malabaila di Canale — 116
Malvirà — 117
Monchiero Carbone — 126
Pace — 188
Marco Porello — 144
Enrico Serafino — 164
Valfaccenda — 193
Giacomo Vico — 174

Canelli
L'Armangia — 42
Paolo Avezza — 43
Cascina Barisél — 68
Coppo — 90
Giacomo Scagliola — 191
Villa Giada — 176

Carema
Cantina dei Produttori Nebbiolo di Carema — 132

Cassinasco
Cerutti — 182

Castagnole delle Lanze
Bel Sit — 178
Gianni Doglia — 97
La Spinetta — 168

Castagnole Monferrato
Montalbera — 127

Castellania
Vigne Marina Coppi — 90

Castelletto d'Orba
Luigi Tacchino — 169

Castellinaldo
Marsaglia — 122
Stefanino Morra — 129

Castelnuovo Belbo
Clemente Cossetti — 94

Castelnuovo Calcea
Cantina Sociale Barbera dei Sei Castelli — 178

Castelnuovo Don Bosco
Cascina Gilli — 72

Castiglione Falletto
Azelia — 43
Bongiovanni — 51
Brovia — 60
F.lli Cavallotto – Tenuta Bricco Boschis — 81
Paolo Scavino — 161
Sobrero Francesco e Figli — 192
Terre del Barolo — 171
Vietti — 174

Castiglione Tinella
La Caudrina — 80
Icardi — 113
Elio Perrone — 140
Paolo Saracco — 159

Cavaglio d'Agogna
Mazzoni — 124

Cavallirio
Antico Borgo dei Cavalli — 40

Cella Monte
La Casaccia — 67

Cerrina Monferrato
Iuli — 114

Cisterna d'Asti
Pescaja — 188

Clavesana
Cantina Clavesana — 183

Cocconato
Bava — 46

Costa Vescovato
Luigi Boveri — 53
Giovanni Daglio — 184
Carlo Daniele Ricci — 190

Costigliole d'Asti
Cascina Castlet — 181
Cascina Salerio — 181
Giuseppe Stella — 192

Cremolino
I Pola — 189

Cuceglio
Tenuta Roletto — 190

Diano d'Alba
F.lli Abrigo — 178
Claudio Alario — 36
Brangero — 55
Bricco Maiolica — 58
Casavecchia — 180
Cascina Flino — 181
Renzo Castella — 182
Le Cecche — 182
Giovanni Prandi — 145
Poderi Sinaglio — 192

Dogliani
Abbona — 34
Osvaldo Barberis — 44
Francesco Boschis — 52
Ca' Viola — 64
Cascina Corte — 69
Quinto Chionetti — 83
Poderi Luigi Einaudi — 97
La Fusina — 185
Pecchenino — 139
San Fereolo — 191

Domodossola
Cantine Garrone — 185

Farigliano
Anna Maria Abbona — 34
Giovanni Battista Gillardi — 107
F.lli Raineri — 190

Gabiano
Castello di Gabiano — 77

Gattinara
Antoniolo — 40
Anzivino — 178

REGIONALES VERZEICHNIS DER PRODUZENTEN

Il Chiosso	183
Nervi	187
Giancarlo Travaglini	172
Gavi	
Nicola Bergaglio	48
Vitivinicola Broglia	59
Castellari Bergaglio	77
La Ghibellina	105
La Giustiniana	109
Marchese Luca Spinola	119
Cantina Produttori del Gavi	147
San Bartolomeo	157
La Toledana	193
Villa Sparina	176
Ghemme	
Antichi Vigneti di Cantalupo	39
Platinetti	189
Rovellotti	156
Torraccia del Piantavigna	171
Govone	
Franco e Pierguido Ceste	182
Incisa Scapaccino	
Brema	56
Incisiana	186
Tenuta Olim Bauda	135
Ivrea	
Ferrando	99
La Morra	
Elio Altare	39
Batasiolo	45
Enzo Boglietti	50
Agostino Bosco	53
Gianfranco Bovio	54
Brandini	55
Cascina del Monastero	70
Ciabot Berton	183
Giovanni Corino	91
Renato Corino	91
Dosio	184
Gianni Gagliardo	185
Silvio Grasso	110
Poderi Marcarini	119
Mario Marengo	121
Mauro Molino	125
Monfalletto - Cordero di Montezemolo	126
Negretti	187
Andrea Oberto	134
Poderi e Cantine Oddero	134
Vigneti Luigi Oddero	135
Renato Ratti	148
F.lli Revello	149
Michele Reverdito	150
Rocche Costamagna	153
Serradenari	192
Aurelio Settimo	165
Oreste Stroppiana	193
Trediberri	193
Alessandro Veglio	194
Mauro Veglio	173
Eraldo Viberti	194
Alberto Voerzio	194
Lessona	
La Prevostura	146
Tenute Sella	164
Loazzolo	
Borgo Maragliano	51
Forteto della Luja	185
Borgo Isolabella	114
Lu	
Casalone	67
Tenuta San Sebastiano	158
Mango	
Cascina Fonda	71
Mezzomerico	
Roccolo di Mezzomerico	154
Moasca	
Massimo Pastura - Cascina La Ghersa	138
Mombercelli	
Luigi Spertino	167
Cantina Sociale Terre Astesane di Mombercelli	193
Monchiero	
Giuseppe Mascarello e Figlio	123
Mondovì	
Il Colombo - Barone Riccati	184
Monforte d'Alba	
Gianfranco Alessandria	37
Bussia Soprana	179
Cascina Fontana	71
Aldo Clerico	183
Domenico Clerico	85
Aldo Conterno	87
Diego Conterno	88
Giacomo Conterno	88
Paolo Conterno	89
Conterno Fantino	89
Giacomo Fenocchio	99
Attilio Ghisolfi	105
Elio Grasso	109
Giovanni Manzone	117
Monti	129
Armando Parusso	138
Pianpolvere Soprano	188
Ferdinando Principiano	146
Podere Rocche dei Manzoni	153
Flavio Roddolo	154
Podere Ruggeri Corsini	156
Josetta Saffirio	157
Simone Scaletta	191
F.lli Seghesio	163
Monleale	
Vigneti Massa	175
Montà	
Giovanni Almondo	38
Stefanino Costa	94
Generaj	185
Pelassa	188
Michele Taliano	169
Montegioco	
Cascina Salicetti	75
Montegrosso d'Asti	
Antonio Bellicoso	179
Tenuta La Meridiana	186
Montelupo Albese	
Destefanis	96
Montemagno	
Tenuta Montemagno	128
Montemarzino	
Pomodolce	143
Monteu Roero	
Cascina Pellerino	75
Lorenzo Negro	132
Negro Angelo e Figli	133
Morsasco	
La Guardia	185
Neive	
Piero Busso	61
Cantina del Glicine	64
Castello di Neive	78
F.lli Cigliuti	84
Collina Serragrilli	183
Fontanabianca	101
Bruno Giacosa	106
F.lli Giacosa	107
Ugo Lequio	115
Cecilia Monte	187

REGIONALES VERZEICHNIS DER PRODUZENTEN

Giuseppe Negro	187
Paitin	137
Pasquale Pelissero	188
Prinsi	189
Punset	189
Ressia	149
Massimo Rivetti	190
Sottimano	167

Neviglie
Bera	47
Roberto Sarotto	160

Nizza Monferrato
Bersano	49
Marco Bonfante	179
Cascina Christiana	181
Cascina Giovinale	72
Cascina La Barbatella	73
Cascina Lana	181
Erede di Armando Chiappone	82
La Gironda	108
Clemente Guasti	112
Cantina Sociale di Nizza	133
Scrimaglio	162

Novello
Elvio Cogno	85

Novi Ligure
La Raia	189
Laura Valditerra	193

Ottiglio
La Spinosa Alta	192

Ovada
Bondi - Cascina Banaia	50
Gaggino	102
Rossi Contini	191

Paderna
Oltretorrente	187

Perosa Argentina
Daniele Coutandin	95

Pinerolo
Merenda con Corvi - Bea	186

Piobesi d'Alba
Renato Buganza	179
Tenuta Carretta	66

Piverone
Favaro	98

Portacomaro
Castello del Poggio	182

Priocca
Cascina Val del Prete	76
Hilberg - Pasquero	112

Quargnento
Colle Manora	86

Rocca Grimalda
Cascina La Maddalena	73

Rocchetta Tanaro
Braida	54
Marchesi Incisa della Rocchetta	120
Post dal Vin - Terre del Barbera	145

Roddi
Segni di Langa	192

Rodello
F.lli Mossio	130

Romagnano Sesia
Ioppa	113

Rosignano Monferrato
Castello di Uviglie	79
Vicara	173

San Giorgio Canavese
Cieck	83
Orsolani	136

San Martino Alfieri
Marchesi Alfieri	38

San Marzano Oliveto
Tenuta dell'Arbiola	41
Guido Berta	49
Carussin	180

Santo Stefano Belbo
Ca' d'Gal	62
Tenuta Il Falchetto	98
Sergio Grimaldi - Ca' du Sindic	111
Marcalberto	118
I Vignaioli di Santo Stefano	175

Santo Stefano Roero
Silvano Nizza	187

Sarezzano
Mutti	130

Scurzolengo
Cascina Tavijn	181
Cantine Sant'Agata	159

Serralunga d'Alba
Cascina Cucco	70
Fontanafredda	101
Gabutti - Franco Boasso	102
Ettore Germano	104
Bruna Grimaldi	110
Paolo Manzone	118
Massolino	124
Palladino	137
Luigi Pira	142
Guido Porro	144
Giovanni Rosso	155
Schiavenza	162

Serralunga di Crea
Tenuta La Tenaglia	170

Settimo Rottaro
La Masera	186

Sostegno
Odilio Antoniotti	41

Strevi
Banfi - Vigne Regali	44
Marenco	186

Suno
Francesco Brigatti	59

Tassarolo
Cinzia Bergaglio	48
Castello di Tassarolo	79
Tenuta San Pietro	191

Torino
Franco M. Martinetti	122

Tortona
La Colombera	87
Claudio Mariotto	121

Treiso
Orlando Abrigo	35
Ca' del Baio	62
Ada Nada	131
Fiorenzo Nada	131
Pelissero	139
Cantina Pertinace	140
Pier	189
Rizzi	151

Vaglio Serra
Col dei Venti	183

Verduno
F.lli Alessandria	37
Bel Colle	47
G. B. Burlotto	60
Castello di Verduno	80

Vezza d'Alba
Antica Cascina Conti di Roero	178
Fabrizio Battaglino	45
Battaglio	46
Cantina del Nebbiolo	65

Vignale Monferrato
Giulio Accornero e Figli	35

REGIONALES VERZEICHNIS DER PRODUZENTEN

Bricco Mondalino	58
Marco Canato	180
Il Mongetto	127
Viguzzolo	
Cascina Montagnola	74
Vinchio	
Cantina Sociale di Vinchio Vaglio Serra	177

SARDINIEN

Alghero	
Rigatteri	940
Santa Maria La Palma	940
Tenute Sella & Mosca	933
Arborea	
Quartomoro di Sardegna	940
Arzachena	
Capichera	922
Vigne Surrau	935
Atzara	
Fradiles	925
Badesi	
Li Duni	937
Bonnanaro	
Andrea Ledda	937
Bosa	
Columbu	937
Cabras	
Attilio Contini	923
Calasetta	
Cantina di Calasetta	921
Cardedu	
Alberto Loi	927
Carloforte	
Tanca Gioia Carloforte	941
Castiadas	
Cantina di Castiadas	936
Codrongianos	
Vigne Deriu	937
Tenute Soletta	934
Dolianova	
Cantine Dolianova	924
Donori	
Tenute Massidda	938
Dorgali	
Poderi Atha Ruja	921
Berritta	936
Cantina Dorgali	925
Gergei	
Olianas	939
Giba	
6Mura - Cantina Giba	920
Jerzu	
Antichi Poderi Jerzu	927
Loiri Porto San Paolo	
Mura	930
Lotzorai	
Pusole	940
Luogosanto	
Siddùra	934
Magomadas	
Zarelli Vini	941
Mamoiada	
Giovanni Montisci	929
Giampietro Puggioni	940
Giuseppe Sedilesu	933
Mogoro	
Cantina di Mogoro - Il Nuraghe	929
Monti	
Cantina del Vermentino	941
Nuoro	
Giuseppe Gabbas	926
Olbia	
Cantina delle Vigne - Piero Mancini	936
Masone Mannu	928
Murales	939
Tenute Olbios	941
Cantina Pedres	931
Orgosolo	
Cantine di Orgosolo	939
Oristano	
Cantina Sociale della Vernaccia	941
Sanluri	
Su Entu	941
Sant'Anna Arresi	
Mesa	928
Sant'Antioco	
Sardus Pater	932
Santadi	
Agricola Punica	931
Cantina di Santadi	932
Sassari	
Tenuta l'Ariosa	937
Gabriele Palmas	939
Sedini	
Giovanni Luigi Deaddis	937
Selargius	
Meloni Vini	938
Senorbi	
Cantina Trexenta	935
Serdiana	
Altea Illotto	936
Argiolas	920
Mora&Memo	938
Pala	930
Settimo San Pietro	
Ferruccio Deiana	924
Sorgono	
Cantina Sociale del Mandrolisai	938
Tempio Pausania	
Cantina Gallura	926
Thiesi	
Poderosa	939
Tramatza	
Orro	939
Tresnuraghes	
Angelo Angioi	936
Trinità d'Agultu e Vignola	
Montespada	938
Usini	
Carpante	936
Giovanni Cherchi	922
Chessa	923
Ussaramanna	
Pietro Lilliu	938
Zeddiani	
F.lli Serra	940

SIZILIEN

Acate	
Biscaris	908
Valle dell'Acate	907
Avola	
Tenuta Palmeri	916
Butera	
Feudo Principi di Butera	895
Calatafimi	
Ceuso	910
Caltagirone	
Gianfranco Daino	911
Judeka	913
Antica Tenuta del Nanfro	915
Caltanissetta	
Masseria del Feudo	914
Cammarata	
Feudo Montoni	912

REGIONALES VERZEICHNIS DER PRODUZENTEN

Campobello di Licata
Baglio del Cristo di Campobello — 887

Camporeale
Alessandro di Camporeale — 886
Tenute Rapitalà — 902
Valdibella — 918

Canicattì
Cantina Viticoltori Associati Canicattì — 909

Castelbuono
Abbazia Santa Anastasia — 886

Casteldaccia
Duca di Salaparuta — 893

Castiglione di Sicilia
Calcagno — 909
Frank Cornelissen — 890
Cottanera — 891
I Custodi delle Vigne dell'Etna — 910
Tenuta di Fessina — 894
Graci — 896
Passopisciaro — 899
Pietradolce — 900
Cantine Russo — 916
Girolamo Russo — 903
Valenti — 918

Chiaramonte Gulfi
Gulfi — 897
Poggio di Bortolone — 901

Comiso
Avide — 908

Erice
Fazio Wines — 893

Furnari
Cambria — 909

Giarre
Scilio — 904

Gibellina
Orestiadi — 915

Grotte
Morgante — 914

Ispica
Riofavara — 903

Librizzi
Tenuta Gatti — 913

Linguaglossa
Tenuta Chiuse del Signore — 910
Terre di Trente — 917

Malfa
Caravaglio — 909
Virgona — 918

Marsala
Caruso & Minini — 910
Donnafugata — 892
Cantine Fina — 912
Tenuta Gorghi Tondi — 913
Cantine Mothia — 915
Tenute dei Paladini — 915
Carlo Pellegrino — 900
Rallo — 902

Mazara del Vallo
Cantine Foraci — 912

Menfi
Planeta — 901
Settesoli — 905

Messina
Bonavita — 908
Le Casematte — 889
Hauner — 897
Tenuta Enza La Fauci — 913
Palari — 899

Milo
Barone di Villagrande — 888

Monreale
Disisa — 892

Sallier de la Tour — 916

Niscemi
Feudi del Pisciotto — 894

Noto
Feudo Maccari — 895
Marabino — 898
Cantina Modica di San Giovanni — 914
Zisola — 918

Paceco
Baglio Ingardia — 908
Firriato — 896

Pachino
Barone Sergio — 908
Feudo Ramaddini — 912

Palermo
Spadafora — 905

Pantelleria
Tenuta Coste Ghirlanda — 910
Solidea — 916

Partinico
Cossentino — 910
Cusumano — 891
Girolamo Tola & C. — 917

Randazzo
Destro — 911
Tenuta delle Terre Nere — 906
Terrazze dell'Etna — 907
Le Vigne di Eli — 918

Rosolini
Giasira — 913

Sambuca di Sicilia
Di Giovanna — 911
Gaspare Di Prima — 911
Feudo Arancio — 911
Terreliade — 917
Vigneti Zabù — 918

San Cipirello
Calatrasi — 909

San Giuseppe Jato
Centopassi — 890
Todaro — 917

Santa Cristina Gela
Baglio di Pianetto — 888

Santa Maria di Licodia
Feudo Cavaliere — 912

Santa Ninfa
Ferreri — 911

Santa Venerina
Emanuele Scammacca del Murgo — 904

Sciacca
Miceli — 914

Sclafani Bagni
Tasca d'Almerita — 906

Siracusa
Pupillo — 916

Trapani
Alliata — 887
Fondo Antico — 912
Barone di Serramarrocco — 916
Terre di Shemir — 917

Trecastagni
Tenuta Monte Ilice — 914
Cantine Nicosia — 915

Valderice
Tenute Adragna — 908
Ottoventi — 915

Valdina
Giovi — 913

Viagrande
Benanti — 889

Vittoria
Paolo Calì — 909
Maggiovini — 914

REGIONALES VERZEICHNIS DER PRODUZENTEN

Occhipinti	898
Terre di Giurfo	917

SÜDTIROL
Appiano/Eppan
Martin Abraham	324
Josef Brigl	294
Cantina Produttori Colterenzio	296
Tenuta Donà	324
Cantina Girlan	300
Lorenz Martini	325
K. Martini & Sohn	308
Josef Niedermayr	310
Ignaz Niedrist	311
Cantina Produttori San Michele Appiano	315
Cantina Produttori San Paolo	315
Stroblhof	317
Josef Weger	323

Bolzano/Bozen
Cantina Bolzano	293
Egger-Ramer	297
Erbhof Unterganzner - Josephus Mayr	298
Glögglhof - Franz Gojer	300
Griesbauerhof - Georg Mumelter	301
Gummerhof - Malojer	301
Loacker Schwarhof	307
Messnerhof - Bernhard Pichler	325
Cantina Convento Muri-Gries	309
Obermoser - H. & T. Rottensteiner	312
Oberrautner - Anton Schmid	325
Pfannenstielhof - Johannes Pfeifer	313
Hans Rottensteiner	314
Thurnhof - Andreas Berger	326
Untermoserhof - Georg Ramoser	320
Tenuta Waldgries	322

Bressanone/Brixen
Kuenhof - Peter Pliger	306
Taschlerhof - Peter Wachtler	318
Villscheiderhof - Florian Hilpold	326

Caldaro/Kaltern
Cantina di Caldaro	294
Castel Sallegg	295
Erste+Neue	298
Kettmeir	303
Tenuta Klosterhof - Oskar Andergassen	304
Lieselehof - Werner Morandell	325
Manincor	308
Niklaserhof - Josef Sölva	311
Thomas Pichler	326
Tenuta Ritterhof	313
Peter Sölva & Söhne	316

Castelbello Ciardes/Kastelbell Tschars
Himmelreichhof	325
Köfelgut - Martin Pohl	325
Tenuta Unterortl - Castel Juval	320

Cermes/Tscherms
Hartmann Donà	297
Tenuta Kränzelhof - Graf Franz Pfeil	305

Chiusa/Klausen
Cantina Produttori Valle Isarco	321

Cortaccia/Kurtatsch
Baron Widmann	292
Cantina Produttori Cortaccia	296
Tiefenbrunner	319

Cortina Sulla Strada del Vino/Kurtinig
Peter Zemmer	323

Egna/Neumarkt
Brunnenhof - Kurt Rottensteiner	324
Castelfeder	295
Glassierhof - Stefan Vaja	324

Fiè allo Sciliar/Völs am Schlern
Bessererhof - Otmar Mair	293
Gumphof - Markus Prackwieser	302

Magrè/Margreid
Alois Lageder + Tenute Lageder	306

Marlengo/Marling
Cantina Meran Burggräfler	309
Pardellerhof - Montin	326

Meltina/Mölten
Vivaldi - Arunda	321

Merano/Meran
Castello Rametz	324

Montagna/Montan
Franz Haas	302

Nalles/Nals
Cantina Nals Margreid	310

Naturno/Naturns
Falkenstein - Franz Pratzner	299

Parcines/Partschins
Stachlburg - Baron von Kripp	316

Renon/Ritten
Tenuta Ebner - Florian Unterthiner	324

Salorno/Salurn
Haderburg	303
Von Blumen	326

Terlano/Terlan
Tenuta Kornell	305
Cantina Terlano	318

Termeno/Tramin
Cantina Tramin	319
Elena Walch	322
Weinberghof	326

Vadena/Pfatten
Laimburg	307

Varna/Vahrn
Abbazia di Novacella	292
Köfererhof - Günther Kershbaumer	304
Pacherhof - Andreas Huber	312
Strasserhof - Hannes Baumgartner	317

Velturno/Feldthurns
Garlider - Christian Kerchbaumer	299

Villandro/Villanders
Röckhof - Konrad Augschöll	314

TOSKANA
Arcidosso
Poderi Firenze	675

Arezzo
Buccia Nera	668
Podere della Civettaja	672
Fattoria San Fabiano Borghini Baldovinetti	688
Tenute di Fraternita	691
Villa Cilnia	694
Villa La Ripa	694

Bagno a Ripoli
Malenchini	678

Barberino Val d'Elsa
I Balzini	539
Casa Emma	557
Casa Sola	670
Castello di Monsanto	564
Isole e Olena	597
Le Torri di Campiglioni	657
Marchesi Torrigiani	657

Bibbona
Tenuta di Biserno	545

Bolgheri
Campo alla Sughera	669
Giovanni Chiappini	572
Tenuta Guado al Tasso	595
Le Macchiole	604
Poggio al Tesoro	625

Bucine
Fattoria Migliarina & Montozzi	679
Fattoria Petrolo	619

REGIONALES VERZEICHNIS DER PRODUZENTEN

Campagnatico
Poggio Trevvalle — 628

Campiglia Marittima
Giomi Zannoni — 676

Campo nell'Elba
Cecilia — 672

Capalbio
Monteverro — 680

Capannori
Colle di Bordocheo — 673
Tenuta Lenzini — 677

Capoliveri
Tenute delle Ripalte — 686

Capraia e Limite
Enrico Pierazzuoli — 622

Capraia Isola
La Piana — 683

Carmignano
Fattoria Ambra — 532
Artimino — 667
Fattoria di Bacchereto — 537
Tenuta di Capezzana — 554
Castelvecchio — 671
Pratesi — 631
Il Sassolo — 689

Casale Marittimo
Pagani de Marchi — 681
Sada — 687

Casole d'Elsa
Camporignano — 669

Castagneto Carducci
Tenuta Argentiera — 535
Batzella — 668
Ca' Marcanda — 549
Castello di Bolgheri — 561
Ceralti — 570
Donna Olimpia 1898 — 583
Fornacelle — 589
Podere Grattamacco — 594
I Luoghi — 603
Giorgio Meletti Cavallari — 606
Mulini di Segalari — 680
Podere Orma — 615
Tenuta dell'Ornellaia — 616
Tenuta San Guido — 642
Podere Sapaio — 645
Michele Satta — 646
Fulvio Luigi Serni — 689
Terre del Marchesato — 691
Antonino Tringali - Casanuova — 692

Castel del Piano
Amiata — 533
Assolati — 536
Marinelli — 679
Montesalario — 610
Perazzeta — 618

Castel Focognano
Ornina — 681

Castelfiorentino
Castello di Oliveto — 671

Castellina in Chianti
Bandini - Villa Pomona — 539
Tenuta di Bibbiano — 543
Castellare di Castellina — 558
Castello di Fonterutoli — 562
Famiglia Cecchi — 569
Tenuta di Lilliano — 601
Podere Monastero — 680
Fattoria Nittardi — 614
Piccini — 683
Querceto di Castellina — 686
Rocca delle Macìe — 635

Castellina Marittima
Castello del Terriccio — 560

Castelnuovo Berardenga
Tenuta di Arceno - Arcanum — 667
Fattoria Carpineta Fontalpino — 555
Castell'in Villa — 558
Castello di Bossi — 562
Fattoria di Dievole — 674
Fattoria di Felsina — 586
Fattoria di Petroio — 619
Poggio Bonelli — 626
San Felice — 640
Tolaini — 656
Villa a Sesta — 694

Castiglion Fibocchi
Tenuta Sette Ponti — 649

Castiglione d'Orcia
Podere Forte — 590

Castiglione della Pescaia
Tenuta Le Mortelle — 612

Certaldo
Fattoria di Fiano — 675

Chiusi
Colle Santa Mustiola — 576
Ficomontanino — 587

Cinigiano
Basile — 667
Le Calle — 669
Colle Massari — 575
Tenuta di Montecucco — 680
Pianirossi — 621
Quercia Sola — 686
Salustri — 639

Civitella in Val di Chiana
San Ferdinando — 688

Civitella Paganico
Begnardi — 542
Tenuta Sassoregale — 689

Cortona
Stefano Amerighi — 533
Baracchi — 540
F.lli Dal Cero - Tenuta Montecchiesi — 580
Fabrizio Dionisio — 582
Il Fitto — 675
Leuta — 677
Tenimenti Luigi d'Alessandro — 652
I Vicini — 693

Dicomano
Frascole — 591
Fattoria Il Lago — 597

Empoli
Fattoria di Piazzano — 621

Fauglia
I Giusti e Zanza — 594

Fiesole
Fattoria di Poggiopiano Galardi — 685
Testamatta — 655

Firenze
Marchesi Antinori — 534
Marchesi de' Frescobaldi — 591

Foiano della Chiana
Fattoria Santa Vittoria — 645

Fosdinovo
Podere Lavandaro — 211
Podere Terenzuola — 212

Fucecchio
Dalle Nostre Mani — 674
Fattoria Montellori — 608

Gaiole in Chianti
Agricoltori del Chianti Geografico — 531
Badia a Coltibuono — 537
Barone Ricasoli — 541
Cantalici — 669

REGIONALES VERZEICHNIS DER PRODUZENTEN

Castello di Ama	561
Castello di Meleto	563
Castello di San Donato in Perano	566
Lamole di Lamole	598
Le Miccine	679
Rocca di Castagnoli	635
Rocca di Montegrossi	636
San Giusto a Rentennano	641

Gambassi Terme
Corbucci	673
Villa Pillo	665

Gavorrano
Rocca di Frassinello	636
Conti di San Bonifacio	688
Podere San Cristoforo	639

Greve in Chianti
Maurizio Brogioni	668
Castello di Querceto	671
Castello di Vicchiomaggio	567
Tenuta degli Dei	581
I Fabbri	585
Tenute Ambrogio e Giovanni Folonari	588
Le Fonti	675
Fontodi	589
La Madonnina - Triacca	678
Il Molino di Grace	679
Podere Poggio Scalette	685
Querciabella	633
Il Tagliato	691
Villa Cafaggio	664
Villa Calcinaia	694
Villa Vignamaggio	665
Viticcio	666

Grosseto
Antonio Camillo	669
Frank & Serafico	676
Poggio Argentiera	626
Podere Ristella	687
Serpaia	690
Terre di Fiori - Tenute Costa	691
Val di Toro	693

Impruneta
Fattoria di Bagnolo	538
Diadema	582
Lanciola	598
La Querce	632

Isola del Giglio
Fontuccia	675

Lamporecchio
Sensi	648

Lastra a Signa
Piandaccoli	683

Laterina
Tenuta Viteretta	666

Licciana Nardi
Castel del Piano	670

Livorno
Eucaliptus	584

Lorenzana
Malacoda	678

Lucca
Fattoria Colle Verde	576
Pieve Santo Stefano	623
Fattoria Sardi Giustiniani	646
Tenuta di Valgiano	662

Lucignano
Il Sosso	690

Magliano in Toscana
Col di Bacche	673
Fattoria di Magliano	678
Fattoria Mantellassi	678
Podere 414	684
Fattoria San Felo	641

Marciana Marina
Acquacalda	531

Massa Marittima
Simona Ceccherini	672
La Cura	580
Morisfarms	680
Valentini	693

Mercatale Valdarno
Podere Il Carnasciale	670

Montaione
Castelfalfi	670
La Pieve	684

Montalcino
Abbadia Ardenga	530
Argiano	667
Fattoria dei Barbi	540
Baricci	541
Belpoggio - Bellussi	668
Biondi Santi - Tenuta Il Greppo	544
Brunelli - Le Chiuse di Sotto	547
Camigliano	551
Canalicchio - Franco Pacenti	551
Canalicchio di Sopra	552
Capanna	553
Tenuta Caparzo	554
Caprili	555
Casanova di Neri	557
Castello Banfi	559
Castello di Velona	671
Castello Romitorio	568
Castiglion del Bosco	671
Centolani	569
La Cerbaiola	570
Cerbaiona	571
Le Chiuse	572
Donatella Cinelli Colombini	574
Citille di Sopra	574
Tenuta Col d'Orcia	575
Collelceto	577
Collemattoni	673
Andrea Costanti	579
Donna Olga	583
Fanti	585
Fattoi	586
La Fornace	676
Fuligni	592
La Gerla	676
Maurizio Lambardi	677
La Lecciaia	600
Lisini	601
Le Macioche	604
La Mannella	605
Il Marroneto	605
Mastrojanni	606
Mocali	607
Siro Pacenti	616
La Palazzetta	682
Palazzo	682
Il Paradiso di Manfredi	682
Piancornello	620
Pietroso	623
Il Pinino	684
Poggio Antico	625
Poggio dell'Aquila	685
Poggio di Sotto	627
Poggio Rubino	628
Il Poggiolo	685
Tenuta Il Poggione	629
Tenuta Le Potazzine	631
Querce Bettina	632
Le Ragnaie	633
La Rasina	686
Podere Salicutti	687

REGIONALES VERZEICHNIS DER PRODUZENTEN

San Filippo	688
San Polino	688
San Polo	642
SanCarlo	689
Podere Sanlorenzo	643
Tenuta di Sesta	648
Sesti - Castello di Argiano	649
Solaria - Cencioni Patrizia	690
Stella di Campalto	
Podere San Giuseppe	651
Talenti	691
Terre Nere	691
Tiezzi	655
La Togata	692
Uccelliera	659
Val di Suga	661
Tenuta Vitanza	694

Montecarlo

Tenuta del Buonamico	549

Montecatini Val di Cecina

Marchesi Ginori Lisci	593
Fattoria Sorbaiano	650

Montelupo Fiorentino

Tenuta San Vito	643

Montemurlo

Marchesi Pancrazi -Tenuta di Bagnolo	682

Montepulciano

Avignonesi	536
Podere Le Berne	543
Bindella	544
Poderi Boscarelli	546
La Calonica	550
Canneto	552
Contucci	673
Il Conventino	578
Croce di Febo	674
Maria Caterina Dei	581
Gattavecchi	592
Tenuta di Gracciano della Seta	677
Lombardo	678
Lunadoro	603
Montemercurio	608
Nottola	614
Poliziano	630
Massimo Romeo	687
Salcheto	638
Fattoria della Talosa	651
Tenute del Cerro	653
Tenuta Valdipiatta	661
Vecchia Cantina di Montepulciano	663
Villa Sant'Anna	694

Monteriggioni

Stomennano	690

Monterotondo Marittimo

Serraiola	690

Montespertoli

Casa di Monte	556
Castello di Poppiano	564
Castello di Sonnino	566
Tenuta di Morzano	613
Podere dell'Anselmo	624
Poggio Capponi	627

Monteverdi Marittimo

Tenuta di Canneto	553

Montignoso

Montepepe	680

Montopoli in Val d'Arno

Varramista	662

Orbetello

Bruni	548
La Corsa	674
Tenuta La Parrina	617
Pepi Lignana - Fattoria Il Casolone	682

Santa Lucia	644
La Selva	647

Palaia

Usiglian Del Vescovo	693

Panzano

Candialle	669
Le Cinciole	573

Peccioli

Tenuta di Ghizzano	593

Pelago

Travignoli	658

Piombino

Brancatelli	547
Tenuta Poggiorosso	629
Sant'Agnese	644

Poggibonsi

Fattoria di Cinciano	573
Guidi	677
Melini	607

Poggio a Caiano

Piaggia	620

Pontassieve

Tenuta Bossi	668
Castello del Trebbio	560
Fattoria di Grignano	595
Lavacchio	599
Podere Il Pozzo	686
Ruffino	638
I Veroni	663

Porto Azzurro

Arrighi	535
Mola	679
Sapereta	689

Portoferraio

Acquabona	530
Tenuta La Chiusa	652
Valle di Lazzaro	693

Radda in Chianti

Borgo Salcetino	545
Brancaia	546
Caparsa	670
Castello d'Albola	559
Castello di Radda	565
Castello di Volpaia	567
Istine	677
Livernano	602
Monteraponi	609
Montevertine	610
Poggerino	624
Borgo La Stella	690
Val delle Corti	660
Vescine	664

Rignano sull'Arno

Fattoria Torre a Cona	656

Riparbella

Duemani	584
Pakravan-Papi	681
La Regola	634

Roccastrada

Ampeleia	534
Muralia	613
Rocca di Montemassi	637
Valdonica	693

Rosignano Marittimo

Fortulla - Agrilandia	676

Rufina

Il Balzo	667
Fattoria di Basciano	542
Cantine Bellini	668
Colognole	673
Fattoria Selvapiana	647

San Casciano dei Bagni

Giacomo Mori	611

REGIONALES VERZEICHNIS DER PRODUZENTEN

San Casciano in Val di Pesa
Castello di Gabbiano	563
Castelvecchio	568
Tenuta Il Corno	674
Villa Le Corti	578
Fattoria Corzano e Paterno	579
Luiano	602
Poggio Torselli	685

San Gimignano
Tenuta Le Calcinaie	550
Cappella Sant'Andrea	670
Casa alle Vacche	556
Vincenzo Cesani	571
Il Colombaio di Santa Chiara	577
Fontaleoni	588
Guicciardini Strozzi - Fattoria Cusona	596
La Lastra	599
Montenidoli	609
La Mormoraia	612
Tenute Niccolai - Palagetto	681
Il Palagio	681
Il Palagione	681
Panizzi	617
Pietrafitta	683
Pietraserena	683
Poderi del Paradiso	684
Poggio Alloro	684
Rubicini	687
Fattoria San Donato	640
Signano	650
Teruzzi & Puthod	654
Tollena	692
F.lli Vagnoni	660

San Miniato
Agrisole	667
Cosimo Maria Masini	679

San Piero a Sieve
Podere Fortuna	590

Santa Luce
Sator	689

Sarteano
Cantine Olivi - Le Buche	615
Tenuta di Trinoro	659

Scandicci
San Michele a Torri	688

Scansano
Cantina Vignaioli del Morellino di Scansano	611
Provveditore	686
Roccapesta	637
Terenzi	653

Scarlino
La Pierotta	622

Seggiano
Castello di Potentino	565

Siena
La Certosa di Belriguardo	672

Sinalunga
Castelsina	671

Sovicille
Tenuta di Trecciano	692

Subbiano
Poggiotondo	630

Suvereto
Bulichella	548
Podere il Ciabattino	672
Il Falcone	675
La Frallucca	676
Gualdo del Re	596
Petra	618
Petricci e Del Pianta	682
Le Pianacce	683
Renicci	634

Tavarnelle Val di Pesa
Rubbia al Colle - Muratori	687
Terradonnà	654
Poggio al Sole	684

Terranuova Bracciolini
Tiberio	692
Fattoria La Traiana	658

Terricciola
Badia di Morrona	538
Podere La Chiesa	672
Fattoria Fibbiano	587

Trequanda
Podere Albiano	532
Pometti	685
Trequanda	692

Vinci
Fattoria Dianella Fucini	674
Cantine Leonardo	600

TRENTINO

Ala
Borgo dei Posseri	274

Aldeno
Cantina Aldeno	272
Revì	290

Avio
Acino d'Oro	288
Donatoni	289
Tenuta San Leonardo	285
Vallarom	286

Calavino
Toblino	286

Cembra
Zanotelli	290

Faedo
Bellaveder	273
Pojer & Sandri	283
Arcangelo Sandri	290

Giovo
Opera Vitivinicola in Valdicembra	282
Villa Corniole	287

Isera
Cantina d'Isera	288
Marco Tonini	290

Lasino
Pisoni	283
Pravis	284

Lavis
Bolognani	274
La Vis/Valle di Cembra	280
Maso Poli	281
Casata Monfort	282

Mezzocorona
De Vescovi Ulzbach	276
Marco Donati	289
F.lli Dorigati	277
MezzaCorona	281

Mezzolombardo
Barone de Cles	288
I Dolomitici	277
Foradori	279
Cantina Rotaliana	284

Mori
Bruno Grigolli	289
Mori - Colli Zugna	290

Nomi
Grigoletti	279
Pedrotti Spumanti	290

Riva del Garda
Agririva	288

Rovereto
Nicola Balter	273
Conti Bossi Fedrigotti	288

REGIONALES VERZEICHNIS DER PRODUZENTEN

Letrari	280
San Michele all'Adige	
Endrizzi	278
Istituto Agrario Provinciale San Michele all'Adige	285
Roberto Zeni	287
Trento	
Abate Nero	272
Cavit	275
Cesarini Sforza	276
Ferrari	278
Francesco Moser	289
Maso Martis	289
Giuliano Micheletti	289
Volano	
Cantina Sociale Trento - Le Meridiane	275
Concilio	288

UMBRIEN

Allerona	
Argillae	757
Amelia	
Castello delle Regine	757
Zanchi	760
Baschi	
Barberani	737
Bevagna	
Adanti	736
Tenuta Bellafonte	737
Fattoria Colleallodole	742
Fattoria Colsanto	743
Villa Mongalli	756
Cannara	
Di Filippo	744
Castiglione del Lago	
Duca della Corgna	745
Madrevite	759
Sabrina Morami	759
Città della Pieve	
Podere Fontesecca	745
Ficulle	
Castello della Sala	741
Tenuta Vitalonga	760
Giano dell'Umbria	
Moretti Omero	747
Gualdo Cattaneo	
Domenico Pennacchi	749
Terre de La Custodia	754
Magione	
Berioli	757
Pucciarella	751
Terre del Carpine	760
Marsciano	
Cantina Castello Monte Vibiano Vecchio	742
Cantina Cenci	758
Cantina La Spina	746
Montecchio	
Falesco	765
Montefalco	
Tenuta Alzatura	757
Antonelli - San Marco	736
Bocale	738
Brunozzi	757
Arnaldo Caprai	739
Il Gheppio	758
F.lli Pardi	749
Perticaia	750
Raina	751
Romanelli	752
Scacciadiavoli	753
Spacchetti Colle Ciocco	760
Giampaolo Tabarrini	754
Montegabbione	
Castello di Montegiove	758
Narni	
Leonardo Bussoletti	739
Fattoria Giro di Vento	759
La Madeleine	759
Orvieto	
Bigi	738
Cardeto	757
La Carraia	740
Castello di Corbara	758
Custodi	743
Decugnano dei Barbi	744
Palazzone	748
Tenuta Le Velette	756
Perugia	
Carini	740
Tenuta Castelbuono	741
Chiorri	758
Goretti	746
Piegaro	
Pomario	760
Spello	
Sportoletti	753
Spoleto	
Collecapretta	758
Stroncone	
La Palazzola	748
Todi	
Cantina Peppucci	750
Roccafiore	752
Todini	755
Tudernum	755
Torgiano	
Lungarotti	747
Terre Margaritelli	760
Tuoro sul Trasimeno	
Stefania Mezzetti	759
Montemelino	759

VENETIEN

Annone Veneto	
Bosco del Merlo - Paladin	338
Tenuta Sant'Anna	384
Arquà Petrarca	
Vignalta	397
Baone	
Ca' Orologio	342
Il Filò delle Vigne	357
Il Mottolo	373
Vignale di Cecilia	396
Bardolino	
Guerrieri Rizzardi	361
Lenotti	406
Vigneti Villabella	400
F.lli Zeni	401
Bassano del Grappa	
Contrà Soarda	352
Vigneto Due Santi	398
Breganze	
Beato Bartolomeo	403
Maculan	363
Firmino Miotti	407
Brentino Belluno	
Roeno	381
Caprino Veronese	
Monte Zovo	408
Casalserugo	
Ca' Ferri	340
Castelnuovo del Garda	
Giovanna Tantini	391

REGIONALES VERZEICHNIS DER PRODUZENTEN

Cavaion Veronese
Gerardo Cesari — 349
Le Fraghe — 359

Cinto Euganeo
Ca' Lustra — 341
Monte Fasolo — 407
Marco Sambin — 409

Colognola ai Colli
Fasoli — 405
Tenuta Sant'Antonio — 384
Agostino Vicentini — 395
Villa Canestrari — 410

Conegliano
Carpenè Malvolti — 345
Zardetto Spumanti — 410

Crocetta del Montello
Villa Sandi — 399

Dolcè
Albino Armani — 331

Farra di Soligo
Andreola — 330
Merotto — 367

Fossalta di Piave
De Stefani — 356

Fossalta di Portogruaro
Santa Margherita — 385

Fumane
Stefano Accordini — 328
Allegrini — 329
Corteforte — 405
Valentina Cubi — 405
Monte Santoccio — 408
Le Salette — 382
Secondo Marco — 386
David Sterza — 389

Gambellara
La Biancara — 333
Zonin — 402

Grezzana
Cav. G. B. Bertani — 333

Illasi
I Campi — 343
Marco Mosconi — 372
Santi — 385
Trabucchi d'Illasi — 393

Lavagno
Grotta del Ninfeo — 406

Lazise
Le Tende — 409

Marano di Valpolicella
Antolini — 330
Ca' La Bionda — 341
Giuseppe Campagnola — 343
Michele Castellani — 347
Corte Rugolin — 354
Novaia — 375
San Rustico — 383
Odino Vaona — 394

Mezzane di Sotto
Corte Sant'Alda — 354
Giulietta Dal Bosco — 405
Massimago — 366
Roccolo Grassi — 380

Miane
Gregoletto — 360

Monselice
Borin Vini & Vigne — 336

Montebello Vicentino
Casa Cecchin — 346
Cavazza — 348
Luigino Dal Maso — 355

Montecchia di Crosara
Ca' Rugate — 342

Monteforte d'Alpone
La Cappuccina — 344
Gini — 360
Le Mandolare — 406
Cantina Sociale di Monteforte d'Alpone — 370
Daniele Nardello — 374
Graziano Prà — 378
I Stefanini — 388
T.E.S.S.A.R.I. — 390

Negrar
Tommaso Bussola — 340
Roberto Mazzi — 367
Giuseppe Quintarelli — 379
Le Ragose — 379
F.lli Recchia — 380
Ettore Righetti — 408
Casa Vinicola Sartori — 386
Cantina Valpolicella Negrar — 394
Villa Spinosa — 399
Viviani — 400

Nervesa della Battaglia
Giusti Wine — 406
Serafini & Vidotto — 387

Ormelle
Italo Cescon — 350
Walter Nardin — 408

Peschiera del Garda
Le Morette — 362
Ottella — 376
La Sansonina — 383
Zenato — 401

Pramaggiore
Borgo Stajnbech — 335
Le Carline — 345

Preganziol
Barollo — 332

Refrontolo
Astoria Vini — 403

Roncà
Tenuta Corte Giacobbe — 353
Corte Moschina — 353
Fattori — 357
Fongaro — 358
Marcato — 364

Rovolon
Montegrande — 371

Salgareda
Ornella Molon Traverso — 407
Sutto — 390

San Bonifacio
Inama — 361

San Fior
Masottina — 366

San Martino Buon Albergo
Marion — 364
Musella — 373
Terre di Pietra — 409

San Pietro di Feletto
BiancaVigna — 334

San Pietro in Cariano
Lorenzo Begali — 332
F.lli Bolla — 335
Brigaldara — 338
Luigi Brunelli — 339
F.lli Farina — 356
Marchesi Fumanelli — 359
Manara — 363
Monte dall'Ora — 368
Monte Faustino — 407
Angelo Nicolis e Figli — 374
Rubinelli - Vajol — 381
Santa Sofia — 409
Viticoltori Speri — 388

REGIONALES VERZEICHNIS DER PRODUZENTEN

F.lli Tedeschi	392
Viticoltori Tommasi	392
Massimino Venturini	395
Villa Bellini	398
Pietro Zardini	410
Zymè	402

San Polo di Piave
Casa Roma	346

Sant'Ambrogio di Valpolicella
Benedetti - Corte Antica	403
Carlo Boscaini	337
Masi	365

Santo Stino di Livenza
Casa Geretto	404
Mosole	372

Selvazzano Dentro
La Montecchia Conte Emo Capodilista	369

Soave
Balestri Valda	331
Cantina del Castello	344
Coffele	350
Corte Adami	404
Monte Tondo	369
Leonildo Pieropan	377
Cantina di Soave	387
Suavia	389
Tamellini	391

Sommacampagna
Cavalchina	348
Gorgo	406
Monte del Frà	368
Albino Piona	377
Le Vigne di San Pietro	397

Susegana
Borgoluce	336
Case Bianche - Tenuta Col Sandago	404
Conte Collalto	404

Tregnago
Tenuta Chicchèri	404

Valdagno
Masari	365

Valdobbiadene
Bellussi Spumanti	403
Desiderio Bisol & Figli	334
F.lli Bortolin	403
Bortolomiol	337
Canevel Spumanti	404
Col Vetoraz	351
Le Colture	351
Casa Coste Piane	355
Silvano Follador	358
Nino Franco	375
Ruggeri & C.	382
Santa Eurosia	409
Tanorè	409
Spumanti Valdo	393

Valeggio sul Mincio
Corte Gardoni	352

Vazzola
Bonotto delle Tezze	403
Giorgio Cecchetto	349

Venezia
Orto di Venezia	408

Verona
La Giuva	406
Giacomo Montresor	408
Pasqua - Cecilia Beretta	376
Tezza	410
Cantina Valpantena Verona	410
Pietro Zanoni	410

Vidor
Adami	328
Sorelle Bronca	339
Dal Din	405
Mass Bianchet	407

Villafranca di Verona
Menegotti	407

Villaga
Piovene Porto Godi	378

Vò
Alla Costiera	405
Monteforche	370
Monteversa	371
Vigna Roda	396

Volpago del Montello
Ida Agnoletti	329
Case Paolin	347
Conte Loredan Gasparini	362